MICHELIN

eutschland

Guide MICHELIN 2015

HOTELS & RESTAURANTS

Liebe Leser

Mehr Farben, mehr Bilder, mehr Klarheit – das auffallen, wenn Sie den diesjährigen Guide durchblättern. Wir wollten die Ausgabe 20 unterhaltsamer gestalten und Ihnen die Suche n und Restaurants noch leichter machen. Denn seit Jahrhundert sind wir nur einer Aufgabe verpflichte der richtigen Wahl zu helfen.

Das ganze Jahr über dreht sich bei den MICHELIN In alles darum, hochwertige Adressen – Restaurants und Pensionen – in allen Komfortklassen und Preiska zu finden.

Die heutige Gastronomie ist überaus lebendig anges der sich ständig entwickelnden Küchen und kulinarisc Verschmelzungen.

Gutes Essen erwartet Sie in allen Restaurants, die wir empfehlen, doch die bemerkenswertesten Küchen sind die mit MICHELIN Stern ✿ – einem, zwei oder drei. Von traditionell bis innovativ, von schlicht bis aufwändig – ganz unabhängig vom Stil erwarte wir immer das Gleiche: beste Produktqualität, Know-how de Küchenchefs, Originalität der Gerichte sowie Beständigkeit a Dauer und über die gesamte Speisekarte hinweg.

Sich zu verwöhnen muss nicht teuer sein, nicht einmal ein Es mit der ganzen Familie oder Freunden – dafür sorgt ein tre Verbündeter: der Bib Gourmand ☺, unsere Auszeichnun gutes Essen zu fairen Preisen.

Wir nehmen die Bedürfnisse unserer Leser ernst und sch Ihre Meinungen und Vorschläge. So können wir unsere Au immer weiter verbessern und Ihnen auf Ihren Reisen zu stehen... auf all Ihren Reisen!

→ Dear reader

As you flick through this year's MICHELIN guide, you will notice more colours, more pictures and greater clarity: we wanted the 2015 edition to be more enjoyable to read and to make your search for establishments easier and faster! This is because our commitment for over a century has been to help you make the right choice.

•

All year, the Michelin inspectors have been focusing their efforts on finding top quality establishments – restaurants, hotels and guesthouses – across all categories of comfort and price.
Our palates get sharper and sharper as they come across ever-evolving cuisines and culinary crossovers that bring an extraordinary vitality to contemporary cooking.

•

You'll eat well in all of the places we recommend but our stars ✿ – one, two and three – mark out the most remarkable kitchens. Whatever the cooking or restaurant style – from the traditional to the innovative, the modest to the extravagant – we look for the same things: the quality of the produce; the expertise of the chef; the originality of the dishes; and consistency throughout the meal and across the seasons.
Since treating yourself doesn't have to be costly, you can rely on a faithful ally when it comes to sharing meals with family and friends: the Bib Gourmand ☺, our award for good food at moderate prices.

We listen to our readers' needs and we truly value 'our opinions and commendations › we can keep nproving our election and lp you on your urneys... all of ur journeys!

J.-D. Sudres/hemis.fr

Inhaltsverzeichnis

Contents

Die Grundsätze des Guide MICHELIN

Erfahrung im Dienste der Qualität!

Ob in Japan, in den Vereinigten Staaten, in China oder in Europa, die Inspektoren des Guide MICHELIN respektieren weltweit exakt dieselben Kriterien, um die Qualität eines Restaurants oder eines Hotels zu überprüfen. Dass der Guide MICHELIN heute weltweit bekannt und geachtet ist, verdankt er der Beständigkeit seiner Kriterien und der Achtung gegenüber seinen Lesern. Diese Grundsätze möchten wir hier bekräftigen:

DER ANONYME BESUCH

die oberste Regel. Die Inspektoren testen anonym und regelmäßig die Restaurants und Hotels, um das Leistungsniveau in seiner Gesamtheit zu beurteilen. Sie bezahlen alle in Anspruch genommene Leistungen und geben sich nur zu erkennen, um ergänzende Auskünfte zu erhalten. Die Zuschriften unserer Leser stellen darüber hinaus wertvolle Erfahrungsberichte für uns dar und wir benutzen diese Hinweise, um unsere Besuche vorzubereiten.

DIE UNABHÄNGIGKEIT

Um einen objektiven Standpunkt zu bewahren, der einzig und allein dem Interesse des Lesers dient, wird die Auswahl der Häuser in kompletter Unabhängigkeit erstellt. Die Empfehlung im Guide MICHELIN ist daher kostenlos. Die Entscheidungen werden vom Chefredakteur und seinen Inspektoren gemeinsam gefällt. Für die höchste Auszeichnung wird zusätzlich auf europäischer Ebene entschieden.

DIE AUSWAHL DER BESTEN

Der Guide MICHELIN ist weit davon entfernt, ein reines Adressbuch darzustellen, er konzentriert sich vielmehr auf eine Auswahl der besten Hotels und Restaurants in allen Komfort- und Preiskategorien. Eine einzigartige Auswahl, die auf ein und derselben Methode aller Inspektoren weltweit basiert.

DIE JÄHRLICHE AKTUALISIERUNG

Alle praktischen Hinweise, alle Klassifizierungen und Auszeichnungen werden jährlich aktualisiert, um die genauestmögliche Information zu bieten.

DIE EINHEITLICHKEIT DER AUSWAHL

Die Kriterien für die Klassifizierung im Guide MICHELIN sind weltweit identisch. Jede Kultur hat ihren eigenen Küchenstil, aber gute Qualität muss der einheitliche Grundsatz bleiben.

Denn unser einziges Ziel ist es, Ihnen bei Ihren Reisen behilflich zu sein.

MOBILITÄT IM ZEICHEN VON VERGNÜGEN UND SICHERHEIT IST DIE MISSION VON MICHELIN

→ The MICHELIN guide's commitments

Experienced in quality

Whether it is in Japan, the USA, China or Europe our inspectors use the same criteria to judge the quality of the hotels and restaurants and use the same methods of visiting. The guide can only boast this worldwide reputation thanks to its commitment to the readers and we would like to stress these here.

→ *ANONYMOUS INSPECTION* • *Our inspectors make regular and anonymous visits to hotels and restaurants to gauge the quality of products and services offered to an ordinary customer. They settle their own bill and may then introduce themselves and ask for more information about the establishment. Our readers' comments are also a valuable source of information, which we can follow up with a visit of our own.*

→ *INDEPENDENCE* • *To remain totally objective for our readers, the selection is made with complete independence. Entry into the guide is free. All decisions are discussed with the Editor and our highest awards are considered at a European level.*

→ *THE BEST CHOICE* • *The guide offers a selection of the best hotels and restaurants in every category of comfort and price. This is only possible because all the inspectors rigorously apply the same methods.*

→ *ANNUAL UPDATES* • *All the practical information, classifications and awards are revised and updated every year to give the most reliable information possible.*

→ *CONSISTENCY* • *The criteria for the classifications are the same in every country covered by the MICHELIN guide.*

... THE SOLE INTENTION OF MICHELIN is to make your travels both safe and enjoyable.

Die Top-Adressen 2015

die neuen Sterne...

✿✿

Baden-Baden	Brenners Park-Restaurant
München	EssZimmer
Rust	ammolite - The Lighthouse Restaurant

✿

Backnang	Kerzenstube
Berlin	a.choice
	Frühsammers Restaurant
Dresden	Elements
Eltville am Rhein	Jean
Frankfurt am Main	Sra Bua by Juan Amador
Göttingen / Friedland	Landhaus Biewald - Genießer Stube
Hörstel	Westfälische Stube
Karlsruhe	Le Salon im Kesselhaus
Kernen im Remstal	Malathounis
Köln	Himmel un Äd
	maiBeck
Konstanz	Heise's Bürgerstube
	San Martino - Gourmet
Künzelsau	handicap.
Langenzenn	Keidenzeller Hof
Leimen	"oben"
Lütjenburg / Panker	Restaurant 1797
Mannheim	Opus V
München	Restaurant N°15
Nagold	Alte Post
Rottach-Egern	Maiwerts
Starnberg	Aubergine
Stralsund	scheel's
Traben-Trarbach	Clauss - Feist
Tübingen	Schranners Waldhorn
Waiblingen	Bachofer
Waldbronn	Schwitzer's am Park
Waldkirchen	Johanns
Wangels	Courtier
Wolfsburg	Saphir

Und finden Sie alle Sterne-Restaurants 2015
am Ende des Guide MICHELIN, Seite 1376.

... die neuen Bib Gourmand

Achern	1839Malerhaus
Andernach	Kaufmann's
Aschaffenburg / Johannesberg	Auberge de Temple - Gasthaus
Backnang / Aspach	Lamm
Barmstedt	Lay's Bistro
Berlin	44
	Brasserie Lamazère
	Buchholz Gutshof Britz
	Jungbluth
	Kochu Karu
Boppard	Tannenheim
Dachau	Schwarzberghof
Dettelbach	Himmelstoss
Diessen am Ammersee	Seehaus
Dinkelsbühl	Altdeutsches Restaurant
Dohna	Ratskeller
Donzdorf	Castello
Dortmund	der Lennhof
Dresden	Ven
Efringen-Kirchen	Walsers
Erfurt	Palais Wachsberg
	Weinstube & Restaurant Zumnorde
Erlangen	Rosmarin
Euskirchen	Stadtwald Vinum
Freising / Hallbergmoos	Alter Wirt
Friedrichroda	Hüllrod
Fürth	Neubauers Stube
Glashütten	Glashüttener Hof
Hamburg	RIVE Bistro
	Zipang
Harsewinkel	Poppenborg's Stübchen
Hermeskeil / Neuhütten	Le temple - Bistro
Hungen	Hungener Käsescheune
Ilbesheim	Hubertushof
Jagsthausen	Götzenstube
Koblenz	Da Vinci
Königsfeld im Schwarzwald	Café Rapp
Küps	Werners Restaurant
Lahr	Adler - Gasthaus
Landau in der Pfalz	Weinkontor Null41
Lautenbach	Le Soleil
Marktbergel	Rotes Ross
Meerfeld	Poststuben
Meisenheim	Meisenheimer Hof
Neckargemünd	Christians
Neuburg am Inn	Hoftaferne Neuburg
Notzingen	Die Kelter
Östringen	Weingut Heitlinger
Pirmasens	Die Brasserie
Pleinfeld	Landgasthof Siebenkäs
Radebeul	Charlotte K.
Rietberg	Domschenke
Rohrdorf	MaximilianS Gut Apfelkam
Sasbach	Michael Harr
Saulheim	mundart Restaurant
Schopfheim	Mühle zu Gersbach
Schwäbisch Gmünd / Waldstetten	Sonnenhof
Seeg / Rückholz	Landhotel Panorama
Serrig	Gasthaus Wagner
Sommerhausen	Ritter Jörg
Sprockhövel	Habbel's
Steinen	Zum fröhlichen Landmann
Steinenbronn	Krone
Stühlingen	Geng's Linde
Todtnau	der Waldfrieden
Usingen	essWebers
Waiblingen	Brunnenstuben
Wertingen	Gänsweid
Zorneding	Alte Posthalterei

Die Sterne 2015

Dreis	✻✻✻	Ort mit mindestens einem 3-Sterne-Restaurant
München	✻✻	Ort mit mindestens einem 2-Sterne-Restaurant
Bonn	✻	Ort mit mindestens einem 1-Stern-Restaurant

Baden-Württemberg

List
Munkmarsch
Tinnum
Rantum
Glücksburg
örnum
Wyk auf Föhr
Panker
Plön
Wangels
Dierhagen
Binz
Stralsund
Scharbeutz
Bad Doberan
Rostock
Heringsdorf
uxhaven
Timmendorfer Strand
Stolpe
Lübeck
Krakow am See
Hamburg
Feldberger Seenlandschaft
Celle
Berlin
Wolfsburg
Potsdam
Burgwedel
Aerzen
Burg (Spreewald)
Rheda-Wiedenbrück
Paderborn
adersloh
Friedland
Leipzig
Frankenberg (Eder)
Dresden
Erfurt
Bad Laasphe
Weimar
Bad Hersfeld
Königstein im Taunus
Bad Homburg
Bad Kissingen
Coburg
Johannesberg
Wirsberg
Frankfurt am Main
Würzburg
Wertheim
üsselsheim
Miltenberg
Sommerhausen
Wernberg-Köblitz
Weikersheim
Nürnberg
Mulfingen
Langenzenn
Rötz
Künzelsau
Neunburg vorm Wald
Schwäbisch Hall
Regensburg
Rosenberg
Nördlingen
Waldkirchen
Bad Griesbach
Salach
Langenau
Augsburg
Pleiskirchen
Sonnenbühl
Ulm
München
Kirchdorf
Starnberg
Prien am Chiemsee
hningen
Meersburg
Tegernsee
Aschau im Chiemgau
Lindau im Bodensee
Konstanz
Rottach-Egern
Berchtesgaden
Ofterschwang
Krün
Hirschegg
Oberstdorf

Bib Gourmand 2015

• Orte mit mindestens einem Bib Gourmand-Haus.

Burg auf Fehmarn
Wustrow
Panker
Greifswald
Scharbeutz
Bad Doberan
beck
Hohen Demzin
Gross Grönau
Gross Nemerow
itjensee
Jameln
Berlin
elle
Potsdam
Eichwalde
Gifhorn
Brandenburg an der Havel
Nuthetal
Reichenwalde
Braunschweig
Magdeburg
Dessau
Finsterwalde
Quedlinburg
Radeburg
Görlitz
Leipzig
Wilthen
Radebeul
Dresden
Dohna
Freiberg
Erfurt
Eisenach
Weimar
Chemnitz
Finsterbergen
Aue
Saalfeld
Auerbach
Lichtenberg
Meiningen
Stockheim
Presseck
Coburg
Weißenstadt
Küps
Tröstau
Bindlach
Forchheim
Heroldsberg
Auerbach in der Oberpfalz
Heßdorf
Wernberg-Köblitz
Erlangen
Lauf an der Pegnitz
Amberg
Rötz
Fürth
Illschwang
Neunburg vorm Wald
Nürnberg
Pilsach
Cham
Ansbach
Spalt
Neutraubling
Donaustauf
Pleinfeld
Grafenau
Bad Abbach
Niederwinkling
Pappenheim
Mintraching
Hauzenberg
Nördlingen
Neuburg an der Donau
Neuburg am Inn
Höchstädt an der Donau
Schalkham
Wertingen
Neuburg an der Kammel
Hallbergmoos
Taufkirchen
Bad Füssing
Dachau
Vaterstetten
Forstinning
Ulm
Bergkirchen
Wasserburg am Inn
München
Seeon-Seebruck
Mindelheim
Wolfratshausen
Zorneding
Waging am See
Dießen am Ammersee
Aying
Rohrdorf
Teisendorf
Münsing
Bad Tölz
Frasdorf
Piding
Bad Grönenbach
Neubeuern
Roßhaupten
Bad Wiessee
Rückholz
Lenggries
Pfronten
Garmisch-Partenkirchen
Oberstdorf
Mittenwald

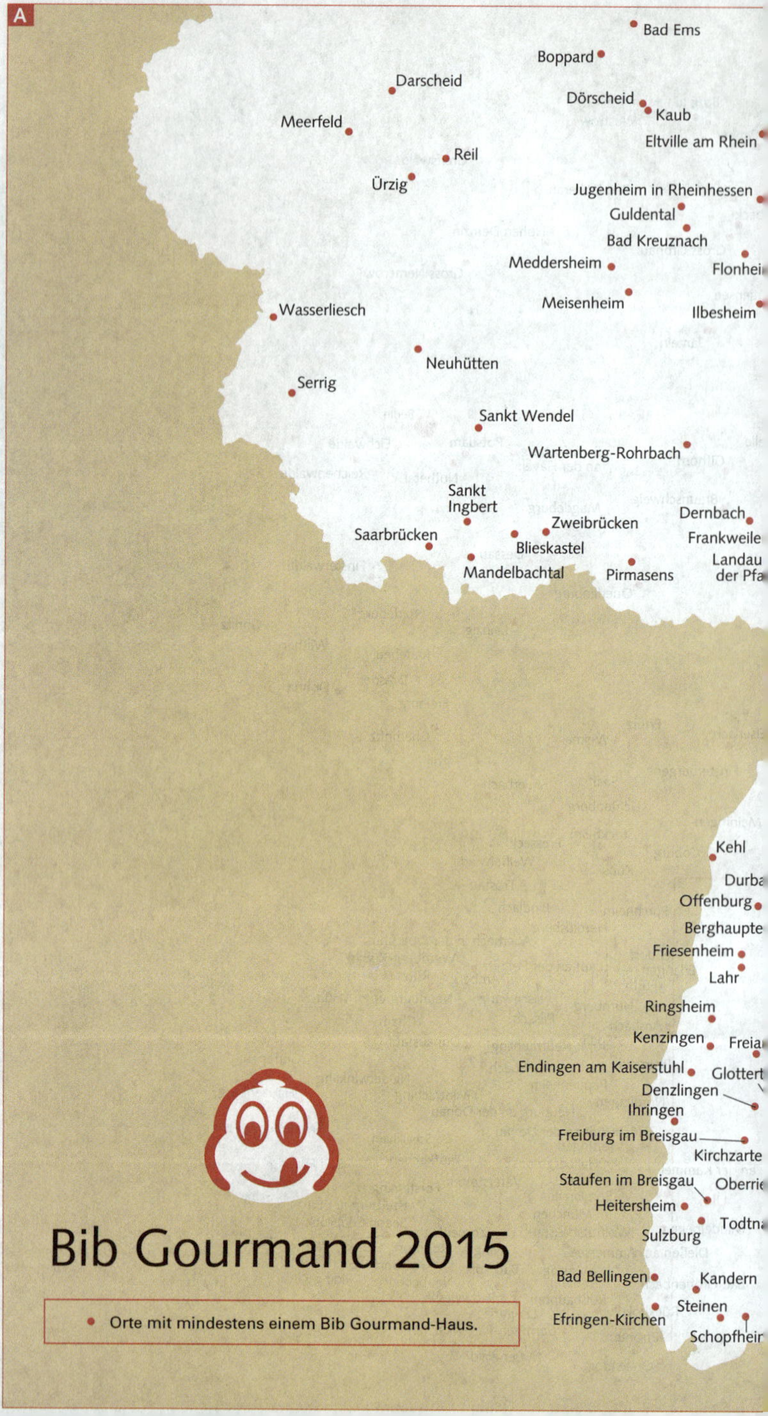
A
Bad Ems
Boppard
Darscheid
Dörscheid
Kaub
Meerfeld
Eltville am Rhein
Reil
Ürzig
Jugenheim in Rheinhessen
Guldental
Bad Kreuznach
Meddersheim
Flonhei
Meisenheim
Wasserliesch
Ilbesheim
Neuhütten
Serrig
Sankt Wendel
Wartenberg-Rohrbach
Sankt Ingbert
Dernbach
Zweibrücken
Saarbrücken
Frankweile
Blieskastel
Landau
der Pfa
Mandelbachtal
Pirmasens
Kehl
Durba
Offenburg
Berghaupte
Friesenheim
Lahr
Ringsheim
Kenzingen
Freia
Endingen am Kaiserstuhl
Glottert
Denzlingen
Ihringen
Freiburg im Breisgau
Kirchzarte
Staufen im Breisgau
Oberri
Heitersheim
Todtn
Sulzburg
Bad Bellingen
Kandern
Steinen
Efringen-Kirchen
Schopfheir
Bib Gourmand 2015
Orte mit mindestens einem Bib Gourmand-Haus.

Karben
Glashütten
Frankfurt am Main
Wiesbaden
Johannesberg
Aschaffenburg
Mainz
Schweinfurt
Rauhenebrach
Volkach
Schwarzach am Main
Dettelbach
Castell
Marktheidenfeld
Triefenstein
Eibelstadt
Klingenberg am Main
Höchst im Odenwald
Wertheim
Iphofen
Saulheim
Sommerhausen
Großheubach
Bürgstadt
Marktbreit
Reichelsheim
Miltenberg
Laumersheim
Heßheim
Hirschberg
Weikersheim
Marktbergel
Freinsheim
Heiligkreuzsteinach
Windelsbach
Mannheim
Mosbach
Brühl
Neckargemünd
Mulfingen
Deidesheim
Heidelberg
Jagsthausen
Rot am See
Neustadt an
Leimen
Künzelsau
Bretzfeld
Feuchtwangen
Östringen
Zeiskam
Schwaigern
Heilbronn
Leingarten
Schwäbisch Hall
Herxheim
Eggenstein-Leopoldshafen
Brackenheim
Lauffen am Neckar
Dinkelsbühl
Ilsfeld
Oberstenfeld
Bretten
Kandel
Pfinztal
Auenwald
Aspach
Gschwend
Ötisheim
Rudersberg
Ettlingen
Remchingen
Ludwigsburg
Waiblingen
Remshalden
Tiefenbronn
Fellbach
Winterbach
Waldstetten
Stuttgart
Weinstadt
Bad Herrenalb
Königsbronn
Esslingen am Neckar
Plochingen
Baden-Baden
Leinfelden-Echterdingen
Donzdorf
Notzingen
Bühlertal
Köngen
Steinenbronn
Sasbach
Wildberg
Oberboihingen
Sasbachwalden
Bad Urach
Tübingen
Baiersbronn
Lautenbach
Bad Peterstal-Griesbach
Sonnenbühl
Bad Rippoldsau-Schapbach
Vöhringen
Illertissen
Alpirsbach
Bisingen
Schwendi
Schramberg
Villingendorf
Maselheim
Elzach
Scheer
Königsfeld im Schwarzwald
Kirchdorf an der Iller
Simonswald
Villingen-Schwenningen
Ostrach
Sankt Peter
Bad Grönenbach
Bad Waldsee
Hüfingen
Heiligenberg
Frickingen
Ravensburg
Bonndorf
Überlingen
Salem
Amtzell
Isny im Allgäu
Moos
Immenstaad am Bodensee
Tettnang
Wangen im Allgäu
Stühlingen
Langenargen
Klettgau
Friedrichshafen
Lindau im Bodensee
Waldshut-Tiengen
Laufenburg
Kleinwalsertal

Tradition & Moderne

Wo steht die deutsche Küche heute?

Typisch deutsches Essen wird zwar nach wie vor häufig mit Deftigem und Bodenständigem assoziiert, doch dieses Klischee wird inzwischen längst nicht mehr erfüllt, denn es hat sich viel getan in den Küchen deutscher Restaurants. So werden Weißwurst und Sauerkraut durch zahlreiche tolle Gerichte ergänzt – Tradition und Moderne sind also kein Widerspruch.

In den letzten zwei bis drei Jahrzehnten hat in der deutschen Gastronomie eine dynamische Entwicklung stattgefunden, die der hiesigen Küche ein neues Gesicht gab. Wo vor ca. 30 Jahren gehobene Gastronomie gleichbedeutend war mit französischer Küche, hat die deutsche Küche sukzessive eine eigene Identität gefunden und einen wichtigen Platz in Europa eingenommen, heimische Produkte und deutsche Klassiker werden modern und raffiniert interpretiert. Viele junge Gastronomen mit Ausbildung bei großen Lehrmeistern haben frischen Wind und eigene Ideen in die Restaurants des Landes gebracht und sprechen damit auch ein jüngeres Publikum an. Und das spiegelt sich auch im Guide MICHELIN Deutschland wider: Immer mehr Restaurants präsentieren sich locker, leger und ambitioniert. Gerade in den Metropolen ist inzwischen eine lebhafte, abwechslungsreiche und spannende Gastronomie zu Hause, die weit entfernt ist vom ursprünglichen „deftig-deutsch"-Image. Vor allem Berlin sticht mit einer besonderen gastronomischen Vielfalt hervor.

gourmet-vision/imageBROKER/age fotostock

J.-C. Vaillant/Photononstop

Traditionelles ist nach wie vor gefragt

Sowohl die Spitzengastronomie als auch die traditionelle deutsche Küche erfreuen sich großer Beliebtheit und bestehen erfolgreich nebeneinander. Zur Vielfalt regionaler Spezialitäten gehören im Norden natürlich Hering, Krabben & Co., ebenso Labskaus, ein Gericht aus gepökeltem Rindfleisch, Roter Bete, Zwiebeln und Kartoffeln, das mit Rollmops und Spiegelei serviert wird, sowie Grünkohl mit Pinkel, eine grobe geräucherte Grützwurst. Im Rheinland kommt u. a. der Rheinische Sauerbraten auf den Tisch, der traditionell mit Pferdefleisch zubereitet wird. Aus dem Osten kennt man Königsberger Klopse, nämlich gekochte Hackfleischbällchen in heller Kapern-Sauce, sowie Leipziger Allerlei, ein Gericht aus Gemüse, das es in verschiedenen Varianten gibt, z. B. mit Erbsen, Karotten, Spargel, Blumenkohl… Ein echtes bayerisches Schmankerl sind Weißwürste, die traditionsgemäß mit Brezel und süßem Senf serviert und vormittags gegessen werden. Typisch bayerisch sind aber auch Schweinebraten und Leberkäse und natürlich „Obatzda", eine Käsecreme aus reifem Camembert, Zwiebeln, Paprikagewürz und Kümmel – der Inbegriff einer bayerischen Brotzeit und ein Muss zur Biergartenzeit! Spezialitäten der (süd-) hessischen Küche sind die Frankfurter Grüne Soße (eine kalte Kräutersoße, zu der man Pellkartoffeln isst) oder auch „Handkäs mit Musik", ein Sauermilchkäse (häufig mit Kümmel) in Zwiebel-Essig-Öl-Marinade – dazu trinkt man am liebsten Apfelwein. Der perfekte Ort dafür sind die traditionellen Frankfurter „Äppelwoilokale"!

Mauritius/Photononstop

Und was hat der Südwesten Deutschlands zu bieten? In der Pfalz ist der Saumagen, hergestellt aus Schweinefleisch, Brät und Kartoffeln, eine Delikatesse, die sich nicht nur als Leibspeise von Altbundeskanzler Helmut Kohl einen Namen gemacht hat. Lecker auch Kartoffelsuppe mit Zwetschgenkuchen – oder wie der Pfälzer sagt: „Grumbeersupp un Quetschekuche". Typisch schwäbisch sind Spätzle (z. B. zu Linsen) oder Maultaschen.

Brot

Nirgendwo gibt es so viele verschiedene Brotsorten wie in Deutschland: Weizen- und Weizenmischbrot, Roggen- und Roggenmischbrot, Mehrkornbrote, Dinkel-, Hafer- und Maisbrot, Kartoffelbrot... Unterschieden werden sie nach Getreideart, nach Vollkorn- und Schrotanteil, nach Sauerteig- oder Hefezusatz, nach besonderen Zugaben wie Soja, Malz, Leinsamen, Sonnenblumenkernen oder Joghurt. Daneben gibt es auch Brote mit Vitaminzusatz, besonders hohem Eiweiß- oder auch Ballaststoffanteil sowie kohlenhydratreduziertes Brot. Weitere Sorten sind Pumpernickel und Knäckebrot, denen ein bestimmtes Backverfahren zugrunde liegt.

H. Paul/Photononstop

Der Deutschen liebstes Brot ist das Mischbrot mit Namen wie Kommissbrot, Paderborner Landbrot oder Schwarzwälder Brot. Auch bei der Form gibt es Vorlieben – der eine mag sein Brot als Laib, der andere bevorzugt die Kastenform.

Bier und Wein

K. Scicluna/John Warburton-Lee/Photononstop

Überall in Deutschland wird gerne Bier getrunken. Das beliebteste und deutschlandweit meistproduzierte ist das Pils, ein untergäriges Bier mit vergleichsweise hohem Hopfengehalt, benannt nach der böhmischen Stadt Pilsen. Aber auch diverse regionale Biersorten haben ihre treuen Anhänger, man denke nur an die mit einem Augenzwinkern zu sehende Rivalität zwischen Fans des „Kölsch" und des „Alt" – weder Kölner noch Düsseldorfer verstehen Spaß, wenn es um „ihr" Bier geht! Daneben sind auch Helles, Märzen oder Weizenbier gefragt, ebenso die mit Limonade gemischte Variante, in Süddeutschland als „Radler" bekannt, im Norden als „Alsterwasser".

In Sachen Wein haben die 13 Weinbauregionen in Deutschland so einiges zu bieten, hier ist eine ähnliche Entwicklung wie in der Küche zu erkennen: Früher dominierten auf der Karte französische Weine, inzwischen hat es bedeutende Qualitätssteigerungen beim deutschen Wein gegeben, eine junge Winzergeneration hat das Ruder übernommen. Das größte unter den deutschen Weinbaugebieten ist Rheinhessen, gefolgt von der Pfalz, Baden und Württemberg. Das älteste Anbaugebiet ist übrigens das an Mosel, Saar und Ruwer.

Es gibt vier Güteklassen für deutschen Wein: Deutscher Tafelwein, Landwein, Qualitätswein und Qualitätswein mit Prädikat. Auf dem Etikett eines Prädikatsweins findet sich außerdem seine Qualitätsstufe: 1. Kabinett, 2. Spätlese, 3. Auslese, 4. Beerenauslese, 5. Trockenbeerenauslese (oder Eiswein). Die Bezeichnungen „Großes Gewächs" oder „Erstes Gewächs" entsprechen Lagenbezeichnungen, die besondere Qualitätsanforderungen erfüllen müssen.

Da bleibt nur zu sagen: Wohl bekomms!

Wein in Deutschland

In Deutschland sind ca. 100 000 Hektar mit Weinreben bepflanzt. Das Land ist in 13 Weinanbaugebiete unterteilt. Bei Qualitätsweinen wird die Herkunft aus einer dieser Regionen immer angegeben.

T. Jäger/Westend61/Photononstop

1 • Ahr
2 • Baden
3 • Franken
4 • Hessische Bergstraße
5 • Mittelrhein
6 • Mosel-Saar-Ruwer
7 • Nahe
8 • Pfalz
9 • Rheingau
10 • Rheinhessen
11 • Saale-Unstrut
12 • Sachsen
13 • Württemberg

Die wichtigsten weißweinsorten

Chardonnay • wird in den letzten Jahren zunehmend auch in Deutschland angebaut, vor allem in Baden, der Pfalz und in Rheinhessen. Hochwertige Weine werden oft auch in Barrique ausgebaut.

Grauburgunder (Ruländer) • wird inzwischen vor allem trocken ausgebaut. Meist buttrig-nussiges Bukett mit fruchtigen Aromen. Spätlesen passen durchaus auch zu kräftigen Fleischgerichten.

Gutedel • wächst fast ausschließlich im badischen Markgräflerland und ist eine der ältesten Rebsorten überhaupt. Meist wird die Traube zu leichten, süffigen Weinen ausgebaut, die jung getrunken werden sollten.

Kerner • Diese Kreuzung aus Riesling und Trollinger ergibt aromatische, säurebetonte Weine.

Müller-Thurgau (Rivaner) • leichter, unkomplizierter Wein. Nach dem Riesling die am zweithäufigsten angebaute Traube in Deutschland.

Riesling • die bedeutendste deutsche Rebe mit über 20 % der gesamten Rebfläche. Rieslingtrauben liefern ausgewogene, rassige Weine. Typisch für den Riesling ist sein Duft nach Aprikosen und die oft kräftige Säure.

Silvaner • Die Rebsorte wird insbesondere in Rheinhessen, Franken und in der Pfalz angebaut. Die Weine sind füllig, stoffig, teils wuchtig.

Weißburgunder • hat derzeit die größten Zuwachsraten in Deutschland. Diese Weine besitzen meist eine angenehme, fruchtige Säure und ein dezentes Aroma.

Die wichtigsten Rotweinsorten

Dornfelder • Aus der ertragreichen Traube gehen fruchtige, körperreiche Weine hervor. Er wird hauptsächlich in der Pfalz, in Rheinhessen und in Württemberg angebaut.

Lemberger • Die Rebsorte ist in Österreich als Blaufränkisch bekannt. Der körperreiche Wein hat eine kräftige Farbe und eine dominante Tanninnote.

Portugieser • ist nach dem Spätburgunder die zweitwichtigste Rotweinsorte in Deutschland. Er wird gerne als leichter, fruchtiger Sommerwein getrunken.

Sankt Laurent • Aus dieser Traube, die vor allem in der Pfalz angebaut wird, werden fleischige, samtige Weine mit viel Substanz erzeugt.

Spätburgunder (Pinot noir) • ist die meistangebaute Rotweinsorte in Deutschland. Vollmundige Rotweine mit feiner Säure und meist wenig Gerbstoffen.

Trollinger • Die Württemberger Hausrebe. Trollinger sind süffige Trinkweine von überwiegend heller Farbe und mit feinen Fruchtaromen.

Hinweise zur Benutzung

DIE HOTELS

Von 🏨🏨🏨🏨🏨 bis 🏠: Komfortkategorien.
Besonders angenehme Häuser: in Rot.

DIE BESTEN PREISWERTEN ADRESSEN

Bib Hotel.
Bib Gourmand.

DIE RESTAURANTS

Von XXXXX bis X: Komfortkategorien
Besonders angenehme Häuser: in Rot.

DIE STERNE-RESTAURANTS

✿✿✿ Eine Reise wert.
✿✿ Verdient einen Umweg.
✿ Eine sehr gute Küche.

NEU EMPFOHLEN IM GUIDE MICHELIN

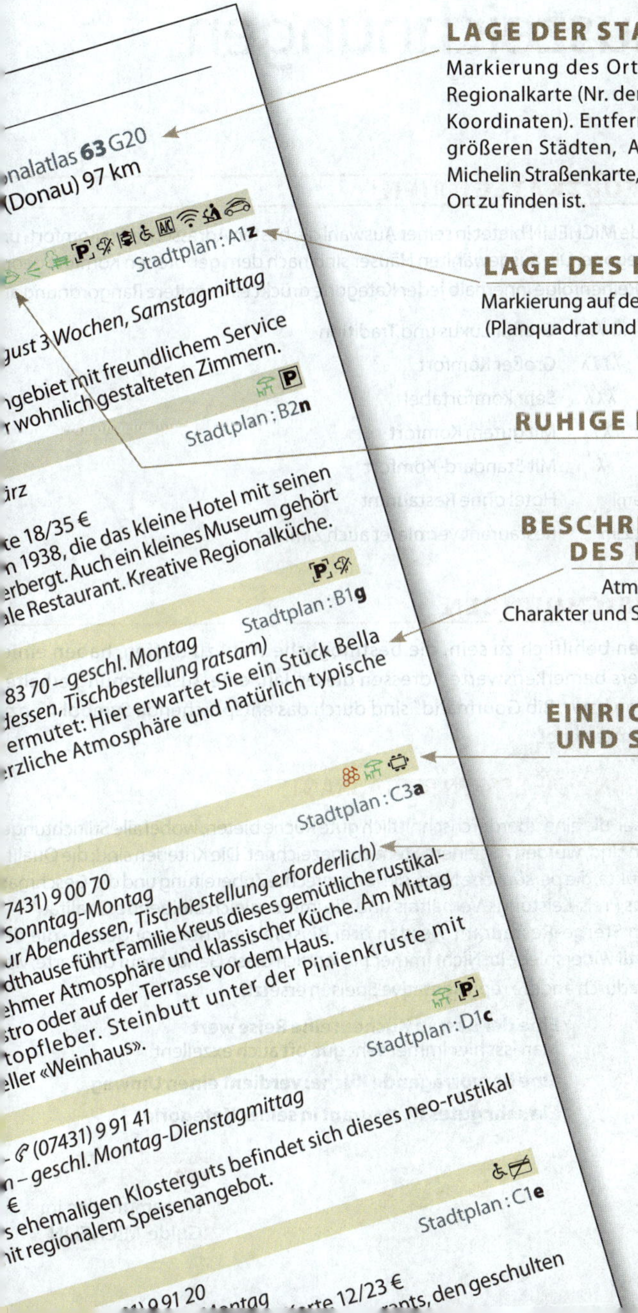

LAGE DER STADT

Markierung des Ortes auf der Regionalkarte (Nr. der Karte und Koordinaten). Entfernungen zu größeren Städten, Angabe der Michelin Straßenkarte, auf der der Ort zu finden ist.

LAGE DES HAUSES

Markierung auf dem Stadtplan (Planquadrat und Koordinate).

RUHIGE LAGE

BESCHREIBUNG DES HAUSES

Atmosphäre, Stil, Charakter und Spezialitäten.

EINRICHTUNG UND SERVICE

PREISE

Kategorien & Auszeichnungen

KOMFORTKATEGORIEN

Der Guide MICHELIN bietet in seiner Auswahl die besten Adressen jeder Komfort- ur
Preiskategorie. Die ausgewählten Häuser sind nach dem gebotenen Komfort geor
net; die Reihenfolge innerhalb jeder Kategorie drückt eine weitere Rangordnung au

🏠🏠🏠🏠🏠	XXXXX	Großer Luxus und Tradition
🏠🏠🏠🏠	XXXX	Großer Komfort
🏠🏠🏠	XXX	Sehr komfortabel
🏠🏠	XX	Mit gutem Komfort
🏠	X	Mit Standard-Komfort
garni		Hotel ohne Restaurant
mit Zim		Restaurant vermietet auch Zimmer

AUSZEICHNUNGEN

Um Ihnen behilflich zu sein, die bestmögliche Wahl zu treffen, haben einig
besonders bemerkenswerte Adressen dieses Jahr eine Auszeichnung erhalte
Die Sterne bzw. „Bib Gourmand" sind durch das entsprechende Symbol ✿ bz
☺ gekennzeichnet.

DIE STERNE: DIE BESTEN RESTAURANTS

Die Häuser, die eine überdurchschnittlich gute Küche bieten, wobei alle Stilrichtunge
vertreten sind, wurden mit einem Stern ausgezeichnet. Die Kriterien sind: die Qualit
der Produkte, die persönliche Note, die fachgerechte Zubereitung und der Geschmac
sowie das Preis-Leistungs-Verhältnis und die immer gleich bleibende Qualität.
In jedem Sterne-Restaurant werden drei Beispielgerichte angegeben, die de
Küchenstil widerspiegeln. Nicht immer finden sich diese Gerichte auf der Karte, we
den aber durch andere repräsentative Speisen ersetzt.

✿✿✿ **Eine der besten Küchen: eine Reise wert**
Man isst hier immer sehr gut, oft auch exzellent.

✿✿ **Eine hervorragende Küche: verdient einen Umweg**

✿ **Ein sehr gutes Restaurant in seiner Kategorie**

N
Neu empfohlen im **Guide MICHELIN**

DIE BESTEN PREISWERTEN HÄUSER

Bib Gourmand
Häuser, die eine gute Küche bis 35 € bieten (Preis für eine dreigängige Mahlzeit ohne Getränke). In den meisten Fällen handelt es sich um eine regional geprägte Küche.

Bib Hotel
Häuser, die eine Mehrzahl ihrer komfortablen Zimmer bis 95 € anbieten (Preis für 2 Personen inkl. Frühstück).

DIE ANGENEHMSTEN ADRESSEN

Die rote Kennzeichnung weist auf besonders angenehme Häuser hin. Dies kann sich auf den besonderen Charakter des Gebäudes, die nicht alltägliche Einrichtung, die Lage, den Empfang oder den gebotenen Service beziehen.

bis **Angenehme Hotels**

bis **Angenehme Restaurants**

BESONDERE ANGABEN

Neben den Auszeichnungen, die den Häusern verliehen werden, legen die Michelin-Inspektoren auch Wert auf andere Kriterien, die bei der Wahl einer Adresse oft von Bedeutung sind.

LAGE

Wenn Sie eine ruhige Adresse oder ein Haus mit einer schönen Aussicht suchen, achten Sie auf diese Symbole:

Ruhige Lage

Schöne Aussicht

WEINKARTE

Wenn Sie ein Restaurant mit einer besonders interessanten Weinauswahl suchen, achten Sie auf dieses Symbol:

Weinkarte mit besonders attraktivem Angebot
Aber vergleichen Sie bitte nicht die Weinkarte, die Ihnen vom Sommelier eines großen Hauses präsentiert wird, mit der Auswahl eines Gasthauses, dessen Besitzer die Weine der Region mit Sorgfalt zusammenstellt.

Einrichtungen & Service

30 Zim	Anzahl der Zimmer
	Fahrstuhl
	Klimaanlage (im ganzen Haus bzw. in den Zimmern oder im Restaurant)
	Internetzugang mit W-LAN in den Zimmern möglich
	Für Körperbehinderte leicht zugängliches Haus
	Spezielle Angebote für Kinder
	Terrasse mit Speisenservice, Biergarten
Spa	Wellnessbereich
	Freibad oder Hallenbad
	Sauna
	Fitnessraum
	Tennis
18	Golfplatz und Lochzahl
	Garten oder Park
	Konferenzraum (übliche Tagungstechnik vorhanden)
	Veranstaltungsraum (bei Restaurants)
	Hotelgarage (wird gewöhnlich berechnet)
P	Parkplatz reserviert für Gäste
	Hunde sind unerwünscht (im ganzen Haus bzw. in den Zimmern oder im Restaurant)
	Kreditkarten nicht akzeptiert
U	Nächstgelegene U-Bahnstation (in Berlin)

NICHTRAUCHER

Aufgrund des Nichtraucherschutzgesetzes ist das Rauchen in öffentlichen Gebäuden und Restaurants verboten. Die genauen Bestimmungen variieren je nach Bundesland.
In den meisten Hotels werden Nichtraucherzimmer angeboten.

Preise

Anlässlich größerer Veranstaltungen, Messen und Ausstellungen werden von den Hotels in manchen Städten und deren Umgebung erhöhte Preise verlangt. Erkundigen Sie sich bei den Hoteliers nach eventuellen Sonderbedingungen.

RESERVIERUNG UND ANZAHLUNG

Einige Hoteliers verlangen zur Bestätigung der Reservierung eine Anzahlung oder die Nennung der Kreditkartennummer. Dies ist als Garantie sowohl für den Hotelier als auch für den Gast anzusehen. Bitten Sie den Hotelier, Ihnen in seinem Bestätigungsschreiben alle Bedingungen mitzuteilen.

ZIMMER

25 Zim	Anzahl der Zimmer
Zim - 🚹 60/75€	Mindest- und Höchstpreis für ein Einzelzimmer
🚹🚹 70/120 €	Mindest- und Höchstpreis für ein Doppelzimmer
Zim ☕ -	Zimmerpreis inkl. Frühstück
☕ 10 €	Preis des Frühstücks
Suiten	Preise auf Anfrage

HALBPENSION

½ P	Das Haus bietet auch Halbpension an

RESTAURANT

Menü 20/42 €	**Menüpreise:** mindestens 20 €, höchstens 42 €
Karte 30/41 €	**Der erste Preis** entspricht einer einfachen Mahlzeit mit Suppe, Hauptgericht, Dessert. **Der zweite Preis** entspricht einer reichlicheren Mahlzeit aus Vorspeise, Hauptgericht und Dessert (Getränke nicht inbegriffen).

Informationen zu den Orten

✉ **38100**	Postleitzahl
24 000 Ew	Einwohnerzahl
Höhe 175 m	Höhe
▶ Berlin 145 km	Entfernungen zu größeren Städten

Legende der Stadtpläne

- Hotels
- Restaurants

SEHENSWÜRDIGKEITEN

Interessantes Gebäude

Interessantes Gotteshaus: Katholisch – Protestantisch

STRASSEN

Autobahn • Schnellstraße

Numerierte Ausfahrten

Hauptverkehrsstraße

Gesperrte Straße oder Straße mit Verkehrsbeschränkungen

Fußgängerzone • Straßenbahn

Park-and-Ride-Plätze

Tunnel

Bahnhof und Bahnlinie

Standseilbahn • Seilschwebebahn

Bewegliche Brücke • Autofähre

SONSTIGE ZEICHEN

Informationsstelle

Moschee • Synagoge

Turm • Ruine • Windmühle

Garten, Park, Wäldchen • Friedhof

Stadion • Golfplatz • Pferderennbahn

Freibad / Hallenbad

Aussicht • Rundblick

Denkmal • Brunnen • Fabrik • Leuchtturm

Jachthafen • Autobusbahnhof

Flughafen • U-Bahnstation, S-Bahnhof

Schiffsverbindungen: Autofähre • Personenfähre

Hauptpostamt (postlagernde Sendungen)

POL Polizei (in größeren Städten Polizeipräsidium)

Krankenhaus • Markthalle

Town Hall • University, College

Öffentliches Gebäude, durch einen Buchstaben gekenn-zeichnet:

L R Sitz der Landesregierung • Rathaus

M T Museum • Theatre

ADAC Automobilclub

Town plan key

- Hotels
- Restaurants

SIGHTS

Place of interest
Interesting place of worship • catholic • protestant

ROADS

Motorway • Dual carriageway
Numbered junctions: complete • limited
Major thoroughfare
Unsuitable for traffic, street subject to restrictions
Pedestrian street • Tramway
Car park • Park and Ride
Tunnel
Station and railway
Funicular • Cable-car
Lever bridge • Car ferry

VARIOUS SIGNS

Tourist Information Centre
Mosque • Synagogue
Tower • Ruins • Windmill
Garden, park, wood • Cemetery
Stadium • Golf course • Racecourse • Skating rink
Outdoor or indoor swimming pool
View • Panorama
Monument • Fountain • Lighthouse
Pleasure boat harbour • Coach station
Airport • Underground station
Ferry services: passengers and cars • passengers only
Main post office • Police
Hospital • Covered market
Town Hall • University • College
Public buildings located by letter:
L R Provincial Government office
M T Museum • Theatre
ADAC Automobile Club

How to use this guide

HOTELS

From 🏠🏠🏠🏠🏠 to 🏠:
categories of comfort.
The most pleasant: in red.

GOOD FOOD & ACCOMMODATION AT MODERATE PRICES

Bib Hotel.
Bib Gourmand.

RESTAURANTS

From ✗✗✗✗✗ to ✗: categories of comfort
The most pleasant: in red.

STARS

✿✿✿ Worth a special journey.
✿✿ Worth a detour.
✿ A very good restaurant.

NEW ESTABLISHMENT IN THE GUIDE

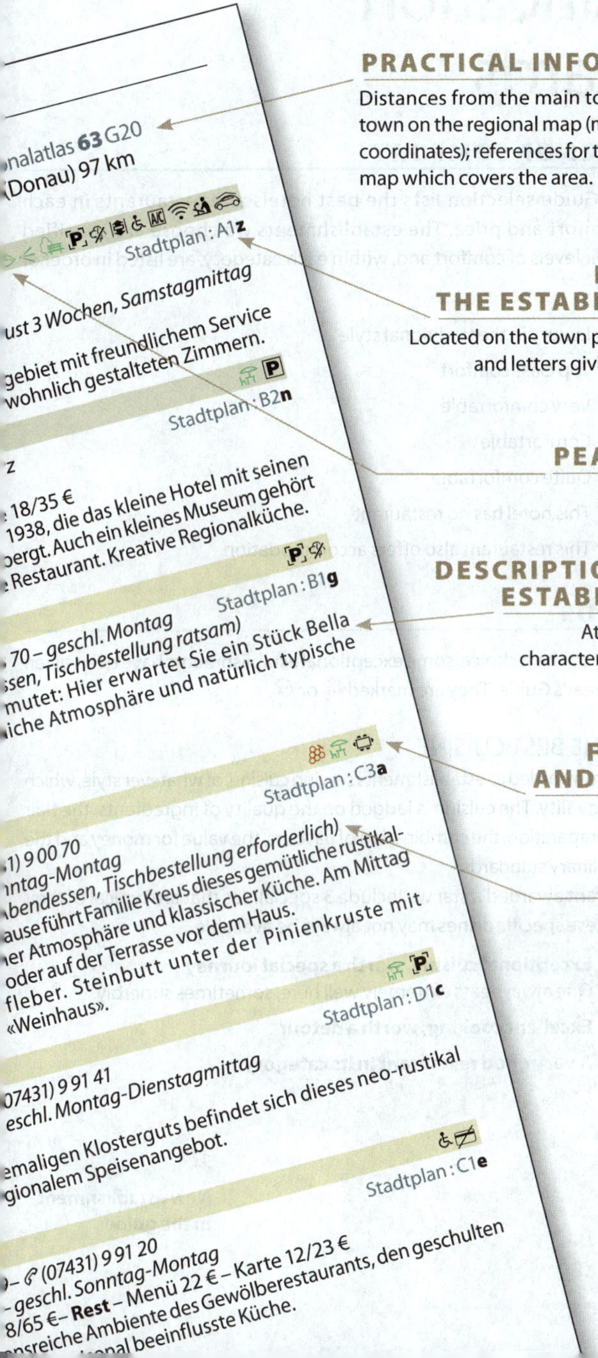

PRACTICAL INFORMATION

Distances from the main towns; locate the town on the regional map (map number and coordinates); references for the Michelin road map which covers the area.

LOCATING THE ESTABLISHMENT

Located on the town plan (coordinates and letters giving the location).

PEACEFUL

DESCRIPTION OF THE ESTABLISHMENT

Atmosphere, style, character and specialities.

FACILITIES AND SERVICES

PRICES

Classification & awards

CATEGORIES OF COMFORT

The MICHELIN Guide selection lists the best hotels and restaurants in each category of comfort and price. The establishments we choose are classified according to their levels of comfort and, within each category, are listed in order of preference.

	Luxury in the traditional style
	Top class comfort
	Very comfortable
	Comfortable
	Quite comfortable
garni	This hotel has no restaurant
mit Zim	This restaurant also offers accommodation

THE AWARDS

To help you make the best choice, some exceptional establishments have been given an award in this year's Guide. They are marked or .

THE STARS: THE BEST CUISINE

MICHELIN stars are awarded to establishments serving cuisine, of whatever style, which is of the highest quality. The cuisine is judged on the quality of ingredients, the flair and skill in their preparation, the combination of flavours, the value for money and the consistency of culinary standards.

For every restaurant awarded a star we include 3 specialities that are typical of their cooking style. These specific dishes may not always be available.

Exceptional cuisine, worth a special journey
One always eats extremely well here, sometimes superbly.

Excellent cooking, worth a detour

A very good restaurant in its category

N

New establishment in the guide

GOOD FOOD AND ACCOMMODATION AT MODERATE PRICES

Bib Gourmand

Establishment offering good quality cuisine, often with a regional flavour, up to € 35 (Price of a three-course-meal, not including drinks).

Bib Hotel

Establishment offering good levels of comfort and service, with most rooms priced up to € 95. Price of a room for 2 people, in cluding breakfast.

PLEASANT HOTELS AND RESTAURANTS

Symbols shown in red indicate particularly pleasant or restful establishments: the character of the building, its décor, the setting, the welcome and services offered may all contribute to this special appeal.

to **Pleasant hotels**

to **Pleasant restaurants**

OTHER SPECIAL FEATURES

As well as the categories and awards given to the establishment, Michelin inspectors also make special note of other criteria which can be important when choosing an establishment.

LOCATION

If you are looking for a particularly restful establishment, or one with a special view, look out for the following symbols:

Peaceful

Great view

WINE LIST

If you are looking for an establishment with a particularly interesting wine list, look out for the following symbol:

Particularly interesting wine list

This symbol might cover the list presented by a sommelier in a luxury restaurant or that of a simple inn where the owner has a passion for wine. The two lists will offer something exceptional but very different, so beware of comparing them by each other's standards.

Facilities & services

30 Zim	Number of rooms
	Lift (elevator)
A/C	Air conditioning (in all or part of the establishment)
	Wireless Lan internet access in bedrooms
	Establishment at least partly accessible to those of restricted mobility
	Special facilities for children
	Meals served in garden or on terrace
Spa	Spa : an extensive facility for relaxation and well-being
	Swimming pool: outdoor or indoor
	Sauna
	Exercise room
	Tennis
18	Golf course and number of holes
	Garden or Park
	Equipped conference room
	Private dining room (in restaurants)
	Hotel garage (additional charge in most cases)
P	Car park for customers only
	Dogs are excluded from all or part of the establishment
	Credit cards not accepted
U	Nearest metro station (in Berlin)

NON-SMOKERS

By law, smoking is neither allowed in public areas nor in restaurants.
This law may differ from one "Land" to another.
Most hotels have bedrooms for non-smokers.

Prices

RESERVATION AND DEPOSITS

Some hotels will ask you to confirm your reservation by giving your credit card number or require a deposit which confirms the commitment of both the customer and the hotelier. Ask the hotelier to provide you with all the terms and conditions applicable to your reservation in their written confirmation.

ROOMS

25 Zim	Number of rooms
Zim - 🚹 60/75 €	Lowest price/highest price
🚹🚹 70/120 €	for a single and a double or twin room
Zim ☕ -	Breakfast included
☕ 10 €	Breakfast supplement
Suiten	Suites: check with the hotelier for prices

In some towns, when commercial, cultural or sporting events are taking place the hotel rates are likely to be considerably higher.

HALF BOARD

½ P	This establishment offers also half board

RESTAURANT

Menü 20/42 €	**Set meals:** Lowest € 20 and highest € 42
Karte 30/41 €	**A la carte meals:** The first figure is for a plain meal and includes soup, main dish of the day with vegetables and dessert. The second figure is for a fuller meal and includes hors d'œuvre, main course and dessert.

Information on localities

✉ **38100**	Postal code
24 000 Ew	Population
Höhe 175 m	Altitude (in metres)
▶ Berlin 145 km	Distances between main towns

ORT MIT MINDESTENS...

- einem Hotel oder Restaurant
- einem Sternerestaurant
- einem „Bib Gourmand" Restaurant
- einem „Bib Hotel"
- einem besonders angenehmen Restaurant
- einem besonders angenehmen Hotel

→ *PLACE WITH AT LEAST...*

- *one hotel or a restaurant*
- *one starred establishment*
- *one Bib Gourmand restaurant*
- *one Bib Hotel*
- *one particularly pleasant restaurant*
- *one particularly pleasant hotel*

Deutschland in Karten

Atlas mit allen Orten

→ *Regional maps*

Regional maps of showing listed towns

Ort mit mindestens

Place with at least

- einem Hotel oder Restaurant
  a hotel or a restaurant

DIE STERNE

The stars

BIB GOURMAND

Gute Küche zu moderaten Preisen

Good food at moderate prices

BIB HOTEL

Hier übernachten Sie gut und preiswert

Good accommodation at moderate prices

Angenehme und ruhige Häuser

Peaceful atmosphere and setting

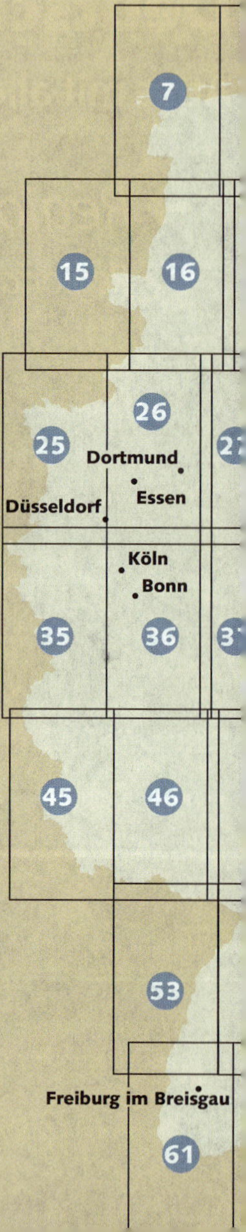

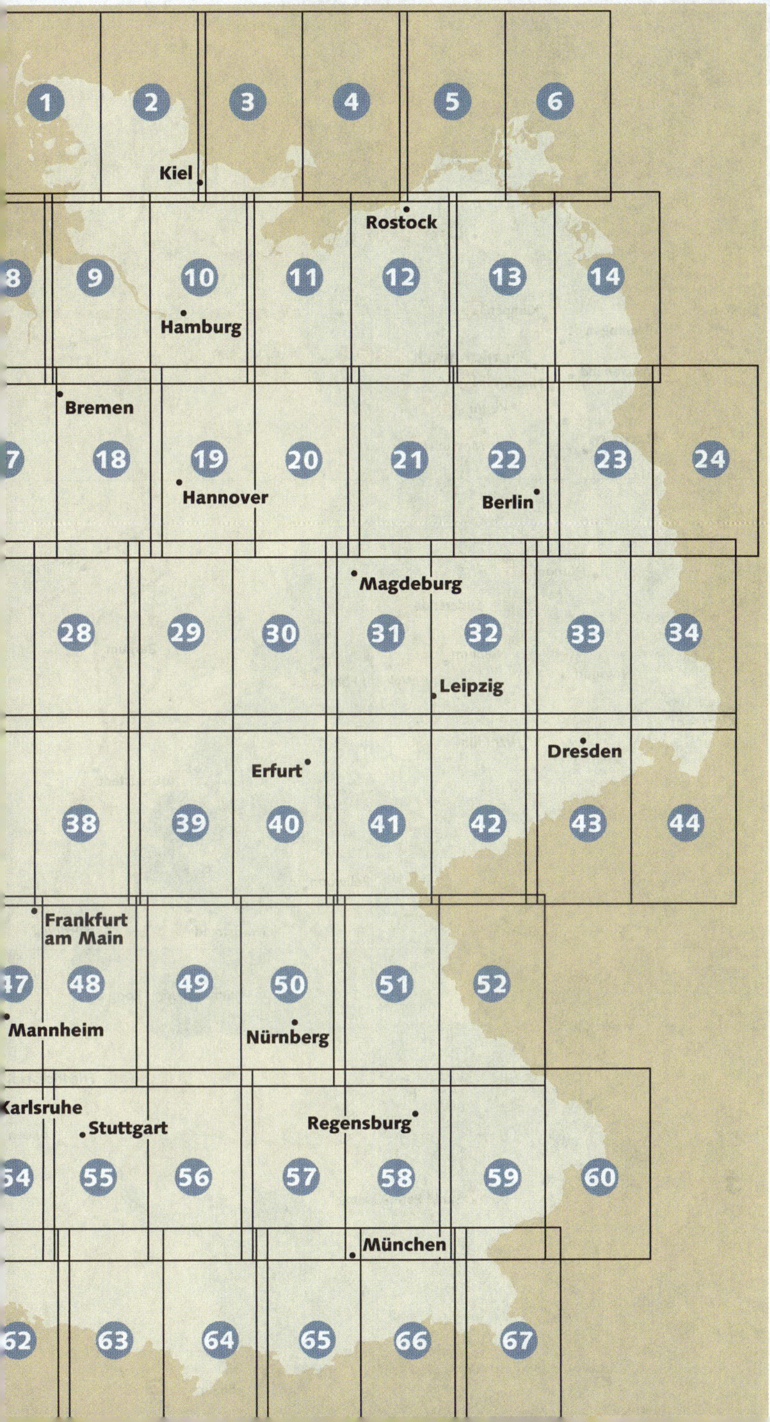
1
2
3
4
5
6
Kiel
Rostock
8
9
10
11
12
13
14
Hamburg
Bremen
7
18
19
20
21
22
23
24
Hannover
Berlin
Magdeburg
28
29
30
31
32
33
34
Leipzig
Dresden
Erfurt
38
39
40
41
42
43
44
Frankfurt am Main
47
48
49
50
51
52
Mannheim
Nürnberg
Karlsruhe
Stuttgart
Regensburg
54
55
56
57
58
59
60
München
62
63
64
65
66
67

1
F
G
D A N M
List
Sylt
Kampen
Wenningstedt
Munkmarsch
Westerland
Tinnum
Keitum
Rantum
Morsum
NORDSEE
Hörnum
Föhr
Süderende
Oevenum
Nieblum
Norddorf
Wyk auf Föhr
Wittdün
Amrum
Leck
Bargum
Bredstedt
NOORDZEE
Pellworm
Nordstrand
Husum
Simonsberger Koog
Friedrichstadt
Lunden
Sankt Peter-Ording
Büsum
2
3
8
9
5

H
I
2
A R K
1
Glücksburg
Flensburg
199
3
Oeversee
Kappeln
A 85
E 45
Treene
Schlei
2
Thumby
Holzdorf
Rieseby
Schleswig
76
Eckernförde
Ascheffel
7
Alt Duvenstedt
Kiel
A 210
Eider
Rendsburg
3
A 7
E 45
A 215
404
205
77
A 23
Nortorf
H
9
10
I

I
J
K
3
1
2
D A N M A
Laboe
Fiefbergen
Passade
Kiel
Selenter See
Panker
Hohwacht
Lütjenburg
202
207
Wangels
Lehmkuhlen
Preetz
404
76
Bad Malente-
Gremsmühlen
Plön
10
11
Kellenhusen
Grömitz
Eutin
E 47
A 1

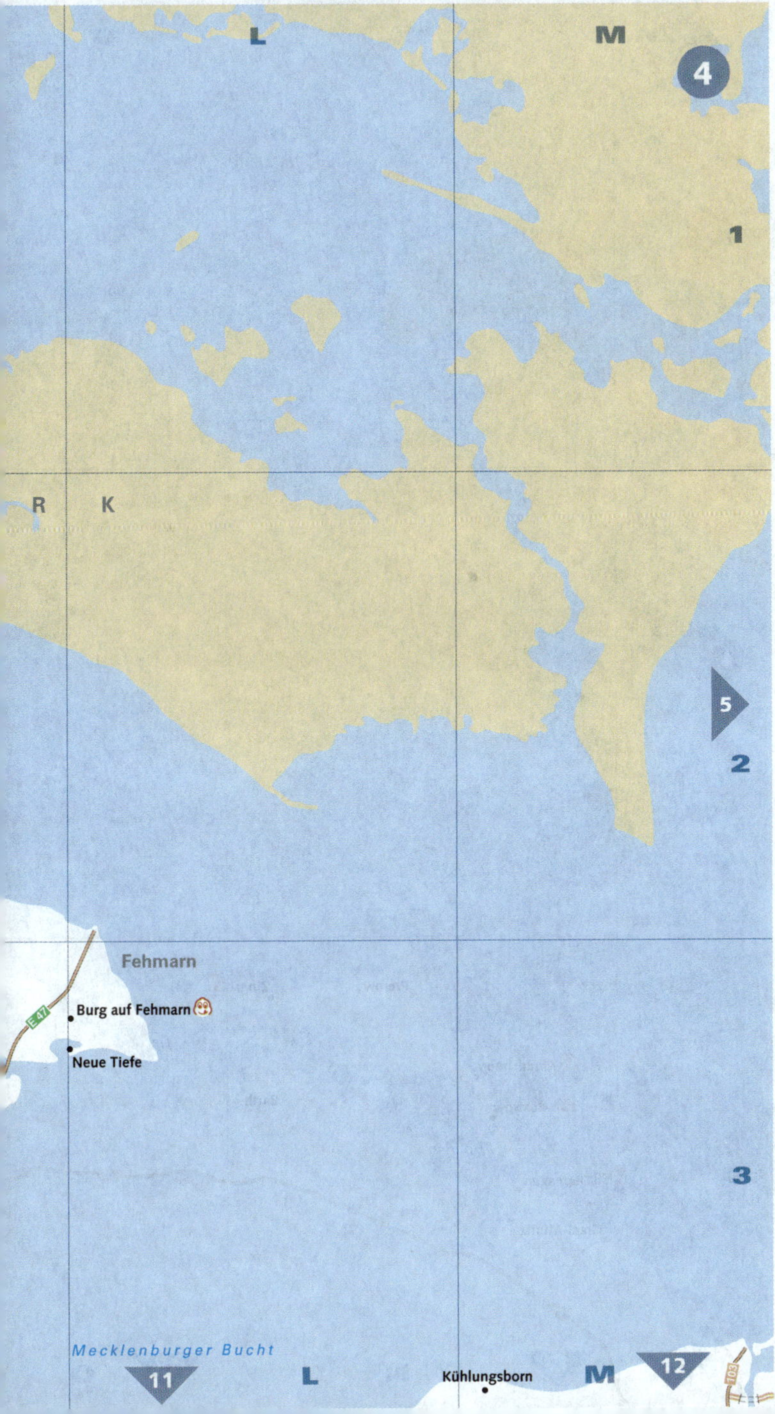
L
M
4
1
R
K
5
2
Fehmarn
E 47
Burg auf Fehmarn
Neue Tiefe
3
Mecklenburger Bucht
11
L
Kühlungsborn
M
12
103

5
M
N
O
1
2
3
4
O
S
T
Prerow
Zingst
Der Grabow
Ahrenshoop
Wustrow
Barth
Saaler Bodden
Dierhagen
Graal-Müritz
105
103
12
13

P
Q
6
1
E
E
S
2
Wiek
Hiddensee
Lohme
Vitte
Neuenkirchen
Sagard
Saßnitz
Trent
Ralswiek
Rügen
Bergen
Binz
Sellin
Sehlen
Baabe
Putbus
Göhren
E 251
96
Stralsund
3
Greifswalder
Bodden
96N
96
E 251
13
P
14
Q

7
C
D
3
4
5
6
NORDSEE
Langeoog
Norderney
Baltrum
Langeoog
Norderney
Juist
Juist
Borkum
Borkum
Dornum
Eser
Norden
Krummhörn
Aurich
72
210
A 31
NEDERLAND
Leer
E 22
A 7
E 22
A 280
436
70
15
16
C
D

E
1
F
8
Helgoland
3
N O O R D Z E E
4
Spiekeroog
Wangerooge
9
Neuharlingersiel
Wangerland
Wremen
Jever
210
Bremerhaven
Wilhelmshaven
Nordenham
5
Zetel
Wiesmoor
Varel
E 234
A 27
Brake
Uplengen
A28
E 22
Westerstede
WESER
6
Rastede
A 29
E
17
F
Bad Zwischenahn
Berne

F
G
H
9
1
2
3
4
5
6
8
18
Büsum
Friedrichskoog
Sankt Michaelisdonn
Nord- Ostsee-Kanal
Neuendorf bei Wilster
Cuxhaven
Otterndorf
Freiburg
Oste
Wingst
Bad Bederkesa
Stade
Bremerhaven
Zeven
Groß Meckelsen
Sittensen
Worpswede
A 23
A 27
E 234
5
73
74
71

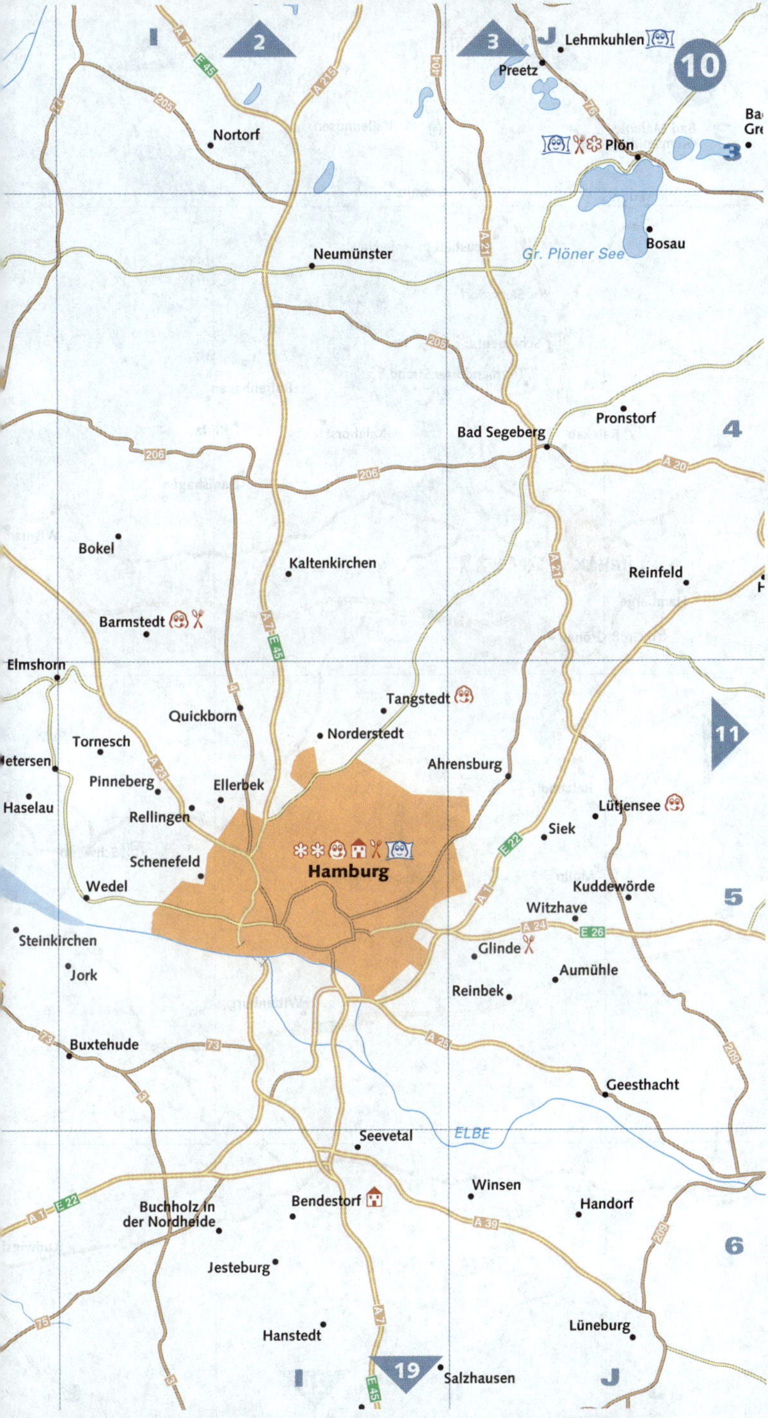

I
J
2
3
10
11
19
4
5
6
Lehmkuhlen
Preetz
Plön
Bosau
Gr. Plöner See
Nortorf
Neumünster
Pronstorf
Bad Segeberg
Bokel
Kaltenkirchen
Reinfeld
Barmstedt
Elmshorn
Tangstedt
Quickborn
Norderstedt
Tornesch
Ahrensburg
Pinneberg
Ellerbek
Haselau
Rellingen
Lütjensee
Siek
Schenefeld
Hamburg
Wedel
Kuddewörde
Witzhave
Steinkirchen
Glinde
Jork
Aumühle
Reinbek
Buxtehude
Geesthacht
Seevetal
ELBE
Winsen
Bendestorf
Handorf
Buchholz in der Nordheide
Jesteburg
Lüneburg
Hanstedt
Salzhausen

11
J
3
K
4
L
Wangels
Bad Malente-
Gremsmühlen
Eutin
Kellenhusen
Mecklenburger Bucht
Grömitz
Neustadt in Holstein
Sierksdorf
Scharbeutz
Timmendorfer Strand
Poel
Boltenhagen
Ratekau
Kalkhorst
Klütz
Damshagen
Wismar
105
LÜBECK
Hamberge
A 20
E 22
Groß Grönau
10
Ratzeburg
Schwerin
See
104
106
Schwerin
Mölln
Schaalsee
5
321
Wittenburg
A 24
E 26
209
5
Ludwigsl
6
20

4
M
5
Graal-Müritz
N
12
3
Kühlungsborn
Sievershagen
Bad Doberan
Rostock
105
103
E 55
E 22
A 20
4
Benz
Neukloster
Nakenstorf
Warnow
A 14
A 19
108
13
Güstrow
104
Kuhlen-Wendorf
Krakow am See
5
Crivitz
Nossentiner Hütte
Malchow
Elde
191
Plau am See
Plauer See
Parchim
Leize
Fincken
Meyenburg
6
A 24
E 26
M
21
N

13
N
5
O
6
3
4
5
6
12
22
Greifswald
A 20
108
104
Teterow
Kummerower See
Hohen Demzin
Bülow
Malchiner See
Lupendorf
Altentreptow
104
Neubrandenburg
Burg Stargar
Gross Nemerow
192
Waren
Malchow
Göhren-Lebbin
Müritz
Leizen
Röbel
Ludorf
Neustrelitz
A 19
E 55
96
E 251
ntiner
tte
ken

Greifswalder Bodden
P
6
Q
R
14
3
Trassenheide
Zinnowitz
Pommersche Bucht
Wolgast
Koserow
Usedom
Loddin
Bansin
Heringsdorf
Ahlbeck
109
4
Rubkow
Peene
Stolpe
Anklam
109
5
A 20
Pasewalk
198
105
eldberger Seenlandschaft
A 11
E 28
198
6
Oberuckersee
23
P
Q
R
166
2

15
A
B
Groningen
7
6
E 22
A 7
A 28
N 34
A 32
7
N E D E R L A N D
A 37
A 48
N 48
A 28
E 232
Zwolle
N 348
8
A 50
N 35
N 348
A 35
A 1
E 30
403
9
A
25
B
26

C
7
A 31
E 22
Leer
D
8
E
16
A 7
E 22
A 280
436
70
6
Papenburg
72
Ems
Werlte
7
A 31
Haren
213
402
402
Löningen
Hase
Meppen
Herzlake
Haselünne
Twist
70
17
213
Lingen
214
8
213
Nordhorn
70
N 342
A 30
E 30
Schüttorf
Hörstel
Bad Bentheim
Rheine
Ibbenbüren
Neuenkirchen
A 30
E 30
Gronau
Tecklenburg
9
70
481
54
A 31
C
26
D
Emsdetten
27
E
Lengerich
Steinfurt

17
E
F
8
Rastede
A 29
Bad Zwischenahn
Berne
Oldenburg
6
Wardenburg
A 28
E 22
Delmenhorst
Ganderkesee
72
Hunte
A 29
213
Garrel
A 1
E 37
Wildeshausen
Cloppenburg
72
7
Visbek
213
Löningen
Hase
Barnstorf
Dinklage
16
214
214
Damme
E 37
A 1
8
51
Lemförde
Rahden
Bramsche
Espelkamp
Wallenhorst
51 65
Bad Essen
65
Lübbecke
OSNABRÜCK
A 30
E 30
9
urg
A 33
Melle
A 30
E 30
Lengerich
E
27
F
28
Löhne

G
H
I
9
18
6
7
8
9
19
28
29
Worpswede
Scheeßel
Rotenburg/ Wümme
Bremen
A 27
E 234
A 1
E 37
215
tuhr
Achim
Visselhövede
Verden
A 27
E 234
Walsrode
Bad Fallingbostel
Bruchhausen-Vilsen
Bücken
Aller
214
Schwarmstedt
A 7
E 45
Leine
Neustadt am Rübenberge
A 352
Rehburg-Loccum
Wunstorf
Garbsen
Hannover
Petershagen
Bad Nenndorf
Stadthagen
Ronnenberg
Gehrden
Minden
Nienstädt
Barsinghausen
Bückeburg
Bad Eilsen
A 2
E 30
Rinteln
Bad Oeynhausen
Bad Münder am Deister
217
61
6
65
83

19
10
18
29
30
H
I
J
6
7
8
9
Hanstedt
Lüneburg
Salzhausen
Egestorf
Schneverdingen
Amelinghausen
Bienenbüttel
Bispingen
Bad Bevensen
Uelzen
Faßberg
Bad Fallingbostel
Celle
Wienhausen
Aller
Burgwedel
Gifhorn
Isernhagen
Hannover
Lehrte
Sehnde
Peine
Braunschwe
erg
A 7
E 45
A 2
E 30
A 352
A 395
3
4
209
191
214
65
1
6

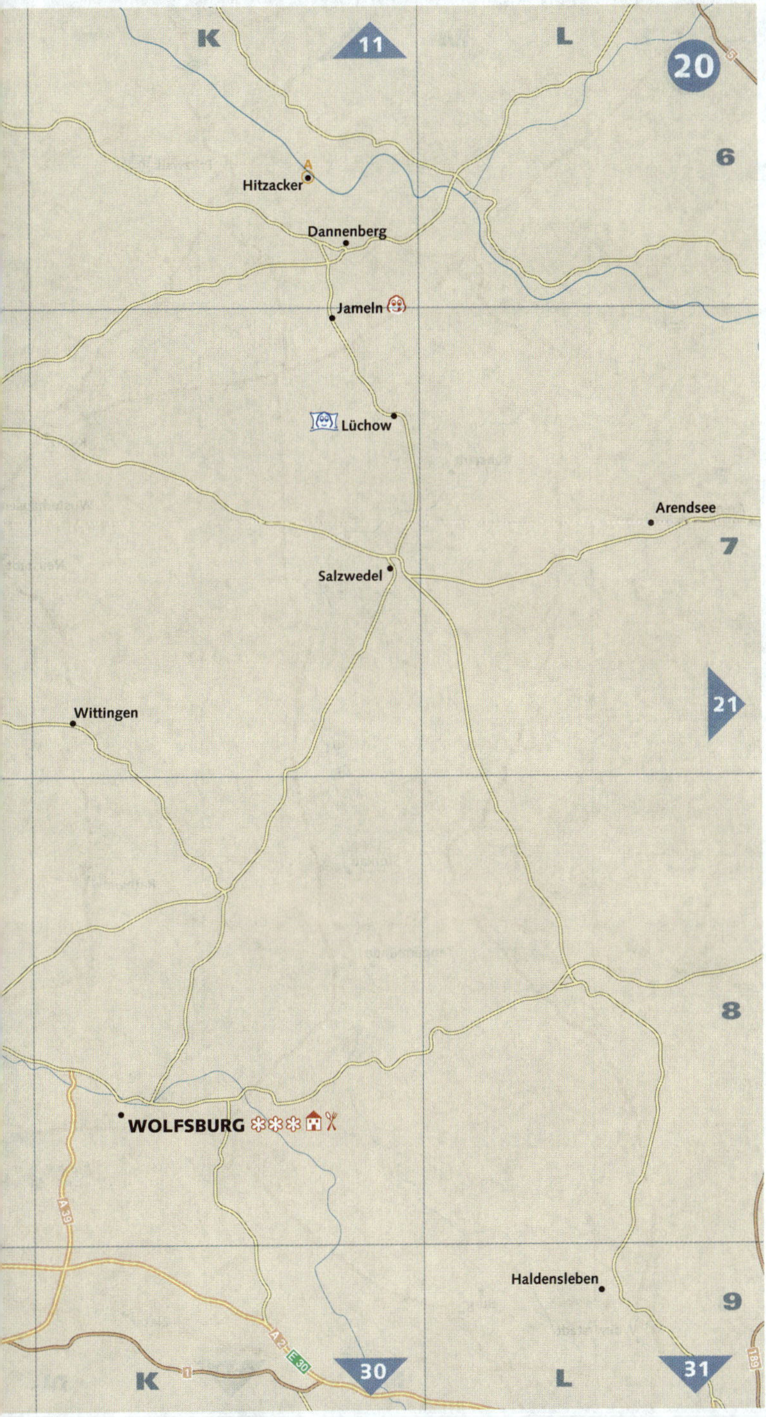
K
11
L
20
6
Hitzacker
Dannenberg
Jameln
Lüchow
Arendsee
7
Salzwedel
21
Wittingen
8
WOLFSBURG
A 39
Haldensleben
9
A 2
E 30
1
189
K
30
L
31

21
L
M
12
N
A 24
103
E 26
A 19
6
Pritzwalk
107
103
5
Kyritz
7
Rühstädt
Arendsee
Wusterhausen
Neustadt
189
20
107
ELBE
102
Storkau
Rathenow
Tangermünde
8
1
Plauer
See
1
9
Burg
Ziesar
Wolmirstedt
189
A 2
E 30
1
L
M
31
N

O
13
P
22
96
E 251
6
Rheinsberg
Havel
A 24
E 26
E 55
7
Neuruppin
167
Wustrau-Altfriesack
23
Kremmen
Wandlitz
A 10
A 111
5
Nauen
E 55
A 10
E 26
A 114
Ruppiner
Berlin
E 51
A 115
1
8
101
96
Brandenburg
an der Havel
Potsdam
Schöne
Werder
Nuthetal
E 30
A 2
Schwielowsee
Michendorf
Kloster Lehnin
9
A 9
Beelitz
Trebbin
102
2
32
101

23
P
Q
14
Oberuckersee
6
Templin
Schwedt
ODER
Joachimsthal
7
22
Wandlitz
Neuhardenberg
Strausberg
Berlin
8
Petershagen-Eggersdorf
Madlitz-Wilmersdorf
Spree
Fürstenwalde
Schönefeld
Eichwalde
Zeuthen
Bad Saarow
Scharmützel See
Mittenwalde
Reichenwalde
9
33
P
Q

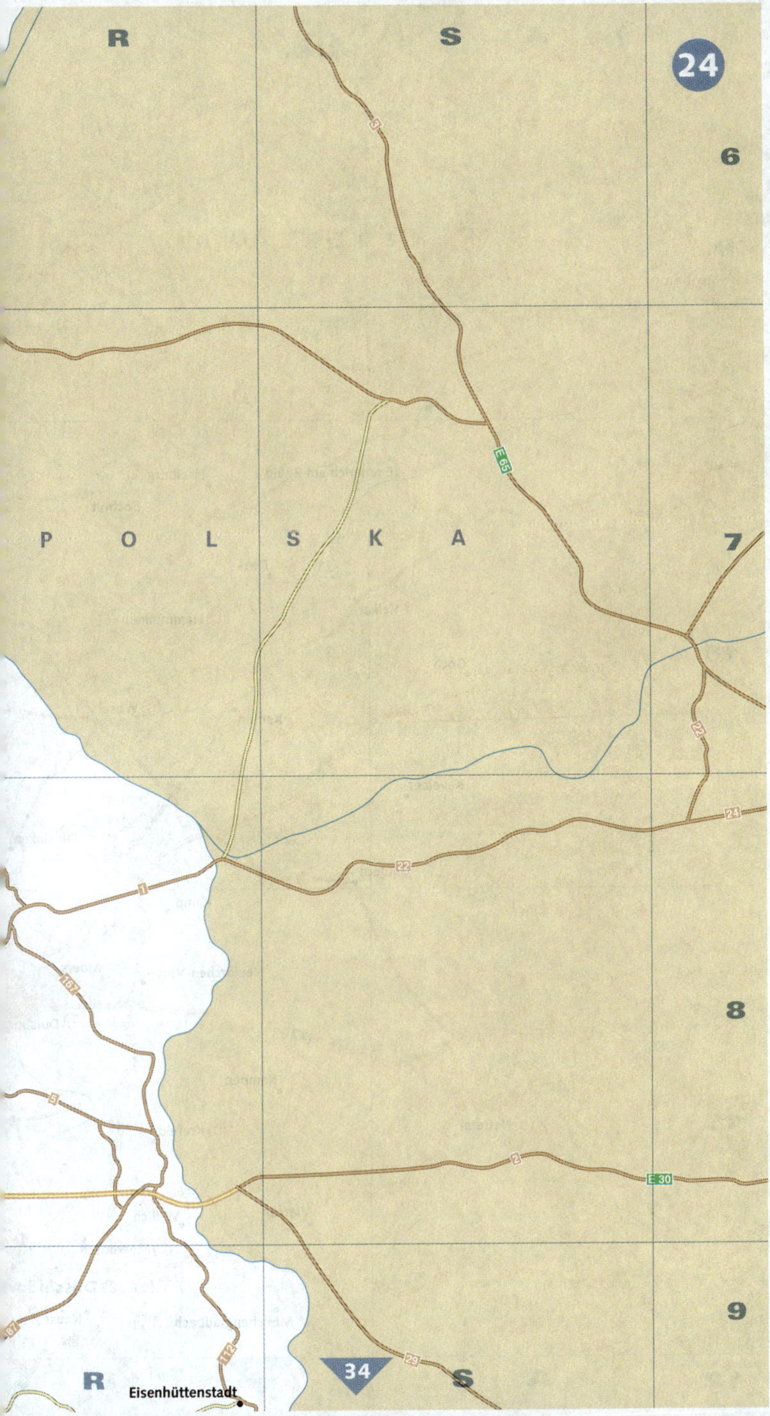
R
S
24
6
7
8
9
P O L S K A
3
E 65
22
24
1
167
5
2
E 30
29
112
87
34
Eisenhüttenstadt

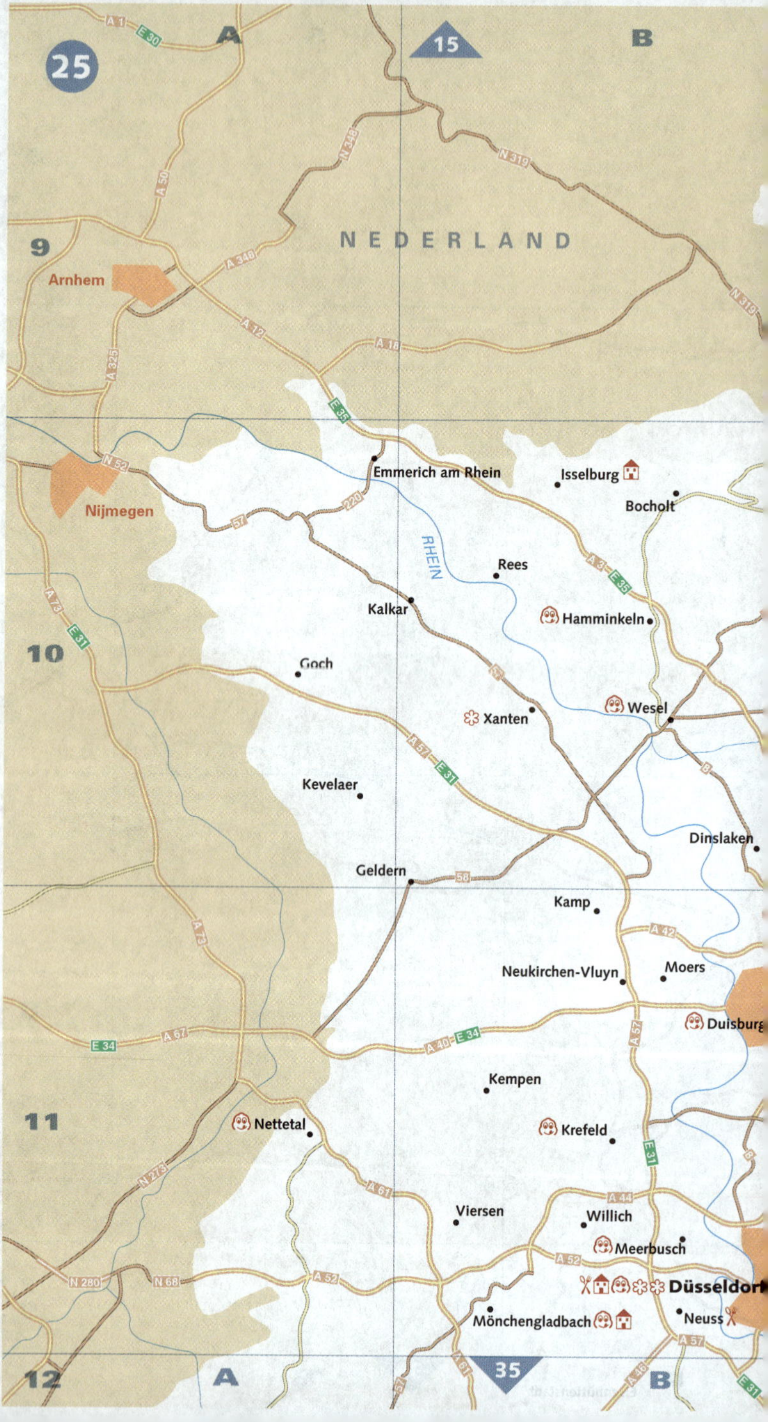
25
A
15
B
A 1
E 30
N 348
N 319
A 50
NEDERLAND
9
Arnhem
A 348
A 12
A 325
A 18
E 35
N 52
Nijmegen
Emmerich am Rhein
Isselburg
Bocholt
220
57
RHEIN
Rees
A 3
E 35
Kalkar
Hamminkeln
A 73
E 31
10
Goch
Xanten
Wesel
A 57
E 31
Kevelaer
Dinslaken
Geldern
58
Kamp
A 73
A 42
Neukirchen-Vluyn
Moers
Duisburg
E 34
A 67
A 40
E 34
A 57
Kempen
11
Nettetal
Krefeld
E 31
N 273
A 61
A 44
Viersen
Willich
Meerbusch
A 52
N 280
N 68
A 52
Düsseldorf
Mönchengladbach
Neuss
A 57
12
A
A 61
35
A 46
B
E 31

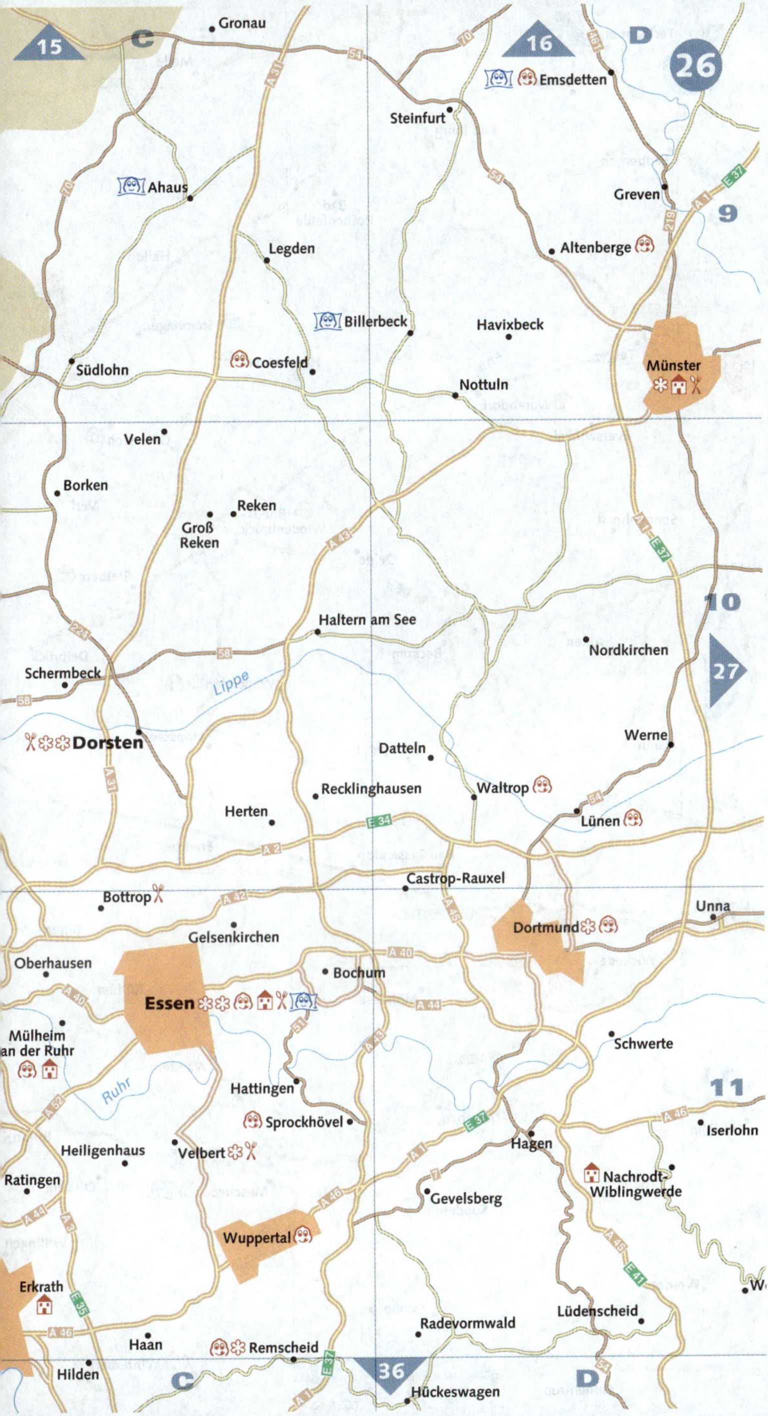
15
C
Gronau
16
D
26
Emsdetten
Steinfurt
Ahaus
Greven
9
Legden
Altenberge
Billerbeck
Havixbeck
Coesfeld
Südlohn
Münster
Nottuln
Velen
Borken
Reken
Groß
Reken
10
Haltern am See
Nordkirchen
Schermbeck
Lippe
27
Dorsten
Werne
Datteln
Recklinghausen
Waltrop
Herten
Lünen
Castrop-Rauxel
Bottrop
Unna
Dortmund
Gelsenkirchen
Oberhausen
Bochum
Essen
Mülheim
an der Ruhr
Schwerte
Ruhr
Hattingen
11
Sprockhövel
Iserlohn
Heiligenhaus
Velbert
Hagen
Ratingen
Nachrodt-
Wiblingwerde
Gevelsberg
Wuppertal
Erkrath
Lüdenscheid
Radevormwald
Haan
Remscheid
Hilden
C
36
D
Hückeswagen
A 31
A 1
A 43
A 2
A 42
A 40
A 44
A 45
A 46
A 52
A 3
E 37
E 34
E 35
E 41
54
70
58
221
219
51
7

D
E
F
16
17
27
9
10
11
26
37
Tecklenburg
Lengerich
Melle
A 30
E 30
A 33
Bad Iburg
51
Ladbergen
A 1
E 37
Bad
Rothenfelde
68
Halle
Bielefeld
Steinhagen
Telgte
Ems
Harsewinkel
Warendorf
64
Everswinkel
Gütersloh
Verl
Rheda-
Wiedenbrück
Sendenhorst
Oelde
Rietberg
A 2
E 34
Ahlen
Beckum
Delbrück
63
55
Wadersloh
Lippe
Hamm
Lippstadt
Lippetal
1
Erwitte
Bad Sassendorf
Unna
A 44
E 331
Büren
Wickede
Möhnesee
Rüthen
A 46
Warstein
Arnsberg
Iserlohn
Brilon
Bestwig
Balve
Meschede
Olsberg
Sundern
Ruhr
Willingen
Werdohl
Eslohe
Winterberg
Finnentrop

17
G
Bückeburg
Bad Eilsen
18
H
28
E 30
A 2
Rinteln
Bad Münder
am Deister
Löhne
Bad Oeynhausen
83
217
Vlotho
61
Herford
Hameln
Bad Salzuflen
9
Weser
Aerzen
Lage
Bad Pyrmont
Detmold
Schieder-
Schwalenberg
Polle
Horn-Bad Meinberg
1
Steinheim
A 33
10
Hövelhof
Holzminden
Bad Lippspringe
Höxter
Bad Driburg
Paderborn
29
68
Bad Karlshafen
A 44
E 331
Hofgeismar
7
11
Bad Arolsen
83
252
Kassel
Korbach
Bad Emstal
Waldeck
38
G
Eder-Stausee
H
A 49

29
18
19
39
28
H
I
J
9
10
11
Hildesheim
Salzgitter
Elze
Alfeld
Leine
Goslar
Seesen
den
Einbeck
Clausthal-Zellerfeld
Osterode am Harz
Northeim
Uslar
Herzberg am Ha
Bad Laut
Nörten-Hardenberg
Göttingen
Teistungen
Hann. Münden
Friedland
Leinefelde-Wor
Wingerode
Heiligenstadt
Großalmerode
Bad Sooden-Allendorf
Mühlhausen
A 7
E 45
A 38
A 39
27
243
248

aunschweig
19
K
20
L
30
A 395
1
A 2
E 30
Wolfenbüttel
9
Dedeleben
Osterwieck
79
81
6
Bad Harzburg
Halberstadt
Ilsenburg
Wernigerode
79
6n
10
Blankenburg
Quedlinburg
81
Ballenstedt
Braunlage
31
27
Zorge
4
Bad Sachsa
4
243
Südharz
A 38
A 38
A 38
A 71
11
4
K
40
L

31
20
L
Wolmirstedt
Burg
M
21
Ziesar
A 2
E 30
189
1
9
Magdeburg
184
Sülzetal
Schönebeck
A 14
71
81
E 49
Zerbst
187
Dessau
184
10
Bernburg
6
71
Saale
E 51
A 9
30
6
100
Delitzsch
Eisleben Lutherstadt
Halle
A 14
E 49
6
A 38
11
Bad Lauchstädt
Schkopau
Schkeuditz
91
A 38
Querfurt
Merseburg
E 51
A 38
E 49
A 9
41
Zwenkau
L
Freyburg
M
Weißenfels

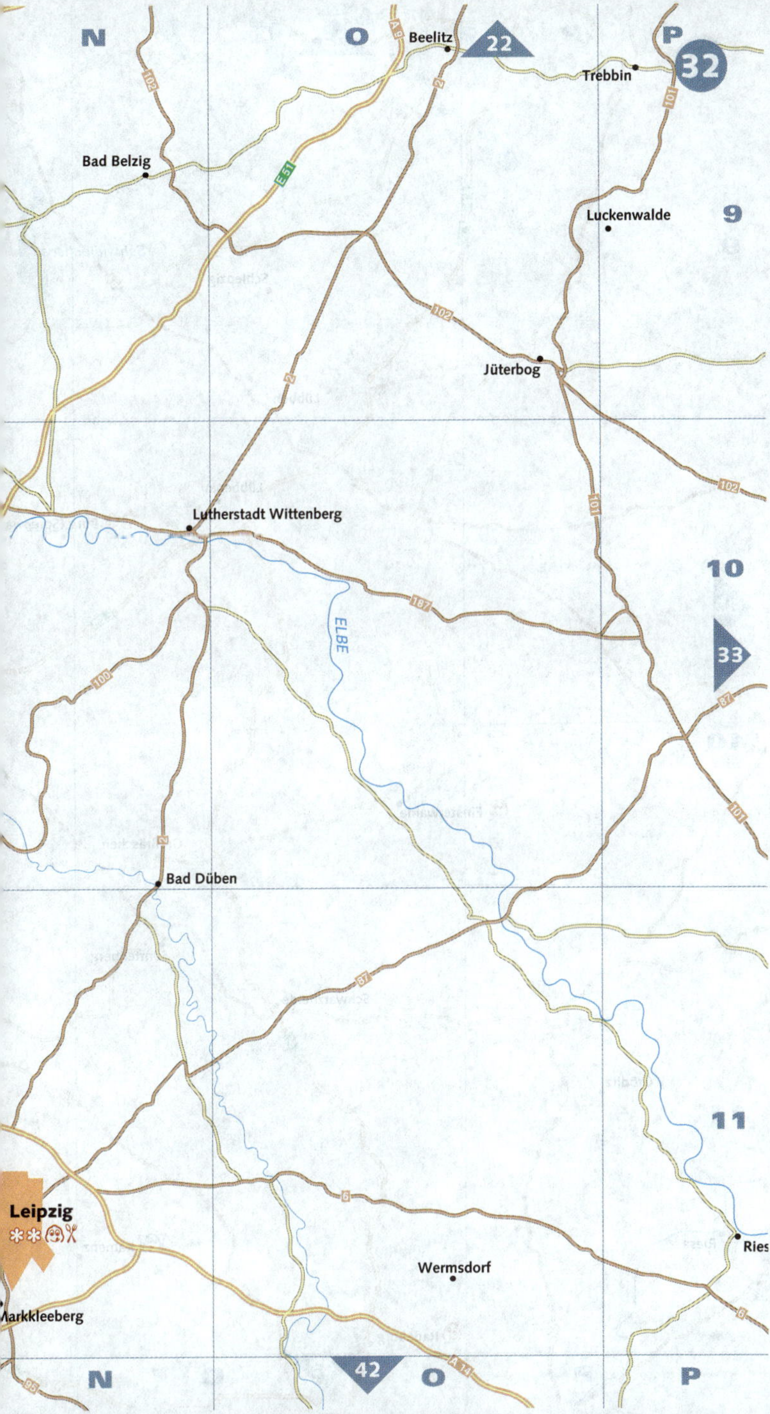
N
O
P
22
32
Beelitz
Trebbin
Bad Belzig
Luckenwalde
9
Jüterbog
Lutherstadt Wittenberg
ELBE
10
33
Bad Düben
11
Leipzig
Ries
Wermsdorf
Markkleeberg
42
N
O
P

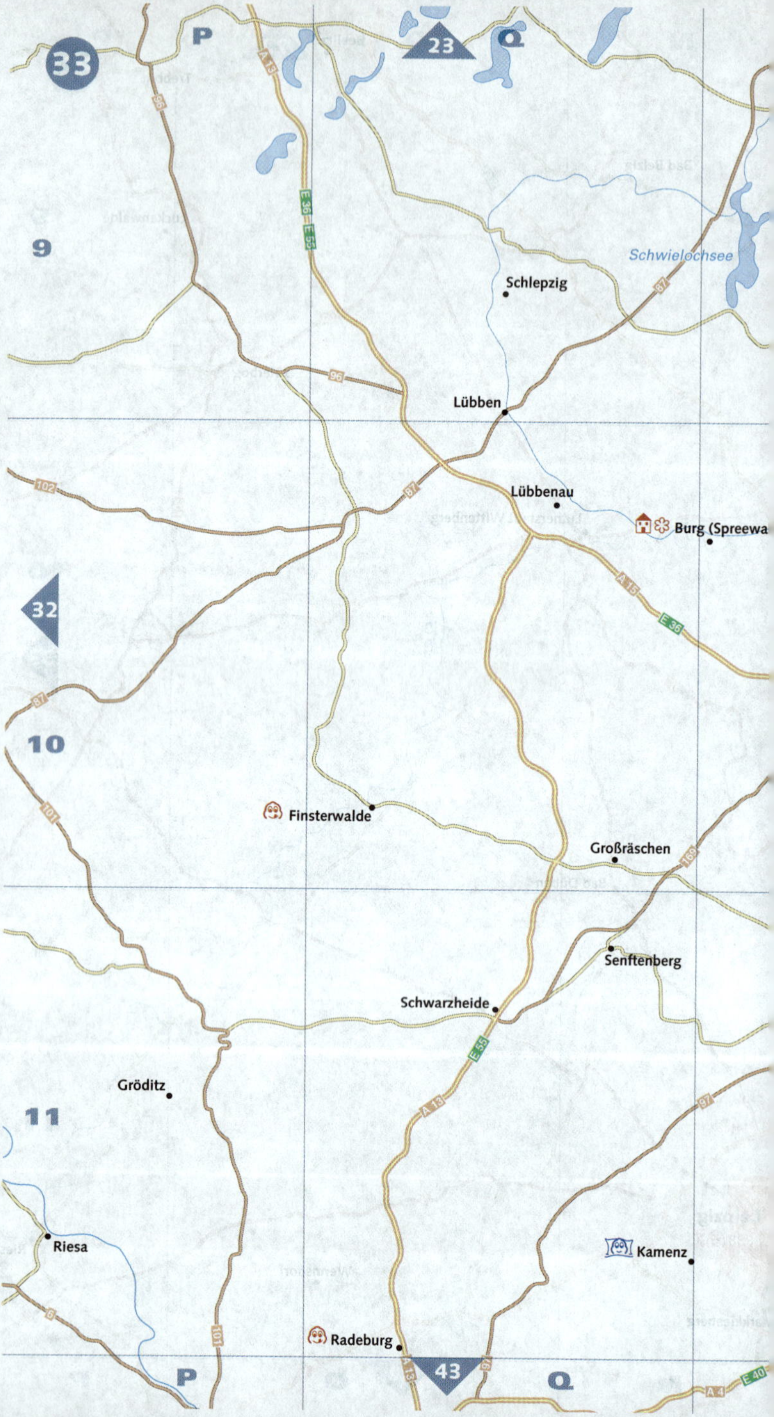
33
P
23
Q
A 13
E 36
E 55
96
9
Schlepzig
Schwielochsee
87
Lübben
102
Lübbenau
Burg (Spreewa
A 15
E 36
32
87
10
101
Finsterwalde
Großräschen
169
Senftenberg
Schwarzheide
E 55
A 13
Gröditz
11
97
Riesa
Kamenz
6
101
Radeburg
A 13
43
97
P
Q
A 4
E 40

R
24
S
34
Eisenhüttenstadt
9
POLSKA
ottbus
10
Spremberg
Bad Muskau
Spree
Hoyerswerda
11
Bautzen
44
Görlitz
T

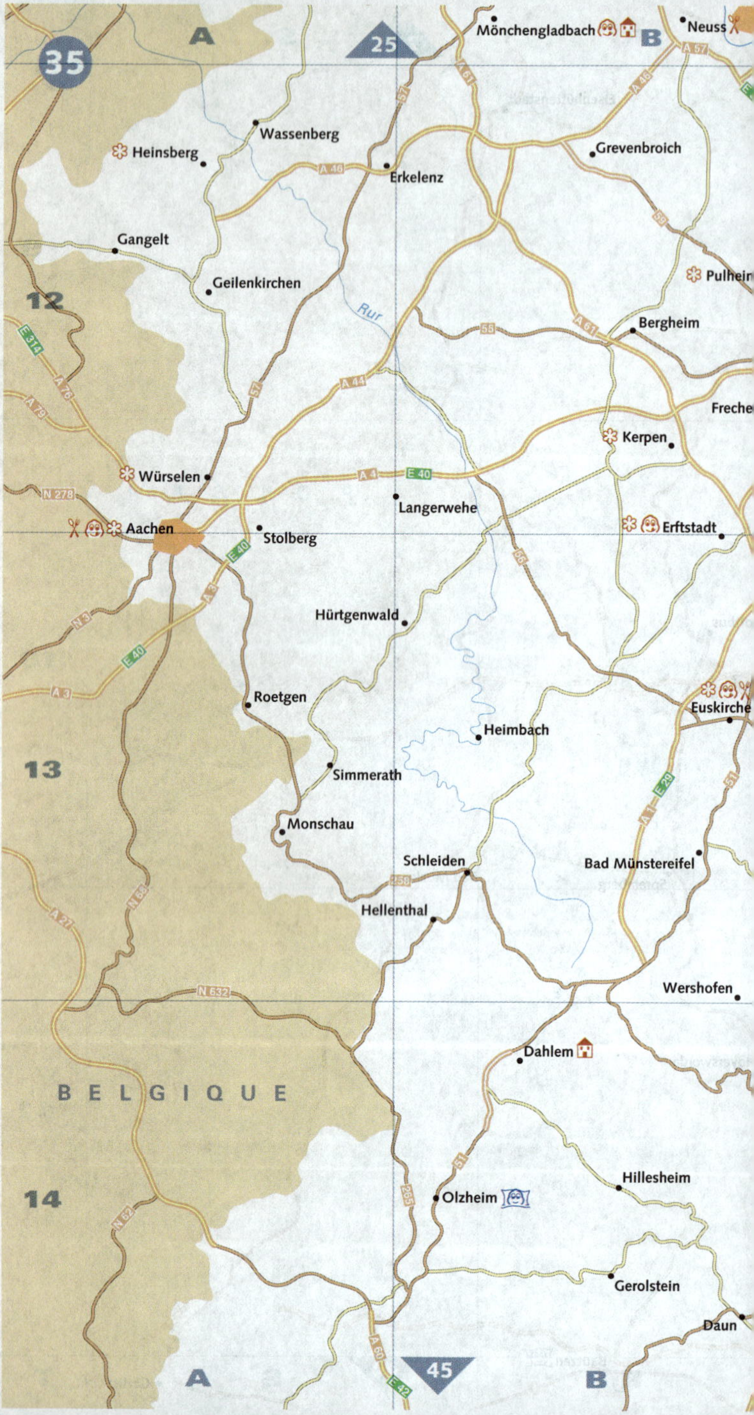

35
A
25
Mönchengladbach
B
Neuss
A 57
A 46
A 61
57
Wassenberg
Heinsberg
Grevenbroich
A 46
Erkelenz
59
Gangelt
Pulheim
Geilenkirchen
12
Rur
55
A 61
Bergheim
E 314
A 76
A 79
A 44
57
Frechen
Kerpen
Würselen
A 4
E 40
N 278
Langerwehe
Aachen
Stolberg
Erftstadt
E 40
A 3
56
N 3
Hürtgenwald
E 40
A 3
Roetgen
Euskirchen
Heimbach
13
Simmerath
E 29
51
A 1
Monschau
Schleiden
Bad Münstereifel
258
Hellenthal
A 27
N 68
Wershofen
N 632
Dahlem
BELGIQUE
51
Hillesheim
14
Olzheim
265
N 62
Gerolstein
Daun
A 60
45
A
B
E 42

C
D
26
36
12
13
14
37
45
46
Lüdenscheid
Radevormwald
Haan
Remscheid
Hilden
Hückeswagen
Langenfeld
Wermelskirchen
rmagen
Burscheid
Kürten
Odenthal
Leverkusen
Lindlar
Gummersbach
Bergneustadt
Drolsha
BERGISCH
GLADBACH
Köln
Wiehl
Reichsh
Overath
Rösrath
Nümbrecht
Morsbach
Wesseling
Lohmar
Troisdorf
Niederkassel
Siegburg
Windeck
Sieg
Hennef
Hamm
Wissen
Bonn
Swisttal
Königswinter
Meckenheim
Bad Honnef
Wachtberg
Unkel
Vettelschoss
Roßbach
Bad Neuenahr-
Ahrweiler
Waldbreitbach
Dernau
Sinzig
Mayschoss
Altenahr
Bad Hönningen
Hardert
Bad Breisig
Rengsdorf
RHEIN
Neuwied
Andernach
Bendorf
Höhr-
Grenzhausen
Adenau
Maria Laach
Kaltenengers
Vallendar
Mülheim-Kärlich
Koblenz
Nürburg
Mayen
Bad Ems
Kobern-Gondorf
Lahnstein
Braubach
Waldesch
Spay
arscheid
Kamp-Bornhofen
Boppard
Mosel
Treis-Karden
Cochem
Emmelshausen
A 46
A 1
E 37
A 3
E 35
E 31
A 4
E 40
A 45
E 41
A 553
A 59
A 555
A 565
A 61
A 48
E 44

D
37
E
27
F
Eslohe
Winterberg
Finnentrop
Schmallenberg
Lennestadt
Attendorn
Hallenberg
Kirchhundem
Bad Berleburg
A 45
E 41
55
12
Olpe
Drolshagen
Hilchenbach
E 40
A 4
Wenden
Reichshof
478
Kreuztal
62
253
54
Bad Laasphe
Morsbach
Siegen
54
Lahn
Wilnsdorf
Wissen
Betzdorf
13
Burbach
Dillenburg
Herborn
36
8
Höhn
Rennerod
A 45
E 41
277
Gie
Westerburg
54
Leun
Wetzlar
49
Braunfels
Weilburg
Hadamar
ausen
49
A 3
E 35
Limburg an der Lahn
ad Ems
Balduinstein
Lahn
Usingen
Weilrod
14
Neu-Anspach
ofen
Bad Homburg vor der Höhe
Hünstetten
54
8
Idstein
Glashütten
Oberursel
Nastätten
Hohenstein
46
47
D
E
F
Königstein im Taunus
Kronberg im Taunus

G
28
H
38
Bad Emstal
Waldeck
Eder-Stausee
A 49
Bad Wildungen
Fritzlar
Felsberg
Melsunge
Frankenau
252
253
Eder
Frankenberg (Eder)
Mor
A 7
E 45
12
Burgwald
Knüllwald
3
62
Oberaula
arburg
Amöneburg
62
Ebsdorfergrund
Alsfeld
A 5
E 40
A 7
E 45
39
Fulda
13
Lauterbach
A 480
E 40
49
Grünberg
Laubach
Lich
E 451
A 5
Schotten
Hungen
Hosenfeld
Fu
Neuhof
Gedern
14
Schlüchtern
Bad Nauheim
Friedberg
Bad Soden-Salmünster
Karben
Nidderau
45
A 45
Ronneburg
Bad Orb
47
d Vilbel
Gelnhausen
G
48
H
A 66
E 41
Erlensee

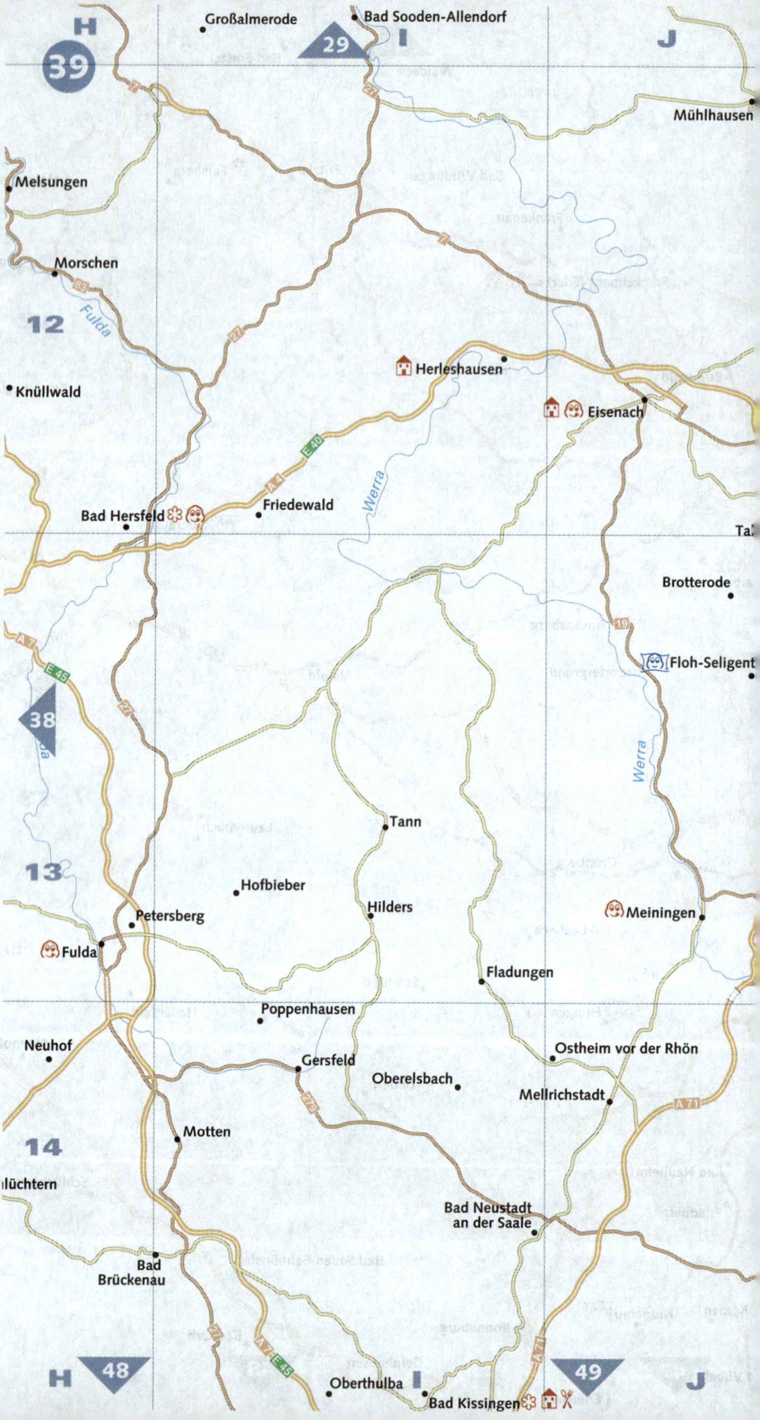

H
39
Großalmerode
29
Bad Sooden-Allendorf
I
J
Mühlhausen
7
27
Melsungen
Morschen
83
Fulda
12
Knüllwald
Herleshausen
Eisenach
E 40
A 4
Werra
Friedewald
Bad Hersfeld
Brotterode
19
Floh-Seligent
A 7
E 45
38
27
Werra
Tann
13
Hofbieber
Hilders
Meiningen
Petersberg
Fulda
Fladungen
Poppenhausen
Neuhof
Ostheim vor der Rhön
Gersfeld
Oberelsbach
279
Mellrichstadt
A 71
Motten
14
lüchtern
Bad Neustadt
an der Saale
Bad
Brückenau
27
A 7
E 45
A 71
H
48
49
I
J
Oberthulba
Bad Kissingen

K
30
L
40
Riethnordhausen
12
Erfurt
Weimar
Gotha
7
A 71
A 4
E 40
Friedrichroda
nsterbergen
Blankenhain
41
Uhlstädt
Rudolstadt
Saale
Oberhof
A 71
13
Saalfeld
Zella-Mehlis
Saalfelder Höhe
Suhl
Schmiedefeld am Rennsteig
Frauenwald
Nahetal-Waldau
Masserberg
Neuhaus am Rennweg
Reurieth
89
14
A 73
Stockheim
Coburg
Wa
Ahorn
Kronach
173
279
49
K
50
L

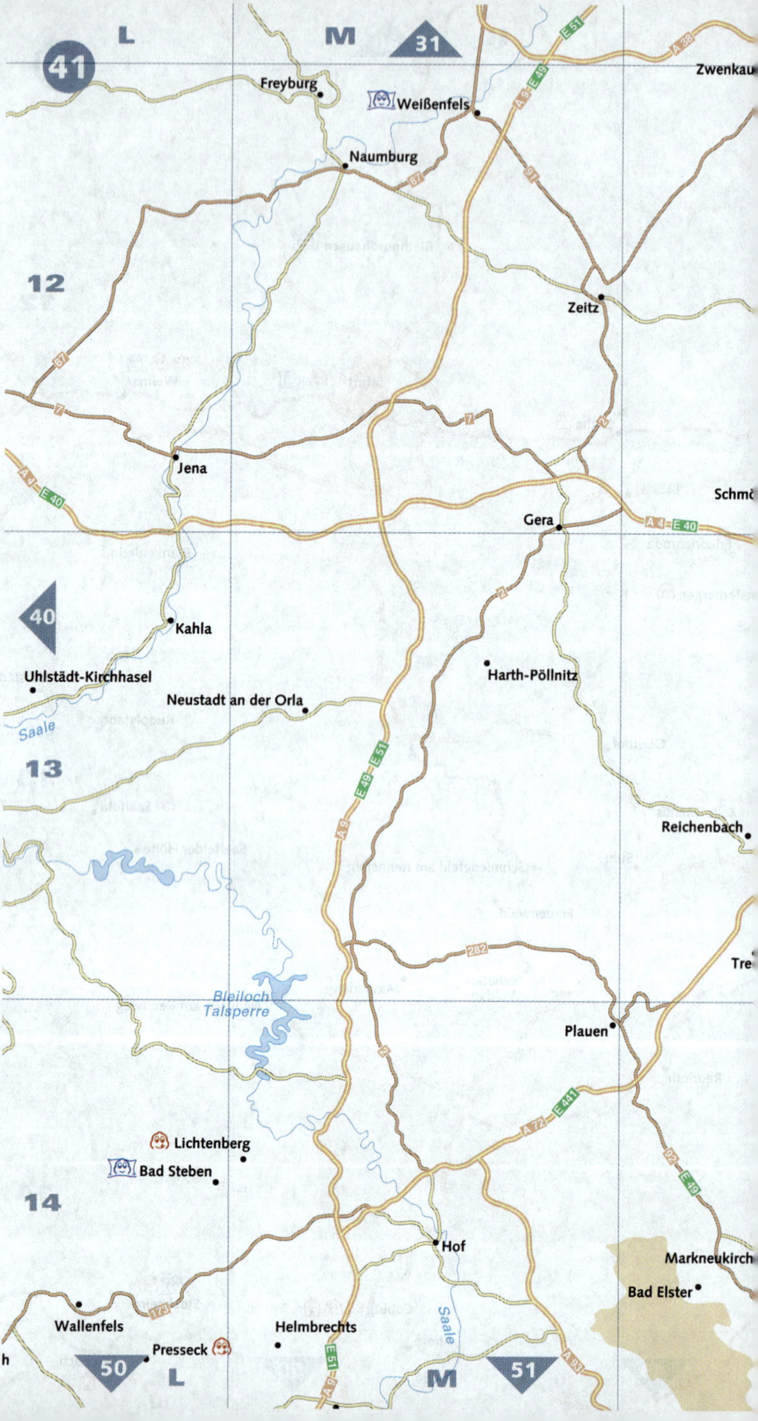
L
M
31
41
Zwenkau
Freyburg
Weißenfels
Naumburg
12
Zeitz
Jena
Schm
Gera
A 4
E 40
40
Kahla
Uhlstädt-Kirchhasel
Harth-Pöllnitz
Neustadt an der Orla
Saale
13
Reichenbach
Tre
Bleiloch Talsperre
Plauen
Lichtenberg
Bad Steben
14
Hof
Markneukirch
Bad Elster
Wallenfels
Helmbrechts
Presseck
Saale
50
51
A 9
E 51
E 49
A 72
E 441
A 93
A 38
87
7
2
91
92
173
282

arkkleeberg
N
32
O
P
42
A 14
Döbeln
12
E 40
A 4
95
93
173
Waldenburg
Limbach-Oberfrohna
A 72
Meerane
Chemnitz
Crimmitschau
A 4
E 40
43
Hohenstein-Ernstthal
Neukirchen
174
Werdau
Zwickau
E 441
A 72
13
Marienberg
Hartenstein
174
Bad Schlema
Tannenberg
Aue
Annaberg-Buchholz
Schwarzenberg
Auerbach
Schönheide
Johanngeorgenstadt
Oberwiesenthal
E 442
14
Klingenthal
13
ČESKÁ REPUBLIKA
51
N
E 49
O
52
P

43
P
Q
33
Radeburg
Meißen
Radebeul
12
Bischofswerd
Großharthau
Dresden
Freital
Hartha
Rabenau
Hohnstein
Rathen
Pirna
Dohna
Bad Schandau
Freiberg
Dippoldiswalde
Bad Gottleuba-
Berggießhübel
Frauenstein
42
Altenberg
13
Seiffen
Č E S K Á
14
52
P
Q
A 4
E 40
A 13
A 17
E 55
6
101
97
172
173
170
63
8
13
7
27

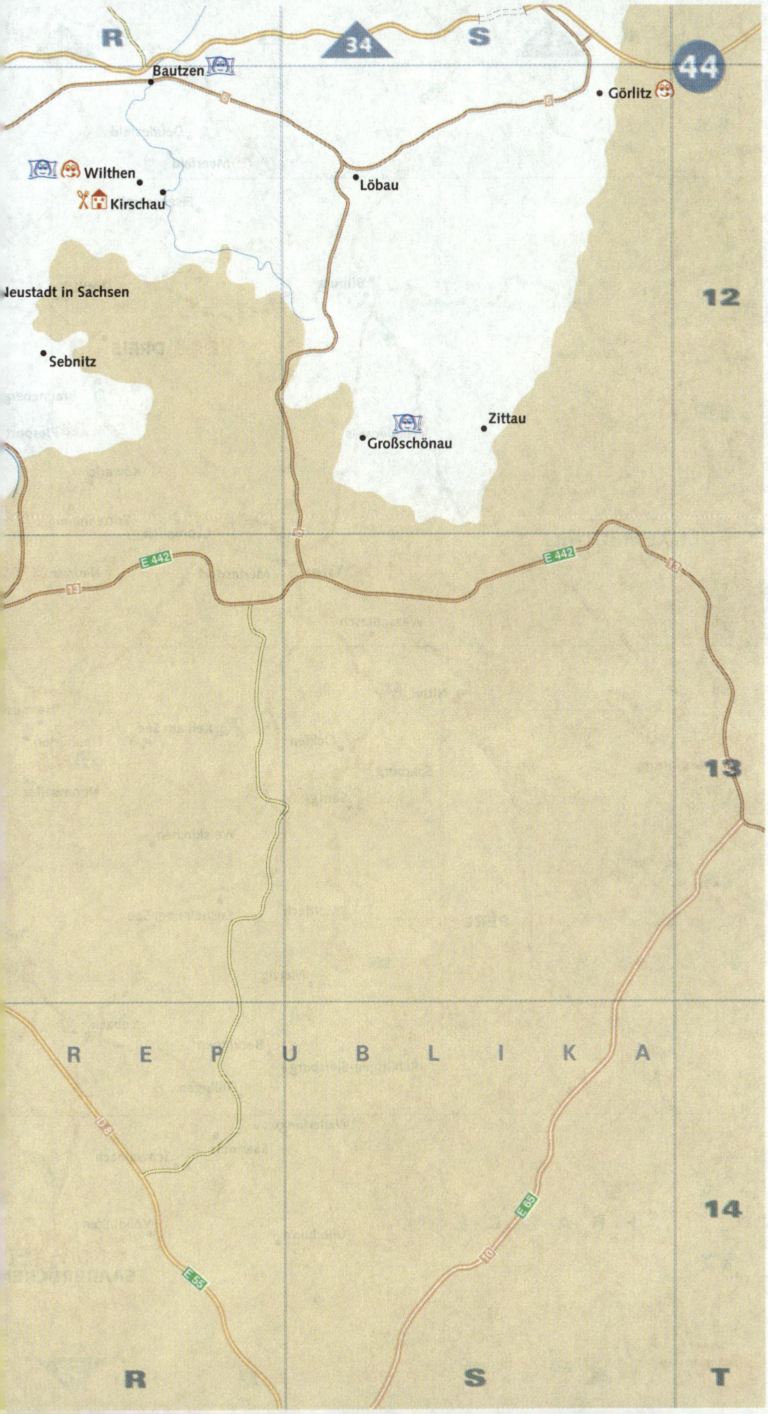
R
34
S
44
Bautzen
Görlitz
Wilthen
Kirschau
Löbau
Neustadt in Sachsen
Sebnitz
12
Zittau
Großschönau
E 442
13
13
R E P U B L I K A
14
E 65
E 55
R
S
T

45
A
35
B
36
Daun
Deudesfeld
Meerfeld
Eisenschmitt
Bitburg
Wittlich
DREIS
Brauneberg
Piesport
Niederweis
Köwerich
Trittenheim
Longuich
LUXEMBOURG
Trier
Mertesdorf
Naurath
Wasserliesch
Nittel
Hermesk
Kell am See
Neuhütten
Ockfen
Saarburg
Luxembourg
Nonnweiler
Serrig
Weiskirchen
Mettlach
Losheim am See
PERL
Tho
Merzig
Saar
Lebach
Beckingen
Rehlingen-Siersburg
Dillingen
Wallerfangen
Saarlouis
Schwalbach
F R A N C E
Völklingen
Überherrn
SAARBRÜCKEN
Metz
A
B
53
14
15
16
17
A 60
E 42
257
E 421
N 7
E 29
50
E 44
A 1
51
A 64
N 11
52
A 602
E 422
268
419
A 3
A 13
E 25
A 8
D 654
A 31
269
A 620
A 4
E 50
A 320

36
C
Boppard
D
37
E
46
stätten
Mosel
Cochem
Treis-Karden
Emmelshausen
Sankt Goar
14
Beilstein
Oberwesel
Dörscheid
d Bertrich
Nehren
Kaub
Alf
327
A 61
Zell
Bacharach
49
Reil
E 31
zig
Oberheimbach
Simmern
Geisenh
eltingen-
achtig
50
Rüd
Traben-Trarbach
Stromberg
Bingen
ser
Bernkastel-Kues
ilheim
15
Horbruch
Langen
Veldenz
50
Guldental
Bretzen
Bundenbach
Bad Kreuznach
Morbach
Asbacherhütte
Bad Sobernheim
327
Nahe
Langweiler
Kempfeld
Kirn
41
Niederhausen
47
Meddersheim
Meisenheim
Idar-Oberstein
420
Kirchheim
Lauterecken
Nohfelden
Ulmet
A 63
A 62
Kusel
Oberthal
Wartenberg-Rohrbach
Ran
16
Sankt Wendel
420
Ramstein-
Miesenbach
Enkenba
Alsenbo
Kaiserslautern
A 6
37
Landstuhl
A 62
Neunkirchen
Bexbach
Wiesbach
Homburg
17
Sankt Ingbert
Kirkel
Massweiler
A 6
Rhod
A 8
Blieskastel
Zweibrücken
Dernbac
Fran
Wilgartswiesen
Hornbach
10
Mandelbachtal
Pirmasens
Hauenstein
53
C
Lemberg
D
54
E
Leinswe
Dahn

47
E
37
F
38
Hünstetten
Idstein
Bad Homburg vor der Höhe
Nastätten
Hohenstein
Glashütten
Oberursel
Königstein im Taunus
Kronberg im Taunus
Bad V
14
Taunusstein
Frankfurt am Main
Offenb am M
Hofheim
Wiesbaden
Hattersheim
Kelsterbach
Kiedrich
Walluf
Oestrich-Winkel
Eltville am Rhein
Hochheim am Main
Heusenstan
Geisenheim
Mainz
Rüsselsheim
Dreieich
Rüdesheim
Heidesheim am Rhein
Ingelheim
Langen
Ginsheim-Gustavsburg
Bodenheim
Trebur
15
Langenlonsheim
Gau-Bischofsheim
Jugenheim
Büttelborn
Bretzenheim
Saulheim
Nierstein
St. Johann
Oppenheim
Darmstadt
Sprendlingen
Selzen
Ober-Ramst
Wöllstein
Flonheim
Seeheim-Jugenheim
46
Alzey
Zwingenberg
Kirchheimbolanden
Bermersheim
Bensheim
Lindenfels
Flörsheim-Dalsheim
Worms
Heppenheim
Zellertal
Lorsch
Grünstadt
Laumersheim
Heßheim
16
Neuleiningen
Birkenau
Ramsen
Großkarlbach
Frankenthal
Viernheim
Weinheim
Freinsheim
MANNHEIM
Hirschberg
Enkenbach-Alsenborn
Kallstadt
Heiligkreuzstein
Ludwigshafen am Rhein
Bad Dürkheim
Ladenburg
Schriesheim
Wachenheim
Dossenheim
Forst an der Weinstraße
Mutterstadt
Altrip
Deidesheim
Limburgerhof
Brühl
Heidelberg
Ruppertsberg
Schwetzingen
Schifferstadt
Neckargem
Haßloch
Ketsch
17
Neustadt an der Weinstraße
Leimen
Speyer
Sankt Martin
Maikammer
Rhodt unter Rietburg
Edenkoben
Wiesloch
Edesheim
Dernbach
Sankt Leon-Rot
Hainfeld
Rauenberg
Frankweiler
Gleisweiler
Zeiskam
Angelbachtal
Ilbesheim bei Landau
Bornheim
Bad Schönborn
Östringen
Bellheim
Leinsweiler
Landau in der Pfalz
54
elsheim
F
55
Rülzheim
A 3
E 35
A 66
A 671
A 60
E 42
A 67
A 5
E 451
A 61
E 31
A 63
A 6
A 656
A 65
E 50

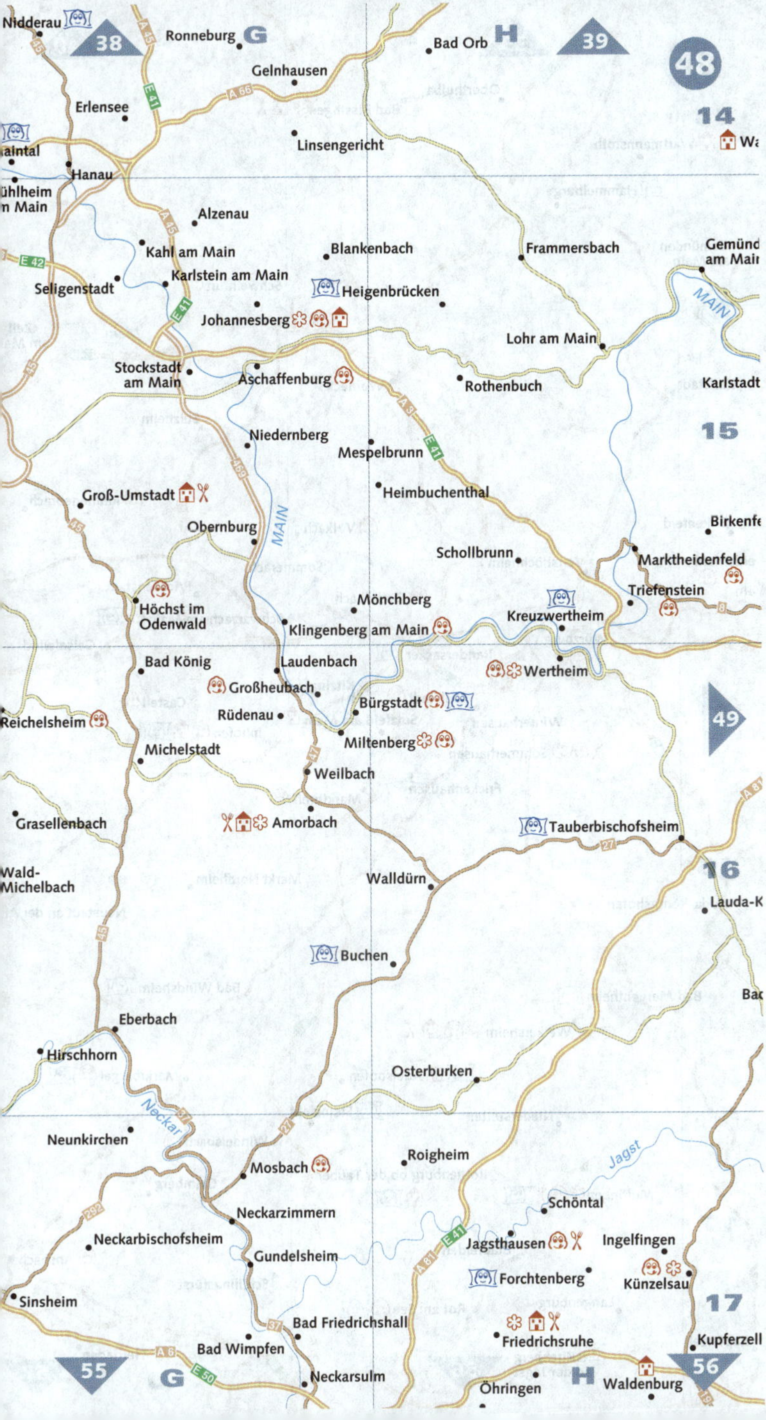

38
G
H
39
48
14
15
16
17
49
55
56
Nidderau
Ronneburg
Bad Orb
Gelnhausen
Erlensee
Linsengericht
Hanau
Alzenau
Kahl am Main
Blankenbach
Frammersbach
Gemünd am Main
Seligenstadt
Karlstein am Main
Heigenbrücken
Johannesberg
MAIN
Lohr am Main
Stockstadt am Main
Aschaffenburg
Rothenbuch
Karlstadt
Niedernberg
Mespelbrunn
Heimbuchenthal
Groß-Umstadt
Obernburg
Schollbrunn
Marktheidenfeld
Triefenstein
Mönchberg
Kreuzwertheim
Höchst im Odenwald
Klingenberg am Main
Bad König
Laudenbach
Wertheim
Großheubach
Bürgstadt
Reichelsheim
Rüdenau
Miltenberg
Michelstadt
Weilbach
Grasellenbach
Amorbach
Tauberbischofsheim
Wald-Michelbach
Walldürn
Buchen
Eberbach
Hirschhorn
Osterburken
Neckar
Neunkirchen
Roigheim
Jagst
Mosbach
Schöntal
Neckarzimmern
Neckarbischofsheim
Jagsthausen
Ingelfingen
Gundelsheim
Forchtenberg
Künzelsau
Sinsheim
Bad Friedrichshall
Friedrichsruhe
Kupferzell
Bad Wimpfen
Neckarsulm
Öhringen
Waldenburg

49
39
I
J
40
14
15
16
17
48
56
57
Oberthulba
Bad Kissingen
Wartmannsroth
Hammelburg
Gemünden am Main
MAIN
Schweinfurt
Main
Zeil am Ma
Karlstadt
Werneck
Sulzheim
Rauhenebrach
Birkenfeld
Volkach
eidenfeld
ein
Veitshöchheim
Sommerach
Prichsenstadt
Dettelbach
Schwarzach am Main
Würzburg
Geiselwind
Randersacker
Kitzingen
Eibelstadt
Castell
Winterhausen
Sulzfeld am Main
Iphofen
Sommerhausen
Frickenhausen
Marktbreit
Markt Nordheim
Neustadt an der Ai
Lauda-Königshofen
Bad Windsheim
Bad Mergentheim
Weikersheim
Adelshofen
Marktbergel
Niederstetten
Steinsfeld
Windelsbach
Rothenburg ob der Tauber
Colmberg
Mulfingen
Blaufelden
Ansbach
Schillingsfürst
Langenburg
Rot am See
Kupferzell
Kirchberg an der Jagst
Herrieden
A 7
E 45
A 71
A 70
E 48
A 3
E 43
A 81
E 41
A 6
E 50
27
19
22
8
13
286

40
41
50
51
57
58
K
L
14
15
16
17
Coburg
Ahorn
Stockheim
Wallenfels
Kronach
Küps
Seßlach
Lichtenfels
Burgkunstadt
Bad Staffelstein
Main
Kulmbach
Ebensfeld
Kirchlauter
Ebelsbach
Baunach
Scheßlitz
Memmelsdorf
Hollfeld
Bamberg
Heiligenstadt
Waischenfeld
Ahorntal
Strullendorf
Hirschaid
Wiesenttal
Ebermannstadt
Pottenstein
Gößweinstein
Wachenroth
Hallerndorf
Forchheim
Adelsdorf
Kunreuth
Plech
Heßdorf
Weisendorf
Erlangen
Herzogenaurach
Schnaittach
Kirchensittenbach
Heroldsberg
Lauf an der Pegnitz
Hersbruck
Langenzenn
Fürth
Engelthal
Zirndorf
Nürnberg
Dietenhofen
Altdorf
Wendelstein
Schwabach
Pilsach
Schwanstetten
Neuendettelsau
Neumarkt in der Oberpfalz
Hilpoltstein
A 70
E 48
A 73
A 3
E 45
A 9
E 51
A 6
E 50
E 56

51
Presseck
Helmbrechts
M
Saale
41
N
14
Münchberg
Selb
Wirsberg
Weißenstadt
Bad Berneck
im Fichtelgebirge
Wunsiedel
Neudrossenfeld
Tröstau
Marktredwitz
Waldsasse
Bindlach
Fichtelberg
Bayreuth
15
Creußen
Eschenbach
in der Oberpfalz
Neustadt an der Waldnaab
Auerbach in
der Oberpfalz
50
Weiden in der Oberpfalz
Plech
Königstein
16
nbach
Wernberg-Köblitz
sbruck
Sulzbach-Rosenberg
al
Illschwang
Amberg
Schwarzenfeld
Neunbur
vorm Wal
Pilsach
Rieden
17
Bodenw
Velburg
L
58
M
Naab
Regen
N
59
A 9
E 51
A 93
E 48
E 50
E 56
A 93
173
303
85
22
15
14
85
6
16

42
O
43
P
52
14
E 49
E 48
6
15
20
ČESKÁ REPUBLIKA
E 50
D 5
50
16
26
27
17
Rötz
22
20
Cham
59
O
Grafenwiesen
Bad Kötzting
Lam
P
60

53
45
Mandelbachtal
C
Hornbach
Pirmasens
46
D
10
Wilgartswiese
Hauenstein
Lemberg
Dahn
Bruchweiler-
Bärenbach
Rumbach
17
A 4
E 25
18
N 4
D 1340
A 35
F R A N C E
D 1004
Strasbourg
Kehl
28
Willstätt
A 352
19
A 35
D 1083
Neuried
36
Friesenheim
Lahr
N 59
Rust
E 35
Ettenheim
Ringsheim
A 5
3
20
Weisweil
Kenzingen
D 415
61
C
Malterdingen
D
Riegel

Frankweiler
Gleisweiler
Ilbesheim bei Landau
Bornheim
Zeiskam
E
47
Bad Schönborn
F
Angelbachtal
Östringen
54
46
Landau in der Pfalz
Knittelsheim
Bellheim
Rülzheim
Kapellen-Drusweiler
Herxheim
Neupotz
Bruchsal
17
Bad Bergzabern
RHEIN
Eggenstein-Leopoldshafen
Kandel
Oberotterbach
Wörth am Rhein
Weingarten
Bretten
Karlsruhe
Scheibenhardt
Pfinztal
Königsbach-Stein
Ettlingen
Remchingen
Waldbronn
18
Keltern
Pforzheim
Straubenhardt
Rastatt
Muggensturm
Iffezheim
Kuppenheim
Unterreichenbach
Hügelsheim
Bad Herrenalb
Dobel
Höfen an der Enz
Schömberg
Baden-Baden
Gernsbach
Bad Liebenzell
Lichtenau
Bühl
Bühlertal
Bad Teinach-Zavelstein
Calw
55
Enzklösterle
Sasbach
Sasbachwalden
Achern
Wildberg
Kappelrodeck
Renchen
Seewald
Ottenhöfen im Schwarzwald
Altensteig
Oberkirch
Nagold
Lautenbach
BAIERSBRONN
Pfalzgrafenweiler
Durbach
Oppenau
Bad Peterstal-Griesbach
Freudenstadt
19
Gengenbach
Nordrach
Berghaupten
Bad Rippoldsau-Schapbach
Empfingen
Zell am Harmersbach
Biberach im Kinzigtal
Alpirsbach
Wolfach
Schenkenzell
Schiltach
Haslach im Kinzigtal
Hofstetten
Biederbach
Hornberg
Schramberg
Villingendorf
20
Elzach
61
62
E
F
Ratshausen
Rottweil
Schonach

Sinsheim
47
G
Bad Friedrichshall
H
Friedrichsruhe
48
55
Bad Wimpfen
Neckarsulm
Öhringen
Waldenb
Schwaigern
Heilbronn
Bretzfeld
17
Eppingen
Leingarten
Weinsberg
Sulzfeld
Lauffen am Neckar
Brackenheim
Ilsfeld
Abstatt
Neckarwestheim
Bönnigheim
Oberstenfeld
Löchgau
Aspach
Ötisheim
Bietigheim-Bissingen
Backnang
Auenwald
Vaihingen an der Enz
Marbach am Neckar
Niefern-Öschelbronn
Markgröningen
Asperg
Ludwigsburg
Möglingen
Remseck am Neckar
Winnenden
Rudersberg
Ditzingen
Korntal
Waiblingen
Tiefenbronn
Fellbach
Remshalden
Schorndorf
18
Gerlingen
Stuttgart
Weinstadt
Kernen im Remstal
Winterbach
Wäschenbeure
Esslingen am Neckar
54
Sindelfingen
Ostfildern
Wangen
Plochingen
Göpping
Leinfelden-Echterdingen
Köngen
Uhingen
Böblingen
Wendlingen am Neckar
Ehningen
Notzingen
Gärtringen
Steinenbronn
Filderstadt
Oberboihingen
Ohmden
Holzgerlingen
Waldenbuch
Kirchheim unter Teck
Bad Bo
Nürtingen
Herrenberg
Bempflingen
Beuren
Pliezhausen
Ammerbuch
Neuffen
Metzingen
Dettingen an der Erms
Tübingen
Neckar
Bad Urach
Rottenburg am Neckar
Reutlingen
19
Pfullingen
Starzach
Lichtenstein
Münsingen
Sonnenbühl
Gomadingen
Hechingen
Bisingen
Trochtelfingen
20
Albstadt
62
63
Ratshausen
G
H
Meßstetten

48
49
56
Langenburg
Rot am See
I
J
upferzell
Kirchberg an der Jagst
Herrieden
A 6
E 50
Ilshofen
Feuchtwangen
17
Crailsheim
Schwäbisch Hall
Dinkelsbühl
Stimpfach
Fichtenau
A 7
25
Rosenberg
Gaildorf
Jagst
Sulzbach
Ellwangen
E 43
Gschwend
19
29
Nördlingen
18
Aalen
29
25
Schwäbisch Gmünd
Waldstetten
Königsbronn
57
Amerdingen
Salach
Donzdorf
Heidenheim an der Brenz
chlat
Giengen an der Brenz
19
Höchstädt an der Donau
16
Geislingen an der Steige
ad Überkingen
Dillingen an der Donau
10
ad Ditzenbach
E 43
A 7
Lauingen
Rammingen
Merklingen
19
Langenau
Günzburg
DONAU
10
10
Blaubeuren
Ulm
Neu Ulm
311
Ichenhausen
Jettingen-Scheppach
Erbach
Senden
Neuburg an der Kammel
Weißenhorn
Thannhausen
Ehingen
Vöhringen
A 7
30
Burgrieden
Krumbach
20
Laupheim
Illertissen
E 43
63
64
I
J
Schwendi

57
49
K
50
L
17
Hilpoltstein
Spalt
Brombachsee
Altmühlsee
Gunzenhausen
Pleinfeld
Gnotzheim
Weißenburg in Bayern
Altmühl
Titting
Treuchtlingen
Kipfenberg
Pappenheim
Eichstätt
18
Wemding
Mörnsheim
Ingolstadt
56
Neuburg an der Donau
Donauwörth
Weichering
Rain am Lech
Ehekirchen
Blindheim
Allmannshofen
Wertingen
Thierhaupten
Schrobenhausen
Lech
19
Aichach
Gersthofen
A 8
E 52
Horgau
Augsburg
Friedberg
Odelzhausen
20
Bergkirchen
Maisach
Olching
J
64
K
65
L
Schwabmünchen

50
Velburg
M
51
N
58
Naab
Regen
Parsberg
Kallmünz
17
Regenstauf
Pettendorf
Beilngries
Donaustauf
Regensburg
Neutraubling
Mintraching
Bad Abbach
Kelheim
18
Abensberg
Neustadt an der Donau
DONAU
Neufahrn in Niederbayern
59
Mainburg
Essenbach
Altdorf
Landshut
Pfaffenhofen an der Ilm
19
Reichertshausen
Vilsbiburg
Allershausen
Hohenkammer
Freising
Kranzberg
Fahrenzhausen
Hallbergmoos
Taufkirchen
Oberding
öhrmoos
Neufahrn bei Freising
Eching
Erding
20
Unterschleißheim
Dorfen
Walpertskirchen
Oberschleißheim
Sankt Wolfgang
Ismaning
65
66
Unterföhring
M
N
Kirchdorf
A 93
A 3
E 56
A 9
E 45
A 92
E 53
E 52
E 552
E 5
16
8
15
15a
15n
12
85

59
N
51
Cham
O
52
Grafenwiesen
Bad Kötzting
Lam
17
Drachselsried
Rattenberg
Viechtach
Bodenmais
Kollnburg
Teisnach
Zwie
Sankt Englmar
A 3
E 56
E 5
E 53
ing
Bernried Kreis
Deggendorf
Bogen
Niederwinkling
Straubing
18
Deggendorf
Plattling
DONAU
58
Mengkofen
A 92
Landau an der Isar
Dingolfing
Aldersbach
Arnstorf
19
Bad Griesbach
im Rotta
Schalkham
Vilsbiburg
Bad Birnbach
Pleiskirchen
20
Simbach am Inn
A 94
E 552
Altötting
66
67
Kraiburg am Inn
N
Mehring
O
Burghausen

P
52
Q
R
60
17
ČESKÁ REPUBLIKA
Frauenau
Spiegelau
Sankt Oswald-Riedlhütte
Mauth
Grafenau
18
Haidmühle
Freyung
Waldkirchen
Hauzenberg
Wegscheid
Thyrnau
Untergriesbach
Passau
Fürstenzell
Neuburg am Inn
19
Ruhstorf an der Rott
ÖSTERREICH
Bad Füssing
INN
E 552
E 56
137
141
20
A 8
P
67
Q
R

61
C
53
D
54
Colmar
20
Mulhouse
21
Basel
22
F R A N C E
S C H W
RHEIN
Ringsheim
Hofstetten
Weisweil
Kenzingen
Biederbach
Malterdingen
Freiamt
Elzach
Riegel
Endingen
Gutach im Breisgau
Winden im Elztal
Emmendingen
Waldkirch
Simonswald
Vogtsburg im Kaiserstuhl
Denzlingen
Ihringen
March
Glottertal
Breisach
Gundelfingen
Umkirch
Sankt Peter
Freiburg im Breisgau
Kirchzarten
Merzhausen
Buchenbach
Pfaffenweiler
Horben
Breitnau
Bad Krozingen
Oberried
Staufen im Breisgau
Heitersheim
Hinterzarten
Sulzburg
Münstertal
Feldberg
Neuenburg am Rhein
Wieden
Todtnau
Müllheim
Badenweiler
Bernau im Schwarzwald
Auggen
Schönau im Schwarzwald
Tunau
Schliengen
Kleines Wiesental
Sankt Blasien
Bad Bellingen
Todtmoos
Kandern
Efringen-Kirchen
Steinen
Schopfheim
Binzen
Eimeldingen
Lörrach
Wehr
Weil am Rhein
Laufenburg
Rheinfelden
Grenzach-Wyhlen
Bad Säckingen
C
D

E
F
G
54
55
62
Hornberg
Schramberg
Villingendorf
E 41
Ratshausen
Al
Schonach
Rottweil
Meßstetten
Königsfeld im Schwarzwald
Triberg
Schönwald
20
Trossingen
Spaichingen
DONAU
Villingen-Schwenningen
Hausen Ob Verena
Fridingen an der Donau
A 864
Tuttlingen
311
Donaueschingen
itisee-Neustadt
Hüfingen
Geisingen
31
Lenzkirch
A 81
Stock
27
Schluchsee
Bonndorf
Tengen
E 41
E 54
Bodman Ludwigsha
Grafenhausen
21
Häusern
Singen
Stühlingen
Radolfzell
Höchenschwand
Moos
Schaffhausen
Büsingen am Hochrhein
314
Öhningen
Gaienhofen
Waldshut-Tiengen
Klettgau
63
34
Dettighofen
Lottstetten
RHEIN
Hohentengen am Hochrhein
A 1
Zürich
22
E
I
Z
A 3
A 4
E
F
G

63
G
55
H
5
Ehingen
Albstadt
Meßstetten
20
DONAU
Sigmaringen
Scheer
Biberach an der Riß
dingen
der Donau
Meßkirch
Bad Saulgau
Bad Schussenried
Ostrach
Pfullendorf
Bad Waldsee
Stockach
Bodman-
Ludwigshafen
Frickingen
Heiligenberg
Weingarten
Wolfeg
21
Salem
Deggenhausertal
Kißle
Überlingen
Ravensburg
Uhldingen-Mühlhofen
Markdorf
Oberteuringen
Reichenau
(Insel)
Meersburg
Meckenbeuren
Amtzell
Gaienhofen
Hagnau
Wangen im Allgäu
Konstanz
Immenstaad
Tettnang
Friedrichshafen
Neukirch
62
Bodensee
Kressbronn
Linden
im Allg
Langenargen
Nonnenhorn
Wasserburg
Scheidegg
Lindau im Bodensee
Bregenz
22
S C H W E I Z
G
H

56
57
64
65
20
21
22
I
J
K
Vöhringen
Burgrieden
Illertissen
Schwendi
Kirchdorf an der Iller
Ochsenhausen
Thannhausen
Krumbach
Mindelheim
Erkheim
Westerheim
Bad Wörishofen
Memmingen
Ottobeuren
Bad Wurzach
Bad Grönenbach
Kaufbeuren
Iller
Leutkirch im Allgäu
Dietmannsried
Marktoberdorf
Kempten
Lechbruck
Isny im Allgäu
Maierhöfen
Waltenhofen
Rückholz
Seeg
Roßhaupten
Oy-Mittelberg
Stiefenhofen
Wertach
Hopferau
Weiler-Simmerberg
Oberstaufen
Pfronten
Füssen
Schwan
Immenstadt im Allgäu
Sonthofen
Bad Hindelang
Ofterschwang
Fischen im Allgäu
Obermaiselstein
Oberstdorf
Riezlern
Kleinwalsertal
Hirschegg
Mittelberg
ÖSTERREICH
A 7
E 43
E 532
12
179

65
K
57
L
20
21
22
64
Dachau
Unterschleißheim
Bergkirchen
Oberschleißheim
Maisach
Olching
Fürstenfeldbruck
München
Schwabmünchen
Langerringen
Gilching
Planegg
Unterhaching
Pullach
Grünwald
Oberhaching
Landsberg am Lech
Utting am Ammersee
Ammersee
Herrsching am Ammersee
Starnberg
Straßlach-Dingharting
Lech
Pöcking
Feldafing
Dießen am Ammersee
Egling
Tutzing
Wolfratshausen
Starnberger See
Münsing
Bernried am Starnberger See
Geretsried
Weilheim
Schongau
Bad Tölz
Iffeldorf
Penzberg
Bad Heilbrunn
Rottenbuch
Wackersberg
Uffing am Staffelsee
Lechbruck
Staffelsee
Bad Bayersoien
Lenggries
Murnau
Bad Kohlgrub
Forggensee
Oberammergau
Eschenlohe
Schwangau
Wallgau
Garmisch-Partenkirchen
Krün
Grainau
Mittenwald
Ö S T E R R
Innsbruck
K
L
A 8
E 52
A 99
A 96
E 54
A 95
E 533
E 60
A 12

M
N
58
59
66
Dorfen
Walpertskirchen
Sankt Wolfgang
Ismaning
Unterföhring
Kraiburg am Inn
Kirchdorf
Forstinning
Ascheim
Feldkirchen
Vaterstetten
Zorneding
Ebersberg
Wasserburg am Inn
Ottobrunn
Grafing
Obing
INN
Glonn
Aying
Seeon-
Tuntenhausen
Chie
Feldkirchen-Westerham
Valley
Rimsting
Chiemsee
Holzkirchen
Prien am Chiemsee
Rosenheim
Bernau am Chiemsee
Rohrdorf
Miesbach
Frasdorf
Waakirchen
Bad Feilnbach
Samerberg
Aschau im Chiemgau
Neubeuern
Marienstein
Gmund am Tegernsee
Tegernsee
Brannenburg
Unterwöss
Bad Wiessee
Flintsbach am Inn
Reit im
ROTTACH-EGERN
Schliersee
Bayrischzell
Oberaudorf
Kreuth
20
21
22
67
R E I C H
A 94
A 99
A 8
E 45
E 52
E 552
12
15
304
318
307
A 93
E 60
A 12
171
173
178
181

N
O
P
67
59
60
66
20
21
22
Simbach am Inn
Altötting
Mehring
Burghausen
Inn
Alz
Salzach
Trostberg
Palling
Seeon-Seebruck
Chiemsee
Waging am See
Chieming
iemsee
Teisendorf
Freilassing
Siegsdorf
Anger
Salzburg
Piding
Ruhpolding
Unterwössen
Bad Reichenhall
Reit im Winkl
Bischofswiesen
Berchtesgaden
Ramsau
Schönau am Königssee
A 94
E 552
A 8
E 52
E 60
A 1
A 10
E 55
ÖSTERREICH

Michelin verbessert die Mobilität, denn die Welt ist mobil

Mit allen Mitteln und auf allen Wegen

Seit der Gründung des Unternehmens vor über 100 Jahren verfolgt Michelin dasselbe Ziel: die Mobilität der Menschen fördern. Das ist in erster Linie eine technologische Herausforderung an die Reifen, deren Leistungsfähigkeit wir permanent verbessern, aber auch ein konsequentes Engagement gegenüber Reisenden, damit ihre Fahrt zu einem schönen Erlebnis wird. Vor diesem Hintergrund hat Michelin eine Reihe von Produkten und Serviceleistungen entwickelt: Straßenkarten, Atlanten, Reiseführer, Autozubehör sowie Mobile Apps, Online-Routenplanung und -Assistenzdienste. Michelin setzt sich dafür ein, dass Mobilität Spaß macht!

MICHELIN
France
Tourist & Motoring Atlas
Paris
RESTAURANTS
2014
PARIS
PAR ARRONDISSEMENT

Grands Itinéraires
FRANCE
2014
LOND
DUBLIN

MADRID
More than 40 countries
des vignobles
en France

Ein Reifen
→ *Was ist das?*

Rund, schwarz, flexibel und stabil zugleich, der Reifen ist für das Rad so wichtig wie der Fuß zum Laufen. Woraus besteht ein Reifen eigentlich? Hauptsächlich aus Gummi, aber auch aus verschiedenen Textilmaterialien und / oder Metallen ... und aus Luft! Durch die richtige Kombination dieser Komponenten erhalten die Reifen ihre besonderen Eigenschaften: Haftung, Stoßdämpfung, kurz: Komfort und Sicherheit für den Fahrer.

1 ***LAUFFLÄCHE***
Eine starke Gummilage sichert die Verbindung mit dem Boden. Sie muss das Wasser gut ableiten und lang halten.

2 ***GÜRTEL***
Der aus zwei oder drei Lagen bestehende Gürtel bietet senkrecht die notwendige Flexibilität und quer die nötige Steifigkeit.

3 ***FLANKE***
Die Flanken sorgen für den Schutz der Textilkarkasse, deren Aufgabe darin besteht, die Lauffläche mit der Felge zu verbinden.

4 ***WULST UND WULSTKERN***
Die Wulstkerne sorgen für eine solide Befestigung des Reifens auf der Felge.

5 ***LUFTDICHTE INNERE GUMMILAGE***
Sie sorgt für die nötige Dichtigkeit und stellt so den korrekten Reifenluftdruck sicher.

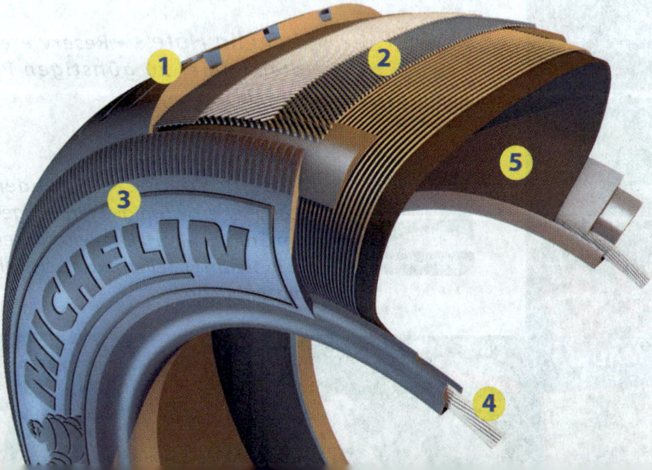

Michelin

→ *Konstante Innovation*

Der 1946 von Michelin entwickelte und patentierte Reifen mit Radialkarkasse hat die Reifenwelt revolutioniert. Um die Herausforderungen neuer Fahrzeugtechnologien zu erfüllen, hat Michelin stets weiter geforscht und im Laufe der Jahre zahlreiche neue und originelle Lösungen entwickelt. So hat das Unternehmen seine führende Position im Bereich Forschung und Entwicklung immer wieder bestätigt.

→ *Der richtige Reifendruck!*

Mobilität mit mehr Sicherheit ist ein wichtiges Anliegen von Michelin. Innovation für eine bessere Mobilität. Das ist die Herausforderung unserer F&E-Ingenieure, die an der Entwicklung von Reifen mit kürzeren Bremswegen und optimaler Fahrbahnhaftung arbeiten. Gleichzeitig veranstaltet Michelin weltweit Kampagnen, um Autofahrer für die Verkehrssicherheit zu sensibilisieren. Mit den Aktionen „Wir machen Druck" erinnert Michelin daran, welche entscheidende Rolle der richtige Reifendruck für die Sicherheit spielt.

Unsere Strategie:

→ *Reifen mit ausgewogener Gesamtleistung*

Michelin steht für Sicherheit, sparsamen Kraftstoffverbrauch und für eine besonders hohe Laufleistung. Ein Michelin Reifen bietet das alles gleichzeitig. Wie? Dank der Arbeit unserer Ingenieure, die permanent nach innovativen Lösungen und Spitzentechnologien forschen. Ihr Ziel ist es, stets mehrere Leistungsmerkmale optimal in einem Reifen zu vereinen – für alle Arten von Fahrzeugen (Pkw, Lkw, Traktoren, Baumaschinen, Flugzeuge, Motorräder, Fahrräder und Metro). Und für eine besonders ausgewogene Gesamtleistung unserer Produkte.

Geringer Verschleiß, niedriger Energieverbrauch (und CO_2-Emissionen), hohe Sicherheit durch starke Haftung und ein zuverlässiges Bremsverhalten sind die Eigenschaften eines hochwertigen Qualitätsreifens.

Leistungen auf den Punkt gebracht: Michelin Total Performance.

MICHELIN Total Performance

Michelin Tag für Tag Innovationen für eine nachhaltige Mobilität

VERANTWORTUNGSBEWUSSTER UMGANG MIT DEN RESSOURCEN DER NATUR

Nachhaltige Mobilität

→ ist eine saubere Mobilität... für alle

Nachhaltige Mobilität bedeutet, den Menschen eine saubere, sichere, preiswerte und für alle zugängliche Möglichkeit der Fortbewegung anzubieten – überall auf der Welt.

Die 113.000 Michelin Mitarbeiter arbeiten jeden Tag an innovativen Lösungen und:

- entwickeln Reifen und Serviceleistungen für die neuen Anforderungen der Gesellschaft,
- sensibilisieren Kinder und Jugendliche für die Verkehrssicherheit,
- entwerfen neue Transportlösungen mit geringem Energieverbrauch und reduzierten CO_2-Emissionen.

→ Michelin Challenge Bibendum

Nachhaltige Mobilität bedeutet, langfristig den Transport von Personen und Gütern sicherzustellen und dadurch für eine verantwortungsbewusste wirtschaftliche, soziale und gesellschaftliche Entwicklung zu sorgen. Angesichts der Verknappung der natürlichen Ressourcen und der Klimaerwärmung engagiert sich Michelin für die Achtung der Umwelt und die öffentliche Gesundheit. In diesem Zusammenhang veranstaltet Michelin regelmäßig die Michelin Challenge Bibendum, das weltweit einzige Forum für die Förderung nachhaltiger Mobilität im Straßenverkehr.

Hotels & Restaurants

Städte in alphabetischer Reihenfolge
(ä = ae, ö = oe, ü = ue)

➜ *Towns in alphabetical order*
(but ä = ae, ö = oe, ü = ue)

AACHEN

Nordrhein-Westfalen – 260 460 Ew. – Höhe 173 m – Siehe Regionalatlas **35**-A12
Berlin 637 km – Düsseldorf 81 km – Antwerpen 140 km – Köln 69 km
Michelin Straßenkarte 543

Pullman Quellenhof

Rest,

Monheimsallee 52 ✉ 52062 – ✆ (0241) 9 13 20 Stadtplan : C1**a**
– www.pullmanhotels.com
181 Zim – †153/205 € ††163/215 €, ☕ 22 € – 2 Suiten – ½ P
Rest *La Brasserie* – Menü 49/75 € – Karte 58/94 €
In dem exklusiven Grandhotel erwarten Sie das schicke moderne Royal Spa auf 1000 qm, eine schöne Bar und gute Tagungsmöglichkeiten durch das angeschlossene Kongresszentrum. Im OG: Aussicht auf Aachen. Internationale und klassische Küche im Restaurant La Brasserie und auf der Terrasse mit Parkblick.

Regence garni

Peterstr. 71 ✉ 52062 – ✆ (0241) 4 78 70 Stadtplan : C2**e**
– www.regence.bestwestern.de
60 Zim ☕ – †119/169 € ††169/209 €
In dem Stadthotel sorgt der Eingangsbereich in Gold für einen glänzenden Empfang und die Zimmer sind nach ihrer Komplettrenovierung noch ansprechender, das Feng-Shui-Konzet ist geblieben. Ebenfalls unverändert die engagierte Leitung und natürlich die Nähe zur Altstadt.

Royal garni

Jülicher Str. 1 ✉ 52070 – ✆ (0241) 18 22 80 Stadtplan : C2**z**
– www.royal.bestwestern.de – geschl. 22. - 31. Dezember
35 Zim – †77/107 € ††87/147 €, ☕ 16 € – 1 Suite
Das Hotel in verkehrsgünstiger Lage ist zeitgemäß und funktional. Komfortabler und geräumiger sind die Zimmer in dem durch einen Wintergarten erreichbaren Anbau.

Benelux garni

Franzstr. 21 ✉ 52064 – ✆ (0241) 40 00 30 Stadtplan : B3**f**
– www.hotel-benelux.de – geschl. 23. Dezember - 7. Januar
33 Zim ☕ – †70/114 € ††99/161 €
Das privat geführte Hotel in Altstadtnähe verbindet Wohnlichkeit mit Funktionalität. In neuzeitlichem Ambiente frühstückt man à la carte. Schöner Dachgarten zum Hinterhof.

La Bécasse (Christof Lang)

Hanbrucher Str. 1 ✉ 52064 – ✆ (0241) 7 44 44 Stadtplan : A3**s**
– www.labecasse.de – geschl. über Karneval 1 Woche und Samstagmittag, Sonntag - Montagmittag
Menü 35 € (mittags)/93 € – Karte 62/82 €
Christof Lang liebt seinen Beruf, das spürt man hier von der ersten Minute an. Auf dem Teller kommt seine Leidenschaft in Geschmack, Finesse und ausgesuchten Produkten zum Ausdruck. Mit feinem Gespür gibt er seiner klassischen Küche ein moderne Note. Über die Weinkarte freuen sich vor allem Freunde französischer Weine!
→ Tartar vom Wagyurinderfilet mit pochiertem Farmei, Trüffeln und Senfeis. Steinbutt mit Caviar. Ente aus dem Ofen.

Kohlibri

Sonnenscheinstr. 80, (Ecke Neuenhofstraße) (über Adalbertsteinweg D2)
✉ 52078 – ✆ (0241) 5 68 85 00 – www.kohl.de – geschl. Samstagmittag, Sonntagabend - Montag
Menü 47/69 € (abends) – Karte 47/65 €
Schon bei der Fahrt mit dem Lift in die 6. Etage des Auto- und Motorradhauses genießt man die Aussicht auf Aachen, keine Frage, dass da die zwei Terrassen gut ankommen! Aber auch drinnen hat man dank Komplettverglasung einen schönen Blick, während man sich frische internationale Speisen mit französischem Einfluss servieren lässt. Sonntags Brunch.

Petit Charlemagne

Hartmannstr. 12 ✉ 52062 – ✆ (0241) 51 56 07 85 Stadtplan : B2**c**
– www.petit-charlemagne.de – geschl. Sonntag
Menü 30 € – Karte 29/57 €
Das Restaurant in Domnähe hat seinen Bistro-Charakter ganz bewusst, und das ist kein Widerspruch zu gehobener Küche (z. B. Gänseleber)! Wer die schöne Marmortreppe hinaufgeht, hat's etwas gediegener - hier sitzen die Gäste vor allem am Abend gerne. Achten Sie auf die Tagesempfehlungen.

One & Only (N)

Peterstr. 81 ✉ 52062 – ✆ (0241) 9 43 13 11 Stadtplan : C2**c**
– www.restaurantoneandonly.de – geschl. Anfang Januar 1 Woche, über Karneval 1 Woche und Sonntag sowie an Feiertagen
Menü 40/80 € – Karte 33/69 € – *(nur Abendessen)*
Der Chef, gebürtiger Holländer, steht selbst am Herd und bietet eine klassisch basierte Küche mit internationalen Einflüssen, eine Spezialität ist Rib-Eye-Steak oder Iberico-Schwein vom Grill. Warmes Holz, rote Backsteinwände und ein dekoratives Weinregal schaffen dazu eine sympathische Atmosphäre.

Tom's Restaurant (N)

Jakobstr. 94 ✉ 52064 – ✆ (0241) 91 28 56 88 Stadtplan : B2**b**
– www.toms-restaurant.de – geschl. Sonntag - Montag, Samstagmittag
Menü 24 € (mittags unter der Woche)/46 € – Karte 43/48 € – (abends Tischbestellung ratsam)
Aufmerksam und kompetent wird man in dem freundlichen modernen Restaurant umsorgt, und zwar mit saisonal-internationalen Speisen aus sehr guten Produkten. Schauen Sie ruhig mal durch die Fenster in die Küche, das sind interessante Einblicke! Gut parken kann man übrigens im nahen Parkhaus am Dom.

Justus K

Promenadenstr. 36 ✉ 52062 – ✆ (0241) 95 17 76 50 Stadtplan : C2**d**
– www.justusk.de – geschl. 24. Dezember - 10. Januar und Sonntag - Montag
Menü 35/65 € – Karte 41/54 € – *(nur Abendessen)* (Tischbestellung ratsam)
Gerne kommen die Gäste zu Justus Kleineidam, denn hier kann man ungezwungen essen oder einfach einen guten Wein trinken und wird dabei vom sympathischen Chef umsorgt. Das Angebot (es ist auch immer etwas Vegetarisches dabei) steht auf einer großen Tafel und wechselt täglich.

Reuters House (N)

Pontstr. 117 ✉ 52062 – ✆ (0241) 1 89 76 66 Stadtplan : B1**a**
– www.reuters-house.de – geschl. Montag, Samstagmittag, Sonntagmittag
Menü 20 € (mittags unter der Woche)/45 € – Karte 35/60 € – (abends Tischbestellung ratsam)
Gute, frische Produkte und die Zufriedenheit seiner Gäste, das liegt Küchenchef Michael Wolf am Herzen. Er kocht international-saisonal und mit regionalem Einfluss, Gewürze und Kräuter spielen dabei eine große Rolle. Benannt ist das historische Haus mit dem freundlichen modernen Restaurant übrigens nach dem Gründer der berühmten Londoner Nachrichtenagentur.

In Aachen-Burtscheid über Friedrich-Ebert-Allee Stadtplan C3 : 4 km

Art Hotel Superior

Rest, Rest,

Am Brandnerhof 101 ✉ 52066 – ✆ (0241) 6 09 70
– www.art-hotel-superior.de
56 Zim – 60/150 € 60/180 €, 15 € – 4 Suiten – ½ P
Rest – Karte 26/41 € – *(geschl. Sonntagabend)*
Das Hotel ist für Businessgäste und privat Reisende gleichermaßen ideal, denn es liegt verkehrsgünstig und doch recht zentrumsnah, hat geräumige modern-funktionale Zimmer mit kleiner Küchenzeile, die im obersten Stock meist eine schöne Sicht auf Aachen und Umland bieten. Angeschlossen: "Das Spa" mit Kosmetikangebot. Im Restaurant Il Mercato gibt es Internationales.

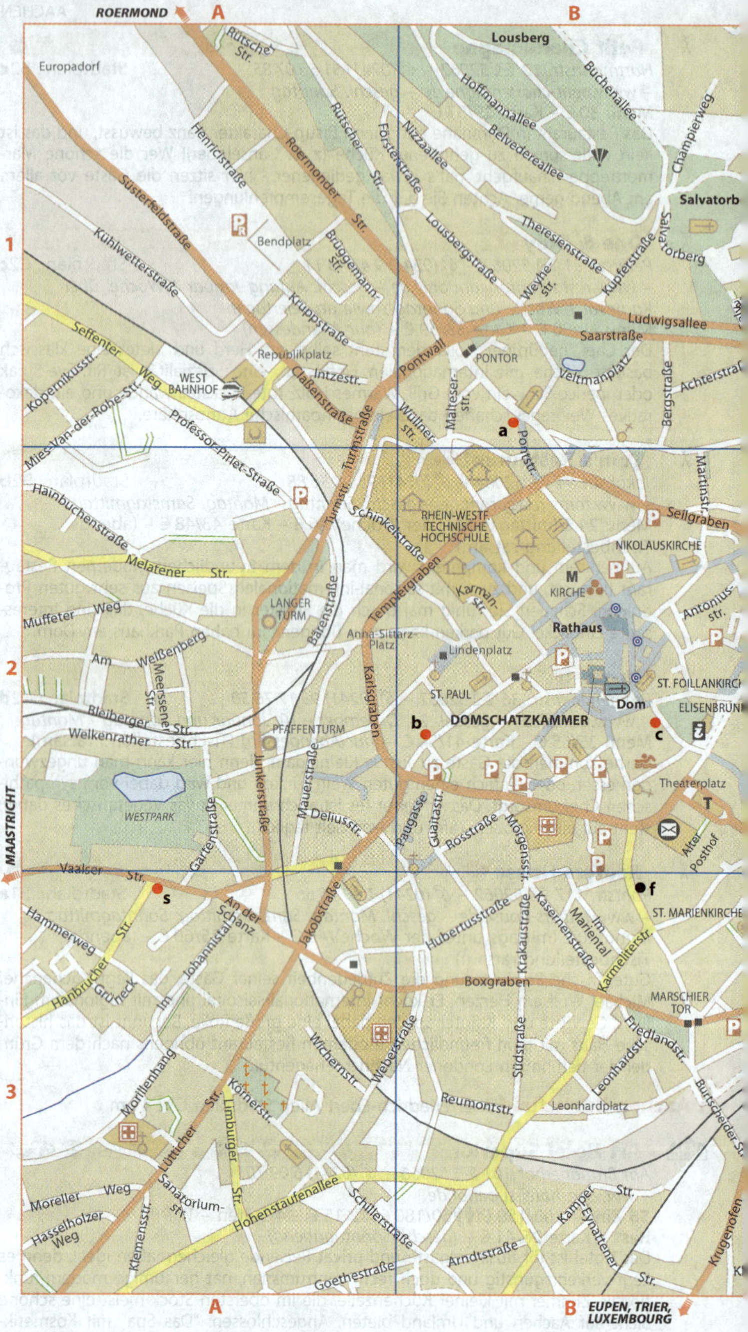
ROERMOND
A
B
1
2
3
MAASTRICHT
EUPEN, TRIER, LUXEMBOURG
Europadorf
Rütscher Str.
Lousberg
Buchenallee
Hoffmannallee
Belvederealle
Champierweg
Salvatorb
Salvatorberg
Henricistraße
Süsterfeldstraße
Kühlwetterstraße
Roermonder Str.
Rütscher Str.
Försterstraße
Nizzaallee
Lousbergstraße
Theresienstraße
Kupferstraße
Weyhe-str.
Bendplatz
Brüggemann-str.
Kruppstraße
Ludwigsallee
Saarstraße
Seffenter Weg
Republikplatz
Pontwall
PONTOR
Veltmanplatz
Bergstraße
Achterstraße
Kopernikusstr.
WEST BAHNHOF
Intzestr.
Claßenstraße
Mies-Van-der-Rohe-Str.
Professor-Pirlet-Straße
Turmstraße
Wüllner-str.
Malteser-str.
Pontstr.
a
Martinstr.
Seilgraben
Hainbuchenstraße
Turmstr.
Schinkelstraße
RHEIN-WESTF. TECHNISCHE HOCHSCHULE
NIKOLAUSKIRCHE
Melatener Str.
Templergraben
Karman-str.
M
KIRCHE
Antonius-str.
Muffeter Weg
LANGER TURM
Bärenstraße
Anna-Sittarz-Platz
Rathaus
Am Weißenberg
Meerssener-Str.
Lindenplatz
ST. PAUL
Karlsgraben
ST. FOILLANKIRCH
Dom
ELISENBRUNN
Bleiberger Str.
Welkenrather Str.
PFAFFENTURM
b
DOMSCHATZKAMMER
c
Mauerstraße
Junkerstraße
Theaterplatz
T
WESTPARK
Gartenstraße
Deliusstr.
Paugasse
Gualtastr.
Rosstraße
Mörgensstr.
Alter Posthof
Vaalser Str.
s
An der Schanz
Jakobstraße
f
ST. MARIENKIRCHE
Hammerweg
Hanbrucher Str.
Gruneck
Johannistal
Hubertusstraße
Krakaustraße
Kasernenstraße
Im Mariental
Karmeliterstr.
Im
Boxgraben
MARSCHIER TOR
Friedlandstr.
Morillenhang
Körnerstr.
Wichernstr.
Weberstraße
Südstraße
Leonhardstr.
Burtscheider St.
Reumontstr.
Leonhardplatz
Lütticher Str.
Limburger Str.
Moreller Weg
Sanatorium-str.
Hohenstaufenallee
Schillerstraße
Kamper Str.
Eynattener Str.
Hasselholzer Weg
Klemensstr.
Arndtstraße
Krugenofen
Goethestraße

C
ADAC
MÖNCHENGLADBACH
D
AACHEN
0
300 m
Soerser Weg
Karolingerstr.
Loth arstr.
Eginhardstraße
Alkuinstraße
Metzgerstr.
Krefelder Str.
Rolandstraße
Grüner Weg
Lehmkülchen
Margratenstr.
FARWICKPARK
Chlodwig-str.
Krantzstraße
HAAREN
Kardinal-
Roland-str.
Pippinstr.
Paß-str.
Burggrafenstr.
1
Wingertsberg
EUROGRESS
Lombardenstraße
Ungarnstr.
Jülicher Str.
INTERNATIONALES SPIELCASINO
Wiesental
a
Thomashofstraße
M
KURGARTEN
Europaplatz
A 544
Monheimsallee
Robensstraße
Europaplatz
DÜSSELDORF, KÖLN, MÖNCHENGLADBACH
Heinzenstr.
Mariahilf-str.
ST. ELISABETH KIRCHE
Blücher-pl.
z
Bischofstr.
Pelserkerstr.
anderstr.
c
Hansemannplatz
Sigmund-str.
Joseph-von-Görres-Straße
e
Hein-Janssen-Straße
Talstraße
Heinrichsallee
Peliserkerstraße
Maxstr.
Ottostraße
Rudolfstraße
Steinkaulstraße
Scheiben-str.
Aretzstraße
d
OSTFRIEDHOF
Ober-str.
Stiftstr.
Hohenzollernplatz
Adalbertsberg
Steffens-pl.
Adalbertsteinweg
ST. JOSEF KIRCHE
2
Beeckstr.
Sedanstraße
Harscampstraße
Kongressstraße
Wilhelmstraße
Augustastraße
Viktoriastraße
EVANGELISCHE FREIKIRCHE
Schildstr.
Gottfriedstraße
Richardstr.
Lothringer Str.
Sophienstraße
Theaterstraße
JESUITEN KIRCHE ST. ALFONS
Brabantstraße
Kurfürstenstr.
Bahnhofstr.
Vereinsstr.
Roonstr.
DREIFALTIGKEITSKIRCHE
Oppenhoffallee
Bismarckstraße
ROETGEN MONSCHAU
Römerstraße
Schloßstr.
Viktoriaallee
Beverstraße
HAUPTBAHNHOF
Bachstraße
Drimbornstraße
Turpinstr.
BURG FRANKENBERG
Bismarckstraße
Kurbrunnenstraße
Pfeilstr.
Moltkestraße
Bergische Gasse
HEMATMUSEUM
HERZ-JESU-KIRCHE
3
Kasinostraße
BURTSCHEIDER KURGARTEN
Bendstraße
Frauenmühlenweg
Dammstraße
Erzbergerallee
Im Gillesbachtal
BURTSCHEID
Friedrich-Ebert-Allee
In den Heimgärten
Im Grüntal
Zeise
Forster Weg
C
MONSCHAU, TRIER
D

In Aachen-Kornelimünster über Adalbertsteinweg Stadtplan D2 : 10 km

Sankt Benedikt (Maximilian Kreus)

Benediktusplatz 12 ✉ 52076 – ✆ (02408) 28 88 – www.stbenedikt.de – geschl. Sonntag - Montag
Menü 84/115 € – Karte 73/83 € – *(nur Abendessen)* (Tischbestellung erforderlich)
Seit der Eröffnung vor über 30 Jahren hat sich in dem schmucken historischen Stadthaus der Familie Kreus manches verändert, Sohn Maximilian leitet inzwischen die Küche. Das Doppelkonzept des charmant-modernen Restaurants kommt gut an bei den Gästen: Mittags wählt man aus einem Bistro-Angebot, am Abend gibt es gehobenere Küche in Form von kreativen Menüs!
➜ Taschenkrebs, Blumenkohl, Limette, grüne Mandeln. Königssee Saibling, Gurke, Quinoa, Zitrone, Dill. Schwarzfederhuhn von Jean-Claude Mieral, Pak Choi, Vadouvan-Reis, Shiitake.
Rest *Bistro* – siehe Restaurantauswahl

Bistro – Restaurant Sankt Benedikt

Benediktusplatz 12 ✉ 52076 – ✆ (02408) 28 88 – www.stbenedikt.de – geschl. Samstag - Montag
Karte 25/34 € – *(nur Mittagessen)*
Bürgerlich, regional, saisonal - so sieht der schmackhafte Mittagstisch im Hause Kreus aus. Auf der preislich fair kalkulierten kleinen Karte finden sich z. B. "Kürbis-Birnen-Salat, Nüsse, Schafskäse im Brickteig" oder "geschmorte Entenkeule, grüner Pfeffer, Kartoffelkuchen, Gemüse".

In Aachen-Richterich über Roermonder Straße Stadtplan A1 : 5 km

Schloss Schönau

Schönauer Allee 20 ✉ 52072 – ✆ (0241) 17 35 77 – www.schloss-schoenau.de – geschl. Montag - Dienstag
Menü 56/109 € – Karte 50/75 € – *(Mittwoch - Samstag nur Abendessen)*
In dem stilvollen historischen Herrenhaus besticht das festliche Ambiente - passend dazu (und ein echter Blickfang) die kunstvoll gearbeitete hohe Stuckdecke! Ein schöner Rahmen für die klassische Küche.
Rest *Schänke* – siehe Restaurantauswahl

Schänke – Restaurant Schloss Schönau

Schönauer Allee 20 ✉ 52072 – ✆ (0241) 17 35 77 – www.schloss-schoenau.de – geschl. Montag - Dienstag
Menü 29 € – Karte 27/53 € – *(Mittwoch - Samstag nur Abendessen)* (Tischbestellung ratsam)
In der gediegen-ländlichen Schänke mit dem freundlich-familiären Service geht es etwas regionaler zu. Neben "Filetspitzen in Monschauer Senfsauce" sind hier Schmorgerichte eine Spezialität von Axel Hobbach! Übrigens: Jeden ersten Mittwoch im Monat heißt es in dem gemütlichen Restaurant Jazz Time.

AALEN

Baden-Württemberg – 66 280 Ew. – Höhe 429 m – Siehe Regionalatlas **56**-I18
Berlin 560 km – Stuttgart 78 km – Augsburg 119 km – Nürnberg 132 km
Michelin Straßenkarte 545

Ramada Hotel Limes-Thermen

Rest, Rest,
Osterbucher Platz 1 ✉ 73431 – ✆ (07361) 94 40 – www.ramada.de
145 Zim – 90/250 € 120/280 € – ½ P
Rest – Karte 31/46 €
Das Hotel liegt ruhig oberhalb der Stadt, angeschlossen an die Limes-Thermen. Zeitgemäß-funktionelle Zimmer (teils mit Balkon), Massage und Kosmetik sowie Bar mit offenem Kamin. Internationale Küche im klassischen Restaurant. Terrasse mit Blick über die Region.

City Hotel Antik

Stuttgarter Str. 45 ✉ 73430 – ✆ (07361) 5 71 60 – www.hotel-antik.de
50 Zim – 83/103 € 93/123 €, 10 € – ½ P
Rest – Menü 20/39 € (abends) – Karte 16/41 € – *(geschl. Samstagmittag, Sonntag - Montagmittag)*
Aus vier ehemaligen Wohnhäusern besteht das Hotel von Doreen Döring. Die Zimmer sind sehr individuell und in den Kategorien Business, Komfort und First Class zu haben. Hübsche Details hier im Haus sind zahlreiche Antiquitäten und allerlei liebevolle Dekorationen. Im klassisch gestalteten Restaurant serviert man mediterrane Küche.

Ibis Styles garni

Bahnhofstr. 2 ✉ 73431 – ✆ (07361) 98 08 60 – www.ibisstyles-aalen.com
71 Zim – 69/154 € 69/169 €
Sie suchen eine junge und frisch designte Alternative zu den arrivierten Hotels der Stadt? Hier wohnen Sie in modernen, farbenfrohen Zimmern mit sehr guter Technik und hoher Funktionalität, und das im Herzen Aalens und nur 2 Gehminuten vom Bahnhof. Essen können Sie in "Mike's Story" - es gibt frische Burger, Salate, Flammkuchen und Sandwiches.

Wilder Mann

Karlstr. 4 ✉ 73433 – ✆ (07361) 7 13 66 – www.restaurant-wilder-mann.de – geschl. über Fasching 1 Woche, August 2 Wochen und Montag - Dienstag
Menü 33/72 € – Karte 25/51 €
Gerade erst feierte Familie Högg 75 Jahre "Wilder Mann", doch das Alter sieht man dem Haus nicht an, denn es wird immer wieder investiert - z. B. in den wunderschönen Garten, sicher eine der nettesten Terrassen der Region! Der Patron kocht Klassiker wie Rostbraten ebenso wie moderne Gerichte und ein interessantes Weinmenü.

In Aalen-Ebnat Süd-Ost: 8 km über B 19, in Unterkochen Richtung Neresheim

Landgasthof Lamm mit Zim

Rest,

Unterkochener Str. 16 ✉ 73432 – ✆ (07367) 24 12 – www.lamm-ebnat.de – geschl. über Fasching 2 Wochen und Dienstag - Mittwoch
6 Zim – 58/68 € 95/108 € – ½ P Karte 19/48 €
Im Landgasthof von Wolfgang Scherr erwarten Sie verschiedene Stuben zum gemütlichen Essen, große Räumlichkeiten zum Feiern und eine moderne Kochschule für lernwillige Gäste! Die Speisekarte teilt sich in "Schwäbisches" und "Was für Feinschmecker" - beides ist für jedermann geeignet. Zudem können Sie hier auch übernachten: Die Zimmer sind nett, gepflegt und wohnlich.

In Aalen-Unterkochen Süd-Ost: 4 km über B 19, Richtung Heidenheim

Das Goldene Lamm

Kocherstr. 8 ✉ 73432 – ✆ (07361) 9 86 80 – www.das-goldene-lamm.de
35 Zim – 95/127 € 129/149 € **Rest** – Menü 29/54 € – Karte 32/46 €
Aus dem historischen Gasthaus mit Anbau ist mit den Jahren ein komfortables Hotel gewachsen. Die Zimmer sind im Landhausstil gehalten, wer's gerne geräumiger hat, sollte eine der Maisonetten buchen. In der Nähe hat man übrigens auch noch ein einfacheres Gästehaus. Im Restaurant sitzt man bei international-regionaler Küche in elegant-rustikaler Atmosphäre.

Läuterhäusle mit Zim

Waldhäuser Str. 109 ✉ 73432 – ✆ (07361) 9 88 90 – www.laeuterhaeusle.de – geschl. Montag
11 Zim – 68/78 € 78/99 € – ½ P Menü 27 € – Karte 23/46 €
Mit ihrem "Läuterhäusle" haben Brigitte und Michael Asbrock hier eine wirklich nette Adresse - sehr schön auch die Terrasse! Die Chefin verwöhnt Sie mit schwäbischer Küche (Rostbraten, Rehbraten...), aber auch Vegetarisches kommt nicht zu kurz. Sonntags kocht man durchgehend von 12 - 20 Uhr! Und wenn Sie nach dem Essen nicht mehr fahren möchten, wohnliche Zimmer finden Sie hier auch.

In Aalen-Waldhausen Ost: 9,5 km über Ziegelstraße

Adler Zim,
Deutschordenstr. 8 ✉ 73432 – ✆ (07367) 95 00 – www.adler-aalen.de – geschl. über Weihnachten
38 Zim – 70/90 € 80/110 € – ½ P
Rest – Menü 18/35 € – Karte 17/42 € – *(geschl. Montagmittag, Freitagmittag, Samstagmittag)*
Zeitgemäß, wohnlich und meist recht großzügig sind die Zimmer in dem gewachsenen Hotel bei der Kirche, im Stammhaus gibt es aber auch einfachere und günstigere Zimmer. Gemütlich hat man es im elegant-rustikalen Restaurant bei internationalen und regionalen Speisen. Und gönnen Sie sich doch mal Massage- und Kosmetikanwendungen.

ABBACH, BAD

Bayern – 11 340 Ew. – Höhe 371 m – Siehe Regionalatlas **58-M18**
Berlin 496 km – München 109 km – Regensburg 15 km – Ingolstadt 62 km
Michelin Straßenkarte 546

Elisabeth garni
Ratsdienerweg 4 ✉ 93077 – ✆ (09405) 95 09 0 – www.hotel-elisabeth.net – geschl. 24. Dezember - 6. Januar
34 Zim – 56/75 € 90/129 €
Aus einer Pension beim Kurpark entstand über die Jahre ein gepflegtes Landhotel mit individuellen Zimmern, W-Lan ist hier kostenfrei. Heller Frühstücksraum mit gutem Buffet.

Schwögler
Stinkelbrunnstr. 18 ✉ 93077 – ✆ (09405) 96 23 00 – www.schwoegler.de – geschl. Sonntagabend - Montag, sowie an Feiertagen abends
Menü 30/44 € – Karte 32/57 € – (Tischbestellung ratsam)
Der Landgasthof zeigt seine moderne Seite nicht nur in seinem hellen, geradlinigen Interieur, in der Küche von Helmut Schwögler findet sich neben bayerischen Gerichten auch Afrikanisches und Asiatisches, mitunter in Form kreativer Kombinationen. Auf der Karte liest man z. B. "Ziegenkäseterrine mit Feige und Eis von schwarzen Nüssen" oder "Kalb von Kopf bis Fuß".

In Bad Abbach-Lengfeld

Gut Deutenhof mit Zim
Deutenhof 2 ✉ 93077 – ✆ (09405) 95 32 30 – www.gut-deutenhof.de – geschl. Anfang Januar 3 Wochen, November 1 Woche und Oktober - April: Montag
13 Zim – 63/79 € 93/124 € – ½ P Menü 24/45 € – Karte 18/51 €
Ein Vorteil dieses gepflegten Landgasthofs ist ganz klar die Lage direkt an der 27-Loch-Golfanlage - eine schöne Sicht von der Terrasse ist Ihnen gewiss! Aber auch drinnen in den ländlichen Stuben schmeckt die regional-bürgerliche Küche. Gästezimmer hat man auch: zeitgemäß, hell, freundlich.

ABENSBERG

Bayern – 12 830 Ew. – Höhe 370 m – Siehe Regionalatlas **58-M18**
Berlin 521 km – München 89 km – Regensburg 39 km – Ingolstadt 39 km
Michelin Straßenkarte 546

Altstadt Hotel Kneitinger garni
Osterriedergasse 2 ✉ 93326 – ✆ (09443) 9 15 40 – www.hotel-kneitinger.de – geschl. 24. Dezember - 6. Januar
26 Zim – 53/62 € 84/98 €
Das Hotel überzeugt durch seine sehr zentrale Lage sowie die zeitgemäßen und unterschiedlich geschnittenen Gästezimmer. Man hat auch ein eigenes Café mit im Haus.

ABSTATT

Baden-Württemberg – 4 490 Ew. – Höhe 241 m – Siehe Regionalatlas **55-G17**
Berlin 602 km – Stuttgart 40 km – Heilbronn 11 km – Schwäbisch Hall 40 km
Michelin Straßenkarte 545

Ludwig Eins

Heilbronner Str. 16 ✉ 74232 – ✆ (07062) 97 80 – www.ludwig-eins.de
34 Zim ☕ – 🚹69/123 € 🚹🚹139/149 € – 2 Suiten
Rest *Ludwig's* – siehe Restaurantauswahl
Sie schlafen in modernen, technisch gut ausgestatteten Zimmern samt kostenfreier Minibar, starten mit einem leckeren Frühstück in den Tag (im Sommer auch gerne auf der Terrasse) und relaxen im gepflegten Saunabereich.

Ludwig's – Hotel Ludwig Eins

Heilbronner Str. 16 ✉ 74232 – ✆ (07062) 97 80 – www.ludwig-eins.de – geschl. Sonntag und an Feiertagen
Menü 35/42 € – Karte 25/44 €
Sympathisch ist die lockere und ungezwungene Atmosphäre hier, und auch das regionale Speisenangebot ist ansprechend - so z. B. "Schozachtaler Lachsforelle auf frischem Marktgemüse".

ACHERN

Baden-Württemberg – 24 980 Ew. – Höhe 145 m – Siehe Regionalatlas **54-E19**
Berlin 725 km – Stuttgart 127 km – Karlsruhe 54 km – Offenburg 26 km
Michelin Straßenkarte 545

Sonne-Eintracht

Hauptstr. 112 ✉ 77855 – ✆ (07841) 64 50 – www.hotel-sonne-eintracht.com
69 Zim ☕ – 🚹61/95 € 🚹🚹103/145 € – ½ P
Rest – Menü 25 € (mittags)/44 € – Karte 27/51 €
Dieser gewachsene Gasthof in der Ortsmitte bietet freundliche, funktionale Zimmer, die im Anbau etwas geräumiger sind. Beim Frühstück im 4. Stock genießt man den Blick über die Dächer der Stadt und auf die umliegenden Berge des Schwarzwaldes! Im Stammhaus wird bei gemütlicher Atmosphäre badische Küche serviert.

Schwarzwälder Hof

Kirchstr. 38 ✉ 77855 – ✆ (07841) 6 96 80 – www.hotel-sha.de
20 Zim ☕ – 🚹53/79 € 🚹🚹79/125 € – ½ P
Rest *Chez Georges* – siehe Restaurantauswahl
Wenn Sie bei dem engagierten Gastgeber Jean-Georges Friedmann buchen, fragen Sie nach den Komfort-Zimmern - hier ist das Preis-Leistungs-Verhältnis am besten! Am Morgen ein hochwertiges Frühstück, draußen ein schöner Blumen-/Kräutergarten.

Chez Georges – Hotel Schwarzwälder Hof

Kirchstr. 38 ✉ 77855 – ✆ (07841) 6 96 80 – www.hotel-sha.de – geschl. Sonntagabend - Montag
Menü 29/45 € – Karte 26/59 €
Für die badisch-elsässische Küche - richtig gut z. B. "gebratener Flusszander mit Blattspinat, Rauchlachsstreifen und Nudeln" - ist Patrick Rösch verantwortlich, interessante internationale Einflüsse bietet z. B. "Sashimi vom Gelbflossenthunfisch mit Ananas-Passionsfrucht-Chutney". Sie können auch in der Weinstube Kächele bestellen, hier ist es etwas legerer.

1839Malerhaus N

Hauptstr. 104 ✉ 77855 – ✆ (07841) 6 66 88 70 – www.1839malerhaus.de – geschl. Januar und Oktober - April: Montag
Menü 19 € (mittags unter der Woche) – Karte 26/44 € – (Tischbestellung ratsam)
Richtig nett sitzt man in dem sorgsam sanierten alten Haus in freundlichen kleinen Stuben, charmant der Mix aus modernem Stil und historischem Rahmen. Auf den Tisch kommt z. B. "geschmorte Ochsenbacke" oder "Wolfsbarsch auf Kartoffel-Basilikum-Salat" Am Abend auch Sushi und Tapas.

In Achern-Oberachern Süd-Ost: 1,5 km über Illenauer Allee

Kiningers Hirsch mit Zim

Oberacherner Str. 26 ✉ 77855 – ✆ (07841) 2 15 79 – www.kiningers-hirsch.de – geschl. Oktober - November 2 Wochen und Montag - Dienstagmittag, November - April: Montag - Dienstag

5 Zim ☕ – 🕴50/55 € 🕴🕴90 € – ½ P Menü 29/38 € – Karte 28/48 €

Der engagierte Gastgeber Bernhard Kininger steht selbst am Herd und bringt regionale und internationale Gerichte auf den Tisch - im November sind die vielen Variationen von der Gans zu empfehlen! Speisen Sie im Sommer unbedingt im tollen Innenhof, und schauen Sie auf dem Weg vom Restaurant zur Terrasse ruhig mal in die durch eine Glasscheibe einsehbare Küche! Übernachten lässt es hier ebenfalls gut. Die Zimmer sind gepflegt und funktional.

In Achern-Önsbach Süd-West: 4 km über B 3, Richtung Offenburg

Adler

Rathausstr. 5 ✉ 77855 – ✆ (07841) 41 04 – www.adler-oensbach.de – geschl. Mittwoch - Donnerstag

Menü 28/45 € – Karte 25/50 €

Dass man hier so viele Stammgäste hat, liegt zum einen an Familie Aydin, die seit über 30 Jahren großes Engagement an den Tag legt, zum anderen an der gemütlichen Atmosphäre in dem Gasthaus von 1724 samt schöner Innenhofterrasse sowie an klassischen Gerichten wie "Fasan Winzer Art mit Champagnerkraut, Sahnepüree und Weintrauben".

Wie entscheidet man sich zwischen zwei gleichwertigen Adressen?
In jeder Kategorie sind die Häuser nochmals geordnet, die besten Adressen stehen an erster Stelle.

ACHIM

Niedersachsen – 30 170 Ew. – Höhe 25 m – Siehe Regionalatlas **18-G7**
▶ Berlin 374 km – Hannover 112 km – Lüneburg 121 km – Bremen 24 km
Michelin Straßenkarte 541

In Achim-Uesen Süd-Ost: 2 km, Richtung Verden und Thedinghausen

Bootshaus Ⓝ

Uesener Weserstr. 17 ✉ 28832 – ✆ (04202) 5 19 80 – www.hotel-bootshaus.de – geschl. 27. Dezember - 5. Januar

45 Zim ☕ – 🕴72 € 🕴🕴93/103 € – ½ P **Rest** – Karte 22/44 €

Man wohnt hier wirklich topgepflegt, und das unmittelbar am alten Yachthafen. Fragen Sie nach den Zimmern mit Weserblick und Balkon. Zum Speisen sitzt man am schönsten im Wintergarten zum Wasser hin, auf der Karte z. B. "Scholle Finkenwerder Art", "Medaillons vom Seeteufel", "Kalbsrücken mit grünem Spargel".

ADELSDORF

Bayern – 7 220 Ew. – Höhe 264 m – Siehe Regionalatlas **50-K16**
▶ Berlin 426 km – München 210 km – Nürnberg 41 km – Bamberg 34 km
Michelin Straßenkarte 546

Landhotel 3 Kronen

Hauptstr. 8 ✉ 91325 – ✆ (09195) 92 00 – www.3kronen.de – geschl. über Weihnachten 1 Woche, Anfang Januar 1 Woche

38 Zim ☕ – 🕴70/125 € 🕴🕴90/180 € **Rest** – Karte 20/42 €

Gleich neben Kirche und Schloss warten 300 Jahre Familientradition auf Sie! Die Gastgeber modernisieren stetig, wie man z. B. an der schicken Lounge und den geräumigen Superior-Zimmern sieht, und auch die drei Juniorsuiten bieten äußerst wohnlichen Komfort. Tipp für Restaurantgäste: Essen Sie bei schönem Wetter im Freien: auf der Terrasse oder - an Wochenenden - im hübschen Biergarten!

In Adelsdorf-Neuhaus Süd-West: 4 km

Zum Löwenbräu
Neuhauser Hauptstr. 3 ✉ 91325 – ✆ (09195) 92 33 10 – www.zum-loewenbraeu.de
25 Zim – 64/100 € 86/135 € – ½ P
Rest – Karte 18/36 € – *(geschl. Montagmittag, Dienstagmittag) (Juli - August nur Abendessen)*
Ein echter Brauereigasthof, auf den Familie Wirth (seit 1747) stolz sein kann. Vieles ist traditionell, einiges modern - so verbreitet im Frühstücksraum ein alter Holzherd Charme. Besuchen Sie unbedingt den reizenden Hofladen: lecker die Pralinen und Marmeladen von der Chefin! Ebenso eigene Brände und Bier.

Landgasthof Niebler mit Zim
Neuhauser Hauptstr. 30 ✉ 91325 – ✆ (09195) 86 82 – www.landgasthof-niebler.de – geschl. 7. Januar - 21. Januar, Ende Juni 2 Wochen und Mittwoch
11 Zim – 55/60 € 85/95 € – ½ P
Menü 16 € – Karte 15/34 € – *(Montag - Donnerstag nur Abendessen)*
Es ist schon ein netter Gasthof, den die engagierte Familie Niebler hier inzwischen in 4. Generation betreibt. In den ländliche Stuben serviert man fränkische Küche mit pfiffigen Abwandlungen, wie z. B. bei "geschmortem Rehschäufele mit Preiselbeerklößen". Und nach dem Essen finden Sie in den gepflegten Zimmern die nötige Nachtruhe.

ADELSHOFEN

Bayern – 950 Ew. – Höhe 429 m – Siehe Regionalatlas **49-I16**
Berlin 502 km – München 264 km – Ansbach 41 km – Würzburg 58 km
Michelin Straßenkarte 546

In Adelshofen-Tauberzell Nord-West: 5 km Richtung Creglingen

Landhaus Zum Falken (mit Gästehaus)
Tauberzell 41 ✉ 91587 – ✆ (09865) 94 19 40 – www.landhaus-zum-falken.de – geschl. 1. - 25. Februar, 8. - 18. November
16 Zim – 65 € 85 € – ½ P
Rest ***Zum Falken*** – siehe Restaurantauswahl
Wohnlich-modern, mit ländlichem Charme und preislich sehr fair... hier kann man sich als Kurzurlauber wirklich wohlfühlen! Die Rede ist von einem gestandenen fränkischen Landgasthof (1604 als Amtshaus erbaut) und einem nahe gelegenen Gästehaus. Nicht nur die Marmeladen zum Frühstück sind hausgemacht, der Chef ist Hobby-Imker...

Zum Falken – Hotel Landhaus Zum Falken
Tauberzell 41 ✉ 91587 – ✆ (09865) 94 19 40 – www.landhaus-zum-falken.de – geschl. 1. - 25. Februar, 8. - 18. November und Montag - Dienstag
Karte 16/34 €
Gemütlichkeit pur auch beim Essen: alte Holzbalken, schöner Dielenboden, Bänke und Stühle in rustikalem Stil... Tipp: Donnerstags und freitags gibt's selbstgemachte Bratwürste - und probieren Sie auch die eigenen Obstbrände! Feierlichkeiten in der alten Scheune, Weinproben im Gewölbekeller.

ADENAU

Rheinland-Pfalz – 2 810 Ew. – Höhe 330 m – Siehe Regionalatlas **36-C14**
Berlin 644 km – Mainz 163 km – Aachen 125 km – Bonn 48 km
Michelin Straßenkarte 543

Landhaus Sonnenhof
Sonnenberg 10 (Zufahrt über Hirzensteinstraße) ✉ 53518 – ✆ (02691) 9 22 70 – www.sonnenhof-nuerburgring.de – geschl. Januar - Februar 4 Wochen
36 Zim – 79/219 € 99/249 € – 1 Suite – ½ P
Rest – Menü 29 € – Karte 31/47 € – *(Montag - Freitag nur Abendessen)*
Ein freundlich-familiär geführtes Landhotel mit unterschiedlich eingerichteten, wohnlich-soliden Zimmern. Die Lage oberhalb des Ortes ist ruhig, mit Blick auf die Hohe Acht. Nettes Restaurant mit alpenländischer Note, dazu die sonnige Gartenterrasse.

Blaue Ecke

Markt 5, (B 257) ✉ 53518 – ✆ (02691) 20 05 – www.blaueecke.de
28 Zim – ♦59/149 € ♦♦69/149 € **Rest** – Menü 19 € – Karte 20/46 €
Das Hotel mit schmuckem Fachwerkhaus von 1578 liegt ideal für Rennsport-begeisterte. Sie wählen zwischen den Zimmerkategorien Standard, Superior und Nostalgie. Im Restaurant erwartet Sie mediterranes Flair, dazu hat man noch die Bar-Lounge.

Sie möchten spontan verreisen? Besuchen Sie die Internetseiten der Hotels, um von deren Sonderkonditionen zu profitieren.

AERZEN

Niedersachsen – 11 080 Ew. – Höhe 99 m – Siehe Regionalatlas **28-H9**
Berlin 349 km – Hannover 58 km – Detmold 41 km
Michelin Straßenkarte 541

In Aerzen-Schwöbber Nord-West: 5 km

Schlosshotel Münchhausen

Schwöbber 9 ✉ 31855 – ✆ (05154) 7 06 00
– www.schlosshotel-muenchhausen.com – geschl. Februar
59 Zim – ♦135/205 € ♦♦160/290 €, 24 € – 9 Suiten
Rest *Gourmet Restaurant im Schlosshotel Münchhausen* ✿ **Rest *Schlosskeller*** – siehe Restaurantauswahl
Mit stilgerechtem, edlem Interieur und traumhaftem Rahmen lässt Sie das Schloss a. d. 16. Jh. Historie spüren und gleichzeitig modernen Komfort genießen. Beispielhaft der Service, elegant die Zimmer, geschmackvoll und großzügig der Spa, schön das Hallenbad neben dem Wassergraben... und all das in idyllischer sanfter Hügellandschaft.

Gourmet Restaurant im Schlosshotel Münchhausen

✿
Schwöbber 9 ✉ 31855 – ✆ (05154) 7 06 00
– www.schlosshotel-muenchhausen.com – geschl. Februar; März - Oktober: Sonntag - Montag und November - Februar: Sonntag - Dienstag
Menü 110/175 € – *(nur Abendessen)* (Tischbestellung ratsam)
Ein Raum stilvoller als der andere... Nach einem Apéro in der Bar oder im tollen Rittersaal mit Deckenfresken und offenem Kamin, speist man im eleganten Restaurant mit schönem Fischgrätparkett und toller hoher Stuckdecke an hochwertig eingedeckten Tischen. Zur feinen klassischen Küche von Achim Schwekendiek reicht der aufmerksame Service eine sehr ansprechende Weinkarte mit 800 Positionen.
→ Gänseleber - Matcha, Kokos, Gewürzschokolade. Seeteufel - Tomatenpolenta, Fenchel, Safran. Lamm - fermentierter Knoblauch, Artischocke, geräucherter Paprika.

Schlosskeller – Schlosshotel Münchhausen

Schwöbber 9 ✉ 31855 – ✆ (05154) 7 06 00
– www.schlosshotel-muenchhausen.com – geschl. Februar; November - Januar: Montag - Dienstag
Menü 38/58 € – Karte 35/76 €
Ein wirklich gemütlicher Ort ist der liebevoll dekorierte Gewölbekeller. Die Holztische und die umlaufende Sitzbank passen schön zu den hübschen Stoffen und bringen eine rustikale Note in den Raum. Hier lässt man sich regionale Küche schmecken.

AHAUS

Nordrhein-Westfalen – 38 990 Ew. – Höhe 50 m – Siehe Regionalatlas **26-C9**
Berlin 522 km – Düsseldorf 116 km – Nordhorn 51 km – Bocholt 49 km
Michelin Straßenkarte 543

In Ahaus-Ottenstein West: 7 km

Haus im Flör
Hörsteloe 49 (Nord: 2 km Richtung Alstätte) ✉ 48683 – ✆ (02567) 93 99 90 – www.haus-im-floer.de – geschl. Juli - August 1 Woche
25 Zim – 60 € 85 € – ½ P
Rest – Karte 28/60 € – *(geschl. Montagmittag, Freitagabend, Samstagmittag)*
In dem ruhig gelegenen Haus der Familie Bonato stehen wohnlich und zeitgemäß ausgestattete Zimmer mit kostenfreiem W-Lan bereit, einige neuere Einzelzimmer sind sehr modern. Hübscher Garten mit Teich. Man speist im gemütlich-eleganten Restaurant oder im schönen Gartenpavillon.

AHLBECK – Mecklenburg-Vorpommern ➜ Siehe Usedom (Insel)

AHLEN

Nordrhein-Westfalen – 53 090 Ew. – Höhe 75 m – Siehe Regionalatlas **27**-E10
Berlin 447 km – Düsseldorf 124 km – Bielefeld 69 km – Hamm in Westfalen 13 km
Michelin Straßenkarte 543

In Ahlen-Vorhelm Nord-Ost: 8 km, Richtung Warendorf, dann rechts ab

Witte
Hauptstr. 32 ✉ 59227 – ✆ (02528) 9 29 52 90 – www.hotel-witte.de
27 Zim – 65/80 € 95/110 € – ½ P
Rest – Menü 15/23 € – Karte 16/41 € – *(nur Abendessen, sonntags auch Mittagessen)*
Ein gut geführtes Haus, das bereits seit 1878 als Familienbetrieb besteht. Die Gästezimmer sind zeitgemäß und funktional, im Restaurant (mal rustikal, mal neuzeitlicher) gibt es bürgerlich-internationale Küche, dazu der nette Biergarten.

AHORNTAL

Bayern – 2 250 Ew. – Siehe Regionalatlas **50**-L15
Berlin 387 km – München 226 km – Bayreuth 30 km – Erlangen 49 km
Michelin Straßenkarte 546

Burg Rabenstein
Rest,
Rabenstein 33 ✉ 95491 – ✆ (09202) 9 70 04 40 – www.burg-rabenstein.de
19 Zim – 117/175 € 158/277 € – 3 Suiten – ½ P
Rest – Menü 30/59 € – Karte 27/59 € – *(geschl. Montag) (nur Abendessen)*
Das ist doch mal eine ganz besondere Kulisse: Auf einem Felsvorsprung am Waldrand thront die über 800 Jahre alte Burg. Auf 64 ha erwarten Sie schöne Zimmer (auf TV verzichtet man hier gerne), historische Säle und eine Kapelle für Trauungen sowie eine Tropfsteinhöhle und eine Falknerei.

AHRENSBURG

Schleswig-Holstein – 31 250 Ew. – Höhe 46 m – Siehe Regionalatlas **10**-J5
Berlin 276 km – Kiel 79 km – Hamburg 36 km – Lübeck 47 km
Michelin Straßenkarte 541

Park Hotel
Lübecker Str. 10a ✉ 22926 – ✆ (04102) 230 0 – www.parkhotel-ahrensburg.de
101 Zim – 95/155 € 115/175 €, 15 € – 8 Suiten
Rest *le Marron* – siehe Restaurantauswahl
Das Hotel befindet sich in direkter Nachbarschaft zum Schloss Ahrensburg und überzeugt mit zeitgemäßen Gästezimmern in warmen mediterranen Tönen. Nach Tagung oder Geschäftstermin entspannt es sich gut in der Bar im großen Hallenbereich.

Ahrensburg garni
Ahrensfelder Weg 48 ✉ 22926 – ✆ (04102) 5 15 60 – www.ringhotel-ahrensburg.de – geschl. Weihnachten - Neujahr
24 Zim – 89/97 € 111/125 €
Eine freundliche und gepflegte Einrichtung bietet dieses Haus vom Eingangsbereich über die Gästezimmer bis zum Frühstücksraum. Nett ist auch der kleine Garten.

XX **le Marron** – Park Hotel

Lübecker Str. 10a ✉ 22926 – ✆ (04102) 23 04 00 – www.parkhotel-ahrensburg.de
Menü 40 € – Karte 30/52 €
Herzstück hier ist die Showküche - drum herum schöne lichte Wintergärten, die eine angenehme Atmosphäre für die internationalen Gerichte schaffen.

AHRENSHOOP

Mecklenburg-Vorpommern – 730 Ew. – Höhe 3 m – Siehe Regionalatlas **5**-N3
Berlin 259 km – Schwerin 130 km – Rostock 46 km – Stralsund 65 km
Michelin Straßenkarte 542

Grand Hotel Ahrenshoop Rest, Rest,

Schifferberg 24 ✉ 18347 – ✆ (038220) 67 80 – www.kurhaus-ahrenshoop.de
80 Zim – 109/199 € 149/299 € – ½ P
Rest *Herzog Bogislav* – Menü 35/59 € – Karte 38/62 € – *(nur Abendessen)*
An der Stelle des alten Kurhauses und fast direkt am Strand steht nun diese sehr moderne und puristische Neuinterpretation! Großzügigkeit und Komfort sind einem Grandhotel absolut würdig - die Einrichtung ist allerdings alles andere als klassisch! Spa-Vielfalt auf rund 3000 qm.

Namenlos & Fischerwiege (mit Gästehäusern)

Schifferberg 2 ✉ 18347 – ✆ (038220) 60 60 – www.hotel-namenlos.de – geschl. vor Weihnachten 10 Tage
30 Zim – 90/120 € 150/220 € – 20 Suiten – ½ P
Rest *Namenlos* – siehe Restaurantauswahl
Ein Ensemble aus vier ansprechenden Landhäusern in reizvoller meernaher Lage im Grünen. Die Zimmer und Suiten sind teilweise besonders komfortabel und geschmackvoll, im Haus Fischerwiege schön ruhig Richtung Bodden gelegen - hier auch der Pool und der hübsche helle Frühstücksraum mit Sicht in den Garten. Sie möchten Meerblick? Den gibt es im Haus Namenlos. Und machen Sie es sich auch mal auf der Terrasse im Strandkorb mit leckerem hausgemachtem Kuchen gemütlich!

Künstlerquartier Seezeichen (mit Gästehäusern)

Dorfstr. 22 ✉ 18347 – ✆ (038220) 6 79 70 – www.seezeichen-hotel.de – geschl. 5. - 31. Januar
28 Zim – 90/190 € 95/220 € – 3 Suiten – ½ P
Rest – Menü 39/69 € – Karte 36/55 € – *(geschl. Montag)*
Chic und stylish wohnt man in dem Hotel, dafür sorgen die hochwertig ausgestatteten Zimmer, der moderne Wellnessbereich und der ausgesprochen gepflegte geradlinig gestaltete Garten, nicht zu vergessen die tolle Dachterrasse mit Meerblick - sehr beliebt für Hochzeiten! Über den Deich kommen Sie direkt zum Strand und hier hat jeder Gast einen eigenen Strandkorb. Gastronomisch gibt es das ansprechende Restaurant mit Terrasse ums Haus sowie das Café.

Der Fischländer

Dorfstr. 47e ✉ 18347 – ✆ (038220) 69 50 – www.hotelderfischlaender.de
26 Zim – 90/135 € 105/170 € – 3 Suiten – ½ P
Rest – Menü 28/48 € – Karte 31/43 €
Unter dem reetgedeckten Dach dieses familiengeführten Hauses erwartet Sie ein sehr wohnliches und schönes Landhausambiente. Die Zimmer bieten teilweise Balkon und Meerblick. International-mediterrane Küche und gute Weinkarte im Café-Restaurant mit Ostseeblick.

XX **Namenlos** – Hotel Namenlos & Fischerwiege

Schifferberg 2 ✉ 18347 – ✆ (038220) 60 60 – www.hotel-namenlos.de – geschl. vor Weihnachten 10 Tage
Menü 39 € (mittags)/65 € – Karte 33/63 €
Typische Fischgerichte kommen hier auf den Tisch, aber auch Geschmortes hat seinen Platz auf der Karte - und die wird für Sie durchgehend, auch nachmittags, gekocht! Tipp: Speisen Sie im vorderen Teil des Restaurants, hier hat man einen schönen Blick auf die Ostsee. Im Sommer ist natürlich die Terrasse ein Muss!

In Ahrenshoop-Niehagen Süd: 2,5 km

Landhaus Morgensünn & Susewind
Bauernreihe 4d ✉ 18347 – ✆ (038220) 64 10 – www.landhaus-morgensuenn.de
34 Zim ☕ – 🚹65/95 € 🚹🚹69/140 € – 2 Suiten – ½ P
Rest ***Am Kiel*** – siehe Restaurantauswahl
Verschiedene hübsche Reetdachhäuser beherbergen wohnliche Zimmer und Appartements im Landhausstil - hier und da Antiquitäten. Hallenbad im Haus Morgensünn (50 m vom Haus Susewind).

Am Kiel – Hotel Landhaus Morgensünn & Susewind
Bauernreihe 4d ✉ 18347 – ✆ (038220) 66 97 21 – www.landhaus-morgensuenn.de
Menü 23 € – Karte 27/45 € – *(November - März : Montag - Freitag nur Abendessen)*
Kein Wunder, dass die Gaststube in dem hübschen roten Reetdachhaus so gefragt ist: Rustikales Holz und schöner Dielenboden machen es hier gemütlich, die Atmosphäre ist leger, der Service freundlich und die Gerichte sind frisch und preislich fair! Nett auch die Bar - finden Sie den alten Walrosszahn?

AICHACH

Bayern – 20 890 Ew. – Höhe 446 m – Siehe Regionalatlas **57-K19**
Berlin 565 km – München 68 km – Augsburg 24 km – Ingolstadt 53 km
Michelin Straßenkarte 546

Gasthof Specht Zim,
Stadtplatz 43 ✉ 86551 – ✆ (08251) 8 75 20 – www.hotel-specht.de – geschl. 29. August - 14. September
36 Zim ☕ – 🚹50/60 € 🚹🚹80/90 € – 1 Suite
Rest – Menü 20 € – Karte 17/25 € – *(geschl. Samstag, Sonntagabend sowie an Feiertagen abends)*
Freundlich leitet Familie Specht ihren Gasthof im historischen Stadtkern, bereits in der 4. Generation sorgt man dafür, dass es hier tipptopp gepflegt ist! In den ländlichen Gaststuben gibt es deftige bayerische Küche, im Sommer etwas Kühles im Biergarten.

In Aichach-Sulzbach Süd-West: 5 km Richtung Augsburg, nach 3,5 km rechts

Zum Tavernwirt
Tränkstr. 6 ✉ 86551 – ✆ (08251) 71 54 – www.tavernwirt.de – geschl. September - Mai: Montag - Dienstag
Menü 37 € – Karte 32/64 € – *(September - Mai: Mittwoch - Samstag nur Abendessen, Juni - August: Montag - Samstag nur Abendessen)* (Tischbestellung ratsam)
Das passt genau in das Bild eines traditionsreichen Gasthauses: rustikaler Charme und ein Biergarten unter Kastanien. Der Keller birgt einige Trouvaillen - fragen Sie den Chef und Weinliebhaber Martin Wastl!

AITERN – Baden-Württemberg ➜ Siehe Schönau im Schwarzwald

ALBSTADT

Baden-Württemberg – 44 810 Ew. – Höhe 731 m – Siehe Regionalatlas **63-G20**
Berlin 721 km – Stuttgart 98 km – Konstanz 99 km – Ulm (Donau) 97 km
Michelin Straßenkarte 545

In Albstadt-Ebingen Süd-Ost: 1 km

Linde Rest,
Untere Vorstadt 1 ✉ 72458 – ✆ (07431) 13 41 40 – www.hotel-linde.eu – geschl. Ende Juli - Mitte August
39 Zim ☕ – 🚹92/107 € 🚹🚹112/127 € – ½ P
Rest – Menü 42 € (mittags)/56 € – Karte 39/55 € – *(geschl. Sonntag)*
Schon ein Hingucker ist das komplett sanierte denkmalgeschützte Fachwerkhaus im historischen Ortskern. Drinnen ist es schön wohnlich und komfortabel, besonderen Charme haben die Zimmer unterm Dach! Im eleganten Restaurant (ansprechend das Mooreichenparkett) serviert man regional-internationale Küche.

Zum süßen Grund

Bitzer Berg 1 (Nord 1,5 km über Bitzer Steige) ✉ 72458 – ✆ (07431) 1 36 60 – www.hotel-suessergrund.de – geschl. Februar 2 Wochen
12 Zim – 68 € 98 € – ½ P **Rest** – Menü 23/28 € – Karte 20/31 €
Wandern, radfahren oder einfach nur die ruhige Lage mitten im Grünen genießen - der benachbarte Reiterhof passt optimal ins Bild! Einige der wohnlichen Zimmer haben einen eigenen Balkon. Zum Essen sollten Sie auf der schönen Terrasse Platz nehmen.

In der Breite garni

Flandernstr. 97 ✉ 72458 – ✆ (07431) 9 00 70 – www.hotel-breite.com
14 Zim – 55/75 € 80/95 €
Man spürt förmlich die Liebe, die Familie Conzelmann in ihr Haus steckt - seit vielen Jahren ist man mit viel Engagement für seine Gäste da und hält alles top in Schuss! Naturliebhaber erkunden die Wanderwege in der Gegend und wer lieber hier bleibt, genießt die Sonne im schönen Garten!

ALDERSBACH

Bayern – 4 310 Ew. – Höhe 328 m – Siehe Regionalatlas **59-P19**
Berlin 594 km – München 158 km – Passau 32 km – Regensburg 111 km
Michelin Straßenkarte 546

Mayerhofer

Ritter-Tuschl-Str. 2 ✉ 94501 – ✆ (08543) 9 63 90 – www.mayerhofer.org – geschl. über Fasching, August 2 Wochen
30 Zim – 58/75 € 75/110 € **Rest** – Karte 15/29 € – *(geschl. Montag)*
Ein Gasthof wie aus dem Bilderbuch - seit 1905 als Familienbetrieb geführt, mit wohnlichen Zimmern, nettem kleinem Saunabereich und einem regionstypischen Restaurant, wo man unter einem schönen Kreuzgewölbe bayerische Küche serviert bekommt - hier finden sich viele Produkte aus der eigenen Metzgerei!

ALF

Rheinland-Pfalz – 870 Ew. – Höhe 95 m – Siehe Regionalatlas **46-C15**
Berlin 671 km – Mainz 108 km – Trier 61 km – Koblenz 84 km
Michelin Straßenkarte 543

Burg Arras

Wohnplatz 1 ✉ 56859 – ✆ (06542) 2 22 75 – www.arras.de – geschl. Januar
10 Zim – 110/180 € 140/240 € – ½ P
Rest – Menü 31 € (abends) – Karte 21/43 €
Allein liegt die Burg a. d. J. 938 auf einer Bergkuppe, die Aussicht ist grandios - vor allem vom begehbaren Turm. Man bietet schöne wohnliche Zimmer und ein kleines Museum. Rustikales Burgflair im Restaurant - Terrasse mit traumhaftem Blick auf Höllen- und Moseltal.

Bömer's Mosellandhotel

Ferdinand-Remy-Str. 27 ✉ 56859 – ✆ (06542) 23 10 – www.boemershotel.de – geschl. 7. Januar - 25. Februar, 6. März - 10. April, 17. November - 8. Dezember
35 Zim – 64/110 € 70/130 € – 3 Suiten – ½ P
Rest – Menü 25/42 € – Karte 21/44 €
Hier dürfen Sie sich auf freundlichen Service, wohnliche Zimmer und ein gutes Frühstück freuen, zudem können Sie auf der hübschen Liegewiese relaxen. Im Haus "Veranda" nebenan befinden sich etwas kleinere Zimmer. Zum Restaurant gehören eine nette Bier- und Weinstube sowie eine schöne Terrasse.

ALFELD (LEINE)

Niedersachsen – 19 920 Ew. – Höhe 160 m – Siehe Regionalatlas **29-I9**
Berlin 312 km – Hannover 46 km – Göttingen 66 km – Hildesheim 26 km
Michelin Straßenkarte 541

In Alfeld-Warzen West: 2,5 km über Hannoversche Straße

Grüner Wald (mit Gästehaus) Rest,

Am Knick 7 ✉ 31061 – ✆ (05181) 2 42 48 – www.hotel-gasthof-gruener-wald.de – geschl. Anfang Januar 1 Woche

23 Zim – 60/68 € 89/99 € – ½ P

Rest – Karte 24/44 € – *(Donnerstag - Samstag nur Abendessen)*

Freundlich führt Familie Ruhland das recht ruhig gelegene kleine Hotel mit geräumigen, wohnlich gestalteten Gästezimmern - die meisten haben einen Balkon. Radwanderwege in der Umgebung. Im Restaurant und im Kachelofenzimmer serviert man regionale Speisen aus guten Produkten.

ALLERSHAUSEN

Bayern – 5 150 Ew. – Höhe 442 m – Siehe Regionalatlas **58-L19**

Berlin 556 km – München 37 km – Landshut 65 km – Augsburg 86 km

Michelin Straßenkarte 546

Zum Fuchswirt

Ampertalstr. 4 ✉ 85391 – ✆ (08166) 99 19 90 – www.fuchswirt.de

15 Zim – 60/75 € 86/100 €

Rest – Karte 16/38 € – *(geschl Mittwochmittag, Freitagmittag)*

Ein ländlich-solider Gasthof, der familiär geführt wird und mit geräumigen, wohnlich und freundlich eingerichteten Zimmern überzeugt. Die verschiedenen Gaststuben sind mit viel Holz sehr gemütlich gestaltet. Geboten wird bayerisch-bürgerliche Küche.

ALLMANNSHOFEN

Bayern – 830 Ew. – Höhe 440 m – Siehe Regionalatlas **57-K19**

Berlin 538 km – München 89 km – Augsburg 31 km – Donauwörth 15 km

Michelin Straßenkarte 546

In Allmannshofen-Holzen Süd: 2 km

Kloster Holzen Hotel & Gasthof

Klosterstr. 1 ✉ 86695 – ✆ (08273) 9 95 90 – www.kloster-holzen.de – geschl. 1. - 5. Januar

57 Zim – 70/87 € 106/116 € – ½ P **Rest** – Karte 22/41 €

In der imposanten Klosteranlage (1697) mit Barockkirche erwartet Sie heute ein modernes Hotel: Die klaren Linien sind angelehnt an die klösterliche Schlichtheit, der Komfort ist aber deutlich größer! Tolle Veranstaltungsräume mit Stuckdecke, schöne Gewölbe (z. B. im Frühstücksraum), der herrliche Klostergarten... Im rustikalen Gasthof mit Biergarten isst man regional.

ALPIRSBACH

Baden-Württemberg – 6 490 Ew. – Höhe 441 m – Siehe Regionalatlas **54-E19**

Berlin 726 km – Stuttgart 99 km – Freiburg im Breisgau 78 km – Schramberg 19 km

Michelin Straßenkarte 545

Rössle

Aischbachstr. 5 ✉ 72275 – ✆ (07444) 95 60 40 – www.roessle-alpirsbach.de – geschl. Februar - März 3 Wochen, nach Ostern 1 Woche, Anfang Oktober 1 Woche, November - Dezember 3 Wochen

26 Zim – 47/50 € 77/80 € – ½ P

Rest *Rössle* – siehe Restaurantauswahl

Wirklich nett übernachtet man bei Familie Beilharz in dem über 400 Jahre alten Haus direkt an der Kinzig, und das zu einem sehr guten Preis-Leistungs-Verhältnis! Die Gästebetreuung ist angenehm persönlich, die Zimmer sind allesamt wohnlich, einige modern, andere rustikaler in dunkler Eiche, teilweise auch mit Balkon Richtung Kloster.

Rössle – Hotel Rössle
Aischbachstr. 5 ✉ 72275 – ✆ (07444) 95 60 40 – www.roessle-alpirsbach.de – geschl. Februar - März 3 Wochen, nach Ostern 1 Woche, Anfang Oktober 1 Woche, November - Dezember 3 Wochen und Montagmittag, Mittwoch
Menü 35/42 € – Karte 24/43 €
Schmackhaft, gehoben, regional... so kocht Thorsten Beilharz, der den Familienbetrieb gemeinsam mit seiner Frau bereits in 4. Generation leitet. Und nicht nur gebratene Gänseleber, Schwarzwaldforelle oder geschmortes Lämmhäxle sind gut hier, auch der Service durch die charmante Chefin im Dirndl stimmt.

ALSFELD

Hessen – 16 230 Ew. – Höhe 268 m – Siehe Regionalatlas **38**-H13
Berlin 442 km – Wiesbaden 128 km – Fulda 43 km – Frankfurt am Main 107 km
Michelin Straßenkarte 543

In Alsfeld-Eudorf Nord-Ost: 3 km über B 254, Richtung Schwalmstadt

Zum Schäferhof
Zim,
Ziegenhainer Str. 30 (B 254) ✉ 36304 – ✆ (06631) 9 66 00 – www.hotel-zum-schaeferhof.de – geschl. Anfang Januar 1 Woche
23 Zim – †50/55 € ††80/85 €, ☕ 6 € – ½ P **Rest** – Karte 15/38 €
Der Familienbetrieb ist ein Gasthof mit Fachwerkfassade, der um einen Hotelanbau ergänzt wurde. Gepflegte Zimmer (teils mit Balkon), heller Frühstücksraum und netter Sauna- und Fitnessbereich. Bürgerliche Küche im ländlich-rustikalen Restaurant.

Zur Schmiede (mit Gästehaus)
Zim,
Ziegenhainer Str. 26 (B 254) ✉ 36304 – ✆ (06631) 79 38 30 – www.zur-schmiede.de
53 Zim ☕ – †58/66 € ††92/100 € – ½ P **Rest** – Menü 18 € – Karte 20/40 €
Die Familientradition dieses erweiterten Gasthofs mit soliden Zimmern und neuzeitlichen Seminarräumen reicht bis ins Jahr 1874 zurück. Freizeitbereich im Gästehaus nebenan.

ALTDORF

Bayern – 15 310 Ew. – Höhe 444 m – Siehe Regionalatlas **50**-L17
Berlin 436 km – München 176 km – Nürnberg 29 km – Regensburg 80 km
Michelin Straßenkarte 546

Alte Nagelschmiede
Oberer Markt 13 ✉ 90518 – ✆ (09187) 9 52 70 – www.alte-nagelschmiede.com – geschl. 1. - 20. August
24 Zim ☕ – †55/70 € ††80/90 €
Rest – Menü 36 € – Karte 18/41 € – *(geschl. Sonntag)*
Am Marktplatz steht das schmucke Haus a. d. 18. Jh. - familiär geführt und behaglich gestaltet. In gemütlichen Stuben bietet man bürgerliche, z. T. auch mediterran beeinflusste Speisen. Originell: Als Garderobe dient ein alter Beichtstuhl.

Rotes Ross
Oberer Markt 5 ✉ 90518 – ✆ (09187) 52 72 – www.rotes-ross-altdorf.de – geschl. Montag, Donnerstagabend
Menü 16/25 € – Karte 18/41 € – (Tischbestellung erforderlich)
Eine sehr gut besuchte Adresse mit rustikalem Charme. Der historische Gasthof mit langer Familientradition bietet solide fränkische Küche zu fairen Preisen, so z. B. "Rinderbrust mit Meerrettichsauce, Kartoffeln und Salat".

ALTDORF – Rheinland-Pfalz ➜ Siehe Edenkoben

ALTDORF KREIS LANDSHUT

Bayern – 11 220 Ew. – Höhe 396 m – Siehe Regionalatlas **58**-N19
Berlin 552 km – München 74 km – Landshut 6 km – Braunau am Inn 97 km
Michelin Straßenkarte 546

Augustlhof

Pfeffenhausener Str. 18 (West: 3km) 84032 – (08704) 92 72 85 – www.augustlhof.de
11 Zim – 68/78 € 85/105 €, 8 €
Rest *Saustall* – siehe Restaurantauswahl
Rest *Herzblut* – Menü 33/50 € – *(geschl. Sonntagabend - Dienstag) (nur Abendessen)* (Tischbestellung erforderlich)
Außen typisch regional, innen stilvoll-zeitgemäß... Das ist der Augustlhof der Familie Smith! Einige der geradlinig-modern eingerichteten Zimmer sind etwas kleiner, aber gut aufgeteilt. Im Restaurant Herzblut bekommen Sie ein 3- bis 6-gängiges Überraschungsmenü, im Sommer entspannt man im eigenen Biergarten.

Saustall

Pfeffenhausener Str. 18 (West: 3km) 84032 – (08704) 92 72 85 – www.augustlhof.de – geschl. Sonntagabend - Dienstag
Menü 32/50 € – Karte 27/64 € – *(nur Abendessen, sonntags auch Mittagessen)*
Die Speisekarte spiegelt deutlich die weiten Reisen wider, die Chef Charly Smith während seiner Lehr- und Wanderjahre unternommen hat. Gerichte wie "Hähnchen-Garnelen-Frikadelle Thai-Style mit Mango-Chili-Salsa" oder "gefüllter Kalbsrücken mit Bärlauchpolenta und Ratatouille" lesen sich nicht nur interessant, sondern sind auch frisch und schmackhaft!

Gute Küche zu moderatem Preis? Folgen Sie dem „Bib Gourmand". Das freundliche Michelin-Männchen „Bib" steht für ein besonders gutes Preis-Leistungs-Verhältnis!

ALTENAHR

Rheinland-Pfalz – 1 650 Ew. – Höhe 200 m – Siehe Regionalatlas **36-C13**
Berlin 624 km – Mainz 163 km – Bonn 31 km – Aachen 105 km
Michelin Straßenkarte 543

Ruland

Brückenstr. 6, (B 257) 53505 – (02643) 83 18 – www.hotel-ruland.de
40 Zim – 45/100 € 70/150 € – ½ P
Rest – Menü 25/35 € – Karte 27/46 €
Im Zentrum gegenüber der Kirche steht das seit mehreren Generationen als Familienbetrieb geführte Hotel. Die zeitgemäßen Zimmer liegen teilweise zur Ahr hin und auch von der Restaurantterrasse hat man einen schönen Blick zum Fluss. Noch ein kleines bisschen näher am Wasser ist der schöne Biergarten!

Gasthaus Assenmacher

Brückenstr. 12, (B 257) 53505 – (02643) 18 48 – www.gasthaus-assenmacher.de – geschl. Januar - Februar 2 Wochen, Juni - Juli 2 Wochen
7 Zim – 44/48 € 74/88 € – ½ P
Rest *Gaststube Assenmacher* **Rest *Assenmacher Gourmet*** – siehe Restaurantauswahl
Dass man in dem Familienbetrieb im Ortskern gut essen kann, ist bekannt, aber das Haus mit den gepflegten Gästezimmern ist auch ein idealer Ausgangspunkt für Wanderungen im reizvollen Ahrtal oder für einen Besuch der Ahr-Thermen in Bad Neuenahr-Ahrweiler.

Assenmacher Gourmet – Gasthaus Assenmacher

Brückenstr. 12, (B 257) 53505 – (02643) 18 48 – www.gasthaus-assenmacher.de – geschl. Januar - Februar 2 Wochen, Juni - Juli 2 Wochen und Montag - Dienstag, außer an Feiertagen
Menü 60/125 € – Karte 64/74 € – *(nur Abendessen)*
Ein helles elegantes Restaurant mit hübsch nach hinten gelegener Terrasse. Christian Storch bietet hier drei Menüs passend zur Saison, aus denen man die Gänge auch einzeln wählen kann. Mit von der Partie ist seine Frau Christa, die den freundlichen Service leitet.

Gaststube Assenmacher – Gasthaus Assenmacher

Brückenstr. 12, (B 257) ✉ 53505 – ✆ (02643) 18 48 – www.gasthaus-assenmacher.de – geschl. Januar - Februar 2 Wochen, Juni - Juli 2 Wochen und Montag, außer an Feiertagen

Menü 35/47 € – Karte 28/48 €

Wer in diese gemütliche Gaststube einkehrt, sollte sein schmackhaftes regional-saisonales Essen mit einem leckeren Dessert abschließen - so kann dem "Kalbsgeschnetzelten mit Rösti" ein unwiderstehliches "Grand-Marnier-Eissoufflé mit Schokoladeneis und Crème brûlée von weißer Schokolade" folgen! Die Tagesempfehlungen kommen übrigens auch gut an.

ALTENBERG

Sachsen – 8 550 Ew. – Höhe 750 m – Siehe Regionalatlas **43-Q13**

Berlin 233 km – Dresden 42 km – Chemnitz 74 km – Leipzig 154 km

Michelin Straßenkarte 544

In Altenberg-Oberbärenburg Nord-West: 6 km über B 170 Richtung Dresden, nach 4 km rechts

Zum Bären

Talblick 6 ✉ 01773 – ✆ (035052) 6 10 – www.zum-baeren.de

36 Zim – 55/90 € 75/137 € – ½ P **Rest** – Karte 14/47 €

Recht ruhig liegt das gut geführte und mit sehr freundlichen Gästezimmern ausgestattete Ferienhotel, in dem auch das Preis-Leistungs-Verhältnis stimmt. Das helle, neuzeitliche Restaurant bietet auch eine Terrasse.

ALTENBERGE

Nordrhein-Westfalen – 10 240 Ew. – Höhe 105 m – Siehe Regionalatlas **26-D9**

Berlin 482 km – Düsseldorf 135 km – Münster 16 km – Zwolle 159 km

Michelin Straßenkarte 543

Penz Am Dom

Kirchstr. 13 ✉ 48341 – ✆ (02505) 9 39 95 30 – www.penz-am-dom.de – geschl. Anfang Januar und Montag

Karte 26/41 €

In dem hübschen alten Bürgerhaus vis-à-vis dem Dom mischt sich Historisches mit Modernem. Das schöne stimmige Bild reicht vom Rahmen über den freundlichen Service bis zur Küche von Patron Denis Penz. Versuchen Sie doch mal "Skrei auf Lauchgemüse mit Rote-Beete-Kartoffeln und Dijon-Senf-Sauce"! Mittags unter der Woche nur "Business Lunch". Toll die Terrasse!

ALTENKUNSTADT – Bayern → Siehe Burgkunstadt

ALTENSTEIG

Baden-Württemberg – 10 810 Ew. – Höhe 504 m – Siehe Regionalatlas **54-F19**

Berlin 689 km – Stuttgart 68 km – Karlsruhe 79 km – Tübingen 48 km

Michelin Straßenkarte 545

In Altensteig-Überberg Nord-West: 2 km

Hirsch (mit Gästehaus)

Simmersfelder Str. 24 ✉ 72213 – ✆ (07453) 82 90 – www.hirsch-ueberberg.de – geschl. Januar 2 Wochen

20 Zim – 45/49 € 90/98 € – ½ P **Rest** – Karte 22/48 €

Wie wär's mit einem geräumigen Zimmer mit charmanten Bauernmöbeln und großem Balkon mit Blick auf Obstwiesen und Weiden? So kann man in dem gewachsenen traditionsreichen Landgasthof der Familien Kirn und Kaufmann die typische Landidylle genießen. Fragen Sie nach den Zimmern im Gästehaus - sie liegen zur Südseite mit toller Sicht ins Tal! Bürgerlich-regional speist man in der gemütlichen Gaststube oder auf der netten Gartenterrasse.

In Altensteig-Wart Nord-Ost: 7 km über B 28, Richtung Calw

Sonnenbühl
Wildbader Str. 44 ✉ 72213 – ☎ (07458) 77 10 – www.hotel-sonnenbuehl.de
145 Zim – 86/125 € 106/144 € – ½ P **Rest** – Karte 26/41 €
Das am Waldrand gelegene Tagungshotel bietet funktionale Zimmer und etwas komfortablere Juniorsuiten sowie ein eigenes Kongresszentrum ca. 500 m entfernt. Entspannen kann man bei Kosmetikanwendungen oder aber beim Essem im ländlich-rustikalen Restaurant samt hübscher Terrasse.

ALTENTREPTOW

Mecklenburg-Vorpommern – 5 900 Ew. – Höhe 15 m – Siehe Regionalatlas **13-P5**
Berlin 158 km – Schwerin 140 km – Neubrandenburg 17 km – Greifswald 51 km
Michelin Straßenkarte 542

Am Markt Zim,
Marktplatz 1 ✉ 17087 – ☎ (03961) 2 58 20 – www.ferienhotel-vorpommern.de
33 Zim – 50/75 € 75/99 € – 1 Suite – ½ P
Rest – Menü 18/45 € – Karte 17/30 € – *(geschl. November - Februar: Samstag) (nur Abendessen)*
Mitten in Altentreptow liegt das familiär geführte Hotel mit seinen wohnlichen Gästezimmern, die mit italienischen Stilmöbeln eingerichtet sind. Gemütlich ist das im Bistrostil gehaltene Restaurant. Auch eine Eisdiele befindet sich im Haus.

ALTÖTTING

Bayern – 12 620 Ew. – Höhe 403 m – Siehe Regionalatlas **67-O20**
Berlin 625 km – München 93 km – Bad Reichenhall 75 km – Passau 83 km
Michelin Straßenkarte 546

Zur Post (mit Gästehaus)
Kapellplatz 2 ✉ 84503 – ☎ (08671) 50 40 – www.zurpostaltoetting.de
93 Zim – 59/93 € 89/129 € – ½ P
Rest *Poststüberl* – Menü 17 € – Karte 20/35 €
Rest *Postkeller* – Menü 17/37 € – Karte 21/38 € – *(geschl. Mai - Mitte September und Sonntag - Montag) (nur Abendessen)*
Ein netter Gasthof mitten im Ort, der 1280 erstmals erwähnt wurde. Die Zimmer im Stammhaus sind individuell, einige etwas älter, aber immer wohnlich, die Juniorsuiten liegen teilweise schön zum Kapellplatz hin, stilvoll das "Fürstenzimmer". Das Poststüberl: holzgetäfelt und gemütlich, die Küche bürgerlich-regional. Italienische Speisen im Postkeller mit Gewölbe.

ALTRIP – Rheinland-Pfalz → Siehe Ludwigshafen am Rhein

ALZENAU

Bayern – 18 500 Ew. – Höhe 126 m – Siehe Regionalatlas **48-G15**
Berlin 527 km – München 378 km – Frankfurt am Main 41 km – Aschaffenburg 19 km
Michelin Straßenkarte 546

In Alzenau-Wasserlos Süd: 2 km

Schlossberg
Am Schlossberg 2 (Ost: 2 km) ✉ 63755 – ☎ (06023) 9 48 80 – www.hotel-alzenau.de – geschl. Anfang Januar 2 Wochen
18 Zim – 80/101 € 101/113 € – ½ P
Rest – Menü 31/54 € – Karte 31/66 € – *(geschl. Montag)*
Das gewachsene Haus liegt wunderschön in den Weinbergen oberhalb des Ortes, von den wohnlich eingerichteten Zimmern hat man eine herrliche Aussicht. Diese schätzen natürlich auch die Restaurantgäste, die besonders gerne auf der Terrasse sitzen - ein reizvolles Plätzchen!

Parkhotel Krone garni
Hellersweg 1 ✉ 63755 – ✆ (06023) 31 02 50 – www.parkhotel-alzenau.de – geschl. August 2 Wochen
27 Zim – †78/92 € ††98/115 € – 1 Suite
Dieses ruhig gelegene Hotel bietet seinen Gästen mit hellen Naturholzmöbeln im fränkischen Landhausstil eingerichtete Zimmer.

ALZEY

Rheinland-Pfalz – 17 650 Ew. – Höhe 192 m – Siehe Regionalatlas **47-E16**
Berlin 600 km – Mainz 34 km – Bad Kreuznach 34 km – Mannheim 52 km
Michelin Straßenkarte 543

Am Schloss
Amtgasse 39 ✉ 55232 – ✆ (06731) 9 42 24 – www.hotelamschloss-alzey.de
25 Zim – †65/68 € ††85/90 € – ½ P
Rest – Karte 21/39 € – *(geschl. Sonntagabend) (nur Abendessen, sonntags auch Mittagessen)*
In einer ruhigen Seitenstraße in der Altstadt liegt das a. d. 18. Jh. stammende Haus mit seinen solide und zeitgemäß ausgestatteten Gästezimmern. Das Restaurant bietet internationale Küche. Nett ist die Terrasse an einem historischen Tor.

AMBERG

Bayern – 43 530 Ew. – Höhe 374 m – Siehe Regionalatlas **51-M16**
Berlin 434 km – München 204 km – Weiden in der Oberpfalz 53 km – Nürnberg 61 km
Michelin Straßenkarte 546

Drahthammer Schlößl
Drahthammerstr. 30 ✉ 92224 – ✆ (09621) 70 30 – www.drahthammerschloessl.de – geschl. 1. Januar - 6. Januar
43 Zim – †55/128 € ††98/148 € **Rest** – Karte 28/53 €
Fast 1000 Jahre Geschichte stecken in dem Hammerschloss an der Vils! Sehr ansprechend der Rahmen, individuell die hübschen Zimmer, reichlich Antiquitäten... Die Trettenbachs sind auch engagierte Gastronomen: In schönen Stuben von rustikal bis elegant gibt es Themenbuffets und ambitionierte Küche à la carte.

Allee Parkhotel Maximilian garni
Pfalzgrafenring 1 ✉ 92224 – ✆ (09621) 33 00 – www.allee-parkhotel-maximilian.de
47 Zim – †72/103 € ††90/107 €
Zeitgemäß-komfortabel wohnt man in dem ovalen Hotelbau. Ruhiger sind die Zimmer zum Stadtgraben, eine der schönen Maisonetten bietet eine Whirlwanne. Wirklich nett ist die Frühstücksterrasse mit Blick ins Grüne!

Schön Kilian
Ziegelgasse 12 (in der Grammerpassage) ✉ 92224 – ✆ (09621) 30 84 04 – www.schoen-kilian.de
Karte 24/77 €
Wer bei Kilian Schön zu Gast ist, darf sich auf trendig-modernes Ambiente und schmackhafte frische Küche freuen. Letztere gibt es z. B. in Form von hausgemachter Pasta oder als "gebratenen Zander auf Spitzkohl". Mögen Sie Süßes? Der Patron ist auch Konditor! Schön sitzt man im Sommer im Innenhof.

In Ursensollen-Oberleinsiedl Süd-West: 7 km

Kleindienst garni
Oberleinsiedl 3b ✉ 92289 – ✆ (09628) 9 20 00 – www.hotel-kleindienst.de
21 Zim – †49/51 € ††70/74 €, 4 €
Zum 20-jährigen Jubiläum hat sich Familie Kleindienst eine Renovierung gegönnt, das Ergebnis sind frische geradlinig-moderne Zimmer! Die persönliche Führung ist geblieben, ebenso der hübsche Frühstücksraum samt Terrasse. Massageangebot.

AMELINGHAUSEN

Niedersachsen – 3 830 Ew. – Höhe 66 m – Siehe Regionalatlas **19-J6**

Berlin 294 km – Hannover 104 km – Hamburg 67 km – Lüneburg 26 km

Michelin Straßenkarte 541

Schenck's Gasthaus (mit Gästehaus)

Lüneberger Str. 48 (B 209) ✉ 21385 – ✆ (04132) 31 40 – www.schencks.de

30 Zim – 55/71 € 86/116 € – ½ P

Rest – Karte 20/37 € – *(geschl. Montagmittag, Dienstag)*

Zu diesem traditionsreichen Familienbetrieb gehört ein ruhig gelegenes Gästehaus ca. 200 m vom Stammhaus entfernt, in dem Sie wohnliche Zimmer im Landhausstil erwarten. Restauranträume mit rustikalem Ambiente.

Zum Alchimisten

Auf der kalten Hude 4 ✉ 21385 – ✆ (04132) 93 91 06 – www.zum-alchimisten.de – geschl. 26. Januar - 12. Februar und Mittwoch, Mai - August: Mittwoch - Donnerstag

Menü 32/72 € – Karte 28/70 € – *(Montag - Dienstag nur Abendessen)*

Was könnte die regionale Küche von Martin Herzog mit all ihren Kräutern und Gewürzen besser unterstreichen als ein derart passender Ort? Nämlich ein charmantes reetgedecktes Häuschen mitten im Wald!

AMERDINGEN

Bayern – 850 Ew. – Höhe 525 m – Siehe Regionalatlas **56-J18**

Berlin 535 km – München 132 km – Augsburg 63 km – Nördlingen 17 km

Michelin Straßenkarte 546

Landhotel Kesseltaler Hof

Zim,

Graf-Stauffenberg-Str. 21 ✉ 86735 – ✆ (09089) 6 16 – geschl. Mitte Januar - Mitte Februar, August

14 Zim – 50/60 € 70/80 €

Rest – Karte 17/40 € – *(geschl. Montag - Dienstag)*

Kein Fernseher stört hier die Ruhe, stattdessen sitzt man gemütlich auf der Terrasse und schaut in den wunderschönen Rosengarten! Bei Familie Eger fühlen sich Urlauber ebenso wohl wie Radler, und auch für Feierlichkeiten ist der Rahmen ideal.

AMMERBUCH

Baden-Württemberg – 11 580 Ew. – Höhe 384 m – Siehe Regionalatlas **55-G19**

Berlin 668 km – Stuttgart 40 km – Freudenstadt 51 km – Pforzheim 67 km

Michelin Straßenkarte 545

In Ammerbuch-Entringen

Im Gärtle

Bebenhauser Str. 44 ✉ 72119 – ✆ (07073) 64 35 – www.imgaertle.de – geschl. Montag - Dienstagmittag, September - Mai: Montag - Dienstag

Menü 26/39 € – Karte 26/42 €

Kunstliebhaber aufgepasst: Man kommt nicht nur zum Essen hierher, denn dieses charmant gelegene Restaurant bietet neben schwäbischen Spezialitäten auch eine Ausstellung des Malers Manfred Lutz! Speisen Sie im Sommer unbedingt auf der tollen Terrasse "im Gärtle"!

AMÖNEBURG

Hessen – 5 140 Ew. – Höhe 364 m – Siehe Regionalatlas **38-G13**

Berlin 464 km – Wiesbaden 125 km – Marburg 14 km – Kassel 81 km

Michelin Straßenkarte 543

Dombäcker mit Zim — Rest,

Markt 18 ✉ 35287 – ✆ (06422) 9 40 90 – www.dombaecker.de – geschl. 1. - 14. Januar, Anfang November 1 Woche und Montag - Dienstagmittag

5 Zim – †60 € ††95 € Menü 42 € – Karte 40/65 €

Bei Familie Schulist in dem charmanten Fachwerkhaus von 1725 werden die Gäste freundlich umsorgt (inzwischen ist auch Sohn Lukas mit im Service), während in der Küche internationale und regionale Gerichte wie Hummerravioli oder Kalbsrahmgulasch entstehen - das Kalbfleisch stammt übrigens aus eigener Zucht! Richtig wohnlich haben es auch Übernachtungsgäste.

Dieser Führer lebt von Ihren Anregungen, die uns stets willkommen sind. Egal ob Sie uns eine besonders angenehme Erfahrung oder eine Enttäuschung mitteilen wollen – schreiben Sie uns!

AMORBACH

Bayern – 3 920 Ew. – Höhe 165 m – Siehe Regionalatlas **48-G16**

Berlin 569 km – München 353 km – Würzburg 73 km – Aschaffenburg 47 km

Michelin Straßenkarte 546

Im Otterbachtal West: 3 km über Amorsbrunner Straße

Der Schafhof

Schafhof 1 ✉ 63916 Amorbach – ✆ (09373) 9 73 30 – www.schafhof.de

23 Zim – †80/110 € ††110/155 €, 19 € – 1 Suite – ½ P

Rest *Abt- und Schäferstube* **Rest *Benediktinerstube*** – siehe Restaurantauswahl

Ein Privatweg führt zu diesem wahrhaft idyllischen und einsamen Ort - man spürt förmlich, wie einen die Historie des einstigen Klosterguts einfängt! Doch was wäre ein derart wunderbares Anwesen ohne das volle Engagement der Gastgeber? Schöne Zimmer (elegant oder lieber gemütlich-rustikal?) sind Ihnen hier gewiss, ebenso ein genussvoller Start in den Tag bei einem ausgezeichneten Sektfrühstück, Entspannung bei Beauty und Massage... Oder darf es mal eine Kutschfahrt sein? Oder vielleicht eine Weinprobe im Gewölbekeller?

Abt- und Schäferstube – Hotel Der Schafhof

Schafhof 1 ✉ 63916 Amorbach – ✆ (09373) 9 73 30 – www.schafhof.de – geschl. Montag - Dienstag

Menü 67/109 €

Die Küche von Achim Krutsch ist ganz klassisch ausgerichtet, basiert auf ausgewählten Produkten und hat ihre Stärke vor allem im Geschmack... optische Effekthascherei braucht sie nicht! Dazu trinkt man regionale Weine. Und das rustikal-elegante Interieur samt toller historischer Holzdecke sorgt für ein wirklich schönes Drumherum.

→ Crème von Amorbacher Steinpilzen mit pochiertem Wachtelei. Lammrücken mit Schnippelbohnen und Thymianjus. Gebackener Grießknödel und Erdbeerschaum mit Waldhimbeerensorbet.

Benediktinerstube – Hotel Der Schafhof

Schafhof 1 ✉ 63916 Amorbach – ✆ (09373) 9 73 30 – www.schafhof.de – geschl. 1. Januar - 2. März und Mittwoch - Donnerstag

Menü 35 € – Karte 41/49 €

Im ehemaligen Kelterhaus des Schafhofs - gleich neben dem Stammhaus - geht es etwas ländlicher zu. Hier kocht Ralf Stang regional mit mediterranem Einschlag, freigelegtes Fachwerk und Holztäfelung machen es dazu schön gemütlich.

AMRUM (INSEL)

Schleswig-Holstein – ✉ 25946 – Siehe Regionalatlas **1-F2**

Berlin 469 km – Kiel 131 km – Sylt (Westerland) 22 km – Flensburg 62 km

Michelin Straßenkarte 541

NORDDORF – ✉ 25946 – 600 Ew. – Siehe Regionalatlas 1-F2

Hüttmann
Rest,

Ual Saarepswai 2 ✉ 25946 – ✆ (04682) 92 20 – www.hotel-huettmann.de
43 Zim – 68/99 € 135/180 € – 11 Suiten – ½ P
Rest – Menü 29/80 € – Karte 30/64 €
Eine wirklich schöne Hotelanlage: recht weitläufig, gut geführt und ausgestattet mit individuellen Zimmern, die mit nordischen Charme gefallen - mal geräumig, mal kleiner. Dazu Kosmetik- und Massageangebote und ein Restaurant nebst beliebtem legerem Café-Bistro und Terrasse mit Pavillon - hier wird im Sommer gegrillt. Einen Absacker gibt's in der "Entenschnack-Bar".

WITTDÜN – ✉ 25946 – 750 Ew. – Siehe Regionalatlas 1-F2

Weisse Düne
Zim,

Achtern Strand 6 ✉ 25946 – ✆ (04682) 94 00 00 – www.weisse-duene.de
13 Zim – 85/95 € 120/180 € – 2 Suiten – ½ P **Rest** – Karte 28/62 €
Ein tipptopp gepflegtes familiengeführtes kleines Inselhotel, mit zeitlos eingerichteten Zimmern, die teilweise über Balkon oder Terrasse verfügen. Hübsch hat man auch im Restaurant klaren neuzeitlichen Stil und friesische Elemente gemischt.

AMTZELL
Baden-Württemberg – 3 940 Ew. – Höhe 556 m – Siehe Regionalatlas **63**-H21
Berlin 715 km – Stuttgart 193 km – Tübingen 136 km – Appenzell 80 km
Michelin Straßenkarte 545

Akademie

Schattbucher Str. 10 ✉ 88279 – ✆ (07520) 95 37 88 – www.akademie-amtzell.de – geschl. Samstagmittag, Sonntag - Montag
Menü 45/65 € – Karte 34/53 €
Wirklich gut die Küche hier, man kocht mit Gefühl für Aromen und stimmige Kombinationen. Die Karte ist zweigeteilt: zum einen das "schnelle" Tagesmenü, zum anderen die gehobeneren kreativen Gerichte am Abend. Schmackhaft z. B. "Rinderkugel mit Artischockenragout und Gnocchi".

ANDERNACH
Rheinland-Pfalz – 29 460 Ew. – Höhe 70 m – Siehe Regionalatlas **36**-D14
Berlin 608 km – Mainz 120 km – Koblenz 19 km – Bonn 43 km
Michelin Straßenkarte 543

Am Helmwartsturm

Am Helmwartsturm 4 ✉ 56626 – ✆ (02632) 95 84 60 – www.hotel-am-helmwartsturm.de – geschl. August 2 Wochen
16 Zim – 79/110 € 115 € – 1 Suite – ½ P
Rest *Kaufmann's* – siehe Restaurantauswahl
Bei der engagierten Familie Kaufmann überzeugen zeitgemäßes Design in ruhigen Farben und ein gutes Preis-Leistungs-Verhältnis. 100-qm-Suite mit Sauna im DG. Parkhaus Stadtgraben gratis.

Parkhotel Am Schänzchen

Konrad-Adenauer-Allee 1 ✉ 56626 – ✆ (02632) 92 05 00 – www.parkhotel-andernach.de – geschl. 21. - 29. Dezember
28 Zim – 65/80 € 108/120 € – ½ P
Rest – Menü 32/70 € – Karte 33/53 €
Das Hotel liegt direkt am Rhein, den man von vielen der zeitgemäß und funktional ausgestatteten Gästezimmer sehen kann - alle mit Balkon. Sie speisen im rustikal-gemütlichen Restaurant oder im modernen Wintergarten mit Flussblick.

Meder garni

Konrad-Adenauer-Allee 36 ✉ 56626 – ✆ (02632) 4 26 32 – www.hotel-meder.de
10 Zim – 69/75 € 89/99 €
Die sympathische Familie Schauss bietet in dem historischen Haus mit der leuchtend gelben Fassade wohnliche Zimmer mit Bauernmöbeln. Nebenan: das Geysir-Erlebniszentrum.

Kaufmann's – Hotel Am Helmwartsturm

Am Helmwartsturm 4 ✉ 56626 – ✆ (02632) 95 84 60 – www.hotel-am-helmwartsturm.de – geschl. August 2 Wochen und Sonntag - Montagmittag

Menü 26 € (mittags)/65 € – Karte 32/49 € – *(in den Schulferien nur Abendessen)*

Hell und luftig das Restaurant, hübsch auch die moderne Terrasse zum Markt hin. Gekocht wird mit frischen Produkten aus der Region, schmackhaft z. B. "Züricher Geschnetzeltes mit Rösti". Mittags ist das Angebot kleiner.

ANGELBACHTAL

Baden-Württemberg – 5 020 Ew. – Höhe 159 m – Siehe Regionalatlas **55**-F17

Berlin 625 km – Stuttgart 91 km – Karlsruhe 55 km – Heilbronn 40 km

Michelin Straßenkarte 545

In Angelbachtal-Michelfeld

Schlosshotel Michelfeld

Friedrichstr. 2 ✉ 74918 – ✆ (07265) 91 99 00 – www.schlosshotelmichelfeld.de

18 Zim – 🚹65/85 € 🚹🚹93/120 €

Rest ***Lachers Restaurant*** – siehe Restaurantauswahl

Das historische Schlossgebäude mit großem Hof und angrenzendem Park beherbergt wohnliche, stilvoll eingerichtete Gästezimmer. Kulturscheune für Veranstaltungen.

Lachers Restaurant – Schlosshotel Michelfeld

Friedrichstr. 2 ✉ 74918 – ✆ (07265) 91 99 00 – www.schlosshotelmichelfeld.de

Karte 33/63 € – *(geschl. Sonntagabend - Montag)*

Erstmals erwähnt wurde das Schloss in Schriften a. d. J. 1522. Seit 2006 führt Familie Lacher es als Stätte der Gastlichkeit. Es entstand ein elegantes, helles Restaurant mit schöner Terrasse und Blick auf den Schlosspark.

ANGER

Bayern – 4 360 Ew. – Höhe 558 m – Siehe Regionalatlas **67**-O21

Berlin 716 km – München 122 km – Bad Reichenhall 13 km – Rosenheim 75 km

Michelin Straßenkarte 546

In Anger-Aufham Süd: 3 km jenseits der A 8

Wellness- und Landhotel Prinz

Dorfstr. 5 ✉ 83454 – ✆ (08656) 10 84 – www.landhotel-prinz.de – geschl. 19. - 25. Dezember

22 Zim – 🚹59/65 € 🚹🚹98/138 € – ½ P

Rest – Menü 16/16 € – *(geschl. Sonntagabend) (nur Abendessen)*

Sie suchen ein romantisches Hotel für Paare? Hier hat man sich auf Verwöhnarrangements für zwei spezialisiert. Genießen Sie wohnlich-alpenländische Atmosphäre und entspannen Sie im schönen Sauna- und Ruhebereich sowie bei zahlreichen Anwendungen. Buchen Sie doch ein Zimmer mit Whirlwanne!

ANKLAM

Mecklenburg-Vorpommern – 13 540 Ew. – Höhe 5 m – Siehe Regionalatlas **14**-P4

Berlin 179 km – Schwerin 182 km – Neubrandenburg 49 km – Rügen (Bergen) 94 km

Michelin Straßenkarte 542

Pommernland

Friedländer Landstr. 20c (B 197) ✉ 17389 – ✆ (03971) 2 91 80 – www.hotel-pommernland.de – geschl. 24. Dezember - 2. Januar

29 Zim – 🚹51/71 € 🚹🚹72/90 €

Rest – Karte 18/25 € – *(geschl. Freitag - Sonntag und an Feiertagen) (nur Abendessen)*

Ein tipptopp gepflegtes und schon viele Jahre familiär geführtes Haus mit funktionellen und zugleich wohnlichen Zimmern, auch Mehrbettzimmer. Für Raucher Frühstück im Wintergarten. Im Restaurant bietet man bürgerliche Küche.

In Rubkow-Bömitz Nord: 12 km über B 109 Richtung Rubkow

Rittergut Bömitz

Dorfstr. 14 ✉ *17390 – ✆ (039724) 2 25 40 – www.rittergut-boemitz.de – geschl. Februar*

20 Zim ☕ – 🚹65/75 € 🚹🚹80/98 € – 1 Suite – ½ P

Rest *Jägerstube* – Menü 30/48 € – Karte 25/48 € – *(nur Abendessen)*

Die freundlichen Gastgeber bieten in dem Gutshaus von 1750 individuelle, klassische Zimmer. Einsame Lage, schöner Park und liebenswertes Interieur vermitteln romantisches Flair. Gemütliche Jägerstube mit regional-internationalem Angebot.

ANNABERG-BUCHHOLZ

Sachsen – 21 610 Ew. – Höhe 600 m – Siehe Regionalatlas **42-O13**

Berlin 295 km – Dresden 94 km – Chemnitz 31 km – Leipzig 108 km

Michelin Straßenkarte 544

Wilder Mann

Rest,

Markt 13 ✉ *09456 – ✆ (03733) 14 40 – www.hotel-wildermann.de*

65 Zim ☕ – 🚹62/95 € 🚹🚹82/144 € – 6 Suiten – ½ P

Rest *Silberbaum* – Menü 22/34 € (abends) – Karte 21/34 €

Das schöne Hotel ist eines der ältesten Bürgerhäuser der Stadt, von dessen Historie u. a. ein original Zellsterngewölbe im Foyer zeugt. Zeitgemäß-gediegene Zimmer und Beauty-Angebot. Silberbaum mit sehenswerter spätgotischer Holzdecke. Kartoffelgerichte im "Kartoffelkeller".

ANSBACH

Bayern – 40 300 Ew. – Höhe 405 m – Siehe Regionalatlas **49-J17**

Berlin 481 km – München 202 km – Nürnberg 61 km – Stuttgart 162 km

Michelin Straßenkarte 546

Am DrechselsGarten

Am Drechselsgarten 1 ✉ *91522 – ✆ (0981) 8 90 20 – www.drechselsgarten.bestwestern.de*

51 Zim – 🚹99/119 € 🚹🚹139/149 €, ☕ 12 € – ½ P

Rest *DrechselsStuben* – siehe Restaurantauswahl

Das gut geführte Hotel liegt ruhig oberhalb der Stadt - viele Zimmer haben Balkon und Blick auf Ansbach. Diesen können Sie auch gleich morgens beim Frühstück oder beim Nachmittagskaffee auf der Terrasse haben! Für alle, die zwischendurch mal etwas Action brauchen, gibt es einen tollen Fitnessraum! Und am Abend einen Absacker im "King's Pub"?

Windmühle

Rest, Zim,

Rummelsberger Str. 1 (B 14) ✉ *91522 – ✆ (0981) 97 20 00 – www.hotel-windmuehle.de*

48 Zim ☕ – 🚹64/140 € 🚹🚹92/200 €

Rest – Karte 18/54 € – *(geschl. Samstagmittag, Sonntagabend)*

Echte Gasthof-Tradition - seit 1914 unter Familie Sturm und die nächste Generation steht schon in den Startlöchern. Das Haus ist im Wandel, fragen Sie nach den ganz neuen und sehr komfortablen Zimmern! Einfachere Kategorien bleiben aber ebenso erhalten. Im rustikalen Restaurant serviert man bürgerlich-fränkische Küche.

Schwarzer Bock N

Pfarrstr. 31 ✉ *91522 – ✆ (0981) 42 12 40 – www.schwarzerbock.com*

14 Zim ☕ – 🚹65/115 € 🚹🚹99/145 € – 3 Suiten – ½ P

Rest *Schwarzer Bock* – siehe Restaurantauswahl

Das kleine Rokoko-Haus liegt mitten in der Altstadt und lädt schon mit seiner hübschen Fassade zum Verweilen ein. Und drinnen sieht es ebenso ansprechend aus: Die Zimmer sind ganz individuell geschnitten, wohnlich gestaltet und bieten neben kostenfreier Minibar auch W-Lan und DVD-Player - sicher mehr, als man erwarten würde!

DrechselsStuben – Hotel Am DrechselsGarten
Am Drechselsgarten 1 ✉ 91522 – ✆ (0981) 8 90 20
– www.drechselsgarten.bestwestern.de
Menü 23/32 € – Karte 23/47 €
Lockt Sie die schöne Sicht hierher oder die traditionell geprägte internationale Küche? Auf jeden Fall ist beides ein guter Grund, das gediegene Restaurant des Business- und Tagungshotels zu besuchen.

La Corona
Johann-Sebastian-Bach-Platz 20 ✉ 91522 – ✆ (0981) 9 09 01 30
– www.lacorona.de – geschl. Sonntag - Mittwoch und an Feiertagen
Karte 34/52 € – *(nur Abendessen)*
Eine sehr nette Mischung aus Vinothek und Restaurant, etwas versteckt im Herzen von Ansbach. Familie Gerg steckt jede Menge Engagement und Herzblut in ihr Haus, das merkt man auch an geschmackvollen, angenehm reduzierten Gerichten wie "Bäckchen vom Schwarzfuß-Schwein mit Tomate & Oregano". Dazu verwöhnt Sie der Patron mit einer bemerkenswerten Auswahl von rund 1400 verschiedenen Weinen - nehmen Sie sich also etwas Zeit!

Schwarzer Bock N
Pfarrstr. 31 ✉ 91522 – ✆ (0981) 42 12 40 – www.schwarzerbock.com
Menü 22/32 € – Karte 16/50 €
Hier bietet man Ihnen fränkische Wirtshauskultur in Reinform (Designerlampen und wertige Stoffe tun dem traditionellen Charme keinerlei Abbruch)! Und warum stehen auf der Karte auch Pfälzer Spezialitäten? Die hat die charmante Chefin aus ihrer Heimat mitgebracht - daher gibt es neben regionalem Bier und Weinen aus Franken auch so manch guten Tropfen aus der Pfalz. Im Sommer sitzt es sich übrigens auf der Terrasse am schönsten.

In Ansbach-Brodswinden Süd-Ost: 7 km über B 13 nach Höfstetten

Landgasthof Käßer (mit Gästehaus)
Brodswinden 102 ✉ 91522 – ✆ (0981) 97 01 80 – www.landgasthof-kaesser.de
– geschl. 1. - 6. Januar, 25. Mai - 7. Juni, 1. - 12. September
19 Zim – †63/80 € ††90/120 € – 2 Suiten
Rest – Karte 14/36 € – *(geschl. Samstag)*
Familie Käßer hat in ihrem Gasthaus neben der Kirche geräumige Zimmer (teilweise mit Balkon) und ein Restaurant mit fränkischer Küche - hier profitiert man von der nachbarlichen Hausschlachtung! Draußen kann man übrigens auch schön sitzen - im Schatten einer alten Linde.

ARENDSEE
Sachsen-Anhalt – 7 300 Ew. – Höhe 33 m – Siehe Regionalatlas **21**-L7
Berlin 162 km – Magdeburg 116 km – Schwerin 119 km
Michelin Straßenkarte 542

Deutsches Haus
Friedensstr. 91 ✉ 39619 – ✆ (039384) 97 30 – www.dh-arendsee.de
26 Zim – †62/78 € ††94/115 € – 1 Suite
Rest – Menü 26/56 € – Karte 21/42 €
In dem gewachsenen Familienbetrieb sind einige Zimmer besonders modern und klar gestaltet, in einem Nachbarhaus wird Massage angeboten. Finnische Sauna und Strandbad am nahen Arendsee.

ARNSBERG
Nordrhein-Westfalen – 73 740 Ew. – Höhe 200 m – Siehe Regionalatlas **27**-E11
Berlin 482 km – Düsseldorf 129 km – Dortmund 62 km – Meschede 22 km
Michelin Straßenkarte 543

Menge
Ruhrstr. 60 ✉ 59821 – ✆ (02931) 5 25 20 – www.hotel-menge.de
– geschl. Februar 2 Wochen, Juli - August 2 Wochen, 23. - 26. Dezember
18 Zim – †60/80 € ††89/120 € – ½ P
Rest ***Menge*** – siehe Restaurantauswahl
Familie Menge betreibt das Haus schon in der 7. Generation, und das mit Engagement, wie die sehr freundliche Gästebetreuung, die gute Zimmerausstattung und nicht zuletzt das leckere Frühstück mit hausgemachter Marmelde zeigen! Und wenn Sie gerne Fahrrad fahren: Das Hotel liegt am Ruhrtalradweg.

Menge – Hotel Menge
Ruhrstr. 60 ✉ 59821 – ✆ (02931) 5 25 20 – www.hotel-menge.de
– geschl. Februar 2 Wochen, Juli - August 2 Wochen, 23. - 26. Dezember und Sonntag - Montag
Menü 38/59 € – Karte 29/59 € – *(nur Abendessen)*
Christoph Menge kocht geschmackvoll und ambitioniert, mal zeitgemäß-international, mal Klassiker wie "Saures Schnitzel". Und macht Ihnen vielleicht "Bayerische Creme mit zweierlei Rhabarber" Appetit auf etwas Süßes? Je nach Saison gibt's auch Galloway-Rind, Wild und Lamm - natürlich aus der Region.

Ratskeller
Alter Markt 36 ✉ 59821 – ✆ (02931) 36 72 – www.ratskeller-arnsberg.de
– geschl. 16. - 22. Februar und Montag
Karte 22/43 €
Ein engagiertes Betreiberpaar leitet das mit Bedacht modernisierte Gasthaus mit dem ältesten Stammtisch der Stadt. Eleganter ist das Restaurant im hinteren Bereich. Internationale Küche.

In Arnsberg-Hüsten

Gesellenhaus
Heinrich-Lübke-Str. 25 ✉ 59759 – ✆ (02932) 89 02 22
– www.restaurant-gesellenhaus.de – geschl. 21. Juli - 4. August und Dienstag - Mittwoch
Menü 33 € – Karte 21/49 € – *(nur Abendessen, Sonntag sowie an Feiertagen auch Mittagessen)*
In dem denkmalgeschützten Backsteinhaus von 1886 hat man ein nettes und stilvoll-modernes Restaurant eingerichtet, in dem man neben einer Empfehlungs- und einer Klassiker-Karte auch eine Steak-Karte reicht.

ARNSTORF

Bayern – 6 720 Ew. – Höhe 397 m – Siehe Regionalatlas **59-O19**
▶ Berlin 588 km – München 144 km – Landshut 69 km – Braunau am Inn 61 km
Michelin Straßenkarte 546

In Arnstorf-Mariakirchen Nord-Ost: 4 km

Schlossparkhotel
Zim,
Obere Hofmark 3 ✉ 94424 – ✆ (08723) 97 87 10 – www.schloss-mariakirchen.de
40 Zim – †73/83 € ††112/120 € – 1 Suite
Rest – Karte 16/34 € – *(Mai - September: Montag - Freitag nur Abendessen, Oktober - April: Montag - Samstag nur Abendessen)*
Historisches und Modernes vereint: Im Park des Wasserschlosses wohnt man im klar designten Glasbau und frühstückt im liebenswerten Gartenhaus von 1810. Suite im Schloss. Wie wär's mit selbstgebrautem Bier im Schlossbräu mit böhmischem Gewölbe und Sudkesseln. Im Sommer geht's natürlich in den Biergarten unter Kastanien.

AROLSEN, BAD

Hessen – 16 030 Ew. – Höhe 290 m – Siehe Regionalatlas **28-G11**
▶ Berlin 428 km – Wiesbaden 205 km – Kassel 45 km – Marburg 85 km
Michelin Straßenkarte 543

Brauhaus-Hotel

Kaulbachstr. 33 ✉ 34454 – ✆ (05691) 8 98 60 – www.brauhaus-hotel.de – geschl. 2. - 16. Januar, 20. Juli - 3. August
13 Zim – 60/68 € 86/96 € – ½ P
Rest – Karte 19/38 € – *(geschl. Montagmittag, Mittwochmittag)*
Das kleine Hotel befindet sich in einem denkmalgeschützten historischen Sandsteingebäude und bietet seinen Gästen zeitgemäße Zimmer. Bürgerliche Küche im Restaurant.

Schäfer's Restaurant

Schloßstr. 15 ✉ 34454 – ✆ (05691) 76 52 – www.schaefers-restaurant.de – geschl. März - April 10 Tage, Oktober - November 10 Tage und Dienstag - Mittwochmittag
Menü 31/55 € – Karte 30/55 €
Ein nettes, freundliches Restaurant, in dem der Inhaber selbst die internationalen Gerichte zubereitet. Vor dem Haus, zur Straße hin, liegt der kleine Terrassenbereich.

Im Ortsteil Schmillinghausen Nord: 6 km über B 252 Richtung Diemelstadt-Rhoden

Landgasthof Teuteberg

Rhoder Str. 8 ✉ 34454 – ✆ (05691) 59 61 – www.landgasthof-teuteberg.de – geschl. 3. - 28. Januar
26 Zim – 46/58 € 70/98 € – ½ P
Rest – Karte 16/31 € – *(geschl. Sonntagabend, Oktober - April: Dienstag)*
Mitten im Dorf liegt das schmucke Fachwerkhaus, das seit 1871 im Familienbesitz ist und freundlich geleitet wird. Es erwarten Sie wohnliche Zimmer (teils mit Balkon) und ein schöner Garten. Gaststube in bürgerlich-rustikalem Stil.

ASBACHERHÜTTE – Rheinland-Pfalz ➜ Siehe Kempfeld

ASCHAFFENBURG

Bayern – 68 810 Ew. – Höhe 138 m – Siehe Regionalatlas **48-G15**
Berlin 552 km – München 354 km – Frankfurt am Main 45 km – Darmstadt 40 km
Michelin Straßenkarte 546

Post

Zim,

Goldbacher Str. 19 (B 26) ✉ 63739 – ✆ (06021) 33 40 – www.post-ab.de
62 Zim – 79/116 € 146/169 €, 10 €
Rest *Bistro O-19* – ✆ (06021) 33 41 13 – Karte 15/42 €
Das Hotel in verkehrsgünstiger zentrumsnaher Lage bietet überwiegend helle, freundliche Zimmer und ein Hallenbad mit beachtlichem Wandbild des Malers Siegfried Rischar. Das Ambiente im "Bistro O-19" erinnert an den berühmten Filmpreis Oscar.

Wilder Mann

Löherstr. 51 ✉ 63739 – ✆ (06021) 30 20 – www.hotel-wilder-mann.de – geschl. 22. Dezember - 6. Januar
73 Zim – 58/114 € 87/128 € – ½ P
Rest – Karte 23/58 € – *(geschl. Sonntagmittag sowie an Feiertagen mittags)*
In dem Gasthof a. d. 16. Jh. erwarten Sie individuelle Zimmer (darunter auch Appartements mit Kitchenette) sowie ein mediterran gestalteter Saunabereich. Fahrradverleih. Restaurant in rustikalem Stil.

Zum Goldenen Ochsen

Karlstr. 16, (Zufahrt über Friedrichstraße) ✉ 63739 – ✆ (06021) 2 31 32 – www.zumgoldenenochsen.de – geschl. 2. - 7. Januar
39 Zim – 67/88 € 89/98 € – ½ P
Rest *Oechsle* – siehe Restaurantauswahl
Direkt gegenüber dem Schlosspark und zentral nahe dem Bahnhof liegt der zum Hotel gewachsene Gasthof a. d. 16. Jh. Die Zimmer sind funktionell, die Bäder meist mit Tageslicht. Für Fahrradfahrer ideal: Der Mainradweg ist ca. 300 m entfernt.

Oechsle – Hotel Zum Goldenen Ochsen

Karlstr. 16, (Zufahrt über Friedrichstraße) ✉ 63739 – ✆ (06021) 2 31 32 – www.zumgoldenenochsen.de – geschl. 2. - 7. Januar, 1. August - 10. September und Sonntag - Montag

Menü 45 € – Karte 25/51 €

In dem geradlinig gestalteten Restaurant (den rustikalen Charme hat man u. a. mit einem restaurierten alten Kachelofen bewahrt) bietet man Ihnen frische saisonale Küche. "Bärlauch-Capuccino mit Blutwurst-Apfelravioli" schmeckt da genauso gut wie die klassischen Karthäuserklöße nach altem Rezept!

In Aschaffenburg-Nilkheim

Classico garni

Geschwister-Scholl-Platz 10, (Zufahrt über Stauffenbergstraße) ✉ 63741 – ✆ (06021) 8 49 00 – www.hotel-classico.de – geschl. 23. Dezember - 4. Januar, August 2 Wochen

24 Zim – †62/70 € ††82/110 €

In dem zeitgemäßen Hotel an der Fußgängerzone stehen funktional eingerichtete Zimmer zur Verfügung, die teilweise einen Balkon bieten.

In Haibach

Spessartstuben

Jahnstr. 7 ✉ 63808 – ✆ (06021) 6 36 60 – www.hotel-spessartstuben.de

28 Zim – †58/63 € ††88 €

Rest – Karte 19/43 € – *(geschl. Fasching 2 Wochen, August 3 Wochen und Freitagmittag - Samstag sowie Juni - Juli: Sonntagabend)*

Ein familiengeführtes Haus mit gepflegten und zweckmäßig ausgestatteten Gästezimmern, die mit freundlichen Farben aufgefrischt wurden. Ein schöner Kachelofen, gemütliche Eckbänke sowie teilweise bemalte Decken prägen das Restaurant.

Edel garni

Zum Stadion 17 ✉ 63808 – ✆ (06021) 6 30 30 – www.hotel-edel.de

10 Zim – †50/60 € ††70/80 €

Diese Pension mit privatem Charakter gefällt mit wohnlich eingerichteten und sehr gepflegten Zimmern sowie persönlicher Atmosphäre.

In Johannesberg

Auberge de Temple (N)

Hauptstr. 2 ✉ 63867 – ✆ (06021) 4 54 83 00 – www.auberge-de-temple.de

6 Zim – †109/149 € ††149/189 €

Rest *Helbigs* **Rest *Gasthaus*** – siehe Restaurantauswahl

Sie sollten nicht nur zum Essen zu den Helbigs kommen, denn geschmackvoller kann man kaum übernachten! Die Zimmer sind hochwertig, individuell, schön geräumig und technisch auf dem neuesten Stand! Sie möchten eine Privatsauna? Kein Problem!

Helbigs – Hotel Auberge de Temple

Hauptstr. 2 ✉ 63867 – ✆ (06021) 4 54 83 00 – www.auberge-de-temple.de – geschl. über Fasching 1 Woche, August - September 2 Wochen und Sonntag - Montag

Menü 67/117 € – Karte 66/79 € – *(nur Abendessen)* (Tischbestellung ratsam)

Nach ihrem Erfolg (1 Stern) im Restaurant "Zum Alten Rentamt" in Klingenberg am Main führen Ludger und Nicole Helbig nun das schön sanierte traditionsreiche Haus neben der Kirche. Auch hier verfeinert der Chef seine produktbezogene moderne Küche mit ausgesuchten Gewürzen. Es gibt ein saisonales Menü sowie eine kleine Karte mit Tagesempfehlungen - und dazu eine sehenswerte Bilderausstellung und eine stets präsente Chefin im Service.

→ Zweierlei von der Gänsestopfleber mit Baumkuchentranche, Rhabarber, Miso und Ingwer. Schulter und Rücken vom Reh mit geschmorten Artischocken. Rüblikuchen auf Ziegenquark mit gerösteter Fenchelsaat und Orangen-Karottensorbet.

Gasthaus – Hotel Auberge de Temple

Hauptstr. 2 ✉ 63867 – ✆ (06021) 4 54 83 00 – www.auberge-detemple.de – geschl. Montag

Menü 34/39 € – Karte 35/47 €

Für alle, die es gerne etwas bodenständiger haben: Hier serviert man Ihnen in angenehm ungezwungenem Rahmen Leckeres wie "Tomatensuppe mit Mango" oder "Entenbrust auf hausgemachter Pasta und Shiitake"

In Sailauf

Schlosshotel Weyberhöfe

Weyberhöfe ✉ 63877 – ✆ (06093) 94 00 – www.weyberhoefe.de

40 Zim – 95/185 € 180/260 € – 2 Suiten – ½ P

Rest *Schlossrestaurant* Rest *Carême* – siehe Restaurantauswahl

Der ehemalige Gutshof von 1265 ist mit seinem historischen Charme der perfekte Ort für Hochzeiten - Kapelle und Standesamt inklusive! Schön: das hochwertige Vital Resort. Neben den beiden Restaurants hat man noch die Vinothek.

Carême – Schlosshotel Weyberhöfe

Weyberhöfe ✉ 63877 – ✆ (06093) 94 00 – www.weyberhoefe.de – geschl. Sonntag - Dienstag

Menü 59/119 € – *(nur Abendessen)* (Tischbestellung erforderlich)

Das festliche Ambiente mit Spiegel und Gemälde in goldenen Barockrahmen, schimmernden Ornament-Tapeten, opulenten Kronleuchtern passt zum historischen Schloss.

Schlossrestaurant – Schlosshotel Weyberhöfe

Weyberhöfe ✉ 63877 – ✆ (06093) 94 00 – www.weyberhoefe.de

Menü 29/65 € – Karte 39/66 €

Trotz des historischen Ambientes (schön die freigelegten Sandsteinwände) ist dieses Restaurant modern eingerichtet. Besonders angenehm ist es an wärmeren Tagen im imposanten Schloss-Innenhof. Kaffee und Kuchen, sonntags Brunch!

ASCHAU im CHIEMGAU

Bayern – 5 730 Ew. – Höhe 615 m – Siehe Regionalatlas **66**-N21

Berlin 671 km – München 82 km – Bad Reichenhall 60 km – Salzburg 64 km

Michelin Straßenkarte 546

Residenz Heinz Winkler

Kirchplatz 1 ✉ 83229 – ✆ (08052) 1 79 90 – www.residenz-heinz-winkler.de

19 Zim – 225/455 € 250/480 € – 13 Suiten – ½ P

Rest *Restaurant Heinz Winkler* ✿✿ – siehe Restaurantauswahl

Mitten im Ort und doch eine eigene Welt... Ein jahrhundertealtes Anwesen gleich nebenan die Kirche, ringsum die wunderbare Bergkulisse - Heinz Winkler hat hier die perfekte Verbindung von elegantem Luxus und traditionell-bayerischem Gasthaus-Charme geschaffen. So groß seine Leidenschaft fürs Kochen, so intensiv sein Engagement als Gastgeber.

Edeltraud garni

Narzissenweg 15 ✉ 83229 – ✆ (08052) 9 06 70 – www.hotel-edeltraud.de – geschl. April 2 Wochen, Anfang September 1 Woche, Ende Oktober - Anfang November 1 Woche

16 Zim – 51/69 € 82/86 € – 1 Suite

Ein nettes und sehr gepflegtes kleines Hotel. Im Sommer kann man beim Frühstück auf der Terrasse den Blick auf die Kampenwand genießen. Ein schöner Ausflug ist z. B. eine Radtour zum 6 km entfernten Chiemsee.

Alpengasthof Brucker

Schlossbergstr. 12 ✉ 83229 – ✆ (08052) 49 87 – www.gasthofbrucker.de – geschl. 17. Januar - 21. Februar, 24. Oktober - 21. November

12 Zim – 33/45 € 64/86 € – 1 Suite

Rest – Karte 15/30 € – *(geschl. Mittwoch - Donnerstag, außer an Feiertagen)*

Traditionell bayerisch präsentiert sich der alteingesessene Gasthof unterhalb des Schlosses mit seinen bis ins 17. Jh. zurückreichenden Wurzeln. Zu einem guten Preis bietet man solide und behagliche Zimmer. Ein schöner Biergarten vor dem Haus ergänzt die gemütlich-rustikalen Gaststuben.

XXXX ✿✿ **Restaurant Heinz Winkler** – Hotel Residenz Heinz Winkler
Kirchplatz 1 ✉ *83229* – ✆ *(08052) 1 79 90*
– *www.residenz-heinz-winkler.de*
Menü 95 € (mittags)/178 € – Karte 69/124 €
Steffen Metzger heißt der neue Mann, den sich Patron Heinz Winkler mit seinen rund 50 Jahren Kocherfahrung an den Herd geholt hat. Die Küche ist nach wie vor klassisch, die Produkte wie gewohnt von top Qualität, der Service unter der Leitung von Junior Alexander Winkler zuvorkommend und professionell.
→ Entenleber / grüner Apfel / Amarettini. Bresse Taubenbrust / Mandelöl / Artischocke. Ghana-Ananas / Cannelloni / Kokosnussschaum.

ASCHEBERG (HOLSTEIN)

Schleswig-Holstein – 3 170 Ew. – Höhe 36 m – Siehe Regionalatlas **10-J3**
Berlin 331 km – Kiel 28 km – Lübeck 62 km – Neumünster 32 km
Michelin Straßenkarte 541

Seehotel Dreiklang (mit Gästehäusern) Rest,
Plöner Chaussee 21 (B 430) ✉ *24326* – ✆ *(04526) 3 39 00*
– *www.seehotel-dreiklang.de*
56 Zim – 85/114 € 119/169 € – ½ P
Rest – Menü 13 € (mittags)/58 € – Karte 22/56 €
Das aus drei Gebäuden bestehende Hotel liegt direkt am See und bietet wohnliche, mit Pinienholzmöbeln eingerichtete Appartements, meist mit Seeblick, sowie ein eigenes Strandbad. Neuzeitlich gestaltetes Restaurant mit Wintergarten und Sicht zum See.

ASCHEFFEL

Schleswig-Holstein – 1 020 Ew. – Höhe 42 m – Siehe Regionalatlas **2-I3**
Berlin 390 km – Kiel 44 km – Hamburg 112 km
Michelin Straßenkarte 541

Globetrotter Lodge N Zim, Rest,
Am Aschberg 3 ✉ *24358* – ✆ *(04353) 99 80 00 10* – *www.globetrotter-lodge.de*
30 Zim – 95 € 133 € – ½ P **Rest** – Karte 32/50 €
Der bekannte gleichnamige Outdoorwaren-Hersteller hat hier in der Naturlandschaft Hüttener Berge sein erstes Hotelprojekt realisiert. Geräumige Zimmer, gute Tagungsmöglichkeiten und internationale Küche. Chic das klare naturbetonte Design überall! Toller Aussichtsturm, auch über eine Kletterwand zu erklimmen!

ASCHHEIM

Bayern – 7 800 Ew. – Höhe 512 m – Siehe Regionalatlas **66-M20**
Berlin 588 km – München 14 km – Kufstein 98 km – Augsburg 79 km
Michelin Straßenkarte 546

Schreiberhof Zim,
Erdinger Str. 2 ✉ *85609* – ✆ *(089) 90 00 60* – *www.schreiberhof.de*
87 Zim – 85/145 € 105/170 €, 10 € – ½ P
Rest – Menü 21/45 € – Karte 21/49 € – *(geschl. Montag)*
Der ehemalige Gasthof ist ein topgepflegtes Hotel im Zentrum. Die Zimmer sind mit schönen Stoffen und angenehmen Farben wohnlich gestaltet, ebenso attraktiv der Saunabereich. Und gastronomisch? Da hat man verschiedene gemütliche Stuben von rustikal bis stilvoll und einen Biergarten mit alten Bäumen.

Gasthof zur Post
Ismaninger Str. 11 (B 471) ✉ *85609* – ✆ *(089) 9 00 48 00*
– *www.hotelpost-aschheim.de*
77 Zim – 69/115 € 89/145 €
Rest – Menü 21/45 € (abends) – Karte 21/35 €
Hier wurde ein alter Gasthof mit langer Familientradition zu einem neuzeitlichen Hotel, das sich wirklich sehen lassen kann. Die Zimmer sind wohnlich und zeitgemäß - fragen Sie nach den geschmackvollen "Naturdesign-Zimmern" mit heimischen Materialien! Regionale Küche im modern-rustikalen Restaurant.

In Aschheim-Dornach Süd-West: 2,5 km

Innside München Neue Messe Rest, Rest,

Humboldtstr. 12 (Gewerbegebiet-West) 85609 – (089) 94 00 50 – www.innside.com
134 Zim – 99/129 € 129/159 € – ½ P **Rest** – Karte 22/60 €
Modernes Design begleitet Sie vom lichten Hallenbereich im Atriumstil bis in die freundlichen Gästezimmer - originell sind die frei stehenden Glasduschen. Bistro-artiges Restaurant mit internationaler Küche.

ASPACH – Baden-Württemberg → Siehe Backnang

ASPERG
Baden-Württemberg – 13 160 Ew. – Höhe 270 m – Siehe Regionalatlas **55-G18**
Berlin 617 km – Stuttgart 21 km – Heilbronn 38 km – Ludwigsburg 5 km
Michelin Straßenkarte 545

Adler

Stuttgarter Str. 2 71679 – (07141) 2 66 00 – www.adler-asperg.de
70 Zim – 104/184 € 114/194 €, 15 € – ½ P
Rest *Schwabenstube* **Rest *Aguila*** – siehe Restaurantauswahl
Seit über 100 Jahren sind die Ottenbachers hier und investieren stetig! Schön die modern-elegante Lobby und der Frühstücksraum - die Bar "RicharZ" wird morgens zum Buffet. Wie wär's mit einem Themenzimmer? "Daimler", "Bosch" oder "Porsche"?

Schwabenstube – Hotel Adler

Stuttgarter Str. 2 71679 – (07141) 2 66 00 – www.adler-asperg.de – geschl. Anfang Januar 2 Wochen, 26. Mai - 6. Juni, August und Sonntag - Montag
Menü 39/92 € – Karte 48/71 € – *(nur Abendessen)*
Angenehm elegant ist das Restaurant in dem schmucken historischen Fachwerkhaus. Die feinen Speisen machen sich ausgesprochen gut auf dem schönen Versace-Porzellan! Der kompetente Service macht das stimmige Bild komplett.
→ Tranche vom Steinbutt mit Morcheln, Kohlrabi-Salat, bunte Karotten und feine Nudeln. Lammrücken und geschmortes Törtchen, Marinda-Tomate, Bohnengemüse, Polenta-Auberginenroulade. Rücken vom Reh mit Erdnussmandelkruste, Sellerie- Spitzkohl-Lasagne, Pilze und Schupfnudeln.

Aguila – Hotel Adler

Stuttgarter Str. 2 71679 – (07141) 2 66 00 – www.adler-asperg.de – geschl. August und Samstag - Sonntagmittag sowie an Feiertagen
Menü 24 € – Karte 23/34 €
Was entsteht, wenn Spanien auf Schwaben trifft? "Schwabbas"! Viele Neugierige probieren in angenehm ungezwungener Atmosphäre diesen Küchenmix! Sie können aber auch gerne "entweder-oder" essen.

In Tamm Nord-West: 2,5 km

Historik Hotel Ochsen

Hauptstr. 40 71732 – (07141) 2 99 95 55 – www.ochsen-tamm.de
17 Zim – 75/88 € 98 €
Rest – Menü 30 € – Karte 28/44 € – *(geschl. Freitag) (nur Abendessen)*
Eine ansprechende weiß-graue Fachwerkfassade ziert den historischen Gasthof. Die Zimmer sind mit hellem Naturholz wohnlich eingerichtet, in einigen sind alte Holzbalken freigelegt. Regional speist man in der behaglichen Gaststube.

ATTENDORN
Nordrhein-Westfalen – 24 640 Ew. – Höhe 255 m – Siehe Regionalatlas **37-E12**
Berlin 539 km – Düsseldorf 131 km – Siegen 41 km – Lüdenscheid 37 km
Michelin Straßenkarte 543

Rauch garni
Wasserstr. 6 ✉ 57439 – ✆ (02722) 9 24 20 – www.hotel-rauch.de – geschl. 27. Juli - 10. August
13 Zim – 73/76 € 93/96 € – 1 Suite
In der Altstadt finden Sie das freundlich und engagiert geleitete kleine Hotel. Ein Stadthaus a. d. 17. Jh. mit individuellen Zimmern und nettem Frühstücksraum mit hübschem Balkon.

An der Straße nach Helden Ost: 3,5 km

Burghotel Schnellenberg
Schnellenberger Weg 1 ✉ 57439 Attendorn – ✆ (02722) 69 40 – www.burg-schnellenberg.de – geschl. 4. - 8. Januar
42 Zim – 90/145 € 120/180 € – ½ P
Rest – Menü 35/54 € – Karte 34/61 €
Die imposante Burg über der Stadt ist eine ideale Tagungs- und Veranstaltungsadresse. Die Zimmer sind unterschiedlich geschnitten, geräumiger die schönen Turmzimmer. Saunabereich im Gewölbe. Einstiger Rittersaal als Restaurant, dazu die reizvolle Terrasse auf drei Ebenen.

AUE

Sachsen – 17 390 Ew. – Höhe 350 m – Siehe Regionalatlas **42-O13**
Berlin 295 km – Dresden 122 km – Chemnitz 35 km – Zwickau 23 km
Michelin Straßenkarte 544

Blauer Engel Zim,
Altmarkt 1 ✉ 08280 – ✆ (03771) 59 20 – www.hotel-blauerengel.de
39 Zim – 75 € 100 € – ½ P
Rest *Tausendgüldenstube*
Rest *St. Andreas* – siehe Restaurantauswahl
Rest *Lotters Wirtschaft* – Karte 16/42 €
Dies ist eine ausgesprochen engagiert geführte Adresse, Familie Unger hält alles top in Schuss! Seit 1663 existiert das Hotel in der Stadtmitte, hinter dessen attraktiver wiederhergestellter Gründerzeitfassade man schön modern wohnt und bei Beauty- und Massage-Behandlungen entspannt. Lotters Wirtschaft ist das rustikale der drei Restaurants: eine Hausbrauerei mit Kupferkesseln und Backsteingewölbe.

St. Andreas – Hotel Blauer Engel
Altmarkt 1 ✉ 08280 – ✆ (03771) 59 20 – www.hotel-blauerengel.de – geschl. Januar, August 2 Wochen und Sonntag - Montag sowie an Feiertagen
Menü 49/79 € – Karte 42/73 € – *(nur Abendessen)*
Aufwändig und ambitioniert wird in diesem Restaurant der Ungers gekocht. Sohn Benjamin steht am Herd, sein jüngerer Bruder Claudius ist im Service. Meissener Porzellan und Silber tragen ihren Teil zum eleganten Ambiente bei.

Tausendgüldenstube – Hotel Blauer Engel
Altmarkt 1 ✉ 08280 – ✆ (03771) 59 20 – www.hotel-blauerengel.de – geschl. Januar, August 2 Wochen und Sonntag - Montag sowie an Feiertagen
Menü 25/35 € – Karte 25/39 € – *(nur Abendessen)*
340 Jahre Tradition... da spürt man schon ein bisschen historischen Charme! Dank Kachelofen und Holzvertäfelung ist es hier schön gemütlich, man wird angenehm persönlich umsorgt und zudem isst man gut - probieren Sie z. B. den geschmorten Kalbstafelspitz!

AUENWALD

Baden-Württemberg – 6 820 Ew. – Höhe 500 m – Siehe Regionalatlas **55-H18**
Berlin 601 km – Stuttgart 39 km – Heilbronn 53 km – Esslingen am Neckar 42 km
Michelin Straßenkarte 545

In Auenwald-Däfern

Landgasthof Waldhorn

Hohnweilerstr. 10 ✉ 71549 – ✆ (07191) 312 3 12 – www.waldhorn-daefern.de – geschl. Mitte - Ende Januar, Ende September - Anfang Oktober und Dienstag - Mittwoch
Menü 35/52 € – Karte 34/53 €
Warum Ute Wagner und Alexander Munz so viele Stammgäste haben? Die Küche ist gut. Gekocht wird saisonal-regional und auch international, ein leckeres Gericht ist z. B. "Schweinefilet im Spitzkraut-Kräutermantel mit Karotten-Steckrübengemüse und Kartoffelpüree". Oder wie wär's mit dem "Kleinen Menü" zu sehr gutem Preis-Leistungs-Verhältnis? Herrlich die Gartenterrasse!

AUERBACH in der OBERPFALZ

Bayern – 8 810 Ew. – Höhe 434 m – Siehe Regionalatlas **51-L16**
Berlin 395 km – München 212 km – Nürnberg 67 km – Bayreuth 42 km
Michelin Straßenkarte 546

SoulFood

Unterer Markt 35 ✉ 91275 – ✆ (09643) 2 05 22 25 – www.restaurant-soulfood.com – geschl. 1. - 27. Januar und Montag - Dienstag
Menü 29 € (mittags)/54 € – Karte 31/42 €
"SoulFood" soll die Seele berühren, und das gelingt auch - zum einen mit den äußerst sorgfältig, frisch und stimmig zubereiteten Gerichten von Michael Laus, zum anderen mit Christine Heß, die als herzliche Gastgeberin dafür sorgt, dass man sich in dem modernen kleinen Restaurant so richtig wohlfühlt!

AUERBACH (VOGTLAND)

Sachsen – 19 840 Ew. – Höhe 460 m – Siehe Regionalatlas **42-N13**
Berlin 305 km – Dresden 147 km – Gera 58 km – Plauen 24 km
Michelin Straßenkarte 544

In Auerbach-Schnarrtanne Ost: 6 km Richtung Schönheide

Renoir

Schönheider Str. 235 ✉ 08209 – ✆ (03744) 21 51 19 – www.restaurant-renoir.de – geschl. 2. - 8. Januar, 29. Juni - 9. Juli und Sonntagabend - Montag
Menü 35/39 € – Karte 28/47 € – *(Dienstag - Freitag nur Abendessen)* (Tischbestellung ratsam)
Wer bei dem Namen Kunst vermutet, liegt ganz richtig, denn Gemälde nach dem Vorbild Renoirs zieren das gemütlich-gediegene Restaurant von André Baldauf. Gekocht wird saisonal, so z. B. "Zanderfilet mit Spargel-Rucola-Gemüse und Kräuterkartoffeln". Als gelernter Sommelier berät Sie der Chef auch in Weinfragen.

AUEROSE – Mecklenburg-Vorpommern ➜ Siehe Anklam

AUGGEN

Baden-Württemberg – 2 520 Ew. – Höhe 264 m – Siehe Regionalatlas **61-D21**
Berlin 833 km – Stuttgart 240 km – Freiburg im Breisgau 35 km – Basel 31 km
Michelin Straßenkarte 545

Zur Krone garni

Hauptstr. 6 ✉ 79424 – ✆ (07631) 60 75 – www.hotelkroneauggen.de
32 Zim – †65/78 € ††88/148 €
Vier Häuser und ein wunderschöner Garten mit Teich und alten Bäumen bilden dieses Anwesen. Die Zimmer in den Gartenhäusern sind geräumiger und teilweise mit offenem Holzgiebel besonders gemütlich. Behaglich ist das Kaminzimmer mit Bar im Kutscherhaus.

AUGSBURG

Bayern – 266 650 Ew. – Höhe 494 m – Siehe Regionalatlas **57-K19**
Berlin 560 km – München 68 km – Ulm (Donau) 80 km
Michelin Straßenkarte 546

Steigenberger Drei Mohren

Zim, Rest,

Maximilianstr. 40 ✉ *86150 – ✆ (0821) 5 03 60*
– www.augsburg.steigenberger.de

Stadtplan : A2**a**

131 Zim – 🚹139/223 € 🚹🚹159/233 €, ☕ 20 € – 4 Suiten
Rest *Maximilian's* – Karte 31/51 €
Rest *Sartory* – Menü 69 € – Karte 54/64 € – *(geschl. 24. - 30. Dezember, 1. - 13. Januar, 30. Juli - 2. September und Sonntag - Montag sowie an Feiertagen) (nur Abendessen)*

Das rund 500 Jahre alte Haus kommt nach Totalrenovierung modern-elegant daher! Eine großzügige Lobby, wohnlich-komfortable Zimmer, Spa mit orientalischem Touch und dazu vielfältige Gastronomie vom "Maximilian" mit Showküche über die legere "3 M Bar" mit Tapas bis zum schicken "Sartory".

Dorint

Imhofstr. 12 (über Hermanstraße A2) ✉ *86159 – ✆ (0821) 5 97 40*
– www.dorint.com/augsburg

183 Zim – 🚹117/137 € 🚹🚹127/147 €, ☕ 19 € – 1 Suite – ½ P
Rest – Menü 23 € (mittags)/29 € – Karte 24/47 €

Unmittelbar am Wittelsbacher Park liegt dieses als Turm erbaute Businesshotel mit modernem Wohnkomfort und direktem Zugang zur angrenzenden Kongresshalle. Internationales Speisenangebot im Restaurant.

Augsburger Hof garni

Auf dem Kreuz 2 ✉ 86152 – ✆ (0821) 34 30 50 Stadtplan : A1**v**
– www.augsburger-hof.de
36 Zim – 80/120 € 99/150 €
Eines der ältesten Gasthäuser Augsburgs ist dieses persönlich geführte Hotel, das seit über 30 Jahren von Familie Meder geleitet wird. Sehr schön und wohnlich sind die Romantikzimmer. Hübsch der kleine überdachte Innenhof.

Dom-Hotel garni

Frauentorstr. 8 ✉ 86152 – ✆ (0821) 34 39 30 Stadtplan : A1**c**
– www.domhotel-augsburg.de – geschl. 19. Dezember - 12. Januar
48 Zim – 75/125 € 85/155 € – 9 Suiten
In dem historischen Stadthaus beim Dom gelangt man über eine schöne schmiedeeiserne Treppe zu den Zimmern, Appartements und Maisonetten. Im Sommer Frühstück unter Kastanienbäumen.

August (Christian Grünwald)

Frauentorstr. 27 ✉ 86152 – ✆ (0821) 3 52 79 – geschl. Stadtplan : A1**e**
über Ostern, Ende August - Anfang September und Sonntag - Dienstag
Menü 119 € – *(nur Abendessen)* (Tischbestellung erforderlich)
Christian Grünwald hat seine ganz eigene Handschrift. Was dem Restaurant das künstlerische Design, ist seiner Küche der innovative, gewagte, eigenwillige und auf jeden Fall alles andere als gewöhnliche Stil - ebenso einzigartig wie exzellent! Im Sommer ein Muss: die Dachterrasse.
→ Aromenfelder "Occident/Orient" in den 4 Jahreszeiten präsentiert. Schwarze Artischocke, Parmesanhimbeere, gebrannter Ziegentopfen, Pfifferlinge, Tomatenkerne, Zitronentangedes. Kopfsalatstile, Ei-Lack, Imperialkaviar, Schwarzer Knoblauch, Avocado.

Magnolia

Beim Glaspalast 1 ✉ 86153 – ✆ (0821) 3 19 99 99 Stadtplan : B2**m**
– www.restaurant-magnolia.de – geschl. Samstagmittag
Menü 35/85 € – Karte 33/65 €
Ein Essen hier (man kocht mit mediterranem Einschlag) lässt sich wunderbar mit dem Besuch des Kunstmuseums oder des "tim" (Textil- und Industriemuseum) verbinden - dafür bieten sich z. B. auch die günstigen Mittagsgerichte an. Empfangen werden Sie im Restaurant übrigens von "fleischigen Lieschen", einer imposanten Holzstatue - nicht das einzige Kunstobjekt hier!

Papageno

Theaterstr. 8 ✉ 86152 – ✆ (0821) 9 07 64 64 Stadtplan : A1**p**
– www.papageno-restaurant.de – geschl. Montag
Menü 35/65 € – Karte 22/48 €
Sie finden dieses Restaurant in der Innenstadt direkt neben dem Theater. In freundlichem Ambiente reicht man eine bürgerliche und internationale Karte. Freitags und samstags serviert man am Abend in "Papageno's Gourmet" kreative Menüs.

Die Ecke

Elias-Holl-Platz 2 ✉ 86150 – ✆ (0821) 51 06 00 Stadtplan : A2**n**
– www.restaurant-die-ecke.de
Menü 19 € (mittags unter der Woche)/80 € – Karte 36/67 €
Das "Eckehaus" von 1577 ist eine Institution in Augsburg. Gemütlich die Atmosphäre, international die Küche. Im Sommer sitzt man am liebsten auf der charmanten Innenhofterrasse!

In Augsburg-Göggingen Süd-West: 4 km über Hermanstraße Stadtplan : A2

Villa Arborea garni

Gögginger Str. 124 ✉ 86199 – ✆ (0821) 90 73 90 – www.hotel-villa-arborea.de
– geschl. 21. Dezember - 6. Januar
20 Zim – 79/95 € 99/115 €
Der Name der 1935 erbauten Villa (lat. "arbor" = "Baum") nimmt Bezug auf den wunderschönen Garten - wer möchte hier nicht frühstücken? Man spürt im Haus das Engagement der Familie Dey!

In Augsburg-Oberhausen Nord: 2,5 km über Müllerstraße Stadtplan : A1

Alpenhof (mit Gästehaus)

Donauwörther Str. 233 ✉ 86154 – ✆ (0821) 4 20 40 – www.alpenhof-hotel.de
120 Zim ☕ – 🚹64/111 € 🚹🚹105/148 €
Rest – Menü 39 € – Karte 23/45 €
Gerne wird die aus drei Gebäuden bestehende Hotelanlage mit guter Verkehrsanbindung für Tagungen genutzt. Die Zimmer sind recht unterschiedlich, die modernsten sind die "Burgfeuer"-Zimmer. Speisen kann man international oder regional.

AUMÜHLE

Schleswig-Holstein – 3 030 Ew. – Höhe 30 m – Siehe Regionalatlas **10-J5**
Berlin 266 km – Kiel 104 km – Hamburg 33 km – Lübeck 57 km
Michelin Straßenkarte 541

Waldesruh am See

Am Mühlenteich 2 ✉ 21521 – ✆ (04104) 6 95 30 – www.waldesruh-am-see.de
12 Zim ☕ – 🚹62/78 € 🚹🚹98/115 €
Rest – Menü 30/50 € – Karte 31/46 € – *(geschl. Dienstag)*
Wie man es sich für ein historisches Haus (Jagdschloss a. d. J. 1763) wünscht, finden sich hier diverse schöne Details von einst - so z. B. Antiquitäten in den Zimmern, der herrliche Saal (wie gemacht für Hochzeiten) oder das gemütliche Jagdzimmer des Restaurants. Letzteres bietet regionale Produkte.

Fürst Bismarck Mühle mit Zim

Mühlenweg 3 ✉ 21521 – ✆ (04104) 20 28 – www.bismarckmuehle.de – geschl. Mittwoch
7 Zim ☕ – 🚹65/75 € 🚹🚹99 € Menü 32 € – Karte 25/61 €
Mit seinem klassisch-rustikalen Flair passt das geschmackvolle Restaurant genau zum Charakter der ehemaligen Mühle. Im Sommer ist natürlich die Gartenterrasse ein Muss. Auch zum Übernachten (wohnlich-individuell die Zimmer) ist die Lage an einem kleinen See reizvoll.

AURICH (OSTFRIESLAND)

Niedersachsen – 40 420 Ew. – Höhe 6 m – Siehe Regionalatlas **7-D5**
Berlin 506 km – Hannover 241 km – Emden 26 km – Oldenburg 70 km
Michelin Straßenkarte 541

Hochzeitshaus garni

Bahnhofstr. 4 ✉ 26603 – ✆ (04941) 60 44 60 – www.hochzeitshaus-aurich.de
14 Zim ☕ – 🚹89/119 € 🚹🚹119/159 €
Die im 19. Jh. als Bürgermeisterhaus erbaute Villa mit der weißen Fassade liegt beim Stadtwall. Die Zimmer sind individuell und sehr geschmackvoll (chic in Schwarz-Weiß, toll der alte Dielenboden...), einige befinden sich im Kutscherhaus. Im Sommer sitzt man bei hausgemachtem Kuchen im schönen Garten hinterm Haus!

In Aurich-Wallinghausen Ost: 3 km

Köhlers Forsthaus

Hoheberger Weg 192 ✉ 26605 – ✆ (04941) 1 79 20 – www.koehlers-forsthaus.de
48 Zim ☕ – 🚹79/139 € 🚹🚹124/184 € – 1 Suite – ½ P
Rest – Menü 25/69 € – Karte 21/61 €
In dem familiengeführten Hotel stehen unterschiedlich gestaltete Zimmer, ein schöner Garten sowie ein ansprechender Sauna- und Ruhebereich mit Kosmetik und Massage zur Verfügung. Von den Gasträumen blicken Sie ins Grüne. Mit kleiner Bar und Kaminzimmer.

In Aurich-Ogenbargen Nord-Ost: 13 km über B 210 Richtung Wilhelmshaven

Landgasthof Alte Post
Zim,

Esenser Str. 299 (B 210) ✉ 26607 – ✆ (04947) 50 97 90 – www.landgasthof-alte-post.de

61 Zim – 57 € 99 € – ½ P **Rest** – Karte 19/50 €

Die Zimmer in dem regionstypischen Hotel mit Reetdach sind wohnlich und zeitgemäß eingerichtet, darunter einige mit Balkon sowie fünf Themenzimmer. Auch Beauty und Massage werden angeboten. Bürgerliche Gaststube mit elegant-rustikalen Nebenräumen.

AYING

Bayern – 4 660 Ew. – Höhe 610 m – Siehe Regionalatlas **66-M20**

Berlin 613 km – München 29 km – Rosenheim 34 km

Michelin Straßenkarte 546

Brauereigasthof Aying (mit Gästehaus)

Zornedinger Str. 2 ✉ 85653 – ✆ (08095) 9 06 50 – www.ayinger.de

47 Zim – 98/333 € 143/363 € – 1 Suite – ½ P

Rest *Brauereigasthof Aying* – siehe Restaurantauswahl

Das ist wohl der Inbegriff eines bayerischen Brauereigasthofs! Lange Tradition und ehrliche Herzlichkeit gehen hier Hand in Hand! Man wohnt so geschmackvoll wie individuell - im alten Herrenhaus (Urhaus der Inhaberfamilie) auch etwas exklusiver! Und lassen Sie sich auf keinen Fall das Frühstück entgehen!

Brauereigasthof Aying – Hotel Brauereigasthof Aying

Zornedinger Str. 2 ✉ 85653 – ✆ (08095) 9 06 50 – www.ayinger.de

Karte 32/50 €

So richtig authentisch: charmanter Service in Tracht, Holztäfelung, im Winter ein wärmender Kamin... Zu leckeren bayerischen Spezialitäten wie "knusprigem Spanferkelrücken" gibt's hauseigenes Bier! Vis-à-vis: Bräustüberl und Biergarten.

BAABE

– Mecklenburg-Vorpommern → Siehe Rügen (Insel)

BACHARACH

Rheinland-Pfalz – 1 940 Ew. – Höhe 70 m – Siehe Regionalatlas **46-D15**

Berlin 615 km – Mainz 50 km – Bad Kreuznach 35 km – Koblenz 50 km

Michelin Straßenkarte 543

Altkölnischer Hof
Rest,

Blücherstr. 2 ✉ 55422 – ✆ (06743) 94 77 80 – www.altkoelnischer-hof.de – geschl. November - März

19 Zim – 50/85 € 78/130 € – ½ P

Rest – Menü 17 € (mittags)/21 € – Karte 22/47 € – *(geschl. Montag)*

Ein restauriertes historisches Fachwerkhaus beherbergt diesen gut geführten Familienbetrieb. Sehr gepflegt sind die mit Naturholzmöbeln wohnlich eingerichteten Zimmer. Rustikales Restaurant mit bürgerlichem Angebot.

In Bacharach-Henschhausen Nord-West: 4 km

Landhaus Delle

Gutenfelsstr. 16 ✉ 55422 – ✆ (06743) 17 65 – www.landhaus-delle-hotel.com – geschl. November - April

7 Zim – 130 € 165/185 € – 1 Suite – ½ P

Rest – Menü 56/75 € – *(geschl. Sonntag - Montag) (nur Abendessen)* (Tischbestellung erforderlich)

Der kleine Familienbetrieb oberhalb des Rheins hat keinen typischen Hotelcharakter, er besticht vielmehr durch seine private Atmosphäre und die persönliche Gästebetreuung sowie geräumige wohnliche Zimmer und eine schöne Gartenanlage. Klassische Küche und eine ausgezeichnete Weinauswahl erwarten Sie im Restaurant "Wine and Dine" des Gartenhauses.

BACKNANG

Baden-Württemberg – 35 430 Ew. – Höhe 271 m – Siehe Regionalatlas **55-H18**

Berlin 589 km – Stuttgart 36 km – Heilbronn 36 km – Schwäbisch Hall 37 km

Michelin Straßenkarte 546

Gerberhof garni

Wilhelmstr. 16 ✉ 71522 – ✆ (07191) 97 70 – www.gerberhof-backnang.com
42 Zim – 80/91 € 98/115 €
Das Businesshotel mit zeitgemäßen Zimmern liegt nicht weit von der Innenstadt. Hübsch ist der ruhige begrünte Innenhof, in dem man im Sommer auch frühstücken kann. W-Lan und Garage sind übrigens kostenfrei.

Bitzer garni

Eugen-Adolff-Str. 29 ✉ 71522 – ✆ (07191) 9 63 35 – www.hotel-bitzer.de
32 Zim – 65/75 € 80/95 €
Bei den herzlichen Betreibern schläft man in gepflegten Zimmern, die zwar nicht sehr groß, aber freundlich gestaltet sind und teils zum Garten hin liegen. Tee/Kaffee bekommt man gratis und im schönen Wintergarten gibt's ein gutes Frühstück!

Kerzenstube (N) (Sascha Wolter)

Marktstr. 44 ✉ 71522 – ✆ (07191) 9 79 13 60 – geschl. Anfang Januar 1 Woche, Ende Juli - Mitte September 2 Wochen und Sonntag - Montag
Menü 46/129 € – Karte 48/69 € – *(nur Abendessen)*
Aus den Backnanger Stuben hat Sascha Wolter ein Steakhouse mit Niveau gemacht, in diesem neuesten Restaurant-Hotspot hier finden Sie seine feine, kreative und geschmacksintensive Gourmetküche - und das sind nicht alltägliche Gerichte!
→ Warmes Tatar von der Ofenkarotte mit Blattpetersilie, Joghurt, Algenöl und Piment. Mit Heu geschmorte Rinderschulter, Radieschen, geräucherter Hüttenkäse und Kartoffelcroissants. Geschmorter Apfel mit Haselnuss, Hefe und Salzbutterkaramell.

Schürers Restaurant Tafelhaus

Schillerstr. 6 ✉ 71522 – ✆ (07191) 90 27 77 – www.restaurant-tafelhaus.de – geschl. über Weihnachten, über Ostern 1 Woche, Ende August - Anfang September 2 Wochen und Sonntag - Montag sowie an Feiertagen
Menü 41/89 € – Karte 41/81 € – (Tischbestellung ratsam)
Außen schmucke Fachwerkfassade a. d. 18. Jh., innen behagliche Räume von historisch bis modern. Lohnenswert ist es, im Gewölbekeller von 1710 zu essen (rechtzeitig reservieren!). Beliebt: günstiger wechselnder Mittagstisch und "Menu du Jour" inkl. Wasser und Espresso - letzteres auch abends. Kochschule.

Backnanger Stuben

Bahnhofstr. 7 ✉ 71522 – ✆ (07191) 9 12 79 37 – www.backnanger-stuben.de – geschl. Anfang Januar 1 Woche, August - September 2 Wochen und Sonntag - Montag
Karte 37/82 € – *(nur Abendessen)*
Steht Ihnen der Sinn nach einem richtig guten Steak? Hier gibt es speziell ausgewählte Fleischstücke aus der ganzen Welt, dazu hausgemachte Saucen und nicht ganz alltägliche Beilagen, so z. B. "Rib Eye mit Kichererbsen-Pommes und Passionsfrucht-Dip".

In Aspach-Großaspach Nord-West: 4 km, jenseits der B 14

Lamm

Hauptstr. 23 ✉ 71546 – ✆ (07191) 2 02 71 – www.lamm-aspach.de – geschl. Sonntagabend - Montag
Karte 31/56 €
Hier wird schwäbische Gastlichkeit gepflegt, und das mögen die zahlreichen Stammgäste ebenso wie die saisonal-regionale Küche. Bei Gerichten wie "Rehragout mit Kartoffelknödel" stimmen Qualität und Preis. Schön gediegen die Räume im 1. Stock, sehenswert das Gewölbe (Zigarrenlounge), hübsch die Dachterrasse.

BAD...
siehe unter dem Eigennamen des Ortes (z. B. Bad Orb siehe Orb, Bad)
see under second part of town name (e.g. for Bad Orb see under Orb, Bad)

BADEN-BADEN

Baden-Württemberg – 54 470 Ew. – Höhe 181 m – Siehe Regionalatlas **54-E18**
Berlin 709 km – Stuttgart 112 km – Karlsruhe 38 km – Freiburg 112 km
Michelin Straßenkarte 545

© J. Stumpe / Look / Photononstop

Hotels

Brenners Park-Hotel & Spa

Schillerstr. 4 ✉ 76530 – ✆ (07221) 90 00 – www.brenners.com
85 Zim – 270/440 € 390/660 €, 35 € – 15 Suiten Stadtplan : A2**a**
Rest ***Brenners Park-Restaurant*** **Rest** ***Wintergarten*** – siehe Restaurantauswahl
Ein klassisches Grandhotel mit stilvoll-luxuriöser Einrichtung in unterschiedlichen Zimmerkategorien sowie repräsentativen Veranstaltungsräumen. Edel ist der Spa mit japanisch inspiriertem "Kanebo Harmonising & Care" und exklusiver Spa Suite.

Dorint Maison Messmer

Rest,

Werderstr. 1 ✉ 76530 – ✆ (07221) 3 01 20 Stadtplan : A2**h**
– www.hotel-baden-baden.dorint.com
145 Zim – 189 € 239 €, 26 € – 6 Suiten – ½ P
Rest ***Theaterkeller*** – Menü 29/39 € – Karte 39/49 €
Das Hotel neben Theater und Kasino/Kurhaus vereint Tradition und Moderne. Das spiegelt jedes der eleganten Zimmer wider, vom "Klassik Doppelzimmer Garten" bis hin zur "Penthouse Suite" (237 qm plus große Dachterrasse!). Nicht minder geschmackvoll ist der wertige Wellnessbereich. Wer es ein bisschen rustikaler mag, isst im Theaterkeller, und zwar badisch-elsässisch.

Belle Epoque garni

Maria-Viktoria-Str. 2c ✉ 76530 – ✆ (07221) 30 06 60 Stadtplan : A2**s**
– www.hotel-belle-epoque.de
17 Zim – 165/240 € 235/299 € – 3 Suiten
Eine Villa von 1874 mit Nebengebäude und hübschem kleinem Park. In den liebevoll, individuell und mit persönlicher Note gestalteten Zimmern finden sich wunderschöne antike Einzelstücke. Ebenso stilvoll: der Frühstücksraum mit Kamin. Am Nachmittag serviert man Kaffee und Kuchen (im Zimmerpreis inbegriffen).

Am Sophienpark garni

Sophienstr. 14 ✉ 76530 – ✆ (07221) 35 60 Stadtplan : A1**z**
– www.hotel-am-sophienpark.de
73 Zim – 90/190 € 140/280 €
Von 1733 stammt dieses Hotel, das erste Grandhotel in Baden-Baden. Wenn man vor dem Haus steht, glaubt man kaum, dass dahinter ein 4000 qm großer eigener Park liegt! Noch mehr Schönes gibt es drinnen zu entdecken: ein sehenswertes denkmalgeschütztes Treppenhaus sowie frische moderne Zimmer. Von Juli - August internationale Küche auf der Parkterrasse.

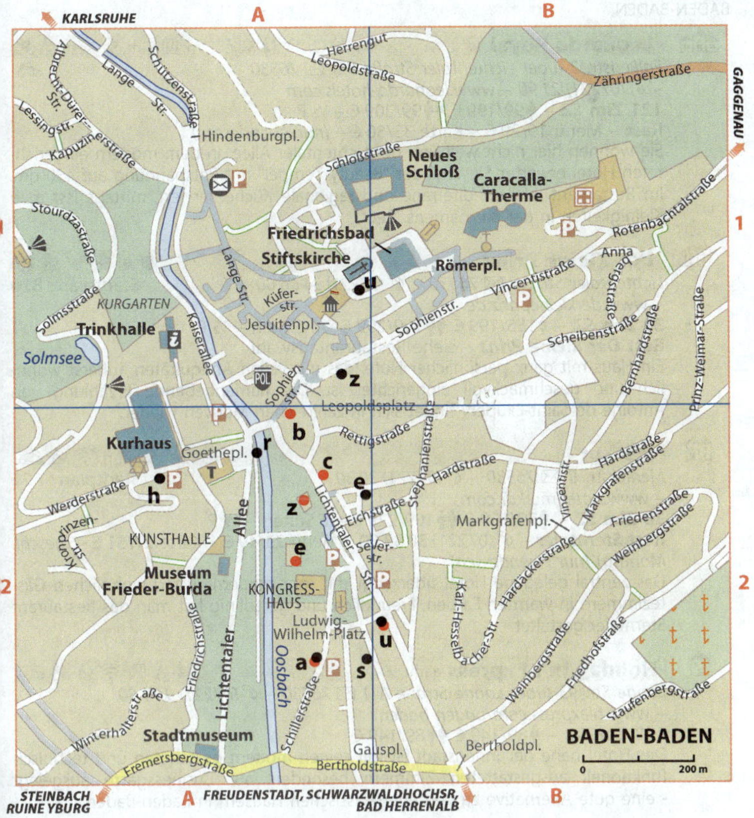

Atlantic Parkhotel

Goetheplatz 3 ✉ *76530 – ✆ (07221) 36 10* Stadtplan : A2**r**
– www.atlantic-parkhotel.de
53 Zim ☕ – 👤109/199 € 👥185/272 € – ½ P
Rest – Menü 32 € – Karte 32/57 €

Klassische Zimmer, farblich angenehm warm gestaltet, bietet das Hotel an der Oos vis-à-vis der Lichtentaler Allee. In der stilvollen Kaminhalle spürt man die lange Tradition des Hauses a. d. J. 1836. Restaurant mit mediterranem Touch und Terrasse am Flussufer mit Blick ins Grüne.

arcona Living Batschari8 garni

Mozartstr. 8 (über Lange Straße A1) ✉ *76530 – ✆ (07221) 97 39 90*
– www.batschari8.arcona.de
18 Zim – 👤89/139 € 👥109/159 €, ☕ 14 € – 51 Suiten

In dem imposanten denkmalgeschützten Gebäude der ersten Zigarettenfabrik Europas - nur einen Steinwurf vom Festspielhaus entfernt - finden Sie heute großzügige und stilvolle Zimmer und Suiten.

Erwarten Sie in einem ✗ oder ⌂ nicht den gleichen Service wie in einem ✗✗✗✗✗ oder ⌂⌂⌂⌂.

Leonardo Royal N

Zim, Zim, Rest,

Falkenstr. 2 (über Lichtentaler Straße B2) ✉ 76530
– ✆ (07221) 21 90 – www.leonardo-hotels.com
121 Zim – 99/199 € 99/209 € – ½ P
Rest – Menü 19/29 € – Karte 33/50 € – *(nur Abendessen)*
Sie wohnen hier nicht weit von der Lichtentaler Allee. In dem modern eingerichteten Hotel erwartet Sie u. a. der "Beauty Tempel" mit Entspannung auf 450 qm. Im Restaurant wird mediterrane und regionale Küche serviert, mittags isst man Kleinigkeiten in der Bar namens "Leo".

Der Kleine Prinz

Lichtentaler Str. 36 ✉ *76530* – ✆ *(07221) 34 66 00* Stadtplan : B2**u**
– *www.derkleineprinz.de*
32 Zim – 155/199 € 199/299 € – 8 Suiten – ½ P
Rest *Der Kleine Prinz* – siehe Restaurantauswahl
Ein Haus mit ganz persönlicher Note, das mit vielen Antiquitäten äußerst wohnlich und geschmackvoll eingerichtet ist. Die namengebende Erzählung von Antoine de Saint-Exupéry findet sich in zahlreichen Motiven wieder.

Merkur

Rest, Zim,

Merkurstr. 8 ✉ *76530* – ✆ *(07221) 30 30* Stadtplan : A2**e**
– *www.hotel-merkur.com*
30 Zim – 79/159 € 109/229 € – 2 Suiten – ½ P
Rest *Sterntaler* – ✆ (07221) 30 33 00 – Menü 23/49 € – Karte 27/51 € – *(geschl. Montag) (nur Abendessen)*
Das zentral gelegene Hotel überzeugt mit sehr modernen und wohnlichen Gästezimmern in warmen Farben. Freundlich und geradlinig hat man das Restaurant Sterntaler gestaltet.

Holiday Inn Express garni

Lange Str. 93 (über Lange Straße A1) ✉ *76530* – ✆ *(07221) 9 73 50*
– *www.hiexpress.com/baden-baden*
108 Zim – 89/149 € 89/149 €
Das Hotel nahe der Innenstadt ist mit seinen modern gestalteten und technisch funktionell ausgestatteten Zimmern besonders auf Businessgäste ausgelegt - eine gute Alternative zu den eher klassischen Häusern in Baden-Baden.

Am Markt garni

Marktplatz 18 ✉ *76530* – ✆ *(07221) 2 70 40* Stadtplan : A1**u**
– *www.hotel-am-markt-baden.de – geschl. 13. - 26. Dezember*
23 Zim – 52/75 € 90/98 €
Sie finden das Gasthaus a. d. 18. Jh. etwas oberhalb der Fußgängerzone. Hinter der traditionellen Fassade verbergen sich sehr schöne zeitgemäße Zimmer. Zudem wird man von den sympathischen Schwestern wirklich gut betreut!

Restaurants

Brenners Park-Restaurant – Brenners Park-Hotel

Schillerstr. 4 ✉ *76530* – ✆ *(07221) 90 00* Stadtplan : A2**a**
– *www.brenners.com – geschl. Ende Januar - Ende Februar und Montag - Dienstag*
Menü 105/155 € – Karte 81/192 € – *(nur Abendessen)*
Produktqualität, Handwerk, Finesse... Paul Stradner glänzt mit harmonischer modern-klassischer Küche, das Serviceteam um Maître Ansgar Fischer (kein Unbekannter in seinem Metier) mit Professionalität, Fachwissen und Charme! Nicht nur die schöne Optik auf dem Teller, auch das Grün der Lichtentaler Allee draußen vor der großen Fensterfront zieht die Blicke auf sich!
→ Tranchen von roh mariniertem Hummer mit Eisenkraut-Öl, Melone, grünen Mandeln und Krustentiereis. Wachsweich pochiertes Bio-Ei auf Rahm-Polenta mit Pfifferlingen, Vogelmiere und Räuchertofu. Rücken und Bries vom Eifler Urlamm mit Zitronen-Thymianjus, Coco-Blanc Bohnencreme und Schafskäsecrouton.

XXX ✿

Le Jardin de France (Stéphan Bernhard)

Lichtentaler Str. 13 ✉ 76530 – ✆ (07221) 3 00 78 60 – www.lejardindefrance.de – geschl. 15. - 24. Februar, 7. - 13. April, 2. - 10. August und Januar - Februar: Sonntag - Dienstag, März - Dezember: Sonntag - Montag, außer an Feiertagen Stadtplan : A2**c**

Menü 35 € (mittags unter der Woche)/98 € – Karte 70/119 € – (Tischbestellung ratsam)

Etwas Besonderes ist schon das räumliche Umfeld, denn das Restaurant liegt im Innenhof des "Goldenen Kreuzes" a. d. 19. Jh.! Hierher passt die tolle französische Küche von Stéphan Bernhard: Er kocht klassisch, mit Finesse und die hervorragenden Produkte stehen klar im Mittelpunkt.

➜ Duo von St. Pierre und Hummer, Püree von schwarzen Karotten, Krustentier-wilder Pfeffer-Sud. Dickes Filetstück vom Atlantik Steinbutt, grüner Spargel mit kandiertem Ingwer. Lammkarree mit Oliventapenade, gestampfte Kartoffeln mit getrockneten Tomaten und Oliven.

XX

Medici

Augustaplatz 8 ✉ 76530 – ✆ (07221) 20 06 – www.medici.de Stadtplan : A2**e**

Karte 28/122 € – *(nur Abendessen)* (Tischbestellung ratsam)

Die Karte hier ist abwechslungsreich, besonders gefragt sind die verschiedenen Steak-Cuts aus Frankreich, Deutschland, Spanien, USA... Diese werden im Sommer übrigens draußen gegrillt - herrlich die Terrasse! Auch das japanische Angebot samt Sushi sollte man probieren! Küche bis 24 Uhr geöffnet.

XX

Wintergarten – Brenners Park-Hotel & Spa

Schillerstr. 4 ✉ 76530 – ✆ (07221) 90 00 – www.brenners.com Stadtplan : A2**a**

Karte 50/90 €

Die Mischung aus Klassik und Moderne macht den Stil des viktorianischen Wintergartens lebendig. Einzigartig berauschend der freie Blick auf die weltberühmte Lichtentaler Allee.

XX

Der Kleine Prinz – Hotel Der Kleine Prinz

Lichtentaler Str. 36 ✉ 76530 – ✆ (07221) 34 66 00 – www.derkleineprinz.de Stadtplan : B2**u**

Menü 66/82 € – Karte 55/71 €

Klassisch sowohl die Küche als auch die Einrichtung dieses intimen kleinen Restaurants - als Dekoration Skizzen vom "Kleinen Prinzen". Auf der Karte: "Tomatenessenz mit gefüllten Spitzmorcheln", "Medaillon vom Seeteufel in Safransauce"...

XX

Stahlbad

Augustaplatz 2 ✉ 76530 – ✆ (07221) 2 45 69 – www.stahlbad.com – geschl. Dienstag außer an Feiertagen Stadtplan : A2**b**

Menü 25 € (mittags unter der Woche)/75 € – Karte 33/57 €

Man speist in stilvoll-eleganten Räumen oder auf der überdachten Terrasse zum Kurpark. Klassiker, die von der Karte nicht wegzudenken sind: "Kalbsnieren in Dijon-Senf-Sauce", "Stahlbad- Schnitzel", "Rinderfiletspitzen in Cognacrahm".

X

Rizzi

Augustaplatz 1 ✉ 76530 – ✆ (07221) 2 58 38 – www.rizzi-baden-baden.de Stadtplan : A2**z**

Menü 39/65 € – Karte 32/47 € – (Tischbestellung erforderlich)

Im Palais Gagarin von 1865 mitten in Baden-Baden liegt das trendig-moderne Restaurant nebst hübschem Terrassen- und Loungebereich zum Kurpark. Lust auf Vitello Tonnato, Bio-Lachsfilet oder Wiener Schnitzel? Oder lieber ein Steak?

Sie möchten spontan verreisen? Besuchen Sie die Internetseiten der Hotels, um von deren Sonderkonditionen zu profitieren.

XX **Klosterschänke**

Klosterschänke 1, (an der Straße nach Steinbach) (über Fremersbergstraße A2)
76530 – (07221) 2 58 54 – www.restaurant-klosterschaenke.de
– geschl. Ende Juli - Anfang August, Ende Dezember - Anfang Januar und Montag - Dienstagmittag
Karte 27/48 €
Familie Mattes-Racciatti steckt viel Herzblut in ihr sympathisches kleines Restaurant. Das kommt ebenso an bei den Gästen wie die frische regionale und italienische Küche: hausgemachtes Cordon bleu, Saltimbocca alla Romana, Kalbsleber Venezianisch... Terrasse mit wunderbarem Blick auf die Rheinebene!

Im Stadtteil Geroldsau Süd-Ost: 5 km über Lichtentaler Straße Stadtplan : B2

Auerhahn

Geroldsauer Str. 160 (B 500) 76534 – (07221) 74 35
– www.gasthaus-auerhahn.de
18 Zim – 59/68 € 84/108 € – ½ P
Rest *Auerhahn* – siehe Restaurantauswahl
In dem gewachsenen familiengeführten Gasthof stehen wohnliche Zimmer zur Verfügung, die in behaglich-ländlichem Stil eingerichtet sind.

XX **Auerhahn** – Hotel Auerhahn

Geroldsauer Str. 160 (B 500) 76534 – (07221) 74 35
– www.gasthaus-auerhahn.de
Karte 23/48 €
Wirklich nett sind die beiden Gasträume, wobei der mit dem großen Kachelofen besonders heimelig ist. Klar, dass da fast nur badische Gerichte auf der Karte zu finden sind - wie wär's z. B. mit Forelle blau oder geschmorten Kalbsbäckchen?

Im Stadtteil Neuweier Süd-West: 10 km über Fremersbergstraße Stadtplan : A2

Heiligenstein

Heiligensteinstr. 19a 76534 – (07223) 9 61 40 – www.hotel-heiligenstein.de
29 Zim – 86/150 € 118/165 € – 1 Suite – ½ P
Rest *Heiligenstein* – siehe Restaurantauswahl
Nicht nur im Restaurant, auch im schön ruhig gelegenen Hotel der Familie Beck dreht sich fast alles ums Thema Wein - so auch bei den Zimmern: "Mauerberg", "Château M.", "Capaia", "Weineslust"... Für Wellnessfreunde hat man einen kleinen Wohlfühlbereich und auch das Frühstück ist wirklich gut.

Rebenhof

Weinstr. 58 76534 – (07223) 9 63 10 – www.hotel-rebenhof.de
36 Zim – 79/119 € 99/159 € – ½ P
Rest *Rebenhof* – siehe Restaurantauswahl
Ruhig wohnt man bei Familie Ziegler im Rebland Baden-Badens. Die Zimmer gibt es in neuzeitlichem Landhausstil oder größer und moderner im angeschlossenen Neubau. Fragen Sie nach einem mit Balkon! Auch vom hübschen kleinen Wellnessbereich genießt man die Aussicht auf die Weinberge!

XXX **Röttele's Restaurant & Residenz im Schloss Neuweier** mit Zim

Mauerbergstr. 21 76534 – (07223) 80 08 70 Zim, Zim,
– www.armin-roettele.de – geschl. 2. - 24. Februar und Montag - Dienstag, außer an Feiertagen
11 Zim – 105/110 € 140/155 € – 3 Suiten
Menü 33 € (mittags)/98 € – Karte 56/90 € – (Tischbestellung ratsam)
Mit Geschmack hat man in den schönen historischen Rahmen des herrschaftlichen Anwesens modernen Stil eingebunden, im Restaurant (mit hübschen lichtem Wintergarten und toller Terrasse) wie auch in den Gästezimmern. Unverkennbar die mediterranen Einflüsse in der Küche von Armin Röttele.
→ Trio von Jakobsmuscheln, Atlantik Hummer und Pulpo mit grünem Spargel, Sizilianischen Tomaten, Bagna Caudacreme. Ricotta-Basilikumravioli mit Parmesanblättern und Limonensauce. Bretonischer Lammrücken mit Dijon Senf und Kräutern überbacken, Peperonatagemüse.

Zum Alde Gott

Weinstr. 10 ✉ 76534 – ✆ (07223) 55 13 – www.zum-alde-gott.de – geschl. Donnerstag - Freitagmittag

Menü 35 € (mittags)/99 € – Karte 38/76 € – (Tischbestellung ratsam)

Engagement und klassische Küche... dafür steht Wilfried Serr seit vielen, vielen Jahren. Begleitet wird das Essen von einer schönen Auswahl an Weinen aus der Region. Beliebt ist das Mittagsmenü zu 35 €, die Terrasse mit Blick auf die Weinberge aber natürlich ebenso!

Heiligenstein – Hotel Heiligenstein

Heiligensteinstr. 19a ✉ 76534 – ✆ (07223) 9 61 40 – www.hotel-heiligenstein.de – geschl. Donnerstag

Menü 35/48 € – Karte 33/66 € – (Tischbestellung ratsam)

Vom "Neuweirer Forellenfilet auf Bärlauchrisotto" bis zum "Kalbsrückensteak mit Morcheln und Spargel" reicht der Mix aus Regionalem und Internationalem. Und dazu eine schöne Weinauswahl (über 400 Positionen) mit der ein oder anderen Rarität. Auch die Atmosphäre in dem schmucken Landgasthof stimmt: der Service freundlich, das Ambiente modern, die Terrasse einladend.

Traube mit Zim

Mauerbergstr. 107 ✉ 76534 – ✆ (07223) 9 68 20 – www.traube-neuweier.de

17 Zim – †85 € ††125 € – ½ P Menü 29/45 € – Karte 32/56 €

Appetit auf "Spanferkelrücken vom Schwäbisch-Hällischen Landschwein auf Steinchampignons und Spinatknödel"? Seit Jahren ist das Haus von Familie Baumann bekannt für schmackhafte, frische Gerichte! Beliebt auch das preisgünstige "Ländliche Menü". Dazu sitzt man in gemütlichen Stuben und wird charmant umsorgt. Und wenn es am Abend später wird, locken wohnliche Zimmer.

Rebenhof – Hotel Rebenhof

Weinstr. 58 ✉ 76534 – ✆ (07223) 9 63 10 – www.hotel-rebenhof.de – geschl. Sonntag

Menü 30 € – Karte 22/49 €

Bei einem faszinierenden Blick durch die großen Panoramafenster auf die Rheinebene lässt man sich in dem hellen, freundlichen Restaurant klassisch-internationale Speisen wie "Kalbsnierle in Cognacrahmsauce" schmecken - und dazu Weine aus den umliegenden Weingütern. Ebenso schön die großzügige Terrasse, von der man wunderbar den Sonnenuntergang beobachten kann.

BADENWEILER

Baden-Württemberg – 3 980 Ew. – Höhe 425 m – Siehe Regionalatlas **61-D21**

Berlin 834 km – Stuttgart 242 km – Freiburg im Breisgau 36 km – Basel 45 km

Michelin Straßenkarte 545

Schwarzmatt

Schwarzmattstr. 6a ✉ 79410 – ✆ (07632) 8 20 10 – www.schwarzmatt.de

38 Zim – †135/155 € ††190/320 € – 5 Suiten – ½ P

Rest *Schwarzmatt* – siehe Restaurantauswahl

Besser umsorgt könnte man sich kaum fühlen als in diesem Ferienhotel "de luxe", denn bei Familie Mast erlebt man die geborenen Gastgeber - angefangen beim feinen, eleganten Landhausstil über das tolle Frühstück und die erstklassige Halbpension hin zum hochwertigen Wellnessangebot. Und all das in einer der schönsten Gegenden Deutschlands!

Zur Sonne

Moltkestr. 4 ✉ 79410 – ✆ (07632) 7 50 80 – www.zur-sonne.de

35 Zim – †44/128 € ††122/172 € – 2 Suiten – ½ P

Rest *Zur Sonne* – siehe Restaurantauswahl

Rest *La Cantinella* – ✆ (07632) 75 08 75 – Menü 34 € – Karte 27/37 € – *(geschl. Montag - Dienstag) (nur Abendessen)*

Das hübsche Fachwerkhaus der herzlichen Gastgeberfamilie liegt zentral und doch ruhig. Zimmer teils zum Garten oder zum Innenhof, einige mit Balkon. Charmant sind Halle und Frühstücksraum, rustikal-italienisch La Cantinella.

Anna Rest,

Oberer Kirchweg 2 ✉ 79410 – ✆ (07632) 79 70 – www.hotel-anna.de – geschl. Mitte November - Mitte Februar

36 Zim – 58/83 € 112/156 € – ½ P

Rest – Menü 21 € – *(nur Abendessen für Hausgäste)*

Ein tipptopp gepflegter Familienbetrieb, seit 1929. Damit Sie die ruhige Hanglage in vollen Zügen genießen können, haben viele der Zimmer eine schöne Aussicht und einen Balkon. Aber auch vom Thermalhallenbad schaut man durch große Fenster nach draußen und hat direkten Zugang zur Panorama-Liegeterrasse! Kosmetik und Massage gehören ebenfalls zum Angebot.

Am Park Rest,

Römerstr. 8 ✉ 79410 – ✆ (07632) 75 80 – www.hotel-am-park.biz – geschl. 10. November - 1. März

35 Zim – 70/90 € 135/150 € – ½ P

Rest – Menü 25/35 € – Karte 25/37 € – *(nur Abendessen für Hausgäste)*

Das familiär geleitete Hotel liegt ruhig am Kurpark und bietet wohnliche, zeitgemäße Zimmer. Im Haus sind Bilder und Keramiken ausgestellt, darunter auch Exponate des Chefs.

Schnepple Rest,

Hebelweg 15 ✉ 79410 – ✆ (07632) 8 28 30 – www.hotel-schnepple.de

18 Zim – 48/54 € 98/104 € – ½ P

Rest – Menü 16 € – *(nur Abendessen für Hausgäste)*

Ein wohnlich eingerichteter kleiner Familienbetrieb in ruhiger Lage. Gemütlich sitzt man in der Kamin-Lobby, bei gutem Wetter lockt der wunderschön angelegte Garten.

Schwarzmatt – Hotel Schwarzmatt

Schwarzmattstr. 6a ✉ 79410 – ✆ (07632) 8 20 10 – www.schwarzmatt.de

Menü 32/72 € – Karte 42/74 €

In der Schwarzmatt-Küche hat Oliver Mewes das Zepter übernommen, was den Gästen schmackhafte klassische Speisen mit Niveau beschert. Wie alles im Hause Mast ist auch das Restaurant stimmig mit hübschen Stoffen, wohnlichen Farben und reichlich dekorativen Accessoires ausstaffiert. Wer im Garten speist, sieht sich umgeben von einer herrlichen Blütenpracht! Und weil Großmütter einfach die besten Kuchen und Torten machen, werden sie hier zum Nachmittagskaffee nach altem Rezept von Hermine Bareiss hergestellt - wahrlich ein Gedicht!

Zur Sonne – Hotel Zur Sonne

Moltkestr. 4 ✉ 79410 – ✆ (07632) 7 50 80 – www.zur-sonne.de – geschl. Mittwoch

Menü 35 € (mittags)/77 € – Karte 47/58 €

Dass man hier gut isst, weiß man im ganzen Ort! Außerdem macht sich die Leidenschaft von Gastgeberfamilie Esposito zu ihrem Beruf überall bemerkbar. An warmen Tagen können Sie draußen unter Zitronenbäumchen sitzen!

In Badenweiler-Sehringen Süd: 5km

Landhotel Grüner Baum mit Zim Zim,

Sehringer Str. 19 ✉ 79410 – ✆ (07632) 74 11 – www.landhotel-gruener-baum.de – geschl. 1. - 16. November, 23. Dezember - 29. Februar und Montag - Dienstag

18 Zim – 42/53 € 92/118 € – ½ P Karte 25/46 €

Der Gasthof von Nadine Rieger liegt etwas außerhalb, schön die Aussicht. In der freundlich-ländlichen Stube und auf der hübschen Gartenterrasse gibt's schmackhafte traditionelle sowie klassisch-gehobene Gerichte von Rinderroulade bis Kalbsrücken. Sie können auch gepflegt übernachten und lecker frühstücken!

BAIERSBRONN

Baden-Württemberg – 15 350 Ew. – Höhe 584 m – Siehe Regionalatlas **54-E19**
▶ Berlin 720 km – Stuttgart 100 km – Karlsruhe 70 km – Freudenstadt 7 km
Michelin Straßenkarte 545

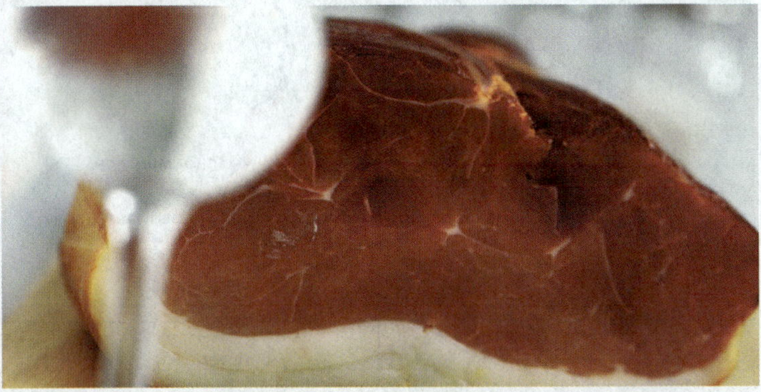

Hotels

Rosengarten
Zim,

Bildstöckleweg 35 ✉ 72270 – ✆ (07442) 8 43 40 Stadtplan : B3**a**
– www.rosengarten-baiersbronn.de – geschl. 6. - 15. Januar, 9. November - 18. Dezember

27 Zim – †58/60 € ††96/124 € – ½ P

Rest – Menü 18/54 € – Karte 17/32 € – *(geschl. Mittwoch - Donnerstagmittag)*

Ruhig die Lage am Ortsrand, familiär und herzlich der Service, alles tipptopp gepflegt. Besonders Wanderfreunde finden hier alles, was sie brauchen - und nach einem schönen Tag in der Natur lässt es sich im Pool gut entspannen, ebenso im gemütlichen Restaurant.

In Baiersbronn-Tonbach Nord: 2 km

Traube Tonbach

Tonbachstr. 237 ✉ 72270 – ✆ (07442) 49 20 Stadtplan : B2**n**
– www.traube-tonbach.de

138 Zim – †165/215 € ††245/405 € – 15 Suiten – ½ P

Rest *Schwarzwaldstube* ✿✿✿ **Rest *Bauernstube*** **Rest *Köhlerstube* Rest *Blockhütte*** – siehe Restaurantauswahl

Familie Finkbeiner ist unermüdlich dabei, ihre "Traube" zu verjüngen und zu verschönern, stolz ist man z. B. auf die schicken geradlinig designten Appartements im Haus Kohlwald! Natürlich fehlt es auch nicht an individuellem Service einschließlich Kinderbetreuung ("Kids Court", Outdoor-Aktivitäten...) und auch der Spa lässt kaum Wünsche offen (Beauty, Meerwasser-Außenpool, Panoramasauna...). Hausgäste speisen im Restaurant Silberberg.

Tanne

Tonbachstr. 243 ✉ 72270 – ✆ (07442) 83 30 Stadtplan : B2**v**
– www.hotel-tanne.de

45 Zim – †68/86 € ††138/182 € – 2 Suiten – ½ P

Rest – Menü 25 € (mittags unter der Woche)/44 € – Karte 21/35 € – *(geschl. Montagmittag)*

Schonmal in einer Baumhaussauna gewesen? Sie ist die Krönung des "Schwarzwald-Erlebnispfades"! Inzwischen ist es die 5. Generation der Familie Möhrle, die Ihnen solche Besonderheiten bietet. Schauen Sie sich auch die originelle Hotelbar an - schwarzwaldtypisch rustikal und gleichzeitig modern. Ebenso sehenswert sind auch die Toiletten im UG mit ihren "schönen Aussichten"! Das Restaurant gibt es als traditionelle Stube oder als Wintergarten.

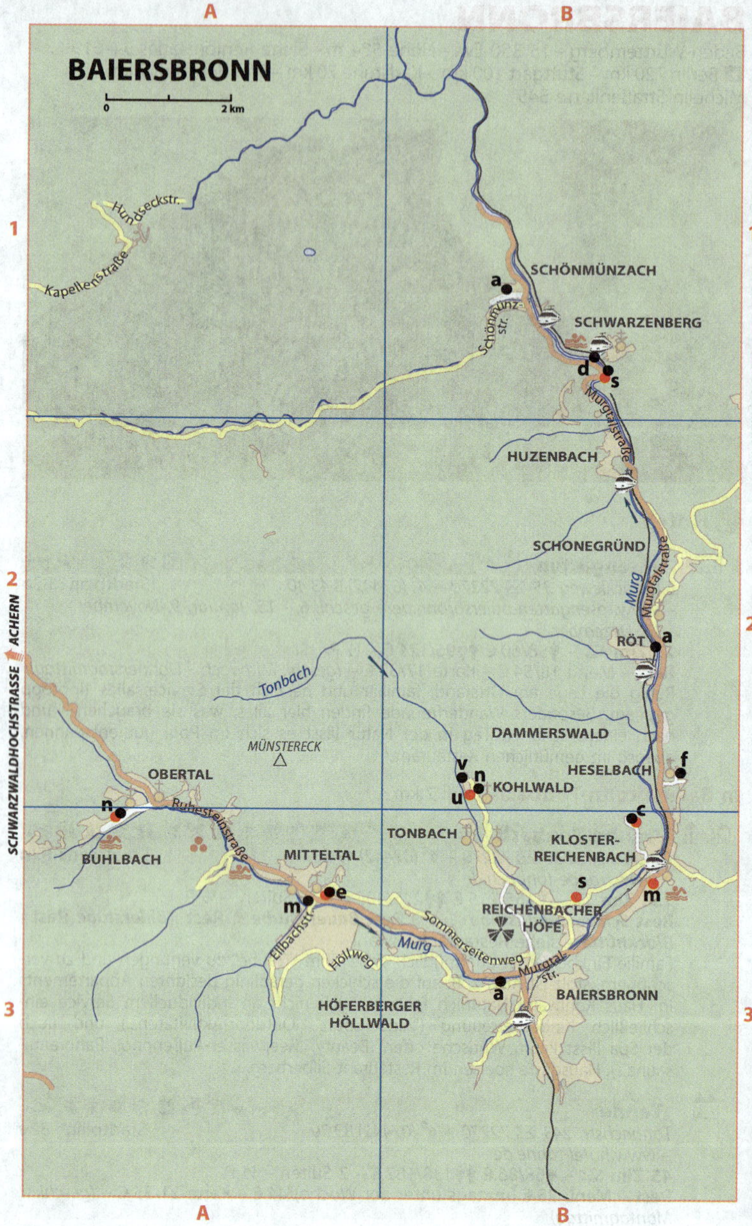
A
B
BAIERSBRONN
0
2 km
1
2
3
Hundseckstr.
Kapellenstraße
Schönmünzstr.
SCHÖNMÜNZACH
SCHWARZENBERG
a
d
s
Murgtalstraße
HUZENBACH
SCHÖNEGRÜND
Murg
RÖT
Tonbach
DAMMERSWALD
MÜNSTERECK
HESELBACH
f
v
n
u
KOHLWALD
OBERTAL
Ruhesteinstraße
BUHLBACH
TONBACH
c
KLOSTER-
REICHENBACH
MITTELTAL
e
m
Ellbachstr.
Höllweg
Sommerseitenweg
REICHENBACHER
HÖFE
Murgtal-
str.
HÖFERBERGER
HÖLLWALD
BAIERSBRONN
SCHWARZWALDHOCHSTRASSE
ACHERN

Schwarzwaldstube – Hotel Traube Tonbach
Tonbachstr. 237 ✉ 72270 – ✆ (07442) 49 20 Stadtplan : B2**u**
– www.traube-tonbach.de – geschl. 12. Januar - 2. Februar, 3. - 27. August und Montag - Mittwochmittag
Menü 148 € (vegetarisch)/205 € – Karte 133/180 € – (Tischbestellung erforderlich)
Seiner klassischen Küche ist Harald Wohlfahrt immer treu geblieben, höchstes Niveau ist für ihn dabei unverzichtbar. Selten findet man derartige Frische, nur wenige beherrschen ihr Handwerk so vollkommen. Vortrefflich auch der Service. Fragen zum Thema Wein? Sommelier Stéphane Gass hat die Antwort!
➜ Carpaccio von wilden Gambas mit kleinem Croustillant von Sankt-Jakobsmuscheln und Pistoumarinade. Gefüllte Brust vom Schwarzfederhuhn mit Gänseleber und Perigordtrüffeln, Kichererbsenpüree und Trüffeljus. Rücken und Schulter vom heimischen Maibock mit Petersilienemulsion, Wildjus mit Zitrone und Wacholder.

Köhlerstube – Hotel Traube Tonbach
Tonbachstr. 237 ✉ 72270 – ✆ (07442) 49 20 Stadtplan : B2**u**
– www.traube-tonbach.de – geschl. Donnerstag
Menü 49/96 € – Karte 50/73 €
In dem rustikal-eleganten Restaurant mit gemütlichen Nischen kocht man zeitgemäß-klassisch sowie mit Bezug zur Region. Einen besonders schönen Blick ins Tal bietet die Terrasse.

Seidtenhof
Reichenbacher Weg 46 ✉ 72270 – ✆ (07442) 12 08 95 Stadtplan : B3**s**
– www.seidtenhof.de – geschl. November 2 Wochen und Mittwoch
Karte 17/26 €
Hier gibt es Hausmannskost - frisch, solide und mit Geschmack. Da kommt man nur zu gerne auf Fleischküchle, Braten oder ein Vesper in die gemütliche Stube oder sitzt bei hausgemachtem Kuchen auf der wunderbaren Terrasse. Um Sie herum ein schöner Bauernhof, die Kühe im Stall nebenan, kleines Streicheltiergehege für Kinder...

Blockhütte – Hotel Traube Tonbach
Tonbachstr. 237 (Oberhalb des Hotels im Wald gelegen, nur zu Fuß erreichbar)
✉ 72270 – ✆ (07442) 49 20 – www.traube-tonbach.de
Karte 18/26 € – *(bis 18.00 Uhr geöffnet)*
So stellt man sich eine Blockhütte vor: einsam im Wald gelegen und einfach behaglich! Da braucht es nicht mehr als kleine Gerichte, Vesper und eine schöne Kuchenauswahl!

Bauernstube – Hotel Traube Tonbach
Tonbachstr. 237 ✉ 72270 – ✆ (07442) 49 20 Stadtplan : B2**u**
– www.traube-tonbach.de
Menü 32 € – Karte 34/43 € – (Tischbestellung ratsam)
Historisch, gemütlich, urig... In der Bauernstube hat die Traube Tonbach ihren Ursprung und diese reizende heimelige Atmosphäre wird gepflegt! Umgeben von rustikalem altem Holz und charmanten Details isst man Schmackhaftes aus der Region - probieren Sie doch mal "badische Schneckensuppe mit Kracherle".

Im Murgtal, Richtung Forbach

In Baiersbronn-Klosterreichenbach Nord-Ost: 3 km

Ailwaldhof
✉ 72270 – ✆ (07442) 83 60 – www.ailwaldhof.de Stadtplan : B3**c**
– geschl. Mitte November - Mitte Dezember
21 Zim – 85/120 € 150/220 € – 5 Suiten
Rest *Jakob-Friedrich* – siehe Restaurantauswahl
Schön ist die ruhige Lage dieses Hauses am Waldrand, umgeben von einem großen Garten mit Naturteich. Angenehme helle Töne bestimmen das Bild in der Lobby, warmes Holz in den wohnlich-eleganten Zimmern, die meisten mit Talblick. Zum Entspannen: Beauty und Massage.

Heselbacher Hof Rest,

Heselbacher Weg 72 ✉ 72270 – ✆ (07442) 83 80 Stadtplan : B2**f**
– www.heselbacher-hof.de – geschl. November
40 Zim – 82/86 € 146/180 € – ½ P
Rest – Menü 22/25 € – Karte 24/42 € – *(geschl. Montag)*
Sympathisch und engagiert, so führt Familie Schneider dieses charmante gewachsene Ferienhotel etwas oberhalb des Ortes. Schön die ruhige Lage, viele der individuellen und wohnlichen Zimmer bieten Balkon und Blick zum Tal, wirklich attraktiv der Spa mit verschiedenen Saunen, beheiztem Außenpool und Anwendungen. Im Restaurant und auf der Sonnenterrasse lässt man sich regionale Küche servieren.

Meierei im Waldknechtshof mit Zim Rest,

Baiersbronner Str. 4 ✉ 72270 – ✆ (07442) 8 48 40 Stadtplan : B3**m**
– www.waldknechtshof.de – geschl. Dienstag - Mittwoch
6 Zim – 105/150 € 135/180 € – 6 Suiten – ½ P
Menü 30/70 € – Karte 32/63 € – *(Montag - Samstag nur Abendessen)*
Das hat Charme: Gebälk, Natursteinwände und dekorative Accessoires machen es in dem ehemaligen Gutshof des Klosters richtig gemütlich! Gekocht wird regional. Schön übernachten kann man übrigens auch: charmante Zimmer mit freiliegenden Holzbalken, einige mit Dachschräge, teilweise als Maisonette.
Rest *Hofscheuer* – siehe Restaurantauswahl

Jakob-Friedrich – Hotel Ailwaldhof (mit Gästehaus)

Ailwald 3 ✉ 72270 – ✆ (07442) 83 62 15 Stadtplan : B3**c**
– www.ailwaldhof.de – geschl. Anfang November - Mitte Dezember
Menü 28 € (mittags)/68 € – Karte 24/79 €
Helle Töne, Stoffe in freundlichem Blau-Gelb, stimmige Dekorationen... das schafft hier eine mediterrane Note. Bei regionaler Küche und einer schönen großen Weinauswahl genießt man den Blick ins Tal.

Hofscheuer – Restaurant Meierei im Waldknechtshof

Baiersbronner Str. 4 ✉ 72270 – ✆ (07442) 8 48 40 Stadtplan : B3**m**
– www.waldknechtshof.de – geschl. Dienstag - Mittwoch
Menü 30 € – Karte 27/48 €
Appetit auf was Bodenständiges? Mit Zwiebelrostbraten und Rahmschnitzel oder auch Flammkuchen und Vesperteller (ideal für Wanderer) ist das Angebot etwas rustikaler als in der Meierei.

In Baiersbronn-Röt Nord-Ost: 7 km

Sonne

Murgtalstr. 323 (B 462) ✉ 72270 – ✆ (07442) 18 01 50 Stadtplan : B2**a**
– www.sonne-roet.de – geschl. 12. November - 17. Dezember
32 Zim – 75/89 € 152/198 € – 10 Suiten – ½ P
Rest – Menü 18 € (mittags) – Karte 18/43 €
Bei Familie Frey lässt es sich gut wohnen und entspannen, und das liegt u. a. an der schönen "Badewelt" samt Kosmetik und Massage sowie an der Lage direkt an der Murg - hier auch Terrasse und Garten. Nicht zu vergessen das mit viel hellem Holz behaglich gestaltete Restaurant.

In Baiersbronn-Schwarzenberg Nord: 13 km

Sackmann

Murgtalstr. 602, (B 462) ✉ 72270 – ✆ (07447) 28 90 Stadtplan : B1**s**
– www.hotel-sackmann.de
65 Zim – 74/126 € 156/232 € – ½ P
Rest *Schlossberg* ✿✿ **Rest *Anita Stube*** – siehe Restaurantauswahl
Familie Sackmann bietet hier komfortable Zimmer, teils zur Murg, sowie einen wertigen und modernen Spa um die Themen Holz, Licht, Aromen und Kräuter. Spa Suite und Panoramaterrasse.

Müllers Löwen

Murgtalstr. 604 (B 462) ✉ *72270 – ✆ (07447) 93 20* Stadtplan : B1**d**
– www.loewen-schwarzenberg.de
22 Zim – 55/60 € 100/200 € – 1 Suite – ½ P
Rest ***Panoramastüble*** – siehe Restaurantauswahl
Rest – Menü 20/50 € – Karte 21/46 €
Die Müllers haben das passende Hotel für Ihren Wanderurlaub: schön familiär und wohnlich - wie wär's z. B. mit einem Zimmer zur Murg? Und wenn Sie nach einem aktiven Tag entspannen möchten: Unterm Dach gibt es eine Sauna.

Schlossberg (Jörg Sackmann) – Hotel Sackmann

Murgtalstr. 602, (B 462) ✉ *72270 – ✆ (07447) 28 90* Stadtplan : B1**s**
– www.hotel-sackmann.de – geschl. 14. - 25. Januar, 22. Juli - 9. August und Montag - Dienstag
Menü 108/152 € – Karte 95/128 € – *(nur Abendessen)* (Tischbestellung ratsam)
Schon seit vielen Jahren ist Jörg Sackmann einer der "Großen" im Süden des Landes. Er bietet hier eine moderne und kreative Küche auf klassischer Basis, sehr finessen- und aromenreich und immer auf das erstklassige Grundprodukt bezogen. Lassen Sie sich in seinem kleinen Abendrestaurant auch mit den entsprechenden Weinen verwöhnen.
→ Blaue Garnele mit Wasabi, Estragonöl, Erbsenschoten, Kohlrabi, Wasabiperlen. Lammrücken mit Jaipurcurry, Pimentowürfel, confierter Knoblauch, Vadouvan-Ananascrunch. Lunario Zitrone, Mohnkuchen, Jordan Oliven, Lemon Curd.

Anita Stube – Hotel Sackmann

Murgtalstr. 602, (B 462) ✉ *72270 – ✆ (07447) 28 90* Stadtplan : B1**s**
– www.hotel-sackmann.de
Menü 47/68 € – Karte 35/59 €
Das Restaurant versprüht Schwarzwälder Charme mit seinem schweren dunkelbraunen Holz und den gepolsterten Bänken mit weichen Kissen, dazu kommt aus der Küche natürlich Regionales wie z. B. "Schweinekotelett mit Serviettenknödel und Gemüse" - schmackhaft und mit guten Produkten zubereitet.

Panoramastüble – Hotel Müllers Löwen

Murgtalstr. 604 (Oberhalb des Ortes, nur zu Fuß erreichbar) ✉ *72270 – ✆ (07447) 93 20 – www.loewen-schwarzenberg.de*
Karte 12/26 € – *(bis 18 Uhr geöffnet)*
Für alle, die gern mal richtig rustikal einkehren, hat Familie Müller oberhalb des Ortes diese urige Holzhütte. Im Winter lockt der Kamin, im Sommer die Terrasse, dazu Vesper und kleine regionale Gerichte. Ein schönes Wanderziel, Panoramasicht inklusive! Abends auch für Privatveranstaltungen buchbar.

In Baiersbronn-Hinterlangenbach West: 10,5 km ab Schönmünzach Stadtplan : B1

Forsthaus Auerhahn (mit Gästehaus)

Hinterlangenbach 108 ✉ *72270 – ✆ (07447) 93 40*
– www.forsthaus-auerhahn.de – geschl. Ende November - Mitte Dezember
46 Zim – 85/140 € 165/240 € – ½ P
Rest ***Forsthaus Auerhahn*** – siehe Restaurantauswahl
Mehr Schwarzwald-Charme ist kaum möglich! Ein gewachsenes ehemaliges Forsthaus, herrlich am Ende des Tales gelegen... perfekt für Wanderer! Sie entspannen in wohnlichen Zimmern (gehoben rustikal die Einrichtung) sowie im schönen Spa samt Blockhaussauna, genießen die gute 3/4-Pension samt hervorragendem Frühstücksbuffet und lassen sich von den engagierten Gastgebern und ihrem Team persönlich umsorgen.

Forsthaus Auerhahn – Hotel Forsthaus Auerhahn

Hinterlangenbach 108 ✉ *72270 – ✆ (07447) 93 40*
– www.forsthaus-auerhahn.de – geschl. Ende November - Mitte Dezember und Dienstag
Menü 25 € (mittags)/40 € – Karte 19/47 €
In wunderbarer Lage mitten im Wald wünscht man sich doch eine heimelige Stube zur gemütlichen Einkehr - genauso ein reizendes Plätzchen finden Sie im Forsthaus Auerhahn: holzvertäfelte Wände, Kachelofen und dazu regionale Speisen wie "Wildschweinfilet mit Pfifferlingen und Spätzle"... Appetit?

Im Murgtal, Richtung Schwarzwaldhochstraße

In Baiersbronn-Mitteltal West: 4 km

Bareiss
Gärtenbühlweg 14 ✉ 72270 – ✆ (07442) 4 70 Stadtplan : A3**e**
– www.bareiss.com
89 Zim – 214/291 € 376/646 € – 10 Suiten – ½ P
Rest *Restaurant Bareiss*
Rest *Dorfstuben*
Rest *Kaminstube* Rest *Sattelei* – siehe Restaurantauswahl
Schlichtweg imponierend, was Familie Bareiss im Laufe der Jahre geschaffen hat, sozusagen der "Platzhirsch" unter den Ferienhotels. Ein Anwesen von beachtlichen 10 000 qm, Luxus in den Zimmern, Spa- und Freizeitangebote für jeden Geschmack, Einkaufsboutiquen (einschließlich Bareiss'scher Eigenmarke), stets zuvorkommende Mitarbeiter... alles stimmig bis ins Detail! Und für Kids: Baumhaus, Spielhaus, Piratenschiff im Waldpark. HP inkl.

Lamm
Ellbachstr. 4 ✉ 72270 – ✆ (07442) 49 80 Stadtplan : A3**m**
– www.lamm-mitteltal.de
46 Zim – 52/98 € 136/188 € – ½ P
Rest – Menü 23/50 € – Karte 21/47 €
Ein gewachsenes Ferienhotel unter familiärer Leitung, in dem schon beim Empfang Gemütlichkeit aufkommt. In Sachen Spa sollten Sie sich nicht das "Schwarzwald-Wellnessdorf" mit seinen vier hübschen Blockhäusern mit Dachbegrünung entgehen lassen! Wohnlich die Zimmer, alle mit Balkon. Behaglich-ländlich ist das Ambiente im Restaurant, das Angebot breit gefächert, vom Vesper bis zum 5-Gänge-Menü.

Restaurant Bareiss
Gärtenbühlweg 14 ✉ 72270 – ✆ (07442) 4 70 Stadtplan : A3**e**
– www.bareiss.com – geschl. 8. Februar - 6. März, 26. Juli - 28. August und Montag - Dienstag
Menü 128/210 € – Karte 136/219 € – (Tischbestellung erforderlich)
Der großartigen Küche von Claus-Peter Lumpp werden nur Superlative gerecht, legt er doch hinsichtlich Geschmack und Technik, Aufwand und Harmonie absolute Perfektion an den Tag, von der Produktqualität ganz zu schweigen. In Sachen Service sind Restaurantleiter Thomas Brandt und Sommelier Jürgen Fendt ganz in ihrem Element: professionell, sympathisch, herzlich.
→ Langostinos und Imperial Kaviar. Rehrücken aus der Bareiss Jagd. Edition Schokolade 2015.

Kaminstube – Hotel Bareiss
Gärtenbühlweg 14 ✉ 72270 – ✆ (07442) 4 70 Stadtplan : A3**e**
– www.bareiss.com
Menü 57/72 € – Karte 43/67 € – *(Montag - Freitag nur Abendessen)*
Was bei einem Haus wie diesem zählt, ist vor allem Qualität. Dieser Anspruch ist allgegenwärtig, vom Essen (z. B. saisonales "Kaminstubenmenü") bis zu edlen Textilien in traditioneller Art (Damast).

Dorfstuben – Hotel Bareiss
Gärtenbühlweg 14 ✉ 72270 – ✆ (07442) 4 70 Stadtplan : A3**e**
– www.bareiss.com
Karte 32/48 € – (Tischbestellung ratsam)
"Uhren-Stube" und "Förster-Jakob-Stube", so heißen die wirklich reizenden, mit Liebe zum Detail originalgetreu eingerichteten Bauernstuben a. d. 19. Jh. Der ausgesprochen herzliche Service im Dirndl passt da perfekt ins gemütliche Bild! Und dann ist da noch das gute Essen... Richtig lecker ist z. B. die "Roulade vom Weiderind mit hausgemachten Bandnudeln"!

Gute Küche zu moderatem Preis? Folgen Sie dem Bib Gourmand.

Sattelei – Hotel Bareiss
Gärtenbühlweg 14 (Oberhalb des Hotels am Waldrand gelegen, nur zu Fuß erreichbar) ✉ *72270 – ✆ (07442) 4 70 – www.bareiss.com*
Karte 19/24 € – *(Montag - Samstag bis 17 Uhr geöffnet)*
Das Bareiss hat auch eine ganz bodenständige Seite, und zwar in Form dieser urigen Wanderhütte im Grünen - hier hat man es richtig gemütlich, während man sich mit deftigen Speisen, Flammkuchen und Schwarzwälder Vesper stärkt, und das zu einem wirklich fairen Preis - sonntags sogar bis 21.30 Uhr. Vom Hotel aus führen ein kleinerer und ein größerer Spazierweg hierher.

In Baiersbronn-Obertal Nord-West: 7 km

Engel Obertal Rest, Rest,
Rechtmurgstr. 28 ✉ *72270 – ✆ (07449) 8 50 – www.engel-obertal.de*
Stadtplan : A3**n**
79 Zim – 117/195 € 226/352 € – 10 Suiten – ½ P
Rest *Andrea-Stube* – siehe Restaurantauswahl
Rest – ✆ (07449) 8 50 – Menü 35/49 € – Karte 33/47 €
Das Engagement der Familie Möhrle ist ungebrochen, wie man an der stetigen Erweiterung des Ferienhotels sieht: So freuen sich die Gäste z. B. über eine auf rund 5000 qm gewachsene "Wolke 7" mit schönen Ruhezonen und Fitness-Pavillon, mit Saunahäusern im Garten, Naturschwimmteich, unzähligen Anwendungen... Und die Zimmer? Geräumig, hochwertig und stilvoll. In verschiedenen hübsch dekorierten Restauranträumen umsorgt man Sie freundlich und geschult.

Andrea-Stube – Hotel Engel Obertal
Rechtmurgstr. 28 ✉ *72270 – ✆ (07449) 8 50*
Stadtplan : A3**n**
– www.engel-obertal.de – geschl. 17. Dezember - 9. Januar, 29. Juli - 21. August und Mittwoch - Donnerstag
Menü 68/145 € – Karte 54/69 € – *(nur Abendessen)* (Tischbestellung ratsam)
Die klassischen Speisen von Küchenchef Peter Müller gibt es à la carte oder in Menüform ("Andrea-Stuben Menü" oder "Amuse Bouche Menü"), serviert von einem sehr herzlichen und kompetenten Team unter der Leitung von Klaus-Diedrich Wöhlk und begleitet von einer schönen umfangreichen Weinauswahl aus Deutschland und der Alten Welt.

An der Schwarzwaldhochstraße Nord-West: 18 km, Richtung Achern, ab B 500 Richtung Freudenstadt

Nationalpark-Hotel Schliffkopf Rest,
Schwarzwaldhochstr. 1 ✉ *72270 Baiersbronn – ✆ (07449) 92 00 – www.schliffkopf.de*
70 Zim – 141/163 € 220/256 € – 8 Suiten – ½ P
Rest – Menü 24/43 € – Karte 28/58 €
Eine freie Bergkuppe in 1025 m Höhe... Ahnen Sie schon, wie wunderbar die Aussicht von hier oben ist? Wenn Sie noch etwas anderes tun möchten, als Ihren Blick über die Landschaft schweifen zu lassen, lockt der "Berg Spa" mit Beauty und Fitness. Wer lieber ganz privat relaxt, bucht eine Wellness-Juniorsuite mit Dampfdusche und Whirlwanne!

BALDUINSTEIN

Rheinland-Pfalz – 570 Ew. – Höhe 160 m – Siehe Regionalatlas **37-E14**
Berlin 557 km – Mainz 69 km – Koblenz 54 km – Limburg an der Lahn 10 km
Michelin Straßenkarte 543

Landhotel Zum Bären
Bahnhofstr. 24 ✉ *65558 – ✆ (06432) 80 07 80 – www.landhotel-zum-baeren.de – geschl. 12. Januar - 5. Februar*
10 Zim – 84/97 € 158/205 €
Rest *Bibliothek* **Rest *Am Kachelofen*** – siehe Restaurantauswahl
Es ist nicht nur die engagierte und herzliche Familie Buggle (9. Generation!) samt Team, die dieses Traditionshaus ausmacht, sondern auch die geradezu idyllische Lage und die wunderbare wohnlich-elegante Einrichtung!

Bibliothek (Joachim Buggle) – Landhotel Zum Bären

Bahnhofstr. 24 ✉ 65558 – ✆ (06432) 80 07 80 – www.landhotel-zum-baeren.de – geschl. 12. Januar - 5. Februar und Montag - Dienstag, Sonntagmittag, Feiertage mittags

Menü 115/129 € – Karte 66/93 € – (Tischbestellung ratsam)

So stilvoll und gleichermaßen gemütlich, wie man sich eine Bibliothek in einem klassisch-historischen Gebäude vorstellt: schöne Holztäfelung, dekorative Bücherregale, elegant eingedeckte Tische... In der Küche Junior Joachim Buggle (er kocht ein Fischmenü, ein jahreszeitliches Menü oder à la carte), im Service seine geschulte und charmante Frau. Haben Sie auch die bezaubernde Terrasse gesehen?

➜ Pochierter Arktischer Seesaibling mit Limonenblättersud, Eis und Chutney von der Gartengurke. Mit Kartoffelschuppen gebratener Wildfang Steinbutt, Spargel, Morcheln und Kalbsjus. Brust und Keule von der Imperial Taube mit gebratener Entenleber, Erbsen, Karotte und Trüffelsauce.

Am Kachelofen – Landhotel Zum Bären

Bahnhofstr. 24 ✉ 65558 – ✆ (06432) 80 07 80 – www.landhotel-zum-baeren.de – geschl. 12. Januar - 5. Februar und Dienstag

Karte 35/59 €

Das ist die etwas ländlichere Alternative zum Gourmetrestaurant. Charmant und behaglich ist es hier mit dem schönen Kachelofen (dieser war natürlich namengebend), all dem warmen Holz an Decke, Boden und Wänden und der liebenswerten Bären-Deko! Die saisonal-regionale Küche hat z. B. schmackhafte Rindsrouladen zu bieten!

BALLENSTEDT

Sachsen-Anhalt – 7 770 Ew. – Höhe 225 m – Siehe Regionalatlas **30-L10**

▶ Berlin 220 km – Magdeburg 66 km – Halle 71 km – Nordhausen 58 km

Michelin Straßenkarte 542

Van der Valk Schlosshotel Großer Gasthof

Schlossplatz 1 ✉ 06493 – ✆ (039483) 5 10 – www.ballenstedt.vandervalk.de

46 Zim – †99/129 € ††109/149 € – 3 Suiten – ½ P

Rest – Menü 22/59 € (abends) – Karte 24/44 €

Der schöne klassische Bau ist Teil der Schlossanlage - vis-à-vis das historische Theater. Geschäftsreisende schätzen das Hotel ebenso wie Wellnessgäste. Komfortabler wohnt man in der "Business Class". Zum Restaurant und dem Pavillon gehört eine Terrasse zum Schlossplatz.

BALTRUM (INSEL)

Niedersachsen – 520 Ew. – Siehe Regionalatlas **7-D4**

▶ Berlin 536 km – Hannover 269 km – Emden 50 km – Norden 17 km

Michelin Straßenkarte 541

Strandhof Zim,

Nr. 123 ✉ 26579 – ✆ (04939) 8 90 – www.strandhofbaltrum.de – geschl. Oktober - April

33 Zim – †62/82 € ††109/129 € – 2 Suiten – ½ P

Rest – Menü 18/34 € – Karte 19/44 € – *(geschl. Mittwoch) (nur Abendessen)*

Die strandnahe Lage inmitten von Dünen sowie neuzeitliche und funktionelle Zimmer, teilweise mit großem Balkon, machen das Haus zu einer interessanten Urlaubsadresse. Zeitgemäßes Hotelrestaurant mit bürgerlicher und internationaler Küche.

Dünenschlößchen Zim,

Ostdorf 48 ✉ 26579 – ✆ (04939) 9 12 30 – www.duenenschloesschen.de – geschl. 28. Oktober - 10. April

35 Zim – †65/75 € ††136/146 € – ½ P

Rest – *(geschl. Montag) (nur Abendessen für Hausgäste)*

Idyllisch liegt das Ferienhotel auf der Südseite der Insel mit Blick auf den Nationalpark Wattenmeer und die Küste. Nett sind die familiäre Atmosphäre und die praktischen Zimmer.

BALVE

Nordrhein-Westfalen – 11 810 Ew. – Höhe 250 m – Siehe Regionalatlas **27**-E11

▶ Berlin 510 km – Düsseldorf 101 km – Arnsberg 20 km – Hagen 38 km

Michelin Straßenkarte 543

In Balve-Eisborn Nord: 9 km, Richtung Menden, hinter Binolen rechts

Antoniushütte (mit Gästehaus)

Eisborner Dorfstr. 10 ✉ *58802* – ✆ *(02379) 91 50* – *www.hotel-antoniushuette.de*

45 Zim ☕ – 👤65/189 € 👥110/218 € – 4 Suiten

Rest – Menü 23/65 € – Karte 27/57 €

Hier bietet man sehr unterschiedliche, teilweise als Maisonetten angelegte Gästezimmer vom schlichteren Landhauszimmer bis zum schicken Designerzimmer. Das geradlinig gehaltene Restaurant wird durch die modern-rustikale Bauernstube ergänzt.

BAMBERG

Bayern – 70 090 Ew. – Höhe 262 m – Siehe Regionalatlas **50-K15**

▶ Berlin 406 km – München 232 km – Coburg 53 km – Nürnberg 61 km

Michelin Straßenkarte 546

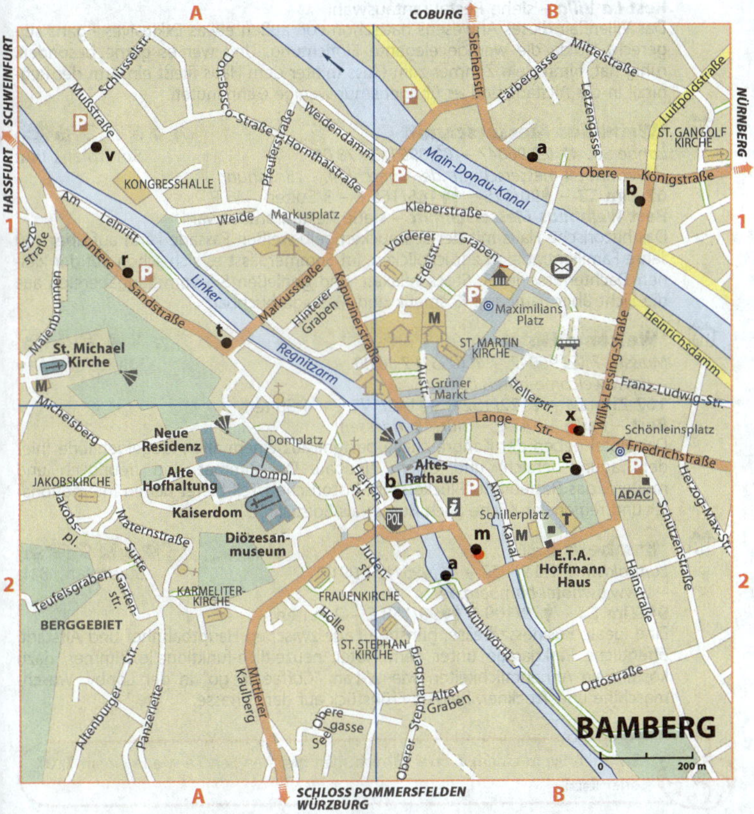

Welcome Hotel Residenzschloss

Untere Sandstr. 32 ✉ 96049 – ✆ (0951) 6 09 10
– www.welcome-hotels.com Stadtplan : A1**r**

180 Zim – 152/192 € 182/222 € – 4 Suiten – ½ P
Rest – Karte 31/64 €

Ein ansprechendes historisches Anwesen nahe der Staatsphilharmonie, das modern erweitert wurde. Wie wär's mit einem der schicken stilvoll-zeitgemäßen Superiorzimmer? Geräumiger sind allerdings die Deluxe-Zimmer im Schloss. Das Restaurant teilt sich in die "Orangerie" und das "Fürstbischof von Erthal".

Bamberger Hof - Bellevue garni

Schönleinsplatz 4 ✉ 96047 – ✆ (0951) 9 85 50 Stadtplan : B2**e**
– www.bambergerhof.de

38 Zim – 85/125 € 130/185 € – 12 Suiten

Moderne Eleganz gepaart mit Stil und Charme eines Grandhotels der Jahrhundertwende - schönes historisches Detail sind die original Jugendstilfenster im Frühstücksraum. Wer etwas Besonderes sucht, bucht die Dach-Suite mit Blick auf Bamberg und Kaiserdom! Genießen Sie auch die Aussicht von der Dachterrasse im 4. Stock! Tipp für Hungrige: Café-Bistro Luitpold nebenan.

Villa Geyerswörth

Geyerswörthstr. 15 ✉ 96047 – ✆ (0951) 9 17 40 Stadtplan : B2**m**
– www.villageyersworth.de

39 Zim – 110/134 € 149/169 €, 15 € – 1 Suite
Rest *La Villa* – siehe Restaurantauswahl

Das Villenflair dieses Anwesens hat schon von außen etwas Exklusives - ganz stilgerecht ist da die wertige elegante Einrichtung. Und wer es gerne besonders ruhig hat, nimmt ein Zimmer zum Fluss (hinter dem Haus fließt ein Arm der Regnitz)! In die Altstadt sind es übrigens nur wenige Gehminuten.

Weinhaus Messerschmitt

Lange Str. 41 ✉ 96047 – ✆ (0951) 29 78 00 Stadtplan : B2**x**
– www.hotel-messerschmitt.de – geschl. 4. - 18. Januar

67 Zim – 90/125 € 145/165 € – 3 Suiten – ½ P
Rest *Weinhaus Messerschmitt* – siehe Restaurantauswahl

Das historische Haus mit der schmucken gelb-weißen Fassade kann auf über 180 Jahre Familientradition zurückblicken. Im Sommer lässt es sich schön auf der kleinen Dachterrasse im 3. Stock relaxen, und genießen Sie vom Saunabereich aus die Sicht über Bamberg! Kosmetik und Massage buchbar.

Welcome Hotel

Mußstr. 7 ✉ 96047 – ✆ (0951) 7 00 00 Stadtplan : A1**v**
– www.welcome-hotels.com

167 Zim – 122/152 € 142/172 € – 4 Suiten
Rest – Karte 17/47 € – *(nur Abendessen)*

Das Hotel neben der Kongresshalle besteht aus einem alten Ziegelgebäude (hier der Tagungsbereich) und einem Neubau. Die Zimmer sind freundlich und modern, das Restaurant "Plückers" im historischen Teil bietet neben internationaler und regionaler Küche auch Burger als Spezialität.

Bamberg garni

Luitpoldstr. 7 ✉ 96052 – ✆ (0951) 51 09 00 Stadtplan : B1**b**
– www.bwhotel-bamberg.de

94 Zim – 79/109 € 99/158 € – 2 Suiten

Eine ideale Businessadresse: günstige Lage zwischen Hauptbahnhof und Altstadt, öffentliche Parkgarage unter dem Hotel, neuzeitlich-funktionelle Zimmer, dazu kostenfreie Annehmlichkeiten wie W-Lan, "Coffee to go" in der Lobby, Waschmaschine und Trockner. Beliebt: Frühstück auf der Terrasse.

Erwarten Sie in einem X oder nicht den gleichen Service wie in einem XXXXX oder .

Nepomuk
Rest, Stadtplan : B2**a**

Obere Mühlbrücke 9 ✉ 96049 – ✆ (0951) 9 84 20 – www.hotel-nepomuk.de

23 Zim – 🛉90/105 € 🛉🛉130/150 €, ☕ 12 € – 1 Suite

Rest *Esszimmer* – ✆ (0951) 9 84 25 00 – Menü 45/71 € – Karte 43/50 € – *(geschl. August - Mitte September und Sonntag - Montag) (nur Abendessen)*

Rest *Eckerts* – Karte 19/42 €

Das hübsche Fachwerkhaus (ursprünglich eine Mühle) liegt schön direkt an der Regnitz! Die Zimmer modern-funktional, gastronomisch fährt man zweigleisig: "Eckerts" mit regional-saisonaler Küche, innovativ-fränkisches Menü- und A-la-carte-Angebot im "Esszimmer" in der 1. Etage. Für Veranstaltungen: "Schiller 16", ein toller Barockbau von 1752 unweit des Hotels.

Europa (N)
Rest, Stadtplan : B1**a**

Untere Königstr. 6 ✉ 96052 – ✆ (0951) 3 09 30 20 – www.hotel-europa-bamberg.de

46 Zim ☕ – 🛉79/109 € 🛉🛉89/149 € – ½ P

Rest *Kleehof in der Gärtnerstadt* – ✆ (0951) 2 17 13 – Menü 25/49 € – Karte 22/47 € – *(geschl. Montag) (nur Abendessen)*

Tipptopp gepflegte Zimmer, freundliche Gästebetreuung, hochwertiges Frühstück (im Sommer am besten im charmanten Innenhof!)... hier spürt man das Engagement! Im Restaurant frische Kräuterküche mit regionalen Produkten - probieren Sie fränkische Knabbereien im Tapas-Stil! Und für daheim Wein oder Hausgemachtes aus dem Hofshop? Garagenzufahrt über Untere Königstr. 30.

Brudermühle
Stadtplan : B2**b**

Schranne 1 ✉ 96049 – ✆ (0951) 95 52 20 – www.brudermuehle.de

23 Zim ☕ – 🛉88/115 € 🛉🛉120/140 € – ½ P

Rest – Menü 23/45 € – Karte 21/47 € – *(geschl. 22. - 25. Dezember)*

Wie Sie hier wohnen? Modern, zentral (am Domplatz ist man schnell zu Fuß) und die Regnitz haben Sie praktisch vor der Tür! "Rottmeister", "Zaubergarten", "Rotkäppel" oder "Geyerswörthblick", das sind z. B. die schönen Zimmer im Haus Mehlwaage. Ebenso behaglich ist das auf zwei Ebenen angelegte Restaurant.

Tandem
Zim, Stadtplan : A1**t**

Untere Sandstr. 20 ✉ 96049 – ✆ (0951) 51 93 58 55 – www.tandem-hotel.de – geschl. 23. Dezember - 6. Januar

8 Zim ☕ – 🛉89/98 € 🛉🛉98/120 € – ½ P

Rest – Menü 34 € – Karte 21/30 € – *(geschl. Montag -Dienstag)*

Das sorgsam sanierte Haus beherbergt puristisch-zeitgemäße Zimmer mit Blick auf "Klein Venedig". Im EG Café mit leckerem Kuchen, österreichische Klassiker im Restaurant "Ö drei". Parken können Sie z. B. im ca. 200 m entfernten Residenzschloss. Die Lage am Regnitz-Radweg lockt auch Radfahrer an - man bietet übrigens auch einen Fahrradraum und Leihfahrräder.

Weinhaus Messerschmitt – Hotel Weinhaus Messerschmitt
Stadtplan : B2**x**

Lange Str. 41 ✉ 96047 – ✆ (0951) 29 78 00 – www.hotel-messerschmitt.de – geschl. 4. - 18. Januar und Sonntag

Menü 36/60 € – Karte 36/56 €

In gemütlich-historischen Restauranträumen bekommen Sie regional-saisonale Speisen serviert, ebenso auf der Brunnenterrasse - im namengebenden Brunnen schwimmen im Sommer Waller, Aale & Co. Schöner Weinkeller (hier auch Verkostungen) - seit jeher ist man im Haus dem Thema Wein verbunden.

La Villa – Hotel Villa Geyerswörth
Stadtplan : B2**m**

Geyerswörthstr. 15 ✉ 96047 – ✆ (0951) 9 17 40 – www.villageyersworth.de – geschl. 1. - 6. Januar und Sonntag

Menü 39/45 € – Karte 29/41 €

Das Ambiente einer der nettesten Adressen Bambergs schlägt eine Brücke zwischen Bistro und Restaurant. Eignet sich auch bestens für Geschäftsessen!

In Stegaurach Süd-West: 5 km über A2 Richtung Würzburg

Der Krug Zim,

Mühlendorfer Str. 4, (Zufahrt über Schulstraße) ✉ 96135 – ✆ (0951) 99 49 90 – www.der-krug.de – geschl. über Weihnachten und über Fasching

26 Zim – 70/75 € 100/106 € – ½ P

Rest – Menü 20 € – Karte 14/36 € – *(geschl. Montagmittag, Dienstag - Mittwochmittag, Donnerstagmittag)*

Der um einen Anbau erweiterte Gasthof im Ortskern ist eine tipptopp gepflegte und wohnlich eingerichtete Adresse, die herzlich-familiär geleitet wird. Im Stammhaus befindet sich das gemütlich-rustikale Restaurant mit guter Auswahl an regionalen Fischgerichten.

BANSIN – Mecklenburg-Vorpommern ➜ Siehe Usedom (Insel)

BARGUM

Schleswig-Holstein – 610 Ew. – Höhe 4 m – Siehe Regionalatlas **1-G2**

Berlin 451 km – Kiel 111 km – Sylt (Westerland) 41 km – Flensburg 37 km

Michelin Straßenkarte 541

Andresen's Gasthof mit Zim

Dörpstraat 63, (B 5) ✉ 25842 – ✆ (04672) 10 98 – www.andresensgasthof.de – geschl. Mitte Januar - Anfang Februar und Montag - Dienstag

5 Zim – 50/70 € 60/85 € – ½ P

Menü 25 € – Karte 27/46 € – (Tischbestellung erforderlich)

Ein Klassiker der norddeutschen Gastronomie - seit über 30 Jahren von der engagierten Gastgeberin Elke Andresen geführt. Sie sitzen in der rustikalen Bauernstube oder in der feinen Friesenstube und wählen von der klassisch-französischen Restaurantkarte oder bestellen eines der bodenständig-regionalen Gerichte, die sich auf der sogenannten "Bauernstuben-Karte" finden.

BARMSTEDT

Schleswig-Holstein – 9 950 Ew. – Höhe 11 m – Siehe Regionalatlas **10-I4**

Berlin 335 km – Kiel 77 km – Hamburg 38 km – Lüneburg 93 km

Michelin Straßenkarte 541

Lay's Loft N mit Zim Rest, Rest,

Schlickumstr. 1 ✉ 25355 – ✆ (04123) 9 29 05 77 – www.lays-loft.de – geschl. Montag - Dienstag

5 Zim – 120/150 € 120/150 €, 20 € – ½ P

Menü 45/75 € – (Tischbestellung ratsam)

Mit allerlei liebenswerten Details und persönlichen Dingen haben Fritz Lay und seine Frau die ehemalige Seifenfabrik ausstaffiert! Entstanden ist ein elegant-charmanter Stilmix als toller Rahmen für die moderne klassische Küche. Ganz was Besonderes: die Private Dining Rooms. Sehr schön auch die Gästezimmer!

Rest *Lay's Bistro* – siehe Restaurantauswahl

Lay's Bistro N – Restaurant Lay's Loft

Schlickumstr. 1 ✉ 25355 – ✆ (04123) 9 29 05 77 – www.lays-loft.de – geschl. Montag - Dienstag

Karte 35/48 €

Die tolle Atmosphäre des wunderschön sanierten historischen Anwesens und die individuelle Einrichtung mit all den liebevoll arrangierten wertigen Einzelstücken sind im Bistro nicht minder geschmackvoll, und gut essen kann man hier auch!

BARNSTORF

Niedersachsen – 5 880 Ew. – Höhe 31 m – Siehe Regionalatlas **17-F7**

Berlin 395 km – Hannover 105 km – Bremen 59 km – Osnabrück 67 km

Michelin Straßenkarte 541

Roshop Rest,
Am Markt 6 ✉ 49406 – ✆ (05442) 98 00 – www.hotel-roshop.de
63 Zim – 78/99 € 98/120 € – 2 Suiten – ½ P
Rest – Menü 14/25 € – Karte 24/50 €
Das Business- und Tagungshotel liegt zentral am Marktplatz und verfügt über gut ausgestattete Gästezimmer mit individuellem Touch. Einige Zimmer sind ganz modern gestaltet. Unterteilter Restaurantbereich mit zeitgemäßem Ambiente.

BARSINGHAUSEN

Niedersachsen – 33 520 Ew. – Höhe 112 m – Siehe Regionalatlas **18-H9**
Berlin 315 km – Hannover 25 km – Bielefeld 87 km – Hameln 42 km
Michelin Straßenkarte 541

Marmite
Egestorfer Str. 36a ✉ 30890 – ✆ (05105) 6 18 18 – www.restaurant-marmite.de – geschl. Montag
Menü 35/48 € – Karte 32/49 € – *(nur Abendessen, sonntags auch Mittagessen)*
Freundlich-mediterranes Restaurant mit saisonal-internationaler Küche und guter Weinkarte, dazu Bistro mit Kleinigkeiten und Biergarten mit Teich. Angeschlossen: Tennishalle.

In Barsinghausen-Göxe Nord-Ost: 6 km, an der B 65

Gasthaus Müller
Goltener Str. 2 ✉ 30890 – ✆ (05108) 21 63 – www.gasthausmueller.de – geschl. Anfang Januar 1 Woche und Montag
Karte 34/55 € – *(Dienstag - Samstag nur Abendessen)*
Die Brüder Müller (bereits die 5. Generation) kochen in dem netten Gasthaus (sympathisch die Gaststube, etwas eleganter das Nebenzimmer) regional-saisonale Speisen - immer beliebt die geschmorten Kalbsbäckchen! Und dazu einen von rund 280 deutschen Weinen?

BARTH

Mecklenburg-Vorpommern – 8 770 Ew. – Höhe 2 m – Siehe Regionalatlas **5-N3**
Berlin 272 km – Schwerin 155 km – Rostock 59 km – Stralsund 33 km
Michelin Straßenkarte 542

Pommernhotel Barth
Divitzer Weg 2 ✉ 18356 – ✆ (038231) 4 55 80 – www.pommernhotel.de
27 Zim – 50/65 € 70/95 € – 4 Suiten – ½ P
Rest – Menü 15/25 € – Karte 17/34 € – *(November - April nur Abendessen)*
Am Ortsrand finden Sie das Hotel der Familie Splettstößer. Die freundlichen Gastgeber haben hier für Sie gepflegte und praktische Gästezimmer in zeitlosem Stil. Wer es gerne etwas ruhiger mag, fragt nach den Zimmern zum Wald hin.

BAUNACH

Bayern – 3 930 Ew. – Höhe 238 m – Siehe Regionalatlas **50-K15**
Berlin 414 km – München 243 km – Bayreuth 69 km – Würzburg 106 km
Michelin Straßenkarte 546

Rocus
Bahnhofstr. 16 ✉ 96148 – ✆ (09544) 2 06 40 – www.restaurant-rocus.de – geschl. Montag
Menü 52/62 € – Karte 35/60 € – *(Dienstag - Donnerstag nur Abendessen)*
Hier isst man klassisch, mediterran oder auch asiatisch, und das alte ehemalige Bahnhofsgebäude bietet dafür einen hübschen Rahmen: außen schön restauriert, innen geradlinig-modern. Terrasse im Innenhof oder zur Bahnlinie. Tipp: Buchen Sie einen Tisch im Weinkeller, umgeben von vielen spanischen Rotweinen!

BAUTZEN

Sachsen – 40 460 Ew. – Höhe 220 m – Siehe Regionalatlas **44-R12**
Berlin 200 km – Dresden 65 km – Görlitz 47 km – Cottbus 75 km
Michelin Straßenkarte 544

Bautzen
Zim,

Wendischer Graben 20 ✉ *02625 – ✆ (03591) 49 20 – www.bwbautzen.de*
157 Zim – ♦96/98 € ♦♦118/120 € – 5 Suiten – ½ P
Rest – Menü 20 € – Karte 22/46 €
Die zeitgemäßen und funktionellen Zimmer machen das Hotel gegenüber der historischen Altstadt besonders für Businessgäste interessant.

Dom Eck garni

Breitengasse 2 ✉ *02625 – ✆ (03591) 50 13 30 – www.wjelbik.de*
12 Zim – ♦62/72 € ♦♦79/89 €
Die Gästezimmer dieses kleinen Familienbetriebs in zentraler Lage beim Dom sind hell und freundlich gestaltet. Sorbische und deutsche Künstler haben das Haus dekoriert.

Villa Antonia

Lessingstr. 1 ✉ *02625 – ✆ (03591) 50 10 20 – www.hotel-villa-antonia.de*
19 Zim – ♦59/69 € ♦♦79/89 € – 2 Suiten – ½ P
Rest *Tiroler Stuben* – ✆ (03591) 46 08 88 – Karte 15/32 € – *(nur Abendessen, sonntags auch Mittagessen)*
Hier handelt es sich um eine Ende des 19. Jh. erbaute Villa, die etwas außerhalb gelegen ist (ins Zentrum sind es ca. 10 Gehminuten). Hingucker im Frühstücksraum ist die restaurierte Stuckdecke, im Restaurant die "Südtiroler Alpenstube" von 1854.

BAYERISCH GMAIN – Bayern ➜ Siehe Reichenhall, Bad

BAYERSOIEN, BAD
Bayern – 1 160 Ew. – Höhe 812 m – Siehe Regionalatlas **65**-K21
Berlin 642 km – München 102 km – Garmisch-Partenkirchen 35 km – Weilheim 38 km
Michelin Straßenkarte 546

Parkhotel am Soier See

Am Kurpark 1 ✉ *82435 – ✆ (08845) 1 20 – www.parkhotel-bayersoien.de*
66 Zim – ♦109/139 € ♦♦195/235 € – 5 Suiten – ½ P
Rest *Seestüberl* – Karte 36/50 € – *(geschl. Montag - Dienstag) (nur Abendessen)*
Rest *African Lounge* – Menü 33/39 € – *(geschl. Dienstag) (nur Abendessen)* (Tischbestellung erforderlich)
Die Leidenschaft der Gastgeber für Afrika spiegelt sich in diesem Hotel wider - frei nach dem Motto: "Bavarian Safari" und "Afrika im Ammergau" finden sich zahlreiche Details. In der African Lounge gibt es die passende Küche dazu: "Strauß und Springbock mit Koriander-Chilisauce". Saisonale Küche im Seestüberl, mittags Brotzeitkarte.

BAYREUTH
Bayern – 73 120 Ew. – Höhe 340 m – Siehe Regionalatlas **51**-L15
Berlin 358 km – München 231 km – Coburg 67 km – Nürnberg 80 km
Michelin Straßenkarte 546

Goldener Anker

Opernstr. 6, (Zufahrt über Badstr. 3) ✉ *95444* Stadtplan : B1**r**
– ✆ (0921) 7 87 77 40 – www.anker-bayreuth.de – geschl. Weihnachten - Mitte Januar
33 Zim – ♦98/138 € ♦♦158/258 € – 2 Suiten – ½ P
Rest *Goldener Anker* Rest *Bistro* – siehe Restaurantauswahl
Familientradition seit 13 Generationen, stilvolle Details, wohin man schaut - ein Gang durchs Hotel ist wie ein Spaziergang durch die Historie des Hauses. Schön die Lage im Herzen der Stadt, elegant das Interieur, das Frühstück wird am Tisch serviert. Eine Besonderheit: Der Tagungsbereich ganz oben hat eine schöne offene Landhausküche und eine Dachterrasse!

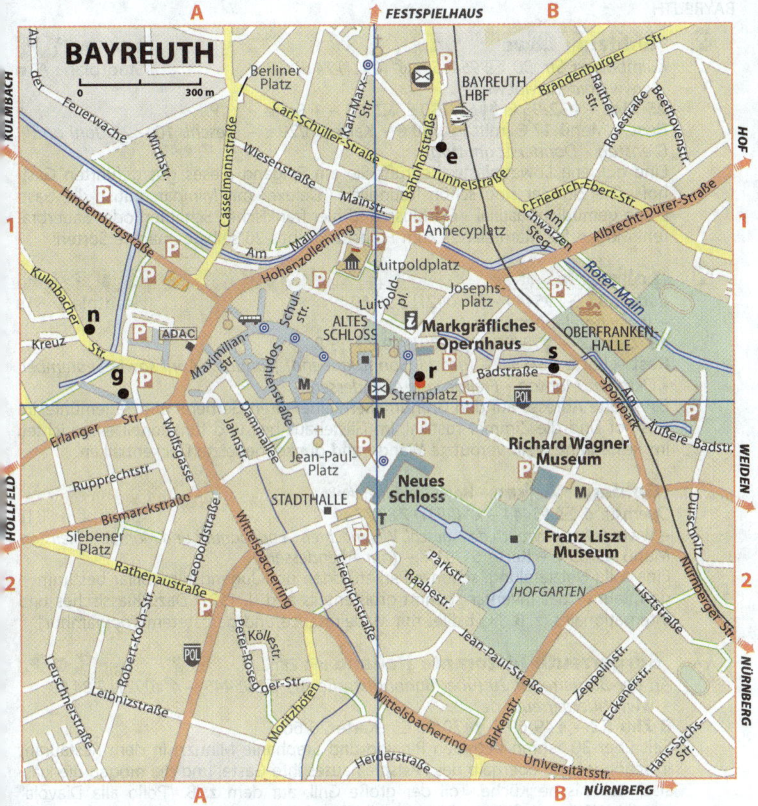

Bayerischer Hof

Rest,

Bahnhofstr. 14 ✉ *95444 – ✆ (0921) 7 86 00* Stadtplan : B1**e**
– www.bayerischer-hof.de – geschl. 22. Dezember - 6. Januar
47 Zim ☕ – 🧍74/116 € 🧍🧍102/134 € – 2 Suiten
Rest – Menü 38 € – Karte 23/50 € – *(geschl. 22. Dezember - 12. Januar, 30. August - 7. September und Sonntag) (nur Abendessen außer in der Festspielzeit)*
Das Hotel liegt direkt neben dem Bahnhof und bietet Zimmer von klassisch bis modern, toll die Suite in der obersten Etage. Restaurant im französischen Bistrostil - vorne die legere "Gendarmerie", hinten "Etoile" mit schön gedeckten Tischen. Die Küche: von fränkischer Bratwurst bis Tarte Flambée.

Rheingold (N)

Zim,

Austr. 2 ✉ *95445 – ✆ (0921) 9 90 08 50* Stadtplan : A1**g**
– www.hotel-rheingold-bayreuth.de
146 Zim ☕ – 🧍89 € 🧍🧍113 € – ½ P **Rest** – Karte 21/38 € – *(nur Abendessen)*
Ein gepflegtes Stadthotel mit funktionellen Zimmern und guten Tagungsmöglichkeiten. Die Zimmer nach Süden mit Klimaanlage, die geräumigeren Superior-Zimmer liegen teilweise im Turm und bieten eine schöne Aussicht, Juniorsuiten mit Balkon.

Frühstück inklusive? Die Tasse ☕ steht gleich hinter der Zimmeranzahl.

Goldener Löwe
Zim,

Kulmbacher Str. 30 ✉ *95445 – ✆ (0921) 74 60 60* Stadtplan : A1**n**
– www.goldener-loewe.de
25 Zim – 🚹32/95 € 🚹🚹65/130 €, ☕ 7 € – 1 Suite – ½ P
Rest – Menü 17 € (mittags)/50 € – Karte 16/29 € – *(geschl. 10. - 21. Juni und Dienstag - Donnerstagmittag)*
Eine goldene Löwenplastik begrüßt Sie am Eingang dieses gut geführten Gasthofs. Die Zimmer sind schön freundlich ("Deluxe" mit Minibar gratis), die Gaststube gemütlich-rustikal - ein Muss sind hier fränkisches Schäuferl oder Sauerbraten! Mögen Sie Marmelade? Zum Frühstück gibt's 20 selbstgemachte Sorten!

Lohmühle

Badstr. 37 ✉ *95444 – ✆ (0921) 5 30 60* Stadtplan : B1**s**
– www.hotel-lohmuehle.de
43 Zim ☕ – 🚹73/90 € 🚹🚹109/119 € – ½ P
Rest – Karte 23/33 € – *(geschl. Sonntagabend) (Januar - April sowie September - Oktober: Montag - Freitag nur Abendessen)*
Eine nette Adresse auf den Grundmauern einer alten Gerberei und Sägemühle. Im Gasthof sind die Zimmer rustikal, im Gästehaus hell und funktionell eingerichtet. Im Restaurant: weiß verputzte Wände und dunkel gebeizte Deckenbalken.

Goldener Anker – Hotel Goldener Anker

Opernstr. 6 ✉ *95444 – ✆ (0921) 7 87 77 40* Stadtplan : B1**r**
– www.anker-bayreuth.de – geschl. Weihnachten - Ende Januar und Montag - Dienstag
Menü 45/65 € – Karte 51/91 € – *(nur Abendessen)*
Eine tolle Holztäfelung, schöner Parkettboden und Jugendstilmobiliar bestimmen den Raum - das Inventar stammt größtenteils a. d. J. 1927! Dazu Klassisches und Internationales, z. B. "Kalbsfilet mit Madeirasauce und geröstetem Topinambur".

Bürgerreuth Ristorante italiano mit Zim
Rest,

An der Bürgerreuth 20 (über Bahnhofstraße B1) ✉ *95445 – ✆ (0921) 7 84 00*
– www.buergerreuth.de
8 Zim ☕ – 🚹49/69 € 🚹🚹70/95 € Karte 26/66 €
Seit über 30 Jahren betreuen Rinaldo und Stephanie Minuzzi in dem Restaurant in schöner Lage oberhalb des Festspielhauses ihre Gäste, und die mögen die klassisch-italienische Küche. Toll der große Grill, auf dem z. B. "Pollo alla Diavola" oder der Kalbsspießbraten "Arrosto allo Spiedo" zubereitet werden.

Bistro N – Goldener Anker

Opernstr. 6 ✉ *95444 – ✆ (0921) 7 87 77 40* Stadtplan : B1**r**
– www.anker-bayreuth.de – geschl. Weihnachten - Mitte Januar
Menü 20 € (mittags) – Karte 23/44 €
"Obatzda mit Steinofenbrot", "Wiener Schnitzel mit Bratkartoffeln", "gegrillter Lachs mit Blattspinat"... Die klassisch beeinflusste fränkisch-regionale Küche gibt es durchgehend - interessant auch der günstige Tagesteller! Man sitzt in stilvollem Bistroambiente oder auf der Terrasse in der Fußgängerzone.

In Bayreuth-Oberkonnersreuth Süd-Ost: 3 km über Nürnberger Straße Stadtplan : B2

Zur Sudpfanne

Oberkonnersreuther Str. 6 ✉ *95448 – ✆ (0921) 5 28 83 – www.sudpfanne.com*
Menü 23 € (mittags)/74 € – Karte 30/53 €
Die Brasserie – Menü 13/33 € – Karte 14/48 €
Sie speisen in einem hübschen ehemaligen Brauereigebäude. Auf der regional-saisonalen Karte findet sich z. B. "Kalbssauerbraten mit Rahmwirsing und Kloß". Alternativ wählt man in der netten Brasserie Grillgerichte, Pasta oder den günstigen wechselnden Mittagsteller. Biergarten unter Bäumen (Selbstbedienung).

Gute Küche zu moderatem Preis? Folgen Sie dem „Bib Gourmand" . Das freundliche Michelin-Männchen „Bib" steht für ein besonders gutes Preis-Leistungs-Verhältnis!

In Bindlach-Obergräfenthal Nord: 10 km, über Hindenburgstraße Stadtplan : A1, in Heinersreuth Richtung Cottenbach, nach Theta links

Landhaus Gräfenthal

Obergräfenthal 7 ✉ 95463 – ✆ (09208) 2 89 – www.landhaus-graefenthal.de – geschl. Montagmittag und Dienstag
Karte 29/44 €
Schon von außen eine hübsche, einladende Adresse, drinnen gemütlich mit Kachelofen und netter Deko. Auf den Tisch kommt z. B. "Zweierlei vom fränkischen Ochsen mit Kartoffelplätzchen" oder "Zander mit Steinpilzen und Bamberger Hörnla".

BAYRISCHZELL

Bayern – 1 590 Ew. – Höhe 800 m – Siehe Regionalatlas **66-M21**
Berlin 664 km – München 77 km – Rosenheim 37 km – Miesbach 23 km
Michelin Straßenkarte 546

In Bayrischzell-Geitau Nord-West: 5 km über B 307, Richtung Miesbach

Postgasthof Rote Wand

Rest,

Geitau 15 ✉ 83735 – ✆ (08023) 90 50 – www.gasthofrotewand.de – geschl. 10. November - 12. Dezember
29 Zim – 38/48 € 72/90 € **Rest** – Karte 14/36 € – *(geschl. Dienstag)*
Sehr sympathisch und familiär ist der Traditionsgasthof mit seinen tipptopp gepflegten Zimmern im wohnlichen Landhausstil. Essen kann man hier im Haus regional - probieren Sie auch die eigene Kreation: Rote-Wand-Torte! Zu den gemütlichen Gaststuben kommt im Sommer der schöne Biergarten unter alten Kastanien.

In Bayrischzell-Osterhofen Nord-West: 3 km über B 307, Richtung Miesbach

Der Alpenhof

Osterhofen 1 ✉ 83735 – ✆ (08023) 9 06 50 – www.der-alpenhof.com
39 Zim – 80/115 € 115/155 €, 15 € – 8 Suiten – ½ P
Rest *Das Restaurant Seeberg* – siehe Restaurantauswahl
Hier ist alles richtig geschmackvoll: von der eleganten kleinen Lobby bis zu den Zimmern... Nicht zuletzt die aufwändigen Themensuiten wie "Hideaways", "Franz Josef" oder "Mikado" machen das Haus zu einer nicht alltäglichen Adresse!

Das Restaurant Seeberg – Hotel Der Alpenhof

Osterhofen 1 ✉ 83735 – ✆ (08023) 9 06 50 – www.der-alpenhof.com
Menü 27 € – Karte 27/47 €
Der Service sehr freundlich und aufmerksam, die Stuben wirklich hübsch in ihrer gemütlich-bayerischen Art... so wünscht man sich das! Die Küche: vom regionalen Schmankerl bis zum französischen Klassiker, von Wiener Schnitzel bis Gänseleber.

BECKINGEN

Saarland – 15 280 Ew. – Höhe 300 m – Siehe Regionalatlas **45-B16**
Berlin 754 km – Saarbrücken 36 km – Merzig 9 km – Luxemburg 67 km
Michelin Straßenkarte 543

In Beckingen-Düppenweiler Nord-Ost: 8 km

Margrets Bauernstube

Litermont 22 ✉ 66701 – ✆ (06832) 80 08 04 – www.margrets-bauernstube.com – geschl. Mitte Januar - Mitte März, Juni 2 Wochen, September 2 Wochen und Montag - Donnerstag, Samstagmittag
Menü 25 € (mittags)/42 € – Karte 27/50 € – (Tischbestellung ratsam)
Wenn Sie sich nicht grad der Bildhauerei widmet, umsorgt Margret Lafontaine charmant und persönlich die Gäste der liebevoll dekorierten Stuben mit saisonal-regionaler Küche auf klassischer Basis - sonntags gibt es übrigens durchgehend bis 19 Uhr warme Küche. Tipp: Machen Sie einen kleinen Spaziergang zum Gipfelkreuz auf dem Litermont, es ist nur 500 m entfernt.

BECKUM

Nordrhein-Westfalen – 36 600 Ew. – Höhe 105 m – Siehe Regionalatlas **27-E10**
Berlin 438 km – Düsseldorf 130 km – Bielefeld 58 km – Hamm in Westfalen 20 km
Michelin Straßenkarte 543

Am Höxberg Süd: 2,5 km, Richtung Lippborger

Zur Windmühle
Unterberg II/33 ✉ 59269 – ✆ (02521) 8 60 30 – www.zur-windmuehle.de – geschl. Juli - August 2 Wochen und Montag
Menü 43/57 € – Karte 32/62 € – *(Dienstag - Samstag nur Abendessen)*
Ein Haus mit langer Familientradition. Patron Norbert Nettebrock bietet eine internationale Küche mit Klassikern wie "Gänseleberterrine mit Apfelsalat". Tipp: Fragen Sie nach den Empfehlungen des Chefs, die er Ihnen gerne persönlich am Tisch offeriert. Auch für Veranstaltungen ist die große Terrasse mit Blick auf die hauseigene Mühle von 1853 sehr beliebt.

In Beckum-Vellern Nord-Ost: 4 km

Alt Vellern (mit Gästehaus) Rest,
Dorfstr. 21 ✉ 59269 – ✆ (02521) 8 71 70 – www.alt-vellern.de – geschl. über Weihnachten, über Ostern
40 Zim – 80/130 € 110/180 € – ½ P
Rest – Menü 23/68 € – Karte 22/50 € – *(geschl. Freitagabend - Samstagmittag, Sonntagmittag)*
Das Haus wird sympathisch, familiär und mit Engagement geführt, man bleibt am Ball und investiert kontinuierlich. Wie wär's z. B. mit einem der wirklich hochwertigen und wohnlichen neueren Zimmer im Dachgeschoss? Schön die rustikal-regionale Atmosphäre im Restaurant, das Angebot ist saisonal.

BEDERKESA, BAD

Niedersachsen – 4 970 Ew. – Höhe 9 m – Siehe Regionalatlas **9-G5**
Berlin 400 km – Hannover 198 km – Cuxhaven 42 km – Bremerhaven 25 km
Michelin Straßenkarte 541

Bösehof
Hauptmann-Böse-Str. 19 ✉ 27624 – ✆ (04745) 94 80 – www.boesehof.de
38 Zim – 58/128 € 129/159 € – 10 Suiten – ½ P
Rest – Menü 28/65 € – Karte 33/50 €
Schön und recht ruhig liegt dieser Familienbetrieb. Einige Zimmer mit Blick in den reizvollen Garten, geräumiger im Haus "Jan Bohls". Das Haus "Hermann Allmers" beherbergt einen kleinen Spa. Sehr gutes Frühstück, im Sommer auf der Terrasse. Internationale und regionale Küche im elegant-rustikalen Restaurant.

BEELITZ

Brandenburg – 11 840 Ew. – Höhe 40 m – Siehe Regionalatlas **22-O9**
Berlin 59 km – Potsdam 25 km – Bad Belzig 41 km – Magdeburg 126 km
Michelin Straßenkarte 542

kochZIMMER
Berliner Str. 195 ✉ 14547 – ✆ (033204) 70 93 66 – www.kochzimmer-beelitz.de – geschl. 1. - 17. Januar, Juli 2 Wochen und Montag - Dienstag
Menü 39/75 € – Karte 36/58 €
Bistrostühle, Parkett, kräftige Farben und Kunst machen das Restaurant sympathisch-modern. Patron Jörg Frankenhäuser kocht zeitgemäß-regional mit internationalen Einflüssen, dazu eine gepflegte Weinauswahl. Schöne ruhige Gartenterrasse!

BEILNGRIES

Bayern – 8 790 Ew. – Höhe 368 m – Siehe Regionalatlas **58-L18**
Berlin 482 km – München 108 km – Nürnberg 76 km – Ingolstadt 35 km
Michelin Straßenkarte 546

Der Millipp
Hauptstr. 9 ✉ 92339 – ✆ (08461) 12 03 – www.der.millipp.de
22 Zim – 87/112 € 106/128 € – ½ P
Rest – Menü 30/45 € – Karte 19/50 €
Ein traditionsreicher Metzgereigasthof, in dessen Zimmern man gelungen die historische Bausubstanz mit wohnlich-elegantem Landhausstil kombiniert hat. Rustikal-gediegen zeigen sich die Gaststuben mit regionaler Küche.

Fuchsbräu (mit Gästehäusern)
Hauptstr. 23 ✉ 92339 – ✆ (08461) 65 20 – www.fuchsbraeu.de
73 Zim – 79/99 € 95/130 € – 2 Suiten – ½ P
Rest – Menü 16/49 € – Karte 19/38 €
Das gewachsene Hotel (seit fünf Generationen im Familienbesitz) bietet geschmackvoll-wohnliche Zimmer, einen hübschen kleinen Wellnessbereich sowie ein freundliches Restaurant, in dem man auf regionale Produkte setzt. Gönnen Sie sich doch eine der "Kaiserbeck"-Maisonette-Suiten mit tollem historischem Dachgebälk. Schön auch die gemütlich-moderne "Kaiserbeck Bar".

Die Gams (mit Gästehaus)
Hauptstr. 16 ✉ 92339 – ✆ (08461) 61 00 – www.hotel-gams.de
62 Zim – 69/88 € 89/168 € – ½ P
Rest – Menü 15 € (mittags)/58 € – Karte 19/50 €
Mit Engagement leitet die Familie bereits in der 7. Generation dieses Haus im Zentrum. Für die Gäste stehen wohnlich-individuelle Zimmer oder moderne Kreativzimmer bereit. Guter Tagungsbereich sowie Massage und Kosmetik. In gemütlichen Restauranträumen serviert man Regionales. Schauen Sie sich die Glasböden in den Stuben an, hier entdeckt man z. B. Fossilien!

Brauereigasthof und Hotel Schattenhofer
Hauptstr. 44 ✉ 92339 – ✆ (08461) 6 41 30 – www.schattenhofer-beilngries.de
48 Zim – 50/80 € 70/110 € – ½ P
Rest – Menü 15/29 € – Karte 15/33 €
Das Haus mit jahrhundertelanger Familientradition bietet in der Wodansburg und im Alten Bräuhaus solide, teils geräumige und neuzeitliche Zimmer; einige allergikergerecht. Das Restaurant ist rustikal gehalten. Die eigene Brauerei ist die letzte im Ort.

BEILSTEIN
Rheinland-Pfalz – 130 Ew. – Höhe 90 m – Siehe Regionalatlas **46-C14**
Berlin 655 km – Mainz 111 km – Koblenz 48 km – Trier 102 km
Michelin Straßenkarte 543

Haus Lipmann (mit Gästehaus)
Marktplatz 3 ✉ 56814 – ✆ (02673) 15 73 – www.hotel-haus-lipmann.de – geschl. November - 1. April
12 Zim – 90/125 € 100/135 € – ½ P
Rest – Menü 28 € – Karte 23/41 €
Mitten im Ort steht das tipptopp gepflegte Gasthaus a. d. 18. Jh. Besonders hübsch ist Zimmer Nr. 4 mit Balkon zur Mosel. Etwas geräumigere Zimmer im Gästehaus. Rustikales Restaurant mit weinberankter Terrasse zum Fluss. Schön ist der Rittersaal mit großem Kamin.

BELLHEIM
Rheinland-Pfalz – 8 350 Ew. – Höhe 117 m – Siehe Regionalatlas **54-E17**
Berlin 659 km – Mainz 126 km – Karlsruhe 33 km – Landau in der Pfalz 13 km
Michelin Straßenkarte 543

Lindner's garni
Postgrabenstr. 52 ✉ 76756 – ✆ (07272) 97 20 60 – www.lindner-hotel.de
21 Zim – 57/62 € 83/92 €
Ein Haus in netter dörflicher Lage, das sich ganz auf den Businessgast eingestellt hat - das zeigen z. B. die funktionellen und auch modernen Zimmer, von denen einige eine Klimaanlage haben. Freuen wird Sie auch das frische Frühstücksbuffet in zeitgemäßem Ambiente.

In Knittelsheim West: 2 km Richtung Landau

Steverding's Isenhof

Hauptstr. 15a ✉ 76879 – ✆ (06348) 57 00 – www.isenhof.de – geschl. Januar 3 Wochen und Sonntagabend - Mittwoch
Menü 98/118 € – *(Donnerstag - Samstag nur Abendessen)* (Tischbestellung erforderlich)
Seit über 20 Jahren steht der Isenhof von Peter Steverding für feine klassische, aber dennoch immer zeitgemäße Küche - und er steckt voller Atmosphäre: Da ist zum einen die charmante Petra Dolt im Service, zum anderen ist das 500 Jahre alte Fachwerkhaus innen wie außen ein Ausbund an Gemütlichkeit! Auf der wunderbaren Terrasse erfreut zudem der Kräutergarten das Auge. Die Weinauswahl bietet viel Gutes aus der Pfalz.
→ Pata Negra-Ferkel mit Oktopus, Bohnen und Maisgrieß. Wolfsbarsch, Trüffel, Kartoffel, Schrebergarten-Gemüse. Sommerbeeren-Brause, Rucola-Panna Cotta, Nektarineneis, Feige und Pistazie.

BELLINGEN, BAD

Baden-Württemberg – 4 010 Ew. – Höhe 257 m – Siehe Regionalatlas **61-D21**
Berlin 841 km – Stuttgart 247 km – Freiburg im Breisgau 44 km – Müllheim 12 km
Michelin Straßenkarte 545

Landgasthof Schwanen (mit Gästehaus)

Rheinstr. 50 ✉ 79415 – ✆ (07635) 81 18 11 – www.schwanen-bad-bellingen.de – geschl. 5. - 29. Januar
24 Zim – 🚹57/62 € 🚹🚹85/107 € – ½ P
Rest *Landgasthof Schwanen* – siehe Restaurantauswahl
In dem Traditionshaus von 1887 wohnen Sie entweder im Haupthaus, zentral am Schlosspark, oder im 400 m entfernten Gästehaus. Letzteres hat Appartements, Liegewiese und eine schöne Aussicht zu bieten. Den freundlichen Service haben Sie hier wie dort!

Ambiente garni

Akazienweg 1 ✉ 79415 – ✆ (07635) 8 10 40 – www.hotel-ambiente.de
22 Zim – 🚹69/95 € 🚹🚹102/123 €
Familie Silcher hat hier renoviert und umgestaltet und dem Haus so ein neues Gesicht gegeben! Und das kleine Hotel ist wirklich nett geworden mit seinen freundlichen Zimmern und dem behaglich-eleganten Frühstücksraum - die gute Auswahl vom Buffet können Sie auch auf der Terrasse zum Garten genießen.

Landgasthof Schwanen – Hotel Landgasthof Schwanen

Rheinstr. 50 ✉ 79415 – ✆ (07635) 81 18 11 – www.schwanen-bad-bellingen.de – geschl. 5. - 29. Januar und Montagmittag, Dienstag - Mittwochmittag
Menü 36/56 € – Karte 25/58 €
Alexander Fräulin ist im traditionsreichen Schwanen (seit Generationen ein Familienbetrieb) für die Küche verantwortlich, und damit für richtig leckere Gerichte wie "Kaninchenpastete mit Pilzen und Pistazien" oder "Variation von gebratenen Edelfischen".

Berghofstüble

Berghof 1 (Nord-Ost: 1,5 km, über Markus-Ruf-Straße) ✉ 79415 – ✆ (07635) 12 93 – www.berghofstueble-bad-bellingen.de – geschl. über Fasnacht 1 Woche, Oktober - November 2 Wochen und Montag - Dienstag
Menü 18 € (mittags)/85 € – Karte 36/62 €
"Kulinarisches im Grünen" steht über dem Eingang und das trifft es recht gut, denn das Haus liegt schon etwas abseits. Auf der Karte finden sich Wiener Schnitzel und Cordon bleu, ebenso Entrecôte, Kalbsrückensteak oder Steinbutt. Wie wär's mit einem Platz auf der reizvollen Terrasse mit Aussicht?

In Bad Bellingen-Hertingen West: 3 km

Hebelhof
Rest,

Bellinger Str. 5 ✉ 79415 – ✆ (07635) 8 24 49 30 – www.drei-thermen-golfresort.de
30 Zim – 60/70 € 100/120 € – ½ P
Rest – Menü 20/30 € – Karte 22/31 € – *(nur Abendessen)*
Für Golfer könnte die Lage kaum besser sein, denn gleich vier Golfplätze sind in der Nähe! Ein kleines Putting Green hat man sogar direkt im Garten. Neben den schönen wohnlichen Zimmern im Hotel hat man noch Appartementhäuser: Wer länger bleibt, hat's hier richtig chic und modern! Komplett wird das Angebot durch den Freizeitbereich und das gediegene Abendrestaurant.

BELM – Niedersachsen ➜ Siehe Osnabrück

BELZIG, BAD
Brandenburg – 11 210 Ew. – Höhe 88 m – Siehe Regionalatlas **32**-N9
Berlin 87 km – Potsdam 57 km – Brandenburg 35 km – Magdeburg 72 km
Michelin Straßenkarte 542

Springbach-Mühle (mit Gästehäusern)
Zim,

Mühlenweg 2 (Nord: 2 km, nahe der B 102) ✉ 14806 – ✆ (033841) 62 10 – www.springbachmuehle.de
56 Zim – 55/65 € 79/99 € – ½ P **Rest** – Menü 18 € – Karte 17/45 €
Eine sehr idyllische Adresse am Waldrand ist das 1749 als Ölmühle gebaute und zum Hotel umfunktionierte Anwesen. Der Springbach durchläuft das weitläufige Gartengrundstück. Ländlich-rustikales Ambiente im Restaurant.

BEMPFLINGEN
Baden-Württemberg – 3 330 Ew. – Höhe 336 m – Siehe Regionalatlas **55**-G19
Berlin 667 km – Stuttgart 30 km – Reutlingen 13 km – Tübingen 21 km
Michelin Straßenkarte 545

Krone
Brunnenweg 40 ✉ 72658 – ✆ (07123) 3 10 83 – www.kronebempflingen.de – geschl. Anfang Januar 1 Woche, über Fasching, über Ostern, Juni 1 Woche, Anfang - Mitte August und Sonntag - Dienstagmittag, Mittwochmittag
Menü 18 € (mittags unter der Woche)/54 € – Karte 38/73 € – (Tischbestellung ratsam)
Bei Familie Veit (sie betreibt ihr Restaurant bereits seit rund 40 Jahren) gibt es neben klassischer und schwäbischer Küche (Schmorbraten, Spätzle & Co.) auch Saisonales. Sie sollten hier mal zu Mittag essen - ein Lunchmenü für 18 € bekommt man selten! Kleine Terrasse und Lounge.

BENDESTORF
Niedersachsen – 2 420 Ew. – Höhe 36 m – Siehe Regionalatlas **10**-I6
Berlin 306 km – Hannover 130 km – Hamburg 39 km – Lüneburg 40 km
Michelin Straßenkarte 541

Landhaus Meinsbur
Gartenstr. 2 ✉ 21227 – ✆ (04183) 7 79 90 – www.meinsbur.de
10 Zim – 75/110 € 120/180 €, 10 € – 2 Suiten
Rest *Landhaus Meinsbur* – siehe Restaurantauswahl
Das charmante historische Bauernhaus steht auf einem herrlichen Gartengrundstück - einst war es Herberge von Filmstars wie Hildegard Knef! Geschmackvoll die Zimmer, freundlich der Service, toll der Garten. Auch Trauungen sind möglich.

Landhaus Meinsbur – Hotel Landhaus Meinsbur
Gartenstr. 2 ✉ 21227 – ✆ (04183) 7 79 90 – www.meinsbur.de
Menü 35 € – Karte 37/67 €
Außen ein hübsches altes Bauernhaus, drinnen sehenswerte Stuben mit schönen Dekorationen und offenem Kamin. Die Karte ist mediterran und regional: "Kalbstafelspitz mit Meerrettichsauce", "gebratenes Zanderfilet mit Cranberryrisotto"...

BENDORF

Rheinland-Pfalz – 17 060 Ew. – Höhe 80 m – Siehe Regionalatlas **36**-**D14**
Berlin 593 km – Mainz 101 km – Koblenz 12 km – Bonn 63 km
Michelin Straßenkarte 543

Berghotel Rheinblick

Remystr. 79 ✉ *56170 – ✆ (02622) 12 71 27 – www.berghotel-rheinblick.de*
32 Zim – 57/87 € 101/120 € – ½ P
Rest – Menü 23/40 € – Karte 21/38 €
In erhöhter Lage über dem Rheintal finden Sie den langjährigen Familienbetrieb mit funktional eingerichteten Gästezimmern, die überwiegend Flussblick bieten. Eigener Tennisplatz. Vom Restaurant und der Panoramaterrasse schaut man auf Bendorf und den Rhein.

In Bendorf-Sayn Nord-West: 1,5 km

Villa Sayn

Koblenz-Olper-Str. 111 ✉ *56170 – ✆ (02622) 9 44 90 – www.villasayn.de*
17 Zim – 75 € 110 €
Rest – Menü 34/55 € – Karte 28/64 € – *(geschl. Samstagmittag, Montagmittag)*
Ein kleines herrschaftliches Anwesen, das nicht zu übersehen ist! In der schmucken Villa selbst befindet sich das Restaurant, im hinteren Haus die schönen freundlichen Zimmer. Angenehm die toskanische Note, die sich durch die Räume zieht, sehenswert die alte Treppe mit schmiedeeisernem Geländer sowie die Stuckverzierungen in der Lobby.

BENSHEIM an der BERGSTRASSE

Hessen – 39 810 Ew. – Höhe 115 m – Siehe Regionalatlas **47**-**F16**
Berlin 593 km – Wiesbaden 66 km – Mannheim 37 km – Darmstadt 26 km
Michelin Straßenkarte 543

Alleehotel Europa - Residenz

Zim,

Europa-Allee 45 ✉ *64625 – ✆ (06251) 10 50 – www.alleehotel-europa.de*
172 Zim – 69/139 € 69/139 €, 10 € – ½ P
Rest – Menü 25 € – Karte 25/49 €
Rest *Vinothek* – Karte 20/42 €
Ein Business- und Tagungshotel mit großzügiger Lobby sowie funktionellen Zimmern, die sich auf Haupthaus, Residenz und Boarding House verteilen. Das Restaurant Sankt Georg bietet internationale Küche, in der urig-rustikalen Vinothek gibt's regionale Gerichte zu passenden Weinen.

Felix

Rest,

Dammstr. 46 ✉ *64625 – ✆ (06251) 8 00 60 – www.hotelfelix.de*
37 Zim – 93/98 € 116 € – ½ P
Rest – Menü 14 € (Buffet)/38 € – Karte 28/39 €
Der Familienbetrieb in Zentrumsnähe verfügt über freundliche Zimmer mit unterschiedlichen Wandmalereien, darunter auch Allergikerzimmer. Netter Saunabereich und kleiner Fitnessraum. Restaurant mit Wintergarten.

BENTHEIM, BAD

Niedersachsen – 15 530 Ew. – Höhe 62 m – Siehe Regionalatlas **16**-**C8**
Berlin 491 km – Hannover 207 km – Nordhorn 19 km – Enschede 29 km
Michelin Straßenkarte 541

Grossfeld (mit 6 Gästehäusern)

Schlossstr. 6 ✉ *48455 – ✆ (05922) 7 77 70 – www.grossfeld.de*
138 Zim – 89/99 € 129/149 € – 12 Suiten – ½ P
Rest – *(nur für Hausgäste)*
Aus mehreren Häusern besteht das Hotel im Zentrum, nahe der Burg. Komfortabler sind die Zimmer im "Spa 7". Hier auch der Freizeitbereich mit Außensauna im Blockhausstil.

Keilings Restaurant

Wilhelmstr. 9a ✉ *48455 – ✆ (05922) 77 66 33 – www.keilings.de – geschl. Ende Januar - Anfang Februar 3 Wochen, Ende September - Anfang Oktober 2 Wochen und Montag - Mittwochmittag, Samstagmittag*

Menü 59/119 € – Karte 77/105 € – *(Januar - März: nur Abendessen, sonntags auch Mittagessen)*

Das Talent von Lars Keiling steht völlig außer Frage, mit viel Gefühl verbindet er unterschiedliche Aromen, kocht intensiv, durchdacht und mit Tiefgang. Für die herzliche und versierte Gästebetreuung ist Gina Duesmann verantwortlich, ausgezeichnet auch die Weinberatung.

→ Entenmastleber mariniert und gebraten, Piemonteser Haselnuss, Rhabarber. Secreto vom Bunten Bentheimer Landschwein, Röstzwiebelcreme, gegrillte Spitzpaprika. Zitronentarte, Himbeere, Kakaobohne, Verveine.

In Bad Bentheim-Gildehaus West: 4 km

Waldseiter Hof

An der Waldseite 7 (Nord: 2,5 km) ✉ *48455 – ✆ (05924) 7 85 50 – www.waldseiterhof.de – geschl. 5. - 11. Januar*

18 Zim – †58/67 € ††99/110 € – 1 Suite – ½ P

Rest – Menü 25/36 € – Karte 26/40 € – *(Montag - Samstag nur Abendessen)*

Sehr schön liegt der sorgsam modernisierte Gutshof in einer Parkanlage mit eigenem 9-Loch-Golfplatz! Hier bezieht man wohnliche Landhauszimmer mit Kiefernmöbeln und speist im gemütlichen rustikalen Restaurant.

BENZ

Mecklenburg-Vorpommern – 630 Ew. – Höhe 40 m – Siehe Regionalatlas **12-L4**

Berlin 249 km – Schwerin 45 km – Grevesmühlen 36 km

Michelin Straßenkarte 542

In Benz-Gamehl Nord-Ost: 5 km über B 105

Schloss Gamehl

✉ *23970 – ✆ (038426) 2 20 00 – www.schloss-gamehl.de – geschl. Mitte Januar - Mitte Februar*

14 Zim – †83/109 € ††99/189 € – 5 Suiten – ½ P

Rest – Menü 35 € (abends) – Karte 34/50 €

Das herrschaftliche Anwesen ist eine echte Augenweide, außen wie innen! In den Zimmern: eleganter Landhausstil - Holz, Leinen und helle Töne dominieren, edel und wohltuend. Auch dem Festsaal-Flair des Restaurants (alter Parkettboden, Lüster, hohe Fenster...) kann man sich nicht entziehen!

BERCHING

Bayern – 8 530 Ew. – Höhe 385 m – Siehe Regionalatlas **57-L17**

Berlin 474 km – München 114 km – Nürnberg 60 km – Ingolstadt 41 km

Michelin Straßenkarte 546

Gewürzmühle (mit Gästehaus)

Gredinger Str. 2 ✉ *92334 – ✆ (08462) 20 00 50 – www.gewuerzmuehle-berching.de – geschl. 10. - 20. August*

43 Zim – †60/65 € ††80/85 € – 3 Suiten – ½ P

Rest – Menü 15 € – Karte 13/39 € – *(geschl. Sonntag)*

Einst Mühle, dann Reithalle und 1994 zum Hotel umgebaut. Und hier stehen heute gepflegte, wohnliche und sehr individuell geschnittene Zimmer sowie variable Tagungsräume bereit, dazu ein Whirlpool im historischen Gewölbe. Internationale Küche mit regionalen Akzenten in modern-eleganten Restaurantstuben.

BERCHTESGADEN

Bayern – 7 720 Ew. – Höhe 572 m – Siehe Regionalatlas **67-P21**

Berlin 744 km – München 154 km – Bad Reichenhall 20 km – Kitzbühel 77 km

Michelin Straßenkarte 546

Alpenhotel Kronprinz
Rest,

Am Brandholz ✉ *83471* – ✆ *(08652) 60 70* – *www.alpenhotel-kronprinz.de*
62 Zim – 75/110 € 100/170 € – 3 Suiten – ½ P
Rest – Menü 16 € – Karte 19/43 €
Die ruhige, leicht erhöhte Lage am Dorfrand sowie zeitgemäße, freundlich gestaltete Zimmer mit gutem Platzangebot machen dieses Ferienhotel aus. Panoramarestaurant mit bayerischem Stüberl, ergänzt durch die Bier- und Weinstube "Zum Faß'l" mit regionaler Küche.

Alpenhotel Weiherbach garni
Weiherbachweg 6 ✉ *83471* – ✆ *(08652) 97 88 80* – *www.weiherbach.de*
– geschl. 8. November - 17. Dezember
20 Zim – 40/90 € 60/140 €
Ein wirklich nettes und gepflegtes familiär geführtes Urlaubshotel in ruhiger Lage am Ortsrand. Es erwarten Sie wohnlich eingerichtete Gästezimmer und ein hübscher Gartenbereich. Für Familien sind die Appartements mit kleiner Küche ideal.

Krone
Am Rad 5 ✉ *83471* – ✆ *(08652) 9 46 00* – *www.hotel-krone-berchtesgaden.de*
– geschl. November - 20. Dezember
17 Zim – 47/56 € 84/102 €
Rest – Karte 15/25 € – *(geschl. Montag) (nur Abendessen)*
Etwas oberhalb am Ortsrand befindet sich diese schöne Ferienadresse. Ein alpenländisches Haus mit behaglich-rustikalen, teils talseitigen Zimmern. Bergpanorama auch von der Liegewiese und der Terrasse.

Lockstein 1
Locksteinstr. 1 ✉ *83471* – ✆ *(08652) 98 00* – *www.biohotel-kurz.de*
Menü 40 € – *(nur Abendessen)* (Tischbestellung erforderlich)
Das ist schon eine besondere Adresse: Durch die schöne Küche gelangt man in das 500 Jahre alte Bauernhaus. Hier kocht Christel Kurz mit Liebe und Können, und zwar ein vegetarisches Menü, für das auch der tolle Kräutergarten hinter dem Haus zum Einsatz kommt. Nicht nur das Restaurant ist sehr gefragt, auch die beiden Gästezimmer sind gut gebucht.

An der Rossfeld-Ringstraße

Neuhäusl
Wildmoos 45 ✉ *83471 Berchtesgaden* – ✆ *(08652) 94 00* – *www.neuhaeusl.de*
– geschl. 10. November - 18. Dezember
65 Zim – 65/75 € 128/142 € – ½ P
Rest – Karte 17/28 € – *(geschl. Dienstag) (Montag - Freitag ab 14 Uhr geöffnet)*
Ein gewachsener Berggasthof direkt an der Grenze zu Österreich, schön gepflegt und seit mehreren Generationen charmant-familiär geführt. Hier gibt es z. B. einige hübsche große Studios und einen netten Wellnessbereich (charmant die "Almstube"). Zum gemütlichen Restaurant gehören ein Wintergarten und eine Terrasse - mit toller Sicht auf Untersberg oder Kehlstein.

Auf dem Obersalzberg

InterContinental Berchtesgaden Resort
Hintereck 1 ✉ *83471 Berchtesgaden*
– ✆ *(08652) 9 75 50* – *www.berchtesgaden.intercontinental.com*
126 Zim – 237/361 € 297/421 € – 12 Suiten – ½ P
Rest *LE CIEL* ✿ **Rest *3'60°*** – siehe Restaurantauswahl
Rest *Bayernstube* – Karte 30/66 € – *(geschl. Montag - Freitag) (nur Abendessen)*
1000 m über dem Meer, ringsum schönste Bergkulisse und dazu Luxus der modernen Art! Top die Penthouse-Maisonette-Suiten mit Dachterrasse, eine Oase für Wellnessfans der "Mountain Spa", ein Ort der Gemütlichkeit die rustikale Bayernstube. Es ist ein Resort der Ruhe und dennoch auch für Tagungen geeignet. Gleich am Haus gibt es übrigens einen Familien-Skihügel mit Lift.

LE CIEL – Hotel InterContinental Berchtesgaden Resort

Hintereck 1 ✉ 83471 Berchtesgaden – ✆ (08652) 9 75 50 – www.berchtesgaden.intercontinental.com – geschl. 13. - 19. April, 29. Juni - 8. Juli, 2. - 23. November und Sonntag - Montag

Menü 79/165 € – Karte 66/122 € – *(nur Abendessen)* (Tischbestellung ratsam)

Der elegante runde Raum mit wunderbarem Bergblick ist schon eine Augenweide, ganz zu schweigen von den Menüs "Region", "Wasser" und "Welt", die Ulrich Heimann hier niveauvoll und finessenreich aus tollen Produkten zubereitet. Dazu der überaus versierte und reibungslose Service unter der Leitung von Beate Barbisch. Nehmen Sie Ihren Aperitif im Sommer auf der traumhaften Terrasse - herrlich die Bergkulisse bei Sonnenuntergang!

→ Jakobsmuscheln, Quinoa und Avocado. Chiemgauer Färse, grober Senf, Röstzwiebeln, Wirsing. Käsekuchen mal anders.

3'60° – Hotel InterContinental Berchtesgaden Resort

Hintereck 1 ✉ 83471 Berchtesgaden – ✆ (08652) 9 75 50 – www.berchtesgaden.intercontinental.com

Menü 47 € – Karte 43/81 €

In atemberaubender Lage bietet das 3'60° eine Panoramaaussicht, die Gänsehaut-Feeling erzeugt. Das Ambiente hier ist modern, die Küche international.

BERGEN – Mecklenburg-Vorpommern → Siehe Rügen (Insel)

BERGHAUPTEN – Baden-Württemberg → Siehe Gengenbach

BERGHEIM

Nordrhein-Westfalen – 61 670 Ew. – Höhe 70 m – Siehe Regionalatlas **35**-B12

Berlin 590 km – Düsseldorf 56 km – Aachen 58 km – Bonn 53 km

Michelin Straßenkarte 543

Ambiente garni

Kirchstr. 54 ✉ 50126 – ✆ (02271) 4 99 40 – www.ambiente-hotel-bergheim.de

16 Zim – †67/81 € ††90/136 €, ☕ 10 €

Das kleine Hotel mit den soliden, hell eingerichteten Zimmern und gutem Frühstücksbuffet befindet sich in einem Wohn- und Bürogebäude. Vorteil für Sie: Die Tiefgarage ist im Preis inbegriffen!

BERGHÜLEN – Baden-Württemberg → Siehe Merklingen

BERGISCH GLADBACH

Nordrhein-Westfalen – 105 840 Ew. – Höhe 100 m – Siehe Regionalatlas **36**-C12

Berlin 571 km – Düsseldorf 46 km – Bonn 40 km – Köln 17 km

Michelin Straßenkarte 543

Althoff Schlosshotel Lerbach

Lerbacher Weg ✉ 51465 – ✆ (02202) 20 40 – www.schlosshotel-lerbach.com – geschl. Anfang Januar 2 Wochen Stadtplan : B1**a**

39 Zim – †165/265 € ††185/325 €, ☕ 28 € – 13 Suiten – ½ P

Rest *Gourmetrestaurant Lerbach* ✿✿

Rest *Coq au vin* – siehe Restaurantauswahl

Das traumhafte herrschaftliche Anwesen steht für individuellen Charme, den jeder der wohnlichen, klassisch-stilvollen Räume versprüht - 360°-Blick vom Turmzimmer! Ein wunderschöner Park umgibt das schmucke historische Gebäude, schön der kleine See. Auch Kosmetik und Massage werden angeboten.

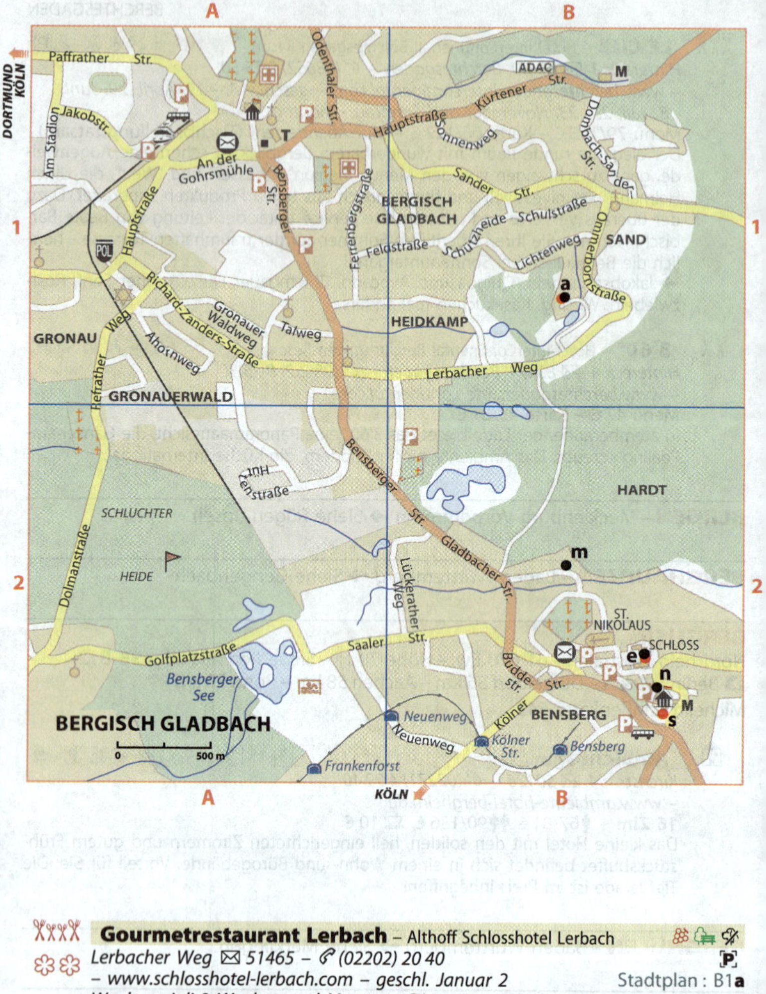

XXXX Gourmetrestaurant Lerbach – Althoff Schlosshotel Lerbach

✿✿ *Lerbacher Weg ✉ 51465 – ✆ (02202) 20 40*
– www.schlosshotel-lerbach.com – geschl. Januar 2 Wochen, Juli 3 Wochen und Montag - Dienstag
Stadtplan : B1**a**

Menü 60 € (mittags)/185 € – Karte 92/124 € – (Tischbestellung ratsam)

Exaktheit, Ausdruck, Präsentation... all das findet bei Nils Henkel seine gelungene Umsetzung - so manche Zutat dafür stammt übrigens aus dem eigenen Kräutergarten. Getreu dem Motto "Pure Nature" ist das Produkt das A und O. Noch mehr Genuss: Vom lichten, eleganten Wintergarten schaut man in den schönen Park.

➜ Bretonischer Hummer, confierte Melone, Erbsen, Zitronenverveine. Reh aus der Eifel, Lorbeerjus, Topinambur, grüne Mandeln. Kirschen, Macaeschokolade, Eberraute, Kürbiskerne.

XX Coq au vin – Schlosshotel Lerbach

Lerbacher Weg ✉ 51465 – ✆ (02202) 20 40
Stadtplan : B1**a**
– www.schlosshotel-lerbach.com – geschl. Anfang Januar 2 Wochen

Menü 28 € (mittags)/73 € – Karte 45/73 €

Elegante Brasserie-Atmosphäre, dazu eine authentische französische Küche, die aus frischen Produkten sorgfältig zubereitet wird. Im Sommer speist man auch auf der Terrasse mit Blick zum Park.

In Bergisch Gladbach-Bensberg

Althoff Grandhotel Schloss Bensberg

Kadettenstraße ✉ 51429 – ✆ (02204) 4 20 – www.schlossbensberg.com Stadtplan : B2**e**

86 Zim – 🚹175/510 € 🚹🚹205/540 €, ☕ 29 € – 34 Suiten

Rest *Vendôme* ✿✿✿ **Rest *Trattoria Enoteca*** – siehe Restaurantauswahl

Ein imposantes jahrhundertealtes Schloss als wunderschöner klassischer Rahmen für edles Interieur und professionellen Service. Fantastisch die exponierte Lage über Köln mit Blick auf den Dom. Auch eine tolle Kulisse für eine Hochzeit!

Waldhotel Mangold (mit Gästehaus)

Am Milchbornbach 39 ✉ 51429 – ✆ (02204) 9 55 50 – www.waldhotel.de – geschl. 1. - 9. Januar Stadtplan : B2**m**

23 Zim ☕ – 🚹110/180 € 🚹🚹175/225 € – ½ P

Rest *Waldstuben* – Menü 30 € (mittags)/60 € – Karte 40/64 € – *(geschl. Sonntag - Montag) (Dienstag - Donnerstag nur Abendessen)*

Ruhig liegt das gut geführte Landhotel am Waldrand unterhalb des Schlosses, Wanderwege hat man praktisch gleich vor der Tür! Fragen Sie nach den neueren Zimmern! Zum Haus gehört ein sehr gepflegter Garten und ein elegant-rustikales Restaurant - hier gibt es freitags traditionelle Klassiker.

Malerwinkel garni

Burggraben 6, (am Rathaus) ✉ 51429 – ✆ (02204) 9 50 40 – www.malerwinkel-hotel.de Stadtplan : B2**n**

34 Zim ☕ – 🚹98/149 € 🚹🚹169/249 € – 1 Suite

Das hübsche Ensemble aus Stammhaus, "Musikschule" und "Künstlerhaus" wird angenehm persönlich geleitet und besticht durch liebenswerte Einrichtung. Sie frühstücken im lichten Wintergarten (interessant die Glasdecke über dem gut bestückten Buffet!) und entspannen im idyllischen begrünten Innenhof.

Vendôme – Althoff Grandhotel Schloss Bensberg

✿✿✿

Kadettenstraße ✉ 51429 – ✆ (02204) 4 20 – www.schlossbensberg.com – geschl. 9. - 26. Februar, 20. Juli - 12. August und Montag - Mittwochmittag Stadtplan : B2**e**

Menü 120 € (mittags)/248 € – Karte 118/177 € – (Tischbestellung ratsam)

Hier ist ein ganz Kreativer am Werk: Joachim Wissler. Was immer er auf den Teller bringt, ist stimmig, filigran und intensiv, der Eigengeschmack jeder Komponente - natürlich nur beste Produkte - wird aufs Trefflichste betont. Dem Niveau der Küche wird auch die Servicebrigade gerecht.

➜ Gänseleber roh mariniert, Zartbitterschokolade, Rote Bete, Popcornschaum. Bretonischer Glattbutt, Eisbeinbutter, Artischocken und Gillardeau Auster. Perlhuhn aus der Bresse, Gemüsecassoulet, gegrillter Kopfsalat.

Das Fachwerkhaus

Burggraben 37 ✉ 51429 – ✆ (02204) 5 49 11 – www.dasfachwerkhaus.de – geschl. Montag - Dienstagmittag Stadtplan : B2**s**

Menü 39 € (mittags) – Karte 48/63 € – (Tischbestellung ratsam)

Das nette historische Haus hat auch im Inneren seinen charmant-rustikalen Charakter bewahrt. Die Gastgeber sind sehr herzlich und familiär, gekocht wird schmackhaft und mit regionalem Einfluss.

Trattoria Enoteca – Althoff Grandhotel Schloss Bensberg

Kadettenstraße ✉ 51429 – ✆ (02204) 4 20 – www.schlossbensberg.com Stadtplan : B2**e**

Menü 50/80 € – Karte 48/67 €

Italienische Küche in geschmackvoller gemütlicher Atmosphäre mit mediterraner Note. Im romantischen Innenhof mit hübsch bewachsenen Natursteinmauern befindet sich die Terrasse.

In Bergisch Gladbach-Herrenstrunden über Kürtener Straße Stadtplan B1: 2,5 km

Dröppelminna
Herrenstrunden 3 ✉ 51465 – ✆ (02202) 3 25 28 – www.restaurant-droeppelminna.de – geschl. Januar 1 Woche, über Karneval 2 Wochen, August 3 Wochen und Montag - Dienstag
Menü 38/48 € – Karte 34/55 € – *(nur Abendessen, sonntags auch Mittagessen)* (Tischbestellung ratsam)
In dem kleinen Fachwerkhaus sorgen allerlei liebevolle Details für Gemütlichkeit. Gerne sitzen die Gäste hier bei international beeinflusster französischer Küche - am Wochenende können Sie zwischen zwei Menüs wählen. Hübsche Terrasse.

In Bergisch Gladbach-Refrath über Dollmannstraße Stadtplan : A2

Brehms Kult Ⓝ
Wickenpfädchen 9 ✉ 51427 – ✆ (02204) 96 46 27 – www.brehm-cgn.de – geschl. Sonntag - Montag
Menü 45 € – Karte 35/74 €
Markus Brehm hat hier ein hübsches modernes Restaurant, in dem er international kocht. Die kleine Karte wechselt häufig, je nach Verfügbarkeit der guten, frischen Produkte. Tipp: das günstige 3-gängige Mittagsmenü.

BERGKIRCHEN – Bayern ➜ Siehe Dachau

BERGLEN – Baden-Württemberg ➜ Siehe Winnenden

BERGNEUSTADT

Nordrhein-Westfalen – 19 540 Ew. – Höhe 240 m – Siehe Regionalatlas **36-D12**
▶ Berlin 558 km – Düsseldorf 89 km – Köln 57 km – Olpe 20 km
Michelin Straßenkarte 543

In Bergneustadt-Niederrengse Nord-Ost: 7 km über B 55, in Pernze links

Rengser Mühle mit Zim — Rest,
Niederrengse 4 ✉ 51702 – ✆ (02763) 9 14 50 – www.rengser-muehle.de – geschl. Montag - Dienstag
4 Zim – †65/75 € ††95/105 € – ½ P
Menü 20 € (mittags)/54 € – Karte 27/56 €
In der 6. Generation betreibt Familie Vormstein das schön gelegene Haus mit heimeligen Stuben. Bürgerliche Küche mit regionalem Einfluss, Bergische Kaffeetafel auf Vorbestellung.

BERGZABERN, BAD

Rheinland-Pfalz – 7 640 Ew. – Höhe 170 m – Siehe Regionalatlas **54-E17**
▶ Berlin 683 km – Mainz 127 km – Karlsruhe 39 km – Landau/Pfalz 15 km
Michelin Straßenkarte 543

Schlosshotel Bergzaberner Hof — Zim, Rest,
Königstr. 55 ✉ 76887 – ✆ (06343) 93 65 90 – www.bergzaberner-hof.de – geschl. 5. - 9. Januar
20 Zim – †105/125 € ††165/185 € – 1 Suite – ½ P
Rest *Walram* – Karte 32/54 € – *(geschl. 5. - 19. Januar und Sonntag - Montag) (nur Abendessen)*
Das schöne historische Haus ist ein dreiflügeliges Anwesen neben dem Schloss. In den Zimmern wertige moderne Möbel und hübsche Stoffe, unterm Dach z. T. restauriertes Gebälk. Gastronomisch wählt man zwischen dem Restaurant "Walram" mit gehobener Pfälzer Landküche und dem legeren "Marktstübchen" mit Bar.

BERLEBURG, BAD

Nordrhein-Westfalen – 19 610 Ew. – Höhe 420 m – Siehe Regionalatlas **37-F12**
▶ Berlin 494 km – Düsseldorf 174 km – Siegen 42 km – Meschede 56 km
Michelin Straßenkarte 543

Alte Schule

Goetheplatz 1 ✉ 57319 – ✆ (02751) 9 20 47 80 – www.hotel-alteschule.de
20 Zim – 59/100 € 130/150 € – ½ P
Rest – Menü 18/38 € – Karte 25/52 € – *(Montag - Freitag nur Abendessen)*
Ein geschmackvolles und elegantes kleines Hotel, das sich dem Thema Schule verschrieben hat. Individuelle Einrichtungsdetails, wertiges Mobiliar und freundlicher Service machen dieses Haus sehr angenehm. Das Restaurant in dem alten Schulraum ist behaglich gestaltet, die Küche ist regional und international.

In Bad Berleburg-Wingeshausen West: 14 km

Weber mit Zim

Zim,

Inselweg 5 ✉ 57319 – ✆ (02759) 4 12 – www.landgasthof-weber.de
– geschl. Januar 1 Woche, Juli 2 Wochen, Montag - Mittwochmittag
4 Zim – 37/40 € 70/74 € – ½ P Menü 25/48 € – Karte 29/47 €
Freundlich und engagiert leitet Familie Weber das traditionsreiche schieferverkleidete Gasthaus mit gemütlichen Stuben und überwiegend regionaler Küche. Schöne Gartenterrasse.

BERLIN

3 501 880 Ew – Höhe 34 m – Siehe Regionalatlas **22** B2
Frankfurt/Oder 105 km – Hamburg 291 km – Hannover 287 km – Leipzig 193 km
Michelin Straßenkarte 545

Lorenz Adlon

Index

Pläne & Verzeichnis

→ Alphabetische Liste der Hotels
→ Alphabetical index of hotels

→ Alphabetische Liste der Restaurants
→ Alphabetical index of restaurants

BERLIN

BERLIN

→ Restaurants am Sonntag geöffnet
→ Restaurants open on Sunday

A
HAMBURG
ROSTOCK
B
GARTENSTADT FROHNAU
NIEDER-NEUENDORF
BERLINER FORST TEGEL
Hermsdorf
MÄRKIS VIERT
Alt-Heilligensee
Heiligensee
Havel
Sandhauser Str.
Heiligenseestr.
A 111 / E 26
Wittenau
Gorki-str.
Mirau-str.
Trift-str.
Villa Borsig
Velt-str.
KONRADSHÖHE
BERLINER
FORST
SPANDAU
Schönwalder Allee
TEGELER SEE
TEGELORT
Bernauer Str.
Wittestr.
Berlin Alt Reinickend
Dorfk
REINICKENDORF
Jörs-str.
Volkspark Jungfernheide
A 105
Flughafensee
Holländ
Müllerstraße
Radelandstraße
Streitstr.
Damm-str.
BERLIN-TEGEL
Pionierstraße
Hohenzollernkanal
Seestr.
GARTENSTADT STAAKEN
Zitadelle
Falkenseer Damm
Jungfernheideteich
A 100
SPANDAU
Am Juliusturm
Nonnendammallee
Alte Spree
Spree
Brunsbütteler Damm
Hutten-str.
Turmstraß
Seeburger Str.
Charlottenburger Chaussee
Spandauer Damm
SCHLOSS CHARLOTTENBURG
Pichelsdorfer Str.
Olympia-stadion
Reichsstraße
Otto-Suhr-Allee
Alt-Str.
Heerstraße
Stößensee
Bismarckstr.
Str. des
Wilhelm-str.
Leibnizstr.
Uhland-str.
ZOO
Kantstr.
Heerstraße
WEINMEISTERHORN
MESSEGELÄNDE
A 115
Potsdamer Chaussee
Am Postfenn
120
Teufelsberg
Bundesallee
Schildhorn
BERLINER FORST GRUNEWALD
Gatow
Martin-Luther-
Hagenstr.
Grunewaldturm
GRUNEWALD
Grunewaldsee
Wiesbadener Str.
Rheinstr.
Kladower Damm
LINDWERDER
Brücke-Museum
Jesus Christus Kirche
Bergs
A 115 / E 51
Krumme Lanke
DAHLEM
Kladow
Onkel Toms Hütte
Unter den Eichen
Hindenburgdamm
Leonoren-str.
Argentinische Allee
Schlachtensee
Herz Jesu Kirche
Ringstr.
MEXIKOPL.
Mühlenstr.
Weg
LICHTERFELDE
Nikolassee
Großer Wannsee
ZEHLENDORF
WANNSEE
Teltower Damm
Dahlemer
Goerzallee
Hildburghau. Str.
Königstraße
Potsdamer Chaussee
Lilienthalp
BERLINER FORST DÜPPEL
KLEINMACHNOW
Lichterfelder Allee
HAMBURG LÜBECK
POTSDAM
SACROW
POTSDAM
HALLE
LEIPZIG
A
B
1
2
3

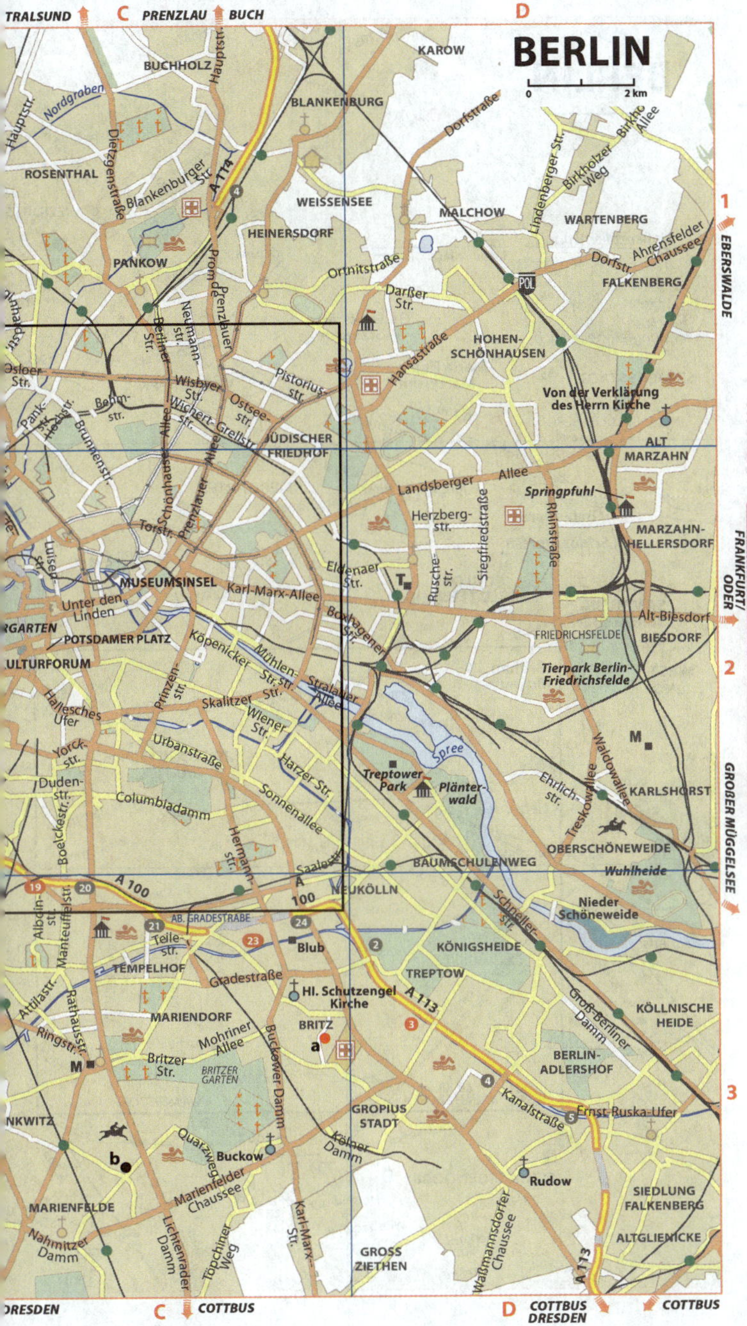
BERLIN
0
2 km
TRALSUND
C
PRENZLAU
BUCH
D
KAROW
BUCHHOLZ
BLANKENBURG
ROSENTHAL
WEISSENSEE
MALCHOW
WARTENBERG
HEINERSDORF
PANKOW
FALKENBERG
HOHEN-SCHÖNHAUSEN
Von der Verklärung des Herrn Kirche
JÜDISCHER FRIEDHOF
ALT MARZAHN
Springpfuhl
MARZAHN-HELLERSDORF
MUSEUMSINSEL
Karl-Marx-Allee
Unter den Linden
POTSDAMER PLATZ
Alt-Biesdorf
BIESDORF
FRIEDRICHSFELDE
Tierpark Berlin-Friedrichsfelde
Spree
Treptower Park
Plänterwald
KARLSHORST
OBERSCHÖNEWEIDE
Wuhlheide
BAUMSCHULENWEG
NEUKÖLLN
Nieder Schöneweide
KÖNIGSHEIDE
TREPTOW
TEMPELHOF
Blub
Hl. Schutzengel Kirche
BRITZ
MARIENDORF
KÖLLNISCHE HEIDE
BERLIN-ADLERSHOF
BRITZER GARTEN
GROPIUS STADT
Ernst-Ruska-Ufer
Buckow
Rudow
SIEDLUNG FALKENBERG
MARIENFELDE
ALTGLIENICKE
GROSS ZIETHEN
DRESDEN
COTTBUS
COTTBUS DRESDEN
EBERSWALDE
FRANKFURT/ ODER
GROßER MÜGGELSEE
A 114
A 100
A 113

BERLIN

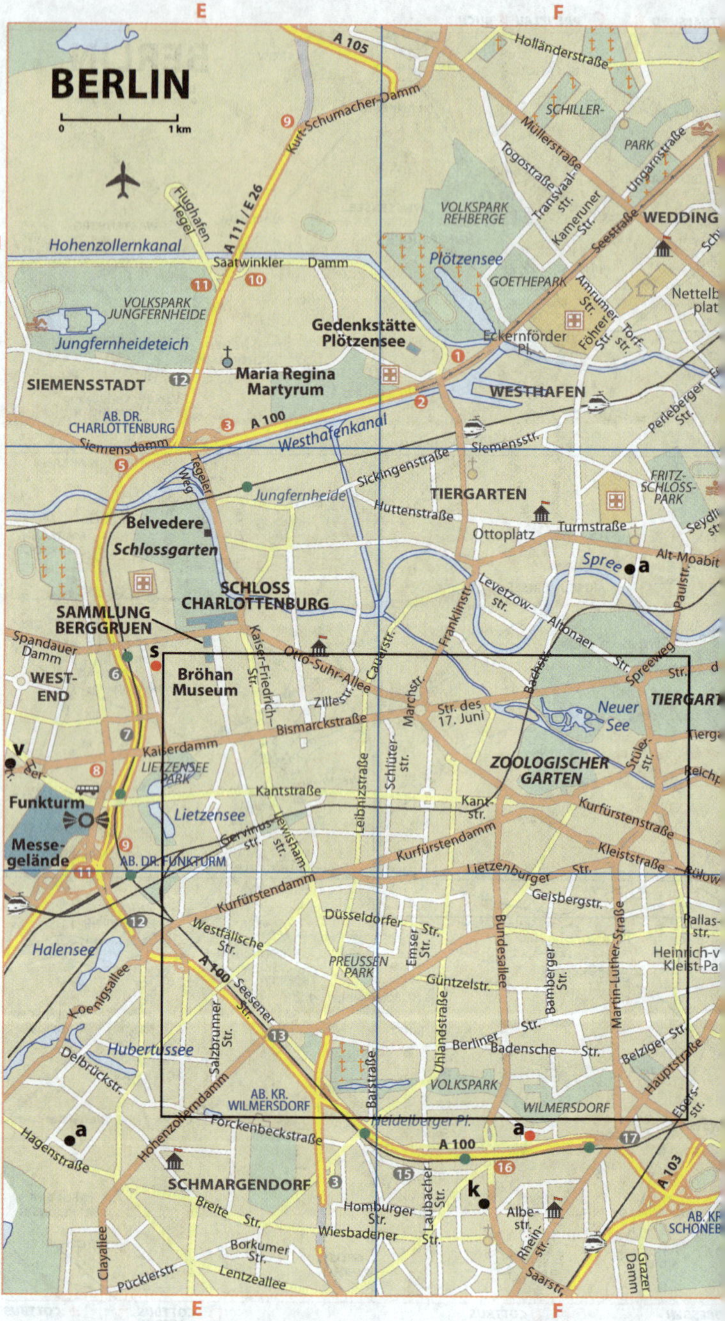
BERLIN
0
1 km
E
F
1
2
3
A 105
Holländerstraße
Kurt-Schumacher-Damm
SCHILLER-
PARK
Müllerstraße
Togostraße
Transvaal-str.
Kameruner Str.
Ungarnstraße
Seestraße
WEDDING
Flughafen Tegel
A 111/E 26
VOLKSPARK REHBERGE
Hohenzollernkanal
Saatwinkler Damm
Plötzensee
GOETHEPARK
Amrumer Str.
Föhrer Str.
Torf-str.
Nettelb plat
VOLKSPARK JUNGFERNHEIDE
Jungfernheideteich
Gedenkstätte Plötzensee
Eckernförder Pl.
Maria Regina Martyrum
SIEMENSSTADT
WESTHAFEN
Perleberger Str.
AB. DR. CHARLOTTENBURG
A 100
Westhafenkanal
Siemensdamm
Siemensstr.
Tegeler Weg
Sickingenstraße
FRITZ-SCHLOSS-PARK
Jungfernheide
TIERGARTEN
Huttenstraße
Belvedere
Turmstraße
Seydl str.
Schlossgarten
Ottoplatz
Spree
Alt-Moabit
SCHLOSS CHARLOTTENBURG
Levetzow-str.
Paulstr.
SAMMLUNG BERGGRUEN
Franklinstr.
Altonaer Str.
Spandauer Damm
Kaiser-Friedrich-Str.
Otto-Suhr-Allee
Cauerstr.
Bachstr.
Spreeweg
WEST-END
Bröhan Museum
Zillestr.
Marchstr.
Str. des 17. Juni
Neuer See
TIERGART
Bismarckstraße
Kaiserdamm
LIETZENSEE PARK
Leibnizstraße
Schlüter-str.
ZOOLOGISCHER GARTEN
Stüler-str.
Funkturm
Kantstraße
Kant-str.
Lietzensee
Kurfürstenstraße
Messe-gelände
Gervinus-str.
Lewishamstr.
Kurfürstendamm
Kleiststraße
AB. DR. FUNKTURM
Lietzenburger Str.
Bülow
Geisbergstr.
Düsseldorfer Str.
Westfälische Str.
Pallas-str.
Halensee
PREUSSEN PARK
Emser Str.
Bundesallee
Martin-Luther-Straße
Heinrich-v Kleist-Pa
A 100
Güntzelstr.
Bamberger Str.
Koenigsallee
Seesener Str.
Salzbrunner Str.
Berliner Str.
Badensche Str.
Belziger Str.
Hubertussee
Uhlandstraße
Hauptstraße
Delbrückstr.
Barstraße
VOLKSPARK
AB. KR. WILMERSDORF
WILMERSDORF
Ebers-str.
Hohenzollerndamm
Heidelberger Pl.
Forckenbeckstraße
Hagenstraße
A 100
A 103
SCHMARGENDORF
Alber-str.
AB. KR SCHÖNEB
Breite Str.
Homburger Str.
Laubacher Str.
Rhein-str.
Wiesbadener Str.
Borkumer Str.
Clayallee
Grazer Damm
Pücklerstr.
Lentzeallee
Saarstr.
E
F

G
H
1
2
3
PANKOW
WEISSENSEE
Gesundbrunnen
VOLKSPARK HUMBOLDTHAIN
Schönhauser Allee
ERNST-THÄLMANN-PARK
Fröbelplatz
EUROPA-SPORT-PARK BERLIN
Volkspark Friedrichshain
MONBIJOU-PARK
Alexanderplatz
Pl. der Republik
Unter den Linden
Brandenburger Tor
FRANKFURTER TOR
WALDECK-PARK
Berlin-Museum
TEMPODROM
Ida-Wolff-Platz
JÜDISCHES MUSEUM
Deutsches Technikmuseum
KREUZBERG
Landwehrkanal
TREPTOW
VOLKSPARK HASENHEIDE
Platz der Luftbrücke
NEUKÖLLN
Bornholmer Str.
Wisbyer Str.
Langhansstraße
Ostseestraße
Berliner Allee
Gleimstraße
Raumerstr.
Danziger Str.
Storkower Str.
Invalidenstraße
Torstraße
Chausseestraße
Friedrichstr.
Leipziger Str.
Karl-Marx-Allee
Landsberger Allee
Holzmarktstraße
Köpenicker Str.
Mühlenstraße
Warschauer Str.
Skalitzer Str.
Gneisenaustraße
Mehringdamm
Tempelhofer Damm
Hermannstraße
Sonnenallee
Dudenstraße
Yorckstr.
Blücherstr.
Oranienstr.
Silbersteinstraße
A 100
k
b
a
n
r
c
v
m
d
u

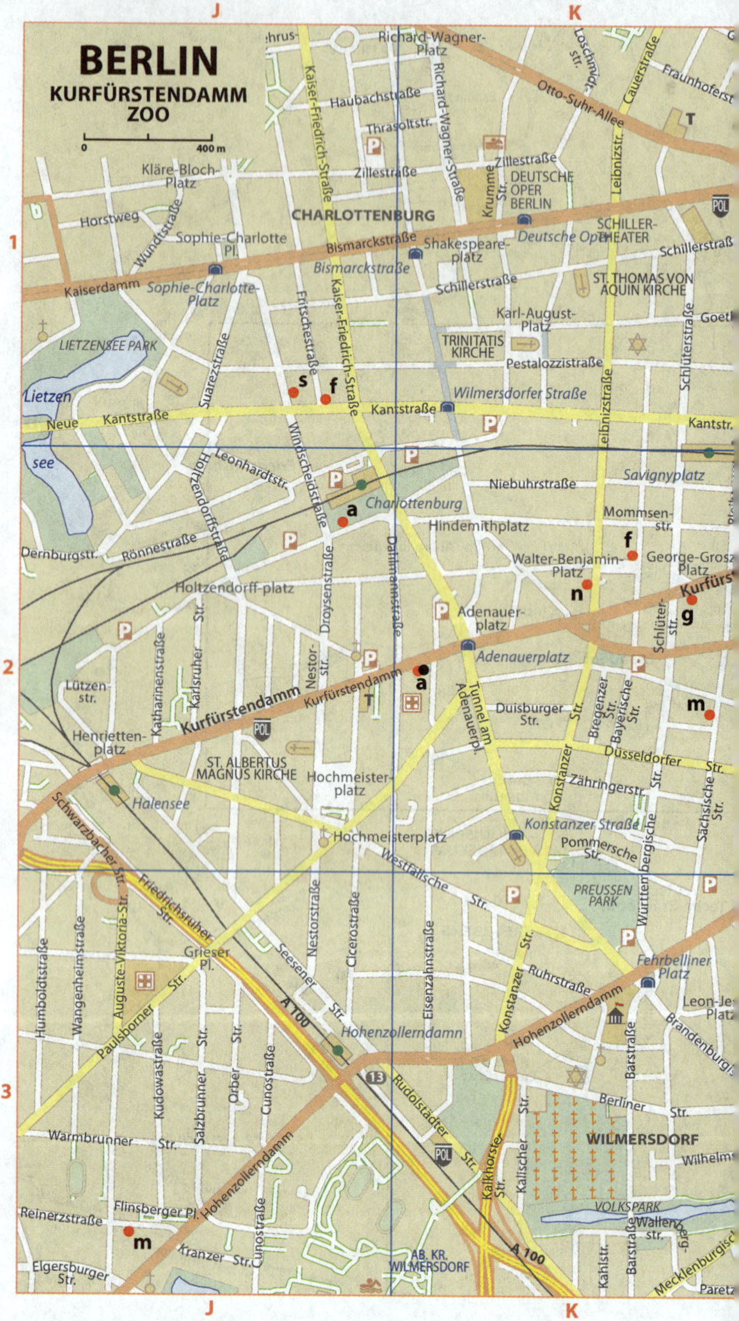
BERLIN
KURFÜRSTENDAMM
ZOO
0
400 m
J
K
1
2
3
Richard-Wagner-Platz
Haubachstraße
Thrasoltstr.
Zillestraße
Kaiser-Friedrich-Straße
Richard-Wagner-Straße
Loschmidtstr.
Otto-Suhr-Allee
Cauerstraße
Fraunhoferstr.
Leibnizstr.
Krumme Str.
DEUTSCHE OPER BERLIN
Deutsche Oper
SCHILLER-THEATER
Schillerstraße
Kläre-Bloch-Platz
Horstweg
Wundtstraße
Sophie-Charlotte Pl.
CHARLOTTENBURG
Bismarckstraße
Shakespeare-platz
Kaiserdamm
Sophie-Charlotte-Platz
Fritschestraße
ST. THOMAS VON AQUIN KIRCHE
Karl-August-Platz
TRINITATIS KIRCHE
Pestalozzistraße
Schlüterstraße
LIETZENSEE PARK
Lietzensee
Suarezstraße
Wilmersdorfer Straße
Neue Kantstraße
Kantstraße
Kantstr.
Leonhardtstr.
Holtzendorffstraße
Windscheidstraße
Niebuhrstraße
Savignyplatz
Charlottenburg
Mommsenstr.
Hindemithplatz
Dernburgstr.
Rönnestraße
Droysenstraße
Dahlmannstraße
Walter-Benjamin-Platz
George-Grosz-Platz
Holtzendorff-platz
Adenauerplatz
Kurfürstendamm
Schlüterstr.
Nestorstr.
Katharinenstraße
Karlsruher Str.
Lützenstr.
Tunnel am Adenauerpl.
Duisburger Str.
Konstanzer Str.
Bregenzer Str.
Bayerische Str.
Henriettenplatz
Düsseldorfer Str.
ST. ALBERTUS MAGNUS KIRCHE
Hochmeisterplatz
Zähringerstr.
Sächsische Str.
Halensee
Konstanzer Straße
Pommersche Str.
Württembergische Str.
Schwarzbacher Str.
Westfälische Str.
Friedrichsruher Str.
PREUSSEN PARK
Humboldtstraße
Wangenheimstraße
Auguste-Viktoria-Str.
Grieser Pl.
Seesener Str.
Nestorstraße
Ciceroststraße
Eisenzahnstraße
Fehrbelliner Platz
Ruhrstraße
Leon-Jessel-Platz
Brandenburgische
Paulsborner Str.
A 100
Hohenzollerndamm
Kudowastraße
Salzbrunner Str.
Orber Str.
Cunostraße
13
Rudolstädter Str.
Barstraße
Berliner Str.
Warmbrunner Str.
WILMERSDORF
Wilhelmsaue
Kalkhorster Str.
Kalischer Str.
Reinerzstraße
Flinsberger Pl.
VOLKSPARK
Wallenbergstr.
Kranzer Str.
Elgersburger Str.
AB. KR. WILMERSDORF
Kahlstr.
Mecklenburgische
Paretzer
POL
P
T
s
f
a
n
g
m

L
M
1
2
3
Siegessäule
TIERGARTEN
Tiergarten
Str. des 17. Juni
TECHNISCHE UNIVERSITÄT
CHARLOTTENBURGER TOR
Salzufer
Bachstraße
Müller-Breslau-Str.
Landwehrkanal
Hofjägerallee
Ernst-Reuter-Pl.
Ernst-Reuter-Platz
TECHNISCHE UNIVERSITÄT
Fasanenstraße
ZOOLOGISCHER GARTEN
Rauchstr.
Stülerstraße
Klingelhöferstr.
Bauhaus-Archiv
Corneliusstraße
Lützowufer
Steinplatz
Carmerstraße
Kaiser-Wilhelm-Gedächtniskirche
Aquarium
Olof-Palme-Platz
Keithstraße
Lützowplatz
THEATER DES WESTENS
Zoologischer Garten
Kantstraße
Savignyplatz
Europa Center
Kurfürstenstraße
Schillstr.
Kurfürstendamm
Wittenbergplatz
Wittenbergplatz
An der Urania
Courbierestr.
Ahornstr.
Maienstr.
Einemstr.
Kielganstr.
Kleiststraße
Uhlandstraße
Käthe-Kollwitz-Museum
Eislebener Str.
Augsburger Straße
Kalckreuthstr.
Nollendorfplatz
Rankeplatz
Schaperstr.
Fuggerstraße
Motzstraße
Nollendorfstr.
Fasanenstr.
BUNDESHAUS
Nürnberger Pl.
Ettaler Str.
Ansbacher Str.
Geisbergstraße
Winterfeldtplatz
Ludwigkirchplatz
Pariser Str.
Spichernstraße
Grainauer Str.
Bamberger Str.
Viktoria-Luise-Platz
VIKTORIA-LUISE-PLATZ
ST. MATTHIAS KIRCHE
Luitpoldstr.
Hohenstaufenstraße
Hohenstaufenstraße
Uhlandstraße
Bundesallee
Prager Str.
Motzstraße
Starnberger Str.
Eisenacher Str.
Kyffhäuserstr.
Goltzstraße
Hohenzollernplatz
Barbarossastraße
Barbarossastr.
Trautenaustr.
Güntzelstraße
ADAC
Berchtesgadener Str.
Martin-Luther-Straße
Freisinger Str.
Güntzelstraße
Landhausstraße
Prinzregentenstr.
Helmstedter Str.
Jenaer Str.
Bamberger Str.
Stübbenstr.
Eisenacher Straße
KIRCHE ZUM HL. KREUZ
Bayerischer Pl.
SCHÖNEBERG
Bayerischer Platz
Wartburgplatz
Ludwig-Kirchplatz
Uhlandstraße
Innsbrucker Str.
Gothaer Str.
Eisenacher Str.
Berliner Str.
Berliner Straße
Wartburgstr.
Nordsternplatz
Badensche Str.
Blissestraße
Hauptstraße
Albertstr.
Wilhelmsaue
AUEN KIRCHE
Waghäuseler Str.
Kufsteiner Str.
VOLKSPARK
Rathaus Schöneberg
ST. NORBERT-KIRCHE
HEILIG-KREUZ-KIRCHE
Bundesallee
Hauptstr.
Dominicusstr.
Ebersstr.
WILMERSDORF
Uhlandstraße
Kurfürstendamm
POL
P

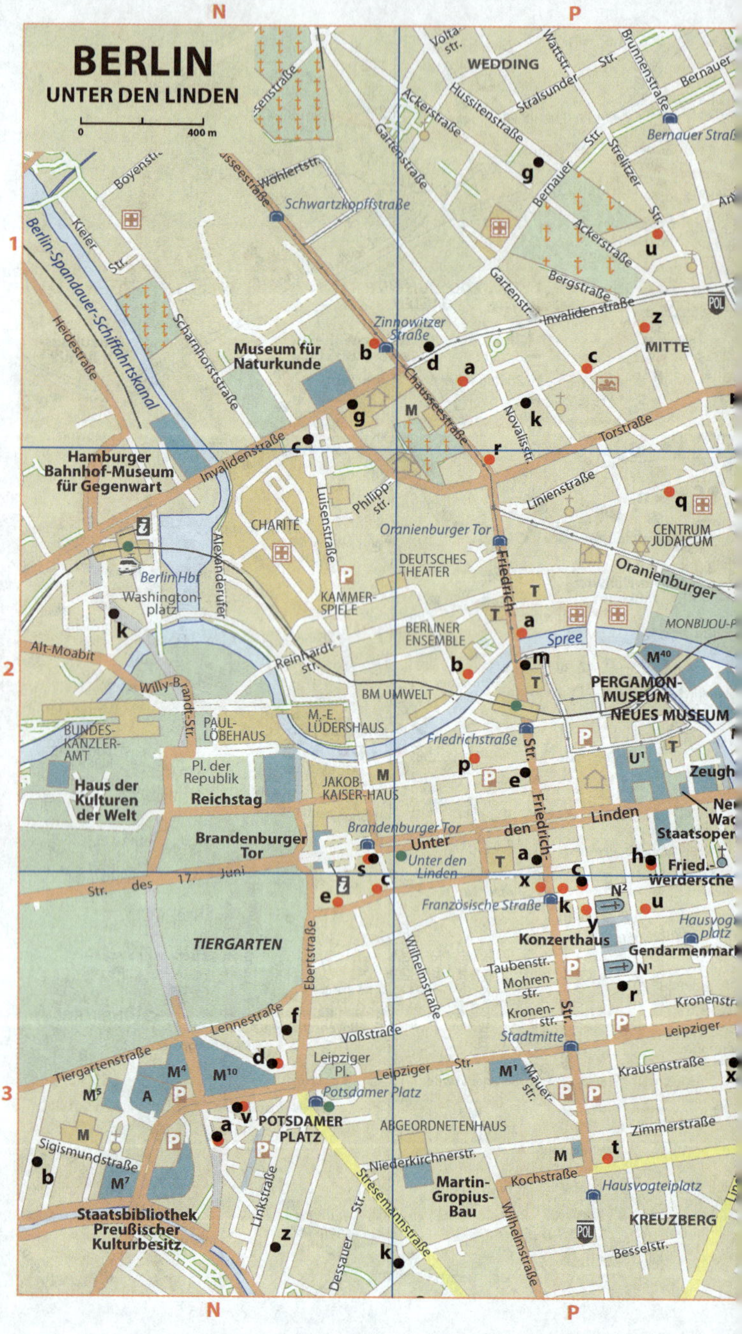
N
P
BERLIN
UNTER DEN LINDEN
0
400 m
1
2
3
WEDDING
MITTE
KREUZBERG
TIERGARTEN
Museum für Naturkunde
Hamburger Bahnhof-Museum für Gegenwart
CHARITÉ
DEUTSCHES THEATER
KAMMER-SPIELE
BERLINER ENSEMBLE
CENTRUM JUDAICUM
MONBIJOU-P
PERGAMON-MUSEUM
NEUES MUSEUM
BM UMWELT
M.-E. LÜDERSHAUS
PAUL-LÖBEHAUS
BUNDES-KANZLER-AMT
Haus der Kulturen der Welt
Pl. der Republik
Reichstag
JAKOB-KAISER-HAUS
Brandenburger Tor
Zeugh
Neue Wac
Staatsoper
Fried.-Werdersche
Konzerthaus
Gendarmenmark
POTSDAMER PLATZ
Leipziger Pl.
ABGEORDNETENHAUS
Martin-Gropius-Bau
Staatsbibliothek Preußischer Kulturbesitz
Berlin-Spandauer-Schiffahrtskanal
Spree
Berlin Hbf
Washington-platz
Schwartzkopffstraße
Zinnowitzer Straße
Oranienburger Tor
Friedrichstraße
Brandenburger Tor
Unter den Linden
Französische Straße
Hausvogteiplatz
Stadtmitte
Potsdamer Platz
Bernauer Straß
Volta-str.
Wattstr.
Brunnenstraße
Bernauer
Stralsunder
Str.
Ackerstraße
Hussitenstraße
Gartenstraße
Bernauer Str.
Strelitzer Str.
Bergstraße
Gartenstr.
Invalidenstraße
Boyenstr.
Wöhlertstr.
Kieler Str.
Heidestraße
Scharnhorststraße
Chausseestraße
Novalisstr.
Torstraße
Linienstraße
Philipp-str.
Luisenstraße
Alexanderufer
Friedrich-Str.
Oranienburger
Reinhardt-str.
Alt-Moabit
Willy-Brandt-Str.
Unter den Linden
Str. des 17. Juni
Ebertstraße
Wilhelmstraße
Taubenstr.
Mohren-str.
Kronen-str.
Kronenstr.
Leipziger
Krausenstraße
Mauer-str.
Zimmerstraße
Lennestraße
Voßstraße
Tiergartenstraße
Leipziger Str.
Sigismundstraße
Niederkirchnerstr.
Kochstraße
Stresemannstraße
Dessauer Str.
Linkstraße
Besselstr.
Wilhelmstraße
M
M1
M4
M5
M7
M10
M40
U1
N1
N2
A
T
P
POL

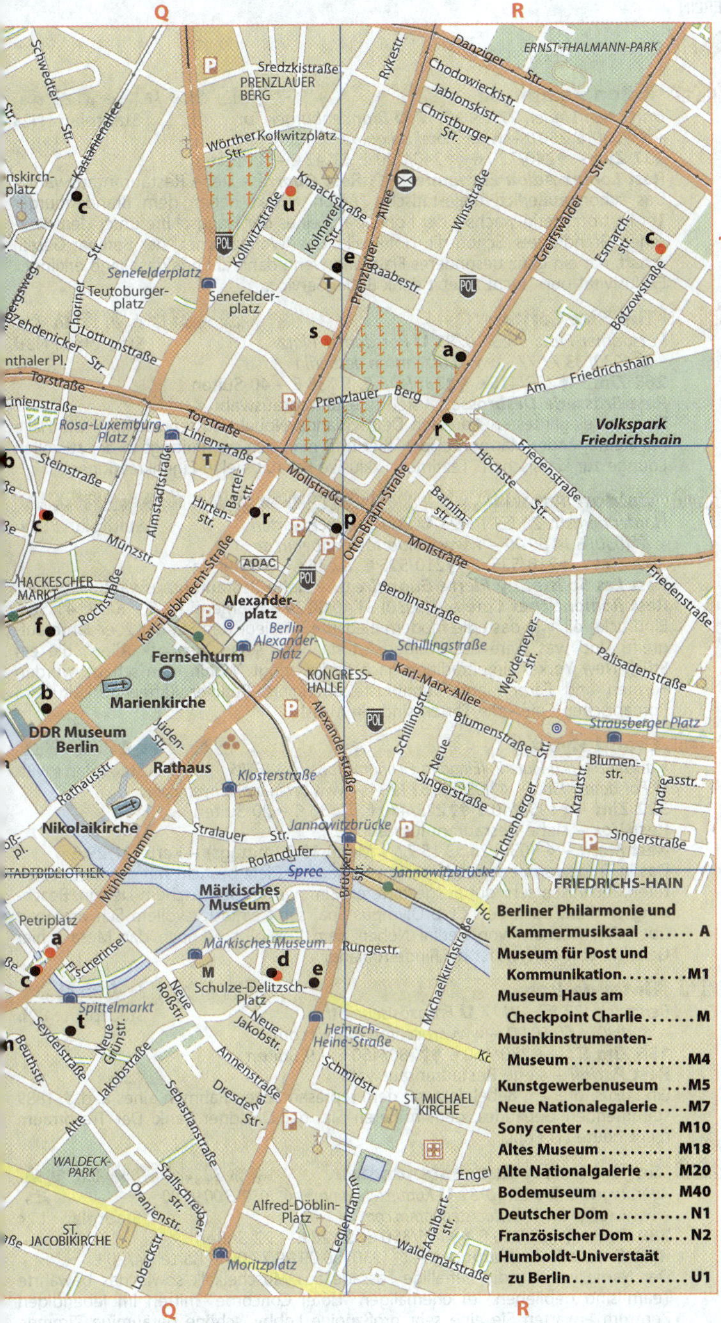
Q
R
ERNST-THÄLMANN-PARK
Danziger Str.
Chodowieckistr.
Jablonskistr.
Christburger Str.
Rykestr.
Sredzkistraße
PRENZLAUER BERG
Schwedter Str.
Kastanienallee
Wörther Str.
Kollwitzplatz
Knaackstraße
Kolmarer Str.
Prenzlauer Allee
Winsstraße
Greifswalder Str.
Esmarchstr.
Bötzowstraße
Kollwitzstraße
Senefelderplatz
Teutoburger-platz
Choriner Str.
Zehdenicker Str.
Lottumstraße
Raabestr.
Am Friedrichshain
Torstraße
Linienstraße
Rosa-Luxemburg-Platz
Prenzlauer Berg
Volkspark Friedrichshain
Steinstraße
Almstadtstraße
Hirtenstr.
Bartelstr.
Mollstraße
Otto-Braun-Straße
Barnimstr.
Höchste Str.
Friedenstraße
Münzstr.
ADAC
HACKESCHER MARKT
Rochstraße
Karl-Liebknecht-Straße
Alexanderplatz
Berlin Alexanderplatz
Berolinastraße
Schillingstraße
Weydemeyerstr.
Palisadenstraße
Fernsehturm
Marienkirche
KONGRESS-HALLE
Karl-Marx-Allee
Alexanderstraße
Blumenstraße
Strausberger Platz
DDR Museum Berlin
Jüdenstr.
Rathaus
Rathausstr.
Klosterstraße
Schillingstr.
Neue Singerstraße
Lichtenberger Str.
Krautstr.
Blumenstr.
Andreasstr.
Singerstraße
Nikolaikirche
Stralauer Str.
Jannowitzbrücke
Rolandufer
Brückenstr.
Spree
STADTBIBLIOTHEK
Mühlendamm
Märkisches Museum
FRIEDRICHS-HAIN
Petriplatz
Fischerinsel
Rungestr.
Schulze-Delitzsch-Platz
Neue Roßstr.
Neue Jakobstr.
Spittelmarkt
Seydelstraße
Neue Grünstr.
Jakobstraße
Beuthstr.
Heinrich-Heine-Straße
Michaelkirchstraße
Annenstraße
Dresdener Str.
Schmidstr.
ST. MICHAEL KIRCHE
Sebastianstraße
Alte Jakobstr.
WALDECK-PARK
Stallschreiberstr.
Oranienstr.
Alfred-Döblin-Platz
Legiendamm
Engel
Adalbertstr.
Waldemarstraße
ST. JACOBIKIRCHE
Lobeckstr.
Moritzplatz
1
2
3
Berliner Philarmonie und Kammermusiksaal .... A
Museum für Post und Kommunikation......... M1
Museum Haus am Checkpoint Charlie....... M
Musinkinstrumenten-Museum............... M4
Kunstgewerbenuseum ... M5
Neue Nationalegalerie.... M7
Sony center M10
Altes Museum.......... M18
Alte Nationalgalerie M20
Bodemuseum M40
Deutscher Dom N1
Französischer Dom N2
Humboldt-Universtaät zu Berlin............... U1

Hotels

Adlon Kempinski

Unter den Linden 77 ✉ *10117* **U** *Brandenburger Tor* – *(030) 2 26 10* – *www.hotel-adlon.de* — Stadtplan : N2**s**

337 Zim – 240/720 € 240/720 €, 42 € – 45 Suiten

Rest *Lorenz Adlon Esszimmer* ✿✿ **Rest *Quarré*** – siehe Restaurantauswahl

Das schon äußerlich majestätische "Adlon" direkt neben dem Brandenburger Tor ist trotz stetig wachsender Konkurrenz eines der Flaggschiffe unter den deutschen Grandhotels. Schon die Hotelhalle, das "Wohnzimmer" der Berliner Gesellschaft, hat ein ganz besonderes Flair, und wenn dann abends das Piano erklingt... Exklusivität pur - nicht zuletzt dank Butler-Service.

The Ritz-Carlton

Potsdamer Platz 3 ✉ *10785* **U** *Potsdamer Platz* – *(030) 33 77 77* – *www.ritzcarlton.de/berlin* — Stadtplan : N3**d**

263 Zim – 235/415 € 235/415 €, 38 € – 40 Suiten

Rest *Brasserie Desbrosses* – siehe Restaurantauswahl

Eine der elegantesten Adressen Deutschlands. Nobel und repräsentativ die Halle mit freitragender Marmortreppe - hier trifft man sich nachmittags in der stilvollen Lounge zur klassischen "Teatime". Exklusive Bar mit vielen Eigenkreationen.

Waldorf Astoria

Rest,

Hardenbergstr. 28 ✉ *10623* **U** *Zoologischer Garten* – *(030) 8 14 00 00* – *www.waldorfastoriaberlin.de* — Stadtplan : L1**w**

202 Zim – 210/525 € 210/525 €, 36 € – 30 Suiten

Rest *Les Solistes by Pierre Gagnaire* ✿ – siehe Restaurantauswahl

Rest *Romanisches Café* – (030) 81 40 00 24 60 – Menü 45 € – Karte 41/58 €

Eindrucksvoll, wie das edle modern-elegante Interieur den Stil der 20er Jahre aufgreift! Und was wäre das Waldorf-Astoria ohne seine "Peacock Alley", die ein Stück New Yorker Hoteltradition nach Berlin bringt. Wohin man schaut, wurden Formen und Farben aufs Stimmigste arrangiert. Berliner Kaffeehauskultur im Romanischen Café - die Torten sind ein Muss!

Grand Hyatt

Marlene-Dietrich-Platz 2, (Eingang Eichhornstraße) ✉ *10785* **U** *Potsdamer Platz* – *(030) 25 53 12 34* – *www.berlin.grand.hyatt.com* — Stadtplan : N3**a**

322 Zim – 195/440 € 225/470 €, 36 € – 20 Suiten

Rest *Vox* – siehe Restaurantauswahl

Rest *Mesa* – (030) 25 53 15 72 – Menü 19 € (mittags) – Karte 21/29 €

Das in Trapezform erbaute Hotel am Potsdamer Platz besticht mit modern gestalteten, technisch sehr gut ausgestatteten Zimmern in puristischem Design. Beachtung verdient auch der "Club Olympus Spa" samt eindrucksvollem Schwimmbad über den Dächern von Berlin! Neben dem Vox gibt es noch das Mesa - hier Gerichte von Currywurst bis Rinderroulade.

Hotel de Rome

Behrenstr. 37 ✉ *10117* **U** *Französische Str.* – *(030) 4 60 60 90* – *www.roccofortehotels.com* — Stadtplan : P2**h**

136 Zim – 280/460 € 280/460 € – 9 Suiten

Rest *Parioli* – siehe Restaurantauswahl

Ein Luxushotel am Bebelplatz mit dem repräsentativen Rahmen eines a. d. J. 1889 stammenden Gebäudes, dem früheren Sitz der Dresdner Bank. Der Tresorraum dient heute als Pool.

Sofitel Berlin Kurfürstendamm

Zim,

Augsburger Str. 41 ✉ *10789* **U** *Kurfürstendamm* – *(030) 8 00 99 90* – *www.sofitel-berlin-kurfuerstendamm.com* — Stadtplan : L2**c**

289 Zim – 145/350 € 145/350 €, 28 € – 22 Suiten

Rest *Brasserie Le Faubourg* – (030) 80 09 99 77 00 – Karte 44/70 €

Der Name ist neu, die auffällige Fassade aus Muschelkalk sowie das bewährte Team sind geblieben. Im ehemaligen "Hotel Concorde" mitten im lebendigen Zentrum erwarten Sie eine sehr großzügige Lobby, schöne geräumige Zimmer, viel Kunst... Typisch französische Bistroküche in der Brasserie.

Regent

Charlottenstr. 49 ✉ *10117* **U** *Französische Str.* Stadtplan : P3**c**
– ✆ *(030) 2 03 38* – *www.regenthotels.com/berlin*
156 Zim – 245/495 € 245/495 €, 35 € – 39 Suiten
Rest *Fischers Fritz* – siehe Restaurantauswahl
Hier erwartet der Gast erstklassigen Service und dieser Anspruch wird erfüllt! Eine schöne Gepflogenheit ist die "Teatime" - englisch, russisch oder sächsisch (eine selbst kreierte Mischung!), stilgerecht in der eleganten Lounge und nur von Meissener Porzellan.

Palace

Budapester Str. 45 ✉ *10787* **U** *Zoologischer Garten* Stadtplan : M1**k**
– ✆ *(030) 2 50 20* – *www.palace.de*
259 Zim – 135/495 € 155/495 €, 26 € – 19 Suiten
Rest *First Floor* – siehe Restaurantauswahl
Rest *Sam's Diner* – Menü 38/48 € – Karte 41/48 € – *(nur Abendessen)*
Das luxuriöse Hotel am Europa-Center bietet eine große Lobby, aufmerksamen Service und Zimmer in klassischem oder modernem Stil sowie noble Suiten. Dazu kommt ein mediterraner Spa auf 800 qm. In Sam's Diner trifft man sich auf einen Cocktail oder wählt von der internationalen Speisekarte.

InterContinental

Budapester Str. 2 ✉ *10787* **U** *Wittenbergplatz* Stadtplan : M1**a**
– ✆ *(030) 2 60 20* – *www.berlin.intercontinental.com*
545 Zim – 135/199 € 135/199 €, 32 € – 13 Suiten
Rest *Hugos* – siehe Restaurantauswahl
Rest *L.A. Cafe* – Menü 40 € – Karte 29/74 €
Großzügig und hochwertig sind die modern-eleganten und technisch top ausgestatteten Gästezimmer, der geschmackvolle Spa auf 1000 qm sowie der Tagungs- und Veranstaltungsbereich.

Kempinski Hotel Bristol

Kurfürstendamm 27 ✉ *10719* **U** *Uhlandstr.* Stadtplan : L2**n**
– ✆ *(030) 88 43 40* – *www.kempinski.com/berlinbristol*
336 Zim – 120/250 € 120/250 €, 27 € – 25 Suiten
Rest *Kempinski Grill* – siehe Restaurantauswahl
Rest *Reinhard's* – ✆ (030) 88 43 52 61 – Menü 52 € – Karte 40/70 €
Das markante Gebäude am Ku'damm ist ein echter Berliner Klassiker, der nun mit teilweise aufgefrischtem Interieur glänzt. Auch einige ältere Zimmer sind noch vorhanden. Reinhard's im netten Brasseriestil.

The Westin Grand

Friedrichstr. 158, (Eingang Behrenstraße) ✉ *10117* Stadtplan : P2**a**
U *Französische Str.* – ✆ *(030) 2 02 70*
– *www.westingrandberlin.com*
384 Zim – 140/590 € 140/590 €, 32 € – 16 Suiten
Rest *Relish* – ✆ (030) 20 27 31 77 – Menü 44/66 € – Karte 42/71 €
Klassisches Grandhotel mit beeindruckender Lobby und modernen Zimmern. Einige der Suiten sind stilvolle Themensuiten sowie Spa-Suiten. Highlight: Garten auf 3000 qm mitten in Berlin! Zeitgemäße internationale Küche bietet das Restaurant Relish.

Hilton

Mohrenstr. 30 ✉ *10117* **U** *Stadtmitte* – ✆ *(030) 20 23 00* Stadtplan : P3**r**
– *www.hilton.de/berlin*
585 Zim – 139/249 € 139/249 €, 32 € – 16 Suiten
Rest *Mark Brandenburg* – ✆ (030) 2 02 30 24 60 – Menü 18 € (mittags unter der Woche) – Karte 28/53 €
Das Stadthotel überzeugt mit einer repräsentativen Halle, dem guten Wellness- und Fitnessangebot sowie teilweise zum Gendarmenmarkt hin gelegenen Zimmern. Regionales Angebot im Mark Brandenburg.

BERLIN

Swissôtel

Augsburger Str. 44 ✉ *10789* **U** *Kurfürstendamm* Stadtplan : L2**k**
– ✆ *(030) 22 01 00* – *www.swissotel.com/berlin*
316 Zim – 🚹140/340 € 🚹🚹140/340 €, ☕ 23 €
Rest *44* – siehe Restaurantauswahl
Das Businesshotel ist typisch urban designt, verleugnet aber nicht seine Schweizer Herkunft. Das merkt man beim Frühstück und im Restaurant, aber auch an Pflegeprodukten, Kissenmenü... Von den meisten Zimmern schaut man auf den Ku'damm, ebenso vom Festsaal - der einzige in Berlin mit dieser Aussicht!

Marriott

Rest,

Inge-Beisheim-Platz 1 ✉ *10785* **U** *Potsdamer Platz* Stadtplan : N3**f**
– ✆ *(030) 22 00 00* – *www.berlinmarriott.de*
370 Zim ☕ – 🚹169 € 🚹🚹185 € – 9 Suiten
Rest – Karte 30/62 €
Die Halle dieses typisch amerikanischen Kettenhotels ist ein eindrucksvolles 40 m hohes Atrium. Die komfortablen und luxuriösen Zimmer sind ganz auf den Businessgast zugeschnitten. Wem der Sinn nach einem leckeren Steak steht, isst im "Midtown Grill" mit Showküche und beachtlicher Fenstefront.

The Mandala

Spa

Potsdamer Str. 3 ✉ *10785* **U** *Potsdamer Platz* Stadtplan : N3**v**
– ✆ *(030) 5 90 05 00 00* – *www.themandala.de*
131 Zim – 🚹170/270 € 🚹🚹170/270 €, ☕ 28 € – 26 Suiten
Rest *FACIL* ✿✿ – siehe Restaurantauswahl
Hotel am Potsdamer Platz gegenüber dem Sony-Center. Sehr geräumige, dezent luxuriös gestaltete Zimmer und Suiten sowie ein aparter, hochwertiger Spa. Trendig: Bar Qiu mit Businesslunch.

Radisson BLU

Spa

Karl-Liebknecht-Str. 3 ✉ *10178* **U** *Alexanderplatz* Stadtplan : Q2**b**
– ✆ *(030) 23 82 80* – *www.radissonblu.de/hotel-berlin*
426 Zim – 🚹169/640 € 🚹🚹169/640 €, ☕ 25 € – 1 Suite
Rest *HEat* – ✆ (030) 2 38 28 34 72 – Menü 32/37 € – Karte 21/52 €
Blickfang in der puristisch gestalteten Atriumhalle ist ein wahrlich beeindruckendes zylindrisches Aquarium von 25 m Höhe! Modern-funktionelle Zimmer in klaren Linien, teils mit Blick zur Spree oder zum einzigartigen "AquaDom". Das Speisenangebot im HEat reicht von indischen Spezialitäten bis Pizza, schön die Spreeterrasse mit Domblick.

Maritim

Rest,

Stauffenbergstr. 26 ✉ *10785* **U** *Potsdamer Platz* Stadtplan : N3**b**
– ✆ *(030) 2 06 50* – *www.maritim.de*
475 Zim ☕ – 🚹142/310 € 🚹🚹183/351 € – 30 Suiten
Rest *Grand Restaurant M* – ✆ (030) 20 65 10 90 – Menü 20 € (mittags unter der Woche)/69 € – Karte 31/65 € – *(geschl. Sonntag - Montag)*
Die perfekte Businessadresse bietet eine gediegen-elegante Lobby und beachtliche Räumlichkeiten für Tagungen und Events. Highlight: die Präsidentensuite mit 350 qm! Grand Restaurant M im Stil der 20er Jahre.

Steigenberger

Rest,

Los-Angeles-Platz 1 ✉ *10789* **U** *Augsburger Str.* Stadtplan : L2**d**
– ✆ *(030) 2 12 70* – *www.berlin.steigenberger.de*
387 Zim – 🚹120/295 € 🚹🚹120/295 €, ☕ 23 € – 11 Suiten
Rest *Berliner Stube* – ✆ (030) 2 12 77 51 – Karte 28/59 €
Schön sind die Lobby mit Bar und Raucherlounge sowie die modernen Zimmer in Erdtönen und klaren Formen. Dazu gibt es einen kleinen Fitnessbereich. Freundliche Berliner Stube mit traditionellem Touch.

Erwarten Sie in einem X oder 🏠 nicht den gleichen Service wie in einem XXXXX oder 🏠🏠🏠🏠🏠.

Grand Hotel Esplanade

Rest,

Lützowufer 15 ✉ 10785 **U** *Nollendorfplatz* Stadtplan : M1**e**
– ✆ (030) 25 47 80 – www.esplanade.de
370 Zim – †79/299 € ††79/299 €, ☕ 22 € – 24 Suiten
Rest – Karte 29/69 €
Rest *Eck* – Karte 19/48 € – *(geschl. Juli - August 6 Wochen und Sonntag) (nur Abendessen)*
In dem Hotel am Landwehrkanal erwarten Sie eine moderne und lebendige Halle, sehr wohnliche, freundliche Zimmer und individuelle Suiten. Erholung bietet der "afino Spa" und gastronomisch reicht das Angebot von Internationalem in der Ellipse-Lounge über Berliner Küche im Eck bis zu einem Drink bei Live-Musik in der berühmten Harry's Bar.

Pullman Schweizerhof

Rest,

Budapester Str. 25 ✉ 10787 **U** *Zoologischer Garten* Stadtplan : M1**w**
– ✆ (030) 2 69 60 – www.pullmanhotels.com/5347
373 Zim – †125/485 € ††125/485 €, ☕ 24 € – 10 Suiten
Rest *Xxenia* – ✆ (030) 26 96 29 71 – Menü 49 € (abends)/69 € – Karte 34/54 €
Ein modernes Business- und Veranstaltungshotel mit sehr komfortablen und technisch gut ausgestatteten Gästezimmern. Man beachte die interessante Sammlung Berliner Kunst an den Wänden! Und wussten Sie, dass der schicke trendige Spa den größten Hotelpool der Stadt hat? Das Restaurant Xxenia bietet in klassischer Bistro-Atmosphäre mediterrane Küche.

Steigenberger Hotel am Kanzleramt (N)

Zim,

Ella-Trebe-Str. 5 ✉ 10557 – ✆ (030) 7 40 74 30
– www.kanzleramt-berlin.steigenberger.com Stadtplan : N2**k**
328 Zim – †139/289 € ††139/289 €, ☕ 25 € – 11 Suiten
Rest – Karte 34/44 €
Hier hat man alles puristisch-modern designt. Großzügig die Lobby, schön der Freizeitbereich mit Blick auf das Regierungsviertel. Frühstück gibt's im 1. Stock in einem angenehm hellen Raum, speisen kann man in der Bar "mittendrin". Ideal die Lage direkt am Hauptbahnhof.

Das Stue

Zim,

Drakestr. 1 ✉ 10787 **U** *Wittenbergplatz* Stadtplan : M1**s**
– ✆ (030) 3 11 72 20 – www.das-stue.com
79 Zim – †250/340 € ††250/340 €, ☕ 35 €
Rest *5 - cinco by Paco Pérez* ✿ – siehe Restaurantauswahl
Rest *Casual* – Karte 36/82 €
Richtig "stylish" und "cosy" ist das denkmalgeschützte Gebäude der ehemaligen Dänischen Gesandtschaft aus den 30er Jahren. Das Design topmodern und geschmackvoll, lebendig die Farbgestaltung, dazu Ruhe trotz Großstadt. Auf Wunsch wohnt man mit Blick auf den Berliner Zoo! Casual: gemütlich und chic zugleich, locker und niveauvoll, internationale Gerichte im Tapas-Stil.

Am Steinplatz (N)

Zim, Rest,

Steinplatz 4 ✉ 10623 **U** *Ernst-Reuter-Platz* Stadtplan : L1**e**
– ✆ (030) 5 54 44 40 – www.hotelsteinplatz.com
87 Zim – †195/295 € ††195/295 €, ☕ 35 € **Rest** – Karte 34/52 €
Einst war es das Künstlerhotel der Spreemetropole, heute ist es ein eher kleineres exklusives Boutiquehotel im Herzen Charlottenburgs. Die Zimmer wertig, chic und wohnlich, der Service aufmerksam und individuell, dazu der Altbau-Charme hoher, teilweise stuckverzierter Decken. Das regional inspirierte Restaurantkonzept stammt vom ehemaligen Sternekoch Stefan Hartmann.

Das Symbol † bzw. †† zeigt den Mindestpreis in der Nebensaison und den Höchstpreis in der Hochsaison für ein Einzelzimmer bzw. für ein Doppelzimmer an.

Ameron Abion Spreebogen (mit Abion Villa)

*Alt-Moabit 99 ✉ 10559 **U** Turmstr. – ✆ (030) 39 92 00 – www.abion-hotel.de* Stadtplan : F2**a**

234 Zim – 🚹80/225 € 🚹🚹90/245 €, ☕ 19 € – 9 Suiten

Rest – Menü 14 € (mittags)/42 € – Karte 31/42 €

Schöner als direkt an der Spree kann man wohl kaum wohnen, und das zeitgemäß und komfortabel. Gewissermaßen als kleines Hotel im Hotel kann man die luxuriös-elegante "Abion Villa" gleich nebenan sehen. Im Lanninger samt hübscher Terrasse serviert man regionale Küche. Exklusiv: von April bis Oktober Veranstaltungen (bis 20 Pers.) auf der Yacht "Aida" von 1930.

abba Berlin Hotel

*Lietzenburger Str. 89 ✉ 10719 **U** Uhlandstr. – ✆ (030) 8 87 18 60 – www.abbaberlinhotel.com/de/* Stadtplan : L2**b**

214 Zim – 🚹75/185 € 🚹🚹75/185 €, ☕ 14 €

Rest *abba mía* – Menü 21/24 € – Karte 21/41 € – *(nur Abendessen)*

Das Hotel ist ideal für Businessgäste und Tagungen. Große schicke Lobby sowie modern-komfortable, angenehm schlicht designte Zimmer, jedes mit schönem Kristallüster. Das Angebot im Restaurant ist spanisch-international.

25hours Hotel Bikini

*Budapester Str. 40 ✉ 10787 **U** Zoologischer Garten – ✆ (030) 1 20 22 10 – www.25hours-hotels.com* Stadtplan : L1**b**

149 Zim – 🚹120/170 € 🚹🚹120/170 €, ☕ 18 €

Rest *NENI* – siehe Restaurantauswahl

Einer der interessantesten Hotel-Hotspots Berlins - angebaut an die Bikini-Mall, trendig der "Urban Jungle"-Style, freie Sicht in den Zoo (von der Sauna im 9. Stock schaut man ins Affengehege!). "Woodfire Bakery" und loungige Monkey Bar mit tollem Stadtblick. Leihen Sie kostenfrei Fahrräder oder "Mini"!

Louisa's Place

*Kurfürstendamm 160 ✉ 10709 **U** Adenauerplatz – ✆ (030) 63 10 30 – www.louisas-place.de* Stadtplan : K2**a**

47 Suiten – 🚹145/625 € 🚹🚹145/625 €, ☕ 22 €

Rest *Balthazar* – siehe Restaurantauswahl

Geschmackvolle geräumige Suiten mit Küche und sehr freundlicher Service zeichnen dieses exklusiv ausgestattete Hotel aus. Fragen Sie nach einem Zimmer mit Balkon oder Wintergarten! Stilvoll: der Frühstücksraum und die Bibliothek.

Wyndham Grand

Hallesche Str. 10 ✉ 10963 – ✆ (030) 8 01 06 60 – www.wyndhamgrandberlin.com Stadtplan : G2**a**

237 Zim – 🚹89/300 € 🚹🚹89/300 €, ☕ 19 € – 19 Suiten **Rest** – Karte 32/63 €

In die denkmalgeschützte ehemalige Postverteilerstation von 1930 direkt neben dem Tempodrom ist ein sehr komfortables und modernes Hotel eingezogen: schicke Zimmer in wohnlichen warmen Farben und zahlreichen Kategorien sowie gute Veranstaltungsmöglichkeiten. Lust auf Grillgerichte? Die werden in der offenen Brasserie in der Showküche vor Ihren Augen zubereitet.

Boutique Hotel i-31 garni

*Invalidenstr. 31 ✉ 10115 **U** Naturkundemuseum – ✆ (030) 3 38 40 00 – www.hotel-i31.de* Stadtplan : P1**d**

103 Zim – 🚹109/199 € 🚹🚹109/199 €, ☕ 17 €

Im Herzen von Mitte, nach wie vor einem der angesagtesten Stadtteile Berlins, steht dieses Boutique-Hotel mit all seinen Designelementen. Die Zimmer sind frisch und wohnlich und in den Kategorien "pure", "white" und "brown" zu haben - immer mit kostenfreier Minibar und moderner Technik.

Gute Küche zu moderatem Preis? Folgen Sie dem „Bib Gourmand". Das freundliche Michelin-Männchen „Bib" steht für ein besonders gutes Preis-Leistungs-Verhältnis!

Dormero Hotel Brandenburger Hof Zim,
Eislebener Str. 14 ✉ *10789* **U** *Augsburger Str.* Stadtplan : L2**n**
– ✆ *(030) 21 40 50* – *www.dormero.de*
64 Zim – 🚹125/645 € 🚻145/665 €, ☕ 19 € – 8 Suiten
Rest ***Die Quadriga*** – siehe Restaurantauswahl
Rest ***Quadriga-Lounge*** – ✆ (030) 21 40 56 51 – Menü 75 € – Karte 36/62 €
Eine neue Führung hat Daniela Sauter in dem wilhelminischen Stadtpalais abgelöst. Natürlich hat man es hier auch weiterhin modern, komfortabel und wohnlich - die Zimmer sind individuell geschnitten und technisch erstklassig ausgestattet. Unkomplizierte Küche in der Lounge mit toller Wintergarten-Atmosphäre.

Arcotel John F Rest,
Werderscher Markt 11 ✉ *10117* **U** *Französische Str.* Stadtplan : P2_3**z**
– ✆ *(030) 4 05 04 60* – *www.arcotelhotels.com/johnf*
187 Zim – 🚹89/325 € 🚻89/325 €, ☕ 22 € – 3 Suiten
Rest ***Foreign Affairs*** – ✆ (030) 40 50 46 18 00 – Menü 32 € (mittags unter der Woche)/36 € – Karte 24/42 € – *(geschl. Sonntag)*
Das Hotel am Auswärtigen Amt ist John F. Kennedy gewidmet. Attraktive, modern designte Zimmer mit Schaukelstuhl, darunter die Themenzimmer "Kennedy" und "International Style". International speist man im Restaurant Foreign Affairs.

Scandic Potsdamer Platz
Gabriele-Tergit-Promenade 19 ✉ *10963* Stadtplan : N3**z**
U *Mendelssohn-Bartholdy-Park* – ✆ *(030) 7 00 77 90*
– *www.scandichotels.de/berlin*
561 Zim – 🚹79/199 € 🚻79/199 €, ☕ 9 € – 1 Suite
Rest – Menü 35 € (abends) – Karte 24/42 €
Der Eingang in Berlin-Mitte, Ihr Zimmer in Kreuzberg? Schon möglich, denn die Grenze verläuft mitten durchs Haus. Der Stil ist klar und puristisch - Fotos, Farben, Stoffe lassen die Jahreszeiten erkennen: Herbst im Restaurant (Spezialität sind hier "Nordic Tapas"), Frühling im Frühstücksraum... Vorbildlich das ökologische Konzept: Die gesamte Zimmereinrichtung ist recycelbar!

Leonardo Royal
Otto-Braun-Str. 90 ✉ *10249* **U** *Alexanderplatz* Stadtplan : R1**r**
– ✆ *(030) 7 55 43 00* – *www.leonardo-hotels.com*
343 Zim – 🚹79/239 € 🚻79/239 €, ☕ 19 € – 3 Suiten
Rest – Menü 25/50 € – Karte 30/54 € – *(geschl. Sonntag)*
Modernes Businesshotel beim Volkspark Friedrichshain mit guter Verkehrsanbindung und schicken Zimmern, darunter spezielle "Ladies Rooms". Tagungsbereich für bis zu 700 Personen. Das großzügig angelegte Restaurant bietet internationale Küche.

Maritim proArte Rest,
Friedrichstr. 151, (Zufahrt über Dorotheenstr. 55) Stadtplan : P2**e**
✉ *10117* **U** *Friedrichstr.* – ✆ *(030) 2 03 35* – *www.maritim.de*
374 Zim ☕ – 🚹146/304 € 🚻186/344 € – 29 Suiten
Rest ***Atelier*** – ✆ (030) 20 33 45 20 – Menü 49/52 € – Karte 35/61 € – *(geschl. Sonntag - Montag) (nur Abendessen)*
Rest ***Berlin Tapas*** – ✆ (030) 20 33 45 30 – Karte 18/23 €
Neuzeitlich und funktional ausgestattetes Hotel mit guten Veranstaltungsmöglichkeiten und netter Checkpoint-Charly-Bar. Im ganzen Haus: Bilder der "Jungen Wilden". Das Atelier ist ganz modern im Designer-Stil eingerichtet. Im Berlin Tapas gibt es Berliner Hausmannskost in Form von Tapas.

Courtyard by Marriott
Axel-Springer-Str. 55 ✉ *10117* **U** *Spittelmarkt* Stadtplan : Q3**m**
– ✆ *(030) 8 00 92 80* – *www.marriott.com/bermt*
263 Zim – 🚹99/139 € 🚻109/149 €, ☕ 19 € – 4 Suiten **Rest** – Karte 28/50 €
Die variablen Tagungsräume sowie funktionelle Zimmer mit gutem Arbeitsplatz machen das Hotel mit dem großen Hallenbereich zu einer idealen Businessadresse. Das Oléo Pazzo ist ein mediterranes Bistro mit Bar.

BERLIN

Ellington
Nürnberger Str. 50 ✉ *10789* **U** *Wittenbergplatz* Stadtplan : LM2**e**
– ✆ (030) 68 31 50 – *www.ellington-hotel.com*
283 Zim – †118/248 € ††128/268 €, ☕ 20 € – 2 Suiten
Rest *Duke* – siehe Restaurantauswahl
Zahlreiche Fotos des namengebenden Duke Ellington zieren das puristisch eingerichtete Haus mit schönem Hallenbereich und loungeartigem Innenhof. Viele Details bewahren den historischen Charme.

SANA
Rest,
Nürnberger Str. 33 ✉ *10777* **U** *Augsburger Str.* Stadtplan : L2**e**
– ✆ (030) 20 05 15 10 – *www.berlin.sanahotels.com*
166 Zim – †83/500 € ††98/515 €, ☕ 15 € – 42 Suiten
Rest – Menü 27 € (mittags)/60 € – Karte 32/72 € – *(geschl. Samstagmittag, Sonntagmittag)*
Urbanes puristisches Design bis unters Dach! In der obersten Etage der kleine Freizeitbereich - toll die Aussicht. Hotelbar "f8/eight" mit Terrasse, im Innenhof eine Lounge. Das Restaurant hat sich der portugiesischen Küche verschrieben.

BERLIN

Meliá
Zim,
Friedrichstr. 103 ✉ *10117* **U** *Friedrichstr.* Stadtplan : P2**m**
– ✆ (030) 20 60 79 00 – *www.meliaberlin.com*
361 Zim – †310 € ††320 €, ☕ 24 € – 3 Suiten
Rest – Menü 29 € (abends)/79 € – Karte 30/77 € – *(geschl. Sonntagabend)*
Moderne Zimmer, technisch "up to date" und teils mit Spreeblick, bietet das erste Berliner Hotel der spanischen Sol-Meliá-Gruppe. Executive-Bereich in der 7. und 8. Etage. Restaurant Café Madrid im 1. Stock mit internationaler Küche, dazu eine gemütliche Tapas-Bar.

Adina Hackescher Markt garni
An der Spandauer Brücke 11 ✉ *10178* **U** *Alexanderplatz* Stadtplan : Q2**f**
– ✆ (030) 2 09 69 80 – *www.adina.eu*
90 Zim – †109/245 € ††109/245 €, ☕ 19 € – 55 Suiten
Trendig - von der Lobby mit Bar (hier internationale Snacks) über die Zimmer (jedes mit "Kuhfell"-Hocker) bis zum kleinen Sauna-Fitnessbereich (zwei Indoor-Jacuzzis unter "Sternenhimmel").

Savoy
Fasanenstr. 9 ✉ *10623* **U** *Zoologischer Garten* Stadtplan : L1**s**
– ✆ (030) 31 10 30 – *www.hotel-savoy.com*
115 Zim ☕ – †122/212 € ††151/241 € – 10 Suiten
Rest *Weinrot* – Karte 40/52 € – *(geschl. Sonntag)*
Das traditionsreiche Haus von 1929 hat seinen Charme... und der zeigt sich schon in der eleganten Hotelhalle mit persönlicher Note - schicke Rottöne stechen hier ins Auge, und auch im Restaurant: Hier wird das moderne Interieur dem Namen "Weinrot" gerecht. Wer nach der internationalen Küche eine gute Zigarre schätzt, wird in der "Casa del Habano" fündig.

Adina Hauptbahnhof
Rest, Rest,
Platz vor dem Neuen Tor 6, (Zufahrt über Hannoversche Straße) ✉ *10115* **U** *Naturkundemuseum* – ✆ (030) 2 00 03 20 – *www.adina.eu* Stadtplan : N1**c**
63 Zim – †95/279 € ††125/279 €, ☕ 19 € – 76 Suiten
Rest *Alto* – Karte 29/37 €
Sie wohnen gegenüber der Charité, nahe dem Hauptbahnhof, und zwar in wertig und modern eingerichteten Apartments mit Kitchenette. Lust auf Sport im gut ausgestatteten Fitnessbereich? Oder schauen Sie lieber beim Relaxen im Pool auf den Innenhof-Garten? International-australische Küche sowie Steaks im Alto.

Die Auswahl an Hotels und Restaurants ändert sich jährlich.
Kaufen Sie deshalb jedes Jahr den neuen Guide MICHELIN!

Golden Tulip Hamburg

Rest,

Landgrafenstr. 4 ✉ *10787* **U** *Wittenbergplatz* Stadtplan : M1**g**
– ✆ *(030) 26 47 70* – *www.goldentulipberlin.de*
186 Zim – 95/245 € 115/290 € – 3 Suiten
Rest – Menü 30/42 € – Karte 28/41 €
Sehr zeitgemäß und businesslike, mit wohnlichen Zimmern und Tagesbar - alles in angenehmen warmen Erdtönen gehalten. Der Tagungsraum ist nicht ohne Grund in der 11. Etage: Lassen Sie beim Arbeiten ruhig mal den Blick über Berlin schweifen!

Adina Checkpoint Charlie

Krausenstr. 36 ✉ *10117* **U** *Spittelmarkt* Stadtplan : P3**x**
– ✆ *(030) 2 00 76 70* – *www.adina.eu*
122 Zim – 99/299 € 99/299 €, 19 € – 5 Suiten
Rest ***Alto*** – Karte 29/42 € – *(nur Abendessen)*
Ganz in der Nähe vom Checkpoint Charlie hat man stimmig und modern gestaltete Apartments mit gutem Komfort und Kitchenette; einige mit Balkon oder zum Innenhof. In geradlinigem Ambiente speist man international-australisch, auch Steaks.

Cosmo

Spittelmarkt 13 ✉ *10117* **U** *Spittelmarkt* Stadtplan : Q3**c**
– ✆ *(030) 58 58 22 22* – *www.cosmo-hotel.de*
83 Zim – 104/349 € 104/349 €, 18 € – 1 Suite
Rest ***scent*** – siehe Restaurantauswahl
Klare moderne Linien, wertige Materialien und zurückhaltende Farben bestimmen hier das Bild. Die Zimmer haben raumhohe Fenster, im 7. und 8. Stock mit Balkon.

casa camper

Weinmeisterstr. 1 ✉ *10178* **U** *Weinmeisterstr.* Stadtplan : Q2**c**
– ✆ *(030) 20 00 34 10* – *www.casacamper.com*
48 Zim – 152/278 € 193/319 € – 3 Suiten
Rest ***dos palillos*** – siehe Restaurantauswahl
Von Fernando Amat und Jordi Tio stammt das hochwertige Interieur in klarem Design. In den Zimmern: kräftiges Rot und warmes Holz. Snacks gratis im "Tentempié" im 7. Stock.

Titanic garni

Elisabeth-Mara-Str. 4 ✉ *10117* **U** *Spittelmarkt* Stadtplan : Q3**t**
– ✆ *(030) 76 77 18 70* – *www.titanic-hotels.com*
226 Zim – 65/250 € 75/260 €, 12 €
In Deutschland das erste Haus dieser türkischen Hotelgruppe. Zur U-Bahn-Station sind es nur wenige Schritte, 10 Gehminuten zum Gendarmenmarkt. Helle moderne Zimmer.

Ramada Alexanderplatz

Rest,

Karl-Liebknecht-Str. 32 ✉ *10178* **U** *Alexanderplatz* Stadtplan : Q2**r**
– ✆ *(030) 30 10 41 10*
– *www.h-hotels.com/hotels/ramada-hotel-berlin-alexanderplatz*
329 Zim – 79/379 € 79/379 €, 15 € – 8 Suiten **Rest** – Karte 30/50 €
Der Alexanderplatz direkt vor der Tür, zahlreiche Sehenswürdigkeiten ganz in der Nähe, die Zimmer frisch und modern! Der Saunabereich (hier auch Massage) liegt im 8. Stock, schön die Aussicht. Angenehm hell das Restaurant im Bistrostil, auf der Karte u. a. Steaks und Pasta.

The Dude

Köpenicker Str. 92 ✉ *10179* **U** *Märk. Museum* Stadtplan : Q3**d**
– ✆ *(030) 4 11 98 81 77* – *www.thedudeberlin.com*
27 Zim – 99/199 € 129/239 €, 20 €
Rest ***The Brooklyn*** – siehe Restaurantauswahl
Ein "American Townhouse" zwischen Mitte und Kreuzberg - charmant, stilvoll, individuell, diskret - nicht wundern: Man muss klingeln! Einzigartig der Mix aus historischen Details (das Haus wurde 1822 erbaut) und Design-Elementen. In der Bar können Sie tagsüber Kleinigkeiten essen; hier wird auch gefrühstückt.

Hecker's Hotel

Grolmanstr. 35 ✉ *10623* **U** *Uhlandstr. – ✆ (030) 8 89 00* Stadtplan : L2**e**
– www.heckers-hotel.de
69 Zim – 🚹85/280 € 🚹🚹95/290 €, ☕ 16 €
Rest *Cassambalis* – siehe Restaurantauswahl
Zeitgemäßes Wohnen wenige Schritte vom Ku'damm. Geschmackvoll sind die Themenzimmer Bauhaus, Toskana und Kolonial. Ruhige Sonnenterrasse im 5. Stock, moderner Frühstücksraum.

Catalonia (N)

Zim, Rest,

Köpenicker Str. 80 ✉ *10178* **U** *Märk. Museum* Stadtplan : Q3**d**
– ✆ (030) 24 08 47 70 – www.hoteles-catalonia.com
131 Zim – 🚹79/249 € 🚹🚹89/259 €, ☕ 16 €
Rest – Menü 24 € – Karte 19/37 € – *(nur Abendessen)*
Das ist das "Pilot-Projekt" der katalanischen Hotelgruppe in Deutschland. Interessant: Die Lobby spiegelt mit ihrem speziellen Look die Vielfalt und die Veränderung Berlins wider, auf den Fluren sehenswerte Graffitis. Das Restaurant bietet einen Mix aus regionaler und spanischer Küche samt Tapas.

Hampton by Hilton garni

Uhlandstr. 188 ✉ *10623* **U** *Uhlandstr.* Stadtplan : L1**p**
– ✆ (030) 4 05 02 70 – www.hamptonbyhilton-berlin.de
214 Zim ☕ – 🚹79/299 € 🚹🚹79/299 €
Klare Linien und wertige Ausstattung überall im Haus. Im Lobby-, Bar- und Frühstücksbereich setzen kräftige, warme Farben zudem noch ansprechende Akzente. Ku'damm und Zoo in der Nähe.

Villa Kastania

Kastanienallee 20 ✉ *14052* **U** *Theodor-Heuss-Platz* Stadtplan : E2**v**
– ✆ (030) 3 00 00 20 – www.villakastania.com
45 Zim – 🚹89/289 € 🚹🚹99/299 €, ☕ 15 €
Rest *Marron* – Menü 25/65 € (abends) – Karte 26/44 € – *(geschl. Sonntag)*
In dem Hotel etwas außerhalb des Zentrums, wenige Gehminuten von der Messe, stehen Zimmer unterschiedlicher Stilrichtungen und ein mediterraner Freizeitbereich zur Verfügung. Helles, freundliches Restaurant mit internationaler Küche und sehr netter Terrasse.

California garni

Kurfürstendamm 35 ✉ *10719* **U** *Uhlandstr.* Stadtplan : L2**a**
– ✆ (030) 88 01 20 – www.hotel-california.de
159 Zim ☕ – 🚹84/250 € 🚹🚹99/270 € – 1 Suite
Ein gewachsenes Stadthotel in bester Lage. Hier gibt es wohnliche moderne Zimmer, einen hübschen Saunabereich und ein nettes Café mit kleinem Speisenangebot und lebendiger Terrasse.

H'Otello K'80 garni

Knesebeckstr. 80 ✉ *10623* **U** *Uhlandstr.* Stadtplan : L2**t**
– ✆ (030) 6 80 73 10 – www.hotello.de/k80
84 Zim ☕ – 🚹112/219 € 🚹🚹127/249 €
Direkt neben der Straßenbahn an einem belebten Platz geht es urban zu: klar-modern und zurückhaltend elegant. Mehr Platz bieten die Studios. Im Sommer frühstückt man sehr nett auf der Terrasse - es gibt hausgemachte Marmelade.

SIR F.K. Savigny garni

Kantstr. 144 ✉ *10623* **U** *Uhlandstr.* Stadtplan : KL1**y**
– ✆ (030) 3 23 01 56 00 – www.hotel-sirsavigny.de
44 Zim ☕ – 🚹122/371 € 🚹🚹140/389 €
Auffallend ist das schicke Schwarz-Weiß-Design! Zahlreiche Bilder erinnern ein bisschen an einen englischen Landsitz. Tapas und Snacks in der Bar. Eine kleine Oase: der Hinterhof!

BERLIN

Holiday Inn Alexanderplatz garni
Theanolte-Bähnisch Str. 2 ✉ *10178* **U** *Alexanderplatz* Stadtplan : Q2**p**
– ✆ *(030) 7 40 74 70 – www.hiberlincenter.com*
242 Zim – 🛉89/199 € 🛉🛉99/219 €
Eine gute Business-Adresse: praktisch die Lage nahe dem Alex sowie die funktionalen Zimmer in frischem modernem Design. Das Restaurant "La Maison de l'Entrecôte" teilt man sich mit dem "Indigo" (direkter Durchgang). Hostel im selben Block.

Garden Living garni
Invalidenstr.101 ✉ *10115* **U** *Zinnowitzer Straße* Stadtplan : N1**g**
– ✆ *(030) 2 84 45 59 00 – www.gardenliving.de*
25 Zim – 🛉99/124 € 🛉🛉114/139 €, 7 € – 5 Suiten
Das Garden Living steht ein bisschen für "wohnen wie zuhause" - dieses Gefühl vermittelt das hübsche Ensemble aus drei alten Stadthäusern jedenfalls mit seinen geschmackvollen großzügigen Appartements mit kleiner Küchenzeile sowie der "grünen Oase" in Form eines attraktiven Innenhofs - möchten Sie hier nicht auch gerne an einem schönen Sommermorgen frühstücken?

MANI
Torstr. 136 ✉ *10119* **U** *Rosenthaler Platz* Stadtplan : P1**m**
– ✆ *(030) 53 02 80 80 – www.amanogroup.de*
63 Zim – 🛉70/100 € 🛉🛉85/110 €, 15 €
Rest ***MANI*** – siehe Restaurantauswahl
Dies ist eines der stylischen Boutique-Hotels in Berlin: hip, mondän, angesagt... Chic die Zimmer mit ihrer wertigen Ausstattung und puristisch-klarem Stil in dunklen Farben.

Honigmond (mit Gästehaus)
Tieckstr. 11 ✉ *10115* **U** *Naturkundemuseum* Stadtplan : P1**k**
– ✆ *(030) 2 84 45 50 – www.honigmond.de*
60 Zim – 🛉95/165 € 🛉🛉135/215 €, 8 €
Rest ***Neumond*** – Karte 23/33 € – *(geschl. Sonntagabend)*
Individuelle Zimmer in einem stilvollen, 1895 erbauten Haus in einer ruhigen Seitenstraße. Zum 350 m entfernten Gästehaus Garden Hotel gehört ein schöner Innenhofgarten. Nettes Kaffeehaus-Restaurant mit klassischem Rahmen.

Kastanienhof garni
Kastanienallee 65 ✉ *10119* **U** *Rosenthaler Platz* Stadtplan : Q1**c**
– ✆ *(030) 44 30 50 – www.kastanienhof.biz*
44 Zim – 🛉69/124 € 🛉🛉79/144 €, 9 € – 2 Suiten
Das Hotel kommt vielleicht ein kleines bisschen altmodisch daher, aber dennoch (oder gerade deshalb) hat es Charme: familiär, schlicht, heimelig, wohnlich... Der Chef ist ein echter Berliner und hat das Haus mit allerlei Zeugnissen "seiner" Stadt ausstaffiert.

Otto garni
Knesebeckstraße 10 ✉ *10623* **U** *Ernst-Reuter-Platz* Stadtplan : L1**a**
– ✆ *(030) 54 71 00 80 – www.hotelotto.com*
46 Zim – 🛉85/175 € 🛉🛉105/210 €, 15 €
Eine wirklich nette moderne Adresse: überall klares funktionales Design, die Zimmer teilweise mit Kitchenette, im obersten Stock der helle Frühstücksraum und die Terrasse... hier sitzt es sich nachmittags schön bei Tee und Kuchen!

Grenzfall Zim, Rest,
Ackerstraße 136 ✉ *13355* **U** *Bernauerstr.* Stadtplan : P1**g**
– ✆ *(030) 34 33 33 00 – www.hotel-grenzfall.de*
37 Zim – 🛉63/179 € 🛉🛉73/189 €, 11 €
Rest – Karte 19/31 € – *(nur Abendessen)*
Hier überzeugen Freundlichkeit, der 3000 qm große Garten - ein wahres Kleinod in der Großstadt - und der Preis! "Grenzfall" bezieht sich hier zum einen auf das Miteinander (das Haus ist ein Integrationsbetrieb), zum anderen auf die Lage an der ehemaligen Mauer. Geradlinig wie das ganze Haus ist auch das Restaurant - von der Terrasse schaut man ins Grüne!

BERLIN

Restaurants

Lorenz Adlon Esszimmer – Hotel Adlon Kempinski

Unter den Linden 77 ✉ 10117 **U** *Brandenburger Tor* Stadtplan : N2**s**
– ✆ (030) 22 61 19 60 – www.lorenzadlon-esszimmer.de – geschl. 1. - 12. Januar, 5. - 13. April, 26. Juli - 24. August, 1. - 9. November und Sonntag - Montag
• KREATIV • Menü 140/170 € – Karte 124/156 € – *(nur Abendessen)*

Benannt nach dem Gründer des Adlon weckt das Restaurant hohe Erwartungen, und die werden auch erfüllt: luxuriöser Komfort, geschmackvolles Ambiente, Blick aufs Brandenburger Tor, ausgezeichneter Service samt erstklassiger Weinberatung... Und die Küche von Hendrik Otto setzt dem Ganzen die Krone auf: klassisch und modern zugleich, finessenreich und mit eigener Note.

➜ Fenchel, Bauernspeck, Gewürzsud. Geschmortes Läufchen vom Eifel Kaninchen. Filet vom Bio-Kalb, Braten-Gemüsesaft.

Hugos – Hotel InterContinental

Budapester Str. 2, (14. Etage) ✉ 10787 Stadtplan : M1**a**
U *Wittenbergplatz – ✆ (030) 26 02 12 63 – www.hugos-restaurant.de – geschl. 1. - 12. Januar, 5. - 13. April, 19. Juli - 24. August und Sonntag - Montag*
• MODERN • Menü 98/155 € – *(nur Abendessen)*

"Hoch hinaus" geht es hier gleich im doppelten Sinne, denn zum einen liegt das schöne geradlinig-elegante Restaurant im 14. Stock (Panoramablick inklusive!), zum anderen sind die Menüs von Thomas Kammeier wahrlich gehoben.

➜ Red King Salmon - Tatar, mariniert, konfiert, Sauerampfer, Buttermilch, Wacholder, Amarant. Reh aus der Schorfheide - geschmort, gebraten, Johannisbeere, Pfifferlinge, Aprikose. Valrhona & Banane - lauwarmer Kuchen, Törtchen, Eis, Orange, Kaffee-Luftschokolade.

Fischers Fritz – Hotel Regent

Charlottenstr. 49 ✉ 10117 **U** *Französische Str.* Stadtplan : P3**c**
– ✆ (030) 20 33 63 63 – www.fischersfritzberlin.com
• KLASSISCH • Menü 47 € (mittags)/180 € – Karte 95/154 € – (Tischbestellung ratsam)

Fein und klassisch - das trifft sowohl das Ambiente (elegante Holztäfelung, edle Kronleuchter, offener Kamin...) als auch die überaus exakte Küche von Christian Lohse, der ganz das Produkt und dessen Eigengeschmack in den Vordergrund stellt. Fischgerichte haben hier einen besonderen Stellenwert.

➜ Mittelstück vom Atlantik Steinbutt, Sauté vom weißen Spargel und Morcheln, Sauce Choron. Gebackenes Demeter Onsenei, Pfifferlinge und Bärlauchrahm. Rücken vom Limousin Lamm, gratiniertes Fenchelgemüse, Bratenjus mit Olivenöl gebunden.

Les Solistes by Pierre Gagnaire – Hotel Waldorf Astoria

Hardenbergstr. 27 ✉ 10623 **U** *Zoologischer Garten* Stadtplan : L1**w**
– ✆ (030) 81 40 00 24 50 – www.waldorfastoriaberlin.de – geschl. Sonntag
• KREATIV • Menü 115/140 € – Karte 85/111 € – *(nur Abendessen)* (Tischbestellung ratsam)

Die Berliner "Zweigstelle" des Pariser Großmeisters der kreativen französischen Küche, Pierre Gagnaire, liegt mit ihrer Großzügigkeit, edlen Materialien und exzellentem Service jenseits des Alltäglichen! Aus der Küche von Roel Lintermans kommen nur beste Produkte und eigene Interpretationen der Klassik.

➜ Felchenfilet pochiert in brauner Butter mit grünen Pfefferkörnern, Sauerampferpüree. Gebratene Brust vom Bressehuhn, umhüllt von Anis-Kräuterbutter. Bisquit-Soufflé mit Venezuela Schokolade und Schokoladeneis.

First Floor – Hotel Palace

Budapester Str. 45 ✉ 10787 **U** *Zoologischer Garten* Stadtplan : M1**k**
– ✆ (030) 25 02 10 20 – www.firstfloor.palace.de – geschl. 1. - 12. Januar, 19. Juli - 10. August und Sonntag - Montag
• KREATIV • Menü 119/169 € – Karte 100/124 € – *(nur Abendessen)*

Einer der Klassiker der Berliner Sternegastronomie, dazu passen die gediegene Einrichtung, der top qualifizierte Service und die trefflichen Weinempfehlungen von Gunnar Tietz - beachtlich die rund 1500 Positionen! Im Kontrast dazu steht die Küche, denn Matthias Diether ist ein Kreativer seiner Zunft, auch wenn die klassische Basis stets bleibt.

➜ Aal, Apfel, Rotkraut. Atlantik Wolfsbarsch, Petersilie, Perigord Trüffel. Lamm, Haggis, Spargel.

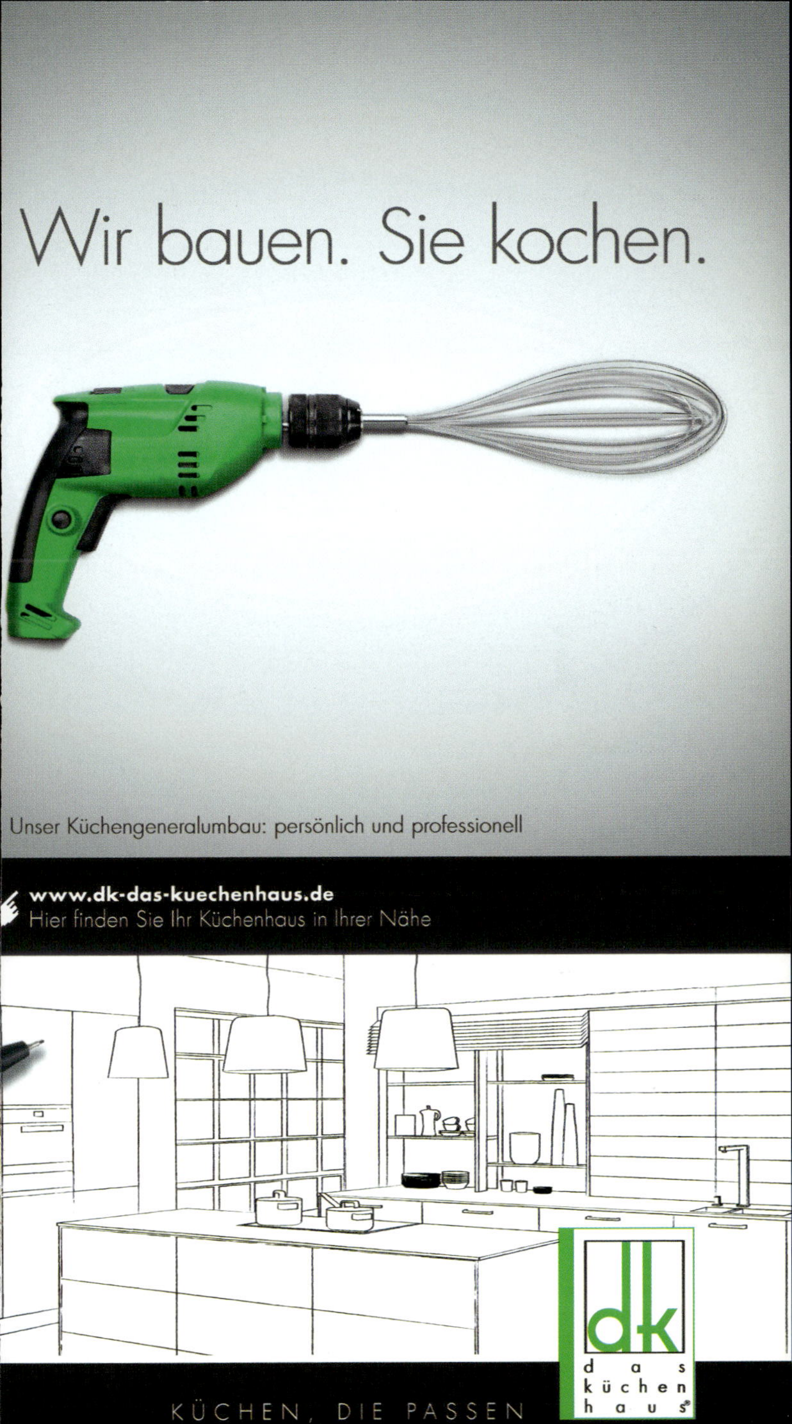
Wir bauen. Sie kochen.
Unser Küchengeneralumbau: persönlich und professionell
www.dk-das-kuechenhaus.de
Hier finden Sie Ihr Küchenhaus in Ihrer Nähe
dk
das küchen haus
KÜCHEN, DIE PASSEN

XXX **FACIL** – Hotel The Mandala
Potsdamer Str. 3, (5. Etage) ✉ 10785 Stadtplan : N3**v**
U *Potsdamer Platz – ✆ (030) 5 90 05 12 34 – www.facil.de – geschl. Januar 3 Wochen, Ende Juli - Anfang August 2 Wochen und Samstag - Sonntag*
• KREATIV • Menü 78 € (mittags)/152 € – Karte 57/122 € – (Tischbestellung ratsam)
Wie ein begrünter Innenhof: Wenn sich im Sommer Glasfront und Glasdach öffnen, wird das ohnehin schon luftig-lichte Restaurant zur Terrasse, und das im 5. Stock! Das Hauptaugenmerk liegt aber auf der ausgezeichneten Küche von Michael Kempf: Moderne Interpretationen bringen Spannung und Kontraste in die kraftvolle klassische Basis - reichlich Gemüse inklusive.
→ Langoustino, Mairübchen, Kopfsalat und Kalamata Olive. Makrele, Brennessel, Zitrone und Wassermelone. Azuki Bohne, Kapstachelbeere, Soja und Zitrus-Sauerrahmeis.

XXX **5 - cinco by Paco Pérez** – Hotel Das Stue
Drakestr. 1 ✉ 10787 **U** *Wittenbergplatz* Stadtplan : M1**s**
– ✆ (030) 3 11 72 20 – www.5-cinco.com – geschl. Mitte Juli - Mitte August und Sonntag - Montag
• KREATIV • Menü 155 € – Karte 95/130 € – *(nur Abendessen)* (Tischbestellung ratsam)
Paco Pérez hat die kreative (Seafood-) Küche seines Zwei-Sterne-Restaurants "Miramar" in Spanien nach Berlin gebracht. Am besten "erfährt" man seinen unkomplizierten, präzisen Stil mit dem 25-gängigen "Experience Menü"! Dazu tolle deutsche Weiß- und spanische Rotweine. Sehr speziell: 86 mittig an der Decke hängende Kupfertöpfe aus spanischer Designer-Hand.
→ Canelón mit Spanferkel und Hummer. Wolfsbarsch, seidiger Kalarmarjus und Algen. Taube mit Ochsenmarkcreme.

XXX **VAU** (Kolja Kleeberg)
Jägerstr. 54 ✉ 10117 **U** *Hausvogteiplatz* Stadtplan : P3**u**
– ✆ (030) 2 02 97 30 – www.vau-berlin.de – geschl. Sonntag
• KREATIV • Menü 48 € (mittags)/120 € – Karte 86/95 €
Die Küche von Kolja Kleeberg ist leicht, frisch und trotzdem kräftig in Aroma und Geschmack! Und sollte der bekannte Fernsehkoch mal nicht im Hause sein können: Er hat ein perfekt eingespieltes Team an seiner Seite! Gestalterisch war hier übrigens Stararchitekt Meinrad von Gerkan am Werk.
→ Krosser Red King Salmon mit Imperial Caviar, Lauch und Sauerrahm. Glasierte Kalbsbacke mit dreierlei Bundmöhren, geräucherten Mandeln und Senf. Mangovariation mit Crème Brûlée von Kardamom und Limette.

XXX **Parioli** – Hotel de Rome
Behrenstr. 37 ✉ 10117 **U** *Französische Str.* Stadtplan : P2**h**
– ✆ (030) 46 06 09 12 01 – www.pariolirestaurant.de
• MEDITERRAN • Menü 72 € – Karte 48/86 €
Mit dunklem Holz und Goldtönen hat man das Restaurant elegant gestaltet. Geboten wird eine mediterran beeinflusste internationale Küche. Terrasse im schönen Innenhof.

XXX **Kempinski Grill** – Kempinski Hotel Bristol
Kurfürstendamm 27 ✉ 10719 **U** *Uhlandstr.* Stadtplan : L2**n**
– ✆ (030) 88 43 47 67 – www.kempinski.com/berlinbristol – geschl. Juli - August 4 Wochen
• FRANZÖSISCH KLASSISCH • Menü 55/75 € – Karte 44/77 €
Seit 1952 eine Institution am Ku'damm - die klassische Eleganz von damals wurde bis heute (trotz einiger Renovierungen im Laufe der Zeit) beibehalten und macht exakt den unverwechselbaren Charme des Restaurants aus.

XXX **Die Quadriga** – Dormero Hotel Brandenburger Hof
Eislebener Str. 14 ✉ 10789 **U** *Augsburger Str.* Stadtplan : L2**n**
– ✆ (030) 21 40 56 51 – www.dormero.de – geschl. Sonntag - Montag
• KREATIV • Menü 75/90 € – Karte 41/85 € – *(nur Abendessen)*
Ein komfortables Restaurant im eleganten Art-déco-Stil ist die Quadriga noch immer, am Herd führt inzwischen allerdings André Haufler Regie, und der präsentiert Ihnen eine kreative Küche mit klassischer Basis. Schön die Weinauswahl dazu.

BERLIN

Ana e Bruno

Sophie-Charlotten-Str. 101 ✉ 14059 Stadtplan : E2**s**
U *Sophie-Charlotte-Pl. – ✆ (030) 3 25 71 10 – www.ana-e-bruno.de*
– geschl. Montag
• ITALIENISCH • Menü 49/95 € – Karte 43/69 € – *(nur Abendessen)*
Chef Bruno Pellegrini ist mit im Service und verbreitet italienisch-familiären Charme! Die Küche ist ambitioniert und stammt ebenso wie die Weine (über 500) aus Italien. Machen Sie es wie die meisten Gäste und bestellen Sie tischweise eines der beiden Menüs: "la.sintesi" oder "i.grandi classici"!

reinstoff (Daniel Achilles)

Schlegelstr. 26c, (Edison Höfe) ✉ 10115 Stadtplan : P1**a**
U *Naturkundemuseum – ✆ (030) 30 88 12 14 – www.reinstoff.eu*
– geschl. Januar 2 Wochen, Juli - August 2 Wochen und Sonntag - Montag
• KREATIV • Menü 100/160 € – *(nur Abendessen)*
Eine besondere Location: ein historisches Fabrikgebäude, ein spezielles puristisches Raum-in-Raum-Konzept, diskrete Atmosphäre, erstklassiger Service und eine der interessantesten und spannendsten Küchen Berlins! Mit seinen Menüs "ganz nah" und "weiter draußen" beweist Daniel Achilles, dass Spitzenküche keine Luxusprodukte braucht. Dazu deutsche und spanische Weine.
→ Marinierter Stör aus Sachsen und Kaviar-Nudelsalat. Das Gartengemüse im Fond von Mairitterlingen und Raps. Rhabarber, Eis von gegrilltem Zuckerrohr, Bitterorange und Buttermilch.

SRA BUA by Tim Raue – Hotel Adlon Kempinski

Behrenstr. 72 ✉ 10117 **U** *Brandenburger Tor* Stadtplan : N3**c**
– ✆ (030) 22 61 15 90 – www.srabua-adlon.de
– geschl. Juli 2 Wochen und Sonntag - Montag
• ASIATISCH • Menü 68 € – Karte 40/77 € – *(nur Abendessen)*
Kennen Sie schon den neuesten Hotspot des Hotel Adlon? Die ambitionierte panasiatische Küche aus hochwertigen Produkten mischt Thailändisches mit Japanischem. Das perfekte Pendant zu den interessanten Speisen ist das spezielle und elegante Ambiente. Und weil ein stimmiges Gesamtbild auch eine Frage des Service ist, wird man hier sehr zuvorkommend und charmant betreut.

Pauly Saal

Auguststr. 11 ✉ 10117 **U** *Weinmeisterstr.* Stadtplan : P2**q**
– ✆ (030) 33 00 60 70 – www.paulysaal.com
– geschl. Sonntag
• MODERN • Menü 34 € (mittags) – Karte 49/74 €
– (Tischbestellung ratsam)
Das Fazit vorneweg: elegant und gleichzeitig wunderbar ungezwungen! Wenn Sie den schönen hohen Saal in der ehemaligen jüdischen Mädchenschule betreten, stechen direkt die dekorative Rakete über dem Fenster zur Küche und die stilvollen Murano-Kronleuchter an der Decke ins Auge. Es gibt klassische Produktküche ohne Schnörkel - Spezialität sind Gerichte für zwei oder mehr Personen! Mittags isst man wesentlich einfacher und reduzierter.
→ Feine Scheiben vom Zander mit geräuchertem Zwiebelpüree, Apfel-Mostarda und Rösti. Neuruppiner Hirschrücken in Kakao gebraten mit Blunz'n-Ravioli und Calvados-Äpfeln. Sorbet und Sud von der Clementine mit Kumquat, Tarte Tatin vom Rhabarber und Rhabarbereis.

GROSZ

Kurfürstendamm 193 ✉ 10707 **U** *Uhlandstr.* Stadtplan : K2**g**
– ✆ (030) 6 52 14 21 99 – www.grosz-berlin.de
• TRADITIONELL • Karte 35/54 €
Überwältigend der Rahmen! Ob Kaffeehaus, stilvoll getäfelte Bar oder Restaurant, die historisch-eleganten Räume in dem denkmalgeschützten Cumberland-Haus von 1912 sind eine wahre Pracht. Hier heißt es sehen und gesehen werden - auch im tollen Innenhof! Man bekommt Steaks, Meeresfrüchte, günstige Tagesgerichte und Leckeres aus der eigenen Patisserie nebenan!

XX **Grill Royal**
Friedrichstr. 105b ✉ 10117 **U** *Friedrichstr.* Stadtplan : P2**a**
– ✆ (030) 28 87 92 88 – www.grillroyal.com
• FLEISCH- UND GRILLGERICHTE • Karte 33/117 € – *(nur Abendessen)* (Tischbestellung ratsam)
Eine In-Adresse an der Spree, die bekannt ist für Grillgerichte. Schauen Sie sich das Fleisch selbst im gläsernen Kühlhaus an! Sehr gute Auswahl an Bordeaux und italienischen Weinen.

XX **Quarré** – Hotel Adlon Kempinski
Unter den Linden 77 ✉ 10117 **U** *Brandenburger Tor* Stadtplan : N2**s**
– ✆ (030) 22 61 15 55 – www.hotel-adlon.de
• INTERNATIONAL • Karte 43/89 €
Elegantes Interieur - was sonst würde man in einem Haus wie dem Adlon erwarten! Schauen Sie nach einem Fensterplatz - der Blick aufs Brandenburger Tor ist wirklich herrlich! Sonntags Brunch.

XX **Vox** – Hotel Grand Hyatt
Marlene-Dietrich-Platz 2, (Eingang Eichhornstraße) Stadtplan : N3**a**
✉ 10785 **U** *Potsdamer Platz – ✆ (030) 25 53 17 72 – www.vox-restaurant.de – geschl. Samstagmittag, Sonntagmittag*
• MODERN • Menü 46/66 € (abends) – Karte 48/77 €
Ein stimmiges Konzept, das ankommt: klarer Einrichtungsstil, große Showküche, Sushibar. Da kann man wunderbar zuschauen, wie die modernen Speisen und Sushi-Gerichte entstehen. Sie mögen Whiskey? In der trendigen Bar gibt's 240 Sorten - und ab 22 Uhr Live-Jazz. Seinen Namen hat das Restaurant übrigens von der ersten Radiostation, die hier 1920 sendete.

XX **Markus Semmler**
Sächsische Str. 7 ✉ 10707 **U** *Hohenzollernplatz* Stadtplan : K2**m**
– ✆ (030) 89 06 82 90 – www.kochkunst-ereignisse.de – geschl. Februar 1 Woche, Juli 3 Wochen und Sonntag - Montag
• KLASSISCH • Menü 85/130 € – Karte 76/105 € – *(nur Abendessen)*
Es lohnt sich, eines der beiden ambitionierten Menüs von Markus Semmler zu probieren - da wäre z. B. "Bretonischer Hummer mit Bärlauchschaum". Und wenn Sie gerne mal den Köchen bei der Arbeit zusehen möchten: Vorspeise und Dessert bereitet man in der offenen Küche direkt im Lokal zu!

XX **Balthazar** – Hotel Louisa's Place
Kurfürstendamm 160 ✉ 10709 **U** *Adenauerplatz* Stadtplan : K2**a**
– ✆ (030) 89 40 84 77 – www.balthazar-restaurant.de
• INTERNATIONAL • Karte 36/58 € – *(nur Abendessen)*
Richtig gut essen, und das auch noch direkt am Ku'damm, kann man bei Holger Zurbrüggen. Seine Küche nennt er "metropolitan cuisine" - hier mischen sich Einflüsse aus der ganzen Welt, dennoch bleibt die Basis deutsch.

XX **Bocca di Bacco**
Friedrichstr. 167 ✉ 10117 **U** *Französische Str.* Stadtplan : P3**x**
– ✆ (030) 20 67 28 28 – www.boccadibacco.de – geschl. Sonntagmittag und an Feiertagen mittags
• ITALIENISCH • Karte 37/65 €
Ein modern designtes Restaurant mit Bar und Loungebereich, in dem man Ihnen aufmerksam gute italienische Küche serviert. Hübscher Salon für Feierlichkeiten im 1. Stock.

XX **The Brooklyn** – Hotel The Dude
Köpenicker Str. 92 ✉ 10179 **U** *Märk. Museum* Stadtplan : Q3**d**
– ✆ (030) 20 21 58 20 – www.thebrooklyn.de – geschl. Sonntag
• FLEISCH- UND GRILLGERICHTE • Karte 60/161 € – *(nur Abendessen)*
Das Konzept des ehemaligen "Brooklyn Beef Club" wird neu interpretiert, geblieben sind die lebendige Atmosphäre, die tolle Whisky-Auswahl (über 180!) und das erstklassige US-Prime-Beef. Es gibt nun "American Fine Dining" wie "Carabineros in Haselnussöl", "Rindsfilet auf Trüffelrisotto" und natürlich Steaks.

XX **Alt Luxemburg**

Windscheidstr. 31 ✉ 10627 **U** *Sophie-Charlotte-Platz* Stadtplan : J1**s**
– ✆ (030) 3 23 87 30 – www.altluxemburg.de – geschl. Sonntag
• FRANZÖSISCH KLASSISCH • Menü 55/77 € – Karte 52/62 € – *(nur Abendessen)* (Tischbestellung ratsam)
Schöne freundliche Farben prägen das Ambiente des bereits seit 1982 von Familie Wannemacher traditionsbewusst geführten Restaurants mit klassischer Küche.

XX **Soya Cosplay** N

Jägerstr. 59, (Innenhof) ✉ 10117 **U** *Französische Str.* Stadtplan : P3**y**
– ✆ (030) 20 62 90 93 – www.soyacosplay.com
• CHINESISCH • Karte 27/53 €
Am Gendarmenmarkt liegt etwas versteckt in einer Passage der wohl stylischste Chinese der Stadt. Über drei Ebenen sitzt man in ganz spezieller Atmosphäre und genießt viele kleine Gerichte nach dem "Sharing-Prinzip" klassisch-chinesischer Restaurants - Dim Sum, Honigschwein, Wasserkastanienkuchen...

XX **Duke** – Hotel Ellington

Nürnberger Str. 50 ✉ 10789 **U** *Wittenbergplatz* Stadtplan : LM2**e**
– ✆ (030) 6 83 15 40 00 – www.duke-restaurant.com
• FRANZÖSISCH MODERN • Menü 22 € (mittags unter der Woche)/68 € (abends) – Karte 40/96 €
Das modern-trendige Restaurant ist eine gastronomisch anspruchsvolle Adresse - so kommen aus der offenen Küche z. B. "Ossobuco & Filet vom Weidekalb mit Safran-Fenchel-Risotto und Gremolatajus" oder leckerer "Moelleux au Chocolat".

XX **Brenner** N

Regensburger Str. 7 ✉ 10777 **U** *Viktoria-Luise-Platz* Stadtplan : L2**r**
– ✆ (030) 23 62 44 70 – www.restaurant-brenner.de – geschl. Sonntag - Montag
• INTERNATIONAL • Menü 35/74 € – Karte 31/60 € – *(nur Abendessen)*
Anton Stefanov ist wieder in "seinem" Restaurant (er führte es bereits als "Berlin-Sankt Moritz") und serviert hier in gemütlichen rustikal-eleganten Räumen die internationalen Gerichte seiner Küchencrew. Schön die Auswahl von über 350 Weinen - wie wär's mit den offenen Empfehlungen zu den Menüs?

XX **Il Punto**

Neustädtische Kirchstr. 6 ✉ 10117 **U** *Friedrichstr.* Stadtplan : P2**p**
– ✆ (030) 20 60 55 40 – www.ilpunto.net – geschl. Samstagmittag, Sonntag
• ITALIENISCH • Menü 30 € (mittags)/60 € – Karte 42/67 €
Für Freunde italienischer Küche - und davon hat Gastgeber Guiseppe Perna so einige als Stammgäste! Die "Paccheri alla Ciampi" haben Sie dem BRD-Besuch des Staatspräsidenten Dr. A. Ciampi zu verdanken. Schön der glasüberdachte Innenhof!

XX **44** – Hotel Swissôtel

Augsburger Str. 44 ✉ 10789 **U** *Kurfürstendamm* Stadtplan : L2**k**
– ✆ (030) 2 20 10 22 88 – www.restaurant44.de – geschl. Sonntag
• SCHWEIZERISCH • Karte 31/62 €
Nicht nur einen schönen Blick auf Berlins Flaniermeile erwartet Sie hier, auch das moderne Ambiente ist ansprechend, ganz zu schweigen von der frischen, geschmackvollen und durch das Mutterland der Swissôtels inspirierten Küche von André Egger - z. B. "geschmorte Kalbsbacke / Kartoffelpüree / Schwarzwurzel".

XX **le petit Felix** N

Behrenstr. 72 ✉ 10117 **U** *Brandenburger Tor* Stadtplan : N3**e**
– ✆ (030) 20 62 86 10 – www.lepetitfelix.de – geschl. Sonntag
• MEDITERRAN • Menü 65/89 € – Karte 40/74 € – *(nur Abendessen)*
Als Restaurant-Ableger des bekannten Clubs bietet das "Le petit Felix" im Gebäude des "Adlon" in gediegen-eleganter Brasserie-Atmosphäre gute mediterrane Küche mit Schwerpunkt Südfrankreich. So gibt es hier Bouillabaisse, aber auch Kalbskotelett "Milanese" oder French Toast. Dazu Weine aus der Adlon-Vinothek.

scent – Hotel Cosmo

Spittelmarkt 13 ✉ 10117 **U** *Spittelmarkt* Stadtplan : Q3**c**
– ✆ (030) 58 58 22 22 – www.cosmo-hotel.de
• INTERNATIONAL • Menü 40/50 € (abends) – Karte 41/52 € – *(geschl. Samstagmittag, Sonntag)*
In dem lichtdurchfluteten Restaurant setzt sich der geradlinige Stil des Designhotels fort. Aus der Küche kommt Schmackhaftes wie "fermentierter Brokkoli mit gebratener Meeräsche" oder "Rinderfilet in der Pilzkruste". Schöne offene Weine.

Ponte (N)

Regensburger Str. 5 ✉ 10777 **U** *Viktoria-Luise-Platz* Stadtplan : M2**p**
– ✆ (030) 21 91 24 10 – www.ponte-ristorante.de – geschl. 1. - 15. Januar, Juli und Dienstag
• ITALIENISCH • Karte 33/45 € – *(nur Abendessen)*
Valter Mazza, für die Berliner praktisch ein alter Bekannter, hat nun in Schöneberg wieder eine gastronomische Heimat gefunden. Frisch und klassisch-italienisch sind z. B. "Zucchiniblüte mit Ricotta" oder "Kalbshaxe in Gemüse geschmort", aber auch Fisch und Meeresfrüchte sowie schöne Weine aus Italien.

Rutz

Chausseestr. 8, (1. Etage) ✉ 10115 **U** *Oranienburger Tor* Stadtplan : P2**r**
– ✆ (030) 24 62 87 60 – www.weinbar-rutz.de – geschl. Anfang Januar 2 Wochen und Sonntag - Montag
• MODERN • Menü 115/170 € – *(nur Abendessen)*
Handwerklich macht Marco Müller so schnell keiner etwas vor, und die Zutaten für sein Inspirationsmenü sind allesamt von ausgesuchter Qualität - in jedem der 6, 8 oder 10 äußerst exakt zubereiteten Gänge. Ebenso erlebenswert ist das Weinangebot mit 800 Positionen.
→ Carabinero - Tintenfisch und Paprika, Zitronenmiso. Blumenkohl, Linumer Lammrücken und Bries, Gremolata. Kuhmilch - Limone und Muscovado Zucker, Dill.
Rest *Rutz Weinbar* – siehe Restaurantauswahl

Brasserie Lamazère (N)

Stuttgarter Platz 18 ✉ 10178 **U** *Wilmersdorfer Str.* Stadtplan : J2**a**
– ✆ (030) 31 80 07 12 – www.lamazere.de – geschl. 1. - 12. Januar und Montag
• FRANZÖSISCH • Menü 32 € – Karte 34/46 € – *(nur Abendessen)*
Der gebürtige Pariser Régis Lamazère hat ein Stück Frankreich nach Charlottenburg gebracht: so richtig nett und quirlig-charmant sein "Bistrot Parisienne", sehr geschmackvoll und gänzlich unprätentiös Gerichte wie "Zweierlei vom Lamm mit Honig-Karotten" oder "Milchreis mit Salzkaramell".

Al Contadino Sotto Le Stelle (N)

Auguststr. 36 ✉ 10119 **U** *Rosenthaler Platz* Stadtplan : Q1**b**
– ✆ (030) 2 81 90 23 – www.alcontadino.eu – geschl. Dienstag
• ITALIENISCH • Menü 36/55 € – Karte 39/51 € – *(nur Abendessen)*
Mitten in "Mitte" und nahe der Marienkirche hat Lucio Massaro schon einige Jahre mit dieser gemütlichen Trattoria Erfolg. Beliebt ist nicht nur die lebendige Atmosphäre, auch Schmackhaftes wie "Ravioli mit Wolfsbarsch" oder "Ossobuco". Zwei Häuser weiter: Feinkost und kleine Gerichte in der "Mozzarella-Bar".

Katz Orange (N)

Bergstr. 22 , (Eingang im Hof) ✉ 10115 Stadtplan : P1**z**
U *Rosenthaler Platz – ✆ (030) 9 83 20 84 30 – www.katzorange.com*
• INTERNATIONAL • Menü 50/60 € – Karte 45/58 € – *(nur Abendessen)*
(Tischbestellung ratsam)
Sympathisch und lebendig ist das hübsche Restaurant in dem denkmalgeschützten Gebäude von 1893. Auf zwei Etagen - und auf der sehr schönen Terrasse im Innenhof - bekommt man frische ambitionierte Küche von vegan bis zum Wagyu-Steak. Für kleine Gruppen: Fine Dining zum Mitkochen im "Contemporary Food Lab".

BERLIN

ULA

Anklamer Str. 8 ✉ 10178 – ✆ (030) 89 37 95 70 Stadtplan : P1**u**
– www.ula-berlin.com – geschl. Montag
• JAPANISCH • Menü 30/60 € – Karte 22/50 € – *(nur Abendessen)*
Hier trifft japanische Kunst auf ebensolche Küche: Unter einem Dach mit der gleichnamigen Galerie kann man schön authentisch essen, auch als Vegetarier: Das Repertoire von Chef Daisuke Nakashima geht weit über Sushi und Sashimi hinaus - wählen Sie am besten eines der beiden Tagesmenüs!

Brechts

Schiffbauerdamm 6 ✉ 10117 **U** *Friedrichstr.* Stadtplan : P2**b**
– ✆ (030) 28 59 85 85 – www.brechts.de
• ÖSTERREICHISCH • Menü 33/55 € – Karte 36/53 €
Das nach Bertolt Brecht benannte Restaurant ist ein sympathisches Lokal an der Spree. Rote Wände, Bilder und geradliniger Stil schaffen ein nettes Ambiente für österreichische Klassiker wie Tafelspitz, Kaiserschmarrn & Co. sowie Internationales wie "Meerbarbe mit Radicchio-Koriander-Gemüse".

GLASS

Uhlandstr. 195 ✉ 10623 **U** *Zoologischer Garten* Stadtplan : L1**a**
– ✆ (030) 54 71 08 61 – www.glassberlin.de – geschl. über Weihnachten und Sonntag - Montag
• KREATIV • Menü 65/85 € – *(nur Abendessen)* (Tischbestellung ratsam)
Glas und Metall, puristisches Design in Schwarz... ganz schön urban! Dazu passt die kreative Küche des gebürtigen Israelis Gal Ben Moshe, der die Menüs persönlich am Tisch vorstellt (auf Englisch), eine vegane Variante gibt es auch. Witzig und originell: Das Dessert "Candy Box" wird als Picknick angerichtet! Die Weine schenkt man übrigens alle auch glasweise aus.

Bieberbau

Durlacher Str. 15 ✉ 10715 **U** *Bundesplatz* Stadtplan : F3**a**
– ✆ (030) 8 53 23 90 – www.bieberbau-berlin.de – geschl. Sonntag - Montag
• MODERN • Menü 43/65 € – *(nur Abendessen)* (Tischbestellung ratsam)
Seit über zehn Jahren sind Stephan und Anne Garkisch nun schon in ihrem Bieberbau, einem wunderbaren Zeugnis des Stuckateurhandwerks von Richard Bieber! Sie haben hier eine nette Feinschmeckeradresse ohne übertriebenen Luxus und Chichi geschaffen, die Küche aktuell und fein abgestimmt - und preislich fair!

Brasserie Desbrosses – Hotel The Ritz-Carlton

Potsdamer Platz 3 ✉ 10785 **U** *Potsdamer Platz* Stadtplan : N3**d**
– ✆ (030) 3 37 77 63 41 – www.ritzcarlton.de/berlin
• FRANZÖSISCH • Karte 51/71 €
Sind Sie überrascht, in diesem Luxushotel typisches Pariser Bistro-Flair zu finden? Die Originaleinrichtung von 1875 stammt aus einem Lokal in Südburgund, dazu gibt es französische Bistrogerichte (z. B. Flammkuchen) aus der Showküche - und für Backwaren (lecker die Crêpes) hat man sogar eine Show-Boulangerie!

dos palillos – Hotel casa camper

Weinmeisterstr. 1, (Eingang Rosenthalerstr. 53) ✉ 10178 Stadtplan : Q2**c**
U *Weinmeisterstr. – ✆ (030) 20 00 34 13 – www.dospalillos.com – geschl. 1. - 12. Januar und Sonntag - Montag*
• EURO-ASIATISCH • Menü 65/75 € – Karte 22/40 € – *(Dienstag - Freitag nur Abendessen)*
Das ist nicht alltäglich: In dem puristischen Restaurant mit der kommunikativen langen weißen Bartheke sind die Köche auch für den Service zuständig und sorgen für die spezielle Atmosphäre hier! Nicht weniger interessant: asiatische Tapas auf hohem Niveau und mit außergwöhnlichen Aromen - "Tsukudani mit Seeteufelleber", "Garnelen-Dumplings", "Mangoflan"...

Paris-Moskau

Alt-Moabit 141 ✉ 10557 **U** *Hauptbahnhof* Stadtplan : F2**s**
– ✆ (030) 3 94 20 81 – www.paris-moskau.de – geschl. Samstagmittag, Sonntagmittag
• INTERNATIONAL • Menü 26 € (mittags)/98 € – Karte 47/68 €
Das denkmalgeschützte Fachwerkhaus steht im Regierungsviertel, auf einem ehemaligen Eisenbahngelände. Die Küche ist international ausgerichtet.

BERLIN

Filetstück Das Gourmetstück

Uhlandstr. 156 ✉ *10719* **U** *Uhlandstr.* Stadtplan : L2**f**
– ✆ *(030) 54 46 96 40 – www.filetstueck.de*
– *geschl. Sonntag*
• MODERN • Menü 65/95 € (abends) – Karte 56/104 €
Vieles dreht sich in dem kleinen Restaurant nahe dem Ku'damm ums Thema Fleisch. Neben Steaks bietet man abends in entspannter Atmosphäre auch das "Gourmetstück", ein Menü mit bis zu sieben kreativen Gängen wie "Klosterschwein / Büsumer Krabben / Petersilienwurzel / Grüner Spargel". Tipp: Tisch 21...

Ottenthal

Kantstr. 153 ✉ *10623* **U** *Zoologischer Garten* Stadtplan : L1**g**
– ✆ *(030) 3 13 31 62 – www.ottenthal.com*
• ÖSTERREICHISCH • Karte 31/52 € – *(nur Abendessen)* (Tischbestellung ratsam)
Die typisch österreichische Gasthausküche ist gefragt! Arthur Schneller kocht in dem netten Restaurant (benannt nach seinem Heimatort in Niederösterreich) bewusst schnörkellos und unkompliziert - lecker z. B. die Rindsrouladen, der gebratene Saibling oder Mehlspeisen-Klassiker! Gute Weine aus Österreich.

Alpenstück

Gartenstr. 9 ✉ *10178* **U** *Naturkundemuseum* Stadtplan : P1**c**
– ✆ *(030) 21 75 16 46 – www.alpenstueck.de*
• REGIONAL • Menü 33/48 € – Karte 37/43 € – *(nur Abendessen)*
(Tischbestellung ratsam)
In dem legeren Restaurant kommen regionale Produkte zum Einsatz, z. B. im "gebratenen Forellenfilet mit roter Bete, Rübchen und Fondantkartoffeln". Mittags gibt es in der hauseigenen Bäckerei gegenüber feine Backwaren und kleine Snacks. Und in der Manufaktur kauft man Maultaschen, Fonds etc. für daheim!

Rotisserie Weingrün

Gertraudenstr. 10 ✉ *10178* **U** *Spittelmarkt* Stadtplan : Q3**a**
– ✆ *(030) 20 62 19 00 – www.rotisserie-weingruen.de – geschl. Sonntag*
• INTERNATIONAL • Karte 36/55 € – *(nur Abendessen)*
Die geradlinig-moderne Einrichtung tut der Gemütlichkeit im sogenannten "Hochzeitshaus" direkt an der Spree keinen Abbruch! Probieren Sie Spezialitäten vom Flammenwandgrill - oder lieber "Salat vom Oktopus"? Im Sommer lockt die Terrasse.

MANI – Hotel MANI

Torstr. 136 ✉ *10119* **U** *Rosenthaler Platz* Stadtplan : P1**m**
– ✆ *(030) 53 02 80 80 – www.hotel-mani.com*
• MODERN • Menü 45 € (abends) – Karte 35/55 € – *(August: Dienstag - Samstag nur Abendessen)*
"Place to be" - so könnte man dieses Restaurant nennen, denn es trifft ganz den urbanen Zeitgeist: klares Design, dunkle Töne, offene Küche. Wählen Sie von der interessanten Abendkarte - hier finden Sie Gerichte wie "gerösteter Saibling, Mangold, Quitte, Ras el Hanout". Oder darf's der einfachere Lunch sein?

Renger-Patzsch

Wartburgstr. 54 ✉ *10823* **U** *Eisenacher Str.* Stadtplan : M3**a**
– ✆ *(030) 7 84 20 59 – www.renger-patzsch.com*
• TRADITIONELL • Menü 33 € – Karte 29/43 € – *(nur Abendessen)*
(Tischbestellung ratsam)
Richtig gute traditionelle Speisen gibt es hier, und das zu fairen Preisen - probieren Sie z. B. "Elsässer Sauerkraut mit Schäufele" oder Flammkuchen! Gemütlich das Ambiente, dekorativ die Schwarz-Weiß-Landschaftsfotografien des Namensgebers. Diese sympathische Adresse ist immer gut besucht, da rückt man auf den Sitzbänken schon mal zusammen! Wunderbar die Terrasse!

Sie möchten spontan verreisen? Besuchen Sie die Internetseiten der Hotels, um von deren Sonderkonditionen zu profitieren.

Rutz Weinbar – Restaurant Rutz

Chausseestr. 8, (1. Etage) ✉ 10115 **U** *Oranienburger Str.* Stadtplan : P2**r**
– ✆ (030) 24 62 87 60 – www.weinbar-rutz.de – geschl. Anfang Januar 2 Wochen und Sonntag - Montag
• REGIONAL • Menü 44/98 € – Karte 33/58 € – *(nur Abendessen; ab 16 Uhr geöffnet)*
Richtig deutsch: Neuköllner Rauchknacker oder Eisbein von Beuthes Wollschwein - so (oder so ähnlich) sieht das regional-bürgerliche Kontrastprogramm zum "Rutz" aus!

Die Nussbaumerin

Leibnizstr. 55 ✉ 10629 **U** *Adenauerplatz* Stadtplan : K2**n**
– ✆ (030) 50 17 80 33 – www.nussbaumerin.de – geschl. Sonntag
• TRADITIONELL • Karte 25/44 € – *(nur Abendessen)* (Tischbestellung ratsam)
Mit ihrem "Edel-Beisl" hat Johanna Nußbaumer ein Stück kulinarische k. u. k.-Kultur im Herzen Berlins etabliert: Backhendl, Wiener Schnitzel, Beiried oder Schmorgerichte und natürlich leckere Mehlspeisen - aber Achtung, für die Portionen "braucht's an Hunga"! Auch die guten Weine stammen aus ihrer Heimat.

Fräulein Fiona

Fritschestr. 48 (Ecke Kantstr. 70) ✉ 10627 Stadtplan : J1**f**
U *Wilmersdorfer Str. – ✆ (030) 95 60 22 72 – www.fraeulein-fiona.de – geschl. Sonntag und an Feiertagen*
• REGIONAL • Menü 33/40 € – Karte 28/48 € – *(nur Abendessen)*
Wirklich nett, intim und ein schöner Kontrast zu den urbanen In-Adressen! Geboten wird Brandenburger Küche mit Gerichten wie "Blut-Leberwurst auf Sauerkraut" oder "Flusskrebse mit Gemüse". Im Sommer auch einige Tische draußen an der Straße.

IL CALICE

Walter-Benjamin-Platz 4 ✉ 10629 **U** *Adenauerplatz* Stadtplan : K2**f**
– ✆ (030) 3 24 23 08 – www.ilcalice.de – geschl. 1. - 4. Januar und Sonntag
• ITALIENISCH • Menü 25 € (mittags)/66 € – Karte 40/59 €
Wer Brasserie-Flair mag, wird gerne in dieses wirklich nette italienische Restaurant an den Leibniz-Kolonnaden gehen. Schon die Antipastivitrine macht Appetit! Auch ein Weinladen ist mit dabei, so können Sie die gute Weinauswahl zu Hause ebenfalls genießen. Mittags ist das Angebot einfacher.

Le Compagnon

Knesebeckstr. 76 ✉ 10623 **U** *Uhlandstr.* Stadtplan : L2**x**
– ✆ (030) 30 34 75 55 – www.restaurant-lecompagnon.de – geschl. Montag - Dienstag
• FRANZÖSISCH • Menü 45/99 € – *(nur Abendessen)*
Nur einen Steinwurf vom Ku'damm hat Christian Schulze sein nettes kleines Restaurant. Neben dem Namen sorgen auch Chansons sowie die beiden Menüs "Finesse" und "Tradition" für einen französischen Touch. Terrasse auf dem Bürgersteig.

borchardt

Französische Str. 47 ✉ 10117 **U** *Französische Str.* Stadtplan : P3**k**
– ✆ (030) 81 88 62 62 – www.borchardt-restaurant.de
• INTERNATIONAL • Menü 18 € (mittags)/35 € – Karte 35/60 €
In dem klassischen Stadthaus beim Gendarmenmarkt herrscht eine sympathische Atmosphäre. Ein angesagtes Restaurant mit internationaler Küche und reizvoller Terrasse im Innenhof.

Cassambalis – Hecker's Hotel

Grolmanstr. 35 ✉ 10623 **U** *Uhlandstr.* Stadtplan : L2**e**
– ✆ (030) 8 85 47 47 – www.heckers-hotel.de
• MEDITERRAN • Menü 30 € (mittags)/58 € – Karte 34/55 €
Näher am Geschehen geht gar nicht: In unmittelbarer Nähe zum Ku'damm erinnert das Lokal an eine heitere Brasserie - mit viel unterschiedlicher Kunst, offenen Weinregalen und bunten Farben. Mediterrane Küche.

NENI (N) – 25hours Hotel Bikini
Budapester Str. 40, (10. Etage) ✉ *10787* Stadtplan : L1**b**
U *Zoologischer Garten* – ✆ *(030) 1 20 22 10* – *www.25hours-hotels.com*
• MEDITERRAN • Menü 25 € (mittags)/48 € (abends) – Karte 24/50 € – (Tischbestellung ratsam)
Das ist schon sehr speziell: Ein Restaurant mit Gewächshaus-Flair und weit mehr als traumhafter Aussicht! Aus der offenen Küche kommt Mediterranes, Orientalisches und auch Regionales: Humus mit Geflügelleber, Babaganoush, Eifeler Ur-Lamm... Das Konzept stammt von Haya Molcho. Spektakulär die Terrasse!

Brasserie la bonne franquette
Chausseestr. 110 ✉ *10115* **U** *Naturkundemuseum* Stadtplan : N1**b**
– ✆ *(030) 94 40 53 63* – *www.labonnefranquette.de*
• FRANZÖSISCH KLASSISCH • Karte 30/54 € – *(nur Abendessen)*
Sehr nett die Brasserie, die sich Francois Gourdon und Jana Posdziech hier aufgebaut haben. Lebendig die Atmosphäre, klassisch-französisch die Gerichte nach dem Motto "unkomlipiziert, aber gut": "Bavette à l'Échalote", "Confit de Canard"...

Bandol sur Mer
Torstr. 167 ✉ *10115* **U** *Rosenthaler Platz* Stadtplan : P1**b**
– ✆ *(030) 67 30 20 51* – *www.bandolsurmer.de*
• FRANZÖSISCH MODERN • Menü 60/105 € – Karte 48/73 € – *(nur Abendessen)* (Tischbestellung erforderlich)
Das winzige Lokal ist einfach, leger und schon ein bisschen "rough"! Doch was Andreas Saul und sein kleines Team in der offenen Küche zaubern, sind moderne Speisen mit französischer Basis in Form zweier Menüs - auf der Tafel an der Wand liest man Interessantes wie "Kalbsbries / Eigelb / Kaffee / Zwiebel".

In Berlin-Britz

Buchholz Gutshof Britz
Alt-Britz 81 ✉ *12359* – ✆ *(030) 60 03 46 07* Stadtplan : C3**a**
– *www.matthias-buchholz.de* – *geschl. Mittwoch; Juli - August: Dienstag - Mittwoch*
• REGIONAL • Menü 29/58 € – Karte 31/45 €
Matthias Buchholz hat sich für seine "legere Landhausküche" eine der schönsten Ecken Neuköllns ausgesucht. In der einstigen "Milchküche" des Gutshofs auf dem denkmalgeschützten Schloss-Anwesen mit Park serviert man z. B. seine Interpretationen rund ums Eisbein oder Feines wie "Wildbarsch mit grünem Spargel".

In Berlin-Dahlem

Seminaris Campus Rest,
Takustr. 39 ✉ *14195* **U** *Dahlem-Dorf* Stadtplan : B3**s**
– ✆ *(030) 5 57 79 70* – *www.seminaris.de/berlin*
183 Zim – 110/190 € 130/210 € – 3 Suiten
Rest – Menü 26/53 € – Karte 35/53 €
Das Hotel auf dem Campus der Freien Universität ist ein auffallender Bau aus Glas, Stahl und Beton. Sehr moderne, helle Zimmer sowie ein separates Konferenzzentrum in Kubusform. In kräftigen Farben und neuzeitlichem Stil gehaltenes Restaurant.

In Berlin-Friedenau

Klee (N) Zim,
Bundesallee 75 ✉ *12161* **U** *Friedrich-Wilhelm-Platz* Stadtplan : F3**k**
– ✆ *(030) 40 50 86 30* – *www.hotelklee.de*
80 Zim – 59/215 € 71/227 € – 1 Suite
Rest *PauLily* – ✆ (030) 40 50 86 35 50 – Karte 23/46 €
Das Haus von 1901 kann man schon als Hommage an den Schweizer Maler Paul Klee sehen - Name, Farbgestaltung und kleine Details erinnern an ihn. Sie wohnen in freundlichen Zimmern, genießen die Lage nahe dem Wilmersdorfer Volkspark und bekommen im geradlinig-modernen Restaurant "PauLily" Regionales serviert.

In Berlin-Friedrichshagen Ost: 21 km über B 1 Stadtplan : D2

Die Spindel

Bölschestr. 51 ✉ 12587 – ✆ (030) 6 45 29 37 – www.spindel-berlin.de – geschl. Montag

• REGIONAL • Menü 39/55 € – Karte 31/52 €

In dem hübschen Haus aus der Gründerzeit ist Küchenchef Jörg Eichhofer für schmackhafte Speisen wie "Zweierlei vom Ochsen", "Dorade auf Artischocken" oder auch Wirtshausklassiker wie "Königsberger Klopse" verantwortlich. Schöne Weine.

In Berlin-Friedrichshain

nhow

Stralauer Allee 3 ✉ 10245 **U** *Warschauer Str.* Stadtplan : H2**n**

– ✆ (030) 2 90 29 90 – www.nhow-hotels.com/berlin

303 Zim – 95/300 € 95/300 €, 24 € – 1 Suite

Rest *fabrics* – siehe Restaurantauswahl

Das Haus am Osthafen setzt wie kein zweites Hotel in Berlin die Themen Musik und Lifestyle in Szene! Außen klare Architektur, innen peppiger Look, geschwungene Formen und frische Farben, viel Rosa - alles ganz im Stil von Karim Rashid, dem "Popstar" unter den US-Designern! Einmalig: Tonstudio über der Stadt.

fabrics – Hotel nhow

Stralauer Allee 3 ✉ 10245 **U** *Warschauer Str.* Stadtplan : H2**n**

– ✆ (030) 2 90 29 90 – www.nhow-hotels.com/berlin – geschl. Sonntag

• MODERN • Menü 34 € – Karte 39/58 €

Cooles Design wie überall im Haus: Weiß, Rosa, trendiges Grün - und reichlich Licht! Die verwendeten Produkte sind top, von Rinderroulade bis Hummer bietet man einen Mix aus Modernem und Klassikern. Mittags wesentlich einfacheres Angebot.

In Berlin-Grunewald

Schlosshotel im Grunewald

Rest,

Brahmsstr. 10 ✉ 14193 – ✆ (030) 89 58 40

– www.schlosshotelberlin.com Stadtplan : E3**a**

43 Zim – 262/460 € 262/460 €, 29 € – 10 Suiten **Rest** – Karte 42/72 €

Das "Unikat im Grunewald" ist vom Kettenhotel wieder zum Privathotel geworden, geblieben ist dem schmucken Palais von 1914 sein geschmackvolles Interieur samt hübscher Details von einst, der schöne Park und der angenehme Freizeitbereich - und das Ganze ruhig gelegen und doch nur rund 10 Minuten vom Ku'damm.

Frühsammers Restaurant

Flinsberger Platz 8 ✉ 14193 – ✆ (030) 89 73 86 28 Stadtplan : J3**m**

– www.fruehsammers-restaurant.de – geschl. 2. - 10. Februar, über Pfingsten und Sonntag - Montag

• KLASSISCH • Menü 54/94 € – *(Dienstag - Mittwoch und Samstag nur Abendessen)* (Tischbestellung ratsam)

Im Restaurant des Golfclubs werden Sie von Sonja und Peter Frühsammer in deren kleine Gourmet-Welt entführt. Aus erstklassigen Produkten kocht die Chefin Feines mit mediterraner und asiatischer Note. Wer etwas Zeit mitbringt, wählt mittags oder abends am besten das Überraschungsmenü ("all inclusive")!

→ Heilbutt, Weinbergschnecke, Topinambur, Estragon. Zweierlei vom Rind, Blumenkohl, Majoran, Pie de Mouton. Rhabarber, Topfenknödel, Mohneis.

In Berlin-Kreuzberg

Mövenpick

Schönebergerstr. 3 ✉ 10963 **U** *Potsdamer Platz* Stadtplan : P3**k**

– ✆ (030) 23 00 60 – www.moevenpick-hotels.com/berlin

242 Zim – 99/349 € 99/349 €, 22 € – 1 Suite

Rest – Menü 17 € (mittags unter der Woche) – Karte 30/72 €

In dem ehemaligen Siemens-Gebäude hat man historische Architektur (sehenswert das Treppenhaus!) mit modernem Interieur kombiniert. Die schönen Atelierzimmer unterm Dach teils mit freistehender Badewanne. Restaurant im Innenhof - schön luftig wird's, wenn man das Glasdach hier im Sommer öffnet!

Vier Jahreszeiten Berlin City (N) garni

Skalitzer Str. 36 ✉ 10969 **U** *Görlitzer Bahnhof* Stadtplan : H2**c**
– ✆ (030) 62 73 52 80 – www.vj-hotels.com
48 Zim – †69/139 € ††79/149 €, ☕13 € – 1 Suite
Mitten im umtriebigen Kreuzberg liegt das modern-wohnliche Hotel mit schicken Zimmern in warmen Farben, wertig und technisch auf dem neuesten Stand. Und am Morgen ein großzügiges Frühstücksbuffet.

Ludwig van Beethoven garni

Hasenheide 14 ✉ 10967 **U** *Hermannplatz* Stadtplan : H3**d**
– ✆ (030) 6 95 70 00 – www.hotellvb.de
67 Zim ☕ – †73/88 € ††93/114 €
Ein zeitgemäßes Hotel mit gutem Preis-Leistungs-Verhältnis. Die Zimmer liegen teilweise ruhiger nach hinten. Frühstücken Sie im Sommer auf der begrünten Dachterrasse! Praktisch: ca. 50 m zur U-Bahn und kostenfreies Parken.

Riehmers Hofgarten

Yorckstr. 83 ✉ 10965 **U** *Mehringdamm* Stadtplan : G3**u**
– ✆ (030) 78 09 88 00 – www.riehmers-hofgarten.de
22 Zim – †98/118 € ††131/148 €, ☕7 € – 1 Suite
Rest *e.t.a. hoffmann* – siehe Restaurantauswahl
Ein echter Kontrast zu den modernen Businesshotels der Stadt ist diese charmante kleine Adresse mitten in der prächtigen Hofgartenanlage a. d. 19. Jh. Hier genießt man diskrete Atmosphäre, gepflegte Zimmer und viel Kunst.

Tim Raue

✿✿ *Rudi-Dutschke-Str. 26 ✉ 10969* **U** *Kochstr.* Stadtplan : P3**t**
– ✆ (030) 25 93 79 30 – www.tim-raue.com – geschl. 24. - 26. Dezember und Sonntag - Montag
• ASIATISCH • Menü 38 € (mittags)/168 € – Karte 117/148 €
Die asiatische Küche von Tim Raue ist ebenso puristisch wie das Restaurant selbst. Seine Philosophie: Er verwendet bewusst wenige Produkte, betont deren Eigengeschmack wahrlich meisterhaft und lässt so ihre herausragende Qualität zum Mittelpunkt eines jeden Gerichts werden. Tipp: das beliebte Mittagsmenü.
→ Kaisergranat - Wasabi, "Kanton style". Dorade - Zitrone, Kopfsalat. Peking Ente Interpretation TR.

Altes Zollhaus

Carl-Herz-Ufer 30 ✉ 10961 **U** *Prinzenstr.* Stadtplan : G3**r**
– ✆ (030) 6 92 33 00 – www.altes-zollhaus.com – geschl. Sonntag - Montag
• REGIONAL • Menü 42/59 € – Karte 40/51 € – *(nur Abendessen)*
"Genussfachwerk" nennt Herbert Beltle das einstige Zollhaus, das unvermutet idyllisch mitten in Kreuzberg am Landwehrkanal liegt - samt tollem "Weingarten"! Aus regionalen Produkten entstehen z. B. "soufflierter Speckpfannkuchen" oder "Ochsenbacke aus dem Schmortopf". Dazu Weine vom eigenen Pfälzer Weingut.

Richard (N)

Köpenicker Str. 174 ✉ 10997 **U** *Schlesisches Tor* Stadtplan : R3**r**
– ✆ (030) 49 20 72 42 – www.restaurant-richard.de – geschl. Sonntag - Montag
• FRANZÖSISCH KLASSISCH • Menü 54/96 € – Karte 44/62 € – *(nur Abendessen)*
Sie sind richtig hier, lassen Sie sich vom wenig attraktiven Umfeld nicht täuschen! Im einstigen "Köpenicker Hof" von 1900 gibt es neben dem schönen Interieur mit aufwändiger Decke, Designer-Leuchtern und Kunst (Patron Hans Richard ist auch Maler) ein sehr gutes, finessenreiches und preislich faires Menü.

Bestecke X und Sterne ✿ sollten nicht verwechselt werden!
Die Bestecke stehen für eine Komfortkategorie, die Sterne zeichnen Häuser mit besonders guter Küche aus - in jeder dieser Kategorien.

BERLIN

Horváth

Paul-Lincke-Ufer 44a ✉ 10999 **U** *Kottbusser Tor* Stadtplan : H3**a**
– ✆ (030) 61 28 99 92 – www.restaurant-horvath.de – geschl. Montag - Dienstag
• KREATIV • Menü 58/119 € – Karte 61/77 € – *(nur Abendessen)*
(Tischbestellung ratsam)
Österreicher Sebastian Frank führt nicht nur in der Küche Regie, er leitet das nette, lebendige Restaurant nun auch gemeinsam mit Partnerin Jeannine Kessler. Sein Eifer am Herd ist ungebrochen, seine Küche setzt nicht auf Luxus, sondern auf Kontraste, Aromen und eigene Ideen, und sie ist eine der spannensten in Berlin! Toll das Preis-Leistungs-Verhältnis!
➜ Forelle, Kalbskopf, Frühkraut. Grüner Spargel, Reh, Gärtopfgemüse. Rhabarber, Wacholder, Grieß.

Volt

Paul-Lincke-Ufer 20 ✉ 10999 **U** *Schönleinstr.* Stadtplan : H3**v**
– ✆ (030) 3 38 40 23 20 – www.restaurant-volt.de – geschl. Ende Dezember - Anfang Januar 1 Woche, Juni - Juli 2 Wochen und Sonntag
• REGIONAL • Menü 56/74 € – Karte 51/67 € – *(nur Abendessen)*
Unkompliziert und anspruchsvoll zugleich, dazu angesagter Industrie-Chic! Im ehemaligen Umspannwerk am Landwehrkanal beleben moderne Gerichte wie "Paderborner Maispoularde mit Hüttenkäse und Krustentiergelee" die Kreuzberger Gastro-Szene.

e.t.a. hoffmann – Hotel Riehmers Hofgarten

Yorckstr. 83 ✉ 10965 **U** *Mehringdamm* Stadtplan : G3**u**
– ✆ (030) 78 09 88 09 – www.restaurant-e-t-a-hoffmann.de – geschl. 4. - 12. Januar und Dienstag
• INTERNATIONAL • Menü 35/65 € – Karte 44/67 € – *(nur Abendessen)*
Vor allem der Innenhof ist im Sommer ein reizender Ort, aber auch drinnen sitzt man in dem nach dem berühmten Dichter und Künstler benannten Restaurant schön entspannt bei guter Küche wie "Geschmortem und Gebratenem vom Brandenburger Reh".

Le Cochon Bourgeois

Fichtestr. 24 ✉ 10967 **U** *Südstern – ✆ (030) 6 93 01 01* Stadtplan : H3**m**
– www.lecochon.de – geschl. 1. - 20. Januar, 4. - 18. August und Sonntag - Montag
• FRANZÖSISCH KLASSISCH • Menü 35/65 € – Karte 37/58 € – *(nur Abendessen)*
Das Lokal ist nicht nur "cosy & relaxed" und liegt damit genau im Kreuzberger Trend, man isst hier auch gut, dafür sorgen Benjamin Stoeckel und sein Team z. B. mit "Elsässer Blutwurst auf Selleriepüree" oder "Rotbarbe auf Safranfenchel". Unter den Weinen finden sich einige Trouvaillen.

In Berlin-Lichtenberg

andel's Hotel

Landsberger Allee 106 ✉ 10369 – ✆ (030) 4 53 05 30 Stadtplan : H1**b**
– www.andelsberlin.com
534 Zim – 🛉94/219 € 🛉🛉120/245 € – 23 Suiten
Rest *a.choice* – siehe Restaurantauswahl
Der beachtliche Hotelbau ist ein modernes Event- und Tagungshotel mit sehr großer Lobby, das nicht nur einen bemerkenswerten Veranstaltungsbereich bietet, sondern auch schöne Zimmer mit Design-Elementen, eine zubuchbare Executive-Lounge für mehr Exklusivität sowie eine Sky-Bar, die ihren Namen verdient.

a.choice – andel's Hotel

Landsberger Allee 106 ✉ 10369 Stadtplan : H1**b**
– ✆ (030) 45 30 53 26 21 – www.andelsberlin.com – geschl. Sonntag - Montag (Umzug des Restaurants Ende 2014 in die 12. Etage)
• MODERN • Menü 48 € (vegetarisch)/98 € – Karte 54/62 € – *(nur Abendessen)*
In einem ganz auf Tagungen und Events ausgerichteten großen Hotel wie diesem würde man solch eine finessenreiche Küche eher nicht vermuten, doch Alexander Koppe und sein Team kochen hier aufwändig, geschmackvoll und ausdrucksstark. Nach dem Umzug in die 12. Etage kommt zum feinen Essen noch die tolle Sicht.
➜ Wilder Steinbutt und Taschenkrebs, Baby-Spinat, Poverade, Beurre noisette. Charolais Rind, Pimentón de la Vera, Schmorzwiebel, Knollensellerie. Rhabarber und Himbeere, Tonkabohne, Kefir, fermentierter Pfeffer.

In Berlin-Mariendorf

Landhaus Alpinia

Säntisstr. 32 ✉ 12107 – ✆ (030) 76 17 70 Stadtplan : C3**b**
– www.alpinia-berlin.de
58 Zim – 62/130 € 78/165 €
Rest – Karte 25/46 € – *(Montag - Samstag nur Abendessen, Sonntag auch Mittagessen)*
Wer in dem Familienbetrieb übernachten möchte, fragt am besten nach den ruhigeren Zimmern zum Garten! Hier sitzt man auch schön bei bürgerlicher Küche auf der Terrasse mit Blick ins Grüne und zum Teich. Ein Vorteil ist auch die gute Stadt-Anbindung mit Bus und Bahn.

In Berlin-Prenzlauer Berg

ackselhaus & blue home garni

Belforter Str. 21 ✉ 10405 **U** *Senefelder Platz* Stadtplan : Q1**e**
– ✆ (030) 44 33 76 33 – www.ackselhaus.de
33 Zim – 110/250 € 160/300 € – 4 Suiten
Eine Adresse für Individualisten! Das Hotel hat einen sehr privaten Charakter und geschmackvolle, detailverliebt eingerichtete Themenzimmer von "Rom" über "Picasso" bis "Sommerhaus" - letzteres mit eigenem kleinen Dachpool! Oder lieber ein Standardzimmer im balinesischen Stil? Wunderbar der begrünte Innenhof!

Adele garni

Greifswalder Str. 227 ✉ 10405 **U** *Alexanderplatz* Stadtplan : R1**a**
– ✆ (030) 44 32 43 10 – www.adele-berlin.de
14 Zim – 99/149 € 129/169 € – 2 Suiten
Klar, dass dieses kleine Boutique-Hotel seine Stammgäste hat: recht exklusive Einrichtung im Art-déco-Stil, hübsche wohnliche Zimmer, ein ganz moderner Frühstücksraum... und parken ist hier auch kein Problem!

La Soupe Populaire - Tim Raue

Prenzlauer Allee 242 ✉ 10405 – ✆ (030) 44 31 96 80 Stadtplan : Q1**s**
– www.lasoupepopulaire.de – geschl. Januar 2 Wochen, August 3 Wochen und Sonntag - Mittwoch
• REGIONAL • Karte 32/44 €
Die rohe Industriearchitektur der alten Bötzow-Brauerei ist eine tolle Kulisse - und es kommt an bei den Gästen, inmitten der Kunst des Atelierhauses zwischen Betonwänden, Stahlträgern und bunt zusammengewürfeltem "Shabby Style"-Inventar echt berlinerisch zu essen. Am Herd bringt Michael Jaeger natürlich etwas Raue'sche Finesse ins bodenständige Konzept.

Lucky Leek N

Kollwitzstr. 54 ✉ 10178 – ✆ (030) 66 40 87 10 Stadtplan : Q1**u**
– www.lucky-leek.com – geschl. Montag - Dienstag
• VEGETARISCH • Menü 45 € – Karte 31/39 € – *(nur Abendessen)*
Das Restaurant entspricht ganz dem Zeitgeist, aber mit persönlicher Note! Josita Hartanto kocht vegan: "Gemüse-Consommé mit Kartoffel-Kresse-Ravioli", "Birnen-Chili-Risotto mit Blumenkohl-Tandoori und Nori-Tempeh-Röllchen"...

Kochu Karu N

Eberswalder Str. 35 ✉ 10437 – ✆ (030) 80 93 81 91 Stadtplan : G1**k**
– www.kochukaru.de – geschl. Montag, Samstag - Sonntag und an Feiertagen ab 14 Uhr geöffnet
• KOREANISCH • Menü 26/35 € – Karte 23/42 € – (Tischbestellung ratsam)
"Korea meets Spain" - in dem puristischen kleinen Restaurant verbinden Bin-Lee Zauner (bekannte koreanische Opernsängerin) und José Miranda Morillo (spanischstämmiger Düsseldorfer) kulinarisch beide Länder z. B. in Form von Tapas wie "Gogi Dumplings" oder "Oktopus mit Chorizo". Tipp: Das "Singmahl".

Chez Maurice

Bötzowstr. 39 ✉ *10407* **U** *Senefelder Platz* Stadtplan : R1**c**
– ✆ (030) 4 25 05 06 – www.chez-maurice.com – geschl. Sonntagmittag, Montagmittag
• FRANZÖSISCH • Menü 16 € (mittags)/95 € – Karte 34/60 € – *(Ende Juli - Mitte August nur Abendessen)*
Wie in einer Brasserie in Frankreich sitzt man hier - gemütlich und leger. Aus der Küche kommen sauber gekochte französische Klassiker (mittags 3 Gänge für 16 €), dazu ein guter Bordeaux oder Burgunder! Sie hätten ein bisschen was davon auch gerne zuhause? Wein, Käse und Wurst kann man auch kaufen!

In Berlin-Spandau

centrovital

Neuendorferstr. 25 ✉ *13585 – ✆ (030) 81 87 50* Stadtplan : A1_2**c**
– www.centrovital-berlin.de
157 Zim – 88/118 € 108/138 €, 13 € – 1 Suite
Rest – Menü 18 € (mittags)/43 € (abends) – Karte 28/43 €
Ein nicht ganz alltäglicher Mix aus Gesundheitszentrum, Business- und Wellnesshotel auf einem ehemaligen Brauereigelände mit Blick zum Spandauer See. Zeitlos-wohnlich die Zimmer, attraktiv der Spa nebst Sportclub auf 3500 qm, dazu diverse Veranstaltungsräume und ein Restaurant mit schöner Terrasse.

In Berlin-Steglitz

Jungbluth

Lepsius Str. 63 ✉ *12163* **U** *Steglitzer Rathaus* Stadtplan : B3**j**
– ✆ (030) 79 78 96 05 – www.jungbluth-restaurant.de – geschl. Montag
• REGIONAL • Karte 30/44 €
Der Name ist Programm! Die jungen Betreiber haben hier ein kleines Restaurant, über dessen Küche man sich geschmacklich wie auch preislich freut. Lecker z. B. der "Schaufelbraten vom Rind mit Cima di Rapa und Bärlauch-Sellerie-Creme"!

In Berlin-Wannsee Süd-West: 23 km über Königstraße A3

Esszimmer

Golfweg 22, (im Golf- und Landclub Berlin Wannsee) ✉ *14109*
– ✆ (030) 80 67 06 92 – www.depu-restaurant.de – geschl. 2. - 23. Januar und Montag - Dienstag
• MODERN • Menü 44/56 € – Karte 58/62 € – *(Mittwoch - Samstag nur Abendessen)* (Tischbestellung erforderlich)
Nur vier Tische hat dieses elegante kleine Gourmetrestaurant. Zur Wahl stehen zwei 4-Gänge-Menüs, aus denen Sie auch à la carte bestellen können. Traumhaft: Von der Terrasse genießt man den Blick auf die schöne Golfanlage.

Lutter und Wegner im Schloss Glienicke Remise

Königstr. 36 ✉ *14109 – ✆ (030) 8 05 40 00*
– www.schloss-glienicke.de
• INTERNATIONAL • Karte 30/49 €
In der Remise des Schlosses in einem herrlichen von Lenné und Schinkel gestalteten Park an der Havel gibt es internationale Küche mit österreichischen Einflüssen - am liebsten isst man natürlich auf der Terrasse, im Winter wird in der Weinhandlung serviert. Das Anwesen ist wie gemacht für Veranstaltungen.

BERMERSHEIM

Rheinland-Pfalz – 330 Ew. – Höhe 175 m – Siehe Regionalatlas **47-E16**

▶ Berlin 628 km – Mainz 45 km – Neustadt an der Weinstraße 51 km – Darmstadt 61 km

Michelin Straßenkarte 543

Weingewölbe mit Zim

Alzeyer Str. 2 ✉ 67593 – ✆ (06244) 52 42 – www.weingewoelbe.com – geschl. Januar 2 Wochen, 19. - 30. Oktober und Montag - Dienstag

4 Zim – 68 € 92/102 € Menü 40/59 € – Karte 36/54 €

Auf dem 120 Jahre alten Hofgut lässt man sich in einem geschmackvoll dekorierten Raum mit Gewölbedecke von der charmanten Chefin mit französischer Küche umsorgen. Zum Übernachten stehen hübsche, ländlich-mediterrane Gästezimmer bereit.

BERNAU am CHIEMSEE

Bayern – 7 120 Ew. – Höhe 544 m – Siehe Regionalatlas **66-N21**

▶ Berlin 673 km – München 84 km – Salzburg 59 km – Rosenheim 25 km

Michelin Straßenkarte 546

In Bernau-Reit Süd-West: 3,5 km, Richtung Aschau – Höhe 700 m

Seiseralm und Hof

Reit 4 ✉ 83233 – ✆ (08051) 98 90 – www.seiserhof.de

25 Zim – 50/62 € 76/106 € – 2 Suiten – ½ P

Rest – Menü 17/27 € – Karte 16/26 €

Ruhe, Abgeschiedenheit und eine wunderbare Landschaft direkt vor der Tür. Die zwei rustikalen Gasthöfe über dem Chiemsee (herrlich der Blick!) werden seit Generationen familiär geführt. Restaurant mit bürgerlicher Kost. Ganz klar, bei gutem Wetter ist hier die Terrasse der Renner!

BERNAU im SCHWARZWALD

Baden-Württemberg – 1 910 Ew. – Höhe 915 m – Siehe Regionalatlas **61-E21**

▶ Berlin 818 km – Stuttgart 198 km – Freiburg im Breisgau 56 km – Basel 59 km

Michelin Straßenkarte 545

In Bernau-Dorf

Bergblick

Hasenbuckweg 1 ✉ 79872 – ✆ (07675) 2 73 – www.bergblick-bernau.de – geschl. 2. November - 18. Dezember

10 Zim – 65/95 € 120/190 € – 3 Suiten – ½ P

Rest *Bergblick* – siehe Restaurantauswahl

Wohnlich-charmant hat man es in dem kleinen Familienbetrieb. Obst und eigenes Quellwasser gratis, zum Frühstück frische, hochwertige Produkte, der Service ausgesprochen aufmerksam und freundlich! Wer die 3/4-Pension bucht, bekommt nicht nur tolle Abendmenüs, sondern auch Kuchen und kleine Mittagsgerichte.

Bergblick – Hotel Bergblick

Hasenbuckweg 1 ✉ 79872 – ✆ (07675) 2 73 – www.bergblick-bernau.de – geschl. 2. November - 18. Dezember

Menü 35/70 € – Karte 23/49 €

Hier gibt es Klassiker wie Cordon bleu oder Jägerschnitzel und aus Omas Kochbüchle Saure Kalbsnierle oder der Siedfleischteller. Ambitioniert ist das "Freigeist-Menü", oder nehmen Sie lieber das schöne Hausgastmenü? Das Ambiente: behagliches Holz in Stube und Wintergarten.

In Bernau-Innerlehen

Das Rössle Bernau

Rest,

St. Johann Weg 2 ✉ 79872 – ✆ (07675) 92 20 50 – www.roessle-bernau.de

36 Zim – 68/120 € 130/220 € – 1 Suite – ½ P

Rest – Menü 30/60 € – Karte 23/55 €

Aus dem Gasthof mit Landwirtschaft ist ein schönes Hotel mit ländlich-modernen Zimmern und "Schwarzwald-Spa" geworden. Für den kleineren Geldbeutel gibt es aber auch noch ein paar rustikalere Zimmer. Im Restaurant bekommt man regional-klassische Küche wie "Roastbeef vom Schwarzwälder Weiderind", aber auch Vespergerichte fehlen nicht auf der Karte.

Schwarzwaldhaus
Am Kurpark 26 ✉ *79872 – ✆ (07675) 3 65 – www.schwarzwaldhaus-bernau.de – geschl. 28. Oktober - 7. November*
18 Zim – 47/55 € 86/108 € – 2 Suiten – ½ P
Rest – Menü 15/32 € – Karte 16/45 €
Freundlich und engagiert leitet Familie Goos das mit Holzschindeln verkleidete einstige Bauernhaus. Behaglich das schwarzwaldtypische ländliche Ambiente in den Zimmern und im Restaurant (regionale Küche). Tipp: die neueren Zimmer und Suiten - viel schönes warmes Holz und hübsche Stoffe machen es hier besonders wohnlich. Dazu die "Panorama-Wohlfühloase" mit Bergblick.

In Bernau-Oberlehen

Breggers Schwanen Zim,
Todtmooser Str. 17 ✉ *79872 – ✆ (07675) 3 48 – www.breggers-schwanen.de*
39 Zim – 109/165 € 180/260 € – 6 Suiten – ½ P
Rest – *(nur für Hausgäste)*
"Tradition trifft Moderne": Der 300 Jahre alte Gasthof hat einen modernen Anbau bekommen - so können Sie zwischen vielen schönen Zimmern wählen (vom kuscheligen rustikalen "Schwarzwaldstübchen" bis zum hellen, frischen Hochtal-Zimmer) und im Spa auf 700 qm relaxen. Dazu genießt man die 3/4-Pension.

BERNBURG

Sachsen-Anhalt – 35 230 Ew. – Höhe 80 m – Siehe Regionalatlas **31-M10**
Berlin 161 km – Magdeburg 45 km – Leipzig 80 km
Michelin Straßenkarte 542

Parkhotel Bernburg Rest,
Aderstedter Str. 1 ✉ *06406 – ✆ (03471) 36 20 – www.parkhotel-bernburg.de*
102 Zim – 59/75 € 79/98 € – 2 Suiten – ½ P
Rest – Menü 17 € (mittags)/24 € – Karte 24/45 €
Engagiert leitet Familie Gather das Parforce-Haus a. d. 18. Jh. - benannt nach der Parforce-/Hetzjagd. Die Zimmer sind freundlich und mit eleganter Note gestaltet, einige zum Park. Schönes Restaurant mit ansprechender regional-internationaler Küche. Terrasse im Innenhof.

BERNE

Niedersachsen – 6 880 Ew. – Höhe 1 m – Siehe Regionalatlas **17-F6**
Berlin 425 km – Hannover 140 km – Bremen 39 km – Bremerhaven 47 km
Michelin Straßenkarte 541

Weserblick
Juliusplate 6 (Nord-Ost: 2 km, an der Fähre nach Farge) ✉ *27804 – ✆ (04406) 9 28 20 – www.hotel-weserblick.de – geschl. 2. - 9. Januar*
12 Zim – 78/98 € 118/138 € – 1 Suite – ½ P
Rest – Menü 20/75 € – Karte 30/68 € – *(geschl. Montag)*
Die Lage an einem natürlichen Weserstrand mit Fährverbindung sowie gemütliche Zimmer (teils zum Fluss hin gelegen) sprechen für dieses familiär geleitete Haus. Auch das Restaurant und die schöne Terrasse bieten den namengebenden Weserblick.

BERNECK im FICHTELGEBIRGE, BAD

Bayern – 4 510 Ew. – Höhe 393 m – Siehe Regionalatlas **51-M15**
Berlin 343 km – München 244 km – Weiden in der Oberpfalz 85 km – Bayreuth 15 km
Michelin Straßenkarte 546

Hartls Lindenmühle Zim,
Kolonnadenweg 1 ✉ *95460 – ✆ (09273) 50 06 50 – www.lindenmuehle.de*
20 Zim – 64/99 € 75/149 € – 1 Suite – ½ P
Rest – Menü 25 € (abends)/69 € – Karte 18/35 € – *(geschl. Sonntagabend)*
Die ehemalige Mühle liegt recht ruhig am Ortsrand - über eine kleine Brücke kommt man in den angrenzenden Kurpark. Wohnlich die hübsch eingerichteten Zimmer, elegant das Restaurant "feindein", das neben saisonaler und regional-traditioneller Küche auch Internationales bietet.

Merkel

Marktplatz 13 ✉ 95460 – ✆ (09273) 99 30 – www.merkelhotel.de
21 Zim – 🚹49/78 € 🚹🚹69/115 € – ½ P
Rest – Karte 18/39 € – *(geschl. Montag) (Dienstag - Freitag nur Abendessen)*
Ein traditionsreiches Haus in zentraler Lage, das seit 1632 im Familienbesitz ist. Sie wohnen in gepflegten Zimmern (teilweise mit Balkon) und sitzen in gemütlichen Gaststuben (die vordere mit Kachelofen) bei bürgerlich-regionaler Küche. Gerne erzählt der Chef von seinem Hobby, der Dampfeisenbahn!

In Bad Berneck-Goldmühl Süd-Ost: 3 km über B 303

Schwarzes Roß (mit Gästehäusern)

Goldmühler Str. 10 ✉ 95460 – ✆ (09273) 3 64 – www.schwarzesross.de – geschl. 28. Mai - 7. Juni, 31. August - 6. September, 1. - 10. November
20 Zim – 🚹35/48 € 🚹🚹60/85 €
Rest – Karte 12/38 € – *(geschl. Sonntagabend - Montagmittag)*
Eine nette Adresse, bereits in 6. Generation als Familienbetrieb geführt. Die Zimmer sind recht unterschiedlich, einige in neuzeitlicherem Stil. Wer es geräumiger mag, bucht eine der Ferienwohnungen. Das Speisenangebot ist saisonal und regional-bürgerlich - im Winter ist der Karpfen beliebt. Würste, Schinken und Fleischkäse kommen übrigens aus der eigenen Metzgerei!

BERNKASTEL-KUES

Rheinland-Pfalz – 6 520 Ew. – Höhe 110 m – Siehe Regionalatlas **46-C15**
Berlin 675 km – Mainz 113 km – Trier 50 km – Koblenz 103 km
Michelin Straßenkarte 543

Im Ortsteil Bernkastel

Bären garni (mit Gästehaus)

Schanzstr. 9, (B 53) ✉ 54470 – ✆ (06531) 95 04 40 – www.hotel-baeren.de
30 Zim – 🚹55/125 € 🚹🚹98/150 €
Der Name ist Programm, denn die Chefin dieses familiengeführten Hauses hat ein Faible für Bären, die Ihnen hier und da als charmante Deko begegnen. Das Gästehaus "Bärchen" bietet moselseitig gelegene Superior-Zimmer mit Balkon, die größtenteils über eine Dampfdusche verfügen. Im "Alten Brauhaus" ein paar Gehminuten entfernt gibt es bürgerlich-saisonale Küche.

Binz garni

Markt 1 ✉ 54470 – ✆ (06531) 22 25 – www.hotel-binz.de – geschl. Mitte Dezember - Mitte März
9 Zim – 🚹60/75 € 🚹🚹74/94 € – 1 Suite
Ein sehr gepflegter Familienbetrieb in einer schmalen Gasse im Ortskern, nebenan die historische St.-Michael-Kirche. Wer gerne ein bisschen mehr Komfort hat, bucht das Superior-Zimmer mit Wintergarten, das Deluxe-Zimmer mit Wellness-Bad oder die Suite unterm Dach!

Römischer Kaiser Ⓝ garni

Markt 2, (1. Etage) (B 53) ✉ 54470 – ✆ (06531) 91 90 04 – www.roemischer-kaiser-bernkastel.de
22 Zim – 🚹59/64 € 🚹🚹95/125 €
Am Eingang zur Fußgängerzone steht das Eckhaus mit der altrosa Fassade. Die Zimmer sind freundlich und wohnlich eingerichtet, viele mit Moselblick. Frühstück gibt es im Café im Erdgeschoss - lecker auch der Kuchen hier! Praktisch: günstige 3-Tages-Parkscheine für den öffentlichen Parkplatz gegenüber.

Rotisserie Royale mit Zim

Burgstr. 19 ✉ 54470 – ✆ (06531) 65 72 – www.rotisserie-royale.de – geschl. 20. Dezember - 10. Januar und Mittwoch
7 Zim – 🚹40/60 € 🚹🚹50/70 € – ½ P Menü 22/44 € – Karte 28/46 €
– *(nur Abendessen, November - Weihnachten: Samstag - Sonntag auch Mittagessen)*
In dem denkmalgeschützten Fachwerkhaus (eine ehemaligen Küferei a. d. 16. Jh.) bekommt man in gemütlicher Atmosphäre internationale Küche mit regionalen Einflüssen serviert. Am besten parken Sie am Moselufer und laufen ca. 5 Minuten zum Restaurant. Wer in einem der freundlichen Gästezimmer übernachtet, kann die hauseigenen Stellplätze nahe dem Haus nutzen.

Im Ortsteil Kues

Zum Kurfürsten (N) Rest,

Amselweg 1 (Nord-West: 6 km) ✉ 54470 – ✆ (06531) 96 77 62 – www.zum-kurfuersten.de
71 Zim – ♦74/117 € ♦♦134/182 € – 3 Suiten – ½ P
Rest – Menü 36/43 € – Karte 42/56 €
Eine gefragte Adresse, ideal für Wellness-Urlauber, denn hier gibt es auf 2500 qm ein vielfältiges Programm an Beauty, Fitness & Co. Und das Ambiente stimmt ebenfalls, alles ist mit Geschmack gestaltet - vom kleinen Romantikzimmer über chic-moderne LifeStyle-Zimmer bis zur Spa-Suite.

Christiana's Wein und ArtHotel

Lindenweg 18 ✉ 54470 – ✆ (06531) 66 27 – www.wein-arthotel.de
17 Zim – ♦65/98 € ♦♦89/170 € – ½ P
Rest – Karte 20/47 € – *(geschl. Montag) (nur Abendessen)*
Christiana und Eugen Linden haben viel Herzblut in das Haus gesteckt, alles ist schön geradlinig-modern, das Thema Wein ist allgegenwärtig: Die Zimmer (samt Minibar) sind Winzern der Region gewidmet, von der Chefin selbst gemalte Bilder mit Weinmotiven schmücken die Wände. Sie mögen Steak? Das Restaurant ist bekannt dafür!

burgblickhotel garni

Goethestr. 29 ✉ 54470 – ✆ (06531) 9 72 27 70 – www.burgblickhotel.de
20 Zim – ♦59 € ♦♦89/98 €
Ein sympathisches Haus - charmant die frische, modern-puristische Einrichtung, freundlich und engagiert die Gästebetreuung. Zum Frühstück gibt's hausgemachte Marmelade und in der schönen Weinbar natürlich Moselweine, aber auch Snacks gegen den kleinen Hunger. Im Winzerhaus gegenüber: Zimmer mit Massagedusche.

BERNRIED am STARNBERGER SEE

Bayern – 2 240 Ew. – Höhe 600 m – Siehe Regionalatlas **65**-L21
▶ Berlin 632 km – München 45 km – Weilheim 18 km – Starnberg 20 km
Michelin Straßenkarte 546

Marina (mit Gästehäusern)

Am Yachthafen 1 ✉ 82347 – ✆ (08158) 93 20 – www.hotelmarina.de – geschl. 3. - 17. Januar
87 Zim – ♦90/140 € ♦♦115/165 € – ½ P
Rest – Menü 35/45 € – Karte 35/42 €
Gefragt sind hier nicht nur die guten Tagungsmöglichkeiten, ein klarer Vorteil ist die Lage auf einem großen Gartengrundstück mit Strandbad, der Yachthafen direkt vor dem Haus! Die Zimmer liegen überwiegend seeseitig und haben meist einen Balkon - die modernsten in Haus Nr. 6. Seeblick auch beim Speisen!

BERNRIED KREIS DEGGENDORF

Bayern – 4 940 Ew. – Höhe 401 m – Siehe Regionalatlas **59**-O18
▶ Berlin 554 km – München 160 km – Passau 57 km – Regensburg 65 km
Michelin Straßenkarte 546

In Bernried-Rebling Nord-Ost: 8 km, Richtung Egg

Reblinger Hof Rest,

Rebling 3 ✉ 94505 – ✆ (09905) 7 07 14 41 00 – www.reblingerhof.de
29 Zim – ♦69/77 € ♦♦100/138 € – 1 Suite – ½ P
Rest – Menü 20 € – Karte 17/59 €
Der ruhig gelegene Familienbetrieb ist eine schöne Ferienadresse inmitten einer idyllischen Landschaft. Geschmackvoll sind die individuellen Zimmer sowie der wertige Santai-Spa, hübsch auch der Garten mit Badeteich. Im ländlich-eleganten Restaurant serviert man regionale Küche mit internationalen Einflüssen.

BERTRICH, BAD

Rheinland-Pfalz – 980 Ew. – Höhe 150 m – Siehe Regionalatlas **46-C15**
Berlin 659 km – Mainz 118 km – Trier 60 km – Koblenz 93 km
Michelin Straßenkarte 543

Häcker's Fürstenhof
Rest,

Kurfürstenstr. 36 ✉ 56864 – ✆ (02674) 93 40 – www.haeckers-hotels.com
60 Zim – 109 € 199 € – 5 Suiten – ½ P **Rest** – Karte 32/54 €
Das Hotel in einer verkehrsberuhigten Zone direkt am Kurpark ist ein klassisch-elegantes und komfortables Haus. Ansprechend sind das Schwimmbad und die Saunalandschaft. Eine stilvolle Atmosphäre herrscht in den Restauranträumen.

Bertricher Hof

Am Schwanenteich 7 ✉ 56864 – ✆ (02674) 9 36 20 – www.bertricher-hof.de – geschl. 28. November - 13. Januar, 27. Juni - 11. Juli
15 Zim – 52/61 € 86/122 € – ½ P **Rest** – Menü 18 € – Karte 19/33 €
Der persönlich geführte Familienbetrieb am kleinen Schwanenteich bietet sehr gepflegte Zimmer, die im Haupthaus nett und wohnlich sind, im Anbau etwas einfacher. Im Restaurant steht der Chef selbst am Herd und bereitet saisonal und regional geprägte Speisen.

BESCHEID – Rheinland-Pfalz → Siehe Trittenheim

BESTWIG

Nordrhein-Westfalen – 11 180 Ew. – Höhe 300 m – Siehe Regionalatlas **27-F11**
Berlin 481 km – Düsseldorf 156 km – Arnsberg 29 km – Brilon 14 km
Michelin Straßenkarte 543

In Bestwig-Föckinghausen Nord: 5 km über B 7 Richtung Meschede, in Velmede rechts ab

Waldhaus

Föckinghausen 23 ✉ 59909 – ✆ (02904) 9 77 60 – www.hotel-waldhaus.com – geschl. Mitte November - Anfang Dezember, Ende Juni-Anfang Juli 2 Wochen
17 Zim – 62/80 € 99/125 € – ½ P
Rest – Karte 26/44 € – *(geschl. Montag)*
Ein sympathisches kleines Landhotel unter familiärer Leitung. Die Gäste schätzen hier die reizvolle und ruhige Lage am Wald sowie die wohnlich eingerichteten Zimmer. Gemütlich ist das im ländlichen Stil gehaltene Restaurant, nett die Terrasse zum schönen Garten.

BETZDORF

Rheinland-Pfalz – 10 020 Ew. – Höhe 220 m – Siehe Regionalatlas **37-E13**
Berlin 576 km – Mainz 120 km – Siegen 18 km – Köln 99 km
Michelin Straßenkarte 543

Breidenbacher Hof
Zim,

Klosterhof 7 ✉ 57518 – ✆ (02741) 9 77 90 – www.hotel-breidenbacher-hof.de
19 Zim – 68/78 € 92/102 €
Rest *Maigrot* – Menü 25/42 € – Karte 17/54 € – *(geschl. 24. Dezember - 5. Januar, Samstagmittag - Sonntag)*
Das Gasthaus von 1893 ist ein langjähriger Familienbetrieb mit recht unterschiedlichen, wohnlichen Zimmern, die teilweise mit Stilmöbeln und Antiquitäten eingerichtet sind. Regionale Küche im gemütlich-eleganten Restaurant, rustikaler ist das Raucherzimmer.

In Kirchen-Katzenbach Nord-Ost: 5 km über B 62 Richtung Siegen

Zum weißen Stein (mit Gästehaus)
Rest,

Dorfstr. 50 ✉ 57548 – ✆ (02741) 9 59 50 – www.zum-weissen-stein.de
39 Zim – 70/82 € 99/118 € – ½ P
Rest – Menü 30/64 € – Karte 29/44 €
Dieser sehr gepflegte erweiterte Gasthof ist ein engagiert geführter Betrieb mit wohnlichen Zimmern. Zum Garten mit Koikarpfenteich liegen die schönen Juniorsuiten im Gästehaus. Ländlich-elegantes Restaurant mit mediterraner Note.

BEUREN

Baden-Württemberg – 3 380 Ew. – Höhe 435 m – Siehe Regionalatlas **55-H19**
Berlin 632 km – Stuttgart 50 km – Reutlingen 21 km – Ulm (Donau) 66 km
Michelin Straßenkarte 545

Beurener Hof mit Zim

Hohenneuffenstr. 16 ✉ 72660 – ✆ (07025) 91 01 10 – www.beurener-hof.de – geschl. Februar 1 Woche und Dienstag - Mittwochmittag
10 Zim – ♦68/80 € ♦♦98/120 € – ½ P
Menü 28/60 € – Karte 22/54 €
Trendig-modernes Design sucht man bei Familie Anhorn vergeblich, dafür ist das gediegen-rustikale Restaurant gemütlich mit seinen massiven Holzbalken und Sitznischen! Vor allem aber wird hier ehrlich und schmackhaft gekocht! Auf der Karte findet sich Regionales.

BEVENSEN, BAD

Niedersachsen – 8 700 Ew. – Höhe 33 m – Siehe Regionalatlas **19-J6**
Berlin 264 km – Hannover 113 km – Hamburg 86 km – Celle 70 km
Michelin Straßenkarte 541

Grüning

Haberkamp 2 ✉ 29549 – ✆ (05821) 9 84 00 – www.hotel-gruening.de – geschl. 24. November - 18. Dezember, 4. - 22. Januar
24 Zim – ♦83 € ♦♦124/142 €
Rest *Grüning* – siehe Restaurantauswahl
Das Haus der Familie Grüning steht ruhig am Ortsrand. Wohnlicher, elegant-gediegener Landhausstil und aufmerksamer Service sorgen für eine angenehme Atmosphäre. Alle Zimmer mit Balkon.

Zur Amtsheide (mit Gästehaus)

Zur Amtsheide 5 ✉ 29549 – ✆ (05821) 8 51 – www.amtsheide.de
72 Zim – ♦58/80 € ♦♦102/136 € – 10 Suiten – ½ P
Rest – Menü 23 € – Karte 21/44 € – *(nur Abendessen)*
Sie wohnen in unmittelbarer Nähe zu Kurgebiet und Innenstadt. Einige der individuellen Zimmer haben Balkon oder Terrasse, von manchen schaut man in den Garten - so auch vom hellen, zeitgemäßen Restaurant. Wellness auf 500 qm im Golfhotel gegenüber dem Haupthaus.

Kieferneck

Lerchenweg 1 ✉ 29549 – ✆ (05821) 5 60 – www.hotelkieferneck.com
50 Zim – ♦54/60 € ♦♦104/116 € – 1 Suite – ½ P
Rest – Menü 19/28 € – Karte 19/29 € – *(nur Abendessen)*
In dem ruhig im begrünten Kurgebiet gelegenen Hotel kann man bei Wellnessanwendungen entspannen, Fahrräder leihen und die Gegend erkunden oder einfach in wohnlichen Zimmern zur Ruhe kommen. Zur Stärkung serviert man Ihnen im Restaurant "Klassik" frische regionale Küche.

Grüning – Hotel Grüning

Haberkamp 2 ✉ 29549 – ✆ (05821) 9 84 00 – www.hotel-gruening.de – geschl. 24. November - 18. Dezember, 4. - 22. Januar und Montag - Dienstag
Karte 33/47 € – (Tischbestellung ratsam)
Zu den Grünings geht man nicht nur zum Übernachten: Man bietet hier eine frische internationale Küche aus soliden Produkten. In den Räumen verbreitet helles Naturholz Behaglichkeit.

BEXBACH

Saarland – 17 980 Ew. – Höhe 249 m – Siehe Regionalatlas **46-C17**
Berlin 683 km – Saarbrücken 35 km – Homburg/Saar 7 km – Neunkirchen/Saar 7 km
Michelin Straßenkarte 543

Hochwiesmühle (mit Gästehäusern)

Hochwiesmühle 50 (Nord-Ost: 1,5 km) ✉ 66450 – ✆ (06826) 81 90 – www.hochwiesmuehle.de

95 Zim – †72/99 € ††103/117 € – 1 Suite

Rest – Menü 38 € – Karte 23/45 € – *(geschl. Sonntagabend)*

Das Hotel in einer ruhigen Wohngegend ist eine recht großzügige Anlage mit individuellen und zeitgemäßen Zimmern sowie einem netten Freizeitbereich mit Kosmetikangebot. Probieren Sie im Restaurant doch mal das interessante Saisonmenü oder kommen Sie zum Sonntagsbrunch inklusive alkoholfreien Getränken und Kaffee!

BIBERACH an der RISS

Baden-Württemberg – 32 360 Ew. – Höhe 533 m – Siehe Regionalatlas **63-H20**

Berlin 653 km – Stuttgart 134 km – Konstanz 119 km – Ulm (Donau) 42 km

Michelin Straßenkarte 545

Parkhotel Jordanbad Rest,

Im Jordanbad 7 ✉ 88400 – ✆ (07351) 34 33 00 – www.jordanbad-parkhotel.de

117 Zim – †97/106 € ††125/164 € – 2 Suiten – ½ P

Rest – Menü 27/34 € – Karte 27/47 €

Das Kurhotel von 1905 ist ein zeitgemäßes Hotel mit direktem Zugang zum Jordanbad. Im Neubau stehen ganz modern designte Zimmer bereit. Frühstück im lichten verglasten Gartenzimmer. Zum Restaurant gehört eine Terrasse mit Parkblick.

Kapuzinerhof Rest, Zim,

Kapuzinerstr. 17 ✉ 88400 – ✆ (07351) 50 60 – www.hotel-kapuzinerhof.de – geschl. 20. Dezember - 5. Januar

75 Zim – †85/95 € ††110 € – ½ P

Rest – Karte 18/31 € – *(geschl. Freitagmittag - Sonntagmittag)*

Das Hotel befindet sich am Rande der Innenstadt auf dem ehemaligen Gelände eines Kapuzinerklosters und ist mit seinen funktionellen Zimmern eine ideale Businessadresse.

In Biberach-Rindenmoos Süd: 3,5 km

Landhotel zur Pfanne (mit Gaststätte zur Pfanne) Rest,

Auwiesenstr. 24 ✉ 88400 – ✆ (07351) 3 40 30 – www.landhotel-pfanne.de

20 Zim – †59/71 € ††80/100 € – ½ P **Rest** – Karte 19/27 €

Die ruhige Lage dieses Landgasthofs lädt dazu ein, die Gegend mit dem Fahrrad zu erkunden - leihen Sie sich einfach eines an der Rezeption! Nach einer schönen Tour stärken Sie sich im rustikalen Restaurant oder auf der hübschen Gartenterrasse, schlafen in sehr gepflegten Zimmern und freuen sich auf ein gutes Frühstück.

BIBERACH im KINZIGTAL

Baden-Württemberg – 3 410 Ew. – Höhe 188 m – Siehe Regionalatlas **54-E19**

Berlin 766 km – Stuttgart 164 km – Karlsruhe 96 km – Freudenstadt 47 km

Michelin Straßenkarte 545

In Biberach-Prinzbach Süd-West: 4 km, Richtung Lahr

Badischer Hof (mit Gästehäusern) Zim,

Dörfle 20 ✉ 77781 – ✆ (07835) 63 60 – www.badischer-hof.de – geschl. 1. - 11. Februar

52 Zim – †65/80 € ††130/170 € – 8 Suiten – ½ P

Rest – Menü 23/45 € – Karte 24/45 € – *(geschl. Januar - Februar)*

So mancher Gast kommt gerne wieder, denn schon allein die idyllische waldreiche Umgebung lockt! Aber auch schön wohnlich ist es hier bei Familie Bühler, egal ob Sie nun im Stammhaus, im Jägerhof oder im Haus Wiesengrund buchen. Im Restaurant darf man sich auf Wild aus eigener Jagd freuen!

Landgasthaus Zum Kreuz mit Zim

Untertal 7 (Ost: 1 km) ✉ 77781 – ✆ (07835) 42 64 20 – www.kreuz-prinzbach.de – geschl. 11. - 22. Februar und Mittwoch - Donnerstagmittag

8 Zim ☕ – 🚹65/80 € 🚹🚹104/108 € – ½ P Karte 16/49 €

Hier fühlt man sich einfach wohl - sowohl in den gemütlichen holzvertäfelten Stuben samt Kachelofen als auch auf der großzügigen Terrasse. Die Spezialität von Chef Peter Neumaier sind fangfrische Forellen, aber auch seine "Versucherle" und "Variationen". Wie wär's mit einer Übernachtung? Das Gästehaus "Speicher" besticht durch einen sehenswerten Mix aus warmem Holz und modernem Design!

BIEBELRIED – Bayern ➔ Siehe Würzburg

BIEDERBACH

Baden-Württemberg – 1 750 Ew. – Höhe 470 m – Siehe Regionalatlas **61-E20**

▶ Berlin 771 km – Stuttgart 141 km – Freiburg 34 km – Freudenstadt 99 km

Michelin Straßenkarte 545

In Biederbach-Dorf

Hirschen-Dorfmühle

Dorfstr. 19 ✉ 79215 – ✆ (07682) 3 27 – www.hirschen-dorfmuehle.de – geschl. Mitte Februar - Anfang März, Ende Oktober - Anfang November

10 Zim ☕ – 🚹35/37 € 🚹🚹65/72 € – 1 Suite – ½ P

Rest – Menü 27 € – Karte 14/37 € – *(geschl. Dienstag)*

Wie gemacht als Ausgangspunkt für schöne Wanderungen und Radtouren ist das Haus der Familie Burger: reizvolle Landschaft, gepflegte Zimmer, gemütliches Restaurant... Fragen Sie nach den neueren zeitgemäß-ländlichen Zimmern im 2. OG. In der Küche legt man Wert auf regionale Produkte - Lamm kommt sogar aus eigener Zucht!

BIELEFELD

Nordrhein-Westfalen – 323 400 Ew. – Höhe 118 m – Siehe Regionalatlas **27-F9**

▶ Berlin 394 km – Düsseldorf 182 km – Dortmund 114 km – Hannover 108 km

Michelin Straßenkarte 543

Bielefelder Hof Ⓝ

Am Bahnhof 3 ✉ 33602 – ✆ (0521) 5 28 20 – www.bielefelder-hof.de Stadtplan : B1**a**

155 Zim – 🚹69/169 € 🚹🚹79/179 €, ☕ 18 € – 6 Suiten – ½ P

Rest *GeistReich* – siehe Restaurantauswahl

Das Hotel zwischen Bahnhof und Stadthalle verbindet gelungen ein schönes klassisches Stadthaus und einen Neubau. Die Zimmer sind funktionell ausgestattet und farblich stimmig gestaltet. Gut auch die Tagungsmöglichkeiten.

Ravensberger Hof garni

Güsenstr. 4 ✉ 33602 – ✆ (0521) 9 62 11 – www.hotel-ravensberger-hof.de Stadtplan : B2**c**

50 Zim – 🚹79/199 € 🚹🚹79/199 €, ☕ 15 € – 1 Suite

Was hier sofort auffällt, ist die sehr ansprechende, geräumige Lobby mit kleiner Bar, wo sich die Gäste am Abend gerne treffen! Ebenso schön sind die wohnlich-eleganten Zimmer. Vorteil: die Altstadtlage - zentral und doch relativ ruhig.

Comfort Stadt Bremen garni

Bahnhofstr. 32 ✉ 33602 – ✆ (0521) 52 19 80 – www.comfort-garni.de Stadtplan : B1**b**

46 Zim – 🚹70/90 € 🚹🚹80/109 €, ☕ 9 €

Einige der Gästezimmer sind zwar recht klein, doch die Lage mitten in der Fußgängerzone macht das wieder wett! Sie kommen mit dem Zug? Der Bahnhof ist nur 400 m entfernt.

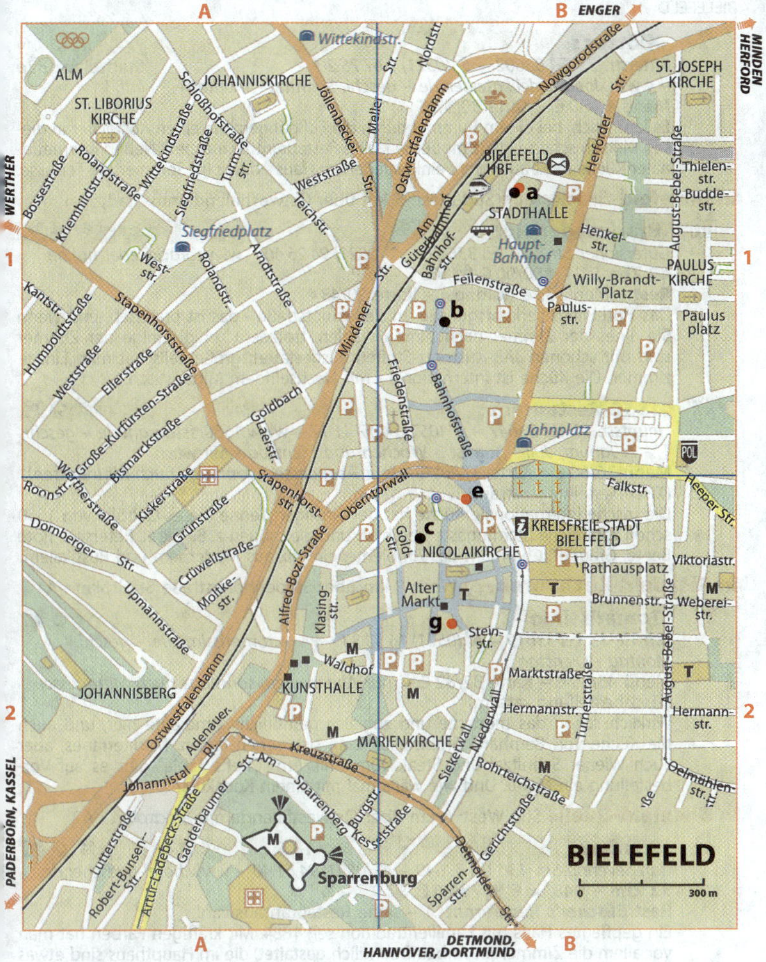

GUI

Gehrenberg 8 ✉ 33602 – ✆ (0521) 5 22 21 19 – Stadtplan : B2**g**
geschl. Sonntag - Montag
Karte 30/65 € – (Tischbestellung ratsam)
"GUI" steht in der internationalen Plansprache Esperanto für "Genießen", und das können Sie in diesem hochwertig-modern eingerichteten Restaurant in der Innenstadt. In der einsehbaren Küche entstehen frische, schmackhafte Gerichte mit mediterranem Einschlag - jeden Mittwoch gibt es eine neue Karte.

GeistReich – Hotel Bielefelder Hof

Am Bahnhof 3 ✉ 33602 – ✆ (0521) 5 28 20 Stadtplan : B1**a**
– www.bielefelder-hof.de – geschl. Sonntagmittag
Menü 34/79 € – Karte 34/62 €
Das Restaurant befindet sich im Altbau des "Bielefelder Hofes" - ansprechend die helle, stilvoll-zeitgemäße Einrichtung unter hohen Decken. Freundlich und geschult serviert man hier internationale Speisen.

Klötzer's

Ritterstr. 33 ✉ 33602 – ✆ (0521) 9 67 75 20 Stadtplan : B2**e**
– www.kloetzer-delikatessen.de – geschl. Sonntag - Montag
Menü 40/50 € – Karte 30/57 €
Es lohnt sich, bei einem Bummel durch die Fußgängerzone einen Abstecher in dieses wirklich schöne, ganz moderne kleine Restaurant zu machen. Neben internationaler Küche lockt auch der Feinkostladen im Haus - davor im Sommer die Terrasse.

In Bielefeld-Brackwede Süd-West: 5 km über Ostwestfalendamm Stadtplan : A2

Brackweder Hof

Gütersloher Str. 236 ✉ 33649 – ✆ (0521) 94 26 60 – www.brackweder-hof.de
40 Zim – 80/90 € 105 € – ½ P
Rest – Menü 35 € (mittags) – Karte 20/43 €
Das Hotel liegt verkehrsgünstig an der Hauptstraße - das ist praktisch, und wenn Sie eines der Zimmer nach hinten wählen, trotzdem ruhig! Einige der Zimmer sind mit schönen JAB-Anstoetz-Stoffen ausgestattet, größenteils hat man Einzelzimmer. Die Küche ist international - mit wechselndem Mittagstisch.

1550 Restaurant

Hauptstr. 27 ✉ 33647 – ✆ (0521) 4 17 41 17 – www.1550restaurant.de – geschl. 1. - 7. Januar, Juli - August 3 Wochen und Dienstag - Mittwoch
Menü 36/68 € – Karte 37/54 € – *(nur Abendessen, sonntags auch Mittagessen)*
(Tischbestellung ratsam)
Die frische internationale Küche hat der einstigen Tenne dieses Gehöfts von 1550 schon zahlreiche Stammgäste beschert, und die mögen z. B. "Skrei, Petersilie, Rote Beete, Graupe". Charmant das Ambiente: ein Mix aus Modernem und Rustikalem.

In Bielefeld-Kirchdornberg West: 8 km über Stapenhorststraße Stadtplan : A1

Tomatissimo

Am Tie 15 ✉ 33619 – ✆ (0521) 16 33 33 – www.tomatissimo.de – geschl. Montag - Dienstag
Menü 45/89 € – Karte 32/82 € – *(nur Abendessen, sonntags auch Mittagessen)*
(Tischbestellung ratsam)
Wirklich schön das moderne und zugleich gemütliche Ambiente hier, und auch die Küche von Bernhard Grubmüller kann sich sehen lassen: Mediterranes, aber auch Wiener Schnitzel und Steak vom Grill. Am "Chef's Table" gibt es auf Vorbestellung ein Menü. Und wie wär's mal mit einem Kochkurs?

In Bielefeld-Quelle Süd-West: 5 km über Ostwestfalendamm Stadtplan : A2

Büscher

Carl-Severing-Str. 136 ✉ 33649 – ✆ (0521) 94 61 40 – www.hotel-buescher.de
32 Zim – 48/66 € 78/86 €, 9 € – ½ P
Rest *Büscher's Restaurant* – siehe Restaurantauswahl
Ein gepflegtes Haus mit Familientradition seit 1884. Mit kräftigen Farben hat man vor allem die Zimmer im Anbau freundlich gestaltet, die im Haupthaus sind etwas einfacher, dafür aber auch günstiger!

Büscher's Restaurant – Hotel Büscher

Carl-Severing-Str. 136 ✉ 33649 – ✆ (0521) 94 61 40 – www.hotel-buescher.de – geschl. Sonntag
Menü 35/55 € – Karte 29/58 €
In der Küche legt Juniorchef Patrick Büscher großen Wert auf die Herkunft der Produkte: Wild aus dem Teutoburger Wald, Wels und Saibling aus Steinhagen, Gänse aus Rietberg... Probieren Sie zur Saison auch das selbstgemachte Sauerkraut!

In Bielefeld-Schildesche Nord: 5 km über Nowgorodstraße Stadtplan : B1

Bayerisches Landhaus - Bayern first

Zim,
Loheide 41 ✉ 33609 – ✆ (0521) 8 35 35 – www.bayerisches-landhaus.de
32 Zim – 86/92 € 103 € – 3 Suiten – ½ P
Rest – Menü 26/44 € – Karte 26/44 € – *(nur Abendessen)*
Das "Bayerische Landhaus" ist das Stammhaus, "Bayern first" nennt sich der hochwertigere neuzeitliche Anbau - hier sind die Zimmer schön modern und geradlinig, teilweise haben sie auch einen Balkon. Angenehm sitzt man beim Frühstück im Wintergarten, bayerisches Flair im Restaurant samt uriger "Almhütte".

Taverne

Johannisstr. 11a ✉ 33611 – ✆ (0521) 8 61 05 – www.wein-taverne.com – geschl. Anfang Januar 1 Woche, August 3 Wochen und Sonntag - Montag sowie an Feiertagen
Menü 29/41 € – Karte 20/53 € – (Tischbestellung ratsam)
Die beiden freundlichen Gastgeber haben hier ein gemütliches kleines Lokal nebst Weinhandlung. Man bietet eine gute tagesfrische Küche mit drei Menüs, darunter ein vegetarisches. Im Winter sorgt Kaminfeuer für Behaglichkeit, im Sommer lockt die hübsche Terrasse hinterm Haus.

In Bielefeld-Sennestadt Süd-West: 13 km über Detmolder Straße Stadtplan : B2

Quality Hotel

Zim,

Alte Verler Str. 2, (mit Gästehaus) ✉ 33689 – ✆ (05205) 93 60 – www.quality-hotel-bielefeld.de – geschl. 23. Dezember - 1. Januar
102 Zim – 86/99 € 99/130 €
Rest *Eickelmann's* – ✆ (05205) 2 20 06 – Menü 19 € – Karte 22/54 € – *(geschl. Sonntag und an Feiertagen)*
Sachlich, funktionell und gepflegt - da kann man nichts falsch machen! Dazu kommt noch die Nähe zur Autobahn, ein Vorteil gerade für Geschäftsleute und Tagungsgäste. Tipp: Die 16 Zimmer im Gästehaus gegenüber sind geräumiger und hochwertiger! Im Restaurant isst man bürgerlich.

BIENENBÜTTEL-BARDENHAGEN

Niedersachsen – 6 630 Ew. – Höhe 30 m – Siehe Regionalatlas **19-J6**
Berlin 300 km – Hannover 141 km – Lüneburg 15 km – Hamburg 72 km
Michelin Straßenkarte 541

Im Ortsteil Bardenhagen Ost: 8 km

GUT Bardenhagen (mit Gästehäusern)

Zim,

Bardenhagener Str. 3 ✉ 29553 – ✆ (05823) 9 53 99 60 – www.gut-bardenhagen.de
26 Zim – 115/150 € 145/180 € – 3 Suiten
Rest *GUT Evening* – siehe Restaurantauswahl
Rest *TafelGUT* – Menü 42 € – Karte 32/48 € – *(geschl. Donnerstag - Samstag) (nur Abendessen, sonntags auch Mittagessen)*
Die tolle Anlage mit großem Festsaal ist natürlich die perfekte Location für Hochzeiten. Auch wer hier einfach nur ausspannen möchte, wird nicht enttäuscht: Die Zimmer in Gutshaus, Uhrenvilla und Neubau sind hochwertig, Wasser, Telefon und Internet gibt's gratis - die Ruhe ringsum auch! Schöner Deko-Shop.

GUT Evening – Hotel GUT Bardenhagen

Bardenhagener Str. 3 ✉ 29553 – ✆ (05823) 9 53 99 60 – www.gut-bardenhagen.de – geschl. Sonntag - Mittwoch
Menü 42 € – Karte 36/60 € – *(nur Abendessen)*
Das Restaurant hat Charme - das liegt an der gemütlich-modernen Einrichtung in ruhigen, warmen Tönen und an den schön eingedeckten Tischen, an denen man aus einem kleinen gehobenen Angebot wählt. Herrlicher Innenhof!

BIETIGHEIM-BISSINGEN

Baden-Württemberg – 43 010 Ew. – Höhe 200 m – Siehe Regionalatlas **55-G18**
Berlin 611 km – Stuttgart 25 km – Heilbronn 25 km – Ludwigsburg 9 km
Michelin Straßenkarte 545

Im Stadtteil Bietigheim

Rose

Kronenbergstr. 14 ✉ 74321 – ✆ (07142) 4 20 04 – www.hotel-rose.de – geschl. Anfang Januar 2 Wochen, August 4 Wochen
25 Zim – 79/99 € 89/129 € – 3 Suiten
Rest *Rose* – siehe Restaurantauswahl
Die junge Generation hat in diesem Familienbetrieb die Leitung übernommen. Man wohnt sehr gepflegt in einem Eckhaus im Zentrum nicht weit von der Fußgängerzone. Wer länger bleiben möchte, bucht am besten eines der Appartements im Nebenhaus!

Friedrich von Schiller mit Zim

Marktplatz 5 ✉ 74321 – ✆ (07142) 9 02 00 – www.friedrich-von-schiller.com – geschl. 1. - 6. Januar, 1. - 17. August und Sonntag - Montagmittag sowie an Feiertagen

15 Zim ☕ – 🚹90/120 € 🚹🚹120/150 € – 4 Suiten – ½ P

Menü 28 € (mittags)/75 € – Karte 30/63 €

Ein schöneres Plätzchen hätte aus dem jahrhundertealten Haus in der Altstadt kaum entstehen können! Dass man sich hier richtig wohlfühlt, ist Familie Schork zu verdanken. Voller Einsatz auch beim Kochen: regional, klassisch, schmackhaft! Zum Übernachten: liebenswerte Zimmer, benannt nach Stücken von Schiller.

Rose (Benjamin Maerz) – Hotel Rose

Kronenbergstr. 14 ✉ 74321 – ✆ (07142) 4 20 04 – www.hotel-rose.de – geschl. Anfang Januar 2 Wochen, August 4 Wochen und Samstagmittag, Sonntag - Montag

Menü 29 € (mittags unter der Woche)/93 € – Karte 45/65 €

Mittzwanziger Benjamin Maerz, Sohn der Betreiberfamilie, ist Chef am Herd, sein Bruder leitet den Service. Jung, ambitioniert, spannend... das trifft die Küche am besten: Sie umfasst das Menü "Signatur Maerz" sowie Klassiker. Vegetarisches gibt es ebenfalls.

→ Sellerie gegrillt, Püree, Grapefruit, Limette, Haselnuss, Sud, Senfsaat. Gänseleber heiß und kalt - Pastete Smiley, Popkorn, Maistexturen, Kaffee, Yuzu. Interpretation Gulasch 2014 - Wagyubacke 72 h gegart, Paprikapüree, Crosnes, Zwiebeln.

Im Stadtteil Bissingen

Otterbach (mit Gästehaus)

Bahnhofstr. 153 ✉ 74321 – ✆ (07142) 58 40 – www.hotel-otterbach.de – geschl. 1. - 7. Januar

85 Zim ☕ – 🚹80/125 € 🚹🚹98/155 € **Rest** – Menü 25 € – Karte 26/57 €

Besonders gerne wohnen die Gäste im Neubau: Hier hat man Zimmer einer höheren Kategorie - chic und mit individueller Note! Am Morgen frühstücken Sie im lichten Wintergarten, mittags oder abends speisen Sie im hellen, eleganten Restaurant oder im legeren "O"-Stüble.

BILLERBECK

Nordrhein-Westfalen – 11 500 Ew. – Höhe 115 m – Siehe Regionalatlas **26**-D9

▶ Berlin 510 km – Düsseldorf 110 km – Enschede 56 km – Münster (Westfalen) 32 km

Michelin Straßenkarte 543

Weissenburg

Gantweg 18 (Nord: 2 km, Richtung Steinfurt) ✉ 48727 – ✆ (02543) 7 50 – www.hotel-weissenburg.de

75 Zim ☕ – 🚹80/115 € 🚹🚹120/135 € – ½ P

Rest – Menü 26/70 € – Karte 24/60 €

Nicht nur für Tagungen ist dieser langjährige Familienbetrieb ideal, Wellnessgäste kommen ebenso gerne, um neben der schönen erhöhten Lage am Waldrand auch die Spa-Anwendungen auf 700 qm zu genießen! Gut entspannen kann man aber auch im Park mit Wildgehege. Fragen Sie nach den neueren modernen "Parkside"-Zimmern mit Aussicht! Einen schönen Blick hat man auch durch die große Fensterfront des Restaurants und natürlich von der Terrasse!

Domschenke

Markt 6 ✉ 48727 – ✆ (02543) 9 32 00 – www.domschenke-billerbeck.de

30 Zim ☕ – 🚹60/90 € 🚹🚹85/120 € – 1 Suite – ½ P

Rest *Domschenke* – siehe Restaurantauswahl

Familie Groll ist hier seit mehreren Generationen mit Engagement bei der Sache, hält ihr Haus top in Schuss und renoviert immer wieder! So gibt es in dem sympathischen Hotel auch besonders schöne moderne Zimmer, darunter die schicke Suite. Schauen Sie sich auch den 1898 erbauten Dom von Billerbeck an - er steht praktisch vor der Tür und ist wirklich sehenswert!

Domschenke – Hotel Domschenke
Markt 6 ✉ 48727 – ✆ (02543) 9 32 00 – www.domschenke-billerbeck.de
Menü 13 € (mittags)/56 € – Karte 23/58 €
Gut machen sich die schön arrangierten modernen Akzente, die sich mit dem rustikalen Flair des 1668 erbauten Gasthofs mischen. Was Chef Frank Groll an regionalen Gerichten zu bieten hat, probiert man z. B. als typisches "Weltfälisches Menü".

BINDLACH – Bayern ➜ Siehe Bayreuth

BINGEN

Rheinland-Pfalz – 24 420 Ew. – Höhe 100 m – Siehe Regionalatlas **47-E15**
Berlin 600 km – Mainz 31 km – Bad Kreuznach 20 km – Koblenz 66 km
Michelin Straßenkarte 543

Weinhotel Michel garni
Mainzer Str. 74 ✉ 55411 – ✆ (06721) 9 15 10 – www.weinhotel-michel.de – geschl. 20. Dezember - 7. Januar
15 Zim – †95/120 € ††140/160 €
Bei Familie Michel wohnen Sie in gut gepflegten Zimmern, die nach Rebsorten bzw. Weinlagen benannt sind. Auch Allergikerzimmer mit Holzfußboden stehen zur Verfügung.

In Münster-Sarmsheim

Weinstube Kruger-Rumpf
Rheinstr. 47 ✉ 55424 – ✆ (06721) 4 50 50 – www.kruger-rumpf.com – geschl. 24. Dezember - 5. Januar und Montag
Menü 30 € (abends)/45 € – Karte 27/41 € – *(Dienstag - Freitag nur Abendessen)*
Sehr nett ist die gemütlich-ländliche Weinstube des bekannten Weinguts. Für Veranstaltungen nutzt man das Kreuzgewölbe (ehemaliger Kuhstall) und den Tafelraum. Hübsche Terrasse.

BINZ – Mecklenburg-Vorpommern ➜ Siehe Rügen (Insel)

BINZEN

Baden-Württemberg – 2 910 Ew. – Höhe 284 m – Siehe Regionalatlas **61-D21**
Berlin 858 km – Stuttgart 260 km – Freiburg im Breisgau 65 km – Basel 11 km
Michelin Straßenkarte 545

Mühle (mit Gästehaus)
Mühlenstr. 26 ✉ 79589 – ✆ (07621) 9 40 84 90 – www.muehlebinzen.de
32 Zim – †120/155 € ††155/195 € – ½ P
Rest *Mühle* – siehe Restaurantauswahl
Schön, was Sie da in der einstigen Mühle von 1725 erwartet: ruhige Lage, geschmackvoll-elegante Zimmer (hier hat die Chefin, gebürtige Engländerin, Stilgefühl bewiesen!) und am Morgen ein leckeres Frühstück im hübschen Garten-Pavillon. Einladend auch die gemütliche Zigarren-Lounge.

Ochsen
Hauptstr. 42 ✉ 79589 – ✆ (07621) 4 22 08 88 – www.ochsen-binzen.de
23 Zim – †68/95 € ††95/150 € – 1 Suite
Rest *Ochsen* – siehe Restaurantauswahl
Direkt am Rathaus steht dieses Landgasthaus mit freundlichen und zeitgemäßen Zimmern. Wer ein bisschen was Besonderes sucht, sollte die modern-elegante Ochsen-Suite buchen!

Ochsen – Hotel Ochsen
Hauptstr. 42 ✉ 79589 – ✆ (07621) 4 22 08 88 – www.ochsen-binzen.de
Menü 45/78 € – Karte 26/71 € – *(nur Abendessen, sonntags auch Mittagessen)*
In der Küche von Jörg Brugger und seinem Team mischt sich Klassisches mit Internationalem sowie regionalen Einflüssen, und das auf Basis guter, frischer Produkte. Im Sommer sind die Lieblingsplätze draußen unter dem alten Walnussbaum.

XX **Mühle** – Hotel Mühle

Mühlenstr. 26 ✉ 79589 – ✆ (07621) 9 40 84 90 – www.muehlebinzen.de
Menü 29 € (mittags)/84 € – Karte 40/99 €
Hier serviert man Ihnen traditionell-klassische Küche, und es wird vor Ihren Augen tranchiert und flambiert. Wählen Sie z. B. "Chateaubriand mit Sauce Béarnaise" und als Dessert Crêpes Suzette. Den Käse für den Käsewagen holt Patron Hansjörg Hechler übrigens persönlich aus Frankreich!

BIRKENAU

Hessen – 9 960 Ew. – Höhe 147 m – Siehe Regionalatlas **47-F16**
Berlin 611 km – Wiesbaden 97 km – Mannheim 30 km – Darmstadt 44 km
Michelin Straßenkarte 543

XX **Drei Birken**

Hauptstr. 170 ✉ 69488 – ✆ (06201) 3 23 68 – www.restaurant-drei-birken.de – geschl. Februar 2 Wochen, Juli - August 2 Wochen und Montag - Mittwochmittag
Menü 45/65 € – Karte 33/58 €
Zu Karl und Christine Gassen kommt man natürlich in erster Linie wegen der guten regional-saisonalen Küche wie z. B. Steinbeißer mit Flusskrebsen. Aber auch das helle, freundliche Ambiente und der hübsche Innenhof sprechen die Gäste an.

BIRKENFELD (MAIN-SPESSART-KREIS)

Bayern – 2 170 Ew. – Höhe 206 m – Siehe Regionalatlas **49-H15**
Berlin 517 km – München 312 km – Würzburg 29 km – Frankfurt am Main 100 km
Michelin Straßenkarte 546

In Birkenfeld-Billingshausen Nord-Ost: 2 km, Richtung Zellingen

X **Goldenes Lamm**

Untertorstr. 13 ✉ 97834 – ✆ (09398) 3 52 – www.goldenes-lamm-billingshausen.de – geschl. Montag - Dienstag
Menü 28/48 € – Karte 19/42 €
In dem ansprechenden alten Steinhaus leitet Familie Hüsam schon seit Generationen dieses ländlich-rustikale Restaurant. Im Sommer hat man im Hof eine nette kleine Terrasse.

BIRNBACH, BAD

Bayern – 5 530 Ew. – Höhe 376 m – Siehe Regionalatlas **59-P19**
Berlin 618 km – München 147 km – Passau 41 km – Landshut 82 km
Michelin Straßenkarte 546

Sonnengut

Am Aunhamer Berg 2 ✉ 84364 – ✆ (08563) 30 50 – www.sonnengut.de
81 Zim – †93/111 € ††184/218 € – 7 Suiten – ½ P
Rest *Hirschstuben* – siehe Restaurantauswahl
Ein Vierseithof der neuzeitlichen Art. Modern und geschmackvoll sind die Zimmer, sehr schön auch die neuen Suiten, der Wellnessbereich ist großzügig, aufwändig gestaltet und bietet vielfältige Anwendungen.

Vitalhotel Rest,

Brunnaderstr. 27 ✉ 84364 – ✆ (08563) 30 80 – www.vitalhotel-badbirnbach.de
103 Zim – †70/75 € ††110/146 € – 5 Suiten – ½ P
Rest – Menü 15/15 € – Karte 22/31 € – *(nur Abendessen für Hausgäste)*
Das Hotel am Rande des Kurgebiets verfügt über wohnliche Zimmer in warmen Farben und überzeugt mit einem umfangreichen Wellnessangebot in geschmackvollem Ambiente.

XX **Hirschstuben** – Hotel Sonnengut

Am Aunhamer Berg 2 ✉ 84364 – ✆ (08563) 30 50 – www.sonnengut.de
Menü 25/59 € – Karte 25/48 € – *(Montag - Freitag nur Abendessen)*
Hirsch und andere Wildgerichte sowie leckerer Kaiserschmarrn stehen hier auf der Karte, dazu heimelige Atmosphäre... Getäfelte Wände, Holzfußboden, ein schöner Ofen und hübsche Stoffe machen die Stube warm und gemütlich.

Außerhalb Nord: 6 km

Hofgut Hafnerleiten garni
Brunndobl 16 ✉ 84364 – ✆ (08563) 9 15 11 – www.hofgut.info
10 Zim – 330/460 € 330/460 €
Traumhaft wohnt man hier, und zwar in seinem eigenen Haus! Zur Wahl stehen das Haus am Feld, das Haus am Wald, das Bootshaus, das Baumhaus... Zehn verschiedene Häuschen sind es insgesamt, eins schöner als das andere, alle hochwertig und individuell. Das Frühstück wird Ihnen gebracht, ebenso das Abendessen. Im Haupthaus speisen die Gäste zusammen an einer großen Tafel.

BISCHOFSWERDA
Sachsen – 11 970 Ew. – Höhe 280 m – Siehe Regionalatlas **43-R12**
Berlin 213 km – Dresden 32 km – Cottbus 91 km – Görlitz 62 km
Michelin Straßenkarte 544

In Bischofswerda-Belmsdorf Süd-Ost: 2 km Richtung Oppach

L'Auberge Gutshof mit Zim
Alte Belmsdorfer Str. 33 ✉ 01877 – ✆ (03594) 70 52 00 – www.auberge-gutshof.eu – geschl. Donnerstag
10 Zim – 45/50 € 78/80 € – ½ P
Menü 33/62 € – Karte 24/48 € – *(Montag - Samstag nur Abendessen, außer an Feiertagen)*
Ein Stück Frankreich mitten in Sachsen. Man sitzt unter einer schönen Gewölbedecke. Es gibt Klassiker der französischen Küche - natürlich auch frischen Flammkuchen aus dem Holzofen.

BISCHOFSWIESEN
Bayern – 7 600 Ew. – Höhe 610 m – Siehe Regionalatlas **67-O21**
Berlin 736 km – München 148 km – Bad Reichenhall 13 km – Berchtesgaden 5 km
Michelin Straßenkarte 546

Reissenlehen (mit Gästehaus)
Rest,
Reissenpoint 11 ✉ 83483 – ✆ (08652) 97 72 00 – www.reissenlehen.de – geschl. 2. November - 25. Dezember
18 Zim – 55/120 € 102/162 € – 4 Suiten – ½ P
Rest – Menü 16 € – Karte 14/30 € – *(geschl. Sonntag) (nur Abendessen für Hausgäste)*
Wohnlich ist das von Familie Irlinger freundlich geführte kleine Hotel. Hallenbad und Naturbadeteich bieten einen fantastischen Bergblick, toll die Blockhaussauna, gut das Kosmetik- und Massageangebot, und auch Physiotherapie ist buchbar.

Alpenhotel Hundsreitlehen
Quellenweg 11 ✉ 83483 – ✆ (08652) 98 60 – www.hundsreitlehen.de – geschl. 1. März - 2. April und Ende Oktober - 25. Dezember
29 Zim – 50/60 € 100/120 € – 5 Suiten – ½ P
Rest – Menü 15 € – Karte 20/35 € – *(geschl. Montag) (nur Abendessen für Hausgäste)*
Seit über 100 Jahren ist das 1387 erstmals erwähnte Haus in 750 m Höhe bereits im Familienbesitz. Von der Liegewiese kann man schön die Panoramasicht genießen. Wie wär's z. B. mit einem geräumigen Kuschel- oder Romantikzimmer oder einem Familiennest?

BISINGEN
Baden-Württemberg – 9 280 Ew. – Höhe 561 m – Siehe Regionalatlas **55-G19**
Berlin 710 km – Stuttgart 71 km – Konstanz 120 km – Reutlingen 35 km
Michelin Straßenkarte 545

In Bisingen-Zimmern Nord-Ost: 2 km

Gasthof Adler
Schloss-Str. 1 ✉ 72406 – ✆ (07471) 1 69 75 – www.adler-zimmern.de – geschl. August 2 Wochen und Montag - Dienstag
Karte 30/44 € – *(Mittwoch - Freitag nur Abendessen)*
Bereits seit mehreren Generationen ist dieses Haus im Familienbesitz. Am Herd steht der Chef persönlich und was er kocht, ist schwäbisch und sehr schmackhaft. Fast schon ein Muss sind da die Maultaschen! Oder vielleicht lieber die Ochsenschwanzsuppe? Und zum Mitnehmen gibt's hausgemachte Salatdressings, Suppen und vieles mehr.

BISPINGEN

Niedersachsen – 6 210 Ew. – Höhe 74 m – Siehe Regionalatlas **19-I6**

Berlin 335 km – Hannover 94 km – Hamburg 71 km – Lüneburg 45 km

Michelin Straßenkarte 541

Heidehotel Rieckmann

Kirchweg 1 ✉ *29646* – *(05194) 95 10* – *www.hotel-rieckmann.de*

21 Zim – 59/79 € 89/109 € – ½ P

Rest *Heidehotel Rieckmann* – siehe Restaurantauswahl

Persönlich und individuell kümmert sich die Inhaberfamilie um ihre Gäste. Man sieht, dass immer wieder verbessert und aufgefrischt wird! Die Zimmer sind solide, zeitgemäß und preislich fair.

Das kleine Hotel am Park garni

Am Park 2c (Borstel, Nord-West: 1,5 km) ✉ *29646* – *(05194) 68 44* – *www.daskleinehotel.de*

9 Zim – 58/65 € 87/95 €

Eine sympathische familiäre Adresse in recht ruhiger Waldrandlage. Es stehen wohnlich-individuelle Zimmer bereit, die nach Monaten benannt sind. Zum gepflegten Garten hin liegt der charmante Frühstücksraum mit Terrasse.

Heidehotel Rieckmann – Heidehotel Rieckmann

Kirchweg 1 ✉ *29646* – *(05194) 95 10* – *www.hotel-rieckmann.de – geschl. 5. Januar - 5. Februar und Oktober - März: Montag*

Menü 29 € – Karte 16/46 € – *(Dienstag - Freitag nur Abendessen)*

Gekocht wird hier bürgerlich mit internationalem Einfluss, die Produkte sind gut und frisch. Am angenehmsten sitzt man auf der Terrasse mit Blick in den idyllischen Garten mit schönen Bäumen und Teich - einige Plätze sind sogar überdacht.

BISTENSEE – Schleswig-Holstein ➜ Siehe Rendsburg

BITBURG

Rheinland-Pfalz – 12 780 Ew. – Höhe 320 m – Siehe Regionalatlas **45-B15**

Berlin 705 km – Mainz 165 km – Trier 23 km – Wittlich 36 km

Michelin Straßenkarte 543

In Rittersdorf Nord-West: 4 km, jenseits der B 51 – Höhe 285 m

Herrmann's

Bitburger Str. 30, (in der Burg Rittersdorf) ✉ *54636* – *(06561) 9 65 70* – *www.burg-rittersdorf.de – geschl. 12. - 29. Januar und Montag - Dienstag*

Menü 31 € (mittags)/79 € – Karte 33/58 €

Über die Torbrücke gelangt man in den schönen Innenhof (hier eine der Terrassen) der romantischen Wasserburg a. d. 13. Jh. Kaminzimmer, Gute Stube, Jagdzimmer, Burgküche, Turmzimmer... lauter charmant-rustikale Räume! Seit über zehn Jahren bieten Achim und Sylvia Herrmann als engagierte Gastgeber international-regionale Küche. Standesamt im Gotischen Trauzimmer.

BLANKENBACH

Bayern – 1 610 Ew. – Höhe 190 m – Siehe Regionalatlas **48-G15**

Berlin 538 km – München 356 km – Aschaffenburg 15 km – Frankfurt am Main 48 km

Michelin Straßenkarte 546

Behl

Krombacher Str. 2 ✉ *63825* – *(06024) 47 66* – *www.behl.de*

23 Zim – 70/78 € 96/98 € – ½ P

Rest – Menü 28/70 € – Karte 25/47 € – *(geschl. Montagmittag)*

Seit über 25 Jahren wird das Brennhaus Behl von der Familie geführt. Moderne, nach Früchten benannte Zimmer und ein gutes Frühstück zu fairen Preisen. Internationale Küche im ländlich-eleganten Restaurant. Eine Besonderheit sind die Brennabende in der Destille.

BLANKENBURG

Sachsen-Anhalt – 21 660 Ew. – Höhe 200 m – Siehe Regionalatlas **30-K10**
Berlin 222 km – Magdeburg 71 km – Göttingen 124 km – Halle 88 km
Michelin Straßenkarte 542

Greenline Schlosshotel Blankenburg

Schnappelberg 5 ✉ *38889* – *(03944) 3 61 90* – *www.schlosshotel-blankenburg.de*
68 Zim – 75/95 € 85/125 € – ½ P
Rest – Menü 22 € – Karte 22/49 € – *(nur Abendessen)*
Das herrschaftlich anmutende Sandsteingebäude ist die ehemalige Schlosskaserne von 1871, an die sich der schöne öffentliche Schlosspark anschließt. Die Zimmer sind meist großzügig geschnitten. Saisonale Küche im Restaurant. Die Terrasse liegt zum Innenhof.

Viktoria Luise

Hasselfelder Str. 8 ✉ *38889* – *(03944) 9 11 70* – *www.viktoria-luise.de* – *geschl. 9. - 22. November, 23. - 27. Dezember*
13 Zim – 61/90 € 120/140 €
Rest – Menü 21/36 € – Karte 21/37 € – *(geschl. Sonntag - Montag) (nur Abendessen für Hausgäste)*
Wer etwas Individualität sucht, findet diese in der Jugendstilvilla von 1893 - in Zimmern wie "Beatrix II", "Christine Luise" oder "Schlossblick". Gastgeberin Andrea Schmitz sorgt für privat-familiäre Atmosphäre. Am Morgen erfüllt sie Ihnen Ihre Frühstückswünsche à la carte.

BLANKENHAIN

Thüringen – 6 620 Ew. – Höhe 300 m – Siehe Regionalatlas **40-L13**
Berlin 279 km – Erfurt 31 km – Weimar 19 km – Jena 33 km
Michelin Straßenkarte 544

Lindner Spa & Golf Hotel Weimarer Land

Weimarer Str. 60 ✉ *99444* – *(036459) 6 16 40* – *www.golfresort-weimarerland.de*
Zim, Rest,
94 Zim – 119/249 € 169/299 € – 11 Suiten – ½ P
Rest *Augusta im Spa & GolfResort Weimarer Land* – Menü 45/89 € – Karte 42/53 €
Direkt an einer 36-Loch-Golfanlage... da ist man als Golfer natürlich bestens aufgehoben. Nicht minder attraktiv sind die hochwertigen Zimmer, der ebenso geschmackvolle Spa sowie die kostenlose Kinderbetreuung. Der ausgesprochen schöne gemütlich-elegante Landhausstil ist allgegenwärtig - so auch im Restaurant namens "Augusta" (einer der bekanntesten Golfplätze der Welt). Die Küche hier ist international.

BLAUBACH – Rheinland-Pfalz → Siehe Kusel

BLAUBEUREN

Baden-Württemberg – 11 830 Ew. – Höhe 516 m – Siehe Regionalatlas **56-H19**
Berlin 633 km – Stuttgart 81 km – Reutlingen 57 km – Ulm (Donau) 18 km
Michelin Straßenkarte 545

Ochsen

Marktstr. 4 ✉ *89143* – *(07344) 96 98 90* – *www.ochsen-blaubeuren.de* – *geschl. 24. Dezember - 6. Januar*
49 Zim – 69/95 € 95/115 € – 2 Suiten – ½ P
Rest – Menü 18/38 € – Karte 19/45 € – *(geschl. Sonntagabend)*
Bis ins 15. Jh. reicht die Geschichte des Ochsen zurück. Das Haus mit der ansprechenden Fachwerkfassade verfügt über funktionell ausgestattete Zimmer mit gutem Platzangebot - fragen Sie aber auch gerne nach den neuen Zimmern! Ländlich-gediegene Gaststuben mit bürgerlicher Küche und schönem Biergarten.

In Blaubeuren-Weiler West: 2 km über B 492

Forellen-Fischer

Aachtalstr. 6 ✉ 89143 – ✆ (07344) 65 45 – www.forellenfischer.de – geschl. 2. - 22. Januar und Sonntagabend - Montag
Menü 42 € – Karte 24/45 €
Gemütlich-rustikal, wie man sich ein Fachwerkhaus vorstellt. Im Sommer lockt die lauschige Terrasse, im Winter der offene Kamin! Seit über 40 Jahren sind Horst und Marga Rau hier im Haus und bieten regionale Küche mit Forellen aus der Aach.

Sie möchten spontan verreisen? Besuchen Sie die Internetseiten der Hotels, um von deren Sonderkonditionen zu profitieren.

BLAUFELDEN

Baden-Württemberg – 5 180 Ew. – Höhe 460 m – Siehe Regionalatlas **49**-I17
Berlin 539 km – Stuttgart 123 km – Würzburg 71 km – Nürnberg 122 km
Michelin Straßenkarte 545

Zum Hirschen mit Zim

Hauptstr. 15 ✉ 74572 – ✆ (07953) 10 41 – www.hirschen-blaufelden.de – geschl. August 3 Wochen und Sonntagabend - Donnerstag
10 Zim – †58/120 € ††80/115 € – 2 Suiten
Menü 32/90 € – Karte 31/62 € – (Tischbestellung ratsam)
Vorne bürgerlich-rustikale Stube, hinten etwas eleganter - so präsentiert sich der historische Gasthof gegenüber der Kirche. Gastgeber Manfred Kurz kocht klassisch und regional. Probieren Sie z. B. den "gedämpften fränkischen Waller in Meerrettichbutter" oder die leckere "Zwetschgenterrine mit Vanilleeis"! Man kann hier aber nicht nur essen: Die Zimmer sind sehr gepflegt und z. T. schön modern.

BLIESKASTEL

Saarland – 21 720 Ew. – Höhe 213 m – Siehe Regionalatlas **46**-C17
Berlin 693 km – Saarbrücken 30 km – Neunkirchen/Saar 16 km – Zweibrücken 12 km
Michelin Straßenkarte 543

Hämmerle's Restaurant - Barrique

Bliestalstr. 110a ✉ 66440 – ✆ (06842) 5 21 42 – www.haemmerles-restaurant.com – geschl. Ende Dezember 1 Woche, August 2 Wochen und Sonntag - Montag sowie an Feiertagen
Menü 65/80 € – *(nur Abendessen)* (Tischbestellung ratsam)
Nicht nur die Menüs "Barrique" und "à votre façon" kommen nach wie vor sehr gut an, mithalten kann da auch das zusätzliche Tages-Überraschungsmenü von Cliff Hämmerle. Zahlreiche aufwändige Kleinigkeiten vorweg steigern die Vorfreude ebenso wie der Blick in den begehbaren Weinklimaschrank mit seinen guten korrespondierenden Weinen, die es auch glasweise gibt. Für Übernachtungsgäste hat man zwei Zimmer.
→ Kraut, Rüben, Hummer, Markklößchen. Rib Eye vom Landochsen mit Saubohnen und Röstzwiebeln. Verführung ins Rhônetal.
Rest *Landgenuss* – siehe Restaurantauswahl

Landgenuss – Hämmerle's Restaurant - Barrique

Bliestalstr. 110a ✉ 66440 – ✆ (06842) 5 21 42 – www.haemmerles-restaurant.com – geschl. Ende Dezember 1 Woche, August 1 Woche und Sonntag, Montagabend, Samstagmittag
Menü 30/40 € – Karte 30/55 € – (Tischbestellung ratsam)
Empfehlenswert ist hier alles: von modernen Klassikern wie "Rinderroulade de luxe" oder "Barbarie Entenbrust mit Blütenhong glaciert" über kreative Landgenuss-Küche wie "Rinderfilet Rossini" bis hin zum Bliesgau Menü. Oder soll's lieber vegetarisch sein? Passend zum Namen versprüht das Restaurant mediterranes Landhausflair.

BLINDHEIM

Bayern – 1 710 Ew. – Höhe 415 m – Siehe Regionalatlas **57-J19**

Berlin 554 km – München 129 km – Augsburg 59 km – Ansbach 117 km

Michelin Straßenkarte 546

Breisachmühle garni

Nebelbachstr. 15 ✉ 89434 – ✆ (09074) 61 66 – www.breisachmuehle.de

6 Zim – 32 € 50 €

In dem Klosterbauernhof a. d. 13. Jh. - ideal die Lage am Donauradweg! - schläft man in gemütlichen ländlichen Zimmern. Das Frühstück wird einem in der urigen Gaststube im Mühlentrakt serviert.

BLUNK – Schleswig-Holstein ➜ Siehe Segeberg, Bad

BOCHOLT

Nordrhein-Westfalen – 73 060 Ew. – Höhe 25 m – Siehe Regionalatlas **25-B10**

Berlin 575 km – Düsseldorf 81 km – Arnhem 57 km – Enschede 58 km

Michelin Straßenkarte 543

Residenz Rest, Zim,

Kaiser-Wilhelm-Str. 32 ✉ 46395 – ✆ (02871) 9 97 50 – www.hotelresidenz.de

48 Zim – 88/110 € 125/200 €, 13 € – ½ P

Rest – Menü 29/56 € – Karte 33/47 € – *(geschl. Sonntag) (nur Abendessen)*

Ein stilvolles und komfortables Hotel, das ganz auf Businessgäste und Hochzeiten zugeschnitten ist. Sehr wohnliche, elegante Zimmer und besonders hochwertige Juniorsuiten. "Hochzeitsgarten". Restaurant mit klassischem Ambiente.

Am Erzengel

Münsterstr. 250 ✉ 46397 – ✆ (02871) 24 77 00 – www.am-erzengel.de

60 Zim – 80/129 € 99/150 € – ½ P

Rest – Menü 25/65 € – Karte 24/53 € – *(geschl. August 3 Wochen und Montagmittag)*

Das gewachsene Hotel verfügt über großzügige und wohnliche Zimmer, die auch dem Businessgast alles Notwendige bieten. Frühstück auch auf der Terrasse. Gediegenes Restaurant und netter Bistrobereich.

Maestral

Bahnhofstr. 24 ✉ 46395 – ✆ (02871) 21 83 60 – www.hotel-maestral.de

21 Zim – 60/70 € 80/105 € – ½ P

Rest – Menü 29/55 € – Karte 24/62 €

Das gepflegte Haus befindet sich in relativ ruhiger Lage in Bahnhofsnähe und wird familiär geführt. Es beherbergt hell, zeitgemäß und funktionell eingerichtete Zimmer. Restaurant mit mediterranem Touch. Geboten wird internationale Küche mit Grillgerichten.

BOCHUM

Nordrhein-Westfalen – 373 980 Ew. – Höhe 100 m – Siehe Regionalatlas **26-C11**

Berlin 518 km – Düsseldorf 47 km – Dortmund 21 km – Essen 17 km

Michelin Straßenkarte 543

Renaissance

Stadionring 18 ✉ 44791 – ✆ (0234) 6 10 10 Stadtplan : B1**a**

– www.renaissancebochum.de

174 Zim – 115/128 € 115/128 €, 19 € – 3 Suiten **Rest** – Karte 28/75 €

Für Businessgäste sind die verkehrsgünstige Lage und der direkte Zugang zum Kongresszentrum ideal, Besucher des Starlight-Express-Theaters nutzen gerne die günstigen Wochenendangebote! Nach Sauna- und Fitnessprogramm (toll die Sicht vom 7. Stock!) stärkt man sich im Restaurant Sutherland mit Internationalem.

Courtyard by Marriott

Klinikstr. 43 ✉ *44791 – ✆ (0234) 6 10 00* Stadtplan : B1**m**
– www.courtyardbochum.de
104 Zim – 101/112 € 101/112 €, 19 € – 2 Suiten
Rest *green olive* – Karte 25/69 € – *(nur Abendessen)*
Interessant ist hier vor allem die Lage am Stadtpark - schnell ist man am Bismarckturm, im Stadion oder beim Musical! Tipp: Auf den Ecken des Hauses liegen geräumigere Studio-Zimmer! Im "green olive" kann man bei internationaler Küche den Tag Revue passieren lassen.

Excelsior garni

Max-Greve-Str. 32 ✉ *44791 – ✆ (0234) 9 55 50* Stadtplan : B1**n**
– www.hotel-excelsior-bochum.de
32 Zim – 74/84 € 96/115 €
Die verkehrsgünstige Lage nicht weit vom Starlight-Express-Musicaltheater sowie funktionell eingerichtete Zimmer machen dieses Hotel interessant. Es gibt auch ein italienisches Restaurant im Haus.

Livingroom

Luisenstr. 9 ✉ *44787 – ✆ (0234) 9 53 56 85* Stadtplan : A2**a**
– www.livingroom-bochum.de – geschl. Sonntag sowie an Feiertagen
Menü 30/69 € (abends) – Karte 34/83 €
Das Konzept ist trendig, modern, ungezwungen - eben so, wie man es heute gerne hat! Ein Lifestyle-Restaurant mit Bar und Bistro, und das auf 450 qm! Feste "Classics" auf der Karte sind u. a. US-Prime-Beef-Grillgerichte.

BODENHEIM

Rheinland-Pfalz – 7 110 Ew. – Höhe 100 m – Siehe Regionalatlas **47-E15**

▶ Berlin 592 km – Mainz 19 km – Neustadt an der Weinstraße 87 km – Darmstadt 42 km

Michelin Straßenkarte 543

Landhotel Battenheimer Hof

Rheinstr. 2 ✉ 55294 – ✆ (06135) 70 90 – www.battenheimerhof.com – geschl. 20. Dezember - 10. Januar

22 Zim – †55/69 € ††78/95 €

Rest – Karte 23/38 € – *(geschl. Montag) (nur Abendessen)*

In dem schmucken Gutshof unweit des Rheins erwarten Sie funktionale Zimmer und ein freundlicher kleiner Frühstücksraum. Fragen Sie nach den vier hübschen großen Maisonetten! Die rustikalen Kellerräume der Gutsschänke dienen als Restaurant - hier gibt es saisonale Küche und Weine aus der Region.

BODENMAIS

Bayern – 3 330 Ew. – Höhe 689 m – Siehe Regionalatlas **59-P17**

▶ Berlin 521 km – München 178 km – Passau 72 km – Cham 51 km

Michelin Straßenkarte 546

Riederin

Riederin 1 ✉ 94249 – ✆ (09924) 77 60 – www.riederin.de

51 Zim – †84/118 € ††140/196 € – 4 Suiten – ½ P

Rest – Menü 19 € (mittags)/35 € – Karte 19/32 €

Die Gäste schätzen hier die ruhige Lage mit Blick auf Bodenmais, ein gutes Sport- und Freizeitangebot sowie schöne wohnliche Zimmer, individuell in Einrichtung und Zuschnitt. Der Restaurantbereich teilt sich in verschiedene behagliche Räume. HP inklusive.

Neue Post

Rest,

Kötztinger Str. 25 ✉ 94249 – ✆ (09924) 95 80 – www.hotel-neue-post.de – geschl. 8. November - 11. Dezember

56 Zim – †54/84 € ††108/170 € – 4 Suiten – ½ P

Rest – Karte 23/35 € – *(nur Abendessen)*

Freundlich-familiär geleitetes Ferienhotel mit unterschiedlich geschnittenen Zimmern, die teils sehr großzügig und mit luxuriöser Note eingerichtet sind; dazu ein ansprechender Spabereich. Restaurant im regionstypischen Landhausstil.

Bayerwaldhotel Hofbräuhaus

Marktplatz 5 ✉ 94245 – ✆ (09924) 77 70 – www.hotel-hofbraeuhaus.de – geschl. Anfang November - Mitte Dezember

63 Zim – †62/88 € ††118/146 € – 2 Suiten – ½ P **Rest** – Karte 18/39 €

Das bei der Kirche gelegene Hotel ist ein traditionsreiches Haus unter familiärer Leitung, das seinen Gästen ländlich-wohnliche Zimmer und einen großzügigen Wellnessbereich bietet. Restauranträume mit rustikalem Ambiente.

Bodenmaiser Hof

Rißlochweg 4 ✉ 94249 – ✆ (09924) 95 40 – www.bodenmaiser-hof.de

40 Zim – †70/125 € ††152/188 € – 5 Suiten – ½ P

Rest *Rundai Wirt* – Menü 20/85 € – Karte 26/49 €

In dem familiengeführten Haus wohnen Sie in eleganten und zeitgemäßen Zimmern, meist mit Balkon oder Wintergarten. So richtig schön relaxen kann man im Garten mit Schwimmteich. Wer es etwas aktiver mag, hat in der Nähe viele gute Wandermöglichkeiten!

In Bodenmais-Böhmhof Süd-Ost: 1 km Richtung Zwiesel

Böhmhof

Böhmhof 1 ✉ 94249 – ✆ (09924) 9 43 00 – www.boehmhof.de – geschl. 22. - 25. Dezember

35 Zim – †77/96 € ††138/180 € – ½ P

Rest – Menü 11/25 € – Karte 15/37 €

Eine charmante Ferienadresse in schöner Waldrandlage. Die Atmosphäre in dem einstigen Gutshof ist sehr familiär, die Zimmer sind wohnlich. Gutes Freizeit- und Wellnessangebot. Restaurant im regionalen Stil. HP inklusive.

In Bodenmais-Kothinghammer Süd-West: 2,5 km Richtung Deggendorf

Hammerhof Aktiv- und Wohlfühlhotel
Kothinghammer 1 ✉ 94249 – ✆ (09924) 95 70 – www.hammerhof.de – geschl. April 10 Tage, 23. November - 24. Dezember
19 Zim – 73/90 € 122/150 € – 20 Suiten – ½ P **Rest** – Karte 13/48 €
Ein Familienbetrieb in Alleinlage mit großzügigem Rahmen und wohnlichen Zimmern im Landhausstil. Im Haus Sommerland befindet sich der hübsche und vielfältige Wellnessbereich. Geschmackvoll gestaltete Restaurantstuben.

In Bodenmais-Mooshof Nord-West: 1 km Richtung Drachselsried

Hotel Mooshof Wellness & SPA Resort
Mooshof 7 ✉ 94249 – ✆ (09924) 77 50 Rest,
– www.hotel-mooshof.de – geschl. 24. November - 11. Dezember
56 Zim – 82/140 € 160/228 € – 24 Suiten – ½ P
Rest – Menü 22 € (mittags)/35 € – Karte 20/42 €
In dem gewachsenen Traditionshaus werden dem Gast wohnliche kleinere Zimmer, aber auch viele luxuriöse Suiten und Juniorsuiten geboten. Großer Hallenbereich und Spa auf 2400 qm. Gaststuben mit gediegen-rustikalem Charakter.

BODENWÖHR

Bayern – 4 090 Ew. – Höhe 374 m – Siehe Regionalatlas **51-N17**
Berlin 466 km – München 168 km – Regensburg 55 km – Cham 34 km
Michelin Straßenkarte 546

Brauerei-Hotel Jacob
Ludwigsheide 2 ✉ 92439 – ✆ (09434) 9 41 00 – www.brauerei-jacob.de
24 Zim – 58/75 € 80/90 € – 2 Suiten – ½ P **Rest** – Karte 15/30 €
Das Haus wird Ihnen gefallen, zum einen wegen der schönen Lage am Hammersee (hier hat man ein eigenes Strandbad), zum anderen wegen der frischen, wohnlichen Zimmer im Landhausstil. Und dann wäre da noch das Bier, das hier seit 1758 gebraut und in urigen Wirtsstuben serviert wird!

BODMAN-LUDWIGSHAFEN

Baden-Württemberg – 4 470 Ew. – Höhe 408 m – Siehe Regionalatlas **63-G21**
Berlin 741 km – Stuttgart 165 km – Konstanz 31 km – Bregenz 74 km
Michelin Straßenkarte 545

Im Ortsteil Ludwigshafen

Seehotel Adler (N)
Hafenstr. 4 ✉ 78351 – ✆ (07773) 9 33 90 – www.seehotel-adler.de
60 Zim – 85/125 € 120/170 € – 2 Suiten – ½ P
Rest – Menü 34 € – Karte 28/46 € – *(geschl. 10. - 17. Februar und November - März: Dienstag)*
Toll die Lage am Seeufer, direkt am Bootshafen. Fragen Sie nach den Themenzimmern oder den modernen Zimmern im Anbau! Nett auch die im Stammhaus mit Seeblick. Man bietet auch Kosmetik sowie ein Restaurant mit trendigem, klassischem oder rustikalem Ambiente. Dazu Terrasse zum See und Biergarten.

Bodenseehotel Immengarten
Überlingerstr. 28 ✉ 78351 – ✆ (07773) 93 74 20 – www.bodenseehotel-immengarten.de
28 Zim – 75/95 € 100/150 € – ½ P
Rest *Rosmarin* – ✆ (07773) 93 74 25 55 – Menü 34/51 € – Karte 28/49 €
Ihr Vorteil: Vom Hotel zum öffentlichen Strandbad sind es nur wenige Meter, die seeseitigen Zimmer haben einen Balkon und auch beim Tagen im obersten Stock genießt man den Seeblick! Im hellen trendigen Restaurant bekommt man internationale Küche mit saisonalen und thailändisch-indischen Gerichten.

BÖBLINGEN

Baden-Württemberg – 46 890 Ew. – Höhe 464 m – Siehe Regionalatlas **55-G18**
Berlin 647 km – Stuttgart 21 km – Karlsruhe 80 km – Reutlingen 36 km
Michelin Straßenkarte 545

V8 Hotel garni

Graf-Zeppelin-Platz 1, (im Meilenwerk) ✉ 71034 – ✆ (07031) 3 06 98 80 – www.v8hotel.de

33 Zim – 🚹145/185 € 🚹🚹155/220 €, ☕ 15 € – 1 Suite

Es ist schon recht speziell hier, von der Oldtimer-Halle über originelle Themenzimmer ("Tankstelle", "Route 66"...) und die "Zeppelin-Suite" (3 Etagen plus Dachterrasse!) bis hin zu interessanten Arrangements ("Emotion pur", "Automobile Museumstour" oder "Freuen auf morgen"). Frühstück im Café Reimann.

Zum Reussenstein

Kalkofenstr. 20 ✉ 71032 – ✆ (07031) 6 60 00 – www.reussenstein.com

44 Zim ☕ – 🚹90/120 € 🚹🚹120/140 €

Rest ***Zum Reussenstein*** – siehe Restaurantauswahl

Von der Straße müssen Sie ein paar Stufen hinunter gehen, um das Hotel der Familie Böckle (3. Generation) zu betreten. Es gibt hier individuelle Zimmer, darunter auch Themenzimmer, die als Extras sogar Kosmetikbar und Bügelstation haben! Wie wär's im Sommer mit Frühstück im netten Wildkräutergarten?

Rieth

Tübinger Str. 157 ✉ 71032 – ✆ (07031) 72 30 – www.hotel-rieth.de – geschl. 20. Dezember - 6. Januar

43 Zim ☕ – 🚹86/98 € 🚹🚹116/136 € – 2 Suiten

Rest – Menü 21/42 € – Karte 21/45 € – *(geschl. Freitag - Sonntag sowie an Feiertagen) (nur Abendessen)*

Eine zeitgemäße Geschäftsadresse in verkehrsgünstiger Lage am Stadtrand. Die Zimmer liegen ruhig auf der straßenabgewandten Seite. Auch ein netter Garten steht zur Verfügung. Bürgerliche Küche im Restaurant. Raucherlounge.

Da Signora

Graf-Zeppelin-Platz 1, (im Meilenwerk) ✉ 71034 – ✆ (07031) 3 06 95 09 – www.dasignora.de – geschl. Ende Januar 2 Wochen, Ende August 2 Wochen und Montag

Menü 20 € (mittags)/34 € – Karte 34/61 €

Antonio Kielwein und seine Frau Heiderose (gebürtige Schwäbin, im Herzen aber Italienerin!) sind Gastronomen mit Leib und Seele - Brot und Pasta machen sie natürlich selbst. Am Abend u. a. die Menüs "Pesce" und "Signora", mittags kleine Lunchkarte und günstiges Lunchmenü. Angeschlossen: Enoteca und Vinothek.

Zum Reussenstein – Hotel Zum Reussenstein

Kalkofenstr. 20 ✉ 71032 – ✆ (07031) 6 60 00 – www.reussenstein.com – geschl. Sonntag - Montagmittag

Menü 38 € – Karte 22/43 € – (Tischbestellung ratsam)

Dass es hier ganz schwäbisch zugeht, merkt man spätestens beim Studieren der Karte: Die ist nicht nur regional ausgerichtet, sondern auch im Dialekt geschrieben! Dank Glaswand zur Küche hat man immer einen guten Einblick ins Geschehen. Im Gewölbe: Wein-"Schatzkämmerle" und Kochschule.

In Schönaich Süd-Ost: 6 km

Waldhotel Sulzbachtal garni

im Sulzbachtal 2 (Nord-Ost: 2 km, Richtung Steinenbronn) ✉ 71101 – ✆ (07031) 7 57 80 – www.sulzbachtal.com – geschl. 16. Dezember - 12. Januar

20 Zim ☕ – 🚹82/125 € 🚹🚹96/145 €

Ein kleines Hotel mit familiärem Charakter, in dem Sauberkeit ganz groß geschrieben wird! Die Lage ist natürlich auch ein echter Pluspunkt: ringsum Wald, Wiesen und Felder. Ein Restaurant finden Sie in der Nachbarschaft.

BÖNNIGHEIM

Baden-Württemberg – 7 490 Ew. – Höhe 221 m – Siehe Regionalatlas **55-G17**

Berlin 616 km – Stuttgart 36 km – Heilbronn 20 km – Karlsruhe 65 km

Michelin Straßenkarte 545

Adler am Schloss (mit Gästehaus)
Schlossstr. 34 ✉ 74357 – ✆ (07143) 8 20 20 – www.adler-am-schloss.de – geschl. Anfang Januar 2 Wochen
18 Zim – 🚹65/75 € 🚹🚹89/99 €
Rest *Sophie La Roche* – siehe Restaurantauswahl
Man wohnt hier richtig schön! Direkt neben dem Schloss fügt sich das nette kleine Hotel mit seinen schmucken Zimmern harmonisch ins Ortsbild - hier und da altes Fachwerk (oder Stuckdecken im Gästehaus)... ebenso charmant die Gästebetreuung! Das Frühstück ist übrigens sehr gut, die Minibar gratis.

Sophie La Roche – Hotel Adler am Schloss
Schlossstr. 34 ✉ 74357 – ✆ (07143) 8 20 20 – www.adler-am-schloss.de – geschl. Anfang Januar 2 Wochen und Sonntag - Montag
Menü 49/133 € – Karte 44/62 €
Schönes elegantes Ambiente, gehobene Tischkultur, freundlicher Service und schmackhafte Speisen gehen hier Hand in Hand! Gekocht wird mit regionalen und internationalen Einflüssen.

BOGEN

Bayern – 10 120 Ew. – Höhe 322 m – Siehe Regionalatlas **59**-O18
Berlin 541 km – München 134 km – Regensburg 51 km – Straubing 12 km
Michelin Straßenkarte 546

In Niederwinkling-Welchenberg Süd-Ost: 8 km

Landgasthof Buchner
Freymannstr. 15 ✉ 94559 – ✆ (09962) 7 30 – www.buchner-welchenberg.de – geschl. Montag - Dienstag, außer an Feiertagen
Menü 85 € – Karte 31/67 €
Eine wirklich gemütliche Adresse mit Familientradition seit 1882. Mit Mathias Achatz in der Küche und seinem Bruder Andreas im Service sind nun auch die beiden Söhne mit im Haus. Was da Gutes auf den Tisch kommt, ist z. B. "Donauwaller im Wurzelsud" oder "Kotelett vom Iberico-Schwein".

BOKEL

Schleswig-Holstein – 650 Ew. – Höhe 8 m – Siehe Regionalatlas **10**-I4
Berlin 343 km – Kiel 73 km – Hamburg 55 km – Itzehoe 29 km
Michelin Straßenkarte 541

Bokel-Mühle am See Rest,
Neel-Greve-Str. 2 ✉ 25364 – ✆ (04127) 9 42 00 – www.bokelmuehle.de
24 Zim – 🚹69/119 € 🚹🚹89/139 €, 8 € – ½ P
Rest – Menü 20 € (mittags)/42 € – Karte 28/47 €
Tradition und Moderne im Einklang: Die ehemalige Wassermühle ist ein seit 1880 familiengeführtes Hotel in herrlicher Lage am eigenen See. Schöner Landhausstil in der kleinen Lobby, freundliche Zimmer, Frühstück in der heimeligen Mühlenstube (nett die mit alten Mehlsäcken bespannten Stühle). Bürgerliche Küche im Kaminzimmer mit Seeterrasse.

BOLL, BAD

Baden-Württemberg – 5 190 Ew. – Höhe 427 m – Siehe Regionalatlas **55**-H19
Berlin 613 km – Stuttgart 52 km – Göppingen 9 km – Ulm (Donau) 49 km
Michelin Straßenkarte 545

Seminaris Rest,
Michael-Hörauf-Weg 2 ✉ 73087 – ✆ (07164) 80 50 – www.seminaris.de/badboll
161 Zim – 🚹90/130 € 🚹🚹132/152 € – 2 Suiten – ½ P
Rest – Menü 21/40 € – Karte 21/40 €
In seiner funktionellen Art ist das Hotel ganz auf Tagungen und Seminare ausgelegt. Einen Ausgleich zur Arbeit finden Sie bei Volleyball, Basketball und im Hochseilgarten, aber natürlich auch beim Speisen im Buffet-Restaurant oder in der gemütlich-rustikalen Stube.

Badhotel Stauferland Rest,

Gruibinger Str. 32 ✉ 73087 – ✆ (07164) 80 16 80 – www.badhotel-stauferland.de
36 Zim – 76/128 € 114/157 € – ½ P
Rest – Menü 30/50 € – Karte 22/46 €
Die ruhige Lage und die schöne Fernsicht locken Gäste hierher, und auch die gediegen-wohnlichen Zimmer und der gepflegte Freizeitbereich sind gute Gründe, dieses Haus zu besuchen. Zum Essen (die Küche ist international und regional) nimmt man im Sommer am besten auf der hübschen Terrasse Platz.

Rosa Zeiten garni

Bahnhofsallee 7 ✉ 73087 – ✆ (07164) 20 22 – www.rosa-zeiten.de
9 Zim – 59/65 € 89 €
Früher war hier ein Bahnhof, heute sind die Gleise stillgelegt, so dass man schön ruhig übernachten kann! Zimmer und Frühstücksraum in dem kleinen Hotel hat man nett mit wohnlichen Details eingerichtet und die persönliche Führung durch Andrea Beucher gibt dem Haus zusätzlichen Charme!

BOLTENHAGEN

Mecklenburg-Vorpommern – 2 540 Ew. – Höhe 5 m – Siehe Regionalatlas **11-L4**
Berlin 250 km – Schwerin 47 km – Lübeck 41 km – Wismar 26 km
Michelin Straßenkarte 542

In Boltenhagen-Redewisch West: 2 km

Gutshaus Redewisch

Dorfstr. 46 ✉ 23946 – ✆ (038825) 37 60 – www.gutshaus-redewisch.de – geschl. 4. Januar - 20. Februar
20 Zim – 60/80 € 95/140 € – 1 Suite – ½ P
Rest – Karte 17/27 € – *(geschl. Dezember: Montag - Dienstag)*
Ein schöner Anblick, wie das stattliche Gutshaus a. d. 19. Jh. bei der Anfahrt vor Ihnen liegt! Vom Enkel des Gutsgründers nach der Wende zurückgekauft, ist es heute ein schmuckes kleines Hotel. Einige Zimmer mit Balkon, teils mit altem Holzfußboden. Setzen Sie sich zum Essen (bürgerliche Küche, durchgehend serviert) auf die Terrasse zum Teich!

In Boltenhagen-Tarnewitz Süd-Ost: 2 km

Iberotel Spa Rest,

Baltische Allee 1, (Hafen) ✉ 23946 – ✆ (038825) 38 40 – www.iberotel.de
182 Zim – 72/144 € 104/176 € – 9 Suiten – ½ P
Rest *FeinART* – Menü 18 € (mittags)/52 € – Karte 27/50 €
Ein Ferienhotel - groß, komfortabel und modern. Von Ihrem Zimmer blicken Sie aufs Meer (zum Strand sind es nur 400 m), vor dem Haus wartet die eigene Marina auf Sie, im Spa relaxen Sie auf rund 1000 qm und im Restaurant bekommt man internationale Küche. Familien machen im Dorfhotel nebenan Urlaub.

BONN

Nordrhein-Westfalen – 327 920 Ew. – Höhe 60 m – Siehe Regionalatlas **36-C13**
Berlin 593 km – Düsseldorf 73 km – Aachen 91 km – Köln 28 km
Michelin Straßenkarte 543

© W. Dietrich / Westend61 RM / age fotostock

Hotels

Ameron Hotel Königshof

Adenauerallee 9 ✉ *53111 – ✆ (0228) 26 01 50* Stadtplan : B2**a**
– www.hotel-koenigshof-bonn.de
129 Zim – 139/154 € 159/169 €, 19 €
Rest *Oliveto* – siehe Restaurantauswahl
Das Hotel in toller Lage am Rhein bietet moderne, technisch gut ausgestattete Zimmer, teils mit Flussblick. Ein besonderes Highlight: die "Beethoven"-Suite. In neuem Glanz erstrahlt der Spiegelsaal (früher fanden hier Staatsempfänge statt).

Günnewig Hotel Bristol

Prinz-Albert-Str. 2 ✉ *53113 – ✆ (0228) 2 69 80* Stadtplan : A2**v**
– www.guennewig.de/bnbristo
114 Zim – 129/161 € 159/174 € – 2 Suiten
Rest *Majestic* – Menü 42 € – Karte 39/49 € – *(Montag - Samstag nur Abendessen)*
Rest *Bierhoff* – Karte 22/45 €
Rest *Kupferklause* – Karte 21/32 € – *(geschl. Samstag - Sonntag sowie an Feiertagen) (nur Abendessen)*
Schön ist die Lage des Hauses zwischen Poppelsdorfer Schloss und einstiger Kurfürstenresidenz. Es erwarten Sie ein eleganter Rahmen und Zimmer in klassischem Stil. Im "Majestic" bietet man Internationales, sonntags gibt es Brunch. Daneben hat man noch das "Bierhoff" und die rustikale "Kupferklause" im UG.

Hilton

Rest,

Berliner Freiheit 2 (Zufahrt über Doetschstraße) Stadtplan : B1**m**
✉ *53111 – ✆ (0228) 7 26 90 – www.hilton.de/bonn*
247 Zim – 99/489 € 109/489 €, 24 € – 5 Suiten – ½ P
Rest – Menü 26/95 € – Karte 28/92 €
Ein ganz auf Businessgäste ausgelegtes Hotel mit klassisch-gediegenen Zimmern (teils mit Rheinblick), einem gepflegten Freizeitbereich und modernen Tagungsräumen. Im Restaurant "The Grill" bietet man Wagyu- und Dry-Aged-Beef-Spezialitäten.

Galerie Design Hotel

Rest,

Kölnstr. 360 (über Kölnstraße A1) ✉ *53117 – ✆ (0228) 1 84 80*
– www.galerie-design-hotel.de – geschl. 19. Dezember - 5. Januar
52 Zim – 99/189 € 114/204 €, 18 € – 1 Suite – ½ P
Rest – Menü 25/50 € – Karte 29/56 € – *(geschl. Sonntagabend)*
Modernes Design und Kunst bestimmen hier das Ambiente. Die Zimmer bieten eine sehr gute Technik, einige der Superior-Zimmer sind mit Whirlwanne ausgestattet. Internationale Küche im Restaurant Atelier mit schöner Sicht in den Garten.

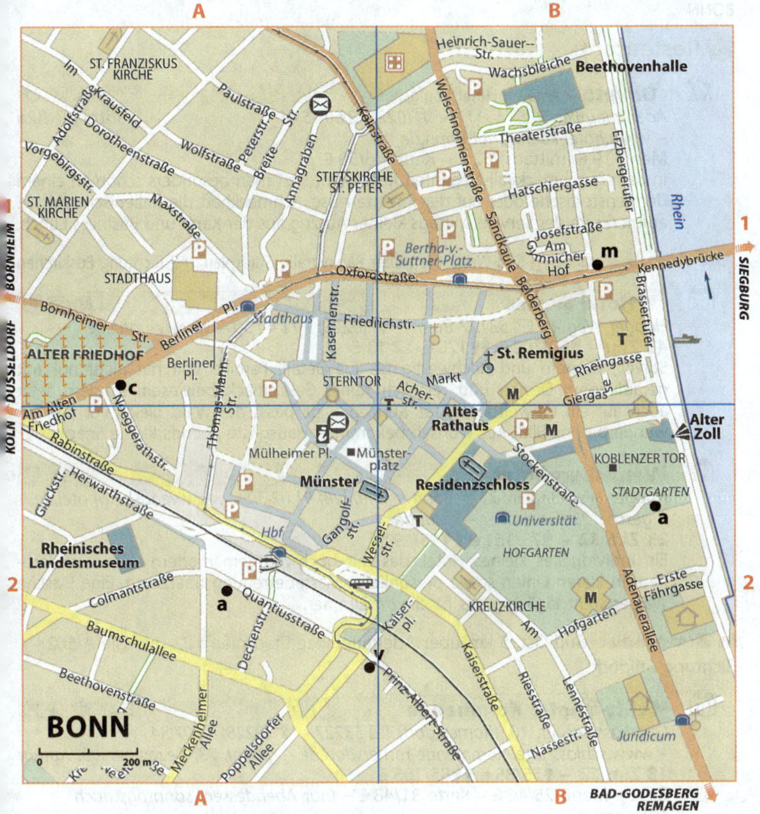

Collegium Leoninum

Rest,

Noeggerathstr. 34 ✉ *53111* – ✆ *(0228) 6 29 80* Stadtplan : A1**c**
– *www.leoninum-bonn.de*
80 Zim ☕ – ♦94/191 € ♦♦120/217 € – ½ P
Rest – Karte 31/50 € – *(geschl. Sonntag sowie an Feiertagen)*
Das denkmalgeschützte Backsteingemäuer eines ehemaligen Priesterseminars beherbergt heute ein modernes Hotel. Als Tagungsbereich dient u. a. die Alte Kirche. Helles, neuzeitliches Bistro mit netter Terrasse zum kleinen Innenhof.

InterCityHotel

Rest,

Quantiusstr. 22 ✉ *53115* – ✆ *(0228) 9 26 18 10* Stadtplan : A2**a**
– *www.bonn.intercityhotel.de*
161 Zim – ♦75/168 € ♦♦94/187 €, ☕ 13 €
Rest – Karte 22/36 € – *(geschl. Sonntag)*
Vom Zug direkt ins Hotelzimmer... kein Problem dank der günstigen Lage direkt hinter dem Bahnhof! Auch die wertige moderne Einrichtung kann sich sehen lassen. Ein angenehmes Extra: Als Hotelgast bekommen Sie für die Dauer Ihres Aufenthalts ein kostenloses Bahnticket für den öffentlichen Nahverkehr in Bonn!

Frühstück inklusive? Die Tasse ☕ steht gleich hinter der Zimmeranzahl.

Restaurants

Oliveto – Ameron Hotel Königshof
Adenauerallee 9 ✉ *53111* – ✆ *(0228) 2 60 15 41* Stadtplan : B2**a**
– *www.hotel-koenigshof-bonn.de*
Menü 19 € (mittags)/62 € – Karte 46/58 €
In dem geschmackvoll-eleganten Restaurant sitzt man besonders schön an einem der Fenstertische oder auf der Rheinterrasse. Schmackhaft die italienische Küche, aufmerksam der Service. Mittags kleiner Auszug aus der Karte und Business Lunch.

Auf dem Venusberg Süd-West: 4 km über Rabinstraße Stadtplan : A2 Richtung Euskirchen

V Hotel (N) garni
Haager Weg 44 ✉ *53127 Bonn* – ✆ *(0228) 9 71 44 50* – *www.v-hotel.de*
42 Zim – 90/100 € 120 €, 13 €
Stilvoll, modern und hochwertig bis ins Detail! Familie Voit hat nicht nur mit geradlinigem Design und reichlich Kunst Geschmack bewiesen, sondern setzt auch auf ein umweltbewusstes Konzept - da passt der Wald gleich vor der Tür wunderbar ins Bild! Auf Wunsch bekommen Hausgäste abends kleine Snacks.

Venusberghotel garni
Haager Weg 83 ✉ *53127 Bonn* – ✆ *(0228) 91 02 30* – *www.venusberghotel.de*
– *geschl. 23. Dezember - 3. Januar*
23 Zim – 75/161 € 95/191 €
Ein individuelles kleines Hotel, das mit hochwertigem modern-elegantem Interieur in klaren Linien sowie persönlicher Gästebetreuung überzeugt. Eine Flasche Wasser steht täglich gratis für Sie im Zimmer.

In Bonn-Beuel Süd-Ost: 5 km über Adenauerallee Stadtplan : B2 und die A 562 Richtung Stildorf

Schlosshotel Kommende
Oberkasseler Str. 10, (Ramersdorf) ✉ *53227* – ✆ *(0228) 44 07 34*
– *www.schlosshotel-kommende-ramersdorf.de* – *geschl. 23. Dezember - 3. Januar*
18 Zim – 55/85 € 85/105 €
Rest – Menü 25/46 € – Karte 31/48 € – *(nur Abendessen, sonntags auch Mittagessen)*
Eine Einrichtung mit Stilmöbeln und Antiquitäten erwartet Sie in dem ehemaligen Ritterordensschloss - eine außergewöhnliche und wohnliche Adresse. Bankett- und Tagungsräume. Im Restaurant La Tourelle serviert man französische Küche.

In Bonn-Endenich West: 3 km über Rabinstraße Stadtplan : A2 Richtung Euskirchen

Altes Treppchen mit Zim
Endenicher Str. 308 ✉ *53121* – ✆ *(0228) 62 50 04* – *www.treppchen.de* – *geschl. 23. Dezember - 3. Januar, über Karneval und Samstagmittag Sonntag*
9 Zim – 71/75 € 99/105 € Karte 36/66 €
Freundlich und angenehm persönlich kümmern sich die Brüder Dung in den gemütlich-rustikalen Stuben um ihre Gäste - der eine leitet den Service, der andere bereitet die vorwiegend regionalen Speisen zu.

In Bonn-Bad Godesberg

Maritim
Rest,
Godesberger Allee (über Bonner Straße Stadtplan : C*1, Zufahrt über Kurt-Georg-Kiesinger-Allee 1)* ✉ *53175* – ✆ *(0228) 8 10 80* – *www.maritim.de*
369 Zim – 99/199 € 114/214 €, 19 € – 41 Suiten
Rest *La Marée* – ✆ (0228) 8 10 88 60 – Menü 34 € – Karte 25/61 € – *(geschl. Samstag - Sonntag sowie an Feiertagen) (nur Abendessen)*
Im ehemaligen Regierungsviertel gelegenes Hotel mit großzügigem Rahmen. Gläserne Aufzüge bringen Sie in die klassisch-gediegenen Zimmer. Für Golfer: die Rooftop-Driving-Range.

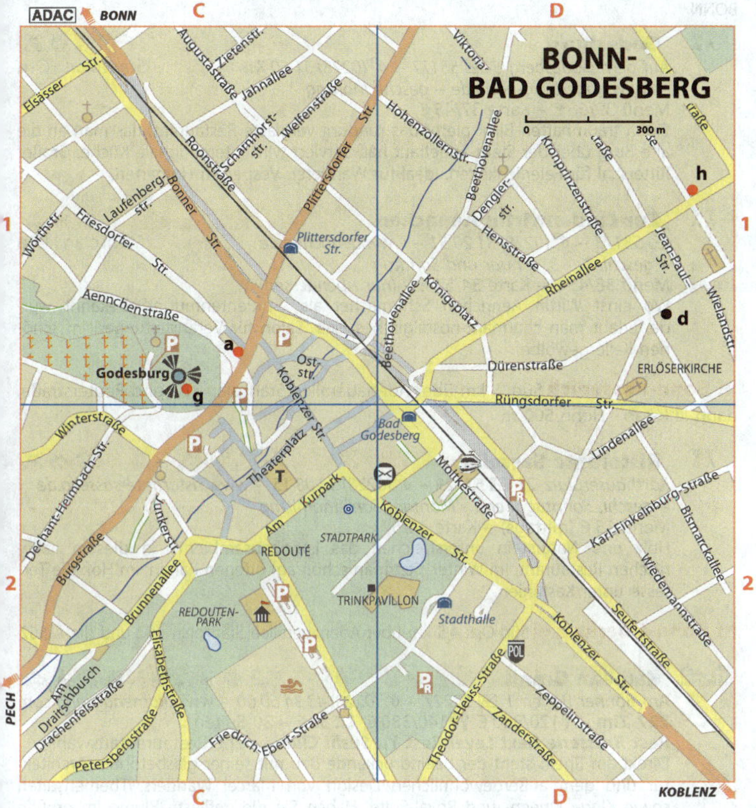

Villa Godesberg garni

Mirbachstr. 2a ✉ *53173 – ✆ (0228) 83 00 60* Stadtplan : D1**d**
– www.villa-godesberg.de
24 Zim – **110/140 €** **140/180 € – 2 Suiten**

Wunderschön, wie man in der schmucken Jugendstilvilla von 1905 (erweitert um das Gästehaus Villa Mirbach) den Charme von einst mit modernen Elementen verbunden hat. Luftig-hohe Räume, ein hübscher kleiner Garten (im Sommer ein toller Ort zum Frühstücken!), Minibar und Leihfahrräder gratis...

Halbedel's Gasthaus

Rheinallee 47 ✉ *53173 – ✆ (0228) 35 42 53* Stadtplan : D1**h**
– www.halbedels-gasthaus.de – geschl. Juli - August 3 Wochen und Montag
Menü 69 € (vegetarisch)/120 € – Karte 76/99 € – *(nur Abendessen)*
(Tischbestellung ratsam)

Irmgard und Rainer-Maria Halbedel sind stets präsent in der schönen Gründerzeitvilla, man spürt förmlich, mit wieviel Freude die beiden bei der Arbeit sind! In den feinen, durchdachten Speisen des Chefs finden sich unter den frischen Zutaten immer wieder Produkte vom eigenen Bauernhof.

→ Kalbsfilet - mariniert, Tatar, Wassermelone, Liebstöckel. Steinbutt - Minzgurken, Spargel, Zitronenthymian. Basilikumsorbet, Ingwercrumble, Amalfi Zitrone.

Godesburg

Auf dem Godesberg 5 ✉ 53177 – ✆ (0228) 31 60 71 Stadtplan : C1**g**
– www.godesburg-bonn.de – geschl. Montag
Menü 39/66 € – Karte 37/45 €
Einen traumhaften Blick bietet das rundum verglaste Restaurant, das man an die alte Burg über der Stadt angebaut hat. Serviert wird internationale Küche. Großer Rittersaal für Feierlichkeiten. Ideal für Wanderer: Vesper im Hofgarten.

Zur Lindenwirtin Aennchen

✉ 53173 – ✆ (0228) 31 20 51 – www.aennchen.de Stadtplan : C1**a**
– geschl. 1. - 3. Januar und Sonntag
Menü 38/45 € – Karte 34/57 € – *(nur Abendessen)*
Wo einst Wirtin Aennchen Schumacher als "Studentenmutter" bekannt wurde, erlebt man charmant-nostalgisches Flair. Salon für Veranstaltungen im schönen Kellergewölbe.

In Bonn-Kessenich Süd: 5 km über Adenauerallee Stadtplan : B2 und Reuterstraße, dann links ab – Höhe 500 m

Ristorante Sassella

Karthäuserplatz 21 ✉ 53129 – ✆ (0228) 53 08 15 – www.ristorante-sassella.de
– geschl. Sonntagabend - Montag, Samstagmittag
Menü 15 € (mittags) – Karte 34/57 €
Holz und Naturstein unterstreichen das Landhausambiente in diesem italienischen Restaurant. Im Winter sitzt man schön am offenen Kamin. Im Hof: die Terrasse unter Kastanien.

In Bonn-Oberkassel Süd-Ost: 4,5 km über Adenauerallee Stadtplan : B2 und die A 562

Kameha Grand

Am Bonner Bogen 1 ✉ 53227 – ✆ (0228) 43 34 50 00 – www.kamehagrand.com
227 Zim – 🛉120/340 € 🛉🛉140/380 €, ☕ 32 € – 30 Suiten
Rest *Brasserie Next Level* Rest *Yu Sushi Club* – siehe Restaurantauswahl
Direkt am Rhein steht der beeindruckende Bau mit seiner glasbetonten Architektur und dem außergewöhnlichen Design von Marcel Wanders. Themensuiten sowie King-, Queen- und Royal-Suite. Haben Sie die geflieste Blume im großen Atrium gesehen? Tipp: Gehen Sie dazu auf die "Brücke".

Brasserie Next Level – Hotel Kameha Grand

Am Bonner Bogen 1 ✉ 53227 – ✆ (0228) 43 34 50 00 – www.kamehagrand.com
– geschl. Dienstag - Mittwoch
Menü 49 € – Karte 38/64 €
Wie eine Szenerie aus einem "James Bond"-Film: riesige weiße Murano-Lüster, opulente schwarze Vorhänge, schwarze Lederstühle, großblumig bezogene Bänke dazu weiß-lackierte Tische - stylischer geht es kaum!

Yu Sushi Club – Hotel Kameha Grand

Am Bonner Bogen 1 ✉ 53227 – ✆ (0228) 43 34 50 00 – www.kamehagrand.com
– geschl. Juli - August 3 Wochen und Sonntag - Montag
Menü 71/135 € – Karte 69/93 € – *(nur Abendessen)*
"Hipp" und zugleich luxuriös-elegant präsentiert sich das tolle Penthouse-Restaurant mit fantastischem Rheinblick. Das kulinarische Angebot der beiden Sushi-Meister: kreative Interpretationen asiatischer Gerichte!

BONNDORF

Baden-Württemberg – 6 820 Ew. – Höhe 845 m – Siehe Regionalatlas **62-E21**
▶ Berlin 773 km – Stuttgart 151 km – Freiburg im Breisgau 55 km – Donaueschingen 25 km
Michelin Straßenkarte 545

Möhringers Schwarzwaldhotel
Rest,

Rothausstr. 7 ✉ 79848 – ✆ (07703) 9 32 10
– www.schwarzwaldhotel.com
70 Zim – 72/135 € 135/190 € – ½ P
Rest – Menü 28/58 € – Karte 21/62 €
Bei Familie Möhringer wird ständig verbessert und erneuert! So hat man für die Gäste vier Zimmerkategorien (am komfortabelsten sind die Superior-Zimmer und die Juniorsuiten!), dazu ein vielfältiges Spa-Angebot und ein rustikales A-la-carte-Restaurant mit regionaler Küche.

Sommerau

Sommerau 1 (Im oberen Steinatal - West: 9 km, Richtung Grafenhausen, nach Steinasäge rechts ab) ✉ 79848 – ✆ (07703) 6 70 – www.sommerau.de
– geschl. März 3 Wochen
13 Zim – 75/80 € 110/120 € – ½ P
Rest *Sommerau* – siehe Restaurantauswahl
Ringsum nur Wiesen und Wald - wo könnte man besser abschalten? Da verzichtet man gerne auf TV, WLan und Handy-Empfang! Stattdessen genießt man gemütliche Zimmer, ein hübsches Saunahaus, den Badeteich mit Quellwasser... Das ökologische Konzept des Holzhauses passt da perfekt ins Bild!

Sommerau – Hotel Sommerau

Sommerau 1 (Im Steinatal - West: 9 km, Richtung Grafenhausen, nach Steinasäge rechts ab) ✉ 79848 – ✆ (07703) 6 70 – www.sommerau.de
– geschl. März 3 Wochen und Montag - Dienstag
Menü 34/69 € – Karte 33/54 €
Am Herd steht Patron Karl-Thomas Hegar mit Sohn Wolfram und dessen Frau, und was aus der Küche kommt, ist exzellent, so z. B. "Rehragout mit Rotkraut, Spätzle und Preiselbeeren". Gourmet-Tipp: das 5-Gänge-Feinschmeckermenü.

BOPPARD
Rheinland-Pfalz – 15 620 Ew. – Höhe 67 m – Siehe Regionalatlas **46**-D14
Berlin 612 km – Mainz 89 km – Koblenz 21 km – Bingen 42 km
Michelin Straßenkarte 543

Bellevue Rheinhotel (mit Gästehaus)

Rheinallee 41 ✉ 56154 – ✆ (06742) 10 20 – www.bellevue-boppard.de
92 Zim – 60/85 € 77/150 €, 11 € – 21 Suiten – ½ P
Rest *Le Chopin* Rest *Bristol* – siehe Restaurantauswahl
Direkt an der Rheinpromenade steht das Jugendstil-Juwel von 1887, und es hat nichts von seinem Charme eingebüßt. Dafür sorgt Familie Gawel, die den klassischen Stil wahrt und dennoch nie stehenbleibt - das beweist auch die rund 200 m entfernte neue "Résidence Bellevue" mit 20 eleganten Appartements.

Le Chopin – Bellevue Rheinhotel

Rheinallee 41 ✉ 56154 – ✆ (06742) 10 20 – www.lechopin-boppard.de
– geschl. 4. - 22. Januar, 27. Juli - 12. August, 1. - 11. November und Montag - Mittwoch
Menü 43/77 € – Karte 48/63 € – *(nur Abendessen)*
Hier ist Klassik Trumpf! Das gilt für die stilvolle Einrichtung samt Kamin, den geschulten Service und die Küche, die aber auch moderne Einflüsse einbezieht - da wären z. B. die "Challans-Ente in zwei Gängen" oder das "Rhabarber-Macaron".

Bristol – Bellevue Rheinhotel

Rheinallee 41 ✉ 56154 – ✆ (06742) 10 20 – www.bellevue-boppard.de
Menü 22/29 € – Karte 26/47 €
Ein Plätzchen mit Geschichte, an dem man nicht nur die schöne Gründerzeit-Atmosphäre genießt, sondern auch die Sicht auf den Rhein. Gekocht wird regional: "gefüllter Kloß", "Saumagen mit Senfcreme", "Ragout vom Karbacher Zicklein"...

In Boppard-Weiler Süd: 6,5 km über Buchenau

Landgasthof Eiserner Ritter

Zur Peterskirche 10 ✉ 56154 – ✆ (06742) 9 30 00 – www.eiserner-ritter.de – geschl. 2. Februar - 12. März, Oktober 2 Wochen

13 Zim ☕ – †52/67 € ††74/116 € – ½ P

Rest – Menü 20/55 € – Karte 20/52 € – *(geschl. Mittwoch; Dezember - April: Mittwoch - Donnerstagmittag)*

Der kleine Familienbetrieb liegt etwas abseits der Touristenpfade. Man wohnt hier sehr gepflegt, ob in ganz modernen oder eher rustikalen Zimmern - einige auch mit Blick ins Rheintal. Das Restaurant bietet regionale und klassische Küche.

In Boppard-Buchholz West: 6,5 km, jenseits der A 61 – Höhe 406 m

Tannenheim

Bahnhof Buchholz 3 (B 327) ✉ 56154 – ✆ (06742) 22 81 – www.hotel-tannenheim.de – geschl. 23. Dezember - 3. Januar

12 Zim ☕ – †55/85 € ††85/115 €

Rest *Tannenheim* – siehe Restaurantauswahl

Es ist schon ein richtig netter Familienbetrieb, und das seit 1908! Die Zimmer sind tipptopp gepflegt, wohnlich und funktional zugleich, das Frühstück ist frisch, die Preise sind fair und Familie Fuchs kümmert sich wirklich um ihre Gäste.

Tannenheim – Hotel Tannenheim

Bahnhof Buchholz 3 (B 327) ✉ 56154 – ✆ (06742) 22 81 – www.hotel-tannenheim.de – geschl. Weihnachten - 28. Januar, Juli - August 3 Wochen und Donnerstag, Samstagmittag, Sonntagabend

Menü 19 € (mittags unter der Woche) – Karte 30/44 €

Ob Spargelgerichte, hausgemachte Ravioli oder Klassiker wie Schnitzel aus dem Kalbsrücken, Thomas Fuchs, Sohn des Hauses, verwendet nur gute Produkte für seine aromatische saisonale Regionalküche.

In Boppard-Bad Salzig Süd: 3 km über B 9, Richtung St. Goar

Park Hotel

Rest,

Römerstr. 38, (am Kurpark) ✉ 56154 – ✆ (06742) 9 39 30 – www.park-villa.de – geschl. 15. Dezember - 1. Februar

15 Zim ☕ – †69/105 € ††99/130 € – 3 Suiten – ½ P

Rest – Menü 23/40 € – Karte 25/41 € – *(geschl. 15. Dezember - 1. März) (nur Abendessen)*

"New York", "Gauguin" oder "Afrika-Lodge"? Familie Joswig hat in ihrem über 100 Jahre alten Refugium individuelle, wirklich liebevoll gestaltete Themenzimmer. Ebenso hübsch und wertig der Wellnessbereich. Im eleganten Wintergarten samt moderner EssBAR und reizvoller Terrasse isst man klassisch-traditionell.

BORCHEN – Nordrhein-Westfalen ➜ Siehe Paderborn

BORKEN

Nordrhein-Westfalen – 40 970 Ew. – Höhe 50 m – Siehe Regionalatlas **26-C10**

Berlin 537 km – Düsseldorf 83 km – Bocholt 18 km – Enschede 57 km

Michelin Straßenkarte 543

Lindenhof

Rest,

Raesfelder Str. 2 ✉ 46325 – ✆ (02861) 92 50 – www.lindenhof-borken.de – geschl. 22. - 28. Dezember

57 Zim ☕ – †64/74 € ††82/109 € – ½ P

Rest – Karte 21/43 €

Rest *Kleine Linde* – Karte 21/41 € – *(nur Abendessen, sonntags auch Mittagessen)*

Ein Businesshotel in zentraler Lage mit funktionellen, unterschiedlich geschnittenen und eingerichteten Zimmern sowie guten Tagungsmöglichkeiten. Angenehm hell und neuzeitlich: Wintergartenrestaurant mit internationaler Küche. Freundlich ist auch die Kleine Linde.

BORKUM (INSEL)

Niedersachsen – 5 160 Ew. – Höhe 2 m – Siehe Regionalatlas **7-C5**
Berlin 523 km – Hannover 253 km – Emden 50 km
Michelin Straßenkarte 541

Strandhotel Hohenzollern

Jann-Berghaus-Str. 63 ✉ 26757 – ✆ (04922) 9 23 30 – www.strandhotel-hohenzollern.com – geschl. 8. Januar - 4. Februar, 1. - 14. Dezember

10 Zim – 🚹90/150 € 🚹🚹120/180 € – 12 Suiten – ½ P

Rest *Palée* – Menü 30 € – Karte 24/46 € – *(nur Abendessen)*

An der Promenade liegt das Haus von 1895 - die Fassade sowie Säulen im Inneren sind original. Zimmer mit neuzeitlicher Einrichtung und gutem Komfort, teils zur Seeseite. Das mediterran gestaltete Palée ist offen zur Lobby hin und bietet Meerblick.

BORNHEIM

Rheinland-Pfalz – 1 430 Ew. – Höhe 139 m – Siehe Regionalatlas **54-E17**
Berlin 676 km – Mainz 105 km – Neustadt an der Weinstraße 19 km – Saarbrücken 111 km
Michelin Straßenkarte 543

Zur Weinlaube - Villa Toskana garni (mit Gästehaus)

Wiesenstr. 31 ✉ 76879 – ✆ (06348) 15 84 – www.pension-zur-weinlaube.de

20 Zim – 🚹55/75 € 🚹🚹80/120 €

Schön wohnt man hier, ruhig und eingerahmt von Reben - entweder in den etwas einfacheren Zimmern der Weinlaube oder in den geschmackvollen Zimmern der Villa, die ihren Beinamen Toskana nicht umsonst trägt. Aber nicht nur das Ambiente stimmt, auch das gute Frühstück und das persönliche Engagement der Familie Sommerauer kommen gut an!

BOSAU

Schleswig-Holstein – 3 420 Ew. – Höhe 25 m – Siehe Regionalatlas **10-J4**
Berlin 315 km – Kiel 45 km – Lübeck 37 km – Eutin 16 km
Michelin Straßenkarte 541

Strauers Hotel am See

Gerold Damm 2 ✉ 23715 – ✆ (04527) 99 40 – www.strauer.de – geschl. Januar - Februar

28 Zim – 🚹78/86 € 🚹🚹128/158 € – 8 Suiten – ½ P

Rest – Menü 24 € – Karte 29/74 € – *(geschl. Oktober - April : Montag)*

So richtig abschalten vom Alltag: gleich vor der Tür der Plöner See, zu dem man direkt von der Liegewiese über den eigenen Badesteg Zugang hat! Aber auch schöne Zimmer, wohltuende Massagen und ein gemütliches Essen auf der Seeterrasse sorgen für Erholung.

BOTTROP

Nordrhein-Westfalen – 116 370 Ew. – Höhe 55 m – Siehe Regionalatlas **26-C11**
Berlin 530 km – Düsseldorf 44 km – Essen 11 km – Oberhausen 8 km
Michelin Straßenkarte 543

Rhein-Ruhr garni

Essener Str. 140 ✉ 46242 – ✆ (02041) 77 98 60 – www.hotel-rhein-ruhr.de – geschl. 24. - 27. Dezember

46 Zim – 🚹69/189 € 🚹🚹89/199 € – 2 Suiten

Das Hotel im Südringcenter gegenüber dem Hauptbahnhof verfügt über freundlich und modern eingerichtete Zimmer. Für Gäste ist das Fitnesscenter nebenan kostenlos.

XX **Bahnhof Nord**

Am Vorthbach 10 ✉ *46240 –* ✆ *(02041) 98 89 44 – www.bahnhofnord.de – geschl. Montag - Dienstag*
Menü 33/59 € – Karte 29/58 € – *(nur Abendessen)* (Tischbestellung ratsam)
Schon von außen ist das sanierte historische Bahnhofsgebäude ansprechend, drinnen nicht weniger: chic und stimmig der moderne Landhausstil, hochwertig die Einrichtung, ausgesprochen dekorativ die zahlreichen Accessoires. Doch nicht nur das schöne Ambiente sticht ins Auge, auffallend auch der sehr freundliche und überaus aufmerksame Service! Die Küche ist mediterran inspiriert.

BRACKENHEIM

Baden-Württemberg – 15 190 Ew. – Höhe 192 m – Siehe Regionalatlas **55**-G17
Berlin 604 km – Stuttgart 41 km – Heilbronn 15 km – Karlsruhe 58 km
Michelin Straßenkarte 545

In Brackenheim-Botenheim Süd: 1,5 km

Adler

Hindenburgstr. 4 ✉ *74336 –* ✆ *(07135) 9 81 10 – www.adlerbotenheim.de – geschl. 4. - 25. August*
15 Zim – 65/75 € 98/108 €
Rest *Adler* – siehe Restaurantauswahl
In dem Gasthaus a. d. 18. Jh. steckt jede Menge Herzblut - und zwar das von Familie Rembold, die hier schon seit einigen Jahrzehnten mit Engagement bei der Sache ist! Entsprechend gut ist auch das Frühstück. Die Zimmer sind sehr individuell geschnitten und zeitgemäß-funktional.

XX **Adler** – Hotel Adler

Hindenburgstr. 4 ✉ *74336 –* ✆ *(07135) 9 81 10 – www.adlerbotenheim.de – geschl. 4. - 25. August und Dienstag*
Menü 30/48 € – Karte 35/47 €
Bei Familie Rembold wird schwäbische Tradition groß geschrieben, aber auch Ausflüge in die internationale Küche. So reicht das Speisenangebot vom "schwäbischen Rostbraten mit Maultäschle" bis zum "gratinierten Lammrücken auf Ratatouille", und was man in den gemütlichen Stuben serviert bekommt, schmeckt!

BRAKE

Niedersachsen – 15 530 Ew. – Höhe 2 m – Siehe Regionalatlas **8**-F6
Berlin 463 km – Hannover 196 km – Oldenburg 35 km – Bremen 59 km
Michelin Straßenkarte 541

Ambiente garni

Hinrich-Schnitger-Str. 6 ✉ *26919 –* ✆ *(04401) 79 80 20 – www.hotel-ambiente-brake.de*
4 Zim – 64 € 89 € – 2 Suiten
In dem ehemaligen Kapitänshaus von 1912 kümmert sich die Inhaberfamilie herzlich um ihre Gäste. Die Zimmer sind klassisch-gediegen und mit norddeutschem Charme eingerichtet.

BRAMSCHE

Niedersachsen – 31 000 Ew. – Höhe 48 m – Siehe Regionalatlas **17**-E8
Berlin 440 km – Hannover 167 km – Bielefeld 81 km – Lingen 56 km
Michelin Straßenkarte 541

In Bramsche-Hesepe Nord: 2,5 km

Surendorff

Rest,

Dinglingsweg 1 (an der Kreisstraße nach Hesepe) ✉ *49565 –* ✆ *(05461) 9 30 20 – www.surendorff.de*
33 Zim – 77/90 € 95/110 € – ½ P **Rest** – Karte 24/53 €
Wochenendgäste starten von hier zu einer Radtour oder besuchen das Tuchmacher Museum. W-Lan nutzt man kostenlos. Die neueren Zimmer im Haupthaus sind modern-elegant. Restaurant mit Kaminzimmer, Wintergarten und Terrasse.

BRANDENBURG an der HAVEL

Brandenburg – 71 540 Ew. – Höhe 32 m – Siehe Regionalatlas **22-N8**

Berlin 84 km – Cottbus 178 km – Dessau 82 km – Magdeburg 83 km

Michelin Straßenkarte 542

Havelfloß garni

Altstädtische Fischerstr. 2 ✉ 14770 – ✆ (03381) 26 90 22 – www.pension-havelfloss.de

9 Zim – 63/78 € 83 €

Direkt an der Havel gelegenes Haus mit hochwertig in modernem Stil eingerichteten Zimmern und lichtem Frühstücksraum, zu dem eine hübsche Terrasse am Fluss gehört. Besonderheit: Man vermietet einige Flöße an die Gäste.

Am Humboldthain

Plauer Str. 1 ✉ 14770 – ✆ (03381) 33 47 67 – www.am-humboldthain.de – geschl. Januar - 11. Februar und Montag - Dienstag

Menü 25/46 € – Karte 29/39 € – *(nur Abendessen, sonntags auch Mittagessen)*

Hier hat man ein klassisches Stadthaus im Zentrum schön saniert und mit Geschmack in elegantem Stil eingerichtet. Das Restaurant bietet internationale Speisen an.

Inspektorenhaus

Altstädtischer Markt 9 ✉ 14770 – ✆ (03381) 32 74 74 – www.inspektorenhaus.de – geschl. 2. - 8. Februar, 19. Oktober - 1. November und Sonntag

Menü 30/49 € – Karte 35/47 €

Sie mögen schmackhafte und unkomplizierte Küche? Dann probieren Sie z. B. die "Brandenburger Landente mit Spargelravioli", die Michael Zemlin in dem charmanten kleinen Restaurant im Herzen der Stadt für Sie kocht. Der Name des Hauses geht übrigens auf den Marktinspektor zurück, der hier seinen Wohnsitz hatte. Im Sommer sitzt man natürlich draußen im Hofgarten.

BRANNENBURG

Bayern – 5 810 Ew. – Höhe 509 m – Siehe Regionalatlas **66-N21**

Berlin 660 km – München 72 km – Bad Reichenhall 83 km – Rosenheim 17 km

Michelin Straßenkarte 546

Schlosswirt

Kirchplatz 1 ✉ 83098 – ✆ (08034) 7 07 10 – www.schlosswirt.de

16 Zim – 55/65 € 95/98 € – ½ P

Rest – Karte 22/36 € – *(geschl. 16. - 25. Februar und Mittwoch)*

Inzwischen ist Stephanie Schmidt hier Chefin - sie hat das jahrhundertealte Gasthaus von ihrer Mutter übernommen und leitet es nun in 4. Generation. Darf's ein bisschen was Geschichtliches sein? Die Zimmer (freundlich renoviert, teils auch noch etwas älter) tragen Namen von Künstlern, die das Haus im 19. Jh. als Treffpunkt nutzten. So hat man neben der traditionellen Gaststube (hier fühlen sich auch Einheimische wohl) ein heimeliges "Künstlerstüberl". Und draußen lockt der lauschige Biergarten unter Linden.

BRAUBACH

Rheinland-Pfalz – 3 020 Ew. – Höhe 65 m – Siehe Regionalatlas **36-D14**

Berlin 600 km – Mainz 87 km – Koblenz 13 km

Michelin Straßenkarte 543

Zum weißen Schwanen (mit Gästehäusern)

Brunnenstr. 4 ✉ 56338 – ✆ (02627) 98 20 – www.zum-weissen-schwanen.de

23 Zim – 55/79 € 85/150 € – 4 Suiten – ½ P

Rest – Menü 40/75 € – Karte 36/61 € – *(geschl. 1. Januar - 15. Februar, August 2 Wochen und Mittwoch) (nur Abendessen)* (Tischbestellung ratsam)

Eine charmante Adresse mit individuellen Zimmern in mehreren Gebäuden - darunter schöne zeitgemäß-wohnliche Appartements mit Küchenzeile. Besonderheit: Kunst von Karl Heidelbach. Sehr gemütlich ist das rustikale Restaurant, reizvoll die Terrasse im Innenhof.

BRAUNEBERG

Rheinland-Pfalz – 1 210 Ew. – Höhe 120 m – Siehe Regionalatlas **45**-C15
Berlin 683 km – Mainz 123 km – Trier 47 km – Bernkastel-Kues 10 km
Michelin Straßenkarte 543

Brauneberger Hof

Zim,

Moselweinstr. 136 (B 53) ✉ 54472 – ✆ (06534) 14 00 – www.braunebergerhof.de
17 Zim – 79/95 € 106/168 € – 1 Suite – ½ P
Rest – Menü 25/95 € – Karte 26/63 € – *(geschl. Donnerstag) (nur Abendessen, sonntags auch Mittagessen)*
Wirklich schön und wertig wohnt man in dem kleinen Familienbetrieb. Neben den neueren Zimmern hat man im alten Fachwerkhaus (1750 fing hier alles an) fünf gemütliche "Nostalgiezimmer" mit einer Besonderheit: Wer hier bucht, bekommt im Hausgast-Restaurant ein kleines Extra! Spezialität sind eigene Rieslingweine - fragen Sie nach einer Weinbergbegehung!

BRAUNFELS

Hessen – 10 840 Ew. – Höhe 236 m – Siehe Regionalatlas **37**-F13
Berlin 518 km – Wiesbaden 84 km – Frankfurt am Main 77 km – Gießen 28 km
Michelin Straßenkarte 543

Schloss-Hotel

Hubertusstr. 2 ✉ 35619 – ✆ (06442) 30 50 – www.schloss-hotel-braunfels.de
30 Zim – 60/85 € 90/110 € – ½ P
Rest – Menü 25 € – Karte 23/47 € – *(geschl. Mittwoch) (Montag - Samstag nur Abendessen)*
Mitten im historischen Kern des Städtchens befindet sich das schlossähnliche Traditionshaus mit schönem Garten. Fragen Sie nach den besonders attraktiven Turmzimmern.

Geranio

Am Kurpark 2 ✉ 35619 – ✆ (06442) 93 19 90 – www.ristorante-geranio.de – geschl. 1. - 10. Januar, Mitte Juli - Mitte August und Dienstag
Menü 25 € (mittags unter der Woche)/66 € – Karte 35/56 €
Am Marktplatz unterhalb der Burg leiten die Geschwister Geranio das freundliche Restaurant in dem über 300 Jahre alten Fachwerkhaus. Küche und Weinkarte sind italienisch geprägt.

BRAUNLAGE

Niedersachsen – 4 790 Ew. – Höhe 560 m – Siehe Regionalatlas **30**-J10
Berlin 252 km – Hannover 119 km – Braunschweig 69 km – Göttingen 67 km
Michelin Straßenkarte 541

Residenz Hohenzollern

Dr.-Barner-Str. 11 ✉ 38700 – ✆ (05520) 9 32 10 – www.residenz-hohenzollern.de – geschl. Mitte März 10 Tage, November 1 Woche
11 Zim – 85/160 € 100/195 € – 14 Suiten – ½ P
Rest *Victoria-Luise* – siehe Restaurantauswahl
Ein schönes und gut geführtes Hotel, das oberhalb des Ortes liegt. Die Zimmer sind wohnlich-elegant eingerichtet, die Suiten (mit Küchenzeile) bieten eine herrliche Aussicht. Restaurant mit mediterraner Note, dazu eine hübsche Terrasse.

Zur Tanne

Herzog-Wilhelm-Str. 8 ✉ 38700 – ✆ (05520) 9 31 20 – www.tanne-braunlage.de – geschl. November
18 Zim – 52/99 € 80/149 € – 3 Suiten – ½ P
Rest *Gourmetrestaurant* – siehe Restaurantauswahl
Rest *Bierstube* – Menü 25 € – Karte 25/36 € – *(geschl. Montag, außer an Feiertagen) (nur Mittagessen)*
Der Familienbetrieb mitten im Zentrum ist ein erweitertes historisches Haus mit wohnlichen Zimmern, die im sogenannten Bachhaus besonders neuzeitlich sind. Rustikal ist das Ambiente in der Bierstube.

XX **Gourmetrestaurant** – Hotel Zur Tanne
Herzog-Wilhelm-Str. 8 ✉ 38700 – ✆ (05520) 9 31 20 – www.tanne-braunlage.de – geschl. November und Montag, außer an Feiertagen
Menü 30/59 € – Karte 30/67 € – *(nur Abendessen)* (Tischbestellung ratsam)
Das elegante Restaurant befindet sich im Stammhaus mit schöner Holzfassade. Die Küche ist zeitgemäß-international ausgelegt und wird auch in der Bierstube serviert. Gute Weinkarte.

XX **Victoria-Luise** – Hotel Residenz Hohenzollern
Dr.-Barner-Str. 11 ✉ 38700 – ✆ (05520) 9 32 10 – www.residenz-hohenzollern.de – geschl. Mitte März 10 Tage, November 1 Woche und Montag - Dienstag, außer an Feiertagen
Menü 25/85 € – Karte 26/46 € – *(Mittwoch - Freitag nur Abendessen)*
Mediterrane Einflüsse bestimmen den Stil der Einrichtung. Als verbindende Elemente dienen immer Motive in Rot- und Gelbgoldtönen. Die Küche ist international.

In Braunlage-Hohegeiß Süd-Ost: 12 km über B 4 Richtung Nordhausen – Höhe 642 m

Vitalhotel Sonneneck
Rest,
Hindenburgstr. 24 ✉ 38700 – ✆ (05583) 9 48 00 – www.vitalhotel-sonneneck.de
9 Zim – †49/79 € ††88/124 € – 9 Suiten – ½ P **Rest** – Karte 17/39 €
Diese familiär geleitete Ferienadresse liegt schön am Ortsrand und bietet zeitgemäße Zimmer, ein Hallenbad mit Blick auf die Harzer Berge und auch eine kleine Kosmetikabteilung. Sie mögen es rustikal? Dann essen Sie doch mal in der netten "Sonneneck Alm" auf der Wiese beim Hotel.

Rust
Am Brande 5 ✉ 38700 – ✆ (05583) 8 31 – www.hotelrust.harz.de
22 Zim – †55/75 € ††90/120 € – 2 Suiten – ½ P
Rest – Menü 15/45 € – Karte 22/38 € – *(nur Abendessen für Hausgäste)*
Das regionstypische Haus in ruhiger Lage ist ein solider Familienbetrieb mit gepflegten Zimmern - im Gästehaus stehen auch einige Appartements zur Verfügung. Bürgerliches Speisenangebot im Restaurant.

BRAUNSCHWEIG

Niedersachsen – 250 560 Ew. – Höhe 74 m – Siehe Regionalatlas **30-J9**
Berlin 228 km – Hannover 66 km – Magdeburg 92 km
Michelin Straßenkarte 541

Wartburg garni
Rennelbergstr. 12 ✉ 38114 – ✆ (0531) 59 01 70 – www.hotelwartburg.de Stadtplan : B1**z**
20 Zim – †72/139 € ††92/169 €
Man kommt gerne zu Familie Rösel, die das kleine Hotel mit den individuellen Zimmern schon in der 3. Generation leitet. Im hellen, freundlichen Frühstücksraum (oder im Sommer auf der Terrasse) genießt man am Morgen ein frisches Buffet. Ein Vorteil ist auch die günstige Lage: Die Autobahn ist gut erreichbar und in die Innenstadt ist es nur ein kurzer Spaziergang.

XX **Das Alte Haus**
Alte Knochenhauerstr.11 ✉ 38100 – ✆ (0531) 6 18 01 00 – www.altehaus.de – geschl. 23. März - 1. April, 10. - 24. August, Ende Oktober 1 Woche und Sonntag - Montag Stadtplan : B2**g**
Menü 43/72 € – *(nur Abendessen)* (Tischbestellung ratsam)
Enrico Dunkel und sein Team bleiben nicht stehen: Aufgefrischt wurde nicht nur das schöne Restaurant mit "Kochwerkstatt" (hier kann man Kurse machen), recht modern ist auch sein Küchenstil, was die Menüs "Daheim" und "Weltweit" beweisen.

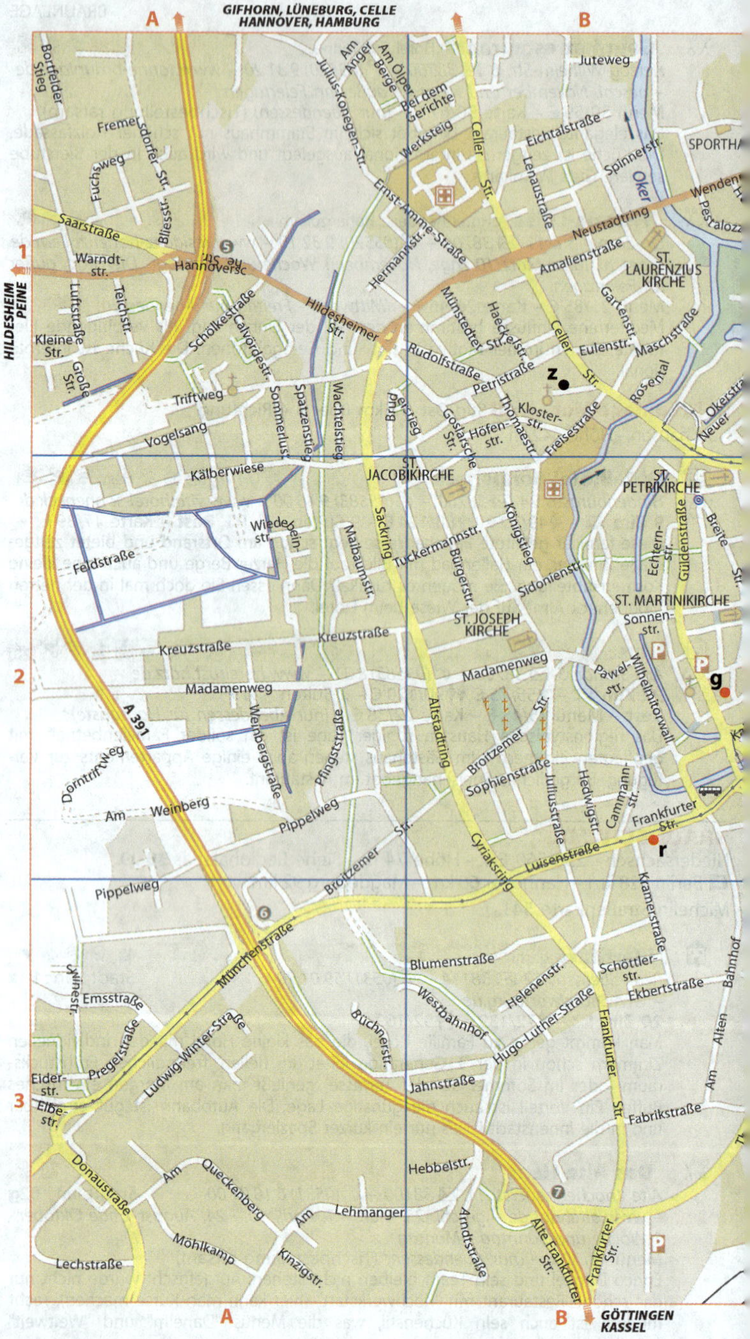
GIFHORN, LÜNEBURG, CELLE
HANNOVER, HAMBURG
GÖTTINGEN
KASSEL
HILDESHEIM
PEINE
A
B
1
2
3
Bortfelder Stieg
Fremersdorfer Str.
Fuchsweg
Bliesstr.
Saarstraße
Warndtstr.
Hannoversche Str.
Luftstraße
Teichstr.
Kleine Str.
Große Str.
Schölkestraße
Calvördestr.
Triftweg
Vogelsang
Sommerlust
Spatzenstieg
Wachtelstieg
Hildesheimer Str.
Julius-Konegen-Str.
Am Anger
Am Ölper Berge
Bei dem Gerichte
Werksteig
Ernst-Amme-Straße
Hermannstr.
Celler Str.
Juteweg
Eichtalstraße
Lenaustraße
Spinnerstr.
Oker
SPORTHA
Wenden
Pestalozz
Neustadtring
Amalienstraße
ST. LAURENZIUS KIRCHE
Gartenstr.
Maschstraße
Eulenstr.
Münstedter Str.
Haeckelstr.
Rudolfstraße
Petristraße
Kloster-str.
Thomaestr.
Freisestraße
Rosental
Okerstr
Neuer
Brucknerstieg
Goslarsche Str.
Höfenstr.
Kälberwiese
ST. JACOBIKIRCHE
ST. PETRIKIRCHE
Güldenstraße
Breite Str.
Echternstr.
Wiedebeinstr.
Feldstraße
Malbaumstr.
Sackring
Tuckermannstr.
Bürgerstr.
Königstieg
Sidonienstr.
ST. MARTINIKIRCHE
Sonnenstr.
ST. JOSEPH KIRCHE
Kreuzstraße
Madamenweg
Pawelstr.
Wilhelmitorwall
g
Weinbergstraße
Pfingststraße
Altstadtring
Broitzemer Str.
Sophienstraße
Juliusstraße
Hedwigstr.
Cammannstr.
Frankfurter Str.
A 391
Dorntriftweg
Am Weinberg
Pippelweg
Luisenstraße
r
z
Cyriaksring
Kramerstraße
Münchenstraße
Blumenstraße
Schöttlerstr.
Ekbertstraße
Bahnhof
Am Alten
Emsstraße
Pregelstraße
Ludwig-Winter-Straße
Westbahnhof
Helenenstr.
Hugo-Luther-Straße
Büchnerstr.
Eiderstr.
Elbestr.
Jahnstraße
Fabrikstraße
Donaustraße
Am Queckenberg
Hebbelstr.
Lehmanger
Am Kinzigstr.
Möhlkamp
Lechstraße
Arndtstraße
Alte Frankfurter Str.
5
6
7

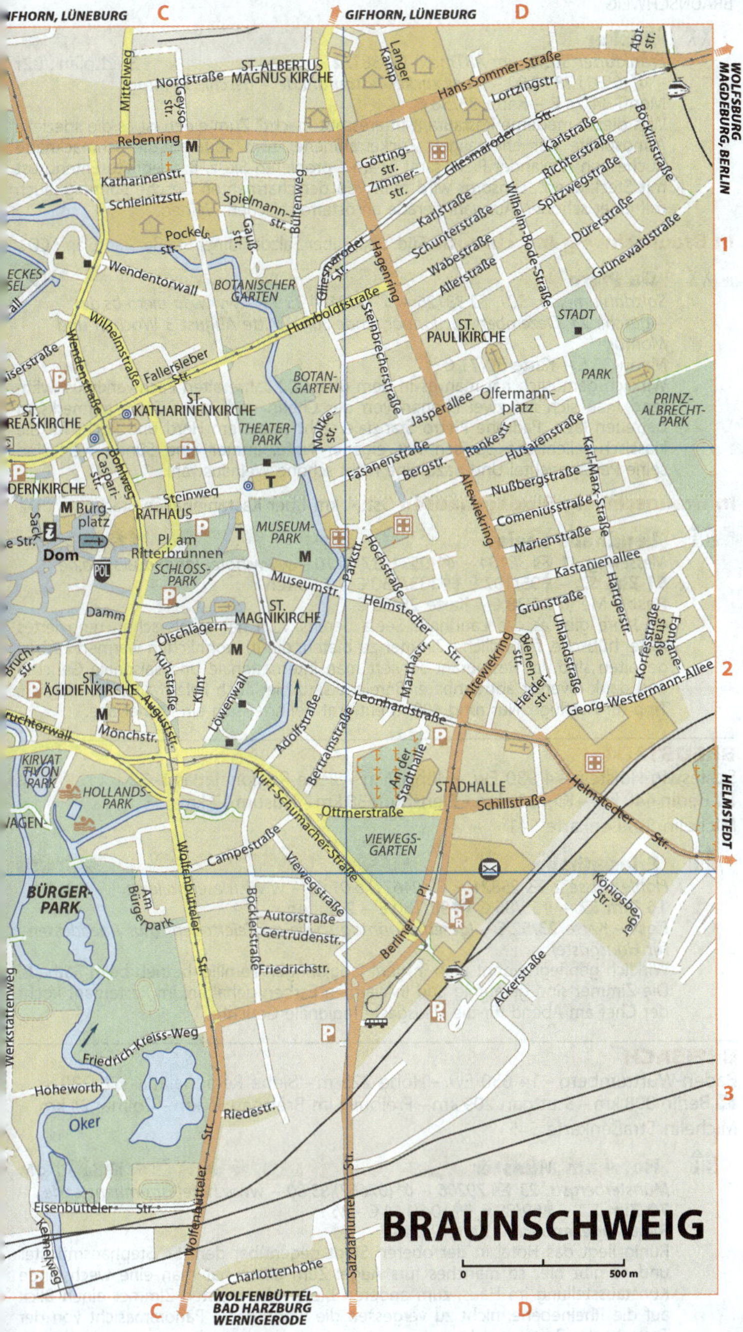
GIFHORN, LÜNEBURG
C
GIFHORN, LÜNEBURG
D
WOLFSBURG
MAGDEBURG, BERLIN
HELMSTEDT
WOLFENBÜTTEL
BAD HARZBURG
WERNIGERODE
1
2
3
BRAUNSCHWEIG
0
500 m
Nordstraße
ST. ALBERTUS MAGNUS KIRCHE
Mittelweg
Geysostr.
Langer Kamp
Hans-Sommer-Straße
Abtstr.
Lortzingstr.
Rebenring
Katharinenstr.
Schleinitzstr.
Spielmannstr.
Bültenweg
Göttingstr.
Zimmerstr.
Gliesmaroder Str.
Karlstraße
Richterstraße
Spitzwegstraße
Böcklinstraße
Pockelsstr.
Gaußstr.
Schunterstraße
Wabestraße
Allerstraße
Dürerstraße
Grünewaldstraße
Wilhelm-Bode-Straße
Wendentorwall
BOTANISCHER GARTEN
Hagenring
Steinbrecherstraße
Humboldtstraße
STADT PARK
ST. PAULIKIRCHE
PRINZ-ALBRECHT-PARK
Wilhelmstraße
Wendenstraße
Fallersleber Str.
BOTAN. GARTEN
Jasperallee
Olfermannplatz
ST. KATHARINENKIRCHE
ST. ANDREASKIRCHE
THEATERPARK
Moltkestr.
Rankestr.
Husarenstraße
Karl-Marx-Straße
Bohlweg
Casparistr.
Fasanenstraße
Bergstr.
Nußbergstraße
Steinweg
RATHAUS
Burgplatz
Dom
Comeniusstraße
Altewiekring
MUSEUMPARK
Pl. am Ritterbrunnen
Marienstraße
SCHLOSSPARK
Parkstr.
Hochstraße
Kastanienallee
Museumstr.
Helmstedter Str.
Hartgerstr.
Grünstraße
Damm
ST. MAGNIKIRCHE
Ölschlägern
Korfesstraße
Fontanestraße
Uhlandstraße
Bienenstr.
Herderstr.
Marthastr.
Kuhstraße
Klint
ST. ÄGIDIENKIRCHE
Augustst.
Löwenwall
Adolfstraße
Leonhardstraße
Georg-Westermann-Allee
Mönchstr.
Bertramstraße
An der Stadthalle
STADHALLE
KIRVAT TIVON PARK
HOLLANDS-PARK
Kurt-Schumacher-Straße
Ottmerstraße
Schillstraße
Helmstedter Str.
Campestraße
Viewegstraße
VIEWEGS-GARTEN
BÜRGERPARK
Am Bürgerpark
Wolfenbütteler Str.
Böcklerstraße
Autorstraße
Gertrudenstr.
Berliner Pl.
Königsberger Str.
Ackerstraße
Friedrichstr.
Werkstättenweg
Friedrich-Kreiss-Weg
Hoheworth
Oker
Riedestr.
Salzdahlumer Str.
Eisenbütteler Str.
Kennelweg
Charlottenhöhe

Zucker

Frankfurter Str. 2, (im ARTmax) ✉ 38122 Stadtplan : B2**r**
– ✆ (0531) 28 19 80 – www.zucker-restaurant.de – geschl. Sonntag
Menü 34/74 € – Karte 33/58 €
Was dieses moderne Restaurant interessant macht? Zum einen ist es die spezielle Atmosphäre der ehemaligen Zuckerraffinerie, zum anderen die schmackhafte Küche von Alexander Riehl samt Team - probieren Sie z. B. "gegrillte Entenbrust mit Steckrüben". Umsorgt wird man von der charmanten Gesche Sonntag, auch mit einer schönen Auswahl gerade an österreichischen Weinen.

In Braunschweig-Mascherode Süd: 6 km über Salzdahlumer Straße Stadtplan : CD3

Da Piero

Salzdahlumerstr. 301 ✉ 38126 – ✆ (0531) 4 35 98 – www.da-piero-bs.de – geschl. 24. Dezember - 6. Januar, Ende Juli - Mitte August 3 Wochen und Montag
Menü 35 € – Karte 30/71 €
Wirklich gemütlich hat man es in dem über 200 Jahre alten Fachwerkhaus, während man sich auf zwei Ebenen von der Chefin und ihrem Team aufmerksam betreuen lässt. Padrone Pietro Stanziale steht selbst am Herd und kocht für Sie klassisch-italienische Speisen mit eigener Note. Immer eine Sünde wert sind seine Pastagerichte! Und dazu eine recht schöne Weinauswahl.

In Braunschweig-Riddagshausen Ost: 4 km über Kastanienallee Stadtplan : D2

Landhaus Seela

Messeweg 41 ✉ 38104 – ✆ (0531) 37 00 10 – www.hotel-landhaus-seela.de
51 Zim – 95/107 € 133/150 € – 2 Suiten
Rest – Menü 24/38 € – Karte 28/53 €
60 Jahre gibt es das Landhaus Seela bereits, nun hat es als schön renoviertes Hotel hübsche, freundliche Zimmer zu bieten, die in wohnlichen warmen Farben gehalten sind. Im Restaurant serviert man internationale und saisonale Gerichte und dank diverser abtrennbarer Bereiche sind hier auch Feiern aller Art möglich. Tipp für Ausflüge: Nur rund 400 m entfernt befindet sich ein kleiner See.

BREDSTEDT

Schleswig-Holstein – 4 930 Ew. – Höhe 7 m – Siehe Regionalatlas **1-G2**
Berlin 440 km – Kiel 101 km – Flensburg 38 km – Husum 17 km
Michelin Straßenkarte 541

Friesenhalle

Hohle Gasse 2 ✉ 25821 – ✆ (04671) 6 01 00 – www.friesenhalle.de
16 Zim – 55/85 € 98/130 € – 2 Suiten
Rest – Karte 23/52 € – *(geschl. Sonntag sowie an Feiertagen) (nur Abendessen für Hausgäste)*
Wirklich gepflegt wohnt man in dem langjährigen Familienbetrieb beim Rathaus. Die Zimmer sind geräumig und in warmen Farben gehalten, im Restaurant kocht der Chef am Abend für die Hausgäste regionale Gerichte.

BREISACH

Baden-Württemberg – 14 650 Ew. – Höhe 225 m – Siehe Regionalatlas **61-D20**
Berlin 808 km – Stuttgart 209 km – Freiburg im Breisgau 30 km – Colmar 24 km
Michelin Straßenkarte 545

Hotel am Münster

Münsterbergstr. 23 ✉ 79206 – ✆ (07667) 83 80 – www.hotel-am-muenster.de
70 Zim – 69/89 € 104/144 € – ½ P
Rest *Vogesenblick* – Karte 21/44 €
Ruhig liegt das Hotel in der oberen Stadt gegenüber dem St. Stephansmünster und es gibt hier so manches fürs Auge: Zum einen hat man eine wechselnde Kunstausstellung im Haus, zum anderen bieten die meisten Zimmer einen Blick auf die Rheinebene, nicht zu vergessen die wunderbare Panoramasicht von der Terrasse des Restaurants!

Kaiserstühler Hof
Richard-Müller-Str. 2 ✉ 79206 – ✆ (07667) 8 30 60 – www.kaiserstuehler-hof.com – geschl. über Fasching
21 Zim – 73/120 € 110/180 € – ½ P
Rest – Menü 34/80 € – Karte 26/77 € – *(geschl. Montag, November - März: Sonntagabend - Montag)*
Ein sympathischer Familienbetrieb bestehend aus zwei gestandenen Gasthöfen mit klassischen Zimmern, einer Maisonette und einem Hochzeitszimmer. Und gastronomisch? Regionale und internationale Küche im Restaurant, Weinstube mit einfacher kleiner Mittagskarte und dazu ein lauschiger Innenhof.

In Breisach-Hochstetten Süd-Ost: 2,5 km über B 31

Landgasthof Adler (mit Gästehaus)
Hochstetter Str. 11 ✉ 79206 – ✆ (07667) 9 39 30 – www.adler-hochstetten.de – geschl. Februar 3 Wochen
22 Zim – 56/70 € 84/96 € – ½ P
Rest – Menü 27/45 € – Karte 21/46 € – *(geschl. Donnerstag)*
Der Gasthof mit kleinem Gästehaus ist eine nette familiäre Adresse in dörflicher Umgebung, die ideal ist für Fahrradtouristen. Die Zimmer sind gepflegt und behaglich. Gemütliche Gaststube mit bürgerlichem Angebot.

BREISIG, BAD

Rheinland-Pfalz – 8 920 Ew. – Höhe 70 m – Siehe Regionalatlas **36-C13**
Berlin 618 km – Mainz 133 km – Koblenz 30 km – Bonn 33 km
Michelin Straßenkarte 543

Am Kamin
Zehner Str. 10 (B 9) ✉ 53498 – ✆ (02633) 9 67 22 – www.restaurant-am-kamin.de – geschl. 5. - 23. Januar und Montag - Dienstagmittag
Menü 17 € (mittags unter der Woche)/35 € – Karte 28/52 €
Seit über 30 Jahren betreiben Barbara und Werner Pommer dieses Restaurant nicht weit vom Marktplatz. Im Winter sitzt man besonders gemütlich neben dem Kamin, im Sommer auf der schönen Terrasse. Sehr gefragt bei den zahlreichen Stammgästen sind die Fischgerichte, die Spezialität des Chefs!

BREITNAU

Baden-Württemberg – 1 960 Ew. – Höhe 1 018 m – Siehe Regionalatlas **61-E20**
Berlin 788 km – Stuttgart 167 km – Freiburg im Breisgau 28 km – Donaueschingen 42 km
Michelin Straßenkarte 545

Kaisers Tanne
Am Wirbstein 27 (B 500, Süd-Ost: 2 km) ✉ 79874 – ✆ (07652) 1 20 10 – www.kaisers-tanne.de
26 Zim – 81/94 € 162/188 € – 4 Suiten – ½ P
Rest – Menü 24/65 € – Karte 33/52 € – *(ab 13 Uhr geöffnet)*
Die zahlreichen Stammgäste wissen schon, warum sie immer wieder hierher kommen! Es ist ein Gasthof mit typischem Schwarzwälder Charme, freundlich und engagiert die Führung, hübsch die Deko, wohnlich die Zimmer, gemütlich die Stuben... und drum herum Wiesen und schöne Landschaft. Da sitzt man natürlich nur zu gerne auf der Terrasse! Oder möchten Sie bei Kosmetik und Massage entspannen? HP inklusive.

Faller
Ödenbach 5 (B 500, Süd-Ost: 2 km) ✉ 79874 – ✆ (07652) 91 94 90 – www.hotel-faller.de – geschl. 23. März - 02. April, 24. November - 13. Dezember
20 Zim – 51/85 € 98/150 € – 2 Suiten – ½ P
Rest – Menü 20 € – *(nur Abendessen für Hausgäste)*
Wer ein paar schöne Urlaubstage in reizvoller Schwarzwaldlandschaft verbringen möchte, ist in den geräumigen Zimmern (fast alle mit Balkon) gut aufgehoben. Für Hausgäste bietet man ein HP-Menü.

BREITSCHEID – Hessen → Siehe Herborn

BREMEN

Bremen – 548 320 Ew. – Höhe 3 m – Siehe Regionalatlas **18-G6**
Berlin 390 km – Hamburg 120 km – Hannover 123 km
Michelin Straßenkarte 541

© Ch. Bärk / Sime / Photononstop

Hotels

Dorint Park Hotel

Im Bürgerpark ✉ *28209 – ✆ (0421) 3 40 80* Stadtplan : B2**f**
– www.dorint.com/bremen
162 Zim – 🚹109/249 € 🚹🚹139/299 €, ☕ 25 € – 13 Suiten
Rest *Park Restaurant* – siehe Restaurantauswahl
Das Luxushotel wurde im Stil eines fürstlichen Landsitzes im 200 ha großen Bürgerpark am Hollersee erbaut. Elegant die Lobby, schön die individuellen Zimmer und der Spa auf 1200 qm. Fragen Sie nach den Zimmern zum See! Smoker's Lounge La Fumadora.

Maritim

Hollerallee 99 ✉ *28215 – ✆ (0421) 3 78 90* Stadtplan : B2**n**
– www.maritim.de
256 Zim – 🚹85/199 € 🚹🚹100/214 €, ☕ 21 € – 5 Suiten – ½ P
Rest *L'Echalote* – ✆ (0421) 3 78 96 27 – Menü 36 € – Karte 26/66 € – *(nur Abendessen)*
Rest *Brasserie* – ✆ (0421) 3 78 96 21 – Karte 26/46 € – *(nur Mittagessen)*
Eine komfortable Businessadresse. Das Hotel mit klassisch-gediegenen Zimmern liegt am Bürgerpark und ist an das Congress Centrum Bremen angeschlossen. Abends speist man im stilvollen L'Echalote mit Parkblick.

ÜberFluss garni

Langenstr. 72 ✉ *28195 – ✆ (0421) 32 28 60* Stadtplan : E1**a**
– www.hotel-ueberfluss.de
50 Zim – 🚹132/162 € 🚹🚹169/199 €, ☕ 13 € – 1 Suite
In der Innenstadt direkt an der Weser steht das schicke Designhotel mit seinen technisch modern ausgestatteten Zimmern, viele mit Flussblick. Suite mit Sauna und Whirlpool.

Atlantic Grand Hotel

Bredenstr. 2 ✉ *28195 – ✆ (0421) 62 06 20* Stadtplan : E2**c**
– www.atlantic-hotels.de
136 Zim – 🚹109/199 € 🚹🚹129/219 €, ☕ 20 € – 2 Suiten **Rest** – Karte 31/47 €
Modernes Businesshotel im Zentrum nahe dem Marktplatz. Klare Linien und warme Töne bestimmen das Interieur. Dachterrasse mit Blick auf Altstadt und Weser. Internationales und Grillspezialitäten im Restaurant ALTO mit Showküche. Wintergarten und Innenhofterrasse.

Radisson BLU

Böttcherstr. 2, (Eingang Wachtstraße) ✉ 28195 – ✆ (0421) 3 69 60 – www.radissonblu.de/hotel-bremen Stadtplan : E2**x**

235 Zim – 107/240 € 107/240 €, 23 € **Rest** – Karte 22/78 €

In dem Businesshotel empfängt Sie eine attraktive urbane Halle mit integriertem Restaurant - hier mittags Buffet, abends Steaks, Burger, Salate. Komfortabel die Zimmer, schön der historische Himmelsaal unter der Kuppel des Stammhauses.

Atlantic Hotel Universum

Wiener Str. 4 ✉ 28359 – ✆ (0421) 2 46 70 – www.atlantic-hotels.de Stadtplan : C2**t**

150 Zim – 99/129 € 99/169 € – ½ P

Rest *Campus* – ✆ (0421) 2 46 75 33 – Menü 47/54 € – Karte 31/39 €

Das Hotel hinter dem Universum Science Center Bremen, nahe dem Stadtwald, ist geprägt von klarem modernem Design. Man bietet beste Veranstaltungsmöglichkeiten. Restaurant Campus mit internationalem Angebot.

Courtyard by Marriott

Theodor-Heuss-Allee 2 ✉ 28215 – ✆ (0421) 69 64 00 – www.courtyardbremen.de Stadtplan : F1**c**

152 Zim – 119 € 123 €, 19 € – 3 Suiten

Rest *Lloyd* – Karte 16/44 €

Die Geschichte in Kurz: Der historische Bau (1913) am Hauptbahnhof war für Auswanderer einst Ausgangspunkt zu den Schiffen der Lloyd-Reederei. Heute (modern erweitert) ist das Haus in Stil und Technik "up to date". Die Küche bietet Bremer Spezialitäten und Burger.

Zur Post

Bahnhofsplatz 11 ✉ 28195 – ✆ (0421) 3 05 90 – www.hotel-zurpost-bremen.de Stadtplan : F1**x**

175 Zim – 84/160 € 104/290 € – ½ P

Rest *Café Hauptmeier* – ✆ (0421) 3 05 98 10 – Menü 23/45 € – Karte 20/61 € – *(geschl. Sonntagabend)*

Die zentrale Lage in Bahnhofsnähe, gediegene Zimmer und ein Freizeitbereich mit Fitnesscenter und Kosmetik machen das Stadthotel aus. Im Café gibt's neben Kuchen aus der eigenen Konditorei auch eine einfache Mittagskarte und ein Abendbuffet.

Steigenberger N

Zim, Zim,

Am Weser Terminal 6 ✉ 28217 – ✆ (0421) 47 83 70 – www.bremen.steigenberger.com Stadtplan : B2**s**

135 Zim – 90/559 € 90/559 €, 20 € – 2 Suiten

Rest – Menü 29/56 € – Karte 37/56 €

Modern-funktionales Wohnen nur wenige Gehminuten von der Bremer Altstadt im aufstrebenden Hafenquartier. Sky-TV, WLan und Nespresso-Maschine inklusive. Im 6. Stock schöner Sauna- und Fitnessbereich mit Panoramablick. Regionales und Internationales im Restaurant "Blaufeuer" samt Terrasse direkt am Wasser.

Swissôtel

Hillmannplatz 20 ✉ 28195 – ✆ (0421) 62 00 00 – www.swissotel.com/hotels/bremen Stadtplan : F1**b**

228 Zim – 110/340 € 113/360 €, 22 € – 2 Suiten

Rest *Hillmann's* – siehe Restaurantauswahl

Das Businesshotel liegt direkt in der Innenstadt und verfügt über ganz modern und funktionell eingerichtete Gästezimmer mit gutem Komfort.

Schaper-Siedenburg garni

Bahnhofstr. 8 ✉ 28195 – ✆ (0421) 3 08 70 – www.stadt-hotel-bremen.de – geschl. 21. - 27. Dezember Stadtplan : F1**s**

118 Zim – 84/112 € 116/141 €

In dem historischen Gebäude gegenüber dem Bahnhofsplatz stehen funktionell ausgestattete Zimmer in neuzeitlichem Stil sowie geräumige Appartements mit Kitchenette zur Verfügung.

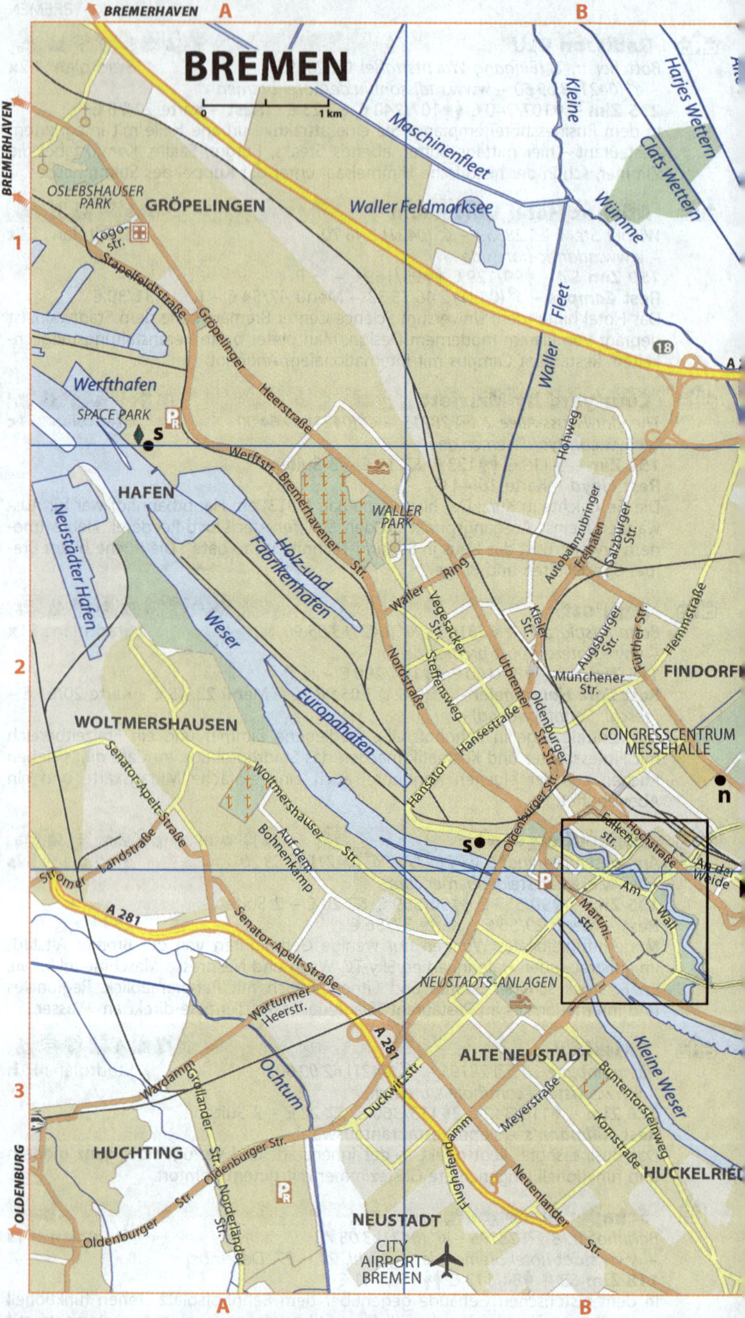
BREMEN
0
1 km
BREMERHAVEN
A
B
1
2
3
OLDENBURG
OSLEBSHAUSER PARK
GRÖPELINGEN
Togo-str.
Stapelfeldtstraße
Gröpelinger
Heerstraße
Maschinenfleet
Waller Feldmarksee
Kleine
Wümme
Harjes Wettern
Clats Wettern
Waller Fleet
18
Werfthafen
SPACE PARK
S
HAFEN
Werftstr.
Bremerhavener Str.
WALLER PARK
Holz-und Fabrikenhafen
Neustädter Hafen
Weser
Europahafen
Waller Ring
Vegesacker Str.
Steffensweg
Nordstraße
Hohweg
Autobahnzubringer Freihafen
Salzburger Str.
Kieler Str.
Augsburger Str.
Münchener Str.
Fürther Str.
Hemmstraße
FINDORF
Utbremer Str.
Oldenburger Str.
Hansestraße
Hansator
CONGRESSCENTRUM MESSEHALLE
n
WOLTMERSHAUSEN
Senator-Apelt-Straße
Woltmershauser Str.
Auf dem Bohnenkamp
Stromer Landstraße
A 281
Falkenstr.
Hochstraße
An der Weide
Am Wall
Martini-str.
NEUSTADTS-ANLAGEN
Warturmer Heerstr.
Ochtum
ALTE NEUSTADT
Kleine Weser
Buntentorsteinweg
Kornstraße
Meyerstraße
Duckwitzstr.
Flughafendamm
Neuenlander Str.
HUCKELRIEDE
Wardamm
Grolländer Str.
HUCHTING
Oldenburger Str.
Norderländer Str.
NEUSTADT
CITY AIRPORT BREMEN

C
D
WORPSWEDE
LILIENTHAL
Trupe
Hauptstraße
Truperdeich
Wümme
Torfkanal
Kuhgraben
Holler Fleet
BORGFELD
1
Borgfelder Heerstr.
Kuhgrabensee
Am Lehester Deich
Upper Borg
Hochschulring
19
Stadtwaldsee
A 27 / E 234
Heerstraße
Kopernikusstraße
Lilienthaler
t
BÜRGER
PARK
e
Achterstr.
Oberneulander Landstr.
HORN-LEHE
Leher Heerstraße
Oberneulander Heerstr.
Rockwinkeler Heerstr.
Kulenkampffallee
Parkallee
Riensberger Str.
2
Achterdiek
SCHWACHAUSEN
BOTANISCHER GARTEN
Schwachhauser Ring
Wätjenstraße
Focke Museum
Marcusallee
Nedderland
ACHTERDIEK-PARK
HAMBURG, HANNOVER
August-Bebel-Allee
NEUE
20
Kurfürstenallee
VAHR
In der Vahr
g
a
An der Gete
Kirchbachstr.
Bismarckstraße
Hinter dem Rennpl
Am Schwarzen Meer
Am Hulsberg
Str.
ADAC
Stresemannstr.
Ludwig-Roselius-Allee
Hamburger Str.
Stader
Osterdeich
Vahrer Str.
3
Hastedter Heerstr.
Fährstr.
Malerstraße
Sebaldsbrücker Heerstr.
Hastedter Brückenstr.
Pfalzburger Str.
SCHLOßPARK
Werdersee
Christernstr.
Saarstraße
HABENHAUSEN
Hannoversche Str.
HEMELINGEN
OSNABRÜCK, HAMBURG, HANNOVER

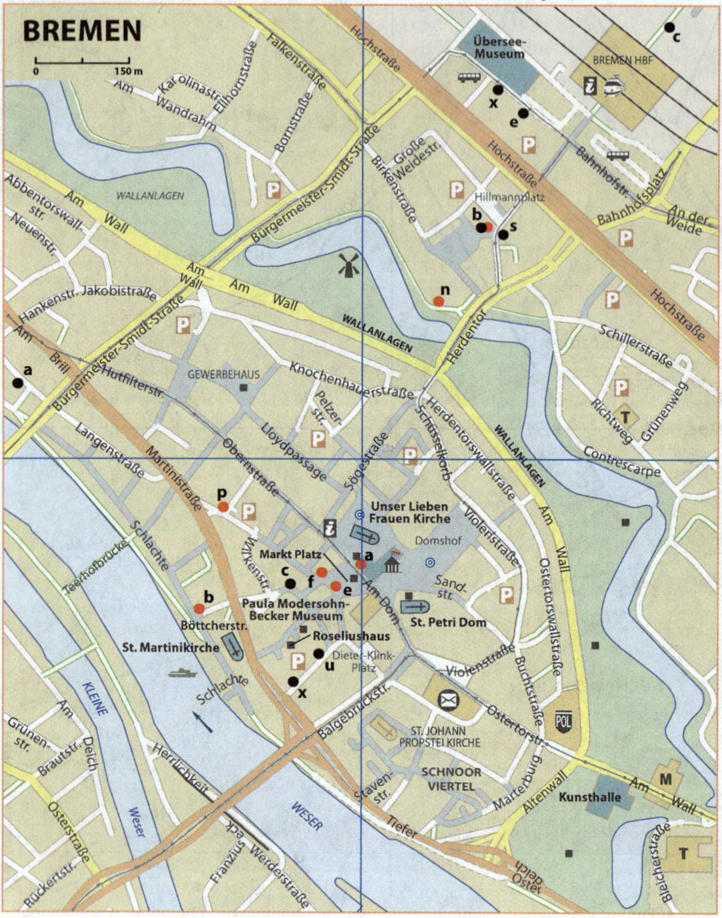

Munte am Stadtwald

Parkallee 299 ✉ *28213 – ✆ (0421) 2 20 20 – www.hotel-munte.de* Stadtplan : C2**e**

126 Zim – 🚹99/145 € 🚹🚹120/180 € – 2 Suiten

Rest *Wels* – siehe Restaurantauswahl

Rest *Del Bosco* – ✆ (0421) 2 20 25 00 – Karte 23/39 €

Gegenüber dem Stadtwald gelegenes Hotel mit schickem modernem Sauna- und Anwendungsbereich sowie guten Tagungsbedingungen. Geräumig und wohnlich sind die Deluxe-Zimmer. Del Bosco im freundlichen Trattoriastil mit italienischer Küche.

Ramada Überseehotel garni

Wachtstr. 27 ✉ *28195 – ✆ (0421) 3 60 10 – www.h-hotels.com/bremen* Stadtplan : E2**u**

124 Zim – 🚹89/119 € 🚹🚹99/129 €, 15 €

Das Haus liegt im Zentrum nicht weit vom Marktplatz und verfügt über neuzeitlich und funktional eingerichtete Gästezimmer mit gutem Platzangebot.

Hanseat garni

Bahnhofsplatz 8 ✉ 28195 – ✆ (0421) 1 46 88 Stadtplan : F1**e**
– www.hotel-hanseat.com – geschl. 21. Dezember - 4. Januar
33 Zim – 79/89 € 99/110 €
Die Lage am Bahnhof, funktionell ausgestattete Zimmer und ein reichhaltiges Frühstücksbuffet sprechen für das familiär geführte Hotel. W-Lan ist kostenfrei.

Restaurants

Park Restaurant – Dorint Park Hotel

Im Bürgerpark ✉ 28209 – ✆ (0421) 3 40 85 13 Stadtplan : B2**f**
– www.dorint.com/bremen
Menü 40/150 € – Karte 47/70 €
Prachtvolle Kristallleuchter, gestreifte Stuhlpolster und üppige Stoffdekorationen an den Fenstern... klassisch ist nicht nur das Ambiente, auch das Speisenangebot mit Gerichten wie "Nordsee-Seezunge Müllerin Art" oder "Beefsteak-Tatar".

Al Pappagallo

Außer der Schleifmühle 73 ✉ 28203 – ✆ (0421) 32 79 63 Stadtplan : B3**p**
– www.al-pappagallo.de – geschl. Sonntag
Menü 48 € – Karte 42/69 €
Klassische italienische Küche und freundlichen Service bietet das moderne Restaurant mit lichtem Wintergarten. Im schönen begrünten Innenhof hat man eine Terrasse angelegt.

Wels – Hotel Munte am Stadtwald

Parkallee 299 ✉ 28213 – ✆ (0421) 2 20 26 66 Stadtplan : C2**e**
– www.hotel-munte.de – geschl. 24. - 29. Dezember und Sonntag
Karte 33/52 € – *(nur Abendessen)*
Rund um das imposante Süßwasseraquarium (natürlich mit Welsen) servieren die Gastgeber internationale Gerichte, wobei Fisch- und Wildkreationen im Vordergrund stehen.

Hillmann's – Hotel Swissôtel

Hillmannplatz 20 ✉ 28195 – ✆ (0421) 62 00 01 29 Stadtplan : F1**b**
– www.hillmanns-restaurant.de
Menü 39 € (abends unter der Woche)/59 € – Karte 37/55 € – *(geschl. 23. Juli - 2. September und Sonntag)* (Tischbestellung ratsam)
Modern-elegant die Einrichtung in hellen, warmen Naturfarben, dazu der schöne dunkle Schiffsboden... das ergibt ein wirklich schönes Bild, das ganz den Zeitgeist trifft. Durch die große Fensterfront schaut man ins Grüne. Freitags und samstags gibt es Buffet.

Grashoff's Bistro

Contrescarpe 80, (neben der Hillmann-Passage) Stadtplan : F1**n**
✉ 28195 – ✆ (0421) 14 74 90 – www.grashoff.de – geschl. Samstagabend - Sonntag sowie an Feiertagen
Karte 43/73 € – (Tischbestellung ratsam)
Das Restaurant ist eine sympathische Bistroadresse im französischen Stil, die geschickt in den gut sortierten Feinkostladen integriert wurde. Geboten wird eine gehobene klassische Küche.

Presse Bar Cuisine

Langenstr. 31, (im Parkhaus am Pressehaus) ✉ 28195 Stadtplan : E2**p**
– ✆ (0421) 3 36 28 22 – www.presse-bremen.de – geschl. Sonntag und an Feiertagen
Menü 15 € (mittags)/55 € – Karte 22/42 €
In zentraler Lage nur wenige Schritte vom Marktplatz finden Sie das auf zwei Etagen angelegte Restaurant mit Bistrocharakter, in dem man frische internationale Küche serviert.

Restaurant 1783 N

Am Markt 13 ✉ 28195 – ✆ (0421) 69 66 30 50 Stadtplan : E2**e**
– www.17-83.de – geschl. 1. - 10. Januar und Sonntag
Menü 18 € (mittags)/58 € – Karte 35/51 €
Im bekannten "Schütting" haben Arnd Feye und Oliver Rößler nach dem "Bremer Ratskeller" ihr zweites Restaurant. Zeitgemäßer Stil unter altem Gewölbe, auf der Karte Internationales wie "Ragout und Rücken vom Lamm mit Curry-Gewürz-Lassi".

Topaz

Langenstr. 2, (Kontorhaus am Markt) ✉ 28195 Stadtplan : E2**f**
– ✆ (0421) 7 76 25 – www.topaz-bremen.de – geschl. 14. - 22. April und Samstagabend, Sonntag sowie an Feiertagen
Menü 35 € (abends)/85 € – Karte 23/48 € – (Tischbestellung ratsam)
In der einsehbaren Küche dieses freundlichen Bistros nahe Rathaus und Dom werden internationale Gerichte zubereitet. Kleineres Speisenangebot im dazugehörigen Laden Deli & Wein.

Das Kleine Lokal

Besselstr. 40 ✉ 28203 – ✆ (0421) 7 94 90 84 Stadtplan : C3**b**
– www.das-kleine-lokal.de – geschl. Juli - August 3 Wochen und Sonntag - Montag
Menü 49/83 € – Karte 50/64 € – *(nur Abendessen)*
Gemütlich ist die Atmosphäre in dem kleinen Restaurant in einer Wohngegend. Der aufmerksame Service bringt frische kreativ-internationale Küche an den Tisch.

Bremer Ratskeller

Am Markt, (im alten Rathaus) ✉ 28195 Stadtplan : EF2**a**
– ✆ (0421) 32 16 76 – www.ratskeller-bremen.de
Menü 15 € (mittags)/54 € – Karte 20/43 €
Historisch-rustikales Flair verbreitet der traditionsreiche Ratskeller mit imposanter Gewölbedecke, antiken Schmuckfässern und gemütlichen Nischen. Große Auswahl an deutschen Weinen.

Osteria

Schlachte 1 ✉ 28195 – ✆ (0421) 3 39 82 07 Stadtplan : E2**b**
– www.osteria-bremen.de
Menü 25/55 € – Karte 27/59 €
Das mediterran inspirierte Restaurant liegt an der Weser gegenüber der St. Martini Kirche und bietet traditionelle italienische Speisen, die aus der offenen Küche kommen.

In Bremen-Gröpelingen

INNSIDE

Rest, Zim,

Sternentor 6 ✉ 28237 – ✆ (0421) 2 42 70 Stadtplan : A1-2**s**
– www.innside.com
162 Zim – 99/139 € 119/159 €
Rest – Menü 32/49 € – Karte 37/55 € – *(geschl. Samstagmittag, Sonntag und Feiertage mittags)*
Eine moderne Businessadresse ist das technisch gut ausgestattete Hotel auf einem ehemaligen Werftsgelände. Der Lobby- und Barbereich überrascht mit futuristischem Design. Helles Restaurant mit großer Fensterfront zur Weser.

In Bremen-Neue Vahr

Atlantic Hotel an der Galopprennbahn

Ludwig-Roselius-Allee 2 ✉ 28329 – ✆ (0421) 33 30 00 Stadtplan : D3**a**
– www.atlantic-hotels.de/galopprennbahn
120 Zim – 99/129 € 99/169 € – 1 Suite
Rest *DERBY* – Menü 18 € (abends) – Karte 26/46 €
Modern-funktionelle Gästezimmer und eine gute Verkehrsanbindung sprechen für dieses Hotel. Einige Zimmer mit Blick auf die namengebende Galopprennbahn. Auch vom geradlinig gestalteten Restaurant hat man eine schöne Aussicht.

THE GRILL

In der Vahr 64 ✉ 28329 – ✆ (0421) 87 82 56 40 Stadtplan : D3**g**
– www.the-grill-bremen.de – geschl. Samstagmittag
Karte 42/113 €
Ein Steakhouse "de luxe"! Das gemütlich-stilvolle Ambiente mit viel Naturholz und geschmackvollem Dekor erstreckt sich über zwei Etagen. Die ambitionierte zeitgemäße Küche - ein Muss sind die Steaks vom Nebraska-Beef! - wird begleitet von guten internationalen Weinen.

In Bremen-Vegesack Nord-West: 22 km über Gröpelinger Heerstraße Stadtplan : A1 Richtung Bremerhaven

Strandlust Vegesack

Rohrstr. 11 ✉ 28757 – ✆ (0421) 6 60 90 – www.strandlust.com
58 Zim – 99/109 € 140/155 € – ½ P **Rest** – Karte 32/48 €
Das Hotel mit maritimem Ambiente liegt an einem Fähranleger, umgeben von den hiesigen Werften. Die Zimmer bieten teilweise einen schönen Ausblick auf die Weser. Internationale Küche im angenehm hellen Restaurant. Biergarten und Terrasse zum Fluss.

BREMERHAVEN

Bremen – 112 990 Ew. – Höhe 2 m – Siehe Regionalatlas **9-F5**
Berlin 410 km – Bremen 58 km – Cuxhaven 43 km – Hamburg 134 km
Michelin Straßenkarte 541

Atlantic Hotel Sail City

Am Strom 1 ✉ 27568 – ✆ (0471) 30 99 00 – www.atlantic-hotels.de
119 Zim – 104/154 € 138/188 € – 1 Suite – ½ P
Rest *STROM* – ✆ (0471) 30 99 05 33 – Menü 34/44 € – Karte 33/48 €
Ein Blickfang ist dieses modern designte Businesshotel mit seiner außergewöhnlichen Architektur in Segelform. Zimmer mit Blick auf die Außenweser. Ganz oben: Besucherplattform. Vom Restaurant schaut man zur Deichpromenade.

Haverkamp

Rest, Rest,

Prager Str. 34 ✉ 27568 – ✆ (0471) 4 83 30 – www.hotel-haverkamp.de
85 Zim – 106/131 € 139/175 € – ½ P **Rest** – Karte 33/51 €
Ein komfortables Hotel in der Innenstadt, in dem Zimmer von Standard über Business bis Superior zur Verfügung stehen - die Bäder teilweise mit Whirlwanne. Gediegenes Ambiente im Restaurant.

Comfort Hotel garni

Am Schaufenster 7 ✉ 27572 – ✆ (0471) 9 32 00 – www.comfort-hotel-bremerhaven.de
116 Zim – 87/94 € 107/114 €
Ein besonders auf Geschäftsleute ausgelegtes Hotel mit modernen und freundlichen, technisch gut ausgestatteten Gästezimmern. Vom Frühstücksraum blicken Sie auf den Hafen.

Bremerhaven (N) garni

Am Fischkai 2 ✉ 27572 – ✆ (0471) 80 93 53 00 – www.best-western-bremerhaven.de
96 Zim – 94/101 € 121/131 €
Am alten Fischereihafen erwarten Sie attraktive, topmoderne Zimmer mit neuester Technik und Panoramafenstern. Beim Frühstück blickt man über das Hafenareal. Dazu lichte Konferenzräume und eine Bar.

im jaich (N) garni

Am Neuen Hafen 19 ✉ 27568 – ✆ (0471) 97 16 63 30 – www.im-jaich.de
48 Zim – 83 € 104 €
Hier ist die Lage Trumpf: unweit der Havenwelten zwischen Weser, Deich und Yachthafen. Topgepflegte Zimmer mit Möbeln aus Tischlerhand - den schönsten Blick hat man von den Panoramazimmern! Lust auf Kuchen? Den gibt's im Coffeeshop.

Natusch Fischereihafen-Restaurant

Am Fischbahnhof 1 ✉ 27572 – ✆ (0471) 7 10 21 – www.natusch.de – geschl. Montag, außer an Feiertagen
Menü 28 € (mittags)/44 € – Karte 32/65 €
Gemütlich ist die rustikale Fischerstube mit Original-Schiffsaccessoires, gediegen das Restaurant Captain Morgan. Schwerpunkt der Karte ist Fisch, und den bezieht man direkt aus den Auktionshallen gegenüber!

Seute Deern

Hans Scharoun Platz, (Schifffahrtsmuseum) ✉ 27568 – ✆ (0471) 41 62 64 – www.seutedeern.de
Karte 19/39 €
Ein einmaliges maritimes Ambiente bietet das Fischrestaurant im Rumpf der Dreimast-Bark von 1919. Der Speiseraum ist mit vielen historischen Schiffsmodellen dekoriert.

PIER 6

Barkhausenstr. 6 ✉ 27568 – ✆ (0471) 48 36 40 80 – www.pier6.eu – geschl. Anfang Januar 2 Wochen und Sonntagabend
Menü 29 € – Karte 29/48 €
Der gebürtige Franke und langjährige Gastronom Steffen Heumann hat hier an den Havenwelten ein nettes lichtes Restaurant. Gekocht wird sowohl modern-traditionell als auch mediterran, z. B. "Wolfsbarsch / Süßkartoffelpüree / Nizza Salat".

In Bremerhaven-Lehe Nord: 4,5 km

Atlantic Hotel am Floetenkiel garni

Nordstr. 80 ✉ 27580 – ✆ (0471) 80 62 60 – www.atlantic-hotel-amfloetenkiel.de
84 Zim – 65 € 87 €
Das moderne Hotel verfügt über helle, schlichte Zimmer und einen lichtdurchfluteten Frühstücksraum. Nachts checken Sie per Hotelomat ein. Parken kann man übrigens unter dem Hotel, denn es ist auf Stelzen gebaut.

BRETTEN

Baden-Württemberg – 28 470 Ew. – Höhe 176 m – Siehe Regionalatlas **54**-F17
Berlin 634 km – Stuttgart 54 km – Karlsruhe 28 km – Heilbronn 47 km
Michelin Straßenkarte 545

Krone

Marktplatz 2 ✉ 75015 – ✆ (07252) 9 78 90 – www.krone-bretten.de – geschl. 21. Dezember - 4. Januar
54 Zim – 80/89 € 106/118 € – ½ P
Rest *à la table de Guy Graessel* – siehe Restaurantauswahl
Mitten in Bretten steht das im 15. Jh. erbaute Fachwerkhaus mit gepflegter Atmosphäre und zeitgemäßen, wohnlichen Zimmern, einige in kräftigen Farben. W-Lan kostenfrei.

à la table de Guy Graessel – Hotel Krone

Marktplatz 2 ✉ 75015 – ✆ (07252) 71 38 – www.guy-graessel.de – geschl. Februar 2 Wochen, August 3 Wochen und Donnerstag
Karte 32/57 €
"Rindsbug mit Meerrettichsauce und Bouillonkartoffeln" ist eines der schmackhaften klassisch-saisonalen Gerichte des gebürtigen Elsässers Guy Graessel. Und wie das historische Haus schon von außen vermuten lässt, ist das Ambiente schön charmant: Dunkle Holzbalken treffen auf moderne Elemente - nett sitzt man auf Eckbänken unter der reich verzierten Holzdecke!

BRETZENHEIM

Rheinland-Pfalz – 2 470 Ew. – Höhe 105 m – Siehe Regionalatlas **47-E15**
Berlin 606 km – Mainz 38 km – Bad Kreuznach 6 km – Koblenz 75 km
Michelin Straßenkarte 543

Hinterconti garni

Naheweinstr. 17 ✉ 55559 – ✆ (0671) 79 67 09 10 – www.hinterconti.com
14 Zim – 64 € 89 €
Kristina Seckler und ihr Mann haben hier aus einem alten Bauernhof eine richtig sympathische und preislich faire Bed & Breakfast-Adresse gemacht: individuelle Räume voller Charme und Style, von romantisch-floral bis trendig-modern. Toll die einstige Scheune: morgens zum Frühstücken, danach für Events.

BRETZFELD

Baden-Württemberg – 12 250 Ew. – Höhe 210 m – Siehe Regionalatlas **55-H17**
Berlin 575 km – Stuttgart 61 km – Heilbronn 20 km – Nürnberg 145 km
Michelin Straßenkarte 545

In Bretzfeld-Bitzfeld Nord: 2 km

Zur Rose (mit Gästehaus) Zim, Rest, Zim,

Weißlensburger Str. 12 ✉ 74626 – ✆ (07946) 77 50 – www.rose-bitzfeld.de

57 Zim – 68/105 € 105/140 € – 1 Suite – ½ P

Rest – Menü 28/38 € – Karte 27/67 €

Ein von Tagungsgästen geschätzter gewachsener Gasthof, der von der Familie gut geführt wird. Im Neubau hat man besonders moderne und geräumige Zimmer. Das bürgerliche Restaurant teilt sich in drei Stuben und eine Terrasse im Innenhof. Tipp: Im "Rose-Lädle" gibt's Dosenwurst, Fonds, Saucen...

In Bretzfeld-Brettach Süd-Ost: 9 km, Richtung Mainhardt

Landhaus Rössle mit Zim Zim,

Mainhardter Str. 26 ✉ 74626 – ✆ (07945) 91 11 11 – www.roessle-brettach.de – geschl. 16. - 24. Februar, 25. Mai - 9. Juni, 2. - 10. November und Montag - Dienstag

5 Zim – 70/120 € 90/180 € – ½ P Menü 35/70 € – Karte 34/57 €

Bernd Pils kocht hier nicht nur international-saisonal, auch Schmackhaftes der Region hat er zu bieten. Und dazu gute Weine und charmanter Service durch die Chefin. Das Ambiente ist modern-elegant, beliebt im Winter die Plätze am Kamin ein paar Stufen tiefer. Für Übernachtungsgäste hat man hübsche Zimmer.

In Bretzfeld-Schwabbach Nord-West: 4 km

Reinecker's Dorfstube

Hauptstr. 11, (1. Etage) ✉ 74626 – ✆ (07946) 4 89 – geschl. Januar 2 Wochen, August 3 Wochen und Dienstag - Mittwoch

Karte 27/48 € – (Tischbestellung ratsam)

Wer hier einmal gegessen hat, weiß, warum Heide Hartweg so viele Stammgäste hat. Ihre Küche ist frisch und einfach gut! Gefragt sind Rostbraten, Maultaschen & Co. - oder mögen Sie lieber Seezunge? Tipp: das Tagesessen.

BRILON

Nordrhein-Westfalen – 26 340 Ew. – Höhe 450 m – Siehe Regionalatlas **27**-F11

Berlin 469 km – Düsseldorf 168 km – Arnsberg 42 km – Lippstadt 47 km

Michelin Straßenkarte 543

Rech

Hoppecker Str. 1 ✉ 59929 – ✆ (02961) 9 75 40 – www.hotel-rech.de

26 Zim – 55/65 € 85/90 €

Rest – Menü 18/40 € – Karte 23/47 € – *(geschl. Juli - August 2 Wochen und Montagabend)*

In dem von Familie Rech-Dietz engagiert geführten Hotel erwarten Sie geschmackvolle Zimmer, die von Etage zu Etage farblich unterschiedlich gestaltet sind. Zudem bietet man Massage und Kosmetik. Restaurant mit eleganter Note.

Wiegelmanns am Wallgraben (mit Gästehaus) Rest,

Strackestr. 23 ✉ 59929 – ✆ (02961) 40 44 – www.hotel-am-wallgraben.de – geschl. 21. - 25. Dezember

20 Zim – 55/63 € 70/80 €, 9 €

Rest *Wiegelmanns am Wall* – siehe Restaurantauswahl

Rest *Deele* – Karte 27/48 € – *(geschl. Sonntag - Montag) (nur Abendessen)*

Ein sehr schönes und stimmiges Interieur macht das am einstigen Stadtgraben gelegene Hotel aus, das von Familie Wiegelmann freundlich geleitet wird. Rustikales Ambiente im Restaurant "Deele".

Wiegelmanns am Wall – Hotel Wiegelmanns am Wallgraben

Strackestr. 23 ✉ 59929 – ✆ (02961) 40 44 – www.hotel-am-wallgraben.de – geschl. 21. - 25. Dezember und Samstagmittag, Sonntag

Menü 34/59 € – Karte 32/55 €

Während in der Küche Ansprechendes wie "Poulet Blanc / geschmorter Chicoree / Ricotta-Gnocchi / Frühlauch" entsteht, kümmert sich der freundliche und geschulte Service unter der Leitung von Burkhard Wiegelmann in angenehm hellem, modernem Ambiente um die Gäste.

BROTTERODE

Thüringen – 2 800 Ew. – Höhe 560 m – Siehe Regionalatlas **39-J13**
Berlin 353 km – Erfurt 62 km – Bad Hersfeld 97 km – Coburg 96 km
Michelin Straßenkarte 544

Zur guten Quelle
Rest,
Schmalkalder Str. 27 ✉ 98599 – ✆ (036840) 3 40 – www.hotel-quelle.de – geschl. 12. - 25. November
44 Zim – 52/55 € 64/110 € – ½ P **Rest** – Karte 14/29 €
Ein familiengeführtes Hotel nur wenige Kilometer vom Rennsteig des Thüringer Waldes. Die Zimmer sind zeitgemäß-funktional, im Freizeitbereich bietet man auch Massage und Kosmetik.

BRUCHHAUSEN-VILSEN

Niedersachsen – 5 950 Ew. – Höhe 13 m – Siehe Regionalatlas **18-G7**
Berlin 369 km – Hannover 87 km – Bremen 49 km – Minden 83 km
Michelin Straßenkarte 541

Forsthaus Heiligenberg (mit Gästehäusern)
Heiligenberg 3 (in Homfeld, Süd-West: 4 km) ✉ 27305 – ✆ (04252) 9 32 00 – www.forsthaus-heiligenberg.de
27 Zim – 75/85 € 127/135 € – 4 Suiten – ½ P
Rest *Forsthaus Heiligenberg* – siehe Restaurantauswahl
Ein charmantes und mit Geschmack eingerichtetes ehemaliges Forsthaus in angenehm ruhiger Lage auf einer Waldlichtung. Zum Wohlfühlen sind die behaglichen Zimmer mit hübschen individuellen Bädern. Guter Service!

Forsthaus Heiligenberg – Hotel Forsthaus Heiligenberg
Heiligenberg 3 (in Homfeld, Süd-West: 4 km) ✉ 27305 – ✆ (04252) 9 32 00 – www.forsthaus-heiligenberg.de
Menü 25 € (mittags)/72 € – Karte 31/53 €
Das jahrhundertealte Haus wird gehegt und gepflegt und konnte somit sein wunderbares ursprüngliches Flair bewahren. Besonders imposant ist ein riesiger offener Kamin in der Mitte des Restaurants.

BRUCHSAL

Baden-Württemberg – 43 230 Ew. – Höhe 114 m – Siehe Regionalatlas **54-F17**
Berlin 646 km – Stuttgart 68 km – Karlsruhe 29 km – Heidelberg 37 km
Michelin Straßenkarte 545

Scheffelhöhe
Adolf-Bieringer-Str. 20 ✉ 76646 – ✆ (07251) 80 20 – www.scheffelhoehe.de
91 Zim – 89/119 € 119/159 € – 3 Suiten – ½ P
Rest *Belvedere* – ✆ (07251) 30 03 73 – Karte 29/50 € – *(geschl. Samstagmittag)*
Ein familiengeführtes Haus mit modernen Zimmern, alles ist tipptopp gepflegt, schön die Panoramalage am Park des Belvedere. Highlight sind zwei chic designte 80-qm-Suiten in einer denkmalgeschützten Villa nebenan. An warmen Tagen speist man natürlich auf der Sonnenterrasse mit Blick über die Stadt!

Zum Bären
Schönbornstr. 28 ✉ 76646 – ✆ (07251) 8 86 27 – www.baeren-bruchsal.de – geschl. Montag
Menü 16 € (mittags)/40 € – Karte 20/50 €
In dem denkmalgeschützten Haus von 1780 isst man saisonal-traditionell, so z. B. "Rumpsteak unter der Senf-Zwiebelkruste mit Rotweinsauce" oder "Wildschweinbraten mit Waldpilzen". Der Chef, selbst Jäger, verarbeitet Tiere aus eigener Jagd.

In Bruchsal-Büchenau Süd-West: 7 km über B 3, in Untergrombach rechts

Ritter (mit Gästehaus)
Au in den Buchen 92 ✉ 76646 – ✆ (07257) 8 80 – www.ritterbruchsal.de
96 Zim – 90/120 € 120 € – 4 Suiten
Rest – Menü 25/30 € – Karte 31/47 €
Der gut geführte Familienbetrieb bietet in den Häusern Domizil und Residenz neuzeitlich und wohnlich gestaltete Gästezimmer. Im Stammhaus befindet sich das Restaurant mit bürgerlicher Küche. Auch ein Biergarten ist vorhanden.

In Forst Nord-West: 5 km

XX **Zum Löwen**

Kirchstr. 8 ✉ 76694 – ✆ (07251) 30 08 96 – www.loewen-forst.de – geschl. 19. - 31. August und Sonntagabend - Montag
Karte 27/41 € – *(Dienstag - Samstag nur Abendessen)*
Ein äußerst gepflegtes Gasthaus mit markanter roter Fassade und einladendem Innenhof. Die freundliche Familie Geissler bietet bürgerliche Küche und einige Schweizer Gerichte.

BRUCHWEILER-BÄRENBACH – Rheinland-Pfalz ➜ Siehe Dahn

BRÜCKENAU, BAD

Bayern – 6 760 Ew. – Höhe 300 m – Siehe Regionalatlas **39-I14**
Berlin 478 km – München 345 km – Fulda 32 km – Frankfurt am Main 97 km
Michelin Straßenkarte 546

In Bad Brückenau Stadtmitte – ✉ 97769

Zur Mühle

Ernst-Putz-Str. 17 ✉ 97769 – ✆ (09741) 9 16 10 – www.hotel-zur-muehle.com
42 Zim – 🚹60/76 € 🚹🚹92/104 € – 2 Suiten – ½ P
Rest – Menü 16/36 € – Karte 18/40 €
Das Hotel liegt ruhig und doch zentrumsnah auf einem schönen Gartengrundstück am Georgi Kurpark. Die Gästezimmer sind funktionell ausgestattet, mit Balkon oder Loggia. Bürgerliches Restaurant.

In Bad Brückenau-Staatsbad

Dorint Resort & Spa (mit Gästehäusern)

Heinrich-von-Bibra-Str. 13 ✉ 97769 – ✆ (09741) 8 50 – www.dorint.com/bad-brueckenau Rest,
142 Zim – 🚹89/199 € 🚹🚹109/219 € – 12 Suiten – ½ P
Rest – Menü 31 € – Karte 32/69 €
Das herrschaftlich anmutende Anwesen mit seinen schönen Gebäuden liegt inmitten des Kurparks. Die modernsten Zimmer befinden sich im Haupthaus. Gut auch der Spa- und Fitnessbereich. Im Restaurant steht Regionalität im Vordergrund.

BRÜHL

Nordrhein-Westfalen – 44 260 Ew. – Höhe 62 m – Siehe Regionalatlas **36-C12**
Berlin 589 km – Düsseldorf 61 km – Bonn 25 km – Aachen 76 km
Michelin Straßenkarte 543

XX **Glaewe's Restaurant**

Balthasar-Neumann-Platz 28 ✉ 50321 – ✆ (02232) 1 35 91 – www.glaewesrestaurant.de – geschl. Montag - Dienstag
Menü 37/70 € – Karte 37/54 € – *(nur Abendessen, sonntags auch Mittagessen)*
Seit über 25 Jahren betreiben Doris und Hans Glaewe ihr Restaurant, das etwas versteckt in einer Geschäftspassage liegt. In freundlich-gediegener Atmosphäre lässt man sich von den liebenswerten Gastgebern mit klassisch-internationaler Küche umsorgen. Stammgäste essen auch gerne an der Bartheke.

X **Kaiserbahnhof Restaurant 1875** (N)

Kierberger Str. 158 ✉ 50321 – ✆ (02232) 2 55 81 – www.kaiserbahnhof-bruehl.de – geschl. Mitte September - Mitte Mai: Montag
Menü 36/59 € – Karte 27/54 € – *(Montag - Samstag nur Abendessen)*
Brasserie La Gare – Karte 25/46 €
Benannt wurde das stattliche, geradezu herrschaftlich anmutende Gebäude (1875 als Bahnhof erbaut) nach Kaiser Wilhelm I., der hier einst in die Stadt einfuhr. Entsprechend spiegelt die Küche die Bahnverbindung Köln - Paris wider, und das in netter Brasserie-Atmosphäre. Am Herd steht übrigens Rudolf Thewes, bekannt aus dem "Schloss Loersfeld" bei Kerpen.

BRÜHL (BADEN)

Baden-Württemberg – 14 160 Ew. – Höhe 102 m – Siehe Regionalatlas **47-F16**
Berlin 635 km – Stuttgart 121 km – Karlsruhe 55 km –
Neustadt an der Weinstraße 54 km
Michelin Straßenkarte 545

KRONE das gasthaus

Ketscher Str. 17 ✉ 68782 – ✆ (06202) 6 07 02 52 – www.krone-dasgasthaus.de – geschl. Ende August - Mitte September und Montag
Menü 35 € (vegetarisch)/55 € – Karte 31/60 € – *(nur Abendessen, sonntags auch Mittagessen)*
Andreas Bretzel trifft hier genau den Nerv der Zeit: Schmackhaftes vom vegetarischen Menü über "Kalbsrücken auf Saubohnenpüree" bis hin zu "Hummerpaella mit Chorizo", und das Ganze in einem sympathischen ländlich-schlichten Rahmen mit Flair! Im Sommer geht's raus in den schönen, teilweise überdachten Hofgarten.

BUCHEN (ODENWALD)

Baden-Württemberg – 18 280 Ew. – Höhe 337 m – Siehe Regionalatlas **48-H16**
Berlin 560 km – Stuttgart 113 km – Würzburg 65 km – Heidelberg 87 km
Michelin Straßenkarte 545

Prinz Carl (mit Gästehaus)

Hochstadtstr. 1 ✉ 74722 – ✆ (06281) 5 26 90 – www.prinzcarl.de – geschl. 1. - 14. Januar
31 Zim – 59/64 € 80/95 € – ½ P
Rest *Prinz Carl* – siehe Restaurantauswahl
Für jeden Geschmack das Passende: klassische Zimmer im historischen Stammhaus, geradlinig-moderne im Egon-Eiermann-Bau oder mediterrane im Gästehaus - dies sind die schönsten Zimmer!

Reichsadler (mit Gästehaus)

Rest,

Walldürner Str. 1 ✉ 74722 – ✆ (06281) 5 22 60 – www.hotel-reichsadler.de
20 Zim – 55/69 € 80/94 €
Rest – Karte 19/35 € – *(geschl. Montagmittag)*
Hier lässt es sich gepflegt übernachten, im Haupthaus wie auch im Gästehaus - Letzteres hat geräumige und etwas modernere Zimmer. Das von Peter Reinhardt geführte Hotel liegt nur 10 Autominuten von der Eberstadter Tropfsteinhöhle entfernt und ist auch ein guter Ausgangspunkt für Radfahrer, die die Region erkunden möchten.

Prinz Carl – Hotel Prinz Carl

Hochstadtstr. 1 ✉ 74722 – ✆ (06281) 5 26 90 – www.prinzcarl.de – geschl. 1. - 14. Januar
Menü 31/59 € – Karte 31/56 €
Das nette Restaurant im Herzen der Stadt bietet sich mit seinen wechselnden Tagesgerichten auch für ein schnelles Mittagessen an. Man kocht regional und mit einer guten Auswahl ist auch an Vegetarier gedacht.

BUCHENBACH

Baden-Württemberg – 3 200 Ew. – Höhe 447 m – Siehe Regionalatlas **61-E20**
Berlin 807 km – Stuttgart 173 km – Freiburg im Breisgau 14 km
Michelin Straßenkarte 545

In Buchenbach-Himmelreich

Hofgut Himmelreich

Himmelreich 37 ✉ 79199 Kirchzarten – ✆ (07661) 9 86 20 – www.hofgut-himmelreich.de
16 Zim – 40/68 € 80/100 €
Rest – Karte 17/43 € – *(geschl. Montagmittag) (Januar - März: Montag - Freitag nur Abendessen)*
Am Eingang des Höllentals steht das Gasthaus von 1560. Es ist ein Integrationsbetrieb für Mitarbeiter mit Behinderung, der auch für körperlich behinderte Gäste gut geeignet ist. Nette Himmelbettzimmer. Bürgerliche Küche in der gemütlich-rustikalen Stube.

BUCHHOLZ in der NORDHEIDE

Niedersachsen – 38 740 Ew. – Höhe 72 m – Siehe Regionalatlas **10-I6**
Berlin 312 km – Hannover 124 km – Hamburg 40 km – Bremen 96 km
Michelin Straßenkarte 541

Ristorante Il Sole
Lohbergenstr. 51 ✉ 21244 – ✆ (04181) 9 77 08 – www.ilsole-buchholz.de – geschl. Montag
Menü 27/63 € – Karte 27/63 € – *(Dienstag - Samstag nur Abendessen)* (Tischbestellung erforderlich)
Bei den Brüdern Salerno sind Sie richtig gut aufgehoben, der eine am Gast, der andere am Herd. Viele Stammgäste fahren weit für die Pasta oder den frischen Fisch vom Grill! Wählen Sie von der Tafel oder lassen Sie sich einfach beraten!

BÜCKEBURG

Niedersachsen – 20 500 Ew. – Höhe 61 m – Siehe Regionalatlas **28-G9**
Berlin 340 km – Hannover 64 km – Bielefeld 63 km – Bremen 106 km
Michelin Straßenkarte 541

Ambiente
Herminenstr.11 ✉ 31675 – ✆ (05722) 96 70 – www.ambiente-hotel.de
34 Zim – 78/118 € 98/168 € – ½ P
Rest – Menü 13/37 € – Karte 20/54 €
Das Hotel liegt nahe dem Zentrum, wird familiär geführt und bietet seinen Gästen eine helle, freundliche und zeitgemäße Einrichtung. Restaurant im Bistrostil und nette Gartenterrasse.

Am Schlosstor garni
Lange Str. 31 ✉ 31675 – ✆ (05722) 9 59 90 – www.schlosstor.de
31 Zim – 64/95 € 89/125 €
In dem gepflegten Hotel in der Fußgängerzone erwarten Sie neuzeitlich und funktionell ausgestattete Zimmer und ein freundlicher Frühstücksraum.

In Bückeburg-Röcke West: 5 km

Große Klus
Am Klusbrink 19 ✉ 31675 – ✆ (05722) 9 51 20 – www.klus.de
31 Zim – 64/86 € 82/102 € – ½ P
Rest – Menü 39 € – Karte 24/46 € – *(geschl. Sonntagabend) (nur Abendessen, sonntags sowie an Feiertagen auch Mittagessen)*
Der historische Gasthof mit Hotelbau ist eine sehr gepflegte Adresse, die sympathisch-familiär geleitet wird. Die Zimmer sind wohnlich gestaltet, W-Lan steht kostenfrei zur Verfügung, gut das Frühstück. Im schönen alten Fachwerkhaus gibt es bei gemütlicher Atmosphäre regionale Küche. Richtig nett ist auch die zeitgemäße Fritzbar.

BÜCKEN

Niedersachsen – 2 170 Ew. – Höhe 19 m – Siehe Regionalatlas **18-G7**
Berlin 355 km – Hannover 72 km – Bremen 63 km – Hamburg 122 km
Michelin Straßenkarte 541

Thöles Hotel (mit Gästehaus)
Hoyaer Str. 33 ✉ 27333 – ✆ (04251) 9 30 00 – www.thoeles.de
30 Zim – 26/49 € 55/69 € – ½ P
Rest – Karte 12/30 € – *(geschl. Sonntagabend)*
Ein solides familiengeführtes Haus, das auch gerne von Radwanderern genutzt wird. Zum guten Freizeitangebot gehört eine Reitanlage mit Gastboxen. Gästehaus im Nachbarort Hoya. Restaurant in ländlichem Stil.

BÜDELSDORF – Schleswig-Holstein → Siehe Rendsburg

BÜHL

Baden-Württemberg – 29 460 Ew. – Höhe 138 m – Siehe Regionalatlas **54-E18**
Berlin 716 km – Stuttgart 117 km – Karlsruhe 45 km – Offenburg 41 km
Michelin Straßenkarte 545

XX **Lamm**

Kappelwindeckstr. 15 ✉ 77815 – ✆ (07223) 90 01 80 – www.lamm-buehl.de – geschl. 9. - 26. Februar und Montag - Dienstag
Menü 35/49 € – Karte 34/49 € – *(nur Abendessen, sonntags auch Mittagessen)*
"In Butter gebratene Kalbsniere in Balsamicojus mit Kartoffelgratin und frischem Marktgemüse"... so oder so ähnlich klingen die schmackhaften Gerichte, die Ludwig Bechter aus guten Produkten zubereitet. Schön auch der Rahmen: drinnen behaglich mit Parkettboden und Holztäfelung, draußen die hübsche Terrasse.

XX **Gude Stub Casa Antica**

Dreherstr. 9 ✉ 77815 – ✆ (07223) 3 06 06 – www.gudestub-casa-antica.de – geschl. 10. - 31. August und Dienstag
Menü 40/55 € – Karte 30/58 €
Sie suchen authentische italienische Küche und ungezwungene Atmosphäre? Patron Andrea Alesi führt am Herd engagiert Regie und bietet ambitionierte sizilianisch geprägte Gerichte, und die werden Ihnen dann in richtig gemütlichen kleinen Stuben zuvorkommend und charmant serviert. Stolz ist man auf die hausgereiften Schinken und die frische selbstgemachte Pasta!

In Bühl-Kappelwindeck Süd-Ost: 2 km über Rungsstraße und Kappelwindeckstraße

Rebstock

Kappelwindeckstr. 85 ✉ 77815 – ✆ (07223) 2 21 09 – www.rebstock-kappelwindeck.de
8 Zim – †55/68 € ††79/89 € – ½ P
Rest – Menü 20/30 € – Karte 16/42 € – *(geschl. Februar 3 Wochen und Mittwoch)*
Oberhalb des Ortes liegt der tipptopp gepflegte familiengeführte kleine Gasthof mit funktionellen Zimmern und nettem Garten. Sie frühstücken im wintergartenähnlichen Anbau, im Restaurant serviert man badische Küche.

In Bühl-Oberbruch Nord-West: 4 km, jenseits der A 5

X **Pospisil's Gasthof Krone** mit Zim

Seestr. 6 ✉ 77815 – ✆ (07223) 9 36 00 – www.pospisilskrone.de – geschl. Montag - Dienstagmittag, Freitagmittag
7 Zim – †45/50 € ††78/85 € Menü 38/46 € – Karte 27/54 €
"Spargelsuppe", "Kaninchenkeule mit Paprikasauce, Gemüse und Bärlauchnudeln" und als Dessert "Tarte von Rhabarber mit Sorbet"? In seiner regional-internationalen Küche setzt Pavel Pospisil auf frische Zutaten, sorgfältige Zubereitung und schöne Würze. Für Übernachtungsgäste: gepflegte, funktionelle Zimmer.

An der Burgruine Altwindeck Süd-Ost: 4 km über Kappelwindeck

Burg Windeck

Kappelwindeckstr. 104 ✉ 77815 Bühl – ✆ (07223) 9 49 20 – www.burg-windeck.de – geschl. Anfang Januar 2 Wochen
19 Zim – †85/95 € ††135/149 € – 2 Suiten – ½ P
Rest *Panorama Restaurant* – siehe Restaurantauswahl
Umgeben von Weinbergen liegt die Burg wunderschön über dem Tal. Das Hotel mit der charmanten Atmosphäre und den hübschen Landhauszimmern (darunter zwei Maisonetten) ist bei Geschäftsleuten und Individualreisenden gleichermaßen beliebt.

XX **Panorama Restaurant** – Hotel Burg Windeck

Kappelwindeckstr. 104 ✉ 77815 Bühl – ✆ (07223) 9 49 20 – www.burg-windeck.de – geschl. Anfang Januar 2 Wochen
Menü 36/54 € – Karte 37/57 € – *(geschl. Sonntagabend)*
Die Aussicht sowohl vom Restaurant als auch von der Terrasse kann man ohne Übertreibung als grandios bezeichnen! Die Rheinebene liegt Ihnen praktisch zu Füßen - bei klarer Sicht sogar das Straßburger Münster.

BÜHLERTAL

Baden-Württemberg – 7 950 Ew. – Höhe 194 m – Siehe Regionalatlas **54**-E18
Berlin 721 km – Stuttgart 120 km – Karlsruhe 50 km – Strasbourg 51 km
Michelin Straßenkarte 545

Rebstock

Hauptstr. 110, (Obertal) ✉ 77830 – ✆ (07223) 9 97 40 – www.rebstock-buehlertal.de – geschl. Februar 2 Wochen, November 2 Wochen

21 Zim – ♦65/72 € ♦♦89/102 € – ½ P

Rest ***Rebstock*** – siehe Restaurantauswahl

Schon seit vielen Jahren wird das Hotel mit Engagement von der Familie geleitet. Man bietet seinen Gästen wohnliche Zimmer, ein gutes Frühstück und freundlichen Service.

Bergfriedel mit Zim

Haabergstr. 23, (Obertal) ✉ 77830 – ✆ (07223) 7 22 70 – www.bergfriedel.de – geschl. Montag - Dienstagmittag

8 Zim – ♦59/69 € ♦♦88/130 € – 2 Suiten – ½ P

Menü 29 € (vegetarisch)/69 € – Karte 32/62 €

"Rumpsteak vom heimischen Rind mit glasierten Zwiebeln und Bratkartoffeln" ist eines der schmackhaften regionalen Gerichte bei Familie Schäuble - reizvoll dazu der Blick auf Obstwiesen, Reben und Wald. In einem wunderschönen Nebenhaus geht der Chef seinem Hobby nach: ein Weinkeller mit rund 600 Positionen! Hier kocht er auch für Gesellschaften.

Rebstock – Hotel Rebstock

Hauptstr. 110, (Obertal) ✉ 77830 – ✆ (07223) 9 97 40 – www.rebstock-buehlertal.de – geschl. Februar 2 Wochen, November 2 Wochen und Donnerstag

Menü 31/35 € – Karte 28/41 €

Wer frische badische Küche mag, ist in dem traditionsreichen Haus richtig, denn bei Familie Hörth werden z. B. "Grünkernsuppe mit Markklößchen" und "Sauerbraten mit Rotweinsößle" aufgetischt, dazu regionale Weine. Schöne Terrasse im Garten.

BÜLOW

Mecklenburg-Vorpommern – 1 000 Ew. – Höhe 24 m – Siehe Regionalatlas **13**-N5

Berlin 174 km – Schwerin 106 km – Neubrandenburg 55 km – Güstrow 44 km

Michelin Straßenkarte 542

In Bülow-Schorssow Süd-West: 2 km

Schloss Schorssow (mit Gästehaus) Rest, Rest,

Am Haussee 3 (über B 109 Richtung Waren, in Ziddorf links ab) ✉ 17166 – ✆ (039933) 7 90 – www.schloss-schorssow.de – geschl. 4. Januar - 13. Februar

44 Zim – ♦59/119 € ♦♦85/155 € – 1 Suite – ½ P

Rest – Menü 34/42 € – Karte 31/35 € – *(Montag - Donnerstag nur Abendessen)*

Ein klassizistischer Dreiflügelbau in einem herrlichen Park am eigenen See mit Strandbad. Die Zimmer im Schloss sind die komfortableren. Schön auch die Bibliothek und die Restauranträume: zum einen das "Moltke's" (stilvolles Schlossrestaurant), zum anderen die "Schatzkammer" (legeres Schlossbistro).

BÜREN

Nordrhein-Westfalen – 21 500 Ew. – Höhe 230 m – Siehe Regionalatlas **27**-F11

Berlin 450 km – Düsseldorf 152 km – Arnsberg 56 km – Kassel 92 km

Michelin Straßenkarte 543

Kretzer

Wilhelmstr. 2 ✉ 33142 – ✆ (02951) 24 43 – www.hotel-kretzer.de

10 Zim – ♦40 € ♦♦70/74 € – ½ P

Rest – Menü 17 € – Karte 16/27 € – *(geschl. Mittwoch)*

In dem Familienbetrieb in einer Seitenstraße im Zentrum sind die Zimmer zwar ein bisschen schlichter, aber tipptopp gepflegt und solide - und der Preis stimmt auch. Wer gerne bürgerlich isst, kommt bei der großen Speisenauswahl auf seine Kosten.

In Büren-Ahden Nord: 11 km, jenseits der A 44

Airport Hotel
Kötterweg 10 (am Flughafen) ✉ 33142 – ✆ (02955) 7 47 40 – www.airporthotel-paderborn.com
49 Zim – 62/80 € 92/110 €, 12 € – ½ P
Rest – Karte 24/48 € – *(geschl. Samstagmittag) (nur Abendessen, sonntags auch Mittagessen)*
Hier kann man in günstiger Lage am Flughafen und nahe der A 44 zeitgemäß und funktionell übernachten. Ein Teil der Zimmer mit schöner Aussicht aufs Almetal - diesen Blick hat man auch vom Restaurant und der Terrasse! Die Küche ist international.

BÜRGSTADT

Bayern – 4 220 Ew. – Höhe 150 m – Siehe Regionalatlas **48-G16**
Berlin 566 km – München 352 km – Würzburg 69 km – Aschaffenburg 43 km
Michelin Straßenkarte 546

Adler (mit Gästehäusern) Rest,
Hauptstr. 30 ✉ 63927 – ✆ (09371) 9 78 80 – www.adler-landhotel.de
28 Zim – 55/85 € 95/125 € – ½ P
Rest – Menü 35/55 € – Karte 19/48 € – *(geschl. Montagmittag, Dienstagmittag)*
Die Bachmanns haben hier ein wirklich nettes Haus: Zimmer in warmen Farben, zeitgemäße Ausstattung, der Service immer mit einem Lächeln, gemütlich das Restaurant... und draußen ein lauschiger Biergarten. Probieren Sie die Destillate aus der eigenen Brennerei!

Weinhaus Stern
Hauptstr. 23 ✉ 63927 – ✆ (09371) 4 03 50 – www.hotel-weinhaus-stern.de
12 Zim – 60/80 € 80/115 € – ½ P
Rest *Weinhaus Stern* – siehe Restaurantauswahl
Ihre Gastgeber bieten in dem hübschen Sandstein-/Fachwerkhaus behagliche Zimmer, Garten- sowie Dachterrasse, gutes Essen und einen Spezialitäten-Shop (die hausgemachte Marmelade gibt's auch zum Frühstück!). Tipp: Freskenmalereien a. d. 16. Jh. in der örtlichen Kapelle.

Weinhaus Stern – Hotel Weinhaus Stern
Hauptstr. 23 ✉ 63927 – ✆ (09371) 4 03 50 – www.hotel-weinhaus-stern.de – geschl. Mittwoch - Donnerstag
Menü 29 € – Karte 35/57 € – *(Montag - Freitag nur Abendessen)* (Tischbestellung ratsam)
Lust auf "knusprig gebratene Blutwurst nach Omas Rezept"? Bodenständiges kocht Klaus Markert ebenso gut wie etwas gehobenere Gerichte. Dazu passen z. B. schöne Weine aus Franken.

BÜSINGEN

Baden-Württemberg – 1 400 Ew. – Höhe 421 m – Siehe Regionalatlas **62-F21**
Berlin 802 km – Stuttgart 169 km – Freiburg im Breisgau 96 km – Zürich 58 km
Michelin Straßenkarte 545

Alte Rheinmühle
Junkerstr. 93 ✉ 78266 – ✆ (07734) 93 19 90 – www.alte-rheinmuehle.ch
16 Zim – 120/180 € 170/250 €
Rest *Alte Rheinmühle* – siehe Restaurantauswahl
Malerisch schmiegt sich die a. d. J. 1674 stammende Mühle an das Ufer des Hochrheins. Sie beherbergt individuelle, wohnliche Zimmer, teilweise mit Antiquitäten und freigelegtem altem Fachwerk.

Alte Rheinmühle – Hotel Alte Rheinmühle
Junkerstr. 93 ✉ 78266 – ✆ (07734) 93 19 90 – www.alte-rheinmuehle.ch – geschl. Mitte Januar - Mitte Februar
Menü 35 € (mittags)/80 € – Karte 46/78 €
Das Besondere hier: Man sitzt wirklich fast auf Rheinhöhe, von der Terrasse aus führen ein paar Stufen sogar direkt ins Wasser - an heißen Tagen sehr verlockend...! Auf den Tisch kommen viele Produkte aus dem Schaffhauser Blauburgunderland.

S.PELLEGRINO
PRACTICE THE ART
of FINE FOOD.
Live in Italian
S.PELLEGRINO
75cl
View the story on youtube.com/SanPellegrinoTV

BÜSUM

Schleswig-Holstein – 4 990 Ew. – Höhe 2 m – Siehe Regionalatlas **9-G3**
Berlin 406 km – Kiel 102 km – Cuxhaven 131 km – Flensburg 103 km
Michelin Straßenkarte 541

Windjammer

Dithmarscher Str. 17 ✉ 25761 – ✆ (04834) 66 61 – www.hotel-windjammer.de – geschl. 21. November - 27. Dezember, 1. Januar - 29. Februar
16 Zim – 55/88 € 80/108 € – ½ P
Rest – Karte 24/29 € – *(geschl. 5. Oktober - 30. April und Mittwoch) (nur Abendessen)*
Sehr gepflegt wohnt man in dem Familienbetrieb fünf Gehminuten vom Strand. Hübsch der kleine Garten, nachmittags gibt's für Hausgäste kostenfrei Kaffee und Tee, im Restaurant bürgerliche Küche. Ideal für längere Aufenthalte: die sechs schönen modernen Ferienwohnungen beim Hafen, zwei mit eigener Sauna.

Büsum garni (mit Gästehaus)

Blauort 18 ✉ 25761 – ✆ (04834) 6 01 40 – www.hotel-buesum.de – geschl. November - März
28 Zim – 32/61 € 76/102 € – 1 Suite
Die ruhige Lage in einem Wohngebiet, gepflegte Gästezimmer und ein gutes Frühstücksbuffet sprechen für dieses familiengeführte Haus mit Pensionscharakter. Zum Strand sind es nur wenige Minuten zu Fuß.

BÜTTELBORN

Hessen – 13 710 Ew. – Höhe 90 m – Siehe Regionalatlas **47-F15**
Berlin 567 km – Wiesbaden 35 km – Frankfurt am Main 38 km – Darmstadt 12 km
Michelin Straßenkarte 543

Monika

Rest, Zim,
Im Mehlsee 1 (B 42, Ost: 1 km) ✉ 64572 – ✆ (06152) 18 10 – www.hotelmonika.de – geschl. 24. Dezember - 6. Januar
38 Zim – 59/86 € 87/110 €
Rest – Menü 25/65 € – Karte 21/57 € – *(geschl. Samstag, Sonntagabend)*
Ein gut geführtes Hotel mit hellem Empfangsbereich im Wintergartenstil sowie zeitgemäßen, funktionellen Gästezimmern. In der Schirmbar vor dem Haus darf geraucht werden. Internationales im freundlichen Restaurant mit rustikaler Note.

BUNDENBACH

Rheinland-Pfalz – 940 Ew. – Höhe 400 m – Siehe Regionalatlas **46-C15**
Berlin 663 km – Mainz 92 km – Koblenz 88 km – Saarbrücken 113 km
Michelin Straßenkarte 543

In Bundenbach-Rudolfshaus Süd-West: 4 km

Forellenhof Reinhartsmühle

Reinhartsmühle 1 ✉ 55626 – ✆ (06544) 3 73 – www.hotel-forellenhof.de – geschl. 5. Januar - 14. Februar
28 Zim – 56/72 € 90/120 € – 2 Suiten – ½ P
Rest *Forellenhof* – siehe Restaurantauswahl
Erholungsurlaub gefällig? Der Landgasthof von Familie Weckmüller hat nicht nur wirklich geschmackvolle Zimmer, er liegt auch noch einsam und idyllisch in einem Seitental - da passen der schöne Garten und der eigene Teich perfekt ins Bild.

Forellenhof – Hotel Forellenhof Reinhartsmühle

Reinhartsmühle 1 ✉ 55626 – ✆ (06544) 3 73 – www.hotel-forellenhof.de – geschl. 5. Januar - 14. Februar
Menü 28/55 € – Karte 22/54 € – *(geschl. Montag)*
Man ist bekannt für Wild aus eigener Jagd sowie Forellen aus eigener Zucht - und für die beachtliche Whisky-Sammlung. Die frische, schmackhafte Küche von Patron Gerd Weckmüller genießt man natürlich am liebsten auf der Terrasse zum Teich!

BURBACH

Nordrhein-Westfalen – 14 450 Ew. – Höhe 380 m – Siehe Regionalatlas **37-E13**
Berlin 556 km – Düsseldorf 137 km – Siegen 19 km – Limburg an der Lahn 45 km
Michelin Straßenkarte 543

Snorrenburg

Römer 8 ✉ 57299 – ✆ (02736) 4 49 30 – www.snorrenburg.de
16 Zim ☕ – 🚹90 € 🚹🚹110 €
Rest – Karte 27/48 € – *(geschl. Samstagmittag, Sonntagabend)*
Ein ehemaliges Schulhaus auf dem Gelände einer einstigen Burg beherbergt geschmackvolle, individuell nach Themen gestaltete Zimmer. Frühstück im Jugendstil-Wintergarten. Gemütlich-ländlich: das Restaurant in einem kleinen Fachwerkhaus gegenüber dem Hotel.

In Burbach-Holzhausen Süd-Ost: 8,5 km über Würgendorf, dann rechts

Fiester-Hannes mit Zim

Flammersbacher Str. 7 ✉ 57299 – ✆ (02736) 2 95 90 – www.fiesterhannes.de – geschl. Januar - Februar 2 Wochen und Montag - Dienstagmittag, Samstagmittag
6 Zim ☕ – 🚹65/80 € 🚹🚹100/125 € Menü 75 € (mittags) – Karte 27/52 €
Hinter der historischen Fachwerkfassade finden Sie ein behagliches und liebenswertes Umfeld für ein gutes Essen. Michael Debus kocht international und regional, Karoline Steinhoff leitet den herzlichen Service. In einem der hübschen und ausgesprochen wohnlichen Gästezimmer bleibt man gerne über Nacht.

BURG – Schleswig-Holstein ➜ Siehe Fehmarn (Insel)

BURG bei MAGDEBURG

Sachsen-Anhalt – 24 170 Ew. – Höhe 54 m – Siehe Regionalatlas **31**-**M9**
▶ Berlin 130 km – Magdeburg 26 km – Brandenburg 55 km
Michelin Straßenkarte 542

Wittekind

An den Krähenbergen 2 (im Gewerbegebiet Ost, Süd-Ost: 3 km) ✉ 39288 – ✆ (03921) 9 23 90 – www.hotel-wittekind-burg.de
47 Zim ☕ – 🚹83 € 🚹🚹128 € **Rest** – Karte 15/29 € – *(geschl. Sonntag)*
Das gepflegte Hotel ist ideal für alle, die zwischen Braunschweig und Berlin auf der A2 unterwegs sind. Hier überzeugt Funktionalität. Bürgerliche und internationale Küche im Restaurant, das dank der großen Fensterfront angenehm hell ist.

BURG (SPREEWALD)

Brandenburg – 4 400 Ew. – Höhe 57 m – Siehe Regionalatlas **33**-**R10**
▶ Berlin 113 km – Potsdam 144 km – Cottbus 19 km – Frankfurt (Oder) 98 km
Michelin Straßenkarte 542

Zur Bleiche Resort & Spa

Bleichestr. 16 (West: 2 km) ✉ 03096 – ✆ (035603) 6 20 – www.hotel-zur-bleiche.com
90 Zim ☕ – 🚹200/350 € 🚹🚹340/500 € – 21 Suiten – ½ P
Rest *17 fuffzig* ✿ – siehe Restaurantauswahl
Rest *Bios* – Menü 35/50 € – Karte 40/55 €
Was Sie auf dem tollen parkähnlichen Grundstück mit seinen Blumen- und Kräutergärten, Brunnen etc. erwartet, ist Landhausstil in wohnlichster Form - darf es vielleicht die 180 qm große SPA-Suite mit eigener Sauna und Hamam sein? Oder lieber das kleine "Storchennest"? Dazu der umfassende Spa, exzellenter Service und Outdoor-Aktivitäten wie Reiten oder Kahnfahrten. Gut essen kann man in den Restaurants rund um das Gourmet "17 fuffzig". Hochwertige HP inkl.

Spreewald Thermenhotel

Ringchaussee 152 , (direkter Zugang zur Spreewald Therme) ✉ 03096 – ✆ (035603) 1 88 50 – www.spreewald-thermenhotel.de
83 Zim ☕ – 🚹119/129 € 🚹🚹150/170 € – ½ P **Rest** – Karte 24/41 €
Ideal für Therme- und Wellness-Fans liegt das Hotel direkt neben der Spreewald Therme. Doch nicht nur die Lage kommt an, auch das schicke Interieur: topmodern, geradlinig, hier und da kräftige Farbakzente. Dieser Stil setzt sich im Restaurant fort - hier wie auf der tollen Terrasse serviert man regional-saisonale Küche.

Spree Balance

Ringchaussee 154 ✉ 03096 – ✆ (035603) 75 94 90 – www.spreebalance.de – geschl. 21. - 24. Dezember
38 Zim – 80/99 € 105/145 € – 2 Suiten – ½ P
Rest *Konrad's* – Menü 25/45 € – Karte 28/46 €
Alles in diesem Ferienhotel ist schön frisch und neuzeitlich gestaltet. Zur Therme ist es nicht weit - man kann es sich aber auch bei Anwendungen gleich hier im Haus gut gehen lassen! Das Restaurant Konrad's bietet internationale Klassiker und Saisonales.

17 fuffzig – Hotel Zur Bleiche Resort & Spa

Bleichestr. 16 (West: 2 km) ✉ 03096 – ✆ (035603) 6 20 – www.hotel-zur-bleiche.com – geschl. Februar 2 Wochen, Juli - August 3 Wochen und Sonntag - Montag
Menü 45 € (vegetarisch)/150 € – Karte 72/155 € – *(nur Abendessen)*
Der Name steht für das Gründungsjahr der einstigen "Bleiche", Oliver Heilmeyer für harmonische und schön präsentierte Speisen, bei denen Produktqualität und Geschmack das A und O sind. Wie die Küche so auch das Ambiente: einfach stimmig.
➜ Angebratener Thunfisch mit wildem Spargel und Mango, mariniert mit Wildkräuter-Rapsöl und Curry Jaipur. Aal aus dem Schwielochsee mit Kartoffel-Gurkensalat und Dillsauce. Joghurtmousse von der Holunderblüte mit Reptener Bio-Erdbeeren.

In Burg-Kauper Nord-West: 9 km

Landhotel Burg im Spreewald

Ringchaussee 125 ✉ 03096 – ✆ (035603) 6 46 – www.landhotel-burg.de
87 Zim – 85/110 € 115/155 € – ½ P
Rest – Menü 21/65 € – Karte 24/51 €
Rest *Il Fienile* – Menü 25/75 € – Karte 25/50 €
Schöne Urlaubstage verspricht dieses etwas außerhalb gelegene Landhotel mit seinen wohnlichen und individuellen Zimmern (sehr schön die ganz modernen!), dem vielfältigen Spa-Bereich und der abwechslungsreichen Gastronomie von regional bis italienisch im Il Fienile. Nicht nur für Kinder interessant: großer Außenpool und Streichelzoo.

Waldhotel Eiche

Rest,

Eicheweg ✉ 03096 – ✆ (035603) 6 70 00 – www.waldhotel-eiche.de – geschl. 5. - 11. Januar
53 Zim – 49/95 € 69/139 € – 8 Suiten – ½ P
Rest – Karte 19/34 € – *(Januar - März: Montag - Donnerstag nur Abendessen)*
Das wohnliche Hotel überzeugt mit der ruhigen Einzellage am Spreekanal. Zum Freizeitangebot zählen der Fitnessraum im Turm mit Blick auf das Anwesen, ein Fahrradverleih und Kahnfahrten. Das Restaurant Fontane ist gediegen-elegant, etwas einfacher das Restaurant Burg.

In Werben Süd-Ost: 3 km Richtung Cottbus

Zum Stern

Burger Str. 1 ✉ 03096 – ✆ (035603) 6 60 – www.hotel-stern-werben.de
33 Zim – 46/51 € 61/75 € – ½ P
Rest – Menü 15/29 € – Karte 18/30 €
In dem Haus mit langjähriger Familientradition erwarten den Gast zeitgemäße und freundlich mit hellem Naturholzmobiliar eingerichtete Räume. Im Restaurant wählen Sie aus einem preiswerten gutbürgerlichen Speisenangebot.

BURG STARGARD – Mecklenburg-Vorpommern ➜ Siehe Neubrandenburg

---

BURGHAUSEN

Bayern – 18 160 Ew. – Höhe 421 m – Siehe Regionalatlas **67-O20**
Berlin 639 km – München 110 km – Bad Reichenhall 67 km – Passau 81 km
Michelin Straßenkarte 546

Glöcklhofer

Ludwigsberg 4 ✉ 84489 – ✆ (08677) 91 64 00 – www.hotel-gloecklhofer.de
82 Zim – 89/94 € 109/135 € – ½ P
Rest *Wirtshaus Glöcklhofer* – siehe Restaurantauswahl
Ein Businesshotel in zentraler Lage mit sehr gut ausgestatteten, neuzeitlichen Zimmern, darunter Juniorsuiten mit Sauna. Auch einfachere Zimmer sind vorhanden. Zum Entspannen gönnen Sie sich Massage- und Kosmetikanwendungen.

Post (mit Gästehaus)

Stadtplatz 39 ✉ 84489 – ✆ (08677) 96 50 – www.altstadthotels.net
23 Zim – 79/96 € 109/139 € – ½ P
Rest – Menü 18/38 € – Karte 19/46 €
Das traditionsreiche Haus steht mitten in der Altstadt, direkt an der Salzach. Der Service ist freundlich, alles ist schön wohnlich, gelungen hat man modernen Stil mit regionalen Elementen kombiniert. Gemütlich sitzt man in der Gaststube mit Kreuzgewölbe bei regionaler Küche. Terrasse am Marktplatz.

Wirtshaus Glöcklhofer – Hotel Glöcklhofer

Ludwigsberg 4 ✉ 84489 – ✆ (08677) 91 64 00 – www.hotel-gloecklhofer.de
Menü 31 € (mittags) – Karte 17/39 €
Richtig nett die lockere moderne Wirtshausatmosphäre! Ob regionale Schmankerl oder internationale Küche, hier gibt es Schmackhaftes zu einem guten Preis-Leistungs-Verhältnis. Lust auf "Kalbstafelspitz mit Breznknödel und Meerrettichsauce"?

In Burghausen-Raitenhaslach

Klostergasthof Raitenhaslach

Raitenhaslach 9 ✉ 84489 – ✆ (08677) 96 50 – www.altstadthotels.net – geschl. 28. Dezember - 31. März
18 Zim – 89 € 129/139 € – ½ P **Rest** – Menü 18/38 € – Karte 18/43 €
Dieser Ort atmet förmlich Geschichte: Den schmucken Gasthof gibt es schon seit 1575, direkt nebenan das Kloster von 1038! Die Zimmer sind außergewöhnlich geschmackvoll und wohnlich (elegante Möbel, kräftige Farben, schöne Stoffe...), die Gaststuben haben rustikalen Charme, serviert wird Regionales. Draußen: Kastaniengarten, Biergarten, Sonnenterrasse!

BURGKUNSTADT

Bayern – 6 640 Ew. – Höhe 304 m – Siehe Regionalatlas **50**-L15
▶ Berlin 366 km – München 273 km – Coburg 31 km – Bayreuth 38 km
Michelin Straßenkarte 546

In Altenkunstadt Süd: 2 km

Gondel

Marktplatz 7 ✉ 96264 – ✆ (09572) 36 61 – www.hotelgondel.de – geschl. 2. - 15. Januar
36 Zim – 39/75 € 70/110 € – ½ P
Rest – Menü 22/36 € – Karte 20/62 € – *(geschl. Samstagmittag)*
Mit Engagement führt Reinfried Jahn hier zusammen mit seiner Frau die Familientradition fort. Die Zimmer nennen sich "Rustico", "Romantico" oder "Landhaus modern", alle sind wohnlich, W-Lan ist kostenfrei. Im Restaurant erwarten Sie rustikaler Charme und bürgerliche Küche.

BURGRIEDEN

Baden-Württemberg – 3 620 Ew. – Höhe 541 m – Siehe Regionalatlas **64**-I20
▶ Berlin 637 km – Stuttgart 115 km – Konstanz 150 km – Ulm (Donau) 24 km
Michelin Straßenkarte 545

Ebbinghaus

Bahnhofplatz 2 ✉ 88483 – ✆ (07392) 60 41 – www.restaurant-ebbinghaus.de – geschl. 1. - 6. Januar, Ende August - Anfang September 3 Wochen und Sonntagabend - Dienstag
Menü 72/83 € – Karte 39/59 € – *(nur Abendessen, sonntags auch Mittagessen)*
Ein freundliches und modernes Ambiente erwartet Sie in dem Restaurant gegenüber dem Rathaus. Die zeitgemäßen Speisen werden sorgfältig aus guten Produkten zubereitet. Probieren Sie z. B. Lammkeule oder Lammrücken mit kräutrigen Perlgraupen.

BURGWALD

Hessen – 4 890 Ew. – Höhe 305 m – Siehe Regionalatlas **38-F12**
Berlin 462 km – Wiesbaden 145 km – Marburg 27 km – Kassel 90 km
Michelin Straßenkarte 543

In Burgwald-Ernsthausen

XX **Oertel Burgwald-Stuben**

Marburger Str. 25 (B 252) ✉ 35099 – ✆ (06457) 80 66 – www.restaurant-burgwaldstuben.de – geschl. August 3 Wochen und Montag - Mittwoch

Menü 32/65 € – Karte 37/67 € – *(Donnerstag - Samstag nur Abendessen)*

Dunkles Holz, geschmackvolles Dekor und schön gedeckte Tische bestimmen in dem familiär geleiteten Restaurant das Ambiente. Die Chefin bereitet internationale Küche.

BURGWEDEL

Niedersachsen – 20 490 Ew. – Höhe 53 m – Siehe Regionalatlas **19-I8**
Berlin 283 km – Hannover 30 km – Bremen 107 km – Celle 28 km
Michelin Straßenkarte 541

In Burgwedel-Großburgwedel

Kokenhof

Isernhägener Str. 3 ✉ 30938 – ✆ (05139) 80 30 – www.kokenhof.com

44 Zim – 125 € 166 € – ½ P

Rest *Kokenstube* – siehe Restaurantauswahl

Sie wohnen und tagen in regionstypisch rekonstruierten Fachwerkhäusern. Überall im Hotel begegnen Ihnen Bilder von Künstlern aus der Region, die auch käuflich zu erwerben sind. Kleines Bistro und Terrasse im Innenhof.

XX **Ole Deele** mit Zim

Heinrich-Wöhler-Str. 14 ✉ 30938 – ✆ (05139) 9 98 30 – www.ole-deele.de – geschl. Sonntag - Montag

11 Zim – 79/115 € 145/185 € Menü 61/109 € – *(nur Abendessen)*

Hier ist die ganze Straße denkmalgeschützt, da hat natürlich auch der einstige Bauernhof von 1828 seine historisch-rustikale Note behalten, und die passt wunderbar zur stilvoll-eleganten Einrichtung. Für die kreativen Speisen ist Küchenchef Tony Hohlfeld verantwortlich. Kleinigkeiten gibt es im Bistro. Hübsch und wohnlich die Gästezimmer.

→ Gänseleber - Terrine, Eis, Sauerklee, Karamell, Brioche, Sauerkleewurzel. Zicklein - geschmort, Sülze, Rücken, Karotten, Champignon, Pfifferlinge, Lilienblüte. Brennessel - Eis, kandiert, roh, Cranberry, Pumpernickel, Quark.

XX **Kokenstube** – Hotel Kokenhof

Isernhägener Str. 3 ✉ 30938 – ✆ (05139) 80 30 – www.kokenhof.com

Menü 40 € (mittags)/65 € – Karte 41/56 €

Moderne Leichtigkeit durchzieht die Räume ebenso wie das Sonnenlicht, das durch die großen Fenster hereinscheint. Auf der Karte findet man nach internationalen Rezepten zubereitete Gerichte.

In Burgwedel-Thönse

XX **Gasthaus Lege**

Engenser Str. 2 ✉ 30938 – ✆ (05139) 82 33 – www.gasthaus-lege.de – geschl. 3. August - 3. September und Montag - Dienstag

Menü 37/62 € – Karte 34/54 € – *(Mittwoch - Freitag nur Abendessen)*

Sehr freundlich wird man im Restaurant von Hinrich und Claudia Schulze betreut. Der Chef kocht seine überwiegend international ausgerichteten Speisen mit Sorgfalt und achtet auf Qualität. Kleine Bilderausstellung.

BURSCHEID

Nordrhein-Westfalen – 18 610 Ew. – Höhe 195 m – Siehe Regionalatlas **36-C12**
Berlin 554 km – Düsseldorf 46 km – Köln 31 km – Arnsberg 110 km
Michelin Straßenkarte 543

In Burscheid-Sträßchen Süd-Ost: 2 km, jenseits der A 1

Zum Schmuck-Kastl

Sträßchen 26 (B 51) ✉ 51399 – ✆ (02174) 89 45 41 – www.schmuck-kastl.de – geschl. Montag - Dienstag

Menü 22 € (mittags)/50 € – Karte 39/68 €

Die Gastgeber haben hier mit viel Liebe zum Detail ein ländlich-charmantes Restaurant geschaffen. Der aus Kärnten stammende Chef kocht natürlich auch Klassiker aus seiner österreichischen Heimat.

BUTTENHEIM – Bayern ➜ Siehe Hirschaid

BUXTEHUDE

Niedersachsen – 40 160 Ew. – Höhe 2 m – Siehe Regionalatlas **10-I5**

Berlin 326 km – Hannover 158 km – Hamburg 37 km – Cuxhaven 93 km

Michelin Straßenkarte 541

Navigare

Harburger Str. 4 ✉ 21614 – ✆ (04161) 7 49 00 – www.hotel-navigare.com

32 Zim – 115/145 € 135/155 €

Rest *Seabreeze* – siehe Restaurantauswahl

Das schmucke Gebäude aus der Kaiserzeit - ehemals Hauptsitz der Reederei NSB - beherbergt auf seinen "Decks" zeitgemäß und wertig ausgestattete Zimmer, Minibar inklusive. "Lighthouse" mit Bar und Bistrokarte (Salate, Schnitzel, Burger).

An der Linah garni

Harburger Str. 44 ✉ 21614 – ✆ (04161) 6 00 90 – www.hotelanderlinah.de

30 Zim – 63/79 € 83/99 €

Hotel mit freundlichem Service. Einige der Gästezimmer sind modern und hübsch in hellen, warmen Tönen gehalten. Ein Teil der Zimmer liegt ruhiger nach hinten.

Seabreeze – Hotel Navigare

Harburger Str. 4 ✉ 21614 – ✆ (04161) 7 49 00 – www.hotel-navigare.com – geschl. Sonntagabend

Menü 34 € (mittags)/55 € – Karte 41/62 €

Die freigelegten Backsteinwände des Gewölbekellers treffen auf elegantes Interieur samt gepflegter Tischkultur. Zur Wahl stehen die Menüs "Das Land", "Das Meer" und "Der Garten" - oder steht Ihnen der Sinn eher nach einem "Klassiker"?

Hoddow's Gastwerk

Westfleth 35, (Westfleth-Passage) ✉ 21614 – ✆ (04161) 50 39 01 – www.hoddows-gastwerk.de – geschl. Montag - Dienstag

Menü 38 € – Karte 36/51 €

Das Restaurant der Familie Hoddow ist modern gestaltet und liegt zentral. Schmackhaft und frisch sind sowohl die regionalen und internationalen Speisen als auch das leckere Eis. Gute Weine, zusätzliche kleine Mittagskarte.

CALW

Baden-Württemberg – 23 220 Ew. – Höhe 347 m – Siehe Regionalatlas **54-F18**

Berlin 659 km – Stuttgart 47 km – Karlsruhe 54 km – Pforzheim 26 km

Michelin Straßenkarte 545

In Calw-Hirsau Nord: 2,5 km über B 463

Kloster Hirsau

Wildbader Str. 2 ✉ 75365 – ✆ (07051) 9 67 40 – www.hotel-kloster-hirsau.de

42 Zim – 76/86 € 124/135 € – ½ P

Rest *Kloster Hirsau* – siehe Restaurantauswahl

Vor allem Tagungsgäste schätzen das von Familie Hassel geführte Hotel (die Seminarräume sind auf dem neuesten technischen Stand), aber auch Wochenendurlauber kommen gerne in die ehemalige Klosterherberge von 1450, denn man kann hier gut wohnen, im hübschen Saunabereich mit kleiner Beautyabteilung relaxen und das ca. 300 m entfernte Benediktiner-Kloster ist eine Besichtigung wert. Auch für Veranstaltungen finden sich die passenden Räumlichkeiten.

Kloster Hirsau – Hotel Kloster Hirsau

Wildbader Str. 2 ✉ 75365 – ✆ (07051) 9 67 40 – www.hotel-kloster-hirsau.de

Menü 15 € (mittags)/33 € – Karte 27/45 €

Gemütlich sitzt man in den ländlich-eleganten Stuben und wählt aus regionalen Klassikern wie z. B. Schwarzwald-Forelle oder lässt sich mit einigen internationalen Gerichten überraschen - und das Preis-Leistungs-Verhältnis ist wirklich gut! Mittags gibt es für Eilige auch ein günstigeres Menü.

CASTELL

Bayern – 820 Ew. – Höhe 317 m – Siehe Regionalatlas **49**-J16

Berlin 472 km – München 238 km – Würzburg 42 km – Bamberg 69 km

Michelin Straßenkarte 546

Gasthaus zum Schwan mit Zim

Birklinger Str. 2 (B 286) ✉ 97355 – ✆ (09325) 9 01 33 – www.schwan-castell.de – geschl. 1. - 23. Januar, 27. Juli - 14. August und Dienstag - Mittwoch

9 Zim – 50 € 70 € – ½ P Karte 27/38 €

In dem traditionsreichen Familienbetrieb wird Ihnen in gemütlicher Gaststuben-Atmosphäre eine schmackhafte regionale Küche geboten, und das z. B. in Form von "Tafelspitz an Linsen-Vinaigrette" oder "Wildschweinbratwürste mit Spargelgemüse". Und dazu ein Wein aus eigenem Anbau? Davon darf es auch ruhig ein bisschen mehr sein, denn man hat hier auch gepflegte Gästezimmer.

CASTROP-RAUXEL

Nordrhein-Westfalen – 74 940 Ew. – Höhe 55 m – Siehe Regionalatlas **26**-D11

Berlin 498 km – Düsseldorf 63 km – Bochum 12 km – Dortmund 12 km

Michelin Straßenkarte 543

Raj Mahal

Europaplatz 3 ✉ 44575 – ✆ (02305) 4 45 51 00 – www.raj-mahal.de

56 Zim – 88/150 € 110/180 € – 2 Suiten

Rest – Menü 25 € – Karte 23/33 € – *(nur Abendessen)*

Ein komfortabler Rahmen mit exotischem Touch und wohnlich-moderne Zimmer mit handgearbeiteten Möbelstücken aus Indien machen dieses Hotel aus. Ayurvedische Kuren. Das Restaurant bietet deutsche, indische und vegetarische Speisen.

Eurostar garni

Bahnhofstr. 60 ✉ 44575 – ✆ (02305) 3 58 20 – www.eurostar-hotel.de – geschl. 24. Dezember - 3. Januar

50 Zim – 79/129 € 89/169 €, 10 €

Eine familiengeführte Businessadresse, die neben neuzeitlich-funktioneller Einrichtung auch eine gute Verkehrsanbindung bietet. Die Zimmer sind teilweise klimatisiert.

CELLE

Niedersachsen – 69 980 Ew. – Höhe 40 m – Siehe Regionalatlas **19**-I8

Berlin 276 km – Hannover 51 km – Bremen 112 km – Hamburg 117 km

Michelin Straßenkarte 541

Althoff Hotel Fürstenhof

Hannoversche Str. 55 ✉ 29221 – ✆ (05141) 20 10 Stadtplan : A2**e**

– www.fuerstenhof-celle.com

69 Zim – 120/285 € 170/380 € – 3 Suiten

Rest *Endtenfang* ✿ **Rest *Palio*** – siehe Restaurantauswahl

Nicht nur die beispielhafte Gästebetreuung hier ist sehr angenehm, das Ambiente im Haus ist es ebenso! Passend zum stilvollen Charakter des jahrhundertealten Palais setzt man auf klassische Eleganz. Und wenn Sie bummeln gehen möchten: In die Innenstadt sind es nur wenige Minuten!

Caroline Mathilde (mit Gästehaus)

Alter Bremer Weg 37 ✉ *29223 – ✆ (05141) 98 07 80* Stadtplan : A1**e**
– www.caroline-mathilde.de
53 Zim – 85/165 € 120/240 € – ½ P
Rest – Menü 28/43 € – Karte 20/40 € – *(nur Abendessen)*
Zwei Häuser im neuzeitlichen Villenstil beherbergen individuelle und wohnliche, teils ganz moderne Zimmer, hübsch der freundliche Frühstücksraum. Gute Parkmöglichkeiten. Das Bistro Kanapé bietet eine kleine internationale Speisenauswahl.

Borchers garni

Schuhstr. 52, (Passage) ✉ *29221 – ✆ (05141) 91 19 20* Stadtplan : B1**f**
– www.hotelborchers.com
19 Zim – 74/140 € 90/180 €
Das Hotel in der Fußgängerzone ist die einfachere, aber gepflegte und funktionelle Dependance des Fürstenhofs, dessen Freizeitbereich man mitbenutzen kann. Schöne Innenhofterrasse.

Blumlage garni

Blumlage 87 ✉ 29221 – ✆ (05141) 97 44 70 Stadtplan : B2**d**
– www.blumlage.de
32 Zim – 67/130 € 99/170 €
Das Hotel mit den drei markanten Giebeln liegt am Rande der Altstadt, dennoch kann man hier gut parken. Zeitgemäß-funktionale Zimmer und netter Frühstücksraum.

Am Hehlentor garni (mit Gästehaus)

Nordwall 62 ✉ 29221 – ✆ (05141) 8 85 69 00 Stadtplan : B1**u**
– www.hotel-am-hehlentor.de
16 Zim – 70/120 € 96/140 €
Das reizende Fachwerkhaus wird freundlich von Frau Hohmann geführt - in der Weihnachtszeit versüßt sie ihren Gästen den Aufenthalt mit Glühwein! Die Zimmer sind zwar etwas schlichter, aber das kleine Hotel hat Charme und alles ist gepflegt.

Endtenfang – Althoff Hotel Fürstenhof

Hannoversche Str. 55 ✉ 29221 – ✆ (05141) 20 10 Stadtplan : A2**e**
– www.fuerstenhof-celle.com – geschl. Januar 2 Wochen, August 2 Wochen und Montag - Mittwochmittag, Donnerstagmittag, Samstagmittag
Menü 59/123 € – Karte 70/97 €
Küchenchef Holger Lutz (langjähriger Souschef hier im Restaurant) führt mit seinem jungen Team die lange Sterne-Tradition fort, und zwar in Form einer ausdrucksstarken modern-klassischen Küche, auch als vegetarisches Menü. Auch Sommelier Sebastian Wilkens versteht sein Metier, sehr gut seine Weinempfehlungen.
→ Geangelter Steinbutt, Markkruste, Pfifferlinge, Herzbries, wilder Brokkoli. Etouffé Taubenbrust, glaciertes Weißkraut, Nussbutterschaum, Trauben, Pancetta. Alto el Sol Schokolade, Herzkirsche, Fichtensprossengelee, süßer Kirschessig.

Historischer Ratskeller

Markt 14 ✉ 29221 – ✆ (05141) 2 90 99 Stadtplan : B1**z**
– www.ratskeller-celle.de – geschl. Sonntagabend und an Feiertagen abends
Menü 17/40 € – Karte 21/36 €
Der besondere Charakter des historischen Kellergewölbes macht es hier gerade in der kalten Jahreszeit so richtig gemütlich, im Sommer hat die Terrasse in der Fußgängerzone ihren Reiz! Aufgetischt werden Klassiker der bürgerlichen Küche wie Büsumer Krabbencocktail oder Heidschnuckenbraten.

Schaper mit Zim

Rest,

Heese 6 ✉ 29225 – ✆ (05141) 9 48 80 Stadtplan : A2**s**
– www.hotel-schaper.de – geschl. Sonntagabend - Montag
15 Zim – 65/85 € 88/110 € – ½ P
Menü 32/51 € – Karte 32/50 € – *(Dienstag - Samstag nur Abendessen)*
Vier Generationen Familientradition, dazu behagliche Atmosphäre und gute Küche - wer kommt da nicht gerne zum Essen? Dass es hier schmeckt, beweisen solide gekochte bürgerlich-regionale Gerichte wie z. B. Sauerbraten vom Damhirsch! Übernachten kann man in praktischen Gästezimmern, verteilt auf zwei Häuser.

Weinkeller Postmeister von Hinüber

Zöllnerstr. 25 ✉ 29221 – ✆ (05141) 2 84 44 Stadtplan : B1**g**
– www.weinkeller-celle.de – geschl. Ostern und Sonntag - Montag
Karte 24/45 € – *(Dienstag - Freitag nur Abendessen)*
Der jahrhundertealte Backsteinkeller setzt auf urigen Charme - und den spürt man, wenn man an rustikalen Holztischen auf ebensolchen Bänken und Stühlen sitzt! Vom Chef kommt ein kleines Angebot an frischen internationalen Speisen.

Palio – Althoff Hotel Fürstenhof

Hannoversche Str. 55 ✉ 29221 – ✆ (05141) 20 10 Stadtplan : A2**e**
– www.fuerstenhof-celle.com – geschl. Januar 2 Wochen
Menü 26 € (mittags unter der Woche)/52 € – Karte 42/59 €
Hier ist es so charmant und lebendig, wie es für eine Trattoria typisch ist! Und wie könnte es anders sein: Man bekommt hier ehrliche Cucina Casalinga - probieren Sie die hausgemachte Pasta, am besten draußen unter der alten Kastanie!

In Celle-Altencelle Süd-Ost: 3 km über Blumlage Stadtplan : B2

Schaperkrug
Braunschweiger Heerstr. 85, (B 214) ✉ 29227 – ✆ (05141) 9 85 10 – www.schaperkrug.de
36 Zim – 52/67 € 84/94 € – ½ P
Rest – Karte 22/38 € – *(geschl. Sonntagabend - Montagmittag)*
Das traditionsreiche Haus bietet in seinem Anbau ruhig nach hinten gelegene Zimmer. Einfacher ist das Stammhaus, ein älterer Gasthof. Im gediegenen Restaurant mit Kamin isst man bürgerlich.

der allerKrug
Alte Dorfstr. 14 ✉ 29227 – ✆ (05141) 8 48 94 – www.allerkrug.de – geschl. Montag - Dienstag
Menü 32/80 € – Karte 35/55 €
Appetit auf "Filet und Bäckchen vom Kalb mit Mus von Gartenerbsen"? Dann besuchen Sie Sven Hütten in dem hübschen Fachwerkhaus. Er kocht richtig gut, fein und manchmal auch bewusst etwas bodenständiger - und immer mit regionalem Bezug!

In Celle-Boye Nord-West: 4 km über Petersburgstraße Stadtplan : A1, Richtung Winsen

Köllner's Landhaus mit Zim
Im Dorfe 1 ✉ 29223 – ✆ (05141) 95 19 50 – www.koellners-landhaus.de – geschl. 1. - 8. Januar und Montag
6 Zim – 98/140 € 140/170 € – ½ P Menü 35/73 € – Karte 35/65 €
Ein Anwesen wie aus dem Bilderbuch: ein charmantes Fachwerkhaus von 1589, drum herum ein 11000 qm großer Garten - da könnte das elegante Landhaus-Interieur nicht besser passen! Und wenn es dann auch noch schmeckt... Dafür sorgt Familie Köllner mit guter internationaler Küche. Kosten Sie die Crème brûlée!

In Celle-Groß Hehlen Nord: 4 km über Harburgerstraße Stadtplan : B1, Richtung Soltau

Celler Tor Rest,
Scheuener Str. 2 (an der B 3) ✉ 29229 – ✆ (05141) 59 00 – www.celler-tor.de – geschl. 23. - 26. Dezember
71 Zim – 95/220 € 129/305 € – 2 Suiten – ½ P
Rest – Menü 48 € – Karte 25/58 €
Ein gut geführtes Hotel mit wohnlich-zeitgemäßen Zimmern in vier Kategorien, 14 variablen Tagungsräumen sowie einem netten lebendigen Barbereich. Kosmetik und Massageangebot. Restaurant mit klassisch-gediegenem Ambiente.

CHAM

Bayern – 16 970 Ew. – Höhe 370 m – Siehe Regionalatlas **59**-O17
Berlin 481 km – München 178 km – Regensburg 73 km – Amberg 73 km
Michelin Straßenkarte 546

Randsberger Hof
Randsbergerhofstr. 15 ✉ 93413 – ✆ (09971) 8 57 70 – www.randsbergerhof.de
79 Zim – 52/54 € 104/108 € **Rest** – Menü 16/30 € – Karte 18/41 €
Das Hotel bietet funktionelle Zimmer - teils mit Balkon und Blick auf die Stadt. Hübsch sind der Kosmetikbereich und der Panoramaruheraum, ein Highlight ist der Dachpool. Restauranträume mit rustikalem Charakter, teils mit Ritterdekor. Regionale Küche.

Bräu-Pfandl
Lucknerstr. 11 ✉ 93413 – ✆ (09971) 2 07 87 – www.braeupfandl.de – geschl. August und Sonntag - Montag, außer an Feiertagen
Menü 16/48 € – Karte 14/52 €
In den gemütlich-rustikalen, hübsch dekorierten Stuben leitet die Chefin freundlich den Service, geboten wird internationale Küche - auch im netten Biergarten wird man passend verköstigt. Im 1. Stock: schöne kleine Gesellschaftsräume.

In Cham-Chammünster Süd-Ost: 3 km über B 85 in Richtung Viechtach

Am Ödenturm mit Zim

Am Ödenturm 11 ✉ 93413 – ✆ (09971) 8 92 70 – www.oedenturm.de – geschl. 5. Oktober - 28. November und Sonntagabend - Montag, Donnerstagmittag

12 Zim – 40/50 € 60/80 € – ½ P Menü 25 € – Karte 22/41 €

Ein Berggasthof wie aus dem Bilderbuch: zum einen die schöne Lage am Waldrand, sympathisch-familiäre Atmosphäre und die reizvolle Terrasse, zum anderen die gute Küche von Juniorchef Ernst Hunger und Lebensgefährtin Brigitte Berghammer. Lecker: "Rehrücken mit Zwiebeltortelloni" oder "Kirschstrudel à la Mama"!

CHEMNITZ

Sachsen – 243 180 Ew. – Höhe 296 m – Siehe Regionalatlas **42-O13**

Berlin 257 km – Dresden 70 km – Leipzig 78 km – Praha 163 km

Michelin Straßenkarte 544

penta

Salzstr. 56 ✉ 09113 – ✆ (0371) 3 34 10 – www.pentahotels.com Stadtplan : B1**s**

207 Zim – 69/139 € 69/139 € – 19 Suiten – ½ P

Rest *Glashaus* – ✆ (0371) 3 34 11 22 – Menü 24/65 € – Karte 23/53 €

Das Hotel bei einem kleinen Park bietet einen großzügigen Hallenbereich, gediegene Gästezimmer mit funktioneller Ausstattung sowie gute Tagungsmöglichkeiten. Blickfang im Restaurant ist die offene Showküche. Die Terrasse liegt schön zur Grünanlage.

Günnewig Hotel Chemnitzer Hof

Rest,

Theaterplatz 4 ✉ 09111 – ✆ (0371) 68 40 – www.guennewig.de Stadtplan : C2**b**

89 Zim – 82/159 € 102/189 € – 3 Suiten – ½ P

Rest *Opera* – Menü 35/59 € – Karte 29/49 €

Hier überzeugen die Lage direkt neben der Oper sowie die klassisch-gediegene Einrichtung. Von einigen Zimmern dieses 1929/30 erbauten Hotels blickt man auf den Schillerpark. Das Restaurant ist elegant gestaltet und bietet internationale Küche.

An der Oper

Straße der Nationen 56 ✉ 09111 – ✆ (0371) 68 10 – www.hoteloper-chemnitz.de Stadtplan : C2**f**

91 Zim – 79/150 € 99/180 € – ½ P

Rest *Scala* – Menü 28/46 € – Karte 23/55 € – *(geschl. Sonntag) (Montag - Freitag nur Abendessen)*

Ein modernes und hochwertig eingerichtetes Businesshotel in bester Innenstadtlage. Die Gästezimmer sind in Stil und Technik "up to date". Restaurant Scala in geradlinigem Design, zeitgemäß und international ist das Speisenangebot.

alexxanders

Ludwig-Kirsch-Str. 9 ✉ 09130 – ✆ (0371) 4 31 11 11 – www.alexxanders.de Stadtplan : C2**a**

33 Zim – 61/65 € 77 €, 8 €

Rest *alexxanders* – siehe Restaurantauswahl

Ein Stadthaus am Rande des Zentrums mit gepflegten, teilweise besonders modernen Zimmern, von denen einige über einen Balkon mit Sicht auf den begrünten Innenhof verfügen. Auch Zimmer für Langzeitgäste sind buchbar.

Richter

Zschopauer Str. 259, (über D3) ✉ 09126 – ✆ (0371) 5 59 10 – www.feinkost-richter.de – geschl. 22. Juli - 16. August und Sonntagabend - Montag

Menü 37 € (abends) – Karte 29/46 €

Zu dem freundlichen Restaurant mit behaglichem Ambiente und offenem Kamin gehört ein Feinkostgeschäft. Gekocht wird international.

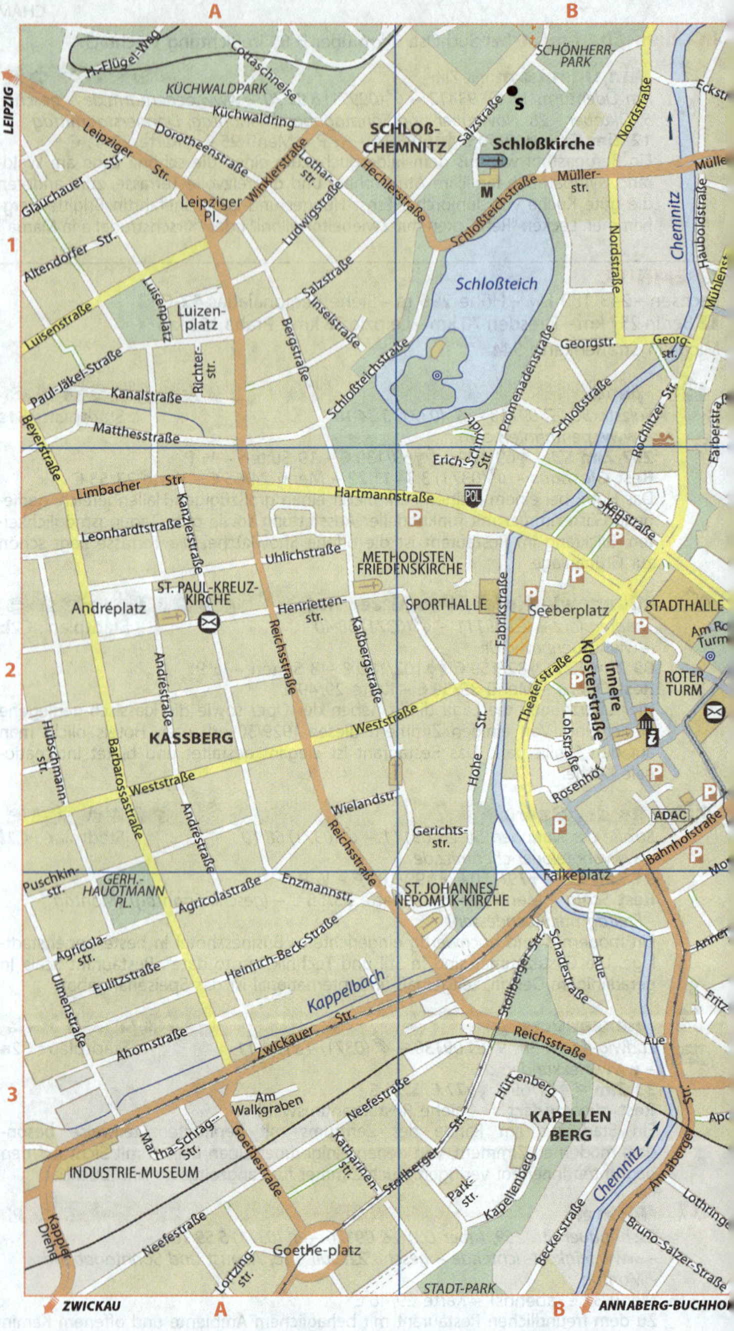
A
B
LEIPZIG
ZWICKAU
ANNABERG-BUCHHO
1
2
3
H.-Flügel-Weg
Cottaschneise
KÜCHWALDPARK
Küchwaldring
Dorotheenstraße
Leipziger Str.
Glauchauer Str.
Leipziger Pl.
Winklerstraße
Lothar-str.
Ludwigstraße
Hechlerstraße
SCHLOß-CHEMNITZ
Salzstraße
Schloßkirche
SCHÖNHERR-PARK
Schloßteichstraße
Müller-str.
Nordstraße
Chemnitz
Hauboldstraße
Eckstr
Mülle
Mühlenstr
Altendorfer Str.
Luisenstraße
Luisenplatz
Luizen-platz
Salzstraße
Inselstraße
Bergstraße
Schloßteich
Georgstr.
Richter-str.
Paul-Jäkel-Straße
Kanalstraße
Matthesstraße
Schloßteichstraße
Promenadenstraße
Schloßstraße
Rochlitzer Str.
Färberstraße
Beyerstraße
Erich-Schmidt-Str.
Limbacher Str.
Hartmannstraße
Kanzlerstraße
Leonhardtstraße
Uhlichstraße
METHODISTEN FRIEDENSKIRCHE
Fabrikstraße
ST. PAUL-KREUZ-KIRCHE
Andréplatz
Henrietten-str.
SPORTHALLE
Seeberplatz
STADTHALLE
Am Ro Turm
ROTER TURM
Reichsstraße
Kaßbergstraße
Andréstraße
Klosterstraße
Innere
Theaterstraße
Hübschmann-str.
KASSBERG
Weststraße
Hohe Str.
Lohstraße
Rosenhof
Barbarossastraße
Wielandstr.
ADAC
Gerichts-str.
Bahnhofstraße
Puschkin-str.
GERH.-HAUPTMANN PL.
Agricolastraße
Enzmannstr.
ST. JOHANNES-NEPOMUK-KIRCHE
Falkeplatz
Agricola-str.
Heinrich-Beck-Straße
Stollberger Str.
Schadestraße
Aue
Eulitzstraße
Kappelbach
Ulmenstraße
Zwickauer Str.
Reichsstraße
Ahornstraße
Hüttenberg
Am Walkgraben
Neefestraße
KAPELLEN BERG
Martha-Schrag-Str.
Goethestraße
Katharinen-str.
Stollberger Str.
INDUSTRIE-MUSEUM
Park-str.
Kapellenberg
Beckerstraße
Chemnitz
Annaberger Str.
Lothringe
Bruno-Salzer-Straße
Kappler Drehe
Neefestraße
Goethe-platz
Lortzing-str.
STADT-PARK

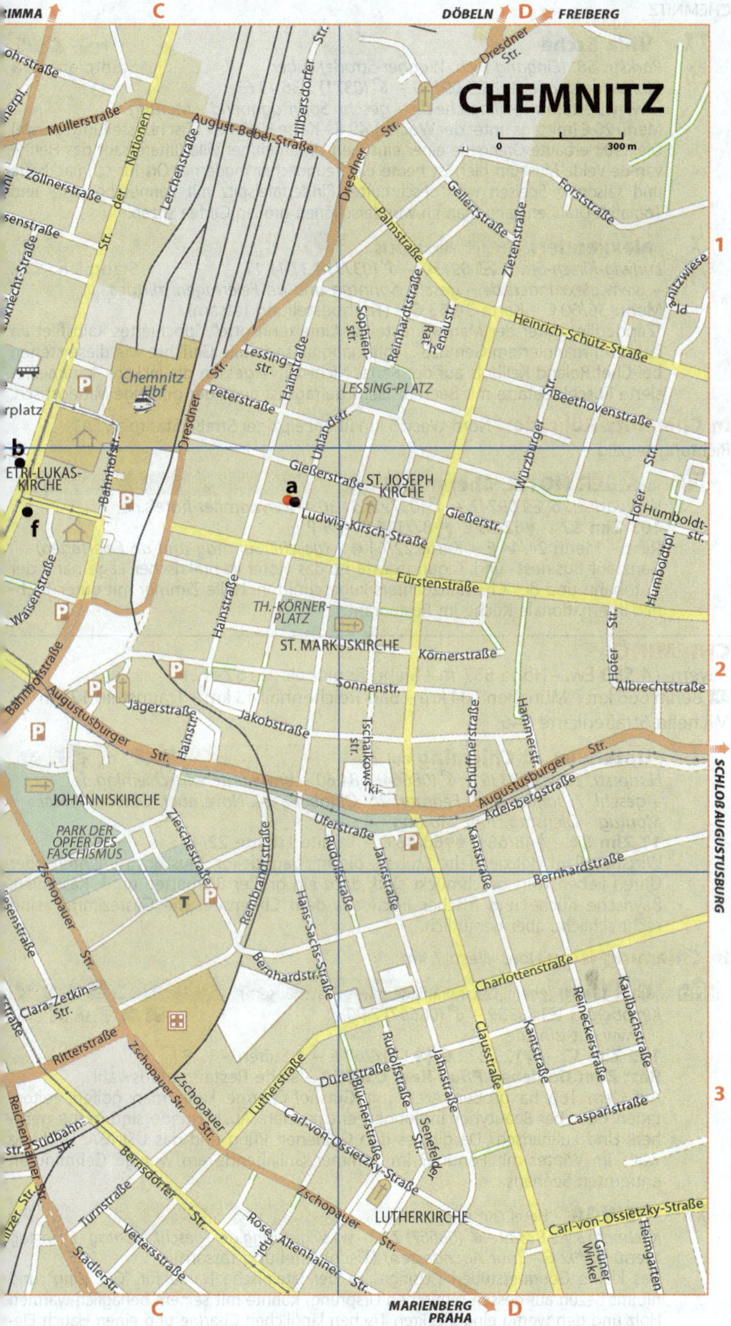
CHEMNITZ
0
300 m
DÖBELN
FREIBERG
MARIENBERG
PRAHA
SCHLOß AUGUSTUSBURG
C
D
1
2
3
Chemnitz Hbf
LESSING-PLATZ
ST. JOSEPH KIRCHE
TH.-KÖRNER-PLATZ
ST. MARKUSKIRCHE
JOHANNISKIRCHE
PARK DER OPFER DES FASCHISMUS
LUTHERKIRCHE
a
b
f
Müllerstraße
August-Bebel-Straße
Zöllnerstraße
Str. der Nationen
Lerchenstraße
Hilbersdorfer Str.
Dresdner Str.
Palmstraße
Gellertstraße
Forststraße
Zietenstraße
Heinrich-Schütz-Straße
Sophienstr.
Reinhardtstraße
Rathenaustr.
Lessingstr.
Hainstraße
Peterstraße
Beethovenstraße
Würzburger Str.
Hofer Str.
Humboldtstr.
Humboldtpl.
Uhlandstr.
Gießerstraße
Gießerstr.
Ludwig-Kirsch-Straße
Bahnhofstr.
Fürstenstraße
Waisenstraße
Körnerstraße
Sonnenstr.
Jägerstraße
Jakobstraße
Bahnhofstraße
Augustusburger Str.
Tschaikowskistr.
Schüffnerstraße
Hammerstr.
Albrechtstraße
Adelsbergstraße
Uferstraße
Rudolfstraße
Jahnstraße
Kantstraße
Bernhardstraße
Zieschestraße
Rembrandtstraße
Hans-Sachs-Straße
Zschopauer Str.
Bernhardstr.
Charlottenstraße
Reineckerstraße
Kaulbachstraße
Clara-Zetkin-Str.
Ritterstraße
Lutherstraße
Dürerstraße
Blücherstraße
Senefelder Str.
Clausstraße
Casparistraße
Carl-von-Ossietzky-Straße
Südbahnstr.
Reichenhainer Str.
Bernsdorfer Str.
Turnstraße
Vettersstraße
Stadlerstr.
Rosenplatz
Altenhainer Str.
Grüner Winkel
Heimgarten
Schillerplatz
Petri-Lukas-Kirche

Villa Esche

Parkstr. 58, (Eingang Rich.-Wagner-Straße) (über Stollbergerstraße A3) ✉ 09120 – ✆ (0371) 2 36 13 63 – www.restaurant-villaesche.de – geschl. Sonntagabend - Montag Stadtplan : BYa

Menü 20 € (mittags unter der Woche)/49 € – Karte 32/53 € – (Tischbestellung ratsam)

Die 1903 erbaute Orangerie einer einstigen Unternehmer-Villa (interessant das Henry-van-de-Velde-Museum hier) ist heute ein freundlicher moderner Ort für schmackhafte und saisonale Speisen wie "geschmorter Rindertafelspitz mit Parmesanpolenta und Tomate". Draußen kann man im wunderschönen großen Garten sitzen.

alexxanders – Hotel alexxanders

Ludwig-Kirsch-Str. 9 ✉ 09130 – ✆ (0371) 4 31 11 11 – www.alexxanders.de – geschl. Sonntag und an Feiertagen mittags Stadtplan : C2a

Menü 36/60 € – Karte 34/53 € – (Tischbestellung ratsam)

"Zanderfilet unter der Mandelkruste auf Limettenrisotto", "pochiertes Kalbsfilet an lauwarm mariniertem Gemüse"... international-saisonale Gerichte wie diese stehen bei Chef Roland Keilholz auf der Karte. Nicht zu vergessen die leckere "karamellisierte Frischkäsetarte mit Beeren"! Sehr gefragt ist auch der günstige Mittagstisch.

In Chemnitz-Röhrsdorf Nord-West: 5 km über Leipziger Straße Stadtplan : A1, Richtung Leipzig

AMBER HOTEL Chemnitz Park

Wildparkstr. 6 ✉ 09247 – ✆ (03722) 51 30 – www.amber-hotels.de

103 Zim – 62/89 € 87/116 € – ½ P

Rest – Menü 24/44 € – Karte 22/61 € – *(geschl. Sonntag und an Feiertagen)*

Ganz auf Business- und Tagungsgäste ist das Hotel in praktischer Lage nahe der Autobahn und des Chemnitzcenters zugeschnitten. Helle Zimmer mit guter Technik. Internationale Küche im Restaurant.

CHIEMING

Bayern – 4 580 Ew. – Höhe 537 m – Siehe Regionalatlas **67-N21**

Berlin 666 km – München 104 km – Bad Reichenhall 43 km – Traunstein 12 km

Michelin Straßenkarte 546

Unterwirt zu Chieming mit Zim

Hauptstr. 32 ✉ 83339 – ✆ (08664) 9 84 60 – www.unterwirt-chieming.de – geschl. 7. Januar - 10. Februar, 26. Oktober - 24. November; Oktober - Mai: Montag - Dienstag, Juni: Montag

Zim,

11 Zim – 48/68 € 68/88 € – 1 Suite Karte 22/47 €

Wirtshausflair! Holzgetäfelte Stuben, die mit Jagddekor, Musikinstrumenten oder Uhren liebenswert geschmückt sind, dazu ein großer Biergarten unter Kastanien. Bayrische Küche und frischer Fisch aus dem Chiemsee. Die Gästezimmer sind recht schlicht, aber gemütlich.

In Chieming-Ising Nord-West: 7 km

Gut Ising (ehem. Gutshofanlage mit 8 Gästehäusern)

Kirchberg 3 ✉ 83339 – ✆ (08667) 7 90 – www.gut-ising.de

105 Zim – 125/131 € 171/267 € – 4 Suiten – ½ P

Rest *Zum Goldenen Pflug* Rest *USINGA* – siehe Restaurantauswahl

Auf dem 160 ha großen Areal mit Gutshof-Charme kann man golfen, reiten, tagen oder bei Beautybehandlungen entspannen. Auch Hunde sind gerne gesehen. Und kulinarisch? Da gibt es den Goldenen Pflug und das USINGA. Und wie wär's im Winter mit Fondue? Im Sommer Grillabende am wenige Gehminuten entfernten Seehaus.

USINGA – Hotel Gut Ising

Kirchberg 3 ✉ 83339 – ✆ (08667) 7 90 – www.gut-ising.de – geschl. Montag - Dienstag

Menü 62/92 € – *(nur Abendessen)* (Tischbestellung ratsam)

Das kleine Gourmetstüberl ("Usinga" ist der lateinische Name für "Gut Ising" und nimmt Bezug auf dessen römischen Ursprung) könnte mit seinem behaglich-warmen Holz und den wertig eingedeckten Tischen ländlichen Charme und einen Hauch Eleganz kaum geschmackvoller vereinen. Moderne Küche in Form eines Menüs.

Zum Goldenen Pflug – Hotel Gut Ising
Kirchberg 3 ✉ 83339 – ✆ (08667) 7 90 – www.gut-ising.de
Karte 32/60 €
Das Wirtshaus im über 400 Jahre alten "Petershaus" ist eines des ältesten im Chiemgau. Sie wählen regionale Klassiker oder internationale Gerichte, so z. B. "Chiemgauer Bauernente, Blaukraut, Kartoffelknödel" oder "Ricottatascherl, Babymozzarella, Rucola".

CHIEMSEE

BayernHöhe 518 m – Siehe Regionalatlas **67-N21**
Berlin 660 km – München 94 km – Bad Reichenhall 57 km – Traunstein 27 km
Michelin Straßenkarte 546

Auf der Fraueninsel

Zur Linde
✉ 83256 Chiemsee – ✆ (08054) 9 03 66 – www.linde-frauenchiemsee.de – geschl. Anfang Januar - Mitte März
14 Zim – 75/95 € 129/133 €
Rest *Zur Linde* – siehe Restaurantauswahl
Ein Wirtshaus wie aus dem Bilderbuch und mit über 600 Jahren eines der ältesten in Bayern. Perfekter Rahmen für Hochzeiten. Besuchen Sie auch das Kloster nebenan sowie die Nachbarinsel Herrenchiemsee mit dem berühmten Schloss!

Zur Linde – Hotel Zur Linde
✉ 83256 Chiemsee – ✆ (08054) 9 03 66 – www.linde-frauenchiemsee.de – geschl. Anfang Januar - Mitte März
Karte 18/50 €
Schon Ludwig Thoma und Erich Kästner schätzten die bayerische Gasthaus-Atmosphäre. Der Charme von einst ist geblieben und auch die 1000-jährige Linde steht noch im herrlichen Biergarten! Wer drinnen in den reizenden traditionellen Stuben sitzen möchte, reserviert am besten einen Platz am Fenster - hier kann man schön zum See schauen!

CLAUSTHAL-ZELLERFELD

Niedersachsen – 14 840 Ew. – Höhe 560 m – Siehe Regionalatlas **29-J10**
Berlin 270 km – Hannover 99 km – Braunschweig 62 km – Göttingen 59 km
Michelin Straßenkarte 541

Harzhotel Zum Prinzen garni
Goslarsche Str. 20 (Zellerfeld) ✉ 38678 – ✆ (05323) 9 66 10 – www.zum-prinzen.de
17 Zim – 51/55 € 77 € – 2 Suiten
Im Jahre 1847 wurde das denkmalgeschützte holzverkleidete Haus erbaut. Die Gäste schätzen die sympathische Atmosphäre und die wohnlichen Zimmer in dem freundlich und familiär geführten kleinen Hotel.

Zum Harzer
Treuerstr. 6 (Zellerfeld) ✉ 38678 – ✆ (05323) 95 00 – www.zum-harzer.de
30 Zim – 59/75 € 79/99 € – 1 Suite – ½ P
Rest – Karte 21/39 € – *(geschl. Sonntag) (nur Abendessen)*
In dem relativ ruhig in einer Seitenstraße gelegenen Hotel erwarten Sie freundlich und behaglich gestaltete Zimmer in rustikalem Stil sowie eine Bar im alten Gewölbekeller. Und wenn Sie regional essen möchten: In einem Nebengebäude gibt es den "Oberharzer Wilddieb".

CLOPPENBURG

Niedersachsen – 32 640 Ew. – Höhe 38 m – Siehe Regionalatlas **17-E7**
Berlin 444 km – Hannover 178 km – Bremen 65 km – Lingen 68 km
Michelin Straßenkarte 541

Schäfers Hotel

Lange Str. 66 ✉ 49661 – ✆ (04471) 24 84 – www.schaefers-hotel-cloppenburg.de
15 Zim – 59/75 € 89/129 € – ½ P
Rest *Margaux* – siehe Restaurantauswahl
Rest *Bistro* – ✆ (04471) 9 13 03 91 – Menü 10 € (mittags) – Karte 20/48 €
In dem kleinen Hotel in der Innenstadt ist ein Geschwistertrio mit Engagement im Einsatz. Überall im Haus hübsche Dekoration wie Stoffe, warme Farben oder Bilder. Im Sommer hat man eine nette Gartenlounge. Ausflugstipp: das Freilichtmuseum in Cloppenburg. Steaks, Pasta und Snacks im locker-legeren Bistro.

Margaux – Schäfers Hotel

Lange Str. 66 ✉ 49661 – ✆ (04471) 24 84 – www.schaefers-hotel-cloppenburg.de – geschl. Januar 2 Wochen, September 2 Wochen und Montag - Dienstag
Menü 29/75 € – Karte 38/93 € – *(nur Abendessen)*
In dem modern-eleganten Restaurant wird klassisch-international gekocht und dazu gibt es eine Weinkarte mit rund 250 Positionen. Fürs Ambiente: Weinflaschen, Kissen, Kerzen und schöne Gemälde.

COBURG

Bayern – 40 920 Ew. – Höhe 292 m – Siehe Regionalatlas **50-K14**
Berlin 383 km – München 279 km – Bamberg 47 km – Bayreuth 74 km
Michelin Straßenkarte 546

Goldene Traube

Am Viktoriabrunnen 2 ✉ 96450 – ✆ (09561) 87 60 Stadtplan : A2**t**
– www.goldenetraube.com
70 Zim – 89/109 € 125/165 €
Rest *Esszimmer* **Rest *Victoria Grill*** – siehe Restaurantauswahl
Seit über 20 Jahren ist Familie Glauben für ihre Gäste da. Hier, in direkter Nähe des Judentores, erwarten Sie eine neuzeitlich-gediegene Lounge, Hotelbar nebst Vinothek, Zimmer in modernem oder klassischem Stil sowie Beauty & Massage.

Stadtvilla garni

Seifartshofstr. 10 ✉ 96450 – ✆ (09561) 2 39 93 70 Stadtplan : A1**s**
– www.stadtvilla-coburg.de – geschl. Weihnachten
10 Zim – 93/107 € 126/149 €
Das hübsche Stadthaus von 1906 liegt in einer kleinen Seitenstraße direkt am Flüsschen Itz, zum Landestheater sind es nur zehn Minuten zu Fuß. Die Einrichtung klar und modern (schön der Parkettboden), Frühstück gibt's im lichten Wintergarten. W-Lan und Parkplätze sind gratis, Sauna gegen Gebühr.

Stadt Coburg

Lossaustr. 12 ✉ 96450 – ✆ (09561) 87 40 Stadtplan : A1**e**
– www.hotel-stadt-coburg.de
34 Zim – 99/115 € 108/125 € – 2 Suiten – ½ P
Rest *Das Backstüble* – siehe Restaurantauswahl
Mit Engagement leitet Gastgeberin Gisela Gutwill den langjährigen Familienbetrieb nahe dem Bahnhof. Die Zimmer sind zeitgemäß und elegant, die Cafébar in der Lobby bietet auch "Coffee to go".

Esszimmer – Hotel Goldene Traube

Am Viktoriabrunnen 2 ✉ 96450 – ✆ (09561) 87 60 Stadtplan : A2**t**
– www.goldenetraube.com – geschl. 12. Januar - 2. Februar, 22. - 25. Mai, 15. August - 14. September und Sonntag - Montag
Menü 49/128 € – *(nur Abendessen)* (Tischbestellung ratsam)
Stefan Beiter ist ein hochmotivierter Koch, der mit seinem Händchen fürs Kreative immer wieder ganz besondere Geschmacksmomente schafft - dabei verliert er weder die klassischen Wurzeln noch den regionalen und saisonalen Aspekt aus den Augen. Dazu finden sich auf der Weinkarte neben fränkischen Weinen auch toskanische Spitzenweingüter.
→ Label Rouge Lachs, Kartoffel, Schnittlauch, Parmesan, Pinienkerne. Taube geräuchert, Zwiebel, Kohlrabi, Bärlauch. Joghurt, Limone, Gurke, Dill.

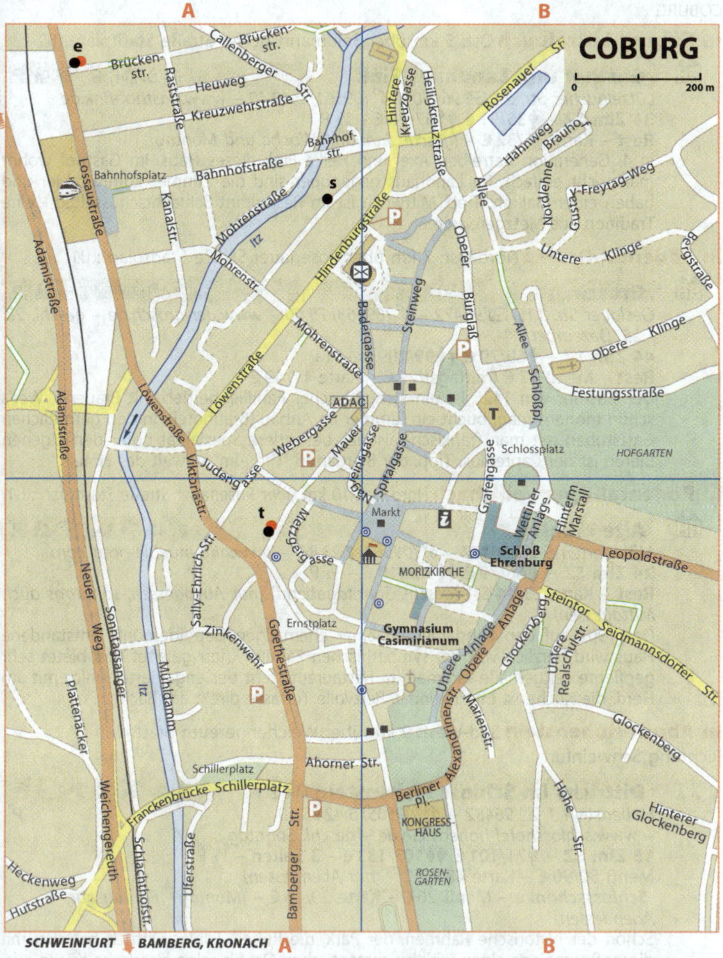

Victoria Grill – Hotel Goldene Traube

Am Viktoriabrunnen 2 ✉ 96450 – ✆ (09561) 87 60 Stadtplan : A2**t**
– www.goldenetraube.com – geschl. Sonntag
Karte 30/56 €

Eine gute Adresse für Steaks und Seafood, aber auch regional-saisonale Speisen wie "Saibling mit Pilzrisotto" werden hier gekocht. Das Ambiente ist angenehm modern: klare Linien und warme Farben. Schöne Räume für Gesellschaften.

Das Backstüble – Hotel Stadt Coburg

Lossaustr. 12 ✉ 96450 – ✆ (09561) 87 40 Stadtplan : A1**e**
– www.hotel-stadt-coburg.de – geschl. 1. - 6. Januar und Sonntag sowie an Feiertagen
Karte 25/54 €

Warmes Zirbelholz und ein Ofen mit offenem Grill machen es hier schön gemütlich, während man z. B. Traditionsgerichte wie "fränkischen Sauerbraten mit Lebkuchensoße, Rotkohl und Coburger Klößen" isst. Mittags etwas kleinere Karte.

In Coburg-Lützelbuch Ost: 5 km über Seidmannsdorfer Straße Stadtplan : B2

Gasthof und Landhaus Fink

Zim,

Lützelbucher Str. 22 ✉ 96450 – ✆ (09561) 2 49 40 – www.gasthof-fink.de
34 Zim – 35/51 € 57/78 € – ½ P
Rest – Karte 15/32 € – *(geschl. Januar 1 Woche und Montag)*
In 4. Generation betreiben Axel und Heike Fink dieses Haus. Im Gasthof wohnt man recht einfach, im Landhaus gegenüber sind die Zimmer komfortabler und haben einen Balkon. Tipp: Mittwoch ist im Restaurant Schlachtschüsseltag - eine Tradition aus Metzgereizeiten!

In Rödental-Oeslau Nord-Ost: 7 km über Rosenauer Straße Stadtplan : B1

Grosch

Rest, Zim,

Oeslauer Str. 115 ✉ 96472 – ✆ (09563) 75 00 – www.der-grosch.de – geschl. 23. - 25. Dezember
44 Zim – 69/79 € 99/109 € – ½ P
Rest – Menü 17 € (mittags)/29 € – Karte 17/49 €
Der Gasthof von 1425 ist ein sympathischer Familienbetrieb mit Brauerei. Wer's schön modern mag, bucht ein Zimmer im Anbau (Brauhotel). In den gemütlichen Gaststuben isst man fränkisch-saisonal, besondere Spezialität unter den eigenen Bieren ist der Capreolus. Tipp: der Biergarten "Die Alm" unweit des Hotels.

In Rödental-Oberwohlsbach Nord-Ost: 10 km über Rosenauer Straße Stadtplan : B1

Alte Mühle

Rest,

Mühlgarten 5 ✉ 96472 – ✆ (09563) 7 23 80 – www.alte-muehle-hotel.com
24 Zim – 66/79 € 98/110 € – ½ P
Rest – Karte 23/44 € – *(geschl. Sonntagabend) (nur Abendessen, sonntags auch Mittagessen)*
Das 1902 auf den Fundamenten einer ehemaligen Getreidemühle entstandene Haus wird herzlich von der sympathischen Familie Knorr geleitet und bietet sehr gepflegte zeitgemäße Zimmer. Im Restaurant steht der engagierte Junior mit am Herd, die Küche ist international. Reizvolle Terrasse direkt am Bach.

In Ahorn-Hohenstein Süd-West: 9 km über Weichengereuth Stadtplan : A2, Richtung Schweinfurt

Dittrichs im Schloss Hohenstein mit Zim

Rest,

Hohenstein 1 ✉ 96482 – ✆ (09565) 5 42 95 60 – www.schlosshotel-hohenstein.de – geschl. Sonntag
15 Zim – 71/101 € 103/133 € – 3 Suiten – ½ P
Menü 50/90 € – Karte 48/62 € – *(nur Abendessen)*
Schlossschänke – Menü 26 € – Karte 29/48 € – *(Montag - Freitag nur Abendessen)*
Schön der historische Rahmen, der Park, die Ruhe... Tobias Dittrich hat sich mit dieser Burganlage einen wirklich romantischen Ort für seine klassische Küche ausgesucht. Mit von der Partie ist seine Frau Stefanie, die freundlich die Gäste betreut. Wer es lieber regional mag, isst in der Schlossschänke.

COCHEM

Rheinland-Pfalz – 4 950 Ew. – Höhe 90 m – Siehe Regionalatlas **46-C14**
Berlin 645 km – Mainz 139 km – Koblenz 51 km – Trier 93 km
Michelin Straßenkarte 543

Parkhotel N

Sehler Anlagen 1, (mit Gästehaus) ✉ 56812 – ✆ (02671) 71 10 – www.parkhotel-cochem.de – geschl 12. Januar - 15. Februar
22 Zim – 75/110 € 79/130 € – ½ P
Rest *Divino* – Menü 45/85 € – Karte 48/63 € – *(geschl. Montag) (nur Abendessen)*
Das Hotel unweit der Mosel hat sich in den letzten Jahren richtig herausgeputzt, Iva und Salvatore Fontanazza sei Dank! Die Zimmer geradlinig-modern und wohnlich in warmen Farben gehalten, gefrühstückt wird auch gerne auf der Terrasse. Neben gehobener Küche im eleganten Divino gibt es Kleinigkeiten im Bistro.

Karl Müller

Moselpromenade 9 ✉ 56812 – ✆ (02671) 13 33 – www.hotel-karl-mueller.de
44 Zim – 69/99 € 100/160 € – ½ P
Rest – Menü 22 € – Karte 25/37 € – *(geschl. Ende November - Ende März: Montag)*
An der Moselpromenade gelegenes Hotel mit funktionellen Zimmern (teils mit Balkon). Rückwärtig: Saunaterrasse mit Blick über die Dächer. Hauseigene Parkplätze in der Oberstadt. Restaurant im 1. Stock mit Terrasse zum Fluss, im EG Bar-Lounge und Eisdiele.

Cochemer Jung Rest,

Moselpromenade 2 ✉ 56812 – ✆ (02671) 60 52 20 – www.cochemer-jung.de
31 Zim – 82/98 € 126/158 € – ½ P **Rest** – Karte 23/43 €
Das Niedrigenergiehaus - gleich neben dem Schwesterhotel Karl Müller - bietet moderne Zimmer in frischem Grün oder Rot (letztere zur Mosel hin!). Im Bistro bekommt man internationale Gerichte, auf der Café-Terrasse beobachtet man das Treiben auf der Promenade.

Lohspeicher mit Zim

Obergasse 1 ✉ 56812 – ✆ (02671) 39 76 – www.lohspeicher.de – geschl. 19. Januar - 19. März und Mittwoch
10 Zim – 75/95 € 90/125 € – ½ P
Menü 24 € (mittags unter der Woche)/89 € – Karte 40/68 € – *(November - Januar: nur Abendessen)* (Tischbestellung ratsam)
Über eine schmale Gasse am Rathaus erreicht man das ehemalige Speichergebäude von 1832. Gemütliches Ambiente, freundlicher Service und zeitgemäß-saisonale Küche. Tiefgarage 200 m oberhalb. Recht individuell und geschmackvoll sind die Gästezimmer.

In Cochem-Cond

Thul

Brauselaystr. 27 ✉ 56812 – ✆ (02671) 91 41 50 – www.hotel-thul.de – geschl. Dezember - Februar
23 Zim – 52/72 € 90/159 € – ½ P
Rest – *(nur Abendessen für Hausgäste)*
Ein tipptopp gepflegtes Haus mit wohnlich gestalteten Gästezimmern, das dank seiner erhöhten Lage eine wunderschöne Aussicht auf Cochem und Mosel bietet.

Brixiade Zim, Rest,

Uferstr. 13 ✉ 56812 – ✆ (02671) 98 10 – www.moselstern.de – geschl. 2. - 25. Januar
57 Zim – 70/120 € 90/180 € – ½ P **Rest** – Menü 25 € – Karte 28/56 €
In dem Hotel an der Mosel erwarten Sie funktionelle Zimmer und ein reizvoller Blick auf Cochem und den Fluss. Die größten und komfortabelsten Zimmer befinden sich im 4. Stock. Restaurant mit Wintergarten und Terrasse zur Mosel.

Am Hafen

Uferstr. 3 ✉ 56812 – ✆ (02671) 9 77 20 – www.hotel-am-hafen.de – geschl. Dezember - Januar
12 Zim – 60/80 € 78/110 € – 4 Suiten – ½ P
Rest – Menü 17/36 € – Karte 19/43 €
Das kleine Hotel liegt am Flussufer, ganz in der Nähe der malerischen Altstadt. Viele der gepflegten, praktisch ausgestatteten Gästezimmer verfügen über einen Balkon. Zum Restaurant gehört eine schöne Terrasse.

In Cochem-Sehl

Klasen

Sehler Anlagen 8 ✉ 56812 – ✆ (02671) 76 01 – www.weinhaus-klasen.de – geschl. 15. November - 1. April
11 Zim – 50/60 € 80/92 € – ½ P
Rest – Karte 14/26 € – *(geschl. Mittwoch) (nur Abendessen)*
Direkt an der Mosel finden Sie dieses familiengeführte Hotel mit seinen gepflegten und praktischen Gästezimmern, die alle über einen Balkon verfügen. Restaurant mit bürgerlichem Angebot.

Haus Erholung garni

Moselpromenade 64 ✉ 56812 – ✆ (02671) 75 99 – www.haus-erholung.de – geschl. 15. November - 1. April

10 Zim – 44/72 € 84/110 € – 2 Suiten

Ein kleiner Familienbetrieb mit funktionalen Zimmern, die sich im rückwärtig gelegenen Haus befinden - alle mit Balkon. Frühstücken kann man u. a. im Wintergarten mit Moselblick.

CÖLBE – Hessen ➜ Siehe Marburg

COESFELD

Nordrhein-Westfalen – 36 200 Ew. – Höhe 80 m – Siehe Regionalatlas **26**-C9

Berlin 513 km – Düsseldorf 105 km – Nordhorn 73 km – Münster (Westfalen) 38 km

Michelin Straßenkarte 543

Freiberger im Gasthaus Schnieder-Bauland

Sirksfeld 10 (Nord-West: 2 km) ✉ 48653 – ✆ (02541) 39 30 – www.restaurant-freiberger.de – geschl. Februar 2 Wochen und Montag - Dienstag

Menü 31 € (mittags)/58 € – Karte 27/61 €

Seine Küche reicht von Klassikern wie dem "Potpourri von Fisch" bis zur typischen Herrencreme... so schafft es der sympathische Saarländer Benedikt Freiberger, seine Heimat mit der hiesigen Region zu verbinden. Wie wär's am Abend z. B. mit dem aufwändigen Gabelmenü mit bis zu 12 Gängen? Oder kommen Sie lieber zum günstigen Mittagsmenü?

COLMBERG

Bayern – 2 020 Ew. – Höhe 450 m – Siehe Regionalatlas **49-J17**

Berlin 498 km – München 225 km – Nürnberg 64 km – Rothenburg o.d. Tauber 18 km

Michelin Straßenkarte 546

Burg Colmberg

Burg 1 ✉ 91598 – ✆ (09803) 9 19 20 – www.burg-colmberg.de – geschl. Februar

25 Zim – 49/149 € 99/185 € – 1 Suite

Rest – Karte 18/53 € – *(geschl. Dienstagmittag)*

Hier oben in toller Aussichtslage mischt sich rund 1000-jährige Burgtradition in das wohnliche Hotelambiente - da kann man sich fast ein bisschen als Burgherr/-frau fühlen! Die Zimmer sind schön gemütlich, teils sogar historisch und gespeist wird in den Burgstuben, der Remise oder im Wintergarten - im Sommer lockt natürlich die sonnige Terrasse. Tipp für Heiratslustige: der imposante Rittersaal!

COTTBUS

Brandenburg – 102 130 Ew. – Höhe 70 m – Siehe Regionalatlas **34-R10**

Berlin 129 km – Potsdam 146 km – Dresden 104 km – Frankfurt (Oder) 80 km

Michelin Straßenkarte 542

Radisson BLU Rest,

Vetschauer Str. 12 ✉ 03048 – ✆ (0355) 4 76 10 – www.radissonblu.de/hotel-cottbus

233 Zim – 72/111 € 92/126 € – 8 Suiten – ½ P

Rest – Menü 20 € – Karte 22/48 € – *(geschl. Sonntag)*

In ein Geschäftszentrum integriertes Hotel mit gediegener Atmosphäre, der Bahnhof praktischerweise gleich vis-à-vis. Einige Zimmer sowie der Freizeitbereich in der 9. Etage bieten eine schöne Sicht.

CRAILSHEIM

Baden-Württemberg – 33 090 Ew. – Höhe 414 m – Siehe Regionalatlas **56-I17**

Berlin 528 km – Stuttgart 114 km – Nürnberg 102 km – Würzburg 112 km

Michelin Straßenkarte 545

Post-Faber

Lange Str. 2 ✉ 74564 – ✆ (07951) 96 50 – www.postfaber.de
56 Zim – 78/88 € 98/108 € – 1 Suite – ½ P
Rest – Menü 28 € – Karte 19/49 € – *(geschl. Freitagabend - Samstagmittag)*
Familie Weber investiert immer wieder in ihr Haus, das nett am Anfang der Fußgängerzone liegt. Die Zimmer sind individuell geschnitten und zeitgemäß gestaltet, die im Gästehaus sind etwas einfacher. Das Restaurant wird durch das gemütliche Post-Stüble ergänzt - hier wie dort serviert man Regionales mit internationalen Einflüssen.

In Crailsheim-Westgartshausen Süd-Ost: 5 km

Zum Hirsch

Westgartshausener Hauptstr. 16 ✉ 74564 – ✆ (07951) 97 2 00 – www.stirn-hotel.de
24 Zim – 55 € 85 €
Rest – Menü 25/45 € – Karte 18/42 € – *(nur Abendessen)*
Die ruhige Lage im Dorf, freundliche Gastgeber, eine hübsche Empfangshalle und gepflegte Zimmer mit allem, was man so braucht... kurzum eine gute familiäre Adresse! Vis-à-vis das Restaurant "Hirschgarten" in einem schön restaurierten Fachwerkhaus a. d. 18. Jh., dazu ein netter Biergarten. Gekocht wird regional.

CREUSSEN

Bayern – 4 670 Ew. – Höhe 442 m – Siehe Regionalatlas **51**-L15
Berlin 367 km – München 222 km – Coburg 83 km – Bayreuth 13 km
Michelin Straßenkarte 546

Im Gärtlein

Im Gärtlein 1 ✉ 95473 – ✆ (09270) 6 50 – www.im-gaertlein.de
11 Zim – 33/37 € 54/60 € – ½ P
Rest – Menü 14/33 € – Karte 10/37 € – *(geschl. Montagmittag)*
Hier wohnt man im Gästehaus einer direkt beim Sportplatz gelegenen bürgerlichen Gaststätte. Die Zimmer freundlich und funktional, günstig die Lage zwischen Pegnitz und Bayreuth.

CRIMMITSCHAU

Sachsen – 20 540 Ew. – Höhe 238 m – Siehe Regionalatlas **42**-N13
Berlin 262 km – Dresden 114 km – Gera 39 km – Leipzig 72 km
Michelin Straßenkarte 544

Villa Vier Jahreszeiten

Gabelsbergerstr. 12 ✉ 08451 – ✆ (03762) 7 59 81 10 – www.villa-vierjahreszeiten.de
9 Zim – 97/107 € 120/140 € – 1 Suite
Rest – Menü 25/50 € – Karte 26/46 € – *(geschl. Sonntag - Montag) (nur Abendessen)*
Wer das stilvolle Flair der aufwändig restaurierten Fabrikantenvilla (1903-1906 erbaut) für sich entdeckt hat, wird gerne wieder herkommen. Das Anwesen ist schon ein Schmuckstück und alles andere als "von der Stange"! Im öffentlichen Vital Center (1 Gehminute entfernt und ebenfalls von den Hotelbesitzern geleitet) kann man Körper und Seele etwas Gutes tun.

CRIVITZ

Mecklenburg-Vorpommern – 5 110 Ew. – Höhe 40 m – Siehe Regionalatlas **12**-L5
Berlin 194 km – Schwerin 20 km – Parchim 24 km – Wismar 61 km
Michelin Straßenkarte 542

Waldschlösschen

Schweriner Chaussee 8 (West: 5 km, über B 321 Richtung Schwerin) ✉ 19089 – ✆ (03863) 5 43 00 – www.waldschloesschen-mv.de
18 Zim – 65/78 € 75/90 € – 2 Suiten – ½ P **Rest** – Karte 25/35 €
Das familiär geleitete kleine Hotel steht am Waldrand in verkehrsgünstiger Lage nahe Schwerin. Hübsch ist das Hochzeitszimmer. Auch Kosmetikanwendungen werden angeboten. Restaurant mit Wintergarten und Terrasse zum Garten mit Teich.

CUXHAVEN

Niedersachsen – 50 060 Ew. – Höhe 2 m – Siehe Regionalatlas **9-G4**

Berlin 421 km – Hannover 222 km – Bremerhaven 43 km – Hamburg 130 km

Michelin Straßenkarte 541

In Cuxhaven-Duhnen Nord-West: 6 km über Strichweg

Strandperle (mit Appartementhäusern) Rest,

Duhner Strandstr. 15, (Zufahrt über Am Wattenweg) ✉ 27476 – ✆ (04721) 4 00 60 – www.strandperle-hotels.de

65 Zim – 95/180 € 140/220 € – 17 Suiten – ½ P

Rest – Menü 33/55 € – Karte 32/61 €

Das Hotel sieht nicht nur von außen aus wie ein Kreuzfahrtdampfer, auch innen steht alles unter dem Motto Seefahrt, viele kleine Details unterstreichen das maritime Flair. Einige Zimmer sowie der Ruhebereich des Spa bieten Meerblick. Internationale Küche im Restaurant nebst Terrasse an der Promenade.

Badhotel Sternhagen

Cuxhavener Str. 86 ✉ 27476 – ✆ (04721) 43 40 – www.badhotel-sternhagen.de – geschl. 22. November - 20. Dezember

39 Zim – 170/215 € 190/280 € – 9 Suiten – ½ P

Rest *Sterneck* **Rest *Panorama-Restaurant Schaarhörn*** **Rest *Ekendöns*** – siehe Restaurantauswahl

Herzlich wird man in dem seit über 50 Jahren bestehenden Familienbetrieb umsorgt, traumhaft die Lage direkt hinter dem Deich, toll der Blick auf die Nordsee und dazu ein umfassendes Spa-Angebot, das auf Meerwasser setzt (Meerwasser-Thermen, Thalasso...). Was wünscht man sich mehr von einem Ferienhotel?

Strandhotel Duhnen (mit Aparthotel Kamp)

Duhner Strandstr. 5 ✉ 27476 – ✆ (04721) 40 30 – www.kamp-hotels.de Zim, Rest, Rest,

95 Zim – 66/173 € 119/188 € – 3 Suiten – ½ P

Rest – Menü 26/47 € – Karte 26/57 €

Seit seiner Eröffnung 1896 wächst das traditionsreiche Hotel mit den Ansprüchen der Gäste, wird schöner und geht mit der Zeit. Toll die Lage an der Strandpromenade, komfortabel die Ausstattung, vielfältig der 600 qm große "Levitas Wellspa" sowie die Gastronomie: Restaurant "Vier Jahreszeiten" zum Wattenmeer, Bistro "Kamp's", Bierpub "Störtebeker" sowie "Lido Bar".

Sterneck – Badhotel Sternhagen

Cuxhavener Str. 86 ✉ 27476 – ✆ (04721) 43 40 – www.badhotel-sternhagen.de – geschl. 16. November - 24. Dezember, 13. - 26. April und Montag - Mittwoch

Menü 65 € (vegetarisch)/155 € – *(ab 13 Uhr geöffnet)*

Mit der ausdrucksstarken und harmonischen Zubereitung äußerst hochwertiger Produkte legt Marc Rennhack feinstes Handwerk an den Tag - klassisch und modern zugleich seine drei Menüs. Und was könnte schöner sein, als bei solch einem Genuss auch noch aufs Watt zu blicken? Für Weinfragen (die Karte umfasst 540 Gewächse) ist Sommelier Onno Siemons genau der Richtige!

→ Langostino und Rauchaal mit Kürbis. Roastbeef vom Arenscher Weideochsen und Tatar mit Rote Bete. Dunkle Schokolade mit Mandeln, Quitte und Masala.

Panorama-Restaurant Schaarhörn – Badhotel Sternhagen

Cuxhavener Str. 86 ✉ 27476 – ✆ (04721) 43 40 – www.badhotel-sternhagen.de – geschl. 22. November - 20. Dezember

Menü 33/59 € – Karte 43/69 €

In hanseatisch-elegantem Ambiente lässt man sich bei einem schönen Ausblick aufs Wattenmeer klassische norddeutsche Küche mit internationalen Einflüssen servieren. Tipp für nachmittags: Kuchen aus der hauseigenen Konditorei!

Ekendöns – Badhotel Sternhagen

Cuxhavener Str. 86 ✉ 27476 – ✆ (04721) 43 40 – www.badhotel-sternhagen.de – geschl. 22. November - 20. Dezember

Karte 38/56 € – *(nur Abendessen)*

300 Jahre alte Eichenbalken eines norddeutschen Bauernhauses, ein schmucker Kachelofen... da kommt sofort Gemütlichkeit auf. Passend dazu gibt's herzhafte regionale Hausmannkost wie Kartoffelsuppe, Nordseekrabben, Kohlroulade, Rote Grütze!

In Cuxhaven-Sahlenburg West: 10 km über Westerwischweg

Wattenkieker
Zim,

Am Sahlenburger Strand 27 ✉ 27476 – ✆ (04721) 20 00 – www.wattenkieker.de – geschl. Ende November - Anfang Februar

22 Zim – 59/89 € 69/159 €

Rest – Karte 16/30 €

Das familiengeführte Hotel hat einen Logenplatz am Strand. Jedes der Gästezimmer verfügt über einen Balkon, die meisten bieten direkten Meerblick. Restaurantterrasse zur See.

Muschelgrund garni

Muschelgrund 1 ✉ 27476 – ✆ (04721) 20 90 – www.muschelgrund.de – geschl. 1. Januar - 27. Februar, 1. November - 31. Dezember

20 Zim – 51/97 € 68/130 €

Sympathisch leitet Familie Finck das kleine Hotel mit gutem Preis-Leistungs-Verhältnis. Tipptopp gepflegte Zimmer, eine moderne Lounge in warmen Tönen und ein leckeres Frühstück.

In Cuxhaven-Döse

Moin! N garni

Steinmarner Str. 83 ✉ 27476 – ✆ (04721) 66 48 22 – www.moin.info

52 Zim – 69/109 € 99/159 € – 4 Suiten

Warum das Hotel so beliebt ist? Hier ist alles tipptopp gepflegt, die Einrichtung freundlich und zeitgemäß, das Frühstückbuffet ist toll, die Mitarbeiter sind herzlich, und auch in Sachen Wellness bietet man so einiges!

DACHAU

Bayern – 43 260 Ew. – Höhe 505 m – Siehe Regionalatlas **65-L20**

Berlin 583 km – München 19 km – Augsburg 54 km – Landshut 72 km

Michelin Straßenkarte 546

Central garni

Münchner Str. 46a ✉ 85221 – ✆ (08131) 56 40 – www.hotel-central-dachau.de

46 Zim – 69/145 € 79/195 €

Das Hotel liegt zentral an einer Kreuzung, hat einen netten Empfangsbereich mit kleinem Salon, zeitgemäße, wohnliche Zimmer und einen hübschen lichten Frühstücksraum. Geschäftsreisende sind hier gerne zu Gast.

In Dachau-Webling Nord-West: 2 km – 41 680 Ew.

Schwarzberghof mit Zim

Augsburger Str. 105 ✉ 85221 – ✆ (08131) 33 80 60 – www.schwarzberghof.eu – geschl. Montag

8 Zim – 69/109 € 89/149 € Karte 21/40 €

Ein prima Team: Claus Brummer in der Küche, seine Frau Nicole im Service - von ihr kommt auch die stimmige Deko, die zusammen mit dem hellen Holz die Gaststube schön behaglich macht. Die regionale Karte bietet Schmackhaftes wie "Braten vom bayerischen Weideochsen", dazu Tagesempfehlungen.

In Bergkirchen-Günding West: 3 km, Richtung Fürstenfeldbruck

Forelle garni

Brucker Str. 16 ✉ 85232 – ✆ (08131) 5 67 30 – www.hotel-forelle-dachau.de – geschl. 24. Dezember - 6. Januar

21 Zim – 72/98 € 92/125 € – 1 Suite

Hier bleibt man am Ball und kann seinen Gästen hübsche Zimmer bieten. Die Chefin hat ein Faible für schöne Betten, die in allen Räumen unterschiedlich sind. Dazu kommen frische Farbakzente!

In Bergkirchen-Unterbachern Nord-West: 5 km

Gasthaus Weißenbeck

Ludwig-Thoma-Str. 56 ✉ 85232 – ✆ (08131) 7 25 46 – www.weissenbeck.de – geschl. Montag - Dienstag
Menü 19 € (mittags unter der Woche)/42 € – Karte 28/47 € – (abends Tischbestellung ratsam)
Lauter zufriedene Gesichter! Kein Wunder, denn Mutter und Tochter Weißenbeck kochen richtig gut und preislich fair! Am Wochenende lockt leckerer Braten die Gäste in das gemütliche Wirtshaus! Mittags ist die Karte etwas reduziert.

DAHLEM

Nordrhein-Westfalen – 4 140 Ew. – Höhe 500 m – Siehe Regionalatlas **35**-B14
Berlin 655 km – Düsseldorf 113 km – Köln 79 km – Mainz 196 km
Michelin Straßenkarte 543

In Dahlem-Kronenburg Süd-West: 7,5 km Richtung Trier über die B 51 und Baasem

Schlosshotel Burghaus Kronenburg

Burgbering 2 ✉ 53949 – ✆ (06557) 90 19 00 – www.burghaus-kronenburg.de
20 Zim – 🚹90/110 € 🚹🚹125/145 €, ☕ 15 € – ½ P
Rest *Candle-Light* – siehe Restaurantauswahl
Unterhalb der Burgruine liegt das schöne Anwesen von 1766, beschaulich schon die Zufahrt durch die enge historische Gasse. Familie Peters hat jede Menge Herzblut in das Hotel gesteckt - das sieht man nicht zuletzt an den romantischen Zimmern (zwei mit eigener Sauna)! Und versäumen Sie nicht, in der Ruhe des alten Burgdorfs vom Freibad aus den Blick über die Eifel schweifen zu lassen!

Candle-Light – Schlosshotel Burghaus Kronenburg

Burgbering 2 ✉ 53949 – ✆ (06557) 90 19 00 – www.burghaus-kronenburg.de
Menü 59/89 € – Karte 50/74 € – *(geschl. Dienstag - Mittwoch) (nur Abendessen, sonntags auch Mittagessen)*
Im Restaurant kocht Nada Miskovic für Sie internationale Gerichte mit klassischer Basis (so z. B. "gegrillte Jakobsmuscheln an Wakame-Salat, Safranschaum und Meeresfrüchteravioli"), während Sie unter einer hübschen Stuckdecke sitzen und ein wahres Kulturerbe bestaunen: den Querschnitt einer Römerstraße!

DAHN

Rheinland-Pfalz – 4 460 Ew. – Höhe 210 m – Siehe Regionalatlas **53**-D17
Berlin 698 km – Mainz 143 km – Karlsruhe 57 km – Saarbrücken 82 km
Michelin Straßenkarte 543

Pfalzblick

Goethestr. 1 ✉ 66994 – ✆ (06391) 40 40 – www.pfalzblick.de
71 Zim ☕ – 🚹79/85 € 🚹🚹129/169 € – 1 Suite – ½ P
Rest *Neudahn* – siehe Restaurantauswahl
Für Aktive gibt es hier in ruhiger Waldrandlage beste Wanderbedingungen, Wellnessfans kommen im 1000 qm großen Spa (schön der Panorama-Ruheraum) auf ihre Kosten und Weinliebhaber werden in der hübschen modernen Vinothek fündig. Gut zu wissen: Die 3/4-Vitalpension ist im Preis inbegriffen.

Neudahn – Hotel Pfalzblick

Goethestr. 1 ✉ 66994 – ✆ (06391) 40 40 – www.pfalzblick.de
Menü 40/55 € – Karte 25/51 €
Nicht nur das markante Rot, auch die wertige Ausstattung machen das A-la-carte-Restaurant des Hotel Pfalzblick zu einem geschmackvollen Ort - und natürlich die zeitgemäß-internationale Küche mit Gerichten wie "gebratenes Wolfsbarschfilet mit Weißweinbuttersoße, glacierten Sauerkirschen und Selleriepüree".

In Bruchweiler-Bärenbach Süd-Ost: 6 km über B 427 Richtung Bad Bergzabern, dann rechts ab

Landhaus Felsengarten garni
Gartenstr. 78 ✉ 76891 – ✆ (06394) 16 61 – www.hotel-felsengarten.de
9 Zim – 45/48 € 68/78 € – 1 Suite
Die Herzlichkeit der Familie Becker, die wohnlichen Zimmer (benannt nach Bergen und Felsen der Umgebung), dazu der schöne Garten und die fairen Preise... und obendrein stimmt auch noch die Lage: ruhig und ideal für (Rad-) Wanderer. Ihr Lieblingsplatz fürs leckere Frühstück dürfte der Wintergarten werden!

DAMME

Niedersachsen – 16 420 Ew. – Höhe 63 m – Siehe Regionalatlas **17-E8**
Berlin 416 km – Hannover 114 km – Bielefeld 89 km – Bremen 98 km
Michelin Straßenkarte 541

Lindenhof Hotel Tepe
Osterdammer Str. 51 ✉ 49401 – ✆ (05491) 9 71 70 – www.lindenhof-hotel-tepe.de
35 Zim – 85/99 € 130/150 € – 2 Suiten – ½ P
Rest *Lindenhof Hotel Tepe* – siehe Restaurantauswahl
Der Sohn der Gastgeber, Innenarchitekt und Künstler, hat beim Interieur des Hauses mitgewirkt. Zimmer teils mit Balkon, ganz modern sind die im Neubau. Gratis W-Lan im öffentlichen Bereich.

Lindenhof Hotel Tepe – Lindenhof Hotel Tepe
Osterdammer Str. 51 ✉ 49401 – ✆ (05491) 9 71 70 – www.lindenhof-hotel-tepe.de – geschl. Anfang Januar 1 Woche, Juli - August 2 Wochen und Sonntagabend
Menü 27 € (mittags)/58 € – Karte 27/58 €
Ein altes Sofa aus Omas Zeiten fügt sich wunderbar in ein Sammelsurium unterschiedlicher, liebevoll arrangierter Dinge, die ein behagliches und stimmiges Gesamtbild ergeben.

DAMSHAGEN

Mecklenburg-Vorpommern – 910 Ew. – Höhe 20 m – Siehe Regionalatlas **11-K4**
Berlin 241 km – Schwerin 38 km – Lübeck 35 km – Rostock 87 km
Michelin Straßenkarte 542

In Damshagen-Parin Süd-Ost: 5 km

Gutshaus Parin (mit Gästehaus)
Wirtschaftshof 1 ✉ 23948 – ✆ (03881) 75 68 90 – www.gutshaus-parin.de
30 Zim – 62/73 € 128/180 € – ½ P
Rest – Menü 15/21 € – *(nur Abendessen)*
Das hat Charme: Ein altes Gutshaus wurde hier mit Geschmack und Sinn für ökologische Materialien in ein reizendes Hotel verwandelt - ein Ort der Ruhe in einem kleinen Dorf! Wählen Sie ihr Zimmer: "Erde", "Wasser", "Himmel", "Sonne". In der Küche arbeitet man viel mit Produkten aus der eigenen Landwirtschaft.

DANNENBERG

Niedersachsen – 8 170 Ew. – Höhe 12 m – Siehe Regionalatlas **20-K6**
Berlin 223 km – Hannover 137 km – Schwerin 80 km – Lüneburg 51 km
Michelin Straßenkarte 541

Marschtor garni
Marschtorstr. 43 ✉ 29451 – ✆ (05861) 98 36 10 – www.daasch.de
7 Zim – 49/59 € 69/79 €
Die freundlichen Gastgeber schaffen in ihrem kleinen Hotel in einer Häuserzeile in der Altstadt eine sehr persönliche Atmosphäre. Es stehen nette helle Zimmer bereit.

DANNENFELS – Rheinland-Pfalz ➜ Siehe Kirchheimbolanden

DARMSTADT

Hessen – 149 060 Ew. – Höhe 144 m – Siehe Regionalatlas **47-F15**
Berlin 569 km – Wiesbaden 44 km – Frankfurt am Main 36 km – Mannheim 50 km
Michelin Straßenkarte 543

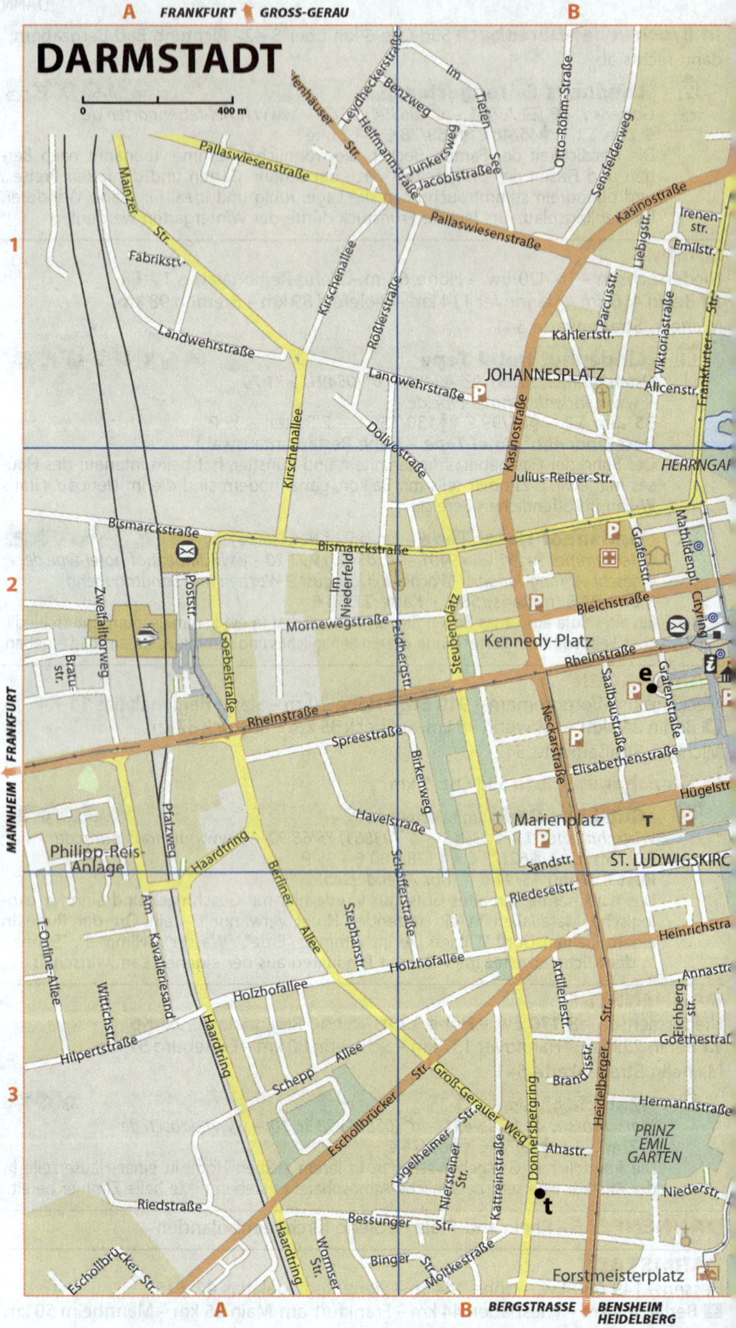
DARMSTADT
0
400 m
A
B
FRANKFURT
GROSS-GERAU
MANNHEIM
FRANKFURT
BERGSTRASSE
BENSHEIM
HEIDELBERG
1
2
3
Pallaswiesenstraße
Mainzer Str.
Fabrikstr.
Landwehrstraße
Kirschenallee
Rößlerstraße
Leydheckerstraße
Benzweg
Helfmannstraße
Junkersweg
Jacobistraße
Im Tiefen See
Otto-Röhm-Straße
Sensfelderweg
Kasinostraße
Irenenstr.
Emilstr.
Liebigstr.
Parcusstr.
Viktoriastraße
Frankfurter Str.
Kahlertstr.
JOHANNESPLATZ
Alicenstr.
Dolivostraße
Julius-Reiber-Str.
HERRNGA
Bismarckstraße
Im Niederfeld
Poststr.
Zweifalltorweg
Bratustr.
Mornewegstraße
Feldbergstr.
Steubenplatz
Grafenstr.
Mathildenpl.
Cityring
Bleichstraße
Kennedy-Platz
Rheinstraße
Saalbaustraße
Grafenstraße
e
Goebelstraße
Neckarstraße
Spreestraße
Birkenweg
Elisabethenstraße
Hügelstr.
Havelstraße
Marienplatz
T
Sandstr.
ST. LUDWIGSKIRC
Pfalzweg
Philipp-Reis-Anlage
Haardtring
Berliner Allee
Schöfferstraße
Stephanstr.
Riedeselstr.
Heinrichstra
Annastra
T-Online-Allee
Am Kavalleriesand
Holzhofallee
Artilleriestr.
Eichbergstr.
Wittichstr.
Hilpertstraße
Goethestraße
Schepp Allee
Groß-Gerauer Weg
Brandisstr.
Heidelberger Str.
Eschollbrücker Str.
Donnersbergring
Hermannstraße
PRINZ EMIL GARTEN
Ingelheimer Str.
Niersteiner Str.
Kattreinstraße
Ahastr.
t
Niederstr.
Riedstraße
Bessunger Str.
Wormser Str.
Binger Str.
Moltkestraße
Forstmeisterplatz

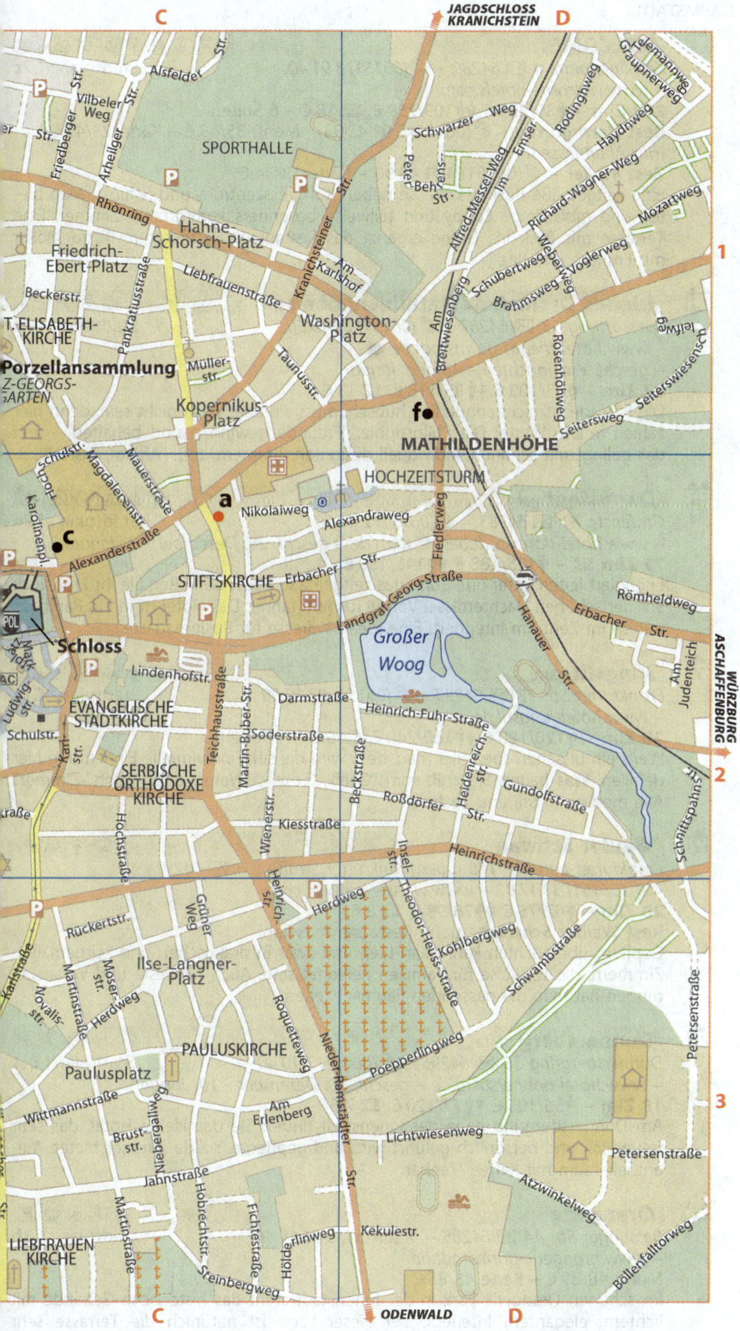
JAGDSCHLOSS KRANICHSTEIN
C
D
1
2
3
SPORTHALLE
Alsfelder Str.
Vilbeler Weg
Friedberger Str.
Arheilger Str.
Rhönring
Hahne-Schorsch-Platz
Friedrich-Ebert-Platz
Beckerstr.
Pankratiusstraße
Liebfrauenstraße
Kranichsteiner Str.
Am Karlshof
Washington-Platz
Taunusstr.
Müller-str.
Kopernikus-Platz
Porzellansammlung
Schwarzer Weg
Peter-Behrens-Str.
Alfred-Messel-Weg
Im Emser
Rodinghweg
Haydnweg
Richard-Wagner-Weg
Mozartweg
Weberweg
Schubertweg
Voglerweg
Brahmsweg
Am Breitwiesenberg
Rosenhöhweg
Seitersweg
Seiterswiesensch
MATHILDENHÖHE
HOCHZEITSTURM
f
a
c
Nikolaiweg
Alexandraweg
Fiedlerweg
Hochschulstr.
Magdalenenstr.
Mauerstraße
Karolinenpl.
Alexanderstraße
STIFTSKIRCHE
Erbacher Str.
Landgraf-Georg-Straße
Großer Woog
Römheldweg
Erbacher Str.
Hanauer Str.
Am Judenteich
WÜRZBURG ASCHAFFENBURG
Schloss
POL
Lindenhofstr.
Teichhausstraße
Martin-Buber-Str.
Darmstraße
Heinrich-Fuhr-Straße
Soderstraße
Beckstraße
Heidenreichstr.
Gundolfstraße
Roßdörfer Str.
EVANGELISCHE STADTKIRCHE
Schulstr.
Karlstr.
SERBISCHE ORTHODOXE KIRCHE
Hochstraße
Wienerstr.
Kiesstraße
Inselstr.
Heinrichstraße
Schnittspahnstr.
Heinrichstr.
Herdweg
Theodor-Heuss-Straße
Kohlbergweg
Schwambstraße
Rückertstr.
Grüner Weg
Ilse-Langner-Platz
Karlstraße
Martinstraße
Moserstr.
Herdweg
Novalisstr.
Roquetteweg
Nieder-Ramstädter Str.
Poepperlingweg
Petersenstraße
PAULUSKIRCHE
Paulusplatz
Wittmannstraße
Am Erlenberg
Brust-str.
Niebergallweg
Lichtwiesenweg
Petersenstraße
Jahnstraße
Hobrechtstr.
Fichtestraße
Atzwinkelweg
Kekulestr.
Bollenfalltorweg
Martinstraße
LIEBFRAUEN KIRCHE
Steinbergweg
ODENWALD

WELCOME

Karolinenplatz 4 ✉ *64289 – ✆ (06151) 3 91 40* Stadtplan : C2**c**
– www.welcome-hotels.com
202 Zim – 89/239 € 109/259 €, 18 € – 6 Suiten
Rest *Herrngarten* – ✆ (06151) 3 91 43 93 – Menü 35/49 € – Karte 25/42 € – *(nur Abendessen)*
Rest *Moller* – ✆ (06151) 3 91 43 90 – Karte 18/34 €
Eine zeitgemäße Businessadresse neben Kongresszentrum und Schloss. Man bietet eine großzügige Lobby und teilweise besonders komfortable Zimmer. Eine Terrasse mit Blick ins Grüne ergänzt das Restaurant Herrngarten. Bistro Moller mit Empore und Bar.

friends Darmstadt Mathildenhöhe garni

Spessartring 53 ✉ *64287 – ✆ (06151) 39 15 50* Stadtplan : D1**f**
– www.hotel-friends-darmstadt.de
– geschl. Weihnachten - Anfang Januar
22 Zim – 85/108 € 85/118 €, 13 €
Die Fassade ist nicht sonderlich hübsch, muss sie aber auch nicht sein, denn hier zählen innere Werte! Die Philosophie: "Freunde gewinnen und behalten" - und das gelingt mit schönen, individuell designten Zimmern, z. B. "Afrika", "Asien"...

Darmstadt garni

Grafenstr. 31 ✉ *64283 – ✆ (06151) 2 81 00* Stadtplan : B2**e**
– www.hotel-darmstadt.bestwestern.de – geschl. 24. Dezember - 2. Januar
77 Zim – 125/188 € 145/188 €
Engagiert leiten Vater und Sohn das zeitgemäße Haus. Genießen Sie Ihr Frühstück auf der schönen Dachterrasse! Vorteil für Autofahrer: Das Hotel ist in ein Parkhaus mitten im Zentrum integriert! Eine ideale Adresse für Businessgäste.

Jungstil garni

Frankfurter Str. 77 ✉ *64293 – ✆ (06151) 97 10 00* Stadtplan : C1**a**
– www.hotel-jungstil.de
28 Zim – 120/180 € 160/240 €, 9 € – 4 Suiten
Wer's ein bisschen spezieller mag, dem wird die sehr individuelle Einrichtung hier gefallen. Was halten Sie z. B. vom "Golf"-, "Lese"-, "Wein"- oder "Sport"-Zimmer? Alle modern in Stil und Technik.

Weißer Schwan

Frankfurter Landstr. 190 (über Frankfurter Straße B1) ✉ *64291*
– ✆ (06151) 37 17 02 – www.weisser-schwan.com
20 Zim – 62/75 € 78/98 €, 8 €
Rest *Weißer Schwan* – siehe Restaurantauswahl
Gepflegt übernachten kann man hier, und zwar in praktischen und zeitgemäßen Zimmern, die teilweise für Familien geeignet sind. Auch für Feste und Veranstaltungen hat man die passenden Räumlichkeiten.

Donnersberg garni

Donnersbergring 38 ✉ *64295 – ✆ (06151) 3 10 40* Stadtplan : B3**t**
– www.hotel-donnersberg.de – geschl. 20. Dezember - 10. Januar
18 Zim – 56/105 € 77/120 €, 7 €
Am Donnersbergring nahe der Innenstadt finden Sie das kleine Hotel, das sehr freundlich und persönlich geführt wird und gepflegte, solide Zimmer bietet. Aufenthaltsraum mit Kaffee-/Teebar.

Orangerie

Bessunger Str. 44 ✉ *64285 – ✆ (06151) 3 96 64 46* Stadtplan : C3**b**
– www.orangerie-darmstadt.de
Menü 48/89 € – Karte 48/85 €
Im schönen Orangerie-Park in der Innenstadt steht das historische Gebäude mit lichtem, elegantem Interieur. Bei dieser Lage ist natürlich die Terrasse sehr begehrt! Geboten wird mediterrane Küche aus guten Produkten.

Daniela´s Trattoria Romagnola
Heinrichstr. 39 ✉ *64283 – (06151) 2 01 59* Stadtplan : B3**a**
– www.trattoria-romagnola.de – geschl. Samstagmittag - Sonntag
Menü 48 € – Karte 38/74 €
Seit über 30 Jahre steht die sympathische Chefin am Herd, unterstützt von ihrem Sohn. Probieren Sie die hausgemachte Pasta oder den Klassiker "Kalbsrücken Daniela Art"! Haben Sie die charmante Terrasse mit der historischen Mauer gesehen?

Glasschrank "Steak & Meer" N
Pützerstr. 6 ✉ *64287 – (06151) 4 14 71* Stadtplan : C2**a**
– www.restaurant-glasschrank.de – geschl. 10. - 17. August und Samstagmittag und Sonntag
Karte 36/93 €
Liebhaber von Steaks und Seafood sind hier genau richtig! Von einem original "Montague"-Steakhouse-Grill (davon gibt es in Deutschland nur wenige) kommen gute, saftige Steaks! Andere internationale Gerichte sind ebenfalls zu haben.

Weißer Schwan – Hotel Weißer Schwan
Frankfurter Landstr. 190 (über Frankfurter Straße B1) ✉ *64291 – (06151) 37 17 02 – www.weisser-schwan.com*
Menü 14/50 € – Karte 22/48 € – *(geschl. Samstagmittag, Montag)*
Wer zum Essen in den "Weißen Schwan" kommt, sitzt gemütlich in freundlicher Atmosphäre - oder im Sommer im schönen Biergarten - und lässt sich bürgerlich-regionale Gerichte wie "Grüne Soße mit gekochten Eiern und Kartoffeln" schmecken.

In Darmstadt-Kranichstein Nord-Ost: 5 km über Kranichsteiner Straße Stadtplan : D1

Jagdschloss Kranichstein N
Kranichsteiner Str. 261 ✉ *64289 – (06151) 13 06 70 – www.hotel-jagdschloss-kranichstein.de*
44 Zim – †99/249 € ††119/269 €, ☕ 17 € – 4 Suiten
Rest – Menü 26 € (mittags)/79 € – Karte 34/61 € – *(geschl. Samstagmittag und Sonntagabend)*
Ein wirklich ansprechendes Bild gibt das von Grund auf renovierte ehemalige Jagdschloss ab! Die Zimmer hochwertig, modern-elegant und technisch top, attraktiv die Hotelbar und das Bistro (hier bietet man Kaffee und Kuchen), schön der Park mit See. Regional-internationale Küche im Restaurant Kavaliersbau.

In Mühltal-Traisa Süd-Ost: 5 km über Nieder-Ramstädter-Straße Stadtplan : D3

Hofgut Dippelshof
Am Dippelshof 1 (am Golfplatz) ✉ *64367 – (06151) 91 71 88 – www.dippelshof.de*
17 Zim ☕ – †89 € ††132/145 €
Rest – Menü 35 € (mittags)/59 € – Karte 28/66 € – *(geschl. Montag)*
Das Hofgut in ruhiger Lage am Golfplatz ist eine stilvolle Adresse mit klassischen, individuell eingerichteten Zimmern. Elegantes Restaurant mit Parkett und Stuck. Prächtiger Blauer Saal für Veranstaltungen.

DARSCHEID – Rheinland-Pfalz ➜ Siehe Daun

DATTELN

Nordrhein-Westfalen – 35 520 Ew. – Höhe 52 m – Siehe Regionalatlas **26-D10**
Berlin 500 km – Düsseldorf 73 km – Dortmund 20 km – Recklinghausen 12 km
Michelin Straßenkarte 543

In Datteln-Ahsen Nord-West: 7 km über Westring

Jammertal-Resort
Rest,
Redderstr. 421 ✉ *45711 – (02363) 37 70 – www.jammertal.de*
90 Zim ☕ – †98/198 € ††166/266 € – 15 Suiten – ½ P
Rest – Menü 30/50 € – Karte 33/62 €
Das gewachsene Landhotel in einer Waldlichtung ist ideal für Wellnessgäste und Golfer. Wohnliche, sehr unterschiedlich geschnittene Zimmer, Spa auf über 3000 qm, ein Schwimmteich... Elegant-rustikales Restaurant mit hübschem Glaspavillon.

DAUN

Rheinland-Pfalz – 8 050 Ew. – Höhe 410 m – Siehe Regionalatlas **45-B14**

Berlin 666 km – Mainz 161 km – Trier 76 km – Bonn 79 km

Michelin Straßenkarte 545

Kurfürstliches Amtshaus Dauner Burg

Burgfriedstr. 28 ✉ 54550 – ✆ (06592) 92 50 – www.daunerburg.de – geschl. Januar 3 Wochen

27 Zim – 75/85 € 125/165 € – 1 Suite – ½ P

Rest ***Graf Leopold*** – siehe Restaurantauswahl

Auf der einstigen Burg im Zentrum "wacht" seit vielen Jahren Familie Probst und kümmert sich herzlich um ihre Gäste. Wussten Sie, dass Sie hier auf einem erloschenen vulkanischen Berg nächtigen? Und zwar in individuellen, klassisch-stilvollen Zimmern. Für Ihre Entspannung gibt es einen hübschen kleinen Spa.

Panorama

Rest,

Rosenbergstr. 26 ✉ 54550 – ✆ (06592) 93 40 – www.hotelpanorama.de – geschl. 18. Februar - 13. März

26 Zim – 68/76 € 122/134 € – ½ P

Rest – Karte 29/56 € – *(geschl. Montag - Dienstagmittag)*

Mit Engagement leiten die Schneiders ihr Haus seit über 30 Jahren - alles ist tipptopp gepflegt, sehr schön die Lage am Hang. Buchen Sie ein Zimmer mit Sicht über Daun! Oder genießen Sie lieber Waldblick? Die Zimmer sind geschmackvoll und wertig, alle mit Balkon, dazu Wellness und Beauty und internationale Küche im Restaurant samt kleinem Wintergarten und Terrasse.

Graf Leopold – Hotel Kurfürstliches Amtshaus Dauner Burg

Burgfriedstr. 28 ✉ 54550 – ✆ (06592) 92 50 – www.daunerburg.de – geschl. Januar 3 Wochen und Montag - Dienstag

Menü 78/115 € – Karte 58/70 € – *(nur Abendessen)* (Tischbestellung ratsam)

Dieses ausgesprochen stilvolle Restaurant mit historischem Rahmen ist sehr gut besucht - kein Wunder angesichts der aufwändigen modernen Speisen wie "Hummer, Grüner Tee, Melone". Dazu eine schöne und fair kalkulierte Weinkarte.

In Schalkenmehren Süd-Ost: 6 km, in Gemünden links ab

Landgasthof Michels

St.-Martin-Str. 9 ✉ 54552 – ✆ (06592) 92 80 – www.michels-wohlfuehlhotel.de

47 Zim – 76/99 € 132/176 € – 1 Suite – ½ P

Rest – Menü 27 € (mittags)/64 €

Hier sollten Sie frühzeitig buchen, vor allem am Wochenende! Warum das gewachsene familiär geführte Landhotel so gefragt ist? Da wären zum einen schöne Zimmer in wohnlichem Landhausstil, zum anderen "Michels VitalQuell" auf 1000 qm sowie das gemütliche Restuarant, nicht zu vergessen der Reiz der Maare...

Schneider am Maar

Zim,

Maarstr. 22 ✉ 54552 – ✆ (06592) 9 55 10 – www.hotelschneider.de – geschl. 20. - 25. Dezember

21 Zim – 44/65 € 88/104 € – ½ P

Rest – Menü 15/55 € – Karte 15/40 €

Seit 1868, inzwischen in 5. Generation, wird das Haus familiär geführt. Das Zimmerangebot reicht vom Standardzimmer bis zum geräumigen Appartement mit Küche und tollem Maarblick - zum Maar hat man übrigens einen eigenen Zugang. Und gastronomisch? Da gibt es bürgerlich-regionale Küche und hausgebackenen Kuchen. Fleisch und Geflügel kommen aus eigener Zucht, auch Apfelsaft stellt man selbst her.

Gute Küche zu moderatem Preis? Folgen Sie dem Bib Gourmand.

In Darscheid Nord-Ost: 6 km über B 257

Kucher's Gourmet mit Zim
Karl-Kaufmann-Str. 2 ✉ 54552 – ✆ (06592) 6 29 – www.kucherslandhotel.de – geschl. 5. - 30. Januar und Sonntagabend - Dienstag
14 Zim – 55/85 € 110/140 € – ½ P
Menü 79/98 € – Karte 56/74 € – *(Mittwoch - Samstag nur Abendessen)*
Neben der ambitionierten klassischen Küche von Martin Kucher dreht sich hier alles um das Thema Wein - auch eine Leidenschaft von ihm! Wem das Studieren der über 1300 Positionen umfassenden Weinkarte (darunter einige Mosel-Raritäten) zu mühsam ist, kann gestrost den Empfehlungen von Heidi Kucher folgen. Das Restaurant hat übrigens ein geschmackvolles neues Gesicht bekommen und auch die schönen wohnlich-individuellen Gästezimmer können sich sehen lassen.
Rest *Weinwirtschaft kleines Kucher* – siehe Restaurantauswahl

Weinwirtschaft kleines Kucher – Restaurant Kucher's Gourmet
Karl-Kaufmann-Str. 2 ✉ 54552 – ✆ (06592) 6 29 – www.kucherslandhotel.de – geschl. 5. - 30. Januar und Sonntagabend - Dienstagmittag
Karte 31/60 €
Charmant kommt die "Weinwirtschaft" daher mit ihren unterschiedlichen antiken Tischen und Stühlen, der hübschen Deko und der fast familiären Atmosphäre. Seit jeher gibt es hier "Saure Nieren mit Bratkartoffeln" - ein Klassiker, der treue Anhänger hat! Für die regional-saisonale Küche wird generell nur Fleisch aus der Eifel verarbeitet.

DEDELEBEN

Sachsen-Anhalt – 7 820 Ew. – Höhe 98 m – Siehe Regionalatlas **30-K9**
Berlin 223 km – Magdeburg 79 km – Braunschweig 45 km
Michelin Straßenkarte 542

Wasserschloß Westerburg Zim, Rest,
Westerburg 34 ✉ 38836 – ✆ (039422) 95 50 – www.hotel-westerburg.de
55 Zim – 90/130 € 140/198 € – 2 Suiten – ½ P
Rest – Menü 26/60 € – Karte 34/59 €
Einzigartig, romantisch und wie gemacht für Hochzeiten! In der ältesten Wasserburg Deutschlands (im 8. Jh. Stützpunkt von Karl dem Großen) finden sich natürlich hier und da auch Antiquitäten. Eindrucksvolles gotisches Gewölbe im Restaurant. Terrasse am Wassergraben mit Blick in den Park.

DEDELSTORF – Niedersachsen ➜ Siehe Hankensbüttel

DEGGENDORF

Bayern – 31 730 Ew. – Höhe 314 m – Siehe Regionalatlas **59-O18**
Berlin 563 km – München 144 km – Passau 51 km – Landshut 74 km
Michelin Straßenkarte 546

Höttl
Luitpoldplatz 22, (Zufahrt über Lateinschulgasse) ✉ 94469 – ✆ (0991) 3 71 99 60 – www.hoettl.de
43 Zim – 58/110 € 89/125 € – 3 Suiten – ½ P
Rest – Menü 17 € – Karte 19/31 €
In dem gepflegten historischen Stadthaus in zentraler Lage stehen wohnliche Zimmer mit mediterranem Touch bereit. W-Lan bietet man kostenlos. Rustikale Gaststube mit Terrasse vor dem Haus und im Hinterhof.

La padella
Rosengasse 7 ✉ 94469 – ✆ (0991) 55 41 – www.la-padella.eu – geschl. Sonntag - Montag
Menü 30/39 € (abends) – Karte 23/38 € – (Tischbestellung ratsam)
Schon seit 1987 ist Christine Grill Gastgeberin und Küchenchefin in dem freundlichen Restaurant im Kulturviertel. Sie bietet ihren Gästen saisonal beeinflusste Küche - oder wie wär's mit einem gemütlichen Frühstück?

In Deggendorf-Natternberg Süd-West: 6 km, jenseits der A 3

Burgwirt (mit Gästehaus)
Deggendorfer Str. 7 ✉ 94469 – ✆ (0991) 3 00 45 – www.hotel-burgwirt.de – geschl. August
30 Zim ☕ – †65/70 € ††85/95 € – 5 Suiten – ½ P
Rest – Karte 16/31 € – *(geschl. Sonntag) (nur Abendessen)*
Das Hotel der Familie Bornschlegl liegt (praktisch für alle, die es aktiv mögen) am Donau-Radweg. Alle Zimmer haben die freundliche und warme Gestaltung gemeinsam - im Gästehaus in klaren, modernen Formen, im Haupthaus etwas klassischer. Auch das Restaurant zeigt verschiedene Facetten, von ländlich mit Kachelofen bis neuzeitlich-gediegen im Wintergarten.

DEGGENHAUSERTAL

Baden-Württemberg – 4 300 Ew. – Höhe 544 m – Siehe Regionalatlas **63-H21**
Berlin 728 km – Stuttgart 144 km – Konstanz 33 km – Ravensburg 20 km
Michelin Straßenkarte 545

In Deggenhausertal-Limpach

Mohren
Kirchgasse 1 ✉ 88693 – ✆ (07555) 93 00 – www.naturhotel-mohren.de – geschl. 7. Januar - 5. Februar
32 Zim ☕ – †60/105 € ††120/180 € – ½ P
Rest *Mohren* – siehe Restaurantauswahl
Schön wohnt man in dem ehemaligen Gutshof in ruhiger Lage. Die Zimmer sind überwiegend in ansprechendem modern-ländlichem Stil gehalten, zum Frühstück gibt es ein gutes Buffet und für Entspannung sorgt der hochwertige Spabereich.

Mohren – Hotel Mohren
Kirchgasse 1 ✉ 88693 – ✆ (07555) 93 00 – www.biohotel-mohren.de – geschl. 7. Januar - 5. Februar
Menü 26/42 € – Karte 21/49 € – *(geschl. Montag - Dienstag)*
Hier werden nur biozertifizierte Produkte verwendet und regional zubereitet, dafür sorgt Chef Jürgen Weizenegger. Er steht selbst am Herd und bereitet für Sie Klassiker wie hausgemachte Maultaschen oder Cordon bleu zu.

In Deggenhausertal-Roggenbeuren

Landhotel Krone
Lindenplatz 2 ✉ 88693 – ✆ (07555) 9 22 90 – www.hotel-krone-roggenbeuren.de
47 Zim ☕ – †65/72 € ††104/110 € **Rest** – Karte 17/36 €
Ein familiär geführtes Haus mit soliden, praktisch und freundlich gestalteten Gästezimmern. Zur Entspannung werden auch Massage- und Kosmetikbehandlungen angeboten. Zum Restaurant gehört eine hübsche Terrasse hinterm Haus.

In Deggenhausertal-Wittenhofen

Landhotel Adler
Roggenbeurer Str. 2 ✉ 88693 – ✆ (07555) 2 02 – www.landhotel-adler.de – geschl. Ende Februar - Anfang März 2 Wochen, Ende November 2 Wochen
23 Zim ☕ – †55/65 € ††88 € – ½ P
Rest – Menü 30 € – Karte 20/40 € – *(geschl. Mittwoch - Donnerstagmittag)*
Der traditionsreiche Landgasthof im Zentrum hat sehr gepflegte und funktionelle Zimmer zu bieten. Außerdem kann man hier in einer gemütlichen Gaststube (oder auf der netten Terrasse) regional essen und auch die Kegelbahn ist noch in Betrieb!

DEIDESHEIM

Rheinland-Pfalz – 3 680 Ew. – Höhe 117 m – Siehe Regionalatlas **47-E16**
Berlin 645 km – Mainz 88 km – Mannheim 31 km – Kaiserslautern 39 km
Michelin Straßenkarte 543

Ketschauer Hof

Ketschauerhofstr. 1 ✉ 67146 – ✆ (06326) 7 00 00 – www.ketschauer-hof.com
18 Zim – †130/295 € ††200/320 €, ☕ 25 € – 1 Suite
Rest *Freundstück* ✿ **Rest *Bistro*** – siehe Restaurantauswahl
Hotel, Restaurants und Eventlocation - all das vereint das ehemalige Bassermann-Jordan-Weingut als reizendes Ensemble. Bei modernster Technik und exklusivem Design kommt da schon ein Hauch Luxus durch, ebenso im kleinen, aber feinen Spa, ganz zu schweigen vom tollen A-la-carte-Frühstück! Kelterhaus für Veranstaltungen, Kochatelier für Kochkurse.

Deidesheimer Hof

Am Marktplatz 1 ✉ 67146 – ✆ (06326) 9 68 70 – www.deidesheimerhof.de
– geschl. 1. - 22. Januar
24 Zim – †115/145 € ††155/190 €, ☕ 21 € – 4 Suiten – ½ P
Rest *Schwarzer Hahn* ✿ **Rest *St. Urban*** – siehe Restaurantauswahl
Größtes Engagement legt Familie Hahn hier an den Tag, und das bereits seit 1971! Auch die stetigen Investitionen sieht man ihrem Haus an: geschmackvolle und wohnlich-elegante Zimmer, tolle Veranstaltungsorte vom Kellergewölbe bis zum Gartenhaus sowie Tagungsräume mit Niveau sind das gelungene Ergebnis.

Kaisergarten Hotel & Spa

Zim,

Weinstr. 12 ✉ 67146 – ✆ (06326) 70 00 77
– www.kaisergarten-deidesheim.com
85 Zim ☕ – †95/155 € ††120/210 € – 8 Suiten
Rest *Hippo* – Menü 55 € – Karte 33/67 € – *(geschl. Sonntag - Montag)*
In dem Hotel im Herzen des historischen Weinstädtchens fühlen sich sowohl Wochenendurlauber als auch Business- und Tagungsgäste gut aufgehoben, und das liegt nicht zuletzt an der wertigen Einrichtung in schickem modernem Stil - da passen die angenehmen Grüntöne schön ins Bild. Im Restaurant: geradliniges Interieur in gemütlich-warmem Braun und Rot. Aus der offenen Küche kommen saisonale und internationale Gerichte sowie Pizza.

Steigenberger

Rest, Rest,

Am Paradiesgarten 1 ✉ 67146 – ✆ (06326) 97 00
– www.deidesheim.steigenberger.de
127 Zim ☕ – †89/169 € ††119/199 € – ½ P **Rest** – Karte 30/54 €
Das Hotel liegt am Ortsrand, Stadtpark und Weinberge schließen sich direkt an. Zahlreiche Accessoires im angloamerikanischen Stil der 30er bis 50er Jahre sind charakteristisch für das Haus. Warme Farben in den Zimmern, Restaurant mit legerem Bistro-Ambiente.

Freundstück – Hotel Ketschauer Hof

Ketschauerhofstr. 1 ✉ 67146 – ✆ (06326) 7 00 00 – www.ketschauer-hof.com
– geschl. 1. Januar - 2. Februar und Samstagmittag, Sonntag - Dienstagmittag
Menü 95/149 € – Karte 81/95 €
Geradlinig-elegante Einrichtung und moderne Küche, das passt wunderbar zusammen. Zubereitet werden die feinen kreativen Speisen unter der Leitung von Daniel Schimkowitsch, den es von München in das beschauliche Pfälzer Städtchen gezogen hat. Zum Essen vielleicht einen Riesling?
➜ Carbonara - Eigelb, Schinken, Royal Kaviar und Parmesan. Martini Gans - Crème, fermentierte und frische japanische Zitrone und Ingwer. Verkohltes Rind - Sommertrüffel und Teriyaki.

Schwarzer Hahn – Hotel Deidesheimer Hof

Am Marktplatz 1 ✉ 67146 – ✆ (06326) 9 68 70 – www.deidesheimerhof.de
– geschl. 1. Januar - 26. Februar und Sonntag - Dienstag, außer an Feiertagen
Menü 70/119 € – Karte 82/108 € – *(nur Abendessen)* (Tischbestellung ratsam)
Das schöne Gewölberestaurant ist eine der Traditionsadressen an der Weinstraße! Dass Tradition und Moderne sich nicht ausschließen, beweist Stefan Neugebauer, der feine kreative und auch japanische Elemente in seine klassische Küche einfließen lässt. Unter Maître Andreas Weber nebst Team sind Ihnen top Service und ebensolche Weinberatung gewiss.
➜ Juvenil Schwein - Erbsen, Hummer, Eiszapfen. Kotelett vom Atlantik Steinbutt - Tajine, Salzzitrone, Tomate, Ingwer, Couscous. Tarte Tatin - Karamellsauce, Rum-Rosineneis, Tahiti Vanille.

St. Urban – Hotel Deidesheimer Hof
Am Marktplatz 1 ✉ 67146 – ✆ (06326) 9 68 70 – www.deidesheimerhof.de – geschl. 7. - 22. Januar
Menü 35/59 € – Karte 34/61 €
In den behaglichen Restaurantstuben spürt man den traditionellen Charme eines regionalen Landgasthofs, trinkt heimische Weine und lässt sich gut zubereitete Klassiker servieren, darunter "Grosse Pièce", aber auch Pfälzer Gerichte wie "Zander mit Rieslingrahmkraut & Blutwurst".

Gasthaus zur Kanne
Weinstr. 31 ✉ 67146 – ✆ (06326) 9 66 00 – www.gasthauszurkanne.de – geschl. 1. - 6. Januar und Montag - Dienstag
Menü 29/62 € – Karte 35/50 €
Im ältesten Gasthaus der Pfalz (1160 erstmals erwähnt) erlebt man mit Karin und Florian Winter richtig nette Gastgeber. Aus der gehobenen und verfeinerten Regionalküche des Chefs sollten Sie z. B. Steinpilzsaumagen oder Zweierlei von der Helmbachforelle probieren! Dazu die tolle Auswahl an Bürklin-Wolf-Weinen.

Leopold
Weinstr. 10 ✉ 67146 – ✆ (06326) 9 66 88 88 – www.von-winning.de – geschl. Januar - Februar 2 Wochen
Menü 46/76 € – Karte 29/59 €
Was aus einem ehemaligen Pferdestall so alles werden kann! In diesem Fall ist im Weingut von Winning ein trendiges Restaurant entstanden: geradlinig, hochwertig, stylish - im Sommer lockt aber auch der Innenhof mit schönen Plätzen. Ob drinnen oder draußen: Aufgetischt werden regionale und internationale Gerichte von der "Pfälzer Trilogie" bis zum Wagyu-Beef.

Bistro – Hotel Ketschauer Hof
Ketschauerhofstr. 1 ✉ 67146 – ✆ (06326) 7 00 00 – www.ketschauer-hof.com – geschl. Dienstag - Mittwoch
Menü 34 € – Karte 39/47 €
Mit dem trendig-lebendigen Weinbistro bietet der Ketschauer Hof eine nette, legere Alternative zum "Freundstück". Probieren Sie von den schmackhaften regional-mediterranen Gerichten z. B. "Zweierlei vom Iberico-Schwein mit Graupenragout".

DELBRÜCK

Nordrhein-Westfalen – 30 050 Ew. – Höhe 100 m – Siehe Regionalatlas **27**-F10
Berlin 432 km – Düsseldorf 171 km – Bielefeld 52 km – Paderborn 16 km
Michelin Straßenkarte 543

Waldkrug Zim, Zim,
Graf-Sporck-Str. 34 ✉ 33129 – ✆ (05250) 9 88 80 – www.waldkrug.de
49 Zim – †79/99 € ††110/152 € – ½ P
Rest – Menü 28/40 € – Karte 23/41 €
Seit 1901 wird das Hotel von der Familie geführt - man ist engagiert und immer wieder wird investiert! Die Zimmer sind geräumig, teilweise besonders wohnlich gestaltet und mit Parkettboden ausgestattet. Englisches Flair in der Kamin-Lobby, gemütlich-gediegene Atmosphäre im Restaurant im Stammhaus.

DELITZSCH

Sachsen – 26 040 Ew. – Höhe 96 m – Siehe Regionalatlas **31**-N11
Berlin 162 km – Dresden 116 km – Leipzig 23 km
Michelin Straßenkarte 544

In Delitzsch-Schenkenberg Nord-West: 2,5 km

Schenkenberger Hof Rest,
Hofegasse 3 ✉ 04509 Delitzsch-Schenkenberg – ✆ (034202) 73 00 – www.schenkenberger-hof.de – geschl. 21. - 27. Dezember
26 Zim – †52/56 € ††72/78 € – ½ P
Rest – Karte 15/24 € – *(geschl. Sonntag) (nur Abendessen)*
Eine persönlich-familiäre Adresse in ruhiger Ortsrandlage, umgeben von Gärten. Man bietet freundliche, praktische Zimmer sowie die kostenfreie Nutzung des nahegelegenen Fitnessstudios.

DELMENHORST

Niedersachsen – 74 500 Ew. – Höhe 7 m – Siehe Regionalatlas **17-F6**

Berlin 403 km – Hannover 136 km – Bremen 17 km – Oldenburg 37 km

Michelin Straßenkarte 541

Thomsen (mit Gästehaus) Rest,

Bremer Str. 186 ✉ 27751 – ✆ (04221) 97 00 – www.hotel-thomsen.de – geschl. 24. - 30. Dezember

79 Zim – 🚹59/89 € 🚹🚹79/129 € – 1 Suite – ½ P

Rest – Menü 13/30 € – Karte 14/35 €

Ein gewachsenes Hotel etwas außerhalb des Zentrums mit Gästehaus vis-à-vis (hier der Freizeitbereich). Am besten sind die Komfortzimmer (Saunanutzung gratis), einfacher die Standardzimmer. Restaurant mit internationalem Angebot.

DENZLINGEN

Baden-Württemberg – 13 740 Ew. – Höhe 234 m – Siehe Regionalatlas **61-D20**

Berlin 802 km – Stuttgart 203 km – Freiburg im Breisgau 19 km – Offenburg 61 km

Michelin Straßenkarte 545

Rebstock-Stube

Hauptstr. 74 ✉ 79211 – ✆ (07666) 20 71 – www.rebstock-stube.de – geschl. Sonntag - Montag, außer an Feiertagen

Menü 25/60 € – Karte 30/63 €

Bei Familie Frey stehen Vater Adolf und Sohn Axel gemeinsam am Herd. Das Ergebnis sind ambitionierte klassisch-internationale Gerichte wie "Rahmsüppchen von frischen Waldpilzen" oder "Hechtklößchen überbacken mit Hummersauce auf Blattspinat und Reis".

DERNAU

Rheinland-Pfalz – 1 810 Ew. – Höhe 125 m – Siehe Regionalatlas **36-C13**

Berlin 628 km – Mainz 153 km – Koblenz 55 km – Bonn 31 km

Michelin Straßenkarte 543

Hofgarten

Bachstr. 26 ✉ 53507 – ✆ (02643) 15 40 – www.hofgarten-dernau.de

Menü 32 € – Karte 24/53 €

Das hübsche Fachwerkhaus beherbergt ein charmant mit saisonalem Zierrat dekoriertes Restaurant. Wirklich nett sitzt man auch im lauschigen Innenhof, zudem hat man noch eine rustikale Weinstube. Haben Sie auch den Hauskater gesehen? Er gehört seit Jahren zum Inventar.

DERNBACH (KREIS SÜDLICHE WEINSTRASSE)

Rheinland-Pfalz – 450 Ew. – Höhe 219 m – Siehe Regionalatlas **47-E17**

Berlin 671 km – Mainz 112 km – Mannheim 53 km – Landau in der Pfalz 14 km

Michelin Straßenkarte 543

Dernbachtal garni

Am Berg 3a ✉ 76857 – ✆ (06345) 9 54 40 – www.schneider-dernbachtal.de

12 Zim – 🚹65/72 € 🚹🚹102/110 €

Kein Wunder, dass man hier gerne herkommt: Da sind zum einen schön geräumige Zimmer mit Balkon oder Terrasse (Telefon und W-Lan übrigens gratis) und die ruhige Hanglage, zum anderen ist das Haus dank der beiden sympathischen Gastgeber angenehm familiär! Und: Die leckeren selbstgemachten Marmeladen, die Ihnen hier das Frühstück versüßen, kann man für Zuhause kaufen!

Schneider

Hauptstr. 88 ✉ 76857 – ✆ (06345) 83 48 – www.schneider-dernbachtal.de – geschl. Januar 2 Wochen, Juli 1 Woche und Montag - Dienstag, September - Oktober: Montag - Dienstagmittag

Menü 29/66 € – Karte 30/57 € – (Tischbestellung ratsam)

1884 als Gaststube eröffnet und seit jeher in Familienhand. In der Küche hat Chefin Petra Roth-Püngeler das Sagen, mit schmackhaftem Ergebnis: "Kalbsniere in Sherry-Senf-Sauce" oder "Pfälzer Rehnüsschen mit frischen Pilzen" sind zwei schöne Beispiele. Übernachten können Sie beim Bruder im Hotel Dernbachtal.

DESSAU

Sachsen-Anhalt – 85 840 Ew. – Höhe 61 m – Siehe Regionalatlas **31-N10**
Berlin 122 km – Magdeburg 64 km – Leipzig 74 km – Nordhausen 140 km
Michelin Straßenkarte 542

Radisson BLU Fürst Leopold
Rest,

Friedensplatz ✉ 06844 – ✆ (0340) 2 51 50 – www.radissonblu.com/hotel-dessau
204 Zim – 86/103 € 102/116 € – 2 Suiten – ½ P **Rest** – Karte 23/49 €
Hinter der Fassade im Bauhausstil bietet das an einer Grünfläche gelegene Businesshotel eine klare, moderne und funktionelle Ausstattung. Massage- und Kosmetikabteilung. Neuzeitlich gestaltetes Restaurant mit großer Fensterfront.

In Dessau-Ziebigk Nord-West: 1 km

Pächterhaus

Kirchstr. 1 ✉ 06846 – ✆ (0340) 6 50 14 47 – www.paechterhaus-dessau.de – geschl. Januar 2 Wochen und Montag
Menü 35/37 € – Karte 33/50 €
Nicht nur gutes Essen, auch ein schönes Ambiente hat das älteste Haus des Stadtteils Ziebigk zu bieten: außen die schmucke helle Fachwerkfassade, innen drei freundliche, gemütlich-elegante Stuben. Gekocht wird international-saisonal, so z. B. "Kalbstafelspitz mit Meerrettichsauce und Spitzkohl". Tipp für warme Sommertage: die weinberankte Gartenterrasse hinterm Haus!

DETMOLD

Nordrhein-Westfalen – 72 650 Ew. – Höhe 130 m – Siehe Regionalatlas **28-G10**
Berlin 384 km – Düsseldorf 197 km – Bielefeld 27 km – Hannover 95 km
Michelin Straßenkarte 543

Detmolder Hof

Lange Str. 19 ✉ 32756 – ✆ (05231) 98 09 90 – www.detmolder-hof.de
13 Zim – 89/109 € 139/159 € – ½ P
Rest – Menü 29 € (abends)/59 € – Karte 24/53 €
In dem historischen Haus mitten in der Stadt erwarten Sie engagierter Service, schöne Zimmer, die wertig, stimmig und wohnlich gestaltet sind, sowie ein frisches Frühstück. Neben dem Restaurant hat man noch das Bistro und den "Unterstand" mit dem wohl ältesten Stammtisch Westfalens.

Elisabeth garni

Elisabethstr. 5 ✉ 32756 – ✆ (05231) 94 88 20 – www.elisabethhotel-detmold.de – geschl. 23. Dezember - 5. Januar
16 Zim – 80 € 98 € – 4 Suiten
Das kleine Hotel im Zentrum, ein Integrationsbetrieb für behinderte Menschen, verfügt über helle, freundliche Gästezimmer. Visuelle Reize bietet eine wechselnde Bilderausstellung.

DETTELBACH

Bayern – 6 850 Ew. – Höhe 200 m – Siehe Regionalatlas **49-I15**
Berlin 484 km – München 264 km – Würzburg 21 km – Ansbach 82 km
Michelin Straßenkarte 546

Himmelstoss N mit Zim

Bamberger Str. 3 ✉ 97337 – ✆ (09324) 47 76 – www.restaurant-himmelstoss.de – geschl. Februar 3 Wochen und Dienstag - Mittwoch
5 Zim – 55/75 € 75/95 € – ½ P Menü 35/49 € – Karte 30/44 €
In dem Winzerhaus a. d. 17. Jh. hat man es nicht nur schön gemütlich, man isst auch richtig gut hier. Auf der regionalen Karte machen z. B. "Maultäschle vom fränkischen Schweinebäckle" oder "geschmorte Kaninchenkeule mit Bärlauchspätzle" Appetit. Im Sommer ist der Innenhof ein Traum!

DETTIGHOFEN

Baden-Württemberg – 1 100 Ew. – Höhe 488 m – Siehe Regionalatlas **62-F21**
Berlin 819 km – Stuttgart 185 km – Freiburg im Breisgau 105 km – Schaffhausen 17 km
Michelin Straßenkarte 545

Hofgut Albführen (mit Gästehäusern)
Albführen 20, (Nord: 2 km, Richtung Albführen) ✉ 79802 – ✆ (07742) 92 96 90 – *www.albfuehren.de – geschl. 20. Dezember - 15. Januar*
12 Zim – 90 € 170 € – 2 Suiten **Rest** – Karte 46/88 €
Wie könnte ein Hofgut mit Gestüt schöner liegen als inmitten der Natur? Herrliche Ruhe ist Ihnen hier gewiss! Neben 150 Pferden erwarten Sie hübsche individuelle Zimmer und gepflegte Außenanlagen samt Pferdekoppeln, beim Frühstück schaut man auf den Reitplatz. Im Restaurant (toll die hohe offene Decke) speist man mittags von der "Country Club"-Karte, abends gehobener.

DETTINGEN an der ERMS

Baden-Württemberg – 9 310 Ew. – Höhe 398 m – Siehe Regionalatlas **55-H19**
Berlin 678 km – Stuttgart 39 km – Reutlingen 13 km – Ulm (Donau) 61 km
Michelin Straßenkarte 545

Rößle Rest,
Uracher Str. 30/32 ✉ 72581 – ✆ (07123) 9 78 00 – *www.hotel-metzgerei-roessle.de – geschl. 24. - 28. Dezember*
26 Zim – 40/96 € 96/155 € – ½ P
Rest – Menü 16/30 € – Karte 21/51 € – *(geschl. Montag, August: Sonntagabend - Dienstagmittag)*
In dem schönen Fachwerkhaus von 1864 hat Familie Schlecht ein charmantes Hotel. Hier übernachtet man in ruhigen, zeitgemäßen Zimmern und bekommt am Morgen ein gutes Frühstück, und das lässt man sich im Sommer natürlich am liebsten auf der Terrasse im Innenhof schmecken! Das Restaurant ist gemütlich-rustikal, die Küche regional. Übrigens hat man eine eigene Metzgerei, in der Rinder und Schweine aus der Region verarbeitet werden.

DEUDESFELD

Rheinland-Pfalz – 390 Ew. – Höhe 440 m – Siehe Regionalatlas **45-B14**
Berlin 688 km – Mainz 181 km – Trier 57 km – Bitburg 28 km
Michelin Straßenkarte 543

Zur Post Rest,
Hauptstr. 8 ✉ 54570 – ✆ (06599) 8 66 – *www.hotelzurpost-deudesfeld.de*
25 Zim – 39/42 € 72/84 € – ½ P
Rest – Karte 18/32 € – *(geschl. November - Februar: Donnerstag)*
Bereits in der 3. Generation wird der erweiterte ländliche Gasthof als Familienbetrieb geleitet. Man bietet zeitgemäße, wohnliche Zimmer und einen großen Garten. Rustikales Restaurant und urige Bierstube.

DIEKHOLZEN – Niedersachsen ➜ Siehe Hildesheim

DIERHAGEN

Mecklenburg-Vorpommern – 1 610 Ew. – Höhe 1 m – Siehe Regionalatlas **5-N3**
Berlin 248 km – Schwerin 122 km – Rostock 35 km – Stralsund 57 km
Michelin Straßenkarte 542

In Dierhagen-Strand West: 2 km

Strandhotel Fischland (mit Gästehäusern)
Ernst-Moritz-Arndt-Str. 6 ✉ 18347 – ✆ (038226) 5 20 – *www.strandhotel-ostsee.de*
67 Zim – 180/250 € 240/420 € – 7 Suiten – ½ P
Rest *Ostseelounge* ✿ **Rest *Marktplatzrestaurant*** – siehe Restaurantauswahl
Diese Anlage am Meer hinter den Dünen ist ein engagiert geführtes Ferienhotel mit Appartementhäusern. Wohnlich-elegante Zimmer (meist mit Seesicht), großer Spa und Dachterrasse. Tennisfreunde kommen drinnen wie draußen auf ihre Kosten. Und auch die kleinen Gäste fühlen sich hier wohl dank Kinderfrühstück, Betreuung etc. Halbpension ist im Preis inbegriffen.

Ostseelounge – Strandhotel Fischland
Ernst-Moritz-Arndt-Str. 6 ✉ 18347 – ✆ (038226) 5 20 – www.strandhotel-ostsee.de – geschl. Januar - März 3 Wochen und Montag - Dienstag
Menü 54/91 € – *(nur Abendessen)* (Tischbestellung ratsam)
Wo könnte man seinen Apero schöner genießen als auf der Terrasse mit beeindruckendem Ostseeblick? Danach folgt in dem eleganten Restaurant im 4. Stock (hier hat man durch die große Fensterfront ebenfalls eine tolle Aussicht) die ausdrucksstarke moderne Küche von Pierre Nippkow.
→ Müritzsaibling 54° - gepickelte Bete und Rettich, gelierter Himbeeressig. Ostseedorsch, confiert - Blutwurst "Himmel un Äd". Pommernrind - Pfifferlinge, Bärlauchmoos, Walnussschaum.

Marktplatzrestaurant – Strandhotel Fischland
Ernst-Moritz-Arndt-Str. 6 ✉ 18347 – ✆ (038226) 5 20 – www.strandhotel-fischland.de
Menü 34/52 € – Karte 30/62 €
Abends nach einem herrlichen Strandtag oder mittags zum Lunch ist das lichtdurchflutete Restaurant mit Wintergarten die ideale Rückzugsinsel. Serviert werden Gerichte mit mediterranen Einflüssen.

In Dierhagen-Ost Nord: 1,5 km

Blinkfüer Rest,
An der Schwedenschanze 20 ✉ 18347 – ✆ (038226) 5 35 70 – www.hotel-blinkfueer.de – geschl. 18. - 30. Januar
30 Zim – 70/100 € 110/145 € – 7 Suiten – ½ P
Rest – Menü 35/65 € – Karte 26/46 €
Zwischen Bodden und Meer liegt dieser gut geführte Familienbetrieb. Man wohnt schön in zeitgemäßen Zimmern und Maisonetten (toll die zwei Suiten in einem separaten Haus im Garten) und wird zudem herzlich betreut. Die überwiegend internationale Küche lässt man sich am besten im hübschen Wintergarten servieren.

In Dierhagen-Neuhaus West: 1,5 km

Strandhotel Dünenmeer Spa Rest,
Birkenallee 20 (über Ernst-Moritz-Arndt Straße) ✉ 18347 – ✆ (038226) 50 10 – www.strandhotel-ostsee.de
65 Zim – 180/210 € 290/320 € – 13 Suiten – ½ P
Rest *Strandläufer* – Menü 36 € (mittags)/45 € – Karte 37/56 €
Dünen und Strand haben Sie hier unmittelbar vor der Tür! Und dieser wunderbaren Lage hat man gelungen Rechnung getragen: Der Spa bietet Meerblick, zur Düne hin das verglaste Restaurant samt Terrasse, von der tollen Außensauna gelangt man direkt zum Strand und von den meisten der modern-eleganten Zimmer genießt man den Sonnenuntergang! HP inklusive.

DIESSEN am AMMERSEE

Bayern – 10 270 Ew. – Höhe 544 m – Siehe Regionalatlas **65-K21**
Berlin 635 km – München 55 km – Garmisch-Partenkirchen 62 km – Landsberg am Lech 22 km
Michelin Straßenkarte 546

Seefelder Hof
Alexander-Koester-Weg 6 ✉ 86911 – ✆ (08807) 10 22 – www.seefelder-hof.de – geschl. 23. Dezember - 7. Februar
25 Zim – 72/128 € 93/159 € – ½ P
Rest – Karte 18/47 € – *(geschl. Donnerstag; im Winter: Donnerstag - Freitag)*
Nicht weit vom See liegt dieser Familienbetrieb mit unterschiedlich gestalteten Zimmern. Fragen Sie nach den neuzeitlichen - gepflegt sind aber auch die einfacheren. Nett sitzt man bei bürgerlicher Küche in der behaglichen Gaststube.

In Dießen-Riederau Nord: 4 km

Seehaus

Seeweg-Süd 22 ✉ 86911 – ✆ (08807) 73 00 – www.seehaus.de
Menü 35/68 € – Karte 26/44 €
Sehr schön sitzt man in dem gemütlichen Restaurant, in dem sich Familie Houillot und ihr Team freundlich um die Gäste kümmern. Die traumhafte Lage am See genießt man am besten auf der Terrasse. Zeitgemäße internationale Küche.

DIETENHOFEN

Bayern – 5 590 Ew. – Höhe 353 m – Siehe Regionalatlas **50**-J17
Berlin 473 km – München 201 km – Nürnberg 37 km – Ansbach 17 km
Michelin Straßenkarte 546

Moosmühle

Mühlstr. 12 ✉ 90599 – ✆ (09824) 95 90 – www.hotel-moosmuehle.de
30 Zim – 45/73 € 78/90 € – ½ P
Rest – Menü 25 € – Karte 20/30 € – *(geschl. Sonntagabend - Montagmittag)*
Recht ruhig, tipptopp gepflegt und wohnlich ist es bei Familie Eberhardt. Man kommt zum Tagen, zum Tennisspielen oder um den Naturpark Frankenhöhe zu erkunden, dabei schläft man in behaglichen Landhausszimmern und genießt am Morgen ein frisches Frühstück! Im Restaurant und auf der sonnigen Terrasse bietet man saisonale und regionale Küche, am ersten und zweiten Sonntag im Monat gibt es Brunch.

DIETERSHEIM – Bayern → Siehe Neustadt an der Aisch

DIETMANNSRIED

Bayern – 7 850 Ew. – Höhe 682 m – Siehe Regionalatlas **64**-J21
Berlin 684 km – München 112 km – Kempten (Allgäu) 14 km – Memmingen 25 km
Michelin Straßenkarte 546

In Probstried Nord-Ost: 4 km, jenseits der A 7

Landhaus Weller mit Zim

Wohlmutser Weg 2 ✉ 87463 – ✆ (08374) 2 32 40 90 – www.landhaus-weller.de – geschl. Montag - Dienstag
9 Zim – 55/95 € 99/160 €
Menü 38 € (mittags)/86 € – Karte 45/62 € – (Tischbestellung ratsam)
Nicht nur zum Essen eine gute Adresse: Im gediegen-ländlichen Restaurant erwartet Sie die schmackhafte zeitgemäße Küche von Jürgen Weller (ein schönes Beispiel ist der Lammrücken mit Bohnenallerlei und Thymianjus), die man auch auf der hübsch bepflanzten Terrasse zu sich nehmen kann. Wer nicht gleich wieder losfahren möchte, übernachtet in äußerst gepflegten Zimmern.

DILLENBURG

Hessen – 23 530 Ew. – Höhe 232 m – Siehe Regionalatlas **37**-E13
Berlin 546 km – Wiesbaden 100 km – Gießen 48 km – Arnsberg 115 km
Michelin Straßenkarte 543

Bartmann's Haus

Untertor 1 ✉ 35683 – ✆ (02771) 26 56 10 – www.bartmannshaus.de
26 Zim – 80/90 € 115/125 € – ½ P
Rest ***Bartmann's Haus*** – siehe Restaurantauswahl
Die Gäste werden hier wirklich freundlich betreut und bekommen so manche Aufmerksamkeit geboten, das umfangreiche und gute Frühstück ist eine davon - und vielleicht noch einen Müsliriegel für unterwegs? Aber auch die modernen Zimmern können sich sehen lassen, die wohnlichsten sind die drei Juniorsuiten!

Bartmann's Haus – Hotel Bartmann's Haus

Untertor 1 ✉ 35683 – ✆ (02771) 78 51 – www.bartmannshaus.de – geschl. Montagmittag, Dienstagmittag
Menü 49/89 € – Karte 33/64 € – (abends Tischbestellung ratsam)
Schön gemütlich hat man es, wenn man sich in dem historischen Haus a. d. 18. Jh. bei gediegen-rustikalem Charme z. B. das Menü "Tradition/Innovation" servieren lässt. Wer's ein bisschen deftiger mag, kommt samstagmittags zum Eintopf!

DILLINGEN (SAAR)

Saarland – 20 740 Ew. – Höhe 182 m – Siehe Regionalatlas **45-B16**

Berlin 730 km – Saarbrücken 33 km – Saarlouis 5 km – Trier 62 km

Michelin Straßenkarte 543

La Bécasse

Berckheimstr. 1 ✉ 66763 – ✆ (06831) 6 01 47 – www.la-becasse.de – geschl. über Fasnacht 1 Woche, Juli - August 2 Wochen

Menü 39/76 € – *(geschl. Sonntagabend - Dienstag, Samstagmittag)*

Chez Fabrice – Menü 39/76 € – *(geschl. Montag, Samstagmittag)*

Nach Stationen in Frankreich, Schottland und England hat der aus dem Périgord stammende Gastgeber Fabrice Bertrand nun im Saarland seine Zelte aufgeschlagen und bietet hier in elegantem Ambiente klassische Küche. Angeschlossen das Bistro "Chez Fabrice". Immer im Programm: das "Menu du Père Igord" als Erinnerung an seine Heimat.

DILLINGEN an der DONAU

Bayern – 18 120 Ew. – Höhe 433 m – Siehe Regionalatlas **56-J19**

Berlin 545 km – München 108 km – Augsburg 51 km – Nürnberg 121 km

Michelin Straßenkarte 546

Convikt

Konviktstr. 9 ✉ 89407 – ✆ (09071) 7 91 30 – www.stadthotel-convikt.de

41 Zim – 59/104 € 83/124 € – ½ P

Rest – Menü 35/49 € – Karte 22/57 € – *(geschl. 1. - 4. Januar)*

In der Altstadt liegt der ehemalige Brauereigasthof mit Hotelanbau. Die Zimmer in Alt- und Neubau sind unterschiedlich in der Größe und zeitgemäß eingerichtet. Restaurant mit regionaler und internationaler Küche und gut sortierter Weinkarte. Rustikale Weinstube.

In Dillingen-Fristingen Süd-Ost: 6 km Richtung Wertingen

Storchennest

Demleitnerstr. 6 ✉ 89407 – ✆ (09071) 45 69 – www.storchen-nest.de – geschl. Anfang Januar 1 Woche, August 2 Wochen und Montag - Dienstag

Menü 26/45 € – Karte 27/47 €

Der von Familie Schneider freundlich geführte Landgasthof ist eine gemütliche Adresse, die internationale Küche mit regionalen Einflüssen bietet. Zum Haus gehört auch eine schöne Terrasse unter schattenspendenden Kastanien.

DINGELSDORF – Baden-Württemberg → Siehe Konstanz

DINGOLFING

Bayern – 18 440 Ew. – Höhe 365 m – Siehe Regionalatlas **59-N19**

Berlin 582 km – München 101 km – Regensburg 91 km – Landshut 32 km

Michelin Straßenkarte 546

Max Zwo garni

Gobener Weg 30 ✉ 84130 – ✆ (08731) 3 94 70 – www.garni-maxzwo.de

41 Zim – 64/90 € 94 €

In einem Gewerbegebiet nahe dem BMW-Werk befindet sich dieses Hotel mit neuzeitlich-funktionellen Zimmern und freundlichem Frühstücksraum. Nachmittags Kuchenbuffet gratis.

Ambient Hotel Tassilo garni (mit Gästehaus)

Mühlbachgasse 2 ✉ 84130 – ✆ (08731) 31 98 90 – www.hotel-tassilo.de

33 Zim – 56/75 € 75/90 €, 5 €

In dem Hotel in Zentrumsnähe stehen wohnlich-funktionelle Zimmer bereit, im Haus Othello gegenüber moderne Appartements mit Küchenzeile. Frühstücksraum in italienischem Design.

Palko garni
Hans-Sachs-Str. 1, (Ecke Schiller Straße) ✉ 84130 – ✆ (08731) 3 79 90 – www.hotel-palko.de
28 Zim – 56/64 € 75/84 €
Ein familiengeführtes Haus am Ortsrand, das über praktische neuzeitliche Gästezimmer verfügt. Am Morgen kann man ganz gemütlich am Kaminofen frühstücken.

DINKELSBÜHL
Bayern – 11 550 Ew. – Höhe 442 m – Siehe Regionalatlas **56**-J17
Berlin 520 km – München 159 km – Stuttgart 117 km – Nürnberg 93 km
Michelin Straßenkarte 546

Hezelhof
Segringer Str. 7 ✉ 91550 – ✆ (09851) 55 54 20 – www.hezelhof.com
36 Zim – 79/119 € 89/148 € – ½ P
Rest *Luis* – ✆ (09851) 5 86 98 60 – Menü 25/48 € – Karte 18/43 €
Ein wirklich wunderschönes Beispiel für eine äußerst geglückte Liaison von Historie und Moderne! Der jahrhundertealte Hetzelhof und seine Nebengebäude bilden ein individuelles Boutique-Hotel, ein Hingucker ist schon die schicke Gewölbelobby. Klarer Designerstil in den unterschiedlich geschnittenen Zimmern der Hauptgebäude, ausgesprochen wohnlich die rustikal-modernen "Luis-Trenker-Zimmer" im Haus gegenüber - hier auch das Restaurant "Luis" mit regionaler Küche.

Deutsches Haus
Weinmarkt 3 ✉ 91550 – ✆ (09851) 60 58 – www.deutsches-haus-dkb.de – geschl. 8. Januar - 28. Februar
10 Zim – 89/109 € 109/149 € – 2 Suiten – ½ P
Rest *Altdeutsches Restaurant* – siehe Restaurantauswahl
Bestaunen Sie ruhig zuerst die tolle Fachwerkfassade mit ihren kunstvollen Figuren und Ornamenten! In diesem Patrizierhaus von 1440 ist inzwischen die 2. Generation der Familie Kellerbauer im Einsatz. Hier ist alles stimmig arrangiert, immer wieder alte Holzfußböden und schöne Antiquitäten.

Meiser's am Weinmarkt
Weinmarkt 10 ✉ 91550 – ✆ (09851) 58 29 00 – www.meisers.com
10 Zim – 79/109 € 98/178 € – 1 Suite – ½ P **Rest** – Karte 28/50 €
Charmant liegt das kleine Hotel der Meisers mitten in der kopfsteingepflasterten historischen Altstadt. Die Zimmer sind mit warmen Tönen und stilvollen Details wohnlich eingerichtet, schön auch das moderne Ambiente im Restaurant und die gemütliche Lounge mit Bar. Man kommt auch gerne schon auf ein gutes Frühstück hierher! Die Familie betreibt übrigens noch ein weiteres Hotel 5 Minuten vor den Toren der Stadt.

Haus Appelberg
Nördlinger Str. 40, (mit Gästehaus) ✉ 91550 – ✆ (09851) 58 28 38 – www.haus-appelberg.de
16 Zim – 63/88 € 88/108 € – ½ P
Rest – Karte 13/29 € – *(geschl. Februar 1 Woche und Sonntag) (nur Abendessen)*
Wer würde nicht gerne in "Königlich bayerischen Schlafstuben" nächtigen? So nennen sich einige Zimmer in dem einstigen Bauernhaus. Wenn Sie es beim Essen besonders gemütlich mögen, setzen Sie sich am besten in die Weinstube! Auch schön: Laube im Innenhof und Biergarten zur Straße. Gute Weinauswahl.

Kunst-Stuben garni
Segringer Str. 52 ✉ 91550 – ✆ (09851) 67 50 – www.kunst-stuben.de
6 Zim – 60/80 € 85/95 € – 1 Suite
Das ist kein Haus von der Stange, sondern ein richtig charmanter Mix aus kleinem Hotel und dem Atelier des Künstlers Arthur Appelberg. Er und seine Frau kümmern sich sehr persönlich um ihre Gäste, und neben individuell eingerichteten Zimmern mit allerlei Kunst und Antiquitäten bietet man auch ein leckeres Frühstück.

XX **Altdeutsches Restaurant** – Hotel Deutsches Haus

Weinmarkt 3 ✉ 91550 – ✆ (09851) 60 58 – www.deutsches-haus-dkb.de – geschl. 8. Januar - 28. Februar

Menü 26/49 € – Karte 26/58 €

Seine Karte teilt Florian Kellerbauer in "Unsere Heimat" und "Unsere Leidenschaft" und definiert so klar seinen Küchenstil. Mit Klassikern wie "Fränkischem Sauerbraten mit Kartoffelknödel" ist man tief in der Region verwurzelt, Feines wie "Rehrücken in der Nuss-Krokant-Kruste" spiegelt sein Faible für gehobene Gerichte wider - beides schmeckt wunderbar!

DINKLAGE

Niedersachsen – 12 920 Ew. – Höhe 27 m – Siehe Regionalatlas **17**-E7

Berlin 417 km – Hannover 131 km – Bremen 78 km – Oldenburg 59 km

Michelin Straßenkarte 541

Vila Vita Burghotel

Burgallee 1 ✉ 49413 – ✆ (04443) 89 70 – www.vilavitaburghotel.de

55 Zim – 89/140 € 99/195 € – ½ P

Rest *Kaminstube* – siehe Restaurantauswahl

Das mehrflügelige Fachwerkgebäude im norddeutschen Stil steht in einem schönen Park mit eigenem Wildgehege. Komfortable Landhauszimmer und Spabereich mit markanter Glaspyramide.

XX **Kaminstube** – Vila Vita Burghotel

Burgallee 1 ✉ 49413 – ✆ (04443) 89 70 – www.vilavitaburghotel.de

Menü 25/79 € – Karte 31/61 €

Der offene Kamin, Fachwerk, Bilder und diverser Zierrat sorgen hier für Gemütlichkeit. Trotz des rustikalen Rahmens wird die klassisch-internationale Küche an gut eingedeckten Tischen serviert.

DINSLAKEN

Nordrhein-Westfalen – 69 230 Ew. – Höhe 30 m – Siehe Regionalatlas **25**-B10

Berlin 545 km – Düsseldorf 46 km – Duisburg 16 km – Oberhausen 20 km

Michelin Straßenkarte 543

In Dinslaken-Hiesfeld Süd-Ost: 3 km

X **Haus Hiesfeld**

Kirchstr. 125 ✉ 46539 – ✆ (02064) 4 37 50 41 – www.haushiesfeld.de – geschl. Anfang Januar 2 Wochen, Juli - August 2 Wochen und Montag

Karte 30/49 €

Werfen Sie einen Blick in die einsehbare Küche und schauen Sie zu, wie die Köche - unter ihnen der Chef selbst - die italienischen Gerichte zubereiten. Servieren lässt man sich diese dann auch gerne auf der Terrasse vor dem Haus. So mancher ist in dem netten Landhaus schon Stammgast geworden.

DIPPOLDISWALDE

Sachsen – 10 230 Ew. – Höhe 355 m – Siehe Regionalatlas **43**-Q12

Berlin 213 km – Dresden 22 km – Chemnitz 65 km – Marienberg 64 km

Michelin Straßenkarte 544

Landhaus Heidehof

Hohe Str. 2 (Nord-Ost: 1,5 km Richtung Malter) ✉ 01744 – ✆ (03504) 6 48 70 – www.landhaus-heidehof.de

34 Zim – 60/70 € 80/90 € – ½ P **Rest** – Karte 17/45 €

Bis ins Jahr 1894 reicht die Geschichte dieses gewachsenen Gasthofs auf der Dippoldhöhe zurück. Das von zwei Familien geleitete Haus bietet wohnliche Zimmer im Landhausstil. Biergarten und Terrasse ergänzen das Restaurant.

Am Schloss

Rest,

Rosengasse 12 ✉ 01744 – ✆ (03504) 61 79 47 – www.hotel-am-schloss.eu
12 Zim – 49/55 € 67/80 € – ½ P
Rest – Karte 15/29 € – *(geschl. Donnerstag)*
Das kleine Hotel in einer netten gepflasterten Altstadtgasse beim Schloss wird von den Inhabern selbst geführt. Die Zimmer sind gepflegt und funktionell, nach hinten mit Balkon. Restaurant mit bürgerlichem Angebot.

DITZENBACH, BAD

Baden-Württemberg – 3 680 Ew. – Höhe 509 m – Siehe Regionalatlas **56-H19**
Berlin 607 km – Stuttgart 61 km – Göppingen 19 km – Reutlingen 51 km
Michelin Straßenkarte 545

Kurhotel Sanct Bernhard

Sonnenbühl 1 ✉ 73342 – ✆ (07334) 9 64 10 – www.energie-kurhotel.de
31 Zim – 72/100 € 120/150 € – 4 Suiten – ½ P
Rest – Menü 27 € – *(nur Abendessen für Hausgäste)*
Solebad, Thermarium, Gesundheitsanwendungen, Produkte aus dem eigenen Kräuterhaus... hier urlauben oder kuren Sie ganz nach dem Motto "Neu Kraft schöpfen, Freude finden". Komplett wird das schöne Bild durch die wohnliche Atmosphäre und die ruhige Lage.

DITZINGEN

Baden-Württemberg – 24 580 Ew. – Höhe 303 m – Siehe Regionalatlas **55-G18**
Berlin 626 km – Stuttgart 18 km – Pforzheim 33 km
Michelin Straßenkarte 545

Blankenburg

Rest, Rest,

Gerlinger Str. 27 ✉ 71254 – ✆ (07156) 93 20 – www.blankenburghotel.de
71 Zim – 70/120 € 70/140 € – ½ P
Rest – Karte 29/54 € – *(geschl. Sonntag)*
Eine ideale Businessadresse: Das liegt nicht nur an den funktionalen, technisch aktuellen und freundlichen Zimmern, sondern auch an der guten Anbindung an die A81 - so erreicht man Stuttgart in 15 Minuten mit dem Auto oder der nahen S-Bahn.

DOBEL

Baden-Württemberg – 2 260 Ew. – Höhe 689 m – Siehe Regionalatlas **54-F18**
Berlin 686 km – Stuttgart 74 km – Karlsruhe 36 km – Baden-Baden 28 km
Michelin Straßenkarte 545

Wagnerstüble mit Zim

Wildbaderstr. 45 ✉ 75335 – ✆ (07083) 87 58 – www.roykieferle.de – geschl. Montagabend - Dienstag
5 Zim – 50/60 € 99/110 € – ½ P
Menü 28 € (mittags)/63 € – Karte 36/66 € – (Tischbestellung erforderlich)
Bereits seit 1975 kocht Roy Kieferle in seinem "Wagnerstüble", und was er hier Schmackhaftes aus guten Produkten zubereitet, nennt sich z. B. "Kalbstafelspitz mit Meerrettichsauce, Kartoffel und Wirsing". Den Service in dem liebenswerten Gastraum macht seine charmante Frau. Mittags ist das Angebot etwas kleiner.

DOBERAN, BAD

Mecklenburg-Vorpommern – 11 280 Ew. – Höhe 15 m – Siehe Regionalatlas **12-M4**
Berlin 239 km – Schwerin 79 km – Rostock 17 km – Wismar 44 km
Michelin Straßenkarte 542

Prinzenpalais

Rest,

Alexandrinenplatz 8 ✉ 18209 – ✆ (038203) 7 31 60 – www.prinzen-palais.de
30 Zim – 79/99 € 99/129 € – ½ P
Rest – Menü 27/33 € – Karte 20/39 € – *(nur Abendessen)*
Zwei stilvolle historische Gebäude, deren Zimmer sehr gelungen klassisches Ambiente und moderne Technik vereinen. Zum Ausruhen können Sie sich auch in die hübsche kleine Bibliothek zurückziehen oder auf eine Stärkung in die lichte Orangerie zum Innenhof hin.

Villa Sommer garni

Friedrich-Franz-Str. 23 ✉ 18209 – ✆ (038203) 7 34 30 – www.hotel-villa-sommer.de

10 Zim – 50/80 € 60/110 € – 2 Suiten

Sie mögen Villen-Flair? In dieser stilgerecht restaurierten einstigen Sommerresidenz von 1904 wohnen Sie in hellen, geräumigen Zimmern mit schönen Holzböden und guter Technik (W-Lan gratis) - ganz modern die beiden Suiten mit Küchenzeile und Dachterrasse. Nebenan fährt die historische Bäderbahn "Molli" ab.

Zum weissen Schwan

Am Markt 9 ✉ 18209 – ✆ (038203) 7 78 20 – www.zumweissenschwan.de – geschl. Mitte Januar - Mitte Februar und Montag, außer an Feiertagen

Menü 36/60 € (abends) – Karte 33/62 € – *(Oktober - April: nur Abendessen)*

Wirklich hübsch, das wertig eingerichtete Restaurant mit den dekorativen Marilyn-Monroe-Bildern, herzlich die Chefin Katharina Losand. Dirk Bethke kocht regional-internationale Speisen wie z. B. "Milchkalbsfilet an Portweinjus" und "nordisch gute" Wochengerichte. Mittags kleinere Karte, jeden ersten Sonntag im Monat Brunch. Schönes Gartenhaus zum Übernachten.

In Bad Doberan-Heiligendamm Nord-West: 7 km

Grand Hotel Heiligendamm

Prof.-Dr.-Vogel-Str. 6 ✉ 18209 – ✆ (038203) 74 00 – www.grandhotel-heiligendamm.de

181 Zim – 190/270 € 220/300 € – 20 Suiten – ½ P

Rest *Friedrich Franz* ✿ **Rest *Kurhaus* Rest *Sushi Bar*** – siehe Restaurantauswahl

Die "Weiße Stadt am Meer" ist schon äußerlich eine imposante Erscheinung und geizt nicht mit attraktiven Angeboten: exklusiver Spa, eine separate "wunschlos glücklich"-Kindervilla, elegante und großzügge Zimmer, die in der Region ihresgleichen suchen, sowie vielfältige Gastronomie, einschließlich Beachbar!

Friedrich Franz – Grand Hotel Heiligendamm

Prof.-Dr.-Vogel-Str. 6 ✉ 18209 – ✆ (038203) 7 40 62 10 – www.grandhotel-heiligendamm.de – geschl. Februar, November 2 Wochen und Montag - Dienstag

Menü 109/149 € – Karte 93/117 € – *(nur Abendessen)* (Tischbestellung ratsam)

Stilvolle Kronleuchter, handbemalte Seidentapete, wertiges Gedeck... Das Ambiente wird ganz dem feinen Rahmen des historischen Kurhauses gerecht. Die Küche von Ronny Siewert ebenso: modern-klassische Speisen in den Menüs "Gustus" und "Sensibus". Aufmerksamer Service samt versierter Weinberatung.

→ Gebratene Gänseleber, fruchtiger Apfel, Röstzwiebelcrème, Schalotten-Essigjus. Linumer Kalb, Kohlrabi, Zwiebel, Birnentarte. Mara des Bois Erdbeere, weiße Schokolade, Basilikum.

Kurhaus – Grand Hotel Heiligendamm

Prof.-Dr.-Vogel-Str. 6 ✉ 18209 – ✆ (038203) 74 00 – www.grandhotel-heiligendamm.de

Menü 59/89 € – Karte 50/56 € – *(im Winter nur Abendessen)*

Ein Raum voller Noblesse, Klassik und Eleganz, davor die Terrasse - Meerblick und angenehme Ruhe inklusive! Während Sie das Grandhotel-Flair genießen, serviert man Ihnen klassisch-internationale Küche.

Jagdhaus Heiligendamm mit Zim

Seedeichstr. 18 ✉ 18209 – ✆ (038203) 73 57 75 – www.jagdhaus-heiligendamm.de – geschl. Januar 2 Wochen, Oktober - März: Dienstag - Mittwoch und April - September: Mittwoch

4 Zim – 55/85 € 85/105 € – 1 Suite – ½ P Menü 35 € – Karte 33/48 €

In herrlicher Ruhe und nur 500 m vom Strand serviert Ihnen Ines Ramm in modernem Ambiente die ambitionierte zeitgemäße Küche ihres Mannes Alexander. Hier kann man nach dem Essen auch gut übernachten - die wohnlichen Zimmer heißen "Löwenzahn", "Vergissmeinnicht", "Waldbeere" oder "Waldmeister".

Sushi Bar – Grand Hotel Heiligendamm
Prof.-Dr.-Vogel-Str. 6 ✉ 18209 – ✆ (038203) 74 00 – www.grandhotel-heiligendamm.de – geschl. Mittwoch - Donnerstag
Menü 49/59 € – Karte 30/56 € – *(nur Abendessen)* (Tischbestellung ratsam)
Sie mögen Sushi? Das geradlinige, lichte kleine Restaurant ist eine schöne kulinarische Alternative. Es gibt auch japanische Klassiker und Menüs sowie eine gute Tee- und Sake-Auswahl.

DÖBELN

Sachsen – 22 110 Ew. – Höhe 168 m – Siehe Regionalatlas **42-P12**
Berlin 234 km – Dresden 55 km – Leipzig 68 km
Michelin Straßenkarte 544

In Großweitzschen-Obergoseln Nord-West: 5 km, in Zschepplitz rechts

Zum Nicolaner (mit Gästehaus)
Obergoseln 4 ✉ 04720 – ✆ (03431) 6 62 10 – www.nicolaner.de
13 Zim – 52 € 75/85 € – ½ P
Rest – Menü 19/29 € – Karte 19/32 € – *(Montag - Freitag nur Abendessen)*
Das kleine Hotel mit gepflegten und funktionellen Zimmern erinnert in seiner Bauweise etwas an ein Landgut, wodurch es sich schön in die ruhige dörfliche Umgebung einfügt.

DÖRSCHEID

Rheinland-Pfalz – 400 Ew. – Höhe 340 m – Siehe Regionalatlas **46-D15**
Berlin 627 km – Mainz 66 km – Koblenz 50 km
Michelin Straßenkarte 543

Landgasthaus Blücher (mit Gästehaus)
Oberstr. 19 ✉ 56348 – ✆ (06774) 2 67 – www.landgasthaus-bluecher.de – geschl. Februar 3 Wochen
24 Zim – 58/75 € 80/105 € – ½ P
Rest *Landgasthaus Blücher* – siehe Restaurantauswahl
Das Haus liegt nicht nur ruhig mit Blick über das Rheintal, sondern wird von Marcus und Nadja Fetz auch angenehm familiär geleitet, bereits in der 3. Generation. Wohnen kann man in gemütlichen "Landhaus"-, geräumigeren "Komfort"- und besonders modernen "LebensArt"-Zimmer - hübsch sind sie alle und das Frühstück ist auch gut!

Landgasthaus Blücher – Hotel Landgasthaus Blücher
Oberstr. 19 ✉ 56348 – ✆ (06774) 2 67 – www.landgasthaus-bluecher.de – geschl. Februar 3 Wochen und Dienstagmittag; November - April: Dienstag
Menü 27 € (mittags)/50 € – Karte 25/42 €
Auf den Teller kommen hier vor allem regional-saisonale Gerichte (z. B. Wildschwein oder Reh), und dazu lässt man sich gerne Weine von eigenen Weingut nebenan empfehlen - und auch die prämierten Fetz'schen Edelbrände sollte man probiert haben!

DOHNA

Sachsen – 6 120 Ew. – Höhe 160 m – Siehe Regionalatlas **43-Q12**
Berlin 222 km – Dresden 19 km – Liberec 120 km
Michelin Straßenkarte 544

Ratskeller
Am Markt 1 ✉ 01809 – ✆ (03529) 5 74 36 61 – www.ratskeller-dohna.de – geschl. Montag
Menü 29/36 € – Karte 20/34 €
Schön, wie man den Charme des alten Ratskellers erhalten hat! Unter einem attraktiven Kreuzgewölbe bietet André Mühlfriedel schmackhafte regionale Speisen wie "Sauerbraten mit Honigrotkohl und Kartoffelklößen".

DONAUESCHINGEN

Baden-Württemberg – 21 070 Ew. – Höhe 686 m – Siehe Regionalatlas **62-F20**
Berlin 747 km – Stuttgart 131 km – Freiburg im Breisgau 64 km – Konstanz 67 km
Michelin Straßenkarte 545

Öschberghof (mit Gästehaus)
Golfplatz 1 (Nord-Ost: 4 km) ✉ 78166 – ✆ (0771) 8 40 – www.oeschberghof.com
69 Zim – 181/214 € 322/328 € – 3 Suiten – ½ P
Rest Öschberghof – siehe Restaurantauswahl
470 ha Natur pur, Golf (auch Indoor-Golf-Anlage), topmoderner Spa auf 2500 qm und dazu geräumige Zimmer mit guter Technik... für Freizeit- und Tagungsgäste ist dieses Hotel gleichermaßen ideal!

Öschberghof – Hotel Öschberghof
Golfplatz 1 (Nord-Ost: 4 km) ✉ 78166 – ✆ (0771) 8 46 10 – www.oeschberghof.com
Menü 31 € (vegetarisch)/45 € – Karte 34/63 €
An einem schönen Sommertag auf der Terrasse den Blick über die Landschaft genießen... so lässt es sich aushalten! Neben der international-saisonalen Karte bietet man täglich wechselnde Tagesgerichte und auch ein vegetarisches Menü.

DONAUSTAUF – Bayern ➜ Siehe Regensburg

DONAUWÖRTH

Bayern – 18 300 Ew. – Höhe 410 m – Siehe Regionalatlas **57-K18**
Berlin 518 km – München 100 km – Augsburg 44 km – Ingolstadt 56 km
Michelin Straßenkarte 546

Viktoria garni
Artur-Proeller-Str. 4 (nahe dem Gewerbegebiet Riedlingen) ✉ 86609 – ✆ (0906) 7 05 70 80 – www.hotel-viktoria-donauwoerth.de – geschl. 23. Dezember - 6. Januar
18 Zim – 62/68 € 90 €
Bei Familie Moll können Sie in einem kleinen Hotel zu fairen Preisen wirklich gut übernachten (sehr gepflegte Zimmer mit Parkettboden) und bekommen am Morgen ein reichhaltiges Frühstück! Tipp: Der Donau-Radweg ist ca. 5 Minuten entfernt.

In Donauwörth-Parkstadt

Parkhotel
Sternschanzenstr. 1 ✉ 86609 – ✆ (0906) 70 65 10 – www.parkhotel-donauwoerth.de – geschl. 26. Dezember - 6. Januar
51 Zim – 79/84 € 99/128 € – ½ P
Rest – Menü 28/46 € – Karte 28/53 €
In dem bestens gepflegten Hotel mit tollem Blick auf Donauwörth erwarten Sie sehr freundliche Mitarbeiter und wohnliche Zimmer, die teils mit mediterraner Note eingerichtet sind. Restaurant in geradlinigem neuzeitlichem Stil mit Panoramasicht.

DONZDORF

Baden-Württemberg – 10 820 Ew. – Höhe 407 m – Siehe Regionalatlas **56-I18**
Berlin 599 km – Stuttgart 55 km – Tübingen 81 km – Augsburg 115 km
Michelin Straßenkarte 545

Castello N
Schloss 1 ✉ 73072 – ✆ (07162) 92 97 00 – www.castello-donzdorf.de – geschl. Montag - Dienstag
Karte 28/39 € – (Tischbestellung ratsam)
Der engagierte junge Gastronom und Gastgeber Milos Vujicic leitet neben dem benachbarten Schloss Filseck in Uhingen nun auch dieses schmucke Stadtschloss von 1568. Unter dem schönen Gewölbe werden schmackhafte klassische Speisen serviert, darunter z. B. "Osso Buco vom Kalb auf Safranfenchel und gebackener Polenta". Ein Muss im Sommer: die Terrasse am Schlossgarten!

DORFEN

Bayern – 13 860 Ew. – Höhe 465 m – Siehe Regionalatlas **66-N20**
Berlin 614 km – München 52 km – Landshut 35 km
Michelin Straßenkarte 546

Marienhof garni
Marienplatz 10 ✉ 84405 – ✆ (08081) 9 37 70 – www.marienhof-hotel.de
31 Zim – 57/67 € 78/87 €
Mitten in der kleinen Stadt kann man hier gut und zeitgemäß übernachten: freundlich die Zimmer (zum Innenhof hin ruhiger), lecker das Frühstücksbuffet. Und in der Tiefgarage hat man eine E-Tankstelle, die Sie kostenfrei nutzen können.

DORMAGEN

Nordrhein-Westfalen – 63 020 Ew. – Höhe 40 m – Siehe Regionalatlas **36-C12**
Berlin 571 km – Düsseldorf 17 km – Aachen 85 km – Köln 24 km
Michelin Straßenkarte 543

In Dormagen-Zons Nord: 6 km über B 9 Richtung Neuss

Schloss Friedestrom (mit Gästehaus) Zim,
Parkstr. 2 ✉ 41541 – ✆ (02133) 50 30 – www.friedestrom.de – geschl. 26. Dezember - 3. Januar
44 Zim – 99/119 € 119/139 € – ½ P
Rest *Zum Volksgarten* – Menü 24/29 € – Karte 29/67 € – *(geschl. Samstagsmittag)*
Komfortabel wohnt man in dem familiär geleiteten Haus, das schön am Rhein liegt. Von einigen Gästezimmern schaut man zum Fluss, teilweise sind sie klimatisiert. Freundliches Ambiente und internationale Küche im Restaurant. Rheinblick von der Terrasse unter Linden.

DORNUM

Niedersachsen – 4 750 Ew. – Höhe 2 m – Siehe Regionalatlas **7-D5**
Berlin 530 km – Hannover 242 km – Emden 44 km – Oldenburg 94 km
Michelin Straßenkarte 541

In Dornum-Nessmersiel Nord-West: 8 km über Schatthauser Straße

Fährhaus
Dorfstr. 42 ✉ 26553 – ✆ (04933) 3 03 – www.faehrhaus-nessmersiel.de – geschl. 4. Januar - 12. Februar, 22. Februar - 12. März, 1. November - 25. Dezember
19 Zim – 44/75 € 75/120 €
Rest *Fährhaus* – siehe Restaurantauswahl
So ein Urlaub ist nochmal so angenehm, wenn man bei sympathischen Gastgebern wohnt! Hier ist es Familie Eberleh, die sich in ihrem schön gepflegten Haus seit über 35 Jahren das Wohl des Gastes zur Aufgabe macht. Die Zimmer sind recht großzügig, und wenn Sie eines in der oberen Etage haben, können Sie auf die Inseln schauen!

Fährhaus – Hotel Fährhaus
Dorfstr. 42 ✉ 26553 – ✆ (04933) 3 03 – www.faehrhaus-nessmersiel.de – geschl. 4. Januar - 12. Februar, 22. Februar - 12. März, 1. November - 25. Dezember
Karte 27/50 €
Das gemütliche maritim-rustikale Restaurant am Deich ist bekannt für seine gute Küche - und natürlich isst man hier am liebsten Fisch: Also probieren Sie doch mal die leckere Krabbensuppe oder die Kutterscholle! Fleischgerichte finden sich aber auch auf der Karte.

DORSTEN

Nordrhein-Westfalen – 76 230 Ew. – Höhe 31 m – Siehe Regionalatlas **26-C10**
Berlin 529 km – Düsseldorf 61 km – Bottrop 17 km – Essen 29 km
Michelin Straßenkarte 543

Goldener Anker (Björn Freitag)
Lippetor 4, (Zufahrt über Ursulastraße) ✉ 46282 – ✆ (02362) 2 25 53 – www.bjoern-freitag.de – geschl. Montag - Dienstag
Menü 54/96 € – Karte 59/77 € – *(nur Abendessen)* (Tischbestellung ratsam)
Die Einrichtung angenehm modern und hochwertig, der Damenservice geschult, freundlich und aufmerksam - stimmiger könnte der Rahmen für die ausgezeichneten Speisen von Björn Freitag und David Spickermann kaum sein, die hier klassische Küche mit neuen Ideen mischen.
→ Krosse Jakobsmuschel und Bretonischer Hummer mit Balsamicolinsen und Krustentierschaum. Australisches Rinderfilet mit Aprikosen und Blumenkohl. Schokoladen-Mangotörtchen mit Mango-Kokoseis.

Henschel

Borkener Str. 47 (B 224) ✉ 46284 – ✆ (02362) 6 26 70 – www.restaurant-henschel.de – geschl. 1. - 16. Januar und Sonntag - Dienstag
Menü 56/75 € – Karte 56/69 € – *(nur Abendessen)*
Familie Henschel betreibt hier ein sehr nettes und gemütliches Restaurant mit elegantem Touch. In der Küche führt seit Jahrzehnten Leonore Henschel Regie und bereitet klassische Speisen.

In Dorsten-Wulfen Nord-Ost: 7 km

Rosin

Hervester Str. 18 ✉ 46286 – ✆ (02369) 43 22 – www.frankrosin.de – geschl. Anfang Januar 1 Woche, Juli - August 3 Wochen und Sonntag - Montag
Menü 69/159 € – *(nur Abendessen)* (Tischbestellung ratsam)
Frank Rosin hat eine echte Fangemeinde, viele Gäste kommen immer wieder wegen seines ganz eigenen Stils. Mit Küchenchef Oliver Engelke hat er einen weiteren kreativen Kopf an seiner Seite, im Serviceteam glänzen Maître Jochen Bauer und Sommelière Susanne Spies mit Freundlichkeit und fundiertem Fachwissen.
→ Carabinieros mit Olivengnocchi in eigenem Röstfond und Pinienkernaromen. Zweierlei vom Lamm mit Rhabarber und Bohnen. Gefrorene Luftschokolade mit Schwarzriesling und Bacon.

DORTMUND

Nordrhein-Westfalen – 580 960 Ew. – Höhe 76 m – Siehe Regionalatlas **26-D11**
Berlin 492 km – Düsseldorf 78 km – Bremen 236 km – Frankfurt am Main 224 km
Michelin Straßenkarte 543

Pullman

Lindemannstr. 88 ✉ 44137 – ✆ (0231) 9 11 30 – www.pullmanhotels.com Stadtplan : A3**a**
214 Zim – †85/220 € ††85/220 €, ☕ 19 € – 2 Suiten
Rest *Davidis* – Menü 26/90 € – Karte 16/83 €
Das Hotel neben der Westfalenhalle wird von Tagungen gerne genutzt. Man kann hier zeitgemäß und komfortabel übernachten und im kleinen Restaurant Davidis international speisen. Tipp: Bei den Deluxe-Zimmern sind zusätzliche Extras im Preis inbegriffen!

Radisson BLU

An der Buschmühle 1 ✉ 44139 – ✆ (0231) 1 08 60 – www.radissonblu.de/hotel-dortmund Stadtplan : B3**r**
185 Zim ☕ – †119/299 € ††134/299 € – 5 Suiten **Rest** – Karte 32/44 €
Hier überzeugen die verkehrsgünstige Lage, neuzeitliche Zimmer mit guter Technik sowie das Bunisnesscenter. Ansprechend der "Active Club" mit großem Pool, Sauna- und Fitnessraum sowie das Restaurant, in dem man internationale Küche bietet.

Esplanade

Burgwall 3 ✉ 44135 – ✆ (0231) 5 85 30 – www.esplanade-dortmund.de – geschl. Weihnachten - Anfang Januar Stadtplan : B1**e**
83 Zim ☕ – †88/198 € ††125/290 €
Rest – *(geschl. Freitag - Sonntag) (nur Abendessen für Hausgäste)*
Ein zeitgemäß und funktional ausgestattetes Hotel in verkehrsgünstiger Lage nicht weit vom Bahnhof. Die neueren Zimmer sind besonders großzügig und modern.

Parkhotel Wittekindshof

Westfalendamm 270 (über Westfalendamm D3) ✉ 44141 – ✆ (0231) 5 19 30 – www.parkhotel-wittekindshof.de
63 Zim – †80/118 € ††101/138 €, ☕ 15 € – 3 Suiten
Rest – Menü 23/44 € – Karte 33/51 € – *(geschl. Samstagmittag und Sonntagabend)*
Das Tagungshotel wird geschätzt wegen der verkehrsgünstigen Lage (praktisch die S-Bahn-Anbindung zur Messe), der gut ausgestatteten Zimmer (fragen Sie nach den modernen neueren Zimmern) und der funktionalen Seminarräume. Eine gemütliche Alternative zum Restaurant ist die Wittekindstube mit modern-rustikalem Ambiente - hier gibt es ebenfalls internationale Küche.

Steigenberger

Berswordtstr. 2 ✉ 44139 – ✆ (0231) 9 02 10 Stadtplan : A3**a**
– www.dortmund.steigenberger.de
166 Zim – 84/210 € 94/220 €, ☕ 18 €
Rest – Menü 25/49 € – Karte 25/51 € – *(geschl. Sonntagabend)*
Ein schöner zeitgemäßer Style empfängt Sie schon in der Lobby und begleitet Sie bis in die Zimmer (zum Innenhof hin ruhiger gelegen) und das Restaurant. Ein Vorteil ist auch die gute Erreichbarkeit von Messe, Westfalenhalle und Stadion. Nett die Bar im amerikanischen Stil.

La Cuisine Mario Kalweit

Lübkestr. 21, (1. Etage) (über Westfalendamm D3) ✉ 44141 – ✆ (0231) 5 31 61 98 – www.mariokalweit.de – geschl. 1. - 15. Januar, Juli - August 2 Wochen und Sonntag - Montag
Menü 72/95 € – Karte 62/87 € – *(nur Abendessen)*
Schön, was aus dem ehemaligen Tennisclubhaus (ältester Club in Dortmund) geworden ist: ein stilvoll-modernes Restaurant in hellen, ruhigen Tönen mit verschiedenen Menüs von zeitgemäß-klassisch bis regional und auch Vegetarisches.

In Dortmund-Barop Süd-West: 7 km über Wittekindstraße Stadtplan : A3

der Lennhof

Menglinghauser Str. 20 ✉ 44227 – ✆ (0231) 75 81 90 – www.der-lennhof.de – geschl. 28. Dezember - 4. Januar
34 Zim ☕ – 85/175 € 105/215 €
Rest *der Lennhof* – siehe Restaurantauswahl
Gelungen hat man hier moderne und traditionelle Architektur kombiniert, geradlinig das Interieur. Fußball wird hier übrigens groß geschrieben - in jedem Zimmer ein großes Bild der Dortmunder Champions-League-Gewinner, BVB-Spiele werden in der Bar übertragen.

der Lennhof – Hotel der Lennhof

Menglinghauser Str. 20 ✉ 44227 – ✆ (0231) 75 81 90 – www.der-lennhof.de – geschl. 28. Dezember - 4. Januar
Menü 43/69 € – Karte 33/62 €
Außen 200 Jahre altes Fachwerk, innen elegant-rustikal - aber nicht nur der schöne Rahmen lockt Gäste hierher, auch Schmackhaftes wie Chateaubriand (für 2 Personen). Fragen Sie ruhig auch mittags nach der Abendkarte. Klasse: die Sommer-Winterterrasse, je nach Wetter komplett zu öffnen oder zu schließen!

In Dortmund-Höchsten Süd-Ost: 8 km über Märkische Straße Stadtplan : D3, Richtung Schwerte

l'Arrivée

Wittbräucker Str. 565 ✉ 44267 – ✆ (0231) 88 05 00 – www.larrivee.de
70 Zim – 123/173 € 143/193 €, ☕ 16 €
Rest *Vivre* – ✆ (0231) 88 05 01 30 – Menü 39/69 € – Karte 35/65 €
Schon allein die riesige Außenanlage beeindruckt! Und was innen folgt, kann zweifellos mithalten: geradlinig-eleganter Stil gepaart mit der Technik von heute, dazu Spa auf 1000 qm und das Restaurant mit französisch inspirierter Küche.

Overkamp mit Zim

Rest, Rest,

Am Ellberg 1 (B 234) ✉ 44265 – ✆ (0231) 46 27 36 – www.overkamp-gastro.de – geschl. Januar 1 Woche und Dienstag
9 Zim ☕ – 75/80 € 100/110 € Menü 29 € (mittags)/85 € – Karte 22/46 €
Seit über 300 Jahren befindet sich dieses Anwesen in Familienbesitz. In mehreren individuell gestalteten Räumen serviert man bürgerlich-regionale Küche. Sie können auch Kuchen, Wein etc. für zu Hause kaufen. Für Feiern gibt's die urige Holzhütte im Garten und für Übernachtungsgäste moderne, wohnliche Zimmer.

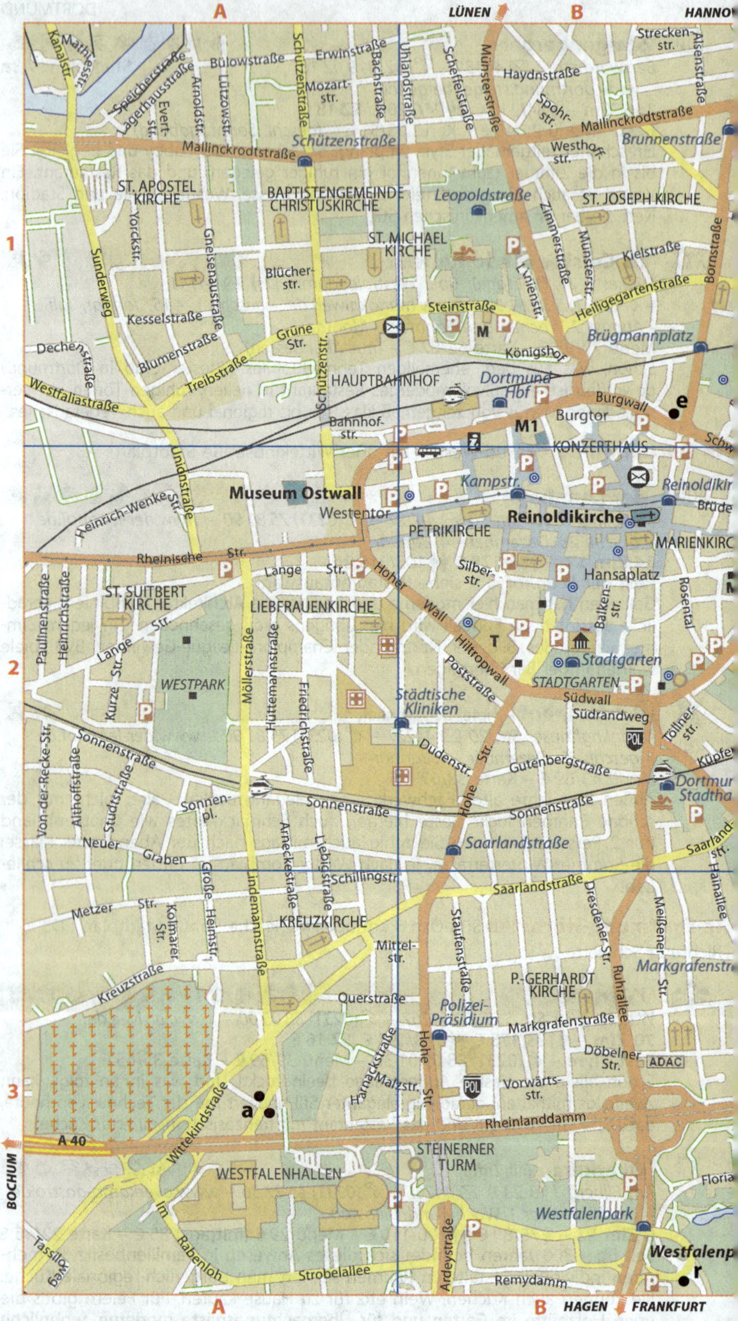
A
LÜNEN
B
HANNO
1
2
3
BOCHUM
A 40
HAGEN
FRANKFURT
Kanalstr.
Mathiesstr.
Speicherstraße
Lagerhausstraße
Evertstr.
Arnoldstr.
Lützowstr.
Bülowstraße
Schützenstraße
Erwinstraße
Mozartstr.
Bachstraße
Uhlandstraße
Scheffelstraße
Münsterstraße
Haydnstraße
Spohrstr.
Streckerstr.
Alsenstraße
Mallinckrodtstraße
Westhoffstr.
Brunnenstraße
ST. APOSTEL KIRCHE
BAPTISTENGEMEINDE CHRISTUSKIRCHE
Leopoldstraße
ST. JOSEPH KIRCHE
Yorckstr.
Gneisenaustraße
ST. MICHAEL KIRCHE
Zimmerstraße
Münsterstr.
Kielstraße
Bornstraße
Sunderweg
Blücherstr.
Lühenstr.
Heiligegartenstraße
Kesselstraße
Steinstraße
M
Brügmannplatz
Dechenstraße
Blumenstraße
Grüne Str.
Schützenstr.
Königshof
Westfaliastraße
Treibstraße
HAUPTBAHNHOF
Dortmund Hbf
Burgwall
e
Burgtor
Bahnhofstr.
M1
KONZERTHAUS
Schw
Unionstraße
Kampstr.
Reinoldikir
Heinrich-Wenke-Str.
Museum Ostwall
Westentor
Reinoldikirche
Brüde
PETRIKIRCHE
MARIENKIRC
Rheinische Str.
Lange Str.
Hoher Wall
Silberstr.
Hansaplatz
ST. SUITBERT KIRCHE
LIEBFRAUENKIRCHE
Balkenstr.
Rosental
Paulinenstraße
Heinrichstraße
Lange Str.
T
Hiltropwall
Stadtgarten
Möllerstraße
Hüttemannstraße
Poststraße
STADTGARTEN
WESTPARK
Friedrichstraße
Städtische Kliniken
Südwall
Südrandweg
Kurze Str.
Töllnerstr.
Von-der-Recke-Str.
Althoffstraße
Sonnenstraße
Studtstraße
Dudenstr.
Hohe Str.
Gutenbergstraße
Küpfer
Dortmund Stadtha
Sonnenpl.
Sonnenstraße
Arneckestraße
Liebigstraße
Sonnenstraße
Neuer Graben
Saarlandstraße
Saarlandstr.
Hainallee
Große Heimstr.
Lindemannstraße
Schillingstr.
Saarlandstraße
Metzer Str.
Kolmarer Str.
KREUZKIRCHE
Staufenstraße
Dresdener Str.
Meißener Str.
Mittelstr.
Markgrafenstr
Kreuzstraße
Querstraße
P.-GERHARDT KIRCHE
Ruhrallee
Polizei-Präsidium
Markgrafenstraße
Harnackstraße
Hohe Str.
Döbelner Str.
ADAC
Malzstr.
Vorwärtsstr.
a
Rheinlanddamm
Wittekindstraße
STEINERNER TURM
WESTFALENHALLEN
Floria
Im Rabenloh
Ardeystraße
Westfalenpark
Tassiloweg
Strobelallee
Remydamm
Westfalenp
r

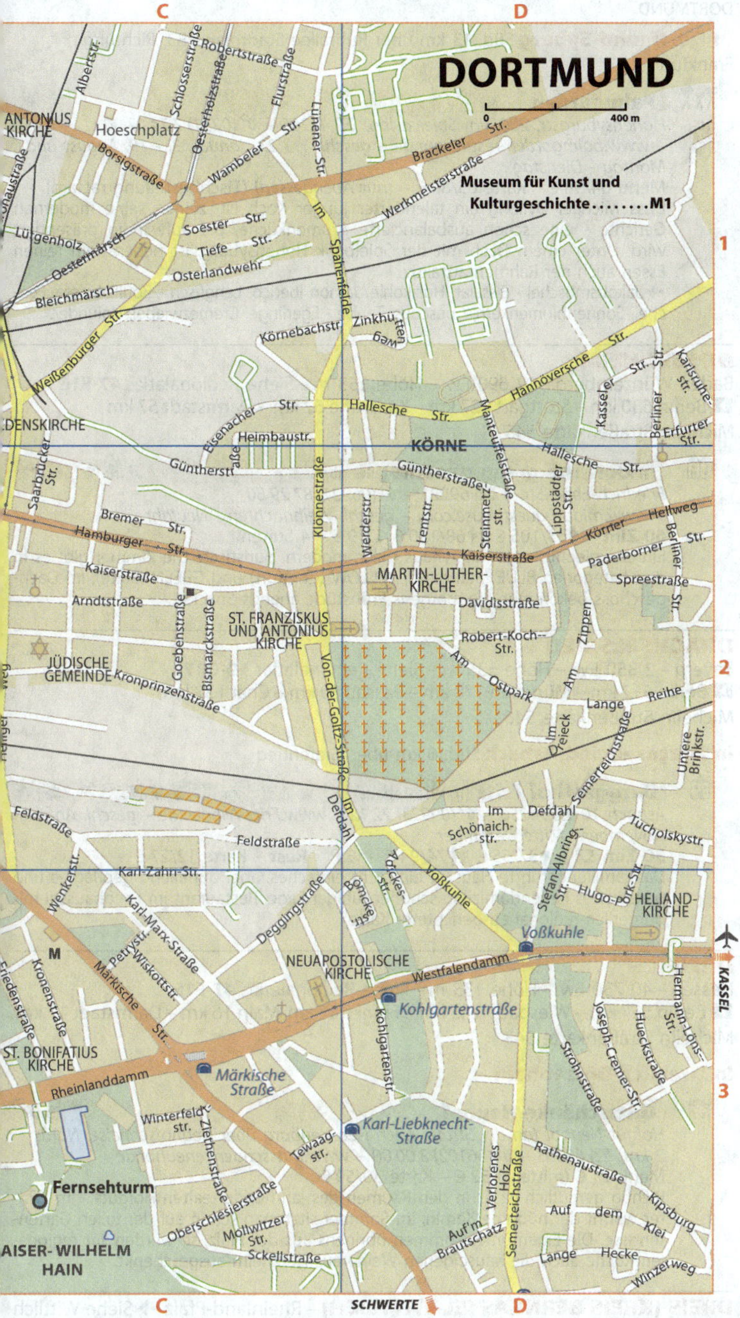

DORTMUND
0
400 m
Museum für Kunst und Kulturgeschichte........M1
C
D
1
2
3
ANTONIUS KIRCHE
Hoeschplatz
Robertstraße
Schlosserstraße
Oesterholzstraße
Flurstraße
Albertstr.
Borsigstraße
Wambeler Str.
Lünener Str.
Brackeler Str.
Werkmeisterstraße
Soester Str.
Tiefe Str.
Lütgenholz
Ostermärsch
Osterlandwehr
Bleichmärsch
Im Spähenfelde
Weißenburger Str.
Körnebachstr.
Zinkhütten weg
Hannöversche Str.
Hallesche Str.
Eisenacher Str.
Heimbaustr.
KÖRNE
Manteuffelstraße
Kasseler Str.
Berliner Str.
Karlsruher Str.
Erfurter Str.
Halleschestr.
Güntherstraße
Saarbrücker Str.
Klönnestraße
Steinmetzstr.
Lippstädter Str.
Werderstr.
Lentstr.
Bremer Str.
Hamburger Str.
Kaiserstraße
Körner Hellweg
Paderborner Str.
Berliner Str.
Spreestraße
Arndtstraße
Goebenstraße
Bismarckstraße
MARTIN-LUTHER-KIRCHE
Davidisstraße
ST. FRANZISKUS UND ANTONIUS KIRCHE
Robert-Koch-Str.
Zippen
JÜDISCHE GEMEINDE
Kronprinzenstraße
Von-der-Goltz-Straße
Am Ostpark
Am Dreieck
Im Dreieck
Lange Reihe
Semerteichstraße
Untere Brinkstr.
Im Defdahl
Im Schönaichstr.
Defdahl
Stefan-Albring-Str.
Tucholskystr.
Feldstraße
Feldstraße
Karl-Zahn-Str.
Wenkerstr.
Karl-Marx-Straße
Deggingstraße
Bönickestr.
Röckesstr.
Voßkuhle
Hugo-Pork-Str.
HELIAND-KIRCHE
Voßkuhle
M
Petrystr.
Wiskottstr.
Märkische Str.
NEUAPOSTOLISCHE KIRCHE
Westfalendamm
Kohlgartenstraße
Kohlgartenstr.
KASSEL
Hermann-Löns-Str.
Hueckstraße
Joseph-Cremer-Str.
Strohnstraße
Kronenstraße
Friedenstraße
ST. BONIFATIUS KIRCHE
Rheinlanddamm
Märkische Straße
Winterfeldstr.
Ziethenstraße
Karl-Liebknecht-Straße
Tewaagstr.
Verlorenes Holz
Semerteichstraße
Rathenaustraße
Kipsburg
Auf dem Klei
Fernsehturm
Oberschlesierstraße
Mollwitzer Str.
Schellstraße
Auf'm Brautschatz
Lange Hecke
Winzerweg
AISER-WILHELM HAIN
SCHWERTE

In Dortmund-Syburg Süd: 13 km über Ruhrallee Stadtplan : B3, Richtung Frankfurt

Palmgarden

Hohensyburgstr. 200, (im Spielcasino) ✉ 44265 – ✆ (0231) 7 74 07 00 – www.palmgarden-restaurant.de – geschl. 1. - 23. Januar, 3. - 19. August und Montag - Dienstag

Menü 64/98 € – Karte 65/80 € – *(nur Abendessen)* (Tischbestellung ratsam)

Dass Michael Dyllong ein talentierter junger Koch ist, zeigen seine modernen Gerichte - eine schön ausbalancierte Aromenküche, die aufwändig präsentiert wird. Unter einem Dach mit der Spielbank Hohensyburg, ist neben dem feinen Essen auch der Rahmen attraktiv.

➜ Jakobsmuschel - Eissalat, Holzkohle, Jamon Iberico. Lengfisch - Bouillabaisse, Fenchel, Sonnenblumenkern, Couscous. Taube - Egerlinge, Cremezwiebel, Holunder.

DOSSENHEIM

Baden-Württemberg – 12 690 Ew. – Höhe 153 m – Siehe Regionalatlas **47**-F16

Berlin 630 km – Stuttgart 127 km – Karlsruhe 62 km – Darmstadt 57 km

Michelin Straßenkarte 545

midori the green guesthouse garni

Friedrich-Ebert-Str. 4 ✉ 69221 – ✆ (06221) 87 29 80 – www.midori-guesthouse.com – geschl. Weihnachten - Neujahr

60 Zim – †53/105 € ††68/150 €, ☕ 9 € – 4 Suiten

Ein energieeffizientes Passivhaus - klar, modern, puristisch! Die Zimmer gibt es in den Kategorien BLUE (Standard), YELLOW (Comfort) und GREEN (Suite). Im Dachgeschoss bekommen Sie morgens Frühstück, abends Snacks.

DRACHSELSRIED

Bayern – 2 350 Ew. – Höhe 535 m – Siehe Regionalatlas **59**-O17

Berlin 512 km – München 178 km – Passau 80 km – Cham 37 km

Michelin Straßenkarte 546

In Drachselsried-Asbach Süd: 6 km über Grafenried

Berggasthof Fritz (mit Gästehaus)

Asbach 10 ✉ 94256 – ✆ (09923) 22 12 – www.Fritz-Asbach.de – geschl. Anfang November - Mitte Dezember

30 Zim ☕ – †37/55 € ††74/94 € – ½ P **Rest** – Karte 12/27 €

Das familiengeführte Haus ist ein recht einfaches, aber auffallend gepflegtes und preiswertes Feriendomizil in schöner ruhiger Lage. Restaurant im Landhausstil mit bürgerlich-regional ausgerichteter Karte.

DREIEICH

Hessen – 40 730 Ew. – Höhe 135 m – Siehe Regionalatlas **47**-F15

Berlin 557 km – Wiesbaden 45 km – Frankfurt am Main 16 km – Darmstadt 17 km

Michelin Straßenkarte 543

In Dreieich-Götzenhain

Gutsschänke Neuhof

Hofgut Neuhof (an der Straße nach Neu-Isenburg über Neuhofschneise, Nord: 2 km) ✉ 63303 – ✆ (06102) 3 00 00 – www.gutsschaenkeneuhof.de

Menü 21 € (mittags)/52 € – Karte 30/59 €

Richtig gemütlich ist es in den Räumen des jahrhundertealten Hofguts - im Winter wärmt der hübsche Kamin, im Sommer sitzt man schön auf der tollen Gartenterrasse. Die Eigentümer kommen übrigens aus der Pfalz, so werden zur regionalen Küche auch die hauseigenen Weine aus Herxheim ausgeschenkt.

DREIS (KREIS BERNKASTEL-WITTLICH) – Rheinland-Pfalz ➜ Siehe Wittlich

DRESDEN

Sachsen – 529 790 Ew. – Höhe 113 m – Siehe Regionalatlas **43-Q12**
Berlin 193 km – Chemnitz 75 km – Görlitz 110 km – Leipzig 113 km
Michelin Straßenkarte 544
Stadtpläne siehe nächste Seiten

Hotels

Taschenbergpalais Kempinski

Taschenberg 3 ✉ 01067 – ✆ (0351) 4 91 20 – www.kempinski.com/de/dresden Stadtplan : F2**a**
214 Zim – 139/549 € 139/549 €, 28 € – 18 Suiten
Rest *Intermezzo* Rest *Palais Bistro* – siehe Restaurantauswahl
Ein prächtiges rekonstruiertes Barockpalais, in dem sich so einiges von seinem früheren Flair wiederfindet. So steht das Haus nicht nur für Luxus, auch sehr viel Charme steckt hier drin! "High Tea" im Vestibül, rauchen können Sie in der Karl May Bar. Und im Winter zum Eislaufen in den Innenhof?

Maritim

Devrientstr. 10 ✉ 01067 – ✆ (0351) 21 60 – www.maritim.de Stadtplan : E1**m**
297 Zim – 87/447 € 102/462 €, 21 € – 31 Suiten
Rest – Menü 24/40 € – Karte 32/57 €
In dem ehemaligen Speichergebäude neben Kongresszentrum und Landtag empfängt Sie eine imposante Atriumhalle. Fragen Sie nach den Zimmern in den höheren Etagen mit schönem Elb- oder Stadtblick. Im Restaurant internationale Speisen und Showkochen. Nicht nur für Raucher nett: Bar mit Live-Musik am Abend.

Bülow Palais

Königstr. 14 ✉ 01097 – ✆ (0351) 8 00 30 – www.buelow-palais.de Stadtplan : F1**c**
56 Zim – 145/215 € 145/235 €, 24 € – 2 Suiten
Rest *Caroussel* ✿ **Rest *Bülow's Bistro*** – siehe Restaurantauswahl
In dem harmonisch in das Barockviertel eingebundenen Hotel finden Sie den Service und die Aufmerksamkeit, die man schon lange mit dem Namen Bülow verbindet! Hochwertige, wohnliche und individuelle Zimmer, ein moderner Wellnessbereich, exzellentes Frühstück...

Erwarten Sie in einem X oder nicht den gleichen Service wie in einem XXXXX oder .

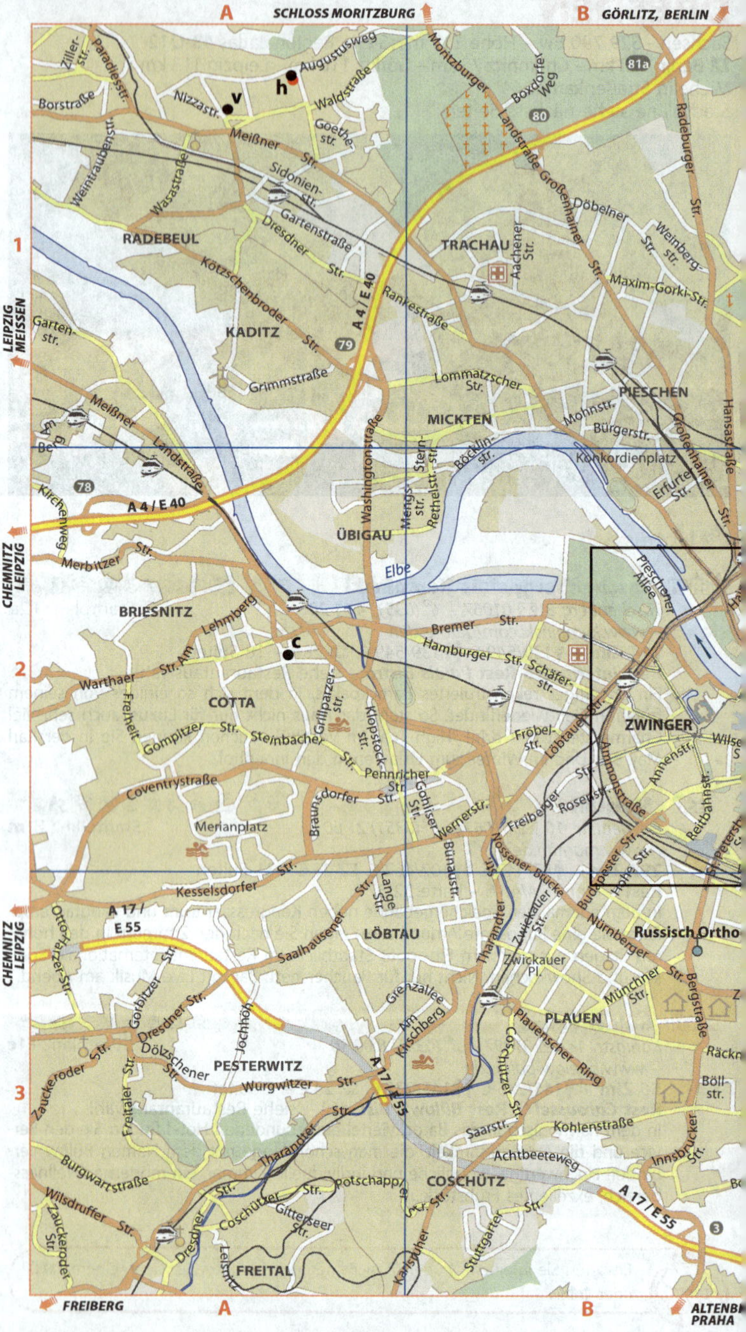
A
SCHLOSS MORITZBURG
B
GÖRLITZ, BERLIN
1
2
3
LEIPZIG MEISSEN
CHEMNITZ LEIPZIG
CHEMNITZ LEIPZIG
FREIBERG
ALTENB
PRAHA
RADEBEUL
KADITZ
TRACHAU
MICKTEN
PIESCHEN
ÜBIGAU
BRIESNITZ
COTTA
ZWINGER
LÖBTAU
PLAUEN
PESTERWITZ
COSCHÜTZ
FREITAL
Elbe
A 4 / E 40
A 17 / E 55
Ziller-str.
Paradiesstr.
Borstraße
Nizzastr.
Augustusweg
Waldstraße
Goethe-str.
Meißner Str.
Weintraubenstr.
Wasastraße
Sidonien-str.
Gartenstraße
Dresdner Str.
Kötzschenbroder Str.
Rankestraße
Moritzburger Landstraße
Boxdorfer Weg
Großenhainer Str.
Döbelner Str.
Weinberg-str.
Radeburger Str.
Aachener Str.
Maxim-Gorki-Str.
Garten-str.
Grimmstraße
Lommatzscher Str.
Mohnstr.
Bürgerstr.
Konkordienplatz
Hansastraße
Am Berg
Meißner Landstraße
Kirchenweg
Washingtonstraße
Mengsstr.
Sternstr.
Rethelstr.
Böcklinstr.
Erfurter Str.
Merbitzer Str.
Pieschener Allee
Lehmberg
Bremer Str.
Hamburger Str.
Schäferstr.
Warthaer Str.
Am Lehmberg
Freiheit
Gompitzer Str.
Steinbacher Str.
Grillparzerstr.
Klopstockstr.
Fröbelstr.
Löbtauer Str.
Ammonstraße
Annenstr.
Wilsd
Coventrystraße
Pennricher Str.
Braunsdorfer Str.
Gohliser Str.
Wernerstr.
Freiberger Str.
Rosenstr.
Reitbahnstr.
Merianplatz
Kesselsdorfer Str.
Lange Str.
Bünaustr.
Nossener Brücke
Budapester Str.
Hohe Str.
St. Petersb
Otto-Harzer-Str.
Saalhausener Str.
Tharandter Str.
Zwickauer Str.
Nürnberger Str.
Russisch Ortho
Zwickauer Pl.
Münchner Str.
Bergstraße
Gorbitzer Str.
Dresdner Str.
Jochhöh
Grenzallee
Am Kirschberg
Plauenscher Ring
Zauckeroder Str.
Dölzschener Str.
Freitaler Str.
Wurgwitzer Str.
Coschützer Str.
Räckn
Böll str.
Saarstr.
Kohlenstraße
Achtbeeteweg
Burgwartstraße
Tharandter Str.
Potschappler Str.
Innsbrucker Str.
Wilsdruffer Str.
Zauckeroder Str.
Dresdner
Coschützer Str.
Gitterseer Str.
Leisnitz
Karlsruher Str.
Stuttgarter Str.
Bo
v
h
c
81a
80
79
78
3

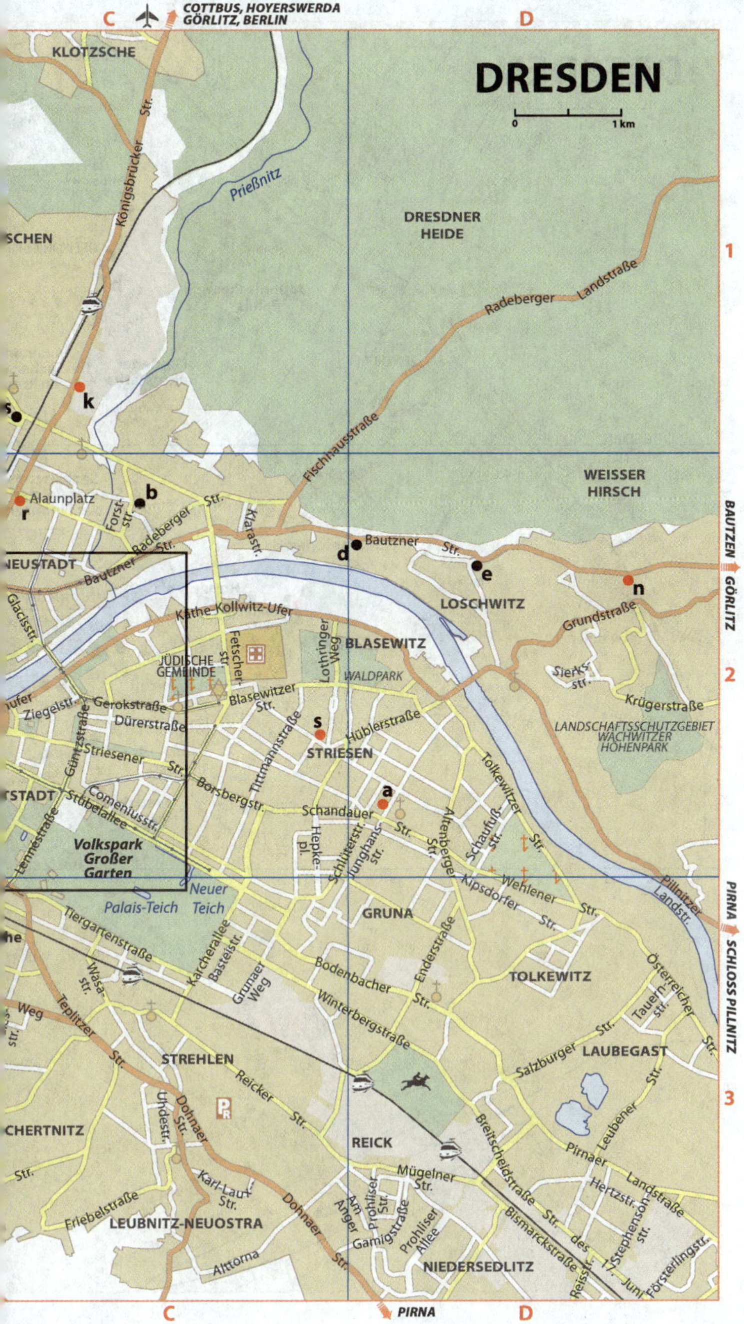
DRESDEN
0
1 km
COTTBUS, HOYERSWERDA
GÖRLITZ, BERLIN
C
D
1
2
3
KLOTZSCHE
Königsbrücker Str.
Prießnitz
DRESDNER HEIDE
Radeberger Landstraße
Fischhausstraße
WEISSER HIRSCH
Alaunplatz
Forst-str.
Radeberger Str.
Klarastr.
Bautzner Str.
NEUSTADT
LOSCHWITZ
Grundstraße
Glacisstr.
Käthe-Kollwitz-Ufer
Fetscher-str.
JÜDISCHE GEMEINDE
Lothringer Weg
BLASEWITZ
WALDPARK
Sierksstr.
Krügerstraße
Ziegelstr.
Gerokstraße
Dürerstraße
Blasewitzer Str.
Hüblerstraße
LANDSCHAFTSSCHUTZGEBIET WACHWITZER HÖHENPARK
Güntzstraße
Striesener Str.
Tittmannstraße
STRIESEN
Tolkewitzer Str.
Stübelallee
Comeniusstr.
Borsbergstr.
Schandauer Str.
Hepke-pl.
Schlüterstr.
Junghansstr.
Altenberger Str.
Schaufußstr.
Lennéstraße
Volkspark Großer Garten
Neuer Teich
Palais-Teich
Wehlener Str.
Kipsdorfer Str.
Pillnitzer Landstr.
GRUNA
Tiergartenstraße
Karcherallee
Basteistr.
Grunaer Weg
Bodenbacher Str.
Enderstraße
TOLKEWITZ
Österreicher Str.
Wasastr.
Teplitzer Str.
Winterbergstraße
Tauernstr.
Salzburger Str.
LAUBEGAST
STREHLEN
Reicker Str.
Leubener Str.
Dohnaer Str.
Uhdestr.
CHERTNITZ
REICK
Breitscheidstraße
Pirnaer Landstraße
Mügelner Str.
Hertzstr.
Karl-Laux-Str.
Am Anger
Prohliser Str.
Gamigstraße
Prohliser Allee
Bismarckstraße
Str. des 17. Juni
Stephensonstr.
Friebelstraße
LEUBNITZ-NEUOSTRA
Altkorna
NIEDERSEDLITZ
Reissstr.
Försterlingstr.
PIRNA
BAUTZEN GÖRLITZ
PIRNA SCHLOSS PILLNITZ
a
b
d
e
k
n
r
s

DRESDEN
0
200 m
E
F
1
2
3
DRESDEN NEUSTADT
Stetzs
Turnerweg
Hansastraße
Eisenbahnstraße
Leipziger Str.
Hafenstr.
Uferstraße
Antonstraße
Erna-Berger-Str.
Carolinenstr.
Albertp
Hainstraße
Pieschener Allee
Kleine Marienbrücke
Japanisches Palais
Palaisplatz
DREIKÖNIGSKI
Obergraben
Heinrichstr.
Marienbrücke
Magdeburger Str.
KONGRESS-ZENTRUM
Devrientstr.
Goldener Reiterstatue
Museum für Sächsis Volkskun
Neustädter Markt
DRESDEN MITTE
LANDTAG
Bernhard-von-Lindenau-Platz
Sächsisches Staatsministeri der Finanzen
Seminarstraße
Weißeritzstraße
Jahnstr.
Schützenplatz
Ostra-Allee
Augustusbrücke
Semperoper
Könneritzstraße
Am Schießhaus
Hofkirche
Brühlsche Terra
Theaterplatz
Schloßplatz
Albertinu
Roßthaler Str.
Wettiner Pl.
Grüne Str.
Schweriner Str.
ZWINGER
RESIDENZSCHLOSS
Johanneum
Frauenkirch
Hertha-Lindner-Straße
Postplatz
Neumarkt
Ehrlichstraße
Ermischstr.
Palmstr.
Freiberger Str.
Wilsdruffer Str.
Stadtmuseum
Altmarkt
Gewandhausstr.
Freiberger Pl.
Annenstraße
Am See
Webergasse
Kreuzkirche
Wallstraße
Ringstr.
Herbert-Wehner-Platz
Neues Rathaus
Maternistraße
Rosenstraße
Jakobsgasse
Ammonstraße
Sternpl.
Liliengasse
Dippoldiswalder Pl.
Rosenstraße
Georgplatz
Weinligstr.
Prager Str.
Ferdinandstr.
Ferdinandplatz
Falkenstr.
Budapester Str.
Vitzthumstraße
Josephinenstraße
Petersburger Str.
Zinzendorfstr.
Bürgerwiese
Budapester Str.
Prager Straße
Feldgasse
Ammonstraße
Rācknitzstraße
Walpurgisstr.
Feldschlößchenstr.
Zwickauer Str.
Wiener Pl.
Moscziskystraße
Struvestraße
Sidonienstr.
Wielandstraße
Bayrische Str.
Budapester Str.
Schweizer Str.
DRESDEN HAUPTBAHNHOF
Ammonstr.
Wiener Str.
Lobnitzerstr.
Hohe Str.
Kaitzer Str.
Bergstraße
Bernhardstr.
POL
M

G
H
1
2
3
Louisenstraße
Tal-str.
Böhmische Str.
NEUSTADT
Alaunstraße
Rothenburger Str.
Pulsnitzer Str.
Prießnitzstraße
Forststr.
Bautzner Str.
Holzhofgasse
Löwenstraße
Lessingstraße
Tieckstr.
Weintraubenstraße
Hoyerswerdaer Str.
Glacisstraße
orgenstraße
Hospitalstraße
Carusufer
Rosa-Luxemburg-Platz
Albertbrücke
Königsufer
Elbe
Terrassenufer
Käthe-Kollwitz-Ufer
Pfotenhauerstraße
Blumenstraße
Arnoldstraße
Pfeifferhannsstraße
Hertelstraße
Florian-Geyer-Straße
Bönischpl.
Elsasser Str.
Lothringer Str.
Florian-Geyer-Str.
Güntzplatz
Gerokstraße
Elisenstraße
Hopfgartenstraße
Tatzberg
Arnoldstraße
Fiedlerstr.
Gerokstr.
Zöllnerstr.
Dürerstraße
Ziegelstraße
JÜDISCHE GEMEINDE
Rathenauplatz
Gerichtsstr.
Rietschelstraße
Dürerstraße
Pestalozzistr.
Holbeinstraße
Hans-Grundig-Str.
Holbeinstraße
Thomaestraße
Holbeinstr.
Pillnitzer Str.
Permoserstr.
Pöppelmannstr.
Cranachstr.
Zirkusstraße
Mathildenstraße
Blochmannstraße
Güntzstraße
Marschnerstraße
Striesener Str.
ADAC
Grunaer Str.
Stephanienplatz
Nicolaistraße
Canalettostraße
Grunaer Str.
STADT
Blüherstraße
Hähnelstraße
Wallotstraße
Schumannstraße
Reißigerstr.
Fetscherstraße
Comeniusstraße
Deutsches Hygiene-Museum
a
GLÄSERNE MANUFAKTUR
BOTANISCHER GARTEN
Stübelallee
Comeniusstraße
Henzestr.
Blüherstraße
Lennéstraße
Hauptallee
Stübelallee
Volkspark Großer Garten
Neuer Teich
Fürstenallee
Hauptallee
ZOOLOGISCHER GARTEN
PALAIS
Lenneplatz

Hilton

An der Frauenkirche 5 ✉ 01067 – ✆ (0351) 8 64 20 Stadtplan : F2**e**
– www.hilton.de/dresden
329 Zim – 🚹109/245 € 🚹🚹109/245 €, ☕ 23 € – 4 Suiten
Rest *Ogura* – siehe Restaurantauswahl
Rest *Rossini* – ✆ (0351) 8 64 28 55 – Menü 25/62 € – Karte 30/66 € – *(nur Abendessen)*
Bevorzugte Altstadtlage, ein weitläufiger Hallenbereich und wohnlich-komfortable Zimmer machen das Hotel aus. Etwas intimer hat man es in der "Executive"-Kategorie mit Zugang zur gleichnamigen Lounge samt kostenfreien Getränken. Im Rossini: elegantes Ambiente, mediterrane Küche und Blick auf die Frauenkirche.

Swissôtel Am Schloss

Schlossstr. 16 ✉ 01067 – ✆ (0351) 50 12 00 Stadtplan : F2**d**
– www.swissotel.com/dresden
235 Zim – 🚹130/250 € 🚹🚹150/270 €, ☕ 22 €
Rest *Wohnstube* – Menü 35/60 € – Karte 32/60 €
Außen spricht Sie die nach historischem Vorbild wieder aufgebaute Fassade an, dahinter Moderne in Design und Technik! Toll der Service, sehr gut das Frühstück in gemütlicher Atmosphäre. Im Ruheraum entspannt man unter einem Gewölbe a. d. 15. Jh.! In der "Wohnstube" Schweizer Küche und "Vitality"-Gerichte.

Suitess

An der Frauenkirche 13 (Zufahrt über Rampische Straße) Stadtplan : F2**g**
✉ 01067 – ✆ (0351) 41 72 70 – www.suitess-hotel.com
16 Zim – 🚹109/329 € 🚹🚹109/329 €, ☕ 23 € – 9 Suiten
Rest *MORITZ* – siehe Restaurantauswahl
Schon von außen sehr eindrucksvoll, und hinter der schön rekonstruierten Fassade geht es ebenso geschmackvoll und edel weiter, mit luxuriösen Zimmern voll ausgesuchter Materialien. Perfekt die Lage einen Steinwurf von der Frauenkirche entfernt! Und der Service? Zuvorkommend und angenehm unaufdringlich.

Innside by Meliá

Salzgasse 4 ✉ 01067 – ✆ (0351) 79 51 50 Stadtplan : F2**v**
– www.innside.com
180 Zim – 🚹99/249 € 🚹🚹99/249 €, ☕ 20 € **Rest *Ven*** – siehe Restaurantauswahl
Die Lage ist nicht nur sehr exklusiv, sondern auch einfach praktisch: Nur einen Katzensprung von der Frauenkirche entfernt, sind alle Highlights der Stadt schnell erreicht. Das ist ebenso wie das stylische Design und die topmoderne Technik sowohl für Business- als auch für Privatreisende attraktiv!

Steigenberger Hotel de Saxe

Rest,

Neumarkt 9 ✉ 01067 – ✆ (0351) 4 38 60 Stadtplan : F2**x**
– www.desaxe-dresden.steigenberger.de
185 Zim – 🚹109/352 € 🚹🚹109/352 €, ☕ 22 € – 4 Suiten
Rest – Menü 32/51 € – Karte 38/54 €
Traditionsbewusst trägt das Haus den Namen des ursprünglichen Hotel de Saxe von 1786. Die Zimmer sind schön modern: großzügig, in klaren Linien und ruhigen Tönen. Von vielen schaut man auf die Frauenkirche, vom Restaurant im 1. Stock zum Neumarkt - die Altstadt hat man hier direkt vor der Tür!

QF garni

Neumarkt 1 ✉ 01067 – ✆ (0351) 5 63 30 90 – www.qf-hotel.de Stadtplan : F2**c**
93 Zim ☕ – 🚹169/219 € 🚹🚹169/219 € – 2 Suiten
Die Lage an der Frauenkirche könnte wohl kaum besser sein! Aber das schicke Boutique-Hotel hat noch mehr zu bieten: modern-komfortable Zimmer designt by Bellini. Nach ihm ist auch die gemütliche Bar benannt.

Bülow Residenz garni

Rähnitzgasse 19 ✉ 01097 – ✆ (0351) 8 00 32 91 Stadtplan : F1**b**
– www.buelow-residenz.de
27 Zim – 🚹99/199 € 🚹🚹99/199 €, ☕ 18 € – 1 Suite
Das restaurierte denkmalgeschützte Haus von 1730 ist nicht nur schön anzuschauen: Sie genießen hier klassischen Wohnkomfort (geschmackvoll die warmen Farben), lassen sich überaus aufmerksam umsorgen, frühstücken ausgezeichnet in eleganter Atmosphäre und entspannen im frei zugänglichen Wellnessbereich des nur wenige Meter entfernten Schwesterhotels.

Pullman Dresden Newa Rest,

Prager Str. 2c ✉ 01069 – ✆ (0351) 4 81 41 09 Stadtplan : F3**n**
– www.pullman-dresden.com
319 Zim – 99/199 € 109/209 €, 19 €
Rest – Menü 29/79 € – Karte 22/43 €
Hier überzeugen die gute Shopping-Lage unweit des Bahnhofs und die schöne Einrichtung in klaren Linien. Die Zimmer sind zwar nicht groß, aber sehr modern, praktisch und wirklich intelligent gestaltet. Für mehr Komfort und besonders tolle Aussicht: Deluxe-Zimmer im 14. Stock.

Holiday Inn Rest,

Stauffenbergallee 25a ✉ 01099 – ✆ (0351) 8 15 10 Stadtplan : C1**s**
– www.holiday-inn-dresden.de
121 Zim – 100/168 € 128/196 €
Rest – Menü 20/40 € – Karte 23/42 €
Sie sind Businessgast und suchen ein modernes Hotel mit technisch gut ausgestatteten Zimmern? Hier wohnt man zudem noch in Flughafennähe (6 km entfernt). Minibar, WLan, Sky-TV und Parken sind kostenfrei. Im Restaurant bietet man internationale Küche.

Elbflorenz N Zim,

Rosenstr. 36 ✉ 01067 – ✆ (0351) 8 64 00 Stadtplan : E3**e**
– www.hotel-elbflorenz.de
199 Zim – 80/125 € 80/125 €, 17 € – 15 Suiten
Rest – Karte 22/40 € – *(nur Abendessen)*
Das Hotel im World Trade Center Dresden ist durch und durch im südländischen Stil gehalten. Von den Zimmern in wohnlich-warmen Farben bis zum begrünten Innenhof samt Terrasse. Im Restaurant serviert man italienische Küche: Antipasti, Pizza, Pasta... Für Businessgäste: preisgünstigeres, einfacheres Frühstück.

Martha Zim,

Nieritzstr. 11 ✉ 01097 – ✆ (0351) 8 17 60 Stadtplan : F1**s**
– www.hotel-martha-dresden.de – geschl. 22. - 26. Dezember
50 Zim – 55/86 € 113/121 €
Rest *Daniel* – Menü 35/59 € – Karte 31/43 € – *(geschl. Sonntag) (nur Abendessen)*
In einer wunderschönen Biedermeierstraße stehen die Häuser Martha und Maria - in die Altstadt sind es nur 15 Minuten zu Fuß. Gemütlich der stilvolle Frühstücksraum. Ideal für Familien: zwei Appartements mit Kitchenette. Im Restaurant verwendet man nur saisonale Produkte aus der Umgebung.

Privat Rest,

Forststr. 22 ✉ 01099 – ✆ (0351) 81 17 70 Stadtplan : C2**b**
– www.das-nichtraucher-hotel.de
29 Zim – 58/78 € 74/99 € – 1 Suite
Rest – Menü 16/35 € – Karte 23/31 €
Die engagierten Gastgeber leiten hier ein sehr gepflegtes Nichtraucherhotel in einer ruhigen Wohngegend nicht weit von der Innenstadt. Der Service ist freundlich, die Zimmer sind zeitgemäß und funktional. Restaurant Maron mit Wintergarten und netter kleiner Terrasse. Zusatzkarte nach Hildegard von Bingen.

Restaurants

Caroussel – Hotel Bülow Palais

Königstr. 14 ✉ 01097 – ✆ (0351) 8 00 31 40 Stadtplan : F1**c**
– www.buelow-palais.de/caroussel – geschl. Sonntag - Montag
Menü 79/145 € – *(nur Abendessen)* (Tischbestellung ratsam)
Benjamin Biedlingmaier hat sich in Dresden mit seiner geradlinigen und aromatischen klassischen Küche etabliert, und die lässt mit Namen wie "Ein Räuber im heimischen Gemüsebeet" Interessantes erwarten. Das edle Interieur samt sehenswertem Meissener Porzellan steht dem Niveau der Küche in nichts nach.
➜ Aus der Tiefe vor Marseille - Carabinero, Fenchel und Bouillabaisse. Die Prinzessin auf der Erbse - Kaninchen, Morchel und Erbse. Schriftsteller besucht die Inka-Terrassen - Calamaretti, Quinoa, Tomate und Ananas.

XXX **MORITZ** – Hotel Suitess

An der Frauenkirche 13, (5. Etage) (Zufahrt über Rampische Straße) ✉ 01067 – ✆ (0351) 41 72 70 – www.suitess-hotel.com Stadtplan : F2**g**

Menü 39/109 € (abends) – Karte 44/65 € – *(Montag - Freitag nur Abendessen)*

Speisen Sie auf der Terrasse! Vor Ihren Augen ragt die Kuppel der Frauenkirche empor - mitten in der Altstadt und doch fern vom Trubel! Die ambitionierten Speisen nennen sich z. B. "rosa gebratene Entenbrust auf Ananas-Habanerochutney an Topinambur und Pimentjus". Abends 20% Nachlass für Hotelgäste.

XXX **Intermezzo** – Hotel Taschenbergpalais Kempinski

Taschenberg 3 ✉ 01067 – ✆ (0351) 4 91 27 12 – www.kempinski.com/de/dresden – geschl. Montag Stadtplan : F2**a**

Menü 37/82 € – Karte 43/81 € – (Tischbestellung ratsam)

Wahrlich ein Intermezzo, und zwar ein elegantes. Möchten Sie Ihr Dinner im Sommer vielleicht unter Sternenhimmel im Innenhof einnehmen? Auch auf Besucher der Semperoper ist man bestens eingestellt.

XX **Lesage**

Lennéstr. 1 ✉ 01069 – ✆ (0351) 4 20 42 50 – www.lesage.de – geschl. Anfang Januar 3 Wochen und Sonntagabend, Montagabend Stadtplan : G3**a**

Karte 40/51 €

Nicht nur etwas für Auto-Freunde ist die Gläserne Manufaktur von Volkswagen (lohnend der Blick auf den Fahrzeugturm!): In dem offen gestalteten modernen Restaurant gibt es gute internationale Speisen wie "krosses Skreifilet auf Kartoffel-Paprikapüree und gebratenem Blumenkohl". Sonntags nur Brunch-Buffet.

XX ✿ **Elements** (Stephan Mießner)

Königsbrücker Str. 96, (Zeitenströmung Haus 25 - 26) ✉ 01099 – ✆ (0351) 2 72 16 96 – www.restaurant-elements.de – geschl. 9. - 22. Februar und Sonntag Stadtplan : C1**k**

Menü 37 € (mittags)/80 € – Karte 39/59 € – (Tischbestellung ratsam)

In dem ehemaligen Strömungsmaschinenbau-Unternehmen haben Martina Starovicova und Stephan Mießner gelungen Industrie-Architektur mit gemütlich-hochwertiger Einrichtung kombiniert. Dazu gute, aromenintensive Küche zu sehr fairen Preisen und herzlicher, versierter Service. Schön: die Niagara-Zigarrenlounge.

➜ Karamellisierte Tomatentarte, Balsamico-Zwiebeln, Lavendelhonig. Wildfang Garnele und Aprikosenravioli, Pfifferlinge und Mandel. Taubenbrust und Boudin Noir, Waldpilze, Feigen und Pistinakenpüree.

Rest *DELI* – siehe Restaurantauswahl

XX **Kastenmeiers**

Tzschirnerplatz 3 ✉ 01067 – ✆ (0351) 48 48 48 01 – www.kastenmeiers.de Stadtplan : F2**t**

Menü 21 € (mittags)/49 € – Karte 32/61 € – (Tischbestellung ratsam)

Fisch und Krustentiere sind Spezialität im stilvollen Kurländer Palais inmitten der Altstadt. Patron Gerd Kastenmeier bietet ambitionierte Gerichte wie "Steinbuttkotelett mit gebratenen Artischocken und Graupenristotto" oder Forelle und Saibling aus dem eigenen Becken. Mittwochmittag Sushi.

XX **Palais Bistro** – Hotel Taschenbergpalais Kempinski

Taschenberg 3 ✉ 01067 – ✆ (0351) 4 91 27 10 – www.kempinski.com/de/dresden Stadtplan : F2**a**

Menü 38 € – Karte 24/58 €

Hier hat man auf stilvolle und leger-gemütliche Art französisches Savoir-vivre geschaffen. Aber auch die sächsische Heimat hat man nicht vergessen, so gibt es neben Klassikern wie "Coq au vin mit Champignons und Speck" auch schmackhafte regionale Gerichte wie "sächsische Kartoffelsuppe mit Räucherling". Für den kleineren Appetit: einige Gerichte als halbe Portion.

Ven – Hotel Innside by Melia
Rampische Str. 9 ✉ 01067 – ✆ (0351) 7 95 15 10 21 Stadtplan : F2**v**
– www.ven-dresden.de – geschl. Sonntagabend
Menü 28/55 € – Karte 30/33 €
Bar und Restaurant in puristisch-urbaner Atmosphäre vereint. Modernes Design und beachtliche Raumhöhe beeindrucken hier gleichermaßen! Sogar die Innenhofterrasse samt Loungebereich ist stylish. Und die Küche? Die ist ambitioniert - es gibt z. B. "Lachs / Rote Beete / Gurke / Koriander".

Alte Meister
Theaterplatz 1a ✉ 01067 – ✆ (0351) 4 81 04 26 Stadtplan : F2**p**
– www.altemeister.net – geschl. November - März: Montagmittag
Menü 36 € – Karte 27/39 €
Im ehemaligen Braun'schen Atelier in einem Seitenflügel des Zwingers erwartet Sie mittags ein Galerie-Lokal und Café mit einfacher Karte, das abends dann zum ambitionierten Restaurant mit monatlich wechselnden Menüs wird.

Villandry
Jordanstr. 8 ✉ 01099 – ✆ (0351) 8 99 67 24 Stadtplan : C2**r**
– www.villandry.de – geschl. Sonntag
Menü 32/39 € – Karte 30/38 € – *(nur Abendessen)* (Tischbestellung ratsam)
Getreu dem Motto "Liebe Dein Essen" werden in dem gemütlich-legeren Restaurant international-saisonale Speisen mit Liebe und vor allem mit Geschmack zubereitet. Von der tagesaktuellen Tafel wählt man z. B. "gebratenen Skrei, Spinat, Rote Beete, Linsen, Kartoffel".

Henricus mit Zim
Rest,
Neumarkt 12 ✉ 01067 – ✆ (0351) 2 63 59 60 Stadtplan : F2**r**
– www.restaurant-henricus.de
5 Suiten – †110/120 € ††185/195 €, ☕ 10 € Menü 22/35 € – Karte 30/42 €
Der historische Rahmen des Heinrich-Schütz-Hauses auf der einen Seite, trendiges Restaurant auf der anderen! Ihr Blick geht hinaus auf die Frauenkirche oder aber in die Küche. Hier wird international und saisonal gekocht - nicht nur für Opernbesucher interessant: das "Early Dinner". Hochwertige Appartements.

william N
Theaterstr. 2, (im 2. OG Staatsschauspiel Dresden) Stadtplan : E2**w**
✉ 01067 – ✆ (0351) 65 29 82 20 – www.restaurant-william.de – geschl. 10. - 23. August
Menü 36/49 € – Karte 31/44 € – (Tischbestellung ratsam)
Stefan Hermann, bekannt aus dem "bean&beluga", hat in den stilvollen Räumen des Schauspielhauses ein schickes modernes Restaurant samt Bar und Lounge eröffnet. Verantwortlich für die internationale Küche (z. B. "Schweinebauch / Soja / Pak Choi") ist Marcel Kube. Am letzten So. im Monat Brunch in Menüform.

Ogura – Hotel Hilton
An der Frauenkirche 5 ✉ 01067 – ✆ (0351) 8 64 29 75 Stadtplan : F2**e**
– www.hilton.de/dresden – geschl. Sonntagmittag - Montag
Menü 70 € (abends) – Karte 27/63 €
Dank japanischer Stilelemente findet man fernöstliches Flair mitten in Dresden. Schon seit 1998 bringt Patron Yukio Ogura den Gästen die Küche seiner Heimat nahe - nicht fehlen darf da natürlich gutes Sushi!

Bülow's Bistro – Hotel Bülow Palais & Residenz
Königstr. 14 ✉ 01097 – ✆ (0351) 8 00 30 Stadtplan : F1**c**
– www.buelow-palais.de/buelows-bistro
Menü 35/55 € – Karte 32/48 €
Auch hier führt Benjamin Biedlingmaier Regie. Zusammen mit seiner "Caroussel"-Brigade kocht er in dem gemülich-eleganten und angenehm unprätentiösen Restaurant schmackhaft und saisonal - Lust auf "geschmorte Kaninchenkeule, Rosenkohl-Pilz-Gemüse und gebackene Salbeipolenta"?

DELI – Restaurant Elements
Königsbrücker Str. 96, (Zeitenströmung Haus 25 - 26) Stadtplan : C1**k**
✉ 01099 – ✆ (0351) 2 72 16 96 – www.restaurant-elements.de – geschl. 9. - 22. Februar und Sonntag
Karte 20/31 €
Das DELI ist die unkompliziert-legere Alternative zum Gourmetrestaurant. Das Angebot richtet sich nach der Saison und bietet neben regionalen Gerichten auch internationale Speisen wie "gegrillten Schwertfisch, Kartoffel-Wasabi-Püree, Spinatsalat". Für den eiligen Mittagsgast: schnelle einfachere Gerichte.

In Dresden-Cotta

Residenz Alt Dresden Rest, Zim,
Mobschatzer Str. 29 ✉ 01157 – ✆ (0351) 4 28 10 Stadtplan : A2**c**
– www.residenz-alt-dresden.de
138 Zim – 60/96 € 69/136 €, 12 € – 14 Suiten
Rest – Menü 22/55 € – Karte 25/39 €
In einem Wohngebiet gelegenes Hotel mit funktionell ausgestatteten Zimmern in zeitlosem Stil sowie Appartements im angegliederten Boardinghaus. Ideal für Geschäftsreisende. Restaurant mit Wintergarten und zwei Terrassen, eine davon rückwärtig gelegen.

In Dresden-Lockwitz Süd-Ost: 11 km über Dohnaer Straße Stadtplan : D3

Landhaus Lockwitzgrund
Lockwitzgrund 100 ✉ 01257 – ✆ (0351) 2 71 00 10
– www.landhaus-lockwitzgrund.de
11 Zim – 55/60 € 75/85 € – 2 Suiten
Rest *Landhaus Lockwitzgrund* – siehe Restaurantauswahl
Sie finden das nette kleine Landhotel außerhalb am Waldrand. Es stehen praktische Zimmer bereit, die wohnlich mit Naturholzmöbeln eingerichtet sind. Sie bleiben länger? Dann nehmen Sie ein Appartement mit Kitchenette!

Landhaus Lockwitzgrund – Hotel Landhaus Lockwitzgrund
Lockwitzgrund 100 ✉ 01257 – ✆ (0351) 2 71 00 10
– www.landhaus-lockwitzgrund.de – geschl. Januar 3 Wochen und Montag
Menü 29/39 € – Karte 20/43 €
In den historischen ehemaligen Stallungen der alten "Makkaroni-Fabrik" sitzt es sich nicht nur gemütlich unter einem Kreuzgewölbe, hier lässt es sich auch gut speisen: "klare Ochsenschwanzsuppe mit Sherry", "Duett von Edelfischen auf Rieslingsauce mit jungem Blattspinat und Camarguereis"...

In Dresden-Loschwitz

Schloss Eckberg (mit Kavaliershaus) Zim,
Bautzner Str. 134 ✉ 01099 – ✆ (0351) 8 09 90
– www.schloss-eckberg.de Stadtplan : D2**d**
84 Zim – 65/200 € 80/250 €, 17 € – 5 Suiten
Rest – Menü 49/79 € – Karte 40/100 €
Das 15 ha große Anwesen ist ebenso sehenswert wie das traumhafte Schloss selbst! Hier wohnt und speist man klassisch-stilvoll, im Kavaliershaus sind die Zimmer moderner und einfacher. Lassen Sie sich den Ausblick von der Terrasse nicht entgehen - schön auch bei Kaffee und Kuchen!

In Dresden-Niedersedlitz Süd-Ost: 10 km über Bismarckstraße Stadtplan : D3

AMBIENTE garni
Meusegaster Str. 23 ✉ 01259 – ✆ (0351) 20 78 80 – www.hotel-ambiente.de
– geschl. 21. - 28. Dezember
20 Zim – 68/88 € 78/128 €
Auch nach über 20 Jahren wird das Haus mit Engagement, Herzblut und persönlicher Note geführt! Es liegt ruhig in einem Wohngebiet und hat für seine Gäste zeitgemäße, wohnliche Zimmer, darunter hübsche Superior-Gaubenzimmer.

In Dresden-Pillnitz Süd-Ost: 13 km über Pillnitzer Landstraße Stadtplan : D3

Schloss Hotel Dresden-Pillnitz
Rest, Zim,

August-Böckstiegel-Str. 10 ✉ 01326 – ✆ (0351) 26 40
– www.schlosshotel-pillnitz.de
45 Zim – 91/118 € 120/155 € – ½ P
Rest *Kaminrestaurant* – siehe Restaurantauswahl
Rest – ✆ (0351) 2 61 40 – Menü 25/65 € – Karte 27/34 €
Unmittelbar am Schloss samt schönem Park wohnen Sie in attraktiven Zimmern im Landhausstil. Tipp: Fragen Sie nach den Zimmern mit Schlossblick! Im Wintergarten serviert man regional geprägte Küche. Interessant und tragisch zugleich: In der Lobby sind die Pegelstände der vergangenen Flutkatastrophen markiert!

Kaminrestaurant – Schloss Hotel Dresden-Pillnitz
August-Böckstiegel-Str. 10 ✉ 01326 – ✆ (0351) 2 61 40
– www.dresden-kaminrestaurant.de – geschl. Sonntag
Menü 35 € (mittags)/65 € – Karte 48/57 € – *(November - April: nur Abendessen)*
Sie wünschen sich gemütlich-elegante Atmosphäre bei Kaminfeuer? Oder einen lauen Sommerabend auf der Terrasse bei romantischem Schlossflair? Beides finden Sie hier - und dazu gut zubereitete Speisen!

In Dresden-Striesen

La Fourchette
Wittenberger Str. 87 ✉ 01277 – ✆ (0351) 3 12 03 71 Stadtplan : D2**a**
– www.la-fourchette.de – geschl. 15. Februar - 1. März und Sonntag - Montag
Menü 28/44 € – Karte 31/42 € – *(nur Abendessen)*
Schön das alte Eckhaus in einer Wohngegend am Rande der Innenstadt, das Ambiente gemütlich-modern. Hier kochen Patron Mohamed Aidara, gebürtiger Senegalese, und sein Team französisch-karibische Gerichte. Am ersten Sonntag im Monat Brunch.

Spizz N
Augsburger Str. 49 ✉ 01309 – ✆ (0351) 3 19 06 26 Stadtplan : C2**s**
– www.restaurant-spizz.de – geschl. Sonntag, außer an Feiertagen
Menü 23 € – Karte 24/44 € – (abends Tischbestellung ratsam)
Jung und gleichermaßen gemütlich ist die Atmosphäre in dem hübschen Altbau am Barbarossaplatz. Die kommt bei den zahlreichen Stammgästen ebenso gut an wie die Küche: Klassiker wie Wiener Schnitzel und mediterrane Gerichte wie "Lammhüfte unter der Thymiankruste an Vanille-Schwarzwurzel und Kartoffel-Gnocchi".

In Dresden-Weißer Hirsch

Villa Weißer Hirsch garni
Hermann Prell Str. 6 ✉ 01324 – ✆ (0351) 64 24 13 Stadtplan : D2**e**
– www.villa-weisser-hirsch.de
10 Zim – 90/105 € 120/150 €
Das ist Ihre Gelegenheit, so richtig schön barock zu wohnen! Oder lieber ganz zeitlos? Auf jeden Fall individuell und fast schon luxuriös. Familie Morgenstern hat aus der Villa von 1935 ein echtes Schmuckstück gemacht (hübsch auch der Garten), der sehr persönliche Service ist da noch das i-Tüpfelchen!

bean&beluga (Stefan Hermann)
Bautzner Landstr. 32, (1. Etage) ✉ 01324 Stadtplan : D2**n**
– ✆ (0351) 44 00 88 00 – www.bean-and-beluga.de – geschl. 16. Februar - 2. März, 27. Juli - 10. August und Sonntag - Montag
Menü 75/165 € – *(nur Abendessen)* (Tischbestellung ratsam)
Die kreative, produktbezogene und schön ausbalancierte Küche von Stefan Hermann, das geradlinig-stilvolle Ambiente, der versierte und angenehm unaufdringliche Service... all das ergibt ein rundum stimmiges Bild. Zu erwähnen sei auch die treffliche Weinberatung durch Sommelier Jens Pietzonka - die Weinkarte mit rund 400 Positionen gibt's per eigener App auf dem iPad.
➜ Saibling, Kopfsalat, Kalamansi. Reh, Sellerie, Kreuzkümmel. Erdbeere, Zartbitter, Erbse.

DRIBURG, BAD

Nordrhein-Westfalen – 18 810 Ew. – Höhe 220 m – Siehe Regionalatlas **28-G10**
Berlin 390 km – Düsseldorf 190 km – Hannover 108 km – Kassel 86 km
Michelin Straßenkarte 543

Gräflicher Park (mit Gästehäusern)
Brunnenallee 1 ✉ 33014 – ✆ (05253) 9 52 30 – www.graeflicher-park.de
135 Zim – 129/249 € 169/279 € – ½ P
Rest *Caspar's Rest Pferdestall* – siehe Restaurantauswahl
Auf dem schönen weitläufigen Anwesen a. d. 18. Jh. bietet man wohnliche, recht individuelle Zimmer, schöne Spa-Einrichtungen sowie gute Tagungsmöglichkeiten.

Schwallenhof Zim,
Brunnenstr. 34 ✉ 33014 – ✆ (05253) 98 13 00 – www.schwallenhof.de
35 Zim – 60/89 € 94/125 € – 4 Suiten – ½ P
Rest – Menü 25 € (mittags)/45 € – Karte 26/52 € – *(geschl. Montag - Dienstagmittag, außer an Feiertagen)*
Aus dem ehemaligen Bauernhof ist ein familiengeführtes Hotel geworden, in dem wohnlich eingerichtete Zimmer zur Verfügung stehen. Ein Kamin und einige Nischen machen das Restaurant gemütlich.

XX **Caspar's** – Hotel Gräflicher Park
Brunnenallee 1 ✉ 33014 – ✆ (05253) 9 52 30 – www.graeflicher-park.de – geschl. Sonntag - Montag
Menü 42/65 € – Karte 32/50 € – *(nur Abendessen)*
Helle Schleiflackmöbel, raumhohe Bücherregale mit Raritäten aus der gräflichen Bibliothek, edle Tischwäsche und ausgesuchte Stoffe zeugen von einer harmonischen Verbindung aus Eleganz und Heiterkeit.

X **Pferdestall** – Hotel Gräflicher Park
Brunnenallee 1 ✉ 33014 – ✆ (05253) 9 52 30 – www.graeflicher-park.de
Menü 32 € – Karte 28/42 €
Boxen, Marmortränke,... - in dem 1860 vom Grafen von Oeynhausen erbauten Pferdestall erinnert noch viel an das Ursprüngliche! Orginelles, rustikales Ambiente mit Showküche!

DROLSHAGEN

Nordrhein-Westfalen – 12 030 Ew. – Höhe 340 m – Siehe Regionalatlas **37-D12**
Berlin 555 km – Düsseldorf 114 km – Siegen 31 km – Hagen 59 km
Michelin Straßenkarte 543

Zur Brücke
Hagener Str. 12 (B 54/55) ✉ 57489 – ✆ (02761) 75 48 – www.hotelzurbruecke.de
18 Zim – 56/65 € 86/94 € – ½ P
Rest – Menü 20 € – Karte 22/32 € – *(geschl. Dienstagmittag)*
Der Familienbetrieb ist ein 200 Jahre altes Gasthaus, das über sehr gepflegte, wohnlich eingerichtete Zimmer verfügt - auch ein geräumiges Appartement ist vorhanden. Und im Restaurant gibt es in behaglicher Atmosphäre bürgerliche Küche.

DÜBEN, BAD

Sachsen – 8 150 Ew. – Höhe 91 m – Siehe Regionalatlas **32-N10**
Berlin 140 km – Dresden 137 km – Leipzig 33 km – Halle 56 km
Michelin Straßenkarte 544

HEIDE SPA Zim,
Bitterfelder Str. 42 ✉ 04849 – ✆ (034243) 3 36 60 – www.heidespa.de
75 Zim – 66/113 € 118/202 € – 6 Suiten – ½ P **Rest** – Karte 22/49 €
Das Hotel bietet direkten Zugang zum umfassenden "Heide Spa", dessen Badebereich die Hausgäste kostenfrei nutzen können (Fitnessstudio und Anwendungen gegen Gebühr). Moderne Zimmer. Die A-la-carte-Restaurants LebensArt und Mühlenstube befinden sich im Spa-Gebäude.

DÜRKHEIM, BAD

Rheinland-Pfalz – 18 740 Ew. – Höhe 132 m – Siehe Regionalatlas **47-E16**
Berlin 639 km – Mainz 82 km – Mannheim 25 km – Kaiserslautern 33 km
Michelin Straßenkarte 543

Kurpark-Hotel

Zim,

Schloßplatz 1 ✉ 67098 – ✆ (06322) 79 70 – www.kurpark-hotel.de
113 Zim – 140/153 € 182/194 € – ½ P
Rest – Menü 30/46 € – Karte 29/50 €
Das geschichtsträchtige ehemalige Kurhaus geht mit der Zeit und die Neuerungen der letzten Jahre sind wirklich gelungen: topmoderner Spa, wohnliche Zimmer in warmen Farben und ein Restaurant mit internationaler Küche und toller Terrasse zum Kurpark. Lust auf Roulette oder Black Jack? Das Kasino liegt direkt nebenan, der Eintritt ist für Hotelgäste gratis.

Gartenhotel Heusser

Rest,

Seebacher Str. 50 ✉ 67098 – ✆ (06322) 93 00 – www.hotel-heusser.de
92 Zim – 91/155 € 141/191 € – 5 Suiten – ½ P
Rest – Menü 52 € – Karte 22/53 €
Bestaunen Sie den wunderbaren japanischen Garten mit Teehaus, Bachläufen, Koiteich... und genießen Sie das umfassende Spa-Angebot auf 900 qm vom schönen Hallenbad bis zum schicken Wellness-Pavillon. Aber auch arbeiten lässt es sich hier gut, dafür sorgen die vielfältigen Tagungsmöglichkeiten. Restaurant mit Gartenblick, dazu das "Grillhaisel".

Weingarten garni

Triftweg 11a ✉ 67098 – ✆ (06322) 9 40 10 – www.hotelweingarten.de – geschl. 20. Dezember - 25. Januar
18 Zim – 76/80 € 105/124 €
Mutter und Tochter leiten das sehr gepflegte kleine Hotel, auch das gegenüberliegende Weingut gehört der Familie. Von hellen, funktionellen Zimmern geht's am Morgen zum guten Frühstücksbuffet, im Sommer lockt der schöne Garten mit Pinien und Rebstöcken.

An den Salinen garni

Salinenstr. 40 ✉ 67098 – ✆ (06322) 9 40 40 – www.hotel-an-den-salinen.de – geschl. Mitte Dezember - Anfang Januar
18 Zim – 56/75 € 78/95 €
Ein äußerlich eher unscheinbares Hotel, das seine wahre Größe im Inneren zeigt, denn Inhaberin Iris Ohmer leitet ihr Haus mit Engagement und hält es top in Schuss. Die Zimmer (Standard, Comfort oder Business) sind alle wohnlich gestaltet, das Frühstücksbuffet ist klein, aber frisch.

In Bad Dürkheim-Seebach Süd-West: 1,5 km

Käsbüro

Dorfplatz 1 ✉ 67098 – ✆ (06322) 68 09 63 – www.kaesbuero.de – geschl. Ausgust 2 Wochen und Dienstag
Karte 27/47 € – *(nur Abendessen, an Sonn- und Feiertagen auch Mittagessen)*
Im einstigen Käsbüro a. d. 11. Jh. müssen die Gäste heute keinen Käse mehr mitbringen, sondern sitzen in drei behaglichen Stuben und lassen sich von Familie Kolley mit bürgerlicher Küche und regionalen Weinen bewirten - auch im reizenden berankten Innenhof. Gegenüber hat man einen hübschen Veranstaltungsraum.

Nahe der Straße nach Leistadt Nord: 3,5 km

Annaberg

Annabergstr. 1 ✉ 67098 Bad Dürkheim – ✆ (06322) 9 40 00 – www.hotel-annaberg.com – geschl. 2. - 18. Januar
35 Zim – 75/87 € 80/99 €, 12 € – ½ P
Rest – Menü 25/63 € – Karte 29/44 €
Das ehemalige Weingut in den Weinbergen über der Stadt ist eine schöne Kulisse für Hochzeitsfeiern (auch Trauungen möglich). Individuelle Zimmer, teils mit Balkon, einige schöne Winzerzimmer. Zum Restaurant gehören die Terrasse und die rustikale Weinstube.

DÜSSELDORF

Nordrhein-Westfalen – 592 400 Ew. – Höhe 36 m – Siehe Regionalatlas **25-B11**
▶ Berlin 564 km – Köln 39 km – Essen 38 km – Amsterdam 236 km
Michelin Straßenkarte 543
Stadtpläne siehe nächste Seiten

→ Alphabetische Liste der Hotels
→ Alphabetical index of hotels

→ Alphabetische Liste der Restaurants
→ Alphabetical index of restaurants

Hotels

Breidenbacher Hof
Königsallee 11 ✉ 40212 – ✆ (0211) 16 09 00 Stadtplan : K2**m**
– www.breidenbacherhofcapella.de
79 Zim – †305/770 € ††305/770 €, ☕ 42 € – 16 Suiten
Rest *Brasserie 1806* – siehe Restaurantauswahl
Service und die Privatsphäre des Gastes stehen hier klar im Vordergrund: von der schicken Capella Bar und der exklusiven Cigar Lounge über den täglichen Afternoon Tea bei Pianomusik und den Personal Assistant bis hin zu verschiedenen Frühstücksformen... Geschickt mischt sich dabei die klassisch-elegante Grandhotel-Atmosphäre mit modernem Komfort.

InterContinental
Königsallee 59 ✉ 40215 – ✆ (0211) 8 28 50 Stadtplan : K3**b**
– www.duesseldorf.intercontinental.com
270 Zim – †269/599 € ††299/599 €, ☕ 34 € – 17 Suiten
Rest *PÉGA* – siehe Restaurantauswahl
Kunst und Künstler rund um Düsseldorf stehen im Fokus des luxuriösen Businesshotels, gleich beim Empfang beeindruckt eine 40 m hohe Atriumhalle. Besonderes Gäste-Highlight ist die Club-Lounge in der 2. Etage, aber auch der direkte Zugang zum Holmes Place Health Club!

Hyatt Regency
Speditionstr.19 ✉ 40221 – ✆ (0211) 91 34 12 34 Stadtplan : F2_3**a**
– www.dusseldorf.regency.hyatt.de
303 Zim – †175 € ††200 €, ☕ 32 € – 13 Suiten
Rest *DOX* – siehe Restaurantauswahl
Zeitgemäß-elegant designtes Hotel am Medienhafen, an der Spitze einer Landzunge. Suchen Sie sich ein Plätzchen mit Aussicht: die Club-Lounge on top (bei gutem Wetter schauen Sie bis zum Kölner Dom) oder eines der großen "Deluxe-Ausblick-Zimmer"! Der Clou: Beim Betreten des Zimmers steht man im Bad!

Steigenberger Parkhotel
Königsallee 1a ✉ 40212 – ✆ (0211) 1 38 10 Stadtplan : K2**p**
– www.duesseldorf.steigenberger.de
119 Zim – †175/450 € ††215/550 €, ☕ 32 € – 11 Suiten
Rest *Artiste* – siehe Restaurantauswahl
Rest *Steigenberger Eck* – Menü 39 € – Karte 30/48 €
Man spürt es bereits in der Lobby: Die "Grande Dame" der Düsseldorfer Hotellerie ist ein Klassiker mit stilvoll-moderner Note. Überaus komfotabel sind nicht nur die schönen Zimmer, auch der Sauna- und Fitnessbereich wird dem Niveau des Hauses gerecht und gastronomisch hat man die Wahl zwischen zwei Restaurants. Eines davon ist das "Steigenberger Eck", das mit 40 Sorten Champagner beeindruckt!

Nikko
Immermannstr. 41 ✉ 40210 – ✆ (0211) 83 40 Stadtplan : K2**g**
– www.nikko-hotel.de
385 Zim – †109/259 € ††129/379 €, ☕ 23 € – 1 Suite
Rest *Benkay* – siehe Restaurantauswahl
Das Hotel bietet eine ansprechende Lobby in klarem modernem Stil, funktionelle Zimmer (komfortabler die Executive-Kategorie im Neubau) und (im kostenpflichtigen Freizeitbereich) den höchst gelegenen Pool von Nordrhein-Westfalen - im 11. Stock mit Panoramablick!

Radisson BLU Media Harbour
Zim,
Hammer Str. 23 ✉ 40219 – ✆ (0211) 3 11 19 10 Stadtplan : F3**e**
– www.radissonblu.com/mediaharbourhotel-duesseldorf
135 Zim ☕ – †150/450 € ††180/480 € **Rest** – Karte 32/55 €
Geradlinig-modern designtes Hotel im Medienhafen. In den Zimmern sorgen bodentiefe Fenster für optische Weite! Mehr Komfort bietet die Business-Kategorie. Auf dem Dach können Sie bei Sauna und Fitness entspannen. Das Restaurant "Amano" vereint Bar und Trattoria, "Amano Verde" mit vegetarischer Küche.

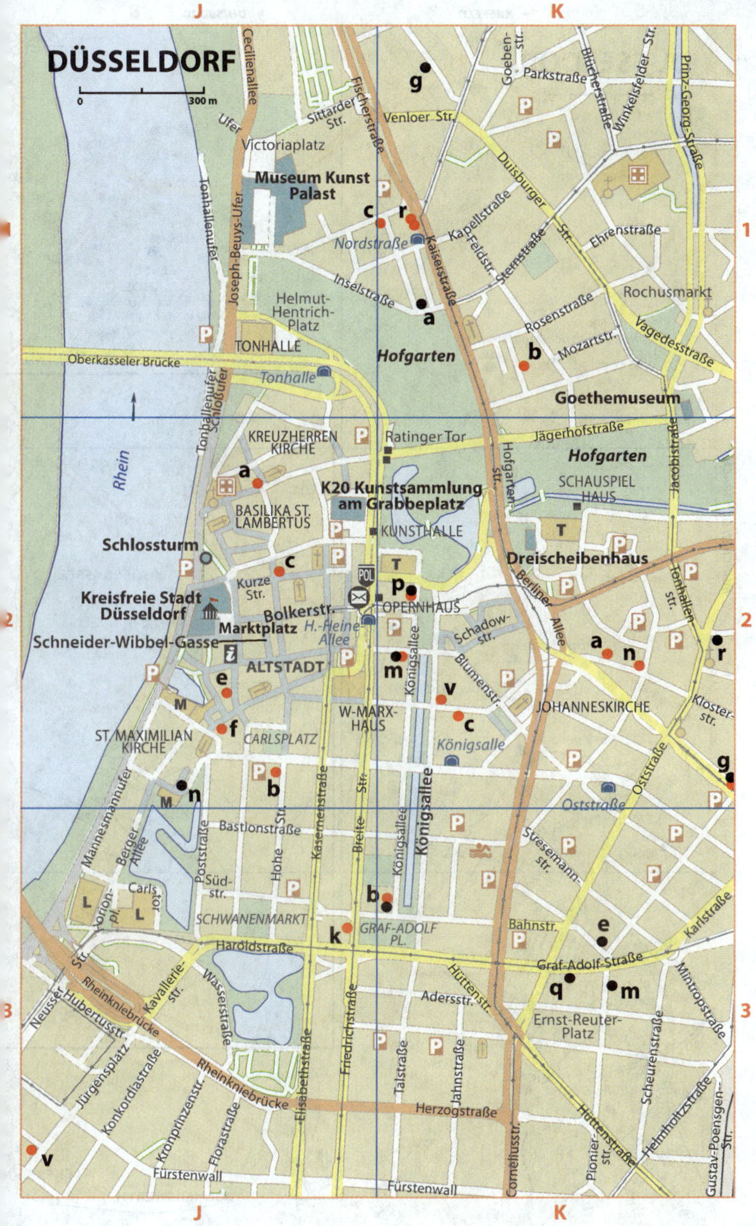
DÜSSELDORF
0
300 m
J
K
1
2
3
Cecilienallee
Ufer
Victoriaplatz
Museum Kunst Palast
Sittarder Str.
Fischerstraße
Venloer Str.
Goeben-str.
Parkstraße
Blücherstraße
Winkelsfelder Str.
Prinz-Georg-Straße
Duisburger Str.
Kapellstraße
Feldstr.
Sternstraße
Ehrenstraße
Rochusmarkt
Nordstraße
Kaiserstraße
Inselstraße
Tonhallenufer
Joseph-Beuys-Ufer
Helmut-Hentrich-Platz
Rosenstraße
Mozartstr.
Vagedesstraße
TONHALLE
Hofgarten
Oberkasseler Brücke
Tonhalle
Goethemuseum
Schlossufer
KREUZHERREN KIRCHE
Ratinger Tor
Jägerhofstraße
Hofgarten
Jacobistraße
Rhein
K20 Kunstsammlung am Grabbeplatz
Hofgarten-str.
SCHAUSPIEL HAUS
BASILIKA ST. LAMBERTUS
KUNSTHALLE
Schlossturm
Dreischeibenhaus
Kurze Str.
Berliner Allee
Tonhallen-str.
Kreisfreie Stadt Düsseldorf
Bolkerstr.
POL
OPERNHAUS
Marktplatz
H.-Heine Allee
Schadow-str.
Schneider-Wibbel-Gasse
ALTSTADT
Königsallee
Blumenstr.
JOHANNESKIRCHE
Kloster-str.
W-MARX-HAUS
ST. MAXIMILIAN KIRCHE
CARLSPLATZ
Königsallee
Oststraße
Oststraße
Bastionstraße
Kasernenstraße
Breite Str.
Königsallee
Königsallee
Stresemann-str.
Mannesmannufer
Berger Allee
Poststraße
Hohe Str.
Süd-str.
Carls-tor
Horion-pl.
SCHWANENMARKT
GRAF-ADOLF PL.
Bahnstr.
Karlstraße
Haroldstraße
Graf-Adolf-Straße
Hüttenstr.
Mintropstraße
Neusser Str.
Kavallerie-str.
Wasserstraße
Adersstr.
Ernst-Reuter-Platz
Hubertusstr.
Rheinkniebrücke
Elisabethstraße
Friedrichstraße
Talstraße
Jahnstraße
Scheurenstraße
Jürgensplatz
Konkordiastraße
Rheinkniebrücke
Herzogstraße
Helmholtzstraße
Hüttenstraße
Kronprinzenstr.
Florastraße
Corneliusstr.
Pionier-str.
Gustav-Poensgen-Str.
Fürstenwall
Fürstenwall

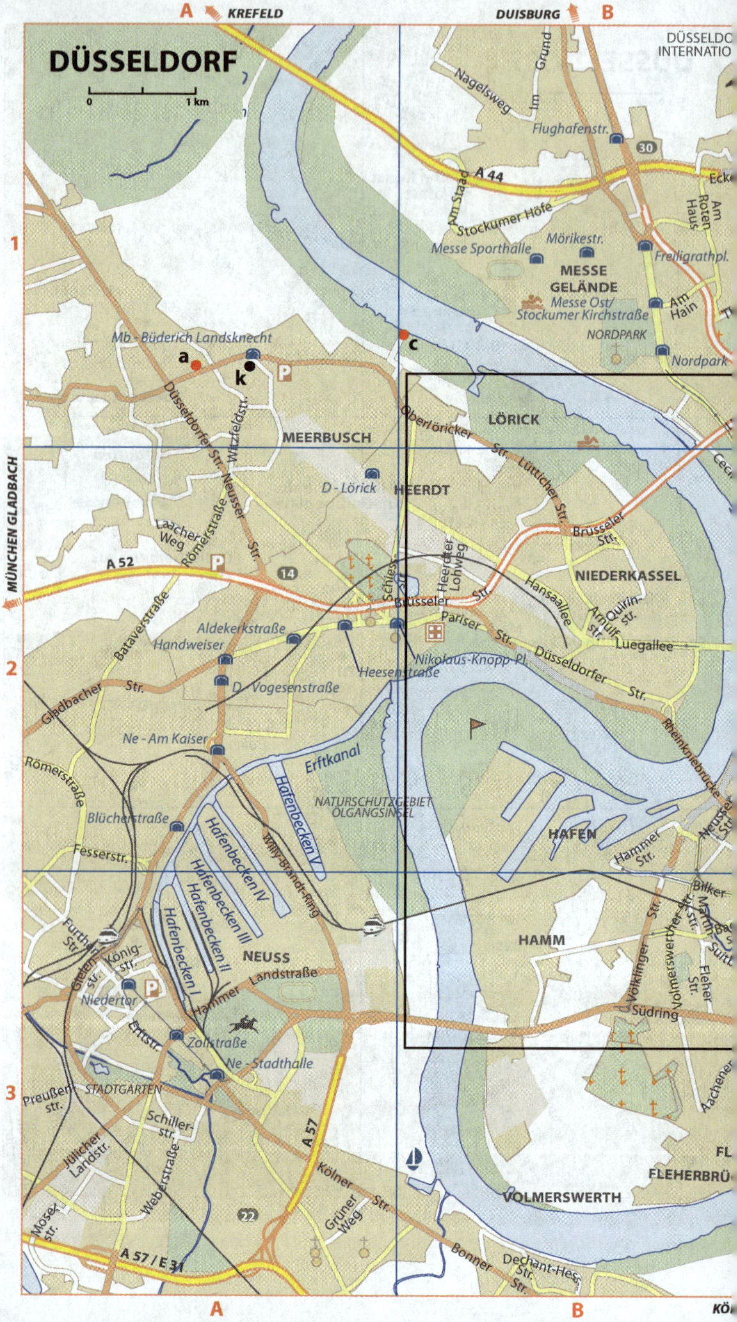
DÜSSELDORF
0
1 km
A
KREFELD
DUISBURG
B
DÜSSELDO
INTERNATIO
Nagelsweg
Im Grund
Flughafenstr.
30
A 44
Am Staad
Stockumer Höfe
Eck
Am Roten Haus
Mörikestr.
Messe Sporthalle
MESSE GELÄNDE
Freiligrathpl.
Messe Ost/ Stockumer Kirchstraße
Am Hain
NORDPARK
Nordpark
Mb - Büderich Landsknecht
a
k
c
P
Düsseldorfer Str.
Witzfeldstr.
MEERBUSCH
Oberlöricker Str.
LÖRICK
Lütticher Str.
D - Lörick
HEERDT
Neusser Str.
Römerstraße
Laacher Weg
Brüsseler Str.
NIEDERKASSEL
Heerdter Lohweg
Hansaallee
Schiess
A 52
14
Brüsseler Str.
Arnulfstr.
Quirinstr.
Pariser Str.
Luegallee
Bataverstraße
Aldekerkstraße
Handweiser
Nikolaus-Knopp-Pl.
Düsseldorfer Str.
Heesenstraße
D - Vogesenstraße
Gladbacher Str.
MÜNCHEN GLADBACH
Ne - Am Kaiser
Erftkanal
Rheinkniebrücke
Römerstraße
Hafenbecken V
NATURSCHUTZGEBIET ÖLGANGSINSEL
Blücherstraße
Hafenbecken IV
HAFEN
Hammer Str.
Neusser Str.
Fesserstr.
Willy-Brandt-Ring
Hafenbecken III
Hafenbecken II
Hafenbecken I
Bilker
Martinstr.
Furthstr.
Königstr.
Gielenstr.
NEUSS
HAMM
Völklinger Str.
Volmerswerther Str.
Fleher Str.
Landstraße
Hammer
Niedertor
P
Südring
Erftstr.
Zollstraße
Ne - Stadthalle
1
2
3
Preußenstr.
STADTGARTEN
Aachener
Schillerstr.
A 57
Jülicher Landstr.
Weberstraße
Kölner Str.
FL
FLEHERBRÜ
VOLMERSWERTH
22
Grüner Weg
Mosel str.
A 57 / E 31
Bonner Str.
Dechant-Hess-Str.
KÖ

ESSEN, MÜLHEIM
C
D
Grüner See
Silbersee
A 44
A 52
RATH
Theodorstraße
Reichswaldallee
Knittkuhler Str.
TERRATH
An der Piwipp
AAPER WALD
GRAFENBERGER WALD
Vogelsanger Weg
Nördlicher Zubringer
Münsterstraße
Sankt-Franziskus-Str.
Rather Broich
Fahneburgstr.
Mörsenbroicher Weg
Heinrichstraße
Rennbahnstraße
WILDPARK
WUPPERTAL
Grunerstr.
Graf-Recke-Str.
GRAFENBERG
Bergische Landstr.
Gräulinger Str.
Ludenberger Str.
GERRESHEIM
Torfbruchstraße
Hellweg
Dreher-str.
Heyestraße
Quadenhofstraße
Höherweg
Höherhofstr.
Morper Str.
Königsberger Str.
Erkrather Str.
Oberbilker Allee
Karl-Geusen-Str.
Am Hackenbruch
Jägerstraße
Alt Eller
ELLER
ELLERFORST
Vennhauser Allee
HILDEN UNTERBACH
VOLKSGARTEN
SUEDPARK
STOFFELN
LIERENFELD
Deichsee
Werstener Dorfstr.
A 46
Heidelberger Str.
SCHLOSSPARK ELLER
Universitätsstr.
Münchener Str.
Opladener Str.
Ickerswarder Str.
WERSTEN
Elbruchstraße
D HOLTHAUSEN
HOLTHAUSEN
Oerschbachstraße
Further Str.
Am Schönenkamp
KÖLN
SCHLOSS BENRATH (PARK)
1
2
3

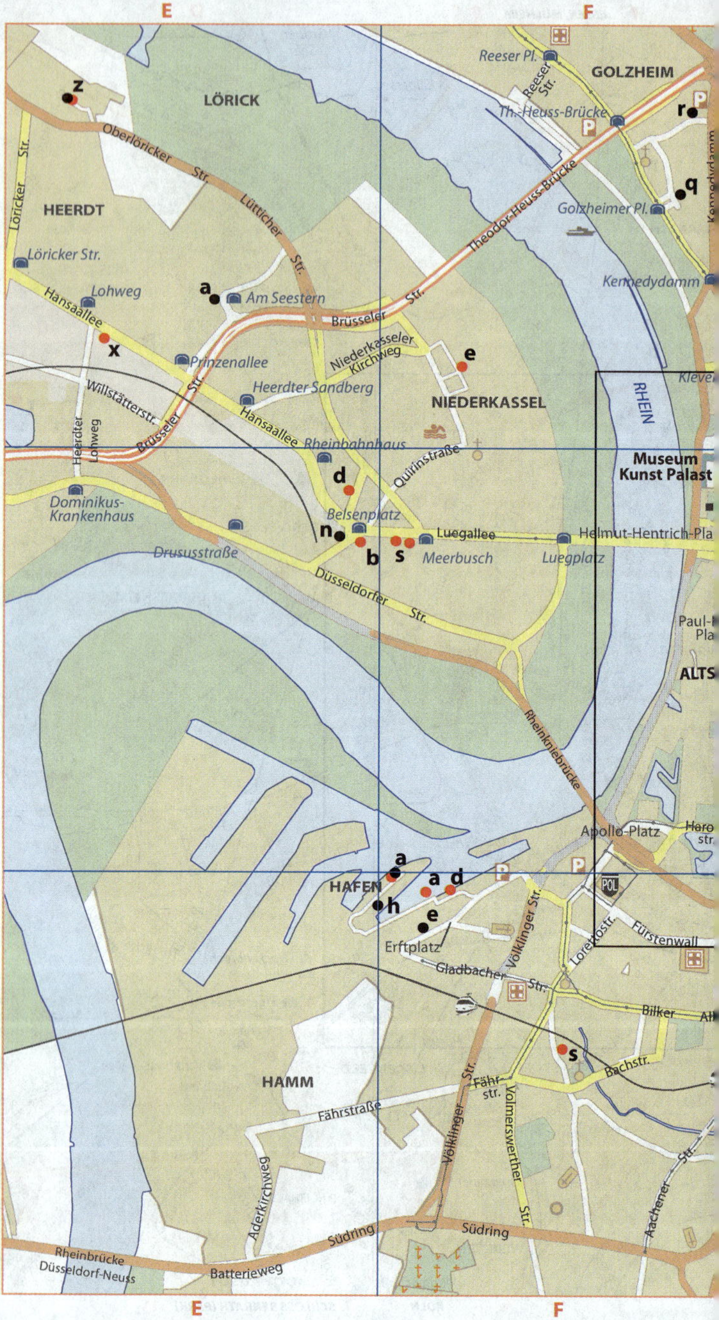

E
F
1
2
3
LÖRICK
HEERDT
GOLZHEIM
NIEDERKASSEL
HAFEN
HAMM
RHEIN
Museum Kunst Palast
Oberlöricker Str.
Lütticher Str.
Löricker Str.
Hansaallee
Brüsseler Str.
Theodor-Heuss-Brücke
Th.-Heuss-Brücke
Reeser Pl.
Reeser Str.
Golzheimer Pl.
Kennedydamm
Am Seestern
Lohweg
Prinzenallee
Heerdter Sandberg
Niederkasseler Kirchweg
Willstätterstr.
Heerdter Lohweg
Rheinbahnhaus
Quirinstraße
Dominikus-Krankenhaus
Belsenplatz
Luegallee
Meerbusch
Luegplatz
Helmut-Hentrich-Pla
Drususstraße
Düsseldorfer Str.
Rheinkniebrücke
Apollo-Platz
Fürstenwall
Lorettostr.
Völklinger Str.
Erftplatz
Gladbacher Str.
Bilker
Bachstr.
Fährstr.
Fährstraße
Volmerswerther Str.
Aderkirchweg
Aachener Str.
Südring
Rheinbrücke Düsseldorf-Neuss
Batterieweg
ALTS
Paul-
Pla
Kleve
z
x
a
e
d
n
b
s
r
q
h

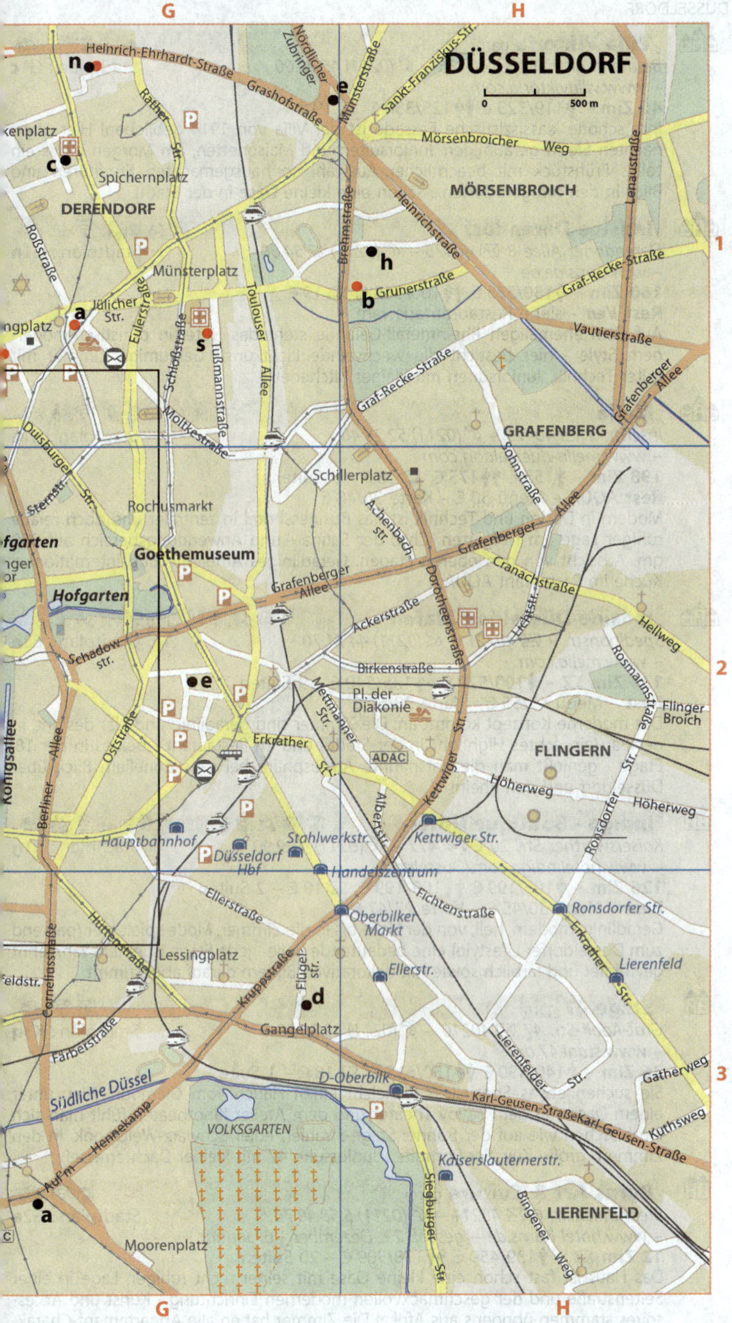
DÜSSELDORF
0
500 m
G
H
1
2
3
DERENDORF
MÖRSENBROICH
GRAFENBERG
FLINGERN
LIERENFELD
Flinger Broich
VOLKSGARTEN
Heinrich-Ehrhardt-Straße
Grashofstraße
Nördlicher Zubringer
Münsterstraße
Sankt-Franziskus-Str.
Mörsenbroicher Weg
Lenaustraße
Rather Str.
Spichernplatz
Heinrichstraße
Brehmstraße
Grunerstraße
Graf-Recke-Straße
Vautierstraße
Grafenberger Allee
Münsterplatz
Jülicher Str.
Eulerstraße
Schloßstraße
Tußmannstraße
Toulouser Allee
Roßstraße
Moltkestraße
Sohnstraße
Schillerplatz
Achenbach-str.
Duisburger Str.
Sternstr.
Rochusmarkt
Goethemuseum
Hofgarten
Cranachstraße
Hellweg
Dorotheenstraße
Ackerstraße
Lichtstr.
Rosmarinstraße
Schadowstr.
Birkenstraße
Pl. der Diakonie
Mettmanner Str.
Erkrather Str.
ADAC
Kettwiger Str.
Höherweg
Ronsdorfer Str.
Oststraße
Berliner Allee
Königsallee
Albertstr.
Hauptbahnhof
Stahlwerkstr.
Düsseldorf Hbf
Handelszentrum
Fichtenstraße
Ellerstraße
Oberbilker Markt
Erkrather Str.
Lierenfeld
Hüttenstraße
Lessingplatz
Kruppstraße
Flügelstr.
Ellerstr.
Corneliusstraße
Gangelplatz
Färberstraße
Lierenfelder Str.
Gatherweg
Südliche Düssel
D-Oberbilk
Karl-Geusen-Straße
Kuthsweg
Hennekamp
Auf'm Hennekamp
Kaiserslauterner Str.
Siegburger Str.
Bingener Weg
Moorenplatz
n
e
c
h
b
a
s
e
d
a

Villa Viktoria garni

Blumenthalstr. 12 ✉ 40476 – ✆ (0211) 46 90 00 Stadtplan : G1**c**
– www.villaviktoria.com
40 Zim – 119/325 € 125/350 €, 19 €
Ihre schöne klassiszistische Fassade ist der Villa von 1914 geblieben! Hier übernachten Sie in geräumigen Juniorsuiten und Maisonetten, am Morgen gibt's ein tolles Frühstück mit beachtlicher Auswahl an hausgemachten Konfitüren und Blick in den ruhigen Garten... schon eine kleine Oase in der Stadt!

Innside Derendorf

Derendorfer Allee 8 ✉ 40476 – ✆ (0211) 17 54 60 Stadtplan : G1**n**
– www.innside.de
160 Zim – 130/535 € 160/565 €, 19 €
Rest *Ven* – siehe Restaurantauswahl
Auf dem ehemaligen Rheinmetall-Gelände steht das Hotel in puristisch-modernem Style - hier besticht die wechselnde Lichtkunst! Geräumige Zimmer mit guter Technik, Juniorsuiten mit kleiner Kitchenette.

Meliá

Inselstr. 2 ✉ 40479 – ✆ (0211) 52 28 40 Stadtplan : K1**a**
– www.melia-duesseldorf.com
198 Zim – 155 € 175 €, 28 € – 3 Suiten
Rest *AQUA* – Menü 30 € – Karte 25/48 €
Modern in Design und Technik ist das Businesshotel in zentraler und doch relativ ruhiger Lage am Hofgarten. Chic: der Sauna - und Anwendungsbereich auf 300 qm. Aussicht von den oberen Etagen. Geradliniges Ambiente und internationale Küche im Restaurant AQUA.

Innside Düsseldorf Hafen N

Zim,

Speditionstr. 9 ✉ 40221 – ✆ (0211) 44 71 70 Stadtplan : E3**h**
– www.melia.com
134 Zim – 100/520 € 135/540 € – 9 Suiten
Rest – Menü 45/55 € – Karte 38/60 €
Das moderne Konzept kommt an: Die Zimmer sind geradlinig und klar designt, in der Bar (ein echtes Highlight in der Stadt!) und im Restaurant - beides in der 18. Etage - genießt man die entspannte Atmosphäre bei sensationellem Blick über Düsseldorf und den Rhein!

Indigo - Boutique Hotel N

Zim, Rest,

Kaiserswerther Str. 20 ✉ 40477 – ✆ (0211) 4 99 90 Stadtplan : K1**g**
– www.hotelindigo.com/Dusseldorf
126 Zim – 109/199 € 109/199 €, 19 € – 2 Suiten
Rest – Menü 30/45 € – Karte 27/47 €
Geradlinig, modern, hell, von der Halle bis in die Zimmer. Mode spielt hier (passend zum Düsseldorfer Lifestyle) eine bedeutende Rolle - jede Etage ist einem Jahrzehnt gewidmet und farblich sowie mit dekorativen Bildern darauf abgestimmt.

Stage 47 garni

Graf-Adolf-Str. 47 ✉ 40210 – ✆ (0211) 38 80 30 Stadtplan : K3**q**
– www.stage47.de
26 Zim – 140/590 € 150/615 €, 18 € – 1 Suite
Sie suchen etwas Spezielles? Vielleicht einen Hauch vom Glamour? Hier, unter einem Dach mit dem Savoy Theater und dem Atelier Kinotheater, fühlt man sich ein bisschen wie auf der Bühne: Stage-Strahler, edler Schwarz-Weiß-Look, in den Zimmern große Künstler-Portraits... Juniorsuite 47 mit kleiner Dachterrasse!

Burns Art & Culture garni

Stephanienstr. 6 ✉ 40211 – ✆ (0211) 5 50 40 70 Stadtplan : G2**e**
– www.hotel-burns.de – geschl. 23. Dezember - 6. Januar
12 Zim – 139/459 € 178/509 € – 20 Suiten
Das Haus ist fast schon eine kleine Oase mit seiner recht ruhigen Lage in einer Seitenstraße und der geschmackvollen modernen Einrichtung - Kunst und Accessoires stammen übrigens aus Afrika! Die Zimmer haben alle Appartement-Charakter: geräumig und mit Küche.

Burns Art Hotel garni (mit Gästehaus)
Bahnstr. 76 ✉ 40210 – ✆ (0211) 7 79 29 10 Stadtplan : K3**e**
– www.hotel-burns.de – geschl. 23. Dezember - 4. Januar
31 Zim – 120/195 € 145/231 €, 15 € – 4 Suiten
Rund 400 Kunstobjekte schmücken das Stadthaus von 1898, dazu puristisches Design... wirklich chic! Zwei sehenswerte Plätze: das tolle Backsteingewölbe im Keller (hier gibt's Frühstück) und die Mini-Terrasse auf dem Dach! Nur 300 m entfernt - im Gästehaus - können Sie auch Appartements buchen!

Günnewig Hotel Uebachs garni
Leopoldstr. 3 ✉ 40211 – ✆ (0211) 17 37 10 Stadtplan : K2**r**
– www.guennewig.de
82 Zim – 89/325 € 109/428 € – 1 Suite
Relativ ruhig liegt das gediegene Hotel in einer Seitenstraße in der Innenstadt. Mit dem vielseitigen Frühstücksbuffet ist man auf internationale Gäste eingestellt.

Haus am Zoo garni (mit Gästehaus)
Sybelstr. 21 ✉ 40239 – ✆ (0211) 6 16 96 10 Stadtplan : H1**h**
– www.hotel-haus-am-zoo.de
24 Zim – 92/245 € 126/285 €
Hier im attraktiven Zooviertel finden Sie in Karl-Otto und Sabine Leyh herzliche Gastgeber! Die Zimmer sind tipptopp gepflegt, das Stadtbahnticket ist kostenlos. Für Hausgäste bietet man auch eine kleine Speisekarte, im Sommer grillt der Chef sogar für Sie im schönen Garten!

Orangerie garni
Bäckergasse 1 ✉ 40213 – ✆ (0211) 86 68 00 Stadtplan : J2**n**
– www.hotel-orangerie-mcs.de
27 Zim – 110/195 € 130/250 €
Das schöne Haus wird gern gebucht, kein Wunder: Es liegt im Herzen der Stadt (so kann man alles zu Fuß erkunden, z. B. das Stadtmuseum nebenan!), hat moderne Zimmer (nach Düsseldorfer Künstlern benannt), einen freundlichen Frühstücksraum...

Am Volksgarten garni
Flügelstr. 46 ✉ 40227 – ✆ (0211) 72 50 50 Stadtplan : G3**d**
– www.hotel-am-volksgarten.de – geschl. Ende Dezember - Anfang Januar 2 Wochen
14 Zim – 59/245 € 89/290 €, 10 €
Das kleine Hotel im Zentrum wird sympathisch und engagiert geführt. Mit Sinn fürs Detail hat man liebenswerte und ganz individuelle Themenzimmer geschaffen. Am Nachmittag checkt man per Schlüsselbox ein.

Flora garni
Auf'm Hennekamp 37 ✉ 40225 – ✆ (0211) 93 49 80 Stadtplan : G3**a**
– www.hotel-flora-duesseldorf.de
37 Zim – 46/249 € 59/289 €, 13 €
Im Hotel der Familie Dell'Oro hat nun Tochter Kristin freundlich und enagagiert die Leitung übernommen. Zimmer gibt es in den Kategorien "Standard", "Trend" und "Klassik" - alle mit Kaffee-/Teekocher, zum Hof hin meist mit Balkon. Außerdem drei Appartements.

Restaurants

Victorian
Königstr. 3a, (1. Etage) ✉ 40212 – ✆ (0211) 8 65 50 10 Stadtplan : K2**c**
– www.restaurant-victorian.de – geschl. Sonntag - Montag und an Feiertagen, außer an Messen
Menü 56 € (mittags)/142 € – Karte 72/93 € – (Tischbestellung ratsam)
Matthias Hein heißt der Mann am Herd, der in dieser Düsseldorfer Gourmetadresse mit modern-klassischer Küche überzeugt. Dazu empfiehlt man kompetent den passenden Wein von der rund 600 Positionen umfassenden Karte. Tipp: spanische Rotweine.
→ Kartoffel "Romanoff", Osietra Kaviar, Créme Fraîche. Angel Steinbutt an der Gräte gebraten, Sauce Béarnaise, Pfifferlinge, Kartoffeln. Delice von Beeren, Rosenblüten, Basilikum.
Rest ***Bistro im Victorian*** – siehe Restaurantauswahl

Artiste – Steigenberger Parkhotel
Königsallee 1a ✉ 40212 – ✆ (0211) 1 38 16 11 Stadtplan : K2**p**
– www.duesseldorf.steigenberger.de
Menü 59/69 € – Karte 49/88 €
Im Trubel der Kö finden Sie hier ein ruhiges Plätzchen im eleganten Wintergarten und genießen zwischen großen Palmen und mit Blick auf den Hofgarten internationale Speisen wie "Salat von Hummer und Jakobsmuschel mit confiertem Gemüse". Dabei werden Sie freundlich und aufmerksam von der klassischen Servicebrigade umsorgt.

Brasserie 1806 – Hotel Breidenbacher Hof
Königsallee 11 ✉ 40212 – ✆ (0211) 16 09 05 00 Stadtplan : K2**m**
– www.breidenbacherhofcapella.de
Menü 32 € (mittags)/75 € – Karte 40/92 €
Die Eleganz ergibt sich aus dem Interior im Louis-Seize-Stil, Kristalllüstern, feinsten Accessoires, einem Séparée für "privat dining"... Interessant sind die täglich wechselnden "Plat du Jour"-Gerichte, die man auch als Menü bekommt!

Berens am Kai
Kaistr. 16 ✉ 40221 – ✆ (0211) 3 00 67 50 Stadtplan : F3**d**
– www.berensamkai.de – geschl. Anfang Januar 1 Woche und Samstagmittag, Sonntag sowie an Feiertagen
Menü 45 € (mittags)/145 € – Karte 78/112 €
Sehr gute Produkte sind für Holger Berens das A und O, es entstehen daraus harmonisch zusammengestellte Gerichte, die mit vielfältigen Aromen und kräftiger Würze überzeugen. Sie genießen die moderne Küche in ebenso modernem, angenehm lichtem Ambiente, begleitet von einer tollen großen Weinauswahl.
➜ Loup de mer - Grafschafter Schnecken, Fenchel, Wakame Grüner Tee. Topinambur - Artischocken, Wachtelei, Trüffel. Juvenil Ferkel - Walnüsse, Karotten, Blutwursterde, Navetten, Pflaume.

Rossini
Kaiserstr. 5 ✉ 40479 – ✆ (0211) 49 49 94 Stadtplan : K1**r**
– www.rossini-gruppe.de – geschl. Sonntag und an Feiertagen, außer an Messen
Menü 43/65 € – Karte 47/60 € – *(nur Abendessen)*
Seit 1978 gibt es dieses Restaurant und seit jeher legt der engagierte Chef großen Wert auf klassische italienische Gastlichkeit. Elegant die Einrichtung in Grau und Rot, freundlich der Service, gut die Weinauswahl. Übrigens: Das Parkhaus nebenan ist für die Gäste gratis.

Tafelspitz 1876 (Daniel Dal-Ben)
Grunerstr. 42a ✉ 40239 – ✆ (0211) 1 71 73 61 Stadtplan : H1**b**
– www.tafelspitz1876.de – geschl. Ende Dezember - Anfang Januar 2 Wochen und Sonntag - Montag
Menü 65/110 € – *(nur Abendessen)* (Tischbestellung ratsam)
Daniel Dan-Ben kocht kreativ, mit bewusst wenigen Bestandteilen, die er stimmig zusammenstellt und deren Geschmack und Aromen er gekonnt betont. Auch der Rahmen ist erwähnenswert: Das kleine Restaurant ist hell, angenehm modern und hübsch dekoriert, der Service ausgesprochen freundlich und kompetent.
➜ Steinbutt - Karotteneigelb, Olive, Schwartenkruste. Maibock - Erdbeeressig, Maisbisquit, Mairübe. Torrone - Pistazie, Rooibostee, Sauerrahmeis.

Zin-Zin
Königsallee 59 ✉ 40215 – ✆ (0211) 86 39 99 24 Stadtplan : K3**b**
– www.zin-zin.de – geschl. Sonntag - Montag
Menü 48/84 € – Karte 40/80 €
Mit seinem modernen Chic passt das schöne Bar-Restaurant-Konzept gut an die Kö! Hier gibt es internationale Küche mit kleinerer Auswahl am Mittag - von Dienstag bis Samstag speist man bei Live-Pianomusik.

La Terrazza
Königsallee 30, (2. Etage) ✉ 40212 – ✆ (0211) 32 75 40 Stadtplan : K2**v**
– www.restaurantlaterrazza.de – geschl. Feiertage, außer Weihnachten und an Messen
Menü 73/85 € – Karte 47/82 € – (Tischbestellung ratsam)
52 Stufen (oder auch der Lift) bringen Sie in eine wahre Terrassen-Oase an der Kö! Die Chefin hat schön dekoriert, besonders geschmackvoll zur Weihnachtszeit. Man schaut auf den umlaufenden Balkon mit mediterranem Flair. Schwerpunkt von Küche und Weinkarte: Italien.

XX **Schorn** (Marcel Schiefer) mit Zim

Martinstr. 46a ✉ 40223 – ✆ (0211) 3 98 19 72 Stadtplan : F3**s**
– www.restaurant-schorn.de – geschl. August 2 Wochen und Sonntag - Montag
3 Zim – 65/75 € 100/110 €, 15 €
Menü 58/99 € – Karte 50/66 € – *(nur Abendessen)* (Tischbestellung ratsam)
Anne Schorn und Marcel Schiefer sind die junge, engagierte 3. Generation hier im Haus. Der Chef kocht modern, vergisst aber nicht die klassischen Wurzeln. Sie mögen deutsche Weißweine? Diese sind auf der Karte besonders zahlreich vertreten. Tipp: Fragen Sie nach einem der Tische in den hübschen Fensternischen! Im "Mercure" in der Parallelstraße parken Sie kostenlos.

➜ Langustino, Yuzu, Kokos, Kurkuma. Gänseleber, Rote Bete, Apfel, Haselnuss. Ente, marinierte Gemüse, Pflaume, Koriander.

XX **Weinhaus Tante Anna**

Andreasstr. 2 ✉ 40213 – ✆ (0211) 13 11 63 Stadtplan : J2**c**
– www.tanteanna.de – geschl. über Weihnachten und Sonntag sowie an Feiertagen, außer an Messen
Menü 50/76 € – Karte 40/59 € – *(nur Abendessen)* (Tischbestellung ratsam)
Eine im 16. Jh. erbaute Hauskapelle des Jesuitenklosters, seit 1820 engagiert als Familienbetrieb geführt! Hier ist es historisch-gemütlich, Sie sitzen an sehenswerten alten Holztischen, vor Ihnen auf dem Teller regionsbezogene Produkte in Form von zeitgemäß-saisonalen Gerichten.

XX **Nagaya**

Klosterstr. 42 ✉ 40211 – ✆ (0211) 8 63 96 36 Stadtplan : K2**n**
– www.nagaya.de – geschl. 24. Dezember - Anfang Januar, Ende Juli - Anfang August und Sonntag - Montag sowie an Feiertagen mittags, außer an Messen
Menü 68 € (mittags)/169 € (abends) – Karte 61/111 € – (Tischbestellung ratsam)
Yoshizumi Nagaya ist ganz in seinem Element, wenn er die ihm bestens vertraute traditionelle japanische Küche mit klassischen Elementen verbindet, gekonnt spielt er dabei mit Aromen - mal dezent und elegant, mal kräftig und würzig. Schön die Auswahl an Weinen und Sake. Tipp: das Mittagsmenü zu sehr gutem Preis-Leistungs-Verhältnis.

➜ Tatar von Thunfisch und Caviar. Sautierte japanische Dorade mit Buchweizen und Oliven-Vinaigrette. Weißes Schokoladenmousse mit Pfirsichkompott und Joghurteis.

XX **Ven** – Hotel Innside Derendorf

Derendorfer Allee 8 ✉ 40476 – ✆ (0211) 1 75 46 40 40 Stadtplan : G1**n**
– www.innside.de – geschl. Samstagmittag, Sonntag, außer an Messen
Menü 47/79 € – Karte 29/76 €
Weiß ist die dominierende Farbe in dem hohen Raum, der durch viel Lichteinfall und geradlinigen Style noch heller wirkt. Sind Sie Restaurantgast, parken Sie auf Kosten des Hauses!

XX **DOX** – Hotel Hyatt Regency

Speditionstr.19 ✉ 40221 – ✆ (0211) 91 34 17 75 Stadtplan : F2_3**a**
– www.dox-restaurant.de
Karte 41/98 €
Das bewusst puristisch gestaltete Interieur schafft Eleganz, die stilvolle Sushibar, die offene Showküche und der tolle Ausblick bringen zusätzlich Atmosphäre. Mittags kommt man zum Business Lunch, am Abend gibt es neben Sushi und Steaks auch eine gehobene Karte, sonntags Brunch.

XX **PÉGA** – Hotel InterContinental

Königsallee 59 ✉ 40215 – ✆ (0211) 82 85 12 20 Stadtplan : K3**b**
– www.duesseldorf.intercontinental.com
Menü 24 € (mittags unter der Woche)/65 € – Karte 40/89 €
Ein modernes Restaurant (weiße Lederpolster, dunkles Holz, klare Linien...), offen angeschlossen die belebte Halle mit Lounge. Die Küche bietet internationale Speisen und Grillgerichte, nicht zu vergessen das beliebte Mittagsmenü.

Agata's

Münsterstr. 22 ✉ *40477 – ✆ (0211) 20 03 06 16* Stadtplan : G1**a**
– www.agatas.de – geschl. Sonntag - Montag, außer an Messen
Menü 27 € (mittags)/96 € (abends) – Karte 46/78 € – (Tischbestellung ratsam)
Chefin und Namensgeberin Agata Reul, Oberkellner Christian Dietrich und Küchenchef Jörg Wissmann kennen sich aus ihrer Zeit im "Victorian", nun sind sie hier die junge engagierte Crew, die ihren Gästen interessante Küche bietet - Einflüsse aus der polnischen Heimat der Gastgeberin gehören ebenso dazu wie Irisches Dry Aged Beef. Probieren Sie auch den günstigen Lunch!
➜ Champignonessenz, Ochsenschwanz, Lauch, Zwiebeln. Ora King Lachs roh mariniert, Spargel, Wassermelone, Parmaschinken. Dry Aged Beef John Stone, Rumpsteak, Frühlingsgemüse, Pilze, Sojajus.

Lido

Am Handelshafen 15 (im Mediahafen) ✉ *40221* Stadtplan : F3**a**
– ✆ (0211) 15 76 87 30 – www.lido1960.de – geschl. 1. - 8. Januar und Samstagmittag, Sonntag
Menü 69/99 € – Karte 55/70 €
In einem puristisch designten Glaskubus auf einer Brücke direkt über dem Hafenbecken bietet man produktbezogene klassisch-französische Küche. Terrasse auf dem Wasser!

Fehrenbach

Schwerinstr. 40 ✉ *40477 – ✆ (0211) 9 89 45 87* Stadtplan : G1**f**
– www.restaurant-fehrenbach.de – geschl. Weihnachten - 6. Januar, 20. Juli - 9. August und Sonntag - Montag
Menü 53/71 € – Karte 40/53 € – *(nur Abendessen)* (Tischbestellung ratsam)
Julia Fehrenbach führt den Betrieb mit Engagement, in der Küche hat Alexander Türk die Leitung. Das Motto lautet "Liebe, Lust und Leidenschaft". Dazu passen auch die schönen gereiften Weine. Vor dem Haus einige Tische auf dem Gehweg.

Bistro im Victorian – Restaurant Victorian

Königstr. 3a ✉ *40212 – ✆ (0211) 8 65 50 10* Stadtplan : K2**c**
– www.restaurant-victorian.de – geschl. Juli - September: Sonntag
Karte 34/60 € – (Tischbestellung ratsam)
In unmittelbarer Nähe zur "Kö" befindet sich das trendige Lifestyle-Bistro. Eine Showküche, in der Sie sich kleine Tricks der Küchencrew abschauen können, versprüht lebendiges und urbanes Flair!

D'VINE

Lorettostr. 23 ✉ *40219 – ✆ (0211) 54 35 74 28* Stadtplan : J3**v**
– www.d-vine.de – geschl. Januar 1 Woche und Sonntag
Menü 25 € (mittags)/109 € (abends) – Karte 43/65 € – *(Feiertage nur Abendessen)* (abends Tischbestellung ratsam)
Schmackhaft und frisch ist die Küche hier, mit mediterranen, klassischen und regionalen Einflüssen. Mittags ist das Angebot einfacher und günstiger, am Abend gehobener. Wer trotz der schönen europäischen Weinkarte seinen eigenen Wein zum Essen möchte, kann ihn montags mitbringen (Korkgeld 10 €).

Parlin

Altestadt 12 ✉ *40213 – ✆ (0211) 87 74 45 95* Stadtplan : J2**a**
– www.parlin-weinbar.de – geschl. Montag
Menü 42 € – Karte 33/77 € – *(nur Abendessen)* (Tischbestellung ratsam)
Laut und lebendig geht es in dem netten kleinen Lokal in der Altstadt zu. Man sitzt unter einer herrlichen Stuckdecke und isst Schmackhaftes wie "gegrillten Oktopus mit Aprikosen-Kürbis-Chutney" oder "Merguez mit Couscous".

Spoerl Fabrik

Tussmannstr. 70 ✉ *40477 – ✆ (0211) 44 03 73 91* Stadtplan : G1**s**
– www.spoerl-fabrik.de – geschl 1. - 12. Januar und Montag
Karte 40/49 €
Ein eher einfaches, aber (oder vielleicht gerade deshalb) sympathisches Restaurant - etwas versteckt im ehemaligen Pförtnerhaus der Spoerl-Fabrik gelegen! Der Service freundlich und leger, die Küche international. Kleine Mittagskarte.

Positano

Freiligrathstr. 36 ✉ 40479 – ✆ (0211) 4 98 28 03 Stadtplan : JK1**c**
– www.rossini-gruppe.de – geschl. Montag, außer an Messen
Menü 32 € – Karte 32/45 €
Das Restaurant an der Ecke erinnert schon ein bisschen an eine Trattoria im Süden. Das liegt nicht zuletzt an der mediterranen Küche mit wöchentlich wechselnden Menüs - die Fischspezialitäten stehen hoch im Kurs! Ein guter Tipp ist auch der günstige Mittagstisch! Parkhaus kostenfrei.

Münstermanns Kontor

Hohe Str. 9 ✉ 40213 – ✆ (0211) 1 30 04 16 Stadtplan : J2**b**
– www.muenstermann-delikatessen.de – geschl. Samstagabend - Montag und an Feiertagen
Karte 31/52 €
Die Plätze hier sind richtig begehrt, und das liegt nicht nur an der sympathisch-ungezwungenen Atmosphäre. Wirklich gut die Bistroküche mit regionalen Klassikern - lecker z. B. die Curryschaumsuppe oder der Rheinische Sauerbraten!

La Piazzetta

Kaiserstr. 5 ✉ 40479 – ✆ (0211) 49 46 56 Stadtplan : K1**r**
– www.rossini-gruppe.de – geschl. Sonntag
Menü 32 € – Karte 34/59 €
Wer italienische Küche mag, ist in dem gut geführten, sympathischen Restaurant genau richtig. Ein Nebenraum dient als Weinlager und für Kochkurse. Praktisch für Autofahrer: Das Parkhaus ist kostenfrei.

U. Das Restaurant N

Klosterstr. 34 ✉ 40213 – ✆ (0211) 91 33 69 92 Stadtplan : K2**a**
– www.u-dasrestaurant.de – geschl. Sonntag - Montag
Menü 49/69 € – *(nur Abendessen)*
Tagsüber serviert man in schöner gemütlich-legerer Atmosphäre Kuchen und kleine Snacks, ab 19 Uhr ein kreatives Menü - unkompliziert, aber dennoch fein, durchdacht und voller Aroma! Sie bestimmen selbst, wie viele Gänge Sie möchten.

Zum Schiffchen

Hafenstr. 5 ✉ 40213 – ✆ (0211) 13 24 21 Stadtplan : J2**f**
– www.brauerei-zum-schiffchen.de – geschl. Weihnachten - 1. Januar, Juli - August: Sonntag, außer an Messen
Karte 20/46 €
Rheinisch-bürgerliche Küche in einem urig-gemütlichen Gasthaus mit über 380-jähriger Tradition als Schankwirtschaft. Besondere Plätzchen sind z. B. das Napoleon- oder das Heine-Eck, und natürlich der schöne Biergarten!

Benkay – Hotel Nikko

Immermannstr. 41 ✉ 40210 – ✆ (0211) 8 34 26 20 Stadtplan : K2**g**
– www.nikko-hotel.de
Menü 55/120 € – Karte 26/90 €
Das Ambiente ist modern-japanisch, das Angebot vielfältig: Man serviert Sushi, abends zudem Teppanyaki und Kaiseki-Menüs. Sie mögen es privater? Dann wählen Sie einen der separaten Tatami-Räume.

In Düsseldorf-Golzheim

Radisson BLU Scandinavia

Rest,

Karl-Arnold-Platz 5 ✉ 40474 – ✆ (0211) 4 55 30 Stadtplan : F1**q**
– www.radissonblu.com/scandinaviahotel-duesseldorf
313 Zim – 🚹120/450 € 🚹🚹150/450 € – 1 Suite
Rest *Arnold's* – ✆ (0211) 45 53 34 02 – Karte 33/59 €
Tagungshotel in Rheinnähe mit Konferenzzentrum im 10. Stock (tolle Sicht beim Arbeiten - das hat doch was!). Fragen Sie nach den Businesszimmern, sie sind größer und komfortabler! Moderner Stil im Arnold's: im eleganten Restaurant sowie im Bistrobereich. Sehr schön die Terrasse zum Kräutergarten!

Hilton Rest,

Georg-Glock-Str. 20 ✉ 40474 – ✆ (0211) 4 37 70 Stadtplan : F1**r**
– www.dusseldorf.hilton.com
373 Zim – 99/589 € 99/589 €, 27 € – 2 Suiten
Rest – Menü 35 € – Karte 31/72 €
Ein modernes Businesshotel mit sehr guten Tagungsmöglichkeiten. Die Zimmer sind hell und neuzeitlich gestaltet, Executive-Zimmer mit eigener Lounge und separatem Check-in.

In Düsseldorf-Kaiserswerth Nord: 9 km über Stadtplan : B1, Richtung Duisburg

Barbarossa garni

Niederrheinstr. 365 ✉ 40489 – ✆ (0211) 4 08 09 20
– www.hotel-barbarossa.com
45 Zim – 65/199 € 80/249 €, 16 €
Die verkehrsgünstige Lage in Flughafennähe sowie neuzeitlich-wohnliche Zimmer mit mediterraner Note sprechen für dieses Hotel. Freundlicher Frühstücksraum und nette kleine Bar.

Das MutterHaus garni

Geschwister-Aufricht-Str. 1 ✉ 40489 – ✆ (0211) 61 72 70
– www.hotel-mutterhaus.de
– geschl. 20. Dezember - 4. Januar, über Ostern
55 Zim – 72/350 € 93/380 €
Ein wunderbarer Anblick ist der historische Backsteinbau (1903 als Mutterhaus der Kaiserswerther Diakonie eingeweiht), drum herum ein weitläufiges Anwesen! Innen hat man die schönen alten Fliesen- und Holzböden erhalten, teilweise auch die Türen von einst und Originalmöbel!

Im Schiffchen (Jean-Claude Bourgueil)

Kaiserswerther Markt 9, (1. Etage) ✉ 40489 – ✆ (0211) 40 10 50
– www.im-schiffchen.com – geschl. über Ostern 1 Woche, Juli - August 2 Wochen und Sonntag - Montag
Menü 122/164 € – Karte 99/130 € – *(nur Abendessen)* (Tischbestellung erforderlich)
Jean-Claude Bourgueil ist praktisch ein Synonym für französische Küche! Seit eh und je (genauer gesagt seit 1977) kocht er in dem tollen barocken Backsteinhaus mitten in der Altstadt seine klassischen Speisen, in die sich aber auch moderne Einflüsse mischen. Nicht minder niveauvoll: Weinauswahl, Service und Ambiente.
➜ Entenleber, Matcha, Birne. Seezunge, Vanille, Kammmuscheln. Ananas, Kokos, Tonka, Joghurt.

Enzo im Schiffchen (Jean-Claude Bourgueil)

Kaiserswerther Markt 9 ✉ 40489 – ✆ (0211) 40 10 50 – www.im-schiffchen.com
– geschl. über Ostern 1 Woche, Juli - August 2 Wochen und Sonntag - Montag
Menü 85 € – Karte 54/77 € – *(nur Abendessen)* (Tischbestellung erforderlich)
Etwas lebendiger geht es in dem kleinen Bourgueil'schen Zweitrestaurant in Schiffsform zu. Hier ist die Küche mediterran - man würzt kräftiger, die Gerichte sind etwas rustikaler, ohne eine gewisse Feinheit vermissen zu lassen. Das Serviceteam ist eingespielt und freundlich.
➜ Thunfischcarpaccio mit Rosinen und Auberginenconfit. Braisierte Lammschulter und Paprika in Papillote. Süße Minestrone mit Bergamotte-Sorbet.

In Düsseldorf-Lörick

Fischerhaus

Bonifatiusstr. 35 ✉ 40547 – ✆ (0211) 59 79 79 Stadtplan : E1**z**
– www.fischerhaus-hotel.de – geschl. 22. Dezember - 5. Januar
40 Zim – 79/99 € 99/125 €, 12 €
Rest *Nöthel's Restaurant* – siehe Restaurantauswahl
In einer ruhigen Wohngegend am Rhein hat Peter Nöthel sein gepflegtes Hotel mit behaglichen, teils recht modernen Zimmern. Es gibt hier auch eine hübsche Lounge in geradlinig-zeitgemäßem Stil, in der man kleine Gerichte serviert.

Nöthel's Restaurant – Hotel Fischerhaus

Bonifatiusstr. 35 ✉ 40547 – ✆ (0211) 59 44 02 Stadtplan : E1**z**
– www.noethels.de – geschl. Ende Dezember - Anfang Januar 2 Wochen, Juli - August 3 Wochen und Samstagmittag, Sonntag, Donnerstag
Menü 20 € (mittags)/92 € – Karte 29/61 € – (Tischbestellung ratsam)
Das Konzept kommt an: modern-legere Bistro-Atmosphäre und sehr gute, schmackhafte Küche samt günstigem Mittagsmenü. Auf der Karte liest man z. B. "geschmorte Hasenkeule mit Rosenkohl und Schupfnudeln" oder "gebratener Loup de Mer, Café de Paris, Blattspinat, Butternudeln".

In Düsseldorf-Ludenberg

Reinhardt's Ⓝ

Am Gartenkamp 20, (im Gut Moschenhof) ✉ 40629 Stadtplan : D1**r**
– ✆ (0211) 30 33 77 47 – www.reinhardts-restaurant.de – geschl. Montag - Dienstag; Oktober - Januar: Montag - Dienstagmittag
Menü 20 € (mittags unter der Woche)/75 € – Karte 38/75 €
Umgebung, Ambiente und Küche passen hier wunderbar zusammen: Das Restaurant liegt auf einem Reiterhof im Grünen am Rande der Stadt und bietet in freundlichem modernem Landhausambiente ehrliche regionale Gerichte aus frischen Produkten.

In Düsseldorf-Lohausen

Maritim

Maritim-Platz 1, (am Flughafen) ✉ 40474 Stadtplan : BC1**t**
– ✆ (0211) 5 20 90 – www.maritim.de
522 Zim – †109/395 € ††109/395 €, ☕ 25 € – 11 Suiten
Rest *Bottaccio* – ✆ (0211) 52 09 10 39 – Menü 22 € (mittags)/50 € (abends) – Karte 42/73 € – *(geschl. Samstagmittag, Sonntagmittag und an Feiertagen mittags)*
Rest *Rheinische Stov* – ✆ (0211) 52 09 10 41 – Karte 29/41 € – *(Montag - Freitag ab 14.00 geöffnet, Samstag und Sonntag sowie an Feiertagen auch Mittagessen)* (am Wochenende Tischbestellung ratsam)
Rest *SushiSho* – ✆ (0211) 52 09 10 42 – Karte 19/52 € – *(geschl. Juli - August 4 Wochen und Samstag - Sonntag sowie an Feiertagen)*
Diese Businessadresse mit direktem Zugang zum Flughafen-Terminal ist das größte Kongresshotel Nordrhein-Westfalens. Moderne, geräumige Zimmer und Freizeitbereich auf über 400 qm. Mediterranes im Bottaccio. Regional: Rheinische Stov. Sushibar namens SushiSho.

In Düsseldorf-Mörsenbroich

Renaissance Rest,

Nördlicher Zubringer 6 ✉ 40470 – ✆ (0211) 6 21 60 Stadtplan : G1**e**
– www.renaissanceduesseldorf.com
241 Zim – †119/151 € ††119/151 €, ☕ 24 € – 3 Suiten
Rest *Summertime* – ✆ (0211) 6 21 62 50 – Karte 28/74 €
Das komfortable Businesshotel bietet eine großzügige gediegene Lobby nach amerikanischem Vorbild, klassische Zimmer und gute Veranstaltungsräume. Panoramaschwimmbad im 7. Stock. Auf einer Empore im Hallenbereich befindet sich das Restaurant.

In Düsseldorf-Niederkassel

Osteria Saitta am Nussbaum

Alt Niederkassel 32 ✉ 40547 – ✆ (0211) 57 49 34 Stadtplan : F1**e**
– www.saitta.de – geschl. Weihnachten - 3. Januar und Samstagmittag, Sonntag
Menü 40/75 € – Karte 39/63 € – (Tischbestellung ratsam)
Richtig gemütlich und italienisch-leger ist es hier! Die Gerichte lässt man sich mündlich empfehlen, los geht's ganz typisch mit Brot, Olivenöl und Bruschetta! Zur Mittagszeit kann es schonmal recht lebendig zugehen! Sie sollten auch mal erleben, wie schön es hier während der Trüffelsaison duftet...

In Düsseldorf-Oberkassel

Innside Seestern
Rest,

Niederkasseler Lohweg 18a ✉ 40547 Stadtplan : E1**a**
– ✆ (0211) 52 29 90 – www.innside.de
126 Zim – 🚹135/490 € 🚹🚹165/520 €, ☕ 19 €
Rest *DADO* – Menü 45/80 € – Karte 39/54 € – *(geschl. Samstagmittag, Sonntag)*
Das Hotel ist durch und durch klar-modern designt, Licht und Wasser sind interessante Gestaltungselemente. Ein echter Hingucker: Europas größte freistehende Betonwand - nachts besonders sehenswert! DADO nennt sich das trendige Restaurant mit Bar. Tipp: das "Tasting-Flight-Menü" oder der Käseteller mit 9 Spezialitäten!

Hanseat garni

Belsenstr. 6 ✉ 40545 – ✆ (0211) 5 50 27 20 Stadtplan : E2**n**
– www.hotel-hanseat.de
37 Zim ☕ – 🚹70/225 € 🚹🚹105/275 €
Ein schönes Stadthaus mit individuellen Zimmern von schottisch bis Kolonialstil - buchen Sie eines nach hinten, hier schläft man ruhiger! Das leckere reichhaltige Frühstück nimmt man im Sommer am liebsten im hübsch bepflanzten Innenhof ein!

Saittavini

Luegallee 79 ✉ 40545 – ✆ (0211) 57 79 79 18 Stadtplan : F2**s**
– www.saittavini.de – geschl. Sonntag
Karte 41/91 €
Bistro, Weinkeller, Delikatessengeschäft... In dieser sympathischen Enoteca kann man nicht nur italienisch speisen (schön die kleine Antipasti-Theke), die Weinhandlung bietet rund 1000 Weine und im Shop gibt es Spezialitäten aus Italien.

Dorfstube

Lanker Str. 2 ✉ 40545 – ✆ (0211) 17 15 25 40 Stadtplan : E2**d**
– www.dorfstube.de – geschl. Montag
Menü 35/48 € – Karte 32/47 € – (Tischbestellung ratsam)
Schönes rustikales Holz, Kachelöfen, Herrgottswinkel, dekorative Küchenutensilien... schwarzwaldtypischer könnte die Atmosphäre kaum sein! Kein Wunder, denn es handelt sich hier um die Bareiss'sche Dorfstube aus Baiersbronn, die Chef Christian Bareiss mit nach Düsseldorf genommen hat! Und das Essen? Badisch natürlich, von der Flädlesuppe bis zum Rahmschnitzele.

Piazza Saitta

Barbarossaplatz 3 ✉ 40545 – ✆ (0211) 1 71 51 91 Stadtplan : F2**s**
– www.saitta.de – geschl. über Weihnachten und Sonntag, Dienstagmittag
Karte 31/52 €
In dem gemütlichen kleinen Restaurant wird man freundlich mit italienischer Küche und ebensolchen Weinen umsorgt. Letztere gibt's zusätzlich zur appetitlichen Frischtheke auch nebenan im Feinkostladen - quasi ein "Tante-Emma-Laden" für die Düsseldorfer! Beliebt ist die Terrasse auf dem Platz vor dem Haus.

Kitzbüheler Stuben

Hansaallee 165 ✉ 40549 – ✆ (0211) 59 11 44 Stadtplan : E1**x**
– www.kitzbueheler-stuben.com – geschl. Anfang Januar 2 Wochen und Samstagmittag - Sonntag, außer an Messen
Menü 30/45 € – Karte 21/43 €
Seit vielen Jahren ist der Tiroler Adolf-Sebastian Mayer hier mit seiner saisonalen österreichischen Küche etabliert. Sie bekommen alle Gerichte übrigens auch als halbe Portion! Mittags ist die Karte kleiner. Nette Terrasse zur Straße hin.

Brasserie Hülsmann

Belsenplatz 1 ✉ 40545 – ✆ (0211) 86 39 93 30 Stadtplan : E2**b**
– www.brasseriehuelsmann.de – geschl. 21. Dezember - 4. Januar, 3. - 14. April, 19. Juli - 4. August und Sonntag - Montag sowie an Feiertagen
Karte 20/53 €
Das Konzept hat Erfolg, wie die vielen Gäste zeigen: legere Brasserie-Atmosphäre, frische Küche und faire Preise - auf den Tisch kommen Kalbsleber, Nierchen und Kalbskopf ebenso wie hausgemachte Terrinen und Würste sowie Muscheln und Fisch.

In Düsseldorf-Rath

Van der Valk Airporthotel

Am Hülserhof 57 ✉ 40472 – ✆ (0211) 20 06 30 Stadtplan : C1**r**
– www.airporthotelduesseldorf.de
194 Zim – †89/399 € ††89/399 €, ☕ 18 €
Rest – Menü 33/40 € – Karte 31/46 €
Modernes Hotel nahe ISS Dome mit guter Anbindung an A44 und A52. Besonders schön und geräumig: Themenzimmer mit Whirlwanne. Von den beiden Panorama-Saunen im 15. Stock schaut man auf den Silbersee und über die Stadt. Die Küche ist international - am Abend im Restaurant "ZiZou", mittags in der "Brasserie Max".

In Düsseldorf-Unterrath

Belgo Belga - Le Petit Restaurant

Esperantostr. 1, (Eingang Ecke Ulmenstraße) ✉ 40468 Stadtplan : C1**b**
– ✆ (0211) 42 99 93 83 – www.belgobelga.de – geschl. 21. Dezember - 6. Januar und Sonntag - Montag
Menü 36/42 € – Karte 32/48 € – *(nur Abendessen)*
Gastgeber Ralf Weißbrodt hat lange in Brüssel gelebt und ist seit jeher der belgisch-französischen Lebensart zugetan - beste Voraussetzungen also, um sich in dem netten kleinen Restaurant der Küche Frankreichs zu widmen. Ehrensache, dass Sie hier auch belgisches Bier bekommen!

DUISBURG

Nordrhein-Westfalen – 488 010 Ew. – Höhe 33 m – Siehe Regionalatlas **25-B11**
Berlin 547 km – Düsseldorf 33 km – Essen 20 km – Nijmegen 107 km
Michelin Straßenkarte 543

Conti garni (mit Gästehaus)

Düsseldorfer Str. 131 ✉ 47051 – ✆ (0203) 28 70 05 Stadtplan : B2**a**
– www.contihotels.de
60 Zim ☕ – †110/499 € ††135/535 €
Alles in diesem Stadthotel ist trendig in klaren Linien gehalten: die helle Lobby, die Zimmer in warmen Tönen (die Komfort-Zimmer zur Hofseite sind ruhiger!), die Bar und auch der hochwertig gestaltete Frühstücksraum, der tagsüber zur Lounge wird.

Mercure

Rest,
Landfermannstr. 20 ✉ 47051 – ✆ (0203) 30 00 30 Stadtplan : B2**w**
– www.mercure.com
162 Zim – †98/129 € ††116/147 €, ☕ 18 € – ½ P
Rest – Menü 19/49 € – Karte 27/47 €
Das Tagungshotel in einer Einkaufspassage hinter dem Bahnhof bietet funktionale Zimmer in modernem Stil. Businesszimmer in den beiden obersten Etagen, "Privilege"-Zimmer mit Zusatzleistungen.

akazienhof

Düsseldorfer Str. 270 (über Düsseldorfer Straße B2) ✉ 47053 – ✆ (0203) 66 05 67 – www.akazienhof-duisburg.de
11 Zim – †49/99 € ††59/109 €, ☕ 9 €
Rest *akazienhof* – siehe Restaurantauswahl
Sie werden dieses kleine Stadthotel mögen: Man bemüht sich um seine Gäste, hat freundliche Zimmer in modernem Stil und kann hier zudem noch gut essen.

XX inside

Königstr. 55, (Casino Duisburg im CityPalais) ✉ 47051 — Stadtplan : B2**c**
– ✆ (0203) 71 39 25 00 – www.inside-restaurant.de – geschl. Montag
Menü 31/70 € – Karte 35/57 € – *(nur Abendessen)*
Gute saisonale Küche in stylischem Ambiente, dazu freundlicher Service und ein Weinangebot mit einigen interessanten Raritäten. Lang gezogene Bartheke.

XX akazienhof – Hotel akazienhof

Düsseldorfer Str. 270 (über Düsseldorfer Straße B2) ✉ 47053 – ✆ (0203) 66 05 67 – www.akazienhof-duisburg.de – geschl. 10. Juli - 19. August und Samstagmittag, Sonntag
Menü 35 € (mittags)/119 € – Karte 37/75 €
Modern-elegant das Ambiente, interessant die ambitionierte internationale Küche: Gekonnt setzt man hier nicht alltägliche mediterrane Elemente ein, schön die kreative Optik. Günstiges Mittagsmenü.

In Duisburg-Duissern Ost: 3 km über Stadtplan : B2, Richtung Mülheim

XX Villa Patrizia

Mülheimer Str. 213 ✉ 47058 – ✆ (0203) 33 04 80 – www.villa-patrizia-online.de – geschl. Februar 2 Wochen, Oktober 2 Wochen und Samstagmittag, Sonntag
Menü 38 € (mittags) – Karte 42/85 €
Seit seiner Eröffnung kommt das Restaurant in der hübschen Villa am Stadtrand gut an. Das liegt zum einen am eleganten Ambiente, zum anderen an der klassisch italienischen Küche, aber auch an den Gastgebern Patrizia und Nico Bodean, die beide engagiert bei der Sache sind! Eine Cigar Lounge gibt es auch.

In Duisburg-Ehingen Süd: 13 km über Stadtplan : B2, Richtung Düsseldorf

XX **Im Eichwäldchen**

Im Eichwäldchen 15c ✉ 47259 – ✆ (0203) 78 73 46 – www.imeichwaeldchen.de – geschl. Montag - Dienstag, Samstagmittag

Menü 28/49 € – Karte 28/59 €

In dem namengebenden kleinen Wäldchen findet man dieses gemütliche Restaurant mit internationaler Küche. Probieren Sie die Spezialität des Chefs: Gerichte aus dem Smoker.

In Duisburg-Huckingen Süd: 10 km über Stadtplan : B2, Richtung Düsseldorf

Landhaus Milser Zim,

Zur Sandmühle 2 (an der B 8) ✉ 47259 – ✆ (0203) 7 58 00 – www.landhausmilser.de

57 Zim – †79/125 € ††95/139 € – 3 Suiten – ½ P

Rest *Da Vinci* – ✆ (0203) 7 58 04 71 – Menü 15 € (mittags)/59 € – Karte 31/54 €

Die Lage an einem kleinen See, wohnlich-elegante Zimmer mit mediterraner Note und der hübsche Saunabereich unterm Dach sind einladend, das finden auch zahlreiche Fußballvereine - so war während der WM 2006 die italienische Nationalmannschaft hier im Haus. Italienische Küche im Restaurant Da Vinci.

In Duisburg-Neudorf

Friederichs

Neudorfer Str. 33 ✉ 47057 – ✆ (0203) 31 86 50 Stadtplan : B2**b**

– www.hotel-friederichs.de – geschl. Weihnachten - Neujahr

38 Zim – †75/199 € ††105/255 €

Rest *Bistro NT* – siehe Restaurantauswahl

Die engagierte Familie Friederichs bietet in ihrem Hotel gegenüber dem Hauptbahnhof neuzeitlich gestaltete Gästezimmer mit kostenfreiem W-Lan - und gut essen kann man hier im Haus ebenfalls!

X **Bistro NT** – Hotel Friederichs

Neudorfer Str. 33 ✉ 47057 – ✆ (0203) 3 18 65 50 Stadtplan : B2**b**

– www.bistro-nt.de – geschl. 23. Dezember - 8. Januar, Samstagmittag, Sonntag und an Feiertagen

Karte 35/61 €

Lust auf leckere Rinderroulade oder Kaninchen mit Tomate und Basilikum? Und danach die feine Birne Helene? Schmackhafte regional-internationale Gerichte wie diese bekommen Sie in freundlicher moderner Bistro-Atmosphäre serviert - und im Sommer auch auf der mediterranen Terrasse.

DURBACH

Baden-Württemberg – 3 790 Ew. – Höhe 217 m – Siehe Regionalatlas **54-E19**

Berlin 752 km – Stuttgart 148 km – Karlsruhe 80 km – Freudenstadt 51 km

Michelin Straßenkarte 545

Ritter Zim,

Tal 1 ✉ 77770 – ✆ (0781) 9 32 30 – www.ritter-durbach.de

80 Zim – †120/190 € ††160/240 € – 7 Suiten – ½ P

Rest *Wilder Ritter* **Rest *Ritter Stube*** – siehe Restaurantauswahl

Rest *Ritter Keller* – Karte 23/41 € – *(geschl. Januar, August und Sonntag - Montag) (nur Abendessen)*

Die Tradition wahren und trotzdem mit der Zeit gehen... das gelingt hier seit über 350 Jahren, z. B. in Form von schönen, modern und doch zeitlos designten Zimmern sowie Wellness auf 1200 qm samt Spa-Dachgeschoss mit Blick auf die umliegenden Weinberge! Gastronomisch wird auch einiges geboten, im alten Gewölbe des Ritter Kellers z. B. Flammkuchen, Gulasch, Hechtklöße.

Rebstock

Halbgütle 30 ✉ *77770 –* ✆ *(0781) 48 20 – www.rebstock-durbach.de*
38 Zim – 78/98 € 135/158 € – 6 Suiten – ½ P
Rest ***Rebstock*** – siehe Restaurantauswahl
Neben der wunderbaren Schwarzwaldlandschaft ringsum und der wertigen Einrichtung ist es nicht zuletzt der Verdienst des überaus herzlichen Personals, dass man sich hier bei Familie Baumann so richtig wohl fühlt! Schön die individuellen Zimmer, im Gästehaus moderner Landhausstil mit Kachelofen. Nicht zu vergessen die gemütliche Bibliothek und der tolle Park mit Teich und teils altem Baumbestand!

Wilder Ritter – Hotel Ritter

Tal 1 ✉ *77770 –* ✆ *(0781) 9 32 30 – www.ritter-durbach.de – geschl. 4. Januar - 3. Februar, 26. Juli - 1. September und Sonntag - Dienstag*
Menü 95/120 € – *(nur Abendessen)* (Tischbestellung ratsam)
Auch in seinen neuen Räumlichkeiten zeigt sich das Restaurant stilvoll-modern: schickes Schwarz, gelungene Farbakzente und angenehmes Lichtkonzept. Da passen die kreativen Menüs perfekt ins Bild. Um die ideale Weinbegleitung kümmert sich der langjährige Chef-Sommelier Ronny Weber, der auf rund 800 Positionen aus einem gut bestückten Weinkeller zurückgreifen kann.
➔ Forelle in Buttermilch gebeizt, Wildkräuter, eingelegtes Gemüse, Tomatenkerne. Gebratener Zander, geräucherter Aal, Petersilie. Heimisches Reh, gerösteter Lauch, Pilzketchup, Quark.

Rebstock – Hotel Rebstock

Halbgütle 30 ✉ *77770 –* ✆ *(0781) 48 20 – www.rebstock-durbach.de – geschl. 12. Januar - 2. Februar und Montag*
Menü 29/58 € – Karte 33/56 € – (Tischbestellung ratsam)
Bei den Baumanns sitzt man in behaglich-ländlichen Stuben, wird herzlich und aufmerksam umsorgt und lässt sich regionale Gerichte wie Schneckensuppe, Hechtklöße oder Rehragout schmecken, die auch die zahlreichen Stammgäste immer wieder gerne bestellen! Im Sommer schaut man von der traumhaften Terrasse auf Park und Schwarzwald - ein Renner ist die große Auswahl an hausgemachten Torten und Kuchen!

Ritter Stube – Hotel Ritter

Tal 1 ✉ *77770 –* ✆ *(0781) 9 32 30 – www.ritter-durbach.de*
Menü 44 € – Karte 28/67 €
Die Atmosphäre in der originalen Stube ist an Behaglichkeit kaum zu übertreffen: schönes altes Holz wohin man schaut, im Winter ein wärmender Kamin - und im Sommer sitzt man draußen sehr angenehm. Passend zum badischen Charme des Restaurants kommen schmackhafte regionale Gerichte wie "Badischer Sauerbraten mit Preiselbeeren und handgeschabten Spätzle" auf den Teller.

EBELSBACH

Bayern – 3 810 Ew. – Höhe 228 m – Siehe Regionalatlas **50-J15**
Berlin 427 km – München 254 km – Würzburg 80 km – Bayreuth 82 km
Michelin Straßenkarte 546

Klosterhof

Georg-Schäfer-Str. 11 ✉ *97500 –* ✆ *(09522) 70 82 82 – www.klosterhof-ebelsbach.de – geschl. 13.- 20. Februar*
16 Zim – 39/48 € 59/72 €
Rest – Karte 13/21 € – *(geschl. Oktober - April: Freitag) (nur Abendessen, sonntags auch Mittagessen)*
Das Gasthaus - ehemals Stiftskloster und Brauerei - liegt verkehrsgünstig ganz in der Nähe der A 70. Die Zimmer sind zeitgemäß und wohnlich gestaltet; auch Familienzimmer. Bürgerliches Angebot in rustikalen Gaststuben. Im Hof: Biergarten unter Kastanien.

EBENSFELD

Bayern – 5 640 Ew. – Höhe 255 m – Siehe Regionalatlas **50-K15**
Berlin 384 km – München 251 km – Coburg 29 km – Bayreuth 67 km
Michelin Straßenkarte 546

Pension Veitsberg garni

Prächtinger Str. 14 ✉ 96250 – ✆ (09573) 64 00 – www.pension-veitsberg.de

21 Zim – 30/45 € 58/62 €

Das ist schon eine sehr gepflegte kleine Pension, die Familie Will hier bereits seit 1978 betreibt. Und obwohl man eine gute Anbindung an die Autobahn hat (nur 2 km entfernt), ist die Lage schön ruhig!

EBERBACH am NECKAR

Baden-Württemberg – 14 790 Ew. – Höhe 134 m – Siehe Regionalatlas **48-G16**

Berlin 611 km – Stuttgart 107 km – Mannheim 56 km – Heidelberg 33 km

Michelin Straßenkarte 545

Krone-Post

Hauptstr. 1 ✉ 69412 – ✆ (06271) 80 66 20 – www.hotel-krone-post.de – geschl. 1. - 18. Januar

26 Zim – 77/125 € 99/145 € – 1 Suite – ½ P

Rest *Kronenstübchen* – siehe Restaurantauswahl

Rest *Kutscherstube* – Karte 25/44 € – *(geschl. November - März: Freitagabend - Samstagmittag)*

In dem Familienbetrieb in der Altstadt (nur durch die Straße vom Neckar getrennt) gibt es recht unterschiedliche Zimmer - vom Businesszimmer bis zur Suite, von funktional bis geschmackvoll mit freigelegtem Fachwerk. In der Kutscherstube wird Regionales aufgetischt. Orginell: Drei Farben-Graffitis an den Wänden nehmen Bezug auf die lange Geschichte des Lokals.

Kronenstübchen – Hotel Krone-Post

Hauptstr. 1 ✉ 69412 – ✆ (06271) 80 66 20 – www.hotel-krone-post.de – geschl. 1. - 18. Januar

Karte 26/63 € – *(geschl. November - März: Freitag - Samstagmittag)*

Wer etwas gehobener essen möchte, sollte es mal mit dem kleinen Kronenstübchen versuchen. Wenn Uwe Junge hier klassische Gerichte mit regionalen Akzenten zubereitet, darf man sich z. B. auf "Fasanenbrust mit krossem Speck und Morchelsauerkraut" freuen. Im Sommer setzt man sich dazu am besten auf die Terrasse!

Gute Küche zu moderatem Preis? Folgen Sie dem Bib Gourmand.

EBERMANNSTADT

Bayern – 6 820 Ew. – Höhe 292 m – Siehe Regionalatlas **50-L15**

Berlin 406 km – München 219 km – Nürnberg 50 km – Bayreuth 61 km

Michelin Straßenkarte 546

Schwanenbräu und Gästehaus Schwanen

Zim,

Marktplatz 2 ✉ 91320 – ✆ (09194) 2 09 – www.schwanenbraeu.de – geschl. 7. - 17. Januar

23 Zim – 47/52 € 70/85 € – ½ P

Rest – Menü 10 € – Karte 14/34 € – *(geschl. Sonntagabend)*

Familie Dotterweich hat hier einen historischen Brauereigasthof (im Restaurant bürgerlich-regionale Küche) nebst nahe gelegenem Gästehaus (ca. 10 Gehminuten entfernt). Letzteres bietet auch Appartements sowie Fasssauna, Jacuzzi und Fitnessbereich. Besuchen Sie auch den Biergarten bei der Brauerei - hier gibt es eine zünftige Brotzeit zu den eigenen Bieren.

EBERSBERG

Bayern – 11 460 Ew. – Höhe 558 m – Siehe Regionalatlas **66-M20**

Berlin 610 km – München 35 km – Landshut 69 km – Rosenheim 31 km

Michelin Straßenkarte 546

Hölzerbräu (mit Gästehaus) Rest,

Sieghartstr. 1 ✉ 85560 – ✆ (08092) 8 52 58 90 – www.hoelzer-braeu.de – geschl. 22. - 30. Dezember
49 Zim – 78/103 € 104/140 € – 1 Suite
Rest *Steirer Eck* – ✆ (08092) 2 32 84 44 – Karte 25/55 € – *(geschl. Montag - Dienstag)*
Mehrere Generationen leitet die Familie das Haus im Zentrum schon. Man hat hier wohnlich-alpenländische Zimmer und einige Familienzimmer. Das "Steirer Eck" wird seinem Namen gerecht und bietet natürlich auch steirisch-österreichische Küche.

EBSDORFERGRUND

Hessen – 8 920 Ew. – Höhe 250 m – Siehe Regionalatlas **38-G13**
Berlin 482 km – Wiesbaden 116 km – Gießen 30 km
Michelin Straßenkarte 543

In Ebsdorfergrund-Frauenberg

Seebode

Burgweg 2 ✉ 35085 – ✆ (06424) 68 96 – www.hotel-seebode.de
15 Zim – 45/65 € 80/95 €
Rest – Menü 15/46 € – Karte 18/46 € – *(geschl. Dienstag)*
Das ruhig am Hang gelegene Fachwerkhaus aus der Jahrhundertwende gefällt mit stuckverzierten hohen Räumen im Jugendstil und einem schönen Treppenhaus.

ECHING

Bayern – 13 470 Ew. – Höhe 469 m – Siehe Regionalatlas **58-L20**
Berlin 567 km – München 21 km – Regensburg 104 km – Ingolstadt 59 km
Michelin Straßenkarte 546

Olymp Rest, Rest,

Wielandstr. 3 ✉ 85386 – ✆ (089) 32 71 00 – www.goldentulipolymp.de
108 Zim – 73/109 € 83/129 € – 28 Suiten
Rest – Menü 19 € – Karte 24/51 € – *(geschl. Samstagmittag, Sonntagmittag)*
Das ganz auf Businessgäste zugeschnittene Hotel mit mediterraner Note bietet zeitgemäße Zimmer und Appartements für Langzeitgäste sowie eine kostenfreie Tiefgarage. Sie speisen in der charmant-alpenländischen Stube oder im ländlich-eleganten Restaurant.

ECKERNFÖRDE

Schleswig-Holstein – 22 450 Ew. – Höhe 3 m – Siehe Regionalatlas **2-I3**
Berlin 376 km – Kiel 30 km – Rendsburg 30 km – Schleswig 24 km
Michelin Straßenkarte 541

Stadthotel garni

Am Exer 3 ✉ 24340 – ✆ (04351) 7 27 80 – www.stadthotel-eckernfoerde.de
63 Zim – 92/185 € 119/216 € – 2 Suiten
Das Hotel befindet sich am Strand, nicht weit vom Zentrum. Man empfängt Sie in einer großen Halle mit Springbrunnen, zudem hat man eine Hotelbar mit Blick auf die Ostsee.

EDENKOBEN

Rheinland-Pfalz – 6 660 Ew. – Höhe 149 m – Siehe Regionalatlas **47-E17**
Berlin 655 km – Mainz 101 km – Mannheim 40 km – Landau in der Pfalz 11 km
Michelin Straßenkarte 543

Luitpold garni

Unter dem Kloster 1 ✉ 67480 – ✆ (06323) 9 52 20 – www.luitpold-edenkoben.de
24 Zim – 90/100 € 160/180 € – 1 Suite
Reizvoll die Lage in den Weinbergen beim ehemaligen Kloster und unweit der Villa Ludwigshöhe. Direkt angeschlossen an das freundlich und zeitgemäß gestaltete Haus ist das Mutterhotel "Prinzregent" - hier checken Sie ein und aus, frühstücken, nutzen den Freizeitbereich sowie das Restaurant.

Prinzregent

Unter dem Kloster 1 ✉ 67480 – ✆ (06323) 95 20 – www.prinzregent-edenkoben.de
36 Zim – 60/110 € 110/170 € – ½ P
Rest – Menü 22/48 € – Karte 18/56 €
Hier wohnt man ruhig und schön etwas außerhalb in den Weinbergen, am Morgen ein gutes Frühstück, mittags und abends speist man im modernen Restaurant. Zusätzlich gibt es noch die rustikale Weinstube und die Schirmbar - Letztere kann im Sommer auch geöffnet werden und lässt so Terrassen-Feeling aufkommen!

Pfälzer Hof

Weinstr. 85 ✉ 67480 – ✆ (06323) 93 89 10 – www.pfaelzerhof-edenkoben.de
26 Zim – 68/85 € 100/165 € – ½ P **Rest** – Menü 39 € – Karte 19/53 €
Sie haben die Wahl zwischen modernen Zimmern in gedeckten Erdtönen und Zimmern in ländlichem Stil; am schönsten - und mit Blick aufs Hambacher Schloss und die Villa Ludwigshöhe - sind die drei Giebelzimmer! Der verglaste Innenhof trägt den vielversprechenden Namen "Garten Eden", im Winter mit Kamin. Pfälzer Küche!

Gutshof Ziegelhütte (mit Gästehäusern)

Luitpoldstr. 79 ✉ 67480 – ✆ (06323) 9 49 80 – www.gutshof-ziegelhuette.de
27 Zim – 69/89 € 98/189 € – ½ P **Rest** – Menü 20 € – Karte 19/35 €
Das Haus ist nicht nur ein CO_2-neutrales Klimahotel, sondern auch Bücherhotel mit Leih- und Tauschmöglichkeit. Ruhiger liegen die Zimmer im Burghaus. Sie suchen etwas Besonderes? In Amors Kuschelzimmer träumt man in einem drehbaren Wasserbett, in der Rosensuite schläft man "schwebend". Fragen Sie nach den Thementagen im Restaurant.

In Rhodt unter Rietburg Süd-West: 2 km

Wohlfühlhotel Alte Rebschule

Rest,

Theresienstr. 200 ✉ 76835 – ✆ (06323) 7 04 40 – www.alte-rebschule.de
34 Zim – 97/115 € 162/196 € – 3 Suiten – ½ P
Rest – Menü 42 € – *(nur Abendessen)*
Rest *Gasthaus Sesel* – ✆ (06323) 70 44 56 – Menü 24 € – Karte 18/46 €
Es gibt so einige Gründe, weshalb sich die Gäste hier wohlfühlen: die ruhige Lage und der Blick auf das Rebenmeer (besonders schön von der Terrasse!), die sehr komfortablen Zimmer (chic z. B. die Barrique-Zimmer) und das Wellnessangebot und nicht zuletzt der gastronomische Bereich mit klassischem Restaurant und rustikalem Gasthaus Sesel. Verwöhnpension inklusive!

Rhodter Adler

Zim,

Weinstr. 10 ✉ 76835 – ✆ (06323) 9 49 27 70 – www.rhodter-adler.de – geschl. Januar - Februar
12 Zim – 45/50 € 60/95 €
Rest – Menü 24/30 € – Karte 23/38 € – *(geschl. Montag - Mittwoch; Juli - Oktober: Montag - Dienstag) (nur Abendessen)*
Einfach charmant und absolut liebenswert... so lässt sich das denkmalgeschützte Haus mit seinem Mix aus Neuem und Altem treffend beschreiben. Details wie frische Blumen, Obst und Wasser gratis, ein lauschiger Innenhof und gutes Essen... da müssen engagierte und aufmerksame Gastgeber am Werk sein: Michael Lavin und Edith Vossebrecker heißen sie. Parken 400 m oberhalb.

In Weyher Süd-West: 4 km über Rhodt

Winzerstube Weyher

Kirchgasse 19 ✉ 76835 – ✆ (06323) 98 78 18 – www.volkerkrug.de – geschl. Dienstag - Mittwoch

Menü 25/42 € (abends) – Karte 21/46 € – *(Montag - Samstag nur Abendessen)*

In der ehemaligen Winzergenossenschaft a. d. 17. Jh. kocht heute Volker Krug zeitgemäß mit regionalen und internationalen Einflüssen. Probieren sollte man z. B. den Sauerbraten vom Wildschwein mit Maronen-Rotkohl. Das Restaurant liegt übrigens in der 1. Etage, hat einen schönen historischen Rahmen und eine idyllische Terrasse mit toller Aussicht!

In Altdorf Ost: 6 km über B 38 Richtung Speyer, jenseits der A 65

Gästehaus Vinetum garni

Raiffeisenstr. 4 ✉ 67482 – ✆ (06327) 29 07 – www.gaestehausvinetum.de

7 Zim – 45/50 € 65/75 €

Ein tipptopp gepflegtes Haus mit privater Atmosphäre. Toskanisches Flair in den Zimmern - meist mit Balkon und schönem Blick zum Pfälzer Wald - und im Frühstücksraum mit Terrasse.

EDESHEIM

Rheinland-Pfalz – 2 290 Ew. – Höhe 151 m – Siehe Regionalatlas **47-E17**

Berlin 657 km – Mainz 101 km – Mannheim 42 km – Kaiserslautern 48 km

Michelin Straßenkarte 543

Schloss Edesheim (mit Residenz)

Luitpoldstr. 9 ✉ 67483 – ✆ (06323) 9 42 40 – www.schloss-edesheim.de – geschl. 21. - 28. Dezember

31 Zim – 87/124 € 139/172 € – 8 Suiten – ½ P

Rest *Gourmetrestaurant* – siehe Restaurantauswahl

Eine schöne historische Adresse ist das herrschaftliche Anwesen in der Ortsmitte auf einem 5 ha großen Grundstück voller Weinreben. Individuelle, elegante Zimmer. Für Kulturfreunde: Schlossfestspiele im Freilichttheater.

Wein-Castell

Staatsstr. 21 (B 38) ✉ 67483 – ✆ (06323) 93 89 40 – www.wein-castell.de – geschl. Februar 1 Woche, Juli - August 1 Woche

11 Zim – 55/60 € 84/90 € – ½ P

Rest – Menü 25 € – Karte 20/46 € – *(geschl. Montag - Dienstag)*

Rosemarie und Frank Diehl halten ihren netten Winzerhof, einen längjährigen Familienbetrieb, wirklich gut in Schuss und die Gäste mögen die gepflegte ländlich-rustikale Atmosphäre im Haus. Wer nicht nur übernachten möchte, findet hier auch ein gemütliches Restaurant und einen charmanten Innenhof. Natürlich schenkt man auch die eigenen Weine aus!

Gourmetrestaurant – Hotel Schloss Edesheim

Luitpoldstr. 9 ✉ 67483 – ✆ (06323) 9 42 40 – www.schloss-edesheim.de – geschl. 21. - 28. Dezember und Sonntag - Montag

Menü 45/66 €

Empire-Kronleuchter, Wandmalerei, klassisches Mobilar... in dieser herrschaftlichen Atmosphäre lässt man sich mit der ambitionierten Küche von Sebastian Köhn verwöhnen - und die gibt es zum einen eher international wie "Lammrücken im Pfeffermantel" oder eher regional wie den "gebratenen Flusszander auf Sauerkraut". Sonntags und montags reicht man nur eine einfachere Karte. Im Sommer kommt die Terrasse einer Oase gleich!

EFRINGEN-KIRCHEN

Baden-Württemberg – 8 230 Ew. – Höhe 258 m – Siehe Regionalatlas **61-D21**

Berlin 852 km – Stuttgart 254 km – Freiburg im Breisgau 59 km – Basel 15 km

Michelin Straßenkarte 545

Walsers mit Zim

Bahnhofstr. 34 ✉ 79588 – ✆ (07628) 8 05 52 44 – www.walsers-hotel.de – geschl. Mittwochmittag (Erweiterung um 13 Zimmer bis Ende 2014)

9 Zim – 75/79 € 98/115 € Menü 30/39 € – Karte 29/61 €

Chef Hans-Dieter Walser kocht hier schmackhaft und regional - das sind z. B. "Maultaschen mit geschmälzten Zwiebeln und Kartoffelsalat", aber auch Raffiniertes wie "Edelfische auf Muschelrisotto". Speisen Sie z. B. im schönen licht-modernen Wintergarten! Ebenso frisch und hell und die Gästezimmer.

Im Ortsteil Blansingen Nord-West: 5 km über B 3

Traube mit Zim

Alemannenstr. 19 ✉ 79588 – ✆ (07628) 9 42 37 80 – www.traube-blansingen.de – geschl. Anfang Februar 2 Wochen, August 3 Wochen, November 1 Woche und Montag - Dienstag

8 Zim – 115/135 € 136/146 € – 1 Suite – ½ P

Menü 89 € (mittags)/139 € – Karte 79/114 € – *(Mittwoch - Freitag nur Abendessen)*

So wunderschön das gemülich-moderne Ambiente dieses Bauernhauses von 1811, so hervorragend die Küche von Henrik Weiser! Die Produkte topfrisch und erstklassig, aufwändig in Szene gesetzt, klar strukturiert, voller Harmonie und Finesse - da wünschte man, das Menü hätte mehr als sieben Gänge! Nicht minder attraktiv: die charmanten Rotwein- und Weißweinzimmer.

→ Langostino im Schnittlauch-Champagnersud mit Spargel und jungen Erbsen. Onglet und Rippe vom Black Angus Rind mit Baroloessig-Schalottenjus. Topfensoufflee mit Champagnersabayon.

Im Ortsteil Egringen Nord-Ost: 3 km, jenseits der B 3

Landgasthof Rebstock mit Zim

Kanderner Str. 21 ✉ 79588 – ✆ (07628) 9 03 70 – www.rebstock-egringen.de – geschl. Montag - Dienstag

10 Zim – 68/75 € 98/110 € – 1 Suite Menü 65 € – Karte 26/54 €

Familie Krause (auch der Sohn ist inzwischen mit im Haus) hat hier einen netten badischen Gasthof. Gekocht wird regional, teils international, und dazu gibt es Markgräfler Weine vom eigenen Weinberg. Die wohnlichen Gästezimmer laden zum Bleiben ein.

EGESTORF

Niedersachsen – 2 360 Ew. – Höhe 101 m – Siehe Regionalatlas **19**-I6

Berlin 322 km – Hannover 107 km – Hamburg 57 km – Lüneburg 29 km

Michelin Straßenkarte 541

Acht Linden (mit Gästehaus)

Alte Dorfstr. 1 ✉ 21272 – ✆ (04175) 8 43 33 – www.hotel-acht-linden.de

31 Zim – 65/85 € 99/110 € – 2 Suiten – ½ P

Rest – Menü 12/30 € – Karte 20/46 €

In dem Hotel in regionstypisch-charmanter Bauweise bietet die Inhaberfamilie wohnliche Zimmer mit eleganter Note. Wer zum Speisen kommt, sollte das im Sommer auf der Terrasse tun - die liegt z. T. im schönen Innenhof. Auch bei Einheimischen beliebt: der Pub im irischen Stil.

Egestorfer Hof (mit Gästehäusern)

Lübberstedter Str. 1 ✉ 21272 – ✆ (04175) 4 80 – www.egestorferhof.de

26 Zim – 60/105 € 88/300 € – 3 Suiten – ½ P **Rest** – Karte 21/70 €

Ein wirklich gepflegter Familienbetrieb, gewachsen aus einer einstigen Postkutschenstation. Fragen Sie nach den wohnlich-modernen "Wohlness"-Zimmern - hier dürfen Sie sich über eine Whirlwanne freuen! Im Restaurant erwarten Sie Heidschnuckengerichte, Gulasch vom heimischen Wild oder auch Rumpsteak.

EGGENSTEIN-LEOPOLDSHAFEN

Baden-Württemberg – 16 140 Ew. – Höhe 112 m – Siehe Regionalatlas **54**-F17

Berlin 660 km – Stuttgart 97 km – Karlsruhe 12 km – Mannheim 63 km

Michelin Straßenkarte 545

Im Ortsteil Eggenstein

Zum Goldenen Anker

Hauptstr. 20 ✉ 76344 – ✆ (0721) 70 60 29 – www.hotel-anker-eggenstein.de – geschl. Januar 1 Woche

32 Zim – 60/80 € 95/115 €

Rest *Zum Goldenen Anker* – siehe Restaurantauswahl

Der Dorfgasthof von 1726 hat sich zum zeitgemäßen Hotel gemausert und wird - inzwischen von den freundlichen Gastgebern Stephanie und Armin Radtke - nach wie vor als Familienbetrieb geführt. Fragen Sie ruhig nach den ganz modernen Zimmern!

Zum Löwen (Markus Nagy) mit Zim

Rest,

Hauptstr. 51 ✉ 76344 – ✆ (0721) 78 00 70 – www.restaurant-zum-loewen.de – geschl. 1. - 15. Januar und Sonntag - Montag

11 Zim – 58/75 € 95 €

Menü 30 € (mittags)/102 € – Karte 54/76 € – (Tischbestellung ratsam)

Bei Britta und Markus Nagy darf man sich auf sympathische Gastgeber freuen, die mit Freude bei der Arbeit sind, auf ein schönes rustikal-elegantes Restaurant mit gemütlicher Holztäfelung und nicht zuletzt auf eine wunderbare Küche, die Klassik und Moderne gelungen vereint. Übrigens: Übernachten kann man hier ebenfalls sehr angenehm.

→ Rhein Zander und Schweinebauch mit Kümmeljus, cremigem Wirsing, Speck und salziger Zitrone. Bio-Landei mit Alba Trüffel, Brunnenkresse und Entenragout. Österreichischer Rahmschmarrn mit Topfen, Rubinette Äpfeln und eingelegten Rumrosinen, Vanilleschaum.

Zum Goldenen Anker

Hauptstr. 20 ✉ 76344 – ✆ (0721) 70 60 29 – www.hotel-anker-eggenstein.de – geschl. Januar 1 Woche und Samstag

Karte 30/51 € – (abends Tischbestellung erforderlich)

Der Gasthof a. d. 18. Jh. ist ein gut besuchtes, lebendiges Restaurant - frisch sind sowohl die Küche als auch das ländlich-moderne Ambiente. Da lässt man sich vom herzlichen Service gerne Schmackhaftes wie "Schwäbischen Zwiebelrostbraten" oder "auf der Haut gebratenen Wolfsbarsch mit Asiagemüse und buntem Reis" auftischen. Hauptgänge auch als kleine Portion möglich.

EGLING

Bayern – 5 400 Ew. – Höhe 609 m – Siehe Regionalatlas **65-L21**

Berlin 627 km – München 36 km – Garmisch-Partenkirchen 65 km – Bad Tölz 21 km

Michelin Straßenkarte 546

In Egling-Neufahrn Süd-West: 2 km

Hanfstingl garni

Kirchstr. 7 ✉ 82544 – ✆ (08171) 3 46 70 – www.hotel-hanfstingl.de

23 Zim – 52/60 € 79/89 € – 4 Suiten

Ein reiner Familienbetrieb und ein sympathischer noch dazu! Die Dissingers haben ihren Landwirtschaftsbetrieb zum Hotel umgebaut und bieten hier schöne wohnliche Zimmer zu fairen Preisen und eine nette Sauna. Tipp: Kommen Sie auch mal zu Kaffee und Kuchen - den macht man hier selbst, ebenso Pralinen!

Landhaus Vogelbauer

Schanzenstr. 4 ✉ 82544 – ✆ (08171) 2 90 63 – www.vogelbauer.de – geschl. Ende Februar 2 Wochen und Montag

Menü 55/75 € – Karte 50/77 € – *(nur Abendessen, sonntags auch Mittagessen)* (Tischbestellung ratsam)

In den ehemaligen Stallungen des einstigen Bauernhofs a. d. J. 1630 hat man ein bayerisch-charmantes Restaurant eingerichtet, in dem man internationale Küche aus guten Produkten serviert.

EHEKIRCHEN

Bayern – 3 670 Ew. – Höhe 415 m – Siehe Regionalatlas **57-K19**

Berlin 553 km – München 54 km – Augsburg 43 km – Ingolstadt 35 km

Michelin Straßenkarte 546

Strixner Hof

Leitenweg 5 (Schönesberg) ✉ 86676 – ☎ (08435) 18 77 – www.strixner-hof.de – geschl. 17. Februar - 7. März

7 Zim – †60 € ††80 €

Rest – Karte 16/31 € – *(geschl. Donnerstag, Sonntagabend)*

Persönlich und individuell wird der nette kleine Gasthof in dörflicher Lage geleitet. Die Zimmer sind tipptopp gepflegt, das Frühstück wird serviert. Im Restaurant samt nettem Wintergarten bekommt man regionale Küche. Tipp: Überall im Ort kann man Kartoffeln direkt vom Bauern kaufen!

EHINGEN

Baden-Württemberg – 25 770 Ew. – Höhe 515 m – Siehe Regionalatlas **63-H20**

Berlin 644 km – Stuttgart 101 km – Konstanz 119 km – Ulm (Donau) 26 km

Michelin Straßenkarte 545

Adler

Hauptstr. 116 ✉ 89584 – ☎ (07391) 7 06 60 – www.adlerehingen.de – geschl. Anfang Januar 1 Woche, August 2 Wochen

36 Zim – †59/109 € ††85/130 € – ½ P

Rest – Menü 27/70 € – Karte 21/49 € – *(geschl. August 2 Wochen und Sonntagabend - Montag)*

Mitten im Zentrum liegt dieser solide geführte Familienbetrieb. Fragen Sie nach den neueren Zimmern! Und nicht nur die sind schön: Im Fitnessraum macht das Trainieren richtig Spaß, denn man schaut dabei direkt auf das Flüsschen Schmiech. Und danach gibt's im Restaurant zur Stärkung regionale Küche mit internationalem Einfluss.

Bier Kultur Hotel Schwanen

Zim,

Schwanengasse 18 ✉ 89584 – ☎ (07391) 77 08 50 – www.bierkulturhotel.de

50 Zim – †79/119 € ††100/129 € – ½ P

Rest *Schwanen* – ☎ (07391) 5 34 20 – Menü 16/29 € – Karte 16/46 € – *(geschl. Sonntagmittag)*

Moderne trifft hier auf Tradition - gemeint sind ein Hotelneubau und der 1697 erstmals erwähnte Brauereigasthof nebenan. Bierkultur, Architektur und Design wurden überaus schlüssig miteinander verbunden! Schlafen Sie doch in einem "Bierkistenzimmer" und probieren Sie zur bürgerlichen Küche verschiedene Biere!

Ehinger Hof garni

Lindenstr. 28 ✉ 89584 – ☎ (07391) 7 70 70 – www.ehingerhof.de

15 Zim – †59/69 € ††85/95 €

Das kleine Hotel ist in ein Geschäftshaus im Zentrum integriert. Es erwarten Sie wohnliche Zimmer (die zum Innenhof hin sind ruhiger) und ein hübscher Frühstücksraum in neuzeitlichem Stil.

In Ehingen-Dettingen Süd: 3 km

Gasthof Knupfer

Zim,

Rottenackerstr. 15 ✉ 89584 – ☎ (07391) 24 88 – www.gasthof-knupfer.de – geschl. Ende September 2 Wochen

10 Zim – †37/42 € ††58/66 €

Rest – Menü 39 € – Karte 25/40 € – *(geschl. Januar 1 Woche, Ende September 2 Wochen und Dienstag - Mittwoch) (nur Abendessen, sonntags auch Mittagessen)*

Ein schönes Beispiel für einen einfachen, aber sehr gepflegten Gasthof, in dem man gut und preislich fair übernachten und speisen kann. Inhaber und Küchenchef Bernhard Knupfer kocht frisch und regional, legt Wert auf saisonale Produkte - das Gemüse stammt aus eigenem Anbau, die Nudeln sind hausgemacht... und dazu gibt's deutsche Weine.

In Ehingen-Kirchen West: 7,5 km

Zum Hirsch
Osterstr. 3 ✉ 89584 – ✆ (07393) 9 50 10 – www.hirsch-ehingen.de
29 Zim – 65/86 € 90/110 € – ½ P
Rest – Menü 10 € – Karte 14/49 € – *(geschl. Montag)*
Der familiengeführte Gasthof mit Fachwerkfassade ist eine ehemalige Kornkammer und hat seinen Ursprung im 13. Jh. Wer's modern mag, wählt eines der schicken neueren Zimmer: klare Linien kombiniert mit viel Naturholz! In den Gaststuben werden bürgerliche Gerichte serviert.

In Ehingen-Nasgenstadt Ost: 3 km über B 311

Panorama garni
Karpfenweg 7 ✉ 89584 – ✆ (07391) 7 74 60 – www.panorama-ehingen.de
32 Zim – 58 € 85/93 €
Das familiengeführte Hotel ist ideal für Geschäftsreisende, denn die Zimmer sind funktionell in ihrer Ausstattung, bieten gute Technik und praktische Schreibmöglichkeiten. Tipp: Der Shuttleservice in die Stadt ist kostenfrei!

EHNINGEN

Baden-Württemberg – 7 900 Ew. – Höhe 444 m – Siehe Regionalatlas **55**-G19
Berlin 655 km – Stuttgart 25 km – Freudenstadt 65 km – Karlsruhe 81 km
Michelin Straßenkarte 545

Landhaus Feckl (mit Gästehaus)
Keltenweg 1 ✉ 71139 – ✆ (07034) 2 37 70 – www.landhausfeckl.de – geschl. Anfang Januar 1 Woche
49 Zim – 109/129 € 119/149 €, 14 €
Rest *Landhaus Feckl* ✿ – siehe Restaurantauswahl
Sehr freundlich wird das Haus mit den überaus wohnlichen Landhauszimmern von der Familie geleitet. Die Zimmer haben teilweise einen Balkon oder Zugang zur kleinen Dachterrasse - fragen Sie nach den großen Zimmern!

Landhaus Feckl – Hotel Landhaus Feckl
Keltenweg 1 ✉ 71139 – ✆ (07034) 2 37 70 – www.landhausfeckl.de – geschl. Anfang Januar 1 Woche und Sonntag sowie an Feiertagen
Menü 40 € (mittags)/98 € – Karte 64/88 €
Sind Sie ein Freund von Klassikern oder essen Sie lieber modern? Mit beidem (und auch mit Vegetarischem) trifft Patron Franz Feckl bei seinen zahlreichen Gästen ins Schwarze. Ebenso geschätzt: der umsichtige und geschulte Service samt Chefin Manuela Feckl, die stets herzlich am Gast ist! Und auf der Weinkarte u. a. einige Grand-Cru-Rotwein-Raritäten!
→ Hummersuppe mit Estragon. Duett vom Maibock mit Wacholder-Limonen-Sauce und Selleriepüree. Mousse von dreierlei Schokoladen.

In Ehningen-Mauren Süd: 2 km

Landhotel Alte Mühle garni
Mauren 2 ✉ 71139 – ✆ (07034) 2 37 89 10 – www.landhotel-alte-muehle.de
4 Zim – 107/117 € 107/117 €
Schön familiär ist es hier und richtig romantisch: Fachwerk und das alte Mühlrad versprühen Charme, der Garten ist die Relaxzone schlechthin, alter Baumbestand, Blick ins Grüne und der Bachlauf machen es idyllisch! Und drinnen warten individuelle Zimmer, am geräumigsten ist die "Suite Cream". Morgens folgt dann ein hochwertiges und reichhaltiges Frühstück.

EIBELSTADT

Bayern – 2 810 Ew. – Höhe 180 m – Siehe Regionalatlas **49**-I16
Berlin 500 km – München 275 km – Würzburg 11 km – Stuttgart 151 km
Michelin Straßenkarte 546

Kapellenberg Rest,
Am Kapellenberg 2, (über Würzburger Str. 50) ✉ 97246 – ✆ (09303) 98 00 70 – www.hotel-kapellenberg.de
58 Zim – 79/120 € 99/180 € – ½ P **Rest** – Karte 20/49 €
Eine ideale Businessadresse: am Ortsrand gelegen, direkte Anbindung an die A3, dazu klares modernes Design in warmen Tönen - in den Zimmern wie auch im Restaurant. Am letzten Sonntag im Monat gibt es Brunch.

Altstadthotel Weinforum Franken
Hauptstr. 37 ✉ 97246 – ✆ (09303) 9 84 50 90 – www.weinforum-franken.de
15 Zim – 62/90 € 90/125 €
Rest *Weinforum Franken* – siehe Restaurantauswahl
Wer in dem sympathischen kleinen Hotel wohnt, hat die Altstadt direkt vor der Tür und die Weinberge in unmittelbarer Nähe. Die Zimmer sind geschmackvoll-modern, in einigen wurde der alte Dielenboden restauriert - das bringt Charme!

Gambero Rosso da Domenico
Mühle 2 ✉ 97246 – ✆ (09303) 9 84 37 82 – www.gambero-rosso.eu – geschl. Montag - Dienstag, Donnerstagmittag, Freitagmittag
Menü 35/45 € – Karte 34/48 €
Domenico Cannizzaro ist von Würzburg in dieses zum Lokal umgebaute ehemalige Schiff am kleinen Yachthafen umgezogen - seine gute Küche hat er mit hierher gebracht. Tipp: die hausgemachte Pasta oder das Tagesmenü in 4 Gängen! Wer möchte da nicht von der Veranda aus den tollen Mainblick genießen?

Weinforum Franken – Altstadthotel Weinforum Franken
Hauptstr. 37 ✉ 97246 – ✆ (09303) 9 84 50 90 – www.weinforum-franken.de
Menü 35/42 € – Karte 22/42 €
Auch in dem gemütlich-modernen Restaurant spürt man den liebenswerten Altbau-Charakter des Hauses. In den frischen Speisen finden übrigens Kräuter und Obst aus dem eigenen Garten Verwendung!

EICHSTÄTT

Bayern – 13 730 Ew. – Höhe 391 m – Siehe Regionalatlas **57**-L18
Berlin 501 km – München 107 km – Augsburg 73 km – Ingolstadt 27 km
Michelin Straßenkarte 546

Adler garni
Marktplatz 22 ✉ 85072 – ✆ (08421) 67 67 – www.adler-eichstaett.de – geschl. 15. Dezember - 15. Januar
27 Zim – 58/67 € 58/106 €
Das schön restaurierte Barockhaus ist ein persönlich geführtes Hotel mit Zimmern in warmen Erdtönen und geradlinig-modernem Stil. Hübsch auch der Frühstücksraum samt gutem Buffet. Im angrenzenden Restaurant gibt es Pizza und Pasta.

Gästehaus Abtei St. Walburg garni
Walburgiberg 6 ✉ 85072 – ✆ (08421) 9 88 70 – www.abtei-st-walburg.de – geschl. 22. Dezember - 2. Januar
19 Zim – 42 € 72 €
Herzlich leiten die Benediktinerinnen die Klosteranlage a. d. 11. Jh. Die Zimmer sind schlicht, aber tipptopp gepflegt, von den Schwestern gefertigte Kunst ziert die Wände. Frühstück im historischen Kreuzgewölbe. Hübsch der Klostergarten.

Domherrnhof
Domplatz 5, (1. Etage) ✉ 85072 – ✆ (08421) 61 26 – www.domherrnhof.de – geschl. Februar 3 Wochen und Montag
Menü 24 € (mittags)/70 € – Karte 33/57 €
Ein Hingucker das sanierte bischöfliche Palais, elegant die hohen Räume im Rokokostil, toll die restaurierten Kachelöfen. Seit rund 30 Jahren bieten die Waldmüllers hier klassische Küche. Wer's einfacher mag, isst in der rustikalen Schänke.

An der B 13 Nord-West: 9 km

Waldgasthof Geländer (mit Gästehaus)
Geländer 1 ✉ 85132 Schernfeld-Geländer – ✆ (08421) 67 61 – www.waldgasthof-gelaender.de – geschl. 15. Januar - 28. Februar
30 Zim – 50/55 € 72/87 € – ½ P
Rest – Karte 15/34 € – *(geschl. Montag außer an Feiertagen)*
Ideal für Wanderer ist der von Wiesen umgebene, schön am Waldrand gelegene Gasthof mit Naturlehrpfad, Tiermuseum und Wildgehege sowie Kinderspielplatz. Funktionale, teils modern gestaltete Zimmer. Im rustikalen Restaurant bayerisch-fränkische Küche mit Produkten aus dem Naturpark.

EICHWALDE

Brandenburg – 6 210 Ew. – Höhe 35 m – Siehe Regionalatlas **23**-P8
Berlin 31 km – Potsdam 65 km – Cottbus 115 km – Frankfurt (Oder) 79 km
Michelin Straßenkarte 542

Carmens Restaurant
Bahnhofstr. 9 ✉ 15732 – ✆ (030) 6 75 84 23 – www.carmens-restaurant.de – geschl. Anfang Januar 1 Woche, Juli - August 3 Wochen und Sonntag - Dienstag
Menü 45 € – Karte 34/46 € – *(Mittwoch - Freitag nur Abendessen)* (Tischbestellung ratsam)
Seit 1990 steht Chefin Carmen Krüger hier als eine Art "Missionarin des guten Brandenburger Geschmacks" am Herd. Bei ihren leckeren und unkomplizierten Gerichten, verwundert es nicht, dass das kleine Restaurant immer wieder ausgebucht ist. Nehmen Sie doch mal "Zander mit Kartoffel-Spargelsalat" - oder mögen Sie Blutwurst?

EILSEN, BAD

Niedersachsen – 2 160 Ew. – Höhe 95 m – Siehe Regionalatlas **28**-G9
Berlin 342 km – Hannover 60 km – Hameln 27 km – Minden 15 km
Michelin Straßenkarte 541

Landhaus Lahmann garni
Harrallee 3 ✉ 31707 – ✆ (05722) 83 33 – www.landhaus-lahmann.de – geschl. 21. - 31. Dezember
18 Zim – 55/69 € 80/90 € – 2 Suiten
Das ruhig an einem Waldstück gelegene kleine Hotel ist ein netter Familienbetrieb mit freundlicher, wohnlicher Einrichtung und schönem Garten. Zum Haus gehört ein Reiterhof.

EIMELDINGEN

Baden-Württemberg – 2 440 Ew. – Höhe 266 m – Siehe Regionalatlas **61**-D21
Berlin 857 km – Stuttgart 260 km – Freiburg im Breisgau 64 km – Basel 11 km
Michelin Straßenkarte 545

Zum Löwen
Hauptstr. 23 (B 3) ✉ 79591 – ✆ (07621) 6 25 88 – www.loewen-eimeldingen.de – geschl. Januar - Februar 1 Woche, Ende August 2 Wochen und Sonntag - Montag
Menü 17/40 € – Karte 26/43 €
Wer bei Familie Hierholzer einkehrt, sitzt in ländlichen Gaststuben oder in der schön begrünten Gartenwirtschaft bei regional-bürgerlicher Küche und freundlichem Service - wie man es sich für einen gestandenen Gasthof wünscht!

EINBECK

Niedersachsen – 26 430 Ew. – Höhe 112 m – Siehe Regionalatlas **29**-I10
Berlin 326 km – Hannover 72 km – Braunschweig 94 km – Göttingen 41 km
Michelin Straßenkarte 541

Panorama

Mozartstr. 2 ✉ 37574 – ✆ (05561) 9 37 70 – www.panorama-einbeck.de
41 Zim ☕ – 🚹80/90 € 🚹🚹110/130 € – ½ P **Rest** – Karte 26/41 €
Das Hotel in einer Wohngegend etwas oberhalb der historischen Altstadt wird seit vielen Jahren familiär geführt und verfügt über individuelle und funktionale Zimmer. Klassisch gestaltetes Restaurant und ländliche Bierstube.

Hasenjäger

Hubeweg 119 ✉ 37574 – ✆ (05561) 9 30 20 – www.hotel-hasenjaeger.de
19 Zim ☕ – 🚹68 € 🚹🚹83/98 € – ½ P
Rest – Menü 15 € (mittags)/25 € – Karte 23/43 €
Ein gepflegter kleiner Familienbetrieb in ruhiger erhöhter Lage, dessen Gästezimmer mit ihren bemalten Bauernmöbeln in rustikalem Stil gehalten sind. Sie speisen im Salzburger Stüberl oder in der Zirbelstube mit Kachelofen.

Der Schwan mit Zim

Tiedexer Str. 1 ✉ 37574 – ✆ (05561) 46 01 – www.schwan-einbeck.de – geschl. Sonntag
12 Zim ☕ – 🚹74/79 € 🚹🚹105/118 €
Menü 29/69 € – Karte 42/60 € – *(nur Abendessen)*
Umgeben von schmucken Fachwerkfassaden liegt das historische Haus nahe dem Marktplatz und der Fußgängerzone. Rosatöne und allerlei Zierrat bestimmen das Ambiente.

EISENACH

Thüringen – 42 670 Ew. – Höhe 220 m – Siehe Regionalatlas **39-J12**
Berlin 353 km – Erfurt 62 km – Kassel 92 km – Nordhausen 130 km
Michelin Straßenkarte 544

Steigenberger Hotel Thüringer Hof

Karlsplatz 11 ✉ 99817 – ✆ (03691) 2 80 – www.eisenach.steigenberger.de Stadtplan : B1**e**
126 Zim ☕ – 🚹94/116 € 🚹🚹139/161 € – 1 Suite – ½ P
Rest – Menü 24 € – Karte 25/42 €
Eine ansprechende Halle empfängt Sie hinter der schönen historischen Fassade dieses zentral gelegenen Hotels. Wohnliche, zeitgemäße Zimmer und Sauna im obersten Stock mit Zugang nach draußen. Restaurant im Bistrostil mit offener Showküche.

Göbel's Sophien Hotel

Zim,
Sophienstr. 41 ✉ 99817 – ✆ (03691) 25 10 – www.sophienhotel.de Stadtplan : B1**f**
66 Zim ☕ – 🚹85/129 € 🚹🚹110/169 € – ½ P
Rest – Menü 25/42 € – Karte 20/46 € – *(Montag - Freitag nur Abendessen)*
In dem Hotel wenige Schritte von der Altstadt erwarten Sie zeitgemäße, teils besonders moderne Zimmer, ein gut ausgestatteter Beautysalon sowie eine hübsche kleine Bar im Eingangsbereich. In klaren Linien und warmen Tönen gehaltenes Restaurant.

Villa Anna garni

Fritz-Koch-Str. 12 ✉ 99817 – ✆ (03691) 2 39 50 – www.hotel-villa-anna.de – geschl. 22. - 29. Dezember Stadtplan : B2**r**
15 Zim – 🚹80/110 € 🚹🚹110/130 €, ☕ 9 €
In der Jugendstilvilla in ruhiger Lage oberhalb der Stadt wohnt man in neuzeitlich ausgestatteten Gästezimmern. Abends werden in der Lobby kleine Snacks serviert. Eine freundliche Adresse, die gut für Geschäftsleute geeignet ist.

Kaiserhof

Wartburgallee 2 ✉ 99817 – ✆ (03691) 8 88 90 – www.kaiserhof-eisenach.de Stadtplan : B1**a**
64 Zim ☕ – 🚹76/86 € 🚹🚹111/131 €
Rest *Weinrestaurant Turmschänke* – siehe Restaurantauswahl
Sie finden das traditionsreiche Hotel mit klassischen Zimmern in der Innenstadt beim Nicolaitor. Unterm Dach hat man einen kleinen Beautybereich mit Kosmetik und Massageangebot.

EISENACH
0
300 m
BAD LANGENSALZA
ERFURT
ERFURT
GOTHA
MÜHLHAUSEN
KASSEL
CREUZBURG
FULDA, VACHA
MEININGEN
A
B
C
1
2
Wartburg
Auf der Wartburg
Thüringer Museum
Lutherhaus
Bachhaus
Reuter-Wagner-Museum
Predigerkirche
Georgenkirche
Schloß
Rathaus
Automobile Welt Eisenach
BURSCHENSCHAFTS-DENKMAL
GÖPELSKUPPE
350
355
320
KARTHAUS-GARTEN
GLOCKENTURM
Hainteiche
Prinzenteich
Mühlgraben
Markt
Lutherplatz
Johannisplatz
Karlsplatz
Theaterplatz
Frauenplan
Westplatz
Am Roten Bach
ADAC
Ludwigstr.
Schlachthofstr.
Landgrafenstr.
Am Kopping
Hörselstraße
Langensalzaer Str.
Altstadtstraße
Schillstr.
Friedensstraße
Eichrodter Weg
Hermannstraße
Bahnhofstr.
Palmental
Am Wehr
Clemensstraße
Bahnhofstraße
Waldhaus-Eichrodter Weg
Doktor-Moritz-Mitzenheim-Str.
Göhrstraße
Am Sengelsbach
Bornstraße
Ofenstein
Am Hedwig str.
Wernickstraße
Erich-Honstein-Straße
Emilienstr.
Luisenstraße
Prellerstraße
Stolzestr.
Fischweide
Grabental
Müllerstr.
Goethestr.
Nicolaistr.
Waisenstr.
Ernst-Böckel-Straße
Wartburgallee
Barfüßerstr.
Kurstr.
Johannistal
Kapellenstr.
Marienstal
Clemdastr.
Karl-Marx-Str.
Rennbahn
Jakobstr.
Mönchstr.
Hainweg
Kupferhammer
Hospitalstraße
Planstraße
Bleichrasen
Katharinenstraße
Neustadt
Wolfgang
Amrastraße
Oppenheimstraße
Herrenmühlenstr.
Gargasse
Ehrensteig
Frankfurter Str.
Adam-Opel-Straße
Spickenstr.
Gaswerkstraße
Siebenbornstraße
Am Klosterholz
Gefilde

Berghotel (N)

An der Göpelskuppe 1 ✉ 99817 – ✆ (03691) 2 26 60 Stadtplan : C2**c**
– www.berghotel-eisenach.de
14 Zim ☕ – 🚹59/79 € 🚹🚹99/130 € – 2 Suiten – ½ P
Rest – Menü 20 € (mittags)/40 € – Karte 22/34 €
Toll ist hier nicht nur die Lage nebst Aussicht auf Wartburg und Thüringer Wald. Das hübsche Natursteinhaus unterhalb des Burschenschaftsdenkmals beeindruckt nach Komplettrenovierung mit hochwertigem modernem Interieur. Die internationale Küche genießt man am besten im Wintergarten oder auf der Terrasse!

Weinrestaurant Turmschänke – Hotel Kaiserhof

Karlsplatz 28 ✉ 99817 – ✆ (03691) 21 35 33 Stadtplan : B1**a**
– www.turmschaenke-eisenach.de – geschl. Mitte Januar - Mitte Februar, August 2 Wochen und Sonntag
Menü 35/41 € – Karte 33/47 € – *(nur Abendessen)*
In dem Restaurant im Nicolaiturm schaffen schöne historische Details wie Gemälde oder original Mobiliar von 1912 eine rustikal-elegante Atmosphäre zur saisonal-internationalen Küche. Wie wär's mit einem Fest im "Kerker"?

Auf der Wartburg Süd-Ost: 4 km – Höhe 416 m

Auf der Wartburg

Auf der Wartburg 2 ✉ 99817 Eisenach Stadtplan : A2**z**
– ✆ (03691) 79 70 – www.wartburghotel.arcona.de
37 Zim ☕ – 🚹139/179 € 🚹🚹215/350 € – ½ P
Rest *Landgrafenstube* – siehe Restaurantauswahl
Wirklich einmalig ist die ruhige und exponierte Lage über der Stadt! "Gasthof für fröhliche Leut" nennt man das Haus, denn hier fühlt man sich wohl: freundlicher Service, angenehmes Landhausambiente, wunderbarer Blick. Hübsch auch das Kaminzimmer und der Saunabereich.

Landgrafenstube – Hotel Auf der Wartburg

Auf der Wartburg 2 (Shuttle-Bus zum Hotel) Stadtplan : A2**z**
✉ 99817 Eisenach – ✆ (03691) 79 71 19 – www.wartburghotel.arcona.de
Menü 34/65 € – Karte 29/57 € – *(November - März: Montag - Freitag nur Abendessen)*
Beim Anblick des gelungenen eleganten Ambientes bedarf es gar keiner großen Fantasie, um sich die vergangenen Jahrhunderte der Wartburg vorzustellen. Grandios: die Aussicht vom Restaurant und der Terrasse! Einfachere Mittagskarte.

EISENHÜTTENSTADT

Brandenburg – 30 390 Ew. – Höhe 42 m – Siehe Regionalatlas **34-R9**
▶ Berlin 123 km – Potsdam 141 km – Frankfurt (Oder) 24 km – Cottbus 64 km
Michelin Straßenkarte 542

In Eisenhüttenstadt-Fürstenberg

Fürstenberg Rest,

Gubener Str. 12 ✉ 15890 – ✆ (03364) 7 54 40 – www.hotel-fuerstenberg-oder.de
34 Zim – 🚹61/65 € 🚹🚹69 €, ☕ 8 € – ½ P
Rest – Karte 19/32 € – *(geschl. Sonntagabend)*
Das am Rande der Altstadt gelegene Hotel verfügt über praktisch ausgestattete Zimmer und geräumige Appartements mit Kochgelegenheit.

EISENSCHMITT

Rheinland-Pfalz – 280 Ew. – Höhe 350 m – Siehe Regionalatlas **45-B15**
▶ Berlin 691 km – Mainz 146 km – Trier 50 km – Kyllburg 13 km
Michelin Straßenkarte 543

In Eisenschmitt-Eichelhütte

Molitors Mühle
Eichelhütte 15 ✉ 54533 – ✆ (06567) 96 60 – www.molitor.com
37 Zim – 69/105 € 124/158 € – 2 Suiten – ½ P
Rest – Menü 27/65 € – Karte 24/48 €
In der ehemaligen Kornmühle von 1870 wohnt man wirklich schön und angenehm ruhig am Waldrand. Der Wellnessbereich ist sehr ansprechend samt toller Pfahlsauna im Weiher! Wie wär's mit einer Wanderung? Zum Kloster und zurück sind es 3,5 km. Und wenn Sie lieber drinnen aktiv sind: Man hat einen klasse Fitnessraum. Essen sollten Sie im Sommer auf der Terrasse am Wasser.

EISLEBEN (LUTHERSTADT)

Sachsen-Anhalt – 25 290 Ew. – Höhe 150 m – Siehe Regionalatlas **31-L11**
Berlin 179 km – Magdeburg 85 km – Erfurt 94 km – Leipzig 66 km
Michelin Straßenkarte 542

Graf von Mansfeld
Markt 56 ✉ 06295 – ✆ (03475) 6 63 00 – www.hotel-eisleben.de
46 Zim – 65/85 € 95/100 € – 4 Suiten – ½ P
Rest – Menü 19/23 € – Karte 21/30 € – *(Montag - Freitag sowie an Feiertagen nur Abendessen)*
Mit liebevoller klassisch-eleganter Einrichtung hat man in dem ehemaligen Stadtschloss a. d. 15. Jh. ein stilgerechtes Ambiente geschaffen. Juniorsuiten und Suiten zum Marktplatz. Ein Wintergarten ergänzt das Restaurant mit sehr schönem Kreuzgewölbe.

ELLERBEK

Schleswig-Holstein – 4 280 Ew. – Höhe 9 m – Siehe Regionalatlas **10-I5**
Berlin 305 km – Kiel 86 km – Hamburg 17 km – Lübeck 73 km
Michelin Straßenkarte 541

Heinsens mit Zim
Hauptstr. 1 ✉ 25474 – ✆ (04101) 3 77 70 – www.heinsens.de
8 Zim – 39/88 € 39/136 € Menü 20/90 € – Karte 21/105 €
Ein liebevoll sanierter Gasthof von 1900 mit gemütlich-historischem Flair. Internationale und regionale Küche, mittags kleine einfachere Karte. Hausgemachter Kuchen, auch im schönen Garten.

ELLWANGEN

Baden-Württemberg – 24 600 Ew. – Höhe 440 m – Siehe Regionalatlas **56-I18**
Berlin 547 km – Stuttgart 97 km – Ansbach 65 km – Augsburg 132 km
Michelin Straßenkarte 545

In Ellwangen-Eggenrot Nord-West: 4 km, Richtung Schwäbisch Hall

Klozbücher
Rosenberger Str. 47 ✉ 73479 – ✆ (07961) 9 24 91 90 – www.klozbuecher.com
13 Zim – 65/75 € 94/98 €
Rest – Karte 19/43 € – *(geschl. Freitag - Sonntag) (nur Abendessen für Hausgäste)*
Das kleine Hotel der Familie Klotzbücher kann sich wirklich sehen lassen: der angenehm moderne Stil, die hochwertige Ausstattung und dazu die persönliche Führung... Übrigens: Die Wurst zum Frühstück kommt aus der angeschlossenen eigenen Metzgerei! Kleines Speisenangebot für Hausgäste.

ELMAU – Bayern → Siehe Krün

ELMSHORN

Schleswig-Holstein – 48 350 Ew. – Höhe 3 m – Siehe Regionalatlas **10-H5**
Berlin 325 km – Kiel 90 km – Hamburg 36 km – Bremen 147 km
Michelin Straßenkarte 541

Sette Feinbistro (N)

Marktstr. 7 ✉ 25335 – ✆ (04121) 26 29 39 – www.sette-feinbistro.de – geschl. Sonntag

Karte 31/53 € – *(nur Mittagessen, Freitag auch Abendessen)* (Tischbestellung ratsam)

Hier macht gleich am Eingang der kleine Feinkostladen richtig Appetit! Etwas weiter hinten sitzt man dann in einem sympathischen modernen Bistro und wählt von einer wechselnden Karte, was der Markt so bietet. Beliebt sind auch die Desserts!

ELSTER, BAD

Sachsen – 3 670 Ew. – Höhe 495 m – Siehe Regionalatlas **41-N14**

Berlin 331 km – Dresden 176 km – Hof 50 km – Plauen 27 km

Michelin Straßenkarte 544

Parkhotel Helene

Parkstr. 33 ✉ 08645 – ✆ (037437) 5 00 – www.parkhotel-helene.de – geschl. 4. - 25. Januar

25 Zim – 49/77 € 78/134 € – ½ P

Rest – Menü 15/30 € – Karte 15/34 €

Das familiär geleitete Hotel ist in einer Villa von 1889 untergebracht, die ruhig im Kurgebiet liegt. Die etwas unterschiedlichen Gästezimmer sind alle funktionell ausgestattet. Sie speisen in Albert's Parkrestaurant oder im netten Vogtlandstübl.

ELSTERHEIDE – Sachsen ➜ Siehe Hoyerswerda

ELTVILLE am RHEIN

Hessen – 17 720 Ew. – Höhe 90 m – Siehe Regionalatlas **47-E15**

Berlin 576 km – Wiesbaden 14 km – Bad Kreuznach 52 km – Limburg an der Lahn 51 km

Michelin Straßenkarte 543

Frankenbach

Wilhelmstr. 13 ✉ 65343 – ✆ (06123) 90 40 – www.hotel-frankenbach.de – geschl. 27. - 29. Dezember

36 Zim – 80/100 € 110/135 € – ½ P

Rest *Jean* ✿ – siehe Restaurantauswahl

1948 hat alles angefangen, seither wird das Engagement der Familie Frankenbach von Generation zu Generation weitergegeben. Im Mainzer Hof liegen einige Zimmer schön zum Garten, im Gutenberg Hof wohnt man moderner und besonders hübsch, auch sind die Zimmer hier klimatisiert. Sie mögen Torten? Im eigenen Café gibt's u. a. "Schwäbische Apfel-Rheingauriesling-Torte".

Jean (Johannes Frankenbach) – Hotel Frankenbach

✿

Wilhelmstr. 13 ✉ 65343 – ✆ (06123) 90 40 – www.hotel-frankenbach.de – geschl. 27. - 29. Dezember und Montag - Dienstag

Menü 34/85 € – Karte 33/67 € – *(Mittwoch - Freitag nur Abendessen)*

Intensiv und kraftvoll, mit Finesse und feinen Kontrasten... so kocht Johannes Frankenbach seine modernen, mediterran inspirierten Speisen, im Service die charmante junge Chefin. Eine angenehm unprätentiöse Adresse mit richtig guter Küche zu fairen Preisen!

➜ Meeresfrüchtesalat, Fenchelcrème, weiße Tomaten, Rucola. Karree vom Milchkalb, Rotweinjus, Portweinzwiebeln und Morcheltortellini. Operaschnitte, weiße Schokolade, Mango, Kaffee-Eis.

Gutsausschank im Baiken

Wiesweg 86 ✉ 65343 – ✆ (06123) 90 03 45 – www.baiken.de – geschl. Februar, April - Okt.: Montag; Nov. - März: Montag - Mittwoch

Karte 30/46 € – *(April - Okt.: Dienstag - Samstag nur Abendessen; Nov. - März: Donnerstag - Samstag nur Abendessen)*

Schon allein die Lage ist einen Besuch wert: inmitten von Reben und mit schönem Blick auf die Weinberge und Eltville. Essen Sie also am besten auf der Terrasse - die ist sogar teilweise regenfest! Region und Saison bestimmen die Speisekarte.

In Eltville-Erbach West: 2 km über B 42

Schloss Reinhartshausen Kempinski

Hauptstr. 41 ✉ 65346 – ✆ (06123) 67 60 – www.schloss-hotel.de Rest,

57 Zim – †215/350 € ††215/350 €, ☕ 29 € – 6 Suiten

Rest – Menü 45/85 € (abends) – Karte 35/72 €

Das Schloss von 1801 hat dank seines stilgerechten klassischen Interieurs den Charme von einst bewahrt. Äußerst gelungen ist der Mix aus Historie und Moderne im "Herrenhaus". Das Restaurant teilt sich in den Wintergarten und das elegante Prinzess von Erbach.

In Eltville-Hattenheim West: 4 km über B 42

Kronenschlösschen

Zim,

Rheinallee ✉ 65347 – ✆ (06723) 6 40 – www.kronenschloesschen.de

14 Zim – †130/150 € ††150/180 €, ☕ 20 € – 4 Suiten

Rest *Kronenschlösschen* ✿ – siehe Restaurantauswahl

Rest *Bistro* – Menü 38 € – Karte 43/69 €

Direkt am Rhein liegt das sorgsam sanierte Haus von 1894. Bewusst hat man Historisches erhalten und so ein elegantes und wertig eingerichtetes Domizil geschaffen. Sympathische Atmosphäre im Bistro.

Kronenschlösschen – Hotel Kronenschlösschen

✿

Rheinallee ✉ 65347 – ✆ (06723) 6 40 – www.kronenschloesschen.de – geschl. 1. -15. Januar

Menü 105/118 € – Karte 90/103 € – *(Montag - Samstag nur Abendessen, außer an Feiertagen)*

Der junge Küchenchef Sebastian Lühr hat hier im Haus schon seine Lehre gemacht, nun kommt sein Talent voll zum Einsatz. Auch wenn das Hauptaugenmerk natürlich auf den harmonisch zubereiteten und ausgesprochen schön angerichteten Speisen liegt, ist auch die kunstvoll bemalte Decke in dem stilvollen Raum einen Blick wert. Ebenso niveauvoll wie das Essen ist die Weinkarte mit rund 1200 Positionen - man beachte die Riesling- und Champagnerauswahl! Ein weiteres sehenswertes Detail findet sich draußen: die 350 Jahre alte Platane auf der Terrasse.

→ Frühlingsgemüse, Hummer, Morcheln, Apfelkernöl. Loup de mer, Kartoffel, Zitrone, Kapern, Mandel. Iberico Schwein "Presaud Kinn", Chorizo, schwarzer Knoblauch, Tamarinde, Petersilie.

Zum Krug mit Zim

Hauptstr. 34 ✉ 65347 – ✆ (06723) 9 96 80 – www.hotel-zum-krug.de – geschl. 20. Dezember - 16. Januar, 26. Juli - 10. August und Sonntagabend - Dienstagmittag

15 Zim ☕ – †80/99 € ††120/165 €

Menü 28 € (mittags)/65 € – Karte 32/59 €

Ob Klassiker oder "Neue Krug Küche", alles ist bodenständig, stets werden regionale und saisonale Produkte miteinbezogen - probieren Sie z. B. "Handkäse-Käsekuchen mit Senfkornkirschen" und "Kopfsalat in Grüner Sauce Vinaigrette". Dazu tolle Rheingau-Weine. Chic-modern und geräumig die Themenzimmer im historischen Rathaus, einfacher die traditionellen Weinhaus-Zimmer.

Adler Wirtschaft

Hauptstr. 31 ✉ 65347 – ✆ (06723) 79 82 – www.franzkeller.de – geschl. Januar und Dienstag - Mittwoch

Menü 49/67 € – *(Montag und Donnerstag - Freitag nur Abendessen)* (Tischbestellung ratsam)

Wirklich reizend ist das kleine Fachwerkhaus der Familie Keller - und was sich im Kühlhaus verbirgt, kann sich ebenso sehen lassen: Bentheimer Schwein sowie Charolais- und Limousin-Rind vom eigenen Falkenhof im Taunus. Nicht entgehen lassen: doppeltes Charolais Steak oder auch die Tarte Tatin mit Honigeis und Apfelbrand! Am Wochenende ab 13 Uhr durchgehend geöffnet.

ELZACH

Baden-Württemberg – 6 870 Ew. – Höhe 361 m – Siehe Regionalatlas **61-E20**

Berlin 764 km – Stuttgart 189 km – Freiburg im Breisgau 39 km – Offenburg 43 km

Michelin Straßenkarte 545

Gasthaus Rössle

Hauptstr. 19 ✉ 79215 – ✆ (07682) 2 12 – www.roesselelzach.de

Menü 20/45 € – Karte 17/51 €

In dem Familienbetrieb im Ortskern kommt ambitionierte regionale und internationale Küche auf den Tisch, wobei auch die vegetarischen Gerichte beliebt sind. Im vorderen Bereich des Restaurants hat man es leger-mediterran, weiter hinten ist es gemütlicher und es wird aufwändiger eingedeckt - im Sommer isst man schön im Freien.

In Elzach-Oberprechtal Nord-Ost: 7,5 km über B 294, am Ortsausgang rechts Richtung Hornberg – Höhe 459 m

Schäck's Adler mit Zim

Waldkircher Str. 2 ✉ 79215 – ✆ (07682) 12 91 – www.schaecks-adler.de – geschl. Mitte Februar - Anfang März und Montag - Dienstag

9 Zim – 58/68 € 116 € – ½ P Menü 35 € – Karte 29/53 €

Sie sitzen in gemütlichen holzvertäfelten Stuben, im Winter sorgt ein Kachelofen für wohlige Wärme... Da kommt man gerne, um sich mit schmackhaften regionalen Gerichten wie "Ragout vom Elztäler Reh mit Apfelrotkraut und breiten geschmelzten Nudeln" verwöhnen zu lassen. Und nach dem Essen noch ein Getränk in der schönen "Strumbel-Bar"? Gestaltet wurde sie von dem bekannten namengebenden Künstler. Für Übernachtungsgäste: geräumige, sehr gepflegte Zimmer und Langschläferfrühstück!

ELZE

Niedersachsen – 8 870 Ew. – Höhe 83 m – Siehe Regionalatlas **29-I9**

Berlin 294 km – Hannover 30 km – Göttingen 82 km – Hameln 31 km

Michelin Straßenkarte 541

In Elze-Mehle Süd-West: 3 km über B 1

Schökel's mit Zim

Zim,

Alte Poststr. 35 ✉ 31008 – ✆ (05068) 30 66 – www.hotel-schoekel.de – geschl. 1. - 8. Januar

8 Zim – 70/110 € 110/160 €

Menü 35/70 € – Karte 32/56 € – *(geschl. Montag - Dienstag) (nur Abendessen)*

Das elegant-rustikale Restaurant befindet sich im ursprünglichen Gasthaus a. d. 19. Jh. Geboten wird saisonal-internationale Küche. Geschmackvoll hat man das Haus mit allerlei dekorativem Zierrat versehen. Fragen Sie nach den renovierten Gästezimmern.

EMMELSHAUSEN

Rheinland-Pfalz – 4 620 Ew. – Höhe 460 m – Siehe Regionalatlas **46-D14**

Berlin 621 km – Mainz 76 km – Koblenz 30 km – Bad Kreuznach 57 km

Michelin Straßenkarte 543

Münster garni

Waldstr. 3a ✉ 56281 – ✆ (06747) 9 39 40 – www.hotel-muenster.de – geschl. 18. Dezember - 6. Januar

18 Zim – 45/49 € 69/77 €

Ein gut geführtes kleines Hotel in einer Seitenstraße. Den Gästen stehen geräumige und solide Zimmer sowie ein gepflegter Garten zur Verfügung. Morgens gibt es ein frisches Frühstück und Tennisfreunde finden gleich nebenan einen Tennisclub.

EMMENDINGEN

Baden-Württemberg – 27 020 Ew. – Höhe 201 m – Siehe Regionalatlas **61-D20**

Berlin 794 km – Stuttgart 193 km – Freiburg im Breisgau 23 km – Offenburg 51 km

Michelin Straßenkarte 545

Markgraf garni

Markgrafenstr. 53 ✉ 79312 – ✆ (07641) 93 06 80 – www.hotel-galerie-markgraf.de – geschl. Weihnachten - Anfang Januar

16 Zim – †65/70 € ††85/90 €, ☕ 5 €

In dem Hotel im Zentrum wohnt man zeitlos, allergikerfreundlich und barrierefrei. Nach hinten liegen die Zimmer erstaunlich schön, nämlich ruhig am Park! Dank Dreifach-Schallisolierung schläft man nach vorne aber ebenfalls ruhig.

In Emmendingen-Maleck Nord-Ost: 4 km über Tennenbacher Straße

Park-Hotel Krone

Brandelweg 1 ✉ 79312 – ✆ (07641) 9 30 96 90 – www.kronemaleck.de

25 Zim ☕ – †62/79 € ††90/130 € – ½ P

Rest – Menü 38/69 € – Karte 26/61 € – *(geschl. Montagmittag)*

Schon eine recht individuelle Adresse, die Familie Bergner hier mit Engagement betreibt. Schöne Zimmer in gemütlich-ländlichem oder in modernem Stil, hochwertiges Frühstück, eine tolle Terrasse... nicht zu vergessen die Flamingos im hübschen Garten! Die regionale und internationale Küche serviert man im klassischen Restaurant oder in der behaglichen Kronenstube.

In Emmendingen-Windenreute Ost: 3,5 km über Hochburger Straße

Windenreuter Hof

Rathausweg 19 ✉ 79312 – ✆ (07641) 93 08 30 – www.windenreuter-hof.de

63 Zim ☕ – †68/90 € ††89/140 € – 3 Suiten – ½ P

Rest – Menü 23 € (vegetarisch)/35 € – Karte 24/42 € – *(Montag - Freitag nur Abendessen)*

Reizvoll sind die ruhige Lage und die Aussicht von diesem Hotel. Die Zimmer überzeugen durch gutes Platzangebot, meist mit Balkon. Kurzurlauber und Tagungsgäste schätzen das Haus gleichermaßen. Restaurant und Terrasse bieten einen schönen Blick.

EMMERICH am RHEIN

Nordrhein-Westfalen – 29 630 Ew. – Höhe 18 m – Siehe Regionalatlas **25-A10**

Berlin 598 km – Düsseldorf 103 km – Arnhem 32 km – Maastricht 158 km

Michelin Straßenkarte 543

In Emmerich-Praest Ost: 6,5 km über B8, Richtung Rees

Zu den drei Linden - Lindenblüte

Reeser Str. 545 ✉ 46446 – ✆ (02822) 88 00 – www.zu-den-3-linden.de – geschl. Januar 2 Wochen, Ende Juli - Anfang September 3 Wochen und Dienstag - Mittwoch

Menü 32 € – Karte 38/55 €

Gekonnt werden bei Familie Siemes (bereits die 5. Generation) ausgesuchte Produkte zu schmackhaften regionalen Speisen zubereitet. Da macht z. B. das Menü mit "Variation vom Topfen" und "Lammkeule auf Mangold" Appetit. Und das Ambiente? Freundlich, mit eleganter Note.

EMPFINGEN

Baden-Württemberg – 4 140 Ew. – Höhe 499 m – Siehe Regionalatlas **54-F19**

Berlin 698 km – Stuttgart 65 km – Karlsruhe 120 km – Freiburg im Breisgau 123 km

Michelin Straßenkarte 545

Empfinger Hof

Im Auchtert 12 ✉ 72186 – ✆ (07485) 9 98 30 – www.empfingerhof.de

40 Zim – †59/139 € ††79/159 €, ☕ 12 € – 2 Suiten – ½ P

Rest – Karte 26/47 €

Optimal für Businessgäste ist die verkehrsgünstige Lage nahe der Autobahn, bei Tennisfreunden ist das Haus wegen seiner Hallen- und Außenplätze gefragt. Die Zimmer sind funktionell, es gibt verschiedene Katagorien, darunter auch große Appartements. Das Restaurant mit nettem Wintergarten bietet schwäbische sowie italienische Küche.

EMS, BAD

Rheinland-Pfalz – 8 970 Ew. – Höhe 85 m – Siehe Regionalatlas **36-D14**
Berlin 590 km – Mainz 66 km – Koblenz 19 km – Limburg an der Lahn 40 km
Michelin Straßenkarte 543

Häcker's Grand Hotel
Zim,

Römerstr. 1 ✉ 56130 – ✆ (02603) 79 90 – www.haeckers-hotels.com
105 Zim – 104/154 € 190/205 € – ½ P
Rest – Menü 20 € – Karte 28/54 €
Der stattliche Barockbau von 1711 liegt im Zentrum an der Lahn. Ein traditionsreiches Kurhotel mit elegant und hochwertig ausgestatteten Zimmern. Kleiner Außenbereich mit Sauna und Whirlpool hinter dem Haus. Klassisches Ambiente und internationale Küche im Restaurant.

Bad Emser Hof

Lahnstr. 6 ✉ 56130 – ✆ (02603) 9 18 10 – www.bad-emser-hof.de – geschl. 15. - 28. Dezember
25 Zim – 72/95 € 99/135 € – 1 Suite – ½ P
Rest *Estragon* – siehe Restaurantauswahl
Moderne Gästezimmer mit Balkon erwarten Sie in diesem Hotel, das nur durch die Straße von der Lahn getrennt ist. Einige Zimmer liegen recht ruhig nach hinten. Praktisch: 50 m entfernt finden Sie ein Parkhaus.

Schweizerhaus mit Zim

Malbergstr. 21 ✉ 56130 – ✆ (02603) 9 36 30 – www.hotel-schweizerhaus.com – geschl. 20. Oktober - 20. November und Donnerstag
10 Zim – 52/75 € 96/98 € – ½ P
Menü 38/85 € – Karte 40/69 € – *(nur Abendessen, sonntags auch Mittagessen)*
In exponierter Lage thront man hier über Bad Ems. In dem klassischen Restaurant mit der charmanten und aufmerksamen Chefin im Service fühlt man sich wie in der "guten Stube". Der Chef steht selbst am Herd. Einfach und gepflegt übernachten kann man in dem Nichtraucherhaus ebenfalls.

Estragon – Hotel Bad Emser Hof

Lahnstr. 6 ✉ 56130 – ✆ (02603) 34 24 – www.restaurant-estragon.de – geschl. 15. - 28. Dezember und Samstagmittag, Sonntag
Karte 27/49 €
"Tafelspitz mit Meerrettichsauce", "Rumpsteak mit Pfeffersauce"... so könnte Ihr Essen in dem freundlichen Restaurant aussehen. Die schmackhafte internationale Küche ist mittags einfacher und günstiger, Sie können aber auch nach der etwas aufwändigeren Abendkarte fragen.

EMSDETTEN

Nordrhein-Westfalen – 35 380 Ew. – Höhe 38 m – Siehe Regionalatlas **26-D9**
Berlin 466 km – Düsseldorf 152 km – Nordhorn 54 km – Enschede 50 km
Michelin Straßenkarte 543

Lindenhof (mit Gästehäusern)

Alte Emsstr. 7 ✉ 48282 – ✆ (02572) 92 60 – www.lindenhof-emsdetten.de – geschl. 20. Dezember - 6. Januar
46 Zim – 65/75 € 80/99 € – ½ P
Rest *Lindenhof* – siehe Restaurantauswahl
Seit 1946 ist das Haus ein Familienbetrieb. Wo damals zwei Schwestern mit vier Fremdenzimmer begannen, bietet die freundliche und engagierte Familie Hankh heute in fünf Gebäuden zeitgemäß-wohnliche Zimmer, die sehr gefragt sind! Wer mehr Komfort sucht, bucht eine Juniorsuite mit Dampfbad oder ein Appartement mit Kitchenette im "Alten Wiegehaus".

Lindenhof – Hotel Lindenhof

Alte Emsstr. 7 ✉ 48282 – ✆ (02572) 92 60 – www.lindenhof-emsdetten.de – geschl. 20. Dezember - 6. Januar, Juli 2 Wochen und Sonntag sowie an Feiertagen
Menü 37/49 € – Karte 28/48 € – *(nur Abendessen)* (Tischbestellung ratsam)
Wie das Hotel erfreut sich auch das Restaurant der Hankhs großer Beliebtheit. Das liegt an Udo Hankhs regional und mediterran beeinflusster saisonaler Küche von "Rinderroulade mit Gemüse" bis "Jakobschmuschel mit Vanille & gebackener Kalbskopf", aber auch an seiner charmanten Frau Christine im Service.

EMSTAL, BAD

Hessen – 6 160 Ew. – Höhe 320 m – Siehe Regionalatlas **38-H11**

▶ Berlin 416 km – Wiesbaden 212 km – Kassel 34 km – Frankfurt am Main 203 km

Michelin Straßenkarte 543

In Bad Emstal-Sand

Grischäfer (mit Gästehaus)

Kasseler Str. 78 ✉ 34308 – ✆ (05624) 9 98 50 – www.grischaefer.de

17 Zim – †51/75 € ††71/95 €

Rest – Karte 19/64 € – *(nur Abendessen, sonntags auch Mittagessen)*

Ein familiengeführtes Haus mit rustikalem Fachwerk-Charme, dessen Gästezimmer gemütlich gestaltet sind. Eines der Zimmer ist eine Maisonette. Das Restaurant befindet sich in der ehemaligen Scheune. Lauschig ist der Biergarten.

ENDINGEN am KAISERSTUHL

Baden-Württemberg – 9 070 Ew. – Höhe 186 m – Siehe Regionalatlas **61-D20**

▶ Berlin 789 km – Stuttgart 189 km – Freiburg im Breisgau 28 km – Offenburg 47 km

Michelin Straßenkarte 545

Zollhaus garni

Hauptstr. 3 ✉ 79346 – ✆ (07642) 9 20 23 43 – www.zollhaus-endingen.de

4 Zim – †98/138 € ††109/149 €

Sie suchen ein individuelles und mit Herzblut geführtes kleines Hotel? Dann sind Sie bei Susanne Huwer und Michael Kaltenbach genau richtig! Klares Design und hochwertige Materialien treffen auf Historie, und zwar die eines denkmalgeschützten über 200 Jahre alten Hauses. Frisch und wirklich gut das Frühstück, gemütlich die kleine Weinlounge unter dem Gewölbe - mit Selbstbedienung.

Merkle's Rebstock

Hauptstr. 2 ✉ 79346 – ✆ (07642) 79 00 – www.merkles-restaurant.de – geschl. über Fastnacht 2 Wochen, August 1 Woche und Sonntag - Montag

Menü 30 € (mittags)/112 € (abends) – Karte 41/76 €

Äußerst engagiert, familiär und herzlich - so führen Simone und Thomas Merkle ihren "Rebstock". Entsprechend zuvorkommend wird man umsorgt, während man sich am Abend saisonale Gerichte oder aufwändige Menüs servieren lässt. Letztere nennen sich "Einfach Regional" (Regionales modern interpretiert) sowie "Einfach Merkle" (gewürzintensiv und kreativ inspiriert). Oder wie wär's am Mittag mit dem günstigen 3-Gänge-Menü? Und für zu Hause gibt's interessante hausgemachte Produkte zu kaufen!

➜ Karotte, Curcuma, Couscous, Taschenkrebs. Geschmorter Ochsenschwanz, Gänseleber, Schupfnudeln, Gemüse. Wilde Dorade, Spargel, Risotto, Rotweinbutter.

Schindler's Ratsstube

Marktplatz 10 ✉ 79346 – ✆ (07642) 34 58 – www.schindlers-ratsstube.de – geschl. Sonntag - Montag

Menü 29 € (mittags unter der Woche)/45 € – Karte 24/46 €

Stammgäste schwören auf Klassiker wie "Kaiserstühler Schneckenrahmsuppe" oder den Winzerteller, probieren Sie aber ruhig auch modernisierte regionale Gerichte wie "Zander mit Blutwurst"! Max Schindler umsorgt Sie hier übrigens seit über 40 Jahren, und das mit Engagement, seine Frau macht freundlich den Service. Schön die Terrasse beim Rathaus!

In Endingen-Kiechlinsbergen Süd-West: 5,5 km über Königschaffhausen

Dutters Stube mit Zim

Winterstr. 28 ✉ 79346 – ✆ (07642) 17 86 – www.dutters-stube.de – geschl. Februar - März 2 Wochen und Montag - Dienstag

4 Zim – †55 € ††80 €

Menü 48/58 € – Karte 33/52 € – *(Mittwoch - Freitag nur Abendessen)*

Bei Arthur und Franziska Dutter gehen schmackhafte regionale Saisonküche und ländlich-gemütliche Atmosphäre Hand in Hand. Freundlich serviert man Ihnen z. B. "knusprige Landentenbrust aus dem Ofen mit Kartoffel-Selleriepüree und Rotkohl". Eine einfachere, aber nicht minder charmante Alternative ist die "Dorfwirtschaft" - hier gibt es Vespergerichte, Flammkuchen oder Rumpsteak. Tipp: samstags, sonn- und feiertags preiswertes Mittagsmenü.

ENGELTHAL

Bayern – Siehe Regionalatlas **50-L16**
Berlin 426 km – München 178 km – Ansbach 75 km – Regensburg 93 km
Michelin Straßenkarte 546

Grüner Baum mit Zim

Hauptstr. 9 ✉ 91238 – ✆ (09158) 2 62 – www.gruener-baum-engelthal.de – geschl. Montag - Dienstag
5 Zim – †29/34 € ††48/59 €, ☕ 6 € Menü 19/38 € – Karte 17/46 €
Mit seiner hübschen Deko und ländlichem Charme ist der Gasthof der Familie Koch eine sympathische Adresse. Auf der Karte z. B. "Tafelspitz mit Krensauce" oder auch "gebratenes Doradenfilet auf Fenchel- Tomaten-Couscous mit Olivensauce".

ENGE-SANDE – Schleswig-Holstein ➜ Siehe Leck

ENKENBACH-ALSENBORN

Rheinland-Pfalz – 6 940 Ew. – Höhe 289 m – Siehe Regionalatlas **47-E16**
Berlin 632 km – Mainz 80 km – Mannheim 54 km – Kaiserslautern 10 km
Michelin Straßenkarte 543

Im Ortsteil Enkenbach

Kölbl

Hauptstr. 3 ✉ 67677 – ✆ (06303) 30 71 – www.hotel-restaurant-koelbl.de
13 Zim ☕ – †55/60 € ††85/120 €
Rest – Menü 14/58 € – Karte 17/51 € – *(geschl. Montag, Samstagmittag)*
Der familiengeführte Gasthof mit Fachwerkfassade und Anbau bietet zeitgemäß und wohnlich eingerichtete Zimmer und eine hübsche Hofterrasse. In netten Gaststuben wird regionale und internationale Küche serviert.

ENZKLÖSTERLE

Baden-Württemberg – 1 220 Ew. – Höhe 538 m – Siehe Regionalatlas **54-F18**
Berlin 693 km – Stuttgart 89 km – Karlsruhe 64 km – Pforzheim 39 km
Michelin Straßenkarte 545

Enztalhotel (mit Gästehäusern)

Freudenstädter Str. 67 ✉ 75337 – ✆ (07085) 1 80 – www.enztalhotel.de
46 Zim ☕ – †92/102 € ††160/224 € – 2 Suiten – ½ P
Rest – Menü 37/49 € – Karte 29/47 €
Das Haus ist gefragt bei Feriengästen, und das liegt am wohnlichen Ambiente in den Zimmern (am komfortabelsten sind die Suiten und Deluxe-Zimmer) und im rustikal-eleganten Restaurant, am schönen zeitgemäßen Wellnessbereich samt attraktiver Ruheräume sowie an der 3/4-Pension, die im Zimmerpreis inbegriffen ist.

EPPINGEN

Baden-Württemberg – 21 390 Ew. – Höhe 199 m – Siehe Regionalatlas **55-G17**
Berlin 615 km – Stuttgart 71 km – Heilbronn 26 km – Karlsruhe 48 km
Michelin Straßenkarte 545

Villa Waldeck

Waldstr. 80 ✉ 75031 – ✆ (07262) 6 18 00 – www.villa-waldeck.de – geschl. 27. Dezember - 11. Januar
48 Zim ☕ – †78 € ††110 € – 1 Suite – ½ P
Rest – Menü 15/36 € – Karte 21/60 €
Recht ruhig liegt das Familotel am Ortsrand. Neben wohnlichen Zimmern bietet man einen netten Schwimmteich im Garten sowie Streichelzoo und Spielplatz für Kinder. In verschiedene Bereiche unterteiltes Restaurant mit Wintergarten.

Altstadthotel Wilde Rose
Kirchgasse 29 ✉ 75031 – ✆ (07262) 9 14 00 – www.altstadthotel-wilde-rose.de – geschl. 23. Dezember - 7. Januar, August 3 Wochen
10 Zim – 75/85 € 100 €
Rest *Wirtskeller St. Georg* – ✆ (07262) 20 77 33 – Menü 28/34 € – Karte 23/41 € – *(geschl. August 3 Wochen und Montag, Samstagmittag)*
Das im 16. Jh. im Fachwerkstil erbaute Baumannsche Haus wurde zum Hotel erweitert und verfügt über hübsche Landhauszimmer, teilweise mit Balkon oder Terrasse. Im historischen Teil befindet sich der Wirtskeller mit Tonnengewölbe. Geboten wird italienische Küche.

ERBACH (ALB-DONAU-KREIS)

Baden-Württemberg – 13 190 Ew. – Höhe 529 m – Siehe Regionalatlas **56-I19**
Berlin 630 km – Stuttgart 104 km – Konstanz 133 km – Ulm (Donau) 12 km
Michelin Straßenkarte 545

Zur Linde Rest,
Bahnhofstr. 8 ✉ 89155 – ✆ (07305) 93 11 00 – www.linde-erbach.de
15 Zim – 65/85 € 85/99 €
Rest – Menü 15 € – Karte 15/35 € – *(geschl. Juni 2 Wochen und Sonntag)*
Der langjährige Familienbetrieb mit den tipptopp gepflegten Zimmern und dem bürgerlich-rustikalen Restaurant ist im Sommer auch bei Fahrradtouristen beliebt - schließlich hat man den Donauradwanderweg praktisch vor der Tür und als "Bett & Bike"-Hotel bietet man entsprechenden Service. Radeln Sie doch auch mal zum Baggersee ganz in der Nähe!

ERDING

Bayern – 34 800 Ew. – Höhe 463 m – Siehe Regionalatlas **58-M20**
Berlin 597 km – München 40 km – Regensburg 107 km – Landshut 39 km
Michelin Straßenkarte 546

Henry
Dachauer Str. 1 ✉ 85435 – ✆ (08122) 90 99 30 – www.hotel-henry.de
48 Zim – 88/170 € 108/190 €, 9 € – 1 Suite
Rest – Menü 21/40 € – Karte 20/42 € – *(geschl. Sonntagabend sowie an Feiertagen abends)*
Das Hotel überzeugt mit sehr schönen, individuellen Zimmern, die verschiedenen Städten rund um den Globus gewidmet sind und mit Liebe zum Detail eingerichtet wurden. Neuzeitliches Bistro.

Parkhotel Zim, Rest,
Am Bahnhof 3 ✉ 85435 – ✆ (08122) 49 90 – www.parkhotel-erding.de
65 Zim – 95/110 € 111/141 €
Rest – Menü 15 € – Karte 25/51 € – *(geschl. August und Samstag - Sonntag) (nur Abendessen)*
Das Business- und Tagungshotel liegt zentral gegenüber dem Bahnhof und verfügt über praktisch ausgestattete Zimmer mit Balkon oder Terrasse. In der Halle befindet sich eine kleine Bar. Das zeitlos gehaltene Restaurant bietet internationale Küche.

ERFTSTADT

Nordrhein-Westfalen – 50 510 Ew. – Höhe 100 m – Siehe Regionalatlas **35-B13**
Berlin 593 km – Düsseldorf 64 km – Bonn 41 km – Köln 18 km
Michelin Straßenkarte 543

In Erftstadt-Lechenich

Husarenquartier (Herbert Brockel) – Restaurant Husarenquartier
Schloßstr. 10 ✉ 50374 – ✆ (02235) 50 96 – www.husarenquartier.de – geschl. Anfang Januar 1 Woche und Montag - Dienstag, außer an Feiertagen
Menü 49/112 € – Karte 58/72 € – *(nur Abendessen, sonntags auch Mittagessen)* (Tischbestellung ratsam)
Lassen Sie sich ruhig von der auffallenden roten Fassade des alten Stadthauses anziehen! Drinnen weiß Herbert Brokel mit Modernem, Klassischem oder Vegetarischem zu überzeugen, das es in Menüform oder à la carte zu entdecken gilt. Die abendliche Gourmetkarte gibt es übrigens auf Vorbestellung auch mittags.
➜ Sellerie, Wachtel, Eigelb. Eifeler Reh, Rotkohl, Monschauer Senf, Maulbeeren. Gaperon im Blätterteig gebacken und natur mit Apfelkompott.
Rest *Bistro* – siehe Restaurantauswahl

Bistro – Restaurant Husarenquartier
Schloßstr. 10 ✉ 50374 – ✆ (02235) 50 96 – www.husarenquartier.de – geschl. Anfang Januar 1 Woche und Sonntag sowie an Feiertagen
Menü 26/38 € – Karte 29/47 € – *(nur Mittagessen)*
Mittags geht es im Restaurant ein bisschen einfacher zu, wenn schmackhafte saisonale Speisen wie "kleines Rinderfilet vom Irish Ox mit Bohnensalat" serviert werden, immer auch ein Tagesgericht für 9 - 14 €. Nicht zu vergessen: leckere Currywurst & Co. im "Imbiss" - hausgemacht, frisch und sehr beliebt!

Haus Bosen
Herriger Str. 2 ✉ 50374 – ✆ (02235) 69 16 18 – geschl. 1. - 8. Januar und Montag
Menü 25/32 € – Karte 26/43 €
Benjamin Edery hat seine Wirkungsstätte in einem gemütlichen Fachwerkhaus mitten im Ort, bereits seit 120 Jahren gastronomisch genutzt. Er kocht saisonal-international, z. B. "gebratene Ente mit Orangensauce, Maronen, Kartoffelkloß, Bratapfel und Rotkohl", aber auch Vegetarisches, Pastagerichte, Flammkuchen.

ERFURT

Thüringen – 206 390 Ew. – Höhe 195 m – Siehe Regionalatlas **40-K12**
Berlin 304 km – Chemnitz 154 km – Leipzig 130 km – Nordhausen 77 km
Michelin Straßenkarte 544

Radisson BLU
Juri-Gagarin-Ring 127 ✉ 99084 – ✆ (0361) 5 51 00 – www.radisson-erfurt.de Stadtplan : B2**e**
279 Zim – 87/130 € 115/175 €, 18 € – 3 Suiten **Rest** – Karte 22/53 €
Das Tagungshotel am Stadtring überzeugt durch gut ausgestattete, teilweise besonders schöne und moderne Zimmer sowie einen Sauna- und Fitnessbereich im 17. Stock mit Blick über Erfurt. Restaurant mit internationaler Küche, amerikanische Snacks in der Sportsbar.

Victor's Residenz-Hotel
Häßlerstr. 17 (über Clara-Zetkin-Straße B2) ✉ 99096 – ✆ (0361) 6 53 30 – www.victors.de
58 Zim – 89/149 € 109/165 € – 10 Suiten – ½ P
Rest – Menü 17/24 € – Karte 19/48 €
Ein elegantes Tagungs- und Businesshotel nahe dem Landtag, in dem Sie freundlicher Service und geräumige Gästezimmer erwarten - im 4. Stock mit Dachterrasse. Neben dem gediegenen Hotelrestaurant steht auch eine gemütlich-rustikale Stube bereit.

IBB Hotel
Gotthardtstr. 27 ✉ 99084 – ✆ (0361) 6 74 00 – www.ibbhotelerfurt.com Stadtplan : B1**a**
91 Zim – 84/119 € 100/148 €
Rest *Zum Alten Schwan* – Menü 33/78 € – Karte 21/58 € – *(nur Abendessen)*
Toll ist die Lage des hübschen modernern Hotels, ruhig und doch ganz in der Nähe der Fußgängerzone. Sechs charmant-individuelle Zimmer liegen auf der historischen Krämerbrücke. Restaurant Zum Alten Schwan mit Terrasse zur Gera und internationalem Angebot.

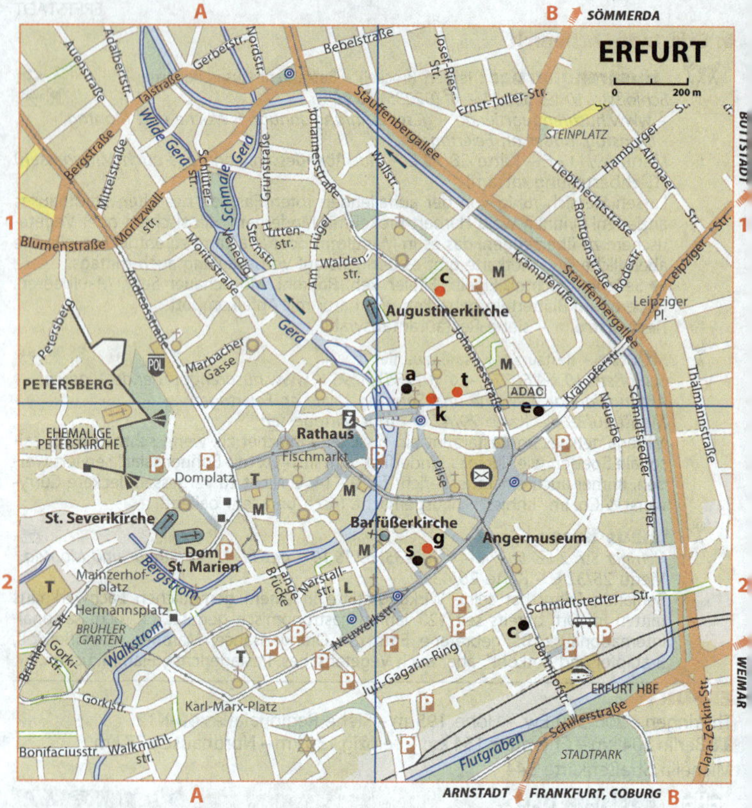

Zumnorde am Anger

Anger 50 (Eingang Weitergasse) ✉ *99084* Stadtplan : B2**s**
– ✆ (0361) 5 68 00 – www.hotel-zumnorde.de – geschl. 1. - 11. Januar
51 Zim ☕ – 🚹85/120 € 🚻120/150 € – 6 Suiten
Rest *Weinstube & Restaurant Zumnorde* – siehe Restaurantauswahl
Das Hotel liegt mitten in der Stadt und bietet Ihnen klassisch-elegante Zimmer mit extralangen Betten (2,20 m) sowie einen ruhigen begrünten Innenhof - hier lauscht man dem Glockenspiel des Bartholomäusturms (Tipp: Hochzeitspaare dürfen sich ein Stück wünschen!).

Excelsior

Rest,

Bahnhofstr. 35 ✉ *99084 – ✆ (0361) 5 67 00* Stadtplan : B2**c**
– www.excelsior.bestwestern.de
77 Zim ☕ – 🚹90/120 € 🚻110/140 € – 3 Suiten
Rest – Karte 18/28 € – *(nur Abendessen)*
Sie finden das Stadthaus mit der schmucken Jugendstilfassade und soliden, funktionell ausgestatteten Zimmern zwischen Bahnhof und Angermuseum.

Erfurtblick garni (mit Gästehaus)

Nibelungenweg 20 (über A2, Richtung Flughafen) ✉ *99092 – ✆ (0361) 22 06 60*
– www.hotel-erfurtblick.de
10 Zim ☕ – 🚹60/70 € 🚻80/114 €
Eine familiäre kleine Adresse, die in einem Wohngebiet liegt und einen schönen Blick auf die Stadt bietet. Die Zimmer sind tipptopp gepflegt und funktional. Netter Garten.

Villa am Park garni

Tettaustr. 5 (Süd-West, über A2) ✉ *99094 – ✆ (0361) 7 89 48 60 – www.villa-am-park-erfurt.de*

6 Zim – 47/59 € 64/84 €

Sehr schön und individuell sind die Zimmer in der ehemaligen Pfarrersvilla, dekoriert mit Bildern der Chefin. Dazu persönlich-familiäre Atmosphäre, gutes Frühstück, ein hübscher kleiner Garten. Ins Zentrum sind es nur 15 Minuten zu Fuß!

Clara - Restaurant im Kaisersaal

Futterstr. 15 ✉ *99084 – ✆ (0361) 5 68 82 07* Stadtplan : B1**t**

– www.restaurant-clara.de – geschl. Februar 2 Wochen, August 3 Wochen und Sonntag - Montag

Menü 56/97 € – Karte 54/58 € – *(nur Abendessen)*

Was die charmante Maria Groß an kreativ-saisonalen Speisen auf den Teller zaubert, ist schon beeindruckend: Da ist zum einen die farbenfrohe, frische Optik, zum anderen jede Menge Ausdruck und Geschmack - und das zu einem fast unschlagbaren Preis-Leistungs-Verhältnis! Nebenan gibt die Küchenchefin Kochkurse.

→ Kalbsrücken, Forelle, Kapern. Karotte, Ingwer, Meerestiere. Erdbeere, Quark, Vanille.

Palais Wachsberg

Futterstr. 13 ✉ *99084 – ✆ (0361) 6 54 77 99* Stadtplan : B1**k**

– www.palaiswachsberg.de – geschl. Sonntag

Menü 44 € – Karte 27/44 €

In dem historischen Stadthaus erwartet Sie schmackhafte internationale Küche, z. B. in Form von "Scholle, Kartoffel, Navette, Senf". Besonders schön sitzt man im lichten Wintergarten oder im Sommer draußen. Eine Vinothek hat man ebenfalls.

Rest *Wirtshaus* – siehe Restaurantauswahl

Il Cortile (N)

Johannesstr. 150, (Signal-Iduna-Passage) ✉ *99084* Stadtplan : B1**c**

– ✆ (0361) 5 66 44 11 – www.ilcortile.de – geschl. Anfang Januar 2 Wochen und Sonntag - Montag

Karte 33/57 €

Über einen netten kleinen Innenhof erreicht man das Restaurant. Hier ist es gemütlich und man bekommt frische mediterrane Küche - da hat man natürlich so manchen Stammgast. Probieren Sie z. B. das Antipasti-Buffet oder die leckere Pasta!

Weinstube & Restaurant Zumnorde – Hotel Zumnorde am Anger

Grafengasse 2 ✉ *99084 – ✆ (0361) 5 68 04 26*

– www.restaurant-zumnorde.de – geschl. 1. - 11. Januar Stadtplan : B2**g**

Menü 40 € (abends) – Karte 25/51 €

Rustikal und stilvoll zugleich! In lebhafter Atmosphäre werden Sie schmackhaft bekocht, z. B. mit Tatar, Flammkuchen, Rinderrouladen... Bei schönem Wetter ist der Biergarten ein richtig charmanter Ort!

Wirtshaus – Palais Wachsberg

Futterstr. 13 ✉ *99084 – ✆ (0361) 6 54 77 99* Stadtplan : B1**k**

– www.palaiswachsberg.de – geschl. Sonntag

Karte 17/28 €

Das Wirtshaus bietet Ihnen in geselliger und angenehm unkomplizierter Atmosphäre neben einem frisch gezapften Bier auch regionale Klassiker wie Würzfleisch und "Roulade mit Rotkohl und Klößen", oder mögen Sie lieber einen Flammkuchen?

In Erfurt-Linderbach über Schillerstraße Stadtplan : B2, Richtung Weimar: 5 km

LinderHof (N)

Azmannsdorfer Str. 27 ✉ *99198 – ✆ (0361) 4 41 80 – www.linderhof-erfurt.de*

52 Zim – 81/120 € 100/125 € – ½ P

Rest – Menü 16/40 € – Karte 19/35 €

Das Hotel ist besonders auf Tagungen und Businessgäste zugeschnitten. Die Ausstattung ist gepflegt, zeitgemäß und funktional, zum Restaurant gehört ein schöner Wintergarten. Die Lage ist relativ ruhig, dennoch hat man eine gute Verkehrsanbindung.

In Erfurt-Molsdorf Süd-West: 10 km über Winzerstraße Stadtplan : A2

Landhotel Burgenblick

Am Zwetschenberg 20 ✉ 99094 – ✆ (036202) 8 11 11 – www.hotelburgenblick.de
24 Zim – 70/80 € 90/150 € – ½ P
Rest – Menü 20/40 € – Karte 21/38 € – *(geschl. Sonntag) (nur Abendessen)*
Dieses sehr gepflegte familiär geleitete Hotel befindet sich in ruhiger Lage auf einer Anhöhe. Solide mit Landhausmöbeln eingerichtete Gästezimmer stehen zur Verfügung. Im rustikalen Restaurant mit Kamin serviert man bürgerlich-regionale Speisen.

ERKELENZ

Nordrhein-Westfalen – 44 500 Ew. – Höhe 95 m – Siehe Regionalatlas **35**-A12
Berlin 597 km – Düsseldorf 45 km – Aachen 38 km – Mönchengladbach 15 km
Michelin Straßenkarte 543

Rheinischer Hof garni

Kölner Str. 18 ✉ 41812 – ✆ (02431) 22 94 – www.hotelrheinischerhof.de
10 Zim – 69/99 € 95/125 €
Ein Traditionshaus a. d. J. 1925, im Zentrum gelegen und nur 5 Gehminuten vom Bahnhof entfernt. Individuelle Zimmer mit klassischer Einrichtung und gutem Platzangebot.

ERKHEIM

Bayern – 2 900 Ew. – Höhe 595 m – Siehe Regionalatlas **64**-J20
Berlin 646 km – München 105 km – Kempten 55 km – Augsburg 78 km
Michelin Straßenkarte 546

Erkheimer Landhaus

Färberstr. 37 ✉ 87746 – ✆ (08336) 81 39 70 – www.erkheimer-landhaus.de
11 Zim – 49/55 € 69/92 €
Rest *Erkheimer Landhaus* – siehe Restaurantauswahl
Diese gepflegte familiäre Adresse befindet sich in einer ruhigen Wohngegend, bietet aber dennoch eine gute Autobahnanbindung. Die Zimmer sind meist in frischem zeitgemäß-wohnlichem Stil eingerichtet, einige auch mit Bauernmöbeln, teilweise mit Balkon.

Erkheimer Landhaus – Hotel Erkheimer Landhaus

Färberstr. 37 ✉ 87746 – ✆ (08336) 81 39 70 – www.erkheimer-landhaus.de – geschl. Oktober - April: Mittwoch - Donnerstag, Mai - September: Donnerstag
Menü 35 € – Karte 20/46 € – *(nur Abendessen, sonntags auch Mittagessen)*
Gerne kommen die Gäste zu Familie Wörle, um sich saisonal-internationale Speisen servieren zu lassen. Im Sommer sitzt man natürlich am liebsten auf der Terrasse zum Garten - hier wird auf dem großen "Smoker" gegrillt.

ERKRATH

Nordrhein-Westfalen – 46 050 Ew. – Höhe 60 m – Siehe Regionalatlas **26**-C11
Berlin 552 km – Düsseldorf 6 km – Wuppertal 26 km
Michelin Straßenkarte 543

In Erkrath-Hochdahl Ost: 3 km, jenseits der Autobahn

Wahnenmühle garni

Wahnenmühle 1 ✉ 40699 – ✆ (02104) 1 39 93 32 – www.wahnenmuehle.de – geschl. 21. Dezember - 6. Januar, Juli - August 3 Wochen
4 Zim – 120/160 € 140/200 €
Ein charmanter Ort auf einer großen Waldlichtung. Hier wohnt man individuell, die Namen der Zimmer (reizvolle Städte und Regionen) machen Lust, gleich einzuziehen. Die Chefin kümmert sich persönlich um ihre Gäste und schafft so eine herzliche und familiäre Atmosphäre.

XX **Hopmanns Olive**

Ziegeleiweg 1 ✉ 40699 – ✆ (02104) 80 36 32 – www.hopmannsolive.de – geschl. 9. - 25. Februar und Dienstag - Mittwoch
Menü 28 € (mittags unter der Woche)/59 € – Karte 38/70 €
Hell, modern und in angenehm warmen Tönen präsentiert sich das Ambiente im Restaurant, mediterran beeinflusst die Küche. Durch die Glasfront hat man Zugang zur begrünten Terrasse. Historischer Lokschuppen für Events.

ERLABRUNN – Bayern ➜ Siehe Würzburg

ERLANGEN

Bayern – 106 330 Ew. – Höhe 280 m – Siehe Regionalatlas **50**-**K16**
Berlin 444 km – München 191 km – Nürnberg 19 km – Bamberg 40 km
Michelin Straßenkarte 546

Bayerischer Hof

Schuhstr. 31 ✉ 91052 – ✆ (09131) 78 50 – www.bayerischer-hof-erlangen.de Stadtplan : B2**q**
158 Zim – 135/145 € 145/155 € – 1 Suite – ½ P
Rest *Rosmarin* – siehe Restaurantauswahl
In dem freundlich geführten Stadthotel erwarten Sie komfortable Zimmer und ein Frühstücksraum mit schönem Kreuzgewölbe sowie das kleine Bistro "Ernesto", in dem Sie abends mediterrane und internationale Speisen bekommen.

Creativhotel Luise garni

Sophienstr. 10 ✉ 91052 – ✆ (09131) 12 20 – www.hotel-luise.de Stadtplan : B2**p**
95 Zim – 88/119 € 109/149 € – 1 Suite
Ein Hotel auf Bio-Basis, in dem viele Zimmer nach Feng Shui gestaltet sind. Dazu ein schöner Saunabereich und ein gutes Frühstücksbuffet - hier natürlich auch Bioprodukte! Hübsche Fotografien und Kunst im Haus.

Quality Hotel garni

Bayreuther Str. 53 ✉ 91054 – ✆ (09131) 87 60 – www.quality-erlangen.de Stadtplan : A1**e**
117 Zim – 69/136 € 96/170 €
Das besonders auf Businessgäste und Tagungen ausgelegte Hotel bietet neuzeitlich und funktionell eingerichtete Zimmer - auch Maisonetten stehen zur Verfügung.

Altmann's Stube

Theaterplatz 9 ✉ 91054 – ✆ (09131) 8 91 60 – www.altmanns-stube.de – geschl. Januar 1 Woche, Ende August - Anfang September 2 Wochen Stadtplan : A1**v**
23 Zim – 75/84 € 99/110 €
Rest *Altmann's Stube* – siehe Restaurantauswahl
In dem gepflegten, zeitgemäßen Hotel in der Altstadt kümmert sich Familie Altmann sehr freundlich um die Gäste. Im Haupthaus sind die Zimmer etwas kleiner und daher preisgünstiger, einige davon aber richtig schön modern und hochwertig.

XX **Altmann's Stube** – Hotel Altmann's Stube

Theaterplatz 9 ✉ 91054 – ✆ (09131) 8 91 60 – www.altmanns-stube.de – geschl. Januar 1 Woche, Ende August - Anfang September 2 Wochen und Sonntag - Montag sowie an Feiertagen Stadtplan : A1**v**
Menü 40/64 € – Karte 29/49 €
Wer zum Essen zu Marco und Binia Altmann kommt, den erwartet gute internationale Küche mit regionalem Einfluss. Aus topfrischen Produkten wird z. B. "Kalbstafelspitz mit Wurzelgemüse, Meerrettichsauce und Bouillonkartoffeln" zubereitet.

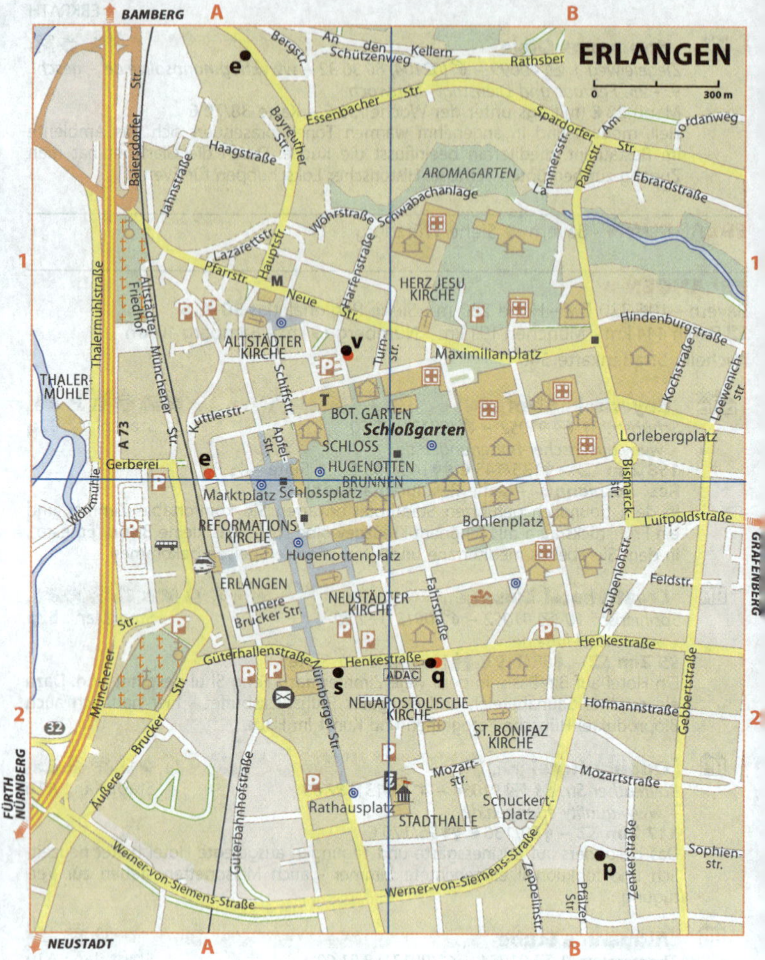

Da Pippo

Paulistr. 12 ✉ 91054 – ✆ (09131) 20 73 94 Stadtplan : A1**e**
– www.dapippo.net – geschl. 24. - 28. Dezember, 23. August - 6. September und Sonntag - Montag
Menü 51/63 € – *(nur Abendessen)*
Nur einen Steinwurf vom Bahnhof verbirgt sich hinter der unscheinbaren Fassade ein echtes Schmuckstück. Die Betreiber sind Gastgeber mit Leib und Seele - der Chef im Service, die Chefin am Herd. Aus sehr guten Produkten entstehen hier frische italienische Gerichte.

Rosmarin – Hotel Bayerischer Hof

Schuhstr. 31 ✉ 91052 – ✆ (09131) 78 50 Stadtplan : B2**q**
– www.bayerischer-hof-erlangen.de – geschl. Samstagmittag und Sonntag
Menü 29/79 € – Karte 33/47 €
Eine elegante Note und zum Namen passende Grüntöne bestimmen hier das Ambiente. Man serviert mediterran-internationale Gerichte wie "Spanferkelrücken, Morchelrahm, Spitzkohl / geschmortes Bäckchen, Kartoffelschaum, Linsen, Zuckerschoten", aber auch regionale Klassiker.

In Erlangen-Eltersdorf Süd: 5 km über Äußere Brucker Straße Stadtplan : A2

Rotes Ross garni

Eltersdorfer Str. 15a ✉ 91058 – ✆ (09131) 69 08 10 – www.hotelrotesross.de – geschl. 22. Dezember - 7. Januar

22 Zim – 76 € 89 €

Bei Familie Bankel schläft man nicht nur gut in hellen, funktionalen Zimmern, man bekommt zum Frühstück auch frisch gebackene Brötchen aus der eigenen Backstube - dafür ist man bekannt! Zudem gibt es einen schönen Poolbereich, wo die Gäste im Sommer grillen können.

In Erlangen-Frauenaurach Süd-West: 5 km über Stadtplan : A2

Schwarzer Adler garni

Herdegenplatz 1 ✉ 91056 – ✆ (09131) 99 20 51 – www.hotel-schwarzer-adler.de – geschl. 22. Dezember - 7. Januar

14 Zim – 77/92 € 105/115 €

Wirklich charmant ist das familiär geführte Fachwerkhaus von 1702 - behaglich die Zimmer, lauschig der Innenhof. Tipp: Buchen Sie Zimmer Nr. 32 unterm Dach - schön geräumig und mit Blick auf das Storchennest vis-à-vis! Mo. - Do. gibt's in der gemütlichen Weinstube am Abend Suppen, Salate, Käse...

In Erlangen-Kosbach West: 6 km über Stadtplan : A2, Richtung Erlangen-West

Gasthaus Polster

Am Deckersweiher 26 ✉ 91056 – ✆ (09131) 7 55 40 – www.gasthaus-polster.de

13 Zim – 90 € 120/130 €

Rest *Polster Stube* **Rest *Restaurant Polster*** – siehe Restaurantauswahl

In einem kleinen Dorf finden Sie dieses gewachsene Gasthaus mit langer Familientradition. Die Zimmer sind hübsch und wohnlich eingerichtet, einige sind als Maisonetten angelegt.

Restaurant Polster – Hotel Gasthaus Polster

Am Deckersweiher 26 ✉ 91056 – ✆ (09131) 7 55 40 – www.gasthaus-polster.de

Menü 37/98 € – Karte 41/62 € – (Tischbestellung ratsam)

"Rinderfilet und Backerl an gebratenem Wurzelgemüse und Zwiebelravioli" oder "Steinbutt und Knurrhahn auf Safranrisotto und Knoblauchfond"? Beides sind schöne Beispiele für die ambitioniert-klassische Küche des eleganten Gourmetrestaurants.

Polster Stube – Hotel Gasthaus Polster

Am Deckersweiher 26 ✉ 91056 – ✆ (09131) 7 55 40 – www.gasthaus-polster.de

Karte 25/48 €

Das zweite Restaurant im Hause Polster ist diese nette holzgetäfelte Stube. Auf der Karte finden sich z. B. "Fränkische Festtagssuppe", "Backhendl an Petersilienkartoffeln" oder "Schweineschäufele in Kümmelsauce".

ERLENSEE

Hessen – 13 150 Ew. – Höhe 112 m – Siehe Regionalatlas **48-G14**

Berlin 525 km – Wiesbaden 65 km – Frankfurt am Main 26 km – Fulda 81 km

Michelin Straßenkarte 543

In Neuberg-Ravolzhausen Nord: 2 km

Bei den Tongruben garni

Unterfeld 19 ✉ 63543 – ✆ (06183) 2 04 00 – www.hotel-tongruben.de – geschl. 19. Dezember - 12. Januar

28 Zim – 90/95 € 110/125 €

Engagiert leitet Familie Kremhöller ihr Haus, es ist tipptopp gepflegt und durchweg liebevoll eingerichtet, zudem liegt es noch recht ruhig. Besonders hübsch: die Zimmer mit Dachschräge. Schön auch der Sauna- und Fitnessbereich. Und abends bietet man im Bistro "Gästetreff" kleine Snacks.

ERWITTE

Nordrhein-Westfalen – 15 720 Ew. – Höhe 100 m – Siehe Regionalatlas **27-F10**

Berlin 443 km – Düsseldorf 135 km – Arnsberg 39 km – Lippstadt 7 km

Michelin Straßenkarte 543

Schlosshotel Zim,

Schlossallee 14 ✉ 59597 – ✆ (02943) 9 76 00 – www.schlosshotel-erwitte.de
15 Zim – 82/99 € 100/185 € – 6 Suiten **Rest** – Karte 25/40 €
Das schöne Wasserschloss im Stil der Weserrenaissance beherbergt recht individuell geschnittene wohnliche Gästezimmer und - im Gewölbekeller - ein hübsches Restaurant. Auch kulturelle Veranstaltungen kommen hier bei dem tollen Rahmen gut an.

Büker

Am Markt 14 ✉ 59597 – ✆ (02943) 23 36 – www.hotel-bueker.de
19 Zim – 40/59 € 65/79 € – ½ P
Rest – Karte 18/38 € – *(geschl. Sonntag - Montagmittag und an Feiertagen)*
Familie Wilmes ist schon seit 1657 hier im Haus und hat aus dem Gasthof von einst ein kleines Hotel mit sehr gepflegten Zimmern gemacht. Essen kann man natürlich auch: Die bürgerliche Küche passt zu den gemütlich-westfälischen Stuben. Für Gesellschaften hat man ebenfalls schöne Räume.

ESCHBORN – Hessen ➜ Siehe Frankfurt am Main

ESCHENBACH in der OBERPFALZ

Bayern – 4 130 Ew. – Höhe 440 m – Siehe Regionalatlas **51-M16**
Berlin 416 km – München 229 km – Regensburg 110 km – Bayreuth 59 km
Michelin Straßenkarte 546

Glutschaufel Rest,

Obersee 1 ✉ 92676 – ✆ (09645) 60 29 00 – www.glutschaufel.de
13 Zim – 78/95 € 105/130 € – 1 Suite – ½ P
Rest – Menü 21/40 € – Karte 25/44 € – *(nur Abendessen)*
Gabriela und Georg Weber setzen auf Ökologie - so kommen in dem modernen kleinen Hotel sogar Erdwärme und Photovoltaik zum Einsatz! Die Lage spricht für sich: außerhalb, waldnah, das Naturschutzgebiet "Großer Rußweiher" schließt sich direkt an!

ESCHENLOHE

Bayern – 1 600 Ew. – Höhe 640 m – Siehe Regionalatlas **65-L21**
Berlin 661 km – München 74 km – Garmisch-Partenkirchen 15 km – Weilheim 30 km
Michelin Straßenkarte 546

In Eschenlohe-Wengen Süd-Ost: 1 km

Alpenhotel Wengererhof garni

Wengen 1 ✉ 82438 – ✆ (08824) 9 20 30 – www.alpenhotel-wengererhof.de
23 Zim – 50/58 € 80/92 €
Das kann man schon als ländliche Idylle bezeichnen: ruhige Lage am Dorfrand, drum herum Wiesen und Wald, angrenzend der landwirtschaftliche Betrieb mit Schafen. Familie Mangold hat neben gepflegten Zimmern auch einen gemütlichen hellen Aufenthaltsraum mit Getränken und Kaffeemaschine für Sie.

ESENS

Niedersachsen – 6 960 Ew. – Höhe 3 m – Siehe Regionalatlas **7-D5**
Berlin 520 km – Hannover 261 km – Emden 72 km – Oldenburg 91 km
Michelin Straßenkarte 541

In Esens-Bensersiel Nord-West: 4 km

Benser Hof Zim,

Hauptstr. 9 ✉ 26427 – ✆ (04971) 9 27 40 – www.benserhof.de – geschl. 29. November - 27. Dezember, 4. Januar - 12. Februar
19 Zim – 50/150 € 100/140 € – 2 Suiten – ½ P
Rest – Menü 19/23 € – Karte 27/35 € – *(geschl. Mittwoch) (nur Abendessen)*
Ein mit viel Glas und Stahl erbautes Hotel in halbrunder Form, in dem Sie sehr geräumige und freundliche Zimmer mit Balkon und Blick auf Hafen und Bense erwarten. Helles, im Bistrostil gehaltenes Restaurant mit Wintergarten.

Hörn van Diek garni

Lammertshörn 1 ✉ 26427 – ✆ (04971) 24 29 – www.hoern-van-diek.de – geschl. 15. Januar - 15. März

23 Zim ☕ – 👤65/110 € 👥95/149 € – 6 Suiten

Wenige Minuten entfernt von Strand und Hafen finden Sie dieses Hotel im Landhausstil mit Appartements, die über einen kleinen Küchen- und Wohnbereich verfügen.

Störtebeker garni

Am Wattenmeer 4 ✉ 26427 – ✆ (04971) 9 19 00 – www.bensersiel-stoertebeker.de – geschl. 5. Januar - 5. Februar

32 Zim ☕ – 👤42/45 € 👥68/90 €

Das gut geführte Haus mit persönlich-familiärer Atmosphäre bietet gepflegte und funktionelle Zimmer, überwiegend mit Korkfußboden, sowie einen schönen Garten mit Ruhezone.

ESLOHE

Nordrhein-Westfalen – 9 090 Ew. – Höhe 310 m – Siehe Regionalatlas **37**-E11

▶ Berlin 502 km – Düsseldorf 159 km – Arnsberg 31 km – Meschede 20 km

Michelin Straßenkarte 543

In Eslohe-Cobbenrode Süd: 7,5 km über B 55

Hennemann

Olper Str. 28 (B 55) ✉ 59889 – ✆ (02973) 9 75 10 – www.hotel-hennemann.de

16 Zim ☕ – 👤50/75 € 👥90/150 € – 4 Suiten – ½ P

Rest – Menü 13 € (mittags)/34 € – Karte 21/50 € – *(geschl. Montag)*

Ein familiär geleitetes Ferienhotel mit soliden Zimmern in wohnlich-ländlichem Stil sowie Kosmetikangebot. In unmittelbarer Nähe befindet sich der hauseigene Tennisplatz. Restaurant mit bürgerlicher Küche.

ESPELKAMP

Nordrhein-Westfalen – 25 110 Ew. – Höhe 50 m – Siehe Regionalatlas **17**-F8

▶ Berlin 375 km – Düsseldorf 223 km – Bielefeld 52 km – Bremen 99 km

Michelin Straßenkarte 543

Mittwald

Ostlandstr. 23 ✉ 32339 – ✆ (05772) 9 77 80 – www.mittwaldhotel.de

44 Zim ☕ – 👤74/91 € 👥110/120 € – ½ P

Rest – Menü 15/30 € – *(geschl. Samstag)*

Das Hotel mit den unterschiedlichen, funktionell ausgestatteten Gästezimmern ist eine tipptopp gepflegte Adresse, die von der Familie seit vielen Jahren gut geführt wird.

ESSEL – Niedersachsen ➜ Siehe Schwarmstedt

ESSEN

Nordrhein-Westfalen – 573 470 Ew. – Höhe 76 m – Siehe Regionalatlas **26**-C11
▶ Berlin 528 km – Düsseldorf 37 km – Amsterdam 204 km – Arnhem 108 km
Michelin Straßenkarte 543

© allOver / Blickwinkel / Age fotostock

Hotels

Sheraton
Huyssenallee 55 ✉ 45128 – ✆ (0201) 1 00 70 – www.sheratonessen.com — Stadtplan : BC2**e**
194 Zim – 🛉99/419 € 🛉🛉99/449 €, ☕ 29 € – 12 Suiten
Rest *Restaurant am Park* – ✆ (0201) 1 00 71 65 – Menü 36 € (mittags)/51 € – Karte 38/74 €
Das Hotel neben der Philharmonie bietet einen modernen Tagungsbereich, eine trendige Bar sowie einen freundlichen Saunabereich und Massage. Einige Zimmer liegen schön zum Park, so auch das Restaurant in schickem geradlinigem Stil - durch bodentiefe Fenster schaut man ins Grüne.

Essener Hof
Am Handelshof 5 ✉ 45127 – ✆ (0201) 2 42 50 – www.essener-hof.com – geschl. 24. Dezember - 3. Januar — Stadtplan : C2**c**
123 Zim – 🛉85/125 € 🛉🛉105/135 €, ☕ 15 € – 4 Suiten
Rest – Menü 30 € – Karte 25/47 € – *(geschl. Samstag - Sonntag und an Feiertagen) (nur Abendessen)*
Im ältesten Hotel Essens wird immer wieder renoviert und verbessert. So hat man gut ausgestattete Zimmer unterschiedlicher Größe, darunter die interessanten Wellnesszimmer mit Dampfdusche. Freundlich das Restaurant in nordischem Weiß-Blau. Praktisch: zentrale Lage und Parkhaus direkt nebenan!

Restaurants

La Grappa
Rellinghauser Str. 4 ✉ 45128 – ✆ (0201) 23 17 66 – www.la-grappa.de – geschl. Samstagmittag, Sonntag — Stadtplan : C2**v**
Menü 38 € (mittags)/145 € – Karte 52/84 € – (Tischbestellung ratsam)
Dass Rino Frattesi in seinem liebenswert dekorierten Restaurant zahlreiche Stammgäste hat, liegt in erster Linie an der klassisch italienischen Küche, aber auch die schöne Weinkarte und nicht zuletzt rund 1200 Grappas sind verlockend!

Sie möchten spontan verreisen? Besuchen Sie die Internetseiten der Hotels, um von deren Sonderkonditionen zu profitieren.

In Essen-Bredeney Süd: 6 km über Alfredstraße Stadtplan : B3

Parkhaus Hügel mit Zim
Freiherr-vom-Stein-Str. 209 ✉ 45133 – ✆ (0201) 47 10 91
– www.parkhaus-huegel.de – geschl. 27. Dezember - 3. Januar
13 Zim – †74/90 € ††98/120 €, ☕ 13 €
Menü 45/75 € – Karte 35/55 € – *(Montag - Freitag nur Abendessen)*
Im Stammsitz der Familie Krupp, direkt gegenüber dem Baldeneysee, erwarten Sie heute ein kleines Hotel mit gepflegten Zimmern und zahlreiche Veranstaltungsmöglichkeiten, aber auch - und vor allem - ein A-la-carte-Restaurant mit ambitionierter Küche: Suvad Memovic kocht frische, geschmackvolle Gerichte, die sich nach der Saison richten, so z. B. "Atlantik-Hummer mit Selleriecreme, Vogelmiere und Kamillensud".

In Essen-Burgaltendorf Süd-Ost: 12 km, über Ruhrallee Stadtplan : B3

Mintrops Land Hotel Burgaltendorf
Schwarzensteinweg 81 ✉ 45289 – ✆ (0201) 57 17 10
– www.mintrops.mm-hotels.de
52 Zim – †55/122 € ††75/184 €, ☕ 12 €
Rest – Menü 28/69 € – Karte 35/52 €
Wer es gerne individuell hat, wird dieses Hotel mögen: Zimmer von "Refugium" über "Himmelsstürmergalerie" bis "Landhauszimmer", dazu farbenfrohe moderne Kunst, ein schöner Garten mit diversen Freizeitmöglichkeiten und das frische, helle und zeitgemäße Restaurant Mumm.

In Essen-Frohnhausen West: 4 km über Frohnhauser Straße Stadtplan : A2

Kölner Hof
Duisburger Str. 20 ✉ 45145 – ✆ (0201) 76 34 30
– www.restaurant-koelner-hof.de – geschl. Januar 1 Woche, über Karneval 2 Wochen, Juli - August 3 Wochen und Montag - Dienstag, Samstagmittag
Menü 33 € (mittags)/95 € – Karte 37/78 € – (Tischbestellung ratsam)
Wirklich nett ist das Eckrestaurant von Heinz und Rosmarie Furtmann - übrigens schon seit 1919 in Familienhand! Der Chef kocht hier klassische Gerichte, die die Gäste auch gerne auf der kleinen Gartenterrasse zu sich nehmen.

In Essen-Horst Ost: 3 km über Steeler Straße Stadtplan : D2

Hannappel
Dahlhauser Str. 173 ✉ 45279 – ✆ (0201) 53 45 06
– www.restaurant-hannappel.de – geschl. Juli - August 3 Wochen und Dienstag
Menü 35 € (mittags)/85 € – Karte 36/58 €
Gute Produkte und Können - auf dieser Grundlage sorgt Knut Hannappel für eine schmackhafte Küche, die er immer wieder mit modernen Elementen spickt. Das Restaurant ist elegant, der Service freundlich und aufmerksam.

In Essen-Katernberg Nord-Ost: 6 km über Stoppenberger Straße Stadtplan : C1, Richtung Gelsenkirchen

Casino Zollverein
Gelsenkirchener Str. 181 (über Bullmannaue) ✉ 45309 – ✆ (0201) 83 02 40
– www.casino-zollverein.de – geschl. 27. Dezember - 5. Januar und Montag
Menü 34/70 € – Karte 30/62 €
Die Industriearchitektur hier wird Sie sicher beeindrucken: In der Kompressorenhalle der Zeche Zollverein - Weltkulturerbe der UNESCO - sitzt man unter massiven Stahlbetonträgern, während man sich regional und mediterran beeinflusste Küche schmecken lässt.

In Essen-Kettwig Süd-West: 11 km über Alfredstraße Stadtplan : B3

Schloss Hugenpoet
August-Thyssen-Str. 51 (West: 2,5 km) ✉ 45219 – ✆ (02054) 1 20 40 – www.hugenpoet.de
34 Zim – †160/425 € ††187/425 €, ☕ 25 € – 2 Suiten
Rest *HUGENpöttchen* – siehe Restaurantauswahl
Reichlich Kunst und antike Möbel, alte Fliesen und schöne Holzböden, dazu ein mächtiges Granittor in der großen Halle... das herrschaftliche Anwesen a. d. 17. Jh. ist wirklich sehenswert mit seinem historischen Charme. Die neueren Zimmer sind ansprechend modern.

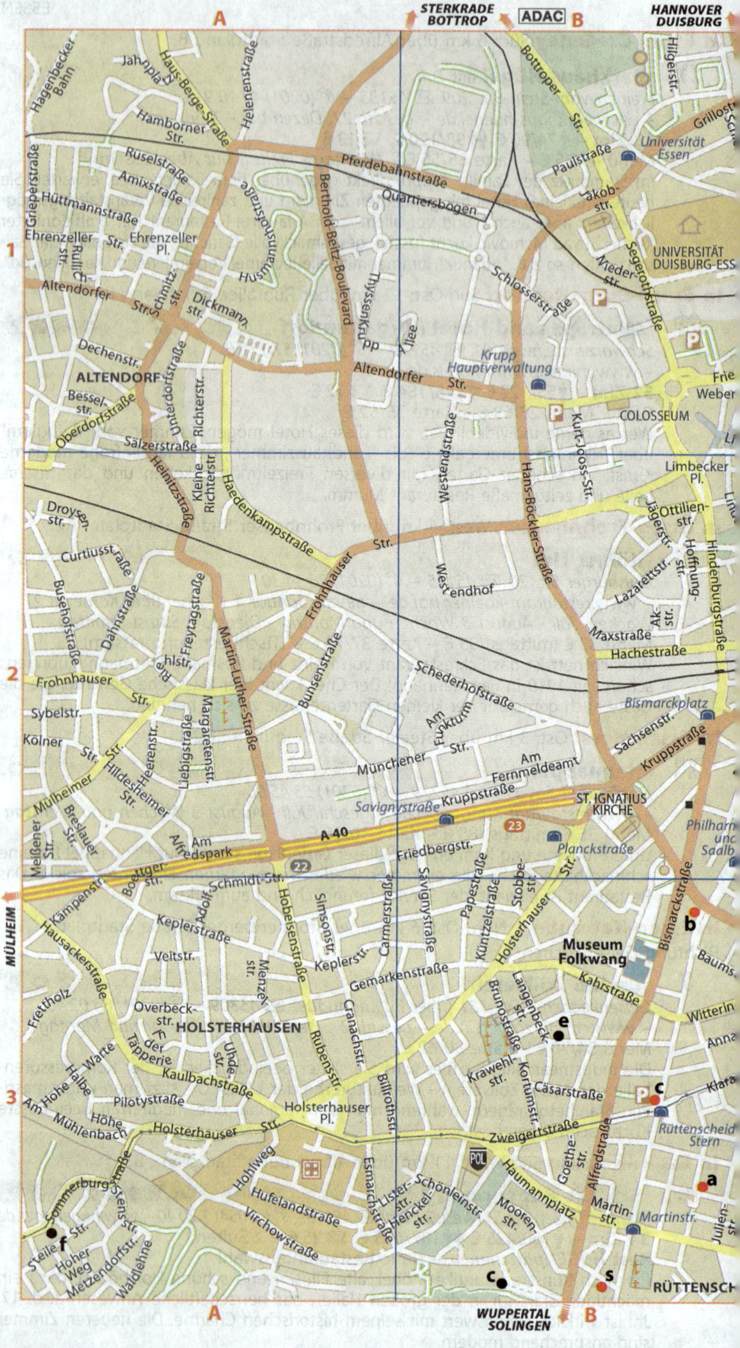
STERKRADE BOTTROP
ADAC
HANNOVER DUISBURG
A
B
1
2
3
ALTENDORF
HOLSTERHAUSEN
MÜLHEIM
WUPPERTAL SOLINGEN
Hagenbecker Bahn
Jahnplatz
Haus-Berge-Straße
Helenenstraße
Hamborner Str.
Grieperstraße
Rüselstraße
Amixstraße
Hüttmannstraße
Ehrenzeller Str.
Ehrenzeller Pl.
Rullich-str.
Altendorfer Str.
Schmitz-str.
Dickmann-str.
Husmannshofstraße
Pferdebahnstraße
Quartiersbogen
Berthold-Beitz-Boulevard
Thyssenkrupp Allee
Bottroper Str.
Hilgerstr.
Grillostr.
Paulstraße
Universität Essen
Jakob-str.
UNIVERSITÄT DUISBURG-ESSEN
Segerothstraße
Meder-str.
Schlosserstraße
Krupp Hauptverwaltung
COLOSSEUM
Dechenstr.
Bessel-str.
Oberdorfstraße
Unterdorfstraße
Richterstr.
Sälzerstraße
Westendstraße
Hans-Böckler-Straße
Kurt-Jooss-Str.
Limbecker Pl.
Ottilien-str.
Jägerstr.
Hoffnung-str.
Hindenburgstraße
Lazarettstr.
Ak-str.
Maxstraße
Hachestraße
Droysen-str.
Curtiusstraße
Heinitzstraße
Kleine Richterstr.
Haedenkampstraße
Frohnhauser Str.
Westendhof
Busehofstraße
Dahnstraße
Freytagstraße
Riehlstr.
Martin-Luther-Straße
Bunsenstraße
Schederhofstraße
Bismarckplatz
Sachsenstr.
Kruppstraße
Frohnhauser Str.
Sybelstr.
Kölner Str.
Mülheimer Str.
Hildesheimer Str.
Heerenstr.
Liebigstraße
Margaretenstr.
Am Funkturm
Münchener Str.
Am Fernmeldeamt
Savignystraße
ST. IGNATIUS KIRCHE
Philharmonie und Saalbau
Breslauer Str.
Meißener Str.
Am Alfredspark
A 40
23
22
Friedbergstr.
Planckstraße
Boettgerstr.
Kämpenstr.
Adolf-Schmidt-Str.
Hobeisenstraße
Simsonstr.
Carmerstraße
Savignystraße
Papestraße
Küntzelstraße
Stobbestr.
Holsterhauser Str.
Bismarckstraße
b
Hausackerstraße
Keplerstraße
Veitstr.
Menzelstr.
Keplerstr.
Gemarkenstraße
Museum Folkwang
Kahrstraße
Baumstr.
Wittering
Frettholz
Overbeckstr.
An der Täpperie
HOLSTERHAUSEN
Uhdestr.
Rubensstr.
Cranachstr.
Brunostraße
Langenbeckstr.
e
Kaulbachstraße
Hohe Warte
Halbe
Billrothstr.
Krawehlstr.
Kortumstr.
Cäsarstraße
c
Klarastr.
Pilotystraße
Am Mühlenbach
Höhe
Holsterhauser Str.
Holsterhauser Pl.
Zweigertstraße
Rüttenscheider Stern
Sommerburgstraße
Stensstr.
Hohlweg
Hufelandstraße
Virchowstraße
Esmarchstraße
Lister-str.
Henckelstr.
Schönleinstr.
Haumannplatz
Goethestr.
Alfredstraße
a
Moorenstr.
Martinstr.
Martin-str.
Julienstr.
f
Steile Str.
Hoher Weg
Metzendorfstr.
Waldlehne
c
s
RÜTTENSCHEID

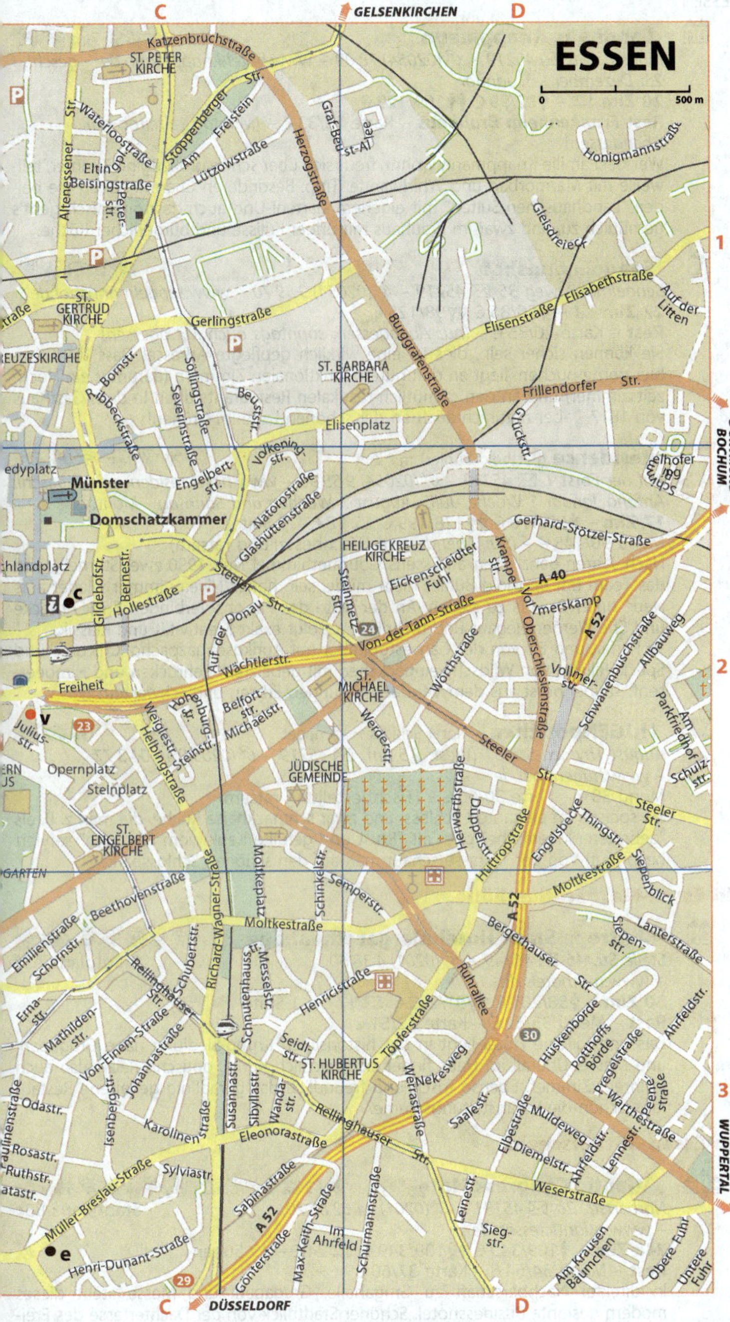
ESSEN
0
500 m
GELSENKIRCHEN
DÜSSELDORF
DORTMUND BOCHUM
WUPPERTAL
C
D
1
2
3
Katzenbruchstraße
ST. PETER KIRCHE
Waterlooostraße
Altenessener Str.
Eltingstraße
Beisingstraße
Peter-str.
Stoppenberger Str.
Am Freistein
Lützowstraße
Herzogstraße
Graf-Beust-Allee
Honigmannstraße
Gleisdreieck
ST. GERTRUD KIRCHE
Gerlingstraße
Elisenstraße
Elisabethstraße
Auf der Litten
KREUZESKIRCHE
Bornstr.
Ribbeckstraße
Sollingstraße
Severinstraße
Beustst.
ST. BARBARA KIRCHE
Burggrafenstraße
Frillendorfer Str.
Elisenplatz
Glückstr.
Volkening-str.
Engelbert-str.
Münster
Domschatzkammer
Natorpstraße
Glashüttenstraße
Gerhard-Stötzel-Straße
HEILIGE KREUZ KIRCHE
Eickenscheidter Fuhr
Krampe str.
A 40
Gildehofstr.
Bernestr.
Hollestraße
Steeler Str.
Donau Str.
Steinmetzstr.
24
Von-der-Tann-Straße
Vogelmerskamp
A 52
Auf der Donau
Wächtlerstr.
Freiheit
ST. MICHAEL KIRCHE
Wörthstraße
Vollmer-str.
Oberschlesienstraße
Schwanenbuschstraße
Allbauweg
Am Parkfriedhof
Schulz-str.
Julius-str.
23
Weiglestr.
Helbingstraße
Hohenburg-str.
Steinstr.
Belfort-str.
Michaelstr.
Werderstr.
Opernplatz
Steinplatz
JÜDISCHE GEMEINDE
Herwarthstraße
Düppelstr.
Huttropstraße
Steeler Str.
Engelsbecke
Thingstr.
Siepenblick
ST. ENGELBERT KIRCHE
GARTEN
Beethovenstraße
Richard-Wagner-Straße
Moltkeplatz
Schinkelstr.
Semperstr.
Moltkestraße
Bergerhauser Str.
Siepen-str.
Lanterstraße
Emilienstraße
Schornstr.
Rellinghauser Str.
Schubertstr.
Schnutenhausstr.
Messelstr.
Henricistraße
Ruhrallee
Erna-str.
Mathilden-str.
Von-Einem-Straße
Johannastraße
Seidl-str.
ST. HUBERTUS KIRCHE
Töpferstraße
30
Hüskenbörde
Potthoffs Börde
Pregelstraße
Ahrfeldstr.
Odastr.
Isenbergstr.
Karolinenstraße
Susannastr.
Sibyllastr.
Wanda-str.
Rellinghauser Str.
Wetrastraße
Nekesweg
Saalestr.
Elbestraße
Muldeweg
Warthestraße
Peenestraße
Rosastr.
Ruthstr.
Eleonorastraße
Diemelstr.
Ahrfeldstr.
Lennestr.
Sylviastr.
Müller-Breslau-Straße
Sabinastraße
Max-Keith-Straße
Schürmannstraße
Leinestr.
Weserstraße
Sieg-str.
Im Ahrfeld
Gönterstraße
Henri-Dunant-Straße
29
Am Krausen Bäumchen
Obere Fuhr
Untere Fuhr
c
v
e

Landhaus Knappmann
Zim,

Ringstr. 198 ✉ 45219 – ✆ (02054) 78 09 – www.hotel-knappmann.de – geschl. 23. Dezember - 3. Januar

20 Zim – 82/99 € 109/129 €

Rest *Frankenheim Brauhaus* – Karte 15/33 € – *(Montag - Freitag nur Abendessen)*

Wer bei Familie Knappmann wohnt, freut sich über schön großzügige Zimmer, teilweise mit Marmorbad und Whirlwanne. Tipp: Besonderen Charme haben die beiden "Landhäuschen-Suiten" mit eigenem Garten! Und auch gastronomisch geht's gemütlich zu, und zwar im Brauhaus mit uriger Kulisse und bürgerlicher Küche.

Sengelmannshof

Sengelmannsweg 35 ✉ 45219 – ✆ (02054) 9 59 70 – www.sengelmannshof.de

27 Zim – 76/86 € 98/125 €

Rest – Karte 26/35 € – *(nur Abendessen, sonntags auch Mittagessen)*

Sie können sicher sein, dies ist eine wirklich gepflegte Adresse! Dass die Gäste hier gerne buchen, liegt an den guten, funktionalen Zimmern (darunter ein Hochzeitszimmer) und an den gemütlich-rustikalen Restaurantstuben in dem Gasthaus von 1817 - aber natürlich auch an der schönen Lage im Grünen!

Résidence (Berthold Bühler) mit Zim
Rest,

Auf der Forst 1 ✉ 45219 – ✆ (02054) 9 55 90 – www.hotel-residence.de – geschl. Anfang Januar 1 Woche, Juli - August 3 Wochen und Sonntag - Montag

17 Zim – 98/178 € 128/199 €, 18 € – 1 Suite

Menü 90/145 € – *(nur Abendessen)* (Tischbestellung ratsam)

Nach Jahren ganz oben an Essens Gourmethimmel (seit 1990 zwei Sterne!), wird das Team um Berthold Bühler nicht müde, sein hohes Niveau immer wieder aufs Neue unter Beweis zu stellen. An der Seite des Patrons verbinden Erick Arnecke und Eric Werner elegant und technisch absolut exakt Kreativität und Klassik.

→ Parfait und Eis von der Gänsestopfleber mit Aprikosengazpacho, Chicorée und Speck. Rillette von Wildschweinbäckchen mit gebeiztem Rehrücken und Himbeersenf. Taubenbrust aus dem Vendée mit jungen Erbsen und schwarzem Reis.

HUGENpöttchen – Hotel Schloss Hugenpoet

August-Thyssen-Str. 51 (West: 2,5 km) ✉ 45219 – ✆ (02054) 12 04 3 77 – www.hugenpoet.de

Menü 38 € – Karte 30/66 € – (Tischbestellung ratsam)

Sie speisen im eleganten Schloss, und zwar schmackhafte Küche, die man z. B. als "gebratene Meeräsche" oder als "Brust und gefüllte Keule vom Perlhuhn" serviert bekommt! Von der Terrasse schaut man auf den schönen Schlosspark.

In Essen-Margarethenhöhe

Mintrops Stadt Hotel Margarethenhöhe

Steile Str. 46 ✉ 45149 – ✆ (0201) 4 38 60 – www.mmhotels.de Stadtplan : A3**f**

30 Zim – 58/205 € 91/265 €, 12 € – 1 Suite

Rest – Menü 35/52 € – Karte 32/51 €

Das nette kleine Hotel liegt in der historischen Krupp-Siedlung nahe Grugapark und Messe. Überall im Haus findet sich reichlich Kunst, optische Reize also auch in Ihrem Zimmer. Ebenso frisch und freundlich das geradlinig gehaltene Restaurant, schön die Veranstaltungsräume.

In Essen-Rüttenscheid

Atlantic Congress Hotel
Zim, Zim, Rest,

Norbertstr. 2a ✉ 45131 – ✆ (0201) 94 62 88 20 – www.atlantic-essen.de Stadtplan : B3**c**

248 Zim – 109/349 € 109/349 €, 24 € – 19 Suiten

Rest – Menü 34/64 € – Karte 37/60 €

In direkter Nachbarschaft zu Grugahalle, Grugapark und Messe steht dieses modern designte Businesshotel. Schöner Stadtblick von der Dachterrasse des Freizeitbereichs. Helles, freundliches Restaurant mit internationalem Angebot.

An der Gruga garni
Eduard-Lucas-Str. 17 (über Alfredstraße B3) ✉ 45131 – ✆ (0201) 84 11 80 – www.wbw-hotels.de
40 Zim – 69/195 € 89/225 €
Hier profitiert man von der günstigen Lage gegenüber der Messe, aber auch von der persönlichen Führung und den gut ausgestatteten Zimmern. Wer es besonders komfortabel mag, bucht am besten eines der Businesszimmer! Sportlichen Gästen kommt der kleine Fitnessbereich gelegen.

Maximilians garni
Manfredstr. 10 (über Alfredstraße B3) ✉ 45131 – ✆ (0201) 45 01 70 – www.wbw-hotels.de
30 Zim – 69/195 € 89/205 €
Eine wohnliche Adresse in Messenähe, die persönlich und engagiert geführt wird. Es erwarten Sie eine helle, geradlinig-moderne Einrichtung und ein gutes Frühstücksbuffet.

Ypsilon (mit Gästehaus)
Müller-Breslau-Str. 18 ✉ 45130 – ✆ (0201) 8 96 90 – www.ypsilon-hotel.de Stadtplan : C3**e**
101 Zim – 90/220 € 107/250 €, 14 € – 2 Suiten
Rest – Menü 19/65 € – Karte 20/42 €
Die Architektur des Hotels war hier namengebend. Es ist eine neuzeitlich-funktionelle Businessadresse nahe der Autobahnausfahrt, die u. a. Allergikerzimmer und ein Wasserbettzimmer bietet. Dazu kommt ein Restaurant mit Wintergarten und für alle, die gerne radeln, ein kostenfreier Fahrradverleih.

Ruhr-Hotel garni
Krawehlstr. 42 ✉ 45130 – ✆ (0201) 77 80 53 – www.ruhrhotel.de – geschl. 20. Dezember - 6. Januar Stadtplan : B3**e**
29 Zim – 82/92 € 89/108 €
Auffallend persönlich ist die Führung hier im Haus - Familie Köhler kümmert sich herzlich um ihre Gäste und sorgt dafür, dass alles gepflegt ist. Neben unterschiedlich geschnittenen Zimmern gibt es für schöne Sommertage eine nette kleine Terrasse, auf der man auch frühstücken kann.

Schote (Nelson Müller)
Emmastr. 25 ✉ 45130 – ✆ (0201) 78 01 07 – www.restaurant-schote.de – geschl. Anfang Januar 1 Woche, Mitte Juli - Mitte August und Sonntag - Montag Stadtplan : B3**a**
Menü 69/119 € – Karte 55/94 € – *(nur Abendessen)*
Wer Nelson Müller bisher nur aus TV-Sendungen kennt, sollte seine Küche auch mal probieren. Was man in dem intimen Eckrestaurant serviert bekommt, ist eine detailgenaue, harmonische und zeitgemäße Küche, die eine Entwicklung erkennen lässt.
→ Périgord Gänseleber mit Rhabarber, Hefeeis und bergischem Ziegenkäse. Kalbsfilet im Crêpemantel mit Briesschnitzel und "Leipziger Allerlei". "Musaka à la Schote" mit gefüllter Zucchiniblüte und Original-Feta.

BISTECCA
Rüttenscheiderstr. 2, (im Glückaufhaus) ✉ 45128 – ✆ (0201) 74 71 69 31 – www.bistecca-grillroom.de – geschl. Samstagmittag, Sonntag sowie an Feiertagen mittags Stadtplan : B3**b**
Karte 46/119 €
Lust auf ein schön gegrilltes Steak? Hier bekommen Sie es! Und auf der über 450 Positionen umfassenden Weinkarte mit so manch großem Namen findet sich der passende Tropfen. Auch die schicke moderne Einrichtung kommt an.

Rotisserie du Sommelier
Wegenerstr. 3 ✉ 45131 – ✆ (0201) 9 59 69 30 – www.rotisserie-ruettenscheid.de – geschl. Sonntag - Montag Stadtplan : B3**s**
Menü 45/69 € – Karte 34/61 € – (Tischbestellung ratsam)
Wer hier in Essen französisches Flair sucht, ist in diesem Bistro in der Fußgängerzone genau richtig. Was der Inhaber in seiner kleinen Küche zubereitet, ist frisch und schmeckt richtig gut. Wie wär's z. B. mit "Wolfsbarsch auf Paprikasauce" oder "gerollte Maultasche mit Sauerbraten"? Und probieren Sie unbedingt den warmen Schokoladenkuchen!

ESSEN, BAD

Niedersachsen – 15 600 Ew. – Höhe 62 m – Siehe Regionalatlas **17-F8**
Berlin 396 km – Hannover 133 km – Bielefeld 71 km – Osnabrück 24 km
Michelin Straßenkarte 541

Landhotel Buchenhof garni

Bergstr. 22 ✉ 49152 – ✆ (05472) 93 90 – www.landhotel-buchenhof.de
25 Zim – 70/120 € 105/125 € – 1 Suite
Das schöne Anwesen versprüht mit seinen verschiedenen Fachwerkbauernhäusern (eines von 1703) außen wie innen ländlichen Charme. Auch Maisonetten. Hübsche Gartenanlage.

Höger's Hotel

Rest,

Kirchplatz 25, (Zufahrt über Nikolaistr. 11) ✉ 49152 – ✆ (05472) 9 46 40 – www.hoegers.de
26 Zim – 65/90 € 100/120 € – 1 Suite – ½ P
Rest – Menü 25 € (mittags) – Karte 29/64 €
Das Haus liegt verkehrsberuhigt bei der Kirche. Die beiden Gastgeberinnen haben ein Händchen für geschmackvolle Einrichtung, zu sehen u. a. in den eleganten und geräumigen Komfortzimmern oder in der Lounge. Veranda zum Marktplatz und Terrasse unter Buchen. Eigene Konditorei.

ESSENBACH

Bayern – 11 320 Ew. – Höhe 391 m – Siehe Regionalatlas **58-N19**
Berlin 542 km – München 83 km – Regensburg 53 km – Ingolstadt 81 km
Michelin Straßenkarte 546

In Essenbach-Mirskofen West: 1,5 km

Luginger

Zim,

Obere Sendlbachstr. 11 ✉ 84051 – ✆ (08703) 9 33 00 – www.luginger.de
22 Zim – 38/48 € 65/75 € – ½ P
Rest – Menü 15/35 € – Karte 19/30 € – *(geschl. Sonntagabend - Montagmittag)*
Tipptopp gepflegt und typisch niederbayerisch! Marita Luginger führt den netten Landgasthof mit den wohnlichen Zimmern (auch günstigere Zimmer mit Etagendusche sind vorhanden) und sie steht auch am Herd. In der gemütlichen Gaststube gibt es bürgerliche Küche, für die auch Erzeugnisse aus der eigenen Landwirtschaft verwendet werden. Kegelbahn im EG.

ESSLINGEN am NECKAR

Baden-Württemberg – 92 630 Ew. – Höhe 401 m – Siehe Regionalatlas **55-G18**
Berlin 641 km – Stuttgart 17 km – Reutlingen 40 km – Ulm (Donau) 80 km
Michelin Straßenkarte 545

Park Consul

Zim,

Grabbrunnenstr. 19 ✉ 73728 – ✆ (0711) 41 11 10 – www.pcesslingen.consul-hotels.com
150 Zim – 157/237 € 183/263 € – 3 Suiten – ½ P
Rest – Menü 25 € (abends)/50 € – Karte 34/53 €
In dem modernen Businesshotel sticht gleich die luftig-lichte Atriumhalle mit Bar und Lounge ins Auge. Gut ausgestattet sind die Zimmer alle, ein paar Extras und die ruhigere Lage zum "Neckar Forum" bietet die "Executive"-Kategorie. Besonderheit im Restaurant ist das "Wein Forum" regionaler Winzer (Degustation und Kauf möglich). Nicht zu vergessen: die Dachterrasse!

Am Schillerpark

Zim,

Neckarstr. 60 ✉ 73728 – ✆ (0711) 93 13 30 – www.hotel-am-schillerpark.de
51 Zim – 70/150 € 97/180 € – ½ P
Rest ***RAFFAELLO*** – Karte 25/42 € – *(geschl. Samstagmittag)*
In dem zentrumsnah gelegenen Hotel stehen zeitgemäß-funktionelle Zimmer und ein heller Frühstücksraum mit Gartenterrasse bereit. Die hübschen Maisonetten sind ideal für Familien. Im eleganten Restaurant und auf der mediterranen Terrasse kredenzt man italienische Küche.

Rosenau garni

Plochinger Str. 65 ✉ 73730 – ✆ (0711) 31 54 56 0 – www.hotel-rosenau.de

57 Zim – 79/119 € 119/139 €

Ein gut geführtes Hotel, in dem immer wieder renoviert und verbessert wird. Einige Zimmer liegen zur Sonnenseite, zu heiß wird's hier dank Klimaanlage dennoch nicht. Toll die Steinskulpturen der Chefin! Am Abend gibt es in der Bar eine kleine Vesperkarte. Schöne begrünte Sonnenterrasse.

Reichsstadt

Rathausplatz 5 ✉ 73728 – ✆ (0711) 35 36 20 – www.ristorante-reichsstadt.de – geschl. Sonntag - Montag

Menü 46/62 € – Karte 37/61 €

Gastgeber Salvatore Marrazzo liebt Kunst und gutes Essen - an beidem lässt er Sie in dem historischen Stadthaus a. d. 15. Jh. teilhaben. Zur italienischen Küche gibt's natürlich Wein aus Italien, aber auch deutsche Rieslinge. Wer lieber draußen sitzt, schaut aufs alte Rathaus direkt gegenüber.

Hirsch & Greif

Strohstr. 13, (1. Etage) ✉ 73728 – ✆ (0711) 88 24 27 69 – www.hirschundgreif.de – geschl. Sonntag - Montag

Menü 35 € – Karte 32/47 €

Hier kocht man frisch, saisonal und mit Bezug zur Region - und zum guten Essen kommt noch ein beeindruckender Rahmen: ein wieder aufgebauter ehemaliger Pfleghof des Klosters mit sehenswerter, von italienischen Stuckateuren im 18. Jh. geschaffener Decke! Und die beschauliche Altstadt liegt gleich um die Ecke!

Posthörnle N

Pliensaustr. 56 ✉ 73728 – ✆ (0711) 50 62 91 31 – www.posthoernle.de – geschl. Mai - August: Montag - Dienstag, September - April: Montag

Menü 45/56 € – Karte 26/53 € – *(Dienstag - Donnerstag nur Abendessen)*

Sympathisch-leger ist das Gasthaus in der Fußgängerzone schon von außen, drinnen sitzt man in einem netten hellen Raum mit blanken Holztischen und umlaufender Sitzbank. Die Küche ist saisonal-international, beliebt das günstige Mittagsmenü.

Zur Tafelstube

Marktplatz 4 ✉ 73728 – ✆ (0711) 90 12 10 77 – www.tafelstube.de – geschl. Montag - Dienstag

Menü 35/79 € – Karte 29/48 € – *(Mittwoch - Donnerstag nur Abendessen)* (Tischbestellung ratsam)

Ein Haus, nicht für die Massen, sondern eher für Liebhaber gemütlich-intimer Weinstuben, in denen man ehrliches Handwerk in Form vom schmackhafter, geradliniger und klar schwäbisch dominierter Küche erlebt. Wer Gunnar Gräßles hausgemachte Maultaschen oder den Klassiker Rostbraten probiert, kommt sicher gerne wieder! Schön die Terrasse zum Marktplatz!

ETTENHEIM

Baden-Württemberg – 12 340 Ew. – Höhe 193 m – Siehe Regionalatlas **53**-D20

Berlin 779 km – Stuttgart 174 km – Freiburg im Breisgau 42 km – Strasbourg 53 km

Michelin Straßenkarte 545

Weber

Im Offental 1 ✉ 77955 – ✆ (07822) 8 94 80 – www.weingut-weber.de – geschl. Februar 2 Wochen, Juni - Juli 10 Tage, November 1 Woche und Montag - Dienstag

Menü 25 € (vegetarisch)/75 € – Karte 21/62 €

Auf dem Weingut der Webers leiten Tochter Stefanie und Lebensgefährte Matthias Fährmann die Küche. Ihre breites Angebot reicht von Vespergerichten über Flammkuchen bis hin zu schmackhaften regionalen Speisen wie "Rinderschmorbraten mit buntem Gemüse und feinen Nudeln". Dazu gibt's natürlich die guten hauseigenen Weine (Schwerpunkt Burgunder), für die der Bruder verantwortlich ist.

ETTLINGEN

Baden-Württemberg – 38 510 Ew. – Höhe 133 m – Siehe Regionalatlas **54-F18**
Berlin 678 km – Stuttgart 79 km – Karlsruhe 10 km – Baden-Baden 36 km
Michelin Straßenkarte 545

Erbprinz

Rheinstr. 1 ✉ 76275 – ✆ (07243) 32 20 – www.erbprinz.de
116 Zim – 180/200 € 185/250 €, 25 € – 6 Suiten
Rest *Erbprinz* **Rest *Weinstube Sibylla*** – siehe Restaurantauswahl
Die Einrichtung in diesem gewachsenen Hotel mit Ursprung im Jahre 1780 reicht von klassisch-gediegen im Stammhaus bis hin zu modern-elegant in den Neubauten. Großzügiger und hochwertiger Spabereich.

Watthalden

Pforzheimer Str. 67a ✉ 76275 – ✆ (07243) 71 40 – www.hotel-watthalden.de
83 Zim – 82/112 € 102/132 € – ½ P
Rest *Hartmaier's Villa* – siehe Restaurantauswahl
Das neben einem kleinen Park gelegene Hotel ist vor allem auf Tagungen und Geschäftsreisende ausgelegt und hat moderne Gästezimmer zu bieten. Außerdem gibt es hier "Watt's Brasserie", einen Biergarten und eine Cocktailbar.

Ibis Styles N garni

Karlsruher Str. 13 ✉ 76275 – ✆ (07243) 7 25 10 – www.ibisstyles.com
102 Zim – 69/119 € 89/149 €
Überall klares modernes Design mit frischen Farbakzenten in Rot und Grün, alles schön hell und freundlich: Lobby mit Bar und Lounge, "Game-Room" mit Kicker und Playstation, die funktionalen Zimmer. Frühstück auf der kleinen Terrasse?

Stadthotel Engel garni (mit Gästehaus)

Kronenstr. 13 ✉ 76275 – ✆ (07243) 33 00 – www.stadthotel-engel.de – geschl. 24. Dezember - 7. Januar
90 Zim – 80/110 € 100/140 €
Das Hotel liegt in der Altstadt und verfügt über zeitgemäße Zimmer, die farblich teilweise recht lebendig gestaltet sind. In der Lobby hat man einen netten Barbereich und unterm Dach eine hübsche Sauna nebst Dampfbad.

Erbprinz – Hotel Erbprinz

Rheinstr. 1 ✉ 76275 – ✆ (07243) 32 20 – www.erbprinz.de – geschl. 5. - 20. Januar, 24. Juni - 9. Juli, 30. August - 8. September und Sonntag - Montag sowie an Feiertagen
Menü 95/125 € – Karte 76/104 €
Ettlingen und der "Erbprinz", das gehört einfach zusammen! Schön hell und elegant das Ambiente (reizvoller ist nur die Terrasse!), klassisch die Küche von Ralph Knebel, die sein volles handwerkliches Geschick beweist.
➜ Pressé von gebratener Gänseleber, Mispeln und Kaiserschotensalat. Rücken vom Reh mit Selleriegemüse und Kartoffelsoufflé, Kaffeeöl. Champagnerparfait mit Himbeer-Rhabarber.

Hartmaier's Villa – Hotel Watthalden

Pforzheimer Str. 67 ✉ 76275 – ✆ (07243) 76 17 20 – www.hartmaiers.de
Menü 48/57 € – Karte 34/65 €
In der schönen Villa Watthalden von 1818 speist man in hübschen modernen Räumen, mal elegant, mal legerer. Die Karte ist überall die gleiche - hier liest man z. B. "Kalbsrückensteak in Morchelsauce mit Frühlingsgemüse und Spätzle vom Brett".

Weinstube Sibylla – Hotel Erbprinz

Rheinstr. 1 ✉ 76275 – ✆ (07243) 32 20 – www.erbprinz.de
Menü 35 € – Karte 34/50 €
Hier im Stammhaus des Hotels lassen einen der schöne alte Holzfußboden, die getäfelten Wände und hübsche Dekorationen die Tradition des Hauses spüren. Auf die hochwertig eingedeckten Tische kommen z. B. "geschmorte Kalbsbäckchen mit Rahmkohlrabi und hausgemachten Nudeln".

An der Autobahn A 5 Nord-West: 2 km, Ausfahrt Karlsruhe-Süd

Radisson BLU
Am Hardtwald 10, (Industriegebiet) ✉ 76275 Ettlingen – ✆ (07243) 38 00 – www.radissonblu.com/hotel-karlsruhe
195 Zim – 🚹129/198 € 🚹🚹129/198 €, ☕ 19 € – 4 Suiten
Rest – Menü 29/35 € – Karte 29/42 €
Neben der Lage an der Autobahnausfahrt überzeugen hier großzügige öffentliche Bereiche, gute Tagungsmöglichkeiten in 19 verschiedenen Räumen sowie zeitgemäße Zimmer.

EUSKIRCHEN

Nordrhein-Westfalen – 55 640 Ew. – Höhe 160 m – Siehe Regionalatlas **35-B13**
Berlin 611 km – Düsseldorf 78 km – Bonn 32 km – Aachen 87 km
Michelin Straßenkarte 543

Ameron Parkhotel
Alleestr. 1 ✉ 53879 – ✆ (02251) 77 50 – www.ameron-parkhotel-euskirchen.de
90 Zim ☕ – 🚹109/127 € 🚹🚹124/141 € – 2 Suiten
Rest *Cantinetta* – siehe Restaurantauswahl
Mit zeitlosem hochwertigem Design und guter Technik sowie einem ansprechenden Freizeitbereich überzeugt das Businesshotel ebenso wie mit seiner zentralen Lage gegenüber dem Bahnhof und der Nähe zum Nationalpark Nordeifel.

Stadtwald Vinum
Münstereifeler Str. 148 ✉ 53879 – ✆ (02251) 6 33 13 – www.stadtwaldvinum.de – geschl. Montag, Samstagmittag
Menü 35/59 € – Karte 32/48 € – (Tischbestellung ratsam)
Schon von außen versprüht das Haus von Franz-Heinz und Christiane Pauli südländisches Flair, drinnen dann ein ebenso geschmackvolles wie stimmiges Ambiente und dazu frische mediterrane Küche mit saisonal-regionalen Einflüssen, z. B. als "Kürbisravioli mit Salbeibutter" oder "Lachsfilet im Sauerkraut-Kartoffelmantel". Sie können hier sogar Wein und Terrakotta kaufen!

Tögel's Restaurant Loft34
Gerberstr. 3 ✉ 53879 – ✆ (02251) 43 85 – www.toegelsrestaurant.de – geschl. Juli - Mitte August und Sonntag - Montag
Menü 50 € – Karte 34/57 € – *(nur Abendessen)* (Tischbestellung ratsam)
Uwe Tögel ist hier gemeinsam mit seiner Frau am Werk - er in der Küche, sie im Service. Gekocht wird saisonal und international, immer mit klassischer Basis. Ansprechend ist übrigens auch das Restaurant selbst: luftiges, stilvoll-modernes Ambiente in einem denkmalgeschützten Backsteingebäude.

Cantinetta – Ameron Parkhotel
Alleestr. 1 ✉ 53879 – ✆ (02251) 77 55 55 – www.ameron-parkhotel-euskirchen.de – geschl. Sonntag
Menü 21 € (abends)/39 € – Karte 38/52 € – *(nur Abendessen)*
Interessante Einblicke bietet hier nicht nur die offene Küche, auch der begehbare gläserne Chambrair weckt Vorfreude, und zwar auf eine große Auswahl an italienischen und deutschen Weinen - die passen zum mediterranen Speisenangebot mit Geschmortem, Pasta und leckeren Desserts.

In Euskirchen-Flamersheim Süd-Ost: 7,5 km

Bembergs Häuschen (Oliver Röder)
Burg Flamersheim, (Zufahrt über Sperberstraße) ✉ 53881 – ✆ (02255) 94 57 52 – www.burgflamersheim.de – geschl. 1. - 15. Januar und Montag - Dienstag
Menü 64/109 € – *(nur Abendessen, sonntags auch Mittagessen)*
Inmitten des kleinen Eifelortes liegt das Schloss Flamersheim der Familie von Bemberg. Johannes von Bemberg und Oliver Röder betreiben das elegante Restaurant, in dem Sie charmant und versiert umsorgt werden. Wer gerne länger auf dem schönen historischen Anwesen bleiben möchte, kann hier im ehemaligen Kuhstall in attraktiven Zimmern übernachten. Kochschule.
→ Herrengedeck - Ochsenschwanz, Sellerie, Apfel. Lamm vom Pützhof - Lammrücken, Mais, Paprika, Peccorino. Häschen in der Grube - Kaninchen, Karotte, Löwenzahn, Entenleber.
Rest *Eiflers Zeiten* – siehe Restaurantauswahl

Eiflers Zeiten – Restaurant Bembergs Häuschen

Burg Flamersheim, (Zufahrt über Sperberstraße) ✉ 53881 – ✆ (02255) 94 57 52 – www.burgflamersheim.de – geschl. 1. - 15. Januar und Montag - Dienstag
Karte 31/49 € – *(Mittwoch - Donnerstag nur Abendessen)*
Das ist die rustikalere Restaurantvariante: Hier kocht Oliver Röder z. B. Schmorgerichte vom heimischen Rind oder wechslende Tagesgerichte wie den Sonntagsbraten, Wiener Schnitzel oder Kalbsleber "Berliner Art". Hingucker ist der Holzofen mitten im Raum, in dem u. a. leckere Kartoffelflammkuchen backen! Schön auch der Blick durch die große Fensterfront auf den Teich.

EUTIN

Schleswig-Holstein – 16 940 Ew. – Höhe 33 m – Siehe Regionalatlas **11-J4**
Berlin 299 km – Kiel 44 km – Lübeck 48 km – Oldenburg in Holstein 29 km
Michelin Straßenkarte 541

EUT-IN

Lübecker Landstr. 53 ✉ 23701 – ✆ (04521) 79 59 69 – www.eut-in-hotel.de
14 Zim – 59/99 € 69/119 €, 10 € – 1 Suite
Rest *Alte Strassenmeisterei* – Menü 29/69 € – Karte 24/57 € – *(nur Abendessen)*
Das kleine Hotel in den Gebäuden der einstigen Straßenmeisterei ist ideal für Ausflüge an die 10 km entfernte Ostsee. Aber auch im Strandkorb am eigenen Badeteich lässt es sich wunderbar relaxen! Im Restaurant mit separater Stube isst man bürgerlich-saisonal.

EVERSWINKEL

Nordrhein-Westfalen – 9 340 Ew. – Höhe 66 m – Siehe Regionalatlas **27-E10**
Berlin 454 km – Düsseldorf 141 km – Bielefeld 60 km – Münster (Westfalen) 18 km
Michelin Straßenkarte 543

In Everswinkel-Alverskirchen Süd-West: 2,5 km

Landhaus Bisping

St.-Agatha-Platz 8 ✉ 48351 – ✆ (02582) 70 01 – www.landhaus-bisping.de – geschl. 1. - 6. Januar, August 2 Wochen
14 Zim – 72 € 99/109 €
Rest – *(geschl. Freitag; Oktober - März: Freitag, Sonntag) (nur Abendessen für Hausgäste)*
Die Gästezimmer dieses familiären kleinen Hotels sind tipptopp gepflegt und mit persönlicher Note eingerichtet. Am Morgen gibt es frische Produkte zum Frühstück, abends serviert man Hausgästen eine kleine Auswahl hausgemachter Speisen. Auch Räume für Festlichkeiten sind vorhanden.

EYBA

– Thüringen → Siehe Saalfelder Höhe

FAHRENZHAUSEN

Bayern – 4 720 Ew. – Höhe 465 m – Siehe Regionalatlas **58-L19**
Berlin 562 km – München 25 km – Freising 26 km – Augsburg 72 km
Michelin Straßenkarte 546

In Fahrenzhausen-Großnöbach Süd-Ost: 2 km über B 13 Richtung München

AmperVilla

Gewerbering 1 (B 13) ✉ 85777 – ✆ (08133) 9 96 30 – www.ampervilla.de – geschl. 22. - 26. Dezember
40 Zim – 79/199 € 79/249 € – 2 Suiten
Rest – Menü 28/49 € – Karte 20/48 €
Ein Haus mit mediterranem Landhausflair. Mit hübschen Stoffen und warmen Farben hat man die Zimmer geschmackvoll und wohnlich gestaltet. Ebenso schön: Frühstücksraum und kleine Bibliothek.

FALLINGBOSTEL, BAD

Niedersachsen – 11 330 Ew. – Höhe 40 m – Siehe Regionalatlas **19-I7**
Berlin 329 km – Hannover 69 km – Bremen 70 km – Hamburg 95 km
Michelin Straßenkarte 541

Park Hotel Berlin

Düshorner Str. 7 ✉ 29683 – ✆ (05162) 90 00 60 – www.hotel-berlin-online.de
20 Zim ☕ – 🚹69/99 € 🚹🚹89/119 € – ½ P
Rest – Menü 19/39 € – Karte 21/39 € – *(geschl. Sonntag - Montag) (nur Abendessen)*
Ein vom Inhaber freundlich und familiär geführtes Hotel mit zeitgemäßen und funktionellen, teilweise recht geräumigen Zimmern, einige mit Balkon. Restaurant-Café Leonard mit kleinem internationalem Angebot.

FASSBERG

Niedersachsen – 6 760 Ew. – Höhe 71 m – Siehe Regionalatlas **19-I7**
Berlin 308 km – Hannover 90 km – Celle 44 km – Munster 14 km
Michelin Straßenkarte 541

In Faßberg-Müden Süd-West: 4 km

Niemeyer's Posthotel

Hauptstr. 7 ✉ 29328 – ✆ (05053) 9 89 00 – www.niemeyers-posthotel.de
33 Zim ☕ – 🚹90/150 € 🚹🚹140/160 € – 2 Suiten – ½ P
Rest *Schäferstube* – siehe Restaurantauswahl
Aus dem 19. Jh. stammt dieser traditionsreiche Familienbetrieb mit behaglichem gediegenem Ambiente und einem hübschen modernen Sauna- und Ruhebereich.

Schäferstube – Niemeyer's Posthotel

Hauptstr. 7 ✉ 29328 – ✆ (05053) 9 89 00 – www.niemeyers-posthotel.de
– geschl. 4. Januar - 8. Februar
Menü 23/98 € – Karte 25/72 €
Die "Schäferstube" mit ihrer netten ländlichen Atmosphäre serviert ihren Gästen eine klassische Küche mit regionalen Einflüssen. Ein Grund, warum viele immer wieder kommen!

FEHMARN (INSEL)

Schleswig-Holstein – Siehe Regionalatlas **4-K3**
Berlin 350 km – Kiel 86 km – Lübeck 83 km – Oldenburg in Holstein 31 km
Michelin Straßenkarte 541

Burg

In Burg-Neujellingsdorf

Margaretenhof

Dorfstr. 7 ✉ 23769 – ✆ (04371) 8 76 70 – www.restaurant-margaretenhof.com
– geschl. Januar - Februar: Montag - Donnerstag, November - Dezember: Dienstag - Mittwoch
Menü 44 € – Karte 32/49 € – *(nur Abendessen, sonntags auch Mittagessen)*
Regionale Küche mit asiatischem Einfluss... das Konzept geht auf! Da kommen auch gerne Einheimische in die gemütlichen Stuben, um sich leckere Gerichte wie "gebackene Garnele und Lachstatar auf Tomatenmousse" oder "Rehragout mit Schupfnudeln und Curry-Sesam-Spitzkohl" schmecken zu lassen.

In Burg-Burgstaaken

Schützenhof

Menzelweg 2 ✉ 23769 – ✆ (04371) 5 00 80
– www.hotel-restaurant-schuetzenhof.de – geschl. 1. November - 15. März
30 Zim ☕ – 🚹55/75 € 🚹🚹96/110 € – ½ P
Rest – *(nur Abendessen für Hausgäste)*
Das gut gepflegte Hotel unter familiärer Leitung liegt recht ruhig und bietet Ihnen freundliche, funktional ausgestattete Gästezimmer - fragen Sie nach den neueren. Für Hausgäste gibt es bürgerliche Küche.

Neue Tiefe – ✉ 23769

Strandhotel garni

Am Binnensee 1 (Nähe Südstrand) ✉ 23769 – ✆ (04371) 31 42 – www.strandhotel-fehrmarn.de

20 Zim – 40/45 € 70/90 € – 2 Suiten

Die Zimmer in diesem Ferienhotel beim Binnensee sind recht schlicht, aber sehr gepflegt. In wenigen Gehminuten erreicht man den 600 m entfernten Südstrand.

FEILNBACH, BAD

Bayern – 7 600 Ew. – Höhe 512 m – Siehe Regionalatlas **66-M21**

Berlin 650 km – München 62 km – Garmisch-Partenkirchen 99 km – Rosenheim 19 km

Michelin Straßenkarte 546

Nahe der BAB-Ausfahrt Bad Aibling Nord: 4,5 km

Maximilian

Torfwerk 2 ✉ 83075 – ✆ (08064) 9 05 70 – www.landgasthof-maximilian.de – geschl. 20. Dezember - 10. Januar

38 Zim – 59/80 € 85/125 €, 10 €

Rest – Karte 19/41 € – *(Montag - Freitag nur Abendessen)*

Ideal für alle auf der Durchreise: Von hier aus sind es nur ca. 800 m bis zur Autobahnauffahrt (A8). In den Zimmern helles Naturholz und frische Farben. Restaurant mit freundlichem Wirtshaus-Ambiente und ansprechendem Terrassenbereich.

FELDAFING

Bayern – 4 380 Ew. – Höhe 646 m – Siehe Regionalatlas **65-L21**

Berlin 621 km – München 35 km – Garmisch-Partenkirchen 65 km – Weilheim 19 km

Michelin Straßenkarte 546

In Feldafing-Wieling West: 2 km, Richtung Traubing, dann rechts über B 2

Alte Linde (mit Gästehaus) Rest,

Wieling 5 (an der B 2) ✉ 82340 – ✆ (08157) 93 31 80 – www.linde-wieling.de – geschl. November

40 Zim – 79/120 € 120/175 € – ½ P

Rest – Karte 20/42 € – *(geschl. Montagmittag, Dienstagmittag)*

Der Familienbetrieb ist aufgrund seiner Seenähe gerade im Sommer ein beliebtes Ziel. Sie schlafen in wohnlichen, recht geräumigen Zimmern (zur Straße hin gut schallisoliert), erkunden mit Elektrofahrrädern die Gegend (Verleih hier im Haus) und stärken sich danach im gemütlich-alpenländischen Restaurant.

FELDBERG im SCHWARZWALD

Baden-Württemberg – 1 870 Ew. – Höhe 1 277 m – Siehe Regionalatlas **61-E21**

Berlin 791 km – Stuttgart 170 km – Freiburg im Breisgau 38 km – Basel 60 km

Michelin Straßenkarte 545

In Feldberg-Altglashütten – Höhe 991 m

Schlehdorn

Sommerberg 1 (an der B 500) ✉ 79868 – ✆ (07655) 9 10 50 – www.schlehdorn.de – geschl. 15. November - 17. Dezember

12 Zim – 80/127 € 130/194 € – 8 Suiten – ½ P

Rest – *(nur Abendessen für Hausgäste)*

Bei Familie Dünnebacke ist alles so richtig schön regionstypisch: jede Menge behagliches Holz, wohnliche Stoffe, der heimelige Kachelofen in der Stube... Wenn Sie mit der Familie kommen, buchen Sie doch das liebenswerte separate Berghaus im Garten für bis zu sechs Personen! Und wie wär's mit einem Elektro-Smart? Den können Sie für einen halben Tag kostenlos leihen!

Florian'S mit Zim

Windgfällstr. 19 ✉ 79868 – ✆ (07655) 9 10 30 – www.hotelwaldeck.com – geschl. Mittwoch

17 Zim – 55/68 € 89/126 € – 1 Suite – ½ P

Menü 25/65 € – Karte 25/51 € – *(nur Abendessen)*

Am Rand des Dorfes liegt dieses familiengeführte Haus, in dessen rustikalem Restaurant Gastgeber Florian Stoll eine regional und international beeinflusste Küche bietet. Das Hotel Waldeck mit seinen gepflegten Zimmern ist ein guter Ausgangspunkt für Wanderungen im nahen Wald.

In Feldberg-Bärental – Höhe 980 m

Adler Bärental

Feldbergstr. 4 (B 317) ✉ 79868 – ✆ (07655) 93 39 33 – www.adler-feldberg.de

16 Zim – 65/85 € 99/120 € – ½ P

Rest *Adler Bärental* – siehe Restaurantauswahl

Das Haus ist außen wie innen im regionstypischen Stil gehalten. Hinter der Holzschindelfassade verbergen sich gemütliche, nach Wildkräutern benannte Zimmer, Maisonetten und Appartements - ruhiger nach Westen hin.

Adler Bärental – Hotel Adler Bärental

Feldbergstr. 4 (B 317) ✉ 79868 – ✆ (07655) 93 39 33 – www.adler-feldberg.de – geschl. Dienstag; November - Dezember: Dienstag - Mittwochmittag

Menü 22/40 € – Karte 21/53 €

Schwarzwälder Gemütlichkeit, wie man sie von früher kennt - das können Sie in den netten Gaststuben erleben. Selbstverständlich stehen auf der Karte fast ausschließlich badische Spezialitäten.

In Feldberg-Falkau – Höhe 950 m

Peterle

Schuppenhörnlestr. 18 ✉ 79868 – ✆ (07655) 6 77 – www.hotel-peterle.de – geschl. 13. - 23. April, 12. November - 10. Dezember

14 Zim – 33/53 € 72/97 € – ½ P

Rest – Menü 31 € (mittags)/58 € – Karte 21/39 € – *(geschl. Donnerstag)*

Sie werden das Haus schätzen, denn es ist wirklich sympathisch und sehr gepflegt. Man schläft in individuellen Gästezimmern, manche mit Holzboden, teilweise mit Balkon oder Terrasse zum netten Garten. Auch dem Restaurant steht der gemütlich-rustikale Stil gut zu Gesicht. Hier legt man Wert auf regionale Produkte und deutsche Weine.

FELDBERGER SEENLANDSCHAFT

Mecklenburg-Vorpommern – 4 710 Ew. – Höhe 90 m – Siehe Regionalatlas **14-P6**

Berlin 143 km – Schwerin 184 km – Neustrelitz 35 km – Neubrandenburg 35 km

Michelin Straßenkarte 542

Im Ortsteil Fürstenhagen

Alte Schule (Daniel Schmidthaler) mit Zim — Zim,

Zur Alten Schule 5 ✉ 17258 – ✆ (039831) 2 20 23 – www.hotelalteschule.de – geschl. 11. Januar - 5. Februar und Montag - Dienstag

18 Zim – 55/60 € 75/85 €

Menü 54/72 € – Karte 58/67 € – *(nur Abendessen)*

Im ehemaligen Klassenzimmer der früheren Dorfschule geht es heute deutlich genussvoller zu, denn in der zeitgemäßen Küche von Daniel Schmidthaler stehen gute regionale Produkte im Mittelpunkt, deren Geschmack und Aroma er gekonnt zur Geltung bringt - auch seine österreichische Heimat ist zu erkennen. Freiwillig in der Schule übernachten? Angesichts der geschmackvollen Gästezimmer macht man das hier gerne!

→ Forelle, Radieschen, Yacon. Taube, Erbse, Apfel. Kerbel, Rhabarber, Karamell.

FELDKIRCHEN

Bayern – 6 730 Ew. – Höhe 523 m – Siehe Regionalatlas **66-M20**

Berlin 591 km – München 16 km – Kufstein 95 km – Augsburg 82 km

Michelin Straßenkarte 546

Bauer

Münchner Str. 6 ✉ 85622 – ✆ (089) 9 09 80 – www.bauerhotel.de
98 Zim – 128/148 € 158/188 € – 1 Suite – ½ P
Rest ***Bauer*** – siehe Restaurantauswahl
Schon Jahrzehnte in Familienhand, ist der alteingesessene Gasthof zum Hotel gewachsen, engagiert und freundlich wird man hier betreut. Wie wär's mit einem der besonders schönen und wertigen Zimmer im chic-alpinen Stil?

Bauer – Hotel Bauer

Münchner Str. 6 ✉ 85622 – ✆ (089) 9 09 80 – www.bauerhotel.de
Menü 35 € – Karte 21/57 €
Auch zum Essen kommt man gerne zu Familie Bauer, denn man sitzt hier schön in verschiedenen gemütlichen Stuben oder im Wintergarten und lässt sich das tagesfrische regionale Angebot schmecken.

FELDKIRCHEN-WESTERHAM

Bayern – 10 340 Ew. – Höhe 551 m – Siehe Regionalatlas **66-M21**
Berlin 623 km – München 39 km – Rosenheim 24 km
Michelin Straßenkarte 546

Im Ortsteil Aschbach Nord-West: 3 km ab Feldkirchen in Richtung München

Berghotel Aschbach

Aschbach 3 ✉ 83620 – ✆ (08063) 8 06 60 – www.berghotel-aschbach.de
20 Zim – 65/92 € 99/119 € – ½ P
Rest – Menü 28 € (unter der Woche)/73 € – Karte 22/49 €
Das bayerisch-gemütliche kleine Hotel ist von der Autobahn aus gut erreichbar und liegt dennoch schön umgeben von Wiesen. In der Nähe: Golfplatz, Bergtierpark sowie Wander- und Radwege. Tipp für warme Tage: hausgemachter Kuchen auf der Terrasse bei toller Sicht auf die Alpen.

FELLBACH – Baden-Württemberg → Siehe Stuttgart

FELSBERG

Hessen – 10 640 Ew. – Höhe 165 m – Siehe Regionalatlas **38-H12**
Berlin 404 km – Wiesbaden 185 km – Kassel 28 km – Gießen 103 km
Michelin Straßenkarte 543

In Felsberg-Hesserode Süd: 6,5 km über Gensungen und Helmshausen

Zum Rosenhof

Rockshäuser Str. 9 ✉ 34587 – ✆ (05662) 27 74 – www.mayer-stahl.de – geschl. 1. - 15. Januar
8 Zim – 70/78 € 121/136 €, 12 €
Rest – Menü 36/98 € – Karte 33/96 € – *(geschl. Montag)*
Individuell, charmant, persönlich - Gastgeberin Hannelore Mayer-Stahl hat dem 400 Jahre alten ehemaligen Bauernhaus ein liebenswertes Interieur verpasst, das der hübschen Fachwerkfassade wirklich gut zu Gesicht steht! Freundliche Stoffe und Farben, dekorative Accessoires, hier und da antike Möbel... Toll die Juniorsuite unterm Dach!

FENSTERBACH – Bayern → Siehe Schwarzenfeld

FEUCHTWANGEN

Bayern – 12 150 Ew. – Höhe 452 m – Siehe Regionalatlas **56-J17**
Berlin 509 km – München 171 km – Stuttgart 131 km – Schwäbisch Hall 52 km
Michelin Straßenkarte 546

Greifen-Post

Marktplatz 8 ✉ 91555 – ✆ (09852) 68 00 – www.hotel-greifen.de
– geschl. 1. - 8. Januar
35 Zim – 🚹55/88 € 🚻99/154 € – ½ P
Rest *Greifen-Post* – siehe Restaurantauswahl
Die beiden prachtvollen Häuser a. d. 14. Jh. liegen direkt am Marktplatz der netten kleinen Stadt. Freunde der Romantik sind hier ebenso gut aufgehoben wie Renaissance- oder Biedermeier-Fans - oder wie wäre es mit einem eleganten Landhauszimmer? Kleine Aufmerksamkeiten sind hier gang und gäbe, selbstverständlich auch das gute Frühstück... Dirk und Birgit Becker-Plaha sind immer selbst präsent und sorgen für Ihr Wohlbefinden!

Greifen-Post – Hotel Greifen-Post

Marktplatz 8 ✉ 91555 – ✆ (09852) 68 00 – www.hotel-greifen.de
– geschl. 1. - 8. Januar und Sonntagabend - Montag
Menü 49 € (vegetarisch)/69 € – Karte 29/53 €
Die drei Stuben sprühen förmlich vor historischem Flair und Gemütlichkeit. In der saisonal-regionalen Küche finden sich auch internationale Einflüsse und vegetarisch kocht man für Sie ebenso gerne. Probieren Sie das "knusprig gebratene Schäufele vom Hällischen Landschwein mit Kartoffelschmarrn und Salat"! Ganzjährige Spezialität: Ente in verschiedenen Variationen.

In Feuchtwangen-Dorfgütingen Nord: 6 km über B 25

Landgasthof Zum Ross mit Zim

Dorfgütingen 37 (B 25) ✉ 91555 – ✆ (09852) 6 74 30 – www.zum-ross.de
– geschl. Weihnachten - 9. Januar, über Fasching, 31. August - 7. September, 2. - 8. November und Sonntagabend - Dienstagmittag
11 Zim – 🚹50/55 € 🚻61/70 €
Menü 35/45 € – Karte 22/40 €
Ein Familienbetrieb, wie man ihn sich öfter wünschen würde! Matthias Lehner betreut die Gäste und versorgt Sie gerne mit einem edlen Tropfen, sein Bruder Stefan bereitet - unterstützt von der Mutter - eine verfeinerte fränkische Küche zu. Ein Muss zur Saison: Karpfengerichte! Und last but not least Vater Lehner, der das gute Essen mit seinen Bränden abrundet! Gepflegte Zimmer gibt es in dem gemütlichen Gasthof von 1851 obendrein.

FICHTELBERG

Bayern – 1 910 Ew. – Höhe 684 m – Siehe Regionalatlas **51-M15**
Berlin 366 km – München 259 km – Weiden in der Oberpfalz 67 km – Bayreuth 30 km
Michelin Straßenkarte 546

Schönblick (mit Ferienwohnanlage)

Rest,

Gustav-Leutelt-Str. 18 ✉ 95686 – ✆ (09272) 9 78 00
– www.hotel-schoenblick.de
45 Zim – 🚹66/105 € 🚻124/143 € – ½ P
Rest – Menü 21/45 € – Karte 21/38 € – *(geschl. Oktober - April: Montag - Donnerstag)* (Tischbestellung ratsam)
Das gewachsene Anwesen am Ortsende wird familiär geleitet (die Tochter hat inzwischen die Leitung übernommen) und verfügt über wohnlich gestaltete Gästezimmer, meist mit Balkon. Auch Ferienwohnungen sind vorhanden. Gemütlich sitzt man als Restaurantgast in der "Eulenstube".

FICHTENAU

Baden-Württemberg – 4 510 Ew. – Höhe 517 m – Siehe Regionalatlas **56-I17**
Berlin 531 km – Stuttgart 119 km – Schwäbisch Hall 43 km – Aalen 41 km
Michelin Straßenkarte 545

In Fichtenau-Neustädtlein

Vitalhotel Meiser

Grenzstr. 42 ✉ 74579 – ✆ (07962) 71 19 40 – www.vitalhotel-meiser.de
62 Zim – 99/139 € 158/198 € – 5 Suiten – ½ P
Rest – Menü 39/79 € – Karte 34/61 €
Ein Wellnesshotel wie aus dem Bilderbuch hat Familie Meiser in den letzten Jahren geschaffen: Da sind zum einen die geschmackvollen Landhauszimmer im Altbau, zum anderen topmoderne und dennoch gemütliche Zimmer im Neubau, dazu eine wirklich schöne Lobby mit Kamin und nicht zuletzt der Spa auf 1000 qm - wertig und mit ausgesprochen wohliger Atmosphäre! Auch die Küche kann sich sehen lassen: regionale und saisonale Gerichte sowie eine attraktive 3/4-Pension - da kommt man gerne wieder!

FIEFBERGEN

Schleswig-Holstein – 580 Ew. – Höhe 26 m – Siehe Regionalatlas **3-J3**
Berlin 348 km – Kiel 20 km – Lübeck 89 km – Lütjenburg 27 km
Michelin Straßenkarte 541

Der Alte Auf

Am Dorfteich 15 ✉ 24217 – ✆ (04344) 41 55 25 – www.der-alte-auf.de
– geschl. Februar 2 Wochen, Oktober 1 Woche und Montag - Dienstag
Menü 30/45 € – Karte 25/50 € – *(nur Abendessen)* (Tischbestellung ratsam)
Regionale Küche bietet man in dem historischen Bauernhaus, das freundlich-familiär geführt wird. Den charmant-rustikalen Stil hat man bewusst erhalten. Sehr schön ist der Garten.

FILDERSTADT

Baden-Württemberg – 44 680 Ew. – Höhe 371 m – Siehe Regionalatlas **55-G19**
Berlin 656 km – Stuttgart 19 km – Reutlingen 25 km – Ulm (Donau) 80 km
Michelin Straßenkarte 545

In Filderstadt-Bernhausen

Schwanen

Zim, Zim,

Obere Bachstr. 1 ✉ 70794 – ✆ (0711) 7 87 82 50
– www.filderstadt.qualityhotels.de
95 Zim – 109/242 € 144/266 € – 5 Suiten
Rest *La Fortuna* – ✆ (0711) 7 26 94 46 – Karte 25/40 € – *(geschl. Samstag - Sonntagmittag)*
Rest *Schwanen-Bräu* – ✆ (0711) 70 69 54 – Karte 28/47 €
Eine praktische Businessadresse bestehend aus Alt- und Neubau - etwas geräumiger sind die Zimmer im neueren Teil. Wer italienische Küche mit viel Pizza und Pasta mag, isst im La Fortuna. Alternativ gibt's im Schwanen-Bräu (nur ein paar Schritte vom Hotel entfernt) bürgerlich-regionale Kost und eigenes Bier.

Am Hirschgarten

Rosenstr. 27 ✉ 70794 – ✆ (0711) 70 26 80 – www.hotel-am-hirschgarten.de
18 Zim – 77/88 € 102/118 € – ½ P
Rest *Hirsch* – siehe Restaurantauswahl
Die Vorteile dieses kleinen Hotels? Es liegt in einer verkehrsberuhigten Zone, der Flughafen ist nicht weit und die Zimmer bieten eine modern-funktionelle Ausstattung.

Hirsch – Hotel Am Hirschgarten

Rosenstr. 27 ✉ 70794 – ✆ (0711) 70 26 80 – www.hirsch-filderstadt.de
Menü 21/27 € – Karte 20/43 €
Von Filderstädter Rostbraten über Lammnüsschen bis Ikarimi-Lachs - hier kommt ein Mix aus regionalen Klassikern, Saisonalem und internationalen Gerichten auf den Tisch. Und das Ambiente? Gemütlich: Rustikales gemischt mit Modernem.

FINCKEN

Mecklenburg-Vorpommern – 600 Ew. – Höhe 75 m – Siehe Regionalatlas **13-N6**
Berlin 142 km – Schwerin 110 km – Waren 44 km
Michelin Straßenkarte 542

Kavaliershaus am Finckener See garni

Hofstr. 12 ✉ 17209 – ✆ (039922) 8 27 00 – www.kavaliershaus-finckenersee.de

12 Zim – †78/143 € ††90/155 € – 11 Suiten

Das Architektenehepaar Nalbach hat in dem Kavaliershaus a. d. 18. Jh. geräumige Suiten in geschmackvoll-puristischem Design geschaffen (teils mit Küchenzeile). Wenige Meter zum See.

FINNENTROP

Nordrhein-Westfalen – 17 450 Ew. – Höhe 250 m – Siehe Regionalatlas **37-E12**

Berlin 529 km – Düsseldorf 130 km – Arnsberg 39 km – Lüdenscheid 43 km

Michelin Straßenkarte 543

In Finnentrop-Rönkhausen Nord: 7 km über B 236

Im Stillen Winkel

Kapellenstr. 11 ✉ 57413 – ✆ (02395) 9 16 90 – www.hotel-im-stillen-winkel.de – geschl. 20. Juli - 9. August

12 Zim – †49/60 € ††78/90 € – ½ P

Rest – Karte 19/38 € – *(geschl. Donnerstag) (nur Abendessen, sonntags auch Mittagessen)*

Eine nette familiäre Adresse ist das hübsche, ruhig gelegene Fachwerkhaus, das für seine Gäste neuzeitlich-freundliche oder rustikalere Zimmer bereithält. Im Restaurant serviert man bürgerliche Küche. Zudem hat man noch eine einfache Gaststube.

FINSTERBERGEN – Thüringen → Siehe Friedrichroda

FINSTERWALDE

Brandenburg – 17 260 Ew. – Höhe 108 m – Siehe Regionalatlas **33-Q10**

Berlin 120 km – Potsdam 144 km – Cottbus 55 km – Dresden 93 km

Michelin Straßenkarte 542

Zum Vetter

Lange Str. 15, (Eingang Große Ringstraße) ✉ 03238 – ✆ (03531) 22 69 – www.hotel-zum-vetter.de

17 Zim – †49/59 € ††79/89 € – 1 Suite – ½ P

Rest – Menü 17 € – Karte 18/33 € – *(geschl. Januar 2 Wochen und Sonntag) (nur Abendessen)*

Von der Seitenstraße aus gelangt man über den Innenhof zu diesem gepflegten und praktisch ausgestatteten kleinen Hotel, das bereits seit 1919 als Familienbetrieb geleitet wird.

Goldener Hahn mit Zim

Bahnhofstr. 3 ✉ 03238 – ✆ (03531) 22 14 – www.goldenerhahn.com – geschl. Juli 2 Wochen und Sonntag - Montag

11 Zim – †47/59 € ††74/99 € – 1 Suite – ½ P

Menü 25 € (vegetarisch)/66 € – Karte 20/53 €

Eine ehemalige Poststation von 1864 bildet den Rahmen für Frank Schreibers klassische Küche mit Lausitzer Einflüssen. "Kräuter-Quarkmousse / Gurken-Chutney / Leinöl-Kieselsteine / Brotchips" oder "gebräunte Kalbszunge / Meerrettich-Mousseline / Spargel / Schnittlauchkartoffeln" schmecken so gut wie sie klingen. Dazu gesellen sich schöne Weine und ein gediegen-elegantes Ambiente... sicher eine Ausnahme in dieser Region!

FISCHEN im ALLGÄU

Bayern – 3 040 Ew. – Höhe 761 m – Siehe Regionalatlas **64-J22**

Berlin 731 km – München 157 km – Kempten (Allgäu) 34 km – Oberstdorf 6 km

Michelin Straßenkarte 546

Tanneck
Maderhalm 20 ✉ 87538 – ✆ (08326) 99 90 – www.hotel-tanneck.de
59 Zim – 105/155 € 210/310 € – 3 Suiten – ½ P
Rest – Karte 19/53 € – (Tischbestellung erforderlich)
Warum das hier ein gelungener Urlaub wird? Das Haus wird wirklich intensiv geführt, liegt schön erhöht (das bringt eine reizvolle Aussicht mit sich!), zudem gibt es viele neu gestaltete Zimmer, nicht zu vergessen jede Menge Wellness (wie wär's mit "Milchwell"?). Außerdem können Sie in verschiedenen Restaurantbereichen von modern-rustikal bis elegant essen.

Alpenblick (mit Gästehaus)
Maderhalmer Weg 10 ✉ 87538 – ✆ (08326) 97 91 – www.hotel-alpenblick.de – geschl. 8. November - 13. Dezember
17 Zim – 65/95 € 122/150 € – 8 Suiten – ½ P
Rest – Menü 20 € – Karte 18/36 € – *(geschl. Mittwoch)*
Familie Knöbel ist mit Herzblut bei der Sache: Aus einer ehemals kleinen Pension mit Café ist im Laufe der Jahre dieses absolut nette Alpenhotel mit komfortablen Zimmern entstanden. Schön der alpine Stil im Empfangsbereich und im Restaurant samt Terrasse mit Blick auf Fischen!

Krone mit Zim
Auf der Insel 1 ✉ 87538 – ✆ (08326) 2 87 – www.krone-fischen.de – geschl. 13. - 26. April, Mitte November - Mitte Dezember und Montag, außer an Feiertagen
10 Zim – 42/52 € 76/96 € – 1 Suite – ½ P Karte 14/39 €
Katja und Peter Faust führen dieses recht zentral gelegene Gasthaus nun schon über ein Jahrzehnt, und die vielen Stammgäste kommen nicht umsonst: der Patron lässt frische Allgäuer Küche servieren - danach können Sie in einem der ländlich eingerichteten Zimmer in ein bequemes Bett fallen.

In Fischen-Langenwang Süd: 3 km

Sonnenbichl Hotel am Rotfischbach
Sägestr. 19 ✉ 87538 – ✆ (08326) 99 40 – www.hotel-sonnenbichl.com
49 Zim – 69/132 € 128/228 € – ½ P
Rest – Menü 42 € – Karte 16/38 €
Wer ausspannen möchte, wird sich über die wirklich ruhige Lage freuen. Zur Gegend passt auch der wohnlich-regionale Stil, den die engagierte Familie Scheuerl in den Zimmern, im "Vitaldörfle" (u. a. original finnische Sauna aus Kelo-Holz) sowie im Restaurant (mit lichtdurchflutetem Wintergarten) umgesetzt hat.

FLADUNGEN
Bayern – 2 170 Ew. – Höhe 414 m – Siehe Regionalatlas **39-I13**
Berlin 405 km – Wiesbaden 183 km – Fulda 52 km – Bad Neustadt 32 km
Michelin Straßenkarte 546

Sonnentau
Wurmbergstr. 1 (Nord-Ost: 1,5 km) ✉ 97650 – ✆ (09778) 9 12 20 – www.sonnentau.com
49 Zim – 38/72 € 82/114 € – ½ P
Rest – Menü 17/52 € – Karte 20/47 €
Das am Südhang gelegene Ferienhotel mit Blick auf Fladungen bietet wahlweise Standard- oder Komfortzimmer. Zum Freizeitbereich gehören Anwendungen, Außensauna und Salzstollen. Rustikal sind die Restauranträume.

FLEIN – Baden-Württemberg ➜ Siehe Heilbronn

FLENSBURG
Schleswig-Holstein – 89 360 Ew. – Höhe 12 m – Siehe Regionalatlas **2-H2**
Berlin 426 km – Kiel 88 km – Hamburg 158 km
Michelin Straßenkarte 541

In Harrislee-Wassersleben Nord: 5 km

Wassersleben
Wassersleben 4 ✉ 24955 – ✆ (0461) 7 74 20 – www.hotel-wassersleben.de
25 Zim – 69/146 € 150/195 € – ½ P
Rest – Menü 21 € (mittags)/32 € – Karte 34/52 €
Nach einem anstrengenden Tag in der Stadt kommt man hier zur Ruhe, direkt an der Förde - man kann sie von fast allen Zimmern sehen! Auch im Restaurant und auf der Terrasse genießt man den Ostseeblick, z. B. bei Kuchen aus der eigenen Konditorei unter freiem Himmel!

In Oeversee Süd: 9 km

Historischer Krug (mit Gästehäusern)
Grazer Platz 1 (B 76) ✉ 24988 – ✆ (04630) 94 00 – www.historischer-krug.de
50 Zim – 79/119 € 119/139 € – ½ P
Rest *Krugwirtschaft* **Rest *Privileg*** – siehe Restaurantauswahl
Aus verschiedenen Häusern setzt sich dieses Anwesen zusammen, eines davon ein Reetdachhaus von 1519 - entsprechend individuell sind die Zimmer. Entspannen kann man in der "Krugtherme" u. a. bei Ayurveda oder aber im Garten.

Privileg – Hotel Historischer Krug
Grazer Platz 1 (B 76) ✉ 24988 – ✆ (04630) 94 00 – www.historischer-krug.de – geschl. Mitte Januar - Ende Februar und Dienstag - Donnerstag
Menü 35/96 € – *(nur Abendessen)*
In dem eleganten kleinen Restaurant werden unter der Leitung von Bodo Lööck zwei Menüs mit den Namen "leger" und "Privileg" zubereitet und an schön eingedeckten Tischen serviert. Dazu gibt es die passende Weinreise.

Krugwirtschaft – Hotel Historischer Krug
Grazer Platz 1 (B 76) ✉ 24988 – ✆ (04630) 94 00 – www.historischer-krug.de
Menü 30 € (vegetarisch)/42 € – Karte 30/55 €
Gemütlich die liebenswert mit allerlei Krügen dekorierten Räume, schmackhaft die regionalen Gerichte und Klassiker. Appetit auf "gesottenen Tafelspitz auf Bouillongemüse" oder "krossen Ostseelachs in Flensbruger Räucheraalschaum"?

FLINTSBACH am INN

Bayern – 2 940 Ew. – Höhe 479 m – Siehe Regionalatlas **66-N21**
Berlin 662 km – München 73 km – Bad Reichenhall 85 km – Rosenheim 18 km
Michelin Straßenkarte 546

Dannerwirt
Kirchplatz 4 ✉ 83126 – ✆ (08034) 9 06 00 – www.dannerwirt.de – geschl. Anfang November 1 Woche
24 Zim – 46/55 € 74/78 € – 1 Suite
Rest – Karte 17/39 € – *(geschl. Donnerstag)*
So stellt man sich einen typisch bayerischen Gasthof vor: lange Familientradition, gemütlich-ländliche Einrichtung mit viel Holz und herzliche Atmosphäre. Behagliche Stuben, mal in dunkler Tanne, mal in hellem Zirbelholz. Dazu regionale Küche oder einfach eine Brotzeit.

FLÖRSHEIM-DALSHEIM

Rheinland-Pfalz – 3 080 Ew. – Höhe 175 m – Siehe Regionalatlas **47-E16**
Berlin 617 km – Mainz 49 km – Bad Kreuznach 47 km – Mannheim 38 km
Michelin Straßenkarte 543

Weingut und Gästehaus Peth garni
Alzeyer Str. 28 (Ortsteil Flörsheim) ✉ 67592 – ✆ (06243) 90 88 00 – www.peth.de – geschl. 24. Dezember - 4. Januar, 3. - 6. April
6 Zim – 70/95 € 85/115 € – 1 Suite
Ein familiär geleitetes Haus in dörflicher Lage mit hübschen wohnlich-modernen Landhauszimmern. Auf der kleinen Galerie bietet man das Frühstück und auch die eigenen Weine kann man hier kostenfrei probieren.

FLOH-SELIGENTHAL

Thüringen – 6 250 Ew. – Höhe 360 m – Siehe Regionalatlas **39-J13**

Berlin 355 km – Erfurt 63 km – Coburg 87 km – Bad Hersfeld 73 km

Michelin Straßenkarte 544

Im Ortsteil Struth-Helmershof Süd-Ost: 3 km

Thüringer Hof Zim,

Kronsteinstr. 3 ✉ 98593 – ✆ (03683) 7 91 90 – www.hotel-thueringer-hof.de

20 Zim – 55/69 € 88/108 € – ½ P

Rest – Menü 19 € (abends)/55 € – Karte 19/43 € – *(geschl. Mittwochmittag)*

In diesem Familienbetrieb ist man wirklich gut aufgehoben: Das Haus ist tipptopp gepflegt, die Zimmer sind zeitgemäß (alle mit Balkon), der Service ist freundlich und am Morgen gibt es ein gutes, frisches Frühstücksbuffet. Im Restaurant mit Gaststube isst man regional.

FLONHEIM

Rheinland-Pfalz – 2 640 Ew. – Höhe 145 m – Siehe Regionalatlas **47-E15**

Berlin 616 km – Mainz 36 km – Neustadt a.d. Weinstraße 71 km – Darmstadt 70 km

Michelin Straßenkarte 543

Zum Goldenen Engel

Marktplatz 3 ✉ 55237 – ✆ (06734) 91 39 30 – www.zum-goldenen-engel.com – geschl. Montagmittag, Dienstagmittag und Mittwoch, September - April: Mittwoch - Donnerstag

Menü 42/66 € – Karte 27/50 €

Direkt neben der schönen Kirche finden Sie in der ehemaligen Poststation heute ein sympathisches geradlinig-modernes Restaurant (übrigens einst Schweinestall), in dem Klaus Mayer geschmackvolle, aromatische Speisen wie den "krossen Pulpo auf Kartoffel-Gurkensalat" bietet. Ein wahrhaft idyllisches Plätzchen ist der fast schon mediterran anmutende Innenhof - nur der Glockenschlag reißt Sie hier gelegentlich mal kurz aus der verträumten Stimmung.

In Flonheim-Uffhofen Süd-West: 1 km

Landhotel Espenhof (mit Gästehaus)

Poststr. 1 ✉ 55237 – ✆ (06734) 96 27 30 – www.espenhof.de – geschl. 1. - 15. Januar

18 Zim – 72/89 € 98/124 € – 2 Suiten

Rest *Weinwirtschaft Espenhof* – siehe Restaurantauswahl

Weingut, Weinwirtschaft, Hotel... Familie Espenschied ist omnipräsent, charmant und stets um das Wohl der Gäste bemüht. Im kleinen Hotel wohnt man in geschmackvollen und gut ausgestatteten Zimmern und Appartements und das leckere Frühstück kann man sich im Sommer auch auf der netten Terrasse schmecken lassen.

Weinwirtschaft Espenhof – Landhotel Espenhof

Poststr. 1 ✉ 55237 – ✆ (06734) 96 27 30 – www.espenhof.de – geschl. 1. - 15. Januar und Montag

Menü 34/79 € – Karte 31/60 € – *(nur Abendessen, sonntags auch Mittagessen)*

Die Weinwirtschaft ist schon ein besonderes Fleckchen, das man so oder so ähnlich auch in der Toskana finden könnte - einfach zum Wohlfühlen, ob im reizenden Innenhof oder in der hellen Weinstube mit rustikalem Touch! Serviert wird Leckeres wie "Rumpsteak vom Pommerschen Rind mit lauwarmem Kartoffel-Radieschen-Salat und Café de Paris Butter", dazu schöne eigene Weine!

FÖHR (INSEL)

Schleswig-Holstein – Siehe Regionalatlas **1-F2**

Berlin 466 km – Kiel 126 km – Sylt (Westerland) 14 km – Flensburg 57 km

Michelin Straßenkarte 541

NIEBLUM – 610 Ew.

Villa Witt mit Zim
Alkersumstieg 4 ✉ 25938 – ✆ (04681) 5 87 70 – www.hotel-witt.de
– geschl. November - Ostern und Montag - Mittwoch
5 Zim – 135/160 € 185 € – 2 Suiten Karte 37/76 € – *(nur Abendessen)*
Restaurant und Vinothek in einem: Hier sitzt man in legerer Atmosphäre inmitten dekorativer Weinflaschen und schöner antiker Möbel und genießt aus der feinen Küche des Patrons z. B. Deichlammrücken, aber auch Sylter Royal Austern oder einfach Pasta. Hübsch die Terrasse. Die Gästezimmer sind geschmackvoll, wohnlich und mit persönlicher Note gestaltet.

OEVENUM – 470 Ew.

Rackmers Hof garni
Buurnstrat 1 ✉ 25938 – ✆ (04681) 74 63 77 – www.rackmers.de
11 Suiten – 91/137 € 130/196 €
In dem netten kleinen Ferienhotel, bestehend aus drei reetgedeckten Landhäusern, wohnt man in wirklich hübschen, modern und hochwertig ausgestatteten Maisonetten mit Kitchenette. Am Morgen freut man sich über ein sehr schönes Frühstücksbuffet - die hausgemachte Marmelade können Sie übrigens auch für zu Hause mitnehmen!

Sternhagens Landhaus
Buurnstrat 49 ✉ 25938 – ✆ (04681) 5 97 90 – www.sternhagens-landhaus.de
– geschl. 1. Dezember - 15. Februar
13 Zim – 65/95 € 110/145 € – 2 Suiten – ½ P
Rest – Menü 30/40 € – *(geschl. 1. November - 15. Februar und Donnerstag) (nur Abendessen)*
Der 300 Jahre alte Reethof ist ein Haus für Individualisten, schön mit viel Kunst eingerichtet. Das Frühstück gibt es im ehemaligen Kälberstall - ein wirklich reizender Raum! Abends kocht der Hausherr persönlich ein Menü, mittwochs finden dabei sogar Lesungen statt unter dem Motto "Sternhagens Gerichtgedichte". Das Ambiente dazu gemütlich-rustikal, charmant die Terrasse im Innenhof. Zwei der individuellen Gästezimmer haben eine Sauna, W-Lan nur in einigen Bereichen des Hauses.

SÜDERENDE – 200 Ew.

Landhaus Altes Pastorat
Haus Nr. 45 ✉ 25938 – ✆ (04683) 2 26 – www.landhaus-altes-pastorat.de
– geschl. November - Mitte Dezember
3 Zim – 60/120 € 120/160 € – 4 Suiten – ½ P
Rest – Menü 28 € – *(nur Abendessen für Hausgäste)*
Ein denkmalgeschütztes ehemaliges Pastorat, das mit heimeligen Räumen in liebenswertem friesischem Stil besticht. Hier und da dienen schöne alte Kacheln als Dekor. Sie möchten in aller Ruhe entspannen? Dann buchen Sie doch für sich den hübschen kleinen Saunabereich mit Zugang zum Garten!

WYK – 4 420 Ew.

Duus-Hotel Zim,
Hafenstr. 40 ✉ 25938 – ✆ (04681) 5 98 10 – www.duus-hotel.de – geschl. 20. November - 19. Februar
21 Zim – 57/72 € 92/116 €
Rest *Austernfischer* – Karte 27/44 € – *(geschl. Donnerstag) (nur Abendessen)*
In idealer Lage am Anfang der Fußgängerzone und ganz in der Nähe des Hafens findet man diesen Familienbetrieb mit funktionellen Zimmern. International und nordfriesisch speist man im Restaurant Austernfischer.

Alt Wyk (René Dittrich)
Große Str. 4 ✉ 25938 – ✆ (04681) 32 12 – www.alt-wyk.de – geschl. 6. Januar - 19. Februar, 15. November - 16. Dezember und Dienstag; außer Saison: Montag - Dienstag
Menü 36 € (mittags)/88 € – Karte 45/59 € – *(Montag - Mittwoch nur Abendessen, außer an Feiertagen)* (Tischbestellung erforderlich)
Geschmackvoller und charmanter könnte das friesische Interieur nicht sein! In dieser gemütlich-stilvollen Atmosphäre sorgt Daniela Dittrich für professionellen, herzlichen und angenehm diskreten Service, während ihr Mann René aus sehr guten, frischen Zutaten harmonische klassische Speisen zubereitet. Mittags gibt es ein Menü mit exzellentem Preis-Leistungs-Verhältnis. Hier, mitten im Ort und nur wenige Schritte zur Strandpromenade, bleibt man auch gerne länger... und zwar in zwei schönen Ferienwohnungen.
➜ Lauwarmer Hummer mit Vanille-Tomaten und Safranfenchel. Rindsfilet und Kurze Rippe "Kalbi" mit asiatischem Gemüse und Sesamplätzchen. Variation von Erdbeeren und Waldmeister.

FORCHHEIM

Bayern – 30 500 Ew. – Höhe 266 m – Siehe Regionalatlas **50-K16**
Berlin 429 km – München 206 km – Nürnberg 38 km – Bamberg 25 km
Michelin Straßenkarte 546

Franken (mit Gästehaus)
Ziegeleistr. 17 ✉ 91301 – ✆ (09191) 62 40 – www.hotelfranken.de
40 Zim – †65/75 € ††80/90 €
Rest *Bobby's* – ✆ (09191) 6 24 44 – Karte 24/32 € – *(geschl. Sonntag) (nur Abendessen)*
Recht ruhig liegt dieses Hotel am Ortsausgang. Haupt- und Gästehaus beherbergen tipptopp gepflegte und solide ausgestattete Zimmer. Einige hochwertige Antiquitäten zieren das Restaurant Bobby's in unmittelbarer Nähe des Hotels. Mit Wintergarten.

Am Kronengarten garni
Bamberger Str. 6a ✉ 91301 – ✆ (09191) 7 25 00 – www.hotel-am-kronengarten.de
23 Zim – †74/99 € ††90/105 €
Das Hotel in der Altstadt, in einen Innenhof versetzt, verfügt über praktisch eingerichtete Gästezimmer und wird vom Eigentümer persönlich geführt.

Zum Alten Zollhaus
Hauptstr. 4 ✉ 91301 – ✆ (09191) 97 09 90 – www.zollhaus-forchheim.de – geschl. Dienstag
Menü 22/46 € – Karte 21/49 €
Bistroambiente und internationale Küche erwarten Sie in dem Restaurant neben der historischen Katharinenkirche mitten in der Altstadt. Spezialität ist die "sous-vide geschmorte Ochsenschulter", die sich in saisonalen Variationen immer auf der Karte findet! Schön: Biergarten an der Wiesent. Kochschule nebenan.

In Forchheim-Sigritzau Süd-Ost: 3 km in Richtung Erlangen und Pretzfeld

Zöllner's Weinstube
Sigritzau 1 ✉ 91301 – ✆ (09191) 1 38 86 – geschl. 1. - 11. Januar, Mitte August - Anfang September 3 Wochen und Montag - Dienstag
Menü 35/75 € – Karte 34/54 € – *(nur Abendessen)*
"Wintergemüse mit Kalbsbackenscheiben und Trüffelvinaigrette", "Kabeljau mit Chorizosauce und Balsamico-Linsengemüse"... Johannes Zöllner spannt in dem liebenswerten historischen Bauernhaus den Bogen zwischen seiner fränkischen Heimat und mediterran-klassischer Küche. Mit im Haus: Mutter und Vater.

FORCHTENBERG

Baden-Württemberg – 4 940 Ew. – Höhe 223 m – Siehe Regionalatlas **48-H17**
Berlin 573 km – Stuttgart 83 km – Würzburg 82 km – Heilbronn 41 km
Michelin Straßenkarte 545

In Forchtenberg-Sindringen West: 6 km Richtung Neuenstadt

Krone (mit Gästehaus)

Untere Str. 2 ✉ 74670 – ✆ (07948) 9 10 00 – www.krone-sindringen.de
30 Zim – †55/65 € ††85/95 € – ½ P
Rest – Menü 19/30 € – Karte 15/43 € – *(geschl. Dienstag)*
Ein idealer Ausgangsort für Touren auf dem Kocher-Jagst-Radweg - und noch dazu ein äußerst netter und familiärer! Bei den Walters (bereits die 3. Generation) übernachtet man schön wohnlich, im Haupthaus zudem sehr modern. Zum Essen sollten Sie sich im Sommer auf die Terrasse mit Blick auf den Kocher setzen!

FORST – Baden-Württemberg ➜ Siehe Bruchsal

FORST an der WEINSTRASSE

Rheinland-Pfalz – 830 Ew. – Höhe 120 m – Siehe Regionalatlas **47-E16**
Berlin 656 km – Mainz 85 km – Neustadt an der Weinstraße 15 km – Saarbrücken 122 km
Michelin Straßenkarte 543

Landhotel Lucashof garni

Wiesenweg 1a ✉ 67147 – ✆ (06326) 3 36 – www.lucashof.de – geschl. Ende Dezember - Anfang Februar
7 Zim – †60/70 € ††88/95 €
Weingut, Hotel und Natur ergeben hier schon äußerlich ein schönes, harmonisches Bild. Der mediterrane Touch setzt sich drinnen fort, alles ist angenehm hell und freundlich - die Zimmer hat man übrigens nach den Weinlagen des eigenen Guts benannt. Und nicht nur das Ambiente stimmt: Das Frühstück ist wirklich gut... frisch und appetitlich, die Atmosphäre ist familiär.

Gästehaus Oswald garni

Pfarracker 1 ✉ 67147 – ✆ (06326) 67 75 – www.gaestehaus-pfalz.de
11 Zim – †63/68 € ††73/78 €
Es ist schon ein überaus nettes kleines Gästehaus, das Klaus und Angelika Oswald hier betreiben - genau richtig für alle, die eine eher hoteluntypische Atmosphäre vorziehen. Freuen Sie sich auf geschmackvolle Zimmer (hübsch auch die farbenfrohen Bäder) und ein leckeres Frühstück bei sympathischen Gastgebern.

FORSTINNING

Bayern – 3 530 Ew. – Höhe 512 m – Siehe Regionalatlas **66-M20**
Berlin 600 km – München 27 km – Ebersberg 13 km – Erding 19 km
Michelin Straßenkarte 546

In Forstinning-Schwaberwegen Süd-West: 1 km Richtung Anzing

Zum Vaas

Münchner Str. 88 ✉ 85661 – ✆ (08121) 55 62 – www.zum-vaas.de – geschl. August 3 Wochen
20 Zim – †56/75 € ††79/110 €
Rest *Zum Vaas* – siehe Restaurantauswahl
Bei Familie Bauer packen alle mit an - es sind eben richtige Gastwirte, und das seit vier Generationen! Am schönsten wohnt man in dem Gasthof von 1864 übrigens im 2. Stock - die Zimmer hier sind etwas zeitgemäßer und freundlicher.

Zum Vaas – Hotel Zum Vaas

Münchner Str. 88 ✉ 85661 – ✆ (08121) 55 62 – www.zum-vaas.de – geschl. August 3 Wochen und Montag - Dienstag
Karte 22/37 € – (Tischbestellung ratsam)
Wo es lebendig, herzlich und familiär zugeht, kehrt man gerne ein! Was das engagierte Team als "Klassiker" oder "Heuer" auf den Tisch bringt, schmeckt und ist preislich fair! Mittwochs gibt's Kalbsfleischpflanzerl - unbedingt reservieren!

FRAMMERSBACH

Bayern – 4 470 Ew. – Höhe 246 m – Siehe Regionalatlas **48-H15**
Berlin 527 km – München 332 km – Würzburg 55 km – Frankfurt am Main 71 km
Michelin Straßenkarte 546

Landgasthof Kessler

Orber Str. 23 ✉ 97833 – ✆ (09355) 12 36 – www.landgasthof-kessler.de
15 Zim – 40/60 € 70/100 € – ½ P
Rest – Menü 15/55 € – Karte 20/31 € – *(geschl. Mittwoch)*
Seit rund 50 Jahren sorgt Familie Kessler hier schon für das Wohlbefinden ihrer Gäste - und sie verbessern ständig weiter! So sind die Zimmer zeitgemäß und hell, und auch im Restaurant setzen kleine Details frische Akzente.

Schwarzkopf mit Zim

Lohrer Str. 80 (B 276) ✉ 97833 – ✆ (09355) 3 07 – www.schwarzkopf-spessart.de – geschl. September 2 Wochen und Montag - Dienstag, Donnerstagmittag, Freitagmittag, Samstagmittag
5 Zim – 54 € 84 € – ½ P Menü 34/49 € – Karte 25/45 €
Stefan Pumm und seine Frau Anja setzen nun nach lehrreichen Wanderjahren im In- und Ausland die Tradition dieses Hauses fort und bieten eine saisonale Küche mit Produkten aus der Region. Übernachten können Sie hier auch: Die Zimmer sind einfach, aber gepflegt.

In Frammersbach-Habichsthal West: 10 km über Wiesener Straße und Spessartstraße, im Frammersbacher Forst links ab

Zur frischen Quelle

Dorfstr. 10 ✉ 97833 – ✆ (06020) 13 93 – www.diefrischequelle.de – geschl. 23. Februar - 20. März
20 Zim – 33/36 € 55/61 € – ½ P
Rest – Menü 14 € (mittags)/23 € – Karte 12/35 € – *(geschl. Mittwoch)*
Eingebettet in den Naturpark Spessart liegt dieser einfache, aber gut unterhaltene Gasthof mit gepflegten, zweckmäßig eingerichteten Gästezimmern. Ländliche Gaststuben mit großem bürgerlichem Angebot.

FRANKENAU

Hessen – 3 310 Ew. – Höhe 430 m – Siehe Regionalatlas **38-G12**
Berlin 449 km – Wiesbaden 167 km – Kassel 66 km – Düsseldorf 230 km
Michelin Straßenkarte 543

Außerhalb Süd: 3 km, über Ellershausen, Lengeltalstraße

Landhaus Bärenmühle Rest,

✉ 35110 – ✆ (06455) 75 90 40 – www.baerenmuehle.de – geschl. Mitte - Ende Januar 2 Wochen
12 Zim – 98/116 € 142 € – 3 Suiten – ½ P
Rest – Menü 35/43 € – (Tischbestellung ratsam)
Das hübsch sanierte alte Anwesen am Ende des in seiner Ursprünglichkeit unversehrten Tales entpuppt sich als wahres Idyll. Man wohnt sehr charmant und ebenso individuell, das Abendessen ist wie die herrliche Ruhe und Einsamkeit im Preis inbegriffen! Badeteich und Saunahaus.

FRANKENBERG (EDER)

Hessen – 18 650 Ew. – Höhe 296 m – Siehe Regionalatlas **38-G12**
Berlin 451 km – Wiesbaden 156 km – Marburg 39 km – Kassel 78 km
Michelin Straßenkarte 543

Die Sonne Frankenberg

Marktplatz 2 ✉ 35066 – ✆ (06451) 75 00 – www.sonne-frankenberg.de
55 Zim – 129/239 € 179/299 € – 5 Suiten – ½ P
Rest *Philipp Soldan* ✿
Rest *Sonne-Stuben* – siehe Restaurantauswahl
Rest *Philippo* – Karte 30/47 € – *(Sonntag - Donnerstag nur Abendessen)*
Ein schöner Anblick sind die liebenswert restaurierten historischen Gebäude mitten im Zentrum. Warme sonnige Töne machen es herrlich wohnlich. Da entspannt es sich auch wunderbar auf drei Etagen Spa. Restaurants hat man gleich vier, darunter das Philippo mit regional-mediterranem Tapasangebot sowie das Alt Frankenberg mit bürgerlich-hessischer Küche (auch für Events).

XXX **Philipp Soldan** – Hotel Die Sonne Frankenberg

Marktplatz 2 ✉ 35066 – ✆ (06451) 75 00 – www.sonne-frankenberg.de – geschl. Januar, 26. Juli - 25. August und Sonntag - Montag
Menü 59/124 € – *(nur Abendessen)* (Tischbestellung ratsam)
Dass man in dem eleganten Keller der "Sonne" so ausgezeichnet speist, ist Florian C. Hartmann zu verdanken, der hier äußerst sorgfältig und exakt am Werk ist, wenn er seine harmonischen klassisch-modernen Gerichte zubereitet. Dazu findet Lennart Wenk aus rund 1000 Weinen den passenden für Sie.
➜ Ceviche vom Wolfsbarsch, Schwertmuschel und Mandarine, Dicke Bohne und Poweraden. Kalbsfilet und Thunfisch-Sashimi, fermentierte Rübchen, Wasserspinat, Dashi und Pfifferlinge. Nussnougat, Salzblume, Salzkarameleis, Erdnuss und Kiwi.

X **Sonne-Stuben** – Hotel Die Sonne Frankenberg

Marktplatz 2 ✉ 35066 – ✆ (06451) 75 00 – www.sonne-frankenberg.de
Menü 29/59 € – Karte 30/54 €
Sie mögen es regional? Auf der Speisekarte werden Sie einiges Schmackhaftes aus der Gegend entdecken, z. B. "Rinderroulade mit Kartoffelpüree und Gemüse" oder Kaiserschmarrn als leckeren Abschluss - und in den gemütlichen Stuben nehmen diverse Dekorationen Bezug zu Alt-Frankenberg. Terrasse zum Marktplatz!

FRANKENTHAL in der PFALZ

Rheinland-Pfalz – 47 010 Ew. – Höhe 96 m – Siehe Regionalatlas **47-E16**
Berlin 618 km – Mainz 66 km – Mannheim 18 km – Kaiserslautern 47 km
Michelin Straßenkarte 543

Weinhotel Wagner

Schlachthausweg 14 ✉ 67227 – ✆ (06233) 3 68 80 – www.weinhotel-wagner.de
11 Zim – 58/67 € 80 €
Rest – Menü 12/29 € – Karte 15/35 € – *(geschl. Januar 3 Wochen und Montag) (nur Abendessen, sonntags auch Mittagessen)*
Das kleine Hotel der Familie Wagner liegt recht ruhig am Friedhof in einer Seitenstraße. Sie können hier in recht geräumigen Zimmern (meist mit Balkon) übernachten und im gemütlichen Restaurant bürgerlich essen - sonntagmittags bietet man nur Brunch. Oder kommen Sie doch mal nachmittags zu Kaffee und Kuchen.

X **Philip's Brasserie**

Karolinenstr. 6 ✉ 67227 – ✆ (06233) 1 70 04 70 – www.philips-brasserie.de – geschl. 13. - 17. Februar und Samstagmittag
Menü 52 € – Karte 21/39 €
Sie finden das Restaurant am Rande der Fußgängerzone, genauer gesagt im Hotel Central, erreichbar ist es durch einen eigenen Eingang. In einem freundlichen Raum mit mediterranem Ambiente und großen Rundbogenfenstern speist man regional und international - mittags sehr kleine und einfachere Auswahl.

FRANKFURT am MAIN

Hessen – 691 520 Ew. – Höhe 98 m – Siehe Regionalatlas **47-F14**

▶ Berlin 549 km – Wiesbaden 41 km – Bonn 174 km – Nürnberg 226 km

Michelin Straßenkarte 543

Stadtpläne siehe nächste Seiten

→ Alphabetische Liste der Hotels
→ Alphabetical index of hotels

→ Alphabetische Liste der Restaurants
→ Alphabetical index of restaurants

FRANKFURT AM MAIN
0
200 m
J
K
1
2
3
ROTHSCHILD PARK
ALTE OPER
Alte Oper
Bockenheimer Anlage
Bockenheimer Landstr.
Hochstraße
Kleine Hochstr.
Börsenstraße
BÖRSE
Schillerstraße
ADAC
Eschersheimer Landstraße
Fellnerstr.
Oeder Weg
Blumenstr.
Stern-str.
Jahnstraße
Unterweg
Eschenheimer Anlage
Eckenheimer Landstr.
Scheffelstraße
Bleichstraße
ST. PETERSKIRCHE
Seilerstr.
Eschenheimer Tor
Eschenheimer Turm
Thurn&Taxis-Platz
Klaus-Mann-Platz
Konrad-Adenauer-Str.
Porzellanhof-str.
Zeil
Hauptwache
Konstablerwache
Große Bockenheimer Str.
Goethestraße
Neue Rothofstr.
Junghofstr.
An der Hauptwache
KATHARINENKIRCHE
LIEBFRAUEN KIRCHE
Klingerstraße
Goetheplatz
Friedrich-Stoltze-Platz
Neue Kräme
Museum für Moderne Kunst
Battonnstr.
Taunusanlage
Frankfurter Goethe-Museum
Goethe-Haus
Paulskirche
Braubachstr.
Fahrgasse
Taunustor
Taunusstr.
Neue Mainzer Str.
Römer et Römerberg
Dom/Römer
St. Bartholomäus Kirche
Alte Nikolaikirche
Kunsthalle Schirn
Mainstraße
Willy-Brandt-Platz
Weißfrauenstr.
RENTENTURM
Schöne Aussicht
Kaiserstraße
Mainkai
Main
Alte Brücke
Münchener Str.
Elbestr.
Alte Mainzer Gasse
St. Leonhard Kirche
Eiserner Steg
Gutleutstraße
Mainlustr.
Jüdisches Museum
DREIKÖNIGSKIRCHE
Löherstr.
Museum für Angewandte Kunst
Dreikönigsstr.
Schulstraße
DEUTSCHORDEN KIRCHE
Deutsches Filmmuseum
Stegstr.
Wallstraße
Holbeinsteg
Museum für Kommunikation
Oppenheimer Pl.
Schifferstraße
Schaumainkai
Städelstraße
Städelsches Kunstinstitut
Souchaystr.
Laurnitzstraße
Gutzkowstraße
Bruchstr.
Gartenstraße
Schweizer Pl.
Stegstraße
SACHSENHAUSEN
Städtische Galerie Liebieghaus
Diesterwegstraße
Otto-Hahn-Platz
Brückenstr.
Hedderichstraße
Schaubstr.
Kennedyallee
Holbeinstraße
Oppenheimer Landstr.
Schweizer Str.
Kaulbachstr.
Schwanthalerstr.
Passavantstraße
Schreyerstr.
SÜDBAHNHOF
Bruchstr.
Mörfelder Landstr.

A
B
1
2
3
NIEDERURSEL
Marie-Curie-Str.
Olof-Palme-Str.
NORDWEST-STADT
Titus-str.
HEDDERNHEIM
ESCHERSHEIM
Industrie-str.
Bahnstr.
Eschborner Str.
Steinbacher Str.
Hauptstraße
ESCHBORN
PRAUNHEIM
VOLKSPARK NIDDATAL
GINNHEIM
Heerstr.
Guerickestr.
Kollwitz-str.
A 66
NORDWESTKREUZ FRANKFURT
Lorscher Str.
HAUSEN
ESCHBORNER DREIECK
RÖDELHEIM
Siegener Str.
Westerbachstraße
A 5 / E 451
BOCKENHEIM
Leipziger Str.
Palmeng
A 648
Voltastraße
Nidda
ADAC
Hunsrück-str.
Oeserstraße
Waldschulstr.
Am Römerhof
Pariser Str.
Idsteiner Str.
Kölner Str.
NIED
Frankenallee
Mainzer Landstr.
Mainzer Landstraße
Gutleutstr.
Leunabrücke
GRIESHEIM
Espen-str.
Kleyerstraße
Stroofstraße
Gutleutstraße
Main
NIEDERRAD
Schwanheimer Ufer
Eifel-str.
Rheinlandstraße
Leunastr.
GOLDSTEIN
SCHWANHEIM
Lyoner Str.
Trift-str.
Straßburger Str.
FRANKFURTER
Wald-str.
A 5 / E 451
FRANKFURTER KREUZ
Carl-Ulrich-Straße
An der B44
Mörfelder Str.
STADTWALD
FRANKFURT-MAIN AG
ZEPPELINHEIM
Forstweg
Forstweg

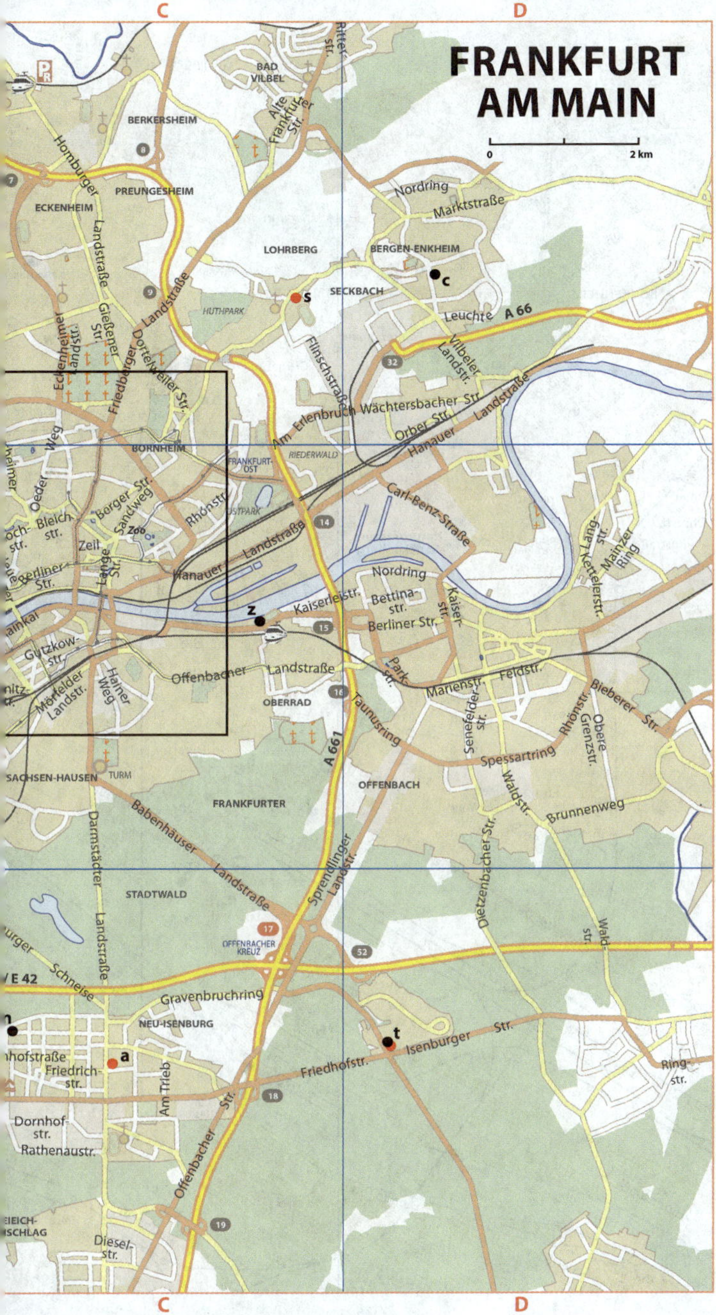

FRANKFURT AM MAIN
0
2 km
C
D
1
2
3
BAD VILBEL
BERKERSHEIM
PREUNGESHEIM
ECKENHEIM
LOHRBERG
BERGEN-ENKHEIM
SECKBACH
HUTHPARK
BORNHEIM
RIEDERWALD
FRANKFURT-OST
OSTPARK
OBERRAD
OFFENBACH
SACHSEN-HAUSEN
FRANKFURTER
STADTWALD
OFFENBACHER KREUZ
NEU-ISENBURG
Nordring
Marktstraße
Leuchte
A 66
Vilbeler Landstr.
Wächtersbacher Str.
Orber Str.
Hanauer Landstraße
Am Erlenbruch
Carl-Benz-Straße
Kaiserleistr.
Bettina-str.
Berliner Str.
Kaiser-str.
Park-str.
Marienstr.
Feldstr.
Bieberer Str.
Taunusring
Spessartring
Senefelder-str.
Rhönstr.
Obere Grenzstr.
Waldstr.
Brunnenweg
Dietzenbacher Str.
Sprendlinger Landstr.
A 661
Babenhäuser Landstraße
Darmstädter Landstraße
Schneise
E 42
Gravenbruchring
Friedhofstr.
Isenburger Str.
Ring-str.
Friedrich-str.
Am Trieb
Dornhof-str.
Rathenaustr.
Offenbacher Str.
Diesel-str.
Homburger
Landstraße
Gießener Str.
Eckenheimer Landstr.
Friedberger Landstraße
Dortelweiler Str.
Flinschstraße
Rhönstr.
Borger Str.
Sandweg
Zoo
Zeil
Lange Str.
Berliner Str.
Bleichstr.
Oeder Weg
Gutzkow-str.
Mörfelder Landstr.
Hainer Weg
Offenbacher Landstraße
TURM
Lang str.
Ketteler str.
Mainzer Ring
Alte Frankfurter Str.
Ritter str.
s
c
z
t
a
8
7
9
32
14
15
16
17
52
18
19

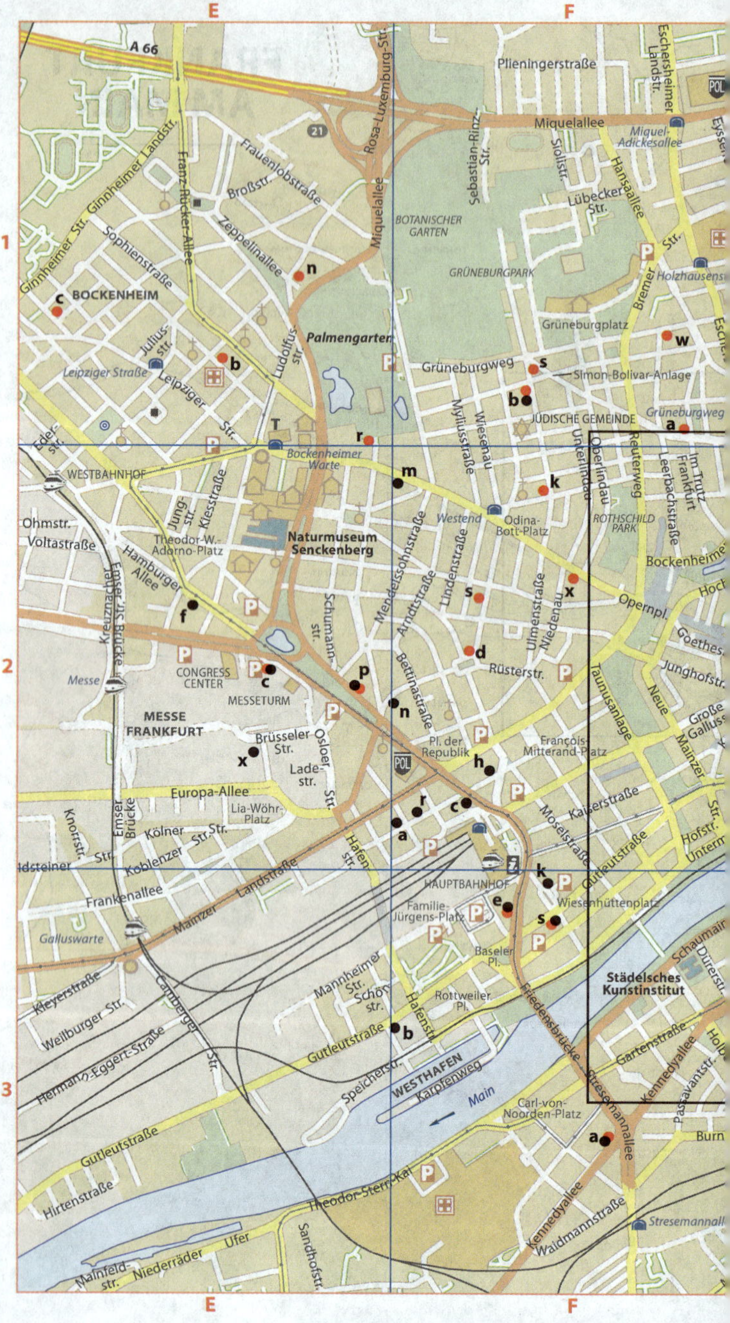
E
F
1
2
3
A 66
21
Plieningerstraße
Eschersheimer Landstr.
POL
Miquelallee
Miquel-Adickesallee
Eysse
Rosa-Luxemburg-Str.
Frauenlobstraße
Broßstr.
Ginnheimer Landstr.
Franz-Rücker-Allee
Ginnheimer Str.
Sophienstraße
Zeppelinallee
Miquelallee
Sebastian-Rinz-Str.
Siolistr.
Hansaallee
Lübecker Str.
BOTANISCHER GARTEN
GRÜNEBURGPARK
Bremer Str.
Holzhausenstr.
BOCKENHEIM
Julius-str.
Leipziger Straße
Leipziger Str.
Ludolfus str.
Palmengarten
Grüneburgplatz
Grüneburgweg
Simon-Bolivar-Anlage
JÜDISCHE GEMEINDE
Grüneburgweg
Myliusstraße
Wiesenau
Unterlindau
Oberlindau
Reuterweg
Leerbachstraße
Im Trutz Frankfurt
Eder-str.
WESTBAHNHOF
T
Bockenheimer Warte
Westend
Odina-Bott-Platz
ROTHSCHILD PARK
Ohmstr.
Voltastraße
Jung-str.
Kiesstraße
Theodor-W.-Adorno-Platz
Naturmuseum Senckenberg
Mendelssohnstraße
Lindenstraße
Bockenheimer
Hamburger Allee
Kreuznacher Str.
Emser Brücke
Schumann-str.
Arndtstraße
Ulmenstraße
Niedenau
Opernpl.
Hoch
Goethes.
Bettinastraße
Rüsterstr.
Junghofstr.
Messe
CONGRESS CENTER
MESSETURM
MESSE FRANKFURT
Taunusanlage
Neue Mainzer Str.
Große Galluss
Pl. der Republik
François-Mitterand-Platz
Brüsseler Str.
Osloer Str.
Lade-str.
Europa-Allee
Lia-Wöhr-Platz
Kaiserstraße
Moselstraße
Hofstr.
Unterm
Knorrstr.
Emser Brücke
Kölner Str.
Koblenzer Str.
Mainzer Landstraße
Hafen-str.
Idsteiner Str.
HAUPTBAHNHOF
Gutleutstraße
Wiesenhüttenplatz
Frankenallee
Familie-Jürgens-Platz
Galluswarte
Baseler Pl.
Städelsches Kunstinstitut
Schaumain
Dürerstr.
Kleyerstraße
Mannheimer Str.
Schön str.
Hafenstr.
Rottweiler Pl.
Wellburger Str.
Camberger Str.
Friedensbrücke
Gartenstraße
Kennedyallee
Holb
Hermann-Eggert-Straße
Gutleutstraße
Speicherstr.
WESTHAFEN
Karpfenweg
Main
Stresemannallee
Passavantstr.
Carl-von-Noorden-Platz
Burn
Gutleutstraße
Hirtenstraße
Theodor-Stern-Kai
Kennedyallee
Waidmannstraße
Stresemannall
Mainfeld-str.
Niederräder Ufer
Sandhofstr.
a
b
c
d
e
f
h
k
m
n
p
r
s
w
x

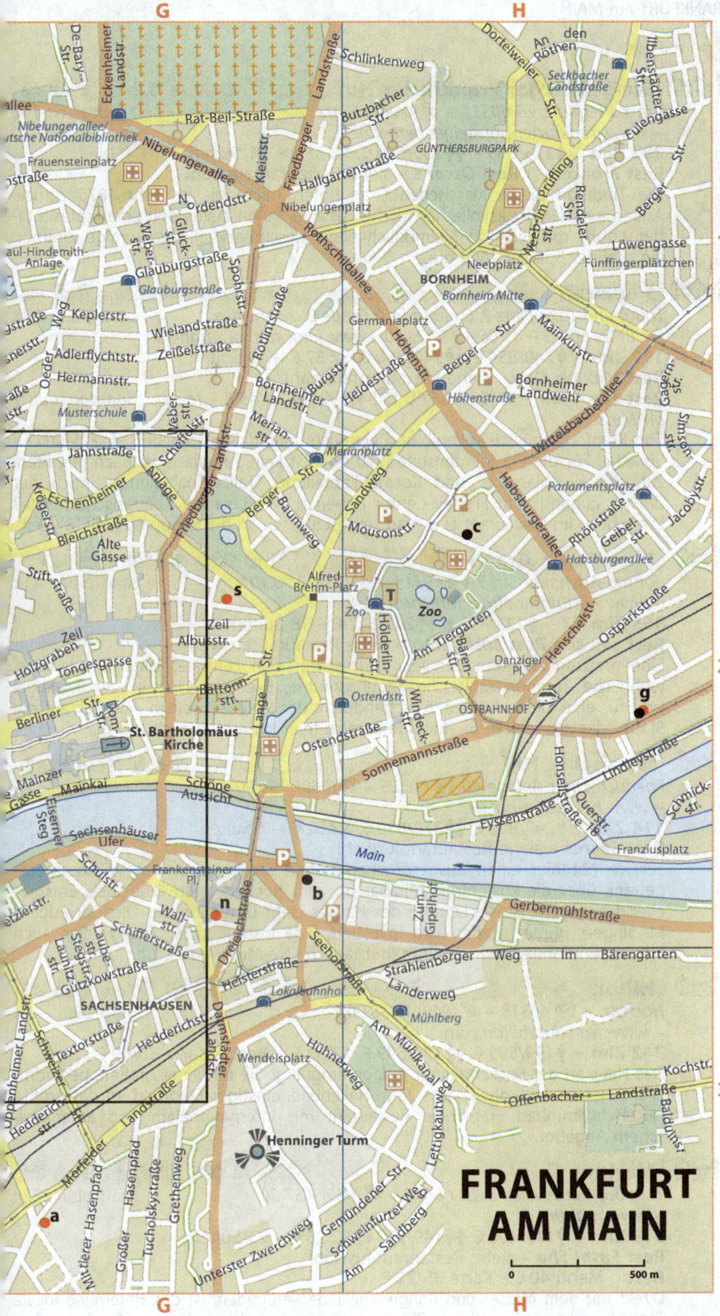
G
H
1
2
3
FRANKFURT AM MAIN
0
500 m
BORNHEIM
SACHSENHAUSEN
Main
Schlinkenweg
Dortelweiler Str.
An den Röthen
Seckbacher Landstraße
Ilbenstädter Str.
Eulengasse
Berger Str.
De-Bary-Str.
Eckenheimer Landstr.
Friedberger Landstraße
Butzbacher Str.
Rat-Beil-Straße
Nibelungenallee
Nibelungenallee/Deutsche Nationalbibliothek
Frauensteinplatz
Kleiststr.
Hallgartenstraße
GÜNTHERSBURGPARK
Nordendstr.
Nibelungenplatz
Rothschildallee
Neeb-Im Prüfling str.
Rendeler Str.
Löwengasse
Fünffingerplätzchen
Neebplatz
Paul-Hindemith-Anlage
Weberstr.
Gluckstr.
Glauburgstraße
Spohrstr.
Bornheim Mitte
Mainkurstr.
Keplerstr.
Wielandstraße
Germaniaplatz
Höhenstr.
Adlerflychtstr.
Zeißelstraße
Rotlintstraße
Heidestraße
Burgstr.
Oeder Weg
Hermannstr.
Bornheimer Landstr.
Höhenstraße
Bornheimer Landwehr
Gagernstr.
Wittelsbacherallee
Simsonstr.
Musterschule
Merianstr.
Jahnstraße
Scheffelstr.
Merianplatz
Habsburgerallee
Parlamentsplatz
Eschenheimer Anlage
Krögerstr.
Berger Str.
Baumweg
Sandweg
Mousonstr.
Rhönstraße
Geibelstr.
Jacobystr.
Bleichstraße
Alte Gasse
Alfred-Brehm-Platz
Stiftstraße
Zoo
Hölderlinstr.
Am Tiergarten
Bärenstr.
Henschelstr.
Ostparkstraße
Zeil
Albusstr.
Lange Str.
Danziger Pl.
Holzgraben
Töngesgasse
Battonnstr.
Ostendstr.
Windeckstr.
OSTBAHNHOF
Berliner Str.
Domstr.
St. Bartholomäus Kirche
Ostendstraße
Sonnemannstraße
Honsellstraße
Lindleystraße
Mainzer Gasse
Mainkai
Schöne Aussicht
Eiserner Steg
Eyssenstraße
Quersstr.
Schmickstr.
Sachsenhäuser Ufer
Franziusplatz
Schulstr.
Frankensteiner Pl.
Wallstr.
Dreieichstraße
Zum Gipelhof
Gerbermühlstraße
Schifferstraße
Seehofstraße
Strahlenberger Weg
Im Bärengarten
Laubestr.
Stegstr.
Launitzstr.
Gützkowstraße
Heisterstraße
Lokalbahnhof
Länderweg
Mühlberg
Textorstraße
Hedderichstr.
Darmstädter Landstr.
Am Mühlkanal
Hühnerweg
Wendelsplatz
Offenbacher Landstraße
Kochstr.
Baldunstr.
Oppenheimer Landstr.
Schweizer Str.
Mörfelder Landstraße
Henninger Turm
Lettigkautweg
Hasenpfad
Tucholskystraße
Grethenweg
Mittlerer Hasenpfad
Großer Hasenpfad
Gemündener Str.
Schweinfurter Weg
Unterster Zwerchweg
Am Sandberg
a
b
c
g
n
s
P
T

Hotels

Steigenberger Frankfurter Hof

Am Kaiserplatz ✉ 60311 – ✆ (069) 2 15 02 – www.frankfurter-hof.steigenberger.de Stadtplan : J2**e**

282 Zim – 225/699 € 250/699 €, 35 € – 21 Suiten

Rest *Français* ✿ **Rest *Oscar's*** – siehe Restaurantauswahl

Die Tradition dieses klassischen Grandhotels reicht bis ins Jahr 1876 zurück. Außen eine eindrucksvolle historische Fassade, innen Luxus pur: eine repräsentative Lobby mit reichlich Sitzmöglichkeiten, geschmackvolle geräumige Zimmer, ein schöner Spa auf 1000 qm...

Jumeirah

Zim, Zim,

Thurn-und-Taxis-Platz 2, (Zufahrt über Große Eschenheimer Str. 8) ✉ 60313 – ✆ (069) 2 97 23 70 – www.jumeirah.com/frankfurt Stadtplan : K1**t**

199 Zim – 240/850 € 240/850 €, 32 € – 19 Suiten

Rest *Max on One* – siehe Restaurantauswahl

Rest *el rayyan* – ✆ (069) 36 60 45 54 – Karte 30/45 € – *(geschl. Sonntag, außer an Messen)*

Top Komfort, neueste Technik und wertigste Materialien sprechen eine deutliche Sprache! Für die Präsidentensuite (220 qm!) ist kein Superlativ zu hoch gegriffen, zur eigenen Massage- und Kosmetikabteilung "Talise-Spa" kommt noch der direkte Zugang zum Freizeit-Center nebenan. Mal Lust auf libanesische Küche? Die gibt es im Restaurant el rayyan, angeschlossen an die Shopping-Mall "MyZeil".

The Westin Grand

Konrad-Adenauer-Str. 7 ✉ 60313 – ✆ (069) 2 98 10 – www.westingrandfrankfurt.com Stadtplan : K1**c**

353 Zim – 223/493 € 247/517 € – 18 Suiten

Rest *san san* Rest *Sushimoto* – siehe Restaurantauswahl

Eine großzügige internationale Businessadresse in zentraler Lage. Zeitgemäße, wohnliche Zimmer, zahlreiche Tagungsräume, Executive-Club in der 1. Etage. Und für eine kleine Auszeit zwischendurch: der Pool mit tollem Ausblick auf die Stadt oder der schicke Bar-Lounge-Bereich (hier kann man auch essen).

Hessischer Hof

Friedrich-Ebert-Anlage 40 ✉ 60325 – ✆ (069) 7 54 00 – www.hessischer-hof.de Stadtplan : E2**p**

114 Zim – 249/800 € 279/830 €, 32 € – 7 Suiten

Rest *Sèvres* – siehe Restaurantauswahl

Service hat hier einen ausgesprochen hohen Stellenwert, vom Willkommensgetränk über die kostenfreie Minibar bis zum hochwertigen Frühstück. Entsprechend engagiert ist die Leitung des Hauses (sehr umsichtig der Direktor Eduard M. Singer), immer wieder wird investiert. Eine Institution ist Jimmy's Bar, auch Frankfurts Wohnzimmer genannt, mit täglich Live-Musik ab 22 Uhr.

Hilton

Rest,

Hochstr. 4 ✉ 60313 – ✆ (069) 13 38 00 – www.frankfurt.hilton.com Stadtplan : J1**n**

342 Zim – 199/599 € 199/599 €, 33 € **Rest** – Karte 35/69 €

Das Haus an der Bockenheimer Anlage empfängt Sie mit einer großen, beeindruckend hohen Atriumhalle. Das 25-m-Hallenbad, einstiges Stadtbad, ist das größte Hotelschwimmbad Frankfurts. Restaurant mit internationalem und amerikanischem Angebot.

Maritim

Rest,

Theodor-Heuss-Allee 3 ✉ 60486 – ✆ (069) 7 57 80 – www.maritim.de Stadtplan : E2**c**

519 Zim – 119/490 € 149/520 €, 28 € – 23 Suiten

Rest *Sushi Sho* – siehe Restaurantauswahl

Rest – Menü 40 € – Karte 35/71 €

Direkt mit dem Messe- und Kongressgelände verbunden, ist das Hotel eine ideale Tagungsadresse mit zeitlosen Zimmern, die in den oberen Etagen eine besonders schöne Sicht bieten. International speist man in den Restaurants Classico und Ambiente.

Le Méridien Parkhotel

Wiesenhüttenplatz 28 ✉ 60329 – ✆ (069) 2 69 70 Stadtplan : F3**k**
– www.lemeridienparkhotelfrankfurt.com
297 Zim – 125/599 € 165/619 €, 28 €
Rest *Le Parc* – Menü 49 € – Karte 33/70 €
Im historischen Teil des Hotels, einem herrschaftlichen Palais, erwarten Sie stilvolle Zimmer mit hohen Decken und ein sehenswertes Treppenhaus. Die Jazz-Abende in der Hotelbar sind nicht nur bei den Einheimischen beliebt! Modern-funktionell: der Anbau. Le Parc im Bistrostil, Gartenlokal vor dem Haus.

InterContinental

Rest,

Wilhelm-Leuschner-Str. 43 ✉ 60329 – ✆ (069) 2 60 50 Stadtplan : J3**a**
– www.frankfurt.intercontinental.com
440 Zim – 109/209 € 124/224 €, 31 € – 27 Suiten
Rest *Signatures* – ✆ (069) 26 05 24 52 – Karte 35/53 €
"River Wing" nennt sich das Gebäude dieses Hotels am Main, in dem sich die klassisch eingerichteten Gästezimmer befinden. Beste Aussicht von der Club-Etage im 21. Stock! Internationale Küche (mittags auch in Buffetform) im Restaurant Signatures mit modernem Wintergarten.

Roomers

Gutleutstr. 85 ✉ 60329 – ✆ (069) 2 71 34 20 Stadtplan : F3**s**
– www.roomers.eu
116 Zim – 160/360 € 220/920 € – 3 Suiten
Rest *Roomers* – siehe Restaurantauswahl
Das beeindruckende Design hier sucht seinesgleichen: überall wertiges, ausgespochen stimmiges Interieur in dunklen Tönen, edel auch der Sauna- und Fitnessbereich. Für Nachtschwärmer ist die trendig-loungige Bar "the place to be" - Mo. - Sa. mit DJ.

Steigenberger Metropolitan

Rest,

Poststr. 6 ✉ 60329 – ✆ (069) 5 06 07 00 Stadtplan : F2**c**
– www.steigenberger.com
128 Zim – 119/429 € 139/629 € – 3 Suiten
Rest *Brasserie M* – Menü 39/89 € – Karte 47/91 €
Zurückhaltende Eleganz und moderne Funktionalität vereinen sich in dem Stadtpalais a. d. 19. Jh., das direkt neben dem Hauptbahnhof liegt. Art-déco-Elemente zieren Fassade und Interieur. Neuzeitliches Ambiente im Restaurant Brasserie.

Fleming's Deluxe

Rest,

Eschenheimer Tor 2 ✉ 60318 – ✆ (069) 4 27 23 20 Stadtplan : K1**g**
– www.flemings-hotels.com – (Erweiterung um 106 Zimmer und Fleming's Brasserie bis Mitte 2015)
94 Zim – 198/258 € 218/278 € – 6 Suiten **Rest** – Karte 37/60 €
An der Eschenheimer Anlage steht das denkmalgeschützte ehemalige Bürogebäude a. d. 50er Jahren mit funktionstüchtigem Original-Paternoster und moderner Einrichtung. Bar und Lounge im 7. Stock. Vom Dachrestaurant mit Showküche blickt man auf die Skyline.

Mövenpick

Den Haager Str. 5, (neben dem Tor Ost, Halle III) Stadtplan : E2**x**
(Zufahrt über Platz der Einheit) ✉ 60327 – ✆ (069) 7 88 07 50
– www.moevenpick-hotels.com/frankfurt-city
288 Zim – 145/465 € 165/485 €, 23 € **Rest** – Karte 23/80 €
Businesshotel mit auffallender rot-grauer Fassade direkt am Messegelände. Die Zimmer: geradlinig-modern und funktionell. Fitnessbereich mit Dachterrasse. Restaurant im Bistrostil mit internationalem Angebot.

The Pure garni

Niddastr. 86 ✉ 60329 – ✆ (069) 7 10 45 70 Stadtplan : F2**r**
– www.the-pure.de
50 Zim – 150/190 € 170/210 €
Puristisches Design in Weiß dominiert in diesem Hotel in Bahnhofsnähe. Die ansprechenden modern-eleganten Zimmer sind zum Teil nicht sehr großzügig geschnitten.

NH Frankfurt-City

Vilbeler Str. 2 ✉ 60313 – ✆ (069) 9 28 85 90 Stadtplan : K1**n**
– www.nh-hotels.com
248 Zim – †79/129 € ††79/159 €, ☕ 25 € – 8 Suiten **Rest** – Karte 22/51 €
Modern, funktional, auf Geschäftsleute zugeschnitten. Zu den Annehmlichkeiten zählt die zentrale Lage ganz in der Nähe der Fußgängerzone sowie das reichhaltige Frühstücksbuffet mit vielen internationalen Spezialitäten und guter Auswahl für Allergiker.

Adina

Wilhelm-Leuschner-Str. 6 ✉ 60329 – ✆ (069) 2 47 47 40 Stadtplan : J2**b**
– www.adina.eu
52 Zim – †139/199 € ††139/199 €, ☕ 21 € – 82 Suiten **Rest** – Karte 25/42 €
Apartment-Hotel nahe Main und City mit klassisch-moderner Einrichtung in klaren Linien und kräftigen Farben. Alle Zimmer mit Küchenzeile, Suiten zudem mit Waschmaschine und Trockner. Im Restaurant: internationale Küche und Tapas.

Alexander am Zoo garni

Waldschmidtstr. 59 ✉ 60316 – ✆ (069) 94 96 00 Stadtplan : H2**c**
– www.alexanderamzoo.de
57 Zim ☕ – †117/220 € ††137/275 € – 9 Suiten
In dem Hotel nahe dem Zoo wohnt man in zeitlos gestalteten Zimmern, die großzügig geschnitten sind. Von der Konferenzetage hat man Zugang zur Dachterrasse mit Stadtblick.

Welcome Hotel

Zim, Zim, Zim,
Leonardo da Vinci Allee 2 ✉ 60486 – ✆ (069) 7 70 67 00 Stadtplan : B2**w**
– www.welcome-hotels.com
173 Zim – †109/134 € ††119/144 €, ☕ 18 € **Rest** – Karte 24/47 €
Hell, geradlinig und technisch auf dem neuesten Stand - so bieten die Zimmer einen guten Arbeitsplatz für Businessgäste und eine angenehm moderne Übernachtungsmöglichkeit für einen Stadttrip.

Goldman 25hours

Hanauer Landstr. 127 ✉ 60314 – ✆ (069) 40 58 68 90 Stadtplan : H2**g**
– www.25hours-hotels.com/goldman
97 Zim – †85/137 € ††85/137 €, ☕ 16 €
Rest *Goldman* – siehe Restaurantauswahl
Individueller könnten die Zimmer wohl nicht sein - alle mit unterschiedlichsten Details in Farbe, Muster, Accessoires... Die "West"-Zimmer wurden nach den Ideen diverser Frankfurter Persönlichkeiten designt, die "East"-Zimmer sind "vergessenen internationalen Helden" gewidmet. In der "Oost Bar" mittwochs und donnerstags DJ-Musik, samstags regelmäßig Live-Bands.

Fleming's Hamburger Allee

Hamburger Allee 47 ✉ 60486 – ✆ (069) 2 01 74 10 Stadtplan : E2**f**
– www.flemings-hotels.com
59 Zim ☕ – †91/171 € ††104/184 € **Rest** – Menü 24/56 € – Karte 34/71 €
Die unmittelbare Nähe zur Messe und geradlinig-modern designte Zimmer mit offenen Bädern machen das freundlich geführte Businesshotel aus. Die Straßenbahn hält vor dem Haus. Nettes Restaurant im zeitgemäßen Bistrostil.

25hours by Levi's

Rest,
Niddastr. 58 ✉ 60329 – ✆ (069) 2 56 67 70 Stadtplan : F2**h**
– www.25hours-hotels.com/levis
76 Zim – †112/137 € ††112/137 €, ☕ 16 €
Rest – Menü 13 € – Karte 23/51 € – *(geschl. Sonntagmittag)*
Beim Hauptbahnhof gelegenes "Levi's"-Designhotel. In Anlehnung an den Jeans-Look der 30er bis 80er Jahre sind die Etagen individuell gestaltet. Relaxen von ganz oben bis ganz unten: tolle Dachterrasse "on top", im Keller "Gibson Music Room". Das gemütliche Restaurant "Chez Ima" ist bunt, trendig und lebendig.

Pearl garni
Gutleutstr. 173 ✉ 60327 – ✆ (069) 27 13 66 90 Stadtplan : F3**b**
– www.pearlhotel.de
55 Zim ☕ – 🚹99/344 € 🚹🚹119/349 €
Das Businesshotel liegt etwas außerhalb des Zentrums, nicht weit vom Hauptbahnhof. Moderne Zimmer in apartem puristischem Stil stehen hier zur Verfügung, dazu eine nette kleine Terrasse hinterm Haus.

Villa Orange garni
Hebelstr. 1 ✉ 60318 – ✆ (069) 40 58 40 Stadtplan : K1**b**
– www.villa-orange.de
38 Zim ☕ – 🚹128/148 € 🚹🚹158/168 €
Das schön eingerichtete Stadthaus im Villenstil gehört zu den Bio-Hotels. Moderner Stil und warme Töne vom Foyer über die Bibliothek und die Zimmer bis zum Frühstücksraum - hier gibt's am Morgen Bio-Produkte.

Bristol garni
Ludwigstr. 15 ✉ 60327 – ✆ (069) 24 23 90 Stadtplan : F2**a**
– www.bristol-hotel.de
145 Zim ☕ – 🚹70/360 € 🚹🚹90/380 €
Ein günstig gelegenes Hotel mit modernem Interieur in warmen Tönen. Zum Frühstücksraum gehört eine nette Terrasse. Zudem hat man eine gemütliche Bar, in der man Snacks anbietet.

Palmenhof garni
Bockenheimer Landstr. 89 ✉ 60325 Stadtplan : F2**m**
– ✆ (069) 7 53 00 60 – www.palmenhof.com – geschl. Weihnachten - 2. Januar
45 Zim – 🚹105/205 € 🚹🚹145/240 €, ☕ 16 €
Das privat geführte, 1890 erbaute Haus im Bankenviertel beherbergt hinter seiner Gründerzeitfassade hübsche Zimmer, die mit Möbeln verschiedener Epochen eingerichtet sind. Eine sehr gepflegte Adresse!

Liebig garni
Liebigstr. 45 ✉ 60323 – ✆ (069) 24 18 29 90 Stadtplan : F1**b**
– www.hotelliebig.de – geschl. 20. Dezember - 7. Januar
19 Zim – 🚹135/175 € 🚹🚹165/215 €, ☕ 16 €
Recht individuell kann man in der hübschen Jugendstilvilla im Westend wohnen, von modern bis klassisch. Einige Zimmer haben besonderen Charme mit ihren Stilmöbeln und nostalgischen Badarmaturen! Einen genaueren Blick ist auch die sanierte alte Holztreppe wert.

Miramar Golden Mile garni
Berliner Str. 31 ✉ 60311 – ✆ (069) 9 20 39 70 Stadtplan : K2**a**
– www.miramar-frankfurt.de – geschl. 23. - 31. Dezember
39 Zim ☕ – 🚹80/280 € 🚹🚹90/300 €
Sie finden dieses gepflegte und freundlich geführte Hotel in ganz zentraler Lage zwischen Zeil und Römer. Die Gästezimmer sind zeitlos und funktional eingerichtet, teilweise sind sie recht klein.

Memphis garni
Münchener Str. 15 ✉ 60329 – ✆ (069) 2 42 60 90 Stadtplan : J2**s**
– www.memphis-hotel.de
42 Zim – 🚹55/350 € 🚹🚹70/450 €, ☕ 9 €
Das Hotel liegt nur ca. fünf Gehminuten vom Bahnhof entfernt. Die Zimmer sind nicht sehr groß, aber zeitgemäß und funktionell in der Ausstattung - zum Innenhof hin ruhiger.

Astoria garni
Rheinstr. 25 ✉ 60325 – ✆ (069) 97 56 00 Stadtplan : EF2**n**
– www.astoria-hotels.com – geschl. Weihnachten - 2. Januar
60 Zim ☕ – 🚹55/190 € 🚹🚹85/220 €
Günstig liegt dieses familiäre Hotel zwischen Messe, Hauptbahnhof und Fußgängerzone. Man bietet hier unterschiedlich gestaltete Zimmer mit praktischer Ausstattung.

Villa Oriental

Baseler Str. 21 ✉ *60329 – ✆ (069) 27 10 89 50* Stadtplan : F3**e**
– www.villa-oriental.com
24 Zim ☕ – **👤59/259 € 👥89/309 €**
Rest *Hafez* – siehe Restaurantauswahl
Das Hotel in dem schmucken Stadthaus bringt ein Stück Orient nach Frankfurt. Zum schönen authentischen Interieur zählen u. a. rund 15 000 sehr dekorative Fliesen aus Marokko. Freundlich der Service im Haus.

Scala garni

Schäfergasse 31 ✉ *60313 – ✆ (069) 1 38 11 10* Stadtplan : K1**a**
– www.hotel-scala-frankfurt.de
40 Zim – **👤89/129 € 👥99/169 €**, ☕ 14 €
Eine zentrale Adresse ganz in der Nähe von Frankfurts Zeil. Die nicht allzu geräumigen Zimmer überzeugen mit Funktionalität. Empfang und Getränkeservice rund um die Uhr.

Ibis City Messe

Leonardo da Vinci Allee 40 ✉ *60486 – ✆ (069) 28 60 70* Stadtplan : B2**m**
– www.ibishotel.com/3682
264 Zim – **👤49/259 € 👥54/279 €**, ☕ 10 €
Rest – Karte 19/36 € – *(nur Abendessen)*
Modern und sachlich-funktionell ist die für Ibis typische Einrichtung. Vor den Toren der Stadt gelegen, bietet das gepflegte Hotel eine gute Autobahnanbindung.

Restaurants

Français – Hotel Steigenberger Frankfurter Hof

Am Kaiserplatz ✉ *60311 – ✆ (069) 2 15 83 24* Stadtplan : J2**e**
– www.restaurant-francais.de – geschl. Januar 1 Woche, über Ostern 2 Wochen, Juli - August 4 Wochen und Sonntag - Montag sowie an Feiertagen
Menü 59 € (mittags)/135 € (abends) – Karte 76/139 € – (Tischbestellung ratsam)
Handwerklich sehr exakt und mit Fingerspitzengefühl, so schafft Patrick Bittner interessante Kompositionen, die in klassischem Ambiente von einem charmanten, aufmerksamen und professionellen jungen Team serviert werden. Speisen Sie im Sommer draußen im Ehrenhof!
→ Elsässer Gänseleber, Kirsche, Hafer, Amarettinis. Wagyu Rind "Teppanyaki Cut", grüne Papaya, Petersilienwurzel, Soya. Amalfi Zitrone, weiße Schokolade, Fenchel, Mohn.

Sie möchten spontan verreisen? Besuchen Sie die Internetseiten der Hotels, um von deren Sonderkonditionen zu profitieren.

Lafleur

Palmengartenstr. 11 ✉ *60325 – ✆ (069) 90 02 91 00* Stadtplan : E1**r**
– www.restaurant-lafleur.de – geschl. 23. Dezember - 5. Januar, 28. Juli - 18. August und Sonntag - Montag, Samstagmittag
Menü 43 € (mittags)/122 € – Karte 59/102 €
Bei Alfred Friedrich und seiner Küchencrew sind beste Produkte das A und O. Daraus entstehen schön präsentierte klassisch-moderne Speisen mit gekonnten Aromen-Kombinationen. Ort des Geschehens ist das Gesellschaftshaus am Palmengarten, und hier ein verglaster Anbau mit hochwertigem geradlinig-stilvollem Interieur und ebenso attraktivem begehbarem Weinklimaschrank.
→ Confierte Artischocke mit eingelegter Zitrone, Karotten Tempura, Frankfurter Kräuter Spinat. Rücken und Tafelspitz vom Müritz Lamm, Poveraden, Saubohnen, schwarzer Knoblauch. Rücken und Backe vom Simmentaler Rind, geräucherte Markkrokette, Gemüsezwiebel in Texturen.

XXX Tiger-Gourmetrestaurant
✿✿

Heiligkreuzgasse 20 ✉ 60313 – ✆ (069) 9 20 02 20 Stadtplan : G2**s**
– www.tigerpalast.de – geschl. 22. Dezember - 10. Januar, über Ostern 2 Wochen, Mitte Juni - Mitte August und Sonntag - Montag
Menü 98/145 € – Karte 97/131 € – *(nur Abendessen)* (Tischbestellung erforderlich)
Moderne Techniken und Texturen, feine Kontraste, intensive Aromen... dafür steht die klassisch basierte Küche von Andreas Krolik. Sollten Sie angesichts der aufwändig und detailgenau zubereiteten Speisen vergessen, dass Sie sich im Gebäude des Varieté-Theaters befinden: Dekorative historische Plakate in dem fast schon intim wirkenden Restaurant erinnern Sie daran!
➜ Roh marinierte Jacobsmuschel, Apfel-Olivenölemulsion, Ossietra Imperial Kaviar und Austernkrauteis. Tranchen vom gegrillten Flat Iron Steak mit Wildpfeffer, Trüffelsauce, Aubergine und Parmesangnocchi. Variation von Coppeneur Bio Grand Cru Schokoladen mit Cru de Cacao-Eis und Sauerkirschsud.
Rest *Palastbar-Restaurant* – siehe Restaurantauswahl

XXX Sèvres – Hotel Hessischer Hof

Friedrich-Ebert-Anlage 40 ✉ 60325 – ✆ (069) 7 54 00 Stadtplan : E2**p**
– www.restaurant-sevres.de
Menü 43 € (mittags unter der Woche)/99 € – Karte 53/69 € – (abends Tischbestellung ratsam)
Prachtvolle Eleganz auf der ganzen Linie! Gekonnt wurde eine wertvolle Sèvres-Porzellan-Ausstellung mit dem erlesenen Interieur des Restaurants in Einklang gebracht. Preislich attraktiv: "All-inclusive-Menü" zum Lunch.

XXX Max on One – Hotel Jumeirah

Thurn-und-Taxis-Platz 2, (Zufahrt über Große Eschenheimer Str. 8, 1. Etage) ✉ 60313 – ✆ (069) 2 97 23 71 98 Stadtplan : K1**t**
– www.jumeirah.com/frankfurt – geschl. Samstagmittag, Sonntagmittag
Menü 56/98 € – Karte 44/74 € – (Tischbestellung ratsam)
Im 1. Stock des noblen Hotels mitten in der City erleben Sie das Geschehen in der offenen Showküche, um Sie herum das schicke Design des japanischen Innenarchitekten Takashi Sugimoto. Hingucker: der stimmig integrierte gläserne Weinschrank!

XX Roomers – Hotel Roomers

Gutleutstr. 85 ✉ 60329 – ✆ (069) 2 71 34 20 Stadtplan : F3**s**
– www.roomers.eu – geschl. Samstag - Sonntag und an Feiertagen mittags
Menü 40 € (mittags unter der Woche)/98 € – Karte 33/119 €
Chic-modern das Design, lebendig die Atmosphäre, international die Kreationen aus der Küche. Ein wirklich angenehmes Plätzchen abseits des City-Trubels ist die Terrasse im Hof!

XX Kameha Suite - Restaurant Next Level

Taunusanlage 20 ✉ 60325 – ✆ (069) 4 80 03 70 Stadtplan : J1**c**
– www.kamehasuite.de – geschl. Weihnachten - Anfang Januar 2 Wochen, Juli - August 4 Wochen und Sonntag
Menü 54/69 € – Karte 54/94 € – *(nur Abendessen)*
Wer den historischen Prachtbau betritt, bestaunt zuerst einmal das beachtliche klassisch-stilvolle Treppenhaus! Auf verschiedenen Ebenen findet man Bar, Lounge und Restaurant. Trendig und elegant die Atmosphäre, modern und ambitioniert die Küche am Abend. Mittags nur einfacher "Quick-Lunch".

XX Zarges

Kalbächer Gasse 10 ✉ 60311 – ✆ (069) 29 90 30 Stadtplan : J1**z**
– www.zarges-frankfurt.com – geschl. Sonntag und an Feiertagen, außer an Messen
Menü 35 € – Karte 35/96 €
Das Stadthaus in Frankfurts Fressgass' beherbergt eine Confiserie mit allerlei feinen Leckereien und ein gemütlich-klassisches Restaurant auf 3 Etagen. Zu den schmackhaften französisch inspirierten Speisen (probieren Sie die fair kalkulierten variablen Menüs) wählt man aus ca. 500 offen ausgeschenkten Weinen.

MAIN TOWER RESTAURANT & LOUNGE

Neue Mainzer Str. 52, (53. Etage, Gebühr) ✉ 60311 Stadtplan : J2**u**
– ✆ (069) 36 50 47 77 – www.maintower-restaurant.de – geschl. Sonntag - Montag, Samstagmittag und an Feiertagen mittags
Menü 78/99 € (abends) – Karte 30/54 € – (Tischbestellung erforderlich)
Wer möchte nicht beim Essen einen herrlichen Blick über Frankfurt genießen? Und der ist Ihnen hier oben in 187 m Höhe wahrlich gewiss! Mittags ist die kleine Lunchkarte beliebt, am Abend gibt es im eleganten Restaurant moderne Küche in Form zweier Menüs - und einen Cocktail in der Lounge?

Medici

Weißadlergasse 2 ✉ 60311 – ✆ (069) 21 99 07 94 Stadtplan : JK2**d**
– www.restaurantmedici.de – geschl. Sonntag und an Feiertagen
Menü 20 € (mittags)/64 € – Karte 37/63 €
Internationale Küche mit mediterranen Einflüssen bieten die beiden Brüder, die das Restaurant mitten in der Innenstadt leiten und auch gemeinsam am Herd stehen. Ausgesprochen beliebt ist übrigens der günstige Mittagslunch!

Zenzakan

Taunusanlage 15 ✉ 60325 – ✆ (069) 97 08 69 08 Stadtplan : J1**m**
– www.mook-group.de – geschl. Weihnachten - Neujahr und Sonntag
Menü 100 € – Karte 45/104 € – *(nur Abendessen)*
Apartes Schwarz sorgt hier für eine intime Atmosphäre, ein modernes Lichtkonzept bringt die sehenswerte asiatische Deko wie die Armee aus Terrakotta-Kriegern oder die zahlreichen Buddhaköpfe geschickt zur Geltung. Eine stimmungsvolle Location für zeitgemäß-asiatische Speisen, darunter moderne Sushi-Interpretationen.

The Ivory Club

Taunusanlage 15 ✉ 60325 – ✆ (069) 77 06 77 67 Stadtplan : J1**m**
– www.mook-group.de
– geschl. Samstagmittag, Sonntagmittag
Menü 80 € – Karte 41/81 € – (Tischbestellung erforderlich)
Mal Lust auf indische Küche? Klar, dass da Tandoori- und Curry-Gerichte nicht fehlen dürfen! Man verzichtet dabei auf unnötige Deko auf dem Teller und konzentriert sich ganz auf das Aroma. Angenehm dazu der Kolonialstil im Restaurant, ebenso wie der aufmerksame Service.

Speisekammer (N)

Alt Heddernheim 41 ✉ 60439 – ✆ (069) 57 38 88 Stadtplan : B1**b**
– www.speisekammer-frankfurt.de
Karte 30/52 € – *(nur Abendessen)*
Mit Hingabe führt Familie Schreuer das sympathisch-gemütliche Restaurant in dem historischen Gasthaus. Ein lauschiges Plätzchen ist im Sommer der Biergarten im Innenhof! Die Karte: bürgerlich, saisonal und Frankfurter Klassiker.

Ernos Bistro

Liebigstr. 15 ✉ 60323 – ✆ (069) 72 19 97 Stadtplan : F2**k**
– www.ernosbistro.de
– geschl. Ende Dezember - Anfang Januar 2 Wochen, nach Ostern 1 Woche, August 2 Wochen und Samstag - Sonntag sowie an Feiertagen
Menü 39 € (mittags)/125 € – Karte 66/105 € – (Tischbestellung ratsam)
Schon allein das Ambiente und der Service sind es wert, dass man wiederkommt, denn authentischer könnte das charmante Bistro kaum sein mit seiner Täfelung, den schönen Lampen und den zahlreichen Weinflaschen als Deko sowie dem sympathisch-freundlichen Team samt stets präsentem Chef Eric Huber. In erster Linie ist es aber die französische Küche von Valéry Mathis, die dem Restaurant so viele Gäste beschert - sie basiert auf ausgesuchten Produkten, Gefühl und Können.
➜ Grafschafter Weinbergschnecken mit Gemüse und Petersilienjus. „Baekeoffe" von Hummer und Morcheln, Charlotte-Kartoffeln und grünem Spargel. Konfierte Milchlammschulter, Püree von weißen Bohnen und Oliven-Majoran-Jus.

Weinsinn

Fürstenbergerstr. 179 ✉ 60322 – ✆ (069) 56 99 80 80 Stadtplan : F1**w**
– www.weinsinn.de – geschl. 30. März - 12. April, 3. - 23. August und Sonntag - Montag sowie an Feiertagen
Menü 55/78 € – Karte 61/68 € – *(nur Abendessen)* (Tischbestellung erforderlich)
Was diese Adresse so angenehm macht? Die schöne lockere Atmosphäre, die stimmige Einrichtung mit Sinn fürs Detail, die geradlinige Küche von André Rickert und nicht zuletzt eine Weinkarte mit über 200 Positionen.
➜ Wolfsbarsch - Sellerie, Aprikose, Kräutersaitling. Rotbarbe und Schweinebäckchen - Linsen, Kaffirlimette. Erdbeere - Topfen und Basilikum.

SEVEN SWANS

Mainkai 4 ✉ 60311 – ✆ (069) 21 99 62 26 Stadtplan : K2**c**
– www.sevenswans.de – geschl. Sonntag - Montag
Menü 89 € – *(nur Abendessen)* (Tischbestellung erforderlich)
Hier speist man im schmalsten Gebäude der Stadt! Bei privater Esszimmer-Atmosphäre schaut man von stilvoll-modernen Räumen mit 4 x 10 m Grundfläche pro Etage durch die Glasfront Richtung Main. Dabei wird man charmant-persönlich umsorgt.

Mon Amie Maxi

Bockenheimer Landstr. 31 ✉ 60311 Stadtplan : F2**x**
– ✆ (069) 71 40 21 21 – www.mook-group.de – geschl. Anfang Januar 1 Woche und Samstagmittag
Karte 33/89 € – *(Feiertage nur Abendessen)*
Gemütlich und leger hat man es hier, aus der offenen Küche kommen frische typische Brasseriegerichte. Das Angebot reicht von Austern über Kalbsnieren bis zur Käseplatte - schauen Sie sich unbedingt das appetitliche Meerestier-Buffet an!

Heimat

Berliner Str. 70 ✉ 60311 – ✆ (069) 29 72 59 94 Stadtplan : J2**c**
– www.restaurant-heimat.de – geschl. 23. Dezember - 6. Januar, über Ostern, über Pfingsten
Menü 45/85 € – Karte 48/69 € – *(nur Abendessen)* (Tischbestellung ratsam)
1956 wurde das ehemalige Wasserhäuschen (Kiosk) beim Goethe-Haus erbaut, ein kleiner Pavillon im "American Diner"-Stil. Lebhaft und ungezwungen ist es hier auch heute noch. Zu schmackhaften saisonalen Speisen wie "Maispoularde mit Spargel, Kaiserschoten und Champignons" gibt es eine umfangreiche Weinauswahl.

Riz

Berlinerstr. 72, (Zugang über Großer Hirschgraben) Stadtplan : J2**c**
✉ 60311 – ✆ (069) 28 24 39 – www.riz-frankfurt.de – geschl. 12. - 30. Juli und Samstagmittag, Sonntag
Menü 77 € – Karte 47/61 €
In dem lebhaften Restaurant könnte man sich schon am guten Brot mit Olivenöl satt essen! Doch probieren Sie auch die saisonalen Gerichte, die aufmerksam und locker serviert werden. Unschlagbar für Frankfurter Verhältnisse sind übrigens die Preise am Mittag! Sie mögen Wein? Man hat hier 350 Positionen.

La Scuderia

Feuerbachstr. 23 ✉ 60325 – ✆ (069) 72 54 80 Stadtplan : F2**s**
– www.la-scuderia.de – geschl. 24. Dezember - 5. Januar und Sonntag und an Feiertagen, außer an Messen
Karte 46/75 €
Ein behaglich-elegantes Ristorante im Westend zwischen Alter Oper und Messe. Hier gibt es keine Speisekarte, die italienische Küche aus guten, frischen Produkten präsentiert man Ihnen in Form von Tagesempfehlungen.

La Cigale

Falkstr. 38 ✉ 60487 – ✆ (069) 70 41 11 Stadtplan : E1**b**
– www.lacigale-restaurant.de – geschl. Sonntag - Dienstagmittag, Freitagmittag, Samstagmittag
Menü 39/64 € – Karte 31/58 € – (abends Tischbestellung ratsam)
In dem gemütlichen kleinen Restaurant sollten Sie reservieren, sonst finden Sie angesichts der vielen Stammgäste keinen Tisch! Der Grund: Martin Kofler kocht ehrlich, schmackhaft und frisch - lecker z. B. "Kalbskotelett mit Steinpilzen".

Surf'n Turf

Grüneburgweg 95 ✉ 60323 – ✆ (069) 72 21 22 Stadtplan : F1**s**
– www.mook-group.de – geschl. Samstagmittag, Sonntag
Karte 38/111 € – *(Feiertage nur Abendessen)*
Essen im typischen "American Steakhouse Style"! Was in dem klassischen Ecklokal auf den Tisch kommt, ist gut gereiftes und sehr hochwertiges Rindfleisch vom Grill. Nicht ganz günstig, aber Qualität und Geschmack stimmen!

Palastbar-Restaurant – Tiger-Gourmetrestaurant

Heiligkreuzgasse 20 ✉ 60313 – ✆ (069) 9 20 02 50 Stadtplan : G2**s**
– www.tigerpalast.de – geschl. Mitte Juni - Mitte August und Montag
Menü 49/54 € – Karte 50/64 € – *(nur Abendessen)*
In dem sehenswerten Backsteingewölbe können Sie sogar noch vor der Varieté-Vorstellung essen (ab 17 Uhr), und zwar klassische Küche mit internationalen Einflüssen. Oder nehmen Sie lieber nach der Vorstellung einen Absacker an der Bar?

Goldman – Hotel Goldman 25hours

Hanauer Landstr. 127 ✉ 60314 – ✆ (069) 40 58 68 98 06 Stadtplan : H2**g**
– www.goldman-restaurant.com – geschl. Samstagmittag, Sonntag und an Feiertagen
Menü 25/62 € – Karte 41/63 €
Wer würde in diesem stylischen Haus etwas anderes erwarten als ein ungezwungenes modernes Restaurant? Man sitzt gemütlich und angenehm leger, große Seekarten an der Wand machen es ein bisschen maritim, dazu die breite Fensterfront und die offene Küche - hier wird mediterran gekocht.

Allgaiers

Liebigstr. 47 ✉ 60323 – ✆ (069) 98 95 66 11 Stadtplan : F1**b**
– www.allgaiers-restaurants.com – geschl. 23. Dezember - 11. Januar und Samstagmittag, Sonntag
Menü 49/73 € – Karte 43/64 €
Eine schöne Adresse für gute, schmackhafte Brasserieküche - den Wein zum Essen (rund 400 stehen zur Wahl) empfiehlt Ihnen der Chef schon mal persönlich. Unter der Woche ist das sympathische Lokal mit markantem Weinregal als Hingucker auch am Mittag gefragt, da bestellt man gerne das 3-gängige Lunchmenü.

san san – Hotel The Westin Grand

Konrad-Adenauer-Str. 7 ✉ 60313 – ✆ (069) 91 90 50 Stadtplan : K1**c**
– www.westingrandfrankfurt.com – geschl. Samstagmittag
Karte 24/54 €
"Bamboo Lounge", "Shanghai Suite" oder ein intimes Separee, so stellt sich das "san san" auf seine Gäste ein, um ihnen die typische chinesische Wohn- und Lebenskultur zu präsentieren.

Chalet 18 (N)

Grempstr. 18 ✉ 60487 – ✆ (069) 70 28 14 Stadtplan : E1**c**
– www.chalet-18.de – geschl. Anfang Januar 1 Woche, Juli und Montag
Menü 48/70 € – Karte 51/67 € – *(nur Abendessen)* (Tischbestellung erforderlich)
Richtig charmant ist das kleine Restaurant im Szeneviertel Bockenheim mit seinem französischen Bistro-Flair - ungezwungener Rahmen trifft hier auf ambitionierte Küche: Der junge Chef kombiniert internationale Aromen auf klassischer Basis.

Sushimoto – Hotel The Westin Grand

Konrad-Adenauer-Str. 7 ✉ 60313 – ✆ (069) 1 31 00 57 Stadtplan : K1**c**
– www.westingrandfrankfurt.com – geschl. Montag, Sonntagmittag, außer an Messen
Menü 35/120 € – Karte 31/125 € – (Tischbestellung ratsam)
Das Ambiente ist authentisch schlicht, wie man es von einem japanischen Restaurant erwartet. Man führt Sie u. a. mit Sushi und Teppanyaki durch die facettenreiche Küche des fernöstlichen Landes.

VaiVai

Grüneburgweg 16 ✉ 60322 – ✆ (069) 90 55 93 05 Stadtplan : F1**a**
– www.vaivai.de
Karte 27/81 € – *(nur Abendessen)* (Tischbestellung erforderlich)
In der großen Bar gleich am Eingang nimmt man seinen Apero ein, bevor man sich in dem trendig-legeren Lokal vor der offenen Küche schmackhafte mediterrane Speisen servieren lässt - oder vielleicht lieber ein Steak in der Größe Ihrer Wahl?

Main Nizza
Untermainkai 17 ✉ 60329 – ✆ (069) 26 95 29 22 Stadtplan : J2**a**
– www.mainnizza.de
Karte 28/54 €
Top Lage am Main - da ist ist Terrasse natürlich sehr gefragt! Es gibt schmackhafte internationale Küche, die aber auch einen regionalen Bezug hat. Sonntags Familienangebote und Braten. Tipp: Nach dem Theaterbesuch (gleich gegenüber) kann man hier bis Mitternacht von einer kleinen Vesperkarte essen.

Oscar's – Hotel Steigenberger Frankfurter Hof
Am Kaiserplatz ✉ 60311 – ✆ (069) 2 15 83 25 Stadtplan : J2**e**
– www.frankfurter-hof.steigenberger.de
Menü 30 € (mittags)/39 € – Karte 43/70 € – (Tischbestellung ratsam)
Ungezwungen, wie man es von einem typischen Bistro erwartet! Beliebter Treff für Banker und Businessleute - deshalb Tisch bestellen! Tipp: Wiener Schnitzel mit Gurkensalat und Preiselbeeren.

Estragon
Jahnstr. 49 ✉ 60318 – ✆ (069) 5 97 80 38 Stadtplan : K1**d**
– www.estragon-ffm.de – geschl. Anfang Juni 3 Wochen und Sonntag
Menü 30/52 € – Karte 36/50 € – *(nur Abendessen)*
Charmant und gemütlich ist das Restaurant in einer kleinen Seitenstraße. Familie Keim ist hier schon seit über 15 Jahren und hat so manchen Stammgast. Gekocht wird international - kommen Sie doch mal zum günstigen Menü unter der Woche!

Sushi Sho – Hotel Maritim
Theodor-Heuss-Allee 3 ✉ 60486 – ✆ (069) 7 57 80 Stadtplan : E2**c**
– www.maritim.de – geschl. Samstag - Sonntag und an Feiertagen
Menü 25 € (mittags)/95 € (abends) – Karte 26/71 €
Wirklich gute japanische Küche. Integriert in die Hotellobby, ist es hier dank großer Glasfront schön hell. An der Sushibar bereiten Sushi-Meister Ihr Essen zu - es gibt auch fernöstliche Klassiker wie Udon, Soba oder Grillgerichte.

Hafez – Hotel Villa Oriental
Baseler Str. 21 ✉ 60329 – ✆ (069) 23 23 01 Stadtplan : F3**e**
– www.villa-oriental.com
Menü 29/79 € – Karte 21/42 €
Bunte Lampen, bestickte Kissen, bewusstes Spiel mit Farben und orientalische Accessoires erinnern hier an die Märchen aus "1001 Nacht". Tauchen Sie ein und kosten Sie die persische Kulinarik.

Dal Pescatore
Westendplatz 42 ✉ 60325 – ✆ (069) 17 20 28 Stadtplan : F2**d**
– www.dal-pescatore.de – geschl. Samstagmittag, Sonntag ausser an Messen
Menü 50 € – Karte 44/63 €
Was sollte sich hinter diesem Namen anderes verbergen als italienische Küche? Passend zu den zahlreichen Fischgerichten hat das gemütliche Lokal eine frische maritim-mediterrane Atmosphäre. Probieren Sie auch die feinen Oliven!

FRANKFURTER ÄPPELWOILOKALE: : Apfelwein und regionale Frankfurter Speisen in typischem, gemütlichem Ambiente.

Zum Rad
Leonhardsgasse 2 (Seckbach) ✉ 60389 Stadtplan : C1**s**
– ✆ (069) 47 91 28 – www.zum-rad.de – geschl. Dienstag
Karte 19/35 € – *(Montag - Samstag nur Abendessen)*
In dem rustikalen Gasthaus von 1806 wird das "Stöffche" aus eigener Herstellung ausgeschenkt, dazu gibt's regionale Kost. Der schöne Innenhof dient als Terrasse.

Klaane Sachsehäuser
Neuer Wall 11 (Sachsenhausen) ✉ *60594* Stadtplan : G3**n**
– ✆ (069) 61 59 83 – www.klaanesachsehaeuser.de – geschl. Sonntag
Karte 13/28 € – *(nur Abendessen)*
Über den Innenhof erreicht man die urige Wirtschaft, in der seit 1886 das selbst gekelterte "Stöffche" fließt und Frankfurter Küche aufgetischt wird. Hier sitzt keiner allein!

Zum gemalten Haus
Schweizer Str. 67 (Sachsenhausen) ✉ *60594* Stadtplan : K3**c**
– ✆ (069) 61 45 59 – www.zumgemaltenhaus.de – geschl. August 3 Wochen und Montag
Karte 11/20 €
Zwischen bemalten Wänden und Relikten vergangener Zeit wird zusammengerückt, "Schoppe gepetzt" und "schläächtgebabbelt" - Hauptsache der "Bembel" bleibt immer gut gefüllt!

Zur Buchscheer
Schwarzsteinkautweg 17 (Sachsenhausen) ✉ *60598* Stadtplan : C3**s**
– ✆ (069) 63 51 21 – www.buchscheer.de – geschl. 27. Dezember - 7. Januar
Karte 14/30 € – *(Montag - Freitag ab 16 Uhr geöffnet)*
Bereits seit 1876 wird diese gemütlich-rustikale Adresse am Ortsrand familiär geleitet. Zur bodenständigen Küche trinkt man hauseigenen Apfelwein. Nett ist auch der Sommergarten.

Wagner
Schweizer Str. 71 (Sachsenhausen) ✉ *60594* Stadtplan : K3**c**
– ✆ (069) 61 25 65 – www.apfelwein-wagner.com
Karte 14/25 €
Der Weg zu "Rippche" und Äppelwoi führt durch einen Torbogen und den sich anschließenden Innenhof. Wer's besonders gesellig mag, sitzt auf einer langen Holzbank.

In Frankfurt - Bergen-Enkheim

Borger garni
Triebstr. 51 ✉ *60388 – ✆ (06109) 3 09 00* Stadtplan : D1**c**
– www.hotel-borger.de – geschl. 20. Dezember - 3. Januar
33 Zim – †71 € ††82 €, ☕ 8 € – 1 Suite
Die Borgers sind stolz auf die lange Geschichte ihres Hauses - einst Gaststätte mit dem ersten Kino in der Gegend, seit 1893 in Familienhand! Man wird hier freundlich und aufmerksam umsorgt, schläft in funktionellen Zimmern und am Morgen gibt es ein gutes Frühstück. Parken kann man übrigens auch problemlos.

In Frankfurt-Eschersheim

Brighella mit Zim
Eschersheimer Landstr. 442 ✉ *60433 – ✆ (069) 53 39 92* Stadtplan : B1**f**
– www.brighella.de
14 Zim ☕ – †75/95 € ††115/155 € Menü 50 € – Karte 35/55 €
Leonardo Caporale bietet hier schon seit über zwei Jahrzehnten eine gehobene italienische Küche, die bestens in das attraktive gediegene Ambiente passt - an den Wänden Bilder der namengebenden Theaterfigur aus der Commedia dell' Arte. Übernachten können Sie auch: schicke Zimmer in ruhigen Brauntönen.

In Frankfurt - Nieder-Erlenbach Nord: 14 km über Homburger Landstraße
Stadtplan : C1

Landhaus Alte Scheune
Alt Erlenbach 44 ✉ *60437 – ✆ (06101) 54 40 00 – www.alte-scheune.de – geschl. 26. Dezember - 11. Januar*
32 Zim ☕ – †78/85 € ††98 €
Rest – Menü 33 € – Karte 31/56 € – *(geschl. Sonntag) (nur Abendessen)* (Tischbestellung ratsam)
Hier hat man drei historische Höfe zu einem Hotel umgebaut, der ursprüngliche Charme der Gebäude wurde dabei bewahrt. Zimmer im Landhausstil sowie Appartements mit Kitchenette. Hübsch dekoriertes Restaurant mit Backsteingewölbe und idyllischer Innenhofterrasse.

In Frankfurt-Niederrad

Innside by Melia Niederrad

Herriotstr. 2 ✉ 60528 – ✆ (069) 67 73 20 – www.innside.de Stadtplan : B2**b**

144 Zim – †79/145 € ††79/175 €, ☕ 19 € – 2 Suiten

Rest – Menü 32/59 € – Karte 30/57 €

Businesshotel mit schönem Interieur in puristisch-modernem Stil. Die Zimmer sind stimmig in Form- und Farbgebung, in der luftigen Atrium-Lobby das Lichtkonzept eines Künstlers. Das Restaurant mit integrierter Bar bietet internationale Küche.

In Frankfurt-Oberrad

Gerbermühle

Rest,

Gerbermühlstr. 105 ✉ 60594 – ✆ (069) 68 97 77 90 – www.gerbermuehle.de Stadtplan : C2**z**

16 Zim ☕ – †110/170 € ††130/320 € – 2 Suiten **Rest** – Karte 27/65 €

Die a. d. 14. Jh. stammende Mühle direkt am Main (in der Bar findet sich übrigens der alte Mühlstein) wurde zu einem schönen kleinen Hotel, wertig und stimmig in geschmackvoll-modernem Stil. Puristisch-elegant das Restaurant. An den Wintergarten schließt sich die Terrasse an, ums Eck der Biergarten zum Fluss!

In Frankfurt-Rödelheim

Rosso de Sera (N)

Arnoldshainer Str. 2 ✉ 60489 – ✆ (069) 76 80 95 80 Stadtplan : B1**c**
– www.rossodesera.de – geschl. 28. Dezember - 6. Januar und Montag - Dienstag, Samstagmittag

Menü 21 € (mittags unter der Woche)/55 € – Karte 37/61 € – (Tischbestellung ratsam)

Kleines Restaurant mit Charme! Südtirolerin Heidi Stella lässt sich am Herd von der venezianischen Heimat ihres Mannes Giorgio inspirieren. Zur schmackhaften Küche mit reichlich Zutaten aus dem Meer empfiehlt der Padrone den passenden Wein.

In Frankfurt-Sachsenhausen

Villa Kennedy

Kennedyallee 70 ✉ 60596 – ✆ (069) 71 71 20 – www.villakennedyhotel.de Stadtplan : F3**a**

137 Zim – †245/865 € ††245/865 €, ☕ 35 € – 26 Suiten

Rest ***Gusto*** – siehe Restaurantauswahl

Architektonisch gelungen wurde die Villa Speyer von 1904 zu einem eindrucksvollen Luxushotel erweitert. Das Interieur: klassisch und modern zugleich. Exquisiter Spa mit "Éminence"-Beauty-Behandlungen (einmalig in Deutschland)!

Lindner Hotel & Residence Main Plaza

Walther-von-Cronberg Platz 1 ✉ 60594 – ✆ (069) 66 40 10 – www.lindner.de/de/MP Stadtplan : G3**b**

111 Zim ☕ – †129/179 € ††179/229 € – 7 Suiten

Rest ***New Brick*** – Menü 45/55 € – Karte 34/60 €

Ein markantes Hochhaus aus rotem Backstein direkt am Main. Großzügig und geschmackvoll-elegant sind die Zimmer hier und sie bieten meist einen schönen Blick über die Stadt. Wer noch etwas mehr Entspannung möchte, bekommt diese bei Beauty & Spa auf 450 qm oder aber bei kalifornischen Spezialitäten im New Brick.

Carmelo Greco

Ziegelhüttenweg 1 ✉ 60598 – ✆ (069) 60 60 89 67 Stadtplan : G3**a**
– www.carmelo-greco.de – geschl. Samstagmittag, Sonntag

Menü 37 € (mittags)/129 € – Karte 59/90 €

Aromatische italienische Küche mit französischen Einflüssen... Was Carmelo Greco da aus hochwertigen, frischen Produkten zubereitet, zieht zahlreiche Stammgäste in das schöne modern-elegante Restaurant. Mittags gibt es das gute Essen zusätzlich in Form eines preiswerten Lunch-Menüs.

→ Langostinos, Erbsen, Lardo di Colonnata. Tortelli Modena, Mortadella, Manzo. Mieral Taube, Risotto Radicchio Tardivo, Granatapfel, Koriander.

XX **Lohninger**

Schweizer Str. 1 ✉ 60594 – ✆ (069) 2 47 55 78 60 Stadtplan : J3**n**
– www.lohninger.de
Menü 30 € (mittags)/88 € – Karte 44/75 € – (Tischbestellung ratsam)
Hätten Sie gedacht, dass man österreichische Küche so gelungen mit japanischen Elementen kombinieren kann? Man kocht ohne große Schnörkel, serviert wird in schönen klassischen Räumen unter hohen Stuckdecken. Mittags-Tipp: das Radezky-Menü.

XX **DÖPFNER'S im Maingau**

Schifferstr. 38-40 ✉ 60594 – ✆ (069) 60 91 42 01 Stadtplan : K3**g**
– www.doepfners.de – geschl. Juli - August 3 Wochen und Samstagmittag, Sonntagabend - Montag
Menü 23 € (mittags)/119 € – Karte 28/60 €
Das familiengeführte Haus unweit des Mains ist ein ansprechendes neuzeitlich-elegantes Restaurant mit internationaler, teils klassischer Küche und günstigem Lunch. Sonntagmittags gibt's den obligatorischen Sonntagsbraten! Zusätzlich hat man noch Döpfner's Bistro mit kleiner Speisenauswahl.

XX **Emma Metzler**

Schaumainkai 17 ✉ 60594 – ✆ (069) 61 99 59 06 Stadtplan : K2_3**e**
– www.emma-metzler.com – geschl. Sonntagabend - Montag, außer an Messen
Menü 29 € (mittags)/63 € – Karte 52/67 €
Das Restaurant im Museum für Angewandte Kunst ist hell und modern in klaren Linien gehalten, schön ist die Terrasse zum Park. Gute saisonale Küche und geschulter Service.

XX **Gusto** – Hotel Villa Kennedy

Kennedyallee 70 ✉ 60596 – ✆ (069) 7 17 12 12 00 Stadtplan : F3**a**
– www.villakennedyhotel.de
Menü 21 € (mittags unter der Woche) – Karte 53/123 €
Geschmackvolles geradliniges Design und gehobene italienische Küche in ehrwürdigem Gemäuer. Zum Restaurant hin offen angelegt, lädt die Bar direkt zum Aperitif oder Digestif ein. Ein ganz wunderbarer Ort ist der imposante Innenhof.

X **Holbein's**

Holbeinstr.1, (im Städel) ✉ 60596 – ✆ (069) 66 05 66 66 Stadtplan : J3**a**
– www.meyer-frankfurt.de – geschl. Montagmittag
Menü 55 € (abends) – Karte 45/78 €
Mario Lohninger und Patrick Großmeier (beide arbeiteten schon im "Silk" zusammen) sind hier in dem modernen Glasbau - angeschlossen an das historische Kunstmuseum - für die Küche verantwortlich. Die Bandbreite reicht von Sushi über Tafelspitz bis zu Prime Beef. Mittags gibt es ein kleineres Speisenangebot und das schnelle 2-gängige Lunch Menü.

X **Grand Cru Weinrestaurant**

Textorstr. 56 ✉ 60594 – ✆ (069) 62 62 60 Stadtplan : K3**a**
– www.grand-cru-weinrestaurant.de
Menü 39/56 € – Karte 31/53 € – *(nur Abendessen)*
In dem sympathischen Restaurant wird regional und mit mediterranen Einflüssen gekocht - stellen Sie sich Ihr Menü selbst zusammen! Auf der Weinkarte finden sich 300 Positionen (aus Europa), die Beratung stimmt ebenso. Machen Sie doch mal ein Weinseminar!

X **Caracol**

Schneckenhofstr. 11 ✉ 60596 – ✆ (069) 97 69 16 76 Stadtplan : J3**b**
– www.restaurantcaracol.com – geschl. Weihnachten - Anfang Januar, über Ostern, Juli - August 2 Wochen und Sonntag - Montag
Menü 45/55 € – Karte 37/64 € – *(Dienstag - Freitag nur Abendessen)*
Ein nettes kleines Lokal mit gemütlicher Atmosphäre und frischer zeitgemäßer Küche, die aus regionalen Produkten zubereitet wird.

Coq au Vin N
Wallstrasse 19 ✉ 60594 – ✆ (069) 96 20 03 38 Stadtplan : K3**f**
– www.coq-au-vin.de
Menü 27/37 € – Karte 28/51 € – *(nur Abendessen)*
In dem gemütlichen kleinen Restaurant ist der Name Programm - ob Coq au vin, Coq au Cidre oder eine andere Variante, dieser Klassiker findet sich immer auf der Karte mit der französischen Brasserieküche. Und die gibt es zu fairen Preisen.

In Eschborn Nord-West: 12 km

iO Rest,
Graf-Zeppelin-Str. 2 ✉ 65824 – ✆ (06196) 99 95 90 Stadtplan : A1**a**
– www.iohotel.bestwestern.de – geschl. 23. Dezember - 3. Januar
291 Zim – 122 € 152 € **Rest** – Karte 22/55 €
Die Lage ist zwar nicht die schönste, dafür aber äußerst praktisch (nämlich autobahnnah in einem Gewerbegebiet)! Auch die Ausstattung überzeugt: guter Komfort, geradliniger Stil, moderne Technik.

In Eschborn-Niederhöchstadt

Bommersheim
Hauptstr. 418 ✉ 65760 – ✆ (06173) 60 08 00 Stadtplan : A1**b**
– www.hotel-bommersheim.de – geschl. Weihnachten - Anfang Januar, über Ostern und Pfingsten
35 Zim – 110/120 € 140/170 €
Rest – Karte 17/52 € – *(geschl. Weihnachten - Anfang Januar, über Ostern und Pfingsten, Ende Juli - Mitte August 3 Wochen sowie Samstag - Sonntag, Feiertage)*
Ein gut geführter Familienbetrieb, in dem wohnliche Gästezimmer zur Verfügung stehen, teils im Tiroler Stil. Ein Zimmer sogar mit Sauna. Gemütlich sitzt man in dem alpenländisch gehaltenen Restaurant. Kleine Mittagskarte. Auch eine Raucherstube ist vorhanden.

In Neu-Isenburg Süd: 7 km

Wessinger
Alicestr. 2 ✉ 63263 – ✆ (06102) 80 80 Stadtplan : C3**n**
– www.wessinger.com
60 Zim – 84/150 € 112/208 €
Rest – Menü 27 € (mittags unter der Woche)/47 € – Karte 30/52 €
Sind Sie beruflich unterwegs, sportlich und ein Genießer? Hier sind Sie richtig, denn man hat neuzeitliche Zimmer, ein Schwimmbad und den Wald direkt vor der Tür, und es gibt feine Spezialitäten aus der eigenen Konditorei und Patisserie! Familie Wessinger leitet das Haus nun in 4. Generation, ursprünglich war es eine Bäckerei.

Neuer Haferkasten
Frankfurter Str. 118 ✉ 63263 – ✆ (06102) 3 53 29 Stadtplan : C3**a**
– www.neuerhaferkasten.de
Menü 20 € (mittags unter der Woche) – Karte 33/85 €
Wer sich hier die frische italienische Küche schmecken lässt (Pasta und Brot sind übrigens hausgemacht), ist in bester Gesellschaft, denn auch Promis gehen in dem gemütlichen Restaurant ein und aus, wie schon die zahlreichen Fotos an der Wand zeigen. Günstiger Lunch.

In Neu-Isenburg-Gravenbruch Süd-Ost: 11 km

Kempinski Hotel Gravenbruch
Graf zu Ysenburg und Büdingen-Platz 1 ✉ 63263 Stadtplan : D3**t**
– ✆ (069) 38 98 80 – www.kempinski.com/de/frankfurt/hotel-gravenbruch
206 Zim – 119/409 € 119/409 €, 31 € – 20 Suiten
Rest *Sra Bua by Juan Amador* ✿ **Rest *Torschänke* Rest *Der EssTisch*** – siehe Restaurantauswahl
In diesem Haus wurde einiges investiert und so hat man neben den Zimmern in klassischem Stil auch einige in klarem modernem Design! Außerdem können Sie bei Massage und Beauty-Behandlungen entspannen oder beim Fitnesstraining in den Park schauen - hier gibt es sogar einen hauseigenen See!

Sra Bua by Juan Amador N – Kempinski Hotel Gravenbruch

Graf zu Ysenburg und Büdingen-Platz 1 ✉ *63263* Stadtplan : D3**t**
– ✆ *(069) 38 98 86 60 – www.kempinski.com/de/frankfurt/hotel-gravenbruch*
– geschl. Sonntag - Montag

Menü 129 € – Karte 74/103 € – *(nur Abendessen)* (Tischbestellung ratsam)

Hier macht nicht nur das hochwertige geradlinig-elegante Design mit typischen Buddha-Dekorationen à la "Sra Bua" auf sich aufmerksam, im Mittelpunkt stehen vor allem panasiatische Speisen aus Top-Produkten, die von der jungen Küchencrew ambitioniert, exakt und harmonisch zubereitet werden.

→ Jakobsmuschel - Gurke, Alge, Meerrettich. Mieral Taube - Mango, Kokos, Purple Curry. Ivoire, Erdbeere, Holunder.

Der EssTisch N – Kempinski Hotel Gravenbruch

Graf zu Ysenburg und Büdingen-Platz 1 ✉ *63263* Stadtplan : D3**t**
– ✆ *(069) 38 98 86 60 – www.kempinski.com/de/frankfurt/hotel-gravenbruch*

Karte 35/70 €

Freundlich und hell zeigt sich das Hauptrestaurant im neuen Hotelfügel. Sie wählen von einer internationalen Karte, die auch einige regionale Klassiker bietet, oder vom Spezialitätenbuffet. Letzteres wartet freitags unter dem Namen "Perfume of the Sea" mit einer großen Auswahl an Fisch und Meeresfrüchten auf.

Torschänke – Kempinski Hotel Gravenbruch

Graf zu Ysenburg und Büdingen-Platz 1 ✉ *63263* Stadtplan : D3**t**
– ✆ *(069) 38 98 86 60 – www.kempinski.com/de/frankfurt/hotel-gravenbruch*

Karte 23/49 € – *(geschl. Montag) (nur Abendessen)*

Die Torschänke war einst Ausgangspunkt für die Wildschweinjagd - dies ist neben weiteren regionalen Spezialitäten natürlich auch auf der Karte zu finden. Die Atmosphäre dazu ist angenehm ungezwungen.

Beim Flughafen Frankfurt Main Süd-West: 12 km

Hilton Rest,

Am Flughafen, (The Squaire) ✉ *60549 Frankfurt* Stadtplan : A3**b**
– ✆ (069) 26 01 20 00 – www.frankfurtairport.hilton.com

234 Zim – †159/499 € ††159/499 €, ☕ 33 € – 15 Suiten

Rest *RISE* – Menü 39 € (mittags unter der Woche) – Karte 42/79 €

In der futuristischen Glas-Stahlkonstruktion von 625 m Länge (konzipiert als liegendes Hochhaus!) verbirgt sich urbaner Chic im besten Sinne. Die A3 könnte kaum näher sein, ICE-Bahnhof und Terminal 1 sind direkt zugänglich! Ballsaal für 570 Personen!

Steigenberger Airport

Unterschweinstiege 16 ✉ *60549 Frankfurt* Stadtplan : A3**n**
– ✆ (069) 6 97 50 – www.airporthotel-frankfurt.steigenberger.de

560 Zim – †129/189 € ††129/189 €, ☕ 28 € – 10 Suiten

Rest *Faces* – siehe Restaurantauswahl

Rest *Unterschweinstiege* – ✆ (069) 69 75 25 00 – Karte 37/65 €

Eine elegante Halle, komfortable Zimmer (besonders modern die Tower-Zimmer) und der Freizeitbereich "Open Sky" mit schöner Sicht. Gemütlich ist die historische Unterschweinstiege. Parken Sie in der Tiefgarage des Main Airport Centers!

Sheraton Frankfurt Airport Hotel & Conference Center

Hugo-Eckener-Ring 15, (Terminal 1) Rest,
✉ *60549 Frankfurt – ✆ (069) 6 97 70* Stadtplan : A3**a**
– www.sheratonfrankfurtairport.com

980 Zim – †184/564 € ††184/564 €, ☕ 32 € – 28 Suiten

Rest *Flavors* – ✆ (069) 69 77 12 46 – Karte 35/77 €

Rest *Taverne* – ✆ (069) 69 77 12 59 – Karte 28/55 € – *(geschl. Ende Juli - Anfang September und Samstag - Sonntag)*

Für Flugreisende könnte die Lage nicht besser sein: Unmittelbar gegenüber Terminal 1 nächtigen Sie in einem der größten Hotels in Deutschland! Wer vor oder nach dem Flug Bewegung braucht, bekommt diese im 24-h-Fitnesscenter. Gastronomisch wählt man zwischen modern ("Flavors") oder ländlich ("Taverne").

XX **Faces** – Hotel Steigenberger Airport
Unterschweinstiege 16 ✉ 60549 Frankfurt Stadtplan : A3**n**
– ✆ (069) 69 75 24 00 – www.faces.de – geschl. Samstag - Sonntag sowie Feiertage
Karte 36/78 € – *(nur Abendessen)*
Hinter einer Glasfront sitzt man in schickem modernem Ambiente mit interessantem Lichtdesign. Zeitgemäße internationale Küche, bei der das Produkt im Mittelpunkt steht. Mit Bar.

FRANKWEILER

Rheinland-Pfalz – 910 Ew. – Höhe 243 m – Siehe Regionalatlas **54-E17**
Berlin 664 km – Mainz 113 km – Mannheim 49 km – Landau / Pfalz 11 km
Michelin Straßenkarte 543

XX **Robichon**
Orensfelsstr. 31 ✉ 76833 – ✆ (06345) 32 68 – www.restaurant-robichon.de – geschl. Januar 2 Wochen, September 2 Wochen und Montag - Dienstag
Menü 20 € (mittags)/53 € – Karte 34/48 €
"Orléans meets Pfalz"... ja, bei Bruno Robichon und seiner Frau Hannelore lautet so das Motto, denn der Patron ist Franzose und kocht auch entsprechend! Das Restaurant hat Charme, ebenso die herzliche Chefin im Service. Tipp: Im Januar "Trüffel-Menu", im Februar "Bretonische Wochen" rund ums Meeresgetier.

X **Weinstube Brand**
Weinstr. 19 ✉ 76833 – ✆ (06345) 95 94 90 – geschl. Januar 2 Wochen, Anfang Juni 2 Wochen und Sonntag - Dienstagmittag
Karte 23/41 € – (Tischbestellung ratsam)
Eine Weinstube, wie man sie sich wünscht: gemütlich, unprätentiös, dazu lockerer und dennoch kompetenter Service. Während Eva-Maria Knefler die Gäste betreut, steht ihr Mann Christian am Herd - lecker z. B. die geschmorte Ochsenschulter, aber auch die feinen Desserts wie Mangomousse mit Mandarinen-Estragon-Sorbet!

FRASDORF

Bayern – 2 980 Ew. – Höhe 598 m – Siehe Regionalatlas **66-N21**
Berlin 667 km – München 78 km – Bad Reichenhall 60 km – Salzburg 64 km
Michelin Straßenkarte 546

Karner Rest,
Nussbaumstr. 6 ✉ 83112 – ✆ (08052) 1 79 70 – www.karneronline.de
35 Zim – 73/119 € 106/198 € – 4 Suiten – ½ P
Rest – Menü 39/69 € – Karte 22/38 €
Lange Tradition vermittelt die schön sanierte denkmalgeschützte Fassade des Hauses - einst Bauernhof, Bäckerei und Gastwirtschaft. Man kann hier gepflegt übernachten (eleganter sind die Zimmer im Anbau), bei Kosmetik, Massage & Co. entspannen und in charmanten Stuben mit Gewölbedecke oder Kachelofen bürgerlich und regional essen - mittags kleinere Karte.

In Frasdorf-Wildenwart Nord-Ost: 3 km, jenseits der A 8

X **Schloßwirtschaft Wildenwart**
Ludwigstr. 8 ✉ 83112 – ✆ (08051) 27 56 – www.schlosswirtschaft-wildenwart.de – geschl. 30. August - 20. September und Montag - Dienstag
Karte 20/36 €
Der Chef kann kochen, das beweisen schon die zahlreichen (Stamm-) Gäste, die sich in der historischen Schlosswirtschaft zu beliebten Klassikern wie Schweinshaxn und Topfenknödel einfinden. Die frische, ehrliche Küche, die unkomplizierte ländliche Atmosphäre in den beiden urigen Stuben, der typische Biergarten... das passt alles wunderbar zusammen!

FRAUENAU

Bayern – 2 800 Ew. – Höhe 616 m – Siehe Regionalatlas **60-P18**
Berlin 482 km – München 187 km – Passau 56 km – Cham 66 km
Michelin Straßenkarte 546

St. Florian
Althüttenstr. 22 ✉ 94258 – ✆ (09926) 95 20 – www.st-florian.de – geschl. März - April 2 Wochen
27 Zim – 56/73 € 112/138 € – 5 Suiten – ½ P **Rest** – Karte 23/41 €
Diese Ferienadresse ist ein freundlich geführtes und wohnlich gestaltetes Hotel, in dem Sie auch ein gutes Freizeit- und Beauty-Angebot erwartet. Zimmer teilweise mit Balkon. Gediegen-elegantes Restaurant mit behaglicher Gaststube.

FRAUENSTEIN

Sachsen – 3 090 Ew. – Höhe 655 m – Siehe Regionalatlas **43**-P13
Berlin 231 km – Dresden 40 km – Chemnitz 51 km
Michelin Straßenkarte 544

In Frauenstein-Nassau Süd: 7 km

Conrad
Dorfstr. 116 ✉ 09623 – ✆ (037327) 71 25 – www.hotel-conrad.de – geschl. 21. Dezember - 3. Januar
14 Zim – 40/46 € 59/67 €
Rest – Karte 16/20 € – *(nur Abendessen) (nur für Hausgäste)*
Ein familiär geführter Gasthof in ruhiger Lage mit Liegewiese im Grünen sowie wohnlich eingerichteten und gepflegten Gästezimmern. Bürgerliche Gaststube mit sächsischer Küche.

FRAUENWALD

Thüringen – 1 010 Ew. – Höhe 750 m – Siehe Regionalatlas **40**-K13
Berlin 345 km – Erfurt 62 km – Coburg 56 km – Suhl 17 km
Michelin Straßenkarte 544

Drei Kronen
Südstr. 18 ✉ 98711 – ✆ (036782) 68 00 – www.gasthaus-dreikronen.de
21 Zim – 40 € 60 € – ½ P
Rest – Karte 16/27 € – *(geschl. Dienstagmittag, Mittwochmittag)*
Gelungener Architektur-Mix aus Alt und Neu: Der schiefergetäfelte Gasthof aus dem 18. Jh. wurde um einen modernen Anbau mit zeitgemäß eingerichteten Zimmern erweitert. Breites bürgerliches Angebot in der einfachen Gaststube.

FRECHEN

Nordrhein-Westfalen – 49 940 Ew. – Höhe 75 m – Siehe Regionalatlas **35**-B12
Berlin 579 km – Düsseldorf 47 km – Bonn 39 km – Aachen 65 km
Michelin Straßenkarte 543

Frechener Hof
Rest,
Johann-Schmitz-Platz 22 ✉ 50226 – ✆ (02234) 95 70 00 – www.frechener-hof.de
39 Zim – 92/159 € 137/199 € – ½ P
Rest – Karte 24/35 € – *(geschl. Montag) (Dienstag - Samstag nur Abendessen)*
Engagiert geleitet und sehr gepflegt! Mit sicherem Gespür für Farbe und Stil haben Dagmar und Sascha Salem das historische Stadthaus geschmackvoll gestaltet, da kann man sich nur wohlfühlen! Neben dem appetitlichen Frühstück (im Sommer auf der schönen Dachterrasse!) bietet man auch bürgerlich-saisonale Küche.

FREIAMT

Baden-Württemberg – 4 220 Ew. – Höhe 305 m – Siehe Regionalatlas **61**-D20
Berlin 790 km – Stuttgart 195 km – Freiburg im Breisgau 40 km – Offenburg 53 km
Michelin Straßenkarte 545

In Freiamt-Brettental

Ludinmühle (mit Gästehaus)
Brettental 31 ✉ 79348 – ✆ (07645) 9 11 90 – www.ludinmuehle.de
58 Zim – 77/134 € 154/236 € – 6 Suiten – ½ P
Rest *Ludinmühle* – siehe Restaurantauswahl
Wirklich schön, was die gewachsene Hotelanlage so alles bietet: familiäre Leitung und zuvorkommende Mitarbeiter, wohnlich-komfortable Zimmer und die beliebte "Verwöhnpension" (ganztägig hausgemachte Snacks im "Genießergärtchen"), Spa auf über 900 qm samt Blockhaus-Stubensauna im Garten, Floating, Beauty... Und an Familien denkt man auch: Kinderparadies mit Betreuung.

Ludinmühle – Hotel Ludinmühle
Brettental 31 ✉ 79348 – ✆ (07645) 9 11 90 – www.ludinmuehle.de
Menü 20 € (mittags)/47 € – Karte 22/60 €
"Mühlen-", "Ofen-" oder "Schwarzwaldstube", "Rosen-" oder "Olivengarten"? Überall sitzt man gemütlich und wird aufmerksam umsorgt. Die Küche bietet Internationales wie "rosa gebratenes Rinderfilet auf Serviettenkloß mit Erbsenpüree und Zwiebelkonfit". Faible des Chefs Walter Zimmermann: die preislich fair kalkulierte Weinkarte mit über 250 Positionen! Themenkochkurse.

In Freiamt-Mussbach

Zur Krone mit Zim
Mussbach 6 ✉ 79348 – ✆ (07645) 2 27 – www.krone-freiamt.de – geschl. Ende Januar 2 Wochen, Ende August - Anfang September 2 Wochen und Mittwoch
8 Zim – 45/50 € 74/80 €
Menü 25/40 € – Karte 23/39 € – *(Montag - Freitag nur Abendessen)*
(Tischbestellung ratsam)
In dem gemütlichen Landhaus isst und wohnt man gut. Seit über 200 Jahren und inzwischen in 9. Generation wird es engagiert und mit Sinn für Tradition geführt. In der Küche entstehen leckere Gerichte wie "Rinderfiletspitzen mit Senfrahmsauce, Gemüse und Brägele", die von der Patronne und ihrem jungen Team freundlich serviert werden.

FREIBERG

Sachsen – 41 350 Ew. – Höhe 410 m – Siehe Regionalatlas **43-P12**
Berlin 228 km – Dresden 49 km – Chemnitz 35 km – Leipzig 98 km
Michelin Straßenkarte 544

Le Bambou mit Zim
Obergasse 1 ✉ 09599 – ✆ (03731) 35 39 21 – www.lebambou.de – geschl. Samstagmittag, Sonntagabend
9 Zim – 67 € 87 €
Menü 18 € (mittags unter der Woche)/45 € – Karte 33/49 €
Hier hat sich was getan: Das Restaurant zeigt sich in neuem modernem Gewand, in der Küche führt nun Karsten Schönfeld Regie, und dabei setzt er auf frische saisonale Produkte, die z. B. bei der schmackhaften "Rinderroulade mit Rotkraut und Semmelknödel" zum Einsatz kommen. Dazu eine gute Weinauswahl. Charmant und individuell sind die Gästezimmer im Hotel "Auberge Mistral" nebenan. Auch Kosmetikanwendungen sind buchbar.

FREIBERG am NECKAR – Baden-Württemberg ➜ Siehe Ludwigsburg

FREIBURG (ELBE)

Niedersachsen – 1 780 Ew. – Höhe 2 m – Siehe Regionalatlas **9-H4**
Berlin 381 km – Hannover 197 km – Cuxhaven 51 km – Bremerhaven 76 km
Michelin Straßenkarte 541

Gut Schöneworth
Zim,
Landesbrücker Str. 42 ✉ 21729 – ✆ (04779) 9 23 50 – www.gutschoeneworth.de
15 Zim – 60/75 € 95/115 € – 2 Suiten
Rest – Karte 18/40 € – *(nur Abendessen für Hausgäste)*
Auf einem schönen Gartengrundstück stehen die charmanten Häuser dieses historischen Gutshofs. Man wohnt hier sehr gepflegt, vom ländlich-modernen Zimmer bis zum reizenden Blockhaus im tollen Garten. Hübsch auch die Bar.

FREIBURG im BREISGAU

Baden-Württemberg – 224 200 Ew. – Höhe 278 m – Siehe Regionalatlas **61**-D20

Berlin 805 km – Stuttgart 208 km – Basel 71 km – Karlsruhe 134 km

Michelin Straßenkarte 545

© W. Dieterich / Westend61 RM / age fotostock

Hotels

Colombi-Hotel

Rotteckring 16 ✉ 79098 – ✆ (0761) 2 10 60 Stadtplan : A1**r**
– www.colombi.de

88 Zim – 180/244 € 255/279 €, 22 € – 26 Suiten

Rest *Zirbelstube* **Rest *Falken- und Hans Thoma Stube*** – siehe Restaurantauswahl

Ein sehr elegantes Hotel, das so einiges unter einem Dach verbindet: Luxuriöses Wohnen, Spa, Gourmetküche, Café (toll die Kuchen und Pralinen!), Tagungsmöglichkeiten, beispielhafter Service... und für alle, die Freiburg erkunden möchten, ist die zentrale Lage ideal!

Stadt Freiburg

Breisacher Str. 84 (über Friedrichstraße A1) ✉ 79110 – ✆ (0761) 8 96 80
– www.hotel-stadt-freiburg.de

170 Zim – 129/149 € 169/189 € – 3 Suiten

Rest – Menü 20 € (mittags unter der Woche) – Karte 28/45 €

Das Hotel liegt bei der Universitätsklinik. Besonders elegant sind die Juniorsuiten und Suiten (teils mit Panorama-Dachterrasse). Im Neubau modernere Zimmer. Geradliniges Restaurant im großzügigen Hallenbereich, sonntags mit kleinerer Karte.

Zum Roten Bären

Oberlinden 12 ✉ 79098 – ✆ (0761) 38 78 70 Stadtplan : B2**u**
– www.roter-baeren.de

24 Zim – 75/145 € 99/185 € – 1 Suite – ½ P

Rest *Zum Roten Bären* – siehe Restaurantauswahl

Ein engagiert geführtes Haus am Schwabentor mit 700-jähriger Tradition als Gasthaus. Die Zimmer liegen teils zum Platz Oberlinden oder zum Innengarten, einige sind moderner.

Oberkirchs Weinstuben (mit Gästehaus)

Münsterplatz 22 ✉ 79098 – ✆ (0761) 2 02 68 68 Stadtplan : B1**a**
– www.hotel-oberkirch.de

23 Zim – 80/149 € 129/189 € – 3 Suiten

Rest *Oberkirchs Weinstuben* – siehe Restaurantauswahl

Sie wohnen in der Fußgängerzone direkt am Münster in einem Haus von 1738 (hier hat man von einigen Zimmern eine schöne Sicht) oder im Gästehaus in einer Nebenstraße. Klassisch der Stil.

Park Hotel Post garni

Eisenbahnstr. 35 ✉ *79098* – ✆ *(0761) 38 54 80* Stadtplan : A1**h**
– www.park-hotel-post.de

45 Zim – 99/169 € 129/209 €

Zentral zwischen Bahnhof und Stadtmitte steht das Jugendstilhaus a. d. J. 1884. Die Zimmer sind wohnlich (teils etwas moderner im Stil) und der Tag beginnt im angenehm freundlichen Frühstücksraum mit einem guten Buffet. Kleine Extras: Man hilft Ihnen mit dem Koffer und auf Wunsch wird Ihr Auto geparkt!

Am Stadtgarten garni

Karlstr. 12 ✉ *79104* – ✆ *(0761) 2 82 90 02* Stadtplan : B1**e**
– www.hotelamstadtgarten.de

34 Zim – 89/204 € 109/224 €, 14 €

Von hier aus ist man in wenigen Gehminuten in der Altstadt. Das Hotel ist durch und durch geradlinig-modern designt. Großzügiger sind die Superiorzimmer. Snacks in der Bar-Lounge.

Victoria garni

Eisenbahnstr. 54 ✉ *79114* – ✆ *(0761) 20 73 40* Stadtplan : A1**p**
– www.hotel-victoria.de

65 Zim – 101/162 € 127/198 €, 15 € – 1 Suite

Zentrales Hotel von 1875 mit ökologischen Prinzipien. Schöne neuzeitliche Zimmer und moderner kleiner Saunabereich. Dazu die Bar "Hemingway" und die Smoker Lounge im Gewölbe.

Rheingold

Eisenbahnstr. 47 ✉ 79098 – ✆ (0761) 2 82 10 Stadtplan : A1**d**
– www.rheingold-freiburg.de
47 Zim – 99/139 € 139/189 € – 2 Suiten – ½ P
Rest *Rheingold* – siehe Restaurantauswahl
Praktisch ist die bahnhofsnahe Lage nur wenige Gehminuten von der Fußgängerzone. In den Zimmern bestimmen Art-déco- und Bauhausstil das Ambiente. Nette Geste: Kleines Präsent bei Abreise.

The Alex Hotel garni

Rheinstr. 29 ✉ 79104 – ✆ (0761) 29 69 70 Stadtplan : A1**a**
– www.the-alex-hotel.de – geschl. 23. Dezember - 6. Januar
39 Zim – 90/111 € 120 €
Klein, individuell und persönlich. Familie Beinert hat das Haus aus den 60ern in ein topmodernes, chic-urbanes Stadthotel verwandelt. Es liegt in einer ruhigen Seitenstraße in Bahnhofsnähe, die Zimmer sind nicht groß, aber wertig, zum Frühstück gibt's hausgemachte Marmelade, in der "Winery29" regionale Weine.

Schwarzwälder Hof

Herrenstr. 43 ✉ 79098 – ✆ (0761) 3 80 30 Stadtplan : B2**s**
– www.shof.de
40 Zim – 68/85 € 99/115 €
Rest – Menü 17/30 € – Karte 22/35 € – *(geschl. 4. - 17. August und Sonntag sowie an Feiertagen)*
Im Herzen der Breisgaumetropole liegt das nette Hotel, das Familie Engler mit Engagement betreibt. Die Zimmer gibt's von aufgefrischt bis ganz modern und richtig chic! Hübsch ist auch die holzgetäfelte Gaststube, in der man bürgerlich isst. Tipp für Autofahrer: Parken Sie in der Schlossberggarage gegenüber.

Restaurants

Zirbelstube – Colombi-Hotel

Rotteckring 16 ✉ 79098 – ✆ (0761) 2 10 60 Stadtplan : A1**r**
– www.colombi.de – geschl. Januar - Februar 3 Wochen und Sonntag - Montag
Menü 69/125 € – Karte 79/116 € – *(nur Abendessen)* (Tischbestellung ratsam)
Die saisonal-klassische Küche dieser renommierten Gourmetadresse findet nach wie vor regen Zuspruch bei den Gästen. Ebenso überzeugend der gut besetzte Service, und auch Inhaber Roland Burtsche begrüßt Sie in der von feinem Zirbelholz bestimmten Atmosphäre gerne persönlich.
➜ Hummercarpaccio mit Basilikum, Carbonarasud und Erbsenpüree. Bouillabaisseessenz mit Hummer, Seezungenfilet, Fenchel und Salicornes. Lammrücken mit Artischocken-Olivensalsa, Rosmarinjus, Nadelbohnen und Chorizo-Kartoffelschaum.

Oberkirchs Weinstuben – Hotel Oberkirchs Weinstuben

Münsterplatz 22 ✉ 79098 – ✆ (0761) 202 68 68 Stadtplan : B1**a**
– www.hotel-oberkirch.de – geschl. Februar 1 Woche und Sonntag
Menü 30/36 € – Karte 21/51 €
Schon die schmucke Fassade wirkt einladend. In dem gemütlichen Restaurant mit Täfelung und Kachelofen serviert man vorwiegend Badisches wie Schwarzwaldforelle oder Kalbszüngle. Wenn Sie draußen sitzen möchten: Man hat eine Terrasse zum Münsterplatz.

Rheingold – Hotel Rheingold

Eisenbahnstr. 47 ✉ 79098 – ✆ (0761) 2 82 10 Stadtplan : A1**d**
– www.rheingold-freiburg.de – geschl. Samstagmittag, Sonntag - Montagabend und an Feiertagen
Menü 33/48 € – Karte 30/52 €
"Mediterranes Cordon bleu vom Landschwein mit Gewürztomatenkonfit und Rucola-Kartoffeln" ist ein schönes und schmackhaftes Beispiel für die saisonal-internationale Küche hier in der 1. Etage des Hotels. Wer beim Essen gerne nach draußen schaut, sitzt am besten an einem der großen bodentiefen Rundbogenfenster zur Straße. Bar mit kleiner Galerie.

XX **Zum Roten Bären** – Hotel Zum Roten Bären

Oberlinden 12 ✉ 79098 – ✆ (0761) 38 78 70 Stadtplan : B2**u**
– www.roter-baeren.de – geschl. Januar - August: Sonntag
Menü 30/65 € – Karte 27/55 €
Es ist eines der ältesten Gasthäuser Deutschlands... und in den gemütlichen Stuben ist ein Stück Historie erhalten geblieben - besonders schön spürt man das am behaglichen Kachelofen. Die Küche ist überwiegend international geprägt.

XX **Falken- und Hans Thoma Stube** – Colombi-Hotel

Rotteckring 16 ✉ 79098 – ✆ (0761) 2 10 60 Stadtplan : A1**r**
– www.colombi.de
Menü 29 € (mittags)/59 € – Karte 48/68 €
Die schöne alte Holztäfelung aus einer Bauernstube von 1776, dazu der heimelige grüne Kachelofen... das schafft wohltuende Wärme und Gemütlichkeit. Ambiente und Küche sind hier etwas regionaler, auf professionellen Service braucht man dennoch nicht zu verzichten!

X **Wolfshöhle**

Konviktstr. 8 ✉ 79098 – ✆ (0761) 3 03 03 Stadtplan : B1_2**t**
– www.wolfshoehle-freiburg.de – geschl. Februar - März 2 Wochen, August 2 Wochen, Oktober - November 2 Wochen und Sonntag - Montagmittag
Menü 29 € (mittags)/105 € – Karte 44/92 €
Ein geschmackvolles Restaurant: geradlinig-moderner Stil und dazu warmes Holz in Form von vertäfelten Wänden und Parkettboden! Und die Küche? Da bietet man frische, ambitionierte Gerichte wie "Waller / Lardo / Kartoffelstampf" oder "Lammkeule / Bohnensaft / Parmesanflan". Mittags ist die Karte etwas reduziert, dafür aber günstiger. Weinkeller für Degustationen.

X **Drexlers**

Rosastr. 9 ✉ 79098 – ✆ (0761) 5 95 72 03 Stadtplan : A1**m**
– www.drexlers-restaurant.de – geschl. Samstagmittag, Sonntag, Feiertage
Menü 34 € (mittags)/44 € – Karte 36/51 €
Günstiger und einfacher Mittagstisch oder aufwändigere zeitgemäß-saisonale Küche am Abend? Trendig, modern und angenehm ungezwungen ist das Restaurant nahe dem Colombipark.

X **Basho-An**

Merianstr. 10 ✉ 79098 – ✆ (0761) 2 85 34 05 Stadtplan : A1**f**
– www.bashoan.com – geschl. Montag, Sonntagmittag und an Feiertagen mittags
Menü 40/55 € – Karte 32/55 €
Ganz in der Nähe der Fußgängerzone gibt es hier die beliebte klassisch japanische Küche, einschließlich Sushi, und das Ambiente ist - passend dazu - typisch puristisch. Am Mittag kleinere Karte.

X **Kreuzblume** mit Zim

Konviktstr. 31 ✉ 79098 – ✆ (0761) 3 11 94 Stadtplan : B2**r**
– www.hotel-kreuzblume.de – geschl. 5. - 20. Januar, 29. Juni - 14. Juli, 2. - 17. November und Montag - Dienstag
8 Zim – †80/90 € ††125/150 €
Menü 39/63 € – *(Januar - April: nur Abendessen)*
Das zeitgemäße Konzept des Betreiber-Quartetts kommt gut an. Zum saisonalen Menü samt passender Weine gibt es freundlichen Service und ein frisches Ambiente - dekorativ die zahlreichen Bilder an der Wand. Und wenn Sie übernachten möchten: Die Gästezimmer sind ebenfalls schön modern und recht individuell.

Erwarten Sie in einem X oder 🏠 nicht den gleichen Service wie in einem XXXXX oder 🏨.

In Freiburg-Günterstal Süd: 2 km über Stadtplan : A2, Richtung Schauinsland

Kühler Krug mit Zim

Torplatz 1 ✉ 79100 – ✆ (0761) 2 91 03 – www.kuehlerkrug.de – geschl. Mittwoch

7 Zim – †76 € ††98 € – ½ P Menü 19/59 € – Karte 29/57 €

Gemütlich ist es bei Georg und Tanja Fehrenbach in dem alten Gasthof vor dem Torbogen. Fisch, klassische Gerichte, badische Spezialitäten... die Auswahl ist gut. Probieren Sie auch mal das Saisonmenü zu fairem Preis! Gästezimmer gibt es übrigens auch: Sie sind zwar nicht sehr groß, aber schön - mal stilvoll, mal modern möbliert. Und mit der Straßenbahn kommt man von hier bequem in die Stadt.

In Freiburg-Herdern Nord: 1 km über Karlstraße Stadtplan : B1

Panorama Hotel Mercure

Wintererstr. 89 ✉ 79104 – ✆ (0761) 5 10 30 – www.chez-eric.de/hotel

86 Zim – †102/227 € ††134/254 €

Rest *Chez Eric* – Menü 44/99 € – Karte 52/80 €

Hier genießt man die Lage am Waldrand und den fantastischen Blick über Freiburg! Außerdem dürfen Sie sich auf moderne Zimmer mit Balkon sowie Kosmetikanwendungen freuen - und auf eine breite Speisenauswahl im Restaurant Chez Eric. Wie wär's z. B. mit Fischspezialitäten auf der tollen Panoramaterrasse?

Eichhalde

Stadtstr. 91 ✉ 79104 – ✆ (0761) 5 48 17 – www.restaurant-eichhalde.de – geschl. Sonntag

Menü 29 € (mittags)/74 € – Karte 25/67 €

"Geschmorte Kalbsbäckle mit Spinat und Tiroler Alpkäsknödel" oder "gebratene Seezunge mit Kapernbutter, Fenchelgemüse und Oliven-Kartoffeln" - so sehen die schmackhaften, teils mediterran inspirierten Speisen von Gastgeber Matthias Dahlinger aus. Alternativ zur klassischen Karte bekommt man auch das "Minü" oder ein A-la-carte-Angebot in kleinen Probierportionen. Sie kommen zum Mittagsessen? Dann nehmen Sie den günstigen Plat du jour oder das Tagesmenü.

In Freiburg-Lehen West: 3 km über Dreisamstraße Stadtplan : A2

Hirschen

Breisgauer Str. 47 ✉ 79110 – ✆ (0761) 8 97 76 90 – www.clarion-hotel-freiburg.de

70 Zim – †98/148 € ††127/191 €, 15 € – ½ P

Rest *Hirschen* – siehe Restaurantauswahl

Geschmackvolle Wohnräume mit toskanischer bzw. provenzalischer Note in einem gewachsenen Gasthof von 1698. Tolle Penthouse-Juniorsuite. Schön frühstückt man im Sommer auf der Gartenterrasse.

Bierhäusle

Breisgauer Str. 41 ✉ 79110 – ✆ (0761) 8 83 00 – www.bierhaeusle.de

48 Zim – †70/84 € ††120/136 € – ½ P

Rest – Menü 42/55 € – Karte 14/51 € – *(geschl. Sonntagabend - Montag)*

Früher wurde in dem seit 1842 familiengeführten Haus eigenes Bier gebraut, heute bietet man seinen Gästen funktionelle, unterschiedlich eingerichtete Zimmer (teilweise recht ruhig im Hinterhaus) und ein regionstypisches Restaurant mit saisonaler Karte.

Hirschen – Hotel Hirschen

Breisgauer Str. 47 ✉ 79110 – ✆ (0761) 8 97 76 90 – www.clarion-hotel-freiburg.de

Menü 34 € (mittags)/52 € – Karte 30/65 € – (Tischbestellung ratsam)

Die beiden Restaurants des Hirschen: das eine gemütlich-badisch mit viel Holz und kleinen Nischen, das andere hell und freundlich mit kleinem Wintergarten. Und die Küche? Unkompliziert und frisch wie z. B. "Wiener Schnitzel mit jungem Gemüse" oder "Medaillons von der Schweinelende auf Blattspinat". Besonderheit: die Gänse-Essen.

In Freiburg-Munzingen Süd-West: 13 km über Basler Straße Stadtplan : A2, jenseits der A 5

Schloss Reinach
Rest,

St. Erentrudis-Str. 12 (B 31) ✉ 79112 – ✆ (07664) 40 70 – www.schlossreinach.de
76 Zim – †89/99 € ††120/140 € – 4 Suiten
Rest *sHerrehus*
Rest *sBadische Wirtshus* – siehe Restaurantauswahl
Rest *Limoncello* – Karte 28/46 € – *(geschl. Donnerstagabend)*
Der historische Rahmen mit Gutshof-Charme auf der einen Seite, der neuzeitliche Hotelbereich auf der anderen - ein attraktives Bild! Neben den beiden Restaurants gibt es noch das Bistro Limoncello und den Zehntkeller für Weinproben, nicht zu vergessen der schöne Innenhof. Einige Zimmer mit Terrasse, Suiten und Juniorsuiten mit Infrarotsauna.

sHerrehus – Hotel Schloss Reinach

St. Erentrudis-Str. 12 (B 31) ✉ 79112 – ✆ (07664) 40 74 40 – www.schlossreinach.de – geschl. 2. - 30. Januar, 9. - 21. August und Samstagmittag, Sonntag - Montag
Menü 59/96 € – Karte 67/79 €
Über den herrlichen Innenhof (hier die tolle Terrasse) und eine kleine Treppe gelangen Sie in das alte Gutsherrenhaus, dessen elegantes Interieur bestens mit der stilvoll-charmanten Fassade harmoniert. In einem der beiden Räume schafft ein schmucker Kachelofen zusätzlich Atmosphäre. Küchenchef Oliver Rausch setzt einen klaren Kontrast zum Ambiente und serviert Ihnen klassische Gerichte sehr modern und mit eigener Note.
→ Pochierte Auster, Wachsbohnen, Sushi Reis, Chili. Kalbsspitz, Graupen, Haselnüsse, Karotte. Schwarzwälder Kirsch, Fichtensprossen, Schokolade.

sBadische Wirtshus – Hotel Schloss Reinach

St. Erentrudis-Str. 12 (B 31) ✉ 79112 – ✆ (07664) 40 74 80 – www.schlossreinach.de
Menü 36/55 € – Karte 31/51 €
Moderne trifft auf Tradition! Das Lokal besticht durch Natursteinboden, Wirtshaustische und einen Bartresen aus dunklem Holz. Auf den Tellern: z. B. Kalbsnierle oder Lammhäxle.

In Freiburg-St. Georgen Süd: 5 km über Basler Straße Stadtplan : A2

Zum Schiff
Zim, Rest,

Basler Landstr. 35 ✉ 79111 – ✆ (0761) 40 07 50 – www.hotel-zumschiff.de
82 Zim – †102/135 € ††125/150 € **Rest** – Menü 21/38 € – Karte 21/54 €
Auch Geschäftsreisende und Tagungsgäste haben das gewachsene Hotel - Familienbetrieb seit 1821- für sich entdeckt. Die Zimmer sind teilweise allergikergerecht. Zum Essen geht man ins ursprüngliche Stammhaus oder auf die Terrasse mit Kastanienbäumen. Probieren Sie auch die eigenen Weine.

Beim Thermalbad 9 km über Basler Straße Stadtplan : A2

Dorint An den Thermen
Rest,

An den Heilquellen 8 ✉ 79111 – ✆ (0761) 4 90 80 – www.dorint.com/freiburg
98 Zim – †128/163 € ††175/245 € – 5 Suiten – ½ P
Rest – Karte 26/73 €
Rest *Pirol* – Menü 63/132 € – Karte 50/87 € – *(geschl. Anfang Januar 2 Wochen und Sonntag - Montag) (nur Abendessen)*
Schön ist nicht nur die ruhige Lage am Waldrand, auch die modernen Zimmer sind attraktiv. Über einen Verbindungsgang (hier bietet man übrigens Kosmetikanwendungen) gelangt man bequem zum Thermalbad nebenan. Im Restaurant Pirol: schickes geradliniges Ambiente und kreativ-internationale Küche.

FREILASSING
Bayern – 15 940 Ew. – Höhe 422 m – Siehe Regionalatlas **67-O21**
Berlin 729 km – München 139 km – Bad Reichenhall 20 km – Salzburg 7 km
Michelin Straßenkarte 546

Moosleitner (mit Gästehaus)
Wasserburger Str. 52 (West: 2,5 km) ✉ 83395 – ☎ (08654) 6 30 60 – www.moosleitner.com – geschl. 1. - 7. Januar
58 Zim ☕ – 🚹75/89 € 🚹🚹105/130 € – 1 Suite – ½ P
Rest – Menü 17 € (mittags) – Karte 21/50 € – *(geschl. Samstagmittag, Sonntag)*
Man ist stolz auf das gewachsene Haus, es ist top gepflegt und wird seit vier Generationen familiär geführt. Richtig schön wohnen Sie in den großzügigen Zimmern im Haupthaus (ein schmucker Gasthof, der im 13. Jh. erstmals erwähnt wurde) und im neuen Gästehaus - hier auch der nette moderne Saunabereich und ein kleiner Fitnessraum. Im gemütlich-alpenländischen Restaurant gibt es bayerische Küche.

Krone garni
Hauptstr. 26 (Zufahrt über Gewerbestr.) ✉ 83395 – ☎ (08654) 6 01 70 – www.hotel-krone-freilassing.de
32 Zim ☕ – 🚹63/68 € 🚹🚹102 €
In dem Hotel mitten in der Fußgängerzone erwarten Sie praktisch und zeitgemäß ausgestattete Gästezimmer und ein appetitliches Frühstücksbuffet.

FREINSHEIM

Rheinland-Pfalz – 5 020 Ew. – Höhe 132 m – Siehe Regionalatlas **47-E16**
Berlin 630 km – Mainz 79 km – Mannheim 31 km – Kaiserslautern 42 km
Michelin Straßenkarte 543

Landhotel Altes Wasserwerk garni (mit Gästehaus)
Burgstr. 9 ✉ 67251 – ☎ (06353) 93 25 20 – www.landhotel-altes-wasserwerk.de – geschl. 23. - 28. Dezember
33 Zim ☕ – 🚹65/81 € 🚹🚹90/133 €
Das denkmalgeschützte Haupthaus mit seiner schönen Fachwerkfassade war einst das namengebende Wasserwerk, heute ist es Teil eines sehr netten, wohnlichen und engagiert geführten Hotels. Zimmer teils klimatisiert, zum kleinen Park mit altem Baumbestand hin ruhiger. Am schönsten sitzt man zum Frühstücken im Wintergarten - und im Sommer natürlich auf der Terrasse!

1514 Boutique Hotel Freinsheim N
Hauptstr. 29 ✉ 67251 – ☎ (06353) 5 05 84 10 – www.1514-freinsheim.com – geschl. 2. - 18. Januar
20 Zim – 🚹53/73 € 🚹🚹70/99 €, ☕ 12 € – ½ P
Rest – Menü 25/45 € – Karte 26/43 € – *(geschl. Montag)*
Aus dem ehemaligen Hotel "Luther" (viele Jahre ein kulinarischer Anziehungspunkt in der Region) wurde nun ein topmodernes Boutiquehotel in historischem Gemäuer - reizvoll die Lage mitten in dem beschaulichen Weinort. Das Restaurant befindet sich im hübschen Gewölbe, draußen hat man den charmanten Innenhof.

Altstadthof garni
Hauptstr. 27 ✉ 67251 – ☎ (06353) 93 22 50 – www.altstadthof-freinsheim.de – geschl. 21. Dezember - 21. Januar
15 Zim ☕ – 🚹69/89 € 🚹🚹107/127 €
Das schmucke Haus mischt gelungen Gründerzeitarchitektur mit moderner Geradlinigkeit; Zimmer als Comfort oder Deluxe. An einigen Abenden öffnet die Weinbar, hier bekommt man kleine Gerichte. Parken können Sie in der Friedhofstraße.

Freinsheimer Hof mit Zim
Breitestr. 7 ✉ 67251 – ☎ (06353) 5 08 04 10 – www.restaurant-freinsheimer-hof.de – geschl. Anfang Januar 2 Wochen, Juli 2 Wochen und Mittwoch - Donnerstag
4 Zim ☕ – 🚹80/100 € 🚹🚹100/150 €
Menü 36/75 € – Karte 35/60 € – *(nur Abendessen, sonntags auch Mittagessen)*
Mitten in der Altstadt liegt der spätbarocke Winzer- und Bauernhof a. d. 18. Jh. Im einstigen Pferdestall bekommen Auge und Gaumen etwas geboten: wirklich schön das Restaurant mit dem tollen Kreuzgewölbe, schmackhaft die Küche von Chef Holger Jacobs, z. B. geschmorte Rehkeule mit Rosmarinschupfnudeln. Dabei blickt man durch große Fenster in den lauschigen Innenhof.

Von-Busch-Hof

Von-Busch-Hof 5 ✉ 67251 – ✆ (06353) 77 05 – www.von-busch-hof.de – geschl. Januar und Montag - Dienstag
Menü 42 € – Karte 34/44 € – *(Mittwoch - Samstag nur Abendessen)*
Patron Volker Gilcher kocht international und mit mediterranem Touch. Serviert wird in klassischem Ambiente hinter ehrwürdigen Klostermauern. Der passende Tropfen dazu kommt aus dem schönen Weinkeller. Sie sitzen lieber draußen? Im wunderbaren Innenhof hat man eine Terrasse!

WEINreich mit Zim

Hauptstr. 25 ✉ 67251 – ✆ (06353) 9 59 86 40 – www.weinstube-weinreich.de – geschl. Februar 3 Wochen und Montag - Dienstagmittag
5 Zim – 🚹65/75 € 🚹🚹95 € – 1 Suite
Menü 33 € (vegetarisch)/43 € – Karte 33/46 € – (Tischbestellung ratsam)
Das ehemalige Winzerhaus von 1734 hat wirklich Charme: Da sind zum einen die fünf kuscheligen und ganz individuellen Zimmer, zum anderen die nette geradlinig-moderne Weinstube - und im Sommer kommt noch der lauschige Innenhof dazu! Jeanette und Henning Weinheimer bieten Gerichte wie "Feige's Huhn" oder "Fischstäbchen für Große" sowie viele Weine vom Weingut Rings.

FREISING

Bayern – 45 230 Ew. – Höhe 448 m – Siehe Regionalatlas **58-M19**
Berlin 564 km – München 37 km – Regensburg 86 km – Ingolstadt 56 km
Michelin Straßenkarte 546

München Airport Marriott

Alois-Steinecker-Str. 20 ✉ 85354 – ✆ (08161) 96 60 – www.muenchen-airport-marriott.de
250 Zim – 🚹129/179 € 🚹🚹129/179 €, 24 € – 2 Suiten **Rest** – Karte 32/44 €
Schön modern und wertig sind die Zimmer hier, aktuell die Technik, wohnlich die Braun- und Beigetöne. Frühstück gibt es in der freundlichen "Molkerei", regionale und internationale Küche im netten rustikalen Restaurant "Stub'n".

Dorint München Airport

Zim, Rest,

Dr.-von-Daller-Str. 1 (B11) ✉ 85356 – ✆ (08161) 53 20 – www.dorint.com
135 Zim – 🚹99/299 € 🚹🚹99/299 €, 21 € – 5 Suiten – ½ P
Rest – Karte 19/46 €
Ein zeitgemäßes Businesshotel nur wenige Gehminuten vom Bahnhof mit guter Anbindung an den ca. 7 km entfernten Flughafen München. Teil des Hauses ist übrigens ein weit über 400 Jahre alter denkmalgeschützter Gasthof - hier das Restaurant (internationale Küche) und die urige Bar "Dampftheo" mit Kreuzgewölbe.

Corbin Feng Shui by Libertas garni

Wippenhauser Str. 7 ✉ 85354 – ✆ (08161) 8 86 90 – www.corbin-hotel.de
46 Zim – 🚹99/199 € 🚹🚹109/235 €, 10 €
Feng-Shui-Prinzipien und klarer moderner Stil bestimmen das Hotel. Die Zimmer zur Straße bieten Klimaanlage, die Minibar ist inklusive. Am Morgen erwartet Sie ein gutes Frühstück.

In Freising-Haindlfing Nord-West: 5 km über B 301, in Erlau links

Gasthaus Landbrecht

Freisinger Str. 1 ✉ 85354 – ✆ (08167) 89 26 – www.gasthaus-landbrecht.de – geschl. nach Ostern 1 Woche, nach Pfingsten 1 Woche, 10. - 24. August und Montag - Dienstag
Menü 26/47 € – Karte 30/47 € – *(Mittwoch - Freitag nur Abendessen)*
So stellt man sich einen bayerisch-ländlichen Gasthof vor: bürgerlich-regional die Küche, ungezwungen die Atmosphäre. Während im Winter der Kachelofen wärmt, sitzt es sich im Sommer sehr angenehm im Biergarten!

In Flughafen Franz-Josef-Strauß Süd-Ost: 8 km, jenseits der A 92

Novotel München Airport

Nordallee 29 ✉ 85356 – ✆ (089) 9 70 51 30 – www.novotel.com/6711
257 Zim – 🚹69/299 € 🚹🚹69/299 €, ☕ 21 € – ½ P **Rest** – Karte 22/52 €
Ein Businesshotel in idealer Lage direkt auf dem Flughafengelände mit großzügiger Lobby in modernem Design und geradlinig-funktionellen Zimmern. Das Restaurant bietet internationale Küche.

In Hallbergmoos-Goldach Süd-Ost: 15 km über B 11, jenseits der A 92

Daniel's garni

Hauptstr. 11 ✉ 85399 – ✆ (0811) 5 51 20 – www.hotel-daniels.de – geschl. 22. Dezember - 6. Januar
26 Zim ☕ – 🚹69/320 € 🚹🚹89/360 €
Angenehm persönlich führt Sandra Held das schmucke kleine Hotel. Es ist mit Stil und Liebe hochwertig und stimmig eingerichtet, herzlich und aufmerksam der Service, gut das Frühstück... ein Haus mit individuellem Charme!

Alter Wirt

Hauptstr. 66 ✉ 85399 – ✆ (0811) 5 51 40 – www.alterwirt-goldach.de – geschl. 23. Dezember - 1. Januar
14 Zim ☕ – 🚹49/69 € 🚹🚹69/86 €
Rest *Alter Wirt* – siehe Restaurantauswahl
Der Landgasthof in der Nähe des Flughafens stammt a. d. J. 1865 - familiär geführt und sehr gepflegt. Im Gästehaus stehen zeitgemäß ausgestattete Zimmer bereit.

Alter Wirt – Hotel Alter Wirt

Hauptstr. 66 ✉ 85399 – ✆ (0811) 5 51 40 – www.alterwirt-goldach.de – geschl. 23. Dezember - 1. Januar und Mittwoch
Menü 20/49 € – Karte 24/33 € – *(Donnerstag - Samstag nur Abendessen)*
Wer bürgerliche Küche mag, kommt gerne in die rustikale Gaststube, denn hier bietet Stefan Fuß z. B. "Geflügelkraftbrühe mit geräucherter Entenbrust" oder "Schweinsbackerl mit Kartoffel-Selleriepüree" - auch bei den Einheimischen beliebt!

In Oberding-Notzing Süd-Ost: 20 km über B 11, jenseits der A 92

Kandler

Zim,

Erdinger Moosstr. 11 ✉ 85445 – ✆ (08122) 28 26 – www.hotelkandler.de – geschl. 1. - 9. Januar, 3. - 22. August
44 Zim – 🚹63/163 € 🚹🚹75/163 €, ☕ 12 € – 3 Suiten
Rest – Menü 24 € (mittags unter der Woche)/45 € – Karte 19/43 €
Der gewachsene Gasthof von 1860 ist ein sehr gepflegtes Hotel mit langer Familientradition. Die Zimmer sind wohnlich und teils im eleganten Landhausstil eingerichtet. Regionale und saisonale Gerichte in gemütlichen Gaststuben. Schöne Terrasse mit Springbrunnen.

In Oberding-Schwaig Süd-Ost: 20 km über B 11, jenseits der A 92

Sheraton Airport

Rest,

Freisinger Str. 80 ✉ 85445 – ✆ (089) 92 72 20 – www.sheraton.com/airportmunich
169 Zim – 🚹89/199 € 🚹🚹89/199 €, ☕ 24 € – 1 Suite – ½ P
Rest – Menü 25/45 € – Karte 27/61 €
Die Lage nahe dem Flughafen (man bietet Shuttle-Service), wohnlich-komfortable Zimmer im Landhausstil sowie zahlreiche Tagungsräume machen diese Hotelanlage aus. Lebhaft die helle Lobby, elegant-rustikal das Restaurant.

Holiday Inn Express Munich Airport

Zim, Zim,

Freisinger Str. 94 ✉ 85445 – ✆ (08122) 9 58 80 – www.hiexpress.com
177 Zim ☕ – 🚹69/149 € 🚹🚹69/149 €
Rest – Karte 22/34 € – *(nur Abendessen)*
Sie suchen eine funktionelle Übernachtungsadresse in Flughafennähe mit gutem Preis-Leistungs-Verhältnis? Hier bietet man zeitgemäße Zimmer (etwas moderner die neueren) und ein Restaurant mit kleiner internationaler Karte. Praktisch: der Shuttle-Service.

FREITAL

Sachsen – 39 280 Ew. – Höhe 180 m – Siehe Regionalatlas **43-Q12**
Berlin 205 km – Dresden 14 km – Freiberg 22 km – Chemnitz 70 km
Michelin Straßenkarte 544

Zum Rabenauer Grund

Somsdorfer Str. 6 ✉ 01705 – ✆ (0351) 6 44 49 99 – www.rabenauergrund.de – geschl. Montag - Dienstag
Menü 20/37 € – Karte 21/33 € – *(Mittwoch - Samstag nur Abendessen)* (Tischbestellung ratsam)
In dem Gasthof von 1863 sorgen viel Holz, Bilder und charmante Details wie alte Kaffeemühlen und Töpfergeschirr für Atmosphäre. Gekocht wird regional, aus heimischen Bioprodukten.

In Rabenau Süd-Ost: 5 km

Rabenauer Mühle

Rest,

Bahnhofstr. 23 ✉ 01734 – ✆ (0351) 4 60 20 61 – www.hotel-rabenauer-muehle.de – geschl. 23. Februar - 8. März
21 Zim – 58/65 € 84/98 € – ½ P
Rest – Menü 20/38 € – Karte 18/32 €
Die einstige Mühle in ruhiger Waldlage wurde nach einem Brand im 19. Jh. als Gasthaus wieder aufgebaut. Heute bietet das familiengeführte Hotel hübsche Zimmer mit guter Technik. Internetzugang gratis. Bürgerliche Küche im gemütlichen Restaurant mit Biergarten und Terrasse. Am Haus verläuft eine Dampfeisenbahnstrecke.

FREUDENSTADT

Baden-Württemberg – 23 560 Ew. – Höhe 728 m – Siehe Regionalatlas **54-F19**
Berlin 713 km – Stuttgart 88 km – Karlsruhe 77 km – Freiburg im Breisgau 96 km
Michelin Straßenkarte 545

Adler

Rest,

Forststr. 17 ✉ 72250 – ✆ (07441) 9 15 20 – www.adler-fds.de – geschl. 25. Oktober - 15. November
15 Zim – 56/69 € 88/99 € – ½ P
Rest – Menü 19/22 € – Karte 19/28 € – *(geschl. Mittwoch)*
Hier ist man wirklich gut aufgehoben: Herzlich kümmert sich Familie Gaiser um ihre Gäste, dank stetiger Investitionen und Verbesserungen ist alles tipptopp gepflegt und die Zimmer sind wertig eingerichtet, im OG mit Balkon. Dekorativ: Fotografien des Chefs schmücken das Haus. Im Restaurant gibt's Flammkuchen als Spezialität.

Warteck mit Zim

Stuttgarter Str. 14 ✉ 72250 – ✆ (07441) 9 19 20 – www.warteck-freudenstadt.de
13 Zim – 60/78 € 98/105 € Menü 44/95 € – Karte 29/74 €
Oliver Gläßel hat das Haus von seinen Eltern übernommen und führt auch in der Küche Regie. Klassische Gerichte wie Barbarie Entenbrust oder geschmorter Ochsenschwanz werden in zwei gemütlich-eleganten kleinen Stuben serviert. Sie möchten über Nacht bleiben? Dann bekommen Sie nicht nur wohnlich und wertig ausgestattete Zimmer, sondern starten zudem mit einem feinen kleinen Frühstücksbuffet in den Tag.

An der B 28

Langenwaldsee

Rest,

Straßburger Str. 99 ✉ 72250 – ✆ (07441) 8 89 30 – www.hotel-langenwaldsee.de – geschl. 8. - 19. Dezember
38 Zim – 59/90 € 99/200 € – ½ P
Rest – Menü 32/45 € – Karte 26/46 €
Bei Familie Kaltenbach lässt es sich gut erholen: toll die Lage direkt am See, engagiert und herzlich die Gastgeber, richtig wohnlich die Zimmer (auch geräumige Juniorsuiten), schön der Spa samt Ayurveda-Anwendungen und Holzterrasse zum Wasser hin, einladend der Zen-Garten... Im Restaurant legt man Wert auf Regionales.

In Freudenstadt-Igelsberg

Krone Rest,

Hauptstr. 8 ✉ 72250 – ✆ (07442) 8 42 80 – www.krone-igelsberg.de
30 Zim – 79/89 € 128/148 € – ½ P
Rest – Menü 21/38 € – *(nur Abendessen) (nur für Hausgäste)*
Entspannen kann man hier nicht nur in wertigen, wohnlichen Zimmern, man hat auch einen hübschen Garten mit Koikarpfenteich und bietet Kosmetikbehandlungen. Gemütlich ist es am Morgen im nordisch-charmanten, mit Delfter Fliesen dekorierte Frühstücksraum - haben Sie schon den kleinen TV im alten Ofen entdeckt? Probieren Sie auch die eigenen Obstbrände, hergestellt in der Destillerie im Keller.

In Freudenstadt-Kniebis West: 10 km – Höhe 920 m

Waldblick

Eichelbachstr. 47 ✉ 72250 – ✆ (07442) 83 40 – www.waldblick-kniebis.de – geschl. März 3 Wochen, Ende November 1 Woche
30 Zim – 80/109 € 142/182 € – ½ P
Rest – Menü 18 € (mittags unter der Woche)/39 € – Karte 26/58 € – *(geschl. Dienstag)*
Das Haus der Familie Finkbeiner liegt richtig idyllisch, ist sympathisch, ausgesprochen gepflegt und hat Schwarzwälder Flair. Den namengebenden Waldblick genießt man z. B. vom Ruhebereich im OG des Saunahauses - es steht im wirklich schönen Garten, wo es auch noch einem Teich und das "Knusperhäusle" gibt - Letzteres ist ideal für Familien, die ein bisschen mehr Platz brauchen!

In Freudenstadt-Lauterbad

Lauterbad

Amselweg 5, (Zufahrt über Kinzigtalstraße) ✉ 72250 – ✆ (07441) 86 01 70 – www.lauterbad-wellnesshotel.de
37 Zim – 89/127 € 178/230 € – 4 Suiten – ½ P
Rest *Stüble* – siehe Restaurantauswahl
Schön modern hat man es hier sowohl in den geradlinig eingerichteten Zimmern (fast alle mit Balkon) als auch im schicken Spa - da heißt es relaxen in verschiedenen angenehmen Ruhezonen, im beheizten Außenpool, bei Massagen oder Kosmetikanwednungen... Sie mögen es lieber ein bisschen klassischer? Kein Problem, es gibt auch einige Zimmer im Schwarzwälder Stil.

Grüner Wald

Kinzigtalstr. 23 ✉ 72250 – ✆ (07441) 86 05 40 – www.gruener-wald.de
42 Zim – 85/140 € 156/212 € – 1 Suite – ½ P
Rest – Menü 24/48 € – Karte 25/45 €
Für Urlaub und Wellness genau richtig: ruhige Lage, reizvolle Landschaft, vielfältige Anwendungen und wohnliche Zimmer, zur Südseite mit Balkon - fragen Sie nach den hübschen neueren mit unbehandeltem Holz! Im "Bienenkörble" serviert man bürgerlich-regionale Küche, vom Wintergarten mit Terrasse blickt man ins Grüne. In den Ferien bietet man übrigens auch Kinderprogramm!

XX **Stüble** – Hotel Lauterbad

Amselweg 5, (Zufahrt über Kinzigtalstraße) ✉ 72250 – ✆ (07441) 86 01 70 – www.lauterbad-wellnesshotel.de
Menü 28/48 € – Karte 31/39 € – (Tischbestellung ratsam)
Echtes Schwarzwald-Feeling kommt im heimeligen "Stüble" auf: Komplett in schönem warmem Holz gehalten und stimmig dekoriert, ist es ein charmanter Rahmen für die regionale Küche. Auf der Terrasse sitzen auch Wanderer gerne und bestellen von der Vesperkarte.

FREYBURG (UNSTRUT)

Sachsen-Anhalt – 4 940 Ew. – Höhe 110 m – Siehe Regionalatlas **41-M12**
Berlin 213 km – Magdeburg 130 km – Leipzig 52 km – Halle 41 km
Michelin Straßenkarte 542

Berghotel zum Edelacker
Rest,

Schloss 25 ✉ 06632 – ✆ (034464) 3 50 – www.edelacker.de
83 Zim – 68/95 € 98/105 € – ½ P
Rest – Menü 20/83 € – Karte 25/43 €
In herrlicher Lage über dem Winzerstädtchen erwarten Sie gepflegte, funktionale Zimmer, darunter besonders geräumige und schön gelegene Panoramazimmer. Zum Restaurant gehört eine Sonnenterrasse mit toller Aussicht.

FREYUNG
Bayern – 6 930 Ew. – Höhe 655 m – Siehe Regionalatlas **60-Q18**
Berlin 529 km – München 205 km – Passau 36 km – Grafenau 15 km
Michelin Straßenkarte 546

Landhotel Brodinger
Zuppinger Str. 3 ✉ 94078 – ✆ (08551) 43 42 – www.brodinger.de – geschl. März - April 2 Wochen, November 2 Wochen
19 Zim – 62/66 € 104/112 € – 1 Suite – ½ P
Rest – Karte 18/42 € – *(geschl. Sonntagabend - Dienstagmittag)*
Ein gepflegtes Landhotel am Ortsrand beim Freibad. Man bietet wohnliche Zimmer mit individuellem Touch sowie einen kleinen, aber hübschen neuzeitlichen Wohlfühlbereich. Gemütlich-bayerisch ist das Ambiente im Restaurant.

Zur Post
Rest,

Stadtplatz 2 ✉ 94078 – ✆ (08551) 5 79 60 – www.posthotel-freyung.de
30 Zim – 55/65 € 98 € – ½ P
Rest – Karte 14/27 € – *(geschl. Montag, außer an Feiertagen)*
Mitten in der kleinen Stadt finden Sie diesen sehr gut geführten Familienbetrieb. Die Gästezimmer liegen zum Garten und sind teilweise geräumiger geschnitten. Restaurant in ländlichem Stil.

In Freyung-Ort Süd-West: 1 km

Landgasthaus Schuster
Ort 19 ✉ 94078 – ✆ (08551) 71 84 – www.landgasthaus-schuster.de – geschl. Sonntagabend - Montag
Menü 35/75 € – Karte 37/65 €
Charmant, charmant! Während Patron Leopold Schuster Leckeres wie "geschmorte Rehbockschulter mit Fichtensprossensirup und Spargel" zubereitet, ist seine äußerst sympathische Frau im Service, und das in schönem wohnlich-elegantem Ambiente!

FRICKENHAUSEN
Bayern – 1 250 Ew. – Höhe 180 m – Siehe Regionalatlas **49-I16**
Berlin 495 km – München 277 km – Würzburg 23 km – Ansbach 61 km
Michelin Straßenkarte 546

Meintzinger garni
Babenbergplatz 4 ✉ 97252 – ✆ (09331) 8 71 10 – www.hotel-meintzinger.de – geschl. 24. Dezember - 6. Januar
29 Zim – 79/135 € 110/150 €
Weinhandel mit Familientradition seit 1790. Die Chefin kümmert sich freundlich um die Gäste, mit Geschmack hat sie die Zimmer (auch Maisonetten) wertig und modern eingerichtet.

FRICKINGEN
Baden-Württemberg – 2 750 Ew. – Höhe 473 m – Siehe Regionalatlas **63-G21**
Berlin 721 km – Stuttgart 142 km – Konstanz 34 km – Sigmaringen 41 km
Michelin Straßenkarte 545

In Frickingen-Altheim Nord-West: 2 km über Leustetter Straße

Löwen

Hauptstr. 41 ✉ 88699 – ✆ (07554) 86 31 – www.pfaff-altheim.de – geschl. 23. Dezember - 2. Januar, nach Fastnacht 3 Wochen und Sonntagabend - Montag

Menü 29 € – Karte 24/39 € – *(nur Abendessen)* (Tischbestellung ratsam)

Isolde Pfaff, Autodidaktin am Herd, kocht mit sehr guten und frischen Produkten aus der Region Leckeres wie "Lachsmaultäschle mit Dill-Sahnesauce" oder "Lammfilet mit Rotweinsößle und Kartoffelgratin" - und das in einem gemütlich-charmanten Landgasthof.

FRIDINGEN an der DONAU

Baden-Württemberg – 3 120 Ew. – Höhe 626 m – Siehe Regionalatlas **62**-G20

▶ Berlin 748 km – Stuttgart 118 km – Konstanz 70 km – Freiburg im Breisgau 107 km

Michelin Straßenkarte 545

In Fridingen-Bergsteig Süd-West: 2 km Richtung Mühlheim – Höhe 670 m

Landhaus Donautal mit Zim

Zim,

Bergsteig 1 ✉ 78567 – ✆ (07463) 4 69 – www.landhaus-donautal.de – geschl. 12. Januar - 16. Februar und Montag, Freitag

7 Zim ☕ – 🚹68 € 🚹🚹98/105 € – 1 Suite   Karte 24/48 €

Sie suchen gemütliche Atmosphäre, herzlichen Service und gute Küche? In diesem topgepflegten Betrieb nur wenige Meter vom romantischen Donautal-Aussichtspunkt kocht man mit regionalem und saisonalem Bezug, außerdem macht man hier leckeren Kuchen! Übernachten können Sie auch: die Zimmer sind schön wohnlich.

FRIEDBERG

Bayern – 28 950 Ew. – Höhe 514 m – Siehe Regionalatlas **57-K19**

▶ Berlin 583 km – München 75 km – Augsburg 8 km – Ulm (Donau) 87 km

Michelin Straßenkarte 546

Brauereigasthof St. Afra im Felde

Afrastr. 144 (St. Afra Süd: 2 km) ✉ 86316 – ✆ (0821) 6 08 91 50 – www.sankt-afra.eu

28 Zim ☕ – 🚹58 € 🚹🚹86 € – ½ P

Rest – Karte 19/35 € – *(geschl. Sonntagabend - Montagmittag)*

Der Familienbetrieb direkt neben der Wallfahrtskirche verfügt über geräumige Gästezimmer mit Vollholzmöbeln und Parkettboden. Die kleine Hausbrauerei ist ein Hobby des Chefs. Ein sehr schöner Biergarten ergänzt die gemütlichen Restaurantstuben.

Park Ambiente garni

Probststr. 14 ✉ 86316 – ✆ (0821) 44 82 34 97 – www.park-ambiente.de

7 Zim ☕ – 🚹59/95 € 🚹🚹79/115 €

Sehr gut schläft man bei Familie Seidl an der Romantischen Straße: private Atmosphäre, gepflegte zeitgemäße Zimmer, frisches Frühstück - und drum herum ein schöner Park. Der Chef verrät Ihnen gerne, wo man in der Gegend gut golfen kann!

Gersters Genusswerkstatt N

Bauernbräustr. 6 ✉ 86316 – ✆ (0821) 2 62 14 15 – www.gersters-genusswerkstatt.de – geschl. Dienstag

Menü 33/65 € – Karte 32/66 € – *(nur Abendessen)*

Der Name verspricht nicht zu viel: Sonja Gerster und ihr Team bieten unter Friedbergs ältestem Dachstuhl in der gemütlichen holzgetäfelten Stube modern-regionale Küche wie "Jungbullentafelspitz auf Rahmgemüse mit Röstkartoffeln". Tipp für Wintertage: die Plätze rund um den heimeligen alten Kachelofen! Im Sommer sitzt man natürlich am liebsten auf der schönen Terrasse.

FRIEDBERG (HESSEN)

Hessen – 27 970 Ew. – Höhe 159 m – Siehe Regionalatlas **38-F14**

Berlin 510 km – Wiesbaden 61 km – Frankfurt am Main 28 km – Gießen 36 km

Michelin Straßenkarte 543

In Rosbach vor der Höhe Süd-West: 7 km über B 455, in Ober-Rosbach links

Grüner Baum

Frankenstr. 24, (Zufahrt über Bäckergasse) (Nieder-Rosbach) ✉ 61191 – ✆ (06003) 70 28 – www.landgasthof-gruener-baum.de – geschl. Dienstag - Mittwoch

Menü 30/69 € – Karte 20/44 € – *(nur Abendessen, sonntags auch Mittagessen)*

In dem traditionsreichen Familienbetrieb speist man bürgerlich-international. Sie wählen zwischen zwei Menüs oder bestellen à la carte z. B. Schnitzelgerichte oder verschiedene Steaks vom Grill, zu denen Sie sich die Beilagen selbst aussuchen. Das Ambiente: rustikal mit modernem Touch. Kochschule.

FRIEDEWALD

Hessen – 2 480 Ew. – Höhe 387 m – Siehe Regionalatlas **39-I12**

Berlin 395 km – Wiesbaden 179 km – Kassel 87 km – Fulda 58 km

Michelin Straßenkarte 543

Göbels Schlosshotel Prinz von Hessen

Schlossplatz 1 ✉ 36289 – ✆ (06674) 9 22 40 – www.goebels-schlosshotel.de Rest, Rest,

79 Zim – 100/160 € 180/260 € – 13 Suiten – ½ P

Rest – Menü 32/42 € – Karte 28/53 €

Ideal für Wellness, Tagung oder Festlichkeiten ist das aus einer Wasserburg a. d. 16. Jh. entstandene Hotel. Die wohnlich-modernen Zimmer und Themensuiten sind wertig ausgestattet. Das Restaurant ist unterteilt in die Prinzenstube und den lichten Schlossgarten.

FRIEDLAND – Niedersachsen ➜ Siehe Göttingen

FRIEDRICHRODA

Thüringen – 7 410 Ew. – Höhe 430 m – Siehe Regionalatlas **40-J13**

Berlin 345 km – Erfurt 54 km – Bad Hersfeld 97 km – Coburg 96 km

Michelin Straßenkarte 544

Ramada

Burchardtsweg 1 ✉ 99894 – ✆ (03623) 35 20 – www.ramada-friedrichroda.de

142 Zim – 85 € 120/140 € – 12 Suiten – ½ P

Rest – Menü 19/31 € – Karte 26/47 €

Das Hotel am Kurpark bietet freundliche, neuzeitliche Gästezimmer und einen großzügigen Freizeitbereich, zu dessen Angebot auch klassische Kuren zählen. Das helle Panorama-Restaurant wird ergänzt durch eine nette Bierstube.

In Friedrichroda-Finsterbergen

Hüllrod

Am Hüllrod 11 ✉ 99894 – ✆ (03623) 30 61 75 – www.huellrod.de – geschl. Februar 2 Wochen, Juli 1 Woche, Oktober 2 Wochen und Montag - Dienstag

Menü 28/33 € – Karte 24/48 € – *(Mittwoch - Freitag nur Abendessen)*

Angenehm geradlinig und frisch kommt die saisonale Küche daher - es gibt z. B. "Wildhacksteak mit Kartoffel-Bärlauchpüree und Spitzpaprika". Die schöne Lage am Waldrand direkt im Naturpark macht natürlich die Terrasse interessant! Sonntags (im Sommer) Blasmusik auf der Freilichtbühne nebenan.

FRIEDRICHSHAFEN

Baden-Württemberg – 59 010 Ew. – Höhe 400 m – Siehe Regionalatlas **63-H21**

Berlin 721 km – Stuttgart 167 km – Konstanz 31 km – Freiburg im Breisgau 161 km

Michelin Straßenkarte 545

Buchhorner Hof
Zim,

Friedrichstr. 33 ✉ 88045 – ✆ (07541) 20 50 – www.buchhorn.de
97 Zim – 82/230 € 100/260 € – 1 Suite – ½ P
Rest – Menü 32/64 € – Karte 24/47 € – *(geschl. 1. - 12. Januar)*
Dieses wohnliche Haus mit seinen geräumigen Zimmern liegt an der Hauptstraße und nahe dem See - von einigen Zimmern hat man daher einen schönen Blick! In der Lobby thront die schon fast als "Klassiker" zu bezeichnende Elchtrophäe!

Goldenes Rad (mit Gästehaus)

Karlstr. 43 ✉ 88045 – ✆ (07541) 28 50 – www.goldenes-rad.de – geschl. 23. - 26. Dezember
77 Zim – 79/119 € 99/159 € – ½ P
Rest *Goldenes Rad* – siehe Restaurantauswahl
Zentral und nur einen Steinwurf vom See entfernt finden Sie den aus drei Gebäuden bestehenden Familienbetrieb. Beeindruckend die Aussicht aus den Seaside-Zimmern - mit etwas Glück schaut man bis zu den Schweizer Alpen!

CITY KRONE
Zim, Zim,

Schanzstr. 7 ✉ 88045 – ✆ (07541) 70 50 – www.hotel-city-krone.de
112 Zim – 79/119 € 109/159 € – ½ P **Rest** – *(nur für Hausgäste)*
Das Stadthotel befindet sich mitten im Zentrum und hat neben zeitgemäßen Gästezimmern auch eine hübsche Dachterrasse im 5. Stock zu bieten. Fragen Sie nach den Maisonetten mit Seeblick!

Goldenes Rad – Hotel Goldenes Rad

Karlstr. 43 ✉ 88045 – ✆ (07541) 28 50 – www.goldenes-rad.de – geschl. 23. Dezember - 6. Januar und Sonntag
Menü 29 € (mittags)/68 € – Karte 33/70 €
Dank großer Fensterfronten können Sie beim Essen teilweise den Seeblick genießen. Schön anzuschauen sind aber auch Gerichte wie "Variation von Bodenseefischen mit Bratkartoffeln und Marktgemüse" - schmackhaft und aus frischen Produkten zubereitet, der Fisch kommt natürlich aus dem See!

In Friedrichshafen-Fischbach West: 5 km

Traube am See

Meersburger Str. 11 ✉ 88048 – ✆ (07541) 95 80 – www.traubeamsee.de
94 Zim – 80/150 € 108/195 € – ½ P
Rest – Menü 21/60 € – Karte 20/59 €
Nahe dem See liegt dieses über die Jahre gewachsene Haus. Hier gibt es verschiedene Zimmertypen, wohnlich sind sie alle, teilweise schön geradlinig-modern. Einladend auch der große Wellnessbereich. Im Restaurant serviert man regionale Küche.

Maier
Zim,

Poststr. 1-3 ✉ 88048 – ✆ (07541) 40 40 – www.hotel-maier.de – geschl. 19. - 24. Dezember
49 Zim – 56/138 € 104/176 € – ½ P
Rest – Menü 21 € (mittags)/45 € – Karte 24/45 € – *(geschl. Freitagmittag)*
Der Familienbetrieb liegt an der Durchgangsstraße und bietet wohnliche, überwiegend moderne Zimmer und einen hübschen Saunabereich im OG - hier auch eine schöne Dachterrasse. Hinter dem Haus hat man noch einen netten Garten. Nicht zu vergessen das Restaurant mit regionaler und internationaler Küche.

In Friedrichshafen-Schnetzenhausen Nord-West: 4 km

Krone
Rest,

Untere Mühlbachstr. 1 ✉ 88045 – ✆ (07541) 40 80 – www.ringhotel-krone.de – geschl. 18. - 25. Dezember
140 Zim – 97/170 € 160/200 € – 11 Suiten – ½ P
Rest – Menü 19/39 € – Karte 26/54 €
Der ehemalige Gasthof von 1835 ist zu einem imposanten Hotelkomplex gewachsen. Unzählige Freizeitmöglichkeiten haben Sie hier, von Luftgewehrschießen bis zur Beauty-Behandlung. Es gibt auch eine Brennerei, in der Obst von der eigenen Plantage zu Schnaps verarbeitet wird. Im Restaurant stehen verschiedene behagliche Stuben und eine nette Terrasse zur Wahl.

FRIEDRICHSHALL, BAD

Baden-Württemberg – 18 770 Ew. – Höhe 167 m – Siehe Regionalatlas **55**-G17
Berlin 594 km – Stuttgart 62 km – Heilbronn 10 km – Mannheim 83 km
Michelin Straßenkarte 545

In Bad Friedrichshall-Jagstfeld

Sonne

Deutschordenstr. 16 ✉ 74177 – ✆ (07136) 9 56 10 – www.sonne-badfriedrichshall.de
19 Zim – 65/75 € 90/120 € – ½ P
Rest – Menü 25/75 € – Karte 22/65 € – *(geschl. Montag)*
Das familiär geleitete kleine Hotel verfügt über funktionell ausgestattete Gästezimmer, von denen einige etwas größer und moderner sind. Eine Terrasse mit Blick auf den Neckar ergänzt das nette ländlich-rustikale Restaurant.

FRIEDRICHSKOOG

Schleswig-Holstein – 2 460 Ew. – Höhe 2 m – Siehe Regionalatlas **9**-G4
Berlin 402 km – Kiel 114 km – Heide 41 km – Cuxhaven 119 km
Michelin Straßenkarte 541

Möven-Kieker

Zim,

Strandweg 6 (Nord-West: 5,5 Km, in Friedrichskoog-Spitze) ✉ 25718 – ✆ (04854) 9 04 98 70 – www.moeven-kieker.de
12 Zim – 75/80 € 98/145 € – 1 Suite – ½ P
Rest – Karte 18/44 € – *(geschl. November - März und Donnerstag, außer an Feiertagen) (nur Abendessen)*
Ein kleines Hotel hinter dem Deich unter sympathisch-familiärer Leitung. Man wohnt hier in individuellen Zimmern (z. T. mit Meerblick), darunter charmante Alkovenzimmer unterm Dach. Neuzeitliches Restaurant mit Café und Terrasse.

FRIEDRICHSRUHE – Baden-Württemberg ➜ Siehe Öhringen

FRIEDRICHSTADT

Schleswig-Holstein – 2 420 Ew. – Höhe 2 m – Siehe Regionalatlas **1**-G3
Berlin 408 km – Kiel 82 km – Sylt (Westerland) 62 km – Heide 25 km
Michelin Straßenkarte 541

Aquarium

Rest,

Am Mittelburgwall 2 ✉ 25840 – ✆ (04881) 9 30 50 – www.hotel-friedrichstadt.de
36 Zim – 85/100 € 119/143 € – 1 Suite – ½ P
Rest – Menü 25/56 € – Karte 32/56 €
Aquarium? Der Name hat seinen Grund, denn die Inhaber haben ein Faible für Fische und Hochseeangeln - so hat man natürlich auch diverse Aquarien im Haus. Die Zimmer sind wohnlich, die moderne Einrichtung harmoniert schön mit antiken Stücken, teilweise hat man Sicht auf den Mittelburggraben. Im stilvollen Restaurant bietet man internationale Küche mit regionalem Einfluss.

FRIESENHEIM

Baden-Württemberg – 12 750 Ew. – Höhe 161 m – Siehe Regionalatlas **53**-D19
Berlin 759 km – Stuttgart 158 km – Karlsruhe 88 km – Offenburg 12 km
Michelin Straßenkarte 545

In Friesenheim-Oberweier

Mühlenhof

Oberweierer Hauptstr. 33 ✉ 77948 – ✆ (07821) 63 20 – www.landhotel-muehlenhof.de – geschl. Februar 2 Wochen und August 2 Wochen
32 Zim – 39/50 € 66/89 €
Rest *Mühlenhof* – siehe Restaurantauswahl
Bei Anette und Stefan Rottler gibt es nicht nur gute Küche, auch übernachten kann man schön. Alles ist gepflegt, einige Zimmer sind sehr geräumig (die günstigen recht klein), die meisten haben einen Balkon und das Frühstücksbuffet ist reichhaltig und appetitlich bestückt!

Mühlenhof – Hotel Mühlenhof
Oberweierer Hauptstr. 33 ✉ 77948 – ✆ (07821) 63 20 – www.landhotel-muehlenhof.de – geschl. Februar 2 Wochen, August 2 Wochen und Dienstag
Menü 39 € – Karte 21/41 €
"Medaillons vom Reh und Wildschwein mit Spätzle, Preiselbeer-Birne und Marktgemüse" ist nur eines der schmackhaften regional-saisonalen Gerichte hier. Die Preise sind wirklich fair und der Service ist freundlich und flott. Richtig gut kommt auch das günstige Mittagsmenü an!

FRITZLAR

Hessen – 14 430 Ew. – Höhe 220 m – Siehe Regionalatlas **38-H12**
Berlin 409 km – Wiesbaden 201 km – Kassel 25 km – Bad Hersfeld 48 km
Michelin Straßenkarte 543

In Fritzlar-Ungedanken Süd-West: 8 km über B 450 und B 253 Richtung Bad Wildungen

Zum Büraberg
Bahnhofstr. 5 (B 253) ✉ 34560 – ✆ (05622) 99 80 – www.hotel-bueraberg.de
34 Zim – 60/75 € 80/100 € – ½ P
Rest – Menü 18/29 € – Karte 18/36 € – *(geschl. Sonntagabend - Montagmittag)*
Ein gewachsenes Haus unter familiärer Leitung, das über solide und funktional eingerichtete, teilweise mit Balkon ausgestattete Gästezimmer verfügt. Gemütlich-rustikal ist die Gaststube.

FÜRSTENFELDBRUCK

Bayern – 34 160 Ew. – Höhe 517 m – Siehe Regionalatlas **65-L20**
Berlin 605 km – München 35 km – Augsburg 46 km – Garmisch-Partenkirchen 97 km
Michelin Straßenkarte 546

Fürstenfelder garni
Mühlanger 5 ✉ 82256 – ✆ (08141) 88 87 55 00 – www.fuerstenfelder.com
98 Zim – 90/120 € 120/150 €
Die ruhige Lage in einer Sackgasse (drei Minuten vom Kloster Fürstenfeld) dürfte jeden freuen, ebenso das schöne schlichte Design: in den Zimmern helles Eichenholz in klaren Linien, viel Licht und moderne Farbakzente in Grün oder Violett. Schlossgastronomie unter gleicher Leitung.

Zur Post Zim,
Hauptstr. 7, (Zufahrt über Schöngeisingerstraße) ✉ 82256 – ✆ (08141) 3 14 20 – www.hotelpost-ffb.de – geschl. 22. Dezember - 7. Januar
41 Zim – 85/115 € 95/125 €
Rest – Karte 24/41 € – *(geschl. Samstag, Sonntagabend)*
Ein stattlicher Gasthof mit 390-jähriger Familientradition. Die wohnlichen Zimmer sind unterschiedlich gestaltet, darunter einige sehr schöne Biedermeierzimmer. Neben gemütlichen Restaurantstuben bietet man auch eine hübsche Terrasse im historischen Posthof.

Fürstenfelder
Fürstenfeld 15 ✉ 82256 – ✆ (08141) 88 87 54 10 – www.fuerstenfelder.com
Menü 16 € (mittags unter der Woche)/70 € – Karte 30/46 €
Da kann das weiße Kreuzgewölbe noch so schön sein, im Sommer zieht es alle raus: auf die Terrasse oder in den SB-Biergarten! Der Blick aufs Kloster ist auch eine schöne Kulisse für Hochzeiten! Gekocht wird mit Bioprodukten aus der Region.

FÜRSTENWALDE

Brandenburg – 32 470 Ew. – Höhe 43 m – Siehe Regionalatlas **23-Q8**
Berlin 59 km – Potsdam 88 km – Frankfurt (Oder) 36 km
Michelin Straßenkarte 542

Haus am Spreebogen
Rest,

Altstadt 27 ✉ 15517 – ✆ (03361) 59 63 40 – www.haus-am-spreebogen.de
15 Zim – 75 € 95/105 € – ½ P **Rest** – Menü 24/40 € – Karte 24/42 €
Ein sehr gepflegtes kleines Hotel in ruhiger Lage an der Spree, in dem Sie zeitgemäß und funktional gestaltete Gästezimmer erwarten. Eine nette Terrasse und ein Biergarten zur Spree ergänzen das freundliche, mit eleganter Note eingerichtete Restaurant.

In Steinhöfel Nord-Ost: 9 km

Schloss Steinhöfel
Schlossweg 4 ✉ 15518 – ✆ (033636) 27 70 – www.schloss-steinhoefel.de
30 Zim – 95/105 € 130/190 € – ½ P
Rest – Menü 25/66 € – Karte 28/47 €
Ein klassizistisches Schloss aus dem 18. Jh. mit englischer Parkanlage. Die Zimmer sind wohnlich, sehr geschmackvoll und individuell. Elegantes Ambiente im Restaurant.

FÜRSTENZELL
Bayern – 7 720 Ew. – Höhe 358 m – Siehe Regionalatlas **60-P19**
Berlin 604 km – München 169 km – Passau 15 km – Linz 92 km
Michelin Straßenkarte 546

In Fürstenzell-Altenmarkt Nord-Ost: 4,5 km über Passauer Straße, am Ortsende links

Zur Platte
Altenmarkt 10 ✉ 94081 – ✆ (08502) 2 00 – www.gasthaus-zur-platte.de – geschl. Mitte Januar - Ende Februar
12 Zim – 40/50 € 72/75 € – ½ P
Rest – Karte 16/30 € – *(geschl. Montag - Dienstag, außer an Feiertagen)*
Das familiäre kleine Gasthaus liegt wirklich klasse - hier genießt man die Ruhe und den Blick auf Neuburger- und Bayerischen Wald! Sie übernachten in großzügigen Zimmern, entspannen auf der Liegewiese und lassen sich in nettem rustikalem Ambiente regionale Speisen servieren. Wie wär's mit einem Ausflug nach Passau? In ca. 10 Autominuten sind Sie dort.

FÜRTH
Bayern – 116 320 Ew. – Höhe 295 m – Siehe Regionalatlas **50-K16**
Berlin 453 km – München 172 km – Nürnberg 7 km
Michelin Straßenkarte 546

Siehe Umgebungsplan Nürnberg

Schwarzes Kreuz
Königstr. 81, (Zufahrt über Kreuzstraße) ✉ 90762 Stadtplan : A1**a**
– ✆ (0911) 74 09 10 – www.neubauers-schwarzes-kreuz.de – geschl. 1. - 7. Januar
22 Zim – 50/79 € 85/99 € – ½ P
Rest *Neubauers Stube* **Rest *Neubauers Restaurant*** – siehe Restaurantauswahl
Ein hübsches Bild gibt das denkmalgeschützte Sandsteinhaus a. d. 17. Jh. ab, das schön im Herzen von Fürth liegt. Nach umfassenden Renovierungen wohnt man heute in einem netten kleinen Hotel, das Historie und Moderne gelungen vereint. Ansprechend auch die Lobby-Bar, angenehm die kleinen Aufmerksamkeiten, engagiert die Führung.

Kupferpfanne
Königstr. 85 ✉ 90762 – ✆ (0911) 77 12 77 Stadtplan : A1**n**
– www.ew-kupferpfanne.de – geschl. Sonntag und an Feiertagen
Menü 30/68 € – Karte 45/70 € – (Tischbestellung ratsam)
Was die Gäste hierher zieht? Klassische Küche, gemütlich-gediegenes Ambiente, eine gepflegte Weinauswahl und natürlich Patron Erwin Weidenhiller, der stets präsent ist! Lust auf die "in Kräutern gebratene ganze Seezunge mit Gemüse"? Oder vielleicht lieber Hummer?

Altes Forsthaus

Cadolzburger Str. 75 ✉ 90766 – ✆ (0911) 37 30 04 36 Stadtplan : A1**c**
– www.altesforsthaus-fuerth.de – geschl. 1. - 15. Januar, 21. September - 6. Oktober und Montag - Dienstag
Menü 35 € (vegetarisch)/54 € – Karte 32/49 € – *(Mittwoch - Freitag nur Abendessen)*
Gerne lässt man sich in dem geschmackvoll eingerichteten ehemaligen Forsthaus vom Betreiber-Duo Melzer/Schuster mit stark regional beeinflusster klassischer Küche verwöhnen. Und die gibt es z. B. als Schmorgerichte, aber auch in Form von Saisonalem wie Gänsebraten oder Wild. Sehr nett für warme Sommertage: die teilweise überdachte Terrasse.

Neubauers Restaurant – Hotel Schwarzes Kreuz

Königstr. 81, (Zufahrt über Kreuzstraße) ✉ 90762 Stadtplan : A1**a**
– ✆ (0911) 74 09 10 – www.neubauers-schwarzes-kreuz.de – geschl. 1. - 7. Januar, 17. - 21. Februar, 26. Mai - 6. Juni, 4. - 15. August und Sonntag - Montag
Menü 50/75 € – Karte 56/71 € – *(nur Abendessen)*
Im eleganten Gourmetrestaurant des "Schwarzen Kreuzes" bietet Marco Neubauer abends ein Menü in fünf Gängen - klassische Küche mit modernen Einflüssen. Appetit machen da z. B. "Wagyu und Ente mit Süßkartoffel" und "Zimtsablé mit Himbeeren und Schokolade"! Sehr nett ist im Sommer auch die Terrasse im 1. Stock.

La Palma

Karlstr. 22 ✉ 90763 – ✆ (0911) 74 75 00 Stadtplan : A1**b**
– www.ristorante-lapalma.de – geschl. Montag
Menü 26/43 € – Karte 28/45 € – (Tischbestellung ratsam)
Der gebürtige Sizilianer "Gianni" Minneci und seine Frau Maria sind mittlerweile schon ein Stück italienische Gastronomie-Geschichte hier in Fürth. In ihrem hellen, mit eleganter Note gestalteten Restaurant gibt es viele Klassiker und auch eine saisonale Tageskarte sowie entsprechende Weine - ein Ort der Herzlichkeit und Gastfreundschaft.

Neubauers Stube (N) – Hotel Schwarzes Kreuz

Königstr. 81, (Zufahrt über Kreuzstraße) ✉ 90762 Stadtplan : A1**b**
– ✆ (0911) 74 09 10 – www.neubauers-schwarzes-kreuz.de – geschl. 1. - 7. Januar
Menü 27/35 € – Karte 27/40 €
Die rustikale Alternative zum Restaurant ist die Stube von Marco Neubauer. Hier bekommt man in legerer Atmosphäre regional-saisonale Gerichte wie "Tarte Tatin von Rote Beete mit Ziegenfrischkäse" oder "Zanderfilet fränkisch auf Linsen".

In Fürth-Burgfarrnbach über Würzburger Straße Stadtplan : A1

Weissmanns Krone (N)

Würzburger Str. 476 ✉ 90768 – ✆ (0911) 97 91 21 11
– www.weissmanns-krone.de – geschl. Montag
Menü 38 € (abends) – Karte 35/45 €
Nach seinem Umzug aus Cadolzburg in dieses historische Fachwerkhaus bietet Ihnen Thomas Weißmann in schlichtem Rahmen mittags eine bürgerlich-fränkische Küche und am Abend die gehobene Version à la "Bamberger Hörnchen mit Zander und Herbstgemüse". Im Sommer sitzt es sich auch schön auf der Terrasse.

In Fürth-Poppenreuth

Mercure

Rest,

Laubenweg 6 ✉ 90765 – ✆ (0911) 9 76 00 Stadtplan : A1**m**
– www.mercure.com
129 Zim – 🚹75/145 € 🚹🚹75/145 €, 17 € – ½ P **Rest** – Karte 19/71 €
Die sehr verkehrsgünstige Lage an der Autobahnausfahrt, moderne Zimmer in freundlichen Farben und gute Tagungsmöglichkeiten sprechen für diese Businessadresse. Das Restaurant ist mit Fotografien bedeutender Fürther Persönlichkeiten dekoriert. Mit Bar.

FÜSSEN

Bayern – 14 230 Ew. – Höhe 808 m – Siehe Regionalatlas **64-J22**

Berlin 659 km – München 120 km – Kempten (Allgäu) 44 km – Landsberg am Lech 63 km

Michelin Straßenkarte 546

Luitpoldpark
Rest, Zim,

Bahnhofstr. 1 ✉ 87629 – ✆ (08362) 90 40 Stadtplan : A1**r**
– www.luitpoldpark-hotel.de

124 Zim – 92/132 € 134/214 € – 7 Suiten – ½ P

Rest – Menü 24/29 € – Karte 24/47 €

Ein zeitgemäßes Hotel in der Innenstadt mit großzügiger Atriumhalle und hellen Zimmern mit gutem Platzangebot. Gäste nutzen den angrenzenden Fitness- und Wellnesspark kostenlos. Sie mögen's alpenländisch-modern? Dann essen Sie doch mal im "Luis" lokale Schmankerl - eine nette Alternative zum klassischen Restaurant.

Sommer
Rest,

Weidachstr. 74 (über Augsburger Straße B1) ✉ 87629 – ✆ (08362) 9 14 70
– www.hotel-sommer.de

57 Zim – 101/136 € 164/218 € – 13 Suiten – ½ P

Rest – Menü 28/58 € (abends) – Karte 19/55 €

Urlauber werden hier mit Sicherheit nicht enttäuscht: Zum einen liegt das Hotel schön nahe dem Forggensee, zum anderen hat man unzählige Freizeitmöglichkeiten vom "Vital- und Beauty-Spa" auf 1500 qm bis zum Ausflug mit dem Leihfahrrad - oder sind Sie schonmal Segway gefahren? Tipp: einige besonders hübsche Zimmer im modern-alpinen Stil.

Hirsch

Kaiser-Maximilian-Platz 7 ✉ 87629 – ✆ (08362) 9 39 80 Stadtplan : B1**u**
– www.hotelfuessen.de

52 Zim – 73/123 € 100/188 € – ½ P

Rest – Menü 25 € – Karte 21/51 € – *(geschl. 12. - 31. Januar und Montagmittag, Dienstagmittag)*

Bayerischer Charme ist Ihnen in diesem seit 1904 familiär geführten Haus mitten in Füssen gewiss! Fragen Sie nach den schönen Themenzimmern - sie sind der Region sowie verschiedenen Persönlichkeiten gewidmet. Und noch ein Tipp: Reservieren Sie am Abend im kleinen Bierstüberl, wo man es bei typisch regionalem Essen gemütlich-rustikal hat.

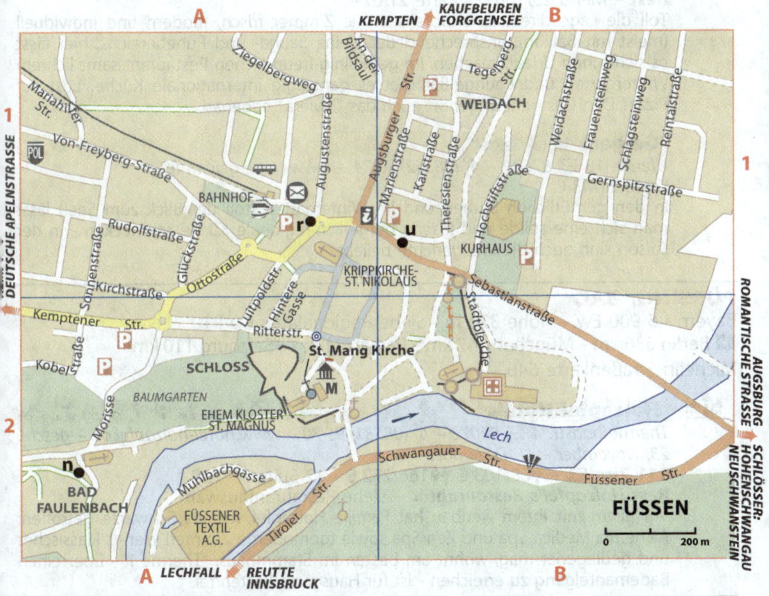

Villa Toscana garni

Von-Freyberg-Str. 28 (über Von-Freyberg-Straße A1) ✉ 87629 – ✆ (08362) 9 13 70 – www.villa-toscana-fuessen.de

31 Zim – 54/89 € 84/129 €

In dem einstigen Nonnen-Erholungsheim hat man es heute zeitgemäß-elegant, und das inmitten eines schönen kleinen Parks etwas außerhalb des Stadtkerns. Zimmer in wohnlich-warmen mediterranen Farben, ansprechend der moderne kleine Saunabereich, gut das Frühstück... Auch Billardzimmer und Bibliothek kommen an.

In Füssen-Bad Faulenbach

Wiedemann Rest,

Am Anger 3 (Zufahrt über Schwärzerweg) ✉ 87629 Stadtplan : A2n
– ✆ (08362) 9 13 00 – www.hotel-wiedemann.de – geschl. Mitte November - 19. Dezember

36 Zim – 59/85 € 118/140 € – ½ P

Rest – Menü 17 € (mittags)/35 € – Karte 23/40 € – *(nur für Hausgäste)*

Hier ist man gerne zu Gast, denn das Haus liegt ruhig, wird seit über 100 Jahren familiär geleitet und alles ist tipptopp gepflegt. Die Zimmer haben teilweise einen Balkon und es gibt diverse Kur- und Kosmetikanwendungen.

In Füssen-Hopfen am See Nord: 5 km über Augsburger Straße Stadtplan : B1

Geiger

Uferstr. 18 ✉ 87629 – ✆ (08362) 70 74 – www.hotel-geiger.de

30 Zim – 58/111 € 92/160 € – ½ P

Rest *Geiger* – siehe Restaurantauswahl

Die Lage direkt an der Uferpromenade sowie geräumige, zeitgemäß und wohnlich eingerichtete Zimmer machen das gut geführte Hotel aus. Sehr schön ist der Blick auf die Alpen.

Am Hopfensee Zim,

Uferstr. 10 ✉ 87629 – ✆ (08362) 5 05 70 – www.hotel-am-hopfensee.de

43 Zim – 82/120 € 106/182 € – 2 Suiten – ½ P

Rest – Menü 25/100 € – Karte 21/67 €

Toll die Lage direkt am Hopfensee, die Zimmer frisch, modern und individuell (meist mit Balkon), ansprechend der kleine Sauna- und Ruhebereich... hier lässt es sich schön Urlaub machen. Im geradlinig-freundlichen Restaurant samt lichtem Wintergarten und Lounge-Bar gibt es ganztägig internationale Küche. Lust auf Pizza? Den Gastgebern gehört auch das "Riviera" nebenan.

Geiger – Hotel Geiger

Uferstr. 18 ✉ 87629 – ✆ (08362) 70 74 – www.hotel-geiger.de

Karte 21/43 €

In den gemütlichen Stuben und im Wintergarten (toll der Blick zum See!) lässt man sich eine solide und frische bürgerlich-regionale Küche schmecken - in der Saison sind auch die Wildgerichte beliebt.

FÜSSING, BAD

Bayern – 6 900 Ew. – Höhe 320 m – Siehe Regionalatlas **60**-P19

Berlin 636 km – München 147 km – Passau 31 km – Salzburg 110 km

Michelin Straßenkarte 546

Holzapfel Hotels

Thermalbadstr. 4 ✉ 94072 – ✆ (08531) 95 70 – www.hotel-holzapfel.de – geschl. 23. November - 21. Dezember

111 Zim – 88/103 € 166/272 € – 12 Suiten – ½ P

Rest *Holzapfel's Restaurant* – siehe Restaurantauswahl

Vor allem mit ihrem Neubau hat Familie Holzapfel voll ins Schwarze getroffen: Alchemia Medica Spa und Zen Spa sowie topmoderne Zimmer! Wer es klassischer und gediegener mag, wohnt am besten im Stammhaus. "Therme I" - über einen Bademantelgang zu erreichen - ist für Hausgäste kostenfrei.

Parkhotel

Waldstr. 16 ✉ 94072 – ✆ (08531) 92 80 – www.parkhotel.stopp.de – geschl. 20. - 26. Dezember, 6. Januar - 15. Februar

97 Zim ☕ – 🚹86/101 € 🚹🚹168/206 € – 2 Suiten – ½ P

Rest *Toskana* – siehe Restaurantauswahl

Ruhig liegt die gewachsene Hotelanlage im Grünen und doch zentrumsnah. Der Hallenbereich und die wohnlichen Gästezimmer sind im klassischen Stil gehalten.

MÜHLBACH

Bachstr.15 (Safferstetten, Süd: 1 km) ✉ 94072 – ✆ (08531) 27 80 – www.muehlbach.de

56 Zim ☕ – 🚹103/118 € 🚹🚹176/232 € – 5 Suiten – ½ P

Rest *Kirchawirt* – siehe Restaurantauswahl

Eine wirklich wohnliche familiäre Adresse mit freundlichem Service ist das gewachsene Kurhotel am namengebenden Mühlbach. Man hat zeitgemäße Zimmer, eine schöne Lounge und einen attraktiven Wellnessbereich samt Arztpraxis. Gönnen Sie sich doch mal die elegante Kaisersuite mit privaten Spa! Eine hübsche kleine Hochzeitskapelle gibt es übrigens auch.

Holzapfel's Restaurant – Hotel Holzapfel

Thermalbadstr. 4 ✉ 94072 – ✆ (08531) 95 70 – www.hotel-holzapfel.de – geschl. 23. November - 21. Dezember

Menü 42/58 € – Karte 22/62 €

Appetit auf "Tafelspitz mit Meerrettich"? Oder lieber "Kalbskotelett mit Trüffel"? Ob bürgerlich-regional oder gehobener, die Gerichte haben Geschmack und Aroma, die Produkte sind von sehr guter Qualität. Und das Ambiente dazu? Rustikal-klassisch in der Schwarzwaldstube, etwas mediterraner im Wintergarten, und eine Terrasse hat man auch.

Toskana – Parkhotel

Waldstr. 16 ✉ 94072 – ✆ (08531) 92 80 – www.parkhotel.stopp.de – geschl. 20. - 26. Dezember, 6. Januar - 15. Februar

Menü 16/30 € – Karte 23/49 €

"Toskana"... weckt das bei Ihnen die Vorfreude auf einen Hauch Italien? Der mediterrane Einfluss, den der Name verspricht, findet sich auf der Speisekarte dieses ansprechend gestalteten Restaurants.

Kirchawirt – Hotel Am Mühlbach

Bachstr.15 (Safferstetten, Süd: 1 km) ✉ 94072 – ✆ (08531) 27 80 – www.muehlbach.de

Menü 25 € (mittags) – Karte 19/50 €

Vor über 200 Jahren wurde hier mit einer zünftigen Wirtschaft der Grundstein für den heutigen "Kirchawirt" gelegt. Mit heimelig-rustikalem Charme, Gemütlichkeit und bayerischer Küche wird man der Tradition gerecht.

FULDA

Hessen – 64 250 Ew. – Höhe 257 m – Siehe Regionalatlas **39**-**H13**

▶ Berlin 448 km – Wiesbaden 141 km – Frankfurt am Main 99 km – Gießen 109 km

Michelin Straßenkarte 543

ESPERANTO

Esperantoplatz ✉ 36037 – ✆ (0661) 24 29 10 – www.hotel-esperanto.de Stadtplan : B1**a**

321 Zim ☕ – 🚹139 € 🚹🚹159/189 € – 6 Suiten – ½ P

Rest *Toro Negro* – siehe Restaurantauswahl

Rest *Bodega* – Karte 18/36 € – *(nur Abendessen)*

Besonders auf Tagungen und Businessgäste ist das gegenüber dem Bahnhof gelegene Hotel mit dem komfortablen Rahmen und den modernen Zimmer zugeschnitten, der attraktive Spa ist aber auch für Wellnessgäste interessant. Neben dem Toro Negro gibt es den Weinkeller Bodega (hier Tapas) und das Café "Piazza d'oro".

Frühstück inklusive? Die Tasse ☕ steht gleich hinter der Zimmeranzahl.

Maritim Hotel Am Schlossgarten

Pauluspromenade 2 ✉ *36037* – ✆ *(0661) 28 20* Stadtplan : A1**c**
– *www.maritim.de*

111 Zim ☕ – 🚹119/209 € 🚹🚹151/241 € – 1 Suite – ½ P

Rest – Menü 22/48 € – Karte 24/69 €

Eine große Atriumlobby und moderne Zimmer erwarten Sie in dem Hotel direkt am Schlossgarten. Sehenswert sind die festlichen Säle in der historischen Orangerie. Sie frühstücken im herrlichen barocken "Apollo Saal", am Abend speist man im tollen alten Gewölbekeller.

Goldener Karpfen

Simpliziusbrunnen 1 ✉ *36037* – ✆ *(0661) 8 68 00* Stadtplan : A2**f**
– *www.hotel-goldener-karpfen.de*

50 Zim ☕ – 🚹95/165 € 🚹🚹135/265 € – 5 Suiten – ½ P

Rest *Goldener Karpfen* – siehe Restaurantauswahl

Das Stadthaus im Zentrum beherbergt hinter seiner über 300 Jahre alten Fassade eine schön dekorierte Lobby mit Kamin sowie wohnliche Zimmer von stilvoll-gediegen bis chic-modern. Wie wär's mit einem der netten Themenzimmer?

Zum Ritter

Kanalstr. 18 ✉ 36037 – ✆ (0661) 25 08 00 Stadtplan : A1**a**
– www.hotel-ritter.de
33 Zim ☕ – 🚹94/104 € 🚻120/130 € – ½ P
Rest – Menü 23/45 € – Karte 21/46 €
Das Hotel in der Innenstadt blickt auf eine 150-jährige Tradition zurück. Eine sehr gepflegte Adresse mit neuzeitlich eingerichteten Gästezimmern. Möchten Sie vielleicht in einem historischen Raum von 1809 speisen? Schön hier die Holzvertäfelung und die historischen Deckengemälde!

Peterchens Mondfahrt garni

Rabanusstr. 7 ✉ 36037 – ✆ (0661) 90 23 50 Stadtplan : A1**f**
– www.hotel-peterchens-mondfahrt.de – geschl. 20. Dezember - 4. Januar
50 Zim ☕ – 🚹68/86 € 🚻86/108 €
Das Hotel bietet u. a. Allergiker- und Familienzimmer, auch Zimmer mit Küchenzeile vorhanden. Nach hinten liegen die Zimmer ruhiger. Rezeption und Frühstücksraum im 4. Stock.

CityHotel Hessischer Hof garni

Nikolausstr. 22 ✉ 36037 – ✆ (0661) 7 80 11 Stadtplan : B1**s**
– www.hessischerhof.de
26 Zim ☕ – 🚹68/100 € 🚻90/125 €
Die zentrale Lage am Bahnhof sowie freundlich und funktionell gestaltete, teils recht großzügige Gästezimmer machen dieses gepflegte Hotel aus.

Ibis garni

Kurfürstenstr. 3 ✉ 36037 – ✆ (0661) 25 05 60 Stadtplan : A1**g**
– www.ibishotel.com
75 Zim – 🚹62/95 € 🚻82/115 €, ☕ 10 €
Nicht weit vom Zentrum liegt das Hotel mit neuzeitlichen, sachlich-funktionellen Gästezimmern und angenehm hellem, zur Halle hin offenem Frühstücksraum.

Dachsbau

Pfandhausstr. 8 ✉ 36037 – ✆ (0661) 7 41 12 Stadtplan : A1**e**
– www.dachsbau-fulda.de – geschl. August 2 Wochen und Montag - Dienstag
Menü 22/55 € – Karte 28/57 €
Hinter einer hübsch bemalten Fassade in einer Häuserreihe in der Altstadt erwarten Sie ein liebenswertes Ambiente, die traditionelle Küche der Chefin und der aufmerksame Service durch den Chef.

Goldener Karpfen – Hotel Goldener Karpfen

Simpliziusbrunnen 1 ✉ 36037 – ✆ (0661) 8 68 00 Stadtplan : A2**f**
– www.hotel-goldener-karpfen.de
Menü 25 € (mittags) – Karte 29/57 €
Hier bietet man eine gute saisonal-internationale Küche von Hummer über Rinderfilet bis zum Schnitzel. Die Produkte sind frisch und wertig, die Speisen haben Geschmack und Aroma. Dazu eine elegante und gleichermaßen gemütliche Atmosphäre.

Toro Negro (N) – Hotel ESPERANTO

Esperantoplatz ✉ 36037 – ✆ (0661) 24 29 10 Stadtplan : B1**a**
– www.hotel-esperanto.de
Karte 23/47 € – *(nur Abendessen)*
Mit der Churrascaria bietet man Ihnen in der 6. Etage nicht nur südamerikanisches Flair, sondern auch typische Grillspezialitäten. Ein Muss ist der brasilianische Klassiker "Rodizio", ein Spieß, der direkt am Tisch geschnitten wird.

GÄRTRINGEN

Baden-Württemberg – 12 250 Ew. – Höhe 476 m – Siehe Regionalatlas **55-G19**
▶ Berlin 657 km – Stuttgart 31 km – Freudenstadt 59 km – Karlsruhe 88 km
Michelin Straßenkarte 545

Bären garni
Daimlerstr. 11 ✉ 71116 – ✆ (07034) 27 60 – www.hotel-baeren-gaertringen.de – geschl. 23. Dezember - 8. Januar
28 Zim – 62/78 € 85/95 €
Freundlichkeit, Sauberkeit und familiäre Führung... das spricht für sich! Zudem ist das Hotel in dem kleinen Gewerbegebiet von der A81 gut erreichbar und die S-Bahn nur wenige Gehminuten enfernt. Im Zimmer gibt's eine Flasche Wasser gratis.

GAIENHOFEN

Baden-Württemberg – 3 230 Ew. – Höhe 425 m – Siehe Regionalatlas **63-G21**
Berlin 757 km – Stuttgart 175 km – Konstanz 33 km – Singen (Hohentwiel) 23 km
Michelin Straßenkarte 545

In Gaienhofen-Hemmenhofen

Höri am Bodensee
Uferstr. 20 ✉ 78343 – ✆ (07735) 81 10 – www.hoeri-am-bodensee.de
80 Zim – 85/150 € 120/232 € – ½ P
Rest *Seensucht* – siehe Restaurantauswahl
Reizvoll liegt das Hotel am Seeufer mit Bootsanleger, schöner Liegewiese und Strandzugang. Die Zimmer sind recht unterschiedlich in der Größe, alle zeitgemäß und wohnlich, meist mit Balkon.

Kellhof
Hauptstr. 318 ✉ 78343 – ✆ (07735) 20 35 – www.kellhof.de – geschl. November - März
14 Zim – 75/85 € 90/150 € – ½ P
Rest – Menü 24/28 € – Karte 27/34 €
Das Fachwerkhaus liegt etwas oberhalb des Sees, ist tipptopp gepflegt (freundlich und wohnlich die Zimmer) und wird engagiert geführt - der Chef kocht übrigens auch selbst, nämlich saisonal-bürgerlich.

Seensucht – Hotel Höri am Bodensee
Uferstr. 20 ✉ 78343 – ✆ (07735) 81 10 – www.hoeri-am-bodensee.de
Menü 28/58 € – Karte 30/51 €
Die Terrasse ist wohl der idyllischte Ort zum Speisen und Verweilen! Und wenn das Wetter mal nicht mitspielt, schauen Sie vom Restaurant (schön ganz in Weiß) durch die großen Panoramfenster auf den See!

In Gaienhofen-Horn

Gasthaus Hirschen (mit Gästehäusern)
Kirchgasse 1 ✉ 78343 – ✆ (07735) 9 33 80 – www.hotelhirschen-bodensee.de
41 Zim – 61/180 € 120/240 € – 8 Suiten – ½ P
Rest – Menü 19/29 € – Karte 17/64 €
Familie Amann hat hier nicht nur einen traditionsreichen Gasthof, sondern auch ein modernes Hotel: Besonders schön sind die Landhaussuiten in der Villa Maria sowie die Superior-Zimmer und Panoramasuiten im Neubau! Dazu kommen der hübsche Garten, das gemütlich-ländliche Restaurant und die charmante Terrasse.

Wie entscheidet man sich zwischen zwei gleichwertigen Adressen?
In jeder Kategorie sind die Häuser nochmals geordnet, die besten Adressen stehen an erster Stelle.

GAILDORF

Baden-Württemberg – 12 290 Ew. – Höhe 329 m – Siehe Regionalatlas **56-H18**
Berlin 557 km – Stuttgart 69 km – Aalen 43 km – Schwäbisch Gmünd 29 km
Michelin Straßenkarte 545

In Gaildorf-Unterrot Süd: 3 km über B 298

Kocherbähnle Rest,

Schönberger Str. 8 ✉ 74405 – ✆ (07971) 26 09 50 – www.kocherbaehnle.de – geschl. August 3 Wochen

16 Zim – 48/52 € 76/86 € – ½ P

Rest – Menü 19/36 € – Karte 23/40 € – *(geschl. August 3 Wochen, über Fasching 1 Woche und Sonntagabend - Montag)*

Vor über 30 Jahren hat Ulrich Oesterle aus der ehemaligen Bahnhofswirtschaft sein kleines Hotel gemacht und betreibt es bis heute engagiert zusammen mit seiner Frau Wiltrud. In den wohnlichen Zimmern (neuzeitlich oder rustikal) werden Sie sich ebenso wohlfühlen wie in den netten Restaurantstuben oder auf der herrlichen überdachten Terrasse! Ein Muss sind die Maultaschen und natürlich der Kartoffelsalat!

GANDERKESEE

Niedersachsen – 30 930 Ew. – Höhe 27 m – Siehe Regionalatlas **17-F6**

Berlin 409 km – Hannover 140 km – Bremen 22 km – Oldenburg 31 km

Michelin Straßenkarte 541

In Ganderkesee-Stenum Nord: 6 km, jenseits der A 28

Backenköhler (mit Gästehaus)

Dorfring 40 ✉ 27777 – ✆ (04223) 7 30 – www.hotel-backenkoehler.de

48 Zim – 66/77 € 107/111 € – 2 Suiten – ½ P

Rest – Karte 19/33 € – *(Montag - Donnerstag nur Abendessen)*

Sie wohnen im Gästehaus des reetgedeckten Landhauses. Wohltuende warme Töne in den Zimmern und im Kosmetikbereich. Aufwändig die Wellness-Juniorsuite, zudem Romantik-Juniorsuite und -Suite. Biergarten und Terrasse ergänzen das Restaurant.

GANGELT

Nordrhein-Westfalen – 11 710 Ew. – Höhe 72 m – Siehe Regionalatlas **35-A12**

Berlin 634 km – Düsseldorf 76 km – Köln 92 km – Mönchengladbach 55 km

Michelin Straßenkarte 543

Mercator Rest,

Burgstr. 6 ✉ 52538 – ✆ (02454) 9 35 50 – www.mercator-hotel.de

17 Zim – 95/109 € 159/179 € – 2 Suiten

Rest – Menü 35 € – Karte 26/44 € – *(geschl. Montag) (nur Abendessen)*

Das Gebäude der einstigen Volksschule von 1908 wurde um einen Anbau erweitert und ist heute ein kleines Hotel mit zeitgemäßen, wohnlich-eleganten Zimmern und reizvollem Spabereich. Angenehm licht ist das Wintergartenrestaurant mit Bar und schöner Terrasse.

GARBSEN

Niedersachsen – 61 660 Ew. – Höhe 54 m – Siehe Regionalatlas **18-H8**

Berlin 304 km – Hannover 17 km

Michelin Straßenkarte 541

In Garbsen-Berenbostel

Landhaus am See (mit Gästehaus)

Seeweg 27 ✉ 30827 – ✆ (05131) 4 68 60 – www.landhausamsee.de

45 Zim – 80/125 € 105/150 €

Rest *Landhaus am See* – siehe Restaurantauswahl

Wie gemalt liegt die Villa auf einem herrlichen Gartengrundstück am See. Die im Landhausstil gehaltenen Zimmer, teilweise mit Balkon, sind modern und elegant - auch Maisonetten.

XX **Landhaus am See** – Hotel Landhaus am See

Seeweg 27 ✉ 30827 – ✆ (05131) 4 68 60 – www.landhausamsee.de – geschl. Sonntag

Menü 27 € (mittags)/83 € – Karte 40/58 €

Wenn das Wetter es zulässt, sollten Sie unbedingt auf der Terrasse den Blick in den Garten und auf den See genießen! Schön ist auch der Biergarten am Haus. Es wird frisch gekocht - mittags kann man preiswerter, aber ebenso schmackhaft essen.

GARMISCH-PARTENKIRCHEN

Bayern – 26 180 Ew. – Höhe 708 m – Siehe Regionalatlas **65-K22**

Berlin 675 km – München 89 km – Augsburg 117 km – Innsbruck 60 km

Michelin Straßenkarte 546

Reindl's Partenkirchner Hof

Bahnhofstr. 15 ✉ *82467 – ✆ (08821) 94 38 70* Stadtplan : B2**r**
– www.reindls.de – geschl. November

52 Zim – 92/180 € 132/210 € – 10 Suiten – ½ P

Rest *Reindl's Restaurant* – siehe Restaurantauswahl

Gleich zwei Generationen kümmern sich in dem gewachsenen Hotel um den Gast. Ein schönes Haus: wohnliche Zimmer (einige sehr hübsch mit rustikaler Täferung!), moderner Saunabereich, herrlicher Blick aufs Wettersteingebirge... Eine einfachere Alternative zu Reindl's Restaurant ist die Brasserie.

Staudacherhof

Rest,

Höllentalstr. 48 ✉ *82467 – ✆ (08821) 92 90* Stadtplan : A2**v**
– www.staudacherhof.de

39 Zim – 120/165 € 220/320 € – 2 Suiten – ½ P

Rest – Menü 39/89 € – Karte 31/59 € – *(nur Abendessen)*

Schon der herzliche Empfang gibt einem das Gefühl, hier gut aufgehoben zu sein. Dieser Eindruck bestätigt sich auf überaus angenehme Weise in den liebenswert dekorierten Zimmern (Kaffeemaschine, Obst, Minibar gratis), am reichhaltigen und frischen Frühstücksbuffet und im tollen "Alpinum Spa". HP inklusive.

Rheinischer Hof (mit Gästehaus)

Zugspitzstr. 76 (über A2, Richtung Grainau) ✉ *82467 – ✆ (08821) 91 20*
– www.rheinischerhof-garmisch.de

35 Zim – 69/115 € 98/145 € – 4 Suiten – ½ P

Rest – Menü 17/26 € – Karte 21/30 € – *(nur Abendessen)*

Seit vielen Jahren führt die Inhaberfamilie dieses wohnliche Ferienhotel und verbessert immer wieder! Viele der Zimmer (teils im Haus Windrose vis-à-vis) haben Südbalkone, hier hat man's schön sonnig. Buchen Sie doch mal eine Massage oder Kosmetikanwendung im Haus!

Zugspitze
Zim, Rest,

Klammstr. 19 ✉ 82467 – ✆ (08821) 90 10 Stadtplan : A2**z**
– www.hotel-zugspitze.de
44 Zim – 90/130 € 140/280 € – 4 Suiten – ½ P
Rest *Joseph Naus Stub'n* – Menü 28/90 € – Karte 32/56 € – *(nur Abendessen)*
Ein wohnliches Urlaubshotel mit alpenländischem Charme. Zimmer meist mit Balkon und Bergblick, in der Lobby iPad, Internetterminal und Kaminraum, im Restaurant internationale und regionale Küche, "Zugspitz Stad'l" als Bar und Café. Außerdem: Spa vom Heustadel bis zur Taiji-Schule.

Hotel-Gasthof Schatten
Zim,

Sonnenbergstr. 10 ✉ 82467 – ✆ (08821) 9 43 08 90 Stadtplan : B1**c**
– www.hotel-schatten.de – geschl. November
22 Zim – 70/86 € 90/122 € – ½ P
Rest – Karte 17/36 € – *(geschl. Mittwoch)*
Einen schönen bayerischen Gasthof hat Familie Baudrexl hier. Sie wohnen in freundlichen Zimmern, die meist nach Süden liegen und Bergblick bieten (besonders geräumig die beiden Juniorsuiten unterm Dach) und speisen in gemütlichrustikaler Atmosphäre. Di. und Sa. spielt Musik und es wird Schuhplattler getanzt!

Reindl's Restaurant – Hotel Reindl's Partenkirchner Hof

Bahnhofstr. 15 ✉ 82467 – ✆ (08821) 94 38 70 Stadtplan : B2**r**
– www.reindls.de – geschl. November
Menü 28/32 € – Karte 29/46 €
Unter der Leitung von Gastgeberin Marianne Holzinger wird hier regional und klassisch gekocht, z. B. "Kalbsnierchen in Balsamicojus" oder "Lammcarré mit Kräutern mariniert" - und als Dessert vielleicht "Grießflammerie mit Mango"?

Husar

Fürstenstr. 25 ✉ 82467 – ✆ (08821) 9 67 79 22 Stadtplan : A1**a**
– www.restauranthusar.de – geschl. Juni und Montag
Karte 32/78 € – *(nur Abendessen, sonntags auch Mittagessen)* (Tischbestellung ratsam)
Schon die denkmalgeschützte Fassade mit Lüftlmalerei macht Lust auf einen Besuch. Drinnen charmantes, gemütliches Interieur und die herzlichen Gastgeber Verena Merget und Christian Pietrzak, und dann wäre da noch die gute Küche: Tafelspitz mit Meerrettich, frische Seezunge...!

vaun N

Zugspitzenstr. 2 ✉ 82467 – ✆ (08821) 7 30 81 87 Stadtplan : A2**a**
– www.restaurant-vaun.de – geschl. Sonntag und an Feiertagen
Karte 27/42 € – *(nur Abendessen)*
In dem legeren kleinen Restaurant setzt man auf gute, frische Produkte - man züchtet Hühner, geht fischen, sammelt Kräuter... Daraus entstehen dann interessant zusammengestellte Gerichte wie "Spanferkelrücken sous-vide gegart mit salzigem Schmarrn und Kreuzkümmel-Soja-Reduktion".

GARREL
Niedersachsen – 13 410 Ew. – Höhe 20 m – Siehe Regionalatlas **17**-E7
Berlin 449 km – Hannover 190 km – Bremen 73 km – Lingen 80 km
Michelin Straßenkarte 541

Auehof
Rest, Zim,

Nikolausdorfer Str. 21 (Nord-Ost: 1,5 km) ✉ 49681 – ✆ (04474) 9 48 40
– www.der-auehof.de
19 Zim – 50/60 € 85/95 € – 1 Suite – ½ P
Rest – Karte 16/34 € – *(nur Abendessen, sonntags auch Mittagessen)*
Das kleine Hotel befindet sich etwas außerhalb des Ortes und verfügt über freundliche Zimmer zu einem guten Preis-Leistungs-Verhältnis, W-Lan ist kostenfrei. Im Restaurant serviert man eine moderne bürgerlich-regionale Küche.

Zur Post (mit Gästehaus)
Hauptstr. 34 ✉ 49681 – ✆ (04474) 80 00 – www.hotelpost-garrel.de
30 Zim – 60/100 € 90/130 €
Rest – Menü 23 € – Karte 23/49 € – *(nur Abendessen)*
Der Inhaber bietet in seinem Hotel in der Ortsmitte hell, wohnlich und neuzeitlich gestaltete Zimmer, im Gästehaus sind sie großzügiger geschnitten. W-Lan gratis. Frisch ist auch das Ambiente in Frühstücksraum und Restaurant, ergänzt durch die Poststube.

GAU-BISCHOFSHEIM

Rheinland-Pfalz – 1 860 Ew. – Höhe 133 m – Siehe Regionalatlas **47-E15**
Berlin 594 km – Mainz 13 km – Neustadt an der Weinstraße 89 km – Frankfurt am Main 49 km
Michelin Straßenkarte 543

Weingut Nack
Pfarrstr. 13 ✉ 55296 – ✆ (06135) 30 43 – www.restaurant-nack.de – geschl. Montag - Dienstag
Menü 25/45 € – Karte 20/56 €
In dem historischen Weingut bietet man die Menüs "Classic" oder "Selection" sowie internationale Gerichte. Serviert wird im eleganten Tonnengewölbe und in der Weinstube mit rustikaler Note.

GEDERN

Hessen – 7 480 Ew. – Höhe 315 m – Siehe Regionalatlas **38-G14**
Berlin 505 km – Wiesbaden 100 km – Darmstadt 99 km – Gießen 59 km
Michelin Straßenkarte 543

Schlosshotel
Schlossberg 5 ✉ 63688 – ✆ (06045) 9 61 50 – www.schlosshotel-gedern.de
12 Zim – 69/75 € 75/110 € – ½ P
Rest – Menü 32/48 € – Karte 32/42 € – *(Montag - Freitag nur Abendessen)*
In dem hübschen Schloss a. d. 13. Jh. wohnen die Gäste in gepflegten, behaglich eingerichteten Zimmern mit Holzfußboden und Altbau-Flair. Das Restaurant: Eleonore- und Ritterstube sowie das "Gefängnis". Bemerkenswert sind der Wappen- und der Gartensaal.

GEESTHACHT

Schleswig-Holstein – 29 490 Ew. – Höhe 27 m – Siehe Regionalatlas **10-J5**
Berlin 265 km – Kiel 118 km – Hamburg 30 km – Hannover 167 km
Michelin Straßenkarte 541

Lindenhof Rest,
Johannes-Ritter-Str. 38 ✉ 21502 – ✆ (04152) 8 46 70 – www.lindenhof-geesthacht.de
25 Zim – 43/69 € 69/84 € – ½ P
Rest – Karte 18/27 € – *(geschl. Sonntag sowie an Feiertagen) (nur Abendessen)*
Gemütlich und charmant hat man diesen Familienbetrieb eingerichtet. Kein Zimmer gleicht hier dem anderen, viele sind Themenzimmer, wie z. B. Frosch oder Werft. Das liebenswert maritim gestaltete Restaurant Brasserie bietet internationale und regionale Speisen.

GEHRDEN

Niedersachsen – 14 610 Ew. – Höhe 76 m – Siehe Regionalatlas **18-H9**
Berlin 300 km – Hannover 14 km – Bielefeld 96 km – Osnabrück 125 km
Michelin Straßenkarte 541

Berggasthaus Niedersachsen

Köthnerberg 4 (über Gartenstraße, Süd-West: 1 km) ✉ 30989 – ✆ (05108) 31 01 – www.berggasthaus-niedersachsen.de – geschl. Montag - Dienstag, außer an Feiertagen

Menü 30/78 € – Karte 27/77 € – *(Mittwoch - Freitag nur Abendessen)* (Tischbestellung ratsam)

Viele Stammgäste besuchen diese historische Adresse auf dem Gehrdener Berg und lassen sich in der ehemaligen Stuhlremise saisonale Speisen servieren. Herrliche Terrasse zum Park.

GEILENKIRCHEN

Nordrhein-Westfalen – 28 340 Ew. – Höhe 80 m – Siehe Regionalatlas **35-A12**

Berlin 622 km – Düsseldorf 69 km – Aachen 38 km – Mönchengladbach 40 km

Michelin Straßenkarte 543

City Hotel garni

Theodor-Heuss-Ring 15 ✉ 52511 – ✆ (02451) 62 70 – www.cityhotel-geilenkirchen.de

47 Zim – †70/75 € ††89 €, ☕ 9 €

Das Hotel ist einfach praktisch: Es liegt zentral, hat funktionelle Zimmer und Appartements mit kleiner Küche, eine Flasche Mineralwasser im Zimmer sowie W-Lan sind gratis. Die Einzelzimmer sind zwar eher klein, haben aber eine Dampfdusche. Für einen Snack zwischendurch gibt's das Bistro "Café Fleur". Tipp: kostenloses Parkhaus ca. 100 m entfernt.

GEISELWIND

Bayern – 2 390 Ew. – Höhe 345 m – Siehe Regionalatlas **49-J16**

Berlin 458 km – München 237 km – Nürnberg 70 km – Bamberg 55 km

Michelin Straßenkarte 546

Landhotel Geiselwind

Rest,

Friedrichstr. 10 ✉ 96160 – ✆ (09556) 9 22 50 – www.landhotel-geiselwind.de

52 Zim ☕ – †49/75 € ††94/105 € – ½ P

Rest – Menü 20/55 € – Karte 19/39 €

Das Businesshotel liegt nur wenige Minuten von der Autobahn entfernt, aber dennoch relativ ruhig neben einem Golfplatz. Die Zimmer sind funktionell ausgestattet, meist mit Wohnecke. Bürgerliches Angebot im Restaurant mit Bistro.

Krone

Kirchplatz 2 ✉ 96160 – ✆ (09556) 92 38 00 – www.krone-hotel.net

25 Zim ☕ – †45/60 € ††60/85 € – ½ P

Rest – Karte 12/26 € – *(Montag - Samstag nur Abendessen)*

In dem gewachsenen Gasthof unter familiärer Leitung stehen hell und zeitgemäß eingerichtete Zimmer bereit, einige mit Balkon. Einfachere Zimmer in einem Gästehaus nicht weit vom Hotel. Gaststube mit bürgerlichem Speisenangebot.

GEISENHEIM

Hessen – 11 560 Ew. – Höhe 88 m – Siehe Regionalatlas **47-E15**

Berlin 590 km – Wiesbaden 28 km – Bad Kreuznach 68 km – Koblenz 68 km

Michelin Straßenkarte 543

Beim Kloster Marienthal Nord: 4 km

Waldhotel Rheingau

Marienthaler Str. 20 ✉ 65366 Geisenheim – ✆ (06722) 9 96 00 – www.waldhotel-rheingau.de

60 Zim ☕ – †88/98 € ††125/165 € – ½ P

Rest – Menü 25 € (abends)/45 € – Karte 20/31 €

Franziskaner-, Chorherren-, Bischof-, Kardinal-Zimmer... hier genießt man die Ruhe der klösterlichen Nachbarschaft! Der traditionsreiche Familienbetrieb (5. Generation) hat auch Massage- und Beauty-Anwendungen zu bieten und ist zudem für Tagungen ideal. Bei dieser schönen Lage lockt natürlich die (überdachte) Restauranterrasse zum Tal!

In Geisenheim-Johannisberg Nord: 4,5 km in Richtung Presberg

Burg Schwarzenstein

Rosengasse 32 ✉ 65366 – ✆ (06722) 9 95 00 – www.burg-schwarzenstein.de – geschl. 1. - 11. Januar

37 Zim – 🚹160/220 € 🚹🚹240/300 €, ☕ 25 € – 2 Suiten

Rest ***Gourmetrestaurant Schwarzenstein*** ✿ **Rest** ***Burgrestaurant*** – siehe Restaurantauswahl

Die wunderschöne Lage über dem Rheingau in den Weinbergen, hochwertiges modern-elegantes Interieur in ruhigen Tönen, das engagierte Team um Familie Teigelkamp... so wohnt man in der Parkresidenz. Und haben Sie schon den tollen Mammutbaum im Park gesehen?

Haus Neugebauer

Haus Neugebauer 1 (Nahe der Straße nach Presberg, Nord-West: 2,5 km) ✉ 65366 – ✆ (06722) 9 60 50 – www.hotel-neugebauer.de – geschl. Januar - Februar und Anfang - Mitte August

20 Zim ☕ – 🚹75/95 € 🚹🚹110/145 € – ½ P

Rest – Karte 24/45 € – *(geschl. November - März: Montag - Dienstag)*

Ein hübsches Bild ist das einstige Schulhaus von 1850 mit seiner schmucken Natursteinfassade. Nicht minder reizvoll sind die ruhige Lage im Wald und der Blick ins Grüne, den man auf der Restaurantterrasse besonders gut genießen kann. Treue Stammgäste buchen immer wieder gerne Zimmer Nr. 2 oder Nr. 27 - schön sind aber auch die Zimmer nach Süden!

Gourmetrestaurant Schwarzenstein

✿

Rosengasse 32 ✉ 65366 – ✆ (06722) 9 95 00 – www.burg-schwarzenstein.de – geschl. 1. - 20. Januar und Montag - Dienstag

Menü 80/165 € – *(nur Abendessen)*

Kreative Gerichte mit Tiefgang, dafür steht Dirk Schröer. Er bringt ausgesprochen interessante und stimmige Kombinationen auf den Teller, modern und technisch sehr exakt. Und dann ist da noch der einmalige Blick... Schön, dass sich die Rundumverglasung des Pavillons im Sommer öffnen lässt!

→ Rote Wildgarnele, Gurke und Auster. Iberico Schwein, Rhabarber, weiße Zwiebeln und schwarzer Pfeffer. Banane, schwarzer Tee und Frischkäse.

Burgrestaurant – Hotel Burg Schwarzenstein

Rosengasse 32 ✉ 65366 – ✆ (06722) 9 95 00 – www.burg-schwarzenstein.de – geschl. 1. - 11. Januar

Menü 45/59 € – Karte 42/67 €

Das Lokal befindet sich im historischen Teil der Burg. Genießen Sie auf der Laubenterrasse sitzend oder von einem der Fensterplätze bei schmackhaftem Essen den einzigartigen Blick.

GEISINGEN

Baden-Württemberg – 5 990 Ew. – Höhe 667 m – Siehe Regionalatlas **62**-F21

Berlin 754 km – Stuttgart 128 km – Konstanz 56 km – Singen (Hohentwiel) 30 km

Michelin Straßenkarte 545

Zum Hecht mit Zim

Hauptstr. 41 ✉ 78187 – ✆ (07704) 2 81 – www.zumhecht.de – geschl. Montag - Dienstag

6 Zim ☕ – 🚹38/48 € 🚹🚹68/78 € – ½ P

Menü 44/68 € – Karte 38/54 € – *(nur Abendessen)*

Außen fällt die markant rote Fassade auf, innen die schöne Dekoration in Form von moderner Kunst an den Wänden und geschmackvoll arrangierten Blumen - Letztere orientieren sich ebenso an der Saison wie die Küche, die vom Chef auf klassisch-mediterraner Basis zubereitet wird.

GEISLINGEN an der STEIGE

Baden-Württemberg – 26 830 Ew. – Höhe 464 m – Siehe Regionalatlas **56**-I19

Berlin 594 km – Stuttgart 58 km – Göppingen 18 km – Heidenheim an der Brenz 30 km

Michelin Straßenkarte 545

In Geislingen-Weiler ob Helfenstein Ost: 3 km – Höhe 640 m

Burghotel garni

Schalkstetter Str. 1 ✉ 73312 – ✆ (07331) 9 32 60 – www.burghotel-schiehle.de – geschl. 21. Dezember - 6. Januar

23 Zim – †69/85 € ††105/119 €

Alles hier ist tipptopp gepflegt - darauf sind Mutter und Töchter Schiehle sehr bedacht! Vieles spricht für ihr Haus: die ruhige Lage, wohnliche Zimmer (fragen Sie nach den renovierten), die Frühstücksterrasse, das komfortable Hallenbad und natürlich auch die herzlichen Gastgeberinnen selbst.

GELDERN

Nordrhein-Westfalen – 33 640 Ew. – Höhe 25 m – Siehe Regionalatlas **25-B10**

Berlin 580 km – Düsseldorf 64 km – Duisburg 43 km – Krefeld 30 km

Michelin Straßenkarte 543

See Park Janssen

Danziger Str. 5 ✉ 47608 – ✆ (02831) 92 90 – www.seepark.de

64 Zim – †81/97 € ††117/186 € – ½ P

Rest – Menü 28 € (mittags)/40 € – Karte 24/53 €

Panoramapool, Fitness mit Betreuung, hochwertiges Beautyprogramm... neben der Lage am See und den hellen, freundlichen Zimmern trumpft das Haus mit Spa-Vielfalt auf rund 8000 qm. Dazu kommt der Golfplatz gleich nebenan. Ansprechend auch das geradlinig-moderne Restaurant und die Terrasse, beide zum See hin.

In Geldern-Walbeck Süd-West: 6 km

Alte Bürgermeisterei

Walbecker Str. 2 ✉ 47608 – ✆ (02831) 8 99 33 – www.alte-buergermeisterei.de – geschl. Juli und Montag - Dienstag

Menü 55/69 € – Karte 46/58 €

Enoteca – Karte 25/44 €

Gemütlich-elegantes Restaurant in dem einstigen Gutshof und Amtshaus. Schön ist der Mix aus historischen Elementen und modernen Bildern. Da sitzt man gerne bei klassischer Küche und guten offen ausgeschenkten Weinen. Einfacher das italienisch-mediterrane Angebot in der Enoteca.

GELNHAUSEN

Hessen – 21 570 Ew. – Höhe 159 m – Siehe Regionalatlas **48-G14**

Berlin 508 km – Wiesbaden 84 km – Fulda 59 km – Frankfurt am Main 42 km

Michelin Straßenkarte 543

Altstadthotel

Untermarkt 17 ✉ 63571 – ✆ (06051) 97 79 80 – www.altstadthotel-gelnhausen.de

11 Zim – †54/126 € ††78/158 € – 3 Suiten

Rest *Altes Weinkellerchen* – ✆ (06051) 31 80 – Menü 28/38 € – Karte 20/52 € – *(geschl. 14. - 30. Juli) (nur Abendessen)*

Das kleine Hotel ist ein schmuckes Fachwerkhaus in zentraler Lage am Marktplatz. Die Zimmer und Studios sind individuell, wertig und technisch gut ausgestattet. Urig und gemütlich ist das Alte Weinkellerchen im historischen Gewölbe - viele Stammgäste kehren immer wieder hier ein.

Bergschlösschen

Am Schlößchen 4 ✉ 63571 – ✆ (06051) 47 26 47 – www.restaurant-bergschloesschen.de – geschl. Oktober und Dienstag, Samstagmittag

Menü 35/60 € – Karte 36/52 €

In einmalig schöner Lage bietet Leonardo Gazzella hier authentisch italienische Küche. Je nach Saison bekommen Sie bretonischen Hummer, weiße Trüffel und immer topfrischen Fisch! Das Olivenöl holt der Chef höchstpersönlich aus Apulien!

GELSENKIRCHEN

Nordrhein-Westfalen – 256 660 Ew. – Höhe 52 m – Siehe Regionalatlas **26-C11**
Berlin 516 km – Düsseldorf 44 km – Dortmund 32 km – Essen 11 km
Michelin Straßenkarte 543

In Gelsenkirchen-Buer

Courtyard by Marriott
Parkallee 3 ✉ 45891 – ✆ (0209) 86 00 – www.courtyardgelsenkirchen.de
194 Zim – 🚹106/118 € 🚹🚹106/118 €, ☕ 19 € – 4 Suiten **Rest** – Karte 19/64 €
Ein modern-komfortables Hotel neben der Veltins-Arena mit technisch sehr gut ausgestatteten Zimmern und schönen Suiten. Direkter Zugang zum "medicos.AufSchalke"-Gesundheitszentrum. Neuzeitliches Restaurant mit mediterraner Küche.

Buerer Hof garni
Hagenstr. 4 ✉ 45894 – ✆ (0209) 93 34 30 – www.buerer-hof.de
24 Zim ☕ – 🚹85/98 € 🚹🚹110 €
Das persönlich geführte Hotel liegt nahe der Fußgängerzone und bietet wohnliche Zimmer mit kostenfreiem W-Lan und einen netten Frühstücksraum mit guter Buffetauswahl.

Ambient-Hotel Zum Schwan Zim, Zim,
Urbanusstr. 40 ✉ 45894 – ✆ (0209) 31 83 30 – www.schwanhotel.de
17 Zim ☕ – 🚹65/109 € 🚹🚹89/159 € – 1 Suite
Rest – *(geschl. Freitag - Sonntag) (nur für Hausgäste)*
Mit Engagement und Herzlichkeit schafft Familie Hiltrop hier eine angenehme Atmosphäre. Wohnliche Zimmer mit guter Technik. Am Morgen überzeugt das leckere Frühstück in freundlichem Ambiente. Restaurant im Bistrostil.

GEMÜNDEN am MAIN

Bayern – 10 600 Ew. – Höhe 160 m – Siehe Regionalatlas **49-H15**
Berlin 507 km – München 319 km – Würzburg 42 km – Frankfurt am Main 88 km
Michelin Straßenkarte 546

Zum Koppen
Obertorstr. 22, (Anfahrt über Mainstraße) ✉ 97737 – ✆ (09351) 9 75 00 – www.hotel-koppen.de – geschl. 16. Februar - 9. März, 26. Oktober - 9. November
10 Zim ☕ – 🚹48/65 € 🚹🚹80/95 € – ½ P
Rest – Karte 26/47 € – *(geschl. Montag) (nur Abendessen)*
Im Laufe von 500 Jahren Beherbergungsbetrieb hat sich einiges verändert. Heute wohnt man in dem hübschen alten Sandsteinhaus schön modern - das erfahren auch viele Radwanderer (Main-Radweg)! Die Gaststuben ländlich-rustikal, das Vitrum frisch und licht.

In Gemünden-Langenprozelten West: 2 km

Imhof
Frankenstr. 1 ✉ 97737 – ✆ (09351) 9 71 10 – www.hotel-imhof.de
32 Zim ☕ – 🚹54/59 € 🚹🚹79/94 € – ½ P **Rest** – Karte 15/34 €
Der zum Hotel erweiterte Gasthof wird familiär geführt und verfügt über funktionell eingerichtete Zimmer - im Stammhaus unterstreichen frische Farben die moderne Note. Man hat ein bürgerliches Restaurant und zudem Räume für Feierlichkeiten.

GENGENBACH

Baden-Württemberg – 11 030 Ew. – Höhe 175 m – Siehe Regionalatlas **54-E19**
Berlin 756 km – Stuttgart 160 km – Karlsruhe 90 km – Villingen-Schwenningen 68 km
Michelin Straßenkarte 545

Schwarzwaldhotel Gengenbach

In der Börsiglache 4 ✉ 77723 – ✆ (07803) 9 39 00 – www.schwarzwaldhotel-gengenbach.de
59 Zim – 79/111 € 107/139 € – ½ P
Rest – Menü 18/45 € – Karte 21/45 €
Großzügig, hell und funktional sind hier die Zimmer, darunter auch Appartements mit Küchenzeile. Auch gute Tagungsmöglichkeiten und internationale Küche hat das gepglegte Haus an der Kinzig zu bieten.

Stadthotel Pfeffermühle garni

Oberdorfstr. 24 ✉ 77723 – ✆ (07803) 9 33 50 – www.pfeffermuehle-gengenbach.de
25 Zim – 50/65 € 78/90 €
Es sind nur wenige Schritte und schon ist man in der historischen Altstadt! Und das Haus selbst? Es ist sehr gepflegt und wird von Familie Armbruster mit Engagement geführt. Fragen Sie nach den neueren Zimmern - sie sind schön zeitgemäß gestaltet.

Die Reichsstadt

Engelgasse 33 ✉ 77723 – ✆ (07803) 9 66 30 – www.die-reichsstadt.de
23 Zim – 95/155 € 140/185 € – 4 Suiten – ½ P
Rest ***Die Reichsstadt*** – siehe Restaurantauswahl
Sie wohnen nicht nur direkt in der Altstadt, sondern auch noch in einem ganz reizenden und gleichermaßen schicken kleinen Hotel, in dem die Chefin Altes und Neues wirklich sehr gekonnt miteinander verbunden hat. Schöne moderne, individuelle Zimmer sind Ihnen hier ebenso gewiss wie herzlicher Service, und als Besonderheit die tolle Skylounge auf dem Dach mit Blick über die Stadt! Nicht zu vergessen die hübsche Sauna und der Garten...

Pfeffer & Salz

Mattenhofweg 3 ✉ 77723 – ✆ (07803) 9 34 80 – www.pfefferundsalz-gengenbach.de
12 Zim – 50/54 € 78/84 € – ½ P
Rest – Menü 24/35 € – Karte 17/44 € – *(geschl. Januar 2 Wochen und Mittwoch) (Montag - Freitag nur Abendessen)*
Eine tipptopp gepflegte, familiäre und ruhige Adresse führt Julia Huber hier oberhalb der Altstadt, während ihr Mann Simon als Jungwinzer das dazugehörige Weingut samt kleiner Vinothek leitet. Im Restaurant und auf der großen Terrasse bietet man Internationales und Regionales - beliebt bei Paaren ist das "Twingle-Menü" inklusive heimischem Wein.

Die Reichsstadt – Hotel Die Reichsstadt

Engelgasse 33 ✉ 77723 – ✆ (07803) 9 66 30 – www.die-reichsstadt.de – geschl. Montag - Dienstagmittag
Menü 40/94 € – Karte 35/73 €
Möchten Sie regional speisen oder lieber gehobener? Neben "badischem Zanderfilet auf Apfelsauerkraut" und "Wildragout mit Spätzle" können Sie auch "Jakobsmuschel und Hummer auf Steinpilzcarpaccio" oder "Lammrücken mit Pestokruste und Lammfilet in Lardo" wählen - und das im Sommer unbedingt draußen, denn das charmante historische Gasthaus hat eine der bezauberndsten Terrassen überhaupt!

Pfeffermühle

Victor-Kretz-Str. 17 ✉ 77723 – ✆ (07803) 9 33 50 – www.pfeffermuehle-gengenbach.de – geschl. Donnerstag
Menü 18 € (mittags)/56 € – Karte 21/53 €
Im Herzen der mittelalerlichen Stadt (ca. 350 m vom gleichnamigen Hotel entfernt) haben die Armbrusters ein gemütlich-rustikales kleines Fachwerkhaus von 1476, und das bereits seit über 40 Jahren. Sohn Axel ist für die regional geprägte Küche verantwortlich, seine Frau leitet den Service. Neben der Terrasse (hier kann man das rege Treiben vor dem Haus beobachten) hat man im 1. Stock noch einen Salon sowie das "Nachtwächterstüble" - letzteres bietet auf Vorbestellung für 4-8 Personen ein spezielles Menü sowie eine Führung!

In Berghaupten West: 2,5 km

Hirsch

Dorfstr. 9 ✉ 77791 – ✆ (07803) 9 39 70 – www.hirsch-berghaupten.de
19 Zim – 🚹58/63 € 🚹🚹82/92 €, ☕ 6 € – 3 Suiten – ½ P
Rest *Hirsch* – siehe Restaurantauswahl
Wer in dem gewachsenen Haus der Familie Faißt wohnt, wird freundlich umsorgt und schläft in geräumigen, schön wohnlich gestalteten Zimmern. Und wenn Sie morgens Anlaufschwierigkeiten haben: Es gibt sehr guten Kaffee!

Hirsch – Hotel Hirsch

Dorfstr. 9 ✉ 77791 – ✆ (07803) 9 39 70 – www.hirsch-berghaupten.de – geschl. über Fastnacht 10 Tage, August 10 Tage und Montag - Dienstagmittag
Menü 36/54 € – Karte 24/48 €
Nicht nur zum Übernachten ist der "Hirsch" eine gute Wahl: In den hübschen ländlichen Stuben sitzt man gemütlich und aufmerksam von Familie Faißt betreut bei schmackhaften und frischen klassischen Gerichten wie "Lammrücken mit Kräutern rosé gebraten, Marktgemüse und Kartoffelgratin". Keine Frage, im Sommer ist die Terrasse beliebt.

GERA

Thüringen – 98 770 Ew. – Höhe 203 m – Siehe Regionalatlas **41-M12**
▶ Berlin 238 km – Erfurt 88 km – Bayreuth 127 km – Chemnitz 69 km
Michelin Straßenkarte 544

penta Rest,

Gutenbergstr. 2a ✉ 07548 – ✆ (0365) 2 90 90 – www.pentahotels.com
164 Zim – 🚹59/159 € 🚹🚹59/159 €, ☕ 14 € – 1 Suite – ½ P
Rest – Menü 15/55 € – Karte 25/45 €
Ein zeitgemäßes Hotel, das besonders auf den Businessgast ausgelegt ist und recht geräumige, wohnlich eingerichtete Zimmer bietet. Freundlich gestaltetes Restaurant mit internationaler Küche.

GERETSRIED

Bayern – 23 390 Ew. – Höhe 605 m – Siehe Regionalatlas **65-L21**
▶ Berlin 629 km – München 44 km – Garmisch-Partenkirchen 64 km – Innsbruck 99 km
Michelin Straßenkarte 546

In Geretsried-Gelting Nord-West: 6 km über B 11

Neu Wirt Zim,

Wolfratshauser Str. 24 ✉ 82538 – ✆ (08171) 4 25 20 – www.neuwirt-gelting.de
29 Zim ☕ – 🚹85/90 € 🚹🚹99/110 € **Rest** – Karte 19/52 € – *(geschl. Mittwoch)*
Der Landgasthof mit seinen hellen, freundlichen Zimmern (im Dachgeschoss besonders geräumig) ist unter der Woche vor allem bei Businessgästen beliebt, am Wochenende ist er ein guter Tipp für Radfahrer (gleich am Loisachkanal beginnen schöne Wege) - nach der Tour kommt der Biergarten am Haus wie gerufen!

GERLINGEN

Baden-Württemberg – 19 230 Ew. – Höhe 336 m – Siehe Regionalatlas **55-G18**
▶ Berlin 635 km – Stuttgart 15 km – Karlsruhe 69 km – Tübingen 57 km
Michelin Straßenkarte 545

Siehe Stadtplan Stuttgart (Umgebungsplan)

Krone (mit Gästehaus)

Hauptstr. 28 ✉ 70839 – ✆ (07156) 4 31 10 Stadtplan : A2**e**
– www.krone-gerlingen.de
62 Zim – 🚹81/148 € 🚹🚹113/178 €, ☕ 8 €
Rest – Karte 21/45 € – *(geschl. August 2 Wochen und Samstagmittag, Sonntag)*
Der historische Gasthof unter familiärer Leitung ist ein zeitgemäßes Hotel mit wohnlichen Zimmern, teilweise als Appartement mit offenem Kamin. Unterverpachtetes Restaurant mit unkomplizierter italienischer Küche. Rustikales Kaminzimmer für Raucher.

GERNSBACH

Baden-Württemberg – 14 310 Ew. – Höhe 174 m – Siehe Regionalatlas **54**-E18
Berlin 705 km – Stuttgart 91 km – Karlsruhe 34 km – Baden-Baden 11 km
Michelin Straßenkarte 545

Schloss Eberstein

Schloss Eberstein 1 ✉ 76593 – ✆ (07224) 99 59 50 – www.schlosseberstein.com
12 Zim – 115/140 € 158/180 € – 2 Suiten
Rest *Schloss Eberstein* ✿ **Rest *Schloss-Schänke*** – siehe Restaurantauswahl
Das Schloss in wunderbarer Aussichtslage am hauseigenen Weinberg hat Charme und Atmosphäre. Moderne, sehr wohnliche und hochwertige Zimmer, dazu eine reizvolle kleine Liegewiese zwischen historischen Mauern - exklusiv für Hotelgäste.

Romantiklandhaus Hazienda

Rest,

Pflasteräcker 26, (Langer Weg) ✉ 76593 – ✆ (07224) 98 93 04 – www.romantiklandhaus.de
10 Zim – 94/134 € 139/159 €
Rest – Karte 19/28 € – *(geschl. Sonntag) (nur Abendessen)*
Hier haben die Gastgeber ihre Passion für das Mittelmeer nach Baden geholt! Liebevoll und individuell eingerichtete Apartments mit Küchenzeile in mediterranem Hazienda-Stil sowie warme und kalte Tapas in südländisch-rustikalem Ambiente - die Tapas-Bar ist übrigens nicht nur bei Hotelgästen beliebt!

Schloss Eberstein (Bernd Werner) – Hotel Schloss Eberstein

✿

Schloss Eberstein 1 ✉ 76593 – ✆ (07224) 99 59 50 – www.schlosseberstein.com – geschl. Fasching 1 Woche, Januar - Mitte März: Montag - Freitagmittag, Samstagmittag; Mitte März - Dezember: Montag - Dienstag, Samstagmittag
Menü 59/88 € – Karte 62/76 €
Die klassisch-französische Küche von Bernd Werner sollte man im Sommer unbedingt auf der Terrasse genießen - toll die Aussicht hier auf Murgtal und Schwarzwald! Mittags gibt es neben den normalen A-la-carte-Gerichten noch die "Schlosssternchen", das sind Speisen im Tapas-Stil: schnell, leicht, originell.
→ Variation von Kalb und Gänseleber mit Thunfisch, getrockneten Tomaten, Kapern und Rucola. Saint Pierre mit grünem Spargel, Avocado, Meerrettich-Kartoffelschaum und Flusskrebssauce. Rinderfilet mit Morchelkruste, Zweierlei vom Blumenkohl, Korinthen, Cassis, Thymiankrapfen und Senfsaatjus.

Schloss-Schänke – Hotel Schloss Eberstein

Schloss Eberstein 1 ✉ 76593 – ✆ (07224) 99 59 50 – www.schlosseberstein.com – geschl. Januar - März: Montag - Dienstag
Menü 34/48 € – Karte 29/49 €
In der gemütlich-rustikalen Schloss-Schänke wählt man regionale "LandArt"-Küche wie "Murgtalforelle mit Gemüse, Zitronenbutter und Petersilienkartoffeln" oder "Kreativ und Saisonal"-Gerichte wie "Landhuhn mit Spargelgemüse, geschmorten Vanille-Tomaten und Bärlauchschaum". Platanen-Terrasse mit Aussicht.

In Gernsbach-Staufenberg West: 2,5 km

Sternen

Staufenberger Str. 111 ✉ 76593 – ✆ (07224) 33 08 – www.sternen-staufenberg.de – geschl. Ende Juli - Mitte August
14 Zim – 59/89 € 85/109 € – ½ P
Rest – Menü 29 € – Karte 18/38 € – *(geschl. Donnerstag)*
Dieser familiär geführte und sehr gepflegte Landgasthof hält für Sie sowohl neuzeitlich-komfortable als auch etwas einfacher eingerichtete Zimmer bereit. Das Restaurant besteht aus verschiedenen Stuben, zum Teil mit schöner Holztäfelung.

GEROLSTEIN

Rheinland-Pfalz – 7 390 Ew. – Höhe 358 m – Siehe Regionalatlas **35**-B14
Berlin 678 km – Mainz 182 km – Trier 73 km – Bonn 90 km
Michelin Straßenkarte 543

Am Brunnenplatz garni

Raderstr. 7 ✉ 54568 – ✆ (06591) 98 08 98 – www.brunnenplatzhotel-molitor.de – geschl. Anfang Januar 2 Wochen

9 Zim – 49/64 € 72/88 €

Am Zentrumsrand findet man das persönlich und familiär geführte Haus mit sehr gepflegten, recht geräumigen und funktionellen Zimmern zu fairen Preisen. Zum Frühstück gibt es die hausgemachten Marmeladen der Chefin (Holunder ist ihr Favorit!) - auch zum Kaufen für daheim. Gute Parkmöglichkeiten.

In Gerolstein-Müllenborn Nord-West: 4,5 km

Landhaus Müllenborn (mit Gästehaus)

Rest,

Auf dem Sand 45 ✉ 54568 – ✆ (06591) 9 58 80 – www.landhaus-muellenborn.de

22 Zim – 74/89 € 118/122 € – ½ P

Rest – Menü 29/60 € – Karte 26/52 € – *(geschl. Montagmittag, Dienstagmittag)*

Das Hotel in ruhiger erhöhter Lage verfügt über wohnliche Zimmer, teils auch Maisonette-Studios. Im Gästehaus sind die Zimmer neuzeitlicher und im Landhausstil gehalten. Zum gediegen-rustikalen Restaurant gehört eine Terrasse mit reizvoller Sicht auf das Umland.

GERSFELD

Hessen – 5 900 Ew. – Höhe 486 m – Siehe Regionalatlas **39-I14**

Berlin 431 km – Wiesbaden 160 km – Fulda 28 km – Würzburg 96 km

Michelin Straßenkarte 543

Gersfelder Hof (mit Appartementhaus)

Zim, Rest,

Auf der Wacht 14 ✉ 36129 – ✆ (06654) 18 90 – www.gersfelder-hof.de

60 Zim – 60/79 € 90/124 € – ½ P

Rest – Menü 21/64 € – Karte 22/38 €

Relativ ruhig liegt das gewachsene Hotel am Ortsrand neben dem öffentlichen Thermalbad. Man bietet funktionelle Zimmer sowie besonders geräumige Appartements im Gästehaus. Restaurant in rustikalem Stil.

Sonne

Amelungstr. 1 ✉ 36129 – ✆ (06654) 9 62 70 – www.sonniges.de – geschl. 10. - 30. Januar

30 Zim – 41/46 € 66/74 € – ½ P **Rest** – Menü 16 € – Karte 18/31 €

Ein modernisierter Gasthof im Ortskern, der für Sie gut gepflegte, teils recht neuzeitliche Zimmer bereithält. Auch Appartements für Langzeitgäste sind vorhanden. Freundlich gestaltetes Restaurant.

GERSTHOFEN

Bayern – 21 050 Ew. – Höhe 469 m – Siehe Regionalatlas **57-K19**

Berlin 552 km – München 65 km – Augsburg 10 km – Ulm (Donau) 76 km

Michelin Straßenkarte 546

Gersthofer Auszeit

Schulstr. 16 ✉ 86368 – ✆ (0821) 29 79 30 – www.gersthofer-auszeit.de

11 Zim – 72/79 € 88/135 € – 2 Suiten

Rest – Karte 18/43 € – *(geschl. 24. Dezember - 6. Januar und Samstag - Sonntag)*

In dem kleinen Hotel unter familiärer Leitung stehen gepflegte, in modernem Stil eingerichtete Gästezimmer zur Verfügung. Die gutbürgerlichen Speisen werden im Sommer auch auf der Terrasse serviert.

GEVELSBERG

Nordrhein-Westfalen – 31 350 Ew. – Höhe 170 m – Siehe Regionalatlas **26-D11**

Berlin 516 km – Düsseldorf 55 km – Hagen 9 km – Köln 62 km

Michelin Straßenkarte 543

Alte Redaktion

Hochstr. 10 ✉ 58285 – ✆ (02332) 7 09 70 – www.alte-redaktion.com
42 Zim – 🚹49/69 € 🚹🚹69/89 €, ☕ 10 € – ½ P
Rest – Karte 24/57 € – *(nur Abendessen)*
Einst Zeitungsverlag, heute ein praktisch ausgestattetes Hotel mit freundlichem Service. Das Restaurant ist nett im Pavillonstil gebaut und nennt sich "Black Angus Steakhouse" - hier gibt's natürlich Steakgerichte und auch bürgerliche Küche. Davor die glasüberdachte Terrasse.

GIENGEN an der BRENZ

Baden-Württemberg – 19 440 Ew. – Höhe 464 m – Siehe Regionalatlas **56**-I19
Berlin 588 km – Stuttgart 95 km – Augsburg 88 km – Heidenheim an der Brenz 12 km
Michelin Straßenkarte 545

Salzburger Hof

Richard-Wagner-Str. 5 ✉ 89537 – ✆ (07322) 9 68 80 – www.salzburger-hof.de – geschl. 6. - 18. August
27 Zim ☕ – 🚹52/74 € 🚹🚹81/98 € – ½ P **Rest** – Menü 20 € – Karte 19/45 €
Modern, gepflegt und in warmen Farben gehalten, so sind die Zimmer in dem Hotel in einer Seitenstraße. Hier bietet sich ein Besuch des bekannten Steiff-Museums an, das nur 5 Gehminuten entfernt ist. Zum Essen geht's in die behagliche Gaststube mit ihrer alpenländischen Atmosphäre - passend zum Namen des Hauses.

GIESSEN

Hessen – 78 590 Ew. – Höhe 159 m – Siehe Regionalatlas **37**-F13
Berlin 495 km – Wiesbaden 89 km – Frankfurt am Main 63 km – Kassel 139 km
Michelin Straßenkarte 543

Tandreas

Licher Str. 55 ✉ 35394 – ✆ (0641) 9 40 70 – www.tandreas.de
34 Zim ☕ – 🚹94/109 € 🚹🚹119/144 € – ½ P
Rest ***Restaurant Tandreas*** – siehe Restaurantauswahl
Tanja Gerlach leitet mit Engagement dieses Hotel am Rande von Gießen. Schon der Empfangsbereich ist wohnlich gestaltet, ebenso die hübschen Zimmer, darunter ein Appartement und eine Juniorsuite.

Steinsgarten

Rest,

Hein-Heckroth-Str. 20 ✉ 35390 – ✆ (0641) 3 89 90 – www.hotel-steinsgarten.de
123 Zim ☕ – 🚹104/131 € 🚹🚹128/161 € – ½ P
Rest – Menü 22/32 € – Karte 28/44 €
In dem besonders auf Tagungen zugeschnittenen Hotel wählen die Gäste zwischen Business- und Executive-Zimmern; einige sind geräumiger, mit Balkon und kleinem Wohnbereich. Hell und freundlich ist das Ambiente im Restaurant.

Köhler

Westanlage 33 ✉ 35390 – ✆ (0641) 97 99 90 – www.hotel-koehler.de – geschl. 1. August - 7. September
40 Zim – 🚹70/90 € 🚹🚹80/100 €, ☕ 10 € – 2 Suiten – ½ P
Rest – Karte 18/41 €
Das Hotel im Zentrum verfügt über zeitgemäß-funktionelle Gästezimmer, gute Tagungsmöglichkeiten und eine Dachterrasse. Auch ein Café mit Konditorei ist vorhanden. Restaurant mit internationaler Küche.

heyligenstaedt

Aulweg 41 ✉ 35392 – ✆ (0641) 4 60 96 50 – www.restaurant-heyligenstaedt.de
20 Zim – 🚹85/120 € 🚹🚹135/240 €, ☕ 7 €
Rest ***heyligenstaedt*** – siehe Restaurantauswahl
Von der Werkzeugmaschinenfabrik, die Louis Heyligenstaedt 1876 gründete, ist der Charme aparter Industriearchitektur geblieben, und dem steht das moderne Interieur mit seinen geraden Formen und wertigen Materialien bestens zu Gesicht!

heyligenstaedt – Hotel heyligenstaedt
Aulweg 41 ✉ 35392 – ✆ (0641) 4 60 96 50 – www.restaurant-heyligenstaedt.de – geschl. 1. - 8. Januar und Samstagmittag, Sonntag
Menü 23 € (mittags)/83 € – Karte 43/67 €
Hohe Decken, Stahlträger, große Sprossenfenster, hier und da freigelegte Backsteinwände... den Charakter der einstigen Fabrikhalle hat man bewusst bewahrt, dazu moderner Stil, ruhige Töne und schicke Accessoires wie Kerzenleuchter und Designerlampen - wirklich schön anzuschauen! Internationale Küche, mittags nur kleine Lunch-Karte.

Restaurant Tandreas – Hotel Tandreas
Licher Str. 55 ✉ 35394 – ✆ (0641) 9 40 70 – www.tandreas.de – geschl. 1. - 10. Januar, Ende Juli - Anfang September 2 Wochen und Samstagmittag, Sonntag - Montagmittag
Menü 54/79 € – Karte 34/56 €
Moderne Elemente finden sich nicht nur in den Speisen von Marcel Schüssler ("Tempura-Garnele mit Asia-Salat und Zitronengras-Vinaigrette", "Wolfsbarsch mit Gnocchi, Tomaten und Rieslingsauce"...): Klare Formen, frische Farben und warmes Holz verleihen dem Restaurant einen angenehm legeren Touch.

In Pohlheim-Watzenborn - Steinberg Süd-Ost: 7,5 km

Goldener Stern Zim,
Kreuzplatz 6 ✉ 35415 – ✆ (06403) 6 16 24 – www.hotelgoldenerstern.com
13 Zim – 51 € 74 €
Rest – Karte 16/38 € – *(geschl. Montag) (Dienstag - Samstag nur Abendessen)*
In der 6. Generation ist das aus einem Gasthof gewachsene kleine Hotel mit zeitlos eingerichteten Zimmern schon in Familienhand. Schön modern das Ambiente im Restaurant, im Sommer hat man einen Biergarten.

GIFHORN

Niedersachsen – 41 560 Ew. – Höhe 53 m – Siehe Regionalatlas **19-J8**
Berlin 247 km – Hannover 82 km – Braunschweig 28 km – Lüneburg 88 km
Michelin Straßenkarte 541

Ratsweinkeller
Cardenap 1 ✉ 38518 – ✆ (05371) 5 91 11 – geschl. Montag, Mittwoch
Menü 40 € – Karte 32/44 € – (Tischbestellung ratsam)
Hans-Jörg Bosch hört man seine schwäbische Herkunft nicht nur an, man schmeckt sie auch, wie z. B. bei der leckeren "Hirschroulade mit Rotkohl und Spätzle". Er kann aber auch internationaler, wie beispielsweise der "Seeteufel auf Ofentomatenpesto" zeigt. Nicht nur das Essen in dem schmucken historischen Fachwerkhaus ist gut, in netter rustikaler Atmosphäre kümmert sich die umsichtige Chefin um Sie.

GILCHING

Bayern – 17 710 Ew. – Höhe 588 m – Siehe Regionalatlas **65-L20**
Berlin 610 km – München 26 km – Augsburg 49 km – Garmisch-Partenkirchen 84 km
Michelin Straßenkarte 546

Thalmeier garni
Sonnenstr. 55 ✉ 82205 – ✆ (08105) 50 41 – www.hotel-thalmeier.com – geschl. Weihnachten - 6. Januar
16 Zim – 75/90 € 100/115 €
Das kleine Hotel ist ein langjähriger Familienbetrieb mit sehr gepflegten Gästezimmern, die mit massivem Holz ausgestattet sind. Gemütlicher Frühstücksraum.

GINSHEIM-GUSTAVSBURG

Hessen – 15 990 Ew. – Höhe 87 m – Siehe Regionalatlas **47-F15**
Berlin 582 km – Wiesbaden 20 km – Darmstadt 32 km
Michelin Straßenkarte 543

Schäfer's Landhaus garni

Bouguenais-Allee 1 (Ginsheim) ✉ 65462 – ✆ (06144) 9 35 30 – www.schaefers-landhaus.de

20 Zim – †93/120 € ††122/140 €

Ein freundlich geführtes kleines Hotel mit persönlicher Atmosphäre. Die Zimmer sind hell und wohnlich eingerichtet, hübsch ist auch der gemütlich gestaltete Frühstücksraum - ganz zu schweigen von der begrünten Terrasse im Sommer!

GLASHÜTTEN

Hessen – 5 280 Ew. – Höhe 510 m – Siehe Regionalatlas **47-F14**

Berlin 549 km – Wiesbaden 34 km – Frankfurt am Main 31 km – Limburg an der Lahn 33 km

Michelin Straßenkarte 543

Glashüttener Hof mit Zim

Limburger Str. 86 (B 8) ✉ 61479 – ✆ (06174) 69 22 – www.glashuettenerhof.com

9 Zim – †60 € ††110 €, 7 €

Menü 36/78 € – Karte 34/61 € – *(geschl. Sonntagabend - Montag)*

In dem hübschen gepflegten Gasthaus fühlt man sich wohl, was nicht zuletzt an der herzlichen Brigitte Götzen liegt, die das Haus mit ihrer Familie leitet. Man kocht wirklich gut und frisch, z. B. "Kalbsrückensteak mit gratinierten Endivien und Kartoffelpüree". Mittags bestellen Sie Ihren Hauptgang und bekommen Suppe, Salat und Dessert dazu - ein tolles Angebot!

In Glashütten-Schlossborn Süd-West: 3,5 km

Schützenhof

Langstr. 13 ✉ 61479 – ✆ (06174) 6 10 74 – www.schuetzenhof-mohr.de – geschl. Montag

Menü 79 € (abends) – Karte 51/73 € – *(Dienstag, Mittwoch, Sonntag und an Feiertagen nur Abendessen)*

Lothar und Martina Mohr sind Gastronomen aus Leidenschaft. Besuche in den besten Restaurants der Welt spiegeln ihr Faible für feine Küche wider, und das merkt man auch hier auf dem Teller: Die Chefin kocht modern-kreativ auf klassischer Basis, der Chef empfiehlt die passenden Weine. Schöne Terrasse.

GLEISWEILER

Rheinland-Pfalz – 600 Ew. – Höhe 285 m – Siehe Regionalatlas **54-E17**

Berlin 666 km – Mainz 107 km – Mannheim 49 km – Landau in der Pfalz 8 km

Michelin Straßenkarte 543

Landhotel Herrenhaus Barthélemy garni

Bergstr. 4 ✉ 76835 – ✆ (06345) 95 30 22 – www.herrenhaus-barthelemy.com – geschl. 7. Januar - 13. Februar, 9. - 26. November

2 Zim – †85/105 € ††110/145 € – 2 Suiten

Mitten im Dorf betritt man eine eigene kleine Welt: Familie Eifler-Bollen führt das historische Anwesen von 1619 nach dem Vorbild der "Chambres d'hôtes" der Provence. Individuelle Zimmer, antike Stücke und geschmackvolle Deko... dazu der traumhafte Barockgarten und die sehr persönliche Atmosphäre! Zusätzlich drei schöne Ferienwohnungen in der Remise von 1775.

GLINDE

Schleswig-Holstein – 17 400 Ew. – Höhe 24 m – Siehe Regionalatlas **10-J5**

Berlin 275 km – Kiel 108 km – Hamburg 16 km

Michelin Straßenkarte 541

San Lorenzo

Kupfermühlenweg 2 ✉ 21509 – ✆ (040) 7 11 24 24 – www.san-lorenzo-glinde.de – geschl. Montag

Menü 46/77 € – Karte 41/75 € – *(nur Abendessen, sonntags auch Mittagessen)* (Tischbestellung ratsam)

Gerne speist man bei Giuseppe und Iris Dellavecchia - charmanter Service, gehobene italienische Küche und eleganter Rahmen (schön die alte Villa mit Wintergarten) kommen eben gut an! Besonders beliebt bei den Gästen ist das günstige Menü mit Weinbegleitung (natürlich aus Italien)!

GLONN

Bayern – 4 460 Ew. – Höhe 536 m – Siehe Regionalatlas **66-M20**

Berlin 610 km – München 32 km – Landshut 99 km – Rosenheim 33 km

Michelin Straßenkarte 546

Schwaiger garni (mit Gästehaus)

Feldkirchner Str. 3 ✉ 85625 – ✆ (08093) 9 08 80 – www.hotel-schwaiger.de

75 Zim – 59/119 € 99/169 €

Ein Familienbetrieb mit recht unterschiedlichen Zimmern sowie schönem Saunabereich mit Bäder- und Massageangebot. Dazu ein Café (hier Mo - Fr kleines Mittagsbuffet) und eine Bar mit kleiner Abendkarte.

In Glonn-Herrmannsdorf Nord-Ost: 3 km über Rotter Straße, nach Mecking links

Wirtshaus zum Schweinsbräu

Herrmannsdorf 7 ✉ 85625 – ✆ (08093) 90 94 45 – www.schweinsbraeu.de – geschl. Montag - Dienstag

Menü 40/60 € – Karte 42/69 €

Authentischer geht's kaum: Brauerei, Metzgerei, Bäckerei - auf dem Hofgut ist alles direkt vor Ort, einschließlich Schweine, Hühner, Kälber... Für Thomas Thielemann sind saisonale Bioprodukte selbstverständlich, und die finden sich in guten Gerichten wie dem Schweinsbraten und auch im Hofladen!

GLOTTERTAL

Baden-Württemberg – 3 030 Ew. – Höhe 306 m – Siehe Regionalatlas **61-E20**

Berlin 810 km – Stuttgart 208 km – Freiburg im Breisgau 27 km – Waldkirch 11 km

Michelin Straßenkarte 545

Hirschen (mit Gästehaus Rebenhof)

Rathausweg 2 ✉ 79286 – ✆ (07684) 8 10 – www.hirschen-glottertal.de

49 Zim – 68/108 € 128/172 € – ½ P

Rest *Hirschen* – siehe Restaurantauswahl

Hier in dem schönen Tal lässt es sich richtig gut wohnen: seit Generationen von der Familie geführt, in der Ortsmitte gelegen, mit schönem Park, vor der Tür fließt die Glotter... Tipp: die ganz modernen Komfort-Plus-Zimmer sowie die hübschen Zimmer im Rebenhof gegenüber. Relaxen kann man bei Massage und Kosmetik, vespern in der Winzerstube.

Zum Kreuz

Landstr. 14 ✉ 79286 – ✆ (07684) 8 00 80 – www.zum-kreuz.com

35 Zim – 53/85 € 98/120 € – ½ P

Rest – Menü 27/57 € – Karte 22/57 €

Am Eingang des Glottertals empfängt Sie seit Generationen familiäre Atmosphäre. Besonders komfortabel: Superior-Zimmer sowie Zimmer "St. Peter" zum Wald hin. Badische Spezialitäten im gemütlichen Gasthof mit Fachwerkfassade. Auch gluten- und laktosefreie Küche.

Pension Faller garni

Talstr. 9 ✉ 79286 – ✆ (07684) 2 26 – www.pension-faller.de

11 Zim – 41/58 € 72/88 €

Eine Pension mit privater Atmosphäre und unterschiedlichen Zimmern mit Balkon. Sie frühstücken im behaglich getäfelten Stübchen oder auf der kleinen Terrasse zum Garten.

Zum Goldenen Engel mit Zim

Friedhofweg 2 ✉ 79286 – ✆ (07684) 2 50 – www.goldener-engel-glottertal.de – geschl. nach Fastnacht 2 Wochen, November 2 Wochen und Mittwoch

14 Zim – 49/68 € 80/100 € – ½ P

Menü 32 € (vegetarisch)/55 € – Karte 29/56 €

Die 500-jährige Tradition des Gasthauses spiegelt sich außen in der hübschen Holzfassade wider und drinnen im ländlichen Charme. Dazu passen auch regionale Gerichte wie "Rinderrücken mit Zwiebelkruste"! Ebenso schmackhaft ist die Gans zur Saison. Gut übernachten kann man hier auch: Einige der Zimmer sind im Schwarzwälder Stil eingerichtet, andere moderner.

XX **Adler** mit Zim

Talstr. 11 ✉ 79286 – ✆ (07684) 9 08 70 – www.adler-glottertal.de – geschl. Dienstagmittag

14 Zim – 60/75 € 85/95 € – 1 Suite – ½ P

Menü 24/58 € – Karte 26/65 €

Stephanie Kleber ist gerne Gastgeberin, das merkt man an ihrer freundichen Art. Dass man sich hier wohlfühlt, liegt aber auch am traditionell-gemütlichen Charakter des Hauses und an der regional-saisonalen Küche. Sie möchten über Nacht bleiben? Man hat wohnliche, aber auch einfache Zimmer.

XX **Hirschen** – Hotel Hirschen

Rathausweg 2 ✉ 79286 – ✆ (07684) 8 10 – www.hirschen-glottertal.de – geschl. Montag

Menü 35/72 € – Karte 34/64 €

Der Gasthof hat sich im Laufe der Jahre gewandelt: modern die Fassade, zeitgemäß angepasst der Stil des Restaurants. Familie Strecker hat neben dem gemütlichen Ambiente auch schmackhafte regionale Klassiker wie die "badische Flädlesuppe" und "Rindersteak mit Meerrettichkruste, Burgundersauce und Lauchgemüse" zu bieten - dazu schmecken die guten heimischen Weine.

X **Wirtshaus zur Sonne**

Talstr. 103 ✉ 79286 – ✆ (07684) 2 42 – www.sonne-glottertal.de – geschl. über Fasching 2 Wochen und Mittwoch - Donnerstagmittag

Menü 18 € (mittags unter der Woche)/40 € – Karte 22/47 €

Der 350 Jahre alte Gasthof bietet in seiner liebenswerten holzgetäfelten Stube freundlich-familiäre Atmosphäre und regional-saisonale Küche. Im Ort hat man zwei sehr nette Ferienwohnungen.

GLÜCKSBURG

Schleswig-Holstein – 5 870 Ew. – Höhe 17 m – Siehe Regionalatlas **2-H2**

Berlin 437 km – Kiel 100 km – Flensburg 10 km – Kappeln 40 km

Michelin Straßenkarte 541

Strandhotel

Kirstenstr. 6 ✉ 24960 – ✆ (04631) 6 14 10 – www.strandhotel-gluecksburg.de

45 Zim – 79/189 € 139/289 € – 3 Suiten – ½ P

Rest *Felix* – siehe Restaurantauswahl

Schon von außen hübsch anzuschauen ist das Jugendstilhaus von 1880, drinnen frisches skandinavisch-charmantes Flair! Für Urlauber ist die Lage direkt am Strand toll, hier auch das Strandbistro "Sandwig" (in der Nebensaison nur am WE). Auch bei Kosmetik- und Massageanwendungen relaxt es sich gut. HP inkl.

XX **Felix** – Strandhotel

Kirstenstr. 6 ✉ 24960 – ✆ (04631) 6 14 15 00 – www.strandhotel-gluecksburg.de

Menü 42/91 € – Karte 38/61 €

In sympathisch-legerer Atmosphäre wird Schleswig-Holsteiner Esskultur gepflegt, und dafür bevorzugt man natürlich Produkte aus der Region: "Reeser Lachsforelle im Pergament", "geschmorter Kalbstafelspitz mit Thymianjus"... Schöne Terrasse!

In Glücksburg-Meierwik Süd-West: 3 km

Alter Meierhof Vitalhotel

Uferstr. 1 ✉ 24960 – ✆ (04631) 6 19 90 – www.alter-meierhof.de

52 Zim – 162 € 244 € – 2 Suiten – ½ P

Rest *Meierei Dirk Luther* ✿✿ **Rest *Brasserie*** – siehe Restaurantauswahl

Was will man mehr? Sie wohnen unmittelbar an der Förde, werden von aufmerksamen Mitarbeitern perfekt umsorgt, die ausgesuchte warme und stimmige Einrichtung ist mehr als ansprechend und von nahezu jedem Zimmer kann man auf die Ostsee schauen! In der Hof-Therme heißt es "wellbeing" auf orientalisch.

Meierei Dirk Luther – Alter Meierhof Vitalhotel

Uferstr. 1 ✉ 24960 – ✆ (04631) 6 19 94 11 – www.alter-meierhof.de – geschl. 1. - 19. Januar, 2. - 31. August, 25. Oktober - 2. November und Sonntag - Montag
Menü 118/178 € – *(nur Abendessen)* (Tischbestellung erforderlich)
Hier gilt es der aromenreichen klassischen Küche von Dirk Luther die verdiente volle Aufmerksamkeit zu schenken, ohne den Blick auf die Flensburger Förde und die dänische Küste zu vernachlässigen! Sie sind wirklich ein Hingucker, die aufwändig arrangierten und mit modernen Akzenten gespickten Speisen!
➜ Bretonische Langoustine, Erbsen, grüner Spargel, Kerbelknollenpüree. Gegrillter Thunfischbauch, Erdnuss-Koriandersud, Rettich, Mu-Err Pilze. Ziegenkäsecrème, Paprikagazpacho, Tomate, Oliven.

Brasserie – Alter Meierhof Vitalhotel

Uferstr. 1 ✉ 24960 – ✆ (04631) 6 19 90 – www.alter-meierhof.de
Menü 32/41 € – Karte 52/71 €
Die Gourmetküche der Meierei ist zwar eigentlich ein Muss, wer es aber dennoch etwas legerer mag, bekommt hier in Brasserie-Atmosphäre frische internationale Speisen oder auch einfach ein Stück hausgemachten Kuchen!

In Glücksburg-Holnis Nord-Ost: 5 km

Lodge am Meer

Zim,

Drei 5 ✉ 24960 – ✆ (04631) 6 10 00 – www.lodgeammeer.de
10 Zim – †75/119 € ††85/145 €
Rest – Karte 24/43 € – *(geschl. Mittwoch) (Montag - Samstag nur Abendessen, außer an Feiertagen)*
Die Vorfreude aufs Relaxen am Strand kommt hier schon beim Frühstücken - Sie schauen nämlich auf die Förde direkt vor der Tür! Die Zimmer können sich ebenfalls sehen lassen: freundlich, gemütlich, mit warmem Holz... passend zum familiären Charakter des Hauses.

GMUND am TEGERNSEE

Bayern – 6 000 Ew. – Höhe 740 m – Siehe Regionalatlas **66**-M21
Berlin 637 km – München 48 km – Garmisch-Partenkirchen 70 km – Bad Tölz 14 km
Michelin Straßenkarte 546

Jennerwein

Münchner Str. 127 ✉ 83703 – ✆ (08022) 70 60 50 – www.jennerwein-gasthaus.de – geschl. Dienstag - Mittwochmittag
Menü 21 € (mittags)/45 € – Karte 26/36 €
Die Lage hier an der Kreuzung ist sicherlich nicht die schönste, aber das ist vergessen, sobald Sie in den hübschen ländlich-heimeligen Stuben sitzen und essen: Tafelspitzsülze, Fleischpflanzerl, Tegernseer Saibling, Rindsroulade...

In Gmund-Ostin

Ostiner Stub´n N

Schlierseer Str. 60 ✉ 83703 – ✆ (08022) 7 05 98 10 – www.ostiner-stubn.de – geschl. Dienstag
Menü 27 € (mittags)/68 € – Karte 19/54 €
Gemütlich und stilvoll kommt die modern-alpenländische Einrichtung daher, regional die Küche. Mittags bietet man eine kleinere Auswahl und ein Tagesmenü. Haben Sie die tolle Terrasse hinterm Haus gesehen?

GNOTZHEIM

Bayern – 870 Ew. – Höhe 473 m – Siehe Regionalatlas **57**-K17
Berlin 488 km – München 164 km – Ansbach 36 km – Stuttgart 145 km
Michelin Straßenkarte 546

Gasthof Gentner mit Zim
Spielberg 1 ✉ 91728 – ✆ (09833) 98 89 30 – www.gasthof-gentner.de – geschl. 23.Februar - 3. März, 7. - 23. September und Montag - Dienstag
7 Zim – 60/75 € 80/110 € – ½ P Menü 30/42 € – Karte 30/43 €
Der Gasthof der Familie Gentner gibt ein stimmiges Bild ab: ein traditionsreiches Haus, Produkte aus der Region, "Slow Food"-Mitglied... und das Obst kommt von der eigenen Streuobstwiese. Sie speisen in sorgsam restaurierten Stuben und übernachten in hübschen geräumigen Zimmern mit ländlichem Charme.

GOCH

Nordrhein-Westfalen – 34 130 Ew. – Höhe 18 m – Siehe Regionalatlas **25-A10**
Berlin 592 km – Düsseldorf 82 km – Krefeld 54 km – Nijmegen 31 km
Michelin Straßenkarte 543

De Poort
Jahnstr. 6 ✉ 47574 – ✆ (02823) 96 00 – www.depoort.de
74 Zim – 69/89 € 79/99 € – 1 Suite – ½ P
Rest – Menü 25 € (mittags) – Karte 22/40 €
Das Hotel ist eine ideale Tagungsadresse und bietet zudem vielfältige Sport- und Freizeitmöglichkeiten - dazu gehören u. a. ein eigener Schießstand und ein Schwimmbad im 2. OG. Die Zimmer sind teilweise sehr modern und geradlinig.

Am Kastell garni
Kastellstr. 6 ✉ 47574 – ✆ (02823) 96 20 – www.hotel-am-kastell.de
23 Zim – 68/80 € 95/105 €
Gut ausgestattete, hell und freundlich gestaltete Zimmer stehen in dem Ende des 18. Jh. erbauten Haus in zentraler Lage bereit. Im Sommer kann man auch im kleinen Innenhof frühstücken.

GÖHREN – Mecklenburg-Vorpommern → Siehe Rügen (Insel)

GÖHREN-LEBBIN

Mecklenburg-Vorpommern – 630 Ew. – Höhe 89 m – Siehe Regionalatlas **13-N5**
Berlin 153 km – Schwerin 85 km – Neubrandenburg 65 km – Rostock 86 km
Michelin Straßenkarte 542

Radisson BLU Resort Schloss Fleesensee
Schlossstr. 1 ✉ 17213 Zim,
– ✆ (039932) 8 01 00 – www.radissonblu.de/resort-fleesensee
158 Zim – 128/148 € 168/188 € – 19 Suiten – ½ P
Rest *Frédéric* – siehe Restaurantauswahl
Rest *Orangerie* – ✆ (039932) 80 10 34 54 – Menü 28 € – Karte 31/49 €
Rest *Vinothek* – ✆ (039932) 80 10 34 44 – Menü 28 € – Karte 31/49 € – *(nur Abendessen)*
Das luxuriöse Anwesen besteht aus einem stilvollen Schloss von 1842 und verschiedenen Dependancen mit überaus wohnlichen Zimmern. Der hoteleigene Shuttle bringt Sie zum See. Lichtdurchflutet ist die Orangerie.

Frédéric – Hotel Radisson BLU Resort Schloss Fleesensee
Schlossstr. 1 ✉ 17213 – ✆ (039932) 80 10 34 50 – www.radissonblu.com/resort-fleesensee – geschl. Sonntag - Montag
Menü 52 € – Karte 35/61 € – *(nur Abendessen)* (Tischbestellung erforderlich)
Stattlich ruht das Schloss in einem Park und empfängt die Gäste herrschaftlich: stuckverzierte Wände in vornehmem Gelb, offener Marmorkamin und klassisches Mobiliar sprechen für Eleganz.

In Göhren-Lebbin - Untergöhren

Iberotel Fleesensee Rest,
Seeblick 30 ✉ 17213 – ✆ (039932) 47 00 – www.iberotel.de – geschl. 12. Januar - 5. Februar
144 Zim – 80/130 € 100/180 € – 12 Suiten – ½ P
Rest – Menü 22/30 € – Karte 26/50 €
Unmittelbar am Fleesensee liegt dieses modern ausgestattete Hotel mit Spabereich auf 950 qm und eigenem Uferabschnitt mit Badeplattform.

GÖPPINGEN

Baden-Württemberg – 56 840 Ew. – Höhe 323 m – Siehe Regionalatlas **55-H18**

▶ Berlin 601 km – Stuttgart 43 km – Reutlingen 49 km – Schwäbisch Gmünd 26 km

Michelin Straßenkarte 545

Hohenstaufen (mit Gästehaus)

Freihofstr. 64 ✉ 73033 – ✆ (07161) 67 00 – www.hotel-hohenstaufen.de

48 Zim ☕ – 🚹84/120 € 🚹🚹108/140 € – ½ P

Rest – Menü 24/55 € – Karte 30/55 € – *(geschl. Ende Dezember 1 Woche, Anfang Januar 1 Woche und Samstagmittag)*

Das bereits in 6. Generation geführte Haus ist ganz auf den Businessgast zugeschnitten. Zur Wahl stehen zeitgemäße Zimmer im Haupthaus oder eher klassisch-gediegene in den Gästehäusern. Das Restaurant setzt auf rustikale Atmosphäre und traditionelle Küche wie das "Linsengericht der Staufer" - oder kennen Sie "Schwäbische Austern"? Nett ist auch die in Holz gehaltene Bar.

GÖRLITZ

Sachsen – 55 350 Ew. – Höhe 208 m – Siehe Regionalatlas **44-S12**

▶ Berlin 215 km – Dresden 98 km – Cottbus 90 km

Michelin Straßenkarte 544

Tuchmacher

Peterstr. 8 ✉ 02826 – ✆ (03581) 4 73 10 Stadtplan : B1**n**
– www.tuchmacher.de
60 Zim – 102/116 € 132/155 € – ½ P
Rest *Schneider Stube* – siehe Restaurantauswahl
Görlitz hat so einige sehenswerte historische Bauten und in einem davon wohnen Sie - nämlich in einem aus mehreren Gebäuden zusammengesetzten Renaissance-Bürgerhaus mit stilgerecht-elegantem Interieur. Wahre Kunstwerke sind die bemalten Holzbalkendecken in manchen Zimmern! Die Altstadtlage könnte kaum besser sein zur Erkundung der Stadt!

Europa garni

Berliner Str. 2 ✉ 02826 – ✆ (03581) 4 23 50 Stadtplan : A2**e**
– www.hotel-europa-goerlitz.de
34 Zim – 65 € 85 €
Die Lage in der Fußgängerzone sowie unterschiedlich geschnittene und funktional ausgestattete Gästezimmer sprechen für dieses Etagenhotel. Im Sommer können Sie auch auf der Terrasse frühstücken.

Schneider Stube – Hotel Tuchmacher

Peterstr. 8 ✉ 02826 – ✆ (03581) 4 73 10 Stadtplan : B1**n**
– www.tuchmacher.de – geschl. Montagmittag
Menü 29/72 € – Karte 27/49 €
Möchten Sie unter einem historischen Kreuzgewölbe speisen oder lieber unter einer schönen alten Holzdecke? Jeder Raum hat seinen Charme - ganz zu schweigen vom wunderbaren Innenhof! - und überall gibt es die frische regionale Küche von Thierry Baumgart. Dass hier so richtig gekocht wird, schmeckt man an ausdrucksstarken Gerichten wie "Rindsroulade mit Kartoffelstupper und Runkelrüben"!

GÖNNHEIM – Rheinland-Pfalz ➜ Siehe Wachenheim

GÖSSWEINSTEIN

Bayern – 4 060 Ew. – Höhe 457 m – Siehe Regionalatlas **50-L16**
Berlin 401 km – München 219 km – Nürnberg 50 km – Bayreuth 46 km
Michelin Straßenkarte 546

Stempferhof

Badangerstr. 33 ✉ 91327 – ✆ (09242) 7 41 50 – www.stempferhof.de
36 Zim – 65/89 € 88/118 € – 1 Suite – ½ P
Rest – Menü 25/65 € – Karte 19/52 €
Hier wohnt man recht ruhig nur wenige Gehminuten vom Ortskern entfernt. Die technisch gut ausgestatteten Zimmer sind geradlinig-modern eingerichtet, ebenso die Lobby mit Kamin. Helles neuzeitliches Restaurant.

Fränkischer Hahn garni

Badangerstr. 35 ✉ 91327 – ✆ (09242) 4 02 – www.fraenkischer-hahn.de
10 Zim – 49/54 € 62/74 €
Wohnlicher Landhausstil und gute Technik machen das gepflegte kleine Haus zu einer behaglichen und zugleich funktionellen Adresse. Nicht zu vergessen die persönliche Betreuung durch Familie Haselmeier! Zudem hat man einen netten Garten samt Terrasse, auf der man bei schönem Wetter auch frühstücken kann.

Zur Post

Balthasar-Neumann-Str. 10 ✉ 91327 – ✆ (09242) 2 78
– www.zur-post-goessweinstein.de – geschl. Ende November 1 Woche, Mitte Januar - Mitte Februar
12 Zim – 33/46 € 60/66 € – ½ P
Rest *Zur Post* – siehe Restaurantauswahl
In direkter Nähe zur Wallfahrtsbasilika des Ortes liegt der traditionsreiche Gasthof der Familie Wölfel, die hier schon seit Generationen Gäste beherbergt. In den gepflegten, wohnlichen Zimmern schläft man gerne.

Zur Post – Hotel Zur Post
Balthasar-Neumann-Str. 10 ✉ 91327 – ✆ (09242) 2 78
– www.zur-post-goessweinstein.de – geschl. November 1 Woche, Mitte Januar - Mitte Februar
Menü 18/30 € – Karte 16/35 € – *(geschl. Montag, außer an Feiertagen)*
Gemeinsam stehen die Brüder Günter und Peter Wölfel am über 60 Jahre alten Herd - gefragt sind die Bratengerichte aus dem Holzofen! Man kocht regional-saisonal, auch glutenfrei. Produkte aus eigener Schweinezucht stehen ebenfalls im Fokus.

Schönblick mit Zim — Rest,
August-Sieghardt-Str. 8 ✉ 91327 – ✆ (09242) 3 77
– www.schlemmerhotelchen.de – geschl. 26. Oktober - 1. November und Dienstag, Januar - Februar: Montag - Freitag
8 Zim – 39/45 € 54/72 € – ½ P
Menü 18/28 € – Karte 16/25 € – *(Montag - Freitag nur Abendessen)*
Das kleine Restaurant liegt erhöht am Ortsrand etwas "ab vom Schuss" - da ist die wunderschöne Sonnenterrasse natürlich ein beliebtes Plätzchen! Im Winter sorgt drinnen der Kamin für Behaglichkeit. Gekocht wird vorwiegend regional.

GÖTTINGEN

Niedersachsen – 121 370 Ew. – Höhe 150 m – Siehe Regionalatlas **29-I11**
Berlin 340 km – Hannover 122 km – Kassel 47 km – Braunschweig 109 km
Michelin Straßenkarte 541

Gebhards
Goethe-Allee 22 ✉ 37073 – ✆ (0551) 4 96 80 Stadtplan : A1**e**
– www.romantikhotels.com/goettingen
50 Zim – 85/169 € 158/248 € – ½ P
Rest *Georgia-Augusta-Stuben* – siehe Restaurantauswahl
Zwischen Hauptbahnhof und Innenstadt liegt das komfortable Hotel - ein erweitertes historisches Sandsteingebäude. Die engagierten Gastgeber bieten hier wohnlich-elegante Zimmer.

Stadt Hannover garni
Goethe-Allee 21 ✉ 37073 – ✆ (0551) 54 79 60 Stadtplan : A1**a**
– www.hotelstadthannover.de
32 Zim – 85/105 € 119/132 €
Am Rande der historischen Altstadt finden Sie das über 300 Jahre alte Stadthaus. Die Zimmer verbinden Wohnlichkeit und Funktionalität.

Eden — Rest,
Reinhäuser Landstr. 22a ✉ 37083 – ✆ (0551) 50 72 00 Stadtplan : B2**d**
– www.eden-hotel.de
99 Zim – 79/199 € 102/199 €
Rest *La Locanda* – ✆ (0551) 3 70 84 84 – Menü 23/45 € – Karte 18/50 € – *(geschl. Sonntagmittag)*
Das von der Inhaberfamilie geleitete Hotel befindet sich nahe dem Zentrum und verfügt über komfortable Gästezimmer unterschiedlicher Kategorien. Im Restaurant La Locanda bietet man italienische Speisen.

Gauß am Theater
Obere Karspüle 22 ✉ 37073 – ✆ (0551) 5 66 16 Stadtplan : B1**s**
– www.restaurant-gauss.de – geschl. Sonntag - Montag
Menü 35 € (vegetarisch)/63 € – Karte 45/58 € – *(nur Abendessen)*
"Zweierlei Lamm mit Artischocken und schwarzem Risotto" - dieses und andere internationale Gerichte von Chefin Jacqueline Amirfallah sind richtig gut, mit Gefühl gewürzt und gelungen in den Kombinationen. Schöne Weine begleiten das Essen, ebenso das gemütliche Ambiente mit Gewölbe und freigelegtem Mauerwerk. Angenehm sitzt es sich auch im Garten.

XX **Georgia-Augusta-Stuben** – Hotel Gebhards

Goethe-Allee 22 ✉ *37073 – ✆ (0551) 4 96 80* Stadtplan : A1**e**
– www.romantikhotels.com/goettingen
Karte 37/56 €
Mit dunklen Regency-Stühlen und kapitonierten Ledersofas hat man hier den Charme englischen Stils einfließen lassen, ganz ohne dabei plüschig zu wirken. Geboten wird internationale Küche.

X **Gaudi**

Rote Str. 16, (Passage im Börner-Viertel) ✉ *37073* Stadtplan : B2**a**
– ✆ (0551) 5 31 30 01 – www.restaurant-gaudi.de – geschl. Anfang Januar 2 Wochen, August 2 Wochen und Sonntag - Montagmittag
Menü 15 € (mittags)/52 € – Karte 37/53 € – (Tischbestellung ratsam)
In Anlehnung an den spanischen Architekten Antoni Gaudí hat man hier einen ganz individuellen und detailverliebten Farb- und Stilmix geschaffen. Herrliche Innenhofterrasse!

In Göttingen-Grone West: 3 km über Groner Landstraße Stadtplan : A1

Rennschuh

Kasseler Landstr. 93 ✉ 37081 – ✆ (0551) 9 00 90 – www.rennschuh.de – geschl. 24. Dezember - 1. Januar

104 Zim – 🚹49/65 € 🚹🚹70/85 € – 4 Suiten – ½ P

Rest – Menü 17/25 € – Karte 16/32 €

Eine recht einfache, aber gepflegte und funktionelle Adresse mit guter Autobahnanbindung und fairen Preisen. Fragen Sie nach den neueren, zeitgemäßeren Gästezimmern.

In Göttingen - Groß-Ellershausen West: 4 km über Groner Landstraße Stadtplan : A1

Freizeit In

Dransfelder Str. 3 (B 3) ✉ 37079 – ✆ (0551) 9 00 10 – www.freizeit-in.de

210 Zim – 🚹89/137 € 🚹🚹129/187 € – 2 Suiten – ½ P

Rest – Menü 33 € (mittags)/50 € – Karte 25/48 €

Das zeitgemäß-funktionale Tagungs- und Businesshotel bietet Wellness auf 8800 qm. Auch eine Kinder-Villa mit Betreuung gehört zum Haus. Orient Lounge für Events.

In Göttingen-Weende Nord: 2,5 km über Weender Landstraße Stadtplan : B1

Weender Hof

Hannoversche Str. 150 ✉ 37077 – ✆ (0551) 50 37 50 – www.weenderhof.de – geschl. 1. - 16. Januar, 20. Juli - 7. August, 27. - 31. Dezember

20 Zim – 🚹45 € 🚹🚹79 €

Rest – Menü 14/22 € – Karte 17/35 € – *(geschl. Sonntagabend - Montag) (Dienstag - Freitag nur Abendessen)*

Ein gepflegtes Haus unter familiärer Leitung. Die Gästezimmer sind funktional in zeitlosem Stil eingerichtet und liegen teilweise zum Innenhof. In gemütlich-rustikalen Stuben serviert man bürgerliche Küche.

In Friedland Süd: 11 km über Stadtplan : A2, Richtung Bad Hersfeld

Landhaus Biewald - Genießer Stube (Daniel Raub) mit Zim

Weghausstr. 20 ✉ 37133 – ✆ (05504) 9 35 00 – www.biewald-friedland.de – geschl. Februar 2 Wochen, Oktober 2 Wochen und Montag - Dienstag Rest,

6 Zim – 🚹45 € 🚹🚹65 € – ½ P

Menü 60/90 € – *(nur Abendessen)* (Tischbestellung erforderlich)

Die hübsche kleine Stube hat ihren Namen verdient! Daniel Raub bietet echten Genuss: Seine klassische Küche verzichtet auf übertriebene technische "Kabinettstückchen", nicht aber auf Finesse und Geschmack!

→ Wildgarnele und Avocado. Reh und Pfifferlinge. Zweierlei Kalb und grüner Spargel.

Rest *Landhaus Biewald* – siehe Restaurantauswahl

Landhaus Biewald – Restaurant Landhaus Biewald

Weghausstr. 20 ✉ 37133 – ✆ (05504) 9 35 00 – www.biewald-friedland.de – geschl. Februar 2 Wochen, Oktober 2 Wochen und Montag - Dienstag, außer an Feiertagen

Karte 25/49 €

Bei Familie Raub steht die 3. Generation am Herd und bietet in heller, leichter Atmosphäre (oder auf der schönen Terrasse) einen unkomplizierten Mix aus regionaler und mediterraner Küche: "Acquerello-Risotto mit Steinpilzen", "geschmorte Lammhaxe mit Landgemüse"... Einfache Gästezimmer hat man übrigens auch.

In Friedland - Groß-Schneen Süd: 10 km über Stadtplan : A2, Richtung Bad Hersfeld

Schillingshof mit Zim

Lappstr. 14 ✉ 37133 – ✆ (05504) 2 28 – www.schillingshof.de – geschl. Januar 3 Wochen, August 3 Wochen und Montag - Dienstag

6 Zim – 🚹78 € 🚹🚹145 € Menü 36 € (mittags)/115 € – Karte 40/88 €

Das Fachwerkhaus von 1648 liegt in einer relativ ruhigen Nebenstraße und beherbergt ein Restaurant mit leicht kreativ beeinflusster internationaler Küche. Die Gäste können in schönen modernen Zimmern übernachten.

GOMADINGEN

Baden-Württemberg – 2 180 Ew. – Höhe 675 m – Siehe Regionalatlas **55-H19**
Berlin 665 km – Stuttgart 64 km – Reutlingen 23 km – Ulm (Donau) 60 km
Michelin Straßenkarte 545

Zum Lamm mit Zim

Hauptstr. 3 ✉ 72532 – ✆ (07385) 9 61 50 – www.lamm-gomadingen.de – geschl. Montag
6 Zim – ♦44/52 € ♦♦68/84 € – ½ P Karte 19/35 €
Ein ländlich-schlichter Gasthof, der auf eine lange Familientradition zurückblicken kann und bürgerliche Speisen für Sie bereithält. Zum Übernachten stehen gepflegte und zeitgemäße Zimmer zur Verfügung.

GOSLAR

Niedersachsen – 40 710 Ew. – Höhe 255 m – Siehe Regionalatlas **29-J10**
Berlin 252 km – Hannover 84 km – Braunschweig 43 km – Göttingen 80 km
Michelin Straßenkarte 541

Der Achtermann

Rosentorstr. 20 ✉ 38640 – ✆ (05321) 7 00 00 – www.der-achtermann.de
154 Zim – ♦90/100 € ♦♦120/170 € – 1 Suite – ½ P
Rest – Menü 20/35 € – Karte 20/40 € – *(Montag - Freitag nur Abendessen)*
Das Businesshotel mit modernen Zimmern liegt am Rande der Fußgängerzone, nicht weit vom Bahnhof. Wenn Sie etwas Besonderes suchen, buchen Sie eine der zwei wirklich schicken Turm-Suiten! Im jahrhundertealten Wehrturm der ehemaligen Stadtbefestigung ist auch das Restaurant untergebracht: Bei internationaler Küche bestaunt man schöne historische Details!

Niedersächsischer Hof

Klubgartenstr. 1 ✉ 38640 – ✆ (05321) 31 60 – www.niedersaechsischerhof-goslar.de
63 Zim – ♦79/91 € ♦♦109/139 € – ½ P **Rest** – Menü 15 € – Karte 16/36 €
Neben gepflegten neuzeitlichen Zimmern hält das Hotel ein besonderes Extra für Sie bereit: eine Ausstellung zeitgenössischer Gemälde. Restaurant mit stilvoller Note.

Kaiserworth

Markt 3 ✉ 38640 – ✆ (05321) 70 90 – www.kaiserworth.de
64 Zim – ♦71/96 € ♦♦122/182 € – ½ P
Rest – Menü 20/69 € – Karte 25/49 €
Eine schöne Adresse mit historischem Rahmen ist das einstige Zunfthaus der Tuchmacher. Die Zimmer sind recht unterschiedlich eingerichtet. Zeitgemäßes Café im Haus. Ein sehenswertes gotisches Gewölbe schmückt das Restaurant. Internationale Küche.

In Goslar-Hahnenklee Süd-West: 16 km – Höhe 560 m

Njord

Rest,

Parkstr. 2 ✉ 38644 – ✆ (05325) 5 28 93 70 – www.hotelnjord.com
24 Zim – ♦70/85 € ♦♦105/135 € – 1 Suite – ½ P
Rest *Madhus* – Menü 30/43 € – Karte 33/44 € – *(nur Abendessen)*
Ein freundlich geführtes Hotel mit schönen modernen Zimmern (meist mit Balkon) und Bibliothek unterm Dach mit Blick auf den Kranichsee. Kosmetikangebot, kostenloser Fahrradverleih. In klaren Linien gehaltenes Restaurant.

Haus am Hochwald garni

Langeliethstr. 14c ✉ 38644 – ✆ (05325) 5 16 20 – www.hausamhochwald.de
16 Zim – ♦49/70 € ♦♦84/98 € – 1 Suite
Ein gut geführter kleiner Familienbetrieb in ruhiger Lage an einem Wanderweg, in dem gepflegte, hell und zeitgemäß gestaltete Zimmer zur Verfügung stehen.

GOTHA

Thüringen – 45 570 Ew. – Höhe 300 m – Siehe Regionalatlas **40-K12**
Berlin 326 km – Erfurt 22 km – Gera 114 km – Nordhausen 76 km
Michelin Straßenkarte 544

Am Schlosspark Rest,

Lindenauallee 20 ✉ 99867 – ✆ (03621) 44 20 – www.hotel-am-schlosspark.de
95 Zim – 85/99 € 105/125 € – ½ P **Rest** – Menü 30 € – Karte 24/41 €
Die recht ruhige Lage beim Schlosspark oberhalb des Zentrums sowie wohnliches, klassisch-elegantes Ambiente machen dieses Hotel aus. Auch Kosmetikanwendungen werden angeboten. Das Restaurant: lichter Wintergarten und schöne Stube, daneben die gemütliche Bar.

Der Lindenhof Zim,

Schöne Aussicht 5 ✉ 99867 – ✆ (03621) 77 20 – www.der-lindenhof-gotha.de
87 Zim – 76/110 € 96/156 € – 1 Suite
Rest – Menü 19/45 € – Karte 29/47 €
Das Hotel in dem einstigen Kasernengebäude bietet eine elegante Halle mit kleiner Bibliothek, geräumige, funktionelle Zimmer sowie Räume für Tagungen und Veranstaltungen. Zum Restaurant gehören eine schöne Terrasse und ein Biergarten mit Lagerfeuer.

In Gotha-Siebleben

Landhaus & Burg Hotel Romantik Rest,

Salzgitterstr. 76 (B 7) ✉ 99867 – ✆ (03621) 3 64 90 Stadtplan : BV**h**
– www.landhaus-hotel-romantik.de
24 Zim – 69/99 € 92/195 € – ½ P
Rest – Menü 27 € – Karte 20/38 € – *(geschl. Sonntag) (nur Abendessen)*
Familie Gewalter hat alles hier ausgesprochen individuell und mit Liebe zum Detail gestaltet, so z. B. die tollen "Burg Romantik"-Zimmer, die man mit ihrer wertigen Einrichtung im Barockstil durchaus als opulent bezeichnen kann! Behaglich das Restaurant mit Kamin, im Sommer lockt der Innenhof. Und lassen Sie sich nicht die Sauna im OG der Burg entgehen!

GOTTLEUBA, BAD-BERGGIESSHÜBEL

Sachsen – 5 770 Ew. – Höhe 290 m – Siehe Regionalatlas **43**-**Q12**
Berlin 224 km – Dresden 31 km – Chemnitz 106 km
Michelin Straßenkarte 544

In Bad Gottleuba-Augustusberg Süd-Ost: 2 km ab Bad Gottleuba

Berghotel Augustusberg

Augustusberg 15 ✉ 01816 – ✆ (035023) 6 25 04 – www.augustusberg.de
23 Zim – 49/59 € 75/99 € – ½ P **Rest** – Karte 20/56 €
Hier in herrlicher Alleinlage möchte man immerzu den Blick schweifen lassen - sogar bis nach Dresden kann man schauen. Die Aussicht genießt man am besten vom Restaurant-Pavillon und von der Terrasse, aber auch von einigen Zimmern.

GRAAL-MÜRITZ

Mecklenburg-Vorpommern – 4 270 Ew. – Höhe 5 m – Siehe Regionalatlas **12**-**N3**
Berlin 241 km – Schwerin 109 km – Rostock 28 km – Stralsund 59 km
Michelin Straßenkarte 542

IFA Zim,

Waldstr. 1 ✉ 18181 – ✆ (038206) 7 30 – www.ifa-graal-mueritz-hotel.com
150 Zim – 110/160 € 130/178 € – 8 Suiten – ½ P
Rest – Menü 28 € – Karte 23/42 €
Hier kann man wirklich schön Ferien machen, und das nur einen Steinwurf vom Meer! Buchen Sie seeseitig, oder im Bungalow mit Kitchenette? Und auch Wellness gehört zum Urlaub - der Spa-Bereich ist angenehm großzügig. Entspannen kann man auch in der Bibliothek mit Internetecke oder auf der Terrasse zum Garten.

Strandhotel Deichgraf

Strandstr. 61 ✉ 18181 – ✆ (038206) 13 84 13 – www.strandhoteldeichgraf.com
15 Zim – 79/109 € 118/178 € – 9 Suiten – ½ P **Rest** – Karte 20/40 €
Das Haus mit der roten Fassade überzeugt durch seine Lage direkt hinter den Dünen und die schönen wohnlichen Zimmer in warmen Farben. Im Sommer frühstückt man auf der Terrasse. Das Ambiente im Restaurant erinnert an das Interieur eines Segelschiffes.

Villa Strandkorb garni
Strandstr. 10 ✉ 18181 – ✆ (038206) 70 00 – www.villa-strandkorb.de – geschl. November - Februar
13 Zim – 🚹59/109 € 🚹🚹69/129 €
In dem gepflegten kleinen Hotel unter familiärer Leitung stehen die wohnlichen "Kajüten-" und "Muschelzimmer" sowie die besonders großzügigen "Leuchtturmsuiten" bereit.

Haus am Meer
Zur Seebrücke 36 ✉ 18181 – ✆ (038206) 73 90 – www.ham-ostsee.de
34 Zim – 🚹45/75 € 🚹🚹72/125 € – ½ P **Rest** – Menü 15 € – Karte 17/32 €
Vor allem die attraktive strandnahe Lage macht dieses persönlich geführte Hotel aus. Man hat unterschiedlich möblierte, funktionelle Zimmer und ein freundliches, zeitlos gestaltetes Restaurant.

GRAFENAU

Bayern – 8 440 Ew. – Höhe 609 m – Siehe Regionalatlas **60-P18**
▶ Berlin 505 km – München 190 km – Passau 38 km – Deggendorf 46 km
Michelin Straßenkarte 546

Säumerhof mit Zim
Steinberg 32 ✉ 94481 – ✆ (08552) 40 89 90 – www.saeumerhof.de – geschl. Montag, außer an Feiertagen
9 Zim – 🚹48/65 € 🚹🚹80/100 € – 1 Suite – ½ P
Menü 29/59 € – Karte 28/49 € – *(nur Abendessen, sonntags auch Mittagessen)*
Dieses alteingesessene Haus der Familie Endl ist ein Klassiker im Bayerischen Wald. Sympathisch die überaus freundliche Gästebetreuung durch die Chefin, schmackhaft die internationale, regional angehauchte Küche, die es z. B. als "Maibock mit Reibedatschi und Lauchzwiebeln" gibt.

GRAFENHAUSEN

Baden-Württemberg – 2 230 Ew. – Höhe 895 m – Siehe Regionalatlas **62-E21**
▶ Berlin 788 km – Stuttgart 174 km – Freiburg im Breisgau 50 km – Donaueschingen 41 km
Michelin Straßenkarte 545

Tannenmühle
Tannenmühleweg 5 (Süd-Ost: 3 km) ✉ 79865 – ✆ (07748) 2 15 – www.tannenmuehle.de
44 Zim – 🚹53/65 € 🚹🚹85/140 € – ½ P
Rest – Menü 24 € – Karte 24/46 € – *(geschl. November - April: Montag - Dienstag)*
Mühlenmuseum, mehrere Tiergehege (hier ein seltener weißer Hirsch!), eigene Forellenzucht, Spielplatz... Das Anwesen an einem Bach am Waldrand ist ein kleiner Erlebnispark auf 13 ha! Zimmer meist mit Balkon und Küchenzeile, hübsch und ganz schwarzwaldtypisch die Gaststuben. Fragen Sie nach der Forellenkarte!

GRAFENWIESEN

Bayern – 1 580 Ew. – Höhe 439 m – Siehe Regionalatlas **59-O17**
▶ Berlin 501 km – München 191 km – Passau 98 km – Cham 26 km
Michelin Straßenkarte 546

Birkenhof
Rest,
Auf der Rast 7 ✉ 93479 – ✆ (09941) 4 00 40 – www.hotel-birkenhof.de
75 Zim – 🚹76/140 € 🚹🚹180/250 € – 3 Suiten – ½ P
Rest – Menü 25/35 € (abends) – Karte 22/33 €
In über 40 Jahren hat Familie Gmach hier viel auf die Beine gestellt! Das Haus ist gepflegt, man bleibt nicht stehen - die Wellnesspagode "SinnesReich" mit diversen Anwendungen, das schöne Sonnendeck mit Terrasse und Dachpool sowie die Juniorsuiten in "NeptunsReich" sind der beste Beweis! HP inklusive.

GRAFING

Bayern – 12 940 Ew. – Höhe 522 m – Siehe Regionalatlas **66-M20**
Berlin 614 km – München 39 km – Landshut 80 km – Rosenheim 35 km
Michelin Straßenkarte 546

Hasi's Hotel garni
Griesstr. 5 ✉ 85567 – ✆ (08092) 7 00 70 – www.hotelhasi.de
23 Zim – 65/70 € 89/105 €
Freundlich, neuzeitlich und funktional ist der Familienbetrieb im Zentrum gestaltet. Man hat auch ein eigenes Café mit kleinem Snack-Angebot - hier bietet man auch das Frühstück.

GRAINAU

Bayern – 3 550 Ew. – Höhe 758 m – Siehe Regionalatlas **65-K22**
Berlin 682 km – München 94 km – Garmisch-Partenkirchen 11 km – Kempten 94 km
Michelin Straßenkarte 546

Am Badersee N Zim,
Am Badersee 1 ✉ 82491 – ✆ (08821) 82 10 – www.hotelambadersee.de
136 Zim – 111/131 € 131/151 € – ½ P **Rest** – Karte 28/45 €
Für Tagungen und Privatgäste gleichermaßen ideal. Das Hotel liegt am Badersee, ist schön in modern-alpinem Stil eingerichtet (chic der Mix aus schwarzem Stahl, warmem Altholz und hellen Tönen), hat einen ansprechenden Saunabereich auf 430 qm und bietet bürgerlich-regionale Küche.

Waxenstein
Höhenrainweg 3 ✉ 82491 – ✆ (08821) 98 40 – www.waxenstein.de – geschl. 3. - 16. November
41 Zim – 105/155 € 166/280 € – 4 Suiten – ½ P
Rest *Waxenstein* – siehe Restaurantauswahl
Ein wunderschönes Hotel, zum einen wegen des zeitgemäßen Landhausstils, zum anderen wegen der tollen Aussicht auf Waxenstein und Zugspitze. Letzteres ist ein guter Grund, eines der Südzimmer mit Balkon zu buchen!

Alpenhof Zim, Rest,
Alpspitzstr. 34 ✉ 82491 – ✆ (08821) 98 70 – www.alpenhof-grainau.de
36 Zim – 47/123 € 115/248 € – ½ P
Rest – Menü 10/34 € – Karte 19/45 €
Viele Feriengäste kommen immer wieder zu Familie Rosenstock. Von dem wohnlichen Hotel aus kann man wunderbar zu Wanderungen starten oder einfach im herrlichen großen Garten entspannen! Lassen Sie hier auf der schönen ruhigen Terrasse bei Kaffee und Kuchen (oder bei internationaler Küche) die Seele baumeln!

Eibsee-Hotel
Am Eibsee 1 (Süd-West: 3 km) ✉ 82491 – ✆ (08821) 9 88 10 – www.eibsee-hotel.de
117 Zim – 124/140 € 204/255 € – 6 Suiten – ½ P
Rest – Menü 25/75 € – Karte 29/60 €
Rest *Taverne* – Menü 25 € – Karte 30/65 € – *(geschl. April - Mai 4 Wochen, November - Dezember 4 Wochen und Sonntag - Montag) (nur Abendessen)*
Von Ihrem Zimmer schauen Sie auf den Eibsee, die Berge oder den Wald, am eigenen Strandbad direkt vor dem Haus wagen Sie sich ins kühle Nass... oder Sie lassen einfach vom verglasten Ruheraum den Blick übers Wasser schweifen. Zur Zugspitzbahn sind es übrigens nur 3 Minuten zu Fuß. Skiverleih im Haus. Die Küche reicht von regional bis euro-asiatisch.

Längenfelder Hof garni
Längenfelderstr. 8 ✉ 82491 – ✆ (08821) 98 58 80 – www.laengenfelder-hof.de – geschl. 15. November - 15. Dezember
19 Zim – 54/114 € 88/136 €
Sie mögen es persönlich und familiär? Das Haus liegt ruhig in einer Sackgasse, ist tipptopp gepflegt, liebenswerte kleine Dekorationen, alle Zimmer mit Balkon oder Terrasse, einige sogar mit Kamin. Draußen der Garten vor Bergkulisse.

Waxenstein - Hotel Waxenstein
Höhenrainweg 3 ✉ 82491 – ✆ (08821) 98 40 – www.waxenstein.de – geschl. 3. - 16. November
Menü 27/49 € – Karte 28/46 €
In dem geschmackvollen Restaurant des beliebten Ferienhotels bietet die Chefin leckere Gerichte wie "Coq au Riesling von der Maishähnchenbrust mit sommerlichem Gemüse". Ebenso verlockend ist der fantastische Ausblick von der Terrasse.

Gasthaus am Zierwald mit Zim
Zim,
Zierwaldweg 2 ✉ 82491 – ✆ (08821) 9 82 80 – www.zierwald.de – geschl. 14. - 23. Januar und Mittwoch
5 Zim – 54/58 € 84/92 € – ½ P Menü 22 € – Karte 22/39 €
Essen mit Blick auf die Zugspitze! In dem langjährigen Familienbetrieb ist Junior Philipp Hagenmeyer für die frische, schmackhafte Küche verantwortlich: Fleischpflanzerl, Maultaschen, Kalbsbäckchen in Rotwein geschmort...

GRASELLENBACH
Hessen – 3 780 Ew. – Höhe 389 m – Siehe Regionalatlas **48-G16**
Berlin 592 km – Wiesbaden 95 km – Mannheim 55 km – Beerfelden 21 km
Michelin Straßenkarte 543

Siegfriedbrunnen
Hammelbacher Str. 7 ✉ 64689 – ✆ (06207) 60 80 – www.siegfriedbrunnen.com
57 Zim – 72/121 € 148/210 € – 2 Suiten – ½ P **Rest** – Karte 25/55 €
Seit über 100 Jahren wird das ruhig gelegene Hotel von der Familie geführt. Man bietet hier wohnliche Zimmer (auch Allergikerzimmer mit Holzfußboden), ein gediegen-rustikales Restaurant auf zwei Ebenen (internationale Küche) sowie ein Tagungszentrum. Eine kleine Oase: der schöne Garten mit Meerwasserpool!

Landgasthof Dorflinde
Siegfriedstr. 14 ✉ 64689 – ✆ (06207) 9 22 90 – www.landgasthof-dorflinde.de
19 Zim – 47/66 € 93/101 € – ½ P
Rest – Menü 10/16 € – Karte 16/44 € – *(geschl. Montag)*
Die 1819 erbaute Dorflinde mitten im Nibelungenland ist das zweite Haus der Samers. Hier mögen die Gäste die familiäre Atmosphäre und den sympathisch-ländlichen Stil der Zimmer und des gemütlich getäfelten Restaurants.

GREETSIEL – Niedersachsen ➜ Siehe Krummhörn

GREIFSWALD
Mecklenburg-Vorpommern – 54 370 Ew. – Höhe 5 m – Siehe Regionalatlas **13-P4**
Berlin 214 km – Schwerin 178 km – Rügen (Bergen) 60 km – Rostock 103 km
Michelin Straßenkarte 542

Mercure
Am Gorzberg ✉ 17489 – ✆ (03834) 54 40 – www.mercure.com
113 Zim – 75/85 € 99/109 € – ½ P
Rest – Menü 19 € – Karte 24/41 € – *(nur Abendessen)*
Das Hotel ist eine praktische Tagungs- und Businessadresse am Stadtrand. Es stehen zeitgemäße und funktionale Zimmer bereit, kleine Extras in der Komfort-Kategorie.

Kronprinz
Zim,
Lange Straße 22 ✉ 17489 – ✆ (03834) 79 00 – www.hotelkronprinz.de
30 Zim – 79/89 € 104/119 € – 1 Suite – ½ P
Rest – Menü 20 € – Karte 22/30 €
Das aus Alt- und Neubau bestehende Hotel befindet sich in der Innenstadt bei der Fußgängerzone und bietet funktional ausgestattete Zimmer in klassischem Stil. Restaurant mit Brasserie-Ambiente und bürgerlich-internationaler Karte.

Tischlerei
Salinenstr. 22 ✉ 17489 – ✆ (03834) 88 48 48 – geschl. Sonntag
Karte 32/57 €
Das legere Konzept und die gute Küche kommen an! Was in dem gemütlichen Restaurant direkt am Hafen (schön die Terrasse hier) auf den Tisch kommt, ist frisch und regional - so z. B. Klassiker wie die Fischsuppe, aber auch "Maispoulardenbrust auf Olivenpüree".

In Greifswald-Wieck Ost: 4 km

Büttner's
Am Hafen 1a ✉ 17493 – ✆ (03834) 8 87 07 37 – www.buettners-restaurant.de – geschl. Februar 1 Woche, Ende August - September 2 Wochen und Montag
Menü 39/69 € – Karte 44/63 € – *(Dienstag - Donnerstag nur Abendessen)*
Im idyllischen Ortsteil Wieck gelegen, direkt am Hafen und mit Blick auf die Ryck... da ist die Terrasse natürlich heiß begehrt! Aber nicht nur die, man kommt auch wegen leckeren regional-saisonalen Gerichten wie "Steinbutt auf Spargel-Erdbeer-Ragout" oder "Thunfisch mit dreierlei Erbsen"!

Fischer-Hütte
An der Mühle 12 ✉ 17493 – ✆ (03834) 83 96 54 – www.fischer-huette.de
Menü 25 € – Karte 18/47 €
Am Fischereihafen finden Sie dieses nette Restaurant mit rustikal-maritimem Flair und frischer saisonaler Fischküche. Von den Fensterplätzen schaut man auf die alte Klappbrücke.

GREMSDORF – Bayern → Siehe Höchstadt an der Aisch

GRENZACH-WYHLEN
Baden-Württemberg – 14 130 Ew. – Höhe 272 m – Siehe Regionalatlas **61**-D21
Berlin 868 km – Stuttgart 271 km – Freiburg im Breisgau 87 km – Bad Säckingen 25 km
Michelin Straßenkarte 545

Im Ortsteil Grenzach

eckert
Basler Str. 20, (B 34) ✉ 79639 – ✆ (07624) 9 17 20 – www.hotel-eckert.de
29 Zim – 🚹69/79 € 🚹🚹88/105 €, ☕ 9 €
Rest *eckert* – siehe Restaurantauswahl
Das "eckert" hat eine Wandlung hinter sich, denn Familie Wiedmer hat das Haus komplett renoviert und ein echtes Schmuckstück daraus gemacht: hochwertig-modernes Design, wohnlich und zugleich funktionell. Verpassen Sie nicht das Frühstück!

villetta garni
Basler Str. 10 ✉ 79639 – ✆ (07624) 2 09 17 01 – www.hotel-villetta.de
10 Zim – 🚹70/73 € 🚹🚹82/119 €, ☕ 10 €
Die "kleine Villa" von 1911 ist schon von außen hübsch anzuschauen. Sie liegt zwar an der Hauptstraße, doch man wohnt hier wirklich schön: Die Zimmer sind individuell, modern und komfortabel, gut das Frühstücksbuffet, charmant die Chefin.

eckert – Hotel Eckert
Basler Str. 20, (B 34) ✉ 79639 – ✆ (07624) 9 17 20 – www.hotel-eckert.de
Menü 39 € (mittags unter der Woche)/72 € – Karte 40/65 € – (Tischbestellung ratsam)
Neben schickem Ambiente ist auch gute Küche in das Haus eingezogen, und zwar die des talentierten Juniors Nicolai P. Wiedmer. Der Grandits-Schüler, gerade mal Anfang Zwanzig, ist reich an Ideen - interessant z. B. "marinierter Saibling, Risini-Bohnen, grüne Papaya".

GREVEN
Nordrhein-Westfalen – 36 120 Ew. – Höhe 45 m – Siehe Regionalatlas **26**-D9
Berlin 465 km – Düsseldorf 141 km – Nordhorn 76 km – Enschede 59 km
Michelin Straßenkarte 543

Eichenhof

Hansaring 70 ✉ 48268 – ✆ (02571) 9 97 96 00 – www.eichenhof.com
34 Zim ☕ – 🚹57/62 € 🚹🚹88/92 € – ½ P
Rest – Menü 15 € – Karte 19/32 € – *(geschl. Samstagmittag, Sonntag und an Feiertagen)*
Das Hotel ist aus einem schönen historischen Bauernhof entstanden. Die Zimmer sind unterschiedlich geschnitten und zeitgemäß eingerichtet, teils auch mit Antiquitäten. W-Lan gratis. Von einer Künstlerin freundlich dekoriertes Restaurant mit ländlichem Charme.

Altdeutsche Gaststätte Wauligmann

Schifffahrter Damm 22 (Süd-Ost: 4 km über B 481 in Richtung Münster, jenseits der A 1) ✉ 48268 – ✆ (02571) 23 88 – www.gaststaette-wauligmann.de – geschl. 22. Dezember - 6. Januar, 3. - 25. August und Montag - Dienstag
Karte 21/51 €
Das charmante Gasthaus der Wauligmanns (Familienbetrieb seit 1841) ist hier schon eine Institution - sogar die Bushaltestelle vor dem Haus ist nach der Familie benannt! Seniorchefin Gisela Wauligmann kocht gemeinsam mit Sohn Christoph und ihre westfälische Küche kommt an - so z. B. die hausgemachten Würste!

In Greven-Gimbte Süd: 4,5 km über B 219, jenseits der A 1

Altdeutsche Schänke

Dorfstr. 18 ✉ 48268 – ✆ (02571) 22 61 – www.altdeutsche-schaenke.de – geschl. nach Karneval 2 Wochen, Oktober 1 Woche und Montag - Dienstag
Karte 20/57 €
Schon das beschauliche Örtchen ist einen Besuch wert, und mittendrin hat Familie Höltig dieses schöne ehemalige Bauernhaus von 1846. Drinnen ist es stilvoll-rustikal (toll der alte Kamin!), draußen eine herrliche Gartenterrasse sowie eine weitere kleine Terrasse vor dem Haus. Bürgerlich-internationale Küche.

GREVENBROICH

Nordrhein-Westfalen – 63 490 Ew. – Höhe 50 m – Siehe Regionalatlas **35**-B12
▶ Berlin 581 km – Düsseldorf 28 km – Aachen 59 km – Köln 31 km
Michelin Straßenkarte 543

In Grevenbroich-Kapellen Nord-Ost: 6 km, Richtung Neuss über A 46

Drei Könige mit Zim

Neusser Str. 49 ✉ 41516 – ✆ (02182) 81 21 53 – www.drei-koenige.net – geschl. Montag
6 Zim ☕ – 🚹78 € 🚹🚹105/115 €
Menü 40 € – Karte 36/54 € – *(Dienstag - Freitag nur Abendessen)*
Die einstige Postrelaisstation a. d. 18. Jh. ist heute ein familiengeführtes Restaurant, das rustikale und klassische Elemente kombiniert. Saisonal beeinflusste Küche. Helle, freundliche Gästezimmer mit italienischen Möbeln.

GRIESBACH im ROTTAL, BAD

Bayern – 8 410 Ew. – Höhe 453 m – Siehe Regionalatlas **59**-P19
▶ Berlin 606 km – München 153 km – Passau 38 km – Landshut 95 km
Michelin Straßenkarte 546

COLUMBIA

Passauer Str. 39a ✉ 94086 – ✆ (08532) 30 90 – www.columbia-hotels.com
63 Zim ☕ – 🚹109 € 🚹🚹198 € – 2 Suiten – ½ P
Rest *Il Giardino* ✿✿ **Rest *Galleria* Rest *El Sotano*** – siehe Restaurantauswahl
Eine Hotelanlage in ansprechender Hufeisenform mit freundlichem Service, vielseitigem Wellnessangebot und gutem Tagungsbereich. Highlight: die zwei Il-Giardino-Suiten in der Gartenvilla. Lust auf einen guten Film? Es gibt auch ein Kino im Haus.

XXX ✿✿ **Il Giardino** – Hotel COLUMBIA

Passauer Str. 39a ✉ 94086 – ✆ (08532) 30 91 68 – www.columbia-hotels.com – geschl. Mitte Januar - Anfang Februar, Ende Juni - Anfang Juli, November 2 Wochen und Sonntag - Montag

Menü 70/145 € – *(nur Abendessen)*

Ausgesprochen fein, durchdacht und elegant sind die Kombinationen, die Denis Feix hier auf den Teller bringt, vortrefflich die Verbindung von Säure, Schärfe und unterschiedlichen Aromen! Toll auch die fair kalkulierte Weinkarte, von der Sommelière Kathrin Feix - sie managt überaus versiert und ebenso freundlich den Service - eine schöne Weinbegleitung für die Menüs "Naturreise" oder "Kleine Reise" zusammenstellt.

➜ Huhn aus Frankreich, Kräuterseitlinge, milder Knoblauch. Atlantik Steinbutt, Erdapfel, Umeboshi Pflaume. Rottaler Reh, Aubergine, Olive.

XX **Galleria** – Hotel COLUMBIA

Passauer Str. 39a ✉ 94086 – ✆ (08532) 30 91 09 – www.columbia-hotels.com

Menü 30 € – Karte 26/45 €

Beeindruckend, was Farbe alles kann: Warme Rottöne und naturbelassene Korbsessel harmonieren miteinander und schaffen eine behagliche Atmosphäre in dem großzügigen Raum.

X **El Sotano** – Hotel COLUMBIA

Passauer Str. 39a ✉ 94086 – ✆ (08532) 30 91 62 – www.columbia-hotels.com – geschl. Juli und Montag - Dienstag

Karte 19/35 € – *(nur Abendessen)*

Nach unverkennbar mexikanischer Folklore eingerichtetes Lokal - tauchen Sie ein in die prächtige Farbenvielfalt des fernen Landes und genießen die mit typischen Gewürzen gespickten Speisen.

In Bad Griesbach-Therme Süd: 3 km Richtung Bad Füssing

Maximilian

Kurallee 1 ✉ 94086 – ✆ (08532) 79 50 – www.hartl.de/maximillian

194 Zim – †108/163 € ††176/286 € – 11 Suiten – ½ P

Rest *Ferrara* – siehe Restaurantauswahl

In dem komfortablen Hotel werden Wellness und Golf groß geschrieben. Man bietet Spa auf 2500 qm und einen Shuttle-Service zu den Golfplätzen des Hartl-Resorts. Verschiedene Boutiquen im Haus.

Parkhotel Rest,

Am Kurwald 10 ✉ 94086 – ✆ (08532) 2 80 – www.parkhotel-badgriesbach.de

159 Zim – †111/133 € ††192/238 € – 5 Suiten – ½ P

Rest – Menü 17/27 € – Karte 17/27 €

Diese ruhig am Ortsrand gelegene Ferienadresse verfügt über einen geschmackvollen Spabereich und Medical Wellness mit Therapieangebot. Besonders wohnlich: die Galeriezimmer. Teil des Restaurants ist das gemütliche Stüberl mit regionaler Karte. HP inklusive.

Das Ludwig Rest, Rest,

Am Kurwald 2 ✉ 94086 – ✆ (08532) 79 90 – www.hartl.de/dasludwig

180 Zim – †99/105 € ††168/180 € – ½ P

Rest – Menü 25 € (Buffet) – *(nur Abendessen)*

Freizeit, Familien, Urlaub... das Konzept kommt an! Mit Soccer Camp, Geocaching, Golfer-Service, einer Thermenlandschaft auf rund 1800 qm und vielem mehr gibt's für Groß und Klein die passende Aktivität. Beruhigend zu wissen: Kinder werden hier sehr gut betreut! Im Restaurant bietet man regelmäßig Buffets und wer's rustikal mag, geht in den "Heurigen".

Drei Quellen Therme Rest,

Thermalbadstr. 3 ✉ 94086 – ✆ (08532) 79 80 – www.hotel-dreiquellen.de

98 Zim – †71/89 € ††122/158 € – 5 Suiten – ½ P

Rest – Menü 18/34 € – Karte 15/24 €

In dem zentral gelegenen Hotel trifft bayerischer Landhausstil auf zeitgemäßen Komfort. Im Garten hat man einen hübschen "Saunastadl", den man bequem durch einen Bademantelgang erreicht. Die Restauranträume sind gemütlich, teils mit mediterranem Touch gestaltet. HP inklusive.

Fürstenhof
Rest,

Thermalbadstr. 28 ✉ 94086 – ✆ (08532) 98 10 – www.hartl.de
140 Zim – 97/117 € 182/230 € – 8 Suiten – ½ P
Rest – Menü 23/48 € – Karte 29/48 €
Behaglich sind sie alle, die Zimmer in dieser ansprechenden Hotelanlage, ganz besonders wohnlich sind die neueren mit ihren schönen warmen Farben! Viele Zimmer haben einen Balkon und auch einige Galeriezimmer sind vorhanden. Und natürlich kommt auch der weitläufige Wellnessbereich mit hübsch angelegter Sonnenterrasse gut an. Und zum Speisen wählt man zwischen verschiedenen Restaurantstuben von stilvoll bis ländlich.

Ferrara – Hotel Maximilian
Kurallee 1 ✉ 94086 – ✆ (08532) 79 55 20 – www.hartl.de/maximillian
Karte 40/56 €
Wenn Traditionelles, Ländliches und Klassisches zusammenkommen, dann entsteht eine solch gelungene und elegante Atmosphäre. Spezialität ist u. a. Fisch aus heimischen Gewässern!

GRÖDITZ
Sachsen – 7 950 Ew. – Höhe 97 m – Siehe Regionalatlas **33-P11**
Berlin 175 km – Dresden 52 km – Cottbus 89 km – Leipzig 92 km
Michelin Straßenkarte 544

Spanischer Hof
Hauptstr. 15a ✉ 01609 – ✆ (035263) 4 40 – www.spanischer-hof.de
45 Zim – 86/96 € 108/118 € – ½ P
Rest – Menü 20/55 € – Karte 20/55 € – *(geschl. 2. - 5. Januar, 15. - 22. Februar und Sonntag) (Montag - Samstag nur Abendessen)*
Von der Architektur bis zu den Zimmernamen begleitet Sie ein Hauch Spanien durch das Hotel. Schön sind die zwei aufwändig gestalteten Turm-Maisonetten. Spanische Küche bieten die ländlich gehaltenen Restaurants El Dorado und Bodega, nett die mediterrane Terrasse.

GRÖMITZ
Schleswig-Holstein – 7 620 Ew. – Höhe 14 m – Siehe Regionalatlas **11-K3**
Berlin 309 km – Kiel 72 km – Lübeck 54 km – Neustadt in Holstein 12 km
Michelin Straßenkarte 541

Strandidyll
Uferstr. 26 ✉ 23743 – ✆ (04562) 18 90 – www.strandidyll.de – geschl. 29. November - 24. Dezember
13 Zim – 68/135 € 99/160 € – 13 Suiten – ½ P
Rest – Menü 23/25 € – Karte 23/42 € – *(nur Abendessen)*
Vor allem die Lage unmittelbar am Strand macht das Hotel zu einer schönen Ferienadresse! Ganz in der Nähe befindet sich auch der Yachthafen. Sie speisen mit Blick auf die Ostsee (nachmittags bietet man eine reduzierte Karte). Terrasse zur Promenade.

GRÖNENBACH, BAD
Bayern – 5 280 Ew. – Höhe 718 m – Siehe Regionalatlas **64-I21**
Berlin 682 km – München 135 km – Augsburg 110 km – Kempten 28 km
Michelin Straßenkarte 546

allgäu resort
Sebastian-Kneipp-Allee 7 ✉ 87730 – ✆ (08334) 5 34 65 00 – www.allgaeu-resort.de
121 Zim – 88/122 € 131/157 € – 4 Suiten – ½ P
Rest *Weitblick* – siehe Restaurantauswahl
Mit seinem umfassenden Konzept ist das Resorthotel ideal für alle, die Wellness und modernen Wohnkomfort genießen möchten, aber auch für Tagungsgäste. Der Wohlfühl- und Gesundheitsaspekt wird hier groß geschrieben: Nutzen Sie z. B. die hochwertige medizinische Präventionsdiagnostik oder holen Sie sich bei einem Kochkurs Ernährungstipps! Die ruhige erhöhte Lage macht die Erholung komplett.

Weitblick – Hotel allgäu resort

Sebastian-Kneipp-Allee 7 ✉ 87730 – ✆ (08334) 5 34 65 00 – www.allgaeu-resort.de

Karte 31/45 €

Das Restaurant trägt seinen Namen zu Recht... durch die Fensterfront geht der Blick in die Natur. Serviert werden internationale Speisen wie "Tatar vom New Zealand Beef mit Rotweinschalotten", oder wie wär's mit den "Floischgerichten" vom Grill? Beliebt und preislich fair: die Menüvariationen in 3 - 5 Gängen.

Topf-Gucker

Marktplatz 8 ✉ 87730 – ✆ (08334) 25 97 25 – www.topf-gucker.com – geschl. Montag

Menü 30/40 € – Karte 26/48 € – *(Dienstag - Donnerstag nur Abendessen, außer an Feiertagen)*

Sie suchen ein Restaurant mit schmackhafter Regionalküche zu einem sehr guten Preis-Leistungs-Verhältnis? Dann probieren Sie bei Charly Bittner z. B. "Brezen-Weißwurst-Knödel mit Senfsoße" oder "knusprig gebratene Bauernente auf Blaukraut mit Serviettenknödeln". Im Sommer lässt man es sich auf der schönen Terrasse direkt auf dem Marktplatz schmecken.

GRONAU in WESTFALEN

Nordrhein-Westfalen – 46 550 Ew. – Höhe 38 m – Siehe Regionalatlas **26-C9**

Berlin 509 km – Düsseldorf 133 km – Nordhorn 35 km – Enschede 10 km

Michelin Straßenkarte 543

In Gronau-Epe Süd: 3,5 km über B 474

Schepers

Ahauser Str. 1 ✉ 48599 – ✆ (02565) 9 33 20 – www.hotel-schepers.de – geschl. 28. Dezember - 4. Januar

41 Zim – 🚹76/98 € 🚹🚹110/136 € – 2 Suiten – ½ P

Rest – Menü 30 € – Karte 22/46 € – *(geschl. Samstagmittag, Sonntagmittag)*

In dem Familienbetrieb erwarten Sie etwas individuelle, aber immer modern eingerichtete Zimmer mit kostenfreiem W-Lan. Dazu die nette "Wellness-Lounge" mit Sauna, Kosmetik und Massage. Klassisch-stilvolles Restaurant, ergänzt durch eine Gaststube mit rustikaler Note.

Heidehof

Amtsvenn 1 (West: 4 km, Richtung Alstätte) ✉ 48599 – ✆ (02565) 13 30 – www.restaurant-heidehof.de – geschl. 1. - 15. Juli und Montag - Dienstag

Menü 18/55 € – Karte 28/56 €

Auf einem schönen Gartengrundstück steht das reetgedeckte Haus. Die klassische internationale Küche serviert man im Restaurant mit Kamin, im Wintergarten oder auf der Terrasse.

GROSS DÖLLN – Brandenburg ➜ Siehe Templin

GROSS GRÖNAU

Schleswig-Holstein – 3 550 Ew. – Höhe 7 m – Siehe Regionalatlas **11-K4**

Berlin 270 km – Kiel 85 km – Lübeck 8 km – Schwerin 74 km

Michelin Straßenkarte 541

Zum fabelhaften Hirschen

St. Hubertus 1 ✉ 23627 – ✆ (04509) 87 78 66 – www.zum-fabelhaften-hirschen.de – geschl. Dienstag

Karte 22/50 €

Rechts das elegant eingedeckte Restaurant, links das Bistro, eine gemütlich-legere Stube. Egal wo Sie sitzen, Sie können hier wie dort von beiden Speisekarten wählen. Schmackhaft sind die Gerichte von Chef Marc Grotkopp alle - im Winter sollten Sie seine Spezialität, Gans, probieren!

GROSS MECKELSEN – Niedersachsen ➜ Siehe Sittensen

GROSS NEMEROW – Mecklenburg-Vorpommern ➜ Siehe Neubrandenburg

GROSS PLASTEN – Mecklenburg-Vorpommern ➜ Siehe Waren (Müritz)

GROSSALMERODE

Hessen – 6 810 Ew. – Höhe 354 m – Siehe Regionalatlas **39-I11**

▶ Berlin 379 km – Wiesbaden 255 km – Kassel 24 km – Göttingen 39 km

Michelin Straßenkarte 543

Pempel
Rest,

In den Steinen 2 ✉ 37247 – ✆ (05604) 9 34 60 – www.pempel.de – geschl. 29. Dezember - 12. Januar

9 Zim ☕ – †50/68 € ††85/105 € – ½ P

Rest – Menü 15/98 € – Karte 17/77 € – *(geschl. Samstagmittag, Sonntagabend)*

Im Zentrum liegt der gepflegte Familienbetrieb, der über zeitgemäß und funktionell ausgestattete Zimmer verfügt. Im rustikalen Restaurant kocht der Chef bürgerlich-regionale Gerichte, dazu gibt es eine kleine, aber erlesene Weinauswahl.

GROSSHARTHAU

Sachsen – 3 220 Ew. – Höhe 275 m – Siehe Regionalatlas **43-R12**

▶ Berlin 194 km – Dresden 30 km – Bautzen 25 km – Kamenz 22 km

Michelin Straßenkarte 544

Kyffhäuser
AC Rest,

Dresdner Str. 3 (B 6) ✉ 01909 – ✆ (035954) 58 00 – www.kyffhaeuser-hotel.de – geschl. 2. - 7. Januar

26 Zim ☕ – †44 € ††69 € – ½ P **Rest** – Karte 14/30 €

Das bei einem kleinen Schloss gelegene Hotel ist tipptopp gepflegt und wird familiär geführt. Vergnügliche Stunden versprechen diverse Veranstaltungen von Tanzparty über Modenschau bis Comedy. Im Restaurant: bürgerliche Küche und Aktionen wie z. B. Schnitzelwochen.

GROSSHEUBACH

Bayern – 5 040 Ew. – Höhe 132 m – Siehe Regionalatlas **48-G16**

▶ Berlin 570 km – München 354 km – Würzburg 73 km – Aschaffenburg 38 km

Michelin Straßenkarte 546

Weinklause Rosenbusch

Engelbergweg 6 ✉ 63920 – ✆ (09371) 65 04 00 – www.hotel-rosenbusch.de

20 Zim ☕ – †50/55 € ††69/95 € – ½ P

Rest – Menü 19/30 € – Karte 21/33 € – *(nur Abendessen)*

Das relativ ruhig etwas abseits gelegene Haus wird in der 4. Generation als Familienbetrieb geführt. Die Zimmer sind gepflegt und funktional, teils mit Balkon. Nettes, gemütliches Restaurant mit Kachelofen.

Zur Krone mit Zim

Miltenberger Str. 1 ✉ 63920 – ✆ (09371) 26 63 – www.gasthauskrone.de – geschl. Februar 10 Tage, Ende Oktober - Anfang November und Montag, Freitagmittag

9 Zim ☕ – †55 € ††85 € – ½ P Menü 38/48 € – Karte 22/53 €

Mitten im Ort finden Sie diesen charmanten Gasthof mit seinen gemütlichen Stuben. Was Ralf Restel hier kocht, ist schmackhaft und geradlinig, regional, aber auch international beeinflusst - so z. B. "Tafelspitz mit grüner Sauce und Bratkartoffeln" oder "Maishuhnbrust auf Wokgemüse und Currysauce". Im Sommer isst man am schönsten auf der ruhigen begrünten Terrasse!

GROSSKARLBACH

Rheinland-Pfalz – 1 110 Ew. – Höhe 118 m – Siehe Regionalatlas **47-E16**

▶ Berlin 637 km – Mainz 76 km – Mannheim 24 km – Kaiserslautern 39 km

Michelin Straßenkarte 543

Gebrüder Meurer

Hauptstr. 67 ✉ 67229 – ✆ (06238) 6 78 – www.restaurant-meurer.de

15 Zim ☕ – †90/130 € ††130 €

Rest *Gebrüder Meurer* – siehe Restaurantauswahl

Ein reizendes Anwesen mit toskanischem Charme - wie gemalt! Drinnen geschmackvolle Zimmer, teilweise mit Antiquitäten, im traumhaften Garten haben Wolfgang und Christian Meurer ein schönes Badehaus mit exklusiver Juniorsuite und Kosmetikbereich entstehen lassen.

Gebrüder Meurer – Hotel Gebrüder Meurer
Hauptstr. 67 ✉ 67229 – ✆ (06238) 6 78 – www.restaurant-meurer.de
Menü 49 € – Karte 41/65 € – *(nur Abendessen)* (Tischbestellung ratsam)
Hier denkt man unweigerlich an ein Landhaus im Süden: wohnliche Räume, schöne Farben, eine rustikale Note... und natürlich die mediterran angehauchte Karte, auf der sich u. a. Klassiker wie Jakobsmuscheln auf Blattspinat oder Lammrücken in der Kräuterkruste finden. Sonntags Lunchbuffet.

Karlbacher - L'Herbe de Provence
Hauptstr. 57 ✉ 67229 – ✆ (06238) 37 37 – www.karlbacher.info
– geschl. Anfang Januar 2 Wochen und Montag - Dienstag
Menü 59/92 € – *(Mittwoch - Samstag nur Abendessen, Sonntag nur Mittagessen)* (Tischbestellung ratsam)
Was sich im Obergeschoss des über 400 Jahre alten Fachwerkhauses verbirgt, kann sich wahrlich sehen lassen: reizende Stuben - mal stilvoll, mal gemütlich in Holz - und dazu zwei ambitionierte klassische Menüs ("Découverte" und "Dégustation") mit Gerichten wie "Jakobsmuscheln mit Steinpilzen" oder "offener Apfelstrudel". Wer mittags essen möchte, bekommt auf Reservierung eine mündliche Empfehlung.
Rest *Weinstube* – siehe Restaurantauswahl

Weinstube – Restaurant Karlbacher - L'Herbe de Provence
Hauptstr. 57 ✉ 67229 – ✆ (06238) 37 37 – www.karlbacher.info
– geschl. Anfang Januar 2 Wochen und Montag - Dienstag
Menü 28 € (mittags unter der Woche)/69 € – Karte 47/63 €
Wirklich nett, charmant-rustikal und eine gemütliche Alternative zum Gourmetrestaurant - das ist die Weinstube im Erdgeschoss des "Karlbacher". Hier kocht Christian Rubert etwas bürgerlicher: Pfälzer Küche mit elsässischen Einflüssen. Im Sommer zieht es die Gäste in den glasüberdachten romantischen Innenhof.

GROSSRÄSCHEN

Brandenburg – 9 010 Ew. – Höhe 115 m – Siehe Regionalatlas **33-Q10**
Berlin 132 km – Potsdam 146 km – Dresden 75 km
Michelin Straßenkarte 542

Seehotel (N)
Seestr. 88 ✉ 01983 – ✆ (035753) 69 06 60 – www.seehotel-grossraeschen.de
56 Zim – 85/95 € 99/109 € – 4 Suiten – ½ P
Rest – Menü 34/60 € – Karte 31/51 €
Der See vor der Tür, klassisch-wohnliche Zimmer und ein stilvolles Restaurant mit saisonaler Küche, dazu gut ausgestattete Seminarräume und draußen eine schöne Grünanlage samt Tennis- und Beachvolleyballplatz. Interessant: Im Haupthaus, einem hübsch restaurierten Gebäude von 1920 hat man ein "Fälschermuseum".

GROSSSCHÖNAU

Sachsen – 5 930 Ew. – Höhe 310 m – Siehe Regionalatlas **44-S12**
Berlin 243 km – Dresden 87 km – Zittau 11 km
Michelin Straßenkarte 544

In Großschönau-Waltersdorf Süd: 2,5 km

Quirle-Häusl (mit Gästehaus)
Zim,
Hauptstr. 51 ✉ 02799 – ✆ (035841) 60 60 60 – www.quirle.de
24 Zim – 55/65 € 79/89 € – ½ P **Rest** – Karte 18/29 €
Die Gastgeber Kathrin und Peter Kunze sind in der Volksmusik ein bekanntes Duett. So leidenschaftlich wie sie singen, leiten sie auch das historische Oberlausitzer Umgebindehaus mit dem Kaiserlichen Postamt von 1900 als Gästehaus. Gemütliche Atmosphäre im rustikalen Restaurant Blockstube. Biergarten im Innenhof.

GROSS-UMSTADT

Hessen – 21 310 Ew. – Höhe 160 m – Siehe Regionalatlas **48-G15**
Berlin 568 km – Wiesbaden 67 km – Frankfurt am Main 51 km – Darmstadt 22 km
Michelin Straßenkarte 543

Farmerhaus Lodge garni
Carlo-Mierendorffstr. 5 ✉ 64823 – ✆ (06078) 9 30 75 70 – www.farmerhaus-lodge.de
8 Zim – 95/200 € 110/215 €, 10 €
Wer nicht nur beim Essen die Exotik Afrikas erleben möchte, findet rund 2 km vom Restaurant in einer ehemaligen Hofreite im Zentrum ein nicht alltägliches Designhotel. Mit Liebe zum Detail hat man im gesamten Haus afrikanische Kunst und dekorative Accessoires aufs Stimmigste arrangiert. Toller Innenhof.

Jakob
Zimmerstr. 43 ✉ 64823 – ✆ (06078) 7 80 00 – www.hotel-jakob.de – geschl. 20. - 31. Dezember
40 Zim – 53/79 € 79/89 €, 5 € – ½ P
Rest – Menü 28/45 € – Karte 19/47 € – *(geschl. Sonntag) (nur Abendessen)*
Das familiengeführte Haus liegt am Rande der Stadt, direkt an den naturgeschützten Streuobstwiesen! Einige modernere Zimmer sind besonders schön. Nette kleine Sauna im UG. Internationales Angebot im neuzeitlichen Bistro-Restaurant.

Farmerhaus
Am Farmerhaus 1 ✉ 64823 – ✆ (06078) 91 11 91 – www.farmerhaus.de – geschl. 1. - 18. Januar und Sonntag - Montag
Menü 60/90 € – Karte 46/80 € – *(nur Abendessen)*
Wer die original afrikanischen Spezialitäten auf der Terrasse genießt und dabei auf die Weinberge schaut, hat fast ein bisschen das Gefühl, im "Grande Roche" in Paarl (Südafrika) zu sein! Authentisch auch die Deko im Restaurant.

GROSSWEITZSCHEN – Sachsen ➜ Siehe Döbeln

GRÜNBERG
Hessen – 13 830 Ew. – Höhe 273 m – Siehe Regionalatlas **38-G13**
Berlin 476 km – Wiesbaden 102 km – Frankfurt am Main 72 km – Gießen 22 km
Michelin Straßenkarte 543

Villa Emilia
Gießener Str. 42 (B 49) ✉ 35305 – ✆ (06401) 64 47 – www.hotel-villa-emilia.de – geschl. Juli - Anfang August 2 Wochen
13 Zim – 70 € 98 €
Rest – Menü 35 € – Karte 33/49 € – *(geschl. 26. Dezember - 2. Januar, Juli - Anfang August 2 Wochen und Donnerstag, Sonntag) (nur Abendessen)*
Im Hof hinter der netten alten Villa schließen sich der Hotelanbau sowie der Garten an. Zeitgemäße, helle Zimmer im Landhausstil stehen in dem freundlich geführten Haus bereit. Das im Stammhaus untergebrachte Restaurant bietet saisonale Küche.

GRÜNSTADT
Rheinland-Pfalz – 13 070 Ew. – Höhe 169 m – Siehe Regionalatlas **47-E16**
Berlin 632 km – Mainz 59 km – Mannheim 31 km – Kaiserslautern 36 km
Michelin Straßenkarte 543

In Neuleiningen Süd-West: 3 km über Sausenheim, jenseits der A 6

Alte Pfarrey
Untergasse 54 ✉ 67271 – ✆ (06359) 8 60 66 – www.altepfarrey.de – geschl. Januar 2 Wochen
10 Zim – 105 € 125/180 € – 2 Suiten
Rest ***Alte Pfarrey*** ✿ – siehe Restaurantauswahl
In dem beschaulichen mittelalterlichen Dörfchen steht ein schmuckes Häuserensemble a. d. 16. Jh., in dem Ihnen Familie Jentzer einen angenehmen Aufenthalt bereitet. Geschmackvolle Zimmer mit historischem Charme (ein Hingucker die bemalte Holzdecken in einem der Zimmer) und ein ausgezeichnetes Frühstück tragen ihren Teil dazu bei! Richtig wohlfühlen kann man sich auch, wenn man bei Kaffee und Kuchen im schönen Garten sitzt! Und haben Sie den Wildbirnenbaum gesehen, der durchs Haus gewachsen ist?

Alte Pfarrey – Hotel Alte Pfarrey

Untergasse 54 ✉ 67271 – ✆ (06359) 8 60 66 – www.altepfarrey.de – geschl. Januar 2 Wochen und Dienstag - Mittwoch
Menü 38 € (mittags unter der Woche)/94 € – Karte 70/78 €
Maik Gehrke kocht zeitgemäß-saisonal, die Produkte sind topfrisch, ansprechend die Präsentation. Und der Rahmen? Wirklich schön: ein lichtdurchfluteter Wintergarten und ein hübscher historischer Raum - dennoch hat im Sommer der reizende Innenhof die begehrtesten Plätze! Wo Sie auch sitzen, der Service ist freundlich und aufmerksam. Tipp: günstiges Mittagsmenü unter der Woche.
➜ Lauwarmer Saibling aus dem Königssee mit Pfifferlingen, Erbsenespuma und Beurre Blanc. Maibockrücken unter der Cranberry-Hasselnusskruste mit Brunnenkresse und Wild-Pfefferjus. Komposition von der Valrhonaschokolade und weißem Pfirsich.

GRÜNWALD

Bayern – 11 110 Ew. – Höhe 581 m – Siehe Regionalatlas **65-L20**
Berlin 619 km – München 21 km – Innsbruck 161 km – Augsburg 86 km
Michelin Straßenkarte 546

Schlosshotel

Zeillerstr. 1 ✉ 82031 – ✆ (089) 6 49 62 60 – www.schlosshotelgruenwald.de
18 Zim – 🛉90/130 € 🛉🛉140/190 € – 1 Suite
Rest – Menü 12 € (mittags unter der Woche)/32 € – Karte 32/49 €
Das kleine Hotel neben der Burg Grünwald geht zurück auf das ehemalige Jägerhaus des Schlosses. In historischem Rahmen erwarten Sie schöne wohnliche Zimmer. Das Restaurant bietet italienische Küche. Hübsch ist die Terrasse mit Blick auf das Isartal.

Alter Wirt

Marktplatz 1 ✉ 82031 – ✆ (089) 6 41 93 40 – www.alterwirt.de
50 Zim – 🛉89/155 € 🛉🛉120/210 € – ½ P
Rest *Alter Wirt* – siehe Restaurantauswahl
Ein gestandener bayerischer Landgasthof, der nach ökologischen Aspekten geführt wird. Die Zimmer sind meist allergikergerecht mit Naturholzmöbeln und Parkett ausgestattet.

Alter Wirt – Hotel Alter Wirt

Marktplatz 1 ✉ 82031 – ✆ (089) 6 41 93 40 – www.alterwirt.de
Menü 22/58 € – Karte 23/55 €
Sympathisch-leger, und das trifft genau den Zeitgeist! In der "Wirtschaft" gibt es durchgehend warme Küche, mittags vegetarisches Imbissbuffet oder Empfehlungen auf der Tafel. Etwas besser eingedeckt ist das "Restaurant" mit urigem Charme. Ob Landgockel oder Apfelkücherl - alles ist Bio!

GSCHWEND

Baden-Württemberg – 4 940 Ew. – Höhe 476 m – Siehe Regionalatlas **56-H18**
Berlin 574 km – Stuttgart 59 km – Karlsruhe 138 km – Ansbach 87 km
Michelin Straßenkarte 545

Herrengass

Welzheimer Str. 11 ✉ 74417 – ✆ (07972) 91 25 20 – www.herrengass-gschwend.de – geschl. über Pfingsten 1 Woche, Ende August - Anfang September 2 Wochen und Montag - Dienstag
Menü 31/65 € – Karte 31/52 €
Der ehemalige Kolonialwarenladen beherbergt heute zwei Restaurantkonzepte unter einem Dach: ein elegantes Restaurant und das Bistro "Schublad". Das erste ist ein schöner heller hoher Raum, in dem Patron Markus Elison international-regionale Gerichte wie "geschmorten Rinderbraten" oder "Lammrücken in der Pinienkernkruste" bietet, während nebenan eher traditionell gekocht wird - hier gibt's z. B. Steaks.

GÜNZBURG

Bayern – 19 520 Ew. – Höhe 446 m – Siehe Regionalatlas **56-J19**
Berlin 569 km – München 112 km – Augsburg 53 km – Stuttgart 110 km
Michelin Straßenkarte 546

Zettler
Ichenhauser Str. 26a ✉ 89312 – ✆ (08221) 3 64 80 – www.hotel-zettler.de – geschl. 21. Dezember - 6. Januar
49 Zim – †89/99 € ††99/135 €
Rest – Menü 30/69 € – Karte 25/59 € – *(geschl. Sonntag sowie an Feiertagen) (nur Abendessen)*
Funktionelle Zimmer und zwei schöne Juniorsuiten stehen in dem gut geführten Familienbetrieb bereit. Zum Frühstücken nehmen Sie im hübschen Wintergarten Platz. Das Restaurant ist klassisch gehalten, von der Terrasse schaut man in den Garten.

Römer garni (mit Gästehaus)
Ulmer Str. 26 (B 10) ✉ 89312 – ✆ (08221) 36 73 80 – www.hotel-roemer.de
24 Zim – †69/78 € ††93/98 €
In dem Hotel mit wohnlichen, freundlichen Zimmern setzen hier und da Details im Hundertwasserstil interessante Akzente. Originell: Mauerreste aus der Römerzeit im Frühstücksraum.

In Günzburg-Deffingen Süd-Ost: 4 km über B 16 Richtung Kaufbeuren, dann links

Euro Hotel garni
Spielplatzstr. 6 ✉ 89312 – ✆ (08221) 2 06 66 00 – www.eurohotelguenzburg.de
60 Zim – †65/105 € ††85/145 €
Ein funktionell ausgestattetes Hotel in verkehrsgünstiger Lage nahe Autobahn und Legoland. Moderne Bilder zieren den geräumigen hohen Hallenbereich.

GÜSTROW

Mecklenburg-Vorpommern – 30 160 Ew. – Höhe 14 m – Siehe Regionalatlas **12-M4**
Berlin 192 km – Schwerin 63 km – Rostock 38 km – Neubrandenburg 87 km
Michelin Straßenkarte 542

Kurhaus am Inselsee
Zim,
Heidberg 1 (Süd-Ost: 4 km) ✉ 18273 – ✆ (03843) 85 00 – www.kurhaus-guestrow.de
48 Zim – †85/110 € ††120/150 € – 4 Suiten – ½ P **Rest** – Karte 15/48 €
In ruhiger Lage am Inselsee wohnen die Gäste in stilvoll-klassischen Zimmern, die zur Seeseite hin über einen Balkon verfügen. Annehmlichkeiten sind auch der aufmerksame Service und das vielseitige Frühstück. Das Restaurant mit Brasserie-Flair wird ergänzt durch eine Terrasse zum schönen Park mit alten Bäumen.

Weinberg
Bölkower Str. 8 ✉ 18273 – ✆ (03843) 8 33 30 – www.weinberg-hotel.de
24 Zim – †55/94 € ††75/129 € – ½ P
Rest – Menü 20/40 € – Karte 21/43 € – *(geschl. Sonntag) (nur Abendessen)*
Das Hotel in einem Wohngebiet wird von den Gastgebern freundlich-familiär geleitet und bietet sehr gepflegte, praktisch eingerichtete Zimmer, teilweise mit Dachschräge.

In Lalendorf Süd-Ost: 16 km Richtung Neubrandenburg, jenseits der A 19

Im Wiesengrund
Rest,
Hauptstr. 3 (B 104) ✉ 18279 – ✆ (038452) 2 05 42 – www.imwiesengrund.com
20 Zim – †38/42 € ††64/68 € – ½ P
Rest – Karte 14/34 € – *(geschl. Sonntagabend)*
Der seit über 20 Jahren bestehende Familienbetrieb liegt umgeben von Grün und dennoch verkehrsgünstig. Mit wohnlichen Zimmern und schöner Gartenanlage mit Teich und Pavillon. Im Restaurant mit Wintergarten bietet man bürgerliche Küche.

In Lalendorf-Gremmelin Ost: 15 km über B 104

Gut Gremmelin

Am Hofsee 33 ✉ 18279 – ✆ (038452) 51 10 – www.gutgremmelin.de
55 Zim ☕ – 🚹65/85 € 🚹🚹89/119 € – ½ P
Rest – Menü 31/45 € – Karte 29/45 € – *(geschl. Sonntag) (nur Abendessen)*
Die historische Gutsanlage bietet freundliche Alt- und Neubau-Zimmer in klarem zeitgemäßem Stil. Traumhaft ist die Lage am See in einem schönen Park. Reetdachhaus mit Juniorsuite. Geradlinig-modernes Restaurant mit Gewölbekeller für Veranstaltungen.

GÜTERSLOH

Nordrhein-Westfalen – 96 760 Ew. – Höhe 75 m – Siehe Regionalatlas **27-F10**
▶ Berlin 412 km – Düsseldorf 156 km – Bielefeld 18 km – Münster (Westfalen) 57 km
Michelin Straßenkarte 543

Parkhotel

Kirchstr. 27 ✉ 33330 – ✆ (05241) 87 70 Stadtplan : B2**n**
– www.parkhotel-gt.de
100 Zim – 🚹99/209 € 🚹🚹99/209 €, ☕ 18 € – 3 Suiten – ½ P
Rest *ParkRestaurant* Rest *Bellini* – siehe Restaurantauswahl
Ansprechend sind hier der großzügige Rahmen und der zeitlos-elegante Stil. Es empfängt Sie eine repräsentative Halle mit Piano und Kamin sowie klassischer Bar. In Sachen Wohnkomfort stehen drei unterschiedliche Zimmerkategorien sowie verschiedene Suiten zur Wahl.

Appelbaum

Neuenkirchener Str. 59 (über Neuenkirchener Straße A2) ✉ 33332
– ✆ (05241) 9 55 10 – www.hotel-appelbaum.de
58 Zim ☕ – 🚹89/135 € 🚹🚹109/155 € – ½ P
Rest – Menü 29/45 € – Karte 22/41 € – *(nur Abendessen, sonntags auch Mittagessen)*
Seit drei Generationen sorgt die Familie dafür, dass man hier gut wohnt - z. B. in einem der neueren, besonders schönen Zimmer mit Klimaanlage. Fragen Sie nach dem hübschen Apfelbaumzimmer unterm Dach! Ebenso geschmackvoll der ländliche Stil des Frühstücksraums: Hier gibt es am Morgen ein hochwertiges Buffet.

ParkRestaurant – Parkhotel

Kirchstr. 27 ✉ 33330 – ✆ (05241) 87 70 Stadtplan : B2**n**
– www.parkhotel-gt.de – geschl. Samstag - Sonntag
Menü 23/30 € (mittags) – Karte 31/62 €
Ganz klassisch und gediegen präsentiert sich das Restaurant, in dem die Gäste bei überaus gepflegter Tischkultur aus dem internationalen Angebot ihr Menü auswählen. Schön die Lage zur Parkseite, nett im Sommer der Garten mit Teich.

Bellini – Parkhotel

Kirchstr. 27 ✉ 33330 – ✆ (05241) 87 70 Stadtplan : B2**n**
– www.parkhotel-gt.de
Karte 23/54 € – *(nur Abendessen)*
Frische mediterrane Küche gibt es im zweiten Restaurant des Parkhotels. Wie wär's z. B. mit "Ligurischem Lammragout, im Ofen gegart"? Und als Vorspeise Antipasti vom Buffet - täglich im Angebot!

Medium

Carl-Bertelsmann-Str. 33 ✉ 33332 Stadtplan : B2**a**
– ✆ (05241) 2 12 16 36 – www.medium-guetersloh.de – geschl. über Ostern 1 Woche, Oktober 2 Wochen und Sonntag sowie an Feiertagen
Menü 55 € – Karte 34/61 € – *(nur Abendessen)*
Der moderne Loft-Charakter der Medienfabrik kommt an, vor allem ist hier aber die gute saisonal-klassische Küche von Bernhard Büdel gefragt - gerne bestellen die Gäste das Menü inkl. Wein und Wasser. Probieren Sie z. B. das Hummerragout!

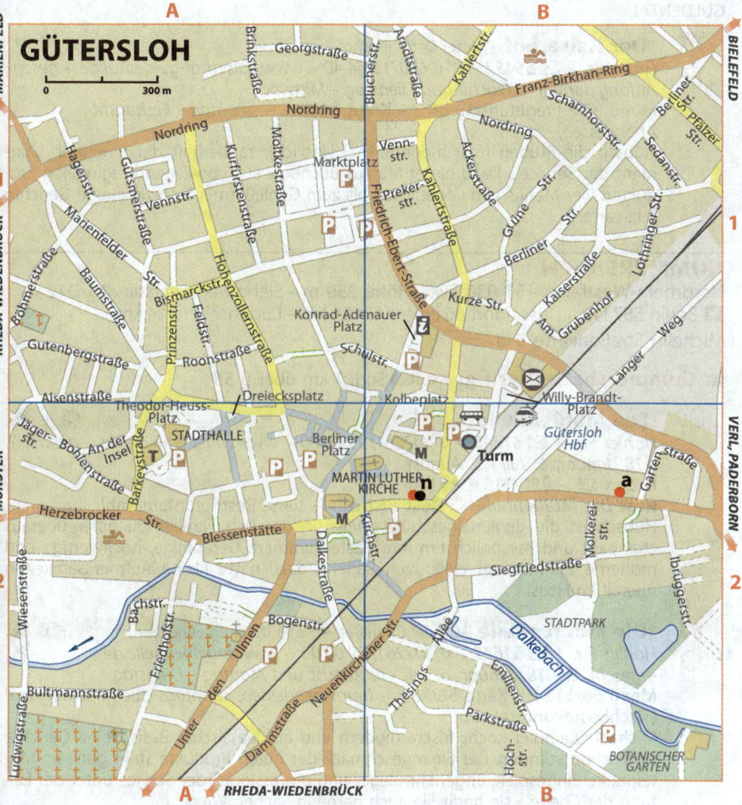

GULDENTAL

Rheinland-Pfalz – 2 520 Ew. – Höhe 140 m – Siehe Regionalatlas **46-D15**

▶ Berlin 612 km – Mainz 44 km – Bad Kreuznach 12 km – Koblenz 67 km

Michelin Straßenkarte 543

Der Kaiserhof (mit Gästehaus)

Hauptstr. 2 ✉ 55452 – ✆ (06707) 9 44 40 – www.kaiserhof-guldental.de – geschl. Anfang Januar 1 Woche

11 Zim – 🛉64/80 € 🛉🛉102/118 € – ½ P

Rest *Der Kaiserhof* – siehe Restaurantauswahl

Der Kaiserhof von 1846 verbindet heute Hotel, Restaurant, Weingut und Kochschule (diese in einem ehemaligen Winzerhof am Ortsrand) - alles geschmackvoll und mit Niveau. Wohnliche Zimmer in ländlichem Stil und am Morgen ein gutes Frühstück.

Enk garni

Naheweinstr. 36 ✉ 55452 – ✆ (06707) 91 20 – www.hotel-enk.de – geschl. 20. Dezember - 6. Januar

15 Zim – 🛉49/52 € 🛉🛉78/84 €

Sie wohnen in einem dem traditionsreichen Weingut angegliederten Hotel. Praktisch ausgestattete Zimmer und eine familiäre Atmosphäre machen diese Adresse aus.

Der Kaiserhof – Hotel Der Kaiserhof

Hauptstr. 2 ✉ 55452 – ✆ (06707) 9 44 40 – www.kaiserhof-guldental.de – geschl. Anfang Januar 1 Woche und Dienstag - Mittwoch

Menü 32 € (vegetarisch)/68 € – Karte 34/63 € – *(Montag - Freitag nur Abendessen)*

Hübsch die Stuben (mal modern, mal ländlich), zauberhaft der Innenhof, charmant der Service... Dazu bietet Markus Buchholz aus vorwiegend regionalen Produkten vier Menüs von vegetarisch bis zum Genießermenü sowie einige Gerichte à la carte.

GUMMERSBACH

Nordrhein-Westfalen – 51 030 Ew. – Höhe 250 m – Siehe Regionalatlas **36**-D12

Berlin 557 km – Düsseldorf 86 km – Köln 54 km – Lüdenscheid 44 km

Michelin Straßenkarte 543

In Gummersbach-Dieringhausen Süd: 7 km über B 55

Die Mühlenhelle

Hohler Str. 1 ✉ 51645 – ✆ (02261) 29 00 00 – www.muehlenhelle.de – geschl. 2. - 18. Januar, 6. Juli - 6. August

8 Zim – 80/115 € 100/140 €

Rest *Die Mühlenhelle* **Rest *Bistro*** – siehe Restaurantauswahl

Hübsch ist die denkmalgeschützte Villa, in der sich Familie Quendler überaus charmant und persönlich um ihre Gäste kümmert. Geräumige, hochwertige und moderne Zimmer mit exklusiven Bädern, dazu nette kleine Aufmerksamkeiten überall im Haus!

Die Mühlenhelle (Michael Quendler) – Hotel Die Mühlenhelle

Hohler Str. 1 ✉ 51645 – ✆ (02261) 29 00 00 – www.muehlenhelle.de – geschl. 2. - 18. Januar, 6. Juli - 6. August und Montag - Dienstag

Menü 58/112 € – Karte 58/75 € – *(nur Abendessen, sonntags auch Mittagessen)* (Tischbestellung ratsam)

Michael Quendler kocht frisch, modern und auf klassischer Basis, seine Gerichte sind schön stimmig, der Eigengeschmack der guten Produkte steht ganz im Mittelpunkt. Eingespielt, angenehm leger und professionell der Service unter der Leitung der Chefin - sie berät Sie auch gerne in Sachen Wein.

→ Pulpo, Jakobsmuschel, Paprika und schwarzer Knoblauch. Rehrücken, Sellerie, Mohn und Kirsche. Erdbeere und weiße Schokolade.

Bistro – Hotel Die Mühlenhelle

Hohler Str. 1 ✉ 51645 – ✆ (02261) 29 00 00 – www.muehlenhelle.de – geschl. 2. - 18. Januar, 6. Juli - 6. August und Montag

Menü 30 € – Karte 30/52 €

Das Bistro ist ein freundlicher, luftig-hoher Raum, in dem man schmackhafte saisonale Gerichte wie "Scholle mit Kartoffeln und Gurkensalat" serviert bekommt. Werfen Sie doch mal einen Blick in die offene Küche!

In Gummersbach-Hülsenbusch West: 7 km über Steinenbrück und Strombach

Landhaus Schwarzenberger Hof N

Schwarzenberger Str. 48 ✉ 51647 – ✆ (02261) 2 21 75 – www.schwarzenbergerhof.com – geschl. Mittwoch

Menü 28/79 € – Karte 31/61 €

Bürgerliche Schmankerln oder lieber klassisch-französische Küche? In gemütlichen Gaststuben mit ländlichem Charme findet sich beides auf der Karte, so z. B. "Tafelspitz in Meerrettichsauce" oder auch "Lammrücken in Haselnussbiskuit".

GUNDELFINGEN

Baden-Württemberg – 11 590 Ew. – Höhe 232 m – Siehe Regionalatlas **61**-D20

Berlin 806 km – Stuttgart 200 km – Freiburg i. Breisgau 7 km – Strasbourg 80 km

Michelin Straßenkarte 545

Bahnhöfle
Bahnhofstr. 16 ✉ 79194 – ✆ (0761) 5 89 99 49 – www.bahnhoeflegundelfingen.de – geschl. Mittwoch
Menü 28/90 € – Karte 29/63 € – *(Montag - Freitag nur Abendessen)*
Der freundliche Gastgeber kocht hier französisch und international. Das von seiner Frau hübsch dekorierte Restaurant versprüht ländlichen Charme. Schöne Terrasse vor dem Haus.

GUNDELSHEIM

Baden-Württemberg – 7 190 Ew. – Höhe 154 m – Siehe Regionalatlas **48**-G17
Berlin 604 km – Stuttgart 75 km – Mannheim 80 km – Heidelberg 50 km
Michelin Straßenkarte 545

Zum Lamm (mit Gästehaus)
Schloßstr. 25 ✉ 74831 – ✆ (06269) 4 20 20 – www.lamm-gundelsheim.de
32 Zim – 50/120 € 75/140 € – ½ P
Rest – Menü 24/90 € – Karte 20/58 € – *(geschl. Donnerstag)*
Ein hübsches Fachwerkhaus a. d. 16. Jh. mit recht kleinen, teils gemütlich mit Bauernmobiliar eingerichteten Zimmern. Das Faible des Chefs für Oldtimer sieht man im ganzen Haus. Urige, liebevoll dekorierte Gaststube.

GUNZENHAUSEN

Bayern – 16 070 Ew. – Höhe 416 m – Siehe Regionalatlas **57**-K17
Berlin 478 km – München 152 km – Nürnberg 54 km – Ingolstadt 73 km
Michelin Straßenkarte 546

Parkhotel Altmühltal Rest, Zim,
Zum Schießwasen 15 ✉ 91710 – ✆ (09831) 50 40 – www.aktiv-parkhotel.de
62 Zim – 87/97 € 135/151 € – 5 Suiten – ½ P
Rest – Menü 27/39 € – Karte 17/48 €
Ein Tagungs- und Ferienhotel direkt am Radwanderweg mit schönem Freizeitbereich auf 400 qm und recht individuell eingerichteten Gästezimmern. Zur Terrasse hin ergänzt ein kleiner Wintergartenanbau das Restaurant Chicorée.

Blauer Wolf garni
Marktplatz 9 ✉ 91710 – ✆ (09831) 89 00 – www.blauerwolf.de – geschl. 1. - 11. Januar
23 Zim – 75 € 99 € – 1 Suite
Der historische Gasthof im Zentrum wurde komplett entkernt und um einen neuzeitlichen Anbau erweitert. Entstanden ist ein hochwertig und modern eingerichtetes Hotel.

In Pfofeld-Langlau Ost: 10 km Richtung Pleinfeld

Strandhotel Seehof
Seestr. 33 ✉ 91738 – ✆ (09834) 98 80 – www.strandhotel-seehof.de
82 Zim – 100/123 € 150/198 € – 3 Suiten – ½ P
Rest – Menü 26/29 € – Karte 27/45 €
Für Tagungs- und Feriengäste gleichermaßen geeignet ist dieses Hotel mit gemütlichen Zimmern im alpenländischen Stil. Reizvoll ist die ruhige Lage am kleinen Brombachsee. Vom Restaurant hat man einen schönen Blick auf den See.

GUTACH im BREISGAU

Baden-Württemberg – 4 490 Ew. – Höhe 293 m – Siehe Regionalatlas **61**-E20
Berlin 774 km – Stuttgart 208 km – Freiburg im Breisgau 31 km – Offenburg 66 km
Michelin Straßenkarte 545

In Gutach-Bleibach Nord-Ost: 2 km über B 294

Silberkönig
Silberwaldstr. 24 (Nord-Ost: 1 km) ✉ 79261 – ✆ (07685) 70 10 – www.silberkoenig.de
41 Zim – †54/95 € ††90/142 € – 2 Suiten – ½ P
Rest *St. Georgs Stube* – Menü 24/43 € – Karte 23/46 €
In dem langjährigen Familienbetrieb hat man nicht nur gepflegte Zimmer und ein gemütliches Restaurant samt schöner Terrasse zum Rosengarten, sondern ist auch guter Ausgangspunkt für Ausflüge in die nahe Natur und nach Freiburg. Erkunden Sie auch den "Silberpfad" rund ums Haus - eine kleine Lektüre auf dem Zimmer gibt Aufschluss über die "Sage vom Silberkönig"!

GUTENZELL-HÜRBEL – Baden-Württemberg ➜ Siehe Ochsenhausen

GYHUM – Niedersachsen ➜ Siehe Zeven

HAAN

Nordrhein-Westfalen – 29 240 Ew. – Höhe 160 m – Siehe Regionalatlas **36**-C11
Berlin 547 km – Düsseldorf 29 km – Maastricht 140 km – Köln 47 km
Michelin Straßenkarte 543

AMIDA
Elberfelder Str. 221 ✉ 42781 – ✆ (02129) 3 47 47 95 – www.amida-restaurant.de – geschl. Montag
Menü 36/65 € – Karte 28/59 € – *(nur Abendessen, sonntags auch Mittagessen)*
Kulinarische Vielfalt ist die Stärke von Familie Marx, und die gibt es hier in der "Light"- oder in der "Love"-Version. Modern sind sie beide, das "Light" etwas schlichter, das "Love" heller und aufwändiger. Die gute Küche des Patrons reicht vom indischen Linsengericht "Dal" über "Supreme vom Schwarzfederhuhn" bis zum großen Degustationsmenü! Terrasse mit Blick ins Grüne.

Fritz Essensart
Bachstr. 141 ✉ 42781 – ✆ (02129) 37 79 21 – www.fritzessensart.de – geschl. 1. - 20. Januar, 22. Juli - 11. August und Montag - Dienstag, Samstagmittag
Menü 43/64 € – Karte 39/64 €
Ein helles, freundliches Restaurant, davor eine lauschige begrünte Terrasse mit Pergola (sehr nett!) und ein Preis-Leistungs-Verhältnis, das sich sehen lassen kann! Die Küche bietet Internationales und einige Klassiker.

HADAMAR

Hessen – 12 290 Ew. – Höhe 130 m – Siehe Regionalatlas **37**-E14
Berlin 550 km – Wiesbaden 60 km – Koblenz 63 km – Limburg an der Lahn 8 km
Michelin Straßenkarte 543

Nassau-Oranien
Am Elbbachufer 12 ✉ 65589 – ✆ (06433) 91 90 – www.nassau-oranien.de
60 Zim – †69/109 € ††89/149 € – ½ P
Rest – Menü 22/43 € – Karte 20/43 €
Ein hübsches denkmalgeschütztes Fachwerkhaus von 1690, das um einen neuzeitlichen Anbau erweitert wurde. Neben wohnlichen Zimmern bietet man auch einen schönen Kosmetik- und Massagebereich. Die behaglichen Restaurants nennen sich Grand Mère und Gud Stubb. Tipp: Am letzten Sonntag im Monat gibt es immer einen Themenbrunch!

HÄUSERN

Baden-Württemberg – 1 270 Ew. – Höhe 889 m – Siehe Regionalatlas **62**-E21
Berlin 806 km – Stuttgart 186 km – Freiburg im Breisgau 58 km
Michelin Straßenkarte 545

Adler
St.-Fridolin-Str. 15 ✉ 79837 – ✆ (07672) 41 70 – www.adler-schwarzwald.de – geschl. 21. - 24. Dezember
39 Zim – 110/220 € 180/400 € – 4 Suiten – ½ P
Rest *Adler* – siehe Restaurantauswahl
Wie schön sich Tradition und Moderne verbinden lassen, sieht man hier z. B. an den tollen zeitgemäß-puristisch und gleichzeitig ländlich designten Zimmern. Doch keine Sorge, der geschätzte "Adler"-Charme ist erhalten geblieben! Ebenso natürlich die Wertigkeit überall im Haus, vom Spa über Frühstück und Halbpension (im Preis inkl.) bis zum Service!

Albtalblick
St. Blasier Str. 9 (West: 1 km, Richtung St. Blasien) ✉ 79837 – ✆ (07672) 9 30 00 – www.albtalblick.de
32 Zim – 57/70 € 104/140 € – 4 Suiten – ½ P
Rest – Menü 26/33 € – Karte 23/59 €
Familie Hammelehle führt ihr Haus mit Engagement und Weitsicht: So hat man viel in neue Einrichtung und Zimmerkomfort investiert... ganz besonders schön zu sehen im Haus Berghof! Tipp: Genießen Sie vom Panoramahallenbad den Blick auf das Albtal samt Albsee - oder aber von der wunderbaren Restaurantterrasse!

Adler (Florian Zumkeller) – Hotel Adler
St.-Fridolin-Str. 15 ✉ 79837 – ✆ (07672) 41 70 – www.adler-schwarzwald.de – geschl. 21. Januar - 24. Februar, 21. - 24. Dezember und Montag - Dienstag
Menü 50 € (mittags unter der Woche)/115 € – Karte 52/90 €
Exzellente Produkte, handwerklich perfekt zubereitet - Florian Zumkeller ist ein Garant für anspruchsvolle Sterneküche, für die der Familienbetrieb mit dem Schwarzwälder Flair seit 1966 bekannt ist. Sein Stil: klassisch mit mediterran-internationalen Einflüssen.
→ Konfierter Bachsaibling mit Yuzu, Gurke und Kartoffelschaum. Ravioli vom Schwarzwälder Zicklein mit Blumenkohl und Ingwer. Geschmorte Kalbsbacke mit Wurzelgemüse und Lardo di Collonata.

HAGEN
Nordrhein-Westfalen – 187 450 Ew. – Höhe 106 m – Siehe Regionalatlas **26-D11**
Berlin 505 km – Düsseldorf 62 km – Dortmund 27 km – Kassel 178 km
Michelin Straßenkarte 543

In Hagen-Rummenohl Süd: 13 km

Dresel
Zim, Zim,
Rummenohler Str. 31, (B 54) ✉ 58091 – ✆ (02337) 13 18 – www.hotel-dresel.de
23 Zim – 55/125 € 98/160 € – ½ P
Rest – Menü 32/37 € – Karte 29/67 €
Schön wohnt es sich in diesem topgepflegten Haus, dessen Familientradition bereits 1901 begann. Wie wär's z. B. mit der romantischen Suite mit freistehender Badewanne? Die gute Küche zieht auch zahlreiche Gäste aus der weiteren Umgebung an. Das Ambiente dazu: rustikal in der Tenne, elegant in der Hubertusstube, modern im Wintergarten und auf der Terrasse.

HAGNAU
Baden-Württemberg – 1 460 Ew. – Höhe 409 m – Siehe Regionalatlas **63-G21**
Berlin 731 km – Stuttgart 196 km – Konstanz 17 km – Ravensburg 29 km
Michelin Straßenkarte 545

Villa am See garni
Meersburger Str. 4 ✉ 88709 – ✆ (07532) 4 31 30 – www.villa-am-see.de – geschl. 1. November - 15. April
6 Zim – 99/260 € 144/280 € – 1 Suite
Ein reizendes kleines Hotel auf einem schönen Gartengrundstück am See. Stilvoll die Einrichtung, aufmerksam der Service, gut das Frühstück, das man sich im hübschen Gartenpavillon mit Seeblick schmecken lässt. Man bietet auch ein Appartement im Haus gegenüber.

Bodenseehotel Renn
Rest,

Hansjakobstr. 4 ✉ *88709 – (07532) 49 47 80 – www.bodenseehotel-renn.de*
36 Zim – 91/137 € 112/174 € – ½ P
Rest – Menü 25/35 € – Karte 25/43 € – *(geschl. Januar - Februar)*
Das Hotel hat moderne Zimmer und einen netten Garten für Sie. Im Gästehaus vis-à-vis - auch hier wohnliche Zimmer - befindet sich das Restaurant in ansprechend geradlinigem Stil, dazu eine schöne Terrasse mit schattenspendender Kastanie.

Burgunderhof garni
Am Sonnenbühl 70 ✉ *88709 – (07532) 80 76 80 – www.burgunderhof.de – geschl. 29. Oktober - April*
12 Zim – 165/265 € 195/265 €
In beeindruckender Lage zwischen Weinbergen und Obstwiesen wohnen Sie recht luxuriös: alle Zimmer mit großem Balkon, hochwertig und mit Stil eingerichtet, diverse kleine Aufmerksamkeiten, bei gutem Wetter Blick über den See, dazu ein toller Garten... um Sie herum der laufende Weingutbetrieb. Mindestaufenthalt 3 Nächte. Kinder ab 16 Jahre.

Zur Winzerstube
Seestr. 1 ✉ *88709 – (07532) 49 48 60 – www.zurwinzerstube.de*
17 Zim – 80/220 € 90/230 € – ½ P
Rest – Menü 25/28 € – Karte 26/55 €
Hier lockt die Lage direkt am See... diesen haben Sie auch von einigen Zimmern (meist mit Balkon) im Blick. Hotelgäste nutzen die kleine begrünte Terrasse mit Seezugang exklusiv! Im Restaurant kocht man regional - sehr schön ist hier der Wintergarten am Wasser!

Rebstöckle (N) mit Zim
Seestr. 10 ✉ *88709 – (07532) 4 31 90 – www.hotel-rebstoeckle.de – geschl. November 3 Wochen, Januar 3 Wochen und Montag*
11 Zim – 49/85 € 90/120 € Menü 25/45 € – Karte 22/52 €
In dem sympathischen Restaurant nahe dem See setzt man auf frische Produkte, die der Chef aus der Region bezieht - schmackhaft z. B. "Kalbstafelspitz in Himbeeressig". Auch übernachten kann man hier: Die Zimmer sind hell und zeitgemäß.

HAIBACH – Bayern
➜ Siehe Aschaffenburg

HAIDMÜHLE
Bayern – 1 390 Ew. – Höhe 831 m – Siehe Regionalatlas **60-Q18**
Berlin 524 km – München 241 km – Passau 52 km – Freyung 25 km
Michelin Straßenkarte 546

In Haidmühle-Bischofsreut Nord-West: 7 km – Höhe 982 m

Märchenwald
Zim,

Langreut 42 (Nord-Ost: 1 km) ✉ *94145 – (08550) 92 19 70 – www.hotel-maerchenwald.de – geschl. 16. - 26. März, 13. - 30. April, 9. November - 17. Dezember*
15 Zim – 44/50 € 68/86 € – 3 Suiten – ½ P
Rest – Karte 13/23 € – *(geschl. Montag, außer an Feiertagen)*
In schöner und sehr ruhiger Lage (5 km zur tschechischen Grenze) erwartet Sie dieses gepflegte kleine Hotel mit geräumigen Zimmern, die mit Küchenzeile ausgestattet sind. Ländliche Gaststube.

HAINFELD
Rheinland-Pfalz – 780 Ew. – Höhe 182 m – Siehe Regionalatlas **47-E17**
Berlin 676 km – Mainz 105 km – Neustadt an der Weinstraße 14 km – Saarbrücken 110 km
Michelin Straßenkarte 543

Arens Restaurant

Roschbacher Str. 3 ✉ 76385 – ✆ (06323) 9 13 90 85 – www.arens-restaurant.de – geschl. Ende Januar - Anfang Februar 2 Wochen, Ende Juni - Anfang Juli 2 Wochen, Ende Oktober - Anfang November 2 Wochen und Montag - Dienstag
Menü 39/55 € – Karte 28/51 € – *(Mittwoch - Freitag nur Abendessen)*
Mit ihrer liebenswerten alten Weinstube haben sich Annika Scherer und Philipp Arens den Traum von der Selbständigkeit erfüllt - sie charmant im Service, er am Herd. Seine zeitgemäße Küche behält auch die Region im Auge, z. B. mit dem "Strudel vom Saumagen mit Preiselbeeren auf Ingwer-Lauch-Gemüse". Wunderbar sitzt es sich auf der Wiese mit Apfelbäumen und Rebenblick!

Das Esszimmer in der Weingalerie

Weinstr. 68 ✉ 76835 – ✆ (06323) 9 89 01 31 – www.esszimmer-weingalerie.de – geschl. Mittwoch - Donnerstag
Menü 39 € – Karte 32/43 € – *(nur Abendessen; April - Oktober: sonntags auch Mittagessen)* (Tischbestellung ratsam)
Zu Beginn vielleicht Focaccia aus Ligurien oder Piadina aus der Romagna? Danach geht's mediterran-italienisch weiter, z. B. mit Pasta oder auch mit dem "Rib-Eye-Steak vom Chianina-Rind mit Tomaten-Chorizo-Chutney". Drinnen hat man es modern-rustikal, draußen sitzt man unterm Nussbaum bei den Weinreben.

HALBERSTADT

Sachsen-Anhalt – 41 850 Ew. – Höhe 122 m – Siehe Regionalatlas **30-K10**
Berlin 206 km – Magdeburg 55 km – Halle 90 km
Michelin Straßenkarte 542

Villa Heine

Kehrstr. 1 ✉ 38820 – ✆ (03941) 3 14 00 – www.hotel-heine.de
60 Zim – 74/89 € 129/149 € – 1 Suite – ½ P
Rest *Brauhaus Heine Bräu* – ✆ (03941) 3 18 00 – Menü 20 € (abends)/33 € – Karte 16/41 €
Eine ehemalige Fabrikantenvilla mit Anbau und Tagungszentrum, in der Mitte der kleine Park mit seltenen Rotbuchen - hierhin sind die großzügigen Zimmer ausgerichtet. Das eigene Bier ist ein Muss im Brauhaus mit seinen Kupferkesseln. Es finden auch Produkte der Wurstfabrik nebenan Verwendung.

Parkhotel Unter den Linden

Klamrothstr. 2 ✉ 38820 – ✆ (03941) 6 25 40 – www.pudl.de
45 Zim – 67/77 € 88/108 € – ½ P
Rest – Menü 25/45 € – Karte 23/46 €
Die ansprechende Sandsteinvilla wurde 1911 von der Halberstädter Kaufmannsfamilie Klamroth erbaut und beherbergt heute komfortable klassische Zimmer; im Anbau etwas einfacher. Einer der Restauranträume ist der Saal mit schöner gewölbter Stuckdecke.

Am Grudenberg garni

Grudenberg 10 ✉ 38820 – ✆ (03941) 6 91 20 – www.hotel-grudenberg.de – geschl. 23. Dezember - Anfang Januar
20 Zim – 52/75 € 86/120 €
Ein hübsches altes Fachwerkhaus, dem die freundliche Inhaberin mit dekorativen Details eine persönliche Note gegeben hat. Zimmer zum Innenhof ruhiger; hier kann man auch schön frühstücken.

HALDENSLEBEN

Sachsen-Anhalt – 18 760 Ew. – Höhe 53 m – Siehe Regionalatlas **20-L9**
Berlin 168 km – Magdeburg 29 km – Brandenburg 117 km – Stendal 68 km
Michelin Straßenkarte 542

Behrens
Rest,

Bahnhofstr. 28 ✉ 39340 – ✆ (03904) 34 21 – www.hotel-behrens.de – geschl. 27. Dezember - 10. Januar
19 Zim – 60/75 € 99 €
Rest – Karte 22/50 € – *(geschl. Sonntag) (nur Abendessen)*
Beim Brüderpaar Behrens wohnen Sie in zwei miteinander verbundenen Villen von 1892. Dahinter schließt sich der schöne Garten mit Liegewiese und Kräutergarten an. Zeitlos-klassisch ist das Ambiente im Restaurant. Die Bar bietet eine gute Auswahl an Malt-Whisky.

Alte Ziegelei (mit Gästehaus)
Klausort 1, (B 245) ✉ 39340 – ✆ (03904) 4 32 29 – www.waldhotel-alteziegelei.de
26 Zim – 55/65 € 75/85 €
Rest – Menü 17 € – Karte 16/37 € – *(geschl. Montagmittag)*
Seit rund 40 Jahren leitet Familie Poege das gewachsene Gasthaus. Zimmer teils mit freigelegtem altem Gebälk. Auch Massage wird angeboten. In der Nähe ein Erlebnisbad. Die Gaststuben (mit interessanter Schreibmaschinensammlung) werden durch einen lichten Wintergarten ergänzt.

HALLBERGMOOS – Bayern ➜ Siehe Freising

HALLE (SAALE)
Sachsen-Anhalt – 233 710 Ew. – Höhe 100 m – Siehe Regionalatlas **31**-M11
Berlin 170 km – Magdeburg 86 km – Leipzig 42 km – Gera 74 km
Michelin Straßenkarte 542

Dormero Hotel Rotes Ross
Leipziger Str. 76 (über Franckestr. 1) ✉ 06110 – ✆ (0345) 23 34 30 – www.dormero.de
87 Zim – 80/170 € 90/180 € – 2 Suiten
Rest – Menü 25/85 € – Karte 35/80 €
Klassisch-eleganter Stil bestimmt in dem historischen Haus das Bild. Neben komfortablen Zimmern bietet man einen ansprechenden Saunabereich. Fußgängerzone direkt vor der Tür. Im Restaurant serviert man internationale Küche.

Dorint Charlottenhof
Dorotheenstr. 12 ✉ 06108 – ✆ (0345) 2 92 30 – www.dorint.com/halle
164 Zim – 75/110 € 90/130 €, 15 € – 2 Suiten – ½ P
Rest – Menü 23/58 € – Karte 31/57 €
In dem Hotel in der Stadtmitte erwarten Sie wohnliche, klassisch gehaltene Gästezimmer. Im obersten Stock befindet sich der "Vital-Club" mit Außenwhirlpool als Highlight. Direkt an die Lobby angeschlossenes Restaurant.

Immergrün
Kleine Klausstr. 2 ✉ 06108 – ✆ (0345) 5 21 60 56 – www.restaurant-immergruen.de – geschl. Mitte Juli - Mitte August und Sonntag - Montag
Menü 47/75 € – Karte 38/59 € – *(nur Abendessen)*
Viele Stammgäste kommen hierher, kein Wunder, denn das Lokal in dem klassischen Stadthaus an der Ecke ist wirklich symptahisch: warmes Holz, frisches Grün als Farbtupfer, angenehm zurückhaltende Deko... und interessante Speisen als Menü "Barock" und als saisonales Menu.

Mönchshof
Talamtstr. 6 ✉ 06108 – ✆ (0345) 2 02 17 26 – www.moenchshof-halle.de – geschl. Juli - August 2 Wochen und Sonntagabend
Menü 11 € – Karte 19/38 €
Eine gemütlich-rustikale Atmosphäre herrscht in dem holzgetäfelten Restaurant am Dom. Auf der bürgerlichen Karte finden sich auch vegetarische Gerichte.

HALLE (WESTFALEN)
Nordrhein-Westfalen – 21 140 Ew. – Höhe 125 m – Siehe Regionalatlas **27**-F9
Berlin 399 km – Düsseldorf 176 km – Bielefeld 15 km – Münster (Westfalen) 60 km
Michelin Straßenkarte 543

Gerry Weber Sportpark Hotel

Roger-Federer-Allee 6 ✉ 33790 – ✆ (05201) 89 90 – www.gerryweber-sportparkhotel.de

101 Zim – 79/138 € 170/180 € – 5 Suiten **Rest** – Karte 27/53 €

Wo sich die Weltelite des Tennis trifft, bietet Ihnen dieses Hotel so einiges an Freizeitaktivitäten: Squash, ein großer Fitnessbereich, zahlreiche Wellnessanwendungen... nicht zu vergessen die tollen Veranstaltungen internationaler Stars! Darf es vielleicht ein besonders komfortables Superior-Zimmer sein mit hochwertigen Tempur-Matratzen und Blick auf den Privatsee?

Hollmann

Alleestr. 20 ✉ 33790 – ✆ (05201) 8 11 80 – www.hotelhollmann.de

35 Zim – 55/75 € 83/99 € – 2 Suiten

Rest ***Sauerzapfes*** – siehe Restaurantauswahl

Das ist nicht einfach nur ein zeitgemäßes und funktionelles Hotel: den Gast erwarten geräumige Zimmer, ein gutes Preis-Leistungs-Verhältnis und eine engagierte Chefin, die stets präsent ist! Tipp: Nach hinten liegen die Zimmer ruhiger.

Gerry Weber Landhotel

Osnabrücker Str. 52 ✉ 33790 – ✆ (05201) 9 71 23 02 – www.gerryweber-landhotel.de

16 Zim – 49/59 € 69/89 € – ½ P

Rest – Menü 17 € (abends)/28 € – Karte 21/33 €

Das Hotel ist sehr gepflegt und funktional, liegt allerdings an einer recht befahrenen Straße, daher wählen Sie am besten ein Zimmer nach hinten raus! Biertrinker aufgepasst: hausgebrautes "Gerry Weber Landbier" - der Kupferkessel fasst 250 Liter! Dazu bekommt man bürgerliche Küche.

Rossini

Eggebergerstr. 11 (am Golfplatz) ✉ 33790 – ✆ (05201) 97 17 10 – www.rossini-halle.de

Menü 15 € (mittags unter der Woche) – Karte 26/50 €

Nicht nur Golfer sitzen hier im Sommer gerne auf der Terrasse und lassen sich beim Blick ins Grüne mit mediterraner Küche, aber auch mit Steaks oder Pizza bewirten. Eine nette Idee: Im Winter wird das Nebenzimmer im Stil einer Skihütte dekoriert!

Sauerzapfes – Hotel Hollmann

Alleestr. 20 ✉ 33790 – ✆ (05201) 7 35 62 50 – www.sauerzapfes.de – geschl. Samstagmittag

Menü 23/60 € – Karte 23/41 €

In Sachen Restaurant gibt es im Haus der Familie Siekendiek eine moderne und eine gemütlich-rustikale Variante (Bierstube). Am Herd steht René Sauerzapfe und kocht Internationales mit kreativen Einflüssen. Mittags zusätzlich Lunchangebot.

HALLENBERG

Nordrhein-Westfalen – 4 430 Ew. – Höhe 420 m – Siehe Regionalatlas **37**-F12

Berlin 467 km – Düsseldorf 200 km – Marburg 45 km – Kassel 86 km

Michelin Straßenkarte 543

Diedrich

Nuhnestr. 2 (B 236) ✉ 59969 – ✆ (02984) 93 30 – www.hotel-diedrich.de

59 Zim – 75/180 € 120/270 € – ½ P

Rest – Menü 28 € (abends) – Karte 29/54 €

Das Hotel wird seit 1898 von Familie Diedrich geführt. Sehr schön ist der geradlinig-moderne Stil im Lichtflügel mit einigen komfortableren Zimmern, Lobby und Spa auf 1000 qm.

Sauerländer Hof (mit Gästehaus)

Merklinghauser Str. 27, (B 236) ✉ 59969 – ✆ (02984) 9 23 70 – www.sauerlaender-hof.de

30 Zim – 61/86 € 92/142 € – ½ P

Rest – Menü 20/35 € – Karte 22/51 €

Ein sehr nettes familiär geführtes Landhotel mit gemütlich-wohnlichen Zimmern, die teilweise rustikaler oder auch eleganter im Landhausstil eingerichtet sind. Zum Restaurant gehören eine Terrasse und eine separate Bierstube.

HALLERNDORF

Bayern – 4 010 Ew. – Höhe 282 m – Siehe Regionalatlas **50**-K16
▶ Berlin 426 km – München 223 km – Nürnberg 47 km – Bamberg 22 km
Michelin Straßenkarte 546

In Hallerndorf-Willersdorf Süd-West: 3 km

Landgasthof Rittmayer
Rest,

Willersdorf 108 ✉ 91352 – ✆ (09195) 9 47 30 – www.rittmayer.com – geschl. 28. Juli - 13. August
15 Zim – †45/48 € ††55/66 €
Rest – Karte 13/32 € – *(geschl. Montagmittag, Dienstagmittag)*
In der Region ist Familie Rittmayer für die eigene Karpfen- und Wallerzucht bekannt. Sie sollten hier also ruhig mal essen, auch wenn Sie nicht in einem der schönen ländlich-modernen Zimmer wohnen! In der quirligen gemütlichen Wirtschaft gibt's von Mai bis September freitags Grillspezialitäten!

HALSENBACH – Rheinland-Pfalz

➜ Siehe Emmelshausen

HALTE – Niedersachsen

➜ Siehe Papenburg

HALTERN am SEE

Nordrhein-Westfalen – 37 580 Ew. – Höhe 40 m – Siehe Regionalatlas **26**-C10
▶ Berlin 500 km – Düsseldorf 77 km – Münster (Westfalen) 46 km – Recklinghausen 15 km
Michelin Straßenkarte 543

Am Turm
Zim,

Turmstr. 4 ✉ 45721 – ✆ (02364) 9 60 10 – www.hotel-amturm.de
14 Zim – †69/79 € ††99/109 €
Rest – Menü 14 € (mittags)/59 € – Karte 19/54 € – *(geschl. Donnerstag)*
Ein gepflegtes kleines Hotel unter familiärer Leitung mit zeitgemäßen Zimmern (teilweise mit Parkett). Das Haus liegt zentrumsnah, praktisch ist der öffentliche Parkplatz gegenüber. Das Restaurant bietet internationale Küche und Balkangerichte.

Ratshotel

Mühlenstr. 3 ✉ 45721 – ✆ (02364) 34 65 – www.hotel-haltern.de
12 Zim – †65 € ††80/95 € – ½ P
Rest *Ratsstuben* – siehe Restaurantauswahl
Schön wohnlich hat man es in dem kleinen Hotel direkt am Marktplatz mit seinen individuellen Zimmern und dem freundlichen modernen Frühstücksraum. Und da die Umgebung bei Radwanderern beliebt ist, bietet man auch eine Fahrrad-Garage!

Ratsstuben – Hotel Ratshotel

Mühlenstr. 3 ✉ 45721 – ✆ (02364) 34 65 – www.hotel-haltern.de – geschl. Juni 2 Wochen, Oktober 2 Wochen und Mittwoch
Menü 39/79 € – Karte 35/60 €
Daniel Georgiev ist nicht nur Gastgeber, sondern steht auch am Herd - und hier verarbeitet er gute, frische Produkte zu zeitgemäß-saisonalen Gerichten wie "Label rouge Lachs mit Senf-Vinaigrette, Gurke und grünem Apfel".

HAMBERGE

Schleswig-Holstein – 1 470 Ew. – Höhe 7 m – Siehe Regionalatlas **11**-J4
▶ Berlin 306 km – Kiel 90 km – Bad Oldesloe 16 km – Hamburg 57 km
Michelin Straßenkarte 541

Landhaus Hamberge

Stormarnstr. 14 ✉ 23619 – ✆ (0451) 8 99 71 10 – www.restaurant-hamberge.de – geschl. Dienstag - Mittwoch
Menü 38 € (vegetarisch)/46 € – Karte 37/59 € – *(Montag - Samstag nur Abendessen)*
In dem eleganten Restaurant fühlt man sich dank großer Glasfront wie in einem Wintergarten. Aus der Küche kommt z. B. "US-Flankensteak mit Entenleber und Kräuterseitlingen", Chef und Sommelier Thorsten Hauck empfiehlt die passenden Weine.

HAMBURG

Hamburg – 1 798 840 Ew. – Höhe 6 m – Siehe Regionalatlas **10-I5**
Berlin 291 km – Bremen 121 km – Hannover 159 km
Michelin Straßenkarte 541
Stadtpläne siehe nächste Seiten

© D. Renckhoff / imagebroker / age fotostock

→ Alphabetische Liste der Hotels
→ Alphabetical index of hotels

→ Alphabetische Liste der Restaurants
→ Alphabetical index of restaurants

→ Restaurants am Sonntag geöffnet
→ Restaurants open on Sunday

Hotels

Atlantic Kempinski

An der Alster 72 ✉ *20099* – ✆ *(040) 2 88 80* Stadtplan : M2**a**
– *www.kempinski.com/hamburg*
224 Zim – †179/489 € ††209/539 €, ☕ 34 € – 21 Suiten
Rest *Atlantic Restaurant* – siehe Restaurantauswahl
Das "Weiße Schloss an der Alster" zeigt sich nach umfassender Renovierung luxuriöser denn je! Sie betreten eine Lobby voll purer Klassik, nächtigen in Zimmern von edler Zeitlosigkeit (feines Ebenholz, topmoderne Technik...) und tagen oder feiern in stilvollen Salons!

Fairmont Hotel Vier Jahreszeiten

Neuer Jungfernstieg 9 ✉ *20354* – ✆ *(040) 3 49 40* Stadtplan : L2**v**
– *www.fairmont-hvj.de*
145 Zim ☕ – †215/405 € ††260/495 € – 11 Suiten
Rest *Haerlin* ✿✿
Rest *Jahreszeiten Grill* Rest *Doc Cheng's* – siehe Restaurantauswahl
Schöner und eleganter kann man in Hamburg nicht wohnen und der Service ist über jeden Zweifel erhaben! Man versteht es perfekt, Luxus unaufdringlich umzusetzen, was sich im klassischen und zugleich frischen Interieur der Zimmer ebenso widerspiegelt wie im anspruchsvollen Spa oder in der stilvollen "Wohnhalle" beim Afternoon Tea. Tipp: Espresso, Champagner und Snacks in der trendigen Condi Lounge oder speisen auf der Terrasse an der Binnenalster.

Park Hyatt

Zim,

Bugenhagenstr. 8, (im Levantehaus) ✉ *20095* Stadtplan : M3**t**
– ✆ *(040) 33 32 12 34*
– *www.hamburg.park.hyatt.de*
262 Zim – †180/425 € ††220/455 €, ☕ 32 € – 21 Suiten
Rest *Apples* – ✆ (040) 33 32 17 11 – Menü 35 € (mittags)/49 € (abends)
– Karte 46/70 € – *(geschl. Samstagmittag, Sonntagmittag)*
Im 1. Stock empfängt das einstige Kontorhaus von 1912 seine Gäste, die es sich hier in der geschmackvollen Lounge gemütlich machen können. Mit Wertigkeit und moderner Eleganz sucht das Luxushotel seinesgleichen. Restaurant "Apples" lädt mit seiner Showküche zum Zuschauen ein.

Le Royal Méridien

Zim,

An der Alster 52 ✉ *20099* – ✆ *(040) 2 10 00* Stadtplan : M2**d**
– *www.lemeridienhamburg.com*
275 Zim – †139/269 € ††159/289 €, ☕ 30 € – 14 Suiten
Rest *Le Ciel* – Menü 22 € (mittags unter der Woche)/85 €
– Karte 46/66 €
Der attraktive klare Stil zieht sich von den Zimmern (hier speziell entworfene therapeutische Betten) bis in den Wellnessbereich. Was halten Sie von einem Panorama-Zimmer zur Alster in einer der oberen Etagen? Genauso schön ist die Sicht von Restaurant und Bar im 9. Stock - zu erreichen auch mit einem zusätzlichen Außen-Glaslift!

Grand Elysée

Rothenbaumchaussee 10 ✉ *20148* – ✆ *(040) 41 41 20* Stadtplan : K1**m**
– *www.grand-elysee.com*
494 Zim – †180/220 € ††200/240 €, ☕ 20 € – 17 Suiten
Rest *Piazza Romana* – siehe Restaurantauswahl
Rest *Brasserie Flum* – ✆ (040) 41 41 27 23 – Karte 26/84 €
Hier gilt es erst einmal die großzügige Halle zu entdecken: Boutique, Café, sogar Papageien in ihrer "Suite"... das hat schon Boulevard-Flair! Brasserie und Oyster-Bar mit Seafood schließen sich an. Überall im Haus finden sich zudem rund 800 Exponate der privaten Kunstsammlung der Eigentümerfamilie Block. Tipp: Buchen Sie eines des ruhig gelegenen Gartenhofzimmer oder ein Südzimmer zum Moorweidenpark.

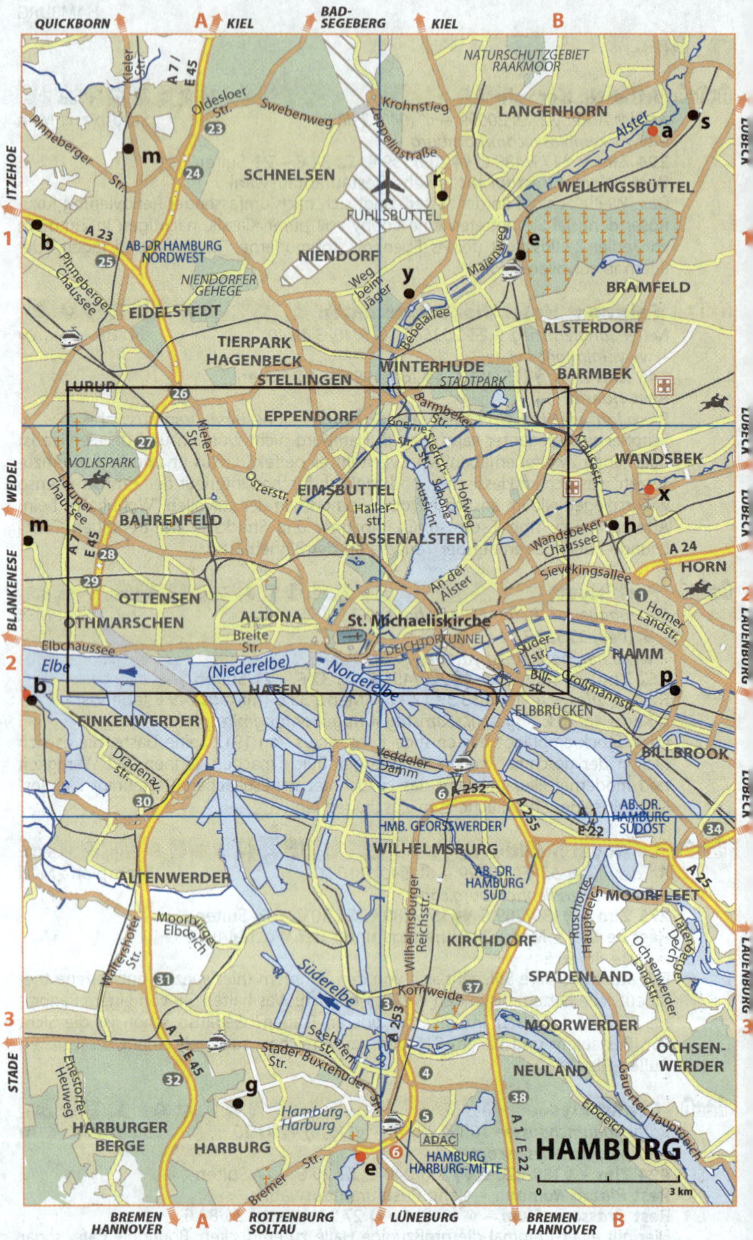

QUICKBORN
A
KIEL
BAD-
SEGEBERG
KIEL
B
NATURSCHUTZGEBIET
RAAKMOOR
LÜBECK
ITZEHOE
1
Kieler Str.
A 7 / E 45
Oldesloer Str.
Swebenweg
Krohnstieg
Zeppelinstraße
LANGENHORN
Alster
a
s
23
Pinneberger Str.
m
24
SCHNELSEN
r
WELLINGSBÜTTEL
FUHLSBÜTTEL
b
A 23
AB-DR HAMBURG
NORDWEST
NIENDORF
Majenweg
e
25
Pinneberger Chaussee
NIENDORFER
GEHEGE
y
Weg beim Jäger
BRAMFELD
EIDELSTEDT
Bebelallee
ALSTERDORF
TIERPARK
HAGENBECK
WINTERHUDE
BARMBEK
STELLINGEN
STADTPARK
LURUP
26
EPPENDORF
Barmbeker Str.
Kieler Str.
Poelchaukamp
27
Sierich Str.
Krausestr.
WANDSBEK
VOLKSPARK
Osterstr.
Schöne Aussicht
Hofweg
WEDEL
Luruper Chaussee
EIMSBÜTTEL
x
Haller-str.
m
BAHRENFELD
h
A 7 / E 45
AUSSENALSTER
Wandsbeker Chaussee
A 24
28
HORN
BLANKENESE
Sievekingsallee
29
An der Alster
1
OTTENSEN
2
LAUENBURG
Horner Landstr.
OTHMARSCHEN
ALTONA
St. Michaeliskirche
Breite Str.
Elbchaussee
DEICHTORTUNNEL
Süderstr.
HAMM
2
Elbe
(Niederelbe)
Norderelbe
Bill-str.
Großmannstr.
p
b
HAFEN
FINKENWERDER
ELBBRÜCKEN
BILLBROOK
Dradenau-str.
Veddeler Damm
6
A 252
A 255
A 1 / E 22
AB.-DR.
HAMBURG
SÜDOST
30
HMB. GEORGSWERDER
34
WILHELMSBURG
A 25
ALTENWERDER
AB.-DR.
HAMBURG
SÜD
MOORFLEET
Wilhelmsburger Reichsstr.
Moorburger Elbdeich
Ruschorter Hauptdeich
Tatenberger Deich
Waltershofer Str.
KIRCHDORF
Ochsenwerder Landstr.
31
SPADENLAND
Kornweide
37
Süderelbe
3
3
A 253
MOORWERDER
A 7 / E 45
Seehafen-str.
OCHSEN-
WERDER
STADE
Stader Str.
Buxtehuder Str.
4
Ehestorfer Heuweg
32
NEULAND
g
38
Gauerter Hauptdeich
Elbdeich
Hamburg-
Harburg
5
HARBURGER
BERGE
ADAC
A 1 / E 22
HARBURG
HAMBURG
6
HAMBURG
HARBURG-MITTE
e
Bremer Str.
0
3 km
BREMEN
HANNOVER
A
ROTTENBURG
SOLTAU
LÜNEBURG
BREMEN
HANNOVER
B

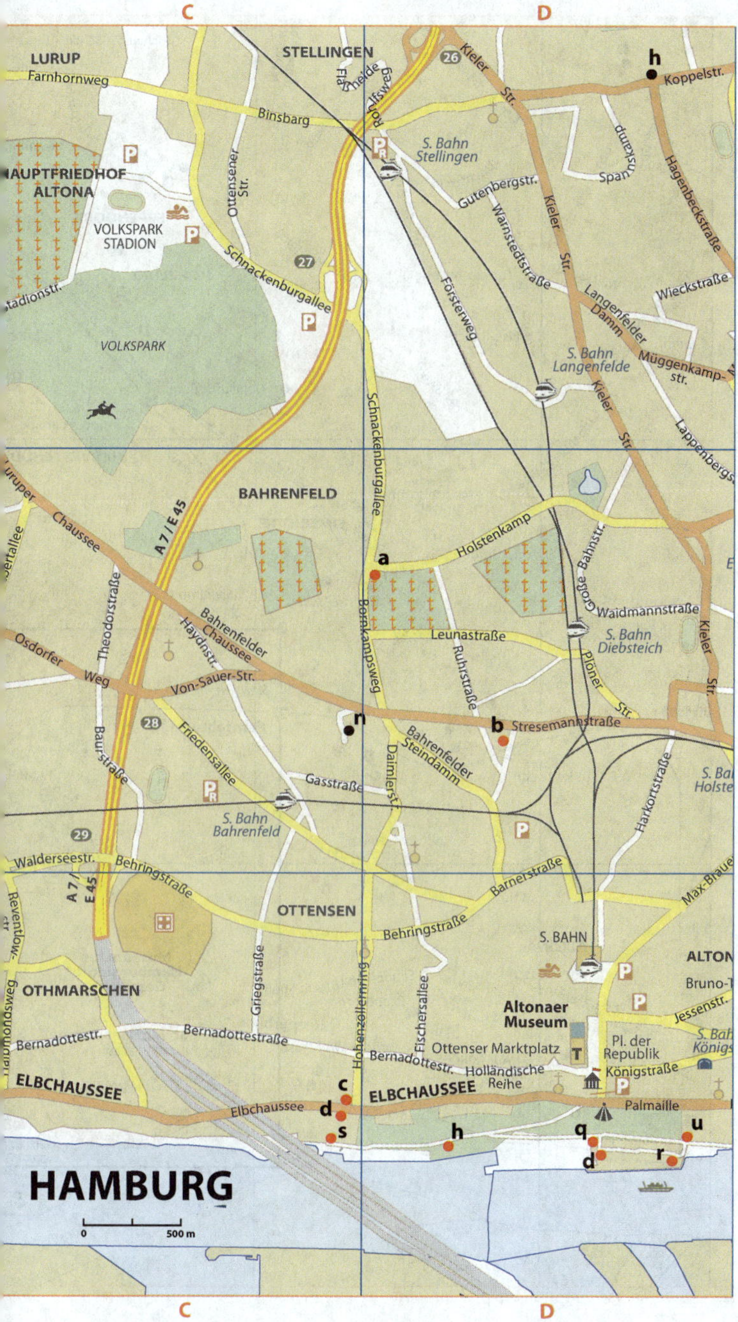
C
D
LURUP
Farnhornweg
STELLINGEN
Binsbarg
Rohlfsweg
Kieler Str.
Koppelstr.
h
HAUPTFRIEDHOF ALTONA
VOLKSPARK STADION
Ottensener Str.
S. Bahn Stellingen
Gutenbergstr.
Spannskamp
Hagenbeckstraße
Schnackenburgallee
Stadionstr.
VOLKSPARK
Försterweg
Warnstedtstraße
Langenfelder Damm
Wieckstraße
S. Bahn Langenfelde
Müggenkamp-str.
Lappenbergs
A 7 / E 45
BAHRENFELD
Luruper Chaussee
Holstenkamp
a
Große Bahnstr.
Waidmannstraße
Theodorstraße
Bahrenfelder Chaussee
Haydnstr.
Bornkampsweg
Leunastraße
Ruhrstraße
S. Bahn Diebsteich
Kieler Str.
Osdorfer Weg
Von-Sauer-Str.
Plöner Str.
n
b
Stresemannstraße
Friedensallee
Bahrenfelder Steindamm
Baurstraße
Gasstraße
Daimlerstr.
Harkortstraße
S. Bahn Holste
S. Bahn Bahrenfeld
Walderseestr.
Behringstraße
Barnerstraße
Max-Brauer
Reventlow-str.
OTTENSEN
Behringstraße
S. BAHN
ALTON
OTHMARSCHEN
Griegstraße
Hohenzollernring
Fischersallee
Altonaer Museum
Bruno-T
Jessenstr.
Bernadottestr.
Bernadottestraße
Ottenser Marktplatz
Pl. der Republik
S. Bah Königs
Bernadottestr.
Holländische Reihe
Königstraße
ELBCHAUSSEE
Elbchaussee
c
d
s
ELBCHAUSSEE
Palmaille
h
q
u
d
r
HAMBURG
0
500 m
C
D

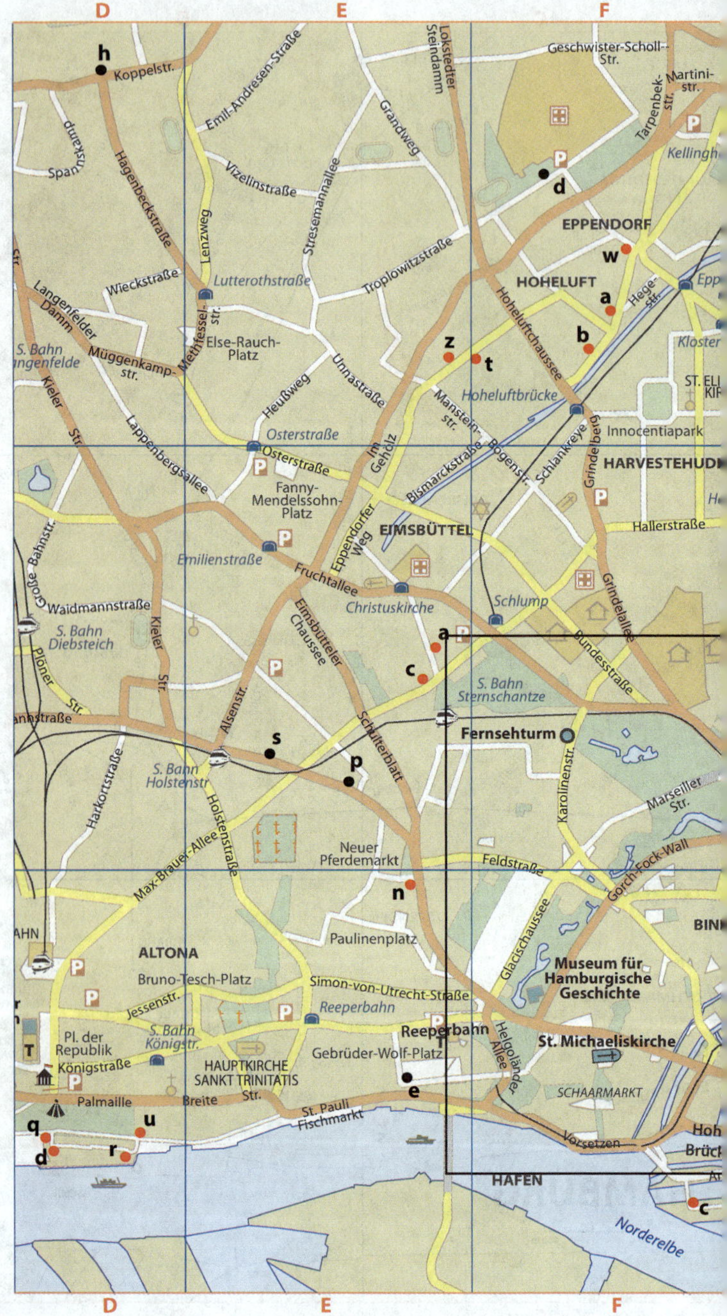

D
E
F
Koppelstr.
Emil-Andresen-Straße
Lokstedter Steindamm
Geschwister-Scholl-Str.
Martini-str.
Tarpenbek-str.
Kellingh
Grandweg
Spanskamp
Hagenbeckstraße
Vizelinstraße
Stresemannallee
EPPENDORF
Lenzweg
Troplowitzstraße
HOHELUFT
Wieckstraße
Lutterothstraße
Hoheluftchaussee
Hege-str.
Langenfelder Damm
Methfessel-str.
Else-Rauch-Platz
Kloster
S. Bahn Langenfelde
Müggenkamp-str.
Heußweg
Unnastraße
ST. ELI KIR
Kieler Str.
Hoheluftbrücke
Manstein-str.
Innocentiapark
Lappenbergsallee
Osterstraße
Im Gehölz
Bogenstr.
Schlankreye
Grindelberg
HARVESTEHUDE
Fanny-Mendelssohn-Platz
Bismarckstraße
Eppendorfer Weg
EIMSBÜTTEL
Hallerstraße
Große Bahnstr.
Emilienstraße
Fruchtallee
Grindelallee
Waidmannstraße
Christuskirche
Schlump
S. Bahn Diebsteich
Kieler Str.
Eimsbütteler Chaussee
Bundesstraße
Plöner Str.
S. Bahn Sternschanze
Alsenstr.
Schulterblatt
Fernsehturm
Harkortstraße
S. Bahn Holstenstr.
Karolinenstr.
Marseiller Str.
Holstenstraße
Max-Brauer-Allee
Neuer Pferdemarkt
Feldstraße
Gorch-Fock-Wall
Glacischaussee
Paulinenplatz
ALTONA
Museum für Hamburgische Geschichte
Bruno-Tesch-Platz
Simon-von-Utrecht-Straße
Jessenstr.
Reeperbahn
Pl. der Republik
S. Bahn Königstr.
Gebrüder-Wolf-Platz
Helgoländer Allee
St. Michaeliskirche
Königstraße
HAUPTKIRCHE SANKT TRINITATIS
SCHAARMARKT
Palmaille
Breite Str.
St. Pauli Fischmarkt
Vorsetzen
HAFEN
Norderelbe
D
E
F

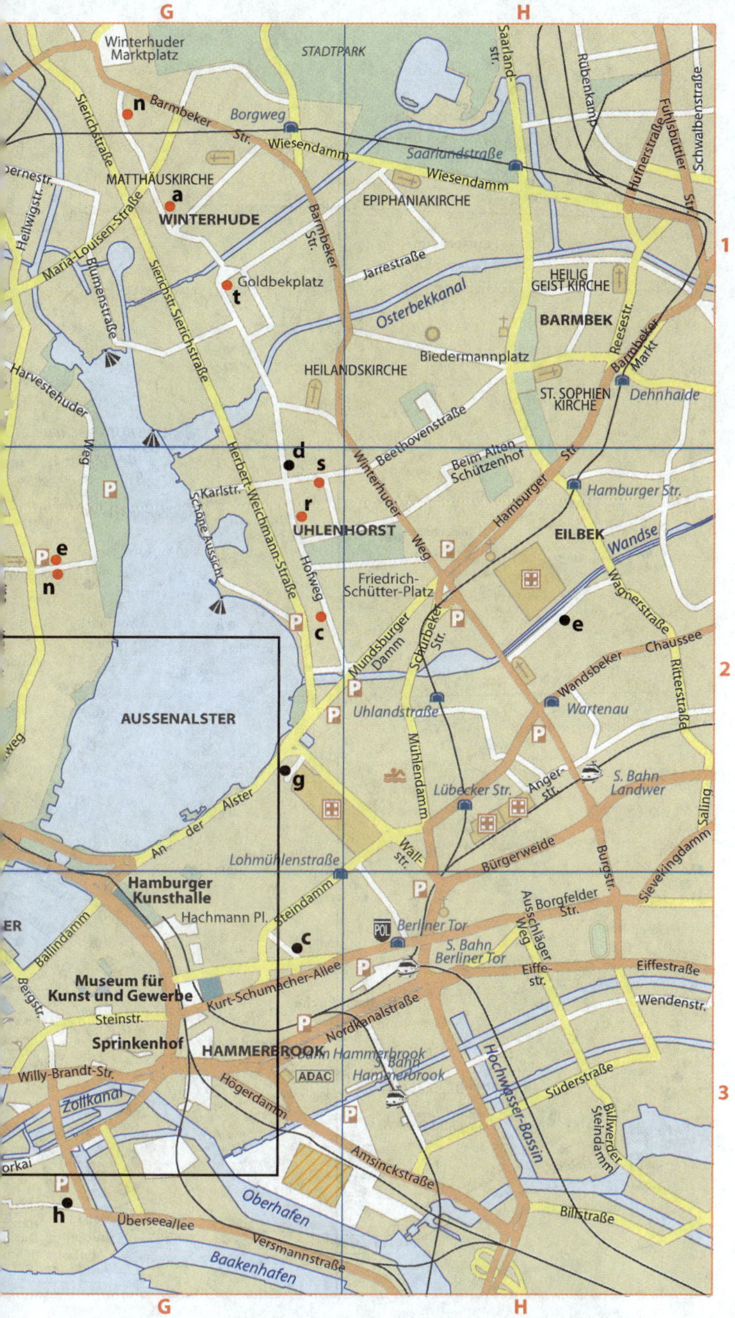
G
H
1
2
3
Winterhuder Marktplatz
STADTPARK
Borgweg
Barmbeker Str.
Wiesendamm
Saarlandstraße
Saarland-str.
Rübenkamp
Hufnerstraße
Fuhlsbüttler Str.
Schwalbenstraße
MATTHÄUSKIRCHE
WINTERHUDE
EPIPHANIAKIRCHE
Heilwigstr.
Maria-Louisen-Straße
Blumenstraße
Sierichstraße
Goldbekplatz
Jarrestraße
Osterbekkanal
HEILIG GEIST KIRCHE
BARMBEK
Harvestehuder Weg
HEILANDSKIRCHE
Biedermannplatz
Reesestr.
Barmbeker Markt
ST. SOPHIEN KIRCHE
Dehnhaide
Herbert-Weichmann-Straße
Beethovenstraße
Beim Alten Schützenhof
Karlstr.
Schöne Aussicht
UHLENHORST
Winterhuder Weg
Hamburger Str.
EILBEK
Wandse
Hofweg
Friedrich-Schütter-Platz
Wagnerstraße
Mundsburger Damm
Schürbeker Str.
Chaussee
Wandsbeker
Ritterstraße
AUSSENALSTER
Uhlandstraße
Wartenau
Mühlendamm
Lübecker Str.
Anger-str.
S. Bahn Landwer
An der Alster
Wall-str.
Bürgerweide
Burgstr.
Sievekingdamm
Saling
Lohmühlenstraße
Hamburger Kunsthalle
Hachmann Pl.
Steindamm
Ausschläger Weg
Borgfelder Str.
Berliner Tor
S. Bahn Berliner Tor
Ballindamm
Eiffe-str.
Eiffestraße
Bergstr.
Museum für Kunst und Gewerbe
Kurt-Schumacher-Allee
Wendenstr.
Steinstr.
Sprinkenhof
Nordkanalstraße
HAMMERBROOK
S. Bahn Hammerbrook
ADAC
Willy-Brandt-Str.
Zollkanal
Högerdamm
Hochwasser-Bassin
Süderstraße
Billwerder Steindamm
Amsinckstraße
Oberhafen
Überseeallee
Billstraße
Versmannstraße
Baakenhafen
POL
ADAC
a
c
d
e
g
h
n
r
s
t

J
K
1
2
3
Kleiner Schäferkamp
Schröderstiftstraße
Laufgraben
Reinfeldstr.
Rentzelstraße
Grindelallee
Johnsallee
Rothenbaumchaussee
Schlüterstraße
STERNSCHANZENPARK
Sternschanze
An der Verbindungsbahn
Bundesstr.
Moorweidenstr.
Tiergartenstraße
Edmund-Siemers-Allee
Fernsehturm
CONGRESS CENTRUM HAMBURG
Lagerstraße
St. Petersburger Str.
PLANTEN UN BLOMEN
Sternstr.
Kampstr.
Karolinenstraße
Marseiller Str.
S. BAHN DAMMTOR
MESSEGELÄNDE
Vorwerkstraße
Laeiszstr.
Glashüttenstr.
ALTER BOTANISCHER GARTEN
Sternstraße
Bei den Kirchhöfen
Jungiusstraße
Stephansplatz
Marktstraße
Gorch-Fock-Wall
KLEINE WALLANLAGEN
Messehallen
GNADENKIRCHE
Feldstraße
Dammtorwall
STAATSOPER
Sievekingplatz
Gänsemarkt
Kalkhof
Karl-Muck-Platz
WILHELM-KOCH-STADION
Speckstr.
Neue ABC-Str.
Gänsemarkt
Kaiser-Wilhelm-Straße
Gerhofstr.
ABC-Straße
GROSSE WALLANLAGEN
Heiligengeistfeld
Heiligen-Geist-Feld
Pilatuspool
Poolstraße
Kurze Str.
Glacischaussee
Hütten
Kohlhöfen
Breiter Gang
Große
Holstenwall
Museum für Hamburgische Geschichte
Budapester Str.
Peterstraße
Marktstr.
Brüderstr.
Wexstraße
Bleichen-
St. Pauli
Neuer Steinweg
Alster-
Reeperbahn
Beim Trichter
Zirkusweg
Helgoländer Allee
S. Bahn Stadthausbr.
BISMARCK-DENKMAL
Ludwig-Erhard-Straße
fleet
St. Michaeliskirche
Teilfeld
Rödingsmarkt
NIKOLAIKIRCHE
Krayenkamp
Böhmkenstr.
Willy-Brandt
Seewartenstr.
NEUSTADT
Admiralitätstraße
Stintfang
Venusberg
SCHAARMARKT
Rödingsmarkt
Deichstr.
SCHWEDISCHE GUSTAV-ADOLF-KIRCHE
St. Pauli Hafenstr.
Herrengraben
Neustädter Neuer Weg
Nikolai-
Landungsbr.
Hullstr.
Kajen
ELBE
Baumwall
Binnenhafen
Hohe Brücke
Vorsetzen
Baumwall
Kehrwieder
Miniatur Wunderland
a
b
c
d
e
g
h
m
n
p
s
y
T

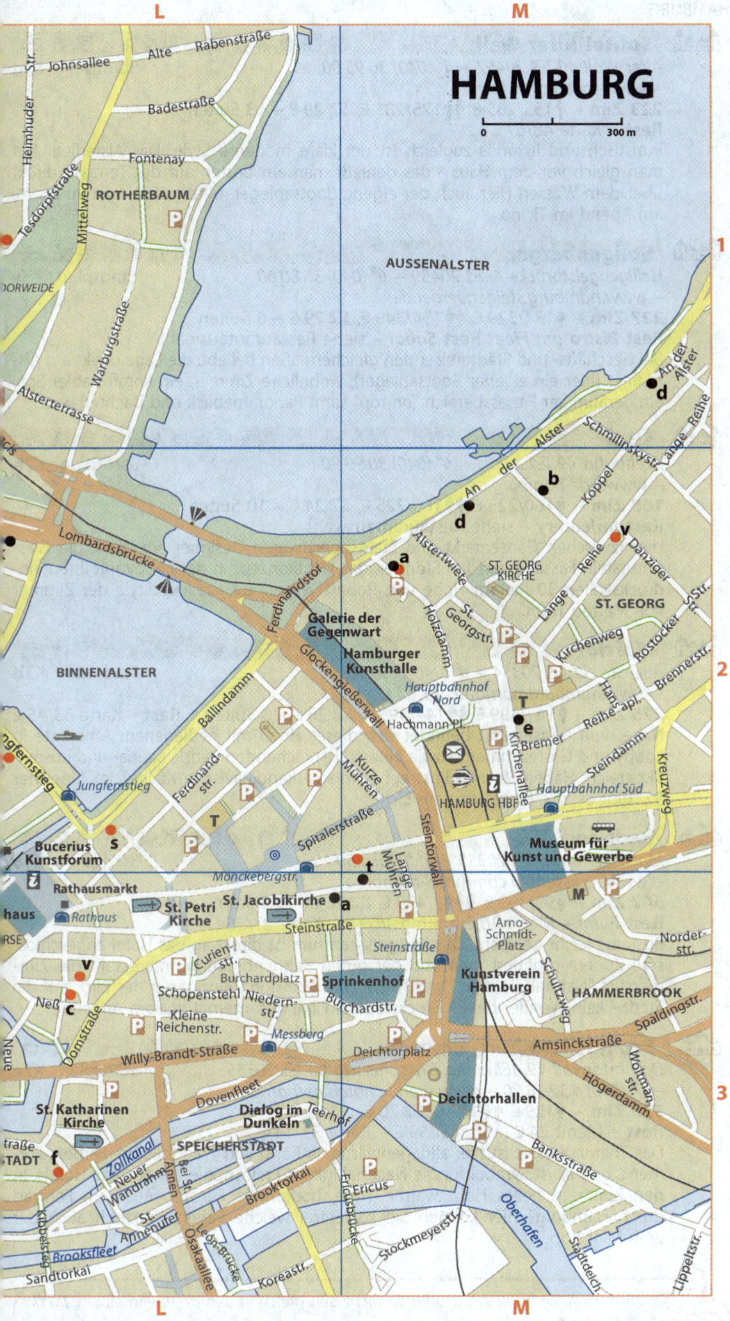
HAMBURG
0
300 m
L
M
1
2
3
AUSSENALSTER
BINNENALSTER
ROTHERBAUM
ST. GEORG
HAMMERBROOK
SPEICHERSTADT
Johnsallee
Alte Rabenstraße
Badestraße
Fontenay
Heimhuder Str.
Tesdorpfstraße
Mittelweg
Warburgstraße
Alsterterrasse
Lombardsbrücke
Ferdinandstor
Ballindamm
Jungfernstieg
Ferdinand-str.
An der Alster
Schmilinskystr.
Lange Reihe
Koppel
Danziger Str.
Alstertwiete
ST. GEORG KIRCHE
Holzdamm
St. Georgstr.
Kirchenweg
Rostocker Str.
Brennerstr.
Hansaplatz
Bremer Reihe
Steindamm
Kreuzweg
Galerie der Gegenwart
Hamburger Kunsthalle
Glockengießerwall
Hauptbahnhof Nord
Hachmann Pl.
Kirchenallee
HAMBURG HBF
Hauptbahnhof Süd
Museum für Kunst und Gewerbe
Kurze Mühren
Spitalerstraße
Lange Mühren
Steintorwall
Mönckebergstr.
Bucerius Kunstforum
Rathausmarkt
Rathaus
St. Petri Kirche
St. Jacobikirche
Steinstraße
Arno-Schmidt-Platz
Norderstr.
Schultzweg
Kunstverein Hamburg
Sprinkenhof
Burchardplatz
Burchardstr.
Curienstr.
Schopenstehl
Niedernstr.
Kleine Reichenstr.
Messberg
Neß
Domstraße
Willy-Brandt-Straße
Deichtorplatz
Amsinckstraße
Spaldingstr.
Woltmanstr.
Högerdamm
Deichtorhallen
Dovenfleet
Dialog im Dunkeln
Teerhof
St. Katharinen Kirche
Zollkanal
Neuer Wandrahm
Annen
Bei St. Annen
St. Annenufer
Brooktorkai
Ericus
Ericusbrücke
Stockmeyerstr.
Oberhafen
Banksstraße
Stadtdeich
Lippeltstr.
Brooksfleet
Kibbelsteg
Sandtorkai
Osakaallee
Koreastr.
Bei St. Annen
a
b
d
e
s
t
v
c
f

Sofitel Alter Wall

Rest,

Alter Wall 40 ✉ *20457 – (040) 36 95 00 – www.sofitel.com* Stadtplan : K3**g**

223 Zim – 155/265 € 175/285 €, 29 € – 18 Suiten

Rest – Karte 48/67 €

Puristisch und luxuriös zugleich ist der klare moderne Style. Das Alsterfleet hat man gleich vor dem Haus - das genießt man am besten auf der Terrasse direkt über dem Wasser! Hier auch der eigene Bootsanleger. Mittags isst man im Bistro, am Abend im Ticino.

Steigenberger

Heiligengeistbrücke 4 ✉ *20459 – (040) 36 80 60 – www.hamburg.steigenberger.de* Stadtplan : K3**s**

227 Zim – 134/329 € 154/349 €, 29 € – 6 Suiten

Rest *Bistro am Fleet* Rest *Sabai* – siehe Restaurantauswahl

Bei Geschäfts- und Städtereisenden gleichermaßen beliebt: die Lage direkt am Alsterfleet (hier ein eigener Bootsanlager), wohnliche Zimmer, ein komfortabler Spa, ein geräumiger Fitnessbereich "on top" samt Panoramablick und Dachterrasse!

SIDE

Drehbahn 49 ✉ *20354 – (040) 30 99 90 – www.side-hamburg.de* Stadtplan : K2**h**

168 Zim – 160/225 € 160/225 €, 24 € – 10 Suiten

Rest *[m]eatery* – siehe Restaurantauswahl

Hier (zwischen Gänsemarkt und Staatsoper) waren Designer am Werk: die Glas-Naturstein-Fassade von Jan Störmer, das Lichtkonzept in der Lobby mit ihren eindrucksvollen 30 Metern Höhe von Robert Wilson, der schicke Style der Zimmer von Matteo Thun.

Marriott

Rest,

ABC-Str. 52 ✉ *20354 – (040) 3 50 50 – www.hamburgmarriott.com* Stadtplan : K2**b**

275 Zim – 144/399 € 144/399 €, 28 € – 3 Suiten **Rest** – Karte 33/45 €

Nahe dem Gänsemarkt befindet sich dieses Hotel mit gediegenem Ambiente in Lobby und Gästezimmern sowie einem ansprechenden Bade-, Sauna- und Kosmetikbereich. Haben Sie mal Lust auf nordisch-skandinavische Küche? Im "Speicher 52" gibt es z. B. Bratwurst vom Elch!

Radisson BLU

Rest,

Marseiller Str. 2 ✉ *20355 – (040) 3 50 20 – www.radissonblu.com/hotel-hamburg* Stadtplan : K1**a**

547 Zim – 99/499 € 99/499 €, 26 € – 9 Suiten

Rest *Filini* – Menü 26 € (mittags)/69 € – Karte 27/55 €

Business leicht gemacht: Das Kongresszentrum ist direkt an das Hotel angeschlossen! Zudem profitiert man von der guten Bahnanbindung. Interessant die Zimmerstile "Natural", "Urban" und "New York Mansion", einzigartig der Blick auf die Stadt - kein Wunder bei 27 Stockwerken! Filini mit internationalem Angebot.

Scandic Hamburg Emporio

Rest,

Dammtorwall 19, (Eingang Dragonerstraße) ✉ *20355 – (040) 4 32 18 70 – www.scandichotels.de/hamburg* Stadtplan : K2**e**

325 Zim – 129 € 149 €, 20 €

Rest – Menü 24 € (mittags)/59 € – Karte 33/44 €

Das Thema Wasser ist hier allgegenwärtig, in Form von Wandbildern, Farben, Formen... und es ist Symbol für die Nachhaltigkeits-Philosophie der Scandic-Hotels. In den Zimmern helles Holz, warme Töne, bodentiefe Fenster. Auf dem Fahrrad durch Hamburg? Hier können Sie kostenfrei welche leihen. Praktisch auch der 24-h-Minishop.

Erwarten Sie in einem ✗ oder nicht den gleichen Service wie in einem ✗✗✗✗✗ oder .

The George

Zim,

Barcastr. 3 ✉ 22087 – ✆ (040) 2 80 03 00 Stadtplan : G2**g**
– www.thegeorge-hotel.de
123 Zim – †145/175 € ††155/185 €, ☕ 18 € – 2 Suiten
Rest – Menü 20 € (mittags) – Karte 38/72 € – *(geschl. Sonntag)*
Elegant-britischer Stil trifft auf junges Design! Ob in Bibliothek, Bar oder Zimmern - überall gedeckte Töne und Details wie Bilder, Bezüge oder Tapeten. Die "M"-Zimmer sind geräumig, die "S"-Zimmer kleiner und zur Straße gelegen. Tipp: Genießen Sie von der Dachterrasse den Blick über Hamburg! Speisen kann man in Restaurant "DaCaio", und zwar mediterran-italienisch.

Mövenpick

Rest,

Sternschanze 6 ✉ 20357 – ✆ (040) 3 34 41 10 Stadtplan : J1**b**
– www.moevenpick-hotels.com/hamburg
226 Zim – †129/299 € ††149/319 €, ☕ 23 €
Rest – Menü 35 € (abends) – Karte 35/55 €
Wer sich in dem beeindruckenden ehemaligen Wasserturm mit der aparten Backsteinfassade etwas ganz Besonderes gönnen möchte, bucht eine der beiden großen Turm-Maisonetten in 60 m Höhe - grandios die Aussicht! Internationale und Schweizer Gerichte im Restaurant und auf der Terrasse zum Schanzenpark. Interessant: "Twingle Menü" für 2 Personen inkl. Wein! Die Garage sollte man reservieren.

Europäischer Hof

Rest,

Kirchenallee 45 ✉ 20095 – ✆ (040) 24 82 48 Stadtplan : M2**e**
– www.europaeischer-hof.de
275 Zim ☕ – †120/220 € ††150/250 €
Rest *Paulaner's* – Karte 19/34 €
In dem Hotel gegenüber dem Hauptbahnhof erwarten Sie u. a. eine gediegen-elegante Halle und die siebengeschossige "Euro-Therme" mit 150-m-Wasserrutsche über sechs Ebenen. Die Atmosphäre im Paulaner's ist rustikal und ungezwungen.

Lindner Am Michel

Rest,

Neanderstr. 20 ✉ 20459 – ✆ (040) 3 07 06 70 Stadtplan : J3**a**
– www.lindner.de
259 Zim – †114/419 € ††144/449 €, ☕ 22 €
Rest *Hamburger Stube* – ✆ (040) 3 07 06 71 50 – Menü 25/49 €
– Karte 26/45 € – *(geschl. Sonntag)*
Die Vorteile dieses Hotels? Die Lage in einer Seitenstraße nahe dem "Michel", das geradlinig-moderne Interieur in warmen Tönen, der Saunabereich im 7. Stock mit Blick über die Stadt und - last but not least - die Hamburger Stube mit hanseatischem Flair, in der man z. B. Hamburger Labskaus oder Pannfisch isst.

HENRI garni

Bugenhagenstraße 21 ✉ 20095 – ✆ (040) 5 54 35 70 Stadtplan : L3**a**
– www.henri-hotel.com
60 Zim – †98/190 € ††118/210 €, ☕ 15 € – 5 Suiten
Hochwertig und mit dem Komfort von heute lässt man in dem einstigen Kontorhaus die 50-60er Jahre ("Henri auf Reisen") wieder aufleben. Und dank charmanter Details wie Lounge mit Wohnzimmer-Flair, Küche mit Snacks und Getränken sowie täglichem "Abendbrod" und Kuchen am Wochenende kommt auch fern vom eigenen Zuhause eine gewisse Heimeligkeit auf!

25hours Hafen City

Überseeallee 5 ✉ 20457 – ✆ (040) 2 57 77 70 Stadtplan : G3**h**
– www.25hours-hotels.com
170 Zim – †125/185 € ††135/195 €, ☕ 17 €
Rest *Heimat* – ✆ (040) 2 57 77 78 40 – Karte 23/44 €
An Individualität und Originalität ist das hier kaum zu überbieten! Da trifft junges klares Design auf gemütliches Holz, Seemannsgeschichten, alte Schallplatten im loungigen "Vinyl Room", Gäste-Seesack in der Hafensauna auf dem Dach... Bei all den kleinen Seitenhieben auf die Seefahrt sind die Zimmer natürlich Kojen! Am Wochenende Langschläferfrühstück bis 12 Uhr.

Hafen Hamburg
Rest,

Seewartenstr. 9 ✉ 20459 – ✆ (040) 31 11 30 Stadtplan : J3**y**
– www.hotel-hamburg.de
380 Zim – 🚹70/120 € 🚹🚹90/230 €, ☕ 20 €
Rest – Menü 20 € (mittags unter der Woche)/38 € – Karte 28/73 €
Direkt oberhalb der Landungsbrücken liegen das schmucke Gebäude von 1864 und die neuere komfortablere "Residenz". Die Zimmer sind sehr unterschiedlich gestaltet, das Restaurant "Port" ist klassisch-elegant und dank Verglasung schön hell - der Name kommt von der Aussicht auf den Hafen! In 62 m Höhe befindet sich die beliebte Tower Bar.

relexa Hotel Bellevue
Rest,

An der Alster 14 (Zufahrt über Koppel 103) ✉ 20099 Stadtplan : M1**d**
– ✆ (040) 28 44 40 – www.relexa-hotels.de
85 Zim ☕ – 🚹85/105 € 🚹🚹119/149 € – 2 Suiten
Rest – Menü 23/36 € – Karte 24/45 €
Ein klassisches Stadthaus zur Alster hin und zwei weitere Gebäude beherbergen individuelle wohnliche Zimmer sowie kleine, aber moderne Einzelzimmer. Mittagsrestaurant mit Alsterblick, gemütlich-maritimes Abendrestaurant im UG, nett die Kellerbar.

Baseler Hof
Rest,

Esplanade 11 ✉ 20354 – ✆ (040) 35 90 60 Stadtplan : L2**x**
– www.baselerhof.de
164 Zim – 🚹89/144 € 🚹🚹129/179 €, ☕ 10 € – 9 Suiten
Rest *Kleinhuis* – ✆ (040) 35 33 99 – Menü 29/65 € – Karte 33/48 € – *(geschl. Sonntag - Montag) (nur Abendessen)*
Eine gepflegte Adresse zwischen Außenalster und Botanischem Garten. Einige Zimmer sind etwas einfacher, die im Zwischenbau liegen recht ruhig. Eine besondere Geschichte verbirgt sich hinter dem großen Gemälde in der Halle - lösen Sie das Rätsel! Gute Auswahl an offenen Weinen im Restaurant Kleinhuis! Etwas für Liebhaber: die jährliche Oldtimer Rallye.

Eilenau (N) garni

Eilenau 36 ✉ 22089 – ✆ (040) 2 36 01 30 Stadtplan : H2**e**
– www.eilenau.de
17 Zim – 🚹109/138 € 🚹🚹139/159 €, ☕ 15 € – 5 Suiten
Ganz und gar kein typisches Stadthotel! In den beiden sorgsam sanierten Häusern von 1890 mischen sich in schönen hohen Räumen Antiquitäten, Stuck, Kronleuchter und altes Parkett mit stilvoll-modernen Möbeln. Und haben Sie den ruhigen kleinen Garten gesehen? Hier wird im Sommer gefrühstückt.

Mittelweg garni

Mittelweg 59 ✉ 20149 – ✆ (040) 4 14 10 10 Stadtplan : G1**c**
– www.hotel-mittelweg-hamburg.de
30 Zim ☕ – 🚹100/125 € 🚹🚹135/168 €
Der Charme der Jahrhundertwende ist in der Villa von 1890 allgegenwärtig: vom Treppenhaus über die Stuckdecke im stilvollen Frühstücksraum bis hin zu liebenswert arrangierten Farben, Mustern und klassischen Möbeln in den Zimmern. Lauschiger kleiner Garten.

Wedina garni (mit Gästehäusern)

Gurlittstr. 23 ✉ 20099 – ✆ (040) 2 80 89 00 Stadtplan : M2**b**
– www.hotelwedina.de
– geschl. 23. - 27. Dezember
63 Zim ☕ – 🚹105/195 € 🚹🚹125/245 €
Gelbes Haus, Grünes Haus, Blaues Haus... - mal sonnig, frisch und mit mediterraner Note, mal puristisch oder mit literarischen Werken. Die Bücher (auch in der Lobby) sind übrigens von den Autoren signiert und wurden in Hamburg vorgestellt. Was Sie nicht versäumen sollten: Frühstück im Garten und Stadterkundung per Leihfahrrad!

Nippon garni
Hofweg 75 ✉ 22085 – ✆ (040) 2 27 11 40 Stadtplan : G2**d**
– www.nipponhotel.de – geschl. Weihnachten - 1. Januar
42 Zim – **🚹98/300 € 🚹🚹98/300 €**, ☕ 15 €
Ganz nach fernöstlichem Vorbild sind die Zimmer in klarem puristischem Stil eingerichtet, mit Tatami-Fußboden, Shoji-Wänden und Futons.

Alster-Hof garni
Esplanade 12 ✉ 20354 – ✆ (040) 35 00 70 Stadtplan : L2**x**
– www.alster-hof.de – geschl. 23. Dezember - 2. Januar
108 Zim ☕ – **🚹85/105 € 🚹🚹135/155 € – 3 Suiten**
In dem gepflegten Hotel im Zentrum nahe der Alster wird stetig renoviert und so sind die funktional ausgestatteten Zimmer überwiegend in wohnlichen Farben gehalten - einige sind recht kleine Einzelzimmer.

City-House garni
Pulverteich 25 ✉ 20099 – ✆ (040) 2 80 08 10 Stadtplan : G3**h**
– www.cityhouse.de
30 Zim – **🚹75/139 € 🚹🚹95/149 €**, ☕ 11 €
Gleich der erste Eindruck von der alten Kaufmannsvilla ist wirklich ansprechend, denn Rezeption und Lounge/Bibliothek sind stilvoll nach englischem Vorbild gestaltet. Das gediegen-elegante und wohnliche Bild setzt sich in den Zimmern fort (teilweise sind sie etwas kleiner). Günstig die Lage in einer Seitenstraße nahe dem Bahnhof.

Restaurants

Haerlin – Fairmont Hotel Vier Jahreszeiten
Neuer Jungfernstieg 9 ✉ 20354 – ✆ (040) 34 94 33 10 Stadtplan : L2**v**
– www.fairmont-hvj.de – geschl. Sonntag - Montag
• FRANZÖSISCH KREATIV • Menü 115/155 € – *(nur Abendessen)* (Tischbestellung ratsam)
Was Christoph Rüffer unter den verheißungsvollen Namen "Aromenbehandlung" und "Gaumenparty" auf den Teller zaubert, überzeugt bis ins Detail. Die Aromen sind intensiv, ohne aufdringlich zu sein, die Texturen gelungen, die Präsentation aufwändig, aber nicht verspielt. Der Service charmant und perfekt abgestimmt, edel das Interieur, toll der Blick auf die Binnenalster!
➜ Seezunge mit Taschenkrebscannelloni und geschäumte Sojabohnenjus. Limousin-Lammrücken mit Lavendel, Nashi-Birne und violette Aubergine. Waldbeeren mit Wildkräutern, Sauerteig und Akazienhonig.

Jahreszeiten Grill – Fairmont Hotel Vier Jahreszeiten
Neuer Jungfernstieg 9 ✉ 20354 – ✆ (040) 34 94 33 12 Stadtplan : L2**v**
– www.fairmont-hvj.de
• FRANZÖSISCH KLASSISCH • Menü 29 € (mittags unter der Woche) – Karte 56/117 €
Das Restaurant ist eine Hommage an den Art-déco-Stil der 20er Jahre, die schöne Holztäfelung schafft Atmosphäre. Versuchen Sie ruhig auch mal die Lifestyle-Küche, die neben Klassikern und Grillgerichten angeboten wird.

Atlantic Restaurant – Hotel Atlantic Kempinski
An der Alster 72 ✉ 20099 – ✆ (040) 2 88 88 60 Stadtplan : M2**a**
– www.kempinski.com/hamburg – geschl. Sonntag
• KLASSISCH • Menü 29 € (mittags)/92 € – Karte 54/102 €
Das elegante Restaurant des Hamburger Traditionshotels ist geradezu das Wohnzimmer für weite Teile der hanseatischen Gesellschaft. Da darf man klassische Küche mit Niveau erwarten!

Sabai (N) – Hotel Steigenberger
Heiligengeistbrücke 4 ✉ 20459 – ✆ (040) 36 80 61 27 Stadtplan : K3**s**
– www.hamburg.steigenberger.de – geschl. Sonntag - Montag
• EURO-ASIATISCH • Menü 52/66 € – Karte 53/72 € – *(nur Abendessen)*
Wenn asiatische und europäische Küchenstile miteinander verschmelzen, entstehen z. B. "Steinbutt / Reis / Chili / Zitrus" oder "Apfelschwein / Ras el Hanout / Spargel / Aprikose / Bärlauch". Schön das helle, modern-elegante Interieur.

SE7EN OCEANS

Ballindamm 40, (2. Etage) (Europa-Passage) ✉ 20095 Stadtplan : L2**s**
– ✆ (040) 32 50 79 44 – www.se7en-oceans.de – geschl. 2. - 23. August und Sonntag, Dienstag
• INTERNATIONAL • Menü 43 € (mittags)/139 € – Karte 70/92 €

Wer dem lebhaften Treiben entfliehen möchte, findet inmitten der Europa-Passage Ruhe in diesem modernen Restaurant mit traumhaftem Blick auf Binnenalster und Jungfernstieg - im Sommer bei weit geöffneter Glasfront! Für kulinarischen Genuss sorgt die international-klassische Küche.

➜ Rosette von der Jakobsmuschel mit Gurke, Persischem Kaviar und Crème Fraîche. Kaisergranat auf Artischockenfondue und Cidre. Braisiertes Seezungenfilet mit schwarzem Trüffel und jungen Erbsen.

Cölln's

Brodschrangen 1 ✉ 20457 – ✆ (040) 36 41 53 Stadtplan : L3**c**
– www.coellns-restaurant.de – geschl. Sonntag sowie an Feiertagen
• FISCH UND MEERESFRÜCHTE • Menü 22 € (mittags unter der Woche)/100 € – Karte 45/74 € – (Tischbestellung ratsam)

Eine Hamburger Institution - für Fisch und Austern die Adresse schlechthin, und das seit 1760! Wem der Sinn nach Kaviar, Hummer & Co. steht, ist bei Familie Urmersbach goldrichtig. Absolut erwähnenswert sind auch die 13 historischen kleinen Stuben, denn sie sind so liebenswert wie individuell: Antiquitäten, tolle alte Holztäfelungen, original erhaltene Fliesen...

Tschebull

Mönckebergstr. 7, (im Levantehaus, 1. Etage) ✉ 20095 Stadtplan : M2**t**
– ✆ (040) 32 96 47 96 – www.tschebull.de – geschl. Sonntag sowie an Feiertagen
• ÖSTERREICHISCH • Menü 30/59 € – Karte 35/59 € – (Tischbestellung ratsam)

In dem schönen Kontorhaus inmitten der Altstadt pflegt Alexander Tschebull ein Stück seiner österreichischen Heimat. Ein Muss sind da Klassiker wie "Alt Wiener Tafelspitz" und "Salzburger Nockerln", es findet sich aber auch Modernes wie "Kabeljaufilet mit Auberginenkruste auf weißem Zwiebelsud". Sie mögen es etwas legerer? Im "Beisl" gibt's "Austrian Tapas".

Anna Sgroi

Milchstr. 7 ✉ 20148 – ✆ (040) 28 00 39 30 Stadtplan : G2**e**
– www.annasgroi.de – geschl. Samstagmittag, Sonntag - Montag sowie an Feiertagen
• ITALIENISCH • Menü 43 € (mittags)/89 € – Karte 70/76 €

Auch in ihrer neuen Wirkungsstätte (das gemütliche Stadthaus mit toller Stuckdecke hatte es ihr einfach angetan) kocht Anna Sgroi klassisch italienisch, und nach wie vor verzichtet sie dabei auf modernen Schnickschnack, vielmehr überzeugt sie mit tollen Produkten, die sie mit Liebe verarbeitet!

➜ Langustencarpaccio mit Pomelosalat und geröstetem Kokos. Spaghettini alla Chitarra mit Seeigel al Limone. Livornesische Cacciucco von Krustentieren, Mittelmeerfischen und Muscheln mit Tomatencrostini.

La Fayette

Zimmerstr. 30 ✉ 22085 – ✆ (040) 22 56 30 Stadtplan : G2**s**
– www.la-fayette-hamburg.de – geschl. Sonntag
• INTERNATIONAL • Menü 30/38 € – Karte 38/56 € – *(nur Abendessen)*

In markantem Rot sticht die Restaurantfront aus der weißen Fassade des Eckhauses hervor. Gastgeber ist seit 1979 Richard Röhrich, am Herd seine Frau Nathalie, die gerne mit mediterranem Einfluss kocht. Das ganze Jahr über gibt es hier Forelle, im Winter Gänse vom eigenen Hof in Bayern. Dazu empfiehlt man z. B. gute Weine aus Deutschland und Frankreich.

Sie möchten spontan verreisen? Besuchen Sie die Internetseiten der Hotels, um von deren Sonderkonditionen zu profitieren.

XX **Brahms Restaurant**

Kajen 12 ✉ 20459 – ✆ (040) 36 56 31 Stadtplan : K3**c**
– www.die-fischkueche.de – geschl. Sonntag sowie an Feiertagen
• FISCH UND MEERESFRÜCHTE • Menü 24 € (mittags)/45 € – Karte 34/57 € – (Tischbestellung ratsam)
Dass man immer wieder gerne hierher kommt, liegt zum einen natürlich an der guten (Fisch-) Küche (probieren Sie z. B. den klassischen Labskaus oder Feines wie "Seezungenfilets auf Gemüserisotto"), aber auch an Chefin Karin Brahm, die schon über 20 Jahre herzlich und engagiert ihre Gäste betreut! Wer in dem lebhaften Restaurant lieber etwas separat sitzt, nimmt auf der Empore Platz.

XX **Piazza Romana** – Hotel Grand Elysée

Rothenbaumchaussee 10 ✉ 20148 Stadtplan : K1**m**
– ✆ (040) 41 41 27 34 – www.grand-elysee.com
• ITALIENISCH • Karte 31/49 €
Von der belebten Hotelhalle gelangt man in dieses Restaurant mit italienisch-mediterranem Angebot. An einigen Tischen direkt in der Halle kann man bei Minestrone, Linguine oder Gambas auch mitten im Geschehen sitzen.

XX **petit bonheur**

Hütten 85 ✉ 20355 – ✆ (040) 33 44 15 26 Stadtplan : J3**p**
– www.petitbonheur-restaurant.de – geschl. Sonntag sowie an Feiertagen
• FRANZÖSISCH KLASSISCH • Menü 38/44 € – Karte 35/69 €
Die geschmackvolle Jugendstilfassade mit typischen Brasserie-Markisen verspricht nicht zu viel, denn dahinter verbirgt sich ein charmant-elegantes Restaurant mit französischem Flair - sehr schön die Bilder aus der Kunstsammlung des Chefs! Wer würde hier etwas anderes erwarten als klassische Küche wie in Frankreich? Crêpe Suzette wird direkt am Tisch zubereitet!

XX **Die Bank**

Hohe Bleichen 17 ✉ 20354 – ✆ (040) 2 38 00 30 Stadtplan : K2**d**
– www.diebank-brasserie.de – geschl. Sonntag sowie an Feiertagen
• INTERNATIONAL • Menü 28 € (mittags)/69 € – Karte 52/69 € – (abends Tischbestellung ratsam)
Die Brasserie mit Bar zählt zu den Hotspots der Stadt. Kein Wunder, denn die Kassenhalle im 1. OG des einstigen Bankgebäudes von 1897 ist schon eine beeindruckende Location. Da passen z. B. Meeresfrüchte-Klassiker wie "Panzerknackerplatte" oder "Bankiersplatte" perfekt ins trendige Konzept.

XX **Henriks** N

Tesdorpfstr. 8 ✉ 20038 – ✆ (040) 2 88 08 42 80 Stadtplan : L1**b**
– www.henriks.cc
• INTERNATIONAL • Karte 39/95 € – (Tischbestellung ratsam)
Lust auf "Beef Tataki, Yuzusauce, Kürbis, Trüffel"? Oder lieber "Schellfisch, Bratkartoffeln, Pommery-Senfsauce"? In dem chic designten Restaurant bietet Claas-Henrik Anklam eine ambitionierte Mischung aus asiatischer, mediterraner und regionaler Küche. Beliebt die großzügige Terrasse samt Lounge. Tipp für den eiligen Mittagsgast: preisgünstiger Lunch.

XX **Doc Cheng's** – Fairmont Hotel Vier Jahreszeiten

Neuer Jungfernstieg 9 ✉ 20354 – ✆ (040) 3 49 43 33 Stadtplan : L2**v**
– www.fairmont-hvj.de – geschl. Sonntag
• EURO-ASIATISCH • Menü 56/84 € – Karte 55/71 € – *(nur Abendessen)*
Fernöstlich inspiriert und fast schon intim ist das Ambiente, lauschig die beliebte Bar, euro-asiatisch die Küche... und wenn Sie an einem der Hochtische Platz nehmen (die wurden übrigens aus alten Klostertüren gefertigt!), haben Sie einen besonders schönen Blick in die Showküche. Die "Doc's Currys" sollte man probiert haben!

Gute Küche zu moderatem Preis? Folgen Sie dem „Bib Gourmand". Das freundliche Michelin-Männchen „Bib" steht für ein besonders gutes Preis-Leistungs-Verhältnis!

YOSHI im Alsterhaus

Jungfernstieg 16, (Alsterhaus 4. OG - Direkter Lift-Zugang Poststr. 8) ✉ 20354 – ✆ (040) 35 71 44 93 – www.yoshi-hamburg.de – geschl. Sonntag Stadtplan : L2**b**

• JAPANISCH • Menü 45/95 € – Karte 20/116 €

"Feinschmecker-Boulevard" nennt sich die 4. Etage des noblen Einkaufszentrums, und hier hat Yoko Etsuseisai Higashi (Ikebana-Meisterin) einen Treffpunkt für Freunde japanischer Esskultur geschaffen. Tradition und Moderne in Einklang bringen - das gelingt den japanischen Köchen z. B. mit Teriyaki-Gerichten oder Sushi. Gefragte Dachterrasse!

VLET

Sandtorkai 23, (Eingang über die Kibbelstegbrücke, 1. Etage (Block N)) ✉ 20457 – ✆ (040) 3 34 75 37 50 – www.vlet.de – geschl. Samstagmittag - Sonntag Stadtplan : L3**s**

• MODERN • Menü 25 € (mittags)/75 € (abends) – Karte 41/61 €

Der Lagerhaus-Charakter könnte kaum typischer sein für die Speicherstadt und ganz im Stil dieser modernen Adresse werden hier norddeutsche Spezialitäten neu interpretiert, so heißt es z. B. "Labskaus mal ganz anders"! Einen genaueren Blick wert ist auch das umfangreiche Angebot an regionalem Käse. Tipp zum Parken: "Contipark".

Coast

Grosser Grasbrook 14 ✉ 20457 – ✆ (040) 30 99 32 30 – www.coast-hamburg.de Stadtplan : F3**a**

• EURO-ASIATISCH • Karte 39/68 €

Enoteca – Karte 34/42 € – *(Montag - Freitag nur Abendessen)*

Schön am Wasser gelegen, an den "Marco-Polo-Terrassen" am Rand der Hafencity! Ein weiterer Trumpf ist das Konzept: euro-asiatische Speisen und kreative Sushiküche. Im UG gibt es noch mehr Gastronomie: die Enoteca mit italienischem Angebot. Ab 18 Uhr parken Sie in der Unilever-Garage nebenan.

Brook

Bei den Mühren 91 ✉ 20457 – ✆ (040) 37 50 31 28 – www.restaurant-brook.de – geschl. Sonntag Stadtplan : L3**f**

• INTERNATIONAL • Menü 20/35 € – Karte 36/52 €

Nicht nur Klassiker wie geschmortes Kalbsbäckchen sind in dem schön modernen Restaurant gefragt, ein Dauerbrenner ist auch der Fisch vom berühmten Fischmarkt um die Ecke - ebenso das sehr interessante und fair kalkulierte Tagesmenü! Kommen Sie auch mal abends, da ist die hübsch angestrahlte Speicherstadt vis-à-vis ein besonderer Anblick!

Tarantella

Stephansplatz 10, (Casino Esplanade) ✉ 20354 – ✆ (040) 65 06 77 90 – www.tarantella.cc Stadtplan : K2_3**t**

• INTERNATIONAL • Menü 45 € (mittags)/70 € – Karte 40/97 €

Die Klassiker hier reichen vom trocken gereiften Fleisch über Schnitzel bis zu King Crabs! Neben dem umfangreichen internationalen Angebot zieht es die Gäste auch tagsüber zum interessanten Lunch in das geradlinig-modern eingerichtete historische Gebäude der Spielbank. Mit Bistrobereich und Terrasse im Grünen.

CARLS

Am Kaiserkai 69 ✉ 20457 – ✆ (040) 3 00 32 24 00 – www.carls-brasserie.de Stadtplan : F3**c**

• REGIONAL • Menü 39 € – Karte 31/65 €

Was die französische Küche mit norddeutschem Einschlag so alles zu bieten hat? Boeuf Bourguignon, Fischsuppe, "Carls Hanseatenplatte"... nicht zu vergessen den günstigen Plat du jour - Hafenblick inklusive. An der neuen Elbphilharmonie gibt es aber nicht nur die elegante Brasserie: Im Bistro bekommt man Tartes und Kleinigkeiten, im Laden Gewürze und Feinkost!

La Mirabelle

Bundesstr. 15 ✉ 20146 – ✆ (040) 4 10 75 85 Stadtplan : K1**n**
– www.la-mirabelle-hamburg.de – geschl. 1. - 6. Januar und Sonntag - Montag sowie an Feiertagen
• FRANZÖSISCH KLASSISCH • Menü 42/62 € – Karte 50/67 € – *(nur Abendessen)*
Die französische Küche hat Patron Pierre Moissonnier im Blut, immerhin waren beide Großmütter schon Köchinnen! Gerne empfiehlt er seinen Gästen selbst die Spezialität des Hauses: "Terrine Foie Gras". Für die rund 50 französischen Käsesorten hat man sogar eine Käsesommelière - vortreffliche Beratung ist Ihnen also gewiss!

[m]eatery – Hotel SIDE

Drehbahn 49 ✉ 20354 – ✆ (040) 30 99 95 95 Stadtplan : K2**h**
– www.meatery.de
• INTERNATIONAL • Menü 75 € – Karte 41/140 €
Die (m)eatery-Steaks erfreuen sich großer Beliebtheit - vom einsehbaren Fleisch-Reifeschrank kommen sie bei 800 Grad auf den Grill! Daneben gibt's auch Tatar von Fisch, Fleisch sowie vegetarisch, und zwar in den Zubereitungen classic, mediterran, orientalisch und asiatisch. Und als Eyecatcher: trendiges Design in frischem Grün!

Bistrot Vienna (N)

Fettstrasse 2 ✉ 20038 – ✆ (040) 4 39 91 82 Stadtplan : E2**c**
– www.vienna-hamburg.de – geschl. Montag
• INTERNATIONAL • Menü 25 € – Karte 21/48 € – *(nur Abendessen)*
Charmant, lebhaft und immer gut besucht ist das etwas versteckt liegende kleine Restaurant. Die Gäste mögen die quirlig-legere Atmosphäre und die hausgemachte saisonal-internationale Küche von Sven Bunge, und so sind die eng stehenden Tische stets heiß begehrt - Reservierungen sind übrigens nicht möglich!

Bistro am Fleet – Hotel Steigenberger

Heiligengeistbrücke 4 ✉ 20459 – ✆ (040) 36 80 61 22 Stadtplan : K3**s**
– www.hamburg.steigenberger.de
• INTERNATIONAL • Karte 35/68 €
Gemütlich und leger ist das Ambiente hier, schön der Wintergarten - so verläuft der Übergang zwischen drinnen und draußen fast fließend. Internationales Speisenangebot.

Gusto Fino

Papenhuder Str. 49 ✉ 22087 – ✆ (040) 30 03 69 31 Stadtplan : G2**a**
– www.gustofino-hamburg.de – geschl. Samstagmittag, Sonntag
• ITALIENISCH • Menü 13 € (mittags)/82 € – Karte 32/76 €
Man braucht nur eine kleine Treppe ins Souterrain des 100 Jahre alten Stadthauses hinabzusteigen, um in schön geradlinigem und stilvoll-moderndem Ambiente in den Genuss frischer italienischer Küche zu kommen. Charmant und angegehm unaufdringlich betreut Chef Nicola Rossi dabei seine Gäste! Wie wär's mal mit dem günstigen Mittagstisch?

Le Plat du Jour

Dornbusch 4 ✉ 20095 – ✆ (040) 32 14 14 Stadtplan : L3**v**
– www.leplatdujour.de – geschl. über Weihnachten
• FRANZÖSISCH KLASSISCH • Menü 33 € (abends) – Karte 30/44 € – (Tischbestellung ratsam)
Sehr beliebt ist der mündlich empfohlene Plat du Jour - da zieht es die Gäste auch schon mittags in die lebendige Brasserie, die in Einrichtung (Schwarz-Weiß-Fotos, eng gestellte Tische...) und Küche ganz authentisch ist. Probieren Sie neben dem Tagesgericht ruhig auch mal "französische Fischsuppe mit Rouille und Croutons" oder "Steak-Frites"!

Casse-Croûte

Büschstr. 2 ✉ 20354 – ✆ (040) 34 33 73 – www.cassecroute.de – geschl. über Weihnachten und Sonntagmittag sowie an Feiertagen mittags Stadtplan : K2**s**

• FRANZÖSISCH KLASSISCH • Menü 28 € (vegetarisch)/36 € – Karte 29/71 € – (Tischbestellung ratsam)

Französische Lebensart mit hanseatischem Touch - das zieht viele Stammgäste in das lebendige, angenehm legere Bistro unweit des Gänsemarkts. Der Klassiker heißt "Bouillabaisse des Nordens", ebenso lecker z. B. "Tafelspitz mit Senfkruste".

Petit Délice

Große Bleichen 21 ✉ 20354 – ✆ (040) 34 34 70 – geschl. Sonntag sowie an Feiertagen Stadtplan : K2**p**

• FRANZÖSISCH KLASSISCH • Menü 20 € (mittags)/50 € – Karte 27/75 € – (Tischbestellung ratsam)

Traiteur – Karte 21/46 € – *(geöffnet bis 19 Uhr)*

Das helle kleine Restaurant befindet sich in der Passage eines Einkaufszentrums. Geboten werden frische französische Speisen. Bistro-Ambiente und bürgerlich-internationale Küche sowie Kaffee und Kuchen im "Traiteur".

Butcher's american steakhouse

Milchstr. 19 ✉ 20148 – ✆ (040) 44 60 82 – www.butchers-steakhouse.de – geschl. Samstagmittag, Sonntagmittag sowie an Feiertagen mittags Stadtplan : G2**n**

• FLEISCH- UND GRILLGERICHTE • Karte 57/153 €

Lust auf Steak? Hier gibt es richtig gutes Nebraska-Beef, das Ihnen am Tisch präsentiert wird, manchmal sogar vom Chef persönlich! Wenn Sie im Winter kommen, sollten Sie versuchen, einen der besonders gemütlichen Plätze am offenen Kamin zu ergattern!

Cox

Lange Reihe 68 ✉ 20099 – ✆ (040) 24 94 22 – www.restaurant-cox.de – geschl. Samstagmittag, Sonntagmittag sowie an Feiertagen mittags Stadtplan : M2**v**

• INTERNATIONAL • Menü 33/51 € – Karte 31/46 € – *(Mitte Juli - Ende August nur Abendessen)*

Wie es hier ist? Chic und elegant sicher nicht, eher urban, lebendig und leger - eben ein Bistro im besten Sinne! Das bunt gemischte Publikum mag die geschmorte Lammhaxe mit Senfkruste genauso gerne wie die Frikadelle vom Weiderind - oder doch lieber vom Kabeljau? Mittags isst man günstiger.

Matsumi

Colonnaden 96, (1. Etage) ✉ 20354 – ✆ (040) 34 31 25 – www.matsumi.de – geschl. Weihnachten - Anfang Januar 2 Wochen, Juli - August 2 Wochen und Sonntag - Montag sowie an Feiertagen mittags Stadtplan : K2**r**

• JAPANISCH • Menü 27/64 € – Karte 25/77 €

Seit 1982 wird hier japanisch gekocht - ein klarer Beweis dafür, dass die authentischen Spezialitäten gut ankommen! Serviert werden sie am Tisch oder an der Sushi-Bar, und für kleine Gruppen gibt es das Tatami-Zimmer.

In Hamburg-Alsterdorf

Alsterkrug

Rest,

Alsterkrugchaussee 277 ✉ 22297 – ✆ (040) 51 30 30 – www.alsterkrug-hotel.de Stadtplan : B1**y**

105 Zim – 🚹109/189 € 🚹🚹109/231 €, ☕ 18 €

Rest – Menü 34/42 € – Karte 27/50 €

Ein tipptopp gepflegtes Hotel mit typisch norddeutscher Klinkerfassade, das mit Annehmlichkeiten wie kostenfreiem W-Lan, Sky-TV und Nespressomaschine in den wohnlichen Zimmern sowie Gratis-Ticket für den öffentlichen Nahverkehr nicht nur Businessgäste überzeugt. Internationales im Restaurant, nette Bierstube.

In Hamburg-Altona

Boston

Missundestr. 2 ✉ 22769 – ✆ (040) 5 89 66 67 00 Stadtplan : E2**s**
– www.boston-hamburg.de
46 Zim – 🚹140/150 € 🚹🚹160/170 €, ☕ 18 €
Rest – Menü 42 € – Karte 36/51 € – *(geschl. Sonntag) (nur Abendessen)*
Gehoben-komfortabel, ohne steif zu wirken, sowie chic designt, ohne hypermodern zu sein! Zu den geräumigen Zimmer kommen noch die gemütlich-stylische Lounge mit Bar und das trendige Restaurant mit mediterran angehauchter Küche. Pluspunkt: "Stage Theater Neue Flora" nur wenige Gehminuten enfernt.

My Place garni

Lippmannstr. 5 ✉ 22769 – ✆ (040) 28 57 18 74 Stadtplan : E2**p**
– www.myplace-hamburg.de
17 Zim – 🚹85/115 € 🚹🚹105/125 €, ☕ 5 € – 1 Suite
Die engagierte Gastgeberin führt nahe dem Szeneviertel Schanze ein kleines Hotel mit charmant-modernen Zimmern, ganz individuell, jedes nach einem Hamburger Stadtteil benannt. Doch das ist noch nicht alles: In der "Bakery" gibt's von 8 bis 20 Uhr kostenlos Wasser, Kaffee und Kuchen! Und im Sommer lässt man sich das gute Frühstück (die Marmelade ist hausgemacht) am besten auf der Dachterrasse schmecken!

Landhaus Scherrer (Heinz O. Wehmann)

Elbchaussee 130 ✉ 22763 – ✆ (040) 8 83 07 00 30 Stadtplan : C3**c**
– www.landhausscherrer.de – geschl. Sonntag
• FRANZÖSISCH KLASSISCH • Menü 98/128 € – Karte 65/104 €
Heinz O. Wehmann ist nach über 30 Jahren genauso wenig aus dem Landhaus wegzudenken wie die beliebten Klassiker von seiner Speisekarte! Auch Modernem gegenüber ist man offen: Die rund 620 Positionen aus dem Weinkeller präsentiert man digital per iPad! Hingucker im eleganten Restaurant ist nach wie vor das große Erotik-Gemälde von Otto Bachmann.
➜ Plockfinken mit Pilger-Muscheln und Süßholz-Aroma. Dithmarscher Kohl-Curry mit gebratenem Plöner Zander. Krosse Vierländer Ente mit Bio-Beilagen im Ganzen am Tisch tranchiert.
Rest *Wehmann's Bistro* – siehe Restaurantauswahl

Le Canard nouveau (Ali Güngörmüs)

Elbchaussee 139 ✉ 22763 – ✆ (040) 88 12 95 31 Stadtplan : C3**d**
– www.lecanard-hamburg.de – geschl. Anfang Januar 1 Woche und Sonntag - Montag
• KLASSISCH • Menü 49 € (mittags unter der Woche)/135 € – Karte 73/95 €
Ali Güngörmüs - wer bei diesem Name orientalische Speisen vermutet, liegt zwar nicht falsch, doch bringt der Küchenchef die Einflüsse seiner türkischen Heimat angenehm zurückhaltend zum Einsatz, um das Aroma der Produkte optimal hervorzuheben. Die passende Weinempfehlung dazu ist Ehrensache! Und damit jeder Gast einen schönen Hafenblick hat, sitzt man in einem Rundbau mit raumhohen Fenstern!
➜ Ausgelöster Hummer mit Couscous-Salat. Krosse Vierländer Ente, serviert in zwei Gängen. Ali´s Valrhona Schokoladenkuchen.

Fischereihafen Restaurant

Große Elbstr. 143 ✉ 22767 – ✆ (040) 38 18 16 Stadtplan : D3**d**
– www.fischereihafenrestaurant.de
• FISCH UND MEERESFRÜCHTE • Menü 23 € (mittags)/55 € – Karte 34/90 € – (Tischbestellung ratsam)
Eine Institution in Hamburg, die überwiegend Fischgerichte bietet. Man speist in klassisch-maritimem Ambiente mit Blick auf den Hafen, umsorgt vom geschulten Service. Beliebt ist natürlich das günstige Mittagsmenü.

Frühstück inklusive? Die Tasse ☕ steht gleich hinter der Zimmeranzahl.

XX **Au Quai**

Große Elbstr. 145 b ✉ 22767 – ✆ (040) 38 03 77 30 Stadtplan : D3**q**
– www.au-quai.com – geschl. über Weihnachten, 1. - 15. Januar und Samstagmittag, Sonntag
• KREATIV • Menü 18 € (mittags)/39 € – Karte 34/80 €
Eine trendige Adresse mit guter internationaler Küche, die z. B. in Form von "Black Cod, Miso, Süßkartoffel, Pak Choi" serviert wird. Mittags kommt man gerne zum günstigen Lunch. Der Renner ist natürlich die Terrasse mit tollem Hafenblick!

XX **IndoChine**

Neumühlen 11 ✉ 22763 – ✆ (040) 39 80 78 80 Stadtplan : D3**h**
– www.indochine.de – geschl. Samstagmittag
• ASIATISCH • Menü 39 € (abends)/73 € – Karte 34/64 €
Der dank Glasfront ungehinderte Blick auf Elbe und Containerhafen sowie die Besonderheiten der Küche ziehen auch nach über 10 Jahren unvermindert Gäste an! Kambodschanische, laotische und vietnamesische Einflüsse treffen auf klassische Elemente. Mittags günstiges 2-Gänge-Wahlmenü.

X **Henssler Henssler**

Große Elbstr. 160 ✉ 22767 – ✆ (040) 38 69 90 00 Stadtplan : D3**u**
– www.hensslerhenssler.de – geschl. Weihnachten - Neujahr und Sonntag
• MIT ASIATISCHEM EINFLUSS • Karte 31/52 € – (Tischbestellung ratsam)
TV-Koch Steffen Henssler und Tobias Frerks sind für ihre Sushi- und Sashimi-Varaitionen bekannt, es gibt aber auch Gerichte wie "Filet von der Dorade" oder "Rib Eye vom Heiderind" mit Beilage und Sauce nach Wahl. Oder lieber "Sushi to go"?

X **RIVE Bistro**

Van-der-Smissen-Str. 1 ✉ 22767 – ✆ (040) 3 80 59 19 Stadtplan : D3**r**
– www.rive.de
• FISCH UND MEERESFRÜCHTE • Menü 20 € (mittags unter der Woche)/42 € – Karte 31/55 € – (Tischbestellung ratsam)
Hier haben Sie bei freundlichem Service und guter Fischküche die berühmten Docks und die passierenden Schiffe direkt im Blick! Natürlich gibt es Klassiker wie "Hamburger Pannfisch", aber auch Internationales wie "Yellowfin Tuna mit Pak Choi und Mango-Chilli-Couscous", und Fleischgerichte bekommen Sie auch. Hinweis: Bezahlen kann man nur mit American Express oder bar!

X **Das Weisse Haus**

Neumühlen 50 ✉ 22763 – ✆ (040) 3 90 90 16 Stadtplan : C3**s**
– www.das-weisse-haus.de – geschl. Samstagmittag, Sonntag - Montag
• INTERNATIONAL • Menü 34 € (abends)/89 € – Karte 42/62 € – (Tischbestellung ratsam)
In dem kleinen weißen Häuschen an der Elbpromenade bietet Gastgeber Patrick Voelz Internationales. Auch das saisonale Überraschungsmenü ist inzwischen bekannt! Freundlich-legere Atmosphäre, auch draußen sitzt man nett.

X **Wehmann's Bistro** – Restaurant Landhaus Scherrer

Elbchaussee 130 ✉ 22763 – ✆ (040) 8 83 07 00 50 Stadtplan : C3**c**
– www.wehmanns-bistro.de – geschl. Sonntag
• REGIONAL • Menü 37 € – Karte 27/51 €
Auch der "kleine Bruder" des Gourmetrestaurants wird von Patron Heinz O. Wehmann bekocht, zum einen mit regionalen und deutschen Klassikern, zum anderen bekommt man aber auch mal "Scampi mit asiatischem Wok-Gemüse und Tandoori-Sauce". Die schöne Holztäfelung sorgt dabei für ein gemütliches Ambiente und erotische Bilder an den Wänden dürfen auch hier nicht fehlen.

Bestecke X und Sterne ✿ sollten nicht verwechselt werden!
Die Bestecke stehen für eine Komfortkategorie, die Sterne zeichnen Häuser mit besonders guter Küche aus - in jeder dieser Kategorien.

In Hamburg-Bahrenfeld

25hours Number One
Paul-Dessau-Str. 2 ✉ 22761 – ✆ (040) 85 50 70 Stadtplan : C2**n**
– www.25hours-hotels.com/no1
128 Zim – 95/245 € 95/245 €, 14 €
Rest *das esszimmer* – Karte 16/29 € – *(geschl. Samstagmittag, Sonntag)*
Hipp und trendig! Das ehemalige Lagerhaus ist gefragt bei Freunden von stylischem Design mit Retro-Touch. Da passt auch der moderne Stil des Restaurants ins Bild, hier gibt's Gerichte von typisch norddeutsch bis Pizza und Pasta. Tipp: kostenfreie Leihfahrräder sowie "Mini" zur Stadterkundung!

Atlas
Schützenstr. 9a (Eingang Phoenixhof) ✉ 22761 Stadtplan : D2**b**
– ✆ (040) 8 51 78 10 – www.atlas.at – geschl. Samstagmittag, Sonntagabend
• INTERNATIONAL • Menü 18 € (mittags)/45 € (abends) – Karte 21/48 €
In der gemütlich-legeren einstigen Fischräucherei samt netter großer Terrasse vor dem Haus wird Internationales serviert. Beliebt ist der Dienstag mit traditionellem Wiener-Schnitzel-Angebot, sonntags nur Brunch. Am Mittag kleinere Karte.

Rach & Ritchy
Holstenkamp 71 ✉ 22525 – ✆ (040) 89 72 61 70 Stadtplan : D2**a**
– www.rach-ritchy.de – geschl. Samstagmittag, Sonntag sowie an Feiertagen mittags
• INTERNATIONAL • Karte 33/72 € – (Tischbestellung ratsam)
Trendig in frischem Hellgrün und Aubergine gestrichen, ist das Haus schon von außen richtig einladend, und drinnen geht's ebenso modern-leger weiter! Bei Mitinhaber und Küchenchef Richard "Ritchy" Mayer kommt als Spezialität gutes Rindfleisch aus dem einsehbaren Reifeschrank auf den Grill! Neben den Steaks ist im Sommer auch die idyllische Terrasse ein Renner!

Madame X im Off Club N
Leverkusenstr. 54 ✉ 22761 – ✆ (040) 89 01 93 33 Stadtplan : D2**c**
– www.offclub.de – geschl. Samstagmittag, Sonntag
• INTERNATIONAL • Menü 65 € (abends)/85 € – (Tischbestellung erforderlich)
In dem sanierten Fabrikgebäude hat kein Geringerer als Tim Mälzer gemeinsam mit Kompagnon Thomas Imbusch ein besonderes Konzept geschaffen: ein monatlich wechselndes Menü mit meist 7 "Runden", schummrige Atmosphäre, legerer Service - der Chef erklärt dem bunt gemischten Publikum seine Kreationen persönlich am Tisch. Alternative: Salate, Sandwich & Co. in der Bar.

In Hamburg-Bergedorf Süd-Ost: 33 km über A 25 Richtung Lübeck, Ausfahrt Curslack B3

Zollenspieker Fährhaus
Zollenspieker Hauptdeich 141, (im Ortsteil Kirchwerder) ✉ 21037
– ✆ (040) 7 93 13 30 – www.zollenspieker-faehrhaus.de
60 Zim – 109/139 € 119/164 €, 18 € – 2 Suiten **Rest** – Karte 27/48 €
Das Traditionshaus mit Ursprung im 13. Jh. hat eine Hotelerweiterung bekommen, und die kombiniert überaus ansprechend Modernes mit heimischen Materialien. Schön der geräumige öffentliche Bereich und die großzügigen Zimmer. Und zum Essen geht man ins historische Gasthaus mit seinem tollen Wintergarten. Hübsch die Terrasse, dazu ein Biergarten mit Elbblick.

In Hamburg-Billbrook

Böttcherhof
Wöhlerstr. 2 ✉ 22113 – ✆ (040) 73 18 70 Stadtplan : B2**p**
– www.boettcherhof.com
161 Zim – 85/201 € 90/206 €, 17 €
Rest – Menü 21/45 € – Karte 28/60 €
Business- und Tagungsgäste schätzen hier nicht nur die 18 Veranstaltungsräume, auch die wohnlich-komfortablen Zimmer (hier warme Töne und geradliniger Stil) überzeugen, ebenso Fitness und Wellness auf rund 500 modernen Quadratmetern.

In Hamburg-Blankenese West: 16 km über Elbchaussee Stadtplan : A2

Strandhotel garni

Strandweg 13 ✉ 22587 – ✆ (040) 86 13 44 – www.strandhotel-blankenese.de – geschl. 1. - 13. Januar

13 Zim – †100/180 € ††160/205 €, ☕ 15 € – 1 Suite

Am Elbstrand ist Lifstyle zu Hause! Doch trotz aller Moderne ist der Charme der denkmalgeschützten weißen Jugendstilvilla allgegenwärtig: Den hohen stuckverzierten Räumen steht die stimmige Designereinrichtung vortrefflich zu Gesicht! Gutes Frühstück vom Buffet bei traumhaftem Elbblick.

Süllberg - Seven Seas (Karlheinz Hauser) mit Zim Rest, Zim,

Süllbergsterrasse 12 ✉ 22587 – ✆ (040) 8 66 25 20 – www.suellberg-hamburg.de – geschl. 1. Januar - 11. Februar und Montag - Dienstag

• FRANZÖSISCH MODERN • **9 Zim** – †170/190 € ††190/230 €, ☕ 17 € – 1 Suite

Menü 74 € (vegetarisch)/175 € – *(nur Abendessen, sonntags auch Mittagessen)*

Der Süllberg ist das Wahrzeichen von Blankenese und hat mit dem Seven Seas eine der Spitzenadressen der Hansestadt! Klasse und Niveau vom edlen Interieur über die aromenintensive klassische Küche von Karlheinz Hauser bis zum stets präsenten und versierten Service samt fachkundiger Weinberatung! So stilvoll und schön wie das Restaurant sind übrigens auch die Zimmer!

→ Krabben aus dem Nordmeer - "Nordische Aromen und Texturen". Dänischer Heilbutt - Brunnenkresse, Topinambur, Rüben, Hibiskus. Merino Lamm - Kichererbsen, Roscoff Zwiebeln, Avocado, Gurken Lassi.

Rest *Deck 7* – siehe Restaurantauswahl

Witthüs

Elbchaussee 499a, (Zufahrt über Mühlenberg) ✉ 22587 – ✆ (040) 86 01 73 – www.witthues.com – geschl. Montag

• INTERNATIONAL • Menü 30/39 € – Karte 35/52 € – *(nur Abendessen)*

Fast schon romantisch: Im Hirschpark liegt das über 300 Jahre alte Bauernhaus (einst Wohnhaus des berühmten Dichters und Komponisten Hans Henry Jahnn), charmant die elegant-nordische Einrichtung, reizend die Terrasse im Grünen... Geboten wird internationale Küche - bekannt ist man für das Candle-Light-Dinner.

Deck 7 – Restaurant Süllberg - Seven Seas

Süllbergsterrasse 12 ✉ 22587 – ✆ (040) 86 62 52 77 – www.suellberg-hamburg.de – geschl. 1. Januar - 11. Februar und Montag - Dienstag

• FRANZÖSISCH KLASSISCH • Menü 30 € – Karte 34/62 €

Modern-eleganter Stil, ruhige warme Creme- und Brauntöne, schöner alter Schiffsboden und stimmige Deko... Das zweite Süllberg-Restaurant ist etwas legerer, die Küche saisonal-international. Es gibt z. B. "Langustenschwanz, Mangold, Muschelrisotto, Krustentierravioli" oder aber Klassiker wie Rinderroulade. Im Sommer ein Muss: hausgemachter Kuchen auf der Terrasse!

In Hamburg-Duvenstedt Nord-Ost: 21 km über Stadtplan : B1, Richtung Kiel

LENZ

Poppenbütteler Chaussee 3 ✉ 22397 – ✆ (040) 60 55 88 87 – www.restaurant-lenz.de – geschl. August 1 Woche und Dienstag

• REGIONAL • Karte 32/66 €

Schön freundlich ist es hier... gemütlich, modern, warme Töne - im lichten Wintergarten (im Sommer lässt er sich öffnen) sitzt man besonders gerne! Was die Küche zu bieten hat, kommt ebenso gut an: "Duvenstedter Labskaus" oder "Forelle aus der Este in Mandeln gebraten und am Tisch filetiert" - das schmeckt!

Für große Städte gibt es Stadtpläne, auf denen die Hotels und Restaurants eingezeichnet sind. Die Koordinaten (z.B. : B1e) helfen Ihnen bei der Suche.

In Hamburg-Eimsbüttel

Jellyfish
Weidenallee 12 ✉ 20357 – ✆ (040) 4 10 54 14 Stadtplan : E2**a**
– www.jellyfish-restaurant.de – geschl. 24. Dezember - 3. Januar und Samstagmittag, Sonntagmittag, Montag
• FISCH UND MEERESFRÜCHTE • Menü 35 € (mittags)/84 €
– Karte 61/73 €
Suchen Sie eine Alternative zu Hamburgs arrivierten Fischrestaurants? Hier ist es zudem noch unkompliziert, urban und minimalistisch - und dennoch ambitioniert! Das beweisen erstklassige Produkte in schmackhaften Gerichten von der Tafel!

Zipang
Eppendorfer Weg 171 ✉ 20253 – ✆ (040) 43 28 00 32 Stadtplan : E1**z**
– www.zipang.de – geschl. Dienstag, Sonntagmittag und Montagmittag
• ASIATISCH • Menü 19 € (mittags)/63 € (abends) – Karte 27/71 €
"Zipang" bedeutet "Reich der aufgehenden Sonne" - von dort stammt Toshimaru Minami, der hier traditionelle Gerichte seines Heimatlandes Japan gelungen mit westlichen Einflüssen vereint. In stimmigem puristischem Ambiente werden Miso-Suppe, Sushi oder auch "Gemüse Escabeche Yuzuaroma mit Wagyufilet-Tataki" serviert. Und vielleicht noch eine kleine Sake-Degustation?

In Hamburg-Eppendorf

Dorint
Zim,
Martinistr. 72 ✉ 20251 – ✆ (040) 5 70 15 00 Stadtplan : F1**d**
– www.dorint.com/hamburg
181 Zim – 124/154 € 144/194 €, 19 € – 14 Suiten
Rest ***EPPO*** – Menü 39 € (abends)/59 € – Karte 36/58 €
Business, Leisure, Tagungen... Hier schätzt man die komfortable Ausstattung und den klaren modernen Stil, nicht nur in den Zimmern trifft man auf maritime Akzente. Das Restaurant bietet internationale Küche und norddeutsche Klassiker. Für Aktive: gute Fitnessgeräte im Haus und schöne Laufstrecken in der Nähe.

Piment (Wahabi Nouri)
Lehmweg 29 ✉ 20251 – ✆ (040) 42 93 77 88 Stadtplan : F1**a**
– www.restaurant-piment.de
– geschl. März 1 Woche und Sonntag
• FRANZÖSISCH KREATIV • Menü 65/98 € – *(nur Abendessen)* (Tischbestellung ratsam)
Sein Markenzeichen und nicht wegzudenken aus der kreativ-klassischen Küche von Wahabi Nouri: wohldosierte Aromen und Gewürze arabischen Ursprungs. Seit über 10 Jahren hat der gebürtige Marokkaner damit Erfolg - die Plätze in dem gemütlichen und recht intimen kleinen Restaurant sind sehr begehrt! Tipps für zuhause bietet übrigens das Kochbuch des Chefs.
➜ BBQ von der Gänseleber - Gänseleber, Wildtatar, Früchte. Couscous - sieben Gemüsen, Safranglace. Etoufée Taube mit B'stilla und Portweinjus.

Ono by Steffen Henssler
Lehmweg 17 ✉ 20251 – ✆ (040) 88 17 18 42 Stadtplan : F1**b**
– www.onobysh.de – geschl. Weihnachten - 5. Januar und Sonntag
• JAPANISCH • Karte 26/51 € – (Tischbestellung ratsam)
Lebendige Bistro-Atmosphäre und japanische Küche... ist das etwas für Sie? Dann werden Sie sich z. B. über das günstige Mittagsmenü freuen (zwei Gänge inkl. Wasser) oder Sie schauen zu, wie man für Sie in der Showküche Sushi zubereitet. Letzteres ist auch als "Take-Away" beliebt.

Bestecke und Sterne sollten nicht verwechselt werden!
Die Bestecke stehen für eine Komfortkategorie, die Sterne zeichnen Häuser mit besonders guter Küche aus - in jeder dieser Kategorien.

Cornelia Poletto

Eppendorfer Landstr. 80 ✉ 20249 – ✆ (040) 4 80 21 59 Stadtplan : F1**p**
– www.cornelia-poletto.de – geschl. Anfang Januar 1 Woche und Sonntag sowie an Feiertagen
• ITALIENISCH • Karte 41/73 € – (Tischbestellung ratsam)
Cornelia Poletto (wer sie nicht aus ihrem früheren Restaurant kennt, kennt sie aus dem Fernsehen) bietet hier Italien auf 100 qm - nicht nur auf dem Teller, auch im Laden in Form von Gewürzen, Wein, Pasta, Käse... Hier ist man fast jeden Tag ausgebucht! Und würden Sie sich nicht gerne von der Chefin ein paar Tricks abschauen? Sie hat eine Kochschule!

Noas (N)

Isekai 1 ✉ 20249 – ✆ (040) 57 00 96 90 Stadtplan : G1**t**
– www.noas-hamburg.de
• INTERNATIONAL • Menü 17 € (mittags)/49 € – Karte 28/70 €
Hier sitzt man hinter einer großen Fensterfront (oder davor auf der schönen Terrasse zum Kanal) in geradlinig-modernem Ambiente und wählt aus internationalen Gerichten einschließlich Steaks. Besonderheit: Man hat einen eigenen Bootsverleih.

Poletto Winebar

Eppendorfer Weg 287 ✉ 20251 – ✆ (040) 38 64 47 00 Stadtplan : F1**w**
– www.poletto.de
• ITALIENISCH • Menü 19 € (mittags)/50 € – Karte 26/50 € – (abends Tischbestellung ratsam)
In der quirligen Weinbar heißt es "sehen und gesehen werden" - ein gemütlicher Treffpunkt für Freunde italienischer Küche. Hier bestellt man z. B. "Tagliolini mit Trüffel aus dem Parmesanlaib" oder hervorragende Aufschnitte direkt von der Berkel-Maschine! Tolle Weinauswahl auch im kleinen Weinladen nebenan.

Sie suchen ein besonderes Hotel für einen sehr angenehmen Aufenthalt?
Reservieren Sie in einem roten Haus: 🏠... 🏠🏠🏠🏠🏠.

In Hamburg-Finkenwerder

The Rilano

Rest,

Hein-Saß-Weg 40 (über A 7 A3, Richtung Hannover, Ausfahrt 30) ✉ 21129 – ✆ (040) 3 00 84 90 – www.rilano-hotel-hamburg.com
170 Zim – †99 € ††119 €, ☕ 19 € – 5 Suiten
Rest – Menü 24/49 € – Karte 29/51 €
Modernes Hotel an der Elbe, ganz in der Nähe des Airbus-Centers. In den Zimmern (meist mit Elbblick) hat man W-Lan und Softgetränke aus der Minibar kostenfrei. Internationale Küche im Restaurant, Snacks in der "Fusion-Bar", im Sommer "Beachbar". Mit der Fähre (Anleger direkt am Haus) in 30 Min. zum Zentrum.

Am Elbufer garni

Focksweg 40a ✉ 21129 – ✆ (040) 7 42 19 10 Stadtplan : A2**b**
– www.hotel-am-elbufer.de – geschl. 20. Dezember - 4. Januar
14 Zim ☕ – †80/110 € ††115/160 € – 1 Suite
Es ist ein freundlich-familiär geführtes und sehr gepflegtes kleines Hotel, das Sie hier auf der Elbinsel erwartet - und die Fähre zum Zentrum ist gar nicht weit weg. Zu den zeitgemäß-wohnlichen Zimmern (fragen Sie nach denen mit Elbblick!) gibt es ein gutes und frisches Frühstück.

Finkenwerder Elbblick

Focksweg 42 ✉ 21129 – ✆ (040) 7 42 70 95 Stadtplan : A2**b**
– www.finkenwerder-elbblick.de
• FISCH UND MEERESFRÜCHTE • Menü 32 € – Karte 31/73 €
Traditionelle Fischgerichte gehören zu dem Haus wie (seit über 40 Jahren) die Familie Schlünkes - aber auch für Fleischliebhaber ist immer etwas dabei! Toll: Blick auf die Elbe und die gegenüberliegende Elbchaussee mit ihren schönen Villen!

In Hamburg-Flottbek

Landhaus Flottbek

Baron-Voght-Str. 179 ✉ 22607 – ✆ (040) 8 22 74 10 Stadtplan : A2**m**
– www.landhaus-flottbek.de
25 Zim – 🚹85/95 € 🚹🚹110/150 €, ☕ 16 €
Rest – Karte 37/62 € – *(geschl. Januar - Anfang März und Samstagmittag, Sonntagmittag)*
Mehrere Bauernhäuser a. d. 18. Jh. beherbergen Zimmer im Landhausstil - individuell, gemütlich und geschmackvoll-elegant. Zwei davon haben sogar eine Terrasse bzw. einen Wintergarten. Wenn Sie sich im Sommer die saisonale Küche auf der Terrasse servieren lassen, können Sie in den schönen Garten schauen!

In Hamburg-Fuhlsbüttel

Radisson BLU Airport

Flughafenstr. 1 ✉ 22335 – ✆ (040) 3 00 30 00 Stadtplan : B1**r**
– www.radissonblu.com/hotel-hamburgairport
265 Zim – 🚹109/269 € 🚹🚹109/269 €, ☕ 20 € – 1 Suite **Rest** – Karte 27/49 €
Ein moderner runder Hotelkomplex mit Zugang zu den Terminals 1 und 2. Überall puristisches Design, Zimmer in den Stilrichtungen "Ocean" und "Urban", darunter große Businesszimmer. Helles, stylisches Restaurant mit integrierter Bar.

In Hamburg-Harburg

Lindtner

Rest,

Heimfelder Str. 123 ✉ 21075 – ✆ (040) 79 00 90 Stadtplan : A3**g**
– www.lindtner.com
119 Zim – 🚹107/247 € 🚹🚹127/267 €, ☕ 20 € – 9 Suiten
Rest – Menü 49/89 € – Karte 55/68 €
Ein wohnlich-komfortables Privathotel unter engagierter Leitung, das mit Konferenz- und Veranstaltungsräumen für bis zu 1000 Personen bei Geschäftsreisenden gefragt ist. Gönnen Sie sich doch mal die "Penthouse-" oder die "Kamendy-Suite"! Gut entspannen lässt es sich auch im hochwertigen Wellnessbereich. Restaurant mit internationaler Küche. Parken ist übrigens gratis.

Leuchtturm

Außenmühlendamm 2 ✉ 21077 – ✆ (040) 70 29 97 77 Stadtplan : A3**e**
– www.leuchtturm-harburg.de
• FISCH UND MEERESFRÜCHTE • Menü 34/79 € – Karte 20/71 €
Seezunge, Zander, wilder Loup de Mer... Fisch und Meeresfrüchte sind hier die Spezialität. Serviert wird die frische Küche - und auch die schönen Weine und Grappas - bei mediterranem Flair oder auf der Terrasse unmittelbar am Außenmühlteich. Die Lage und der große Festsaal sind auch toll für Feierlichkeiten.

In Hamburg-Langenhorn Nord: 15 km über Stadtplan : B1, Richtung Kiel

Marlin

Tarpen 40, (Gebäude 11) (im Valvo Park) ✉ 22419 – ✆ (040) 30 85 00 40
– www.marlin-restaurant.de
• FISCH UND MEERESFRÜCHTE • Menü 15 € (mittags)/35 € – Karte 29/83 € – (Tischbestellung ratsam)
Zur Mittagszeit geht es hier schon recht lebhaft zu, denn der günstige und etwas einfachere Lunch ist richtig beliebt. Wenn Sie es also lieber etwas weniger trubelig mögen, kommen Sie am Abend zur schmackhaften Fischküche oder aber zu einem traditionellen Klassiker wie "Kasseler mit Weinsauerkraut und Kartoffelpüree"!

Speisewirtschaft Wattkorn mit Zim

Zim,

Tangstedter Landstr. 230 ✉ 22417 – ✆ (040) 5 20 37 97 – www.wattkorn.de
• REGIONAL • **7 Zim** ☕ – 🚹45/70 € 🚹🚹100/120 €
Menü 20 € (mittags)/35 € – Karte 28/71 € – (Tischbestellung ratsam)
Das 125 Jahre alte reetgedeckte Bauernhaus ist nicht nur ein echter Hingucker, sondern auch kulinarisch interessant. Dafür ist Gastgeber und Küchenchef Michael Wollenberg verantwortlich, der in stilvollem und gleichzeitig urgemütlichem Ambiente Traditionelles "aus Omas Küche" bietet, aber auch Wild und Fisch sowie Sushi. Zurecht heiß begehrt: der reizende Sommergarten!

In Hamburg-Lemsahl-Mellingstedt Nord: 20 km über Stadtplan : B1, Richtung Lübeck

Stock's Fischrestaurant

An der Alsterschleife 3 ✉ 22399 – ✆ (040) 6 11 36 20 – www.stocks.de – geschl. Montag

• FISCH UND MEERESFRÜCHTE • Menü 22 € (mittags)/50 € – Karte 28/65 € – (Tischbestellung ratsam)

Außen charmantes Fachwerkhaus mit Reetdach, innen gemütliches Restaurant in warmen Tönen, am Herd Gastgeber Heiko Stock, der hier schmackhafte Fischgerichte wie "gebratenes Filet vom Zander mit Rahmsauerkraut und Grützwurststampf" zubereitet. Und probieren Sie ruhig auch mal das Sushi!

Rest *Kaminstube* – siehe Restaurantauswahl

Kaminstube – Stock's Fischrestaurant

An der Alsterschleife 3, (1. Etage) ✉ 22399 – ✆ (040) 61 13 62 17 – www.stocks.de – geschl. Montag

• TRADITIONELL • Menü 30/50 € – Karte 23/43 € – *(Dienstag - Freitag ab 15 Uhr geöffnet)*

Helles Holz, Felle auf Stühlen und Bänken, Hirschgeweih als Deko... modern-alpenländisches Flair in nordischen Gefilden! Was passt da besser als österreichische Küche? Eines der beliebten Gerichte ist die am Tisch tranchierte "Bokelholmer Ente mit Rosenkohl, Apfelkompott und Knusperpüree". Dachterrasse.

In Hamburg-Nienstedten West: 13 km über Elbchaussee Stadtplan : A2

Louis C. Jacob

Elbchaussee 401 ✉ 22609 – ✆ (040) 82 25 50 – www.hotel-jacob.de

75 Zim – †205/265 € ††265/455 €, ☐ 32 € – 10 Suiten

Rest *Jacobs Restaurant* ✿✿ **Rest *Weinwirtschaft Kleines Jacob*** – siehe Restaurantauswahl

Man spürt sofort, die Führung dieses Hotels liegt in den besten Händen: der Rahmen elegant, der Service hervorragend, die Zimmer klassisch-schön... sehr gefragt sind die Elbzimmer mit wunderbarer Aussicht. Interesse an der Geschichte des Hauses? Dann lassen Sie sich den historischen Eiskeller zeigen!

Jacobs Restaurant – Hotel Louis C. Jacob

Elbchaussee 401 ✉ 22609 – ✆ (040) 82 25 54 07 – www.hotel-jacob.de – geschl. Montag - Mittwochmittag

• FRANZÖSISCH KLASSISCH • Menü 82/134 € – (Tischbestellung ratsam)

Ein stilvoller hoher Raum mit Stuckdecke und Fischgrätparkett bildet den edlen Rahmen für den umsichtigen Service sowie die harmonischen und aromenintensiven Menüs ("Bewährt", "Zeitgenössisch" und "Natürlich") von Thomas Martin und seiner beachtlichen Küchenbrigade. Ein Muss: die Lindenterrasse zur Elbe!

➜ Atlantik Hummer, Fenchel, Tomate, Zuckererbsen. Glattbutt, Beurre blanc, Beurre rouge, Blattspinat, Apfel. Marensin Hähnchen, Zitrone, Estragon, Mairübchen.

Il Sole

Nienstedtener Str. 2d ✉ 22609 – ✆ (040) 82 31 03 30 – www.il-sole.de

• ITALIENISCH • Karte 35/56 €

Bei Familie Monesi kommen - entsprechend dem wohlklingenden Restaurantnamen - frische italienisch-mediterrane Speisen auf den Tisch. Macht Ihnen z. B. "gegrillter Schwertfisch mit Olivenöl-Oregano-Marinade" Appetit?

Weinwirtschaft Kleines Jacob – Hotel Louis C. Jacob

Elbchaussee 404 ✉ 22609 – ✆ (040) 82 25 55 10 – www.kleines-jacob.de

• KLASSISCH • Menü 36 € – Karte 32/60 € – *(nur Abendessen)* (Tischbestellung ratsam)

So richtig zum Wohlfühlen ist das kleine Restaurant vis-à-vis dem Stammhaus an der schönen Elbchaussee: blank gescheuerte Holztische, warmes Licht, offene Küche... angenehm ungezwungen und rustikal ist hier das Ambiente. Küche und Weine stammen ausschließlich aus deutschsprachigen Weinbauregionen, so z. B. "Neufelder Forellentatar" oder "Coq au Riesling".

In Hamburg-Ohlsdorf

Amedia
Zim,

Alsterdorfer Str. 575a ✉ 22337 – ✆ (040) 2 26 36 60 Stadtplan : B1**e**
– www.amediahotels.com
165 Zim – 89/199 € 109/249 €, 15 €
Rest – Menü 19 € (mittags)/50 € – Karte 27/53 €
Ideal für Zug und Flug: gepflegt, funktional, direkt beim Bahnhof Ohlsdorf gelegen und nur fünf S-Bahn-Minuten vom Airport entfernt (fragen Sie nach "Park, Sleep & Fly"). Das Restaurant "Ribling" bietet internationale Küche und auch Snacks für den kleinen Hunger.

In Hamburg-Osdorf West: 12 km über Stadtplan : A2, Richtung Wedel

Lambert
Osdorfer Landstr. 239 (B 431) ✉ 22549 – ✆ (040) 87 87 89 80
– www.lambert-hamburg.de – geschl. Samstagmittag, Montag und an Feiertagen
• INTERNATIONAL • Menü 22 € (mittags unter der Woche)/40 €
– Karte 24/52 € – (Tischbestellung ratsam)
In dem charmanten Fachwerkhaus von 1828 (gemütlich im Winter der Kamin) kocht man regional und international, Hausspezialität ist Ente, und auch Sushi gibt es. Steht bei Ihnen eine Feier an? Das Restaurant samt Garten ist exklusiv buchbar.

In Hamburg-St. Pauli

Empire Riverside Hotel
Rest,

Bernhard-Nocht-Str. 97 (über Davidstraße) ✉ 20359 Stadtplan : E3**e**
– ✆ (040) 31 11 90 – www.empire-riverside.de
327 Zim – 129/279 € 129/279 €, 22 €
Rest *Waterkant* – ✆ (040) 31 11 97 04 80 – Menü 38/89 € – Karte 39/70 € –
(nur Abendessen)
Puristisches Design von David Chipperfield bestimmt das Hotel nahe den Landungsbrücken. Fragen Sie nach den (Eck-) Zimmern mit Hafenblick! Den bietet auch das Restaurant Waterkant - hier serviert man Internationales aus der offenen Showküche. Der In-Treff schlechthin ist die Panorama-Bar "20 up" im 20. Stock!

East
Simon-von-Utrecht-Str. 31 ✉ 20359 – ✆ (040) 30 99 30 Stadtplan : J2**n**
– www.east-hamburg.de
120 Zim – 145/200 € 160/215 €, 20 € – 8 Suiten
Rest *East* – siehe Restaurantauswahl
Einst Eisengießerei, heute Trendhotel! Topmodern und wertig: neueste Technik, sehr spezielles Design, durchdacht bis ins kleinste Detail! Nicht minder stylish: "Sporting Club" und hauseigener Club "uppereast" (freitag- und samstagabends).

Ibis St. Pauli Messe garni
Simon-von-Utrecht-Str. 63 ✉ 20359 – ✆ (040) 65 04 60 Stadtplan : J3**b**
– www.ibishotel.com
162 Zim – 64/146 € 74/166 €, 10 €
In einer Parallelstraße zur Reeperbahn liegt dieses Hotel mit funktionellen, sachlich gestalteten Zimmern und freundlichem Frühstücksraum.

Mess
Turnerstr. 9 ✉ 20038 – ✆ (040) 43 41 23 Stadtplan : J2**m**
– www.mess.de – geschl. Samstagmittag, Sonntag
• INTERNATIONAL • Menü 25 € (mittags unter der Woche)/72 €
– Karte 35/66 €
Mitten im Karolinenviertel (einst Hochburg der Hausbesetzerszene) hat Gastgeber Tobias Strauch sein kleines Restaurant, geradlinig-modern und behaglich zugleich. Es gibt ambitionierte interantionale Küche wie "Ceviche von der Dorade mit Blutorange und Staudensellerie" und auch Klassiker wie Wiener Schnitzel.

East – Hotel East

Simon-von-Utrecht-Str. 31 ✉ 20359 – ✆ (040) 30 99 33 Stadtplan : J2**n**
– www.east-hamburg.de – geschl. Samstagmittag, Sonntagmittag
• EURO-ASIATISCH • Menü 19 € (mittags)/69 € – Karte 33/65 €
Schauen Sie sich dieses Restaurant am besten selbst an, denn der ganz besondere Mix aus fernöstlichem Flair und westlicher Industriegeschichte lässt sich kaum in Worte fassen! Mitten in der einstigen Werkshalle: Sushitresen mit Livecooking.

Clouds - Heaven's Restaurant & Bar N

Reeperbahn 1, (im 23. Stock der Tanzenden Türme) Stadtplan : J3**e**
✉ 20038 – ✆ (040) 30 99 32 80 – www.clouds-hamburg.de
• INTERNATIONAL • Karte 46/162 € – (Tischbestellung ratsam)
Der Ausblick vom höchsten Restaurant Hamburgs ist schlichtweg gigantisch! Hoch über Elbe und Michel wählen Sie zwischen ambitionierter französisch-mediterraner Küche (wie wär's z. B. mit "Steinbutt im Salzteig" für 2 Personen?) und Rotisserie-Gerichten. Noch ein Stock höher: Rooftop Terrace!

Nil

Neuer Pferdemarkt 5 ✉ 20359 – ✆ (040) 4 39 78 23 Stadtplan : E3**n**
– www.restaurant-nil.de – geschl. Dienstag, außer im Dezember
• INTERNATIONAL • Menü 30/42 € – Karte 30/44 € – *(nur Abendessen)*
Trendig-lockere Atmosphäre, die ankommt! Auf den drei Ebenen sitzt man zwar ein bisschen eng, aber gemütlich. Stets gut besucht ist das Haus nicht zuletzt wegen Gerichten wie "Mangalitzaschwein-Bratwurst mit Kürbis-Kartoffelpüree und Spitzkohl" - die leckeren Würste sind hausgemacht! Im Sommer isst man am besten im nach hinten gelegenen Garten. Kochkurse nebenan.

In Hamburg-Schnelsen

Ökotel garni

Holsteiner Chaussee 347 ✉ 22457 – ✆ (040) 5 59 73 00 Stadtplan : A1**m**
– www.oekotel.de
20 Zim – †70/95 € ††85/115 € – 3 Suiten
Der ökologische Aspekt wird hier groß geschrieben. Man wohnt in geräumigen Zimmern mit geölten Massivholzmöbeln (nach hinten ruhiger gelegen), lässt sich am Morgen ein Frühstück mit Bio-Produkten schmecken und im ca. 200 entfernten "Müllerhaus" bekommt man im kleinen Bistro internationale Bio-Gerichte.

In Hamburg-Sülldorf West: 15 km über Stadtplan : A2, Richtung Wedel

Memory

Sülldorfer Landstr. 222 (B 431) ✉ 22589 – ✆ (040) 86 62 69 38
– www.memory-hamburg.de – geschl. Juli - August 3 Wochen und Samstagmittag, Sonntag - Montag
• INTERNATIONAL • Menü 49 € (abends)/69 € – Karte 36/71 €
Bei Inga und Heiko Hagemann sitzt man am Abend in mediterran geprägtem Ambiente (hübsch die warmen Töne und die wechselnde Bilderausttellung) bei ambitionierter internationaler Küche wie "Skreifilet im Nudelblatt mit Currysud". Mittags einfacheres Bistroangebot. Nett die Terrasse hinter dem Haus.

In Hamburg-Volksdorf Nord-Ost: 16 km über Wandsbecker Chaussee Stadtplan : B2, Richtung Lübeck

Hotel du Nord

Im alten Dorfe 40 ✉ 22359 – ✆ (040) 63 85 69 60
– www.hotel-dunord.de
25 Zim – †112 € ††144 €
Rest – Karte 25/46 €
Geschmackvoll hat man die großzügigen, komfortalen und wertigen Zimmer in dem kleinen Designhotel in klarem modernem Stil eingerichtet. Ebenso geradlinig-zeitgemäß ist das Ambiente im "Ristorante Italia".

Dorfkrug

Im Alten Dorfe 44, (Museumsdorf) ✉ 22359 – ✆ (040) 6 03 92 94 – www.dorfkrug-volksdorf.com – geschl. Montag

• INTERNATIONAL • Menü 42 € – Karte 35/61 € – *(Dienstag - Samstag nur Abendessen)*

Nordisch-charmant, wohnlich, gemütlich... so sind die Stuben des historischen Bauernhauses in dem kleinen Museumsdorf! Und auch das Speisenangebot ist ansprechend: internationale und regionale Küche, dazu ein Tagesmenü von der Tafel.

In Hamburg-Wandsbek

Ni Hao

Wandsbeker Zollstr. 25 ✉ 22041 – ✆ (040) 6 52 08 88 Stadtplan : B2**x**

– www.ni-hao.de

• CHINESISCH • Menü 28/49 € – Karte 20/37 €

Kanton, Szechuan, Shanghai und Peking - Freunde der chinesischen Küche lassen sich hier auf authentische Art die vier Haupt-Küchenstile näher bringen. Macht Ihnen vielleicht das traditionelle Pekingenten-Menü in 4 Gängen Appetit?

In Hamburg-Wellingsbüttel

Rosengarten garni

Poppenbüttler Landstr. 10b ✉ 22391 Stadtplan : B1**s**

– ✆ (040) 6 08 71 40 – www.hotel-rosengarten-hamburg.de – geschl. Anfang Januar 2 Wochen

10 Zim – †74/94 € ††100/120 €

Das kleine Hotel der Familie Randel liegt im Nordosten der Stadt. Die freundlichen Gastgeber halten alles auf einem guten Stand, die Preise sind fair und einige Zimmer liegen recht ruhig zum Garten. Parken kann man übrigens auch problemlos.

Poletto Winebar (N)

Wellingsbüttler Weg 119 ✉ 22391 – ✆ (040) 65 86 61 66 Stadtplan : B1**a**

– www.poletto-winebar.de

• ITALIENISCH • Karte 22/56 € – (abends Tischbestellung ratsam)

Dank des Erfolgs des Eppendorfer Stammhauses gibt es das gefragte italienische Konzept nun auch hier: schmackhafte hausgemachte Speisen und gute Weine. Das Ambiente etwas eleganter, mit Showküche und begehbaren Weinklimaschränken.

In Hamburg-Winterhude

TrüffelSchwein (N)

Mühlenkamp 54 ✉ 20303 – ✆ (04069) 65 64 50 Stadtplan : G1**t**

– www.trueffelschwein-restaurant.de – geschl. 1. - 14. Januar, 27. Juli - 9. August und Samstagmittag, Sonntag - Montag

• MODERN • Menü 24 € (mittags)/90 € – Karte 54/66 € – (abends Tischbestellung ratsam)

"Stubenküken / Süßkartoffel / Limone / Radieschen" und "Rhabarber / Vanille / Kaffee / Tonkabohne" sind schöne Beispiele für die innovative und aufwändige Küche in diesem attraktiven modernen Restaurant. Mittags gibt es ein einfacheres, preiswertes Bistroangebot - oder auf Nachfrage auch die Abendkarte.

Portomarin

Dorotheenstr. 180 ✉ 22299 – ✆ (040) 46 96 15 47 Stadtplan : G1**n**

– www.portomarin.de – geschl. Ende Juni - Juli 4 Wochen und Sonntag - Montag

• SPANISCH • Menü 38/49 € – Karte 33/50 € – *(nur Abendessen)* (Tischbestellung ratsam)

Engagement und spanisches Herzblut stecken in dem charmanten Restaurant der Familie Díaz Sindín - da dürfen heimische Speisen und Weine natürlich nicht fehlen. Dazu gehören typische Tapas und ambitionierte Gerichte wie "Tranchen vom Gelbflossenthunfisch / Mandel / marinierte Zucchini / Wachtelei / Kaviar".

Marbella

Dorotheenstr. 104 ✉ 22301 – ✆ (040) 27 57 57 Stadtplan : G1**a**
– www.restaurant-marbella.de – geschl. Juli - August 3 Wochen und Montag
• SPANISCH • Menü 38/46 € – Karte 28/50 € – *(nur Abendessen)*
Dario Garcia und seine Frau Martina betreiben das Restaurant mit dem netten mediterranen Flair schon über 30 Jahre. Die Chefin führt in der Küche gemeinsam mit der Hamburger Gastro-Größe Josef Viehauser Regie, der sein Können hier mit schmackhaften spanischen Gerichten wie "Iberico-Schweinenacken mit Kräuterseitlingen und Rosmarinkartoffeln" unter Beweis stellt.

Am Tierpark Hagenbeck

Lindner Park-Hotel Hagenbeck

Zim,

Hagenbeckstr. 150 ✉ 22527 – ✆ (040) 8 00 80 81 00
– www.lindner.de/de/parkhotel_hagenbeck_hamburg Stadtplan : D1**h**
155 Zim – †52/504 € ††65/529 €, ☕ 18 € – 3 Suiten
Rest – Menü 20/64 € – Karte 32/46 €
Schon eine spezielle Adresse, denn wo sonst fühlt man sich bei modernem Hotelkomfort wie auf fernen Expeditionen? Kolonialstil schon in der Lobby, in den Zimmern authentische Dekorationen aus Afrika und Asien, der Aufzug im Schiffs-Look, ein Hauch Arktis in der Sauna... Direkter Zugang zum berühmten Tierpark - fragen Sie nach den interessanten Arrangements!

HAMELN

Niedersachsen – 57 350 Ew. – Höhe 62 m – Siehe Regionalatlas **28-H9**
Berlin 327 km – Hannover 45 km – Bielefeld 80 km – Hildesheim 48 km
Michelin Straßenkarte 541

Mercure

164er Ring 3 ✉ 31785 – ✆ (05151) 79 20 – www.mercure.com
105 Zim ☕ – †79/329 € ††99/399 € – ½ P
Rest – Menü 29 € (abends unter der Woche) – Karte 27/45 €
Ein zeitgemäßes Tagungshotel am Bürgergarten, nur wenige Minuten vom historischen Stadtkern entfernt. Von der Sauna im 9. Stock schaut man auf die Altstadt. Neuzeitliches Restaurant mit eleganter Note.

Jugendstil garni

Wettorstr. 15 ✉ 31785 – ✆ (05151) 9 55 80 – www.hotel-jugendstil.de
– geschl. Ende Dezember - Anfang Januar
21 Zim ☕ – †85/128 € ††101/178 € – 1 Suite
Die Gründerzeitvilla von 1903 bietet ihren Gästen einen schönen historischen Rahmen und ansprechende, wohnlich gestaltete Zimmer. Suite in der oberen Etage mit kleinem Wintergarten.

Bellevue garni

Klütstr. 34 ✉ 31787 – ✆ (05151) 9 89 10 – www.hotel-bellevue-hameln.de
18 Zim ☕ – †75/105 € ††98/120 €
In der familiär geführten Villa a. d. J. 1910 wohnt man in freundlichen, funktionellen Gästezimmern mit kostenfreiem W-Lan und sitzt am Morgen im angenehm hellen Frühstücksraum oder auf der kleinen Gartenterrasse.

An der Altstadt garni

Deisterallee 16 ✉ 31785 – ✆ (05151) 4 02 40 – www.hotel-hameln.de – geschl. 20. Dezember - 3. Januar
20 Zim ☕ – †71/130 € ††88/155 €
Die Lage im Zentrum und die gepflegten Zimmer in hellen, wohnlichen Tönen sprechen für dieses hübsche 1901 erbaute Jugendstilhaus. W-Lan steht gratis zur Verfügung.

HAMM in WESTFALEN

Nordrhein-Westfalen – 182 120 Ew. – Höhe 63 m – Siehe Regionalatlas **27-E10**
Berlin 459 km – Düsseldorf 111 km – Bielefeld 72 km – Dortmund 44 km
Michelin Straßenkarte 543

In Hamm-Wiescherhöfen

Wieland-Stuben

Wielandstr. 84 ✉ 59077 – ✆ (02381) 40 12 17 – www.wielandstuben.de – geschl. 1. - 15. Januar, 8. - 21. Juli und Montag - Dienstag, Samstagmittag
Menü 24 € (mittags)/84 € – Karte 34/67 €
Jeder der drei Restauranträume ist anders, aber alle sind elegant und in sich absolut stimmig - und sofort sticht die aufwändige Blumendekoration ins Auge! Draußen ist es genauso schön: vorne der hübsche Vorgarten, hinten die herrliche romantische Terrasse! Die Küche ist klassisch-saisonal.

HAMM (SIEG)

Rheinland-Pfalz – 3 310 Ew. – Höhe 220 m – Siehe Regionalatlas **36-D13**
Berlin 593 km – Mainz 124 km – Bonn 65 km – Limburg an der Lahn 64 km
Michelin Straßenkarte 543

Alte Vogtei

Zim,

Lindenallee 3, (B 256) ✉ 57577 – ✆ (02682) 2 59 – www.altevogtei.de – geschl. 22. Juli - 13. August
13 Zim – 51/112 € 93/125 € – 2 Suiten – ½ P
Rest – Menü 27/55 € – Karte 27/45 € – *(geschl. Mittwoch - Donnerstagmittag)*
Der traditionsreiche Familienbetrieb mit Fachwerkhaus von 1753 bietet hübsche, individuelle Zimmer - z. T. mit schönen Originalmöbeln. Wellnesszimmer mit eigener Infrarot-Sauna. In gemütlichen Räumen serviert man solide regionale und internationale Küche.

HAMMELBURG

Bayern – 11 450 Ew. – Höhe 182 m – Siehe Regionalatlas **49-I15**
Berlin 487 km – München 319 km – Würzburg 57 km – Bamberg 94 km
Michelin Straßenkarte 546

Deutsches Haus garni

Kissingerstr. 24 ✉ 97762 – ✆ (09732) 7 88 66 70 – www.dh-hammelburg.de
28 Zim – 52/59 € 79/85 €
Familie Rösser hat mit Dekorationen und selbst gefertigten Möbeln (Chef ist Schreiner) dem sanierten alten Fachwerkhaus ihre eigene Handschrift verpasst! Im schönen Gewölbekeller mixt Ihnen die Tochter - ihres Zeichens Barkeeperin - leckere Cocktails.

In Hammelburg-Obererthal Nord: 5 km über B 27, in Untererthal rechts

Landgasthof Zum Stern (mit Gästehaus)

Obererthaler Str. 23 ✉ 97762 – ✆ (09732) 47 07 – www.landgasthof-stern.com – geschl. 4. - 18. August
19 Zim – 40/50 € 70 € – 1 Suite – ½ P
Rest – Menü 15/25 € – Karte 14/33 € – *(geschl. 3. - 18. August und Dienstag)*
Ein echter Familienbetrieb ist der tipptopp gepflegte Landgasthof in der Ortsmitte, in dem solide und praktische Zimmer bereitstehen. Zum Angebot des bürgerlich-ländlichen Restaurants zählen auch eigene Weine und Schnäpse.

In Wartmannsroth-Neumühle West: 6 km über Hammelburg-Diebach

Neumühle

Neumühle 54 ✉ 97797 – ✆ (09732) 80 30 – www.romantikhotel-neumuehle.de – geschl. 2. Januar - 12. Februar
26 Zim – 120/170 € 180/240 € – 2 Suiten – ½ P
Rest *Scheune* – siehe Restaurantauswahl
Frisch Verliebte werden diesen romantischen Ort nicht vergessen: schönste Fachwerkidylle in Form einer historischen Mühle! Ländlicher Charme, ein freundliches Lächeln in den Gesichtern der Mitarbeiter, im hauseigenen Boot auf der Saale zum Picknick...! Auch ganz modern ist möglich: in den zwei Kaminsuiten.

Scheune – Hotel Neumühle

Neumühle 54 ✉ 97797 – ✆ (09732) 80 30 – www.romantikhotel-neumuehle.de – geschl. 2. Januar - 12. Februar

Menü 47/82 € – Karte 38/59 €

Freigelegte Holzbalken, rustikales Mobiliar, passendes Dekor - das schafft eine sehr gemütliche Atmosphäre! Bei gepflegter Tischkultur speist man international und regional.

HAMMINKELN – Nordrhein-Westfalen ➜ Siehe Wesel

HANAU

Hessen – 89 690 Ew. – Höhe 104 m – Siehe Regionalatlas **48-G14**

Berlin 531 km – Wiesbaden 59 km – Frankfurt am Main 20 km – Fulda 89 km

Michelin Straßenkarte 543

Zum Riesen garni

Heumarkt 8 ✉ 63450 – ✆ (06181) 250 2 50 – www.hanauhotel.de – geschl. über Weihnachten

48 Zim – 112/210 € 128/250 €

Ein sehr gepflegtes Hotel und ideal für Geschäftsreisende. In dem Gasthaus a. d. 17. (Familienbetrieb seit 1912) hat übrigens auch schon Napoleon übernachtet. Außerdem war es 1898 das erste Haus in Hanau mit elektrischem Licht!

In Hanau-Steinheim Süd: 4 km

Villa Stokkum

Steinheimer Vorstadt 70 ✉ 63456 – ✆ (06181) 66 40 – www.villastokkum.de

135 Zim – 118/152 € 144/180 €, 17 € – 2 Suiten

Rest – Karte 25/50 € – *(geschl. 27. Dezember - 4. Januar und Sonntag) (nur Abendessen)*

Hier hat man eine historische Zigarrenfabrik samt Villa zu einem modernen Businesshotel erweitert. Großzügige Lobby, gut ausgestattete Zimmer, günstige Verkehrslage. Sehenswert: der Gewölbekeller von 1665. Tipp: Kommen Sie doch mal zum beliebten Sonntagsbrunch!

Birkenhof (mit Gästehaus)

Von-Eiff-Str. 37 ✉ 63456 – ✆ (06181) 6 48 80 – www.hotelbirkenhof.de – geschl. 27. Dezember - 5. Januar

45 Zim – 119/159 € 129/159 € – 4 Suiten

Rest – Menü 25 € – Karte 16/58 € – *(geschl. Sonntagabend)*

Das gewachsene Hotel mit gepflegtem Garten wird seit vielen Jahren familiär geleitet. Fragen Sie nach den neuzeitlicheren Zimmern, die hochwertiger eingerichtet sind. Das Restaurant ist schön hell und hat eine Terrasse mit Blick ins Grüne - auch Nicht-Hotelgäste kommen gerne zum Essen hierher.

Zur Linde garni (mit Gästehäusern)

Steinheimer Vorstadt 31 ✉ 63456 – ✆ (06181) 96 43 20 – www.hotel-zur-linde-hanau.de – geschl. 22. Dezember - 10. Januar

30 Zim – 89/128 € 125/160 € – 2 Suiten

Auf drei Häuser verteilen sich die individuellen Zimmer dieses tipptopp gepflegten Hotels, einige besonders freundlich in wohnlich-warmen Farben. Es gibt auch einen schönen Garten an der Stadtmauer, den die Gäste im Sommer gerne nutzen.

HANDORF

Niedersachsen – 1 980 Ew. – Höhe 6 m – Siehe Regionalatlas **10-J6**

Berlin 298 km – Hannover 145 km – Hamburg 49 km – Bremen 131 km

Michelin Straßenkarte 541

Schwabenstüble

Cluesweg 22a ✉ 21447 – ✆ (04133) 21 02 51 – www.schwabenstueble-handorf.de – geschl. Montag - Dienstag

Menü 16/43 € – Karte 19/41 €

Familie Stoll leitet hier ein sympathisch-ländliches Restaurant mit Terrasse und Biergarten. Der Chef, ein echter Schwabe, bereitet Spätzle, Maultaschen, Schupfnudeln & Co.

HANN. MÜNDEN

Niedersachsen – 24 390 Ew. – Höhe 127 m – Siehe Regionalatlas **29-H11**
Berlin 364 km – Hannover 151 km – Kassel 23 km – Göttingen 34 km
Michelin Straßenkarte 541

Alter Packhof

Bremer Schlagd 10 ✉ 34346 – ✆ (05541) 9 88 90 – www.packhof.com
25 Zim – 84/124 € 129/139 € – ½ P
Rest – Karte 30/50 € – *(nur Abendessen)*
In der Altstadt, am Zusammenfluss von Fulda und Werra, steht das einstige Lagerhaus von 1837, in dem wohnliche Zimmer bereitstehen. Zwei Juniorsuiten mit eigener Sauna. Das Restaurant ist im Landhausstil gehalten.

Die Reblaus mit Zim

Ziegelstr. 32, (Kirchplatz) ✉ 34346 – ✆ (05541) 95 46 10 – www.die-reblaus.com
3 Zim – 48 € 68 € – ½ P
Menü 13 € (mittags unter der Woche)/40 € – Karte 25/42 €
Ein Fachwerkhaus mitten in der Innenstadt beherbergt dieses kleine Restaurant mit gemütlichem modernem Ambiente, in dem man eine mediterran geprägte Küche bietet. Zum Übernachten stehen drei nette schlichte Zimmer bereit.

In Hann. Münden-Gimte Nord: 3 km

Freizeit Auefeld

Rest,

Hallenbadstr. 33 (nahe der B 3) ✉ 34346 – ✆ (05541) 70 50
– www.freizeit-auefeld.de
93 Zim – 70/95 € 90/115 € – ½ P
Rest – Menü 16/29 € – Karte 20/35 €
Ein solide und funktionell ausgestattetes Tagungs- und Geschäftshotel mit Sportanlage, die u. a. Squash, Bowling und einen großen Fitnessbereich bietet. Restaurant mit Fensterfront zur Tennishalle. Die Küche ist bürgerlich-international.

In Hann. Münden-Laubach Süd-Ost: 6 km über Hedemündener Straße

Biohotel Werratal (mit Gästehaus)

Buschweg 40 ✉ 34346 – ✆ (05541) 99 80 – www.biohotel-werratal.de – geschl. Januar 1 Woche
40 Zim – 75/85 € 99/130 € – ½ P
Rest *Biorestaurant Werratal* – siehe Restaurantauswahl
Das gepflegte Landhotel bietet helle, wohnliche Zimmer, die im Haupthaus besonders freundlich und neuzeitlich sind. Morgens starten Sie mit einem Frühstück aus Bio-Produkten in den Tag, damit Sie gestärkt schöne Freizeitaktivitäten wie Wanderungen, Radtouren und Kanufahrten unternehmen können. Praktisch: Dank der nahen A7 ist das Hotel gut erreichbar.

Biorestaurant Werratal – Biohotel Werratal

Buschweg 40 ✉ 34346 – ✆ (05541) 99 80 – www.biohotel-werratal.de – geschl. November - März: Sonntagabend - Montag
Menü 28/38 € – Karte 29/45 €
Bei Gastgeber Jörg Treichel muss alles Bio sein! Die regionale Küche können Sie sich im Restaurant oder auf der idyllischen Gartenterrasse servieren lassen. Übrigens gehören auch gluten- und laktosefreie Gerichte zum Angebot.

HANNOVER

Niedersachsen – 525 880 Ew. – Höhe 55 m – Siehe Regionalatlas **19**-I8
Berlin 290 km – Bremen 132 km – Hamburg 161 km
Michelin Straßenkarte 541
Stadtpläne siehe nächste Seiten

Hotels

Kastens Hotel Luisenhof

Luisenstr. 1 ✉ 30159 – ✆ (0511) 3 04 40 Stadtplan : F2**b**
– www.kastens-luisenhof.de
138 Zim – 104/419 € 114/429 €, 20 € – 9 Suiten
Rest – Karte 31/72 €
Hannovers ältestes Hotel - gegründet im Jahre 1856 und seither im Familienbesitz! Man bietet einen klassischen Rahmen sowie Fitness und Sauna über den Dächern der Stadt. Die Fußgängerzone liegt praktisch vor der Tür, zum Bahnhof sind es nur wenige Gehminuten.

Crowne Plaza

Hinüberstr. 6 ✉ 30175 – ✆ (0511) 3 49 50 Stadtplan : G2**d**
– www.schweizerhof-hannover.de
197 Zim – 120/495 € 120/495 €, 20 € – 4 Suiten
Rest *BISTRO Schweizerhof* – siehe Restaurantauswahl
Ein zeitgemäßes Businesshotel nahe dem Bahnhof mit heller moderner Halle, gediegenen Zimmern und schönem Spabereich mit Kosmetikangebot.

Courtyard by Marriott

Arthur-Menge-Ufer 3 ✉ 30169 – ✆ (0511) 36 60 00 Stadtplan : F3**b**
– www.courtyardhannover.de
144 Zim – 156/550 € 156/550 €, 18 € – 5 Suiten – ½ P
Rest *Julian's* – ✆ (0511) 36 60 08 23 – Menü 24/54 € – Karte 17/50 €
Teil dieses gut geführten Geschäftshotels ist das einstige Kasino. Von den wohnlich-funktionellen Zimmern schaut man zum Maschsee direkt am Haus oder auf die City bzw. die AWD-Arena nebenan. Viele Bilder zieren das Restaurant Julian's. Mit Glasfront zum See und Showküche.

Sheraton Pelikan

Pelikanplatz 31 ✉ 30177 – ✆ (0511) 9 09 30 Stadtplan : D1**p**
– www.sheratonhannoverpelikan.com – geschl. 20. Dezember - 5. Januar
138 Zim – 145/399 € 167/399 € – 9 Suiten
Rest *5th Avenue* – siehe Restaurantauswahl
Das schöne Fabrikgebäude von einst besticht durch moderne Zimmer, die mit klarem Stil, hohen Decken und ansprechenden Details ein nicht alltägliches Ambiente bieten. Sehenswerte klassische Bar.

Grand Hotel Mussmann garni

Ernst-August-Platz 7 ✉ 30159 – ✆ (0511) 3 65 60 Stadtplan : F2**v**
– www.grandhotel.de
104 Zim ☕ – 🚹129/159 € 🚹🚹149/179 € – 6 Suiten
Zum begrünten Innenhof oder zum Bahnhofsvorplatz liegen die klassischen und doch sehr zeitgemäßen Zimmer, jedes mit einem dekorativen Deckenbild und entsprechendem Namen.

Novotel

Podbielskistr. 21 ✉ 30163 – ✆ (0511) 3 90 40 Stadtplan : G1**u**
– www.novotel.com
205 Zim – 🚹79/165 € 🚹🚹79/195 €, ☕ 19 € – 4 Suiten – ½ P
Rest – Menü 29 € – Karte 28/55 €
Funktionales Businesshotel auf dem Gelände der ehemaligen Bahlsen-Keksfabrik. Alles hier ist ansprechend modern, von der Lobby über die Zimmer bis hin zu Restaurant und Bar.

Savoy

Schloßwender Str. 10 ✉ 30159 – ✆ (0511) 1 67 48 70 Stadtplan : F1**e**
– www.hotel-savoy.de
22 Zim ☕ – 🚹129/299 € 🚹🚹159/349 € – 4 Suiten
Rest – Karte 17/26 € – *(nur für Hausgäste)*
Das im Stadtzentrum gelegene, gut geführte Hotel überzeugt mit schönen hohen Zimmern, die technisch zeitgemäß ausgestattet sind. Hübscher heller Frühstücksraum.

Restaurants

Clichy

Weißekreuzstr. 31 ✉ 30161 – ✆ (0511) 31 24 47 Stadtplan : G1**d**
– www.clichy.de – geschl. Sonntag
Menü 55/76 € – Karte 45/70 €
In dem Eckhaus neben einem kleinen Park etwas außerhalb des Zentrums sorgt Ekkehard Reimann seit 1979 für klassische Küche, noch heute schmeckt er selbst die Soßen ab. Hübsche Details machen das Restaurant charmant-elegant.

Wichmann

Hildesheimer Str. 230 ✉ 30519 – ✆ (0511) 83 16 71 Stadtplan : C3**s**
– www.gastwirtschaft-wichmann.de
Menü 30 € (mittags)/75 € – Karte 45/79 €
Teilweise recht intim sind die neun Stuben. Mal stilvoll, mal eher rustikal, aber immer liebenswert dekoriert. Die klassischen Speisen präsentiert man zur Ansicht vorab!

Die Insel

Rudolf-von-Bennigsen-Ufer 81 ✉ 30519 Stadtplan : C3**k**
– ✆ (0511) 83 12 14 – www.dieinsel.com
Menü 59 € (mittags)/89 € – Karte 57/84 € – (Tischbestellung ratsam)
Hier sitzt man an Fensterplätzen und schaut auf den Maschsee. Auch an der Long-Bar serviert man die zeitgemäß-internationalen Speisen von Herrn Schu, kleinere Mittagskarte. Sommer-Lounge-Bar.

Titus

Wiehbergstr. 98 ✉ 30519 – ✆ (0511) 83 55 24 Stadtplan : C3**z**
– www.restaurant-titus.com – geschl. 1. - 18. Januar und Sonntag - Montag
Menü 59/89 € – Karte 58/64 € – *(nur Abendessen)* (Tischbestellung ratsam)
Ein gemütliches kleines Restaurant in neuzeitlichem Stil, dekoriert mit modernen Bildern. Gekocht wird klassisch-international; aus den beiden Menüs kann man auch à la carte wählen.

Gute Küche zu moderatem Preis? Folgen Sie dem Bib Gourmand.

HANNOVER
A
B
1
2
3
NEUSTADT A. RÜBENBERGE
WUNSTORF
MINDEN
HAMELN
ELZE
HERRENHAUSEN
HAINHOLZ
BERG-GARTEN
GROßER GARTEN
PRINZENGARTEN
GEORGENGARTEN
LIMMER
DAVEN
LINDEN
BADENSTEDT
BORNUM
RICKLINGEN
OBERRICKLINGEN
AM KÜCHENGARTEN
Karl-König-Platz
Goetheplatz
Deisterplatz
August-Holweg-Platz
Fuhsestr.
Einbecker Str.
Stöckener Str.
Bremer Str.
Elbestr.
Leinhäuser Weg
Altenauer Weg
Vinnhorster Weg
Culemeyertrift
Haltenhoffstraße
Burgweg
Schulenburger Landstr.
Fenske-str.
Melanchthonstr.
Westschnellweg
Herrenhäuser Str.
Herrenhäuser Kirchweg
Weidendamm
Continental
Nienburger Str.
Engelbosteler Damm
Warstr.
Arndtstr.
Wunstorfer Landstr.
Wunstorfer Str.
Bremer Damm
Brühlstr.
Am Steintor
Ungerstr.
Leinaustr.
Limmerstr.
Elisenstraße
Braunstr.
Goethestr.
Humboldtstr.
Blumenauer Str.
Schieferkamp
Eichenbrink
Gevekerkamp
Südfeldstraße
Am Lindener Hafen
Fössestraße
Carlo-Schmid-Allee
Davenstedter Str.
Falkenstr.
Waterloo
Woermannstraße
Bartweg
Bauweg
Auestr.
Ritter-Brüning-Str.
Schützenplatz
AWD-Arena
Badenstedter Str.
Am Soltekampe
Bornumer Str.
Göttinger Str.
Ricklinger Str.
Stammestraße
Ricklinger Stadtweg
Empelder Str.
Eichenfeldstraße
Am Großmarkt
Am Tönniesberg
Schlorumpfsweg
Mercedesstr.
Göttinger Chaussee
Friedrich-Ebert-Str.
Pfarrstr.
Bückeburger Allee
Gronostr.
Frankfurter Allee
Springer Str.
Hamelner Chaussee
Tresckowstraße
Sauerwinkel
Jütlandstr.
Bergfeldstr.
Am Grünen Hagen
Am Wischacker
0
1 km

HAMBURG
C
D
CELLE
BRAUNSCHWEIG
BRAUNSCHWEIG
HILDESHEIM
SARSTEDT
1
2
3
VAHRENWALD
LIST
EILENRIEDE
Zoo Hannover
KLEEFELD
STADTHALLE
MASCHPARK
WALDHEIM
WALDHAUSEN
DÖHREN
Maschsee
Dreiecks-Teich
Sieben-Meter-Teich
Constantinstraße
Klopstockstr.
Podbielskistraße
Klingerstraße
Walderseestraße
Wittekamp
Kirchweg
Lister
Röntgen-str.
Wöhler-str.
Am Listholze
Bernadotte-Allee
Messe-Schnellweg
Stadtfelddamm
Hohenzollernstraße
Bödekerstraße
Welfenplatz
Kronenstr.
Hallerstr.
Friesenstraße
Fritz-Behrens-Allee
Zeppelin-str.
Clausewitzstraße
Kleestraße
Pertz-str.
Berckhusenstraße
Ebellstr.
Kaulbachstraße
Hans-Böckler-Allee
Opernplatz
Königstr.
Berliner Allee
Eleonorenstr.
Leisewitz-str.
Plathnerstr.
Laves-str.
Prinzen-str.
Schiffgraben
Osterstraße
Arnswaldt-str.
Aegidientorplatz
Freundallee
Bischofsholer Damm
Lutherstraße
Stolzestraße
Sallstraße
Stephans-Platz
Sallplatz
An der Weide
Jordanstraße
Geibelstraße
Böhmerstr.
Meterstr.
Wiesenstraße
Hildesheimer Str.
Alte Döhrener Str.
Altenbekener Damm
Lindemannallee
Lange-Feld-Str.
Bemeroder Str.
Rudolf-von-Bennigsen-Ufer
Saarstr.
Mainzer Str.
Wolfstraße
Adolf-Ey-Str.
Salzburger Str.
Ottostraße
Zeißstraße
Am Schafbrinke
Bregenzer Str.
Willmerstraße
Südschnellweg
Schützenallee
Landwehrstr.
Abelmannstr.
Peiner Str.
Hoher Weg
Garkenburgstr.
a
p
v
k
s
z

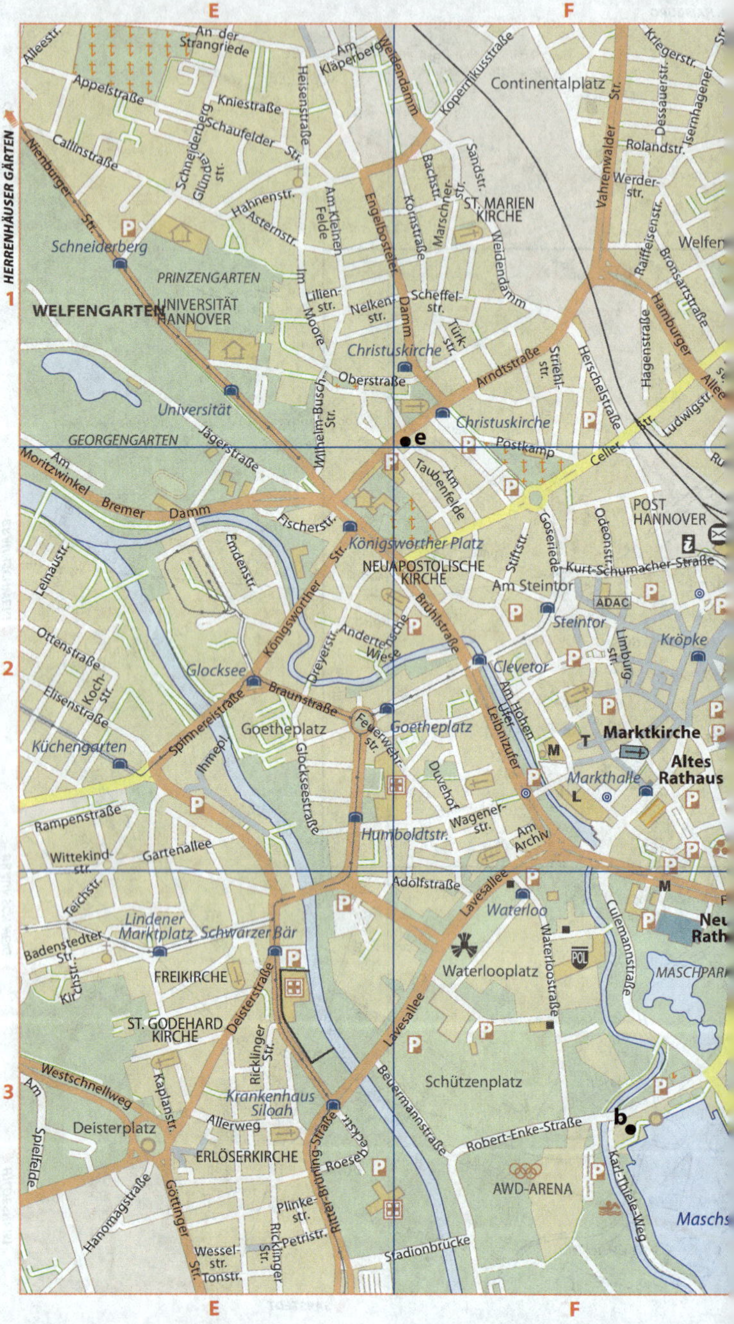
E
F
HERRENHÄUSER GÄRTEN
Continentalplatz
ST. MARIEN KIRCHE
Schneiderberg
PRINZENGARTEN
WELFENGARTEN
UNIVERSITÄT HANNOVER
Christuskirche
Universität
GEORGENGARTEN
Königsworther Platz
NEUAPOSTOLISCHE KIRCHE
Am Steintor
Steintor
Kröpke
POST HANNOVER
ADAC
Glocksee
Goetheplatz
Clevetor
Marktkirche
Altes Rathaus
Markthalle
Küchengarten
Humboldtstr.
Waterloo
Waterlooplatz
Lindener Marktplatz
Schwarzer Bär
FREIKIRCHE
ST. GODEHARD KIRCHE
MASCHPARK
Schützenplatz
Krankenhaus Siloah
Deisterplatz
ERLÖSERKIRCHE
AWD-ARENA
Robert-Enke-Straße
Stadionbrücke
1
2
3

HANNOVER
0
500 m
G
H
1
2
3
EILENRIEDE
Podbielskistraße
Walderseestraße
Bernadotte-Allee
Lister Str.
Lister Meile
Bonifatius-pl.
Droste-str.
Edenstraße
Am Welfenpl.
Wedekind-str.
APOSTELKIRCHE
Bödekerstraße
Hohenzollernstraße
Kleine Pfahlstr.
Sedanstraße/ Lister Meile
Fridastraße
Kronenstraße
Fundstraße
DREIFALTIGKEITSKIRCHE
Eichstraße
Friesenstraße
Lärchenstr.
Fritz-Behrens-Allee
Adenauerallee
Andreas-Hermes-Platz
Sedanstraße
Rumannstraße
Volgersweg
Heinrich-str.
Hohenzollern-str.
Raschpl.
Raschplatz
Bernstraße
Hindenburgstraße
Erwin-str.
Seelhorststraße
Zeppelinstr.
Theodor-Heuss-Pl.
Clausewitzstraße
Löwen-str.
Lüerstraße
Schillstr.
Augustenstr.
Königstraße
Schiffgraben
ST. ELISABETH KIRCHE
Plathnerstr.
Wegener-str.
Hbf.
Thielenplatz
Gellert-str.
Leisewitzstraße
Schackstraße
STADTHALLE
Lonsstr.
FRIEDENSKIRCHE
Kleefelder Str.
Lavesstraße
Berliner Allee
Kestnerstraße
Bultstraße
Dieterichsstr.
Ubbenstr.
Warmbüchenstr.
Koken-str.
Stadtstraße
Hans-Böckler-Allee
Georgsplatz
Marienstraße
Braunschweiger Platz
Kippstr.
Aegidientorplatz
Annenstraße
Rautenstr.
Düwelstraße
Willestraße
Wilhelmstr.
Baumstr.
Lutherstraße
Stolzestraße
Große Düwelstr.
Am Südbahnhof
Heiligengeist-str.
Haeckelstraße
Bischofsholer Damm
Freundallee
Brehmstraße
Niedersächsisches Landesmuseum
Schlägerstraße
Seestraße
Große Barlinge
Sallstraße
Kleine Düwelstr.
NAZARETHKIRCHE
Bötschestraße
Kerstingstraße
Gerlachstraße
Seiler-str.
Feld-str.
Sextro-str.
Birken-str.
Dürer-str.
Krausenstraße
Meterstraße
PAULUS KIRCHE
Spielhagenstr.
ST. HEINRICH KIRCHE
An der Weide
Sallplatz
Stephans-Platz
Geibelstraße
Stüvestr.
An der Questenhorst
Jordanstraße
Rumpaustr.
Max-Eyth-Straße
Lindemannallee
Wiesenstraße
Am Torstraße
Graswege
Freytagstraße
Grimm-str.
Geibelstraße
Böhmerstraße
Sohnrey-str.
Wißmann-str.
x
u
d
b

Hindenburg-Klassik

Gneisenaustr. 55 ✉ 30175 – ✆ (0511) 85 85 88 Stadtplan : H2**b**
– www.hindenburg-klassik.de – geschl. 31. Dezember - 7. Januar und Sonntag sowie an Feiertagen, außer an Messen
Karte 30/88 €
Ein frischer Wind weht in diesem Hannover'schen Klassiker im Zooviertel: Maurice Weissenow hat mit seiner Frau Gloria Viero (Tochter des langjährigen Betreibers Pierino Viero) die Leitung übernommen. Das Ambiente ist angenehm modern, die Küche ist nach wie vor italienisch inspiriert, hat aber auch internationale Einflüsse.

5th Avenue – Hotel Sheraton Pelikan

Pelikanplatz 31 ✉ 30177 – ✆ (0511) 9 09 38 60 Stadtplan : D1**p**
– www.sheratonpelikanhannover.com – geschl. 20. Dezember - 5. Januar
Karte 31/52 €
Über eine Wendeltreppe gelangen Sie hinunter in den früheren Tinten-Keller der Pelikanfabrik. Das moderne, trendige Ambiente bietet jedem Gast und Anlass das passende Umfeld.

BISTRO Schweizerhof – Hotel Crowne Plaza

Hinüberstr. 6 ✉ 30175 – ✆ (0511) 3 49 52 53 Stadtplan : G2**d**
– www.schweizerhof-hannover.de
Menü 34/79 € (abends) – Karte 23/52 €
Das nette Restaurant ohne den typischen Hotelcharakter erreichen Sie über einen separaten Eingang. Dank der offenen Küche können Sie der Crew beim Kochen zuschauen.

Neue Zeiten

Jakobistr. 24 ✉ 30163 – ✆ (0511) 39 24 47 Stadtplan : G1**x**
– www.restaurantneuezeiten.de – geschl. Juli 2 Wochen und Sonntag - Montag
Menü 32 € (vegetarisch)/63 € – Karte 34/61 € – *(nur Abendessen)*
Man kommt immer wieder gerne zu Monika und Philippe Peterschmitt, um sich mit guter mediterran inspirierter Küche bewirten zu lassen. Übrigens: Suprême vom Schwarzfederhuhn mit Pinienkernhonig schmeckt genauso gut wie die vegetarischen Alternativen.

Röhrbein

Joachimstr. 6 ✉ 30159 – ✆ (0511) 93 66 17 12 00 Stadtplan : G2**r**
– www.clichy.de – geschl. Sonntag
Menü 27/39 € – Karte 26/44 € – (Tischbestellung ratsam)
Hier in der Luisenpassage in einem der Reimann'schen Restaurants lockt nicht nur die angenehm ungezwungene Bistro-Atmosphäre samt freundlichem Service die Gäste an, auch wegen der frischen regional-bürgerlichen Gerichte wie der leckeren Kohlroulade mit Kartoffelpüree ist das Haus gut besucht!

da Vinci

Hildesheimer Str. 228 ✉ 30519 – ✆ (0511) 8 43 65 56 Stadtplan : C3**s**
– www.rist-da-vinci.de – geschl. über Weihnachten und Sonntag
Karte 20/50 €
Die beiden Gastgeber - Vater und Sohn - stellen ein breites Angebot an italienischen Gerichten zur Wahl: vom Vorspeisenbuffet über Pizza und hausgemachte Nudeln bis hin zu Fleisch und Fisch.

Le Monde

Podbielskistr. 107 ✉ 30177 – ✆ (0511) 78 12 11 Stadtplan : C1**a**
– www.le-monde-bistro.de – geschl. Ende Januar 2 Wochen und Sonntag - Montag
Menü 28/38 € – Karte 29/49 € – *(nur Abendessen)*
Anja Debou und Ingo Welt (seit 1999 Gastronomen-Duo) haben einen neuen Ort für ihr "Le Monde" gefunden - der typische Bistro-Charme ist geblieben und auch die Küche ist nach wie vor klassisch französisch. Im Sommer sitzt man schön im Innenhof.

In Hannover-Bothfeld Nord-Ost: 9 km über Podbielskistraße Stadtplan : G1

Viva Creativo (mit Gästehaus)
Im Heidkampe 80 ✉ 30659 – ✆ (0511) 64 75 50 – www.viva-creativo.de – geschl. über Weihnachten - 4. Januar
64 Zim – †79/109 € ††89/139 €
Rest – Menü 25 € (abends unter der Woche)/59 € – Karte 30/53 € – *(geschl. Samstag - Sonntag und an Feiertagen)*
Einige Themenzimmer in diesem Haus machen mit Namen wie "Space", "Mozart", "Arc d'or" oder "Provence" neugierig. Auch Kosmetikanwendungen sind buchbar. Minibar und Kaffee kostenfrei. Frische Atmosphäre und italienische Küche im Restaurant.

In Hannover-Buchholz

Wyndham Hannover Atrium
Karl-Wiechert-Allee 68 ✉ 30625 – ✆ (0511) 5 40 70 Stadtplan : D1**v**
– www.wyndhamhannover.com
222 Zim – †75/309 € ††85/318 €, 19 € – 7 Suiten
Rest – Menü 16/26 € – Karte 28/46 €
Mit gläsernen Liften gelangt man von der Atriumhalle in die wohnlich-gediegenen Zimmer. Im Hotel stehen auch gute Tagungsmöglichkeiten und ein netter Saunabereich zur Verfügung. Elegantes A-la-carte-Restaurant mit kleinem Gourmetbereich.

In Hannover-Flughafen Nord: 11 km über Stadtplan : BC1

Maritim Airport Hotel Rest,
Flughafenstr. 5 ✉ 30669 – ✆ (0511) 9 73 70 – www.maritim.de
527 Zim – †93/275 € ††280/300 €, 21 € – 8 Suiten
Rest – Karte 39/66 €
Rest *Bistro Bottaccio* – ✆ (0511) 97 37 56 29 – Karte 43/60 € – *(geschl. Sonntag - Montag) (nur Abendessen)*
Das elegant-komfortable Hotel wurde nach dem Vorbild eines Flugzeuges konstruiert. Club Lounge mit Blick auf Start- und Landebahnen sowie ein Businesscenter im Atrium. Restaurant Rôtisserie mit Front Cooking und Buffet-Angebot, mediterrane Küche im Bistro Bottaccio.

In Hannover-Lahe Nord-Ost: 10 km über Podbielskistraße Stadtplan : G1

Der Föhrenhof
Kirchhorster Str. 22 ✉ 30659 – ✆ (0511) 6 15 40 – www.hotel-foehrenhof-hannover.de
78 Zim – †95/218 € ††133/313 € – 1 Suite **Rest** – Karte 14/57 €
Zeitgemäße Ausstattung und die verkehrsgünstige Lage nahe der Autobahn sprechen für dieses Hotel. Am Haus verläuft ein Jogging-Parcours, zudem verleiht man kostenfrei Fahrräder. Restaurant mit mediterranem Touch.

In Hannover-Messe Süd-Ost: 10 km über Messe-Schnellweg Stadtplan : D3

Radisson BLU Rest,
Expo Plaza 5, (am Messegelände) ✉ 30539 – ✆ (0511) 38 38 30 – www.radissonblu.de/hotel-hannover
250 Zim – †116/250 € ††126/260 € – 1 Suite
Rest – Menü 25/85 € – Karte 25/57 €
Dank seines optimalen Zugangs zur Messe ist das Hotel für Businessgäste ideal. Modern-funktionale und wohnliche Zimmer in den Varianten Hightech, Italian, Maritim oder Scandinavian. Restaurant in der Lobby mit Buffet- und A-la-carte-Bereich sowie kleiner Terrasse auf der Expo Plaza.

Parkhotel Kronsberg (mit Gästehaus) Rest, Zim,
Gut Kronsberg 1, (am Messegelände) ✉ 30539 – ✆ (0511) 8 74 00 – www.parkhotel-kronsberg.de
200 Zim – †124/305 € ††208/448 € – 2 Suiten **Rest** – Karte 16/62 €
Eine komfortable Adresse für Tagungen und Messebesucher. Interessant sind die 12 Designerzimmer - jedes einem Sternzeichen entsprechend dekoriert. Bar, TV-Lounge und Raucherlounge. Das Restaurant: "Gutsherrenstube", "Bierstube" sowie "Hofgarten" fürs Frühstück.

In Hemmingen-Westerfeld Süd: 8 km über Frankfurter Allee Stadtplan : B1

Landhaus Artischocke
Dorfstr. 30 ✉ 30966 – ✆ (0511) 94 26 46 30 – www.artischocke.com
20 Zim – 60/185 € 90/235 € – 1 Suite
Rest – Menü 30/69 € – Karte 27/61 € – *(geschl. Januar 1 Woche, August - September 2 Wochen und Montag) (nur Abendessen)*
Das hübsche Fachwerkhaus mit seinen behaglichen Landhauszimmern steht in dörflicher Umgebung südlich von Hannover - zur Messe sind es ca. 5 km. Gemütliches Restaurant mit internationalem Angebot.

In Laatzen Süd-Ost: 9 km über Hildesheimer Straße D3

Haase Zim,
Am Thie 4 (Ortsteil Grasdorf) ✉ 30880 – ✆ (0511) 82 01 60 – www.hotel-haase.de – geschl. 21. Dezember - 4. Januar, 20. Juli - 16. August
43 Zim – 59/189 € 79/259 € – ½ P
Rest – Menü 10/18 € – Karte 21/27 €
Seit 1698 leitet Familie Haase nun in 8. Generation ihr gepflegtes Hotel. Die Zimmer sind etwas unterschiedlich möbliert, aber alle funktionell in der Ausstattung. Rustikales Restaurant mit bürgerlicher Küche.

In Ronnenberg-Benthe Süd-West: 10 km über Bückeburger Allee Stadtplan : A3 und B 65

Benther Berg Rest,
Vogelsangstr. 18 ✉ 30952 – ✆ (05108) 6 40 60 – www.hotel-benther-berg.de
70 Zim – 78/155 € 102/175 € – ½ P
Rest – Menü 29/65 € – Karte 27/47 €
Schön ist die Lage in einem Park am Waldrand oberhalb des Ortes. Man wohnt hier in unterschiedlichen Zimmern, verteilt auf Altes Haus (1894 als Herrenhaus erbaut), Neues Haus und Landhaus. Elegantes Restaurant mit internationalem Angebot.

HANSTEDT

Niedersachsen – 5 240 Ew. – Höhe 40 m – Siehe Regionalatlas **19-I6**
Berlin 321 km – Hannover 118 km – Hamburg 56 km – Lüneburg 31 km
Michelin Straßenkarte 541

Sellhorn
Winsener Str. 23 ✉ 21271 – ✆ (04184) 80 10 – www.hotel-sellhorn.de
48 Zim – 98/124 € 133/169 € – 3 Suiten – ½ P
Rest – Menü 20/43 € – Karte 28/55 €
Eine wohnliche Ferienadresse unter familiärer Leitung, zu der auch ein zeitgemäßer Spabereich mit Friseur gehört. Zimmer teils mit Gartenblick - den haben Sie auch von der hübschen Innenhofterrasse! Sehr schön die ländlichen Stuben - zum Essen bietet man eine ansprechende Weinauswahl - ein Faible des Chefs!

HAPPURG-KAINSBACH – Bayern ➔ Siehe Hersbruck

HARDERT – Rheinland-Pfalz ➔ Siehe Rengsdorf

HAREN (EMS)

Niedersachsen – 23 050 Ew. – Höhe 9 m – Siehe Regionalatlas **16-D7**
Berlin 541 km – Hannover 252 km – Oldenburg 124 km – Groningen 85 km
Michelin Straßenkarte 541

Zur Ems
Emmelerstr. 2 ✉ 49733 – ✆ (05932) 64 03 – www.zur-ems.de – geschl. Montag, Samstagmittag, Sonntagabend außer an Feiertagen
Karte 21/57 €
Der Chef ist ein wahrer Wein- und Spirituosen-Kenner und nimmt seine Gäste gerne mit in den Keller oder den Cognacraum! Wer auf der Terrasse speist (gekocht wird übrigens regional-saisonal), genießt den Blick auf die Ems.

HARRISLEE – Schleswig-Holstein ➔ Siehe Flensburg

ALBERS

HARSEWINKEL

Nordrhein-Westfalen – 24 170 Ew. – Höhe 65 m – Siehe Regionalatlas **27-F9**
Berlin 424 km – Düsseldorf 158 km – Bielefeld 30 km – Münster (Westfalen) 46 km
Michelin Straßenkarte 543

Poppenborg mit Zim

Brockhäger Str. 9 ✉ 33428 – ✆ (05247) 22 41 – www.poppenborg.com – geschl. Anfang Januar 1 Woche, 29. März - 4. April, 4. - 11. Oktober und Mittwoch
18 Zim – 59/75 € 95/99 €
Menü 54/98 € – Karte 54/91 €
In dem fest etablierten eleganten Restaurant bekommen Sie topfrische Produkte in Form von klassischen Speisen. Während Heinz Poppenborg am Herd steht, sorgt seine Frau Anne für versierten und stets präsenten Service! Draußen lockt die romantische Gartenterrasse.
Rest *Poppenborg's Stübchen* – siehe Restaurantauswahl

Poppenborg's Stübchen – Restaurant Poppenborg

Brockhäger Str. 9 ✉ 33428 – ✆ (05247) 22 41 – www.poppenborg.com – geschl. Anfang Januar 1 Woche, 29. März - 4. April, 4. - 11. Oktober und Mittwoch
Karte 16/49 €
Das hier ist die etwas legerere Restaurantvariante des Poppenborg'schen Traditionsbetriebs. Im "Stübchen" gibt es schmackhafte Gerichte vom Hummersüppchen bis zum Tafelspitz. Nett der Biergarten im Grünen!

In Harsewinkel-Marienfeld Süd-Ost: 4 km über B 513

Residence Klosterpforte (mit Gästehaus)

Klosterhof 2 ✉ 33428 – ✆ (05247) 70 80 – www.klosterpforte.de
Zim,
153 Zim – 120/168 € 168/225 € – 6 Suiten
Rest *Klosterstübchen* – ✆ (05247) 70 83 48 – Karte 35/59 €
Das 140 000 qm große Anwesen mit historischem Flair hat individuelle Zimmer von klassisch-elegant bis zum modernen "Sporthotel"-Zimmer, einen kleinen See und zwei eigene Fußballplätze sowie das gemütliche Klosterstübchen mit internationaler Küche. Dazu kommt noch der Klosterkeller mit rustikal-bürgerlichem Angebot.

HARTENSTEIN

Sachsen – 4 840 Ew. – Höhe 360 m – Siehe Regionalatlas **42-O13**
Berlin 304 km – Dresden 109 km – Chemnitz 32 km – Gera 66 km
Michelin Straßenkarte 544

Gästehaus Wolfsbrunn

Stein 8, (Zufahrt über Wildbacherstraße) ✉ 08118 – ✆ (037605) 7 60 – www.gaestehaus-wolfsbrunn.de
22 Zim – 70/80 € 100/120 € – 2 Suiten – ½ P
Rest *Pavillon* – siehe Restaurantauswahl
Stilvolle Salons, elegante Gästezimmer, ein wunderbarer Park... das Schloss a. d. J. 1912 ist schon ein herrschaftliches Anwesen. Und es ist nicht nur richtig schön, sondern liegt auch noch ruhig am Ortsrand.

Jagdhaus Waldidyll

Talstr. 1 ✉ 08118 – ✆ (037605) 8 40 – www.romantikhotel-waldidyll.de
24 Zim – 80/98 € 118/138 € – 4 Suiten – ½ P
Rest *Der Feengarten* – siehe Restaurantauswahl
Etwas Schöneres hätte aus dem einstigen Bergarbeiter-Erholungsheim von 1930 kaum werden können: abseits vom Ort im Wald gelegen, genießt man hier nicht nur Ruhe, auch auf viele liebenswerte Details darf man sich freuen, als da wären eine charmante kleine Lobby mit Kamin, elegante Zimmer und freundlicher Service, der schon beim guten Frühstück auffällt... und dann ist da noch der wunderbare Garten!

XX **Der Feengarten** – Hotel Jagdhaus Waldidyll
Talstr. 1 ✉ 08118 – ✆ (037605) 8 40 – www.romantikhotel-waldidyll.de
Menü 39/56 € – Karte 26/51 €
Keine Frage, am besten kann man das Grün ringsum natürlich auf der tollen Terrasse zum Park genießen - und sollte das Wetter nicht mitspielen, lässt man sich die regional-saisonale Küche im gemütlich-eleganten getäfelten Feengarten servieren. Und wie wär's am Abend mit einem 6-Gänge-Gourmetmenü?

XX **Pavillon** – Hotel Schloss Wolfsbrunn
Stein 8, (Zufahrt über Wildbacherstraße) ✉ 08118 – ✆ (037605) 7 60 – www.gaestehaus-wolfsbrunn.de
Menü 24 € (mittags)/62 € – Karte 22/49 € – *(Montag - Freitag nur Abendessen)*
Das Schlossflair ist auch im Restaurant zu spüren: ein vornehmer lichter Pavillon, der geprägt ist von hohen Stuckdecken. Hier gibt es saisonal und regional bezogene Küche nebst Blick ins Grüne - genau dort befindet sich ein Traum von einer Terrasse!

HARTHA (KURORT)

Sachsen – 5 430 Ew. – Höhe 350 m – Siehe Regionalatlas **43**-P12
▶ Berlin 216 km – Dresden 25 km – Freiberg 19 km – Pirna 44 km
Michelin Straßenkarte 544

Parkhotel Forsthaus
Am Kurplatz 13 ✉ 01737 – ✆ (035203) 3 40 – www.parkhotel-forsthaus.de
35 Zim – †55/65 € ††75/85 € – 1 Suite – ½ P **Rest** – Karte 17/29 €
Solide und gepflegt zeigt sich das einstige Forsthaus nahe dem Kurpark mit seinen rustikal eingerichteten Gästezimmern. Restaurant in gediegenem Stil.

HARTH-PÖLLNITZ

Thüringen – 3 050 Ew. – Höhe 320 m – Siehe Regionalatlas **41**-M13
▶ Berlin 254 km – Erfurt 84 km – Gera 18 km – Greiz 28 km
Michelin Straßenkarte 544

In Harth-Pöllnitz - Großebersdorf

Adler - Golf- und Tagungshotel Zim,
Großebersdorf 22, (B 2) ✉ 07570 – ✆ (036607) 50 00 – www.logis-adler.de
40 Zim – †66 € ††90 € – 1 Suite – ½ P
Rest – Menü 26/48 € – Karte 24/48 €
Der um einen Hotelanbau erweiterte Gasthof ist ein familiengeführtes Haus mit wohnlichen, recht unterschiedlich möblierten Zimmern. Restaurant mit gediegen-rustikalem Ambiente.

HARZBURG, BAD

Niedersachsen – 21 820 Ew. – Höhe 261 m – Siehe Regionalatlas **30**-J10
▶ Berlin 253 km – Hannover 96 km – Braunschweig 46 km – Göttingen 90 km
Michelin Straßenkarte 541

Braunschweiger Hof
Herzog-Wilhelm-Str. 54 ✉ 38667 – ✆ (05322) 78 80 – www.hotel-braunschweiger-hof.de
68 Zim – †90/105 € ††140/160 € – 12 Suiten – ½ P
Rest – Menü 24/48 € – Karte 26/65 €
Eine wohnliche Ferienadresse mit freundlichem Service ist aus dem seit 1894 familiengeführten Haus entstanden. Ansprechend ist auch der Anwendungs- und Saunabereich. Im Restaurant wird eine solide regionale Küche geboten.

HASELAU

Schleswig-Holstein – 1 110 Ew. – Höhe 1 m – Siehe Regionalatlas **10**-H5
▶ Berlin 315 km – Kiel 96 km – Hamburg 39 km – Itzehoe 47 km
Michelin Straßenkarte 541

Haselauer Landhaus (mit Gästehäusern)
Dorfstr. 10 ✉ 25489 – ✆ (04122) 9 87 10 – www.haselauer-landhaus.de
12 Zim – 52/73 € 74/105 € – ½ P
Rest – Karte 16/37 € – *(geschl. Mittwoch)*
Diese gepflegte Adresse ist ein traditionsreicher Familienbetrieb in einer ruhigen Nebenstraße. Topmodern, frisch und schön hell sind die vier Zimmer im ehemaligen Küsterhaus (hier gibt es auch einen Aufzug!). Im reetgedeckten Haupthaus kann man regional essen.

HASELÜNNE

Niedersachsen – 12 890 Ew. – Höhe 21 m – Siehe Regionalatlas **16-D7**
Berlin 490 km – Hannover 224 km – Nordhorn 47 km – Bremen 113 km
Michelin Straßenkarte 541

Jagdhaus Wiedehage
Steintorstr. 9 ✉ 49740 – ✆ (05961) 79 22 – www.jagdhaus-wiedehage.de – geschl. Dienstag
Karte 26/48 €
Bis ins 16. Jh. reicht die Geschichte dieses ansprechenden Hauses zurück, das mit vielen Jagdtrophäen dekoriert ist. Ein klassisch-rustikales Restaurant mit lauschiger Terrasse.

HASLACH im KINZIGTAL

Baden-Württemberg – 6 940 Ew. – Höhe 220 m – Siehe Regionalatlas **54-E20**
Berlin 774 km – Stuttgart 174 km – Freiburg im Breisgau 54 km – Freudenstadt 50 km
Michelin Straßenkarte 545

In Haslach-Schnellingen Nord: 2 km über B 33

Gasthaus zur Blume
Schnellinger Str. 56 ✉ 77716 – ✆ (07832) 9 12 50 – www.zur-blume.de
27 Zim – 47/99 € 69/129 € – ½ P
Rest – Menü 35 € (unter der Woche) – Karte 16/39 €
Bereits in der 4. Generation kümmert sich Familie Moser hier engagiert um ihre Gäste. Die Zimmer sind wohnlich-komfortabel und teilweise ganz modern, im Restaurant verbreiten Holztäfelung und Kachelofen ländliches Flair, dazu gibt es Klassiker wie Wiener Schnitzel sowie saisonale Gerichte. Zum Entspannen hat man einen ansprechenden kleinen Saunabereich im UG und Kinder freuen sich auf Spielplatz und Streichelzoo!

HASSLOCH

Rheinland-Pfalz – 20 450 Ew. – Höhe 115 m – Siehe Regionalatlas **47-E17**
Berlin 642 km – Mainz 89 km – Mannheim 27 km – Neustadt an der Weinstraße 9 km
Michelin Straßenkarte 543

Sägmühle
Sägmühlweg 140 ✉ 67454 – ✆ (06324) 9 29 10 – www.saegmuehle-pfalz.de – geschl. Januar 2 Wochen
27 Zim – 75/98 € 111/141 € – ½ P
Rest – Karte 26/53 € – *(Montag - Samstag nur Abendessen)*
Man muss sie hier draußen erst mal finden, die historische Mühle (bis 1971 in Betrieb)... doch dann wird man mit der idyllischen Lage im Grünen belohnt - und mit wohnlichen Zimmern, familiärer Atmosphäre, einem Restaurant in frischem modern-rustikalem Stil und einem lauschigen Innenhof. Die Küche zeigt u. a. bei Wild und Wollschwein ihren starken Bezug zur Region.

HATTERSHEIM

Hessen – 25 780 Ew. – Höhe 103 m – Siehe Regionalatlas **47-F15**
Berlin 548 km – Wiesbaden 20 km – Frankfurt am Main 21 km – Mainz 20 km
Michelin Straßenkarte 543

Am Schwimmbad

Staufenstr. 35 ✉ 65795 – ✆ (06190) 9 90 50 – www.hotel-am-schwimmbad.de
24 Zim – 89/165 € 125/210 € – 1 Suite
Rest – Karte 16/35 € – *(nur Abendessen für Hausgäste)*
Das sehr gut geführte Haus überzeugt mit gepflegten, unterschiedlich eingerichteten Zimmern, die alle wohnlich gestaltet sind. Nett sind auch der freundliche Frühstücksraum und der Saunabereich.

HATTINGEN

Nordrhein-Westfalen – 55 390 Ew. – Höhe 90 m – Siehe Regionalatlas **26-C11**
Berlin 524 km – Düsseldorf 50 km – Bochum 10 km – Wuppertal 24 km
Michelin Straßenkarte 543

Diergardts Kühler Grund

Am Büchsenschütz 15 ✉ 45527 – ✆ (02324) 9 60 30 – www.diergardt.com – geschl. Montag
Karte 27/58 €
Zahlreiche Stammgäste kommen zu Familie Diergardt, um in schöner Atmosphäre (charmant die Zirbelstube!) gut zu essen. Junior Philipp leitet die Küche - er ist nicht nur Koch, sondern auch Winzer und Sommelier, entsprechend kommt auch der Wein zu den internationalen und regionalen Speisen nicht zu kurz!

Landhaus Wegermann mit Zim

Wodantal 62 (Süd: 4,5 km, über B 51 und Bredenscheid, im Wodantal rechts abbiegen) ✉ 45529 – ✆ (02324) 39 50 10 – www.landhaus-wegermann.de – geschl. Mittwoch - Donnerstag, außer an Feiertagen
8 Zim – 55/80 € 105/130 € – ½ P Menü 25/43 € – Karte 27/57 €
Das gesamte Konzept von Axel Wegermann steht für "biologisch". Ob vegetarisch oder Fleisch, nahezu alles ist Bio-Qualität! Neben dem Restaurant mit etwas rustikalerem Thekenbereich und Terrasse im Grünen gibt es in dem alten Fachwerkhaus auch schöne Landhauszimmer (hier ein kleines Obst-Präsent für Sie!).

HAUENSTEIN

Rheinland-Pfalz – 4 010 Ew. – Höhe 250 m – Siehe Regionalatlas **53-D17**
Berlin 686 km – Mainz 124 km – Karlsruhe 66 km – Pirmasens 24 km
Michelin Straßenkarte 543

Felsentor

Bahnhofstr. 88 ✉ 76846 – ✆ (06392) 40 50 – www.hotel-felsentor.de – geschl. Januar - Mitte Februar
25 Zim – 62/95 € 84/126 € – 2 Suiten – ½ P
Rest – Menü 27/59 € – Karte 26/52 € – *(geschl. Januar - Mitte Februar und Montag außer an Feiertagen)*
Ein langjähriger Familienbetrieb, in den immer wieder investiert wird. So sind einige Zimmer schön modern in warmem Rot, das Restaurant hat einen freundlichen mediterranen "Wintergarten" und eine schöne Terrasse. Und dann ist da noch der "Krämersladen", in dem es nicht nur sehenswerte alte Stücke zu entdecken gibt, sondern auch Gerichte aus Omas Zeiten!

HAUSEN ob VERENA – Baden-Württemberg → Siehe Spaichingen

HAUZENBERG

Bayern – 12 030 Ew. – Höhe 546 m – Siehe Regionalatlas **60-Q19**
Berlin 625 km – München 195 km – Passau 18 km
Michelin Straßenkarte 546

Landgasthaus Gidibauer-Hof (mit Gästehaus)

Grub 7 (Süd: 0,5 km) ✉ 94051 – ✆ (08586) 9 64 40 – www.gidibauer.de – geschl. vor Ostern 1 Woche

17 Zim – 🚹47/57 € 🚹🚹74/94 € – 2 Suiten

Rest ***Landgasthaus Gidibauer-Hof*** – siehe Restaurantauswahl

"Naturhotel" trifft es ganz genau, denn der historische Vierseithof liegt wunderbar im Grünen und ist passend zu seiner schönen Naturstein-Architektur richtig wohnlich mit warmem hellem Holz ausgestattet. Wer es geradlinig-modern mag, bucht ein Zimmer im Salettl. Haus und Interieur sind aber nicht nur hübsch anzuschauen, Familie Ertl kümmert sich auch herzlich um ihre Gäste!

Landgasthaus Gidibauer-Hof – Hotel Landgasthaus Gidibauer-Hof

Grub 7 (Süd: 0,5 km) ✉ 94051 – ✆ (08586) 9 64 40 – www.gidibauer.de – geschl. vor Ostern 1 Woche und Montag

Menü 22/35 € – Karte 17/39 €

Hier bekommt man eine gute bodenständige Regionalküche mit Geschmack. Für Gerichte wie den "gebackenen Kalbskopf mit frischem Kartoffelsalat" oder "Entrecôte mit Rosmarinjus" verwendet man Produkte aus der Region, das Rindfleisch stammt sogar aus der eigenen Charolais-Zucht des Chefs! Und das Ambiente? Ländlich-modern im "Ochsenstall", gemütlich in den Stuben.

HAVIXBECK

Nordrhein-Westfalen – 11 850 Ew. – Höhe 90 m – Siehe Regionalatlas **26-D9**

Berlin 496 km – Düsseldorf 123 km – Nordhorn 69 km – Enschede 57 km

Michelin Straßenkarte 543

Beumer Zim,

Bestensee-Platz 2 ✉ 48329 – ✆ (02507) 9 85 40 – www.hotel-beumer.de – geschl. 20. - 27. Dezember

20 Zim – 🚹60/70 € 🚹🚹90/100 € – ½ P

Rest – Karte 23/39 € – *(geschl. Montag)*

Das Fachwerkhaus am Rande der Fußgängerzone beherbergt einen langjährigen Familienbetrieb mit gepflegten und solide ausgestatteten Gästezimmern. Das Restaurant ist hell und freundlich im Landhausstil gehalten.

HECHINGEN

Baden-Württemberg – 19 200 Ew. – Höhe 528 m – Siehe Regionalatlas **55-G19**

Berlin 701 km – Stuttgart 67 km – Konstanz 123 km – Freiburg im Breisgau 131 km

Michelin Straßenkarte 545

In Hechingen-Stein Nord-West: 2,5 km

Lamm

Römerstr. 29 ✉ 72379 – ✆ (07471) 92 50 – www.hotel-lamm-hechingen.de

30 Zim – 🚹72/89 € 🚹🚹100/118 € – ½ P

Rest – Menü 29 € – Karte 19/50 € – *(geschl. Samstagmittag)*

In dem gewachsenen Gasthof unter familiärer Leitung kann man gut und gepflegt wohnen - hier bleibt man am Ball und investiert stetig, so hat man auch einige modernere Zimmer. Und wer gerne etwas mehr Platz hat, bucht eines der Komfortzimmer. Gemütliches Restaurant mit internationalem und regionalem Angebot. Tipp: Besuchen Sie im Sommer das römische Freilichtmuseum!

HEIDELBERG

Baden-Württemberg – 149 640 Ew. – Höhe 114 m – Siehe Regionalatlas **47-F16**
Berlin 627 km – Stuttgart 122 km – Mannheim 21 km – Darmstadt 59 km
Michelin Straßenkarte 545

Hotels

Der Europäische Hof Heidelberg

Friedrich-Ebert-Anlage 1 ✉ 69117 – ✆ (06221) 51 50 Stadtplan : B2**u**
– www.europaeischerhof.com
118 Zim – †169/309 € ††208/384 €, ☕ 22 € – 4 Suiten
Rest *Kurfürstenstube* – siehe Restaurantauswahl
Das stilvolle erste Haus am Platz mit Grandhotel-Tradition seit 1865 wird nun von der 4. Generation in die Neuzeit eingeführt: Dr. Caroline von Kretschmann hat die Nachfolge angetreten und modernisiert behutsam - natürlich wird dabei der klassische Charakter bewahrt und die Einrichtungsdetails liegen auch weiterhin in der Hand ihrer Mutter! Fit bleiben und entspannen mit Blick über Heidelberg heißt es im "Panorama Spa" auf 600 qm - toll die Liegeterrasse auf dem Dach! Repräsentativ die Veranstaltungsräume unterschiedlichster Größe.

Crowne Plaza

Kurfürstenanlage 1 ✉ 69115 – ✆ (06221) 91 70 Stadtplan : B2**s**
– www.crowneplaza.de
228 Zim – †109/599 € ††131/621 €, ☕ 22 € – 4 Suiten
Rest – Menü 27/99 € – Karte 28/79 €
Optimal für Business und Tagung sind hier die großzügigen Konferenzräume, die wohnlich-modernen Zimmer, die zentrale Lage nahe der Altstadt (100 m zur S-Bahn-Station, 1 km zum Hauptbahnhof). Das Restaurant im glasüberdachten Innenhof bietet internationale Küche, die rustikale Alternative ist die Weinstube Gaudeamus mit Bar.

Heidelberg Suites

Zim, Zim,
Neuenheimer Landstr. 12 ✉ 69120 – ✆ (06221) 65 56 50 Stadtplan : D1**r**
– www.heidelbergsuites.com
26 Zim ☕ – †210/745 € ††255/795 € – 8 Suiten
Rest *Restaurantschiff Patria* – Menü 65 € (abends) – Karte 36/55 € – *(geschl. Januar - März und Montag - Dienstag)*
Was könnte man aus drei eleganten Stadtvillen in wunderbarer Neckarlage Schöneres machen als ein niveauvolles Boutique-Hotel? Hochwertig von den Juniorsuiten und Suiten (chic die Designermöbel aus Italien!) bis zum Frühstück (erstklassig die Produkte), und auch der Service lässt kaum Wünsche offen. Auf dem Dach die wettergeschützte Lounge, im hübschen Garten ein Fitness-Pavillon, auf dem Wasser die restaurierte historische "Patria", die bei einer abendlichen Fahrt (sie legt um 20 Uhr ab) gehobene italienische Küche bietet.

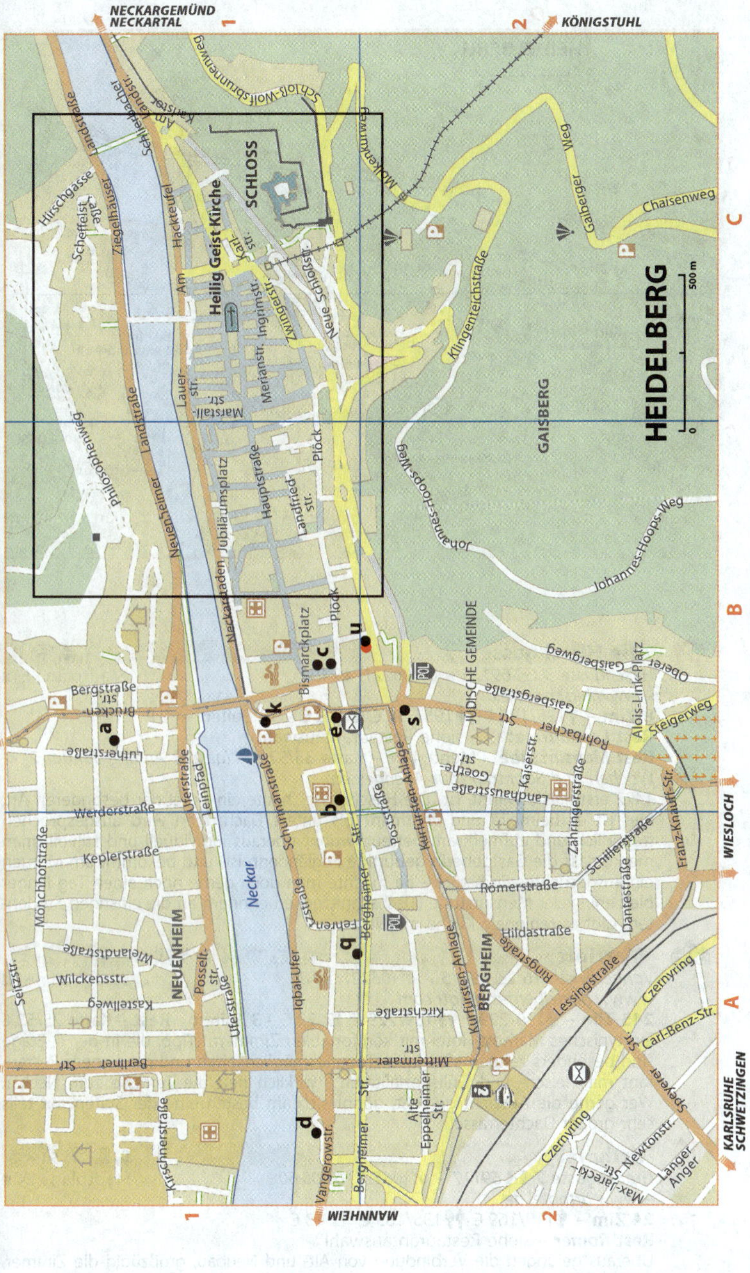
HEIDELBERG
NECKARGEMÜND
NECKARTAL
KÖNIGSTUHL
WIESLOCH
KARLSRUHE
SCHWETZINGEN
MANNHEIM
SCHLOSS
Heilig Geist Kirche
GAISBERG
NEUENHEIM
BERGHEIM
JÜDISCHE GEMEINDE
Neckar
500 m
Philosophenweg
Neuenheimer Landstraße
Ziegelhäuser Landstraße
Hauptstraße
Plöck
Bismarckplatz
Kurfürsten-Anlage
Bergheimer Str.
Römerstraße
Rohrbacher Str.
Gaisbergstraße
Johannes-Hoops-Weg
Klingenteichstraße
Molkenkurweg
Schloß-Wolfsbrunnenweg
Gaiberger Weg
Chaisenweg
Steigerweg
Ringstraße
Lessingstraße
Czernyring
Speyerer Str.
Berliner Str.
Mittermaier-str.
Uferstraße
Schurmanstraße
Jubiläumsplatz
Neckarstaden
Brücken-str.
Bergstraße
Lutherstraße
Werderstraße
Keplerstraße
Mönchhofstraße
Wielandtstraße
Wilckensstr.
Kastellweg
Seitzstr.
Kirschnerstraße
Vangerowstr.
Iqbal-Ufer
Poststraße
Landhausstraße
Kaiserstr.
Zähringerstraße
Schillerstraße
Franz-Knauff-Str.
Dantestraße
Hildastraße
Carl-Benz-Str.
Newtonstr.
Langer Anger
Max-Jarecki-Str.
Alte Eppelheimer Str.
Kirchstraße
Goethe-str.
Landfried-str.
Hirschgasse
Hackteufel
Zwingerstr.
Neue Schloßstr.
Ingrimstr.
Merianstr.
Marstall-str.
Lauer-str.
Karlstr.
Kornmarkt
Schlierbacher Landstr.
Alois-Link-Platz
Oberer Gaisbergweg
Leinpfad
Posselt-str.
Fehrentzstraße
a
b
c
d
e
k
q
s
u
1
2
A
B
C

Die Hirschgasse

Hirschgasse 3 ✉ *69120* – ✆ *(06221) 45 40* Stadtplan : E1**s**
– *www.hirschgasse.de*
8 Zim – 🚹125/195 € 🚹🚹195/335 €, ☕ 23 € – 12 Suiten – ½ P
Rest *Le Gourmet* ✿ – siehe Restaurantauswahl
Rest *Mensurstube* – Menü 44 € – Karte 35/52 € – *(geschl. Anfang Januar 2 Wochen und Sonntag) (nur Abendessen)*

1472 erstmals erwähnt, ist "Die Hirschgasse" heute ein Hotel der besonderen Art: hier ist es heimelig und charmant bis unters Dach, man wird ausgesprochen freundlich und aufmerksam betreut, wohnt überaus individuell und stilvoll (man merkt, dass die Gastgeberin gebürtige Engländerin ist) und bekommt am Morgen ein ausgesuchtes Frühstück - da möchte man doch gerne noch einen Tag länger bleiben! In der Mensurstube (Tischschnitzereien erinnern an die einstigen Studenten) gibt es regionale Küche mit Niveau.

Marriott

Rest,

Vangerowstr. 16 ✉ *69115* – ✆ *(06221) 90 80* Stadtplan : A1**d**
– *www.heidelberg-marriott.com*
245 Zim – 🚹139/229 € 🚹🚹139/229 €, ☕ 22 € – 3 Suiten **Rest** – Karte 25/53 €

Ein typisches Marriott-Hotel mit komfortablen Zimmern (Tipp: die in der 4. Etage sind besonders zeitgemäß), guten Tagungsmöglichkeiten und modernem Restaurant mit Fleisch- und Grillspezialitäten - wirklich nett die Terrasse zum Neckar. Wer gerne die Aussicht genießt, gönnt sich am besten eine der Suiten mit teils sehr großer Dachterrasse!

Arthotel

Grabengasse 7 ✉ *69117* – ✆ *(06221) 65 00 60* Stadtplan : D2**e**
– *www.arthotel.de*
24 Zim – 🚹119/169 € 🚹🚹135/185 €, ☕ 13 €
Rest *Romer* – siehe Restaurantauswahl

Überaus gelungen die Verbindung von Alt- und Neubau, großzügig die Zimmer, wertig die Ausstattung, chic das Design... - ein Boutique-Hotel im besten Sinne! Ganz besonders schön hat man es im Erkerzimmer, und dann am Morgen das erstklassige Frühstück... Eine gute Nachricht für Autofahrer: Trotz zentraler Altstadtlage hat man hier eine Tiefgarage!

Qube

Bergheimer Str. 74 ✉ 69115 – ✆ (06221) 18 79 90 – www.qube-heidelberg.de Stadtplan : A1**q**

67 Zim – †103/153 € ††103/183 €, ☕ 18 €

Rest – Menü 35 € – Karte 21/51 €

Klar, puristisch und wertig ist das Design in dem nach ökologischen Aspekten gestalteten Hotel in Zentrumsnähe. Wer's gerne ruhiger hat, bucht am besten eines der innenliegendenden Zimmer. Und vergessen Sie nicht die schöne Dachterrasse! Trendig auch Ambiente und Küche im Restaurant - das Angebot reicht vom Burger bis zum gegrillten Thunfisch.

Astoria garni

Rahmengasse 30 ✉ 69120 – ✆ (06221) 7 29 03 50 – www.heidelberg-astoria.de – geschl. Ende Dezember - Ende Januar, August 2 Wochen Stadtplan : B1**a**

6 Zim ☕ – †95/145 € ††150/190 €

Diese charmante, etwas versteckt gelegene Villa von 1907 ist genau das Richtige für Individualisten, die "Understatement" bevorzugen. An der Eingangstür steht zwar nach wie vor "Pension Astoria", nichtsdestotrotz hat man es hier komfortabel, modern und angenehm wohnlich. Und damit Sie möglichst viel von dem besonderen Flair des Hauses mitbekommen, sollten Sie sich weder das leckere Fühstück noch den Drink an der kleinen Bar entgehen lassen!

Panorama garni

Bismarckstr. 19 ✉ 69115 – ✆ (06221) 1 85 21 00 – www.panorama-heidelberg.de Stadtplan : B1**k**

32 Zim ☕ – †100/135 € ††135/185 €

So ganz ruhig liegt das Hotel zwar nicht, doch dafür direkt am Neckar und die Schallisolierung ist top! Von Ihrem geschmackvollen und angenehm modern gestalteten Zimmer (auf Wunsch klimatisiert) geht's am Morgen zum frischen Frühstück und danach zum Bummeln in die Altstadt, und die ist nur einen kurzen Fußweg entfernt! Zurück im Hotel, kann man am Abend in der Bar gemütlich einen Absacker nehmen.

Bayerischer Hof garni

Rohrbacher Str. 2 ✉ 69115 – ✆ (06221) 87 28 80 – www.bayrischer-hof-heidelberg.com Stadtplan : B1**e**

56 Zim ☕ – †70/110 € ††96/131 €

Das Haus a. d. 19. Jh. liegt zwar an einer vielbefahrenen Straße, dafür aber sehr zentral (am Bismarckplatz in unmittelbarer Nähe beginnt die Fußgängerzone). Fragen Sie nach den neueren und moderneren Zimmern (schön der Parkettboden). Lust auf Abwechslung beim Frühstück? Dafür sorgen täglich wechselnde Specials wie Frenchtoast, Pancakes, frische Säfte... Hier im Hotel wird übrigens der Nachwuchs unter professioneller Leitung ausgebildet.

Holländer Hof garni

Neckarstaden 66 ✉ 69117 – ✆ (06221) 6 05 00 – www.hollaender-hof.de Stadtplan : E1**v**

38 Zim – †88/128 € ††115/172 €, ☕ 14 € – 1 Suite

Seinen Namen hat das denkmalgeschützte Haus von holländischen Holzhändlern, die hier einst nächtigten. Heute freuen sich Heidelberg-Besucher über die zentrale Lage direkt an der Alten Brücke, über die individuelle, wohnliche Einrichtung sowie den freundlichen Service und ein gepflegtes Frühstück - dieses gibt es in etwas abgespeckter Form auch günstiger.

Bergheim 41 garni

Bergheimer Str. 41 ✉ 69115 – ✆ (06221) 75 00 40 – www.bergheim41.de Stadtplan : A1**b**

32 Zim – †99/149 € ††114/164 €, ☕ 12 €

Design-Fans aufgepasst! Mit einem trendigen Konzept, das sich durchs gesamte Haus zieht, ist das hier der neueste Hotspot unter den Heidelberger Hotels! Hochmoderne Möbel, wertige Materialien, schöne Dielenböden, topaktuelle Technik, großzügige Bäder... und auf dem Dach eine Terrasse mit Aussicht! Im Café bekommt man nicht nur sein Frühstück, sondern auch kleine Snacks. Mit auf dem Gelände: das Alte Hallenbad mit Markthalle, Lokalen, Geschäften.

Zur Alten Brücke

Obere Neckarstr. 2 ✉ 69117 – ✆ (06221) 73 91 30 Stadtplan : E1**c**
– www.altebruecke.com
16 Zim – 109/129 € 129/169 €
Rest *Wirtshaus zum Nepomuk* – siehe Restaurantauswahl
Wenn man im Sommer in dem wirklich lauschigen Innenhof beim Frühstück sitzt, spürt man so richtig den Charme des historischen Hauses! Aber natürlich auch drinnen: Zu den Zimmern (darunter Dach- und Maisonette-Juniorsuiten) kommt man über eine schöne alte Holztreppe, sehr reizvoll der puristisch-moderne Stil zum Altbau-Flair... Ist Ihnen übrigens das schöne Bambusparkett aufgefallen?

Weißer Bock

Große Mantelgasse 24 ✉ 69117 – ✆ (06221) 9 00 00 Stadtplan : D2**g**
– www.weisserbock.de
23 Zim – 75/150 € 115/175 €, 12 €
Rest *Weißer Bock* – siehe Restaurantauswahl
Geschichte pur bietet diese Heidelberger Institution und ehemalige Keimzelle linker Politik. Mitten in der Altstadt gelegen, sind sowohl Neckar als auch Fußgängerzone nur einen Steinwurf entfernt. Und die Zimmer? Unterschiedlich geschnitten, geschmackvoll und wohnlich. Der Service zuvorkommend und freundlich!

Backmulde

Schiffgasse 11 ✉ 69117 – ✆ (06221) 5 36 60 Stadtplan : D2**a**
– www.gasthaus-backmulde.de
25 Zim – 92/99 € 120/135 €
Rest *Backmulde* – siehe Restaurantauswahl
Ein historisches Gasthaus in einer Seitenstraße mitten in der beschaulichen Altstadt! Die wohnlichen Zimmer liegen alle zum ruhigen Innenhof, einige wurden sehr schön renoviert.

Goldene Rose garni

St. Annagasse 7 ✉ 69117 – ✆ (06221) 90 54 90 Stadtplan : B1**c**
– www.hotel-goldene-rose.de
37 Zim – 100/135 € 115/170 €
Ein Altstadthotel wie aus dem Bilderbuch! Individuelle Zimmer, gutes, reichhaltiges Frühstück (dazu setzen Sie sich im Sommer am besten auf die kleine Innenhofterrasse!), perfekt die Lage nur wenige Schritte von der Fußgängerzone... und parken können Sie auch noch direkt vor der Tür - Sie sollten Ihren Stellplatz allerdings reservieren!

Nassauer Hof garni

Plöck 1 ✉ 69117 – ✆ (06221) 90 57 00 Stadtplan : B1**c**
– www.hotel-nassauer-hof.de – geschl. 21. Dezember - 12. Januar
22 Zim – 88/148 € 118/148 €, 7 €
Schon viele Jahre ist das nette Altstadthotel mit der wohnlich-mediterranen Note in den Händen des engagierten Freiburgers Peter Konstantin Rosset. Ob Sie im kleinen "Economy"-, im "Standard"- oder im geräumigen "Komfort"-Zimmer schlafen, der Tag beginnt mit einem frischen und gut bestückten Frühstücksbuffet - Aufschnitt kommt direkt von der Berkel-Maschine.

Restaurants

Scharff's Schlossweinstube im Heidelberger Schloss

Schlosshof 1 ✉ 69117 – ✆ (06221) 8 72 70 03
– www.heidelberger-schloss-gastronomie.de Stadtplan : E2**q**
– geschl. Januar 2 Wochen, August 2 Wochen und Dienstag - Mittwoch
Menü 70/119 € – Karte 74/87 € – *(nur Abendessen, sonntags auch Mittagessen)*
Inmitten der weltberühmten Schlossruine liegt dieses Restaurant mit seinen verschiedenen historischen Räumen und einer überaus angenehmen Terrasse zum Schlosshof. Martin Scharff hat hier einen talentierten Küchenchef an seiner Seite, bei dem moderner Kochstil und niveauvolle Präsentation Hand in Hand gehen!
➜ Kurzgeräuchertes Onsenei mit Petersilien-Haferflocken und "Schinken-Tee". Neckarwaller auf Blumenkohl mit gebackenem Kalbskopf und Pimpernelle. Badischer Rehrücken mit gegrilltem Apfel, Fichtensprossen und Waldpilzen.

XXX **Kurfürstenstube** – Der Europäische Hof - Hotel Europa

Friedrich-Ebert-Anlage 1 ✉ 69117 – ✆ (06221) 51 50 Stadtplan : B2**u**
– www.europaeischerhof.com – geschl. Juli - August, im Sommer Restaurant im Innenhofgarten
Menü 36/99 € – Karte 64/80 €
Klassische Speisen in eleganter Atmosphäre. Die mächtige Kassettendecke und Wandmalereien mit schönen Intarsien schaffen ein besonderes Ambiente. In den warmen Monaten serviert man im "Sommerrestaurant" - nur auf der Gartenterrasse direkt davor ist es noch ein bisschen luftiger!

XXX **Le Gourmet** – Hotel Die Hirschgasse

Hirschgasse 3 ✉ 69120 – ✆ (06221) 45 40 Stadtplan : E1**s**
– www.hirschgasse.de – geschl. Januar 2 Wochen, August 3 Wochen und Sonntag - Montag
Menü 80/110 € – *(nur Abendessen)*
Lassen Sie sich von dem fast schon opulenten historisch-eleganten Interieur des Restaurants nicht täuschen: Mario Sauer kocht hier aus hervorragenden Produkten feine kreative Speisen - ein gelungener Kontrast zu edlen Stoffbespannungen, jahrhundertealten Sandsteinwänden, dem schönen grünen Kachelofen... Freundlich und geschult der Service unter Maître Gilles Duflot.
➜ Gebeizter Lachs mit Soja und gebackene Abalone mit Gurke. Bar de ligne - gebraten und roh mariniert mit Blumenkohl und Avocado. Seezunge und Sankt Jakobsmuschel im Bouillabaissesud.

XX **Simplicissimus** N

Ingrimstr. 16 ✉ 69117 – ✆ (06221) 673 25 88 Stadtplan : Z**h**
– www.simplicissimus-restaurant.de
– geschl. Januar - Februar und Sonntag
Menü 32/95 € – Karte 34/67 € – *(nur Abendessen)* (Tischbestellung ratsam)
In diesem Heidelberger Klassiker weht ein frischer Wind und man spürt das große Engagement. Boris Rommel bietet eine modern interpretierte klassische Küche, z. B. in Form von "Rehrücken unter der Preiselbeerkruste". Angenehmer Rahmen zur guten Küche: elegantes Ambiente und charmanter Service.

XX **Zur Herrenmühle**

Hauptstr. 239 ✉ 69117 – ✆ (06221) 60 29 09 Stadtplan : E1**e**
– www.herrenmuehle-heidelberg.de – geschl. Sonntag
Menü 54/89 € – Karte 40/68 € – *(nur Abendessen)* (Tischbestellung ratsam)
Das gemütlich-rustikale Flair der alten Holzbalken verbreitet Charme in dem historischen Gasthaus in der Altstadt - nett übrigens auch die "Gute Stube" im OG. Aus der Küche kommt z. B. "Schottischer Wildlachs unter der Haselnusskruste". Richtig lauschig wird's im Sommer auf der Terrasse im Innenhof!

XX **Weißer Bock** – Hotel Weißer Bock

Große Mantelgasse 24 ✉ 69117 – ✆ (06221) 9 00 00 Stadtplan : D2**g**
– www.weisserbock.de
Menü 45 € (abends) – Karte 45/65 € – *(Montag - Donnerstag nur Abendessen)*
Auch das Restaurant im "Weißen Bock" ist beliebt, und das nicht ohne Grund: Hier sitzt man schön gemütlich in wohnlichem Ambiente und lässt sich klassische Gerichte aus frischen Produkten servieren - und die heißen z. B. "gebratener Skrei mit Orangen-Jus und geschmortem Wintergemüse" oder "Dreierlei vom Topfen mit Portweinbirne".

X **Backmulde** – Hotel Backmulde

Schiffgasse 11 ✉ 69117 – ✆ (06221) 5 36 60 Stadtplan : D2**a**
– www.gasthaus-backmulde.de
– geschl. Sonntag
Karte 30/50 € – *(nur Abendessen)*
Im 17. Jh. als Schifferherberge bereits erwähnt, ist die "Backmulde" im Herzen von Heidelberg eine nette Einkehrmöglichkeit mit schmackhafter Küche, die Ihnen z. B. "gebratene Kaninchenkeule mit Gemüsecouscous" serviert.

Romer – Arthotel
Grabengasse 7 ✉ *69117* – ✆ *(06221) 65 00 61 50* Stadtplan : D2**e**
– www.restaurant-romer.de
Menü 16 € (mittags unter der Woche)/65 € – Karte 31/70 €
Im Sommer ist zweifelsohne die tolle Innenhofterrasse der Renner, an kälteren Tagen ist es drinnen im topmodernen Restaurant mit auffälligen Bildern und Farbakzenten in warmem Rot nicht weniger schön. Das international und regional ausgerichtete Speisenangebot kann sich ebenso sehen lassen wie die Weinkarte.

Wirtshaus zum Nepomuk – Hotel Zur Alten Brücke
Obere Neckarstr. 2 ✉ *69117* – ✆ *(06221) 73 91 30* Stadtplan : E1**c**
– www.altebruecke.com
Karte 28/59 € – *(nur Abendessen)*
Viel dunkles Holz verleiht dem Lokal die typische Wirtshausatmosphäre, dazu hübsche Vorhangstoffe, Kissen, Bilder an den Wänden... das macht's hier wohnlich und gemütlich. Aus der Küche kommen z. B. klassischer Rostbraten oder auch halbe Ente. Besonders gut gefällt es den Gästen im schönen Innenhof.

In Heidelberg-Grenzhof Nord-West: 8 km über Stadtplan : A1, Richtung Mannheim

Grenzhof (mit Gästehaus)
Grenzhof 9 ✉ *69123* – ✆ *(06202) 94 30 – www.grenzhof.de – geschl. 23. - 30. Dezember*
35 Zim – **🕴80/108 €** **🕴🕴120/138 €** – 1 Suite – ½ P
Rest *Gutsstube* – siehe Restaurantauswahl
Hier wohnen Sie zwar nicht direkt in der Innenstadt, dafür haben Sie in dem geschmackvollen Landhotel samt landwirtschaftlichem Anwesen gut ausgestattete Standard- und besonders schöne Themenzimmer ("Landlust", "Apfelblüte", "Castello"...), ein frisches und reichhaltiges Frühstück sowie (eine Seltenheit in Heidelberg) kostenfreie Parkplätze! Perfekt für laue Sommerabende: der reizende Innenhof.

Gutsstube – Hotel Grenzhof
Grenzhof 9 ✉ *69123* – ✆ *(06202) 94 30 – www.grenzhof.de – geschl. 23. - 30. Dezember und Sonntag*
Menü 43 € (mittags unter der Woche)/67 € – Karte 41/55 € – *(nur Abendessen)*
Haben Sie es beim Essen gerne ländlich-charmant oder lieber etwas moderner? Die regional beeinflussten internationalen Speisen von Küchenchef Holger Rusch kann man sich sowohl in der Stube als auch im Wintergarten schmecken lassen - oder aber draußen im Freien: Im Sommer ist die Terrasse zu Recht ein echter Anziehungspunkt! Mittags bietet man nur ein Lunchbuffet.

In Heidelberg-Handschuhsheim Nord: 3 km über Stadtplan : B1, Richtung Weinheim

Das Lamm
Pfarrgasse 3 ✉ *69121* – ✆ *(06221) 4 79 30 – www.lamm-heidelberg.de*
13 Zim – **🕴108/215 €** **🕴🕴128/215 €**, 15 € – ½ P
Rest – Menü 39/119 € – Karte 32/77 € – *(geschl. Montag - Dienstag) (Mittwoch - Freitag nur Abendessen)* (Tischbestellung ratsam)
Rest *Lämmchen* – Karte 28/47 €
Das ist schon ein wahres Kleinod, das Familie Fuhs hier betreibt. Historie, wohin man schaut (immerhin ist das Anwesen 350 Jahre alt), hübsche wohnliche Zimmer mit Dielenböden, überall im Haus Antiquitäten und Kunst, ein toller Innenhof, der geradezu prädestiniert ist für Veranstaltungen aller Art... Liebenswert auch das Restaurant mit gehobener Küche sowie das Lämmchen, in dem es etwas legerer und einfacher zugeht. Beide Speisekarten gibt's auch draußen (Hofgarten bzw. Biergarten). Und wenn es mal was ganz Besonderes sein darf: Rittermahl einschließlich Armbrustschießen im schönen Kellergewölbe von 1660.

Cesarino
Handschuhsheimer Landstr. 118 ✉ *69121* – ✆ *(06221) 43 44 41 – geschl. 1. - 15. Januar, 27. Juli - 20. August und Sonntag*
Menü 35/50 € – Karte 37/54 € – *(nur Abendessen)*
Freunde von angenehm schnörkelloser und authentischer italienischer Küche sollten Tamara und Cesario Percoco in ihrem eleganten Restaurant an der Ecke besuchen. Antipasti und Pastagerichten sind hier immer ein guter Tipp!

Ai Portici

Rottmannstr. 2 (Eingang Steubenstraße) ✉ 69121 – ✆ (06221) 47 28 17 – www.ai-portici.de – geschl. Anfang August 3 Wochen und Dienstag
Menü 17 € (mittags)/46 € – Karte 27/54 €
Nach umfassender Renovierung kommt das Restaurant von Antonio Marino deutlich moderner daher, unverändert (sehr zur Freude der Gäste!) sind dagegen die frische italienische Küche und der freundlich-familiäre Service!

In Heidelberg-Kirchheim Süd-West: 3 km über Speyerer Straße Stadtplan : A2

Pleikartsförster Hof

Pleikartsförster Hof 5 ✉ 69124 – ✆ (06221) 77 60 39 – www.pleikartsfoersterhof-heidelberg.de – geschl. 30. Dezember - 9. Januar, 1. - 14. September und Montag - Dienstag
Menü 32 € (mittags)/76 € – Karte 34/62 € – *(Mittwoch - Samstag nur Abendessen)*
Sie mögen es auch gerne mal ein bisschen ländlicher? Etwa 10 Minuten von der Altstadt hat Familie Ludwig/Schwarz ein wirklich nettes Restaurant - im Winter sind die gemütlichen Plätze am Ofen begehrt, im Sommer die im Innenhof! Der Patron kocht schmackhaft, zeitgemäß und mit frischen Produkten, das Ergebnis sind z. B. "Hummer-Hähnchen mit Curry von grünen Tomaten" oder "gebratener Rochenflügel mit Meerrettich und Kapern".

In Heidelberg-Pfaffengrund West: 3,5 km über Alte Eppelheimer Straße Stadtplan : E2

Neu Heidelberg

Kranichweg 15 ✉ 69123 – ✆ (06221) 7 38 20 – www.neu-heidelberg.de
44 Zim – †59/179 € ††69/199 €, ☕ 10 €
Rest – Karte 18/41 € – *(geschl. Weihnachten - 6. Januar, August und Sonntag) (nur Abendessen)*
Nach Um-/Anbau präsentiert sich der gepflegte Familienbetrieb (inzwischen in 3. Generation) mit zwei Gesichtern: modern der Hallenbereich und die schicken und technisch erstklassig ausgestatteten Komfortzimmer, einfachere Kategorien im Altbau. Zum Essen (bürgerliche Küche) geht man in die behagliche Brunnenstube. Praktisch: Von hier aus ist man schnell auf der Autobahn und auch der Bahnhof ist gut zu erreichen.

HEIDENHEIM an der BRENZ

Baden-Württemberg – 48 120 Ew. – Höhe 504 m – Siehe Regionalatlas **56-I19**
Berlin 583 km – Stuttgart 82 km – Augsburg 90 km – Nürnberg 132 km
Michelin Straßenkarte 545

Schlosshotel Park Consul

Hugo-Rupf-Platz 2 ✉ 89522 – ✆ (07321) 3 05 30 – www.pcheidenheim.consul-hotels.com
113 Zim ☕ – †154/164 € ††174/184 € – 2 Suiten – ½ P
Rest *Brasserie Saison* – Menü 39/61 € – Karte 35/48 € – *(geschl. Montag)*
Rest *SchlossWirtschaft* – Menü 28 € – Karte 24/40 €
Direkt neben dem Schloss, gegenüber dem Naturtheater und angeschlossen an das Kongresszentrum liegt das komfortable und zeitgemäße Hotel wirklich günstig. Der Rahmen ist großzügig, die Zimmer sind modern (alle übrigens mit Stepper ausgestattet), die Schlosssuiten mit Balkon und Schlossblick. In der Brasserie Saison serviert man internationale Küche, deutlich regionaler wird es in der SchlossWirtschaft.

In Steinheim am Albuch West: 6 km über B 466

Zum Kreuz

Hauptstr. 26 ✉ 89555 – ✆ (07329) 9 61 50 – www.kreuz-steinheim.de
45 Zim ☕ – †84/108 € ††99/139 € – ½ P **Rest** – Menü 25 € – Karte 20/44 €
Der gewachsene Familienbetrieb ist ganz auf den Businessgast zugeschnitten. Die Zimmer sind geradlinig im Stil und mit aktueller Technik ausgestattet. In gemütlichen Restauranträumen (rustikal oder modern) serviert man überwiegend regionale Küche, zum Entspannen hat man einen schönen Saunabereich.

HEIDESHEIM am RHEIN

Rheinland-Pfalz – 7 300 Ew. – Höhe 100 m – Siehe Regionalatlas **47-E15**
Berlin 587 km – Mainz 17 km – Neustadt a.d. Weinstraße 100 km – Wiesbaden 18 km
Michelin Straßenkarte 543

Gourmetrestaurant Dirk Maus

Sandhof 7 ✉ 55262 – ✆ (06132) 4 36 83 33 – www.dirk-maus.de – geschl. Montag - Dienstag,
Menü 85/120 € – *(nur Abendessen)*
Mit diesem denkmalgeschützten Anwesen von 1200 (später Zehntscheune der Abtei Eberbach) hat Dirk Maus ein wirklich tolles Objekt gefunden, um sich seinen persönlichen Traum zu erfüllen. Dieselbe Leidenschaft, mit der er das geschmackvolle kleine Gourmetrestaurant geschaffen hat (chic der Mix aus alten Bruchsteinwänden und moderner Geradlinigkeit), steckt auch in seiner feinen klassisch basierten Küche. Da darf natrülich auch der kompetente und herzliche Service nicht fehlen.
→ Kalb, Ziegenkäse, Champignon. Taube in Brot, Birne, Trüffel. Rinderlende, Mais, Sellerie.
Rest *Landgasthaus Sandhof* – siehe Restaurantauswahl

Landgasthaus Sandhof – Gourmetrestaurant Dirk Maus

Sandhof 7 ✉ 55262 – ✆ (06132) 4 36 83 33 – www.dirk-maus.de – geschl. Montag - Dienstag
Menü 35/45 € – Karte 36/75 € – *(Mittwoch - Freitag nur Abendessen)*
Ein kleines bisschen legerer ist die Atmosphäre im zweiten Maus'schen Restaurant. Hier wird man aber nicht weniger charmant umsorgt und die Küche ist mit "Blutwurststrudel auf Rahmsauerkraut" oder "Kalbsfilet und Stangenspargel" eine echte Alternative zum Gourmetangebot.

HEIGENBRÜCKEN

Bayern – 2 220 Ew. – Höhe 274 m – Siehe Regionalatlas **48-H15**
Berlin 542 km – München 350 km – Würzburg 71 km – Aschaffenburg 26 km
Michelin Straßenkarte 546

Villa Marburg im Park (mit Gästehaus)

Rest, Rest,

Werner-Wenzelstr. 1 ✉ 63869 – ✆ (06020) 97 99 90 – www.villa-marburg.de
35 Zim – †95/100 € ††125/130 € – 4 Suiten – ½ P
Rest – Menü 15/74 € – Karte 30/44 € – *(geschl. Anfang Januar 2 Wochen und Sonntagabend)*
Rest *Culinaricum by U* – Menü 74 € – *(geschl. Sonntag - Dienstag) (nur Abendessen)* (Tischbestellung ratsam)
Wohnlich-elegant hat man es in der Villa a. d. 19. Jh. nebst modernem Anbau. Für Ihre Freizeit: u. a. Massage und Kosmetik, Indoor-Golf-Simulator oder auch das 100 m entfernte Naturschwimmbad (für Hausgäste kostenfrei). Und gastronomisch? Parkrestaurant und gemütliche Weinstube mit Sandsteingewölbe. Die Gourmet-Variante: Culinaricum by U.

Landgasthof Hochspessart

Lindenallee 40 ✉ 63869 – ✆ (06020) 9 72 00 – www.hochspessart.de
34 Zim – †54/70 € ††88/110 € – ½ P
Rest – Menü 18 € (mittags)/32 € – Karte 17/35 €
Sie wandern im Naturschutzgebiet Spessartwiesen, radeln auf hauseigenen Fahrrädern durch herrliche Wälder oder besuchen den Kletterpark im Ort. Zurück im Hotel warten sehr gepflegte, wohnliche Zimmer, ein gutes Frühstück und regionale Küche auf Sie - und ein Chef mit einem Faible für Wein!

HEILBRONN

Baden-Württemberg – 124 260 Ew. – Höhe 157 m – Siehe Regionalatlas **55-G17**
Berlin 591 km – Stuttgart 60 km – Heidelberg 68 km – Karlsruhe 94 km
Michelin Straßenkarte 545

insel hotel

Willy-Mayer-Brücke (über Kranenstraße) ✉ 74072 – ✆ (07131) 63 00 – *www.insel-hotel.de* Stadtplan : A1**r**

120 Zim – 129/169 € 159/199 € – 5 Suiten – ½ P

Rest ***Schwäbisches Restaurant*** – siehe Restaurantauswahl

An ein Schiff erinnert das Inselgrundstück im Neckar, auf dem das im klassischen Stil gehaltene Hotel mit seinen unterschiedlichen Zimmern und einem beliebten Restaurant liegt. Die Gastgeber sind bereits in der 3. Generation Gastronomen.

Park-Villa garni (mit Gästehaus)

Gutenbergstr. 30 ✉ *74074* – ✆ *(07131) 9 57 00* – *www.hotel-parkvilla.de* – *geschl. 24. Dezember - 3. Januar* Stadtplan : B2**p**

25 Zim – 94/115 € 125/145 €

Eine schmucke Villa von 1912 samt hübscher Dependance und individueller Zimmer, zu finden in einer angenehmen Wohngegend. Wundern Sie sich nicht, wenn Sie im Garten einen Geparden sehen! Das ist Sammy, er gehört ebenso zum Haus wie die eigenen Schnee-Eulen und die Fische im Teich.

TraumRaum

Zim,

Bahnhofstr. 31 ✉ *74072* – ✆ *(07131) 5 91 92 40* – *www.hotel-traumraum.de* Stadtplan : A1**t**

21 Zim – 85/115 € 115/149 €

Rest – Karte 22/43 € – *(geschl. Sonntag - Montag) (nur Abendessen)*

Eindeutig der Hotspot der Heilbronner Hotellerie: Detailgenau und hochwertig, machen die traumhaften Räume Lust auf das exotische Bangkok, das aparte Island, das farbenprächtige Rio de Janairo...! Syndey werden Sie sofort erkennen!

XX **Schwäbisches Restaurant** – Insel-Hotel
Willy-Mayer-Brücke (über Kranenstraße) ✉ 74072 Stadtplan : A1**r**
– ✆ (07131) 63 00 – www.insel-hotel.de
Karte 37/61 €
Familie Mayer betreibt ihr Restaurant persönlich und engagiert - einer der Gründe, warum es in der Umgebung sehr geschätzt ist. Auf der Karte finden sich regionale und internationale Speisen, vor dem Haus eine schöne Terrasse unter Palmen.

XX **Allegro da Umberto**
Kranenstr. 14 ✉ 74072 – ✆ (07131) 9 19 99 05 Stadtplan : A1**b**
– www.da-umberto.com – geschl. Sonntag - Montag
Menü 52/72 € – Karte 40/62 € – *(nur Abendessen)* (Tischbestellung ratsam)
Wo mittags unter dem Namen "Melaverde" die Gäste des Science Centers "experimenta" im SB-Bistro-Stil bewirtet werden, erwartet Sie am Abend in einem völlig umgestalteten Restaurant ein klassisch italienisches Angebot! Sehr schöne Terrasse.

X **Bachmaier**
Untere Neckarstr. 40 ✉ 74072 – ✆ (07131) 6 42 05 60 Stadtplan : A1**c**
– www.restaurant-bachmaier.de – geschl. Weihnachten - Anfang Januar 2 Wochen, Juni 2 Wochen und Sonntag - Dienstagmittag, Samstagmittag sowie an Feiertagen
Menü 30 € (mittags)/51 € – (Tischbestellung ratsam)
Sehr nett ist dieses modern in warmen Farben gehaltene Restaurant, schmackhaft die saisonale Küche des oberbayerischen Patrons - mittags wie abends ein variables Menü. Die Chefin managt kompetent den Service, gut die offene Weinbegleitung.

X **Trattoria da Umberto**
Schellengasse 16 ✉ 74072 – ✆ (07131) 7 24 76 55 Stadtplan : B1**a**
– www.da-umberto.com – geschl. 3. - 31. August und Montag
Karte 23/44 € – *(nur Abendessen)*
Etwas versteckt in einer Seitengasse liegt die nette Trattoria mit hübscher begrünter Terrasse. Geboten wird italienische Küche à la Mamma - am Herd steht die sympathische Mutter des Chefs.

In Heilbronn-Böckingen West: 2 km über Südstraße Stadtplan : A2

XX **Rebstock la petite Provence**
Eppinger Str. 43 (Ecke Ludwigsburger Straße) ✉ 74080 – ✆ (07131) 4 05 43 51 – www.rebstock-provence.de – geschl. Anfang Januar 2 Wochen, Juli - September 2 Wochen und Sonntag - Montag
Menü 35/75 € – *(nur Abendessen)*
Ein schöner 2-Mann-Betrieb (genauer gesagt Mann-Frau-Betrieb): Der aus dem Burgund stammende Dominique Champroux und seine Frau Beate sind ein eingespieltes Team und bieten Ihnen Leckeres wie "Rinderfilet von Mr. Häberle im Thymianbrotmantel mit Kapern-Schokoladenöl". Tipp: Machen Sie doch mal einen Kochkurs!

Sie möchten spontan verreisen? Besuchen Sie die Internetseiten der Hotels, um von deren Sonderkonditionen zu profitieren.

In Heilbronn-Sontheim Süd: 5 km über Wilhelmstraße Stadtplan : A2

XX **Piccolo Mondo**
Hauptstr. 9 ✉ 74081 – ✆ (07131) 25 11 33 – www.piccolo-mondo.org – geschl. 14. - 23. Februar, 17. - 31. August. und Montag - Samstag
Menü 12 € (mittags unter der Woche)/45 € – Karte 22/51 €
Familie Rapisarda umsorgt hier seit über 30 Jahren ihre Gäste, und das mit Hingabe und sympathisch-natürlicher Freundlichkeit! Der Chef kocht selbst - es gibt einfachere Gerichte, darunter auch Pizza, aber auch eine ambitionierte und beliebte Tageskarte. Terrasse unter Weinlauben.

In Flein Süd: 5,5 km über Wilhelmstraße A2

Wo der Hahn kräht

Altenbergweg 11 ✉ 74223 – ✆ (07131) 5 08 10 – www.wo-der-hahn-kraeht.de
38 Zim – 89/99 € 105/129 €
Rest *Wo der Hahn kräht* – siehe Restaurantauswahl
Rest *Gaststube* – Karte 17/48 €
Mitten in den Weinbergen befindet sich das gewachsene Hotel mit Weingut. Die Gästezimmer sind wohnlich in ländlich-rustikalem Stil eingerichtet. Neben dem Restaurant hat man noch die Gaststube mit bürgerlichem Angebot.

Wo der Hahn kräht – Hotel Wo der Hahn kräht

Altenbergweg 11 ✉ 74223 – ✆ (07131) 5 08 10 – www.wo-der-hahn-kraeht.de
Karte 28/49 €
Die Gebrüder Schick sind in dem ruhig gelegenen Hotel für das Restaurant verantwortlich. Einst die Hühnerfarm ihrer Eltern, ist das Haus heute bekannt für gute Küche. In rustiklaer Atmosphäre lässt man es sich bei der ambitionierten regionalen und teilweise auch mediterranen Küche von Felix Schick gut gehen!

In Leingarten West: 7 km über Südstraße A2

Löwen

Heilbronner Str. 43 ✉ 74211 – ✆ (07131) 40 36 78 – www.uwe-straub.de – geschl. 1. - 6. Januar, über Fasching 1 Woche und Sonntag - Montag
Menü 79/89 € – Karte 48/76 € – *(nur Abendessen)* (Tischbestellung ratsam)
Uwe Straub kümmert sich um den Service, steht am Herd und berät seine Gäste immer mal gerne selbst in Sachen Wein - ein Gastronom im besten Sinne also! Die Küche ist klassisch orientiert, aber auch mit modernen Ideen gespickt, und so passt sie gut zur aufgefrischten und verjüngten Einrichtung!
Rest *Dorfkrug* – siehe Restaurantauswahl

Dorfkrug – Restaurant Löwen

Heilbronner Str. 43 ✉ 74211 – ✆ (07131) 40 36 78 – www.uwe-straub.de – geschl. 1. - 6. Januar, über Fasching 1 Woche und Montag, Samstagmittag
Karte 24/50 €
"Dorfkrug-Pfännle", "Saure Nierle", "Straub's Schwabenstreich" oder auch die leckere "Crème brûlée mit marinierten Erdbeeren"... Die schwäbische Alternative zum Löwen ist gut, günstig und hat so manchen Stammgast!

HEILBRUNN, BAD

Bayern – 3 780 Ew. – Höhe 682 m – Siehe Regionalatlas **65-L21**
Berlin 650 km – München 63 km – Garmisch-Partenkirchen 46 km – Bad Tölz 8 km
Michelin Straßenkarte 546

Kilian garni

St.-Kilians-Platz 5 ✉ 83670 – ✆ (08046) 91 69 01 – www.hotelkilian.de – geschl. September 2 Wochen
8 Zim – 50/55 € 80 €
Gleich neben dem idyllischen Adelheid-Park befindet sich dieser kleine Familienbetrieb, dessen Gästezimmer sehr gepflegt und recht geräumig sind.

HEILIGENBERG

Baden-Württemberg – 2 850 Ew. – Höhe 726 m – Siehe Regionalatlas **63-G21**
Berlin 718 km – Stuttgart 139 km – Konstanz 36 km – Sigmaringen 38 km
Michelin Straßenkarte 545

Baader mit Zim
Salemer Str. 5 ✉ 88633 – ✆ (07554) 80 20 – www.hotel-baader.de – geschl. Dienstag
15 Zim – 58/78 € 80/112 € – ½ P Menü 32/112 € – Karte 31/63 €
In dem gediegenen Restaurant ist Chefin Emma Baader persönlich mit Leib und Seele bei der Sache und serviert Gerichte wie "Hummermaultäschle mit Blattspinat" oder "Zweierlei vom Guldelamm mit Schupfnudeln und Gemüse". Was Clemens Baader hier so schmackhaft zubereitet, gehört zu seiner gehobenen "Landküche" - alternativ gibt es "Emmas Schmankerl". Für Übernachtungsgäste gratis: Wasser, Früchte, Sauna, Pool... - Zimmer teils mit Balkon.

In Heiligenberg-Steigen West: 2 km

Hack (mit Gästehaus)
Am Bühl 11 ✉ 88633 – ✆ (07554) 86 86 – www.hotel-hack.de – geschl. 12. Januar - 6. Februar, 3. - 23. November
15 Zim – 54/82 € 84/112 € – ½ P
Rest *Hack* – siehe Restaurantauswahl
Hier lässt es sich wirklich gut wohnen: Familie Hügle leitet diesen Gasthof persönlich und mit viel Engagement. Dazu kommen noch die schöne ruhige Lage sowie die modernen und geräumigen Zimmer!

Hack – Hotel Hack
Am Bühl 11 ✉ 88633 – ✆ (07554) 86 86 – www.hotel-hack.de – geschl. 12. Januar - 6. Februar, 3. - 23. November und Montag
Menü 26/34 € – Karte 23/44 € – *(Dienstag - Freitag nur Abendessen)*
Ein freundliches Gasthaus mit hübscher, von Rosen eingerahmter Terrasse. Aufgetischt werden schmackhafte bürgerliche Gerichte, die auch dem großen Hunger gerecht werden. Wild aus heimischer Jagd - z. B. Rehnüsschen in Rotwein-Cassis-Sauce.

HEILIGENDAMM – Mecklenburg-Vorpommern ➜ Siehe Doberan, Bad

HEILIGENHAUS

Nordrhein-Westfalen – 26 470 Ew. – Höhe 190 m – Siehe Regionalatlas **26**-C11
Berlin 549 km – Düsseldorf 30 km – Essen 22 km – Wuppertal 25 km
Michelin Straßenkarte 543

Waldhotel
Parkstr. 38 ✉ 42579 – ✆ (02056) 59 70 – www.wald-hotel.de
86 Zim – 135/194 € 178/270 € – 3 Suiten – ½ P
Rest – Menü 32/85 € – Karte 30/66 € – *(geschl. Sonntag)*
Recht ruhig liegt das komfortable Hotel mit kleinem Tagungszentrum am Waldrand. Die Gästezimmer sind klassisch oder auch ganz modern gestaltet. Vom angenehm hellen Restaurant blickt man in den Garten, in dem sich die Terrasse und ein Pavillon befinden.

HEILIGENSTADT

Thüringen – 16 610 Ew. – Höhe 260 m – Siehe Regionalatlas **29**-I11
Berlin 334 km – Erfurt 126 km – Kassel 63 km – Braunschweig 142 km
Michelin Straßenkarte 544

Am Vitalpark
In der Leineaue 2 ✉ 37308 – ✆ (03606) 6 63 70 – www.hotel-am-vitalpark.de
126 Zim – 94/124 € 124/154 € – 4 Suiten – ½ P
Rest *Theodor Storm* – Karte 21/42 € – *(nur Abendessen)*
Ein modernes Hotel mit Zimmern in mediterranen Farben und großzügiger Halle mit Lounge auf zwei Ebenen. Direkter Zugang zur Bade- und Wellnesslandschaft auf 4000 qm (Sauna kostenpflichtig). Internationales Angebot im Restaurant Theodor Storm mit Wintergarten.

HEILIGENSTADT in OBERFRANKEN

Bayern – 3 610 Ew. – Höhe 304 m – Siehe Regionalatlas **50**-K15
Berlin 394 km – München 231 km – Coburg 70 km – Bayreuth 36 km
Michelin Straßenkarte 546

Heiligenstadter Hof Rest,

Marktplatz 9 ✉ 91332 – ✆ (09198) 7 81 – www.hotel-heiligenstadter-hof.de – geschl. Februar - März 2 Wochen

24 Zim – 45/52 € 74/88 € – ½ P

Rest – Menü 13/28 € – Karte 18/34 €

Das hübsche alte Fachwerkhaus beherbergt wohnliche Zimmer, teils mit sehenswertem Gebälk, funktionelle und größere Zimmer im Anbau. Gemütlich sitzt man im Restaurant mit Kachelofen - die schöne Lage an der Leinleiter genießt man am besten auf der netten Terrasse!

In Heiligenstadt-Veilbronn Süd-Ost: 3 km

Landhaus Sponsel-Regus Rest,

Veilbronn 9 ✉ 91332 – ✆ (09198) 9 29 70 – www.sponsel-regus.de – geschl. Mitte Januar - Mitte Februar 3 Wochen

47 Zim – 53/98 € 120/144 € – 3 Suiten – ½ P

Rest – *(nur Abendessen für Hausgäste)*

Seit 250 Jahren befindet sich dieser gepflegte Gasthof in Familienbesitz. Im Stammhaus sowie in den Häusern Mattstein und Sonneck erwarten Sie wohnliche Zimmer, nett sitzt man in der rustikalen Gaststube mit Kachelofen. Und buchen Sie doch mal eine Massage! Zum Team gehört übrigens auch Hauskatze Schröder.

HEILIGKREUZSTEINACH

Baden-Württemberg – 2 870 Ew. – Höhe 261 m – Siehe Regionalatlas **47-F16**

Berlin 632 km – Stuttgart 119 km – Mannheim 40 km – Heidelberg 21 km

Michelin Straßenkarte 545

In Heiligkreuzsteinach-Eiterbach Nord: 3 km

Goldener Pflug mit Zim

Ortsstr. 40 ✉ 69253 – ✆ (06220) 85 09 – www.goldenerpflug.com – geschl. über Fasching und Montag - Donnerstag

5 Zim – 55/75 € 70/90 €, 13 €

Menü 35/95 € – Karte 30/61 € – *(nur Abendessen, sonntags auch Mittagessen)* (Tischbestellung ratsam)

Besonders zentral liegt der Traditionsgasthof der Familie Heß zwar nicht, doch der Weg hierher lohnt sich, denn in der Gaststube, im eleganten Restaurant und auch auf der schönen Terrasse kann man nach Herzenslust zwischen dem gehobenen Feinschmeckermenü und den bürgerlich-regionalen Gerichten wie "geschmortem Ochsenbäckchen" oder "Duroc-Schweinelendchen in Rahmsauce" wählen. Wer angesichts der guten Weinauswahl ein Gläschen mehr trinken möchte, kann in netten Zimmern übernachten.

HEIMBACH

Nordrhein-Westfalen – 4 430 Ew. – Höhe 206 m – Siehe Regionalatlas **35-B13**

Berlin 634 km – Düsseldorf 91 km – Aachen 64 km – Düren 26 km

Michelin Straßenkarte 543

Klostermühle Zim,

Hengebachstr. 106a ✉ 52396 – ✆ (02446) 8 06 00 – www.hotel-klostermuehle.de – geschl. 3. Januar - 1. Februar

50 Zim – 51/87 € 69/89 € – ½ P **Rest** – Menü 28 € – Karte 18/39 €

Die einstige Wassermühle ist eine ideale Adresse für Besucher des Nationalparks Eifel und des Rursees. Ein familiär geführtes Haus mit wohnlichen Zimmern, teils Maisonetten.

HEIMBUCHENTHAL

Bayern – 2 150 Ew. – Höhe 234 m – Siehe Regionalatlas **48-H15**

Berlin 565 km – München 346 km – Würzburg 66 km – Aschaffenburg 19 km

Michelin Straßenkarte 546

Lamm (mit Gästehäusern)
St.-Martinus-Str. 1 ✉ 63872 – ✆ (06092) 94 40 – www.hotel-lamm.de
75 Zim – 85/100 € 102/130 € – ½ P
Rest – Menü 15 € (mittags)/45 € – Karte 22/49 €
Im Ortskern neben der Kirche steht der zu einem zeitgemäßen Hotel gewachsene Gasthof. Sehr hübsch sind die Palais-Zimmer mit klassisch-elegantem Ambiente. Neuzeitlicher Spa und Restauranträume in rustikalem Stil.

Panorama Hotel
Am Eichenberg 1 ✉ 63872 – ✆ (06092) 60 70 – www.panoramahotel.de
35 Zim – 70/85 € 120/140 € – ½ P
Rest – Menü 13/16 € – Karte 16/42 €
Die erhöhte Lage beschert den Gästen eine schöne Aussicht - von den meisten Zimmern (auch Appartements), vom Wintergarten und der Terrasse oder auch vom hübschen Ruheraum. Jede Menge Action bringen der nahe Hochseilgarten für Gruppen oder Segway-Touren!

In Heimbuchenthal-Heimathen Süd-West: 1,5 km

Heimathenhof (mit Gästehaus) Rest, Rest,
Heimathenhof 2 ✉ 63872 – ✆ (06092) 9 71 50
– www.heimathenhof.com
45 Zim – 74/95 € 125/145 € – ½ P
Rest – Menü 11 € (mittags unter der Woche)/23 € – Karte 20/33 €
In ruhiger Lage, umgeben von einer schönen waldreichen Landschaft erwarten Sie freundliche und engagierte Gastgeber, komfortable Zimmer und ein moderner Sauna- und Badebereich. Zum Restaurant gehört eine Terrasse mit toller Aussicht.

HEINSBERG

Nordrhein-Westfalen – 40 790 Ew. – Höhe 38 m – Siehe Regionalatlas **35**-A12
Berlin 617 km – Düsseldorf 69 km – Aachen 36 km – Mönchengladbach 33 km
Michelin Straßenkarte 543

In Heinsberg-Randerath Süd-Ost: 8 km, jenseits der A 46

Burgstuben Residenz - St. Jacques (Rainer Hensen)
Feldstr. 50 ✉ 52525 – ✆ (02453) 8 02 – www.burgstuben-residenz.de – geschl. Juli - August 2 Wochen und Montag - Dienstag
Menü 69/135 € – *(nur Abendessen, sonntags auch Mittagessen)* (Tischbestellung ratsam)
Durch die Weingalerie gelangen Sie in das Restaurant, nehmen im elegant-modernen Wintergarten Platz und folgen den trefflichen Empfehlungen des Sommeliers, die eine schöne Begleitung sind für die auf Bio-Kulinarik basierende klassische Küche von Rainer Hensen. In seinen bewusst bodenständigen, klar strukturierten und kraftvollen Gerichten findet sich z. B. das Duroc-Schwein aus eigener Zucht. Interessant: der Blick in die Küche!
→ Risotto mit Jakobsmuscheln, Champagnerschaum und Rotweinbutter. Zander mit Kartoffelkruste, Spinat, Weißweinsauce und Bouillabaisse Butter. Rehrücken im Walnussmantel, Burgunderjus, Kartoffelblini, Rosenkohlblätter.

In Heinsberg-Unterbruch Nord-Ost: 3 km, über B 221 Richtung Wassenberg

Altes Brauhaus N
Wurmstr. 4 ✉ 52525 – ✆ (02452) 6 10 35 – www.altesbrauhaus-heinsberg.de – geschl. Montag, Samstagmittag
Menü 34/39 € – Karte 38/53 €
1779 steht über dem Eingang des "Alten Brauhauses", in dem nie Bier gebraut wurde. Stattdessen gibt es heute schmackhafte regional-klassische Speisen (gerne auch vegetarisch), am Herd steht Ute Weishaupt, die das schöne historische Haus gemeinsam mit ihrer Schwester Elke leitet. Sehenswert die elegant-traditionellen Stuben mit kostbarer Holztäfelung und Schnitzereien.

Außerhalb Süd: 4 km, an der B 221 Richtung Geilenkirchen

Janses Mattes

Janses Mattes 1 ✉ 52525 Heinsberg – ✆ (02452) 2 20 56 – www.jansesmattes.de – geschl. Juli - August 3 Wochen und Montag - Dienstag
Menü 28/50 € – Karte 28/41 €
Das gepflegte Gasthaus ist eines der ältesten in der Gegend und seit jeher eine beliebte Adresse für regional-internationale Küche. Auch wenn sich das Restaurant an einer stark befahrenen Straße befindet, kann man dennoch schön draußen essen, denn die Terrasse liegt nach hinten!

HEITERSHEIM

Baden-Württemberg – 6 100 Ew. – Höhe 254 m – Siehe Regionalatlas **61-D21**
Berlin 821 km – Stuttgart 223 km – Freiburg im Breisgau 23 km – Basel 48 km
Michelin Straßenkarte 545

Landhotel Krone

Hauptstr. 12 ✉ 79423 – ✆ (07634) 5 10 70 – www.landhotel-krone.de
33 Zim – 75/98 € 106/146 € – 3 Suiten – ½ P
Rest *Landhotel Krone* – siehe Restaurantauswahl
Zuvorkommende Gästebetreuung wird bei Familie Rottmann-Thoma groß geschrieben. Die Zimmer in dem liebevoll eingerichteten historischen Gasthaus sind wohnlich-elegant, ein ansprechender Kontrast dazu die geradlinig-modernen Appartements im Wellnesshaus.

OX Hotel

Im Stühlinger 10 ✉ 79423 – ✆ (07634) 6 95 58 55 – www.oxhotel.de
24 Zim – 66 € 88 € **Rest** – Karte 24/65 €
Vor allem junges Publikum spricht die gelungene Kombination von historischem Rahmen und modernem Interieur an. Die Zimmer sind trendig und klar im Design, W-Lan bietet man kostenfrei. Restaurant im Bistrostil.

Löwen

Hauptstr. 3 ✉ 79423 – ✆ (07634) 55 04 90 – www.loewen-heitersheim.de
23 Zim – 65/75 € 85/95 € – ½ P
Rest – Menü 25/48 € – Karte 24/57 € – *(geschl. Freitagmittag, Sonntagabend - Montag)*
Der 400 Jahre alte Gasthof wird in der 7. Generation von der Familie geführt und ist sehr gepflegt. Im Anbau sind die Zimmer neuzeitlich-wohnlich, im Stammhaus etwas einfacher. Bürgerlich-saisonale Kost in der Gaststube, im Sommer auch auf der Gartenterrasse.

Landhotel Krone – Landhotel Krone

Hauptstr. 12 ✉ 79423 – ✆ (07634) 5 10 70 – www.landhotel-krone.de – geschl. Dienstag - Mittwochmittag
Menü 20 € (mittags)/52 € – Karte 29/55 €
Frische und Geschmack... das ist Ihnen bei Gerichten wie "gekochtem Ochsenfleisch mit Spitzkohl und Rösti" sicher. Und damit auch die Atmosphäre stimmt, hat man die Stuben gemütlich gestaltet - ganz besonders heimelig ist es am Kachelofen!

HELGOLAND (INSEL)

Schleswig-Holstein – ✉ 27498 – 1 140 Ew. – Höhe 40 m – Siehe Regionalatlas **8-E3**
Berlin 419 km – Hannover 223 km – Cuxhaven 2 km
Michelin Straßenkarte 541

Auf dem Unterland

Rickmers Insulaner

Zim,

Am Südstrand 2 ✉ 27498 – ✆ (04725) 8 14 10 – www.insulaner.de
48 Zim – 99/129 € 119/229 € – 2 Suiten – ½ P
Rest *Galerie* – ✆ (04725) 81 41 25 – Menü 36/63 € – Karte 37/69 € – *(nur Abendessen)*
An der Promenade liegt das Hotel mit hübschem Garten und wohnlichen, nach Inseln benannten Zimmern. Suiten mit Kitchenette. Nett ist der Private Spa im UG. Galerie nennt sich das mit Gemälden und Skulpturen dekorierte Restaurant.

Hanseat garni

Am Südstrand 21 ✉ 27498 – ✆ (04725) 6 63 – www.hanseat-helgoland.de – geschl. 3. November - 15. März

20 Zim – 69/123 € 112/145 €

In der 3. Generation wird das gepflegte Hotel an der Landungsbrücke als Familienbetrieb geführt. Auch Appartements werden angeboten. Den hausgemachten Kuchen genießt man am besten auf der netten kleinen Terrasse!

Strandhotel Helgoland garni

Am Südstrand 16-17 ✉ 27498 – ✆ (04725) 8 15 30 – www.strandhotel-helgoland.de – geschl. November - Februar

24 Zim – 62/105 € 99/140 € – 5 Suiten

Schön hat man es in dem Hotel direkt an der Strandpromande, die Zimmer sind wohnlich in warmen Farben gehalten, die meisten liegen zum Meer hin! Wer es gerne großzügiger hat, bucht eines der Appartements.

HELLENTHAL

Nordrhein-Westfalen – 8 170 Ew. – Höhe 400 m – Siehe Regionalatlas **35**-B13

Berlin 645 km – Düsseldorf 109 km – Aachen 56 km – Düren 44 km

Michelin Straßenkarte 543

Pension Haus Berghof

Bauesfeld 16 ✉ 53940 – ✆ (02482) 71 54 – www.hotel-berghof-hellenthal.de

10 Zim – 45/47 € 72/77 €

Rest – *(geschl. Sonntag) (nur Abendessen für Hausgäste)*

Ein gepflegter kleiner Familienbetrieb mit behaglichen Zimmern, die teilweise über Balkon oder Terrasse verfügen. Sie frühstücken in gemütlicher Wohnzimmer-Atmosphäre.

HELLWEGE – Niedersachsen ➜ Siehe Rotenburg (Wümme)

HELMBRECHTS

Bayern – 8 770 Ew. – Höhe 616 m – Siehe Regionalatlas **51**-M14

Berlin 320 km – München 277 km – Hof 25 km – Bayreuth 43 km

Michelin Straßenkarte 546

In Helmbrechts-Edlendorf Ost: 3,5 km Richtung Reuthlas

Ostermaier's Waldeck mit Zim

Edlendorf 12 ✉ 95233 – ✆ (09252) 72 73 – www.ostermaiers-waldeck.de

6 Zim – 59 € 75 € Menü 25/50 € – Karte 17/61 €

Durch und durch charmant - von der schönen Lage auf dem Land über liebenswerte individuelle Zimmer bis zu gemütlich dekorierten Gasträumen nebst hübschem Biergarten. Auf der Karte: französische Fischsuppe, Frankenwaldforelle, argentinisches Rind vom Grill... Auch für Hochzeitsfeiern eine beliebte Adresse!

HEMMINGEN – Niedersachsen ➜ Siehe Hannover

HENNEF (SIEG)

Nordrhein-Westfalen – 46 350 Ew. – Höhe 67 m – Siehe Regionalatlas **36**-C13

Berlin 606 km – Düsseldorf 79 km – Köln 42 km – Mainz 153 km

Michelin Straßenkarte 543

In Hennef-Heisterschoß Nord-Ost: 7 km, über B 478 Richtung Waldbröhl, in Bröl links nach Happerschloss abbiegen

Sängerheim - Das Restaurant

Teichstr. 9 ✉ 53773 – ✆ (02242) 34 80 – www.das-saengerheim.de – geschl. über Karneval 10 Tage und Mittwoch

Menü 39/45 € – Karte 35/48 € – *(Montag - Samstag nur Abendessen, außer an Feiertagen)*

Stilvoll-modernes Ambiente, sympathische Gastgeber und gute, frische Küche. Letztere gibt es z. B. als "Spargelterrine mit Entenei" oder als "Ballotine von der Maispoularde mit hausgemachten Gnocchi". Mittags nur auf Reservierung!

HEPPENHEIM an der BERGSTRASSE

Hessen – 25 210 Ew. – Höhe 106 m – Siehe Regionalatlas **47-F16**
▶ Berlin 596 km – Wiesbaden 69 km – Mannheim 29 km – Darmstadt 33 km
Michelin Straßenkarte 543

Villa Boddin garni

Großer Markt 3 ✉ 64646 – ✆ (06252) 6 89 70 – www.villa-boddin.de
10 Zim ☕ – †70/85 € ††105/125 €
Schön fügt sich das kleine Hotel in die Altstadt mit ihren schönen Fachwerkhäusern ein. Gelungen hat man Mauerwerk und alte Holzbalken mit hochwertiger elegant-mediterraner Einrichtung kombiniert. Frühstück mit Blick auf den Marktplatz.

Goldener Engel (mit Gästehaus)

Großer Markt 2 ✉ 64646 – ✆ (06252) 25 63 – www.goldener-engel-heppenheim.de – geschl. 20. Dezember - 10. Januar
20 Zim ☕ – †67/72 € ††92/99 € – ½ P
Rest – Karte 18/42 € – *(November - März: Montag - Samstag nur Abendessen, Sonntag nur Mittagessen)*
Das hübsche Fachwerkhaus liegt mitten in der Altstadt und wird bereits seit 1782 als Familienbetrieb geführt. Freuen Sie sich auf moderne und wohnliche Zimmer, von einigen schaut man zum Marktplatz. Im Restaurant isst man bürgerlich.

HERBORN (LAHN-DILL-KREIS)

Hessen – 20 490 Ew. – Höhe 223 m – Siehe Regionalatlas **37-F13**
▶ Berlin 531 km – Wiesbaden 118 km – Siegen 68 km – Gießen 38 km
Michelin Straßenkarte 543

Gutshof

Austr. 81 ✉ 35745 – ✆ (02772) 5 75 57 40 – www.gutshof-herborn.de – geschl. 1. - 11. Januar
42 Zim ☕ – †89/99 € ††119/156 € – ½ P
Rest – Menü 18 € (mittags)/38 € – Karte 19/26 € – *(geschl. 1. - 8. Januar)*
Der behutsam restaurierte ehemalige Bauernhof vereint heute modernen Hotelkomfort mit dem ansprechenden, bewusst erhaltenen Gutshofcharakter der Anlage. Rustikales Lokal mit Brauerei im einstigen Stall gegenüber dem Hotel. Großer Biergarten und Kinderspielplatz.

In Breitscheid-Gusternhain Süd-West: 10 km über B 255 Richtung Montabaur

Ströhmann

Zim,
Gusternhainer Str. 11 ✉ 35767 – ✆ (02777) 3 04 – www.hotel-stroehmann.de
12 Zim ☕ – †45/55 € ††75 € **Rest** – Karte 10/39 € – *(geschl. Mittwoch)*
Ein kleines Hotel in ländlicher Umgebung, in dem Sie gepflegte, neuzeitlich eingerichtete Gästezimmer und ein hübsch mit Stuck verzierter Frühstücksraum erwarten. In der Küche der rustikalen Gaststube verwendet man Produkte aus der hauseigenen Metzgerei.

HERFORD

Nordrhein-Westfalen – 63 790 Ew. – Höhe 65 m – Siehe Regionalatlas **28-F9**
▶ Berlin 373 km – Düsseldorf 192 km – Bielefeld 18 km – Hannover 91 km
Michelin Straßenkarte 543

Zur Fürstabtei garni

Elisabethstr. 9 ✉ 32052 – ✆ (05221) 2 75 50 – www.fuerstabtei.de – geschl. über Weihnachten - Anfang Januar
20 Zim ☕ – †85 € ††115 €
Das a. d. 17. Jh. stammende Fachwerkhaus beherbergt heute hübsche wohnliche Gästezimmer, teilweise mit hohen Decken. Stilvolles Ambiente erwartet Sie im Frühstücksraum.

Hansa garni

Brüderstr. 40 ✉ 32052 – ✆ (05221) 5 97 20 – www.hotel-hansa-herford.de
19 Zim ☕ – †65/85 € ††88/99 €
Mitten in der Fußgängerzone gelegenes kleines Hotel mit solide eingerichteten Zimmern und einem gemütlichen Café, das morgens als Frühstücksraum dient.

Am Osterfeuer

Hellerweg 35 ✉ *32052 – ✆ (05221) 7 02 10 – www.am-osterfeuer.de – geschl. Montag - Dienstag*

Menü 40 € – Karte 32/51 € – *(Mittwoch - Samstag nur Abendessen)*

Hans-Jörg Dunker kocht mit Geschmack Gerichte wie "Gegrillter Rücken vom Iberico Schwein an Frühlingsgemüse" und weist damit auf sein Faible für die mediterrane Küche hin, die allerdings den regionalen Bezug nicht verliert.

Die Alte Schule

Holland 39 ✉ *32052 – ✆ (05221) 5 15 58 – www.restaurantalteschule.com*

Menü 25/45 € – Karte 36/51 € – *(nur Abendessen)*

In dem Fachwerkhaus a. d. 17. Jh. befindet sich auf zwei Ebenen dieses sympathische behagliche Restaurant mit ungezwungener Atmosphäre, geschultem Service und guter internationaler Küche.

In Herford-Schwarzenmoor

Vivendi

Zim,

Paracelsusstr. 14 ✉ *32049 – ✆ (05221) 92 00 – www.vivendi-hotel.de – geschl. August*

23 Zim – †75/95 € ††102/125 €, ☕ 7 € – ½ P

Rest *Aureus* – Menü 39/66 € – Karte 37/71 € – *(nur Abendessen, sonntags auch Mittagessen)*

Sehr sauber und gepflegt ist dieses freundlich-familiär geführte Haus im westfälischen Stil. Die Gästezimmer sind praktisch eingerichtet. Bürgerliches Angebot im Restaurant.

In Hiddenhausen - Schweicheln-Bermbeck Nord: 6 km

Freihof

Herforder Str. 118 (B 239) ✉ *32120 – ✆ (05221) 9 94 49 90 – www.hotel-freihof.de*

35 Zim ☕ – †59/87 € ††95/105 € – ½ P

Rest – Karte 18/38 € – *(geschl. Sonntagabend)*

In dem von der Familie gut geführten Landhotel stehen solide eingerichtete Gästezimmer bereit, von denen viele über einen Balkon verfügen. Zum Restaurant gehört eine nette kleine Terrasse vor dem Haus.

HERINGSDORF – Mecklenburg-Vorpommern ➜ Siehe Usedom (Insel)

HERLESHAUSEN

Hessen – 2 930 Ew. – Höhe 210 m – Siehe Regionalatlas **39-I12**

Berlin 367 km – Wiesbaden 212 km – Kassel 73 km – Bad Hersfeld 49 km

Michelin Straßenkarte 543

In Herleshausen-Holzhausen Nord-West: 8 km über Nesselröden

Hohenhaus

Hohenhaus ✉ *37293 – ✆ (05654) 98 70 – www.hohenhaus.de – geschl. Anfang Januar - Anfang Februar*

26 Zim – †120/190 € ††220/280 €, ☕ 20 € – ½ P

Rest *Hohenhaus* – siehe Restaurantauswahl

Man muss es inmitten des weitläufigen hauseigenen Wald- und Wiesengebiets erst einmal finden, doch es lohnt sich, denn das einstige Rittergut a. d. 16. Jh. ist ein wahres Idyll und ein komfortables Hotel mit klassisch-gediegenen Zimmern und sehr gutem Service. Abends lässt es sich schön am Kamin verweilen.

Hohenhaus – Hotel Hohenhaus

Hohenhaus ✉ *37293 – ✆ (05654) 98 70 – www.hohenhaus.de – geschl. Anfang Januar - Anfang Februar und Sonntagabend - Dienstagmittag*

Menü 56/119 € – Karte 55/62 €

So niveauvoll wie das geschmackvolle Hotel ist auch das elegant-rustikale Restaurant mit Ingo Bocklers klassischer Küche. Herzstück ist der tolle Kachelofen a. d. 18. Jh. Kompetent der Service samt trefflicher Weinberatung.

HERMESKEIL

Rheinland-Pfalz – 5 630 Ew. – Höhe 540 m – Siehe Regionalatlas **45-C16**
Berlin 699 km – Mainz 135 km – Trier 39 km – Bonn 160 km
Michelin Straßenkarte 543

In Neuhütten Süd-Ost: 8 km über Züsch

Le temple (Christiane und Oliver Detemple-Schäfer) mit Zim

Saarstr. 2 ✉ 54422 – ✆ (06503) 76 69 – www.le-temple.de – geschl. Juli 3 Wochen und Mittwoch

6 Zim – 55/65 € 90 €

Menü 92/132 € – *(nur Abendessen, Sonntag sowie an Feiertagen auch Mittagessen)* (Tischbestellung ratsam)

Wenn Christiane Detemple-Schäfer in dem geradlinig-eleganten Restaurant in der Küche steht, ist auch ihr Mann Oliver Schäfer mit von der Partie. Das Ergebnis sind klassisch-moderne Gerichte voller Geschmack, Finesse und frischer saisonaler Produkte. Den guten Service genießt man übrigens auch als Übernachtungsgast: geschmackvoll-mediterrane Zimmer, kleine Aufmerksamkeiten, leckeres Frühstück!

➜ Gâteau von der Gänseleber mit grünem Apfel, Sonnenblumenkernen und Joghurt. Côte de boeuf vom US-Beef mit Lauchkruste, Rote Bete, Kaffeejus. Crescendo von Edbeeren, Nüssen und altem Balsamico.

Rest ***Bistro*** – siehe Restaurantauswahl

Bistro – Restaurant Le temple

Saarstr. 2 ✉ 54422 – ✆ (06503) 76 69 – www.le-temple.de – geschl. Juli 3 Wochen und Mittwoch

Menü 30/34 € – Karte 26/43 € – *(nur Abendessen, Sonntag sowie an Feiertagen auch Mittagessen)*

Im Hause Detemple-Schäfer kann man auch etwas bodenständiger essen. An schmackhaften saisonal-regionalen Speisen kommen in dem netten modernen Bistro z. B. "Entenbrust mit Rotkraut und Semmelknödel" oder "Crème Brûlée mit Pistazieneis" auf den Tisch. Am Tresen trifft man sich auch gerne auf ein Bier.

Gute Küche zu moderatem Preis? Folgen Sie dem „Bib Gourmand“. Das freundliche Michelin-Männchen „Bib“ steht für ein besonders gutes Preis-Leistungs-Verhältnis!

HEROLDSBERG

Bayern – 8 270 Ew. – Höhe 362 m – Siehe Regionalatlas **50-K16**
Berlin 433 km – München 177 km – Nürnberg 12 km – Bayreuth 82 km
Michelin Straßenkarte 546

Rotes Roß

Hauptstr. 10 ✉ 90562 – ✆ (0911) 9 56 50 – www.rotesross-heroldsberg.de – geschl. 22. Dezember - 6. Januar

44 Zim – 58/70 € 78/88 € – ½ P

Rest – Karte 18/35 € – *(geschl. 22. Dezember - 6. Januar, 3. - 24. August und Freitag - Samstag) (nur Abendessen)*

Der historische Gasthof ist schon seit 1856 in der Hand der Familie Sörgel. Man renoviert immer wieder, so hat man auch neuere Zimmer. In der Gaststube im alten fränkischen Stammhaus ist der ländliche Charakter natürlich erhalten geblieben. Schön ist im Sommer die Terrasse unter Linden!

Hof 19 garni

Hauptstr. 19 ✉ 90562 – ✆ (0911) 956 99 3 88 – www.hotel-hof19.com

7 Zim – 79/89 € 88/108 €

Hinter dem "Schwarzen Adler" und im selben ehemaligen Gut liegt dieses wirklich nette kleine Designhotel, das Vater und Tochter mit viel Engagement betreiben. Die Zimmer liegen ruhig, sind modern und wohnlich und in den einstigen Stallungen findet sich der hübsche Frühstücksraum, der von Mittwoch bis Samstag abends zur Weinstube mit kleinem Speisenangebot wird.

Freihardt
Hauptstr. 81 ✉ 90562 – ✆ (0911) 51 80 8 05 – www.freihardt.com – geschl. Montag - Dienstag
Menü 18 € (mittags)/65 € – Karte 34/66 €
Hans-Jürgen Freihardt hat sein Lokal komplett renoviert: In ganz modernem und geradlinigem Ambiente serviert er Ihnen nun seinen Mix aus regionalen Gerichten und den klassischen Menüs "Regional" und "Exklusiv". Wählen z. B. "Zwiebelrostbraten vom Frankenrind", "bayerischen Lammrücken mit Rosmarinkruste" oder die Spezialität: "Steaks vom gereiften bayerischen Färsen-Rind". Angenehm: auf der Terrasse sitzen Sie unter einem Glasdach!

Schwarzer Adler (N)
Hauptstr. 19 ✉ 90562 – ✆ (0911) 95 69 06 83 – www.schwarzer-adler-heroldsberg.de – geschl. Samstagmittag, Sonntagabend - Montag
Menü 29/37 € – Karte 23/42 €
Das sanierte Fachwerkhaus von 1536 hat wirklich liebenswerte Räume: charmant die rustikale Gaststube, puristisch-elegant der Gewölbekeller. Hier bringt Familie Michelberger internationale und regionale Gerichte wie "Karpfenfilet unter der Meerrettich-Senf-Kruste" auf den Tisch.

HERRENALB, BAD

Baden-Württemberg – 7 390 Ew. – Höhe 365 m – Siehe Regionalatlas **54-F18**
Berlin 698 km – Stuttgart 80 km – Karlsruhe 30 km – Baden-Baden 22 km
Michelin Straßenkarte 545

SCHWARZWALD PANORAMA Rest,
Rehteichweg 22 ✉ 76332 – ✆ (07083) 92 70 – www.schwarzwald-panorama.com
96 Zim – 99/219 € 149/259 € – 1 Suite – ½ P
Rest ***La Vie*** – Menü 34 € – Karte 38/63 €
Das Hotel liegt ruhig oberhalb der Stadt und bietet neuzeitliche, großzügige Zimmer (meist mit Talblick), einen hellen Freizeitbereich mit Terrasse und Aussicht sowie Kosmetik. Die gemütliche Bar Heidelberger Stube ergänzt das Restaurant La Vie.

Sonnenhof garni
Bleichweg 9 ✉ 76332 – ✆ (07083) 5 00 46 – www.hotel-sonnenhof-garni.de – geschl. 15. Dezember - 28. Dezember, 10. - 21. Januar
18 Zim – 59/69 € 88/98 €
Freundlich eingerichtete Zimmer (alle mit kleiner Küche und Balkon oder Terrasse), ein frisches Frühstück in lichter, heller Atmosphäre, dazu ein schöner Garten... da fühlt man sich gut aufgehoben!

In Bad Herrenalb-Rotensol Nord-Ost: 5 km

Lamm
Mönchstr. 31 ✉ 76332 – ✆ (07083) 9 24 40 – www.lamm-rotensol.de – geschl. 22. - 24. Dezember, über Fasching 1 Woche
30 Zim – 50/80 € 108/155 €, 8 € – 1 Suite – ½ P
Rest ***Lamm*** – siehe Restaurantauswahl
Schön wohnlich haben Sie es in diesem gut geführten Familienbetrieb - von vielen der Zimmer schaut man übers Albtal, und vielleicht sehen Sie vom Balkon sogar die Pferde auf der Weide hinterm Haus grasen. Besonders modern sind die Zimmer unterm Dach mit hübschem Bad und teils mit großem Dachfenster!

Lamm – Hotel Lamm
Mönchstr. 31 ✉ 76332 – ✆ (07083) 9 24 40 – www.lamm-rotensol.de – geschl. 22. - 24. Dezember, über Fasching 1 Woche und Montag
Menü 46/55 € – Karte 28/49 € – (abends Tischbestellung ratsam)
Hier isst man richtig gut! "Ochsenzungencarpaccio", "Brennnesselsuppe mit Zandermaultäschle", "Hirschmedaillons mit Preiselbeeren"... die schwäbisch-badischen und saisonalen Gerichte sind sehr schmackhaft und äußerst exakt zubereitet. Freude hat man auch an der schönen, gut sortierten Weinkarte. Viel warmes Holz macht es hier zudem angenehm gemütlich.

HERRENBERG

Baden-Württemberg – 31 250 Ew. – Höhe 460 m – Siehe Regionalatlas **55**-G19
Berlin 662 km – Stuttgart 38 km – Karlsruhe 90 km – Freudenstadt 53 km
Michelin Straßenkarte 545

Hasen
Zim,

Hasenplatz 6 ✉ 71083 – ✆ (07032) 20 40 – www.hasen.de
67 Zim – 89/99 € 109/119 €, 6 € – 4 Suiten
Rest – Menü 26/46 € (unter der Woche) – Karte 23/46 €
Kaffee-Fans geht das Herz auf: Gastgeber Roland Nölly, gebürtiger Schweizer, hat seine eigene Kaffeerösterei... probieren Sie Espresso, Cappuccino & Co.! Die Zimmer können sich ebenso sehen lassen (die Gesundheitsmatratzen tun nicht nur Allergikern gut!) und im 400 Jahre alten Stammhaus sitzt man gemütlich bei bürgerlicher und internationaler Küche.

In Herrenberg-Affstätt Nord-West: 1,5 km über B 296

Die Linde

Kuppinger Str. 14 ✉ 71083 – ✆ (07032) 3 16 70 – www.dielin.de – geschl. 12. Januar - 11. Februar und Montag - Dienstag
Menü 25/42 € – Karte 21/55 € – *(Mittwoch - Samstag nur Abendessen)*
Bei Familie Willms erwarten Sie schwäbische Klassiker und saisonale Gerichte, heimische Biere und Weine, angenehm legerer Service, freundliches Ambiente und nicht zuletzt ein schöner Garten samt Terrasse auf der Wiese! Nettes Detail: Kunstobjekte im und ums Haus.

In Herrenberg-Mönchberg Süd-Ost: 4 km über B 28

Kaiser
Zim,

Kirchstr. 10 ✉ 71083 – ✆ (07032) 9 78 80 – www.hotel-kaiser-herrenberg.de – geschl. 23. Dezember - 11. Januar
29 Zim – 55/88 € 69/128 €, 6 €
Rest – Menü 25/33 € – Karte 24/35 € – *(geschl. an Feiertagen) (nur Abendessen)*
Der Familienbetrieb ist ein erweiterter Gasthof in ruhiger, leicht erhöhter Lage. Einige der gepflegten und funktionellen Zimmer liegen nach Süden - mit Balkon und Aussicht. Restaurant mit bürgerlichem Angebot.

HERRIEDEN

Bayern – 7 520 Ew. – Höhe 423 m – Siehe Regionalatlas **56**-J17
Berlin 491 km – München 212 km – Nürnberg 67 km – Ansbach 11 km
Michelin Straßenkarte 546

Zur Sonne (mit Gästehaus)
Zim,

Vordere Gasse 5 ✉ 91567 – ✆ (09825) 92 46 10 – www.sonne-herrieden.de – geschl. 27. Dezember - 14. Januar
17 Zim – 49 € 70/81 € – ½ P **Rest** – Karte 19/34 € – *(geschl. Freitag)*
In dem Familienbetrieb (inzwischen in 5. Generation!) sind Fahrradtouristen genau richtig - man hat sogar eine Stromladestation für E-Bikes, und auch den Gepäckservice können Sie nutzen. Man kümmert sich wirklich sehr um die Gäste! Die Zimmer sind etwas individuell und immer gepflegt, speisen kann man regional oder international, und zwar in der modernen, liebevoll dekorierten Sonnenstube oder in der traditionelleren Bürgerstube.

In Herrieden-Schernberg Nord: 1,5 km

Bergwirt
Zim, Rest,

Schernberg 1 ✉ 91567 – ✆ (09825) 2 03 90 – www.hotel-bergwirt.de – geschl. 23. Dezember - 5. Januar
60 Zim – 50/95 € 70/140 € – 1 Suite – ½ P
Rest – Menü 11/24 € (abends unter der Woche) – Karte 13/28 €
Familientradition seit 1880. Man bietet u. a. die Themen-Juniorsuiten "Honeymoon" und "Las Vegas", den lichten Frühstückspavillon und die asiatisch inspirierte Saunalandschaft. Das Restaurant teilt sich in mehrere nette rustikale Stuben.

HERRSCHING am AMMERSEE

Bayern – 10 200 Ew. – Höhe 568 m – Siehe Regionalatlas **65-L20**
Berlin 623 km – München 39 km – Augsburg 73 km – Garmisch-Partenkirchen 65 km
Michelin Straßenkarte 546

Chalet am Kiental mit Zim

Andechs Str. 4 ✉ 82211 – ✆ (08152) 98 25 70 – www.gourmetchalet.de – geschl. Montagmittag
9 Zim – 105/155 € 145/205 €, 13 € – ½ P
Menü 34/108 € – Karte 34/76 €
Aus einem reizvollen Mix von Alt und Neu ist in dem historischen Bauernhaus ein schönes modernes Restaurant entstanden, in dem man klassisch-internationale Küche serviert. Genießen Sie das Kiental- oder das Chalet-Menü. Mit Geschmack und Liebe zum Detail hat man die Gästezimmer individuell eingerichtet.

HERSBRUCK

Bayern – 12 240 Ew. – Höhe 336 m – Siehe Regionalatlas **50-L16**
Berlin 424 km – München 181 km – Nürnberg 35 km – Bayreuth 70 km
Michelin Straßenkarte 546

In Hersbruck-Kühnhofen Nord: 2 km Richtung Hormersdorf

Grüner Baum (mit Gästehaus)

Kühnhofen 3 ✉ 91217 – ✆ (09151) 60 95 60 – www.gruener-baum-kuehnhofen.de
30 Zim – 62/69 € 89/92 € – 1 Suite – ½ P
Rest – Karte 17/41 € – *(geschl. Montagmittag)*
Von Hersbruck kommend sieht man das Hotel schon von Weitem über der Landschaft thronen. Schöne ländlich-moderne Zimmer, sehr gutes Frühstück, durchweg herzliches Personal... hier spürt man das Engagement der Familie Eberhard. Regionale Küche im Restaurant - nett der Blick ins Grüne.

In Reichenschwand West: 3 km

Schlossrestaurant Reichenschwand

Schlossweg 12 ✉ 91244 – ✆ (09151) 9 08 75 43 – www.schlossrestaurant-reichenschwand.com – geschl. 1. - 27. Januar und Sonntag - Montag
Menü 59/145 € – Karte 51/93 € – *(nur Abendessen, feiertags auch Mittagessen)* (Tischbestellung ratsam)
Wird das elegante Restaurant nicht voll und ganz dem herrlichen Rahmen des historischen Wasserschlosses gerecht? Klasse natürlich die Terrasse auf dem tollen Parkanwesen! Aus der Küche kommt z. B. "Kalbsfilet & -Bries & -Backe mit Schalottenpolenta und Wurzelgemüse". Tipp: Candle-Light-Dinner im Turm.

In Kirchensittenbach Nord: 7 km Richtung Homersdorf

Landpension Postwirt garni

Hauptstr. 21 ✉ 91241 – ✆ (09151) 83 00 40 – www.postwirt.eu – geschl. 10. - 31. August
21 Zim – 58/75 € 85/105 €
Die Zimmer in dem Familienbetrieb sind tipptopp gepflegt, schön geräumig und haben alle einen Balkon, am Morgen gibt's ein gutes Frühstück in freundlich-ländlichem Ambiente. Unter gleicher Leitung übrigens auch der Gasthof "Post" gegenüber.

In Pommelsbrunn-Hubmersberg Nord-Ost: 8 km über B 14 Richtung Sulzbach-Rosenberg, Abfahrt Neuhaus, vor Hohenstadt rechts ab

Lindenhof

Hubmersberg 2 ✉ 91224 – ✆ (09154) 2 70 – www.lindenhof-hubmersberg.de
39 Zim – 72/85 € 111/124 € – 4 Suiten – ½ P
Rest – Menü 20/39 € – Karte 12/43 €
Tagungsgäste, aber auch Wander-Urlauber kommen in den gewachsenen familiengeführten Gasthof. Die Zimmer sind hell und neuzeitlich oder etwas älter und rustikaler. Im Restaurant bietet man Produkte aus der eigenen Bioland-Landwirtschaft. Vor dem Haus der schöne große Biergarten.

HERSFELD, BAD

Hessen – 30 170 Ew. – Höhe 209 m – Siehe Regionalatlas **39-H12**
Berlin 408 km – Wiesbaden 167 km – Kassel 76 km – Fulda 46 km
Michelin Straßenkarte 543

Zum Stern

Linggplatz 11, (Zufahrt über Webergasse) ✉ 36251 – ✆ (06621) 18 90 – www.zumsternhersfeld.de
45 Zim – 58/63 € 120/174 € – ½ P
Rest *L'étable* **Rest *Stern's Restaurant*** – siehe Restaurantauswahl
Die Zimmer in dem traditionsreichen Hotel sind geschmackvoll gestaltet - teils mit altem Fachwerk, teils auch mit schönen modernen Stoffen und Möbeln. Hübsch auch der Saunabereich. Freundlich der Service, praktisch die variablen Veranstaltungsräume, angenehm die Fußgängerzone vor dem Haus.

Am Kurpark

Am Kurpark 19 ✉ 36251 – ✆ (06621) 16 40 – www.hotelamkurpark.net
94 Zim – 65/110 € 80/160 € – ½ P
Rest – Menü 26/34 € – Karte 28/52 €
Im verkehrsberuhigten Kurgebiet liegt dieses zeitgemäße Business- und Tagungshotel. Ein Großteil der Zimmer ist besonders freundlich und modern gestaltet. Im "ParkRestaurant" mit Showküche und in der gemütlich-rustikalen "Tiroler Stube" serviert man internationale Küche.

Thermalis

Am Kurpark 10 ✉ 36251 – ✆ (06621) 79 64 90 – www.hotelthermalis.de
78 Zim – 71/101 € 103/137 € – ½ P **Rest** – *(nur für Hausgäste)*
Ein neuzeitlich ausgestattetes Hotel in ruhiger Lage. Man bietet direkten Zugang zur Kurbad Therme, welche die Hausgäste zum ermäßigten Preis nutzen können. Im Restaurant wählt man vom Buffet oder von der kleinen Karte.

Vitalis garni

Johannes-Klein-Str 37 ✉ 36251 – ✆ (06621) 9 29 20 – www.hotelpension-vitalis.de – geschl. 23. Dezember - 10. Januar
15 Zim – 65/85 € 85/105 €
Die kleine Hotel-Pension befindet sich in etwas erhöhter Lage in einer Wohngegend. Die recht geräumigen Zimmer sind zeitgemäß und mit eleganter Note eingerichtet.

Haus am Park garni

Am Hopfengarten 2 ✉ 36251 – ✆ (06621) 9 26 20 – www.hotel-hausampark.de
30 Zim – 60/75 € 80/110 € – 1 Suite
In dem gepflegten Hotel etwas oberhalb des Kurparks erwarten Sie funktionale Zimmer, ein netter Garten und ein sehr gutes Frühstücksbuffet mit einer bemerkenswerten Auswahl an Müslisorten.

L'étable – Hotel Zum Stern

Linggplatz 11, (Zufahrt über Webergasse) ✉ 36251 – ✆ (06621) 18 90 – www.zumsternhersfeld.de – geschl. Anfang Januar - Anfang Februar und Montag - Dienstag
Menü 76/112 € – Karte 64/78 € – *(nur Abendessen, sonntags auch Mittagessen)*
Als gebürtiger Hesse legt Küchenchef Patrick Spies Wert auf regionalen Bezug, lässt aber auch internationale Elemente in seine modernen Gerichte miteinfließen. Können und Gefühl kommen hier klar zum Ausdruck, sehr gute, frische Produkte sind selbstverständlich. Freude machen auch die fair kalkulierten Weine.
→ Grüne Soße, Ei, Kartoffel, Perlzwiebel, Gurke, Sauerampfer, Schmandeis. Breitenbacher Bachsaibling, gelbes Bohnenpüree, Romanasalat, Rapsöl, Tomatenkernvinaigrette. Simmentaler Rind - Rücken und Bolognese - Süßkartoffel, Aubergine, Bärlauch, Pinienkerncrème.

Stern's Restaurant – Hotel Zum Stern
Linggplatz 11, (Zufahrt über Webergasse) ✉ 36251 – ✆ (06621) 18 90 – www.zumsternhersfeld.de
Menü 25 € (mittags)/49 € – Karte 34/58 €
Essen Sie gerne bürgerlich oder lieber etwas gehobener mit internationalem Einfluss? Das schmackhafte Angebot in dem gemütlichen Restaurant (hübsch mit Holztäfelung, Sitzbänken und historischem weißem Kachelofen) reicht von "Kartoffelsuppe mit Blutwurst" bis "Zweierlei vom Lamm mit Tandooribohnen".

HERTEN

Nordrhein-Westfalen – 61 640 Ew. – Höhe 70 m – Siehe Regionalatlas **26**-C10
Berlin 520 km – Düsseldorf 68 km – Münster 66 km – Dortmund 37 km
Michelin Straßenkarte 543

Schloss Westerholt
Schlossstr. 1 ✉ 45701 – ✆ (0209) 14 89 40 – www.schlosswesterholt.de
31 Zim – 80/100 € 105/120 € – 4 Suiten – ½ P
Rest – Menü 29/49 € – Karte 26/49 € – *(geschl. 30. Dezember - 5. Januar)*
Ein schönes herrschaftliches Anwesen a. d. 12. Jh. in einem 75 ha großen Park mit eigenem Golfplatz. Die Zimmer und Suiten sind ansprechend und individuell. Gemütlich-rustikal ist das Restaurant im ehemaligen Pferdestall. Dazu stilvolle Veranstaltungsräume.

HERXHEIM

Rheinland-Pfalz – 10 440 Ew. – Höhe 129 m – Siehe Regionalatlas **54**-E17
Berlin 676 km – Mainz 125 km – Karlsruhe 31 km – Landau in der Pfalz 10 km
Michelin Straßenkarte 543

In Herxheim-Hayna Süd-West: 2,5 km Richtung Kandel

Krone
Hauptstr. 62 ✉ 76863 – ✆ (07276) 50 80 – www.hotelkrone.de – geschl. 24. - 26. Dezember
62 Zim – 99/145 € 150/215 € – 4 Suiten – ½ P
Rest *Kronen-Restaurant* **Rest *Pfälzer Stube*** – siehe Restaurantauswahl
Familie Kuntz liegt Gastfreundschaft einfach im Blut - wie sonst könnte ihr Haus so vor Herzlichkeit und Charme sprühen! Seien Sie gewiss, das beispielhafte Engagement zeigt sich auch in der überaus geschmackvollen Gestaltung der Zimmer (von klassisch-modern bis zum gemütlichen Landhausstil), im traumhaften Garten mit ganzjährig beheiztem Pool und im tollen Frühstück!

Kronen-Restaurant (Karl-Emil Kuntz) – Hotel Krone
Hauptstr. 62 ✉ 76863 – ✆ (07276) 50 80 – www.hotelkrone.de – geschl. Anfang Januar 2 Wochen, August 2 Wochen und Montag - Mittwoch
Menü 104/130 € – *(nur Abendessen)* (Tischbestellung erforderlich)
Untrennbar verbunden mit dem reizenden kleinen Dorf in der Südpfalz ist der Name Karl-Emil Kuntz. Unumstritten sein Sinn fürs Detail und sein Händchen für aufwändige Kreationen in jedem einzelnen Gang - und davon gibt es reichlich dank seines Faibles für appetitliche Amuse-Bouches!
→ Saltimbocca von Steinbutt - Sûpreme mit Salbeikruste und Parmaschinken, Pfifferling-Madeiragelee, Schweinebauch, Kalbszunge, Edamame. Rehrücken - bei Niedertemperatur gegartes Filet, Couscous, Berberitzen, Poweraden, Schmorsößchen von Kaffirblättern. Blutpfirsich - Aprikose - Nektarine in 2 Gängen serviert.

Pfälzer Stube – Hotel Krone
Hauptstr. 62 ✉ 76863 – ✆ (07276) 50 80 – www.hotelkrone.de – geschl. 24. - 26. Dezember
Menü 46/65 € – Karte 33/56 €
Hier bringt Karl-Emil Kuntz seine Heimatverbundenheit zum Ausdruck - nicht fehlen darf da das "Pfälzer Lieblingsgericht" mit Saumagen, Bratwurst und Leberknödel. Genauso lecker sind aber auch die "Kalbsniere in Kastanienessigjus" oder die "geschmorte Rinderroulade mit Gurkenfüllsel"! Schöne begrünte Terrasse.

HERZBERG am HARZ

Niedersachsen – 13 580 Ew. – Höhe 240 m – Siehe Regionalatlas **29-J10**

Berlin 327 km – Hannover 105 km – Erfurt 113 km – Göttingen 38 km

Michelin Straßenkarte 541

Landhaus Schulze

Osteroder Str. 7 (B 243) ✉ 37412 – ✆ (05521) 8 99 40 – www.landhaus-schulze.de – geschl. August 2 Wochen

20 Zim – 🚹45/70 € 🚹🚹88/96 € – ½ P

Rest – Menü 20/40 € – Karte 19/51 € – *(geschl. Montagmittag, Donnerstagmittag)*

Ein familiär geführtes Hotel in verkehrsgünstiger Lage, das gepflegte und solide Zimmer zu einem guten Preis-Leistungs-Verhältnis bietet. Bemalte Bauernmöbel schaffen Behaglichkeit. In den netten Gaststuben serviert man bürgerliche Küche.

HERZLAKE

Niedersachsen – 4 130 Ew. – Höhe 22 m – Siehe Regionalatlas **16-D7**

Berlin 494 km – Hannover 227 km – Oldenburg 82 km – Vlagtwedde 80 km

Michelin Straßenkarte 541

In Herzlake-Aselage Ost: 4 km, Richtung Berge

Aselager Mühle

Zur alten Mühle 12 ✉ 49770 – ✆ (05962) 9348 0 – www.aselager-muehle.de – geschl. 3. - 16. Januar

50 Zim – 🚹69/149 € 🚹🚹109/199 € – ½ P

Rest – Menü 29/69 € – Karte 30/61 €

Idyllisch liegt die einstige Windmühle am Waldrand. Neben wohnlich-komfortablen, teils sehr geräumigen Zimmern erwartet die Gäste ein schöner moderner Wellnessbereich auf 600 qm. Internationale Küche im klassischen Mühlenrestaurant und im rustikalen Jagdzimmer.

HERZOGENAURACH

Bayern – 23 240 Ew. – Höhe 301 m – Siehe Regionalatlas **50-K16**

Berlin 451 km – München 195 km – Nürnberg 26 km – Bamberg 52 km

Michelin Straßenkarte 546

HerzogsPark (N)

Beethovenstr. 6 ✉ 91074 – ✆ (09132) 77 80 – www.herzogspark.de

118 Zim – 🚹135/180 € 🚹🚹160/205 €, 16 € – 3 Suiten

Rest *Stüberl* – siehe Restaurantauswahl

Das komfortable Businesshotel liegt recht ruhig und dennoch günstig zu den großen Firmen der kleinen Stadt. Geräumig die öffentlichen Bereiche, gut die Tagungsräume. In den Zimmern wohnt es sich stilvoll, zeitgemäß die Technik. Gönnen Sie sich neben Sauna, Pool und Fitness auch eine Massage- oder Kosmetikanwendung. Und am Abend ein Cocktail in der netten Bar?

impala garni

Hans-Sachs-Str. 2a ✉ 91074 – ✆ (09132) 75 03 20 – www.hotel-impala.eu

18 Zim – 🚹95 € 🚹🚹120 €

Ein wirklich schickes kleines Designhotel, komplett in modern-puristischem Stil! Die Zimmer sind geräumig und jedes hat eine schöne Küchenzeile. Außerdem im Haus: Wäscheraum, Trockner und Bügelstation - und Fahrräder können Sie auch leihen!

Gästehaus in der Engelgasse garni

Engelgasse 2 ✉ 91074 – ✆ (09132) 7 86 90 – www.engelsschlaf.de

9 Zim – 🚹38/62 € 🚹🚹85 €

Das Fachwerkhaus a. d. 16. Jh. - Geburtshaus der Familie Dassler, Gründer von adidas - ist ein kleines Hotel in zentrumsnaher Lage mit soliden, hell eingerichteten Zimmern. Besonders nett ist hier die sehr persönliche Atmosphäre!

Stüberl – Hotel HerzogsPark
Beethovenstr. 6 ✉ 91074 – ✆ (09132) 77 80 – www.herzogspark.de
Menü 34/62 € – Karte 34/53 €
Schön freundlich sind die kleinen Stuben mit ihren hellen Farben und den dekorativen Bildern - da fühlt man sich wohl, während man sich die regional beeinflussten internationalen Speisen von Küchenchef Marco Hollbauer schmecken lässt. Die wird z. B. als "geschmorte Landente in Gewürzjus mit süß-saurem Kürbis" serviert - gerne auch auf der ruhig gelegenen Terrasse.

In Herzogenaurach-Herzo-Base Nord-Ost 2 km:

NOVINA
Olympiaring 90 ✉ 91074 – ✆ (09132) 7 47 20 – www.novina-herzogenaurach.de
150 Zim – 99/179 € 128/208 €
Rest – Menü 35/165 € – Karte 25/42 €
Praktisch zwischen "Puma" und "adidas" gelegen, präsentiert sich das moderne Businesshotel am ehemaligen US-Militärstützpunkt natürlich recht sportlich! Die Zimmer sind komfortabel und technisch gut ausgestattet, die Minibar ist kostenfrei. Im Restaurant und im Wintergarten serviert man internationale Küche. Fitness- und Saunabereich mit zwei Dachterrassen.

HESSDORF

Bayern – 3 490 Ew. – Höhe 290 m – Siehe Regionalatlas **50-K16**
Berlin 448 km – München 197 km – Ansbach 56 km – Bayreuth 105 km
Michelin Straßenkarte 546

In Heßdorf-Dannberg Nord-West: 4 km, über Hannberg, in Niederlinberg links abbiegen

Wirtschaft von Johann Gerner
Dannberg 3 ✉ 91093 – ✆ (09135) 81 82 – www.wvjg.de – geschl. Februar 3 Wochen, Ende August - Anfang September 3 Wochen und Montag - Dienstag, außer an Feiertagen
Menü 51 € – Karte 27/50 €
Ein Haus voller Charme und fränkischer Genusskultur! Sie werden von der Chefin herzlich umsorgt (auch die Mutter ist nach wie vor aktiv), und was Sie aus Detlef Gerners Küche auch bestellen, es sind geschmackvoll und pfiffig verfeinerte regionale Speisen! Probieren Sie "Vitello" nach Art des Chefs mit Garnelenspieß, das "Rehragout mit Feigenknödel" und auf jeden Fall die leckeren Desserts! Zum Übernachten: das hübsche "Häusla" (für 2-7 Personen).

HESSHEIM

Rheinland-Pfalz – 2 990 Ew. – Höhe 100 m – Siehe Regionalatlas **47-E16**
Berlin 634 km – Mainz 70 km – Neustadt an der Weinstraße 37 km – Damstadt 60 km
Michelin Straßenkarte 543

Ellenbergs mit Zim — Rest, Zim,
Hauptstr. 46a ✉ 67258 – ✆ (06233) 6 17 16 – www.ellenbergs-restaurant.de – geschl. Januar 1 Woche, Ende Juli - Anfang September 1 Woche, Mitte - Ende Oktober 1 Woche, Montag und Samstagmittag
4 Zim – 59 € 72 € – ½ P
Menü 22 € (vegetarisch)/40 € – Karte 27/44 €
Ein Gasthaus, wie es sein soll! Neben den traditionell-regionalen Gerichten von Chef Dieter Ellenberg - z. B. "gebratenes Kalbsherz und Kalbsniere in Senf- und Rotweinsauce" - kommt auch der französische Charme der Patronne gut an! Übernachten kann man auch, und zwar in netten, wohnlichen und recht modernen Zimmern von "Riesling" bis "St. Laurent".

HEUSENSTAMM

Hessen – 18 200 Ew. – Höhe 122 m – Siehe Regionalatlas **47-F15**
Berlin 558 km – Wiesbaden 48 km – Darmstadt 30 km – Gießen 75 km
Michelin Straßenkarte 543

Mein SchlossHotel
Frankfurter Str. 9 ✉ 63150 – ✆ (06104) 60 05 50 – www.meinschlosshotel.de
35 Zim – †60/120 € ††80/145 €, ☕ 12 €
Rest *Gut* – Menü 29 € – Karte 29/51 € – *(geschl. 17. - 30. August und Sonntag) (nur Abendessen)*
Gastgeberin Petra Baake hat hier Geschmack bewiesen und das Haus hochwertig und gelungen in zeitgemäßem Stil eingerichtet. Sie können zwischen stadt- und bachseitigen Zimmern wählen, oder hätten Sie lieber eine der geräumigen Suiten unterm Dach? Modern auch das Restaurant "Gut", die Devise "besser lecker!"

HIDDENHAUSEN – Nordrhein-Westfalen ➜ Siehe Herford

HIDDENSEE (INSEL)

Mecklenburg-Vorpommern – ✉ 18565 – 1 040 Ew. – Siehe Regionalatlas **6-O2**
Berlin 296 km – Schwerin 196 km – Rügen (Bergen) 29 km – Stralsund 36 km
Michelin Straßenkarte 542

In Hiddensee-Vitte

Heiderose Rest,
In den Dünen 127 (Süd: 3 km) ✉ 18565 – ✆ (038300) 6 30 – www.heiderose-hiddensee.de – geschl. 3. Januar - 27. März, 1. November - 25. Dezember
33 Zim ☕ – †60/75 € ††75/87 € – 1 Suite – ½ P **Rest** – Karte 22/32 €
Das Hotel ist sehr gepflegt und liegt malerisch inmitten der Dünenheide nicht weit vom Meer. Zur Anlage gehören auch einzelne reetgedeckte Häuser mit Ferienwohnungen - alles richtig nett mit inseltypischem Charme. Vom Hafen mit Pferdekutsche oder Schulbus erreichbar.

HILCHENBACH

Nordrhein-Westfalen – 15 400 Ew. – Höhe 360 m – Siehe Regionalatlas **37-E12**
Berlin 523 km – Düsseldorf 130 km – Siegen 21 km – Olpe 28 km
Michelin Straßenkarte 543

Hof 31 garni
Bruchstr. 31 ✉ 57271 – ✆ (02733) 1 24 85 90 – www.hof31.de
21 Zim – †65 € ††85 €, ☕ 10 €
Eine sehr sympathische Adresse mit wohnlichem Ambiente in geradlinig-modernem Stil sowie einem guten Frühstücksbuffet. Zwei der Zimmer sind geräumige Appartements.

Haus am Sonnenhang
Wilhelm-Münker-Str. 21 ✉ 57271 – ✆ (02733) 70 04 – www.hotel-am-sonnenhang.de
18 Zim ☕ – †62/85 € ††88/120 € – 2 Suiten – ½ P
Rest – Karte 20/36 € – *(geschl. Juli - August 2 Wochen und Freitag) (nur Abendessen)*
Der engagiert geführte Familienbetrieb überzeugt durch seine angenehm ruhige und exponierte Lage mit schöner Sicht. Die Zimmer sind gepflegt und individuell, einige mit Balkon. Von der hübschen Gartenterrasse des Restaurants schaut man auf das Rothaargebirge.

In Hilchenbach-Vormwald Süd-Ost: 2 km über B 508

Steubers Siebelnhof
Vormwalder Str. 56 ✉ 57271 – ✆ (02733) 8 94 30 – www.steubers-siebelnhof.de
14 Zim – †95/120 € ††190/220 €, ☕ 15 € – ½ P
Rest – Menü 25/75 € – Karte 44/71 € – *(Montag - Samstag nur Abendessen)*
Großzügige Zimmer mit ausgesuchtem Interieur und luxuriösem Touch hat dieses geschmackvolle Landhotel von 1566 zu bieten. Sehr einfach sind die Zimmer im Gästehaus. Restaurant Chesa mit mediterraner Note, ergänzt durch die gemütlich-rustikalen Ginsburg-Stuben.

HILDEN

Nordrhein-Westfalen – 55 510 Ew. – Höhe 50 m – Siehe Regionalatlas **36**-C12

▶ Berlin 547 km – Düsseldorf 18 km – Köln 40 km – Solingen 12 km

Michelin Straßenkarte 543

Am Stadtpark

Klotzstr. 22 ✉ 40721 – ✆ (02103) 57 90 – www.hotel-stadtpark.de

105 Zim – †84/179 € ††99/225 €

Rest – Karte 21/38 € – *(geschl. Samstag - Sonntagmittag)*

Aus einem denkmalgeschützten historischen Gebäude ist dieses Businesshotel gegenüber dem Stadtpark gewachsen. Die funktionalen Zimmer sind geradlinig-modern oder gediegen. Eine freundlich gestaltete Bar mit Bistro ergänzt das Restaurant.

Trattoria L'Italiano

Nové-Mesto-Platz 3e ✉ 40721 – ✆ (02103) 91 13 36 – www.ristorante-litaliano.de – geschl. Samstagmittag, Sonntag

Menü 30 € (mittags)/50 € – Karte 31/51 €

Das Ristorante in einer kleinen Passage im Zentrum ist eine sympathische und engagiert geführte Adresse. Aus der offenen Küche kommen schmackhafte italienische Speisen. Mündliche Tagesempfehlungen.

HILDERS

Hessen – 4 710 Ew. – Höhe 440 m – Siehe Regionalatlas **39**-I13

▶ Berlin 438 km – Wiesbaden 171 km – Kassel 132 km – Würzburg 115 km

Michelin Straßenkarte 543

Leist Sonne Engel

Marktstr. 12 ✉ 36115 – ✆ (06681) 97 70 – www.leist-sonne-engel.de – geschl. 18. Februar - 19. März

30 Zim – †56/89 € ††76/128 € – 1 Suite – ½ P

Rest *Engel* Rest *OX* Rest *Sonne* – siehe Restaurantauswahl

Der Familienbetrieb ist ein zum Hotel erweiterter Gasthof, in dem man - ganz nach Geschmack - zwischen schönen wohnlich-modernen und etwas schlichteren Zimmern wählt. Auch eine Raucherlounge steht zur Verfügung.

OX (N) – Hotel Leist Sonne Engel

Marktstr. 12 ✉ 36115 – ✆ (06681) 97 70 – www.leist-sonne-engel.de – geschl. 18. Februar - 19. März, 1. - 30. November und Sonntag - Dienstag

Menü 89/119 € – *(nur Abendessen)*

Auch Feinschmecker kommen bei Familie Leist auf ihre Kosten, und zwar in der kleinen Gourmetstube "OX", wo Björn Leist für seine an vier Tischen platzierten Gäste am Abend ein Überraschungsmenü mit 6 - 8 Gängen bietet.

Engel – Hotel Leist Sonne Engel

Marktstr. 12 ✉ 36115 – ✆ (06681) 97 71 11 – www.leist-sonne-engel.de – geschl. 18. Februar - 19. März, 1. - 30. November und Sonntag - Dienstag

Menü 35/79 € – Karte 33/81 € – *(nur Abendessen)*

Dass die Küche hier regional wie auch saisonal orientiert ist, sieht (und schmeckt) man an den vier Menüs - Gerichte sind hier z. B. "Zweierlei vom Landschwein - Filet und Bauch - mit Wirsing, Roter Bete, Rösti" oder "Rücken vom Rhönlamm in Tabak - sousvide - mit Zwibbelspoatz, Sellerie, Balsamicokraut".

Sonne – Hotel Leist Sonne Engel

Marktstr. 12 ✉ 36115 – ✆ (06681) 3 00 – www.leist-sonne-engel.de – geschl. 18. Februar - 19. März und Montag - Dienstag

Menü 20/45 € – Karte 19/66 €

Die nette behagliche Gaststube Sonne ist die etwas einfachere Restaurant-Variante im Haus. Hier bringt man bürgerliche Speisen mit Produkten der hauseigenen Metzgerei auf den Tisch!

HILDESHEIM

Niedersachsen – 102 590 Ew. – Höhe 93 m – Siehe Regionalatlas **29**-I9

▶ Berlin 276 km – Hannover 36 km – Braunschweig 51 km – Göttingen 91 km

Michelin Straßenkarte 541

Stadtresidenz garni

Steingrube 4 ✉ 31141 – ✆ (05121) 6 97 98 92 – www.hotel-stadtresidenz.de – geschl. 20. Dezember - 10. Januar, über Ostern

15 Zim – 75/190 € 95/220 € – 5 Suiten

Die beiden Gastgeberinnen in diesem charmant-eleganten Haus nahe dem Theater sind Mutter und Tochter. Die Zimmer sind geräumig, überaus geschmackvoll und ebenso individuell.

In Hildesheim-Ochtersum

Am Steinberg garni

Adolf-Kolping-Str. 6 ✉ 31139 – ✆ (05121) 80 90 30 – www.hotelamsteinberg.de – geschl. 21. Dezember - 1. Januar, 2. - 6. April

27 Zim – 52/65 € 78/85 €

Das von der Chefin familiär geführte Hotel verfügt über gepflegte, praktisch ausgestattete Gästezimmer und wird auch von Geschäftsleuten gerne genutzt.

In Diekholzen Süd: 9 km

Gasthof Jörns

Marienburger Str. 41 ✉ 31199 – ✆ (05121) 2 07 00 – www.gasthof-joerns.de – geschl. 1. - 9. Januar

18 Zim – 50/80 € 75/120 €

Rest – Karte 14/30 € – *(geschl. Dienstag) (nur Abendessen)*

Bereits seit 1877 ist das tipptopp gepflegte Haus am Flüsschen Beuster im Familienbesitz. Über ein sehr gutes Platzangebot verfügen zwei neuere Zimmer im obersten Stock. Frühstück im ursprünglichen Gasthof. Das Restaurant bietet bürgerliche Küche. Mit Kegelbahn.

HILLESHEIM

Rheinland-Pfalz – 3 020 Ew. – Höhe 440 m – Siehe Regionalatlas **35-B14**

Berlin 662 km – Mainz 178 km – Trier 90 km – Euskirchen 52 km

Michelin Straßenkarte 543

Augustiner Kloster

Rest,

Augustiner Str. 2 ✉ 54576 – ✆ (06593) 98 08 90 – www.hotel-augustiner-kloster.de

57 Zim – 89/100 € 129/145 € – ½ P

Rest – Menü 21/35 € – Karte 19/39 €

Das im 13. Jh. erstmals erwähnte Kloster ist heute ein zeitgemäßes Hotel. Wie wär's z. B. mit einem der sehr schönen Premium-Zimmer unterm Dach? Oder gönnen Sie sich ein Massage- und Beautyprogramm. Regionale und französisch angehauchte Küche im Restaurant mit Terrasse zum Klostergarten. Tipp: die monatlichen Krimidinner-Lesungen!

HILPOLTSTEIN

Bayern – 13 370 Ew. – Höhe 380 m – Siehe Regionalatlas **57-L17**

Berlin 457 km – München 134 km – Nürnberg 40 km – Ingolstadt 59 km

Michelin Straßenkarte 546

In Hilpoltstein-Sindersdorf Süd-Ost: 7 km Richtung Neumarkt

Sindersdorfer Hof

Sindersdorf 26 (Nahe der A 9) ✉ 91161 – ✆ (09179) 62 56 – www.sindersdorferhof.de – geschl. Mitte November - Anfang Dezember, nach Pfingsten 2 Wochen

19 Zim – 50/68 € 74/88 € **Rest** – Karte 15/43 € – *(geschl. Montag)*

Der von Familie Dotzer freundlich geleitete Landgasthof ist ein verkehrsgünstig gelegenes kleines Hotel mit gepflegten und soliden Zimmern. Gemütlich sitzt man in der Gaststube mit Kachelofen.

HINDELANG, BAD

Bayern – 4 830 Ew. – Höhe 825 m – Siehe Regionalatlas **64-J22**

Berlin 730 km – München 161 km – Kempten (Allgäu) 34 km – Oberstdorf 22 km

Michelin Straßenkarte 546

Sonne
Rest,

Marktstr. 15 ✉ *87541 – ✆ (08324) 89 70 – www.sonne-hindelang.de*
47 Zim – 🚹63/99 € 🚹🚹132/174 € – 10 Suiten – ½ P
Rest *Chesa - Schneider* – Karte 26/50 €
Ein Traditionshaus mitten im Ortskern, das Sie echtes Allgäuer Flair spüren lässt! Sie wählen zwischen individuellen Zimmern, genießen wohltuende Wellnessanwendungen in schönem Umfeld und speisen in der rustikalen Chesa Schneider auf bürgerlich-regionale Art.

In Bad Hindelang-Bad Oberdorf Ost: 1 km

Obere Mühle
Ostrachstr. 40 ✉ *87541 – ✆ (08324) 28 57 – www.obere-muehle.de*
11 Zim – 🚹90/120 € 🚹🚹140/200 € – ½ P
Rest *Obere Mühle* – siehe Restaurantauswahl
Der Mix von modernem Stil und antiken Stücken (zu finden in jedem der großzügigen Zimmer) ist schon sehr geschmackvoll. Der Tag beginnt gleich mit einem guten Frühstück in angenehmem Umfeld, zu dem auch die Kaminlounge beiträgt.

Alpenlandhotel Hirsch
Zim,

Kurze Gasse 18 ✉ *87541 – ✆ (08324) 3 08 – www.alpenlandhotel.de – geschl. 3. - 28. November*
23 Zim – 🚹55/85 € 🚹🚹110/150 € – 4 Suiten – ½ P
Rest – Menü 14/25 € – Karte 16/41 €
Im Dorfzentrum steht das traditionsreiche Haus mit Schindelfassade, das freundlich-familiär geleitet wird. Alpenländische Zimmer mit Balkon, hübscher Sauna- und Anwendungsbereich. In ländlich-rustikalem Stil gehaltene Gaststuben.

Hochstadt garni
Luitpoldstr. 20 ✉ *87541 – ✆ (08324) 20 64 – www.hotelcafehochstadt.de – geschl. November*
14 Zim – 🚹52/64 € 🚹🚹89/104 €
Der kleine Familienbetrieb liegt recht ruhig oberhalb des Ortes. Hier wird ständig renoviert und verbessert. Wer gerne etwas komfortabler wohnt, nimmt eines der modernen Zimmer im UG. Entspannung zwischendurch finden Sie im Café mit sehr schöner Terrasse.

Obere Mühle – Hotel Obere Mühle
Ostrachstr. 40 ✉ *87541 – ✆ (08324) 28 57 – www.obere-muehle.de – geschl. Dienstag*
Menü 45 € – Karte 34/62 € – *(nur Abendessen)* (Tischbestellung ratsam)
Ganz was Uriges ist das alte Gasthaus wenige Meter vom kleinen Hotel entfernt - nicht zuletzt wegen der eigenen Sennerei und dem Antiquitätenhandel hier! Zu essen gibt's Regionales und Internationales, dazu rustikales Ambiente und einen netten Garten.

In Bad Hindelang-Oberjoch Nord-Ost: 7 km über B 308 – Höhe 1 130 m

Panorama Hotel Oberjoch
Rest,

Passstr. 41 ✉ *88400 – ✆ (08324) 9 33 30 – www.panoramahotel-oberjoch.de*
113 Zim – 🚹162/209 € 🚹🚹264/358 € – ½ P
Rest – Menü 39 € (abends) – Karte 27/37 € – (abends Tischbestellung erforderlich)
Hier heißt es tief durchatmen... und zwar für Ferien-, Wellness- und Businessgäste gleichermaßen. Tolle Bergluft, Spa auf 3000 qm, schöne Zimmer im modern-alpinen Stil, technisch top und geräumig... Wie wär's z. B. mit Tischkicker, Heimkino oder Billardtisch im Zimmer? Die Suiten "Selfness" und "Selfness Plus" machen's möglich! Zum Essen (HP inklusive) gibt es eine umfangreiche Weinkarte mit Schwerpunkt Deutschland. Übrigens: Bergbahn und Busse sind ganzjährig im Preis inbegriffen!

Lanig Rest,

Ornachstr. 11 ✉ 87541 – ✆ (08324) 70 80 – www.lanig.de
52 Zim – †100/200 € ††200/400 € – 8 Suiten – ½ P
Rest – Karte 20/40 € – *(nur für Hausgäste)*
Begonnen hat hier alles in den 30er Jahren als Café, seitdem hat Familie Lanig viel geschaffen: Ferien- und Wellnessgäste fühlen sich wohl in den schönen Zimmern (bemaltes Holz trifft hier auf Schindeln und Leinenstoffe, dazu Granitbäder) und im vielfältigen Edelweiß-AlpenSpa. Hochwertige HP inklusive.

Heckelmiller Zim,

Ornachstr. 8 ✉ 87541 – ✆ (08324) 98 20 30 – www.heckelmiller.de – geschl. 27. April - 28. Mai, 1. November - 15. Dezember
23 Zim – †53/72 € ††88/156 € – ½ P
Rest – *(geschl. Donnerstag) (nur Abendessen für Hausgäste)*
Herzlichkeit ist Ihnen bei der sympathischen Familie Heckelmiller gewiss. Es ist schon ein wirklich nettes kleines Urlaubshotel, Landhaus-Zimmer sorgen für den passenden Wohnkomfort. Wer's sonnig mag, nimmt am besten ein Südzimmer.

In Bad Hindelang-Unterjoch Nord-Ost: 11 km über B 308

Berg- und Aktivhotel Edelsberg Rest,

Am Edelsberg 10 ✉ 87541 – ✆ (08324) 98 00 00 – www.hotel-edelsberg.de
27 Zim – †56/85 € ††112/170 € – ½ P
Rest – Karte 18/26 € – *(nur Abendessen)*
Sie suchen Ruhe und haben es gerne rustikal? Genau das werden Sie in dem familiären Fereinhotel finden - dazu noch eine schöne Sicht und einen gepflegten Freizeitbereich mit Wohlfühl- und Kosmetikangebot. HP inklusive.

HINTERZARTEN

Baden-Württemberg – 2 610 Ew. – Höhe 893 m – Siehe Regionalatlas **61-E21**
Berlin 785 km – Stuttgart 161 km – Freiburg im Breisgau 24 km – Donaueschingen 38 km
Michelin Straßenkarte 545

Parkhotel Adler

Adlerplatz 3 ✉ 79856 – ✆ (07652) 12 70 – www.parkhoteladler.de
50 Zim – †129/179 € ††199/319 € – 6 Suiten – ½ P
Rest *Marie Antoinette* Rest *Wirtshaus* – siehe Restaurantauswahl
Wenn Schwarzwälder Flair und klassischer Hotelstil so schön zusammentreffen wie hier, kann man zu Recht von einem gediegenen Haus mit elegantem Charme sprechen. Und wer Wellness sucht, wird im Park auf rund 1200 attraktiv gestalteten Quatratmetern fündig!

Kesslermühle

Erlenbrucker Str. 45 ✉ 79856 – ✆ (07652) 12 90 – www.kesslermuehle.de – geschl. Mitte November - Mitte Dezember
48 Zim – †111/131 € ††224/282 € – 6 Suiten – ½ P
Rest – Menü 42/48 € – *(nur Abendessen für Hausgäste)*
Ringsum Wiesen und Wanderwege, im Winter Loipen direkt vor der Tür... die schöne ruhige Lage mit Blick in die Natur ist ganz klar einer der Trümpfe hier! Und die weiteren? Ein toller Spa, die persönliche Betreuung durch die Gastgeber, ein kleiner Hauszoo im Garten, über den sich die Kinder freuen werden, und das Angebot im Restaurant stimmt auch. HP inklusive.

Thomahof Rest,

Erlenbrucker Str. 16 ✉ 79856 – ✆ (07652) 12 30 – www.thomahof.de
44 Zim – †115/131 € ††188/286 € – 5 Suiten – ½ P
Rest – Menü 37/43 € – Karte 29/47 €
Schön wohnt man in dem persönlich geführten Haus in freundlichen Zimmern, die in der Größe sehr unterschiedlich sind. Die meisten mit Balkon, die zum Garten sind besonders angenehm. Einige mit Kachelofen. Restaurant mit gemütlicher Atmosphäre und regionalem Angebot. HP inklusive.

Reppert
Rest,

Adlerweg 21 ✉ 79856 – ✆ (07652) 1 20 80 – www.reppert.de – geschl. 16. November - 3. Dezember

42 Zim – 122/150 € 220/296 € – 4 Suiten – ½ P

Rest – Menü 22 € (mittags)/47 € – Karte 25/52 €

Dass der traditionsreiche Familienbetrieb mit der schönen klassischen Einrichtung immer gut besucht ist, hat seinen Grund: Die herzlichen Repperts bleiben stets am Ball und verbessern ständig. Für Langschläfer perfekt: Frühstück gibt's bis 12 Uhr. Noch mehr Leckeres ist im Preis inbegriffen: Jause am Nachmittag und hochwertiges Halbpensionsangebot am Abend.

Erfurths Bergfried

Sickinger Str. 28 ✉ 79856 – ✆ (07652) 12 80 – www.bergfried.de

42 Zim – 111/151 € 240/284 € – 2 Suiten – ½ P

Rest – Menü 33/45 € (abends) – Karte 24/49 €

Das Engagement der Familie Erfurth ist ungebrochen und so investiert man stetig! Das Ergebnis: geschmackvolle neuzeitliche Zimmer und Juniorsuiten (zwei davon mit Sauna oder Whirlwanne) und für Ihr "Wellbeing" gibt es u. a. die eigene Kosmetikabteilung, den Barfußpark, das Freibad... und natürlich die ruhige Lage! HP inklusive. Für Selbstversorger: schöne Appartements in der Residenz gegenüber (Frühstück buchbar).

Sonnenberg
Rest,

Am Kesslerberg 9 ✉ 79856 – ✆ (07652) 1 20 70 – www.hotel-sonnenberg.com – geschl. November 2 Wochen

19 Zim – 90/110 € 130/170 € – 1 Suite – ½ P

Rest – Menü 17/37 € – *(nur Abendessen für Hausgäste)*

Dank des Engagements von Klauspeter und Freia Lehmann ist den Gästen hier stets ein beispielhaft gepflegtes Domizil sicher. Auf den Zimmern (alle mit individueller Note) finden Sie übrigens eine Espressomaschine als kleines Extra. Für Entspannung sorgen Physiotherapie und Kosmetik - nicht zu vergessen die ruhige Lage mit Talsicht.

Schwarzwaldhof - Gästehaus Sonne
Zim,

Freiburger Str. 2 ✉ 79856 – ✆ (07652) 1 20 30 – www.schwarzwaldhof.com – geschl. 9. November - 12. Dezember

39 Zim – 55/60 € 98/116 € – 1 Suite – ½ P

Rest – Menü 12/23 € – Karte 20/37 € – *(geschl. Dienstag)*

Das Hotel beim Bahnhof besteht aus dem über 110 Jahre alten Schwarzwaldhof und einem Gästehaus mit privater Atmosphäre. Nett ist das getäfelte Turmzimmer mit Himmelbett. Restaurant mit bürgerlichem Angebot, ergänzt durch eine rustikale Stube.

Imbery (mit Gästehaus)
Zim,

Rathausstr. 14 ✉ 79856 – ✆ (07652) 9 10 30 – www.hotel-imbery.de – geschl. 9. - 19. März, 23. November - 4. Dezember

32 Zim – 42/60 € 76/114 € – ½ P

Rest – Menü 16/28 € – Karte 22/43 € – *(geschl. Oktober - Mitte Juni: Donnerstag)*

Wer es lieber etwas ruhiger hat, bucht in dem familiengeführten Haus am besten eines der Zimmer im nach hinten gelegenen Gästehaus - hier wohnt man zudem komfortabler. Stärken können Sie sich im bürgerlichen Restaurant, im Café sowie auf der Terrasse und im Biergarten unter einer Linde.

Marie Antoinette – Parkhotel Adler

Adlerplatz 3 ✉ 79856 – ✆ (07652) 12 73 00 – www.parkhoteladler.de

Menü 51/82 € – Karte 41/84 € – *(nur Abendessen)*

Ein traditionsreiches Familienunternehmen par excellence, und das seit 1446. Da ist in den gemütlich-eleganten Stuben des historischen Schwarzwaldhauses mit ihren schönen alten Holztäfelungen, niedrigen Decken und allerlei reizenden wie dekorativen Accessoires natürlich ein Stück Geschichte spürbar. Aus der Küche kommen klassische Menüs und zeitgemäße Gerichte.

Wirtshaus – Parkhotel Adler
Adlerplatz 3 ✉ 79856 – ✆ (07652) 12 73 00 – www.parkhoteladler.de
Menü 35 € – Karte 28/52 €
Urig geht's zu im "Wirtshus"! Ob nur auf ein Bier, ein Viertele oder eine Stärkung mit badischen Schmankerln - probieren Sie es aus!

Prüfer's Gasthaus N
Freiburger Str. 30 ✉ 79856 – ✆ (07652) 9 17 58 05 – www.pruefers-gasthaus.de – geschl. Januar 3 Wochen und Dienstag - Mittwoch
Menü 35 € (abends)/45 € – Karte 18/44 €
"Sachsen-Anhalt meets Schwarzwald"... So oder so ähnlich könnte die Geschichte von Peter Prüfer heißen. Der gebürtige Zerbster bietet in dem Gasthaus am Ortseingang frische, schmackhafte Gerichte wie "Tafelspitz nach Oma Hanna's Rezept" oder auch "Pulpo mit Fenchel und Orangen-Kardamom-Sud".

In Hinterzarten-Alpersbach West: 5 km

Waldhotel Fehrenbach
Alpersbach 9 ✉ 79856 – ✆ (07652) 9 19 40 – www.waldhotel-fehrenbach.de – geschl. 7. - 28. Januar
14 Zim – †78/98 € ††121/131 € – ½ P
Rest ***Zur Esche*** – siehe Restaurantauswahl
Die einsame Lage wird genau Ihre Vorstellung von Schwarzwald-Idylle treffen! Das kleine Hotel im behaglichen regionstypischen Stil wird inzwischen bereits von der 5. Generation geführt. Sie haben Lust auf ein bisschen Programm? Dann sind Aktionen wie "Kräuterwanderung" oder "Quellwanderung" für Sie bestimmt richtig.

Gasthaus Engel
Alpersbach 14 ✉ 79856 – ✆ (07652) 15 39 – www.engel-hinterzarten.de – geschl. 13. April - 1. Mai, 17. November - 19. Dezember
9 Zim – †50/60 € ††86/100 € – 2 Suiten – ½ P
Rest – Karte 19/43 € – *(geschl. Donnerstag)*
Familien schätzen diese ruhig gelegene Urlaubsadresse in 1030 m Höhe. Bei freundlichen Gastgebern wohnt man hier in geräumigen Zimmern mit Balkon - von den meisten genießt man eine schöne Aussicht über den Wald - und sitzt gemütlich in der rustikalen Gaststube.

Zur Esche – Waldhotel Fehrenbach
Alpersbach 9 ✉ 79856 – ✆ (07652) 9 19 40 – www.waldhotel-fehrenbach.de – geschl. 7. - 28. Januar und Montag - Dienstag
Menü 28 € (mittags unter der Woche)/79 € – Karte 38/49 €
In den mit Zirbelholz verkleideten und charmant-rustikal dekorierten Stuben ist es so richtig schwarzwaldtypisch-heimelig! Frische Kräuter sind für Josef Fehrenbach ein Muss - sie unterstreichen in seinen Speisen den Geschmack der guten regionalen Produkte. Außerdem produziert er Tees und Marmeladen, die Sie hier kaufen können!

HIRSCHAID

Bayern – 11 780 Ew. – Höhe 248 m – Siehe Regionalatlas **50-K15**
Berlin 415 km – München 218 km – Coburg 58 km – Nürnberg 47 km
Michelin Straßenkarte 546

In Hirschaid-Röbersdorf West: 5 km

Gasthaus Wurm
Ringstr. 40 ✉ 96114 – ✆ (09543) 8 43 30 – www.gasthaus-wurm.de – geschl. 1. - 26. Januar
16 Zim – †48/58 € ††75/90 € **Rest** – Karte 16/32 € – *(geschl. Montag)*
Mitten im Dorf steht das kleine Hotel mit rosa Fassade, das von Familie Wurm mit Herz und Engagement geleitet wird. Alles ist tipptopp gepflegt, freundlich die Zimmer, hübsch die individuellen Blümchenzimmer. Dazu gutes Frühstück sowie fränkische Küche in charmant-ländlichen Stuben. Biergarten unter Linden.

In Buttenheim Süd-Ost: 3,5 km, jenseits der A 73

Landhotel Schloss Buttenheim garni

Schloss-Str. 16 ✉ 96155 – ✆ (09545) 9 44 70 – www.landhotel-buttenheim.de

8 Zim – 59/67 € 85/92 €

Das im 18. Jh. erbaute ehemalige Forsthaus und Stallgebäude des Schlosses beherbergt liebenswerte Zimmer, alle individuell in freundlichen Farben. W-Lan nutzen Sie gratis. Familie von Seefried betreibt neben dem Hotel noch einen Weinhandel.

HIRSCHBERG

Baden-Württemberg – 9 460 Ew. – Höhe 120 m – Siehe Regionalatlas **47-F16**

Berlin 613 km – Stuttgart 131 km – Mannheim 29 km – Darmstadt 50 km

Michelin Straßenkarte 545

In Hirschberg-Leutershausen

Bistronauten

Raiffeisenstr. 1A ✉ 69493 – ✆ (06201) 8 46 18 56 – www.bistronauten.de – geschl. Sonntag - Montag

Menü 29 € (vegetarisch)/34 € – Karte 33/38 € – *(nur Abendessen)* (Tischbestellung ratsam)

Frisch, saisonal und schnörkellos - das ist die schmackhafte Küche von Max Stoll und Johannes Raiber. In der ehemaligen Kneipe mit ihrem kleinen Gastraum geht es locker-leger zu, wo einst die Bar stand, ist nun die offene Küche. Hier bestellt man das täglich wechselnde Menü! Als Hauptgang gibt's z. B. "geschmorte Kikohuhnkeule mit Aubergine und Gnocchi", lecker auch die Desserts wie "Ziegenkäsetarte mit frischen Beeren".

In Hirschberg-Großsachsen

Krone

Landstr. 9 (B 3) ✉ 69493 – ✆ (06201) 50 50 – www.krone-grosssachsen.de

64 Zim – 65/85 € 85/100 € – ½ P

Rest *Krone* – siehe Restaurantauswahl

Seit 1969 ist Familie Grüber in ihrem Hotel mit Engagement bei der Sache und investiert immer wieder. Das Ergebnis sind wohnliche Zimmer: alpenländisch im Haus Kärnten, eher moderner im Stammhaus und im Haus Bergstraße. Erholen kann man sich in Pool und Sauna und auch für Tagungen hat man die passenden Räume.

Krone – Hotel Krone

Landstr. 9 (B 3) ✉ 69493 – ✆ (06201) 50 50 – www.krone-grosssachsen.de

Karte 32/53 €

Sie sind allesamt richtig gemütlich, die diversen Stuben in der historischen "Krone"... und trotz des traditionellen Charakters finden sich hier auch moderne Akzente. Genauso in der Küche von Alexander Hahn, einem geschmackvollen Mix aus Regionalem und Internationalem: "Kardamom-Hähnchen mit Aprikosen-Chili-Bröseln", "Tafelspitz aus dem Wurzelsud"...

HIRSCHHORN am NECKAR

Hessen – 3 540 Ew. – Höhe 126 m – Siehe Regionalatlas **48-G16**

Berlin 621 km – Wiesbaden 120 km – Mannheim 52 km – Heidelberg 23 km

Michelin Straßenkarte 543

Schlosshotel (mit Gästehaus)

Schloßstraße 39, (Auf Burg Hirschhorn) ✉ 69434 – ✆ (06272) 9 20 90 – www.schlosshotel-hirschhorn.de – geschl. November - Februar

25 Zim – 82/98 € 106/170 €

Rest – Menü 45 € (abends) – Karte 42/74 € – *(geschl. Montag; März - Oktober: Sonntagabend - Montag) (nur Abendessen)*

Schön wohnt man über den Dächern von Hirschhorn in einer Burganlage a. d. 12. Jh., charmant die jungen Gastgeber. Einige Zimmer sind besonders stilvoll, so auch das elegante Restaurant. Man bietet internationale Küche, mittags einfache Karte im Bistro. Rustikal der Ritterkeller, toll die Terrasse.

HITZACKER (ELBE)

Niedersachsen – 4 890 Ew. – Höhe 12 m – Siehe Regionalatlas **20-K6**
Berlin 238 km – Hannover 140 km – Lüneburg 50 km – Hamburg 102 km
Michelin Straßenkarte 541

Hafen Hitzacker (N)

Zim,

Am Weinberg 2 ✉ 29456 – ✆ (05862) 9 87 80
– www.hotel-hafen-hitzacker-elbe.de
9 Zim – 85/119 € 95/129 € – 22 Suiten – ½ P **Rest** – Karte 20/32 €
Das Haus hat so seine Besonderheiten: Da wäre zum einen die Jeetzel (Elbzufluss), die die beiden Gebäude trennt (das Restaurant Dierks erreicht man über den "Hiddosteg"!), zum anderen sind die Zimmer riesig (55-90 qm!), wertig und meist mit Hafen- oder Weinbergblick.

HOCHHEIM am MAIN

Hessen – 16 960 Ew. – Höhe 129 m – Siehe Regionalatlas **47-F15**
Berlin 559 km – Wiesbaden 12 km – Frankfurt am Main 31 km – Darmstadt 32 km
Michelin Straßenkarte 543

Zielonka garni

Hajo-Rüter-Str. 15 (Gewerbegebiet Ost) ✉ 65239 – ✆ (06146) 9 06 70
– www.zielonka-privathotel.de – geschl. 21. Dezember - 2. Januar
20 Zim – 79/159 € 99/174 €
Das Businesshotel ist funktionell ausgestattet und liegt günstig im Gewerbegebiet, doch der praktische Aspekt ist nicht alles: So hat man z. B. einen charmanten Garten mit Obstbäumen, die zum Naschen einladen, und in der gemütlich-modernen Kaminlounge kann man das Angebot der Bar sowie kleine Speisen genießen. Außerdem gibt es nebenan ein Fitnessstudio mit Sauna.

Im Weinegg

Kirchstr. 38 ✉ 65239 – ✆ (06146) 90 73 99 21 – www.weinegg.de – geschl. Montag - Dienstag
Menü 29/58 € – Karte 31/46 € – *(Mittwoch - Donnerstag nur Abendessen)*
An ein schönes altes Weingut hat man das über zwei Ebenen angelegte Restaurant angeschlossen. Es erwartet Sie eine angenehm helle Einrichtung mit mediterraner Note sowie saisonale Küche.

HÖCHENSCHWAND

Baden-Württemberg – 2 560 Ew. – Höhe 1 008 m – Siehe Regionalatlas **62-E21**
Berlin 809 km – Stuttgart 186 km – Freiburg im Breisgau 56 km – Donaueschingen 63 km
Michelin Straßenkarte 545

Alpenblick

St.-Georg-Str. 9 ✉ 79862 – ✆ (07672) 41 80 – www.alpenblick-hotel.de
37 Zim – 129/169 € 238/258 € – ½ P
Rest – Menü 35 € (abends) – Karte 32/59 €
Das Wellnesshotel ist beliebt, denn hier wird man von A - Z verwöhnt: wohnliche Zimmer, moderner Spa (Motto "Wasser und Salz") und nicht zuletzt die Bio-Vollpension (für Hausgäste inkl.)! A-la-carte-Gäste werden in der urig-charmanten Schwarzwaldstube z. B. mit Rösti-Gerichten oder Flambi-Spießen bewirtet.

Nägele

Zim, Rest,

Bürgermeister-Huber-Str. 11 ✉ 79862 – ✆ (07672) 9 30 30
– www.hotel-naegele.de
42 Zim – 65/69 € 126/138 € – 2 Suiten – ½ P
Rest – Menü 19/62 € – Karte 22/43 €
Familie Heinen bleibt am Ball und modernisiert stetig - so wohnt man in den Zimmern "Lerchenbergblick" besonders komfortabel und entspannt im Ruheraum, in der Salzgrotte oder bei Beauty & Massage. Am Morgen ein reichhaltiges Frühstücksbuffet, dazu ausgesprochen freundlicher Service. Und wie wär's mit regional-bürgerlicher Küche im schönen Maximilian-Stüble?

Porten's Hotel Fernblick garni

Im Grün 15 ✉ 79862 – ✆ (07672) 9 30 20 – www.porten.de
38 Zim – †50/53 € ††98/104 € – 2 Suiten
Die Zimmer hier sind zwar nicht sehr groß, aber gepflegt, funktional und teilweise schön neuzeitlich eingerichtet. Zudem gibt es ein frisches Frühstück (im Sommer auf der Terrasse) und abends können Sie in den "Hubertusstuben" der Familie Porten essen. Nutzen Sie auch den Wellnessbereich der St.-Georg-Klinik!

Hubertusstuben

Kurhausplatz 1, (Eingang St.-Georg-Straße) (1. Etage) ✉ 79862 – ✆ (07672) 41 16 01 – www.porten.de – geschl. 7. - 27. Januar und Dienstag
Menü 36/60 € – Karte 27/60 € – *(Montag - Freitag nur Abendessen)*
Nicht nur die Gäste seines wenige Gehminuten entfernten Hotels kommen gerne in Frank Portens Restaurant. Hier lässt man sich klassische und internationale Küche servieren - so z. B. "Saiblingsfilet mit Blattspinat und Safranrisotto".

Das Symbol † bzw. †† zeigt den Mindestpreis in der Nebensaison und den Höchstpreis in der Hochsaison für ein Einzelzimmer bzw. für ein Doppelzimmer an.

HÖCHST im ODENWALD

Hessen – 9 740 Ew. – Höhe 157 m – Siehe Regionalatlas **48**-G15
Berlin 578 km – Wiesbaden 78 km – Frankfurt am Main 61 km – Mannheim 78 km
Michelin Straßenkarte 543

In Höchst-Hetschbach Nord-West: 2 km über B 45 Richtung Groß-Umstadt

Krone (mit Gästehaus)

Rondellstr. 20 ✉ 64739 – ✆ (06163) 93 10 00 – www.krone-hetschbach.de – geschl. Januar 1 Woche, Juli - August 2 Wochen
20 Zim – †56 € ††96/102 € – ½ P
Rest *Gaststube* **Rest *Krone*** – siehe Restaurantauswahl
In 5. Generation empfängt Sie sehr herzlich Familie Wölfelschneider. Es erwarten Sie zeitgemäße Zimmer (meist in schönem wohnlichem Naturholz), die teilweise einen netten Blick in den idyllischen Garten bieten. Gutes Frühstücksbuffet.

Krone – Hotel Krone

Rondellstr. 20 ✉ 64739 – ✆ (06163) 93 10 00 – www.krone-hetschbach.de – geschl. Januar 1 Woche, Juli - August 2 Wochen und Montag, Donnerstag
Menü 45/103 € – Karte 43/62 €
Hier wird mit heimischen Produkten und saisonalen Einflüssen gekocht: "Zweierlei vom Kalb mit Polenta, Spinat und Pfifferlingen", "Jakobsmuscheln auf grünem Spargel mit Maracuja"... Die Schwester des Küchenchefs leitet den freundlichen Service samt trefflicher Weinberatung (man hat 400 Positionen).

Gaststube – Hotel Krone

Rondellstr. 20 ✉ 64739 – ✆ (06163) 93 10 00 – www.krone-hetschbach.de – geschl. Januar 1 Woche, Juli - August 2 Wochen und Montag, Donnerstagmittag
Menü 25 € – Karte 25/44 €
Die frische regionale Küche passt zur angenehm unkomplizierten Atmosphäre der Gaststube. Macht Ihnen Leckeres wie "Wildschweinsauerbraten mit Kartoffelklößen und Wirsing" Appetit? Oder vielleicht "gebackene Kalbszunge auf Lauchgemüse"?

HÖCHSTÄDT an der DONAU

Bayern – 6 490 Ew. – Höhe 416 m – Siehe Regionalatlas **56**-J19
Berlin 557 km – München 114 km – Augsburg 45 km – Ansbach 98 km
Michelin Straßenkarte 546

Zur Glocke mit Zim

Friedrich-von-Teck-Str. 12 ✉ 89420 – ✆ (09074) 95 78 85 – www.restaurant-zur-glocke.de – geschl. 1. - 4. Januar, 16. - 22. Februar, 31. August - 13. September und Montag - Dienstag

7 Zim – 38/65 € 75/88 €

Menü 30 € (vegetarisch)/45 € – Karte 32/52 €

Die Fassade ist zwar recht schlicht, doch drinnen ist das Haus der Familie Stoiber hübsch und gemütlich-modern! Auf der internationalen Speisekarte finden sich Leckerbissen wie "Wildsteinbutt mit Erbsenpüree und Hummerschaum" oder "Bio-Zicklein auf Bohnengemüse". Tipp: Im Sommer sitzt man draußen unter der Kastanie am schönsten und luftigsten!

HÖFEN an der ENZ

Baden-Württemberg – 1 620 Ew. – Höhe 369 m – Siehe Regionalatlas **54-F18**

Berlin 680 km – Stuttgart 68 km – Karlsruhe 44 km – Freudenstadt 48 km

Michelin Straßenkarte 545

Ochsen

Bahnhofstr. 2 ✉ 75339 – ✆ (07081) 79 10 – www.ochsen-hoefen.de

49 Zim – 74/98 € 116/146 € – 3 Suiten – ½ P

Rest – Menü 30 € (abends) – Karte 23/52 €

Bei Familie Braune kann man nicht nur gut schlafen: Entspannen lässt es sich schön im Sauna- und Ruhebereich mit seinem ansprechenden Holz-Stein-Look oder aber auf der Terrasse zur Enz. Auch zum Tagen ist es eine ideale Adresse, für Veranstaltungen hat man eine kleine Piazza und sogar heiraten ist dank des eigenen Standesamtes kein Problem!

HÖHN

Rheinland-Pfalz – 3 080 Ew. – Höhe 508 m – Siehe Regionalatlas **37-E13**

Berlin 566 km – Mainz 96 km – Koblenz 53 km – Wiesbaden 75 km

Michelin Straßenkarte 543

Millé

Rheinstr. 2 ✉ 56462 – ✆ (02661) 84 48 – www.restaurant-mille.de – geschl. 19. Oktober - 2. November und Montag - Dienstag

Menü 38/50 € – Karte 30/58 € – *(Mittwoch - Samstag nur Abendessen)*

Herzlich leitet Familie Millé das behagliche Restaurant in der Ortsmitte. Geboten wird internationale Küche, die im Sommer auch im schön angelegten Garten serviert wird.

HÖHR-GRENZHAUSEN

Rheinland-Pfalz – 9 140 Ew. – Höhe 250 m – Siehe Regionalatlas **36-D14**

Berlin 584 km – Mainz 94 km – Koblenz 19 km – Limburg an der Lahn 35 km

Michelin Straßenkarte 543

Heinz

Bergstr. 77 ✉ 56203 – ✆ (02624) 9 43 00 – www.hotel-heinz.de – geschl. 22. - 25. Dezember

90 Zim – 85/140 € 130/220 € – ½ P

Rest – Menü 40/75 € – Karte 22/68 €

Der gut geführte Familienbetrieb auf einer Anhöhe hält ein umfassendes Wellnessangebot für Sie bereit. Zimmer in den Kategorien Klassik, Basic und Lebensart sowie ansprechende Themenzimmer. Restaurant mit individuell gestalteten Räumen und netter Gartenterrasse.

Im Stadtteil Grenzau Nord: 1,5 km

Zugbrücke Rest, Rest,

Brexbachstr. 11 ✉ 56203 – ✆ (02624) 10 50 – www.zugbruecke.de

136 Zim – 84/114 € 128/188 € – 2 Suiten – ½ P

Rest – Menü 27/41 € – Karte 29/49 €

Das Hotel in ruhiger Tallage am Brexbach ist ideal für Tagungen, daneben schätzen Wochenendgäste das große Freizeitangebot. Die Zimmer sind teilweise ganz modern, im Gästehaus gegenüber einfacher.

HÖNNINGEN, BAD

Rheinland-Pfalz – 5 720 Ew. – Höhe 65 m – Siehe Regionalatlas **36-C13**
Berlin 617 km – Mainz 125 km – Koblenz 37 km – Bonn 35 km
Michelin Straßenkarte 543

St. Pierre garni
Hauptstr. 138, (1. Etage) ✉ 53557 – ✆ (02635) 20 91 – www.hotelpierre.de – geschl. 20. - 28. Dezember
19 Zim – 55/99 € 86/140 € – 2 Suiten
Gegenüber dem Rathaus steht das freundlich geführte kleine Hotel mit den gepflegten und praktisch ausgestatteten Zimmern. Die zwei geräumigen Suiten sind auch für Familien geeignet.

HÖRSTEL

Nordrhein-Westfalen – 19 810 Ew. – Höhe 45 m – Siehe Regionalatlas **16-D8**
Berlin 464 km – Düsseldorf 178 km – Nordhorn 45 km – Münster (Westfalen) 44 km
Michelin Straßenkarte 543

In Hörstel-Riesenbeck Süd-Ost: 6 km über Bevergern, jenseits der A 30

Parkhotel Surenburg
Surenburg 13 (Süd-West: 1,5 km) ✉ 48477 – ✆ (05454) 9 33 80 – www.parkhotel-surenburg.com
30 Zim – 95 € 149 € – ½ P
Rest *Westfälische Stube* ✿ **Rest *Surenburg*** – siehe Restaurantauswahl
Richtig schön hat man es hier in malerischer, ruhiger Lage ca. 300 m vom Wasserschloss entfernt, angrenzend eine große Reitanlage. Modern-elegant die Zimmer, zuvorkommend der Service, ausgezeichnet das Frühstück... dazu das attraktive "Badehaus" - Tipp: Mieten Sie Sauna und Schwimmbad spät abends exklusiv!

Westfälische Stube – Parkhotel Surenburg
✿
Surenburg 13 (Süd-West: 1,5 km) ✉ 48477 – ✆ (05454) 9 33 80 – www.parkhotel-surenburg.com – geschl. August, 15. - 30. November und Montag - Dienstag
Menü 79/149 € – *(nur Abendessen)* (Tischbestellung erforderlich)
Denken Sie bei dem Namen an ein ländlich-legeres kleines Restaurant? Warmes Holz schafft westfälische Gemütlichkeit und auch in Richard Nussels kreativer Küche findet sich der regionale Bezug - einige der sehr guten Produkte kommen aus dem Garten von Schloss Surenburg oder aus den Heereman'schen Wäldern.
→ Hummer, Kaviar, Champagnerrisotto, Zitronen. Waller, Rote Bete, Sobrasada. Rinderfilet, Artischocken, Rotweinsauce.

Surenburg – Parkhotel Surenburg
Surenburg 13 (Süd-West: 1,5 km) ✉ 48477 – ✆ (05454) 9 33 80 – www.parkhotel-surenburg.com
Menü 30 € (mittags)/49 € – Karte 31/58 € – (abends Tischbestellung ratsam)
Hier kocht man ambitionierte internationale Speisen wie "Kalbsbacke mit Vanille geschmort, Kichererbsenmousseline und glasiertem Wurzelgemüse". Darf es nachmittags ein Stück hausgemachter Kuchen sein? Und am Abend ein Cocktail in der stilvollen "Präsidenten Bar"? Im Sommer ein Muss: die große Terrasse!

HÖVELHOF

Nordrhein-Westfalen – 16 150 Ew. – Höhe 107 m – Siehe Regionalatlas **28-F10**
Berlin 413 km – Düsseldorf 189 km – Bielefeld 33 km – Detmold 30 km
Michelin Straßenkarte 543

Victoria
Bahnhofstr. 35 ✉ 33161 – ✆ (05257) 9 37 70 – www.93770.de
43 Zim – 54/99 € 84/121 € – ½ P
Rest – Menü 20/50 € – Karte 26/56 € – *(geschl. Samstagmittag)*
Ein sehr gepflegte Familienbetrieb, der dank seiner Lage am Bahnhof auch für Zugreisende gut erreichbar ist. Die neueren Zimmer sind zwar etwas teurer, dafür aber am geräumigsten und klimatisiert! Hallenbad und Fitnessbereich nutzen Sie gegen Gebühr. International-regionale Küche in Restaurant und Bistro.

Gasthof Brink mit Zim — Zim,

Allee 38 ✉ 33161 – ✆ (05257) 32 23 – geschl. 1. - 14. Januar, Ende Juli - Anfang August 2 Wochen und Montag
9 Zim ☕ – 🚹45/55 € 🚹🚹75/85 €
Menü 59 € – Karte 27/60 € – *(nur Abendessen)* (Tischbestellung ratsam)
Bis ins Jahr 1880 geht die Familientradition dieses Hauses zurück. Was Florian Brink in dem eleganten Restaurant kocht, ist eine tolle klassische Küche. "Gänseleber mit Sauce Cumberland" findet sich ebenso auf der Karte wie "Kalbsfilet mit Morcheln" oder "Seeteufel in Champagnerrahm".

In Hövelhof-Riege Nord-West: 5 km Richtung Kaunitz, dann rechts ab

Gasthaus Spieker mit Zim — Rest, Zim,

Detmolder Str. 86 ✉ 33161 – ✆ (05257) 22 22 – www.gasthaus-spieker.de – geschl. Montag, außer an Feiertagen
13 Zim ☕ – 🚹55/65 € 🚹🚹85/105 € – ½ P
Menü 25/50 € – Karte 25/51 € – *(nur Abendessen, sonntags auch Mittagessen)*
Liebenswertes Ambiente, sehr freundlicher Service, gute Produkte - nicht nur für Restaurantbesucher, die regional-mediterran essen möchten, auch für Übernachtungsgäste, die hier zu absolut fairen Preisen in sehr schönen Zimmern schlafen und ein leckeres Frühstück mit ausgezeichnetem Kaffee bekommen!

HÖXTER

Nordrhein-Westfalen – 31 000 Ew. – Höhe 95 m – Siehe Regionalatlas **28-H10**
▶ Berlin 362 km – Düsseldorf 225 km – Hannover 86 km – Kassel 70 km
Michelin Straßenkarte 543

Niedersachsen

Grubestr. 3 ✉ 37671 – ✆ (05271) 68 80 – www.hotelniedersachsen.de
80 Zim ☕ – 🚹79/145 € 🚹🚹90/220 € – ½ P
Rest – Menü 17 € (mittags)/42 € – Karte 31/45 €
Das gut geführte, auch von Geschäftsleuten geschätzte Hotel bietet unterschiedliche Zimmertypen, freundlichen Service und den schönen Freizeitbereich Corbie-Therme. Restaurant Huxori-Stube mit internationaler Küche, kleine Gerichte in der Sachsenklause.

HOF

Bayern – 45 910 Ew. – Höhe 500 m – Siehe Regionalatlas **41-M14**
▶ Berlin 317 km – München 283 km – Bayreuth 55 km – Nürnberg 133 km
Michelin Straßenkarte 546

Central — Rest, Rest,

Kulmbacher Str. 4 ✉ 95030 – ✆ (09281) 60 50 – www.hotel-central-hof.de
100 Zim ☕ – 🚹87/135 € 🚹🚹107/155 € – 1 Suite – ½ P
Rest *Kastaniengarten* – Menü 29 € (mittags)/79 € – Karte 25/53 € – *(geschl. Ende Juli - Anfang August 2 Wochen)*
Das von zwei Schwestern geführte Hotel liegt gegenüber dem Theater und ist mit seiner direkten Anbindung an die "Freiheitshalle" auch ideal für Tagungen. Wohnliche Zimmer (wie wär's z. B. mit der Wellness-Suite?), schöne "Spa Lounge" mit Kosmetik- und Massageangebot, Indoor-Golf sowie ein gediegen-elegantes Restaurant mit Speisen von fränkisch bis international.

Burghof garni

Bahnhofstr. 53 ✉ 95028 – ✆ (09281) 81 93 50 – www.hotel-burghof.com
22 Zim ☕ – 🚹69/79 € 🚹🚹99/109 €
Das Stadthaus a. d. J. 1901 ist ein sympathisch geleitetes Hotel, hinter dessen schmucker Fassade sich tipptopp gepflegte wohnlich-elegante Gästezimmer verbergen.

Am Maxplatz garni

Maxplatz 7 / Ludwigstr. 15 ✉ 95028 – ✆ (09281) 17 30
– www.hotel-am-maxplatz.de – geschl. 22. - 31. Dezember
18 Zim – 65/88 € 95/110 €
Seit über 35 Jahren leiten die freundlichen Gastgeber ihr kleines Hotel mitten im Zentrum, nahe dem Rathaus. Die Zimmer liegen recht ruhig um den Innenhof des denkmalgeschützten Hauses. Hübsch die Gewölbedecke im Empfangsbereich.

HOFBIEBER

Hessen – 6 170 Ew. – Höhe 380 m – Siehe Regionalatlas **39**-**I13**
Berlin 434 km – Wiesbaden 209 km – Fulda 14 km – Bad Hersfeld 40 km
Michelin Straßenkarte 543

In Hofbieber-Fohlenweide Süd-Ost: 6 km über Langenbieber

Seminarhotel Fohlenweide

Rest,

Fohlenweide 1 ✉ 36145 – ✆ (06657) 98 80 – www.seminarhotel-fohlenweide.de
27 Zim – 59/94 € 100/160 € – ½ P **Rest** – Karte 20/39 €
Ein wirklich tolles Anwesen in einsamer Lage, ringsum nur Grün! Auf 3 ha bietet der ehemalige Gutshof (übrigens auch das Zuhause eigener Pferde, Schafe, Ziegen...) ideale Bedingungen für schönes, erholsames Wohnen und erfolgreiches Tagen, und mit dem "Kaminzimmer" zudem ein geschmackvolles Restaurant.

In Hofbieber-Steens Süd-Ost: 8 km über Langenbieber und Elters

Lothar Mai Haus

Lothar-Mai-Str. 1 ✉ 36145 – ✆ (06657) 9 60 80
– www.hotel-lothar-mai-haus-rhoen.de
30 Zim – 72/87 € 106/122 € – 2 Suiten – ½ P
Rest – Menü 25 € (abends)/42 € – Karte 25/39 €
Sie mögen's ruhig? Das Haus steht einsam in erhöhter Lage, toll der Blick über Wald und Wiesen! Wohnliche Zimmer (von Landhausstil bis modern und allergikergerecht), Kosmetik- und Massage-Angebot sowie ein gemütlich-rustikales Restaurant und eine Terrasse mit grandioser Aussicht. Die Küche ist bürgerlich.

HOFGEISMAR

Hessen – 15 560 Ew. – Höhe 156 m – Siehe Regionalatlas **28**-**H11**
Berlin 407 km – Wiesbaden 245 km – Kassel 24 km – Paderborn 63 km
Michelin Straßenkarte 543

Zum Alten Brauhaus

Marktstr. 12 ✉ 34369 – ✆ (05671) 30 81 – www.zumaltenbrauhaus.de – geschl. 23. Dezember - 9. Januar
22 Zim – 45/60 € 75/90 € – 2 Suiten – ½ P
Rest – Karte 16/44 € – *(geschl. Sonntagabend - Montagmittag)*
In der Fußgängerzone mitten im malerischen Ortskern liegt das von zwei Brüdern geleitete Traditionsgasthaus mit den gepflegten und solide eingerichteten Zimmern. Das Restaurant ist im bürgerlichen Stil gehalten.

HOFHEIM am TAUNUS

Hessen – 38 440 Ew. – Höhe 136 m – Siehe Regionalatlas **47**-**F15**
Berlin 550 km – Wiesbaden 20 km – Frankfurt am Main 22 km – Limburg an der Lahn 54 km
Michelin Straßenkarte 543

Dreispitz

In der Dreispitz 6 (an der B 519) ✉ 65719 – ✆ (06192) 9 65 20
– www.hotel-dreispitz.de – geschl. 20. Dezember - 6. Januar
24 Zim – 72/119 € 92/139 €
Rest – Karte 19/39 € – *(geschl. 25. Juli - 25. August und Donnerstag - Freitag) (nur Abendessen)*
Seit mehreren Generationen wird das Haus bereits von Familie Laur geführt, man bleibt am Ball und verbessert immer wieder. So sind die meisten Zimmer freundlich eingerichtet, unterm Dach mit gemütlicher Schräge. Bürgerliche Küche im rustikalen Restaurant.

Die Scheuer

Burgstr. 12 ✉ 65719 – ✆ (06192) 2 77 74 – www.die-scheuer.de
– geschl. Sonntagabend - Montag
Menü 56 € – Karte 35/64 €
In der ehemaligen "Hammelschen Scheune" a. d. 17. Jh. spürt man das Engagement der Familie Stöckle: Zum einen ist das Haus charmant und mit viel Liebe renoviert, zum anderen gibt es ambitionierte saisonale Küche mit Wild aus der Region und viel Gemüse. Oder mögen Sie lieber "Zander unter der Korianderkruste mit Wasabischaum, Rote Bete und Topinambur"? Alternativ bekommen Sie im Bistro Schmiede gegenüber bürgerliche Küche.

In Hofheim-Diedenbergen Süd-West: 3 km über B 519

Romano

Casteller Str. 68 ✉ 65719 – ✆ (06192) 3 71 08 – www.ristorante-romano.com
– geschl. 22. Dezember - 7. Januar und Montag, Samstagmittag
Karte 38/74 €
In diesem Familienbetrieb stehen Mutter und Vater am Herd, der Sohn serviert freundlich-leger die italienischen Gerichte. Schwerpunkt des auf einer Tafel empfohlenen Angebots ist Fisch.

HOHEN DEMZIN

Mecklenburg-Vorpommern – 460 Ew. – Höhe 70 m – Siehe Regionalatlas **13-N5**
▶ Berlin 178 km – Schwerin 96 km – Neubrandenburg 62 km – Waren 26 km
Michelin Straßenkarte 542

Schlosshotel Burg Schlitz

(Nahe der B 108, Süd: 2 km, Richtung Waren) ✉ 17166 – ✆ (03996) 1 27 00
– www.burg-schlitz.de
20 Zim – †135/155 € ††198/260 €, ☕ 23 € – 5 Suiten – ½ P
Rest *Brasserie Louise* **Rest *Wappen-Saal*** – siehe Restaurantauswahl
Das imposante Schloss auf dem 180 ha großen Anwesen wurde 1806 von Graf Schlitz erbaut und ist heute ein aufwändig und edel mit Stil und Geschmack eingerichtetes Hotel. Klassisch-elegant sind die großen Zimmer mit meist wunderschönen Decken, toll der Spa.

Wappen-Saal – Schlosshotel Burg Schlitz

(Nahe der B 108, Süd: 2 km, Richtung Waren) ✉ 17166 – ✆ (03996) 1 27 00
– www.burg-schlitz.de – geschl. Februar - März 4 Wochen und Montag
- Dienstag
Menü 68/100 € – *(nur Abendessen)*
Ein überaus stilvoller Rahmen erwartet Sie in dem eindrucksvollen historischen Raum. Sabine Teubler kocht gehoben, serviert werden zwei Menüs: eines klassisch-französisch ausgelegt, das andere mit Produkten aus der Region.

Brasserie Louise – Schlosshotel Burg Schlitz

(Nahe der B 108, Süd : 2 km, Richtung Waren) ✉ 17166 – ✆ (03996) 1 27 00
– www.burg-schlitz.de
Karte 27/47 € – *(Mittwoch - Sonntag nur Mittagessen)*
In der etwas legereren Brasserie - und auf der schönen Terrasse zum Park - darf man sich auf eine frische regional geprägte Küche freuen, und die gibt es z. B. als "geschmorte Rinderschulter mit Sellerie". Und als Dessert "Schokoladenkuchen mit Blaubeerragout"?

HOFSTETTEN

Baden-Württemberg – 1 720 Ew. – Höhe 259 m – Siehe Regionalatlas **54-E20**
▶ Berlin 782 km – Stuttgart 146 km – Freiburg 47 km – Strasbourg 62 km
Michelin Straßenkarte 545

Drei Schneeballen
Hauptstr. 11 ✉ 77716 – ✆ (07832) 28 15 – www.drei-schneeballen.de – geschl. Februar 2 Wochen, August 10 Tage, November 2 Wochen
24 Zim – 38/60 € 64/92 € – ½ P
Rest – Karte 17/46 € – *(geschl. Montag - Dienstag)*
Seit über 500 Jahren ist das Haus im Familienbesitz, darauf ist man stolz und entsprechend engagiert wird der Betrieb geführt. Fragen Sie nach den schönen Landhauszimmern mit ihren schicken modernen Bädern oder nach den geräumigen Appartements! In den Gästehäusern sind die Zimmer etwas älter und einfacher. Wer zum Essen kommt, sollte die Forellengerichte probieren - man holt den Fisch topfrisch aus dem Bassin im alten Milchhäuschen gegenüber!

HOHENKAMMER

Bayern – 2 330 Ew. – Höhe 471 m – Siehe Regionalatlas **58-L19**
Berlin 560 km – München 41 km – Augsburg 84 km – Landshut 69 km
Michelin Straßenkarte 546

Camers Schlossrestaurant
Schlossstr. 25 ✉ 85411 – ✆ (08137) 93 44 43 – www.schlosshohenkammer.de – geschl. 21. Dezember - 4. Januar, 10. - 23. August und Sonntag - Montag
Menü 39/72 € – Karte 42/65 € – *(nur Abendessen)*
Ein modernes Restaurant in den schönen Gewölben der ehemaligen Schlossbrauerei. Serviert wird feine bayerische Küche, aber auch wirklich köstliche mediterrane und asiatisch inspirierte Gerichte finden sich auf der Karte. Netter Biergarten.

HOHENSTEIN

Hessen – 6 110 Ew. – Höhe 340 m – Siehe Regionalatlas **47-E14**
Berlin 572 km – Wiesbaden 23 km – Koblenz 64 km
Michelin Straßenkarte 543

Hofgut Georgenthal
Georgenthal 1 (Süd-Ost: 5,5 km über Steckenroth, Richtung Strinz-Margarethä) ✉ 65329 – ✆ (06128) 94 30 – www.hofgut-georgenthal.de – geschl. 1. - 19. Januar
40 Zim – 119/159 € 159/199 € – 1 Suite – ½ P
Rest *Giorgios* – Menü 53/61 € – Karte 32/50 € – *(Montag - Freitag nur Abendessen)*
Einsam liegt der ehemalige Zehnthof a. d. J. 1692 umgeben von Wald und Wiese. Das Hotel bietet wohnlich-elegantes Ambiente sowie einen Badebereich und Anwendungen. Kleines "Limes"-Museum. Mediterran-regionale Küche im Giorgios.

HOHENSTEIN-ERNSTTHAL

Sachsen – 15 550 Ew. – Höhe 370 m – Siehe Regionalatlas **42-O13**
Berlin 269 km – Dresden 81 km – Chemnitz 15 km – Plauen 82 km
Michelin Straßenkarte 544

Drei Schwanen
Altmarkt 19 ✉ 09337 – ✆ (03723) 65 90 – www.drei-schwanen.de
32 Zim – 79 € 109 € – ½ P
Rest – Menü 30 € – Karte 22/51 € – *(geschl. Montag) (nur Abendessen, sonntags auch Mittagessen)*
In Karl Mays Geburtsstadt liegt dieses klassizistische Stadthaus, dessen wohnliche Zimmer teils mit einer Terrasse versehen sind. Stimmig: die alten Kronleuchter im Treppenaufgang und auch das mit Parkettboden ausgelegte Restaurant, in dem man bürgerlich-internationale Küche mit kreativen Kombinationen bietet.

HOHENTENGEN am HOCHRHEIN

Baden-Württemberg – 3 670 Ew. – Höhe 378 m – Siehe Regionalatlas **62-E21**
Berlin 802 km – Stuttgart 176 km – Freiburg im Breisgau 79 km – Baden 33 km
Michelin Straßenkarte 545

Wasserstelz Zim,

Guggenmühle 15 (Nord-West: 3 km, unterhalb der Burgruine Weißwasserstelz)
✉ 79801 – ✆ (07742) 9 23 00 – www.wasserstelz.de
12 Zim – 60/90 € 98/140 € – 1 Suite – ½ P
Rest – Menü 22/54 € – Karte 25/54 €
Über 1000 Jahr alt, ehemals Gesindehaus und Teil einer Burganlage... so viel Historie bringt reichlich Atmosphäre mit sich, und die spürt man in den wohnlichen Zimmern sowie in der Gaststube mit Holztäfelung und Kachelofen. Am Rhein hat man übrigens einen Bootsanleger und eine Badestelle.

In Hohentengen-Lienheim West: 5 km

Landgasthof Hirschen mit Zim Zim,

Rheintalstr. 13 ✉ 79801 – ✆ (07742) 76 35 – www.hirschen-lienheim.de – geschl. 26. Dezember - 6. Januar
7 Zim – 45/55 € 70/80 €, 8 €
Menü 17/45 € – Karte 22/50 € – *(geschl. Samstag - Sonntag)*
Ausflugsziele gibt es in der Gegend einige, und als Abschluss kehren Sie hier bei Familie Knuth ein: In gemütlich-ländlichen Stuben bekommen Sie saisonale Speisen. Und danach müssen Sie nicht mal mehr aus dem Haus, denn man hat auch gepflegte Gästezimmer und Appartements.

HOHNSTEIN

Sachsen – 3 470 Ew. – Höhe 290 m – Siehe Regionalatlas **43-R12**
Berlin 223 km – Dresden 32 km – Pirna 16 km – Bad Schandau 10 km
Michelin Straßenkarte 544

In Hohnstein-Rathewalde West: 5,5 km Richtung Pirna

LuK - Das Kleine Landhotel

Basteiweg 12 ✉ 01848 – ✆ (035975) 8 00 13 – www.luk-landhotel.de – geschl. Dezember - Februar
8 Zim – 60/65 € 84/92 € **Rest** – *(nur Abendessen für Hausgäste)*
Ruhig und schön grün ist es hier am Ende des Wohngebietes. Hübsche Stoffe und helle Möbel schaffen in den Zimmern und im luftig-lichten Frühstücksraum Landhausflair.

HOHWACHT

Schleswig-Holstein – 880 Ew. – Höhe 19 m – Siehe Regionalatlas **3-J3**
Berlin 335 km – Kiel 41 km – Lübeck 81 km – Oldenburg in Holstein 21 km
Michelin Straßenkarte 541

Hohe Wacht Rest, Rest,

Ostseering 5 ✉ 24321 – ✆ (04381) 9 00 80 – www.hohe-wacht.de
93 Zim – 116/158 € 142/190 € – 2 Suiten – ½ P
Rest – Menü 28/50 € – Karte 21/63 €
Die Lage an einem kleinen Park, nur wenige Schritte vom Strand entfernt, sowie geräumige Zimmer mit wohnlicher Einrichtung sprechen für das Hotel. Wie wär's mit Kosmetik oder Massage zur Entspannung? Restaurant mit elegantem Touch, im Wintergarten mit Meerblick.

Seeschlösschen Rest,

Dünenweg 4 ✉ 24321 – ✆ (04381) 40 76 0 – www.seeschloesschen-hohwacht.de
34 Zim – 86/116 € 158/217 € – ½ P
Rest – Menü 39 € (abends)/43 € – Karte 27/35 €
Das Ferienhotel überzeugt durch seine Lage unmittelbar am Ostseestrand. Die Zimmer sind wohnlich gestaltet, darunter einige Appartements mit Glas-Gauben und Balkon zum Meer. Zum Restaurant gehört eine herrliche Terrasse.

Haus am Meer (N)

Dünenweg 1 ✉ 24321 – ✆ (04381) 4 07 40 – www.hotel-hausammeer.de – geschl. November - Mitte Dezember, Mitte Januar - Ende Februar

25 Zim – 88/120 € 115/180 € **Rest** – Karte 26/42 €

Hier wohnen Sie mitten in der Dünenlandschaft und unmittelbar am Strand! Die Einrichtung ist hell, elegant und friesisch-modern - dem Meer besonders nah fühlt man sich in den "Ostsee-Zimmern" mit ihren großen Fenstern! Zur Stärkung gibt's regionale und mediterrane Speisen, Flammkuchen und hausgemachte Torten.

Genueser Schiff (N) (mit Gästehaus)

Seestr. 18 ✉ 24321 – ✆ (04381) 75 33 – www.genueser-schiff.de

35 Zim – 70/100 € 110/200 € – 3 Suiten

Rest – Karte 23/50 € – *(geschl. November - Februar: Montag - Donnerstag; März sowie Oktober: Dienstag - Mittwoch; April - September: Dienstag)*

Schöner könnte das reetgedeckte weiße Haus kaum liegen - Strand und Meer gleich vor der Tür. Die Zimmer (darunter auch geräumige Maisonetten und Appartements) sind wohnlich und individuell, hübsch die farbliche Gestaltung, teilweise mit Antiquitäten, viele mit Ostseeblick. Regional-mediterrane Speisekarte.

Bestecke und Sterne sollten nicht verwechselt werden!
Die Bestecke stehen für eine Komfortkategorie, die Sterne zeichnen Häuser mit besonders guter Küche aus - in jeder dieser Kategorien.

HOLLFELD

Bayern – 5 110 Ew. – Höhe 403 m – Siehe Regionalatlas **50-L15**

Berlin 378 km – München 254 km – Coburg 60 km – Bayreuth 23 km

Michelin Straßenkarte 546

Wittelsbacher Hof

Langgasse 8 (B 22) ✉ 96142 – ✆ (09274) 9 09 60 – www.wittelsbacher-hof-hollfeld.de – geschl. 2. - 9. November

8 Zim – 50/55 € 75/80 € – ½ P

Rest – Karte 13/33 € – *(geschl. Montag) (November - März: Dienstag - Donnerstag nur Abendessen)*

Eine gepflegte Adresse, die in 3. Generation familiär geführt wird. Die Zimmer sind mit Landhausmöbeln wohnlich ausgestattet, im Restaurant (gemütlich die holzvertäfelte Zirbelstube) bietet man regional-bürgerliche Küche und Vespergerichte.

HOLZDORF

Schleswig-Holstein – 880 Ew. – Höhe 25 m – Siehe Regionalatlas **2-I2**

Berlin 396 km – Kiel 41 km – Rendsburg 39 km

Michelin Straßenkarte 541

Rosenduft & Kochlust

Glasholz 1 ✉ 24364 – ✆ (04352) 91 20 03 – www.rosenduftundkochlust.de – geschl. Januar - Februar

6 Zim – 69/99 € 98/170 € – ½ P

Rest – Menü 33 € – *(geschl. Sonntag - Donnerstag) (nur Abendessen für Hausgäste)*

Welch reizendes Domizil aus dem liebevoll sanierten alten Bauernhof auf dem Lande geworden ist! Die Zimmer gemütlich und charmant, das Frühstück größtenteils aus Bioprodukten, nachmittags "Afternoon Tea", am Abend ein Menü für Hausgäste inklusive Apero und Kaffee. Wer braucht da noch einen Fernseher?

HOLZGERLINGEN

Baden-Württemberg – 12 730 Ew. – Höhe 476 m – Siehe Regionalatlas **55-G19**

Berlin 654 km – Stuttgart 28 km – Böblingen 6 km – Herrenberg 12 km

Michelin Straßenkarte 545

Gärtner
Römerstr. 29 (an der B 464) ✉ 71088 – ✆ (07031) 74 56 – www.hotel-gaertner.de
80 Zim – 61/79 € 92/98 € – ½ P
Rest – Menü 16/33 € – Karte 21/39 € – *(geschl. August 1 Woche und Sonntagabend)*
Das Hotel ist für den Businessgast interessant. Das liegt zum einen an der verkehrsgünstigen Lage nahe Bahnhof und Bundesstraße, aber auch an der funktionalen Ausstattung. Außerdem gibt es hier ein gutes Frühstück, bürgerlich-regionale Küche und gute Veranstaltungsmöglichkeiten.

HOLZKIRCHEN

Bayern – 15 590 Ew. – Höhe 691 m – Siehe Regionalatlas **66-M21**
Berlin 623 km – München 34 km – Garmisch-Partenkirchen 73 km – Bad Tölz 19 km
Michelin Straßenkarte 546

Alte Post
Marktplatz 10a ✉ 83607 – ✆ (08024) 3 00 50 – www.alte-post-holzkirchen.de – geschl. über Weihnachten
44 Zim – 85/110 € 120/135 €
Rest – Karte 18/55 € – *(geschl. Dienstag)*
Dies ist ein richtig schöner gepflegter Traditionsgasthof! Fragen Sie nach den gemütlichen ländlich-modernen Themenzimmern - bei "Golf", "Polo", "Jagd"... ist bestimmt auch was nach Ihrem Geschmack dabei! Und die Gaststuben? Natürlich heimelig-bayerisch!

In Holzkirchen-Großhartpenning Süd-West: 4 km über B 13

Altwirt
Tölzer Str. 135 ✉ 83607 – ✆ (08024) 30 32 20 – www.hotel-altwirt.de
40 Zim – 98/120 € 130/160 € – 2 Suiten – ½ P **Rest** – Karte 18/47 €
Einst stand hier ein alter Landgasthof, heute ist es das Hotel der Familie Vogl mit wohnlichen Zimmern und hübschem Saunabereich - beides in warmen Farben gehalten. Im Restaurant (sehr charmant die Altwirtstube) serviert man regionale und internationale Gerichte.

HOLZMINDEN

Niedersachsen – 19 940 Ew. – Höhe 89 m – Siehe Regionalatlas **28-H10**
Berlin 352 km – Hannover 75 km – Hameln 50 km – Kassel 80 km
Michelin Straßenkarte 541

Rosenhof garni
Sollingstr. 85 ✉ 37603 – ✆ (05531) 99 59 00 – www.hotel-rosenhof-holzminden.de – geschl. 22. Dezember - 6. Januar
11 Zim – 75/85 € 95/125 €
Eine mit Stil und Geschmack eingerichtete Villa, deren wohnliches Ambiente Sie vom Kaminzimmer über die technisch gut ausgestatteten Zimmer bis zum Frühstücksraum begleitet.

In Holzminden-Silberborn Süd-Ost: 12 km über B 497

Landhaus Sollingshöhe
Dasseler Str. 15 ✉ 37603 – ✆ (05536) 9 50 80 – www.landhaus-sollingshoehe.de – geschl. Juli 2 Wochen
20 Zim – 35/45 € 70/80 € – ½ P
Rest – Menü 24/32 € – Karte 21/46 € – *(geschl. Montag - Dienstag)*
In diesem sehr gepflegten, familiär geleiteten kleinen Hotel am Ortsausgang erwarten Sie mit Landhausmöbeln und freundlichen Farben nett gestaltete Zimmer. Restaurant in ländlichem Stil.

HOMBURG am MAIN – Bayern → Siehe Triefenstein

HOMBURG (SAAR)

Saarland – 43 730 Ew. – Höhe 233 m – Siehe Regionalatlas **46-C17**
Berlin 680 km – Saarbrücken 33 km – Kaiserslautern 42 km – Neunkirchen/Saar 15 km
Michelin Straßenkarte 543

Schlossberg

Schlossberg-Höhenstraße ✉ 66424 – ✆ (06841) 66 60 – www.schlossberghotelhomburg.de – geschl. Januar 1 Woche
74 Zim – 90/100 € 140/170 € – ½ P **Rest** – Karte 31/48 €
Neben der Festung Homburg thront das Hotel über der Stadt und bietet eine einmalige Aussicht. Die Zimmer sind zeitgemäß und funktional, die Tagungsräume gut ausgestattet. Angenehm helles Restaurant mit hochwertiger geradliniger Einrichtung und Panoramablick.

Euler garni

Talstr. 40 ✉ 66424 – ✆ (06841) 9 33 30 – www.hoteleuler.de
50 Zim – 68/81 € 77/98 €
Das ansprechende freundliche Ambiente begleitet die Gäste vom Empfang über die wohnlichen Zimmer bis in den Frühstücksraum, wo sie am Morgen eine gute Buffetauswahl erwartet.

HOMBURG vor der HÖHE, BAD

Hessen – 52 530 Ew. – Höhe 197 m – Siehe Regionalatlas **47-F14**
Berlin 526 km – Wiesbaden 45 km – Frankfurt am Main 18 km – Gießen 48 km
Michelin Straßenkarte 543

Steigenberger

Rest,

Kaiser-Friedrich-Promenade 69 ✉ 61348 Stadtplan : B2**r**
– ✆ (06172) 18 10 – www.bad-homburg.steigenberger.de
148 Zim – 99/185 € 99/185 €, 23 € – 21 Suiten
Rest *Charly's stubb* – Menü 39/59 € – Karte 37/57 € – *(geschl. Sonntag) (nur Abendessen)*
Hinter der klassischen Fassade verbergen sich eine elegante Lobby und geräumige Zimmer - die schönsten (in Rot- und Champagnertönen) hat man in der 4. und 5. Etage. Modern-klassisches Angebot in "Charly's stubb".

Parkhotel Bad Homburg

Kaiser-Friedrich-Promenade 53 ✉ 61348 Stadtplan : B2**s**
– ✆ (06172) 80 10 – www.parkhotel-bad-homburg.de
122 Zim – 92/134 € 112/154 € – 10 Suiten
Rest *Limoncello* – siehe Restaurantauswahl
Rest *Fritz 55* – ✆ (06172) 94 59 80 – Karte 22/56 € – *(geschl. Sonntagabend und Montagabend)*
Das Hotel nahe dem Kurpark besteht aus drei Gebäuden. Am ruhigsten wohnt man im Haupthaus, etwas nach hinten versetzt. Hübsch sind die zwei "Schwalbennester". Im Restaurant-Café Fritz 55 bekommt man deutsche Küche und am Nachmittag Kuchen aus der hauseigenen Konditorei.

Hardtwald

Philosophenweg 31 ✉ 61350 – ✆ (06172) 98 80 Stadtplan : B1**z**
– www.hardtwald-hotel.de – geschl. 21. Dezember - 3. Januar
29 Zim – 105/120 € 115/145 € – 2 Suiten
Rest *Schellers* ✿ – siehe Restaurantauswahl
Rest *Rusticano* – Karte 32/59 € – *(geschl. 28. Dezember - 10. Januar, 27. Juli - 16. August und Samstag - Sonntag)*
Für Jogger, Walker und Wanderer ist das hier ein Eldorado am Rand des Taunus. Die idyllische ruhige Lage und die schöne wohnliche Einrichtung sind ideal für Familien oder ruhesuchende Businessgäste. Im Rusticano gibt es Internationales, aber auch die bekannte Frankfurter Grüne Soße mit Eiern. Im Winter wird's bei offenem Kamin gemütlich-urig.

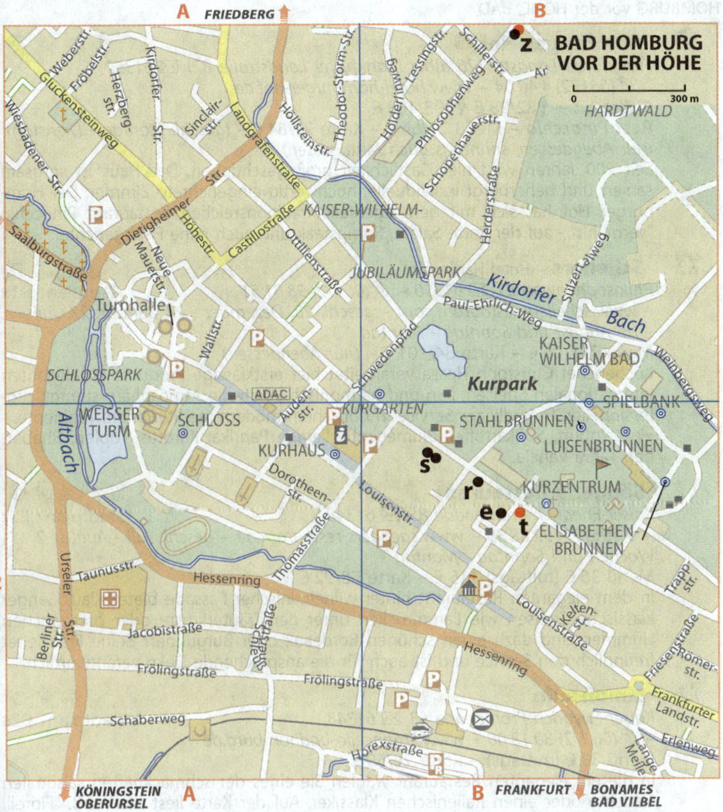

Comfort Hotel Am Kurpark garni

Ferdinandstr. 2 ✉ 61348 – ✆ (06172) 92 63 00 Stadtplan : B2**e**
– www.comforthotel.de

45 Zim ☕ – 🚹89/229 € 🚹🚹115/298 €

In diesem Stadthaus im klassischen Stil stehen funktionelle, teilweise mit Parkettboden ausgestattete Zimmer bereit, die über ökologische Klimaanlage und Kaffeeautomat verfügen.

Villa am Kurpark garni

Kaiser-Friedrich-Promenade 57 ✉ 61348 Stadtplan : B2**s**
– ✆ (06172) 1 80 00 – www.karin-loew-hotellerie.de – geschl. 23. Dezember - 1. Januar.

24 Zim ☕ – 🚹85/129 € 🚹🚹99/175 €

Das freundlich geführte Hotel ist eine hübsche Villa a. d. 19. Jh. mit wohnlicher Atmosphäre. Zimmer teils mit Blick auf den Kurpark. Heller Frühstücksraum zum kleinen Garten mit Fontäne.

Für große Städte gibt es Stadtpläne, auf denen die Hotels und Restaurants eingezeichnet sind. Die Koordinaten (z.B. : B1**e**) helfen Ihnen bei der Suche.

Homburger Hof (N)

Frankfurter Landstr. 126 (über Frankfurter Landstraße B2) ✉ 61352 – ✆ (06172) 4 40 04 – www.hotel-homburger-hof.de
5 Zim – †82/98 € ††98/108 €
Rest *Pinocchio* – Menü 27/66 € – Karte 21/64 € – *(geschl. Montag - Dienstag) (nur Abendessen, sonntags auch Mittagessen)*
Seit 200 Jahren wird hier Gastlichkeit groß geschrieben. Das Haus ist sorgsam saniert und beherbergt individuelle, hochwertig eingerichtete Zimmer. Der Homburger Hof hat sich mit dem ebenfalls traditionsreichen Restaurant Pinocchio "vermählt" - auf der Karte Salate, Rumpsteak und auch feine Fischgerichte.

Schellers – Hotel Hardtwald

Philosophenweg 31 ✉ 61350 – ✆ (06172) 98 81 51 – www.schellers-restaurant.com – geschl. 28. Dezember - 24. Januar, 27. Juli - 16. August und Sonntag - Montag — Stadtplan : B1**z**
Menü 75/105 € – Karte 84/101 € – *(nur Abendessen)*
Küchenchef Christoph Hesse verarbeitet hier erstklassige Produkte zu eleganten internationalen Speisen, fein und harmonisch. Auch die Atmosphäre stimmt: professioneller, freundlicher Service in hübschem modern-mediterranem Ambiente.
➜ Steinbutt, Süßkartoffel, Blumenkohl. Lamm, Paprika, Karotte. Topfen, Rhabarber, Tahiti Vanille.

Sänger's Restaurant

Kaiser-Friedrich-Promenade 85 ✉ 61348 – ✆ (06172) 92 88 39 – www.saengers-restaurant.de – geschl. Juli - August 2 Wochen und Sonntag - Montag — Stadtplan : B2**t**
Menü 36 € (mittags)/115 € – Karte 58/92 €
In dem eleganten Restaurant hinter wilhelminischer Fassade bietet Klaus Sänger klassische Speisen wie Lammrücken unter der Kräuterkruste oder bretonischen Hummer. Und dazu einen schönen Bordeaux oder Burgunder? Seine Frau leitet freundlich den Service und ist auch für die ansprechende Deko verantwortlich.

Limoncello

Kaiser-Friedrich-Promenade 53 ✉ 61348 – ✆ (06172) 80 13 00 – www.limoncello-badhomburg.de — Stadtplan : B2**s**
Menü 33 € (mittags) – Karte 26/59 €
In diesem eleganten Restaurant wählen Sie eines der schmackhaften saisonalen Gerichte oder einen italienischen Klassiker. Auf der Karte liest man z. B. "Fiorelli mit weißem Trüffel gefüllt in Hummerragout" oder "rosa gebratenes Lammrückenfilet auf Rosmarinjus".

HONNEF, BAD

Nordrhein-Westfalen – 25 330 Ew. – Höhe 75 m – Siehe Regionalatlas **36**-C13
Berlin 605 km – Düsseldorf 86 km – Bonn 17 km – Koblenz 51 km
Michelin Straßenkarte 543

avendi

Rest, Rest,
Hauptstr. 22 ✉ 53604 – ✆ (02224) 18 90 – www.avendi.de/badhonnef
97 Zim – †81/126 € ††101/146 € – 4 Suiten
Rest *Konrad A.* – Karte 27/41 €
Hier hat man eine hübsche Villa zu einem neuzeitlichen Tagungshotel erweitert. Modern und sachlich-funktionell ist das Ambiente.

In Bad Honnef-Rhöndorf Nord: 1,5 km

Caesareo

Rhöndorfer Str. 39 ✉ 53604 – ✆ (02224) 7 56 39 – www.caesareo.de – geschl. Dienstag
Menü 65 € – Karte 41/76 € – (Tischbestellung ratsam)
Seit über 20 Jahren bietet Gastgeber Nicola Tucci in dem angenehm lichten Restaurant frische italienische Küche, die saisonal geprägt ist und auch internationale Einflüsse zeigt. Hinter dem Haus: die schön begrünte Terrasse.

HOOKSIEL – Niedersachsen ➜ Siehe Wangerland

HOPFERAU

Bayern – 1 110 Ew. – Höhe 811 m – Siehe Regionalatlas **64-J21**
Berlin 671 km – München 127 km – Augsburg 101 km – Bregenz 98 km
Michelin Straßenkarte 546

Schloss zu Hopferau

Schloßstr. 9 ✉ 87659 – ✆ (08364) 98 48 90 – www.schloss-hopferau.com
14 Zim – 80/85 € 152 € – ½ P **Rest** – Menü 35/50 € – Karte 30/43 €
In dem Schloss a. d. 15. Jh. trifft historisches Flair auf modernes Design und alpenländische Elemente - schön und individuell. Sie lieben Oldtimer? Man hat u. a. einen Rolls Royce für Ausflüge in die Region! Gastronomisch gibt es das elegante "Schlossrestaurant" und die gemütlich-ländliche "Schlossküche".

HORBEN

Baden-Württemberg – 1 110 Ew. – Höhe 607 m – Siehe Regionalatlas **61-D20**
Berlin 815 km – Stuttgart 216 km – Freiburg im Breisgau 10 km
Michelin Straßenkarte 545

Gasthaus zum Raben (Steffen Disch) mit Zim

Dorfstr. 8 ✉ 79289 – ✆ (0761) 55 65 20 – www.raben-horben.de – geschl. Montag - Dienstag
6 Zim – 60/95 € 105/145 € – ½ P
Menü 49 € (vegetarisch)/88 € – Karte 33/73 €
Regionales, Saisonales, Vegetarisches... bei Steffen Disch kann man eine gehobene Küche genießen - mittags (und abends zusätzlich zu den Menüs) gibt es in der gemütlich-ländlichen Stube mit Holztäfelung und Kachelofen badische Klassiker. Oder möchten Sie auf der Innenhofterrasse speisen? Nett ist auch der Biergarten. So liebenswert wie das Restaurant sind auch die wohnlichen Gästezimmer.
→ Horbener Ziegenfrischkäse - Amaranth, Rhabarber, Gurke. Loup de mer - Blattspinat, Pfifferlinge, Krustentiertortellini. Maibock - Sellerie, Topfenknödel, Mispel.

HORBRUCH

Rheinland-Pfalz – 370 Ew. – Höhe 455 m – Siehe Regionalatlas **46-C15**
Berlin 665 km – Mainz 92 km – Koblenz 76 km – Trier 64 km
Michelin Straßenkarte 543

Historische Schlossmühle

An der Landstr. 190 (Ost: 1 km Richtung Rhaunen) ✉ 55483 – ✆ (06543) 40 41 – www.historische-schlossmuehle.de
10 Zim – 88/114 € 129/150 € – 1 Suite – ½ P
Rest *Historische Schlossmühle* – siehe Restaurantauswahl
Mit der ehemaligen Mühle a. d. 17. Jh. hat Familie Liller ein wahres Idyll, das sie mit Engagement und Herzblut führt. Angesichts der erholsamen Ruhe ringsum, der charmanten Betreuung und der liebevollen Einrichtung mit persönlicher Note verzichtet man gerne auf TV! Wie wär's mit Frühstück auf der Terrasse?

Historische Schlossmühle – Hotel Historische Schlossmühle

An der Landstr. 190 (Ost: 1 km Richtung Rhaunen) ✉ 55483 – ✆ (06543) 40 41 – www.historische-schlossmuehle.de
Menü 39/79 € – Karte 39/63 €
In diesem Restaurant fühlt man sich wie in einem gemütlichen Wohnzimmer - stilvolles Ambiente mit historischen Details tun ihr Übriges. Auf der Karte vor allem klassische Speisen und Wildkräuter aller Art - ein Muss die Kräutersuppe nach Anne Liller mit bis zu 31 Kräutern! Traumhafte Terrasse neben dem Teich.

HORGAU

Bayern – 2 590 Ew. – Höhe 465 m – Siehe Regionalatlas **57-J19**
Berlin 577 km – München 82 km – Augsburg 17 km – Memmingen 101 km
Michelin Straßenkarte 546

Zum Schwarzen Reiter
Hauptstr. 1 (B 10) ✉ 86497 – ✆ (08294) 8 60 80 – www.flairhotel-platzer.de – geschl. 21. Dezember - 5. Januar
48 Zim – 72/108 € 95/130 € **Rest** – Karte 20/57 €
Familie Platzer hat hier mit einem Faible für Farben und Themen (am schönsten sind die "Elemente"-Zimmer im "Haus der Sinne"!) ein schönes Umfeld zum Wohnen und Tagen geschaffen. Ebenso angenehm: die auffallend freundlichen Mitarbeiter!

HORNBACH

Rheinland-Pfalz – 1 570 Ew. – Höhe 233 m – Siehe Regionalatlas **53-C17**
Berlin 708 km – Mainz 140 km – Saarbrücken 44 km – Zweibrücken 11 km
Michelin Straßenkarte 543

Kloster Hornbach
Im Klosterbezirk ✉ 66500 – ✆ (06338) 91 01 00 – www.kloster-hornbach.de
33 Zim – 99/149 € 129/199 € – ½ P
Rest *Refugium* Rest *Klosterschänke* – siehe Restaurantauswahl
Eine gelungene Einheit von Historie und Moderne bietet das Kloster a. d. 8. Jh. schon in der Naturstein-Lobby. Ganz individuell wohnt es sich in den Zimmertypen Remise, Shaker, Asia, Ethno und Mediterran - und wer mal auf TV und Telefon verzichten möchte, bezieht eine der Pilgerzellen. Die Gartenanlage samt Kräutergarten ist ein Traum in Grün!

Lösch für Freunde
Hauptstr. 19 ✉ 66500 – ✆ (06338) 91 01 02 00 – www.loesch-fuer-freunde.de – geschl. 6. - 30. Januar
15 Zim – 150/260 € 150/260 € – 7 Suiten – ½ P
Rest – *(nur Abendessen für Hausgäste)*
Service ist hier das A und O, dazu pure Individualität und Liebe zum Detail, wohin man schaut! Gönnen Sie sich Ihren ganz persönlichen Luxus in hochwertigen Wohnwelten wie "Gartenzimmer", "Großmamas Stube", "Spielzimmer"... und bei Vollpension mit Snacks, Kaffee & Kuchen und dem gemeinsamen Abendessen am langen Tisch! Ein Hotelerlebnis, wie man es nur selten hat!

Refugium – Hotel Kloster Hornbach
Im Klosterbezirk ✉ 66500 – ✆ (06338) 91 01 00 – www.kloster-hornbach.de – geschl. 5. Januar - 4. Februar, 18. Mai - 3. Juni, Ende Oktober 1 Woche und Montag - Dienstag
Menü 54/115 € – Karte 43/79 € – *(nur Abendessen, sonntags auch Mittagessen)*
Das historische Flair der schönen Klosteranlage findet sich auch im Restaurant in Form eines tollen Kreuzgewölbes - und die Küche hält, was das modern-elegante Ambiente verspricht: Martin Opitz bringt ambitionierte Speisen wie "2-mal Jakobsmuschel mit Artischocken" auf den Teller, serviert von einem kompetenten und freundlichen Service.

Klosterschänke – Hotel Kloster Hornbach
Im Klosterbezirk ✉ 66500 – ✆ (06338) 91 01 00 – www.kloster-hornbach.de
Menü 32/39 € – Karte 31/56 €
In der Schänke sitzt man in ausgesprochen gemütlicher Atmosphäre bei Pfälzer Wein und stark regional geprägten Gerichten wie dem "Blanquette vom Kaninchen" und der "Roulade vom Saibling mit Räucherfischpraline" oder aber einem niveauvollen Vesper.

HORN-BAD MEINBERG

Nordrhein-Westfalen – 17 620 Ew. – Höhe 207 m – Siehe Regionalatlas **28-G10**
Berlin 369 km – Düsseldorf 197 km – Bielefeld 37 km – Detmold 10 km
Michelin Straßenkarte 543

Im Stadtteil Bad Meinberg

Quality Hotel Vital Zum Stern

Brunnenstr. 84 ✉ *32805 – ✆ (05234) 90 50 – www.quality-hotel-vital.de*
126 Zim – 71/101 € 91/121 € – ½ P
Rest – Menü 20 € – Karte 23/44 €
Am Kurpark gelegenes Hotel mit Zugang zum Gesundheitszentrum. Das mehr als 200 Jahre alte Fachwerkgebäude und der Brunnentrakt beherbergen funktionelle, neuzeitliche Zimmer. Gediegen eingerichtetes Restaurant mit Atrium.

Im Stadtteil Holzhausen-Externsteine

Waldhotel Bärenstein

Am Bärenstein 44 ✉ *32805 – ✆ (05234) 20 90 – www.hotel-baerenstein.de*
70 Zim – 65/94 € 112/116 € – ½ P
Rest – Menü 23 € (abends) – Karte 25/36 € – *(geschl. Montag)*
Ruhig liegt das 1904 gegründete familiengeführte Hotel am Waldrand. Die Zimmer sind in verschiedene Kategorien unterteilt - schön sind die Giebelzimmer. Gediegenes Restaurant mit Wintergarten.

HORNBERG (ORTENAUKREIS)

Baden-Württemberg – 4 240 Ew. Höhe 953 m – Siehe Regionalatlas **62**-E20
Berlin 745 km – Stuttgart 132 km – Freiburg im Breisgau 58 km – Offenburg 45 km
Michelin Straßenkarte 545

Adler

Hauptstr. 66 ✉ *78132 – ✆ (07833) 93 59 90 – www.hotel-adler-hornberg.de*
– geschl. 9. - 17. Januar, 12. - 23. Februar
19 Zim – 47/53 € 78/86 € – ½ P
Rest – Menü 20/45 € – Karte 21/48 € – *(geschl. Freitag)*
Hier erwartet Sie familiäre Führung im besten Sinne, denn das Ehepaar Vogel kümmert sich wirklich zuvorkommend um die Gäste. Das Engagement merkt man auch an der wohnlichen Einrichtung in dem historischen Haus, am guten Frühstück und an der liebenswerten Atmosphäre im Restaurant. Tipp: Fragen Sie nach den Komfortzimmern in der 1. und 2. Etage - diese sind etwas moderner. Und wie wär's mit einem Zimmer mit Erker?

In Hornberg-Fohrenbühl Nord-Ost: 8 km Richtung Schramberg

Landhaus Lauble

Rest,

Fohrenbühl 65 ✉ *78132 – ✆ (07833) 9 36 60 – www.landhaus-lauble.de*
– geschl. 17. - 23. Februar
25 Zim – 45/55 € 85/110 € – 3 Suiten – ½ P
Rest – Menü 24 € – Karte 22/36 € – *(geschl. Montag)*
Es sieht richtig idyllisch aus, wie das typische Schwarzwaldhaus am Waldrand liegt. Umgeben von viel Grün genießen Sie den Badeteich und die große überdachte Restaurantterrasse, Kinder freuen sich über den Streichelzoo. Hübsch ist das "BergQuell", ein kleiner Wellnessbereich mit Sauna, Ruheraum und - auf Nachfrage - Beautybehandlungen. Sie kommen zum Essen? Das Speisenangebot ist bürgerlich-regional.

HORUMERSIEL – Niedersachsen ➜ Siehe Wangerland

HOSENFELD

Hessen – 4 590 Ew. – Höhe 374 m – Siehe Regionalatlas **38**-H13
Berlin 465 km – Wiesbaden 147 km – Fulda 17 km
Michelin Straßenkarte 543

An der Straße nach Fulda Ost: 3 km

Sieberzmühle

Sieberzmühle 1 ✉ 36154 – ✆ (06650) 9 60 60 – www.sieberzmuehle.de – geschl. 5. - 24. Januar
31 Zim – 🚹49/55 € 🚹🚹80 € – ½ P
Rest – Menü 25/48 € – Karte 18/41 € – *(geschl. Montag)*
Das solide ausgestattete familiengeführte Hotel in ruhiger Lage ist aus einer ehemaligen Getreidemühle a. d. 16. Jh. entstanden. Zur Anlage gehören auch Badeteich und Damwildgehege. Im Restaurant bietet man bürgerliche Küche. Ein Mühlrad dient als Dekor.

HOYERSWERDA

Sachsen – 36 690 Ew. – Höhe 116 m – Siehe Regionalatlas **34**-R11
Berlin 165 km – Dresden 65 km – Cottbus 44 km – Görlitz 80 km
Michelin Straßenkarte 544

In Elsterheide-Neuwiese Nord-West: 3,5 km Richtung Senftenberg

Landhotel Neuwiese

Rest,

Elstergrund 55 ✉ 02979 – ✆ (03571) 4 29 80 – www.neuwiese.de
18 Zim – 🚹50/90 € 🚹🚹68/105 € – 1 Suite – ½ P **Rest** – Karte 11/29 €
Der freundlich geführte Familienbetrieb liegt relativ ruhig im Ortskern und verfügt über wohnlich-funktionelle Zimmer. Besonders hübsch: das Appartement und das Hochzeitszimmer. Rustikaler Restaurantbereich.

HÜCKESWAGEN

Nordrhein-Westfalen – 15 650 Ew. – Höhe 270 m – Siehe Regionalatlas **36**-D12
Berlin 544 km – Düsseldorf 66 km – Köln 44 km – Lüdenscheid 27 km
Michelin Straßenkarte 543

In Hückeswagen-Kleineichen Süd-Ost: 1 km

Haus Kleineichen

Bevertalstr. 44 ✉ 42499 – ✆ (02192) 43 75 – www.haus-kleineichen.de – geschl. Montag - Dienstag außer an Feiertagen
Menü 17 € (mittags)/28 € – Karte 24/42 €
Der Familienbetrieb ist ein im charmanten alpenländischen Stil gehaltenes Restaurant mit international beeinflusster bürgerlicher Küche. Am Mittag kleines Angebot in Menüform. Beliebt ist auch die Kegelbahn für kleine Gruppen.

HÜFINGEN

Baden-Württemberg – 7 730 Ew. – Höhe 684 m – Siehe Regionalatlas **62**-F21
Berlin 751 km – Stuttgart 126 km – Freiburg im Breisgau 59 km – Donaueschingen 3 km
Michelin Straßenkarte 545

In Hüfingen-Fürstenberg Süd-Ost: 9,5 km über B 27 Richtung Blumberg

Gasthof Rössle (mit Gästehäusern)

Zähringer Str. 12 ✉ 78183 – ✆ (0771) 6 00 10 – www.hotel-zum-roessle.de
39 Zim – 🚹69/78 € 🚹🚹99/107 € – ½ P
Rest *Gasthof Rössle* – siehe Restaurantauswahl
In der Ortsmitte liegt der traditionsreiche, familiär geleitete Gasthof. Tipp: Wenn Sie besonders komfortabel wohnen möchten, buchen Sie eine der vier Suiten oder das Doppelzimmer im ehemaligen Pfarrhaus gegenüber!

Gasthof Rössle – Hotel Gasthof Rössle

Zähringer Str. 12 ✉ 78183 – ✆ (0771) 6 00 10 – www.hotel-zum-roessle.de – geschl. Donnerstag
Menü 35/57 € – Karte 30/45 €
Wer bei Andrea und Xaver Wolfsteiner nicht nur übernachten möchte, lässt sich in der ländlichen Gaststube oder im hübschen Wintergarten (Rattanstühle und Steinboden wirken fast mediterran) bürgerliche Küche servieren.

In Hüfingen-Mundelfingen Süd-West: 7,5 km über Hausen

Landgasthof Hirschen

Wutachstr. 19 ✉ 78183 – ✆ (07707) 9 90 50 – www.hirschen-mundelfingen.de – geschl. Januar 2 Wochen, Ende August - Anfang September 2 Wochen und Mittwoch - Donnerstag
Menü 35/69 € – Karte 31/53 €
Gemütlich ist es hier (liebevolle Deko, viel helles Holz...) und gut essen kann man auch! Chefin Verena Martin kocht regional: z. B. "Spanferkel mit Honig-Senf-Kruste, Frühlingslauchknöpfle und Reichenauer Gemüse" oder auch "Dorade mit Bärlauchrisotto und Kirschtomaten"!

HÜGELSHEIM

Baden-Württemberg – 4 900 Ew. – Höhe 121 m – Siehe Regionalatlas **54-E18**
Berlin 707 km – Stuttgart 108 km – Karlsruhe 36 km – Rastatt 10 km
Michelin Straßenkarte 545

Hirsch

Hauptstr. 28 (B 36) ✉ 76549 – ✆ (07229) 22 55 – www.hirsch-huegelsheim.de
26 Zim – 60/80 € 80/95 € – 4 Suiten
Rest – Karte 20/70 € – *(geschl. Anfang Januar 1 Woche, über Fasching 1 Woche, Ende Juni - Anfang Juli 1 Woche, Mitte August 2 Wochen und Mittwoch)*
Seit Generationen wird das Haus mit Engagement von der Familie geführt. Die Zimmer sind wohnlich, im Garten hat man eine Hütte für Fondue-Abende, zudem gibt es eine witzige Bar mit sehr spezieller Atmosphäre (sie befindet sich in der ehemaligen Metzgerei) und ein gemütlich-rustikales Restaurant, das in der Saison eine große Auswahl an Spargelgerichten bietet.

Waldhaus garni

Am Hecklehamm 20 ✉ 76549 – ✆ (07229) 3 04 30 – www.waldhaus-huegelsheim.de – geschl. 23. Dezember - Anfang Januar
14 Zim – 58/60 € 86/90 €
Das kleine Hotel in ruhiger Lage wird familiär geleitet und verfügt über gepflegte, solide eingerichtete Zimmer und einen netten Garten.

HÜNSTETTEN

Hessen – 10 180 Ew. – Höhe 325 m – Siehe Regionalatlas **47-E14**
Berlin 565 km – Wiesbaden 29 km – Frankfurt 54 km – Limburg an der Lahn 20 km
Michelin Straßenkarte 543

In Hünstetten-Bechtheim

Rosi's Restaurant

Am Birnbusch 17 ✉ 65510 – ✆ (06438) 21 26 – www.rosis-restaurant.de – geschl. Januar 10 Tage, August - September 1 Woche, Oktober 1 Woche und Dienstag - Donnerstag
Menü 50 € – Karte 26/52 €
Seit über 25 Jahren leitet Namensgeberin Rosi das Restaurant gemeinsam mit ihrem Mann. Die beiden sind hier ebenso wenig wegzudenken wie z. B. die Fischsuppe mit Safran! Neben der Standardkarte gibt es noch Saisonales von der Schiefertafel. Nicht zu vergessen: die Terrasse zum schönen Garten mit Teich!

HÜRTGENWALD

Nordrhein-Westfalen – 8 670 Ew. – Höhe 380 m – Siehe Regionalatlas **35-B13**
Berlin 625 km – Düsseldorf 88 km – Aachen 46 km – Bonn 70 km
Michelin Straßenkarte 543

In Hürtgenwald-Simonskall

Landhotel Kallbach
Zim,

Simonskall 24 ✉ 52393 – ✆ (02429) 9 44 40 – www.kallbach.de

48 Zim – 77 € 152/168 € – 1 Suite – ½ P

Rest – Menü 30 € – Karte 18/45 € – *(geschl. Mitte Oktober - Mitte April: Sonntagabend)*

Das familiengeführte Tagungshotel mit funktionellen Zimmern ist auch für Kurzurlauber im Nationalpark Eifel interessant. Das Haus liegt ruhig im Tal, die Zimmer haben meist einen Balkon und das Restaurant ist schön freundlich gestaltet.

In Hürtgenwald-Vossenack

Zum alten Forsthaus

Germeter Str. 49 (B 399) ✉ 52393 – ✆ (02429) 78 22 – www.zum-alten-forsthaus.de

49 Zim – 59/74 € 98/106 €, 12 € – ½ P

Rest – Menü 30/61 € – Karte 24/53 €

Ein gepflegtes und familiär geführtes Haus, gewachsen aus einem ehemaligen Forsthaus. Man hat hier wohnliche, überwiegend geräumige Zimmer, gute Tagungsmöglichkeiten und im Restaurant serviert man ambitionierte regional-bürgerliche Küche - eine Besonderheit sind die am Tisch flambierten Gerichte.

HUNGEN

Hessen – 12 550 Ew. – Höhe 150 m – Siehe Regionalatlas **38-G14**

Berlin 497 km – Wiesbaden 82 km – Gießen 22 km – Darmstadt 85 km

Michelin Straßenkarte 543

Hungener Käsescheune N

Brauhofstr. 3 ✉ 35410 – ✆ (06402) 5 18 85 72 – www.hungener-kaesescheune.de – geschl. Montag

Menü 12 € (mittags unter der Woche)/30 € – Karte 28/40 € – (Tischbestellung erforderlich)

Aus der kernsanierten alten Scheune ist ein echtes Schmuckstück geworden! Sie schauen direkt beim Käsen zu, während Sie sich eine Brotzeit wie die "Hessen-Pizza" oder A-la-carte-Gerichte wie "Lachsforelle auf Zucchinigemüse" schmecken lassen. Mittags ist die Karte kleiner. Tipp: Im Laden gibt's Käse zu kaufen! Wer selber mal käsen möchte, bucht eines der Seminare!

HUSUM

Schleswig-Holstein – 22 090 Ew. – Höhe 14 m – Siehe Regionalatlas **1-G3**

Berlin 424 km – Kiel 84 km – Sylt (Westerland) 42 km – Flensburg 42 km

Michelin Straßenkarte 541

Altes Gymnasium
Zim,

Süderstr. 2 (Zufahrt über Ludwig-Nissen-Straße) ✉ 25813 – ✆ (04841) 83 30 – www.altes-gymnasium.de

53 Zim – 109/169 € 179/229 € – ½ P

Rest *Das Eucken* – siehe Restaurantauswahl

Rest *Bistro* – Karte 29/47 €

Ein schmuckes Anwesen mit historischem Charme - 1866/67 als Schule erbaut und liebevoll zum Hotel umgestaltet. Besonders hübsch sind die Superior-Zimmer, dazu Wellness auf 1000 qm. Internationale und regionale Karte im Bistro - einst Schulhof, heute luftig-lichter Wintergarten.

Am Schlosspark garni

Hinter der Neustadt 74 ✉ 25813 – ✆ (04841) 6 61 10 – www.hotel-am-schlosspark-husum.de

58 Zim – 79/109 € 89/139 € – 6 Suiten

Hier wohnt man etwas außerhalb des Zentrums, und zwar in netten ländlich gehaltenen Standard-Zimmern oder in sehr schönen modernen Komfort-Zimmern. Und wenn Sie gerne etwas mehr Platz hätten, buchen Sie eine der Garten-Suiten! Am Morgen macht der Frühstücksraum mit seinem frischen zeitgemäßen Ambiente und dem großen Buffet gute Laune.

Thomas Hotel garni

Am Zingel 7 ✉ 25813 – ✆ (04841) 6 62 00 – www.thomas-hotel.de
56 Zim – 69/159 € 99/169 € – 3 Suiten
Das Haus ist über die Jahre zu einem echten Schmuckstück geworden: Es wird sehr gut geführt und hat mehrheitlich ausgesprochen schöne moderne Zimmer, hochwertig ausgestattet und in angenehmen Beige- und Brauntönen gehalten. Dazu kommen noch ein toller Wellnessbereich und eine gemütliche Bar, nicht zu vergessen die zentrale Lage nahe dem Hafen.

Das Eucken – Hotel Altes Gymnasium

Süderstr. 2 (Zufahrt über Ludwig-Nissen-Straße) ✉ 25813 – ✆ (04841) 83 30 – www.altes-gymnasium.de
Menü 49/109 € – Karte 45/66 € – *(nur Abendessen)*
Attraktiv der Rahmen mit dem hellen Gewölbe, der eleganten Einrichtung und den schön eingedeckten Tischen, aufmerksam und sehr freundlich der Service. Hier wird klassische Küche modern interpretiert. Benannt ist das Restaurant nach dem Literatur-Nobelpreisträger Rudolf Eucken, der im 19. Jh. im "Alten Gymnasium" Philosophie lehrte.

In Husum-Schobüll-Hockensbüll Nord-West: 3 km

Zum Krug

Alte Landstr. 2a ✉ 25813 – ✆ (04841) 6 15 80 – www.zum-krug.de – geschl. Mitte Januar - Mitte Februar und Montag - Dienstag
Menü 38/92 € – Karte 36/57 € – *(nur Abendessen)* (Tischbestellung erforderlich)
Das Ehepaar Frerks betreibt dieses sympathische Restaurant zu zweit. Lehnen Sie sich zurück und lassen Sie die Ruhe in dem reizenden denkmalgeschützten Friesenhaus auf sich wirken, fernab vom Alltag! Fast das ganze Jahr über stehen Gerichte vom Nordstrand-Lamm auf der Karte, aber auch was der eigene Garten zu bieten hat, können Sie probieren - wie wär's z. B. mit einem feinen Quitten-Dessert?

In Simonsberg-Simonsbergerkoog Süd-West: 7 km

Lundenbergsand

Lundenbergweg 3 ✉ 25813 – ✆ (04841) 8 39 30 – www.hotel-lundenbergsand.de
21 Zim – 69/99 € 109/139 € – 2 Suiten – ½ P
Rest – Karte 23/40 € – *(geschl. im Winter: Montag - Donnerstagmittag)*
Hier finden Sie Ruhe! Das reetgedeckte Haus liegt hinterm Deich, wird familiär geleitet und ist tipptopp gepflegt. Die Zimmer sind richtig schön mit ihrem geradlinigen Design und den hellen, frischen Farben, modern auch der "Watt'n Spa". Im behaglichen Restaurant und auf der hübschen Terrasse gibt's bürgerliche Küche.

IBACH – Baden-Württemberg ➔ Siehe St. Blasien

IBBENBÜREN

Nordrhein-Westfalen – 51 530 Ew. – Höhe 75 m – Siehe Regionalatlas **16-E9**
Berlin 452 km – Düsseldorf 173 km – Nordhorn 59 km – Bielefeld 73 km
Michelin Straßenkarte 543

Leugermann

Osnabrücker Str. 33 ✉ 49477 – ✆ (05451) 93 50 – www.hotel-leugermann.de – geschl. über Weihnachten
40 Zim – 55/82 € 79/116 € – 2 Suiten – ½ P
Rest – Menü 40/49 € – Karte 16/50 € – *(geschl. Sonntagabend, 29. Juni - 11. August: Sonntag)*
Seit Jahrzehnten eine beliebte Adresse. Familie Leugermann bietet freundlich-wohnliche Zimmer in warmen Farben ("Toskana-", "Meeres-", "Paradieszimmer"...), Beauty (Haupthaus) und Sauna (Gästehaus) sowie bürgerlich-internationale Küche samt Menüs. Nicht zu vergessen die engagierten Mitarbeiter.

Hubertushof

Münsterstr. 222 (B 219, Süd: 1,5 km) ✉ 49479 – ✆ (05451) 9 41 00 – *www.hotelhubertushof.de*

25 Zim ☕ – ♦62/95 € ♦♦94/124 € – 1 Suite – ½ P

Rest – Karte 24/51 € – *(geschl. Januar und Dienstag)*

In 3. Generation bietet Familie Welp gepflegte, funktionale Zimmer (fragen Sie nach den ruhigeren rückwärtigen mit Balkon!), einen schönen Garten und saisonal-internationale Küche. Sie frühstücken im Kaminzimmer - besonders gemütlich im Winter! Tipp: Wanderwege gleich am Haus und eine 9-Loch-Swin-Golf-Anlage!

IBURG, BAD

Niedersachsen – 11 560 Ew. – Höhe 119 m – Siehe Regionalatlas **27**-E9

▶ Berlin 430 km – Hannover 147 km – Bielefeld 43 km – Nordhorn 94 km

Michelin Straßenkarte 541

Zum Freden

Rest, Zim,

Zum Freden 41 ✉ 49186 – ✆ (05403) 40 50 – *www.hotel-freden.de* – *geschl. 1. - 7. Januar*

40 Zim ☕ – ♦70/99 € ♦♦95/165 € – ½ P

Rest – Menü 26 € (abends)/49 € – Karte 22/46 € – *(geschl. Donnerstag)*

Aus einem Bauernhof hat sich dieses Hotel entwickelt, in dem die Familie im Einklang mit der langen Tradition stetig modernisiert. Die neuesten Zimmer: schöner klarer Stil und warme Erdtöne. Helles, elegantes Restaurant, dazu eine Bar mit Bistrobereich im Wintergarten.

ICHENHAUSEN

Bayern – 8 400 Ew. – Höhe 489 m – Siehe Regionalatlas **56**-J19

▶ Berlin 584 km – München 118 km – Augsburg 56 km – Ulm 36 km

Michelin Straßenkarte 546

In Ichenhausen-Autenried

Autenrieder Brauereigasthof

Rest, Zim,

Hopfengartenweg 2 ✉ 89335 – ✆ (08223) 96 84 40 – *www.brauereigasthof-autenried.de*

29 Zim ☕ – ♦75/90 € ♦♦122/145 € **Rest** – Karte 16/42 €

Schön wohnlich hat man es bei Familie Feuchtmayr - die Chefin hat ein Händchen für warme Töne, die man überall im Haus findet! Und was wäre ein Braueigasthof ohne Biergarten? Hier, unter alten Bäumen, schmeckt das Selbstgebraute natürlich am besten!

IDAR-OBERSTEIN

Rheinland-Pfalz – 30 380 Ew. – Höhe 300 m – Siehe Regionalatlas **46**-C16

▶ Berlin 661 km – Mainz 92 km – Trier 81 km – Bad Kreuznach 49 km

Michelin Straßenkarte 543

Im Stadtteil Idar

Parkhotel N

Hauptstr. 185 ✉ 55743 – ✆ (06781) 5 09 00 – *www.parkhotel-idaroberstein.de*

37 Zim ☕ – ♦85/150 € ♦♦120/190 €

Rest – Menü 28 € – Karte 30/55 €

Rest *Bistro Classico* – Menü 13 € – Karte 19/41 €

Der klassische Hotelbau a. d. J. 1906 beherbergt gediegene, teils mit Stilmöbeln eingerichtete Zimmer (Komfortzimmer mit Klimaanlage) und einen modernen Saunabereich. In einem Rundbau mit großer Fensterfront befindet sich das elegante Restaurant. Legere Alternative ist das Bistro mit günstigem Mittagstisch.

Berghotel Kristall

Wiesenstr. 50 ✉ 55743 – ✆ (06781) 9 69 60 – www.berghotel-kristall.de – geschl. 28. Dezember - Mitte Januar
27 Zim – 68/92 € 92/135 € – ½ P
Rest – Menü 25/40 € – Karte 21/43 €
Das familiär geführte Hotel liegt ruhig oberhalb der Stadt. Die Zimmer sind nach Edelsteinen benannt und verfügen teilweise über Balkon oder Terrasse. Behaglich sitzt man im Restaurant mit Kachelofen. Spezialität des Hauses ist Spießbraten, der täglich am offenen Feuer zubereitet wird.

IDSTEIN

Hessen – 23 260 Ew. – Höhe 266 m – Siehe Regionalatlas **47-E14**
Berlin 548 km – Wiesbaden 21 km – Frankfurt am Main 50 km – Limburg an der Lahn 28 km
Michelin Straßenkarte 543

Höerhof

Obergasse 26 ✉ 65510 – ✆ (06126) 5 00 26 – www.hoerhof.de
14 Zim – 95 € 120 € – 3 Suiten
Rest *Höerhof* – siehe Restaurantauswahl
Das freundlich geführte Hotel mit nettem Restaurant in der Oberstadt ist ein schönes jahrhundertealtes Fachwerkgebäude, das seinen historischen Charme bewahrt hat.

Felsenkeller

Schulgasse 1 ✉ 65510 – ✆ (06126) 9 31 10 – www.hotel-felsenkeller-idstein.de – geschl. 23. Dezember - 3. Januar, 29. März - 12. April
28 Zim – 62/75 € 95/110 €
Rest – Menü 13 € (unter der Woche) – Karte 13/27 € – *(geschl. 21. Dezember - 1. Januar, 7. April - 4. Mai und Freitag, Sonntagmittag)*
In dem gepflegten Familienbetrieb am Anfang der Fußgängerzone warten nicht nur freundliche Zimmer auf Sie. Erkunden Sie doch mal per E-Bike die Gegend - hier können Sie welche leihen. Und probieren Sie die eigenen Produkte rund um den Apfel: Apfelwein, Apfelsaft, Gelee und Essig!

Höerhof – Hotel Höerhof

Obergasse 26 ✉ 65510 – ✆ (06126) 5 00 26 – www.hoerhof.de
Menü 20 € (mittags unter der Woche)/66 € – Karte 35/62 € – *(geschl. 16. - 18. Februar)*
Die rustikale Holzdecke, der gusseiserne Kaminofen, bleiverglaste Fenster... so manch historisches Detail gibt der alten Gutsstube Atmosphäre. Bei gutem Wetter ist der Lindenhof ein wirklich lauschiges Plätzchen, um draußen zu essen - hier gibt es ebenfalls zeitgemäße Küche mit saisonal-regionalem Einfluss.

In Idstein-Oberauroff West: 2 km, jenseits der A 3

Gasthof Kern

Zim,

Am Dorfbrunnen 6 ✉ 65510 – ✆ (06126) 84 74 – www.hotelkern.de
22 Zim – 50/65 € 75/100 €
Rest – Karte 16/42 € – *(geschl. Dienstag) (Montag - Samstag nur Abendessen)*
Der gewachsene Gasthof wird bereits seit 1885 von der Familie geführt. Die Zimmer sind recht unterschiedlich gestaltet und sehr gepflegt. In den bürgerlich-rustikalen Gasträumen bietet man z. T. eigene Produkte. Netter Biergarten.

IFFELDORF

Bayern – 2 530 Ew. – Höhe 603 m – Siehe Regionalatlas **65-L21**
Berlin 638 km – München 52 km – Garmisch-Partenkirchen 41 km – Weilheim 22 km
Michelin Straßenkarte 546

Landgasthof Osterseen

Hofmark 9 ✉ 82393 – ✆ (08856) 9 28 60 – www.landgasthof-osterseen.de
– geschl. 7. - 28. Januar
24 Zim ☕ – 🚹79/93 € 🚹🚹102/152 € – ½ P
Rest – Menü 23/42 € – Karte 24/35 € – *(geschl. Dienstag)*
Ein Haus, das man gerne weiterempfiehlt! Familie Link ist mit Engagement bei der Sache und hält alles tipptopp gepflegt und gemütlich (die Möbel in den Zimmern stammen vom örtlichen Schreiner). Dazu kommt noch die schöne Lage - hübsch die Terrasse mit Seeblick - und die Preise stimmen auch!

IFFEZHEIM

Baden-Württemberg – 4 900 Ew. – Höhe 123 m – Siehe Regionalatlas **54-E18**
Berlin 706 km – Stuttgart 100 km – Karlsruhe 32 km – Rastatt 8 km
Michelin Straßenkarte 545

Zum Schiff garni

Hauptstr. 60 ✉ 76473 – ✆ (07229) 69 72 88 – www.hotel-de-charme.de
12 Zim ☕ – 🚹80/90 € 🚹🚹109/119 €
Schöne Möbel und geschmackvolle Stoffe sowie Holzböden und nostalgische Accessoires schaffen in dem schmucken Haus von 1860 Atmosphäre. Sehr hübscher Garten im Innenhof.

IHRINGEN

Baden-Württemberg – 5 920 Ew. – Höhe 204 m – Siehe Regionalatlas **61-D20**
Berlin 802 km – Stuttgart 204 km – Freiburg im Breisgau 19 km – Colmar 29 km
Michelin Straßenkarte 545

Winzerstube N

Rest,

Wasenweiler Str. 36 ✉ 79241 – ✆ (07668) 97 09 10
– www.winzerstube-ihringen.de
32 Zim – 🚹55/110 € 🚹🚹85/120 €, ☕ 15 € – 4 Suiten – ½ P
Rest – Menü 30 € – Karte 25/63 €
Familie Schandelmeier hat dieses Hotel samt Restaurant wieder zum Leben erweckt und was hier entstanden ist, ist wirklich ansehnlich. Fragen Sie nach den geräumigeren und schön modernen Zimmern im Haus "Sankt Vitus" - alle mit großem Balkon. Wer zum Essen kommt, sitzt bei regionaler Küche oder internationalen Klassikern im Wintergarten oder in der Stube mit Kachelofen und Holztäfelung. Im Sommer ist die Terrasse ein Muss!

Bräutigam

Bahnhofstr. 1 ✉ 79241 – ✆ (07668) 9 03 50 – www.braeutigam-hotel.de
21 Zim ☕ – 🚹55/75 € 🚹🚹88/115 € – ½ P
Rest *Bräutigam* – siehe Restaurantauswahl
Das am Bahnhof gelegene Haus der Familie Bräutigam ist ein guter Ausgangspunkt für Ausflüge nach Freiburg. Zeitlos-wohnlich sind die Zimmer, teilweise haben sie einen Balkon.

Holzöfele

Bachenstr. 46 ✉ 79241 – ✆ (07668) 2 07 – www.holzoefele.de
– geschl. Mittwoch – Donnerstag
Menü 34/57 € – Karte 24/60 €
Von Gänseleber über Seeteufel bis Rinderfilet findet sich hier ein zeitgemäßes Angebot und badische Klassiker. Und wenn Sie etwas Leckeres für daheim mitnehmen möchten: In "Holzöfele's Lädele" bieten die Gastgeber Christine und Robert Franke hausgemachte Spezialitäten!

Bräutigam – Hotel Bräutigam

Bahnhofstr. 1 ✉ 79241 – ✆ (07668) 9 03 50 – www.braeutigam-hotel.de
– geschl. Mittwoch
Menü 26/53 € – Karte 27/50 €
Sie mögen badische Küche? Dann dürfte Ihnen gefallen, was auf der Karte des alteingesessenen Hauses zu finden ist: Froschschenkel in Knoblauch, heimischer Fisch, eingemachtes Kalbfleisch... oder vielleicht Chateaubriand flambiert und am Tisch tranchiert (für 2 Pers.)?

Weinstube Zum Küfer

Eisenbahnstr. 9 ✉ 79241 – ✆ (07668) 9 96 81 40 – www.kuefer-ihringen.de – geschl. Februar 3 Wochen und Montag - Dienstag
Menü 36 € – Karte 23/56 € – *(Mittwoch - Samstag nur Abendessen)* (Tischbestellung ratsam)
Warum man hier fast immer ausgebucht ist? Das Lokal von Peter und Marianne Birmele ist urig mit all dem warmen rustikalen Holz, altem Dielen- und Steinboden und behaglichem Kachelofen. Außerdem ist die Küche frisch und gut - probieren Sie z. B. "gekochtes Ochsenfleisch in Meerrettichsauce" und dazu regionalen Wein. Tochter und Schwiegersohn der Gastgeber betreiben übrigens das "Holzöfele" im Ort.

ILBESHEIM

Rheinland-Pfalz – 590 Ew. – Höhe 297 m – Siehe Regionalatlas **47-E16**
▶ Berlin 680 km – Mainz 117 km – Neustadt a.d. Weinstraße 30 km – Saarbrücken 109 km – Karlsruhe 41 km
Michelin Straßenkarte 543

Hubertushof N

Arzheimer Str. 5 ✉ 76831 – ✆ (06341) 93 02 39 – www.restaurant-hubertushof-ilbesheim.de – geschl. Sonntag - Montag
Karte 28/47 € – *(Dienstag - Mittwoch nur Abendessen)* (Tischbestellung ratsam)
Sie sind der Südlichen Weinstraße treu geblieben... Von Birkweiler kamen Sandra Bernhard und Jochen Sitter hierher und stecken nun viel Engagement und Liebe in diese rund 300 Jahre alte ehemalige Postkutschenstation. Der Patron kocht traditionell und modern, vor allem aber geschmackvoll - Klassiker sind gebackene Blutwurst und Saumagen. Ein Traum: der Innenhof!

ILLERTISSEN

Bayern – 16 430 Ew. – Höhe 513 m – Siehe Regionalatlas **64-I20**
▶ Berlin 633 km – München 151 km – Augsburg 72 km – Bregenz 106 km
Michelin Straßenkarte 546

Kolb

Rest,

Bahnhofstr. 11 ✉ 89257 – ✆ (07303) 9 61 30 – www.hotel-kolb-illertissen.de – geschl. August
15 Zim – 69/85 € 95/108 € – 1 Suite – ½ P
Rest – Karte 18/39 € – *(geschl. Samstag)*
Persönlich leitet Familie Kolb bereits in der 3. Generation dieses Hotel gegenüber dem Bahnhof. Sie können hier in gepflegten Gästezimmern übernachten und in einem gemütlich-rustikalen Restaurant speisen.

Gasthof Krone

Auf der Spöck 2 ✉ 89257 – ✆ (07303) 34 01 – www.krone-illertissen.de – geschl. Mittwoch
Karte 23/60 €
Dass es hier schön gemütlich ist, sieht man dem gepflegten Gasthof - dem ältesten in Illertissen! - schon von außen an mit seinem schmucken Fachwerkgiebel und den grünen Fensterläden. Vor allem aber isst man gut, und das lockt Gäste aus der gesamten Umgebung an. Was die Geschwister Kerstin und Jürgen Willer so an regional-saisonaler Küche zubereiten, nennt sich z. B. "Tafelspitz mit Meerrettich und Bratkartoffeln". Wer dienstags zu den leckeren Fleischküchle kommt, sollte reservieren! Die Terrasse ist übrigens ein ganz lauschiges Fleckchen.

In Illertissen-Dornweiler Süd-West: 1,5 km Richtung Dietenheim

Dornweiler Hof

Dietenheimer Str. 93 ✉ 89257 – ✆ (07303) 95 91 40 – www.dornweilerhof.de – geschl. 1. - 5. Januar
18 Zim – 78/85 € 92/110 €
Rest – Menü 22/52 € – Karte 26/53 € – *(geschl. Dienstag)*
Wo man so herzlich umsorgt wird wie bei den Steinharts, ist man gerne Gast! Hier freut man sich nicht nur über wirklich gepflegte Zimmer und moderne Technik, auch das Preis-Leistungs-Verhältnis stimmt. Und für warme Sommertage gibt es eine schöne Terrasse, auf der man bürgerlich-regionale Speisen serviert.

ILLSCHWANG

Bayern – 2 090 Ew. – Höhe 488 m – Siehe Regionalatlas **51-M16**

Berlin 429 km – München 202 km – Weiden in der Oberpfalz 60 km – Amberg 16 km

Michelin Straßenkarte 546

Weißes Roß

Am Kirchberg 1 ✉ 92278 – ✆ (09666) 13 34 – www.weisses-ross.de – geschl. 4. - 8. Januar

34 Zim – 75/145 € 130/210 € – ½ P

Rest *Weißes Roß* – siehe Restaurantauswahl

Familie Nägerl hat ihr Haus in den letzten Jahren zu einem sehr komfortablen und modernen Hotel gemacht: angenehm großzügig der Rahmen, schön wohnlich die Zimmer (chic das klare Design der "Grand Deluxe" und "Deluxe"!), Spa auf 1000 qm...

Weißes Roß – Hotel Weißes Roß

Am Kirchberg 1 ✉ 92278 – ✆ (09666) 13 34 – www.weisses-ross.de – geschl. 4. - 8. Januar und Montag

Menü 65 € (abends) – Karte 21/47 €

Hans-Jürgen Nägerl kocht wirklich gut - da schmecken sowohl Klassiker wie "geschmorte Rehkeule mit Kräuterspätzle" als auch gehobene Speisen wie "Jakobsmuscheln mit Avocadocreme und weißem Tomatenschaum". Das Fleisch kommt übrigens aus der eigenen Metzgerei! Das Ambiente: gemütlich und mit ländlichem Charme.

ILSENBURG

Sachsen-Anhalt – 9 740 Ew. – Höhe 250 m – Siehe Regionalatlas **30-J10**

Berlin 237 km – Magdeburg 86 km – Braunschweig 59 km – Göttingen 98 km

Michelin Straßenkarte 542

Landhaus Zu den Rothen Forellen

Marktplatz 2 ✉ 38871 – ✆ (039452) 93 93 – www.rotheforelle.de

76 Zim – 95/125 € 145/220 € – ½ P

Rest *Landhaus-Restaurant* Rest *Forellenstube* – siehe Restaurantauswahl

Schon äußerlich ein Blickfang, attraktiv die zentrale Lage an einem schönen (Karpfen-) Teich. Sie wohnen in exklusiver Landhaus-Atmosphäre und genießen neben dem leckeren Frühstück auch noch entspannende Spa-Anwendungen und den richtig guten Service der "Haus-Seelen"! Da kommt man gerne wieder...

Forellenstube – Hotel Landhaus Zu den Rothen Forellen

Marktplatz 2 ✉ 38871 – ✆ (039452) 93 93 – www.rotheforelle.de – geschl. Juli - August und Sonntag - Dienstag

Menü 89/139 € – *(nur Abendessen)*

Wer es gerne etwas intimer hat, wird sich in der eleganten kleinen Forellenstube wohlfühlen. Am Abend lässt man sich hier an einem der vier Tische ein klassisch-modernes Menü servieren. Ein hübsches Plätzchen ist auch die Terrasse zum See.

Landhaus-Restaurant – Hotel Landhaus Zu den Rothen Forellen

Marktplatz 2 ✉ 38871 – ✆ (039452) 93 93 – www.rotheforelle.de

Menü 35/55 € – Karte 33/52 €

Nehmen Sie Platz im "grünen Zimmer" - dank der Wintergartenkonstruktion hat man einen tollen Blick auf die Terrasse und zum See und fühlt sich wie inmitten der Natur. Geschulter Service und gute Weine!

ILSFELD

Baden-Württemberg – 8 520 Ew. – Höhe 240 m – Siehe Regionalatlas **55-G17**

Berlin 596 km – Stuttgart 40 km – Heilbronn 12 km – Schwäbisch Hall 45 km

Michelin Straßenkarte 545

Häußermann's Ochsen

König-Wilhelm-Str. 31 ✉ 74360 – ✆ (07062) 6 79 00 – www.ochsen-ilsfeld.de
– geschl. 2. - 25. Januar, Juli - August 1 Woche
25 Zim – 40/54 € 55/75 €, 5 € – ½ P
Rest *Häußermann's Ochsen* – siehe Restaurantauswahl
Seit 1895 wird der erweiterte Gasthof im Ortszentrum als Familienbetrieb geführt. Die Zimmer sind recht einfach, aber gepflegt und befinden sich überwiegend in dem etwas ruhiger gelegenen Anbau.

Häußermann's Ochsen – Hotel Häußermann's Ochsen

König-Wilhelm-Str. 31 ✉ 74360 – ✆ (07062) 6 79 00 – www.ochsen-ilsfeld.de
– geschl. 2. - 25. Januar, Juli - August 1 Woche und Donnerstag - Freitagmittag
Menü 30/35 € – Karte 20/46 €
Wenn Ralph Häußermann am Herd zu Gange ist, ist Ihnen Leckeres wie Sauerbraten, Gänseleber oder hausgemachtes Sorbet gewiss - traditionell-regional und saisonal. Interessant: das "Probiererles-Menü". Schinken räuchert man übrigens selbst.

ILSHOFEN

Baden-Württemberg – 6 220 Ew. – Höhe 441 m – Siehe Regionalatlas **56**-**I17**
Berlin 536 km – Stuttgart 99 km – Crailsheim 13 km – Schwäbisch Hall 19 km
Michelin Straßenkarte 545

Park-Hotel

Rest,

Parkstr. 2 ✉ 74532 – ✆ (07904) 70 30 – www.parkhotel-ilshofen.de
70 Zim – 95/155 € 125/180 € – 6 Suiten – ½ P
Rest – ✆ (07904) 70 30 – Menü 25/50 € – Karte 29/57 €
Dies ist nicht einfach nur ein Tagungshotel: Das komfortable Haus hat einen schönen eigenen Park, die technisch gut ausgestatteten Zimmer mit Marmorfliesen strahlen Gediegenheit aus und im Panorama-Restaurant sowie in der rustikaleren Kutscherstube bietet man eine ambitionierte internationale Küche mit regionalen Akzenten. Alle Kuchen, Torten und Brote werden übrigens im Haus gebacken!

IMMENSTAAD am BODENSEE

Baden-Württemberg – 6 090 Ew. – Höhe 407 m – Siehe Regionalatlas **63**-**H21**
Berlin 728 km – Stuttgart 199 km – Konstanz 21 km –
Freiburg im Breisgau 152 km
Michelin Straßenkarte 545

Heinzler

Strandbadstr. 3 ✉ 88090 – ✆ (07545) 9 31 90 – www.heinzleramsee.de
30 Zim – 69/109 € 128/176 € – 2 Suiten – ½ P
Rest *Heinzler* – siehe Restaurantauswahl
Wunderbar die Lage am See samt Bootsanleger! Die Zimmer sind nicht nur gut ausgestattet, von den meisten schaut man auch auf den See - besonders toll ist die Panoramasuite mit 180°-Blick! Freier Eintritt ins Strandbad gegenüber. Tipp: Mieten Sie die exklusive "Stingray 250 CR"-Yacht!

Seehof

Bachstr. 15, (Am Yachthafen) ✉ 88090 – ✆ (07545) 93 60 – www.seehof-hotel.de
– geschl. über Weihnachten
43 Zim – 70/110 € 115/190 €
Rest *Seehof* – siehe Restaurantauswahl
Der über die Jahre gewachsene Familienbetrieb von 1885 liegt direkt am Yachthafen. Neben wohnlichen Zimmern - teils mit Balkon und Seeblick - steht für die Gäste auch ein eigenes Strandbad zur Verfügung.

Hirschen

Zim,

Bachstr. 1 ✉ 88090 – ✆ (07545) 62 38 – www.gasthof-hirschen-immenstaad.de
– geschl. Anfang November - Ende Januar
12 Zim – 48/55 € 78/81 € – ½ P
Rest – Menü 19 € – Karte 21/35 € – *(geschl. Montag; Februar - April: Montag - Dienstag)*
Von diesem zentral gelegenen Haus erreichen Sie den Badestrand in wenigen Minuten. In den Zimmern hat man es wohnlich, einige sind etwas älter, aber gut gepflegt. Im Restaurant wird bürgerlich gekocht, und zwar vom Chef selbst!

Heinzler – Hotel Heinzler
Strandbadstr. 3 ✉ 88090 – ✆ (07545) 9 31 90 – www.heinzleramsee.de
Menü 30/49 € – Karte 26/48 €
Thomas und Michael Heinzler bieten hier frische regionale Küche. Leckeres wie "Wolfsbarsch mit Spinat und Kartoffeln" lässt man sich in netten rustikalen Stuben (teils mit Jagdtrophäen des Vaters) schmecken oder - noch schöner - auf der Terrasse, denn dort sitzt man fast direkt am Wasser!

Seehof – Hotel Seehof
Bachstr. 15, (Am Yachthafen) ✉ 88090 – ✆ (07545) 93 60 – www.seehof-hotel.de – geschl. über Weihnachten
Menü 25/58 € (abends) – Karte 30/54 €
Klar, dass man bei dieser tollen Seelage am liebsten auf der Terrasse speist, aber auch in den Gasträumen von rustikal bis geradlinig-modern sitzt man schön. Und die Küche von Jürgen Hallerbach (heimischer Maibock, Seesaibling...) schmeckt hier wie dort!

IMMENSTADT im ALLGÄU

Bayern – 14 110 Ew. – Höhe 729 m – Siehe Regionalatlas **64-I22**
Berlin 719 km – München 148 km – Kempten (Allgäu) 21 km – Oberstdorf 20 km
Michelin Straßenkarte 546

In Immenstadt-Stein Nord: 3 km über B 19

Krone
Rottachbergstr. 1, (an der B 19) ✉ 87509 – ✆ (08323) 9 66 10 – www.hotel-krone-stein.de
41 Zim – †41/78 € ††70/110 € **Rest** – Karte 21/44 €
Dank der recht verkehrsgünstigen Lage ist die Anfahrt hierher ganz unkompliziert. Sie werden ein gewachsenes, gestandenes Gasthaus vorfinden und in verschiedenen Zimmerkategorien (in Stammhaus, Alt- und Neubau) übernachten. Essen kann man hier ebenso: regionale Küche in unterschiedlichen Stuben.

INGELFINGEN

Baden-Württemberg – 5 700 Ew. – Höhe 217 m – Siehe Regionalatlas **48-H17**
Berlin 564 km – Stuttgart 98 km – Würzburg 73 km – Heilbronn 56 km
Michelin Straßenkarte 545

Haus Nicklass (mit Gästehäusern) Zim,
Künzelsauer Str. 1 ✉ 74653 – ✆ (07940) 9 10 10 – www.haus-nicklass.de
60 Zim – †59/90 € ††86/100 € – ½ P
Rest – Menü 19/48 € – Karte 22/53 €
Das Hotel ist unter der Woche eine praktische Businessadresse, wird am Wochenende gerne für Familienfeiern genutzt und ist auch bei Stammgästen beliebt! Ein richtiges kleines Highlight ist der Bade- und Saunabereich! Im Haupthaus kann man ganztägig speisen, abends zudem in der rustikalen Weinstube gegenüber.

INGELHEIM am RHEIN

Rheinland-Pfalz – 24 160 Ew. – Höhe 110 m – Siehe Regionalatlas **47-E15**
Berlin 587 km – Mainz 18 km – Bad Kreuznach 29 km – Bingen 13 km
Michelin Straßenkarte 543

In Ingelheim-Sporkenheim Nord-West: 4 km

Fetzer's Landhotel Rest,
Gaulsheimer Str. 14 ✉ 55218 – ✆ (06725) 3 01 30 – www.fetzersgastro.de
14 Zim – †72/82 € ††104/119 € – ½ P
Rest – Menü 13 € (mittags unter der Woche) – Karte 20/53 € – *(geschl. Montag)*
Ein von der Inhaberfamilie geleitetes Haus, das über solide möblierte, wohnlich gestaltete Gästezimmer mit gutem Platzangebot verfügt. Gegenüber dem Hotel liegt das Restaurant Lindenhof mit Wintergarten und Weinstube.

In Schwabenheim Süd-Ost: 6 km über Groß-Winternheim

Zum alten Weinkeller mit Zim

Schulstr. 6 ✉ 55270 – ✆ (06130) 94 18 00 – www.immerheiser-wein.de
16 Zim ☕ – 👤65/99 € 👥90/125 € – ½ P
Menü 35/57 € (abends) – Karte 26/48 €
Ländlichen Charme versprüht dieser historische Gutshof. In gemütlichem Ambiente mit Bruchstein und Fachwerk speist man zeitgemäß-saisonal. Lauschiger "Terra-Cotta-Garten". Hübsche individuelle Zimmer im Gästehaus Casa Rustica.

Landgasthof Engel

Markt 8 ✉ 55270 – ✆ (06130) 92 93 94 – www.immerheiser-wein.de
Karte 20/39 €
Der Gasthof von 1569 ist das älteste Haus im Ort. Regionales Angebot in behaglichen Stuben und im schönen Innenhof, Snackkarte in der Vinothek. Es stehen auch Gästezimmer bereit.

INGOLSTADT

Bayern – 125 090 Ew. – Höhe 374 m – Siehe Regionalatlas **57-L18**
Berlin 512 km – München 80 km – Augsburg 75 km – Nürnberg 91 km
Michelin Straßenkarte 546

NH Ambassador

Rest,

Goethestr. 153 ✉ 85055 – ✆ (0841) 50 30 – www.nh-hotels.de
119 Zim – 👤79/299 € 👥79/299 €, ☕ 16 € **Rest** – Karte 23/52 €
Technisch gut ausgestattete Standard- und Businesszimmer bietet dieses ganz auf Tagungen und Geschäftsleute zugeschnittene Hotel in einem Hochhaus in Autobahnnähe. Klassisch-zeitloses Restaurant mit internationalem Speisenangebot.

enso garni

Bei der Arena 1 ✉ 85053 – ✆ (0841) 88 55 90 – www.enso-hotel.de
176 Zim ☕ – 👤86/199 € 👥112/299 € – 1 Suite
Topmodernes und großzügiges Businesshotel direkt an der Saturn-Arena (ideal für Eishockey-Freunde!), nicht weit vom Klenzepark und nur wenige Gehminuten von der Altstadt. In der schicken Bar "ensorino" gibt es Pasta und Snacks und neben dem Hotel befindet sich ein asiatisches Restaurant.

Ara-Hotel

Theodor-Heuss-Str. 30 ✉ 85055 – ✆ (0841) 9 55 50 – www.ara-hotel.de
96 Zim ☕ – 👤125/149 € 👥145/169 € – 4 Suiten – ½ P
Rest – Menü 19/43 € – Karte 20/54 €
In dem am Stadtrand gelegenen Hotel mit moderner Fassade stehen zeitgemäße Gästezimmer mit guter Technik und sehr komfortable Themensuiten zur Verfügung. Regelmäßiger Sonntags-Brunch im Restaurant.

Ammerland garni

Hermann-Paul-Müller-Str. 15 ✉ 85055 – ✆ (0841) 95 34 50
– www.hotel-ammerland.de – geschl. Weihnachten - 1. Januar
39 Zim ☕ – 👤105/150 € 👥125/170 € – 1 Suite
Hier lässt es sich wirklich schön wohnen: Es gibt hochwertig ausgestattete Zimmer in verschiedenen Kategorien, darunter Themenzimmer wie "Afrika", "Golfer" oder "Gipfelstürmer-Suite" sowie den ausgesprochen geschmackvollen kleinen "Ammerwald Spa & Gym". Günstig die Anbindung an die A9.

Avus

Ettinger Straße, (im Audi Forum) ✉ 85057 – ✆ (0841) 8 94 10 71
– www.audi.de/foren – geschl. Weihnachten und Sonntag
Menü 45/65 € – Karte 33/80 €
Modern-elegantes Restaurant in der ersten Etage des gläsernen Audi-Forums. Das Speisenangebot ist zeitgemäß und saisonal, wochentags günstiges Lunchmenü. Audi-Museum nebenan.

Gasthaus Daniel

Roseneck 1 ✉ 85049 – ✆ (0841) 3 52 72 – geschl. Januar - Februar 1 Woche und Montag
Karte 18/26 €
Wer's bayerisch-bodenständig mag, kommt zu Leberknödelsuppe, Schwartlbraten und Schweinshaxn in das über 500 Jahre alte Brauereigebäude. Und wie es sich für ein zünftiges Wirtshaus gehört, spielen die Einheimischen am Stammtisch Karten!

In Ingolstadt-Spitalhof Süd: 6 km

Mercure

Hans-Denck-Str. 21 ✉ 85051 – ✆ (08450) 92 20 – www.mercure.com
71 Zim – 74/109 € 74/109 €, 14 € – ½ P
Rest – Menü 40/65 € – Karte 21/52 € – (Tischbestellung ratsam)
Das Hotel in recht ruhiger Ortsrandlage ist aus einem Gasthof gewachsen und wird familiär geführt. Die praktischen, zeitgemäßen Zimmer liegen meist zum Innenhof oder nach hinten. Restaurant im Landhausstil mit elegantem Wintergarten. Internationale und regionale Küche.

INZLINGEN – Baden-Württemberg ➜ Siehe Lörrach

IPHOFEN

Bayern – 4 410 Ew. – Höhe 250 m – Siehe Regionalatlas **49**-J16
Berlin 479 km – München 248 km – Würzburg 34 km – Ansbach 67 km
Michelin Straßenkarte 546

Zehntkeller (mit Gästehäusern)

Bahnhofstr. 12 ✉ 97346 – ✆ (09323) 84 40 – www.zehntkeller.de
59 Zim – 84/107 € 126/164 € – 5 Suiten – ½ P
Rest *Zehntkeller* – siehe Restaurantauswahl
Bereits seit 1850 betreibt Familie Seufert dieses schmucke Anwesen mit Weingut. Historisch-gemütlich der Rahmen, stilvoll-klassisch und schön wohnlich die Zimmer, die meist ruhig zum Innenhof hin liegen.

Das kleine Hotel garni

Mainbernheimer Str. 10 ✉ 97346 – ✆ (09323) 12 46 – www.hotel-huhn.de – geschl. 19. Dezember - 7. Januar
9 Zim – 69/79 € 99/109 €
Wer es gerne etwas privater hat, wird das in einer Wohngegend gelegene kleine Hotel mit seinen neun Zimmern mögen. Diese sind sehr gepflegt und ganz individuell eingerichtet, hübsch auch der stilvolle Frühstücksraum.

Altstadthotel Bausewein

Breite Gasse 1 ✉ 97346 – ✆ (09323) 87 66 70 – www.altstadthotel-bausewein.de – geschl. über Weihnachten
10 Zim – 65/90 € 92/115 €
Rest – Karte 15/28 € – *(geschl. über Weihnachten, Juni - Juli und Mittwoch - Donnerstag) (nur Abendessen)*
Das Haus mit der auffallenden roten Fassade ist ein freundlicher Familienbetrieb, in dem Sie neuzeitliche, technisch gut ausgestattete Zimmer sowie ein Frühstücksbuffet mit vielen hausgemachten Produkten erwartet. Getäfelte rustikale Weinstube mit bürgerlicher Karte und Öko-Weinen aus eigenem Anbau.

Goldene Krone

Marktplatz 2 ✉ 97346 – ✆ (09323) 8 72 40 – www.gasthof-krone-iphofen.de – geschl. 9. Februar - 4. März
21 Zim – 35/70 € 62/98 €
Rest – Karte 13/38 € – *(geschl. Dienstag - Mittwochmittag)*
Ein familiengeführter traditionsreicher Gasthof in der Altstadt mit Weinbau seit 1878. Die Zimmer sind funktionell ausgestattet und unterschiedlich möbliert. Im rustikalen Restaurant serviert man regional-saisonale Küche mit Wildspezialitäten (der Chef ist Jäger).

Zehntkeller – Hotel Zehntkeller

Bahnhofstr. 12 ✉ 97346 – ✆ (09323) 84 40 – www.zehntkeller.de

Menü 27/75 € – Karte 35/65 €

Seit drei Generationen von den Seuferts geführt, hat sich das Haus mit guter Küche und ebensolchen Weinen einen Namen gemacht. Letztere stammen natürlich vom eigenen Weingut und passen wunderbar zu bayerisch-fränkischen Speisen wie "Bratwürstchen vom Steigerwälder Rehbock", die in den charmanten Räumen serviert werden.

Deutscher Hof mit Zim

Ludwigstr. 10 ✉ 97346 – ✆ (09323) 33 48 – www.deutscher-hof-iphofen.de – geschl. 23. Dezember - 22. Januar, Mitte August - Anfang September 3 Wochen und Mittwoch - Donnerstag

6 Zim – 55 € 70/75 € Karte 26/42 €

Wenn Franz Steinbruck in dem historischen Fachwerkhaus am Herd steht, legt er Wert auf bodenständige Küche und Bioprodukte aus der Region. Das Ergebnis ist z. B. "Schweinefilet mit Rhabarber-Schalottengemüse" oder "Kalbssteak mit Gemüse und Kartoffelgratin". Sehr nett und persönlich die Chefin im Service! Behaglich sind sowohl das Restaurant als auch die Gästezimmer.

In Iphofen-Birklingen Ost: 7 km

Augustiner am See

Klostergasse 8 ✉ 97346 – ✆ (09326) 97 89 50 – www.augustiner-am-see.de – geschl. Februar 2 Wochen, August 2 Wochen und Mittwoch - Donnerstag

Menü 20/40 € – Karte 18/38 €

Johannes Schwab hat sich dieses lange Jahre ungenutzten Anwesens angenommen und einen netten Landgasthof daraus gemacht! So einiges der typisch fränkischen Küche kommt aus der eigenen Landwirtschaft. Die Lage an einem kleinen See ist prädestiniert für eine tolle Terrasse!

In Mainbernheim West: 3 km über B 8

Gasthof zum Falken Zim,

Herrnstr. 27 ✉ 97350 – ✆ (09323) 8 72 80 – www.zum-falken.de – geschl. 22. Dezember - 5. Januar, 17. Februar - 17. März

16 Zim – 45/58 € 72/80 € – 2 Suiten

Rest – Karte 20/39 € – *(geschl. Montag - Dienstag)*

Seit 1664 existiert dieser fränkische Gasthof. In dem gepflegten Haus stehen schöne wohnliche Zimmer mit hübschem Gebälk zur Verfügung. In der gemütlich-ländlichen Gaststube serviert man regionale Küche. Verkauf von eigenen Erzeugnissen.

In Rödelsee Nord-West: 3,5 km

Stegner garni

Mainbernheimer Str. 26 ✉ 97348 – ✆ (09323) 8 72 10 – www.hotel-stegner.de – geschl. 23. Dezember - 6. Januar

18 Zim – 43/50 € 65/70 €

Schon über 30 Jahre wird das kleine Hotel als Familienbetrieb geführt. Man bietet gepflegte Gästezimmer (teilweise mit Balkon), Frühstück im Wintergarten und eine nette Liegewiese.

In Willanzheim-Hüttenheim Süd: 8 km

Landgasthof May mit Zim

Hüttenheim 6, (am Marktplatz) ✉ 97348 – ✆ (09326) 2 55 – www.landgasthofmay.de – geschl. 26. Januar - 7. Februar und Mittwoch; November - Ende Februar: Mittwoch - Donnerstag

3 Zim – 35 € 64 € – ½ P Karte 16/35 €

Das Gastgeberehepaar betreibt das Restaurant mit Weinstube in 3. Generation. Der Chef kocht, die Chefin umsorgt nett die Gäste. Spezialitäten aus eigener Schlachtung und Räucherei.

ISERLOHN

Nordrhein-Westfalen – 94 970 Ew. – Höhe 247 m – Siehe Regionalatlas **27-D11**
Berlin 499 km – Düsseldorf 80 km – Dortmund 26 km – Hagen 18 km
Michelin Straßenkarte 543

VierJahreszeiten

Seilerwaldstr. 10 ✉ 58636 – ✆ (02371) 97 20 – www.vierjahreszeiten-iserlohn.de
70 Zim – 89/125 € 144/169 € – ½ P
Rest – Menü 27/54 € (unter der Woche) – Karte 29/59 € – *(geschl. Anfang November - Mitte März: Sonntagabend)*
Das Hotel liegt schön im Grünen beim Seilersee. Sie wohnen in neuzeitlichen Zimmern mit mediterraner Note und entspannen im netten Saunabereich. Variable Tagungsräume. Internationale Küche bietet man im Restaurant mit hübscher Terrasse zum See.

Campus Garden

Reiterweg 36 ✉ 58636 – ✆ (02371) 1 55 60 – www.campus-garden.de
34 Zim – 85/98 € 123 € – ½ P **Rest** – Menü 22/59 € – Karte 32/44 €
Auf dem ehemaligen Kasernengelände in Nachbarschaft zu einer privaten Hochschule steht das Businesshotel, das hell und freundlich in mediterranem Stil eingerichtet ist. Internationales Angebot im Restaurant mit hübscher Gartenterrasse.

In Iserlohn-Lössel Süd-West: 6 km

Neuhaus

Lösseler Str. 149 ✉ 58644 – ✆ (02374) 9 78 00 – www.hotel-neuhaus.de
33 Zim – 80/120 € 120/160 € – 2 Suiten – ½ P
Rest *Neuhaus* – siehe Restaurantauswahl
Ein ansprechendes Anwesen, das Familie Neuhaus (inzwischen die 4. Generation) hier hat: wohnlich-individuelle Zimmer einschließlich schöner moderner Spa-Suite, ein romantischer Garten mit Skulpturen, Obstbäumen und einem 700 Jahre alten Brunnen mit frischem Bergquellwasser, ein toller kleiner Day Spa in einem Fachwerkhaus von 1753... Wer's leger mag, isst im Bistro Julius von der kleinen internationalen Karte.

Neuhaus – Hotel Neuhaus

Lösseler Str. 149 ✉ 58644 – ✆ (02374) 9 78 00 – www.hotel-neuhaus.de
Menü 32/50 € – Karte 24/51 €
Dass hier nicht nur das Hotel einen Besuch wert ist, zeigt die engagierte Küche des Hauses ("Rinderfilet an kräftiger Pfeffersauce", "Halbe Bauernente an geschmortem Wirsing"...), die Sie in den schönen Restaurantbereichen Kaminzimmer und Gaststube serviert bekommen. Auch der sonntägliche Brunch ist beliebt.

ISERNHAGEN

Niedersachsen – 22 930 Ew. – Höhe 58 m – Siehe Regionalatlas **19-I8**
Berlin 293 km – Hannover 26 km
Michelin Straßenkarte 541

Engel garni

Burgwedeler Str. 151 ✉ 30916 – ✆ (0511) 97 25 60
– www.hotel-engel-isernhagen.de – geschl. 24. Dezember - 2. Januar
27 Zim – 55/63 € 84/90 € – 1 Suite
Familie Engel hat hier ein tipptopp gepflegtes kleines Hotel, und das leiten die Gastgeber angenehm persönlich. Sie wohnen in gemütlichen Zimmern im Landhausstil (die im Gästehaus liegen ruhiger) und dürfen sich auf ein gutes Frühstücksbuffet freuen. Kein Wunder also, dass man hier viele Stammgäste hat!

Heinrichs

Hauptstr. 1 ✉ 30916 – ✆ (05139) 8 73 10 – www.restaurant-heinrichs.de
– geschl. Montag - Dienstag
Menü 28/49 € (abends) – Karte 25/50 €
Alte Holztäfelung, dekorative Bilder von einst, schöne blanke Tische und dazu bürgerlich-regionale Küche... das passt zum gemütlichen Charakter des 1868 erbauten Backsteinhauses. Abends ist das Angebot ein bisschen gehobener.

ISMANING

Bayern – 15 390 Ew. – Höhe 490 m – Siehe Regionalatlas **66-M20**
Berlin 577 km – München 17 km – Ingolstadt 69 km – Landshut 58 km
Michelin Straßenkarte 546

Zur Mühle (mit Gasthof)
Kirchplatz 5 ✉ 85737 – ✆ (089) 96 09 30 – www.hotel-muehle.de – geschl. Anfang Januar 1 Woche
99 Zim – †92/168 € ††125/220 € – 2 Suiten **Rest** – Karte 19/45 €
In netter Lage am Seebach finden Sie diesen Gasthof, dessen Familientradition bis ins Jahr 1857 zurückreicht. Es stehen verschiedene Zimmertypen und ein Sauna- und Badebereich bereit. Dazu eine gemütliche holzvertäfelte Gaststube sowie ein großer Biergarten und eine Terrasse.

Frey garni
Hauptstr. 15 ✉ 85737 – ✆ (089) 9 62 42 30 – www.hotel-frey.de
23 Zim – †85/130 € ††110/170 €
Die behagliche Hotelpension ist ein sympathischer Familienbetrieb mit alpenländischem Ambiente. Das Haus liegt ca. 5 Gehminuten von der S-Bahnstation entfernt.

Malandra Osteria
Schlossstr. 17 ✉ 85737 – ✆ (089) 99 62 86 95 – www.osteria-malandra.de – geschl. Samstag
Menü 39 € – Karte 33/43 €
Sie mögen italienische Küche? Die bietet Ihnen Emilio Giorgio Malandra in diesem gemütlichen Restaurant (dekorativ die modernen Bilder) im Hotel Fischerwirt - vor dem Haus die schöne Terrasse. Mittags ist das Speisenangebot kleiner, auf Nachfrage können Sie aber auch von der großen Karte wählen.

ISNY

Baden-Württemberg – 14 400 Ew. – Höhe 704 m – Siehe Regionalatlas **64-I21**
Berlin 698 km – Stuttgart 189 km – Konstanz 104 km – Kempten (Allgäu) 25 km
Michelin Straßenkarte 545

Hohe Linde
Lindauer Str. 75 (B 12) ✉ 88316 – ✆ (07562) 9 75 97 – www.hohe-linde.de
29 Zim – †75/85 € ††120/140 € – 5 Suiten – ½ P
Rest ***Allgäuer Stuben*** – siehe Restaurantauswahl
Familie Rimmele führt dieses Hotel am Stadtrand mit viel Freude und Engagement. Die Zimmer sind solide und gemütlich, zum Relaxen bieten sich der große Garten mit Teich oder das Hallenbad an.

Allgäuer Terrassen Hotel Rest,
Alpenblickweg 3 ✉ 88316 – ✆ (07562) 9 71 00 – www.terrassenhotel.de
28 Zim – †69/89 € ††119/129 € – ½ P
Rest – Menü 26/59 € – Karte 33/55 €
Das Haus liegt schön am Hang und so haben alle Zimmer eine tolle Aussicht nach Süden! Eine nette Idee für warme Sommertage ist Fliegenfischen in den nahen Gewässern - in der Küche bereitet man Ihren Fang auch gerne zu!

Brauerei Gasthof Engel
Bahnhofstr. 36 ✉ 88316 – ✆ (07562) 97 15 10 – www.engel-isny.de
10 Zim – †54/71 € ††82/92 € – ½ P
Rest – Menü 6 € – Karte 17/33 € – *(geschl. Mittwoch - Donnerstag, außer an Feiertagen; Juli - September: Mittwoch - Donnerstagmittag)*
Hier dreht sich alles um das Thema Bier. Der Traditionsgasthof der Brauerei Stolz ist eine tipptopp gepflegte Adresse mit hellen, geräumigen Zimmern im Landhausstil. Das Restaurant bietet regionale Speisen, zu deren Zutaten auch Bier gehört.

Bären
Obertorstr. 9 ✉ 88316 – ✆ (07562) 24 20 – www.baeren-isny.de
14 Zim – †45/55 € ††75/85 € – ½ P
Rest – Karte 21/38 € – *(geschl. November 2 Wochen und Dienstag)*
In dem hübschen Eckhaus mit der gelben Fassade erwarten Sie individuell möblierte Gästezimmer und ein netter, im Landhausstil gehaltener Frühstücksraum. Gemütliche Gaststuben.

Allgäuer Stuben – Hotel Hohe Linde

Lindauer Str. 75 (B 12) ✉ 88316 – ✆ (07562) 9 75 97 – www.hohe-linde.de – geschl. Sonntag
Menü 30/45 € – Karte 28/46 € – *(nur Abendessen)*
In dem schicken Restaurant mit Sicht auf den Hotelgarten kocht Susanne Rimmele frisch und modern, auch regionale Klassiker fehlen nicht! "Geräucherte Forelle mit Rote-Beete-Meerrettich-Crêpes" oder lieber "Rumpsteak mit Sauce Béarnaise"? An den "Kaminabenden" wird vor Ihren Augen gegrillt!

In Isny-Neutrauchburg Nord: 2 km

Schloss Neutrauchburg

Schlossstr. 11 ✉ 88316 – ✆ (07562) 9 75 64 60 – www.schloss-neutrauchburg.de
8 Zim – 109/129 € 159/179 €
Rest – 29 € – Karte 31/46 € – *(geschl. Sonntagabend - Freitagmittag, Samstagmittag)*
Das wunderbare Schloss - seit dem 18. Jh. im Besitz der Fürstenfamilie Waldburg-Zeil - besticht durch historisches Flair und überaus hochwertige, geräumige und stilvolle Räume. Die Schlossküche ist regional ausgerichtet.

Außerhalb Nord-West: 6,5 km über Neutrauchburg, in Unterried Richtung Beuren

Berghotel Jägerhof

Zim, Zim,

Jägerhof 1 ✉ 88316 Isny – ✆ (07562) 7 70 – www.berghotel-jaegerhof.de
79 Zim – 99/115 € 190/220 € – 9 Suiten – ½ P
Rest – Menü 39 € (abends) – Karte 28/49 €
Schön und absolut ruhig liegt diese Hotelanlage mit Blick auf die Allgäuer Alpen. Man bietet wohnliche Zimmer, Maisonetten und Suiten sowie einen großzügigen Wellnessbereich. Sie speisen im gediegenen Restaurant oder in der rustikalen Stube - Wild kommt übrigens aus dem eigenen Gehege! Für Veranstaltungen ist das charmante Stadl ideal.

ISSELBURG

Nordrhein-Westfalen – 11 200 Ew. – Höhe 17 m – Siehe Regionalatlas **25-B10**
Berlin 579 km – Düsseldorf 86 km – Arnhem 46 km – Bocholt 13 km
Michelin Straßenkarte 543

In Isselburg-Anholt Nord-West: 3,5 km

Parkhotel Wasserburg Anholt

Rest,

Kleverstraße ✉ 46419 – ✆ (02874) 45 90 – www.schloss-anholt.de – geschl. 21. - 24. Dezember
31 Zim – 106/122 € 162/199 € – 3 Suiten – ½ P
Rest *Wasserpavillon* – Menü 51/79 € – Karte 40/54 €
Ein stilvolles jahrhundertealtes Wasserschloss - ringsum ein 34 ha großer Park, der zu Spaziergängen einlädt. Die geschmackvollen Zimmer (auch Themenzimmer) sind individuell in Einrichtung und Zuschnitt. Schönes Frühstücksbuffet und freundlicher Service. Vom lichten Pavillon am Burggraben blickt man direkt aufs Wasser.

JAGSTHAUSEN

Baden-Württemberg – 1 620 Ew. – Höhe 212 m – Siehe Regionalatlas **48-H17**
Berlin 560 km – Stuttgart 79 km – Karlsruhe 121 km – Würzburg 78 km
Michelin Straßenkarte 545

Schlosshotel Götzenburg N (mit Gästehaus)

Schloßstr. 20, (1. Etage) ✉ 74249 – ✆ (07943) 9 43 60 – www.goetzenburg.de
27 Zim – 79/119 € 139/199 € – 2 Suiten – ½ P
Rest *Götzenstube* – siehe Restaurantauswahl
Hier finden Sie den Charme, den Sie von einer alten Schlossanlage erwarten, schön die historischen Details und natürlich der Schlosspark! Hauptburg und Vorburg sind gleichermaßen wohnlich - mal gediegen, mal geschmackvoll im Landhausstil.

Götzenstube – Schlosshotel Götzenburg

Schloßstr. 20, (1. Etage) ✉ 74249 – ✆ (07943) 9 43 60 – www.goetzenburg.de – geschl. Montag - Dienstagmittag

Menü 34 € – Karte 32/49 € – (abends Tischbestellung ratsam)

Eleganter Stil gepaart mit einer ländlichen Note... das passt schön zum historischen Rahmen. An gut eingedeckten blanken Holztischen serviert man Ihnen eine frische saisonal und regional beeinflusste Küche.

JAMELN

Niedersachsen – 1 100 Ew. – Höhe 19 m – Siehe Regionalatlas **20-K7**

Berlin 235 km – Hannover 134 km – Schwerin 90 km – Lüneburg 58 km

Michelin Straßenkarte 541

Das Alte Haus

Bahnhofstr. 1 ✉ 29479 – ✆ (05864) 6 08 – www.jameln.de – geschl. Montag - Mittwoch

Karte 25/49 € – *(nur Abendessen)* (Tischbestellung ratsam)

Schon allein die Fleischqualität ist es wert, in dem reizenden Fachwerkhaus zu essen! Es wird an der historischen Feuerstelle gegrillt und schmeckt klasse! Alles ist top frisch, so auch das Salatbuffet - Vegetarier werden es lieben!

JENA

Thüringen – 105 130 Ew. – Höhe 148 m – Siehe Regionalatlas **41-L12**

Berlin 246 km – Erfurt 59 km – Gera 44 km – Chemnitz 112 km

Michelin Straßenkarte 544

SCALA - Das Turm Hotel

Leutragraben 1, (im JenTower) ✉ 07743 – ✆ (03641) 3 11 38 88 – www.scala-jena.de Stadtplan : A1**s**

17 Zim – 99/119 € 109/139 €, 16 € – ½ P

Rest *SCALA - Das Turm Restaurant* – siehe Restaurantauswahl

Wo könnte die Aussicht über Jena eindrucksvoller sein als in der 27. Etage des Intershop-Towers? Jedes der Zimmer bietet diesen Panoramablick und besticht zudem mit ganz klarem, reduziertem Design. Und obendrein wohnt man noch mitten in der Stadt, aber dennoch ruhig.

Schwarzer Bär

Rest,

Lutherplatz 2 ✉ 07743 – ✆ (03641) 40 60 – www.schwarzer-baer-jena.de Stadtplan : B1**b**

73 Zim – 60/100 € 105/125 € – 2 Suiten – ½ P

Rest – Karte 21/45 € – *(geschl. Sonntagabend)*

Das nahe dem Zentrum gelegene Haus blickt auf eine 500-jährige Tradition zurück. Die Gästezimmer sind recht unterschiedlich in Einrichtung und Zuschnitt. Das Restaurant teilt sich in verschiedene, teils mit schöner Holztäfelung ausgestattete Stuben.

Zur Noll

Zim,

Oberlauengasse 19 ✉ 07743 – ✆ (03641) 59 77 10 – www.zur-noll.de Stadtplan : B1**n**

22 Zim – 70/75 € 75/90 € – ½ P **Rest** – Karte 15/41 €

Die historische Nollendorfer Schankwirtschaft ist heute ein nettes familiär geführtes Hotel. Sehenswert ist das komplett mit alten Bohlen verkleidete Bohlenzimmer. Eine gemütliche Atmosphäre herrscht im rustikalen Restaurant.

SCALA - Das Turm Restaurant – SCALA - Das Turm Hotel

Leutragraben 1, (im JenTower) ✉ 07743 – ✆ (03641) 35 66 66 – www.scala-jena.de Stadtplan : A1**s**

Menü 27 € (mittags unter der Woche)/46 € – Karte 36/64 €

Keine Frage, hier ist schon allein die Lage in 128 m Höhe einen Besuch wert! Die grandiose Sicht über die Stadt genießt man durch eine raumhohe Verglasung und dabei lässt man sich gute intenationale Küche schmecken. Die gibt es mittags übrigens in Form eines etwas einfacheren und günstigeren Menüs.

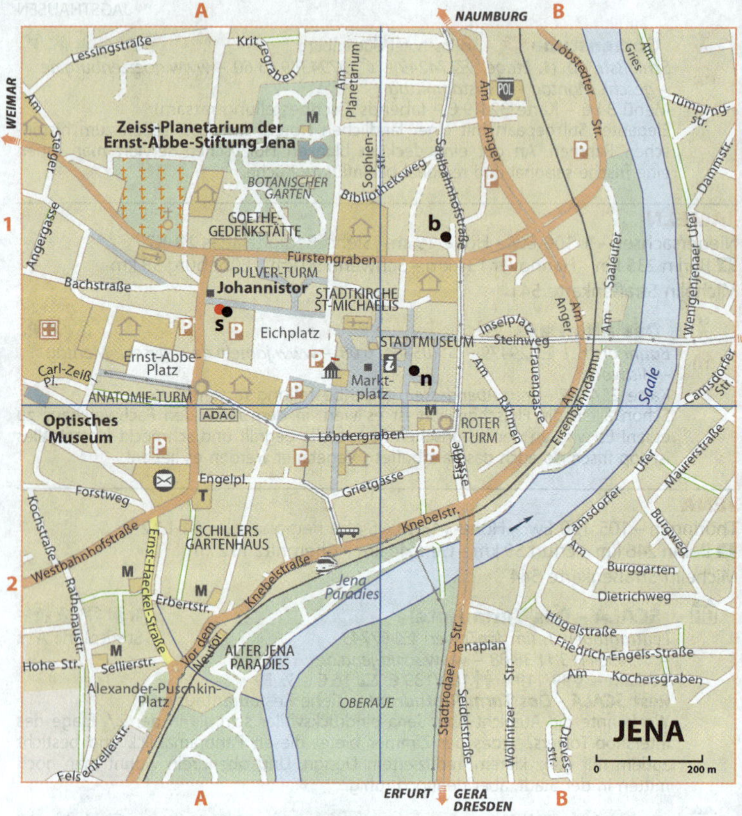

XX **Landgrafen** mit Zim

Landgrafenstieg 25, (Zufahrt über Am Steiger) (über Straße des 17. Juni A1)
✉ 07743 – ✆ (03641) 50 70 71 – www.landgrafen.com – geschl. Montag - Dienstag
3 Zim – †65/95 € ††65/95 €, ☕ 8 € Menü 21/48 € – Karte 20/45 €
Einen fantastischen Blick über die Stadt bietet dieses beim Aussichtsturm gelegene, auch als "Balkon Jenas" bezeichnete Restaurant mit internationaler Küche. Drei individuelle Gästezimmer zum Übernachten: Landhaus-, Art-déco- oder Hochzeitszimmer.

In Jena-Winzerla Süd: 3 km über Ernst-Haeckel-Straße Stadtplan : A2

Hotel Jena

Rudolstädter Str. 82, (B 88) ✉ 07745 – ✆ (03641) 6 60 – www.bestwesternjena.de
160 Zim ☕ – †80/95 € ††100/115 € – 2 Suiten – ½ P
Rest – Menü 18/25 € – Karte 18/40 €
Das Hotel ist zeitgemäß, funktionell und besonders auf Geschäftsreisende und Tagungen ausgelegt. Praktisch für Langzeitgäste sind die Küchenzeilen in einigen Zimmern.

Frühstück inklusive? Die Tasse ☕ steht gleich hinter der Zimmeranzahl.

Zur Weintraube

Rudolstädter Str. 76, (B 88) ✉ 07745 – ✆ (03641) 60 57 70 – www.weintraube-jena.de
16 Zim – 🛉60/70 € 🛉🛉70/80 €, ☕ 10 € – 1 Suite – ½ P **Rest** – Karte 17/41 €
Das familiengeführte Haus ist ein traditionsreicher Gasthof mit Ursprung im 17. Jh., der über gepflegte, funktionelle Zimmer verfügt - einige sind recht großzügig. Das Restaurant bietet auch einen Raum für Veranstaltungen unterschiedlicher Art.

JESTEBURG

Niedersachsen – 7 460 Ew. – Höhe 28 m – Siehe Regionalatlas **10-I6**
▶ Berlin 311 km – Hannover 126 km – Hamburg 42 km – Lüneburg 39 km
Michelin Straßenkarte 541

In Jesteburg-Itzenbüttel Nord-West: 3 km

Zum grünen Jäger

Itzenbütteler Waldweg 35 ✉ 21266 – ✆ (04181) 9 22 50 – www.gruener-jaeger.com
14 Zim ☕ – 🛉60 € 🛉🛉80 € – ½ P
Rest – Karte 17/29 € – *(geschl. Montag) (nur Abendessen für Hausgäste)*
Schön liegt das 1912 erbaute Haus am Waldrand. Es ist nicht nur ein freundliches kleines Hotel mit wohnlichem, ländlich-mediterranem Ambiente, sondern auch eine tolle Location für Feste - dafür hat man einen hübschen Veranstaltungsraum.

JETTINGEN-SCHEPPACH

Bayern – 6 720 Ew. – Höhe 468 m – Siehe Regionalatlas **56-J19**
▶ Berlin 587 km – München 100 km – Augsburg 41 km – Ulm (Donau) 33 km
Michelin Straßenkarte 546

Best Hotel Mindeltal garni

Robert-Bosch-Str. 3 (Scheppach) ✉ 89343 – ✆ (08225) 99 70 – www.besthotel.de – geschl. 24. Dezember - 2. Januar
74 Zim ☕ – 🛉69/119 € 🛉🛉89/129 €
Nur 10 Autominuten vom Legoland liegt das mit praktischen Zimmern ausgestattete Hotel. Interessant für Familien sind im Sommer auch der Kidsclub und das Kinderkino am Abend.

JEVER

Niedersachsen – 13 940 Ew. – Höhe 9 m – Siehe Regionalatlas **8-E5**
▶ Berlin 488 km – Hannover 229 km – Emden 59 km – Oldenburg 59 km
Michelin Straßenkarte 541

Friesen-Hotel garni

Harlinger Weg 1 ✉ 26441 – ✆ (04461) 93 40 – www.jever-hotel.de
32 Zim ☕ – 🛉49/59 € 🛉🛉81/91 €
Das familiengeführte Haus liegt ruhig in einem Wohngebiet und verfügt über helle und funktional ausgestattete Zimmer. Vom Frühstücksraum blickt man in den hübschen Garten.

Schützenhof

Schützenhofstr. 47 ✉ 26419 – ✆ (04461) 93 70 – www.schuetzenhof-jever.de
65 Zim ☕ – 🛉57/69 € 🛉🛉88/98 € – ½ P
Rest *Zitronengras* – siehe Restaurantauswahl
In dem außerhalb des Zentrums nahe dem Sportplatz gelegenen Hotel erwarten die Gäste gepflegte funktionelle Zimmer, einen hübschen modernen Sauna- und Anwendungsbereich und familiäre Atmosphäre.

XX Zitronengras – Hotel Schützenhof

Schützenhofstr. 47 ✉ 26419 – ✆ (04461) 93 70 – www.schuetzenhof-jever.de
Menü 17/40 € – Karte 23/47 € – *(nur Abendessen)*
In dem geradlinig gestalteten Restaurant finden sich frische regionale Gerichte und internationale Einflüsse auf der Karte - da liest man z. B. "Filet vom Schwein auf Apfel-Trauben-Chutney" oder "pochiertes Poulet in Rosmarinfond".

JOACHIMSTHAL

Brandenburg – 3 310 Ew. – Höhe 72 m – Siehe Regionalatlas **23-Q7**

Berlin 68 km – Potsdam 132 km – Eberswalde 31 km

Michelin Straßenkarte 542

Außerhalb Süd-West: 12 km, Richtung Eberswalde und westliche Seerandstraße am Werbellinsee

Tagungszentrum der Wirtschaft

Hubertusstock 2 ✉ 16247 Joachimsthal – ✆ (033363) 5 05 – www.tagungs-zentrum.de

55 Zim – 67/77 € 87/97 € – ½ P **Rest** – Menü 25 € – Karte 28/41 €

Das Hotel liegt schön ruhig im Wald, im Biosphärenreservat Schorfheide, bietet ein modern-funktionales Ambiente und ist auf Tagungen spezialisiert. Hell und geradlinig ist das nach einem ehemaligen Förster benannte Restaurant "Von Hövel". Hübsche Terrasse.

JOHANNESBERG – Bayern ➜ Siehe Aschaffenburg

JOHANNGEORGENSTADT

Sachsen – 4 690 Ew. – Höhe 780 m – Siehe Regionalatlas **42-O14**

Berlin 317 km – Dresden 144 km – Chemnitz 57 km – Chomutov 86 km

Michelin Straßenkarte 544

In Johanngeorgenstadt-Steinbach Nord-West: 2 km

Steinbach

Steinbach 22 ✉ 08349 – ✆ (03773) 88 22 28 – www.gasthof-steinbach.de – geschl. 1. - 20. November

15 Zim – 30/37 € 56/60 € – ½ P

Rest – Karte 14/25 € – *(geschl. Donnerstag)*

Sehr freundlich und familiär kümmern sich die Inhaber in ihrem praktisch ausgestatteten kleinen Hotel um die Gäste. Naturliebhaber schätzen die schöne ländliche Umgebung. Die behaglichen Gasträume sind in rustikalem Stil gehalten.

JORK

Niedersachsen – 11 760 Ew. – Höhe 1 m – Siehe Regionalatlas **10-I5**

Berlin 318 km – Hannover 167 km – Hamburg 63 km – Bremen 108 km

Michelin Straßenkarte 541

Altes Land (mit Gästehaus)

Zim,

Schützenhofstr. 16 ✉ 21635 – ✆ (04162) 9 14 60 – www.hotel-altes-land.de – geschl. 1. - 11. Januar

30 Zim – 68/74 € 85/105 € – 2 Suiten – ½ P

Rest *Ollanner Buurhuus* – Menü 29/31 € – Karte 20/36 €

Ein Fachwerkhaus mit regionalem Charme, das durch ein Gästehaus mit besonders hübschen Zimmern erweitert wurde. Der schöne historische Saal ist ideal für Hochzeiten. Das Ollanner Buurhuus bietet u. a. "vergessene Genüsse" aus seltenen heimischen Grundprodukten.

In Jork-Borstel Nord: 1 km

Die Mühle Jork

Am Elbdeich 1 ✉ 21635 – ✆ (04162) 63 95 – www.diemuehlejork.de – geschl. Januar und Dienstag

Menü 57/85 € (abends) – Karte 43/58 € – *(Februar - März: Montag - Mittwoch nur Abendessen)*

Liebenswert hat man die ehemalige Mühle von 1856 im rustikalen Stil eingerichtet. Zu ambitionierten saisonalen Gerichten wie "Maibock mit Topinambur-Creme, Mairübe und Pfifferlingen" bietet der Chef gute Weine. Idyllische Terrasse.

JÜTERBOG

Brandenburg – 12 670 Ew. – Höhe 71 m – Siehe Regionalatlas **32-O9**

Berlin 71 km – Potsdam 58 km – Cottbus 105 km – Dessau 82 km

Michelin Straßenkarte 542

In Kloster Zinna Nord-Ost: 4,5 km über B 101, Richtung Luckenwalde

Alte Försterei

König-Friedrich-Platz 7 ✉ 14913 – ✆ (03372) 46 50 – www.alte-foersterei.com
21 Zim – †64/89 € ††114/119 € – ½ P
Rest *Friedrichs Stuben* – Menü 30/45 € – Karte 19/34 € – *(Januar - Ostern: Montag - Freitag nur Abendessen)*
Rest *12 Mönche* – Karte 17/25 € – *(Januar - Ostern: Montag - Freitag nur Abendessen)*
Das Forsthaus a. d. 18. Jh. ist ein romantisches Anwesen, dessen Charme sich in der liebenswerten und stimmigen Landhauseinrichtung widerspiegelt. Gemütlich-elegante Friedrichs Stuben und weinberankter Innenhof. Bürgerlich isst man in der Schankstube 12 Mönche.

JUGENHEIM

Rheinland-Pfalz – 1 620 Ew. – Höhe 155 m – Siehe Regionalatlas **47-E15**
Berlin 603 km – Mainz 20 km – Neustadt an der Weinstraße 91 km
Michelin Straßenkarte 543

Weedenhof mit Zim

Mainzerstr. 6 ✉ 55270 – ✆ (06130) 94 13 37 – www.weedenhof.de – geschl. Ende Juli - Mitte August und Montag - Dienstag, außer an Feiertagen
8 Zim – †60/70 € ††80/95 € – ½ P
Menü 32/46 € – Karte 29/46 € – *(nur Abendessen, sonntags auch Mittagessen)*
Gemütlich sitzt man in dem rustikalen Lokal, während man sich mit regional und auch mediterran beeinflussten Gerichten bewirten lässt - und das sind z. B. "lauwarmer Ziegenkäse mit Kürbispesto und Birne" oder "Wildschweinrücken mit Nusskruste und kandierter Zwiebelsoße". Die Produkte sind gut, die Preise fair. Zum Übernachten gibt es nette Zimmer im Landhausstil.

JUIST (INSEL)

Niedersachsen – 1 780 Ew. – Höhe 3 m – Siehe Regionalatlas **7-C5**
Berlin 537 km – Hannover 272 km – Emden 37 km – Aurich/Ostfriesland 31 km
Michelin Straßenkarte 541

Achterdiek

Wilhelmstr. 36 ✉ 26571 – ✆ (04935) 80 40 – www.hotel-achterdiek.de – geschl. Mitte November - Mitte Dezember
49 Zim – †80/135 € ††190/360 € – 4 Suiten – ½ P
Rest *Achterdiek* – siehe Restaurantauswahl
Ein Ferienhotel wie man es sich wünscht! Ruhige Lage, warme, angenehme Atmosphäre, schöne, individuelle Zimmer (meist mit Blick aufs Wattenmeer) und ein Service, der dem geschmackvollen Interieur in nichts nachsteht!

Pabst

Strandstr. 15 ✉ 26571 – ✆ (04935) 80 50 – www.hotelpabst.de – geschl. 7. Januar - 4 Februar, 30. November - 20. Dezember
38 Zim – †95/185 € ††180/350 € – 16 Suiten – ½ P
Rest *Rüdiger's* – siehe Restaurantauswahl
Sie können sich aussuchen, ob Sie modern oder doch lieber klassisch-friesisch wohnen möchten. Familie Pabst (bereits die 4. Generation) investiert ständig in ihr Haus und macht es so für die Gäste richtig behaglich und hübsch!

Friesenhof

Strandstr. 21 ✉ 26571 – ✆ (04935) 80 60 – www.friesenhof.info – geschl. 4. Januar - 27. März, 1. November - 26. Dezember,
80 Zim – †84/101 € ††132/172 € – 3 Suiten – ½ P
Rest – Menü 15 € (mittags)/28 € – Karte 20/52 € – *(geschl. 1. November - 27. März)*
Das Hotel mitten im Ort stammt aus der Jahrhundertwende, schön ist die erhaltene Treppe im Haus. Ausruhen kann man sich in wohnlichen Zimmern oder auf der Dachterrasse mit Meerblick. Restaurant in bürgerlichem Stil und rustikale Bierstube.

Westfalenhof garni
Friesenstr. 24 ✉ 26571 – ✆ (04935) 9 12 20 – www.hotel-westfalenhof.de – geschl. 5. Januar - 27. März, 18. Oktober - 27. Dezember
22 Zim – 70/87 € 100/164 €
Ein zentral gelegenes Hotel unter familiärer Leitung mit wohnlichen Gästezimmern, darunter recht großzügige Eckzimmer sowie Südzimmer mit Balkon.

Rüdiger's – Hotel Pabst
Strandstr. 15 ✉ 26571 – ✆ (04935) 80 54 42 – www.hotelpabst.de – geschl. 7. Januar - 4 Februar, 30. November - 20. Dezember und Dienstag
Menü 50 € (mittags) – Karte 33/88 €
Rüdiger Wanke bringt in dem eleganten kleinen Restaurant auf den Tisch, was die Saison zu bieten hat. Probieren Sie z. B. Maischolle mit frischen Krabben oder Juister Austern! Schöne Terrasse.

Achterdiek – Hotel Achterdiek
Wilhelmstr. 36 ✉ 26571 – ✆ (04935) 80 40 – www.hotel-achterdiek.de – geschl. Mitte November - Mitte Dezember
Menü 35/72 € (abends) – Karte 41/58 €
Schon das klassisch-elegante Ambiente des Restaurants ist ansprechend - ganz zu schweigen von der Terrasse mit Deichblick! Dazu gibt es ein international ausgerichtetes Speisenangebot.

KAARST – Nordrhein-Westfalen ➜ Siehe Neuss

KAHL am MAIN

Bayern – 7 390 Ew. – Höhe 110 m – Siehe Regionalatlas **48-G15**
Berlin 538 km – München 369 km – Frankfurt am Main 36 km – Aschaffenburg 16 km
Michelin Straßenkarte 546

Zeller
Aschaffenburger Str. 2 (B 8) ✉ 63796 – ✆ (06188) 91 80 – www.hotel-zeller.de – geschl. Dezember - Januar 10 Tage
84 Zim – 98/150 € 168/200 € – 1 Suite
Rest ***Zeller*** – siehe Restaurantauswahl
Der gewachsene Gasthof ist ein komfortables Hotel mit freundlichen Mitarbeitern und schönen individuellen Zimmern. Im Sommer Frühstück auf der Terrasse. Gute Tagungsmöglichkeiten.

Mainlust garni (mit Gästehäusern)
Aschaffenburger Str. 12 (B 8) ✉ 63796 – ✆ (06188) 20 07
23 Zim – 40/47 € 60/66 €
Das tipptopp gepflegte Haus unter familiärer Leitung bietet seinen Gästen praktisch ausgestattete Zimmer, die teilweise etwas großzügiger und komfortabler sind.

Zeller – Hotel Zeller
Aschaffenburger Str. 2 (B 8) ✉ 63796 – ✆ (06188) 91 80 – www.hotel-zeller.de – geschl. Dezember - Januar 10 Tage
Menü 22 € (mittags unter der Woche)/60 € – Karte 30/66 €
Hier war jemand am Werk, der was vom Einrichten versteht: Der Ehemann der Gastgeberin Renate Schleunung ist Architekt! Moderne Eleganz, am Puls der Zeit. Rustikaler: die Stube im historischen Trakt. Wie wär's z. B. mit Bäckchen vom Landschwein auf Sommergemüse?

KAHLA

Thüringen – 7 340 Ew. – Höhe 160 m – Siehe Regionalatlas **41-L13**
Berlin 264 km – Erfurt 55 km – Gera 48 km
Michelin Straßenkarte 544

Zum Stadttor

Zim,

Jenaische Str. 24 ✉ 07768 – ✆ (036424) 83 80 – www.hotel-stadttor.de – geschl. Januar
13 Zim – 50/70 € 66/86 €, 5 €
Rest – Karte 11/29 €
Schön hat man das in die alte Stadtmauer integrierte Haus von 1468 saniert. Die einstige Herberge und Fleischerei ist heute ein kleiner Familienbetrieb mit wohnlichen Zimmern. Hübsch dekoriertes, gemütlich-rustikales Restaurant mit netter Terrasse im Innenhof.

KAISERSLAUTERN

Rheinland-Pfalz – 99 790 Ew. – Höhe 251 m – Siehe Regionalatlas **46-D16**
Berlin 642 km – Mainz 90 km – Saarbrücken 70 km – Karlsruhe 88 km
Michelin Straßenkarte 543

SAKS

Rest, Rest,

Stiftsplatz 11, (über Spittelstraße) ✉ 67655 – ✆ (0631) 36 12 50 – www.sakshotels.com
Stadtplan : B1**s**
92 Zim – 69/189 € 89/209 €, 15 € – ½ P
Rest – Menü 35/70 € – Karte 27/64 € – *(geschl. Sonntag) (nur Abendessen)*
Das SAKS bringt urbanen Lifestyle nach Kaiserslautern! Die Zimmer: wertig, wohnlich und chic mit ihren klaren Linien und warmen, metallischen Tönen - fragen Sie nach den Einraum-Spa-Suiten mit Balkon! Modernes Design und trendige Atmosphäre auch im Restaurant. Als Extra kostenfreie Snacks in der Lounge. Praktisch: Parkhaus im selben Komplex.

Zollamt garni

Buchenlochstr. 1 ✉ 67663 – ✆ (0631) 316 66 00 – www.hotel-zollamt.de – geschl. Ende Dezember - Anfang Januar 2 Wochen
Stadtplan : B2**e**
33 Zim – 87/108 € 106/125 €, 12 €
Hier übernachtet man gerne, denn das Haus in Bahnhofsnähe wird von Familie Folz mit Engagement geleitet, es ist top in Schuss und richtig geschmackvoll in klarem modernem Stil eingerichtet (schön das "Ligne Roset"-Design) - und last but not least das gute Frühstück... nicht entgehen lassen!

Barth garni

Mühlstr. 31 ✉ 67659 – ✆ (0631) 3 72 60 – www.hotelbarth.de – geschl. 19. Dezember - 4. Januar
Stadtplan : B1**a**
45 Zim – 75/109 € 99/129 €
Nicht nur die günstige Lage - zentral und doch recht ruhig - überzeugt hier. Familie Barth hat einiges in ihr Haus investiert und so ist nun vom Empfang über die wohnlichen Zimmer (sehr chic die Einraum-Suiten!) bis zum Frühstücksraum und auf die Innenhofterrasse alles schön modern!

Stadthotel garni

Friedrichstr. 39 (Zufahrt über Heinrich-Heine-Straße) ✉ 67655 – ✆ (0631) 36 26 30 – www.stadthotel-kl.de
Stadtplan : C1**c**
21 Zim – 69/75 € 89/95 €
Mit seinen modernen Zimmern steht der nette Jugendstilbau des Hotels dem Neubau in nichts nach. Im Frühstücksraum (charmant die freigelegte Sandsteinmauer) bekommt man am Morgen eine gute Auswahl vom Buffet. Übrigens: In der Fußgängerzone ist man schnell und relativ ruhig ist es dennoch.

Bistro 1A

Pirmasenser Str. 1a ✉ 67655 – ✆ (0631) 6 30 59 – geschl. Sonntag sowie an Feiertagen
Stadtplan : B1**f**
Menü 22/38 € – Karte 19/38 €
Bistro und Eiscafé mitten in der Innenstadt. Aus dem breit gefächerten Angebot wählt man internationale Gerichte, Kuchen oder auch hausgemachtes Eis.

KAISERSLAUTERN
400 m
NEUSTADT A.D.W.
BAD DÜRKHEIM
KARLSRUHE
MAINZ
BAD KREUZNACH
MANNHEIM
FRANKFURT
IDAR-OBERSTEIN
LAUTERECKEN
SAARBRÜCKEN
LANDSTUHL
HOMBURG
PIRMASENS
UNIVERSITÄT
TRIPPSTADT
A
B
C
1
2
Tirolfstr.
Nordbahnstr.
Kapellenweg
Friedenstraße
Landelstraße
Hilgardring
Frühlingstraße
Mainzer Str.
Gersweilerweg
Mannheimer Str.
Bäcker-str.
Josefstraße
Wiesenplatz
LUTHERKIRCHE
Messeplatz
MARIA SCHUTZ KIRCHE
Bismarckstraße
Barbarossastraße
Kantstraße
Stadionstr.
Albrechtstraße
Krimm-str.
Apfelstr.
Birnstr.
Fabrikstraße
Stahlstraße
Kennedyplatz
Laubstr.
Gaustraße
Horn-str.
Benzinoring
Flurstraße
Buchfinkstr.
Ludwigstraße
STIFTSKIRCHE
Sankt-Martins-Platz
ST. MARTIN KIRCHE
Fischerstraße
Adolph-Kolping-Platz
Friedrichstr.
Schubertstraße
Aalstr.
Kohlenhofstraße
Malzstraße
Am Hinkelstein
Ottostr.
Lutrinastraße
ADAC
Eisenbahnstraße
Lilien-str.
Bremerstraße
Von-Braun-Straße
Villenstr.
Morlauterer Str.
Schillerplatz
Fackelstraße
Wagner-str.
Kerststr.
Blumenstr.
Mozartstraße
Weberstraße
Beethovenstr.
Parkstraße
Logenstraße
Fauthweg
Wolfsangel
Zollamtstraße
Richard-Wagner-Straße
JAPANISCHER GARTEN
Burgstraße
Eier-str.
Pirmasenser Str.
Anna-str.
Rudolf-Breitscheid-Straße
ST. MARIA KIRCHE
Burggraben
Lauterstraße
APOSTELKIRCHE
Bleichstraße
Haagstraße
Medicusstraße
Friedrich-Karl-Str.
Albertstr.
STADTPARK
Buchenstr.
Karcherstraße
Trippstadter Str.
Turnerstraße
Kleestraße
Bierstraße
Spitalstraße
Pfaffplatz
Hellmut-Hartert-Straße
Carl-Schurz-Str.
Orff-str.
Roonstraße
Königstraße
Böcking-str.
Adolf-str.
Pfaffstraße
Kaiserberg
GARTENSCHAU
KULTURZENTRUM
Forellenstraße
Schützenstr.
Rehstr.
Waldstraße
Pariser Str.
Goethestraße
König-str.
Brandenburger Str.
Lauterstraße
Berliner Str.
Turnerstr.
Wörthstraße
Blechhammerweg
Menzelstr.
Alte Brücke
Lothringer Schlag
Feuerbachstraße
Berliner Str.
Saarstr.
Bliesstr.
Mühlenstraße
Herzog-von-Weimar-Straße
Mollenstraße
Bännjerstraße
Kotschenstraße

In Kaiserslautern-Dansenberg Süd-West: 6 km über Stadtplan : A2, Richtung Trippstadt

Fröhlich

Dansenberger Str. 10 ✉ 67661 – ✆ (0631) 35 71 60 – www.hotel-froehlich.de – geschl. 27. Dezember - 5. Januar
28 Zim – 59/90 € 89/105 €
Rest – Menü 18 € – Karte 16/40 € – *(geschl. Montagmittag)*
Bereits in langer Familientradition halten die Fröhlichs ihr Haus in Schuss. Fragen Sie nach den Zimmern im Haupthaus - sie sind besonders modern, geradlinig und hell. Oder möchten Sie lieber eine Maisonette? Relaxen kann man z. B. bei Massage oder bei bürgerlicher Küche, im Sommer gerne auf der Felswand-Terrasse! Auch der Biergarten lockt die Gäste ins Freie.

In Kaiserslautern-Eselsfürth Nord-Ost: 6 km über Mainzer Straße Stadtplan : C1, Richtung Mehlingen

Barbarossahof (mit Gästehäusern)

Eselsfürth 10 ✉ 67657 – ✆ (0631) 4 14 40 – www.barbarossahof.com
116 Zim – 75/113 € 99/145 € – 4 Suiten – ½ P
Rest – Menü 12 € (mittags)/36 € – Karte 19/44 €
Ein gewachsenes Hotel mit über 150 Jahren Familientradition. In den Zimmern individuelles und gediegenes Inventar wie Stilmöbel, Stoffe und Bilder sowie Steinböden mit Teppichen. Auch geräumigere Juniorsuiten. Rustikales Restaurant mit internationaler Küche.

KALKAR

Nordrhein-Westfalen – 13 800 Ew. – Höhe 15 m – Siehe Regionalatlas **25-B10**
Berlin 587 km – Düsseldorf 81 km – Nijmegen 35 km – Wesel 35 km
Michelin Straßenkarte 543

Meier's Restaurant

Markt 14 ✉ 47546 – ✆ (02824) 32 77 – www.meiers-restaurant.de – geschl. 23. Dezember - 6. Januar und Montag - Dienstag
Menü 32 € – Karte 29/50 € – *(nur Abendessen)*
Chef Michael Meier stammt aus Wien und so mischen sich auch Klassiker aus seiner Heimat unter die zeitgemäßen Gerichte. Auch seine Frau ist mit von der Partie - sie leitet mit bayerischem Charme den Service. Und wo möchten Sie speisen? Im Restaurant mit mediterranem Touch, im Wintergarten oder auf der idyllischen Innenhofterrasse?
Rest *Bistro Mango* – siehe Restaurantauswahl

Bistro Mango – Meier's Restaurant

Markt 14 ✉ 47546 – ✆ (02824) 32 77 – www.meiers-restaurant.de – geschl. 23. Dezember - 6. Januar
Karte 17/41 €
Frisches Gelb, bequeme Bänke und Flechtstühle, dekorative Bilder... ein einladendes Lokal, in dem sich u. a. österreichische Mehlspeisen auf der Karte finden. Das Café-Bistro hat eine eigene Terrasse zum Marktplatz.

KALKHORST

Mecklenburg-Vorpommern – 1 860 Ew. – Höhe 30 m – Siehe Regionalatlas **11-K4**
Berlin 254 km – Schwerin 50 km – Lübeck 29 km – Wismar 31 km
Michelin Straßenkarte 542

In Kalkhorst-Groß Schwansee Nord-West: 3 km

Schlossgut Gross Schwansee

Am Park 1 ✉ 23942 – ✆ (038827) 8 84 80 – www.schwansee.de
55 Zim – 98/218 € 138/248 € – 8 Suiten – ½ P
Rest *Schlossrestaurant 1745* – siehe Restaurantauswahl
Rest *Brasserie* – Karte 28/36 €
Ein stilvolles Schlossgut von 1745, viel Grün drum herum und zur Ostsee ist es auch nicht weit! Im Schloss selbst wohnt man individuell (von asiatisch bis klassisch), im Neubau geradlinig-modern (hier alle Zimmer mit Balkon/Terrasse). Vor dem Haus der schöne Naturbadeteich. Brasserie mit regionaler Küche.

Schlossrestaurant 1745 – Hotel Schlossgut Gross Schwansee

Am Park 1 ✉ 23942 – ✆ (038827) 8 84 80 – www.schwansee.de – geschl. Sonntag - Montag

Karte 36/69 € – *(nur Abendessen)*

Sie wollten schon immer mal auf einem Schloss speisen? Das Ambiente: modern unter historischem Kreuzgewölbe oder etwas eleganter im Wintergarten. Von der frischen internationalen Küche sollten Sie z. B. den "Gewürz-Brownie mit Joghurt-Limoneneis" probieren.

KALLMÜNZ

Bayern – 2 820 Ew. – Höhe 344 m – Siehe Regionalatlas **58**-M17

Berlin 479 km – München 151 km – Regensburg 29 km – Amberg 37 km

Michelin Straßenkarte 546

Zum Goldenen Löwen mit Zim

Alte Regensburger Str. 18 ✉ 93183 – ✆ (09473) 3 80 – www.luber-kallmuenz.de – geschl. Montag - Dienstagmittag

15 Zim – 57/67 € 79/91 € – ½ P

Karte 23/34 € – *(Oktober - März: Mittwoch - Freitag nur Abendessen)* (Tischbestellung erforderlich)

Das historische Gasthaus mit lauschigem Hof versprüht genau den Charme, den man sich für einen romantischen Kurztrip wünscht! Mit liebevoller Dekoration (Kunstfreunde aufgepasst!) und persönlicher Gästebetreuung (das Frühstück bekommt man serviert) sorgt Familie Luber für das richtige Maß an Individualität. Zur regionalen Küche gibt's selbst gebrautes Bier!

KALLSTADT

Rheinland-Pfalz – 1 210 Ew. – Höhe 152 m – Siehe Regionalatlas **47**-E16

Berlin 636 km – Mainz 69 km – Mannheim 26 km – Kaiserslautern 37 km

Michelin Straßenkarte 543

Weinhaus Henninger (mit Gästehaus Weinkastell zum Weissen Ross)

Weinstr. 93 ✉ 67169 – ✆ (06322) 22 77 – www.weinhaus-henninger.de

13 Zim – 80/95 € 110/140 €, 16 € – 1 Suite

Rest *Weinhaus Henninger* – siehe Restaurantauswahl

Über vier Jahrhunderte steht der Vierkanthof schon mitten in Kallstadt, nun ist es ein geschmackvolles und modernes Hotel geworden und ergänzt die Pfälzer Gastronomie perfekt. Im Hauptgebäude und im Gästehaus wohnen Sie in unterschiedlichen Zimmern und Suiten, teils etwas ländlicher, teils topmodern, dazu gibt es ein frisches Landfrühstück, das regional geprägt ist.

Kallstadter Hof

Weinstr. 102 ✉ 67169 – ✆ (06322) 6 00 10 90 – www.kallstadter-hof.de

14 Zim – 75/99 € 85/105 € – ½ P

Rest *Kallstadter Hof* – siehe Restaurantauswahl

In dem denkmalgeschützten ehemaligen Winzerhof kann man sich wirklich wohlfühlen, denn hier gibt es nette Zimmer im Landhausstil, kleine Aufmerksamkeiten wie Obst und Wasser sowie herzlichen Service. Und auch die Umgebung ist schön: Nur wenige Meter entfernt können Sie wunderbar zwischen Reben spazierengehen.

Müller-Ruprecht Landhotel garni

Freinsheimer Str. 24 ✉ 67169 – ✆ (06322) 62 07 13 – www.mueller-ruprecht.de – geschl. 14. Dezember - 16. Januar

10 Zim – 64/79 € 84/114 €

Das ist ein richtig nettes kleines Landhotel - und man bietet seinen Gästen auch so einiges: hübsche individuelle Zimmer, ein Fläschchen vom eigenen Weingut als Präsent, zum Frühstück hausgemachte Marmelade und frisches Obst aus dem Garten, im Sommer eine schöne Terrasse...

XX **Vinothek im Weingut am Nil** N mit Zim

Neugasse 21 ✉ 67169 – ✆ (06322) 9 56 31 60 – www.weingutamnil.de – geschl. 29. Dezember – 6. Januar, 9. Februar – 1. März und Montag – Dienstag

6 Zim – 105/135 € 120/150 € – 1 Suite

Karte 19/36 € – *(Mittwoch – Freitag nur Abendessen)*

Ein echtes Schmuckstück in historischem Gemäuer. Im Innenhof ein Traum von Terrasse, drinnen ein Mix aus rustikal und chic-modern - hochwertig, stimmig, wie aus einem Guss! Die Küche von Tobias Heberle reicht von "Hähnchen-Saté mit asiatischem Glasnudelsalat" über "Frikadellen der 11. Generation" bis "Rinderfilet-Tagliata". Tipp: Man hat auch richtig edle Gästezimmer!

XX **Kallstadter Hof** – Hotel Kallstadter Hof

Weinstr. 102 ✉ 67169 – ✆ (06322) 6 00 10 90 – www.kallstadter-hof.de

Menü 22/35 € – Karte 18/37 € – (Tischbestellung ratsam)

Das Restaurant des Kallstadter Hofs ist eine gefragte Adresse. Gerne lässt man sich hier in ländlich-charmantem Ambiente oder im hellen Wintergarten freundlich und unkompliziert mit regional inspirierter Saisonküche bewirten. Sie planen eine Feier? Dann ist der Gewölbekeller a. d. 17. Jh. ideal!

X **Weinhaus Henninger** – Hotel Weinhaus Henninger

Weinstr. 93 ✉ 67169 – ✆ (06322) 22 77 – www.weinhaus-henninger.de – geschl. Montagmittag

Menü 25/56 € – Karte 23/44 €

Es ist schon wirklich gemütlich hier. Das Team um Gastgeber Franz Weber verwöhnt Sie mit Pfälzer Klassikern, und das in liebenswert rustikalen Stuben, im schönen Innenhof oder im ehemaligen Barrique-Keller mit seiner speziellen Atmosphäre. Probieren Sie sich durch die hiesige Küchen- und Weinlandschaft, von Saumagen bis Rumpsteak, von Riesling bis Spätburgunder.

KALTENENGERS

Rheinland-Pfalz – 2 050 Ew. – Höhe 63 m – Siehe Regionalatlas **36**-D14

Berlin 589 km – Mainz 111 km – Koblenz 11 km – Bonn 52 km

Michelin Straßenkarte 543

Rheinhotel Larus

In der Obermark 7 ✉ 56220 – ✆ (02630) 9 89 80 – www.rheinhotel-larus.de

46 Zim – 88/105 € 130/175 € – ½ P **Rest** – Karte 32/51 €

Hier überzeugt die Lage unmittelbar am Rhein. Das Haus verfügt über wohnlich-solide Zimmer und Maisonetten, hinter dem Haus befindet sich ein kleiner Garten mit Fischteichen. Restaurant und Terrasse bieten einen schönen Blick auf den Fluss.

KALTENKIRCHEN

Schleswig-Holstein – 20 110 Ew. – Höhe 31 m – Siehe Regionalatlas **10**-I4

Berlin 316 km – Kiel 61 km – Hamburg 42 km – Itzehoe 40 km

Michelin Straßenkarte 541

Dreiklang Business und Spa Resort

Norderstr. 6 ✉ 24568 – ✆ (04191) 92 10 – www.dreiklang-resort.de

58 Zim – 89/138 € 120/148 € – 2 Suiten **Rest** – Karte 25/48 €

Dieses Hotel bietet seinen Gästen wohnlich-mediterrane Landhauszimmer und ein separates Seminarhaus sowie direkten Zugang zum benachbarten Freizeitbad Holstentherme.

KAMENZ

Sachsen – 16 820 Ew. – Höhe 170 m – Siehe Regionalatlas **33**-Q11

Berlin 171 km – Dresden 47 km – Bautzen 24 km

Michelin Straßenkarte 544

Villa Weiße garni

Poststr. 17 ✉ 01917 – ✆ (03578) 37 84 70 – www.villa-weisse.de

14 Zim – 63/69 € 89/99 €

Der eigene Park, die Dekoration der Zimmer... alles hat Bezug zum bekannten Gärtnermeister Wilhem Weiße, Namensgeber der Villa von 1875. Im Sommer Frühstück im Freien mit Blick ins Grüne. Kleine Aufmerksamkeit: Obst und Wasser gratis.

KAMP-LINTFORT

Nordrhein-Westfalen – 38 200 Ew. – Höhe 28 m – Siehe Regionalatlas **25-B11**
Berlin 565 km – Düsseldorf 42 km – Maastricht 126 km – Arnhem 89 km
Michelin Straßenkarte 543

Wellings Parkhotel

Neuendickstr. 96 ✉ 47475 – ✆ (02842) 2 10 40 – www.wellings-parkhotel.de
60 Zim – 79/125 € 104/142 €, 13 € – ½ P
Rest *Wellings Parkhotel* – siehe Restaurantauswahl
Wer im "Haus der Alleen" wohnt, hat es richtig schön komfortabel, modern-elegant und zum Teil besonders großzügig. Ein bisschen schlichter sind die Zimmer im "Gartenhaus". Auch zum Tagen hat man die passenden Räumlichkeiten.

Wellings Parkhotel – Wellings Parkhotel

Neuendickstr. 96 ✉ 47475 – ✆ (02842) 2 10 40 – www.wellings-parkhotel.de
Menü 36/46 € – Karte 31/56 €
Nicht nur das Restaurant mit Bar-Lounge und modernem Ambiente ist schön angelegt: Im Sommer werden Sie die Terrasse lieben, wenn Sie unter großen Sonnenschirmen sitzen und in den Garten mit kleinem See schauen!

KAMP-BORNHOFEN

Rheinland-Pfalz – 1 580 Ew. – Höhe 69 m – Siehe Regionalatlas **36-D14**
Berlin 623 km – Mainz 83 km – Koblenz 24 km – Wiesbaden 65 km
Michelin Straßenkarte 543

Anker

Rheinuferstr. 46 ✉ 56341 – ✆ (06773) 2 15 – www.hotel-anker.com – geschl. November - April
12 Zim – 60/65 € 70/100 € – ½ P
Rest – Menü 26 € – Karte 16/35 € – *(geschl. Dienstag)*
Seit vielen Generationen führt Familie Eriksen das direkt am Rhein gelegene kleine Hotel mit der gelben Fassade. Die Zimmer sind gepflegt und wohnlich, meist mit Flussblick. Gemütliche Atmosphäre und internationale Küche im Restaurant.

KANDEL

Rheinland-Pfalz – 8 530 Ew. – Höhe 123 m – Siehe Regionalatlas **54-E17**
Berlin 681 km – Mainz 122 km – Karlsruhe 20 km – Landau in der Pfalz 16 km
Michelin Straßenkarte 543

Zum Rössel garni (mit Gästehaus)

Bahnhofstr. 9 ✉ 76870 – ✆ (07275) 50 01 – www.hotel-roessel.info
37 Zim – 49/68 € 70/81 €
Wenngleich die hübsche Fassade des 1761 erbauten Stammhauses Rustikalität vermuten lässt, so wohnt man bei der charmant-engagierten Familie Born doch schön modern - und im geradlinig designten Gästehaus sogar richtig trendig!

Zur Pfalz

Zim, Zim,

Marktstr. 57 ✉ 76870 – ✆ (07275) 9 85 50 – www.hotelzurpfalz.de
48 Zim – 58/80 € 82/106 € – ½ P
Rest – Menü 15/59 € – Karte 17/77 € – *(geschl. Sonntagabend - Montag, Samstagmittag)*
Ein Familienbetrieb, in dem sich immer etwas tut! Auch die junge Generation hat schon einiges investiert - so sind viele der wohnlichen Zimmer besonders modern und geschmackvoll. Die Speisekarte kann sich mit ihren ambitionierten regional-interantionalen Speisen ebenfalls sehen lassen. Für Freiluft-Fans ist der Biergarten im Sommer wirklich ein lauschiges Plätzchen!

Zum Riesen

Rheinstr. 54 ✉ 76870 – ✆ (07275) 34 37 – www.hotelzumriesen.de
16 Zim – 35/60 € 55/90 € – 4 Suiten – ½ P
Rest *Zum Riesen* – siehe Restaurantauswahl
Bereits in der 4. Generation kümmert sich Familie Wenz engagiert um ihre Gäste. Dafür hat man hübsche alte Fachwerkhäuser ansprechend erweitert und bietet sympathische Atmosphäre sowie unterschiedliche Zimmer - darunter auch Themenzimmer und Appartements mit kleiner Küche (im Haus gegenüber). Praktisch sind die Nähe zur Autobahn und der S-Bahn-Anschluss.

Zum Riesen – Hotel Zum Riesen

Rheinstr. 54 ✉ 76870 – ✆ (07275) 34 37 – www.hotelzumriesen.de – geschl. Januar - Februar und Sonntag - Montag

Menü 35/55 € – Karte 31/54 € – *(nur Abendessen)*

Im ältesten Gasthaus hier serviert man seit 1697 Pfälzer Küche, die allerdings heute unter Andreas und Nicolas Wenz einen zeitgemäßen Anstrich und eine mediterrane Note hat. Probieren Sie in der schönen modernen Weinstube oder auf der netten Innenhofterrasse frische, schmackhafte Gerichte wie "Boeuf Bourguignon mit Kraut und Rüben" oder "getrüffeltes Kalbsrückensteak"!

KANDERN

Baden-Württemberg – 8 140 Ew. – Höhe 352 m – Siehe Regionalatlas **61-D21**

Berlin 845 km – Stuttgart 252 km – Freiburg im Breisgau 46 km – Basel 21 km

Michelin Straßenkarte 545

In Kandern-Egerten Süd: 8 km, Richtung Lörrach, in Wollbach links ab

Jägerhaus

Wollbacher Str. 30 ✉ 79400 – ✆ (07626) 87 15 – www.restaurant-jaegerhaus.de – geschl. Januar, August und Sonntagabend - Dienstag

Menü 32/48 € – Karte 33/61 € – *(Mittwoch - Samstag nur Abendessen)* (Tischbestellung ratsam)

In dem kleinen Haus am Waldrand kocht Christoph Wermuth schmackhaft, frisch und mit australischem Einfluss. Auf der Karte z. B. "Aussie's prime"-Rinderfilet oder "Surf'n turf", und zum Nachtisch "Pavlova", ein leckeres Schaumkuchendessert! Auch seine Frau stammt von "Down Under" - sie leitet freundlich den Service. Etwas für Kunstfreunde: eigenes Max-Böhlen-Museum!

Zur Weserei

Hauptstr. 81 ✉ 79400 – ✆ (07626) 4 45 – www.weserei.de – geschl. 5. - 21. Januar

Menü 40 € (vegetarisch)/60 € – Karte 28/67 € – *(geschl. Montag - Dienstagmittag)*

Schon viele Jahre führt Familie Kramer ihre historische Weserei und bietet in ländlich-gemütlichem Ambiente oder auf der schönen Terrasse die klassisch-traditionelle Küche des Patrons - machen Ihnen Lammrücken oder Kalbsrückensteak Appetit?

In Kandern-Wollbach Süd: 6 km, Richtung Lörrach

Pfaffenkeller

Rathausstr. 9 ✉ 79400 – ✆ (07626) 97 74 2 90 – www.pfaffenkeller.de – geschl. 2. Februar - 3. März, 3. - 18. August

9 Zim – †90/130 € ††125/180 € – ½ P

Rest *Pfaffenkeller* – siehe Restaurantauswahl

Sie suchen das Besondere? Die beiden Betreiber stecken sehr viel persönliches Engagement in das ehemalige Pfarr- und Domänenhaus von 1618 und geben ihm so seine eigene Note: Stil und Geschmack, allerlei Antiquitäten, kleine Aufmerksamkeiten... Schauen Sie mal in den Hofladen, hier gibt's eigene Erzeugnisse!

Pfaffenkeller – Hotel Pfaffenkeller

Rathausstr. 9 ✉ 79400 – ✆ (07626) 9 77 42 90 – www.pfaffenkeller.de – geschl. 2. Februar - 3. März, 3. - 18. August und Montag - Dienstag

Menü 35/77 € – *(Mittwoch - Freitag nur Abendessen)* (Tischbestellung ratsam)

Wohnzimmeratmosphäre im besten Sinne: liebevoll arrangierte Dekorationen, ein heimeliger Kachelofen, alte Holzbalken... und dazu gute Küche! Mögen Sie traditionelle Schmorgerichte oder lieber ein anspruchsvolles Menü? Draußen auf der lauschigen Terrasse sitzt es sich übrigens nicht weniger schön!

KAPELLEN-DRUSWEILER

Rheinland-Pfalz – 980 Ew. – Höhe 159 m – Siehe Regionalatlas **54-E17**

Berlin 687 km – Mainz 124 km – Neustadt a.d. Weinstraße 37 km – Saarbrücken 106 km

Michelin Straßenkarte 543

Gästehaus N°31 im Rosengarten garni

Obere Hauptstr. 31 ✉ 76889 Kapellen-Drusweiler – ✆ (06343) 9 88 50 12 – www.no31.eu

2 Zim – 89 € 99 € – 1 Suite

Rosen sind hier allgegenwärtig - als Deko in den liebevoll eingerichteten Zimmern mit ihren romantisch-nostalgischen Accessoires und schönem Holzfußboden und natürlich im bezaubernden Garten, in dem man auch gerne frühstückt! Ebenso charmant: Gastgeberin Britta Dieterle. Auf Anfrage Abendmenü für Hausgäste.

KAPPELN

Schleswig-Holstein – 9 630 Ew. – Höhe 10 m – Siehe Regionalatlas **2**-I2

Berlin 404 km – Kiel 60 km – Flensburg 48 km – Schleswig 32 km

Michelin Straßenkarte 541

Thomsen's Motel garni

Theodor-Storm-Str. 2 (B 203) ✉ 24376 – ✆ (04642) 10 52 – www.thomsensmotel.de – geschl. Weihnachten - 1. März

26 Zim – 50/80 € 85/95 €

An der Durchgangsstraße liegt das gepflegte und funktionale Hotel, fünf Gehminuten ins Zentrum und zum Hafen. Zimmer im EG von außen zugänglich und mit Kochgelegenheit.

Speicher No. 5

Am Hafen 19a ✉ 24376 – ✆ (04642) 54 51 – www.speicher5.de – geschl. Januar und Montag, sowie den letzten Sonntag im Monat

Menü 30 € – Karte 30/44 € – *(Dienstag - Samstag nur Abendessen, außer an Feiertagen)* (Tischbestellung erforderlich)

Ohne Reservierung werden Sie in dem sympathischen kleinen Restaurant von Regina Geske und Holger Tamm kaum einen Platz ergattern! Jede Menge Stammgäste vom Anwohner bis zum Segler (Hafen direkt vor dem Haus) schätzen die frischen klassischen Speisen wie "Kalbsfilet auf Morchelsahne mit deutschem Spargel".

KAPPELRODECK

Baden-Württemberg – 5 830 Ew. – Höhe 220 m – Siehe Regionalatlas **54**-E19

Berlin 731 km – Stuttgart 132 km – Karlsruhe 60 km – Freudenstadt 40 km

Michelin Straßenkarte 545

In Kappelrodeck-Waldulm Süd-West: 2,5 km

Zum Rebstock mit Zim

Kutzendorf 1 ✉ 77876 – ✆ (07842) 94 80 – www.rebstock-waldulm.de – geschl. Montag - Mittwochmittag, außer an Feiertagen

11 Zim – 54/68 € 96/124 €

Menü 28/57 € – Karte 28/49 € – (Tischbestellung ratsam)

Schon von außen macht der alte Gasthof mit seiner historischen Fachwerkfassade Lust auf einen Besuch. Und drinnen: reizende holzgetäfelte Stuben, in denen sich Sandra Stark samt Team charmant und aufmerksam um Sie kümmert. Die Küchenmannschaft um Patron Karl Hodapp sorgt für ambitionierte regionale Speisen - Vorspeise und Dessert bestellen Sie am besten als kleine "Versucherle". Und für daheim selbstgebranntes Kirsch- und Zwetschgenwasser vom Seniorchef!

KARBEN

Hessen – 21 900 Ew. – Höhe 125 m – Siehe Regionalatlas **47**-F14

Berlin 536 km – Wiesbaden 55 km – Darmstadt 50 km – Gießen 53 km

Michelin Straßenkarte 543

Neidharts Küche

Robert-Bosch-Str. 48 (Gewerbegebiet) ✉ *61184 – ✆ (06039) 93 44 43 – www.neidharts-kueche.de – geschl. Januar 1 Woche, Ende Juli - August 2 Wochen und Montag*

Menü 28/45 € – Karte 29/42 € – *(nur Abendessen, sonntags auch Mittagessen)* (Tischbestellung ratsam)

Hier wird frisch gekocht, mit wirklich guten Produkten und der Preis stimmt auch! Reiner Neidhart bringt z. B. "Rollhackbraten vom Glauberger Lamm mit Kartoffel-Selleriestampf und Gemüse" auf den Tisch, und auch Gerichte mit internationalem Einfluss. Schön das Ambiente, im Service die herzliche Chefin.

KARLSHAFEN, BAD

Hessen – 3 780 Ew. – Höhe 101 m – Siehe Regionalatlas **28-H10**

Berlin 376 km – Wiesbaden 276 km – Kassel 48 km – Hameln 79 km

Michelin Straßenkarte 543

Hessischer Hof

Carlstr. 13 ✉ *34385 – ✆ (05672) 10 59 – www.hess-hof.de – geschl. 2. - 23. März*

23 Zim – 50/55 € 84 € – ½ P

Rest – Karte 13/38 € – *(geschl. November - März: Montag)*

Nahe der Weser liegt der gestandene Gasthof mit solide eingerichteten Zimmern. Ein besonderer Service für Fahrradtouristen sind die abschließbaren Unterstellmöglichkeiten. Großes Restaurant mit Wintergarten.

Zum Weserdampfschiff

Weserstr. 25 ✉ *34385 – ✆ (05672) 24 25 – www.zumweserdampfschiff.de – geschl. November*

14 Zim – 47 € 90 € – ½ P

Rest – Karte 16/41 € – *(geschl. November - Februar und Montag; März - April sowie Oktober: Montag - Dienstag)*

Das Gasthaus an der Weser kann auf eine über 170-jährige Familientradition zurückblicken. Einige der sehr gepflegten Zimmer liegen schön zum Fluss hin. Restaurant, ländliche Gaststube und Terrasse mit Blick auf das alte Pegelhäuschen.

KARLSRUHE

Baden-Württemberg – 297 490 Ew. – Höhe 115 m – Siehe Regionalatlas **54**-F18
Berlin 675 km – Stuttgart 88 km – Mannheim 71 km – Saarbrücken 143 km
Michelin Straßenkarte 545

© P. schickert / imageBROKER / age fotostock

Hotels

Novotel Karlsruhe City

Festplatz 2 ✉ 76137 – ✆ (0721) 3 52 60 – www.novotel.com Stadtplan : B2**f**
246 Zim – †129/199 € ††144/214 €, ☕ 19 € – 2 Suiten – ½ P
Rest – Karte 29/51 €
Das Businesshotel am Kongresszentrum bietet einen modernen Hallenbereich mit News-Bar, technisch gut ausgestattete Zimmer in Grau und Beige, zehn variable Tagungsräume und ein Restaurant mit großer Terrasse. Das sonntägliche Langschläferfrühstück ist auch bei Karlsruhern sehr beliebt!

Renaissance

Mendelssohnplatz ✉ 76131 – ✆ (0721) 3 71 70 Stadtplan : B2**a**
– www.renaissance-karlsruhe.de
214 Zim – †145/219 € ††145/219 €, ☕ 19 € – 1 Suite – ½ P **Rest** – Karte 24/61 €
Das komfortable Stadthotel befindet sich am Zentrumsrand und verfügt über eine gediegene Lobby und hochwertig eingerichtete Zimmer mit guter Technik. Regionales Speisenangebot im Restaurant Zum Markgrafen.

Rio (mit Gästehaus)

Rest,

Hans-Sachs-Str. 2 ✉ 76133 – ✆ (0721) 8 40 80 Stadtplan : A1**q**
– www.hotel-rio.de
117 Zim – †70/150 € ††82/160 €, ☕ 6 €
Rest – Karte 16/48 € – *(geschl. Freitag - Samstag) (nur Abendessen)*
Ein familiär geführtes und sehr gepflegtes Hotel am Rande des Zentrums, dessen Zimmer im Gästehaus besonders neuzeitlich und schön sind, im Haupthaus teilweise etwas einfacher.

ZI (N) garni

Karlstr. 46 ✉ 76133 – ✆ (0721) 3 52 30 00 Stadtplan : A2**z**
– www.zi-hotel.com
40 Zim ☕ – †109/129 € ††119/149 €
Lassen Sie sich nicht vom etwas ungewöhnlichen Hotelzugang irritieren: Die Rezeption befindet sich in der stylischen "Zi-Lounge", die Zimmer (in der 1. Etage) erreicht man über einen Nebeneingang - chic die hochwertige Designer-Einrichtung!

Alfa garni

Bürgerstr. 4 ✉ 76133 – ✆ (0721) 2 99 26 Stadtplan : A2**u**
– www.alfa-karlsruhe.com
36 Zim – †59/99 € ††68/108 €, ☕ 10 €
In idealer Zentrumslage am Ludwigsplatz stehen gepflegte, helle und zeitlose Zimmer mit guter technischer Ausstattung zur Verfügung. Neuzeitlicher kleiner Frühstücksraum.

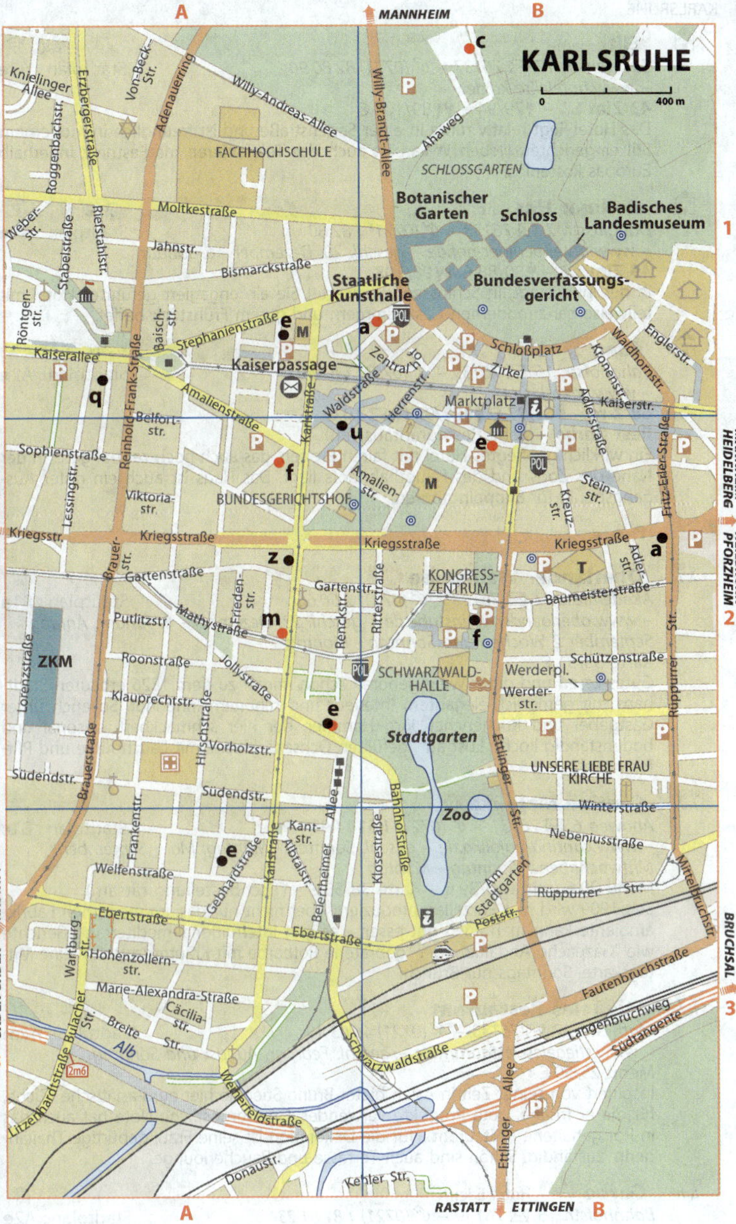
KARLSRUHE
0
400 m
A
B
1
2
3
MANNHEIM
RASTATT
ETTINGEN
MANNHEIM HEIDELBERG
HEILBRONN PFORZHEIM
BRUCHSAL
RASTATT LANDAU
BADEN-BADEN RASTATT
Knielinger Allee
Erzbergerstraße
Von-Beck-Str.
Adenauerring
Willy-Andreas-Allee
Willy-Brandt-Allee
Ahaweg
SCHLOSSGARTEN
Roggenbachstr.
FACHHOCHSCHULE
Botanischer Garten
Schloss
Badisches Landesmuseum
Moltkestraße
Weberstr.
Stabelstraße
Riefstahlstr.
Jahnstr.
Bismarckstraße
Staatliche Kunsthalle
Bundesverfassungsgericht
Röntgenstr.
Baischstr.
Stephanienstraße
Kaiserallee
Reinhold-Frank-Straße
Kaiserpassage
Zentral
Zirkel
Schloßplatz
Kronenstr.
Waldhornstr.
Englerstr.
Amalienstraße
Waldstraße
Herrenstr.
Marktplatz
Adlerstraße
Kaiserstr.
Karlstraße
Belfortstr.
Sophienstraße
Lessingstr.
Viktoriastr.
BUNDESGERICHTSHOF
Amalienstr.
Steinstr.
Kreuzstr.
Fritz-Erler-Straße
Kriegsstr.
Kriegsstraße
Adlerstr.
Brauerstr.
Gartenstraße
Gartenstr.
Friedenstr.
KONGRESS-ZENTRUM
Baumeisterstraße
Putlitzstr.
Mathystraße
Renckstr.
Ritterstraße
Schützenstraße
ZKM
Roonstraße
Jollystraße
SCHWARZWALD-HALLE
Werderpl.
Werderstr.
Lorenzstraße
Klauprechtstr.
Hirschstraße
Stadtgarten
Rüppurrer Str.
Vorholzstr.
Ettlinger Str.
UNSERE LIEBE FRAU KIRCHE
Südendstr.
Brauerstraße
Frankenstr.
Winterstraße
Zoo
Kantstr.
Allee
Bahnhofstraße
Nebeniusstraße
Albtalstr.
Beiertheimer
Klosestraße
Gebhardstraße
Welfenstraße
Am Stadtgarten
Rüppurrer Str.
Mittelbruchstr.
Ebertstraße
Poststr.
Wartburgstr.
Hohenzollernstr.
Marie-Alexandra-Straße
Fautenbruchstraße
Cäciliastr.
Bulacher Str.
Breite Str.
Alb
Langenbruchweg
Südtangente
Schwarzwaldstraße
Litzenhardtstraße
Weiherfeldstraße
Ettlinger Allee
Donaustr.
Kehler Str.
2m6
a
c
e
f
m
q
u
z
M
T
POL

Elite garni

Sachsenstr. 17 ✉ 76137 – ✆ (0721) 82 80 90 Stadtplan : A3**e**
– www.hotelelite-ka.de
43 Zim – 79/94 € 89/104 €
Das Hotel liegt relativ ruhig in einer Seitenstraße und ist freundlich in modernem Stil eingerichtet. Neben W-Lan ist auch das Telefonieren ins Festnetz innerhalb Europas kostenlos.

Berliner Hof garni

Douglasstr. 7 ✉ 76133 – ✆ (0721) 1 82 80 Stadtplan : A1**e**
– www.hotel-berliner-hof.de – geschl. 20. Dezember - 6. Januar
49 Zim – 80/88 € 98/108 €
In der Innenstadt, in Schlossnähe, erwartet Sie ein engagiert geführtes Hotel mit teilweise ganz modernen Gästezimmern und gutem Frühstücksbuffet.

Eden N

Bahnhofstr. 15 ✉ 76139 – ✆ (0721) 1 81 80 Stadtplan : A2**e**
– www.eden-ka.de
68 Zim – 62/77 € 87/97 €, 10 €
Rest *Garbo* – siehe Restaurantauswahl
Ein wirklich gepflegtes Hotel mit fairen Preisen, das auch noch zentral ganz in der Nähe des Zoos und des Hauptbahnhofs liegt. Das Haus ist auch ein guter Ausgangspunkt für Shoppingtouren.

Restaurants

Oberländer Weinstube N

Akademiestr. 7 ✉ 76133 – ✆ (0721) 2 50 66 Stadtplan : B1**a**
– www.oberlaender-weinstube.de – geschl. 23. Dezember - 6. Januar, Anfang September 2 Wochen und Sonntag - Montag
Karte 33/51 €
Gutes Essen und guter Wein gehören schon immer zu dem 1826 erbauten Stadthaus mit gemütlich-elegantem Interieur und schönem Innenhof. So auch unter Gastgeber und Küchenchef Jörg Hammer, der hier schmackhaft, saisonal und bodenständig kocht. Lust auf "gefüllten Ochsenschwanz mit Lauchpüree und Pfifferlingen"?

Cantina Majolika N

Ahaweg 6 ✉ 76131 – ✆ (0721) 1 61 14 92 Stadtplan : B1**c**
– www.cantinamajolika.de – geschl. Sonntag - Montag; Mai - September: Mittwochabend, Sonntag - Montag
Menü 20 € (mittags)/39 € – Karte 38/53 € – (Tischbestellung ratsam)
Seit 1909 wird hier Porzellan produziert. Aber nicht nur das: Im modernen Fabrikambiente kann man auch gut essen - es gibt international-mediterrane Gerichte wie "Gazpacho Andaluz" oder "gebratene Rotbarbe mit Kräuterrisotto". Kleine Mittagskarte. Sonntags nur Brunch.

Stiegeles Restaurant

Mathystr. 22 ✉ 76133 – ✆ (0721) 46 03 45 Stadtplan : A2**m**
– www.stiegeles-restaurant.de – geschl. Februar, August und Sonntag
Menü 25/59 €
Inspiriert von seiner Zeit in Asien bietet Bruno Stiegele hier euro-asiatische Küche, für die er frische, gute Produkte verwendet. Eine fernöstliche Note hat auch das in Rot gehaltene Restaurant - für die Dekoration ist seine Frau, gebürtige Thailänderin, zuständig. Schön sind auch Terrasse und Raucherlounge.

Garbo N – Hotel Eden

Bahnhofstr. 15 ✉ 76139 – ✆ (0721) 1 81 81 23 Stadtplan : A2**e**
– www.garbo-ka.de – geschl. 21. - 24. Dezember, 1. - 6. Januar und Sonntag - Montag
Menü 44/66 € – Karte 27/66 € – *(Oktober - April: nur Abendessen)*
Hier kocht man badisch und mediterran, von hausgemachten Maultaschen bis "gebratene Wachtelbrust auf Rhabarber-Risotto, Erdbeer-Pfeffer-Jus und Fava-Bohnen". Nett sitzt man im Wintergarten - oder essen Sie lieber im Freien?

X **EigenArt**

Hebelstr. 17 ✉ 76133 – ✆ (0721) 5 70 34 43 Stadtplan : B2**e**
– www.eigenart-karlsruhe.de – geschl. Anfang Januar 1 Woche, Ende Mai - Anfang Juni 2 Wochen und Sonntag - Montag
Menü 40 € – Karte 33/48 €
In dem gepflegten alten Stadthaus nahe dem Marktplatz sitzt im in legerer Bistro-Atmosphäre oder im geradlinig-eleganten Restaurant. Gekocht wird saisonal, z. B. "Gartenkräutersuppe" oder "2-mal Kalb: geschmort & gebraten".

X **Hügels Restaurant Dudelsack**

Waldstr. 79 ✉ 76133 – ✆ (0721) 20 50 00 Stadtplan: A2**f**
– www.restaurant-dudelsack.de – geschl. Sonntag
Menü 38 € – Karte 33/53 € – *(nur Abendessen)* (Tischbestellung ratsam)
Hügels Lichtspiel – Karte 31/47 € – *(nur Abendessen)*
Ein alteingesessenes Restaurant, gemütlich und persönlich geführt. Auf der Karte internationale und regionale Gerichte wie "Lammmaultäschle in Morchelrahmschaum". Terrasse im Innenhof und zur Straße. Im ehemaligen Lichtspieltheater befindet sich die jugendlich-moderne Alternative samt Bar.

In Karlsruhe-Daxlanden West: 5 km über Kriegstraße Stadtplan : A2

Steuermann

Hansastr. 13 (Rheinhafen) ✉ 76189 – ✆ (0721) 95 09 00 – www.hotel-steuermann.de
30 Zim – †82/99 € ††92/114 €
Rest – Menü 16 € (mittags unter der Woche)/45 € – Karte 31/53 € – *(geschl. Samstagmittag, Sonntagabend)*
Das Hotel am Rand des Rheinhafens ist ein Familienbetrieb, in dem man sich wirklich um seine Gäste kümmert! Sie wohnen in hellen, zeitgemäßen Zimmern und frühstücken gut. Neben dem klassisch gehaltenen Restaurant mit vielen Fischgerichten gibt es auch ein einfaches kleines Bistro, in dem man preiswert isst.

XX **Künstlerkneipe**

Pfarrstr. 18 ✉ 76189 – ✆ (0721) 16 08 99 57 – www.kuenstlerkneipe.com – geschl. über Fasching 1 Woche, 24. August - 9. September und Montag - Dienstag
Menü 33/108 € – Karte 52/75 €
Alter Dielenboden, Eckbänke, dekorative Bilder Karlsruher Künstler... das ist so richtig gemütlich! Wie wär's mit "Rehrücken mit Haselnusskruste, Wirsing, Birnenchutney und Schupfnudeln"? Chef Konrad Sluga kocht ambitioniert, auch mit Einflüssen seiner Heimat Österreich. Ein Muss: der wunderbare Innenhof! Rustikalere Gerichte und Flammkuchen in der Weinstube Faller.

In Karlsruhe-Durlach Ost: 7 km über Südtangende Stadtplan : B3, Richtung Bruchsal

Der Blaue Reiter

Amalienbadstr. 16 ✉ 76227 – ✆ (0721) 942 66 0 – www.hotelderblauereiter.de
83 Zim – †115/145 € ††135/155 € – 2 Suiten – ½ P
Rest *Vogel Hausbräu* – ✆ (0721) 81 96 80 – Karte 10/30 €
Modern und individuell hat man die Zimmer mit maßgefertigten Möbeln, stimmigen Farben sowie Bildern der Künstlergruppe "Der Blaue Reiter" ausgestattet - ein Teil befindet sich im Gästehaus, dem modernen "Kubus". Sehr gute Tagungsräume, im 3. OG mit kleiner Dach-Lounge. Rustikales Restaurant mit Hausbrauerei.

XXX **Zum Ochsen** mit Zim

Pfinzstr. 64 ✉ 76227 – ✆ (0721) 94 38 60 – www.ochsen-durlach.de – geschl. Montag - Dienstag
6 Zim – †110/135 € ††135 € Menü 33 € (mittags)/98 € – Karte 53/90 €
Wer bei Anita und Gérard Jollit zu Gast ist, sucht keine kreativen Trends, sondern schätzt klassisch-französische Speisen wie "Gratin von Steinpilzen / Birne / Pinienkerne / Estragon / Parmesan", die mit Frische und sehr guter Qualität überzeugen. Dazu ein schöner Wein aus Frankreich, der Heimat des Chefs? Zum Übernachten: charmante und wertig eingerichtete Zimmer.

Anders auf dem Turmberg (N)

Reichardtstr. 22 ✉ 76227 – ✆ (0721) 4 14 59 – www.anders-turmberg.de
Menü 90/110 € – Karte 33/71 € – (Tischbestellung ratsam)
Wirklich toll die Lage, wunderbar der Blick über Karlsruhe, ausgesprochen schön das moderne Ambiente. Und die Küche? Da sorgt Sören Anders mit seinem neuen Konzept für stimmige Kombinationen aus guten Produkten, die mit einer gewissen Raffinesse zubereitet werden.

In Karlsruhe-Grünwinkel Ost: 5 km über Südtangente Stadtplan : B3 und Bannwaldallee

Le Salon im Kesselhaus

Griesbachstr. 10c ✉ 76185 – ✆ (0721) 6 69 92 69 – www.kesselhaus-ka.de – geschl. über Ostern 2 Wochen, Anfang August 2 Wochen und Sonntag - Montag
Menü 58/96 € – Karte 48/68 € – *(nur Abendessen)*
Die Umgebung: Industriecharme pur. Das Haus: eine ehemalige Lumpenfabrik! Wer würde hier solch ein gastronomisches Kleinod vermuten? Küchenchef Sven Hemmann kocht kreativ, aufwändig und fein. Die Atmosphäre in dem angenehm intimen Raum ist stylish, aber keineswegs kühl!
➜ Tomatensalat, Hamachi, alter Balsamico, Büffelmilch. Gotteslachs, Yuzu, Romanasalat, Banane. Schwarzfederhuhn, Fregola Sarda, Perlzwiebel, Kirsch.
Rest *Kesselhaus Bistro* – siehe Restaurantauswahl

Kesselhaus Bistro – Restaurant Le Salon im Kesselhaus

Griesbachstr. 10c ✉ 76185 – ✆ (0721) 6 69 92 69 – www.kesselhaus-ka.de – geschl. Anfang August 2 Wochen und Montag
Menü 35 € – Karte 28/44 €
Wer's lieber ein bisschen legerer hat, findet in diesem luftig-hohen großen Raum mit Empore modernes Bistroflair und Speisen von "Flamms" bis "pochierte Saiblingsroulade auf Kartoffelrösti mit Schmorgurken, Sour Cream und Weizengras-Sud".

In Karlsruhe-Knielingen Nord-West: 6 km über Kriegstraße Stadtplan : A2

Schuhs (N)

Neufeldstr. 10 ✉ 76187 – ✆ (0721) 56 51 00 – www.schuhs-hotel.de
24 Zim – 75/85 € 95 €
Rest *Schuhs* – siehe Restaurantauswahl
Bei Familie Schuh übernachtet man wirklich sehr gepflegt. Die Zimmer sind funktional ausgestattet und ausgesprochen sauber, W-Lan ist kostenfrei und am Morgen erwartet Sie ein appetitliches Frühstücksbuffet.

Schuhs (N)

Neufeldstr. 10 ✉ 76187 – ✆ (0721) 56 51 00 – www.schuhs-hotel.de – geschl. 1. - 14. Januar, Ende Juni - Anfang Juli 2 Wochen und Samstagmittag, Sonntag sowie an Feiertagen
Menü 20 € (mittags)/45 € – Karte 18/52 €
Sie sitzen in einem gemütlichen Gastraum und lassen z. B. "kross gebratenen Pulpo mit mediterranen Kräutern und Grillgemüse" servieren. Und als Dessert vielleicht "Apfelsorbet mit Erdbeersalat"? Oder mögen Sie lieber ein Vespergericht?

In Karlsruhe-Neureut Nord: 7 km über Adenauerring Stadtplan : A1

Nagel's Kranz

Neureuter Hauptstr. 210 ✉ 76149 – ✆ (0721) 70 57 42 – www.nagels-kranz.de – geschl. 1. - 22. März und Samstagmittag, Sonntag sowie an Feiertagen
Menü 35/65 € – Karte 39/65 € – (Tischbestellung ratsam)
Schon über 35 Jahre kocht Wolfgang Nagel in seinem nette kleinen Gasthaus. Serviert wird die mediterran-international beeinflusste regionale Küche in einer wirklich gemütlichen Gaststube - ein Hingucker sind die aus Weinkisten gefertigten Tischplatten!

KARLSTADT

Bayern – 14 840 Ew. – Höhe 163 m – Siehe Regionalatlas **49-I15**
Berlin 498 km – München 304 km – Würzburg 26 km – Aschaffenburg 58 km
Michelin Straßenkarte 546

Mainpromenade

Mainkaistr. 6 ✉ 97753 – ✆ (09353) 9 06 50 – www.hotel-mainpromenade.de
42 Zim – 76 € 106 € – ½ P **Rest** – Menü 17/33 € – Karte 17/33 €
Direkt am Main liegt das auf Businessgäste zugeschnittene Hotel mit modernen, funktionellen Zimmern. Zu den Annehmlichkeiten zählen auch der freundliche Service und das gute Frühstück. Zwei Dachterrassen. Restaurant und Terrasse bieten einen schönen Blick. Auch ein Biergarten ist vorhanden.

KARLSTEIN am MAIN

Bayern – 7 950 Ew. – Höhe 110 m – Siehe Regionalatlas **48-G15**
Berlin 556 km – München 368 km – Würzburg 89 km – Darmstadt 47 km
Michelin Straßenkarte 546

In Karlstein-Dettingen Süd-Ost: 1 km, über B 8

Mediterran Hotel Juwel garni

Am Sportplatz 23 ✉ 63791 – ✆ (06188) 44 60 – www.mediterran-hotel-juwel.de
26 Zim – 51/71 € 78/87 €, 8 €
In einem großen Garten steht dieses Hotel mit mediterranem Flair. Die Zimmer hat man in hellen warmen Tönen eingerichtet und nach französischen Städten benannt. Kinderspielplatz.

KASSEL

Hessen – 196 530 Ew. – Höhe 167 m – Siehe Regionalatlas **28-H11**
Berlin 383 km – Wiesbaden 215 km – Dortmund 167 km – Erfurt 150 km
Michelin Straßenkarte 543

BEST WESTERN PLUS

Rest,

Spohrstr. 4 ✉ 34117 – ✆ (0561) 7 28 50 – www.bestwesternhotelkassel.de
128 Zim – 85/165 € 105/185 €, 17 €
Rest – Menü 12 € – Karte 22/30 € – *(nur Mittagessen)*
Hier wohnen Sie bahnhofsnah mitten im Zentrum, ein öffentliches Parkhaus ist direkt angeschlossen. Zum Essen geht man mittags in die "Kufürsten Galerie": Dort bekommt man in der Brasserie LE COQ eine kleine Lunchkarte, abends in der Hotelbar eine ebenfalls kleine Speisenauswahl, sonntags Brunch. Sauna, Beauty & Co. gibt es gegen Gebühr im direkt zugänglichen "Wellness Resort".

Schweizer Hof garni

Wilhelmshöher Allee 288 ✉ 34131 – ✆ (0561) 9 36 90 Stadtplan : X**r**
– www.hotel-schweizerhof-kassel.de
65 Zim – 89/109 € 99/119 €
Modern, funktional, durchdacht... Praktisches Detail in den Zimmern sind z. B. Drehschränke mit I-Pod-Station und Safe. Da sich im Haus nur eine Snackbar befindet, gibt es für Hotelgäste einen Shuttle-Service ins Restaurant des Schwesterbetriebs "Schlosshotel Bad Wilhelmshöhe".

Park Schönfeld

Bosestr. 13 ✉ 34121 – ✆ (0561) 73 97 67 44 – www.parkschoenfeld.com
– geschl. 1. - 11. Januar und Samstagmittag, Sonntag
Menü 33 € (mittags unter der Woche)/88 € – Karte 44/60 € – *(Oktober - April: nur Abendessen)*
Eine hübsche Auffahrt führt zu dem Schlösschen in einem kleinen Park, passend zum Rahmen das helle, elegante Interieur. Genauso ansprechend geht es auch am gut eingedeckten Tisch weiter: Unter der Leitung der sympathischen jungen Chefin Sabrina Schoregge wird die gute klassische Küche ihres Partners Eduard Jaisler charmant, geschult und aufmerksam serviert. Haben Sie übrigens die schöne Auswahl an Grappa und Bränden gesehen?

El Erni

Parkstr. 42 ✉ 34119 – ✆ (0561) 71 00 18 – www.el-erni.de
Menü 45 € – Karte 26/53 € – *(nur Abendessen)*
Beeinflusst von der andalusischen Herkunft des Chefs, bietet das Restaurant spanisch-internationale Küche. Der Service ist freundlich, das Ambiente gemütlich und dennoch elegant.

In Kassel-Niederzwehren

Gude (mit Gästehaus)

Frankfurter Str. 299 ✉ 34134 – ✆ (0561) 4 80 50
– www.hotel-gude.de
84 Zim – †89/134 € ††134/169 € – 1 Suite – ½ P
Rest *Pfeffermühle* – Menü 25/79 € – Karte 25/59 €
Das Hotel verfügt über individuelle Zimmer in fünf Kategorien, von Economy bis zur großen Maisonette-Suite. Interessant: "SALZBar" mit Lichtspiel und Terrasse. Küche auf klassischer Basis im Restaurant Pfeffermühle mit gemütlich-rustikalem und modernem Bereich.

In Kassel-Bad Wilhelmshöhe

Kurparkhotel

Zim,

Wilhelmshöher Allee 336 ✉ 34131 – ✆ (0561) 3 18 90
– www.kurparkhotel-kassel.de
81 Zim – †105/125 € ††137/157 € – 4 Suiten – ½ P
Rest – Menü 22/52 € – Karte 31/47 € – *(geschl. Sonntagabend)*
In der Nähe des Schlossparks liegt das mit wohnlichen Zimmern ausgestattete Hotel unter familiärer Leitung. Besonders schön sind die Komfort-Plus-Zimmer. Am Nachmittag lockt im Restaurant leckerer Kuchen aus der eigenen Konditorei.

Zum Steinernen Schweinchen

Zim,

Konrad-Adenauer-Str. 117 ✉ 34132 – ✆ (0561) 94 04 80
– www.steinernes-schweinchen.de
73 Zim – †75/90 € ††110/130 € – 2 Suiten – ½ P
Rest *Santé* – siehe Restaurantauswahl
Rest *Kleines Schweinchen* – Karte 19/39 € – *(nur Abendessen)*
Gastgeber Thomas Nähler bleibt in seinem "Steinernen Schweinchen" immer am Ball: Es gibt schon viele ganz moderne Zimmer (schön offen, geradlinig und farblich stimmig) und es werden kontinuierlich mehr! Und auch der Sauna- und Relax-Bereich ist größer und attraktiver geworden. Neben dem gastronomischen Angebot von "Santé" und "Kleinem Schweinchen" bietet man auch exklusiv ab sechs Personen ein Gourmetmenü an.

Wilhelmshöher Tor garni

Heinrich-Schütz-Allee 24 ✉ 34131 – ✆ (0561) 9 38 90
– www.wilhelmshoehertor.de – geschl. Ende Juli - Anfang August 2 Wochen
30 Zim – †75/85 € ††99/110 €
Das top gepflegte Hotel am Rande des Kurbezirks bietet funktionelle Zimmer mit Märchennamen, teils ruhiger nach hinten gelegen. Im Sommer frühstücken Sie auf der netten Terrasse.

Santé – Hotel Zum Steinernen Schweinchen

Konrad-Adenauer-Str. 117 ✉ 34132 – ✆ (0561) 94 04 80
– www.steinernes-schweinchen.de
Menü 37/65 € – Karte 37/55 €
In gehobener Bistro-Atmosphäre (so lässt sich das Ambiente recht treffend beschreiben) steht Schmackhaftes vom Rind hoch im Kurs. Probieren Sie z. B. die "Roulade vom Limousin-Rind mit Holunder-Rotkohl und gebratenen Knödelhälften". Am besten sitzt man dabei auf der Terrasse und schaut ins Tal! Jeden Freitag: "Tête-à-Tête"-Menü.

Gutshof

Wilhelmshöher Allee 347a ✉ 34131 – ✆ (0561) 3 25 25
– www.restaurant-gutshof.de
Menü 25/57 € – Karte 27/40 € – (Tischbestellung ratsam)
Stammgäste schätzen das hübsche Backsteinhaus (einst Gutshof des Schlosses Wilhelmshöhe): Es ist gemütlich, man isst international und bestaunt die große Whiskey-Auswahl - Faible des Chefs!

In Niestetal-Heiligenrode Ost: 6 km, nahe Autobahn-Anschluss Kassel-Nord

Althans garni

Friedrich-Ebert-Str. 65 ✉ 34266 – ✆ (0561) 52 27 09 – www.hotel-althans.de – geschl. 23. Dezember - Mitte Januar

20 Zim – 🚹39/45 € 🚹🚹65 €, ☕ 6 €

Ein gut geführter kleiner Familienbetrieb am Ortsrand mit sehr gepflegten zeitgemäßen Zimmern, das Frühstück serviert man am Tisch. Café mit Kuchen aus der eigenen Konditorei.

KAUB

Rheinland-Pfalz – 840 Ew. – Höhe 90 m – Siehe Regionalatlas **46-D15**

▶ Berlin 616 km – Mainz 59 km – Bad Kreuznach 36 km – Koblenz 45 km

Michelin Straßenkarte 543

Zum Turm mit Zim

Zollstr. 50 ✉ 56349 – ✆ (06774) 9 22 00 – www.rhein-hotel-turm.com – geschl. November und Dienstag; Januar - März: Montag - Donnerstag

6 Zim ☕ – 🚹63/98 € 🚹🚹88/133 € – 1 Suite – ½ P

Menü 39/89 € – Karte 28/61 € – *(Montag - Freitag nur Abendessen, außer an Feiertagen)* (Tischbestellung ratsam)

Dank schmackhafter Gerichte wie "Zander mit Paprikasauce" und leckerer Desserts wie "Schokoladentarte mit Rahmeis" ist das 300 Jahre alte Haus neben dem namengebenden historischen Stadtturm sehr gefragt. Der engagierte Gastgeber Harald Kutsche ist selbst für die frische saisonal-internationale Küche verantwortlich. Das Restaurant ist gemütlich gestaltet, die Terrasse lauschig und das Highlight unter den wohnlichen Gästezimmern (alle übrigens mit iMac ausgestattet) ist die Turm-Suite für 4 Personen!

KAUFBEUREN

Bayern – 41 750 Ew. – Höhe 678 m – Siehe Regionalatlas **64-J21**

▶ Berlin 627 km – München 87 km – Kempten (Allgäu) 38 km – Landsberg am Lech 30 km

Michelin Straßenkarte 546

In Kaufbeuren-Oberbeuren West: 2 km

Grüner Baum garni

Obere Gasse 4 ✉ 87600 – ✆ (08341) 966 11 0 – www.gruener-baum-hotel.de

31 Zim – 🚹49/65 € 🚹🚹79/85 €, ☕ 6 €

Das Hotel befindet sich an der Stelle des früheren Traditionsgasthauses Grüner Baum. Die ruhige Lage und die freundlich und funktionell eingerichteten Zimmer machen das Haus interessant.

KEHL

Baden-Württemberg – 34 970 Ew. – Höhe 139 m – Siehe Regionalatlas **53-D19**

▶ Berlin 748 km – Stuttgart 149 km – Karlsruhe 78 km – Freiburg im Breisgau 81 km

Michelin Straßenkarte 545

Grieshaber's Rebstock (mit Gästehaus)

Hauptstr. 183 ✉ 77694 – ✆ (07851) 9 10 40 – www.rebstock-kehl.de – geschl. Anfang Januar 1 Woche, über Fastnacht 1 Woche, August 2 Wochen

46 Zim ☕ – 🚹75/105 € 🚹🚹98/125 €

Rest *Grieshaber's Rebstock* – siehe Restaurantauswahl

Wer wohnt nicht gerne in einem Haus, in dem das Thema "Freude" im Mittelpunkt steht? Alle Zimmer ("Verhüllung", "Streublümchen", "Kleine Nachtmusik"...) sind individuell designt und hochwertig eingerichtet, eines schöner als das andere. Fragen Sie nach den ruhigeren zum Garten! Lecker das reichhaltige Buffet am Morgen - im Sommer frühstückt man gerne auf der Terrasse. Tipp: Mieten Sie doch mal das Beetle Cabrio samt Picknickkorb für einen Ausflug!

Milchkutsch

Hauptstr. 147a ✉ 77694 – ✆ (07851) 7 61 61 – www.milchkutsch-kehl.de – geschl. 30. Dezember - 6. Januar, über Fasching, 23. August - 7. September und Samstag - Sonntag

Menü 27/48 € (mittags) – Karte 32/46 €

Allein der Name klingt schon nach Gemütlichkeit - und das charmante historische Fachwerkhaus sieht auch so aus! In den zwei liebevoll eingerichteten kleinen Stuben (nett die vielen kleinen Figuren und Bilder von Kühen) sitzen viele Stammgäste, die speziell wegen der Calamares des französischen Gastgebers Claude Lievre kommen! Beliebt ist auch das Mittagsmenü mit täglich wechselndem Angebot.

Grieshaber's Rebstock – Hotel Grieshaber's Rebstock

Hauptstr. 183 ✉ 77694 – ✆ (07851) 9 10 40 – www.rebstock-kehl.de – geschl. Anfang Januar 1 Woche, über Fasching 1 Woche, August 2 Wochen und Sonntag - Montag

Menü 44 € – Karte 32/56 € – *(nur Abendessen)* (Tischbestellung ratsam)

Auch hier spürt man den vollen Einsatz der Familie Grieshaber und ihrem Team: Da wären zum einen großzügige Restauranträume, die modern daherkommen, aber dennoch die Gemütlichkeit eines Wohnzimmers verbreiten, zum anderen der fachkundige Service und nicht zuletzt schmackhafte regionale und internationale Speisen wie "Medaillons aus der Rehkeule, Preiselbeerrahmsauce, Spätzle und Marktgemüse". Ein absolutes Muss: die tolle Terrasse hinterm Haus!

In Kehl-Kork Süd-Ost: 4 km über B 28

Landgasthof Schwanen

Landstr. 3 ✉ 77694 – ✆ (07851) 79 60 – www.schwanen-kork.de

41 Zim ☕ – 🚹55/78 € 🚹🚹85/98 €

Rest – Menü 24/30 € – Karte 19/52 € – *(geschl. Februar 2 Wochen, 27. Juli - 19. August und Sonntagabend - Montag) (Dienstag - Donnerstag nur Abendessen)*

Die Lubbergers sind stolz auf ihre rund 140-jährige Familientradition, und so packen hier alle mit an! Die Zimmer im Gästehaus sind übrigens alle ganz modern. Wer mit dem Fahrrad die Gegend erkunden möchte, kann kostenfrei eines leihen. Danach gibt's als Stärkung bürgerliche Küche.

Hirsch

Gerbereistr. 20 ✉ 77694 – ✆ (07851) 9 91 60 – www.hirsch-kork.de – geschl. Januar 2 Wochen, August 2 Wochen und Samstagmittag, Sonntag sowie an Feiertagen mittags

Menü 20 € (mittags unter der Woche)/78 € – Karte 22/63 €

Wie wär's mit "Kartoffelsuppe mit Kracherle" gefolgt von "Kalbsrückensteak mit Waldpilzen à la creme"? So oder so ähnlich sieht die schmackhafte regionale und internationale Küche in diesem gemütlichen Restaurant aus. Eine nette Idee ist das "Raucherbähnle", eine umfunktionierte alte Straßenbahn für Raucher.

KELHEIM

Bayern – 15 590 Ew. – Höhe 343 m – Siehe Regionalatlas **58**-M18

▶ Berlin 512 km – München 106 km – Regensburg 31 km – Ingolstadt 56 km

Michelin Straßenkarte 546

Wittelsbacher Hof

Donaustr. 22 ✉ 93309 – ✆ (09441) 17 70 50 – www.carat-hotel-kelheim.de

82 Zim ☕ – 🚹89/119 € 🚹🚹129/149 € – 2 Suiten – ½ P

Rest – Karte 15/55 € – *(nur Abendessen)*

Beim Stadttor stehen die sechs z. T. denkmalgeschützten Gebäude mit geräumigen und wertigen Zimmern, auf Wunsch Leih-Laptop. Chill-Out unterm Dach: In der Bar trifft rustikales Gebälk auf trendig-klares Design. In der "Hazienda" gibt es neben mexikanischer Küche auch bayerische Schmankerl.

Stockhammer

Am oberen Zweck 2 ✉ 93309 – ✆ (09441) 7 00 40 – www.gasthof-stockhammer.de – geschl. 15. - 31. August
14 Zim – 47/63 € 78/96 € – ½ P
Rest – Menü 25/65 € – Karte 15/44 € – *(geschl. Montag)*
Am Ufer der Altmühl liegt dieser schöne, für die Region typische Gasthof, der sich seit über 50 Jahren in Familienbesitz befindet. Mit wohnlichen, teils großzügigen Zimmern. Ländlich-gemütliche Gaststube und Ratskeller mit Gewölbedecke.

KELL am SEE

Rheinland-Pfalz – 1 880 Ew. – Höhe 480 m – Siehe Regionalatlas **45-B16**
Berlin 708 km – Mainz 148 km – Trier 44 km – Saarburg 27 km
Michelin Straßenkarte 543

Fronhof

Am Stausee (Nord: 1 km) ✉ 54427 – ✆ (06589) 16 41 – www.hotel-fronhof.de – geschl. 11. - 28. November
10 Zim – 55/60 € 90/95 €
Rest – Karte 20/38 € – *(geschl. Montag, außer an Feiertagen)*
Familie Hau hat hier am Stausee oberhalb des Ortes eine wirklich sympathische Adresse. Die Zimmer sind wohnlich und haben meist einen Balkon zum See, dazu ein freundliches Restaurant samt Terrasse, einen schönen Garten und nebenan ein Gestüt nebst Reitanlage. Machen Sie auch mal einen Spaziergang um den See (ca. 30 Minuten) und kehren Sie dabei im "Hau's am See" ein!

KELLENHUSEN

Schleswig-Holstein – 1 060 Ew. – Höhe 4 m – Siehe Regionalatlas **11-K3**
Berlin 320 km – Kiel 83 km – Lübeck 65 km – Grömitz 11 km
Michelin Straßenkarte 541

Erholung

Am Ring 31/Strandstr. 1 ✉ 23746 – ✆ (04364) 47 09 60 – www.hotel-erholung.de
27 Zim – 52/65 € 84/110 € – 3 Suiten – ½ P
Rest – Menü 22/29 € – Karte 20/32 € – *(geschl. 5. Januar - 1. April)*
Ein familiengeführtes Ferienhotel mit gepflegter Atmosphäre, das nur fünf Gehminuten vom Ostseestrand entfernt ist. Die Zimmer sind solide und zeitgemäß eingerichtet. Neuzeitliches Restaurant mit norddeutscher und internationaler Küche.

KELSTERBACH

Hessen – 13 600 Ew. – Höhe 107 m – Siehe Regionalatlas **47-F15**
Berlin 551 km – Wiesbaden 26 km – Frankfurt am Main 19 km – Darmstadt 33 km
Michelin Straßenkarte 543

Ambiente Italiano in der Alten Oberförsterei

Staufenstr. 16 (beim Bürgerhaus) ✉ 65451 – ✆ (06107) 9 89 68 40 – www.ambienteitaliano.de – geschl. 1. - 8. Januar und Samstagmittag, Sonntag außer im Sommer und Dezember
Menü 35/89 € – Karte 53/72 €
Trattoria – Karte 28/51 €
Das schmucke ehemalige Forsthaus bietet gleich zwei Konzepte: zum einen gehobene italienische Küche mit günstigem Lunch an Werktagen, serviert im hellen, modernen Wintergarten, zum anderen die einfachere Trattoria (hier gibt es auch Pizza). Draußen umringt schön viel Grün die Terrasse.

KELTERN

Baden-Württemberg – 9 030 Ew. – Höhe 195 m – Siehe Regionalatlas **54-F18**
Berlin 675 km – Stuttgart 61 km – Karlsruhe 26 km – Pforzheim 11 km
Michelin Straßenkarte 545

In Keltern-Dietlingen

Rübenacker's Restaurant

Bachstr. 41 ✉ 75210 – ✆ (07236) 62 89 – www.ruebenackers-kaiser.de – geschl. 1. - 6. Januar, Anfang Juni 1 Woche, August - September 2 Wochen und Sonntag - Dienstag

Menü 81/102 € – Karte 65/78 € – *(nur Abendessen)* (Tischbestellung ratsam)

Es ist schon eine überaus charmante Adresse, die von den Rübenackers liebevoll geführt wird. Die Patronne leitet den Service mit herzerfrischender Natürlichkeit, ihr Mann Dietmar bereitet aus guten Produkten finessenreiche klassische Speisen zu. Ein Haus, wie man es gerne öfter finden würde!

KEMPEN

Nordrhein-Westfalen – 35 700 Ew. – Höhe 35 m – Siehe Regionalatlas **25-B11**

Berlin 576 km – Düsseldorf 61 km – Geldern 21 km – Krefeld 13 km

Michelin Straßenkarte 543

Papillon garni (mit Gästehaus)

Thomasstr. 9 ✉ 47906 – ✆ (02152) 1 41 50 – www.hotel-papillon.com

24 Zim – †86 € ††106 €, ☕ 8 € – 1 Suite

Das kleine Hotel in der Innenstadt hat sich mit der Zeit zu einem netten und individuellen Design-Hotel gemausert und wird von den Geschwistern Kipfelsberger mit Engagement geleitet. Wählen Sie eines der modern-funktionellen Zimmer oder eines der besonders wohnlichen Themenzimmer von "Schokolade" bis "New York"! Im Bistro gibt es kleine Snacks.

KEMPFELD

Rheinland-Pfalz – 810 Ew. – Höhe 526 m – Siehe Regionalatlas **46-C15**

Berlin 669 km – Mainz 111 km – Trier 58 km – Bernkastel-Kues 23 km

Michelin Straßenkarte 543

Gartenhotel Hunsrücker Fass (N)

Hauptstr. 70 ✉ 55758 – ✆ (06786) 97 00 – www.gartenhotel-hunsruecker-fass.de

17 Zim ☕ – †65 € ††100 € – ½ P

Rest – Menü 25 € – Karte 26/44 € – *(Montag - Donnerstag nur Abendessen)*

Das an der malerischen Edelsteinstraße gelegene Haus hat seinen Namen verdient, denn man hat hier einen tollen Garten mit Koi-Teichen. Die wohnlichen Landhaus-Zimmer haben meist einen Balkon, im gemütlichen Restaurant nebst rustikaler Stube isst man international und traditionell, Spezialität ist Spießbraten.

In Asbacherhütte Nord-Ost: 3 km

Harfenmühle mit Zim

beim Feriendorf Harfenmühle ✉ 55758 – ✆ (06786) 13 04 – www.harfenmuehle.net – geschl. Januar - Februar 6 Wochen

4 Zim – †50/55 € ††60/65 €, ☕ 9 €

Karte 13/47 € – *(geschl. November - April: Montag - Dienstag)*

Natur pur heißt es auf dem rund 7 ha großen Anwesen. Hier bietet Familie Koch in zwei hübsch gestalteten Räumen gehoben-internationale Küche und auch rustikalere Speisen. Schön übernachten kann man in vier Gästezimmern im Landhausstil, zusätzlich hat man noch einen eigenen Campingplatz.

KEMPTEN (ALLGÄU)

Bayern – 62 240 Ew. – Höhe 674 m – Siehe Regionalatlas **64-J21**

Berlin 695 km – München 127 km – Ulm (Donau) 89 km – Bregenz 73 km

Michelin Straßenkarte 546

Bayerischer Hof
Füssener Str. 96 ✉ 87437 – ✆ (0831) 5 71 80 – www.bayerischerhof-kempten.de
50 Zim – 71/94 € 99/133 € – 1 Suite – ½ P
Rest – Menü 18/28 € – Karte 23/44 €
Schon der schicke modern-regionale Stil des Eingangsbereichs sieht einladend aus! Einige Zimmer präsentieren sich (kürzlich renoviert) ganz ähnlich, andere sind traditioneller. Auch essen können Sie direkt im Haus: In den hübschen rustikalen Stuben und im lauschigen Biergarten bekommt man Allgäuer Küche.

In Sulzberg Süd: 7 km

Sulzberger Hof
Sonthofener Str. 17 ✉ 87477 – ✆ (08376) 92 13 30 – www.sulzberger-hof.de
22 Zim – 59/75 € 108/135 € – ½ P
Rest – Karte 15/32 € – *(geschl. Ende Oktober - Mitte November und Sonntag - Montag) (nur Abendessen)*
Die aus Unterfranken stammende Betreiberfamilie hat frischen Wind in das gepflegte Landhotel gebracht. Es erwarten Sie wohnliche Zimmer, eine nette Terrasse ergänzt den Restaurantbereich und die Lage im Grünen trägt ihr Übriges zur Erholung bei!

KENZINGEN

Baden-Württemberg – 9 250 Ew. – Höhe 177 m – Siehe Regionalatlas **61-D20**
Berlin 781 km – Stuttgart 182 km – Freiburg im Breisgau 29 km – Offenburg 40 km
Michelin Straßenkarte 545

Schieble (mit Gästehaus)
Offenburger Str. 6 (B 3) ✉ 79341 – ✆ (07644) 9 26 99 90 – www.hotel-schieble.de – geschl. über Fasching 2 Wochen, August 2 Wochen
26 Zim – 60/75 € 89/99 € – 1 Suite – ½ P
Rest ***Schieble*** – siehe Restaurantauswahl
Man merkt es dem Hotel an, dass es mit viel Engagement geführt wird, und das bereits in der 4. Generation. Schön der Empfangsbereich, sehr ansprechend und wohnlich der Landhausstil in den Zimmern, freundlich der Service...

Scheidels Restaurant zum Kranz mit Zim
Offenburger Str. 18 (B 3) ✉ 79341 – ✆ (07644) 68 55 – www.scheidels-kranz.de – geschl. über Fastnacht 2 Wochen, November 2 Wochen und Montagabend - Dienstag
4 Zim – 62/69 € 92/99 € Menü 34/59 € – Karte 25/55 €
Die lange Familientradition verpflichtet und so geht es bei Familie Scheidel (bereits die 7. Generation) engagiert und zugleich traditionell-bodenständig zu. Die Gaststube ist gemütlich mit ihrem historischen Charme, der Service ist herzlich und aus der Küche kommen schmackhafte klassische Gerichte wie "Zanderfilet in Champagnersauce". Und nicht nur die Stammgäste schätzen an kalten Herbsttagen die "Cremesuppe vom Muskatkürbis"!

Schieble – Hotel Schieble
Offenburger Str. 6 (B 3) ✉ 79341 – ✆ (07644) 9 26 99 90 – www.hotel-schieble.de – geschl. über Fasching 2 Wochen, August 2 Wochen und Sonntagabend - Montag
Menü 26 € – Karte 23/46 €
Das Haus sticht einem ins Auge mit seiner orangefarbenen Fassade und den roten Fensterläden. Drinnen lässt man sich in ländlich-modernem Ambiente frische bürgerliche Speisen schmecken, die in großen Portionen serviert werden. Gerne kommt man auch zum günstigen Mittagstisch.

KERNEN im REMSTAL

Baden-Württemberg – 15 350 Ew. – Höhe 271 m – Siehe Regionalatlas **55-H18**
Berlin 615 km – Stuttgart 21 km – Esslingen am Neckar 9 km – Schwäbisch Gmünd 43 km
Michelin Straßenkarte 545

In Kernen-Stetten

Gästehaus Schlegel garni

Tannäckerstr. 13 ✉ 71394 – ✆ (07151) 94 36 20 – www.ochsen-kernen.de
27 Zim – 60/70 € 85/100 €
Dieses kleine Hotel gehört zum historischen Gasthof Ochsen. Wenn Sie nach einem Essen bei den Schlegels also eine gepflegte Übernachtungsadresse suchen, finden Sie ein Stückchen entfernt in einem Wohngebiet helle, zeitgemäße Zimmer. Im Sommer sitzt man am Morgen schön auf der Frühstücksterrasse!

Malathounis

Gartenstr. 5 ✉ 71394 – ✆ (07151) 4 52 52 – www.malathounis.de – geschl. über Fasching 1 Woche, August - September 2 Wochen und Sonntag - Montag sowie an Feiertagen
Menü 39/59 € – Karte 33/70 €
Wenn Joannis Malathounis in seine schmackhafte mediterrane Küche griechische Elemente miteinfließen lässt, stimmen Qualität und Frische, Harmonie und Würze. Und dass man sich als Gast hier richtig wohlfühlt, ist seiner Frau Anna zu verdanken, die in dem charmanten Restaurant herzlich den Service leitet. Natürlich gibt es schöne Weine aus Griechenland!
➜ Jakobsmuschel-Carpaccio mit Vogelbeeren, Zitrusfrüchten, Sardellen, Kapern und Ouzogelee. Geschmorte rote Paprika mit Moscardini, Oktopus und Romanasalat. Lauwarm marinierter Lachs, Fregola Sarda mit Gemüse, Salzzitrone und griechischer weißer Speck.

Zum Ochsen

Kirchstr. 15 ✉ 71394 – ✆ (07151) 9 43 60 – www.ochsen-kernen.de – geschl. Mittwoch
Menü 37/76 € – Karte 38/59 €
Die Stammgäste in dem über 300 Jahre alten Gasthaus der Brüder Rolf und Wolfgang Schlegel kommen nicht nur zum Essen (Spezialität ist das Gänsestopfleberparfait), sie sind auch treue Kunden der angeschlossenen Metzgerei - und die ist mit ihrer Weißwurst sogar europaweit bekannt!

KERPEN

Nordrhein-Westfalen – 64 840 Ew. – Höhe 95 m – Siehe Regionalatlas **35-B12**
Berlin 592 km – Düsseldorf 60 km – Bonn 48 km – Aachen 54 km
Michelin Straßenkarte 543

Nahe der Straße von Kerpen nach Sindorf Nord: 2 km

Schloss Loersfeld

Schloss Loersfeld 1 ✉ 50171 Kerpen – ✆ (02273) 5 77 55 – www.schlossloersfeld.de – geschl. 22. Dezember - 7. Januar und Sonntag - Montag
Menü 38 € (mittags unter der Woche)/126 € – Karte 65/82 € – (Tischbestellung ratsam)
Ein schönes stimmiges Bild: herrschaftlich der historische Rahmen, stilvoll-elegant das Interieur, fein die klassische Küche mit "Schloss-Menü" und "Degustations-Menü". Sie möchten über Nacht bleiben? In einem Nebentrakt hat man drei hübsche Appartements - Frühstück machen Sie sich selbst, die Zutaten dafür bringt man Ihnen. Für größere Bankette (mit Buffetangebot) gibt es die ehemalige Scheune.
➜ Brust von der Taube - Olive, Aubergine, Mandarine. Jakobsmuschel und Kaisergranat - Avocado, Tomate. Erfter Ur-Lamm - geräucherte Paprika, Joghurt, Gurke, Wasserkresse.

KETSCH

Baden-Württemberg – 12 780 Ew. – Höhe 101 m – Siehe Regionalatlas **47-F17**
Berlin 631 km – Stuttgart 122 km – Mannheim 19 km – Heidelberg 14 km
Michelin Straßenkarte 545

See Hotel

Kreuzwiesenweg 5 ✉ 68775 – ✆ (06202) 69 70 – www.seehotel.de
70 Zim – †99/150 € ††130/190 €
Rest ***Die Ente*** ✿ **Rest** ***EssZimmer*** – siehe Restaurantauswahl
Die Lage ist wirklich klasse: schön ruhig und der kleine See liegt gleich vor der Tür! Wer es gerne besonders modern hat, fragt am besten nach den neueren Zimmern: Die sind in warmen Brauntönen und klaren Linien gehalten - gepflegt wohnt man aber auch in den übrigen Zimmern. Und dass hier alles so reibungslos läuft, ist der Verdienst der engagierten Gastgeber Susanne und Hans-Ludwig Keppel.

Die Ente – See Hotel

✿

Kreuzwiesenweg 5 ✉ 68775 – ✆ (06202) 69 70 – www.seehotel.de – geschl. Januar 3 Wochen, Ende Juli - Anfang August, November 1 Woche und Samstagmittag, Sonntag - Montag
Menü 45 € (mittags)/129 € – Karte 64/93 €
Wenn Tommy R. Möbius mit seinem Team in der Küche zugange ist, dann entstehen moderne Menüs, leicht und klar strukturiert. Neben freundlichem Service hat das geschmackvolle Restaurant auch einen lichten Wintergarten, der den Blick zum See freigibt.
➜ Samba im Mett.Mann - Bellotta Iberico Presa, Mett.Igel, Salzstange. Bretonischer Wolfsbarsch in der Salzkruste (2 Pers.). Schwein.Butt - wilder Steinbutt, Schweineschnäutzchen, Liebstöcklessig.

Gasthaus Adler

Schwetzinger Str. 21 ✉ 68775 – ✆ (06202) 60 90 04 – www.adler-ketsch.de – geschl. 15. - 23. Februar, 9. - 24. August und Sonntagabend - Montag
Menü 22/73 € – Karte 31/64 €
Die Leute mögen das gepflegte Gasthaus (und im Sommer die nette Hofterrasse!), das schon weit über 10 Jahre von den Steckers betrieben wird. Ob Sie nun in den gemütlichen Stuben essen möchten oder lieber im gediegenen Restaurant, Sie bekommen hier wie dort einen Mix aus bürgerlicher und gehobener Küche geboten. Und für besondere Anlässe stehen separate Räume zur Verfügung.

EssZimmer – See Hotel

Kreuzwiesenweg 5 ✉ 68775 – ✆ (06202) 69 70 – www.seehotel.de – geschl. Samstag - Sonntag sowie an Feiertagen
Karte 38/56 € – *(nur Abendessen)*
Im Haus der Keppels gibt es noch ein modernes Zweitrestaurant, in dem man abends zeitgemäß-international isst - und das klingt dann z. B. so: "Kalbsschnitzel mit Erdäpfel-Vogerl-Salat" und als Dessert "Valrhona Schokolade warm und cremig mit Bratapfeleis".

KEVELAER

Nordrhein-Westfalen – 28 410 Ew. – Höhe 22 m – Siehe Regionalatlas **25-A10**
Berlin 581 km – Düsseldorf 73 km – Krefeld 41 km – Nijmegen 42 km
Michelin Straßenkarte 543

Klostergarten garni

Klostergarten 1 ✉ 47623 – ✆ (02832) 9 25 01 00 – www.hotel-klostergarten.eu
29 Zim – †51/99 € ††72/112 €, 9 €
Das Hotel liegt im Mehrgenerationen-Wohnquartier und ist zugleich ein Integrationsbetrieb. Dank komplett barrierefreier Gestaltung erreichen auch Gäste mit Behinderung die freundlichen, großzügigen Zimmer und alle übrigen Bereiche, einschließlich hübschem Wandelgang.

Zur Brücke mit Zim

Bahnstr. 44 ✉ 47623 – ✆ (02832) 23 89 – www.hotel-restaurant-zur-bruecke.de – geschl. März - April 1 Woche, Juni - August 1 Woche, Oktober 1 Woche
7 Zim – †80/82 € ††110/115 € – ½ P Karte 31/64 € – *(nur Abendessen)*
In dem Haus von 1783 führen nun schon seit sieben Generationen die Frauen der Familie Regie. Wer gerne bürgerlich isst, wird die Küche der Chefin (u. a. diverse Steaks) mögen. Übrigens: Das Restaurant hat eine hübsche Gartenterrasse.

KIEDRICH

Hessen – 3 930 Ew. – Höhe 165 m – Siehe Regionalatlas **47-E15**

Berlin 583 km – Wiesbaden 16 km – Bad Kreuznach 57 km

Michelin Straßenkarte 543

Nassauer Hof garni

Bingerpfortenstr. 17 ✉ 65399 – ✆ (06123) 99 93 60 – www.hotel-nassauerhof.de – geschl. 20. Dezember - 7. Januar

21 Zim – 88 € 145 €

Hier überzeugen geschmackvolle Gästezimmer mit massiven Teakholzmöbeln und schönem Holzfußboden. Angenehm licht ist der moderne, verglaste Frühstücksraum mit Terrasse.

Weinschänke Schloss Groenesteyn

Oberstr. 36 ✉ 65399 – ✆ (06123) 15 33 – www.weinschaenke-schlossgroenesteyn.de – geschl. Anfang Januar 3 Wochen, Anfang August 2 Wochen und Montag - Dienstag

Menü 33/47 € – Karte 26/45 € – *(Mittwoch - Samstag nur Abendessen)* (Tischbestellung ratsam)

Zu Recht eine beliebte Adresse: heimelig die Stuben, freundlich, flott und unkompliziert der Service... und von der Terrasse schaut man auf Burg Scharfenstein und die "Turmberg"-Reben. Letztere finden sich auch im tollen Rheingau-Riesling-Angebot! Dazu "hausgeräucherter Lachs mit Papaya-Meerrettich-Konfit"?

KIEL

Schleswig-Holstein – 242 050 Ew. – Höhe 5 m – Siehe Regionalatlas **3-I3**

Berlin 346 km – Flensburg 88 km – Hamburg 96 km – Lübeck 92 km

Michelin Straßenkarte 541

Kieler Yacht Club

Rest, Zim,

Hindenburgufer 70 ✉ 24105 – ✆ (0431) 8 81 30 – www.hotel-kyc.de Stadtplan : B1**c**

20 Zim – 136/156 € 167/217 € – 1 Suite – ½ P **Rest** – Karte 32/74 €

An diesem historischen Ort (einstiges Maschinenhaus des kaiserlichen Yachtclubs von 1887) ist heute alles topmodern und hochwertig, beeindruckend die maritimen Gemälde. Toll die Suite mit freistehendem Whirlpool und großem Balkon! Vom lichten Restaurant samt Terrasse schaut man auf Förde und Yachthafen.

Steigenberger Conti Hansa

Rest,

Schlossgarten 7 ✉ 24103 – ✆ (0431) 5 11 50 – www.kiel.steigenberger.de Stadtplan : B2**e**

162 Zim – 88/248 € 98/258 €, 17 € – 2 Suiten – ½ P

Rest *Jakob* – ✆ (0431) 5 11 54 07 – Menü 30/55 € – Karte 18/55 €

Möchten Sie von Ihrem Zimmer auf den Schlossgarten schauen oder doch lieber auf die Förde? Besonders schön sind die Zimmer mit maritimer Note in der 1. Etage. Wer es sonntagmorgens gerne langsam angehen lässt, darf sich im Restaurant auf das "Langschläferfrühstück" freuen!

Kieler Kaufmann

Niemannsweg 102 ✉ 24105 – ✆ (0431) 8 81 10 – www.kieler-kaufmann.de Stadtplan : B1**k**

38 Zim – 142/215 € 183/285 € – ½ P

Rest *Parkrestaurant* – siehe Restaurantauswahl

Hübsch anzusehen: eine efeuberankte ehemalige Bankiersvilla von 1911 in einem kleinen Park! Zimmer teils mit Fördeblick, schöner Bade- und Saunabereich "Sanctum" - für mehr Privatsphäre buchen Sie das Zimmer mit eigener Sauna im Parkflügel!

Berliner Hof garni

Ringstr. 6 ✉ 24103 – ✆ (0431) 6 63 40 – www.berlinerhof-kiel.de Stadtplan : A3**d**

103 Zim – 80/105 € 110/130 €

Vor allem Geschäftsleute (aber nicht nur diese) wird es freuen: Das Hotel ist tipptopp gepflegt und liegt zudem geschickt in Zentrumsnähe und unweit des Bahnhofs. Tipp: Die "Komfort Plus"-Zimmer sind schön modern und klimatisiert!

KIEL
0
300 m
SCHLESWIG
A
B
1
2
3
NORWEGEN
SCHWEDEN
DÄNEMARK
SCHÖNBERG LABOE
HAMBURG LÜBECK
LÜBECK
Paul-Fuß-Str.
Geigerstr.
Schleiffenallee
Lindenallee
Hindenburgufer
Düsternbrooker Weg
Niemannsweg
Neufeldstraße
Fraunhoferstraße
Niebuhrstraße
Fichtestraße
Schillstr.
Holtenauer Str.
Blücherplatz
Esmarchstraße
Feldstraße
Forstweg
Moltkestraße
Caprivistraße
Düppelstraße
Steinstr.
Bremerstraße
Olshausenstraße
Gerhardstr.
Westring
Franckestr.
Waitzstr.
ANSGARKIRCHE
Beselerallee
Waitzstraße
Karolinenweg
Hansastraße
Lornsenstr.
Gerhardstraße
PAULUSKIRCHE
Kraus-str.
Jungmannstr.
Anne-str.
Kirchenstr.
ALTER BOTANISCHER GARTEN
LUTHERKIRCHE
Jahn-str.
Lehmberg
Kolding-str.
Teich-str.
Langer Segen
Feldstraße
SCHREVEN PARK
Lessingplatz
Dreiecksplatz
Schreventeich
Schiller-str.
Knooper Weg
Muhliusstr.
Lorentzendamm
Arndtplatz
Düsternbrooker Weg
OSTSEEKAI
Sternstr.
Fleethörn
Kleiner Kiel
SCHLOSS
JACOBIKIRCHE
Rathausplatz
ST. NICOLAI-KIRCHE
SEEGARTEN-BRÜCKEN
Wilhelmplatz
Wall
Schifffahrtsmuseum
ST. NIKOLAUS KIRCHE
Damm-str.
Rathaus
Exerzierplatz
Europaplatz
Kai-str.
SCHWEDENKAI
OSTSEEHALLE
Prüne
Lange Reihe
Fabrik-str.
BOLLHÖRNKAI
Boninstraße
Ringstraße
Bollhörnkai
NORWEGENKAI
Zur Fähre
Werftstraße
Hügelstr.
Werftstraße
Bahnhofsplatz
ST. JOHANNES KIRCHE
Jeßstr.
Harmsstr.
HAUPT-BAHNHOF
Ring
Kieler Str.
Augustenstraße
Kaiserstr.
VOLKSPARK
Papenkamp
ST. JÜRGEN KIRCHE
Sophienblatt
Schwedendamm
Kaistraße
Die Hörn
Gaardener
Johannesstr.
Werftstraße
MOORTEICHWIESE
Karlstal
GAARDEN
Stoschstr.
Ostring
Bothwell-str.
Gablenzstraße
Iltisstr.
Helmholtz-str.
a
c
k
e
d
T
L
M
P
POL

XX **Parkrestaurant** – Hotel Kieler Kaufmann

Niemannsweg 102 ✉ 24105 – ✆ (0431) 8 81 10 Stadtplan : B1**k**
– www.kieler-kaufmann.de – geschl. Sonntagmittag
Menü 45/72 € – Karte 42/57 €
Das Restaurant macht seinem Namen alle Ehre: Man genießt einen tollen Blick in den Park (besonders reizvoll natürlich die Terrasse!), während man sich regional-saisonale Gerichte wie "Rücken vom Salzwiesenlamm mit Bohnencassoulet" oder "Holsteiner Fischsuppe mit jungem Gemüse und Röstbrot" servieren lässt.

XX **Weinstein**

Holtenauer Str. 200 ✉ 24105 – ✆ (0431) 55 55 77 Stadtplan : A1**a**
– www.weinstein-kiel.com – geschl. Januar 2 Wochen, Juli 2 Wochen und Montag
Menü 18 € (mittags)/110 € – Karte 38/57 € – *(Freitag - Sonntag nur Abendessen)*
Schnell hat sich Mario E. Brüggemann mit seiner Brasserie-Vinothek in Kiel und Umgebung einen Namen gemacht. Der Grund: ambitionierte internationale Küche, z. B. in Form von "Juvenil-Ferkel, Bärlauch, Morchel, Urtomate, Zitrone"!

In Kiel-Friedrichsort Nord-Ost: 2,5 km über Westring Stadtplan : A1, Richtung Schleswig – 242 050 Ew.

Kieler Förde

Prieser Strand 4 ✉ 24159 – ✆ (0431) 39 96 90 – www.hotel-kielerfoerde.de
19 Zim – 65/70 € 75/88 € – ½ P **Rest** – Karte 18/34 €
Ein familiär geleitetes kleines Hotel direkt neben den Werften mit zeitgemäß-funktionalen Zimmern - wählen Sie eines der geräumigeren Zimmer mit Fördeblick! Beliebt bei Kreuzfahrten: "Park & Cruise" (Übernachtung, Shuttle, Parkplatz).

In Kiel-Holtenau Nord: 8 km über Westring Stadtplan : A1

Waffenschmiede

Friedrich-Voss-Ufer 4 ✉ 24159 – ✆ (0431) 36 96 90
– www.hotel-waffenschmiede.de
13 Zim – 70/100 € 90/135 €
Rest – Karte 23/47 € – *(geschl. 21. Dezember - 19. Januar, Oktober - März: Montag)*
In einem Wohngebiet direkt am Nord-Ostsee-Kanal liegt dieses familiengeführte kleine Hotel mit seinen ganz unterschiedlich eingerichteten Gästezimmern. Eine Terrasse mit schönem Blick auf den Kanal ergänzt das Restaurant.

In Kiel-Wellsee Süd-Ost: 5 km über Sophienblatt Stadtplan : A3

Sporthotel Avantage

Braunstr. 40 ✉ 24145 – ✆ (0431) 71 79 80 – www.avantagesporthotel.de
35 Zim – 74/84 € 99/109 €, 10 € – ½ P
Rest – Karte 20/38 € – *(geschl. Samstag - Sonntag) (nur Abendessen)*
So tipptopp gepflegt, wie dieses Hotel ist, verwundert es nicht, dass viele Gäste hier gerne herkommen! Man wohnt in hellen Zimmern, ruhig im Industriegebiet. Tennisfans kommen drinnen und draußen auf ihre Kosten - vom Restaurant schaut man sogar auf die Courts. Am Wochenende kleines Snackangebot.

In Molfsee Süd-West: 8 km über Sophienblatt Stadtplan : A3

Bärenkrug (mit Gästehaus)

Hamburger Chaussee 10 (B 4) ✉ 24113 – ✆ (04347) 7 12 00
– www.baerenkrug.de – geschl. 23. Dezember - 6. Januar
38 Zim – 62/72 € 95/115 €, 10 € – ½ P
Rest – Menü 23/44 € – Karte 26/47 € – *(geschl. Montag)*
In dem erweiterten historischen Gasthof von Familie Sierks wohnt man schön behaglich in Zimmern mit Landhausflair. Wer in dem Haus a. d. 17. Jh. speist, spürt den nordischen Charme des Gastraums und der Friesenstube - oder den Reiz des Hofgartens mit seiner alten Kastanie!

KIPFENBERG

Bayern – 5 680 Ew. – Höhe 378 m – Siehe Regionalatlas **57-L18**

Berlin 490 km – München 102 km – Augsburg 105 km – Ingolstadt 28 km

Michelin Straßenkarte 546

In Kipfenberg-Pfahldorf West: 6 km über Försterstraße

Landhotel Geyer (mit Gästehaus)

Alte Hauptstr. 10 ✉ 85110 – ✆ (08465) 1 73 06 30 – www.landhotel-geyer.de – geschl. 2. - 13. Januar

49 Zim – 69/100 € 94/120 € – 3 Suiten – ½ P **Rest** – Karte 13/27 €

In dem gewachsenen familiengeführten Landgasthof erwarten Sie eine recht großzügige Hotelhalle, solide, teilweise besonders wohnliche Zimmer sowie ein moderner Bade- und Saunabereich. In rustikalen Restaurantstuben serviert man regionale Küche.

In Kipfenberg-Schambach Süd: 7 km über Eichstätter Straße Richtung Arnsberg

Zur Linde

Bachweg 2 ✉ 85110 – ✆ (08465) 9 41 50 – www.linde-altmuehltal.de – geschl. 24. Oktober - 15. November

27 Zim – 53/83 € 90/114 € – ½ P

Rest – Karte 16/29 € – *(geschl. Montagmittag, Dienstagmittag, Mittwoch)*

Der traditionsreiche Familienbetrieb in idyllischer dörflicher Lage verfügt über wohnlich-funktionale Gästezimmer, ein schönes Saunahaus und einen reizvollen Naturschwimmteich im Garten. In mehrere Räume unterteiltes Restaurant mit hübscher Terrasse und regionalem Angebot.

KIRCHBERG an der JAGST

Baden-Württemberg – 4 320 Ew. – Höhe 384 m – Siehe Regionalatlas **56-I17**

Berlin 535 km – Suttgart 106 km – Ansbach 53 km – Crailsheim 16 km

Michelin Straßenkarte 545

Landhotel Kirchberg

Eichenweg 2 ✉ 74592 – ✆ (07954) 9 88 80 – www.landhotelkirchberg.de

17 Zim – 69/74 € 88/103 € **Rest** – Karte 14/53 €

Die engagierte Familie Bagusch führt ihr Haus mit Herz und schwäbischer Genauigkeit, Pflege ist hier Trumpf! Die Zimmer sind freundlich und funktionell, die Lage ist güntig (BAB gut erreichbar) und die Preise sind fair. Im Restaurant bietet der Patron regionale Gerichte, seine hausgemachten Maultaschen sind die Hausspezialität!

KIRCHDORF an der ILLER

Baden-Württemberg – 3 420 Ew. – Höhe 556 m – Siehe Regionalatlas **64-I20**

Berlin 651 km – Stuttgart 134 km – Tübingen 152 km – Bregenz 81 km

Michelin Straßenkarte 545

In Kirchdorf-Oberopfingen

Landgasthof Löwen mit Zim Rest,

Kirchdorfer Str. 8 ✉ 88457 – ✆ (08395) 6 67 – www.loewen-oberopfingen.de – geschl. Ende Juli - Anfang August 2 Wochen und Montag

10 Zim – 49/59 € 69/79 € – ½ P

Menü 33/49 € – Karte 25/49 € – *(nur Abendessen, sonntags auch Mittagessen)*

In diesem Gasthof (Familienbetrieb seit 1912) kocht Alexander Ruhland für Sie frisch, zeitgemäß und mit viel Geschmack - ein schönes Beispiel dafür ist "Spanferkel mit Gnocchi und Ratatouille". Ideal, wenn Sie auf der Durchreise sind: die funktionellen Zimmer und die Nähe zur Autobahn.

KIRCHDORF (KREIS MÜHLDORF am INN)

Bayern – 1 350 Ew. – Höhe 551 m – Siehe Regionalatlas **66-N20**

Berlin 624 km – München 50 km – Bad Reichenhall 91 km – Mühldorf am Inn 31 km

Michelin Straßenkarte 546

Christian's Restaurant - Gasthof Grainer

Dorfstr. 1 ✉ 83527 – ✆ (08072) 85 10 – www.christians-restaurant.de – geschl. Montag - Dienstag

Menü 59/99 € – *(nur Abendessen, sonntags auch Mittagessen)* (Tischbestellung erforderlich)

Dass man hier stolz ist auf über 400 Jahre Familientradition, spürt man an der schönen gemütlichen Atmosphäre, am charmanten, versierten Service samt fachkundiger Weinberatung und nicht zuletzt an der sehr guten Küche von Christian F. Grainer - klassisch mit geschickt eingebundenen internationalen Einflüssen.

➜ Gebratener Seeteufel mit Spargel-Morchel-Gemüse und Sherryreduktion. Hereford Rinderfilet über Buchenholzkohle angegrillt mit Ratatouille und Shiitake. Limetten-Estragon-Cotta mit gefüllten Himbeeren und Himbeer-Buttermilch-Sorbet.

In Kirchdorf-Moosham West: 5 km über B 15 in Richtung Taufkirchen, links ab Richtung Isen

Wirth z'Moosham

Isener Str. 4 ✉ 83527 – ✆ (08072) 9 58 20 – www.wirth-z-moosham.de – geschl. 26. Dezember - 7. Januar

36 Zim – 52/68 € 78/98 €

Rest – Menü 19/44 € – Karte 16/39 € – *(geschl. 26. Dezember - 7. Januar, 1.- 23. August und Montag) (nur Abendessen)*

In einem kleinen Dorf liegt das familiengeführte Hotel mit freundlichen, praktischen Zimmern, teils mit Blick auf die Alpen. Frühstück im Wintergarten. Behaglich-bayerische Stube mit regional-bürgerlicher Küche. Für Feiern: ehemaliger Kuhstall mit Gewölbe.

KIRCHEN (SIEG) – Rheinland-Pfalz ➜ Siehe Betzdorf

KIRCHENSITTENBACH – Bayern ➜ Siehe Hersbruck

Wie entscheidet man sich zwischen zwei gleichwertigen Adressen?
In jeder Kategorie sind die Häuser nochmals geordnet, die besten Adressen stehen an erster Stelle.

KIRCHHEIM unter TECK

Baden-Württemberg – 40 140 Ew. – Höhe 311 m – Siehe Regionalatlas **55**-H19

Berlin 622 km – Stuttgart 38 km – Göppingen 19 km – Reutlingen 30 km

Michelin Straßenkarte 545

Zum Fuchsen

Schlierbacher Str. 28 ✉ 73230 – ✆ (07021) 57 80 – www.hotel-fuchsen.de

78 Zim – 115/125 € 140/165 € – 2 Suiten

Rest – Karte 25/49 € – *(geschl. Sonntagabend)*

Wie soll Ihr Zimmer sein? Standard, Komfort oder Deluxe? Letztere sind Juniorsuiten und daher am geräumigsten. Auch wenn Sie nicht bei Familie Kübler wohnen, können Sie sich natürlich im behaglichen Restaurant (Fuchsenstube, Weinstube oder Galerie) gepflegt bewirten lassen!

In Kirchheim unter Teck-Ötlingen West: 2,5 km, Richtung Wendlingen

Rössle garni

Stuttgarter Str. 202 ✉ 73230 – ✆ (07021) 80 77 70 – www.roessle-kirchheim.de

17 Zim – 95/105 € 120/130 €, 9 € – 3 Suiten

Natürliches Licht ist in dem kleinen Hotel von Christina Reiser ein ganz entscheidender Wohlfühlfaktor... offen, luftig, hell! Neben den modernen, individuellen Zimmern hat man im Gasthaus von 1662 eine gemütliche kleine Gaststube, in der es an einigen Abenden (Mo., Do., Fr.) ein paar Gerichte gibt.

In Ohmden Ost: 6 km über Jesingen

Landgasthof am Königsweg mit Zim

Hauptstr. 58 ✉ 73275 – ✆ (07023) 20 41 – www.landgasthof.com – geschl. Januar 3 Wochen und Sonntag - Montag
8 Zim – 🚹85/145 € 🚹🚹125/195 €, ☕ 12 €
Menü 29 € (mittags)/105 € – Karte 62/79 €
Herzlich wird man von Fritz Richter in dessen modern-elegantem Restaurant umsorgt, und zwar mit der mediterran beeinflussten klassischen Küche von Michael Grünbacher. Auch in Sachen Wein (sehr schöne Auswahl) wird man fachkundig beraten. In dem Landgasthof von 1672 lässt es sich übrigens auch gut wohnen: Altes Fachwerk und Dielenboden treffen hier auf modernen Stil.
→ Entenleber als Pavé mit Kakao und Ingwer, gebraten mit Feigencreme und Jaipurcurry. Gebratener Lammrücken und geschmortes Bäckchen mit gesalzener Bohnen-Aprikosencreme. Granny Smith Apfel, Schaum mit Johannisbrot und Kompott mit Reisessig, Tonkabohneneis.

KIRCHHEIMBOLANDEN

Rheinland-Pfalz – 7 730 Ew. – Höhe 251 m – Siehe Regionalatlas **47-E16**
▶ Berlin 610 km – Mainz 50 km – Bad Kreuznach 43 km – Mannheim 58 km
Michelin Straßenkarte 543

Braun garni

Uhlandstr. 1, (1. Etage) ✉ 67292 – ✆ (06352) 4 00 60 – www.hotelbraun.de
40 Zim ☕ – 🚹64/94 € 🚹🚹94/124 €
In dem Familienbetrieb im Zentrum stehen zeitlos-gediegene Classic-Zimmer bereit sowie in der obersten Etage elegant-moderne Deluxe-Zimmer mit Klimaanlage. Hübscher kleiner Saunabereich.

In Dannenfels-Bastenhaus Süd-West: 9 km, Richtung Rockenhausen – Höhe 400 m

Bastenhaus Zim,

Bastenhaus 1 ✉ 67814 – ✆ (06357) 97 59 00 – www.bastenhaus.de – geschl. Januar 1 Woche
37 Zim ☕ – 🚹67/87 € 🚹🚹98/118 €
Rest – Menü 24/44 € – Karte 24/46 € – *(geschl. Sonntagabend)*
In freier Natur liegt das aus einer Wirtschaft von 1849 entstandene Hotel mit seinen zeitgemäß und solide ausgestatteten Zimmern (teilweise mit Balkon) und nettem Garten mit Badeteich. Zum Restaurant gehört eine schöne große Terrasse mit Blick zum Donnersberg.

KIRCHHUNDEM

Nordrhein-Westfalen – 12 190 Ew. – Höhe 300 m – Siehe Regionalatlas **37-E12**
▶ Berlin 532 km – Düsseldorf 136 km – Siegen 34 km – Meschede 51 km
Michelin Straßenkarte 543

In Kirchhundem-Selbecke Ost: 4 km Richtung Bad Laasphe

Assmann

Selbecke 18 ✉ 57399 – ✆ (02723) 7 24 00 – www.hotel-assmann.de – geschl. Ende Juni - Anfang Juli 2 Wochen
9 Zim ☕ – 🚹46/50 € 🚹🚹78/110 € – 1 Suite – ½ P
Rest – Karte 16/34 € – *(geschl. Montag)*
Das erweiterte schöne Fachwerkhaus von 1846 beherbergt geschmackvolle, individuelle und mit harmonisch abgestimmten Stoffen dekorierte Gästezimmer. Das mit mediterraner Note gestaltete Restaurant bietet saisonal-bürgerliche Küche.

KIRCHLAUTER

Bayern – 1 380 Ew. – Höhe 344 m – Siehe Regionalatlas **50-K15**
▶ Berlin 432 km – München 261 km – Würzburg 88 km – Bamberg 32 km
Michelin Straßenkarte 546

In Kirchlauter-Pettstadt

Gutsgasthof Andres
Pettstadt 1 ✉ 96166 – ✆ (09536) 2 21 – www.gutshof-andres.de – geschl. Dienstag - Mittwoch
Menü 20/45 € – Karte 18/41 €
Ein denkmalgeschützter Gutshof mit Familientradition seit 1839, eingerahmt von altem Baumbestand. Geboten wird Regionales. Kleiner Feinkostladen mit Hausgemachtem. 2 Appartements.

KIRCHZARTEN
Baden-Württemberg – 9 820 Ew. – Höhe 392 m – Siehe Regionalatlas **61**-D20
Berlin 800 km – Stuttgart 177 km – Freiburg im Breisgau 9 km – Donaueschingen 54 km
Michelin Straßenkarte 545

Sonne
Hauptstr. 28 ✉ 79199 – ✆ (07661) 90 19 90 – www.sonne-kirchzarten.de
22 Zim – 59/89 € 85/139 € – 2 Suiten – ½ P
Rest *Sonne* – siehe Restaurantauswahl
Familie Rombach weiß seit nunmehr sieben Generationen, den wachsenden Ansprüchen ihrer Gäste gerecht zu werden. Immer wieder wird in das Traditionshaus von 1725 investiert, das Ergebnis sind z. B. die frisch und freundlich designten Landhaus-Zimmer. Und wenn's ein bisschen frecher sein darf, buchen Sie eines der "Schwarzwald-Pop"-Zimmer. Kosmetik und Massage.

Sonne – Hotel Sonne
Hauptstr. 28 ✉ 79199 – ✆ (07661) 90 19 90 – www.sonne-kirchzarten.de – geschl. Freitagmittag, Samstagmittag
Menü 24/48 € – Karte 19/48 €
Wer die badische Küche mag, ist bei den Rombachs an der richtigen Adresse! Man serviert sie Ihnen hier in einem gemütlichen Restaurant mit Holztäfelung und Parkettfußboden.

In Kirchzarten - Burg-Birkenhof

rainhof scheune
Höllentalstr. 96 ✉ 79199 – ✆ (07661) 9 88 61 10 – www.rainhof-hotel.de
14 Zim – 74/109 € 84/129 €, 13 € – 2 Suiten – ½ P
Rest – Menü 17 € (mittags unter der Woche)/44 € – Karte 26/48 €
Design, Wertigkeit und ein Stück Geschichte treffen hier zusammen, und zwar in Form von individuellen Zimmern wie "Poesiezimmer", "Bauernstube", "Landhaus", "Romantikzimmer"... historisches Holz und freigelegtes Mauerwerk mit Spuren aus keltischer Zeit sind besondere Hingucker. In der Gaststätte stärkt man sich z. B. mit Rösti-Gerichten, abends auch etwas internationaler.

In Kirchzarten - Burg-Höfen Ost: 1 km

Schlegelhof
Höfener Str. 92 ✉ 79199 – ✆ (07661) 50 51 – www.schlegelhof.de
11 Zim – 89/120 € 120/198 €
Rest *Schlegelhof* – siehe Restaurantauswahl
Es sind ihre Freundlichkeit und ihr Engagement, die Familie Schlegel bei den Gästen so beliebt macht, aber auch die hochwertige Einrichtung ihres kleinen Hotels! Mit unbehandeltem hellem Naturholz und wohnlichen Farben haben die Gastgeber Geschmack bewiesen. Lust auf Entspannung? Schöner Sauna- und Ruhebereich zum Garten, dazu Kosmetik und Massage.

Schlegelhof – Hotel Schlegelhof
Höfener Str. 92 ✉ 79199 – ✆ (07661) 50 51 – www.schlegelhof.de – geschl. Mittwoch
Menü 35/66 € – Karte 33/58 € – *(nur Abendessen, sonntags auch Mittagessen)* (Tischbestellung ratsam)
Das ländlich-moderne Ambiente ist schon einladend, die Terrasse im Grünen sowieso... Wenn Sie jetzt auch noch Speisen wie "Wiener Schnitzel mit Bratkartoffeln" oder "Rostbraten mit Zwiebeln in Burgundersauce" mögen, könnten Sie in dem sympathischen Restaurant zum Stammgast werden. Gute Weinkarte.

In Kirchzarten-Dietenbach Süd-West: 1,5 km

Zum Rössle mit Zim

Dietenbach 1 ✉ 79199 – ✆ (07661) 22 40 – www.zumroessle.de – geschl. Ende Januar - Anfang Februar 3 Wochen, November 1 Woche und Mittwoch; November - März: Montagmittag, Dienstagmittag, Mittwoch

6 Zim – †58/82 € ††92/112 € Menü 32/46 € – Karte 25/53 €

Der Gasthof von 1751 wird Sie gefangen nehmen mit seinem Charme: historisch-rustikal die Bauernstube, modern-elegant die Bruggastube, lauschig die Terrasse! In erster Linie genießt man aber die zeitgemäß-regionale Küche von Patrick Franke, z. B. "Lammhüfte mit Artischockencreme & Paprika". Für Übernachtungsgäste: liebenswerte Zimmer und leckeres Bauernfrühstück!

In Stegen-Eschbach Nord: 4 km

Landhotel Reckenberg mit Zim

Reckenbergstr. 2 ✉ 79252 – ✆ (07661) 9 79 33 00 – www.landhotel-reckenberg.de – geschl. Februar, Anfang November 10 Tage und Dienstag - Mittwochmittag

9 Zim – †75/100 € ††110/120 € – ½ P

Menü 20 € (mittags)/59 € – Karte 33/58 €

Bei Familie Hug kann man nicht nur gut essen. Neben dem holzgetäfelten Restaurant in klassischem Stil hat man hier in ruhiger Lage auch geräumige und wohnliche Gästezimmer. Nicht zu vergessen der schöne Garten.

KIRKEL

Saarland – 10 000 Ew. – Höhe 240 m – Siehe Regionalatlas **46-C17**

Berlin 690 km – Saarbrücken 24 km – Homburg/Saar 10 km – Kaiserslautern 48 km

Michelin Straßenkarte 543

In Kirkel-Neuhäusel

Ressmann's Residence – Ressmann's Residence

Kaiserstr. 87 ✉ 66459 – ✆ (06849) 9 00 00 – www.ressmanns-residence.de

20 Zim – †65/79 € ††92/99 € – 1 Suite – ½ P

Rest *Ressmann's Residence* – siehe Restaurantauswahl

Der gut geführte Familienbetrieb liegt im Ortskern und verfügt über funktionale Gästezimmer mit zeitgemäßem Komfort. Am Morgen erwartet Sie ein gutes Frühstücksbuffet.

Ressmann's Residence – Hotel Ressmann's Residence

Kaiserstr. 87 ✉ 66459 – ✆ (06849) 9 00 00 – www.ressmanns-residence.de

Menü 20 € (mittags unter der Woche)/69 € – Karte 34/72 € – *(geschl. Dienstag, Samstagmittag, Sonntagabend)*

Der moderne Look des Restaurants mit seinen klaren Formen und hellen warmen Tönen kommt bei den Gästen gut an, ebenso die ambitionierte zeitgemäße Küche mit international-saisonalen Einflüssen. Einer der Räume ist klimatisiert. Oder sitzen Sie lieber draußen? Der nette Biergarten liegt ruhig hinter dem Haus.

Rützelerie Geiß

Brunnenstraße 25 ✉ 66459 – ✆ (06849) 13 81 – www.ruetzeleriegeiss.de – geschl. März - April 1 Woche, Juli - August 3 Wochen, Ende Oktober 1 Woche und Sonntag - Montag

Menü 36/118 € (unter der Woche) – Karte 25/75 € – *(nur Abendessen)*

Seit über 25 Jahren leitet Rudi Geiß (genannt Rützi) das charmante Restaurant gemeinsam mit seiner Frau. Man kocht hier international mit französischem Einfluss. Schön ist die überdachte Terrasse am Haus. Und wenn Sie etwas für unterwegs möchten: Entenleberpralinen (eine Spezialität des Chefs) - gibt's "to go".

KIRN

Rheinland-Pfalz – 8 150 Ew. – Höhe 190 m – Siehe Regionalatlas **46-D15**

Berlin 649 km – Mainz 76 km – Bad Kreuznach 37 km – Trier 77 km

Michelin Straßenkarte 543

Kyrburg

Auf der Kyrburg 1 ✉ 55606 – ✆ (06752) 9 11 90 – www.whiskymuseum.de – geschl. Montag - Dienstag

Karte 27/42 €

In einem Gebäude von 1764 - intergriert in die Kyrburg a. d. 12. Jh. - befindet sich das rustikale Restaurant mit modernem Anbau und Whisky-Museum (zahlreiche Destillate werden offen ausgeschenkt), traumhaft die Terrasse mit Blick ins Nahetal. Gekocht wird klassisch: Gänseleberterrine, gebratener Zander...

KIRRWEILER – Rheinland-Pfalz ➜ Siehe Maikammer

KIRSCHAU

Sachsen – 2 470 Ew. – Höhe 249 m – Siehe Regionalatlas **44-R12**

▶ Berlin 228 km – Dresden 54 km – Görlitz 47 km – Bautzen 11 km

Michelin Straßenkarte 544

Bei Schumann

Rest,

Bautzener Str. 20 ✉ 02681 – ✆ (03592) 52 00 – www.bei-schumann.de

23 Zim – 63/90 € 126/210 € – 22 Suiten

Rest *Juwel*

Rest *Al Forno* – siehe Restaurantauswahl

Rest *Weberstube* – ✆ (03592) 52 05 20 – Menü 26/34 € – Karte 35/46 € – *(nur Abendessen)*

Man spürt förmlich, wie viel Herzblut Petra und Rüdiger Schumann in dieses Haus gesteckt haben. Der tolle Spa-Tempel samt Spa-Lounges, die schönen Zimmer und aufwändig gestalteten Suiten sowie der gute Service lassen hier nur die Bezeichnung "Wohlfühl-Hotel" zu! Als Alternative zu "Al Forno" und "Juwel" gibt es die gemütliche "Weberstube" mit regionaler Küche.

Juwel – Hotel Bei Schumann

Bautzener Str. 20 ✉ 02681 – ✆ (03592) 52 05 21 – www.bei-schumann.de – geschl. 13. Juli - 3. August und Sonntag - Montag

Menü 59/115 € – *(nur Abendessen)*

Für das elegante Ambiente in dem halbrunden kleinen Restaurant sorgen schön eingedeckte Tische und eine schicke Einrichtung in Schwarz und Lila, für die ambitionierte Küche auf klassischer Basis ist Mike Schulze verantwortlich und der freundliche, geschulte Service berät Sie sehr gut in Sachen Wein.

Al Forno – Hotel Bei Schumann

Bautzener Str. 20 ✉ 02681 – ✆ (03592) 52 05 30 – www.bei-schumann.de – geschl. Sonntag

Karte 27/64 € – *(nur Abendessen)*

Italienischer könnte das Restaurant wohl kaum sein: Terrakottafliesen, Holztische und eine umlaufende Sitzbank... das ist schön gemütlich! Und dazu die Showküche mit authentischem Holzofen - natürlich gibt es Antipasti, Pizza und Pasta!

KISSINGEN, BAD

Bayern – 20 900 Ew. – Höhe 220 m – Siehe Regionalatlas **49-I14**

▶ Berlin 480 km – München 329 km – Fulda 62 km – Bamberg 81 km

Michelin Straßenkarte 546

Frankenland

Zim,

Frühlingstr. 11 ✉ 97688 – ✆ (0971) 81 27 35 Stadtplan : B1**r**

– www.hotel-frankenland.de

496 Zim – 85/290 € 134/330 € – 4 Suiten – ½ P

Rest *Rôtisserie* – Karte 39/64 €

Rest *Frankenland-Stuben* – ✆ (0971) 81 28 33 – Karte 22/46 €

Ein komfortables Hotel mit großer Wellnesslandschaft und gutem Tagungsbereich. In der 6. Etage: einige besonders moderne Zimmer, darunter sehr schöne Pavarotti-, Caruso- und Callas-Suiten. Zeitlose Rôtisserie sowie rustikale Frankenland-Stuben mit bürgerlicher Karte.

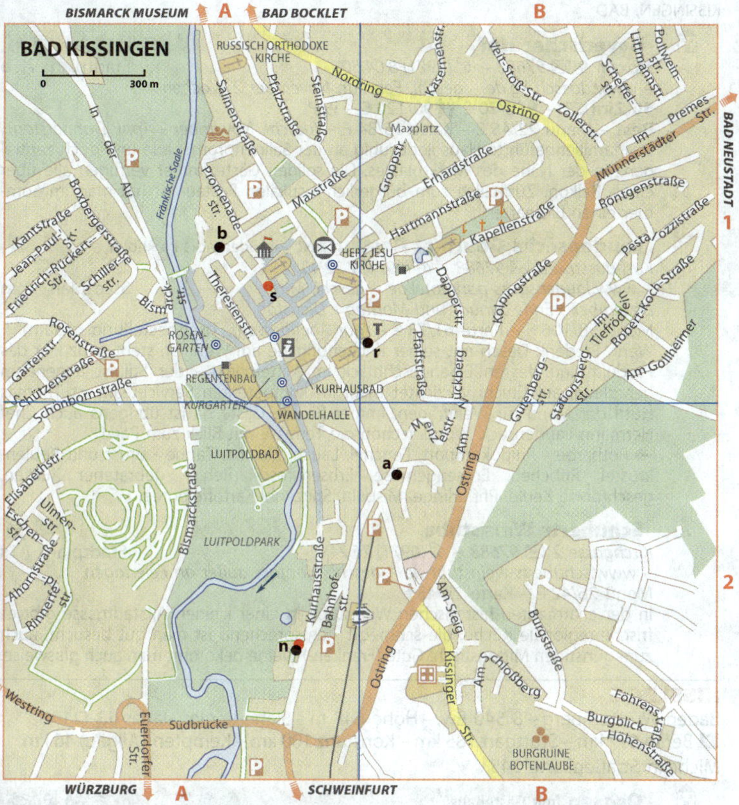

Laudensacks Parkhotel

Kurhausstr. 28 ✉ *97688* – ✆ *(0971) 7 22 40* Stadtplan : A2**n**
– *www.laudensacks-parkhotel.de – geschl. Mitte Dezember - Ende Januar*
20 Zim – 86/97 € 150/176 € – 1 Suite – ½ P
Rest ***Laudensacks Gourmet Restaurant*** ✿ – siehe Restaurantauswahl
Die Stadtvilla der Familie Laudensack ist schon ein beeindruckendes Haus: Zur Ruhe kommt man nicht nur in den sehr wohnlichen und individuellen Zimmern (die meisten mit Balkon), auch im eigenen 4000 qm großen Park wird entspannen leicht gemacht, nicht zu vergessen das Beauty-Angebot der Chefin. Und was kann es Schöneres geben, als an einem warmen Sommermorgen auf der Terrasse die umfangreiche Frühstücksauswahl vom Buffet zu genießen? Halbpension auch an Ruhetagen des Gourmetrestaurants.

Residence von Dapper

Menzelstr. 21 ✉ *97688* – ✆ *(0971) 78 54 80* Stadtplan : B2**a**
– *www.residence-dapper.de*
17 Zim – 79/119 € 138/280 € – 10 Suiten – ½ P
Rest – Menü 32/69 € – Karte 23/47 € – *(nur Abendessen)*
Vor über 100 Jahren wurde das stattliche Sandsteingebäude von Dr. Carl Dapper eröffnet und zeigt sich heute unter der Leitung von Günther und Sven Wedler in geschmackvoll-modernem Stil: klare Formen und warme Farben von den Zimmern über den Spa bis ins Wintergarten-Restaurant (internationale Küche).

Bayerischer Hof
Zim,

Maxstr. 9 ✉ 97688 – ✆ (0971) 8 04 50 Stadtplan : A1**b**
– www.doesch-kg.de – geschl. Februar, November 2 Wochen
50 Zim – 58/70 € 90/120 € – ½ P
Rest – Menü 22/45 € – Karte 15/34 € – *(geschl. November - April: Donnerstag)*
Das familiengeführte Haus liegt ruhig an der Salinenpromenade und doch zentral ganz in der Nähe des Marktplatzes. Die soliden Gästezimmer verfügen alle über einen Balkon. Zusätzlich zum bürgerlich-rustikalen Restaurant hat man im Sommer einen Biergarten.

Laudensacks Gourmet Restaurant – Laudensacks Parkhotel
Kurhausstr. 28 ✉ 97688 – ✆ (0971) 7 22 40
– www.laudensacks-parkhotel.de – geschl. Mitte Dezember - Ende Januar und Montag - Dienstag Stadtplan : A2**n**
Menü 58/106 € – Karte 61/73 € – *(nur Abendessen)* (Tischbestellung ratsam)
Wenn Frederik Desch mit seiner Küchenbrigade am Werk ist, steht ganz klar das Produkt und dessen Eigengeschmack im Mittelpunkt - der Stil ist angenehm geradlinig, auf Chichi verzichtet man! Im kompetenten Serviceteam ist Thomas Hüttl der Mann für Weinfragen. Immer für die Gäste da ist übrigens auch Chef Hermann Laudensack. Wunderschön die Terrasse mit Blick zum Park!
→ Rotbarbe - Pulpokompott, Fenchel, Lauch, Zitrone. Taube - Brust und Keulenkrustel, Rübchen, Erbsengemüse, Erbsenkresse. Reh - gebratener Rücken, geschmorte Keule, Pfifferlinge, Mispeln, Spitzkohl-Kartoffelpüree.

Schuberts Weinstube
Kirchgasse 2 ✉ 97688 – ✆ (0971) 26 24 Stadtplan : A1**s**
– www.schuberts-weinstube.de – geschl. Montag, außer an Feiertagen
Menü 26/42 € – Karte 23/45 €
In der charmanten historischen Weinstube in einer kleinen Altstadtgasse gibt es frische regionale Küche, die schmeckt - entsprechend ist man gut besucht, auch zum günstigen Mittagstisch! Gute (Franken-) Weine bekommt man auch glasweise.

KISSLEGG
Baden-Württemberg – 8 540 Ew. – Höhe 648 m – Siehe Regionalatlas **63**-I21
Berlin 697 km – Stuttgart 185 km – Konstanz 100 km – Kempten (Allgäu) 46 km
Michelin Straßenkarte 545

Ochsen (mit Gästehaus)
Zim,

Herrenstr. 21 ✉ 88353 – ✆ (07563) 9 10 90 – www.ochsen-kisslegg.de
47 Zim – 69 € 79/104 € – ½ P **Rest** – Menü 14/29 € – Karte 15/37 €
Frisch und modern ist der Ochsen geworden: Die engagierte Gastgeberfamilie hat in den Zimmern (teilweise mit Balkon) für eine freundliche, neuzeitlich-funktionale Einrichtung gesorgt und im Restaurant mischt sich geradlinig-zeitgemäßer Stil geschickt mit einer rustikalen Note.

KITZINGEN
Bayern – 20 840 Ew. – Höhe 205 m – Siehe Regionalatlas **49**-I16
Berlin 482 km – München 263 km – Würzburg 22 km – Bamberg 80 km
Michelin Straßenkarte 546

In Sulzfeld am Main Süd-West: 4 km

Vinotel Augustin garni
Matthias-Schiestl-Str. 4 ✉ 97320 – ✆ (09321) 2 67 29 60
– www.vinotel-augustin.de – geschl. 21. - 29. Dezember
8 Zim – 70/82 € 106/115 € – 1 Suite
Ein hübsches kleines Hotel bei einem Weingut. Die komfortablen Themenzimmer sind so individuell wie ihre Namen: Loft, Orient, Tropen, Space, Zen, Hütte, Pop-Art und Afrika. Die Gäste werden hier herzlich betreut, so auch beim guten Frühstück.

KLEINES WIESENTAL
Baden-Württemberg – 200 Ew. – Höhe 920 m – Siehe Regionalatlas **61**-D21
Berlin 845 km – Stuttgart 208 km – Freiburg im Breisgau 58 km – Basel 40 km
Michelin Straßenkarte 545

Im Ortsteil Neuenweg

Haldenhof mit Zim

Haldenhof 1, (In Hinterheubronn, 950 m Höhe) (Nord-West: 4,5 km Richtung Müllheim) ✉ 79692 – ✆ (07673) 2 84 – www.haldenhof-schwarzwald.de – geschl. Dezember - Februar

14 Zim ☕ – 🚹50/60 € 🚹🚹80 € – ½ P

Menü 16/45 € – Karte 19/46 € – *(geschl. März - April: Dienstag)*

Das Gasthaus liegt schön am Wald, toll der Blick von der Terrasse und einer der Stuben - da kehrt man nach einer Wanderung gerne ein und lässt sich international beeinflusste bürgerlich-regionale Küche servieren. Übernachten können Sie ebenfalls - die Zimmer sind ländlich-schlicht und gepflegt.

Im Ortsteil Schwand

Sennhütte

Schwand 14 ✉ 79692 – ✆ (07629) 9 10 20 – www.sennhuette.com – geschl. Ende Januar - Ende Februar

11 Zim ☕ – 🚹57/62 € 🚹🚹100/120 € – 1 Suite – ½ P

Rest – Karte 17/47 € – *(geschl. Dienstag)*

Sie möchten ein paar Tage ausspannen, die schöne Schwarzwaldlandschaft genießen und wandern? Das Haus der Familie Grether ist die ideale Adresse dafür. Alles hier ist äußerst gepflegt, Sie werden sehr freundlich umsorgt, es gibt Hausmacher Wurst zum Frühstück... und wie wär's mit einem Schnaps aus der eigenen Brennerei nach dem bürgerlich-regionalen Essen?

KLEINWALSERTAL

Vorarlberg – 5 015 Ew. – Siehe Regionalatlas **64-I22**
Wien 583 km – Bregenz 83 km – Kempten 49 km
Michelin Straßenkarte 730

In Riezlern – Höhe 1 100 m

Almhof Rupp
Zim,

Walserstr. 83 ✉ 87567 – ✆ (0043 5517) 50 04 – www.almhof-rupp.at – geschl. Ende April - Anfang Juni, Mitte Oktober - Mitte Dezember
30 Zim – 86/158 € 132/256 € – ½ P
Rest – Menü 28/42 € – *(geschl. Montag) (nur Abendessen)* (Tischbestellung erforderlich)
Direkt neben der Gondelstation liegt diese regionstypische Adresse unter familiärer Leitung. Wohnliche Zimmer, ein ansprechender Saunabereich sowie Massage und Kosmetik. In den gemütlichen Restaurantstuben wird ein täglich wechselndes Menü serviert.

Alpenhof Jäger

Unterwestegg 17 ✉ 87567 – ✆ (0043 5517) 52 34 – www.alpenhof-jaeger.de – geschl. 7. April - 24. Mai, 2. November - 18. Dezember
12 Zim – 65/80 € 110/170 € – ½ P
Rest *Humbachstube im Alpenhof Jäger* – siehe Restaurantauswahl
Ein liebevoll restauriertes Walserhaus von 1683, das um einen Anbau im regionalen Stil erweitert wurde. Das kleine Hotel mit den gepflegten rustikalen Gästezimmern wird von Familie Jäger engagiert geleitet. HP inklusive.

Walserstuba
Rest,

Eggstr. 2 ✉ 87567 – ✆ (0043 5517) 5 34 60 – www.walserstuba.at – geschl. 6. April - 13. Mai, 5. Oktober - 17. Dezember
22 Zim – 60/90 € 120/180 € – ½ P
Rest – Menü 39/59 € – Karte 40/66 € – *(geschl. Montag - Dienstag) (nur Abendessen)* (Tischbestellung ratsam)
Der seit mehreren Generationen von Familie Riezler geführte Alpengasthof mit seinen soliden regionstypischen Zimmern befindet sich etwas abseits des Zentrums, nahe der Lifte. Zum Essen sitzt man im urig-charmanten Enzianstüble besonders gemütlich, und zwar bei regionstypischer "Walser Chuche".

Humbachstube im Alpenhof Jäger – Hotel Alpenhof Jäger

Unterwestegg 17 ✉ 87567 – ✆ (0043 5517) 52 34 – www.alpenhof-jaeger.de – geschl. 7. April - 24. Mai, 2. November - 18. Dezember und Dienstag - Mittwoch
Menü 35/58 € – Karte 29/69 € – *(nur Abendessen)* (Tischbestellung ratsam)
Holzvertäfelte Wände, Kachelofen, netter Zierrat... Die kleine Stube ist richtig gemütlich! Hier gibt es die regionale Küche von Martin Jäger, in der gute heimische Produkte groß geschrieben werden. Appetit auf "In Tandoori gebratenes Zanderfilet und Zanderklößchen an Spinatravioli und Rieslingschaum"?

Scharnagl's Alpenhof mit Zim

Zwerwaldstr. 28 ✉ 87567 – ✆ (0043 5517) 52 76 – www.scharnagls.de – geschl. 13. April - 7. Mai, 9. November - 7. Dezember und Mittwoch - Donnerstagmittag
5 Zim – 45/78 € 90/130 €
Menü 29/61 € – Karte 19/42 € – (Tischbestellung ratsam)
Dass Jürgen Scharnagl kochen kann, beweisen schmackhafte Gerichten wie "Zürcher Geschnetzeltes mit Champignons und Rösti", zubereitet aus regionalen Produkten. Sympathisch wie die Gastgeber ist auch das freundlich-alpenländische Ambiente.

In Hirschegg – Höhe 1 125 m

Travel Charme Ifen Hotel

Oberseitestr. 6 ✉ 87568 – ✆ (0043 5517) 60 80 – www.travelcharme.com
117 Zim – 153/272 € 218/388 € – 8 Suiten – ½ P
Rest *Kilian Stuba* – siehe Restaurantauswahl
Das Hotel in 1100 m Höhe wurde von Lorenzo Bellini modern-alpin designt. Schicke Zimmer mit Balkon oder Terrasse, ausgezeichnetes Angebot im PURIA Premium Spa auf 2300 qm. Skischule. Halbpension im Restaurant Theo's.

Walserhof Rest,

Walserstr. 11 ✉ 87568 – ✆ (0043 5517) 56 84 – www.wellnesshotel-walserhof.at – geschl. 22. April - 8. Mai, 1. November - 11. Dezember
44 Zim – 83/146 € 84/160 € – 4 Suiten – ½ P
Rest – Menü 25 € (abends) – Karte 27/43 €
Man hat hier nicht nur ein gutes Freizeitangebot, schön wohnlich ist es auch, dafür sorgen unterschiedliche Zimmertypen von "Komfort" über "Superior" und "Romantik" bis zum "Kuschelzimmer". Wer es gerne ganz modern hat, bucht ein Zimmer im "Alpin Chic"-Stil! Nicht weniger ansprechend: der "Raum der Stille" und die Bio-Panoramasauna mit Außenwhirlpool. Teil des regionstypischen Restaurants ist ein hübscher lichter Wintergarten.

Birkenhöhe Zim,

Oberseitestr. 34 ✉ 87568 – ✆ (0043 5517) 55 87 – www.birkenhoehe.com – geschl. 12. April - 30. Mai, 26. Oktober - 17. Dezember
39 Zim – 100/130 € 196/312 € – 5 Suiten – ½ P
Rest *Sonnenstüble* – Menü 29/75 € – Karte 46/58 € – *(geschl. Montag) (nur Abendessen)* (Tischbestellung ratsam)
Das ruhig gelegene Ferienhotel mit Aussicht aufs Kleinwalsertal ist ein gut geführter Familienbetrieb mit wohnlichem Ambiente und Spa mit Panoramahallenbad. Das kleine alpenländisch-elegante Sonnenstüble dient als A-la-carte-Restaurant. Zur regionalen Küche reicht man eine ambitionierte Weinkarte mit rund 250 Positionen. Außerdem lockt täglich der leckere hausgebackene Kuchen der Seniorchefin und in der Bar finden Rum- und Whisky-Freunde eine große Auswahl.

Naturhotel Chesa Valisa (mit Gästehaus)

Gerbeweg 18 ✉ 87568 – ✆ (0043 5517) 5 41 40 Rest,
– www.naturhotel.at – geschl. 12. April - 25. Mai, 10. November - 10. Dezember
52 Zim – 103/125 € 216/266 € – 10 Suiten – ½ P
Rest – Menü 28/45 € (abends) – Karte 21/44 €
Konsequent verfolgt man hier das Bio-Konzept in Architektur, Material, Kosmetik, Speisen- und Weinangebot... Viel Holz, Glas und klares Design schaffen ein ansprechendes wohnlich-modernes Ambiente und dennoch bewahrt man mit dem 500 Jahre alten Gasthof ein Stück Tradition. Im Restaurant (charmant die historische Stube, schön licht der Wintergarten) serviert man Gerichte aus Naturprodukten, dazu gute österreichische Weine, 70% davon sind Bioweine.

Gemma Zim,

Schwarzwassertalstr. 21 ✉ 87568 – ✆ (0043 5517) 5 36 00 – www.gemma.at – geschl. 12. April - 17. Mai, 1. November - 17. Dezember
26 Zim – 82/113 € 82/149 € – 1 Suite – ½ P
Rest – Menü 35/42 € – *(nur Abendessen)*
Nach Umbau erstrahlt das familiär geleitete Haus in neuem Glanz - von der Zufahrt über die Lobby und die Bar bis in die Zimmer ist alles frisch und angenehm modern. Nach wie vor attraktiv ist auch die erhöhte Lage beim Skilift. HP inklusive, im Sommer auch die Liftkarte.

Sonnenberg

Am Berg 26 ✉ 87568 – ✆ (0043 5517) 54 33
– www.kleinwalsertal-sonnenberg.de
– geschl. 6. April - 7. Mai, 18. Oktober - 17. Dezember
14 Zim – 53/76 € 100/164 € – 1 Suite – ½ P
Rest – *(nur Abendessen für Hausgäste)*
Urigen Charme versprüht das Walser Bauernhaus a. d. 16. Jh. - so liebenswert wie die sympathischen und engagierten Gastgeber. Bei Eis und Schnee müssen Sie die steile Straße hier hinauf nicht selbst fahren, man holt Sie unten im Ort ab.

Kilian Stuba – Travel Charme Ifen Hotel

Oberseitestr. 6 ✉ 87568 – ✆ (0043 5517) 60 80 – www.travelcharme.com
– geschl. Juni 2 Wochen, November 3 Wochen und Sonntag - Montag
Menü 79/109 € – Karte 77/84 € – *(nur Abendessen)*
Optisch und kulinarisch gleichermaßen ein Genuss: Ausgesprochen geschmackvoll das edle, modern-elegante und zugleich warme Design, voller Kraft und Aromen die feinen kreativen Speisen des sympathischen jungen Küchenchefs Sascha Kemmerer. Die Weine dazu kommen vorwiegend aus Österreich und Deutschland.
➜ Elsässische Gänsestopfleber - lauwarmer Ochsenschwanz, Rhabarber-Gel, Wachtelei. Wildfang Steinbutt - Kalbsbries, Spargel, Kerbelsud. Heimisches Kalbsfilet mit Morchel-Ochsenmarkkruste, geräucherter Erbsencoulis, Pommes Fondant.

In Mittelberg – Höhe 1 220 m

Haller's Genuss & Spa Hotel

Von Klenze Weg 5 ✉ 87569 – ✆ (0043 5517) 55 51 – www.hallers.at
– geschl. 12. April - 31. Mai
55 Zim – 134/195 € 198/360 € – 30 Suiten – ½ P
Rest *Haller's* – siehe Restaurantauswahl
Das Hotel der Familie Haller ist wohnlich und für die Region typisch eingerichtet, bietet freundlichen Service, eine hochwertige Halbpension und nicht zuletzt einen gut ausgestatteten Spa. Einige Zimmer mit Blick auf die umliegenden Berge!

Leitner

Walserstr. 355 ✉ 87569 – ✆ (0043 5517) 57 88 – www.leitner-hotel.at
– geschl. 7. April - 13. Mai, 1. November - 13. Dezember
35 Zim – 95/155 € 170/240 € – 16 Suiten – ½ P
Rest – Menü 23/40 € – Karte 16/45 € – *(geschl. Sonntag) (nur Abendessen)*
Hier überzeugt der aufwändig gestaltete Spabereich auf 1000 qm, dessen Ruheraum einen tollen Bergblick bietet. Besonders schön: einige Zimmer in alpenländisch-modernem Stil.

Lärchenhof

Schützabühl 2 ✉ 87569 – ✆ (0043 5517) 65 56
– www.naturhotel-laerchenhof.at
– geschl. 15. April - 17. Mai, 4. November - 19. Dezember
24 Zim – 61/94 € 110/166 € – ½ P
Rest – Menü 25/38 € – *(geschl. Dienstag) (nur für Hausgäste)*
Sie finden diesen wohnlichen Familienbetrieb in einer Seitenstraße hinter der Kirche. HP inklusive, im Sommer auch die Bergbahnkarte. Für Entspannung nach einer schönen Wanderung sorgen die "Alpschwitz"-Sauna - attraktiv mit Naturmaterialien wie Holz und Stein gestaltet! - sowie Kosmetikanwendungen und Massagen. Tipp: Probieren Sie die eigenen Honig-Produkte!

Ingeborg garni

Im Hag 3 ✉ 87569 – ✆ (0043 5517) 5 75 80 – www.hotel-garni-ingeborg.at
14 Zim – 49/65 € 80/135 €
Bei Familie Rapp wohnt man schön ruhig in einem sympathischen, freundlich geführten und tipptopp gepflegten kleinen Hotel. Die Zimmer sind behaglich-gediegen, die Umgebung ist angenehm dörflich, und lassen Sie sich nicht den wirklich geschmackvollen Saunabereich im mediterranen Stil entgehen!

Haller's – Haller's Genuss & Spa Hotel
Von Klenze Weg 5 ✉ 87569 – ✆ (0043 5517) 55 51 – www.hallers.at – geschl. 12. April - 31. Mai und Dienstag - Mittwoch
Menü 39/99 € – Karte 30/62 €
In behaglichem Landhausambiente bekommen Sie ambitionierte regionale und internationale Gerichte von Gerd Hammerer und seinem Team serviert, so z. B. "kross gebratener Spanferkelrücken in Pestojus mit Polentastrudel". Auf eine schöne Terrasse mit Aussicht braucht man auch nicht zu verzichten!

In Mittelberg-Höfle Nord-Ost: 3 km, Zufahrt über die Straße nach Baad, dann links abbiegen

IFA-Hotel Alpenhof Wildental
Höfle 8 ✉ 87569 – ✆ (0043 5517) 6 54 40 – www.ifa-wildental-hotel.com – geschl. 9. November - 4. Dezember
57 Zim – 89/162 € 158/167 € – ½ P
Rest – *(nur Abendessen für Hausgäste)*
Die Gäste dieses Hotels schätzen die idyllische Lage, die gut ausgestatteten Zimmer, das Wellness- und Fitnessangebot sowie die Sonnenterrasse mit Panoramablick. HP inklusive.

KLETTGAU

Baden-Württemberg – 7 420 Ew. – Höhe 424 m – Siehe Regionalatlas **62**-E21
Berlin 793 km – Stuttgart 163 km – Freiburg im Breisgau 79 km – Donaueschingen 43 km
Michelin Straßenkarte 545

In Klettgau-Grießen

Landgasthof Mange
Kirchstr. 2 ✉ 79771 – ✆ (07742) 54 17 – www.mange-griessen.de – geschl. Ende August 2 Wochen und Montag - Dienstag
Karte 21/48 € – *(Mittwoch - Freitag nur Abendessen)* (Tischbestellung erforderlich)
Eine der besten Adressen der Region! Patron Paul Maier zeigt echtes Engagement, wenn er seine abwechslungsreichen Speisen kocht - und die reichen von "Cordon bleu mit Pommes Frites" bis "Steinbutt mit Krustentierschaum, Estragon, Artischocken und Hummer". Probieren Sie auch Schnaps und Brot - beides stammt aus der eigenen Produktion der Familie.

KLINGENBERG am MAIN

Bayern – 6 110 Ew. – Höhe 128 m – Siehe Regionalatlas **48**-G15
Berlin 576 km – München 354 km – Würzburg 81 km – Amorbach 18 km
Michelin Straßenkarte 546

Straubs Schöne Aussicht (mit Gästehaus)
Bahnhofstr. 18 (am linken Mainufer) ✉ 63911 – ✆ (09372) 93 03 00 – www.straubs-schoene-aussicht.de – geschl. 23. - 30. Dezember, 2. - 6. Januar
28 Zim – 57/79 € 77/86 €, 5 € – ½ P
Rest *Straubs Restaurant* – siehe Restaurantauswahl
An der Mainbrücke im Zentrum liegt der langjährige Familienbetrieb mit seinen gepflegten Zimmern - von den meisten schaut man auf den Fluss und die Clingenburg.

Straubs Restaurant – Hotel Straubs Schöne Aussicht
Bahnhofstr. 18 (am linken Mainufer) ✉ 63911 – ✆ (09372) 93 03 00 – www.straubs-restaurant.de – geschl. 27. - 30. Dezember, 1. - 12. Januar, 24. Februar - 7. März, 19. - 29. August, 17. - 25. Oktober und Montag - Dienstagmittag, Mittwochmittag, Freitagmittag
Menü 39/45 € – Karte 33/53 €
Hier lockt die schöne Aussicht auf Weinberge, Burg und Main die Gäste an, aber auch die frischen, mit Sorgfalt und Geschmack zubereiteten Gerichte von Rafael Straub. Da gibt es z. B. "gebratene Salzwasser-Riesengarnelen auf lauwarmem Couscous" oder "junge Franzosenpoularde auf Mousseline mit rotem Knoblauch, Limetten, Kapern, Mandeln und Thymian" und dazu eine interessante deutsche Weinkarte. Freundlich der Service durch Sabine Straub.

In Klingenberg-Röllfeld Süd: 2 km

Paradeismühle

Paradeismühle 1 (Ost: 2 km) ✉ 63911 – ✆ (09372) 40 80 – www.paradeismuehle.de

39 Zim ☕ – ♦52/61 € ♦♦75/99 € – ½ P **Rest** – Menü 22 € – Karte 21/41 €

Ein Fachwerkhaus a. d. J. 1798 ist das Stammhaus dieses gewachsenen Familienbetriebs mit eigenem Weinbau und Wildgehege. Originell: Der Mühlbach verläuft durch das Haus. Restaurant mit rustikalem Charakter und schöner Terrasse.

KLINGENTHAL

Sachsen – 9 510 Ew. – Höhe 569 m – Siehe Regionalatlas **42-N14**

Berlin 337 km – Dresden 169 km – Chemnitz 86 km – Plauen 43 km

Michelin Straßenkarte 544

Berggasthaus Schöne Aussicht

Aschbergstr. 19 ✉ 08248 – ✆ (037467) 2 02 81 – www.bergasthaus-klingenthal.de

5 Zim ☕ – ♦37/42 € ♦♦55/69 € – ½ P **Rest** – Karte 16/24 €

Eine tolle Aussicht über das Vogtland bietet dieses im Stil eines Berggasthofs erbaute Haus in ca. 900 m Höhe. Gemütlich dekorierte Zimmer, teils mit Fachwerk. Der Dielenboden unterstreicht den behaglich-urigen Charakter der Gaststuben.

KLOSTER ZINNA – Brandenburg → Siehe Jüterbog

KLOSTER LEHNIN

Brandenburg – 11 020 Ew. – Höhe 36 m – Siehe Regionalatlas **22-O9**

Berlin 72 km – Potsdam 37 km – Belzig 30 km – Brandenburg 20 km

Michelin Straßenkarte 542

Im Ortsteil Lehnin

Markgraf

Friedensstr. 13 ✉ 14797 – ✆ (03382) 76 50 – www.hotel-markgraf.de

58 Zim ☕ – ♦58/66 € ♦♦79/95 € – ½ P **Rest** – Karte 15/30 €

In diesem familiengeführten Hotel wohnt man in praktischen, zeitgemäßen Zimmern (fast alle mit kleinem Balkon) und entspannt in dem hübschen kleinen Saunabereich im OG. Das Restaurant bietet bürgerlich-saisonale Küche und einige österreichische Gerichte.

KLÜTZ

Mecklenburg-Vorpommern – 3 090 Ew. – Höhe 12 m – Siehe Regionalatlas **11-K4**

Berlin 274 km – Schwerin 53 km – Grevesmühlen 14 km – Hamburg 123 km

Michelin Straßenkarte 542

Landhaus Sophienhof garni

Wismarsche Str. 34 (Zufahrt über Schulstraße) ✉ 23948 – ✆ (038825) 26 70 80 – www.gartenhotel-sophienhof.de

4 Zim – ♦49/75 € ♦♦69/89 €, ☕ 12 €

Wenige Gehminuten vom Schloss Bothmer entfernt steht das schön sanierte Fachwerkhaus von 1854, dessen Zimmer nordisch-wohnlicher Charme versprühen. Café mit Terrasse.

KNITTELSHEIM – Rheinland-Pfalz → Siehe Bellheim

KNÜLLWALD

Hessen – 4 570 Ew. – Höhe 260 m – Siehe Regionalatlas **39-H12**

Berlin 426 km – Wiesbaden 180 km – Kassel 49 km – Fulda 59 km

Michelin Straßenkarte 543

In Knüllwald-Rengshausen

Sonneck

Zu den einzelnen Bäumen 13 ✉ 34593 – ✆ (05685) 9 99 57 – www.hotel-sonneck.com – geschl. 2. - 11. Januar, 31. Juli - 16. August

60 Zim – 68/92 € 90/124 € – 1 Suite – ½ P

Rest – Menü 18 € (mittags) – Karte 17/35 €

In ruhiger Lage oberhalb des Ortes erwartet Sie ein familiär geleitetes Hotel mit neuzeitlichen Zimmern und hübschem Freizeitbereich, der auch Kosmetik und Massage bietet. Eine schöne Aussicht hat man vom Restaurant.

KOBERN-GONDORF

Rheinland-Pfalz – 3 180 Ew. – Höhe 82 m – Siehe Regionalatlas **36**-D14

Berlin 612 km – Mainz 100 km – Koblenz 23 km – Trier 117 km

Michelin Straßenkarte 543

Alte Mühle Thomas Höreth mit Zim

Mühlental 17 (Kobern) ✉ 56330 – ✆ (02607) 64 74 – www.thomashoereth.de – geschl. Januar 3 Wochen

14 Zim – 160/240 € 210/240 €

Karte 34/48 € – *(Montag - Freitag nur Abendessen)* (Tischbestellung ratsam)

Familie Höreth hat mit diesem ausgesprochen charmanten Anwesen einen wunderbaren Rückzugsort geschaffen: Die Stuben sind liebevoll dekoriert, dazu ein Innenhof, der idyllischer kaum sein könnte. Ein echtes Bijou, zu dem auch ein eigenes Weingut gehört. Wenn es Ihnen hier gefällt, bleiben Sie doch einfach ein bisschen länger: Man hat nämlich individuelle und sehr wohnliche Gästezimmer, die genauso geschmackvoll sind und schön ruhig etwas oberhalb des Restaurants liegen!

KOBLENZ

Rheinland-Pfalz – 106 680 Ew. – Höhe 60 m – Siehe Regionalatlas **36**-D14

Berlin 600 km – Mainz 100 km – Bonn 63 km – Wiesbaden 102 km

Michelin Straßenkarte 543

Altstadthotel garni

Jesuitenplatz 1 ✉ 56068 – ✆ (0261) 20 16 4 0 – www.aranhotel-koblenz.de – geschl. über Karneval 1 Woche Stadtplan : B1**a**

14 Zim – 70/90 € 85/105 €, 10 €

Das schöne alte Haus mitten in der Stadt birgt nicht nur zeitgemäß-funktionale Zimmer, sondern auch ein Café mit Brotmanufaktur - probieren Sie unbedingt die verschiedenen Brotsorten (alle aus Sauerteig) mit diversen Aufstrichen! Hinweis: Die Rezeption ist nur bis 18 Uhr geöffnet.

Stein

Mayener Str. 126 (über Europabrücke A1) ✉ 56070 – ✆ (0261) 96 35 30 – www.hotel-stein.de

30 Zim – 80/90 € 105/140 € – ½ P

Rest *Schiller's Restaurant* – siehe Restaurantauswahl

Auch wenn die modern-gediegenen Zimmer zur Straße hin liegen, so hat man dank sehr guter Schallisolierung dennoch eine ruhige Nacht. Autofahrer wird's freuen: Man hat hier gute Parkmöglichkeiten.

Schiller's Restaurant – Hotel Stein

Mayener Str. 126 (über Europabrücke A1) ✉ 56070 – ✆ (0261) 96 35 30 – www.schillers-restaurant.de – geschl. Samstagmittag, Sonntag - Montag

Menü 50/84 € – Karte 62/128 €

Mögen Sie es gerne mediterran? Und wie wär's mit Wintergartenflair? Drinnen speist man in elegantem Ambiente, draußen vor den großen Sprossenfenstern auf der schönen Gartenterrasse. Probieren Sie z. B. das Jahreszeitenmenü oder das beliebte "Rinderfilet Rossini"!

KOBLENZ
BONN, KÖLN
TRIER
BINGEN, BOPPARD
SCHLOSSTOLZENFELS
LAHNSTEIN
RHEINTAL
A
B
1
2
3
Mariahilfstr.
Mayener Str.
An der Bleiche
Garten-str.
Paul-str.
Neuendorfer Str.
Blumenstraße
Schartwiesenweg
HAFEN
Europabrücke
Balduinbrücke
Mosel
Deutsches Eck
DEUTSCH-HERRENHAUS
Mittelrhein Museum
ALTE BURG
Burgstr.
FLORIANSKIRCHE
Florinsmarkt
St. Kastor Basilika
Ludwig-Museum
Neuer Messeplatz
Schlachthofstraße
Saarplatz
Weißer Gasse
Fischelstr.
Moselring
POL
Liebfrauenkirche
Jesuitenplatz
JESUITENKIRCHE
Josef-Görres-Platz
Rheinzollstr.
Pfuhlgasse
Löhrstraße
Zentralplatz
Poststr.
Deinhardplatz
Clemensplatz
Reichenspergerplatz
Bardeleben-str.
Thielenstr.
Luisenstr.
Casinostraße
Schloßstr.
HERZ-JESU-KIRCHE
Stegemannstraße
Cusanusstraße
Damm-str.
Neustadt
SCHLOSS
Rheinanlage
Friedrich-str.
Friedrich-Ebert-Ring
Rizzastraße
Brückenstr.
Pfaffendorfer Brücke
CONGRESS CENTRUM
RHEIN-MOSEL-HALLE
WEINDORF
Roonstraße
Karthäuserstraße
ADAC
Südallee
Kurfürstenstraße
Bismarckstraße
Markenbildchenweg
Hohenzollernstraße
FORT KONSTANTIN
Römerstraße
Emser Str.
Rhein
PFAFFENDORF
ST. PETER UND PAUL KIRCHE
Frankenstraße
Sachsen-str.
Adamsstr.
Mainzer Str.
ST. JOSEF KIRCHE
Ludwigstr.
Chlodwigstraße
Schenkendorfstr.
Sankt-Josef-Platz
Ellingshohl
0
200 m
a
b
c
d
P
T

GERHARDS GENUSSGESELLSCHAFT

Danziger Freiheit 3 ✉ 56068 – ✆ (0261) 91 49 91 33 Stadtplan : B1**c**
– www.gerhards-genussgesellschaft.de – geschl. Montag
Menü 20 € (mittags unter der Woche)/48 € – Karte 28/51 € – *(November - Ostern: Dienstag - Donnerstag nur Abendessen)*
Nicht weit vom Deutschen Eck, wo Rhein und Mosel zusammenfließen, liegt hinter alten Mauern der historische "Blumenhof". Und hier ist der Eingang zu diesem geradlinig-modernen Lokal mit schönem Gewölbe. Oder sitzen Sie lieber auf der herrlichen Terrasse, um sich die regionale Saisonküche schmecken zu lassen? Die gibt es z. B. als "geschmorte Rinderbacken mit Kartoffelpüree".

Da Vinci

Firmungstr. 32b ✉ 56068 – ✆ (0261) 9 21 54 44 Stadtplan : B1**d**
– www.davinci-koblenz.de – geschl. Sonntag
Menü 34 € (mittags unter der Woche)/128 € – Karte 20/52 €
Einen wirklich schönen Rahmen bietet das elegante Restaurant in der Fußgängerzone - angenehm luftig mit hoher Decke und großen Fenstern, an den geschmackvoll-dunkelgrünen Wänden Duplikate von Da-Vinci-Werken. Wählen Sie schmackhafte Gerichte von der Barkarte oder von der Gourmetkarte, letztere nur Di. - Sa.

Bistro Filip

Münzstr. 3 ✉ 56068 – ✆ (0261) 97 37 93 71 Stadtplan : A1**b**
– www.bistrofilip.de – geschl. Sonntag
Menü 15 € (mittags)/40 € – Karte 22/42 €
Atmosphäre und Küche sind bistrotypisch, freundlich-leger der Service... also eine sympathische ungezwungene Adresse für frische Küche mit mediterranem Einschlag. Am Abend wird zusätzlich auf der Tafel ein Menü präsentiert. Draußen kann man übrigens auch schön am Münzplatz sitzen.

In Koblenz-Güls Süd-West: 5 km über Römerstraße Stadtplan : A3, Richtung Cochem

Moselhotel Hähn

Rest, Rest, Rest,
Wolfskaulstr. 94 ✉ 56072 – ✆ (0261) 94 72 30 – www.moselhotel-haehn.de
51 Zim – 75/95 € 125/145 € – ½ P
Rest *Vinoble* – siehe Restaurantauswahl
Rest – Menü 25/40 € – Karte 28/45 €
Ein gewachsenes Hotel, das seit vielen Jahren in Familienbesitz ist. Freundliche, behagliche Zimmer mit zeitgemäßem Komfort sowie schöner Saunabereich mit privatem Wellnesszimmer.

Vinoble – Moselhotel Hähn

Wolfskaulstr. 94 ✉ 56072 – ✆ (0261) 94 72 30 – www.moselhotel-haehn.de – geschl. Montag - Dienstag
Menü 30/40 € – Karte 40/63 € – *(nur Abendessen)*
Ob für ein Geschäftsessen oder zum privaten Vergnügen, das Restaurant wird von seinem Gästeklientel geschätzt. Apfelgrün gepolsterte Hochlehner und moderne Dekorationen setzen Akzente.

In Koblenz-Rauental West: 2 km über Schlachthofstraße Stadtplan : A1

Scholz

Moselweißer Str. 121 ✉ 56073 – ✆ (0261) 9 42 60 – www.hotelscholz.de – geschl. 22. Dezember - 4. Januar
67 Zim – 59/68 € 83/88 €
Rest – Karte 17/31 € – *(geschl. Samstag - Sonntag, November bis März: Freitag - Sonntag) (nur Abendessen für Hausgäste)*
Ein funktional ausgestattetes Hotel mit unterschiedlich eingerichteten, teils besonders modernen Zimmern und einer Internetstation im freundlich gestalteten Empfangsbereich.

KÖLN

Nordrhein-Westfalen – 1 017 160 Ew. – Höhe 53 m – Siehe Regionalatlas **36**-C12

▶ Berlin 579 km – Düsseldorf 42 km – Bonn 31 km – Aachen 72 km

Michelin Straßenkarte 543

Stadtpläne siehe nächste Seiten

→ Alphabetische Liste der Hotels
→ Alphabetical index of hotels

→ Alphabetische Liste der Restaurants
→ Alphabetical index of restaurants

Hotels

Excelsior Hotel Ernst

Domplatz/Trankgasse 1 ✉ *50667* – ✆ *(0221) 27 01* Stadtplan : J1**a**
– *www.excelsior-hotel-ernst.de*

123 Zim – 180/420 € 220/510 €, 32 € – 19 Suiten

Rest *taku* **Rest *Hanse Stube*** – siehe Restaurantauswahl

Mit Stil und Geschmack hat man in dem 1863 gegründeten Grandhotel am Dom Klassik und Moderne vereint. Exklusiv der Empfangsbereich mit Empore, nobel die Antiquitäten-Boutique, gut das Business Center, elegant die Zimmer... Darf's ein bisschen mehr sein? Dann gönnen Sie sich eines der besonders edlen Zimmer im Hanseflügel! Oder vielleicht eine der Excelsior Suiten mit einmaligem Domblick?

Dorint am Heumarkt

Rest,

Pipinstr. 1 ✉ *50667* – ✆ *(0221) 2 80 60* Stadtplan : J2**d**
– *www.dorint.com/koeln-city*

250 Zim – 129 € 149 € – 12 Suiten

Rest – Menü 26 € (mittags)/85 € – Karte 31/60 €

Viele der modernen Zimmer (von Standard bis zur Präsidentensuite) haben Domblick - und den genießt man sogar vom Fahrstuhl aus! Dazu gut ausgestattete Tagungsräume, Concierge und eine großzügige Lobby, die in Harry's New York Bar mit klassischen Bar-Gerichten und täglicher Livemusik übergeht.

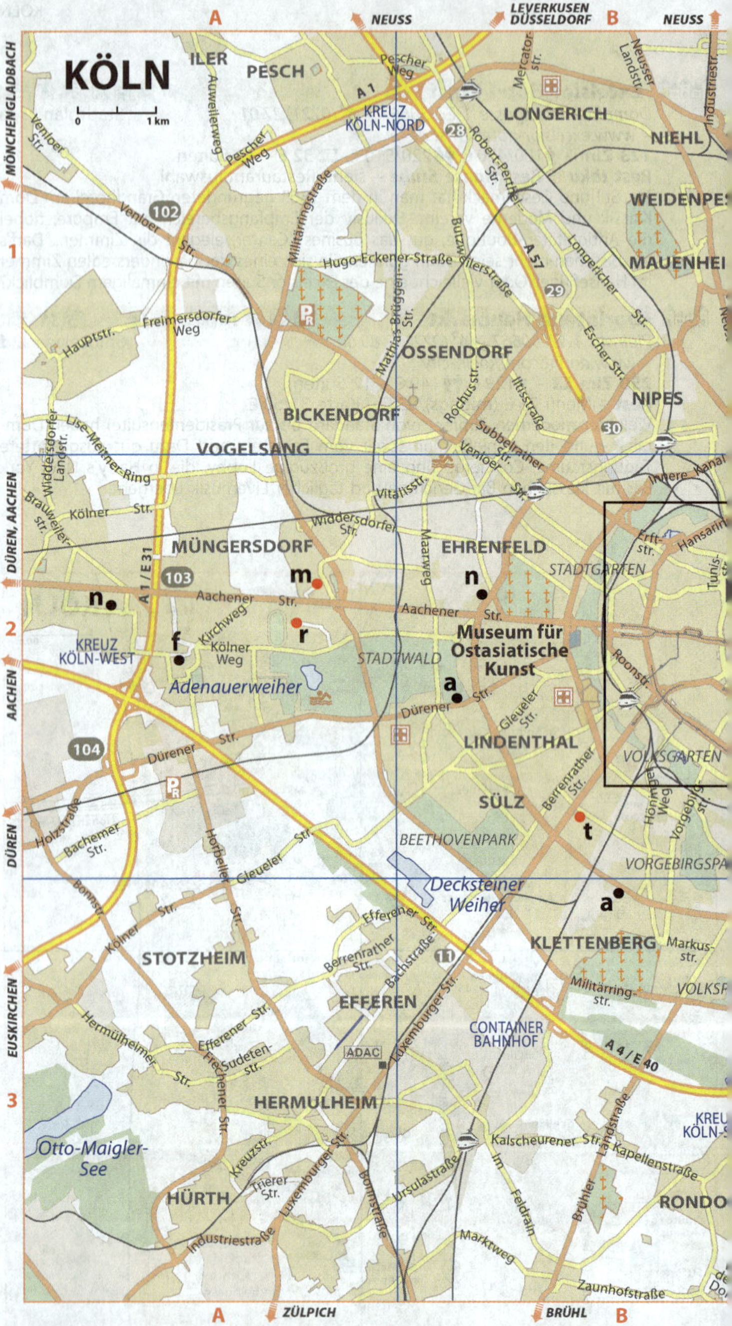

KÖLN
0
1 km
A
B
NEUSS
LEVERKUSEN DÜSSELDORF
MÖNCHENGLADBACH
DÜREN, AACHEN
AACHEN
DÜREN
EUSKIRCHEN
ZÜLPICH
BRÜHL
1
2
3
ILER
PESCH
LONGERICH
NIEHL
WEIDENPES
MAUENHEI
KREUZ KÖLN-NORD
A 1
A 57
102
103
104
28
29
30
11
OSSENDORF
BICKENDORF
VOGELSANG
NIPES
MÜNGERSDORF
EHRENFELD
STADTGARTEN
Museum für Ostasiatische Kunst
KREUZ KÖLN-WEST
STADTWALD
Adenauerweiher
LINDENTHAL
VOLKSGARTEN
SÜLZ
BEETHOVENPARK
VORGEBIRGSPA
Decksteiner Weiher
KLETTENBERG
STOTZHEIM
EFFEREN
CONTAINER BAHNHOF
A 4/E 40
ADAC
HERMULHEIM
Otto-Maigler-See
HÜRTH
RONDO
A1/E31
Venloer Str.
Pescher Weg
Auweilerweg
Militärringstraße
Hugo-Eckener-Straße
Freimersdorfer Weg
Hauptstr.
Mathias-Brüggen-Str.
Robert-Perthel-Str.
Longericher Str.
Escher Str.
Mercatorstr.
Neusser Landstr.
Industriestr.
Rochusstr.
Iltisstraße
Subbelrather Str.
Widdersdorfer Landstr.
Lise-Meitner-Ring
Brauweiler Str.
Kölner Str.
Widdersdorfer Str.
Vitalisstr.
Maarweg
Aachener Str.
Kirchweg
Kölner Weg
Innere Kanal
Erftstr.
Hansaring
Roonstr.
Dürener Str.
Gleueler Str.
Berrenrather Str.
Holzstraße
Bachemer Str.
Horbeller Str.
Gleueler Str.
Bonnstr.
Efferener Str.
Bachstraße
Luxemburger Str.
Militärring-str.
Markusstr.
Hermülheimer Str.
Frechener Str.
Sudetenstr.
Kreuzstr.
Trierer Str.
Industriestraße
Bonnstraße
Ursulastraße
Im Feldrain
Marktweg
Kalscheurener Str.
Brühler Landstraße
Kapellenstraße
Zaunhofstraße
Hönninger Weg
Vorgebirgstr.
m
r
n
f
a
t

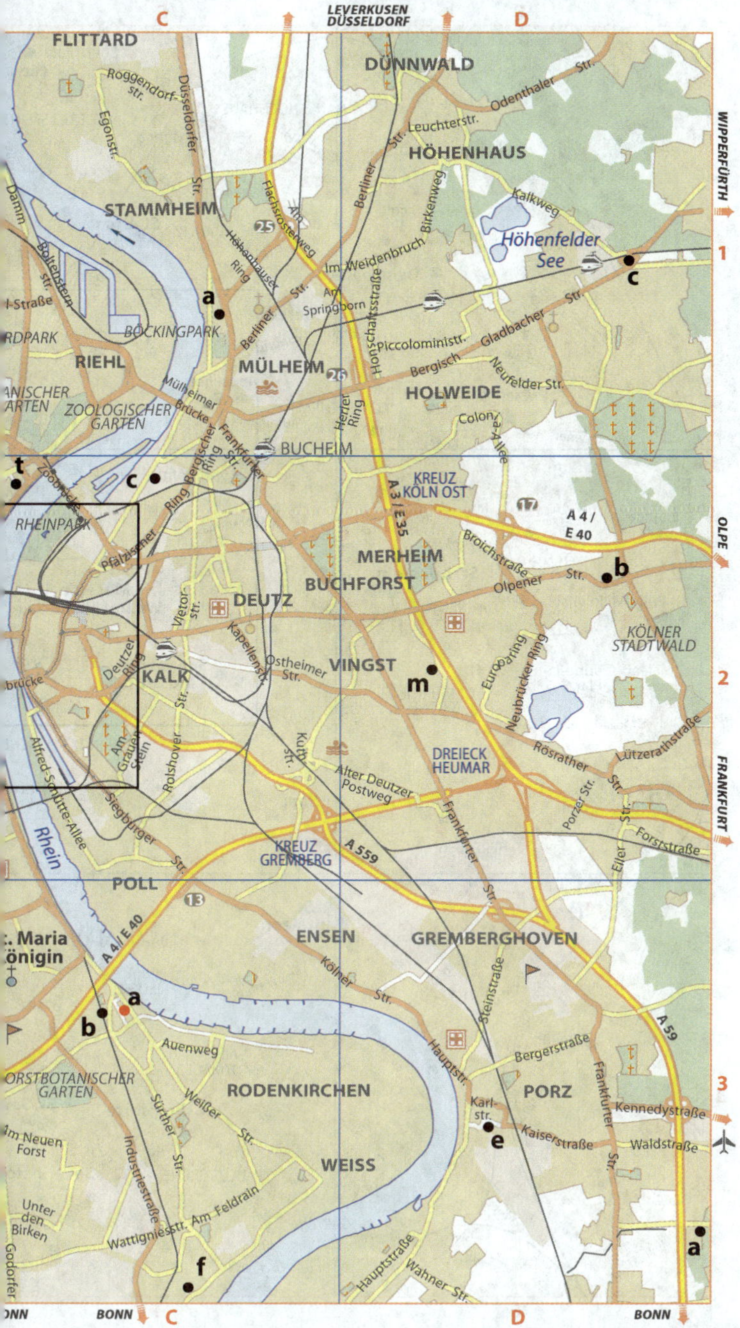
LEVERKUSEN
DÜSSELDORF
C
D
FLITTARD
DÜNNWALD
HÖHENHAUS
STAMMHEIM
Höhenfelder See
WIPPERFÜRTH
RIEHL
BÖCKINGPARK
MÜLHEIM
HOLWEIDE
ZOOLOGISCHER GARTEN
BUCHEIM
KREUZ KÖLN OST
A 3 / E 35
A 4 / E 40
OLPE
RHEINPARK
MERHEIM
BUCHFORST
DEUTZ
KALK
VINGST
KÖLNER STADTWALD
DREIECK HEUMAR
FRANKFURT
KREUZ GREMBERG
A 559
Rhein
POLL
ENSEN
GREMBERGHOVEN
A 59
RODENKIRCHEN
PORZ
WEISS
BONN
1
2
3
Roggendorf-str.
Egonstr.
Düsseldorfer Str.
Odenthaler Str.
Leuchterstr.
Berliner Str.
Kalkweg
Flachsrosterweg
Höhenhauser Ring
Im Weidenbruch
Birkenweg
Am Springborn
Honschaftsstraße
Piccolministr.
Gladbacher Str.
Bergisch
Neufelder Str.
Herler Ring
Colonia-Allee
Mülheimer Brücke
Frankfurter Str.
Bergischer Ring
Zoobrücke
Broichstraße
Olpener Str.
Pfälzischer Ring
Victor-str.
Kapellenstr.
Ostheimer Str.
Europaring
Neubrücker Ring
Deutzer Ring
Rösrather Str.
Lützerathstraße
Am Grauen Stein
Rolshover Str.
Kürtenstr.
Alter Deutzer Postweg
Porzer Str.
Eiler Str.
Forststraße
Alfred-Schütte-Allee
Siegburger Str.
Kölner Str.
Steinstraße
Hauptstr.
Bergerstraße
Frankfurter Str.
Kennedystraße
Waldstraße
Karl-str.
Kaiserstraße
Auenweg
Weißer Str.
Sürther Str.
Industriestraße
Wattigniesstr.
Am Feldrain
Hauptstraße
Wahner Str.
St. Maria Königin
FORSTBOTANISCHER GARTEN
Im Neuen Forst
Unter den Birken
Godorfer
Damm
Boltensternstr.
RDPARK
ANISCHER GARTEN
brücke
A 4 / E 40
25
26
17
13
a
b
c
e
f
m
t

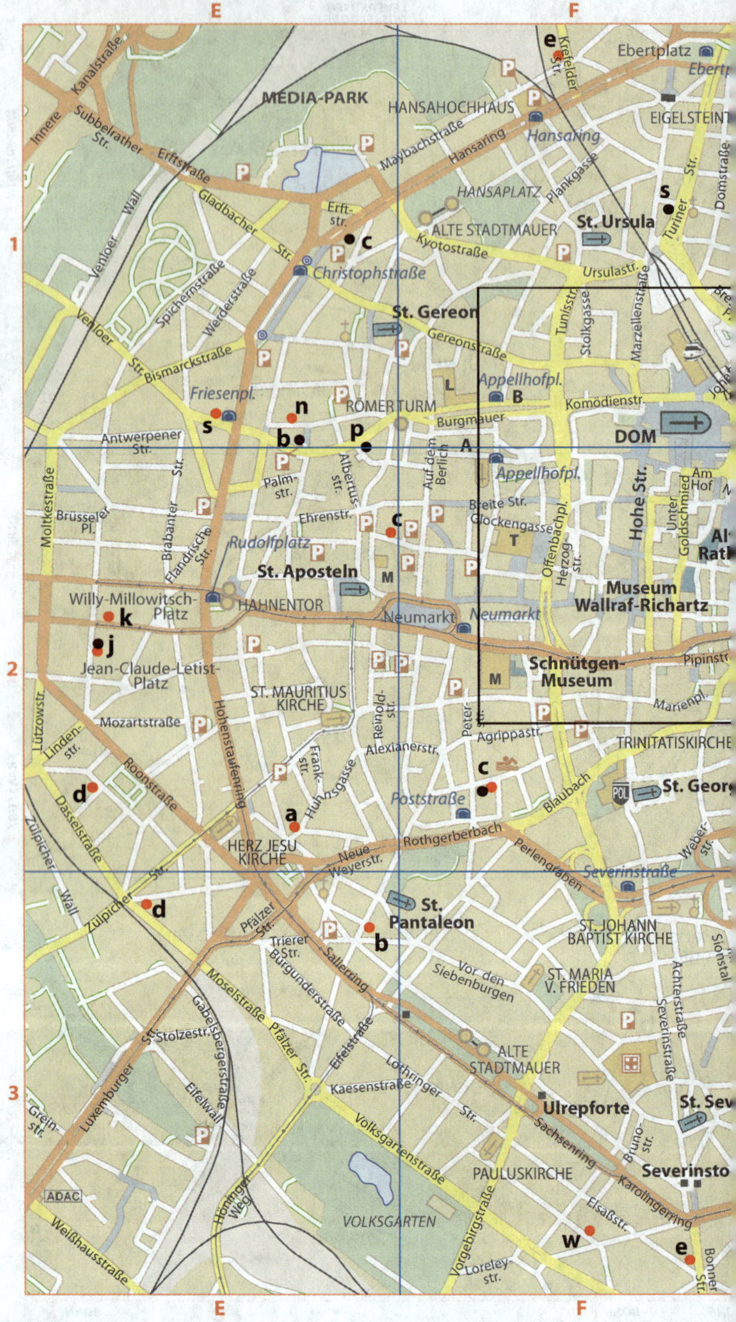
E
F
1
2
3
MEDIA-PARK
HANSAHOCHHAUS
Ebertplatz
EIGELSTEIN
Hansaring
HANSAPLATZ
Plankgasse
Krefelder Str.
Domstraße
Turiner Str.
St. Ursula
Ursulastr.
ALTE STADTMAUER
Kyotostraße
Maybachstraße
Hansaring
Innere Kanalstraße
Subbelrather Str.
Erftstraße
Gladbacher Str.
Erft-str.
Christophstraße
Venloer Wall
Venloer Str.
Spichernstraße
Werderstraße
Bismarckstraße
St. Gereon
Gereonstraße
Tunisstr.
Stolkgasse
Marzellenstraße
Appellhofpl.
Komödienstr.
DOM
Friesenpl.
RÖMERTURM
Burgmauer
Antwerpener Str.
Palm-str.
Albertus-str.
Auf dem Berlich
Appellhofpl.
Am Hof
Breite Str.
Glockengasse
Hohe Str.
Unter Goldschmied
Offenbachpl.
Herzog-str.
Moltkestraße
Brüsseler Pl.
Brabanter Str.
Flandrische Str.
Ehrenstr.
Rudolfplatz
St. Aposteln
Museum Wallraf-Richartz
Willy-Millowitsch-Platz
HAHNENTOR
Neumarkt
Neumarkt
Schnütgen-Museum
Pipinstr.
Jean-Claude-Letist-Platz
ST. MAURITIUS KIRCHE
Reinold-str.
Peter-str.
Marienpl.
Agrippastr.
TRINITATISKIRCHE
Mozartstraße
Hohenstaufenring
Lützowstr.
Linden-str.
Frank-str.
Huhnsgasse
Alexianerstr.
Poststraße
Blaubach
St. Georg
Roonstraße
Dasselstraße
HERZ JESU KIRCHE
Neue Weyerstr.
Rothgerberbach
Perlengraben
Severinstraße
Weber-str.
Zülpicher Wall
Zülpicher Str.
Pfälzer Str.
St. Pantaleon
ST. JOHANN BAPTIST KIRCHE
Trierer Str.
Burgunderstraße
Salierring
Vor den Siebenburgen
ST. MARIA V. FRIEDEN
Achterstraße
Severinstraße
Sionstal
Moselstraße
Pfälzer Str.
Gabelsbergerstraße
Stolzestr.
Eifelstraße
Lothringer Str.
ALTE STADTMAUER
Kaesenstraße
Eifelwall
Luxemburger Str.
Grein-str.
Ulrepforte
Sachsenring
Bruno-str.
St. Severin
Volksgartenstraße
PAULUSKIRCHE
Severinstor
Karolingerring
ADAC
Hönninger Weg
VOLKSGARTEN
Vorgebirgstraße
Loreley-str.
Elsaßstr.
Weißhausstraße
Bonner Str.
E
F

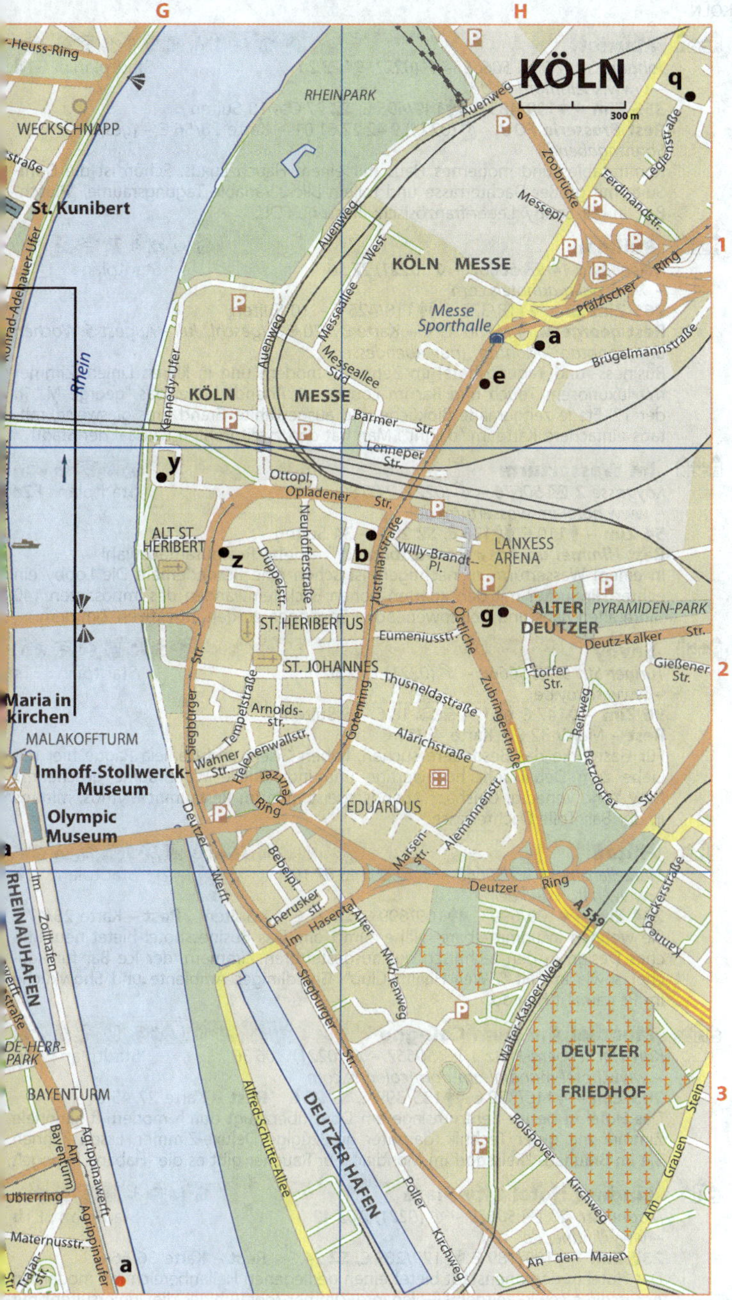
G
H
KÖLN
0
300 m
q
RHEINPARK
Auenweg
-Heuss-Ring
WECKSCHNAPP
straße
St. Kunibert
Konrad-Adenauer-Ufer
Rhein
Zoobrücke
Messepl.
Ferdinandstr.
Leglenstraße
Pfälzischer Ring
KÖLN MESSE
West
Messeallee
Messeallee Süd
Messe Sporthalle
a
e
Brügelmannstraße
Kennedy-Ufer
KÖLN MESSE
Barmer Str.
Lenneper Str.
y
Ottopl.
Opladener Str.
ALT ST. HERIBERT
z
Düppelstr.
Neuhöfferstraße
b
Justinianstraße
Willy-Brandt-Pl.
LANXESS ARENA
g
ALTER DEUTZER
PYRAMIDEN-PARK
Deutz-Kalker Str.
Gießener Str.
Östliche
Eumeniusstr.
ST. HERIBERTUS
ST. JOHANNES
Thusneldastraße
Alarichstraße
Gotenring
Zubringerstraße
Eltorfer Str.
Reitweg
Betzdorfer Str.
Siegburger Str.
Tempelstraße
Arnoldsstr.
Helenenwallstr.
Wahner Str.
Deutzer Ring
EDUARDUS
Alemannenstr.
Marsenstr.
Maria in kirchen
MALAKOFFTURM
Imhoff-Stollwerck-Museum
Olympic Museum
Deutzer Werft
Bebelpl.
Cheruskerstr.
Im Hasental
Alter Mühlenweg
Deutzer Ring
A 559
RHEINAUHAFEN
Im Zollhafen
Siegburger Str.
Walter-Kasper-Weg
DEUTZER FRIEDHOF
DE-HERR-PARK
BAYENTURM
Alfred-Schütte-Allee
DEUTZER HAFEN
Am Bayenturm
Agrippinawerft
Agrippinaufer
Ubierring
Maternusstr.
Trajanstr.
a
Poller Kirchweg
Rolshover Kirchweg
Am Grauen Stein
An den Maien
1
2
3

Marriott
Rest,

Johannisstr. 76 ✉ 50668 – ✆ (0221) 94 22 20 Stadtplan : FG1**d**
– www.koelnmarriott.de
355 Zim – 139/485 € 149/495 €, 27 € – 10 Suiten
Rest *Brasserie FOU* – ✆ (0221) 9 42 22 61 01 – Karte 28/56 € – *(geschl. Sonntagabend)*
Komfortables und modernes Haus mit einem Hauch Luxus. Schön ist die Dom-Suite mit großer Dachterrasse und tollem Blick. Variable Tagungsräume, "Plüsch-Bar" in der Lobby. Leger-französisch: Brasserie FOU.

Pullman
Helenenstr. 14 ✉ 50667 – ✆ (0221) 27 50 Stadtplan : E1_2**p**
– www.pullmanhotels.com
265 Zim – 118/375 € 118/425 € – 10 Suiten
Rest *george M.* – Menü 49 € – Karte 37/70 € – *(geschl. Juli - August 5 Wochen und Sonntag - Montag) (nur Abendessen)*
Business- und Tagungshotel im Zentrum, modern und in klaren Linien. Zimmer mit luxuriösem Touch und Bar im Loungestil. Abends bietet das "george M." in der 12. Etage zeitgemäße Bioküche und ausgewählte Grand Crus glasweise, mittags einfachere Karte im "d.light". Man hat den zweitgrößten Ballsaal der Stadt!

Im Wasserturm
Kaygasse 2 ✉ 50676 – ✆ (0221) 2 00 80 Stadtplan : F2**c**
– www.hotel-im-wasserturm.de
54 Zim – 110 € 135 €, 28 € – 34 Suiten
Rest *Himmel un Äd* ✿ **Rest *d/\blju "W"*** – siehe Restaurantauswahl
In einem Wasserturm zu nächtigen, ist schon eine Besonderheit! Die Lobby ein echter Hingucker mit den aparten hohen Backsteinwänden des imposanten 140 Jahre alten Baus und freischwebenden Zugängen zu den attraktiven Zimmern.

Savoy
Turiner Str. 9 ✉ 50668 – ✆ (0221) 1 62 30 Stadtplan : F1**s**
– www.savoy.de
96 Zim – 147 € 194 €, 18 € – 5 Suiten
Rest – Menü 32 € – Karte 43/51 €
Für Gäste, die das Besondere suchen, haben Gisela und Daniela Ragge hier mit Liebe zum Detail sehr hochwertige und individuelle Wohnräume geschaffen: New York, Venedig, Geisha,... Abends speist man im Restaurant Mythos, mittags in der Bar. Tolle Dachterrasse.

Hilton
Rest,

Marzellenstr. 13 ✉ 50668 – ✆ (0221) 13 07 10 Stadtplan : J1**h**
– www.hilton.de/koeln
294 Zim – 109/699 € 109/699 €, 27 € – 2 Suiten **Rest** – Karte 28/47 €
Sie wohnen in unmittelbarer Nähe zum Dom. Das Businesshotel bietet neuzeitliches Design in den technisch gut ausgestatteten Zimmern, der Ice Bar für Raucher sowie im "Fit & Well Health Club". Geradliniges Ambiente und Showküche im Restaurant Konrad.

Mondial Am Dom Cologne
Kurt-Hackenberg-Platz 1 ✉ 50667 – ✆ (0221) 2 06 30 Stadtplan : K1**g**
– www.hotel-mondial-am-dom-cologne.com
203 Zim – 115/379 € 135/399 €, 26 € **Rest** – Karte 27/45 €
Das Hotel in bester Zentrumslage am Dom überzeugt durch modern-funktionale Zimmer mit guter Technik, darunter großzügige Deluxe-Zimmer. Essen können Sie im Brauhaus "Reissdorf im Mondial". Für Raucher gibt es die "Habana Lounge".

Lindner Hotel City Plaza
Magnusstr. 20 ✉ 50672 – ✆ (0221) 2 03 40 Stadtplan : E1**b**
– www.lindner.de
237 Zim – 109/189 € 129/209 €, 24 € **Rest** – Karte 36/66 €
Das Hotel in der Innenstadt bietet einen gediegenen Hallenbereich mit modernen Accessoires sowie zeitgemäß-elegante Zimmer (geräumiger die Juniorsuiten) mit sehr komfortablem Bettenkonzept und eine Club-Etage mit eigener Lounge. Das Restaurant bietet Grillgerichte.

Maritim

Heumarkt 20 ✉ 50667 – ✆ (0221) 2 02 70 Stadtplan : K2**m**
– www.maritim.de
442 Zim – 🛉146/167 € 🛉🛉167/209 €, ☕ 21 € – 12 Suiten
Rest *Bellevue* – ✆ (0221) 2 02 78 75 – Menü 52/89 € – Karte 49/72 € – *(geschl. Sonntagabend - Montag) (Dienstag - Samstag nur Abendessen)*
Hotel an der Deutzer Brücke am Altstadtrand. In der luftig-hohen glasüberdachten Halle finden sich diverse Boutiquen, schöne Zigarren- und Whiskey-Auswahl in der Piano-Bar. Funktionale Zimmer. Bellevue mit Dachterrasse und Blick auf den Rhein. Interessante Wasserkarte.

art'otel cologne

Zim, Zim,

Holzmarkt 4 ✉ 50676 – ✆ (0221) 80 10 30 Stadtplan : G2**a**
– www.artotels.de
217 Zim – 🛉89/450 € 🛉🛉89/450 €, ☕ 20 € – 1 Suite
Rest – ✆ (0221) 80 10 39 00 – Menü 34/58 € – Karte 38/54 € – *(geschl. Sonntag sowie an Feiertagen)*
Hotel und Galerie in einem: trendiges Design, sehr gute Technik mit kostenfreiem W-Lan sowie überall im Haus Werke der koreanischen Künstlerin SEO. Die asiatische Küche im Restaurant Chino Latino (schön die Terrasse mit Blick auf Rheinhafen und Schokoladenmuseum) ist eher einfach, kommt aber gut an bei den Gästen!

NH Köln-City

Rest,

Holzmarkt 47 ✉ 50676 – ✆ (0221) 2 72 28 80 Stadtplan : FG2**d**
– www.nh-hotels.de
204 Zim – 🛉79/349 € 🛉🛉79/349 €, ☕ 20 € **Rest** – Karte 20/48 €
Das Hotel liegt neben der Severinsbrücke unweit des Stollwerck-Schokoladenmuseums. Einige der neuzeitlich-funktionellen Zimmer sind ruhig zum Innenhof gelegene Superior-Zimmer. Modernes Restaurant mit kleinem Wintergarten.

Eden Hotel Früh am Dom

Rest,

Sporergasse 1 ✉ 50667 – ✆ (0221) 2 61 32 95 Stadtplan : J1**w**
– www.hotel-eden.de
78 Zim ☕ – 🛉85/265 € 🛉🛉110/280 €
Rest *Hof 18* – ✆ (0221) 2 61 32 11 – Menü 22/57 € – Karte 29/53 €
Topaktuell und auf Wunsch mit Domblick, so wohnen Sie hier. Auf die Aussicht braucht man auch beim Frühstück nicht zu verzichten, ebenso wenig bei Tagungen oder im Restaurant (das "Hof 18" wurde übrigens an einem 18. eröffnet und bietet 18 Gerichte - nettes Zahlenspiel!).

Viktoria garni

Worringer Str. 23 ✉ 50668 – ✆ (0221) 9 73 17 20 Stadtplan : C2**t**
– www.hotelviktoria.com – geschl. 23. Dezember - 4. Januar, 2. - 7. April
47 Zim ☕ – 🛉85/299 € 🛉🛉115/499 €
1905 als Musikhistorisches Museum erbaut, heute ein engagiert geleitetes Hotel in Zentrums- und Rheinnähe. Man hat viele Originale im Haus, dazu historische Details wie Marmortreppen oder Stuck.

Hopper Hotel St. Antonius

Dagobertstr. 32 ✉ 50668 – ✆ (0221) 1 66 00 Stadtplan : F1**n**
– www.hopper.de
33 Zim ☕ – 🛉110/215 € 🛉🛉160/240 € – 21 Suiten
Rest *Fertig im L. Fritz* – ✆ (0221) 1 66 05 00 – Karte 34/43 € – *(geschl. Sonntag - Montag) (nur Abendessen)*
Klarer moderner Stil und Fotokunst im klassisch-historischen Rahmen des einstigen Kolpinghauses. Große oder kleinere Suiten. Im Haus befindet sich auch das Theater Tiefrot. Restaurant mit Bistro-Atmosphäre und schöner Rundbogendecke, draußen im Innenhof die nette Terrasse.

Hopper Hotel et cetera garni

Brüsseler Str. 26 ✉ 50674 – ✆ (0221) 92 44 00 Stadtplan : E2**j**
– www.hopper.de – geschl. 22. Dezember - 5. Januar
49 Zim ☕ – 🛉85/215 € 🛉🛉130/300 € – 1 Suite
Das einstige Kloster liegt im Belgischen Viertel. In allen Zimmern designorientierte Einrichtung, wertiges Eukalyptus-Parkett, Marmorbäder und kostenfreies W-Lan. Hübscher Innenhof.

Ludwig garni

Brandenburger Str. 24 ✉ 50668 – ✆ (0221) 16 05 40 Stadtplan : F1**x**
– www.hotelludwig.de
54 Zim – 🚹99/122 € 🚹🚹125/160 € – 1 Suite
Warum das Hotel so gefragt ist? Es ist ein familiäres Haus, in dem man auffallend freundlich zu den Gästen ist und das nur wenige Gehminuten von Dom, Bahnhof und Altstadt entfernt liegt. Fünf der gepflegten, praktischen Zimmer haben einen Balkon.

Boulevard garni

Hansaring 14 ✉ 50670 – ✆ (0221) 3 55 84 40 Stadtplan : E1**c**
– www.hotelboulevard.de – geschl. Weihnachten - 2. Januar
27 Zim – 🚹72/220 € 🚹🚹89/280 €, 8 €
Das Hotel liegt verkehrsgünstig am Stadtring und überzeugt durch persönliche Führung und gepflegte Zimmer, teilweise mit kleinem Balkon nach hinten. Gutes Frühstücksbuffet.

Restaurants

Himmel un Äd (N)

Kaygasse 2, (11. Etage) ✉ 50676 – ✆ (0221) 2 00 80
– www.hotel-im-wasserturm.de – geschl. 1. - 11. Januar, 11. - 19. Februar, 20. Juli - 9. August und Sonntag - Montag
Menü 54/120 € – *(nur Abendessen)*
Es gibt wieder ein Gourmetrestaurant in dem beeindruckenden Gemäuer! Hoch oben im 11. Stock erwarten Sie Mathias Maucher und sein Team bei eleganter Atmosphäre und wunderschöner Aussicht zu moderner Küche mit regionalen Akzenten.
➜ Schottische Jakobsmuschel, Mango, Sake, Macadamianuss. Bergheimer Rehrücken, Pfifferlinge, Walderdbeeren, Fichtenpüree. Pochierte Kirschtomaten, Sauternes, Zitrone, Holunder.

Hanse Stube – Excelsior Hotel Ernst

Domplatz/Trankgasse 1 ✉ 50667 – ✆ (0221) 27 01 Stadtplan : J1**a**
– www.excelsior-hotel-ernst.com
Menü 38 € (mittags)/144 € – Karte 51/82 €
Die Hanse Stube gehört zu den elegantesten Restaurants der Stadt und bietet gute klassische Küche. Viele Geschäftsleute kommen zum fair kalkulierten täglich wechselnden Business Lunch.

Alfredo (Roberto Carturan)

Tunisstr. 3 ✉ 50667 – ✆ (0221) 2 57 73 80 Stadtplan : J2**k**
– www.ristorante-alfredo.com – geschl. Juli - August 3 Wochen und Samstag - Sonntag sowie an Feiertagen
Menü 48/105 € – Karte 46/83 € – (Tischbestellung ratsam)
Authentische italienische Küche - da tritt Roberto Carturan ganz in die Fußstapfen seines Vaters Alfredo. Er kocht frisch und schnörkellos, seine Gerichte leben von exzellenten Produkten, die hier bei aller Schlichtheit gekonnt in Szene gesetzt werden. Empfohlen werden sie mündlich am Tisch. Der Service: professionell, souverän und mit dem richtigen Maß an Lockerheit.
➜ Ravioli mit Taschenkrebsfüllung. Steinbutt mit Venusmuscheln und weißen Bohnen. Kalbsrücken mit Radicchio und roten Zwiebeln aus Tropea.

taku – Excelsior Hotel Ernst

Domplatz/Trankgasse 1 ✉ 50667 – ✆ (0221) 2 70 39 10 Stadtplan : J1**a**
– www.taku.de – geschl. über Karneval 1 Woche, über Ostern 1 Woche, Juli - August 4 Wochen und Sonntag - Montag
Menü 41 € (mittags)/155 € – Karte 52/74 € – (Tischbestellung ratsam)
Lust auf asiatische Küche mit Niveau? Was in dem hellen geradlinig-modernen Restaurant auf den Tisch kommt, sind - dank der vielfältig-asiatisch zusammengesetzten Küchenbrigade um Mirko Gaul - authentische Gerichte, in die aber auch seine europäischen Wurzeln miteinfließen. Hinweis: Das Pekingentenmenü in 6 Gängen muss 24 h vorher bestellt werden.
➜ Dim Sum, Schwein und Garnele, Trüffel. Pekingente. Birne, Buttermilch, Macis.

XX **La poêle d'or** (Jean-Claude Bado)

Komödienstr. 50 ✉ 50667 – ☎ (0221) 13 98 67 77 Stadtplan : J1**p**
– www.lapoeledor.de – geschl. 21. - 30. Dezember, 12. - 15. Februar und Sonntag - Montag sowie an Feiertagen
Menü 49/105 € – Karte 70/78 €
Jean-Claude Bado kocht klassisch und zugleich modern, bereitet seine Gerichte gefühlvoll, aromatisch und ausgewogen zu, gute Produkte sind selbstverständlich. Wer dazu gerne einen schönen (französischen) Wein hätte, kann getrost den Empfehlungen des Oberkellners folgen.
➜ Foie Gras mit Bitterschokolade und Banyulssorbet. Kalbsrücken mit geräucherten Gnocchi. Ananas mit Pina-Coladaeis.
Rest *Bistrot B* – siehe Restaurantauswahl

XX **La Société**

Kyffhäuser Str. 53 ✉ 50674 – ☎ (0221) 23 24 64 Stadtplan : E3**d**
– www.lasociete.info – geschl. Anfang Juli 2 Wochen
Menü 75/99 € – Karte 58/82 € – *(nur Abendessen)* (Tischbestellung ratsam)
Kraft, Geschmack und Gefühl stecken in der frischen Küche, und natürlich das unumstrittene Können von Dominic Jeske, der mal klassische, mal kreative Elemente einfließen lässt. Bei so viel Genuss (dazu gehört auch der freundliche Service samt versierter Weinberatung durch den Chef Stefan Helfrich) stört es nicht, dass man in dem gemütlichen kleinen Restaurant vielleicht ein bisschen eng sitzt.
➜ Gänsestopfleber-Törtchen, Crumble und Eis mit Kaffee und Himbeere. Krosser Wolfsbarsch mit confierter Kartoffel, Tomate und Olivenöl. Eifeler Lamm auf seinem Speck gebraten mit Risotto Milanese, Chicorée und Trevisobutter.

XX **Christofs**

Martinstr. 32 ✉ 50667 – ☎ (0221) 27 72 95 30 Stadtplan : K2**c**
– www.christofsrestaurant.de – geschl. Januar 1 Woche, Juli - August 2 Wochen
Menü 17 € (mittags)/79 € (abends) – Karte 39/68 €
Das freundliche Restaurant liegt in Domnähe, gegenüber dem Wallraf-Richartz-Museum. Gekocht wird zeitgemäß-klassisch, am Mittag einfachere Bistro-Karte. Parkhäuser ganz in der Nähe.

XX **d/\blju "W"** – Hotel Im Wasserturm

Kaygasse 2 ✉ 50676 – ☎ (0221) 2 00 80 Stadtplan : F2**c**
– www.hotel-im-wasserturm.de – geschl. Samstagmittag
Karte 31/52 €
Klare Linien und warme Braun- und Sandtöne schaffen hier ein modern-elegantes Design. Durch die große Fensterfront fällt der Blick auf die begrünte Terrasse, dabei lässt man sich z. B. Bergische Forelle oder auch Grillgerichte schmecken.

XX **L'escalier**

Brüsseler Str. 11 ✉ 50674 – ☎ (0221) 2 05 39 98 Stadtplan : E2**j**
– www.lescalier-restaurant.de – geschl. Anfang Januar 2 Wochen und Sonntag - Montag sowie an Feiertagen mittags
Menü 47 € (mittags)/99 € (abends) – Karte 58/100 €
Mit Maximilian Lorenz hat das bekannte "L'escalier" einen engagierten jungen Patron, der in seiner kreativen Küche mit Gefühl unterschiedlichste Komponenten auf klassischer Basis kombiniert. Auch der Business-Lunch ist hier gefragt!

XX **Em Krützche**

Am Frankenturm 1 ✉ 50667 – ☎ (0221) 2 58 08 39 Stadtplan : K1**x**
– www.em-kruetzche.de – geschl. 23. - 25. Dezember, 30. März - 7. April und Montag
Menü 36/59 € – Karte 36/57 €
"Kölner-Zimmer", "Schankraum", "Delfter-Zimmer"... in dem historischen Gasthaus (seit über 40 Jahren von Familie Fehn geleitet) ist es charmant-rustikal. Winterspezialität ist Gans - sie wird am Tisch tranchiert. Kölsche Gerichte dürfen natürlich auch nicht fehlen. Wenn' s mal eleganter sein darf: "Kaminzimmer" und "Chippendale-Zimmer" im OG.

Le Moissonnier

Krefelder Str. 25 ✉ 50670 – ✆ (0221) 72 94 79 Stadtplan : F1**e**
– www.lemoissonnier.de – geschl. Weihnachten - Anfang Januar 2 Wochen, über Ostern 1 Woche, Juli - August 3 Wochen und Sonntag - Montag, außer an Feiertagen
Menü 80 € (mittags unter der Woche)/130 € – Karte 64/109 € – (Tischbestellung erforderlich)
In Sachen "Savoir -vivre" macht Ihnen niemand etwas vor: Liliane und Vincent Moissonnier kommen aus Frankreich und haben ihrer Leidenschaft für französische Bistros hier in der Rheinmetropole ein Gesicht gegeben - ein wirklich authentisches! Ein reizendes Lokal mit ungezwungener Atmosphäre und der hervorragenden kreativen Küche von Eric Menchon, ebenfalls Franzose.
➜ Foie Gras de canard Maison. Loup de mer en bouillabaisse. Pigeonneau rôti.

maiBeck Ⓝ

Am Frankenturm 5 ✉ 50667 – ✆ (0221) 96 26 73 00 Stadtplan : K1**a**
– www.maibeck.de – geschl. Montag
Menü 42 € – Karte 41/55 € – (Tischbestellung ratsam)
MaiBeck? Das sind Jan Maier und Tobias Becker, zwei ambitionierte junge Herren, die mit Leidenschaft kochen - und mit einem Gefühl für die Kombination von Aromen. Ihr Aushängeschild: hausgemachte Pasta! Der schönste Platz ist im Sommer die Terrasse mit Rheinblick.
➜ Confierter Bauch vom Klosterschwein aus Lilbosch, junge Erbsen, Schnittlauch, Kresse und Radieschen. Geangelter Wolfsbarsch aus der Normandie, Artischocke, Tomate, Polenta. Frische Beeren und Sorbet, Blätterteig-Krokant, Mascarpone.

Poisson

Wolfsstr. 6 ✉ 50667 – ✆ (0221) 27 73 68 83 Stadtplan : E2**c**
– www.poisson-restaurant.de – geschl. über Karneval und Sonntag - Montag sowie an Feiertagen
Menü 28 € (mittags unter der Woche)/85 € – Karte 54/101 € – (Tischbestellung ratsam)
Der Name sagt es bereits, hier stehen Fisch und Meeresfrüchte im Mittelpunkt: Austern, gebratene Calamaretti, bretonischer Seeteufel oder geangelter Wolfsbarsch... Lassen Sie die erstklassigen Produkte vor Ihren Augen in der offenen Küche zubereiten! Tipp für Autofahrer: Parkhaus gleich nebenan.

Vintage Ⓝ

Aggrippinawerft 30 ✉ 50678 – ✆ (0221) 92 07 10 Stadtplan : G3**a**
– www.vintage.info – geschl. Samstagmittag, Sonntag
Menü 18/100 € – Karte 37/69 €
Man speist hier direkt am Rhein - entweder auf der Terrasse (nennt sich übrigens "Weinschwimmbad") oder in einem modernen lichtdurchfluteten Raum. Auf der internationalen Karte finden sich Pasta, Carpaccio, "Seeteufel auf Bärlauchrisotto" oder "Hirschrücken mit Selleriepüree und Pfifferlingen".

WeinAmRhein

Johannisstr. 64 ✉ 50668 – ✆ (0221) 91 24 88 85 Stadtplan : K1**c**
– www.weinamrhein.eu – geschl. Samstagmittag, Sonntag - Montag sowie an Feiertagen
Menü 22 € (mittags)/59 € – Karte 29/61 €
Wenn Rudolf Mützel in dem modernen Restaurant hinter dem Bahnhof gute Produkte frisch zubereitet, entstehen z. B. "Kalbsbavette / Radiccio / Salbei / Steckrüben-Risotto" oder "Forelle / Spinat / Möhrenstampf". Dazu eine tolle Auswahl an offenen Weinen. Tipp für Mittagsgäste: Es gibt ein günstiges Tagesmenü mit zwei Gängen!

Erwarten Sie in einem X oder 🏠 nicht den gleichen Service wie in einem XXXXX oder 🏠🏠🏠🏠🏠.

Nada

Cleverstr.32 ✉ 50668 Köln – ✆ (0221) 88 89 99 44 Stadtplan : C2**g**
– www.nadakoeln.de – geschl. Sonntag und an Feiertagen
Karte 28/47 € – *(Montag - Samstag nur Abendessen)*
"Surf'n Turf von Pulpo und Hähnchenconfit" oder "Hällisches Landschwein auf Erbsen"... das sind schöne Beispiele für die ambitionierte internationale Küche mit regionalen Produkten. Das Ambiente dazu ist nicht einfach nur modern, sondern schon recht speziell: ein hoher runder Raum mit umlaufender Sitzbank - unter Ihnen schöner Holzboden, über Ihnen ein markanter Leuchter an der violetten Decke! Abends geht's auf einen Cocktail in die Bar.

Capricorn [i] Aries Brasserie

Alteburgerstr. 31 ✉ 50678 – ✆ (0221) 3 97 57 10 Stadtplan : F3**b**
– www.capricorniaries.com – geschl. Samstagmittag, Sonntag und Mittwoch
Menü 19 € (mittags)/55 € – Karte 27/48 €
Die Brasserie in dem Eckhaus ist so wie sie sein sollte: sympathisch, unkompliziert, gemütlich! Auf den Teller kommen hochwertige Produkte, z. B. als "Soupe de poisson mit gebratener Jakobsmuschel" oder als "Steak Frites". Und als Dessert "Crème brûlée mit Tonkabohneneis"?

Sorgenfrei

Antwerpenerstr. 15 ✉ 50672 – ✆ (0221) 3 55 73 27 Stadtplan : E1**s**
– www.sorgenfrei-koeln.com – geschl. über Weihnachten, über Karneval und Samstagmittag, Sonntag
Menü 35 € (abends) – Karte 34/47 €
Eine wirklich nette und lebendige Adresse im Belgischen Viertel, die auch Weinkenner anlockt - nebenan gibt es nämlich eine Weinhandlung mit gutem europäischem Sortiment! Auf der kleinen internationalen Karte macht z. B. "Heilbutt mit Sauce Rouille" Appetit, und natürlich der allseits beliebte Klassiker "Steak Frites"! Mittags ist das Angebot einfacher.

Amabile

Görrestr. 2 ✉ 50674 – ✆ (0221) 21 91 01 Stadtplan : E2**d**
– www.restaurant-amabile.de – geschl. über Karneval 3 Wochen, September 3 Wochen und Sonntag - Montag
Menü 37/49 € – Karte 43/52 € – *(nur Abendessen)*
Zu finden ist das liebenswert dekorierte Restaurant mit rustikalem Touch zwischen Millowitsch-Theater und Universität. Am besten entdeckt man die saisonale Küche beim Überraschungsmenü.

Heising und Adelmann

Friesenstr. 58 ✉ 50670 – ✆ (0221) 1 30 94 24 Stadtplan : E1**n**
– www.heising-und-adelmann.de – geschl. Sonntag - Montag sowie an Feiertagen
Menü 39 € – Karte 32/58 € – *(nur Abendessen)*
Ein lebendiges Bistro - im Eingangsbereich die Bar, draußen eine tolle Terrasse. Zur kleinen Auswahl an internationalen Gerichten gibt es eine gute Weinkarte, die fair kalkuliert ist.

Ox & Klee

Richard-Wagner-Str. 20 ✉ 50674 – ✆ (0221) 16 95 66 03 Stadtplan : E2**k**
– www.oxundklee.de – geschl. über Karneval, über Ostern 2 Wochen, Juli 2 Wochen und Sonntag, Donnerstag sowie an Feiertagen
Menü 39/109 € – *(nur Abendessen)* (Tischbestellung ratsam)
Eine wirklich interessante Adresse für frische moderne Küche. Es ist ein recht intimes kleines Restaurant mit sympathischen Gastgebern. Der Chef kocht ambitioniert: ein Wahl- oder ein Überraschungsmenü - alleine wegen seiner köstlichen Saucen möchte man wieder kommen!

Sie möchten spontan verreisen? Besuchen Sie die Internetseiten der Hotels, um von deren Sonderkonditionen zu profitieren.

Comedia Wagenhalle

Vondelstr. 4 ✉ 50677 – ✆ (0221) 35 55 89 10 Stadtplan : F3**w**
– www.comedia-wagenhalle.de
Menü 32/46 € – Karte 29/51 €
Einst Wagenhalle der Feuerwache von 1904, heute Restaurant mit lebendigem Bistroflair, in dem man noch den Charme des denkmalgeschützten Gebäudes spürt. Gerne kommt man auch zum günstigen Mittagsmenü. Und wenn Ihnen der Sinn nach Kultur steht: Das Comedia Theater befindet sich mit im Haus!

Bistrot B – Restaurant La poêle d'or

Komödienstr. 50 ✉ 50667 – ✆ (0221) 13 98 67 77 Stadtplan : J1**p**
– www.lapoeledor.de – geschl. 21. - 30. Dezember, 12. - 15. Februar und Sonntag - Montag sowie an Feiertagen
Menü 33/44 € – Karte 35/45 €
Hier kocht man klassisch-französische Gerichte bekannter 3-Sterne-Köche aus den 60er und 70er Jahren nach (von "Salade impromptue" über "Jakobsmuscheln mit Gemüsejulienne" bis "Crêpes Gil Blas"), und die können Sie sich selbst zu einem 3-Gänge-Menü zusammenstellen - der Preis bleibt immer gleich!

basilicum

Am Weidenbach 33 ✉ 50676 – ✆ (0221) 32 35 55 Stadtplan : E3**b**
– www.basilicum.org – geschl. 9. - 17. Februar und Sonntag - Montag
Menü 35/49 € – Karte 29/55 € – *(nur Abendessen)* (Tischbestellung ratsam)
Ein sehr engagiert und persönlich geführtes kleines Lokal mit Bistroflair. Geboten wird eine gute saisonale und zeitgemäße Küche. Zum Restaurant gehört eine schöne überdachbare Innenhofterrasse.

Gruber's Restaurant

Clever Str. 32 ✉ 50668 – ✆ (0221) 7 20 26 70 Stadtplan : C2**g**
– www.grubersrestaurant.de – geschl. über Weihnachten und Samstagmittag, Sonntag sowie an Feiertagen
Menü 18 € (mittags)/65 € – Karte 37/58 €
Lust auf Wiener Schnitzel, Tafelspitz oder Kaiserschmarrn? Typische österreichische Schmankerl, aber auch Internationales sowie Wein und Kaffee aus der Alpenrepublik gibt es bei Franz Gruber (natürlich gebürtiger Österreicher) in freundlich-legerer Atmosphäre (sehenswert: die Hundertwasser-Replikate). Beliebt für Snacks ist die "Österia" nebenan.

Teatro

Zugweg 1 ✉ 50667 – ✆ (0221) 80 15 80 20 Stadtplan : F3**e**
– www.teatro-ristorante.de – geschl. 27. Dezember - 4. Januar und Dienstag, Samstagmittag, Sonntagmittag
Menü 18 € (mittags) – Karte 37/61 € – (Tischbestellung ratsam)
In dem lebendigen Restaurant der sympathischen Familie Spatola wählt man von einer Tafel italienische Speisen. Dekorativ: Schwarz-Weiß-Fotos von Filmstars. Günstiger Mittagstisch.

KÖLSCHE WIRTSCHAFTEN: : typische, urige kölsche Gaststätten.
Regionale Speisen und ein gepflegtes Kölsch vom Fass

Peters Brauhaus

Mühlengasse 1 ✉ 50667 – ✆ (0221) 2 57 39 50 Stadtplan : K1**n**
– www.peters-brauhaus.de – geschl. über Weihnachten
Karte 16/35 €
In dieses klassische Brauhaus geht man natürlich in erster Linie, um sein Kölsch vom Fass zu genießen (serviert wird es vom Köbes), doch auch die Räume hinter der schön verzierten Fassade sind es wert, sich genauer umzuschauen! Zum Bier gibt's deftiges Essen.

Haus Töller

Weyerstr. 96 ✉ 50676 – ✆ (0221) 2 58 93 16 Stadtplan : E2**a**
– www.haus-toeller.de – geschl. Weihnachten - Mitte Januar, Juni - August und Sonntag sowie an Feiertagen
Karte 18/31 € – *(nur Abendessen)* (Tischbestellung ratsam)
Das einstige "Steynen Huys" von 1343 ist wirklich etwas für Liebhaber: Original sind Holztische und Dielenboden, Kassettendecke und "Beichtstuhl". Spezialitäten: Hämchen, Rheinischer Sauerbraten (vom Pferd) und freitagabends Reibekuchen, dazu Päffgen Kölsch vom Fass.

Früh am Dom

Am Hof 12 ✉ 50667 – ✆ (0221) 2 61 32 15 Stadtplan : J1**w**
– www.frueh.de
Karte 15/37 €
Das ist eines der größten Brauhäuser Deutschlands (rund 1200 Gäste passen hier rein) und ein Muss für jeden Köln-Besucher! Gebraut wird seit 1904 - und immer schon werden Kölsch und typische Speisen an blanken Tischen vom Köbes serviert!

In Köln-Braunsfeld

Ameron Hotel Regent

Rest,

Melatengürtel 15 ✉ 50933 – ✆ (0221) 5 49 90 Stadtplan : B2**n**
– www.hotelregent.de
178 Zim – 108/288 € 108/288 €, 19 €
Rest *Cantinetta* – Karte 35/43 €
Ideal für Tagungen und Businessgäste ist dieses Hotel mit sehr schöner moderner Einrichtung in klaren Linien, toll der Blick von den oberen Etagen. Im Eingangsbereich hat man eine ansprechende Bar - auch für Sportübertragungen. In der Osteria Cantinetta bekommt man Italienisches wie Focaccia, Pasta & Co.

In Köln-Brück Ost: 13 km

Gut Wistorfs

Rest,

Olpener Str. 845 ✉ 51109 – ✆ (0221) 8 80 47 90 Stadtplan : D2**b**
– www.gut-wistorfs.de
14 Zim – 72/83 € 103/114 €
Rest – Menü 45 € – Karte 28/47 € – *(geschl. Montag)*
Wenn Sie lieber etwas außerhalb von Köln wohnen, ist der Gutshof a. d. 17. Jh. ideal: behaglicher Landhausstil, Zimmer mit allergikerfreundlichem Fliesenboden und meist zum schönen ruhigen Innenhof. Die Küche bietet Internationales und Regionales, in der gemütlichen Bar trinkt man einen Aperitif oder Digestif oder einfach ein Bier. Tolle Scheune für Veranstaltungen.

In Köln-Dellbrück

Ihr Hotel garni

Bergisch-Gladbacher Str. 1109 ✉ 51069 Stadtplan : D1**c**
– ✆ (0221) 9 68 19 30 – www.ihr-hotel-koeln.de
21 Zim – 59/149 € 79/189 €
Die Lage an einer recht befahrenen Straße sollte Sie nicht davon abhalten, hier zu übernachten, denn das Haus wird sehr persönlich geführt, ist ausgesprochen gepflegt, die Zimmer sind sehr gut ausgestattet und das Frühstück top!

In Köln-Deutz

Hyatt Regency

Zim,

Kennedy-Ufer 2a ✉ 50679 – ✆ (0221) 8 28 12 34 Stadtplan : G2**y**
– www.cologne.regency.hyatt.de
288 Zim – 190/350 € 260/450 €, 25 € – 18 Suiten
Rest *Glashaus* – ✆ (0221) 82 81 17 73 – Karte 45/76 €
Das Businesshotel liegt zwar auf der "Schäl Sick", also auf der "falschen" (rechten) Rheinseite (so übrigens auch der Name der Hotelbar), doch von hier hat man den besten Blick auf den Dom! Geradlinige, modern-elegante Zimmer und internationale Küche im Restaurant Glashaus im 1. OG - mit Sushibar.

Dorint An der Messe

Rest,

Deutz-Mülheimer-Str. 22 ✉ *50679 – ✆ (0221) 80 19 00* Stadtplan : H1**e**
– www.dorint.com/koeln-messe
278 Zim ☕ – 🚹119 € 🚹🚹139 € – 35 Suiten
Rest *Düx* – Menü 19 € (mittags)/65 €
– Karte 29/53 €
Das modern-elegante Hotel gegenüber der Messe ist perfekt für den Businessgast. Zum Essen geht man gerne ins Düx (steht für Deutz): eine kölsche Wirtschaft mit regionalem und internationalem Angebot und einem besonderen Highlight: Dry-Aged-Beef.

Radisson BLU

Messe Kreisel 3 ✉ *50679 – ✆ (0221) 27 72 00* Stadtplan : H1**a**
– www.radissonblu.com/hotel-cologne
392 Zim ☕ – 🚹110/375 € 🚹🚹120/395 € – 1 Suite
Rest – Menü 25 € – Karte 39/58 € – *(geschl. Sonntag sowie an Feiertagen) (nur Abendessen)*
Das Businesshotel an der Messe ist durch und durch modern. Imposant ist die verglaste Halle mit Bar. Wer das Besondere sucht: Capitolium Suite mit Blick auf den Dom. Italienisch isst man im Restaurant Paparazzi mit großem Pizza-Ofen.

Günnewig Hotel Stadtpalais

Zim,

Deutz-Kalker-Str. 52 ✉ *50679 – ✆ (0221) 88 04 20* Stadtplan : H2**g**
– www.guennewig.de
115 Zim ☕ – 🚹145/319 € 🚹🚹165/339 €
Rest – Menü 24/45 € – Karte 33/51 € – *(geschl. Sonntag; Juli - August: Samstag - Sonntag) (nur Abendessen)*
Sie wohnen direkt gegenüber der LANXESS-Arena. Hier hat man das ehemalige Kaiser-Wilhelm-Bad zum Hotel umgebaut, Historisches wurde gelungen mit moderner "Pott"-Architektur verbunden, der sehenswerte Original-Fliesenspiegel in der Halle gibt die schöne Farbgestaltung vor. Einen Absacker gibt's in "Bio's Bar" - hier auch Leihgaben von Namensgeber Alfred Biolek.

Inselhotel garni

Constantinstr. 96 ✉ *50679 – ✆ (0221) 8 80 34 50* Stadtplan : H2**b**
– www.inselhotel-koeln.de
42 Zim ☕ – 🚹89/175 € 🚹🚹119/225 €
Das Stadthaus an der Ecke, gegenüber dem Deutzer Bahnhof, bietet seinen Gästen freundlichen Service und sehr gepflegte, funktionale Zimmer. Messe und LANXESS-Arena in der Nähe.

Ilbertz garni

Mindener Str. 6, (Zufahrt über Siegesstr. 6) ✉ *50679* Stadtplan : G2**z**
– ✆ (0221) 8 29 59 20 – www.hotel-ilbertz.de
– geschl. 22. - 30. Dezember, 1. - 6. Januar
26 Zim – 🚹95/160 € 🚹🚹110/199 €, ☕ 10 €
Für alle, die gerne mal aufs Auto verzichten, ist die gute Anbindung an öffentliche Verkehrsmittel ein echter Vorteil! Zudem hat der messenahe Familienbetrieb (inzwischen von den beiden Söhnen geleitet) tipptopp gepflegte Zimmer zu bieten.

In Köln-Junkersdorf

Brenner'scher Hof garni

Wilhelm-von-Capitaine-Str. 15 ✉ *50858* Stadtplan : A2**f**
– ✆ (0221) 9 48 60 00 – www.brennerscher-hof.de
38 Zim ☕ – 🚹89/205 € 🚹🚹109/225 € – 2 Suiten
Wer es mediterran mag, wird sich auf dem schönen Anwesen von 1754 wohlfühlen: Behaglichkeit dank warmer Farben und liebenswertem Dekor, sehr angenehm im Sommer die Atmosphäre im Innenhof! Und auch die Lage am Stadtrand ist günstig - BAB und City sind gut erreichbar.

In Köln-Klettenberg

Steinmetz

Gottesweg 165 ✉ 50939 – ✆ (0221) 44 79 34 Stadtplan : B2**t**
– www.restaurant-steinmetz.de – geschl. über Karneval und Montag
Menü 35/52 € – Karte 39/50 € – *(nur Abendessen)*
Es sind die Jugendstilelemente, die dem charmanten Lokal das besondere Etwas geben! Nicht weniger Beachtung verdienen aber auch die guten saisonalen Gerichte und das Überraschungsmenü von Gastgeber Martin Pradel - ganz ungezwungen sitzt man auch an der Theke.

In Köln-Lindenthal

Leonardo Royal Hotel Köln - Am Stadtwald

Zim, AC Zim,
Dürener Str. 287 ✉ 50935 – ✆ (0221) 4 67 60
– www.leonardo-hotels.com Stadtplan : B2**a**
150 Zim – †79/250 € ††99/270 €, ☐ 18 € **Rest** – Karte 23/46 €
Auch wenn die Fassade vielleicht etwas nüchtern wirkt, die Einrichtung des Hotels ist schön modern, von den nach hinten gelegenen Zimmern blickt man auf den Kahnweiher und den Stadtwald. Im Sommer sitzt man im Biergarten direkt am Wasser, in der kalten Jahreszeit schauen Sie vom Wintergarten in den Stadtwald.

In Köln-Merheim

Servatius garni

Servatiusstr. 73 ✉ 51109 – ✆ (0221) 89 00 30 Stadtplan : D2**m**
– www.hotel-servatius.de – geschl. 23. Dezember - 6. Januar
38 Zim ☐ – †65/179 € ††79/199 €
Die vielen Stammgäste wissen, dass man hier gut übernachtet. Neben der praktischen und freundlichen Einrichtung stimmt auch die Größe der Zimmer. Die "RED Lounge Bar" macht schon was her mit ihrem schicken trendigen Design!

In Köln-Mülheim

Park Consul

Clevischer Ring 121 ✉ 51063 – ✆ (0221) 9 64 70 Stadtplan : C1**a**
– www.pckoeln.consul-hotels.com
186 Zim – †89/109 € ††89/109 €, ☐ 17 € – 2 Suiten
Rest – Menü 17/35 € – Karte 20/49 €
Konzept und Lage sind ausgelegt auf Tagungen und Messebesucher - entsprechend gut die Verkehrsanbindung! Schöne Aussicht von der Sonnenterrasse im 5. Stock - hier auch die Executive-Zimmer mit Balkon! Besonders ruhig schläft man in den Zimmern nach hinten. Das Restaurant bietet regionale und internationale Küche - im selben Gebäude gibt es noch ein kölsches Brauhaus.

The New Yorker garni

Deutz-Mühlheimer-Str. 204 ✉ 51063 – ✆ (0221) 4 73 30 Stadtplan : C2**c**
– www.thenewyorker.de
40 Zim – †110/150 € ††130/210 €, ☐ 15 €
Hier lautet das Motto "Enjoy the difference", und das gelingt! Der Individualgast findet, was er sucht: das Schöne, das Ausgefallene, Kunst und Design... Wer länger bleibt, nimmt am besten eines der fünf tollen Lofts oder ein Appartement. Für Hausgäste gibt es Snacks und kleine Speisen wie Panini oder Flammkuchen. Begrünter Innenhof inmitten der Industriearchitektur!

Burns Art Hotel garni

Adam-Stegerwald-Str. 9 ✉ 51063 – ✆ (0221) 6 71 16 90 Stadtplan : H1**q**
– www.hotel-burns.de – geschl. 22. - 30. Dezember, 2. - 6. April
102 Zim ☐ – †79/199 € ††105/225 €
Das Hotel liegt relativ ruhig in einer Wohnsiedlung. Sie wählen zwischen zeitgemäßen "Fair & More"-Zimmern und den puristisch-chic designten "Burns Art"-Zimmern, oder gönnen Sie sich doch eine der tollen Juniorsuiten mit großem Balkon und Blick über die Stadt!

In Köln-Müngersdorf

Maître im Landhaus Kuckuck (Erhard Schäfer)

Olympiaweg 2 (über Friedrich-Schmitt-Straße) ✉ 50933 Stadtplan : A2**r**
– ✆ (0221) 48 53 60 – www.landhaus-kuckuck.de – geschl. 9. - 18. Februar, 30. März - 14. April, 29. Juni - 28. Juli und Montag - Dienstag
Menü 99/119 € – Karte 72/89 € – *(nur Abendessen)* (Tischbestellung erforderlich)
"Klassik" und "Saisonal", so die Namen der beiden Menüs, deren Gerichte Sie natürlich auch kombinieren können. Sowohl die Küchenbrigade um Erhard Schäfer als auch der umsichtige, aufmerksame Service sind bestens eingespielt. Man hat nur fünf Tische - ein fast schon exklusiver Rahmen! Übrigens: Nur einen Steinwurf entfernt liegt das Stadion des 1. FC Köln.
➜ Getrüffeltes Eifeler Landei mit Rahmspinat und Nussbutter. Lamm und Kaninchen, Kaffee-Ingwerjus, Zucchiniblüte mit Zwiebelchutney, Gerstenrisotto. Valrhona-Schokoladenriegel mit Kardamommousse, Karotten-Mandelküchlein, Riesling-Buttereis.
Rest *Landhaus Kuckuck* – siehe Restaurantauswahl

Landhaus Kuckuck – Restaurant Maître im Landhaus Kuckuck

Olympiaweg 2 (über Friedrich-Schmitt-Straße) ✉ 50933
– ✆ (0221) 48 53 60 – www.landhaus-kuckuck.de Stadtplan : A2**r**
– geschl. 9. - 18. Februar und Montag
Menü 48 € – Karte 41/63 €
Ein Kleinod außerhalb der hektischen City: herrlich im Grünen gelegen und elegant im englischen Landhausstil eingerichtet. Wunderschön die Terrasse - im Sommer sicher auch Ihr Favorit!

Jan's Restaurant in der Remise

Wendelinstr. 48 ✉ 50933 – ✆ (0221) 5 10 39 99 Stadtplan : A2**m**
– www.jansrestaurant.de
– geschl. Montag, Samstagmittag, Sonntagmittag
Menü 20 € (mittags)/44 € – Karte 40/51 €
Kamin, Holzbalken, Backsteinboden... gemütlicher könnte es auf dem alten Gutshof kaum sein. Und wussten Sie, dass Napoleon hier schon zu Gast war? Viel Historie also! Auf der Karte finden sich z. B. "Filet von der Dorade / grünes Risotto / getrocknete Tomate" oder "Spanferkelrücken / getrüffeltes Püree / Malzjus". Abends Überraschungsmenü, mittags einfacher Lunch.

In Köln-Porz

Lemp garni

Bahnhofstr. 44 ✉ 51143 – ✆ (02203) 9 54 40 Stadtplan : D3**e**
– www.hotel-lemp.com
45 Zim ☕ – 🚹85/105 € 🚹🚹95/115 €
Warum es sich in diesem Hotel gut wohnen lässt? Es wird engagiert und familiär geführt, ist freundlich eingerichtet und am Morgen erwartet Sie ein schönes Frühstücksbuffet. Im kleinen Bistro "Piccolo" können Sie Kleinigkeiten essen oder auch einfach ein Glas Wein trinken. Praktisch: die S-Bahn-Anbindung.

In Köln - Porz-Grengel

Leonardo Hotel Köln Bonn Airport

Waldstr. 255, (am Flughafen Köln/Bonn) (über Kennedystraße D3) ✉ 51147
– ✆ (02203) 56 10 – www.leonardo-hotels.com
177 Zim – 🚹79/199 € 🚹🚹99/219 €, ☕ 18 €
Rest – Karte 27/64 €
Keine Frage, Businessgäste sind hier genau richtig! Der Flughafen liegt gleich um die Ecke (Sie können den kostenfreien Shuttle-Service nutzen), von dort aus kommen Sie mit der S-Bahn S13 bequem zum Messegelände. Die Zimmer sind schön geräumig und nach getaner Arbeit gibt es internationale Küche - und vielleicht noch einen Absacker in der Bar? Sonntags Brunch.

Spiegel

Hermann-Löns-Str. 122 ✉ 51147 – ✆ (02203) 96 64 40 Stadtplan : D3**a**
– www.hotel-spiegel.de – geschl. Ende Juli - August 3 Wochen
27 Zim ☕ – 🚹70/140 € 🚹🚹90/280 €
Rest – Menü 35 € – Karte 28/50 € – *(geschl. Freitag, Samstagmittag, Sonntagabend)*
Bei Familie Spiegel schläft man in praktisch ausgestatteten Gästezimmern, verweilt gemütlich im angenehm lichten Kaminzimmer - mit Blick in den hübschen kleinen japanischen Garten - und lässt sich im gediegenen Restaurant internationale Küche servieren. Und der Flughafen ist nur 5 Autominuten entfernt.

In Köln - Porz-Langel Süd: 17 km über Hauptstraße Stadtplan : D3

Zur Tant

Rheinbergstr. 49 ✉ 51143 – ✆ (02203) 8 18 83 – www.zurtant.de – geschl. über Karneval und Donnerstag
Menü 70/90 € – Karte 53/74 €
Nach wie vor klassisch ist die Küche dieses gut besuchten Hauses. Wie wär's mit einem Platz am Fenster, dann können Sie bei "Kalbsleber, Salbeibutter, Gemüse" oder "Seeteufel, Kerbelsauce, Frühlauch, Süßkartoffel" schön auf den Rhein schauen. Von der Terrasse natürlich genauso!
Rest *Piccolo* – siehe Restaurantauswahl

Piccolo – Restaurant Zur Tant

Rheinbergstr. 49 ✉ 51143 – ✆ (02203) 8 18 83 – www.zurtant.de – geschl. über Karneval und Donnerstag
Menü 34 € – Karte 31/41 €
Hier kocht man mit frischen Produkten und Bezug zur Region. Probieren Sie z. B. "Kartoffelsuppe mit Blutwurst" und "Zwiebelrostbraten mit Gemüse und Röstkartoffeln"! Sie können sich Ihr 3-Gänge-Menü selbst zusammenstellen, der Preis bleibt immer gleich!

In Köln - Porz-Wahnheide West: 17 km über Kennedystraße Stadtplan : D3

Karsten garni

Linder Weg 4 ✉ 51147 – ✆ (02203) 96 61 90 – www.hotelkarsten.de – geschl. Weihnachten - 2. Januar
24 Zim ☕ – 🚹76 € 🚹🚹104 €
Nicht nur Raumfahrer vom nahen Übungszentrum fühlen sich hier wohl! Kein Wunder, denn von der recht ruhigen Lage über die freundlichen Gastgeberinnen und die gepflegten Zimmer bis hin zum Frühstück im Wintergarten (oder auf der Terrasse) stimmt hier alles.

In Köln-Rodenkirchen

Begardenhof

Zim,

Brückenstr. 41 ✉ 50996 – ✆ (0221) 9 85 47 10 Stadtplan : C3**b**
– www.begardenhof.de
36 Zim ☕ – 🚹90/99 € 🚹🚹119/140 € **Rest** – Karte 28/42 € – *(geschl. Sonntag)*
Ein ansprechendes modernes Hotel in verkehrsgünstiger Lage mit geradliniger Einrichtung in Braun-, Orange- und Rottönen. Die Doppelzimmer liegen zum Innenhof und haben teilweise einen Balkon, geräumig die drei Juniorsuiten, schön die Dachterrasse. Im neuzeitlichen Restaurant serviert man Internationales und einen günstigen Mittagstisch.

AURA by Luis Dias N

Wilhelmstr. 35a ✉ 50996 – ✆ (0221) 9 35 23 23 Stadtplan : C3**a**
– www.aura-coeln.de – geschl. Juli - August 2 Wochen und Montag, Samstagmittag
Menü 45/64 € – Karte 46/69 €
Wer dieses etwas versteckt liegende hübsche kleine Restaurant erst einmal entdeckt hat, könnte zum Stammgast werden, denn was Luis Dias hier bietet, ist frische mediterrane Küche mit Geschmack. Und der Service stimmt ebenfalls: aufmerksam und herzlich. Tipp: Nutzen Sie das Parkhaus am Maternusplatz.

In Köln-Sürth

Falderhof

Falderstr. 29 ✉ 50999 – ✆ (02236) 96 69 90 Stadtplan : C3**f**
– www.falderhof.de – geschl. 20. Dezember - 4. Januar
33 Zim ☕ – 🚹78/98 € 🚹🚹99/118 €
Rest – Menü 17 € (mittags unter der Woche) – Karte 30/48 € – *(geschl. 27. Dezember - 4. Januar und Samstagmittag, Oktober - April: Samstagmittag, Sonntag)*
Ruhige Zimmer sind Ihnen gewiss auf diesem denkmalgeschützten ehemaligen Bauernhof, keines liegt zur Straße hin! Und hübsch sind sie zudem, hier und da antike Stücke. Zum Essen geht man in das charmante Alte Fachwerkhaus mit separatem Eingang. Im Winter sitzt man vor dem Kamin am schönsten, im Sommer isst man auf der wunderbaren bepflanzten Terrasse!

In Köln-Weiden

Garten-Hotel garni

Königsberger Str. 5 ✉ 50858 – ✆ (02234) 4 08 70 Stadtplan : A2**n**
– www.garten-hotel.de – geschl. 20. Dezember - 2. Januar
33 Zim – 🚹69/109 € 🚹🚹85/139 €, ☕ 8 €
Das Hotel ist tipptopp gepflegt, bietet wohnlich-zeitgemäße Zimmer und Appartements und hat zudem einen hübschen Wintergarten mit Blick ins Grüne. Sehr praktisch: die kostenfreie Tiefgarage. Lust auf Shopping? Zum Weidener Einkaufszentrum sind es nur ein paar Gehminuten.

In Köln-Zollstock

EuroNova arthotel (N)

Rest, Rest, Rest,

Zollstockgürtel 65 ✉ 50969 – ✆ (0221) 9 33 33 03 Stadtplan : B3**a**
– www.euronova-arthotel.de
73 Zim – 🚹85/120 € 🚹🚹100/135 €, ☕ 12 €
Rest – Menü 40 € (abends)/45 € – Karte 32/54 € – *(geschl. 22. Dezember - 2. Januar)*
Zwischen zahlreichen Bürogebäuden finden Sie dieses topmoderne Hotel. Die Eigentümer sind Architekten und das sieht man: "Geradlinigkeit und Purismus" lautet die Devise, die Zimmer geräumig und hochwertig. Als Businessgast können Sie Bürotel-Räume mieten - ideal zum Arbeiten.

KÖNGEN

Baden-Württemberg – 9 670 Ew. – Höhe 281 m – Siehe Regionalatlas **55**-H18
Berlin 626 km – Stuttgart 26 km – Reutlingen 28 km – Ulm (Donau) 67 km
Michelin Straßenkarte 545

Schwanen (mit Gästehaus)

Schwanenstr. 1 ✉ 73257 – ✆ (07024) 9 72 50 – www.schwanen-koengen.de
– geschl. 24. Dezember - 6. Januar, August 2 Wochen
45 Zim ☕ – 🚹75/89 € 🚹🚹105/118 € – 1 Suite – ½ P
Rest *Schwanen* – siehe Restaurantauswahl
Rest *Bistro K.B.* – Karte 22/35 € – *(geschl. Samstag - Sonntag) (nur Abendessen)*
Bereits in 3. Generation ist Familie Benz hier engagiert im Einsatz, alles ist tipptopp gepflegt. Die Zimmer reichen vom praktischen Business-Einzelzimmer bis zum großzügigen Superior - fragen Sie nach den schönen modernen Zimmern im Haupthaus! Im Bistro (schwäbisch-internationale Küche) darf geraucht werden.

Neckartal (mit Gästehaus)

Bahnhofstr. 19 ✉ 73257 – ✆ (07024) 9 72 20 – www.hotel-neckartal.com
29 Zim ☕ – 🚹82/98 € 🚹🚹102/125 € – ½ P
Rest *Tafelhaus* – siehe Restaurantauswahl
Praktisch sind hier die verkehrsgünstige Lage nahe der A8 sowie die funktionalen Zimmer in der "Residenz". Für alle, die es besonders schön mögen, haben Petra und Bernd Nödinger das "Gartenhaus" - mit Kräutergarten und Brunnen! Im Stammhaus hat man zudem noch recht einfache Zimmer.

XX **Schwanen** – Hotel Schwanen

Schwanenstr. 1 ✉ 73257 – ✆ (07024) 9 72 50 – www.schwanen-koengen.de – geschl. 24. Dezember - 6. Januar, August 2 Wochen und Sonntag - Montag

Menü 19 € (mittags)/38 € – Karte 32/50 €

Nicole Domon, Tochter des Hauses, ist hier die freundliche Gastgeberin, ihr Mann Patrick Domon leitet die Küche. Er kocht regional-international, so z. B. "Rinderfilet mit Steinpilzen und Bohnen" - hier und da erkennt man auch sein Faible für thailändische Speisen. Auch das Mittagsmenü ist gefragt!

X **Tafelhaus** – Hotel Neckartal

Bahnhofstr. 19 ✉ 73257 – ✆ (07024) 9 72 20 – www.hotel-neckartal.com – geschl. Sonntag

Menü 49/59 € – Karte 31/49 € – *(nur Abendessen)*

In erster Linie kommt man natürlich wegen des guten Essens zu den Nödingers, aber auch das Ambiente stimmt: freundlich und modern-elegant. Serviert werden Klassiker wie "Rindsgulasch mit Semmelknödel" oder verschiedene Rostbraten-Varianten, aber auch Internationales.

KÖNIG, BAD

Hessen – 9 350 Ew. – Höhe 183 m – Siehe Regionalatlas **48-G16**

Berlin 584 km – Wiesbaden 85 km – Mannheim 71 km – Aschaffenburg 44 km

Michelin Straßenkarte 543

In Bad König-Momart Süd-Ost: 2 km über Weyprechtstraße

Zur Post

Hauswiesenweg 16 ✉ 64732 – ✆ (06063) 15 10 – www.zurpost-momart.de – geschl. Februar

9 Zim – 🛉45/50 € 🛉🛉69/89 € – ½ P

Rest – Karte 15/41 € – *(geschl. Montagmittag, Dienstag)*

Der Familienbetrieb liegt ruhig in einem kleinen Dorf und ist guter Ausgangsort für Wanderungen. Sie wohnen in behaglichen Zimmern und speisen in gemütlichen Restauranträumen. Im Sommer lässt man sich die regional-saisonale Küche am besten auf der schönen Terrasse mit Blick auf Wiesen und Felder servieren!

KÖNIGSBACH-STEIN

Baden-Württemberg – 9 760 Ew. – Höhe 193 m – Siehe Regionalatlas **54-F18**

Berlin 647 km – Stuttgart 65 km – Karlsruhe 25 km – Pforzheim 16 km

Michelin Straßenkarte 545

Im Ortsteil Königsbach

Europäischer Hof

Steiner Str. 100 ✉ 75203 – ✆ (07232) 8 09 80 – www.europaeischer-hof.com – geschl. über Weihnachten 1 Woche, über Fasching 10 Tage, August 2 Wochen

21 Zim – 🛉68 € 🛉🛉98 €

Rest *Europäischer Hof* – siehe Restaurantauswahl

Der Familienbetrieb (bereits die 4. Generation) ist ein gut geführtes kleines Hotel in einem Wohngebiet am Ortsrand und nicht zuletzt wegen seiner Tagungsmöglichkeiten für Geschäftsleute geeignet. Auch für Familienfeiern ideal.

XX **Europäischer Hof** – Hotel Europäischer Hof

Steiner Str. 100 ✉ 75203 – ✆ (07232) 8 09 80 – www.europaeischer-hof.com – geschl. über Weihnachten 1 Woche, über Fasching 10 Tage, August 2 Wochen und Sonntagabend - Montag

Menü 40 € – Karte 30/48 €

Feldsalat und Kartoffeln aus eigenem Anbau sowie andere saisonale Produkte finden sich in den klassischen, aber auch internationalen Gerichten wie z. B. "Geschnetzeltes und Medaillon vom heimischen Reh mit Wachholderrahmsauce und Preiselbeeren". Gemütlich-gediegen das Restaurant, reizvoll die Gartenterrasse. Eine schöne Besonderheit: der Clochenservice.

KÖNIGSBRONN

Baden-Württemberg – 7 060 Ew. – Höhe 499 m – Siehe Regionalatlas **56-I18**

Berlin 572 km – Stuttgart 90 km – Augsburg 106 km – Aalen 14 km

Michelin Straßenkarte 545

In Königsbronn-Zang Süd-West: 6 km

Widmann's Löwen

Struthstr. 17 ✉ 89551 – ✆ (07328) 9 62 70 – www.loewen-zang.de – geschl. 24. August - 9. September

21 Zim – 🚹52/94 € 🚹🚹80/124 € – ½ P

Rest ***Widmann's Löwen*** – siehe Restaurantauswahl

Nordic Walking, Radtouren, ein Besuch im Steiff-Museum... das Hotel der engagierten Widmanns ist wie gemacht als Ausgangspunkt. Wieder zurück vom Ausflug, warten wohnliche Zimmer auf Sie - mal ländlich, mal neuzeitlich. Wenn Sie etwas Besonderes suchen, buchen Sie die schicken "LANDzeit"- und "LANDglück"-Zimmer oder eine der Lodges mit Blick auf die Streuobstwiese! Tipp für Feste: die gemütlich-urige Kerbenhofhütte am Waldrand.

Widmann's Löwen – Widmann's Löwen

Struthstr. 17 ✉ 89551 – ✆ (07328) 9 62 70 – www.loewen-zang.de – geschl. 24. August - 9. September und Dienstag - Mittwochmittag

Menü 25/75 € – Karte 27/53 €

Einladend ist hier nicht nur die gemütlich-ländliche Atmosphäre, vor allem die frische und geschmackvolle traditionell geprägte Küche von Frank Widmann samt Team lockt Gäste an. Wie wär's z. B. mit dem in der Region allgegenwärtigen Zwiebelrostbraten? Oder vielleicht lieber "halbe Landente mit Rotkohl"? Und zum Nachtisch "Apfelküchle mit Bratapfeleis"? Selbst noch etwas lernen können Sie in der eigenen Kochschule gegenüber.

KÖNIGSFELD im SCHWARZWALD

Baden-Württemberg – ✉ 78126 – 6 120 Ew. – Höhe 761 m – Siehe Regionalatlas **62-E20**

Berlin 752 km – Stuttgart 126 km – Freiburg im Breisgau 79 km – Triberg 19 km

Michelin Straßenkarte 545

In Königsfeld-Buchenberg

Café Rapp mit Zim Zim,

Dörfle 22 ✉ 78126 – ✆ (07725) 9 15 10 – www.cafe-rapp.de – geschl. August 3 Wochen und Montag - Dienstag

6 Zim – 🚹64 € 🚹🚹98 € – ½ P

Menü 33/44 € – Karte 31/52 € – (Tischbestellung ratsam)

Hier stimmen Qualität, Geschmack und Preis! Gerne kommt man zum günstigen Mittagsgericht, abends wird etwas aufwändiger gekocht. Je nach Saison gibt es mündliche Empfehlungen. Beliebt ist das Haus auch für Kaffee und Kuchen.

KÖNIGSTEIN

Bayern – 1 780 Ew. – Höhe 490 m – Siehe Regionalatlas **51-L16**

Berlin 407 km – München 202 km – Nürnberg 54 km – Bayreuth 52 km

Michelin Straßenkarte 546

Wilder Mann

Oberer Markt 1 ✉ 92281 – ✆ (09665) 9 15 90 – www.wilder-mann.de

24 Zim – 🚹45/75 € 🚹🚹74/110 € – 3 Suiten – ½ P

Rest – Menü 13 € (mittags) – Karte 17/46 € – *(geschl. 7. Februar - 16. März)*

Seit 1881 ist der gewachsene Gasthof bei der Kirche im Familienbesitz. Die Zimmer sind wohnlich, teilweise haben sie einen Balkon zum Garten. Nachmittags bekommen Sie hausgebackenen Kuchen, im Restaurant und in der Stube bürgerliche Küche.

KÖNIGSTEIN im TAUNUS

Hessen – 16 130 Ew. – Höhe 362 m – Siehe Regionalatlas **47-F14**

Berlin 542 km – Wiesbaden 27 km – Frankfurt am Main 24 km – Bad Homburg vor der Höhe 14 km

Michelin Straßenkarte 543

Villa Rothschild Kempinski Rest, Zim,

Im Rothschildpark 1 ✉ 61462 – ✆ (06174) 2 90 80 – www.kempinski.com/villarothschild – geschl. 1. - 11. Januar

22 Zim – 220/350 € 275/450 €

Rest *Villa Rothschild Kempinski* – siehe Restaurantauswahl

Rest *Tizian's Bar & Brasserie* – Menü 36 € (mittags unter der Woche) – Karte 34/60 €

In einem Park steht die schmucke Bankiers-Villa von 1894 - ein edles und stilvolles Boutiquehotel. Shuttle-Service zum Ascara-Spa des Schwesterbetriebs Falkenstein. In Tizian's Bar & Brasserie bekommt man Snacks wie Flammkuchen und Clubsandwiches, aber auch Wiener Schnitzel und Zander - hier speist man, wenn mittags das Gourmetrestaurant geschlossen hat.

Königshof garni

Wiesbadener Str. 30 ✉ 61462 – ✆ (06174) 2 90 70 – www.koenigshof-koenigstein.de

26 Zim – 90/120 € 122/142 €

Familie Rudolph leitet das ruhig und zentral gelegene Hotel bereits seit 25 Jahren. Die Fotografien in den gut ausgestatteten Zimmern stammen von der Chefin. Am Morgen bedient man sich am schönen Frühstücksbuffet.

Villa Rothschild Kempinski – Hotel Villa Rothschild Kempinski

Im Rothschildpark 1 ✉ 61462 – ✆ (06174) 2 90 80 – www.kempinski.com/villarothschild – geschl. 1. - 19. Januar, 2. - 24. August und Sonntag - Montag

Menü 99/139 € – Karte 74/104 € – *(nur Abendessen)*

Hier hat der langjährige Souschef Christian Eckhardt die Küchenleitung übernommen. Auch unter der Regie des jungen Freiburgers kocht das bewährte Team klassisch-kreativ, nach wie vor stehen Produktqualität und Exaktheit in Zubereitung und Präsentation im Fokus. Ebenfalls unverändert der wertige Rahmen samt herrlichem Parkblick sowie der tolle Service.

→ Entenstopfleber - Marbré und Praline, Clotted Cream, Rooibusch Tee, Salzbutterbrioche. Limousin Lamm - Masala, Curry Blätter, Gewürz Bulgur, Cashew Nüsse. Kräutertopf - geeist und Salat, Mara de Bois Erdbeere, Löwenzahn, Fromage Blanc.

Tristan N

Limburger Str. 22 ✉ 61462 – ✆ (06174) 92 85 25 – www.catering-tristan.de – geschl. Montag - Dienstag

Menü 37/43 € – Karte 37/53 € – *(nur Abendessen)*

Sehr gemütlich sitzt man in dem denkmalgeschützten Fachwerkaus, dafür sorgt die Mischung aus geradlinig-moderner Einrichtung, altem Dielenboden und Backstein. Auf der Karte z. B. Tristans Klassiker wie "Rinderfilet mit grünen Bohnen" oder "Riesengarnelen und Edelfische aus dem Wok".

In Königstein-Falkenstein Nord-Ost: 2 km

Falkenstein Grand Kempinski

Debusweg 6 ✉ 61462 – ✆ (06174) 9 00 – www.kempinski.com/falkenstein

88 Zim – 190/330 € 240/480 €, 32 € – 24 Suiten – ½ P

Rest *Landgut Falkenstein* – siehe Restaurantauswahl

Rest *Bistro Raffael's* – Karte 42/58 €

Das noble Gesamtbild beginnt schon beim Äußeren dieses historischen Häuserensembles und zieht sich durch alle Räume (einschließlich der prächtigen Säle), die ebenso wertig sind wie das umfassende Spa-Angebot - nicht zu vergessen der ausgezeichnete Service! Picknicken Sie doch mal sonntags im Park, während Ihre Kinder den Spielplatz erkunden!

Landgut Falkenstein – Hotel Falkenstein Grand Kempinski

Debusweg 6 ✉ 61462 – ✆ (06174) 9 00 – www.restaurant-landgut.com

Menü 35/75 € – Karte 50/70 €

Hier hat man einen wirklich tollen Blick auf die Skyline von Frankfurt! Es wird regional gekocht, probieren Sie z. B. "Schaumsuppe von weißen Bohnen mit gepökeltem Schweinebauch" oder "geschmorte Ochsenbäckchen mit glaciertem Gemüse".

KÖNIGSWINTER

Nordrhein-Westfalen – 40 760 Ew. – Höhe 80 m – Siehe Regionalatlas **36**-C13
Berlin 597 km – Düsseldorf 83 km – Bonn 10 km – Koblenz 57 km
Michelin Straßenkarte 543

Waldhotel Sophienhof (N)

Löwenburger Str. 1 (Ost: 6 km über L331) ✉ 53639 – ✆ (02223) 2 97 30 – www.waldhotel-sophienhof.de
16 Zim – †69/75 € ††79 €, ☕ 11 € **Rest** – Karte 32/78 € – *(nur Abendessen)*
Wirklich schön hat man es hier: Das Haus a. d. J. 1888 liegt ruhig und ist stilvoll-modern eingerichtet - das passt wunderbar zum historischen Charme, den man ganz bewusst bewahrt hat! Für Events und Tagungen: der "Margarethenhof" nebenan. Im Restaurant gibt es Steaks und Flammkuchen.

Hindenburg garni

Hauptstr. 357 ✉ 53639 – ✆ (02223) 90 19 40 – www.hotel-haus-hindenburg.de – geschl. 22. Dezember - 2. Januar
14 Zim ☕ – †70/85 € ††100/120 € – 1 Suite
Eine freundlich-familiäre Adresse ist das nette alte Stadthaus in der Fußgängerzone. Die Zimmer sind klassisch und individuell gestaltet, hübsch ist der kleine Frühstücksraum.

Petit Lion (N)

Hauptstr. 374 ✉ 53639 – ✆ (02223) 70 09 70 – www.krone-koenigswinter.de – geschl. Montag
Menü 54/89 € – Karte 52/70 € – *(Dienstag - Samstag nur Abendessen)*
Nicolas von Auersperg kocht ambitioniert und geschmacklich auf hohem Niveau, ganz so wie man es von seinen vorherigen Stationen kennt. Hier hat er sich nun gemeinsam mit Sommelier Christian Leve selbständig gemacht und bietet asiatisch beeinflusste Küche. Übernachten können Sie im Hotel "Krone".
Rest *Weinstube* – siehe Restaurantauswahl

Weinstube (N) – Restaurant Petit Lion

Hauptstr. 374 ✉ 53639 – ✆ (02223) 70 09 70 – www.krone-koenigswinter.de – geschl. Montag
Menü 32 € – Karte 29/52 €
Direkt an der Fußgängerzone serviert man Ihnen in der gemütlichen Weinstube regionale Speisen und Klassiker wie "Chateaubriand" oder "Maischolle Finkenwerder Art", und das in angenehm ungezwungener Atmosphäre.

Auf dem Petersberg Nord-Ost: 3 km

Steigenberger Grandhotel Petersberg

Petersberg ✉ 53639 Königswinter AC Rest, Rest,
– ✆ (02223) 7 40 – www.grandhotel-petersberg.steigenberger.de
88 Zim ☕ – †109/179 € ††179/239 € – 11 Suiten – ½ P
Rest *Rheinterrassen* – siehe Restaurantauswahl
Rest *Bistro* – ✆ (02223) 7 47 80 – Karte 24/36 €
Die weitläufige Anlage in exponierter Lage bietet einen repräsentativen Rahmen und eine grandiose Aussicht. Zimmer von wohnlich-funktionell bis klassisch-luxuriös. Kosmetik und Massage. Bistro-Café mit Terrasse.

Rheinterrassen – Steigenberger Grandhotel Petersberg

Petersberg ✉ 53639 Königswinter – ✆ (02223) 7 47 80 – www.grandhotel-petersberg.steigenberger.de
Menü 89 € – Karte 38/61 € – *(Montag - Freitag nur Abendessen)* (Tischbestellung ratsam)
Das Restaurant zeigt sich, hoch oben auf dem Petersberg, als ein Ort der Ruhe fernab des hektischen Alltags. Klassisch das Interieur, phänomenal der Blick auf den Rhein.

KÖTZTING, BAD

Bayern – 7 250 Ew. – Höhe 409 m – Siehe Regionalatlas **59**-O17
Berlin 496 km – München 189 km – Regensburg 78 km – Passau 104 km
Michelin Straßenkarte 546

Amberger Hof
Rest,

Zeltendorfer Weg 4 ✉ 93444 – ✆ (09941) 95 00 – www.amberger-hof.de – geschl. 11. - 29. Januar
33 Zim – 🚹47/52 € 🚹🚹80/88 € – ½ P
Rest – Menü 16 € (mittags)/20 € – Karte 12/27 €
In dem traditionsreichen Haus der Familie Amberger stehen rustikale oder neuzeitlichere und besonders wohnliche Zimmer bereit, zudem Kosmetik, Massage und Kneippanwendungen. Gemütliche Restaurantstuben und nette Terrasse. Die Küche ist regional-bürgerlich.

In Bad Kötzting-Liebenstein Nord: 7 km in Richtung Ramsried – Höhe 650 m

Bayerwaldhof

Liebenstein 25 ✉ 93444 – ✆ (09941) 9 48 00 – www.bayerwaldhof.de
80 Zim – 🚹103/159 € 🚹🚹174/286 € – 10 Suiten
Rest – Menü 23/65 € (abends) – Karte 25/51 €
Hier wird ständig investiert. Der Spa, aber auch die Zimmer und das Restaurant sind sehr geschmackvoll gestaltet - überhaupt die gesamte Anlage! Man wird freundlich betreut, ringsum Ruhe und viel Grün, Entspannung pur. Freuen Sie sich z. B. auf den Garten mit Naturbadeteich und Blockhaussauna! HP inklusive.

KÖWERICH
Rheinland-Pfalz – 340 Ew. – Höhe 123 m – Siehe Regionalatlas **45-B15**
Berlin 715 km – Mainz 135 km – Trier 27 km – Saarbrücken 92 km
Michelin Straßenkarte 543

Ludwigs

Beethovenstr. 14 ✉ 54340 – ✆ (06507) 80 24 56 – www.moselhotel-ludwigs.de – geschl. Februar 2 Wochen
7 Zim – 🚹60/65 € 🚹🚹80/90 € – ½ P
Rest – Menü 33/53 € – Karte 29/45 € – *(geschl. Montag)*
Das kleine Moselhotel ist idealer Ausgangsort für aktive Gäste: Golf, Reiten, Paragliding, Wassersport... all das ist in der Nähe möglich. Wer es lieber ruhiger hat, entspannt im schönen Garten, in den liebevoll eingerichteten Zimmern oder im Restaurant bei regionaler Küche - haben Sie auch die Bilder des Schweizer Künstlers Wolfgang Goda gesehen?

KOHLGRUB, BAD
Bayern – 2 560 Ew. – Höhe 828 m – Siehe Regionalatlas **65-K21**
Berlin 668 km – München 83 km – Garmisch-Partenkirchen 32 km – Kempten (Allgäu) 78 km
Michelin Straßenkarte 546

Schillingshof

Fallerstr. 11 ✉ 82433 – ✆ (08845) 70 10 – www.hotel-schillingshof.com
131 Zim – 🚹99/169 € 🚹🚹158/198 € – ½ P
Rest – Menü 26/33 € – Karte 22/42 €
In dem funktionalen Hotel mit modernen Zimmern mischen sich Kur- und Businessgäste. Die Tagungsmöglichkeiten sind ideal, der schöne Saunabereich bringt Entspannung, z. B. beim Schwimmen mit traumhaftem Blick ins Tal! Oder tun Sie sich bei "Medical Wellness" etwas Gutes.

Das Johannesbad
Rest, Zim,

Saulgruber Str. 6 ✉ 82433 – ✆ (08845) 8 40 – www.johannesbad-schober.de – geschl. 16. November - 26. Dezember
41 Zim – 🚹62/99 € 🚹🚹124/198 € – 1 Suite – ½ P
Rest – Menü 18/98 € – Karte 27/65 €
Der Untertitel des Hauses: "Medical Spa & Vitalrefugium" - da wundert es nicht, dass es schon im Rezeptionsbereich nach feinen Kräuteressenzen duftet! Entsprechend umfangreich auch das Angebot an Beauty, Massage & Co. Schön zur Ruhe kommt man aber auch in der Kaminbibliothek und im alpinen Landhausambiente der Zimmer und des Restaurants.

Sebaldus
Mühlstr. 1 ✉ 82433 – ✆ (08845) 70 00 – www.landhotel-sebaldus.de
– geschl. Ende November - 27. Dezember
18 Zim – 44/60 € 88/120 € – ½ P
Rest – *(nur Abendessen für Hausgäste)*
Der Gastgeber hätte sich wohl nicht träumen lassen, dass seine Fliegenfischkurse so gut ankommen! Ist aber natürlich kein Muss - schöne Alternativen bieten der großzügige Ruheraum mit Wintergartenflair, Moor-Kur und Massage oder der tolle Garten, in dem man im Sommer gerne bei einem Bier verweilt!

KOLLNBURG

Bayern – 2 870 Ew. – Höhe 655 m – Siehe Regionalatlas **59-O17**
Berlin 510 km – München 177 km – Regensburg 75 km – Passau 85 km
Michelin Straßenkarte 546

Burggasthof (mit Gästehaus)
Burgstr. 11 ✉ 94262 – ✆ (09942) 86 86 – www.burggasthof-hauptmann.de
– geschl. Mitte November - Mitte Dezember
20 Zim – 43 € 76/92 € – ½ P
Rest – Karte 15/28 € – *(geschl. Oktober - März: Dienstag - Mittwoch; April - September: Dienstag - Mittwochmittag)*
Eine sehr nette familiär geführte Adresse, die immer wieder modernisiert wird. Die Zimmer sind teils im Landhausstil gehalten, hübsch sind die Themenzimmer "Hochzeitsstube", "Kornblumenstube" und "Ritterstube". Gaststube in bürgerlich-rustikalem Stil.

KONSTANZ

Baden-Württemberg – 85 530 Ew. – Höhe 405 m – Siehe Regionalatlas **63-G21**
Berlin 763 km – Stuttgart 180 km – Bregenz 62 km – Ulm (Donau) 146 km
Michelin Straßenkarte 545

RIVA
Seestr. 25, (Zufahrt Kamorstraße) ✉ 78464 – ✆ (07531) 36 30 90
– www.hotel-riva.de
46 Zim – 110/242 € 200/452 € – 5 Suiten
Rest *Ophelia* ✿✿ **Rest *RIVA*** – siehe Restaurantauswahl
Die Lage an der Uferpromenade, maritimes Flair, wertiges modernes Interieur, eine tolle Lounge mit Seeblick, der anspruchsvolle kleine Spa mit sehenswertem Sonnendeck und Freibad "on top"... beste Voraussetzungen für einen schönen Urlaub!

Steigenberger Inselhotel Zim, Rest,
Auf der Insel 1 ✉ 78462 – ✆ (07531) 12 50
– www.konstanz.steigenberger.de
100 Zim – 135/210 € 210/350 € – 2 Suiten – ½ P
Rest *Seerestaurant* – Karte 46/78 €
Rest *Dominikanerstube* – Karte 46/78 €
Das Dominikanerkloster a. d. 13. Jh. mit seinem wunderschönen Kreuzgang wird seit 1874 als Hotel geführt, seit 1966 ist es ein Steigenberger! Trumpf ist hier natürlich die Lage am See - herrlich die Liegewiese! Internationale Küche im Seerestaurant mit hübscher Terrasse, Regionales in der Dominikanerstube.

Hotel 47° N
Reichenaustr. 17 ✉ 78462 – ✆ (07531) 12 74 90 – www.47grad.de
99 Zim – 160/200 € 200/400 € – ½ P
Rest *Friedrichs* – ✆ (07531) 12 74 97 77 – Menü 25 € (mittags)/30 € – Karte 26/55 €
Eine schöne Adresse am Seerhein: geradliniges Design, wertige Materialien, warme Töne, gutes Platzangebot und moderne Technik. Im Restaurant "Friedrichs" schaut man durch die Fensterfront auf den See und die Stadt, gekocht wird international mit regionalem und saisonalem Bezug.

Buchner Hof garni

Buchnerstr. 6 ✉ 78464 – ✆ (07531) 8 10 20
– www.buchner-hof.de
– geschl. 20. - 30. Dezember, 2. - 12. Januar
13 Zim – 90/120 € 110/160 €
Ein familiäres kleines Hotel, das recht ruhig in See- und Altstadtnähe liegt und über freundliche Gästezimmer mit funktionaler Ausstattung verfügt. Namensgeber des Hauses ist der berühmte Tonsetzer des Konstanzer Münsters a. d. 15. Jh.

Ophelia – Hotel RIVA

Seestr. 25, (Zufahrt Kamorstraße) ✉ 78464 – ✆ (07531) 36 30 90
– www.hotel-riva.de – geschl. 8. - 25. Februar und Dienstag - Mittwoch
Menü 105/170 € – *(nur Abendessen, sonntags auch Mittagessen)* (Tischbestellung ratsam)
Toller dunkler Holzfußboden, edle Stühle, sehr schöne Bilder... Das stilvoll-moderne Ambiente ist ebenso attraktiv wie die Lage am See, und die Küche erst! Dirk Hoberg kocht kreativ und detailverliebt, spielt mit Texturen und Aromen - auch in der vegetarischen Menü-Variante.
→ Taschenkrebs - Alge, Zitrusfrucht. Steinbutt - Kohlrabi, Holunder. Reh - Blumenkohl, Pfifferlinge, Mispel.

Papageno

Hüetlinstr. 8a ✉ 78462 – ✆ (07531) 36 86 60
– www.papageno-konstanz.net – geschl. über Fastnacht, Juni - Juli 2 Wochen und Montag - Dienstag
Menü 41/72 € – Karte 50/84 €
In zentraler Lage befindet sich das moderne Restaurant mit eleganter Note. Geboten wird eine zeitgemäße internationale Küche - Tipp: Kommen Sie auch mal zum günstigen Mittagsmenü!

San Martino - Gourmet (N) (Jochen Fecht)

Bruderturmgasse 3, (Zugang über Schlachttorgasse) ✉ 78462
– ✆ (07531) 2 84 56 78 – www.san-martino.net – geschl. Sonntag - Mittwoch
Menü 92/115 € – *(nur Abendessen)* (Tischbestellung ratsam)
Mitten im Zentrum und in historischem Gemäuer (schön die Natursteinwände hier) haben Küchenchef Jochen Fecht und Kompagnon Thomas Haist ihr neues Domizil eröffnet, ein geradlinig-elegantes kleines Restaurant. Äußerst fein die modern-klassischen Speisen in Menüform.
→ Tiefseegarnele und Octopus, Meerbohne, Bourride Fond, Artischocke, Ysop. Hegau Kalb und US Rind, Cremespinat, Rüben, Pfifferlinge, Zitronenverbene. Badische Erdbeeren und Valrhona Schokolade, Salzkaramell, Bergamottminze, Tonkabohne.
Rest *San Martino - Bistro* – siehe Restaurantauswahl

RIVA – Hotel RIVA

Seestr. 25, (Zufahrt Kamorstraße) ✉ 78464 – ✆ (07531) 36 30 90
– www.hotel-riva.de
Menü 49 € – Karte 35/62 €
Besonders schön ist es in dem mediterran gehaltenen Restaurant, wenn die bodentiefen Fenster zur Terrasse und zum See hin geöffnet sind! Ein Muss im Sommer: hausgebackene Kuchen und Torten draußen im Freien! An Adventsonntagen Brunch.

San Martino - Bistro (N) – Restaurant San Martino - Gourmet

Bruderturmgasse 3, (Zugang über Schlachttorgasse) ✉ 78462
– ✆ (07531) 2 84 56 78 – www.san-martino.net – geschl. Sonntag
- Montagmittag
Karte 43/68 €
Dies ist die etwas einfachere Restaurantvariante im Haus, aber auch hier wird schmackhaft gekocht, von "Bouillabaisse à la Bertold Siber und Jochen Fecht" bis "Wiener Schnitzel mit Kartoffel-Gurkensalat".

In Konstanz-Staad Nord-Ost: 4 km

Schiff am See
William-Graf-Platz 2 ✉ 78464 – ✆ (07531) 3 10 41 – www.konstanz.ringhotels.de
33 Zim ☕ – 🚹89/119 € 🚹🚹110/165 € – 4 Suiten – ½ P
Rest *Heise's Bürgerstube* ❀ **Rest *Schiff*** – siehe Restaurantauswahl
Bis ins 13. Jh. geht die Geschichte des Hauses zurück, einst Deutschordenskommende Mainau. Schön die Lage am Seeufer: Zimmer teils mit Aussicht, auf der Sonnenterrasse am Hafen genießt man maritimes Flair - und zur Fähre nach Meersburg sind es nur wenige Schritte.

Heise's Bürgerstube – Hotel Schiff am See
William-Graf-Platz 2 ✉ 78464 – ✆ (07531) 3 10 41 – www.konstanz.ringhotels.de – geschl. über Fasching 2 Wochen und Montag - Dienstag
Menü 78/105 € – *(Mittwoch - Freitag nur Abendessen)* (Tischbestellung ratsam)
Zirbelholztäfelung, Kachelofen, schöne alte Bleiglasfenster und gepflegte Tischkultur machen es hier gemütlich und elegant zugleich. Patron Henning Heise hat mit Stefan Pree einen talentierten Küchenchef an seiner Seite, gekocht wird klassisch, ein Menü mit feinen Kontrasten und stimmigen Aromen.
➜ Topfengnocchi, Parmesan, Pistousauce, Meeresfrüchte. Rücken vom Maibock im Baumkuchenmantel, Karotten-Ingwerpüree, Perlzwiebeln. "Unsere Erdbeer Joghurette".

Schiff – Hotel Schiff am See
William-Graf-Platz 2 ✉ 78464 – ✆ (07531) 3 10 41 – www.konstanz.ringhotels.de
Menü 22 € (mittags)/58 € – Karte 24/56 €
"Wiener Schnitzel vom Kalbsrücken mit Kartoffel-Gurkensalat", "Felchenfilet Doria mit geschmortem Gurkengemüse", "Räuchermatjes Hausfrauen Art"... Auch in ihrem zweiten Restaurant sorgt Familie Heise für gute Küche und freundlichen Service.

KORBACH
Hessen – 23 540 Ew. – Höhe 379 m – Siehe Regionalatlas **28**-G11
▶ Berlin 447 km – Wiesbaden 187 km – Kassel 64 km – Marburg 67 km
Michelin Straßenkarte 543

Goldflair am Rathaus
Stechbahn 8 ✉ 34497 – ✆ (05631) 5 00 90 – www.goldflair.de
38 Zim ☕ – 🚹58/75 € 🚹🚹98/108 € – ½ P
Rest – Menü 21/32 € – Karte 16/37 € – *(geschl. Sonntagabend)*
Inspiriert durch Korbachs Goldlagerstätte, findet sich das Thema Gold überall in diesem Hotel. Einige der Zimmer sind individuelle "Gold"- und "Märchengold"-Zimmer. Verwinkelt, rustikal und gemütlich ist das Restaurant.

KORNTAL-MÜNCHINGEN
Baden-Württemberg – 18 610 Ew. – Höhe 335 m – Siehe Regionalatlas **55**-G18
▶ Berlin 635 km – Stuttgart 15 km – Karlsruhe 69 km – Tübingen 57 km
Michelin Straßenkarte 545

Landschloss Korntal garni
Saalplatz 5, (Korntal) ✉ 70825 – ✆ (0711) 8 38 88 00 – www.landschloss-korntal.de
26 Zim – 🚹81/105 € 🚹🚹103/116 €, ☕ 8 €
Das Hofgut a. d. 13. Jh. bietet heute nicht nur moderne Zimmer mit guter Technik und ein appetitliches Frühstück, auch Veranstaltungen werden hier groß geschrieben! Prunkstück unter den diversen Räumen ist der historische Festsaal!

KORSCHENBROICH – Nordrhein-Westfalen ➜ Siehe Mönchengladbach

KOSEROW – Mecklenburg-Vorpommern ➜ Siehe Usedom (Insel)

KRAIBURG AM INN

Bayern – 4 000 Ew. – Höhe 462 m – Siehe Regionalatlas **66-N20**
Berlin 650 km – München 78 km – Bad Reichenhall 77 km – Landshut 67 km
Michelin Straßenkarte 546

Hardthaus mit Zim

Marktplatz 31 ✉ 84559 – ✆ (08638) 7 30 67 – www.hardthaus.de – geschl. August 2 Wochen und Sonntag - Montag

5 Zim – †72/158 € ††72/158 €, ☕ 16 €

Menü 24/85 € – Karte 43/98 € – *(nur Abendessen)* (Tischbestellung ratsam)

Weinkeller – Menü 24/30 € – *(nur Abendessen)*

In dem denkmalgeschützten Haus umgibt Sie das charmante Ambiente eines ehemaligen Kolonialwarenladens. Davor die schöne Terrasse am Marktplatz. Die Küche ist international. Saisonales Tagesmenü im gemütlichen Gewölbe-Weinkeller. Im Haus gegenüber: moderne, hochwertige Zimmer.

KRAKOW AM SEE

Mecklenburg-Vorpommern – 3 360 Ew. – Höhe 50 m – Siehe Regionalatlas **12-N5**
Berlin 170 km – Schwerin 74 km – Rostock 63 km – Neubrandenburg 84 km
Michelin Straßenkarte 542

In Krakow-Seegrube Nord-Ost: 4,5 km

Ich weiß ein Haus am See mit Zim

Paradiesweg 3 ✉ 18292 – ✆ (038457) 2 32 73 – www.hausamsee.de – geschl. Montag und November - März: Sonntag - Donnerstag

11 Zim ☕ – †60/110 € ††70/180 € – ½ P

Menü 58/85 € – *(nur Abendessen)* (Tischbestellung ratsam)

In dem eleganten und stilvoll mit Kunst dekorierten Restaurant der Familie König bietet man gute klassische Küche, die von einer umfassenden Weinberatung durch den Chef begleitet wird. Toller Blick auf den See. Für Übernachtungsgäste: hübsche Landhauszimmer zum See oder zur Waldseite sowie ein eigenes Strandbad.

➜ Pochierte Wachtel und geräucherte Entenbrust mit marinierten Feigen und Balsamessig. Zander-Hechtsoufflé mit Zuckerschotenstroh und getrüffelter Beurre Blanc. Kalbsrücken Sous Vide und geschmorte Bäckchen, Graupenrisotto, Malabar Pfeffersauce.

KRANZBACH – Bayern ➜ Siehe Krün

KRANZBERG

Bayern – 4 010 Ew. – Höhe 483 m – Siehe Regionalatlas **58-L19**
Berlin 557 km – München 41 km – Regensburg 94 km – Ingolstadt 49 km
Michelin Straßenkarte 546

In Kranzberg-Hohenbercha Süd-West: 5 km jenseits der A 9

Hörger Biohotel und Tafernwirtschaft

Hohenbercha 38 ✉ 85402 – ✆ (08166) 99 09 80 – www.hoerger-biohotel.de – geschl. Dezember - Januar 10 Tage

25 Zim ☕ – †79/89 € ††109/129 € – ½ P

Rest – Menü 12/49 € – Karte 17/51 €

Ein Gasthaus mit über 100-jähriger Familientradition. Im eigenen Apfelgarten steht ein moderner Vollholzbau mit hübschen geradlinigen Zirbelholz-Zimmern, einfachere Zimmer im Haupthaus. Bio-Küche in gemütlichen, ländlich-rustikalen Gaststuben.

KREFELD

Nordrhein-Westfalen – 234 400 Ew. – Höhe 38 m – Siehe Regionalatlas **25-B11**
Berlin 571 km – Düsseldorf 28 km – Eindhoven 86 km – Essen 38 km
Michelin Straßenkarte 543

Gasthof Korff

Kölner Str. 256 ✉ 47807 – ✆ (02151) 3 62 27 66 – www.gasthof-korff.de – geschl. Montag, Samstagmittag
Menü 28/42 € – Karte 31/51 €
Ein netter Gasthof, der mit seiner sympathischen Brasserie-Atmosphäre sowie der französischen und regionalen Küche gut ankommt. Neben Rinderroulade und Kalbsleber gibt es auch Steinbutt und Jakobsmuscheln.

In Krefeld-Bockum

Mercure Parkhotel Krefelder Hof

Uerdinger Str. 245 ✉ 47800 – ✆ (02151) 58 40 – www.mercure.de
160 Zim – 🚹99/149 € 🚹🚹99/149 €, ☕ 18 € – 4 Suiten – ½ P
Rest *Brasserie La Provence* – ✆ (02151) 58 49 60 – Menü 25/49 € – Karte 30/54 €
Ein klassisches und gediegen-komfortables Hotel mit über 100-jähriger Geschichte. Auch stilvolle Veranstaltungsräume sind vorhanden. Zum Haus gehört ein kleiner Park. Restaurant mit Brasserie-Flair, dazu eine nette Terrasse.

Benger

Rest,

Uerdinger Str. 620 ✉ 47800 – ✆ (02151) 9 55 40 – www.hotel-benger.de
20 Zim ☕ – 🚹69/79 € 🚹🚹85/95 €
Rest – Karte 20/41 € – *(geschl. Freitag) (nur Abendessen)*
Das Hotel ist gut in Schuss und hat gepflegte Zimmer mit schön renovierten Bädern - so manch Besucher ist da schon zum Stammgast geworden. Und als Freund bürgerlicher Küche ist man auch im gemütlich-rustikalen Restaurant gut aufgehoben.

Villa Medici mit Zim

Schönwasserstr. 73 ✉ 47800 – ✆ (02151) 5 06 60 – www.villa-medici-krefeld.de – geschl. Samstagmittag, Sonntag
9 Zim ☕ – 🚹90/120 € 🚹🚹120/150 € Menü 35/125 € – Karte 32/78 €
Nicht nur von außen gibt die schmucke Villa ein herrschaftliches Bild ab: Nach dem Klingeln betreten Sie die Empfangshalle mit toller Freitreppe und gelangen in stilvolle Räume mit schönem Parkett. Zum repräsentativen Rahmen passt der gute Service am Tisch: Große Fische werden vor dem Gast tranchiert, Antipasti auf dem Wagen präsentiert. Einfacher Mittagstisch in der Cantinetta.

In Krefeld-Traar Nord-Ost: 5 km über B 509

Mercure

Elfrather Weg 5 (Zufahrt über An der Elfrather Mühle) ✉ 47802 – ✆ (02151) 95 60 – www.mercure.com
155 Zim – 🚹69/159 € 🚹🚹89/199 €, ☕ 18 € – 4 Suiten – ½ P
Rest – Karte 27/61 €
Ein Business- und Tagungshotel in der Nähe des Golfplatzes. In den Zimmern: geradlinig-moderner Stil und frische, warme Töne. Dazu ein Restaurant mit internationaler Küche.

In Krefeld-Uerdingen

Chopelin

Casinogasse 1 ✉ 47829 – ✆ (02151) 31 17 89 – www.chopelin.de – geschl. Anfang Januar 1 Woche und Sonntag - Montag, Samstagmittag
Karte 24/61 €
Während man im Restaurant etwas gehobener isst, gibt es im Bistro ein günstiges Tagesangebot sowie mittwochabends ein interessantes "Amuse-Bouche-Menü"! Probieren Sie z. B. gebackene Kalbszunge und danach Grießflammerie mit Birnen-Mandelkompott. In dem einstigen Bayer-Casino kann man übrigens auch schön auf der Balkonterrasse mit Rheinblick speisen.

KREMMEN

Brandenburg – 7 080 Ew. – Höhe 39 m – Siehe Regionalatlas **22-O7**
▶ Berlin 43 km – Potsdam 50 km – Neuruppin 36 km – Oranienburg 18 km
Michelin Straßenkarte 542

In Kremmen-Groß Ziethen Süd: 6 km

Schloss Ziethen (mit Gästehaus)
Alte Dorfstr. 33 ✉ 16766 – ✆ (033055) 9 50 – www.schlossziethen.de – geschl. 20. - 24. Dezember
44 Zim – 88/135 € 114/166 € – 1 Suite – ½ P
Rest – Menü 36/56 € – Karte 33/55 €
Ein schmuckes Herrenhaus a. d. 14. Jh. in einem netten Park. Hübsch sind die wohnlichen Zimmer, die diversen Salons und die kleine Bibliothek. Schöner Tagungsbereich im Rosenhaus. Restaurant Orangerie in einem luftig-hohen Raum mit großen Bogenfenstern.

Altes Amtshaus
Alte Dorfstr. 36 ✉ 16766 – ✆ (033055) 2 02 05 – www.kneiseler-und-wuensch.de – geschl. 4. - 15. Februar, 22. Juli - 12. August und Montag - Dienstag
Menü 32 € – Karte 33/69 € – *(nur Abendessen)*
Direkt neben dem Schloss Ziehten liegt das einstige Amtshaus vom Ende des 19. Jh. Es ist ein intimes kleines Abendrestaurant, in dem das Gastgeber-Duo Heribert Wünsch und André Kneiseler frische, ambitionierte Küche bietet. Bei schönem Wetter setzen Sie sich am besten gleich auf die nette Terrasse vor dem Eingang. Für Raucher gibt's im OG eine gemütliche Lounge.

In Kremmen-Sommerfeld Nord: 8 km

Sommerfeld
Beetzer Str. 1a ✉ 16766 – ✆ (033055) 9 70 – www.hotelsommerfeld.de
83 Zim – 88/160 € 130/177 € – 2 Suiten – ½ P
Rest – Menü 46 € (mittags)/65 € – Karte 31/76 €
Das Hotel befindet sich am Beetzer See und bietet einen ansprechenden Spa sowie wohnlich-komfortable Zimmer. Besonders schön sind die geräumigen Wellness-Relax-Zimmer. Die Restaurantbereiche nennen sich Kranich, Bistro Frosch und Roter Salon.

KRESSBRONN am BODENSEE
Baden-Württemberg – 8 250 Ew. – Höhe 407 m – Siehe Regionalatlas **63-H21**
Berlin 731 km – Stuttgart 170 km – Konstanz 41 km – Ravensburg 23 km
Michelin Straßenkarte 545

Boutique-Hotel Friesinger
Bahnhofstr. 5 ✉ 88079 – ✆ (07543) 9 39 87 87 – www.boutique-hotel-friesinger.de
3 Zim – 86/158 € 118/168 € – 2 Suiten
Rest *Meersalz* – siehe Restaurantauswahl
Mit diesem kleinen Bijou nahe dem See wurde der Traum von Dominique und Erik Essink Wirklichkeit! Die Zimmer stilvoll-modern und individuell, geräumig und hochwertig. Überall im Haus steckt Liebe zum Detail und die ehrliche Herzlichkeit spürt man schon beim Empfang - schlichtweg ein "Vorzeige"-Boutique-Hotel!

Teddybärenhotel Peterhof
Nonnenbacher Weg 33 ✉ 88079 – ✆ (07543) 9 62 70 – www.teddybaerenhotel.de – geschl. Januar - Februar
17 Zim – 59/79 € 109/140 € – ½ P
Rest – Menü 21/42 € – Karte 21/55 € – *(geschl. Dienstag)*
Dieses Haus ist ein Muss für alle, die Teddybären lieben oder lieben lernen möchten! Die kleinen bärigen Zeitgenossen sind überall zu finden (im Restaurant, im Zimmer neben der "Minibär"...) und tragen zum individuellen und wohnlichen Ambiente bei - und Sie können Ihren Favoriten sogar käuflich erwerben! Im Restaurant werden ausschließlich regionale Produkte verwendet.

Pension am Bodensee garni
Bodanstr. 7 ✉ 88079 – ✆ (07543) 73 82 – www.pension-am-bodensee.de
8 Zim – 75/145 € 95/210 € – 1 Suite
Das ehemalige Fischerhaus, von Petra und Klaus Schorpp sehr persönlich geführt, liegt direkt am See und bietet neben der tollen Terrasse und der verglasten Sauna (beides natürlich mit Seeblick!) individuelle Zimmer, die mit Stil und Geschmack liebevoll eingerichtet sind. Nicht zu vergessen das exzellente Frühstücksbuffet mit regionalen Spezialitäten!

Meersalz – Boutique-Hotel Friesinger
Bahnhofstr. 5 ✉ 88079 – ✆ (07543) 9 39 87 87 – www.restaurant-meersalz.de – geschl. 2. - 15. März, November 2 Wochen und Montag - Dienstag, außer an Feiertagen
Menü 43/58 € – Karte 35/60 € – *(Mittwoch - Samstag nur Abendessen)*
In dem ehemaligen Steinmetz-Betrieb kocht Erik Essink für Sie modern und mutig und dabei vereint er Aromen aus der ganzen Welt. Wie wär's z. B. mit "Riesengarnelen im Wasabi-Knuspermantel" oder mit "gefüllter Perhuhnbrust auf Trüffelnudeln"? Elegant das Ambiente, zuvorkommend und freundlich der Service.

In Kressbronn-Retterschen

Sonnenhof Zim,
Sonnenhof 8 ✉ 88079 – ✆ (07543) 50 02 20 – www.sonnenhof-bodensee.de
31 Zim – 69/169 € 99/199 € – 1 Suite – ½ P
Rest – Menü 33/50 € – Karte 30/57 € – *(nur Abendessen)*
Hier wohnt man gemütlich in modernem Umfeld und dank der Lage oberhalb des Bodensees hat man im Haupthaus oder im neuen Gästehaus "Lindau" teilweise eine schöne Sicht. Einfachere und preisgünstigere Zimmer im älteren Gästehaus. Nehmen Sie Ihr Frühstück oder Abendessen im Sommer auf der tollen Terrasse ein - sie bietet einen beeindruckenden Blick!

KREUTH – Bayern ➔ Siehe Rottach-Egern

KREUZNACH, BAD

Rheinland-Pfalz – 43 960 Ew. – Höhe 108 m – Siehe Regionalatlas **46-D15**
Berlin 612 km – Mainz 45 km – Idar-Oberstein 50 km – Kaiserslautern 56 km
Michelin Straßenkarte 543

Fürstenhof
Kurhausstr. 20 ✉ 55543 – ✆ (0671) 2 98 46 70 – www.sympathie-hotels.de Stadtplan : A2**f**
75 Zim – 99 € 139 € – 1 Suite – ½ P
Rest – Menü 25/73 € – Karte 28/41 € – *(geschl. Samstagmittag, Sonntagabend)*
Einst war der Fürstenhof eine Klinik, heute ist er ein modernes Hotel mit zeitgemäß-komfortablen Zimmern, guten Tagungsmöglichkeiten und internationaler Küche. Praktisch: Bäderhaus und Crucenia-Therme sind nur einen Steinwurf entfernt.

PK Parkhotel Kurhaus
Kurhausstr. 28 ✉ 55543 – ✆ (0671) 80 20 – www.pkhotels.eu Stadtplan : A2**a**
120 Zim – 85/119 € 125/159 € – 6 Suiten – ½ P
Rest – Menü 25 € – Karte 28/51 €
Das klassische Hotel von 1913 liegt ruhig am Kurpark und bietet kostenfreien Zugang zur direkt angeschlossenen Crucenia-Therme. Sie wohnen in gediegenen Zimmern und lassen sich beim Blick in den Park Internationales servieren. Und wie wär's mit einer Beauty-Anwendung hier im Haus?

Kauzenburg mit Landhotel garni
Auf dem Kauzenberg 1 ✉ 55545 – ✆ (0671) 3 80 00 – www.kauzenburg.de Stadtplan : A1**t**
44 Zim – 69/88 € 88/115 €
Sie wohnen wirklich schön und ruhig über der Stadt und sind dennoch in nur 15 Gehminuten in der Altstadt. In den Zimmern sehr gute Technik und spezielle Komfortbetten! Zum Entspannen hat man neben dem Saunabereich auch einen netten Barfußpfad hinter dem Haus. Das Restaurant ist wenige Schritte entfernt.

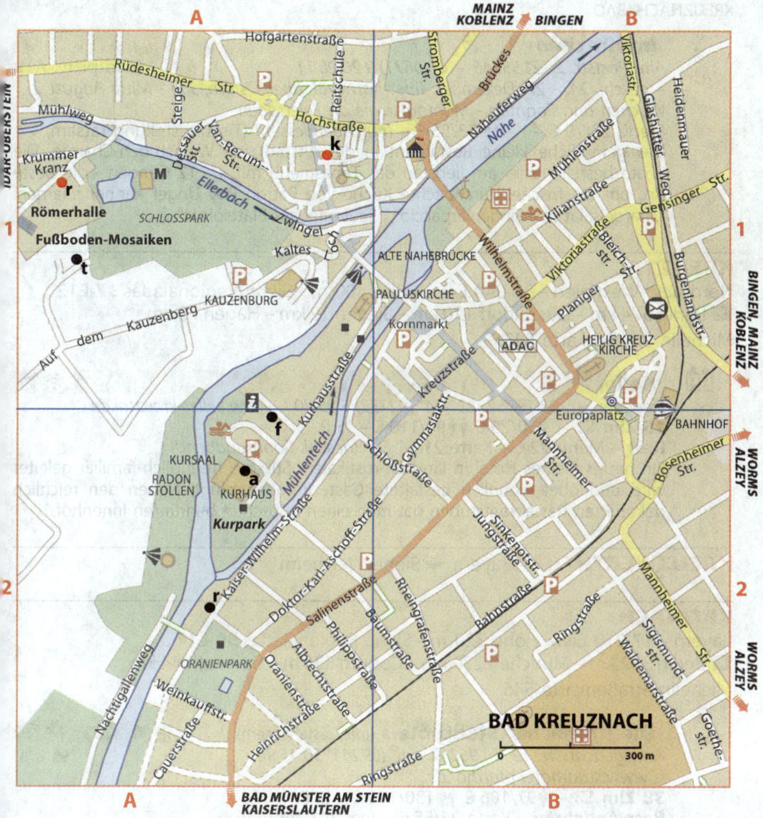

Victoria garni

Kaiser-Wilhelm-Str. 16 ✉ 55543 – ✆ (0671) 84 45 00 Stadtplan : A2**r**
– www.hotel-victoria-bad-kreuznach.de – geschl. 22. Dezember - 6. Januar
21 Zim – 59/69 € 99/115 €
Ein im Kurviertel, an der Nahe gelegenes Stadthotel mit gepflegten, funktionalen Gästezimmern - besonders schön sind die Zimmer zum Fluss. Im Haus befindet sich eine Pizzeria.

Im Gütchen

Hüffelsheimer Str. 1 ✉ 55545 – ✆ (0671) 4 26 26 Stadtplan : A1**r**
– www.jan-treutle.de – geschl. Anfang Januar 1 Woche, Juli - August 2 Wochen und Dienstag
Menü 36/55 € – Karte 37/52 € – *(nur Abendessen)*
Kaum zu glauben, dass dieser modern-elegante, luftig-hohe Raum mal ein Schweinestall war! Jan Treutle und seine Frau bieten in dem schön sanierten Gebäude a. d. 18. Jh. charmanten Service und Schmackhaftes wie "Filet vom Landuro-Schwein".

Gute Küche zu moderatem Preis? Folgen Sie dem „Bib Gourmand". Das freundliche Michelin-Männchen „Bib" steht für ein besonders gutes Preis-Leistungs-Verhältnis!

Im Kittchen

Alte Poststr. 2 ✉ 55545 – ✆ (0671) 9 20 08 11 Stadtplan : A1**k**
– geschl. 24. - 27. Dezember, über Karneval, über Ostern, Juli - Mitte August 2 Wochen und Sonntag - Montag sowie an Feiertagen
Menü 28/79 € – Karte 33/55 € – *(nur Abendessen)* (Tischbestellung ratsam)
Das gemütliche kleine Restaurant in der Altstadt hat Weinstuben-Charme. Die Gäste bestellen hier am liebsten das Tapasmenü mit 4 - 12 Gängen - die beste Art, um die frische, durchdachte Küche von Patron Roy Unger kennenzulernen: "Spargelsalat mit Rindercarpaccio", "Seeteufel auf Blattspinat"...

KREUZTAL

Nordrhein-Westfalen – 31 040 Ew. – Höhe 300 m – Siehe Regionalatlas **37-E12**
Berlin 574 km – Düsseldorf 120 km – Siegen 12 km – Hagen 78 km
Michelin Straßenkarte 543

Keller

Siegener Str. 33 ✉ 57223 – ✆ (02732) 5 95 70 – www.keller-kreuztal.de
15 Zim – 60/75 € 90/110 € – ½ P
Rest – Menü 22 € – Karte 21/51 € – *(geschl. Sonntagabend)*
Ein nettes kleines Hotel in ländlich-rustikalem Stil, das freundlich-familiär geleitet wird und über wohnlich gestaltete Gästezimmer verfügt. Neben den reichlich dekorierten Restaurantstuben hat man einen hübschen begrünten Innenhof.

KREUZWERTHEIM – Bayern → Siehe Wertheim

KRONACH

Bayern – 17 210 Ew. – Höhe 320 m – Siehe Regionalatlas **50-L14**
Berlin 352 km – München 279 km – Coburg 33 km – Bayreuth 44 km
Michelin Straßenkarte 546

Die Kronacher Stadthotels (mit Gästehäusern)

Zim,

Amtsgerichtsstr. 12 ✉ 96317 – ✆ (09261) 50 45 90 – www.stadthotel-pfarrhof.de
38 Zim – 97/106 € 130/145 € – ½ P
Rest *Antlabräu* – Karte 25/55 € – *(geschl. Montag)*
In der charmanten Oberstadt warten in den historischen Häusern Pfarrhof, Pförtchen und Floßherrn liebevoll gestaltete Zimmer auf Sie - vier Zimmer haben sogar einen kleinen Balkon und Blick zur Festung. Tipp: Im Antlabräu gibt's Bier aus der eigenen Brauerei und Ente (fränkisch: "Antla") als Spezialität!

In Stockheim-Haig Nord-West: 7 km über B 89, in Haßlach links

Landgasthof Detsch mit Zim

Coburger Str. 9 ✉ 96342 – ✆ (09261) 6 24 90 – www.landgasthof-detsch-haig.de – geschl. über Fasching 1 Woche, Anfang August 2 Wochen und Sonntagabend - Montag
9 Zim – 50/52 € 65/70 € – 1 Suite
Menü 34 € – Karte 22/40 € – *(nur Abendessen, sonntags auch Mittagessen)*
Bereits seit 1723 hat Familie Detsch hier Schankrecht! Für die regional-saisonale Küche verwendet man Angus-Rinder und Schweine aus eigener Zucht. Eine Spezialität ist auch das "gefüllte fränkische Täubchen" und sonntags gibt es Braten aus dem Ofen mit Thüringer Klößen. Probieren Sie auch den Hausbrand. Im kleinen Gästehaus kann man übrigens auch gepflegt übernachten.

KRONBERG im TAUNUS

Hessen – 17 720 Ew. – Höhe 257 m – Siehe Regionalatlas **47-F14**
Berlin 540 km – Wiesbaden 28 km – Frankfurt am Main 17 km – Bad Homburg vor der Höhe 13 km
Michelin Straßenkarte 543

Schlosshotel

Hainstr. 25 ✉ 61476 – ✆ (06173) 7 01 01 – www.schlosshotel-kronberg.de
62 Zim – 239/299 € 269/329 €, 28 € – 12 Suiten
Rest *Schlossrestaurant* – siehe Restaurantauswahl
Absolut stimmig, wie der englische Einrichtungsstil mit schönen Antiquitäten den eindrucksvollen Rahmen dieses Schlosses a. d. 19. Jh. unterstreicht. Alles ist hochwertig und elegant: Lobby, Bibliothek, Zimmer - diese wurden komplett saniert und stilgerecht gestaltet. Und drum herum ein romantischer Park!

Schlossrestaurant

Hainstr. 25 ✉ 61476 – ✆ (06173) 7 01 01 – www.schlosshotel-kronberg.de
Menü 39/84 € – Karte 43/69 €
Im Restaurant fühlt man sich zurückversetzt in die Kaiserzeit: Man sitzt in einem tollen prunkvollen Saal, die Atmosphäre stilvoll und gediegen-elegant. Wunderbar auch die Terrasse zum Park. Serviert wird klassische Küche.

Zum Grünen Wald

Friedrich-Ebert-Str. 19 ✉ 61476 – ✆ (06173) 20 11
– www.zum-gruenen-wald.com – geschl. Dienstag, außer an Feiertagen
Menü 17 € (mittags unter der Woche)/99 € – Karte 35/57 €
Wirklich gute Produkte kommen in dem hübschen Gasthaus in französisch basierte und saisonal-regional beeinflusste Gerichte. Wie wär's z. B. mit "Duo vom Kalb - Filet und geschmortes Bäckchen mit Kerbel-Kartoffelpüree und Sternanis-Karotten"? Nicht wegzudenken von der Karte ist auch der Klassiker Wiener Schnitzel. Für Weinfreunde: das große oder das kleine Weinmenü.

Grüne Gans

Pferdstr. 20 ✉ 61476 – ✆ (06173) 78 36 66 – www.gruene-gans.com
Karte 38/52 € – *(Montag - Samstag nur Abendessen)*
Die ehemalige Schlosserei a. d. 17. Jh. ist ein gemütlich-moderner Rahmen für französisch-internationale Küche: Flammkuchen (neben "Classique" auch "Escargots" oder "Roquefort"), aber auch Klassiker wie Tatar vom Rind sowie wechselnde Gerichte wie "Jakobsmuschel und Blutwurst" oder "Kürbis und Feigenravioli".

KROZINGEN, BAD

Baden-Württemberg – 17 460 Ew. – Höhe 234 m – Siehe Regionalatlas **61**-D20
Berlin 816 km – Stuttgart 217 km – Freiburg im Breisgau 18 km – Basel 63 km
Michelin Straßenkarte 545

Hofmann zur Mühle garni (mit Gästehaus)

Litschgistr. 6 ✉ 79189 – ✆ (07633) 9 08 85 90 – www.hotel-hofmann.de
24 Zim – 55/65 € 100/102 €, 7 €
Ein wirklich gepflegtes und freundlich eingerichtetes Haus, in dem man gut aufgehoben ist - und das liegt nicht zuletzt an der engagierten und herzlichen Chefin, die ihren Gästen auch gerne Restaurants in der Stadt empfiehlt. Zu Recht stolz ist sie auf ihren schönen mediterranen Garten!

In Bad Krozingen-Biengen Nord-West: 3 km

Zur Krone

Hauptstr. 18 ✉ 79189 – ✆ (07633) 9 39 19 89 – www.zur-krone-biengen.de
– geschl. Januar 2 Wochen, November 1 Woche und Montag - Dienstagmittag, Samstagmittag
Menü 13 € (mittags)/50 € (abends) – Karte 28/67 €
Sascha Kölsch hat in guten Betrieben der Region gearbeitet und bietet hier nun regional und mediterran beeinflusste Gerichte - reduziert, klar und ambitioniert. Appetit auf "Tranche vom Rinderfilet mit Rotweinschalotten und Rosmarinkartoffeln" oder "Perlhuhnbrust an Risotto mit Apfel und Parmesan"? Toll die Terrasse im Hof. Eine Raucherlounge gibt es auch.

In Bad Krozingen-Schmidhofen Süd: 3,5 km über B 3

Storchen (Fritz und Jochen Helfesrieder) mit Zim
Felix und Nabor Str. 2 ✉ 79189 – ✆ (07633) 53 29 – www.storchen-schmidhofen.de – geschl. Montag - Dienstag
4 Zim – †75/100 € ††85/110 €
Menü 34 € (mittags)/88 € – Karte 39/82 € – (Tischbestellung ratsam)
Schon von außen lässt der schön sanierte Gasthof a. d. 18. Jh. ein geschmackvolles klassisches Interieur erahnen. Bereits seit Generationen hebt sich Familie Helfesrieder hier mit ihrem Stil ab. So findet sich auf der Karte neben regionalen Speisen auch Hummer. Gerne kommt man auch zum günstigen Mittagsmenü. Sie möchten über Nacht bleiben? Die Zimmer sind nicht weniger ansprechend als das Restaurant.
→ Törtchen von Gelbschwanzmakrele und Sauerampfer, Hummercroustillant und grüner Spargel. Cremiges Wildkräuter-Risotto, lauwarmes Eigelb und gehobelter Almkäse. Bretonische Felsenbarbe mit Zitronensauce, junge Artischocken, konfierte Tomaten, Cavatelli.

Wie entscheidet man sich zwischen zwei gleichwertigen Adressen?
In jeder Kategorie sind die Häuser nochmals geordnet, die besten Adressen stehen an erster Stelle.

KRÜN

Bayern – 1 950 Ew. – Höhe 875 m – Siehe Regionalatlas **65-L22**
Berlin 683 km – München 96 km – Garmisch-Partenkirchen 17 km – Mittenwald 8 km
Michelin Straßenkarte 546

Alpenhof Rest,
Edelweißstr. 11 ✉ 82494 – ✆ (08825) 10 14 – www.alpenhof-kruen.de – geschl. 5. November - 15. Dezember
24 Zim – †57/69 € ††109/119 € – 1 Suite – ½ P
Rest – Menü 21 € – Karte 20/33 € – *(geschl. Sonntagabend) (nur für Hausgäste)*
Ein alpenländisches Ferienhotel, in dem eine sehr freundliche und familiäre Atmosphäre herrscht. Man hat nicht nur einen schönen Garten und wohnliche Zimmer (Juniorsuiten mit Teeküche), sondern auch den sehr ansprechenden Saunabereich "Alpin Spa" auf rund 500 qm!

Post
Walchenseestr. 4 ✉ 82494 – ✆ (08825) 3 21 – www.gasthof-blocks-post-kruen.de – geschl. 13. April - 1. Mai, 9. November - 9. Dezember und Montag - Dienstag
Karte 22/43 € – *(nur Abendessen)* (Tischbestellung erforderlich)
In dem legeren Wirtshaus ist es immer voll! Josef Block sen. kocht nur mit frischen Produkten, viele direkt aus der Gegend. Bestellen Sie Ochsenbackerl oder den feinen Kaiserschmarrn! Für den kleinen Hunger Salate und Nudelgerichte. Die Söhne sind auch im Haus: der eine an der Bar, der andere als Konditor!

In Krün-Elmau Süd-West: 9 km über Klais, nur über mautpflichtige Straße zu erreichen

Schloss Elmau
Elmau 2 ✉ 82493 – ✆ (08823) 1 80 – www.schloss-elmau.de
108 Zim – †203/438 € ††406/736 € – 20 Suiten – ½ P
Rest *Luce d'Oro* ✿ **Rest *Fidelio*** – siehe Restaurantauswahl
Historie auf der einen Seite, moderner Luxus auf der anderen - und das in traumhafter Lage in einem romantischen Tal! Sie besuchen Konzerte, stöbern in der Bibliothek, genießen die Ruhe im Spa. Für Kinder: eigener Badebereich und aufwändige Betreuung! Auch gastronomisch bietet man viel Abwechslung, HP inkl.

Luce d'Oro – Hotel Schloss Elmau

Elmau 2 ✉ 82493 – ✆ (08823) 1 80 – www.schloss-elmau.de – geschl. 15. März - 13. Juni, 20. - 26. September, 6. - 19. Dezember und Sonntag - Dienstag
Menü 85/170 € – Karte 82/100 € – *(nur Abendessen)* (Tischbestellung erforderlich)
Wenn das Küchenteam seine beiden kreativen Menüs zubereitet, treffen aufwändige Präsentation und elegantes Aroma aufeinander. Der Genuss bleibt aber nicht dem Gaumen vorbehalten: Edles warmes Holz stimmig kombiniert mit modernen Formen tun Auge und Gemüt gleichermaßen gut.
➜ Überraschungsei "Luce d'Oro". Seezunge, Spargel, Morchel. Buttermilch, Zitrone, Waldmeister.

Fidelio – Hotel Schloss Elmau

Elmau 2 ✉ 82493 – ✆ (08823) 1 80 – www.schloss-elmau.de
Menü 50 € – Karte 47/57 € – *(nur Abendessen)* (Tischbestellung erforderlich)
Im Restaurant hochwertige moderne Einrichtung und schöne Aussicht, in der Küche jede Menge topfrische Produkte. Aus diesen wird z. B. "Tagliolini mit Langostino und Safransauce" oder "Kotelett vom Seeteufel mit Veroneser Spargel und Basilikumschaum", und zum Dessert "Früchtecannoli mit Piemonteser Nougat"!

In Krün-Kranzbach Süd-West: 7 km über Klais, nur über mautpflichtige Straße zu erreichen

Das Kranzbach Rest,

Kranzbach 1 ✉ 82493 – ✆ (08823) 92 80 00 – www.daskranzbach.de
131 Zim – 178/225 € 296/350 € – ½ P
Rest – *(nur Abendessen für Hausgäste)*
Eine Oase der Ruhe, zurückhaltend luxuriös, topmodern und doch zeitlos - hier sind Individualisten zu Gast! Der Spa erstreckt sich über beachtliche 3500 qm, Lady-Spa und Yoga-Schule inklusive. Wer es ganz privat möchte, bucht das Baumhaus im Wald, über einen Privatweg erreichbar. Kinder erst ab 10 Jahre.

KRUMBACH

Bayern – 12 460 Ew. – Höhe 512 m – Siehe Regionalatlas **64-J20**
Berlin 648 km – München 120 km – Augsburg 48 km – Frauenfeld 201 km
Michelin Straßenkarte 546

Diem

Kirchenstr. 5 ✉ 86381 – ✆ (08282) 8 88 20 – www.gasthof-diem.de
30 Zim – 46/75 € 76/98 € – ½ P **Rest** – Menü 25 € – Karte 20/49 €
Sie haben die Wahl: einfache Zimmer im Stammhaus, Appartements mit Kitchenette oder die modernsten (und schönsten!) Zimmer in der Neuen Sonne vis-à-vis. Nicht nur bei Einheimischen beliebt: der hübsche Biergarten am Bach!

KRUMMHÖRN

Niedersachsen – 12 420 Ew. – Höhe 1 m – Siehe Regionalatlas **7-C5**
Berlin 528 km – Hannover 265 km – Emden 14 km – Groningen 112 km
Michelin Straßenkarte 541

In Krummhörn-Greetsiel

Der Romantik-Hof (mit Gästehäusern) Rest,

Ankerstr. 4 ✉ 26736 – ✆ (04926) 91 21 51 – www.romantik-hof.de
33 Zim – 92/116 € 152/172 € – ½ P
Rest – Menü 25 € (unter der Woche) – *(nur Abendessen)*
Der friesische Charme dieses netten familiären Hotels samt seiner zwei Gästehäuser wird Sie gleich gefangen nehmen! Das wohltuende Landhausambiente ist dem Engagement der Gastgeber zu verdanken. Hübsch auch der Sauna- und Kosmetikbereich.

Landhaus Steinfeld

Kleinbahnstr. 16 ✉ 26736 – ✆ (04926) 9 18 10 – www.landhaus-steinfeld.de – geschl. 9. - 27. Dezember

25 Zim ☕ – 🚹110/165 € 🚹🚹140/285 € – ½ P

Rest – Menü 26 € – *(geschl. Sonntag) (nur Abendessen)*

Das Hotel in ruhiger Lage bietet verschiedene Zimmertypen, teils im Landhausstil oder mit Bauernmöbeln, und eine gepflegte Außenanlage mit japanischem Garten und Koikarpfenteich.

Hohes Haus (mit Gästehaus)

Zim,

Hohe Str. 1 ✉ 26736 – ✆ (04926) 18 10 – www.hoheshaus.de – geschl. 19. - 29. Januar

33 Zim ☕ – 🚹60/100 € 🚹🚹90/129 € – ½ P

Rest – Menü 24 € – Karte 21/47 € – *(geschl. 19. - 30. Januar und November - März: Mittwoch) (November - März: Montag - Donnerstag nur Abendessen)*

Im Zentrum, unweit des Hafens, finden Sie das a. d. 17. Jh. stammende Gebäude mit seinen hübschen ländlich-wohnlich eingerichteten Gästezimmern. Rustikal-friesisches Ambiente im Restaurant. Bürgerliches Angebot mit vielen Fischgerichten.

Witthus (mit 3 Gästehäusern)

Kattrepel 5 ✉ 26736 – ✆ (04926) 9 20 00 – www.witthus.de – geschl. 5. - 19. Januar

19 Zim ☕ – 🚹70/99 € 🚹🚹83/133 € – ½ P

Rest – Menü 24/60 € – Karte 24/57 € – *(geschl. November - März: Montag) (November - März: Dienstag - Donnerstag nur Abendessen)*

Nett liegt das kleine Hotel in einer Seitenstraße des Fischerdörfchens. Besonders wohnlich sind die modernen Zimmer im neueren Gästehaus. Rustikales Restaurant mit Galerie und sehr schöner Gartenterrasse.

KUDDEWÖRDE

Schleswig-Holstein – 1 350 Ew. – Höhe 28 m – Siehe Regionalatlas **10-J5**

Berlin 270 km – Kiel 93 km – Ratzeburg 43 km – Hamburg 33 km

Michelin Straßenkarte 541

Grander Mühle

Lauenburgerstr. 1 ✉ 22958 – ✆ (04154) 8 10 21 – www.grandermuehle.de – geschl. Januar

13 Zim ☕ – 🚹74/84 € 🚹🚹99/115 €

Rest – Karte 21/45 € – *(geschl. Dienstag) (Montag - Freitag nur Abendessen)*

Der schöne Backsteinbau auf dem Gelände der ältesten Korn-Wasser-Mühle Deutschlands ist ein wahres Schmuckstück, das man mit antiken Möbeln und allerlei hübschen Accessoires liebevoll ausstaffiert hat. Im separat geführten Restaurant gegenüber weht ein frischer Wind bei authentischer italienischer Küche.

KÜHLUNGSBORN

Mecklenburg-Vorpommern – 7 150 Ew. – Höhe 10 m – Siehe Regionalatlas **12-M3**

Berlin 251 km – Schwerin 70 km – Rostock 31 km – Wismar 39 km

Michelin Straßenkarte 542

Travel Charme Ostseehotel

Zur Seebrücke 1 (Zufahrt über Ostseeallee) ✉ 18225 – ✆ (038293) 41 50 – www.travelcharme.com/ostseehotel

103 Zim ☕ – 🚹82/197 € 🚹🚹116/726 € – 7 Suiten – ½ P

Rest – Menü 31 € (abends)/79 € – Karte 30/52 €

Die Lage an der Seebrücke ist das erste, was Sie bei Ihrer Ankunft begeistern wird, Eindruck machen aber auch der großzügige Empfangsbereich, der vielfältige Puria Spa und wohnliche, geradlinig-elegante Zimmer! Die internationalen Speisen nimmt man im Sommer natürlich auf der Terrasse zum Strand hin ein.

Neptun (mit Gästehaus)
Strandstr. 37 ✉ 18225 – ✆ (038293) 6 30 – www.neptun-hotel.de – geschl. 5. - 30. Januar
39 Zim – 70/100 € 85/150 € – 1 Suite – ½ P
Rest *Wilhelms* – Menü 30/109 € – Karte 32/51 € – *(nur Abendessen)*
An einer belebten Einkaufsstraße in der Stadtmitte liegt das Hotel mit seinen recht großzügigen, wohnlich-stilvoll gestalteten Gästezimmern. Restaurant im Bistrostil mit Wintergarten. Internationale Küche.

Strandblick
Rest,
Ostseeallee 6 ✉ 18225 – ✆ (038293) 6 33 – www.ringhotel-strandblick.de
47 Zim – 110/200 € 125/220 € – 5 Suiten – ½ P
Rest – Menü 27/46 € – Karte 26/37 € – *(nur Abendessen)*
Man hat hier Jugendstil-Flair bewahrt (sehenswert der Eingangsbereich und das Treppenhaus!), aber auch viel Neues geschaffen, so z. B. den modernen Spa mit Pool. Individuell der Zuschnitt der Zimmer: mal mit Erker, mal als Suite angelegt. Im Restaurant mit Kaminzimmer isst man international.

Villa Astoria N
Ostseeallee 2 ✉ 18225 – ✆ (038293) 41 02 10 – www.villa-astoria.de
19 Suiten – 110 € 180 € – ½ P
Rest *Tillmann Hahns Gasthaus* – siehe Restaurantauswahl
Schön und strandnah wohnt man in der Villa von 1910. Die Suiten reichen von Standard über Comfort bis Deluxe, im Turm eine Maisonette-Suite - alle sind geschmackvoll in warmen Farben gehalten. Entspannung? Kosmetik und Massage im UG.

Schweriner Hof
Rest,
Ostseeallee 46 ✉ 18225 – ✆ (038293) 7 90 – www.schwerinerhof.de
29 Zim – 89/169 € 99/219 € – 4 Suiten
Rest – Karte 18/40 € – *(nur Abendessen)*
Hier hat man den dänischen Stil konsequent durchgezogen - freundlich, farbenfroh und wohnlich. Im hübschen Strandcafé sitzt es sich schön unter Stuckdecken, in der rustikalen Dänischen Stube gibt's nordische Spezialitäten und auf der Terrasse lässt sich die Nähe zur Ostsee genießen!

Westfalia garni
Ostseeallee 17 ✉ 18225 – ✆ (038293) 4 34 90 – www.westfalia-kuehlungsborn.de
15 Zim – 65/120 € 90/160 €
Die Jugendstilvilla ist nicht nur komfortabel und wohnlich, sie liegt auch nur einen Steinwurf von der Ostsee entfernt - die Zimmer bieten Balkon oder Loggia zur Seeseite. Familien haben im Ferienhaus mit direktem Zugang zum sehr schönen Garten ihr eigenes kleines Reich!

Tillmann Hahns Gasthaus N – Hotel Villa Astoria
Ostseeallee 2 ✉ 18225 – ✆ (038293) 41 02 14 – www.villa-astoria.de – geschl. Februar
Menü 28 € – Karte 21/49 €
Tillmann Hahn ist kein Unbekannter in der Gastroszene. Hier bietet er nun in freundlich-nordischem Landhaus-Ambiente regional-saisonale Küche. Alternativ gibt's im "Feinkost-Bistro" Salate, Pasta & Co. sowie Kuchen, Wein, Schinken...

KÜNZELSAU
Baden-Württemberg – 14 830 Ew. – Höhe 218 m – Siehe Regionalatlas **48**-H17
Berlin 563 km – Stuttgart 89 km – Würzburg 74 km – Heilbronn 48 km
Michelin Straßenkarte 545

Anne-Sophie (mit Gästehaus)
Hauptstr. 22 ✉ 74653 – ✆ (07940) 9 34 60 – www.hotel-anne-sophie.de
49 Zim – 78/134 € 110/220 € – ½ P
Rest *handicap.* **Rest *Anne-Sophie*** – siehe Restaurantauswahl
Die moderne Architektur des Neubaus ist ein gelungener Kontrast zum 300 Jahre alten Stadthaus und dem "Würzburger Bau" von 1710 samt diverser Kunstobjekte. Sie wohnen in großzügigen, geschmackvoll-eleganten Zimmern oder günstiger im Gästehaus Anne Sophie. Schauen Sie sich auch im "Lindele-Laden" um!

handicap. – Hotel Anne-Sophie
Hauptstr. 22 ✉ 74653 – ✆ (07940) 9 34 60 – www.hotel-anne-sophie.de – geschl. August und Sonntag - Montag
Menü 39 € (vegetarisch)/89 € – Karte 47/64 € – *(nur Abendessen)*
Woher der Name kommt? In Küche und Service werden Menschen mit Handicap ins Team integriert, mit Erfolg. Unter der Leitung von Serkan Güzelcoban entstehen klassisch basierte Speisen mit orientalischen Elementen. Stilvoll das Ambiente - an der Decke ein Himmelsgemälde des Künstlers Markus Schmidgall.
→ Zweierlei Ochsenmaul mit Frühlingslauchpüree. Dolma von der Ente mit Granatapfeljus, Okraschoten und Brokkoliwurzel. Charlotte von Erdbeeren und Tonkabohnen mit Zitronenverbenen-Eis und Schokoladen Crème brûlée.

Anne-Sophie – Hotel Anne-Sophie
Schlossplatz 9 ✉ 74653 – ✆ (07940) 9 34 60 – www.hotel-anne-sophie.de
Menü 29 € – Karte 29/46 €
Sie sitzen gemütlich unter alten Originaldecken oder im luftig-lichten Wintergarten, während das Küchenteam für Sie z. B. "knusprige Spanferkelschulter aus Hohenlohe an Portweinsauce mit Speckbohnen und Schupfnudeln" zubereitet.

KÜPS

Bayern – 7 930 Ew. – Höhe 299 m – Siehe Regionalatlas **50**-L14
Berlin 355 km – München 278 km – Coburg 33 km – Bayreuth 50 km
Michelin Straßenkarte 546

Werners Restaurant
Griesring 16 ✉ 96328 – ✆ (09264) 64 46 – www.werners-restaurant.de – geschl. September 2 Wochen und Sonntag
Menü 45/51 € – Karte 29/47 € – *(nur Abendessen)*
Richtig gute Küche und sympathische Gastgeber! "Kürbiscreme mit Hühnchen-Saté", "mediterrane Spanferkelschulter mit Peperonata", "fränkischer Saibling mit Rahmrosenkohl und Bamberger Hörnla"... Werner Hühnlein kocht regional-saisonal, aber auch italienisch und asiatisch beeinflusst - das Gemüse dafür kommt aus dem Knoblauchsland. Im Service seine charmante Frau Maria.

KÜRTEN

Nordrhein-Westfalen – 19 470 Ew. – Höhe 185 m – Siehe Regionalatlas **36**-C12
Berlin 560 km – Düsseldorf 63 km – Köln 33 km – Arnsberg 116 km
Michelin Straßenkarte 543

Zur Mühle
Wipperfürther Str. 391 ✉ 51515 – ✆ (02268) 66 29 – www.restaurant-zur-muehle.com – geschl. Juli - August 3 Wochen und Mittwoch; Februar - Oktober: Dienstag - Mittwoch
Menü 34/54 € – Karte 28/49 € – (Tischbestellung ratsam)
Seit über 10 Jahren betreiben Hermann und Kerstin Berger dieses nette modern-rustikale Restaurant (in Familienbesitz ist das Haus sogar schon seit 1895!). Zu internationalen Gerichten wie "Barbarie-Entenbrust mit Sesam-Teriyaki-Böhnchen" gesellen sich Klassiker wie "Schnitzel Wiener Art".

KUHLEN-WENDORF

Mecklenburg-Vorpommern – 950 Ew. – Höhe 30 m – Siehe Regionalatlas **12**-L5
Berlin 230 km – Schwerin 26 km – Parchim 38 km
Michelin Straßenkarte 542

Im Ortsteil Wendorf

Schlosshotel Wendorf (mit Gästehaus)
Hauptstr. 9 ✉ 19412 – ✆ (038486) 3366 0 – www.schlosshotel-wendorf.de
21 Zim – †135 € ††165/225 € – 12 Suiten – ½ P
Rest *Cheval Blanc* – siehe Restaurantauswahl
Das wunderschöne Herrenhaus mit weitläufigem Park und Pferdesportarena liegt leicht erhöht im Dorfkern. Eine stilvolle holzgetäfelte Halle empfängt Sie, die Zimmer sind sehr hochwertig und elegant.

Cheval Blanc Schlosshotel Wendorf

Hauptstr. 7 ✉ 19412 – ✆ (038486) 33 66 11 – www.restaurant-chevalblanc.de – geschl. Januar - März und Montag - Dienstag

Menü 40/149 € – Karte 26/59 € – *(Mittwoch - Donnerstag nur Abendessen)*

Wie überall im Haus vermitteln auch im Restaurant zahlreiche Details Schlossflair. Dabei legte man viel Wert auf eine Melange aus Moderne und Historie. Gekocht wird nach internationalen Rezepten.

KULMBACH

Bayern – 26 640 Ew. – Höhe 325 m – Siehe Regionalatlas **50-L15**

Berlin 355 km – München 257 km – Coburg 46 km – Bayreuth 22 km

Michelin Straßenkarte 546

Kronprinz garni (mit Gästehaus)

Fischergasse 4 ✉ 95326 – ✆ (09221) 9 21 80 – www.kronprinz-kulmbach.de – geschl. 23. Dezember - 8. Januar

22 Zim – 65/85 € 89/110 €

Das Haus hat gleich mehrere Vorzüge: die zentrale Altstadtlage (praktisch die Tiefgarage gegenüber), eine freundliche Gastgeberin und gepflegte Zimmer (fragen Sie nach den schönen modernen oder den eleganten Juniorsuiten im Gästehaus). Und wie wär's mit hausgemachtem Kuchen im Café? Hier auch kleine Gerichte.

Purucker

Melkendorfer Str. 4 ✉ 95326 – ✆ (09221) 9 02 00 – www.hotel-purucker.de

23 Zim – 58/78 € 78/98 € – 2 Suiten

Rest – Karte 17/39 € – *(geschl. Freitag - Sonntag sowie an Feiertagen) (nur Abendessen)*

Der Familienbetrieb bietet unterschiedlich eingerichtete und gut schallisolierte Gästezimmer und im Haus nebenan zwei hübsche neuzeitlich gestaltete Appartements. In den Sommermonaten ist das kleine Hallenbad geöffnet. Bürgerliches Restaurant.

In Kulmbach-Höferänger Nord-West: 4 km

Dobrachtal

Höferänger 10 ✉ 95326 – ✆ (09221) 94 20 – www.hotel-dobrachtal.de – geschl. 19. Dezember - 7. Januar

56 Zim – 48/84 € 79/118 € – ½ P

Rest – Karte 19/43 € – *(geschl. Freitag)*

Ein seit vielen Jahren familiengeführtes Hotel mit gepflegten, teilweise recht geräumigen Zimmern, einige mit Balkon, W-Lan ist kostenfrei. In den gemütlichen Gaststuben oder auf der Gartenterrasse (hier sitzt man schön an der ruhig dahinfließenden Dobrach) serviert man regional geprägte Küche.

KUPFERZELL

Baden-Württemberg – 5 840 Ew. – Höhe 336 m – Siehe Regionalatlas **56-H17**

Berlin 555 km – Stuttgart 85 km – Heilbronn 46 km – Schwäbisch Hall 17 km

Michelin Straßenkarte 545

In Kupferzell-Eschental Süd-Ost: 6 km über Schlossstraße

Landgasthof Krone

Hauptstr. 40 ✉ 74635 – ✆ (07944) 6 70 – www.krone-eschental.de

56 Zim – 70/75 € 99/109 € – 1 Suite – ½ P **Rest** – Karte 19/46 €

Der gewachsene Familienbetrieb wurde immer wieder erweitert und modernisiert, so sind die Zimmer recht verschieden und z. T. topmodern! Unterschiedlich sind auch die Restauranträume - mal ländlich, mal elegant. Hier gibt es bürgerliche Küche. Gemütlich die Bar/Weinstube "d'Stall".

KUPPENHEIM

Baden-Württemberg – 7 960 Ew. – Höhe 127 m – Siehe Regionalatlas **54-E18**

Berlin 698 km – Stuttgart 98 km – Karlsruhe 27 km – Baden-Baden 12 km

Michelin Straßenkarte 545

In Kuppenheim-Oberndorf Süd-Ost: 2 km Richtung Freudenstadt

Raubs Landgasthof mit Zim
Rest,

Hauptstr. 41 ✉ 76456 – ✆ (07225) 7 56 23 – www.raubs-landgasthof.de – geschl. Sonntag - Montag
5 Zim – 65/98 € 105/140 €
Menü 29 € (mittags)/130 € – Karte 44/88 € – (Tischbestellung ratsam)
Ein Landgasthof wie aus dem Bilderbuch, in dem Familie Raub volles Engagement zeigt. Der Patron ist ein "Klassiker", kocht aber auch mit mediterranen Einflüssen, immer ausgesprochen schmackhaft und mit erstklassigen Produkten. Dazu der herrlich unkomplizierte Rahmen... Da kommt man gerne wieder!
→ 60 Minuten-Ei vom Vinzenzhof auf Rahmspinat mit Spargel und Morcheln. Bretonische Seezunge und sautierte Sepien mit Gartengurken und Granny Smith. Friesischer Lammrücken mit Rosmarinjus und Blumenkohl.

KUSEL
Rheinland-Pfalz – 4 860 Ew. – Höhe 239 m – Siehe Regionalatlas **46-C16**
Berlin 682 km – Mainz 107 km – Saarbrücken 72 km – Trier 84 km
Michelin Straßenkarte 543

In Blaubach Nord-Ost: 2 km

Reweschnier
Kuseler Str. 1 ✉ 66869 – ✆ (06381) 92 38 00 – www.reweschnier.de
30 Zim – 49/65 € 79/98 € – 1 Suite – ½ P
Rest – Menü 25/35 € – Karte 22/38 €
Der gepflegte Landgasthof ist ein persönlich geführter Familienbetrieb mit soliden Zimmern, die teilweise über einen Balkon verfügen. Kosmetik und Massage im Haus. Bürgerlich-rustikales Restaurant.

KYRITZ
Brandenburg – 9 450 Ew. – Höhe 42 m – Siehe Regionalatlas **21-N7**
Berlin 96 km – Potsdam 85 km – Schwerin 113 km
Michelin Straßenkarte 542

Waldschlösschen (mit Gästehaus)
Seestr. 110 (Ost: 3 km, Waldkolonie) ✉ 16866 – ✆ (033971) 3 07 80 – www.hotel-kyritz.de – geschl. Januar 1 Woche, Oktober 1 Woche
18 Zim – 47/65 € 68/92 € – ½ P
Rest – Karte 17/41 € – *(Oktober - April: Montag - Donnerstag nur Abendessen)*
Das kleine Hotel ist ein 1906 erbautes Haus in seenaher Lage am Waldrand. Die Zimmer sind wohnlich gestaltet, im Gästehaus neuzeitlich, im Stammhaus rustikaler. Zum Restaurant gehört ein schöner Biergarten unter alten Bäumen.

LAASPHE, BAD
Nordrhein-Westfalen – 14 230 Ew. – Höhe 330 m – Siehe Regionalatlas **37-F12**
Berlin 489 km – Düsseldorf 174 km – Siegen 34 km – Kassel 108 km
Michelin Straßenkarte 543

In Bad Laasphe-Feudingen West: 9 km über B 62, in Saßmannshausen links

Landhotel Doerr
Rest,

Sieg-Lahn-Str. 8 ✉ 57334 – ✆ (02754) 37 00 – www.landhotel-doerr.de
49 Zim – 75/90 € 150/180 € – ½ P
Rest – Menü 25/45 € – Karte 28/47 €
In diesem Familienbetrieb stehen sehr unterschiedliche, aber stets gemütlich-wohnlich gestaltete Zimmer bereit. Vielfältig und ebenso ansprechend ist der Wellnessbereich. Ländlich-elegantes Ambiente im großzügigen, über zwei Etagen angelegten Restaurant.

Lahntal-Hotel (mit Gästehaus)
Rest,

Sieg-Lahn-Str. 23 ✉ 57334 – ✆ (02754) 12 85 – www.lahntalhotel.de
15 Zim – 85/95 € 150/200 € – 2 Suiten – ½ P **Rest** – Karte 30/51 €
Ein schönes familiengeführtes kleines Landhotel mit wohnlichen und rustikal eingerichteten Zimmern, die recht geräumig sind. Am Morgen wartet ein gutes Frühstücksbuffet. Das Restaurant ist in behaglich-ländlichem Stil gehalten.

Im Auerbachtal Rest,

Wiesenweg 5 ✉ 57334 – ✆ (02754) 37 58 80 – www.auerbachtal.de – geschl. 23. Dezember - 15. Januar, 1. - 8. November
16 Zim – 54/64 € 82/98 € – 2 Suiten – ½ P
Rest – Menü 19/29 € – Karte 20/40 € – *(geschl. Sonntag) (nur Abendessen)*
Das sympathische Haus liegt angenehm ruhig am Waldrand und bietet recht schlichte, aber gepflegte Zimmer, die meist mit Parkett ausgestattet sind. Schöner Wintergarten und kleine Bibliothek.

In Bad Laasphe-Glashütte West: 14 km über B 62 sowie Feudingen und Volkholz, in Saßmannshausen links

Jagdhof Glashütte

Glashütter Str. 20 ✉ 57334 – ✆ (02754) 39 90 – www.jagdhof-glashuette.de
25 Zim – 132/158 € 236/326 € – 4 Suiten – ½ P
Rest *Ars Vivendi* **Rest *Rôtisserie Jagdhof Stuben - Die Braterei*** – siehe Restaurantauswahl
Vom Empfang bis zur Abreise bieten die Dornhöfers beispielhafte und überaus liebenswürdige Gästebetreuung! Dazu die ausgesprochen schöne Einrichtung mit ländlichem Charme und die ruhige Lage umgeben von Wald und Wiese. Ein Muss: die reizende rustikale Fuhrmannstube, mit der hier einst alles begann! "Stammgastrevier" heißt die bürgerlich-regionale Wittgensteiner Küche.

Ars Vivendi – Hotel Jagdhof Glashütte

Glashütter Str. 20 ✉ 57334 – ✆ (02754) 39 90 – www.jagdhof-glashuette.de – geschl. Januar 3 Wochen, Juli 3 Wochen und Sonntag - Montag
Menü 84/125 € – *(nur Abendessen)* (Tischbestellung ratsam)
Das Ars Vivendi mit seiner speziellen, fast schon luxuriös-verspielten Atmosphäre hat einen neuen Chef am Herd: Claudio Urru ist kein Unbekannter, schon vielfach hat er ein Händchen für finessenreiche, überaus geschmacksintensive Speisen bewiesen, so ist auch die Küche hier eine der besten weit und breit.
→ Wittgensteiner Zwiebelravioli "2014" / Escabechefond / Shiitakepilze / gesalzene Erdnüsse / Pak Choi. Grosse Bavette d' Aloyau vom U.S.Beef / Mais / Lardo / Steinpilze / Saubohnen. Valrhona Kuvertüre "Herbst 2014" / Ganache / Herzkirsche / Lakritze / Avocado / Pfefferminze.

Rôtisserie Jagdhof Stuben - Die Braterei – Hotel Jagdhof Glashütte

Glashütter Str. 20 ✉ 57334 – ✆ (02754) 39 90 – www.jagdhof-glashuette.de
Karte 42/94 €
Schon allein der große Rôtisseriegrill neben der offenen Küche verbreitet in dem liebevoll dekorierten Restaurant Gemütlichkeit. Es gibt Leckeres vom Holzkohlegrill sowie traditionell-klassische und internationale Küche - auch das ein oder andere Lieblingsgericht von Patron Edmund Dornhöfer ist vertreten!

LAATZEN – Niedersachsen → Siehe Hannover

LABOE

Schleswig-Holstein – 5 200 Ew. – Höhe 21 m – Siehe Regionalatlas **3-J3**
Berlin 366 km – Kiel 18 km – Schönberg 13 km
Michelin Straßenkarte 541

Seeterrassen Rest, Zim,

Strandstr. 84 ✉ 24235 – ✆ (04343) 60 70 – www.seeterrassen-laboe.de – geschl. Dezember - Januar
40 Zim – 45/60 € 76/104 € **Rest** – Karte 15/34 €
Praktisch eingerichtete Gästezimmer in zeitlosem Stil erwarten Sie in diesem Hotel. Zu den Vorzügen des Hauses zählt auch die strandnahe Lage. Restaurant mit Aussicht auf die Kieler Förde.

LADBERGEN

Nordrhein-Westfalen – 6 400 Ew. – Höhe 50 m – Siehe Regionalatlas **27-E9**
Berlin 456 km – Düsseldorf 149 km – Nordhorn 79 km – Bielefeld 83 km
Michelin Straßenkarte 543

Zur Post (mit Gästehaus)
Dorfstr. 11 ✉ 49549 – ✆ (05485) 9 39 30 – www.gastwirt.de
21 Zim ☕ – 🚹70/75 € 🚹🚹92/108 € – 1 Suite – ½ P
Rest *Zur Post* – siehe Restaurantauswahl
Ein Familienbetrieb mit langer Tradition, und die wird gepflegt! Man wohnt in individuellen Zimmern mit diversen schönen Antiquitäten und Kunst - in dem jahrhundertealten Fachwerkhaus teilweise mit alten Dielenböden. Wer es ruhiger mag, fragt nach einem Zimmer im Gästehaus. Gemütlich das Dresdner Zimmer.

Zur Post – Hotel Zur Post
Dorfstr. 11 ✉ 49549 – ✆ (05485) 9 39 30 – www.gastwirt.de – geschl. Montagmittag
Menü 36 € (abends) – Karte 33/51 €
Regionale Küche und ländlicher Charme... das passt schön zusammen! Ein hübscher alter Kamin schafft im Winter behagliche Wärme. Und im Sommer ein Aperitif auf der kleinen Gartenterrasse? Für Veranstaltungen dient das helle Gartenzimmer.

LADENBURG

Baden-Württemberg – 11 450 Ew. – Höhe 106 m – Siehe Regionalatlas **47-F16**
Berlin 618 km – Stuttgart 130 km – Mannheim 15 km – Heidelberg 13 km
Michelin Straßenkarte 545

Zur Goldenen Krone
Brauergasse 2 ✉ 68526 – ✆ (06203) 95 43 00 – www.hotel-ladenburg.com – geschl. Anfang Januar 2 Wochen
14 Zim ☕ – 🚹99/119 € 🚹🚹139/159 €
Rest – Menü 25/59 € – Karte 19/46 € – *(geschl. Montag; Oktober - März: Montag - Dienstag)*
Das schmucke kleine Hotel ist in vier miteinander verbundenen und über 300 Jahre alten Stadthäusern untergebracht und wird von Gaby und Claus Hardung mit Engagement geleitet. Die Zimmer sind individuell geschnitten und gestaltet und sehr wohnlich. Im Restaurant, das auch als Café dient, isst man regional.

Cronberger Hof garni
Cronbergergasse 10 ✉ 68526 – ✆ (06203) 9 26 10 – www.hotelcronbergerhof.de – geschl. 20. Dezember - 11. Januar
25 Zim ☕ – 🚹60/78 € 🚹🚹80/98 €
In diesem Haus in einer schmucken Altstadtgasse wohnt man in funktionalen Zimmern, die ideal sind für Geschäftsreisende. Fragen Sie nach den Zimmern im Haupthaus - die Zimmer im Gästehaus sind kleiner und recht einfach.

Backmulde
Hauptstr. 61 ✉ 68526 – ✆ (06203) 40 40 80 – www.back-mul.de – geschl. Montag
Karte 42/74 € – *(Dienstag - Freitag nur Abendessen)*
Über 650 Jahre ist das hübsche und liebenswert eingerichtete Fachwerkhaus nun schon alt, doch was aus der Küche kommt, wird dem 21. Jh. gerecht, wie Sie z. B. am leckeren "24 h gegarten Apfelschweinebauch mit Blutwurst, Aprikose und Zwiebelpüree" sehen und schmecken werden! Sehr charmant und angenehm leger der Service durch Patron Rainer Döringer.

Die Zwiwwel
Kirchenstr. 24 ✉ 68526 – ✆ (06203) 9 28 40 – www.diezwiwwel.de – geschl. Februar 2 Wochen und Montag - Dienstag
Menü 33/55 € – Karte 35/56 € – *(Mittwoch - Freitag nur Abendessen)*
Das historische gelbe Haus steht mitten in der Altstadt. Drinnen sitzt man in heimeligen Stuben mit viel Holz (im Winter wärmt der Kachelofen!), die junge Küchenchefin kocht saisonal-klassisch.

LAGE (LIPPE)

Nordrhein-Westfalen – 35 020 Ew. – Höhe 102 m – Siehe Regionalatlas **28-G9**
Berlin 388 km – Düsseldorf 189 km – Bielefeld 21 km – Detmold 9 km
Michelin Straßenkarte 543

In Lage-Stapelage Süd-West: 7 km über B 66 Richtung Bielefeld

Haus Berkenkamp

Im Heßkamp 50 ✉ 32791 – ✆ (05232) 7 11 78 – www.haus-berkenkamp.de – geschl. 22. März - 2. April, 5. - 27. Oktober

20 Zim – 🚹47 € 🚹🚹78/82 € – ½ P **Rest** – *(nur für Hausgäste)*

Hier überzeugen sympathische Gästebetreuung und die ruhige Lage im Grünen. Der ehemalige Bauernhof von 1849 wird engagiert von Familie Berkenkamp geführt.

LAHNSTEIN

Rheinland-Pfalz – 17 800 Ew. – Höhe 66 m – Siehe Regionalatlas **36-D14**

Berlin 596 km – Mainz 102 km – Koblenz 9 km – Bad Ems 13 km

Michelin Straßenkarte 543

Wyndham Garden Lahnstein Koblenz

Rest, Rest,

Zu den Thermen (Süd-Ost: 3,5 km über Rheinhöhenweg) ✉ 56112 – ✆ (02621) 91 20 – www.wyndhamgardenlahnstein.com

228 Zim – 🚹64/169 € 🚹🚹69/174 €, 13 € – 13 Suiten – ½ P

Rest – Karte 19/60 €

Angenehm ruhig liegt das Hotel mit den funktionellen Zimmern in einer Parkanlage auf einem bewaldeten Bergrücken. Eine ideale Tagungs- und Businessadresse. Herrliche Sicht vom Restaurant im 15. Stock, zur Schließzeit Alternative im EG. Zwei Terrassen am Haus.

LAHR (SCHWARZWALD)

Baden-Württemberg – 44 180 Ew. – Höhe 170 m – Siehe Regionalatlas **53-D19**

Berlin 767 km – Stuttgart 168 km – Karlsruhe 96 km – Offenburg 26 km

Michelin Straßenkarte 545

Grüner Baum

Burgheimer Str. 105 ✉ 77933 – ✆ (07821) 2 22 82 – www.gruenerbaum-lahr.de – geschl. Sonntagabend

Menü 31/46 € – Karte 18/44 € – (Tischbestellung ratsam)

Ein besonders schöner Ort ist im Sommer die Terrasse hinter dem alten Fachwerkhaus mit ihrer angenehmen indirekten Beleuchtung! Aber auch drinnen sitzt es sich schön gemütlich, während man sich regionale und internationale Speisen wie "in Spätburgunder geschmorten Sauerbraten" oder "Kalbsrückensteak vom Grill auf Waldpilzrisotto" schmecken lässt.

In Lahr-Reichenbach Ost: 3,5 km über B 415

Adler

Reichenbacher Hauptstr. 18 (B 415) ✉ 77933 – ✆ (07821) 90 63 90 – www.adler-lahr.de – geschl. über Fasnacht 2 Wochen

22 Zim – 🚹93/123 € 🚹🚹138/146 € – ½ P

Rest *Adler* ✿ **Rest *Gasthaus*** – siehe Restaurantauswahl

Familientradition wird hier groß geschrieben: Gleich drei Generationen der Fehrenbachers kümmern sich um Ihr Wohl! Das Haus hat sehr zur Freude der Gäste über all die Jahre seinen badischen Charme bewahrt und trotzdem passt auch der ganz moderne Stil einiger Zimmer gut ins Bild!

Adler (Otto und Daniel Fehrenbacher) – Hotel Adler

✿

Reichenbacher Hauptstr. 18 (B 415) ✉ 77933 – ✆ (07821) 90 63 90 – www.adler-lahr.de – geschl. über Fasnacht 2 Wochen und Montag - Dienstag

Menü 58/120 € – *(nur Abendessen)*

Einer der Klassiker der Region hat eine Verjüngungskur bekommen, und die ist wirklich gelungen: Frische, markante Farbtupfer in Rot und Grün treffen auf schwarzwaldtypische Elemente. Geblieben sind natürlich der gewohnt aufmerksame und charmant-familiäre Service sowie die finessenreiche klassisch-moderne Küche von Vater und Sohn Fehrenbacher!

➜ Gamba Carabinero gebraten mit Avocado, Sesam und Paprikagranité. Filet vom Maibock mit Kirschen, Douglasie und Laugenknödel. Soufflierte badische Erdbeeren mit Schafs-Joghurteis.

Gasthaus N – Hotel Adler
Reichenbacher Hauptstr. 18 (B 415) 77933 – (07821) 90 63 90 – www.adler-lahr.de – geschl. über Fasnacht 2 Wochen und Dienstagmittag
Menü 29/39 € – Karte 30/64 €
Auch im neuen Gasthaus mischen sich Moderne und Tradition, optisch und kulinarisch. Hier geht es etwas legerer zu, man isst aber ebenfalls gut: Schmackhaft, frisch und preislich fair ist u. a. "Schuttertäler Saibling auf Kartoffelrisotto"!

LALENDORF – Mecklenburg-Vorpommern → Siehe Güstrow

LAM
Bayern – 2 770 Ew. – Höhe 475 m – Siehe Regionalatlas **59-P17**
Berlin 513 km – München 196 km – Passau 94 km – Cham 39 km
Michelin Straßenkarte 546

Sonnenhof Rest,
Himmelreich 13 93462 – (09943) 3 70 – www.sonnenhof-lam.de
165 Zim – 115/122 € 182/224 € – 9 Suiten – ½ P
Rest – Menü 27 € – *(nur Abendessen für Hausgäste)*
Eine schön gelegene wohnlich-komfortable Urlaubsadresse für Golfer, Wellnessgäste und Familien. Der Saunabereich ist im modernen asiatischen Stil gehalten. Mit Kids-Club. Neuzeitlich-elegant ist das Ambiente im Restaurant. HP inklusive.

LANDAU an der ISAR
Bayern – 12 540 Ew. – Höhe 390 m – Siehe Regionalatlas **59-O19**
Berlin 566 km – München 115 km – Regensburg 77 km – Deggendorf 31 km
Michelin Straßenkarte 546

Gästehaus Numberger garni
Dr.-Aicher-Str. 2 94405 – (09951) 9 80 20 – www.gaestehaus-numberger.de – geschl. 24. Dezember - 2. Januar
19 Zim – 46/55 € 75/85 €
Aus dem Jahre 1938 stammt die charmante kleine Villa oberhalb der Altstadt - genauso alt ist auch die Buche im schönen Garten. Die Gäste erwarten hübsche individuelle Zimmer und ein gutes Frühstücksbuffet mit hausgemachten Marmeladen.

LANDAU in der PFALZ
Rheinland-Pfalz – 43 960 Ew. – Höhe 144 m – Siehe Regionalatlas **54-E17**
Berlin 668 km – Mainz 109 km – Karlsruhe 38 km – Mannheim 50 km
Michelin Straßenkarte 543

Parkhotel
Mahlastr. 1 (an der Festhalle) 76829 – (06341) 14 50 – www.parkhotel-landau.de
78 Zim – 82/145 € 112/175 € – ½ P
Rest – Menü 39/59 € (abends) – Karte 18/55 €
Der aparte Kontrast von modernem Hotelbau und direkt angeschlossener historischer Festhalle zieht so manchen Blick auf sich - drinnen macht der moderne Freizeitbereich eine gute Figur. Wer zum kleinen Park hin wohnen möchte, bucht ein Zimmer mit ungerader Zahl! Praktisch: Am Haus gibt es eine öffentliche Tiefgarage und Stellplätze zu hoteleigenen Tarifen.

Weinkontor Null41 N
Georg-Friedrich-Dentzel-Str. 11 76829 – (06341) 94 54 85 – www.weinkontor-null41.de – geschl. Anfang April 1 Woche, Ende Oktober 1 Woche und Dienstag
Karte 24/39 €
In der ehemaligen Werkhalle mischen sich altes Backsteingemäuer und original erhaltene Säulen mit urbanem Interieur. Durch raumhohe Fenster schaut man aufs Gelände der Landesgartenschau 2015. Gekocht wird frisch und schmackhaft: "gebackene Schweinskopfsülze", "geschmorter Ochsenschwanz mit Bratkartoffeln"...

Weinstube zur Blum

Kaufhausgasse 9, (Frank-Loebsches Haus) ✉ 76829 – ✆ (06341) 89 76 41 – www.zurblum.de – geschl. Sonntag - Dienstagmittag, Donnerstagmittag, Freitagmittag
Menü 10/25 € – Karte 28/41 € – (Tischbestellung ratsam)
Ein historischer Vierflügelbau mit idyllischem Innenhof, der auf zwei Etagen von Holzarkaden eingefasst ist... schön anzusehen! Sie wählen von der Tafel, u. a. Pfälzer Spezialitäten. Weine auch im Außer-Haus-Verkauf.

In Landau-Arzheim West: 4 km

Weinstube Hahn

Arzheimer Hauptstr. 50 ✉ 76829 – ✆ (06341) 3 31 44 – geschl. Weihnachten - Neujahr, Ende Juni 1 Woche, September 1 Woche und Dienstag - Mittwoch
Karte 23/30 € – *(nur Abendessen)* (Tischbestellung ratsam)
Das sympathische Lokal ist sehr beliebt und immer gut besucht. Die Atmosphäre ist gemütlich, die Chefin herzlich. Zur frischen regionalen Küche trinkt man gute Weine von Winzern aus der Region.

In Landau-Godramstein Nord-West: 4 km

Westphals Kulinarium

Godramsteiner Hauptstr. 62 ✉ 76829 – ✆ (06341) 96 84 28 – www.westphals-kulinarium.de – geschl. Montag - Dienstag
Menü 26/60 € – Karte 35/51 € – *(nur Abendessen, außer an Feiertagen)* (Tischbestellung ratsam)
Über den netten kleinen Hof - hier hat man im Sommer eine lauschige Terrasse - kommt man in die gemütliche Stube von Marianne Böhm und Parker Westphal. Der Chef kocht ambitionierte internationale Speisen wie Kalbsrücken mit Pfifferlingen. Mittwoch- und donnerstagabends bietet man ausschließlich Überraschungsmenüs, und die kommen bei den Gästen gut an!

In Landau-Nussdorf Nord: 3 km

Villa Delange (N) garni

Lindenbergstr. 30, (mit Gästehaus) ✉ 76829 – ✆ (06341) 67 67 40 – www.villa-delange.com – geschl. 1. - 15. Januar
17 Zim – †75/90 € ††99/135 €
Passend zum historischen Charme des Hauses hat man hier ein wirklich schönes stilvolles Landhausambiente geschaffen, überall liebevolle Dekorationen. Ebenso hochwertig, nur etwas moderner, sind die Zimmer im 50 m entfernten Gästehaus. Vielleicht haben Sie ja Glück und es findet gerade eine Weinprobe statt!

Landhaus Herrenberg - La Vigna mit Zim

Lindenbergstr. 72 ✉ 76829 – ✆ (06341) 6 02 05 – www.landhaus-herrenberg.de – geschl. Ende Juli - Anfang August 2 Wochen und Montag
9 Zim – †68 € ††98/115 € – ½ P Menü 30/50 € (abends) – Karte 28/49 €
Nach seinem Umzug von Ramberg nach Nussdorf erwartet Sie Nicola Chinnis Küche nun in diesem sympathischen Haus im Landauer Rebland - und zwar ambitionierte italienische Gerichte, aber auch Pizza. Sehr schön die Weinberg-Terrasse! Wer's ländlich-nett mag, wird hier auch gerne über Nacht bleiben.

In Landau-Queichheim Ost: 2 km

Soho

Zim,
Marie-Curie-Str. 9 ✉ 76829 – ✆ (06341) 14 19 60 – www.soho-landau.de
68 Zim – †72/85 € ††110/120 €
Rest – Menü 14 € (mittags unter der Woche)/42 € – Karte 23/50 € – *(geschl. Samstagmittag, Sonntagabend)*
Ideal für Tagung und Business. Das modern-funktionelle Hotel liegt verkehrsgünstig nahe der Autobahnabfahrt und direkt am Messplatz. Restaurant im Bistrostil mit sehr schöner Dachterrasse.

LANDSBERG am LECH

Bayern – 28 410 Ew. – Höhe 587 m – Siehe Regionalatlas **65-K20**
Berlin 597 km – München 57 km – Augsburg 41 km – Kempten (Allgäu) 68 km
Michelin Straßenkarte 546

Goggl garni

Hubert-von-Herkomerstr. 19 ✉ 86899 – ✆ (08191) 32 40 – www.hotelgoggl.de

60 Zim – 70/95 € 90/130 € – 1 Suite

Das Altstadthaus steht in einer Häuserreihe beim Rathausplatz. Zu den zeitgemäßen Zimmern zählen auch Familienzimmer. Hübsch ist das kleine Dampfbad im Hundertwasserstil.

Landhotel Endhart garni

Erpftinger Str. 19 ✉ 86899 – ✆ (08191) 9 29 30 – www.landhotel-endhart.de

34 Zim – 70/110 € 89/189 € – 1 Suite

Wer es etwas komfortabler mag, bucht in dem Familienbetrieb am Stadtrand eines der Neubau-Zimmer zum Innenhof, am besten eines mit Balkon! Es gibt auch ein freundliches Tagescafé, in dem man am Morgen gemütlich beim Frühstück sitzt.

LANDSHUT

Bayern – 64 260 Ew. – Höhe 393 m – Siehe Regionalatlas **58**-N19

▶ Berlin 556 km – München 75 km – Regensburg 75 km – Ingolstadt 83 km

Michelin Straßenkarte 546

Fürstenhof

Stethaimer Str. 3 ✉ 84034 – ✆ (0871) 9 25 50 Stadtplan : A1**d**
– www.fuerstenhof.la – geschl. 9. - 23. August
22 Zim – 85/120 € 115/150 € – 1 Suite – ½ P
Rest *Fürstenzimmer und Herzogstüberl* – siehe Restaurantauswahl
Elegant und charmant ist dieses Stadthaus von 1906: hochwertige und wohnliche Zimmer sind da ebenso angenehm wie die herzlichen und aufmerksamen Mitarbeiter. Wer etwas Besonderes sucht, bucht die tolle Keramik-Suite oder das Tuchhändler-Zimmer.

Lifestyle

Flurstr. 2, (B 299) (über A1, Richtung Neustadt) ✉ 84032 – ✆ (0871) 9 72 70
– www.hotel-lifestyle.de
50 Zim – 79/120 € 99/140 € – 4 Suiten
Rest – Karte 19/30 € – *(geschl. 23. Dezember - 6. Januar und Sonntag sowie an Feiertagen) (nur Abendessen)*
Sie suchen ein Musterbeispiel für ein Businesshotel und sind nicht festgelegt auf Innenstadtlage? Das finden Sie hier gegenüber von "Brandt Zwieback-Schokoladen": funktionelle Zimmer in warmen Farben, gute Tagungsmöglichkeiten und abends ein Restaurant mit internationaler Küche. Versäumen Sie es nicht, im Sommer auf der idyllischen Gartenterrasse zu sitzen!

Goldene Sonne

Neustadt 520 ✉ 84028 – ✆ (0871) 9 25 30 Stadtplan : B2**d**
– www.goldenesonne.de
59 Zim – 98/130 € 130/150 € – 1 Suite – ½ P
Rest – Menü 25/50 € – Karte 25/45 €
Das schmucke historische Gebäude in der Altstadt beherbergt geschmackvoll gestaltete, wohnliche Zimmer mit individuellem Zuschnitt und guter technischer Ausstattung. Rustikale Gaststube mit bürgerlicher Karte. Nett ist der Biergarten im Innenhof.

Fürstenzimmer und Herzogstüberl – Hotel Fürstenhof

Stethaimer Str. 3 ✉ 84034 – ✆ (0871) 9 25 50 Stadtplan : A1**d**
– www.fuerstenhof.la – geschl. 9. - 23. August und Sonntag
Menü 56 € (vegetarisch)/82 € – Karte 51/65 € – *(nur Abendessen)*
Sie mögen das bayerische Flair des Herzogstüberls? Oder speisen Sie lieber im stilvoll-eleganten Fürstenzimmer? Hier wie dort darf man sich auf frische klassische Küche freuen, und auf den aufmerksamen Service, der charmant von der Chefin geleitet wird. Im Sommer unbedingt einen Tisch auf der Terrasse reservieren!

Bernlochner

Ländtorplatz 2 ✉ 84028 – ✆ (0871) 8 99 90 Stadtplan : A2**b**
– www.restaurant-bernlochner.de
Menü 38/45 € – Karte 28/46 €
Das freundliche Restaurant im Landshuter Stadttheater an der Isar, nicht weit von der Fußgängerzone, bietet internationale Küche mit steirischen und bayrischen Einflüssen.

Bellini

Papiererstr. 12 ✉ 84034 – ✆ (0871) 63 03 03 Stadtplan : A1**b**
– www.bellini-landshut.de – geschl. August 1 Woche und Samstagmittag
Menü 10 € (mittags unter der Woche)/50 € – Karte 28/54 €
Wer das mediterran angehauchte Restaurant von Maurizio Ritacco erst einmal entdeckt hat (ganz leicht zu finden ist es nämlich nicht...), genießt hier seine authentische italienische Küche (einschließlich kleinem Pizza-Angebot), zu der er von einer schönen Raritätenkarte italienische und französische Spitzengewächse empfiehlt. Im Sommer ein Muss: die begrünte Hofterrasse!

Sie suchen ein besonderes Hotel für einen sehr angenehmen Aufenthalt?
Reservieren Sie in einem roten Haus: ...

In Landshut-Löschenbrand West: 2,5 km über Johannisstraße Stadtplan : A1

Landshuter Hof
Rest,

Löschenbrandstr. 23 ✉ 84032 – ✆ (0871) 96 27 20 – www.landshuter-hof.de – geschl. Anfang Januar 1 Woche, Mitte - Ende August

25 Zim – 60/75 € 80/95 € – ½ P

Rest – Menü 18/45 € – Karte 22/45 € – *(geschl. Montagmittag, Dienstag)*

In dem familiengeführten Hotel stehen mit solidem Naturholz eingerichtete und teilweise mit Parkettboden ausgestattete Zimmer zur Verfügung. Hell gestaltetes Restaurant in ländlichem Stil.

LANDSTUHL

Rheinland-Pfalz – 8 480 Ew. – Höhe 248 m – Siehe Regionalatlas **46-D16**

Berlin 660 km – Mainz 100 km – Saarbrücken 54 km – Kaiserslautern 17 km

Michelin Straßenkarte 543

Christine (mit Gästehäusern)
Zim,

Kaiserstr. 3 ✉ 66849 – ✆ (06371) 90 20 – www.hotel-christine.com

111 Zim – 65/85 € 105/115 €

Rest – Karte 20/43 € – *(geschl. über Weihnachten) (nur Abendessen)*

Hier erwarten Sie eine großzügige Halle im alpenländischen Stil, wohnliche, z. T. holzvertäfelte Gästezimmer und ein gemütlicher Frühstücksraum. Modern-elegant ist das Restaurant Cockpit Lounge - das Thema Fliegerei bestimmt das Dekor.

Landhaus Schattner garni

Kaiserstr. 143 ✉ 66849 – ✆ (06371) 6 18 40 – www.hotel-landhaus-schattner.de – geschl. über Weihnachten

32 Zim – 58/68 € 78/85 €

Das Haus wird freundlich-familiär geleitet und bietet gepflegte Zimmer mit hellen Möbeln im Landhausstil sowie W-Lan gratis. Interessant: das Wellness-Bad Cubo gegenüber.

LANGEN

Hessen – 36 040 Ew. – Höhe 144 m – Siehe Regionalatlas **47-F15**

Berlin 557 km – Wiesbaden 42 km – Frankfurt am Main 22 km – Darmstadt 14 km

Michelin Straßenkarte 543

Steigenberger

Robert-Bosch-Str. 26 ✉ 63225 – ✆ (06103) 97 20 – www.frankfurt-langen.steigenberger.de

205 Zim – 89/139 € 89/139 €, 17 € – ½ P **Rest** – Karte 22/52 €

Überall in diesem Businesshotel hat man eine nostalgisch-amerikanische Note in die Einrichtung miteinfließen lassen. Gute S-Bahnanbindung zur Frankfurter Messe. Nett dekoriertes Restaurant im Bistrostil.

Mosbach's Restaurant

Vierhäusergasse 1 ✉ 63225 – ✆ (06103) 50 27 13 – www.mosbachs.com – geschl. 26. Dezember - 7. Januar und Samstagmittag, Montag

Menü 14 € (mittags)/32 € – Karte 37/63 € – (Tischbestellung ratsam)

In dem hübschen Fachwerkhaus im Ortskern setzen die elsässischen Brüder Guy und Dominique Mosbach auf traditionelle französische Speisen, so stehen auf der Karte z. B. Boeuf Bourguignon oder Kalbsblanquette, aber auch feine Bresse-Poularde oder Foie Gras.

Nahe der Straße nach Dieburg Ost: 2 km

Merzenmühle

Koberstädter Str. 204 ✉ 63225 – ✆ (06103) 5 35 33 – www.merzenmuehle.de – geschl. Samstagmittag, Sonntagabend - Montag

Menü 19 € (mittags)/56 € – Karte 34/63 €

Die Gastgeber kommen aus Österreich, das merkt man an der Speisekarte. Sie können drei Gänge à la carte wählen und zahlen immer 46 Euro! Die Atmosphäre ist schön gemütlich, passend zum 600 Jahre alten Fachwerkhaus. Rustikale Alternative: die "Scheuer", ein Mix aus Heurigem und Apfelweinlokal samt Biergarten.

LANGENARGEN

Baden-Württemberg – 7 850 Ew. – Höhe 398 m – Siehe Regionalatlas **63-H21**
Berlin 726 km – Stuttgart 175 km – Konstanz 40 km – Ravensburg 27 km
Michelin Straßenkarte 545

Engel
Rest,

Marktplatz 3 ✉ 88085 – ✆ (07543) 9 34 40 – www.engel-bodensee.de – geschl. Ende Januar - Mitte März
37 Zim – 74/84 € 98/142 € – 3 Suiten – ½ P
Rest – Menü 11 € (mittags unter der Woche)/25 € – Karte 18/43 € – *(geschl. Donnerstag)*
Das Hotel im Zentrum, direkt an der Promenade, bietet wohnliche Zimmer und sehr schöne große Suiten sowie einen freundlich gestalteten Saunabereich und ein eigenes Strandbad. Teil des Restaurants ist ein zum Ufer hin gelegener Wintergarten mit Terrasse.

Löwen

Obere Seestr. 4 ✉ 88085 – ✆ (07543) 30 10 – www.loewen-langenargen.de – geschl. Januar - Februar
27 Zim – 67/125 € 99/187 € – 1 Suite – ½ P
Rest – Karte 25/48 € – *(geschl. September - Juni: Dienstag; November - Dezember: Montag - Dienstag)*
Ein wohnlich eingerichtetes Haus direkt am Hafen. In den Zimmern wurde viel mit hochwertigem Holz gearbeitet, die zum See hin gelegenen bieten eine schöne Sicht. Ebenso das Restaurant mit großer Fensterfront - die Küche ist bürgerlich.

Klett

Obere Seestr. 15 ✉ 88085 – ✆ (07543) 22 10 – www.hotel-klett.de – geschl. November - März
17 Zim – 60/70 € 90/145 €
Rest – Karte 31/43 € – *(geschl. Montag - Dienstag) (nur Abendessen)*
Ein sehr gepflegter kleiner Familienbetrieb am See, dem die Chefin mit ihren handgemachten Dekorationen eine persönliche und individuelle Note gibt. Restaurant mit Terrasse und Seeblick.

Im Winkel garni

Im Winkel 9 ✉ 88085 – ✆ (07543) 93 40 10 – www.hotel-imwinkel.de – geschl. 15. Dezember - 15. März
8 Zim – 65/110 € 90/124 € – 2 Suiten
Wie zu Hause fühlt man sich in dem tipptopp gepflegten Haus der freundlichen Familie Reiß. Die Gäste wohnen in zeitgemäßen Zimmern, genießen das frische Frühstücksbuffet und entspannen im netten Saunabereich.

Karr mit Zim

Oberdorfer Str. 11 ✉ 88085 – ✆ (07543) 30 90 – www.hotelkarr.de – geschl. Sonntag - Montagmittag, Dienstagmittag; November - März: Sonntag - Dienstagmittag
14 Zim – 75/90 € 110/125 € – ½ P Menü 36/95 € – Karte 40/71 €
Eine sympathische Adresse ist das freundlich gestaltete, reichlich dekorierte Restaurant der Familie Karr. Geboten wird klassische Küche mit regionalen Einflüssen.

Schuppen 13

Argenweg 60, (im BMK-Yachthafen) ✉ 88085 – ✆ (07543) 15 77 – www.schuppen13.de – geschl. 20. Dezember - Anfang März und Montag
Menü 27/52 € – Karte 29/52 €
Das Restaurant der Familie Pusceddu liegt direkt am Yachthafen und sieht von außen ein bisschen aus wie ein Bootshaus. Drinnen erwarten Sie sorgfältig zubereitete klassisch-italienische Speisen aus frischen Produkten - richtig lecker schmecken hier z. B. "In Tomatensud geschmorte Calamaretti mit gebratener Polenta".

Ein wichtiges Geschäftsessen oder ein Essen mit Freunden?
Das Symbol ⬡ weist auf Veranstaltungsräume hin.

XX **Malereck**

Aargenstr. 60/4, (im BMK-Yachthafen) ✉ 88085 – ✆ (07543) 91 24 91 – www.restaurantmalereck.de – geschl. 20. Dezember - Anfang März und Dienstag

Menü 34/70 € – Karte 27/63 €

Ein richtig schönes Fleckchen Erde: wunderbar der eigene Park, toll die Terrasse zum See... Edith und Mariano Pusceddu, Betreiber des "Schuppen 13", leiten auch dieses Restaurant. Hier ist es wirklich sehr stilvoll, chic die bunten Wassergläser auf dem Tisch! Und auch die regional-international ausgelegte Speisekarte liest sich gut. Fleischliebhaber aufgepasst: Im Sommer wird draußen gegrillt!

In Langenargen-Schwedi Nord: 2 km

Schwedi

Schwedi 1 ✉ 88085 – ✆ (07543) 93 49 50 – www.hotel-schwedi.de – geschl. Ende November - Anfang Februar

29 Zim – 59/90 € 90/160 € – 2 Suiten – ½ P

Rest – Karte 20/44 € – *(geschl. Dienstag)*

Das Haus liegt schön ruhig im Grünen am See. Einige der wohnlichen Zimmer verfügen über einen Balkon. Durch den hübschen Garten gelangt man direkt ans Wasser. Restaurant mit Fischspezialitäten aus See und Meer - Bodenseefische aus familiärem Fischereibetrieb.

LANGENAU

Baden-Württemberg – 14 600 Ew. – Höhe 458 m – Siehe Regionalatlas **56**-I19

Berlin 603 km – Stuttgart 86 km – Augsburg 71 km – Ulm (Donau) 18 km

Michelin Straßenkarte 545

Zum Bad

Burghof 11 ✉ 89129 – ✆ (07345) 9 60 00 – www.gasthof-zum-bad.de – geschl. 22. Dezember - 5. Januar, Ende Juli - Anfang August

36 Zim – 60/75 € 90/98 €

Rest *Zum Bad* ✿ – siehe Restaurantauswahl

Ein Haus, in dem man wirklich gerne übernachtet, denn hier ist die ganze Familie Häge im Einsatz, und das mit viel Herzblut! Außerdem sind die Zimmer schön zeitgemäß und wohnlich, das Frühstück ist lecker und die Preise stimmen auch noch. Der Name stammt übrigens vom ehemaligen "Bad" für Gutbetuchte gleich nebenan.

XX **Zum Bad** (Hans Häge) – Hotel Zum Bad

✿

Burghof 11 ✉ 89129 – ✆ (07345) 9 60 00 – www.gasthof-zum-bad.de – geschl. 22. Dezember - 5. Januar, Ende Juli - Anfang August und Montag

Menü 49/83 € – Karte 36/65 €

Juniorchef Hans Häge schafft hier den Spagat zwischen klassisch-regionaler und gehobener Küche. Wie gut er sein Talent umsetzt, merkt man an den gekonnt zubereiteten, durchdachten und ausdrucksstarken Gerichten.

→ Kaisergranat mit Erbse, Spargel und Morchel. Wolfsbarsch auf der Haut gebraten mit Lauch, Salzzitrone, Sellerie und Haselnuss. Rücken und geschmorte Schulter vom Weidelamm mit Bärlauchpüree, gelber Bete und Senfsaat.

In Rammingen Nord-Ost: 4 km

XX **Landgasthof Adler** mit Zim

Riegestr. 15 ✉ 89192 – ✆ (07345) 9 64 10 – www.adlerlandgasthof.de – geschl. Montag

9 Zim – 69/150 € 129/185 €

Menü 35/108 € – Karte 24/76 € – *(Dienstag - Donnerstag nur Abendessen)*

Regional bezogene Speisen lautet die Devise in dem hübschen weinberankten Gasthaus. Für den Wein ist Gastgeber und Sommelier Jan Bimboes zuständig - darf es vielleicht ein deutscher Riesling sein? Oder lieber etwas Internationales? Wenn Sie nach dem Essen anspruchsvoll übernachten möchten: Man hat auch hochwertig-moderne Zimmer!

LANGENBURG

Baden-Württemberg – 1 770 Ew. – Höhe 439 m – Siehe Regionalatlas **56**-**I17**
Berlin 576 km – Stuttgart 91 km – Würzburg 81 km – Ansbach 96 km
Michelin Straßenkarte 545

Zur Post

Hauptstr. 55 ✉ 74595 – ✆ (07905) 54 32 – www.gasthofpostlangenburg.de – geschl. 24. Dezember - 6. Januar
13 Zim – 50/65 € 80/90 € – ½ P
Rest – Menü 19/28 € – Karte 22/38 € – *(geschl. Sonntagabend - Montag)*
Der Gasthof nur wenige Schritte von der Altstadt ist äußerlich eher unscheinbar, innen aber schön wohnlich, und er wird von Familie Michels engagiert und sehr persönlich geführt. Man wohnt hier in gepflegten zeitgemäßen Zimmern und lässt sich in gemütlichen Stuben die traditionellen Gerichte des aus Amsterdam stammenden Patrons servieren.

LANGENFELD (RHEINLAND)

Nordrhein-Westfalen – 59 250 Ew. – Höhe 47 m – Siehe Regionalatlas **36**-**C12**
Berlin 556 km – Düsseldorf 22 km – Aachen 92 km – Köln 26 km
Michelin Straßenkarte 543

In Langenfeld-Reusrath Süd: 3 km über B 8 Richtung Opladen

Landhotel Lohmann

Opladener Str. 19 (B 8) ✉ 40764 – ✆ (02173) 9 16 10 – www.landhotel-lohmann.de – geschl. über Weihnachten, über Karneval, Juli - August 3 Wochen
28 Zim – 74/149 € 99/249 €, 5 €
Rest – Menü 37/50 € (abends) – Karte 19/50 € – *(geschl. Mittwoch)*
Der langjährige Familienbetrieb liegt günstig zwischen den Messestädten Düsseldorf und Köln und bietet sehr gepflegte Zimmer. Bürgerliche Küche im Restaurant. Für Raucher hat man einen Wintergarten.

LANGENLONSHEIM

Rheinland-Pfalz – 3 740 Ew. – Höhe 110 m – Siehe Regionalatlas **47**-**E15**
Berlin 618 km – Mainz 43 km – Koblenz 78 km – Neustadt an der Weinstraße 90 km
Michelin Straßenkarte 543

Jugendstil-Hof garni

Naheweinstr. 172 ✉ 55450 – ✆ (06704) 9 63 86 82 – www.jugendstil-hof.de
3 Zim – 179 € 189 €
Hätten Sie hier ein derartig schickes und geradezu luxuriöses Interieur erwartet? Die Chefin ist Inneneinrichterin und so dienen die Räume quasi als "Showroom" für die hochwertige Einrichtung, die man auch kaufen kann. Die Atmosphäre ist privat, man wird persönlich betreut und zum Frühstück gibt's frische Eier der eigenen Hennen und Obst aus dem Garten.

LANGENZENN

Bayern – 10 490 Ew. – Höhe 313 m – Siehe Regionalatlas **50**-**K16**
Berlin 468 km – München 187 km – Ansbach 36 km – Bayreuth 115 km
Michelin Straßenkarte 546

In Langenzenn-Keidenzell Süd: 4 km

Keidenzeller Hof

Fürther Str. 11 ✉ 90579 – ✆ (09101) 90 12 26 – www.keidenzeller-hof.de – geschl. Montag - Dienstag
Menü 45 € (mittags)/89 € – Karte 43/62 € – *(Mittwoch - Freitag nur Abendessen)*
In dem geschmackvoll renovierten historischen Landgasthof erwartet Sie die charmante Patronne Vera Stoll in ihrem modernen Restaurant oder in der gemütlichen Stube. Küchenchef Martin Grimmer verwöhnt Sie mit einer modernen, kontrastreichen und fein abgestimmten Küche, die man so nicht erwarten würde! Feiern kann man übrigens exzellent in der Festscheune.
→ Büffelmozzarella, schwarzer Trüffel, Artischocke, Limone. Kabeljau, Großmutters Rübchen, Schafsgarbe, Himbeeressig. Mais, Johannisbeere, Schokolade.

LANGEOOG (INSEL)

Niedersachsen – 1 970 Ew. – Höhe 5 m – Siehe Regionalatlas **7-D4**

Berlin 525 km – Hannover 266 km – Emden 57 km – Aurich/Ostfriesland 28 km

Michelin Straßenkarte 541

La Villa

Vormann-Otten-Weg 12 ✉ 26465 – ✆ (04972) 7 77 – www.hotel-lavilla.de – geschl. Januar - März

3 Zim – 90/115 € 120/170 € – 6 Suiten – ½ P

Rest – Menü 30 € – *(nur Abendessen für Hausgäste)*

Ein familiär geführtes kleines Hotel ist diese Villa aus der Jahrhundertwende. Die Gästezimmer sind wohnlich gestaltet und verfügen über großzügige Marmorbäder.

Kolb (mit Gästehaus)

Barkhausenstr. 30 ✉ 26465 – ✆ (04972) 9 10 40 – www.hotel-kolb.de

33 Zim – 70/100 € 134/210 € – 1 Suite – ½ P

Rest *Schiffchen* – siehe Restaurantauswahl

Der Familienbetrieb ist ein im friesischen Landhausstil erbautes Hotel mit behaglichen Zimmern (teils mit Terrasse), hübschem Saunabereich und vielfältigem Frühstücksbuffet. Geräumige Juniorsuiten im Gästehaus.

Flörke garni

Hauptstr. 17 ✉ 26465 – ✆ (04972) 9 22 00 – www.hotel-floerke.de

50 Zim – 65/95 € 110/170 € – 3 Suiten

Das Ferienhotel liegt ruhig und wird familiär geführt. Besonders komfortabel sind die geräumigen und modernen Appartements im Nebenhaus, schön auch die Sauna.

Mare

Kiebitzweg 8 ✉ 26465 – ✆ (04972) 9 22 60 – www.suiten-hotel-mare.de

24 Suiten – 90/140 € 130/180 € – ½ P

Rest *bunteKuh* – Menü 24/95 € – Karte 19/43 € – *(geschl. Sonntag) (nur Abendessen)*

In dem Hotel in einer ruhigen Wohngegend stehen freundliche zeitgemäße Suiten verschiedener Kategorien bereit, die alle über eine kleine Küche und meist über Balkone verfügen. Schön entspannen können Sie auch im Wellnessgarten mit Naturpool oder aber im Restaurant bei Steaks und Fisch.

Strandeck garni

Kavalierpad 2 ✉ 26465 – ✆ (04972) 68 80 – www.strandeck.de – geschl. Ende November - 20. Dezember

35 Zim – 60/100 € 120/300 €

Die Lage hinter den Dünen, die familiäre Atmosphäre und solide, funktionelle Zimmer machen dieses Hotel aus. Frühstücksbuffet mit regionalen Produkten.

Schiffchen – Hotel Kolb

Barkhausenstr. 30 ✉ 26465 – ✆ (04972) 9 10 41 25 – www.hotel-kolb.de

Menü 13 € (mittags)/62 € – Karte 29/54 €

Das in dunklem Holz gehaltene Interieur dieses Restaurants ist dem eines Luxusliners nachempfunden. Serviert wird eine frische internationale Küche.

Seekrug

Höhenpromenade 1 ✉ 26465 – ✆ (04972) 3 83 – www.seekrug.de – geschl. Dezember 3 Wochen und Montag; im Winter: Montag - Dienstag

Menü 25/40 € – Karte 19/49 €

Hier speisen die Gäste mit tollem Blick auf Dünen und Meer. Für die bürgerlich-regionale Küche verwendet man vorwiegend heimische Bioprodukte. Große Kuchenauswahl.

LANGERRINGEN – Bayern ➜ Siehe Schwabmünchen

LANGERWEHE

Nordrhein-WestfalenHöhe 135 m – Siehe Regionalatlas **35-B12**

Berlin 623 km – Düsseldorf 71 km – Aachen 26 km – Düren 10 km

Michelin Straßenkarte 543

In Langerwehe-Merode Süd-Ost: 4,5 km Richtung Düren, über B 264 und Pier

Wettsteins Restaurant
Schlossstr. 66 ✉ 52379 – ✆ (02423) 22 98 – www.wettsteins-restaurant.de – geschl. über Weihnachten, Juli - August 3 Wochen und Montag - Dienstag
Menü 39/55 € – Karte 29/55 €
Rudolf und Stefanie Wettstein leiten den elterlichen Betrieb in 3. Generation. Mit Fachkenntnis und Engagement umsorgen Sie ihre Gäste, die in freundlich-ländlichem Ambiente bei ambitionierter bürgerlich-regionaler Küche sitzen. Sie planen eine Feier? Man ist hier auch auf Gesellschaften gut eingestellt.

LANGWEILER

Rheinland-Pfalz – 270 Ew. – Höhe 510 m – Siehe Regionalatlas **46-C15**
Berlin 687 km – Mainz 112 km – Koblenz 93 km – Saarbrücken 92 km
Michelin Straßenkarte 543

Kloster Marienhöh
Marienhöh 2 ✉ 55758 – ✆ (06786) 29 29 90 – www.hideawaykloster.de
62 Zim – 85/135 € 170/240 € – 4 Suiten – ½ P
Rest *Altes Refektorium* – siehe Restaurantauswahl
Hier hat man ein ehrwürdiges Kloster zu einem schönen Hideaway im Naturpark Saar-Hunsrück gemacht: chic-modern designte Zimmer mit sehr guter Technik und ein geschmackvoller Spa. In der "Pilgerlodge" vis-à-vis gibt es 12 einfachere Zimmer.

Altes Refektorium – Hotel Kloster Marienhöh
Marienhöh 2 ✉ 55758 – ✆ (06786) 29 29 90 – www.klosterhotel-marienhoeh.de
Menü 22 € (mittags)/52 € – Karte 39/58 €
Die historischen Räume (schön die integrierten Bruchsteinwände) hat man für seine Gäste modern-elegant gestaltet. Neben Wahlmenüs bietet man noch ein paar wenige rustikale Klassiker. Mittags ist die Auswahl einfacher und reduzierter.

LAUBACH

Hessen – 9 820 Ew. – Höhe 207 m – Siehe Regionalatlas **38-G13**
Berlin 478 km – Wiesbaden 101 km – Frankfurt am Main 71 km – Gießen 28 km
Michelin Straßenkarte 543

Schlosshotel Bunter Hund garni
Schottener Str. 2 ✉ 35321 – ✆ (06405) 50 69 80 – www.schlosshotel-laubach.de
20 Zim – 65/75 € 80/145 €, 11 €
In dem schönen Haus hat man mit Kunst, hübschen Stoffen und diversen Einzelstücken im Barockstil individuelle Räume geschaffen, die Klassik und Moderne ansprechend verbinden. Ihr Frühstück genießen Sie am besten auf der kleinen Terrasse unter Bäumen - auch für Kaffee und Kuchen sowie Snacks ein hübsches Plätzchen!

Café Göbel garni
Friedrichstr. 2 ✉ 35321 – ✆ (06405) 9 13 80 – www.cafegoebel.de
10 Zim – 53/65 € 98 €
Nach einer erholsamen Nacht in einem liebenswerten, stilvollen Zimmer (nach hinten ruhiger gelegen), lockt am Morgen der Duft frischer Backwaren zum Frühstück! Am Nachmittag gönnt man sich dann Leckereien aus der eigenen Konditorei - vielleicht nach einem Besuch des Puppenstubenmuseums gleich nebenan?

In Laubach-Freienseen Nord-Ost: 5 km über B 276 Richtung Mücke

Landgasthaus Waldschenke
Tunnelstr. 42 (außerhalb 0,5 km, an der B 276) ✉ 35321 – ✆ (06405) 61 10 – www.landgasthaus-waldschenke.de – geschl. Oktober 2 Wochen und Mittwoch
Menü 45 € (abends) – Karte 28/62 € – *(Montag - Freitag nur Abendessen)*
Bei Familie Horn ist es so richtig charmant, und das liegt nicht nur am gemütlich-rustikalen Ambiente, bei dem man sich fühlt wie in einem Landhaus in Frankreich, sondern auch an der herzlichen Gastgeberin, die die französisch-internationale Küche ihres Mannes Axel serviert. Für so manchen Stammgast unverzichtbar ist die "Gänsestopfleberterrine mit Cassis-Zwiebelkompott"! Genauso zu empfehlen sind aber auch das "Wagyu-Rind mit Karotten-Senfkörnergemüse".

LAUCHRINGEN – Baden-Württemberg ➜ Siehe Waldshut-Tiengen

LAUCHSTÄDT, BAD

Sachsen-Anhalt – 9 160 Ew. – Höhe 113 m – Siehe Regionalatlas **31**-M11
Berlin 185 km – Magdeburg 100 km – Leipzig 11 km – Halle (Saale) 15 km
Michelin Straßenkarte 542

Kurpark-Hotel

Parkstr. 15 ✉ 06246 – ✆ (034635) 2 03 53 – www.kurpark-hotel-bad-lauchstaedt.de
32 Zim – 49/59 € 76/86 € – ½ P
Rest *Lauchstedter Gaststuben* – Karte 20/37 € – *(geschl. November: Montag, Januar - März: Montag)*
Recht ruhig ist die Lage an den Historischen Kuranlagen. Die Zimmer sind schön und individuell in klassischem Stil und wohnlichen Farben. Fachwerk macht den Frühstücksraum gemütlich. Lauchstedter Gaststuben gegenüber dem Hotel. Draußen ergänzt der Weinhof die Terrasse.

LAUDA-KÖNIGSHOFEN

Baden-Württemberg – 14 560 Ew. – Höhe 192 m – Siehe Regionalatlas **49**-H16
Berlin 535 km – Stuttgart 120 km – Würzburg 40 km – Bad Mergentheim 12 km
Michelin Straßenkarte 545

Landhaus Gemmrig

Hauptstr. 68 (Königshofen) ✉ 97922 – ✆ (09343) 70 51 – www.landhaus-gemmrig.de – geschl. August 1 Woche und Sonntagabend - Montag
Menü 12/20 € – Karte 14/28 € – *(Dienstag - Donnerstag nur Mittagessen)*
Das Gastgeberehepaar kümmert sich in diesem alteingesessenen Haus mit regionaler und internationaler Küche sowie mit sympathischem Service um seine Gäste.

Im Stadtteil Beckstein Süd-West: 2 km ab Königshofen über B 292

Becksteiner Rebenhof

Rest, Zim,

Am Hummelacker 34 ✉ 97922 – ✆ (09343) 6 27 80 – www.rebenhof.net – geschl. 20. - 26. Dezember
17 Zim – 86/99 € 136/156 € – 8 Suiten – ½ P
Rest – Menü 28 € – Karte 20/36 € – *(nur Abendessen, sonntags auch Mittagessen)*
Das neuzeitliche Hotel liegt etwas oberhalb des Dorfes, schön ist der Blick auf die Weinberge. Großzügige Zimmer mit kleiner Küchenzeile, nettes Hallenbad, Kosmetik und Massage. Regionale Speisen im hell gestalteten Restaurant mit mediterranem Touch.

Weinhotel Benz garni

Am Nonnenberg 12 ✉ 97922 – ✆ (09343) 9 98 – www.weinhotel-benz.de – geschl. Dezember - Februar
12 Zim – 80/100 € 110/130 €
Etwas Ruhe gefällig? Familie Benz hat hier in reizvoller Lage oberhalb des Ortes nicht nur ihr Weingut. Umgeben von Reben und Obstbäumen kann man schön modern wohnen: warme Naturfarben, Tal- oder Weinbergblick und überall das Thema Wein.

LAUDENBACH

Bayern – 1 370 Ew. – Höhe 127 m – Siehe Regionalatlas **48**-G16
Berlin 580 km – München 358 km – Würzburg 51 km – Amorbach 14 km
Michelin Straßenkarte 546

INTERNATIONALE UND REGIONALE SPEZIALITÄTEN

GOURMÉTAGE

LEIPZIG • HALLE • DRESDEN • ERFURT

ERLESENE WEINE • CHAMPAGNER • BESONDERE SPIRITUOSEN • SEKT • DELIKATESSEN UND FEINKOST PRÄSENTE • BISTRO • EXKLUSIVE VERANSTALTUNGEN

www.gourmetage.com

Zur Krone

Obernburger Str. 4 63925 – (09372) 24 82 – www.krone-laudenbach.de – geschl. Februar - März 3 Wochen und August 2 Wochen

6 Zim – 58/110 € 105/130 € – 8 Suiten

Rest – Menü 65 € – Karte 30/58 € – *(geschl. Donnerstag) (Montag - Freitag nur Abendessen)*

Der Familienbetrieb ist ein jahrhundertealter Gasthof, der mitten in dem kleinen Ort neben der Kirche steht. Besonders wohnlich sind die Suiten mit Küchenzeile. Liebenswerte, behagliche Gaststuben mit freundlichem Service. Gartenterrasse und uriger Weinkeller.

Goldner Engel mit Zim

Miltenberger Str. 5 63925 – (09372) 9 99 30 – www.goldner-engel.de – geschl. über Fasching und Mittwoch

9 Zim – 39/42 € 66/70 € – ½ P Menü 31/52 € – Karte 24/51 €

In dem traditionellen familiengeführten Dorfgasthof mit Metzgerei wird in rustikalem Ambiente eine international und bürgerlich ausgelegte Küche geboten.

LAUF AN DER PEGNITZ

Bayern – 26 240 Ew. – Höhe 327 m – Siehe Regionalatlas **50-L16**

Berlin 417 km – München 173 km – Nürnberg 20 km – Bayreuth 62 km

Michelin Straßenkarte 546

Zur Post

Friedensplatz 8 91207 – (09123) 95 90 – www.hotelzurpost-lauf.de

40 Zim – 71/94 € 94/120 € – ½ P

Rest – Karte 16/42 € – *(geschl. Montag)*

Nicht weit vom Marktplatz liegt der gut geführte Familienbetrieb, in dem Sie tipptopp gepflegte, funktionelle Zimmer unterschiedlicher Größe erwarten. Im Restaurant bietet man bürgerliche Küche.

An der Straße nach Altdorf Süd: 2,5 km

Waldgasthof Letten

Letten 13 91207 Lauf an der Pegnitz – (09123) 95 30 – www.waldgasthof-am-letten.de – geschl. 22. Dezember - 6. Januar

52 Zim – 77 € 105 € – ½ P

Rest *Waldgasthof Letten* – siehe Restaurantauswahl

Wohnliche und gleichzeitig funktionale Zimmer bieten hier in dem Familienbetrieb der Wittmanns modernen Wohnkomfort. Das Haus liegt am Waldrand und dennoch nicht weit von der Autobahn.

Waldgasthof Letten – Hotel Waldgasthof Letten

Letten 13 91207 Lauf an der Pegnitz – (09123) 95 30 – www.waldgasthof-am-letten.de – geschl. 22. Dezember - 6. Januar und Sonntag

Menü 45 € – Karte 20/46 €

Hier sitzt man in gemütlichen Nischen (charmant die rustikalen Holzbalken) und lässt sich regionale Küche mit internationalem Einfluss schmecken - von Fränkischer Festtagssuppe bis Vitello Tonnato, von Forelle blau bis Rib-Eye-Steak.

LAUFENBURG (BADEN)

Baden-Württemberg – 8 700 Ew. – Höhe 337 m – Siehe Regionalatlas **61-E21**

Berlin 812 km – Stuttgart 195 km – Freiburg im Breisgau 83 km – Waldshut-Tiengen 15 km

Michelin Straßenkarte 545

Rebstock

Hauptstr. 28 ✉ 79725 – ✆ (07763) 9 21 70 – www.hotel-rebstock-laufenburg.de – geschl. 23. Dezember - 6. Januar
25 Zim – 52/75 € 86/99 € – ½ P
Rest – Karte 17/47 € – *(geschl. Samstag, Sonntagabend, August - September: Samstag - Sonntag)*
Ein Familienbetrieb in 3. Generation, der das traditionelle Flair des schönen Altstadthauses a. d. 16. Jh. geschmackvoll mit einer modernen Note verbindet. Von einigen Zimmern schaut man auf den Rhein und die Schweizer Seite der Stadt. Auch von der Terrasse des gediegenen Restaurants genießt man den Blick.

Zumkellers Schlössle

Säckinger Str. 5 ✉ 79725 – ✆ (07763) 9 29 74 15 – www.schloessle-laufenburg.de – geschl. über Fastnacht 2 Wochen, August 2 Wochen und Mittwoch - Donnerstag
Menü 35/78 € – Karte 32/69 € – (Tischbestellung ratsam)
Badische Spezialitäten oder Gourmetmenü? Beides gibt es in der stilvollen alten Villa bei Stefanie Zumkeller und ihrem Mann Iván Lagunas Romeo. Letzterer bereitet aus topfrischen, guten Produkten z. B. "Kalbsrückensteak mit Rosmarin gebraten, Spargel und Kräuterkartoffeln" zu - Seniorchef Winfried Zumkeller steht mit am Herd. Tolle Terrasse und ebensolche Aussicht.

Alte Post mit Zim

Andelsbachstr. 6 ✉ 79725 – ✆ (07763) 9 24 00 – www.alte-post-laufenburg.de
11 Zim – 70/88 € 90/98 € – 1 Suite – ½ P
Menü 15 € (mittags)/47 € – Karte 29/56 € – *(geschl. September - April: Montag - Dienstag; Mai - August: Montag - Dienstagmittag)*
Appetit auf "Brust und Keule vom Perlhuhn", "in Rotwein geschmortes Kalbsbäckle" oder "Laufenburger Salmsteak auf Champagner-Rahmkraut"? Serviert wird die schmackhafte Küche von Patron Siegfried Draganski in der holzgetäfelten Stube, im eleganten Wintergarten mit Rheinblick oder auf der tollen Terrasse!

LAUFFEN am NECKAR

Baden-Württemberg – 10 930 Ew. – Höhe 175 m – Siehe Regionalatlas **55-G17**
Berlin 613 km – Stuttgart 49 km – Heilbronn 10 km – Ludwigsburg 33 km
Michelin Straßenkarte 545

Gästehaus Kraft garni

Nordheimer Str. 50 ✉ 74348 – ✆ (07133) 9 82 50 – www.gaestehaus-kraft.de – geschl. 24. Dezember - 5. Januar
33 Zim – 49/59 € 74/84 €
Die ruhige Lage in den Weinbergen vor den Toren der kleinen Stadt ist wirklich schön. Außerdem kann man hier gut und preisgünstig übernachten - die Zimmer sind zeitgemäß und wohnlich, einige recht groß. Probieren Sie die hauseigenen Weine!

Elefanten mit Zim

Rest,

Bahnhofstr. 12 ✉ 74348 – ✆ (07133) 9 50 80 – www.hotel-elefanten.de – geschl. Anfang - Mitte Januar, Anfang - Mitte August und Freitag - Samstagmittag
12 Zim – 68/80 € 98/115 € – ½ P
Menü 23 € (mittags)/65 € – Karte 33/62 €
Sie möchten ehrliche, gute Küche? Die bekommen Sie bei Mike Glässing in Form von regionalen und internationalen Gerichten wie "Kalbstafelspitz im Wurzelgemüsesud" oder "Rahmragout vom Hirsch in Lembergersoße". Einfach ein sympathisches Gasthaus - auch schon von außen mit seiner liebenswerten Fachwerkfassade!

LAUINGEN an der DONAU

Bayern – 10 680 Ew. – Höhe 439 m – Siehe Regionalatlas **56-J19**
Berlin 550 km – München 113 km – Augsburg 59 km – Donauwörth 31 km
Michelin Straßenkarte 546

Kannenkeller

Dillinger Str. 26 ✉ 89415 – ✆ (09072) 70 70 – www.kannenkeller.de – geschl. 1. - 15. Januar

27 Zim – 🚹75/96 € 🚹🚹99/112 € – 1 Suite – ½ P

Rest – Menü 19/69 € – Karte 17/52 € – *(geschl. Freitag) (Montag - Donnerstag nur Abendessen)*

Ein stattliches Gasthaus von 1825 und ein Hotelanbau bilden diesen Familienbetrieb. Erhaltene Natursteinwände zieren den historischen Bereich. Funktionelle, zeitgemäße Zimmer. Teil des Restaurants ist der Wintergarten mit Blick ins Grüne.

LAUMERSHEIM

Rheinland-Pfalz – 880 Ew. – Höhe 108 m – Siehe Regionalatlas **47-E16**

Berlin 626 km – Mainz 68 km – Mannheim 25 km – Kaiserslautern 41 km

Michelin Straßenkarte 543

Zum Weißen Lamm

Hauptstr. 38 ✉ 67229 – ✆ (06238) 92 91 43 – www.lamm-laumersheim.de – geschl. Mai 10 Tage, Juli - August 2 Wochen, Oktober 2 Wochen und Dienstag - Mittwoch

Menü 37/75 € – Karte 35/55 € – *(Montag - Freitag nur Abendessen)* (Tischbestellung ratsam)

Kai und Sigrid Hofheinz wissen, was ihre Gäste mögen: schönes Ambiente (wirklich gelungen ist der Mix aus ländlichem Charme und modernen Elementen!) und gute Küche. Letztere gibt's z. B. als "Pfälzer Wildschweinbraten" oder als "Roulade von zweierlei Forelle". An lauen Sommerabenden sind die Plätze im Innenhof begehrt. Für Feierlichkeiten: Saal im OG.

LAUPHEIM

Baden-Württemberg – 20 000 Ew. – Höhe 528 m – Siehe Regionalatlas **64-I20**

Berlin 637 km – Stuttgart 118 km – Konstanz 136 km – Ulm (Donau) 26 km

Michelin Straßenkarte 545

Laupheimer Hof

Rabenstr. 13 ✉ 88471 – ✆ (07392) 97 50 – www.laupheimer-hof.de

32 Zim – 🚹70/133 € 🚹🚹118/158 € – ½ P

Rest – Menü 27/45 € – Karte 23/57 € – *(nur Abendessen)*

Das Fachwerkhaus im Zentrum beherbergt unterschiedliche Gästezimmer von rustikal bis modern designt. Hübsch ist die stilvolle Blumendeko im Haus. Auf der Speisekarte mischt sich Regionales mit Asiatischem. Das Ambiente im Restaurant ist ansprechend geradlinig.

LAUTENBACH (ORTENAUKREIS)

Baden-Württemberg – 1 890 Ew. – Höhe 215 m – Siehe Regionalatlas **54-E19**

Berlin 742 km – Stuttgart 143 km – Karlsruhe 72 km – Offenburg 19 km

Michelin Straßenkarte 545

Sonnenhof

Hauptstr. 51 (B 28) ✉ 77794 – ✆ (07802) 70 40 90 – www.sonnenhof-lautenbach.de

15 Zim – 🚹51/85 € 🚹🚹74/150 € – ½ P

Rest *Le Soleil* **Rest *Bordeaux-Stube*** – siehe Restaurantauswahl

Rest *Sonnenstüble* – Menü 19/25 € – Karte 21/35 € – *(geschl. Mittwoch) (nur Abendessen, sonntags auch Mittagessen)*

Der erweiterte Gasthof in der Ortsmitte bietet zeitgemäße Zimmer, die im Gästehaus elegant sind, im Haupthaus etwas einfacher und kleiner. Neben den Restaurants Le Soleil und Bordeaux-Stube ist das gemütliche Sonnenstüble mit bürgerlicher Karte das Dritte im Bunde - im Sommer mit schöner Grillterrasse.

XX **Bordeaux-Stube** – Hotel Sonnenhof

Hauptstr. 51 (B 28) ✉ 77794 – ✆ (07802) 70 40 90 – www.sonnenhof-lautenbach.de – geschl. August 2 Wochen und Montag - Dienstag

Menü 33 € (mittags)/85 € – Karte 56/72 € – *(nur Abendessen, sonntags auch Mittagessen)*

Hier im gehobeneren Restaurant des Sonnenhofs geht es fein und ambitioniert zu. Beeindruckend ist die große Weinsammlung, insbesondere an Bordeaux, die direkt unter Ihren Füßen lagert und durch ein Bodenfenster zu bestaunen ist! Die schönen Weine genießt man z. B. zu "konfiertem Heilbutt & Pulpotranchen an Curryschaum" oder zu "Feinem vom iberischen Eichelschwein".

X **Le Soleil** – Hotel Sonnenhof

Hauptstr. 51 (B 28) ✉ 77794 – ✆ (07802) 70 40 90 – www.sonnenhof-lautenbach.de – geschl. August 2 Wochen und Montag - Dienstag

Menü 25 € – Karte 25/47 €

Was Küchenchef Sven Kürschner und sein Team an mediterraner und internationaler Küche bieten, nennt sich z. B. "Medaillons vom Kalbsrücken in Salbeibutter gebraten mit Linguini und geschmolzenen Tomaten". Vorspeisen und Desserts gibt's in Form kleiner Tapas, den "Tap-Soleils" - das kommt gut an! Fragen Sie nach der Weinkarte der Bordeaux-Stube mit rund 700 Positionen!

LAUTERBACH

Hessen – 13 710 Ew. – Höhe 296 m – Siehe Regionalatlas **38-H13**

Berlin 457 km – Wiesbaden 151 km – Fulda 24 km – Gießen 68 km

Michelin Straßenkarte 543

Schubert

Kanalstr. 12 ✉ 36341 – ✆ (06641) 9 60 70 – www.hotel-schubert.de

31 Zim – 🛉67/77 € 🛉🛉114/124 € – 2 Suiten – ½ P

Rest *Schuberts - die Brasserie* – siehe Restaurantauswahl

In der Stadtmitte, direkt am Flüsschen Lauter, steht das Haus der Familie Schubert mit individuellen Zimmern, darunter die geräumigen Themenzimmer Zen, Toskana und Rosen.

X **Schuberts - die Brasserie** – Hotel Schubert

Kanalstr. 12 ✉ 36341 – ✆ (06641) 9 60 70 – www.hotel-schubert.de – geschl. Sonntagabend

Karte 20/46 €

Legere Atmosphäre, freundlicher Service und dazu schmackhafte saisonal-internationale Gerichte wie "Entenbrust mit Speckrosenkohl, Cranberriesauce und Maronenplätzchen". Alternativ sitzt man gemütlich in der rustikalen Weinstube Entennest (behaglich der Kachelofen) - die Karte ist hier dieselbe wie in der Brasserie Schuberts. Sonntags Brunch.

LAUTERBERG, BAD

Niedersachsen – 11 080 Ew. – Höhe 296 m – Siehe Regionalatlas **29-J10**

Berlin 272 km – Hannover 116 km – Erfurt 104 km – Göttingen 49 km

Michelin Straßenkarte 541

Revita

Sebastian-Kneipp-Promenade 56 ✉ 37431 – ✆ (05524) 8 31 – www.revita-hotel.de

248 Zim – 🛉122/136 € 🛉🛉184/212 € – 12 Suiten – ½ P

Rest *Hirschfänger* – Menü 32/45 € – Karte 30/38 € – *(nur Abendessen)*

In dem familiengeführten Urlaubs- und Tagungshotel mit Park wohnt man in hübschen "Landhaus"- oder eleganteren "Domicil"-Zimmern. Regionale Küche im gemütlichen "Hirschfänger", Italienisches im Dachrestaurant "Brunello", zudem hat man noch das "Lollo Rosso" und das "Kurpark-Restaurant" sowie diverse Bars.

LAUTERECKEN

Rheinland-Pfalz – 2 150 Ew. – Höhe 169 m – Siehe Regionalatlas **46-D16**

Berlin 649 km – Mainz 83 km – Bad Kreuznach 40 km – Kaiserslautern 32 km

Michelin Straßenkarte 543

Pfälzer Hof

Hauptstr. 12 ✉ 67742 – ✆ (06382) 73 38 – www.pfaelzer-hof.de – geschl. Juli - August 1 Woche, November 1 Woche

15 Zim – †53/63 € ††76/94 € – ½ P

Rest – Karte 21/40 € – *(geschl. Donnerstag, Sonntagabend sowie an Feiertagen abends) (nur Abendessen, sonntags auch Mittagessen)*

Engagiert kümmert sich Familie Jakob in diesem Haus im Ortskern um die Gäste, die hier in ländlich-gemütlichen und hübsch dekorierten Zimmern mit guten Bädern wohnen. Restaurant in rustikalem Stil mit regionaler Küche. Grillarrangements für Gruppen.

LEBACH

Saarland – 19 700 Ew. – Höhe 275 m – Siehe Regionalatlas **45-B16**

Berlin 722 km – Saarbrücken 26 km – Saarlouis 19 km – St. Wendel 28 km

Michelin Straßenkarte 543

Locanda Grappolo d'Oro

Mottener Str. 94 (B 268, Gewerbegebiet, West: 2 km) ✉ 66822 – ✆ (06881) 33 39 – geschl. Samstagmittag, Sonntagabend - Montag

Menü 39/79 € – Karte 47/76 €

Hell und freundlich das Restaurant, sympathisch die Familie Stira, frisch und schmackhaft die klassisch-französische Küche mit mediterranen Einflüssen... Und zum Abschluss gibt es einen richtig guten Espresso!

LECHBRUCK

Bayern – 2 540 Ew. – Höhe 737 m – Siehe Regionalatlas **65-K21**

Berlin 695 km – München 96 km – Augsburg 90 km – Reutte 39 km

Michelin Straßenkarte 546

Landhaus Auf der Gsteig

Rest,

Gsteig 1 (Nord-West: 3 km, Richtung Bernbeuren, dann links ab) ✉ 86983 – ✆ (08862) 9 87 70 – www.aufdergsteig.de

42 Zim – †89/159 € ††145/248 € – 4 Suiten – ½ P **Rest** – Karte 28/39 €

Hier fühlt man sich nicht nur als Golfer wohl, denn neben dem 18-Loch-Platz überzeugen die herrlich ruhige Lage, die wohnlichen Zimmer und der schöne Saunabereich nebst Panoramapool. Und aus der Küche kommen regionale, aber auch internationale Gerichte. Terrasse mit toller Aussicht auf das Alpenvorland.

LECK

Schleswig-Holstein – 7 650 Ew. – Höhe 6 m – Siehe Regionalatlas **1-G2**

Berlin 453 km – Kiel 110 km – Sylt (Westerland) 36 km – Flensburg 33 km

Michelin Straßenkarte 541

In Enge-Sande Süd: 4 km

Berger's Landgasthof mit Zim

Dorfstr. 28 (Enge) ✉ 25917 – ✆ (04662) 31 90 – www.bergers-landgasthof.de

6 Zim – †65/81 € ††89/120 € – ½ P

Menü 12/28 € – Karte 24/52 € – *(nur Abendessen)*

Sie sitzen in einer charmant-rustikalen Stube - oder bei gutem Wetter im schönen Gartenrestaurant - und lassen sich regionale Küche mit internationalem Einfluss servieren. Übernachten können Sie übrigens auch: Die Zimmer sind freundlich eingerichtet und tipptopp gepflegt.

LEER

Niedersachsen – 34 290 Ew. – Höhe 3 m – Siehe Regionalatlas **16-D6**

Berlin 495 km – Hannover 234 km – Emden 31 km – Groningen 69 km

Michelin Straßenkarte 541

Frisia garni

Bahnhofsring 16 ✉ 26789 – ✆ (0491) 9 28 40 – www.hotel-frisia.de
82 Zim – 76/115 € 103/147 €
Das komfortable Hotel befindet sich direkt am Bahnhof und verfügt über funktionell und zeitgemäß ausgestattete Zimmer, besonders geräumig sind die Appartements und Studios.

Ostfriesen Hof

Groninger Str. 109 ✉ 26789 – ✆ (0491) 6 09 10 – www.ostfriesen-hof.de
60 Zim – 75/95 € 120/130 € – ½ P **Rest** – Karte 24/48 €
Direkt am Deich steht das tipptopp gepflegte Hotel, das mit seinen funktionalen Zimmern sowie guten Tagungsmöglichkeiten gerne von Geschäftsleuten besucht wird. Vom Frühstücksraum hat man eine schöne Aussicht. Teil des bürgerlichen Restaurants ist ein lichter Wintergarten.

Perior (Christian Richter)

Bergmannstr. 16 ✉ 26789 – ✆ (0491) 9 76 95 15 – www.perior.de – geschl. Sonntag - Montag
Menü 49/96 € – *(nur Abendessen)* (Tischbestellung ratsam)
Es lohnt sich, das (Wahl-) Menü von Christian Richter zu probieren, denn die Gerichte sind sehr interessant und stimmig zusammengestellt, die Produkte von ausgesuchter Qualität. Zum Gesamt-Erlebnis gehört aber auch der Rahmen der denkmalgeschützten Villa von 1905: modernes Interieur, schöner Dielenboden, Stuck und Deckenmalerei in stilvollen hohen Räumen!
➜ Inspiration Bangkok - Maishähnchen, Curry, Koriander. Nordsee Rotzunge - Kräutercreme, Frühjahrsgewächse, Speck. Basilikumeis - Rhabarber, Rose, Rübchen, Beeren.

Zur Waage und Börse

Neue Str. 1 ✉ 26789 – ✆ (0491) 6 22 44 – www.restaurant-zur-waage.de – geschl. Ende Oktober 2 Wochen und Dienstag
Karte 26/62 €
Familie Wübbena-Lankenau betreibt nun das Traditionshaus, das sich so schön in den Stadtkern einfügt! Der Patron kocht regional, mit kreativem Touch und eigenen Ideen, seine Frau Hedda leitet den Service. Nett auch das Ambiente mit gekachelten Wänden und friesischem Charme sowie die Terrasse zum Hafen!

LEGDEN

Nordrhein-Westfalen – 6 800 Ew. – Höhe 72 m – Siehe Regionalatlas **26-C9**
▶ Berlin 525 km – Düsseldorf 113 km – Nordhorn 55 km – Münster (Westfalen) 49 km
Michelin Straßenkarte 543

Hermannshöhe

Haulingort 30 (B 474, Süd-Ost: 1 km Richtung Coesfeld) ✉ 48739 – ✆ (02566) 9 30 00 – www.landhotel-hermannshoehe.de
55 Zim – 30/65 € 60/105 € – ½ P **Rest** – Menü 25 € – Karte 14/29 €
Die Familientradition begann 1884 mit dem Gasthaus an einer Zollstation. Heute stehen neuzeitliche Zimmer bereit, die im Neubau besonders komfortabel sind. W-Lan gratis. Ein großer alter Münsterländer Kamin ziert das rustikale Restaurant.

LEHMKUHLEN – Schleswig-Holstein ➜ Siehe Preetz

LEHRTE

Niedersachsen – 43 250 Ew. – Höhe 60 m – Siehe Regionalatlas **19-I8**
▶ Berlin 268 km – Hannover 22 km – Braunschweig 47 km – Celle 33 km
Michelin Straßenkarte 541

Median
Zim,

Zum Blauen See 3 (an der B 443) ✉ 31275 – ✆ (05132) 8 29 00
– www.median-hotel.de
141 Zim – ♦90/150 € ♦♦120/180 €
Rest – Karte 25/54 €
Rest *Maximilian's* – Menü 23/55 € – *(nur Buffet)*
Mit seinen zeitgemäßen, funktionellen Zimmern und der Nähe zur Autobahn ist das Hotel ganz auf den Tagungs- und Businessgast ausgerichtet. Schöner Sauna- und Fitnessbereich. Restaurant Vivaldi mit mediterranem Touch. Buffet-Restaurant Maximilian's.

In Lehrte-Ahlten Süd-West: 4 km

Landhotel Behre garni

Zum Großen Freien 3 ✉ 31275 – ✆ (05132) 8 67 80 – www.landhotel-behre.de
– geschl. 20. Dezember - 6. Januar
39 Zim – ♦66/165 € ♦♦96/225 €
Auf dem Anwesen eines ehemaligen Bauernhofs steht das familiengeführte Hotel mit wohnlichen Zimmern und einem gemütlichen Frühstücksraum mit Blick in den Garten.

Das Symbol in Rot weist auf besonders ruhige Häuser hin – hier ist nur der Gesang der Vögel am frühen Morgen zu hören...

LEIMEN

Baden-Württemberg – 27 470 Ew. – Höhe 118 m – Siehe Regionalatlas **47-F17**
Berlin 634 km – Stuttgart 109 km – Mannheim 25 km – Heidelberg 7 km
Michelin Straßenkarte 545

Villa Toskana
Rest,

Hamburger Str. 4 ✉ 69181 – ✆ (06224) 8 29 20 – www.hotel-villa-toskana.de
244 Zim – ♦89/139 € ♦♦99/149 €, 16 € – 10 Suiten – ½ P
Rest – Menü 32/52 € (abends) – Karte 30/41 € – *(geschl. 23. Dezember - 2. Januar)*
Rest *Medici* – Menü 32/52 € – Karte 30/41 €
Alles hier vermittelt mediterrane Leichtigkeit: Stein- und Parkettfußböden, schöne Ledersessel und -sofas, helle, warme Töne sowie dekorative Bilder, Spiegel und Stoffe! Zimmer in der Casa Tradizionale, der Casa Superiore, der Casa Villino sowie der Casa Verde. Natürlich zeigt sich der italienische Einfluss auch in den Restaurants.

Seipel garni

Bürgermeister-Weidemaier-Str. 26 ✉ 69181 – ✆ (06224) 98 20
– www.hotelseipel.de – geschl. 23. Dezember - 7. Januar
25 Zim – ♦75/85 € ♦♦93/103 €
Das familiengeführte Haus liegt in einem Wohngebiet nahe dem Sportpark. Für die wohnlich-mediterrane Note sorgt Chefin Martina Seipel, die ein Händchen für Dekorationen hat! Nett auch der helle Frühstücksraum mit einer schönen frischen Auswahl vom Buffet.

Engelhorn garni

Ernst-Naujoks-Str. 2 ✉ 69181 – ✆ (06224) 70 70 – www.hotel-engelhorn.de
– geschl. 24. Dezember - 6. Januar
37 Zim – ♦66/79 € ♦♦73/93 €, 9 € – 3 Suiten
Sie suchen ein tipptopp gepflegtes Hotel, in das kontinuierlich investiert wird? Genau das finden Sie bei Familie Engelhorn! Wohnliche Zimmer mit guter Technik, ein leckeres Frühstück und die persönliche Führung überzeugen ebenso wie die praktische Lage. Mit im Haus ein separat geführtes Restaurant mit spanischer Küche.

Weinstube Jägerlust

Rohrbacher Str. 101 ✉ 69181 – ✆ (06224) 7 72 07 – www.seegerweingut.de – geschl. über Ostern 1 Woche, Mitte August - Mitte September, 20. Dezember - 18. Januar und Samstag - Montag
Karte 27/49 € – *(nur Abendessen)* (Tischbestellung ratsam)
Den Namen Seeger verbindet man seit Anfang des 18. Jh. mit dem Weingut und inzwischen auch schon über 120 Jahre mit dieser rustikalen Weinstube, die schön leger und munter daherkommt. Mutter und Tochter kochen hier ganz traditionell, sehr geschmackvoll und ohne Schnörkel, dafür topfrisch und unprätentiös - das erinnert fast ein bisschen an "Großmutters Küche" im besten Sinne! Probieren sollte man auf jeden Fall "Fleischküchle mit Kartoffelsalat" oder die leckeren "Karthäuser Klöße mit Weinschaum". Dazu serviert der flotte junge Service gerne Eigenbauweine.

In Leimen-Lingental Ost: 3 km über Heltenstraße

"oben"

Lingentaler Hof 2, (im Landgut Lingental) ✉ 69181 – ✆ (06224) 9 21 09 33 – www.landgut-lingental.de – geschl. Februar 2 Wochen, August 2 Wochen und Sonntag - Montag
Menü 70/120 € – *(nur Abendessen)*
Schon ein beeindruckendes Anwesen, diese aufwändig sanierte mittelalterliche Rodungssiedlung! Im Dachgeschoss des ehemaligen Wohnhauses wird in geschmackvollem und gleichzeitig legerem Ambiente charmant und geschult die ebenfalls nicht alltägliche feine, kontrastreiche Küche von Robert Rädel serviert. Sehr schön: Terrasse mit Blick zum kleinen See und Biergarten.
→ Odenwaldforelle, Sauerampfer, Gartengurke. Zander, Kopfsalat, Senf, Pumpernickel. Ferkel, Zwiebel, Liebstöckel, Himbeeren, Pfifferlinge.
Rest *Küchenmichel* – siehe Restaurantauswahl

Küchenmichel – Restaurant "oben"

Lingentaler Hof 2, (im Landgut Lingental) ✉ 69181 – ✆ (06224) 9 21 09 31 – www.landgut-lingental.de – geschl. Februar 2 Wochen, August 2 Wochen und Montag - Dienstag
Karte 37/53 € – *(Mittwoch - Freitag nur Abendessen)*
Im selben Gebäude wie das "oben" hat man das nicht minder attraktive, wirklich nette und gemütlich-lebendige Restaurant "Küchenmichl" eingerichtet, in dem man Ihnen Landhausküche präsentiert - an Sommertagen natürlich gerne im Freien.

LEINEFELDE-WORBIS

Thüringen – 19 570 Ew. – Höhe 320 m – Siehe Regionalatlas **29**-J11
Berlin 314 km – Erfurt 83 km – Heiligenstadt 15 km
Michelin Straßenkarte 544

Im Ortsteil Worbis

Drei Rosen

Bergstr. 1, (Zufahrt über Lange Str. 76) ✉ 37339 – ✆ (036074) 97 60 – www.3rosen.de
39 Zim – †62/70 € ††87/99 € – ½ P **Rest** – Karte 17/38 €
Ein familiengeführtes Hotel in einem historischen roten Backsteingebäude in zentraler Lage. Die Zimmer sind funktional und zeitlos eingerichtet. Zu essen gibt es bürgerlich-regionale Küche (u. a. Wildschwein aus eigener Jagd und Rind aus eigener Schlachtung), daneben Pizza und Co. im Bistro vF.

LEINFELDEN-ECHTERDINGEN

Baden-Württemberg – 37 380 Ew. – Höhe 432 m – Siehe Regionalatlas **55**-G18
Berlin 654 km – Stuttgart 13 km – Karlsruhe 76 km – Tübingen 38 km
Michelin Straßenkarte 545

Siehe Stadtplan Stuttgart (Umgebungsplan)

Im Stadtteil Leinfelden

Am Park

Lessingstr. 4 ✉ 70771 – ✆ (0711) 90 31 00 Stadtplan : B3**k**
– www.hotelampark-leinfelden.de – geschl. 22. Dezember - 7. Januar
42 Zim – 88/140 € 100/160 €
Rest *Am Park* – siehe Restaurantauswahl
Ruhig liegt das Haus der Familie Schienle in einer Sackgasse am Park. Es stehen sehr gepflegte und funktional ausgestattete Gästezimmer zur Verfügung.

Am Park – Hotel Am Park

Lessingstr. 4 ✉ 70771 – ✆ (0711) 90 31 00 Stadtplan : B3**k**
– www.hotelampark-leinfelden.de – geschl. 22. Dezember - 7. Januar und Samstag - Sonntag
Menü 45/62 € – Karte 26/51 €
Egal ob Saisonales wie Gans oder Schwäbisches wie "Zwiebelrostbraten mit Bratkartoffeln", es schmeckt einfach! Die engagierten Gastgeber und der langjährige Küchenchef Ulli Herkommer stehen für Qualität und der Preis stimmt auch. Essen Sie im Sommer auf der Gartenterrasse!

Im Stadtteil Echterdingen

Parkhotel Stuttgart Messe-Airport

Filderbahnstr. 2 ✉ 70771 – ✆ (0711) 63 34 40
– www.parkhotel-stuttgart.de Stadtplan : C3**b**
218 Zim – 93/303 € 93/303 €, 19 € – 2 Suiten
Rest *Parkrestaurant* – Menü 30 € (abends)/40 € – Karte 34/57 €
Rest *Echterdinger Brauhaus* – Karte 21/36 € – *(nur Abendessen)*
Kein Hotel von der Stange - das lässt schon die imposante Fassade erahnen. Das Interieur kommt geradlinig-chic und in angenehmen Naturmaterialien daher, zudem hat jede Etage ein regionales Motto (Stuttgart Airport, Wilhelma...). On top: Sauna mit Dachterrasse. Wie möchten Sie speisen? Modern im Parkrestaurant mit Showküche oder urig-gemütlich im Brauhaus (ab 17 Uhr)?

LEINGARTEN – Baden-Württemberg → Siehe Heilbronn

LEINSWEILER

Rheinland-Pfalz – 390 Ew. – Höhe 263 m – Siehe Regionalatlas **54**-E17
Berlin 673 km – Mainz 122 km – Karlsruhe 52 km – Wissembourg 20 km
Michelin Straßenkarte 543

Leinsweiler Hof

Weinstraße, (an der Straße nach Eschbach) (Süd: 1 km) ✉ 76829
– ✆ (06345) 40 90 – www.leinsweilerhof.de – geschl. 5. - 18. Januar
61 Zim – 89/99 € 149/189 € – ½ P
Rest *Leinsweiler Hof* – siehe Restaurantauswahl
Schon allein die Lage überzeugt: Der schöne alte Sandsteinbau samt Anbau "Weinland" liegt toll in den Weinbergen - entsprechend reizvoll sind natürlich Außenpool und Terrasse! Und drinnen? Zimmer in wohnlichen Farben, Kessler-Suite mit sehenswertem Wandgemälde, attraktiver Wellnessbereich mit Panoramablick...

Castell

Hauptstr. 32 ✉ 76829 – ✆ (06345) 9 42 10 – www.hotel-castell-leinsweiler.de
16 Zim – 59/79 € 99/120 € – ½ P
Rest – Menü 20 € (mittags unter der Woche)/58 € – Karte 31/50 € – *(geschl. Dienstag, 5. Januar - 9. März: Montag - Dienstag)*
Das kleine Landhotel hat engagierte Gastgeber, gepflegte Zimmer und internationale Küche zu bieten - und als "Natur-Wellness-Bereich" den Pfälzer Wald und die Weinberge ringsum samt schöner Rad- und Wanderwege!

Rebmann Zim,

Weinstr. 8 ✉ 76829 – ✆ (06345) 9 54 00 – www.hotel-rebmann.de – geschl. 5. Januar - 3. Februar

11 Zim – 65/75 € 98/105 € – ½ P

Rest – Menü 27 € (abends)/33 € – Karte 24/53 € – *(geschl. 6. Januar - 4. Februar und November - März: Mittwoch)*

Es ist ein ganz pfalztypisches Bild, wie der Landgasthof mit Hoftor in dem kleinen Winzerdorf steht. Sowohl die Zimmer als auch das Restaurant sind hell und zeitgemäß gestaltet - Letzteres nennt sich "Vin Au Rant" und bietet regionale und auch internationale Küche sowie heimische Weine.

XX **Leinsweiler Hof** – Hotel Leinsweiler Hof

Weinstraße, (an der Straße nach Eschbach) (Süd: 1 km) ✉ 76829 – ✆ (06345) 40 90 – www.leinsweilerhof.de – geschl. 5. - 18. Januar

Menü 30/135 € – Karte 29/46 €

In der Küche des Leinsweiler Hofs ist Hubert Stoll ambitioniert am Werk: Er bereitet für Sie sowohl einen traditionellen "Pfälzer Teller" als auch "Lammnüsschen in Zwiebel-Meerrettich-Kruste". Speisen Sie im Sommer auf der Terrasse - die Aussicht ist klasse!

LEIPZIG

Sachsen – 531 810 Ew. – Höhe 112 m – Siehe Regionalatlas **32-N11**
Berlin 195 km – Dresden 113 km – Erfurt 142 km
Michelin Straßenkarte 544
Stadtpläne siehe nächste Seiten

Hotels

Steigenberger Grandhotel Handelshof

Salzgäßchen 6 ✉ *04109* – ✆ *(0341) 3 50 58 10* Stadtplan : EF2**s**
– *www.leipzig.steigenberger.de*
168 Zim – †149/289 € ††149/289 €, ☕ 28 € – 9 Suiten
Rest *Le Grand* – siehe Restaurantauswahl
Die klassische Fassade des einstigen Handelshofes von 1909 könnte wohl kaum repräsentativer in Szene gesetzt werden. Während das historische Flair außen architektonisch festgehalten wird, herrscht innen stilvolle Moderne!

The Westin

Rest,
Gerberstr. 15 ✉ *04105* – ✆ *(0341) 98 80* Stadtplan : E1**a**
– *www.westinleipzig.com*
422 Zim – †99/289 € ††109/299 €, ☕ 21 € – 14 Suiten
Rest *Falco* ✿✿ **Rest *Yamato*** – siehe Restaurantauswahl
Rest *Gusto* – Menü 52/69 € – Karte 41/71 € – *(geschl. Dezember 3 Wochen, Juli - August 3 Wochen und Montag)*
Das Tagungs- und Businesshotel liegt günstig im Zentrum, hat eine großzügige Lobby und einen ansprechenden Konferenzbereich mit kompletter technischer Ausstattung. Wenn Sie es gerne besonders komfortabel, modern und hochwertig haben, buchen Sie eines der Zimmer in den oberen Etagen. Neben Sauna, Pool und Fitness kann man sich auch eine Massage gönnen! Restaurant Gusto mit internationaler Karte.

Fürstenhof

Tröndlinring 8 ✉ *04105* – ✆ *(0341) 14 00* Stadtplan : E1**c**
– *www.hotelfuerstenhofleipzig.com*
92 Zim – †109/149 € ††145/305 €, ☕ 25 € – 4 Suiten
Rest *Villers* – siehe Restaurantauswahl
Das repräsentative Patrizierpalais von 1770 bietet einen klassisch-eleganten Rahmen für luxuriösen Hotelkomfort. Schön ist die Badelandschaft, prächtig der historische Serpentinsaal. Mittags und abends Bistrokarte in der "Vinothek 1770" und im "Wintergarten".

Gute Küche zu moderatem Preis? Folgen Sie dem Bib Gourmand.

Marriott
Rest,

Am Hallischen Tor 1 ✉ 04109 – ✆ (0341) 9 65 30 Stadtplan : F1**n**
– www.leipzigmarriott.de
231 Zim – 109/299 € 109/299 €, ☐ 19 € – 1 Suite **Rest** – Karte 20/55 €
Elegantes Ambiente von der Lobby mit Bar-Lounge bis in die wohnlichen Zimmer. Executive-Bereich in der 6. Etage. Klar und zeitgemäß ist der Bade-, Sauna- und Fitnessbereich. "Allie's American Grille" mit internationaler Küche. Burger & Co. in der Sportsbar.

Radisson BLU

Augustusplatz 5 (Zufahrt über Grimmaische Straße) Stadtplan : F2**f**
✉ 04109 – ✆ (0341) 2 14 60 – www.radisson-leipzig.com
208 Zim – 99 € 99 €, ☐ 21 € – 6 Suiten
Rest *Spagos* – Karte 28/54 €
Das in sehr modernem Stil gehaltene Hotel liegt gegenüber dem Gewandhaus, ins Zentrum ist es nur ein Katzensprung. Großzügig sind die Deluxe-Zimmer und Suiten. Geradliniges Interieur mit purpurroten Farbakzenten im Restaurant Spagos. Internationale Küche.

Victor's Residenz

Georgiring 13 ✉ 04103 – ✆ (0341) 6 86 60 Stadtplan : F1**e**
– www.victors.de
101 Zim ☐ – 110/200 € 125/225 € – 2 Suiten
Rest – Menü 23/89 € – Karte 22/50 €
Das um einen neuzeitlichen Anbau erweiterte historische Haus ist ein komfortabel und zeitgemäß eingerichtetes Hotel gegenüber dem Hauptbahnhof. Restaurant im Pariser Brasseriestil.

Michaelis

Paul-Gruner-Str. 44 ✉ 04107 – ✆ (0341) 2 67 80 Stadtplan : B3**u**
– www.michaelis-leipzig.de
65 Zim ☐ – 79/129 € 99/159 €
Rest *Michaelis* – siehe Restaurantauswahl
In dem sorgsam restaurierten Gebäude aus der Gründerzeit stehen zeitgemäße und technisch gut ausgestattete Zimmer bereit - ansprechend ist das Farbkonzept in Rot-Grau.

Mercure
Rest,

Stephanstr. 6 ✉ 04103 – ✆ (0341) 9 77 90 Stadtplan : B3**n**
– www.mercure.com/5406
174 Zim – 69/180 € 75/200 €, ☐ 16 € – 1 Suite
Rest – 50 € – Karte 24/58 €
Das Hotel ist eine neuzeitliche Business- und Tagungsadresse, die mit Funktionalität überzeugt. Ein Großteil der Zimmer ist in wohnlich-zeitgemäßen Tönen gehalten. Im Restaurant serviert man internationale und regionale Küche.

InterCityHotel
Rest,

Tröndlinring 2 ✉ 04105 – ✆ (0341) 3 08 66 10 Stadtplan : E1**b**
– www.intercityhotel.com/leipzig
166 Zim – 69/299 € 76/306 €, ☐ 13 €
Rest – Menü 19/29 € – Karte 22/36 €
Modern das Design, sehr gut die zentrale Lage - der Hauptbahnhof befindet sich gleich um die Ecke. Einige Zimmer liegen ruhiger zum Innenhof, in den oberen Etagen hat man besonders geräumige Studios. Der öffentliche Nahverkehr ist im Preis inbegriffen.

Wie entscheidet man sich zwischen zwei gleichwertigen Adressen?
In jeder Kategorie sind die Häuser nochmals geordnet, die besten Adressen stehen an erster Stelle.

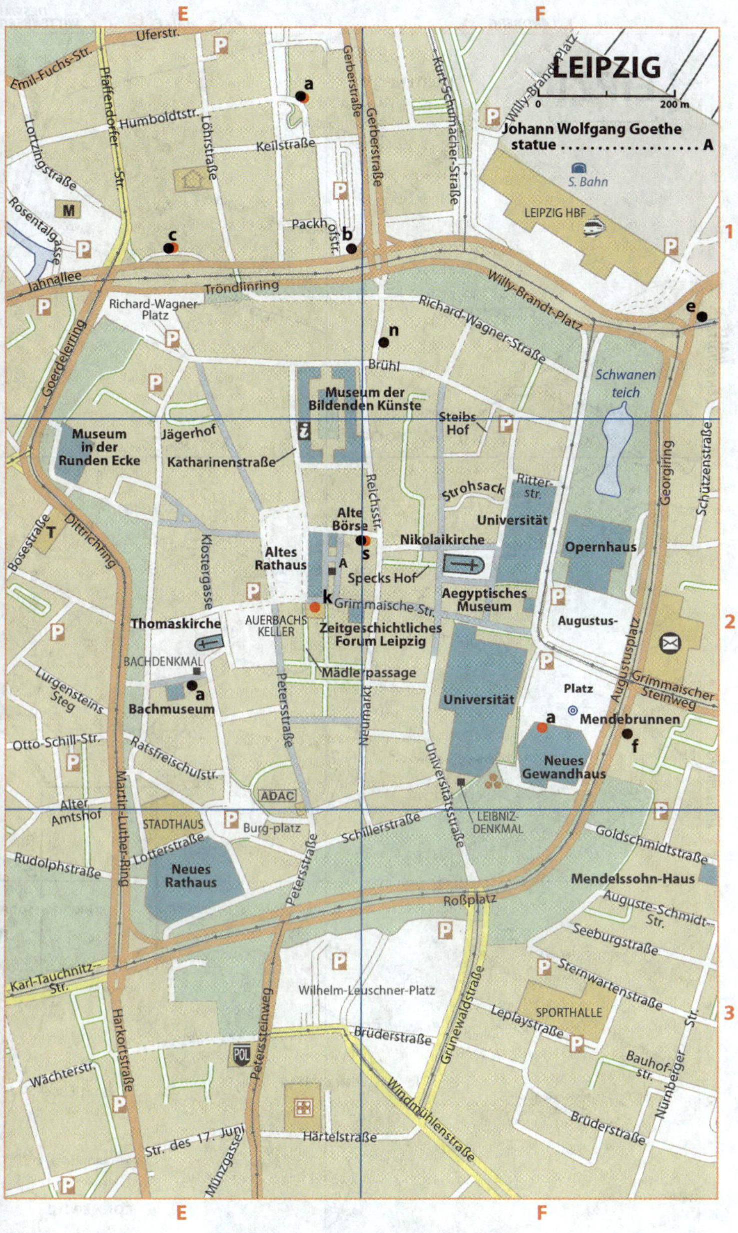
LEIPZIG
0
200 m
Johann Wolfgang Goethe statue .... A
E
F
1
2
3
Uferstr.
Emil-Fuchs-Str.
Pfaffendorfer Str.
Humboldtstr.
Löhrstraße
Keilstraße
Gerberstraße
Kurt-Schumacher-Straße
Willy-Brandt-Platz
S. Bahn
LEIPZIG HBF
Lortzingstraße
Rosentalgasse
Packhofstr.
Jahnallee
Tröndlinring
Richard-Wagner-Platz
Richard-Wagner-Straße
Goerdelerring
Brühl
Museum der Bildenden Künste
Schwanenteich
Museum in der Runden Ecke
Jägerhof
Katharinenstraße
Steibs Hof
Strohsack
Ritterstr.
Georgiring
Schützenstraße
Bosestraße
Dittrichring
Klostergasse
Alte Börse
Reichsstr.
Nikolaikirche
Universität
Opernhaus
Altes Rathaus
Specks Hof
Aegyptisches Museum
Augustus-Platz
Grimmaische Str.
Thomaskirche
AUERBACHS KELLER
Zeitgeschichtliches Forum Leipzig
BACHDENKMAL
Mädlerpassage
Lurgensteins Steg
Bachmuseum
Petersstraße
Neumarkt
Universitätsstraße
Augustusplatz
Grimmaischer Steinweg
Mendebrunnen
Otto-Schill-Str.
Ratsfreischulstr.
Neues Gewandhaus
ADAC
Alter Amtshof
Martin-Luther-Ring
STADTHAUS
Burg-platz
Schillerstraße
LEIBNIZ-DENKMAL
Goldschmidtstraße
Lotterstraße
Rudolphstraße
Neues Rathaus
Peterssteinweg
Roßplatz
Mendelssohn-Haus
Auguste-Schmidt-Str.
Seeburgstraße
Karl-Tauchnitz-Str.
Wilhelm-Leuschner-Platz
Grünewaldstraße
Sternwartenstraße
SPORTHALLE
Leplaystraße
Harkortstraße
Brüderstraße
Bauhofstr.
Nürnberger Str.
Wächterstr.
POL
Windmühlenstraße
Härtelstraße
Str. des 17. Juni
Münzgasse

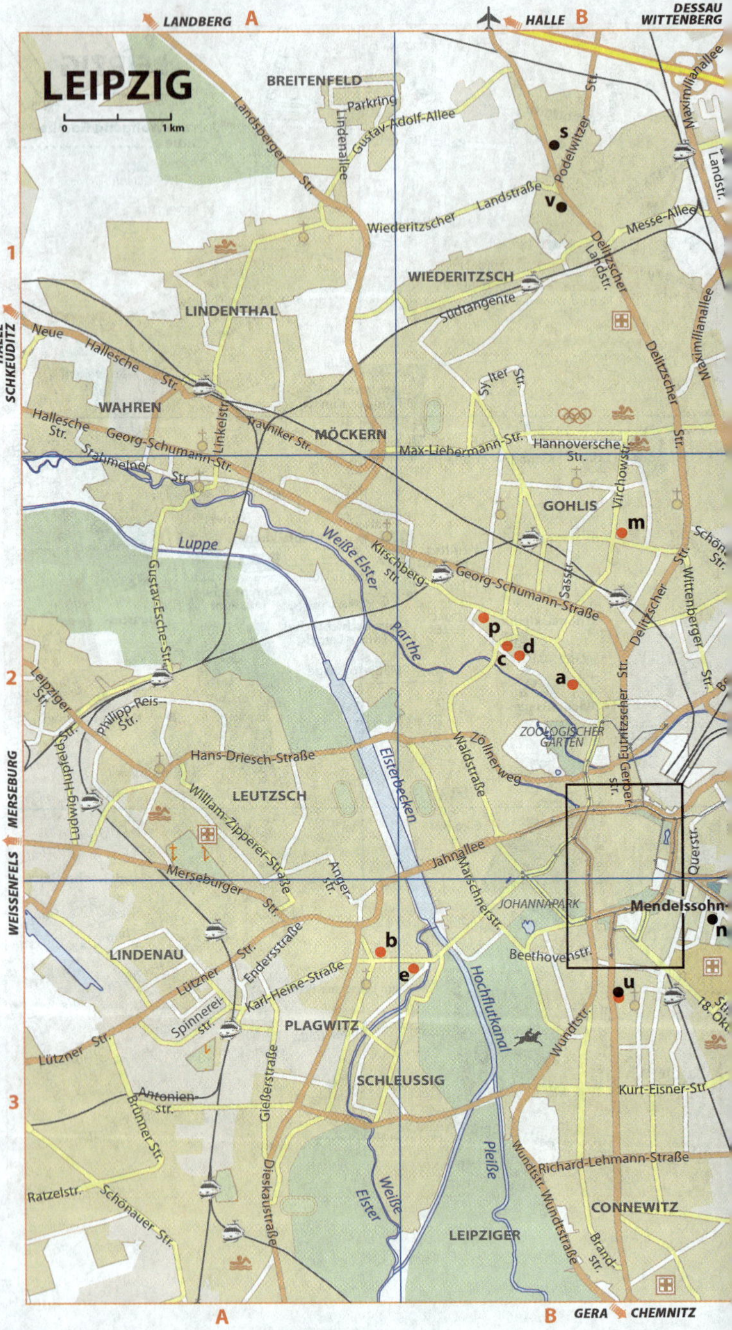
LEIPZIG
0
1 km
LANDBERG
A
HALLE
B
DESSAU
WITTENBERG
HALLE
SCHKEUDITZ
MERSEBURG
WEISSENFELS
GERA
CHEMNITZ
1
2
3
BREITENFELD
LINDENTHAL
WIEDERITZSCH
WAHREN
MÖCKERN
GOHLIS
LEUTZSCH
LINDENAU
PLAGWITZ
SCHLEUSSIG
CONNEWITZ
LEIPZIGER
ZOOLOGISCHER GARTEN
JOHANNAPARK
Mendelssohn-
Parkring
Gustav-Adolf-Allee
Lindenallee
Landsberger Str.
Wiederitzscher Landstraße
Podelwitzer Str.
Delitzscher Landstr.
Messe-Allee
Maximilianallee
Landstr.
Südtangente
Neue Hallesche Str.
Hallesche Str.
Georg-Schumann-Str.
Stahmelner Str.
Linkelstr.
Travniker Str.
Max-Liebermann-Str.
Hannoversche Str.
Sylter Str.
Virchowstr.
Delitzscher Str.
Schöne Str.
Wittenberger Str.
Kirschberg-str.
Georg-Schumann-Straße
Sasstr.
Luppe
Weiße Elster
Parthe
Gustav-Esche-Str.
Leipziger Str.
Philipp-Reis-Str.
Ludwig-Hupfeld-Str.
Hans-Driesch-Straße
William-Zipperer-Straße
Elsterbecken
Zöllnerweg
Waldstraße
Eutritzscher Str.
Gerber-str.
Querstr.
Jahnallee
Merseburger Str.
Anger-str.
Marschnerstr.
Beethovenstr.
Endersstraße
Lützner Str.
Karl-Heine-Straße
Spinnerei-str.
Hochflutkanal
Wundtstr.
Kurt-Eisner-Str.
18. Okt.
Antonien-str.
Brünner Str.
Gießerstraße
Dieskaustraße
Pleiße
Weiße Elster
Richard-Lehmann-Straße
Wundtstraße
Brand-str.
Ratzelstr.
Schönauer Str.
s
v
m
p
c
d
a
b
e
n
u

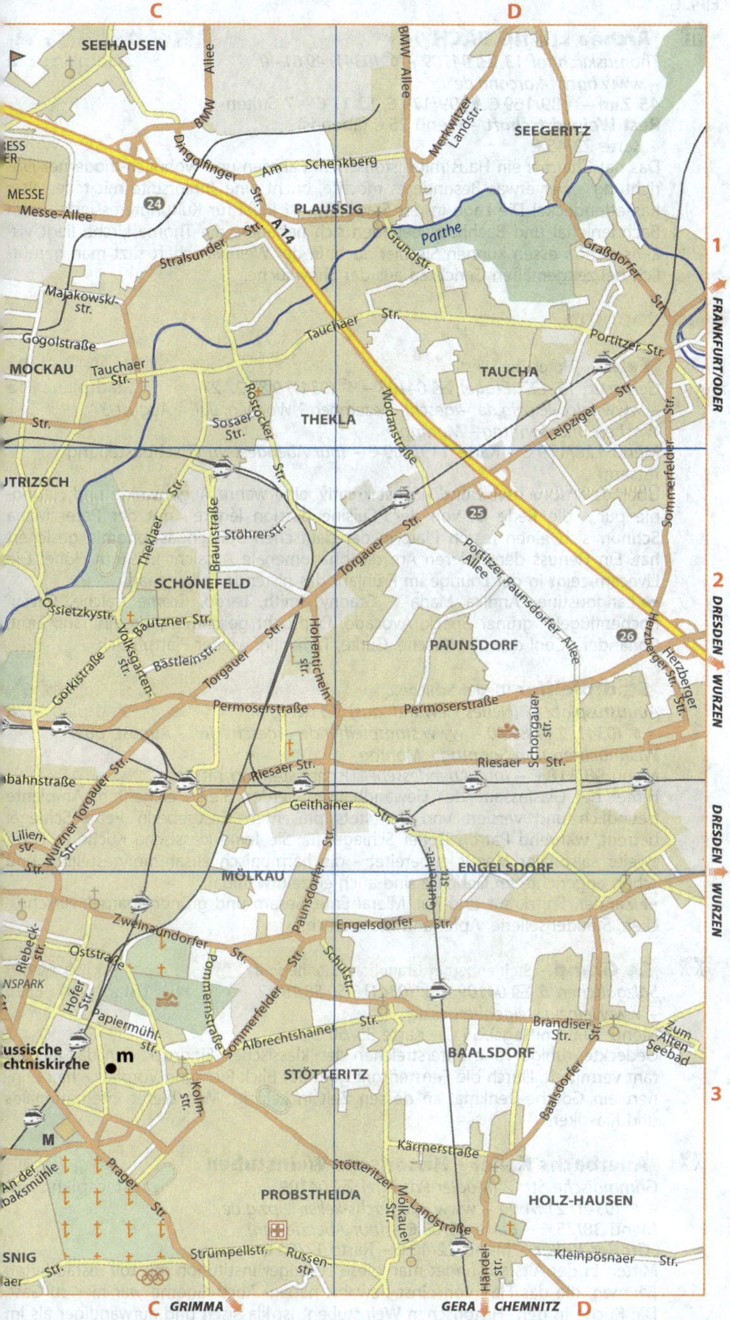
C
D
SEEHAUSEN
BMW Allee
Dingolfinger Str.
Am Schenkberg
Merkwitzer Landstr.
SEEGERITZ
MESSE
Messe-Allee
24
PLAUSSIG
A 14
Parthe
Grundstr.
Graßdorfer Str.
Stralsunder Str.
Majakowski-str.
Gogolstraße
Tauchaer Str.
Portitzer Str.
FRANKFURT/ODER
MOCKAU
Tauchaer Str.
TAUCHA
Rostocker Str.
Sosaer Str.
THEKLA
Wodanstraße
Leipziger Str.
Sommerfelder Str.
Str.
UTRIZSCH
25
Stöhrerstr.
Braunstraße
Theklaer Str.
Torgauer Str.
Portitzer Allee
Paunsdorfer Allee
SCHÖNEFELD
Ossietzkystr.
Bautzner Str.
Volksgarten-str.
Bästleinstr.
Torgauer Str.
Hohentichelnstr.
PAUNSDORF
26
Herzberger Str.
Herzberger Str.
DRESDEN WURZEN
Gorkistraße
Permoserstraße
Permoserstraße
Schongauer-str.
Riesaer Str.
Riesaer Str.
bahnstraße
Wurzner Torgauer Str.
Geithainer Str.
Lilien-str.
Str.
Paunsdorfer Str.
Gutberlet-str.
ENGELSDORF
DRESDEN WURZEN
MÖLKAU
Zweinaundorfer Str.
Engelsdorfer Str.
Riebeck-str.
Oststraße
Pommernstraße
Schulstr.
NSPARK
Hofer Str.
Papiermühl-str.
Sommerfelder Str.
Albrechtshainer Str.
Brandiser Str.
Str.
Zum Alten Seebad
ussische chtniskirche
m
STÖTTERITZ
BAALSDORF
Baalsdorfer Str.
Kolm-str.
M
Kärrnerstraße
An der aksmühle
Prager Str.
Stötteritzer Landstraße
Mölkauer Str.
PROBSTHEIDA
HOLZ-HAUSEN
SNIG
Strümpellstr.
Russen-str.
Händel-str.
Kleinpösnaer Str.
aer Str.
1
2
3
C GRIMMA
GERA CHEMNITZ D

Arcona LIVING BACH 14

Thomaskirchhof 13 ✉ *04109* – ✆ *(0341) 49 61 40* Stadtplan : E2**a**
– *www.bach14.arcona.de*
45 Zim – 89/169 € 99/179 €, 17 € – 7 Suiten
Rest *Weinwirtschaft* – Menü 25 € (abends)
– Karte 22/45 €
Das hat Charme: ein Haus mit historischem Rahmen und wohnlich-moderner Einrichtung - wer etwas Besonderes möchte, bucht eine Juniorsuite mit toller alter Kassettendecke! Die Lage in der Stadtmitte ist ideal für Kulturinteressierte, denn Bachdenkmal und Bachhaus befinden sich nebenan, die Thomaskirche liegt vis-à-vis. Schön essen können Sie hier auch: In der Weinwirtschaft sitzt man gemütlich bei zeitgemäßen Gerichten aus der Showküche.

Restaurants

Falco – Hotel The Westin

Gerberstr. 15, (27. Etage) ✉ *04105* – ✆ *(0341) 9 88 27 27* Stadtplan : E1**a**
– *www.falco-leipzig.de – geschl. Dezember 3 Wochen, Juli - August 3 Wochen und Sonntag - Montag*
Menü 128/179 € – Karte 119/209 € – *(nur Abendessen)* (Tischbestellung ratsam)
Überaus anspruchsvoll und höchst kreativ, eine wahre Augenweide und Harmonie pur - die Rede ist von der "Cuisine passion légère", mit der Peter Maria Schnurr sich einen festen Platz in der deutschen Spitzengastronomie gesichert hat. Ein Genuss der anderen Art: die phänomenale Aussicht in 96 m Höhe! Die Livecam zeigt in der Lounge im Frühjahr das nistende Falkenpaar!
➜ Langoustine "Annika Maria" - Granny Smith, Lardo, Crème fraîche, Caviar. Rochenflügel - grüner Speck, Avocado, Eierfrucht geschmort, Haselnussöl, Zimt, Coriander. "Cool down" - Kirsche, Gurke, Tamarillo, weißer Plattpfirsich.

Stadtpfeiffer (Detlef Schlegel)

Augustusplatz 8, (Neues Gewandhaus) ✉ *04109* Stadtplan : E2**a**
– ✆ *(0341) 2 17 89 20 – www.stadtpfeiffer.de – geschl. Juli - August, über Weihnachten und Sonntag - Montag*
Menü 98/118 € – *(nur Abendessen)* (Tischbestellung ratsam)
Hinter der Glasfassade des Gewandhauses werden Sie in elegantem Ambiente freundlich und versiert von der stets präsenten Gastgeberin Petra Schlegel betreut, während Patron Detlef Schlegel für Sie feine klassische Küche in Form zweier saisonaler Menüs zubereitet - die harmonisch zusammengestellten und schön angerichteten Gerichte sind auch einzeln wählbar.
➜ Zander, Spitzkraut und Aal. Mieral Ente, Sesam und grüner Spargel. Hirschrücken, Staudensellerie, Apfel und Meerrettich.

Le Grand – Steigenberger Grandhotel Handelshof

Salzgäßchen 6 ✉ *04109* – ✆ *(0341) 3 50 58 18 42* Stadtplan : EF2**s**
– *www.leipzig.steigenberger.de*
Menü 19 € (mittags)/55 € – Karte 35/60 €
Gedeckte, ruhige Töne unterstreichen den klassischen Eindruck, den das Restaurant vermittelt. Durch die Fensterfront geht der Blick Richtung Vorplatz - hier erinnert ein Goethe-Denkmal an dessen Zeit in Leipzig. Man bietet Internationales und Klassiker.

Auerbachs Keller - Historische Weinstuben

Grimmaische Str. 2 (Mädler-Passage) ✉ *04109* Stadtplan : E2**k**
– ✆ *(0341) 21 61 00 – www.auerbachs-keller-leipzig.de*
Menü 38/75 € – Karte 49/68 € – *(nur Abendessen)*
Großer Keller – Menü 22/40 € – Karte 17/50 €
Mitten in der Altstadt findet man diese Leipziger Institution mit toll restaurierten Räumen, die das Flair von einst bewahrt haben. Auch Goethe war hier zu Gast. Die Küche in den "Historischen Weinstuben" ist klassisch und aufwändiger als im "Großen Keller", wo man in schönem Jugendstil-Ambiente bürgerlich isst.

XX **Michaelis** – Hotel Michaelis

Paul-Gruner-Str. 44 ✉ 04107 – ✆ (0341) 26 78 0 Stadtplan : B3**u**
– www.michaelis-leipzig.de – geschl. Samstagmittag, Sonntag
Menü 35/59 € – Karte 37/55 €
Dank vieler Fenster wirkt das Restaurant hell und freundlich und ist als eine gepflegte Adresse den Gästen zu empfehlen. Hinter dem Haus befindet sich eine nette Terrasse.

XX **Villers** – Hotel Fürstenhof

Tröndlinring 8 ✉ 04105 – ✆ (0341) 14 00 Stadtplan : E1**c**
– www.restaurant-villers.de – geschl. Sonntag
Menü 62/95 € – Karte 49/66 € – *(nur Abendessen)*
In dem klassisch-eleganten Restaurant mit schöner hoher Decke stehen zwei Menüs zur Wahl: "Villers" und "Fürstenhof". Darin finden sich Gerichte wie "Rotbarbe und Pulpo mit geräuchertem Couscous und Gazpachovinaigrette" oder "Sauté von Sot l'y laisse und Flusskrebsen mit Morcheln und Saubohnen" - auch à la carte wählbar. Terrasse im Innenhof.

X **Yamato** – Hotel The Westin

Gerberstr. 15 ✉ 04105 – ✆ (0341) 2 11 10 68 Stadtplan : E1**a**
– www.yamato-restaurant.de
Menü 39/69 € – Karte 25/57 €
Vor Jahren das erste japanische Restaurant der Stadt, heute eine Institution. Nicht nur das Angebot ist typisch, auch das Interieur mit seinem puristisch-schlichten Design.

In Leipzig-Gohlis

XX **Schaarschmidt's**

Coppistr. 32 ✉ 04157 – ✆ (0341) 9 12 05 17 Stadtplan : B2**m**
– www.schaarschmidts.de
Karte 30/61 € – *(nur Abendessen)* (Tischbestellung ratsam)
Ein liebevoll und stimmig dekoriertes Restaurant unter engagierter Leitung. Zur Straße liegt die mit Bäumchen begrünte kleine Terrasse. Sächsische und internationale Küche.

X **Münsters**

Platnerstr. 11 ✉ 04155 – ✆ (0341) 5 90 63 09 Stadtplan : B2**c**
– www.münsters.com – geschl. über Weihnachten und Sonntag
Karte 35/46 € – *(nur Abendessen)*
Gemütlich ist es hier: rustikale Backsteindecke, Deko aus Bildern und Weinflaschen... Gastgeber André Münster serviert in der ehemaligen Mühle saisonale Gerichte wie "Involtini vom Kalbsfilet mit Blattspinat, Pfifferlingen und Gnocchi". Das Lokal ist sehr gefragt, und der große Biergarten erst! In der zweiten Etage gibt es noch eine Bar.

X **Campus**

Schlösschenweg 2 ✉ 04155 – ✆ (0341) 56 29 67 50 Stadtplan : B2**d**
– www.michaelis-leipzig.de – geschl. Sonntag - Montag
Menü 32/45 € – Karte 26/42 €
Eine freundliche Atmosphäre herrscht in dem modernen Bistro-Restaurant auf dem Mediencampus. Die Küche ist international-saisonal, mittags kommt man gerne zum günstigen Lunchgericht.

X **La Mirabelle**

Gohliser Str. 11 ✉ 04105 – ✆ (0341) 5 90 29 81 Stadtplan : B2**a**
– www.la-mirabelle.de
– geschl. Montagabend, Samstagmittag, Sonntag
Menü 18 € (mittags)/39 € – Karte 28/46 €
Das nette Restaurant im Bistrostil bietet am Mittag eine kleine Auswahl an Gerichten, abends wählt man von der französischen Karte.

Passion

Möckernsche Str. 21 ✉ 04155 – ✆ (0341) 5 50 37 45 Stadtplan : B2**p**
– www.restaurant-passion.de – geschl. Samstagmittag, Sonntag - Montag
Menü 39 € (abends) – Karte 29/41 € – (Tischbestellung ratsam)
Mediterranes Flair und freundlicher Service unter der Leitung der Chefin machen dieses Restaurant aus. Im Sommer sitzt man schön auf der Terrasse hinter dem Haus. Kleinere Mittagskarte.

In Leipzig-Plagwitz

Heine

Karl-Heine-Str. 20 ✉ 04229 – ✆ (0341) 8 70 99 66 Stadtplan : A3**b**
– www.restaurant-heine.de – geschl. Sonntag - Montag
Menü 59/99 € – Karte 59/71 € – *(nur Abendessen)*
In dem Restaurant in angenehmen Braun- und Beigetönen kocht der Chef Saisonales, die Chefin leitet freundlich den Service. Im Winter wird der kleine Kamin beheizt. Terrasse zum Park.

Stelzenhaus

Weissenfelser Str. 65h, (Zufahrt über Industriestraße) Stadtplan : B3**e**
✉ 04229 – ✆ (0341) 4 92 44 45 – www.restaurant-stelzenhaus.de
Menü 59 € – Karte 27/59 € – *(nur Abendessen)*
Internationale Küche in einer ehemaligen Zinkerei. Mittags bietet man ein Lunchbuffet und eine kleine Bistrokarte - Letztere ergänzt auch am Abend das Angebot. Sonntagsbrunch.

In Leipzig-Rückmarsdorf West: 12 km über Merseburger Straße A2

3 Linden

Kastanienweg 11 ✉ 04178 – ✆ (0341) 9 41 01 24 – www.hotel3linden.de
40 Zim – 46/90 € 56/110 €, ☕ 10 € **Rest** – Karte 17/34 €
In dem Hotel in verkehrsgünstiger Lage stehen solide und funktionell ausgestattete Zimmer und geräumigere Juniorsuiten bereit. Mehrere Bowlingbahnen. Das Restaurant "Zum Pferdestall" ist rustikal gehalten und mit allerlei Zierrat liebenswert dekoriert. Bürgerliche Küche.

In Leipzig-Stötteritz

Balance Hotel Alte Messe

Rest,
Breslauer Str. 33 ✉ 04299 – ✆ (0341) 8 67 90 Stadtplan : C3**m**
– www.balancehotel-leipzig.de
126 Zim ☕ – 79/159 € 93/175 € – 9 Suiten
Rest ***Amaroso*** – Menü 23/60 € – Karte 24/43 €
Ein gepflegtes Businesshotel im recht ruhigen Gründerzeitviertel unweit des Völkerschlachtdenkmals. Kostenfreie Tickets zur Nutzung der öffentlichen Verkehrsmittel in Leipzig. Internationale Küche im Restaurant Amaroso, mittags kleine Gerichte.

In Leipzig-Wiederitzsch

Hiemann

Zim,
Delitzscher Landstr. 75 ✉ 04158 – ✆ (0341) 5 25 30 Stadtplan : B1**v**
– www.hotel-hiemann.de
37 Zim ☕ – 65/99 € 79/99 € **Rest** – Menü 25 € – Karte 18/37 €
Bei Familie Hiemann überzeugen nicht nur funktionale Zimmer und schöne Maisonetten, auch die Anbindung an Autobahn, Stadt und Flughafen wird von den Gästen geschätzt. Fragen Sie nach den Zimmern, die ruhiger nach hinten liegen! Wer zum Essen kommt, sitzt in einem freundlichen Restaurant mit kleinem Wintergarten bei bürgerlicher Küche.

Papilio

Rest,
Delitzscher Landstr. 100 ✉ 04158 – ✆ (0341) 52 61 10 Stadtplan : B1**s**
– www.hotel-papilio.de – geschl. 22. - 29. Dezember
28 Zim – 51/63 € 63 €, ☕ 8 €
Rest – Karte 17/27 € – *(geschl. Sonntag) (nur Abendessen)*
Solide und zeitgemäß wohnt man in dem familiär geleiteten Haus, das verkehrsgünstig nahe der Messe liegt. Buchen Sie eines der ruhigeren Zimmer zum netten Garten hin.

In Markkleeberg-Wachau Süd-Ost: 8 km über Prager Straße C3

Atlanta

Südring 21 ✉ 04416 – ✆ (0341) 41 46 00 – www.atlanta-hotel.de
191 Zim – 76/250 € 91/265 € – 15 Suiten
Rest – Menü 20/85 € – Karte 19/34 €
Ein ideales Tagungs- und Businesshotel im Gewerbegebiet. In den sachlich-funktional gestalteten Zimmern sind Minibar und Telefonieren ins dt. Festnetz gratis. Sauna und Whirlpool im 7. Stock. Neuzeitlicher Restaurantbereich.

LEIZEN

Mecklenburg-Vorpommern – 500 Ew. – Höhe 76 m – Siehe Regionalatlas **13-N6**
Berlin 139 km – Schwerin 122 km – Waren 40 km
Michelin Straßenkarte 542

In Leizen-Woldzegarten Nord: 5 km

Gutshof Woldzegarten

Walower Str. 30 ✉ 17209 – ✆ (039922) 82 20 – www.woldzegarten.de
20 Zim – 49/89 € 79/169 € – ½ P
Rest – Menü 35/48 € (abends) – Karte 25/45 €
Das restaurierte Fachwerkhaus ist das ehemalige Verwaltungsgebäude der Adelsfamilie von Flotow. Man bietet freundliche Zimmer und das hübsche "Waschhaus" für Anwendungen. Restaurant im EG mit Terrasse oder im gemütlichen Gewölbekeller.

LEMBERG

Rheinland-Pfalz – 3 910 Ew. – Höhe 359 m – Siehe Regionalatlas **53-D17**
Berlin 689 km – Mainz 129 km – Saarbrücken 68 km – Pirmasens 5 km
Michelin Straßenkarte 543

Gasthaus Neupert mit Zim — Rest,

Hauptstr. 2 ✉ 66969 – ✆ (06331) 4 92 36 – www.landgasthausneupert.de – geschl. Januar - Februar 2 Wochen und Montag
7 Zim – 45/48 € 68/70 € – ½ P Karte 17/39 €
Seit mehr als 125 Jahren gibt es das Gasthaus der Familie Neupert. Viel Holz und Kachelofen machen das Restaurant ländlich-rustikal. Auf den Tisch kommen bürgerliche Speisen - Spezialität ist Sauerbraten.

LEMFÖRDE

Niedersachsen – 2 850 Ew. – Höhe 41 m – Siehe Regionalatlas **17-F8**
Berlin 389 km – Hannover 126 km – Bielefeld 83 km – Bremen 84 km
Michelin Straßenkarte 541

In Lemförde-Stemshorn Süd-West: 2,5 km Richtung Osnabrück

Tiemann's Boarding House garni

Espohlstr. 9 ✉ 49448 – ✆ (05443) 20 47 57 – www.tiemanns.net
21 Zim – 48 € 75 €
Aus einem ehemaligen Schwesternheim gewachsenes kleines Hotel in ländlicher Lage mit freundlichen modernen Zimmern. Das Haus verfügt auch über Appartements für Langzeitgäste.

LENGERICH

Nordrhein-Westfalen – 22 180 Ew. – Höhe 80 m – Siehe Regionalatlas **27-E9**
Berlin 438 km – Düsseldorf 173 km – Bielefeld 57 km – Nordhorn 74 km
Michelin Straßenkarte 543

Hinterding mit Zim
Rest,

Bahnhofstr. 72 ✉ 49525 – ✆ (05481) 9 42 40 – www.hinterding-lengerich.de – geschl. September 2 Wochen
5 Zim ☕ – 👤69 € 👥108 €
Menü 59/69 € – Karte 38/73 € – *(geschl. Montag, Donnerstag) (Dienstag - Samstag nur Abendessen)* (Tischbestellung ratsam)
Die ehemalige Ärztevilla ist schon von außen sehr schön anzusehen, innen setzt sich das stilvolle Bild fort: hohe Räume, warme Farben, wohnliche Atmosphäre... und dazu erfahrene, aufmerksame Gastgeber. Die klassisch-saisonale Küche serviert man gerne auch auf der Terrasse. Wer übernachten möchte, darf sich auf wirklich geschmackvolle, geräumige Zimmer freuen.

LENGGRIES
Bayern – 9 800 Ew. – Höhe 679 m – Siehe Regionalatlas **65-L21**
▶ Berlin 649 km – München 60 km – Garmisch-Partenkirchen 62 km – Bad Tölz 9 km
Michelin Straßenkarte 546

In Lenggries-Schlegldorf Nord-West: 5 km, links der Isar in Richtung Bad Tölz, über Wackersberger Straße

Schweizer Wirt
Schlegldorf 83 ✉ 83661 – ✆ (08042) 89 02 – www.schweizer-wirt.de – geschl. Montag - Dienstag
Karte 26/48 € – (Tischbestellung ratsam)
Rund 30 Jahre kocht Wirtin Barbara Hipp hier schon für Sie, und zwar frisch, kraftvoll, regional und preislich fair. Appetit machen da z. B. "Ochsenbrust in Meerrettich" oder "Kalbsnieren mit Pommery-Senfsoße".

Das Symbol 👤 bzw. 👥 zeigt den Mindestpreis in der Nebensaison und den Höchstpreis in der Hochsaison für ein Einzelzimmer bzw. für ein Doppelzimmer an.

LENNESTADT
Nordrhein-Westfalen – 26 890 Ew. – Höhe 410 m – Siehe Regionalatlas **37-E12**
▶ Berlin 526 km – Düsseldorf 130 km – Siegen 42 km – Meschede 48 km
Michelin Straßenkarte 543

In Lennestadt-Altenhundem

Cordial
Hundemstr. 93 (B 517) ✉ 57368 – ✆ (02723) 67 71 00 – www.hotel-cordial.de – geschl. Anfang November 1 Woche
27 Zim ☕ – 👤60/70 € 👥98 € – ½ P
Rest – Menü 23 € – Karte 18/41 € – *(geschl. Sonntagabend - Montagmittag)*
Der engagiert geführte Familienbetrieb ist eine hübsche, zum Hotel erweiterte Villa mit zeitgemäß ausgestatteten Gästezimmern. Wochenendpauschalen für Kurzurlauber. Im behaglichen Kaminzimmer in einem Fachwerkhaus a. d. J. 1886 serviert man Regionales.

In Lennestadt-Halberbracht Nord-Ost: 7 km ab Altenhundem über B 236, in Meggen rechts

Eickhoffs Landgasthof
Am Kickenberg 10 ✉ 57368 – ✆ (02721) 8 13 58 – www.eickhoff-halberbracht.de
Menü 38/46 € – Karte 24/43 €
Familienbetrieb mit regional und international beeinflusster Küche sowie einer gut sortierten, fair kalkulierten Weinkarte. Schöne Aussicht von der Terrasse und einem der Räume.

In Lennestadt-Saalhausen Ost: 8 km ab Altenhundem über B 236

Haus Hilmeke
Rest,

Haus Hilmeke 1 (Ost: 2 km, Richtung Schmallenberg) ✉ 57368 – ✆ (02723) 9 14 10 – www.haus-hilmeke.de – geschl. 29. Juni - 8. Juli, 8. November - 26. Dezember

24 Zim – †82 € ††148 € – 6 Suiten – ½ P

Rest – Menü 27 € (mittags)/29 € – Karte 19/38 € – *(nur für Hausgäste)*

Viele Stammgäste schätzen das mit Engagement geleitete Haus in schöner Lage. Die Zimmer sind wohnlich, der Service ist freundlich und aufmerksam. Beliebt sind der Mittagstisch sowie hausgemachter Kuchen am Nachmittag.

LENZKIRCH
Baden-Württemberg – 5 030 Ew. – Höhe 808 m – Siehe Regionalatlas **62-E21**

Berlin 788 km – Stuttgart 158 km – Freiburg im Breisgau 40 km – Donaueschingen 35 km

Michelin Straßenkarte 545

In Lenzkirch-Saig Nord-West: 7 km über B 315

Saigerhöh

Saiger Höhe 8 ✉ 79853 – ✆ (07653) 68 50 – www.saigerhoeh.de

105 Zim – †69/119 € ††129/199 € – 16 Suiten – ½ P

Rest – Karte 28/44 €

Wer Ruhe sucht, findet sie hier in einsamer Lage oberhalb des Ortes in 1055 m Höhe! Natürlich gibt es da eine tolle Aussicht zu bestaunen - von der gemütlichen Kamin-Lobby, von den meisten Zimmern, von der Panoramaterrasse des Restaurants... Aktive können sich in der Sport- und Spielscheune u. a. an der Kletterwand betätigen.

Ochsen

Dorfplatz 1 ✉ 79853 – ✆ (07653) 9 00 10 – www.ochsen-saig.de – geschl. 8. November - 17. Dezember

35 Zim – †75/81 € ††128/140 € – ½ P

Rest – Karte 20/48 € – *(geschl. Dienstagmittag, Mittwochmittag)*

Der gewachsene historische Schwarzwaldgasthof wird familiär geleitet und bietet wohnliche Zimmer, teils mit Balkon, sowie einen Freizeitbereich mit Massage und Hamam. Urtümlich und heimelig ist die rustikale Gaststube mit Kachelofen.

Hochfirst

Dorfplatz 5 ✉ 79853 – ✆ (07653) 7 51 – www.hotel-hochfirst.de – geschl. 8. November - 17. Dezember

21 Zim – †62/70 € ††88/118 € – ½ P

Rest – Karte 22/35 € – *(geschl. Montag - Dienstag) (nur Abendessen)*

In dem engagiert geführten Gasthof in der Ortsmitte kann man nicht nur sehr gepflegt übernachten (die meisten Zimmer mit Balkon), sondern auch gemütlich essen. In dem charmanten Lokal und auf der Terrasse im hübschen kleinen Garten kommen regionale Gerichte und österreichische Klassiker auf den Tisch.

LEUN
Hessen – 5 770 Ew. – Höhe 150 m – Siehe Regionalatlas **37-F13**

Berlin 524 km – Wiesbaden 82 km – Frankfurt am Main 77 km – Gießen 27 km

Michelin Straßenkarte 543

In Leun-Biskirchen Süd-West: 5 km über B 49

Landhotel Adler
Zim,

Am Hain 13 ✉ 35638 – ✆ (06473) 9 29 20 – www.landhotel-adler.com – geschl. 30. Dezember - 7. Januar

20 Zim – †55/72 € ††85/103 € – ½ P

Rest – Karte 15/40 € – *(geschl. Sonntag) (nur Abendessen)*

Lust auf eine Radtour im schönen Lahntal? Oder eine Kanufahrt? Dieser Familienbetrieb ist ein guter Ausgangspunkt dafür. Die wohnlich-ländlichen Zimmer (die meisten mit Balkon) gibt es zu einem soliden Preis-Leistungs-Verhältnis, im Restaurant serviert man bürgerliche Speisen.

LEUTKIRCH

Baden-Württemberg – 21 910 Ew. – Höhe 654 m – Siehe Regionalatlas **64-I21**
Berlin 681 km – Stuttgart 171 km – Konstanz 108 km – Kempten (Allgäu) 31 km
Michelin Straßenkarte 545

Brauerei-Gasthof Mohren

Wangener Str. 1 ✉ 88299 – ✆ (07561) 9 85 70 – www.brauereigasthofmohren.de
10 Zim – 35/48 € 60/75 €
Rest – Menü 11 € (mittags unter der Woche)/32 € – Karte 21/40 € – *(geschl. Dienstag)*
Neuzeitlich oder mit bäuerlichem Mobiliar sind die einfachen, aber sehr gepflegten Gästezimmer dieses typischen kleinen Brauereigasthofs eingerichtet. Urig ist die Atmosphäre in den beiden Gaststuben, nett der begrünte Terrassenbereich vor dem Eingang. Probieren Sie auch die Spezialitäten aus der Brauerei - mit oder ohne Alkohol!

LEVERKUSEN

Nordrhein-Westfalen – 161 200 Ew. – Höhe 40 m – Siehe Regionalatlas **36-C12**
Berlin 567 km – Düsseldorf 30 km – Köln 16 km – Wuppertal 41 km
Michelin Straßenkarte 543

In Leverkusen-Fettehenne

Fettehenne garni

Berliner Str. 40 ✉ 51377 – ✆ (0214) 9 10 43 – www.hotel-fettehenne.de – geschl. 23. Dezember - 1. Januar
42 Zim – 50/78 € 70/98 €
Ein gepflegtes familiengeführtes Haus in dörflicher Umgebung, das unterschiedlich geschnittene, zeitgemäß und funktionell ausgestattete Gästezimmer bietet.

In Leverkusen-Küppersteg

Lindner Hotel BayArena

Zim,

Bismarckstr. 118, (am Stadion) ✉ 51373 – ✆ (0214) 8 66 30 – www.lindner.de
109 Zim – 69/389 € 89/409 €, 20 € – 12 Suiten
Rest – Menü 16/56 € – Karte 29/46 €
Das Hotel an der Nordkurve des Stadions ist ideal für Business und Sportevents. Die Zimmer sind neuzeitlich, darunter geräumige Studiosuiten. Das Restaurant mit international-saisonaler Küche und die moderne Bar mit großer Cocktailauswahl liegen offen zur Halle.

LICH

Hessen – 13 280 Ew. – Höhe 171 m – Siehe Regionalatlas **38-G13**
Berlin 492 km – Wiesbaden 87 km – Frankfurt am Main 57 km – Gießen 13 km
Michelin Straßenkarte 543

Ambiente garni

Hungener Str. 46 ✉ 35423 – ✆ (06404) 9 15 00 – www.ambientehotel-lich.de – geschl. Ende Dezember - Anfang Januar
19 Zim – 63/70 € 83/90 €, 7 €
Hell, freundlich und funktionell präsentieren sich die Gästezimmer in diesem neuzeitlichen kleinen Hotel, das sich in der Nähe der Brauerei Licher befindet.

In Lich-Muschenheim

Zum Heiligen Stein

Am Kirchberg 1a ✉ 35423 – ✆ (06404) 6 68 09 08 – www.zum-heiligen-stein.de – geschl. Montag - Dienstag
Menü 44/74 € – *(Mittwoch - Freitag nur Abendessen)* (Tischbestellung ratsam)
Die schöne Landhauseinrichtung des Lokals gefällt auf Anhieb. Hinzu kommt die gute Küche von Daniel Cornelius, die Schmackhaftes wie "2erlei vom hauseigenen Lamm mit Zwiebelconfit und Artischockenpüree" bietet. Das Fleisch stammt von der eigenen 450-köpfigen Schafherde!

LICHTENAU (KREIS RASTATT)

Baden-Württemberg – 4 990 Ew. – Höhe 127 m – Siehe Regionalatlas **54-E18**
Berlin 723 km – Stuttgart 122 km – Karlsruhe 52 km – Strasbourg 31 km
Michelin Straßenkarte 545

In Lichtenau-Scherzheim Süd: 2,5 km über B 36

Zum Rössel

Rösselstr. 6 ✉ 77839 – ✆ (07227) 9 59 50 – www.roessel-scherzheim.de
18 Zim – 62 € 86 € – ½ P
Rest – Karte 15/47 € – *(geschl. Sonntagabend - Montag) (Dienstag - Freitag nur Abendessen)*
Recht ruhig liegt das familiär geleitete kleine Hotel am Ortsrand. Es erwarten Sie hell gestaltete, zeitgemäß ausgestattete Gästezimmer. Eine schön begrünte Gartenterrasse ergänzt das ländlich-gediegene Restaurant.

LICHTENBERG – Bayern → Siehe Steben, Bad

LICHTENFELS

Bayern – 20 510 Ew. – Höhe 271 m – Siehe Regionalatlas **50-K14**
Berlin 372 km – München 268 km – Coburg 18 km – Bayreuth 53 km
Michelin Straßenkarte 546

In Lichtenfels-Reundorf Süd-West: 5 km über B 173

Gasthof Müller

Zim,

Kloster-Banz-Str. 4 ✉ 96215 – ✆ (09571) 9 57 80 – www.gasthofmueller.de
35 Zim – 34/36 € 40/42 € – 1 Suite – ½ P
Rest – Karte 13/25 € – *(geschl. Mittwoch - Donnerstag)*
Ruhig liegt der Familienbetrieb in einem Ortsteil der Korbstadt Lichtenfels. Fragen Sie nach den zu den Mainauen gelegenen Zimmern mit Banzblick! Im Restaurant bürgerlich-regionale Küche, nett der Garten. Interessante Ausflusgziele: Wallfahrtskirche Vierzehnheiligen, Kloster Banz, Therme Bad Staffelstein.

LICHTENSTEIN

Baden-Württemberg – 8 990 Ew. – Höhe 507 m – Siehe Regionalatlas **55-G19**
Berlin 687 km – Stuttgart 51 km – Reutlingen 16 km – Sigmaringen 48 km
Michelin Straßenkarte 545

In Lichtenstein-Honau

Forellenhof Rössle

Zim, Rest,

Heerstr. 20 (B 312) ✉ 72805 – ✆ (07129) 9 29 70 – www.forellenhofroessle.de – geschl. 12. - 16. Januar
30 Zim – 75/100 € 98/130 € – ½ P **Rest** – Menü 40 € – Karte 23/49 €
In dem komfortablen, familiär geführten Hotel überzeugen nicht nur die neuzeitlichen und gut ausgestatteten Zimmer, auch der Wohlfühlbereich im OG ist sehr ansprechend, mit schönem Blick vom Dach. Restaurant mit hübschem Wintergartenanbau. Spezialität: Forellen aus eigener Zucht.

LIEBENZELL, BAD

Baden-Württemberg – 9 300 Ew. – Höhe 333 m – Siehe Regionalatlas **54-F18**
Berlin 666 km – Stuttgart 46 km – Karlsruhe 47 km – Pforzheim 19 km
Michelin Straßenkarte 545

Koch garni

Sonnenweg 3 ✉ 75378 – ✆ (07052) 13 06 – www.hotelkoch.com – geschl. Mitte Dezember - Januar
16 Zim – 38/52 € 76/84 €
Eine wirklich sympathische Adresse: herzlich und familiär die Gastgeberin Sigrid Koch, wohnlich die Einrichtung, alles tipptopp gepflegt. Und wie könnte der Tag schöner beginnen als mit einer leckeren, frischen Auswahl am Frühstücksbuffet?

LIEPEN – Mecklenburg-Vorpommern → Siehe Stolpe

LIESER

Rheinland-Pfalz – 1 200 Ew. – Höhe 140 m – Siehe Regionalatlas **46-C15**
Berlin 680 km – Mainz 117 km – Trier 44 km – Bernkastel-Kues 4 km
Michelin Straßenkarte 543

Weinhaus Stettler garni

Moselstr. 41 ✉ 54470 – ✆ (06531) 75 50 – www.weinhaus-stettler.de
15 Zim – 56/66 € 86/106 €
Fast unmittelbar am Moselufer haben die Stettlers ihr gepflegtes kleines Hotel samt eigenem Weingut. Schön die Dachterrasse - da frühstückt man im Sommer besonders gerne! Außerdem bietet man Kosmetik und Physiotherapie. Am Abend gibt es kleine Snacks und natürlich die eigenen Weine.

LIMBACH-OBERFROHNA

Sachsen – 25 150 Ew. – Höhe 360 m – Siehe Regionalatlas **42-O13**
Berlin 269 km – Dresden 83 km – Chemnitz 13 km – Plauen 82 km
Michelin Straßenkarte 544

Lay-Haus

Zim,

Markt 3 ✉ 09212 – ✆ (03722) 7 37 60 – www.lay-hotel.de
47 Zim – 58/68 € 80 € – ½ P **Rest** – Karte 17/37 €
Sehr familiär und engagiert wird das historische Haus mitten in der kleinen Stadt geleitet, in dem wohnlich-gemütliche Gästezimmer bereitstehen. Der in seiner Art einmalige, in Schieferfels gehauene Felsenkeller ist eine schöne und originelle Alternative zum eleganten Restaurant.

LIMBURG an der LAHN

Hessen – 33 550 Ew. – Höhe 122 m – Siehe Regionalatlas **37-E14**
Berlin 551 km – Wiesbaden 52 km – Koblenz 57 km – Gießen 56 km
Michelin Straßenkarte 543

DOM Hotel

Rest, Rest,

Grabenstr. 57 ✉ 65549 – ✆ (06431) 90 10 – www.domhotellimburg.de – geschl. 24. Dezember - 6. Januar
42 Zim – 96/145 € 116/165 €, 11 € – ½ P
Rest – Karte 30/80 € – *(geschl. Juli - August 3 Wochen und Sonntagabend - Montag) (Dienstag - Samstag nur Abendessen)*
Mitten im Zentrum steht das klassische Gebäude mit unterschiedlichen Zimmern. Etwas mehr Wohnkomfort bieten die First-Class-Zimmer. Kosmetik- und Massage-Angebot. "Restaurant de Prusse" in der 1. Etage - von den Fensterplätzen mit Blick auf die Fußgängerzone.

Zimmermann garni

Blumenröder Str. 1 ✉ 65549 – ✆ (06431) 46 11 – www.hotelzimmermann.de – geschl. 19. Dezember - 4. Januar
18 Zim – 69/115 € 95/125 €
Stilvoll-elegant präsentiert sich das Hotel der Familie Zimmermann. Schön wohnt man z. B. im Themenzimmer Afrika. Die Innenstadt ist nicht weit entfernt.

Nassauer Hof

Brückengasse 1 ✉ 65549 – ✆ (06431) 99 60 – www.hotel-nassauerhof-limburg.de – geschl. Ende Dezember - Mitte Januar
29 Zim – 73/83 € 94/119 € – 1 Suite – ½ P
Rest – Karte 23/29 € – *(geschl. Montag) (nur Abendessen)*
Das Hotel überzeugt mit seiner zentralen Lage an der alten Lahnbrücke. Neben gepflegten, zeitlos gehaltenen Zimmern steht ein netter Saunabereich zur Verfügung. Das Restaurant "Der kleine Prins" bietet eine Terrasse direkt am Fluss.

Martin garni

Holzheimer Str. 2 ✉ 65549 – ✆ (06431) 9 48 40 – www.hotel-martin.de – geschl. 20. Dezember - 10. Januar
26 Zim – 63/80 € 90/110 €
Sie finden diesen Familienbetrieb gegenüber dem Bahnhof. Die Zimmer (auch 4-Bett-Zimmer) sind hell und neuzeitlich, freundlicher Frühstücksraum mit Buffet. Gute Parkmöglichkeiten.

Montana garni

Am Schlag 19 ✉ 65549 – ✆ (06431) 2 19 20 – www.montana-limburg.de
50 Zim – 61/80 € 85/95 €
Das gepflegte Hotel liegt verkehrsgünstig in einem kleinen Gewerbegebiet, gut sind BAB-Anbindung und Parksituation. Frühstück bietet man im lichten Wintergarten.

Himmel und Erde

Joseph-Heppel-Str. 1a ✉ 65549 – ✆ (06431) 5 84 72 08
– www.kapelle-himmelunderde.de – geschl. Anfang Januar und Samstagmittag, Sonntagabend - Dienstagmittag,
Menü 40/69 € – Karte 37/63 €
Einen besonderen Rahmen bietet die 1896 erbaute ehemalige Kapelle am Schafsberg. Unter der hohen Gewölbedecke wählt man "Irdische Gelüste", "Himmlische Vergnügen" oder ein Überraschungsmenü.

LIMBURGERHOF

Rheinland-Pfalz – 10 840 Ew. – Höhe 97 m – Siehe Regionalatlas **47**-F16
Berlin 635 km – Mainz 84 km – Mannheim 13 km – Kaiserslautern 63 km
Michelin Straßenkarte 543

Residenz Limburgerhof

Rest,

Rheingönheimer Weg 1 ✉ 67117 – ✆ (06236) 47 10
– www.residenz-limburgerhof.de
130 Zim – 69/180 € 79/280 € – 2 Suiten – ½ P
Rest – Menü 19 € (unter der Woche) – Karte 22/47 € – *(nur Abendessen)*
Viele Geschäftsleute schätzen das in einem Gewerbegebiet gelegene Hotel wegen seiner freundlichen und funktionalen Einrichtung. Wer gerne ein paar hübsche kleine Details hätte, bucht z. B. ein "Sternenzimmer", das "Glückszimmer" oder das Zimmer "Der kleine Prinz". Im Restaurant bekommen Sie internationale und regionale Gerichte.

LINDAU im BODENSEE

Bayern – 24 820 Ew. – Höhe 401 m – Siehe Regionalatlas **63-H22**
Berlin 722 km – München 180 km – Konstanz 59 km – Ravensburg 33 km
Michelin Straßenkarte 546

Hotels

Auf der Insel

Bayerischer Hof
Seepromenade ✉ 88131 – ✆ (08382) 91 50 Stadtplan : A2**b**
– www.bayerischerhof-lindau.de
97 Zim – 138/246 € 194/352 € – 2 Suiten – ½ P
Rest – Menü 35 € – Karte 38/76 € – *(nur Abendessen)*
Dieses Grandhotel alter Schule gehört zu den wirklichen Bodensee-Klassikern! Ideale Seelage am Hafen, elegante Zimmer in variablen Zuschnitten und ein umfassendes Wellnessangebot, das man sich mit dem benachbarten Schwesterhotel teilt.

Helvetia
Seepromenade ✉ 88131 – ✆ (08382) 91 30 – www.hotel-helvetia.com Stadtplan : A2**x**
43 Zim – 95/240 € 169/250 € – 7 Suiten – ½ P
Rest – Menü 45/55 € (abends) – Karte 31/63 €
Ein Hotel mit ganz eigener Note, wie gemacht für Romantiker und Wellnessliebhaber - angefangen vom tollen Spa über die Themensuiten (blicken Sie z. B. vom Bett Ihrer "Neuschwanstein Suite" auf den See, genießen Ihre eigene Sonnenterrasse in der "Garden Lounge Suite" oder orientalisches Flair und Wasserbett in der "Oriental Bedroom Suite") bis hin zum Dachgarten!

Reutemann-Seegarten
Seepromenade ✉ 88131 – ✆ (08382) 91 50 Stadtplan : A2**k**
– www.reutemann-lindau.de – geschl. Anfang November - Anfang April (Hotel)
62 Zim – 99/180 € 142/258 € – ½ P
Rest – Menü 35 € – Karte 38/60 €
Das Hotel an der Promenade besteht aus zwei ansprechenden alten Stadthäusern mit gediegenen, freundlichen Zimmern. Saunabereich und Spa im Bayerischen Hof. Highlight - und sehr beliebt - ist die Seeterrasse des ganzjährig geöffneten Restaurants, von der man auf die Hafeneinfahrt schaut.

Lindauer Hof Zim,
Seepromenade ✉ 88131 – ✆ (08382) 40 64 – www.lindauerhof.de Stadtplan : B2**y**
30 Zim – 130/198 € 178/260 € – ½ P
Rest – Menü 28/64 € – Karte 30/55 €
Schon sehr lange gibt es dieses Haus auf der Insel - außen rote Fassade und hübscher Treppengiebel, innen zeitlos-modern. Die Lage an der Promenade und die unterschiedlichen Zimmerkategorien sprechen ebenso für das Hotel wie die schöne Terrasse und der Wintergarten des eher traditionellen Restaurants.

Vis à vis garni

Bahnhofsplatz 4 ✉ *88131 –* ✆ *(08382) 39 65* Stadtplan : A2**t**
– www.visavis-lindau.de
72 Zim ☕ – 🧍71/110 € 🧍🧍99/195 €
Die Lage könnte nicht besser sein: Seepromenade, Bahnhof und auch die Fußgängerzone sind im Nu erreicht. Auch die Zimmer bieten alles, was man braucht: zeitgemäße, technisch gute Ausstattung, dazu sind sie hell und freundlich. Außerdem: gepflegtes Frühstücksbuffet und Café-Bar im Haus.

Brugger garni

Bei der Heidenmauer 11 ✉ *88131 –* ✆ *(08382) 9 34 10* Stadtplan : B1**r**
– www.hotel-garni-brugger.de – geschl. 19. Dezember - 10. Januar
23 Zim ☕ – 🧍60/82 € 🧍🧍94/115 €
Sehr zentral liegt das Hotel an der Stadtmauer am Altstadtrand. Die Zimmer sind teilweise für Familien geeignet. Zum Relaxen hat man einen hübschen mediterran gestalteten Saunabereich.

Insel-Hotel garni

Maximilianstr. 42 ✉ *88131 –* ✆ *(08382) 50 17* Stadtplan : A1_2**a**
– www.insel-hotel-lindau.de
26 Zim ☕ – 🧍62/71 € 🧍🧍98/126 €
Gepflegt und funktional wohnt man in dieser Bed-&-Breakfast-Adresse in einem Altstadthaus, die Fußgängerzone gleich vor der Tür. Ein Café hat man direkt mit dabei, bürgerlich essen kann man am Ende der Straße im Gasthaus "Zum Sünfzen".

Restaurants

Alte Post mit Zim

Fischergasse 3 ✉ 88131 – ✆ (08382) 9 34 60 Stadtplan : B1**s**
– www.alte-post-lindau.de – geschl. 22. Dezember - 21. März
10 Zim – 70/90 € 130/180 € Karte 17/43 €
Was von außen schon so schmuck daherkommt, kann innen nur gemütlich sein! In dem denkmalgeschützten Gasthaus mitten in der Altstadt bekommt man bürgerlich-regionale Küche und Klassiker aus der österreichischen Heimat der Chefin. Gut übernachten kann übrigens auch - Hotelgäste parken kostenlos.

Zum Sünfzen

Maximilianstr. 1 ✉ 88131 – ✆ (08382) 58 65 Stadtplan : B1**v**
– www.suenfzen.de – geschl. 15. Januar - 30. März, 5. - 30. November und Donnerstag
Karte 19/47 €
Die traditionelle Trinkstube in dem Haus a. d. 14. Jh. ist eine Lindauer Institution! Drinnen hat man es rustikal, draußen sitzt man schön auf der Terrasse in der Fußgängerzone, teils unter Arkaden. Gekocht wird bürgerlich-regional.

In Lindau-Aeschach Nord: 2 km

Am Rehberg garni

Am Rehberg 29 ✉ 88131 – ✆ (08382) 33 29 – www.lindauhotels.de – geschl. Mitte Oktober - Ende März
19 Zim – 79/98 € 98/128 €
Familie Bast ist äußerst engagiert und charmant, alles ist wohnlich gestaltet, vom Hallenbereich über die schönen großzügigen Zimmer bis zum behaglichen alpenländisch-eleganten Frühstücksraum. Haben Sie auch den hübschen Garten gesehen?

In Lindau-Hoyren Nord-West: 4 km

Villino

Hoyerberg 34 ✉ 88131 – ✆ (08382) 9 34 50 – www.villino.de
15 Zim – 100/190 € 190/250 € – 6 Suiten
Rest *Villino* – siehe Restaurantauswahl
Reiner und Sonja Fischer haben hier ein wahres Kleinod geschaffen, zeitloser italienischer Charme zieht sich durch das ganze Haus: elegante und romantische Zimmer, top Service, eine mit Liebe zum Detail gestaltete Saunalandschaft und nicht zuletzt ein mediterraner Traumgarten von 4000 qm!

Villino (Reiner Fischer) – Hotel Villino

Hoyerberg 34 ✉ 88131 – ✆ (08382) 9 34 50 – www.villino.de – geschl. 22. - 26. Dezember
Menü 84/148 € – Karte 78/110 € – *(nur Abendessen)* (Tischbestellung ratsam)
Ausgesprochen attraktiv und ebenso hochwertig präsentiert sich das ausgesuchte elegant-mediterrane Interieur hinter den raumhohen Rundbogenfenstern. Das Niveau der zwei Menüs steht dem in nichts nach: geschmackvoll, durchdacht und aufs Produkt konzentriert. Trefflich auch die Weinempfehlungen.
➜ Asiatische Vorspeisenvariation. Kohlenfisch mit Avocado und Limonenbutter. Salzwiesenlamm mit Falafel und Erbsen-Minz-Püree.

In Lindau-Bad Schachen Nord-West: 4 km

Bad Schachen

Rest, Rest,
Bad Schachen 1 ✉ 88131 – ✆ (08382) 29 80
– www.badschachen.de – geschl. 19. Oktober - 2. April
125 Zim – 125/179 € 198/284 € – 4 Suiten – ½ P
Rest *Seeblick* – Menü 36 € – Karte 35/66 €
Rest *Fischerstube* – Menü 45 € – Karte 37/53 € – *(geschl. Montag) (nur Abendessen)*
Ein Haus voller Tradition und Klassik, die Lage direkt am See könnte malerischer kaum sein! Wer schwimmen möchte, kann dies im eigenen Jugendstil-Freibad oder im privaten Strandbad. Sie wohnen in sehr individuellen Zimmern, relaxen im hochwertigen Spa, speisen Internationales im Seeblick mit Terrasse unter Kastanien oder Fischgerichte in der rustikalen Fischerstube.

Lindenallee

Dennenmoosstr. 3 ✉ 88131 – ✆ (08382) 9 31 90 – www.hotel-lindenallee.de
– geschl. 21. Dezember - 8. März
19 Zim ☕ – 🚹65/119 € 🚹🚹129/139 € – ½ P
Rest *Lindenallee* – siehe Restaurantauswahl
Hier wohnen Sie in einer angenehmen Villengegend, viel Grün drum herum, der See ganz in der Nähe. Ein Ort, an dem man sich gerne aufhält, ob nun in den freundlichen Zimmern, im hübschen Frühstücksraum (gut die Buffetauswahl) oder aber im sehr gepflegten Garten!

Schachener Hof mit Zim

Schachener Str. 76 ✉ 88131 – ✆ (08382) 31 16 – www.schachenerhof-lindau.de
– geschl. 2. Januar - 12. Februar, Anfang November 1 Woche und Dienstag - Mittwoch, Juli - August: Mittwoch
10 Zim ☕ – 🚹55/79 € 🚹🚹89/125 € – ½ P
Menü 31/49 € – Karte 30/58 € – *(nur Abendessen, sonntags auch Mittagessen)* (Tischbestellung ratsam)
In dem von Familie Kraus freundlich geführten Restaurant serviert man sorgfältig zubereitete regionale und internationale Gerichte - auch auf der Terrasse unter alten Kastanienbäumen. Hier am Bodensee ist z. B. die Variation vom Bodenseefelchen mit seinem Kaviar ein Muss!

Lindenallee – Hotel Lindenallee

Dennenmoosstr. 3 ✉ 88131 – ✆ (08382) 9 31 90
– www.hotel-lindenallee.de – geschl. 21. Dezember - 8. März und Montag; Oktober - April: Sonntag - Montag
Menü 28 € – Karte 16/49 € – *(nur Abendessen)*
Das Restaurant ist schön licht, frisch und angenehm modern, auf der Karte interessante saisonale Speisen. Wer auf der Terrasse sitzt, schaut beim Essen auf Bäume und hübsch bepflanzte Beete. Im Sommer ist Dienstag Barbeque-Tag!

In Lindau-Zech Ost: 4 km

Nagel

Bregenzer Str. 193a ✉ 88131 – ✆ (08382) 9 60 85
– www.hotel-nagel.com
27 Zim ☕ – 🚹59/99 € 🚹🚹89/129 € – ½ P
Rest *Melbo's* – Karte 19/37 € – *(nur Abendessen)*
Dass das hier früher eine Autowerkstatt war, ist nicht mehr zu erkennen. Die junge Familie Kreutz (Nachkommen des Werkstattgründers Franz Nagel) hält heute moderne Zimmer, ein ebensolches Restaurant und einen im Innenhof gelegenen Pool für Sie bereit.

Auf dem Golfplatz Weißensberg Nord-Ost: 8 km

Golfhotel Bodensee

Lampertsweiler 51 ✉ 88138 Weißensberg – ✆ (08389) 8 91 00
– www.golfhotel-bodensee.de – geschl. 15. November - 15. März
34 Zim ☕ – 🚹99/109 € 🚹🚹159/169 € – 1 Suite – ½ P
Rest – Menü 30/58 € – Karte 25/51 €
Wer etwas für Golf übrig hat, hat hier einen klaren Vorteil, denn das Hotel liegt herrlich inmitten eines Golfplatzes! Die Zimmer (darunter auch Turmzimmer und Maisonetten) sind schön frisch und modern, haben hellen Naturholzboden und bieten recht viel Platz sowie Blick ins Grüne. Letzteren genießt man auch auf der Restaurantterrasse bei internationaler Küche.

LINDENBERG im ALLGÄU

Bayern – 11 110 Ew. – Höhe 764 m – Siehe Regionalatlas **63**-I21
▶ Berlin 713 km – München 174 km – Konstanz 89 km – Lindau 21 km
Michelin Straßenkarte 546

Waldsee

Austr. 41 ✉ 88161 – ✆ (08381) 9 26 10 – www.hotel-waldsee.de
17 Zim – ♦52/78 € ♦♦92/115 € – ½ P
Rest *Bacalau* – Menü 35 € – Karte 22/42 € – *(geschl. September - Juni: Montag, außer an Feiertagen)*
Es ist ein charmantes kleines Hotel, das auch noch schön idyllisch liegt! Ein passendes Zimmer finden Sie bestimmt auch, ob Sie es nun lieber klein und kuschelig mögen oder eher großzügig, mit sehr modernem Bad. Verständlich, dass hier am höchsten Moorbadsee Deutschlands die Terrasse zum Anziehungspunkt wird!

LINDENFELS

Hessen – 4 980 Ew. – Höhe 364 m – Siehe Regionalatlas **47-F16**
Berlin 592 km – Wiesbaden 86 km – Mannheim 52 km – Darmstadt 46 km
Michelin Straßenkarte 543

Waldschlösschen

Nibelungenstr. 102 ✉ 64678 – ✆ (06255) 96 81 90 – www.waldschloesschen-web.de – geschl. 2. - 28. November
14 Zim – ♦48/52 € ♦♦92/98 € – ½ P
Rest – Menü 40/46 € – Karte 15/37 € – *(geschl. Montag)*
Bei Gisela und Volker Löwer kann man behaglich wohnen und sich in sympathisch-rustikalem Ambiente heimische Gerichte wie z. B. Odenwälder Forelle servieren lassen. Der Naturpark Bergstraße-Odenwald lädt zu Ausflügen ein - erkunden Sie z. B. den Nibelungensteig, der direkt am Haus vorbeiführt!

LINDLAR

Nordrhein-Westfalen – 21 990 Ew. – Höhe 220 m – Siehe Regionalatlas **36-D12**
Berlin 583 km – Düsseldorf 73 km – Gummersbach 25 km – Köln 32 km
Michelin Straßenkarte 543

artgenossen garni

Pollerhofstr. 35 ✉ 51789 – ✆ (02266) 90 12 80 – www.artgenossen-gmbh.de
14 Zim – ♦65/75 € ♦♦82/97 €, 8 €
In dem schön restaurierten, 1912 als Landwirtschaftsschule erbauten Haus haben Künstler mit originellen Details ganz individuelle Themenzimmer gestaltet. Bistroähnliches Restaurant in den ehemaligen Klassenräumen.

LINGEN

Niedersachsen – 51 010 Ew. – Höhe 23 m – Siehe Regionalatlas **16-D8**
Berlin 498 km – Hannover 204 km – Nordhorn 21 km – Bremen 135 km
Michelin Straßenkarte 541

Altes Landhaus

Lindenstr. 45 ✉ 49808 – ✆ (0591) 80 40 90 – www.alteslandhaus.de
36 Zim – ♦65/85 € ♦♦80/105 € – ½ P
Rest – Karte 16/40 € – *(geschl. 1. - 20. Januar) (nur Abendessen, sonntags auch Mittagessen)*
Das schöne Landhaus am Stadtrand bietet neben wohnlichen Zimmern im Stammhaus auch topmoderne und sehr komfortable Zimmer im Anbau! Auf der hübschen Innenhofterrasse kann man auch frühstücken. Das Restaurant besteht aus einem angenehm lichten Wintergarten und dem Kaminzimmer.

In Lingen-Darme

Zum Märchenwald (mit Gästehaus) Rest,

Vennestr. 25 ✉ 49809 – ✆ (0591) 91 28 40 – www.hotel-zum-maerchenwald.de
48 Zim – ♦55/69 € ♦♦82/99 € – ½ P
Rest – Karte 19/43 € – *(nur Abendessen, sonntags auch Mittagessen)*
Die Zimmer in dem gut geführten Familienbetrieb sind sehr gepflegt und praktisch eingerichtet, im Gästehaus etwas kleiner. Das Preis-Leistungs-Verhältnis überzeugt. Hell und freundlich ist das Ambiente im Restaurant.

LINSENGERICHT

Hessen – 9 830 Ew. – Höhe 145 m – Siehe Regionalatlas **48-G14**
Berlin 516 km – Wiesbaden 85 km – Darmstadt 72 km – Würzburg 97 km
Michelin Straßenkarte 543

In Linsengericht-Eidengesäß Süd-Ost: 3 km, jenseits der A 66

Der Löwe
Hauptstr. 20 ✉ 63589 – ✆ (06051) 7 13 43 – www.derloewe.com – geschl. Januar 2 Wochen, Juli - August 2 Wochen und Montag - Dienstag
Menü 29/57 € – Karte 30/55 €
Seit über zehn Jahren führt das Ehepaar Sauter das gediegene Restaurant: Er bereitet schmackhafte regional-internationale Küche, sie leitet freundlich den Service. Kommen Sie doch mal zum Mittagsbuffet - das ist sehr gefragt bei den Gästen!

LIPPETAL

Nordrhein-Westfalen – 12 230 Ew. – Höhe 70 m – Siehe Regionalatlas **27-E10**
Berlin 453 km – Düsseldorf 131 km – Arnsberg 42 km – Bielefeld 78 km
Michelin Straßenkarte 543

In Lippetal-Lippborg

Gasthof Willenbrink mit Zim
Zim,
Hauptstr. 10 ✉ 59510 – ✆ (02527) 2 08 – www.willenbrink.de – geschl. 22. Dezember - 8. Januar, 20. Juli - 14. August und Montag sowie an Feiertagen
6 Zim – †50/55 € ††75/80 €
Menü 26 € – Karte 23/40 € – *(nur Abendessen)*
Nach dem Motto "Deutsches für Feinschmecker" kocht Gastgeber Josef Willenbrink in dem traditionsreichen Familienbetrieb. Das Ambiente dazu ist ländlich oder im "Blauen Zimmer" auch etwas eleganter. Sie möchten übernachten? In den Gästezimmern können Sie Bilder der Künstlerin Annette Strathoff bewundern!

LIPPSPRINGE, BAD

Nordrhein-Westfalen – 15 330 Ew. – Höhe 140 m – Siehe Regionalatlas **28-G10**
Berlin 385 km – Düsseldorf 179 km – Bielefeld 54 km – Detmold 18 km
Michelin Straßenkarte 543

Park Hotel
Rest, Rest,
Peter-Hartmann-Allee 4 ✉ 33175 – ✆ (05252) 96 30 – www.parkhotel-lippspringe.de
135 Zim – †99/159 € ††138/198 € – ½ P
Rest – Menü 28 € – Karte 27/47 €
Der Kurpark direkt vor dem Haus, in die Fußgängerzone auch nur ein Katzensprung. Die Ruhe hier schätzen sowohl Geschäftleute als auch Wellnessgäste (vielfältig der "Arminius Spa", angenehm der Naturbadeteich). Einige Zimmer mit Balkon zum Park, auch vom Restaurant schaut man ins Grüne!

LIPPSTADT

Nordrhein-Westfalen – 66 940 Ew. – Höhe 75 m – Siehe Regionalatlas **27-F10**
Berlin 436 km – Düsseldorf 142 km – Bielefeld 55 km – Meschede 43 km
Michelin Straßenkarte 542

Welcome Hotel
Rest,
Lipper Tor 1 ✉ 59555 – ✆ (02941) 98 90 – www.welcome-hotel-lippstadt.de
80 Zim – †91/142 € ††102/182 €, 9 € – 2 Suiten – ½ P
Rest – Karte 18/33 €
Nicht nur Geschäftsleute übernachten gerne in den recht geräumigen Zimmern hier, auch Radfahrer sind häufig zu Gast - das Hotel liegt schließlich günstig am Ufer der Lippe! Im Restaurant gibt es internationale Speisen aus der kleinen offenen Küche, ebenso im Biergarten am Wasser!

Lippischer Hof garni

Cappelstr. 3, (Ecke Mühlenstraße) ✉ 59555 – ✆ (02941) 9 72 20 – www.bestwestern.de

49 Zim – 61/105 € 94/120 €

Die Lage im Zentrum und die praktische Ausstattung machen das Businesshotel interessant. Tagsüber können Sie sich hier Fahrräder leihen, abends bei einem Getränk in der Bar sitzen - sie ist rund 100 Jahre alt, sehr nett und rustikal!

Fellini

Cappelstr. 44a ✉ 59555 – ✆ (02941) 92 41 50 – www.fellini-lippstadt.de – geschl. Sonntag

Karte 33/56 € – *(nur Abendessen)*

Sie mögen frische italienische Küche? Die gibt es in diesem Fachwerkhaus a. d. 18. Jh. unweit des Marktplatzes. Schön sowohl das helle moderne Ambiente drinnen als auch die überdachbare Terrasse, freundlich der Service durch die Chefin.

In Lippstadt-Bad Waldliesborn Nord: 5 km über B 55

Parkhotel Ortkemper (mit Gästehaus) Rest,

Liesbornerstr. 30 ✉ 59556 – ✆ (02941) 88 20 – www.parkhotelortkemper.de

40 Zim – 51/55 € 76/80 € – 2 Suiten – ½ P

Rest – Karte 20/38 € – *(geschl. Sonntagabend) (nur Abendessen)*

Nicht nur die zeitgemäße und freundliche Einrichtung in Zimmern und Restaurant ist hier ein Pluspunkt, sondern auch die Lage: Familie Ortkemper hat ihr Hotel nämlich in einer ruhigen Wohngegend am Waldrand, direkt am Kurpark. Zum Gästehaus - hier auch die Sauna - sind es nur ca. 40 m.

LODDIN – Mecklenburg-Vorpommern ➜ Siehe Usedom (Insel)

LÖBAU

Sachsen – 15 950 Ew. – Höhe 263 m – Siehe Regionalatlas **44-S12**

Berlin 260 km – Dresden 88 km – Görlitz 29 km – Bautzen 21 km

Michelin Straßenkarte 544

Berg-Gasthof Honigbrunnen Rest,

Löbauer Berg 4 (Ost: 2,5 km) ✉ 02708 – ✆ (03585) 4 13 91 30 – www.honigbrunnen.de

23 Zim – 62 € 100 €, 8 €

Rest – Karte 21/30 € – *(Montag - Freitag nur Abendessen)*

1896 als Ausflugslokal erbaut, bei einem Brand zerstört und mit enormem Aufwand restauriert. Die Mühe hat sich gelohnt: die historische Fassade ist wiederhergestellt, das Interieur geschmackvoll. Einmalige Panoramalage, fantastischer Blick von der Terrasse!

LÖCHGAU

Baden-Württemberg – 5 390 Ew. – Höhe 260 m – Siehe Regionalatlas **55-G18**

Berlin 614 km – Stuttgart 33 km – Karlsruhe 64 km – Pforzheim 37 km

Michelin Straßenkarte 545

Zur Krone N

Hauptstr. 63 ✉ 74369 – ✆ (07143) 1 82 17 – www.krone-loechgau.de – geschl. Montagabend, Samstagmittag

Karte 22/42 €

Schon von außen lässt das Gasthaus mit der jahrhundertelangen Tradition eine gemütlich-rustikale Atmosphäre vermuten - und dazu passt die bürgerlich-regionale Küche des Chefs! Die schmeckt natürlich auch im schönen Innenhof.

LÖHNE

Nordrhein-Westfalen – 40 080 Ew. – Höhe 70 m – Siehe Regionalatlas **28-G9**

Berlin 370 km – Düsseldorf 208 km – Bielefeld 39 km – Hannover 85 km

Michelin Straßenkarte 543

Schewe

Dickendorner Weg 48 ✉ *32584 – ✆ (05732) 9 80 30 – www.hotel-schewe.de – geschl. 12. - 19. Juli*
22 Zim – †50/60 € ††62/68 €, ☕ 8 € – ½ P
Rest *Schewe* – siehe Restaurantauswahl
Eine tadellose Adresse: Ruhig ist die Lage des gut geführten Familienbetriebs in einer Wohngegend, neuzeitlich eingerichtete Gästezimmer stehen hier bereit.

Schewe – Hotel Schewe

Dickendorner Weg 48 ✉ *32584 – ✆ (05732) 9 80 30 – www.hotel-schewe.de – geschl. 12. - 19. Juli*
Menü 26/38 € – Karte 22/45 € – *(geschl. Sonntagabend) (nur Abendessen)* (Tischbestellung ratsam)
Ein Hauch Süden weht durch die Räumlichkeiten des Lokals - das liegt sicher auch an den vorherrschend freundlichen Farben. Viele Stammgäste halten Familie Schewe seit Jahren die Treue.

LÖNINGEN

Niedersachsen – 13 060 Ew. – Höhe 22 m – Siehe Regionalatlas **16**-E7
Berlin 290 km – Bremen 88 km – Nordhorn 65 km – Enschede 101 km
Michelin Straßenkarte 541

Rüwe

Parkstr. 15 ✉ *49624 – ✆ (05432) 9 42 00 – www.hotel-ruewe.de – geschl. 27. Dezember - 15. Januar*
11 Zim ☕ – †59/68 € ††89/98 € – ½ P
Rest – Karte 23/44 € – *(geschl. Montag) (nur Abendessen)*
In dem kleinen Hotel sorgen Rita und Hans-Herrmann Rüwe dafür, dass alles tipptopp gepflegt ist. Wohnliche Zimmer mit Parkett, teils auch mit Balkon oder schöner Dachterrasse. Zum Restaurant gehören eine nette begrünte Terrasse und ein kleiner Barbereich. Fahrradverleih.

LÖRRACH

Baden-Württemberg – 48 630 Ew. – Höhe 294 m – Siehe Regionalatlas **61**-D21
Berlin 862 km – Stuttgart 265 km – Freiburg im Breisgau 70 km – Basel 9 km
Michelin Straßenkarte 545

Villa Elben garni

Hünerbergweg 26 ✉ *79539 – ✆ (07621) 57 70 80 – www.villa-elben.de*
34 Zim ☕ – †85/95 € ††115/130 €
Schön wohnt man bei der sympathischen Gastgeberin Corinna Harrer: stilvoll die Lobby, tipptopp gepflegt die Zimmer, chic der moderne Frühstücksraum (gut das Buffet!), und versäumen Sie es nicht, im Sommer auf der Dachterrasse zu entspannen!

Am Burghof

AC Zim, Zim,

Herrenstr. 3 ✉ *79539 – ✆ (07621) 94 03 80 – www.amburghof.de*
8 Zim ☕ – †80/100 € ††120/140 € – ½ P
Rest – Karte 17/28 € – *(geschl. Sonntag)*
Die Innenstadtlage direkt am Burghof ist ideal, die Zimmer sind schön zeitgemäß und im EG hat man eine Lounge-Bar, deren kleines Speisenangebot Pizza, Pasta und Risotto sowie Klassiker wie Rumpsteak oder Schnitzel umfasst. Hier können Sie auch nett draußen sitzen.

Drei König

Basler Str. 169, (Empfang in der 2. Etage) ✉ *79539 – ✆ (07621) 5 50 47 90 – www.hotel-dreikoenig.de*
17 Zim ☕ – †95 € ††135 €
Rest *Drei König* – siehe Restaurantauswahl
Zentraler geht es kaum: Das kleine Hotel liegt direkt am Marktplatz, ein Parkhaus finden Sie nur 1 Minute entfernt! Chic das klare moderne Design und auch technisch sind die Zimmer "up to date". Im EG gibt es eine Bar nebst Delikatessen.

Zum Kranz

Basler Str. 90 ✉ 79540 – ✆ (07621) 8 90 83
– www.kranz-loerrach.de
9 Zim – 🚹70/81 € 🚹🚹86/110 €, ☕ 6 €
Rest – Menü 30 € (mittags)/68 € – Karte 28/62 € – *(geschl. Montag)*
Schön frisch, hell und ländlich-modern - das regionstypische Gasthaus geht mit der Zeit, Zimmer und Restaurant sind gleichermaßen ansprechend. Letzteres bietet Klassiker und auch international beeinflusste Gerichte.

Drei König – Hotel Drei König

Basler Str. 169, (1. Etage) ✉ 79539 – ✆ (07621) 5 50 47 90
– www.restaurant-dreikoenig.de – geschl. Montag
Menü 49 € – Karte 41/71 € – (abends Tischbestellung ratsam)
Ansprechend der große Raum mit Parkettboden und schönen Tischen. Sind Ihnen die Skulpturen aufgefallen? Der Chef hat sie selbst gefertigt. Aus der Küche kommen z. B. "Saltimbocca mit Salbeiravioli" oder "Wiener Schnitzel mit lauwarmem Kartoffelsalat". Von der Balkonterrasse hat man den Marktplatz im Blick.

Am Burghof

Herrenstr. 3, (1. Etage) ✉ 79539 – ✆ (07621) 9 40 38 50
– www.restaurant.amburghof.de – geschl. Sonntag - Montag
Menü 30 € (mittags)/58 € – Karte 28/60 € – (Tischbestellung ratsam)
"Hausgemachte Steinpilzravioli im Salbei-Gemüsefond mit Parmesan", "Filet vom Glattbutt mit Blattspinat und Safran-Gemüserisotto", "eingemachter Weinbergpfirsich in Orangensauce mit Crêpe und Walnusseis"... die gute Küche genießt man in geradlinig-modernem Ambiente. Vor der Fensterfront die schöne Terrasse.

In Lörrach-Brombach Nord-Ost: 4 km, über Brombacher Straße, jenseits der A 98

Villa Feer

Beim Haagensteg 1 ✉ 79541 – ✆ (07621) 5 79 10 77 – www.villa-feer.com
– geschl. Mitte - Ende März, Mitte - Ende Oktober und Montag - Dienstag
Menü 26 € (mittags)/56 € – Karte 46/66 €
Was Kathrin Bucher in diversen guten Adressen (u. a. in Kanada, Schottland, den Niederlanden und der Schweiz) an Erfahrungen gesammelt hat, kommt Ihnen in der schmucken alten Villa zu Gute. Mit harmonischen Gerichten wie "gebratenem Filet vom Zander auf Champagner-Choucroute mit hausgemachten Farfalle" hat sie sich in der Region einen Namen gemacht. Toll der Garten!

In Lörrach-Haagen Nord-Ost: 3,5 km über B 317, jenseits der A 98

Burgschenke Rötteln

Röttelnweiler 47 (in der Burg Rötteln) ✉ 79541 – ✆ (07621) 5 21 41
– www.burgroetteln.com – geschl. Januar 2 Wochen und Sonntag - Montag
Menü 30 € (mittags unter der Woche)/52 € – Karte 34/72 € – (Tischbestellung ratsam)
Das hat Charme: der historische Rahmen, die drei kleinen Räume (Tipp: die Fensterplätze in der "Laube") und nicht zuletzt die herzliche Chefin Dörthe Stein! Klassiker sind z. B. Räucherlachstatar, Wachtelbrust oder Rinderfilet. Schön der Biergarten (mit Selbstbedienung) - auch an sonnigen Wintertagen!

In Lörrach-Tüllingen Süd-West: 3,5 km, jenseits der B 317

Maien

Dorfstr. 49 ✉ 79539 – ✆ (07621) 27 90 – www.maien-loerrach.de
10 Zim ☕ – 🚹69/79 € 🚹🚹99 €
Rest *Gasthaus Maien* – siehe Restaurantauswahl
Ein kleines Gasthaus a. d. 19. Jh. in Panoramalage über Lörrach. Gastgeber und Küchenchef Marco Weiß ist hier mit Engagement bei der Sache und bietet wohnlich-moderne Zimmer, gestaltet nach den Elementen Feuer, Wasser, Luft und Erde.

Gasthaus Maien – Hotel Gasthaus Maien
Dorfstr. 49 ✉ 79539 – ✆ (07621) 27 90 – www.maien-loerrach.de – geschl. Montag - Dienstag
Menü 20 € (mittags)/55 € – Karte 36/58 €
Kommen Sie wegen der tollen Aussicht oder doch eher wegen der guten Küche? Im hübschen Restaurant mit Panoramafenstern - und natürlich auf der Terrasse - genießt man sowohl den Blick ins Tal als auch schmackhafte internationale Gerichte wie Cordon bleu oder Hirschkalbsrücken! Rustikaler ist die hintere Stube.

In Inzlingen Süd-Ost: 6 km über B 316 Richtung Rheinfelden

Krone (mit Gästehaus)
Riehenstr. 92 ✉ 79594 – ✆ (07621) 22 26 – www.krone-inzlingen.de
23 Zim – 69/79 € 85/95 €, 8 €
Rest *Krone* – siehe Restaurantauswahl
Kein Wunder, dass Familie Wiedmer so viele Gäste hat, denn das hier ist ein wirklich gepflegtes Haus mit freundlichen, komfortablen Zimmern und gutem Frühstück - und es ist ideal für Baselbesucher, die etwas günstiger wohnen möchten!

Inzlinger Wasserschloss mit Zim (mit Gästehaus)
Riehenstr. 5 ✉ 79594 – ✆ (07621) 4 70 57 – www.inzlinger-wasserschloss.de – geschl. Dienstag - Mittwoch
12 Zim – 75/89 € 115/145 € – ½ P
Menü 40 € (mittags unter der Woche)/102 € – Karte 49/95 €
Denkmalgeschütztes Gemäuer, ein Wassergraben drum herum, stilvoll-elegantes Interieur... Hier bieten Vater und Tochter Beha z. B. "pochierten Atlantiksteinbutt in Champagnersauce auf Blattspinat" oder "Kalbsfilet und junge Bressetaube in Trüffelsauce". Übernachten können Sie im 150 m entfernten Gästehaus.

Krone – Hotel Krone
Riehenstr. 92 ✉ 79594 – ✆ (07621) 22 26 – www.krone-inzlingen.de
Menü 33/68 € – Karte 32/66 €
Das Ambiente stylish und chic, die Küche klassisch mit internationalen Einflüssen. Auf der Karte finden sich z. B. "Rinderfilet an Cognac-Pfefferrahmsauce" oder "Kabeljau auf Curry-Linsengemüse", und als Dessert vielleicht ein "Mousse von der belgischen Callebaut-Schokolade"?

LOHMAR

Nordrhein-Westfalen – 31 280 Ew. – Höhe 70 m – Siehe Regionalatlas **36-C12**
Berlin 587 km – Düsseldorf 63 km – Bonn 16 km – Siegburg 5 km
Michelin Straßenkarte 543

In Lohmar-Wahlscheid Nord-Ost: 4 km über B 484

Schloss Auel
Haus Auel 1 (an der B 484) ✉ 53797 – ✆ (02206) 6 00 30 – www.schlossauel.de
20 Zim – 75/95 € 95/140 €, 15 € – 1 Suite – ½ P
Rest *Schloss Auel* – Menü 35/69 € – Karte 34/51 €
Historischen Charme versprüht das wunderbare dreiflügelige Schloss am Golfplatz. Stilgerecht hat man zahlreiche Antiquitäten in die individuelle und sehr wohnliche Einrichtung integriert. Auch eine Kapelle gehört zum Haus. Zwei Ferienwohnungen im Gästehaus. Alternativ zum Restaurant gibt es Snacks im Bistro.

Aggertal-Hotel Zur alten Linde
Bartholomäusstr. 8 ✉ 53797 – ✆ (02206) 9 59 30 – www.meine-alte-linde.de – geschl. Januar 1 Woche, Ende Juli - Anfang August 2 Wochen
27 Zim – 72/94 € 105/155 €, 10 € – ½ P
Rest – Menü 26/42 € – Karte 25/61 € – *(Montag - Samstag nur Abendessen)*
Recht ruhig liegt der Familienbetrieb neben der Kirche. Die Zimmer sind wohnlich-rustikal gestaltet, für das Frühstück steht der Wintergarten bereit. Das Restaurant: mediterrane Brasserie, behagliche Stube und Terrasse hinterm Haus sowie Biergarten unter der 1000-jährigen Linde. Sonntags Brunch.

LOHME – Mecklenburg-Vorpommern ➜ Siehe Rügen (Insel)

LOHR am MAIN

Bayern – 15 600 Ew. – Höhe 161 m – Siehe Regionalatlas **48-H15**
▶ Berlin 521 km – München 321 km – Würzburg 56 km – Aschaffenburg 35 km
Michelin Straßenkarte 546

Franziskushöhe

Ruppertshüttener Str. 70 ✉ 97816 – ✆ (09352) 60 40 – www.franziskushoehe.de
68 Zim – †79/129 € ††89/129 €, ☕ 16 € – ½ P
Rest – Menü 24/45 € – Karte 29/49 € – *(Montag - Freitag nur Abendessen)*
Das Hotel in ruhiger erhöhter Lage am Waldrand ist gut für Tagungen und Veranstaltungen geeignet. Die zeitgemäßen Zimmer sind alle mit DVD-Player ausgestattet. Kinderspielplatz. Restaurant mit bürgerlicher Karte und beliebter Terrasse mit Aussicht.

Bundschuh (mit Gästehaus)

Am Kaibach 7 ✉ 97816 – ✆ (09352) 8 76 10 – www.hotelbundschuh.de – geschl. Ende Dezember - Anfang Januar
38 Zim ☕ – †67/90 € ††83/114 € **Rest** – *(nur Abendessen für Hausgäste)*
Das Hotel der Familie Bundschuh liegt in einer Nebenstraße im Zentrum und bietet wohnliche, individuelle Zimmer, teils mit Terrasse oder Balkon. Jugendstilvilla als Gästehaus.

In Lohr-Wombach Süd: 2 km über Westtangente

Spessarttor (mit Gästehaus)

Wombacher Str. 140 ✉ 97816 – ✆ (09352) 8 73 30 – www.hotel-spessarttor.de
35 Zim ☕ – †48/75 € ††88/105 € – ½ P
Rest – Karte 27/45 € – *(geschl. Montagmittag, Dienstag)*
Die freundlich in wohnlich-ländlichem Stil eingerichteten Zimmer dieses Familienbetriebs verteilen sich auf das Haupthaus und das etwas ruhigere, 500 m entfernte Gästehaus. Gemütlich sitzt man im holzgetäfelten Restaurant mit Stubencharakter.

LONGUICH

Rheinland-Pfalz – 1 250 Ew. – Höhe 130 m – Siehe Regionalatlas **45-B15**
▶ Berlin 710 km – Mainz 141 km – Trier 14 km – Saarbrücken 86 km
Michelin Straßenkarte 543

WeinKulturgut Longen-Schlöder (N)

Kirchenweg 9 ✉ 54340 – ✆ (06502) 83 45 – www.longen-schloeder.de – geschl. 21. Dezember - 12. Januar
20 Zim ☕ – †105 € ††140 € – ½ P
Rest – Karte 22/46 € – *(geschl. 21. Dezember - 29. Januar und Dienstag)*
Winzer und Gastronom Markus Longen hat hier nicht nur ein Weingut und ein Restaurant, sondern auch ein ansprechendes Hotelkonzept: 20 kleine Winzerhäuschen inmitten einer Streuobstwiese - von Matteo Thun geradlinig-modern und mit heimischen Materialien designt. In der Vineria-Vinothek: Weinstubenkarte mit regionalen Produkten sowie wechselndes Angebot auf der Tafel.

LORSCH

Hessen – 13 110 Ew. – Höhe 98 m – Siehe Regionalatlas **47-F16**
▶ Berlin 595 km – Wiesbaden 65 km – Mannheim 35 km – Darmstadt 29 km
Michelin Straßenkarte 543

Zum Schwanen

Nibelungenstr. 52 ✉ 64653 – ✆ (06251) 5 22 53 – www.zum-schwanen-lorsch.de – geschl. Februar 10 Tage, Juni 2 Wochen, Oktober 10 Tage und Montag
Karte 35/58 € – *(nur Abendessen, sonntags auch Mittagessen)* (Tischbestellung ratsam)
Hier kochen Chef und Chefin selbst: Lassen Sie sich mit regionalen Klassikern wie "Medaillons vom Rinderfilet" verwöhnen! Viel dunkles Holz sowie reichlich Bilder und Porzellan als Dekoration machen das Restaurant charmant-gediegen.

LOSHEIM AM SEE

Saarland – 16 290 Ew. – Höhe 300 m – Siehe Regionalatlas **45-B16**
Berlin 749 km – Saarbrücken 56 km – Merzig 12 km – Luxembourg 70 km
Michelin Straßenkarte 543

Am Stausee Nord: 1 km

Hochwälder Wohlfühlhotel

Zum Stausee 192 ✉ 66679 – ✆ (06872) 9 69 20 – www.hochwaelder-wohlfuehlhotel.de
62 Zim – 79/87 € 119/129 € – ½ P
Rest – Menü 29 € – Karte 27/57 € – *(geschl. Sonntagabend - Freitagmittag, Samstagmittag)*
Die Schokoladenseite dieses Hotels ist ganz klar die dem Stausee zugewandte Seite: schön die Aussicht von den Zimmern hier! Erholung finden Sie aber auch bei Kosmetikanwendungen oder aber im Restaurant Hochwälder Kulinarium mit Terrasse zum See. Dazu die benachbarte Hausbrauerei mit Biergarten.

LOTTSTETTEN

Baden-Württemberg – 2 170 Ew. – Höhe 433 m – Siehe Regionalatlas **62-F21**
Berlin 813 km – Stuttgart 180 km – Freiburg im Breisgau 106 km – Schaffhausen 12 km
Michelin Straßenkarte 545

In Lottstetten-Nack Süd: 1,5 km

Gasthof zum Kranz

Dorfstr. 23 ✉ 79807 – ✆ (07745) 73 02 – www.gasthof-zum-kranz.de – geschl. Februar 2 Wochen, August 3 Wochen und Dienstag - Mittwoch
Karte 30/56 € – (Tischbestellung ratsam)
Gerd Saremba ist in dem Gasthof von 1769 bereits die 7. Generation der Familie. Er ist nicht nur Gastgeber, sondern steht auch am Herd und kocht klassische und international beeinflusste Speisen, die richtig gut schmecken - im Herbst sollten Sie unbedingt Wild probieren!

LUCKENWALDE

Brandenburg – 20 420 Ew. – Höhe 48 m – Siehe Regionalatlas **32-P9**
Berlin 58 km – Potsdam 45 km – Brandenburg 74 km – Cottbus 108 km
Michelin Straßenkarte 542

Vierseithof

Haag 20, (Eingang Am Herrenhaus) ✉ 14943 – ✆ (03371) 6 26 80 – www.vierseithof.de
42 Zim – 55/75 € 65/119 € – ½ P
Rest – Menü 20/55 € – Karte 21/36 € – *(geschl. Montag; September - Mai: Sonntag, Montag) (Dienstag - Freitag nur Abendessen)*
1782 wurde die einstige Tuchfabrik als Herrenhaus erbaut. Heute ist das schöne denkmalgeschützte Anwesen ein neuzeitliches Hotel mit einer geschmackvollen Kunstsammlung. Zurückhaltend elegantes Restaurant mit hübscher Innenhofterrasse.

LUDORF

Mecklenburg-Vorpommern – 510 Ew. – Höhe 67 m – Siehe Regionalatlas **13-N6**
Berlin 144 km – Schwerin 104 km – Neubrandenburg 69 km – Waren (Müritz) 26 km
Michelin Straßenkarte 542

Gutshaus Ludorf (mit Gästehaus)

Rondell 7 ✉ 17207 – ✆ (039931) 84 00 – www.gutshaus-ludorf.de – geschl. 5. Januar - 12. März, 14. - 29. Dezember
23 Zim – 67/99 € 98/180 € – 2 Suiten – ½ P
Rest *Morizaner* – siehe Restaurantauswahl
Das barocke Gutshaus an der Müritz verbirgt hinter der hübschen Backsteinfassade a. d. 17. Jh. ein wunderschönes Interieur mit historischem Charme. Zimmer teils mit Parkett.

XX **Morizaner** – Hotel Gutshaus Ludorf

Rondell 7 ✉ 17207 – ✆ (039931) 84 00 – www.gutshaus-ludorf.de – geschl. 5. Januar - 12. März, 14. - 29. Dezember

Menü 35/65 € – Karte 29/67 € – *(nur Abendessen)*

Das an der Müritz gelegene Gutshaus im Stil der dänischen Klinkerrenaissance ist eine der empfehlenswertesten Adressen der Region. In der Küche verarbeitet man hauptsächlich Produkte aus heimatlichen Gefilden.

LUDWIGSBURG

Baden-Württemberg – 88 680 Ew. – Höhe 293 m – Siehe Regionalatlas **55-G18**

Berlin 617 km – Stuttgart 15 km – Heilbronn 36 km – Karlsruhe 86 km

Michelin Straßenkarte 545

nestor

Stuttgarter Str. 35/2 ✉ 71638 – ✆ (07141) 96 70 Stadtplan : B2**a**

– www.nestor-hotel-ludwigsburg.de

178 Zim – †119/199 € ††129/199 €, ☕ 17 € – 1 Suite – ½ P

Rest – Menü 30/44 € – Karte 33/57 €

Das am Schlosspark gelegene denkmalgeschützte Backsteingebäude von 1871, einst eine Garnisonsbäckerei, ist heute ein Stadthotel mit modernen, meist geräumigen Zimmern. Restaurant im schönen Glasanbau entlang der historischen Hauswand, davor die hübsche Terrasse.

NH Ludwigsburg garni
Pflugfelder Str. 36 ✉ 71636 – ✆ (07141) 1 50 90 Stadtplan : A2**c**
– www.nh-hotels.de
130 Zim – 79/149 € 79/149 €, 17 €
Das Businesshotel befindet sich neben der Arena Ludwigsburg, nicht weit vom Bahnhof. Moderne Zimmer in klaren Linien und frischen hellen Tönen. Lobby-Bar, kleine Terrasse am Haus.

Favorit garni
Gartenstr. 18 ✉ 71638 – ✆ (07141) 97 67 70 Stadtplan : A1**r**
– www.hotel-favorit.de – geschl. 23. Dezember - 2. Januar
88 Zim – 69/125 € 99/150 €
Ideal für den Businessgast: praktische und zentrale Lage, gut ausgestattete Zimmer und schönes Frühstücksbuffet. Immer wieder wird hier investiert, modernisiert und aufgefrischt - und das sieht man!

Alte Sonne
Bei der kath. Kirche 3 ✉ 71634 – ✆ (07141) 6 43 64 80 Stadtplan : B1**n**
– www.altesonne-durst.de – geschl. über Fasching 1 Woche und Montag - Dienstag
Menü 33/49 € – Karte 32/58 €
In modern-elegantem Ambiente oder in legerer Bistro-Atmosphäre verwöhnt Sie Laurent Durst mit einer großen Bandbreite an Gerichten vom "24 h geschmorten Schaufelstück von der Färse" über "Bouillabaisse à la Laurent" bis hin zum Gourmetmenü. Dazu ein angenehm unkomplizierter Service.

Post-Cantz
Eberhardstr. 6 ✉ 71634 – ✆ (07141) 92 35 63 Stadtplan : B1**e**
– www.post-cantz.de – geschl. 1. - 7. Januar, Juni 1 Woche und Mittwoch - Donnerstag
Menü 17/45 € – Karte 20/52 €
In dem Traditionshaus a. d. 18. Jh. zeigt sich Familie Buhl in 3. Generation unverändert engagiert! Der Gastgeber kocht selbst - Sie werden sehen, "Saure Nierle" schmecken ebenso gut wie frischer Fisch!

Erwarten Sie in einem X oder nicht den gleichen Service wie in einem XXXXX oder .

In Freiberg am Neckar Nord: 4 km über Bottwartalstraße B1 – Höhe 410 m

Am Wasen garni
Wasenstr. 7 ✉ 71691 – ✆ (07141) 2 74 70 – www.hotelamwasen.de
25 Zim – 70/82 € 94/105 €
Wer ruhig und etwas abseits vom Trubel in familiär-privater Atmosphäre übernachten möchte, ist hier genau richtig! Die Zimmer sind gepflegt und mit neuer Technik ausgestattet.

LUDWIGSHAFEN am RHEIN

Rheinland-Pfalz – 165 560 Ew. – Höhe 96 m – Siehe Regionalatlas **47**-F16
Berlin 615 km – Mainz 82 km – Mannheim 6 km – Kaiserslautern 55 km
Michelin Straßenkarte 543

Europa Hotel
Am Ludwigsplatz 5, (Zufahrt über Ludwigstraße) ✉ 67059 – ✆ (0621) 5 98 70
– www.europa-hotel.com
112 Zim – 99/139 € 129/169 € – ½ P
Rest – Menü 35/80 € – Karte 26/50 € – *(geschl. Samstagmittag, Sonntagmittag)*
Businesshotel mitten im Zentrum - Shopping-Begeisterte zieht es in die fußnahe "Rhein-Galerie". Einige Zimmer in modernen warmen Brauntönen, die nach hinten liegen ruhiger.

A table

Welserstr. 25 ✉ 67063 – ✆ (0621) 68 55 65 65 – www.atable.lu – geschl. März - April 1 Woche und Samstagmittag, Sonntag - Montagmittag
Menü 32 € (mittags)/75 € – Karte 47/74 €
Hier sitzt man in hellem, freundlichem und modernem Ambiente und lässt sich vom angenehm natürlichen und fachlich versierten Service um Sybille Herbst (sie empfiehlt auch die überwiegend regionalen Weine) mit den klassisch geprägten Speisen von Swen Bultmann umsorgen, darunter Schmackhaftes wie z. B. "St. Pierre mit Artischocken, Bohnen und Tomatentortellini".

In Ludwigshafen-Friesenheim

Business-Hotel René Bohn garni

René-Bohn-Str. 4 ✉ 67063 – ✆ (0621) 6 09 91 00 – www.renebohn.basf.de – geschl. 21. Dezember - 6. Januar
80 Zim – 140 € 170 € – 8 Suiten
Wenn Sie sich für dieses sehr gut geführte Businesshotel nahe dem Werksgelände der BASF interessieren, sollten Sie frühzeitig buchen, denn das Haus ist stark frequentiert! Das Ambiente ist geradlinig-modern, warme Farben schaffen Wohnlichkeit. Restaurant nur für Veranstaltungen.

Turmrestaurant

Erzbergerstr. 69, (im Ebertpark) ✉ 67063 – ✆ (0621) 54 96 53 09 – www.turmrestaurant-ludwigshafen.de
Menü 30/59 € – Karte 32/66 € – *(nur Abendessen)*
Bistro – Menü 12 € (mittags unter der Woche) – Karte 26/47 €
Fast schon ein bisschen schlossartig steht das 1925 als klassisches Kaffeehaus erbaute Gebäude mitten im Ebertpark. Drinnen modern, draußen eine tolle Terrasse - der perfekte Rahmen für die frische Saisonküche, aus der man Gerichte wie "Zander mit bunten Linsen und Speckkartoffeln" probieren sollte! Alternativ gibt's im Bistro Internationales von Flammkuchen über Steak bis Fondue.

Bella Capri

Arnimstr. 2 ✉ 67063 – ✆ (0621) 69 20 45 – www.bellacapri.net – geschl. Montag, Samstagmittag
Menü 28 € (mittags)/90 € – Karte 29/58 €
Was könnte bei dem gebürtigen Neapolitaner Francesco Mucciolo und seiner Frau wohl naheliegender sein als klassisch italienische Küche? Dazu gibt es eine schöne Weinauswahl, modern-elegantes Ambiente und den familiären Charme, für den das Haus bereits über 30 Jahre bekannt ist!

Das Gesellschaftshaus

Wöhlerstr. 15 ✉ 67063 – ✆ (0621) 6 07 88 88 – www.gesellschaftshaus.basf.de – geschl. 24. Dezember - 1. Januar und Samstag - Sonntag sowie an Feiertagen
Menü 55/100 € – Karte 44/84 € – *(nur Abendessen)*
Was da so schön, geradezu herrschaftlich daherkommt, ist das historische Gesellschaftshaus der BASF. Klassisches Interieur, rote Lederpolster, hohe Decken... ein ansprechendes Bild! Der kompetente Service samt guter Sommelier-Empfehlungen passt zur ambitionierten Küche mit mediterranen Akzenten.

In Altrip Süd-Ost: 10 km

Darstein

Rest, Rest,

Zum Strandhotel 10, (im Naherholungsgebiet Blaue Adria) ✉ 67122 – ✆ (06236) 44 40 – www.hotel-darstein.de
51 Zim – 66/109 € 94/118 € – ½ P
Rest *Pfälzer* – Menü 35 € – Karte 22/42 € – *(geschl. Montagmittag, Dienstagmittag; Oktober - März: Sonntagabend, Montagmittag, Dienstagmittag)*
Mitten im Naherholungsgebiet "Blaue Adria", den See direkt vor der Tür... aber nicht nur die Lage ist schön: Das gewachsene Hotel ist modern eingerichtet, hat geräumige Zimmer und mit Familie Darstein zudem noch engagierte Gastgeber. Der Junior bietet im "Pfälzer" eine aufgepeppte Regionalküche. Neben einem top Tagungsbereich hat man sogar eine eigene Hochzeitsinsel!

LUDWIGSLUST

Mecklenburg-Vorpommern – 12 340 Ew. – Höhe 35 m – Siehe Regionalatlas **11-L6**

Berlin 180 km – Schwerin 38 km – Güstrow 98 km – Hamburg 118 km

Michelin Straßenkarte 542

Hotel de Weimar

Rest, Zim, P

Schlossstr. 15 (Zufahrt über Gartenstraße) ✉ 19288 – ✆ (03874) 41 80 – www.hotel-de-weimar.de – geschl. 17. - 26. Dezember

44 Zim – 59/105 € 85/150 € – 2 Suiten – ½ P

Rest *Ambiente* – Menü 28/80 € – Karte 34/56 € – *(geschl. Sonntag)*

Gediegen und stilvoll wohnt es sich nur wenige Gehminuten vom Schloss entfernt, und zwar im ehemaligen Palais der Fürstin von Weimar! Auch zum Essengehen ist das Haus eine schöne Adresse: Das Restaurant Ambiente befindet sich im glasüberdachten Innenhof und bietet ambitionierte internationale Küche, dazu eine gute Weinauswahl.

LÜBBECKE

Nordrhein-Westfalen – 25 640 Ew. – Höhe 75 m – Siehe Regionalatlas **17-F8**

Berlin 373 km – Düsseldorf 215 km – Bielefeld 42 km – Bremen 105 km

Michelin Straßenkarte 543

Quellenhof

Zim, P

Obernfelder Allee 1 ✉ 32312 – ✆ (05741) 3 40 60 – www.quellenhof-luebbecke.de – geschl. 1. - 11. Januar, 2. - 23. Juli

23 Zim – 68/70 € 90/93 € – 1 Suite – ½ P

Rest – Menü 16 € (mittags)/35 € – Karte 25/47 € – *(geschl. Freitag, Sonntagabend) (nur Abendessen, sonntags auch Mittagessen)*

Freundlich wird das kleine Hotel von Familie Kleffmann geleitet. Es erwarten Sie funktionelle Zimmer und eine gepflegte Außenanlage mit Forellenteich. In ländlichem Stil gehaltenes Restaurant mit Wintergartenvorbau und schöner Sonnenterrasse.

LÜBBEN

Brandenburg – 14 050 Ew. – Höhe 50 m – Siehe Regionalatlas **33-Q9**

Berlin 84 km – Potsdam 99 km – Cottbus 53 km

Michelin Straßenkarte 542

Strandhaus

Zim, AC Zim, Rest, P

Ernst-von-Houwald-Damm 16 ✉ 15907 – ✆ (03546) 73 64 – www.strandhaus-spreewald.de

20 Zim – 98/168 € 128/188 € – 4 Suiten – ½ P

Rest *Strandcafé* – Menü 24 € (mittags)/48 € – Karte 29/43 €

Das hat schon was: mitten im Ort und dennoch sehr idyllisch direkt an der Spree gelegen, und dazu noch richtig schön in wohnlich-modernen Stil eingerichtet... Wer mehr Komfort möchte, sollte nach den Juniorsuiten oder den Spa-Suiten fragen! Zum Essen (regionale Küche) sitzt man natürlich am besten auf der herrlichen Spreeterrasse.

LÜBBENAU

Brandenburg – 16 720 Ew. – Höhe 52 m – Siehe Regionalatlas **33-Q10**

Berlin 95 km – Potsdam 113 km – Cottbus 35 km

Michelin Straßenkarte 542

Schloss Lübbenau (mit Gästehaus)

P

Schlossbezirk 6 ✉ 03222 – ✆ (03542) 87 30 – www.schloss-luebbenau.de

58 Zim – 70/140 € 120/170 € – 8 Suiten – ½ P

Rest – Menü 26/76 € – Karte 24/49 € – *(geschl. über Weihnachten)*

Mit Stil hat die Grafenfamilie zu Lynar in dem Schloss mitten in einem wunderbaren Park ein Stück Historie bewahrt: schöner alter Treppenaufgang, klassische Zimmer (sehr geschmackvoll die neueren Zimmer im Marstall!) sowie elegantes Restaurant und Jagdstube. Hinzu kommt die Brasserie mit etwas bodenständigerer Küche. Und im ehrwürdigen Gewölbe: der Saunabereich.

Spreewaldeck

Dammstr. 31 ✉ 03222 – ✆ (03542) 8 90 10 – www.spreewaldeck.de
27 Zim – ♦75/85 € ♦♦90/120 € – ½ P
Rest – Karte 14/33 €
Ein familiär geleitetes Hotel nur 300 m vom Kahnfährhafen entfernt mit gepflegten, soliden Gästezimmern, die teilweise auch als Familienzimmer genutzt werden können. Ländlich-rustikale Atmosphäre im Restaurant.

LÜBBOW – Niedersachsen ➜ Siehe Lüchow

LÜBECK

Schleswig-Holstein – 210 580 Ew. – Höhe 13 m – Siehe Regionalatlas **11**-K4
Berlin 263 km – Kiel 92 km – Schwerin 66 km – Neumünster 58 km
Michelin Straßenkarte 541

Hotels

Radisson Blu Senator

Willy-Brandt-Allee 6 ✉ 23554 – ✆ (0451) 14 20 Stadtplan : A2**s**
– www.senatorhotel.de
223 Zim – 🚹134/164 € 🚹🚹134/164 €, ☕ 20 € – 1 Suite
Rest *Nautilo* – Menü 37 € – Karte 36/51 € – *(geschl. Sonntagabend)*
Rest *Kogge* – Karte 21/50 €
Unweit des Holstentors an der Trave gelegenes Businesshotel, das moderne Gästezimmer in klaren Linien sowie einen hochwertig ausgestatteten Tagungsbereich bietet. Nautilo mit elegantem Touch, maritime Note in der Kogge.

Atlantic

Schmiedestr. 9 ✉ 23552 – ✆ (0451) 38 47 90 Stadtplan : A2**b**
– www.atlantic-hotels.de/luebeck
132 Zim – 🚹139/189 € 🚹🚹149/199 €, ☕ 18 € – 3 Suiten – ½ P
Rest *Salis* – ✆ (0451) 38 47 95 83 – Karte 33/48 € – *(geschl. Sonntagmittag)*
Das Haus ist ansprechend in geradlinig-modernem Stil gehalten: klare Linien kombiniert mit warmen Tönen. Fragen Sie nach den Zimmern mit Blick über die Stadt - besonders schön: Studiozimmer mit Dachterrasse im 7. Stock! Im Restaurant Salis isst man zeitgemäß-international (Schwerpunkt Steaks vom Lavasteingrill), mittags kleine Karte. Schöne Smokers Lounge.

Excelsior garni

Hansestr. 3 (über Holstentor A2) ✉ 23558 – ✆ (0451) 8 80 90
– www.hotel-excelsior-luebeck.de
81 Zim ☕ – 🚹62/110 € 🚹🚹78/145 €
Aus drei miteinander verbundenen Stadthäusern besteht das Hotel in Bahnhofsnähe, zu dessen Vorzügen neben der verkehrsgünstigen Lage auch das neuzeitliche Ambiente zählt.

Anno 1216 garni

Alfstr. 38 ✉ 23552 – ✆ (0451) 4 00 82 10 Stadtplan : A2**e**
– www.hotelanno1216.de – geschl. 5. - 16. Januar
8 Zim – 🚹108/128 € 🚹🚹138/148 €, ☕ 18 € – 3 Suiten
Dem schmucken alten Backsteinhaus von 1216 hat man ein wirklich schönes Interieur verpasst: wertig und elegant. Es gibt hier sehr attraktive große Zimmer, antike und moderne Möbel im Mix, überall im Haus toller Dielenboden, hohe Decken und Stuck! Highlight: die Einraumsuiten mit sehenswerter Malerei an Decke bzw. Wänden. Das Frühstück wird serviert und man legt Wert auf familiäre Atmosphäre.

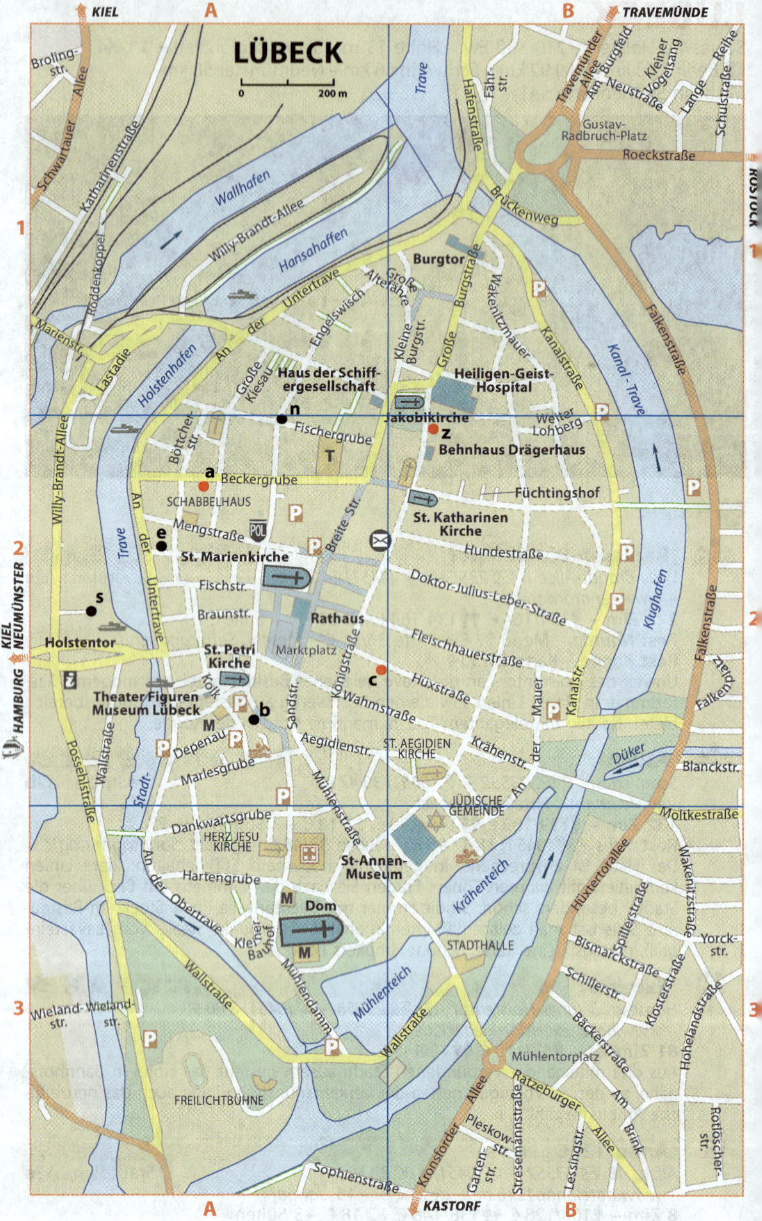
LÜBECK
0
200 m
KIEL
TRAVEMÜNDE
ROSTOCK
KIEL NEUMÜNSTER
HAMBURG
KASTORF
A
B
1
2
3
Burgtor
Haus der Schiffergesellschaft
Heiligen-Geist-Hospital
Jakobikirche
Behnhaus Drägerhaus
Füchtingshof
SCHABBELHAUS
St. Katharinen Kirche
St. Marienkirche
Rathaus
Marktplatz
Holstentor
St. Petri Kirche
Theater Figuren Museum Lübeck
ST. AEGIDIEN KIRCHE
JÜDISCHE GEMEINDE
HERZ JESU KIRCHE
St-Annen-Museum
Dom
STADTHALLE
FREILICHTBÜHNE
Mühlentorplatz
Gustav-Radbruch-Platz
Wallhafen
Hansahafen
Holstenhafen
Trave
Kanal-Trave
Klughafen
Krähenteich
Mühlenteich
Düker
Stadt-Trave
Willy-Brandt-Allee
Schwartauer Allee
Katharinenstraße
Roddenkoppel
Brolingstr.
Marienstr.
Lastadie
An der Untertrave
Große Kiesau
Engelswisch
Alfstr.
Große Altefähre
Kleine Burgstr.
Große Burgstraße
Hafenstraße
Fährstr.
Brückenweg
Wakenitzmauer
Kanalstraße
Travemünder Allee
Am Burgfeld
Neustraße
Kleiner Vogelsang
Lange Reihe
Schulstraße
Roeckstraße
Falkenstraße
Falkenplatz
Weiter Lohberg
Fischergrube
Böttcherstr.
Beckergrube
Mengstraße
Breite Str.
Hundestraße
Doktor-Julius-Leber-Straße
Fischstr.
Braunstr.
Fleischhauerstraße
Hüxstraße
Königstraße
Sandstr.
Wahmstraße
Kolk
Depenau
Marlesgrube
Aegidienstr.
Krähenstr.
An der Mauer
Kanalstr.
Blanckstr.
Moltkestraße
Mühlenstraße
Dankwartsgrube
Hartengrube
An der Obertrave
Kleiner Bauhof
Mühlendamm
Wallstraße
Possehlstraße
Wieland-str.
Wieland-str.
Hüxtertorallee
Spillerstraße
Wakenitzstraße
Yorckstr.
Bismarckstraße
Schillerstr.
Klosterstraße
Hohelandstraße
Bäckerstraße
Am Brink
Ratzeburger Allee
Kronsforder Allee
Pleskowstr.
Gartenstr.
Stresemannstraße
Lessingstr.
Rotlöscherstr.
Sophienstraße
a
b
c
e
n
s
z
T
M
P
POL

Park Hotel garni

Lindenplatz 2 (über Holstentor A2) ✉ *23554 – ✆ (0451) 87 19 70*
– www.parkhotel-luebeck.de
20 Zim ☕ – 🚹63/120 € 🚹🚹83/130 € – 4 Suiten
Die Jugendstilvilla liegt in der Stadtmitte zwischen Holstentor und Bahnhof und verfügt über wohnliche und gepflegte, teils besonders komfortable Zimmer.

Klassik Altstadt Hotel garni

Fischergrube 52 ✉ *23552 – ✆ (0451) 70 29 80* Stadtplan : A2**n**
– www.klassik-altstadt-hotel.de
29 Zim ☕ – 🚹72/115 € 🚹🚹131/138 €
In dem historischen Stadthaus findet sich ein Stück Lübecker Vergangenheit: Die Doppelzimmer sind (in Bild und Text) Persönlichkeiten der Stadt gewidmet, in den Einzelzimmern haben bekannte Künstler ihre Reiseberichte hinterlassen. Schön auch die zeitgemäßen Bäder!

Ibis garni

Fackenburger Allee 54 (über Holstentor A2) ✉ *23554 – ✆ (0451) 4 00 40*
– www.ibishotel.com
85 Zim – 🚹55/83 € 🚹🚹66/104 €, ☕ 10 €
Mit seiner verkehrsgünstigen Lage nahe der Autobahn und den sachlich-funktionell ausgestatteten Zimmern ist das Hotel vor allem für Geschäftsreisende interessant.

Restaurants

Wullenwever (Roy Petermann)

Beckergrube 71 ✉ *23552 – ✆ (0451) 70 43 33* Stadtplan : A2**a**
– www.wullenwever.de
– geschl. Oktober 2 Wochen und Sonntag - Montag
Menü 65/100 € – Karte 81/110 € – *(nur Abendessen)* (Tischbestellung ratsam)
Roy Petermann steht nach wie vor für eine klassische Küche, die ganz das ausgezeichnete Produkt in den Mittelpunkt stellt und dessen Geschmack und Aroma hervorhebt. Nicht nur drinnen in dem Patrizierhaus a. d. 16. Jh. ist es schön (tolle Bronzefiguren und hohe Stuckdecken sind Teil des eleganten Interieurs), auch der Innenhof hat Flair... ringsum attraktive Altbaufassaden. Eine der versierten Damen im Service ist die herzliche Chefin Manuela Petermann.
➜ Marinierte Jacobsmuschel mit Vanille und Yuzu. Seezungenfilet in Fenchelnage mit Fenchelpollen. Crispy Schokoladentarte mit Portweinkirschen.

Die Zimberei

Königstr. 5, (im Haus der Gemeinnützigen Gesellschaft) Stadtplan : B2**z**
✉ *23552 – ✆ (0451) 7 38 12*
– www.zimberei.de
– geschl. Sonntag - Montag
Menü 39/64 € – Karte 43/59 € – *(nur Abendessen)*
Altstadtflair, geschmackvolles modern-elegantes Ambiente und dann noch gutes Essen? In dem Kaufmannshaus a. d. 13. Jh. serviert man frische zeitgemäß-klassische Gerichte wie "Lammfilets mit Schwenkgemüse und Kartoffelgratin". Dass man hier auch gerne Veranstaltungen ausrichtet, verwundert nicht angesichts der beeindruckenden stilvoll-historischen Säle!

VAI

Hüxstr. 42 ✉ *23552 – ✆ (0451) 4 00 80 83* Stadtplan : A2**c**
– www.vai-restaurant.de – geschl. Sonntag
Menü 18 € (mittags)/54 € – Karte 19/59 €
Die Lage in der Innenstadt ist ideal, um nach der Shoppingtour auf ein gutes Essen in dieses gemütlich-moderne Lokal samt reizvollem kleinem Innenhof einzukehren - das wird auch gerne zur Mittagszeit gemacht, das Tagesmenü ist sehr gefragt! Zum frischen, schmackhaften Angebot gehört z. B. "gefüllte Perlhuhnbrust mit grünem Spargel und Süßkartoffelbällchen".

In Lübeck-Oberbüssau Süd: 8 km über Hüxtertorallee Stadtplan : B3

Friederikenhof

Langjohrd 15 ✉ 23564 – ✆ (0451) 80 08 80 – www.friederikenhof.de
27 Zim – 85/100 € 105/130 € – 3 Suiten – ½ P
Rest – Menü 37 € – Karte 27/49 € – *(geschl. Montagmittag)*
Schön liegt das aus einem ehemaligen Gutshof entstandene Hotel auf einem Gartengrundstück in ländlicher Umgebung. Die Gäste wohnen in freundlichen und gemütlichen Zimmern. Viel Holz und warme Töne vermitteln im Restaurant Landhausflair.

In Lübeck-Travemünde Nord-Ost: 19 km

A-ROSA

Außenallee 10 ✉ 23570 – ✆ (04502) 3 07 00 Stadtplan : D1**a**
– www.a-rosa.de/travemuende
168 Zim – 118/238 € 178/298 € – 17 Suiten – ½ P
Rest *Buddenbrooks* **Rest *Weinwirtschaft*** – siehe Restaurantauswahl
Traditionsreiches Seebad auf der einen Seite, modernes Ferienresort auf der anderen! Sich entspannt im Strandkorb zurücklehnen, von der "Private Spa Suite" den Blick übers Meer schweifen lassen, bei Ayurveda und Thalasso Energie tanken... und die Kinder in guten Händen wissen - das ist Urlaub pur, zu dem auch persönliche Gästebetreuung gehört!

COLUMBIA

Kaiserallee 2 ✉ 23570 – ✆ (04502) 30 80 Stadtplan : D1**b**
– www.columbia-hotels.de
69 Zim ☕ – 🛉150/230 € 🛉🛉200/280 € – 2 Suiten – ½ P
Rest ***La Belle Epoque*** ✿✿✿ **Rest** ***Holstein's*** – siehe Restaurantauswahl
Im Jahre 1914 wurde es erbaut und ist nahezu im Originalzustand erhalten - das wunderschöne weiße Gebäude am Strand (mit eigenem Badebereich) könnte so einiges erzählen! Die Ausstattung ist hochwertig und elegant.

Landhaus Bode

Fehlingstr. 67 ✉ 23570 – ✆ (04502) 88 66 00 Stadtplan : D1**c**
– www.landhausbode.de
13 Zim ☕ – 🛉75/115 € 🛉🛉99/145 € – 2 Suiten – ½ P
Rest – Menü 25/59 € – Karte 26/47 € – *(geschl. Januar) (nur Abendessen)*
Hier passt alles zusammen: ein kleines Hotel, schöne klassische Möbel und Dielenböden, W-Lan gratis und am Morgen ein appetitlich angerichtetes Frühstück samt persönlicher Betreuung! Charmant auch die zwei Suiten unterm Dach. Gehen Sie mit dem Fahrrad auf Erkundungstour - Sie können direkt im Haus eines leihen.

Buddenbrooks – Hotel A-ROSA

✿

Außenallee 10 ✉ 23570 – ✆ (04502) 3 07 08 35 Stadtplan : D1**a**
– www.a-rosa.de – geschl. 22. Februar - 11. März, 5. -14. Juli, 1. - 18. November und Sonntag - Montag
Menü 89/129 € – Karte 78/98 € – *(nur Abendessen)* (Tischbestellung ratsam)
Mit Dirk Seiger hat man sich keinen Unbekannten ins Haus geholt. Seine Küche: klassisch, aromenreich und kreativ, geprägt von modernen Akzenten. So gelungen die Zubereitungen, so charmant und versiert der Service samt fachkundiger Weinberatung. Tipp: Gourmet-Halbpension für Hausgäste in "Seiger's Esszimmer".
➜ Bio-Gänseleber, drei Generationen vom Zuckermais, Joghurt und flüssiges Popcorn. Holsteiner Rehrücken, Kürbis, Shiso und Purple Curry. Himbeere, Kalamansi, Caramélia Schokolade und Thai Basilikum.

La Belle Epoque – Hotel COLUMBIA

✿✿✿

Kaiserallee 2 ✉ 23570 – ✆ (04502) 30 83 84 Stadtplan : D1**b**
– www.columbia-hotels.de – geschl. Februar, Juli 1 Woche und Montag - Dienstag
Menü 130/195 € – *(nur Abendessen)* (Tischbestellung ratsam)
"Deutsche Perfektion, französische Tradition, spanische Avantgarde, italienische Leidenschaft, japanische Demut", so beschreibt Kevin Fehling seine Küche, und man kann ihm nur beipflichten, beweist doch jedes seiner Gerichte größtes Know-how, absolute Akribie und das fortwährende Bestreben, immer wieder Neues zu kreieren! Fachlich top und angenehm ruhig der Service.
➜ Gänseleber "Pharao" und Gänseleber "Bistella" mit Couscous, Kumquat, Datteln, Aubergine. "Die Weiterentwicklung" Kassler und Auster mit gefrorenem Senf, Weißkrautsalat, Petersilie. Nantaiser Entenbrust "La Belle Epoque" mit Erdbeere, Rhabarber, Mandel, Waldmeister.

Holstein's – Hotel COLUMBIA

Kaiserallee 2 ✉ 23570 – ✆ (04502) 30 83 72 Stadtplan : D1**b**
– www.columbia-hotels.de
Menü 38 € – Karte 35/73 €
Das Restaurant zeigt sich hell und elegant in warmen Erdtönen, schön der Meerblick! Da zieht natürlich auch die große Terrasse zur Ostsee Gäste an - und die typisch regionale Küche von Bruno Hillmann ebenso!

Weinwirtschaft – Hotel A-ROSA

Außenallee 10 ✉ 23570 – ✆ (04502) 3 07 08 47 Stadtplan : D1**a**
– www.a-rosa.de – geschl. Dienstag
Menü 29 € – Karte 30/47 € – *(Oktober - Juli: nur Abendessen, sonntags auch Mittagessen)* (Tischbestellung ratsam)
Dieses Lokal ist etwas legerer: sympathische Bistro-Atmosphäre, Showküche (hier steht Andreas Schmidt am Herd), eine eigene Weinhandlung und nette Terrassenplätze unter einer Pergola. Neben "Kleinigkeiten zum Wein" gibt es Fischgerichte wie Kutterscholle oder "Heilbutt mit Birne, Bohnen und Speck".

LÜCHOW

Niedersachsen – 9 330 Ew. – Höhe 16 m – Siehe Regionalatlas **20**-K7

Berlin 190 km – Hannover 138 km – Schwerin 98 km – Lüneburg 66 km

Michelin Straßenkarte 541

Katerberg garni

Bergstr. 6 ✉ 29439 – ✆ (05841) 9 77 60 – www.hotel-katerberg.de

39 Zim – 50/65 € 98 €

Familie Langbehn betreibt hier ein angenehm neuzeitliches und freundliches Hotel, das auch gerne von Businessgästen besucht wird. Mit frischem Kuchen und kleinen Gerichten bietet das Bistro-Café auch die passende Stärkung!

Am Glockenturm

Kirchstr. 15 ✉ 29439 – ✆ (05841) 9 75 40 – www.hotel-am-glockenturm.de

14 Zim – 55/65 € 90 € – ½ P

Rest – Menü 24 € (mittags)/64 € – Karte 28/56 € – *(geschl. 16. - 30. September und Montag - Dienstag) (nur Abendessen)*

In einer Seitenstraße in der Innenstadt liegt das persönlich geführte kleine Hotel, hinter dessen Fachwerkfassade gepflegte und liebenswert eingerichtete Gästezimmer bereitstehen, einige mit integrierten Holzbalken. Behagliches, hübsch dekoriertes Restaurant mit begrünter Terrasse im Innenhof.

In Lübbow-Dangenstorf Süd: 9 km über B 248, am Ortseingang Lübbow links

Landgasthof Rieger

Dörpstroat 33 ✉ 29488 – ✆ (05883) 6 38 – www.landgasthof-rieger.de

10 Zim – 40/60 € 70/90 € – 1 Suite – ½ P

Rest – Karte 15/31 € – *(Montag - Donnerstag nur Abendessen)*

Der Familienbetrieb ist ein ehemaliger Bauernhof, der seinen ursprünglichen Charme bewahrt hat. Die Gästezimmer sind neuzeitlich oder rustikaler gestaltet. Freigelegtes Fachwerk unterstreicht den ländlichen Charakter des Restaurants.

LÜDENSCHEID

Nordrhein-Westfalen – 75 200 Ew. – Höhe 420 m – Siehe Regionalatlas **36-D11**

Berlin 523 km – Düsseldorf 76 km – Hagen 30 km – Dortmund 47 km

Michelin Straßenkarte 543

Mercure

Rest,

Parkstr. 66 (am Stadtpark) ✉ 58509 – ✆ (02351) 15 60 – www.mercure.com/2927

161 Zim – 69/79 € 79/89 € – 9 Suiten – ½ P

Rest – Karte 21/41 € – *(geschl. Samstagmittag, Sonntagmittag sowie an Feiertagen mittags)*

Die funktionelle Ausstattung macht das Hotel in Zentrumsnähe besonders für Businessgäste interessant. Einige Zimmer und das Hallenbad bieten Aussicht auf Lüdenscheid. Freundliches Restaurant im Wintergartenstil.

LÜNEBURG

Niedersachsen – 73 590 Ew. – Höhe 20 m – Siehe Regionalatlas **19-J6**

Berlin 270 km – Hannover 124 km – Hamburg 58 km – Braunschweig 116 km

Michelin Straßenkarte 541

Bergström (mit Gästehaus)

Bei der Lüner Mühle ✉ 21335 – ✆ (04131) 30 80 – www.bergstroem.de

131 Zim – 119/154 € 149/184 €, 15 € – ½ P

Rest – Menü 49 € (abends) – Karte 32/53 €

Das ansprechende Gebäudeensemble liegt wunderschön direkt an der Ilmenau im Herzen der Altstadt. Wohnliche Zimmer (einige im alten Wasserturm) und eigenes Tagungszentrum. Teilweise als Wintergarten angelegtes Restaurant im Brasseriestil. Vinothek und Bistro.

Altes Kaufhaus

Kaufhausstr. 5 ✉ 21335 – ✆ (04131) 3 08 80 – www.alteskaufhaus.de
83 Zim – †99/147 € ††129/177 €, ☕ 13 € – ½ P
Rest ***Canoe*** – siehe Restaurantauswahl
Sie wohnen am Ufer der Ilmenau in einem hübsch sanierten alten Kaufhaus mit Barockgiebel a. d. 16. Jh. Zeitgemäß-funktionale Zimmer, gut ausgestatteter Fitnessbereich und eigene Kunstgalerie.

Einzigartig garni

Lünertorstr. 3 ✉ 21335 – ✆ (04131) 4 00 60 00 – www.hoteleinzigartig.de – (Erweiterung um 7 Zimmer bis Frühjahr 2015)
9 Zim ☕ – †100 € ††142/162 €
In dem verwinkelten weißen Häuschen geht es eine alte Holztreppe hinauf zu den Zimmern, der Charme des rund 450 Jahre alten Gebäudes ist allgegenwärtig! Schöner Holzfußboden, hier und da freigelegte Balken, dazu klarer zeitgemäßer Stil - nicht alltäglich und für alle, die das Besondere lieben!

Canoe – Hotel Altes Kaufhaus

Kaufhausstr. 5 ✉ 21335 – ✆ (04131) 3 08 86 24 – www.alteskaufhaus.de
Menü 39 € (abends) – Karte 20/45 €
Hier kann man in moderner Atmosphäre ungezwungen essen: Die amerikanisch angehauchte Küche reicht von Salaten und Sandwiches über Pasta bis hin zu Steaks und Fisch. Die Plätze am Fluss sind sehr begehrt!

In Lüneburg-Häcklingen Süd-West: 8 km

Ristorante Osteria

Hauptstr. 2 ✉ 21335 – ✆ (04131) 78 92 27 – www.osteria-lueneburg.de – geschl. Juli - August 3 Wochen und Montag - Dienstag
Menü 35/80 € – Karte 33/54 € – *(Mittwoch - Samstag nur Abendessen)* (Tischbestellung ratsam)
Hier geht es lebendig und sympathisch-familiär zu: Man kennt seine Gäste, und davon gibt es einige! Auf rot-weiß karierte Tischdecken kommen appetitlich angerichtete Teller mit der frischen italienischen Küche von Chef Gabriele Penserini.

LÜNEN

Nordrhein-Westfalen – 87 070 Ew. – Höhe 55 m – Siehe Regionalatlas **26-D10**
▶ Berlin 481 km – Düsseldorf 84 km – Dortmund 15 km – Münster (Westfalen) 50 km
Michelin Straßenkarte 543

Am Stadtpark

Kurt-Schumacher-Str. 43 ✉ 44532 – ✆ (02306) 2 01 00 – www.ringhotel-luenen.com – (Erweiterung um 34 Zimmer bis Sommer 2015)
86 Zim ☕ – †99/135 € ††126/138 € – 4 Suiten – ½ P
Rest – Menü 18/65 € – Karte 27/41 €
Direkt am Stadtpark gelegenes Businesshotel, das mit diversen Räumlichkeiten und der angeschlossenen Stadthalle perfekt auf Veranstaltungen eingestellt ist. Gerne werden die geräumigeren parkseitigen Zimmer gebucht.

Diana's

Münsterstr. 206 ✉ 44534 – ✆ (02306) 9 10 37 62 – www.dianas-luenen.de – geschl. Montag
Menü 28/34 € – Karte 33/62 € – *(nur Abendessen, sonntags auch Mittagessen)*
Angenehm ist hier nicht nur die herzliche Gastgeberin Diana Heisig, gut essen kann man ebenfalls, bürgerlich und international. Beliebt sind die Specials: Mittwochs gibt es das "10-Gang-Menü", donnerstags das "Partner-Menü" (nicht nur für Paare), freitags ein Überraschungsmenü, sonntags ein vegetarisches.

LÜTJENBURG

Schleswig-Holstein – 5 330 Ew. – Höhe 33 m – Siehe Regionalatlas **3-J3**
▶ Berlin 326 km – Kiel 34 km – Lübeck 85 km – Neumünster 56 km
Michelin Straßenkarte 541

Ristorante Sandro

Markt 10 ✉ 24321 – ✆ (04381) 69 57 – www.ristorante-sandro.com – geschl. Oktober und Mittwoch

Karte 26/48 € – (Tischbestellung ratsam)

Lebensfreude und Spaß am Beruf - das ist es, was Familie Scuteri ihren Gästen vermittelt! "Il Patrone" Alessandro kocht unkomplizierte, schlichte und vor allem frische italienische Gerichte, und natürlich fehlt weder Pizza noch Pasta!

PUR N

Neuwerkstr. 9 ✉ 24321 – ✆ (04381) 40 41 47 – www.einfachpurgeniessen.de – geschl. November - Februar: Montag - Dienstag; März - Juni sowie September - Oktober: Montag

Karte 28/50 € – (abends Tischbestellung ratsam)

Ein geschmackvolles modern-rustikales Bistro samt Feinkostladen. Es gibt frische Salate mit hausgemachtem Dressing, Flammkuchen, Tagesempfehlungen von der Tafel, Klassiker, leckere Tartes aus Frankreich... und frühstücken kann man auch.

In Panker Nord: 4,5 km in Richtung Schönberg – Höhe 62 m

Ole Liese (mit Gästehäusern)

(Gut Panker) ✉ 24321 – ✆ (04381) 9 06 90 – www.ole-liese.de

20 Zim – †119/139 € ††149/179 € – 1 Suite – ½ P

Rest *Restaurant 1797* **Rest *Ole Liese Wirtschaft*** – siehe Restaurantauswahl

Ein idyllisches Anwesen inmitten von Wald und Wiesen, nur zehn Minuten von der Ostsee entfernt. Geschmackvolle Zimmer (benannt nach Rebsorten), ein anspruchsvolles Frühstück, dazu die herzlichen Gastgeber Birthe und Oliver Domnick...

Restaurant 1797 – Hotel Ole Liese

(Gut Panker) ✉ 24321 – ✆ (04381) 9 06 90 – www.ole-liese.de – geschl. November, Januar - März und Sonntag - Dienstag

Menü 69/97 € – *(nur Abendessen)* (Tischbestellung ratsam)

Wenn Volker Fuhrwerk seine ambitionierten modern-klassischen Speisen zubereitet, spielen Region und Saison eine große Rolle, so manches kommt auch aus dem eigenen Garten. Zum Seele baumeln lassen: Terrasse hinterm Haus mit Blick ins Grüne!

→ Steinbutt mit Auster, Zuckererbse und Wasserpfeffer. Rehbock vom Gut Panker mit Sellerie, Kirsche und Pistazie. Rhabarber aus dem eigenen Garten im Champagnersüppchen mit Mandel.

Forsthaus Hessenstein

Am Turm 1 (West: 3 km) ✉ 24321 – ✆ (04381) 94 16 – geschl. Oktober 3 Wochen und Montag - Dienstag; Juni - September: Montag, November - März: Montag - Donnerstag

Menü 33/43 € – Karte 30/47 € – *(Dienstag - Samstag nur Abendessen)* (Tischbestellung ratsam)

Peter Marxen, ein Urgestein der Holsteiner Gastroszene, leitet das nette rustikale Forsthaus (abgesehen von einer kleinen Unterbrechung) seit über 35 Jahren! Aus der Küche von Werner Kohout kommen "Wiener Schnitzel mit Kartoffelgratin", "Sauerfleisch mit Bratkartoffeln"...

Ole Liese Wirtschaft – Hotel Ole Liese

(Gut Panker) ✉ 24321 – ✆ (04381) 9 06 90 – www.ole-liese.de – geschl. November - April: Montag - Dienstag

Menü 38/53 € – Karte 36/51 € – *(November - April: Mittwoch - Freitag nur Abendessen)*

Bodenständig und unkompliziert, so die frische, vorwiegend regionale Küche der gemütlichen "Wirtschaft": "Ochsenschwanz vom Happy Highland mit Kartoffel-Bärlauchpüree", "Ostseedorsch mit zweierlei Blumenkohl" oder einfach "Wiener Schnitzel"

LÜTJENSEE

Schleswig-Holstein – 3 220 Ew. – Höhe 53 m – Siehe Regionalatlas **10-J5**

Berlin 268 km – Kiel 85 km – Hamburg 39 km – Lübeck 43 km

Michelin Straßenkarte 541

Fischerklause

Am See 1 ✉ 22952 – ✆ (04154) 79 22 00 – www.fischerklause-luetjensee.de – geschl. 7. - 15. Januar

14 Zim ☕ – **†57/65 € ††85/105 €**

Rest *Fischerklause* – siehe Restaurantauswahl

Das dürfte wohl jedem gefallen, der es ruhig und idyllisch mag: Den Lütjensee haben Sie hier direkt vor der Tür - und wer sich von dem Anblick gar nicht trennen mag, fragt die engagierten Gastgeber am besten nach den Zimmern zum See!

Fischerklause – Hotel Fischerklause

Am See 1 ✉ 22952 – ✆ (04154) 79 22 00 – www.fischerklause-luetjensee.de – geschl. 7. - 15. Januar und Donnerstag; November - Februar: Mittwoch - Donnerstag

Menü 39 € – Karte 29/68 €

Hier angelt man noch selbst: Aal, Hecht, Karpfen... frische Fische sind ebenso Spezialität des Hauses wie Wild aus eigener Jagd. Dazu gibt es u. a. Weine aus Österreich, der Heimat des Chefs. Und als Nachtisch hausgemachtes Eis? Das schmeckt übrigens auch an schönen Sommertagen im Freien am Bootshaus!

Seehof mit Zim

Rest,

Seeredder 19 ✉ 22952 – ✆ (04154) 7 00 70 – www.seehof-luetjensee.de – geschl. Montag - Dienstag

6 Zim – **†50 € ††90/120 €,** ☕ 10 € Karte 24/54 €

Keine Frage, bei dieser tollen Seelage ist der langjährige Familienbetrieb sehr beliebt bei Ausflüglern! Diese schätzen aber nicht nur die Natur ringsum, sondern auch die bürgerliche Küche (z. B. Fisch und Damwild aus eigener Zucht) und die große Kuchenauswahl.

LUNDEN

Schleswig-Holstein – 1 610 Ew. – Höhe 3 m – Siehe Regionalatlas **1-G3**

Berlin 432 km – Kiel 88 km

Michelin Straßenkarte 541

Lindenhof 1887 mit Zim

Rest,

Friedrichstr. 39 ✉ 25774 – ✆ (04882) 4 07 – www.lindenhof1887.de – geschl. Dienstag

6 Zim ☕ – **†65/80 € ††95/115 € – ½ P** Karte 20/45 €

An einem begrünten Platz mit Lindenbäumen steht der Gasthof von 1887 nebst modernem Anbau. Der Junior hat den elterlichen Betrieb übernommen und kocht hier traditionell, regional und saisonal.

LUPENDORF

Mecklenburg-Vorpommern – 550 Ew. – Höhe 57 m – Siehe Regionalatlas **13-N5**

Berlin 184 km – Schwerin 109 km – Neubrandenburg 57 km – Waren (Müritz) 19 km

Michelin Straßenkarte 542

In Lupendorf-Ulrichshusen Süd-West: 3 km

Schloss & Gut Ulrichshusen

Seestr. 14 ✉ 17194 – ✆ (039953) 79 00 – www.ulrichshusen.de – geschl. Januar - Februar

100 Zim ☕ – **†80/90 € ††100/120 € – ½ P**

Rest *Am Burggraben* – Menü 37 € – Karte 29/40 € – *(geschl. Januar - Februar)*

Das Schloss besticht durch seine traumhafte Lage am See und die überaus wohnliche, elegante Einrichtung. Frühstücksraum im Turm mit Blick über die Landschaft. Ferienwohnungen im 2 km entfernten Tressow. Das charmant-rustikale Restaurant ist im ehemaligen Pferdestall untergebracht.

MADLITZ-WILMERSDORF

Brandenburg – 710 Ew. – Höhe 65 m – Siehe Regionalatlas **23-R8**

Berlin 90 km – Potsdam 107 km – Beeskow 39 km

Michelin Straßenkarte 542

In Madlitz-Wilmersdorf - Alt Madlitz Süd: 4 km

Gut Klostermühle (mit Gästehäusern)
Mühlenstr. 11 ✉ *15518* – ✆ *(033607) 5 92 90* Rest,
– www.gut-klostermuehle.com
66 Zim – 108/139 € 158/222 € – 12 Suiten
Rest *Klostermühle* – siehe Restaurantauswahl
Rest *Klosterscheune* – ✆ (033607) 5 92 91 42 – Menü 32/40 € – Karte 24/41 €
– (geschl. Montag - Dienstag)
Eine charmante Adresse mitten in der Natur, in idyllischer Waldlage am Madlitzer See. Geschmackvolle Zimmer in diversen Häusern, Spa-Vielfalt im "Brune Balance Med". Klosterscheune mit Empore über 2 Etagen und romantischem Gewölbekeller.

Klostermühle – Hotel Gut Klostermühle
Mühlenstr. 11 ✉ *15518* – ✆ *(033607) 5 92 91 25 – www.gut-klostermuehle.com*
– geschl. Mittwoch - Freitagmittag, Sonntag
Karte 37/51 € – (Tischbestellung ratsam)
Eingebettet in eine wunderbare Landschaft, finden Sie hier Ruhe und Erholung. Das behaglich-elegante Restaurant mit offener Showküche und herrlichen Terrassen ist einer der Anziehungspunkte des Hauses.

MAGDEBURG
Sachsen-Anhalt – 232 370 Ew. – Höhe 50 m – Siehe Regionalatlas **31**-L9
Berlin 151 km – Braunschweig 89 km – Dessau 63 km
Michelin Straßenkarte 542

Herrenkrug Parkhotel
Herrenkrug 3 (über Ernst-Reuter-Allee C2) ✉ *39114* – ✆ *(0391) 8 50 80*
– www.herrenkrug.de
147 Zim – 94/140 € 130/260 € – 1 Suite – ½ P
Rest *Die Saison* – siehe Restaurantauswahl
Herzstück der Hotelanlage in dem wunderschönen weitläufigen Herrenkrug Park ist ein schmuckes Jugendstilgebäude mit sehenswertem Saal. Gediegene Zimmer, Kosmetik und gute Tagungsbereiche.

Maritim
Zim,
Otto-von-Guericke-Str. 87 ✉ *39104* – ✆ *(0391) 5 94 90* Stadtplan : B1**e**
– www.maritim.de
501 Zim – 118/294 € 157/314 €, 19 € – 13 Suiten – ½ P
Rest – Menü 31/50 € (abends) – Karte 28/65 €
Großes Businesshotel 200 m vom Hauptbahnhof. Von der Rezeption bestaunt man das imponierende, über mehrere Etagen reichende Atrium. Stilvoller Rahmen für Veranstaltungen: Villa Bennewitz. Restaurant Da Capo mit Showküche. Einmal im Monat beliebter Champagnerbrunch.

Ratswaage
Rest,
Ratswaageplatz 1 ✉ *39104* – ✆ *(0391) 5 92 60* Stadtplan : C1**a**
– www.ratswaage.de
167 Zim – 86/105 € 98/120 €, 15 € – 7 Suiten – ½ P
Rest – Menü 29 € (abends) – Karte 25/44 €
Das Hotel an einem kleinen Platz im Zentrum ist ideal für Tagungen und Veranstaltungen. Das ehemalige Haus der Gewerkschaft ist äußerlich durch Bauhaus-Architektur geprägt.

Residenz Joop garni
Jean-Burger-Str. 16 (über Magdeburger Ring A2) ✉ *39112* – ✆ *(0391) 6 26 20*
– www.residenzjoop.de
25 Zim – 98/134 € 122/164 €
Familie Joop hat die Gründerzeitvilla in einem schönen ruhigen Viertel in ein Hotel umgebaut. Die Einrichtung ist hell und elegant, die Atmosphäre wirkt angenehm persönlich. Sie frühstücken unter einer Stuckdecke mit stilvollem Kronleuchter.

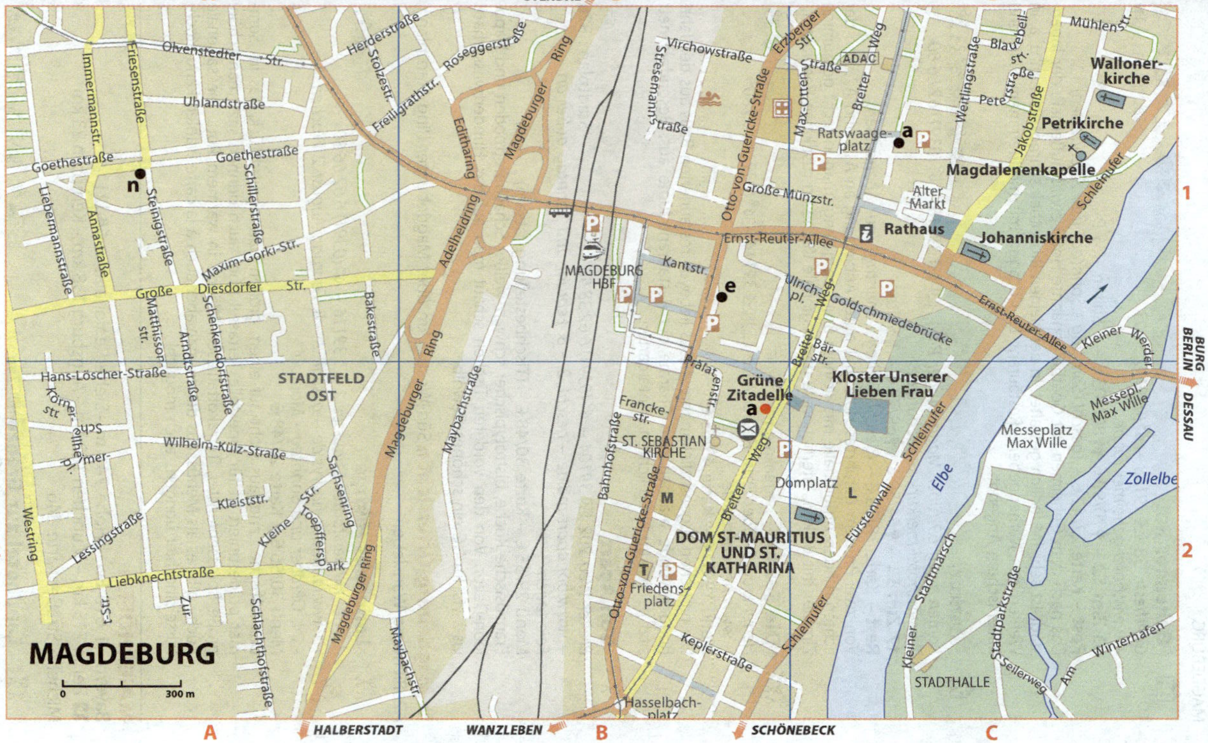
MAGDEBURG
0
300 m
BURG
BERLIN
DESSAU
HALBERSTADT
WANZLEBEN
SCHÖNEBECK
A
B
C
1
2
Walloner-kirche
Petrikirche
Magdalenenkapelle
Johanniskirche
Rathaus
Alter Markt
Ratswaage-platz
ADAC
Kloster Unserer Lieben Frau
Grüne Zitadelle
ST. SEBASTIAN KIRCHE
DOM ST-MAURITIUS UND ST. KATHARINA
Domplatz
Friedens-platz
Hasselbach-platz
MAGDEBURG HBF
STADTFELD OST
Messeplatz Max Wille
Messepl. Max Wille
Elbe
Zollelbe
STADTHALLE
Mühlenstr.
Blauebeil-str.
Petersstraße
Weitlingstraße
Jakobstraße
Schleinufer
Breiter Weg
Max-Otten-Straße
Erzberger Str.
Virchowstraße
Stresemannstraße
Otto-von-Guericke-Straße
Große Münzstr.
Ernst-Reuter-Allee
Kantstr.
Ulrich-pl.
Goldschmiedebrücke
Bärstr.
Prälatenstr.
Franckestr.
Bahnhofstraße
Keplerstraße
Fürstenwall
Kleiner Werder
Stadtmarsch
Stadtparkstraße
Kleiner Stadtmarsch
Seilerweg
Am Winterhafen
Olvenstedter Str.
Herderstraße
Stolzestr.
Roseggerstraße
Freiligrathstr.
Uhlandstraße
Goethestraße
Immermannstr.
Friesenstraße
Steinigstraße
Annastraße
Liebermannstraße
Maxim-Gorki-Str.
Große Diesdorfer Str.
Matthisson-str.
Arndtstraße
Schenkendorfstraße
Schillerstraße
Bakestraße
Editharing
Adelheidring
Magdeburger Ring
Maybachstraße
Maybachstr.
Hans-Löscher-Straße
Körnerstr.
Schellheimer-pl.
Wilhelm-Külz-Straße
Kleiststr.
Kleine Str.
Toepfferspark
Sachsenring
Lessingstraße
Liebknechtstraße
Zur
Schlachthofstraße
Westring

Geheimer Rat Rest,

Goethestr. 38 ✉ 39108 – ✆ (0391) 7 38 03 Stadtplan : A1**n**
– www.hotel-geheimer-rat.de
63 Zim – 70/90 € 80/105 € – 2 Suiten – ½ P
Rest – Karte 22/42 € – *(geschl. Samstag - Sonntag) (nur Abendessen)*
Das nach dem Geheimen Rat Goethe benannte Hotel etwas außerhalb der Innenstadt ist sehr freundlich gestaltet. In der kleinen Bibliothek schmökert man u. a. in Werken des Namengebers. Restaurant La Cocagna mit mediterranem Flair und italienischem Angebot.

Merkur Rest,

Kometenweg 69 (über Magdeburger Ring A2) ✉ 39118 – ✆ (0391) 62 86 80
– www.hotel-merkur-magdeburg.de
17 Zim – 54/59 € 69/79 € – 1 Suite
Rest – Karte 18/33 € – *(geschl. Freitag - Sonntag) (nur Abendessen)*
Von zwei Brüdern geführtes Hotel mit guter Anbindung an A14 und A2. Von der lichten runden Atriumhalle mit kleinem Brunnen gelangt man in recht geräumige Zimmer mit Balkon. Internationale und regionale Küche im rustikalen Restaurant.

Die Saison – Herrenkrug Parkhotel

Herrenkrug 3 (über Ernst-Reuter-Allee C2) ✉ 39114 – ✆ (0391) 8 50 80
– www.herrenkrug.de
Menü 19/89 € – Karte 43/65 €
Die typischen Jugendstilelemente dieses liebevoll restaurierten Baus aus der Jahrhundertwende machen den Charme der Restauranträume aus. Besonders nett sitzt es sich im luftig-lichten Wintergarten.

Bon Apart

Breiter Weg 202 ✉ 39104 – ✆ (0391) 6 62 38 50 Stadtplan : B2**a**
– www.bonapart-md.de – geschl. 2. - 8. Februar und Sonntag außer an Feiertagen
Menü 29/55 € – Karte 30/48 € – (Tischbestellung ratsam)
Französische Küche, bistrotypischer schwarz-weißer Schachbrettboden und Napoleon-Dekor. Von den vorderen Tischen schaut man auf das Hundertwasserhaus vis-à-vis. Im UG ein schönes Gewölbe.

In Magdeburg-Ottersleben Süd-West: 7 km über Magdeburger Ring Stadtplan : A2, Richtung Wansleben

Landhaus Hadrys

An der Halberstädter Chaussee 1 ✉ 39116 – ✆ (0391) 6 62 66 80
– www.landhaus-hadrys.de – geschl. 2. - 8. Februar, August 2 Wochen, 17. - 24. Oktober und Sonntag - Montag
Menü 30/56 € – Karte 28/48 €
Das hübsche Landhaus steht auf einem großen Gartengrundstück, das im Sommer prädestiniert ist für eine tolle Terrasse! Aber auch drinnen sitzt man schön: große Sprossenfenster, Terrakottafliesen, Wände in warmem Rot... Die saisonale Küche gibt es als Menüs, aus denen man aber auch à la carte wählen kann. Kochkurse sind hier übrigens auch möglich!

MAIERHÖFEN

Bayern – 1 610 Ew. – Höhe 741 m – Siehe Regionalatlas **64**-I21
Berlin 715 km – München 163 km – Augsburg 138 km – Kempten 23 km
Michelin Straßenkarte 546

Landhotel zur Grenze mit Zim Zim,

Schanz 2 ✉ 88167 – ✆ (07562) 97 55 10 – www.landhotel-zur-grenze.de
– geschl. November 3 Wochen und Montag
14 Zim – 67/79 € 105/128 € – ½ P Menü 34/70 € – Karte 32/53 €
Ein rundes Bild gibt der gestandene Gasthof etwas außerhalb des Ortes ab - dafür sorgen der gediegen-ländliche Rahmen, eine charmante Frau Rainer im Service und natürlich die frischen Gerichte ihres Mannes, der international, mit regionalem Einschlag kocht. Komplett wird das Angebot durch die netten Gästezimmer.

MAIKAMMER

Rheinland-Pfalz – 4 200 Ew. – Höhe 151 m – Siehe Regionalatlas **47-E17**
▶ Berlin 657 km – Mainz 101 km – Mannheim 42 km – Landau in der Pfalz 15 km
Michelin Straßenkarte 543

Immenhof

Zim,

Immengartenstr. 26 ✉ 67487 – ✆ (06321) 95 50 – www.hotel-immenhof.de
55 Zim – 75/77 € 106/128 € – 3 Suiten – ½ P
Rest – Menü 22/43 € – Karte 21/30 € – *(geschl. Montagmittag, Dienstagmittag)*
In einer ruhigen Seitenstraße liegt das familiengeführte Ferienhotel. Am schönsten sind die Deluxe-Zimmer, teils mit Wasserbett oder Whirlwanne! Auch im freundlichen Saunabereich lässt es sich gut entspannen, u. a. bei Kosmetik und Massage, oder aber im rustikalen Restaurant mit Wintergarten.

In Kirrweiler Ost: 2,5 km, jenseits der A 65

Zum Schwanen

Zim,

Hauptstr. 3 ✉ 67489 – ✆ (06321) 5 80 68 – www.schwanen-kirrweiler.de – geschl. Mitte Februar - Mitte März
15 Zim – 40 € 70 € – ½ P
Rest – Karte 16/32 € – *(geschl. Mittwoch) (nur Abendessen, sonntags auch Mittagessen)*
Mitten in dem von Weinbergen umgebenen Dorf steht dieses liebenswerte und gepflegte Haus, das von Familie Eichenlaub freundlich geführt wird. Neben funktionellen Zimmern hat man ein behagliches rustikales Restaurant, in dem man bürgerlich-regional isst.

Außerhalb West: 2,5 km

Waldhaus Wilhelm

Kalmithöhenstr. 6 ✉ 67487 Maikammer – ✆ (06321) 5 80 44 – www.waldhaus-wilhelm.de
22 Zim – 40/67 € 78/105 € – ½ P
Rest – Menü 30/58 € – Karte 21/53 € – *(geschl. Montag)*
Das Haus macht seinem Nahmen alle Ehre, liegt es doch angenehm ruhig mitten im Pfälzer Wald! Und alles hier ist sehr behaglich gestaltet - von den Zimmern (unterschiedlich, aber immer schön wohnlich) bis zum Restaurant mit seinem ländlich-eleganten Touch und der hübschen Terrasse.

MAINBERNHEIM – Bayern ➜ Siehe Iphofen

MAINBURG

Bayern – 14 170 Ew. – Höhe 422 m – Siehe Regionalatlas **58-M19**
▶ Berlin 535 km – München 71 km – Regensburg 54 km – Ingolstadt 43 km
Michelin Straßenkarte 546

Espert-Klause

Espertstr. 7 ✉ 84048 – ✆ (08751) 13 42 – www.espert-klause.de – geschl. Ende Januar 2 Wochen, Mitte August - Ende September und Sonntagabend - Montag
Menü 29/54 € – Karte 27/44 € – *(Dienstag - Samstag nur Abendessen)*
In der Innenstadt befindet sich dieses familiär geführte Restaurant, das im modernen Stil gehalten ist. Nett ist auch der kleine Barbereich.

MAINTAL

Hessen – 38 270 Ew. – Höhe 103 m – Siehe Regionalatlas **48-G14**
▶ Berlin 537 km – Wiesbaden 53 km – Frankfurt am Main 12 km
Michelin Straßenkarte 543

In Maintal-Dörnigheim

Zum Schiffchen
Rest,

Untergasse 21 ✉ *63477 –* ✆ *(06181) 9 40 60 – www.hotelzumschiffchen.de – geschl. 24. Dezember - 2. Januar*
29 Zim ☕ – 🚹**72/78 €** 🚹🚹**89/95 € – 1 Suite**
Rest – Karte 18/49 € – *(geschl. Samstag - Sonntag) (nur Abendessen)*
Dieses gut geführte Hotel befindet sich seit 1925 in Familienbesitz und überzeugt durch seine ruhige Lage am Main und die zeitgemäßen, wohnlichen Zimmer. Im rustikalen Restaurant mit netter Terrasse zum Fluss bietet man Regionales und Internationales.

Irmchen garni

Berliner Str. 4 ✉ *63477 –* ✆ *(06181) 4 30 00 – www.hotel-irmchen.de*
22 Zim ☕ – 🚹**85 €** 🚹🚹**95 €**
Das Haus ist schon eine Institution. Man fühlt sich richtig gut aufgehoben bei Gastgeberin Irmchen Daubenthaler, alles ist tipptopp gepflegt und behaglich. Wenn die Chefin zum Frühstück frische Waffeln backt, werden Sie nicht widerstehen können!

MAINZ
Rheinland-Pfalz – 200 960 Ew. – Höhe 110 m – Siehe Regionalatlas **47-E15**
▶ Berlin 568 km – Frankfurt am Main 42 km – Bad Kreuznach 44 km – Mannheim 82 km
Michelin Straßenkarte 543

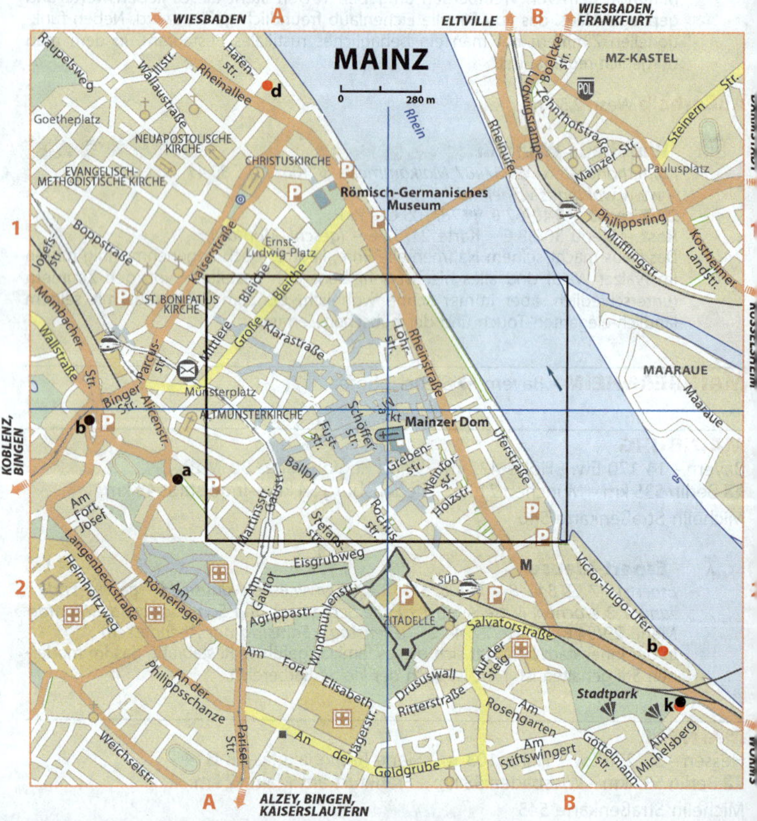

Hyatt Regency

Malakoff-Terrasse 1 ✉ *55116* – ✆ *(06131) 73 12 34* Stadtplan : D2**s**
– *www.mainz.regency.hyatt.de*
265 Zim – 🚹125/359 € 🚹🚹125/389 €, ☕ 28 € – 3 Suiten
Rest *Bellpepper* – Menü 34 € (mittags unter der Woche)/59 € – Karte 34/69 €
Businesshotel am Rhein mit großzügiger Lobby und Olympus Spa. Besonders schön sind die Clubzimmer und Suiten mit Flussblick. Diesen hat man auch vom glasüberdachten, modern-eleganten Restaurant Bellpepper (hier gibt es Internationales aus der Showküche) sowie von der Terrasse - zusätzlich kann man noch im Biergarten und auf der "Rheintöchter-Terrasse" sitzen. Bar und Innenhof im historischen Bereich "Fort Malakoff".

Favorite Parkhotel

Zim,

Karl-Weiser-Str. 1 ✉ *55131* – ✆ *(06131) 8 01 50* Stadtplan : B2**k**
– *www.favorite-mainz.de*
143 Zim ☕ – 🚹109/145 € 🚹🚹139/175 € – 2 Suiten
Rest *Favorite* ✿ – siehe Restaurantauswahl
Rest *Bierkutsche* – Karte 30/48 € – *(Mittwoch - Sonntag nur Abendessen)*
Das Hotel liegt unweit des Rheins, eingebettet in den Stadtpark und dennoch in Zentrumsnähe. Schlafen Sie doch mal wie die Profis von Mainz 05 und buchen die Zimmer in der 5. Etage! Etwas Besonderes sind das exotische Palmenhaus und die Meerwasseraquarien in der lichten Halle! Entspannen können Sie auf der Dachterrasse mit Jacuzzi, zum Essen geht man z. B. ins Restaurant Bierkutsche mit Terrasse und zusätzlichem Biergarten.

Hilton Mainz City

Zim,

Münsterstr. 11 ✉ *55116* – ✆ *(06131) 27 80* Stadtplan : C2**v**
– *www.mainzcity.hilton.com*
127 Zim – 🚹100/380 € 🚹🚹120/400 €, ☕ 25 € – ½ P
Rest – Menü 19/45 € – Karte 33/46 €
Eine ideale Adresse für Businessgäste. Das Hotel liegt sehr zentral (zum Dom sind es nur wenige Minuten zu Fuß) und verbindet klassischen Stil mit zeitgemäßer Funktionalität. In der obersten Etage: Deluxe-Plus-Zimmer mit Balkon. Restaurant Planters mit kleiner internationaler Karte.

Novotel

Rest,

Augustusstr. 6 ✉ 55131 – ✆ (06131) 95 40 Stadtplan : A2**a**
– www.novotel.com/5407

216 Zim – 🛉90/179 € 🛉🛉90/195 €, ☕ 18 € – 1 Suite **Rest** – Karte 25/52 €

Ein Business- und Tagungshotel etwas oberhalb der Innenstadt mit neuzeitlich-funktionell ausgestatteten Zimmern und internationaler Küche im Restaurant Bajazzo im EG. Für Events gibt es das Kasematten-Gewölbe a. d. 17. Jh. Praktisch: Von der öffentlichen Garage nebenan hat man Zugang zum Haus.

InterCityHotel

Rest,

Binger Str. 21 ✉ 55131 – ✆ (06131) 58 85 10 Stadtplan : A2**b**
– www.mainz.intercityhotel.de

194 Zim – 🛉95/289 € 🛉🛉105/299 €, ☕ 13 €

Rest – Menü 23/46 € – Karte 23/53 €

Mit modern-funktionalen Zimmern und der Nähe zu Bahnhof, Innenstadt und Autobahn ist das Hotel eine ideale Businessadresse. Es gibt auch ein Restaurant in geradlinigem Stil mit internationaler Küche.

Favorite – Favorite Parkhotel

Karl-Weiser-Str. 1 ✉ 55131 – ✆ (06131) 8 01 51 33 Stadtplan : B2**k**
– www.favorite-mainz.de – geschl. Anfang Januar 2 Wochen, August 2 Wochen und Montag - Dienstag

Menü 29 € (mittags unter der Woche)/125 € – Karte 65/92 €

Der junge Mainzer Philipp Stein hat die Küchenleitung übernommen, das eingespielte Team an seiner Seite ist geblieben. Mit unverändert großem Engagement wird hier klassisch-modern gekocht. Wählen Sie einen Tisch am Fenster, dann können Sie auf Rhein und Dom schauen oder genießen Sie von der Terrasse den Parkblick!

➜ Éclaire von der Elsässer Gänsestopfleber mit Aprikosenkompott und Macadamianuss. Loup de Mer auf der Haut gebraten mit Calamaretti, Basilikumfumet und Tomatenchutney. Filet und Bauch vom iberischem Ferkel mit Speckschaum, Blattpetersilie und eingelegter Zitrone.

Geberts Weinstuben

Frauenlobstr. 94 ✉ 55118 – ✆ (06131) 61 16 19 Stadtplan : A1**d**
– www.geberts-weinstuben.de – geschl. Juli - August 3 Wochen und Montag, Samstagmittag

Menü 34 € – Karte 31/45 €

Typische Weinstuben-Atmosphäre, wie der Name vermuten lässt, herrscht hier nicht, aber gemütlich ist das elegante Restaurant allemal mit seinem warmen Dielenboden, wertigen lila Stoffen und stilvoller Deko. Zudem isst man in dem langjährigen Familienbetrieb gut, nämlich klassisch-saisonale Gerichte wie "Kalbsrückensteak mit Morchelrahmsauce". Sehr nett ist die weinberankte Terrasse im Innenhof.

Bootshaus

Victor-Hugo-Ufer 1 ✉ 55116 – ✆ (06131) 1 43 87 00 Stadtplan : B2**b**
– www.bootshausmainz.de – geschl. 1. - 22. Januar

Menü 15 € (mittags unter der Woche) – Karte 33/56 €

In dem modernen Gebäude des Mainzer Ruder-Vereins speist man dank Rundumverglasung mit Blick auf den Rhein mit schöner Promenade - das macht Lust auf einen Spaziergang nach dem Essen! Man kommt auch gerne zum günstigen Mittagstisch hierher.

In Mainz-Finthen West: 7 km über Stadtplan : A2, Richtung Koblenz

Atrium

Zim,

Flugplatzstr. 44 ✉ 55126 – ✆ (06131) 49 10 – www.atrium-mainz.de – geschl. Ende Dezember - Anfang Januar 2 Wochen

147 Zim – 🛉89/280 € 🛉🛉99/320 €, ☕ 12 € – 3 Suiten – ½ P

Rest *Adagio* – Menü 45 € – Karte 34/47 € – *(nur Abendessen)*

Das gut geführte Hotel liegt verkehrsgünstig am Ortsrand und ist vor allem auf Tagungen (sehr gut der Konferenzbereich) und Geschäftsreisende ausgelegt. In den wirklich schönen modernen Zimmern fühlt man sich aber auch als Freizeitgast wohl.

Stein's Traube

Poststr. 4 ✉ 55126 – ✆ (06131) 4 02 49 – www.steins-traube.de – geschl. über Fasching 3 Wochen, Juli - August 2 Wochen und Montag - Dienstagmittag
Menü 38/56 € – Karte 24/48 €
Bereits die 5. Generation der Familie Stein leitet dieses schön freundlich eingerichtete Gasthaus samt nettem Innenhof - im Sommer ist das hier ein wirklich lauschiges Plätzchen! Der Service ist herzlich, die Küche saisonal geprägt und der Weinkeller birgt dazu über 200 Positionen.

In Mainz-Gonsenheim West: 8 km über Stadtplan : A2, Richtung Koblenz

Buchholz

Klosterstr. 27 ✉ 55124 – ✆ (06131) 9 71 28 90 – www.frank-buchholz.de – geschl. Februar 2 Wochen, August 2 Wochen und Montag - Dienstag
Menü 80/115 € – Karte 71/82 € – *(nur Abendessen, sonntags auch Mittagessen)* (Tischbestellung ratsam)
Auf den zwei schicken eleganten Etagen des alten Bauernhauses erfahren Sie, welch grundlegende Bedeutung die Produktqualität für Frank Buchholz hat: Aus der unmittelbaren Umgebung sollen Fleisch, Gemüse & Co. kommen - das ist sein Anspruch an seine moderne klassisch basierte Küche! Kochschule.
→ Gonsenheimer Acker, Kaisergranat, Kümmelkrokant. Rehrücken, Mispel, Spinat, Pancake. Kakaobohne, Mango, Ingwer, Joghurt.

MAISACH

Bayern – 13 020 Ew. – Höhe 514 m – Siehe Regionalatlas **65-L20**
Berlin 606 km – München 41 km – Augsburg 43 km – Landsberg am Lech 44 km
Michelin Straßenkarte 546

In Maisach-Überacker Nord: 3 km über Überackerstraße

Gasthof Widmann

Bergstr. 4 ✉ 82216 – ✆ (08135) 4 85 – geschl. Weihnachten - 10. Januar, 15. August - 15. September und Sonntag - Montag
Menü 36 € – Karte 30/58 € – *(nur Abendessen)* (Tischbestellung erforderlich)
Man schmeckt, dass Chefin Anna Schwarzmann hier mit Freude am Herd steht. Sie kocht international mit Bezug zur Region - probieren Sie z. B. "Medaillon vom Simmentaler Fleckvieh"! Serviert wird in zwei gemütlichen Stuben.

MALCHOW

Mecklenburg-Vorpommern – 6 890 Ew. – Höhe 75 m – Siehe Regionalatlas **13-N5**
Berlin 148 km – Schwerin 77 km – Neubrandenburg 74 km – Rostock 79 km
Michelin Straßenkarte 542

Rosendomizil

Lange Str. 2, (mit Gästehaus) ✉ 17213 – ✆ (039932) 1 80 65 – www.rosendomizil.de
27 Zim – 🚹79/129 € 🚹🚹89/139 € – ½ P
Rest – Menü 32/40 € – Karte 34/45 € – *(geschl. 22. - 24. Dezember)*
Mit Geschmack hat man hier hochwertige und moderne Wohnräume geschaffen, wunderbar ist die Lage am See. Nur einen Steinwurf entfernt liegt das Gästehaus "Hofgarten" mit geräumigeren Zimmern sowie Sauna und Massage. Hauseigene Bäckerei und Konditorei. Wintergartenflair im Restaurant/Café zum Wasser hin.

Inselhof garni

Lange Str. 61 ✉ 17213 – ✆ (039932) 82 72 80 – www.hotel-inselhof.de – geschl. 30. September - 30. April
9 Zim – 🚹80 € 🚹🚹95 €
Aus einem ganz alten Dorfhaus ist dieses nette Hotel mit großzügigen und individuellen Zimmern entstanden. Gleich hinter dem Haus kann man am eigenen kleinen Strandbereich baden! Für Hausgäste bietet man kleine Speisen.

MALENTE-GREMSMÜHLEN, BAD

Schleswig-Holstein – 10 820 Ew. – Höhe 32 m – Siehe Regionalatlas **11-J3**
Berlin 306 km – Kiel 41 km – Lübeck 55 km – Oldenburg in Holstein 36 km
Michelin Straßenkarte 541

See-Villa garni

Frahmsallee 11 ✉ 23714 – ✆ (04523) 18 71 – www.hotel-see-villa.de – geschl. 20. - 25. Dezember

8 Zim – 59/79 € 89/94 € – 3 Suiten

In einem Garten steht die kleine Villa, in der eine zuvorkommende, sehr persönliche Gästebetreuung und viele kleine Annehmlichkeiten selbstverständlich sind. Von hier aus ist der Dieksee in ein paar Minuten zu Fuß erreichbar.

Weisser Hof

Voßstr. 45 ✉ 23714 – ✆ (04523) 9 92 50 – www.weisserhof.de – geschl. November

16 Zim – 75/85 € 135/155 € – ½ P

Rest – Menü 20/39 € – Karte 24/35 € – *(geschl. Donnerstag)*

Aus drei Gebäuden und einem sehr schönen Garten besteht die kleine Hotelanlage. Neben zeitgemäßen Zimmern bietet man einen hübschen Wellnessbereich mit Kosmetik und Massage. Zwei Terrassen ergänzen das nette Restaurant.

MALTERDINGEN

Baden-Württemberg – 3 070 Ew. – Höhe 193 m – Siehe Regionalatlas **61-D20**

Berlin 790 km – Stuttgart 188 km – Freiburg im Breisgau 27 km – Strasbourg 67 km

Michelin Straßenkarte 545

Landhaus Keller

Rest,

Gartenstr. 21 ✉ 79364 – ✆ (07644) 9 27 70 – www.landhaus-keller.com – geschl. August 2 Wochen, Ende Dezember - Anfang Januar 2 Wochen

16 Zim – 76/85 € 102/128 € – ½ P

Rest – Menü 39 € – Karte 34/63 € – *(geschl. Samstagmittag, Sonntag)*

Hier hat man Ruhe und eine schöne Umgebung (ideal für Wanderer) und Freiburg ist trotzdem nicht weit! Und auch die Atmosphäre stimmt: Es ist ein kleines Hotel, das familiär geführt wird, Zimmer und Restaurant sind klassisch. Beim Speisen (internationale Küche) schaut man in den hübschen Garten.

MANDELBACHTAL

Saarland – 11 330 Ew. – Höhe 310 m – Siehe Regionalatlas **53-C17**

Berlin 698 km – Saarbrücken 24 km – Sarreguemines 23 km – Zweibrücken 24 km

Michelin Straßenkarte 543

In Mandelbachtal-Gräfinthal

Gräfinthaler Hof

Gräfinthal 6 ✉ 66399 – ✆ (06804) 9 11 00 – www.graefinthaler-hof.de – geschl. 14. - 22. Februar, 19. - 30. Oktober und Montag - Dienstag

Menü 35/48 € – Karte 28/52 €

Aus dem im Jahre 1243 erstmals urkundlich erwähnten Kloster und späteren Brauhaus (18. Jh.) wurde dieser Landgasthof mit Wintergarten: gemütlich und in 4. Generation herzlich-familiär geführt! Die Produkte kommen aus der Region: Bliesgaulamm, Saibling aus Ballweiler, Ziegenkäse aus Erfweiler... Mittwochs bis freitags kommt man gerne zum günstigen Mittagstisch.

MANNHEIM

Baden-Württemberg – 314 940 Ew. – Höhe 97 m – Siehe Regionalatlas **47-F16**
Berlin 614 km – Stuttgart 133 km – Frankfurt am Main 79 km – Strasbourg 145 km
Michelin Straßenkarte 545

Hotels

Dorint Kongresshotel

Friedrichsring 6 ✉ *68161* – ✆ *(0621) 1 25 10* Stadtplan : B2**x**
– *www.dorint.com/mannheim*
287 Zim – †115/190 € ††135/210 €, ☕ 22 € – 2 Suiten – ½ P
Rest – Menü 39/45 € – Karte 32/62 €
Ziemlich chic kommen die Zimmer nach ihrer "Verjüngungskur" daher... schön modern mit harmonischen wohnlich-warmen Tönen. Als bedeutende Businessadresse hat das Hotel in der Innenstadt nicht nur zahlreiche eigene Tagungs- und Veranstaltungsräume, sondern trumpft auch mit direktem Zugang zum Congress Center Rosengarten!

Steigenberger Mannheimer Hof

Augustaanlage 4 ✉ *68165* – ✆ *(0621) 4 00 50* Stadtplan : B2_3**n**
– *www.mannheim.steigenberger.de*
192 Zim – †139/339 € ††154/354 €, ☕ 22 € – 3 Suiten – ½ P
Rest – Menü 25 € (mittags) – Karte 22/53 €
Direkt an der Augustaanlage, ganz in der Nähe des Wasserturms, befindet sich dieses Stadthotel. Ein Teil der Zimmer ist modern-elegant eingerichtet und zum Innenhof gelegen. Vom geradlinig gestalteten Restaurant blickt man in den schönen Atriumgarten.

Maritim Parkhotel

Zim, Rest,

Friedrichsplatz 2 ✉ *68165* – ✆ *(0621) 1 58 80* Stadtplan : B2**y**
– *www.maritim.de*
171 Zim ☕ – †125/269 € ††162/306 € – 2 Suiten – ½ P
Rest *Park Restaurant* – ✆ (0621) 1 58 88 24 – Menü 48/89 €
– Karte 37/68 € – *(nur Abendessen, sonntags auch Mittagessen)*
Rest *Papageno* – ✆ (0621) 1 58 88 16 – Menü 12 € – Karte 32/39 €
– *(geschl. Samstagabend - Sonntag)*
Sie mögen es klassisch? Mit seiner denkmalgeschützten Architektur von 1901 bietet das Hotel einen eleganten Rahmen, dem die gediegenen Zimmer gut zu Gesicht stehen. Wenn es etwas mehr Platz sein darf, fragen Sie nach den Eckzimmern! Passend zum Charakter des Hauses geht es im Park Restaurant stilvoll zu bei klassisch-internationaler Küche. Die gemütliche Alternative ist die Weinstube Papageno.

Gute Küche zu moderatem Preis? Folgen Sie dem Bib Gourmand.

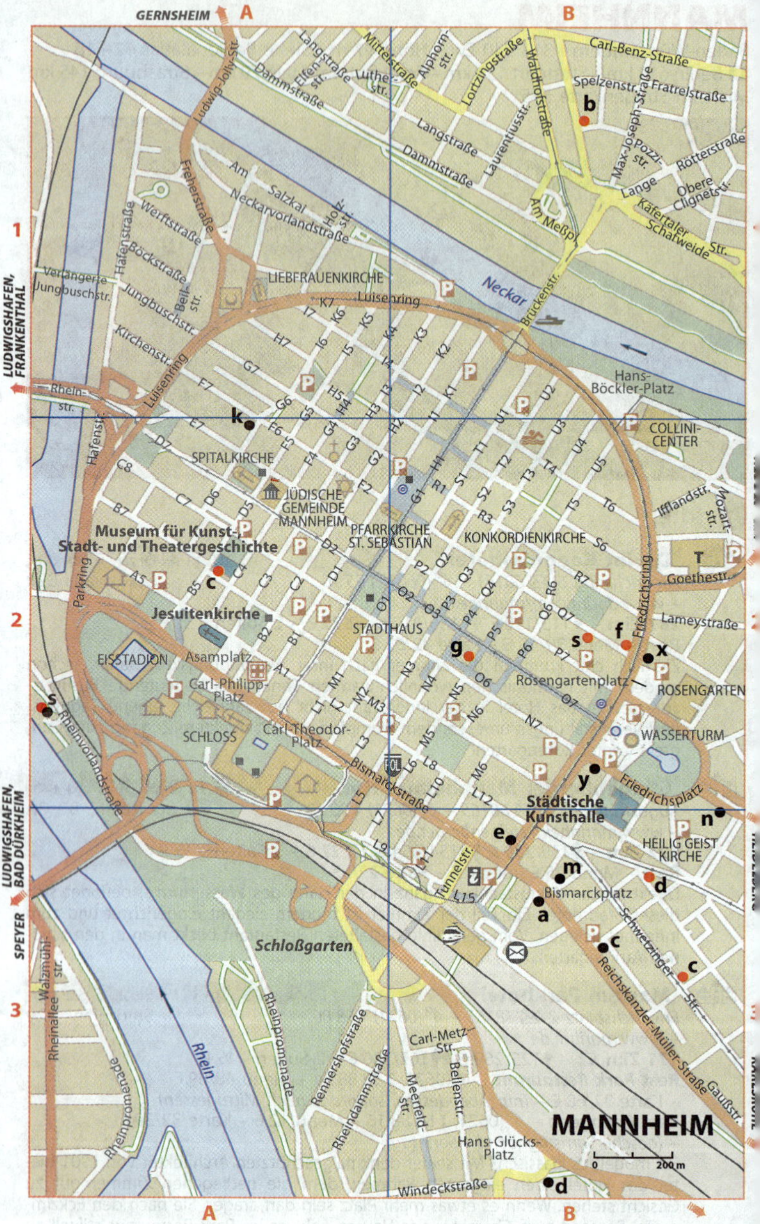
MANNHEIM
GERNSHEIM
LUDWIGSHAFEN, FRANKENTHAL
LUDWIGSHAFEN, BAD DÜRKHEIM
SPEYER
Museum für Kunst-, Stadt- und Theatergeschichte
Jesuitenkirche
Städtische Kunsthalle
LIEBFRAUENKIRCHE
SPITALKIRCHE
JÜDISCHE GEMEINDE MANNHEIM
PFARRKIRCHE ST. SEBASTIAN
KONKORDIENKIRCHE
STADTHAUS
EISSTADION
SCHLOSS
ROSENGARTEN
WASSERTURM
HEILIG GEIST KIRCHE
COLLINI-CENTER
Schloßgarten
Neckar
Rhein
Luisenring
Friedrichsring
Parkring
Bismarckstraße
Bismarckplatz
Friedrichsplatz
Rosengartenplatz
Carl-Theodor-Platz
Carl-Philipp-Platz
Asamplatz
Hans-Böckler-Platz
Hans-Glücks-Platz
Windeckstraße
Carl-Benz-Straße
Reichskanzler-Müller-Straße
Schwetzinger Str.
Rheinpromenade
Rheinvorlandstraße
0 200 m

Delta Park Hotel

Keplerstr. 24 ✉ 68165 – ✆ (0621) 4 45 10 Stadtplan : B3**c**
– www.delta-park.de
125 Zim – ♦146/249 € ♦♦146/249 €, ☕ 18 € – 4 Suiten – ½ P
Rest – Karte 25/46 € – *(geschl. Samstagabend, Sonntagabend)*
Die zentrale Lage im Herzen der Quadratestadt sowie die funktionelle und komfortable Ausstattung machen das Business- und Tagungshotel interessant. Wer gerne etwas großzügiger wohnt, bucht ein Executive-Zimmer oder eine Juniorsuite. Und wenn Sie zum Essen kommen, nehmen Sie am besten einen Tisch im schönen Wintergarten.

LanzCarré

Rest,

Heinz-Haber-Str. 2, (Zufahrt über Lindenhofstr. 90) Stadtplan : B3**d**
✉ 68163 – ✆ (0621) 86 08 40 – www.hotel-lanzcarre.de – geschl. 22. Dezember - 6. Januar
76 Zim – ♦122/295 € ♦♦152/325 €, ☕ 17 €
Rest – Karte 21/40 € – *(nur Abendessen)*
Das Businesshotel in verkehrsgünstiger Lage unweit der John-Deere-Werke und wenige Gehminuten vom Hauptbahnhof überzeugt mit neuzeitlichen und wohnlichen Zimmern. Auch Appartements und Allergikerzimmer. Restaurant in geradlinig-modernem Bistrostil.

Speicher 7 garni

Rheinvorlandstr. 7 ✉ 68159 – ✆ (0621) 1 22 66 80 Stadtplan : A2**s**
– www.speicher7.com
20 Zim – ♦110/450 € ♦♦110/450 €, ☕ 19 €
Sehr schön hat man den alten Getreidespeicher am Hafen zu einem attraktiven Hotel umgebaut. In großen Zimmern mit Loftflair vereinen sich moderne Elemente mit kultigen Details der 50er und 60er Jahre - stylish, trendig und wirklich toll! So ist auch die Bar, wo man neben richtig guten Spirituosen auch Kleinigkeiten zum Essen serviert. Und all das direkt am Rhein!

Mercure am Rathaus

F 7, 5-13 ✉ 68159 – ✆ (0621) 33 69 90 Stadtplan : A2**k**
– www.mercure.com
150 Zim – ♦109/185 € ♦♦119/211 €, ☕ 17 €
Rest – Karte 23/51 € – *(geschl. Samstag - Sonntag sowie an Feiertagen)*
Das zentral und doch relativ ruhig gelegene Hotel bietet dem Geschäftsreisenden alles Notwendige: zeitgemäß-funktionelle Zimmer, W-Lan im ganzen Haus sowie gute Tagungsmöglichkeiten.

Park Inn by Radisson

Am Friedensplatz 1 (über Reichskanzler-Müller-Straße B3) ✉ 68165
– ✆ (0621) 97 67 00 – www.park-inn-mannheim.de
180 Zim – ♦99/139 € ♦♦109/149 €, ☕ 17 €
Rest – Karte 22/47 €
In Ausstattung und Service ein typisches "Park Inn" und ganz auf Businessgäste zugeschnitten: die Zimmer gepflegt, hell, funktional und technisch modern. Gerne gebucht wird das Hotel auch wegen seiner Anbindung an das Maimarktgelände und die SAP-Arena. Im Restaurant gibt es zuerst ein gutes Frühstück, später internationale Küche. Parken können Sie übrigens kostenfrei!

Kurpfalzstuben

Zim,

L 14, 15 ✉ 68161 – ✆ (0621) 1 50 39 20 Stadtplan : B3**e**
– www.kurpfalzstuben.de – geschl. Ende Dezember - Anfang Januar 2 Wochen und August
17 Zim – ♦60/85 € ♦♦75/100 €, ☕ 5 €
Rest – Karte 15/29 € – *(geschl. Samstag - Sonntag)*
Mutter und Tochter leiten das kleine Hotel in Bahnhofsnähe. Gäste schätzen die gemütlichen Zimmer und die familiäre Note in dem schmucken Haus aus der Jahrhundertwende. Hübsch auch das behaglich dekorierte Restaurant mit Kachelofen.

Am Bismarck garni

Bismarckplatz 9 ✉ 68165 – ✆ (0621) 40 04 19 60 Stadtplan : B3**m**
– www.bismarckhotel.de – geschl. Weihnachten - Neujahr
44 Zim ☕ – 👤87/95 € 👥99/105 €
Ein engagiert geführter Familienbetrieb mit persönlicher Atmosphäre. Hinter der freundlichen gelben Fassade erwarten Sie gepflegte Zimmer mit wohnlicher Einrichtung.

Wegener garni

Tattersallstr. 16 ✉ 68165 – ✆ (0621) 4 40 90 Stadtplan : B3**a**
– www.hotel-wegener.de – geschl. Weihnachten - 6. Januar
41 Zim ☕ – 👤78/152 € 👥92/170 €
Lassen Sie sich von der eher unscheinbaren Fassade nicht täuschen, denn drinnen hat es Familie Wegener nett und wohnlich. Neben gepflegten Zimmern bekommen Sie hier ein gutes Frühstück, außerdem ist die Lage zwischen Bahnhof, Rosengarten und Fußgängerzone wirklich günstig.

Restaurants

Opus V (N)

O5, 9-12, (in der 6. Etage des Modehaus Engelhorn) Stadtplan : B2**g**
✉ 68161 – ✆ (0621) 1 67 11 55 – www.restaurant-opus-v.de – geschl. Sonntag - Dienstagmittag sowie an Feiertagen
Menü 60/150 € – (Tischbestellung ratsam)
"Opus" ist das lateinische Wort für "Werk" und "V" steht für das Quadrat O5, in dem sich das Restaurant befindet. Das internationale Menü (mit bis zu 7 Gängen), das Tristan Brandt hier bietet, ist kreativ, aufwändig und fein, der Service sehr freundlich, persönlich und diskret, das Ambiente nordisch-chic, luxuriös und gleichzeitig entspannt. Tipp: Chef's Table.
→ Frosch, Spinat, Knoblauch. Kalb, Topinambur, Pilze. Milch, Honig, Passionsfrucht.

Da Gianni

R 7, 34 ✉ 68161 – ✆ (0621) 2 03 26 – www.da-gianni.de Stadtplan : B2**f**
– geschl. August 3 Wochen und Sonntagabend - Montag
Menü 72 € (mittags)/95 € – Karte 71/98 € – (Tischbestellung ratsam)
Nach wie vor ist dies ein Klassiker in der Quadratestadt, angenehm unkompliziert die italienische Küche - hier hat nun Med Dridi (bisher Souschef im Haus) die Leitung übernommen. Der Service: so charmant und professionell wie man ihn sich wünscht!
→ Variation von Vorspeisen "Antipasti Da Gianni", in zwei Gängen serviert. Wolfsbarsch im Auberginenmantel mit Paprika-Zucchinigemüse. Rehrücken mit Pfifferlingen und Kartoffelcrespelle.

Marly

Rheinvorlandstr. 7, (Am Hafen) ✉ 68159 Stadtplan : A2**s**
– ✆ (0621) 86 24 21 21 – www.restaurant-marly.com – geschl. Juni - Juli 3 Wochen und Sonntag - Montag
Menü 36 € (mittags)/83 € – Karte 57/68 € – (Tischbestellung ratsam)
Das Restaurant von Gregor Ruppenthal befindet sich in einem ehemaligen Speicher unmittelbar am Rhein - eine schöne Location, denn wer schaut beim Speisen nicht gerne aufs Wasser? Am besten geht das im Sommer natürlich auf der Terrasse, z. B. bei "Bretonischer Rotbarbe mit Ratatouille" oder "geschmorten Kalbsbäckchen mit Gremolata und gegrilltem Sommergemüse".

Das Symbol 👤 bzw. 👥 zeigt den Mindestpreis in der Nebensaison und den Höchstpreis in der Hochsaison für ein Einzelzimmer bzw. für ein Doppelzimmer an.

Doblers

Seckenheimer Str. 20 ✉ 68165 – ✆ (0621) 1 43 97 Stadtplan : B3**d**
– www.doblers.de – geschl. Anfang Januar 2 Wochen, Ende Juni - Anfang Juli 2 Wochen und Sonntag - Montag
Menü 39 € (mittags)/90 € – Karte 58/80 € – (Tischbestellung ratsam)
Wer Gastronomen mit Leib und Seele erleben möchte, geht zu den Doblers. Man spürt ihre Hingabe und die Erfahrung von nahezu 30 Jahren! Patron Norbert Dobler steht für eine produktbezogene klassisch-mediterrane Küche, die unkompliziert und gleichermaßen geschmackvoll ist, die Chefin ist in dem modern-eleganten Restaurant für ihre charmante Gästebetreuung bekannt. Sie möchten auf der kleinen Terrasse essen? Dann reservieren Sie rechtzeitig!
➜ Bretonischer Hummer mit marinierten grünen Tomaten und Thai-Curry-Mayonnaise. Seeteufel aus dem Ofen mit Kichererbsenpüree und Bouillabaisse-Sud. "Unser Bananensplit" 2.0.

Le Corange

O 5, 9-12, (in der 6. Etage des Modehaus Engelhorn) Stadtplan : B2**g**
✉ 68161 – ✆ (0621) 1 67 11 33 – www.corange-restaurant.de – geschl. Sonntag und an Feiertagen
Menü 45/49 € – Karte 41/59 €
Im 6. Stock des exklusiven Modehauses gibt es frische Fischküche und eine schöne Auswahl an ebenso hochwertigen Austern und Meeresfrüchten. Wer lieber Fleisch isst, wird ebenfalls fündig. Bei freiem Blick in die Küche und Panoramasicht auf die Stadt weiß man gar nicht, wohin man zuerst schauen soll! Eine Etage tiefer: trendige Bar mit erweitertem Snackangebot.

L'Osteria Vineria

Q 7,12 ✉ 68161 – ✆ (0621) 1 81 93 35 Stadtplan : B2**s**
– www.osteria-vineria.de – geschl. Sonntag, Montagabend und an Feiertagen
Menü 33 € (mittags)/75 € – Karte 50/74 €
Wer mitten in Mannheim authentische italienische Küche sucht, ist bei Franco Pizzarelli und seinem kleinen Team genau richtig! So heißt es in seinem eleganten Restaurant z. B. "Orecchiette con pesce spada e zucchini" oder "Ossobuco alla Franciacorta" - viele Produkte stammen übrigens aus seiner Heimat Apulien. Mittags isst man günstiger.

Costa Smeralda

Schwetzinger Str. 71 ✉ 68165 – ✆ (0621) 44 39 46 Stadtplan : B3**c**
– www.restaurantcostasmeralda.com – geschl. Samstag
Menü 28/38 € – Karte 26/49 €
Seit über 30 Jahren gibt es dieses Restaurant bereits, und es ist bekannt für frische italienische Küche, bei der das Produkt im Mittelpunkt steht. Empfohlen werden die leckeren Gerichte auf der Tafel.

Saigon

Augustaanlage 54 (über Reichskanzler-Müller-Straße B3) ✉ 68165 – ✆ (0621) 1 46 04 – www.saigon-mannheim.de – geschl. Montag und Samstagmittag
Karte 29/48 €
Lust auf authentische vietnamesische Küche? Nicht nur der Name des puristisch-modern gehaltenen Restaurants ist vielversprechend, auch die Karte liest sich gut und die Speisen sind frisch. Eilige Mittagsgäste kommen gerne zum günstigen Lunch.

Osteria Limoni

Schimperstr. 16 ✉ 68167 – ✆ (0621) 3 45 03 Stadtplan : B1**b**
– www.osteria-limoni.de – geschl. Ende August - Anfang September und Samstagmittag, Montag
Menü 34/44 € – Karte 27/38 €
Wo es so gemütlich und lebendig zugeht und man so herzlich umsorgt wird wie bei Familie Paba, kommt man gerne auch öfter zum Essen - und das gibt es in Form von italienischen Klassikern oder als schöne Menüs. Tipp für den Sommer: die begrünte Terrasse!

Pinzgauer Stub'n

Schwetzinger Str. 175 (über Reichskanzler-Müller-Straße B3) ✉ 68165 – ✆ (0621) 44 96 75 – www.pinzgauerstubn.de – geschl. 15. - 22. Februar, 25. Mai - 4. Juni und Montag
Menü 40 € – Karte 26/60 €
Ganz am Ende der Schwetzinger Straße erwartet Sie ein Stück "K.u.K. Gastlichkeit" mitten in der kurpfälzischen Quadratestadt. Familie Rohregger sorgt für ungezwungen-alpenländische Atmosphäre, am Herd mischt der Patron seine österreichische Heimat mit internationalen Einflüssen. Dazu passt natürlich ein guter Tropfen aus Österreich.

C-Five

C5,1 ✉ 68159 – ✆ (0621) 1 22 95 50 – www.c-five.de Stadtplan : A2c
Menü 26/49 € – Karte 34/64 € – (Tischbestellung ratsam)
Auf dem Gelände des Zeughaus-Museums finden Sie dieses moderne Restaurant, auf dessen Speisekarte man z. B. "Filet vom Kabeljau mit Avocado & Oliven" oder "geschmorte Lammschulter mit Schafskäse & Oliven" liest. Schön ist im Sommer auch der Terrassenbereich.

In Mannheim-Neckarau Süd-Ost: 5 km über Neckarauerstraße Stadtplan : B3

Steubenhof

Steubenstr. 66 ✉ 68199 – ✆ (0621) 81 91 00 – www.steubenhof.bestwestern.de
79 Zim – 🚹129/250 € 🚹🚹159/280 €, ☕ 17 € – ½ P
Rest – Menü 25 € – Karte 25/45 €
Neuzeitlich und funktional ist hier die Ausstattung, von den Zimmern bis in die Tagungsräume - ganz so wie Geschäftsreisende es brauchen. Besonders komfortabel die Executive- und Deluxe-Zimmer.

Amador

Floßwörthstr. 38 (im Gewerbegebiet am Metro Parkplatz) ✉ 68199 – ✆ (0621) 8 54 74 96 – www.restaurant-amador.de – geschl. 24. Dezember - 10. Januar, August 2 Wochen und Sonntag - Montag sowie an Feiertagen
Menü 110/230 € – *(nur Abendessen)* (Tischbestellung ratsam)
Man kann ihn nur als einen der kreativsten Köche Deutschlands betiteln: Juan Amador. Jeder Teller, der die Küche verlässt, trägt eindeutig seine Handschrift, ist voller Kontraste und intensivster Aromen, mal klassisch, dann wieder innovativ... geschmacklicher Tiefgang, der in Erinnerung bleibt! Das Interieur führt den ganz eigenen Stil fort: stylish und futuristisch-kühl. Der Service topgeschult und leger. Di - Do gibt es auch ein kleines Menü.
➜ Mar y Muntanya - Entenleber, Wurzelgemüse, Kaisergranat. Pauilliac Lamm - Sauerampfer, Tobinambur, Kren. Kare-san-sui - Nougat, Mandel, Pistazie.

Axt (Christian Krüger)

Adlerstr. 23 ✉ 68199 – ✆ (0621) 85 70 05 – www.restaurant-axt.de – geschl. Sonntag - Montag
Menü 60/90 € – *(nur Abendessen)*
In dieser Ecke Mannheims und in einem unscheinbaren Haus wie diesem würde man eigentlich kein Restaurant dieser Klasse vermuten. Angenehm schon die elegante Atmosphäre, der Höhepunkt sind die feinen geschmackvoll-modernen Gerichte von Christian Krüger und abgerundet wird das Ganze durch den natürlichen und aufmerksamen Service - hier sind auch schonmal die motivierten Köche anzutreffen.
➜ Strandgut / Meeresgetier / Queller / Oliven / Kartoffeln. Ente / Zwiebel / Brokkoli / Purple Curry. US-Onglet / Rote Bete / Couscous / Trüffel.

In Mannheim-Seckenheim Ost: 9 km über Stadtplan : B2, Richtung Heidelberg

Badischer Hof

Seckenheimer Hauptstr. 114 ✉ 68239 – ✆ (0621) 97 86 14 30 – www.badischerhof.net – geschl. Montag
Karte 18/45 €
Schon von außen ist die über 280 Jahre alte Brauerei mit den blauen Fensterläden hübsch anzuschauen, drinnen ist es gemütlich-modern: geradliniger Stil und alter Dielenboden. Hinter dem Haus ein schöner Biergarten. Die Küche ist eine Mischung aus Traditionellem und Internationalem. Ideal für Veranstaltungen: Jugendstilsaal, Vinothek, Keller. Tipp: Kleinkunst-Events!

MARBACH am NECKAR

Baden-Württemberg – 15 440 Ew. – Höhe 229 m – Siehe Regionalatlas **55**-G18
Berlin 610 km – Stuttgart 33 km – Heilbronn 32 km – Ludwigsburg 8 km
Michelin Straßenkarte 545

Parkhotel Schillerhöhe garni

Schillerhöhe 14 ✉ 71672 – ✆ (07144) 90 50 – www.parkhotel-schillerhoehe.de
44 Zim – 95/135 € 122/175 €
Sie suchen ein modernes Hotel in ruhiger Lage? Hier finden Sie eine trendige Lounge, Zimmer in klaren Linien und sehr gute technische Ausstattung! Tipp: der Park nebenan mit dem Literaturmuseum der Moderne und dem Schiller-Nationalmuseum.

MARBURG

Hessen – 81 150 Ew. – Höhe 186 m – Siehe Regionalatlas **38**-F13
Berlin 473 km – Wiesbaden 121 km – Gießen 30 km – Kassel 93 km
Michelin Straßenkarte 543

VILA VITA Hotel Rosenpark

Anneliese Pohl Allee 7 ✉ 35037 – ✆ (06421) 6 00 50 – www.rosenpark.com
178 Zim – 130/170 € 170/210 € – 13 Suiten – ½ P
Rest *Rosenkavalier* – siehe Restaurantauswahl
Rest *Zirbelstube* – Menü 38 € – Karte 30/47 € – *(geschl. Mai - September und Sonntag) (nur Abendessen)*
Klassisch-elegant ist das Ambiente von der Atriumlobby im hohen Kuppelbau bis in die Zimmer dieses an der Lahn gelegenen Hotels. Gute Tagungsmöglichkeiten. Gemütliche Zirbelstube.

WELCOME HOTEL

Zim,

Pilgrimstein 29 ✉ 35037 – ✆ (06421) 91 80 – www.welcome-hotel-marburg.de
150 Zim – 106/141 € 136/171 € – 4 Suiten – ½ P
Rest – Karte 24/45 € – *(geschl. Sonntag)*
Das Hotel befindet sich im Lahn-Center mitten in der Stadt, die öffentliche Tiefgarage bietet Zugang zum Hotel. Gegenüber: der Aufzug hinauf in die Altstadt. Die Superior-Zimmer liegen ruhiger. Internationale Küche im Restaurant.

Im Kornspeicher garni

Molkereistr. 6, (3. Etage) ✉ 35039 – ✆ (06421) 94 84 10 – www.hotel-kornspeicher.de
25 Zim – 75/105 € 95/140 €
Das Hotel - ein Integrationsbetrieb - ist aus einem ehemaligen Kornspeicher entstanden und verfügt über technisch gut ausgestattete Zimmer in klarem modernem Stil.

MARBURGER esszimmer

Anneliese Pohl Allee 1 ✉ 35037 – ✆ (06421) 8 89 04 71 – www.marburger-esszimmer.de – geschl. Montag
Menü 40/58 € – Karte 31/64 € – (abends Tischbestellung ratsam)
So richtig schön freundlich und modern ist es hier: klare Linien, frisches Grün, warmer Holzfußboden, dekorativ die Lampen an der Decke und die alten Menükarten an der Wand... In der durch eine Glasscheibe einsehbaren Küche bringt Bernd Siener Schmackhaftes vom "scharfen Thai-Rindfleischsalat" über Pizza bis zum "Kalbstafelspitz mit grüner Soße und Kartoffeln" auf den Teller.

Rosenkavalier – VILA VITA Hotel Rosenpark

Anneliese Pohl Allee 7 ✉ 35037 – ✆ (06421) 6 00 51 43 – www.rosenpark.com
Menü 38/69 € – Karte 45/66 €
Stimmungsvolles Tafeln ist hier garantiert. Elegant gibt sich der Raum, in dem die Farben Goldgelb und Königsblau vorherrschend sind. Der Blick fällt unweigerlich hinaus auf die Terrasse, die im Sommer ein Magnet ist.

Bückingsgarten

Landgraf-Philipp-Str. 6, (Zufahrt über Gisonenweg) ✉ 35037 – ✆ (06421) 1 65 77 71 – www.bueckingsgarten-marburg.de

Karte 29/65 €

Wer in das charmante Haus direkt unterhalb des Schlosses einkehrt (markant die mächtige alte Sandsteinmauer!), genießt neben der tollen Aussicht auch ambitionierte bürgerlich-saisonale Küche mit internationalem Einfluss. Auf der Terrasse kann man alternativ auch von einer einfacheren Karte wählen.

In Marburg-Dagobertshausen Nord-West: 6 km

Waldschlösschen

Dagobertshäuser Str. 12 ✉ 35041 – ✆ (06421) 1 75 02 71 – www.waldschloesschen-dagobertshausen.de

Menü 19 € (mittags)/35 € – Karte 26/53 €

Wirklich ganz reizend ist das aufwändig sanierte alte Fachwerkhaus. Drinnen drei ländlich-charmante Räume (absolut sehenswert die Porzellanstube!), draußen Terrasse, Garten, Spielplatz. Etwas Besonderes unter den selbst erzeugten Produkten ist die hauseigene Kartoffelsorte: Die gibt's vorneweg als leckere Chips "Dagobertshäuser Hörnchen"!

In Marburg-Gisselberg Süd: 5 km

Fasanerie

Zur Fasanerie 15 ✉ 35043 – ✆ (06421) 9 74 10 – www.hotel-fasanerie.de – geschl. 20. Dezember - 12. Januar

45 Zim – 74/128 € 103/139 €

Rest – Karte 17/44 € – *(geschl. Freitag, Sonntagabend) (Montag - Donnerstag nur Abendessen)*

Für dieses zeitgemäße, seit vielen Jahren familiär geleitete Haus spricht vor allem die ruhige Lage in einem Wohngebiet am Waldrand oberhalb des Ortes.

In Marburg - Wehrshausen-Dammühle West: 6 km

Dammühle (mit Gästehaus)

Zim,

Dammühlenstr. 1 ✉ 35041 – ✆ (06421) 9 35 60 – www.hotel-dammuehle.de

25 Zim – 80/110 € 110/140 € – 2 Suiten **Rest** – Karte 26/58 €

Die idyllisch gelegene einstige Mühle a. d. 14. Jh. beherbergt wohnliche Zimmer in drei Gebäudetrakten. Chic und modern designt: "Kuhstall"-Zimmer, Suiten und Penthouse-Juniorsuite. Ländliche Gaststube und großer Biergarten mit Blick ins Grüne.

In Cölbe Nord: 6 km

Company

Lahnstr. 6 ✉ 35091 – ✆ (06421) 9 86 60 – www.hotel-company.de

25 Zim – 69/84 € 94/123 € – ½ P

Rest – Menü 25/42 € – Karte 22/44 € – *(geschl. Sonntag) (nur Abendessen)*

Das Hotel mit der freundlichen gelben Fassade bietet seinen Gästen mit hellem Naturholz und Rattansesseln behaglich und einladend ausgestattete Zimmer. Nettes rustikales Restaurant mit bürgerlicher Küche. Terrasse vor dem Haus.

MARCH

Baden-Württemberg – 8 760 Ew. – Höhe 201 m – Siehe Regionalatlas **61-D20**

Berlin 804 km – Stuttgart 202 km – Freiburg im Breisgau 13 km – Mulhouse 61 km

Michelin Straßenkarte 545

In March-Neuershausen Nord-West: 1 km

Jauch's Löwen mit Zim

Zim,

Eichstetter Str. 4 ✉ 79232 – ✆ (07665) 9 20 90 – www.jauch-loewen.de – geschl. über Fasching 1 Woche und Mittwoch; Januar - Mitte März: Mittwoch - Donnerstag

15 Zim – 58 € 90 € – ½ P Menü 33/48 € – Karte 23/57 €

Bei Familie Jauch kochen Vater und Sohn, und zwar international und regional. Lassen Sie sich Ihr Essen im Sommer am besten auf der schönen Terrasse servieren! Für Feierlichkeiten ist der historische Gewölbekeller der ideale Rahmen. Und gemütlich übernachten können Sie hier auch.

MARIA LAACH

Rheinland-Pfalz – 600 Ew. – Höhe 285 m – Siehe Regionalatlas **36**-C14
Berlin 617 km – Mainz 121 km – Koblenz 31 km – Bonn 51 km
Michelin Straßenkarte 543

Seehotel Maria Laach

Am Laacher See ✉ 56653 – ✆ (02652) 5 84 00 – www.seehotel-maria-laach.de
69 Zim – 80/110 € 139/219 € – ½ P
Rest – Menü 35 € – Karte 32/77 €
Ein 1865 als Gästehaus des Benediktinerklosters erbautes Hotel in ruhiger Lage mit Blick auf Laacher See und Abtei. Die zeitgemäßen Zimmer unterscheiden sich farblich von Etage zu Etage. Drei Restaurantbereiche, schöne Terrasse sowie Bier- und Weinstube im UG.

MARIENBERG

Sachsen – 15 240 Ew. – Höhe 610 m – Siehe Regionalatlas **42**-P13
Berlin 280 km – Dresden 94 km – Chemnitz 30 km – Chomutov 31 km
Michelin Straßenkarte 544

In Pobershau Süd-Ost: 6 km über B 171, bei Rittersberg nach der Brücke rechts ab

Schwarzbeerschänke

Zim,

Hinterer Grund 2 ✉ 09496 – ✆ (03735) 9 19 10 – www.schwarzbeerschaenke.de
33 Zim – 40/54 € 84/94 € – ½ P
Rest – Menü 17/32 € – Karte 23/33 €
Die Lage an einem Waldstück sowie wohnliche Zimmer in hellem Naturholz und ein netter gepflegter Hallenbadbereich mit Sauna sprechen für das Hotel mit der holzverkleideten Fassade. Ländliche Gaststuben.

MARIENTHAL, KLOSTER – Hessen ➜ Siehe Geisenheim

MARKDORF

Baden-Württemberg – 12 970 Ew. – Höhe 453 m – Siehe Regionalatlas **63**-H21
Berlin 719 km – Stuttgart 197 km – Konstanz 23 km – Friedrichshafen 16 km
Michelin Straßenkarte 545

Bischofschloss

Schlossweg 2 ✉ 88677 – ✆ (07544) 5 09 10 – www.bischofschloss.de – geschl. Weihnachten - Anfang Januar
37 Zim – 117 € 149 € – 7 Suiten – ½ P
Rest *Mundart - Das Lokal* – Menü 33/59 € – Karte 25/60 € – *(geschl. Samstagmittag und Sonntagmittag; November - März: Sonntag)*
Wohnen mit historischem Flair? Das bieten die stilvollen, hochwertigen Zimmer im Haupttrakt der ehemaligen Bischofsresidenz. Die übrigen Zimmer sind zeitgemäßer gestaltet. Modern auch das Ambiente im Restaurant - hier gibt es regional-internationale Küche. Interessant sind übrigens die individuellen Aufzüge im Haus!

Wirthshof garni

Steibensteg 10 (B 33, Ost: 1 km Richtung Ravensburg, beim Campingplatz) ✉ 88677 – ✆ (07544) 5 09 90 – www.wirthshof.de – geschl. 22. Dezember - 6. Januar
22 Zim – 79/82 € 109/139 € – 1 Suite
Eine zeitgemäß-wohnliche Adresse unter familiärer Leitung. Die Zimmer sind individuell nach Themen gestaltet, hübsch ist der Saunabereich. Auch Beauty-Anwendungen gehören zum Angebot.

MARKGRÖNINGEN

Baden-Württemberg – 14 390 Ew. – Höhe 281 m – Siehe Regionalatlas **55**-G18
Berlin 625 km – Stuttgart 21 km – Karlsruhe 63 km – Tübingen 61 km
Michelin Straßenkarte 545

Herrenküferei mit Zim
Marktplatz 2 ✉ 71706 – ✆ (07145) 9 25 01 16 – www.herrenkueferei.de – geschl. Samstagmittag und Sonntagabend - Montag
9 Zim – 88 € 118 € – ½ P Menü 29/60 € – Karte 33/56 €
Hübsch anzuschauen ist das denkmalgeschützte Haus von 1414, das schön am beschaulichen Marktplatz liegt. Der junge Chef kocht ambitioniert, aber auch Rostbraten und einige einfachere regionale Gerichte finden sich auf der Karte. Man kann auch gemütlich übernachten! Vielleicht unter einer alten Balkendecke?

MARKKLEEBERG – Sachsen ➜ Siehe Leipzig

MARKNEUKIRCHEN

Sachsen – 6 590 Ew. – Höhe 500 m – Siehe Regionalatlas **41-N14**
Berlin 328 km – Dresden 177 km – Hof 35 km – Plauen 28 km
Michelin Straßenkarte 544

Berggasthof Heiterer Blick
Oberer Berg 54 ✉ 08258 – ✆ (037422) 26 95 – www.heiterer-blick.de – geschl. 20. - 28. Oktober
7 Zim – 40/45 € 58/68 € – ½ P **Rest** – Karte 13/23 €
Mit liebenswerter ländlicher Atmosphäre und persönlicher Gästebetreuung überzeugt das bereits seit 1914 als Familienbetrieb geführte Haus. Von den Zimmern blickt man aufs Vogtland. Gemütlichkeit verbreiten auch die Gaststuben.

MARKT NORDHEIM

Bayern – 1 100 Ew. – Höhe 332 m – Siehe Regionalatlas **49-J16**
Berlin 475 km – München 231 km – Würzburg 51 km – Nürnberg 68 km
Michelin Straßenkarte 546

In Markt Nordheim-Ulsenheim Süd-West: 7 km, Richtung Uffenheim

Landgasthaus Zum Schwarzen Adler
Ulsenheim 97 ✉ 91478 – ✆ (09842) 82 06 – www.frankenurlaub.de – geschl. Januar 2 Wochen, August 2 Wochen
14 Zim – 35/55 € 65/75 € – ½ P
Rest – Karte 12/34 € – *(geschl. Montag; Juni - August: Sonntagabend - Montag, November - April: Montag und Mittwoch)*
Das Gasthaus a. d. 17. Jh. liegt in dörflicher Umgebung, schöne Wanderwege ganz in der Nähe, nach Rothenburg ob der Tauber fährt man nur ca. 15 Minuten. Neben gepflegten Zimmern bietet man bürgerlich-regionale Küche (das Ambiente mal fränkisch, mal etwas eleganter) sowie einen Sauna- und Ruhebereich, den man schön in das alte Fachwerk eingebunden hat.

MARKTBERGEL

Bayern – 1 560 Ew. – Höhe 363 m – Siehe Regionalatlas **49-J16**
Berlin 492 km – München 232 km – Ansbach 24 km – Stuttgart 168 km
Michelin Straßenkarte 546

Rotes Ross
Würzburger Str. 1 ✉ 91613 – ✆ (09843) 93 66 00 – www.rotes-ross-marktbergel.de – geschl. Mitte November 2 Wochen
12 Zim – 55 € 77 € – ½ P
Rest *Rotes Ross* – siehe Restaurantauswahl
Eine markante rote Fassade ziert das a. d. 16. Jh. stammende Gasthaus im Ortskern, das durch Familie Bogner sehr engagiert und freundlich geführt wird. Sie wohnen in zeitgemäßen, hellen Zimmern in warmen Farben und kleine Aufmerksamkeiten wie kostenfreies Wasser, Obst und Wifi machen Ihren Besuch noch angenehmer, ganz zu schweigen vom frischen Frühstück.

Rotes Ross – Hotel Rotes Ross

Würzburger Str. 1 ✉ 91613 – ✆ (09843) 93 66 00 – www.rotes-ross-marktbergel.de – geschl. Mitte November 2 Wochen und Dienstag

Menü 23/28 € – Karte 23/39 € – *(nur Abendessen, sonntags auch Mittagessen)*

In den beiden Gaststuben des "Roten Rosses" lässt es sich richtig schön speisen, und das liegt nicht nur an der sympathischen Atmosphäre. Thomas Bogner kocht hier frische und geschmackvolle Gerichte wie die bei 65° geschmorte Rindsroulade. Oder mögen Sie lieber ein "Würstle von der Riesengarnele"?

MARKTBREIT

Bayern – 3 580 Ew. – Höhe 191 m – Siehe Regionalatlas **49-I16**

Berlin 491 km – München 272 km – Würzburg 28 km – Ansbach 58 km

Michelin Straßenkarte 546

Löwen (mit Gästehaus)

Marktstr. 8 ✉ 97340 – ✆ (09332) 5 05 40 – www.ringhotel-loewen.de – geschl. 14. - 20. Februar

29 Zim – 70/86 € 90/106 € – ½ P

Rest – Karte 17/40 € – *(geschl. November - März: Montag)*

Das jahrhundertealte Fachwerkhaus nahe dem Stadttor vereint das Flair von einst mit zeitgemäßem Komfort. Man bietet historisch-romantische, aber auch neuzeitlich-funktionale Zimmer. Gemütliche Gaststuben mit bürgerlichem Angebot.

Michels Stern mit Zim

Bahnhofstr. 9 ✉ 97340 – ✆ (09332) 13 16 – www.michelsstern.de – geschl. Ende Februar 1 Woche, November und Mittwoch - Donnerstagmittag

12 Zim – 54/64 € 84/89 € Menü 30/36 € – Karte 19/40 €

Die Brüder Michel stecken viel Engagement in ihr Gasthaus, und das sieht man nicht nur an schmackhaften saisonal-regionalen Gerichten wie "Zanderfilet auf Bärlauchrisotto mit Marktgemüse", sondern auch an der rein fränkischen Weinkarte!

MARKTHEIDENFELD

Bayern – 10 840 Ew. – Höhe 154 m – Siehe Regionalatlas **48-H15**

Berlin 533 km – München 322 km – Würzburg 32 km – Aschaffenburg 46 km

Michelin Straßenkarte 546

Anker

Kolpingstr. 7 ✉ 97828 – ✆ (09391) 6 00 40 – www.hotel-anker.de

39 Zim – 75/95 € 105/135 € – 1 Suite

Rest *Weinhaus Anker* – siehe Restaurantauswahl

In dem Familienbetrieb in der Altstadt wohnen Sie im Torhaus (hier besonders moderne Zimmer) oder im Hofgartenhaus, die um einen romantischen Innenhof angelegt sind. Lust auf ein bisschen Kultur? Kleinkunstbühne im alten Fasskeller! Gute Tagungsmöglichkeiten.

Zur schönen Aussicht

Rest,

Brückenstr. 8 ✉ 97828 – ✆ (09391) 9 85 50 – www.hotelaussicht.de – (Erweiterung um 16 Juniorsuiten bis Frühjahr 2015)

54 Zim – 58/85 € 85/115 € – 2 Suiten – ½ P

Rest – Menü 25/48 € – Karte 16/45 €

Sie finden dieses familiengeführte Hotel am Zentrumsrand, nicht weit vom Main. Ein Teil der funktionell ausgestatteten Gästezimmer ist besonders geräumig. Gaststuben im rustikalen fränkischen Stil.

Weinhaus Anker – Hotel Anker

Obertorstr. 13 ✉ 97828 – ✆ (09391) 6 00 48 01 – www.weinhaus-anker.de

Menü 33/83 € – Karte 27/66 €

So richtig liebenswert ist die Gaststube im Stammhaus der Familie Deppisch, behagliches Holz, wohin man schaut - Hingucker ist die Deckenmalerei. Auf der international ausgerichteten Speisekarte macht z. B. Boeuf Bourguignon Appetit.

MARKTOBERDORF

Bayern – 18 200 Ew. – Höhe 758 m – Siehe Regionalatlas **64-J21**
Berlin 638 km – München 99 km – Kempten (Allgäu) 28 km – Füssen 29 km
Michelin Straßenkarte 546

Sepp
Zim,

Bahnhofstr. 13 ✉ 87616 – ✆ (08342) 70 90 – www.hotelsepp.com – geschl. August
48 Zim – 53/78 € 85/105 € – ½ P
Rest – Karte 14/32 € – *(geschl. Donnerstag - Sonntag) (nur Abendessen für Hausgäste)*
Seit 1910 wird das gewachsene Hotel gegenüber dem Bahnhof von der Inhaberfamilie geführt. Es erwarten Sie individuelle Gästezimmer mit funktioneller Ausstattung und unterschiedliche Restauranträume von rustikal bis zum neuzeitlichen Wintergarten.

MARKTREDWITZ

Bayern – 17 260 Ew. – Höhe 529 m – Siehe Regionalatlas **51-M15**
Berlin 365 km – München 288 km – Weiden in der Oberpfalz 47 km – Bayreuth 54 km
Michelin Straßenkarte 546

Bairischer Hof
Zim,

Markt 40 (Zufahrt über Leopoldstr. 25) ✉ 95615 – ✆ (09231) 6 20 11 – www.bairischer-hof.de
50 Zim – 55 € 80 € **Rest** – Karte 15/38 €
Der traditionsreiche Familienbetrieb steht mitten in der Fußgängerzone. Hier in der Genussregion Oberfranken kann man nicht nur gepflegt übernachten. Versäumen Sie es nicht, im Café mit eigener Konditorei Spezialitäten wie den "Echten Fichtelgebirgs-Pumpernickel" (eine Art Lebkuchen) zu probieren!

MARXZELL – Baden-Württemberg → Siehe Herrenalb, Bad

MASELHEIM

Baden-Württemberg – 4 380 Ew. – Höhe 542 m – Siehe Regionalatlas **64-I20**
Berlin 660 km – Stuttgart 130 km – Ulm 40 km – Neu Ulm 40 km
Michelin Straßenkarte 545

In Maselheim-Sulmingen Nord-West: 2,5 km

Lamm

Baltringer Str. 14 ✉ 88437 – ✆ (07356) 93 70 78 – www.sulminger-lamm.de – geschl. Anfang Januar 1 Woche, Mitte August - Anfang September und Montag - Dienstag
Karte 31/56 € – *(nur Abendessen, sonntags auch Mittagessen)*
Zeitgemäß, mit regionalen Einflüssen und produktbezogen... so kocht Mike Becker für Sie. Macht Ihnen "Zwiebelrostbraten mit Spätzle" Appetit? Oder vielleicht "Schweinebauch und Garnele mit Fenchel"? Der Gastraum elegant-ländlich, der Service herzlich und aufmerksam - da fühlt man sich wohl!

MASSERBERG

Thüringen – 2 580 Ew. – Höhe 780 m – Siehe Regionalatlas **40-K13**
Berlin 343 km – Erfurt 63 km – Coburg 37 km – Saalfeld 51 km
Michelin Straßenkarte 544

Residenz
Rest,

Kurhausstr. 9 ✉ 98666 – ✆ (036870) 25 50 – www.residenz-thueringen.de
25 Zim – 55/70 € 100/120 €, 9 € – 5 Suiten – ½ P
Rest – Menü 24/36 € – Karte 21/40 €
Ruhig liegt das Haus mit der Schieferfassade am Ortsrand in Waldnähe. Die Gästezimmer sind mit Parkettboden und Naturholzmöbeln wohnlich ausgestattet. Ein kleiner Wintergarten dient als A-la-carte-Restaurant.

hoerger.de

MASSWEILER

Rheinland-Pfalz – 1 080 Ew. – Höhe 435 m – Siehe Regionalatlas **46-D17**

Berlin 682 km – Mainz 138 km – Saarbrücken 59 km – Pirmasens 15 km

Michelin Straßenkarte 543

Borst mit Zim

Luitpoldstr. 4 ✉ 66506 – ✆ (06334) 14 31 – www.restaurant-borst.de – geschl. August 2 Wochen, Oktober 2 Wochen und Montag - Dienstag

5 Zim – 50 € 60/70 €

Menü 31/70 € – Karte 31/71 € – (Tischbestellung ratsam)

Es ist schlicht und ergreifend ein nettes Haus, das die sympathischen Gastgeber Harry und Monika Borst hier bereits seit 1988 führen. Die attraktive Einrichtung ist "up to date" und die guten klassischen Speisen wie "St. Petersfisch in der Parmesankruste" sollte man probieren. Übernachten kann man in einfachen, aber gepflegten Zimmern im Gästehaus gegenüber.

MAUERSTETTEN – Bayern ➜ Siehe Kaufbeuren

MAUTH

Bayern – 2 380 Ew. – Höhe 821 m – Siehe Regionalatlas **60-Q18**

Berlin 536 km – München 211 km – Passau 43 km – Grafenau 21 km

Michelin Straßenkarte 546

In Mauth-Finsterau Nord: 5 km über Am Goldenen Steig, Zwolfhäuser und Heinrichsbrunn – Höhe 998 m

Landhotel Bärnriegel (mit Gästehaus)

Halbwaldstr. 32 ✉ 94151 – ✆ (08557) 9 60 20 – www.landhotel-baernriegel.de – geschl. November - Mitte Dezember

22 Zim – 53/71 € 92/106 € – ½ P

Rest – Menü 15/70 € – Karte 21/50 € – *(geschl. Dienstagmittag)*

Der aus zwei Häusern bestehende Familienbetrieb liegt ruhig am Ortsrand und verfügt über behagliche Gästezimmer im regionstypischen Landhausstil. Ländliches Ambiente auch im Restaurantbereich. HP inklusive.

MAYEN

Rheinland-Pfalz – 18 630 Ew. – Höhe 250 m – Siehe Regionalatlas **36-C14**

Berlin 625 km – Mainz 126 km – Koblenz 35 km – Bonn 63 km

Michelin Straßenkarte 543

Zur Traube garni

Bäckerstr. 6 ✉ 56727 – ✆ (02651) 9 60 10 – www.hotel-traube-mayen.de – geschl. Weihnachten - Neujahr

12 Zim – 52/59 € 82/87 €

Der Familienbetrieb in Marktplatznähe ist ein gepflegtes und persönlich geführtes Haus. Die Zimmer sind in warmen Farben gehalten, man schläft in hochwertigen Betten und beim guten Frühstück schaut man in den kleinen Garten.

Zum Alten Fritz garni

Koblenzer Str. 56 ✉ 56727 – ✆ (02651) 49 77 90 – www.hotel-alter-fritz-my.de – geschl. 12. - 19. Februar, Juli - August 2 Wochen

13 Zim – 45/50 € 80/90 €

Das kleine Hotel ist ein langjähriger Familienbetrieb, in dem es sich gepflegt übernachten lässt. Eine ideale Unterkunft ist das Haus z. B. für Besucher der alljährlichen Burgfestspiele oder für Wanderer (Tipp: die "Traumpfade").

Gourmet Wagner

Marktplatz 10 ✉ 56727 – ✆ (02651) 4 97 70 – www.gourmet-wagner.com – geschl. Montag - Dienstag

Menü 69/89 € – Karte 60/77 € – *(nur Abendessen)*

Was Gastgeber Josef Wagner und Michael Hammes hier auf den gut eingedeckten Tisch bringen, ist saisonale Küche einschließlich ansprechender Menüs wie z. B. "Spargel-" oder "Frühlings-Menü". Dazu eine gute Weinkarte. Das Ambiente in dem Restaurant nahe dem Marktplatz ist schön elegant: helle Grautöne und Weiß dominieren.

MAYSCHOSS

Rheinland-Pfalz – 930 Ew. – Höhe 150 m – Siehe Regionalatlas **36-C13**
Berlin 628 km – Mainz 158 km – Bonn 35 km – Koblenz 56 km
Michelin Straßenkarte 543

Lochmühle

Ahr-Rotwein-Str. 62, (B 267) ✉ 53508 – ✆ (02643) 80 80 – www.hotel-lochmuehle.com
98 Zim – †66/74 € ††77/84 € – 2 Suiten – ½ P
Rest – Menü 25/50 € – Karte 25/44 €
In den Hotelflügeln Ahrtalwinkel und Romantischer Winkel bietet man unterschiedliche Zimmer, teils zum Fluss hin, alle mit Blick auf die Weinberge. Einige neuere Themenzimmer. Restaurant und Café Ahrblick, dazu die Mühlenschänke in einem hübschen Natursteinhaus.

Zur Saffenburg

Ahr-Rotwein-Str. 43, (B 267) ✉ 53508 – ✆ (02643) 83 92 – www.gasthof-saffenburg.de – geschl. 23. Dezember - 4. Februar
13 Zim – †46/48 € ††80/85 € – ½ P
Rest – Karte 26/43 € – *(geschl. Mittwoch)*
Ein netter gewachsener Landgasthof unter familiärer Leitung mit gepflegten, funktionalen Zimmern. Hinter dem Haus fließt die Ahr. Gemütliche holzvertäfelte Restauranträume und tolle Terrasse. Wild aus heimischer Jagd, Kuchen aus der eigenen Backstube.

MECKENBEUREN

Baden-Württemberg – 13 450 Ew. – Höhe 416 m – Siehe Regionalatlas **63-H21**
Berlin 712 km – Stuttgart 158 km – Konstanz 40 km – Ravensburg 11 km
Michelin Straßenkarte 545

In Meckenbeuren-Madenreute Nord-Ost: 5 km über Liebenau

Jägerhaus (mit Gästehaus)

Madenreute 13 ✉ 88074 – ✆ (07542) 9 45 50 – www.jaegerhaus-hotel.de – geschl. 24. Dezember - 10. Januar
49 Zim – †70/140 € ††90/170 € – ½ P
Rest – Karte 18/43 € – *(geschl. Februar; November - April: Mittwoch) (nur Abendessen, sonntags auch Mittagessen)*
Das in einem kleinen Ortsteil gelegene Haus mit Balkonfassade verfügt über funktionelle, recht großzügige Gästezimmer - ganz modern sind die neueren Zimmer im Gästehaus. In neuzeitlichem Stil gehaltenes Restaurant.

MECKENHEIM

Nordrhein-Westfalen – 25 470 Ew. – Höhe 175 m – Siehe Regionalatlas **36-C13**
Berlin 612 km – Düsseldorf 94 km – Bonn 19 km – Koblenz 65 km
Michelin Straßenkarte 543

ZweiLinden garni

Merler Str. 1 ✉ 53340 – ✆ (02225) 9 42 00 – www.zweilinden.de – geschl. 23. Dezember - 1. Januar
20 Zim – †75/85 € ††95/99 € – 1 Suite
Ein wirklich gepflegtes familiengeführtes Haus. Die Zimmer sind funktional (teilweise mit Balkon), der Service ist sehr freundlich, im netten Innenhof sitzt man gemütlich am Teich. Für Businessgäste und Radfahrer gleichermaßen ideal.

MEDDERSHEIM – Rheinland-Pfalz → Siehe Sobernheim, Bad

MEERANE

Sachsen – 16 120 Ew. – Höhe 250 m – Siehe Regionalatlas **42-N13**
Berlin 246 km – Dresden 114 km – Chemnitz 41 km – Gera 38 km
Michelin Straßenkarte 544

Meerane Rest,

An der Hohen Str. 3, (Gewerbegebiet) ✉ 08393 – ✆ (03764) 59 10 – www.hotel-meerane.de

135 Zim – 59/119 € 59/149 €, 10 € – 20 Suiten – ½ P

Rest – Menü 35 € – Karte 24/54 €

Das vorwiegend auf Tagungen ausgerichtete Hotel in verkehrsgünstiger Lage bietet gut ausgestattete Zimmer und einen im römischen Stil gehaltenen Saunabereich auf 500 qm. Zeitgemäßes Restaurant mit internationaler Küche.

Schwanefeld

Schwanefelder Str. 22 ✉ 08393 – ✆ (03764) 40 50 – www.schwanefeld.de

52 Zim – 85/115 € 115/145 € – 1 Suite

Rest – Menü 25/65 € – Karte 19/51 €

Die Hotelanlage besteht aus einem hübschen Fachwerkhaus a. d. 17. Jh., einem Anbau sowie einem schönen Garten mit Teich. Eine Besonderheit ist die hauseigene Schokoladenmanufaktur. Die behaglichen Gaststuben sind im historischen Teil des Hotels untergebracht.

MEERBUSCH

Nordrhein-Westfalen – 54 320 Ew. – Höhe 36 m – Siehe Regionalatlas **25-B11**

Berlin 578 km – Düsseldorf 13 km – Venlo 56 km – Arcen 64 km

Michelin Straßenkarte 543

Siehe Düsseldorf (Umgebungsplan)

In Meerbusch-Büderich

Gästehaus Meererbusch garni

Hindenburgstr. 4 ✉ 40667 – ✆ (02132) 9 33 40 – www.gaestehaus-meererbusch.de – geschl. 19. Dezember - 4. Januar, 18. Juli - 9. August

17 Zim – 89/119 € 119/139 €

Eine familiäre Adresse mit privatem Rahmen. Antike Möbelstücke schaffen eine stilvolle Atmosphäre. Im schönen Frühstücksraum mit Flügel erwarten Sie ein gutes Buffet und freundlicher Service.

Landsknecht Zim,

Poststr. 70 ✉ 40667 – ✆ (02132) 13 78 20 – www.landsknecht.de Stadtplan : A1**k**

11 Zim – 69/190 € 89/210 €, 15 € **Rest** – Menü 22 € – Karte 32/52 €

In dem Hotel in der Ortsmitte überzeugen hübsche, hochwertig ausgestattete Zimmer in modernem Stil. Zur sehr guten Technik zählen u. a. automatische Frischluftzufuhr sowie Plasma-TV und Regenwalddusche im Bad. Breites internationales Speisenangebot. Große Terrasse.

Landhaus Mönchenwerth

Niederlöricker Str. 56 ✉ 40667 – ✆ (02132) 75 76 50 Stadtplan : B1**c**

– www.moenchenwerth.de – geschl. Karneval und Montag, außer an Messen

Menü 59/85 € – Karte 50/68 €

Gute Produkte sind die Grundlage des ambitionierten Franzosen Guy de Vries, der sein Fach im Elsass gelernt hat und seit 2001 hier Küchenchef ist. In seinen Speisen kombiniert er traditionelle Elemente mit modernen Einflüssen. Wunderschöne Rheinterrasse und Biergarten.

WINELIVE im Lindenhof

Dorfstr. 48 ✉ 40667 – ✆ (02132) 6 58 64 60 Stadtplan : A1**a**

– www.winelive.de – geschl. Sonntag - Montag sowie an Feiertagen

Menü 19 € (mittags)/45 € – Karte 30/55 €

Lecker das Essen, gemütlich das Bistro-Flair... In dem hübschen Backsteinhaus serviert man Ihnen z. B. "Kabeljau / Miso / Karotten / Lotus", dazu bietet die angeschlossene Vinothek über 550 Weine.

MEERFELD

Rheinland-Pfalz – ✉ 54531 – 350 Ew. – Höhe 370 m – ✉ Meerfeld
– Siehe Regionalatlas **45-B14**
Berlin 686 km – Mainz 153 km – Trier 62 km
Michelin Straßenkarte 543

Maarblick
Rest,

Meerbachstr. 52 ✉ 54531 – ✆ (06572) 44 94
– www.naturpurhotel.de
22 Zim – 50/90 € 55/110 € – 4 Suiten – ½ P
Rest *MundArt und GaumenFreude* – Menü 28 € (abends) – Karte 26/46 €
Ein herzlicher Familienbetrieb mitten in der Vulkaneifel, der mit der Natur im Einklang steht - Bioprodukte werden hier groß geschrieben und die Zimmer gefallen mit wohnlich-warmen Farben. Tipp: Am Nachmittag gibt's den hausgemachten Kuchen der Chefin! Schön modern: Restaurant und "LavaBar".

Zur Post (N)

Meerbachstr. 24 ✉ 54531 – ✆ (06572) 93 19 00
– www.hotel-zur-post-meerfeld.de – geschl. Januar
33 Zim – 43/47 € 76/82 € – ½ P
Rest *Poststuben* – siehe Restaurantauswahl
Bereits in 5. Generation sorgt Familie Molitor dafür, dass man hier wirklich gepflegt und preislich fair wohnen kann, die Zimmer sind hell, funktionell und zeitgemäß. Die Lage ist übrigens ideal für einen Wanderurlaub!

Poststuben (N) – Hotel Zur Post

Meerbachstr. 24 ✉ 54531 – ✆ (06572) 93 19 00
– www.hotel-zur-post-meerfeld.de – geschl. Januar und Montag - Dienstag
Menü 33 € – Karte 25/37 € – *(November - Dezember nur Abendessen)*
Nach Stationen in erstklassigen Adressen ist Sven Molitor nun mit im elterlichen Betrieb und bietet richtig gutes Essen zu einem top Preis-Leistungs-Verhältnis - ein Muss sind die Suppen (z. B. "Paprikaschaumsuppe mit Kaninchenstrudel"), aber auch Wolfsbarsch oder Einfacheres wie Bauernschnitzel.

MEERSBURG

Baden-Württemberg – 5 630 Ew. – Höhe 444 m – Siehe Regionalatlas **63-G21**
Berlin 730 km – Stuttgart 191 km – Konstanz 12 km – Freiburg im Breisgau 143 km
Michelin Straßenkarte 545

Residenz am See

Uferpromenade 11 ✉ 88709 – ✆ (07532) 8 00 40 Stadtplan : B2**r**
– www.hotel-residenz-meersburg.com
23 Zim – 84/216 € 140/310 € – 2 Suiten – ½ P
Rest *Casala* **Rest *Residenz am See*** – siehe Restaurantauswahl
Direkt am See erwarten Sie moderne, hochwertige und individuell eingerichtete Zimmer - schön die Seesicht von den Balkonen. Der sehr persönliche Service durch Familie Lang und ihr Team nebst netten kleinen Aufmerksamkeiten macht es hier ebenso angenehm wie das wohnlich-stilvolle Ambiente. Ein echter Genuss ist das reichhaltige Frühstücksbuffet mit vielen Überraschungen und hausgemachten Spezialitäten!

Villa Seeschau garni

Von-Laßberg-Str. 12 ✉ 88709 – ✆ (07532) 43 44 90 Stadtplan : B1**z**
– www.hotel-seeschau.de – geschl. Dezember - Februar
16 Zim – 90/160 € 120/277 € – 2 Suiten
Die familiengeführte Villa mit gediegenem Ambiente liegt ruhig über der Altstadt. Modern und stilvoll die geräumigen Zimmer - in der Suite haben Sie sogar eine eigene Sauna! Im Sommer lässt es sich im gepflegten Garten mit Seeblick schön verweilen. Keine Kinder.

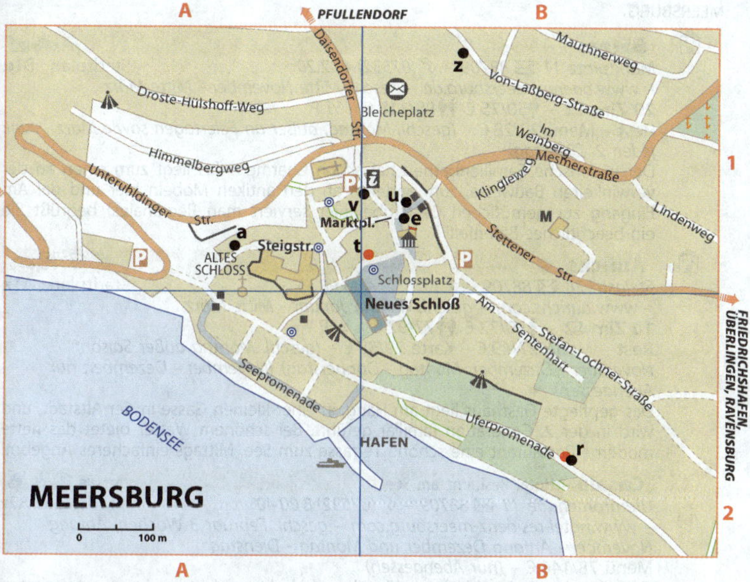

See Hotel Off

Zim, P

Uferpromenade 51 (über Stefan-Lochner-Straße B2) ✉ *88709 – ✆ (07532) 4 47 40 – www.seehotel-off.de – geschl. Januar*

21 Zim – 79/190 € 160/260 € – ½ P

Rest – Menü 33/45 € – Karte 20/61 €

Das Hotel liegt am ruhigen Teil der Uferpromenade. Von den freundlichen Zimmern schaut man auf den See oder die Weinberge. Die Liegewiese bietet direkten Zugang zum Wasser. Auch im Restaurant (regionale Küche) hat man den See im Blick - er reicht sogar bis zu den Schweizer Bergen. Zimmerpreise inkl. HP.

3 Stuben N

Zim, P

Kirchstr. 7 ✉ *88709 – ✆ (07532) 8 00 90* Stadtplan : AB1**v**

– www.3stuben.de – geschl. 20. Dezember - 8. März

28 Zim – 70/105 € 110/158 € – ½ P

Rest – Menü 36/48 € – Karte 31/56 € – *(geschl. Sonntag) (nur Abendessen)*

Das sympathische Hotel befindet sich in einem hübschen restaurierten Fachwerkhaus in der Altstadt. Auf die Gäste warten hier individuell und wohnlich gestaltete Zimmer und ein ansprechendes Restaurant in hellen, warmen Tönen.

Terrassenhotel Weißhaar

Zim, P

Stefan-Lochner-Str. 24 (über Stefan-Lochner-Straße B2) ✉ *88709 – ✆ (07532) 4 50 40 – www.terrassenhotel-meersburg.de – geschl. November - März*

25 Zim – 42/115 € 125/140 € – ½ P

Rest – Menü 34 € – Karte 30/53 €

Traumhaft die Lage oberhalb des Sees mit Panoramablick, den man sowohl von den meisten der wohnlichen Zimmer (überwiegend mit Balkon) hat als auch von der großen Restaurantterrasse - an klaren Tagen schaut man sogar bis zu den Schweizer Alpen!

Löwen

Marktplatz 2 ✉ *88709 – ✆ (07532) 4 30 40* Stadtplan : B1**e**

– www.hotel-loewen-meersburg.de

20 Zim – 45/105 € 85/120 € – ½ P

Rest – Menü 16 € (mittags)/35 € – Karte 26/52 € – *(geschl. November - April: Donnerstag)*

In dem über 500 Jahre alten Haus im Zentrum hat man sehr wohnliche und individuell eingerichtete Zimmer für Sie. Ein wahres Bijou ist die komplett holzgetäfelte Gaststube. Hier bietet man regionale Gerichte, die von der Juniorchefin zubereitet werden.

Bären
Marktplatz 11 ✉ *88709 – ✆ (07532) 4 32 20* Stadtplan : B1**u**
– www.baeren-meersburg.de – geschl. Mitte November - Mitte März
20 Zim ☕ – 🚹50/75 € 🚹🚹88/118 € – ½ P
Rest – Menü 20/28 € – *(geschl. Montag, außer an Feiertagen sowie März - Juni: jeden 2. Dienstag)*
Der historische Familienbetrieb hat schon Charme - das liegt zum einen an der verwinkelten Bauweise, zum anderen an den antiken Möbeln hier und da! Am Eingang zur gemütlchen Gaststube (hier serviert man Regionales) begrüßt Sie ein beachtliches Bärenfell!

Aurichs
Steigstr. 28 ✉ *88709 – ✆ (07532) 4 45 98 55* Stadtplan : A1**a**
– www.aurichs.com – geschl. Anfang Januar - Mitte März
10 Zim ☕ – 🚹50/72 € 🚹🚹77/92 € – ½ P
Rest – Menü 27/49 € – Karte 29/58 € – *(geschl. Montag außer Saison; November - Dezember: Montag - Donnerstag) (November - Dezember: nur Abendessen)*
Das gepflegte Gasthaus liegt am Hang, in einer kleinen Gasse in der Altstadt, und wird in der 2. Generation familiär geführt. Bei schönem Wetter bietet das nette moderne Restaurant eine schöne Terrasse zum See. Mittags einfacheres Angebot.

Casala – Hotel Residenz am See
Uferpromenade 11 ✉ *88709 – ✆ (07532) 8 00 40* Stadtplan : B2**r**
– www.hotel-residenz-meersburg.com – geschl. Februar 3 Wochen, Anfang November - Anfang Dezember und Montag - Dienstag
Menü 78/146 € – *(nur Abendessen)*
Gelungen ist die Symbiose aus Klassik und Moderne nicht nur im neu gestalteten Gastraum (bei schönem Wetter mit Blick auf See und Berge!), sondern auch in der exakten und zeitgemäßen Küche von Markus Philippi. Aufmerksam und charmant der junge Service.
→ Atlantik Hummer mit Curry-Fenchel und Krabbenchips. Allgäuer Reh im Tramezzinibrot, Cranberries, Wacholder. Erdbeere, Waldmeister, Joghurt, Cashewnuss.

Residenz am See – Hotel Residenz am See
Uferpromenade 11 ✉ *88709 – ✆ (07532) 8 00 40* Stadtplan : B2**r**
– www.hotel-residenz-meersburg.com – geschl. Dienstag, November - Februar: Montag - Dienstag
Menü 42 € (vegetarisch)/59 € – Karte 39/57 €
Der reizvolle Ausblick und die mit viel Engagement zubereiteten zeitgemäß-internationalen Gerichte spielen hier ganz klar die Hauptrolle. Reservieren Sie daher rechtzeitig einen Tisch nahe dem Fenster!

Winzerstube zum Becher
Höllgasse 4 ✉ *88709 – ✆ (07532) 90 09* Stadtplan : B1**t**
– www.winzerstube-zum-becher.de – geschl. Januar und Montag
Menü 29 € (mittags)/65 € – Karte 23/47 € – (Tischbestellung ratsam)
Das gemütliche Gasthaus mit 400-jähriger Tradition ist seit 1887 in Familienbesitz. Gekocht wird regional mit internationalem Einfluss - macht Ihnen z. B. "Felchen mit Gemüse, Reis und Spinatauflauf" Appetit? Kleine Terrasse nach hinten.

MEHRING (KREIS ALTÖTTING)

Bayern – 2 260 Ew. – Höhe 432 m – Siehe Regionalatlas **67**-O20
Berlin 632 km – München 103 km – Bad Reichenhall 70 km – Passau 84 km
Michelin Straßenkarte 546

In Mehring-Hohenwart Nord: 1,5 km

Schwarz
Hohenwart 10 ✉ *84561 – ✆ (08677) 9 84 00 – www.gasthof-schwarz.de – geschl. 17. August - 5. September*
28 Zim ☕ – 🚹60/70 € 🚹🚹90/98 € – ½ P
Rest – Menü 12 € – Karte 16/40 € – *(geschl. Dienstag)*
Der Gasthof unter familiärer Leitung liegt in einem beschaulichen Dorf, unterhalb der Kirche. Wohnliche Zimmer, nette Aussicht vom verglasten Frühstücksraum. In den gemütlichen regionstypischen Gaststuben isst man bayerisch.

MEININGEN

Thüringen – 21 590 Ew. – Höhe 290 m – Siehe Regionalatlas **39-J13**

Berlin 371 km – Erfurt 80 km – Coburg 69 km – Fulda 63 km

Michelin Straßenkarte 544

Sächsischer Hof

Georgstr. 1 ✉ 98617 – ✆ (03693) 45 70 – www.saechsischerhof.com

37 Zim – 76/95 € 97/137 €, 11 € – 3 Suiten – ½ P

Rest *Posthalterei* – siehe Restaurantauswahl

Rest *Kutscherstube* – Menü 20 € – Karte 19/37 €

Das traditionsreiche Hotel - einst Poststation - befindet sich gegenüber dem Englischen Garten und beherbergt elegante großzügige Zimmer sowie einfachere Classic-Zimmer. Gemütlich sitzt man in der rustikalen Kutscherstube (charmant die alte Holztäfelung) bei bürgerlich-regionaler Küche.

Posthalterei – Hotel Sächsischer Hof

Georgstr. 1 ✉ 98617 – ✆ (03693) 45 70 – www.saechsischerhof.com – geschl. Mitte Juli - Mitte August und Sonntag - Dienstag

Menü 38/74 € – Karte 31/51 € – *(nur Abendessen)*

Was man hier Gutes zu rund 285 Positionen Wein serviert, nennt sich z. B. "Duo vom Maibock mit wildem Spargel und Kartoffel-Thymianküchlein". Und das Ambiente? Helles warmes Holz, rustikale Natursteinbögen und Deko aus alten Zeiten.

MEISENHEIM

Rheinland-Pfalz – 2 800 Ew. – Höhe 160 m – Siehe Regionalatlas **46-D16**

Berlin 644 km – Mainz 67 km – Koblenz 99 km – Saarbrücken 102 km

Michelin Straßenkarte 543

Meisenheimer Hof (N)

Obergsse 33, (Zufahrt über Stadtgraben) ✉ 55590 – ✆ (06753) 1 23 77 80 – www.meisenheimer-hof.de – geschl. 12. - 27. Januar

14 Zim – 90/119 € 119/169 € – 3 Suiten – ½ P

Rest *Meisenheimer Hof* – siehe Restaurantauswahl

In dem aufwändig sanierten Ensemble aus fünf Altstadthäusern hat man die jahrundertelange Historie in Form von alten Böden und Antiquitäten in schöne Räume mit moderner Technik integriert. Das ehemalige Stadtkino wurde zum Open-Air-Veranstaltungsraum - sehr speziell! Gegenüber der Wein-Degustationsraum.

Meisenheimer Hof (N) – Hotel Meisenheimer Hof

Obergsse 33, (Zufahrt über Stadtgraben) ✉ 55590 – ✆ (06753) 1 23 77 80 – www.meisenheimer-hof.de – geschl. 12. - 27. Januar und Montag - Dienstagmittag

Menü 35/70 € – Karte 31/55 €

In den drei kleinen Restaurantstuben lässt man sich in ungezwungener Atmosphäre von Küchenchef Markus Pape, einem gebürtigen Sauerländer, richtig gut bekochen: "Dreierlei von der Challans-Ente", "geschmortes Bäckchen vom Glantalrind"... Dazu viele Eigenbau-Weine und eine unerwartete Bordeaux-Auswahl.

MEISSEN

Sachsen – 27 550 Ew. – Höhe 110 m – Siehe Regionalatlas **43-P12**

Berlin 194 km – Dresden 23 km – Chemnitz 61 km – Leipzig 85 km

Michelin Straßenkarte 544

WELCOME PARKHOTEL (mit Gästehaus)

Zim,

Hafenstr. 27 ✉ 01662 – ✆ (03521) 7 22 50 Stadtplan : B1**a**

– www.welcome-hotel-meissen.de – (Erweiterung um 21 Zimmer und einen Spabereich nach Redaktionsschluß)

96 Zim – 60/128 € 95/163 € – ½ P

Rest – Menü 19/34 € – Karte 18/41 €

Mittelpunkt der Hotelanlage ist eine schmucke Jugendstilvilla von 1870! In drei Häusern hat man klassisch-elegante oder etwas funktionellere Zimmer. Von einigen Zimmern und vom Restaurant blickt man auf die Albrechtsburg. Hübsch: kleiner Garten mit altem Baumbestand, Terrasse sowie Biergarten am Elbradweg.

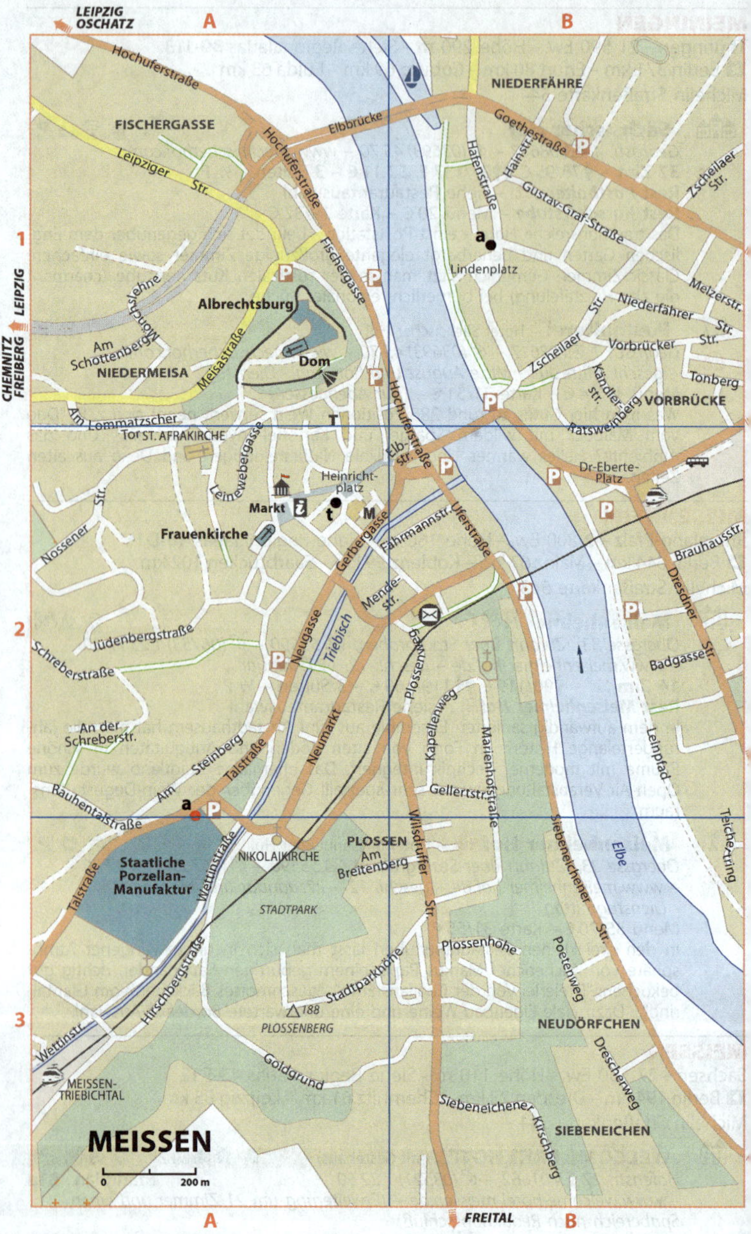

LEIPZIG
OSCHATZ
A
B
1
2
3
CHEMNITZ
FREIBERG
LEIPZIG
FREITAL
MEISSEN
0
200 m
Hochuferstraße
FISCHERGASSE
Leipziger Str.
Elbbrücke
NIEDERFÄHRE
Goethestraße
Hafenstraße
Hainstr.
Gustav-Graf-Straße
Zscheilaer Str.
Lindenplatz
Melzerstr.
Niederfährer Str.
Fischergasse
Albrechtsburg
Mönchslehne
Am Schottenberg
NIEDERMEISA
Meisastraße
Dom
Zscheilaer Str.
Vorbrücker Str.
Kändler-str.
Ratsweinberg
Tonberg
VORBRÜCKE
Am Lommatzscher Tor
ST. AFRAKIRCHE
Leinewebergasse
Elb-str.
Heinrichtplatz
Markt
Frauenkirche
Dr-Eberte-Platz
Brauhausstr.
Nossener Str.
Gerbergasse
Fährmannstr.
Uferstraße
Mende-str.
Dresdner Str.
Triebisch
Neugasse
Jüdenbergstraße
Schreberstraße
Plossenweg
Badgasse
Kapellenweg
Marienhofstraße
Leinpfad
An der Schreberstr.
Am Steinberg
Talstraße
Neumarkt
Gellertstr.
Rauhentalstraße
Wettinstraße
Wilsdruffer Str.
Siebeneichener Str.
Teichertring
Elbe
Staatliche Porzellan-Manufaktur
NIKOLAIKIRCHE
PLOSSEN
Am Breitenberg
STADTPARK
Plossenhöhe
Poetenweg
Stadtparkhöhe
Hirschbergstraße
188
PLOSSENBERG
NEUDÖRFCHEN
Dreschenweg
Wettinstr.
Goldgrund
MEISSEN-TRIEBICHTAL
Siebeneichener Kirschberg
SIEBENEICHEN

Goldener Löwe

Heinrichsplatz 6 ✉ 01662 – ✆ (03521) 4 11 10 Stadtplan : A2**t**
– www.welcome-hotels.com
36 Zim – 55/108 € 105/143 € – ½ P
Rest – Menü 25/34 € – Karte 16/43 €
In der historischen Altstadt gelegen und über 350 Jahre alt, hat das Gasthaus ein ganzes Stück Meißner Tradition zu bieten! Aber nicht nur das: Die Zimmer sind gediegen-komfortabel (teils ruhig zum Innenhof), das Restaurant ist recht elegant, nett der Terrassenbereich.

Meissen

Talstr. 9, (2. Etage) ✉ 01662 – ✆ (03521) 46 87 30 Stadtplan : A2_3**a**
– www.gastronomie-meissen.com
Menü 32 € – Karte 24/32 € – *(geöffnet: im Winter bis 18 Uhr und im Sommer bis 19 Uhr)*
Wer das Museum der Porzellan-Manufaktur besucht, sollte gleich ein Essen miteinplanen. Die saisonalen Speisen werden natürlich auf Meissener Porzellan serviert, dazu tolle Porzellanskulpturen als Dekor! Schön die begrünte Dachterrasse.

In Weinböhla Nord-Ost: 11 km über Göthestraße Stadtplan : B1

Laubenhöhe

Köhlerstr. 77 ✉ 01689 – ✆ (035243) 3 61 83 – www.laubenhoehe.de – geschl. 10. - 24. Februar, 21. Juli - 5. August und Sonntagabend - Dienstagmittag
Menü 18/45 € – Karte 17/43 €
Wer hier in ruhiger Lage zwischen Meißen und Moritzburg zum Essen einkehrt, bekommt frische internationale und saisonale Küche. Im Sommer lockt die begrünte Terrasse mit schöner Aussicht, an kühleren Tagen hat man es drinnen gemütlich.

MELLE

Niedersachsen – 46 150 Ew. – Höhe 76 m – Siehe Regionalatlas **27-F9**
Berlin 399 km – Hannover 115 km – Bielefeld 39 km – Münster (Westfalen) 80 km
Michelin Straßenkarte 541

Van der Valk Hotel Melle

Wellingholzhausener Str. 7 (an der BAB-Ausfahrt Melle-West) ✉ 49324 – ✆ (05422) 9 62 40 – www.melle.vandervalk.de
118 Zim – 60/160 € 80/190 €, 13 € – ½ P
Rest – Menü 17 € (mittags unter der Woche) – Karte 20/47 €
Dank der Direktanbindung an die A 30 ist das Hotel prädestiniert für Geschäftsreisende, zudem bietet man einen großzügigen und variablen Tagungsbereich (größter Raum 660 qm). Ruhigere Zimmer nach hinten; von der Autobahn abgewandt auch das Restaurant und die Terrasse. Sonntags Brunch.

Lüers im Heimathof

Friedrich-Ludwig-Jahn-Str. 10 (im Erhohlungszentrum am Grönenberg) ✉ 49324 – ✆ (05422) 92 50 91 – www.luers-im-heimathof.de – geschl. Montagmittag und Dienstag
Karte 26/50 €
Frische Farben, moderne Formen und rustikale alte Holzbalken. Das reizende Fachwerkhaus von 1620 ist Teil eines Museumsdorfes. Selbstgebackene Kuchen zum Nachmittags-Kaffee - im Sommer ist dafür die Terrasse besonders beliebt!

MELLRICHSTADT

Bayern – 5 810 Ew. – Höhe 270 m – Siehe Regionalatlas **39-J14**
Berlin 392 km – München 359 km – Fulda 57 km – Bamberg 89 km
Michelin Straßenkarte 546

BIO Hotel Sturm (mit Gästehäusern) Zim,
Ignaz-Reder-Str. 3 ✉ 97638 – ✆ (09776) 8 18 00 – www.hotel-sturm.com
46 Zim – 63/87 € 106/162 € – ½ P
Rest – Menü 25 € – Karte 27/36 € – *(nur Abendessen)*
Man sieht dem Hotel das Engagement der Betreiber an: Hier wird stetig renoviert und verbessert, auch bio-zertifiziert ist man inzwischen! Einige Zimmer sind ganz modern, dazu kommen Massage und Kosmetik sowie ein Garten mit Schwimmteich und Blockhaussauna.

MELSUNGEN

Hessen – 13 390 Ew. – Höhe 179 m – Siehe Regionalatlas **39**-H12
Berlin 407 km – Wiesbaden 198 km – Kassel 30 km – Bad Hersfeld 45 km
Michelin Straßenkarte 543

Centrinum Zim,
Rosenstr. 1 ✉ 34212 – ✆ (05661) 92 60 60 – www.centrinum.de
21 Zim – 80 € 120 € – 1 Suite **Rest** – Karte 23/43 €
In diesem Hotel in der Altstadt wurde Modernität clever mit Fachwerk kombiniert. Die zeitgemäßen Zimmer sind individuell eingerichtet. Netter Saunabereich. Internationale Küche im Bistro. Von der Terrasse beobachtet man das Geschehen in der Fußgängerzone.

MEMMELSDORF

Bayern – 8 860 Ew. – Höhe 262 m – Siehe Regionalatlas **50**-K15
Berlin 398 km – München 240 km – Coburg 47 km – Bamberg 7 km
Michelin Straßenkarte 546

Brauerei-Gasthof Drei Kronen (mit Gästehaus)
Hauptstr. 19 ✉ 96117 – ✆ (0951) 94 43 30 – www.drei-kronen.de – geschl. 22. - 25. Dezember
29 Zim – 60/70 € 90/100 € – ½ P
Rest – Menü 25 € – Karte 17/37 € – *(geschl. Sonntagabend - Montagmittag)*
Als Gasthof gibt es das Haus der Straubs schon seit 1750, die Brautradition geht sogar bis ins Jahr 1457 zurück! Tipp: Das schönste Zimmer ist der "Braumeistertempel"! Besonders gemütlich sitzt man beim Essen in der Stube mit alter Original-Täfelung und Kachelofen. Und wie wär's mit einer Bierprobe?

MEMMINGEN

Bayern – 41 030 Ew. – Höhe 601 m – Siehe Regionalatlas **64**-I20
Berlin 661 km – München 114 km – Kempten (Allgäu) 35 km – Augsburg 95 km
Michelin Straßenkarte 546

Falken garni
Roßmarkt 3 ✉ 87700 – ✆ (08331) 9 45 10 – www.hotel-falken-memmingen.de – geschl. August 3 Wochen, Ende Dezember 2 Wochen
41 Zim – 79/89 € 115/140 € – 1 Suite
In dem Hotel inmitten der Altstadt hat man wohnliche, neuzeitliche Zimmer für Sie - besonders beliebt die "Business-Suiten" mit Dampfdusche. Fragen Sie auch nach den Zimmern in der 4. Etage mit Blick über Memmingen!

Engelkeller
Königsgraben 9 ✉ 87700 – ✆ (08331) 9 84 44 90 – www.engelkeller.de
25 Zim – 82/92 € 118 € **Rest** – Menü 12/47 € – Karte 27/46 €
In dem Eckhaus nicht weit von der Innenstadt stehen geradlinig-zeitgemäß gestaltete Gästezimmer in warmen Brauntönen bereit. Das mit rustikaler Note eingerichtete Restaurant (hier internationale und bürgerliche Küche) wird durch einen Biergarten ergänzt.

Weinstube Weber am Bach
Untere Bachgasse 2 ✉ 87700 – ✆ (08331) 24 14 – www.weberambach.de
Menü 30/56 € – Karte 21/54 € – (Tischbestellung ratsam)
Das Restaurant von Herbert Breckel ist eine Institution in Memmingen, nicht nur weil das Haus a. d. J. 1320 das älteste der Stadt ist, sondern auch wegen der schmackhaften bürgerlich-internationalen Küche. So charmant wie die gemütlichen holzgetäfelten Stuben ist auch die Terrasse unmittelbar am Bach.

MENGKOFEN (KREIS DINGOLFING)

Bayern – 5 780 Ew. – Höhe 398 m – Siehe Regionalatlas **59-N18**
Berlin 556 km – München 106 km – Regensburg 65 km – Dingolfing 10 km
Michelin Straßenkarte 546

Zur Post

Hauptstr. 20 ✉ 84152 – ✆ (08733) 9 22 70 – www.post-mengkofen.de – geschl. 1. - 10. Januar
30 Zim – †70/72 € ††100 €
Rest – Karte 24/52 € – *(geschl. Sonntagabend) (nur Abendessen, sonntags auch Mittagessen)*
Der gewachsene historische Gasthof im Ortskern ist eine ehemalige Posthalterei, in der Sie heute in modern und funktionell gestalteten Zimmern übernachten, nach hinten ruhiger. Im Restaurant bietet man auch Krimidinner und Gourmetabende.

MEPPEN

Niedersachsen – 34 950 Ew. – Höhe 14 m – Siehe Regionalatlas **16-D7**
Berlin 504 km – Hannover 240 km – Nordhorn 43 km – Bremen 129 km
Michelin Straßenkarte 543

von Euch

Rest,

Kuhstr. 21 ✉ 49716 – ✆ (05931) 4 95 01 00 – www.hotelvoneuch.de
29 Zim – †74/89 € ††89/104 € – ½ P
Rest – Menü 26 € (abends) – Karte 27/41 €
Freundlich kümmert man sich in dem Hotel im Zentrum um seine Gäste. Sie wohnen in tipptopp gepflegten, neuzeitlich eingerichteten Zimmern und genießen am Morgen ein gutes Frühstück. Restaurant in zeitlosem Stil mit ruhig gelegener Terrasse.

Poeker

Herzog-Arenbergstr. 15 ✉ 49716 – ✆ (05931) 49 10 – www.hotel-poeker.de
49 Zim – †65/79 € ††85/99 € – ½ P **Rest** – Menü 28 € – Karte 14/36 €
Der Familienbetrieb liegt zentral und dennoch relativ ruhig. Die neueren "First-Class"-Zimmer sind mit klarem Design, Klimaanlage, Bluetooth-Technik und iPod-Station "up to date"! In einem Gästehaus hat man zudem vier Ferienwohnungen.

Parkhotel

Lilienstr. 21 (nahe der Freilichtbühne) ✉ 49716 – ✆ (05931) 9 79 00 – www.emsland-hotels.com
34 Zim – †59/79 € ††79/119 € – ½ P
Rest – Menü 27 € – Karte 21/46 € – *(geschl. Sonntag) (nur Abendessen)*
In einer ruhigen Seitenstraße am Waldrand gelegenes Hotel mit unterschiedlichen Zimmern, darunter einige besonders moderne mit Terrasse. Schön ist auch die Außensauna im Garten. Hübsch dekoriertes, ländlich gehaltenes Restaurant.

Schmidt am Markt

Zim,

Markt 17 ✉ 49716 – ✆ (05931) 9 81 00 – www.hotel-schmidt-meppen.de
31 Zim – †60/89 € ††80/119 € – ½ P **Rest** – Karte 18/35 €
Vor allem die Zimmer im Neubau überzeugen - nicht nur mit ihrer modernen Einrichtung, auch mit ihrer Größe! Sie brauchen nur aus dem Haus zu gehen und stehen direkt in der Fußgängerzone.

MERGENTHEIM, BAD

Baden-Württemberg – 22 400 Ew. – Höhe 206 m – Siehe Regionalatlas **49-I16**
Berlin 539 km – Stuttgart 117 km – Würzburg 46 km – Ansbach 78 km
Michelin Straßenkarte 545

Victoria

Poststr. 2 ✉ 97980 – ✆ (07931) 59 30 – www.victoria-badmergentheim.de
40 Zim – †69/115 € ††109/149 € – ½ P
Rest *Vinothek & Zirbelstube* – siehe Restaurantauswahl
Sie suchen ein geschmackvolles, wohnliches und zugleich gastronomisch interessantes Hotel? Mit frischen, eleganten Zimmern, gutem Service und zentraler Lage am Altstadtrand liegen Sie hier richtig! Gut auch die Veranstaltungsmöglichkeiten.

Parkhotel
Lothar-Daiker-Str. 6 ✉ 97980 – ✆ (07931) 53 90 – www.parkhotel-mergentheim.de
116 Zim ☕ – 🚹98/111 € 🚻133/155 € – ½ P
Rest – Menü 19/23 € – Karte 23/54 €
Das Hotel befindet sich direkt am schönen Kurpark, zu dem auch die neuzeitlichen Zimmer liegen, alle mit Balkon oder Loggia. Medizinische Anwendungen und Schönheitsfarm. Internationale Küche im hellen, geradlinigen Restaurant. Terrasse mit Blick ins Grüne.

Bundschu
Milchlingstr. 24 ✉ 97980 – ✆ (07931) 93 30 – www.hotel-bundschu.de
60 Zim ☕ – 🚹69/99 € 🚻99/140 € – ½ P
Rest ***Bundschu*** – siehe Restaurantauswahl
Familie Bundschu leitet ihr Haus schon mit sehr viel Engagement und Herz, man renoviert und investiert, und so hat man neben den Komfortzimmern auch besonders schicke und topmoderne Superiorzimmer sowie großzügige Juniorsuiten. Das Haus eignet sich auch bestens für Tagungen und Veranstaltungen aller Art.

Alte Münze garni
Münzgasse 12 ✉ 97980 – ✆ (07931) 56 60 – www.hotelaltemuenze.de
30 Zim ☕ – 🚹59/65 € 🚻90/95 €
Der Gast bekommt hier alles, was er von einem gepflegten Stadthotel erwartet: funktionell ausgestattete Zimmer, solide Technik und ein gutes Frühstücksbuffet. Tipp: Besuchen Sie das wenige Gehminuten entfernte Deutschordensschloss!

Bundschu – Hotel Bundschu
Milchlingstr. 24 ✉ 97980 – ✆ (07931) 93 30 – www.hotel-bundschu.de – geschl. Montag
Menü 32/49 € – Karte 23/48 €
Das gepflegte bürgerliche Restaurant ist die "Gute Stube" im Hause der Bundschus. Patron Hans Jörg führt nach wie vor Regie in der Küche, seine Gerichte sind regional, zeigen aber auch mediterrane Einflüsse.

Vinothek & Zirbelstube – Hotel Victoria
Poststr. 2 ✉ 97980 – ✆ (07931) 59 30 – www.victoria-badmergentheim.de – geschl. August 2 Wochen und Montag
Karte 14/50 €
Ob in der gemütlich-eleganten Zirbelstube mit schöner Holztäfelung oder in der angenehm legeren Vinothek (interessant hier die einsehbare Küche!), die regional-saisonalen Speisen serviert man Ihnen hier wie dort. Die regionalen Weine kann man übrigens auch für zuhause mitnehmen!

In Bad Mergentheim-Markelsheim Süd-Ost: 6 km über B 19

Gästehaus Birgit garni
Scheuerntorstr. 25 ✉ 97980 – ✆ (07931) 9 09 00 – www.gaestehausbirgit.de
11 Zim ☕ – 🚹44/47 € 🚻65/72 € – 1 Suite
Wie gemacht für Radwanderer: ruhig am Ortsrand gelegen, der Tauberradweg direkt vor der Tür! Bei der engagierten Familie Beck kann man wirklich nett und günstig übernachten (und auch gut frühstücken) - alles hell und frisch in Blau-Weiß.

MERKLINGEN

Baden-Württemberg – 1 880 Ew. – Höhe 699 m – Siehe Regionalatlas **56-H19**
Berlin 629 km – Stuttgart 73 km – Reutlingen 53 km – Ulm (Donau) 26 km
Michelin Straßenkarte 545

Ochsen
Hauptstr. 12 ✉ 89188 – ✆ (07337) 9 61 80 – www.hotel-ochsen-merklingen.de
31 Zim ☕ – 🚹79/86 € 🚻124 € – ½ P
Rest – Menü 25 € (mittags)/55 € – Karte 17/49 €
Das Gasthaus von 1609 wird seit 1823 von Familie Hintz betrieben! Im Stammhaus wohnt man in Zimmern von rustikal bis neuzeitlich, im Anbau befinden sich Tagungsräume, Festsaal und das moderne Restaurant (internationale Küche und Steaks) - hübsch die Terrasse.

In Berghülen Süd: 8 km über Machtholsheim

Zum Ochsen
Blaubeurer Str. 14 ✉ 89180 – ✆ (07344) 9 60 90 – www.ochsen-berghuelen.de – geschl. 3. - 17. August
32 Zim – †38/52 € ††62/80 € – ½ P
Rest – Menü 17/34 € – Karte 17/34 € – *(geschl. Montag)*
In der 6. Generation wird der erweiterte Gasthof von der Familie geleitet. Die Zimmer im Haupthaus und im Anbau sind etwas unterschiedlich eingerichtet, solide und gepflegt. Restaurant mit bürgerlicher Küche.

MERSEBURG
Sachsen-Anhalt – 35 420 Ew. – Höhe 100 m – Siehe Regionalatlas **31-M11**
Berlin 189 km – Magdeburg 104 km – Leipzig 27 km – Halle (Saale) 16 km
Michelin Straßenkarte 542

Radisson BLU
Rest, Rest, Rest,
Oberaltenburg 4 ✉ 06217 – ✆ (03461) 4 52 00 – www.merseburg-radissonblu.com
133 Zim – †70/350 € ††85/480 €, 16 € – 4 Suiten – ½ P
Rest – Menü 25/45 € – Karte 25/52 € – *(geschl. 1. - 20. Januar)*
Das barocke Zech'sche Palais ist Teil dieses oberhalb der Stadt gelegenen Hotels. Die Zimmer sind gediegen-komfortabel und technisch gut ausgestattet. Schöne historische Säle. Klassische Küche mit internationalem Einfluss im Restaurant Belle Epoque.

Stadt Merseburg
Christianenstr. 25 ✉ 06217 – ✆ (03461) 35 00 – www.bestwestern-merseburg.de
73 Zim – †69/109 € ††79/119 € – 1 Suite – ½ P
Rest – Menü 17/28 € – Karte 17/38 €
Das auf Businessgäste ausgerichtete Hotel am Rande der Innenstadt bietet neuzeitliche Zimmer mit guter Technik, die Suite verfügt über eine tolle Dachterrasse. Massage-Angebot. Mit im Haus: Steakrestaurant "AZado".

Ritters Weinstuben mit Zim
Große Ritterstr. 22 (Zufahrt über Burgstraße) ✉ 06217 – ✆ (03461) 3 36 60 – www.ritters-weinstuben.de – geschl. Anfang Januar 2 Wochen und Sonntagabend - Montag
9 Zim – †45/55 € ††65/95 €, 7 € – 1 Suite Menü 20/60 € – Karte 25/53 €
In behaglichen Räumen mit bürgerlich-eleganter Note serviert man Ihnen zeitgemäße internationale Küche. Mittags reicht man eine kleine Karte, ergänzt durch Tagesgerichte. Die Gästezimmer sind solide, wohnlich und funktional gestaltet.

MERTESDORF
Rheinland-Pfalz – 1 670 Ew. – Höhe 220 m – Siehe Regionalatlas **45-B15**
Berlin 725 km – Mainz 150 km – Trier 16 km – Saarbrücken 82 km
Michelin Straßenkarte 543

Weis
Rest,
Eitelsbacher Str. 4 ✉ 54318 – ✆ (0651) 9 56 10 – www.hotel-weis.de
48 Zim – †75/82 € ††109/123 € **Rest** – Menü 23/65 € – Karte 28/56 €
Das in den Weinbergen des Ruwertals gelegene familiengeführte Hotel mit Weingut verfügt über zeitgemäße und wohnliche Zimmer sowie einen modernen Sauna- und Anwendungsbereich. Behagliches Restaurant mit Kachelofen und rustikale Stube.

Grünhäuser Mühle
Hauptstr. 4 ✉ 54318 – ✆ (0651) 5 24 34 – www.gruenhaeuser-muehle.de – geschl. Februar und Montag - Dienstag
Menü 34/70 € – Karte 35/59 € – *(nur Abendessen, sonntags auch Mittagessen)*
Die schön restaurierte alte Mühle bietet bei gepflegt-eleganter Tischkultur klassisch-französische Küche mit saisonal-regionalem Einschlag. Kommen Sie doch mal donnerstags, da gibt es Bretonisches Meeresfrüchte-Gabeldinner!

MERZHAUSEN

Baden-Württemberg – 4 830 Ew. – Höhe 281 m – Siehe Regionalatlas **61-D20**

Berlin 814 km – Stuttgart 187 km – Freiburg 6 km – Strasbourg 89 km

Michelin Straßenkarte 545

Grüner Baum mit Zim

Hexentalstr. 35 ✉ 79249 – ✆ (0761) 8 88 68 00 – www.gruenerbaum-merzhausen.de – geschl. 5. - 18. Januar und Sonntag - Montag

10 Zim – 🚹63/87 € 🚹🚹95/115 €

Menü 39 € – Karte 28/52 € – *(nur Abendessen)*

Der historische Gasthof (in der 1. Etage war auch einige Jahre das Rathaus untergebracht), hat mit Nicole Aigner eine sympathische Gastgeberin. Viel Holz macht es hier liebenswert-ländlich, gekocht wird international. Und für Übernachtungsgäste gibt's am Morgen hausgemachte Marmelade zum Frühstück!

MERZIG

Saarland – 30 360 Ew. – Höhe 174 m – Siehe Regionalatlas **45-B16**

Berlin 746 km – Saarbrücken 47 km – Luxembourg 56 km – Saarlouis 21 km

Michelin Straßenkarte 543

Roemer

Schankstr. 2 ✉ 66663 – ✆ (06861) 9 33 90 – www.roemer-merzig.de

41 Zim – 🚹64/74 € 🚹🚹89/101 € – ½ P

Rest – Menü 25 € – Karte 24/42 € – *(geschl. Samstagmittag)*

Das zeitgemäß und funktionell ausgestattete Haus (teilweise hübsche Themenzimmer wie z. B. Meereszimmer oder Afrikazimmer) ist ein "Bett+Bike"-Hotel: Gäste dürfen sich über Fahrrad-Garage sowie Verleih von Rädern und E-Bikes freuen. Das Restaurant bietet u. a. regionale Küche.

Callari

Fischerstr. 20 ✉ 66663 – ✆ (06861) 99 24 24 – geschl. 11. - 19. Februar, 3. - 11. Juni, 30. September - 8. Oktober und Mittwoch - Donnerstag, Samstagmittag

Menü 47 € – Karte 25/54 €

In Sizilien geboren, hat Gaspare Callari über die Toskana den Weg ins Saarland gefunden. Und hier bewahrt er sich nun in dem etwas versteckt im Zentrum am Seffersbach liegenden Restaurant ein Stückchen Heimat in Form von mediterran-italienischer Küche.

MESCHEDE

Nordrhein-Westfalen – 30 830 Ew. – Höhe 260 m – Siehe Regionalatlas **27-F11**

Berlin 481 km – Düsseldorf 150 km – Arnsberg 19 km – Brilon 22 km

Michelin Straßenkarte 543

Von Korff

Le-Puy-Str. 19 ✉ 59872 – ✆ (0291) 9 91 40 – www.hotelvonkorff.de

26 Zim – 🚹69/84 € 🚹🚹94/99 € – ½ P

Rest *Von Korff* – siehe Restaurantauswahl

Familie von Korff bietet in dem erweiterten Stadthaus von 1902 geradlinig-modern eingerichtete Zimmer mit Parkettboden, zeitgemäßer Technik und gutem Platzangebot.

Von Korff – Hotel Von Korff

Le-Puy-Str. 19 ✉ 59872 – ✆ (0291) 9 91 40 – www.hotelvonkorff.de

Menü 24/69 € – Karte 24/54 €

Ein Patrizierhaus, dessen architektonische Erneuerung und Erweiterung gelungen ist, überzeugt mit einem Ambiente aus Modernität, klaren Formen und viel Licht. Schöne Auswahl an Bordeaux-Weinen.

In Meschede-Freienohl Nord-West: 10 km über A 46

Luckai mit Zim

Christine-Koch-Str. 11 ✉ 59872 – ✆ (02903) 9 75 20 – www.hotel-luckai.de – geschl. Mittwoch

15 Zim – 🚹53/63 € 🚹🚹74/91 €, ☕ 6 € – ½ P   Menü 12 € – Karte 17/41 €

In diesem hell gestalteten Restaurant serviert man bürgerliche Küche mit internationalen Einflüssen. Zum Haus gehören auch eine nette Sonnenterrasse und eine Bierstube. Die soliden Gästezimmer verfügen meist über einen Balkon.

In Meschede-Remblinghausen Süd: 6 km

Landhotel Donner

Zur alten Schmiede 4 ✉ 59872 – ✆ (0291) 95 27 00 – www.landhotel-donner.de – geschl. 12. - 29. Januar

14 Zim ☕ – 🚹58/67 € 🚹🚹89/95 € – ½ P

Rest *Landhotel Donner* – siehe Restaurantauswahl

Die engagierte Familie Donner hat ihren 1911 gegründeten Gasthof in dem historischen Handelshaus zu einem sympathischen, bestens unterhaltenen und wohnlich gestalteten kleinen Hotel erweitert. Sie möchten die schöne Gegend erwandern? Der Seniorchef hat Tipps für Ihre Tour!

Landhotel Donner – Landhotel Donner

Zur alten Schmiede 4 ✉ 59872 – ✆ (0291) 95 27 00 – www.landhotel-donner.de – geschl. 12. - 29. Januar und Mittwoch

Menü 34/43 € – Karte 28/50 €

Von der hausgemachten Rindswurst bis zu "Tempura-Garnelen Tandoori"... die regionalen, aber auch zeitgemäß-internationalen Gerichte von Georg Donner schmecken richtig gut und das Ambiente dazu ist wirklich gemütlich: hübsche ländliche Gaststuben mit hochwertigen Stoffen und warmem Holz. Und am Nachmittag ein Stück selbst gebackenen Kuchen auf der schönen Gartenterrasse?

MESPELBRUNN

Bayern – 2 200 Ew. – Höhe 269 m – Siehe Regionalatlas **48-H15**

Berlin 561 km – München 342 km – Würzburg 62 km – Aschaffenburg 16 km

Michelin Straßenkarte 546

Schlosshotel

Zim,

Schlossallee 25 ✉ 63875 – ✆ (06092) 60 80 – www.schlosshotel-mespelbrunn.de – geschl. 4. - 11. Januar

40 Zim ☕ – 🚹78/115 € 🚹🚹110/164 € – ½ P   **Rest** – Karte 21/44 €

In direkter Nachbarschaft zum Wasserschloss hat sich aus der Schlosswirtschaft dieser Hotelkomplex entwickelt. In neuem Glanz und geradlinig-zeitgemäßem Stil erstrahlen nun viele der Zimmer und auch der Sauna- und Kosmetikbereich. Speisen Sie im Sommer auf der Terrasse unter alten Linden!

Zum Engel

Rest,

Hauptstr. 268 ✉ 63875 – ✆ (06092) 9 73 80 – www.mespelbrunn-hotel-engel.de

23 Zim ☕ – 🚹60/75 € 🚹🚹85/95 €

Rest – Menü 14 € – Karte 17/45 € – *(geschl. November - April: Donnerstag)*

Der gewachsene Gasthof mit frischer gelber Fassade liegt am Ortsanfang unweit des Schlosses. Wohnliche Zimmer, teils mit Balkon - zum schönen großen Garten hin ruhiger. Das Restaurant teilt sich in eine Gaststube mit Kachelofen und die separate Zirbelstube.

Müller's Landhotel

Am Dürrenberg 1 (Hessenthal, Nord: 2 km) ✉ 63875 – ✆ (06092) 82 48 20 – www.muellers-landhotel.eu

29 Zim ☕ – 🚹44/81 € 🚹🚹76/104 € – 2 Suiten – ½ P

Rest *Müller's Frischeküche* – siehe Restaurantauswahl

Seit rund 40 Jahren wird der Gasthof als Familienbetrieb geführt. Wer klare, moderne Formen mag, sollte eines der besonders ansprechenden neueren Zimmer wählen! Die meisten Zimmer mit Balkon.

Müller's Frischeküche – Müller's Landhotel
Am Dürrenberg 1 (Hessenthal, Nord: 2 km) ✉ 63875 – ✆ (06092) 82 48 20 – www.muellers-landhotel.eu
Menü 24/37 € – Karte 21/39 € – *(Montag - Donnerstag nur Abendessen)*
Die nett dekorierten Stuben versprühen ländlichen Charme. Ein freundliches Team serviert Ihnen regionale Speisen, zubereitet aus heimischen Produkten (z. B. Wild aus dem Spessart), die auf der Terrasse bei schöner Aussicht noch besser schmecken!

MESSKIRCH

Baden-Württemberg – 8 300 Ew. – Höhe 616 m – Siehe Regionalatlas **63**-G20
Berlin 708 km – Stuttgart 118 km – Konstanz 55 km – Freiburg im Breisgau 119 km
Michelin Straßenkarte 545

In Meßkirch-Menningen Nord-Ost: 5 km über B 311

Zum Adler Leitishofen
Leitishofen 35 (B 311) ✉ 88605 – ✆ (07575) 92 50 80 – www.adler-leitishofen.de – geschl. Ende Januar - Anfang Februar 2 Wochen und Dienstag
Menü 13/35 € – Karte 18/41 €
Etwas abseits liegt dieser gepflegte Gasthof - ein sympathisches familiengeführtes Haus, in dem man in gemütlichen Stuben sitzt und sich die regionalen Gerichte des Chef servieren lässt.

MESSSTETTEN

Baden-Württemberg – 10 480 Ew. – Höhe 907 m – Siehe Regionalatlas **63**-G20
Berlin 736 km – Stuttgart 91 km – Konstanz 88 km – Albstadt 8 km
Michelin Straßenkarte 545

Schwane
Hauptstr. 11 ✉ 72469 – ✆ (07431) 9 49 40 – www.hotel-schwane.de
23 Zim – 65/75 € 95/110 €
Rest – Menü 26 € (mittags)/35 € – Karte 23/53 € – *(geschl. Samstagmittag)*
Das besonders von Geschäftsreisenden geschätzte Hotel ist aus einem restaurierten historischen Gasthof entstanden und verfügt über zeitgemäß und funktionell ausgestattete Zimmer. Neben regionalen Speisen bietet man auch immer wieder Weinproben an!

In Meßstetten-Hartheim Süd-West: 3 km über Hauptstraße

Lammstuben
Römerstr. 2 ✉ 72469 – ✆ (07579) 6 21 – www.lammstuben.de – geschl. Dienstag - Mittwoch
Menü 27/54 € – Karte 20/50 €
Sie sitzen in einer von drei geschmackvoll gestalteten Stuben, während Sie sich die regionale Küche servieren lassen. Kachelofen, Wandvertäfelungen, bemalte Holzdecken... das macht's stilvoll und charmant. Lust auf Schlachtfest, Kochkurs oder Spargelessen? Je nach Jahreszeit steht regelmäßig etwas Besonderes an.

METTLACH

Saarland – 12 310 Ew. – Höhe 175 m – Siehe Regionalatlas **45**-B16
Berlin 754 km – Saarbrücken 55 km – Trier 43 km – Saarlouis 29 km
Michelin Straßenkarte 543

Saarpark
Bahnhofstr. 31 (B 51) ✉ 66693 – ✆ (06864) 92 00 – www.hotel-saarpark.de
40 Zim – 70/93 € 110/140 € – 5 Suiten – ½ P
Rest – Menü 18/28 € – Karte 16/46 €
In dem Hotel nahe der Saar wohnt man fluss- oder parkseitig, teilweise in Maisonette-Zimmern. Auch Wanderer und Radfahrer sind - vor allem im Sommer - in dieser "Bett+Bike"-Adresse gerne zu Gast. Freundlich gestaltetes Restaurant Montclair und rustikale Bierstube.

In Mettlach-Orscholz Nord-West: 6 km, jenseits der Saar, im Wald links abbiegen

Landhotel Saarschleife (mit Gästehaus)
Cloefstr. 44 ✉ 66693 – ✆ (06865) 17 90 – www.hotel-saarschleife.de
44 Zim – 72/149 € 112/154 € – 4 Suiten – ½ P
Rest *Landhotel Saarschleife* – siehe Restaurantauswahl
Familie Buchna führt ihr Haus sehr engagiert, immer wieder wird investiert und erneuert. Fragen Sie nach den neuen geradlinig-modern gestalteten Zimmern! Schön entspannen können Sie auch im gepflegten Freizeitbereich.

Landhotel Saarschleife – Landhotel Saarschleife
Cloefstr. 44 ✉ 66693 – ✆ (06865) 17 90 – www.hotel-saarschleife.de
Menü 38/60 € – Karte 38/55 €
"Jakobsmuscheln auf Gurken-Carpaccio" oder "Lammrücken mit Pestognocchi" sind nur zwei Beispiele für die regional und international geprägte Küche, die zahlreiche Gäste zu Familie Buchna führt. Essen und Service sind hier gleichermaßen gut.

METTNAU (HALBINSEL) – Baden-Württemberg ➜ Siehe Radolfzell

METZINGEN

Baden-Württemberg – 22 040 Ew. – Höhe 350 m – Siehe Regionalatlas **55-G19**
Berlin 673 km – Stuttgart 34 km – Reutlingen 8 km – Ulm (Donau) 79 km
Michelin Straßenkarte 545

Schwanen
Bei der Martinskirche 10 ✉ 72555 – ✆ (07123) 94 60 – www.schwanen-metzingen.de
72 Zim – 81/170 € 128/263 €, 15 €
Rest *Schwanen* – siehe Restaurantauswahl
Sie finden das Haus gegenüber der Martinskirche und - ideal für Shopping-Fans - nur wenige Gehminuten von einem der Mode-Outlets. Buchen Sie eines der besonders schönen neueren Zimmer im Anbau! Neben dem Restaurant hat man noch die Bistro-Bar Mezzo.

Garni garni
Bohlstr. 8 ✉ 72555 – ✆ (07123) 72 61 80 – www.garni-metzingen.de
21 Zim – 50/70 € 80 €, 7 €
In dem familiär geführten kleinen Hotel stehen funktionell ausgestattete, in modernem Stil gehaltene Gästezimmer zur Verfügung.

Schwanen – Hotel Schwanen
Bei der Martinskirche 10 ✉ 72555 – ✆ (07123) 94 60 – www.schwanen-metzingen.de
Menü 32/49 € – Karte 21/54 €
Moderne Gastronomie und schwäbisch-ländliche Traditionen zu verbinden, ist hier gelungen. Auf den Tisch kommt saisonale Küche aus regionalen Produkten, ein Tipp für mittags ist das günstige Lunchmenü! Begehbarer Weinschrank.

In Metzingen-Glems Süd: 4 km über B 28 Richtung Bad Urach, in Neuhausen rechts ab

Stausee-Hotel Rest,
Unterer Hof 3 (am Stausee, West: 1,5 km) ✉ 72555 – ✆ (07123) 9 23 60 – www.stausee-hotel.de
22 Zim – 85/105 € 120/140 € – ½ P
Rest – Menü 25/45 € – Karte 35/50 € – *(geschl. Sonntagabend)*
Die Zimmer in diesem Hotel in schöner Panoramalage oberhalb des Glemser Stausees sind hell und modern-funktionell gestaltet, zur Seeseite mit eigenem kleinem Wintergarten. Auf der Terrasse mit beeindruckender Sicht auf See und Schwäbische Alb sitzt man gerne bei Kaffee und Kuchen.

Waldhorn Rest,

Neuhauser Str. 32 ✉ 72555 – (07123) 9 63 50 – www.gasthof-waldhorn-metzingen.de – geschl. über Fasching 1 Woche, Anfang August 2 Wochen

6 Zim – 51/55 € 84/92 € **Rest** – Karte 20/39 € – *(geschl. Dienstag)*

Der traditionsreiche Gasthof in der Ortsmitte ist seit Generationen im Familienbesitz. Es stehen wohnliche und praktisch ausgestattete Zimmer bereit. Bürgerlich speist man in der ländlichen Gaststube.

MEYENBURG

Brandenburg – 2 270 Ew. – Höhe 82 m – Siehe Regionalatlas **12-N6**

Berlin 143 km – Potsdam 136 km – Perleberg 49 km – Waren 67 km

Michelin Straßenkarte 542

Germania Hotel am Schlosspark

Wilhelmsplatz 3 ✉ 16945 – (033968) 50 20 – www.germania-meyenburg.de

14 Zim – 62 € 83 € – ½ P **Rest** – Menü 10/28 € – Karte 16/37 €

Das kleine Hotel am Eingang des Schlossparks ist eine gut geführte und wohnlich-moderne Adresse mit zeitgemäß ausgestatteten Gästezimmern in angenehm warmen Tönen. Hell, freundlich und neuzeitlich zeigt sich das Restaurant. Die Küche ist international.

MICHELSTADT

Hessen – 16 470 Ew. – Höhe 206 m – Siehe Regionalatlas **48-G16**

Berlin 592 km – Wiesbaden 92 km – Mannheim 66 km – Aschaffenburg 51 km

Michelin Straßenkarte 543

Drei Hasen

Braunstr. 5 ✉ 64720 – (06061) 7 10 17 – www.dreihasen.de – geschl. 1. - 15. Januar

20 Zim – 62/72 € 96 € – ½ P

Rest – Menü 25 € (mittags)/48 € – Karte 20/44 € – *(geschl. Montag, außer an Feiertagen)*

Auf 300 Jahre Gasthaustradition blickt das schöne historische Gebäude direkt am Marktplatz zurück. Familiäre Atmosphäre, hübsche individuelle Zimmer und bürgerliche Küche in gemütlichen Räumen - eine davon die "Museums-Stubb" mit Kamin von 1450. Charmant das Küferhaus und der Biergarten.

In Michelstadt-Vielbrunn Nord-Ost: 13,5 km über B 47 Richtung Walldürn

XX **Landgasthof Geiersmühle** mit Zim Zim,

Im Ohrnbachtal (Ost: 2 km) ✉ 64720 – (06066) 7 21 – www.geiersmuehle.de – geschl. Anfang Januar 2 Wochen, Anfang August 2 Wochen und Montag - Freitagmittag, außer an Feiertagen

8 Zim – 55 € 90 € – ½ P Menü 59/65 € – Karte 44/66 €

So wünscht man sich ein beschauliches Mühlenanwesen: etwas abseits in einem idyllischen Tal, gemütlich-elegantes Ambiente und gute Küche. Chefin Franca Wewetzer leitet freundlich den Service, ihr Sohn kocht Saisonales wie z. B. geschmorte Lammkeule. Zum Übernachten hat man recht geräumige, wohnliche Zimmer.

MICHENDORF

Brandenburg – 11 920 Ew. – Höhe 45 m – Siehe Regionalatlas **22-O8**

Berlin 50 km – Potsdam 11 km – Belzig 48 km – Brandenburg 42 km

Michelin Straßenkarte 542

In Michendorf-Wildenbruch Süd-Ost: 4 km

Gasthof Zur Linde

Kunersdorfer Str. 1 ✉ 14552 – (033205) 2 30 20 – www.linde-wildenbruch.de – geschl. Februar

6 Zim – 99/148 € 128/186 € – ½ P

Rest – Menü 25/33 € – Karte 24/44 € – *(geschl. Januar - März: Freitag - Sonntag)*

Auf einem schönen, ehemals bäuerlich genutzten Anwesen gegenüber der Kirche übernachten Sie bei freundlichen Gastgebern in sechs überaus wohnlichen, modernen Zimmern, darunter eine Ferienwohnung im Nebengebäude. Regionale Küche im hübsch eingedeckten liebenswert-rustikalen Restaurant mit Kamin. Hof- und Grillgarten.

MIESBACH

Bayern – 11 170 Ew. – Höhe 697 m – Siehe Regionalatlas **66-M21**

Berlin 644 km – München 56 km – Garmisch-Partenkirchen 77 km – Salzburg 101 km

Michelin Straßenkarte 546

Bayerischer Hof

Oskar-von-Miller-Str. 2 ✉ 83714 – ✆ (08025) 28 80 – www.bayerischerhof-online.de

134 Zim – 109/159 € 139/189 € – ½ P

Rest – Menü 23/63 € – Karte 20/52 €

Sie möchten auch auf Geschäftsreise nicht auf Ihr Sportprogramm verzichten? Vom Hotel haben Sie direkten Zugang zum Sportpark: Hier warten auf rund 5000 qm ein großer Fitnessbereich, Sauna, eine Indoor-Soccer-Anlage, Tennis drinnen wie draußen, Squash... Bayerische und italienische Küche in verschiedenen Restaurantbereichen. Prunkstück: der Ballsaal.

Pasta Vino (N)

Kolpingstr. 2 ✉ 83714 – ✆ (08025) 9 97 44 97 – www.pastavino-miesbach.de – geschl. Sonntag - Mittwoch

Menü 59/89 € – *(nur Abendessen)* (Tischbestellung erforderlich)

Der Chef überrascht Sie jeden Abend mit einem neuen kreativen Menü - gerne geht man auf Ihre Wünsche ein. Die zahlreichen Stammgäste schätzen die legere Atmosphäre und natürlich das gute Essen, das preislich wirklich fair ist!

MILTENBERG

Bayern – 9 210 Ew. – Höhe 129 m – Siehe Regionalatlas **48-G16**

Berlin 566 km – München 347 km – Würzburg 69 km – Aschaffenburg 44 km

Michelin Straßenkarte 546

Hopfengarten

Ankergasse 16 ✉ 63897 – ✆ (09371) 9 73 70 – www.flairhotel-hopfengarten.de

19 Zim – 55/88 € 88/128 € – ½ P

Rest – Karte 26/48 € – *(geschl. Februar - März 2 Wochen, Juli - August 1 Woche, November 2 Wochen und Dienstag - Mittwochmittag, Sonntagabend)*

Der hübsche Gasthof in zentraler Lage ist eine familiäre Adresse, die Zimmer bieten W-Lan und Sky-TV gratis, manche auch eine Whirlwanne! Geradlinig-modern ist das Ambiente im Restaurant.

1622 im Jagd Hotel Rose (Jean-Philipp Schneider) mit Zim

Rest,

Hauptstr. 280 ✉ 63897 – ✆ (09371) 4 00 60 – www.jagdhotel-rose.de – geschl. Januar 2 Wochen, Anfang August 3 Wochen und Montag - Dienstag

23 Zim – 78 € 116/120 € – ½ P

Menü 68/96 € – Karte 68/91 € – *(Mittwoch - Freitag nur Abendessen)*

In dem familiengeführten historischen Haus direkt am Main hat nun Junior Jean-Philipp Schneider seinen Traum vom Gourmetrestaurant verwirklicht. Seine frische klassisch-saisonale Küche wird in stilvoll-zeitgemäßem Ambiente serviert. Für Übernachtungsgäste hat man im OG einfache Zimmer.

→ Steinbutt mit Nussbutterbröseln, jungen Erbsen, kleinen Pfifferlingen und Kalbsglace. Lammrücken mit Cremolata, flüssiger Polenta, Saubohnen und Rotweinperlzwiebeln. Variation von französischen Aprikosen und Vanille mit Basilikumsorbet.

Rest *Kristinas Esszimmer* – siehe Restaurantauswahl

Kristinas Esszimmer – Jagd Hotel Rose

Hauptstr. 280 ✉ 63897 – ✆ (09371) 4 00 60 – www.jagdhotel-rose.de – geschl. Januar 2 Wochen, Anfang August 1 Woche und Montag - Dienstag

Menü 34/46 € – Karte 35/48 €

Schön sitzt man hier im zweiten Schneider'schen Restaurant in dezent elegantem Rahmen, der Blick geht zum Main. Serviert werden schmackhafte zeitgemäß interpretierte Klassiker wie z. B. "geschmorte Rinderschulter mit Vichykarotten und Serviettenknödel".

MINDELHEIM

Bayern – 14 210 Ew. – Höhe 604 m – Siehe Regionalatlas **64**-J20

▶ Berlin 614 km – München 86 km – Augsburg 69 km – Kempten (Allgäu) 69 km

Michelin Straßenkarte 546

RiKu (N)

Hermelestr. 19 ✉ 87719 – ✆ (08261) 7 59 58 23 – www.riku-hotel.de

18 Zim – †63/73 € ††77/91 €, ☕ 6 €

Rest – Karte 19/31 € – *(nur Abendessen, sonntags auch Mittagessen)*

Die ehemalige Kunstscheune mitten in Mindelheim hat sich in ein sehr modernes kleines Hotel mit schönen wohnlich-frischen Zimmern verwandelt. Steht Ihnen der Sinn nach Pizza & Pasta? In der hauseigenen "tanivera" speist man in wirklich toller rustikaler Atmosphäre oder auf der Terrasse am Fluss.

Zur Laute mit Zim

Lautenstr. 8 ✉ 87719 – ✆ (08261) 5 02 58 20 – www.zur-laute.de – geschl. Ende Januar 1 Woche, Anfang August 1 Woche und Sonntagabend - Montag

9 Zim ☕ – †52/69 € ††72/89 € – ½ P

Menü 29/55 € – Karte 33/46 € – *(Dienstag - Samstag nur Abendessen)*

Daniele Di Fabio kocht hier nicht nur regionale Köstlichkeiten, gekonnt bereitet er auch internationale Speisen zu. Probieren Sie doch mal "in Barolo geschmorte Ochsenbäckchen mit Selleriepüree und Schalottenkonfit"! Seine Lebensgefährtin Annemarie Näther umsorgt Sie dabei herzlich. Übernachten können Sie übrigens auch, morgens gibt's dann Frühstück à la carte.

MINDEN

Nordrhein-Westfalen – 81 910 Ew. – Höhe 48 m – Siehe Regionalatlas **18**-G9

▶ Berlin 353 km – Düsseldorf 220 km – Bielefeld 54 km – Bremen 100 km

Michelin Straßenkarte 543

Victoria

Markt 11 ✉ 32423 – ✆ (0571) 97 31 00 – www.victoriahotel-minden.de

32 Zim ☕ – †95/137 € ††120/181 € – ½ P

Rest – Menü 12 € (mittags)/33 € – Karte 22/36 € – *(geschl. Montagabend, Sonntagabend)*

Das komfortable Hotel, entstanden aus einem Gebäude von 1840, steht in der Innenstadt und überzeugt mit großzügigen neuzeitlichen Zimmern. Schön ist auch der elegante Saal. Im Restaurant erwartet Sie klassisches Ambiente.

MINTRACHING

Bayern – 4 790 Ew. – Höhe 335 m – Siehe Regionalatlas **58**-N18

▶ Berlin 511 km – München 125 km – Regensburg 18 km – Landshut 55 km

Michelin Straßenkarte 546

In Mintrachting-Sengkofen Süd-Ost: 6 km über Regensburgerstraße

Zum Goldenen Krug

Brunnenstr. 6 ✉ 93098 – ✆ (09406) 29 33 – www.zum-goldenen-krug.de – geschl. 29. Dezember - 6. Januar, über Pfingsten 1 Woche, Ende August - Anfang September 2 Wochen und Montag - Dienstag, Februar - April: Mittwoch

Menü 41/49 € – Karte 26/70 € – *(nur Abendessen, sonntags auch Mittagessen)* (Tischbestellung ratsam)

Sie können das Wirtshaus an der Ortsdurchfahrt eigentlich nicht verfehlen - die rosa Fassade mit den grünen Fensterläden ist ebenso charmant wie die Stuben drinnen! Die Gäste kommen auch aus der weiteren Umgebung, um hier richtig gut zu essen, und zwar Gerichte wie Kalbsentrecôte mit Polenta und Tomaten-Lauchgemüse. Im Sommer: Biergarten mit Spielplatz.

MITTENWALD

Bayern – 7 430 Ew. – Höhe 923 m – Siehe Regionalatlas **65**-L22

▶ Berlin 698 km – München 103 km – Garmisch-Partenkirchen 23 km – Innsbruck 37 km

Michelin Straßenkarte 546

Rieger

Dekan-Karl-Platz 28 ✉ 82481 – ✆ (08823) 9 25 00 – www.hotel-rieger.de – geschl. 23. Oktober - 18. Dezember
42 Zim – †47/75 € ††80/116 € – ½ P **Rest** – Menü 13 € – Karte 23/49 €
Familie Rieger bietet individuelle Zimmer im regionstypischen Landhausstil und einige großzügige Appartements. Wirklich nett ist die sympathisch-ländliche Atmosphäre im Haus. Zu essen gibt es nicht nur regionale und internationale Küche, sondern auch leckere Kuchen aus der eigenen Konditorei!

Alpengasthof Gröbl-Alm

Gröbl-Alm 1 (Nord: 2 km) ✉ 82481 – ✆ (08823) 91 10 – www.groeblalm.de – geschl. 8. - 27. März, 2. November - 18. Dezember
25 Zim – †58/65 € ††98/140 € – 3 Suiten
Rest – Karte 16/33 €
Sie wohnen hier richtig auf dem Land! Die Familie betreibt auch den angrenzenden Bauernhof mit Pferden, Ziegen, Schafen... das kommt auch bei Kindern gut an! Die einsame Lage über der Stadt ist schön ruhig, die Atmosphäre typisch bayerisch-behaglich, der Blick von der Terrasse und vom Saunabereich ein Traum!

Das Marktrestaurant

Dekan-Karl-Platz 21 ✉ 82481 – ✆ (08823) 9 26 95 95 – www.das-marktrestaurant.de – geschl. November 1 Woche und Montag
Menü 37/56 € – Karte 31/49 €
Frische, Geschmack und richtig gute regionale Produkte - das macht die Gerichte von Andreas Hillejan aus. Appetit auf "Lachsforelle mit grünem Spargel und Zitronenpüree" oder "Bergbauernravioli mit Röstzwiebelsud und Almkäse"?

Am Lautersee Süd-West: 3 km über Leutascher Straße

Lautersee

Am Lautersee 1 ✉ 82481 Mittenwald – ✆ (08823) 10 17 – www.hotel-lautersee.de
13 Zim – †50/60 € ††120/140 € – 3 Suiten – ½ P **Rest** – Karte 20/28 €
Garantiert fällt bei der Ankunft hier jeglicher Alltagsstress von Ihnen ab! Ruhe, grandioser Alpenblick, direkter Seezugang, Terrasse mit Sicht aufs Wasser - und damit die Idylle nicht gestört wird, ist das Haus nur mit Sondergenehmigung per Auto erreichbar. Übrigens: Man ist überaus herzlich zu den Gästen!

MITTENWALDE

Brandenburg – 8 760 Ew. – Höhe 37 m – Siehe Regionalatlas **23**-**P9**
Berlin 40 km – Potsdam 60 km – Lübben 52 km
Michelin Straßenkarte 542

In Mittenwalde-Motzen Süd-Ost: 7 km über Gallun

Residenz am Motzener See

Töpchiner Str. 4 ✉ 15749 – ✆ (033769) 8 50 – www.hotel-residenz-motzen.de
60 Zim – †85/95 € ††120/150 € – ½ P
Rest – Menü 35/50 € – Karte 31/57 € – *(geschl. Januar - Februar: Montag - Dienstagmittag)*
Das gut geführte Hotel befindet sich in einer schönen Gartenanlage, die direkt an den See grenzt. Die zeitgemäßen Zimmer haben teilweise einen Balkon. Eine gediegene Atmosphäre herrscht im Restaurant, von der Terrasse blickt man ins Grüne und auf den See.

MÖHNESEE

Nordrhein-Westfalen – 11 350 Ew. – Höhe 250 m – Siehe Regionalatlas **27**-**E11**
Berlin 471 km – Düsseldorf 122 km – Arnsberg 12 km – Soest 10 km
Michelin Straßenkarte 543

In Möhnesee-Körbecke

Haus Griese

Seestr. 5 (am Freizeitpark) ✉ 59519 – ✆ (02924) 98 20 – www.hotel-haus-griese.de

36 Zim – 65/80 € 99/140 € – ½ P

Rest – Menü 35 € – Karte 25/47 € – *(geschl. Sonntagabend)*

Gepflegt, familiär und nicht weit vom Möhnesee! Wer gerne etwas mehr Platz hat, bucht am besten eines der Komfortzimmer, wer's moderner mag, ein Business-Zimmer. Aus der Küche kommt ein Mix aus bürgerlichen und internationalen Speisen - und auch Steakgerichte. Schöne Terrasse.

Gute Küche zu moderatem Preis? Folgen Sie dem Bib Gourmand.

MÖLLN

Schleswig-Holstein – 18 460 Ew. – Höhe 19 m – Siehe Regionalatlas **11-K5**

Berlin 248 km – Kiel 112 km – Schwerin 59 km – Lübeck 29 km

Michelin Straßenkarte 541

Zum Weissen Ross mit Zim

Hauptstr. 131 ✉ 23879 – ✆ (04542) 27 72 – www.weissesross.com – geschl. Sonntagabend - Montag

8 Zim – 63/75 € 105/118 € – 1 Suite – ½ P

Menü 35 € (abends) – Karte 30/60 €

Gerne schauen die Gäste auch mal in die offene Küche, wenn dort Chef Sönke Schlie bereits in der 6. Generation kocht. Viele kommen am Mittag auf ein klassisch-bürgerliches Tagesgericht. Man kann hier übrigens direkt auf den Stadtsee gucken. Tipp: Das hausgemachte Sonnenblumenkernbrot ist ein Gedicht!

MÖNCHBERG

Bayern – 2 530 Ew. – Höhe 254 m – Siehe Regionalatlas **48-G15**

Berlin 574 km – München 351 km – Würzburg 75 km – Aschaffenburg 32 km

Michelin Straßenkarte 546

Schmitt

Urbanusstr. 12 ✉ 63933 – ✆ (09374) 20 90 – www.hotel-schmitt.de – geschl. Anfang Januar - Anfang Februar

40 Zim – 69 € 108/118 € – ½ P

Rest – Menü 24 € (mittags) – Karte 21/40 € – *(geschl. November - April: Sonntag) (nur Abendessen, Mai - Oktober: Sonntag auch Mittagessen)*

Schön für entspannte Urlaubstage: großer Garten (hier Boccia, Minigolf und Schach) und ein gutes kleines Freizeitangebot, einschließlich Massage- und Kosmetikbereich. Liebhaber von Sammlerstücken kommen in "Hildes Puppenstube" ins Schwärmen! Terrasse mit Aussicht.

Zur Krone

Mühlweg 7 ✉ 63933 – ✆ (09374) 5 39 – www.krone-moenchberg.de – geschl. Februar - März 2 Wochen, November - Dezember 2 Wochen

25 Zim – 37/44 € 66/76 € – ½ P

Rest – Menü 15 € – Karte 15/33 € – *(geschl. Donnerstag, Sonntag) (nur Abendessen)*

Das Gasthaus in der Ortsmitte ist ein gepflegter Familienbetrieb, in dem funktionell ausgestattete Zimmer zur Verfügung stehen. Bürgerliches Restaurant.

MÖNCHENGLADBACH

Nordrhein-Westfalen – 257 210 Ew. – Höhe 60 m – Siehe Regionalatlas **35-B11**

Berlin 585 km – Düsseldorf 38 km – Aachen 64 km – Duisburg 50 km

Michelin Straßenkarte 543

Palace St. George

Konrad-Zuse-Ring 10 (Nord Park) ✉ *41179* – ✆ *(02161) 54 98 80*
– *www.palace-st-george.de*
12 Zim – 🚹98/199 € 🚹🚹115/239 €, ☕ 15 € – 1 Suite
Rest ***Eickes Restaurant*** **Rest** ***Bistro*** – siehe Restaurantauswahl
Hier hat jemand Geschmack bewiesen, denn was aus der einstigen englischen Kaserne beim Borussia-Park geworden ist, ist schön, modern und sehr wertig! Angenehm auch der freundliche Service, das gute Frühstücksbuffet und die Terrasse mit Lounge. Etwas Besonderes: Im 1. Stock dient eine ehemalige Kirche als Tagungs- und Veranstaltungsraum.

Rosenmeer

Rest, Zim,

Schürenweg 45 ✉ *41063* – ✆ *(02161) 46 24 20* – *www.rosenmeer.net*
17 Zim – 🚹98/110 € 🚹🚹128 €, ☕ 12 € – 2 Suiten **Rest** – Karte 30/49 €
Überall im Haus bestimmt wertiges geradlinig-modernes Design das Bild: Schön harmonieren in den Zimmern ruhige Farben, hübsche Stoffe und warmer Parkettboden, ebenso chic und trendig sind Lounge, Bar und das kompett verglaste lichte Restaurant mit Terrasse zum Stadtpark Bunter Garten - hier lässt es sich übrigens gut joggen oder spazierengehen. Sonntags Brunch.

Eickes Restaurant – Hotel Palace St. George

Konrad-Zuse-Ring 10 (Nord Park) ✉ *41179* – ✆ *(02161) 54 98 80*
– *www.palace-st-george.de*
Menü 38/73 € – Karte 40/66 €
Wolfgang Eickes bietet in dem schönen modern-eleganten Restaurant eine Mischung aus internationaler und klassischer Küche, die sich auch an der Saison orientiert. Das Angebot reicht von "Teriyaki vom Lachs mit Sesamcreme, Hummer und Süß-Sauer-Sauce" bis zu "Eifeler Rehrücken und Kalbsbries mit zweierlei Karotte".

Bistro – Hotel Palace St. George

Konrad-Zuse-Ring 10 (Nord Park) ✉ *41179* – ✆ *(02161) 54 98 80*
– *www.palace-st-george.de*
Menü 38/73 € – Karte 39/65 €
Farbenfroh und keinesfalls aufgesetzt ist hier das Ambiente - im Gegenteil eine herrliche Leichtigkeit liegt in der Luft. Kein Wunder, dass das Bistro eine beliebte Alternative zu Eickes Restaurant ist!

In Mönchengladbach-Hardt West: 6 km

Lindenhof mit Zim

Vorster Str. 535 ✉ *41169* – ✆ *(02161) 55 93 40* – *www.lindenhof-mg.de* – *geschl. Sonntag - Montag*
16 Zim ☕ – 🚹75/122 € 🚹🚹99/139 €
Menü 40/90 € – Karte 42/69 € – *(nur Abendessen)*
Seit 1908 führt Familie Kasteel den Gasthof mit über 300-jähriger Tradition. Die Küche ist frisch, ambitioniert und basiert auf guten Produkten. Freundliches Ambiente mit elegantem Touch. Einige der Gästezimmer sind modernere und großzügigere Komfortzimmer.

In Mönchengladbach-Rheydt Süd: 3,5 km

Elisenhof

Rest,

Klusenstr. 97 (in Hockstein) ✉ *41239* – ✆ *(02166) 93 30* – *www.elisenhof.de*
68 Zim – 🚹69/140 € 🚹🚹84/155 €, ☕ 15 €
Rest ***Classics & Trends*** – Menü 37/57 € – Karte 31/55 €
Eine gefragte Tagungs- und Businessadresse: gut erreichbar durch die Nähe zur A 61, Telefonate ins dt. Festnetz, W-Lan sowie Minibar sind kostenfrei und sonntags können Sie bis 14 Uhr frühstücken! Tipp: Einige Zimmer sind besonders modern eingerichtet. Sie brauchen einen flotten fahrbaren Untersatz? Dann mieten Sie einen Wiesmann-Roadster oder einen Segway! Internationale Küche im Restaurant mit Wintergarten und hübscher Gartenterrasse.

Montana garni
Giesenkirchener Str. 41 (B 230) ✉ 41238 – ✆ (02166) 1 60 06 – www.montana-hotels.de – geschl. 19. Dezember - 5. Januar, 3. - 7. April
33 Zim – †55/72 € ††69/83 €, ☕ 8 €
Neben der verkehrsgünstigen Lage nahe der Autobahn ist hier auch die gute und funktionelle Zimmerausstattung interessant. Und damit der Tag angenehm beginnt, können Sie beim Frühstücken in den schönen nach hinten gelegenen Garten schauen.

In Korschenbroich-Kleinenbroich Ost: 7 km

Bienefeld garni
Im Kamp 5 ✉ 41352 – ✆ (02161) 99 83 00 – www.bienefeld-hotel.de – geschl. 23. Dezember - 4. Januar
13 Zim ☕ – †59/75 € ††75/92 €
Eine gediegene und persönliche Atmosphäre erwartet die Gäste in dem kleinen Familienbetrieb in einer ruhigen Wohngegend. Die Zimmer verfügen über moderne Wellness-Dampfduschen.

In Korschenbroich-Steinhausen Ost: 10 km

Gasthaus Stappen
Steinhausen 39 ✉ 41352 – ✆ (02166) 8 82 26 – www.gasthaus-stappen.de – geschl. 27. Dezember - 2. Januar und Dienstag
Menü 35/59 € – Karte 34/61 € – *(nur Abendessen, sonntags auch Mittagessen)*
In 5. Generation betreiben die sympathischen Gastgeber Franz-Josef und Carmen Stappen das nette regionstypische Ziegelsteinhaus. Modern-elegant das Restaurant, charmant die kleine Gaststube, schön die Terrasse. Man darf sich auf ambitionierte Küche freuen, von traditionell wie "Düsseldorfer Senfrostbraten mit Spitzkohl" bis mediterran wie "Loup de Mer mit Kartoffelwürfeln und provenzalischem Gemüse". Fleischspezialitäten sind Glehner Schwein und Liedberger Rind.

MÖRNSHEIM

Bayern – 1 580 Ew. – Höhe 408 m – Siehe Regionalatlas **57-K18**
Berlin 511 km – München 127 km – Augsburg 72 km – Ingolstadt 47 km
Michelin Straßenkarte 546

Lindenhof (mit Gästehaus)
Marktstr. 25 ✉ 91804 – ✆ (09145) 8 38 00 – www.lindenhof-altmuehltal.de – geschl. 26. Januar - 15. Februar
15 Zim ☕ – †44/54 € ††68/74 € – 1 Suite
Rest – Menü 18/48 € – Karte 17/60 € – *(geschl. Dienstag, November - März: Montagabend - Dienstag)*
In der Ortsmitte steht dieser freundlich geführte Gasthof. Im Gästehaus übernachten Sie in rustikalen Zimmern, wo freigelegte Balken hübsche Akzente setzen. Das mit viel Holz gemütlich gestaltete Restaurant bietet vorwiegend klassisch-internationale Küche.

MOERS

Nordrhein-Westfalen – 105 110 Ew. – Höhe 30 m – Siehe Regionalatlas **25-B11**
Berlin 556 km – Düsseldorf 41 km – Duisburg 12 km – Krefeld 17 km
Michelin Straßenkarte 543

Kurlbaum
Burgstr. 7, (1. Etage) ✉ 47441 – ✆ (02841) 2 72 00 – www.restaurant-kurlbaum.de – geschl. Dienstag
Menü 25 € (mittags)/85 € – Karte 42/71 € – *(Samstag - Montag nur Abendessen)* (Tischbestellung ratsam)
Seit über 25 Jahren bleibt man hier seiner klassischen Küche treu - sehr zur Freude der zahlreichen Stammgäste, die das elegante Restaurant in der Fußgängerzone auch gerne zur Mittagszeit besuchen - da bekommt man ein 2-Gänge-Menü zu einem attraktiven Preis!

In Moers-Repelen Nord: 3,5 km, Richtung Kamp-Lintfort

Zur Linde

An der Linde 2 ✉ 47445 – ✆ (02841) 97 60 – www.hotel-zur-linde.de
60 Zim – 🚹86/158 € 🚹🚹109/158 €, ☕ 13 € – 3 Suiten – ½ P
Rest *Zur Linde* – siehe Restaurantauswahl
Hier hat man ein denkmalgeschütztes Gasthaus und ein historisches Bauernhaus mit einem modernen Anbau verbunden. Eine Businessadresse mit guten Tagungsmöglichkeiten.

Zur Linde – Hotel Zur Linde

An der Linde 2 ✉ 47445 – ✆ (02841) 97 60 – www.hotel-zur-linde.de
Menü 35/70 € – Karte 26/55 €
Das über 220 Jahre alte Bauernhaus hat Atmosphäre - dafür sorgt u. a. die reizende Einrichtung der Stuben, mit der die Gastgeber Liebe zum Detail bewiesen haben. Und im Innenhof: eine charmante Terrasse! Aus der Küche kommen internationale und einige regionale Gerichte.

Außerhalb Süd-West: 6 km, Richtung Krefeld

Feltgenhof

Krefelder Str. 244 ✉ 47447 Moers – ✆ (02845) 2 87 28 – www.feltgenhof.de – geschl. Montag - Dienstag
Menü 35 € – Karte 29/59 € – *(nur Abendessen, sonntags auch Mittagessen)*
Sehr freundlicher Service und nette Atmosphäre machen das Restaurant in einem ehemaligen Bauernhof von 1890 aus. Im Sommer der Renner: Biergarten mit Grillstation im schönen Innenhof.

MOLFSEE – Schleswig-Holstein ➜ Siehe Kiel

MONSCHAU

Nordrhein-Westfalen – 12 430 Ew. – Höhe 440 m – Siehe Regionalatlas **35-A13**
▶ Berlin 649 km – Düsseldorf 110 km – Aachen 49 km – Düren 43 km
Michelin Straßenkarte 543

Lindenhof garni

Laufenstr. 77 ✉ 52156 – ✆ (02472) 41 86 – www.lindenhof.de
12 Zim ☕ – 🚹59/79 € 🚹🚹79/118 €
In dem kleinen Familienbetrieb oberhalb des schönen Zentrums von Monschau schlafen Sie in klassisch eingerichteten Zimmern, genießen von der Terrasse (im Sommer können Sie hier frühstücken) den netten Blick und lassen den Tag gemütlich in der gediegenen Bar ausklingen. In unmittelbarer Nähe liegt übrigens die berühmte Senfmühle!

Schnabuleum

Laufenstr. 118 ✉ 52156 – ✆ (02472) 90 98 40 – www.senfmuehle.de – geschl. Montag
Menü 17 € (mittags unter der Woche)/48 € – Karte 26/43 € – (Tischbestellung ratsam)
Das Bruchsteinhaus mit dem rustikalen Charme liegt neben der seit jeher in Familientradition betriebenen Senfmühle von 1882. Was liegt da näher, als regionale Senfgerichte anzubieten? Auf der Karte finden sich z. B. "Monschauer Senfcremesuppe" oder "Senfrostbraten vom Weidemastbullen mit Portwein-Senfsauce und Döppekooche". Passend dazu: Senfmuseum und Laden.

MOOS – Baden-Württemberg ➜ Siehe Radolfzell

MORBACH (HUNSRÜCK)

Rheinland-Pfalz – 10 760 Ew. – Höhe 440 m – Siehe Regionalatlas **46-C15**
▶ Berlin 669 km – Mainz 107 km – Trier 48 km – Bernkastel-Kues 17 km
Michelin Straßenkarte 543

Landhaus am Kirschbaum Rest,

Am Kirschbaum 55a ✉ 54497 – ✆ (06533) 9 39 50 – www.landhausamkirschbaum.de – geschl. 15. - 26. Dezember
22 Zim – 57 € 94 € – ½ P
Rest – Menü 26/40 € – Karte 20/35 € – *(nur Abendessen)*
Das Haus liegt ruhig am Hang, wird von Inhaberin Lissa Armbruster freundlich geführt und bietet Ihnen funktionelle Zimmer und Appartements sowie Kosmetik und Massage. Sohn Simon Armbruster führt in der Küche Regie: Er kocht ein ambitioniertes Wahlmenü und auch Klassiker wie Wiener Schnitzel oder Strammer Max.

MORSBACH

Nordrhein-Westfalen – ✉ 51597 – 10 870 Ew. – Höhe 220 m
– Siehe Regionalatlas **37-D12**
Berlin 587 km – Düsseldorf 107 km – Bonn 63 km – Siegen 33 km
Michelin Straßenkarte 543

Goldener Acker Rest,

Zum goldenen Acker 44 ✉ 51597 – ✆ (02294) 99 36 60 – www.goldener-acker.de
28 Zim – 69/79 € 89/99 €
Rest – Menü 27 € – Karte 27/38 € – *(geschl. Sonntag) (nur Abendessen)*
Ruhig liegt das Haus in einem Wohngebiet, die Zimmer sind funktional und klassisch eingerichtet und zum Ausspannen hat man hinter dem Haus einen Garten mit Liegewiese sowie die Sauna im UG. W-Lan bietet man kostenlos. Im Restaurant lässt man sich Internationales servieren, die angegliederte Zirbelholzstube dient als Bar, in der man auch kleine Snacks bekommt.

MORSCHEN

Hessen – 3 590 Ew. – Höhe 195 m – Siehe Regionalatlas **39-H12**
Berlin 421 km – Wiesbaden 204 km – Kassel 46 km – Gießen 126 km
Michelin Straßenkarte 543

Kloster Haydau N Zim, Zim,

In der Haydau 2 ✉ 34326 – ✆ (05664) 93 91 00 – www.hotel-kloster-haydau.de
136 Zim – 110/180 € 150/225 € – 2 Suiten – ½ P
Rest – Menü 22/85 € – Karte 18/58 €
Das Kloster, in das man dieses Tagungshotel integriert hat, ist natürlich ein toller Rahmen, zu dessen historischer Architektur sich nun ein moderner und dennoch harmonisch eingebundener Bau gesellt - beeindruckend die große Empfangshalle. Interessant: Die alte Klostermauer verläuft durch das Hotel.

Poststation Zum Alten Forstamt

Nürnberger Landstr. 13 ✉ 34326 – ✆ (05664) 9 39 30 – www.poststation-raabe.de – geschl. 1. - 10. Januar, Ende Juli - Anfang September 2 Wochen
13 Zim – 71 € 85/95 € – ½ P
Rest *Poststation Zum Alten Forstamt* – siehe Restaurantauswahl
1765 wurde das einstige Forstamt erbaut. In dem liebevoll sanierten denkmalgeschützten Haus erwarten Sie zeitgemäße Zimmer mit historischen Elementen.

Poststation Zum Alten Forstamt – Hotel Poststation Zum Alten Forstamt

Nürnberger Landstr. 13 ✉ 34326 – ✆ (05664) 9 39 30 – www.poststation-raabe.de – geschl. 1. - 10. Januar, Ende Juli - Anfang September 2 Wochen und Dienstag
Menü 19/40 € – Karte 35/63 €
Einiges erinnert noch an die alten Tage, als hier das Forstamt untergebracht war - so schmücken Geweihe die Wände. Inzwischen können Sie sich in den netten Räumen mit regionalen Spezialitäten verwöhnen lassen.

MOSBACH

Baden-Württemberg – 24 240 Ew. – Höhe 156 m – Siehe Regionalatlas **48-G17**
Berlin 587 km – Stuttgart 87 km – Mannheim 79 km – Heidelberg 45 km
Michelin Straßenkarte 545

Zum Amtsstüble

Lohrtalweg 1 ✉ 74821 – ✆ (06261) 9 34 60 – www.amtsstueble.de
50 Zim – 65/85 € 90/120 € – ½ P
Rest – Menü 28 € – Karte 27/50 € – *(geschl. Montagmittag)*
In diesem familiär geführten Haus sind die Zimmer und auch der Frühstücksraum freundlich und zeitgemäß gestaltet. Im Anbau hat man u. a. zwei großzügige Juniorsuiten. Bürgerliches Restaurant.

In Mosbach-Nüstenbach Nord-West: 4 km

Landgasthof zum Ochsen

Im Weiler 6 ✉ 74821 – ✆ (06261) 1 54 28 – www.restaurant-zum-ochsen.de – geschl. August - September 3 Wochen und Montag - Dienstag
Menü 30/55 € – Karte 29/47 € – *(nur Abendessen, sonntags auch Mittagessen)* (Tischbestellung ratsam)
Hier speisen Sie unter einer freigelegten Fachwerkdecke in stilvollem Ambiente. Achim Münch kocht für Sie international inspirierte Speisen mit frischen regionalen Produkten, dazu der herzliche Service durch seine Frau. Probieren Sie "Karotten-Ingwer-Chilisuppe" oder "Angussteak mit Kartoffelgratin und Marktgemüse".

MOTTEN

Bayern – 1 790 Ew. – Höhe 420 m – Siehe Regionalatlas **39-I14**
Berlin 469 km – München 358 km – Fulda 19 km – Würzburg 93 km
Michelin Straßenkarte 546

In Motten-Speicherz Süd: 7 km über B 27

Zum Biber (mit Gästehaus)

Hauptstr. 15 (B 27) ✉ 97786 – ✆ (09748) 9 12 20 – www.gasthof-zum-biber.de
43 Zim – 42/55 € 65/80 € – ½ P **Rest** – Menü 17 € – Karte 16/35 €
Aus dem Jahre 1771 stammt der traditionsreiche Familienbetrieb mit Landmetzgerei und gepflegten, recht unterschiedlichen Zimmern. Im Haus stellt man auch selbst Hagebuttenwein her. Bürgerlich-rustikales Restaurant.

MÜDEN – Rheinland-Pfalz → Siehe Treis-Karden

MÜHLHAUSEN

Thüringen – 35 880 Ew. – Höhe 209 m – Siehe Regionalatlas **39-J12**
Berlin 301 km – Erfurt 54 km – Eisenach 32 km – Kassel 103 km
Michelin Straßenkarte 544

Brauhaus Zum Löwen (mit Gästehäusern)

Zim,

Felchtaer Str. 2 ✉ 99974 – ✆ (03601) 47 10 – www.brauhaus-zum-loewen.de
80 Zim – 60 € 89 € – ½ P **Rest** – Karte 15/39 €
Im Altstadtbereich liegt das hübsche zum Hotel erweiterte Brauhaus. Die behaglichen Zimmer verteilen sich auf das Haupthaus und die Gästehäuser Unstrut, La Villa und Hainich. Im gemütlichen Restaurant schenkt man Bier aus der eigenen Brauerei aus.

Landhaus Frank - Zum Nachbarn

Eisenacher Landstr. 34 ✉ 99974 – ✆ (03601) 81 25 13 – www.landhaus-frank.de – geschl. Mittwoch
Karte 17/34 €
In dem am Ortsrand gelegenen kleinen Landhaus mit der roten Fassade bekommt man die bürgerlich-internationalen Speisen von André Frank aufgetischt, die mit frischen Produkten und saisonalem Einfluss zubereitet werden.

MÜHLHEIM am MAIN

Hessen – 27 060 Ew. – Höhe 102 m – Siehe Regionalatlas **48-G15**
Berlin 537 km – Wiesbaden 51 km – Frankfurt am Main 15 km – Hanau 8 km
Michelin Straßenkarte 543

In Mühlheim-Lämmerspiel Süd-Ost: 5 km über Lämmerspieler Straße

Landhaus Waitz

Bischof-Ketteler-Str. 26 ✉ 63165 – ✆ (06108) 60 60 – www.hotel-waitz.de
74 Zim ☕ – 🚹112/180 € 🚹🚹154/250 € – 7 Suiten
Rest *Das Waitz* – siehe Restaurantauswahl
Rest *Steff's Lounge* – 20 € (abends) – Karte 18/35 € – *(geschl. Samstag - Sonntag sowie an Feiertagen)*
Unter dem Motto "Tradition, Evolution, Innovation" wird dieses Haus von Familie Waitz engagiert geführt. Man hat hier individuelle Zimmer von modern-toskanischem Landhausstil bis klassisch-elegant (drei Zimmer sind großzügige Maisonetten), dazu die moderne "Steff's Lounge" (beliebt hier der Mittagstisch) sowie die gemütliche Zigarrenbar "Fledermaus".

Das Waitz – Hotel Landhaus Waitz

Bischof-Ketteler-Str. 26 ✉ 63165 – ✆ (06108) 60 60 – www.hotel-waitz.de
Menü 35/69 € – Karte 35/60 € – *(nur Abendessen, sonntags auch Mittagessen)*
Einen Hauch von Süden spürt man in den hellen Räumlichkeiten und auf der hübschen Terrasse mit Palmen. Und die Küche? Die bietet drei Menüs: "Stall & Land", Fluss & Meer" sowie "herzhaft". Schöne Beispiele sind "Kalb hoch drei" oder "spanischer Saint Pierre mit Fenchel-Bohnen-Ragout und Tomate".

MÜHLTAL – Hessen ➜ Siehe Darmstadt

MÜLHEIM an der RUHR

Nordrhein-Westfalen – 167 160 Ew. – Höhe 40 m – Siehe Regionalatlas **26**-C11
Berlin 539 km – Düsseldorf 36 km – Duisburg 9 km – Essen 10 km
Michelin Straßenkarte 543

Villa am Ruhrufer garni

Dohne 105 ✉ 45468 – ✆ (0208) 9 41 39 70 Stadtplan : A2**v**
– www.villa-am-ruhrufer.de
6 Zim ☕ – 🚹200/375 € 🚹🚹245/495 € – 6 Suiten
Die herrschaftliche Villa am Rheinufer (1898 erbaut) ist der Inbegriff eines Boutique-Hotels: individuell, geradlinig-chic und auffallend wertig in der Einrichtung, beispielhaft im Service (so z. B. der Shuttle zu den eigenen Golfplätzen und in die City)! Noch etwas ruhiger schläft man im Hinterhaus.

Gartenhotel Luisental garni

Trooststr. 2 ✉ 45468 – ✆ (0208) 99 21 40 Stadtplan : A2**a**
– www.gartenhotel-luisental.de
20 Zim ☕ – 🚹88/108 € 🚹🚹108/128 €
Das Hotel in einer Seitenstraße nahe der Ruhr überzeugt mit technisch gut ausgestatteten Zimmern in modernem und doch klassischem Stil, teils ruhig zum Garten hin gelegen.

Im Forum garni

Hans-Böckler-Platz 19 (Forum-City-Center) ✉ 45468 Stadtplan : B1**c**
– ✆ (0208) 30 86 30 – www.hotelimforum.de
51 Zim ☕ – 🚹96/129 € 🚹🚹121/169 €
Hoch über den Dächern der Stadt, im 5. Stock des Büro- und Einkaufszentrums "Forum City Mülheim", bietet man seinen Gästen zeitgemäße und funktionell ausgestattete Zimmer.

Friederike garni

Friedrichstr. 32 ✉ 45468 – ✆ (0208) 99 21 50 Stadtplan : A2**f**
– www.hotel-friederike.de – geschl. 20. Dezember - 5. Januar
25 Zim ☕ – 🚹78/88 € 🚹🚹98/108 €
Zwei schmucke Stadtvillen beherbergen ansprechende moderne Zimmer, darunter schöne großzügige Maisonetten in der oberen Etage. Hübsch ist auch das Treppenhaus.

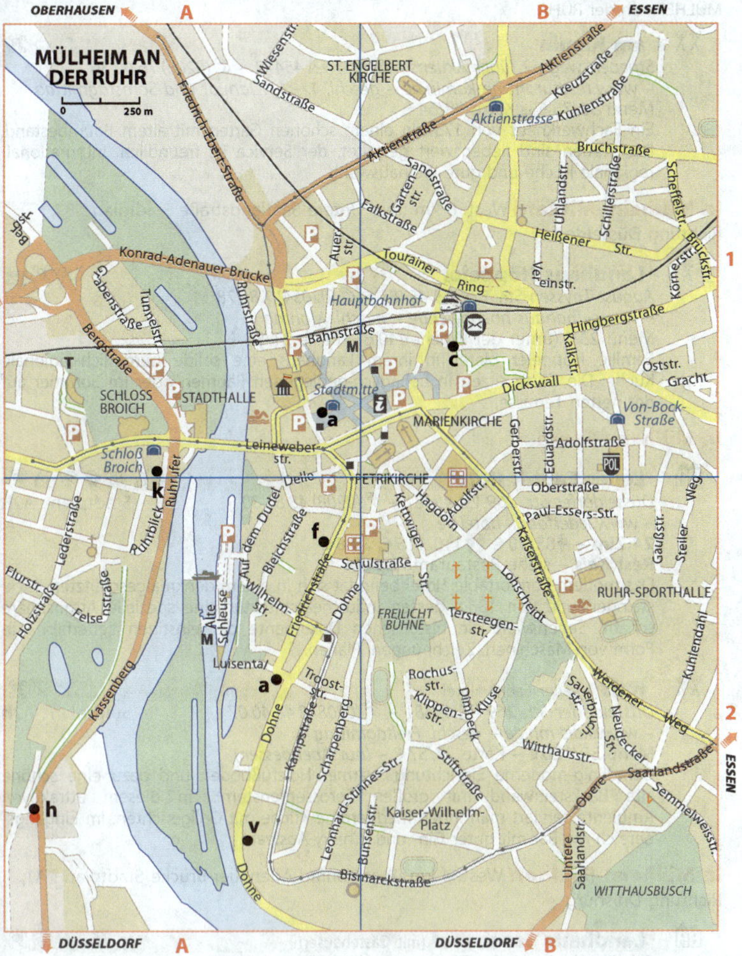

Noy garni

Schlossstr. 28 ✉ 45468 – ✆ (0208) 4 50 50 Stadtplan : A1**a**

– www.hotelnoy.de

50 Zim – 69/118 € 99/155 €

Mitten im Zentrum liegt dieses sehr gepflegte Hotel unter familiärer Leitung. Die Zimmer sind recht unterschiedlich. Kleine Aufmerksamkeiten sind z. B. täglich frisches Obst und Wasser.

KOCKS am Mühlenberg garni

Mühlenberg 20 ✉ 45479 – ✆ (0208) 65 61 20 00 Stadtplan : A1**k**

– www.hotel-kocks.de – geschl. Weihnachten - 4. Januar

39 Zim – 120/180 € 130/205 €

In dem ehemaligen Verwaltungsgebäude einer Drahtseilerei ist dieses schöne und gut ausgestattete Hotel entstanden, das ansprechend in geradlinig-modernem Stil eingerichtet ist.

XX **am Kamin**

Striepensweg 62 (über Aktienstraße B1) ✉ 45473 – ✆ (0208) 76 00 36 – www.restaurant-amkamin.de – geschl. 1. - 11. Januar und Samstagmittag
Menü 52/75 € – Karte 38/54 €
Ein Fachwerkhaus von 1732 in einem schönen Garten mit altem Baumbestand. Die Stuben sind liebenswert gestaltet, der Service ist freundlich. International-regionale Küche und gute Weinauswahl.

In Mülheim-Mintard West: 8 km über Untere Saarlandstraße Stadtplan : B2, Richtung Düsseldorf

X **Landhaus Höppeler**

August-Thyssen-Str. 123 ✉ 45481 – ✆ (02054) 1 85 78 – www.landhaus-hoeppeler.de – geschl. Montag
Menü 23 € (unter der Woche)/40 € – Karte 31/56 €
Familie Höppeler bietet in ihrem Landhaus eine solide bürgerlich-regionale Küche. Die Gäste sitzen in behaglich-gediegenen Räumen oder im Sommer auf der netten Terrasse.

In Mülheim-Saarn

Leder Fabrik Hotel

Düsseldorfer Str. 269 ✉ 45481 – ✆ (0208) 48 83 80 – www.lederfabrik-hotel.de Stadtplan : A2**h**
24 Zim – 🚹85/90 € 🚹🚹110/115 €, ☕ 8 €
Rest *Kais* – siehe Restaurantauswahl
Das modern-komfortable Hotel befindet sich in einem denkmalgeschützten Backsteingebäude von 1864, dessen Industriearchitektur eine spezielle Atmosphäre schafft. Sehenswert die historischen Dokumente der einstigen Lederfabrik in Form von Maschinen, Zeichnungen, Plänen.

XX **Kais** – Leder Fabrik Hotel

Düsseldorfer Str. 269 ✉ 45481 – ✆ (0208) 8 48 40 07 – www.kais-mh.de – geschl. Freitagmittag Stadtplan : A2**h**
Menü 30/120 € – Karte 27/57 € – *(nur Abendessen)*
Geradlinig-moderne Einrichtung, warmer Holzfußboden und dazu eine schöne alte Backsteinwand mit großen Sprossenfenstern... in diesem attraktiven Ambiente serviert man Ihnen mediterrane Küche mit Grillgerichten. Im Eingangsbereich die Bar mit guter Gin- und Whisky-Auswahl.

In Mülheim-Speldorf West: 4 km über Konrad-Adenauer-Brücke Stadtplan : A1, Richtung Duisburg

Landhaus Sassenhof (mit Gästehäusern)

Schellhockerbruch 21 ✉ 45478 – ✆ (0208) 99 91 80 – www.landhaus-sassenhof.de – geschl. Ende Dezember - 3. Januar
25 Zim ☕ – 🚹67/89 € 🚹🚹89/116 € – 2 Suiten – ½ P
Rest – Menü 15 € – Karte 21/44 € – *(geschl. Montag)*
Familienbetrieb in einer recht ruhigen Wohngegend nahe dem Uhlenhorster Wald. Individuelle Zimmer verteilt auf sechs Häuser, eines davon ein Gartenhäuschen mit der Juniorsuite "Apfelblüte". Internationales im Restaurant und auf der Gartenterrasse. Charmante Friesenstube.

XX **Mölleckens Altes Zollhaus** mit Zim

Zim,

Duisburger Str. 239 ✉ 45478 – ✆ (0208) 5 03 49 – www.moelleckensalteszollhaus.de – geschl. Anfang Januar 1 Woche und Sonntagabend - Montag, Samstagmittag
5 Zim ☕ – 🚹60 € 🚹🚹90 € Menü 37 € – Karte 28/51 €
Bei Thomas Möllecken gibt es Klassiker wie "Rindergulasch mit Gemüselinguine" oder Tagesempfehlungen wie "Duett von Seeteufel und Dorade mit Spargel und Bärlauchsauce" - und die lässt man sich im "Bistro", im eleganteren "Salon" oder auf der Terrasse hinter dem Haus schmecken. Für Übernachtungsgäste hat man großzügige Zimmer.

MÜLHEIM (MOSEL)

Rheinland-Pfalz – 1 010 Ew. – Höhe 119 m – Siehe Regionalatlas **46-C15**
Berlin 681 km – Mainz 119 km – Trier 44 km – Bernkastel-Kues 6 km
Michelin Straßenkarte 543

Weinromantikhotel Richtershof

Hauptstr. 81 ✉ 54486 – ✆ (06534) 94 80 – www.weinromantikhotel.de
40 Zim – 96/136 € 156/266 € – 3 Suiten – ½ P
Rest *Culinarium R* Rest *Remise* – siehe Restaurantauswahl
Das schöne historische Gebäudeensemble war einst ein Weingut, heute wohnt man in überaus hübschen klassischen Zimmern von "Petit Charme" über "Flair", "Charme" und "Grand" bis hin zur Juniorsuite und Suite. Dazu eine reizvolle Gartenanlage und der elegante römische Spa nebst Beautyatelier. Sehenswert: Fassweinkran im Frühstücksraum sowie Kellergewölbe auf 1700 qm!

Weisser Bär

Moselstr. 7 (B 53) ✉ 54486 – ✆ (06534) 9 47 70 – www.hotel-weisser-baer.de
33 Zim – 94/216 € 133/245 € – ½ P
Rest – Menü 32/79 € – Karte 32/73 €
Näher kann man der Mosel kaum sein - ein Großteil der Zimmer sowie das Restaurant samt Terrasse und der schöne Wellnessbereich bieten Flussblick. Vom Empfang über die "African Lodge"-Bar bis zum "Dschungelbad" sind tierische Trophäen und exotische Deko zu bestaunen, die Zimmer sind individuell nach Themen gestaltet (Hacienda, Eschnapur, Bacchus...), die Küche ist klassisch-regional, begleitet von einer guten Rieslingauswahl.

Landhaus Schiffmann (mit Gästehaus)

Rest,
Veldenzer Str. 49a ✉ 54486 – ✆ (06534) 9 39 40 – www.landhaus-schiffmann.de – geschl. 29. Juli - 10. August, 9. - 26. Dezember
40 Zim – 86/106 € 130/150 € – ½ P
Rest – Menü 21 € – *(nur Abendessen für Hausgäste)*
Ein Hotel für den Gesundheitsbewussten und Ruhesuchenden: ein großes Gartengrundstück, Ruhe, Blick ins Grüne, dazu ein umfassendes Spa-Angebot samt Heilfasten, TCM, Reiki... sowie Speisen von vegetarisch/vegan über allergikergerecht bis klassisch. So einiges ist hier im Preis inbegriffen: Wasser, Telefonieren ins dt. Festnetz, W-Lan, Leihfahrräder...

Domizil Schiffmann

Rest,
Hauptstr. 52 ✉ 54486 – ✆ (06534) 94 76 90 – www.domizil-schiffmann.de – geschl. Januar
18 Zim – 55 € 90 € – ½ P
Rest – Karte 20/35 € – *(geschl. Januar - Anfang Mai und Mittwoch) (nur Abendessen)* (Tischbestellung ratsam)
Eine nette Adresse ist das ganz modern eingerichtete kleine Hotel mitten im Ort. W-Lan und Telefon (deutsches Festnetz) sind inklusive, alle Zimmer (darunter auch Allergikerzimmer) mit Balkon oder Terrasse und im Restaurant bietet man bürgerlich-saisonale Küche einschließlich vegetarischer Speisen. Fragen Sie nach den interessanten Arrangements!

Culinarium R – Weinromantikhotel Richtershof

Hauptstr. 81 ✉ 54486 – ✆ (06534) 94 80 – www.weinromantikhotel.de – geschl. 5. - 27. Januar und Montag - Dienstag
Menü 69/89 € – Karte 49/68 € – *(nur Abendessen; Mai - Oktober: Sonntag sowie an Feiertagen auch Mittagessen)*
"Duo vom Ziegenfrischkäse, Rote Bete, Knusper-Hirse, Popcorn" und "Sous-vide gegarter Steinbutt, Blumenkohl, Parmesan, Kerbel"... Zu interessanten Gerichten wie diesen reicht man eine gut sortierte Weinkarte. Wer lieber etwas separat sitzt, reserviert im Rosen- oder Ahnenzimmer. Herrliche Terrasse.

Remise – Weinromantikhotel Richtershof

Hauptstr. 81 ✉ 54486 – ✆ (06534) 94 80 – www.weinromantikhotel.de
Karte 31/43 € – *(ab 13.00 geöffnet)*
In der Remise können Sie sich ab 13 Uhr durchgehend regional-saisonale Gerichte wie "gebratenen Kabeljau mit Gräwes" oder "Crème Brûlée von der weißen Schokolade mit Cassissorbet" schmecken lassen. Draußen sitzt man schön unter einer alten Kastanie mit Blick auf den Seerosenteich.

MÜLHEIM-KÄRLICH

Rheinland-Pfalz – 10 990 Ew. – Höhe 76 m – Siehe Regionalatlas **36-D14**
Berlin 599 km – Mainz 109 km – Koblenz 10 km
Michelin Straßenkarte 543

Zur Linde

Bachstr. 12 (Mülheim) ✉ 56218 – ✆ (02630) 41 30 – www.zurlinde.info – geschl. über Karneval 1 Woche, Oktober 2 Wochen und Montagabend - Dienstag, Samstagmittag

Karte 31/44 €

Schön gemütlich hat man es im Gasthaus der Familie Linden (bereits die 5. Generation). Sowohl im Restaurant als auch in der Winzerstube serviert man internationale Küche, in der Stube gibt es zusätzlich Salate und Klassiker. Tipp: In der kleinen Enoteca verkauft man Wein und Gewürze.

MÜLLHEIM

Baden-Württemberg – 18 440 Ew. – Höhe 267 m – Siehe Regionalatlas **61-D21**
Berlin 831 km – Stuttgart 238 km – Freiburg im Breisgau 33 km – Basel 41 km
Michelin Straßenkarte 545

Landhotel Alte Post

Posthalterweg (B 3) ✉ 79379 – ✆ (07631) 1 78 70 – www.alte-post.net – geschl. 22. - 25. Dezember

50 Zim – 80/95 € 120/140 € – 1 Suite – ½ P

Rest *Landhotel Alte Post* – siehe Restaurantauswahl

Heimisches Holz und warme Töne bestimmen in der einstigen Posthalterei das Bild. Die Zimmer sind nach Rebsorten, Bäumen und Kräutern benannt, einige im japanischen Stil; im Gästehaus mit kleinem Balkon. Fragen Sie nach den neu renovierten Zimmern!

Appartement-Hotel im Weingarten garni

Kochmatt 8 ✉ 79379 – ✆ (07631) 3 69 40 – www.app-hotel-im-weingarten.de – geschl. Februar 2 Wochen

12 Zim – 68/93 € 98/110 €

Die freundliche und engagierte Betreiberin bietet hier hübsche Appartements mit Küchenzeile und Balkon/Terrasse. Zu finden ist das Haus in einer ruhigen Wohngegend etwas oberhalb der kleinen Stadt.

Taberna

Marktplatz 7 ✉ 79379 – ✆ (07631) 17 48 84 – www.taberna-muellheim.de – geschl. Sonntag - Montag

Menü 14/69 € – Karte 32/67 €

Bei Raffaele Cannizzaro bekommt man eine ehrliche italienische Küche, die Geschmack hat und aus guten Produkten zubereitet wird - so z. B. "Lammrücken mit kleinen Artischocken" oder "gedämpfter Saibling mit Senfkohl und gratinierten Zwiebeln". Und der Rahmen dazu? Ein hübsches Gewölbe oder die Terrasse am bzw. über dem Klemmbach. Mittags ist das Angebot kleiner und richtig preiswert.

Landhotel Alte Post – Landhotel Alte Post

Posthalterweg (B 3) ✉ 79379 – ✆ (07631) 1 78 70 – www.alte-post.net – geschl. 23. - 25. Dezember

Menü 23 € (mittags)/60 € – Karte 33/62 €

Der Poet Johann Peter Hebel verewigte den geschichtsträchtigen Gasthof sogar in einem seiner Gedichte. Inzwischen hat man hier Historisches gelungen mit Modernem kombiniert - schön gemütlich! Während das Angebot am Abend etwas aufwändiger ist, bietet man mittags eine reduzierte Karte.

Messer & Gradel

Goethestr. 10 ✉ 79379 – ✆ (07631) 1 00 60 – www.messerundgradel.de – geschl. Mittwoch

Menü 13 € (mittags unter der Woche)/38 € – Karte 30/70 €

Das Konzept aus Restaurant, Lounge und Bar kommt an, ebenso die trendige "Weltküche", wie man sie selbst nennt, mit ihren bewusst kleinen Portionen von asiatisch über kalifornisch bis mediterran - das passt zur modern-legeren Atmosphäre hier! Im Sommer mit angenehmer Terrasse.

In Müllheim-Britzingen Nord-Ost: 5 km über Zunzingen

Landgasthof Hirschen mit Zim — Zim, P

Markgräfler Str. 22 ✉ 79379 – ✆ (07631) 54 57 – www.hirschen-britzingen.eu – geschl. 22. Dezember - 10. Januar, 6. - 19. August und Dienstag - Mittwoch

4 Zim – †65 € ††65 €

Menü 19 € – Karte 23/41 € – (Tischbestellung ratsam)

Ein typisch badischer Familienbetrieb, in dem es schön gastlich zugeht, und das bei solider bürgerlicher Küche... da kommt schonmal die Suppenterrine zum Schöpfen auf den Tisch! Die Gäste mögen den ländlichen Charme - da passen auch die einfachen, aber gepflegten Übernachtungszimmer gut ins Bild.

In Müllheim-Feldberg Süd-Ost: 6 km über Vögisheim

Ochsen mit Zim

Bürgelnstr. 32 ✉ 79379 – ✆ (07631) 35 03 – www.ochsen-feldberg.de – geschl. Donnerstag

7 Zim – †50/60 € ††90/100 € Menü 22/40 € – Karte 23/53 €

Der Gasthof ist seit seiner Gründung 1763 in Familienbesitz. Innen schöne Stuben mit ländlichem Charakter, draußen eine hübsche Terrasse und ein Innenhof (zur Weihnachtszeit mit kleinem Markt). Hier wird frisch gekocht und behaglich übernachten kann man auch - gönnen Sie sich doch die tolle moderne große Juniorsuite!

MÜNCHBERG

Bayern – 10 760 Ew. – Höhe 546 m – Siehe Regionalatlas **51**-M14

Berlin 323 km – München 266 km – Hof 21 km – Bayreuth 37 km

Michelin Straßenkarte 546

Seehotel Hintere Höhe

Hintere Höhe 7 (Süd-West: 1 km) ✉ 95213 – ✆ (09251) 9 46 10 – www.seehotel-muenchberg.de

33 Zim – †59/69 € ††79/89 € – ½ P

Rest – ✆ (09251) 9 46 10 – Karte 17/30 € – *(geschl. Samstag - Sonntag und an Feiertagen) (nur Abendessen)*

Ruhig liegt das Haus umgeben von Wiesen und Wäldern, vor der Tür befindet sich ein kleiner See - in zehn Minuten ist man um ihn herum spaziert! Die wohnlich-klassischen Zimmer bieten meist Balkon und Seeblick.

Braunschweiger Hof — Zim, P

Bahnhofsstr. 13 ✉ 95213 – ✆ (09251) 9 94 00 – www.braunschweigerhof.de – geschl. 6. - 16. August

20 Zim – †45/53 € ††70/85 € – ½ P **Rest** – Karte 17/52 €

Ein familiär geleitetes kleines Stadthotel mit freundlichem Service, in dem gepflegte und praktisch eingerichtete Gästezimmer zur Verfügung stehen. Gemütlich ist die Atmosphäre im gediegenen Restaurant.

MÜNCHEN

Bayern – 1 378 180 Ew. – Höhe 518 m – Siehe Regionalatlas **65**-L20
▶ Berlin 588 km – Innsbruck 164 km – Nürnberg 166 km – Salzburg 144 km
Michelin Straßenkarte 546
Stadtpläne siehe nächste Seiten

→ Alphabetische Liste der Hotels
→ Alphabetical index of hotels

Alphabetische Liste der Restaurants
Alphabetical index of restaurants

Restaurants am Sonntag geöffnet
Restaurants open on Sunday

Hotels

Bayerischer Hof
Zim,

Promenadeplatz 2 ✉ *80333 –* ✆ *(089) 2 12 00* Stadtplan : K2**y**
– www.bayerischerhof.de
319 Zim – †268/340 € ††370/460 €, ☕ 38 € – 21 Suiten
Rest *Atelier* ✿ **Rest *Garden-Restaurant*** – siehe Restaurantauswahl
Rest *Trader Vic's* – ✆ (089) 2 12 09 95 – Karte 47/79 € – *(nur Abendessen)* (Tischbestellung ratsam)
Rest *Palais Keller* – ✆ (089) 2 12 09 90 – Karte 23/47 €
Was verkörpert der Bayerische Hof? Klassik, modernen Luxus, Individualität. In dem Grandhotel von 1841 gibt sich auch die Prominenz ein Stelldichein - der beste Beweis für das außerordentliche Engagement von Innegrit Volkhardt! Exklusiv die Zimmer, vielfältig die Gastronomie, hochwertig der "Blue Spa", dazu Falk-Bar und hauseigenes Kino.

Mandarin Oriental
Zim,

Neuturmstr. 1 ✉ *80331 –* ✆ *(089) 29 09 80* Stadtplan : L2**s**
– www.mandarinoriental.com
67 Zim – †575/775 € ††575/775 €, ☕ 44 € – 6 Suiten
Rest *Bistro MO* – Menü 39 € – Karte 50/84 €
Das Palais der Neorenaissance ist ein Luxushotel mit internationalem Ruf und eine der führenden Adressen in Deutschland. Exlusive Zimmer und Suiten, ein ebensolcher Service und überaus hohe Standards - nicht zuletzt beim ausgezeichneten Frühstück - sind hier eine Selbstverständichkeit. Das i-Tüpfelchen ist der Rooftop-Pool mit Blick bis zu den Alpen!

The Charles
Zim,

Sophienstr. 28 ✉ *80333 –* ✆ *(089) 5 44 55 50* Stadtplan : J2**e**
– www.roccofortehotels.com
136 Zim – †270/820 € ††270/820 €, ☕ 34 € – 24 Suiten
Rest *DAVVERO* – ✆ (089) 54 45 55 12 00 – Menü 28 € (mittags unter der Woche)/89 € – Karte 50/72 €
Luxus vermittelt das schöne Hotel am Alten Botanischen Garten mit der edlen geradlinig-eleganten Einrichtung in den Zimmern wie auch im italienischen Restaurant Davvero, mit seinem hochwertigen Spa sowie allen erdenklichen Serviceleistungen. Von der Terrasse blickt man in die Lehnbachgärten.

Vier Jahreszeiten Kempinski
Zim,

Maximilianstr. 17 ✉ *80539 –* ✆ *(089) 21 25 25 24* Stadtplan : L2**a**
– www.kempinski.com/vierjahreszeiten
230 Zim – †240 € ††320 €, ☕ 39 € – 67 Suiten
Rest *Vue Maximilian* – ✆ (089) 21 25 22 24 – Menü 29 € (mittags)/76 € – Karte 58/99 €
Dieser Klassiker der Münchner Grandhotels a. d. J. 1858 hat einen historischen Charme, wie man ihn nur noch selten findet. Doch auch die Moderne hat hier Einzug gehalten, in Form von sehr komfortablen und wohnlichen Zimmern, wirklich luxuriös die Suiten. Nur zu gerne verweilt man in der schönen Lobby bei Kaffee und Kuchen, im eleganten Vue bei klassischer Hochküche.

Königshof

Karlsplatz 25 ✉ *80335 –* ✆ *(089) 55 13 60* Stadtplan : K2**s**
– www.geisel-privathotels.de
79 Zim – †280/520 € ††320/570 €, ☕ 29 € – 8 Suiten
Rest *Gourmet Restaurant Königshof* ✿ – siehe Restaurantauswahl
Was die Hotelierfamilie Geisel hier ihr Eigen nennt, ist ein wahres Stück Münchner Hoteltradition. Direkt am Stachus wird dem Gast klassische Eleganz zuteil, außerdem ein exzellenter Service sowie hochwertige Gastronomie - da möchte man am liebsten bleiben!

Gute Küche zu moderatem Preis? Folgen Sie dem Bib Gourmand.

Hilton Park

Am Tucherpark 7 ✉ 80538 – ✆ (089) 3 84 50 – www.hilton.de/muenchenpark Stadtplan : H2**n**

475 Zim – 129/549 € 129/549 €, ☕ 28 € – 9 Suiten

Rest *Tivoli & Club* – ✆ (089) 38 45 27 69 – Menü 45 € (mittags)/120 € – Karte 38/64 €

Zu den Luxushotels der Stadt zählt dieses Haus am Englischen Garten schon lange! Alles ist schön modern: die großzügige, aber dennoch wohnliche Halle (auffallend die Beleuchtung), geradlinige Zimmer in warmen Tönen, der ausgezeichnete Tagungsbereich, das internationale Restaurant mit Biergarten am Eisbach. Gönnen Sie sich unbedingt mal den Sonntagsbrunch im 15. Stock!

Sofitel Munich Bayerpost

Bayerstr. 12 ✉ 80335 – ✆ (089) 59 94 80 – www.sofitel-munich.com Stadtplan : J2**a**

388 Zim – 220 € 290 €, ☕ 35 € – 8 Suiten

Rest *Délice La Brasserie* – siehe Restaurantauswahl

Gelungen hat man in das imposante denkmalgeschützte Gebäude aus der Gründerzeit moderne Architektur und zeitgenössisches Design integriert - das steht auch dem hochwertigen Spa gut zu Gesicht, ebenso den vielfältigen Veranstaltungsräumen.

Le Méridien

Zim,

Bayerstr. 41 ✉ 80335 – ✆ (089) 2 42 20 – www.lemeridienmunich.com Stadtplan : J2**w**

373 Zim – 159/459 € 179/459 €, ☕ 28 € – 8 Suiten

Rest – Menü 22 € (mittags unter der Woche)/89 € – Karte 24/73 €

Das Hotel gegenüber dem Hauptbahnhof steht für modernen Stil und schlichte Eleganz. Vom Restaurant schaut man in den hübschen begrünten Innenhof - eine kleine ruhige Oase in der Großstadt! Im Zimmerpreis ist der Eintritt in einige Münchner Museen inkludiert.

Eurostars Grand Central

Arnulfstr. 35 ✉ 80636 – ✆ (089) 5 16 57 40 – www.eurostarsgrandcentral.com Stadtplan : E2**g**

243 Zim ☕ – 109 € 129 € – 4 Suiten

Rest – Karte 33/51 € – *(geschl. August und Samstag - Sonntag) (nur Abendessen)*

Ein topaktuelles Businesshotel, nur eine S-Bahn-Station vom Hauptbahnhof entfernt. Zu den sehr komfortablen, wohnlichen und wertigen Zimmern gesellt sich ein kleines Highlight: der Pool auf dem Dach! Mediterrane Küche im "Red" oder (zu Schließzeiten des Restaurants) in der Lounge-Bar.

Louis

Viktualienmarkt 6 ✉ 80331 – ✆ (089) 41 17 90 80 – www.louis-hotel.com Stadtplan : L3**f**

72 Zim – 159/329 € 199/399 €, ☕ 25 €

Rest *Emiko* – siehe Restaurantauswahl

Top die Lage am Viktualienmarkt - der ist nicht nur sehr zentral, auch die hervorragenden Produkte fürs Frühstück stammen von dort! Trotz moderner Formen überzeugen die Zimmer des Design-Hotels mit Wohnlichkeit und Atmosphäre. Nicht zu vergessen: Annehmlichkeiten vom Schuhputzservice bis zur Tageszeitung für jeden Gast, und - last but not least - die Dachterrasse!

Cortiina

Zim,

Ledererstr. 8 ✉ 80331 – ✆ (089) 2 42 24 90 – www.cortiina.com Stadtplan : L2**c**

70 Zim – 169/329 € 179/349 €, ☕ 23 € – 5 Suiten

Rest – Karte 34/59 € – *(nur Abendessen)*

Schön, was man hier in etwas versteckter, aber doch sehr zentraler Lage zu Gesicht bekommt: wertige Materialien, wohin man schaut - Holz, Schiefer, Jura-Marmor und Naturfarben absolut stimmig kombiniert! Die Zimmer sind recht unterschiedlich geschnitten, das offene Restaurant bietet internationale Küche.

MÜNCHEN
0
2 km
A
B
KARLSFELD
DACHAU
STUTTGART, AUGSBURG
AUGSBURG
LINDAU
GERMERING
STARNBERG
GARMISCH-PARTENKIRCHEN
STARNBERG
INNSBRUCK
1
2
3
A 99 / E 52
DR. MÜNCHEN-ALLACH
A 99
A 8
KR. MÜNCHEN-WEST
A 96 / E 54
A 95 / E 533
Langwieder See
Langwieder Hauptstr.
LOCHHAUSEN
Paul-Ehrlich-Weg
ALLACH
Rieder-str.
Pasinger Heuweg
Eversbuschstraße
Ludwigsfelder Str.
Angerlohstr.
ALLACHER FORST
ANGERLOHE
Dachauer Str.
Ferchenbachstr.
Am Blütenanger
FASANERIE NORD
Max-Born-Straße
MOOSAC
Pelkovenstr.
Dachauer
UNTERMENZING
Manzostraße
Allacher Str.
Waldhornstraße
Baubergerstr.
Netzer str.
Schragenhoferstr.
Mühlangerstraße
OBERMENZING
Menzinger Str.
Karwinski-str.
Verdistraße
Volpinistraße
AUBING
Bergsonstraße
AM DURCHBLICK
Nymphenburg
SCHLOSSPARK NYMPHENBURG
Großer See
Südliche Auffahrtsallee
Romanstr.
NEUHAUSEN
Arnulfstr.
Bergson-str.
PIPPING
Würm
Aubing-Ost-Str.
München-Pasing
HIRSCHGARTEN
Wotanstraße
NEUAUBING
Haberlandstr.
Lortzingstr.
Nussel-str.
Wiesentfelser Str.
Bodenseestraße
Landsberger Str.
Am Knie
Gräfstraße
PASING
Am Stadtpark
Planegger Str.
Blumenauer Str.
Willibaldstraße
Friedenheimer Straße
Laimer Platz
Westendstraße
LAIM
Aubinger Str.
LOCHHAM
PAUL-DIEHL-PARK
Pasinger Str.
BLUMENAU
Rottenbucher Str.
GRÄFELFING
Irminfriedstr.
Ruffinallee
Haderunstr.
Waldwiesenstr.
KLEINHADERN
Haderner Stern
UNTERSEN
WESTPARK
Westpark
Gräfelfinger Str.
Holzapfelkreuth
Ettalstr.
Würmtalstraße
Grosshadern
Klinikum Grosshadern
MARTINSRIED
GROSSHADERN
MITTERSEN
Pasinger Str.
Eststeinstr.
SÜDPARK
Münchener Str.
Haderner Weg
Tischlerstraße
FURSTENRIEDER WALD
Aidenbach
Bergstr.
Gautinger Str.
Forstenrieder Allee
Machtlfinger Straße
Basler Straße
OBERSEND
Lochhamer Str.
NEURIED
Fürstenried West
FORST KASTEN
STOCKDORF
FORSTENRIED
Herterichstraße
Weltistraße
Gilgstr.
SOLLN
Waterloostr.
36b
37
38
39
82

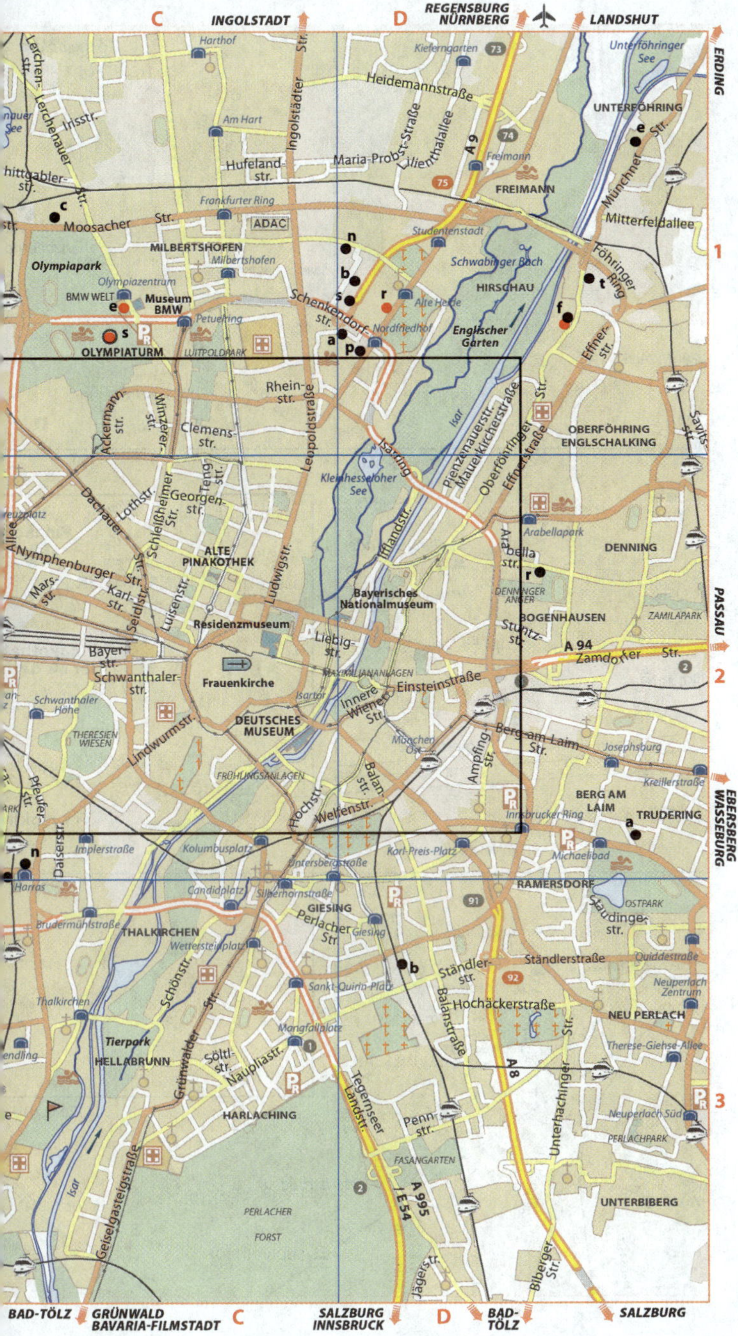
C
INGOLSTADT
D
REGENSBURG
NÜRNBERG
LANDSHUT
ERDING
Harthof
Kieferngarten
73
Heidemannstraße
Unterföhringer See
UNTERFÖHRING
Lerchenstr.
Lerchenauer Str.
Irisstr.
Am Hart
Ingolstädter Str.
Maria-Probst-Straße
Lilienthalallee
A 9
74
Freimann
Hufeland-str.
75
FREIMANN
Münchner Str.
Mitterfeldallee
Moosacher Str.
Frankfurter Ring
ADAC
Studentenstadt
Föhringer Ring
MILBERTSHOFEN
Milbertshofen
Schwabinger Bach
Olympiapark
Olympiazentrum
HIRSCHAU
BMW WELT
Museum BMW
Schenkendorf-str.
Alte Heide
Petuelring
Nordfriedhof
Englischer Garten
Effner-str.
OLYMPIATURM
LUITPOLDPARK
Rhein-str.
Ackermann-str.
Winzerer-str.
Clemens-str.
Leopoldstraße
Isarring
Isar
Pienzenauerstr.
Mauerkircherstraße
Oberföhringer Str.
Effnerstraße
OBERFÖHRING
ENGLSCHALKING
Savits-str.
Teng-str.
Kleinhesseloher See
Dachauer Str.
Lothstr.
Schleißheimer Str.
Georgen-str.
Arabellapark
Nymphenburger Str.
ALTE PINAKOTHEK
Ludwigstr.
Ifflandstr.
Arabella-str.
DENNING
Mars-str.
Karl-str.
Seidlstr.
Luisenstr.
Bayerisches Nationalmuseum
DENNINGER ANGER
PASSAU
Residenzmuseum
BOGENHAUSEN
ZAMILAPARK
Liebig-str.
Stuntz-str.
A 94
Zamdorfer Str.
Bayer-str.
Schwanthaler-str.
Frauenkirche
MAXIMILIANANLAGEN
2
Einsteinstraße
Isartor
Innere Wiener Str.
Schwanthaler Höhe
DEUTSCHES MUSEUM
Berg-am-Laim-Str.
THERESIENWIESEN
Lindwurmstr.
München Ost
Ampfing-str.
Josephsburg
FRÜHLINGSANLAGEN
Kreillerstraße
Pfeufer-str.
Hochstr.
Balan-str.
BERG AM LAIM
EBERSBERG
WASSEBURG
Welfenstr.
Innsbrucker Ring
TRUDERING
Daiserstr.
Implerstraße
Kolumbusplatz
Untersbergstraße
Karl-Preis-Platz
Michaelibad
Harras
Candidplatz
Silberhornstraße
RAMERSDORF
91
OSTPARK
GIESING
Staudinger-str.
Brudermühlstraße
THALKIRCHEN
Perlacher Str.
Giesing
Wettersteinplatz
Ständler-str.
Ständlerstraße
Quiddestraße
92
Sankt-Quirin-Platz
Neuperlach Zentrum
Thalkirchen
Schönstr.
Balanstraße
Hochäckerstraße
NEU PERLACH
Mangfallplatz
Therese-Giehse-Allee
Tierpark
HELLABRUNN
Grünwalder Str.
Söltl-str.
Naupliastr.
A 8
Unterhachinger Str.
Tegernseer Landstr.
3
HARLACHING
Penn-str.
Neuperlach Süd
PERLACHPARK
FASANGARTEN
Isar
Geiselgasteigstraße
A 995 / E 54
UNTERBIBERG
PERLACHER FORST
Jägerstr.
Biberger Str.
BAD-TÖLZ
GRÜNWALD
BAVARIA-FILMSTADT
SALZBURG
INNSBRUCK
SALZBURG

E
F
1
2
3
Scheidplatz
LUITPOLDPARK
Dachauer Str.
Landshuter Allee
Ackermannstraße
Deidesheimer Str.
Winzererstraße
Schleißheimer Str.
Hiltenspergerstraße
t
c
Hohenzollernp
Taxisstr.
Schwere-Reiter-Straße
Dom-Pedro-Straße
Infanteriestraße
Elisabethstraße
GRÜNWALD
Hübnerstr.
Volkartstraße
Leonrodstraße
e
Lothstraße
ST. JOSEPH
Josephsplatz
n
Rotkreuzplatz
Heßstr.
Albrechtstraße
Lazarettstraße
r
Alfons-str.
ST. BENNO
Heßstraße
Theresienstraße
Neue Pinakot
Nymphenburger Str.
Maillingerstraße
Sandstr.
ALTE PINAKOTHEK
Posselt-platz
Blutenburgstraße
a
Stiglmaierplatz
Barer Str.
Birkerstraße
Pappenheimstr.
Karlstraße
Marsstraße
Marspl.
Pinakothek der Modern
Richelstraße
Arnulfstraße
Seidlstraße
Wredestr.
Karlsplatz
Brienner Str.
g
Hackerbrücke
Karlstr.
Arnulfstraße
Elisenstraße
Sophienstr.
Maximilian
Donnersbergerbrücke
Bahnhofpl.
Grasserstr.
Bayerstraße
Bayerstr.
Karlsplatz
Frauenkir
ST. BENEDIKT
Schwanthalerstraße
Bergmannstraße
ST. PAUL
Theresienwiese
Sonnenstraße
a
Georg-Freundorfer-Platz
Heimeranplatz
Schwanthaler Höhe
Goethestraße
Lindwurmstraße
Blumen
Ridlerstraße
MESSEGELÄNDE AUSSTELLUNGS PARK
THERESIENWIESE
Bavariaring
RUHMESHALLE
Hansastraße
ST. MAXIMIL
Pfeuferstraße
Häberlstr.
Am Westpark
Poccistr.
Poccistraße
Tumblingerstr.
ST. ANTON
Auenstraße
FRÜHLINGSANL
Hansastr.
Daiserstr.
Implerstraße
s
SUDBAHNHOF

MÜNCHEN
0
500 m
G
H
1
2
3
Englischer Garten
Kleinhesseloher See
SCHWABING
Chinesischer Turm
Monopteros
Haus der Kunst
Bayerisches Nationalmuseum
Hofgarten
Stuck-Villa
Europaplatz
Herzog Albrecht-Anlage
Richard-Strauss-Straße
Böhmerwaldplatz
Prinzregentenplatz
Max-Weber-Platz
ST. JOHANN BAPTIST
MAXIMILIANANLAGEN
DEUTSCHES MUSEUM
HAIDHAUSEN
Bordeauxpl.
Ostbahnhof
Orleansplatz
München Ost
ST. WOLFGANG
MARIAHILF
ST. URSULA
SIEGESTOR
Dietlindenstraße
Giselastraße
Rheinstraße
Germaniastr.
Virchowstr.
Ungererstraße
Isarring
Osterwaldstraße
Pienzenauerstraße
Mauerkircherstraße
Flemingstraße
Oberföhringer Str.
Effnerstraße
Bülowstraße
Montgelasstraße
Ifflandstraße
Möhlstraße
Ismaninger Str.
Röntgenstraße
Stuntzstr.
Possartstraße
Prinzregentenstraße
Liebigstraße
Triftstr.
Seitzstr.
Widenmayerstraße
Maximilianstraße
Thierschstraße
Einsteinstraße
Grillparzerstr.
Flurstr.
Berg-am-Laim-Str.
Leuchtenbergring
Riedgaustr.
Isareckstr.
Innsbrucker Ring
Ampfingstraße
Orleansstraße
Rosenheimer Str.
Hochstraße
Franziskanerstraße
Gebsattelstraße
Ohlmüllerstraße
Regerstr.
Welfenstraße
Balanstr.
Grafinger Str.
Aschheimer Str.
Anzinger Str.
Leopoldstraße
Ludwigstraße
Von-der-Tann-Str.
Akademiestr.
Ludwig-Maximilians-Universität
ADAC
a
b
c
e
f
g
h
k
m
n
q
s
t
u

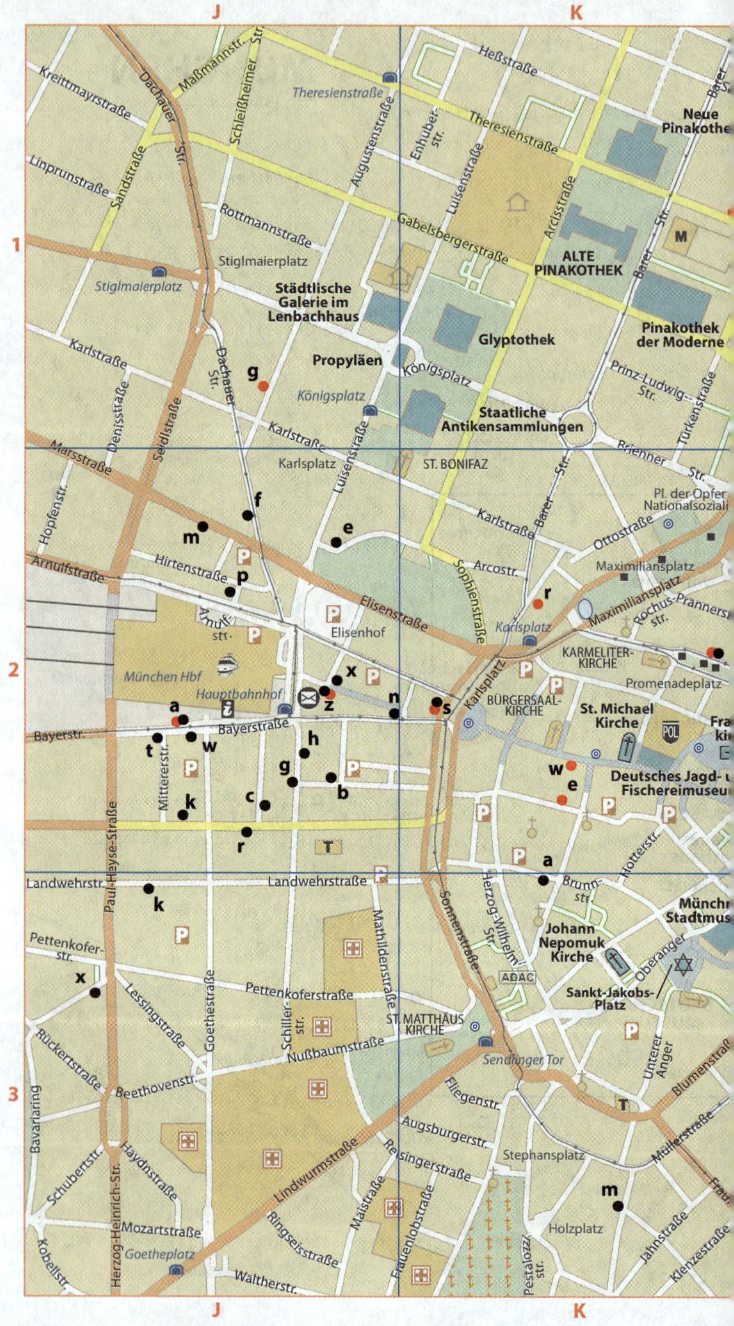
J
K
1
2
3
Kreittmayrstraße
Maßmannstr.
Schleißheimer Str.
Dachauer Str.
Theresienstraße
Heßstraße
Neue Pinakothek
Linprunstraße
Sandstraße
Augustenstraße
Enhuber-str.
Luisenstraße
Arcisstraße
Rottmannstraße
Gabelsbergerstraße
Stiglmaierplatz
ALTE PINAKOTHEK
Städtlische Galerie im Lenbachhaus
Barer Str.
Glyptothek
Pinakothek der Moderne
Karlstraße
Dennisstraße
Propyläen
Königsplatz
Prinz-Ludwig-Str.
Türkenstraße
Seidlstraße
Staatliche Antikensammlungen
Marsstraße
Karlsplatz
ST. BONIFAZ
Brienner Str.
Hopfenstr.
Pl. der Opfer Nationalsoziali
Ottostraße
Arnulfstraße
Hirtenstraße
Arcostr.
Maximiliansplatz
Sophienstraße
Elisenstraße
Elisenhof
Rochus-Prannerstr.
Arnulfstr.
München Hbf
Hauptbahnhof
KARMELITER-KIRCHE
Promenadeplatz
BÜRGERSAAL-KIRCHE
St. Michael Kirche
Bayerstr.
Bayerstraße
Mittererstr.
Deutsches Jagd- u Fischereimuseu
Paul-Heyse-Straße
Landwehrstr.
Landwehrstraße
Hotterstr.
Brunnstr.
Herzog-Wilhelm-Str.
Sonnenstraße
Pettenkoferstr.
Johann Nepomuk Kirche
Mathildenstraße
ADAC
Oberanger
Sankt-Jakobs-Platz
Lessingstraße
Goethestraße
Pettenkoferstraße
Schillerstr.
ST. MATTHÄUS KIRCHE
Rückertstraße
Nußbaumstraße
Sendlinger Tor
Unterer Anger
Blumenstraße
Beethovenstr.
Fliegenstr.
Augsburgerstr.
Müllerstraße
Bavariaring
Reisingerstraße
Stephansplatz
Schubertstr.
Haydnstraße
Lindwurmstraße
Maistraße
Frauenlobstraße
Holzplatz
Jahnstraße
Klenzestraße
Herzog-Heinrich-Str.
Mozartstraße
Ringseisstraße
Goetheplatz
Pestalozzistr.
Kobellstr.
Waltherstr.
P
T
M
POL
a
b
c
e
f
g
h
k
m
n
p
r
s
t
w
x
z

MÜNCHEN
0
300 m
L
M
1
2
3
Ludwig-Maximilians-Universität
Geschwister-Scholl-Platz
Professor-Huber-Platz
Universität
Veterinärstraße
Amalienstraße
ST. LUDWIG KIRCHE
Kaulbachstraße
Königinstraße
Ludwigstraße
Theresienstraße
Monopteros
Englischer Garten
Oettingenstraße
Lerchenfeldstraße
Emil-Riedel-Straße
Von-der-Tann-Straße
PALAIS LEUCHTENBERGER
Glück-str.
Odeonsplatz
PRINZ-CARL PALAIS
Galeriestraße
Haus der Kunst
Prinzregentenstr.
Seeaustr.
Himbselstraße
Bayerisches Nationalmuseum
Reitmorstr.
Am Gries
Hofgarten
Franz-Josef-Strauß-Ring
Pilotystr.
Seitzstraße
Unsöldstraße
Wagmüllerstr.
Liebigstraße
Sternstraße
Widenmayerstraße
Residenzstraße
Residenzmuseum
Marstallplatz
PFARRKIRCHE ST. ANNA
KLOSTERKIRCHE ST. ANNA
Lehel
Bürkleinstr.
Thierschplatz
Max-Joseph-Platz
Nationaltheater
Maximilianstr.
Neues Rathaus
Alter Hof
Hofbräuhaus
Dienerstr.
ALTES RATHAUS
Heilig Geist Kirche
Peter Kirche
Staatliches Museum für Völkerkunde
Maximiliansbrücke
Max-Planck-Str.
Tal
Thomas-Wimmer-Ring
ST. LUKAS KIRCHE
Kanalstr.
Praterinsel
Viktualienmarkt
ISARTOR
Isartor
Frauenstraße
Thierschstraße
Steinsdorfstraße
Liebherrstr.
Lang-str.
Wehrsteg
Auf der Insel
Zellstraße
Rumfordstraße
Aventinstr.
Baaderstraße
Buttermelcherstraße
Zweibrückenstr.
Morassistraße
KULTURZENTRUM GASTEIG
Pütrichstr.
Kellerstraße
Gärtnerplatz
Corneliusstraße
Reichenbachstraße
Erhardtstraße
DEUTSCHES MUSEUM
Am Lilienberg
Rosenheimer Str.
Rosenheimer Platz
Zeppelinstraße
Lilienstraße
Hochstraße

Hotels

Eurostars Book Hotel
Schwanthalerstr. 44 ✉ 80336 – ✆ (089) 5 99 92 50 Stadtplan : J2**k**
– www.eurostarsbookhotel.com
193 Zim – 99/400 € 119/420 € – 8 Suiten
Rest – Karte 29/42 €
Das topmoderne Businesshotel hat schon eine eigene Atmosphäre, denn neben dem attraktiven Design finden sich überall im Haus Motive zum Thema Literatur. Eyecatcher ist ein überdimensionales Buch gleich an der Rezeption! Und kulinarisch? Da geht es mediterran-spanisch zu.

anna hotel
Schützenstr. 1 ✉ 80335 – ✆ (089) 59 99 40 Stadtplan : J2**n**
– www.geisel-privathotels.de
75 Zim – 215/465 € 240/465 € – 1 Suite **Rest** – Karte 20/52 €
Auf ein junges und junggebliebenes Publikum trifft man in dem modernen Hotel direkt am Stachus. Wenn Sie Panoramasicht möchten, nehmen Sie ein Zimmer im obersten Stock. Und wer es ganz diskret mag, fragt am besten nach den schicken topaktuellen Zimmern im Nebengebäude! Sollte Ihnen der Sinn nach Sushi stehen: Das gibt es gleich hier im Bistro (mit gut besuchter Bar).

Excelsior
Schützenstr. 11 ✉ 80335 – ✆ (089) 55 13 70 Stadtplan : J2**z**
– www.geisel-privathotels.de
118 Zim – 185/385 € 260/440 € – 3 Suiten
Rest *Geisel's Vinothek* – siehe Restaurantauswahl
Ein Haus im Wandel - das kann man schon so sagen, denn Familie Geisel investiert stetig in ihre Betriebe, so auch in dieses Schwesterhotel des Königshofs (dort befindet sich der Freizeitbereich). Entstanden sind z. B. einige schöne modern-alpine Zimmer. Auch hier ist für ein ausgezeichnetes Frühstück gesorgt.

Mercure City Center
Zim, Rest,
Senefelder Str. 9 ✉ 80336 – ✆ (089) 55 13 20 Stadtplan : J2**c**
– www.mercure.com
167 Zim – 89/500 € 99/500 €, 19 €
Rest – Menü 25 € (mittags)/119 € (abends) – Karte 25/54 €
Ein nicht ganz typisches Mercure: Das Thema Theater zieht sich durch das gesamte Hotel und die Zimmer sind schön wohnlich in kräftigen warmen Farben gestaltet. Sehr gut auch die Technik und die ideale Lage zum Bahnhof. Neben dem Restaurant (internationale Küche) hat man im Sommer einen Biergarten im Innenhof.

Maximilian Munich (mit Gästehäusern)
Zim,
Hochbrückenstr. 18 ✉ 80331 – ✆ (089) 24 25 80 Stadtplan : L2**m**
– www.maximilian-munich.com
36 Zim – 175/280 € 195/280 €, 18 € – 18 Suiten
Rest *kleines Max* – ✆ (089) 24 25 81 95 – Menü 29/99 € – Karte 25/50 € – *(geschl. Sonntag und an Feiertagen) (nur Abendessen)*
Der vielleicht etwas unscheinbar wirkende Rahmen ist Teil des Konzepts: Man verbindet hier angenehme Diskretion mit der Exklusivität geräumiger und geschmackvoll-moderner Zimmer (alle mit Küche und auch für Longstay-Gäste). Im "kleinen Max" gibt es abends internationale Küche - toll die Gartenterrasse.

Platzl
Zim, Zim,
Sparkassenstr. 10 ✉ 80331 – ✆ (089) 23 70 30 Stadtplan : L2**z**
– www.platzl.de
166 Zim – 145/235 € 215/255 € – 1 Suite
Rest *Pfistermühle* – siehe Restaurantauswahl
Rest *Ayingers* – ✆ (089) 23 70 36 66 – Karte 23/35 €
Das Hotel mitten in der Altstadt hat schon einen gewissen Charme - das liegt an den schönen wohnlichen Zimmern mit traditionellem Touch und modernem Equipment sowie am attraktiven Erholungsbereich im Stil des Maurischen Kiosks von Ludwig II. Das Ayingers mit seiner Wirtshaustradition ergänzt die Pfistermühle.

Eden Hotel Wolff

Arnulfstr. 4 ✉ 80335 – ✆ (089) 55 11 50 – www.ehw.de Stadtplan : J2**p**
212 Zim ☕ – 🚹148/237 € 🚹🚹192/335 € – 2 Suiten
Rest *Zirbelstube* – Karte 28/54 €
Kürzer könnte der Weg vom Hauptbahnhof ins Hotel kaum sein! Das Haus existiert bereits über 100 Jahre und ist seit jeher ein reines Privathotel. Man wohnt hier klassisch, puristisch-alpenländisch oder ganz modern, nach Fitness oder Sauna relaxt man auf der Dachterrasse. Und zum Essen (international, aber auch bayerisch) geht es in die rustikale Zirbelstube.

Torbräu

Tal 41 ✉ 80331 – ✆ (089) 24 23 40 – www.torbraeu.de Stadtplan : L3**g**
87 Zim ☕ – 🚹160/165 € 🚹🚹209/219 € – 2 Suiten
Rest *Schapeau* – ✆ (089) 24 23 44 00 – Menü 29/49 € – Karte 29/55 €
Das älteste Hotel der Stadt gibt es schon seit 1490, zu finden ist es direkt neben dem historischen Isartor. Unterschiedliche Einrichtungsstile geben dem Haus Charme: in den Zimmern von traditionell bis topmodern, im Schapeau Jugendstilatmosphäre zu bayerisch-mediterraner Küche.

Courtyard by Marriott

Schwanthalerstr. 37 ✉ 80336 – ✆ (089) 54 88 48 80 Stadtplan : J2**r**
– www.courtyardmunichcitycenter.de
247 Zim – 🚹129/189 € 🚹🚹129/189 €, ☕ 21 € – 1 Suite **Rest** – Karte 25/46 €
In der Innenstadt, nicht weit vom Bahnhof, liegt das auf Geschäftsreisende ausgelegte Hotel. Die Zimmer sind gediegen-wohnlich im Stil und neuzeitlich in der Ausstattung, das Frühstücksbuffet ist gut und im Restaurant hat man modernes Flair mit Showküche.

Opéra garni

St.-Anna-Str. 10 ✉ 80538 – ✆ (089) 2 10 49 40 Stadtplan : M2**a**
– www.hotel-opera.de
22 Zim ☕ – 🚹160/200 € 🚹🚹180/220 € – 3 Suiten
Sie suchen etwas Spezielles? Das kleine Schmuckstück nahe der Oper hat sehr individuelle Zimmer: Kunst, dazu zahlreiche Antiquitäten, unter die sich aber auch moderne Akzente mischen. Tipp für Sommertage: Frühstück im reizenden Innenhof! Das eigene Restaurant "Gandl" 200 m weiter bietet Mediterranes.

Splendid-Dollmann garni

Thierschstr. 49 ✉ 80538 – ✆ (089) 23 80 80 Stadtplan : M2**b**
– www.hotel-splendid-dollmann.de
35 Zim – 🚹95/285 € 🚹🚹125/350 €, ☕ 15 € – 1 Suite
Feines Boutique-Hotel mit stilvoller Bürgerhausfassade im schönen Stadtteil Lehel! Die Zimmer sind nicht riesig, aber liebevoll im klassischen Stil und mit reichlich Antiquitäten eingerichtet. Überall persönliche Atmosphäre: im lauschigen Hof, im Frühstücksraum, in der Bibliothek (kleine Snacks am Abend). Für Autofahrer: zwei Garagenplätze und Anwohnerparkausweise.

das asam garni

Josephspitalstr. 3 ✉ 80331 – ✆ (089) 2 30 97 00 Stadtplan : K3**a**
– www.hotel-asam.de – geschl. 22. Dezember - 5. Januar
16 Zim – 🚹132/211 € 🚹🚹166/262 €, ☕ 19 € – 9 Suiten
Was den Charme dieses geschmackvoll-gediegenen Hauses ausmacht? Helle, wohnliche Zimmer mit hochwertigen Bädern (einige liegen sehr ruhig zum Innenhof) sowie das gute Frühstück in warmer Atmosphäre - schön auch auf der kleinen Terrasse.

King's Hotel First Class garni

Dachauer Str. 13 ✉ 80335 – ✆ (089) 55 18 70 Stadtplan : J2**f**
– www.kingshotels.de – geschl. über Weihnachten
86 Zim – 🚹99/550 € 🚹🚹99/550 €, ☕ 18 € – 5 Suiten
Ein echter Blickfang sind die raumerfüllenden gediegen-eleganten Holztäfelungen, mit denen die Lobby Sie auf den klassisch-bayerischen Stil des Hauses einstimmt! In jedem Zimmer steht ein Himmelbett mit Baldachin.

Alpen Hotel

Adolf-Kolping-Str. 14 ✉ *80336 – ✆ (089) 55 93 30* Stadtplan : J2**b**
– www.alpenhotel-muenchen.de
57 Zim ☕ – 🚹118/210 € 🚹🚹168/290 €
Rest – Menü 16 € (mittags)/30 € – Karte 25/51 € – *(geschl. Samstagmittag, Sonntag und an Feiertagen)*
Auf die unmittelbare Nähe zu Bahnhof und Stachus sowie die tipptopp gepflegten Zimmer (klassisch gehalten, die zwei Juniorsuiten ganz modern) ist hier bereits die 4. Generation der Familie Bauer stolz. Genauso schön wie in der hübschen kleinen Halle mit Kamin sitzt man auch im Innenhof - hier gibt's Frühstück oder die Münchner Küche von "Stefans Gasthaus".

Fleming's München-City

Bayerstr. 47 ✉ *80335 – ✆ (089) 4 44 46 60* Stadtplan : J2**t**
– www.flemings-hotels.com
112 Zim ☕ – 🚹139/377 € 🚹🚹174/399 € **Rest** – Karte 25/53 €
Zentral, in unmittelbarer Nähe des Hauptbahnhofs gelegenes Hotel mit funktionellen, in modernem Design gehaltenen Gästezimmern. Restaurant im Bistrostil mit Bar und Feinkosttheke.

Conrad-Hotel de Ville garni

Schillerstr. 10 ✉ *80336 – ✆ (089) 54 55 60* Stadtplan : J2**g**
– www.conrad-hotel.de
89 Zim ☕ – 🚹97/347 € 🚹🚹124/374 €
Dieses Stadthotel liegt sehr günstig nahe dem Bahnhof und unweit des Zentrums und bietet freundliche Zimmer mit mediterranem Ambiente. Bei schönem Wetter frühstückt man gerne im netten Innenhof.

King's Hotel Center garni

Marsstr. 15 ✉ *80335 – ✆ (089) 51 55 30* Stadtplan : J2**b**
– www.kingshotels.de – geschl. über Weihnachten
90 Zim – 🚹84/400 € 🚹🚹84/400 €, ☕ 15 €
Das zentrumsnahe Hotel verfügt über behagliche Zimmer mit Himmelbetten, recht klein sind die Einzelzimmer. Im holzvertäfelten Frühstücksraum bietet man eine gute Auswahl vom Buffet.

Admiral garni

Kohlstr. 9 ✉ *80469 – ✆ (089) 21 63 50* Stadtplan : L3**a**
– www.hotel-admiral.de
31 Zim ☕ – 🚹169/299 € 🚹🚹199/349 € – 1 Suite
Ein gepflegtes kleines Hotel, das mal nicht dem Design-Trend folgt, sondern ganz im Gegenteil seinen angenehm klassischen Stil beibehält - von der charmant-plüschigen Halle über die wohnlichen Zimmer bis zur persönlichen Führung! Ausgezeichnet das Frühstück - im Sommer auch im kleinen Garten.

Atrium garni

Landwehrstr. 59 ✉ *80336 – ✆ (089) 51 41 90* Stadtplan : J3**k**
– www.atrium-hotel.de
162 Zim ☕ – 🚹89/149 € 🚹🚹119/159 €
Ideal die Lage zwischen Hauptbahnhof und "Wiesn", geradlinig-modern und großzügig der Rahmen. Fragen Sie nach den ruhigeren hinteren Zimmern! Gute Laune am Morgen bringt das Frühstück in freundlich-frischer Atmosphäre, zum Entspannen der begrünte Innenhof mit Loungebereich. Die Garage sollte man reservieren.

Domus

St.-Anna-Str. 31 ✉ *80538 – ✆ (089) 2 17 77 30* Stadtplan : M2**e**
– www.domus-hotel.de
45 Zim ☕ – 🚹120/180 € 🚹🚹160/260 €
Rest *Vecchia Lanterna* – siehe Restaurantauswahl
Bei Aldo Diaco lässt es sich wirklich gepflegt wohnen: zeitgemäße Zimmer in warmen Farben, moderne Bäder... und im Sommer kann man auch auf der hübschen kleinen Terrasse frühstücken!

Schiller 5 garni

Schillerstr. 5 ✉ 80336 – ✆ (089) 51 50 40 Stadtplan : J2**h**
– www.schiller5.com

52 Zim – 102/310 € 144/450 € – 3 Suiten

Gerne kümmert sich Eigentümer Leo Milchiker persönlich um seine Gäste, das macht den Aufenthalt hier umso netter! Überall im Haus modern-puristischer Stil sowie das Thema "Schiller". Minibar inklusive, in der Lounge Kaffee und Wasser.

Olympic garni

Hans-Sachs-Str. 4 ✉ 80469 – ✆ (089) 23 18 90 Stadtplan : K3**m**
– www.hotel-olympic.de

37 Zim – 120/180 € 160/210 €

Das Gästeklientel aus der Mode- und Medienbranche ist ein deutliches Indiz: Dies ist ein sehr individuelles Haus! Stilvolle Einrichtung, Zimmer zu ruhigen, grünen Innenhöfen, Kunst. Viktualienmarkt, Marienplatz, Deutsches Museum und U-Bahn ganz in der Nähe. Den Parkplatz reservieren Sie am besten gleich mit!

Meier garni

Schützenstr. 12 ✉ 80335 – ✆ (089) 5 49 03 40 Stadtplan : J2**x**
– www.hotel-meier.de

50 Zim – 81/230 € 100/300 €

Wer wünscht sich das nicht: morgens eine reichhaltige Auswahl zum Frühstück und nach einer erlebnisreichen Stadt-Tour (ideal die Lage zwischen Hauptbahnhof und Stachus) in frischen, freundlichen und topgepflegten Zimmern zur Ruhe kommen!

Uhland garni

Uhlandstr. 1 ✉ 80336 – ✆ (089) 54 33 50 Stadtplan : J3**x**
– www.hotel-uhland.de – geschl. 6. - 17. Januar

27 Zim – 78/182 € 95/224 €

Bestaunen Sie ruhig erst einmal die tolle Villenfassade - schon zweimal mit dem Fassadenpreis ausgezeichnet! Drinnen erwartet Sie dann eine engagierte Gastgeberfamilie, seit über 55 Jahren. Zimmer 34 und 35 sind besonders groß und modern.

Restaurants

XXXX ✿

Gourmet Restaurant Königshof – Hotel Königshof

Karlsplatz 25, (1. Etage) ✉ 80335 – ✆ (089) 55 13 60 Stadtplan : K2**s**
– www.geisel-privathotels.de – geschl. 21. - 28. Dezember, Anfang Januar 10 Tage, über Ostern 1 Woche, über Pfingsten 1 Woche, August - Anfang September 4 Wochen und Sonntag, Januar - September: Sonntag - Montag

• FRANZÖSISCH KLASSISCH • Menü 105/140 € – Karte 91/122 € – (Tischbestellung ratsam)

Sehr freundlich wird man in gediegen-elegantem Ambiente zu fein eingedeckten Tischen geleitet (am schönsten natürlich die Fensterplätze zum Stachus!), bevor man von der versierten Servicebrigade mit den überaus exakt zubereiteten klassischen Speisen des langjährigen Küchenchefs Martin Fauster umsorgt wird.

→ Seeforelle mit Artischocken und Kaviar. Bresse Taube mit Pumpernickel, Berberitze und geschmolzener Gänseleber. Geeiste Kokosnussmilch, Crudo-Schokolade und Ananasravioli.

XXX ✿✿

Dallmayr

Dienerstr. 14, (1. Etage) ✉ 80331 – ✆ (089) 2 13 51 00 Stadtplan : L2**w**
– www.restaurant-dallmayr.de – geschl. 24. Dezember - Anfang Januar 2 Wochen, über Ostern 2 Wochen, August 3 Wochen und Sonntag - Montag sowie an Feiertagen

• FRANZÖSISCH MODERN • Menü 95/175 € – Karte 101/127 € – *(nur Abendessen, samstags auch Mittagessen)* (Tischbestellung ratsam)

Wer kennt es nicht, das traditonsreiche Münchner Delikatessenhaus? Die ausgesuchten Produkte, die man hier so ansprechend präsentiert, werden eine Etage höher unter den geschickten Händen von Diethard Urbansky zu einer durchdachten und produktbezogenen "Küche der klassischen Moderne". Dazu sorgt fundiertes Sommelierwissen für die ideale Weinbegleitung.

→ Schweinekinn - Tomate und Gewürztoast, Sardine. Seeforelle - Leber und Hanfsaat, Röstzwiebelsud mit Löwenzahn. Junger Hahn - Brust, Keule, Kamm, Bärlauch und Morcheln.

Atelier – Hotel Bayerischer Hof

Promenadeplatz 2 ✉ 80333 Stadtplan : K2**y**
– *✆ (089) 2 12 07 43*
– *www.bayerischerhof.de*
– *geschl. August - Anfang September und Sonntag - Montag*
• FRANZÖSISCH KREATIV • Menü 105/135 €
– *(nur Abendessen)*

Klassisch basierte Speisen mit modernen Elementen, zubereitet unter der Leitung des neuen Küchenchefs Jan Hartwig. Überaus chic das Ambiente zum feinen Essen: geradlinig, elegant, in geschmackvollen warmen Tönen. Ebenso angenehm sitzt man im schönen Innenhof. Der Service stets aufmerksam und versiert.

➜ Angebeizte Makrele, geflämmter Radi, Kombu und Ginko-Ingwer Eistee. Imperial Taubenbrust, Boudin Noir, Roscoff Zwiebel und junger Lauch. Karamellisierte Opalys, Waldmeister, Calpico und Erdbeeren.

Schuhbecks in den Südtiroler Stuben

Platzl 6 ✉ 80331 – ✆ (089) 2 16 69 00 Stadtplan : L2**u**
– *www.schuhbeck.de*
– *geschl. Anfang Januar 2 Wochen, Anfang August 2 Wochen und Sonntag - Montagmittag sowie an Feiertagen*
• REGIONAL • Menü 48 € (mittags unter der Woche)/118 € – (Tischbestellung ratsam)

Für seine Klassiker und seine "Gewürzwelt" hat sich Alfons Schuhbeck einen neuen Küchenchef ins Team der gemütlichen alpenländischen Stuben geholt: den in Rom aufgewachsenen Heros de Agostinis, der so manch namhafte Adresse hinter sich hat. Am Platzl gibt's noch mehr Leckeres: Eis, Schokolade, Gewürze, Wein.

➜ Marinierter Kalbskopf mit Estragonkartoffeln und Rote Bete. In Sojasauce pochierter Kabeljau mit eingelegtem Gemüse und Wasabi. Lakritz-Kaffeemousse mit Kakaostreußl.

Pfistermühle – Hotel Platzl

Pfisterstr. 4 ✉ 80331 – ✆ (089) 23 70 38 65 Stadtplan : L2**z**
– *www.pfistermuehle.de*
– *geschl. Sonntag*
• REGIONAL • Menü 25 € (mittags)/53 €
– Karte 44/76 €

Ein separater Eingang führt Sie in die einstige herzogliche Mühle (1573), wo Sie in stilvoll-bayerischem Ambiente (schön das Kreuzgewölbe) ambitionierte Regionalküche wie "rosa gebratenen Kalbsrücken unter Kürbis-Krokantkruste" speisen.

Garden-Restaurant – Hotel Bayerischer Hof

Promenadeplatz 2 ✉ 80333 – ✆ (089) 2 12 09 93 Stadtplan : K2**y**
– *www.bayerischerhof.de*
• INTERNATIONAL • Menü 38 € (mittags)/65 € – Karte 49/67 € – (Tischbestellung ratsam)

Der belgische Designer Axel Vervoordt verpasste dem Restaurant ein ganz besonderes Gewand: Die Wintergartenkonstruktion mit ihrem Industrial-Style und der lichten Atmosphäre hat ein bisschen was von einem Künstleratelier. Aus der Küche kommen viele Klassiker wie z. B. die ganze Seezunge mit Blattspinat.

In den Ortsblöcken finden Sie geografische Angaben wie Bundesland, Michelin-Karte, Einwohnerzahl und Höhe des Ortes sowie Entfernungen zu größeren Städten. Zudem wird auf Informationsstellen, Messen, Golfplätze und Sehenswürdigkeiten hingewiesen.

Les Deux

Maffeistr. 3a, (1. Etage) ✉ 80333 – ✆ (089) 7 10 40 73 73 Stadtplan : L2**p**
– www.lesdeux-muc.de – geschl. Sonntag und an Feiertagen
• FRANZÖSISCH MODERN • Menü 48 € (mittags unter der Woche)/89 €
– Karte 73/119 € – (Tischbestellung ratsam)

"Les Deux", das sind Fabrice Kieffer und Johann Rappenglück, und sie bieten hier ein gelungenes Restaurant-Brasserie-Konzept: Unten einfache, aber dennoch niveauvolle Kost, im 1. Stock sehr feine moderne französische Küche, dazu ausgezeichneter Service und über 400 verschiedene Weine - was will man mehr?

→ Entenleberparfait, Grüner Pfeffer, Ananas, Brioche. Neuseeländische Wildlangostinos, Aubergine, roter Paprika, Buchweizen, Englischer Curry. Herzbries vom Milchkalb, Artischocke, Pekannuss, grüner Spargel.

Blauer Bock

Sebastiansplatz 9 ✉ 80331 – ✆ (089) 45 22 23 33 Stadtplan : K3**a**
– www.restaurant-blauerbock.de – geschl. 8. - 23. Juni und Sonntag - Montag sowie an Feiertagen
• INTERNATIONAL • Menü 32 € (mittags)/84 € – Karte 35/85 €

Ein schickes modernes Restaurant, zu finden in unmittelbarer Nähe des Viktualienmarktes. Hans-Jörg Bachmeier kocht ambitioniert, und zwar französisch und regional - Appetit auf "Skrei mit Grüner Sauce, Perlzwiebeln und Pommes Rissolées"?

Halali

Schönfeldstr. 22 ✉ 80539 – ✆ (089) 28 59 09 Stadtplan : L1**x**
– www.restaurant-halali.de – geschl. Samstagmittag, Sonntag und an Feiertagen; Oktober - Weihnachten: Samstagmittag, Sonntagmittag
• KLASSISCH • Menü 25 € (mittags unter der Woche)/66 € – Karte 37/70 € – (Tischbestellung ratsam)

Hubert Buckl und Hans Reisinger haben hier eine echte Institution. Ein gemütliches Gasthaus a. d. 19. Jh. mit dunkler Holztäfelung, klassisch-ambitioniert die Küche: "Kalbskopf in Meerrettichschaum", "Rebhuhn mit gebratener Gänseleber"...

Boettner's

Pfisterstr. 9 ✉ 80331 – ✆ (089) 22 12 10 Stadtplan : L2**h**
– www.boettners.de – geschl. Sonntag und an Feiertagen
• FRANZÖSISCH KLASSISCH • Menü 36 € (mittags)/94 € (abends)
– Karte 47/113 € – (Tischbestellung ratsam)

Direkt am Platzl steht dieser Münchner Klassiker von 1901. Die Gäste wissen die traditionelle Atmosphäre bei Frank Hartung zu schätzen. Zusätzlich zu monatlich wechselnden Aktionsmenüs mit begleitenden Weinen gibt es im Bistrobereich Gerichte wie "Tafelspitz / Meerrettichsauce" oder "Zander / Speckwirsing".

Nymphenburger Hof

Nymphenburger Str. 24 ✉ 80335 – ✆ (089) 1 23 38 30 Stadtplan : E2**a**
– www.nymphenburgerhof.de – geschl. 24. Dezember - 8. Januar und Samstagmittag, Sonntag sowie an Feiertagen
• INTERNATIONAL • Menü 25 € (mittags)/75 € – Karte 38/67 € – (Tischbestellung ratsam)

Hier hat Patron Andreas Derler eine wirklich schöne Traditionsadresse. Er ist gebürtiger Steirer und so finden sich auf der Karte z. B. auch schmackhafter "Donau-Waller mit Senfbutter & Kren" und leckerer "Topfenknödel mit Zwetschgenröster", dazu ausgewählte österreichische Weine. Lauschige Terrasse.

Galleria

Sparkassenstr. 11 (Ecke Ledererstraße) ✉ 80331 Stadtplan : L2**x**
– ✆ (089) 29 79 95 – www.ristorante-galleria.de
• ITALIENISCH • Karte 46/58 € – (Tischbestellung ratsam)

Hier isst man nicht wie beim Italiener um die Ecke... Das kleine und mit reichlich Kunst geschmückte Restaurant bietet ambitionierte italienische Küche: feine Pasta, frischer Fisch und als Dessert vielleicht "Crème brûlée von der Pistazie"?

BNM Restaurant

Prinzregentenstr. 3, (im Bayerischen Nationalmuseum) Stadtplan : M2**a**
✉ 80538 – ✆ (089) 45 22 44 30 – *www.bnmrestaurant.de – geschl. Sonntag - Montag*
• MODERN • Menü 59/79 € – Karte 45/67 € – *(nur Abendessen)*
Sicher kein Museumsrestaurant wie jedes andere! Hier besticht zum einen puristisches Design in Kombination mit hohen Gewölbedecken, zum anderen hat man ein anspruchsvolles gastronomisches Konzept. Am Abend gibt es ambitionierte Gerichte wie "Eifeler Ur-Lamm mit Ratatouille" oder "Schokolade als Crème brûlée, Eis & Kuchen", mittags einfachere Bistroküche.

Shane's Restaurant

Geyerstr. 52 ✉ 80469 – ✆ (089) 74 64 68 20 Stadtplan : F3**s**
– *www.shanesrestaurant.de – geschl. 1. - 5. Januar und Sonntag - Montag*
• KLASSISCH • Menü 60/100 € – Karte 41/56 € – *(nur Abendessen)*
"A place to be" würde man in der irischen Heimat von Shane McMahon sagen. Modern sowohl das Ambiente als auch die feine Küche in Form eines Überraschungsmenüs, der Service leger und kompetent. Lounge-Food in Shane's Bar/ Lounge mit Terrasse.

Vecchia Lanterna (N) – Hotel Domus

St.-Anna-Str. 31 ✉ 80538 – ✆ (089) 81 89 20 96 Stadtplan : M2**e**
– *www.vecchia-lanterna.de – geschl. August - September 2 Wochen und Sonntag*
• ITALIENISCH • Menü 26 € (mittags)/55 € (abends) – Karte 45/59 €
Nach Jahren in Germering sind Mirka Otta und Antonio Denami nun im Herzen von München tätig. In dem modern-eleganten Restaurant samt ruhiger Hinterhofterrasse bieten Sie klassisch-mediterrane Küche einschließlich interessantem Lunchmenü, dazu vorwiegend Weine aus Italien.

Weinhaus Neuner

Herzogspitalstr. 8 ✉ 80331 – ✆ (089) 2 60 39 54 Stadtplan : K2**e**
– *www.weinhaus-neuner.de – geschl. Sonntag und an Feiertagen*
• INTERNATIONAL • Menü 25 € (mittags)/56 € – Karte 38/58 €
Das älteste Weinhaus der Stadt (1641) ist seit 1852 als Restaurant geöffnet, und das bietet heute eine zeitgemäß interpretierte traditionelle Küche, von der Landente bis zum Lammrücken in der Kräuterkruste, dazu eine schöne Weinauswahl. Und für die Atmosphäre: tolles Kreuzgewölbe, Wandmalereien, die alte Täfelung und sehenswerte Schnitzereien von einst.

Les Cuisiniers

Reitmorstr. 21 ✉ 80538 – ✆ (089) 23 70 98 90 Stadtplan : M2**p**
– *www.lescuisiniers.de – geschl. Samstagmittag, Sonntag*
• FRANZÖSISCH KLASSISCH • Menü 23 € (mittags)/74 € (abends)
– Karte 37/61 € – (Tischbestellung ratsam)
Es ist schon ein wirklich hübsches und lebendiges Bistro, das Jean-Marc Ferrara hier betreibt. Geboten wird eine frische und unkomplizierte französische Küche, die Ihnen auf einer Tafel präsentiert wird.

Le Barestovino

Thierschstr. 35 ✉ 80538 – ✆ (089) 23 70 83 55 Stadtplan : M2_3**b**
– *www.barestovino.de – geschl. Sonntag - Montag*
• FRANZÖSISCH KLASSISCH • Menü 35/62 € – Karte 35/51 € – *(nur Abendessen)*
Bei Patron Joel Bousquet herrscht eine sympathische Atmosphäre, sowohl im modernen Restaurant als auch in der Weinbar "Le Bouchon". Genauso unkompliziert ist auch die Küche mit Schmackhaftem wie "Saumon mi-cuit mit Kartoffel-Fenchelpüree". Dazu französische Weine - "bonne dégustation"!

Jin

Kanalstr. 14 ✉ 80538 – ✆ (089) 21 94 99 70 Stadtplan : L3**n**
– *www.restaurant-jin.de – geschl. Montag*
• ASIATISCH • Menü 48 € – Karte 50/70 €
Das Restaurant des Chinesen Hao Jin ist schon besonders: nicht nur das Ambiente (asiatische Schlichtheit in hochwertiger Form), sondern vor allem seine gute panasiatische Küche, die chinesisch geprägt ist, aber auch deutliche japanische und leicht europäische Einflüsse zeigt. Da wären z. B. "Tatar vom Yellow Fin Tuna" oder "geschmorter Lammnacken mit Shiitake".

Restaurant N° 15 (N)

Neureutherstr. 15 ✉ 80331 – ✆ (089) 39 99 36 Stadtplan : F1**n**
– www.restaurant-n15.com – geschl. Oktober - Mai: Sonntag - Montag und an Feiertagen, Juni - September: Sonntag - Montagmittag
• KLASSISCH/TRADITIONELL • Menü 62 € – Karte 37/55 € – (abends Tischbestellung ratsam)
Familie Dupuis, in München wohlbekannt, hat hier ein neues Domizil, in dem sie mit Herzblut französische Gastrokultur lebt! Michel Dupuis und Ulrich Schroth bieten eine produktbezogene und geschmackvolle französische Landküche mit modernen Elementen. Schöne Auswahl an Bordeaux und Burgunder.
➜ Jakobsmuschel, Chicorée, Limetten, Olivenöl. Zweierlei Rinderschulter - Karottenravioli, Kartoffelgratin, Rotweinsauce. Tarte Tatin de Royal Gala, Bretonische Sablé, Crème Fraîche.

Geisel's Vinothek – Hotel Excelsior

Schützenstr. 11 ✉ 80335 – ✆ (089) 5 51 37 71 40 Stadtplan : J2**z**
– www.geisel-privathotels.de – geschl. Sonntagmittag sowie an Feiertagen mittags
• REGIONAL • Menü 42 € (abends) – Karte 42/61 €
Nicht nur der "Königshof" der Familie Geisel bietet interessante Gastronomie: Hier ist es etwas legerer, dennoch kocht man ambitioniert: Zum guten Wein kommen z. B. "Polentaravioli mit Aprikosen und Wildgarnelen" auf den Tisch.

Délice La Brasserie – Hotel Sofitel Munich Bayerpost

Bayerstr. 12 ✉ 80335 – ✆ (089) 59 94 80 Stadtplan : J2**a**
– www.sofitel-munich.com
• INTERNATIONAL • Menü 29 € (mittags)/99 € – Karte 46/74 €
Mit seiner schicken Einrichtung und der enormen Raumhöhe schafft die Brasserie den Spagat zwischen urbaner Leichtigkeit und historischem Gemäuer. Die internationale Küche hat einen stark französischen Touch.

Huckebein Essen und Wein (N)

Amalienstr. 89 (Amalien-Passage) ✉ 80799 Stadtplan : L1**e**
– ✆ (089) 54 80 46 79 – www.huckebein.com – geschl. Samstagmittag, Sonntag sowie an Feiertagen
• KLASSISCH • Menü 35 € (abends)/45 € – Karte 37/53 €
Modernisiert und leger zeigt sich die ehemalige "Terrine", ambitioniert die mediterran beeinflusste saisonal-klassische Küche. Wie wär's mit "Enten-Praline mit Blaukraut-Ravioli und Apfel" oder "Skrei mit Spinat und Oliven-Kartoffel-Püree"?

Le Stollberg (N)

Stollbergstr. 2 ✉ 80539 – ✆ (089) 24 24 34 50 Stadtplan : L2_3**r**
– www.lestollberg.de – geschl. Sonntag
• FRANZÖSISCH KLASSISCH • Menü 45/72 € – Karte 30/54 €
Nach einigen guten Adressen hat die sympathische Anette Huber mit diesem modernen Lokal den Schritt in die Selbstständigkeit gewagt. Die Küche ist klassisch-französisch und saisonal, so z. B. "Kalbsniere in Rotweinsauce an Kartoffelpüree". Günstiger Lunch. Samstags durchgehend geöffnet.

Sie möchten spontan verreisen? Besuchen Sie die Internetseiten der Hotels, um von deren Sonderkonditionen zu profitieren.

Rossini

Türkenstr. 76 ✉ 80799 – ✆ (089) 33 09 42 70 Stadtplan : L1**a**
– www.rossini-weinkeller.net – geschl. 24. Dezember - 6. Januar, August und Samstagmittag, Sonntag sowie an Feiertagen
• ITALIENISCH • Karte 37/60 € – (Tischbestellung ratsam)
In Anlehnung an den bekannten Film haben Sabine Nasswetter und Fabrizio Cereghini (sein ehemaliges Restaurant diente dem Drehort als Vorbild) diesen Namen gewählt. Interessant ist aber nicht nur der Background, sondern auch die unkomplizierte authentisch-italienische Küche des familiären kleinen Lokals mit eigenem Weinhandel. Parken kann man gut in der Amaliengarage.

Brennergrill (N)

Maximilianstr. 15 ✉ 80593 – ✆ (089) 4 52 28 80 Stadtplan : L2**j**
– www.brennergrill.de
• FLEISCH- UND GRILLGERICHTE • Karte 28/52 €
Hier trifft man sich... In der eindrucksvollen großen Gewölbehalle (einst Marstall der Residenz) vereinen sich Bar, Café und Restaurant zu einem lebendigen Hotspot der Münchner Gastroszene. Es gibt hausgemachte Pasta sowie Fleisch und Fisch vom Grill, einer offenen Feuerstelle mitten im Raum!

Toshi

Wurzerstr. 18 ✉ 80539 – ✆ (089) 25 54 69 42 Stadtplan : L2**k**
– www.restaurant-toshi.de – geschl. Sonntag, Samstagmittag sowie an Feiertagen mittags
• JAPANISCH • Menü 80/140 € – Karte 44/94 €
Von der noblen Maximilianstraße zu authentisch japanischer Gastronomie ist es nur ein kurzer Weg. So typisch wie die puristische Einrichtung ist auch die Karte: frische Küche aus Fernost, Sushi, Teppanyaki und auch Pan-Pacific-Cuisine.

Louis Cuisine

Tattenbachstr. 1 ✉ 80538 – ✆ (089) 44 14 19 10 Stadtplan : M2**c**
– www.restaurant-louis.de – geschl. Mitte August - Anfang September und Samstag - Sonntag
• FRANZÖSISCH • Menü 20 € (mittags) – Karte 53/56 €
Gemeinsam mit seiner Frau leitet Chef Stefan Schütz das hübsche kleine Restaurant im alten Stadtteil Lehel als Zwei-Mann-Betrieb. Begehrt sind die 12 Plätze natürlich beim günstigen Mittagsmenü (3 Gänge inkl. Wasser für 20 €). Abends dann ambitionierte französische Küche, aus der man z. B. das Lachsfilet "Louis" oder gebratene Kalbsrückenscheiben probieren sollte!

KOI (N)

Wittelsbacherplatz 1 ✉ 80333 – ✆ (089) 89 08 19 26 Stadtplan : L2**d**
– www.koi-restaurant.de – geschl. Sonntag sowie an Feiertagen mittags; April - September: Samstagmittag, Sonntag
• JAPANISCH • Karte 28/108 €
Auf zwei Etagen kann man sich hier sowohl optisch als auch kulinarisch an einem interessanten Stilmix erfreuen. Aus frischen Produkten entsteht eine Mischung aus japanischer und europäischer Küche samt Sushi und Fleisch vom Robata-Grill.

REFETTORIO (N)

Marstallplatz 3 ✉ 80539 – ✆ (089) 22 80 16 80 Stadtplan : L2**n**
– www.refettoriomuenchen.de
• ITALIENISCH • Karte 38/83 €
Mitten in München liegt das geschmackvoll-moderne Restaurant über zwei Ebenen - dekorativ: Kunst, kräftige Farben, teils gekachelte Tische. Die unkomplizierte traditionell-italienische Küche erinnert an die "Cucina della Mamma": "Maccheroncini mit Spargel", "Risotto alla Milanese"... Günstiges Mittagsangebot.

Emiko – Hotel Louis

Viktualienmarkt 6 ✉ 80331 – ✆ (089) 41 11 90 81 11 Stadtplan : L3**f**
– www.louis-hotel.com
• JAPANISCH • Menü 59/79 € – Karte 40/107 € – *(nur Abendessen)*
Designorientiertes schlichtes Interieur verleiht dem Restaurant den typischen asiatischen Touch. Das Küchenteam bietet hier moderne japanische Speisen.

Rüen Thai (N)

Kazmairstr. 58 ✉ 80339 – ✆ (089) 50 32 39 Stadtplan : E3**a**
– www.rueen-thai.de – geschl. August 3 Wochen
• THAILÄNDISCH • Menü 49/99 € – Karte 29/54 € – *(Donnerstag - Sonntag und an Feiertagen nur Abendessen)*
Entsprechend seiner Wurzeln hat sich Anuchit Chetha ganz der südthailändischen Küche verschrieben: "Gung Pla", "Nüe San Kua"... oder lieber ein Fingerfood-Menü? Eine weitere Spezialität sind seine Gewürzmischungen. Seine zweite Leidenschaft gilt dem Wein - davon hat er hier einige Raritäten!

Cafe Luitpold N

Brienner Str. 11 ✉ 80333 – ✆ (089) 2 42 87 50 Stadtplan : L2**g**
– www.cafe-luitpold.de – geschl. Sonntagabend, Montagabend
• TRADITIONELL • Menü 39/69 € – Karte 32/56 €
Hier sitzt man in lebendiger Kaffeehaus-Atmosphäre bei guter und frischer hausgemachter Küche! Sehenswert auch das eigene Museum im 1. Stock, von dem man in die Backstube schauen kann. Apropos: Probieren Sie auch Torten, Pralinen & Co.!

Zum Alten Markt

Dreifaltigkeitsplatz 3 ✉ 80331 – ✆ (089) 29 99 95 Stadtplan : L3**q**
– www.zumaltenmarkt.de – geschl. Sonntag und an Feiertagen
• INTERNATIONAL • Menü 40 € (abends) – Karte 24/40 €
Dieses persönlich geführte und urig-kleine Lokal am Viktualienmarkt hat man mit dem original erhaltenen 400 Jahre alten Holz einer Südtiroler Ratsherrenstube ausgestattet - wirklich charmant!

Tokami

Theresienstr. 54 ✉ 80333 – ✆ (089) 28 98 67 60 Stadtplan : K1**k**
– www.tokami.de
• JAPANISCH • Menü 50/60 € (abends) – Karte 27/49 €
Seit über 25 Jahren gibt es das minimalistisch gehaltene Restaurant schräg gegenüber dem Brandhorst-Museum - das spricht für die klassisch-japanische Küche, die mit ihrer Vielfalt nicht nur bei Sushi-Fans ankommt. Interessante Lunchmenüs.

Theresa N

Theresienstr. 29 ✉ 80333 – ✆ (089) 28 80 33 01 Stadtplan : L1**t**
– www.theresa-restaurant.com
• FLEISCH- UND GRILLGERICHTE • Menü 12 € (mittags unter der Woche)
– Karte 41/73 € – (abends Tischbestellung ratsam)
Hier liegt man ganz im Trend: modern, leger, originelle Details als Hingucker, dazu internationale Küche samt Fleisch vom Grill. Am Wochenende gibt's auch Frühstück/Brunch. Tipp: Besuchen Sie vor oder nach dem Essen das Brandhorst-Museum!

BRAUEREI-GASTSTÄTTEN: : traditionelle, gemütliche Brauhäuser mit Biergarten. Regional gebraute Biere und deftige bayrische Speisen.

Altes Hackerhaus

Sendlinger Str. 14 ✉ 80331 – ✆ (089) 2 60 50 26 Stadtplan : K3**r**
– www.hackerhaus.de
• REGIONAL • Menü 20/49 € – Karte 16/49 €
Unter den Brauhäusern der Stadt ist das hier ein recht kleines Haus, dafür aber mit viel Charme und liebenswerten, heimeligen Stuben... und natürlich mit bayerischen Schmankerln! Schöner überdachbarer Innenhof.

Weisses Bräuhaus

Tal 7 ✉ 80331 – ✆ (089) 2 90 13 80 Stadtplan : L2_3**e**
– www.weisses-brauhaus.de
• REGIONAL • Karte 19/46 €
Ein bayerisches Wirtshaus, wie es im Buche steht! Hierher kommen die Münchner für "ihr" Kronfleisch - eine von vielen Spezialitäten aus der hauseigenen Metzgerei. In den urigen Stuben zusammenrücken - das hat Tradition!

Spatenhaus an der Oper

Residenzstr. 12 ✉ 80333 – ✆ (089) 2 90 70 60 Stadtplan : L2**t**
– www.kuffler.de
• REGIONAL • Karte 32/68 €
Sicher das Brauhaus mit den elegantesten Stuben, das München zu bieten hat - und die ideale Adresse, um vor oder nach dem Besuch der Oper (genau gegenüber!) bayerisch oder auch international zu essen.

Zum Franziskaner

Residenzstr. 9 / Perusastr. 5 ✉ 80333 Stadtplan : L2**v**
– ✆ (089) 2 31 81 20 – www.zum-franziskaner.de
• REGIONAL • Karte 22/55 €
Vater und Sohn führen dieses beliebte Traditionshaus, in dem es dank zahlreicher Stammgäste schön lebendig zugeht. Auf den Tisch kommen Leberkäs, Weißwurst und noch weitere Spezialitäten aus der eigenen Metzgerei! Glasüberdachter Innenhof.

Marktwirt

Heiliggeiststr. 2 ✉ 80331 – ✆ (089) 23 24 11 33 Stadtplan : L3**q**
– www.marktwirt.com
• REGIONAL • Menü 25/45 € – Karte 20/38 €
In dem sympathischen Lokal am Viktualienmarkt wird nicht nur bayerisch gekocht - auch Südtirol und Österreich sind vertreten. Beim Blick auf die Getränkekarte staunt man nicht schlecht: Man hat rund 150 Obst- und Gemüsebrände! Einladend der beheizte Biergarten.

Augustiner Gaststätten

Neuhauser Str. 27 ✉ 80331 – ✆ (089) 23 18 32 57 Stadtplan : K2**w**
– www.augustiner-restaurant.com
• REGIONAL • Karte 13/42 €
Seit jeher ist das beachtliche Brauereigasthaus in der Fußgängerzone für sein gutes Bier bekannt, das hier bis 1885 gebraut wurde. Im Innenhof: einer der schönsten Biergärten der Stadt.

In München-Allach

Lutter garni

Eversbuschstr. 109, (1. Etage) ✉ 80999 Stadtplan : A1**r**
– ✆ (089) 8 12 70 04 – www.hotel-lutter.com – geschl. 23. Dezember - 10. Januar
21 Zim – 72/125 € 90/160 € – 4 Suiten
Man ist gerne Gast bei Familie Lutter: Die Lage ist recht ruhig, die Atmosphäre freundlich, die Zimmer sind wohnlich und die Preise fair. Parken und Internet sind kostenfrei. Mit der nahen S2 ist man in ca. 15 Minuten im Zentrum.

In München-Berg am Laim

Am Ostpark garni

Michaeliburgstr. 21 ✉ 81671 – ✆ (089) 49 10 13 Stadtplan : D2**a**
– www.ostparkhotel.de – geschl. 26. Dezember - 4. Januar
21 Zim – 74/130 € 98/180 €
Familie Obermaier legt großen Wert darauf, dass Sie hier immer gepflegte, funktionale Zimmer vorfinden und mit einem guten Frühstück den Tag beginnen - besonders schön auf der kleinen Gartenterrasse! W-Lan und Garagenplätze kostenfrei.

In München-Bogenhausen

The Westin Grand

Arabellastr. 6 ✉ 81925 – ✆ (089) 9 26 40 Stadtplan : H2**q**
– www.westingrandmunich.com
597 Zim – 119/479 € 125/479 €, 29 € – 30 Suiten
Rest *Paulaner's* – ✆ (089) 92 64 81 15 – Menü 30/60 € – Karte 29/58 € – *(geschl. Samstagmittag, Sonntagmittag)*
Diese Business- und Tagungsadresse ist das größte Hotel Münchens und hat auch den größten Day-Spa der Stadt! Tolle Dach-Lounge für die Executive-Zimmer - als rustikale Alternative stehen die Bayerischen Zimmer zur Verfügung.

Palace

Rest,

Trogerstr. 21 ✉ 81675 – ✆ (089) 41 97 10 Stadtplan : H2**e**
– www.hotel-muenchen-palace.de
70 Zim – 180/350 € 220/440 €, 28 € – 4 Suiten
Rest – Menü 49/69 € – Karte 48/72 €
Ein geschmackvolles Hotel, das zahlreiche Musiker zu seinen Stammgästen zählt. Erdtöne und Dielenboden machen es hier ausgesprochen wohnlich. Charmant der kleine Freizeitbereich mit Dachterrasse, hübsch der Garten. Täglich "Afternoon Tea" in der Palace Bar, klassisch-internationale Küche im Restaurant.

Sheraton Arabellapark

Arabellastr. 5 ✉ 81925 – ✆ (089) 9 23 20 Stadtplan : H2**q**
– www.sheratonarabellapark.com
405 Zim – 🚹99/439 € 🚹🚹99/439 €, ☕ 23 € – 41 Suiten
Rest – Menü 30/60 € – Karte 24/48 €
Das Hotel befindet sich nahe dem Englischen Garten und verfügt über geradlinig-zeitgemäße Zimmer mit Balkon. Interessant die Club-Lounge im 23. Stock, hier auch der Freizeitbereich - schön der Stadtblick! Die Restaurants "Audrey's" und "66" bieten internationale Küche sowie Grill- und Bio-Gerichte.

Rothof (N) garni

Denninger Str. 114 ✉ 81925 – ✆ (089) 9 10 09 50 Stadtplan : D2**r**
– www.rothof.de – geschl. 22. Dezember - 6. Januar
45 Zim ☕ – 🚹157/167 € 🚹🚹192/202 €
Nicht nur eine gute Businessadresse, auch Familien schätzen die Lage, den schönen Garten, das gute Frühstück und das (teils kostenpflichtige) Freizeitangebot im Sporthof (hier auch ein Bistro). Einige Zimmer mit nettem Blick zum Park.

Prinzregent am Friedensengel garni

Ismaninger Str. 42 ✉ 81675 – ✆ (089) 41 60 50 Stadtplan : H2**t**
– www.prinzregent.de
63 Zim ☕ – 🚹135/149 € 🚹🚹165/179 € – 2 Suiten
Schönes altes Holz versprüht hier bayerischen Charme: heimelig-alpenländisch der Frühstücksraum mit Wintergarten, urig-gemütlich die Bar - hier gibt's auch Snacks. Sonntags vegetarischer Brunch, im Winter Käsefondue. Fragen Sie nach den ruhig gelegenen Zimmern zur Gartenseite!

Bogenhauser Hof

Ismaninger Str. 85 ✉ 81675 – ✆ (089) 98 55 86 Stadtplan : H2**c**
– www.bogenhauser-hof.de – geschl. Weihnachten - 6. Januar und Sonntag sowie an Feiertagen
• KLASSISCH • Menü 45/119 € – Karte 46/77 € – (Tischbestellung ratsam)
Moderne Linien tun der Gemütlichkeit dieses traditionsreichen Gasthauses keinen Abbruch! Man hat zahlreiche Stammgäste und die schätzen die ambitionierte klassische Küche von der Rinderroulade bis zum Hummer. Ein wunderschöner Ort ist auch der Garten. Weinkarte mit Raritäten.

Käfer Schänke

Prinzregentenstr. 73, (1. Etage) ✉ 81675 Stadtplan : H2**s**
– ✆ (089) 4 16 82 47 – www.feinkost-kaefer.de – geschl. Sonntag sowie an Feiertagen
• INTERNATIONAL • Menü 40 € (mittags) – Karte 60/87 € – (abends Tischbestellung erforderlich)
Der Name "Käfer" gehört einfach zur Münchner Gastroszene! Der Feinkostladen unter einem Dach mit dem gemütlichen Restaurant garantiert hervorragende Produkte - das Fleisch für die Grillgerichte ist da nur eines von vielen! Für besondere Anlässe: neun ganz individuelle Stuben, eine schöner als die andere! Im Bistro: Frühstück, Käfer-Klassiker und Tagesgerichte.

Acquarello (Mario Gamba)

Mühlbaurstr. 36 ✉ 81677 – ✆ (089) 4 70 48 48 Stadtplan : H2**f**
– www.acquarello.com – geschl. 1. - 3. Januar und Samstagmittag, Sonntagmittag sowie an Feiertagen mittags
• MEDITERRAN • Menü 49 € (mittags unter der Woche)/139 € – Karte 69/103 €
Kocht er nun italienisch mit frankophilem Einschlag oder französisch mit italienischen Wurzeln? Eigentlich völlig egal angesichts der feinen, geschmackvollen und auf erstklassigen Produkten basierenden Küche von Mario Gamba! Und auch sein Sohn Massimiliano ist mit von der Partie: Er unterstützt in dem ausgezeichneten Serviceteam seinen Vater.
➜ Filet von der Rotbarbe in der Zucchiniblüte mit Tomatenragout, Safranschaum und Erbsen. Rinderschmorbraten mit Barolosauce, Selleriepüree und Sellerietaschen. Ruppiner Lammrücken im Brotmantel mit Rosmarinjus, Paprikacoulis und Auberginenpraline.

Hippocampus
Mühlbaurstr. 5 ✉ 81677 – ✆ (089) 47 58 55 Stadtplan : H2**a**
– www.hippocampus-restaurant.de – geschl. Montag, Samstagmittag
• ITALIENISCH • Menü 33/53 € – Karte 43/57 €
Reservieren Sie lieber, denn die lebendige Atmosphäre, der charmante Service und italienische Gerichte wie "Galetto mit Artischocken" oder "Tortelli mit Erbsen, Minze und Calamaretti" ziehen viele Gäste an - ebenso die ruhige Terrasse!

Huber
Newtonstr. 13 ✉ 81679 – ✆ (089) 98 51 52 Stadtplan : H2**h**
– www.huber-restaurant.de – geschl. Samstagmittag, Sonntag - Montag
• INTERNATIONAL • Menü 25 € (mittags)/95 € (abends)
In dem modernen Restaurant (das Interieur stammt von einem Münchner Designer) kocht Michael Huber ambitionierte internationale Speisen. Mittags gibt es die Lunchmenüs "Das Schnelle" und "Das Besondere". Schöne österreichische Weine.

In München-Großhadern

Neumayr
Heiglhofstr. 18 ✉ 81377 – ✆ (089) 7 41 14 40 Stadtplan : B3**b**
– www.hotel-neumayr.de
48 Zim – 80/120 € 100/140 €
Rest *Johannas* – siehe Restaurantauswahl
Seit vielen Jahrzehnten und in 3. Generation führt Familie Neumayr ihren ländlichen Gasthof im Münchner Südwesten, unweit des bekannten Klinikums. Die Zimmer sind schlicht, aber gut gepflegt, das Frühstück ist frisch und auch die persönliche Atmosphäre spricht für das Haus.

Johannas – Hotel Neumayr
Heiglhofstr. 18 ✉ 81377 – ✆ (089) 7 41 14 40 Stadtplan : B3**b**
– www.hotel-neumayr.de – geschl. 26. Januar - 13. Februar und Donnerstag, außer an Feiertagen
• INTERNATIONAL • Menü 35/59 € – Karte 28/49 €
Bei den Neumayrs steht Sohn Andreas am Herd und sorgt mit frischen Produkten und ohne viel Schnickschnack dafür, dass sich die Gäste in den gemütlich-rustikalen Stuben Gerichte wie Krustentiersuppe und gebratene Rehleber schmecken lassen und aus rund 450 tollen Weinen wählen können. Liebhaber von Süßspeisen sollten den Kaiserschmarrn probieren!

In München-Haidhausen

Courtyard by Marriott München City Ost
Orleansstr. 83 ✉ 81667 – ✆ (089) 5 58 91 90 Rest,
– www.courtyardmunich-cityeast.com Stadtplan : H3**b**
227 Zim – 80/200 € 80/200 € – 1 Suite
Rest *max* – ✆ (089) 5 58 91 96 80 – Menü 32 € – Karte 23/43 €
Das Einrichtungskonzept dieses komfortablen Hotels: gerade Formen, warme Farben, technisch neuester Stand. Die Superior-Zimmer liegen ruhiger nach hinten. Langzeitgäste wohnen im Residence Inn gleich nebenan. Die internationale Karte im "max" bietet u. a. Burger und Steaks.

Novotel City
Hochstr. 11 ✉ 81669 – ✆ (089) 66 10 70 Stadtplan : M3**h**
– www.novotel.com/3280
305 Zim – 119/199 € 119/199 €, 21 € – 2 Suiten
Rest – Menü 32 € – Karte 31/50 €
Nahe der Isar und dem Deutschen Museum liegt das Geschäftshotel mit den geradlinig-modernen und funktionellen Zimmern - Kinder bis 16 Jahre schlafen kostenfrei im Zimmer der Eltern. Klarer neuzeitlicher Stil auch im Restaurant.

Preysing garni
Preysingstr. 1 / Stubenvollstr. 2 ✉ 81667 Stadtplan : M3**w**
– ✆ (089) 45 84 50 – www.hotel-preysing.de – geschl. Weihnachten - 6. Januar
57 Zim – 134/275 € 179/330 € – 5 Suiten
Das Haus ist wirklich gut in Schuss, ständig wird hier und da investiert, alles ist topgepflegt - vom hübschen hellen Frühstücksraum bis in die Zimmer, deren Ausstattung optimal ist für Geschäftsreisende (alle übrigens mit Granitfußboden).

Tramin

Lothringer Str. 7 ✉ 81667 – ✆ (089) 44 45 40 90 Stadtplan : H3**t**
– www.tramin-restaurant.de – geschl. Sonntag - Montag
• INNOVATIV • Menü 60/95 € – *(nur Abendessen)*
Locker die Atmosphäre, modern-puristisch die Einrichtung, jugendlich-leger und ebenso kompetent der Service! Und die Küche? Ambitioniert, mal saisonal-regional, mal innovativ. Wählen Sie 4, 5 oder 6 Gänge oder "Tramin Total (ois was gibt)"!

Schweiger²

Lilienstr. 6 ✉ 81669 – ✆ (089) 44 42 90 82 Stadtplan : M3**e**
– www.schweiger2-restaurant.de – geschl. 24. Dezember - 7. Januar, 2. - 17. August und Samstag - Sonntag sowie an Feiertagen
• INNOVATIV • Menü 99/139 € – *(nur Abendessen)* (Tischbestellung erforderlich)
"Schweiger²" ist ein Synonym für junge, unkomplizierte und dennoch hochwertige Gastronomie, umgesetzt von der charmanten Rosenheimerin Franziska und dem Ortenauer Andreas Schweiger. Seine feine, variantenreiche Küche (Produkte aus Papas Garten inklusive) ist in wahlweise fünf bis neun Überraschungs-Gängen zu haben.
➜ Tatar und gebeiztes Filet vom Adlerfisch, Basilikum, Ochsenherztomate, Kalamata-Olive. Schulter vom Bison, Kräutersaitling, Egerlinge, Pfifferlinge, Wachtelei, Kartoffelkrapfen. Süße Variation von der Hibiskusblüte mit Hafer und Feldsalat.

Saint Laurent

Steinstr. 63 ✉ 81667 – ✆ (089) 47 08 40 00 Stadtplan : G3**s**
– geschl. Januar - Februar 1 Woche und Montag
• FRANZÖSISCH • Menü 25/50 € – Karte 35/65 € – *(nur Abendessen)*
Hausgemachte Pasteten, Sauerkraut mit gebratenen Jakobsmuscheln, Trio von Entenleber, Crème brûlée... Die französische Küche kommt an, ebenso das frankophile Flair samt passender Musik! Ein paar Schritte weiter kann man draußen sitzen.

Atelier Gourmet

Rablstr. 37 ✉ 81669 – ✆ (089) 48 72 20 Stadtplan : G3**a**
– www.ateliergourmet.de – geschl. Sonntag
• FRANZÖSISCH KLASSISCH • Menü 35/53 € – *(nur Abendessen)* (Tischbestellung ratsam)
Es ist klein, eng, lebhaft, gut besucht... eben einfach nett! Das kulinarische Pendant zur sympathischen Atmosphäre: lecker und frisch - dafür sorgt das Küchenchef-Duo Duchardt/Bousquet z. B. mit "Crépinette von Kapaun und Ente". Dazu bietet die Chefin flotten Service und gute Weinberatung.

Vinaiolo

Steinstr. 42 ✉ 81667 – ✆ (089) 48 95 03 56 Stadtplan : G3**e**
– www.vinaiolo.de – geschl. Samstagmittag
• ITALIENISCH • Menü 35 € (mittags unter der Woche)/52 € – Karte 36/56 € – (abends Tischbestellung ratsam)
Das ist ein Stück Dolce Vita: Der Service versprüht südländischen Charme, die Küche wäre wohl in Italien kaum schmackhafter (zu erwähnen sei hier das fair kalkulierte Mittagsmenü!). Komplett wird das gemütlich-authentische Bild durch Einrichtungsstücke eines alten Krämerladens aus Triest!

In München-Milbertshofen

EssZimmer

Am Olympiapark 1, (3. Etage, über Lift erreichbar) (BMW Welt) ✉ 80809 – ✆ (089) 3 58 99 18 14 – www.feinkost-kaefer.de – geschl. 1. - 19. Januar, August und Sonntag - Montag sowie an Feiertagen Stadtplan : C1**e**
• MODERN • Menü 90/175 € – *(nur Abendessen)* (Tischbestellung ratsam)
Elegant, aber keineswegs gezwungen - so hat man es in der 3. Etage der BMW Welt. Von hier geht der Blick in die eindrucksvolle Ausflieferungshalle, während Bobby Bräuer Ihnen im Menü "Herzstück" seine regionale Handschrift präsentiert und im Menü "Exkursion" internationale Impressionen. Kostenfreie Garage.
➜ Herzbries, Gänseleber, feine Erbse. Black Cod, Artischocke, grüne Olive. Bresse Taube, Ruccola, Burgunder Zwiebel.
Rest *Bavarie* – siehe Restaurantauswahl

Bavarie – Restaurant Esszimmer
Am Olympiapark 1, (2. Etage, über Lift erreichbar) (BMW Welt) ✉ 80809 – ✆ (089) 3 58 99 18 18 – www.feinkost-kaefer.de – geschl. über Weihnachten, August 2 Wochen und Sonntagabend sowie an Feiertagen abends Stadtplan : C1**e**
• INTERNATIONAL • Menü 32 € – Karte 30/48 €
Regionalität und Nachhaltigkeit sind zwei Grundgedanken der "Bavarie"-Idee. So setzt man beim Kombinieren bayerischer und französischer Elemente auf heimische Produkte. Dabei entstehen z. B. "Crème brûlée von Gänseleber" oder "Lamm vom Gutshof Polting". Terrasse mit Blick auf Olympiapark und -turm.

In München-Neuhausen

Rotkreuzplatz garni
Rotkreuzplatz 2 ✉ 80634 – ✆ (089) 1 39 90 80 – www.hotel-rotkreuzplatz.de – geschl. Weihnachten - 10. Januar Stadtplan : E2**r**
56 Zim – 100/250 € 150/300 €
Eine gut geführte und gepflegte Adresse. Beim Frühstücken oder bei Kaffee und Kuchen (tagsüber dient der Raum im 1. Stock als Café) können Sie das Treiben auf dem Rotkreuzplatz beobachten - hier hat man im Sommer auch eine Terrasse.

In München-Nymphenburg

Kriemhild am Hirschgarten garni
Guntherstr. 16 ✉ 80639 – ✆ (089) 1 71 11 70 – www.kriemhild.de Stadtplan : B2**y**
16 Zim – 78/178 € 98/224 € – 2 Suiten
Gepflegt und freundlich-familiär ist es hier. Wie wär's z. B. mit einem der schönen klimatisierten Zimmer unterm Dach? Nett der Frühstücksraum mit kleinem Wintergarten. Die Lage zwischen Hirschgarten und Schloss bietet auch Naherholung.

Acetaia
Nymphenburger Str. 215 ✉ 80639 – ✆ (089) 13 92 90 77 – www.restaurant-acetaia.de – geschl. Samstagmittag Stadtplan : C2**a**
• ITALIENISCH • Menü 29 € (mittags unter der Woche)/75 € – Karte 45/64 €
Italienische Küche und gemütliches Jugendstil-Flair! Sehr gut sind das Olivenöl und der alte Balsamico - Letzterer gab dem Haus seinen Namen. Spaziergeh-Tipp: einfach den Nymphenburger Kanal entlang zum Schloss mit seinem schönen Park!

Schlosswirtschaft Schwaige
Schloss Nymphenburg, (Eingang 30) ✉ 80638 – ✆ (089) 12 02 08 90 – www.schlosswirtschaft-schwaige.de Stadtplan : B2**s**
• TRADITIONELL • Menü 14 € (mittags unter der Woche)/52 € – Karte 24/45 €
Der Seitenflügel des Schlosses beherbergt mehrere Stuben von rustikal bis elegant, herrlich der große Biergarten mit schönem Kinderspielplatz. Gekocht wird bayerisch. Fragen Sie nach Themenabend-Menüs wie "König Ludwig" oder "Bierig gut"!

In München-Oberföhring

Freisinger Hof
Oberföhringer Str. 191 ✉ 81925 – ✆ (089) 95 23 02 – www.freisinger-hof.de – geschl. 28. Dezember - 6. Januar Stadtplan : D1**f**
51 Zim – 118/178 € 148/205 €
Rest *Freisinger Hof* – siehe Restaurantauswahl
Von diesem Landgasthaus ist es nur ein Katzensprung zum Englischen Garten! Es stehen tipptopp gepflegte und behagliche Gästezimmer zur Verfügung, die kleine Halle ist hell und freundlich.

Freisinger Hof – Hotel Freisinger Hof
Oberföhringer Str. 189 ✉ 81925 – ✆ (089) 95 23 02 – www.freisinger-hof.de – geschl. 28. Dezember - 6. Januar Stadtplan : D1**f**
• ÖSTERREICHISCH • Karte 34/56 €
Schon von außen hübsch anzuschauen ist der traditionsreiche bayerische Gasthof von 1875. Im ebenso charmanten Inneren gibt es Leckeres aus Bayern und Österreich: frisch Gekochtes vom Mastochsen, Krustenbraten, Saiblingsfilet...

In München-Obermenzing

Jagdschloss

Alte Allee 21 ✉ *81245 – ✆ (089) 82 08 20* Stadtplan : A2**n**
– www.jagd-schloss.com
35 Zim ☕ – 🚹99/200 € 🚹🚹138/250 € – 1 Suite
Rest *Jagdschloss* – siehe Restaurantauswahl
Ein typischer historischer Gasthof, der zum Hotel erweitert wurde. Schön sind die Zimmer im attraktiven modernen Jagdstil! Genauso ansprechend sind die ähnlich eingerichteten Zimmer im angeschlossenen Chalet.

Jagdschloss – Hotel Jagdschloss

Alte Allee 21 ✉ *81245 – ✆ (089) 82 08 20* Stadtplan : A2**n**
– www.jagd-schloss.com
• REGIONAL • Karte 19/41 €
So sollte ein echtes Münchner Wirtshaus sein: rustikal, blanke Tische, bayerische Küche, Service in Dirndl oder Lederhose... und natürlich ein hübscher Biergarten! Die Speisekarte gibt's hier in Zeitungsform - Sie können sie auch mitnehmen.

In München-Ramersdorf

Bold Hotel Giesing garni

Aschauer Str. 12 ✉ *81549 – ✆ (089) 2 00 01 59 14 00* Stadtplan : D3**b**
– www.bold-hotels.com
142 Zim – 🚹59/229 € 🚹🚹69/239 €, ☕ 9 €
Sie mögen es funktional und geradlinig-modern? Viele Zimmer haben eine Kitchenette, die Superior und einige Deluxe einen Balkon. Offen angelegt: Lobby, Bar, Frühstücksraum und Lounge - ganztägig Snacks. Kleine Dachterrasse in der 4. Etage.

In München-Riem Ost: 9 km über Stadtplan : D2, Richtung Passau

Prinzregent an der Messe

Rest, Zim,

Riemer Str. 350 ✉ *81829 – ✆ (089) 94 53 90 – www.prinzregent.de – geschl. Ende Dezember 1 Woche*
87 Zim ☕ – 🚹124/154 € 🚹🚹144/194 € – 4 Suiten
Rest *Prinzregent* – Karte 26/41 €
Das schöne Hotel in Messenähe ist aus einem historischen Gasthof entstanden. Hübsch und behaglich die Zimmer sowie das Restaurant - hier und auf der Terrasse regionale Küche samt Klassikern wie Wiener Schnitzel und Sonntagsbraten, im Biergarten Schmankerlkarte. Tipp: die leckeren Bio-Obstsäfte!

Novotel Messe

Willy-Brandt-Platz 1 ✉ *81829 – ✆ (089) 99 40 00 – www.novotel.com/5563*
278 Zim – 🚹89/399 € 🚹🚹89/399 €, ☕ 19 € **Rest** – Karte 23/47 €
Auf einem ehemaligen Flughafengelände direkt an der Messe liegt dieses modern und funktionell ausgestattete Hotel. Gut ist die Verkehrsanbindung durch Autobahn und U-Bahn, eine öffentliche Tiefgarage ist angeschlossen.

Ramada Messe

Konrad-Zuse-Platz 14, (Zufahrt über Graf-zu-Castell-Straße) ✉ *81829 – ✆ (089) 9 40 08 30 – www.ramada.de*
331 Zim – 🚹109/549 € 🚹🚹109/549 €, ☕ 18 €
Rest – Menü 29 € – Karte 27/78 €
Die Messe vis-à-vis, das Zentrum nur 15 U-Bahn-Minuten entfernt, das Design modern. Speisen können Sie in der "Bayrischen Stube" (regional) oder im "Max von Bayern" (Dry Aged Beef als Spezialität). Übrigens: In Sachen Nachhaltigkeit ist man gold-zertifiziert. Zum Haus gehört auch das Budgethotel H2 nebenan.

In München-Schwabing

Marriott

Berliner Str. 93 ✉ *80805 – ✆ (089) 36 00 20* Stadtplan : D1**a**
– www.marriott-muenchen.de
345 Zim – 🚹129/199 € 🚹🚹129/199 €, ☕ 29 € – 3 Suiten **Rest** – Karte 33/69 €
Ein komfortables Tagungs- und Businesshotel: moderne Zimmer, geräumige Lobby, Massage- und Kosmetikanwendungen. Und gastronomisch gibt es das Hotelrestaurant, die Tagesbar in der Halle, das Steakhouse "grill 93" sowie abends die Sportsbar.

Leonardo Royal
Rest,

Moosacher Str. 90 ✉ 80809 – ✆ (089) 2 88 53 80 Stadtplan : C1**c**
– www.leonardo-hotels.com
419 Zim – 🚹99/499 € 🚹🚹99/499 €, ☕ 21 € – 5 Suiten
Rest – Menü 29 € (abends) – Karte 24/51 €
Der erste Eindruck: die bemerkenswerte Großzügigkeit der Hotelhalle mit ihrem stylischen Design! Lichtdurchflutete Zimmer in ruhigen, geschmackvollen Farben bieten dem Businessgast allen Komfort. Praktisch ist die Lage am Olympiapark.

INNSIDE Parkstadt Schwabing
Rest,

Mies-van-der-Rohe-Str. 10 ✉ 80807 – ✆ (089) 35 40 80 Stadtplan : D1**s**
– www.innside.com
160 Zim – 🚹128/178 € 🚹🚹137/187 €, ☕ 21 €
Rest – Menü 48/72 € – Karte 42/66 € – *(geschl. Samstagmittag, Sonntagmittag und an Feiertagen)*
Ein von Stararchitekt Helmut Jahn designtes Hotel in verkehrsgünstiger Lage bei den markanten HighLight Towers. Das gesamte Haus ist schön hell und geradling-modern. Das in Weiß gehaltene Restaurant im Bistrostil bietet internationale Speisen.

Pullman
Zim,

Theodor-Dombart-Str. 4 , (Ecke Berliner Straße) Stadtplan : D1**p**
✉ 80805 – ✆ (089) 36 09 90 – www.pullman-hotel-muenchen.de
317 Zim ☕ – 🚹145/395 € 🚹🚹170/420 € – 14 Suiten
Rest *theos* – ✆ (089) 3 60 99 66 20 – Menü 39/53 € – Karte 31/54 €
In dem topmodernen Businesshotel wohnen Sie schön komfortabel, relaxen im kleinen Wellnessbereich oder im Innenhof mit Lounge, Terrasse und Beachbar und lassen sich im lebendigen "theos" internationale Küche servieren.

The Rilano
Zim,

Domagkstr. 26 ✉ 80807 – ✆ (089) 36 00 10 Stadtplan : D1**n**
– www.rilano-hotels.com
150 Zim – 🚹120/210 € 🚹🚹120/210 €, ☕ 19 € **Rest** – Karte 36/79 €
Beim Flaggschiff der kleinen Rilano-Gruppe sind Ihnen modernes Design und aktuelle Technik gewiss. Weitere Vorteile sind die recht verkehrsgünstige Lage auf der Rückseite der Parkstadt und gute Tagungsbedingungen. Außerdem gibt es das Grill- & Seafood-Restaurant "Vitello" und tagsüber unter der Woche eine Pasta-Bar. Im selben Gebäude: das Budget-Hotel "Rilano 24/7".

La Maison garni

Occamstr. 24 ✉ 80802 – ✆ (089) 33 03 55 50 Stadtplan : G1**m**
– www.hotel-la-maison.com
31 Zim – 🚹160 € 🚹🚹215 €, ☕ 15 €
Schon ein Hingucker die wertige, stilvoll-moderne Einrichtung - chic die Akzente in edlem Schwarz! Noch ein Pluspunkt: Die relativ ruhige und dennoch zentrale Lage. Die Zimmer nach hinten mit Balkon, die zur Straße hin geräumiger.

Fleming's

Leopoldstr. 130 ✉ 80804 – ✆ (089) 2 06 09 00 Stadtplan : G1**e**
– www.flemings-hotels.com
156 Zim ☕ – 🚹115/348 € 🚹🚹150/403 € – 6 Suiten **Rest** – Karte 25/53 €
Das Tagungshotel in zentraler Lage verfügt über funktionell ausgestattete Gästezimmer und eine schöne Bar. Fragen Sie nach den ruhigeren Zimmern zum Innenhof! Und wie wär's im Sommer mit Frühstück auf der Terrasse?

Suite Novotel garni

Lyonel-Feininger-Str. 22 ✉ 80807 – ✆ (089) 35 81 90 Stadtplan : CD1**b**
– www.suitenovotel.com
149 Zim – 🚹89/249 € 🚹🚹89/249 €, ☕ 13 €
Zur komfortablen Ausstattung der Zimmer gehören hier Kühlschrank und Mikrowelle. Und das ist noch nicht alles: Donnerstags gibt's eine kleine Massage gratis und ab 4 Nächten einen Smart für 4 Stunden kostenfrei!

H'Otello F'22 garni

Fallerayerstr. 22 ✉ 80769 – ✆ (089) 3 07 92 00 Stadtplan : F1**t**
– www.hotello.de
72 Zim ☕ – 🚹123/220 € 🚻158/255 € – 2 Suiten
Eines der ersten Häuser der H'Otello-Gruppe und perfekt für Businessgäste: Die Einrichtung ist sachlich und geradlinig-modern, die Autobahnanbindung gut.

H'Otello H'09 garni

Hohenzollernstr. 9 ✉ 80801 – ✆ (089) 3 09 07 70 Stadtplan : G1**h**
– www.hotello.de
71 Zim ☕ – 🚹123/180 € 🚻158/215 €
Die Lage: mitten in Schwabing. Das Design: klar, modern, urban. Praktisch: die Tiefgarage am Haus (hier sollten Sie reservieren). Die Studios in der 1. Etage haben einen Balkon. Die A8 und die A96 erreicht man übrigens in ca. 10 Minuten.

Leopold garni

Leopoldstr. 119 ✉ 80804 – ✆ (089) 36 04 30 Stadtplan : G1**f**
– www.hotel-leopold.de – geschl. 23. - 31. Dezember
57 Zim ☕ – 🚹89/175 € 🚻132/245 €
Das Hotel ist tipptopp gepflegt und schon über mehrere Generationen ein Familienbetrieb. Angenehm ist, dass die Zimmer straßenabgewandt zum Garten hin liegen! Einige Zimmer sind etwas moderner.

Tantris

Johann-Fichte-Str. 7 ✉ 80805 – ✆ (089) 3 61 95 90 Stadtplan : G1**b**
– www.tantris.de – geschl. Anfang Januar 2 Wochen und Sonntag - Montag sowie an Feiertagen
• FRANZÖSISCH KLASSISCH • Menü 80 € (mittags unter der Woche)/180 € – Karte 95/145 € – (Tischbestellung ratsam)
Mit das Kultigste, was Münchens Gastronomie zu bieten hat: Der Retro-Charme ist geradezu legendär, die klassische Küche von Spitzenkoch Hans Haas seit mehr als 20 Jahren über jeden Zweifel erhaben! Gelungen hat man überaus dekorative Fotokunst ("Metamorphose") von Martin Nink in den Raum integriert.
→ Roh marinierte Makrele mit Sesam und Avocado-Buttermilchmousse. Sautierte Langoustine mit Artischocken-Fenchelsalat und Yuzumousse. Medaillon vom Rehrücken mit Kirschen und Selleriepüree.

181 - First (Otto Koch)

Spiridon-Louis-Ring 7, (im Olympiaturm) ✉ 80809 Stadtplan : C1**s**
– ✆ (089) 350 948 1 81 – www.restaurant181.com – geschl. Anfang Januar 2 Wochen, über Ostern 2 Wochen, Ende August - Anfang September 2 Wochen und Samstag - Sonntag sowie an Feiertagen
• MODERN • Menü 145/155 € – *(nur Abendessen)* (Tischbestellung erforderlich)
Ein Höhenflug ist nicht nur die Fahrt auf 181 Meter, ganz oben steht auch die moderne Küche von Otto Koch & Team. Während das kleine Gourmetrestaurant um 360° rotiert, genießen Sie an einem der vier Tische bei grandioser Sicht die Menüs "Avantgarde" und "Klassiker". Weinkarte per iPad. Öffentliche Garage.
→ "Tischlein Deck Dich" Hummer bretonische Art. Heißer Salzstein mit Yellow Fin Tuna. Poltinger Milchlamm mit Artischocken und Olive.
Rest *181 - Business* – siehe Restaurantauswahl

Geisels Werneckhof

Werneckstr. 11 ✉ 80802 – ✆ (089) 38 87 95 68 Stadtplan : G1**g**
– www.geisels-werneckhof.de – geschl. 20. Dezember - 5. Januar, 26. Juli - 25. August und Sonntag - Dienstagmittag
• INNOVATIV • Menü 90/150 € – Karte 64/114 € – (Tischbestellung ratsam)
Das Konzept des ambitionierten Küchenchefs Tohru Nakamura: zum einen das facettenreiche "Gaudi-Menü" (erweiterbar zum "Omni-Menü"), zum anderen die Klassiker "Soli". Er kocht sehr fein, exakt und modern, mit guter Balance und interessanter Aromenmischung. Versierte Weinberatung durch Gastgeber Ireneo Tucci!
→ Weißer Spargel, Entenleber, Kirschblüte und Kimizu. Iberico Rind "Szechuan Style", Bambussprossen, Shiitake, Rinderbouillon, pochiertes Ochsenmark. Mille Feuille, Tahiti Vanille, dunkler Karamell und Apfel.

181 - Business – Restaurant 181 - First

Spiridon-Louis-Ring 7, (im Olympiaturm, Gebühr) Stadtplan : C1**s**
✉ 80809 – ✆ (089) 3 50 94 81 81 – www.restaurant181.com
• INTERNATIONAL • Menü 42 € (mittags)/79 € (abends) – (abends Tischbestellung ratsam)
Willkommen in der "Business Class"! Dies ist das zweite (etwas einfachere) der beiden sich um die eigene Achse drehenden Turmrestaurants. Die ambitionierte klassisch-internationale Küche gibt es abends als "Sunset-Menü" (18 - 20 Uhr) oder als "Feinschmeckermenü" (ab 20.30 Uhr). Tipp: das günstige Mittagsmenü.

Il Borgo

Georgenstr. 144 ✉ 80797 – ✆ (089) 1 29 21 19 Stadtplan : F1**e**
– www.il-borgo.de – geschl. Sonntag, Samstagmittag sowie an Feiertagen mittags
• ITALIENISCH • Menü 50 € – Karte 41/54 € – (abends Tischbestellung ratsam)
Seit rund 25 Jahren führt Vito Doino nun schon sein hübsches Restaurant an der Straßenecke. Die wechselnde Speisekarte bietet aromatische italienische Gerichte aus frischen Produkten.

Bibulus

Siegfriedstr. 11 ✉ 80803 – ✆ (089) 39 64 47 Stadtplan : G1**u**
– www.bibulus-ristorante.de – geschl. Samstagmittag, Sonntag
• ITALIENISCH • Menü 47/72 € – Karte 38/54 €
Wenn ein Restaurant beliebt ist bei den Einheimischen, spricht das für sich! Hier mag man die gute, unkomplizierte italienische Küche und den charmanten Service - am liebsten draußen auf dem kleinen Platz unter Platanen. Günstiger Lunch.

Mangi

Ungererstr. 161 ✉ 80805 – ✆ (089) 36 69 31 Stadtplan : D1**r**
– www.mangi.de – geschl. über Pfingsten 1 Woche, 15. September - 1. Oktober und Samstagabend - Sonntag
• ITALIENISCH • Karte 23/47 €
Angelo Ritrovato und sein Partner und Küchenchef Marco Pizzolato bieten hier nicht nur einen Mix aus Feinkostgeschäft und moderner Trattoria, sie haben sich mit schlichter, schmackhafter authentischer Küche auch gleich in die Herzen der Münchner gekocht - die hausgemachte Bio-Pasta ist da Pflicht! Dies und anderes gibt es Mo - Mi bis 18 Uhr und Do - Fr bis 22 Uhr.

BLU mediteraneo

Bauerstr. 2 (Ecke Nordendstraße) ✉ 80796 Stadtplan : F1**a**
– ✆ (089) 27 31 22 88 – www.blu-mediteraneo.de – geschl. Sonntag
• INTERNATIONAL • Menü 19 € (mittags)/65 € – Karte 34/50 €
Hier hat man Vinothek, Restaurant und Bar in einem, und das ist angenehm ungezwungen und lebendig! Gekocht wird mit mediterraner Note - mittags kommt man gerne auf ein preiswertes Tagesmenü!

M Belleville

Fallmerayerstr. 16 ✉ 80796 – ✆ (089) 30 74 76 11 Stadtplan : F1**c**
– www.m-belleville.com – geschl. Sonntag - Montag
• FRANZÖSISCH KLASSISCH • Menü 35/40 € – Karte 39/47 € – *(nur Abendessen)*
Ein Stück Paris in München? Aber sicher! Manina Panzer betreibt ihr lebendiges und charmantes Bistrot mit viel Engagement, vor allem aber kocht sie schmackhaft, wie z. B. "Lammschulter au four", "geschmorte Ochsenbacke" oder auch "Riz au lait caramel" beweisen. Ihr Vater serviert dazu gerne seltene Naturweine und jeden 2. Mittwoch gibt es Live-Musik.

Tira tardi

Kurfürstenstr. 41 ✉ 80331 – ✆ (089) 27 77 44 55 Stadtplan : F1**b**
– www.tiratardi.de – geschl. Ende August - Anfang September 2 Wochen und Sonntag
• ITALIENISCH • Menü 35/80 € – Karte 29/58 € – *(Samstag und an Feiertagen nur Abendessen)* (abends Tischbestellung ratsam)
Was man bei den Brüdern Giuseppe und Michele Zicaro in dem kleinen Restaurant in einer Wohnstraße bekommt, ist authentische italienische Küche: klassisches Brasato, Tagliatelle mit Oktopus... Nebenan die gemütliche "Cantina" für Gesellschaften: legere "Cucina Casalinga" inmitten dekorativer Weinregale.

Le Cézanne Ⓝ

Konradstr. 1 ✉ 80801 – ✆ (089) 39 18 05 Stadtplan : G1**z**
– www.le-cezanne.de – geschl. über Ostern, August 3 Wochen und Montag
• FRANZÖSISCH • Menü 43 € – Karte 35/53 € – *(nur Abendessen)*
(Tischbestellung ratsam)
In dem sympathischen Restaurant an der Ecke kocht der Chef Speisen aus seiner Heimat Frankreich - man wählt von der Tafel oder von der kleinen Klassiker-Karte. Im Sommer können Sie auch draußen sitzen - oder an der geöffneten Fensterfront.

Kaisergarten Ⓝ

Kaiserstr. 34 ✉ 80801 – ✆ (089) 34 02 02 03 Stadtplan : G1**k**
– www.kaisergarten.com
• REGIONAL • Menü 42 € – Karte 27/51 € – (Tischbestellung ratsam)
Nicht nur der charmante Mix aus modernen und rustikalen Elementen zieht Gäste in den über 100-jährigen "Kaisergarten", auch die gute bayerische Küche hat sich herumgesprochen: "Kalbstatar mit Birne und Thymian", "Krustenbraten vom Bio-Schwein"... Im wunderschönen Biergarten kann man leider nicht reservieren!

In München-Sendling

angelo Munich Westpark

Zim,

Albert-Rosshaupter-Str. 45 ✉ 81369 Stadtplan : C2_3**a**
– ✆ (089) 4 11 11 30 – www.angelo-munich.com
186 Zim – 99/169 € 119/189 € – 22 Suiten
Rest – Menü 25/48 € – Karte 22/48 €
Die ideale Businessadresse: modern, funktional, technisch gut ausgestattet und mit variablen Tagungsräumen für bis zu 350 Personen. Ansprechend auch das markante Design in Rot, Schwarz und Gelb. Die Zimmer bieten hier ein bisschen mehr Platz als im "angelo"-Schwesterhotel.

K+K Hotel am Harras garni

Albert-Rosshaupter-Str. 4 ✉ 81369 – ✆ (089) 74 64 00 Stadtplan : C2**n**
– www.kkhotels.com
102 Zim – 115/277 € 153/297 €
Sehr gepflegt und verkehrsgünstig gelegen... ein ideales Tagungs- und Businesshotel. Die Zimmer schön modern, ebenso der kleine Sauna- und Fitnessbereich. Eine U-Bahnstation hat man direkt vor der Tür, so sind Sie in 10 Minuten im Zentrum!

In München-Solln

Sollner Hof

Zim,

Herterichstr. 63 ✉ 81479 – ✆ (089) 7 49 82 90 Stadtplan : B3**s**
– www.sollnerhof.de
29 Zim – 80/142 € 105/183 €
Rest – Karte 20/48 € – *(geschl. Weihnachten - 6. Januar und Samstag - Sonntag)*
In einem Wohngebiet gelegener Gasthof mit Familientradition. Im Hotelbau nebenan stehen recht unterschiedlich eingerichtete, wohnlich-solide Zimmer bereit. Ausgesprochen gemütlich ist das Wirtshaus mit typischer Stube und bayerischer Küche.

Heigl garni

Bleibtreustr. 15 ✉ 81479 – ✆ (089) 7 49 83 70 Stadtplan : B3**s**
– www.hotelheigl.de
38 Zim – 55/180 € 80/250 €, 8 €
Hier kümmert man sich um die Gäste, alles ist tipptopp gepflegt, die Preise sind fair, man hat eine schöne Sauna und als kleine Aufmerksamkeit gibt's mittags Süßes in der Lobby. Tipp: Fragen Sie nach den größeren Zimmern (EZ recht klein).

Villa Solln garni
Wilhelm-Leibl-Str. 16 ✉ 81479 – ✆ (089) 7 49 82 80 Stadtplan : B3**n**
– www.villasolln.de
22 Zim ☕ – 🚶75/230 € 🚶🚶95/370 €
Ein sehr gepflegter Familienbetrieb in ruhiger Lage nahe dem Forstenrieder Park mit unterschiedlich gestalteten, zeitgemäßen Zimmern, teils mit Balkon und Blick ins Grüne.

Al Pino
Frans-Hals-Str. 3 ✉ 81479 – ✆ (089) 79 98 85 Stadtplan : B3**a**
– www.al-pino.de – geschl. Samstagmittag
• ITALIENISCH • Menü 26/79 € – Karte 36/65 €
Valerio Scopel betreibt dieses Restaurant schon seit 30 Jahren, und seit jeher bleibt man hier der klassisch-italienischen Küche treu. Das tagesfrische Angebot gibt es mittags auch als saisonales Lunchmenü. Schöne Sommerterrasse.

In München-Trudering Ost: 8 km über Stadtplan : D2, Richtung Ebersberg

Am Moosfeld (mit Gästehäusern) Zim,
Am Moosfeld 41 ✉ 81829 – ✆ (089) 42 91 90 – www.hotel-am-moosfeld.de
219 Zim ☕ – 🚶61/320 € 🚶🚶111/370 €
Rest – Karte 18/38 € – *(geschl. Samstagmittag)*
Das aus drei Häusern bestehende Hotel verfügt über zeitgemäße, funktionell eingerichtete Zimmer sowie einige Appartements und wird gerne von Businessgästen genutzt. Lunchbuffet im Bistro, Abendessen in der Kaminstube.

In München-Untermenzing

Insel Mühle
Von-Kahr-Str. 87 ✉ 80999 – ✆ (089) 8 10 10 Stadtplan : A1**a**
– www.inselmuehle.com
37 Zim ☕ – 🚶135/205 € 🚶🚶195/225 €
Rest – Menü 29 € (mittags unter der Woche)/49 € – Karte 39/60 €
In der historischen Mühle wohnt man in großzügigen, behaglichen Gästezimmern mit Landhausflair; einige sind als Maisonetten angelegt. Gemütlich sind die Restaurantstuben. Die Terrasse und der herrliche große Biergarten liegen an der Würm.

München-Flughafen Siehe Freising

München Neue Messe Siehe auch Aschheim und Feldkirchen

MÜNDER am DEISTER, BAD

Niedersachsen – 17 330 Ew. – Höhe 125 m – Siehe Regionalatlas **28**-H9
▶ Berlin 317 km – Hannover 35 km – Hameln 16 km – Hildesheim 38 km
Michelin Straßenkarte 541

Kastanienhof Zim,
Am Stadtbahnhof 11 (am Süntel) ✉ 31848 – ✆ (05042) 30 63
– www.hotel-kastanienhof.de
28 Zim ☕ – 🚶89/145 € 🚶🚶115/180 € – 2 Suiten – ½ P
Rest – Menü 27 € – Karte 21/76 €
Recht ruhig liegt das Hotel am Ortsende. Die Zimmer sind unterschiedlich geschnitten, technisch gut ausgestattet und mit warmen Farben wohnlich gestaltet. Freundlich und behaglich ist das Ambiente im Restaurant, zu dem auch ein Wintergarten gehört.

MÜNSING

Bayern – 4 190 Ew. – Höhe 666 m – Siehe Regionalatlas **65**-L21
▶ Berlin 623 km – München 36 km – Garmisch-Partenkirchen 57 km – Bad Tölz 23 km
Michelin Straßenkarte 546

Gasthaus Sebastian Limm

Hauptstr. 29 ✉ 82541 – ✆ (08177) 4 11 – www.gasthauslimm.de – geschl. Weihnachten - 1. Januar, 27. August - 15. September, Sonntagabend - Montagmittag und Mittwoch

Menü 16 € (mittags unter der Woche) – Karte 26/48 €

Sie mögen frische, ehrliche Küche, wie sie für einen Metzgerei-Gasthof typisch ist? Aus eigenen Erzeugnissen bereitet man Leckeres wie Schlachtplatte, Rehragout oder Fleischpflanzerl! Die Familie ist hier übrigens schon seit 1908.

MÜNSINGEN

Baden-Württemberg – 14 510 Ew. – Höhe 707 m – Siehe Regionalatlas **55**-H19

Berlin 657 km – Stuttgart 58 km – Reutlingen 32 km – Ulm (Donau) 51 km

Michelin Straßenkarte 545

Herrmann (mit Gästehaus) Rest,

Marktplatz 1 ✉ 72525 – ✆ (07381) 1 82 60 – www.hotelherrmann.de

41 Zim – 55/85 € 100/136 € – 2 Suiten **Rest** – Karte 23/49 €

Mitten in der Altstadt steht der schmucke Fachwerk-Gasthof mit langer Familientradition. Die Landschaftszimmer im Gästehaus sind nach Pflanzen benannt, die neuesten und komfortabelsten Zimmer sind die im Anbau. Schwäbische Gemütlichkeit und typische Küche im Restaurant.

MÜNSTER (WESTFALEN)

Nordrhein-Westfalen – 291 760 Ew. – Höhe 60 m – Siehe Regionalatlas **26**-D9
▶ Berlin 480 km – Düsseldorf 124 km – Nordhorn 75 km – Bielefeld 87 km
Michelin Straßenkarte 543

Hotels

Mövenpick

Kardinal-von-Galen-Ring 65 ✉ 48149 – ✆ (0251) 8 90 20 Stadtplan : A2**s**
– www.moevenpick-hotels.com/muenster
224 Zim – 🕴112/183 € 🕴🕴142/213 €, ☕ 19 € – 2 Suiten – ½ P
Rest *Chesa Rössli* – siehe Restaurantauswahl
Rest – Menü 59 € – Karte 26/67 €
Hier lässt es sich nicht nur zeitgemäß-komfortabel wohnen und gut tagen, auch die Entspannung kommt nicht zu kurz: In der 6. Etage gibt es einen Sauna- und Fitnessbereich samt Dachterrasse und kleinem Ruheraum mit Panoramablick! Im Restaurant internationale und Schweizer Gerichte. Günstig die Lage: verkehrsgünstig, im Grünen und nur ca. 15 Gehminuten vom Zentrum.

Kaiserhof

Bahnhofstr. 14 ✉ 48143 – ✆ (0251) 4 17 80 Stadtplan : B2**b**
– www.kaiserhof-muenster.de
95 Zim – 🕴99/204 € 🕴🕴119/224 €, ☕ 18 € – 5 Suiten – ½ P
Rest *Gourmet 1895* ✿ **Rest *Gabriel's*** – siehe Restaurantauswahl
Nach Jahren des Engagements durch Familie Cremer wurde in dem traditionsreichen Haus im Herzen Münsters das Zepter an Kay und Anja Fenneberg übergeben. Was bleibt (dafür steht man nach wie vor), sind die gute Führung und hochwertiges Interieur zum Wohlfühlen. Wie wär's also nach einem langen Tag mit etwas Ruhe im schönen Spa oder einem Buch im Kaminzimmer?

Schloss Wilkinghege (mit Gästehaus)

Steinfurter Str. 374, (Zufahrt über Wilkinghege 41) (über Steinfurter Straße A1)
✉ 48159 – ✆ (0251) 14 42 70 – www.schloss-wilkinghege.de – geschl. 2. - 8. Januar
22 Zim ☕ – 🕴99/170 € 🕴🕴135/315 € – 13 Suiten – ½ P
Rest *von Rhemen* – siehe Restaurantauswahl
Das im 16. Jh. erbaute Schloss mit schönem Park - einst eine Wasserburg - gibt heute individuellen Zimmern einen geschmackvollen Rahmen. Etwas schlichter die Dependance. Das Haus wird gerne für Feierlichkeiten genutzt. Gut auch die Lage: ruhig, aber dennoch nahe der Stadt.

Erwarten Sie in einem X oder 🏠 nicht den gleichen Service wie in einem XXXXX oder 🏨.

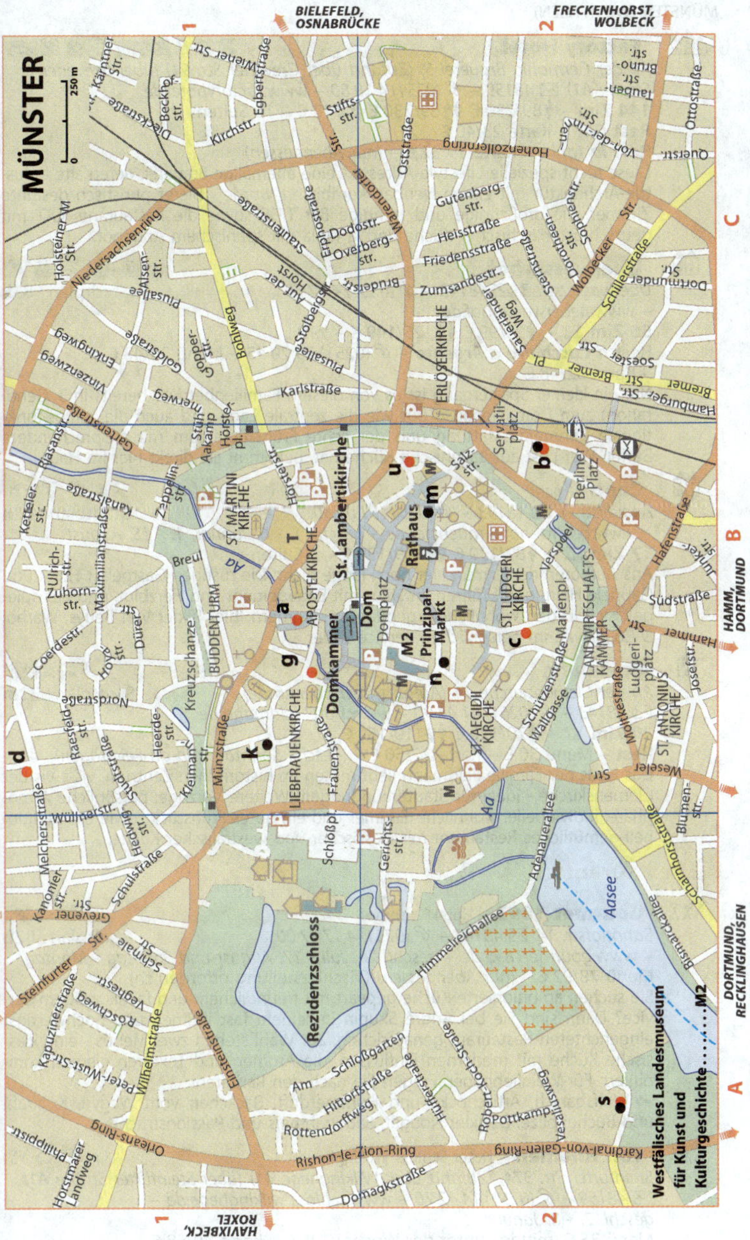

MÜNSTER
0
250 m
BIELEFELD, OSNABRÜCKE
FRECKENHORST, WOLBECK
HAMM, DORTMUND
DORTMUND, RECKLINGHAUSEN
HAVIXBECK, ROXEL
Rezidenzschloss
Westfälisches Landesmuseum für Kunst und Kulturgeschichte
M2
Aasee
St. Lambertikirche
Dom
Domkammer
Domplatz
Rathaus
Prinzipal-Markt
APOSTELKIRCHE
LIEBFRAUENKIRCHE
ST. MARTINI KIRCHE
BUDDENTURM
ST. LUDGERI KIRCHE
ST. AEGIDII KIRCHE
ST. ANTONIUS KIRCHE
LANDWIRTSCHAFTS-KAMMER
ERLÖSERKIRCHE
Servatii-platz
Berliner Platz
Ludgeri-platz
Hohenzollernring
Niedersachsenring
Kardinal-von-Galen-Ring
Rishon-le-Zion-Ring
Orleans-Ring
Wolbecker Str.
Hafenstraße
Weseler Str.
Hammer Str.
Steinfurter Str.
Grevener Str.
Warendorfer Str.
Gartenstraße
Kanalstraße
Himmelreichallee
Adenauerallee
Bismarckallee
Schlaunstraße
Einsteinstraße
Wilhelmstraße
Bohlweg
Aa

Factory Hotel Zim,

An der Germania Brauerei 5, (Zufahrt über Grevener Str. 91) (über Grevener Straße A1) ✉ 48159 – ✆ (0251) 4 18 80 – www.factoryhotel.de

144 Zim – †89/230 € ††89/230 €, ☕ 17 € – 16 Suiten

Rest *EAT* – Karte 23/40 €

Rest *la tapia* – Karte 19/32 € – *(nur Abendessen)*

Diese recht spezielle Lifestyle-Adresse - eine ehemalige Brauerei, deren alte Industrie-Architektur mit einem Neubau kombiniert wurde - bietet puristisch designte Zimmer, die großzügige und trendige Bar TIDE sowie die Restaurants EAT mit deutsch-österreichischer Küche und la tapia mit spanischem Angebot.

Überwasserhof Rest,

Überwasserstr. 3 ✉ 48143 – ✆ (0251) 4 17 70 Stadtplan : B1**k**
– www.ueberwasserhof.de

56 Zim ☕ – †94/99 € ††125/149 € – ½ P

Rest *Il Cucchiaro d'Argento* – ✆ (0251) 39 20 45 – Menü 23/48 € – Karte 32/48 €

Nur ein kleiner Spaziergang ist es von diesem Familienbetrieb (bereits in 3. Generation) zum Dom. Genauso gut wie die zentrale Lage sind auch die zeitlos-funktionale Zimmerausstattung und der lichte Frühstücksraum mit ansprechendem Buffet. Wer Lust auf italienische Küche hat, bekommt sie direkt hier im Haus.

Central garni

Aegidiistr. 1 ✉ 48143 – ✆ (0251) 51 01 50 Stadtplan : B2**n**
– www.central-hotel-muenster.de – geschl. 1. - 6. Januar, 1. - 15. August

17 Zim ☕ – †89/139 € ††109/139 € – 3 Suiten

Ans Aufhören denkt man hier noch lange nicht: Die rüstigen Gastgeber Horst und Gabriele Heiringhoff führen ihr Haus mit Engagement und Herzblut, und das spiegelt sich in den wohnlichen, gepflegten Zimmern (hier Bilder von Beuys, Warhol & Co.) sowie im persönlichen Service wider.

Feldmann

An der Clemenskirche 14 (Anfahrt über Loerstraße) Stadtplan : B2**m**
✉ 48143 – ✆ (0251) 41 44 90 – www.hotel-feldmann.de

20 Zim ☕ – †70/120 € ††110/150 €

Rest – Menü 30 € – Karte 27/50 € – *(geschl. Sonntag und an Feiertagen)*

Das Haus der Familie Feldmann liegt mitten im historischen Zentrum, vis-à-vis der Clemenskirche - ideal für Stadterkundungen! Weitere Vorzüge: persönliche Atmosphäre, individuelle, wohnliche Zimmer und ein gutes Frühstück sowie ein traditionell-gemütliches Restaurant mit klassischer und westfälischer Küche.

Restaurants

Gourmet 1895 – Hotel Kaiserhof

Bahnhofstr. 14 ✉ 48143 – ✆ (0251) 4 17 87 00 Stadtplan : B2**b**
– www.gourmet1895.de – geschl. 26. Juli - 17. August und Sonntag - Montag

Menü 78/92 € – *(nur Abendessen)* (Tischbestellung erforderlich)

Sie suchen ambitionierte Küche gepaart mit freundlichem und fachkundigem Service? Dann sind Sie bei André Skupin in seinem fast intimen und hochwertigst eingerichteten Restaurant genau richtig. Zur Wahl stehen zwei Menüs - eine klassische Küche mit modernen Einflüssen, die Aromen und Texturen elegant kombiniert. Für Weinliebhaber: Fragen Sie nach den Raritäten!

→ Wolfsbarsch, Artischocke und Hummerduft. Bäckchen vom Wagyu, Kohlrabi und Buchenpilze. Dunkler Nougat, Sauerrahmeis und Passionsfrucht.

von Rhemen – Hotel Schloss Wilkinghege

Steinfurter Str. 374, (Zufahrt über Wilkinghege 41) (über Steinfürter Straße A1) ✉ 48159 – ✆ (0251) 14 42 70 – www.schloss-wilkinghege.de – geschl. 2. - 8. Januar

Menü 35 € (mittags unter der Woche)/125 € – Karte 49/68 €

Ein bisschen Noblesse versprüht bereits der Name "von Rhemen" - so gedenkt man den letzten Adeligen hier. Und das Ambiente kann seinerzeit kaum stilvoller gewesen sein! Geboten wird eine modern interpretierte klassische Küche mit Gerichten wie "gebratene Tranche vom Steinbutt in Beurre Blanc mit zweierlei Blumenkohl, Schnittlauch und Kaviar".

XX **Giverny - Caveau de Champagne**

Spiekerhof 25 ✉ 48143 – ✆ (0251) 51 14 35 Stadtplan : B1**g**
– www.restaurant-giverny.de – geschl. Sonntag - Montag
Menü 52/62 € (abends) – Karte 47/78 €
Patron Emile Zaragoza ist in Münster bekannt für seine Gastgeberqualitäten, mit Charme und Leidenschaft repräsentiert er seine französische Heimat samt typischem Savoir-vivre. Spezialität sind Fisch und Krustentiere, also kommen Sie doch mal mittwochs zur Bouillabaisse oder donnerstags zur Meeresfrüchteplatte! Und dazu eine Flasche Champagner aus dem großen Sortiment?

XX **Chesa Rössli** – Hotel Mövenpick

Kardinal-von-Galen-Ring 65 ✉ 48149 Stadtplan : A2**s**
– ✆ (0251) 8 90 26 27 – www.chesa-roessli.de – geschl. Juli - August 4 Wochen und Samstagmittag, Sonntag
Menü 29 € (mittags unter der Woche)/66 € – Karte 37/59 €
Etwas gehobener als im Hotelrestaurant geht es im Chesa Rössli zu: stimmig-modern die Atmosphäre, ambitioniert die internationale Küche von Daniel Groß und seinem Team. Die Weine können Sie zuvor im Eingangsbereich aus den großen Chambrairs wählen.

XX **Gabriel's** – Hotel Kaiserhof

Bahnhofstr. 14 ✉ 48143 – ✆ (0251) 4 17 86 00 Stadtplan : B2**b**
– www.kaiserhof-muenster.de – geschl. 26. Juli - 16. August und Sonntag
Menü 39 € – Karte 37/67 €
Blattgold, italienischer Naturstein, Kunst... Den Anspruch, den das edle geradlinige Design verspricht, halten die international-saisonalen Speisen, für die Küchenchef André Skupin auch hier verantwortlich ist. Feiern und Veranstaltungen finden hier ebenfalls den passenden Rahmen.

X **Brust oder Keule**

Melchersstr. 32 ✉ 48149 – ✆ (0251) 9 17 96 56 Stadtplan : B1**d**
– www.brustoderkeule.de – geschl. Juli - August 2 Wochen und Sonntag - Montag
Karte 41/62 € – *(nur Abendessen)* (Tischbestellung ratsam)
Dem Engagement von Gastgeber Bernd Ahlert sowie seines Küchenchefs Frederik Packwitz nebst Team ist es zu verdanken, dass das hübsche moderne Restaurant so gefragt ist. Tagesaktuelle und saisonale Speisen wie "Kaninchenrücken mit Schwarzwurzel im Blätterteigkissen" haben ihm seinen guten Ruf beschert!

X **Spitzner im Oer'schen Hof** N

Königsstr. 42 ✉ 48143 – ✆ (0251) 41 44 15 50 Stadtplan : B2**c**
– www.oerschenhof.ms – geschl. 23. Dezember - 6. Januar und Sonntag - Montag
Menü 35/75 € – Karte 37/86 €
Die Geschichte des bekannten ehemaligen Adelshauses von 1748 geht weiter. Christin Reimering und Karl-Nikolas Spitzner (in Münster kein Unbekannter) haben hier eine gemütlich-warme Wohnzimmer-Atmosphäre geschaffen, in der ein versiertes und aufmerksames junges Team ambitionierte internationale Küche serviert.

BRAUEREI-GASTSTÄTTEN: : Urig-gemütliche Gaststätten, in denen man zu verschiedenen regional gebrauten Biersorten Topf- oder Pfannengerichte serviert.

X **Kleiner Kiepenkerl**

Spiekerhof 47 ✉ 48143 – ✆ (0251) 4 34 16 Stadtplan : B1**a**
– www.kleiner-kiepenkerl.de – geschl. Montag
Karte 21/47 €
Kein Wunder, dass das Haus so gut besucht ist: Es ist eine wirklich urige, gemütlich-westfälische Traditionsadresse in der Altstadt, die seit 1955 herzlich von Familie Deckenbrock geführt wird. Der obligatorische Stammtisch nennt sich "Schöpperecke" (zum Schmunzeln die Politik-Karikaturen), gegessen wird hier Pfefferpotthas, Eintöpfe, Rouladen, Grünkohl...

Altes Gasthaus Leve

Alter Steinweg 37 ✉ 48143 – ✆ (0251) 4 55 95 Stadtplan : B2**u**
– www.gasthaus-leve.de – geschl. über Weihnachten, über Ostern, über Pfingsten
Karte 20/54 €
Die charmanten Stuben (ihren Ursprung haben sie im Jahre 1607) sprühen nur so vor Heimeligkeit. Dekorative Details sind hier z. B. schöne alte Öfen, Delfter Kacheln, historische Karikaturportraits... Chef Josef Horstmöller kann da so manche Geschichte erzählen! Tipp: das regionale Bier.

In Münster-Handorf Ost: 7 km über Warendorfer Straße Stadtplan : C1, Richtung Bielefeld

Hof zur Linde (mit Gästehaus)

Handorfer Werseufer 1 ✉ 48157 – ✆ (0251) 3 27 50 – www.hof-zur-linde.de
44 Zim – †99/162 € ††139/164 € – 8 Suiten – ½ P
Rest *Hof zur Linde* – siehe Restaurantauswahl
Nach und nach hat Familie Löfken aus dem historischen Bauernhof dieses schöne Anwesen gemacht. Jedes Zimmer ist anders, beliebt bei Romantikern sind Fischerhaus und Waldhaus, beide idyllisch an der Werse gelegen! Oder vielleicht eine Spa-Juniorsuite mit Whirlwanne und kleiner Sauna? Ebenfalls klasse: Die einstige Scheune ist jetzt ein schicker Veranstaltungsbereich.

Landhaus Eggert

Zur Haskenau 81 (Nord: 5 km über Dorbaumstraße) ✉ 48157
– ✆ (0251) 32 80 40 – www.landhaus-eggert.de – geschl. 22. - 25. Dezember
34 Zim – †89/137 € ††140/165 € – 3 Suiten
Rest *Hof Wesendrup* – siehe Restaurantauswahl
Rest – Menü 39/65 € – Karte 35/63 €
Der Gutshof von 1030 ist ein geschmackvolles Anwesen, ruhig und idyllisch die Lage, gut der Service. In der kalten Jahreszeit sind die Zimmer mit Sonnenerker gefragt, im Sommer die mit Terrasse! Entspannen kann man bei Massage- und Kosmetikanwendungen. Im Restaurant unterstreicht der große Kamin die schöne Atmosphäre. Internationale Küche mit westfälischen Einflüssen.

Hof Wesendrup – Hotel Landhaus Eggert

Zur Haskenau 81 (Nord: 5 km über Dorbaumstraße) ✉ 48157
– ✆ (0251) 32 80 40 – www.landhaus-eggert.de – geschl. 22. Dezember
- 1. Februar, 6. - 12. Juli, 5. - 18. Oktober - 2. November und Montag - Dienstag
Menü 65/105 € – Karte 53/70 € – *(nur Abendessen)*
Fast schon intim ist die Atmosphäre in dem angenehm zurückhaltend eleganten Restaurant. Und wenn dann noch guter Service (samt ebensolcher Weinberatung) und ambitionierte zeitgemäß-klassische Küche dazukommen, ist das stimmige Bild komplett!

Hof zur Linde – Hotel Hof zur Linde

Handorfer Werseufer 1 ✉ 48157 – ✆ (0251) 3 27 50 – www.hof-zur-linde.de
Menü 26 € (mittags unter der Woche)/72 € – Karte 36/61 €
Münsterländer Gemütlichkeit gepaart mit Eleganz und Historie... das trifft den Charakter der schönen Räume. Im Winter kommt im Herdfeuerraum eine ganz besondere Stimmung auf, im Sommer auf der Lindenterrasse! Wählen Sie am Abend z. B. das "Westfälische Menü". Unter der Woche gibt es das günstige Lunchmenü.

In Münster-Hiltrup Süd: 6 km über Hammerstraße Stadtplan : B2, Richtung Hamm

Ambiente garni

Marktallee 44 ✉ 48165 – ✆ (02501) 2 77 60 – www.hotel-ambiente-muenster.de
21 Zim – †65/75 € ††85/95 €
In dem gepflegten Hotel in der 1. Etage eines Geschäftshauses stehen funktionelle und zeitgemäße Zimmer mit solider Technik bereit. W-Lan ist kostenfrei, ebenso die angrenzenden Parkplätze, und am Morgen gibt es im lichten Frühstücksraum ein gutes Buffet. Tipp: Mit dem Bus sind es nur 10 Minuten ins Zentrum.

H·I·M
VILLENBAU

Landgraf mit Zim
Thierstr. 26 ✉ 48165 – ✆ (02501) 12 36 – www.hotel-landgraf.de – geschl. Montag
10 Zim – 62 € 90 € Karte 32/58 €
Der regionale Charme des roten Backsteingebäudes setzt sich auch im Inneren fort, in Form eines ländlich-gediegenen Restaurants. Man hat auch einen Wintergarten, der sich im Sommer öffnen lässt - davor die Terrasse zum schönen Garten!

In Münster-Roxel West: 6,5 km über Einsteinstraße A1, Richtung Havixbeck

Bakenhof
Zim,
Roxeler Str. 376 (Ost: 2,5 km) ✉ 48161 – ✆ (0251) 87 12 10 – www.bakenhof.de
41 Zim – 84/90 € 119/125 € – ½ P
Rest – Menü 39 € – Karte 26/60 €
Rest *Tristan* – Karte 15/44 €
Modern wohnt es sich in dem gewachsenen Familienbetrieb der Twents. Das Haus liegt etwas von der Straße zurückversetzt und daher recht ruhig (einige wenige Zimmer auch im Stammhaus). Das Bistro - benannt nach Sohn Tristan - ist eine legere und preisgünstigere Alternative zum gemütlich-rustikalen Restaurant.

MÜNSTEREIFEL, BAD
Nordrhein-Westfalen – 18 410 Ew. – Höhe 290 m – Siehe Regionalatlas **35-B13**
Berlin 621 km – Düsseldorf 91 km – Bonn 42 km – Aachen 74 km
Michelin Straßenkarte 543

Landgasthaus Steinsmühle mit Zim
Zim,
Kölner Str. 122 ✉ 53902 – ✆ (02253) 45 87 – www.steinsmuehle.de – geschl. Donnerstag
12 Zim – 49/57 € 92 € – ½ P
Menü 28 € – Karte 28/45 € – *(nur Abendessen, sonntags auch Mittagessen)*
"Gastlichkeit mit Herz", das ist bereits bei der Einfahrt zu lesen, und nach diesem Motto wird man im gemütlich-rustikalen Rahmen der Wassermühle a. d. 12. Jh. umsorgt. Gekocht wird saisonal-international, im Herbst gibt es Wildgerichte. Ein besonderer Rahmen für Feierlichkeiten ist der Wappensaal. Und zum Übernachten hat man wohnlich-funktionale Zimmer.

MÜNSTER-SARMSHEIM – Rheinland-Pfalz ➜ Siehe Bingen

MÜNSTERTAL
Baden-Württemberg – 5 160 Ew. – Höhe 373 m – Siehe Regionalatlas **61-D21**
Berlin 826 km – Stuttgart 229 km – Freiburg im Breisgau 30 km – Basel 65 km
Michelin Straßenkarte 545

In Untermünstertal

Landhaus Langeck
Rest,
Langeck 6 ✉ 79244 – ✆ (07636) 78 77 5 80 – www.langeck.de – geschl. November 3 Wochen
20 Zim – 67/85 € 106/134 € – ½ P
Rest – Menü 27 € – Karte 26/45 € – *(geschl. Dienstag)*
Für ein paar erholsame Urlaubstage in ländlicher Umgebung ist das kleine Hotel ideal: ruhige Lage, jede Menge Grün ringsum... da kann man direkt vor der Tür loswandern! Und zurück vom Ausflug, hat man es in den Zimmern schön wohnlich, dafür sorgt die behagliche Holzeinrichtung. Gemütlich auch die Gaststube mit ihrem netten ländlichen Stil.

Schmidt's Gasthof zum Löwen
Wasen 54 ✉ 79244 – ✆ (07636) 5 42 – www.loewen-muenstertal.de – geschl. Mitte Januar - Mitte Februar und Montag - Dienstag, außer an Feiertagen
Menü 28/64 € – Karte 25/63 €
Der gestandene Gasthof mit grünen Fensterläden und Wandmalerei steckt natürlich auch innen voller Schwarzwälder Charme. In der ländlich-eleganten Stube (vielleicht ergattern Sie ja einen Platz am gemütlichen Kachelofen) gibt es badisch-klassische Küche - in Sommer nur zu gerne auf der schönen Gartenterrasse! Die eigenen Brände probiert man am besten in der "Destille".

In Obermünstertal

Spielweg

Spielweg 61 ✉ 79244 – ✆ (07636) 70 90 – www.spielweg.com
44 Zim – 97/140 € 139/243 € – 3 Suiten – ½ P
Rest *Spielweg* – siehe Restaurantauswahl
Ein Haus mit eigenem Charme! Es wird schon seit Generationen von der Familie geführt und das spürt man: Die Gastgeber sind engagiert, die Zimmer schön behaglich (teilweise mit antiken Möbelstücken), geräumiger im Haus Sonnhalde. Perfekt für Familien: Gartenhaus und "s' Franze". Zum Entspannen gibt's Kosmetik und Massage.

Landgasthaus zur Linde mit Zim

Krumlinden 13 ✉ 79244 – ✆ (07636) 4 47 – www.landgasthaus.de – geschl. November - April: Donnerstag
9 Zim – 76/91 € 98/140 € – 2 Suiten – ½ P
Menü 29/45 € – Karte 29/59 €
Der historische Gasthof am Neumagenbach ist bekannt für seine Forellengerichte. Und im Winter wird's auch schon mal norddeutsch (das sind schließlich die Wurzeln der Inhaber) - da gibt's dann z. B. Grünkohl mit Pinkel. Alte Stube, Jägerstube, Kaminstube... überall ist es richtig gemütlich, entsprechend schön schläft man auch in den wohnlichen Landhauszimmern.

Spielweg – Hotel Spielweg

Spielweg 61 ✉ 79244 – ✆ (07636) 70 90 – www.spielweg.com
Menü 45/66 € – Karte 36/65 €
Gemütliche Stuben mit Holzvertäfelung, Kachelofen, knarrendem Dielenboden, liebevollen Dekorationen... das ist Schwarzwälder Heimeligkeit. Montags und dienstags ist das Angebot reduziert. Probieren Sie auch den Käse - man hat nämlich eine eigene Käserei!

MUGGENSTURM

Baden-Württemberg – 6 150 Ew. – Höhe 123 m – Siehe Regionalatlas **54-E18**
Berlin 704 km – Stuttgart 98 km – Karlsruhe 22 km
Michelin Straßenkarte 545

Lamm

Hauptstr. 24 ✉ 76461 – ✆ (07222) 5 20 05 – www.lamm-muggensturm.de – geschl. 16. - 26. Februar, 26. Mai - 5. Juni, 21. - 29. September und Dienstag, Samstagmittag
Menü 39/58 € – Karte 42/61 €
Hätten Sie hinter der traditionellen Fassade solch ein hell und doch recht modern gestaltetes Restaurant vermutet? Und hier isst man richtig gut (Menü oder à la carte), z. B. "Kalbskotelett mit Estragon-Senfsauce, Bohnen und Schupfnudeln".

MULFINGEN

Baden-Württemberg – 3 710 Ew. – Höhe 288 m – Siehe Regionalatlas **49-I17**
Berlin 564 km – Stuttgart 100 km – Würzburg 67 km – Heilbronn 68 km
Michelin Straßenkarte 545

In Mulfingen-Ailringen Nord-West: 7,5 km über Ailringer Straße

Altes Amtshaus

Kirchbergweg 3 ✉ 74673 – ✆ (07937) 97 00 – www.altes-amtshaus.de – geschl. 1. - 13. Januar
12 Zim – 99/119 € 149 € – 3 Suiten – ½ P
Rest *Amtskeller* ✿ – siehe Restaurantauswahl
Vom kleinen Einzelzimmer bis zur geräumigen Maisonette findet in dem hübschen kleinen Hotel von 1650 jeder das Passende. Geschmackvolles Ambiente, moderne Technik, ausgewähltes Frühstück... und all das umgeben von schönem altem Fachwerk.

Amtskeller – Hotel Altes Amtshaus
Kirchbergweg 3 ✉ 74673 – ✆ (07937) 97 00 – www.altes-amtshaus.de – geschl. 1. - 13. Januar und Montag - Dienstag, außer an Feiertagen
Menü 97/116 € – Karte 59/72 € – *(Mittwoch - Freitag nur Abendessen)*
Schon die besondere Atmosphäre ist einen Besuch wert (äußerst gelungen der Mix aus altem Naturstein-Tonnengewölbe und modernem Stil), erst recht aber die ausgezeichnete Küche, für die man gerne frische Produkte von Erzeugern aus der Region verwendet. Lust auf "Vor der Haustür" oder "Über den Tellerrand"?
➜ Strammer Max vom Mäusdorfer Landgockel. Hohenloher Lamm mit Romanesco und Rosskartoffeln. Rhabarber-Erdbeer-Crumble mit Orangenstreusel und Vanille-Sauerrahm-Eis.

In Mulfingen-Heimhausen Süd: 4 km Richtung Buchenbach

Jagstmühle
Jagstmühlenweg 10 ✉ 74673 – ✆ (07938) 9 03 00 – www.jagstmuehle.de
15 Zim – 60/125 € 90/145 € – ½ P
Rest *Jagstmühle* – siehe Restaurantauswahl
Mit Engagement wird das wunderbare Anwesen der alten Wassermühle geführt. Zu dem charmanten Hotel mit den wirklich geschmackvollen Zimmern gehört ein herrlicher Garten zur Jagst - hier steht auch die "Jagsthütte" mit vier hübschen Zimmern.

Jagstmühle – Hotel Jagstmühle
Jagstmühlenweg 10 ✉ 74673 – ✆ (07938) 9 03 00 – www.jagstmuehle.de
Menü 42/58 € – Karte 26/54 €
Ein echtes Landidyll - elegant und mit Holzverkleidung sowie Kamin ebenso gemütlich. Hubert Retzbach und Markus Reinauer sind ein eingespieltes Team, das beweisen z. B. "Lammragout mit Bärlauchpüree" oder "Ochsenfleisch in Meerrettich"!

MURNAU

Bayern – 12 400 Ew. – Höhe 688 m – Siehe Regionalatlas **65-L21**
Berlin 656 km – München 70 km – Garmisch-Partenkirchen 25 km – Weilheim 20 km
Michelin Straßenkarte 546

Alpenhof Murnau
Ramsachstr. 8 ✉ 82418 – ✆ (08841) 49 10 – www.alpenhof-murnau.com
63 Zim – 139/339 € 159/399 € – 8 Suiten – ½ P
Rest *Murnauer Reiter* – siehe Restaurantauswahl
Ein alpenländisches Ferienhotel mit freundlicher Atmosphäre, wohnlichen Zimmern unterschiedlicher Kategorien (auch etwas schlichtere Standardzimmer) und hochwertigem Spa-Angebot. Schön: der Blick auf Wetterstein und Estergebirge.

Angerbräu Rest, Zim,
Untermarkt 44 ✉ 82418 – ✆ (08841) 62 58 76 – www.angerbraeu.de
28 Zim – 69/105 € 98/129 € – 1 Suite – ½ P
Rest – ✆ (08841) 9 98 95 60 – Karte 23/40 € – *(geschl. Montagmittag)*
In dem komplett sanierten historischen Haus ist dank der Gastgeberin alles tipptopp in Schuss! Hier gibt es schöne behagliche Zimmer mit gutem Platzangebot, einen Saunabereich im DG, wechselnde Kunstaustellungen. Sie möchten essen gehen? Das geradlinig-modern gehaltene Restaurant bietet Internationales.

Post garni
Obermarkt 1 ✉ 82418 – ✆ (08841) 48 78 00 – www.hotel-post-murnau.de – geschl. Ende November - Ende Dezember
16 Zim – 60/89 € 99/148 €
Hier können Sie getrost buchen: Das hübsche Haus ist sehr gut geführt, liegt schön zentral in der Fußgängerzone, ist charmant eingerichtet, das Frühstücksbuffet ist frisch, das Personal top freundlich...

Klausenhof am Park
Burggraben 10 ✉ *82418 – ✆ (08841) 6 11 60 – www.klausenhof-murnau.de*
24 Zim ☕ – 🚹58/85 € 🚹🚹94/140 € – 1 Suite – ½ P
Rest *Burgklause* – Menü 20/48 € – Karte 21/46 €
Ein gepflegtes und freundlich-familiäres Hotel beim Kurhaus. Im Restaurant Burgklause kommt das Fleisch aus der Region, darunter auch viel Wild aus heimischer Jagd! Der Klassiker: das Pfeffersteak. Je nach Fang (hierfür ist der Enkel des Chefs zuständig) steht auch Zander aus dem Staffelsee auf der Karte.

Murnauer Reiter – Hotel Alpenhof Murnau
Ramsachstr. 8 ✉ *82418 – ✆ (08841) 49 10 – www.alpenhof-murnau.com*
Menü 35/95 € – Karte 39/57 €
Hier hat man "Reiterzimmer" und "Hofmann's" zu einem neuen Restaurantkonzept vereint: Geboten wird eine regional-internationale Küche, die mittags etwas einfacher ist. Die Terrasse ist ein Traum - auch nachmittags zum hausgemachten Kuchen!

MUSKAU, BAD
Sachsen – 3 810 Ew. – Höhe 110 m – Siehe Regionalatlas **34**-**S10**
▶ Berlin 161 km – Dresden 111 km – Cottbus 40 km – Görlitz 63 km
Michelin Straßenkarte 544

Am Schloßbrunnen
Köbelner Str. 68 ✉ *02953 – ✆ (035771) 52 30 – www.schlossbrunnen.de – geschl. 27. Dezember - 1. Januar*
13 Zim ☕ – 🚹45/62 € 🚹🚹65/95 € – ½ P
Rest – Karte 17/31 € – *(nur Abendessen)*
Freundlich-familiäre Adresse nur 400 m vom Fürst-Pückler-Park (UNESCO Weltkulturerbe) entfernt. Nutzen Sie die nahen Radwanderwege, danach lockt eine Erfrischung auf der Terrasse! Ein Extra: Fahrrad-Service im Haus.

MUTTERSTADT
Rheinland-Pfalz – 12 720 Ew. – Höhe 96 m – Siehe Regionalatlas **47**-**E16**
▶ Berlin 629 km – Mainz 77 km – Mannheim 14 km – Kaiserslautern 58 km
Michelin Straßenkarte 543

Ebnet
Neustadter Str. 53 ✉ *67112 – ✆ (06234) 9 46 00 – www.hotel-ebnet.de*
24 Zim ☕ – 🚹60/78 € 🚹🚹90/98 € – ½ P
Rest – Menü 16/38 € – Karte 23/37 € – *(geschl. Anfang Januar 1 Woche, August 1 Woche und Sonntagabend) (nur Abendessen, sonntags auch Mittagessen)*
Als 3. Generation in diesem Familienbetrieb legt Jürgen Ebnet viel Wert darauf, sein Haus gut in Schuss zu halten. Die Zimmer sind zeitgemäß (im hinteren Trakt ruhiger), Fußballfans freuen sich über kostenfreies Sky-TV, das Restaurant ist gemütlich (mit Wintergarten und netter Terrasse) und bietet regionale Küche. Jeden 2. Sonntag im Monat Brunch.

NACHRODT-WIBLINGWERDE
Nordrhein-Westfalen – 6 640 Ew. – Höhe 380 m – Siehe Regionalatlas **26**-**D11**
▶ Berlin 505 km – Düsseldorf 72 km – Dortmund 28 km – Hagen 16 km
Michelin Straßenkarte 543

Im Ortsteil Veserde Nord-West: 3 km ab Wiblingwerde Richtung Hohenlimburg

Schloss Hotel Holzrichter (mit Gästehaus)
Hohenlimburger Str. 15 ✉ *58769 – ✆ (02334) 92 99 60 – www.hotel-holzrichter.de – geschl. 1. - 10. Januar, Juli*
28 Zim ☕ – 🚹92/125 € 🚹🚹150/160 € – ½ P
Rest – Menü 30/54 € – Karte 26/51 € – *(geschl. Donnerstag)*
In idyllischer Aussichtslage bietet Familie Holzrichter seit über 100 Jahren einen herzlichen und engagierten Service, den die Gäste ebenso schätzen wie die hochwertige und überaus wohnliche Einrichtung. Am Morgen macht die gute Auswahl am Frühstücksbuffet Appetit. Gemütliche Atmosphäre im holzverkleideten Restaurant.

NAGOLD

Baden-Württemberg – 22 500 Ew. – Höhe 411 m – Siehe Regionalatlas **54-F19**

Berlin 675 km – Stuttgart 52 km – Karlsruhe 81 km – Tübingen 34 km

Michelin Straßenkarte 545

Adler

Badgasse 1 ✉ 72202 – ✆ (07452) 86 90 00 – www.hotel-adler-nagold.de

45 Zim – 65/90 € 100/130 € – ½ P

Rest – Menü 18/62 € – Karte 19/52 € – *(geschl. Montag)*

Das denkmalgeschützte Fachwerkhaus von 1675 (seit 1702 als Gasthof genutzt) steht im Zentrum, nicht weit vom Fluss Nagold. Besonders modern sind die Zimmer im Gästehaus. Nett sind die ländlichen Restaurantstuben im alten Gasthof. Man bietet bürgerliche Küche.

Alte Post (Martin Göschel)

Bahnhofstr. 2, (1. Etage) ✉ 72202 – ✆ (07452) 8 45 00 – www.altepost-nagold.de – geschl. Mitte Januar 2 Wochen und Sonntagabend - Mittwoch

Menü 48/68 € – Karte 44/62 € – *(nur Abendessen, sonntags auch Mittagessen)*

Nach vielen Jahren im Schweizer Engadin sind Martin Göschel und Sarah Hillebrenner nun in der 1. Etage des historischen Fachwerkhauses in der Innenstadt eingezogen und bieten hier ihre schwäbisch inspirierte Gourmetküche - seien Sie gespannt, was man aus Maultaschen, Spätzle & Co. so alles zaubern kann!

→ Schupfnudeln mit Roter Bete, milde Senfcrème, pochiertem Nagolder Bio Ei und fein gehobeltem Sommertrüffel. Spätzle Carbonara mit Röstspeck und Schalottenstaub. Rind - glasierte Roulade und kleines Medaillon mit Bramata.

Rest *Post Bistro* – siehe Restaurantauswahl

Burg

Burgstr. 2, (Gerichtsplatz 8) ✉ 72202 – ✆ (07452) 37 35 – www.restaurant-burg.de – geschl. 11. - 20. Februar, 1. - 12. November

Menü 32/48 € – Karte 19/52 €

In der Stadtmitte liegt das ländlich-rustikale Restaurant der Familie Merkle. Mit mediterran inspirierter Terrasse und gemütlichem Kaminzimmer. Die Küche ist regional.

Post Bistro – Restaurant Alte Post

Bahnhofstr. 2 ✉ 72202 – ✆ (07452) 8 45 00 – www.altepost-nagold.de – geschl. Mitte Januar 2 Wochen und Montag

Karte 31/49 €

Die trendige Steak- und Winebar ist der neue Treffpunkt für alle, die hochwertiges Fleisch lieben! Von Beef Tatar über Rumpsteak bis zum Kalbskotelett gibt es geschmackvoll-herzhafte Gerichte - oder lieber nur etwas Schinken zum Wein?

Ostaria da Gino

Querstr. 3 ✉ 72202 – ✆ (07452) 6 66 10 – www.dagino-nagold.de – geschl. Sonntag

Menü 35/69 € (abends) – Karte 34/51 € – (Tischbestellung ratsam)

Schön familiär geht es hier bei Gino zu! Typisch italienisch die Speisen, ungezwungen und charmant die Atmosphäre... das mögen die (zahlreichen) Gäste! Der Chef berät Sie gerne bei der Auswahl von der Tafel, ebenso in Sachen Wein. Und im Feinkostladen finden Sie bestimmt noch etwas Leckeres für zuhause! Übrigens: Man bietet auch Kochkurse an.

In Nagold-Pfrondorf Nord: 4,5 km über B 463

Pfrondorfer Mühle

Pfrondorfer Mühle 1 (an der B 463) ✉ 72202 – ✆ (07452) 8 40 00 – www.pfrondorfer-muehle.de

19 Zim – 66/88 € 92/120 € – 2 Suiten – ½ P

Rest – Menü 28/58 € – Karte 15/51 €

Aus einer ehemaligen Mühle ist das gut geführte und wohnlich eingerichtete Hotel an der Nagold entstanden. Wer es komfortabler mag, bucht eines der eleganteren Zimmer (auch Juniorsuiten) im Anbau. Das Angebot im Restaurant ist bürgerlich-regional - und das kommt bei den Gästen gut an!

NAHETAL-WALDAU

Thüringen – 3 150 Ew. – Höhe 410 m – Siehe Regionalatlas **40-K13**
Berlin 344 km – Erfurt 72 km – Coburg 40 km – Suhl 23 km
Michelin Straßenkarte 544

Weidmannsruh

Hauptstr. 74, (Waldau) ✉ 98553 – ✆ (036878) 6 03 92 – www.gasthofweidmannsruh.de
8 Zim – 🚹32/35 € 🚹🚹48/50 €
Rest – Menü 16/24 € – Karte 13/20 € – *(geschl. Montagmittag)*
In dem hübschen Fachwerkgebäude befindet sich eine kleine Pension, die über solide möblierte, wohnliche Gästezimmer verfügt.

NAKENSTORF – Mecklenburg-Vorpommern ➜ Siehe Neukloster

NASTÄTTEN

Rheinland-Pfalz – 4 210 Ew. – Höhe 280 m – Siehe Regionalatlas **47-E14**
Berlin 585 km – Mainz 46 km – Koblenz 35 km – Limburg an der Lahn 34 km
Michelin Straßenkarte 543

Oranien mit Zim

Oranienstr. 10 ✉ 56355 – ✆ (06772) 10 35 – www.hotel-restaurant-oranien.de – geschl. 27. Juli - 6. August und Sonntagabend - Montag
10 Zim – 🚹40/60 € 🚹🚹70/90 € – ½ P
Menü 20/29 € – Karte 21/35 € – *(Dienstag - Samstag nur Abendessen)*
Das Restaurant der Familie Debus liegt etwas erhöht am Ortsrand und bietet von den meisten Plätzen eine nette Aussicht. Die Küche ist saisonal und regional, teils auch international. Solide Zimmer zum Übernachten.

NAUEN

Brandenburg – 16 810 Ew. – Höhe 35 m – Siehe Regionalatlas **22-O8**
Berlin 50 km – Potsdam 45 km – Wittstock 70 km
Michelin Straßenkarte 542

In Nauen-Tietzow Nord: 13 km über B 273

Helenenhof

Am Dorfanger 2 ✉ 14641 – ✆ (033230) 87 70 – www.hotel-helenenhof.de – geschl. 20. Dezember - 18. Januar
21 Zim – 🚹67/82 € 🚹🚹98/120 € – ½ P
Rest – Karte 21/34 € – *(Montag - Freitag nur Abendessen)*
In dem seit 1883 familiengeführten Gasthof mit den wohnlich gestalteten Zimmern kümmert sich Maria Schuppan engagiert und persönlich um die Gäste. Stilvoll-klassisches Restaurant mit schönen Details wie Stuck und Kronleuchter, Parkett und offenem Kamin.

NAUHEIM, BAD

Hessen – 31 320 Ew. – Höhe 148 m – Siehe Regionalatlas **38-F14**
Berlin 507 km – Wiesbaden 64 km – Frankfurt am Main 38 km – Gießen 31 km
Michelin Straßenkarte 543

Dolce

Rest,

Elvis-Presley-Platz 1 ✉ 61231 – ✆ (06032) 30 30 – www.dolcebadnauheim.com
149 Zim – 🚹99/159 € 🚹🚹109/189 € – 10 Suiten – ½ P
Rest – Menü 25/55 € – Karte 24/55 €
Ein Haus mit interessanten Kontrasten: Da ist zum einen der moderne Bereich mit Rezeption, Zimmern (meist mit Balkon zum Park) und Spa, zum anderen der historische Teil mit Restaurant (schön das von Säulen getragene Gewölbe), Konferenzräumlichkeiten und beeindruckendem Jugendstiltheater.

In Bad Nauheim-Steinfurth Nord: 3 km über Frankfurter Straße

Herrenhaus von Löw (mit Gästehaus)
Steinfurther Hauptstr. 36 ✉ 61231 – ✆ (06032) 9 69 50
– www.herrenhaus-von-loew.de – geschl. Januar 1 Woche
21 Zim – 99/115 € 139/149 €
Rest *Herrenhaus von Löw* – siehe Restaurantauswahl
Wirklich gemütlich ist hier, sei es im kleinen Kaminzimmer neben der Rezeption, in den Salons oder auf den Zimmern - diese sind übrigens alle nach Rosen benannt. Ein wahres Kleinod mit historischem Charme!

Herrenhaus von Löw – Hotel Herrenhaus von Löw
Steinfurther Hauptstr. 36 ✉ 61231 – ✆ (06032) 9 69 50
– www.herrenhaus-von-loew.de – geschl. Januar 1 Woche und Sonntag
Menü 59/79 € – Karte 48/58 € – *(nur Abendessen)*
Eine Treppe führt Sie hinunter in das alte Gewölbe des stilvollen Herrenhauses. Hier erwarten Sie schön eingedeckte Tische und abgestimmtes Mobiliar, im Sommer speisen Sie im hübschen Garten. Uriger Gewölbekeller für Veranstaltungen!

In Bad Nauheim-Schwalheim Süd-Ost: 3 km

Brunnenwärterhaus
Am Sauerbrunnen ✉ 61231 – ✆ (06032) 70 08 70
– www.brunnenwaerterhaus.de – geschl. Januar 1 Woche, 15. - 29. Oktober und Montag - Dienstag
Karte 32/44 € – *(nur Abendessen, sonntags auch Mittagessen)* (Tischbestellung ratsam)
In dem reizenden denkmalgeschützten Haus sorgt Familie Zuleger seit über zehn Jahren für Wohlfühlatmosphäre. Das Restaurant besteht aus zwei hübschen kleinen Stuben und einer idyllischen Terrasse unter alten Bäumen. Die schmackhafte Küche aus regionalen Produkten gibt es z. B. als "Lammkarree mit Oliven-Kräuterkruste und Gemüse-Couscous".

NAUMBURG
Sachsen-Anhalt – 34 060 Ew. – Höhe 135 m – Siehe Regionalatlas **41-M12**
Berlin 223 km – Magdeburg 135 km – Leipzig 62 km – Weimar 49 km
Michelin Straßenkarte 542

Zur Alten Schmiede
Lindenring 36 ✉ 06618 – ✆ (03445) 2 43 60 – www.hotel-zur-alten-schmiede.de
42 Zim – 60/78 € 90/105 € – ½ P
Rest – Karte 22/36 € – *(nur Abendessen)*
Der Name erinnert noch an die einstige Huf- und Wagenschmiede. Heute stehen hier neuzeitlich-wohnliche Gästezimmer bereit. Gemütlich-rustikales Restaurant mit nettem Schmiede-Dekor, dazu die elegante Winzerstube.

St. Marien garni
Marienstr. 12 ✉ 06618 – ✆ (03445) 2 35 40 – www.hotel-garni-st-marien.de
15 Zim – 39/54 € 59/72 €
Das kleine Hotel befindet sich in zentraler Lage und wird von Gastgeberin Elke Becker herzlich geführt. Die Gäste wohnen in gepflegten, funktionellen Zimmern.

NAURATH (WALD) – Rheinland-Pfalz → Siehe Trittenheim

NECKARBISCHOFSHEIM
Baden-Württemberg – 3 870 Ew. – Höhe 171 m – Siehe Regionalatlas **48-G17**
Berlin 614 km – Stuttgart 82 km – Mannheim 60 km – Heilbronn 30 km
Michelin Straßenkarte 545

Schloss Neckarbischofsheim

Schlossstr. 1 ✉ 74924 – ✆ (07263) 4 08 00
– www.schlosshotel-neckarbischofsheim.de
28 Zim – **89/109 € 119/169 €** – ½ P
Rest *Orangerie und Galerie* – siehe Restaurantauswahl
Das Schloss bietet einen wirklich tollen Rahmen! Die Zimmer sind elegant im Biedermeierstil gehalten - wer es ganz stilgerecht mag, wohnt in einem der Zimmer im Schlossflügel. Betreiber ist übrigens Jörg Glauben, bekannt aus dem inzwischen geschlossenen Sternerestaurant "Tschifflik" in Zweibrücken.

Orangerie und Galerie – Hotel Schloss Neckarbischofsheim

Schlossstr. 1 ✉ 74924 – ✆ (07263) 4 08 00
– www.schlosshotel-neckarbischofsheim.de – geschl. Monatg
Menü 29/69 € – Karte 34/60 €
Das schöne Anwesen mit Park ist perfekt für Feierlichkeiten. Herrlich: In der lichten Orangerie sitzt man fast wie im Freien! Interessant sind hier das "Badische Menü" und das "Orangerie-Menü". Oder lieber etwas Handefestes in der Galerie?

NECKARGEMÜND

Baden-Württemberg – 13 840 Ew. – Höhe 127 m – Siehe Regionalatlas **47**-F17
Berlin 635 km – Stuttgart 107 km – Mannheim 41 km – Heidelberg 10 km
Michelin Straßenkarte 545

Christians (N)

Marktplatz 2 ✉ 69151 – ✆ (06223) 9 73 73 23 – www.restaurant-christian.de
– geschl. 26. Mai - 6. Juni und Sonntag - Dienstagmittag
Menü 19/98 € – Karte 26/64 €
Mitten in der Altstadt liegt das hübsche Häuschen und neues Domizil von Christian und Sandy Heß. In schönem "Vintage"-Ambiente serviert die Patronne auf zwei Etagen die schmackhafte breit gefächerte Küche ihres Mannes - Appetit auf "Schweinelendchen mit Pfifferlingen" oder "Steinbeißer mit Oliven-Risotto"?

In Neckargemünd-Waldhilsbach Süd-West: 5 km über B 45 Richtung Sinsheim

Zimmerle im Rössel (N) mit Zim

Heidelberger Str. 15 ✉ 69151 – ✆ (06223) 26 65 – www.roessel-waldhilsbach.de
– geschl. Sonntag - Dienstag
10 Zim – **48/59 € 68/82 €**
Menü 49/89 € – *(nur Abendessen)*
Familie Hauck hat in ihrem sympathischen Landgasthof ein elegantes kleines Gourmetrestaurant, in dem Patron Jochen Hauck am Abend ein Menü mit bis zu sieben ambitioniert zubereiteten Gängen bietet, darunter z. B. "Schweinebacke Asia Style", "Tuna à la Plancha und Pulpo", "Lamm mit Aubergine und Brombeere"...
Rest *Zum Rössel* – siehe Restaurantauswahl

Zum Rössel

Heidelberger Str. 15 ✉ 69151 – ✆ (06223) 26 65 – www.roessel-waldhilsbach.de
– geschl. Montag - Dienstag
Menü 32/59 € – Karte 24/51 €
Gut essen kann man in der einstigen Poststation von 1642 auch in diesem hübschen traditionell gehaltenen Restaurant, und zwar einen interessanten Mix an Gerichten, zu dem u. a. "Ragout von Reh und Hirsch mit Spätzle" gehört. Und zum Übernachten: einfache, aber sehr gepflegte Gästezimmer.

NECKARSULM

Baden-Württemberg – 26 600 Ew. – Höhe 162 m – Siehe Regionalatlas **55**-G17
Berlin 597 km – Stuttgart 60 km – Karlsruhe 89 km – Darmstadt 122 km
Michelin Straßenkarte 545

nestor
Sulmstr. 2 ✉ 74172 – ✆ (07132) 38 80 – www.nestor-hotels.de
84 Zim – 🚹100/125 € 🚹🚹100/125 €, ☕ 17 € – ½ P
Rest – Menü 25/49 € – Karte 21/55 €
Eine ideale Businessadresse am Altstadtrand, nur wenige Gehminuten vom Audi Forum, nebenan das Konferenz- und Kulturzentrum Ballei. Nach umfassenden Renovierungen sind Lobby, Zimmer und der offene Restaurantbereich geradlinig-modern und mit frischen roten Farbakzenten gestaltet.

NECKARWESTHEIM

Baden-Württemberg – 3 530 Ew. – Höhe 266 m – Siehe Regionalatlas **55-G17**
Berlin 602 km – Stuttgart 38 km – Heilbronn 13 km – Ludwigsburg 25 km
Michelin Straßenkarte 545

Schloßhotel Liebenstein
Liebenstein 1 (Süd: 2 km) ✉ 74382 – ✆ (07133) 9 89 90 – www.schlosshotel-liebenstein.de – geschl. 23. Dezember - 6. Januar
24 Zim ☕ – 🚹95/120 € 🚹🚹145/185 €
Rest – Menü 33/69 € – Karte 25/55 € – *(geschl. Sonntag - Montag) (nur Abendessen)*
Hier wohnt man in einem sehr schönen und speziellen Umfeld: Das Hotel ist in die ehrwürdige Schlossanlage integriert, zu der eine Kapelle a. d. 16. Jh. gehört. Internationale Küche mit regionalen Einflüssen sowohl im Restaurant Kurfürst als auch im Lazuli (Hingucker ist hier das bemalte Gewölbe).

Am Markt garni
Marktplatz 2 ✉ 74382 – ✆ (07133) 9 81 00 – www.hotel-am-markt-neckarwestheim.de – geschl. 25. Dezember - 6. Januar
13 Zim ☕ – 🚹62 € 🚹🚹85 € – 1 Suite
Allein schon wegen der herzlichen Gastgeberin werden Sie das Haus direkt am kleinen Marktplatz in sehr guter Erinnerung behalten! Außerdem ist alles auffallend gepflegt und das Frühstück ist appetitlich und gut.

NECKARZIMMERN

Baden-Württemberg – 1 530 Ew. – Höhe 150 m – Siehe Regionalatlas **48-G17**
Berlin 593 km – Stuttgart 80 km – Mannheim 79 km – Heilbronn 25 km
Michelin Straßenkarte 545

Burg Hornberg
Zim,
Burg Hornberg 2 ✉ 74865 – ✆ (06261) 9 24 60 – www.burg-hotel-hornberg.de – geschl. Januar
23 Zim ☕ – 🚹78/100 € 🚹🚹140/160 € – 1 Suite – ½ P
Rest – Menü 38/69 € – Karte 35/63 €
Hoch über dem Neckar liegt dieses in die Burganlage Götz von Berlichingens (sie stammt a. d. 12. Jh.) integrierte charmante Hotel. Das ruhig gelegene Haus bietet eine beeindruckende Sicht - fragen Sie nach den Zimmern mit Flussblick! Im Burghof das Restaurant sowie ein Café mit Aussichtsterrasse, außerdem können Sie hier den Wein der eigenen Reben kaufen.

NEHREN

Rheinland-Pfalz – 100 Ew. – Höhe 91 m – Siehe Regionalatlas **46-C15**
Berlin 662 km – Mainz 120 km – Trier 79 km – Koblenz 63 km
Michelin Straßenkarte 543

Quartier Andre
Moselstr. 3 ✉ 56820 – ✆ (02673) 40 15 – www.andre-nehren.de – geschl. 3. Januar - 15. März, 8. November - 20. Dezember
15 Zim ☕ – 🚹40/80 € 🚹🚹70/120 € – ½ P
Rest – Menü 17/32 € – Karte 18/38 € – *(geschl. Dienstag) (nur Abendessen)*
In dem Familienbetrieb mit eigenem Weingut in der Nähe stehen gepflegte, funktionelle Gästezimmer und Appartements mit Kitchenette bereit. Zimmer z. T. mit Balkon nach hinten. Restaurant mit bürgerlicher Küche, kleine Mittagskarte. Donnerstags bietet man Weinproben an.

NENNDORF, BAD

Niedersachsen – 10 560 Ew. – Höhe 82 m – Siehe Regionalatlas **18**-H8
Berlin 315 km – Hannover 33 km – Bielefeld 85 km – Osnabrück 115 km
Michelin Straßenkarte 541

Harms

Gartenstr. 5 ✉ 31542 – ✆ (05723) 95 00 – www.hotel-harms.de
48 Zim – †73/89 € ††125/135 € – ½ P **Rest** – *(nur für Hausgäste)*
Ein freundlicher Familienbetrieb in ruhiger und doch zentraler Lage. Neben gepflegten, unterschiedlich geschnittenen Zimmern bietet man einen ansprechenden Sauna-, Bade- und Beautybereich.

In Bad Nenndorf-Riepen Nord-West: 4,5 km über die B 65

Schmiedegasthaus Gehrke (mit Gästehaus)

Riepener Str. 21 ✉ 31542 – ✆ (05725) 9 44 10 – www.schmiedegasthaus.de – geschl. Anfang Januar
19 Zim – †68/98 € ††98/140 € – ½ P
Rest *August* – siehe Restaurantauswahl
Wirklich nett übernachtet man in dem gepflegten Gasthof mit Familientradition seit fünf Generationen. Im Haupthaus stehen freundliche Zimmer in neuzeitlichem Stil bereit, die im Gästehaus sind etwas größer - alle mit kostenfreiem W-Lan.

August – Hotel Schmiedegasthaus Gehrke

Riepener Str. 21 ✉ 31542 – ✆ (05725) 9 44 10 – www.schmiedegasthaus.de – geschl. Anfang Januar und Montag
Menü 28 € – Karte 24/43 €
Auch modernes Ambiente ist in diesem alteingesessenen Gasthaus gemütlich! Neben neuzeitlichen Gerichten werden hier auch Klassiker wie Hirschkeulenbraten sowie regionale Tapas und Steaks serviert. Ist Ihnen auch der tolle begehbare Weinschrank aufgefallen?

NETTETAL

Nordrhein-Westfalen – 41 720 Ew. – Höhe 45 m – Siehe Regionalatlas **25**-A11
Berlin 591 km – Düsseldorf 53 km – Krefeld 24 km – Mönchengladbach 24 km
Michelin Straßenkarte 543

In Nettetal-Hinsbeck

Sonneck

Schlossstr. 61 ✉ 41334 – ✆ (02153) 41 57 – www.restaurantsonneck.de – geschl. Januar - Februar 2 Wochen, September - Oktober 2 Wochen und Montag - Dienstag
Menü 30/48 € – Karte 30/55 €
Sie mögen bodenständige bürgerliche Küche? Dann werden Ihnen die geschmorten Rinderbäckchen oder die Seezunge Müllerin zusagen, die hier bei Ernst-Willi und Birgit Franken nicht von der Karte wegzudenken sind. Kaninchen, Lamm, Geflügel... die meisten Produkte kommen von regionalen Züchtern, die Kräuter aus dem eigenen Garten hinter dem Haus. Eine leckere Beilagenspezialität sind übrigens verschiedene Bohnensorten!

In Nettetal-Lobberich

Burg Ingenhoven

Burgstr. 10 ✉ 41334 – ✆ (02153) 91 25 25 – www.burg-ingenhoven.de – geschl. 24. Februar - 6. März, 7. - 17. Juli und Montag
Menü 20/37 € – Karte 27/43 €
Hinter den alten Backsteinmauern des einst ritterlichen Anwesens verbergen sich reichlich dekorierte Räume, in denen man international und regional speist. Ein schöner Rahmen für Hochzeiten.

NETZEN – Brandenburg ➜ Siehe Kloster Lehnin

NEU-ANSPACH

Hessen – 14 660 Ew. – Höhe 342 m – Siehe Regionalatlas **37**-F14
Berlin 531 km – Wiesbaden 61 km – Frankfurt am Main 31 km
Michelin Straßenkarte 543

Im Hessenpark Süd-Ost: 4 km über Saalburgstraße

Landhotel Zum Hessenpark

Laubweg 1 ✉ 61267 Neu-Anspach – ✆ (06081) 4 46 70 – www.landhotel-hessenpark.de – geschl. 22. Dezember - 2. Januar
34 Zim – †89/104 € ††124/175 € – ½ P
Rest – Menü 28/35 € – Karte 26/42 €
Das Hotel ist in ein Museumsdorf mit schmucken rekonstruierten Fachwerkhäusern integriert. Schön ist der klassisch-gediegene Stil im ganzen Haus. Das Restaurant mit Galerie und Terrasse zum Marktplatz nennt sich "Alter Markt".

NEUBERG – Hessen ➜ Siehe Erlensee

NEUBEUERN

Bayern – 4 260 Ew. – Höhe 478 m – Siehe Regionalatlas **66-N21**
Berlin 660 km – München 72 km – Bad Reichenhall 71 km – Rosenheim 14 km
Michelin Straßenkarte 546

Auers Schlosswirtschaft

Rosenheimer Str. 8 ✉ 83115 – ✆ (08035) 26 69 – www.auers-schlosswirtschaft.de – geschl. 30. August - 17. September und Sonntag - Montag
Karte 30/49 € – *(nur Abendessen)* (Tischbestellung ratsam)
Hier kennt man seine Gäste, schließlich ist man schon seit 1987 im Haus. Da ist die Atmosphäre in den liebenswert eingerichteten Räumen (und auch auf der Terrasse unter Bäumen) angenehm ungezwungen, und dass die saisonal-regionale Küche (z. B. gratinierte Rinderlende) richtig gut schmeckt, hat sich herumgesprochen! Kommen Sie doch auch mal zu einer der kulturellen Veranstaltungen.

NEUBRANDENBURG

Mecklenburg-Vorpommern – 65 140 Ew. – Höhe 20 m – Siehe Regionalatlas **13-P5**
Berlin 142 km – Schwerin 149 km – Rostock 103 km – Stralsund 99 km
Michelin Straßenkarte 542

Weinert garni

Ziegelbergstr. 23 ✉ 17033 – ✆ (0395) 58 12 30 – www.hotel-weinert.de
18 Zim – †45/50 € ††62/65 €
Das vom Inhaber gut geführte kleine Hotel befindet sich nahe der Ringstraße und verfügt über solide und praktisch eingerichtete Gästezimmer.

In Burg Stargard Süd: 10 km

Marienhof

Carl-Stolte-Str. 22 ✉ 17094 – ✆ (039603) 25 50 – www.hotel-marienhof.de
24 Zim – †54/70 € ††74/85 €
Rest – Karte 17/28 € – *(geschl. November - April: Sonntagabend)*
In einem relativ ruhigen Wohngebiet etwas oberhalb des Ortes liegt dieses Haus, in dem gepflegte und funktional ausgestattete Zimmer zur Verfügung stehen. Das Restaurant teilt sich in Kornkammer und Bauernstube. Man bietet bürgerliche Küche.

In Groß Nemerow Süd: 13 km

Bornmühle

Bornmühle 35 (westlich der B 96) ✉ 17094 – ✆ (039605) 6 00 – www.bornmuehle.de
64 Zim – †80/90 € ††120/144 € – 2 Suiten – ½ P
Rest *Lisette* – siehe Restaurantauswahl
Richtig schön zeitgemäß und wohnlich hat man es hier: Der Chef hat einiges investiert, um neben der schönen einsamen Lage am Tollensesee auch mit einer schicken Lobby und frischen modernen Zimmern samt hochwertigem "Schlaf-Gesund-System" überzeugen zu können. Besonderheit: Höhenlufttraining in Juniorsuiten und Fitnessraum.

Lisette – Hotel Bornmühle
Bornmühle 35 (westlich der B 96) ✉ 17094 – ✆ (039605) 6 00 – www.bornmuehle.de
Menü 40/53 € – Karte 28/52 €
Am schönsten sitzt man im luftig-lichten Wintergarten, während man sich eine frische regionale Küche schmecken lässt, die sehr auf hochwertige heimische Produkte bedacht ist - und die finden sich in Gerichten wie "Müritzlamm mit Ziegenkäseravioli" oder "gebackener Aal mit Kräuterpüree".

NEUBURG am INN

Bayern – 4 180 Ew. – Höhe 452 m – Siehe Regionalatlas **60-P19**
Berlin 613 km – München 167 km – Landshut 128 km – Schärding 8 km
Michelin Straßenkarte 546

Hoftaferne Neuburg
Am Burgberg 5 ✉ 94127 – ✆ (08507) 92 31 20 – www.hoftaferne-neuburg.de
34 Zim – 75 € 125 € – ½ P
Rest *Hoftaferne Neuburg* – siehe Restaurantauswahl
An der ehemaligen Wehranlage a. d. 11. Jh. hat man ein Gästehaus mit hübschen wohnlichen Zimmern. Aber nicht nur das gepflegte Ambiente ist erwähnenswert, auch die Lage: ruhig, erhöht und mit schöner Aussicht.

Hoftaferne Neuburg – Hotel Hoftaferne Neuburg
Am Burgberg 5 ✉ 94127 – ✆ (08507) 92 31 20 – www.hoftaferne-neuburg.de – geschl. Montag
Menü 34/59 € – Karte 31/51 €
Im Restaurant, der Hoftaferne von 1440, bereitet der Chef Schmackhaftes wie "Hirschgulasch mit Wacholdersoße" oder "Maronensuppe mit eingelegten Weichseln" zu. Wirklich charmant die historischen Räume hier - und draußen vor dem Haus lockt im Sommer der Biergarten!

NEUBURG an der DONAU

Bayern – 28 550 Ew. – Höhe 149 m – Siehe Regionalatlas **57-L18**
Berlin 532 km – München 95 km – Augsburg 52 km – Ingolstadt 22 km
Michelin Straßenkarte 546

In Neuburg-Bergen Nord-West: 8 km über Ried, im Igstetter Wald links

Zum Klosterbräu
Kirchplatz 1 ✉ 86633 – ✆ (08431) 6 77 50 – www.zum-klosterbraeu.de – geschl. 23. - 29. Dezember
24 Zim – 79/99 € 109/145 € – ½ P
Rest *Gaststube* – siehe Restaurantauswahl
Stilvolles Ambiente und Familientradition seit 1744. Schön die Zimmer mit wertigem Vollholz und warmen Farben, toll das Kreuzgewölbe in Lobby und Malztenne (hier gibt es Frühstück), ein Traum in Grün der 3 ha große Garten mit Pferdekoppel!

Gaststube – Hotel Zum Klosterbräu
Kirchplatz 1 ✉ 86633 – ✆ (08431) 6 77 50 – www.zum-klosterbraeu.de – geschl. 23. - 29. Dezember und Montagmittag, außer an Feiertagen
Menü 30/70 € – Karte 30/66 €
So stellt man sich eine historische bayerische Gaststube vor: Holzbalken an der Decke, Dielenboden, Kachelofen... gemütlich-rustikal! Dazu gibt es z. B. "Flusskrebse aus dem Kreuzgangbrunnen" oder "Wildhasenkeule mit Serviettenknödel".

NEUBURG an der KAMMEL

Bayern – 3 110 Ew. – Höhe 506 m – Siehe Regionalatlas **56-J20**
Berlin 637 km – München 125 km – Augsburg 48 km – Tübingen 146 km
Michelin Straßenkarte 546

X **Landhaus Jekle** mit Zim Rest,

Marktplatz 4 ✉ 86476 – ✆ (08283) 17 07 – www.landhaus-jekle.de – geschl. Dienstag

8 Zim – †45 € ††78 €

Menü 33/94 € – Karte 35/58 € – *(Montag - Samstag nur Abendessen)*

Küchenchef Günther Jekle jun. hat so manch gute Adresse hinter sich, seine Erfahrungen bringt er nun in 4. Generation in diesen Familienbetrieb (samt Metzgerei) ein - und zwar in Form von zeitgemäß-regionalen Gerichten, darunter auch Tatar als Spezialität. Oder macht Ihnen die Steakkarte Appetit? Und nehmen Sie unbedingt ein Dessert! Lecker z. B. das "Waldbeermousse mit Grieß, Himbeersorbet und Szechuan-Pfeffer".

NEUDROSSENFELD

Bayern – 3 920 Ew. – Höhe 334 m – Siehe Regionalatlas **51**-L15

Berlin 359 km – München 241 km – Bayreuth 12 km – Regensburg 166 km

Michelin Straßenkarte 546

XX **Schloss Neudrossenfeld**

Schlossplatz 2 ✉ 95512 – ✆ (09203) 6 83 68 – www.schloss-neudrossenfeld.de – geschl. 7. - 21. Januar und Montag - Dienstag

Menü 41/48 € – Karte 43/55 € – *(Mittwoch - Samstag nur Abendessen)*

Der rechte Schlossflügel hat so einiges zu bieten: ein schönes Restaurant (mal gemütlich-rustikal, mal modern), eine Vinothek und im OG ein Saal. Draußen kommt noch die tolle Terrasse dazu! Die Landküche von Heinrich Schöpf ist schmackhaft, saisonal und kommt gut an. Probieren Sie Kartoffellasagne mit Lachs!

NEUENAHR-AHRWEILER, BAD

Rheinland-Pfalz – 27 460 Ew. – Höhe 104 m – Siehe Regionalatlas **36-C13**
Berlin 624 km – Mainz 147 km – Bonn 31 km – Koblenz 56 km
Michelin Straßenkarte 543

Im Stadtteil Bad Neuenahr

Dorint Parkhotel

Rest, Zim,

Am Dahliengarten 1 (über Hochstraße A2) ✉ *53474* – ✆ *(02641) 89 50*
– *www.dorint.com/bad-neuenahr*
235 Zim – 76/180 € 106/210 € – 3 Suiten – ½ P
Rest *Wintergarten* – Menü 25/65 € – Karte 25/48 €
Ein Tagungs- und Businesshotel an der Ahr mit neuzeitlich-funktioneller Ausstattung und Zugang zum Kongresszentrum. Auch Allergikerzimmer sind vorhanden. Zum hellen Restaurant gehört eine Terrasse mit schöner Aussicht.

SETA Hotel

Zim, Rest,

Landgrafenstr. 41 ✉ 53474 – ✆ (02641) 80 30 Stadtplan : B2**r**
– www.setahotel.de
103 Zim – 82/125 € 125/245 € – ½ P
Rest – Menü 24/59 € – Karte 20/29 €
Das Hotel unter freundlicher privater Führung hat unter seinen wohnlichen Zimmern ganz besonders komfortable "bel étage"-Zimmer: "Blaue Suiten" und "Rote Juniorsuiten" im 4. Stock. Für Tagungen bietet man diverse gut ausgestattete Räume. Restaurant Landgraf mit internationalem Angebot sowie Bar im Pubstil.

Steigenberger

Rest, Zim, Rest,

Kurgartenstr. 1 ✉ 53474 – ✆ (02641) 94 10 Stadtplan : A2**v**
– www.bad-neuenahr.steigenberger.de
145 Zim – 114/164 € 148/288 € – 5 Suiten – ½ P
Rest – Menü 34/46 € – Karte 36/64 €
Der große klassische Bau befindet sich im Herzen der Stadt. Nicht nur die komfortablen Zimmer in Haupthaus, Mittelbau und Westflügel versprechen Erholung, auch die beeindruckende Bäderabteilung im Haus sowie die Therme "Ahr-Resort", die Sie bequem mit dem Bademantel erreichen!

Villa Aurora

Rest,

Georg-Kreuzberg-Str. 8 ✉ 53474 – ✆ (02641) 94 30 Stadtplan : A2**z**
– www.aurora.de – geschl. 11. November - 7. Dezember
50 Zim – 85/99 € 140/192 € – 2 Suiten – ½ P
Rest – Menü 36 € (abends) – Karte 28/40 €
Drei um die Jahrhundertwende erbaute Villen in einer Häuserreihe geben dem traditionsreichen Familienbetrieb seinen klassischen Rahmen. Individuelle Zimmer und eine modern-elegante Suite.

Erwarten Sie in einem ✗ oder 🏠 nicht den gleichen Service wie in einem ✗✗✗✗✗ oder 🏠🏠🏠🏠🏠.

Weyer

Zim,

Wolfgang-Müller-Str. 10 ✉ 53474 – ✆ (02641) 89 40 Stadtplan : A1**h**
– www.hotel-weyer.de – geschl. Januar
34 Zim – 62/90 € 110/150 € – 1 Suite – ½ P
Rest – Menü 19 € – Karte 22/40 € – *(nur Abendessen)*
Der Familienbetrieb liegt relativ ruhig und doch zentrumsnah in einer Seitenstraße. Besonders schön sind die Residenz-Zimmer, hübsch ist auch der Kosmetik-/Massagebereich. Gemütliches Restaurant mit saisonaler Küche.

Krupp

Poststr. 4 ✉ 53474 – ✆ (02641) 94 40 Stadtplan : A1**t**
– www.hotel-krupp.de
46 Zim – 69/99 € 108/158 € – ½ P **Rest** – Karte 23/34 €
In dem gewachsenen historischen Hotel bei der Fußgängerzone wohnen Sie in funktionellen Zimmern mit zeitgemäßem Komfort und relaxen bei "Shanti"-Anwendungen. Restaurant mit Wintergarten und Terrasse, ergänzt durch eine nette Raucherlounge.

Restauration Idille

Am Johannisberg 101 (über Hochstraße A2) ✉ 53474 – ✆ (02641) 2 84 29
– www.idille.de – geschl. Februar 3 Wochen und Dienstag
Menü 36/44 € – Karte 36/56 € – *(nur Abendessen, sonntags auch Mittagessen)* (Tischbestellung ratsam)
Wählen Sie einen Platz auf der Terrasse, von hier hat man den besten Blick über die Stadt! Aber auch drinnen sitzt es sich angenehm, denn das Restaurant ist schön hell und freundlich, außerdem kommt man ja nicht zuletzt wegen der international-saisonalen Küche. Wie schmackhaft und frisch sie ist, erfährt man z. B. beim Überraschungsmenü! Dazu gibt es gute deutsche Weine.

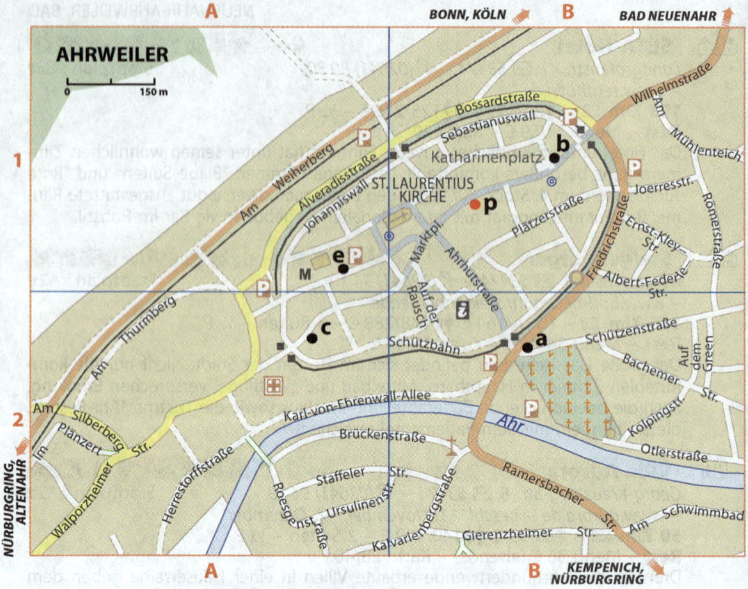

Im Stadtteil Ahrweiler

Hohenzollern an der Ahr

Am Silberberg 50 (über Am Turmberg A2, Richtung Altenahr) ✉ *53474 – ✆ (02641) 97 30 – www.hotelhohenzollern.com – geschl. 1. - 16. Januar*

27 Zim – 79/88 € 122/155 € – ½ P

Rest *Hohenzollern an der Ahr* – siehe Restaurantauswahl

Das familiengeführte Hotel bietet dank seiner erhöhten Lage in den Weinbergen einen fantastischen Blick aufs Ahrtal. Schön für Aktive: Direkt am Haus verläuft der Rotweinwanderweg. Die Zimmer sind wohnlich, einige besonders modern.

Prümer Gang

Niederhutstr. 58 (Zufahrt über Plätzerstraße) ✉ *53474* Stadtplan : B1**p**

– ✆ (02641) 47 57 – www.pruemergang.de – geschl. Juli - August 2 Wochen

12 Zim – 78/82 € 125/135 € – ½ P

Rest *Prümer Gang* – siehe Restaurantauswahl

Das von Bruder und Schwester freundlich geleitete Hotel liegt ruhig in der Fußgängerzone und gefällt mit modern-puristischem Design. Ansprechend ist auch der Saunabereich.

Rodderhof

Zim,

Oberhutstr. 48 ✉ *53474 – ✆ (02641) 39 90* Stadtplan : A2**c**

– www.rodderhof.de

49 Zim – 73/86 € 120/124 € – ½ P

Rest – Menü 20/45 € – *(geschl. Sonntag) (nur Abendessen)*

Das Hotel befindet sich in einem einstigen Klostergut von 1248, sehr schön ist der Innenhof. Die Zimmer sind freundlich und wohnlich gestaltet, einige mit freiliegendem Gebälk.

Am weißen Turm garni

Altenbaustr. 3 ✉ *53474 – ✆ (02641) 9 08 00* Stadtplan : A1**e**

– www.hotelamweissenturm.de

27 Zim – 59/75 € 90/120 €

Das in einen neuzeitlichen Gebäudekomplex beim Marktplatz integrierte Hotel bietet funktionale Zimmer und zwei Sonnen-Dachterrassen. Parken können Sie in der öffentlichen Tiefgarage unter dem Haus.

Schützenhof garni
Schützenstr. 1 ✉ 53474 – ✆ (02641) 9 02 83 Stadtplan : B2**a**
– www.schuetzenhof-ahrweiler.de – geschl. Januar, August 2 Wochen
14 Zim – 55/70 € 85/100 €
Ein Familienbetrieb in 4. Generation direkt gegenüber dem historischen Ahrtor. Zimmer teilweise mit Balkon, geräumiger sind die Komfortzimmer mit kleiner Küche.

Ännchen garni
Niederhutstr. 11 ✉ 53474 – ✆ (02641) 9 77 70 Stadtplan : B1**b**
– www.aennchen-ahrweiler.de – geschl. 21. Dezember - 9. Januar
24 Zim – 50/99 € 85/110 €
Innerhalb der alten Stadtmauer der Rotweinstadt Ahrweiler finden Sie dieses familiengeführte Haus mit schönen zeitgemäßen Zimmern, wohnlichem Frühstücksraum und Café.

Hohenzollern an der Ahr – Hotel Hohenzollern an der Ahr
Am Silberberg 50 (über Am Turmberg A2, Richtung Altenahr)
✉ 53474 – ✆ (02641) 97 30 – www.hotelhohenzollern.com –
geschl. 1. - 16. Januar
Menü 34/80 € – Karte 43/73 €
Schon die grandiose Aussicht auf das Ahrtal ist ein Grund, dieses helle, elegante Restaurant samt herrlicher Panoramaterrasse zu besuchen. Sehen lassen kann sich aber auch die gute internationale Karte mit regionalem und saisonalem Bezug. Haben Sie vielleicht mal Lust auf ein vegetarisches Menü?

Prümer Gang – Hotel Prümer Gang
Niederhutstr. 58 (Zufahrt über Plätzerstraße) ✉ 53474 Stadtplan : B1**p**
– ✆ (02641) 47 57 – www.pruemergang.de – geschl. Juli - August 2 Wochen und Montag - Dienstagmittag
Menü 37/56 € – Karte 38/57 €
Stilvoll und modern ist das Ambiente in dem hübschen historischen Haus mitten in der Stadt, und gut essen kann man hier auch. Ein schönes Beispiel für die zeitgemäß-saisonale Küche ist "Steinbeißerfilet auf grünem und weißem Spargel mit Senfschaum und Kartoffelstampf"! Dazu regionale Weine.

Sie möchten spontan verreisen? Besuchen Sie die Internetseiten der Hotels, um von deren Sonderkonditionen zu profitieren.

Im Stadtteil Heimersheim über Heerstraße A1, Richtung Ahrweiler

Freudenreich mit Zim
Göppinger Str. 13 ✉ 53474 – ✆ (02641) 68 68 – www.restaurant-freudenreich.de – geschl. 1. - 9. August und Montag - Dienstag
5 Zim – 55 € 80 € – ½ P
Menü 36/45 € – Karte 39/52 € – *(Mittwoch - Freitag nur Abendessen)* (Tischbestellung ratsam)
Saisonal geprägte internationale Küche bietet man in dem behaglichen Restaurant. Im Sommer schaut man von der Terrasse auf die Weinberge.

Im Stadtteil Heppingen über Heerstraße Stadtplan : B1, Richtung Sinzig

Weinquartier Burggarten garni
Landskroner Str. 61 ✉ 53474 – ✆ (02641) 2 12 80 – www.weingut-burggarten.de – geschl. 20. Dezember - 31. Januar
19 Zim – 70 € 110 €
"BurgunderDomizil", "DornfelderKlause" "PortugieserStube"... Das Hotel der Winzerfamilie liegt neben dem eigenen Weingut und so sind die schönen, geräumigen und individuellen Zimmer je einer Rebsorte gewidmet, und jedes hat seine eigene "Weinschatzkammer". Einen hübschen Garten gibt es hier übrigens auch.

XXX ✿✿

Steinheuers Restaurant Zur Alten Post

Landskroner Str. 110, (Eingang Konsumgasse) ✉ 53474 – ✆ (02641) 9 48 60 – www.steinheuers.de – geschl. Anfang Januar 1 Woche, Mitte Juli - Anfang August 2 Wochen und Dienstag - Mittwoch

Menü 125/169 €

Seit 30 Jahren hält Hans Stefan Steinheuer an seiner klassischen Küche fest, und doch ist sie durch harmonisch eingebundene moderne Elemente immer wieder besonders. Ideale Begleiter sind die zahlreichen regionalen und internationalen Weine. Das i-Tüpfelchen in Sachen Service: die herzliche und umsichtige Chefin Gabriele Steinheuer. Lounge für Apero und Digestif.

→ Laacher Seeaal mit Blutwurst und Apfel. Milchferkel mit Spitzkohl, Rüben und Senfjus. Eifler Reh mit Kohlrabi, Briocheschnitte, Kirschen und Pumpernickel.

XX

Steinheuers Landgasthof Poststuben mit Zim Rest,

Landskroner Str. 110 ✉ 53474 – ✆ (02641) 9 48 60 – www.steinheuers.de – geschl. Juli - August 2 Wochen und Dienstag - Mittwoch

11 Zim – †88/98 € ††98/128 €, ☕ 18 € – 1 Suite

Menü 42/62 € – Karte 48/58 €

Das gemütliche ländlich-gediegene Restaurant mit hübscher Gartenterrasse ist mit seinem klassisch-regionalen Angebot eine etwas bodenständigere Alternative zum Gourmetrestaurant. Im Gästehaus gegenüber stehen drei komfortable Juniorsuiten und eine Suite bereit.

Im Stadtteil Walporzheim über Am Turmberg Stadtplan : A1, Richtung Altenahr

Sanct Peter garni

Walporzheimer Str. 118 ✉ 53474 – ✆ (02641) 90 50 30 – www.hotel-sanctpeter.de

17 Zim ☕ – †118/138 € ††158/188 €

Die Herzlichkeit von Gastgeberin Dagmar Lorenz trägt maßgeblich zur angenehmen Atmosphäre in der schmucken Villa bei. Die schönen Zimmer verbinden Klassisches mit Modernem. Am Morgen überzeugt ein ausgezeichnetes Frühstück, dazu der Blick in den Garten.

XXX ✿

Historisches Gasthaus Sanct Peter Restaurant Brogsitter

Walporzheimer Str. 134 ✉ 53474 – ✆ (02641) 9 77 50 – www.sanct-peter.de – geschl. Januar - Februar 2 Wochen, August 2 Wochen und Donnerstag

Menü 98/138 € – Karte 81/95 € – *(nur Abendessen, samstags auch Mittagessen)* (Tischbestellung ratsam)

Im Hause Brogsitter Gast zu sein, bedeutet, in einem eleganten holzgetäfelten Raum hervorragend zu speisen und dabei versierten Service samt ebensolcher Weinberatung zu genießen. Zu den klassisch, aber auch modern inspirierten Gerichten des Küchenchef-Duos Stefan Krupp und Dirk Burger werden über 100 Weine auch offen ausgeschenkt - darunter natürlich eigene Weine.

→ Hummer mit Chorizo, Paprika und Zucchini. Bretonischer Steinbutt mit Spargel, Morcheln und Kartoffelrisotto. Rücken vom Salzwiesenlamm mit Bärlauch, Artischocke und Ziegenkäse.

Rest *Historisches Gasthaus Sanct Peter Restaurant Weinkirche* – siehe Restaurantauswahl

XX

Historisches Gasthaus Sanct Peter Restaurant Weinkirche

Historisches Gasthaus Sanct Peter Restaurant Brogsitter – *Walporzheimer Str. 134 ✉ 53474 – ✆ (02641) 9 77 50 – www.sanct-peter.de – geschl. Donnerstag, außer an Feiertagen*

Menü 60/79 € – Karte 64/72 €

Über zwei Ebenen (mit Galerie) erstreckt sich das stilvolle Restaurant, dessen Historie bis ins 13. Jh. zurückgeht. Besonders schön zum Speisen ist auch der schmucke Innenhof oder die leger-moderne Raucherlounge mit Bar.

NEUENBURG

Baden-Württemberg – 12 180 Ew. – Höhe 230 m – Siehe Regionalatlas **61**-D21

▶ Berlin 831 km – Stuttgart 232 km – Freiburg im Breisgau 39 km – Basel 35 km

Michelin Straßenkarte 545

Krone
Breisacher Str. 1 ✉ 79395 – ✆ (07631) 7 03 90 – www.krone-neuenburg.de
37 Zim – 62/75 € 80/105 € – ½ P
Rest – Menü 12/23 € – Karte 20/40 €
Auf herzliche badische Art betreibt die Familie dieses Haus. Die Zimmer, verteilt auf Haupthaus und Anbau Anna, unterscheiden sich etwas in Komfort und Einrichtung. In den gediegen-ländlichen Gaststuben kommen auch Produkte aus der eigenen Metzgerei auf den Tisch.

Anika
Freiburger Str. 2a ✉ 79395 – ✆ (07631) 7 90 90 – www.hotel-anika.de – geschl. 27. Dezember - 7. Januar
34 Zim – 65/75 € 96/106 € – ½ P
Rest – Menü 23 € – Karte 26/52 € – *(Montag - Samstag nur Abendessen)*
Ein sehr gepflegter Familienbetrieb in einem Wohngebiet am Ortsrand - ganz in der Nähe verläuft der Rheintal-Radweg. Die Gästezimmer sind zum Teil auch für Allergiker geeignet. Zum Restaurant - hier bürgerliches Angebot - gehört eine hübsch angelegte Gartenterrasse.

Gasthof Adler
Breisacher Str. 20 ✉ 79395 – ✆ (07631) 7 21 20 – www.adler-neuenburg.de
13 Zim – 52/75 € 68/95 € – ½ P
Rest – Menü 15 € (mittags unter der Woche)/45 € – Karte 19/45 € – *(geschl. Januar 2 Wochen, November 2 Wochen und Montag)*
Schon seit mehreren Generationen ist diese Haus im Besitz der Familie Saurer. Die Zimmer sind auffallend gepflegt, einige besonders freundlich gestaltet und mit Parkett ausgestattet. Das Restaurant mit schöner Terrasse bietet bürgerliche Küche.

NEUENDETTELSAU
Bayern – 7 800 Ew. – Höhe 438 m – Siehe Regionalatlas **50-K17**
Berlin 467 km – München 187 km – Nürnberg 44 km – Ansbach 19 km
Michelin Straßenkarte 546

Sonne (mit Gästehaus)
Hauptstr. 43 ✉ 91564 – ✆ (09874) 50 80 – www.landhotel-sonne.com
69 Zim – 65/84 € 89/114 € **Rest** – Menü 20 € – Karte 18/36 €
Sie suchen fränkische Traditionsgastronomie mit regionaler Küche? Oder vielleicht ein nettes Hotel im Landhausstil? Oder doch eher eine topmoderne Tagungsadresse? Wie auch immer, bei Familie Bischoff finden Sie alles in einem! In den Zimmern haben Sie freie Kopfkissenwahl und das Frühstücksbuffet im ausgesprochen zeitgemäßen Anbau ist reichhaltig bestückt.

In Petersaurach-Gleizendorf Nord-West: 7 km über Altendettelsau, in Petersaurach links

Scherzer
Am Anger 2 ✉ 91580 – ✆ (09872) 9 71 30 – www.landhotel-scherzer.de – geschl. 19. Dezember - 26. Januar
19 Zim – 68/88 € 95/115 € – 1 Suite
Rest – Karte 15/33 € – *(geschl. Freitag - Sonntag)*
Ein wirklich top gepflegtes Haus erwartet den Businessgast hier draußen! Familie Scherzer bietet Ihnen praktische, funktionelle Zimmer (viele mit Balkon) und im Restaurant eine bürgerliche Küche. Angenehm sind auch die ruhige Lage und die zahlreichen Parkplätze.

NEUENDORF bei WILSTER
Schleswig-Holstein – 490 Ew. – Siehe Regionalatlas **9-H4**
Berlin 364 km – Kiel 84 km – Itzehoe 18 km – Hamburg 75 km
Michelin Straßenkarte 541

In Neuendorf-Sachsenbande Süd-Ost: 2 km

Zum Dückerstieg (mit Gästehaus)
Dückerstieg 7 ✉ 25554 – ✆ (04823) 9 29 29 – www.dueckerstieg.de
11 Zim – 69/99 € 89/110 €
Rest *Zum Dückerstieg* – siehe Restaurantauswahl
Eine freundlich und richtig familiär geführte Adresse, und das bereits in 4. Generation. Sie wohnen in schönen hochwertig eingerichteten Zimmern (im Gästehaus), gefrühstückt wird gegenüber im Gasthaus von 1910.

Zum Dückerstieg – Hotel Zum Dückerstieg
Dückerstieg 7 ✉ 25554 – ✆ (04823) 9 29 29 – www.dueckerstieg.de – geschl. Anfang Januar 1 Woche und Montag
Menü 29/35 € – Karte 22/38 € – (Tischbestellung ratsam)
Krabben, Zanderfilet und beliebte Klassiker wie Schnitzel "Wiener Art" sowie leckere Desserts - die gute regional-saisonale Küche kommt an, ebenso das schöne Landhausambiente und der aufmerksame Service.

NEUENKIRCHEN – Mecklenburg-Vorpommern ➜ Siehe Rügen

NEUENKIRCHEN (KREIS STEINFURT)

Nordrhein-Westfalen – 13 710 Ew. – Höhe 60 m – Siehe Regionalatlas **16-D9**
Berlin 482 km – Düsseldorf 180 km – Nordhorn 45 km – Enschede 37 km
Michelin Straßenkarte 543

Wilminks Parkhotel
Wettringer Str. 46 ✉ 48485 – ✆ (05973) 9 49 60 – www.wilminks-parkhotel.de
30 Zim – 70/85 € 120/140 € – ½ P
Rest *Eichenblatt* – Karte 30/61 € – *(geschl. Sonntagabend - Montagmittag)*
Rest *Bistro Regioner* – Karte 16/35 € – *(geschl. Sonntagabend - Montagmittag)*
Es ist schon ein sehr gepflegtes Haus, das Theo und Maria Wilmink hier betreiben, und sie investieren auch immer wieder, damit Sie zeitgemäß übernachten, erfolgreich tagen und schön speisen können. Für Letzteres hat man das gemütlich-rustikale "Eichenblatt" mit saisonaler Regionalküche sowie das legere "Bistro Regioner" mit bürgerlich-internationalem Angebot.

NEUE TIEFE – Schleswig-Holstein ➜ Siehe Fehmarn (Insel)

NEUFAHRN bei FREISING

Bayern – 19 610 Ew. – Höhe 464 m – Siehe Regionalatlas **58-M20**
Berlin 569 km – München 23 km – Regensburg 106 km – Landshut 55 km
Michelin Straßenkarte 546

In Neufahrn-Hetzenhausen Nord-West: 6 km über Massenhausen, jenseits der A 92

Landgasthof Hofmeier
Hauptstr. 6a ✉ 85376 – ✆ (08165) 80 06 90 – www.hotel-hofmeier.de
58 Zim – 72/130 € 102/170 €
Rest – Karte 16/38 € – *(geschl. Donnerstagmittag)*
Der langjährige Familienbetrieb liegt mitten im Ort und dennoch recht ruhig. Die Zimmer sind freundlich eingerichtet, schön geräumig die Appartements. Im Restaurant gibt es bürgerlich-regionale Küche - Wild stammt übrigens aus eigener Zucht. Toll für Feierlichkeiten ist der große lichte Wintergarten.

NEUFAHRN in NIEDERBAYERN

Bayern – 3 790 Ew. – Höhe 404 m – Siehe Regionalatlas **58-N18**
Berlin 526 km – München 94 km – Regensburg 38 km – Ingolstadt 74 km
Michelin Straßenkarte 546

Schlosshotel Neufahrn (mit Gästehaus)
Schloßweg 2 ✉ 84088 – ✆ (08773) 70 90 – www.schlosshotel-neufahrn.de – geschl. Anfang Januar 1 Woche
57 Zim – 78/98 € 98/142 € – 1 Suite – ½ P
Rest – Menü 26/44 € – Karte 24/41 € – *(geschl. Sonntagabend)*
In dem historischen Herrenhaus wohnt man in Zimmern mit schöner Schloss-Atmosphäre, im Gästehaus sind die Zimmer neuzeitlich-funktionell. Ideal für Hochzeiten und Tagungen. Elegant-rustikales Restaurant mit Innenhofterrasse. Eigener Ritterkeller.

NEUFFEN

Baden-Württemberg – 6 120 Ew. – Höhe 408 m – Siehe Regionalatlas **55-H19**
Berlin 636 km – Stuttgart 42 km – Reutlingen 17 km – Ulm (Donau) 70 km
Michelin Straßenkarte 545

Traube mit Zim
Hauptstr. 24 ✉ 72639 – ✆ (07025) 9 20 90 – www.traube-neuffen.de – geschl. 23. Dezember - 5. Januar und Freitag - Samstag, Sonntagabend
15 Zim – 78/85 € 95/100 € – 1 Suite Menü 28 € – Karte 23/44 €
In dem langjährigen Familienbetrieb kocht Alexander Spring zusammen mit Vater Karlheinz, und zwar frisch und mit regionalen Produkten (Felchen aus dem Bodensee, Gemüse von der Insel Reichenau...). Tipp: die geschmälzten Maultaschen des Seniors! Wer übernachten möchte, fragt am besten nach den zeitgemäßen Zimmern im Gästehaus gegenüber.

NEUHARDENBERG

Brandenburg – 2 630 Ew. – Höhe 12 m – Siehe Regionalatlas **23-R8**
Berlin 71 km – Potsdam 114 km – Frankfurt (Oder) 43 km – Eberswalde 45 km
Michelin Straßenkarte 542

Schloss Neuhardenberg
Schinkelplatz ✉ 15320 – ✆ (033476) 60 00 – www.schlossneuhardenberg.de – geschl. Januar 3 Wochen
54 Zim – 154/164 € 189/199 € – 2 Suiten – ½ P
Rest *Brennerei* – Menü 20/26 € – Karte 25/45 € – *(geschl. Januar - März: Montag - Dienstag)*
Inmitten eines wunderbaren Parks liegt dieses Schloss a. d. 18. Jh. Modern-elegante Zimmer, darunter Galerie-Zimmer auf zwei Ebenen (z. T. als Sternenzimmer mit Glasdach). Sympathisch-rustikal ist die Brennerei.

NEUHARLINGERSIEL

Niedersachsen – 1 110 Ew. – Höhe 3 m – Siehe Regionalatlas **8-E5**
Berlin 517 km – Hannover 257 km – Emden 58 km – Oldenburg 87 km
Michelin Straßenkarte 541

Janssen (mit Gästehaus)
Am Hafen - West 7 ✉ 26427 – ✆ (04974) 9 19 50 – www.hotel-janssen.de – geschl. 18. November - 25. Dezember
33 Zim – 69/89 € 98/134 € – ½ P
Rest – Menü 19/49 € – Karte 23/51 € – *(geschl. Donnerstag)*
In der 4. Generation wird das 1929 gebaute Haus mit den zeitgemäß eingerichteten Zimmern bereits von der Familie geleitet. Der kleine Fischereihafen liegt gleich vor der Tür. Das Restaurant ist im friesischen Stil gestaltet.

Poggenstool mit Zim
Addenhausen 1 ✉ 26427 – ✆ (04974) 9 19 10 – www.poggenstool.com – geschl. 7. Januar - 11. Februar, 23. November - 11. Dezember und Montag - Dienstag
7 Zim – 56/65 € 80/115 € Menü 39/55 € – Karte 18/65 €
Sehr freundlich wird das gemütlich gestaltete Restaurant in Deichnähe von der Inhaberfamilie geleitet, serviert wird überwiegend regionale Küche. Gepflegte wohnliche Gästezimmer.

NEUHAUS am RENNWEG

Thüringen – 7 280 Ew. – Höhe 800 m – Siehe Regionalatlas **40**-**K13**
Berlin 321 km – Erfurt 109 km – Coburg 44 km – Fulda 168 km
Michelin Straßenkarte 544

Schieferhof
Rest,

Eisfelder Str. 26 (B 281) ✉ *98724* – *(03679) 77 40* – *www.schieferhof.de*
38 Zim – 80/130 € 100/160 € – ½ P
Rest – Menü 30/56 € – Karte 30/61 € – *(nur Abendessen)*
In dem persönlich geführten Haus von 1908 sorgen schöne freundliche Farben, Streifentapeten und Karomuster sowie hübsche Möbel für Wohnlichkeit und Landhausflair. Fragen Sie nach den Zimmern mit besonderen Details wie Büchern oder Badewanne im Raum! Im Restaurant setzt man auf regionale Produkte und Slow Food.

Rennsteighotel Herrnberger Hof

Eisfelder Str. 44 (B 281) ✉ *98724* – *(03679) 7 92 00* – *www.rennsteighotel.de*
20 Zim – 59/74 € 93/116 € – ½ P
Rest – Menü 21 € – Karte 22/49 € – *(geschl. Mittwoch - Donnerstag)*
Eine familiäre Adresse in waldnaher Lage am beliebten Rennsteig-Wanderweg! Zimmer in behaglichen warmen Tönen, eine kleine Bibliothek zum Schmökern und bürgerliche Kost im netten Restaurant Pfeffermühle.

NEUHOF

Hessen – 10 790 Ew. – Höhe 278 m – Siehe Regionalatlas **39**-**H14**
Berlin 464 km – Wiesbaden 133 km – Fulda 14 km – Frankfurt am Main 89 km
Michelin Straßenkarte 543

Schmitt

Michaelstr. 2 ✉ *36119* – *(06655) 9 69 70* – *www.gasthof-schmitt.de*
26 Zim – 32/40 € 52/64 € – ½ P
Rest – Menü 15/35 € – Karte 16/31 € – *(geschl. Dienstag)*
Der erweiterte Gasthof ist seit vielen Jahren ein Familienbetrieb und bietet gepflegte, solide eingerichtete Zimmer, die im Anbau etwas komfortabler sind. Restaurant in bürgerlichem Stil.

NEUHÜTTEN – Rheinland-Pfalz → Siehe Hermeskeil

NEU-ISENBURG – Hessen → Siehe Frankfurt am Main

NEUKIRCH (BODENSEEKREIS)

Baden-Württemberg – 2 660 Ew. – Höhe 562 m – Siehe Regionalatlas **63**-**H21**
Berlin 720 km – Stuttgart 200 km – Konstanz 45 km – Sankt Gallen 71 km
Michelin Straßenkarte 545

In Neukirch-Goppertsweiler

Gasthof zum Hirsch mit Zim

Argenstr. 29 ✉ *88099* – *(07528) 17 65* – *www.gasthof-zum-hirsch.com*
– geschl. 9. - 20. März, 14. - 24. September und Montag - Dienstag
8 Zim – 60/68 € 80/89 € – ½ P
Menü 24/55 € – Karte 25/51 € – *(Mittwoch - Freitag nur Abendessen)*
In dem Haus von 1840 kocht Artur Renz seit rund 20 Jahren zeitgemäß-regionale Speisen, die man im Sommer natürlich am liebsten auf der hübschen Gartenterrasse genießt. Interessant ist auch die große Auswahl an Destillaten. Sie möchten übernachten? Man hat wohnlich-funktionale Zimmer in hellen warmen Farben.

NEUKIRCHEN

Sachsen – 6 930 Ew. – Höhe 355 m – Siehe Regionalatlas **42**-**O13**
Berlin 272 km – Dresden 87 km – Chemnitz 10 km
Michelin Straßenkarte 544

Almenrausch

Bahnhofstr. 5 ✉ 09221 – ✆ (0371) 26 66 60 – www.hotel-almenrausch.de
16 Zim – 50 € 70 € – ½ P
Rest – Menü 19 € – Karte 18/28 € – *(geschl. Montag - Dienstag) (nur Abendessen)*
Das familiär geführte kleine Hotel an der Straße nach Chemnitz hat einen netten rustikalen Charakter. Schöne helle Holzmöbel im Bauernstil machen die Zimmer behaglich. Was auffällt, sind die Balkonpflanzen und Orchideen im Haus - keine Frage, der Chef hat einen "grünen Daumen"!

NEUKIRCHEN-VLUYN

Nordrhein-Westfalen – 27 690 Ew. – Höhe 30 m – Siehe Regionalatlas **25-B11**
Berlin 566 km – Düsseldorf 38 km – Essen 37 km – Duisburg 17 km
Michelin Straßenkarte 543

Im Stadtteil Rayen Nord-West: 6 km Richtung Kamp-Lintfort, dann links

Achterath's Restaurant

Geldernsche Str. 352 ✉ 47506 – ✆ (02845) 29 87 80 – www.achteraths.de – geschl. Montag
Menü 25 € (mittags unter der Woche)/55 € – Karte 33/63 €
Die schmackhaften Gerichte ("gebratener Tintenfisch mit Rucola", "Hirschkalbsrücken mit Vanille-Karotten"...) kommen sehr gut an - aber nicht nur die: Das Gasthaus von 1771 ist ein schöner Mix aus rustikal-historischem Rahmen und modernem Stil und auch der freundlich-legere Service ist angenehm.

NEUKLOSTER

Mecklenburg-Vorpommern – 4 000 Ew. – Höhe 30 m – Siehe Regionalatlas **12-L4**
Berlin 223 km – Schwerin 46 km – Rostock 44 km – Lübeck 77 km
Michelin Straßenkarte 542

In Nakenstorf Süd: 2,5 km über Bahnhofstraße, am Ortsende links

Seehotel am Neuklostersee

Seestr. 1 ✉ 23992 – ✆ (038422) 45 70 – www.seehotel-neuklostersee.de – geschl. Januar 3 Wochen
26 Zim – 75/140 € 130/190 € – ½ P
Rest *Allesisstgut* – siehe Restaurantauswahl
Welch reizendes Refugium aus dem einstigen Bauernhaus geworden ist! Ruhe, viel Grün, die "Badescheune" und das "Wohlfühlhaus", dazu direkter Seezugang und eigene Ruderboote... Sie wohnen modern, genießen ein tolles Frühstück, Kulturprogramm in der "Kunstscheune" und am Abend die "Gänsebar".

Allesisstgut – Seehotel am Neuklostersee

Seestr. 1 ✉ 23992 – ✆ (038422) 45 70 – www.seehotel-neuklostersee.de – geschl. Januar 3 Wochen
Menü 33 € (abends) – Karte 27/46 €
Ist das nicht ein wunderbares Fleckchen Erde? Regionale Speisen, luftig-leichte mediterrane Atmosphäre und - das Nonplusultra - die herrliche Holzterrasse zum Wasser hin! Mittags wählt man à la carte, abends ein 2- oder 3-Gänge-Menü.

NEULEININGEN – Rheinland-Pfalz ➔ Siehe Grünstadt

NEUMARKT in der OBERPFALZ

Bayern – 39 090 Ew. – Höhe 424 m – Siehe Regionalatlas **50-L17**
Berlin 454 km – München 138 km – Nürnberg 47 km – Amberg 40 km
Michelin Straßenkarte 546

Lehmeier

Obere Marktstr. 12 ✉ 92318 – ✆ (09181) 2 57 30 – www.hotel-lehmeier.de – geschl. 23. - 25. Dezember
27 Zim ☕ – 🚹73/75 € 🚹🚹95/109 € – ½ P
Rest – Menü 45 € – Karte 22/53 € – *(geschl. 7. - 17. Januar, 26. Oktober - 1. November und Dienstag, Oktober - Mai: Dienstag, Sonntagabend)*
Ein familiengeführtes Hotel im Zentrum mit individuellen Zimmern. Fragen Sie nach den acht schicken Designerzimmern in Oliv-Braun-Gold-Tönen! Frühstück im böhmischen Gewölbe. Schöner Mix aus Historischem und Modernem im Restaurant. Mit loungiger Terrasse.

Mehl

Viehmarkt 20 ✉ 92318 – ✆ (09181) 29 20 – www.hotel-mehl.de
24 Zim ☕ – 🚹69/92 € 🚹🚹92/120 €
Rest – Karte 33/52 € – *(geschl. über Pfingsten 1 Woche, Mitte August - Anfang September 3 Wochen und Samstag - Sonntag) (nur Abendessen für Hausgäste)*
Familie Siermann führt ihr Haus mit Engagement und Herzblut, das merkt man an der Pflege, an der wohnlichen Einrichtung, am guten, frischen Frühstück! Die Zimmer sind hell und freundlich und am Abend wird für die Hausgäste lecker gekocht.

Gasthof Wittmann (mit Gästehaus)

Bahnhofstr. 21 ✉ 92318 – ✆ (09181) 90 74 26 – www.hotel-wittmann.de
32 Zim ☕ – 🚹79/109 € 🚹🚹108/130 € – ½ P
Rest – Karte 21/49 € – *(geschl. Sonntagabend)*
Äußerlich ist der Gasthof zwar eher unscheinbar, drinnen hat Familie Wittmann aber schöne wohnlich-moderne Zimmer geschaffen, auch im Gästehaus. Im Wirtshaus gibt es überwiegend Produkte aus der eigenen Metzgerei. Besuchen Sie auch das Metzgerei-Museum! Oder lieber ein Seminar in der Weißwurst-Akademie?

NEUMÜNSTER

Schleswig-Holstein – 76 940 Ew. – Höhe 22 m – Siehe Regionalatlas **10-I4**
▶ Berlin 330 km – Kiel 39 km – Flensburg 100 km – Hamburg 66 km
Michelin Straßenkarte 541

Prisma

Max-Johannsen-Brücke 1 ✉ 24537 – ✆ (04321) 90 40 – www.hotel-prisma.de
93 Zim ☕ – 🚹71/125 € 🚹🚹85/150 € – ½ P
Rest – Menü 22/42 € – Karte 21/43 €
Mit seinen funktionellen Zimmern, dem guten Veranstaltungsbereich und der verkehrsgünstigen Lage ist das neuzeitliche Hotel vor allem für Geschäftsreisende interessant. Praktisch auch die zahlreichen kostenfreien Parkplätze.

Am Kamin

Probstenstr. 13 ✉ 24534 – ✆ (04321) 4 28 53 – www.am-kamin.info – geschl. Sonntag
Menü 22 € (mittags)/59 € – Karte 49/64 €
Patron Karl Ress hat sich mit Christoph Bach engagierte Unterstützung in seine Restaurantbrigade geholt. Die Gerichte sind klassisch-saisonal, so z. B. "Iberico-Schweinekotelett mit Rote-Beete-Pesto und Gartengemüse". Außerdem ist es richtig gemütlich hier, vor allem an kalten Winterabenden am Kamin!

NEUNBURG vorm WALD

Bayern – 8 030 Ew. – Höhe 398 m – Siehe Regionalatlas **51-N17**
▶ Berlin 456 km – München 175 km – Regensburg 56 km – Cham 35 km
Michelin Straßenkarte 546

Panorama-Hotel am See

Gütenland 22 ✉ 92431 – ✆ (09672) 9 21 90 – www.hotelgreiner.de
36 Zim ☕ – 🚹47/58 € 🚹🚹68/74 € – ½ P **Rest** – Karte 14/36 €
Hier finden Sie in etwas erhöhter Lage ein gut geführtes und gepflegtes Hotel, in dem sich Geschäftsreisende ebenso wohlfühlen wie Kurzurlauber. Man bietet helle, freundliche Zimmer und Appartements, einen zeitgemäßen Saunabereich und ein Restaurant mit bürgerlicher Regionalküche.

In Neunburg-Hofenstetten West: 9 km Richtung Schwarzenfeld, in Fuhrn links

Landhotel Birkenhof

Hofenstetten 55 ✉ 92431 – ✆ (09439) 95 00 – www.landhotel-birkenhof.de – geschl. 20. - 25. Dezember

62 Zim – 88/139 € 140/208 € – 13 Suiten – ½ P

Rest *Obendorfer's Eisvogel* **Rest *Turmstube*** – siehe Restaurantauswahl

Die schöne Lage im Grünen ist lange nicht alles: Familie Obendorfer zeigt Engagement und verbessert ihr Haus stetig! Ein geschmackvolles Hotel mit tollem Wellnessangebot sowie wohnlichen, teils modernen und farblich schön gestalteten Zimmern. Die Davidoff Cigar Lounge bringt Whisky-Liebhaber zum Staunen und Koch-Willige lernen beim Patron im "Genuss Atelier"!

Obendorfer's Eisvogel – Landhotel Birkenhof

Hofenstetten 55 ✉ 92431 – ✆ (09439) 95 00 – www.landhotel-birkenhof.de – geschl. 20. Dezember - 13. Januar, August 2 Wochen und Sonntag - Montag

Menü 80/138 € – *(nur Abendessen)* (Tischbestellung ratsam)

In Hubert Obendorfers exklusivem kleinen Restaurant hat alles eine persönliche Note, in erster Linie natürlich seine feine kreative Küche in Form zweier Menüs ("Heimat" und "Weite Welt")! Eyecatcher ist der ellipsenförmige Weinschrank - vortrefflich übrigens die Weinempfehlungen.

→ Variation vom Schwarzachtaler Saibling mit mariniertem jungem Gemüse und Estragon-Senfcreme. Bretonischer Hummer mit süß-saurem Rhabarber, Staudensellerie und rosa Grapefruit. Zweierlei Poltinger Lamm mit Curry-Karotten und Kartoffel-Limonenpüree.

Turmstube – Landhotel Birkenhof

Hofenstetten 55 ✉ 92431 – ✆ (09439) 95 00 – www.landhotel-birkenhof.de – geschl. 20. - 25. Dezember

Menü 40 € (abends) – Karte 35/49 €

Die Stuben sind wirklich mit Geschmack eingerichtet, und in diesem schönen Ambiente können Sie nun auch noch richtig gut essen - so z. B. "kleinen Eintopf vom Rindstafelspitz" oder "pochierten Waller mit Wurzelgemüse und Kren".

NEUNKIRCHEN

Baden-Württemberg – 1 840 Ew. – Höhe 297 m – Siehe Regionalatlas **48-G17**

Berlin 605 km – Stuttgart 92 km – Mannheim 55 km – Heidelberg 34 km

Michelin Straßenkarte 545

Stumpf

Zeilweg 16 ✉ 74867 – ✆ (06262) 9 22 90 – www.hotel-stumpf.de

47 Zim – 73/97 € 125/213 € – 2 Suiten – ½ P

Rest – Menü 23 € – Karte 27/46 €

Tagungsgäste können hier "auf dem Land" hochmotiviert arbeiten, Wellnessgäste genießen die Angebote von "Garden Spa" und "Beauty Island". Von der ruhigen Lage haben alle etwas! Im Restaurant bietet man regionale und internationale Küche, Terrasse zum Garten.

NEUNKIRCHEN (SAAR)

Saarland – 47 210 Ew. – Höhe 224 m – Siehe Regionalatlas **46-C17**

Berlin 690 km – Saarbrücken 22 km – Homburg/Saar 15 km – Idar-Oberstein 60 km

Michelin Straßenkarte 543

Villa Medici

Zweibrücker Str. 86 ✉ 66538 – ✆ (06821) 8 63 16 – www.villa-medici-nk.de – geschl. Sonntag - Mittwoch

Menü 55/69 € – Karte 44/64 € – (Tischbestellung ratsam)

So klassisch wie die schöne Jugendstilvilla a. d. J. 1912 von außen ist, zeigt sie sich auch im Inneren mit ihren drei kleinen Salons. Boris Iacopini bietet hier mediterrane Küche - Spezialität ist Bliesgaulamm.

In Neunkirchen-Kohlhof Süd-Ost: 5 km, jenseits der A 8

Hostellerie Bacher - Wögerbauer
Limbacher Str. 2 ✉ 66539 – ✆ (06821) 3 13 14 – www.hostellerie-bacher.de
20 Zim – 70/80 € 108/120 € – 1 Suite – ½ P
Rest ***Hostellerie Bacher - Wögerbauer*** – siehe Restaurantauswahl
Ein vom Inhaber geführtes Hotel mit freundlichen, wohnlichen Zimmern und hübschem Wintergarten fürs Frühstück. Probieren Sie hier doch auch mal Schinken und Forellen aus der eigenen Räucherei!

Hostellerie Bacher - Wögerbauer – Hotel Hostellerie Bacher - Wögerbauer
Limbacher Str. 2 ✉ 66539 – ✆ (06821) 3 13 14
– www.hostellerie-bacher.de – geschl. Sonntagabend - Dienstagmittag
Menü 35/70 € – Karte 39/58 € – (Tischbestellung ratsam)
Die Küche von Gastgeber Hermann Wögerbauer ist klassisch, lässt hier und da aber auch seine österreichische Heimat erkennen. Sehr zur Freude der Gäste hat man eine schöne mediterrane Terrasse. Auf Kinder ist man übrigens ebenso gut eingestellt wie auf Veranstaltungen.

NEUPOTZ

Rheinland-Pfalz – 1 840 Ew. – Höhe 103 m – Siehe Regionalatlas **54**-E17
Berlin 665 km – Mainz 123 km – Karlsruhe 23 km – Landau 23 km
Michelin Straßenkarte 543

Gehrlein's Hardtwald mit Zim — Zim,
Sandhohl 14 ✉ 76777 – ✆ (07272) 24 40 – www.gehrlein-hardtwald.de – geschl. Januar - Februar 10 Tage, August 10 Tage, Ende Oktober 2 Wochen und Mittwoch - Donnerstag
10 Zim – 48/65 € 78/109 € Menü 29/56 € (abends) – Karte 26/42 €
Ein wirklich schönes Refugium hat Familie Gehrlein hier geschaffen... das Restaurant heimelig, die Terrasse lauschig, die Küche gut. Wie wär's z. B. mit "Seesaibling in der Meerrettichkruste" und danach "Grießknödel mit Rumtopf und Zimteis"? Und angesichts geschmackvoller und wohnlicher Zimmer steht dem abendlichen Weingenuss zum Essen nichts im Wege!

Zum Lamm mit Zim
Hauptstr. 7 ✉ 76777 – ✆ (07272) 28 09 – www.gasthof-lamm-neupotz.de – geschl. Juli - August 3 Wochen und Dienstag, Sonntagabend sowie an Feiertagen abends
6 Zim – 36/40 € 68/72 € Karte 29/47 € – (Tischbestellung ratsam)
Wer richtig gut essen möchte, kann sich getrost in die Hände der engagierten Familie Kreger begeben. In dem hübschen Restaurant mit ländlicher Note ist die geschmorte Kalbsbacke ebenso zu empfehlen wie Zander mit Steinpilzen. Gepflegt übernachten können Sie hier übrigens auch.

NEURIED

Baden-Württemberg – 9 360 Ew. – Höhe 147 m – Siehe Regionalatlas **53**-D19
Berlin 755 km – Stuttgart 156 km – Karlsruhe 85 km – Lahr 21 km
Michelin Straßenkarte 545

In Neuried-Altenheim Nord: 2 km über die B 36 Richtung Kehl

Ratsstüble — Rest, Rest,
Kirchstr. 38 ✉ 77743 – ✆ (07807) 9 28 60 – www.ratsstueble.de
30 Zim – 45/55 € 65/85 €
Rest – Karte 20/47 € – *(geschl. Ende Februar - Mitte März, Ende Juli - Mitte August und Sonntag) (nur Abendessen)*
Gepflegt und preislich fair übernachten? Das kann man bei Familie Strosack. Die funktionale und zeitgemäße Ausstattung bietet alles, was man unterwegs braucht, SkyTV und Wlan sind inklusive. Viele der Zimmer sind recht klein, einige für Raucher. An lauen Sommerabenden sitzt man bei bürgerlicher Küche schön auf der Gartenterrasse. Neben dem Restaurant gibt es noch eine gemütliche holzvertäfelte Stube, in der man den Abend ausklingen lassen kann.

NEURUPPIN

Brandenburg – 31 510 Ew. – Höhe 44 m – Siehe Regionalatlas **22-O7**
Berlin 76 km – Potsdam 75 km – Brandenburg 90 km
Michelin Straßenkarte 542

Resort Mark Brandenburg
Zim,

An der Seepromenade 20 ✉ *16816* – ✆ *(03391) 4 03 50*
– www.resort-mark-brandenburg.de
131 Zim – 120/160 € 175/215 € – 4 Suiten – ½ P
Rest *Parzival* – Menü 35/45 € (abends) – Karte 27/57 €
Rest *Seewirtschaft* – Karte 22/37 €
Modernes Hotel in schöner Seelage. Über eine Glasbrücke gelangt man in die für Hausgäste kostenlose "Fontane Therme" mit schwimmender Seesauna. Schifffahrten mit hauseigenem Dampfer. Geradlinig-elegant: Parzival mit Seeblick. Behagliche Seewirtschaft mit Showküche.

NEUSS

Nordrhein-Westfalen – 151 390 Ew. – Höhe 40 m – Siehe Regionalatlas **35-B11**
Berlin 563 km – Düsseldorf 12 km – Köln 38 km – Krefeld 20 km
Michelin Straßenkarte 543

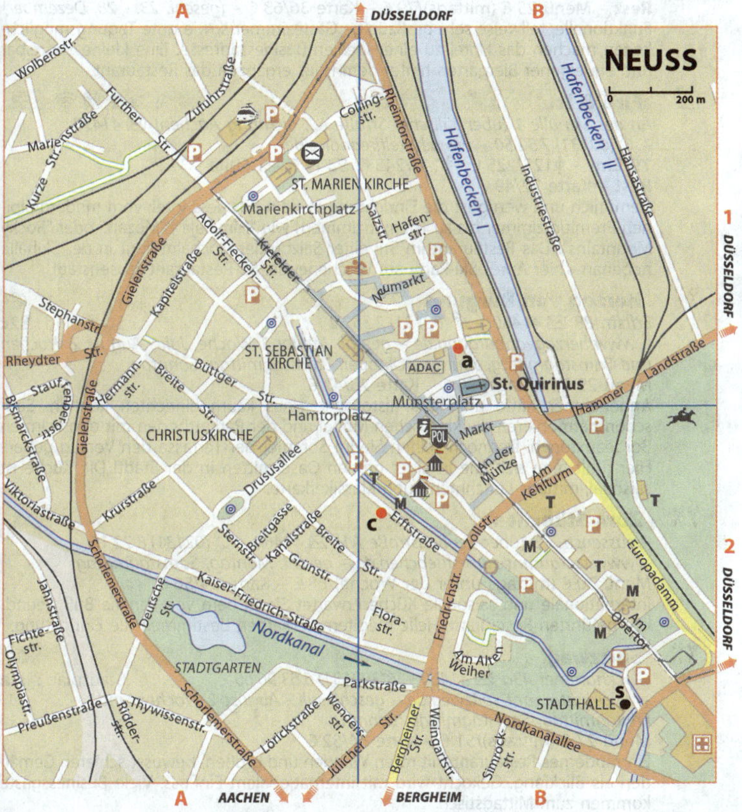

Swissôtel

Rheinallee 1 (über Hammerlandstraße B1, Richtung Düsseldorf) ✉ 41460 – ✆ (02131) 77 00 – *www.swissotel-duesseldorf.de*

246 Zim – †80/450 € ††80/450 €, ☕ 20 € – 2 Suiten – ½ P

Rest – Karte 43/64 € – *(nur Abendessen)*

Das Hotel in einem Hochhaus etwas außerhalb der Stadt am Rhein zeichnet sich aus durch schöne komfortable Gästezimmer in geradlinig-modernem Design und angenehmen Farben. Der trendige Stil des Hauses setzt sich im Restaurant mit Rheinblick fort.

Dorint

Selikumer Str. 25 ✉ 41460 – ✆ (02131) 26 20 – *www.dorint.com/neuss* Stadtplan : B2**s**

208 Zim – †69/169 € ††69/169 €, ☕ 19 € – 1 Suite – ½ P

Rest – Menü 28 € – Karte 28/42 €

Die direkt angeschlossene Stadthalle mit ihren zahlreichen Konferenzräumen macht das gut ausgestattete Hotel zur idealen Business- und Tagungsadresse. Interessant auch die Lage am Rosengarten - so genießt man vom Biergarten aus den Blick ins Grüne. Alternativ kann man im neuzeitlichen Restaurant speisen.

Holiday Inn

Zim, Rest,

Anton-Kux-Str. 1 (über B2, Richtung Düsseldorf) ✉ 41460 – ✆ (02131) 18 40 – *www.hi-neuss.de*

220 Zim – †76/339 € ††76/339 €, ☕ 19 € – 47 Suiten

Rest – Menü 25 € (mittags)/79 € – Karte 36/63 € – *(geschl. 23. - 28. Dezember)*

Funktionelle, teilweise sehr großzügige Gästezimmer sowie gute Tagungsmöglichkeiten machen das Hotel zu einer idealen Businessadresse. Eine kleine Sportsbar und ein eigener Biergarten hinter dem Haus ergänzen das Restaurant.

Fire & Ice

An der Skihalle 1 (über Jülischer Straße A2, Richtung Aachen) ✉ 41472 – ✆ (02131) 7 52 50 – *www.hotelfireandice.de*

79 Zim – †125/225 € ††145/245 €, ☕ 17 € – 1 Suite – ½ P

Rest – Karte 22/49 €

Gemütlich und wertig ist die Einrichtung in dem Businesshotel: vom modern-alpinen Premiumzimmer bis zu Themenzimmern wie "Himalaja", "Mozart" oder "Rocky Mountains"! Das Restaurant im Stil einer Salzburger Hochalm liegt in der Skihalle nebenan - hier Après-Ski-Party am Wochenende. SB-Restaurant Jausenstadl.

Herzog von Burgund

Erftstr. 88 ✉ 41460 – ✆ (02131) 2 35 52 – *www.herzogvonburgund.de – geschl. Januar 1 Woche, Juli - August 2 Wochen und Samstagmittag, Januar - Oktober: Samstagmittag, Sonntag* Stadtplan : B2**c**

Menü 29 € (mittags)/80 € – Karte 25/47 €

Angenehmer hätte man das historische Haus kaum einrichten können: Sehr schön harmonieren die klassischen Möbel und der Parkettboden mit den warmen Bordeauxtönen. Dennoch sollten Sie im Sommer der Terrasse den Vorzug geben: Hier fühlt man sich wie in einer grünen Oase mitten in der Stadt! Die Küche ist saisonal, mittags Lunchmenü und Klassikerkarte.

Zum Stübchen

Preussenstr. 73 (über Reußenstraße A1) ✉ 41464 – ✆ (02131) 8 22 16 – *www.restaurant-zum-stuebchen.de – geschl. Montag, Samstagmittag*

Menü 20 € (mittags unter der Woche)/68 € – Karte 34/56 €

Internationale und saisonale Küche erwartet Sie in dem von Familie Buß freundlich geführten Restaurant. Helle mediterrane Farben bestimmen die Einrichtung.

Spitzweg

Glockhammer 43a ✉ 41460 – ✆ (02131) 6 63 96 60 – *www.restaurant-spitzweg.de – geschl. Juli - August 2 Wochen und Freitagmittag, Samstagmittag, Sonntag* Stadtplan : B1**a**

Menü 27 € (mittags)/51 € – Karte 34/52 €

Ein modernes Restaurant mit roten Wänden und großen, bewusst schiefen Gemälden als Blickfang. Gekocht wird mit internationalem Einfluss. Viele Businessgäste kommen zum Mittagstisch.

In Neuss-Grimlinghausen Süd-Ost: 6 km über Nordkanalstraße Stadtplan : B2

Landhaus Hotel Zim,

Hüsenstr. 17 ✉ 41468 – ✆ (02131) 3 10 10 – www.landhaus-hotel-schulte.com – geschl. 1. - 4. Januar, 18. - 31. Dezember

28 Zim – 79/229 € 89/269 € **Rest** – Karte 18/50 €

Die Zimmer in diesem Familienbetrieb sind im klassischen Stil gehalten, dekorative Details wie Blumenmuster vermitteln Wohnlichkeit. Die nette Zwitscherstube ist eine Bar für Raucher. Bürgerliches Restaurant mit elegantem Touch.

In Kaarst Nord-West: 6 km über Fürtherstraße Stadtplan : A1

Mercure Düsseldorf Kaarst

Königsberger Str. 20 ✉ 41564 – ✆ (02131) 96 90 – www.mercure-hotel-duesseldorf-kaarst.de – geschl. 23. Dezember - 1. Januar

192 Zim – 85/115 € 85/115 €, 18 € – ½ P

Rest – Menü 30 € – Karte 26/51 €

Die günstige Lage in Autobahnnähe ist hier genauso interessant wie die helle, moderne Einrichtung von der großzügigen Halle über die Zimmer bis zum Restaurant (internationale Küche). Sie mögen es etwas komfortabler? Dann buchen sie ein Superior-Zimmer mit diversen kostenfreien Extras!

Landhaus Michels garni

Kaiser-Karl-Str. 10 ✉ 41564 – ✆ (02131) 7 67 80 – www.landhaus-michels.de – geschl. 19. Dezember - Anfang Januar

15 Zim – 65/75 € 90/98 €

Er versprüht schon einen gewissen Charme, dieser alte Gasthof neben der St.-Martinus-Kirche! Das liegt zum einen an der familiären Leitung (in 6. Generation), zum anderen an den gepflegten Zimmern und dem sympathisch-rustikalen Ambiente der einstigen Gastwirtschaft, in der man heute gemütlich beim guten Frühstück sitzt!

NEUSTADT am RÜBENBERGE

Niedersachsen – 45 050 Ew. – Höhe 37 m – Siehe Regionalatlas **18-H8**

Berlin 307 km – Hannover 25 km – Bremen 90 km – Celle 58 km

Michelin Straßenkarte 541

Neustädter Hof garni

Königsberger Str. 43 ✉ 31535 – ✆ (05032) 8 91 40 – www.neustaedter-hof.de – geschl. 21. Dezember - 5. Januar

25 Zim – 50/55 € 80/88 €

Ein Geschäftshaus in einer Wohngegend beherbergt das gepflegte Hotel. Auch ein Familienzimmer ist vorhanden. Das Erholungsgebiet Steinhuder Meer ist nur wenige Kilometer entfernt.

NEUSTADT an der AISCH

Bayern – 12 170 Ew. – Höhe 293 m – Siehe Regionalatlas **49-J16**

Berlin 458 km – München 217 km – Nürnberg 49 km – Bamberg 53 km

Michelin Straßenkarte 546

Allee-Hotel (mit Gästehaus) Rest, Rest,

Alleestr. 14 (B 8/470) ✉ 91413 – ✆ (09161) 8 95 50 – www.allee-hotel.de – geschl. 23. Dezember - 6. Januar

41 Zim – 66/98 € 94/136 €

Rest – Menü 28/58 € – Karte 24/48 € – *(geschl. 23. Dezember - 11. Januar und Freitag - Sonntag) (nur Abendessen)*

Außen ein schmuckes ehemaliges Schulhaus von 1866, innen klassisch-elegante Zimmer mit modernem Komfort - im Gästehaus schön mit Parkett ausgestattet. Nutzen Sie den kostenfreien Room-Service! Speisen (und zwar Klassiker oder saisonale Gerichte) sollten Sie im lichten Wintergarten, er liegt zum Park hin. Nicht vermuten würde man hier das "Oelkabinett" - eine Bar mit origineller Deko vom Druckmesser bis zum Ölkanister!

In Dietersheim-Oberroßbach Süd: 6 km über B 470

Fiedler (mit Gästehaus)
Oberroßbach 3 ✉ 91463 – ✆ (09161) 24 25 – www.landgasthof-fiedler.de – geschl. 1. - 19. Januar
22 Zim – 55/75 € 85/110 € – 3 Suiten – ½ P
Rest *Fiedler* – siehe Restaurantauswahl
Ein ländlich-solides Domizil ist dieser gepflegte Landgasthof in angenehm ruhiger Lage. Sie wohnen in unterschiedlich geschnittenen Zimmern im Haupthaus oder in den kleinen Appartements und Suiten im Gästehaus.

Fiedler – Hotel Fiedler
Oberroßbach 3 ✉ 91463 – ✆ (09161) 24 25 – www.landgasthof-fiedler.de – geschl. 1. - 19. Januar und Mittwoch, Sonntagabend sowie an Feiertagen abends
Menü 19/49 € – Karte 20/41 €
Bei Familie Fiedler bekommt man in sympathischer Atmosphäre eine saisonal geprägte und von der Region inspirierte Frischeküche mit vielen Klassikern und traditionellen Einflüssen. Wenn es für die schöne Terrasse noch zu kühl ist, ist der helle Wintergarten eine nette Alternative.

NEUSTADT an der DONAU

Bayern – 12 750 Ew. – Höhe 354 m – Siehe Regionalatlas **58**-M18
Berlin 525 km – München 90 km – Regensburg 52 km – Ingolstadt 33 km
Michelin Straßenkarte 546

In Neustadt-Bad Gögging Nord-Ost: 4 km

Marc Aurel
Rest,
Heiligenstädter Str. 34 ✉ 93333 – ✆ (09445) 95 80 – www.marcaurel.de
165 Zim – 99/109 € 160/180 € – 13 Suiten – ½ P
Rest – Menü 28 € (abends) – Karte 32/56 €
Das komfortable Hotel empfängt Sie mit einer Lobby im römischen Stil. Wellness- und Freizeitangebote auf 2800 qm. Auch variable Tagungsräume sind vorhanden. Im Restaurant serviert man internationale Küche.

Eisvogel
Rest,
An der Abens 20 ✉ 93333 – ✆ (09445) 96 90 – www.hotel-eisvogel.de
54 Zim – 75/150 € 110/210 € – 4 Suiten – ½ P **Rest** – Karte 20/43 €
Was mit einem Gasthof begann, ist heute ein wirklich komfortables Hotel: Neben wohnlichen Zimmern (fragen Sie nach den neuesten!) bietet man seinen Gästen Spa-Vielfalt auf 1600 qm! Dazu kommt noch das Restaurant mit seinen vielen gemütlichen Stuben. Und auch die Umgebung hat ihren Reiz: Das Haus liegt schön ruhig am Flüsschen Abens.

NEUSTADT an der ORLA

Thüringen – 8 590 Ew. – Höhe 300 m – Siehe Regionalatlas **41**-M13
Berlin 262 km – Erfurt 97 km – Gera 47 km – Triptis 8 km
Michelin Straßenkarte 544

Schlossberg
Rest,
Ernst-Thälmann-Str. 62 ✉ 07806 – ✆ (036481) 6 60 – www.ringhotel-schlossberg.de
31 Zim – 65/80 € 90/110 € – 2 Suiten **Rest** – Karte 18/41 €
In dem sanierten historischen Altstadthaus im Zentrum stehen zeitgemäß und funktionell ausgestattete Gästezimmer zur Verfügung; W-Lan können Sie kostenfrei nutzen. Gediegenes Ambiente im Restaurant.

NEUSTADT an der SAALE, BAD

Bayern – 15 560 Ew. – Höhe 242 m – Siehe Regionalatlas **39**-I14
Berlin 406 km – München 344 km – Fulda 58 km – Bamberg 86 km
Michelin Straßenkarte 546

Fränkischer Hof

Spörleinstr. 3 ✉ 97616 – ✆ (09771) 6 10 70 – www.hotelfraenkischerhof.de
11 Zim ☕ – 🚹49/59 € 🚹🚹76/96 € – ½ P
Rest *Zum Kolonat* – Menü 28 € – Karte 17/35 €
Das jahrhundertealte Fachwerkhaus am Anfang der Fußgängerzone ist ein familiengeführtes Gasthaus mit langer Tradition. Zeitgemäß und wohnlich sind die Zimmer. Gemütliches Restaurant mit Terrasse im romantischen Kilianhof.

In Bad Neustadt-Brendlorenzen Nord: 4,5 km

Die Scheune

Hauptstr. 206 ✉ 97616 – ✆ (09771) 6 31 98 82 – www.die-scheune-nes.de – geschl. Mitte Januar - Ende Februar und Montag - Donnerstag
Karte 27/40 € – *(nur Abendessen, sonntags auch Mittagessen)* (Tischbestellung ratsam)
In der ehemaligen Scheune kocht Chefin Edeltraud Woitekat selbst - und zwar regional und international. Dekorative moderne Kunst und so manche Pflanze schmücken den luftig-hohen Raum, im Garten gedeihen schöne Rosen sowie Kräuter.

NEUSTADT an der WALDNAAB

Bayern – 5 870 Ew. – Höhe 419 m – Siehe Regionalatlas **51-N16**
▶ Berlin 402 km – München 210 km – Weiden in der Oberpfalz 7 km – Bayreuth 60 km
Michelin Straßenkarte 546

Am Hofgarten garni

Knorrstr. 18 ✉ 92660 – ✆ (09602) 92 10 – www.hotelamhofgarten.de – geschl. 20. Dezember - 10. Januar
27 Zim ☕ – 🚹60/85 € 🚹🚹80/100 €
Das gepflegte Hotel unter der Leitung von Familie Greifeneder befindet sich im Zentrum und bietet zeitgemäße, funktionelle Zimmer, einige davon mit Balkon. Im hellen, modernen Frühstücksraum erwartet Sie am Morgen eine frische Auswahl.

NEUSTADT an der WEINSTRASSE

Rheinland-Pfalz – 52 860 Ew. – Höhe 136 m – Siehe Regionalatlas **47-E17**
▶ Berlin 650 km – Mainz 94 km – Mannheim 35 km – Kaiserslautern 36 km
Michelin Straßenkarte 543

Palatina

Gartenstr. 8 ✉ 67433 – ✆ (06321) 92 40 00 – www.hotel-palatina.com
20 Zim – 🚹75/155 € 🚹🚹100/190 €, ☕ 13 € – ½ P
Rest *Wiedemann's Brasserie* – Karte 26/36 € – *(geschl. Montag) (Dienstag - Freitag nur Abendessen)*
Nur fünf Gehminuten von der Altstadt zeigt ein historisches Weingut nun sein neues Gesicht: ein äußerst geschmackvolles, modernes und sehr komfortables Hotel, in dem man die Liebe zum Detail spürt - beim Empfang, in den Zimmern, beim Frühstück... selbst im hübschen Innenhof! Im Sommer Grill-Spezialitäten vom Smoker.

Urgestein im Steinhäuser Hof mit Zim

Rathausstr. 6 ✉ 67443 – ✆ (06321) 48 90 60 – www.restaurant-urgestein.de – geschl. Sonntag - Montag
6 Zim ☕ – 🚹75/99 € 🚹🚹99/115 €
Menü 75/105 € – *(nur Abendessen)* (Tischbestellung ratsam)
Ein talentierter junger Mann bietet hier eine der kreativsten Küchen der Region! Benjamin Peifer heißt er und wie ausdrucksstark und aromatisch er kocht, beweisen die Menüs "Grundstein" und "Meilenstein". Ort des Geschehens ist der einzige noch bestehende Renaissance-Hof der Pfalz mit seinem wunderschönen Kreuzgewölbe. Gönnen Sie sich ruhig ein Fläschchen Pfälzer Wein zum Essen... man kann auch gepflegt übernachten! Es finden übrigens regelmäßig "Jazzclub"-Abende statt - dann ist die Speisekarte einfacher.
➜ Kabeljau aus Norwegen, in Miso mariniert und geröstet. Glasierte Perigord-Trüffel-Ravioli, Parmesan, Haselnuss, braune Butter. Taube aus Anjou an der Karkasse gegart, Sommerbeete, Kirsche, Hafer und Kaffee.

Das neue Fontana

Hintergasse 38 ✉ 67433 – ✆ (06321) 35 49 96 – www.das-neue-fontana.de – geschl. Februar, Mitte August 1 Woche und Montag - Dienstag
Karte 28/45 € – *(nur Abendessen)* (Tischbestellung ratsam)
Axel Jostock ist nach 12 Jahren Wanderschaft in Frankreich in seine pfälzische Heimat zurückgekehrt. Er hat nicht nur Know-how mitgebracht, sondern auch seine charmante Gattin, die sich in dem freundlichen kleinen Restaurant in der Altstadt nun herzlich um die Gäste kümmert und ihnen Internationales serviert.

In Neustadt-Diedesfeld Süd-West: 4 km über Hambach

Grünwedel's Restaurant

Weinstr. 507 ✉ 67434 – ✆ (06321) 21 95 – www.gruenwedels-restaurant.de – geschl. Februar 2 Wochen sowie Mittwoch - Donnerstag
Menü 34/55 € – Karte 28/47 € – (Tischbestellung ratsam)
Im ehemaligen "Becker's Gut" haben sich Dominik Grünwedel und seine Frau den Traum vom eigenen Restaurant erfüllt. In dem eleganten Raum mit weißem Kreuzgewölbe - oder im Sommer auf der Terrasse - sollte man sich weder "Wildentenbrust auf Rahmwirsing" noch "Maultaschen vom Saumagen mit Zwiebelmarmelade" entgehen lassen!

In Neustadt-Gimmeldingen Nord: 3 km

Netts Restaurant und Landhaus mit Zim

Zim,

Meerspinnstr. 46 ✉ 67435 – ✆ (06321) 6 01 75 – www.nettsrestaurant.de – geschl. 1. - 8. Januar und Montag - Dienstag
7 Zim – 68/100 € 88/120 € – ½ P
Menü 34/42 € – Karte 33/51 € – *(nur Abendessen)*
Keine Frage, bei der wunderbaren Aussicht auf die Rheinebene ist die Terrasse hier natürlich der Renner! Aber auch das klare, moderne Interieur des alten Weinguts und der charmante Service kommen gut an, von der Küche ganz zu schweigen. Letztere gibt z. B. als "Bäckchen & Kotelett vom Iberico-Schwein". Für Übernachtungsgäste haben Susanne und Daniel Nett tolle schnörkellose Zimmer und gutes Frühstück!

Spinne

Peter-Koch-Str. 43 ✉ 67435 – ✆ (06321) 9 59 77 99 – www.restaurant-spinne.de – geschl. Februar 2 Wochen, November 1 Woche und Dienstag - Mittwoch
Menü 32/63 € – Karte 25/54 € – *(Montag - Freitag nur Abendessen)* (Tischbestellung ratsam)
Das Weingut Christmann hat wirklich Charme! Das liegt am attraktiven Tonnengewölbe und am gepflasterten, begrünten Innenhof, der im Sommer zu einer reizenden Terrasse wird, aber auch an den engagierten Gastgebern Christiana Mix und Jörg Friedrich. Gekocht wird ambitioniert - regional und mit internationalen Einflüssen, dazu u. a. Weine des eigenen Guts.

Kommerzienrat

Loblocher Str. 34 ✉ 67435 – ✆ (06321) 6 82 00 – www.weinstube-kommerzienrat.de – geschl. Donnerstag
Menü 19/35 € – Karte 20/38 € – *(nur Abendessen)*
Sie werden diese typische Weinstube samt Innenhof lieben, denn Bernd Hagedorn ist passionierter Gastgeber und Weinliebhaber und hat für Sie rund 300 Weine im Offenausschank. Außerdem passt die bürgerliche Küche seiner Frau perfekt zur liebenswert-rustikalen Atmosphäre hier.

In Neustadt-Mußbach Nord-Ost: 2 km

Weinstube Eselsburg

Kurpfalzstr. 62 ✉ 67435 – ✆ (06321) 6 69 84 – www.eselsburg.de – geschl. 24. Dezember - 8. Januar und Sonntag - Montag
Karte 19/41 € – *(nur Abendessen)* (Tischbestellung ratsam)
Außen urige Natursteinmauern, innen gemütliche enge Stuben, viel Holz und allerlei Zierrat wie Bilder oder Mützen, dazu das herzliche Team um Anette Ueberschaer. Hier und im reizenden Innenhof gibt es Pfälzer Brotzeit, einfache Winzerküche und eine Wochenkarte.

NEUSTADT (DOSSE)

Brandenburg – 3 580 Ew. – Höhe 35 m – Siehe Regionalatlas **21-N7**

▶ Berlin 91 km – Potsdam 78 km – Schwerin 128 km – Stendal 71 km

Michelin Straßenkarte 542

Parkhotel St. Georg

Prinz-von-Homburg-Str. 35 ✉ 16845 – ✆ (033970) 9 70 – www.park-hotel-neustadt.de

20 Zim – 59 € 79 € **Rest** – Karte 14/26 €

Ein gepflegter, gediegen eingerichteter Familienbetrieb in der Stadt mit dem größten Gestüt Deutschlands. Das Haus ist mit allerlei Dekorationen rund ums Thema Pferd geschmückt. Eine Terrasse mit Blick ins Grüne ergänzt das Restaurant.

NEUSTADT in HOLSTEIN

Schleswig-Holstein – 16 270 Ew. – Höhe 2 m – Siehe Regionalatlas **11-K4**

▶ Berlin 296 km – Kiel 60 km – Lübeck 42 km – Oldenburg in Holstein 21 km

Michelin Straßenkarte 541

In Neustadt-Pelzerhaken Ost: 5 km

Seehotel Eichenhain

Zim,

Eichenhain 2 ✉ 23730 – ✆ (04561) 5 37 30 – www.eichenhain.de

26 Zim – 85/145 € 130/190 € – 9 Suiten – ½ P

Rest – Menü 34/38 € – Karte 33/56 €

Hier genießt man den Blick über die Gartenanlage und den direkt angrenzenden Strand bis zur Ostsee. Die Zimmer und der Anwendungsbereich sind freundlich und modern. Auch auf der Terrasse des Restaurants profitiert man von der bevorzugten Lage des Hauses.

NEUSTADT in SACHSEN

Sachsen – 13 760 Ew. – Höhe 333 m – Siehe Regionalatlas **44-R12**

▶ Berlin 217 km – Dresden 39 km – Bautzen 28 km

Michelin Straßenkarte 544

Parkhotel Neustadt

Johann-Sebastian-Bach-Str. 20 ✉ 01844 – ✆ (03596) 56 20 – www.parkhotel-neustadt.de

55 Zim – 72/82 € 88/98 € – ½ P

Rest – Menü 18/29 € – Karte 19/31 € – *(nur Abendessen)*

Ein freundlich geführtes Stadthotel mit zeitgemäß und funktionell eingerichteten Gästezimmern. Das Erlebnisbad Monte Mare befindet sich nur wenige Schritte vom Haus entfernt.

NEUSTRELITZ

Mecklenburg-Vorpommern – 21 540 Ew. – Höhe 75 m – Siehe Regionalatlas **13-O6**

▶ Berlin 114 km – Schwerin 177 km – Neubrandenburg 27 km

Michelin Straßenkarte 542

Schlossgarten

Rest,

Tiergartenstr. 15 ✉ 17235 – ✆ (03981) 24 50 0 – www.hotel-schlossgarten.de

24 Zim – 50/69 € 69/99 €, 8 € – ½ P

Rest – Karte 19/30 € – *(geschl. Sonntag) (nur Abendessen)*

Das engagiert geführte historische Haus im Zentrum der Stadt verfügt über neuzeitlich eingerichtete Zimmer, die teilweise zum Garten hin gelegen sind. Stilvoll gestaltetes Restaurant.

NEUTRAUBLING – Bayern

➜ Siehe Regensburg

NEU-ULM

Bayern – 53 510 Ew. – Höhe 471 m – Siehe Regionalatlas **56-I19**

▶ Berlin 616 km – München 138 km – Stuttgart 96 km – Augsburg 80 km

Michelin Straßenkarte 546

siehe Ulm (Umgebungsplan)

Parkhotel Rest, Rest,

Silcherstr. 40 (Edwin-Scharff-Haus) ✉ 89231 Stadtplan : B2**p**
– ✆ (0731) 8 01 10 – www.goldentulip-parkhotel-neu-ulm.com
135 Zim – 99/157 € 119/177 €, 17 € – ½ P
Rest *Edwin.s* – Menü 24 € – Karte 18/51 €
Direkt an der Donau und nur 10 Gehminuten von der Altstadt entfernt wohnen Sie hier in funktionalen Zimmern mit moderner Technik. Im obersten Stock hat man Executive-Zimmer mit Klimaanlage. Vom Restaurant in der 1. Etage blickt man auf Ulm und das Münster.

City-Hotel garni

Ludwigstr. 27 ✉ 89231 – ✆ (0731) 97 45 20 Stadtplan : B2**r**
– www.cityhotel-garni.de – geschl. 1. - 6. Januar, 7. - 22. August
20 Zim – 69/80 € 90/100 €
Das Hotel befindet sich in zentraler Lage unweit des Bahnhofs, Messe und Kongresszentren sind gut zu Fuß erreichbar. Helle zeitgemäße Zimmer, teilweise mit Balkon.

Stephans-Stuben

Bahnhofstr. 65 (über Schützenstraße B2) ✉ 89231 – ✆ (0731) 72 38 72
– www.stephans-stuben.de – geschl. über Ostern, über Pfingsten, Anfang August 2 Wochen und Samstagmittag, Sonntagabend - Dienstagmittag
Menü 32/67 € – Karte 31/60 € – (Tischbestellung ratsam)
Bei Franziska und Siegfried Pfnür passt nicht nur das Ambiente (freundlich, mit mediterranem Touch und stimmig dekoriert), man kann hier auch schmackhaft essen, z. B. ausgelösten Hummer mit Lachspflanzerl.

In Neu-Ulm-Reutti Süd-Ost: 6,5 km über Stadtplan : B1 Richtung Augsburg

Meinl

Marbacher Str. 4 ✉ 89233 – ✆ (0731) 7 05 20 – www.hotel-meinl.de
30 Zim – 80/101 € 90/125 €, 9 € – ½ P
Rest – Menü 37/65 € – Karte 29/45 € – *(geschl. Samstagmittag)*
Ausflugstipps, Relaxen in der Sauna, Service für Biker - und nicht zu vergessen: Kinderspielzimmer und Spielplatz! Die Zimmer hier sind in wohnlichen Farben gestaltet und in den beiden Restaurants "PEUNT" und "Willis" serviert man eine ambitionierte Regionalküche. Schön die Terrasse mit Blick ins Grüne!

NEUWIED

Rheinland-Pfalz – 64 320 Ew. – Höhe 65 m – Siehe Regionalatlas **36**-D14
Berlin 600 km – Mainz 114 km – Koblenz 18 km – Bonn 54 km
Michelin Straßenkarte 543

Food Hotel

Langendorferstr. 155 ✉ 56564 – ✆ (02631) 8 25 20 – www.food-hotel.de
46 Zim – 80/90 € 118/130 € – 1 Suite – ½ P **Rest** – Karte 24/40 €
Ein modernes Hotel, angeschlossen an die Lebensmittelfachschule. Unter der Patenschaft bekannter Firmen sind individuelle themenbezogene Zimmer entstanden. Geradlinig gestaltetes Restaurant mit Supermarkt-Atmosphäre.

Coquille St. Jacques im Parkrestaurant Nodhausen (Florian Kurz)

Nodhausen 1 (Nord: 3 km, über B 256 nach Niederbieber)
✉ 56567 – ✆ (02631) 81 34 23 – www.parkrestaurant-nodhausen.de
– geschl. Januar 2 Wochen, August 2 Wochen und Sonntag - Dienstag
Menü 110/130 € – Karte 89/101 € – *(nur Abendessen)* (Tischbestellung erforderlich)
Das schöne historische Anwesen ist Garant für einen rundum gelungenen Abend: Modern-elegantes Ambiente und geschulter Service nebst trefflicher Weinberatung durch Seniorchef Armin Kurz könnten die saisonale kreativ-klassische Küche von Florian Kurz nicht stimmiger begleiten. In den beiden Menüs überzeugen erstklassige Produktqualität und harmonische Zusammenstellung - Sie können die einzelnen Gänge auch à la carte bestellen.
→ Saibling, Kaviar, Kartoffel. Dry aged Rind mit Erdnuss, Spinat und Zwiebel. Rhabarber, weiße Schokolade und Waldmeister.
Rest *Brasserie Nodhausen* – siehe Restaurantauswahl

XX **Brasserie Nodhausen** – Restaurant Coquille St. Jacques im Parkrestaurant Nodhausen
Nodhausen 1 (Nord: 3 km, über B 256 nach Niederbieber) ✉ 56567 – ✆ (02631) 81 34 23 – www.parkrestaurant-nodhausen.de – geschl. Januar 2 Wochen, August 2 Wochen und Sonntag - Montag
Menü 35 € (mittags)/65 € – Karte 35/64 € – (Tischbestellung ratsam)
Im Zweitrestaurant des Hauses setzt Florian Kurz auf internationale und regionale Kost, die sich an der Saison orientiert. Macht Ihnen "Nuss vom Maibock auf Spargelragout" Appetit? Oder eher ein Steakgericht? Geradlinge Einrichtung und Wintergartenflair schaffen eine ansprechende Atmosphäre.

NIDDERAU

Hessen – 19 900 Ew. – Höhe 117 m – Siehe Regionalatlas **48-G14**
Berlin 526 km – Wiesbaden 60 km – Frankfurt am Main 30 km – Gießen 52 km
Michelin Straßenkarte 543

In Nidderau-Heldenbergen

Zum Adler Rest,
Windecker Str. 2 ✉ 61130 – ✆ (06187) 92 70 – www.hoteladler-goy.de – geschl. 29. Dezember - 10. Januar
24 Zim – 55/90 € 84/110 €
Rest – Karte 17/59 € – *(geschl. Ende Juli 2 Wochen, Anfang August 2 Wochen und Freitag, Sonntagabend) (Montag - Samstag nur Abendessen)*
In dem zum Hotel erweiterten Gasthof (hübsch hier das blaue Fachwerk) bietet Familie Goy Ihnen sehr gepflegte Zimmer und ein gutes Frühstücksbuffet sowie ein Restaurant in ländlichem Stil.

Alte Bäckerei garni
Friedberger Str. 16 ✉ 61130 – ✆ (06187) 90 52 30 – www.hotelaltebaeckerei.de – geschl. 22. Dezember - 12. Januar
15 Zim – 56/80 € 88/109 €
Die freundliche Gastgeberin Jutta Goy leitet hier die ehemaligen Dependance des 500 m entfernten Hotels "Zum Adler". Die Zimmer sind hell und liegen teilweise besonders ruhig nach hinten. Das leckere Frühstück gibt es bis 11 Uhr - es ist übrigens auch bei den Leuten aus der Gegend beliebt!

NIEBLUM – Schleswig-Holstein → Siehe Föhr (Insel)

NIEDERHAUSEN

Rheinland-Pfalz – 510 Ew. – Höhe 127 m – Siehe Regionalatlas **46-D15**
Berlin 631 km – Mainz 56 km – Koblenz 82 km – Saarbrücken 128 km
Michelin Straßenkarte 543

XX **Hermannshöhle Restaurant Weck**
Niederhäuser Hermannshöhle 1 ✉ 55585 – ✆ (06758) 64 86 – www.hermannshoehle-weck.de – geschl. 18. Februar - 12. März, 9. - 18. November und Montag, November - März: Montag - Dienstag
Menü 36/60 € – Karte 29/46 €
Wussten Sie, dass hier einst die Grenze zwischen Bayern und Preußen verlief? Mit dem ehemaligen Fährhaus a. d. 16. Jh. hat Patron Wigbert Weck einen geschichtsträchtigen Ort für seine regional-mediterran inspirierten Speisen wie "Seeteufel mit Ratatouille und Kartoffel-Olivenpüree".

NIEDERKASSEL

Nordrhein-Westfalen – 37 560 Ew. – Höhe 55 m – Siehe Regionalatlas **36-C12**
Berlin 585 km – Düsseldorf 67 km – Bonn 15 km – Köln 23 km
Michelin Straßenkarte 543

In Niederkassel-Uckendorf Nord-Ost: 2 km über Spicher Straße

Clostermanns Hof

Heerstraße ✉ *53859 – ✆ (02208) 9 48 00 – www.clostermannshof.de*
66 Zim – †109/129 € ††119/149 € – ½ P
Rest – Menü 29/51 € – Karte 40/57 €
Beim Golfplatz liegt das stilvoll-wohnliche Hotel, entstanden aus einem hübschen historischen Gutshof. Regional-internationale Küche bieten die Restaurants: lichtes elegantes "Clostermanns" und "Closterstube" mit Landhausflair. Schöner Biergarten im Innenhof, Kaffeegarten sowie Remisenbar im Wintergarten.

NIEDERNBERG

Bayern – 4 920 Ew. – Höhe 117 m – Siehe Regionalatlas **48-G15**
Berlin 563 km – München 375 km – Frankfurt am Main 50 km – Aschaffenburg 12 km
Michelin Straßenkarte 546

Seehotel

Rest, Rest,

Leerweg (Süd-West: 1,5 km) ✉ *63843 – ✆ (06028) 99 90 – www.seehotel-niedernberg.de*
74 Zim – †112/155 € ††144/155 €, 15 € – 5 Suiten
Rest *Rivage* – Menü 27/48 € – Karte 30/64 €
Wie ein kleines Dorf am Seeufer! Gepflegte Gartenanlage und Privatstrand, gute Tagungs- und Veranstaltungsmöglichkeiten und für den Winter das hauseigene Kino. Im Rivage speist man international-regional. Schöne Terrasse am Koikarpfenteich.

NIEDERSTETTEN

Baden-Württemberg – 5 230 Ew. – Höhe 306 m – Siehe Regionalatlas **49-I17**
Berlin 553 km – Stuttgart 127 km – Würzburg 50 km – Crailsheim 37 km
Michelin Straßenkarte 545

Krone

Rest,

Marktplatz 3 ✉ *97996 – ✆ (07932) 89 90 – www.hotelgasthofkrone.de – geschl. 27. Dezember - 7. Januar*
32 Zim – †60/76 € ††95/108 € – ½ P
Rest – Karte 22/45 € – *(geschl. Montagmittag)*
Hätten Sie hinter der historischen Fassade des alten Gasthofs derart moderne Zimmer erwartet? Klare Linien und warme Farben sind hier stimmig und wohnlich kombiniert. Die Zimmer im Gästehaus sind etwas funktioneller. Im Restaurant wählen Sie zwischen der Kronenstube und der eleganten Guten Stube.

NIEDERWEIS

Rheinland-Pfalz – 240 Ew. – Höhe 207 m – Siehe Regionalatlas **45-B15**
Berlin 722 km – Mainz 173 km – Trier 25 km – Grevenmacher 29 km
Michelin Straßenkarte 543

Schloss Niederweis N

Hauptstr. 9 ✉ *54668 – ✆ (06568) 9 69 64 50 – www.schloss-niederweis.de – geschl. Montag*
Menü 29/38 € – Karte 27/52 €
Nach interessanten Stationen sind Sandra Mohnen und Sebastian Poss auf dem Schloss a. d. 18. Jh. sesshaft geworden. In der ehemaligen Kornscheune werden schmackhafte klassisch-saisonale Gerichte gekocht, geschmackvoll-modern das Ambiente (man beachte den historischen Dachstuhl!), reizvoll der Garten. Für Hochzeiten ist der schöne Festsaal der ideale Rahmen - ein Standesamt hat man hier übrigens auch!

NIEDERWINKLING – Bayern ➜ Siehe Bogen

NIEFERN-ÖSCHELBRONN

Baden-Württemberg – 11 860 Ew. – Höhe 240 m – Siehe Regionalatlas **55-F18**
Berlin 659 km – Stuttgart 47 km – Karlsruhe 37 km – Pforzheim 7 km
Michelin Straßenkarte 545

Im Ortsteil Niefern

Krone
Rest, Rest,

Schloßstr. 1 ✉ 75223 – ✆ (07233) 70 70 – www.krone-pforzheim.de – geschl. 26. Dezember - 9. Januar

60 Zim – 74/89 € 99/105 € – 2 Suiten – ½ P

Rest – Karte 20/43 € – *(geschl. Sonntag)*

Gepflegte funktionelle Gästezimmer mit zeitgemäßer Einrichtung und gutem Platzangebot bietet dieses von der Inhaberfamilie geführte Haus. Restaurant mit internationaler Küche.

NIENSTÄDT – Niedersachsen → Siehe Stadthagen

NIERSTEIN
Rheinland-Pfalz – 7 840 Ew. – Höhe 85 m – Siehe Regionalatlas **47-F15**

Berlin 578 km – Mainz 20 km – Frankfurt am Main 53 km – Darmstadt 23 km

Michelin Straßenkarte 543

Wein- und Parkhotel
Zim,

An der Kaiserlinde 1 ✉ 55283 – ✆ (06133) 50 80 – www.weinhotel.bestwestern.de

55 Zim – 79/245 € 99/345 € – ½ P **Rest** – Menü 24 € – Karte 26/50 €

Das Hotel ist besonders für Tagungsgäste und Wochenendurlauber interessant. Es liegt in der Ortsmitte, der Heyl'sche Garten direkt vor der Tür und der Rhein gleich um die Ecke. Zimmer und Restaurant haben einen mediterranen Touch, in der Halle gibt es ein Irish Pub.

Villa Spiegelberg garni

Hinter Saal 21 ✉ 55283 – ✆ (06133) 51 45 – www.villa-spiegelberg.de – geschl. über Weihnachten, über Ostern

11 Zim – 75/85 € 95/110 €

Hier besticht vor allem die Lage in einem parkähnlichen Garten, umgeben von Weinbergen. Die ansprechende Villa ist ein familiär geführtes kleines Hotel mit gediegener Einrichtung.

NIESTETAL – Hessen → Siehe Kassel

NITTEL
Rheinland-Pfalz – 2 210 Ew. – Höhe 180 m – Siehe Regionalatlas **45-A16**

Berlin 744 km – Mainz 187 km – Trier 26 km – Luxembourg 32 km

Michelin Straßenkarte 543

Culinarium

Weinstraße 5, (mit Gästehaus) ✉ 54453 – ✆ (06584) 9 14 50 – www.culinarium-nittel.de – geschl. Ende Februar - Ende März

20 Zim – 45/55 € 75/85 €

Rest *Culinarium* – siehe Restaurantauswahl

Direkt an der Mosel und nur wenige Meter von der luxemburgischen Grenze liegt das familiengeführte Weingut. Einige der großzügigen, wohnlichen Zimmer im ca. 300 m entfernten Gästehaus, hier auch der nette Saunabereich und die Kochschule. Sehr schön die Zimmer im Haupthaus: modern-rustikal und dem Thema Wein gewidmet. Und nehmen Sie sich auch Wein für Zuhause mit!

Nitteler Hof
Zim,

Weinstr. 42 ✉ 54453 – ✆ (06584) 9 93 60 – www.hotelnittelerhof.eu

30 Zim – 73/77 € 75/79 €, 14 € – ½ P

Rest – Menü 30/50 € – Karte 18/52 € – *(Montag - Samstag nur Abendessen)*

In dem rund 100 Jahre alten Haus mit der denkmalgeschützten Fassade wohnt man in zeitgemäßen Zimmern (oder darf es vielleicht die schicke Hochzeits-Juniorsuite mit Jacuzzi sein?), entspannt in der hübschen Lounge oder bei Sauna und Kosmetikanwendungen im schönen Gewölbe und speist im neuzeitlichen Restaurant mit Showküche samt Holzkohlegrill - sonntags Brunch.

Culinarium – Hotel Culinarium
Weinstraße 5 ✉ 54453 – ✆ (06584) 9 14 50 – www.culinarium-nittel.de – geschl. Ende Februar - Ende März und Sonntagabend - Dienstag
Menü 43 € – Karte 20/53 € – *(nur Abendessen, sonntags auch Mittagessen)* (Tischbestellung ratsam)
Modern-elegant kommt das Restaurant daher: klare Linien, warmer Holzfußboden, ein schicker Kaminofen, Deko zum Thema Kulinarik und Wein... Das regional-saisonale Speisenangebot von Walter Curman reicht vom "Mannebacher Käse mit Feigensenf" bis zu "Endivienstampfkartoffeln mit Lachsfilet und Herbsttrüffel". Und auch das Winzersteak der Seniorchefin darf nicht fehlen!

NÖRDLINGEN

Bayern – 19 030 Ew. – Höhe 441 m – Siehe Regionalatlas **56**-J18
Berlin 514 km – München 128 km – Augsburg 72 km – Nürnberg 92 km
Michelin Straßenkarte 546

NH Klösterle
Beim Klösterle 1 ✉ 86720 – ✆ (09081) 8 70 80 – www.nh-hotels.com
98 Zim – 79/144 € 79/144 €, 17 € – ½ P
Rest – Menü 22/99 € – Karte 24/36 €
Das ehemalige Franziskanerkloster a. d. 13. Jh. liegt mitten in der Altstadt und ist mit seiner modernen, funktionalen Ausstattung eine gute Tagungsadresse. Regional-saisonale Küche im Restaurant.

Wirtshaus Meyers Keller - Restaurant Joachim Kaiser
Marienhöhe 8 ✉ 86720 – ✆ (09081) 44 93 – www.meyerskeller.de – geschl. Januar 2 Wochen, Juni 1 Woche und Montag - Dienstag
Menü 79/135 €
Sehr schön spiegelt das Degustationsmenü die exakte kreative Küche von Joachim Kaiser wider, und zu den ansprechend angerichteten feinen Gerichten passt auch die angenehme elegante Atmosphäre. Speisen Sie im Sommer unbedingt auf der Terrasse!
→ Gänseleberterrine mit Weizengrasgel, Ziegenquark und Matcha-Krokant. Fjordforelle auf Zedernholz gegrillt mit Dashi, schwarzem Miso, Kohlrabi und Oliven. Taube an der Karkasse gebraten mit Mostrich-Risotto und frischen Pfifferlingen.
Rest *Wirtsstube* – siehe Restaurantauswahl

Wirtsstube – Wirthaus Meyers Keller - Restaurant Joachim Kaiser
Marienhöhe 8 ✉ 86720 – ✆ (09081) 44 93 – www.meyerskeller.de – geschl. Januar 2 Wochen, Juni 1 Woche und Montag - Dienstag
Menü 35 € – Karte 35/56 €
Holzfußboden, Natursteinwände, Hirschgeweihe als Deko... modern-rustikal ist es hier und schön charmant! Auf den Teller kommen akkurat zubereitete regionale Speisen, die man mittig im Raum auch als "Versucherle" genießen kann. Tipp: Im ehemaligen Bierkeller reift der hausgemachte Schinken nach Culatello-Art!

NÖRTEN-HARDENBERG

Niedersachsen – 8 260 Ew. – Höhe 140 m – Siehe Regionalatlas **29**-I10
Berlin 328 km – Hannover 109 km – Kassel 57 km – Göttingen 11 km
Michelin Straßenkarte 541

Hardenberg BurgHotel
Hinterhaus 11a ✉ 37176 – ✆ (05503) 98 10 – www.hardenberg-burghotel.de
42 Zim – 145/195 € 178/250 € – 2 Suiten – ½ P
Rest *Novalis* – siehe Restaurantauswahl
Rest *Keilerschänke* – ✆ (05503) 98 10 – Menü 29 € – Karte 27/47 €
In dem eleganten Hotel zeugt der Keilerkopf, das Wappen der Hardenbergs, von langer Familientradition. Direkt unterhalb der Burgruine kann man geschmackvoll wohnen und entspannen (schöner Saunabereich). Eigenes Reitturnier. Rustikale Keilerschänke.

XXX **Novalis** – Hardenberg BurgHotel
Hinterhaus 11a ✉ 37176 – ✆ (05503) 98 10 – www.hardenberg-burghotel.de – geschl. Sonntag - Montag
Menü 49/94 € – *(nur Abendessen)*
Das kulinarische Herz des Burghotels schlägt im Novalis. Das Ambiente: eine schöne Symbiose aus klassischem elegantem Stil und modernem Zeitgeschmack.

NOHFELDEN

Saarland – 10 140 Ew. – Höhe 350 m – Siehe Regionalatlas **46**-C16
Berlin 702 km – Saarbrücken 54 km – Trier 58 km – Kaiserslautern 59 km
Michelin Straßenkarte 543

Nohfelden-Selbach Süd-West: 10 km

X **Oldenburger Hof**
Birkenfelder Str. 1 ✉ 66625 – ✆ (06875) 8 01 – www.oldenburgerhof-selbach.de – geschl. November 2 Wochen, Februar 2 Wochen und Montag - Dienstag, Samstagmittag
Karte 15/40 €
Mit Jochen und Charlotte Schneider ist der gestandene Gasthof nun in 10. Generation in Familienhand. Den ländlichen Charme hat man bewahrt, helle warme Töne machen sich gut dazu und wirken schön freundlich. Saisonal-bürgerliche Küche von Schnitzel bis "Ochsenbacke provencale".

NONNENHORN

Bayern – 1 670 Ew. – Höhe 404 m – Siehe Regionalatlas **63**-H22
Berlin 730 km – München 187 km – Kostanz 77 km – Ravensburg 25 km
Michelin Straßenkarte 546

Torkel Rest,
Seehalde 14 ✉ 88149 – ✆ (08382) 9 86 20 – www.hotel-torkel.de – geschl. Januar
30 Zim – 70/110 € 120/300 € – 1 Suite – ½ P
Rest – Menü 38 € – Karte 25/60 € – *(geschl. Mittwoch)*
Der Generationswechsel im Haus beschert dem Gast neuen Komfort: Die Gebrüder Stoppel haben im Neubau schicke moderne Zimmer sowie ein schönes Wellnessangebot geschaffen! Wer das Bewährte vorzieht: ländlich-schlichte Zimmer im Stammhaus. Im Fokus des Restaurants (nett auch die Terrasse) steht regionale Küche.

Haus am See
Uferstr. 23 ✉ 88149 – ✆ (08382) 98 85 10 – www.hausamsee-nonnenhorn.de – geschl. 16. - 25. November, 20. Dezember - 1. März
24 Zim – 85/105 € 145/175 € – 1 Suite – ½ P
Rest *Haus am See* – siehe Restaurantauswahl
Angesichts der sehr wohnlichen Zimmer und des überaus gepflegten Gartens, der auch noch direkten Zugang zum See bietet, möchte man hier einfach die Seele baumeln lassen! Und zufriedene Gäste sind schließlich das Anliegen der engagierten Familie Knörle.

Seewirt
Seestr. 15 ✉ 88149 – ✆ (08382) 98 85 00 – www.hotel-seewirt.de – geschl. 7. Januar - 28. Februar, 27. Oktober - 11. Dezember
30 Zim – 60/95 € 85/180 € – ½ P
Rest – Menü 30/45 € – Karte 22/55 €
Das Hotel liegt wirklich günstig: Zum einen ist der See ganz nah, zum anderen nutzen Hausgäste kostenlos das örtliche Freibad gegenüber. Essen können Sie im Stammhaus von 1617, z. B. in der charmanten historischen Stube. Es gibt aber auch ein Café mit Seeterrasse und Leckerem aus der eigenen Konditorei.

Zur Kapelle
Kapellenplatz 3 ✉ 88149 – ✆ (08382) 82 74 – www.witzigmann-kapelle.de – geschl. 12. Januar - 13. März
17 Zim – 51/68 € 80/114 € – ½ P
Rest – Menü 19 € – Karte 20/41 € – *(geschl. November - Januar: Donnerstag)*
Seit Jahrzehnten befindet sich der denkmalgeschützte Gasthof im Familienbesitz. Alles passt zusammen: wohnliche Zimmer, private Atmosphäre, die gemütliche Stimmung in der rustikalen Gaststube - hier bietet man durchgehend warme Küche, Hausspezialität ist Wildente. Natürlich zieht es die Gäste auch auf die schöne Terrasse!

Haus am See – Hotel Haus am See
Uferstr. 23 ✉ 88149 – ✆ (08382) 98 85 10 – www.hausamsee-nonnenhorn.de – geschl. 16. - 25. November, 20. Dezember - 1. März und Mittwoch
Menü 36 € – Karte 40/62 €
Der Blick in den Garten und auf den See gibt dem Wintergartenrestaurant samt schöner Terrasse seinen besonderen Reiz. Valentin Knörle, Sohn des Hauses, leitet die Küche - auf der regionalen Karte finden Sie z. B. "Spanferkelrücken mit Dunkelbiersauce, Spitzkraut und Honig-Grießknödel".

NONNWEILER

Saarland – 8 910 Ew. – Höhe 400 m – Siehe Regionalatlas **45-C16**
Berlin 712 km – Saarbrücken 50 km – Trier 45 km – Kaiserslautern 75 km
Michelin Straßenkarte 543

In Nonnweiler-Sitzerath West: 4 km, jenseits der A 1

Landgasthof Paulus
Prälat-Faber-Str. 2 ✉ 66620 – ✆ (06873) 9 10 11 – www.landgasthof-paulus.de – geschl. Montag - Mittwochmittag, außer an den Feiertagen
Menü 35/50 € – Karte 38/51 € – (Tischbestellung ratsam)
Die Leibspeise von Gastgeber Thomas Nickels (bereits die 7. Generation) ist Rindsroulade. Keine Frage, dass diese auch zum Repertoire seiner Frau Sigrune Essenpreis gehört, die hier ihre Naturküche aus regionalen (Bio-) Produkten, heimischen Kräutern etc. zum Besten gibt - zu genießen in freundlichem, modernem Landhaus-Ambiente. Zudem hat man eine Vinothek.

NORDDORF – Schleswig-Holstein → Siehe Amrum (Insel)

NORDEN

Niedersachsen – 25 120 Ew. – Höhe 7 m – Siehe Regionalatlas **7-D5**
Berlin 531 km – Hannover 268 km – Emden 44 km – Oldenburg 97 km
Michelin Straßenkarte 541

Reichshof (mit Gästehäusern)
Neuer Weg 53 ✉ 26506 – ✆ (04931) 17 50 – www.reichshof-norden.de
52 Zim – 79/120 € 119/169 € – 3 Suiten – ½ P
Rest – Menü 29/59 € – Karte 25/61 €
Welchen Zimmertyp bevorzugen Sie? "Standard", "Klassik", "De Luxe" oder eines der beiden chic-modernen und sehr großzügigen "Wellness-Lofts"? Das Hotel liegt an der Fußgängerzone und ist gut geführt - hier wird immer wieder investiert!

In Norden-Norddeich Nord-West: 4,5 km über B 72

Fährhaus
Hafenstr. 1 ✉ 26506 – ✆ (04931) 9 88 77 – www.hotel-faehrhaus.de
74 Zim – 120/180 € 140/210 € – 4 Suiten – ½ P
Rest – Menü 27/43 € – Karte 27/60 €
Hier heißt es komfortabel wohnen in schöner Lage am Deich, direkt an den Fähren nach Juist und Norderney! Wenn Sie entspannen und gleichzeitig eine tolle Aussicht genießen möchten, lassen Sie sich nicht das "Wellnessdeck" im 6. Stock entgehen! Übrigens: Die Zimmer im Ostdeck sind die moderneren. Ebenso modern die "Tenderbar", die neben dem schönen Restaurant mit Wintergarten zur Gastronomie des Hauses zählt.

Regina Maris
Badestr. 7c ✉ *26506 – ✆ (04931) 18 93 70 – www.hotelreginamaris.de*
60 Zim ☕ – 🚹75/95 € 🚹🚹110/140 €
Rest – Menü 25/48 € – Karte 29/50 €
Rest *Störtebeker's* – ✆ (04931) 18 93 66 – Menü 25/35 € – Karte 24/41 €
In einem Wohngebiet direkt am Deich liegt das Ferienhotel mit soliden wohnlichen Gästezimmern, in der obersten Etage mit Meerblick. Auch ein Beautybereich ist vorhanden. Richtig nett und modern-friesisch kommt das Störtebeker's daher. Die Küche ist regional.

NORDENHAM

Niedersachsen – 26 830 Ew. – Höhe 3 m – Siehe Regionalatlas **8-F5**
Berlin 464 km – Hannover 200 km – Cuxhaven 51 km – Bremen 71 km
Michelin Straßenkarte 541

Hotel Am Markt
Marktstr. 12 ✉ *26954 – ✆ (04731) 9 37 20 – www.hotel-am-markt.de*
44 Zim ☕ – 🚹95/200 € 🚹🚹115/200 € – 3 Suiten – ½ P
Rest – Menü 25/40 € – Karte 26/45 €
In dem roten Klinkerbau in der Stadtmitte stehen neuzeitliche Zimmer mit geschmackvoller Einrichtung bereit. Auch für Tagungen ist das Hotel gut geeignet. Restaurant in der 1. Etage mit internationaler Karte. Bistro.

Küste garni
Hansingstr. 5 ✉ *26954 – ✆ (04731) 24 98 90 – www.hotelkueste.de*
12 Zim ☕ – 🚹75/150 € 🚹🚹89/150 €
In dem kleinen Hotel erwarten Sie individuell geschnittene Zimmer mit moderner, komfortabler Ausstattung, dazu ein netter Frühstücksraum mit recht guter Buffetauswahl und ein richtig hübscher Garten - eine wirklich schöne Alternative zu den großen Häusern!

In Nordenham-Tettens Nord: 10 km Richtung Butjadingen, in Schneewarden rechts

Landhaus Tettens
Am Dorfbrunnen 17 ✉ *26954 – ✆ (04731) 3 94 24 – www.landhaus-tettens.de – geschl. Januar 2 Wochen und Montag*
Menü 19/28 € – Karte 24/38 €
In einem schönen Garten am Deich steht das charmante einstige Bauernhaus, unter dessen Reetdach man mit Liebe zum Detail ein gemütliches ländlich-elegantes Restaurant eingerichtet hat. Man serviert Ihnen hier regionale und internationale Küche.

NORDERNEY (INSEL)

Niedersachsen – 5 820 Ew. – Höhe 5 m – Siehe Regionalatlas **7-D5**
Berlin 537 km – Hannover 272 km – Emden 44 km – Aurich 31 km
Michelin Straßenkarte 541

Strandhotel Georgshöhe
Rest, Rest,
Kaiserstr. 24 ✉ *26548 – ✆ (04932) 89 80 – www.georgshoehe.de – geschl. 30. November - 25. Dezember*
109 Zim ☕ – 🚹55/145 € 🚹🚹124/255 € – 23 Suiten – ½ P
Rest *N'eys* – siehe Restaurantauswahl
Rest – Menü 22 € (abends)/34 € – Karte 30/50 €
Ein idealer Ort zum Urlaubmachen: die strandnahe Lage und der große Spa, der u. a. Saunen mit Meerblick bietet! Für Freunde modernen Designs könnten die Zimmerkategorien "Prestige" und "Sportive" kaum passender sein.

Seesteg
Damenpfad 36a ✉ *26548 – ✆ (04932) 89 36 00 – www.seesteg-norderney.de*
11 Zim ☕ – 🚹240/340 € 🚹🚹280/380 € – 5 Suiten
Rest *Seesteg* ✿ – siehe Restaurantauswahl
Es gibt wohl nichts in diesem Boutique-Hotel, das nicht exklusiv ist! Angefangen bei der Lage am Strand über die Wertigkeit in Design und Technik bis hin zu Highlights wie dem Private Spa und dem Rooftop-Pool - vom guten Service ganz zu schweigen!

Villa Ney

Gartenstr. 59 ✉ 26548 – ✆ (04932) 91 70 – www.villa-ney.de – geschl. 15. November - 15. Dezember, 10. Januar - 10. Februar

4 Zim ☕ – †100/130 € ††145/165 € – 10 Suiten

Rest – Menü 23 € – *(nur Abendessen für Hausgäste)*

In einer ruhigen Dorfstraße befindet sich dieser moderne Villenbau. Dem Gast stehen tipptopp gepflegte, wohnlich und elegant eingerichtete Zimmer zur Verfügung.

Haus Norderney garni

Janusstr. 6 ✉ 26548 – ✆ (04932) 22 88 – www.hotel-haus-norderney.de – geschl. 1. Dezember - 6. Februar

10 Zim ☕ – †55/95 € ††124/188 €

Die Villa von 1927 ist eines der schönsten Häuser der Insel und perfekt für Individualisten! Klares Design in warmen Tönen, Frühstück im kleinen Garten, relaxen am Kamin oder in der Sauna, dazu kostenfreie Fahrräder und nette Kleinigkeiten, die den Aufenthalt versüßen!

Aquamarin garni

Friedrichstr. 5 ✉ 26548 – ✆ (04932) 9 28 50 – www.hotel-aquamarin-norderney.de – geschl. 1. Dezember - 6. Februar

13 Zim ☕ – †55/112 € ††98/184 €

Richtig nett wohnt man in dem sympathischen kleinen Hotel: Die Führung ist persönlich, die Zimmer sind individuell (einige neuere sind besonders schön), charmant-modern sind Lobby und Frühstücksraum mit hellem Dielenboden und hübschen Details.

Seesteg – Hotel Seesteg

Damenpfad 36a ✉ 26548 – ✆ (04932) 89 36 35 – www.seesteg-norderney.de

Menü 41 € (vegetarisch)/78 € – Karte 48/77 € – (Tischbestellung ratsam)

Der Blick aufs Meer ist zweifelsohne interessant, doch auch in die Küche lohnt es sich zu schauen. Hier kocht Markus Kebschull frisch, zeitgemäß und mit ausgesuchten Produkten. Die kleine Weinkarte dazu ist gut kalkuliert. Mittags ist das Angebot kleiner. Angenehm ist nicht nur das helle, moderne Ambiente drinnen: Die Terrasse zum Meer ist ein echtes Highlight!

→ Steinbutt mit Blumenkohl, Blutorange und Hummersauce. Lammrücken mit einem Cassoulet von Bohnen und Merguez, Jus Sarriette. Warme Sachertorte mit Aprikoseneis.

N'eys – Strandhotel Georgshöhe

Kaiserstr. 24 ✉ 26548 – ✆ (04932) 89 80 – www.georgshoehe.de – geschl. 30. - 25. Dezember und Montag, November - März: Montag - Donnerstag

Menü 35/80 € – Karte 46/72 € – *(nur Abendessen)*

N'eys nennt sich das kleine Abendrestaurant im Wintergarten. Stylish ist das Ambiente, grandios der Blick aufs Meer. Die Küche lockt mit klassischer Kulinarik.

Weisse Düne

Weisse Düne 1 ✉ 26548 – ✆ (04932) 93 57 17 – www.weisseduene.com

Karte 22/53 €

Es gibt wohl kaum jemanden, der nicht gerne an einem warmen Sommertag direkt hinter den Dünen entspannt im Freien sitzt! Mittags kann man nicht reservieren und die Karte ist einfacher (mit Auszügen aus dem Abendangebot).

NORDERSTEDT

Schleswig-Holstein – 72 000 Ew. – Höhe 36 m – Siehe Regionalatlas **10-I5**

Berlin 309 km – Kiel 79 km – Hamburg 26 km – Itzehoe 58 km

Michelin Straßenkarte 541

Park-Hotel garni

Buckhörner Moor 100 ✉ 22846 – ✆ (040) 52 65 60 – www.parkhotel-hamburg.de – geschl. Ende Dezember - Anfang Januar

78 Zim ☕ – †74/124 € ††85/134 €

Ein Businesshotel in zentraler Lage, in dem Sie eine ansprechende, großzügige Lobby empfängt. Gut ausgestattete Zimmer in zeitlosem Stil, hübscher Frühstücksraum.

In Norderstedt-Harksheide

Schmöker Hof
Oststr. 18 ✉ 22844 – ✆ (040) 52 60 70 – www.schmoekerhof.de
122 Zim – 89/104 € 104/114 €, ☕ 13 € **Rest** – Karte 29/46 €
Das Tagungs- und Geschäftshotel befindet sich etwas außerhalb und bietet funktionell ausgestattete und teilweise frisch renovierte Zimmer. Auch eine Indoor-Golfanlage ist vorhanden. Zum Restaurant gehört ein schöner Biergarten im Innenhof.

NORDHORN

Niedersachsen – 53 060 Ew. – Höhe 23 m – Siehe Regionalatlas **16**-C8
Berlin 502 km – Hannover 224 km – Bremen 155 km – Groningen 113 km
Michelin Straßenkarte 541

Am Stadtring
Stadtring 31 ✉ 48527 – ✆ (05921) 8 83 30 – www.hotel-am-stadtring.de
47 Zim ☕ – 62/94 € 92/110 € – 1 Suite – ½ P **Rest** – Karte 20/44 €
In dem Familienbetrieb wohnt man individuell, einige Zimmer sind ganz modern und geradlinig. Man bietet auch eine ansprechende Sauna, Kosmetik und einen Verbindungsgang zum städtischen Hallenbad - für Sie kostenfrei! Das Restaurant: Orangerie und Kaminstübchen.

Riverside
Zim,
Heseper Weg 40 ✉ 48529 – ✆ (05921) 81 98 10 – www.riverside-nordhorn.de
46 Zim ☕ – 108/114 € 125/135 € – ½ P
Rest *Pier 99* – ✆ (05921) 81 98 19 99 – Karte 18/40 €
Komfortable Ausstattung, moderner Stil und wohnlich-warme Farben - und das unmittelbar am Vechtesee! Zur Seeseite liegen die Zimmer ruhiger. Das Restaurant Pier99 sieht sich als legere "Strandbude"; im Sommer mit geöffneter Glasfront, im Winter mit wärmendem Kamin.

IN-SIDE garni
Bernhard-Niehues-Str. 12 ✉ 48529 – ✆ (05921) 8 98 60 – www.in-side-hotel.de – geschl. 21. Dezember - 6. Januar
40 Zim ☕ – 57/80 € 79/94 €
Das Hotel ganz in der Nähe der Innenstadt verfügt über zeitgemäße, funktionelle Zimmer, zwei davon mit schöner Dachterrasse! Hübsch ist der modern gestaltete Saunabereich.

NORDKIRCHEN

Nordrhein-Westfalen – 10 440 Ew. – Höhe 65 m – Siehe Regionalatlas **26**-D10
Berlin 503 km – Düsseldorf 96 km – Dortmund 36 km – Bochum 48 km
Michelin Straßenkarte 543

Schloss Restaurant Venus
Schloss 1, (im Schloss Nordkirchen) ✉ 59394 – ✆ (02596) 97 24 72 – www.lauter-nordkirchen.de – geschl. 5. - 28. Januar und Sonntag - Dienstag
Menü 65/120 € – Karte 55/80 € – *(Mittwoch - Samstag nur Abendessen)*
Das elegante Restaurant befindet sich im "Westfälischen Versailles", direkt am Wassergraben. Freundlich serviert man in geschmackvollem Ambiente ambitionierte klassische Küche. Nachmittags kleine Snacks sowie Kaffee und Kuchen.

NORDRACH

Baden-Württemberg – 1 980 Ew. – Höhe 297 m – Siehe Regionalatlas **54**-E19
Berlin 780 km – Stuttgart 126 km – Freiburg 63 km – Strasbourg 60 km
Michelin Straßenkarte 545

Gasthaus Stube
Zim,
Im Dorf 28 ✉ 77787 – ✆ (07838) 2 02 – www.stube-nordrach.de
10 Zim ☕ – 57 € 83 € **Rest** – Karte 22/41 € – *(geschl. Donnerstag)*
Viele Geschäftsleute sind in dem kleinen Hotel zu Gast - sie schätzen die funktionellen und tipptopp gepflegten Zimmer. Zum Essen geht man in die ländliche Stube - hier gibt's Sauerbraten, Schnitzel, Wildgulasch...

NORDSTRAND

Schleswig-Holstein – 2 220 Ew. – Höhe 2 m – Siehe Regionalatlas **1-G2**
Berlin 447 km – Kiel 103 km – Sylt (Westerland) 53 km – Flensburg 61 km
Michelin Straßenkarte 541

Pharisäerhof

Elisabeth-Sophien-Koog 3 ✉ 25845 – ✆ (04842) 3 53 – www.pharisaerhof.de
28 Zim – 58/68 € 90/105 € – ½ P
Rest – Karte 21/36 € – *(nur Abendessen)*
Hier sind nicht nur Sie, sondern auch Ihr Hund herzlich willkommen - getreu dem Motto "Urlaub frei Schnauze"! Familie Scheler leitet das Haus engagiert und bietet neben freundlichen Zimmern auch ein Café mit eigener Eismanufaktur, eine kleine Bistrokarte sowie einen Hofladen. Frühstück, Leihfahrrad und Sauna sind inklusive, kein Aufschlag für Haustiere.

In Nordstrand-Süderhafen

Am Heverstrom

Heverweg 14 ✉ 25845 – ✆ (04842) 80 00 – www.am-heverstrom.de
10 Zim – 55/80 € 72/92 € – 1 Suite
Rest – Karte 16/37 € – *(geschl. Dienstag) (Oktober - März: nur Abendessen, Sonntags auch Mittagessen)*
Hier steht alles unter dem Motto "familiäre Gemütlichkeit", charmant die Zimmer mit behaglichen Holzmöbeln und friesischer Note (teils mit Terrasse oder Aussicht), ebenso das Restaurant mit seinem schönen alten Tresen. Serviert wird bürgerliche Küche. Der namengebende Heverstrom ist übrigens ein Gezeitenstrom zwischen Nordstrand und Husum.

NORTHEIM

Niedersachsen – 29 440 Ew. – Höhe 120 m – Siehe Regionalatlas **29-I10**
Berlin 317 km – Hannover 99 km – Braunschweig 85 km – Göttingen 27 km
Michelin Straßenkarte 541

Schere

Breite Str. 24 ✉ 37154 – ✆ (05551) 96 90 – www.hotel-schere.de
38 Zim – 76/96 € 103/123 € – 1 Suite – ½ P
Rest – Karte 21/50 € – *(geschl. Sonntagabend - Montagmittag) (Ende Juli - Anfang September: nur Abendessen)*
Das Hotel besteht aus acht historischen Fachwerkhäusern, in denen sich unterschiedliche, zeitgemäß ausgestattete Gästezimmer befinden. Die Fußgängerzone beginnt am Haus. Teil des Restaurants ist die bürgerlich-rustikale Gaststube. Internationale Küche.

In Northeim-Hollenstedt Nord-West: 4 km über B 3

Seeger's Gasthof mit Zim

Einbecker Str. 48 ✉ 37154 – ✆ (05551) 57 48 – www.seegersgasthof.de – geschl. Montag - Dienstag
5 Zim – 35 € 68 €
Menü 28/49 € – Karte 32/56 € – *(nur Abendessen)* (Tischbestellung ratsam)
Der typische Dorfgasthof ist ein sympathischer und gut geführter Familienbetrieb mit Tradition. In der Küche verarbeitet man Bioprodukte zu schmackhaften regionalen Gerichten. Zum Übernachten stehen gepflegte Gästezimmer bereit.

NORTORF

Schleswig-Holstein – 6 210 Ew. – Höhe 32 m – Siehe Regionalatlas **10-I3**
Berlin 348 km – Kiel 29 km – Flensburg 81 km – Hamburg 78 km
Michelin Straßenkarte 541

Kirchspiels Gasthaus

Große Mühlenstr. 9 ✉ 24589 – ✆ (04392) 2 02 80 – www.kirchspiels-gasthaus.de – geschl. Anfang Januar 1 Woche
18 Zim – 55/90 € 84/110 € – 3 Suiten – ½ P
Rest *Kirchspiels Gasthaus* – siehe Restaurantauswahl
Sie wohnen in einem familiengeführten kleinen Hotel, das unmittelbar am Dorfplatz liegt. Die Zimmer sind gepflegt und funktionell ausgestattet - für Familien bieten sich die Suiten an.

Kirchspiels Gasthaus – Hotel Kirchspiels Gasthaus
Große Mühlenstr. 9 ✉ 24589 – ✆ (04392) 2 02 80 – www.kirchspiels-gasthaus.de – geschl. Anfang Januar 1 Woche
Menü 25/39 € – Karte 26/52 €
Hier bekommt man eine regional geprägte Küche, die frisch und schmackhaft ist - da liest man auf der Karte z. B. "Schmortopf vom Holsteiner Kalb" oder "Ostseeschollenfilet, Jevenstedter Kartoffelschuppen, Gurkengemüse, Dillkartoffelpüree".

NOSSENTINER HÜTTE

Mecklenburg-Vorpommern – 700 Ew. – Höhe 74 m – Siehe Regionalatlas **12**-N5
Berlin 154 km – Schwerin 78 km – Güstrow 41 km – Wittstock 51 km
Michelin Straßenkarte 542

Im Ortsteil Sparow Süd-West: 5 km Richtung Malchow, nach 1,5 km rechts ab

Gutshof Sparow (mit Gästehäusern)
Sparow 8 ✉ 17214 – ✆ (039927) 76 20 – www.gutshof-sparow.de
47 Zim – 🛉70/90 € 🛉🛉95/125 € – 3 Suiten – ½ P
Rest – Menü 23 € – Karte 21/49 €
Das komfortable Hotel besteht aus einem schmucken ehemaligen Gutshaus sowie mehreren hübschen Fachwerkhäusern mit Appartements. Auf Anfrage bietet man auch Kosmetik. Die gemütlich-rustikale Jägerstube und der neuzeitliche Wintergarten bilden das Restaurant.

NOTHWEILER

– Rheinland-Pfalz ➜ Siehe Rumbach

NOTTULN

Nordrhein-Westfalen – 19 880 Ew. – Höhe 97 m – Siehe Regionalatlas **26**-D9
Berlin 499 km – Düsseldorf 106 km – Nordhorn 85 km – Enschede 65 km
Michelin Straßenkarte 543

In Nottuln-Schapdetten Ost: 5 km

Zur alten Post
Roxeler Str. 5 ✉ 48301 – ✆ (02509) 9 91 90 – www.zuraltenpost.de
26 Zim – 🛉48 € 🛉🛉74/84 € – ½ P
Rest – Menü 14 € (mittags)/20 € – Karte 15/32 € – *(geschl. Dienstag)*
Ein traditionelles Haus, das seit 1872 von der gleichen Familie geführt wird. Die Zimmer sind etwas unterschiedlich eingerichtet, das Hochzeitszimmer ist im alpenländischen Stil gehalten.

In Nottuln-Stevern Nord-Ost: 2 km Richtung Schapdetten

Gasthaus Stevertal mit Zim — Rest,
Stevern 36 ✉ 48301 – ✆ (02502) 9 40 10 – www.gasthaus-stevertal.de – geschl. über Weihnachten
16 Zim – 🛉50 € 🛉🛉90 € Menü 12 € (mittags)/49 € – Karte 16/37 €
Bürgerlich isst man in dem gut geführten gemütlich-westfälischen Haus, einem alteingesessenen Familienbetrieb. Aus der eigenen Metzgerei kommt u. a. geräucherter Schinken. Übernachtungsgästen bietet man tipptopp gepflegte Zimmer.

NOTZINGEN

Baden-Württemberg – 3 560 Ew. – Höhe 316 m – Siehe Regionalatlas **55**-H18
Berlin 629 km – Stuttgart 32 km – Karlsruhe 104 km – Tübingen 57 km
Michelin Straßenkarte 545

Die Kelter
Kelterstr. 15 ✉ 73274 – ✆ (07021) 86 37 86 – www.kelter-notzingen.de – geschl. August 3 Wochen und Mittwoch
Menü 33 € – Karte 30/46 € – *(nur Abendessen, sonntags auch Mittagessen)*
Gelungen hat man die ehemalige Kelter von 1700 restauriert! In einem schönen hohen Raum mit freigelegtem altem Fachwerk und dekorativen modernen Bildern bieten Ihnen Oliver Sagrati und seine Frau (sie leitet freundlich den Service) mediterran-regionale Küche - lecker z. B. "Rinderfiletspitzen mit Rahmsauce".

NÜMBRECHT

Nordrhein-Westfalen – 17 230 Ew. – Höhe 285 m – Siehe Regionalatlas **36**-D12
Berlin 576 km – Düsseldorf 91 km – Bonn 49 km – Waldbröl 8 km
Michelin Straßenkarte 543

Park-Hotel

Rest,

Parkstr. 3 (Zufahrt über Weiherstraße) ✉ *51588* – ✆ *(02293) 30 30 – www.nuembrecht.com*

90 Zim – 92/122 € 130/150 € – ½ P **Rest** – Karte 30/49 €

Ein Tagungshotel nahe Kurpark und Sportzentrum mit zeitgemäß-funktionellen Zimmern, einige befinden sich in der Sportresidenz direkt am Golfplatz. Mit im Haus: Café mit Kuchenbuffet. Das Restaurant bietet internationale Küche.

NÜRBURG

Rheinland-Pfalz – 160 Ew. – Höhe 593 m – Siehe Regionalatlas **36**-C14
Berlin 644 km – Mainz 152 km – Aachen 133 km – Bonn 56 km
Michelin Straßenkarte 543

Lindner Congress & Motorsport Hotel

Stefan-Bellof-Straße ✉ *53520* – ✆ *(02691) 3 02 50 00 – www.lindner.de*

154 Zim – 99/189 € 119/229 € – 5 Suiten – ½ P
Rest *Nuvolari* – ✆ (02691) 3 02 51 76 – Menü 35/75 € – Karte 29/54 €

Das moderne Design in dem Hotel am Nürburgring ist ganz dem Motorsport gewidmet. VIP-Etage mit Zugang zu Tribüne und Hubschrauber-Landeplatz auf dem Dach. Bar und Spielkasino. Geradlinig-elegantes Restaurant mit angrenzender Terrasse. Davidoff Lounge.

Dorint

Rest,

Grand-Prix-Strecke ✉ *53520* – ✆ *(02691) 30 90 – www.dorint.com/nuerburgring*

207 Zim – 64/142 € 64/142 € – 4 Suiten – ½ P **Rest** – Karte 27/62 €

Modern-funktional sind die Zimmer dieses Tagungshotels in einer vor allem für Motorsport-Fans einmaligen Lage. Besonders interessant sind die Zimmer zur Rennstrecke hin. Restaurant mit Sicht zur Start- und Zielgeraden, Cockpit Bar mit Autosport-Dekor.

NÜRNBERG

Bayern – 505 670 Ew. – Höhe 309 m – Siehe Regionalatlas **50-K16**
▶ Berlin 432 km – München 165 km – Frankfurt am Main 226 km – Leipzig 276 km
Michelin Straßenkarte 546

Hotels

Sheraton Carlton
Rest,

Eilgutstr. 15 ✉ 90443 – ✆ (0911) 2 00 30 Stadtplan : L2**f**
– www.carlton-nuernberg.de
162 Zim – 🚹99/195 € 🚹🚹149/255 €, ☕ 15 € – 4 Suiten – ½ P
Rest – Karte 26/53 €
Die klare Nr. 1 in der Stadt: luxuriös-komfortable Zimmer, attraktiver kleiner Spa mit Blick über Nürnberg, beispielhafte Führung. Im Restaurant Tafelhof serviert man internationale Küche. Beliebt (auch bei den Einheimischen): das Gourmet-Buffet samtagabends sowie der Sonntagsbrunch.

Le Méridien Grand-Hotel
Rest,

Bahnhofstr. 1 ✉ 90402 – ✆ (0911) 2 32 20 Stadtplan : L2**d**
– www.lemeridiennuernberg.com
192 Zim – 🚹150/529 € 🚹🚹180/559 €, ☕ 24 € – 5 Suiten
Rest *Brasserie* – Menü 39 € – Karte 38/53 €
Seit Ende des 19. Jh. werden hier Gäste beherbergt. Für Geschäftsreisende und auch Stadttouristen ist die Lage gegenüber dem Hauptbahnhof ideal. Die Zimmer sind modern und chic, dazu klassische Bäder aus Carrara-Marmor! Wenn es Ihnen eine Nummer kleiner reicht: Standardzimmer. Internationale Küche in der Brasserie, sehenswert der denkmalgeschützte Richard-Wagner-Saal!

Holiday Inn City Centre
Rest,

Engelhardgasse 12 ✉ 90402 – ✆ (0911) 24 25 00 Stadtplan : K2**a**
– www.hi-nuernberg.de
260 Zim – 🚹105/165 € 🚹🚹130/190 €, ☕ 15 € – 3 Suiten – ½ P
Rest – Karte 22/48 €
Mit seiner sehr guten zeitgemäß-funktionalen Ausstattung ist das Hotel am Altstadtrand ideal für Geschäftsleute. Nett der Frühstücksaum in klaren Linien, gemütlich die Bar & Brasserie "NitriBizz" - hier gibt es internationale Gerichte.

NH Nürnberg-City

Bahnhofstr. 17 ✉ 90402 – ✆ (0911) 9 99 90 Stadtplan : M2**b**
– www.nh-hotels.com
244 Zim – 🚹79/359 € 🚹🚹79/359 €, ☕ 21 €
Rest *nhube* – Karte 21/53 €
Die zentrale Lage in der Innenstadt unweit des Bahnhofs sowie modern gestaltete Zimmer mit guter technischer Ausstattung machen das Stadthotel aus. Leger: das Restaurant nhube mit Bistroküche. Schön die ruhige Terrasse im Innenhof!

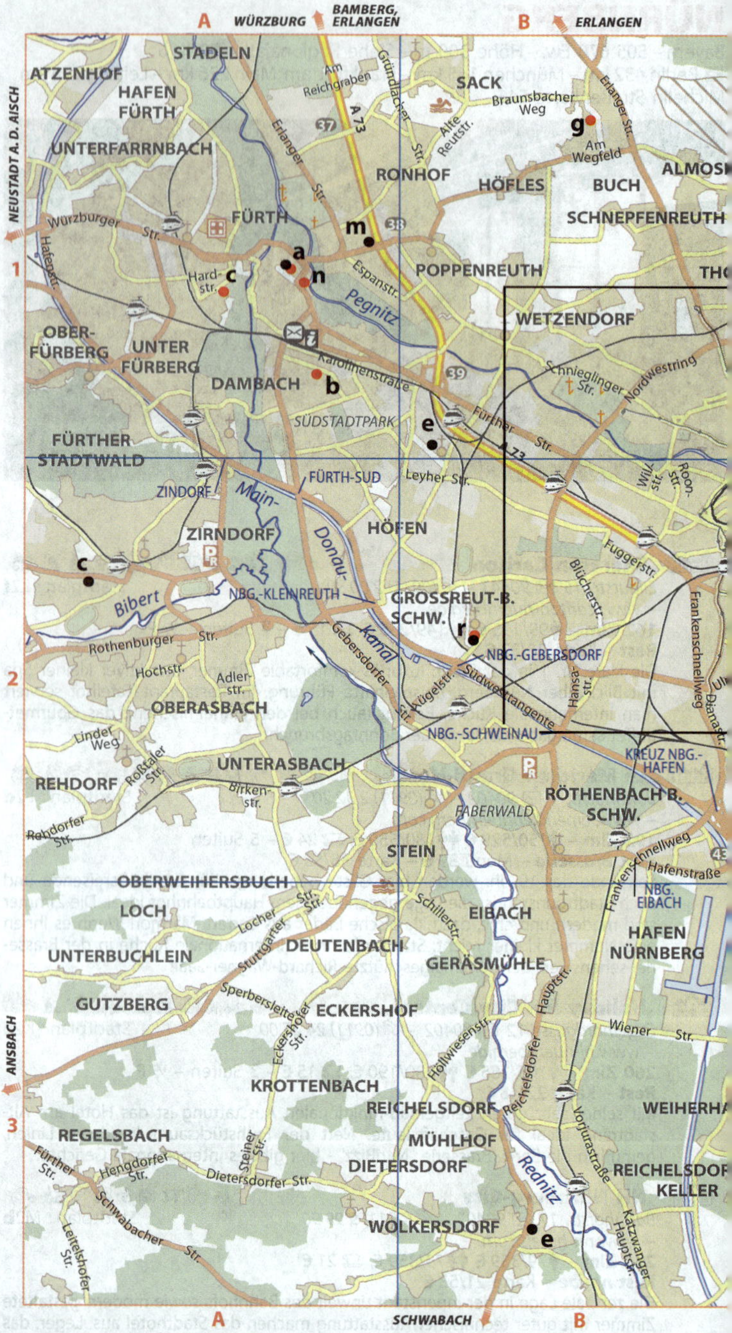
A
WÜRZBURG
BAMBERG, ERLANGEN
B
ERLANGEN
NEUSTADT A. D. AISCH
ANSBACH
SCHWABACH
1
2
3
STADELN
ATZENHOF
HAFEN FÜRTH
UNTERFARRNBACH
SACK
Braunsbacher Weg
Am Reichgraben
Gründlacher Str.
A 73
Alte Reutstr.
Erlanger Str.
Am Wegfeld
RONHOF
HÖFLES
BUCH
ALMOS
SCHNEPFENREUTH
FÜRTH
Würzburger Str.
Hafenstr.
Hard-str.
Espanstr.
Pegnitz
POPPENREUTH
WETZENDORF
OBER-FÜRBERG
UNTER FÜRBERG
DAMBACH
Karolinenstraße
Schnieglinger Str.
Nordwestring
SÜDSTADTPARK
Fürther Str.
FÜRTHER STADTWALD
ZINDORF
FÜRTH-SÜD
Leyher Str.
Wilh.-Str.
Roon-str.
Main-Donau-Kanal
HÖFEN
ZIRNDORF
Fuggerstr.
Blücherstr.
Frankenschnellweg
Bibert
NBG.-KLEINREUTH
GROSSREUT-B. SCHW.
Gebersdorfer Str.
Rothenburger Str.
Hochstr.
Adler-str.
NBG.-GEBERSDORF
Kügelstr.
Südwesttangente
Hansa-str.
Dianastr.
OBERASBACH
NBG.-SCHWEINAU
Linder Weg
REHDORF
Roßtaler Str.
UNTERASBACH
Birken-str.
KREUZ NBG.-HAFEN
RÖTHENBACH B. SCHW.
FABERWALD
Rehdorfer Str.
STEIN
Hafenstraße
OBERWEIHERSBUCH
NBG. EIBACH
LOCH
Locher Str.
Schillerstr.
EIBACH
HAFEN NÜRNBERG
Stuttgarter Str.
UNTERBUCHLEIN
DEUTENBACH
GERÄSMÜHLE
GUTZBERG
Sperbersleite
Eckershofer Str.
ECKERSHOF
Hauptstr.
Wiener Str.
Höllwiesenstr.
Reichelsdorfer
KROTTENBACH
REICHELSDORF
WEIHERHA
REGELSBACH
MÜHLHOF
Vorjurastraße
Fürther Str.
Hengdorfer Str.
Steiner Str.
DIETERSDORF
Rednitz
REICHELSDOF KELLER
Dietersdorfer Str.
Schwabacher Str.
WOLKERSDORF
Katzwanger Hauptstr.
Leitelshofer Str.
a
b
c
e
g
m
n
r
37
38
39
43

NÜRNBERG
0
2 km
C
D
WÜRZBURG
PEGNITZ, BAYREUTH
AMBERG
REGENSBURG
BERLIN, BAYREUTH, HOF
AMBERG
REGENSBURG, NEUMARKT
ANSBACH, HEILBRONN
MÜNCHEN
1
2
3
85
86
87
52
59
45
47
48
A 3 / E 45
A 9 / E 45
A 73
A 6 / E 50
ZIEGELSTEIN
SCHAFHOF
ERLENSTEGEN
BEHRINGERSDORF
Behringersdorfer See
SCHWAIG
LAUFAMHOLZ
MÖGELDORF
VOLKSPARK MARIENBERG
Wöhrder See
LORENZER REICHSWALD
NÜRNBERG
NORISRING
FRANKENSTADION
NÜRNBERG MESSE
FISCHBACH
LANGWASSER
ALTENFURT
Elisabeth-Selbert-Platz
FALKENHEIM
MOORENBRUNN
AN KREUZ NÜRNBERG-OST
KREUZ NÜRNBERG SÜD
FEUCHT
WENDELSTEIN
WENDELSTEIN
WORZELDORF
Ludwig-Donau-Main-Kanal
Kalchreuther Str.
Bierweg
Bayreuther Str.
Äußere Bayreuther Str.
Kieslingstr.
Thumenberger Weg
Welserstr.
Sulzbacher Str.
Ostendstr.
Rehhofstr.
Laufamholzstraße
Nürnberger Str.
Norisstraße
Laufer Str.
Bahnhofstr.
Passauer Str.
Siedlerstr.
Bingstr.
Regensburger Str.
Wodanstr.
Frankenstraße
Bayernstr.
Münchener Str.
Regensburger Str.
Breslauer Str.
Trierer Str.
Richard-Hesse-Str.
Oelser Str.
Röthenbacher Str.
Alte Salzstr.
s
p
u
a
z
a
c
POL

NÜRNBERG
0
500 m
E
F
1
2
3
THON
Lerchenstraße
Kilianstraße
Erlanger Str.
Schleswiger Str.
Marktäckerstraße
Holsteiner Str.
Wetzendorfer Str.
Frauentaler Weg
Brettergartenstr.
Schnieglinger Str.
Düsseldorfer Str.
Kölner Str.
Bielefelder Str.
Nordwestring
Hufelandstraße
Bucher Str.
Heimerichstraße
Rieterstraße
Pegnitz
Johannisstraße
St. Johannis Kirche
Neutorturm
St. Sebald Kirche
Brückenstr.
Deutschherrnstr.
Roonstraße
Eberhardshof
Fürther Str.
Maximilianstraße
Bärenschanze
Willstraße
Bahnhof
NBG. WESTRING
A 73
Gostenhof
ROSENAU
Fürther Str.
GOSTENHOF
Jamintzerplatz
Plärrer
Färberstr.
ADAC
Leyher Str.
Witschelstraße
Rothenburger Str.
NBG. GOSTENHOF
Kohlenhofstraße
Steinbühl
WESTPARK
SÜNDERSBÜHL
Von-der-Tann-Straße
Haeselerstr.
Rothenburger Str.
ST. LEONHARD
ST. LEONHARD KIRCHE
An den Rampen
Landgrabenstr.
Elsa-Brändström-Str.
Blücherstraße
St. Leonhard
Gustav-Adolf-Str.
STEINBÜHL
Frankenschnellweg
Sandreuthstr.
ST. LUDWIG KIRCHE
BAHNHOF-SCHWEINAU
Schweinau
Edisonstraße
Lochnerstr.
SANDREUTH
Gibitzenhofstraße
SCHWEINAU
Sandreuth
Hansastraße
Nopitschstraße
Hohe Marter
ST. MARKUS KIRCHE
NBG.-SÜDRING
FERNSEHTURM
Zweibrückener Str.
Jaeckelstr.
Dianastraße
Südwesttangente
Hauchstr.
NBG.-SCHWEINAU
Nimrodstr.
a
b
w
n
k
g

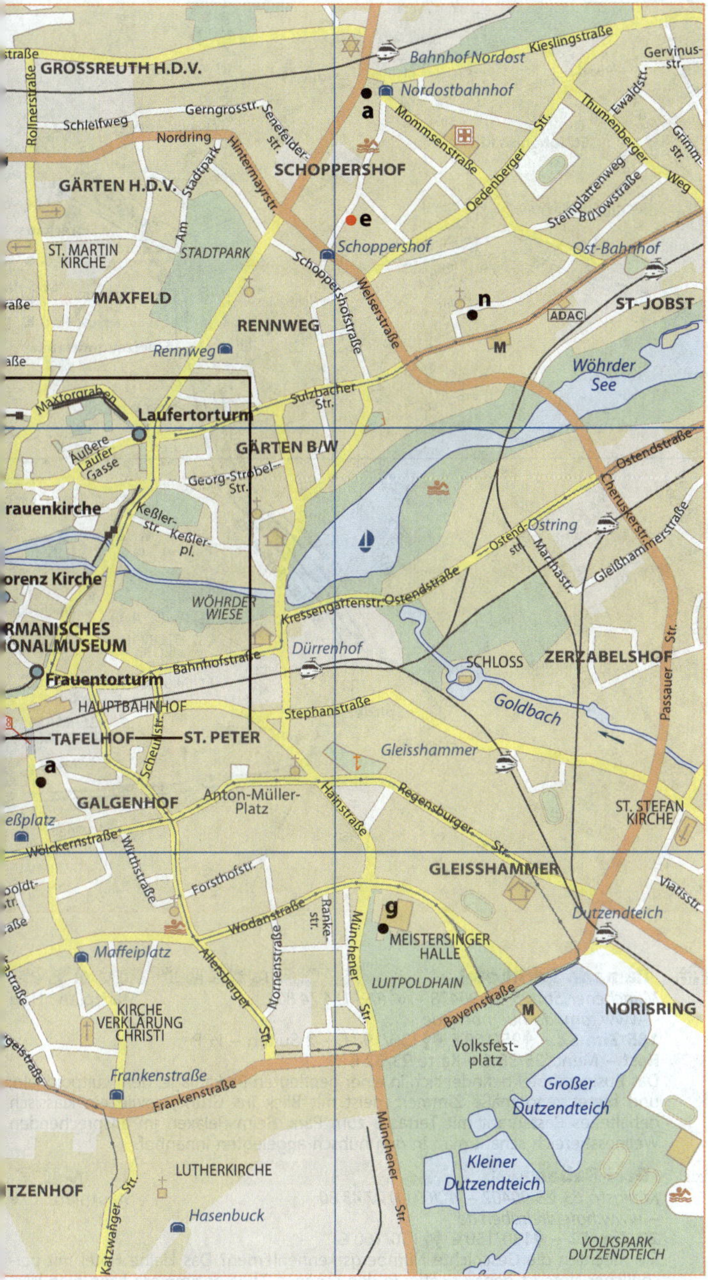
G
H
GROSSREUTH H.D.V.
Bahnhof Nordost
Kieslingstraße
Gervinus-str.
Nordostbahnhof
Rollnerstraße
Schleifweg
Gerngrosstr.
Senefelder-str.
Nordring
Mommsenstraße
Thumenberger Weg
Ewaldstr.
Grimm-str.
Oedenberger Str.
SCHOPPERSHOF
GÄRTEN H.D.V.
Stadtpark
Hintermayrstr.
Am Stadtpark
Steinplattenweg
Bülowstraße
1
ST. MARTIN KIRCHE
STADTPARK
Schoppershof
Ost-Bahnhof
Schoppershofstraße
Welserstraße
MAXFELD
ST.-JOBST
ADAC
RENNWEG
Rennweg
Wöhrder See
Maxtorgraben
Sulzbacher Str.
Laufertorturm
GÄRTEN B/W
Ostendstraße
Äußere Laufer Gasse
Georg-Strobel-Str.
Cheruskerstr.
rauenkirche
Keßler-str.
Keßler-pl.
Ostend-str.
Ostring
Gleißhammerstraße
Marthastr.
orenz Kirche
WÖHRDER WIESE
Kressengartenstr.
Ostendstraße
RMANISCHES
IONALMUSEUM
Dürrenhof
SCHLOSS
ZERZABELSHOF
2
Frauentorturm
Bahnhofstraße
Passauer Str.
HAUPTBAHNHOF
Goldbach
Stephanstraße
TAFELHOF
ST. PETER
Gleisshammer
Scheurlstr.
GALGENHOF
Anton-Müller-Platz
Hainstraße
Regensburger Str.
ST. STEFAN KIRCHE
eßplatz
Wölckernstraße
Wirthstraße
GLEISSHAMMER
Forsthofstr.
Viatisstr.
Dutzendteich
Wodanstraße
Rankestr.
Münchener Str.
MEISTERSINGER HALLE
Nornenstraße
Allersberger Str.
Maffeiplatz
LUITPOLDHAIN
Bayernstraße
NORISRING
KIRCHE VERKLÄRUNG CHRISTI
Volksfest-platz
3
Frankenstraße
Frankenstraße
Großer Dutzendteich
Münchener Str.
Kleiner Dutzendteich
LUTHERKIRCHE
TZENHOF
Katzwanger Str.
Hasenbuck
VOLKSPARK DUTZENDTEICH
G
H

Ramada Parkhotel

Rest,

Münchener Str. 25 ✉ *90478 – ✆ (0911) 4 74 80* Stadtplan : H3**g**
– www.ramada-nuernberg.de

185 Zim – 👤95/169 € 👥130/198 € – 2 Suiten – ½ P

Rest – Menü 25/38 € – Karte 23/52 €

Das Businesshotel befindet sich in einer gepflegten Parkanlage, dem Luitpoldhain, und bietet zeitgemäße Zimmer, meist mit Blick ins Grüne, sowie ein klassisch gehaltenes Restaurant mit Terrasse zum Park. Beim Relaxen im ansprechenden Wellnessbereich schaut man in den hübsch angelegten Innenhof.

Drei Raben garni

Königstr. 63 ✉ *90402 – ✆ (0911) 27 43 80* Stadtplan : L2**v**
– www.hoteldreiraben.de

22 Zim – 👤130/150 € 👥150/160 €

Sie möchten die Geschichte Nürnbergs kennenlernen? Das kleine Hotel mit persönlicher Note ist genau richtig: In den schönen Themenzimmern kann man Wissenswertes nachlesen, außerdem liegt das Haus im Herzen der Stadt! Morgens ein sehr gutes Frühstück, am Abend sind die Gäste zum Aperitif eingeladen.

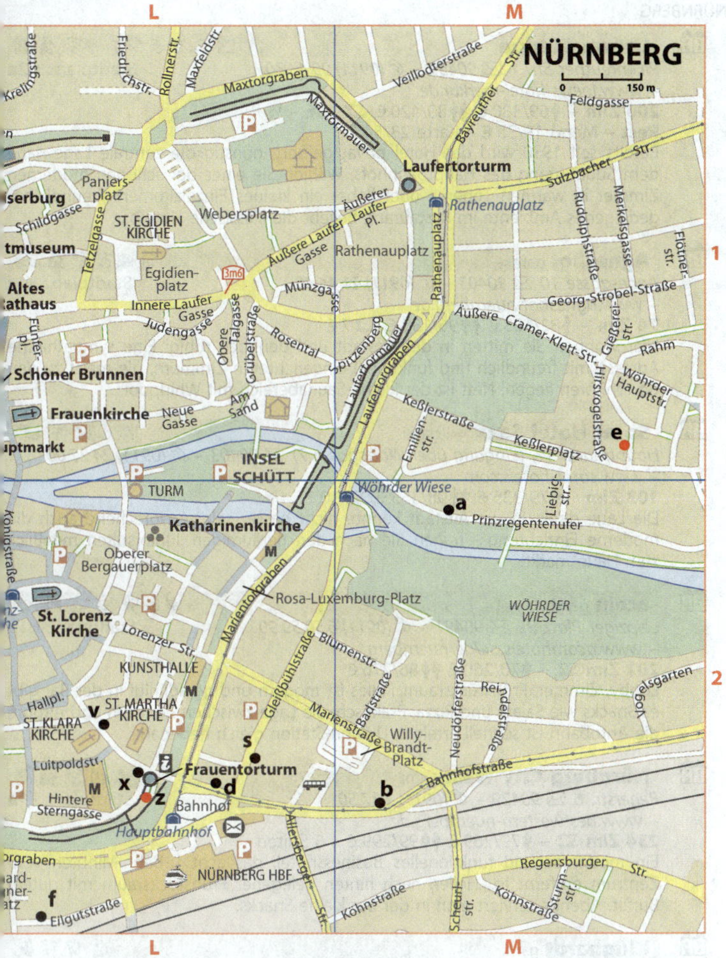

Victoria garni

Königstr. 80 ✉ *90402* – ✆ *(0911) 2 40 50* Stadtplan : L2**x**
– www.hotelvictoria.de

62 Zim ☕ – 🚹**78/98 €** 🚹🚹**98/138 €**

Elegant und richtig modern ist das hübsche Haus von 1896 - ein toller Mix aus Tradition und Moderne. Tipp: das große Zimmer "LogenPlatz" mit Balkon und Blick aufs Museum! Wie wär's im Sommer mit Kaffee und Kuchen auf dem Klarissenplatz?

Prinzregent garni

Prinzregentenufer 11 ✉ *90489* Stadtplan : M2**a**
– ✆ (0911) 58 81 88 – www.prinzregent.net
– geschl. 21. Dezember - 6. Januar

39 Zim ☕ – 🚹**65/135 €** 🚹🚹**85/155 €**

Das Stadthaus steht in bester Lage an der Pegnitz, gegenüber der Stadtpark "Wöhrder Wiese", in die Innenstadt sind es nur 10 Gehminuten. Die Zimmer haben schöne hohe Decken und sind zeitgemäß ausgestattet.

Loew's Merkur

Pillenreuther Str. 1 ✉ 90459 – ✆ (0911) 99 43 30 Stadtplan : G2**a**
– www.loews-hotel-merkur.de
200 Zim – 69/380 € 80/420 €, 12 € – ½ P
Rest – Menü 19/35 € – Karte 23/54 €
Bereits seit 1930 wird das Hotel privat geführt, günstig die zentrale Lage nahe dem Südausgang des Hauptbahnhofs. Wählen Sie eines der schönen modernen Zimmer in warmen Tönen - oder lieber ein kleines Einzelzimmer? Freundliches gediegenes Ambiente im Restaurant, beliebt die klassische Hotelbar.

Agneshof garni

Agnesgasse 10 ✉ 90403 – ✆ (0911) 21 44 40 Stadtplan : K1**c**
– www.agneshof-nuernberg.de
74 Zim – 82/103 € 96/135 €, 7 €
Hier wohnen Sie mitten in der Altstadt und dennoch ruhig! Eine sympathische Adresse mit freundlich und funktional eingerichteten Zimmern, die meist zu den Gartenhöfen liegen. Nett ist der kleine Saunabereich mit Whirlpool.

Sorat Hotel Saxx (N) garni

Hauptmarkt 17, (Eingang über Waaggasse 7) ✉ 90403 – ✆ (0911) 24 27 00
– www.sorat-hotels.com
103 Zim – 79/335 € 98/355 €, 10 €
Die Lage direkt in der Altstadt könnte nicht besser sein. Ansprechend auch die moderne Einrichtung - fragen Sie nach den geräumigen Juniorsuiten mit Blick zum Hauptmarkt!

acom garni

Leipziger Platz 22 ✉ 90491 – ✆ (0911) 6 50 59 90 Stadtplan : H1**a**
– www.acomhotels.de/de/nuernberg/
201 Zim – 70/260 € 86/276 €
Lobby, Zimmer, Frühstücksraum... alles ist modern und geradlinig! In der Bar gibt es Snacks wie Salate und Pizza. Praktisch: die Lage zwischen Zentrum und Airport, die Autobahn ist schnell erreicht, U-Bahn-Station gleich nebenan.

Nürnberg City West garni

Regerstr. 6 ✉ 90429 – ✆ (0911) 2 17 50 Stadtplan : E1**a**
– www.bestwestern-nuernberg.de
234 Zim – 79/269 € 99/299 € – 6 Suiten
Ein modernes und funktionelles Businesshotel, das acht U-Bahn-Minuten vom Zentrum entfernt ist. Heller, nach hinten gelegener Frühstücksraum mit gutem Buffet. Abends serviert man in der Bar kleine Snacks.

Klughardt garni

Tauroggenstr. 40 ✉ 90491 – ✆ (0911) 91 98 80 Stadtplan : H1**n**
– www.hotel-klughardt.de
– geschl. 23. Dezember - 5. Januar
32 Zim – 77/145 € 97/165 €
Familie Klughardt betreibt ihr Hotel nun schon viele Jahre, und das mit Engagement. Die Chefin ist wirklich herzlich und kennt ihre (Stamm-) Gäste. Die Zimmer sind gut ausgestattet, freundlich und zeitgemäß - zum Hof hin besonders ruhig.

Am Josephsplatz garni

Josephsplatz 30 ✉ 90403 – ✆ (0911) 21 44 70 Stadtplan : K2**k**
– www.hotel-am-josephsplatz.de – geschl. 23. Dezember - 10. Januar
32 Zim – 85/99 € 103/115 € – 4 Suiten
Eine sympathische, persönlich geführte Adresse ist das Altstadthaus von 1675. Man wohnt in gemütlichen, individuellen Zimmern und entspannt auf der sonnigen Dachterrasse.

Gute Küche zu moderatem Preis? Folgen Sie dem Bib Gourmand.

Bardolino
Humboldtstr. 3 ✉ 90443 – ✆ (0911) 9 41 18 90 Stadtplan : F3**a**
– www.hotelbardolino.info
26 Zim – 85 € 105 €
Rest – Menü 38/68 € – Karte 28/55 € – *(geschl. 17. - 31. August)*
Dies ist ein familiengeführtes kleines Hotel in einem Wohngebiet in der Nürnberger Südstadt. Es erwarten Sie hier funktionelle, zeitgemäße Zimmer zu fairen Preisen sowie italienische Küche von Fisch bis zum Wagyu-Steak. Im Sommer sitzt man nett auf der überdachten Terrasse mit Lavagrill.

art & business hotel garni
Gleißbühlstr. 15 ✉ 90402 – ✆ (0911) 2 32 10 Stadtplan : L2**s**
– www.art-buisness-hotel.com – geschl. 22. Dezember - 7. Januar
49 Zim – 60/160 € 79/190 €
Ein wirklich stilvolles Haus, bemerkenswert die Kunst. Die Zimmer sind modern und eher klein, geräumiger die Superiorzimmer. Hübsch der Frühstücksraum samt Terrasse im Innenhof (Brot und Marmelade sind übrigens hausgemacht) sowie die Bar.

Westend garni
Karl-Martell-Str. 42 ✉ 90431 – ✆ (0911) 93 98 60 Stadtplan : B1**e**
– www.hotelwestend.de – geschl. 23. Dezember - 7. Januar
28 Zim – 63/115 € 75/130 €
Das verkehrsgünstig gelegene Hotel unter der charmanten Leitung von Familie Dümler bietet modern eingerichtete Zimmer (die Einzelzimmer fallen kleiner aus), einige mit Kitchenette. Frühstück im Wintergarten.

Merian
Unschlittplatz 7 ✉ 90403 – ✆ (0911) 2 14 66 90 Stadtplan : K2**x**
– www.merian-hotel.de
21 Zim – 74/189 € 89/229 €
Rest *Opatija* – ✆ (0911) 22 71 96 – Menü 35/79 € – Karte 21/64 €
Das Hotel ist ein historisches Gebäude an einem kleinen Platz nahe der Pegnitz. Die Gästezimmer sind unterschiedlich geschnitten und gut gepflegt. Internationale Küche und Balkanspezialitäten im freundlichen Restaurant. Terrasse auf dem Vorplatz mit Brunnen.

Restaurants

Essigbrätlein (Andree Köthe)
Weinmarkt 3 ✉ 90403 – ✆ (0911) 22 51 31 Stadtplan : K1**z**
– www.essigbraetlein.de – geschl. 24. Dezember - Anfang Januar und Sonntag - Montag
Menü 72 € (mittags)/142 € (abends) – (Tischbestellung ratsam)
Es ist nicht gerade groß, das Restaurant in dem schönen Sandsteinhaus in der Altstadt... und äußerst gefragt! Die "Gewürzküche" von Andree Köthe und Yves Ollech ist kreativ, leicht, aromenintensiv und doch auch immer bodenständig - jeder der unvergleichlichen Gänge macht Lust auf den nächsten! Ein Muss: die Schokoladenkreationen zum Kaffee!
➜ Spargel mit Kaffee. Geschossener Lauch mit Brotcreme. Taube mit Rote Bete und grünem Wacholder.

Aumer's La Vie
Kartäusergasse 12 ✉ 90402 – ✆ (0911) 2 44 97 74 Stadtplan : K2**r**
– www.aumers-la-vie.de – geschl. Januar 1 Woche, April 1 Woche, August 2 Wochen und Sonntag - Montag
Menü 79/98 € – Karte 62/72 € – *(Dienstag - Freitag nur Abendessen)* (Tischbestellung ratsam)
Andreas Aumer hat ein Händchen für ausdrucksstarke Kombinationen und tolle Kontraste. Ausgezeichnete Produkte werden exakt zubereitet und sehr schön angerichtet. Um Sie herum modern-elegantes Ambiente in einem schmucken Jugendstilhaus.
➜ Forelle roh mariniert mit Bergamotte, Topinambur und Sauerklee Molke. Taubenbrust, Macadamianuss, Schwarzwurzel, und Pflaumenkernöl. Blutorange, Taggiasca Olive und pochierter Topfen.

XX **Entenstuben**

Schranke 9 ✉ 90489 – ✆ (0911) 5 20 91 28 Stadtplan : M1**e**
– www.entenstuben.de – geschl. Anfang Januar 2 Wochen und Sonntag - Montag
Menü 59/89 € – Karte 51/61 € – *(nur Abendessen)*
Gastgeber und Küchenchef in dem schönen geradlinig-eleganten Restaurant ist Fabian Denninger. Dass er kochen kann, beweist er mit geschmackvollen modernen Speisen wie "konfiertem Saibling mit Mais". Im Sommer lockt natürlich die Terrasse!

XX **MINNECI Leonardo**

Zirkelschmiedsgasse 28 ✉ 90402 – ✆ (0911) 20 96 55 Stadtplan : K2**f**
– www.minneci-ristorante.de – geschl. Sonntag - Montag
Menü 48/80 € – Karte 42/53 €
Richtig schön verbindet sich der historische Charakter des alten Stadthauses von 1560 mit der Atmosphäre eines italienischen Ristorante. Da ist der Gastgeber Minneci Leonardo ganz Italiener: freundlich-charmant serviert er feine Gerichte wie "gebratener Adlerbarsch mit Kaperngemüse und Perlgraupen".

XX **Restauration Fischer**

Schottengasse 1 ✉ 90402 – ✆ (0911) 9 89 88 70 Stadtplan : K2**f**
– geschl. 6. - 13. Januar, 1. - 13. Juli und Montag
Menü 59/98 € – Karte 47/56 € – *(nur Abendessen)*
In dem Haus a. d. 14. Jh. speist man im modernen EG (hier auch die einsehbare Küche) oder im OG unter der historischen Holzdecke. Ingo Fischer bietet z. B. "gebratenen Loup de Mer auf Fenchelgemüse" oder "Lammrücken auf Ratatouille Gemüse".

XX **Wonka**

Johannisstr. 38 ✉ 90419 – ✆ (0911) 39 62 15 Stadtplan : J1**w**
– geschl. 1. - 6. Januar, 24. August - 9. September und Samstagmittag, Sonntag - Montag
Menü 33 € (mittags unter der Woche)/89 €
Wirklich nett dieses freundliche Restaurant, und der hübsche Innenhof erst! In erster Linie kommen die Gäste aber natürlich wegen der kreativ und klassisch inspirierten Küche von Christian Wonka und seinem Team! Wie gefällt Ihnen z. B. "Juvenil-Schwein mit gegrillter Zwiebel"? Mittags kleine Karte.

X **Koch und Kellner**

Obere Seitenstr. 4 ✉ 90429 – ✆ (0911) 26 61 66 Stadtplan : F2**n**
– www.kochundkellner.de – geschl. Sonntag
Menü 40 € (mittags)/78 € – Karte 46/63 € – (Tischbestellung ratsam)
"Koch" in dem sympathischen Bistro ist nun Gerald Hoffmann, "Kellner" ist nach wie vor Gastgeber Frank Mackert. Die modernen Speisen wählt man von der Tafel. Es gibt zwei Menüs, in denen sich Schmackhaftes wie "Spanferkel mit Kohlrabi und Maultaschen" findet.

X **Würzhaus**

Kirchenweg 3a ✉ 90419 – ✆ (0911) 9 37 34 55 Stadtplan : F1**w**
– www.wuerzhaus.info – geschl. 24. - 26. Dezember, 1. - 8. Januar und Samstagmittag, Sonntag - Montagmittag
Menü 17 € (mittags unter der Woche)/76 € – Karte 42/51 € – (Tischbestellung ratsam)
Pfiffiger und interessanter könnte ein Gasthaus kaum sein: Diana Burkel kocht kreativ, modern und mit stark regionalem Einschlag. Abends gibt es z. B. "Steinbeißer mit Brunnenkresse und Kohlrabi", am Mittag isst man etwas einfacher, unschlagbar hier das günstige Menü!

X **Sebald**

Weinmarkt 14 ✉ 90403 – ✆ (0911) 38 13 03 Stadtplan : K1**v**
– www.restaurant-sebald.de
Karte 27/56 €
"Provenzalische Fischsuppe / Sauce Aioli / Crostini" oder "Tagliata vom Rib Eye / Rucola / Parmesanhobel" - in dem quirligen Restaurant bekommen Sie internationale Küche mit stark mediterranem, aber auch regionalem Einfluss. Von Oktober bis April gibt's an den Wochenenden Livemusik.

IU & ON

Roritzerstr. 10 ✉ 90419 – ✆ (0911) 33 67 67 Stadtplan : K1**p**
– www.iu-on.de – geschl. August und Montag - Dienstag
Menü 43/53 € – Karte 34/54 €
Ein richtiger Familienbetrieb, den es seit über 40 Jahren gibt! Auf der Karte finden sich z. B. "Yam Plamük" (fein-scharfer Oktopussalat nach Hausrezept) oder "Gai Ta Krai" (gebratenes Hähnchenbrustfilet mit Zitronengrassauce und Klebreis).

Quo vadis

Elbinger Str. 28 ✉ 90491 – ✆ (0911) 51 55 53 Stadtplan : H1**e**
– www.ristorante-quovadis.de
Menü 29/73 € – Karte 30/60 € – (abends Tischbestellung ratsam)
In dem hübschen alten Natursteinhaus kocht der Chef Guiseppe Pluchino selbst, und zwar Pasta aus dem Parmesanlaib, Klassiker wie "Saltimbocca à la Romana" oder aber seine Spezialität: hausgemachte Ravioli mit allerlei Füllungen!

Le Virage

Helmstr. 19 ✉ 90419 – ✆ (0911) 9 92 89 57 Stadtplan : F2**b**
– www.nefkom.net/le.virage – geschl. Montag
Menü 35/40 € – *(nur Abendessen)*
In dem einfachen kleinen Bistro erfährt man ein Stückchen französische Lebensart in Nürnberg! Der Patron bereitet traditionelle Gerichte zu, die in Menüform angeboten werden. Er kocht eher schlicht, aber mit Geschmack und alles ist frisch!

NÜRNBERGER BRATWURST-LOKALE: : Bis ins 14. Jh. reicht die Tradition dieser rustikal-gemütlichen Lokale zurück. Über Buchenholzfeuer gegrillt schmecken die Würste besonders gut.

Historische Bratwurstküche Zum Gulden Stern

Zirkelschmiedsgasse 26 ✉ 90402 – ✆ (0911) 2 05 92 88 Stadtplan : K2**f**
– www.bratwurstkueche.de
Menü 17/21 € – Karte 13/21 €
Sehr gemütlich und originell sind die nett dekorierten Stuben in dem Gasthaus von 1419. In der angeblich ältesten Bratwurstküche der Welt kommt die Bratwurst natürlich vom Buchenholzrost!

Bratwursthäusle

Rathaus-Platz 1 ✉ 90403 – ✆ (0911) 22 76 95 Stadtplan : L1**s**
– www.bratwursthaeusle.de – geschl. Sonntag
Karte 14/21 €
Zwischen Hauptmarkt und Kaiserburg liegt das Bratwurstlokal schlechthin. Eine äußerst beliebte Adresse mit urigem Flair, mittig der Grill. Die Bratwürste werden übrigens in der hauseigenen Metzgerei jeden Morgen frisch hergestellt!

Bratwurstglöcklein

im Handwerkerhof ✉ 90402 – ✆ (0911) 22 76 25 Stadtplan : L2**z**
– www.bratwurstgloecklein.de – geschl. Sonntag
Karte 14/23 €
Das Fachwerkhäuschen im Nürnberger Handwerkerhof hat eine lange Tradition als Bratwurstküche. Damen im Dirndl servieren die täglich frisch gemachte, über Buchenholzfeuer gegrillte Wurst auf Zinntellern. Probieren Sie auch mal das Schäufele!

In Nürnberg-Altenfurt

Nürnberger Trichter garni

Löwenberger Str. 147 ✉ 90475 – ✆ (0911) 8 33 50 Stadtplan : D2**a**
– www.nuernberger-trichter.de – geschl. 20. Dezember - 7. Januar, 2. - 7. April
37 Zim – †58/122 € ††86/164 €
Hier stimmen Lage und Einrichtung: Das familiär geführte Hotel liegt verkehrsgünstig nahe der Messe und dem Fußballstadion und verfügt über hell und zeitgemäß möblierte Gästezimmer.

In Nürnberg-Boxdorf Nord: 9 km über Erlanger Straße Stadtplan : B1

Schindlerhof (mit Gästehäusern)
Steinacher Str. 6 ✉ 90427 – ✆ (0911) 9 30 20 – www.schindlerhof.de
92 Zim – 128/140 € 164/174 € – 2 Suiten
Rest *unvergesslich* – siehe Restaurantauswahl
Die aus sechs Häusern bestehende Hotelanlage ist ideal für Businessgäste und auch auf Tagungen ausgelegt. Möchten Sie in einem klassischen Landhauszimmer schlafen oder lieber in einem modernen Ryokan-Zimmer? Schön die Hotelbar "DankBar".

unvergesslich – Hotel Schindlerhof
Steinacher Str. 6 ✉ 90427 – ✆ (0911) 9 30 20
– www.schindlerhof.de
Menü 28 € (mittags unter der Woche)/60 € – Karte 34/69 €
Das Motto hier "Franken geht fremd". Konkret heißt das: Neben Fränkischer Linsensuppe und Rindsroulade gibt es Internationales wie "Thunfischvariation" und auch Vegetarisches/Veganes. Danach z. B. leckere "Nougat-Tarte mit Haselnüssen"!

In Nürnberg-Buch

Gasthof Bammes
Bucher Hauptstr. 63 ✉ 90427 – ✆ (0911) 9 38 95 20 Stadtplan : B1g
– www.gasthof-bammes.de – geschl. 2. - 28. Januar und Montag, außer an Feiertagen
Menü 19/45 € – Karte 13/45 €
Bürgerlich-regional isst man in dem historischen fränkischen Gasthof mit vier behaglich-charmanten Stuben und schöner großer Gartenterrasse. Eine der Spezialitäten ist Karpfen. Sie planen ein Fest? Der Saal mit Bühne ist ideal dafür.

In Nürnberg-Flughafen

Mövenpick garni
Flughafenstr. 100 ✉ 90411 – ✆ (0911) 3 50 10 Stadtplan : C1c
– www.moevenpick-hotels.com/nuernberg
150 Zim – 120/220 € 140/240 €, 21 €
Eine funktionale Businessadresse nur 50 m von den Terminals. Lobby und Zimmer sind schön in warmen Rot- und Brauntönen gehalten. Man bietet 24-h-Room-Service und im 1. OG des Flughafengebäudes finden Sie ein "Mövenpick Restaurant".

In Nürnberg-Gebersdorf

NOVINA HOTEL Tillypark
Wallensteinstr. 71 ✉ 90431 – ✆ (0911) 81 76 70 Stadtplan : E3k
– www.novina-hotel-tillypark.de – geschl. 23. Dezember - 1. Januar
131 Zim – 75/182 € 89/217 € – ½ P
Rest – Menü 22 € – Karte 18/38 € – *(nur Abendessen)*
Das aus einer ehemaligen Kaserne entstandene Hotel bietet helle, moderne Zimmer, praktisch die Anbindung an Autobahn, Innenstadt und Messe. Internationale Küche im freundlich und geradlinig gestalteten Restaurant samt Wintergarten.

In Nürnberg-Großreuth bei Schweinau

Rottner (mit Gästehaus)
Winterstr. 17 ✉ 90431 – ✆ (0911) 61 20 32 Stadtplan : B2
– www.rottner-hotel.de – geschl. 22. Dezember - 8. Januar
37 Zim – 108 € 149 €
Rest *Gasthaus Rottner* – siehe Restaurantauswahl
Zu dem 200 Jahre alten Gasthaus gesellt sich dieses zeitgemäße Hotel mit seinen schönen wohnlichen Zimmern (Minibar ist kostenfrei) und sehr gutem Frühstück im Pavillon oder auf der Terrasse! Im Sommer sitzt man abends bei rustikalen Klassikern im Nussbaumgarten.

XX **Gasthaus Rottner** – Hotel Rottner

Winterstr. 15 ✉ 90431 – ✆ (0911) 61 20 32 Stadtplan : B2**r**
– www.rottner-hotel.de – geschl. 24. Dezember - 8. Januar und Samstagmittag, Sonntag
Karte 54/68 € – (Tischbestellung ratsam)
Außen ein hübsches Fachwerkhaus nebst schöner Terrasse, drinnen liebenswerte Stuben und wirklich nette Atmosphäre! Auf der Karte leckere regionale Gerichte wie "Rehmedaillons mit Pilzen und hausgemachten Spätzle".

In Nürnberg-Kornburg

Weißes Lamm (mit Gästehaus)

Flockenstr. 2 ✉ 90455 – ✆ (09129) 2 81 60 Stadtplan : C3**a**
– www.weisses-lamm.com – geschl. Ende Juli - Mitte August
30 Zim – 42/70 € 66/90 € – ½ P
Rest – Karte 12/33 € – *(geschl. Freitag)*
Ein ländlicher Gasthof mit Familientradition seit 1732, zu dem auch eine eigene Metzgerei gehört. Man hat hier gepflegte, solide Zimmer zu einem guten Preis-Leistungs-Verhältnis und eine beliebte rustikale Gaststube.

In Nürnberg-Kraftshof Nord: 7 km über Erlanger Straße und Kraftshofer Hauptstraße Stadtplan : B1

XXX **Schwarzer Adler**

Kraftshofer Hauptstr. 166 ✉ 90427 – ✆ (0911) 30 58 58
– www.schwarzer-adler.com – geschl. Montag
Menü 35 € (mittags) – Karte 40/85 € – (Tischbestellung ratsam)
Seit über 250 Jahren gibt es den fränkischen Gasthof nun schon. Eduard Aßmann kocht gute klassische Speisen (z. B. "Fränkischen Waller aus dem Wurzelsud"), die in geschmackvollen Stuben serviert werden - oder auf der schönen Gartenterrasse!

X **Alte Post**

Kraftshofer Hauptstr. 164 ✉ 90427 – ✆ (0911) 30 58 63 – www.altepost.net
– geschl. Mittwoch
Karte 23/35 €
"Fränkische Bratwürste mit Sauerkraut" oder "Karpfen in Bierteig mit Kartoffel- und Selleriesalat" - in der einstigen Poststation a. d. 15. Jh. ist man mit der Region verwurzelt. Patron Thomas Bösl kocht hier bereits in 4. Generation. Charmant die Stuben, hübsch die Terrasse.

In Nürnberg-Laufamholz

Park Hotel garni

Brandstr. 64 ✉ 90482 – ✆ (0911) 95 07 00 Stadtplan : D1**p**
– www.park-hotel-nuernberg.de – geschl. 24. Dezember - 2. Januar
21 Zim – 75/110 € 90/140 €
Solche Häuser sollte es öfter geben: Charlotte Sigel kümmert sich in ihrem kleinen und sehr persönlich geführten Hotel mit viel Engagement und Herzblut um die Gäste! Die Zimmer sind wohnlich und funktional - und lassen Sie sich nicht das gute Frühstück entgehen!

In Nürnberg-Moorenbrunn Süd-Ost: 15 km über A 73 Stadtplan : D3, Richtung München

Landgasthof Gentner

Bregenzer Str. 31 ✉ 90475 – ✆ (0911) 8 00 70 – www.landgasthof-gentner.de
– geschl. 23. Dezember - 8. Januar
28 Zim – 74/126 € 104/156 € – 1 Suite
Rest *Landgasthof Gentner* – siehe Restaurantauswahl
Familie Gentner (bereits die 3. Generation) legt großen Wert darauf, die Gasthaus-Tradition zu bewahren - und das merkt man an der gepflegten Einrichtung (die Chefin hat ein Händchen für ländliche Deko), am guten Frühstück und an der sehr netten Gästebetreuung vom Empfang bis zur Verabschiedung!

Landgasthof Gentner – Hotel Landgasthof Gentner
Bregenzer Str. 31 ✉ 90475 – ✆ (0911) 8 00 70 – www.landgasthof-gentner.de – geschl. 23. Dezember - 8. Januar, 3. - 21. August und Montagmittag
Karte 28/45 €
So richtig heimelig hat man es in den reizenden Zirbelholz-Stuben und gute Küche gibt's obendrein! Wie wär's mit "Filetspitzen mit feinem Pilzsößchen, Kartoffelrösti und Salat"? Lecker auch die "Kaffee-Crème-Brûlée mit weißem Schokoladeneis"! Kein Terrassenwetter? Dann setzen Sie sich ins Garten-Stüberl.

In Nürnberg-Schweinau

Gatto Rosso
Hintere Marktstr. 48 ✉ 90441 – ✆ (0911) 66 68 78 Stadtplan : E3**g**
– www.gatto-rosso.de – geschl. Samstagmittag, Sonntag
Menü 23/45 € – Karte 30/51 €
Wirklich gemütlich ist es in dem über 400 Jahre alten kleinen Fachwerkhaus. Hier kocht Severino Donadoni frische italienische Speisen, die seine Frau Amalia freundlich serviert - mitunter hört man sie auch mal hinter der Theke singen!

In Nürnberg-Worzeldorf

Zirbelstube mit Zim
Friedrich-Overbeck-Str. 1 ✉ 90455 – ✆ (0911) 99 88 20 Stadtplan : C3**z**
– www.zirbelstube.com – geschl. 1. - 12. Januar, 8. - 24. Juni und Sonntag - Montagmittag, Dienstagmittag
6 Zim – 73/110 € 96/170 € Menü 34/68 € – Karte 34/50 €
Ein schmuckes Sandsteingebäude von 1860 mit ebenso schönem Interieur. In der charmanten Zirbelstube serviert man z. B. "Schweinemedaillons mit Sauerkrautkruste, Specksauce und Kartoffelplätzchen". Reizend die Terrasse am alten König-Ludwig-Kanal. Sie können auch übernachten - man hat hübsche Gästezimmer.

In Nürnberg-Zerzabelshof

Hilton Nuremberg Rest,
Valznerweiherstr. 200 ✉ 90480 – ✆ (0911) 4 02 90 Stadtplan : C2**u**
– www.hilton.de/nuernberg
152 Zim – 92/282 € 105/295 €, 23 €
Rest – Menü 30/36 € – Karte 30/56 €
Das Tagungshotel liegt am Lorenzer Wald, direkt neben dem Trainingsgelände des 1. FC Nürnberg (vom Frühstücksraum kann man zuschauen!). Die Zimmer sind funktional und auf den Businessgast zugeschnitten. In der Lounge kann man international essen - es gibt ganztägig Klassiker wie Clubsandwich oder Hamburger.

NÜRTINGEN

Baden-Württemberg – 40 370 Ew. – Höhe 291 m – Siehe Regionalatlas **55**-H19
Berlin 633 km – Stuttgart 37 km – Reutlingen 21 km – Ulm (Donau) 66 km
Michelin Straßenkarte 545

Vetter garni
Marienstr. 59 ✉ 72622 – ✆ (07022) 9 21 60 – www.hotel-vetter.de
38 Zim – 55/81 € 85/103 €
Das Hotel liegt in einem Wohngebiet außerhalb des Zentrums und ist tipptopp gepflegt. Die Komfortzimmer sind großzügiger geschnitten. Heller Frühstücksraum im Bistrostil.

Valentino
Heiligkreuzstr. 18 ✉ 72622 – ✆ (07022) 3 11 14 – www.ristorante-valentino.com – geschl. Samstagmittag, Sonntag
Karte 26/67 €
Familie Polizzi hat sich hier im Laufe von rund 30 Jahren einen Namen gemacht... mit italienisch-saisonaler Küche samt tagesfrischer Empfehlungen auf der Tafel. Ehrensache, dass das Olivenöl aus Silzilien kommt, aus eigener Herstellung! Mediterranes Flair im "giardino".

Weinstube zum Schloßberg

Schloßberg 1 ✉ 72622 – ✆ (07022) 3 28 78 – geschl.1.- 8. Januar, 2. - 12. April, 24. - 31. August und Sonntag - Montag
Menü 24 € – Karte 33/43 € – *(nur Abendessen)* (Tischbestellung erforderlich)
Hier ist man immer gut gebucht! Auch viele Stammgäste kommen gerne in die urig-gemütliche Weinstube unweit der Kirche, um sich bei den herzlichen Betreibern schwäbische Gerichte schmecken zu lassen.

NUTHETAL

Brandenburg – 8 780 Ew. – Höhe 34 m – Siehe Regionalatlas **22-O8**
Berlin 41 km – Potsdam 17 km – Belzig 55 km – Magdeburg 123 km
Michelin Straßenkarte 542

In Nuthetal-Philippstal Süd-Ost: 6 km über Potsdamer Straße

Philippsthal

Philippsthaler Dorfstr. 35 ✉ 14558 – ✆ (033200) 52 44 32 – www.restaurant-philippsthal.de
Menü 37/47 € – Karte 35/50 €
Zu Zeiten des "Alten Fritz" wurde hier noch Seide gesponnen, heute ist das denkmalgeschützte Anwesen ein wirklich hübsches Restaurant, in dem alte rustikale Elemente wie Backstein und dunkle Holzbalken ebenso zur Geltung kommen wie die moderne Einrichtung. Mindestens genauso schön sitzt es sich im ausgesprochen charmanten Hofgarten - und hier schmecken "gesottener Kalbstafelspitz mit Spargelsalat" oder "krosser Spanferkelrücken mit Rosmarin-Spitzkohl" ebenso gut!

OBERAMMERGAU

Bayern – 5 230 Ew. – Höhe 837 m – Siehe Regionalatlas **65-K21**
Berlin 678 km – München 92 km – Garmisch-Partenkirchen 19 km – Landsberg am Lech 59 km
Michelin Straßenkarte 546

Maximilian

Ettaler Str. 5 ✉ 82487 – ✆ (08822) 94 87 40 – www.maximilian-oberammergau.de
18 Zim – 🚹110/250 € 🚹🚹170/475 € – 2 Suiten – ½ P
Rest ***Ammergauer Maxbräu*** – siehe Restaurantauswahl
Chic ist der alpenländisch-moderne Stil dieses luxuriösen kleinen Feriendomizils vor der malerischen Bergkulisse. Die Zimmer sind äußerst wohnlich, ansprechend auch der Sauna- und Beautybereich. Sehr guter und aufmerksamer Service.

Landhaus Feldmeier (mit Gästehäusern)

Rest,

Ettaler Str. 29, (Zufahrt über Rüdererweg) ✉ 82487 – ✆ (08822) 30 11 – www.hotel-feldmeier.de – geschl. März - April 3 Wochen, Oktober - November 2 Wochen
30 Zim – 🚹77/110 € 🚹🚹115/170 € – ½ P
Rest – ✆ (08822) 30 11 – Menü 14/28 € – Karte 20/33 € – *(geschl. Dienstag) (nur Abendessen)*
Auf drei Häuser im regionalen Stil verteilen sich die wohnlichen Gästezimmer mit Balkon oder Terrasse. In "Haus 3" sind die Zimmer besonders neuwertig! Gut entspannen lässt es sich im hübschen Saunabereich. Rustikales Restaurant.

Turmwirt garni

Ettaler Str. 2 ✉ 82487 – ✆ (08822) 9 26 00 – www.turmwirt.de
22 Zim – 🚹80/85 € 🚹🚹105/130 € – 1 Suite
Das Traditionshaus mit Ursprung im 18. Jh. steht mitten im Ort. Eine familiäre Adresse mit gepflegten, funktionellen Zimmern und einem schönen lichten Saunabereich.

Antonia garni

Freikorpsstr. 5 ✉ 82487 – ✆ (08822) 9 20 10 – www.hotel-antonia.com
14 Zim – 50/68 € 82 €
In diesem kleinen Hotel, das ruhig in einer Wohngegend liegt, kümmert sich die Chefin persönlich um Sie. Es stehen auch zwei geräumige Zimmer mit Kitchenette zur Verfügung.

Ammergauer Maxbräu – Hotel Maximilian

Ettaler Str. 5 ✉ 82487 – ✆ (08822) 9 48 74 60 – www.maximilian-oberammergau.de
Menü 32 € (abends) – Karte 21/53 €
Frische saisonale Küche und bayerische Klassiker stehen in diesem herzlichen rustikalen Brauhaus auf der Karte - beim Essen schaut man auf die Braukessel. Sie trinken hier hauseigenes Bier, natürlich auch auf der Terrasse und im Biergarten! Im Restaurant gibt's sogar eine Spielecke für die Kleinen.

Sie möchten spontan verreisen? Besuchen Sie die Internetseiten der Hotels, um von deren Sonderkonditionen zu profitieren.

OBERAUDORF

Bayern – 4 950 Ew. – Höhe 480 m – Siehe Regionalatlas **66-N21**
Berlin 672 km – München 81 km – Bad Reichenhall 95 km – Rosenheim 28 km
Michelin Straßenkarte 546

Bernhard's im Seebacher Haus garni

Kufsteiner Str. 10 ✉ 83080 – ✆ (08033) 30 87 76 20 – www.bernhards.biz
24 Zim – 58/78 € 82/98 €
Die Bernhards haben sich hier im Ort einen Namen gemacht: Da wäre zum einen ihr Restaurant, zum anderen (gleich gegenüber) dieses denkmalgeschützte Haus mit der auffallend bemalten Fassade, das von der Tochter geleitet wird. Außen historisch, innen auf dem neusten Stand und richtig schön wohnlich!

Ochsenwirt (mit Gästehaus)

Carl-Hagen-Str. 14 ✉ 83080 – ✆ (08033) 3 07 90 – www.ochsenwirt.com – geschl. 2. - 15. November
38 Zim – 35/50 € 73/99 € – ½ P
Rest – Karte 15/48 € – *(geschl. Dienstag außer Saison)*
Seit 1445 gibt es diesen Gasthof und seither ist er auch in Familienbesitz. Diese lange Tradition spürt man: Die Atmosphäre ist persönlich, man bemüht sich um seine Gäste und bleibt am Ball - so hat man z. B. einige neuere, wohnlich-charmante Zimmer im Nebenhaus. Behaglich wird's auch beim Essen, und zwar in den Bauernstuben mit viel Holz und Kachelofen.

Bayerischer Hof

Sudelfeldstr.12 ✉ 83080 – ✆ (08033) 9 23 50 – www.hotel-in-oberaudorf.com – geschl. 27. Oktober - 26. November
13 Zim – 46/53 € 80/89 € – ½ P
Rest – Menü 16 € (abends) – Karte 20/35 € – *(geschl. Dienstag)*
Im ehemaligen "Haus Rübezahl" von 1953 bietet Familie Wolf heute eher einfache und kleine Gästezimmer, die aber sehr gepflegt sind. Radel und Rodel kann man im Haus mieten. Man isst in rustikalen Stuben oder im sehr freundlichen, hellen Restaurant. Im Sommer ist die Terrasse beliebt.

Bernhard's mit Zim

Marienplatz 2 ✉ 83080 – ✆ (08033) 3 05 70 – www.bernhards.biz – geschl. über Weihnachten und Donnerstag
10 Zim – 38/68 € 66/98 € – ½ P Menü 39 € – Karte 22/63 €
Mit mediterranem Dekor hat man hier gemütliche Ecken geschaffen. Chef Peter Bernhard kocht regional, einige Gerichte widmet der gebürtige Schweizer auch seiner Heimat. Die Gästezimmer sind großzügig und mit freundlichen Farben und hübschen Stoffen schön im Landhausstil eingerichtet.

Im Ortsteil Niederaudorf Nord: 2 km Richtung Flintsbach

Alpenhof

Rosenheimer Str. 97 ✉ 83080 – ✆ (08033) 30 81 80 – www.alpenhof-oberaudorf.de – geschl. November - Dezember 3 Wochen

16 Zim – 52/70 € 86/100 € – ½ P

Rest – Menü 15/20 € – Karte 17/46 € – *(geschl. Montag) (nur Abendessen, sonntags auch Mittagessen)*

Nicht zuletzt die familiäre Führung sorgt in dem netten Gasthof für Charme. Man ist herzlich und engagiert und investiert immer wieder. Sie wohnen in freundlichen Zimmern (am komfortabelsten die "Edelweißzimmer"), sitzen gemütlich im regionstypischen Restaurant oder auf der Terrasse (lecker der selbstgebackene Kuchen!) und dank Obstgarten und Spielplatz wird auch Kindern hier nicht langweilig. Im Winter hat man übrigens die Langlaufloipe direkt vor der Tür.

An der Straße nach Bayrischzell Nord-West: 8,5 km

Feuriger Tatzlwurm

Zim,

Tatzelwurm ✉ 83080 Oberaudorf – ✆ (08034) 3 00 80 – www.tatzlwurm.de

78 Zim – 82/125 € 140/250 € – 2 Suiten – ½ P **Rest** – Karte 16/44 €

Was im 19. Jh. als Gasthaus begann (reizender Zeitzeuge ist die heimelige Leiblstube von 1863!), ist nach stetigen Erweiterungen und Modernisierungen zu einem komfortablen Wellnesshotel gewachsen. Stimmig das regionstypische Konzept, wohnlich und wertig die gesamte Einrichtung, vielfältig das Freizeitangebot. Und die wunderbare Natur hat man immer vor Augen: herrlicher Blick aufs Kaisergebirge, ein Badeteich beim Wildbach vor dem Haus...

OBERAULA

Hessen – 3 240 Ew. – Höhe 326 m – Siehe Regionalatlas **38-H13**

Berlin 425 km – Wiesbaden 165 km – Kassel 73 km – Bad Hersfeld 22 km

Michelin Straßenkarte 543

Zum Stern

Spa Zim,

Hersfelder Str. 1 (B 454) ✉ 36280 – ✆ (06628) 9 20 20 – www.hotelzumstern.de

66 Zim – 54/70 € 88/118 € – ½ P

Rest – Menü 10 € (mittags)/38 € – Karte 20/43 €

Schon von außen nett anzusehen ist das schmucke Fachwerkhaus. Die meisten der ländlich-wohnlichen Gästezimmer liegen zum hübschen Garten hin und bieten einen Balkon, zwei der Zimmer sind Familienmaisonetten. Kleiner Spabereich. Ein Grill-Pavillon ergänzt das bürgerlich-rustikal gehaltene Restaurant.

OBERBOIHINGEN

Baden-Württemberg – 5 390 Ew. – Höhe 276 m – Siehe Regionalatlas **55-H19**

Berlin 630 km – Stuttgart 34 km – Göppingen 26 km – Reutlingen 25 km

Michelin Straßenkarte 545

Zur Linde

Nürtinger Str. 24 ✉ 72644 – ✆ (07022) 6 11 68 – www.linde-oberboihingen.de – geschl. über Pfingsten 2 Wochen und Montag - Dienstag

Menü 30/75 € – Karte 22/45 €

Geschmälzte Maultaschen, Zwiebelrostbraten & Co. sind bei Jörg und Heike Ebermann ebenso gefragt wie Württemberger Lamm, eine ihrer Spezialitäten. Auch die günstigen Angebote zum Mittagstisch kommen gut an! Und das Ambiente? Hier ist der 70er-Jahre-Stil unverkennbar.

OBERDING

– Bayern → Siehe Freising

OBERELSBACH

Bayern – 2 760 Ew. – Höhe 420 m – Siehe Regionalatlas **39-I14**

Berlin 410 km – München 325 km – Fulda 52 km – Bamberg 99 km

Michelin Straßenkarte 546

In Oberelsbach-Ginolfs Süd-West: 4 km Richtung Bischofsheim, nach 1 km rechts

Fischerhütte Edwin

Herbertsweg 1 ✉ 97656 – ✆ (09774) 85 83 38 – www.fischerhuette-edwin.de – geschl. Februar 3 Wochen und Montag - Dienstag
Menü 25 € (abends) – Karte 20/32 €
Ein schlicht-modern gehaltenes Restaurant in einem Holzhaus auf Pfählen mitten im Biosphärenreservat Rhön. Man bietet vorwiegend Fisch aus den eigenen Forellenteichen am Haus.

OBERHACHING

Bayern – 12 940 Ew. – Höhe 576 m – Siehe Regionalatlas **65-L20**
Berlin 614 km – München 16 km – Innsbruck 156 km – Kufstein 82 km
Michelin Straßenkarte 546

Hachinger Hof

Pfarrer-Socher-Str. 39 ✉ 82041 – ✆ (089) 61 37 80 – www.hachinger-hof.de – geschl. 22. Dezember - 5. Januar
74 Zim – 70/138 € 90/150 € **Rest** – Karte 17/39 € – *(nur Abendessen)*
Hier kümmert sich bereits die 2. Generation der Familie Mair um Ihr Wohl, ob Sie nun einen Kurzurlaub machen oder nur auf der Durchreise sind. Fragen Sie nach den aktuellsten, komplett aufgefrischten Zimmern! In gemütlichen Stuben bekommen Sie bürgerlich-regionale Speisen serviert.

OBERHAUSEN

Nordrhein-Westfalen – 212 950 Ew. – Höhe 42 m – Siehe Regionalatlas **26-C11**
Berlin 536 km – Düsseldorf 35 km – Duisburg 10 km – Essen 12 km
Michelin Straßenkarte 543

Mercure

Zim, Zim,

Max-Planck-Ring 6 ✉ 46049 – ✆ (0208) 4 44 10 – www.mercure-oberhausen.de
94 Zim – 79/199 € 89/209 €, 16 €
Rest – Karte 28/63 € – *(geschl. Sonntag sowie an Feiertagen) (nur Abendessen für Hausgäste)*
Ein modernes Businesshotel, das günstig in einem Industriegebiet liegt, parken ist kein Problem. Hier bleibt man am Ball, alles ist gut in Schuss, die Einrichtung freundlich, das Frühstücksbuffet macht Appetit. Einen genaueren Blick sind auch die Bilder im Haus wert - einige stammen von der Chefin selbst.

TRYP

Centroallee 280 ✉ 46047 – ✆ (0208) 8 20 20 – www.tryphotels.de
210 Zim – 83/110 € 93/120 €
Rest – Menü 18 € (mittags)/33 € – Karte 23/51 € – *(geschl. Sonntagabend)*
Das Hotel am Centro, dem großen Shopping- und Freizeitzentrum, verfügt über neuzeitliche und freundliche Zimmer. Die Premium-Zimmer bieten kleine Extras, geräumig die Juniorsuiten.

Hackbarth's Restaurant

Im Lipperfeld 44 ✉ 46047 – ✆ (0208) 2 21 88 – www.hackbarths.de – geschl. 24. Dezember - 7. Januar und Samstagmittag, Sonntag
Menü 22/48 € – Karte 15/55 €
Schnitzel vom Hirsch, gebackene Sushi... das sind schöne Beispiele für die kreative Küche in dem netten Lokal in Centro-Nähe. Die ansprechend angerichteten Speisen werden auf freundlich-legere Art serviert. Hübsch die kleine Terrasse.

OBERHEIMBACH

Rheinland-Pfalz – 610 Ew. – Höhe 140 m – Siehe Regionalatlas **46-D15**
Berlin 619 km – Mainz 49 km – Neustadt an der Weinstraße 107 km – Koblenz 55 km
Michelin Straßenkarte 543

Weinberg-Schlösschen

Hauptstr. 2 ✉ 55413 – ✆ (06743) 9 47 18 40 – www.weinberg-schloesschen.de – geschl. Januar - 1. März
26 Zim – 59/65 € 80/115 € – 1 Suite – ½ P
Rest ***Weinberg-Schlösschen*** – siehe Restaurantauswahl
Nur wenige Kilometer vom Rhein und inmitten der Weinberge liegt das kleine Hotel der Familie Lambrich, in das die beiden Söhne in den letzten Jahren jede Menge frischen Wind gebracht haben. Die Zimmer variieren sehr in der Größe, ansprechend modern sind sie alle, schön der Holzfußboden. Wer es besonders komfortabel und chic mag, bucht die Suite oder das Turmzimmer (hier mit komplett verglastem Bad)!

Weinberg-Schlösschen – Hotel Weinberg-Schlösschen

Hauptstr. 2 ✉ 55413 – ✆ (06743) 9 47 18 40 – www.weinberg-schloesschen.de – geschl. Januar - 1. März und Montag, November - Dezember: Montag - Mittwoch
Menü 20/50 € – Karte 25/49 € – *(Dienstag - Donnerstag nur Abendessen)*
Im Restaurant des sympathischen Familienbetriebs sind Ihnen nicht nur attraktives zeitgemäßes Ambiente und freundlicher Service gewiss, sondern vor allem auch die Küche von Marc Lambrich, die z. B. mit Klassikern wie "Ragout vom Oberheimbacher Hirsch" Appetit macht. Im Sommer lockt natürlich die Terrasse mit Blick in die Reben.

OBERHOF

Thüringen – 1 530 Ew. – Höhe 800 m – Siehe Regionalatlas **40-K13**
Berlin 337 km – Erfurt 58 km – Bamberg 106 km – Eisenach 53 km
Michelin Straßenkarte 544

Berghotel

Theodor-Neubauer-Str. 20 ✉ 98559 – ✆ (036842) 2 70 – www.berghotel-oberhof.de
70 Zim – 73/145 € 126/206 € – ½ P
Rest ***Saltus*** – Menü 20/55 € – Karte 25/65 €
Ein wirklich schönes Ferienhotel mit Wellness auf 500 qm und zeitgemäßen, freundlichen Zimmern - etwas gehobener sind die modernen Zimmer in der Dependance "Villa Silva". Ansprechend auch das Restaurant in geradlinigem Stil sowie die schicke Cocktailbar mit Bowlingbahn.

OBERKIRCH

Baden-Württemberg – 19 970 Ew. – Höhe 192 m – Siehe Regionalatlas **54-E19**
Berlin 739 km – Stuttgart 140 km – Karlsruhe 76 km – Offenburg 16 km
Michelin Straßenkarte 545

Obere Linde

Hauptstr. 25 ✉ 77704 – ✆ (07802) 80 20 – www.obere-linde.de
27 Zim – 80/105 € 110/160 € – ½ P
Rest – Menü 25 € (mittags unter der Woche)/54 € – Karte 20/61 € – *(geschl. Montag)*
Wenn man die zwei schmucken Fachwerkhäuser sieht, denkt man unweigerlich an wohltuend gemütliche Atmosphäre. Und die finden Sie sowohl in den Zimmern (hier können Sie auf Wunsch sogar in einem Himmelbett schlafen) als auch in den Restaurantstuben. Wenn Sie im Sommer lieber draußen essen: Es gibt auch eine schöne Gartenterrasse!

Haus am Berg

Am Rebhof 5 (Zufahrt über Privatweg) ✉ 77704 – ✆ (07802) 47 01 – www.haus-am-berg-oberkirch.de – geschl. Mitte Februar 2 Wochen, Anfang November 2 Wochen und Dienstag
Menü 23/98 € – Karte 26/58 € – (Tischbestellung ratsam)
Ruhe, Weinberge ringsum, der Blick bis aufs Straßburger Münster... Kein Wunder, dass die gemütliche Terrasse an warmen Sommertagen gut besucht ist! Peter Zimmermann und seine Frau bieten Ihnen hier - und natürlich auch im ländlichen Restaurant - internationale Speisen. Probieren Sie doch mal das beliebte Tagesmenü!

In Oberkirch-Ödsbach Süd: 3 km

Waldhotel Grüner Baum

Alm 33 ✉ 77704 – ✆ (07802) 80 90 – www.waldhotel-gruener-baum.de
40 Zim ☕ – 🚹100/125 € 🚹🚹170/250 € – 5 Suiten – ½ P
Rest – Menü 25/65 € – Karte 29/65 €
Als wäre die herrliche Schwarzwaldlandschaft ringsum nicht schon genug, bietet man Ihnen hier auch noch einen weitläufigen Garten mit Streichelzoo, den modernen "zeitlos SPA" auf 1000 qm samt tollem "Außen-Living-Pool", eine Kaminlounge sowie ein eigenes charmant-rustikales "Back- und Brennhus", dazu wohnliche Zimmer, die ebenso wie die Restauranträume von ländlich bis elegant reichen. Wie wär's mit einer Panorama-Suite?

In Oberkirch-Ringelbach Nord: 4 km, Richtung Kappelrodeck

Landhotel Salmen

Weinstr. 10 ✉ 77704 – ✆ (07802) 44 29 – www.hotelsalmen.de – geschl. 21. - 26. Dezember, 18. Januar - 6. Februar
29 Zim ☕ – 🚹66/78 € 🚹🚹96/120 € – ½ P
Rest – Menü 25 € – Karte 21/56 € – *(geschl. Donnerstag) (Montag - Samstag nur Abendessen)*
Man merkt, mit welchem Engagement Familie Meier ihr Hotel führt: Alles ist tipp-topp gepflegt, die Zimmer sind freundlich - beliebt sind die modernen Business-Einzelzimmer, aber auch die Familienzimmer mit Themen-Kinderzimmer. In den gemütlichen Restaurantstuben serviert man bürgerlich-saisonale Küche.

OBERMAISELSTEIN

Bayern – 940 Ew. – Höhe 859 m – Siehe Regionalatlas **64**-I22
▶ Berlin 734 km – München 166 km – Augsburg 141 km – Bregenz 56 km
Michelin Straßenkarte 546

Berwanger Hof (mit Gästehaus)

Niederdorf 11 ✉ 87538 – ✆ (08326) 3 63 30 – www.berwangerhof.de
43 Zim ☕ – 🚹76/87 € 🚹🚹148/212 € – 3 Suiten – ½ P
Rest – Menü 18/39 € – Karte 21/42 € – *(geschl. Donnerstag)*
Hier lässt es sich richtig schön wohnen: ruhige Lage, hübsche Zimmer (fragen Sie nach den neueren in schickem modern-alpinem Look), attraktiver "AlpenSpa" auf 1000 qm sowie regional-internationale Küche - auch auf der reizvollen Terrasse.

OBERNBURG

Bayern – 8 550 Ew. – Höhe 127 m – Siehe Regionalatlas **48**-G15
▶ Berlin 569 km – München 356 km – Frankfurt am Main 58 km – Darmstadt 47 km
Michelin Straßenkarte 546

Zum Anker (mit Gästehaus)

Mainstr. 3 ✉ 63785 – ✆ (06022) 6 16 70 – www.zum-anker.net
20 Zim ☕ – 🚹65/71 € 🚹🚹85/90 € – ½ P
Rest – Menü 17/35 € – Karte 21/41 € – *(geschl. Freitagabend, Sonntagabend) (November - März: nur Abendessen)*
In einer Seitenstraße im Zentrum liegt dieser Familienbetrieb, bestehend aus einem schönen alten Fachwerkhaus und einem Gästehaus. Man verfügt über individuell gestaltete Zimmer. Das Restaurant ist mit Kamin und Eichenparkett ausgestattet.

OBEROTTERBACH

Rheinland-Pfalz – 1 190 Ew. – Höhe 192 m – Siehe Regionalatlas **54**-E17
▶ Berlin 694 km – Mainz 130 km – Neustadt a.d. Weinstraße 44 km – Saarbrücken 107 km
Michelin Straßenkarte 543

Schlössl mit Zim — Zim,

Weinstr. 6 ✉ 76889 – ✆ (06342) 92 32 30 – www.schloessl-suedpfalz.de – geschl. Januar, August - September 2 Wochen und Montag - Dienstag
8 Zim – 100 € 170 €
Menü 52/98 € – *(Mittwoch - Donnerstag nur Abendessen)*
Schöner Sandsteinboden in Schachbrettmuster, Parkett, wertiges, elegantes Mobiliar - sehr stilvoll, was man aus dem Amtshaus von 1778 gemacht hat! Ein junges Team bietet hier frische, ambitionierte Küche - und dazu mal ein nicht ganz alltäglicher Wein aus dem sehenswerten Gewölbekeller?
Rest *GUDD GESS* – siehe Restaurantauswahl

GUDD GESS (N) – Restaurant Schlössl

Weinstr. 6 ✉ 76889 – ✆ (06342) 92 32 30 – www.schloessl-suedpfalz.de – geschl. Januar, August - September 2 Wochen und Montag - Dienstag
Karte 18/25 €
Leger und locker kommt die Dependance des "Schlössls" daher, der Name (saarländisch für "gut gegessen") ist Programm. Es gibt frische regional-kreative Gerichte und danach einen Schnaps aus der eigenen Brennerei - der Brennkessel steht direkt im Gastraum!

OBER-RAMSTADT

Hessen – 15 050 Ew. – Höhe 217 m – Siehe Regionalatlas **47-F15**
Berlin 571 km – Wiesbaden 58 km – Frankfurt am Main 53 km – Mannheim 56 km
Michelin Straßenkarte 543

Hessischer Hof

Schulstr. 14 ✉ 64372 – ✆ (06154) 6 34 70 – www.hehof.de – geschl. 27. Dezember - 6. Januar, 27. Juli - 16. August
22 Zim – 55/77 € 87/97 €, 5 € – ½ P
Rest *Hessischer Hof* – siehe Restaurantauswahl
In 6. Generation leitet Familie Fischer das über 200 Jahre alte Hotel, eine ehemalige Zehntscheune. Die Gästezimmer sind gepflegt und wohnlich, einige sind etwas größer.

Hessischer Hof – Hotel Hessischer Hof

Schulstr. 14 ✉ 64372 – ✆ (06154) 6 34 70 – www.hehof.de – geschl. 27. Dezember - 6. Januar, 27. Juli - 16. August
Menü 32 € (mittags) – Karte 23/49 € – *(geschl.Freitag - Samstagmittag)*
Nicht nur gut übernachten kann man bei den Fischers. Die Speisekarte ist regional und international ausgerichtet, gekocht wird mit frischen saisonalen Produkten.

OBERRIED

Baden-Württemberg – 2 820 Ew. – Höhe 455 m – Siehe Regionalatlas **61-D20**
Berlin 804 km – Stuttgart 182 km – Freiburg im Breisgau 13 km – Donaueschingen 59 km
Michelin Straßenkarte 545

Gasthaus Sternen Post mit Zim — Zim,

Hauptstr. 30 ✉ 79254 – ✆ (07661) 98 98 49 – www.gasthaus-sternen-post.de – geschl. Dienstag
4 Zim – 60/73 € 80/95 € – 1 Suite
Menü 57 € – Karte 33/52 €
In dem schön sanierten Gasthaus von 1875 spürt man das Engagement der Inhaber: Man sitzt in gemütlichen Stuben mit Kachelofen, lässt sich Leckeres wie "Rehragout mit Spätzle und Rotkraut" sowie "Apfelküchle mit Vanillesauce" schmecken und übernachtet in liebenswerten, freundlichen Zimmern im Landhausstil.

In Oberried-Hofsgrund Süd-West: 11 km Richtung Schauinsland

Die Halde

Halde 2 (Süd-West: 1,5 km) ✉ 79254 – ✆ (07602) 9 44 70 – www.halde.com – geschl. 22. - 24. Dezember

37 Zim – †178/188 € ††266/336 € – 1 Suite – ½ P

Rest ***Die Halde*** – siehe Restaurantauswahl

Wandern Sie gerne? Der einstige Bauernhof liegt ruhig und abgeschieden in 1147 m Höhe, toll der Blick zum Feldberg und ins Tal - da kriegt man Lust, loszumarschieren! Die Einrichtung ist eine gesunde Mischung aus Modernem und Regionalem... hochwertig und wohnlich. Wellness gibt es hier u. a. in Form eines schönen Naturbadeteichs. HP inklusive.

Die Halde – Hotel Die Halde

Halde 2 (Süd-West: 1,5 km) ✉ 79254 – ✆ (07602) 9 44 70 – www.halde.com – geschl. 22. - 24. Dezember

Menü 34/60 € – Karte 27/52 €

Altes hat man hier auf wunderschöne Art bewahrt, so versprüht die historische Gaststube mit ihrer dunklen Holzvertäfelung pures Behagen. Wild aus eigener Jagd kommt z. B. in Form von "Ragout vom Jungwild mit Nudeln" auf den Teller.

OBERSCHLEISSHEIM

Bayern – 11 300 Ew. – Höhe 483 m – Siehe Regionalatlas **65-L20**

Berlin 575 km – München 17 km – Regensburg 112 km – Augsburg 64 km

Michelin Straßenkarte 546

Schlossrestaurant Bellevue

Freisinger Str. 2 ✉ 85764 – ✆ (089) 81 30 93 33 – www.schlossrestaurant-bellevue.de – geschl. Montag

Menü 28/55 € – Karte 28/49 € – *(nur Abendessen, sonntags auch Mittagessen)*

Ein Stück französische Lebensart vor den Toren Münchens. Patron Timo Röpke bietet eine ländlich geprägte und verfeinerte französisch-rustikale Küche, Patronne Jessica Brandenburger betreut Sie indes in wohnlichem Landhausambiente. Probieren Sie z. B. die Bouillabaisse oder "Pot au feu de Poulet".

In Oberschleißheim-Lustheim Ost: 1 km über B 471

Hotel Am Schlosspark Zum Kurfürst (mit Gästehäusern)

Kapellenweg 5 ✉ 85764 – ✆ (089) 31 57 90 – www.kurfuerst-hotel.de

Rest,

88 Zim – †79/249 € ††94/270 € – 1 Suite

Rest – Menü 19/53 € – Karte 22/41 € – *(geschl. Ende Dezember - Anfang Januar 2 Wochen)*

Bei Familie Kunstwaldl wohnt man recht ruhig beim Schlosspark und nur 20 S-Bahn-Minuten von München! Zimmer in den Kategorien Standard-, Komfort- und Superior oder günstigere "Chaletzimmer". Im Restaurant bekommt man Wiener Schnitzel ebenso wie Flammkuchen.

OBERSTAUFEN

Bayern – 7 170 Ew. – Höhe 791 m – Siehe Regionalatlas **64-I22**

Berlin 735 km – München 161 km – Konstanz 107 km – Kempten (Allgäu) 37 km

Michelin Straßenkarte 546

Allgäu Sonne (mit Gästehäusern)

Stießberg 1 ✉ 87534 – ✆ (08386) 70 20 – www.allgaeu-sonne.de

149 Zim – †118/157 € ††262/332 € – 5 Suiten – ½ P

Rest – Menü 35/48 € – Karte 24/59 €

Bei der Ankunft beeindruckt nicht nur die fantastische Sicht über das Weißachtal, auch die geräumige Panoramahalle kommt gut an. Nicht minder attraktiv der topmoderne Fitnessraum als Teil des vielfältigen, weit über 2000 qm messenden Freizeit- und Wellnessbereichs! In traditionellen Restauranträumen können Sie international inspirierte Regionalküche kosten.

Lindner Parkhotel Zim,

Argenstr. 1 ✉ 87534 – ✆ (08386) 70 30 – www.lindner.de/oberstaufen
82 Zim – 99/149 € 167/239 € – 5 Suiten – ½ P
Rest – Menü 34 € – Karte 34/51 €
Ein Kettenhotel, das nicht ganz alltäglich ist. Hier wirkt alpenländische Tradition - in den gemütlichen Zimmern, im Bergwiesen-Spa, der schon durch seine Gestaltung Exklusivität versprüht. Paare buchen gerne den Private Spa. Zum Essen sollten Sie auf der tollen Terrasse zum Park hin Platz nehmen!

Rosenalp Rest,

Am Lohacker 5 ✉ 87534 – ✆ (08386) 70 60 – www.rosenalp.de – geschl. 28. November - 24. Dezember
67 Zim – 97/148 € 108/164 € – 12 Suiten – ½ P
Rest – Menü 44/50 € – Karte 33/46 €
Sie merken dem Haus seine intensive Führung an: Man hat in den letzten Jahren viel getan - so kann das Ferien- und Wellnesshotel nun wohnliche Zimmer (klassisch oder topmodern) und jede Menge Spa bieten. Restaurant und Terrasse können sich ebenfalls sehen lassen und auch der Garten ist ein schönes Fleckchen!

Concordia Rest,

In Pfalzen 8 ✉ 87534 – ✆ (08386) 48 40 – www.concordia-hotel.de
62 Zim – 74/82 € 148/164 € – ½ P
Rest – Menü 21 € (abends)/28 € – Karte 21/33 €
Das Haus hat schon Atmosphäre! Für Wohnlichkeit ist gesorgt, in den vier miteinander verbundenen Gebäuden erwartet Sie unterschiedliche Landhauseinrichtung, ebenso Balkon oder Terrasse. Für Ihr Wohlbefinden: Medical Wellness, Beauty und mehr. Wer möchte, bekommt "Logi-Diät" oder Schrothkur.

Alpenkönig Rest,

Kalzhofer Str. 25 ✉ 87534 – ✆ (08386) 9 34 50 – www.hotel-alpenkoenig.de – geschl. 23. November - 24. Dezember
23 Zim – 89/109 € 168/188 € – ½ P
Rest – Menü 27/49 € – Karte 30/50 € – *(nur Abendessen, sonntags auch Mittagessen)*
Familie Bentele hat aus ihrem Haus wirklich ein Schmuckstück gemacht: Für eine geschmackvolle Optik sorgen warme Farben und hochwertige Materialien, fürs Gefühl die persönliche Atmosphäre! Richtig heimelig wird's in den Restaurantstuben bei internationaler und regionaler Kost.

evviva!

Kalzhofer Str. 50 ✉ 87534 – ✆ (08386) 9 32 90 – www.evviva.de – geschl. 3. November - 26. Dezember
18 Zim – 81/91 € 128/148 € – 2 Suiten – ½ P
Rest *ecco!* – siehe Restaurantauswahl
Der ehemalige erfolgreiche Fußballprofi Karl-Heinz Riedle hat hier nicht nur ein zeitgemäßes Hotel, im Sommer kommt der Fußball-Nachwuchs ins Jugend-Camp! Tagsüber relaxen Sie bei Ayurvedaanwendungen, abends macht man es sich in der Fernsehlounge gemütlich.

Adler (mit Gästehaus)

Kirchplatz 6 ✉ 87534 – ✆ (08386) 9 32 10 – www.adler-oberstaufen.de – geschl. 1. - 14. Dezember
27 Zim – 65/110 € 120/200 € – 1 Suite – ½ P
Rest – Menü 23/59 € – Karte 23/51 € – *(geschl. 1. - 14. Dezember)*
Direkt im Herzen der Stadt steht der Traditionsgasthof von 1574 - das macht die Terrasse auf dem Kirchplatz sehr beliebt! Das freundliche Personal ist auch bei der Parkplatzsuche behilflich. Sie beginnen den Tag mit einem guten Frühstück, später können Sie hier bürgerlich-regional essen.

Hochbühl garni

Auf der Höh 12 ✉ 87534 – ✆ (08386) 9 35 40 – www.hochbuehl.de
20 Zim – 61/70 € 122/134 €
Ein sehr familiäres Haus, in dem man nett und behaglich wohnen kann. Das wissen auch die vielen Schrothkur-Gäste, die hier auf Wunsch Kur-Halbpension erhalten. Gönnen Sie sich doch auch mal eine wohltuende Kosmetikanwendung oder Massage!

Ambiente

Kalzhofer Str. 22 ✉ 87534 – ✆ (08386) 74 78 – www.ambiente-oberstaufen.de – geschl. 5. - 18. Januar, 8. Juli - 28. Juli und Montag - Dienstag

Menü 39/62 € – Karte 33/54 € – *(Mittwoch - Samstag nur Abendessen)*

Zahlreiche Stammgäste zieht es immer wieder in das helle, mediterran inspirierte Restaurant mit Wintergarten. Aus der einsehbaren Küche lässt Ihnen Patron Richard Zwick internationale Speisen aus frischen Produkten servieren.

Posttürmle

Bahnhofsplatz 4 ✉ 87534 – ✆ (08386) 74 12 – www.posttuermle.de – geschl. Dezember 3 Wochen und Dienstag, Juni - September: Montag - Dienstag

Menü 42/89 € – Karte 30/56 € – *(nur Abendessen)* (Tischbestellung ratsam)

In dem überaus netten, intimen Restaurant sollten Sie reservieren, denn man hat nur drei Tische! Familie Stark ist hier seit rund 20 Jahren mit Herzblut bei der Sache. Der Patron bereitet gute klassische Küche zu - probieren Sie "Frische Steinpilze in Kräuterbutter gebraten"! Eigene kleine Vinothek.

ecco! – Hotel evviva!

Kalzhofer Str. 50 ✉ 87534 – ✆ (08386) 9 91 96 80 – www.ecco-oberstaufen.de

Menü 32/79 € – Karte 41/60 € – *(geschl. Monatg)*

Hinter der großen Fensterfront sitzt man in freundlichem Ambiente bei international-saisonaler Küche. Sie hätten es gerne etwas gehobener? Dann nehmen Sie an einem der vier elegant eingedeckten Tische des "ecco!~nobile" Platz, eine Art Restaurant im Restaurant - hier gibt es Mi.-So. am Abend ein Gourmetmenü.

In Oberstaufen-Bad Rain Ost: 1,5 km über Rainwaldstraße

Bad Rain (mit Gästehaus)

Hinterstaufen 9 ✉ 87534 – ✆ (08386) 9 32 40 – www.bad-rain.de

25 Zim – †63/85 € ††136/164 € – ½ P

Rest ***Bad Rain*** – siehe Restaurantauswahl

Schon die 5. Generation der Familie ist in dem sympathischen Alpengasthof im Einsatz. Man ist zwar schon ein Stück vom Zentrum entfernt, doch die Idylle hier, die wohnlichen Zimmer, der Wellnessbereich und die gemütlichen Stuben machen das wieder wett!

Bad Rain – Hotel Bad Rain

Hinterstaufen 9 ✉ 87534 – ✆ (08386) 9 32 40 – www.bad-rain.de

Karte 18/41 €

Hier bietet Ihnen Michael Kirchmann eine solide regional bezogene Küche - seine Spezialität sind Gerichte mit Wild aus eigener Jagd. Wenn Sie in der urigen Bauernstube essen möchten, sollten Sie rechtzeitig reservieren!

In Oberstaufen-Kalzhofen Nord-Ost: 1 km über Kalzhofer Straße

Haubers Alpenresort

Meerau 34 ✉ 87534 – ✆ (08386) 9 33 05 – www.haubers.de

64 Zim – †97/177 € ††212/290 € – 5 Suiten – ½ P

Rest – Menü 39/46 € – *(nur für Hausgäste)*

Das Resort steht auf 60 ha Grund, darauf befinden sich ein Golfplatz, Wanderwege, ein ganzer Bergrücken, zwei Almen und zwei komfortable Hotels (Landhaus und Gutshof)! Neben der schönen Umgebung gibt es auch einiges für Wellness-Fans. Eine hochwertige Halbpension rundet das Angebot ab.

In Oberstaufen-Steibis Süd: 5 km

König Ludwig

Rest,

Im Dorf 29 ✉ 87534 – ✆ (08386) 89 10 – www.Hotel-Ludwig-Royal.de – geschl. 2. November - 13. Dezember

64 Zim – †120 € ††200 € – 2 Suiten – ½ P

Rest – Menü 28 € (abends) – Karte 26/45 €

Stilvoll und klassisch-rustikal ist es hier. Ein Ferienhotel mit komfortablen Zimmern und großzügigen Suiten, hübschem Wellnessbereich und verschiedenen Restaurantstuben, in denen Passanten und Pensionsgäste gemischt sitzen.

In Oberstaufen-Thalkirchdorf Ost: 6 km über B 308

Traube

Kirchdorfer Str. 12 ✉ 87534 – ✆ (08325) 92 00 – www.traube-thalkirchdorf.de – geschl. Mitte November - Mitte Dezember

28 Zim – 70/103 € 114/159 € – ½ P

Rest – Menü 16/38 € – Karte 22/45 € – *(geschl. Dienstag)*

So richtig schön urig kommt der Gasthof mit seiner Schindel-Fachwerkfassade a. d. J. 1767 daher. Passend dazu der traditionelle Charakter des Restaurants. Sie schlafen in frischen, modernen und großen Zimmern oder aber in kleinen ländlich-rustikalen. Zeitweise bietet man auch Kosmetik.

In Oberstaufen-Willis West: 1,5 km über B 308

Bergkristall

Rest,

Willis 8 ✉ 87534 – ✆ (08386) 91 10 – www.bergkristall.de

51 Zim – 108/198 € 216/296 € – 4 Suiten – ½ P

Rest – Menü 26/79 € – Karte 31/52 €

Der Familienbetrieb in traumhafter Lage über dem Weißachtal hat sich zu einer sehr guten Wellnessadresse gemausert. Auf 800 qm können Sie bei Sauna, Beauty & Co. entspannen - alles hier ist hochwertig. Im Stammhaus hat man ganz schicke neue Zimmer: topmodern und regional. Restaurant und Terrasse bieten grandiose Aussicht.

OBERSTDORF

Bayern – 9 890 Ew. – Höhe 815 m – Siehe Regionalatlas **64-J22**

Berlin 737 km – München 165 km – Kempten (Allgäu) 39 km – Immenstadt im Allgäu 20 km

Michelin Straßenkarte 546

Parkhotel Frank

Rest,

Sachsenweg 11 ✉ 87561 – ✆ (08322) 70 60 – www.parkhotel-frank.de

81 Zim – 119/179 € 238/368 € – 8 Suiten – ½ P

Rest – Menü 35/54 € – Karte 35/51 €

Bei den Franks wird Herzlichkeit ganz groß geschrieben, hier hat man das Gefühl, zur Familie zu gehören! Zimmer gibt es von gemütlich-rustikal bis modern, dazu Spa-Vielfalt samt toller "WellÉtage", verglaster "Welle" und Naturpool im schönen großen Garten.

Exquisit

Rest, Rest,

Lorettostr. 20 ✉ 87561 – ✆ (08322) 9 63 30 – www.hotel-exquisit.de

43 Zim – 155/240 € 280/380 € – 9 Suiten – ½ P

Rest – Menü 55 € – *(nur Abendessen für Hausgäste)*

Hier wurden nur wertigste Materialien verarbeitet, heimisches Holz und wohnliche Stoffe - behaglicher und geschmackvoller kann moderne Eleganz kaum sein! Auch kulinarisch fehlt es den Hausgästen an nichts angesichts des gehobenen Menüs von Frank Aldinger. Preise inkl. HP.

Alpenhof

Rest,

Fellhornstr. 36 ✉ 87561 – ✆ (08322) 9 60 20 – www.alpenhof-oberstdorf.de – geschl. Mitte November - Mitte Dezember

74 Zim – 98/189 € 164/276 € – 8 Suiten – ½ P

Rest – Menü 28 € – Karte 27/58 €

So wünscht man sich hier sein Ferienhotel: angenehm familiär, schöne Lage, wohnlich-alpenländische Zimmer und reichlich Wellnessmöglichkeiten. Wenn man dann auch noch auf einer hübschen Terrasse Bergblick und Essen genießen kann, ist das Bild komplett!

Filser

Rest,

Freibergstr. 15 ✉ 87561 – ✆ (08322) 70 80 – www.filserhotel.de

84 Zim – 49/115 € 86/218 € – ½ P **Rest** – Menü 20 € – Karte 18/36 €

Seit 1952 ist Familie Filser hier für ihre Gäste da und ermöglicht ihnen einen schönen Aufenthalt: in wohnlichen, ganz unterschiedlich geschnittenen Zimmern und Appartements, beim Beautyprogramm, im Wintergarten am Kamin oder im gediegenen Restaurant.

Löwen & Strauss

Kirchstr. 1 ✉ 87561 – ✆ (08322) 80 00 80 – www.loewen-strauss.de – geschl. April 2 Wochen, November 2 Wochen
22 Zim – 50/110 € 100/260 € – ½ P
Rest *ESS ATELIER STRAUSS* – **Rest *Löwen-Wirtschaft*** – siehe Restaurantauswahl
Der gebürtige Oberstdorfer Peter A. Strauss hat sich einen langgehegten Traum erfüllt und sein "AlpinLifeStyleHotel" der besonderen Art geschaffen. Den Bezug zur Region schaffen die Materialien ebenso wie die guten Produkte zum Frühstück!

Kappeler-Haus garni

Am Seeler 2 ✉ 87561 – ✆ (08322) 9 68 60 – www.kappeler-haus.de
47 Zim – 48/75 € 78/136 €
Ideal für alle, die es in ihrem Urlaub gerne ruhig und diskret mögen! Sie finden hier ein wohltuendes Umfeld in Form heller und sehr freundlicher Zimmer, eines hübschen Gartens mit beheiztem Sommerpool und einer netten Atmosphäre zum Frühstück. Den Bergblick bekommen Sie gratis dazu!

ESS ATELIER STRAUSS – Hotel Löwen & Strauss

Kirchstr. 1 ✉ 87561 – ✆ (08322) 80 00 80 – www.loewen-strauss.de – geschl. April, November und Montag - Mittwoch
Menü 58/144 € – *(nur Abendessen)* (Tischbestellung ratsam)
Das alpine Design, der schicke Weinklimaschrank, die Spiegelwand mit kleinen Fenstern zur Küche... Hingucker gibt es hier reichlich! Und was auf den Teller kommt, ist nicht nur toll anzuschauen, die Speisen sind harmonisch und fein, zeugen von sehr gutem Handwerk und ebensolcher Produktqualität.
➜ Makrele, Gurke, Wasabi. Atlantik Wolfsbarsch und Kalbskopf, Röstzwiebelsud, Blumenkohl. Taube, Entenleber, Pfirsich, Sellerie, Mandel.

Bestecke und Sterne sollten nicht verwechselt werden!
Die Bestecke stehen für eine Komfortkategorie, die Sterne zeichnen Häuser mit besonders guter Küche aus - in jeder dieser Kategorien.

Maximilians Restaurant - Landhaus Freiberg mit Zim

Freibergstr. 21 ✉ 87561 – ✆ (08322) 9 67 80 – www.maximilians-restaurant.de – geschl. Sonntag
8 Zim – 113/150 € 158/252 € – ½ P
Menü 59/112 € – Karte 58/76 € – *(nur Abendessen)*
Dass man sich hier fühlt wie bei Freunden, ist Familie Fetz zu verdanken, die seit rund 20 Jahren mit unverminderter Leidenschaft für ihre Gäste da ist. Nicht minder engagiert geht es am Herd zu, wenn Tobias Eisele Saisonales kocht. Und dann sind da noch die Gästezimmer... einfach schön und stimmig!
➜ Blaue Garnele aus Neukaledonien und 24 h Schweinebauch - Joghurt, Grapefruit, Zuckerschote. Geangelter Steinbutt aus der Bretagne - Safran, Perlgraupe, Scheerkohl, schwarze Schalotte. Zweierlei vom heimischen Reh - Rücken & Ragout aus der Schulter, Kohlrabi, Guter Heinrich.

Das Jagdhaus

Ludwigstr. 13 ✉ 87561 – ✆ (08322) 98 73 80 – www.das-jagdhaus.de – geschl. Mittwoch - Donnerstagmittag
Menü 30/42 € – Karte 30/47 €
Das charmante Holzhaus von 1856 mit seinen drei Stuben ist ein netter Ableger des Sternerestaurants "Maximilian". Die Küche ist regional, als Spezialität gibt es Wild. Im Biergarten sitzt man bei typischen Speisen angenehm unter Kastanien!

Löwen-Wirtschaft – Hotel Löwen & Strauss

Kirchstr. 1 ✉ 87561 – ✆ (08322) 80 00 80 – www.loewen-strauss.de – geschl. April 2 Wochen, November 2 Wochen und Montag - Dienstagmittag
Menü 28/32 € – Karte 31/48 €
Das Wirtshaus hat schon ein etwas spezielles Ambiente: moderne Rustikalität - schön gemacht mit liebevollen Einrichtungsdetails wie alten Skiern, Kuhglocken etc., aber vor allem mit angenehm freundlichem Service und schmackhafter Crossover-Küche (deftig regional, aber auch international).

In Oberstdorf-Birgsau Süd: 9,5 km in Richtung Fellhornbahn – Höhe 960 m

Birgsauer Hof Zim,

Birgsau 9 ✉ 87561 – ✆ (08322) 9 69 00 – www.birgsauer-hof.de – geschl. 13. - 26. April, 23. November - 3. Dezember

30 Zim – 61/96 € 104/208 € – ½ P

Rest – Menü 26/35 € – Karte 18/38 € – *(geschl. Donnerstag, außer an Feiertagen)*

Viele suchen die Abgeschiedenheit und Idylle dieses im Stillachtal gelegenen Hotels. Toll ist der Blick auf die Allgäuer Alpen, schön zum Relaxen der Freizeitbereich samt kleiner Kosmetikabteilung, gemütlich das regionstypische Flair der Restaurantstuben.

In Oberstdorf-Kornau West: 4 km über B 19 – Höhe 940 m

Nebelhornblick Rest,

Kornau 49 ✉ 87561 – ✆ (08322) 9 64 20 – www.nebelhornblick.de – geschl. 15. - 27. November

37 Zim – 90/120 € 144/220 € – ½ P

Rest – Menü 26 € – Karte 18/48 € – *(nur Abendessen)*

Ruhe ist nicht alles, was die Gäste in dem Ferienhotel erwartet. Zu nennen seien auch die persönliche Führung, gepflegte Zimmer und Appartements und nicht zueletzt die Sicht auf das namengebende Nebelhorn! Im Sommer ist zudem die Bergbahnkarte inklusive.

In Oberstdorf-Tiefenbach Nord-West: 6 km – Höhe 900 m

Alpenhotel Tiefenbach Rest,

Falkenstr. 15 ✉ 87561 – ✆ (08322) 70 20 – www.alpenhotel-tiefenbach.de

82 Zim – 70/85 € 140/170 € – 10 Suiten – ½ P

Rest – Menü 25/28 € – Karte 27/58 € – *(nur Abendessen)*

Das Hotel liegt schön und recht ruhig am Waldrand und ist eine geschmackvolle gewachsene Ferienadresse. Wohnen können Sie in unterschiedlichen Kategorien, entspannen beim guten Wellnessangebot und zum Essen stehen gleich zwei Varianten zur Wahl: der Allgäuer Bereich und das italienische Locanda.

OBERSTENFELD

Baden-Württemberg – 7 900 Ew. – Höhe 234 m – Siehe Regionalatlas **55-H18**

Berlin 600 km – Stuttgart 44 km – Heilbronn 18 km – Schwäbisch Hall 49 km

Michelin Straßenkarte 545

Zum Ochsen

Großbottwarer Str. 31 ✉ 71720 – ✆ (07062) 93 90 – www.hotel-gasthof-zum-ochsen.de – geschl. 1. - 8. Januar

30 Zim – 69/79 € 99/109 €

Rest *Zum Ochsen* – siehe Restaurantauswahl

Ein gestandener Gasthof, den es schon über 300 Jahre gibt! Historisch ist in den Zimmern allerdings gar nichts: Sie sind schön modern und farblich frisch - nur wenige rustikalere Standardzimmer sind noch da. Charmanter Service und gutes Frühstück machen das positive Bild komplett.

Zum Ochsen – Hotel Zum Ochsen

Großbottwarer Str. 31 ✉ 71720 – ✆ (07062) 93 90 – www.hotel-gasthof-zum-ochsen.de – geschl. 1. - 8. Januar und Dienstag

Menü 30/54 € – Karte 26/54 €

Bei Familie Schick sitzt man in behaglichen Stuben bei schwäbischer, aber auch internationaler Küche: Maultaschen, Kartoffelsalat und Gaisburger Marsch oder auch "gebratener Wolfsbarsch mit Schmorgemüse". Im Sommer: schöner Pavillon!

OBERTEURINGEN

Baden-Württemberg – 4 500 Ew. – Höhe 451 m – Siehe Regionalatlas **63-H21**

Berlin 712 km – Stuttgart 174 km – Konstanz 35 km – Friedrichshafen 11 km

Michelin Straßenkarte 545

In Oberteuringen-Bitzenhofen Nord-West: 2 km

Am Obstgarten

Gehrenbergstr. 16/1 ✉ 88094 – ✆ (07546) 92 20 – www.am-obstgarten.de

32 Zim ☕ – 🚹55/99 € 🚹🚹85/149 € – 1 Suite – ½ P

Rest – Karte 20/34 € – *(geschl. November - April: Mittwoch - Donnerstag) (nur Abendessen)*

Relativ ruhig liegt das familienfreundliche Haus am Ortsrand und - wie der Name schon vermuten lässt - an den eigenen Obstwiesen. Die Zimmer sind funktionell und haben meist einen Balkon, das Restaurant bietet bürgerliche Küche.

OBERTHAL

Saarland – 6 220 Ew. – Höhe 300 m – Siehe Regionalatlas **46-C16**

▶ Berlin 710 km – Saarbrücken 48 km – Trier 68 km – Idar-Oberstein 39 km

Michelin Straßenkarte 543

In Oberthal - Steinberg-Deckenhardt Nord-Ost: 5 km

Zum Blauen Fuchs

Walhausener Str. 1 ✉ 66649 – ✆ (06852) 67 40 – www.zumblauenfuchs.de – geschl. Juli 2 Wochen und Montag - Dienstag

Menü 42/84 € – Karte 42/62 € – *(Mittwoch - Samstag nur Abendessen, Sonntag nur Mittagessen)* (Tischbestellung ratsam)

Stimmig ist das gemütlich-elegante Ambiente, gut die mediterran-saisonal beeinflusste klassische Küche... Letzteres ist dem ambitionierten Gastgeber Olaf Bank zu verdanken, der freundliche Service und die fachkundige Weinberatung seiner Frau.

OBERTHULBA

Bayern – 5 060 Ew. – Höhe 270 m – Siehe Regionalatlas **49-I14**

▶ Berlin 491 km – München 327 km – Fulda 52 km – Bad Kissingen 9 km

Michelin Straßenkarte 546

Rhöner Land

Rest, Zim,

Zum Weißen Kreuz 20 ✉ 97723 – ✆ (09736) 70 70 – www.hotelrhoenerland.de

27 Zim – 🚹65/75 € 🚹🚹90/102 €, ☕ 5 € – 2 Suiten

Rest – Karte 15/30 €

Das Businesshotel bietet eine gute Verkehrsanbindung und liegt dennoch im Grünen. Funktionelle Zimmer mit W-Lan und "Sky"-Fernsehen gratis, teils für bis zu vier Personen geeignet.

OBERUCKERSEE

Brandenburg – 1 770 Ew. – Siehe Regionalatlas **23-Q6**

▶ Berlin 98 km – Potsdam 164 km – Prenzlau 21 km

Michelin Straßenkarte 542

In Oberuckersee-Röpersdorf

Am Uckersee

Rest,

Straße am Uckersee 27 ✉ 17291 Röpersdorf – ✆ (03984) 67 48 – www.schilfland.de

19 Zim ☕ – 🚹56/66 € 🚹🚹77/93 € – 1 Suite – ½ P

Rest – Karte 14/27 € – *(nur Abendessen)*

Die Lage nahe dem Unteruckersee sowie gepflegte, zeitgemäße Gästezimmer (teilweise mit Wasserbett) sprechen für diesen Familienbetrieb. Das Restaurant mit schöner Terrasse zum See befindet sich auf der gegenüberliegenden Straßenseite.

In Oberuckersee-Seehausen

Seehotel Huberhof

Dorfstr. 49 ✉ 17291 Seehausen – ✆ (039863) 60 20 – www.seehotel-huberhof.de – geschl. 5. - 23. Januar
23 Zim – 52/62 € 66/88 € – 2 Suiten – ½ P
Rest – Menü 17/24 € (abends) – Karte 17/32 € – *(Januar - Ende März: Montag - Donnerstag nur Abendessen)*
Ein wohnliches Hotel unter familiärer Leitung, das aus einem restaurierten alten Bauernhof entstanden ist. Schön ist der direkte Zugang zum Oberuckersee. Auch Ferienwohnungen/-häuser. Die behaglichen Gaststuben versprühen ländlichen Charme. Innenhofterrasse.

In Oberuckersee-Warnitz

Panorama Hotel am Oberuckersee

Quastweg 2 ✉ 17291 Warnitz – ✆ (039863) 6 39 23 – www.panoramahotel-uckermark.de
33 Zim – 80/85 € 120/258 € – 2 Suiten – ½ P
Rest – Menü 25/45 € – Karte 26/54 € – *(November - März: Montag - Freitag nur Abendessen)*
Direkt am Oberuckersee gelegenes Hotel mit Spa auf 1500 qm. Die Zimmer sind wohnlich und recht individuell, fast alle mit Seeblick. Fünf einfachere Zimmer im Ferienhaus. Restaurantbereiche: Provence, behagliches Kaminzimmer und heller Saal sowie Seeterrasse.

OBERURSEL (TAUNUS)

Hessen – 43 750 Ew. – Höhe 210 m – Siehe Regionalatlas **47-F14**
Berlin 533 km – Wiesbaden 47 km – Frankfurt am Main 14 km – Bad Homburg vor der Höhe 4 km
Michelin Straßenkarte 543

Parkhotel am Taunus

Hohemarkstr. 168 ✉ 61440 – ✆ (06171) 92 00 – www.parkhotel-am-taunus.de – geschl. Weihnachten - Neujahr
100 Zim – 98/184 € 124/205 € – ½ P
Rest – Menü 22 € (mittags) – Karte 24/49 € – *(geschl. Sonntag und an Feiertagen)*
Ein gut geführtes Tagungs- und Businesshotel mit zeitgemäßen Zimmern, teils mit Balkon zum hübschen Park hinter dem Haus. Schöner moderner Freizeitbereich im obersten Stock sowie Restaurant in neuzeitlichem Stil. Einen Absacker am Abend nimmt man am besten in "Anthony's Bar".

Kraftwerk

Zimmersmühlenweg 2, (Gewerbegebiet) ✉ 61440 – ✆ (06171) 92 99 82 – www.kraftwerkrestaurant.de – geschl. Juli - August 2 Wochen und Sonntag
Menü 57/75 € – Karte 36/58 € – *(nur Abendessen)* (abends Tischbestellung ratsam)
Das "Kraftwerk-Abendmenü" ist hier der Renner - Sie genießen die ambitionierte Küche des Chefs in 4 bis 10 Gängen. Erwähnenswert sind aber auch die rustikalen österreichischen Klassiker wie z. B. "Wiener Schnitzel mit Kartoffel-Gurkensalat" und "Achauer Marillenpalatschinken mit geschlagenem Vanilleeis"! Dazu Vinothek, Lounge und Oldtimer-Showroom.

OBERWESEL

Rheinland-Pfalz – 2 840 Ew. – Höhe 180 m – Siehe Regionalatlas **46-D15**
Berlin 621 km – Mainz 56 km – Bad Kreuznach 42 km – Koblenz 49 km
Michelin Straßenkarte 543

Burghotel Auf Schönburg

Schönburg (Süd: 2 km, Richtung Dellhofen) ✉ *55430 – ✆ (06744) 9 39 30 – www.burghotel-schoenburg.de – geschl. 11. Januar - 13. März*
19 Zim – 85/135 € 150/280 € – 5 Suiten – ½ P
Rest *Burgrestaurant Auf Schönburg* – siehe Restaurantauswahl
Seit 1957 beherbergt diese wunderschöne Burg in herrlich exponierter Lage auch Gäste, und dass diese sich hier richtig wohlfühlen, ist der Verdienst von Familie Hüttl. Individuelle Zimmer mit ganz eigenem Charme, tollen Bädern und meist mit Balkon, dazu ein ausgezeichnetes Frühstück und ein traumhafter Blick!

Augustin's

Zim,

Rathausstr. 2 ✉ *55430 – ✆ (06744) 71 00 70 – www.hotel-oberwesel.de*
22 Zim – 75/85 € 130/150 € **Rest** – Karte 27/45 €
Hier wurde ein historisches Haus originalgetreu wiederaufgebaut und modern erweitert - das Ergenbis: komfortable Zimmer in geradlinigem Stil. Das Restaurant bietet traditionelle und regionale Küche, aber auch internationale Einflüsse.

Goldener Pfropfenzieher N

Am Plan 1 ✉ *55430 – ✆ (06744) 9 33 90 – www.goldener-propfenzieher.com – geschl. 7. Februar - 20. März*
28 Zim – 55/75 € 85/95 € – ½ P
Rest – Karte 22/48 € – *(geschl. Montag, November - April : Montag - Dienstag)*
Die freundlichen Gastgeber haben hier ein über 500 Jahre altes Haus, in dem man sehr gepflegt wohnt. Die Zimmer sind teils ganz modern, teils traditioneller. In Weinstube und Restaurant isst man regional, Schwerpunkt ist Fleisch (der Patron ist auch Metzgermeister). Toll: der Biergarten mit Kastanienbäumen!

Weinhaus Weiler N

Marktplatz 4 ✉ *55430 – ✆ (06744) 9 30 50 – www.weinhaus-weiler.de – geschl. 15. Dezember - 12. März*
10 Zim – 52/86 € 72/116 € – 4 Suiten – ½ P
Rest – Menü 35 € – Karte 27/49 € – *(geschl. Montag) (Dienstag - Freitag nur Abendessen)*
In dem schmucken historischen Fachwerkhaus im Zentrum zeigen Trudel und Klaus Weiler volles Engagement: persönlicher Service, individuelle, wohnliche Zimmer (charmant die mit freigelegten Holzbalken) und regionale Küche in gemütlich-rustikalem Ambiente. Ganz speziell: das wenige Schritte entfernte Turmzimmer!

Burgrestaurant Auf Schönburg – Burghotel Auf Schönburg

Schönburg (Süd: 2 km, Richtung Dellhofen) ✉ *55430 – ✆ (06744) 9 39 30 – www.burghotel-schoenburg.de – geschl. 5. Januar - 13. März und Montagmittag*
Menü 35/69 € – Karte 32/58 €
Echtes Burgflair ist hier allgegenwärtig, von den drei stilvollen Stuben bis zur einmalig schönen Rheinterrasse - sie allein ist schon einen Besuch wert! Die klassische Küche bietet z. B. "Kalbsbries mit Waldpilzravioli" oder auch Menüs.

In Oberwesel-Dellhofen Süd-West: 2,5 km

Gasthaus Stahl

Am Talblick 6 ✉ *55430 – ✆ (06744) 4 16 – www.gasthaus-stahl.de – geschl. Mitte Dezember - Anfang März*
20 Zim – 48/59 € 75/110 € – ½ P
Rest – Karte 22/35 € – *(nur Abendessen)*
Ein sympathischer ländlicher Gasthof, der von der Familie gut geführt wird. Die neueren Zimmer sind sehr schön im Landhausstil eingerichtet. Hübscher Garten mit Baumbestand. Bürgerliche Küche und Eigenbauweine in den gemütlichen Gaststuben. Toller alter Saal.

OBERWIESENTHAL

Sachsen – 2 470 Ew. – Höhe 914 m – Siehe Regionalatlas **42-O14**
Berlin 317 km – Dresden 125 km – Chemnitz 53 km – Plauen 110 km
Michelin Straßenkarte 544

Sachsenbaude
Fichtelbergstr. 4 (auf dem Fichtelberg, West: 3 km) ✉ 09484 – ✆ (037348) 13 90 – www.sachsenbaude.de – geschl. 9. - 18. November
15 Zim – 88/200 € 104/206 € – 16 Suiten – ½ P
Rest *Loipenklause* – Menü 22 € (abends) – Karte 16/38 €
Es ist das sehr wohnliche und geschmackvolle Ambiente, das dieses Berghotel in fast 1200 m Höhe auszeichnet. Der nette Freizeitbereich bietet u. a. Kosmetik und Massage. Als Restaurant dient die gemütliche Loipenklause mit rustikalem Charakter.

Appartementhotel Jens Weissflog
Zim,
Emil-Riedel-Str. 50 ✉ 09484 – ✆ (037348) 1 00 – www.jens-weissflog.de – geschl. 8. - 15. November
18 Zim – 75/150 € 96/180 € – ½ P
Rest – Menü 22/24 € – Karte 20/34 €
Umgeben von Wiesen und Wald liegt das kleine Hotel des ehemaligen Skisprung-Olympiasiegers. Die Appartements sind nach bekannten Skisprungorten benannt. Kosmetik und Massage. Das Restaurant bietet internationale Küche mit "Springer-Menü". Tolle Sicht auf die Region.

Rotgießerhaus
Böhmische Str. 8 ✉ 09484 – ✆ (037348) 13 10 – www.rotgiesserhaus.de – geschl. 13. - 26. April, 2. - 17. November
21 Zim – 55/65 € 85/140 € – 1 Suite – ½ P
Rest – Menü 22/56 € – Karte 13/39 € – *(geschl. Mittwoch)*
Denkmalgeschütztes Haus mit Kreuzgewölbe im Eingangsbereich, gepflegter Sauna und freundlichen Zimmern. Besonders hübsch ist das Himmelbettzimmer mit Bauernmöbeln. In den gemütlichen Stuben speist man regional. Uriger Weinkeller.

OBING
Bayern – 3 980 Ew. – Höhe 562 m – Siehe Regionalatlas **66-N20**
Berlin 647 km – München 72 km – Bad Reichenhall 62 km – Rosenheim 31 km
Michelin Straßenkarte 546

Oberwirt
Kienberger Str. 14 ✉ 83119 – ✆ (08624) 8 91 10 – www.oberwirt.de
49 Zim – 62/80 € 97/112 € – ½ P
Rest – Menü 28 € – Karte 19/40 € – *(geschl. Mittwoch)*
Ein gewachsener Gasthof mit eigener Metzgerei, liebenswerten wohnlichen Zimmern und nettem Garten, an den sich der See mit privatem Badesteg anschließt. Gemütlich-charmante Restaurantstuben, darunter die besonders hübsche Tiroler Stube. Biergarten im Innenhof.

OCHSENHAUSEN
Baden-Württemberg – 8 800 Ew. – Höhe 613 m – Siehe Regionalatlas **64-I20**
Berlin 658 km – Stuttgart 139 km – Konstanz 150 km – Ulm (Donau) 47 km
Michelin Straßenkarte 545

In Gutenzell-Hürbel Nord-Ost: 6 km über Ulmer Straße, am Ortsende rechts:

Klosterhof (mit Gästehaus)
Rest,
Schlossbezirk 2, (Gutenzell) ✉ 88484 – ✆ (07352) 9 23 30 – www.klosterhof-gutenzell.de – geschl. 15. - 17. Februar, 22. - 27. Dezember
17 Zim – 54/65 € 82/90 € – ½ P
Rest – Menü 18/45 € – Karte 19/47 € – *(geschl. 15. - 17. Februar, 22. - 26. Dezember und Montag - Dienstagmittag)*
Das Gasthaus gehörte ursprünglich als Torwache zur ehemaligen Klosteranlage. Die Zimmer sind schlicht, sehr gepflegt und nett im ländlichen Stil gehalten. Gemütlich-rustikales Restaurant mit Kachelofen.

OCKFEN
Rheinland-Pfalz – 620 Ew. – Höhe 170 m – Siehe Regionalatlas **45-B16**
Berlin 742 km – Mainz 173 km – Trier 29 km – Saarburg 5 km
Michelin Straßenkarte 543

Klostermühle
Hauptstr. 1 ✉ 54441 – ✆ (06581) 9 29 30 – www.klostermuehle-saar.de – geschl. 5. - 29. Januar
25 Zim – 50/65 € 74/100 €
Rest – Karte 18/41 € – *(geschl. Dienstag - Mittwochmittag)*
Nett liegt der gut geführte Familienbetrieb am Ockfenbach, freundlich und tipptopp gepflegt die Zimmer. Im 1. Stock wohnt immer ein besonderer Gast - neugierig? Im schlicht-rustikalen Restaurant bietet man u. a. die Spezialität Saarriesling vom eigenen Weingut.

ODELZHAUSEN

Bayern – 4 320 Ew. – Höhe 499 m – Siehe Regionalatlas **57-L20**
Berlin 590 km – München 46 km – Augsburg 30 km – Donauwörth 65 km
Michelin Straßenkarte 546

Gutshotel im Schlossgut Odelzhausen
Am Schloßberg 1 ✉ 85235 – ✆ (08134) 9 98 70 – www.schlossgut-odelzhausen.de
33 Zim – 88 € 109 €
Rest *Braustüberl* – siehe Restaurantauswahl
Ein zeitgemäßes Hotel mit historischem Rahmen. Schön hell und wohnlich hat man die geräumigen Zimmer eingerichtet - originell: Durch drei Bäder zieht sich der alte Backsteinschornstein! Praktisch ist die gute Anbindung an die Autobahn.

Staffler
Hauptstr. 3 ✉ 85235 – ✆ (08134) 60 06 – www.hotel-staffler.de – geschl. 22. Dezember - 9. Januar
28 Zim – 68/90 € 95/110 €
Rest *Schreiners* – Menü 25/60 € – Karte 21/42 € – *(geschl. Sonntag) (nur Abendessen)*
Die verkehrsgünstige Lage nahe der A8 sowie gepflegte, zeitgemäß ausgestattete Gästezimmer sprechen für diesen Familienbetrieb, zu dem auch eine nette Gartenanlage gehört. Im Restaurant Schreiners gibt es Saisonales in modernem Ambiente.

Braustüberl – Gutshotel im Schlossgut Odelzhausen
Am Schloßberg 1 ✉ 85235 – ✆ (08134) 9 98 70 – www.schlossgut-odelzhausen.de
Karte 24/41 €
Zünftig bayerisch - so ist das Motto in den rustikalen Braustuben. Sie bekommen Bier aus der eigenen Hausbrauerei und bürgerliches Essen, wie es für die Region typisch ist.

ODENTHAL

Nordrhein-Westfalen – 15 770 Ew. – Höhe 85 m – Siehe Regionalatlas **36-C12**
Berlin 553 km – Düsseldorf 49 km – Köln 18 km
Michelin Straßenkarte 543

Zur Post (Alejandro und Christopher Wilbrand) – Hotel Zur Post mit Zim
Altenberger-Dom-Str. 23 ✉ 51519 – ✆ (02202) 97 77 80 – www.zurpost.eu – geschl. Anfang Januar 1 Woche und Montag
16 Zim – 75/115 € 115/155 €
Menü 45 € (mittags)/115 € (abends) – Karte 56/99 €
Außen eine hübsche denkmalgeschützte Schieferfassade mit traditionellem Charme, innen schickes modernes Ambiente. Am Herd die Brüder Alejandro und Christopher Wilbrand: Sie kochen leicht, frisch, elegant und kreativ. Ganz was Besonderes: der "Veranstaltungsraum.de" für interaktive Küchenfeste!
→ Pulpo, Fenchel, Graupen, Paprika, Salbeischaum. Filet vom Steinbutt, Frühlingsgemüse, Gel von schwarzem Knoblauch, leichter Champagnerschaum. Variation von der Erdbeere, Mascarpone-Basilikum-Parfait.
Rest *Postschänke* – siehe Restaurantauswahl

Postschänke – Hotel Zur Post
Altenberger-Dom-Str. 23 ✉ 51519 – ✆ (02202) 97 77 80 – www.zurpost.eu – geschl. Anfang Januar 1 Woche und Montagmittag
Menü 35/40 € – Karte 33/46 €
Eine sympathische Alternative zum "Post"-Restaurant: lebhaft die Atmosphäre, schmackhaft die regionalen Gerichte. Lust auf "hausgemachte Sülze mit Bratkartoffeln"? Oder lieber "Roastbeef mit Sauce Remoulade"?

ÖHNINGEN

Baden-Württemberg – 3 630 Ew. – Höhe 446 m – Siehe Regionalatlas **62**-F21
Berlin 800 km – Stuttgart 168 km – Konstanz 34 km – Singen (Hohentwiel) 16 km
Michelin Straßenkarte 545

In Öhningen-Schienen Nord: 2,5 km in Richtung Radolfzell

Falconera (Johannes Wuhrer)
Zum Mühlental 1 ✉ 78337 – ✆ (07735) 23 40 – www.restaurant-falconera.de – geschl. über Fastnacht 1 Woche, Anfang September 2 Wochen und Sonntagabend - Dienstag
Menü 48 € (mittags unter der Woche)/91 € – Karte 70/80 €
Genuss in mehrfacher Hinsicht: Da sind zum einen die frischen modernen Speisen auf klassischer Basis, zum anderen die liebenswerten Gastgeber Anne und Johannes Wuhrer und nicht zuletzt die malerische Lage im Grünen - auch wenn die Stuben wirklich charmant sind, im Sommer ist die Terrasse einfach am schönsten!
➜ Wildgarnele auf Thunfischcarpaccio mit gelber Tomaten Gazpacho und gebackenen Sardellen. Bretonisches Seezungenfilet mit Fonduta Bergkäse Ravioli und Sommertrüffelschaum. Im Ofenrohr geschmorte Nantaiser Ente mit rosa Knoblauch und Wiesenhonig (2 Pers.).

ÖHRINGEN

Baden-Württemberg – 22 770 Ew. – Höhe 230 m – Siehe Regionalatlas **55**-H17
Berlin 568 km – Stuttgart 66 km – Heilbronn 28 km – Schwäbisch Hall 29 km
Michelin Straßenkarte 545

Württemberger Hof
Karlsvorstadt 4 ✉ 74613 – ✆ (07941) 9 20 00 – www.wuerttemberger-hof.de
59 Zim – 92/120 € 109/135 € – 1 Suite – ½ P
Rest *Württemberger Hof* – siehe Restaurantauswahl
Familie Schäffer bietet in ihrem gewachsenen Haus am Anfang der Fußgängerzone teilweise gediegene, im Neubau auch schön moderne Zimmer. Toll die Suite und die Juniorsuite mit herrlicher Dachterrasse! Nicht zu vergessen der Saunabereich, passend zum neuen Stil.

Württemberger Hof – Hotel Württemberger Hof
Karlsvorstadt 4 ✉ 74613 – ✆ (07941) 9 20 00 – www.wuerttemberger-hof.de – geschl. Anfang Januar 1 Woche
Menü 24/47 € – Karte 25/47 €
Bei gepflegter Tischkultur und zeitlosem Ambiente wird ambitionierte internationale Küche serviert - aber nicht nur: Gerichte wie geschmortes Rehschäufele oder Rostbraten schlagen die Brücke zur Region!

In Friedrichsruhe Nord: 6 km, jenseits der A 6

Wald & Schlosshotel Friedrichsruhe
Kärcherstraße ✉ 74639 Zweiflingen – ✆ (07941) 6 08 70 – www.schlosshotel-friedrichsruhe.de
51 Zim – 220/320 € 300/400 € – 15 Suiten
Rest *Gourmet-Restaurant* **Rest *Jägerstube*** – siehe Restaurantauswahl
Ein "Landhotel de luxe": Zimmer von modern bis hin zu klassischem Schlossflair, top Service, ein 4400-qm-Spa, der nichts auslässt, Golfplätze direkt vor der Tür und ein Park, der wohl jeden zu einem Spaziergang verführt! Sie mögen's rustikal? Dann vespern Sie in der Waldschänke!

XXX **Gourmet-Restaurant** – Wald & Schlosshotel Friedrichsruhe

Kärcherstraße ✉ 74639 Zweiflingen – ✆ (07941) 6 08 70 – www.schlosshotel-friedrichsruhe.de – geschl. 20. Januar - 16. Februar und Sonntag - Montag

Menü 68/138 € – Karte 74/110 € – *(nur Abendessen)* (Tischbestellung ratsam)

Ein ganz und gar stimmiges Bild: Die feine Klassik, die der stilvolle, elegante Raum ausstrahlt, findet sich auch in den gelungen zusammengestellten saisonalen Speisen von Boris Benecke. Niveauvoll auch der Service: professionell und angenehm persönlich. Am Mittag gibt es die preisgünstigere "Schlosskarte".

→ Mild geräucherter Wildwasserlachs mit Avocado, Schmand und Kaviar. Bretonischer Steinbutt mit Buschbohnen, Pfifferlingen und Sommertrüffel. Hällisches Spanferkelkinn mit Sellerie, Apfel und Gänseleber.

XX **Jägerstube** – Wald & Schlosshotel Friedrichsruhe

Kärcherstraße ✉ 74639 Zweiflingen – ✆ (07941) 6 08 70 – www.schlosshotel-friedrichsruhe.de

Menü 38 € – Karte 37/60 €

Hier isst man etwas günstiger als im Gourmet-Restaurant, aber trotzdem gut und zudem sehr gemütlich. Gekocht wird regional: "Pot au Feu von der Lammhaxe mit Gemüse und Gnocchi", "geschmorter Rinderbug mit Buschbohnen und Kartoffelstampf"...

Dieser Führer lebt von Ihren Anregungen, die uns stets willkommen sind. Egal ob Sie uns eine besonders angenehme Erfahrung oder eine Enttäuschung mitteilen wollen – schreiben Sie uns!

OELDE

Nordrhein-Westfalen – 29 280 Ew. – Höhe 90 m – Siehe Regionalatlas **27**-E10

Berlin 430 km – Düsseldorf 137 km – Bielefeld 51 km – Beckum 13 km

Michelin Straßenkarte 543

Engbert garni

Lange Str. 24, (Zufahrt über Gerichtsstraße) ✉ 59302 – ✆ (02522) 9 33 90 – www.hotelengbert.de – geschl. 19. Dezember - 5. Januar

43 Zim – 80/90 € 99/120 €

Die Engberts sind nicht nur freundlich, sondern investieren auch stetig. So hat man teilweise besonders moderne Zimmer, die zum Hof hin liegen ruhiger. Fragen Sie im Sommer nach den klimatisierten Zimmern. Schön entspannen lässt es sich im netten kleinen Sauna- und Ruhebereich. Noch ein Vorteil: Sie können hier zentral wohnen und trotzdem gut parken!

OESTRICH-WINKEL

Hessen – 11 720 Ew. – Höhe 93 m – Siehe Regionalatlas **47**-E15

Berlin 588 km – Wiesbaden 21 km – Bad Kreuznach 65 km – Koblenz 74 km

Michelin Straßenkarte 543

Im Stadtteil Winkel

F. B. Schönleber Zim,

Hauptstr. 1b ✉ 65375 – ✆ (06723) 9 17 60 – www.fb-schoenleber.de – geschl. Mitte Dezember - Mitte Januar

17 Zim – 75/85 € 93/115 €

Rest – Menü 20/37 € – Karte 23/37 € – *(geschl. Montag - Dienstag) (nur Abendessen)*

Die Schönlebers haben hier ein tipptopp gepflegtes kleines Hotel mit ländlich-familiärem Charme. Sie möchten mit Rheinblick wohnen? Diese Zimmer sind ein bisschen teurer. Gute Nachricht für Weinliebhaber: Das traditionsreiche eigene Wein- und Sektgut ist direkt angegliedert! Probieren Sie den ein oder anderen Tropfen in der heimeligen Weinstube mit Terrasse zum Hof!

Gutsrestaurant Schloss Vollrads

Vollradser Allee (Nord: 2 km) ✉ 65375 – ✆ (06723) 6 60 – www.schlossvollrads.com – geschl. 27. Dezember - 20. Februar und Montag - Dienstag; Mai - Oktober: Mittwoch
Menü 42/49 € – Karte 32/51 €
Das bekannte Weingut a. d. 13. Jh., die wunderbare Schlossanlage mit ihrem gepflegten Garten, die Lage in den Weinbergen... eine stilvolle Kulisse für Hochzeiten! Und wer einfach "nur" schön essen gehen möchte, bekommt regional-saisonale Küche mit mediterranem Einschlag oder aber die zusätzliche Vesper- und Schmankerlkarte.

Ankermühle

Kapperweg (Nord: 1 km, in den Weinbergen) ✉ 65375 – ✆ (06723) 24 07 – www.ankermuehle.de – geschl. Januar - Februar und Dienstag, Oktober - März: Dienstag - Mittwoch
Menü 38/44 € – Karte 32/46 € – *(im Sommer: Montag - Freitag nur Abendessen, im Winter: Montag - Samstag nur Abendessen)*
Gehen Sie doch mal in den Weinbergen vor Anker, genauer gesagt im Mühlenviertel am Elsterbach unterhalb des Schlosses Johannisberg! Hier wird saisonale Heimatküche modern interpretiert. Passend dazu das Ambiente: freigelegtes altes Fachwerk kombiniert mit frischen Accessoires.

Die Wirtschaft

Hauptstr. 70 ✉ 65375 – ✆ (06723) 74 26 – www.die-wirtschaft.net – geschl. 29. Juni - 20. Juli und Montag - Dienstag
Menü 11 € (mittags unter der Woche)/33 € – Karte 14/41 €
"Die Wirtschaft" ist so, wie man sie sich vorstellt: sympathisch-rustikal und einfach gemütlich! Auf den Tisch kommen bürgerlich-regionale Speisen, aber auch ein günstiges Lunch-Menü sowie das Saisonmenü "Kulinarium" - Letzteres auch in Tapas-Portionen für den kleinen Hunger. Der Innenhof des einstigen Weinguts dient als Terrasse.

ÖSTRINGEN

Baden-Württemberg – 12 840 Ew. – Höhe 163 m – Siehe Regionalatlas **54**-F17
Berlin 630 km – Stuttgart 97 km – Karlsruhe 45 km – Heilbronn 45 km
Michelin Straßenkarte 545

In Östringen-Tiefenbach Süd-Ost: 8 km Richtung Odenheim, nach 4 km links

Kreuzberghof

Am Kreuzbergsee 1 ✉ 76684 – ✆ (07259) 9 11 00 – www.kreuzberghof.de
40 Zim – 60/105 € 80/125 € – ½ P **Rest** – Karte 16/49 €
Schön und angenehm ruhig die Lage am kleinen Kreuzbergsee. Wohnlich-rustikal die Halle, komfortabler die neueren Zimmer. Der Tag beginnt mit einem guten Frühstück in behaglichem Ambiente, das Restaurant bietet bürgerliche Küche und nachmittags lockt ein Buffet mit hausgebackenem Kuchen. Zum Mitnehmen für Zuhause gibt es selbstgemachte Spezialitäten zu kaufen.

Weingut Heitlinger

Am Mühlberg 3 ✉ 76684 – ✆ (07259) 91 12 17 – www.restaurant-heitlinger.de – (Eröffnung eines Hotelbaus mit 31 Zimmern nach Redaktionsschluss)
Karte 30/48 €
Schön ungezwungen ist es in der Vinothek, dem Herzstück des Hauses. Gekocht wird regional, richtig schmackhaft und mit topfrischen Produkten, z. B. "geschmortes Häxle vom Weidelamm mit Kartoffel-Bohnen-Ragout". Zusätzlich zur Speisekarte gibt es Empfehlungen von der Tafel, mittags kleine Tages-/Vesperkarte.

ÖTISHEIM

Baden-Württemberg – 4 820 Ew. – Höhe 246 m – Siehe Regionalatlas **55**-F18
Berlin 637 km – Stuttgart 43 km – Karlsruhe 46 km – Heilbronn 69 km
Michelin Straßenkarte 545

Sternenschanz

Gottlob-Linck-Str. 1 ✉ 75443 – ☎ (07041) 66 67 – www.sternenschanz.de – geschl. über Fasching 1 Woche, Ende Juli - Mitte September 3 Wochen und Montagabend - Dienstag
Karte 20/47 € – (Tischbestellung ratsam)
Hier kann man richtig gut essen und das Preis-Leistungs-Verhältnis stimmt! Kein Wunder, dass Familie Linck zahlreiche Stammgäste hat, die sich immer wieder gerne frische schwäbische Gerichte wie "Schweinebäckchen mit Wirsingspätzle" schmecken lassen. Im Sommer sitzt man dazu am liebsten im schönen Garten.

OEVENUM – Schleswig-Holstein ➜ Siehe Föhr (Insel)

OEVERSEE – Schleswig-Holstein ➜ Siehe Flensburg

OEYNHAUSEN, BAD

Nordrhein-Westfalen – 48 300 Ew. – Höhe 55 m – Siehe Regionalatlas **28-G9**
Berlin 362 km – Düsseldorf 211 km – Bielefeld 37 km – Bremen 116 km
Michelin Straßenkarte 543

In Bad Oeynhausen-Lohe Süd: 2 km über Steinstraße und Weserstraße

Trollinger Hof

Zim,

Detmolder Str. 89 ✉ 32545 – ☎ (05731) 7 95 70 – www.trollingerhof.de
19 Zim – 58/80 € 88/108 €
Rest – Karte 24/38 € – *(geschl. Sonntagabend - Dienstag) (Mittwoch - Samstag nur Abendessen)*
In dem familiengeführten kleinen Hotel am Ortsrand erwarten Sie gepflegte zeitgemäße Zimmer und ein gutes Frühstücksbuffet. Zum Haus gehört ein vielfältiger Kräuter- und Blütengarten. Restaurant im bürgerlichen Stil mit überdachter Terrasse hinter dem Haus.

OFFENBACH

Hessen – 120 440 Ew. – Höhe 98 m – Siehe Regionalatlas **47-F15**
Berlin 543 km – Wiesbaden 44 km – Frankfurt am Main 8 km – Darmstadt 28 km
Michelin Straßenkarte 543

Sheraton

Rest,

Berliner Str. 111 ✉ 63065 – ☎ (069) 82 99 90 Stadtplan : A1**c**
– www.sheratonoffenbach.com
221 Zim – 160/350 € 160/350 €, 22 € – 1 Suite **Rest** – Karte 35/48 €
Das Hotel am schönen Büsing-Park ist eine zeitgemäße Tagungs- und Businessadresse. Halle und Restaurant befinden sich übrigens im ehemaligen Hallenbad von Offenbach! Praktisch: Das Büsing Palais a. d. 19. Jh. mit Veranstaltungsräumen ist direkt angeschlossen.

ACHAT Plaza

Zim,

Ernst-Griesheimer-Platz 7 ✉ 63071 – ☎ (069) 80 90 50 Stadtplan : B2**p**
– www.achat-hotels.com
153 Zim – 55/250 € 65/260 €, 15 € – 2 Suiten – ½ P
Rest – Menü 22/45 € – Karte 20/43 € – *(geschl. Samstagmittag, Sonntagmittag)*
In dem denkmalgeschützten einstigen Schlachthof von 1904 empfängt Sie eine architektonisch eindrucksvolle Lobby. Modern und freundlich sind sowohl die Zimmer als auch das Restaurant, dazu hat man noch einen kleinen Saunabereich im Turm mit Zutritt zur Dachterrasse - toll der Blick über die Region! Eventhalle.

Graf

Zim,

Ziegelstr. 6, (Zufahrt über Schloßstraße) ✉ 63065 Stadtplan : B1**g**
– ☎ (069) 8 00 85 10 – www.hotel-graf.de – geschl. 23. Dezember - 3. Januar
32 Zim – 75/85 € 89/99 € **Rest** – *(nur für Hausgäste)*
Zwei Brüder leiten mit Engagement dieses tipptopp gepflegte Hotel mitten in der Stadt. Zeitgemäße Standard- und Komfortzimmer sowie ein gutes Frühstücksbuffet stehen für Sie bereit.

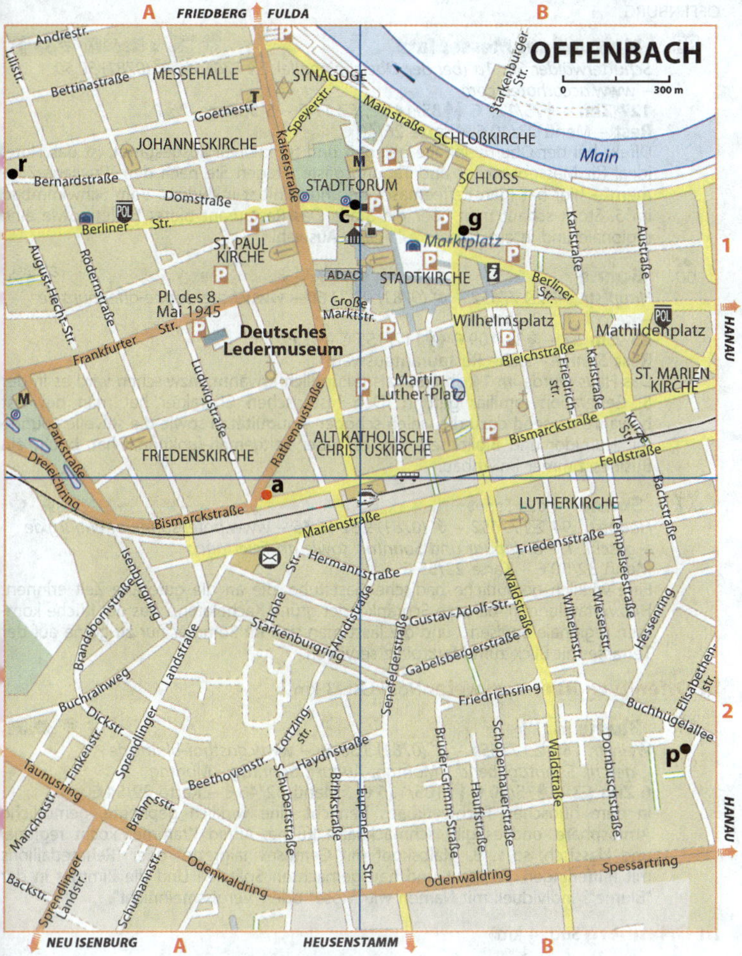

schauMahl

Bismarckstr. 177 ✉ *63067* – ✆ *(069) 82 99 34 00* Stadtplan : A2**a**
– *www.schaumahl.de* – *geschl. 26. Juli - 20. August und Sonntag sowie an Feiertagen*
Menü 48/98 € – Karte 55/79 € – *(nur Abendessen)*
In dem Eckrestaurant in einem schön sanierten historischen Stadthaus am Zentrumsrand hat man es gemütlich und modern. Die zeitgemäße Küche können Sie in Form zweier Menüs oder à la carte bestellen, dazu gibt es eine gute Weinauswahl.

OFFENBURG

Baden-Württemberg – 59 220 Ew. – Höhe 163 m – Siehe Regionalatlas **53**-D19
Berlin 744 km – Stuttgart 148 km – Karlsruhe 77 km – Freiburg im Breisgau 64 km
Michelin Straßenkarte 545

Mercure am Messeplatz

Schutterwälder Str. 1a (bei der Oberrheinhalle) ✉ 77656 – ✆ (0781) 50 50 – www.accorhotels.com

127 Zim – †75/129 € ††85/144 €, ☕ 17 € – 5 Suiten – ½ P

Rest – Menü 23/40 € – Karte 26/40 €

Direkt bei der Oberrheinhalle gelegen und funktionell ausgestattet, ist das Hotel ideal für Messebesucher und Tagungsgäste. Fragen Sie nach den "Privilege-Zimmern" - hier hat man Kaffeemaschine und Minibar inkludiert. Vom Schwimmbad im 5. Stock schaut man über die Stadt. Das Restaurant bietet Buffet sowie eine regionale und internationale A-la-carte-Auswahl.

Sonne

Hauptstr. 94 ✉ 77652 – ✆ (0781) 93 21 60 – www.hotel-sonne-offenburg.de – geschl. 1. - 8. Januar

25 Zim ☕ – †81/109 € ††112/155 € – ½ P

Rest *Sonne* – siehe Restaurantauswahl

Das Haus wurde im 14. Jh erstmals urkundlich erwähnt, inzwischen wird es in der 5. Generation familiär geführt. Den historischen Charakter hat man bewusst bewahrt, passend dazu die vielen schönen Antiquitäten sowie die stilvolle Lounge mit Humidor und Bibliothek. Wer es lieber zeitgemäß-funktional hat, bucht ein Businesszimmer im Anbau.

XX **Sonne** – Hotel Sonne

Hauptstr. 94 ✉ 77652 – ✆ (0781) 9 32 16 46 – www.hotel-sonne-offenburg.de – geschl. 1. - 8. Januar und Sonntag sowie an Feiertagen

Menü 32/50 € – Karte 23/55 €

Eine wirklich gemütliche badische Gaststube, die an die gute alte Zeit erinnert: Holzvertäfelungen, barocke Schränke, der grüne Kachelofen... Aus der Küche kommen regionale Speisen - und die lässt man sich im Sommer nur zu gerne auf der Terrasse mit Blick zum Marktplatz servieren.

In Offenburg-Rammersweier Nord-Ost: 3 km

XX **Blume** mit Zim

Weinstr. 160 ✉ 77654 – ✆ (0781) 3 36 66 – www.gasthof-blume.de – geschl. Sonntagabend - Montag, August: Sonntag - Montag

6 Zim ☕ – †75/90 € ††105/115 € Menü 32/46 € – Karte 29/54 €

In dem hübschen Fachwerkhaus herrscht eine wirklich gepflegte, gemütliche Atmosphäre, und es gibt schmackhafte Küche: Alfred Krammer kocht regional und klassisch, so z. B. "Kalbskopf mit Gemüsevinaigrette" oder "Rehmedaillons mit Pfifferlingen, Rotkraut und hausgemachten Spätzle"! Und die Zimmer in der "Blume"? Individuell mit Namen wie "Rose" oder "Vergissmeinnicht".

In Ortenberg Süd: 4 km

XX **Edy's Restaurant im Glattfelder** mit Zim

Kinzigtalstr. 20 ✉ 77799 – ✆ (0781) 9 34 90 – www.edys-restaurant-hotel.de – geschl. Sonntagabend - Montag

12 Zim ☕ – †59/62 € ††72/92 € – ½ P Menü 25/43 € – Karte 32/52 €

Edy Ledig und Sohn Oliver stehen hier gemeinsam am Herd und kochen international-saisonal. Eine schöne Alternative zu den drei gediegenen holzgetäfelten Stuben ist die hübsch bepflanzte Terrasse mit Orangenbäumen, Kräutern etc. Man stellt auch eigene Gewürzmischungen her... neugierig?

OFTERSCHWANG – Bayern ➜ Siehe Sonthofen

OHMDEN – Baden-Württemberg ➜ Siehe Kirchheim unter Teck

OLCHING

Bayern – 25 020 Ew. – Höhe 503 m – Siehe Regionalatlas **65**-L20

Berlin 595 km – München 36 km – Augsburg 48 km – Dachau 13 km

Michelin Straßenkarte 546

Schiller

Nöscherstr. 20 ✉ 82140 – ✆ (08142) 47 30 – www.hotel-schiller.de – geschl. 23. Dezember - 4. Januar

55 Zim ☕ – †92/170 € ††102/200 € – ½ P

Rest – Menü 19 € (mittags unter der Woche)/39 € – Karte 19/41 € – *(geschl. Sonntag sowie an Feiertagen)*

Damit die Gäste hier nicht nur in gut ausgestatteten Zimmern wohnen, sondern auch angenehm relaxen können, hat man in dem familiär geführten Hotel an der Amper einen hübschen Sauna- und Ruhebereich im asiatischen Stil geschaffen! Für Tagungen gibt es zudem moderne Seminarräume.

Villa Romantica

Ascherbachstr. 85 (Nord-Ost: 3,5 km, am Olchinger See) ✉ 82140 – ✆ (08142) 6 52 80 28 – www.villaromantica.de – geschl. Montag

Menü 33 € – Karte 25/47 €

Passend zum italienischen Flair der hübschen Villa gibt es hier mediterrane Küche einschließlich Pizza aus dem Steinofen. Für die Gerichte verwendet man übrigens eigenes Olivenöl aus der Heimat Sizilien. Idyllische Terrasse zum See.

In Olching-Grasslfing Nord-Ost: 2,5 km

Gast- und Tafernwirtschaft zum Haderecker

Allacher Str. 67 (Nord-Ost: 4 km, jenseits der A 8) ✉ 82140 – ✆ (08142) 76 29 – www.zumhaderecker.de – geschl. Dienstag

Karte 14/29 € – (Tischbestellung ratsam)

Das Gasthaus (seit seiner Gründung im 19. Jh. ein Familienbetrieb) ist so richtig traditionell-bayerisch - und die Küche ist es auch. Am letzten Freitag im Monat gibt es Dampfnudeln! Klar, ein schöner Biergarten gehört auch dazu!

OLDENBURG

Niedersachsen – 162 180 Ew. – Höhe 4 m – Siehe Regionalatlas **17**-F6

Berlin 432 km – Hannover 171 km – Bremen 46 km – Bremerhaven 58 km

Michelin Straßenkarte 541

altera Hotel (mit Gästehaus)

Rest,

Herbartgang 23, (Zufahrt über Mottenstr. 13) ✉ 26122 – ✆ (0441) 21 90 80 – www.altera-hotels.de

56 Zim ☕ – †96/157 € ††126/187 € – ½ P

Rest *Michael Schmitz Brasserie & Vinothek* – ✆ (0441) 21 90 84 00 – Menü 39/54 € – Karte 19/73 €

In den Zimmern klare Linien und moderne Technik (DVD-Player, Kaffeemaschine, W-Lan gratis). Besonders chic: die Design-Lofts (zusätzlich mit iPod-Station und Klimaanlage) - die meisten in einem ca. 50 m entfernten Gebäude, hier auch das Restaurant. In der Vinothek Schinken und Salate aus der Feinkosttheke.

OLPE (BIGGESEE)

Nordrhein-Westfalen – 25 410 Ew. – Höhe 340 m – Siehe Regionalatlas **37**-E12

Berlin 559 km – Düsseldorf 114 km – Siegen 30 km – Hagen 62 km

Michelin Straßenkarte 543

Koch's Hotel (mit Gästehaus)

Bruchstr. 16 ✉ 57462 – ✆ (02761) 8 25 20 – www.kochs-hotel.de

40 Zim – †59/106 € ††89/159 €, ☕ 8 € – ½ P

Rest – Menü 25/40 € – Karte 27/62 € – *(geschl. Samstagmittag)*

Die individuellen und wohnlichen Zimmer dieses Hotels verteilen sich auf das Stammhaus und das auf der anderen Seite des Flusses gelegene Gästehaus mit roter Backsteinfassade. Freundlich präsentiert sich das in warmen Farben gehaltene Restaurant Altes Olpe.

OLSBERG

Nordrhein-Westfalen – 15 110 Ew. – Höhe 360 m – Siehe Regionalatlas **27**-F11

Berlin 479 km – Düsseldorf 167 km – Arnsberg 36 km – Kassel 99 km

Michelin Straßenkarte 543

Kurpark Villa (mit Gästehaus) Zim,

Mühlenufer 4a ✉ 59939 – ✆ (02962) 9 79 70 – www.kurparkvilla.info

29 Zim – 65/89 € 110/156 € – ½ P **Rest** – Karte 21/36 €

Ein wohnlich-elegantes Hotel mit geschmackvollen, im Gästehaus auch etwas moderneren Zimmern. Zum Angebot gehört ein Therapie- und Kosmetikbereich. Schön ist die ruhige Lage am Kurpark. Lichtdurchflutetes Wintergartenrestaurant.

Schinkenwirt

Eisenberg 2 (Nord-Ost: 2,5 km, Richtung Willingen, dann links ab) ✉ 59939 – ✆ (02962) 97 90 50 – www.schinkenwirt.com – geschl. 7. - 12. Januar, 25. März - 3. April, 9. - 23. Juli

18 Zim – 49/69 € 84/118 € – 2 Suiten – ½ P

Rest – Menü 22 € – Karte 26/49 € – *(geschl. Mittwochmittag)*

Das Hotel mit den gepflegten zeitgemäßen Zimmern liegt ruhig außerhalb des Ortes am Waldrand. Am Haus befindet sich eine kleine Kapelle, zudem hat man eigenes Quellwasser. Vom Restaurant mit hübschem modernem Nebenraum schaut man ins Grüne. Saisonale Küche.

In Olsberg-Bigge West: 2 km

Schettel mit Zim

Hauptstr. 52 ✉ 59939 – ✆ (02962) 18 32 – www.hotel-schettel.de – geschl. Anfang August 2 Wochen und Dienstag - Mittwochmittag

10 Zim – 46/54 € 79/89 € – ½ P Menü 19/39 € – Karte 20/42 €

Eine nette familiär geleitete Adresse mit regionaler Küche. Gemütlich sitzt man im Restaurant und in der rustikalen Bauernstube. Am Mittag bietet man eine kleinere Karte. Die Gästezimmer sind im wohnlichen Landhausstil gehalten.

OLZHEIM

Rheinland-Pfalz – 540 Ew. – Höhe 496 m – Siehe Regionalatlas **35**-B14

Berlin 672 km – Mainz 197 km – Trier 73 km – Diekirch 85 km

Michelin Straßenkarte 543

Haus Feldmaus Rest,

Knaufspescher Str. 14 ✉ 54597 – ✆ (06552) 9 92 20 – www.feldmaus.de – geschl. 1. - 22. Januar

8 Zim – 60 € 95/125 € – ½ P

Rest – Karte 33/44 € – *(geschl. Sonntag - Montag) (nur Abendessen)* (Tischbestellung erforderlich)

Sympathisch und angenehm unkompliziert leiten die beiden jungen Gastgeber dieses kleine Schmuckstück. "Frühlingsrolle", "Prinzenkammer", "Piccolo"... die Zimmer sind liebenswert und ganz individuell. Wer gerne ein Wasserbett hätte, bucht die "Mäusestube"! Die Küche ist überwiegend vegetarisch, aber auch Fleisch und Fisch finden sich auf der Karte. Sauna gegen Gebühr.

OPPENAU

Baden-Württemberg – 4 850 Ew. – Höhe 277 m – Siehe Regionalatlas **54**-E19

Berlin 750 km – Stuttgart 150 km – Karlsruhe 79 km – Offenburg 26 km

Michelin Straßenkarte 545

Rebstock

Straßburger Str. 13 ✉ 77728 – ✆ (07804) 97 80 – www.rebstock-oppenau.de – geschl. 20. Oktober - 20. November

13 Zim – 49/59 € 77/87 € – 1 Suite – ½ P

Rest – Menü 15 € – Karte 16/50 € – *(geschl. Dienstag)*

Engagiert und freundlich leiten Jean-Luc Ohlmann und seine Frau das hübsche Fachwerkhaus von 1856. Man übernachtet hier in wohnlichen Zimmern und lässt sich im gemütlichen Restaurant regionale Speisen servieren. Oder vielleicht lieber ein Vesper? Ein Muss ist im Sommer die erhöht gelegene Terrasse, unter der das Flüsschen Lierbach fließt!

In Oppenau-Lierbach Nord-Ost: 3,5 km Richtung Allerheiligen

Gasthof Blume (mit Gästehäusern)
Rotenbachstr. 1 ✉ 77728 – ✆ (07804) 30 04 – www.blume-lierbach.de – geschl. 12. Januar - 7. Februar
10 Zim – ♦60/80 € ♦♦90/130 € – 1 Suite – ½ P
Rest – Karte 19/49 € – *(geschl. Donnerstag)*
Der kleine Gasthof der Familie Doll liegt im romantischen Lierbachtal. Nutzen Sie das Haus als Ausgangspunkt für Wanderungen, danach können Sie sich mit bürgerlicher Küche stärken - im Sommer natürlich auf der Terrasse. Wirklich wohnlich und tipptopp gepflegt sind die Zimmer alle, am schönsten sind aber die zwei Zimmer im neueren Gästehaus - sie sind zudem allergikerfreundlich.

OPPENHEIM
Rheinland-Pfalz – 7 030 Ew. – Höhe 100 m – Siehe Regionalatlas **47-F15**
Berlin 597 km – Mainz 24 km – Neustadt an der Weinstraße 74 km – Darmstadt 47 km
Michelin Straßenkarte 543

Merian garni
Wormser Str. 2 ✉ 55276 – ✆ (06133) 9 49 40 – www.merianhotel.de – geschl. Anfang Januar 2 Wochen
14 Zim – ♦87 € ♦♦117/137 €
Das in der Altstadt gelegene Stadtschreiberhaus von 1699 beherbergt hochwertig in modernem Stil eingerichtete Zimmer. Das Frühstücksbuffet bietet eine sehr gute Auswahl.

Völker
Krämerstr. 7, (Eingang Schulstraße) ✉ 55276 – ✆ (06133) 22 69 – www.restaurant-voelker.de – geschl. Januar und Montag - Donnerstag, Freitagmittag
Menü 35 € – Karte 30/45 €
Sympathisch und ungezwungen, so sind Atmosphäre und Gastgeber. Was Sie keinesfalls versäumen sollten: eine Führung durch den einmaligen mittelalterlichen "Untergrund" - oder aber "Dinner for One uff rhoihessisch"!

ORB, BAD
Hessen – 9 780 Ew. – Höhe 189 m – Siehe Regionalatlas **48-H14**
Berlin 504 km – Wiesbaden 99 km – Fulda 54 km – Frankfurt am Main 55 km
Michelin Straßenkarte 543

Hotel an der Therme
Rest,
Horststr. 1 ✉ 63619 – ✆ (06052) 8 80 – www.toskanaworld.net
105 Zim – ♦93/125 € ♦♦156/196 € – 7 Suiten – ½ P
Rest – Menü 26 € (abends) – Karte 26/48 €
Für Freizeitaktivitäten wie Baden, Saunieren & Co. ist das eine ideale Adresse: Sie haben freien Zugang zur angeschlossenen "Toskana Therme" und wählen aus dem umfangreichen Kosmetikangebot des "Wellnessparks". Die Zimmer sind klassisch oder modern, sonntags gibt's ein Langschläferfrühstück.

Rheinland
Rest,
Lindenallee 36 ✉ 63619 – ✆ (06052) 9 14 90 – www.hotel-rheinland.de – geschl. Mitte Dezember - Ende Januar
33 Zim – ♦59/75 € ♦♦96/126 €
Rest – Menü 17 € – *(nur Abendessen) (nur für Hausgäste)*
Hier wohnen Sie nahe dem Kurpark in einem familiären Haus mit tipptopp gepflegten Zimmern (teilweise mit Balkon und Blick ins Grüne) und werden freundlich von Mutter und Tochter Göb umsorgt. Die "Toskana Therme" erreichen Sie bequem zu Fuß.

XX **Rauchfang**
Gutenberg Str. 15 ✉ *63619 – ✆ (06052) 91 23 76*
– www.restaurant-rauchfang.de – geschl. Montag - Dienstag
Menü 67 € – Karte 42/65 € – *(nur Abendessen)* (Tischbestellung erforderlich)
Unkompliziert, frisch und mit exzellenten Produkten, so kocht man italienische Gerichte wie "Spaghetti mit schottischem Glen Douglas Lachsfilet in Safransoße" oder "Lammkrone in pikanter Tomatengorgonzolasoße mit Grenaille Kartoffel". Gemütlich das Ambiente, sehr aufmerksam der Service durch die Chefin.

ORTENBERG – Baden-Württemberg ➔ Siehe Offenburg

OSNABRÜCK

Niedersachsen – 164 120 Ew. – Höhe 63 m – Siehe Regionalatlas **17-E9**
Berlin 424 km – Hannover 141 km – Bielefeld 50 km – Bremen 121 km
Michelin Straßenkarte 541

Steigenberger Hotel Remarque — Rest, — Stadtplan : A1b
Natruper-Tor-Wall 1 ✉ *49076 – ✆ (0541) 6 09 60*
– www.osnabrueck.steigenberger.de
156 Zim – †77/164 € ††94/181 €, ☕ 18 € – 7 Suiten – ½ P
Rest *Vila Real* – siehe Restaurantauswahl
Rest *Remarque's Weinwirtschaft* – ✆ (0541) 6 09 66 28 – Karte 16/49 €
Ideale Lage, um die Altstadt zu erkunden. Businessgäste schätzen die Tagungsräume sowie technisch gute Arbeitsplätze in den komfortablen Zimmern. Besonderheit: Kunst in der Halle. Das Ambiente der Weinwirtschaft überrascht: nicht wie erwartet rustikal, sondern modern. Zum Essen gibt es internationale Gerichte, eine Spezialität sind Tapas. Jeden 2. Sonntag im Monat Brunch.

Walhalla (mit Gästehaus) — Stadtplan : A1n
Bierstr. 24 ✉ *49074 – ✆ (0541) 3 49 10*
– www.hotel-walhalla.de
69 Zim ☕ – †99/115 € ††119/129 € – ½ P
Rest *Walhalla* – siehe Restaurantauswahl
Ein Ensemble historischer Häuser mitten in der Altstadt. Zimmer von klassisch bis geradlinig-modern, ein wertiger Saunabereich (auch Massagen) sowie die David Lounge als luftig-lichter Wintergarten mit Zugang zum Innenhof.

Landhaus Osterhaus garni
Bramstr. 109a (über Iburger Straße B2, Richtung Münster) ✉ *49090*
– ✆ (0541) 9 62 12 31 – www.osterhaus.de – geschl. 20. Dezember - 15. Januar
11 Zim ☕ – †88/95 € ††105/120 € – 2 Suiten
Geräumig und wohnlich-elegant sind die Zimmer/Appartements in dem von der Inhaberfamilie freundlich geleiteten Haus. Mineralwasser, Kaffee/Tee und W-Lan gratis.

Welp
Natruper Str. 227 (über Hansastraße A1, Richtung Oldenburg) ✉ *49090*
– ✆ (0541) 91 30 70 – www.hotel-welp.de
23 Zim ☕ – †60/70 € ††82/89 €
Rest – Karte 19/27 € – *(geschl. 20. Dezember - 6. Januar und Freitag - Sonntag) (nur Abendessen)*
Der gut geführte Familienbetrieb mit praktischen Zimmern (teils mit Balkon) liegt am Grüngürtel der Stadt etwas außerhalb des Zentrums. Im Sommer frühstückt man schön auf der Terrasse.

Gute Küche zu moderatem Preis? Folgen Sie dem „Bib Gourmand“. Das freundliche Michelin-Männchen „Bib“ steht für ein besonders gutes Preis-Leistungs-Verhältnis!

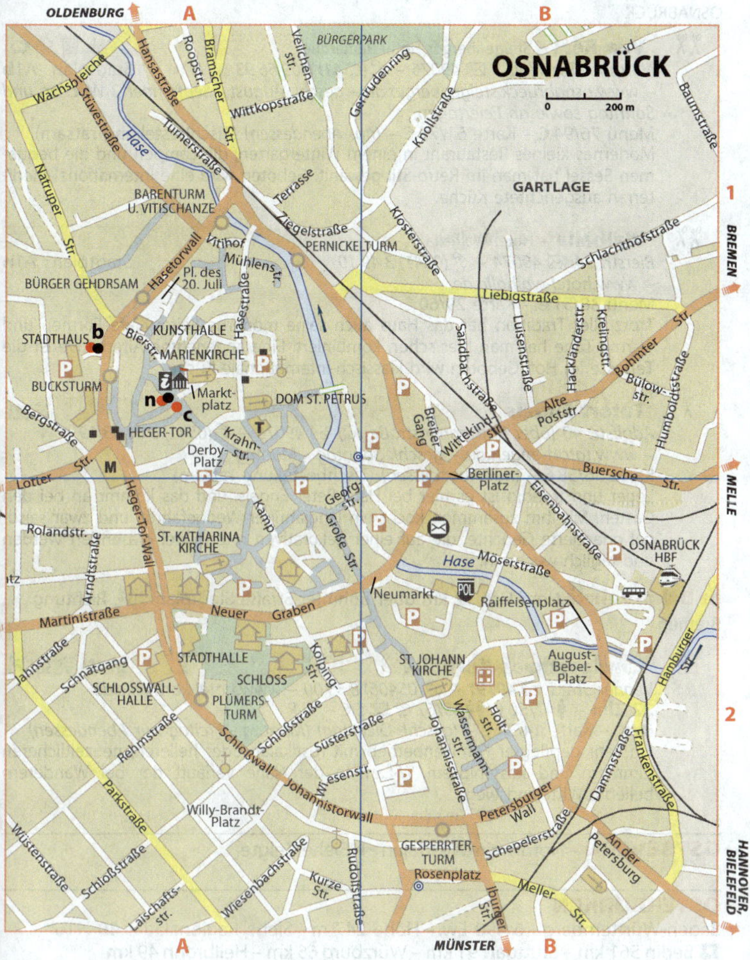

XXXX La Vie

✿✿✿ *Krahnstr. 1 ✉ 49074 – ✆ (0541) 33 11 50* Stadtplan : A1**c**
– www.restaurant-lavie.de – geschl. 20. Dezember - 6. Januar, Juli - August 3 Wochen und Sonntag - Montag

Menü 168/198 € – *(Dienstag - Donnerstag nur Abendessen)* (Tischbestellung ratsam)

Ein wunderschön saniertes Altstadthaus, hochwertiges modern-elegantes Interieur, ausgezeichneter Service... Hier hat Thomas Bühner die ideale Plattform für seine innovative, äußerst aufwändige und alles andere als alltägliche Küche in Form zweier mit technischer Perfektion beeindruckender Menüs. Wie gewohnt versiert und charmant: Gastgeberin Thayarni Kanagaratnam.

➜ Bouillabaisse - Calamari, Saint Pierre, Corail-Crème, Safrankartoffel. Frikassee vom Bresse Huhn façon de la vie - Spargel, Erbse, Reis. Weiße Erdbeere und grüner Pandan, Sojacrème, Jasminreis.

XX **Vila Real** – Steigenberger Hotel Remarque

Natruper-Tor-Wall 1 ✉ 49076 – ✆ (0541) 6 09 66 93 Stadtplan : A1**b**
– www.osnabrueck.steigenberger.de – geschl. August - September 3 Wochen und Sonntag sowie an Feiertagen
Menü 76/94 € – Karte 51/75 € – *(nur Abendessen)* (Tischbestellung ratsam)
Modernes kleines Restaurant in einem Wintergarten; die Lampen und die bequemen Sessel hat man im Retro-Stil gewählt. Geboten wird eine international-mediterran ausgerichtete Küche.

XX **Walhalla** – Hotel Walhalla

Bierstr. 24 ✉ 49074 – ✆ (0541) 3 49 10 Stadtplan : A1**n**
– www.hotel-walhalla.de
Menü 38/51 € – Karte 29/60 €
Trotz aller Tradition hat das Haus auch seine moderne Seite: Klare Formen und warme Töne hat man hier schön kombiniert. Eine angenehme Alternative ist die Terrasse im Hof. Geboten wird klassisch-internationale Küche.

X **Tatort Engels**

Adolfstr. 40 (über Katharinenstraße A2) ✉ 49078 – ✆ (0541) 6 68 73 19
– www.tatort-engels.de – geschl. Sonntag - Montag
Karte 36/58 € – *(nur Abendessen)* (Tischbestellung ratsam)
Leger und trendig ist es hier bei Hans-Peter Engels, und das kommt an bei den Gästen. Mit ihm zusammen kocht ein langjähriger Weggefährte, und zwar saisonal orientierte Gerichte, die auf einer dekorativen roten Tafel präsentiert werden und täglich wechseln.

In Belm-Vehrte Nord-Ost: 12 km über Bohmter Straße Stadtplan : B1, Richtung Bremen

Landgasthaus Kortlüke

Venner Str. 5 ✉ 49191 – ✆ (05406) 8 35 00 – www.hotel-kortlueke.de
22 Zim – †47/50 € ††65/67 €, ☕ 5 € – ½ P
Rest – Karte 14/31 € – *(geschl. Dienstag) (Montag - Freitag nur Abendessen)*
Ein sehr gepflegter Familienbetrieb mit rustikalen oder helleren, neuzeitlicheren Zimmern und kostenlosem W-Lan. In der Nähe verläuft der bei Wanderern beliebte Wittekindsweg.

OSTBEVERN – Nordrhein-Westfalen ➜ Siehe Telgte

OSTERBURKEN

Baden-Württemberg – 6 490 Ew. – Höhe 247 m – Siehe Regionalatlas **48-H16**
▶ Berlin 561 km – Stuttgart 91 km – Würzburg 66 km – Heilbronn 49 km
Michelin Straßenkarte 545

Märchenwald

Boschstr. 14 (Nord-Ost: 2 km, nahe der B 292) ✉ 74706 – ✆ (06291) 6 42 00
– www.hotelmaerchenwald.de
20 Zim ☕ – †59/68 € ††89/105 € – ½ P
Rest – Menü 20/42 € – Karte 15/45 € – *(geschl. Anfang August 2 Wochen und Samstagmittag, Sonntagabend - Montagmittag)*
In diesem ruhig gelegenen Haus hat man von den Balkonen der ländlichen Zimmer einen netten Blick auf Feld, Wiesen und den (Märchen-) Wald. Vier Zimmer im UG sind recht einfach. Das Wild aus eigener Zucht findet sich ganzjährig auf der Karte des Restaurants.

OSTERODE am HARZ

Niedersachsen – 23 450 Ew. – Höhe 220 m – Siehe Regionalatlas **29-J10**
▶ Berlin 316 km – Hannover 98 km – Braunschweig 81 km – Göttingen 48 km
Michelin Straßenkarte 541

In Osterode-Lerbach Nord-Ost: 5 km über B 241

Sauerbrey

Friedrich-Ebert-Str. 129 ✉ 37520 – ✆ (05522) 5 09 30 – www.hotel-sauerbrey.de
29 Zim – 59/79 € 85/109 € – 2 Suiten – ½ P
Rest – Menü 16 € (abends) – Karte 15/38 €
Ein gewachsenes Hotel mit Familientradition seit 1850. Die Gästezimmer sind unterschiedlich geschnitten und eingerichtet, teilweise mit Balkon. Im rustikalen Restaurant bietet man bürgerliche Küche. Schöner Saal.

In Osterode-Riefensbeek Nord-Ost: 12 km über B 498

Landhaus Meyer

Sösetalstr. 23 (B 498) ✉ 37520 – ✆ (05522) 38 37 – www.hotel-landhaus-meyer.de
9 Zim – 48 € 78 € – ½ P **Rest** – Karte 16/32 €
In dem sehr familiären kleinen Hotel wohnt man in soliden Gästezimmern, die nicht sehr groß, aber behaglich sind. Im Blockhaus nebenan hat man eine Ferienwohnung. In den beiden Stuben serviert man bürgerliche Küche. Nette Terrasse zum Garten.

OSTERWIECK

Sachsen-Anhalt – 12 040 Ew. – Höhe 117 m – Siehe Regionalatlas **30-K9**
Berlin 235 km – Magdeburg 83 km – Goslar 32 km
Michelin Straßenkarte 542

Brauner Hirsch

Zim,

Stephanikirchgasse 1 ✉ 38835 – ✆ (039421) 79 50 – www.hotel-braunerhirsch.de – geschl. 3. - 18. Januar
24 Zim – 50/54 € 83/85 € – ½ P **Rest** – Karte 21/36 €
Das Fachwerkhaus von 1728 fügt sich schön in den historischen Kern des kleinen Städtchens ein. Rustikale Fichtenholzmöbel sorgen zusammen mit angenehmen Farben für Gemütlichkeit. Behaglich ist auch das Restaurant mit niedriger Decke im 1. Stock. Terrasse im Innenhof.

OSTFILDERN

Baden-Württemberg – 36 170 Ew. – Höhe 348 m – Siehe Regionalatlas **55-G18**
Berlin 644 km – Stuttgart 19 km – Göppingen 39 km – Reutlingen 35 km
Michelin Straßenkarte 545

In Ostfildern-Kemnat

Am Brunnen garni

Heumadener Str. 19 ✉ 73760 – ✆ (0711) 16 77 70 – www.hotelambrunnen.de
22 Zim – 91/102 € 111/132 €
Mitten im Ort, neben dem namengebenden alten Brunnen, hat die freundliche Gastgeberin Gabriele Beinschrodt schon seit über 20 Jahren ihr Hotel und hält alles gut Schuss. Die Zimmer sind funktional, die Stoffe farblich schön abgestimmt.

In Ostfildern-Ruit

Hirsch Hotel Gehrung

Rest,

Stuttgarter Str. 7 ✉ 73760 – ✆ (0711) 44 13 00 – www.hirsch-hotel-gehrung.de
62 Zim – 69/125 € 98/165 € – ½ P
Rest – Menü 30 € – Karte 24/54 € – *(geschl. Sonntag)*
Familie Gehrung führt das Hotel (der ursprüngliche Teil stammt übrigens a. d. J. 1604) bereits in 3. Generation. Sie mögen es besonders komfortabel? Dann buchen Sie ein "Top Site"-Zimmer im 4. Stock oder eine der ganz modernen Business-Juniorsuiten! Gediegenes Restaurant und heimelige Schwäbische Stube.

In Ostfildern-Scharnhausen

Lamm

Plieninger Str. 3a ✉ 73760 – ✆ (07158) 1 70 60 – www.hotelrestaurantlamm.de
32 Zim – †95/125 € ††125/140 €, ☕ 9 € – ½ P
Rest – Menü 23/55 € – Karte 24/53 € – *(Montag - Freitag nur Abendessen)*
In dem Hotel unter familiärer Leitung stehen solide ausgestattete Gästezimmer unterschiedlicher Kategorien zur Verfügung, teilweise mit Balkon. Freundliches Restaurant im Wintergartenstil und gediegenes Nebenzimmer. Die Küche ist regional und international.

OSTHEIM vor der RHÖN

Bayern – 3 520 Ew. – Höhe 300 m – Siehe Regionalatlas **39-J14**
Berlin 404 km – München 346 km – Würzburg 99 km – Wiesbaden 186 km
Michelin Straßenkarte 546

Kaak (N)

Burgstr. 25 ✉ 97645 – ✆ (09777) 5 70 – www.hotel-kaak.de
30 Zim ☕ – †32/46 € ††56/72 € – ½ P **Rest** – Karte 18/32 €
Ein freundlich und familiär geführtes Gasthaus, in dem Sie in sehr gepflegten Zimmern übernachten, der Garten lädt zum Entspannen ein. Außerdem lässt sich die Rhön von hier aus wunderbar erkunden.

OSTRACH

Baden-Württemberg – 6 720 Ew. – Höhe 615 m – Siehe Regionalatlas **63-H20**
Berlin 700 km – Stuttgart 128 km – Konstanz 69 km – Ravensburg 33 km
Michelin Straßenkarte 545

Landhotel zum Hirsch

Hauptstr. 27 ✉ 88356 – ✆ (07585) 9 24 90 – www.landhotel-hirsch.de
15 Zim ☕ – †58/65 € ††92/95 € – ½ P
Rest *Landhotel zum Hirsch* – siehe Restaurantauswahl
Dass das Gasthaus mitten im Ort bei der Kirche so sympathisch ist, liegt nicht zuletzt an Familie Ermler, die hier schon seit Generationen Gäste empfängt. Außen der nette typisch ländliche Charakter, drinnen funktionale Zimmer mit guter Ausstattung. Sogar die Klapperstörche auf dem Dach fühlen sich hier wohl!

Landhotel zum Hirsch – Landhotel zum Hirsch

Hauptstr. 27 ✉ 88356 – ✆ (07585) 9 24 90 – www.landhotel-hirsch.de
Karte 25/45 € – (Tischbestellung ratsam)
Die geradlinige, bodenständige Küche von Vater und Sohn kommt an - kein Wunder bei den leckeren hausgemachten Pasteten oder Gerichten wie "Schweinebäckchen mit Bouillonkartöffelchen und Marktgemüse"! Und auch das Ambiente stimmt: Serviert wird in gemütlichen holzgetäfelten Stuben.

OTTENHÖFEN im SCHWARZWALD

Baden-Württemberg – 3 280 Ew. – Höhe 309 m – Siehe Regionalatlas **54-E19**
Berlin 736 km – Stuttgart 137 km – Karlsruhe 64 km – Freudenstadt 35 km
Michelin Straßenkarte 545

Breig garni

Zieselmatt 10 ✉ 77883 – ✆ (07842) 25 65 – www.pension-breig.de
9 Zim ☕ – †54/79 € ††94/119 €
Eine familiäre kleine Adresse in ruhiger Lage mit schön gepflegtem Garten, solide und praktisch ausgestatteten Zimmern (meist mit Balkon) sowie einem gemütlichen Frühstücksraum, nicht zu vergessen der Wohlfühlbereich im UG mit Sauna, Whirlpool und Infrarotkabine.

OTTERNDORF

Niedersachsen – 7 100 Ew. – Höhe 2 m – Siehe Regionalatlas **9-G4**
Berlin 402 km – Hannover 217 km – Cuxhaven 18 km – Bremerhaven 40 km
Michelin Straßenkarte 541

Am Medemufer

Goethestr. 15 ✉ 21762 – ✆ (04751) 9 99 90 – www.hotel-am-medemufer.de
32 Zim – 69/99 € 79/119 € – 6 Suiten – ½ P
Rest *Leuchtfeuer* – Menü 25 € – Karte 20/40 € – *(nur Abendessen)*
Ein tipptopp gepflegtes, neuzeitliches Hotel mit reizvollem Garten und sehr gutem Frühstück. Kosmetik und Massage im "Miomare" in der Therme gegenüber - mit Shuttle-Service. Restaurant "Leuchtfeuer" mit Terrasse zum Wasser, auf der Karte internationale und regionale Klassiker.

XX

Ratskeller

Rathausplatz 1 ✉ 21762 – ✆ (04751) 38 11 – www.altstadtgaestehaus.de
– geschl. Februar und Dienstag
Karte 21/41 €
Das Restaurant in dem über 400 Jahre alten Gewölbekeller wird sympathisch geführt. Freundlich und pfiffig ist der Service der Damen, geleitet von der Chefin. Der Chef steht am Herd.

OTTOBEUREN

Bayern – 7 940 Ew. – Höhe 660 m – Siehe Regionalatlas **64-J21**
Berlin 672 km – München 110 km – Kempten (Allgäu) 40 km – Bregenz 85 km
Michelin Straßenkarte 546

Parkhotel Maximilian

Bannwaldweg 11 ✉ 87724 – ✆ (08332) 9 23 70 – www.parkhotel-ottobeuren.de
110 Zim – 92/147 € 139/198 € – 1 Suite – ½ P
Rest – Menü 25/49 € – Karte 25/48 €
Das komfortable Hotel ist gefragt bei Tagungsgästen. Es liegt ruhig oberhalb des Klosters am Waldrand, bietet wohnlich-elegante Zimmer und entspannen kann man beim guten Wellnessangebot, so z. B. am schönen Pool im Freien!

Am Mühlbach garni

Luitpoldstr. 57 ✉ 87724 – ✆ (08332) 9 20 50 – www.hotel-am-muehlbach.de
20 Zim – 68/78 € 82/98 €
Das halbkreisförmig angelegte Hotel bei der Benediktinerabtei bietet zeitgemäße Zimmer, teilweise haben sie Balkon oder Terrasse, fast alle liegen zur Innenseite, zum Garten hin.

Hirsch

Zim,

Marktplatz 12 ✉ 87724 – ✆ (08332) 79 67 70 – www.hirsch-ottobeuren.de
47 Zim – 69/110 € 89/130 € – 1 Suite – ½ P
Rest – Menü 20/40 € – Karte 17/59 €
Schön hat man es in den wohnlichen Gästezimmern mit Parkett und geradlinig-moderner Einrichtung - einige sind besonders geräumig. Im Restaurant gibt es regional-saisonale Küche, und versäumen Sie es nicht, das Bier aus der eigenen Brauerei zu probieren!

St. Ulrich

Rest,

Bannwaldweg 10 ✉ 87724 – ✆ (08332) 92 35 20 – www.hotel-st-ulrich.com
– geschl. 30. Oktober - 12. Februar
28 Zim – 59/70 € 86/100 € – 2 Suiten
Rest – Karte 17/32 € – *(geschl. Sonntag - Montag) (nur Abendessen für Hausgäste)*
Das Haus liegt ruhig am Waldrand etwas oberhalb des kleinen Ortes. Von einigen Zimmern schaut man auf die Basilika. Fragen Sie nach den neueren, besonders freundlichen Zimmern.

OTTOBRUNN

Bayern – 20 110 Ew. – Höhe 455 m – Siehe Regionalatlas **66-M20**
Berlin 609 km – München 14 km – Innsbruck 156 km – Kufstein 83 km
Michelin Straßenkarte 546

Aigner garni

Rosenheimer Landstr. 118 ✉ 85521 – ✆ (089) 60 81 70 – www.hotelaigner.de
73 Zim – 79/89 € 99/158 €
Das Haus ist gepflegt und preislich eine echte Alternative zu Hotels direkt in München. Die Familie investiert immer wieder und so sind einige Zimmer besonders modern! Praktisch: Bushaltestelle vor dem Haus.

OVERATH

Nordrhein-Westfalen – 26 990 Ew. – Höhe 100 m – Siehe Regionalatlas **36-C12**
Berlin 583 km – Düsseldorf 60 km – Bonn 31 km – Köln 25 km
Michelin Straßenkarte 543

In Overath-Immekeppel Nord-West: 7 km über A 4 Richtung Köln, Abfahrt Untereschbach

Sülztaler Hof mit Zim

Lindlarer Str. 83 ✉ 51491 – ✆ (02204) 9 75 00 – www.suelztaler-hof.de – geschl. Juni 3 Wochen
15 Zim – 98/139 € 148/189 €
Menü 39 € (mittags)/69 € – Karte 34/72 € – *(geschl. Montagmittag, Dienstag - Mittwochmittag)*
Das Gasthaus von 1883 wird seit jeher freundlich und engagiert von Familie Selbach geleitet. Das Ambiente ist charmant-gediegen, die Küche klassisch mit internationalem Einfluss. In einem Hotelanbau bietet man schöne, sehr wohnliche Landhauszimmer.

In Overath-Klef Nord-Ost: 2 km, jenseits der A 4

Lüdenbach Rest,

Klef 99 (B 55) ✉ 51491 – ✆ (02206) 9 53 80 – www.hotel-luedenbach.de – geschl. Ende Dezember 1 Woche
28 Zim – 58/78 € 83/99 € – ½ P
Rest – Menü 25/45 € (abends) – Karte 19/51 € – *(Montag - Freitag nur Abendessen)*
Das seit vielen Jahren familiengeführte Hotel liegt verkehrsgünstig nahe der Autobahn und bietet zeitgemäße, funktionelle Zimmer sowie einen großen Parkplatz. W-Lan kostenfrei. Bürgerlich-saisonales Angebot im Restaurant.

OY-MITTELBERG

Bayern – 4 440 Ew. – Höhe 1 035 m – Siehe Regionalatlas **64-J21**
Berlin 710 km – München 124 km – Kempten (Allgäu) 23 km – Füssen 22 km
Michelin Straßenkarte 546

Im Ortsteil Mittelberg

Die Mittelburg Zim,

Mittelburgweg 1 ✉ 87466 – ✆ (08366) 1 80 – www.mittelburg.info – geschl. 5. November - 15. Dezember
27 Zim – 89/96 € 158/224 € – 3 Suiten – ½ P
Rest – Menü 29 € (mittags)/45 € – Karte 24/42 €
Von der Begrüßung über das ausgezeichnete Frühstück bis zum Ausflugstipp ist der Service freundlich und hilfsbereit, die Leitung durch Familie Mayr ist sehr persönlich und auch Wellness einschließlich Blockhaussauna wird geboten. Rustikal oder elegant? Diese Frage stellt sich bei den Zimmern wie auch beim Restaurant.

PADERBORN

Nordrhein-Westfalen – 146 290 Ew. – Höhe 110 m – Siehe Regionalatlas **28-G10**
Berlin 429 km – Düsseldorf 167 km – Bielefeld 47 km – Dortmund 101 km
Michelin Straßenkarte 543

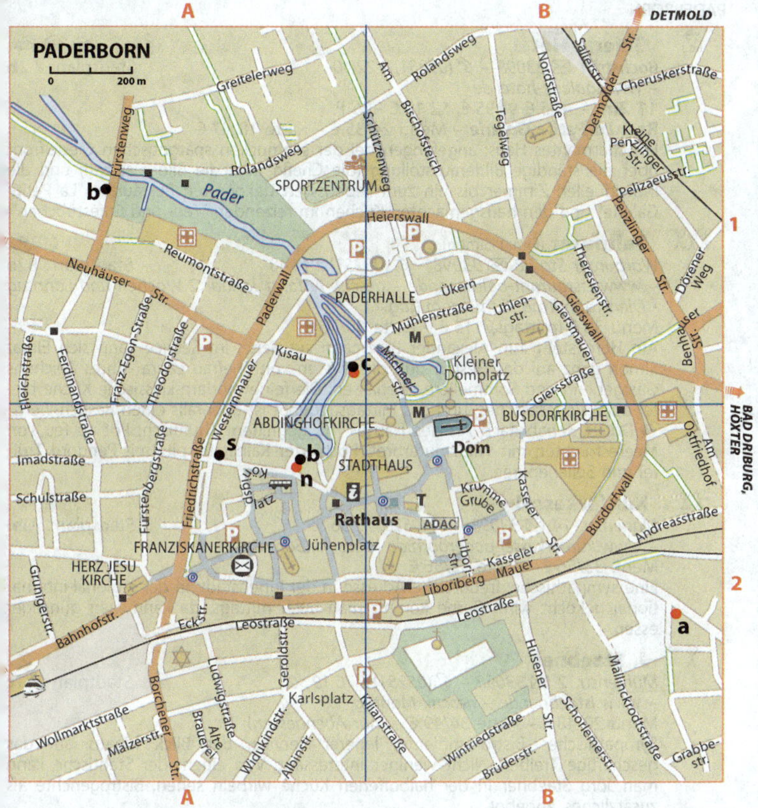

Arosa

Westernmauer 38 ✉ *33098 –* ✆ *(05251) 12 80* Stadtplan : A2**s**
– www.arosa-paderborn.de
121 Zim – †68/179 € ††88/164 €, ☕ 15 € – 3 Suiten – ½ P
Rest – Menü 23 € – Karte 30/52 € – *(geschl. Sonntag) (nur Abendessen)*
Komfortabler könnte die Lage kaum sein: Sie wohnen ganz zentral in unmittelbarer Altstadtnähe und parken im hauseigenen Parkhaus! Besonders elegant sind die neueren Deluxe-Zimmer, sehr guter Tagungs- und Veranstaltungsbereich. Schöne Aussicht vom Schwimmbad im obersten Stock und auch von der Terrasse.

Welcome Hotel

Fürstenweg 13 ✉ *33102 –* ✆ *(05251) 2 88 00* Stadtplan : A1**b**
– www.welcome-hotel-paderborn.com
153 Zim ☕ – †108/178 € ††143/213 € – ½ P
Rest – Menü 22/70 € – Karte 24/46 €
Moderner Stil und Farbakzente in warmem Rot begleiten Sie von der Halle bis in die wohnlichen Zimmer dieses zeitgemäßen Businesshotels. Mit großem Tagungsbereich. Neben dem Restaurant gibt es noch die gemütlich-rustikale Bierkneipe.

Zur Mühle garni

Mühlenstr. 2 ✉ *33098 –* ✆ *(05251) 1 07 50* Stadtplan : A1**c**
– www.hotelzurmuehle.de – geschl. 20. Dezember - 4. Januar
25 Zim ☕ – †77/105 € ††110/120 € – 1 Suite
Sie wohnen hier nicht nur angenehm zentral, sondern auch schön elegant (zu erwähnen sei die stilvolle Stuck-Dekoration im Frühstücksraum) - nicht zu vergessen die freundliche Chefin, die ihre Gäste persönlich umsorgt!

Galerie-Hotel
Bachstr. 1 ✉ 33098 – ✆ (05251) 1 22 40 Stadtplan : A2**b**
– www.galerie-hotel.de
11 Zim – 🛉75 € 🛉🛉95 €, ☕ 10 € – ½ P
Rest *La Petite Galerie* – Menü 24/35 € – Karte 18/47 €
Ein charmantes Haus: angefangen bei der schmucken spätgotischen Giebelfront über die ständige Bilderausstellung (die Chefin malt die Bilder selbst!) und die individuellen Zimmer bis hin zum liebenswert dekorierten Restaurant "La Petite Galerie" und den hausgemachten Kuchen im reizenden "Tee- und Caféstübchen"!

Balthasar (Elmar Simon)
Warburger Str. 28 ✉ 33098 – ✆ (05251) 2 44 48 Stadtplan : B2**a**
– www.restaurant-balthasar.de – geschl. Anfang Januar 2 Wochen und Sonntag - Dienstagmittag, Samstagmittag
Menü 38 € (mittags)/115 € – Karte 60/76 €
Am Herd steht ihm Alexander Brozmann zur Seite, im Service kann sich Elmar Simon ganz auf das Gespür und das Wissen von Ehefrau Laura - ihres Zeichens Gastgeberin und Sommelière - verlassen. Die feine modern-klassische Küche bietet auch Vegetarisches, und das Mittagsangebot ist ebenfalls einen Besuch wert.
➜ Döner Kebab nach Art des Hauses mit gegrilltem Thunfisch. Pot au feu von Meeresfrüchten mit Wildkräuterbrot. Pochierter Kalbstafelspitz mit Perigord Trüffel und Selleriepüree.

Kupferkessel
Marienstr. 14 ✉ 33098 – ✆ (05251) 2 36 85 Stadtplan : A2**n**
– www.kupferkessel-paderborn.de – geschl. Sonntag
Menü 33/56 € – Karte 33/56 €
Eine sympathische, freundliche Adresse in der Innenstadt, in der regional-international gekocht wird. Gerne kommt man auch mittags, da kann man günstiger essen.

J. Staebner
Mühlenstr. 2 ✉ 33098 – ✆ (05251) 8 76 19 50 Stadtplan : A1**c**
– www.jstaebner.de – geschl. Montag
Menü 20/48 € – Karte 34/49 € – *(nur Abendessen)*
Sympathisches Bistro-Ambiente, legerer Service, der Blick hinaus auf das geschäftige Treiben. Nicht weniger interessant: Von einem der Stehtische kann man Jörg Staebner in der halboffenen Küche wirbeln sehen. Bistrogerichte als zusätzliches Angebot.

In Borchen-Nordborchen Süd-West: 6 km über Borchener Straße Stadtplan : A2

Pfeffermühle
Paderborner Str. 66 ✉ 33178 – ✆ (05251) 54 00 60
– www.hotel-pfeffermuehle.com – geschl. Ende Dezember - Anfang Januar 2 Wochen
36 Zim ☕ – 🛉55/75 € 🛉🛉70/85 €
Rest – Karte 16/27 € – *(geschl. Sonntag sowie an Feiertagen) (nur Abendessen)*
Das familiengeführte Hotel ist eine gute Adresse außerhalb der Stadt. Fragen Sie nach den neuen Zimmern! Das Restaurant bietet bürgerliche Küche, im Pfefferkeller trifft man sich auf ein Bier.

PALLING
Bayern – 3 380 Ew. – Höhe 531 m – Siehe Regionalatlas **67**-O20
Berlin 666 km – München 92 km – Bad Reichenhall 49 km – Rosenheim 64 km
Michelin Straßenkarte 546

Michlwirt
Zim,
Steiner Str. 1 ✉ 83349 – ✆ (08629) 9 88 10 – www.michlwirt.de – geschl. 19. - 25. Januar, 21. September - 11. Oktober
47 Zim ☕ – 🛉39/55 € 🛉🛉69/82 € **Rest** – Karte 10/27 € – *(geschl. Sonntag)*
Marianne Trinkberger leitet herzlich diesen Bilderbuch-Gasthof, während ihr Mann Rudolf sich gemeinsam mit dem Sohn um die angeschlossene Metzgerei kümmert. Zimmer im Anbau meist geräumiger. Leckeres Frühstücksbuffet in der Guten Stube. Ebenso behaglich-traditionell sind Michlstube und Theaterstube. Bayerische Küche.

PANKER – Schleswig-Holstein ➜ Siehe Lütjenburg

PAPENBURG

Niedersachsen – 35 040 Ew. – Höhe 1 m – Siehe Regionalatlas **16-D6**
Berlin 513 km – Hannover 240 km – Emden 47 km – Groningen 67 km
Michelin Straßenkarte 541

Alte Werft
Rest,

Ölmühlenweg 1 ✉ 26871 – ✆ (04961) 92 00 – www.hotel-alte-werft.de
112 Zim – ♦96/126 € ♦♦131/178 € – 9 Suiten – ½ P
Rest *Graf Goetzen* – ✆ (04961) 92 00 – Menü 28/79 € – Karte 34/56 € – *(nur Abendessen)*
Rest *Schnürboden* – Menü 23/79 € – Karte 23/48 €

Gelungen hat man hier Industriearchitektur a. d. 19. Jh. - samt einiger erhaltener Werftmaschinen - in einen Hotelbau integriert. Neben neuzeitlich eingerichteten Gästezimmern hat man die beiden Restaurants Graf Goetzen (internationale Küche) und Schnürboden (hier ist das Angebot regionaler) - Letzteres mit einer beachtlichen Krankonstruktion als Hingucker.

In Halte Nord-West: 4 km Richtung Meyer Werft

Gut Halte

Gut Halte 6 ✉ 26826 – ✆ (04961) 23 17 – www.papenburg-hotel.de – geschl. 20. Juli - 3. August
8 Zim – ♦55/69 € ♦♦90/115 € – ½ P
Rest *Reiherhorst* – Menü 25/35 € – Karte 22/40 € – *(geschl. Sonntagabend - Montag)*

Das schön restaurierte Herrenhaus von 1796 ist ein kleiner Familienbetrieb, der ruhig in einem Park am Deich liegt. Helle und zeitgemäße Zimmer, elegante Lobby und Bibliothek, regionstypisches Restaurant Reiherhorst; der Wintergarten wird im Sommer zur Terrasse.

PAPPENHEIM

Bayern – 4 480 Ew. – Höhe 405 m – Siehe Regionalatlas **57-K18**
Berlin 499 km – München 134 km – Augsburg 77 km – Nürnberg 72 km
Michelin Straßenkarte 546

Zur Sonne

Deisinger Str. 20 ✉ 91788 – ✆ (09143) 83 78 37 – www.sonne-pappenheim.de – geschl. Februar - März 1 Woche, November 10 Tage
12 Zim – ♦35/55 € ♦♦60/90 € – ½ P
Rest *Zur Sonne* – siehe Restaurantauswahl

Die jungen Inhaber Sven-Wolfgang und Stefanie Glück haben hier einen wirklich gepflegten Gasthof, der nicht zuletzt wegen seiner Lage am Altmühlradweg gut ankommt. Wer ein bisschen was Besonderes sucht, bucht am besten eines der tollen Themenzimmer, z. B. eines mit rustikalem Hütten-Flair!

Zur Sonne – Hotel Zur Sonne

Deisinger Str. 20 ✉ 91788 – ✆ (09143) 83 78 37 – www.sonne-pappenheim.de – geschl. Februar - März 1 Woche, November 10 Tage und Dienstag
Menü 29 € – Karte 19/40 €

Dass man bei Familie Glück gut essen kann, beweisen schmackhafte Gerichte wie "fränkisches Krustenschäufele mit Dunkelbier-Kümmelsauce" oder - etwas gehobener - "Schnitzel vom Damhirsch mit Waldpilzjus, glasierten Urkarotten und gebratenen Brezenknödelscheiben". Nett das gemütliche Ambiente dazu.

PARCHIM

Mecklenburg-Vorpommern – 18 670 Ew. – Höhe 50 m – Siehe Regionalatlas **12-M5**
Berlin 163 km – Schwerin 43 km – Güstrow 75 km
Michelin Straßenkarte 542

Stadtkrug

Apothekenstr. 11 ✉ 19370 – ✆ (03871) 6 23 00
– www.hotel-stadtkrug-parchim.m-vp.de
20 Zim – 44/59 € 60/69 € – 1 Suite
Rest – Menü 13/25 € – Karte 16/31 €
Auf eine über 250-jährige Geschichte kann dieses rote Klinkergebäude zurückblicken. Die Gästezimmer sind sehr gepflegt und wohnlich. Reichlich dekoriertes Restaurant in bürgerlichem Stil.

PARSBERG

Bayern – 6 590 Ew. – Höhe 553 m – Siehe Regionalatlas **58-M17**
Berlin 477 km – München 137 km – Regensburg 47 km – Ingolstadt 63 km
Michelin Straßenkarte 546

Hirschen (mit Gästehaus)

Marktstr. 1 ✉ 92331 – ✆ (09492) 60 60 – www.hirschenhotels.com
– geschl. 22. - 26. Dezember
34 Zim – 78/125 € 110/128 € – 6 Suiten – ½ P
Rest *Hirschen* – siehe Restaurantauswahl
Ein echtes Traditionshaus im Herzen der kleinen Stadt. Außen die einladende gelbe Fassade, drinnen eine gemütliche Lobby, ein schöner Dorfladen mit eigenen Metzgereiprodukten, hübsche wohnliche Zimmer und ein netter intimer Wellnessbereich - Hallenbad im 100 m entfernten "Garten Hotel Hirschenhof". Vier Suiten und ein DZ im "Privat Hotel Hirschen".

Garten Hotel Hirschenhof

Marktstr. 2 ✉ 92331 – ✆ (09492) 60 60 – www.hirschenhof.de
– geschl. 22. - 26. Dezember
30 Zim – 78/125 € 110/148 € – ½ P
Rest – Menü 14/25 € – Karte 14/31 € – *(geschl. Sonntag sowie an Feiertagen)* *(nur Abendessen)*
Dies ist die moderne Alternative zum traditionellen "Hirschen" - schräg gegenüber gelegen und unter gleicher Leitung. Schön der Garten, der Hallenbad- und Saunabereich sowie die hellen, geradlinig gehaltenen Zimmer mit angenehmen Naturmaterialien. Abends serviert man Ihnen "Oberpfälzer Tapas".

Hirschen – Hotel Hirschen

Marktstr. 1 ✉ 92331 – ✆ (09492) 60 60 – www.romantik-hotel-hirschen.com
– geschl. 22. - 26. Dezember
Menü 34/69 € – Karte 30/54 €
In den behaglichen Wirtstuben - Herzstück des Hirschen ist das "Bräustüberl" - bekommen Sie einen interessanten Mix aus klassisch-gehobener Küche und traditionellen Klassikern wie "Rindfleischtopf" oder "Zwetschgenbavesen".

Außerhalb Nord: 2 km an der A 3 Ausfahrt Parsberg (Autohof)

Villa Toskana

Rest,

Steinmühlerstr. 3 ✉ 92331 – ✆ (09492) 90 61 81
– www.a3-villa-toskana.de
33 Zim – 55/65 € 88/97 €
Rest – Karte 16/25 € – *(geschl. Sonntag) (nur Abendessen für Hausgäste)*
In diesem Haus wird Funktionalität groß geschrieben. Das fängt an bei der Lage in einem Autohof an der A3 und endet bei den zeitgemäßen Zimmern, die in mediterranen Farben gehalten sind. Ideal für Durchreisende oder Geschäftsleute.

PASEWALK

Mecklenburg-Vorpommern – 11 380 Ew. – Höhe 15 m – Siehe Regionalatlas **14-Q5**
Berlin 134 km – Schwerin 208 km – Neubrandenburg 59 km – Szczecin 40 km
Michelin Straßenkarte 542

Villa Knobelsdorff
Ringstr. 121 ✉ 17309 – ✆ (03973) 2 09 10 – www.villa-knobelsdorff.de
18 Zim – 61/63 € 75/77 €, 6 €
Rest – Menü 17/27 € – Karte 19/45 € – *(nur Abendessen)*
Die Villa a. d. J. 1896 wird persönlich vom Ehepaar Pommerening geleitet, das sich hier herzlich um die Gäste kümmert. Eine schöne Holztreppe führt zu den klassisch gehaltenen Zimmern. Im Restaurant im Untergeschoss herrscht eine gemütlich-rustikale Atmosphäre. Einige Plätze unter einer Gewölbedecke.

PASSADE

Schleswig-Holstein – 330 Ew. – Höhe 31 m – Siehe Regionalatlas **3-J3**
Berlin 375 km – Kiel 28 km – Hamburg 123 km
Michelin Straßenkarte 541

Fischerwiege N garni
An de Laak 11 ✉ 24253 – ✆ (04344) 4 13 86 16 – www.fischerwiege-passade.de – geschl. Januar - März
9 Zim – 85/95 € 100/110 € – 2 Suiten
Ein charmantes reetgedecktes Haus, ausgesprochen hübsche Zimmer in nordischem Stil, ein idyllischer Garten, ein Bistro-Café mit hausgemachtem Kuchen... und zwei Gastgeber, die mit Liebe bei der Sache sind! Kleiner Seestrand 150 m entfernt.

PASSAU

Bayern – 50 600 Ew. – Höhe 262 m – Siehe Regionalatlas **60-P19**
Berlin 607 km – München 192 km – Landshut 119 km – Linz 110 km
Michelin Straßenkarte 546

Ibb Hotel garni
Bahnhofstr. 24 ✉ 94032 – ✆ (0851) 9 88 30 00 – www.ibbhotelpassau.de Stadtplan : A2**d**
129 Zim – 59/129 € 85/169 €
Praktisch ist die zentrale Lage dieses funktionell ausgestatteten Hotels: Es befindet sich gegenüber dem Bahnhof und neben dem Shopping-Center. Restaurant für Veranstaltungen, Gruppen oder auf Vorreservierung!

König garni
Untere Donaulände 1 ✉ 94032 – ✆ (0851) 38 50 – www.hotel-koenig.de Stadtplan : A1**t**
41 Zim – 65/99 € 88/150 €
Das Hotel liegt in der Altstadt an den Schiffsanlegestellen und verfügt über wohnlich-gediegene Gästezimmer, einige mit Blick auf die Donau.

Residenz garni
Fritz-Schäffer-Promenade 6 ✉ 94032 – ✆ (0851) 98 90 20 – www.residenz-passau.de – geschl. über Weihnachten Stadtplan : B1**c**
50 Zim – 69/159 € 99/159 €
Eine familiäre Adresse direkt am Donauufer. Die Zimmer sind allesamt schön wohnlich, mal klassisch, mal modern. Zum Entspannen gibt es einen netten Saunabereich und den Flussblick kann man besonders gut auf der hübschen Terrasse genießen - z. B. im Sommer beim Frühstücken.

Weisser Hase
Heiliggeistgasse 1 ✉ 94032 – ✆ (0851) 9 21 10 – www.weisser-hase.de – geschl. 20. - 28. Dezember Stadtplan : A2**e**
107 Zim – 75/85 € 109/139 € – 1 Suite – ½ P
Rest – Menü 19 € – Karte 23/56 € – *(nur Abendessen)*
In dem sanierten Altstadthaus im Zentrum erwarten Sie funktionelle Zimmer in neuzeitlichem oder klassischem Stil. Bilder des Künstlers Otto Sammer zieren das Hotel. Gediegenes Restaurant mit internationalem Angebot.

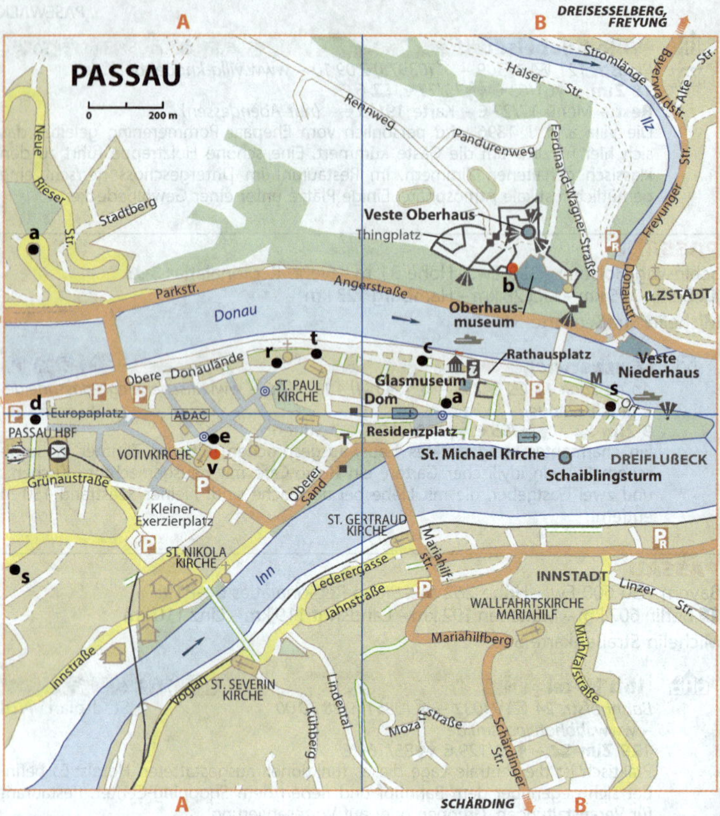

Altstadt-Hotel

Bräugasse 23, (am Dreiflüsseeck) ✉ *94032* Stadtplan : B1**s**
– ✆ (0851) 33 70 – www.altstadt-hotel.de – geschl. 2. - 22. Januar, 20. - 27. Dezember

35 Zim ☕ – 🚹59/92 € 🚹🚹80/155 € – ½ P

Rest *Wagner's Slow Food Restaurant* – Menü 15/29 € – Karte 18/44 € – *(geschl. November 2 Wochen, Januar - März: Sonntagabend) (Montag - Freitag nur Abendessen)*

Sie möchten ein Zimmer mit Sicht auf das Dreiflüsseeck? Schön modern oder lieber klassisch eingerichtet? Auch wer es gerne etwas geräumiger hat, findet hier das Passende. Angenehm sitzt man im Sommer beim Frühstück auf der Donauterrasse, nett ist die familiäre Atmosphäre. Internationale Küche im Restaurant oder auf der Terrasse zum Fluss.

Wilder Mann garni

Am Rathausplatz 2 ✉ *94032 – ✆ (0851) 3 50 71* Stadtplan : B1**a**
– www.wilder-mann.com

49 Zim ☕ – 🚹55/80 € 🚹🚹88/110 €

Hotel und sehenswertes Glasmuseum in einem jahrhundertealten Gebäudekomplex im Herzen der Stadt. Das Highlight des Hauses ist der Adalbert-Stifter-Saal mit herrlichem Blick auf die Altstadt - hier nehmen Sie Ihr Frühstück ein!

Passauer Wolf garni

Untere Donaulände 4 ✉ 94032 – ✆ (0851) 93 15 10 Stadtplan : A1**r**
– www.hotel-passauer-wolf.de
38 Zim – 50/100 € 70/150 € – 1 Suite
Dicke Mauern und Kreuzgewölbe schaffen hier einen gemütlichen Rahmen für zeitgemäße, gut ausgestattete Zimmer. Auf dem Dach des schönen historischen Gebäudes kann man von einer hübschen kleinen Terrasse die Aussicht genießen. Im Nu ist man mitten in der Altstadt.

Spitzberg garni

Neuburger Str. 29 (B 12/388) ✉ 94032 Stadtplan : A2**s**
– ✆ (0851) 95 54 80 – www.hotel-spitzberg.de
35 Zim – 46/116 € 69/161 €
Das familiengeführte Hotel befindet sich in zentrumsnaher Lage oberhalb der Altstadt. Gut die Verkehrsanbindung, zeitgemäß und funktional die Zimmer, darunter auch Familienzimmer. Wer ein Faible für besondere Details hat, bucht ein Zimmer mit toller Stuckdecke!

Heilig-Geist-Stift-Schenke

Heiliggeistgasse 4 ✉ 94032 – ✆ (0851) 26 07 Stadtplan : A2**v**
– www.stiftskeller-passau.de – geschl. 10. - 31. Januar und Mittwoch
Menü 20/35 € – Karte 16/48 €
Sie suchen gemütliche Atmosphäre und solide bayerische Küche? Dann wird es Ihnen in dem Franziskanerkloster von 1358 gefallen: In liebenswerten rustikalen Stuben mit historischem Charme - oder auch im lauschigen Garten - serviert man traditionelle regionale Speisen. Schön urig hat man es im Natursteingewölbe des Stiftskellers.

Das Oberhaus N

Oberhaus 1 ✉ 94034 – ✆ (0851) 37 93 06 57 Stadtplan : B1**b**
– www.dasoberhaus.com
Karte 19/34 €
Dieser Logenplatz über der Stadt hat sich schnell herumgesprochen - die Terrasse ist ein Traum! Zu essen gibt's bürgerlich-bayerische Küche wie "Schweinshaxe mit Kartoffelslat" oder "Schwammerlgulasch".

In Passau-Hacklberg

Atrium garni

Neue Rieser Str. 6 ✉ 94034 – ✆ (0851) 9 88 66 88 Stadtplan : A1**a**
– www.atrium-passau.de
49 Zim – 49/111 € 69/146 €
In dem Hotel in Hanglage etwas oberhalb des Ortes stehen zeitgemäße, funktionelle Zimmer bereit. Ein interessantes Detail: Im lichten Empfangsbereich hat man ein in den Boden eingelassenes Aquarium.

In Passau-Haidenhof Süd-West: 2 km über Stadtplan : A2

Dreiflüssehof

Danziger Str. 42 ✉ 94036 – ✆ (0851) 7 20 40 – www.dreifluessehof.de
67 Zim – 60/80 € 82/130 €
Rest – Karte 15/37 € – *(geschl. Sonntag - Montagmittag)*
Geschäftsreisende schätzen dieses verkehrsgünstig am Stadtrand gelegene Hotel, dessen Zimmer recht geräumig und wohnlich-gediegen sind. Gemütlich-rustikal ist das Restaurant mit netten Nischen, holzgetäfelten Wänden und Kachelofen.

PEINE

Niedersachsen – 48 750 Ew. – Höhe 68 m – Siehe Regionalatlas **19-J9**
Berlin 249 km – Hannover 45 km – Braunschweig 28 km – Hildesheim 32 km
Michelin Straßenkarte 541

In Peine-Stederdorf Nord: 3 km über B 444, jenseits der A 2

Schönau
Peiner Str. 17 (B 444) ✉ 31228 – ✆ (05171) 99 80 – www.hotel-schoenau.de
65 Zim – 80/90 € 110/120 € – ½ P **Rest** – Karte 28/35 €
Seit 100 Jahren ist Familie Hacke nun schon für ihre Gäste da. Ihr Haus hat sich in dieser Zeit zu einem schmucken Hotel gemausert und das Engagement sieht man auch - vom nordisch-ländlichen bis zum topmodernen Zimmer, von der rustikalen Bierstube bis zum eleganten Restaurant. Variable Veranstaltungsräume für Hochzeiten, Tagungen, Feiern jeder Art.

PELLWORM (INSEL)

Schleswig-Holstein – 1 080 Ew. – Höhe 1 m – Siehe Regionalatlas **1**-G2
Berlin 465 km – Kiel 117 km – Husum 29 km – Heide 76 km
Michelin Straßenkarte 541

Friesenhaus Rest,
Kaydeich 17 ✉ 25849 – ✆ (04844) 99 04 90 – www.hotel-friesenhaus-pellworm.de – geschl. 13. Januar - 2. Februar und 3. November - 7. Dezember
20 Zim – 59/69 € 89/180 € – ½ P
Rest – Menü 23/41 € – Karte 24/32 € – *(geschl. November - Mitte Dezember, Mitte Januar- Anfang Februar und Montag) (Oktober - April: Montag - Mittwochmittag)*
Ein nettes, nahe dem Leuchtturm gelegenes Hotel im regionalen Baustil mit wohnlichen und recht modernen Zimmern. Auch heiraten kann man hier im Haus. Im Restaurant und auf der kleinen Terrasse serviert man regionale Küche und einige internationale Gerichte.

PENZBERG

Bayern – 16 270 Ew. – Höhe 596 m – Siehe Regionalatlas **65-L21**
Berlin 640 km – München 53 km – Garmisch-Partenkirchen 43 km – Bad Tölz 19 km
Michelin Straßenkarte 546

Troadstadl
Kirnberger Str. 1 (nahe der BAB-Ausfahrt Penzberg) ✉ 82377 – ✆ (08856) 94 82 – www.troadstadl.de – geschl. Dienstag - Mittwoch, Sonntagabend
Menü 25 € – Karte 30/65 € – *(nur Abendessen, sonntags auch Mittagessen)* (Tischbestellung ratsam)
Gehobene zeitgemäße Küche bietet das Gastgeberpaar in den gemütlichen Stuben des im 13. Jh. erbauten denkmalgeschützten Hauses. Moderne Bilder und Accessoires schaffen einen reizvollen Kontrast zum rustikalen Charakter des Restaurants.
Rest *essBar* – siehe Restaurantauswahl

essBar – Restaurant Troadstadl
Kirnberger Str. 1 (nahe der BAB-Ausfahrt Penzberg) ✉ 82377 – ✆ (08856) 94 82 – www.troadstadl.de – geschl. Dienstag - Mittwoch, Sonntagabend
Menü 25 € – Karte 27/44 € – *(nur Abendessen, sonntags auch Mittagessen)*
Ein Hauch von Heuschober-Romatik in der essBar (Tenne), traditionelle Herzelstühle und viel Holz müssen sein! Hier isst man ein bisschen einfacher: Pasta, Asiatisches, Salate oder auch nur ein Glas Wein.

In Penzberg-Promberg Nord: 5 km Richtung Wolfratshausen

Hoisl-Bräu
Promberg 1, (mit Gästehaus) ✉ 82377 – ✆ (08856) 9 01 73 30 – www.hoisl-braeu.de – geschl. 26. Mai - 7. Juni, 2. - 8. November
22 Zim – 56/102 € 76/120 € – 1 Suite
Rest – Karte 15/31 € – *(geschl. Montag - Dienstag)*
Warum das Haus gefragt ist? Es liegt schön ruhig, die Preise sind fair, die Einrichtung ist gemütlich-bayerisch, das Frühstück gut... Bei schönem Wetter geht's raus auf die Südterrasse! Ein idealer Ausgangspunkt für Golfer, Radfahrer...

PERL

Saarland – 7 600 Ew. – Höhe 254 m – Siehe Regionalatlas **45-A16**
Berlin 767 km – Saarbrücken 68 km – Trier 45 km – Luxembourg 32 km
Michelin Straßenkarte 543

Hammes

Hubertus-von-Nell-Str. 15 ✉ 66706 – ✆ (06867) 9 10 30 – www.hotel-hammes.de – geschl. 27. Juli - 8. August, 23. November - 5. Dezember
12 Zim – 56 € 82 € – ½ P
Rest – Menü 11 € (mittags unter der Woche)/35 € – Karte 22/51 € – *(geschl. Mittwoch; November - März: Dienstagabend, Samstagmittag)*
In diesem familiengeführten Hotel in der Ortsmitte stehen sehr gepflegte, solide und zeitgemäß eingerichtete Gästezimmer zur Verfügung. Und nicht nur das: In der gediegenen Schlemmerstube und der kleinen Dreiländereckstube gibt es bürgerliche Küche und Spezialitäten des Hauses wie z. B. Fischgerichte.

In Perl-Nennig Nord: 10 km über B 419

Victor's Residenz - Hotel Schloss Berg

Schlossstr. 27 ✉ 66706 – ✆ (06866) 7 90 – www.victors.de
Rest,
105 Zim – 142/232 € 172/262 € – 10 Suiten – ½ P
Rest *Die Scheune* – siehe Restaurantauswahl
Rest *Bacchus* – Menü 57 € – Karte 37/68 € – *(geschl. Sonntag) (nur Abendessen)*
Nahe der Mosel und der Grenze zu Luxemburg und Frankreich liegt das elegante Hotel am Rande der Weinberge. Sie möchten sich ein besonderes Zimmer gönnen? Dann buchen Sie eine der Götter-Suiten! Zur Ruhe kommen kann man aber auch gut im schönen Spa oder bei mediterraner Küche im Bacchus.

Zur Traube

Bübingerstr. 22 (B 51) ✉ 66706 – ✆ (06866) 3 49 – www.traube-nennig.de – geschl. Mitte Dezember - Anfang Januar
10 Zim – 52/90 € 74/130 € – 11 Suiten – ½ P
Rest – Menü 21/49 € (abends) – Karte 23/47 € – *(geschl. Samstag)*
Ein engagiert geführter Gasthof an der Bundesstraße. Gepflegt sind die Zimmer alle, im Neubau wohnt man besonders komfortabel. Speisen können Sie in klassisch-elegantem Rahmen mit neuzeitlichem Touch, und zwar bürgerliche Küche mit der Hausspezialität geräucherter Hinterschinken! An Fahrradfahrer ist übrigens auch gedacht, z. B. mit einem Fahrradraum.

Victor's Gourmet Restaurant Schloss Berg mit Zim

Schlossstr. 27 ✉ 66706 – ✆ (06866) 7 91 18 – www.victors-gourmet.de – geschl. 1. - 18. Januar, 29. Juli - 19. August, 21. - 25. Oktober und Montag - Dienstag
14 Zim – 142/232 € 172/262 € – 3 Suiten – ½ P
Menü 136/212 € – *(Mittwoch - Freitag nur Abendessen)*
Patron Christian Bau hat seinen ganz eigenen Stil und der zieht sich vom Amuse Bouche bis zum Dessert: klassische Küche mit deutlichen japanischen Einflüssen - handwerklich, geschmacklich und optisch gleichermaßen top! Der andere Part des Gastronomen-Paares ist Yildiz Bau, die in dem hochwertig-eleganten Restaurant stets bei den Gästen präsent ist.
→ Japanische Gelbflossenmakrele mit Daikon, Bergamotte und crispy Ginger. Grüner Spargel mit Misokaramell, Yuzu und rotem Sumak. Steinbutt mit Blumenkohl, Buddha's Hand und Austern-Schnittlauchsud.

Die Scheune – Victor's Residenz - Hotel Schloss Berg

Schlossstr. 27 ✉ 66706 – ✆ (06866) 7 91 80 – www.victors.de – geschl. Dienstag
Karte 27/52 €
Wer es gerne ein bisschen rustikaler mag, findet ca. 100 m vom Hotel entfernt in der ehemaligen Scheune Gemütlichkeit - und das auf beachtlichen drei Etagen! Hier gibt's regional-saisonale Kost und im Biergarten dazu noch einen schönen Blick in die Weinberge.

PETERSAURACH

– Bayern → Siehe Neuendettelsau

PETERSBERG

Hessen – 14 750 Ew. – Höhe 360 m – Siehe Regionalatlas **39**-H13
▶ Berlin 450 km – Wiesbaden 144 km – Kassel 105 km – Würzburg 110 km
Michelin Straßenkarte 543

Gasthof Altes Casino

Zim,

Langenburg 1 ✉ 36100 – ✆ (0661) 96 90 70 – www.gasthof-casino.de
12 Zim – 65/85 € 94/115 € – ½ P
Rest – Menü 12 € (mittags)/48 € – Karte 19/47 € – *(geschl. Mittwochmittag)*
Hier wohnen Sie in einem von zwei Brüdern gut geführten Gasthof. Zimmer und Restaurant sind tipptopp gepflegt, auf den Tisch kommt bürgerlich-regionale Küche.

PETERSHAGEN

Nordrhein-Westfalen – 25 750 Ew. – Höhe 37 m – Siehe Regionalatlas **18**-G8
▶ Berlin 355 km – Düsseldorf 230 km – Bielefeld 67 km – Bremen 90 km
Michelin Straßenkarte 543

Schloss Petershagen

Schlossfreiheit ✉ 32469 – ✆ (05707) 9 31 30 – www.schloss-petershagen.com – geschl. Anfang Januar - Anfang Februar
15 Zim – 85/95 € 140 € – 2 Suiten – ½ P
Rest – Menü 28/55 € – Karte 37/65 € – *(geschl. Januar - April: Montag - Dienstag) (Montag - Freitag nur Abendessen)*
In dem reizenden kleinen Schloss an der Weser sorgen stilvoll-historische Details für romantisches Flair. Die Gästezimmer sind individuell gestaltet. Vom freundlichen Restaurant Orangerie hat man einen schönen Flussblick.

PETERSHAGEN-EGGERSDORF

Brandenburg – 13 880 Ew. – Höhe 52 m – Siehe Regionalatlas **23**-Q8
▶ Berlin 28 km – Potsdam 59 km – Eberswalde 44 km – Frankfurt (Oder) 81 km
Michelin Straßenkarte 542

Im Ortsteil Eggersdorf Nord-Ost: 2 km

Landhaus Villago

Zim,

Altlandsberger Chaussee 88 ✉ 15345 – ✆ (03341) 46 90 – www.villago.de
60 Zim – 82/93 € 102/118 € – ½ P **Rest** – Menü 36 € – Karte 28/55 €
Zeitgemäß, wohnlich und funktional sind die Zimmer in diesem auf Tagungen zugeschnittenen Hotel. Schön ist die Lage am Bötzsee - hier hat man ein eigenes Strandbad. Internationale Küche im behaglichen Restaurant.

Landgasthof zum Mühlenteich

Rest,

Karl-Marx-Str. 32 ✉ 15345 – ✆ (03341) 4 26 60 – www.landgasthof.de
20 Zim – 66/125 € 89/175 €
Rest *Bauernstube* – Menü 45/75 € – Karte 27/35 €
Das familiär geführte Hotel im Ortskern überzeugt durch freundlichen Service und wirklich wohnliche Gästezimmer im Landhausstil. Etwas Besonderes ist das Hochzeitszimmer: Es ist hübsch mit bemalten Bauernmöbeln eingerichtet. Gemütlich-rustikal hat man es beim Essen in der Bauernstube.

PETERSTAL-GRIESBACH, BAD

Baden-Württemberg – 2 700 Ew. – Höhe 393 m – Siehe Regionalatlas **54**-E19
▶ Berlin 737 km – Stuttgart 115 km – Karlsruhe 88 km – Offenburg 34 km
Michelin Straßenkarte 545

Im Ortsteil Bad Peterstal

Hubertus garni

Insel 3 ✉ 77740 – ✆ (07806) 5 95 – www.hotel-hubertus-peterstal.de
13 Zim – 47/53 € 94/110 €
Der kleine Familienbetrieb im Ortskern ist ein einfaches, funktionelles und gut gepflegtes Haus. Besonders hübsch sind die zwei Zimmer unterm Dach: neuzeitlich in dunklem Holz und frischem Grün! Nett auch der Saunabereich - hier bietet man auf Nachfrage auch Massagen an.

Im Ortsteil Bad Griesbach

Dollenberg

Dollenberg 3 ✉ 77740 – ✆ (07806) 7 80 – www.dollenberg.de
63 Zim – 133/140 € 216/226 € – 38 Suiten – ½ P
Rest *Le Pavillon* **Rest *Kamin- und Bauernstube*** – siehe Restaurantauswahl
Bemerkenswert, was Familie Schmiederer aus dem einstigen Ausflugslokal geschaffen hat, und man investiert stetig weiter! Gemütliche, wohnliche Zimmer, jedes mit Balkon, Spa-Vielfalt auf rund 5000 qm, zuvorkommendes Personal und allerlei Aufmerksamkeiten und nicht zuletzt die berühmte Schwarzwälder Kirschtorte - und all das an einem der schönsten Fleckchen des Schwarzwaldes! Da kommen natürlich auch die Wanderwege am Haus gut an.

Adlerbad (mit Gästehaus)

Rest,

Kniebisstr. 55 (B 28) ✉ 77740 – ✆ (07806) 9 89 30 – www.adlerbad.de – geschl. Mitte November - Mitte Dezember
25 Zim – 43/63 € 81/113 € – ½ P
Rest – Menü 18/25 € – Karte 19/44 € – *(geschl. Mittwoch)*
Gleich zwei Generationen der Häfners sind hier im Haus. Den Charme des alten Fachwerkhauses spürt man schön in der komplett getäfelten Alten Dorfstube! Ebenso hübsch, nur eben ganz modern sind die Zimmer im Gästehaus. Sie möchten entspannen? Moorpackung, Cleopatra-Bad, Aromaöl-Massage im Angebot. Und zum Essen (regionale und internationale Küche) geht's in die gemütlich-zeitgemäße Adlerstube.

Le Pavillon – Hotel Dollenberg

Dollenberg 3 ✉ 77740 – ✆ (07806) 7 80 – www.dollenberg.de – geschl. 2. - 18. März, 15. Juni - 1. Juli und Dienstag - Mittwoch
Menü 114/146 € – Karte 96/102 € – *(Montag - Freitag nur Abendessen)* (Tischbestellung ratsam)
Stimmiger könnte es hier kaum sein: elegantes Ambiente, feine Speisen und ein umsichtiges Serviceteam um den versierten Sommelier, der Sie vortrefflich in Sachen Wein berät! Martin Herrmann (Schwager von Meinrad Schmiederer) steht für eine reduzierte Küche, die durch kraftvolle und harmonisch abgestimmte Aromen überzeugt. Sehr angenehm ist es, wenn im Sommer die Panoramafenster geöffnet sind!
→ Langustino, Spargel, geeiste Beurre Blanc. Limousin Lamm, geschmorte Zwiebeln, Zwiebelmarmelade, Püree von schwarzen Zwiebeln, Bärlauchpolenta. Erdbeer-Balsamico Praline und Sorbet, Kerbelpesto.

Kamin- und Bauernstube – Hotel Dollenberg

Dollenberg 3 ✉ 77740 – ✆ (07806) 7 80 – www.dollenberg.de
Menü 36/56 € – Karte 29/59 €
Die aufmerksame junge Servicebrigade ist Ihnen sowohl in der ländlich-rustikalen Bauernstube als auch in der eleganten Kaminstube gewiss, ebenso die internationalen und regionalen Klassiker vom Martin Herrmann, wie z. B. "Kürbisrahmsüppchen mit Kernöl und Kürbiskernen" oder "Lachs mit leichter Meerrettichsauce und Roter Beete". Lassen Sie sich nicht die großzügige Terrasse entgehen und kommen Sie mal zur beliebten dienstäglichen "Küchenparty"!

Renchtalhütte

Rohrenbach 8 ✉ 77740 – ✆ (07806) 91 00 75 – www.renchtalhuette.de
Karte 18/35 €
Die ganz zünftige Seite der Dollenberg-Gastronomie: urig-gemütlich wie eine Skihütte, überall rustikales altes Holz und auf den blanken Tisch kommen Raclette und Fondue sowie regionale Gerichte und Vesper (lecker die Hausmacher Wurst im Glas!). Genießen Sie in aller Ruhe die tolle Aussicht... den Kindern wird es dank Spielplatz und Streichelzoo nicht langweilig.

PETTENDORF – Bayern → Siehe Regensburg

PFAFFENHOFEN an der ILM

Bayern – 24 160 Ew. – Höhe 428 m – Siehe Regionalatlas **58-L19**
Berlin 549 km – München 55 km – Augsburg 65 km – Landshut 80 km
Michelin Straßenkarte 546

Moosburger Hof

Moosburger Str. 3, (Zufahrt und Eingang über Prof.-Stock-Straße) ✉ 85276 – ✆ (08441) 2 77 00 80 – www.hotel-moosburgerhof.de

48 Zim – †79/220 € ††119/260 € – ½ P

Rest *Tweer's* – siehe Restaurantauswahl

Zentral die Lage, hochwertig, komfortabel und modern-elegant die Zimmer, sehenswert die Kunstwerke von Omer Berber. Eine einfachere Alternative zum Restaurant ist das Bistro Kunstwinkel mit regionalen Schmankerln und günstigem Mittagsmenü.

Tweer's – Hotel Moosburger Hof

Moosburger Str. 3 (Zufahrt und Eingang über Prof.-Stock-Straße) ✉ 85276 – ✆ (08441) 2 77 00 80 – www.hotel-moosburgerhof.de

Menü 38/45 € – Karte 31/49 € – *(geschl. Anfang Januar 1 Woche, August und Sonntagabend - Montag) (nur Abendessen, sonntags auch Mittagessen)*

Die ambitionierte international beeinflusste klassische Küche hier überzeugt durch den Einsatz topfrischer Produkte, die teilweise sogar vom eigenen Gutshof im nahen Biberg stammen, so z. B. Kaninchen, Enten, Gemüse.

PFAFFENWEILER

Baden-Württemberg – 2 510 Ew. – Höhe 252 m – Siehe Regionalatlas **61-D20**
Berlin 811 km – Stuttgart 213 km – Freiburg im Breisgau 14 km – Basel 66 km
Michelin Straßenkarte 545

Zehner's Stube

Weinstr. 39 ✉ 79292 – ✆ (07664) 62 25 – www.zehnersstube.de – geschl. Montag

Menü 69/105 € – Karte 66/77 €

Fritz Zehner kann man schon als Urgestein der badischen Gastronomie bezeichnen, seit über 30 Jahren ist er selbständig. Schön der historische Rahmen des ehemaligen Rathauses, unter einer Kreuzgewölbedecke serviert man klassische Küche - klar und unkompliziert, aufs Produkt konzentriert und schmackhaft!

→ Hummersüpple du Chef. Bretonischer Steinbutt auf Erbsenpüree. Angusfilet mit Rotweinschalotten.

Rest *Weinstube* – siehe Restaurantauswahl

Weinstube – Restaurant Zehner's Stube

Weinstr. 39 ✉ 79292 – ✆ (07664) 62 25 – www.zehnersstube.de – geschl. Montag

Karte 38/54 € – *(nur Abendessen)*

Steigen Sie hinab in die Tiefen des Gewölbekellers dieses 400 Jahre alten Gasthauses, das auch über eine nette Außenterrasse verfügt. Verköstigt werden Sie mit Badischem!

PFALZGRAFENWEILER

Baden-Württemberg – 7 260 Ew. – Höhe 636 m – Siehe Regionalatlas **54-F19**
Berlin 697 km – Stuttgart 76 km – Karlsruhe 87 km – Tübingen 57 km
Michelin Straßenkarte 545

In Pfalzgrafenweiler-Kälberbronn West: 7 km

Schwanen

Große Tannenstr. 10 ✉ 72285 – ✆ (07445) 18 80 – www.hotel-schwanen.de

56 Zim – †72/130 € ††143/250 € – ½ P

Rest – Menü 20/28 € – Karte 24/43 €

In dem sympathsichen Familienbetrieb lässt es sich gut Urlaub machen, und das liegt nicht nur an den wohnlichen Zimmern (die schönsten zur Südseite) und den gemütlichen Restauranträumen Bauern- und Brennstube (hier bietet man Produkte aus der eigenen Landwirtschaft), sondern auch an den zahlreichen Aktivitäten für Kinder: Spielplatz, Ponyreiten, Bauernhof... In den Ferien mit Betreuung.

Waldsägmühle
Waldsägmühle 1 ✉ 72285 – ✆ (07445) 8 51 50 – www.waldsaegmuehle.de
37 Zim – 🚹70/85 € 🚹🚹120/160 € – 1 Suite – ½ P
Rest *Waldsägmühle* – siehe Restaurantauswahl
Familie Ziegler hat hier am Wald ein schönes Hotel mit wohnlichem Ambiente. Perfekt zum Relaxen ist der ansprechende Spa "Zinsbach-Therme", oder Sie entspannen einfach auf der Wiese direkt am Waldrand.

Waldsägmühle – Hotel Waldsägmühle
Waldsägmühle 1 (Süd-Ost: 2 km an der Straße nach Durrweiler) ✉ 72285 – ✆ (07445) 8 51 50 – www.waldsaegmuehle.de – geschl. Montagmittag
Menü 17 € (mittags)/68 € – Karte 26/57 €
Dass man bei den Zieglers nicht nur gut übernachten kann, zeigen schmackhafte Gerichte wie "Entrecôte mit Schupfnudeln und Gemüse", die Zutaten dafür kommen aus der Region. Dazu gibt's sympathisch-rustikales Schwarzwald-Flair und freundlich-familiären Service. Mittags kleine Karte.

PFINZTAL

Baden-Württemberg – 17 910 Ew. – Höhe 151 m – Siehe Regionalatlas **54**-F18
Berlin 651 km – Stuttgart 65 km – Karlsruhe 15 km – Pforzheim 21 km
Michelin Straßenkarte 545

In Pfinztal-Söllingen

Villa Hammerschmiede
Hauptstr. 162 (B 10) ✉ 76327 – ✆ (07240) 60 10 – www.villa-hammerschmiede.de
30 Zim – 🚹132/238 € 🚹🚹188/288 €, 20 € – ½ P
Rest *Villa Hammerschmiede* ✿ **Rest *Die Guten Stuben*** – siehe Restaurantauswahl
Schon von außen wirkt die modern erweiterte Villa a. d. J. 1893 äußerst einladend, im Inneren besticht die exquisite Einrichtung. Viele der Zimmer liegen besonders ruhig zum weitläufigen Park.

Villa Hammerschmiede – Hotel Villa Hammerschmiede
✿
Hauptstr. 162 (B 10) ✉ 76327 – ✆ (07240) 60 10 – www.villa-hammerschmiede.de – geschl. Dienstag - Mittwoch
Menü 50 € (mittags)/114 € – Karte 84/123 €
Äußerst angenehm sitzt es sich im lichten Wintergarten der hübschen Villa: zeitlos-elegant das Ambiente, aufmerksam der Service samt trefflicher Weinberatung. Und während Sie die klassische Küche von Leonhard Bader genießen (hier stehen Produktqualität und klarer Stil im Fokus), schauen Sie in den Park!
→ Bärenkrebs - Koriander-Krustentierconsommé, Pak Choi und asiatische Pilze. Jean Claude´s Miéral Bressehuhn AOP - Morcheln, Spargel und Vogelmiere. Herzstück vom Kalbsbries im Ganzen gebraten - gebratene Gänseleber, Morcheln, junger Lauch.

Die Guten Stuben – Hotel Villa Hammerschmiede
Hauptstr. 162 (B 10) ✉ 76327 – ✆ (07240) 60 10 – www.villa-hammerschmiede.de
Menü 30 € (mittags unter der Woche) – Karte 34/51 €
Die etwas regionalere Restaurantvariante der Villa Hammerschmiede zeigt sich in Form zweier wirklich schöner Stuben mit wohltuend ländlicher Note, in denen man sich auf leckere Gerichte wie "gebackenen Kalbskopf mit Kartoffelsalat und Remouladensauce" freuen darf. Reizvoller Terrassenbereich.

PFOFELD – Bayern → Siehe Gunzenhausen

PFORZHEIM

Baden-Württemberg – 119 790 Ew. – Höhe 273 m – Siehe Regionalatlas **54**-F18
Berlin 662 km – Stuttgart 53 km – Karlsruhe 31 km – Heilbronn 82 km
Michelin Straßenkarte 545

Parkhotel

Deimlingstr. 36 ✉ 75175 – ✆ (07231) 16 10
– www.parkhotel-pforzheim.de
204 Zim ☕ – 🛉95/138 € 🛉🛉128/182 € – 4 Suiten
Rest – Menü 43/56 € – Karte 23/53 €
Ideal für Tagungen ist dieses Hotel beim Kongresszentrum. Sie möchten nach getaner Arbeit bei einem schönen Blick über die Stadt entspannen? Kein Problem, denn im obersten Stock gibt es einen Saunabereich samt Außenwhirlpool! Hier oben hat man auch einen attraktiver Panorama-Veranstaltungsraum. Die Gastronomie: Restaurant, Wintergarten-Café mit Terrasse sowie Bar. Und morgens macht das Frühstücksbuffet mit seiner guten, frischen Auswahl Appetit.

Chez Gilbert

Altstädter Kirchenweg 3 ✉ 75175 – ✆ (07231) 44 11 59 – www.chez-gilbert.de
– geschl. 26. August - 7. September und Sonntagabend - Montag, außer an Feiertagen
Menü 45 € – Karte 40/52 € – (Tischbestellung ratsam)
Sie sind ein Freund der klassisch-französischen Küche? Dann sind Sie bei Gilbert Noesser genau richtig! Schnörkellos und auf den Punkt bereitet der gebürtige Elsässer z. B. "Perlhuhnbrust mit Steinpilzfüllung und Nudeln" oder "Entenleberterrine mit Brioche" zu. Je nach Saison ergänzen zusätzliche Empfehlungen (darunter auch Austern) die Karte. Im Service die freundliche Chefin, die Sie trefflich in Sachen Wein berät.

Landgasthof Seehaus

Tiefenbronner Str. 201 (Süd-Ost: 3 km) ✉ 75175
– ✆ (07231) 65 11 85 – www.seehaus-pforzheim.de
– geschl. Februar und Montag - Dienstag
Menü 39/46 € – Karte 31/60 €
Schon im 19. Jh. war das Gasthaus eine beliebte Ausflugsadresse - die Waldlage an dem kleinen See kommt eben gut an! Sie können in einer gemütlichen Stube sitzen oder vom Wintergartenpavillon und der Terrasse auf den See schauen. Wanderer zieht es in den herrlichen großen Biergarten!

Hoppe's

Weiherstr. 15 ✉ 75173 – ✆ (07231) 10 57 76 – www.restaurant-hoppe.de
– geschl. Ende Januar - Anfang Februar 2 Wochen, Ende Mai 1 Woche, August 3 Wochen und Sonntag
Karte 30/47 € – *(nur Abendessen)*
Die Gäste kommen immer wieder gerne zu Manfred und Monika Hoppe, denn hier ist es gemütlich, charmant-lebendig und einfach richtig sympathisch! Ein guter Tipp für alle, die es elsässisch-badisch mögen!

In Pforzheim-Brötzingen West: 3,5 km

Pyramide

Dietlinger Str. 25 ✉ 75179 – ✆ (07231) 44 17 54 – www.restaurant-pyramide.de
– geschl. Januar 1 Woche, Ende August - Mitte September 3 Wochen und Montag - Dienstag
Menü 36/61 € – Karte 33/55 € – *(Mittwoch - Samstag nur Abendessen)* (Tischbestellung erforderlich)
Das Restaurant wirkt recht intim und hat mit seinen liebenswerten Dekorationen ein bisschen Wohnzimmeratmosphäre - genauso wie der lauschige Innenhof ein schöner Rahmen für die schmackhafte klassische Küche von Andreas Wolf. Stammgäste nehmen übrigens am liebsten die mündlichen Empfehlungen!

PFRONTEN

Bayern – 7 940 Ew. – Höhe 880 m – Siehe Regionalatlas **64**-J22
Berlin 664 km – München 131 km – Kempten (Allgäu) 33 km – Füssen 12 km
Michelin Straßenkarte 546

In Pfronten-Obermeilingen

Berghotel Schlossanger-Alp

Am Schlossanger 1 ✉ 87459 – ✆ (08363) 91 45 50 – www.schlossanger.de
27 Zim – 109/185 € 189/225 € – 8 Suiten
Rest *Berghotel Schlossanger-Alp* – siehe Restaurantauswahl
Sich zuvorkommend umsorgen lassen, in der Panoramasauna relaxen oder im ganzjährig beheizten Außenpool baden, sich ein Beautyprogramm gönnen oder sich einfach mal mit einem Buch in die loungige Kaminstube zurückziehen - das ist Erholung, und zwar in 1130 m Höhe, umgeben von wunderbarer Berglandschaft!

Burghotel auf dem Falkenstein

Falkenstein 1 ✉ 87459 – ✆ (08363) 91 45 40 – www.burghotel-falkenstein.de
12 Zim – 100/140 € 122/160 € – 4 Suiten – ½ P
Rest – Menü 35/100 € – Karte 25/57 €
Die Aussicht ist schlichtweg gigantisch! Wem der Blick vom Zimmer nicht reicht, bekommt gleich morgens beim Frühstück auf der Panoramaterrasse mehr davon! Bemerkenswert ist aber auch die wertige und detailgenaue Zimmereinrichtung von "Luitpolds Jagd", "Suite Burgkristall", "Casablanca" & Co. Nicht zu vergessen der tolle orientalische Panorama-Ruheraum mit Blick auf Schloss Neuschwanstein!

Berghotel Schlossanger-Alp – Berghotel Schlossanger-Alp

Am Schlossanger 1 ✉ 87459 – ✆ (08363) 91 45 50 – www.schlossanger.de
Menü 37/84 € – Karte 30/62 €
Frisch, schmackhaft und saisonal-bayerisch, das ist die Devise von Chefin Barbara Schlachter-Ebert, die für ihre Gäste z. B. "Hirschfilet auf Steinpilzsauce und Wirsinggemüse" zubereitet. Genießen kann man ihre gute Küche in gemütlichen Stuben, umsorgt vom charmanten Serviceteam um Patron Bernd Ebert.

PFULLENDORF

Baden-Württemberg – 13 070 Ew. – Höhe 654 m – Siehe Regionalatlas **63-G21**
Berlin 707 km – Stuttgart 123 km – Konstanz 60 km – Freiburg im Breisgau 137 km
Michelin Straßenkarte 545

Adler (mit Gästehaus)

Heiligenberger Str. 20 ✉ 88630 – ✆ (07552) 9 20 90 – www.adler-hotel.de
46 Zim – 65/95 € 89/145 € – 2 Suiten – ½ P **Rest** – Karte 18/56 €
Hier lässt es sich schön wohnen: Die Zimmer im Haupt- und Gästehaus dieses engagiert geführten Familienbetriebs sind zeitgemäß gestaltet und technisch gut ausgestattet. Neuzeitlich-leger ist das Bistro Zauberlehrling. Und schauen Sie sich auch den tollen Sandstein-Gewölbekeller an!

PFULLINGEN

Baden-Württemberg – 18 680 Ew. – Höhe 426 m – Siehe Regionalatlas **55-G19**
Berlin 680 km – Stuttgart 43 km – Reutlingen 4 km – Ulm (Donau) 78 km
Michelin Straßenkarte 545

Engelhardt garni

Kaiserstr. 120 ✉ 72793 – ✆ (07121) 9 92 00 – www.hotel-engelhardt.de
55 Zim – 77/95 € 95/120 €
Das Hotel ist tipptopp gepflegt und wird gerne von Geschäftsreisenden besucht, die die funktionalen, zeitgemäßen Zimmer und die Nähe zu Reutlingen schätzen - das Zentrum ist auch mit dem Stadtbus von der ca. 150 m entfernten Haltestelle aus schnell zu erreichen. Im Sommer frühstückt man am besten auf der Terrasse zum Garten.

PIDING

Bayern – 5 250 Ew. – Höhe 455 m – Siehe Regionalatlas **67-O21**
Berlin 718 km – München 128 km – Bad Reichenhall 9 km – Salzburg 13 km
Michelin Straßenkarte 546

Lohmayr Stub'n

Salzburger Str. 13 ✉ 83451 – ✆ (08651) 71 44 78 – www.lohmayr.com – geschl. Januar 1 Woche, nach Pfingsten 2 Wochen, September 1 Woche und Mittwoch; September - Juli: Dienstag - Mittwoch
Menü 32/37 € – Karte 28/43 € – (Tischbestellung ratsam)
Regionale Speisen wie "Hirschmedaillons mit Sauerkirschsauce" und Desserts wie "Eierlikörmousse mit Bitterschokolade und Himbeerschaum" ziehen nicht ohne Grund reichlich Gäste in das schöne historische Haus (einer der ältesten Höfe in Piding): Chef Sebastian Oberholzner kocht frisch, schmackhaft und gekonnt, die Chefin leitet freundlich den Service und das ländlich-charmante Ambiente könnte kaum gemütlicher sein.

PIESPORT

Rheinland-Pfalz – 1 930 Ew. – Höhe 110 m – Siehe Regionalatlas **45**-C15
Berlin 693 km – Mainz 135 km – Trier 43 km – Bernkastel-Kues 18 km
Michelin Straßenkarte 543

schanz. hotel.

Bahnhofstr. 8a ✉ 54498 – ✆ (06507) 9 25 20 – www.schanz-hotel.de – geschl. 19. Januar - 10. Februar, 20. Juli - 4. August
12 Zim – †85/88 € ††110/116 €
Rest *schanz. restaurant.* – siehe Restaurantauswahl
Das Landhaus mit den grünen Fensterläden ist ein engagiert geführter Familienbetrieb, in dem man wirklich schön in modern-eleganten Zimmern übernachtet und zudem noch sehr gut frühstückt. Praktisch für Weinliebhaber: Man hat ein eigenes kleines Weingut.

schanz. restaurant. – schanz. hotel.

Bahnhofstr. 8a ✉ 54498 – ✆ (06507) 9 25 20 – www.schanz-hotel.de – geschl. 19. Januar - 10. Februar, 20. Juli - 4. August und Montag - Mittwochmittag
Menü 73/112 € – Karte 89/108 € – (Tischbestellung ratsam)
Klassische Basis, modern interpretiert, harmonisch kombinierte Aromen und ausgezeichnete Produkte - dafür steht die Küche von Markus Schanz und seinem Team. Mutter Gabi empfängt herzlich die Gäste, die sich in geradlinig-schickem Ambiente zu den schön und angenehm klar angerichteten Speisen die passenden Weine vom Weingut der Familie empfehlen lassen.
→ Degustation von der Gänseleber mit Aprikose, Fenchelsaat und gerösteter Mandelcreme. Seehecht auf karibische Art mit Koriander, kandierter Papaya, geröstetem Reis und Gewürzsud. Eifler Rehrücken mit Pfifferlingen, karamellisiertem Sellerie, Wirsingstrudel und Erdnussjus.

PILSACH

Bayern – 2 680 Ew. – Höhe 445 m – Siehe Regionalatlas **51**-L17
Berlin 454 km – München 144 km – Nürnberg 40 km – Amberg 36 km
Michelin Straßenkarte 546

Gasthof Am Schloss

Litzloher Str. 8 ✉ 92367 – ✆ (09181) 51 06 00 – www.am-schloss.de – geschl. 10. - 25. August
16 Zim – †54/64 € ††74/84 € – ½ P
Rest – Menü 29/69 € – Karte 16/35 € – *(geschl. Dienstag)*
Der kleine Familienbetrieb liegt im Ortskern nahe dem Schloss (hier soll Kaspar Hauser seine ersten Lebensjahre verbracht haben). Die Zimmer sind solide und funktional. Im Restaurant und auf der schönen Terrasse bietet man bürgerlich-regionale Küche.

Erwarten Sie in einem X oder ⌂ nicht den gleichen Service wie in einem XXXXX oder ⌂⌂⌂⌂⌂.

In Pilsach-Hilzhofen Süd-Ost: 9 km über B 299 Richtung Amberg, über Laaber, in Eschertshofen links

Landgasthof Meier mit Zim
Hilzhofen 18 ✉ 92367 – ✆ (09186) 2 37 – www.landgasthof-meier.de – geschl. Montag, Mittwoch, außer an Feiertagen
3 Zim – †95/105 € ††150/160 € – 1 Suite – ½ P
Menü 36/60 € – Karte 19/47 €
Ein Paradebeispiel für einen Landgasthof! Ländlich-rustikale Atmosphäre, charmanter Service und auf den Tisch kommt praktisch nur Hausgemachtes, von der Bratwurst bis zum Gemüse aus dem eigenen Garten. Tipp: Dienstag ist Schlachttag! Wollen Sie nicht auch übernachten? Die Zimmer sind chic und modern!

PINNEBERG

Schleswig-Holstein – 42 510 Ew. – Höhe 2 m – Siehe Regionalatlas **10-I5**
Berlin 305 km – Kiel 89 km – Hamburg 23 km – Bremen 128 km
Michelin Straßenkarte 541

Cap Polonio
Fahltskamp 48 ✉ 25421 – ✆ (04101) 53 30 – www.cap-polonio.de
53 Zim – †87/97 € ††109/119 € – ½ P
Rest *Rolin* – siehe Restaurantauswahl
Das Hotel mit den neuzeitlich-wohnlichen Zimmern ist seit 1935 in Familienhand. Hier findet sich ein Teil der Original-Einrichtung des namengebenden Luxusliners Cap Polonio.

Thesdorfer Hof garni
Rellinger Str. 35 ✉ 25421 – ✆ (04101) 5 45 40 – www.thesdorferhof.de
20 Zim – †70/81 € ††85/110 €
In dem gepflegten Haus stehen mit solidem Kirschholzmobiliar eingerichtete Gästezimmer zur Verfügung. Der Frühstücksraum dient auch als Tagescafé.

Rolin – Hotel Cap Polonio
Fahltskamp 48 ✉ 25421 – ✆ (04101) 53 30 – www.cap-polonio.de – geschl. Donnerstag
Menü 36/60 € – Karte 37/54 €
In klassisch-elegantem Ambiente wird schmackhafte internationale Küche von einem freundlichen Team an gut eingedeckten Tischen serviert. "Rolin" ist der Name eines Schiffskapitäns.

PIRMASENS

Rheinland-Pfalz – 40 390 Ew. – Höhe 387 m – Siehe Regionalatlas **53-D17**
Berlin 683 km – Mainz 122 km – Saarbrücken 62 km – Landau in der Pfalz 46 km
Michelin Straßenkarte 543

Die Brasserie N
Landauer Str. 105 ✉ 66953 – ✆ (06331) 7 25 55 44 – www.diebrasserie-ps.de – geschl. Februar 2 Wochen, August 3 Wochen und Sonntag - Montag
Menü 16 € (mittags)/39 € – Karte 31/54 € – (Tischbestellung ratsam)
Vjekoslav Pavic, kein Unbekannter in der Szene, hat sich in dem Landhaus mit der auffallenden roten Fassade (nett übrigens die Terrasse) seinen Traum von der Selbständigkeit verwirklicht. Er kocht schmackhaft-saisonal, aufs Wesentliche reduziert und mit gewohnt hohem Qualitätsanspruch! Geschult der Service.

In Pirmasens-Winzeln West: 4 km

Kunz
Bottenbacher Str. 74 ✉ 66954 – ✆ (06331) 87 50 – www.hotel-kunz.de – geschl. 22. Dezember - 5. Januar
56 Zim – †78/98 € ††98/120 € – 2 Suiten – ½ P
Rest *Kunz* – siehe Restaurantauswahl
Das Hotel der Familie Kunz bietet so einiges für seine fairen Preise: wohnliche Zimmer, Juniorsuiten und Suiten im Landhausstil, einen ansprechenden zeitgemäßen Spa, eine moderne Bar und am Morgen ein sehr gutes Frühstück.

XX **Kunz** – Hotel Kunz

Bottenbacher Str. 74 ✉ 66954 – ✆ (06331) 87 50 – www.hotel-kunz.de – geschl. 22. Dezember - 5. Januar

Menü 28 € (mittags unter der Woche)/58 € (abends) – Karte 26/56 € – *(geschl. Freitagmittag, Samstagmittag)*

Im Kunz'schen Restaurant mit seinen geschmackvollen, gemütlich-eleganten Räumen und der hübschen Terrasse macht eine international beeinflusste regionale Küche aus frischen Produkten Appetit. Komplett wird das schöne Bild durch den freundlichen Service.

PIRNA

Sachsen – 38 710 Ew. – Höhe 118 m – Siehe Regionalatlas **43-Q12**

Berlin 213 km – Dresden 20 km – Chemnitz 91 km – Görlitz 97 km

Michelin Straßenkarte 544

Deutsches Haus

Niedere Burgstr. 1 ✉ 01796 – ✆ (03501) 4 68 80 – www.romantikhotel-pirna.de

40 Zim – 68/84 € 92/105 € – ½ P

Rest – Menü 21/45 € – Karte 19/37 €

Ein schöner Renaissancebau in der Altstadt, das Eingangsportal von Wolf Blechschmidt ein Hingucker und auch im Inneren historische Details wie z. B. die bemalte Holzbalkendecke im Saal. Bürgerliches im Restaurant, Gerichte vom heißen Stein im Gewölbekeller.

X **Genusswerk**

Lange Str. 34 ✉ 01796 – ✆ (03501) 5 07 04 91 – www.restaurant-genusswerk.de – geschl. Montag - Dienstagmittag, Mittwochmittag, Sonntagmittag außer an Feiertagen

Menü 28/45 € (abends) – Karte 27/64 €

Sie finden das moderne Restaurant in einer Häuserreihe in der kopfsteingepflasterten Altstadt - Marktplatz und Elbe ganz in der Nähe. Während Sie sich saisonale und regionale Küche servieren lassen, parken Sie 2 Stunden kostenfrei in der hauseigenen Garage!

PLANEGG

Bayern – 10 420 Ew. – Höhe 542 m – Siehe Regionalatlas **65-L20**

Berlin 605 km – München 24 km – Augsburg 69 km

Michelin Straßenkarte 546

siehe München (Umgebungsplan)

Asemann Planegg garni (mit Gästehaus)

Gumstr. 13 ✉ 82152 – ✆ (089) 8 99 67 60 – www.hotel-planegg.de Stadtplan : A3**a**

38 Zim – 58/69 € 79/99 €

Das Haus ist beliebt, denn hier übernachtet man stadtnah, ruhig und sehr gepflegt, und das zu einem guten Preis-Leistungs-Verhältnis! Am Morgen frühstückt man mit Blick in den Garten.

PLATTLING

Bayern – 12 750 Ew. – Höhe 320 m – Siehe Regionalatlas **59-O18**

Berlin 566 km – München 134 km – Passau 54 km – Deggendorf 12 km

Michelin Straßenkarte 546

Liebl

Bahnhofsplatz 3 ✉ 94447 – ✆ (09931) 89 01 60 – www.hotel-liebl.de

26 Zim – 55/65 € 85/95 € – ½ P

Rest – Menü 15/45 € – Karte 15/60 € – *(geschl. Freitag)*

Ein nettes familiär geführtes Hotel gegenüber dem Bahnhof. Die Gästezimmer sind recht großzügig geschnitten und wohnlich gestaltet. Gaststuben mit ländlichem Ambiente.

PLAU AM SEE

Mecklenburg-Vorpommern – 6 500 Ew. – Höhe 70 m – Siehe Regionalatlas **12-N5**
Berlin 151 km – Schwerin 73 km – Rostock 84 km – Stendal 123 km
Michelin Straßenkarte 542

Parkhotel Klüschenberg (mit Gästehaus)

Zim, Rest,

Klüschenberg 14 ✉ 19395 – ✆ (038735) 4 92 10 – www.klueschenberg.de

76 Zim – 59/99 € 79/115 € – 3 Suiten – ½ P

Rest – Menü 23/29 € – Karte 29/37 €

Ein gut geführtes Hotel in relativ ruhiger Ortsrandlage in einem kleinen Park. Die Zimmer verfügen z. T. über einen Balkon, besonders hübsch sind die mediterran gehaltenen Zimmer im Parkchalet. Klassisches Restaurant mit internationaler und regionaler Küche.

In Plau-Plötzenhöhe Süd-Ost: 1,5 km über B 103

Strandhotel

Seestr. 6 ✉ 19395 – ✆ (038735) 81 10 – www.strandhotel-plau.de – geschl. Januar

90 Zim – 61/80 € 91/117 € – ½ P

Rest – Menü 18/45 € – Karte 26/36 €

Das Hotel liegt direkt am See und bietet sehr gepflegte, unterschiedlich geschnittene Zimmer: großzügig in den Häusern Panorama und Teichblick, etwas kleiner im Haus Seeblick. Eigene Seebrücke. Im Restaurant serviert man bürgerliche und regionale Küche.

PLAUEN

Sachsen – 66 100 Ew. – Höhe 355 m – Siehe Regionalatlas **41-M14**
Berlin 291 km – Dresden 151 km – Gera 54 km – Chemnitz 80 km
Michelin Straßenkarte 544

Am Strassberger Tor

Straßberger Str. 37 ✉ 08527 – ✆ (03741) 28 70 48 0 – www.strassberger-tor.bestwestern.de

61 Zim – 88/98 € 108/116 € – 1 Suite – ½ P

Rest – ✆ (03741) 2 87 00 – Menü 25 € – Karte 16/32 € – *(Montag - Freitag nur Abendessen)*

Neuzeitlich gestaltetes Hotel in Zentrumsnähe, dessen geschmackvolle Zimmer zum Innenhof teils mit einem Balkon versehen sind. Suite mit Dachterrasse und netter Saunabereich. Freundliches Ambiente im Restaurant.

In Plauen-Zwoschwitz Nord-West: 5 km

Landhotel Plauen

Rest, Rest,

Talstr. 1 ✉ 08525 – ✆ (03741) 30 06 80 – www.landhotel-plauen.de

24 Zim – 51/59 € 74/82 €, 7 € – ½ P

Rest – Karte 20/39 € – *(geschl. Sonntagabend - Montagmittag)*

Bereits in der 4. Generation wird dieses Hotel von der Familie geführt. Gepflegte Zimmer und freundlicher Service erwarten Sie. Spielplatz für die Kinder. Mit Parkettboden und hellem Holz ausgestattetes Restaurant mit bürgerlicher Küche und sonniger Terrasse.

PLECH

Bayern – 1 320 Ew. – Höhe 461 m – Siehe Regionalatlas **50-L16**
Berlin 394 km – München 192 km – Nürnberg 50 km – Bayreuth 40 km
Michelin Straßenkarte 546

In Plech-Bernheck Nord-Ost: 2,5 km, vor der Autobahn rechts

Veldensteiner Forst

Rest,

Bernheck 38 ✉ 91287 – ✆ (09244) 98 11 11 – www.veldensteiner-forst.de – geschl. Mitte Februar - Mitte März

30 Zim – 62/72 € 102/110 € – 2 Suiten – ½ P

Rest – Karte 18/42 € – *(geschl. 24. - 25. Dezember und Montag)*

Freundlich und meist recht geräumig sind die Zimmer in diesem Ferien- und Tagungshotel. Entspannen können Sie bei Kosmetikanwendungen und Massagen, außerdem hat man im Garten einen Naturbadeteich nebst Blockhaussauna. Restaurant mit bürgerlicher Küche.

PLEINFELD

Bayern – 7 290 Ew. – Höhe 382 m – Siehe Regionalatlas **57-K17**
Berlin 473 km – München 140 km – Nürnberg 49 km – Ingolstadt 60 km
Michelin Straßenkarte 546

Landgasthof Siebenkäs mit Zim

Rest,

Kirchenstr. 1 ✉ 91785 – ✆ (09144) 82 82 – www.landgasthof-siebenkaes.de – geschl. Januar 1 Woche, Ende September 2 Wochen und Sonntagabend - Montag, Donnerstagmittag

5 Zim – 80 € 105 € Menü 55 € – Karte 32/48 €

Lust auf "gebratene Lammkeule auf weißem Bohnengemüse mit hausgemachten Schupfnudeln"? Gastgeber Ulrich Riedel kocht regional, teils auch mit internationalen Einflüssen - sehr gut die Produktqualität, ausgezeichnet die Würze. Mittags kann man von einer kleineren Karte z. B. "Kalbfleischküchle mit Kartoffel-Gurkensalat" wählen - top das Preis-Leistungs-Verhältnis!

In Pleinfeld-Stirn

Landgasthaus Zur Linde

Spalterstr. 2 ✉ 91785 – ✆ (09144) 2 54 – www.zur-linde-stirn.de – geschl. Januar 1 Woche, Juni 1 Woche, November 2 Wochen und Montag

Menü 29/35 € – Karte 20/45 €

In dem Familienbetrieb in der Nähe des Brombachsees darf man sich auf regionale Braten-Klassiker freuen, aber auch auf Feines wie "Schweinemedaillons mit Egerlingen in Rahm und Brezenknödel". Die österreichische Heimat der Chefin spiegelt sich in der charmant-rustikalen Einrichtung des Neubaus wider!

PLEISKIRCHEN

Bayern – 2 380 Ew. – Höhe 450 m – Siehe Regionalatlas **59-O20**
Berlin 594 km – München 90 km – Braunau am inn 43 km – Landshut 51 km
Michelin Straßenkarte 546

Huberwirt (Alexander Huber)

Hofmark 3 ✉ 84568 – ✆ (08635) 2 01 – www.huber-wirt.de – geschl. Januar 1 Woche, August 2 Wochen und Montagmittag, Dienstag

Menü 37/89 € – Karte 31/60 € – (Tischbestellung ratsam)

Der Gasthof ist schon seit Generationen ein Familienbetrieb, und so steht bei Josef und Johanna Huber inzwischen Junior Alexander am Herd. Nach Stationen in sehr guten Adressen mischt er nun im elterlichen Betrieb gelungen Gourmetküche mit regionaler Kost - die Basis dafür sind saisonale Produkte, von denen viele direkt aus der Gegend stammen.

→ Brandmühl Saibling - Erdäpfel und Walnuss, Alztaler Crème fraîche. Poltinger Lammrücken - Bries, Artischockenpüree, grüner Spargel. Alexanders Rhabarber - Erdbeeren, Ziegentopfen, Pistazie.

PLEISWEILER-OBERHOFEN

Rheinland-Pfalz – 800 Ew. – Höhe 190 m – Siehe Regionalatlas **54-E17**
Berlin 696 km – Mainz 126 km – Neustadt an der Weinstraße 39 km – Saarbrücken 105 km
Michelin Straßenkarte 543

Reuters Holzappel mit Zim

Hauptstr. 11 (Oberhofen) ✉ 76889 – ✆ (06343) 42 45 – www.reuters-holzappel.de – geschl. Januar - Februar 1 Woche, Juni - Juli 2 Wochen und Montag; November - März: Montag - Dienstag

2 Zim – 45 € 65 €

Menü 29 € – Karte 18/45 € – *(nur Abendessen, sonntags auch Mittagessen)* (Tischbestellung ratsam)

Familie Reuter hat viel Liebe in den alten Winzerhof (1742) gesteckt und mit hübschen Details wie Fachwerk oder Bildern Atmosphäre geschaffen. Draußen der charmante kopfsteingepflasterte Hof. Der Chef kocht regional, die gut sortierte Weinkarte ist etwas für Riesling- und Silvaner-Fans.

PLIEZHAUSEN

Baden-Württemberg – 9 330 Ew. – Höhe 340 m – Siehe Regionalatlas **55-G19**
Berlin 672 km – Stuttgart 37 km – Reutlingen 8 km – Ulm (Donau) 80 km
Michelin Straßenkarte 545

Schönbuch

Lichtensteinstr. 45 ✉ 72124 – ✆ (07127) 97 50 – www.hotel-schoenbuch.de
43 Zim – 99/119 € 149/169 € – ½ P
Rest *Schönbuch* – siehe Restaurantauswahl
Sie wohnen in großzügigen Zimmern mit neuzeitlicher Einrichtung, solider Technik und kostenfreier Minibar. Dank der erhöhten Lage hat man eine schöne Sicht auf die Schwäbische Alb.

Schönbuch – Hotel Schönbuch

Lichtensteinstr. 45 ✉ 72124 – ✆ (07127) 97 50 – www.hotel-schoenbuch.de
Menü 30/65 € – Karte 34/62 € – *(geschl. August: Samstag - Sonntag)*
Klassisch-rustikal das Restaurant, ganz modern die Neckarlounge - wer die tolle Aussicht auf die Schwäbische Alb genießen möchte, wählt einen Fensterplatz! Geboten wird eine internationale Küche, die ihren Bezug zur Region nicht verleugnet. Klassiker sind z. B. Lachs mit Meerrettichkruste oder Rostbraten mit Sauerkraut.

In Pliezhausen-Dörnach Nord: 4 km, in Gniebel rechts

Landgasthaus zur Linde (Andreas Goldbach)

Schönbuchstr. 8 ✉ 72124 – ✆ (07127) 89 00 66 – www.linde-doernach.de
– geschl. über Fasching 2 Wochen, Ende August - Mitte September und Mittwoch, Samstagmittag
Menü 60 € – Karte 54/63 € – (Tischbestellung ratsam)
Andreas Goldbach kocht eine schmackhafte und unkomplizierte klassische Küche mit mediterranen und regionalen Einflüssen, und dabei stehen die Produkte ganz klar im Mittelpunkt. Umsorgt vom charmanten Service unter der Leitung von Irene Goldbach fühlt man sich hier wirklich wohl - ganz so wie es zu diesem liebenswerten und unprätentiösen Haus passt!
→ Loup de Mer auf der Haut gebraten mit Jakobsmuscheln und grünem Spargel. Ganzes Perlhuhn aus dem Ofen mit jungem Gemüse. Rinderfilet im Tiroler Speckmantel mit jungem Bohnengemüse und Kräuterbutternocken.

PLOCHINGEN

Baden-Württemberg – 14 050 Ew. – Höhe 276 m – Siehe Regionalatlas **55-H18**
Berlin 623 km – Stuttgart 25 km – Göppingen 20 km – Reutlingen 36 km
Michelin Straßenkarte 545

Princess garni

Widdumstr. 3 ✉ 73207 – ✆ (07153) 60 50 – www.hotel-princess.de
42 Zim – 69/139 € 89/139 €
Das Hotel liegt in Bahnhofsnähe, 15 Autominuten von der Messe Stuttgart. Pluspunkte: Frühstücksterrasse, Snacks auf Wunsch. Die Gemälde im Haus stammen übrigens von der Chefin! Überhaupt wird Dekoration groß geschrieben: Mit den Jahreszeiten wechseln Farben, Bilder, Stoffe...

A2 GASTwerk garni

Esslinger Str. 81 ✉ 73207 – ✆ (07153) 92 23 80 – www.a2gastwerk.de
44 Zim – 66/74 € 79/89 €
Ein modernes Businesshotel - sachlich-funktional die Ausstattung, puristisch das Design mit markantem Grün als Farbtupfer. Das Frühstück gibt es "2go", Kaffee rund um die Uhr kostenfrei. Nach 20 Uhr Check-in per Automat.

Rathausstube - Da Enzo

Am Markt 11 ✉ 73207 – ✆ (07153) 2 30 46 – www.enzo-rathausstube.de
– geschl. 29. Juni - 19. Juli und Montag
Menü 15 € (mittags unter der Woche)/42 € – Karte 23/152 €
Viele Stammgäste schätzen diesen gemütlichen Italiener. Der Chef macht persönlich den Service - die Tagesgerichte empfiehlt er mit Vorliebe mündlich.

Cervus

Bergstr. 1 ✉ 73207 – ✆ (07153) 55 88 69 – www.gasthaus-cervus.de – geschl. Sonntag - Montag
Menü 48 € – Karte 30/50 € – *(Freitag - Samstag nur Abendessen)* (Tischbestellung ratsam)
In dem hübsch dekorierten, sympathisch-rustikalen Restaurant isst man frisch und preislich fair - da kommen neben Klassikern wie Rostbraten, Maultaschen und Wiener Schnitzel auch saisonale Gerichte auf den Tisch, dazu eine gute Weinauswahl. Die Gäste kommen auch gerne zum Mittagessen, da bietet man eine kleinere, einfachere Karte. Im Sommer mit charmantem Innenhof.

In Plochingen-Stumpenhof Nord-Ost: 3 km Richtung Schorndorf

Stumpenhof

Am Stumpenhof 1 ✉ 73207 – ✆ (07153) 2 24 25 – www.stumpenhof.de – geschl. über Fasching 1 Woche und Montag - Dienstag
Menü 32/61 € – Karte 27/58 € – (Tischbestellung ratsam)
Ein herzliches "Grüß Gott", eine aufmerksame Beate Wägerle, immer mit einem offenen Ohr für die Wünsche ihrer Gäste... so sehen hier über 75 Jahre Familientradition aus! Die Küche? Rostbraten, Kalbsbäckle & Co., ansonsten zeitgemäß-internationale Gerichte. Spezialität ist auch Wild. Terrasse mit Aussicht!

PLÖN

Schleswig-Holstein – 12 850 Ew. – Höhe 28 m – Siehe Regionalatlas **10-J3**
Berlin 317 km – Kiel 28 km – Lübeck 56 km – Neumünster 37 km
Michelin Straßenkarte 541

Landhaus Hohe Buchen garni

Lütjenburgerstr. 34 ✉ 24306 – ✆ (04522) 78 94 10 – www.landhaus-hohebuchen.de – geschl. November - März
13 Zim – 55/70 € 85/90 € – 1 Suite
Ulf von Hülsen ist ein sympathischer und stets präsenter Gastgeber, der Sie in dem hübschen alten Landhaus persönlich betreut. Drinnen liebenswerte stilvolle Einrichtung (im gemütlichen Lesezimmer wärmt im Winter der Kachelofen), draußen ein toller parkähnlicher Garten. Das Frühstück serviert der Chef selbst!

Stolz mit Zim

Zim,
Markt 24 ✉ 24306 – ✆ (04522) 5 03 20 – www.hotel-restaurant-stolz.de – geschl. 16. Februar - 3. März, 26. Oktober - 9. November und Montag
5 Zim – 90/100 € 130/140 €
Menü 66/106 € – *(nur Abendessen, sonntags auch Mittagessen)*
Regional, saisonorientiert, innovativ - so kocht Robert Stolz, und dabei setzt er auf heimische Zutaten! Und der Rahmen? Helle elegante Räume hinter der roten Backsteinfassade des ehemaligen Pastorats. Seine Frau Christine kümmert sich um Service und Deko - sie hat ein Faible für Blumen, das sieht man auch am tollen Garten! Ebenso geschmackvoll die Gästezimmer!
→ Tatar vom Kalb mit Bucheckern, Radieschen und Meerrettich. Zander im Spitzkohlblatt mit krossem Kohlrabi und wilder Kresse. Sauerampfersorbet mit Apfel, Gewürzbrot und Waldmeistercremeeis.

Brasserie am Schloss

Schlossberg 1 ✉ 24306 – ✆ (04522) 18 37 – www.brasserie-ploen.de
Karte 26/58 € – *(nur Abendessen)*
Im Herzen der kleinen Stadt, gegenüber der Kirche, finden Sie diese nette Brasserie. Was Sie erwartet? Wohnliche Einrichtung in kräftigen Farben, ausgesprochen freundlicher Service und die frische saisonale Küche von Enrico Kindler! Und im Innenhof: eine lauschige Terrasse mit Strandkorb.

POBERSHAU – Sachsen ➜ Siehe Marienberg

PÖCKING

Bayern – 5 700 Ew. – Höhe 672 m – Siehe Regionalatlas **65-L20**
Berlin 620 km – München 33 km – Innsbruck 125 km – Augsburg 88 km
Michelin Straßenkarte 546

In Pöcking-Possenhofen Süd-Ost: 1,5 km über Hindenburgstraße

Forsthaus am See
Am See 1 ✉ 82343 – ✆ (08157) 9 30 10 – www.forsthaus-am-see.de
22 Zim – †100/130 € ††120/170 €
Rest *Forsthaus am See* – siehe Restaurantauswahl
Sie suchen ein ruhiges und gemütliches Hotel direkt am Starnberger See? Hier finden Sie komfortable Zimmer in wohnlich-alpenländischem Stil, die meisten mit schönem Seeblick und Balkon. Gleich vor dem Haus ein kleiner Segelboothafen.

XX **Forsthaus am See** – Hotel Forsthaus am See
Am See 1 ✉ 82343 – ✆ (08157) 9 30 10 – www.forsthaus-am-see.de
Karte 34/88 €
Hier gibt es eine der reizvollsten Terrassen am Starnberger See! Aber auch drinnen im Restaurant sitzt es sich sehr gemütlich. Das ambitionierte regional-internationale Speisenangebot reicht vom Kalbstafelspitz bis zum "gelben Thaicurry mit Steinbutt, Scampi, Shiitake und Kokos".

POHLHEIM – Hessen ➜ Siehe Gießen

POLLE

Niedersachsen – 1 100 Ew. – Höhe 90 m – Siehe Regionalatlas **28-H10**
Berlin 349 km – Hannover 80 km – Detmold 44 km – Hameln 38 km
Michelin Straßenkarte 541

X **Graf Everstein**
Amtsstr. 6 ✉ 37647 – ✆ (05535) 99 97 80 – www.graf-everstein.de – geschl. Montag - Dienstag
Menü 29 € (mittags)/40 € – Karte 28/52 €
Für schmackhafte regionale Küche ist Familie Multhoff die richtige Adresse, denn neben der wunderschönen Aussicht auf die Weser genießt man z. B. "Kaninchenrücken im Strudelteig" oder im Sommer die "Weser-Bergland-Tapas"!

POMMELSBRUNN – Bayern ➜ Siehe Hersbruck

POPPENHAUSEN (WASSERKUPPE)

Hessen – 2 600 Ew. – Höhe 452 m – Siehe Regionalatlas **39-I14**
Berlin 462 km – Wiesbaden 201 km – Fulda 17 km – Gersfeld 7 km
Michelin Straßenkarte 543

Hof Wasserkuppe garni
Pferdskopfstr. 3 ✉ 36163 – ✆ (06658) 98 10 – www.hof-wasserkuppe.de
16 Zim – †62/73 € ††100/114 € – 1 Suite
Was diesen Familienbetrieb ausmacht? Er liegt relativ ruhig in einem Wohngebiet, wird freundlich geführt und bietet Ihnen schön wohnliche und zeitgemäße Zimmer (darunter zwei Studios mit Küchenzeile) sowie einen netten Sauna- und Badebereich nebst "Vital-Studio" für Massage und Kosmetik.

Rhön Garden
Rest, Zim,

Kohlstöcken 4 (Ost: 3 km über Rodholz) ✉ *36163 – ✆ (06658) 9 17 60 – www.rhoen-garden.de*

54 Zim – 70/100 € 100/130 € – ½ P

Rest – Menü 23/55 € – Karte 23/46 €

Die ruhige Lage unterhalb der Wasserkuppe, wohnlich-gediegene Zimmer (meist mit Balkon) sowie Massage- und Kosmetikangebote sprechen für dieses familiengeführte Tagungshotel. Im Restaurant mit Wintergarten bietet man internationale Küche.

POTSDAM
Brandenburg – 156 910 Ew. – Höhe 32 m – Siehe Regionalatlas **22**-O8

Berlin 31 km – Brandenburg 38 km – Frankfurt (Oder) 121 km – Leipzig 141 km

Michelin Straßenkarte 542

Bayrisches Haus
Elisenweg 2, (im Wildpark) (Süd-West: 6 km über Zeppelinstraße A2) ✉ *14471 – ✆ (0331) 5 50 50 – www.bayrisches-haus.de – geschl. Januar*

37 Zim – 105/155 € 135/185 € – 4 Suiten – ½ P

Rest *Friedrich-Wilhelm* – siehe Restaurantauswahl

Rest *Gasthaus Alte Försterei* – Elisenweg 1 – Karte 27/46 € – *(geschl. Dienstag - Mittwoch)*

Die Fahrt geht mitten in den Wald, für ein "Stadthotel" eher ungewöhnlich. Doch die ruhige Lage ist herrlich (zu empfehlen auch eine Führung durch den Wildpark) und das Gebäudeensemble wunderschön - Herzstück ist das 1847 vom Preußenkönig erbaute Bayrische Haus. Gut der Service von kleinen Aufmerksamkeiten in den wohnlich-wertigen Zimmern bis zur freundlichen Betreuung im attraktiven Spa sowie beim Essen in der Alten Försterei.

Am Jägertor
Hegelallee 11 ✉ *14467 – ✆ (0331) 2 01 11 00 – www.hotel-am-jaegertor.de* Stadtplan : A1**f**

62 Zim – 97/162 € 135/205 € – ½ P

Rest *Fiore* – siehe Restaurantauswahl

An einer belebten Straße in zentraler Lage direkt am Jägertor steht das stattliche Gebäude a. d. 18. Jh. Die Einrichtung ist wohnlich und elegant.

Dorint Hotel Sanssouci
Rest,

Jägerallee 20 ✉ *14469 – ✆ (0331) 27 40 – www.dorint.com/potsdam* Stadtplan : A1**r**

287 Zim – 84/139 € 94/149 €, 20 € – 4 Suiten

Rest – Menü 29/55 € – Karte 38/57 €

Das komfortable Hotel zwischen Schloss Sanssouci und dem historischen Stadtkern bietet modern-funktionelles Ambiente, einen großzügigen Freizeitbereich und gute Tagungsmöglichkeiten.

Seminaris Seehotel
Rest, Rest,

An der Pirschheide 40 (Süd-West: 5 km, über Zeppelinstraße A2) ✉ *14471 – ✆ (0331) 90 90 0 – www.seminaris.de/potsdam*

225 Zim – 90/112 € 125/137 € – 10 Suiten – ½ P

Rest – Menü 20/44 € – Karte 26/44 €

Ein gut ausgestattetes Seminarhotel mit diversen Freizeitangeboten. Schön ist die Lage am Templiner See (mit Strandbad und Bootssteg), das Potsdamer Wassertaxi hält direkt vor der Tür. Restaurant in neuzeitlichem Stil mit Terrasse zum See.

Steigenberger Hotel Sanssouci
Rest,

Allee nach Sanssouci 1 ✉ *14471 – ✆ (0331) 9 09 10 – www.steigenberger.com/Potsdam* Stadtplan : A2**n**

135 Zim – 89/149 € 99/159 € – 2 Suiten – ½ P

Rest – Menü 25 € (abends)/85 € – Karte 26/48 €

Das Hotel bietet eine funktionelle Einrichtung mit angloamerikanischem Touch. Das Thema Film findet sich in Form von Portraits und Plakaten überall im Haus, zahlreiche Bilder von Filmstars geben dem bistroähnlichen Restaurant eine nostalgische Note.

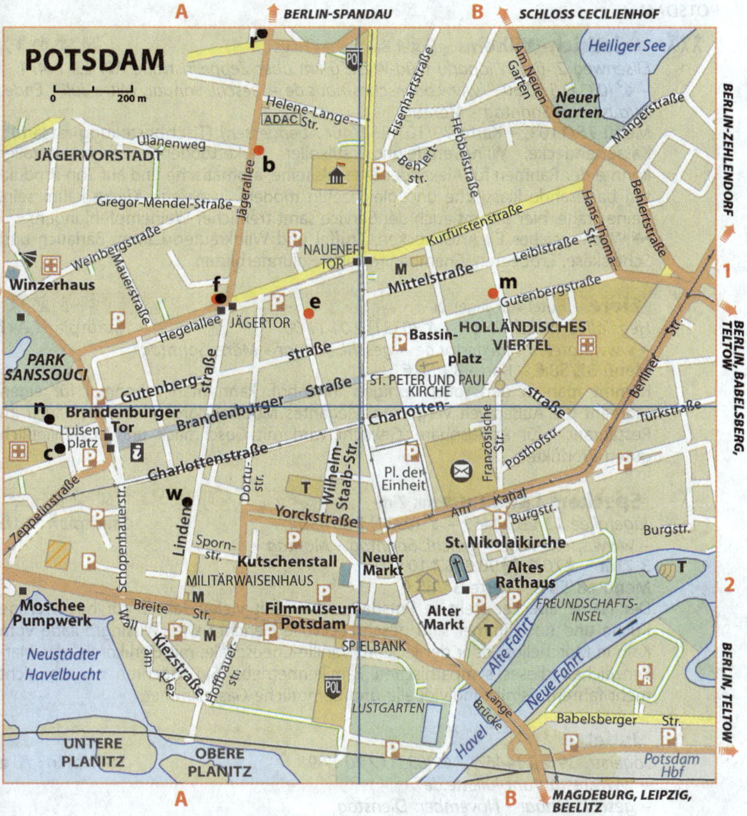

Am Luisenplatz

Luisenplatz 5 ✉ *14471 – ✆ (0331) 97 19 00* Stadtplan : A2**c**
– www.hotel-luisenplatz.de
34 Zim ☕ – †59/159 € ††109/189 € – 4 Suiten – ½ P
Rest – Menü 25 € – Karte 21/40 €

Das schmucke Stadtpalais von 1726 liegt sehr zentral und beherbergt Gästezimmer in klassischem Stil, die in den verschiedenen Kategorien unterschiedlich groß ausfallen. Mediterran beeinflusste Küche bietet das Restaurant Luisa.

Am Großen Waisenhaus garni

Lindenstr. 28 ✉ *14467 – ✆ (0331) 6 01 07 80* Stadtplan : A2**w**
– www.hotelwaisenhaus.de
34 Zim ☕ – †75/99 € ††85/122 €

Angefangen hat alles 1753 als "Kaserne für Beweibte", heute ist der historische Bau im Zentrum ein modernes Hotel. Schön geradlinig die Einrichtung der Zimmer - wer alten Dielenboden mag, fragt nach den "Quartieren deluxe". Das reichhaltige Frühstück sollten Sie im Sommer unbedingt auf der Terrasse einnehmen!

Wie entscheidet man sich zwischen zwei gleichwertigen Adressen?
In jeder Kategorie sind die Häuser nochmals geordnet, die besten Adressen stehen an erster Stelle.

Friedrich-Wilhelm – Hotel Bayrisches Haus

Elisenweg 2, (im Wildpark) (Süd-West: 6 km über Zeppelinstraße A2) ✉ 14471 – ✆ (0331) 5 50 50 – www.bayrisches-haus.de – geschl. Januar, Mitte Juli - Ende August und Sonntag - Montag
Menü 75/110 € – Karte 79/101 € – *(nur Abendessen)* (Tischbestellung ratsam)
Kassettendecke, Wandvertäfelung, stilvoller Parkettboden... Geschmackvoller könnte der Rahmen für Alexander Dressels feine, aromatische und auf Top-Produkten basierende klassische und gleichzeitig modern inspirierte Küche kaum sein. Keine Frage, hier stimmt auch der Service samt trefflicher Weinempfehlungen.
➜ Wachsweiches Ei, Artischocken, Trüffel und Wildkräuter. Lamm, Bärlauch und Schafskäse. Erdbeeren, Champagner und Holunderblüten.

Fiore – Hotel Am Jägertor

Hegelallee 11 ✉ 14467 – ✆ (0331) 2 01 11 00 Stadtplan : A1**f**
– www.hotel-am-jaegertor.de – geschl. Januar - März: Sonntag
Menü 32/58 € – Karte 39/56 €
Kommt man in den tollen ruhigen Innenhof, kann man schonmal für einen Moment die Außenwelt vergessen: Elegantes Mobiliar sorgt hier - aber auch im Restaurant - für Atmosphäre. Gekocht wird mit Geschmack und ausschließlich guten Produkten.

Speckers Landhaus mit Zim

Rest,

Jägerallee 13 ✉ 14469 – ✆ (0331) 2 80 43 11 Stadtplan : A1**b**
– www.speckers.de – geschl. Sonntag - Montag
3 Zim – 70 € 90 €, 10 €
Menü 48/58 € – Karte 34/65 €
Der Name Specker steht in Potsdam schon seit vielen Jahren für hochwertige Küche und noch immer sind geschmackvolle Gerichte wie "Wirsingroulade vom Kalb in Morcheljus" oder der leckere "Vanille-Cheesecake mit Eierlikörеis" das Markenzeichen dieses sympathischen Familienbetriebs. Sie möchten danach nicht mehr fahren? Es gibt individuelle und gemütliche Gästezimmer.

Juliette

Jägerstr. 39 ✉ 14467 – ✆ (0331) 2 70 17 91 Stadtplan : A1**e**
– www.restaurant-juliette.de
– geschl. Januar - November: Dienstag
Menü 46/59 € – Karte 46/59 €
Sie suchen ein Stück französische Lebensart mitten in Potsdam? In dem wirklich liebenswerten Restaurant im Holländischen Viertel bietet Carsten Rettschlag auf drei Ebenen ambitionierte klassische Küche aus frischen Produkten, dazu die passenden Weine, und im Hintergrund stimmen Sie Chansons aufs Essen ein!

Arlecchin N

Hebbelstr. 54 ✉ 14461 – ✆ (0331) 2 43 77 20 Stadtplan : B1**m**
– www.arlecchin.de – geschl. Montag
Karte 36/47 €
Aus dem "Ma Cuisine" wurde das "Arlecchin", und auch der Patron hat gewechselt: Thomas Kasper kocht mediterran: Pasta, gefüllte Perlhuhnbrust, Rotweinbirnen-Tarte... Behaglich die Wohnzimmer-Atmosphäre, charmant die Chefin im Service.

In Potsdam-Babelsberg Ost: 3 km über Berliner Straße B1, Richtung Babelsberg

avendi Hotel am Griebnitzsee

Rest,

Rudolf-Breitscheid-Str. 190 ✉ 14482 – ✆ (0331) 7 09 10
– www.avendi.de/griebnitzsee
87 Zim – 90/140 € 115/160 € – 6 Suiten – ½ P
Rest – Menü 30/45 € – Karte 30/45 €
Die neuzeitlich-funktionalen, teils seeseitigen Zimmer dieses Businesshotels am Griebnitzsee verteilen sich auf zwei unterirdisch miteinander verbundene Häuser. Gute S-Bahn-Anbindung. Restaurant und Terrasse mit Seeblick.

In Potsdam-Drewitz Ost: 4 km über Berliner Straße B1, Richtung Babelsberg

Ascot-Bristol
Zim,

Asta-Nielsen-Str. 2 ✉ 14480 – ✆ (0331) 6 69 10 – www.hotel-ascot-bristol.de

94 Zim – 🚹39/69 € 🚹🚹48/78 €, ☕ 9 € – 5 Suiten – ½ P

Rest ***Journal*** – ✆ (0331) 6 69 13 00 – Menü 19/30 € – Karte 14/29 €

Hotel unweit der Autobahnausfahrt mit wohnlich-funktionalen Zimmern und großzügigen Studios. Mit der S-Bahn (Haltestelle vor dem Haus) sind es ca. 20 Minuten zur Berliner Messe. Journal mit Bistro-Atmosphäre und einer für Berlin-Brandenburg typischen Küche.

In Potsdam-Hermannswerder Süd: 3,5 km über Lange Brücke B2, Richtung Magdeburg

INSELHOTEL
Rest,

Hermannswerder ✉ 14473 – ✆ (0331) 2 32 00 – www.inselhotel-potsdam.de

86 Zim ☕ – 🚹100/145 € 🚹🚹130/190 € – 8 Suiten **Rest** – Karte 27/47 €

Zeitgemäß und funktionell ausgestattete Zimmer, Suiten und Maisonetten stehen in dem ruhig auf der Havelinsel Hermannswerder gelegenen Businesshotel bereit. Seerestaurant mit eleganter Note.

POTTENSTEIN

Bayern – 5 320 Ew. – Höhe 368 m – Siehe Regionalatlas **50-L16**

Berlin 395 km – München 212 km – Nürnberg 67 km – Bayreuth 40 km

Michelin Straßenkarte 546

Schwan garni

Am Kurzentrum 6 ✉ 91278 – ✆ (09243) 98 10 – www.hotel-bruckmayer.de – geschl. Januar

26 Zim ☕ – 🚹46/50 € 🚹🚹72/80 €

Bei den Bruckmayers schläft man nicht nur sehr gepflegt und preislich fair, ein Tipp ist auch das eigene Café: lecker die hausgebackenen Kuchen! Wenn's herzhaft sein soll, fragen Sie nach dem Wirtshaus der Familie, dem "Urbräu"! Übrigens: direkter und kostenloser Zugang zum "Juramar"-Bad, Sauna gegen Gebühr.

In Pottenstein-Kirchenbirkig Süd: 4 km

Bauernschmitt
Rest,

St.-Johannes-Str. 25 ✉ 91278 – ✆ (09243) 98 90 – www.landgasthof-bauernschmitt.de – geschl. 15. November - 15. Dezember

27 Zim ☕ – 🚹40/46 € 🚹🚹72/84 € – ½ P

Rest – Menü 12/26 € – Karte 12/32 €

Im Dorfkern steht der erweiterte fränkische Landgasthof unter familiärer Leitung. Sehr gepflegte, praktische Zimmer, ein hübscher Garten sowie ein Saunabereich, Kosmetik und Massage. Bei schönem Wetter können Sie auf der Terrasse frühstücken. Bürgerlich speist man im rustikalen Restaurant.

PREETZ

Schleswig-Holstein – 15 860 Ew. – Höhe 24 m – Siehe Regionalatlas **10-J3**

Berlin 327 km – Kiel 16 km – Lübeck 68 km – Puttgarden 82 km

Michelin Straßenkarte 541

In Lehmkuhlen-Dammdorf Nord-Ost: 2 km

Neeth (mit Gästehäusern)
Zim,

Preetzer Str. 1 ✉ 24211 – ✆ (04342) 8 23 74 – www.neeth.de – geschl. 27. Dezember - 6. Januar, 17. Oktober - 1. November

19 Zim ☕ – 🚹65/90 € 🚹🚹95/120 € – 2 Suiten – ½ P

Rest – Karte 22/43 € – *(Montag - Donnerstag nur Abendessen)*

In 3. Generation führt Familie Neeth mit ihrem Team dieses nette Landhaus. Ob im Stammhaus oder in einem der beiden Gästehäuser, ob rustikal oder topmodern - wohnlich sind die Zimmer alle! Regionale und bürgerliche Küche im ländlichen Restaurant mit kleinem Wintergarten, dekorativ die Kaffeekannensammlung.

PRESSECK (PREROW)

PREROW

Mecklenburg-Vorpommern – 1 630 Ew. – Höhe 1 m – Siehe Regionalatlas **5-N3**

Berlin 276 km – Schwerin 150 km – Rostock 63 km

Michelin Straßenkarte 542

Störtebeker

Mühlenstr. 2 ✉ 18375 – ✆ (038233) 70 20 – www.pension-stoertebeker.m-vp.de – geschl. 20. - 28. Dezember

10 Zim – 30/45 € 60/85 € – ½ P **Rest** – Karte 17/33 €

Sie suchen eine preisgünstige Adresse? In dieser kleinen Pension wohnt man in solide eingerichteten Gästezimmern, die teilweise Balkon, Loggia oder Terrasse haben. Bürgerliches Restaurant mit nettem Wintergartenanbau.

In Wieck a. Darss Süd: 4 km

Haferland

Bauernreihe 5a ✉ 18375 – ✆ (038233) 6 80 – www.hotelhaferland.de – geschl. 1. - 9. Dezember

34 Zim – 123/153 € 143/173 € – 12 Suiten – ½ P

Rest *Gute Stube* Rest *Bajazzo* – siehe Restaurantauswahl

Schön liegen die drei Reetdachhäuser nahe dem Bodden auf einem 2 ha großen Naturgrundstück mit Kräuter- und Gourmetgarten, Teichen, Wald und Feuchtwiese. Zu den gemütlichen Zimmern kommt ein tolles Hallenbad mit Sauna und hübschem Ruheraum in der "Gesundheitsscheune". Tipp für den Sommer: Machen Sie einen ganz typischen Ausflug mit den im kleinen Hafen gegenüber liegenden "Zeesenbooten"!

Gute Stube – Hotel Haferland

Bauernreihe 5a ✉ 18375 – ✆ (038233) 6 80 – www.hotelhaferland.de – geschl. 1. - 9. Dezember

Menü 34/42 € (abends) – Karte 27/47 €

Mit seiner charmanten Einrichtung im nordischen Stil trägt das Restaurant den Namen "Gute Stube" zu Recht. Die Küche ist frisch und regional, Kräuter und Gemüse kommen teilweise aus dem eigenen Garten. Auch ein vegetarisches Menü steht zur Wahl.

Bajazzo – Hotel Haferland

Bauernreihe 5a ✉ 18375 – ✆ (038233) 6 80 – www.hotelhaferland.de – geschl. 1. - 9. Dezember

Menü 33/40 € – Karte 34/41 € (vegetarisch) – *(nur Abendessen)* (Tischbestellung erforderlich)

Ideal für alle, die es fleischlos mögen, denn hier oben direkt unter dem Reetdach werden Sie rein vegetarisch bekocht! Sie sitzen in einer von drei hübschen Stuben (Schweden-, Pommern- oder Franzosenstube) und genießen beim Essen den tollen Blick auf den Bodden und die Halbinsel Bliesenrade!

PRESSECK

Bayern – 1 960 Ew. – Höhe 642 m – Siehe Regionalatlas **50-L14**

Berlin 337 km – München 270 km – Bayreuth 42 km – Erfurt 170 km

Michelin Straßenkarte 546

In Presseck-Wartenfels Süd-West: 7,5 km

Gasthof Berghof - Ursprung mit Zim

Wartenfels 85 ✉ 95355 – ✆ (09223) 2 29 – www.berghof-wartenfels.de – geschl. Mitte Februar - Mitte März und Mittwoch - Donnerstagmittag

5 Zim – 45 € 75 €

Menü 28/49 € – Karte 26/58 € – (abends Tischbestellung ratsam)

Das Konzept "Tradition trifft Moderne" findet sich sowohl im Ambiente als auch in der Küche von Alexander Schütz: Es gibt zwei Menüs ("Das Große" und "Das Kleine") mit Gerichten wie "fränkischem Bachsaibling mit gegrilltem Broccoli, Mandeln und Zitrone", aber auch Brotzeiten samt hausgemachter Bratwurst.

PRICHSENSTADT

Bayern – 3 190 Ew. – Höhe 248 m – Siehe Regionalatlas **49-J15**

Berlin 466 km – München 254 km – Würzburg 42 km – Schweinfurt 32 km

Michelin Straßenkarte 546

Freihof (mit Gästehaus) Zim, Zim,

Freihofgasse 3 ✉ 97357 – ✆ (09383) 9 02 03 40 – www.freihof-prichsenstadt.de – geschl. 7. - 27. Dezember

30 Zim – 120 € 130/160 € – ½ P

Rest *prixxess* – Menü 25 € (mittags)/75 € – Karte 30/45 € – *(geschl. Montag)*

Mit der aufwändigen Restaurierung des alten Gutshofes hat Familie Gebert voll ins Schwarze getroffen: Hochwertig und geschmackvoll ist das moderne Interieur geworden, Fachwerk-Charme trifft auf klares Design. Sie möchten auf stilvolle Art die Gegend erkunden? Man verleiht Motorkutschen! Und für Feierlichkeiten gibt es die Eventscheune.

Zum Storch Zim,

Luitpoldstr. 7 ✉ 97357 – ✆ (09383) 65 87 – www.gasthof-storch.de – geschl. Januar

13 Zim – 60/80 € 75/105 € – ½ P

Rest – Menü 20/60 € – Karte 15/43 € – *(geschl. Dienstag, November - März: Montag - Dienstag)*

Aus dem Jahre 1658 stammt der Gasthof, der seit über 130 Jahren als Familienbetrieb geführt wird. Die Zimmer sind sehr gepflegt und in wohnlich-ländlichem Stil eingerichtet. Nette Wirtschaft mit schönem Innenhof unter alten Bäumen. Weine aus eigenem Anbau.

In Prichsenstadt-Neuses am Sand Nord: 5 km über B 286

Landhotel Neuses mit Zim

Neuses am Sand 19 ✉ 97357 – ✆ (09383) 71 55 – www.landhotel-neuses-sand.de – geschl. Februar 2 Wochen, November 1 Woche

10 Zim – 39/65 € 69/88 € – 2 Suiten – ½ P

Menü 22 € – Karte 19/43 € – *(geschl. November - April: Montag - Dienstag, Mai - November: Montag - Dienstagmittag)*

In der einstigen Posthalterei von 1812 wechselte schon Napoleon die Pferde. Hinter der gepflegten Bruchsteinfassade bietet das nette Gastgeberpaar regional-bürgerliche Speisen. Die Zimmer und Appartements sind in ländlichem Stil gehalten.

PRIEN am CHIEMSEE

Bayern – 10 400 Ew. – Höhe 533 m – Siehe Regionalatlas **66-N21**

Berlin 656 km – München 85 km – Bad Reichenhall 58 km – Salzburg 64 km

Michelin Straßenkarte 546

Garden-Hotel Reinhart garni (mit Gästehaus)

Erlenweg 16 ✉ 83209 – ✆ (08051) 69 40 – www.reinhart-hotel.de – geschl. 20. Oktober - Mitte April

37 Zim – 95/105 € 130/170 €

Ein wirklich gepflegtes Hotel haben die Reinharts hier: Zimmer mit hellem warmem Holz, hübschen Stoffen und wohnlichen Farben (die Einzelzimmer recht groß), dazu ein richtig schöner Garten mit Liegewiese - beim leckeren Frühstück kann man ins Grüne schauen. Außerdem liegt das Haus relativ ruhig und der See ist nicht weit!

Neuer am See

Seestr. 104 ✉ 83209 – ✆ (08051) 60 99 60 – www.neuer-am-see.de

28 Zim – 50/85 € 88/140 € – 3 Suiten – ½ P

Rest – Karte 14/30 € – *(geschl. Mitte Oktober - Mitte April: Dienstag)*

Nur 200 m trennen Sie vom See und der Chiemsee-Schifffahrt zum Königsschloss. Highlight unter den wertigen Zimmern ist die neue große Panoramasuite unterm Dach. Freundlicher Cafébereich im Restaurant: Versuchen Sie erst gar nicht, den hausgemachten Leckereien zu widerstehen!

Rehmann

Bernauer Str. 40 ✉ 83209 – ✆ (08051) 9 61 42 55 – www.restaurant-rehmann.de – geschl. 12. - 27. Januar und Montag - Dienstag
Menü 65 € – Karte 58/66 €
Martin Rehmann kocht modern, sehr auf das hochwertige Produkt bezogen und inspiriert von verschiedenen Küchenstilen. Während Sie seine exakt und harmonisch zubereiteten Speisen genießen, schaffen Holztäfelung und Dielenboden um Sie herum eine gemütliche Atmosphäre.
➜ Zickleintortellini, Morchel, Erbse, Beurre blanc. Wolfsbarsch, Bohne, Artischocke. Himbeer, Paprika, Quark.

Thomas Mühlberger (N)

Bernauer Str. 31 ✉ 83209 – ✆ (08051) 96 68 88 – www.kochstdunoch.de – geschl. Sonntag - Montag
Karte 38/52 € – *(geöffnet bis 18 Uhr)*
Das moderne Konzept von Thomas Mühlberger kommt an: In legerer Atmosphäre bietet man täglich von 9 - 18 Uhr Frühstück sowie gehobene Küche und hausgemachte Kuchen, abends verwandelt sich das Bistro in ein Küchenstudio für Veranstaltungen und Kochkurse.

PRITZWALK

Brandenburg – 12 600 Ew. – Höhe 63 m – Siehe Regionalatlas **21-M6**
Berlin 123 km – Potsdam 115 km – Schwerin 84 km – Rostock 120 km
Michelin Straßenkarte 542

Waldhotel Forsthaus Hainholz

Hainholz 2 (Nord-Ost: 1,5 km über B 103 Richtung Meyenburg) ✉ 16928 – ✆ (03395) 30 07 90 – www.prignitz-hotels.com
24 Zim – 59/65 € 78/85 € **Rest** – Karte 19/27 €
Ein gut geführtes Hotel, in dem man sich herzlich um den Gast kümmert. Das im Wald gelegene Haus wurde nach historischem Vorbild rekonstruiert und erweitert. Neben sehr freundlichen Zimmern erwartet Sie auch ein gutes Frühstück. Im Sommer ist die schöne Terrasse des Restaurants beliebt.

PROBSTRIED – Bayern ➜ Siehe Dietmannsried

PULHEIM

Nordrhein-Westfalen – 53 770 Ew. – Höhe 47 m – Siehe Regionalatlas **35-B12**
Berlin 573 km – Düsseldorf 37 km – Aachen 72 km – Köln 13 km
Michelin Straßenkarte 543

In Pulheim-Dansweiler Süd-West: 6 km über Brauweiler

Il Paradiso

Zehnthofstr. 26 ✉ 50259 – ✆ (02234) 8 46 13 – www.il-paradiso.de – geschl. Montag - Dienstagmittag, Samstagmittag
Menü 20 € (mittags)/46 € – Karte 31/60 €
In dem Familienbetrieb in einer ruhigen Seitenstraße stehen zwei Brüder gemeinsam am Herd und bereiten mediterrane Gerichte zu. Drinnen sitzt man in gemütlich-freundlichem Ambiente, draußen hat man eine schöne Gartenterrasse. Kommen Sie auch mal mittags zum günstigen Lunch!

In Pulheim-Sinnersdorf Nord-Ost: 3 km

Auerhahn

Roggendorfer Str. 46 ✉ 50259 – ✆ (02238) 9 49 00 – www.hotel-auerhahn.net
22 Zim – 85/105 € 99/125 € **Rest** – Karte 28/59 € – *(nur Abendessen)*
Hier lässt es sich gut übernachten: Alles ist gepflegt, die Zimmer sind freundlich und neuzeitlich, eine Flasche Wasser, W-Lan sowie Parken sind kostenfrei. Das gleichnamige Restaurant nebenan gehört auch der Familie. Holzbalken, Backsteinwände, Weinfässer und ein offener Kamin machen es charmant-rustikal, auf der Karte regional-saisonale Gerichte und deutsche Tapas.

In Pulheim-Stommelerbusch Nord-West: 8,5 km Richtung Grevenbroich

XX **Velderhof**

Gut Velderhof 1, (im Golfclub Velderhof) ✉ 50259 – ✆ (02238) 14 02 85 – www.restaurant-velderhof.de – geschl. Januar und Sonntagabend - Freitagmittag

Menü 62/98 € – Karte 46/56 €

Bistro – Menü 18 € (mittags)/35 € – Karte 28/44 € – *(geschl. Januar und Montag)*

Mögen Sie es eher rustikal oder lieber etwas gehobener? Im Bistro mit ehemaligen Pferdeboxen als nette Sitznischen gibt es Tapas, eine Wochenkarte und Klassiker wie hausgemachte Bratwürste, im Gourmetrestaurant mit Blick zum Golfplatz serviert man klassisch-internationale Küche. Lamm, Wild und Gemüse stammen übrigens größtenteils aus der Region.

In Pulheim-Stommeln Nord: 5 km Richtung Grevenbroich

XXX **Gut Lärchenhof**

Hahnenstraße, (Im Golfclub Lärchenhof, Zufahrt über Am Steinwerk) ✉ 50259 – ✆ (02238) 9 23 10 16 – www.restaurant-gutlaerchenhof.de – geschl. Anfang Januar 10 Tage, über Karneval und Montag - Dienstag

Menü 75 € (mittags)/135 € – Karte 61/88 € – (Tischbestellung ratsam)

Genießen Sie das Flair des Golfclubs inmitten des gepflegten Greens, während Sven Messerschmidt für Sie durchdachte moderne Gerichte auf klassischer Basis zubereitet. Aus den beiden Menüs "Petit" und "Degustation" kann man auch à la carte bestellen, interessant auch der Lunch. Der versierte Service präsentiert dazu ein bemerkenswertes Weinangebot.

→ Hummer - Pfirsich und Karotte. Eifel Reh - Sellerie und Brombeere. Erdbeer, Rhabarber, Orangenblüte.

Rest *Bistro* – siehe Restaurantauswahl

X **Bistro** (N) – Restaurant Gut Lärchenhof

Hahnenstraße, (Im Golfclub Lärchenhof, Zufahrt über Am Steinwerk) ✉ 50259 – ✆ (02238) 9 23 10 16 – www.restaurant-gutlaerchenhof.de – geschl. Anfang Januar 10 Tage, über Karneval

Menü 35/49 € – Karte 28/60 €

Es muss nicht immer Gourmetküche sein. Wer es gerne mal ein bisschen einfacher hat, isst im Bistro. Hier gibt es ganztägig Klassiker wie "Peter's Spezial" oder Aktuelles wie "Wildgulasch mit Spätzle".

PULLACH

Bayern – 8 740 Ew. – Höhe 583 m – Siehe Regionalatlas **65-L20**

Berlin 598 km – München 12 km – Augsburg 72 km – Garmisch-Partenkirchen 77 km

Michelin Straßenkarte 546

Seitner Hof garni

Habenschadenstr. 4 ✉ 82049 – ✆ (089) 74 43 20 – www.seitnerhof.de – geschl. 21. Dezember - 6. Januar

40 Zim – 🛉119/220 € 🛉🛉152/320 €

Wohnliche Zimmer, schöner Garten, ruhige Lage und dennoch gute Anbindung nach München... und nicht zuletzt der freundliche Service - da kommen schon so einige Annehmlichkeiten zusammen. Natürlich sei auch die kleine Bibliothek erwähnt!

X **Alte Brennerei** (N)

Habenschadenstr. 4a ✉ 82049 – ✆ (089) 74 84 96 88 – www.altebrennerei-pullach.de – geschl. 1. - 15. Januar und Montag

Menü 49/89 € – Karte 37/56 € – *(Dienstag - Samstag nur Abendessen, außer an Feiertagen)* (Tischbestellung ratsam)

Komplett in Holz gehalten und hübsch dekoriert versprüht das kleine Chalet alpenländischen Charme. In dieser gemütlichen Atmosphäre gibt es saisonale Gerichte und ein günstiges Mittagsmenü - man kocht für Sie auch laktose- und glutenfrei.

PUTBUS – Mecklenburg-Vorpommern → Siehe Rügen (Insel)

PYRMONT, BAD

Niedersachsen – 20 770 Ew. – Höhe 111 m – Siehe Regionalatlas **28-H9**
Berlin 351 km – Hannover 69 km – Bielefeld 58 km – Hildesheim 70 km
Michelin Straßenkarte 541

Steigenberger

Rest,

Heiligenangerstr. 2 ✉ 31812 – ✆ (05281) 15 02
– www.bad-pyrmont.steigenberger.de
148 Zim – 97/167 € 164/304 € – 3 Suiten – ½ P
Rest – Menü 24/58 € (abends) – Karte 34/48 €
Als einstiges "Fürstliches Kurhotel" bietet dieses Haus am Kurpark einen klassisch-komfortablen Rahmen. Meist großzügie Zimmer sowie Spa- und Freizeitangebot auf 1500 qm. Alternativ zum angenehm hellen Restaurant bietet man die Stube "Bayerisches Platzl".

Alte Villa Schlossblick

Kirchstr. 23 ✉ 31812 – ✆ (05281) 9 56 60 – www.alte-villa-schlossblick.de
– geschl. Januar, 16. Oktober - 3. November
14 Zim – 46/49 € 88 € – ½ P
Rest *Alte Villa Schlossblick* – siehe Restaurantauswahl
Schon die Fassade der denkmalgeschützten Villa von 1894 ist wirklich einladend, und dazu noch die attraktive Lage am Kurpark gegenüber der Spielbank... Drinnen ist das Haus natürlich ganz stilgerecht mit seinen hohen Räumen und der eleganten Einrichtung.

Alte Villa Schlossblick – Hotel Alte Villa Schlossblick

Kirchstr. 23 ✉ 31812 – ✆ (05281) 9 56 60 – www.alte-villa-schlossblick.de
– geschl. Januar, 16. Oktober - 3. November und Montag - Dienstag
Menü 30 € – Karte 25/47 €
Der Chef der netten Villa sorgt hier für bürgerlich-regionale Küche. Und die bekommen Sie in ansprechendem Ambiente serviert: Angenehm hell durch die große Fensterfront, schön frisch durch die freundlichen Rottöne.

QUEDLINBURG

Sachsen-Anhalt – 28 430 Ew. – Höhe 122 m – Siehe Regionalatlas **30-K10**
Berlin 208 km – Magdeburg 56 km – Erfurt 133 km – Halle 76 km
Michelin Straßenkarte 542

Hotel Am Brühl

Billungstr. 11 ✉ 06484 – ✆ (03946) 9 61 80 – www.hotelambruehl.de
44 Zim – 80/100 € 99/140 € – 2 Suiten – ½ P
Rest *Weinstube* – siehe Restaurantauswahl
Ein denkmalgeschütztes Fachwerkgebäude und eine Gründerzeitvilla wurden sorgsam restauriert und mit Landhausmöbeln, hellen Tönen und schönen Stoffen in ein wahres Kleinod verwandelt, das fast mediterran anmutet. In die überaus sehenswerte Altstadt sind es übrigens nur ca. 10 Minuten zu Fuß!

Zum Bär

Markt 8 ✉ 06484 – ✆ (03946) 77 70 – www.hotelzumbaer.de
48 Zim – 60/90 € 95/140 € – 2 Suiten – ½ P
Rest – Menü 17/45 € – Karte 22/38 € – *(geschl. 5. Januar - 31. März) (Montag - Freitag nur Abendessen)*
Das traditionsreiche Hotel in dem Ensemble von Altstadthäusern am Markt verfügt über geschmackvolle und individuelle Zimmer, darunter zwei Suiten. Kosmetik und Massage. Im Restaurant mit Bistro-Ambiente speist man bürgerlich. Dazu ein Café und eine Terrasse auf dem Marktplatz.

Theophano im Palais Salfeldt

Kornmarkt 6 ✉ 06484 – ✆ (03946) 52 66 01 – www.restaurant-theophano.de
– geschl. 7. - 13. Februar und Sonntag - Montag
Menü 35/59 € – *(nur Abendessen)*
Während Sie sich in dem ehemaligen Kornspeicher im historischen Stadtkern frische Gerichte wie "Spargelcremesuppe mit gebeiztem Lachs" und "Sauerbraten von der Rinderbacke mit Rotkohl und Serviettenknödel" schmecken lassen, bewundern Sie das tolle alte Kreuzgewölbe um Sie herum, dem die geradlinige Einrichtung gut zu Gesicht steht. Schön sitzt man auch im Innenhof.

Weinstube – Hotel Am Brühl
Billungstr. 11 ✉ 06484 – ✆ (03946) 9 61 80 – www.hotelambruehl.de – geschl. Januar - März: Sonntag
Menü 28/48 € – Karte 31/40 € – *(Januar - März: nur Abendessen)*
Erinnert Sie das hier an die Provence? Reizende Räume, in denen Terrakottafliesen, freundliche Farben und eine alte Backsteindecke ländlichen Charme versprühen, dazu ein lauschiger begrünter Innenhof... das ist der schöne Rahmen, den die ehemalige Stallung für die saisonal-regionale Küche zu bieten hat.

QUERFURT
Sachsen-Anhalt – 11 840 Ew. – Höhe 170 m – Siehe Regionalatlas **31-L11**
Berlin 205 km – Magdeburg 103 km – Leipzig 60 km – Merseburg 33 km
Michelin Straßenkarte 542

Querfurter Hof
Merseburger Str. 5 ✉ 06268 – ✆ (034771) 52 40 – www.querfurterhof.de
25 Zim – 51/61 € 63/75 €, 8 € – ½ P
Rest – Menü 25 € – Karte 18/41 €
Das Hotel steht in verkehrsberuhigter Lage im Herzen der Altstadt und verfügt über solide und zeitgemäß ausgestattete Gästezimmer. Hell und zeitlos ist das Restaurant gestaltet.

QUICKBORN
Schleswig-Holstein – 20 560 Ew. – Höhe 19 m – Siehe Regionalatlas **10-I5**
Berlin 309 km – Kiel 76 km – Hamburg 33 km – Itzehoe 45 km
Michelin Straßenkarte 541

Jagdhaus Waldfrieden (mit Gästehaus)
Kieler Straße, (Richtung Bilsen) (B 4, Nord: 3 km) ✉ 25451 – ✆ (04106) 6 10 20 – www.waldfrieden.com
26 Zim – 85/98 € 140/165 €
Rest *Jagdhaus Waldfrieden* – siehe Restaurantauswahl
Die ehemalige Privatvilla mit Nebengebäude und schönem Park bietet einen idealen Rahmen für Feierlichkeiten wie Hochzeiten. Die Gästezimmer sind stimmig und sehr wohnlich gestaltet.

Jagdhaus Waldfrieden – Hotel Jagdhaus Waldfrieden
Kieler Straße (B 4, Nord: 3 km) ✉ 25451 – ✆ (04106) 6 10 20 – www.waldfrieden.com – geschl. Montagmittag
Menü 22 € (mittags unter der Woche)/54 € – Karte 28/54 €
Nehmen Sie Platz, entweder im gemütlichen Kaminzimmer oder im luftigen Wintergarten. Auf der Karte finden Sie viele norddeutsche Produkte, die teils auch mit mediterranem Einfluss zubereitet werden. Eine Spezialität des Hauses ist die Bauernente.

RABENAU – Sachsen ➜ Siehe Freital

RADEBEUL
Sachsen – 33 710 Ew. – Höhe 117 m – Siehe Regionalatlas **43-Q12**
Berlin 190 km – Dresden 7 km – Chemnitz 70 km – Leipzig 110 km
Michelin Straßenkarte 544

Villa Sorgenfrei
Augustusweg 48, (Stadtplan Dresden) ✉ 01445 Stadtplan : A1**h**
– ✆ (0351) 7 95 66 60 – www.hotel-villa-sorgenfrei.de
15 Zim – 80/144 € 99/179 € – 1 Suite – ½ P
Rest *Villa Sorgenfrei* – siehe Restaurantauswahl
Eine schöne kleine Lindenallee führt zu dem Herrenhaus a. d. 18. Jh., wo Sie mit Julia und Björn Zierow engagierte Gastgeber erwarten. Überaus charmant und stilvoll das Interieur, gut das frische Frühstück. Wer sich etwas Besonderes gönnen möchte, bucht die Suite samt kleinem Garten.

Villa Sorgenfrei – Hotel Villa Sorgenfrei

Augustusweg 48, (Stadtplan Dresden) ✉ 01445 Stadtplan : A1**h**
– ✆ (0351) 7 95 66 60 – www.hotel-villa-sorgenfrei.de – geschl. 10. - 24. Januar und Dienstag
Menü 49/89 € – Karte 53/69 € – *(nur Abendessen)*
Auch hier verspricht der Name nicht zu viel: Aufmerksam umsorgt mit ambitionierten internationalen Menüs lässt man den mediterran-eleganten Saal mit seinem historischen Bleikristall-Lüster, Wandmalerei und hoher Stuckdecke auf sich wirken.

Charlotte K. N mit Zim

Coswiger Str. 23, (Stadtplan Dresden) ✉ 01445 – ✆ (0351) 8 33 68 76 – www.charlotte-radebeul.de – geschl. 18. Januar - 8. Februar und Montag - Dienstag
2 Zim – 90/100 € 90/100 €
Menü 36/45 € – Karte 30/44 € – *(nur Abendessen, sonntags auch Mittagessen)* (Tischbestellung ratsam)
In dem Fachwerkhäuschen von 1827 begrüßt Sie Gastgeberin Ines Kuka in liebenswerten Stuben. Neben unkompliziertem freundlichem Service gibt es leckere internationale Küche von handgemachter Pasta über "Charlottes Sülze" bis Kalbstafelspitz. Gefragt auch die charmanten ländlich-modernen Zimmer.

RADEBURG

Sachsen – 7 650 Ew. – Höhe 147 m – Siehe Regionalatlas **43-Q11**
Berlin 173 km – Dresden 22 km – Meißen 18 km
Michelin Straßenkarte 544

In Radeburg-Bärwalde Süd-West: 4,5 km

Gasthof Bärwalde

Kalkreuter Str. 10a ✉ 01471 – ✆ (035208) 34 29 01 – geschl. Sonntagabend, Dienstag - Mittwoch
Menü 42 € – Karte 28/43 € – *(nur Abendessen, sonntags auch Mittagessen)* (Tischbestellung ratsam)
Die Fahrt in das ruhig gelegene Dörfchen lohnt sich, denn Familie Seidel hat hier ein gemütliches Gasthaus, in dem Patron Olav klassisch, produktbezogen und schmackhaft kocht, z. B. "Schmorstück vom Charolais-Bullen mit glaciertem Wurzelgemüse". Die Weinkarte verrät, dass man lange im Badischen war.

RADEVORMWALD

Nordrhein-Westfalen – 22 530 Ew. – Höhe 360 m – Siehe Regionalatlas **36-D11**
Berlin 540 km – Düsseldorf 64 km – Hagen 27 km – Lüdenscheid 22 km
Michelin Straßenkarte 543

Außerhalb Nord-Ost: 3 km an der B 483 Richtung Schwelm

Zur Hufschmiede (mit Gästehaus) Zim,

Neuenhof 1 ✉ 42477 Radevormwald – ✆ (02195) 9 27 60 – www.zurhufschmiede.de
23 Zim – 65/85 € 95/125 €, 9 €
Rest – Menü 19/45 € – Karte 26/50 € – *(geschl. Donnerstag - Freitag) (nur Abendessen, sonntags auch Mittagessen)*
Das aus einem Landgasthof entstandene Hotel ist ein netter Familienbetrieb mit wohnlichen Gästezimmern und einem zum Garten hin gelegenen Frühstücksraum. Im Restaurant herrscht eine ländlich-gemütliche Atmosphäre.

RADOLFZELL

Baden-Württemberg – 30 790 Ew. – Höhe 404 m – Siehe Regionalatlas **62-G21**
Berlin 747 km – Stuttgart 163 km – Konstanz 23 km – Singen (Hohentwiel) 11 km
Michelin Straßenkarte 545

bora HotSpaResort

Karl-Wolf-Str. 35 ✉ 78315 – ✆ (07732) 95 04 00 – www.bora-hotsparesort.de
84 Zim – 118/179 € 175/250 € – ½ P
Rest – Menü 20/49 € – Karte 39/68 €
Urlauber, Wellnessgäste, Tagungen... Die Lage nur einen Steinwurf vom See entfernt und die schicke wertig-moderne Einrichtung im ganzen Haus spricht jeden an! Alle Zimmer mit Balkon. Sie möchten richtig schön entspannen? "boraSPA" nebenan.

Am Stadtgarten garni

Höllturmpassage 2 ✉ 78315 – ✆ (07732) 9 24 60 – www.hotel-am-stadtgarten.de – geschl. Weihnachten - 10. Januar
31 Zim – 82/95 € 129/150 €
In der Höllturmpassage im Zentrum befindet sich dieses Hotel mit zeitgemäßen, funktionalen Zimmern - einige mit Loggia zum Stadtgarten. Hell und modern ist der Frühstücksraum. Praktisch: Parken kann man in einer öffentlichen Garage im Haus!

Zur Schmiede garni

Friedrich-Werber-Str. 22 ✉ 78315 – ✆ (07732) 9 91 40 – www.zur-schmiede.com – geschl. 23. Dezember - 2. Januar
37 Zim – 65/89 € 104/129 €
Hier wohnt man in praktischer Lage gegenüber dem Bahnhof und nahe der Fußgängerzone - und der See ist auch nicht weit! Manche der neuzeitlichen Zimmer (einige im "Alten Zollamt" nebenan) sind recht geräumig!

Auf der Halbinsel Mettnau

Art Villa am See garni

Rebsteig 2/2 ✉ 78315 – ✆ (07732) 9 44 40 – www.artvilla.de
9 Zim – 97/190 € 135/215 € – 3 Suiten
Kunst trägt die schöne Villa nicht nur in ihrem Namen! So einiges zieht die Gäste an: das geschmackvolle und stimmige Interieur, die traumhafte Lage am Mettnaupark, die Nähe zum See, der tolle Garten, der persönliche Service... Der Chef bietet zudem eine gute Weinauswahl mit besonderen Rotweinen!

Mettnau-Stube

Strandbadstr. 23 ✉ 78315 – ✆ (07732) 1 36 44 – www.mettnaustube.de – geschl. Oktober 1 Woche und Montag - Dienstagmittag
Menü 20/39 € – Karte 24/55 €
In dem freundlich-rustikal gestalteten Restaurant mit Wintergarten bietet man überwiegend Fischküche, asiatisch und regional-saisonal. Schön sitzt man auf der Terrasse im Tessiner Stil - mit Mückenschutz!

In Radolfzell-Güttingen Nord: 4,5 km

Adler-Gästehaus Sonnhalde

Schloßbergstr. 1 ✉ 78315 – ✆ (07732) 1 50 20 – www.landgasthaus-adler.de
30 Zim – 45/65 € 80/90 € – 1 Suite – ½ P
Rest – Menü 15/20 € – Karte 11/43 € – *(geschl. Dienstag)*
Der Adler ist ein einfacher, aber sehr gepflegter Gasthof unter familiärer Leitung, dessen etwas oberhalb gelegenes Gästehaus solide Zimmer beherbergt, meist mit Südbalkon. Das Restaurant teilt sich in rustikale Stuben und einen freundlichen Wintergarten.

In Moos Süd-West: 4 km

Gottfried

Böhringer Str. 1 ✉ 78345 – ✆ (07732) 9 24 20 – www.hotel-gottfried.de – geschl. Januar
15 Zim – 76/80 € 115/125 € – 3 Suiten – ½ P
Rest *Gottfried* – siehe Restaurantauswahl
Das kleine Hotel wird familiär geführt und verfügt über gepflegte, funktional eingerichtete Gästezimmer, darunter auch das Garten-, Golf-, Smart- oder Natur-Pur-Zimmer.

Gasthaus Schiff (mit Gästehaus)
Hafenstr. 1 ✉ 78345 – ✆ (07732) 9 90 80 – www.schiff-moos.de
21 Zim – 40/48 € 64/100 €
Rest – Menü 16/21 € – Karte 18/32 € – *(geschl. über Fasching, November und Montag - Dienstag, im Sommer: Montag - Dienstagmittag)*
Relativ ruhig liegt der Familienbetrieb in Seenähe beim Bootshafen. Die Zimmer sind im Haupthaus eher schlicht, komfortabler und zeitgemäß-funktionell ist das Gästehaus. Richtig schön sitzt man auf der Terrasse unter Platanen bei leckerem Fisch aus dem Bodensee!

Gottfried – Hotel Gottfried
Böhringer Str. 1 ✉ 78345 – ✆ (07732) 9 24 20 – www.hotel-gottfried.de – geschl. Januar, im Sommer: Donnerstag - Freitagmittag sowie im Winter: Mittwoch - Freitagmittag
Menü 28/65 € – Karte 32/56 €
Die Küche von Klaus Neidhart ist saisonal und mediterran beeinflusst und hat natürlich Bezug zum Bodensee. So serviert man frische Speisen wie z. B. "Bouillabaisse von Bodenseefischen mit Rouille und Croûtons".

RAHDEN

Nordrhein-Westfalen – 15 640 Ew. – Höhe 45 m – Siehe Regionalatlas **17-F8**
Berlin 370 km – Düsseldorf 231 km – Bielefeld 60 km – Bremen 91 km
Michelin Straßenkarte 543

Westfalen Hof
Rudolf-Diesel-Str. 13 ✉ 32369 – ✆ (05771) 9 70 00 – www.westfalen-hof.de
34 Zim – 55/85 € 80/105 € – ½ P
Rest – Menü 28/58 € – Karte 28/54 € **Rest *Rupert*** – Menü 28/54 € – Karte 28/54 €
Neuzeitlich-komfortable Zimmer und ein gutes Sport-/Vitalangebot (u. a. Saunabereich auf 800 qm, Beauty sowie Hallenfußball und Sportsbar) machen diese Anlage aus. Modern-elegantes Ambiente und internationale Küche im Restaurant Rupert.

RAIN am LECH

Bayern – 8 470 Ew. – Höhe 402 m – Siehe Regionalatlas **57-K18**
Berlin 532 km – München 109 km – Augsburg 52 km – Ingolstadt 46 km
Michelin Straßenkarte 546

Dehner Blumen Hotel Zim,
Bahnhofstr. 19 ✉ 86641 – ✆ (09090) 7 60 – www.dehner-blumenhotel.de
91 Zim – 74/104 € 94/134 € – 3 Suiten – ½ P
Rest *Rosenstube* – Menü 22/40 € – Karte 29/56 € – *(geschl. 24. Dezember)*
Das komfortable Hotel des bekannten Garten-Center-Betreibers ist besonders auf Tagungen zugeschnitten und bietet wohnlich-solide Gästezimmer sowie das "Rosenrestaurant" mit hübscher Terrasse - von hier schaut man ins Grüne.

RAMMINGEN – Baden-Württemberg → Siehe Langenau

RAMSAU

Bayern – 1 800 Ew. – Höhe 670 m – Siehe Regionalatlas **67-O21**
Berlin 732 km – München 138 km – Bad Reichenhall 21 km – Berchtesgaden 11 km
Michelin Straßenkarte 546

Berghotel Rehlegg Rest,
Holzengasse 16 ✉ 83486 – ✆ (08657) 9 88 40 – www.rehlegg.de
87 Zim – 59/75 € 117/204 € – 9 Suiten – ½ P
Rest – Menü 39 € – Karte 30/46 € – *(nur Abendessen)*
Wanderer sind in dem gewachsenen Ferienhotel der Familie Lichtmannegger (bereits die 3. Generation) bestens aufgehoben: Direkt am Haus gibt es einen Wanderweg zum Watzmann und ein Rucksack mit Equipment steht kostenfrei für Sie zur Verfügung! Nach einem schönen Tag in der Natur stärken Sie sich im hübschen regionstypischen Restaurant mit Sonnenterrasse und freuen sich auf ein wohnliches Zimmer - vielleicht in der Residenz? Hier hat man Suiten und Studios in schickem alpenländisch-modernem Stil.

An der Straße nach Loipl Nord: 6 km

Nutzkaser

Am Gseng 10 ✉ 83486 Ramsau – ✆ (08657) 3 88 – www.hotel-nutzkaser.de – geschl. Mitte November - Mitte Dezember

23 Zim – †64/85 € ††92/134 € – ½ P **Rest** – Menü 15 € – Karte 18/40 €

Kein Wunder, dass der Familienbetrieb sehr gut gebucht ist: einfach klasse die Lage mitten in den Bergen, ringsum tolle Wanderwege, traumhaft die Terrasse mit Blick auf Watzmann, Watzfrau und Hochkalter, dazu sympathische Gastgeber und behagliche Zimmer sowie Panoramarestaurant und gemütliches Kaminstüberl.

RAMSEN

Rheinland-Pfalz – 1 800 Ew. – Höhe 232 m – Siehe Regionalatlas **47-E16**

Berlin 645 km – Mainz 63 km – Neustadt an der Weinstraße 57 km – Saarbrücken 100 km

Michelin Straßenkarte 543

Seehaus Forelle (mit Gästehaus)

Eiswoog 1 (Süd-West: 4 km, Richtung Kaiserslautern) ✉ 67305 – ✆ (06356) 6 08 80 – www.seehaus-forelle.de

20 Zim – †75/115 € ††85/125 € – 1 Suite – ½ P

Rest – Menü 33 € – Karte 30/46 €

In idyllischer Lage an einem Weiher erwarten Sie modern designte Zimmer im "haeckenhaus" sowie 100 m entfernt im "forsthaus" und einem kleinen Nebenhaus. TV auf Wunsch. Restaurant mit Seeterrasse, Kaminzimmer und elegantem Grünem Salon. Süßwasserfisch-Spezialitäten.

RAMSTEIN-MIESENBACH

Rheinland-Pfalz – 7 410 Ew. – Höhe 238 m – Siehe Regionalatlas **46-D16**

Berlin 662 km – Mainz 100 km – Saarbrücken 56 km – Kaiserslautern 19 km

Michelin Straßenkarte 543

Ramsteiner Hof

Miesenbacher Str. 26 (Ramstein) ✉ 66877 – ✆ (06371) 97 20 – www.ramsteiner-hof.de

21 Zim – †65/95 € ††85/115 €

Rest – Karte 19/33 € – *(geschl. August 2 Wochen und Samstag - Sonntag)*

Der ehemalige Gasthof a. d. 18. Jh. ist zu einem netten und gepflegten Landhotel geworden: Es gibt hier einen gemütlichen Loungebereich sowie helle, mit warmen Farben wohnlich gestaltete und technisch gut ausgestattete Zimmer.

RANDERSACKER

Bayern – 3 400 Ew. – Höhe 175 m – Siehe Regionalatlas **49-I16**

Berlin 498 km – München 278 km – Würzburg 8 km – Ansbach 71 km

Michelin Straßenkarte 546

Bären (mit Gästehaus)

Würzburgerstr. 6 ✉ 97236 – ✆ (0931) 7 05 10 – www.baeren-randersacker.de – geschl. 23. Dezember - 12. Januar, 9. - 26. August

38 Zim – †61/92 € ††92/120 €

Rest *Bären* – siehe Restaurantauswahl

Der hübsche Gasthof mit Familientradition seit 1886 liegt unweit von Würzburg in einem Weinort am Main. Man hält hier alles schön in Schuss, die Atmosphäre ist sympathisch, die Zimmer sind zeitgemäß und am Morgen gibt es ein frisches Frühstück. Tagungsräume im Gartenhaus.

Bären – Hotel Bären

Würzburgerstr. 6 ✉ 97236 – ✆ (0931) 7 05 10 – www.baeren-randersacker.de – geschl. 23. Dezember - 12. Januar, 9. - 26. August und Sonntagabend

Karte 29/55 €

Was dieses Restaurant so nett und beliebt macht? Zum einen ist es der traditionelle Charme, zum anderen die regionale Saisonküche - und natürlich die Spezialität: Forelle. Gerne sitzen die Gäste im Sommer im lauschigen Innenhof.

RASTATT

Baden-Württemberg – 47 560 Ew. – Höhe 123 m – Siehe Regionalatlas **54-E18**

Berlin 696 km – Stuttgart 97 km – Karlsruhe 24 km – Baden-Baden 13 km

Michelin Straßenkarte 545

Schwert

Herrenstr. 3a, (Zufahrt über Schiffstr.) ✉ 76437 – ✆ (07222) 76 80 – www.hotel-schwert.de

51 Zim – 64/99 € 99/135 € – ½ P

Rest ***Schwert Stuben*** – Menü 50/74 € – Karte 32/59 € – *(geschl. 1. - 6. Januar und Samstagmittag, Sonntag - Montag)*

Hoteltradition seit 1729 bietet das stattliche Haus mitten in Rastatt. Sie wohnen in funktionellen und technisch gut ausgestatteten Zimmern, perfekt für Businessgäste, aber auch für Stadtbesucher. Im Restaurant serviert man Ihnen traditionelle und gehobene Küche mit badischen Wurzeln.

Am Kulturplatz

Am Schloßplatz 7 ✉ 76437 – ✆ (07222) 15 88 70 – www.hotel-am-kulturplatz.de

10 Zim – 78 € 98 €

Rest ***che'nou*** – ✆ (07222) 1 58 87 22 – Karte 22/47 € – *(geschl. Samstagmittag, Sonntag)*

Das kleine Hotel in dem schön sanierten denkmalgeschützten Haus von 1907 überzeugt durch seine hübschen, geradlinig-modern eingerichteten Gästezimmer. Restaurant im Bistrostil, im Sommer mit netter Terrasse.

RASTEDE

Niedersachsen – 20 820 Ew. – Höhe 18 m – Siehe Regionalatlas **17-F6**

Berlin 445 km – Hannover 181 km – Bremen 58 km – Wilhelmshaven 44 km

Michelin Straßenkarte 541

Schlosspark-Hotel Hof von Oldenburg (mit Gästehäusern)

Oldenburger Str. 199 ✉ 26180 – ✆ (04402) 9 27 90 – www.schlosspark-hotel.de – geschl. 23. Dezember - 6. Januar

Rest,

36 Zim – 50/59 € 84/98 € – ½ P **Rest** – Menü 25 € – Karte 14/45 €

Direkt am Schlosspark des Luftkurortes und doch verkehrsgünstig gelegenes Hotel mit solide und funktionell ausgestatteten Gästezimmern. Unterteiltes bürgerliches Restaurant.

Das weiße Haus mit Zim

Südender Str. 1 ✉ 26180 – ✆ (04402) 32 43 – www.kindermann-weisseshaus.de – geschl. Januar 1 Woche, Oktober 1 Woche und Dienstag - Mittwoch

3 Zim – 57/82 € 91/98 €

Karte 25/45 € – *(nur Abendessen)* (Tischbestellung ratsam)

Engagiert und herzlich wird das schöne reetgedeckte Ammerländer Bauernhaus von 1892 geführt. Geboten wird eine saisonal und mediterran beeinflusste Landhausküche, die man sich im Sommer am besten im hübschen Garten servieren lässt. Sie möchten übernachten? Die Zimmer sind topgepflegt und wohnlich.

RATEKAU

Schleswig-Holstein – 15 560 Ew. – Höhe 20 m – Siehe Regionalatlas **11-K4**

Berlin 323 km – Kiel 71 km – Eutin 27 km – Lübeck 15 km

Michelin Straßenkarte 541

In Ratekau-Warnsdorf Nord-Ost: 9 km

Landhaus Töpferhof

Fuchsbergstr. 5 ✉ 23626 – ✆ (04502) 21 24 – www.landhaus-toepferhof.de

38 Zim – 90/120 € 130/250 € – 5 Suiten – ½ P

Rest – Menü 32/49 € – Karte 25/54 € – *(geschl. Sonntag) (nur Abendessen)*

Wer eine individuelle Adresse sucht, wird sich hier wohlfühlen - dafür sorgen Landhaus-Flair, wohltuende Kosmetik- und Massage-Anwendungen und ein großer Garten mit Ententeich (besonders ruhig sind die Zimmer zu dieser Seite!) sowie ein gemütliches Restaurant mit schönem Wintergarten und ein sehenswerter Weinkeller.

RATHEN (KURORT)

Sachsen – 400 Ew. – Höhe 120 m – Siehe Regionalatlas **43-R12**
Berlin 226 km – Dresden 37 km – Pirna 18 km
Michelin Straßenkarte 544

Elbiente
Zim,

Wehlener Weg 1 ✉ 01824 – ✆ (035024) 7 55 00 – www.elbiente.de
30 Zim – ♦70/130 € ♦♦90/150 € – ½ P
Rest – Menü 25/50 € (abends) – Karte 23/55 €
Das Hotel liegt direkt an der Fähre und ist ein idealer Ausgangspunkt für Radwanderungen. In den Zimmern: geradliniges Design in Erdtönen und kräftigem Rot. Relaxen bei Kosmetik oder im Solebad, Elbblick vom Restaurant und der Terrasse.

Elbschlösschen

Kottesteig 5 ✉ 01824 – ✆ (035024) 7 50 – www.hotelelbschloesschen.de – geschl. 20. - 27. Dezember
70 Zim – ♦60/110 € ♦♦85/135 € – ½ P
Rest – Menü 25/40 € (abends) – Karte 20/55 €
Ein Logenplatz direkt an der Elbe, am Fuße der Bastei. Einige Zimmer haben einen eigenen Balkon zum Elbufer hin, und auch vom Restaurant Lilienstein schaut man auf den Fluss. Zudem: Massage und Kosmetik in der Beautyabteilung.

RATHENOW

Brandenburg – 25 310 Ew. – Höhe 29 m – Siehe Regionalatlas **21-N8**
Berlin 91 km – Potsdam 78 km – Magdeburg 85 km – Brandenburg 32 km
Michelin Straßenkarte 542

Fürstenhof garni

Bahnhofstr. 13 ✉ 14712 – ✆ (03385) 55 80 00 – www.hotel-fuerstenhof-rathenow.de
40 Zim – ♦67/95 € ♦♦98/124 €
Das Haus mit der auffallend gepflegten klassischen Fassade liegt im Zentrum nahe dem Bahnhof. Individuelle, z. T. mit Antiquitäten eingerichtete Zimmer und stilvoll-gediegener Frühstücksraum.

In Rathenow-Semlin Nord-Ost: 6 km über B 188, in Stechow links

Golf Resort Semlin am See
Rest, Rest,

Ferchesarer Str. 8b (Süd-Ost: 2,5 km) ✉ 14712 – ✆ (03385) 55 40 – www.golfresort-semlin.de – geschl. 26. Januar - 10. Februar
72 Zim – ♦85/95 € ♦♦110/135 € – 2 Suiten – ½ P
Rest – Menü 24/30 € – Karte 23/41 €
Ein Golfhotel in herrlich ruhiger Lage etwas außerhalb. Die Zimmer sind wohnlich gestaltet und verfügen über Balkon/Terrasse zum Golfplatz oder zum Wald. Gute Tagungsmöglichkeiten. Schön sind die Restaurantterrasse mit Blick ins Grüne sowie der große Barbereich.

RATINGEN

Nordrhein-Westfalen – 91 090 Ew. – Höhe 50 m – Siehe Regionalatlas **26-C11**
Berlin 552 km – Düsseldorf 13 km – Duisburg 19 km – Essen 22 km
Michelin Straßenkarte 543

relexa hotel Ratingen City

Calor-Emag-Str. 7 ✉ 40878 – ✆ (02102) 1 67 50 – www.relexa-hotels.de
134 Zim – ♦57/149 € ♦♦57/179 €, 17 € – ½ P
Rest – Menü 23 € (mittags)/65 € – Karte 34/50 €
Das Businesshotel im Zentrum ist freundlich in neuzeitlichem Stil gehalten. Großzügige Lobby mit angrenzendem Café. Sauna und Fitnessraum sind kostenpflichtig. Das geradlinige Ambiente setzt sich im Restaurant fort.

Astoria garni

Mülheimer Str. 72 ✉ 40878 – ✆ (02102) 8 56 70 – www.astoria-ratingen.de – geschl. 20. Dezember - 6. Januar, über Ostern
27 Zim – ♦79/98 € ♦♦98/110 €
Das familiär geleitete zeitgemäße Hotel befindet sich in einem hübschen Stadthaus in verkehrsgünstiger Lage am Zentrumsrand. Gutes Frühstücksbuffet und W-Lan kostenfrei.

Allgäuer Hof

Beethovenstr. 24 ✉ 40878 – ✆ (02102) 9 54 10
– www.allgaeuerhof-ratingen.de
– geschl. 20. Dezember - 8. Januar
14 Zim ☕ – 🚹79/199 € 🚹🚹99/249 € – ½ P
Rest – Menü 40 € – Karte 23/42 € – *(geschl. August 3 Wochen und Samstag - Sonntagmittag)*
Das gepflegte kleine Hotel mit den gut ausgestatteten Zimmern wird persönlich und familiär geführt. Zum historischen Stadtkern sind es nur wenige Gehminuten. Gemütliches Ambiente und bürgerliche Küche im Restaurant.

In Ratingen-Homberg Ost: 5 km jenseits der A3

Essgold

Dorfstr. 33 ✉ 40882 – ✆ (02102) 5 51 90 70 – www.restaurant-essgold.de
– geschl. 29. Dezember - 8. Januar und Montag - Dienstag
Menü 35/55 € – Karte 32/52 € – *(nur Abendessen)*
Hinter den bleiverglasten Fenstern des Fachwerkhauses von 1875 sitzt man in einem gemütlichen Raum mit Kachelofen unter einer Holzbalkendecke auf hellen Lederstühlen und lässt sich saisonale Küche servieren. Auch zwei Gästezimmer stehen zur Verfügung.

In Ratingen-Lintorf Nord: 4 km, jenseits der A 52

Gut Porz

Hülsenbergweg 10 ✉ 40885 – ✆ (02102) 93 40 80 – www.gutporz.de
– geschl. Ende Dezember - Anfang Januar 2 Wochen, 23. Juli - 6. August und Dienstag
Karte 25/51 € – *(Montag - Samstag nur Abendessen, außer an Feiertagen)* (Tischbestellung ratsam)
Ein liebenswert-rustikales Fachwerkhaus mit Wintergarten und moderner Raucherlounge. Das schmackhafte Angebot reicht von Flammkuchen über Dim Sum bis hin zu Klassikern und wird von einem freundlichen jungen Team serviert.

Christian Penzhorn (N) mit Zim

Konrad-Adenauer-Platz 29, (über Duisburger Str. 1) ✉ 40885
– ✆ (02102) 3 89 99 70 – www.christian-penzhorn.de – geschl. Montag
10 Zim – 🚹85 € 🚹🚹95 €, ☕ 10 € Menü 18 € (mittags)/59 € – Karte 29/41 €
Nach erfolgreichen Jahren in der Düsseldorfer Sternegastronomie setzt Christian Penzhorn hier nun auf moderne regionale Küche - mittags etwas einfacher, am Abend gehobener, z. B. als "Kalbsfilet mit Balsamicojus, Carbonaratortelloni und Brokkolipüree". Ansprechend geradliniges Ambiente sowohl im Restaurant als auch in den Gästezimmern.

In Ratingen-Tiefenbroich Nord-West: 2 km über Kaiserswerther Straße

TRYP Düsseldorf Airport

Am Schimmersfeld 9 ✉ 40880 – ✆ (02102) 42 70 – www.melia.com
137 Zim – 🚹79/119 € 🚹🚹89/129 €, ☕ 18 €
Rest – Karte 29/50 €
Hier überzeugt natürlich die Nähe zum Flughafen Düsseldorf. Das Hotel ist ideal für Tagungen und bietet geräumige Zimmer (viele mit Kitchenette) sowie einen hübschen Saunabereich. Zum Restaurant mit Showküche gehört eine schöne Terrasse.

RATSHAUSEN

Baden-Württemberg – 770 Ew. – Höhe 676 m – Siehe Regionalatlas **62-F20**
Berlin 725 km – Stuttgart 91 km – Konstanz 101 km – Villingen-Schwenningen 33 km
Michelin Straßenkarte 545

Adler
Hohnerstr. 3 ✉ 72365 – ✆ (07427) 22 60 – www.adler-ratshausen.de
– geschl. Juni 2 Wochen und Montag - Dienstag
Karte 29/66 €
In jeder Hinsicht ein echtes kleines Bijou! Da ist zum einen das Haus an sich, 1811 erbaut, reizend die historischen Details. Zum anderen ist Gastgeberin Martina Sauter, gebürtige Österreicherin, an Charme und Herzlichkeit kaum zu übertreffen, und dann ist da noch die schmackhafte schwäbische Küche ihres Mannes Klaus! Hier wird so viel wie nur möglich selbst gemacht: Brot, Würste, Schinken, Schnaps... Man hat eigene Schweine und schlachtet selbst. Kinder sind hier übrigens ausdrücklich willkommen!

RATTENBERG
Bayern – 1 850 Ew. – Höhe 560 m – Siehe Regionalatlas **59**-O17
Berlin 506 km – München 153 km – Regensburg 71 km – Cham 25 km
Michelin Straßenkarte 546

Posthotel
Dorfplatz 2 ✉ 94371 – ✆ (09963) 95 00 – www.posthotel-rattenberg.de
– geschl. 16. - 31. Juli, 16. - 22. Dezember
47 Zim – †65/85 € ††110/150 € – 2 Suiten – ½ P
Rest – Karte 17/40 €
Der Familienbetrieb hat sich von einem traditionellen Gasthof zu einem Wellnesshotel mit schönen wohnlichen Zimmern und vielfältigem Spa auf rund 1000 qm entwickelt. Ein lichter Wintergarten ergänzt das in ländlichem Stil gehaltene Restaurant. HP inklusive.

RATZEBURG
Schleswig-Holstein – 13 700 Ew. – Höhe 36 m – Siehe Regionalatlas **11**-K5
Berlin 240 km – Kiel 107 km – Lübeck 23 km – Schwerin 46 km
Michelin Straßenkarte 541

Wittlers Hotel-Gästehaus Cäcilie
Große Kreuzstr. 11 ✉ 23909 – ✆ (04541) 32 04 – www.wittlers-hotel.de – geschl. 18. Dezember - 24. Januar
30 Zim – †70/78 € ††88/118 € – ½ P
Rest – Menü 20 € (mittags)/40 € – Karte 22/45 € – *(geschl. Mittwochabend, Sonntagabend)*
Man findet dieses Hotel im historischen Zentrum der im Ratzeburger See gelegenen Inselstadt. Die Gästezimmer sind praktisch in funktionellem Stil eingerichtet. Im Restaurant wird internationale Küche geboten.

RAUENBERG
Baden-Württemberg – 7 960 Ew. – Höhe 132 m – Siehe Regionalatlas **47**-F17
Berlin 631 km – Stuttgart 99 km – Mannheim 37 km – Heidelberg 22 km
Michelin Straßenkarte 545

Winzerhof
Bahnhofstr. 4 ✉ 69231 – ✆ (06222) 95 20 – www.winzerhof.net
– geschl. 1. - 6. Januar
75 Zim – †69/132 € ††119/217 € – ½ P
Rest *Angela* – siehe Restaurantauswahl
Rest – Menü 16 € (mittags unter der Woche)/50 € – Karte 28/52 € – *(geschl. Montagmittag)*
Seit 1900 hat sich einiges getan: Familie Menges steckt viel Herzblut in ihr Haus - inzwischen in der 4. Generation! Fragen Sie nach den ansprechenden und geräumigen Komfortzimmern. Das Restaurant "Regionale Stuben" ist rustikal.

Gutshof Rest,

Suttenweg 1 ✉ 69231 – ✆ (06222) 95 10 – www.gutshof-menges.de – geschl. 24. Dezember - 7. Januar, August 3 Wochen

30 Zim – 80/98 € 135/155 €

Rest – Karte 18/55 € – *(geschl. Samstag - Sonntag sowie an Feiertagen) (nur Abendessen)*

Das Hotel ist direkt an das eigene Weingut angeschlossen - ruhig, ringsum romantische Weinberge, dennoch gute Autobahnanbindung. Hübsch ist der kleine Kräutergarten. Terrakottafliesen und helle Holzstühle lassen die ohnehin schon lichtdurchflutete Weinstube noch freundlicher wirken.

Angela – Hotel Winzerhof

Bahnhofstr. 4 ✉ 69231 – ✆ (06222) 95 23 53 – www.winzerhof.net – geschl. Januar, 30. März - 10. April, 26. Mai - 6. Juni, 30. Juli - 12. September, 2. - 6. November und Sonntag - Dienstag sowie an Feiertagen

Menü 55/80 € – Karte 33/64 € – *(nur Abendessen)* (Tischbestellung ratsam)

Ein rustikal gehaltenes Restaurant mit einer Speisekarte, auf der Sie Klassiker finden wie geschmorte Rinderbäckchen mit Wurzelgemüse oder Brüstchen von der Maispoularde in Rosmarin gebraten.

RAUHENEBRACH

Bayern – 2 980 Ew. – Höhe 320 m – Siehe Regionalatlas **49-J15**

Berlin 431 km – München 251 km – Coburg 70 km – Nürnberg 82 km

Michelin Straßenkarte 546

In Rauhenebrach-Schindelsee

Gasthaus Hofmann mit Zim

Schindelsee 1 ✉ 96181 – ✆ (09549) 9 87 60 – www.schindelsee.de – geschl. Montag - Mittwochmittag, Donnerstagmittag, Freitagmittag; November - März: Montag - Donnerstagmittag, Freitagmittag

8 Zim – 46/65 € 68/85 €, 8 € Karte 21/44 €

Regional und saisonal isst man hier, die Produkte sind frisch und teilweise sogar selbst erzeugt! Das lockt viele Stammgäste in den Landgasthof, die in gemütlich-rustikaler Atmosphäre z. B. "Krustenbraten mit Kartoffelkloß und Kohlrabigemüse" oder den "Gockel aus Kleinlangheim" bestellen! Wer von weiter weg kommt, kann nach dem Essen in wohnlichen Zimmern übernachten.

RAUNHEIM – Hessen → Siehe Rüsselsheim

RAVENSBURG

Baden-Württemberg – 49 780 Ew. – Höhe 450 m – Siehe Regionalatlas **63-H21**

Berlin 696 km – Stuttgart 147 km – Konstanz 43 km – Ulm (Donau) 86 km

Michelin Straßenkarte 545

Rebgarten garni

Zwergerstr. 7 ✉ 88214 – ✆ (0751) 36 23 30 – www.hotel-rebgarten.de – geschl. 21. Dezember - 2. Januar

30 Zim – 72/108 € 85/150 €

Großzügig und funktional gestaltet sind sowohl die Gästezimmer als auch der Saunabereich dieses Hotels am Rande der Innenstadt - ruhig die Lage im Hinterhof.

Bärengarten Zim,

Schützenstr. 21 ✉ 88212 – ✆ (0751) 18 97 07 20 – www.baerengarten.de

13 Zim – 80/98 € 115/155 €

Rest – Karte 17/43 € – *(geschl. Mitte Juli 2 Wochen und Montag)*

In dem kleinen Hotel in der sanierten 100 Jahre alten Villa stehen den Gästen zeitgemäß-funktionell eingerichtete Zimmer zur Verfügung. Zum großen Wirtshaus gehören ein Biergarten und eine schöne gediegene Zigarren-Lounge.

Obertor

Marktstr. 67 ✉ 88212 – ✆ (0751) 3 66 70 – www.hotelobertor.de – geschl. 23. Dezember - 6. Januar

30 Zim – †90/110 € ††120/160 € – 2 Suiten – ½ P

Rest – Menü 39/55 € – Karte 24/60 € – *(geschl. Dienstag, Sonntag) (nur Abendessen)*

Das historische Haus am Obertor beherbergt charmante und recht individuelle Zimmer, einen hübschen Frühstücksraum mit Blick ins Grüne und eine schöne Dachterrasse. Gemütlich ist das Ambiente in der liebenswert gestalteten Gaststube.

Lumperhof

Lumper 1 (West: 2 km in Richtung Schlier) ✉ 88212 – ✆ (0751) 3 52 50 01 – www.lumperhof.de – geschl. nach Pfingsten 2 Wochen und Dienstag

Menü 34/58 € – Karte 28/51 € – *(Montag - Freitag nur Abendessen)*

Ein idyllisch gelegener Landgasthof, der in 3. Generation von der Familie geführt wird. Jochen Fischer kocht für Sie schmackhafte regional-saisonale Speisen wie "Perlhuhnbrust mit Spargel und Kartoffeln" - und die lässt man sich im Sommer auch gerne auf der reizvollen Terrasse servieren.

RECKLINGHAUSEN

Nordrhein-Westfalen – 118 370 Ew. – Höhe 85 m – Siehe Regionalatlas **26**-C10

▶ Berlin 508 km – Düsseldorf 63 km – Bochum 17 km – Dortmund 28 km

Michelin Straßenkarte 543

Parkhotel Engelsburg Zim, Rest,

Augustinessenstr. 10 ✉ 45657 – ✆ (02361) 20 10 – www.parkhotel-engelsburg.de – geschl. 19. Dezember - 4. Januar

65 Zim – †99/140 € ††129/165 € – 1 Suite

Rest *VESTTAFEL* – ✆ (02361) 20 11 25 – Menü 29/59 € – Karte 35/55 € – *(geschl. Sonntag) (nur Abendessen)*

Ein über 300 Jahre altes ehemaliges Herrenhaus am Altstadtrand mit wohnlichem und elegantem Ambiente. Wenn es mal etwas Besonderes sein darf: Im historischen Turm befindet sich eine schöne Suite auf drei Etagen! Modern, trendig, frisch... das ist das Restaurant "VESTTAFEL" mit zeitgemäßer Küche.

REES

Nordrhein-Westfalen – 22 270 Ew. – Höhe 17 m – Siehe Regionalatlas **25**-B10

▶ Berlin 580 km – Düsseldorf 87 km – Arnhem 49 km – Wesel 24 km

Michelin Straßenkarte 543

Op de Poort

Vor dem Rheintor 5 ✉ 46459 – ✆ (02851) 74 22 – www.opdepoort.de – geschl. 1. Januar - 20. Februar und Montag - Dienstag, außer an Feiertagen

Menü 32/54 € (unter der Woche) – Karte 31/50 € – (Tischbestellung ratsam)

Da kann man schon ins Schwärmen kommen, wenn man bei schönem Wetter auf der Terrasse sitzt! Sie genießen hier aber nicht nur die herrliche Sicht auf den Rhein, sondern auch schmackhafte Küche mit regionalem und internationalem Einfluss. Drinnen im klassisch-eleganten Restaurant sorgt die Fensterfront für reizvolle Ausblicke.

In Rees-Reeserward Nord-West: 4 km über Westring und Wardstraße

Landhaus Drei Raben

Reeserward 5 ✉ 46459 – ✆ (02851) 18 52 – www.landhaus-drei-raben.de – geschl. Montag - Dienstag

Menü 32 € – Karte 34/56 €

Seinen Landgut-Charakter hat das Anwesen a. d. 18. Jh. bewahrt, entsprechend gemütlich - mit Kaminöfen und ländlichem Touch - auch das Interieur. Im Sommer lässt man sich die international-regionale Küche am besten auf der herrlichen Terrasse zum Rhein schmecken - beliebt auch bei Kaffeegästen, die nachmittags wegen des tollen hausgemachten Kuchens kommen!

REGENSBURG

Bayern – 135 520 Ew. – Höhe 343 m – Siehe Regionalatlas **58-N18**
Berlin 489 km – München 122 km – Nürnberg 100 km – Passau 115 km
Michelin Straßenkarte 546

Goliath am Dom garni

Goliathstr. 10 ✉ 93047 – ✆ (0941) 2 00 09 00 Stadtplan : B1**g**
– www.hotel-goliath.de
41 Zim – 130/180 € 160/180 € – 2 Suiten
Ein gut geführtes Hotel in Domnähe mit freundlichem Service. In den Zimmern schafft liebenswertes Dekor eine individuelle Note. Nettes Café und Dachterrasse mit schöner Sicht.

Sorat Insel-Hotel

Zim,

Müllerstr. 7, (Zufahrt über Oberpfalzbrücke) ✉ 93059 Stadtplan : B1**r**
– ✆ (0941) 8 10 40 – www.sorat-hotels.com
75 Zim – 80/201 € 119/240 € – 2 Suiten – ½ P
Rest *Brandner* – ✆ (0941) 8 10 44 70 – Menü 22/65 € – Karte 22/36 € –
(geschl. 21. Dezember - 13. Januar und Sonntag - Montag)
Das moderne Hotel ist aus einer denkmalgeschützten alten Manufaktur entstanden, die reizvoll über einen Donauarm gebaut wurde. Komfortzimmer mit Sicht auf Fluss und Altstadt. Brandner mit neuzeitlich-elegantem Ambiente und Panoramablick auf den Dom.

Regensburg

Ziegetsdorfer Str. 111 (West: 3 km über Augustenstraße A2, Richtung München)
✉ 93051 – ✆ (0941) 46 39 30 – www.hotel-regensburg.bestwestern.de
128 Zim – 87/121 € 102/136 € – ½ P
Rest – Menü 25/30 € – Karte 23/36 € – *(Samstag - Sonntag nur Abendessen)*
Diese Businessadresse mit guter Autobahnanbindung ist von der Atriumhalle mit Lobbybar bis zu den Zimmern in klarem modernem Stil gehalten. Komfortabler sind die Juniorsuiten. Das Restaurant nennt sich Alte Ziegelei und ist geradlinig gestaltet.

Orphée Großes Haus

Untere Bachgasse 8 ✉ 93047 – ✆ (0941) 59 60 20 Stadtplan : B1**b**
– www.hotel-orphee.de
33 Zim – 105/175 € 135/205 € – 1 Suite **Rest** – Karte 22/57 €
Für Autofahrer ist die Innenstadtlage zwar nicht ganz ideal, dafür ist das Ambiente umso schöner: Wie könnte man attraktiver wohnen als in stilgerecht erhaltenen Räumen mit Stuckdecken und Dielenböden? Ist Ihnen nach einem modernen Giebelzimmer oder bevorzugen Sie die günstigere Variante im Gästehaus? Bistro mit Pariser Charme.

Central garni

Margaretenstr. 18 (über Kunpfmühler Straße A2) ✉ 93047 – ✆ (0941) 2 98 48 40
– www.hotel-central-regensburg.de
70 Zim – 90/120 € 110/150 €, 11 €
Zwischen Schlosspark und Hauptbahnhof liegt das modern-funktionelle Businesshotel. Einige der Zimmer bieten Schlossblick. Zum Frühstück oder auf einen Kaffee geht man in die Lounge im Coffeeshop-Stil. Fortschrittlich: eigene Elektroauto-Tankstelle!

Landhaus Andreasstadel garni

Andreasstr. 26 (über Griesersteg C1) ✉ 93059 – ✆ (0941) 59 60 23 00
– www.hotel-orphee.de
10 Zim – 105/125 € 135/165 €
Das charmante ehemalige Salzstadel nahe der Steinernen Brücke besticht durch herzliche Gästebetreuung und geräumige Zimmer mit mediterraner Note, teils zu den Donauauen hin. Das Frühstück serviert man Ihnen auf dem Zimmer. Parkplatz in der Salzgasse.

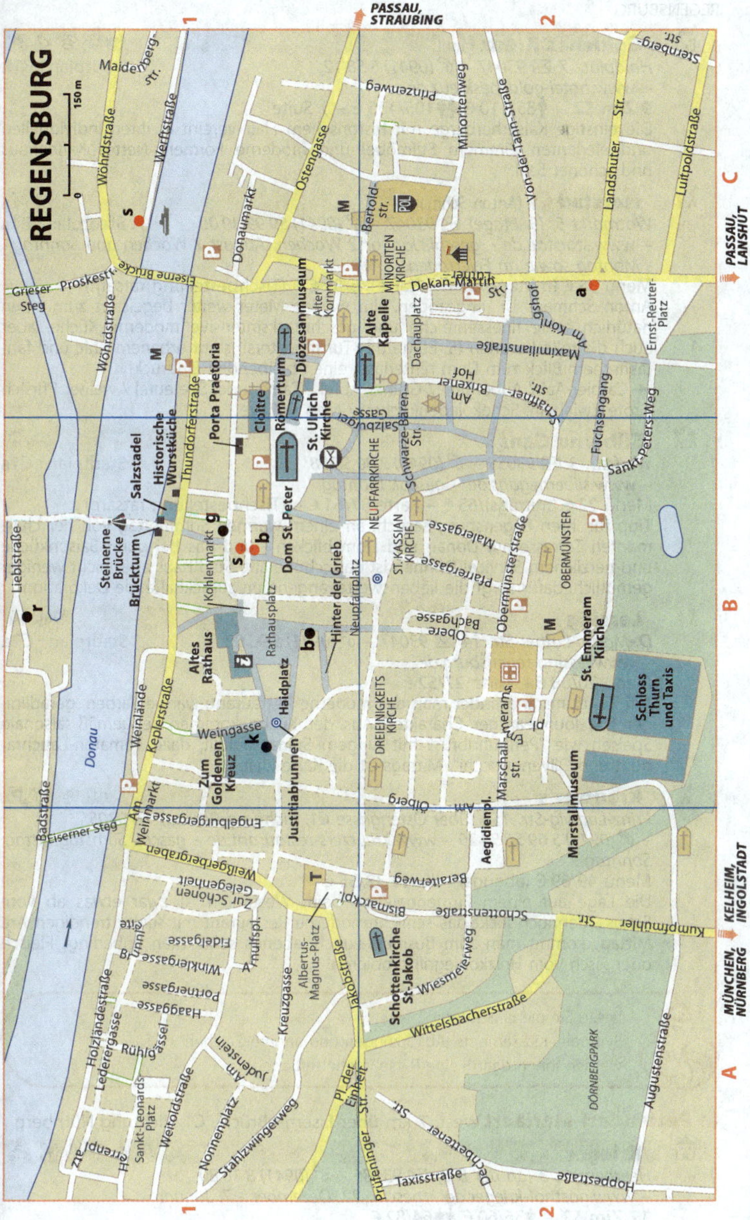
REGENSBURG
150 m
PASSAU, STRAUBING
PASSAU, LANSHUT
KELHEIM, INGOLSTADT
MÜNCHEN, NÜRNBERG
Donau
Steinerne Brücke
Brückturm
Salzstadel
Historische Wurstküche
Porta Praetoria
Cloître
Dom St. Peter
Römerturm
Diözesanmuseum
St. Ulrich Kirche
Alte Kapelle
MINORITEN KIRCHE
NEUPFARRKIRCHE
ST. KASSIAN KIRCHE
Altes Rathaus
Haidplatz
Justitiabrunnen
Zum Goldenen Kreuz
Hinter der Grieb
DREIEINIGKEITS KIRCHE
OBERMÜNSTER
St. Emmeram Kirche
Schloss Thurn und Taxis
Marstallmuseum
Schottenkirche St.-Jakob
Albertus-Magnus-Platz
DÖRNBERGPARK
Eiserne Brücke
Grieser Steg
Eiserner Steg
Thundorferstraße
Keplerstraße
Weinlände
Am Weinmarkt
Ostengasse
Dekan-Martin-Luther-Str.
Maximilianstraße
Landshuter Str.
Kumpfmühler Str.
Wittelsbacherstraße
Jakobstraße
Pl. der Einheit
Prüfeninger Str.
Kohlenmarkt
Rathausplatz
Neupfarrplatz
Weingasse
Obere Bachgasse
Obermünsterstraße
Fuchsengang
Sankt-Peters-Weg
Ernst-Reuter-Platz
Augustenstraße
Hoppestraße
Taxisstraße
Dachauplatz
Alter Kornmarkt
Donaumarkt
Wöhrdstraße
Werftstraße
Badstraße
Lieblstraße
Minoritenweg
Von-der-Tann-Straße
Luitpoldstraße
Prinzenweg
Sternbergstr.
Malergasse
Pfarrergasse
Schottenstraße
Bismarckpl.
Beraiterweg
Wiesmeierweg
Engelburgergasse
Weißgerbergraben
Fidelgasse
Winklergasse
Portnergasse
Haaggasse
Kreuzgasse
Am Judenstein
Nonnenplatz
Stahlzwingerweg
Weitoldstraße
Sankt-Leonards-Platz
Holzländestraße
Ledererqasse
Aegidienpl.
Am Ölberg
Marschallstr.
Schwarze-Bären-Str.
Salzburger Gasse
Am Brixener Hof
Schäffnerstr.
Am Königshof
Bertoldstr.
Maidenbergstr.
Proskestr.

Goldenes Kreuz garni
Haidplatz 7 ✉ 93047 – ✆ (0941) 5 58 12 Stadtplan : B1**k**
– www.hotel-goldeneskreuz.de
9 Zim – 85/110 € 105/135 € – 1 Suite
Die einstige Kaiserherberge mit historischem Flair vereint in ihren individuellen und eleganten Zimmern Stilmöbel und moderne Formen. Nettes Kaffeehaus und schöner Saal.

storstad (Anton Schmaus)
Watmarkt 5, (5. Etage) ✉ 93047 – ✆ (0941) 59 99 30 00 Stadtplan : B1**s**
– www.storstad.de – geschl. Januar 2 Wochen, August 2 Wochen und Sonntag - Montag sowie an Feiertagen
Menü 35 € (mittags)/95 € – Karte 76/89 € – (Tischbestellung ratsam)
Anton Schmaus ist umgezogen. Nur wenige Meter weiter begeistert zum einen natürlich seine finessenreiche und geschmacksintensive moderne Küche, aber auch die tolle Location (5. Etage des Turmtheaters!) samt urbanem Chic und fantastischem Blick zum Dom hinterlässt einen bleibenden Eindruck!
→ Carpier-Aal / Aubergine / Grüner Apfel / Tamarinde. Seeteufel / weißer Pfirsich / rote Zwiebeln. Schokoladenkuchen / Mais / Minze.

Silberne Gans
Werftstr. 3 ✉ 93059 – ✆ (0941) 2 80 55 98 Stadtplan : C1**s**
– www.silbernegans.de – geschl. Montag
Menü 22 € (mittags)/65 € – Karte 37/61 € – (Tischbestellung ratsam)
Tipp für Ihren Regensburg-Besuch: an einem warmen Sommertag von der charmanten Terrasse auf Donau und Dom blicken - und das bei guter Saisonküche und herzlichem Service! Drinnen ist das schöne alte Stadthaus aber nicht weniger gemütlich, dafür sorgt die liebenswerte, angenehm zurückhaltende Dekoration.

Lessing
D.-Martin-Luther-Str. 14 ✉ 93047 – ✆ (0941) 5 90 02 Stadtplan : C2**a**
– www.lessing-regensburg.de
Menü 20/68 € – Karte 27/52 €
Am Zentrumsrand findet man das moderne Restaurant: warme Farben, geradliniger Stil, loungeartiger Charakter! Aus der Küche kommen zeitgemäß-saisonale Speisen wie "Perlhuhnbrust mit jungem Spinat gefüllt, dazu Tomaten-Lauchragout und Olivengnocchi". Mittags ist die Karte kleiner.

Kreutzer's
Prinz-Ludwig-Str. 15a (über Ostengasse C1, Richtung Passau) ✉ 93055 – ✆ (0941) 5 69 56 50 20 – www.kreutzers-restaurant.de – geschl. Samstagmittag, Sonntag
Menü 49/69 € (abends) – Karte 33/55 €
Die Lage auf einem Firmengelände beim Westhafen ist zwar etwas ab vom Schuss, dennoch lockt das schlicht-moderne Restaurant mit seiner trendigen Art. Mittags kommt man zum Business-Lunch, abends sollte man unbedingt Fleisch oder Fisch vom Holzkohlegrill probieren!

Lesen Sie die Einleitung:
Symbole, Klassements, Abkürzungen und andere Zeichen werden Ihnen dann keine Rätsel mehr aufgeben.

In Pettendorf-Mariaort West: 7 km über Eiserne Brücke C1, Richtung Nürnberg

Krieger
Heerbergstr. 3 (an der B 8) ✉ 93186 – ✆ (0941) 8 10 80
– www.gasthof-krieger.de – geschl. 22. Dezember - 7. Januar
27 Zim – 36/60 € 64/82 €
Rest – Karte 15/30 € – *(geschl. 22. Dezember - 5. Januar, August 2 Wochen und Mittwoch)*
An der Naab-Donau-Mündung liegt der freundlich-familiär geleitete Gasthof mit etwas nach hinten versetztem Hotelbau. Schöne Aussicht von den flussseitigen Zimmern im 3. Stock. Zum Restaurant gehört ein gemütliches historisches Gewölbe.

In Donaustauf Ost: 9 km über Wördstraße C1

Forsters Posthotel

Maxstr. 43 ✉ 93093 – ✆ (09403) 91 00 – www.forsters-posthotel.de
71 Zim ☕ – 🚹93/160 € 🚹🚹128/210 € – 2 Suiten – ½ P
Rest *Zum Postillion* – siehe Restaurantauswahl
Bei Monika und Reinhold Forster ist nicht nur alles top in Schuss, mit dem Neubau ist man auch "up to date": schön die modernen Zimmer sowie die Lobby und der Sauna-, Ruhe- und Beautybereich - alles in klaren Formen und ruhigen Farben. Hier im Hotel ist übrigens ein Teil der alten Stadtmauer freigelegt - so nimmt man optisch ansprechend Bezug auf Donaustauf.

Zum Postillion – Hotel Forsters Posthotel

Maxstr. 43 ✉ 93093 – ✆ (09403) 91 00 – www.hotel-forsters.de – geschl. 10. - 30. August
Menü 30/53 € – Karte 27/46 €
Nicht ohne Grund kehren immer wieder viele Gäste gerne bei Familie Forster ein! Schon das Lesen der international-regionalen Karte macht Appetit: ob Donauzander mit Kürbisgemüse oder Rib Eye Steak vom Wagyu-Rind!

In Neutraubling Süd-Ost: 10 km über Ostengasse C1 Richtung Straubing

Am See (mit Gästehaus)

Teichstr. 6 ✉ 93073 – ✆ (09401) 94 60 – www.hotel-am-see.com
38 Zim ☕ – 🚹69/119 € 🚹🚹99/155 € – ½ P
Rest *Am See* – siehe Restaurantauswahl
An einem kleinen See liegt das Haus der Familie Lacher. Es erwarten Sie tipptopp gepflegte Zimmer in wohnlichen Farben sowie freundlicher Service. Geräumigere Komfortzimmer, im Gästehaus teils mit Terrasse.

Am See – Hotel Am See

Teichstr. 6 ✉ 93073 – ✆ (09401) 94 60 – www.hotel-am-see.com – geschl. August 3 Wochen und Montag
Menü 34/48 € – Karte 24/50 € – (Tischbestellung ratsam)
Bayerischer Charme und gute Küche ziehen nicht nur die Stammgäste an, auch Tagungs-, Hochzeits- und Hotelgäste möchten sich Saisonales wie Wild oder bürgerliche Klassiker wie Zwiebelrostbraten mit Bratkartoffeln nicht entgehen lassen!

REGENSTAUF

Bayern – 15 130 Ew. – Höhe 345 m – Siehe Regionalatlas **58**-N17
▶ Berlin 474 km – München 136 km – Regensburg 19 km – Nürnberg 110 km
Michelin Straßenkarte 546

In Regenstauf-Heilinghausen Nord-Ost: 8 km im Regental

Landgasthof Heilinghausen

Alte Regenstr. 5 ✉ 93128 – ✆ (09402) 42 38 – www.landgasthof-heilinghausen.de – geschl. 10. - 25. Juni und Montag - Dienstag
Menü 20/70 € (mittags) – Karte 16/40 €
Bürgerlich-regional speist man in dem mit viel Holz und Kachelofen gemütlich gestalteten Familienbetrieb. Biergarten vor dem Haus, auf der anderen Straßenseite der Fluss Regen.

REHBURG-LOCCUM

Niedersachsen – 10 390 Ew. – Höhe 60 m – Siehe Regionalatlas **18**-H8
▶ Berlin 328 km – Hannover 47 km – Bremen 89 km – Minden 28 km
Michelin Straßenkarte 541

Rodes Hotel
Marktstr. 22 (Loccum) ✉ 31547 – ✆ (05766) 2 38 – www.rodes-hotel.de – geschl. 20. Dezember - 10. Januar
23 Zim – 58/64 € 88/94 € – ½ P
Rest – Menü 13 € (mittags unter der Woche)/28 € – Karte 17/42 € – *(geschl. Freitag)*
Der traditionsreiche Familienbetrieb existiert bereits seit 1608 als Gasthof. Die Zimmer sind gepflegt und ländlich eingerichtet, nett ist der hell gestaltete Frühstücksraum. Restaurant im altdeutschen Stil.

REHLINGEN-SIERSBURG

Saarland – 15 440 Ew. – Höhe 180 m – Siehe Regionalatlas **45-B16**
Berlin 736 km – Saarbrücken 37 km – Luxembourg 66 km – Trier 63 km
Michelin Straßenkarte 543

Im Ortsteil Eimersdorf Nord-West: 2 km ab Siersburg

Niedmühle mit Zim — Rest,
Niedtalstr. 13 ✉ 66780 – ✆ (06835) 6 74 50 – www.restaurant-niedmuehle.de – geschl. Montag, Samstagmittag
11 Zim – 75/105 € 110 € – ½ P
Menü 39/99 € (unter der Woche) – Karte 39/61 €
Was in dem hellen modernen Restaurant oder - im Sommer sehr beliebt - im romantischen, zur Nied gelegenen Garten mit altem Baumbestand geboten wird, ist klassische Küche mit regionalem und saisonalem Einfluss sowie mittags zusätzlich eine günstige Lunchkarte. Gerne bleiben die Gäste auch über Nacht. Kein Wunder: Die Zimmer sind richtig schön mit ihrem klaren Design!

REICHELSHEIM

Hessen – 8 730 Ew. – Höhe 216 m – Siehe Regionalatlas **48-G16**
Berlin 585 km – Wiesbaden 84 km – Mannheim 53 km – Darmstadt 36 km
Michelin Straßenkarte 543

Treuschs Schwanen
Rathausplatz 2 ✉ 64385 – ✆ (06164) 22 26 – www.treuschs-schwanen.com – geschl. Februar 3 Wochen und Montag - Mittwoch
Menü 49/99 € – Karte 34/72 € – *(Donnerstag - Freitag nur Abendessen)*
Das Gasthaus bei der Kirche ist ein zeitgemäßes, helles Restaurant mit Lounge und begehbarem Weinschrank. Man bietet internationale Speisen und eigenen Apfelwein.
Rest *Johanns-Stube* – siehe Restaurantauswahl

Johanns-Stube – Restaurant Treuschs Schwanen
Rathausplatz 2 ✉ 64385 – ✆ (06164) 22 26 – www.treuschs-schwanen.com – geschl. Februar 2 Wochen
Karte 15/38 €
Die ländliche Stube ist nach dem ersten Schwanen-Wirt (Johann Treusch) benannt, der das Lokal 1842 gründete. Auf den Tisch kommen Produkte aus der Odenwald-Region, z. B. in Form von "Forelle im Kartoffelmantel an Apfelwein-Senfsauce".

In Reichelsheim-Eberbach Nord-West: 1,5 km über Konrad-Adenauer-Allee

Landhotel Lortz
Eberbach 3a ✉ 64385 – ✆ (06164) 49 69 – www.landhotel.nu – geschl. Anfang Januar 1 Woche, Ende Juli - Mitte August 2 Wochen
18 Zim – 65/73 € 95/105 € – 2 Suiten – ½ P
Rest *O de vie* – siehe Restaurantauswahl
Die ruhige Lage und den Ausblick genießt man am besten auf der traumhaften Terrasse oder beim Wandern (schöne Wege ganz in der Nähe). Die Zimmer sind gepflegt und wohnlich (teilweise mit Küchenzeile), von den Balkonen blickt man ins Grüne.

O de vie – Landhotel Lortz
Eberbach 3a ✉ 64385 – ✆ (06164) 49 69 – www.landhotel.nu – geschl. Anfang Januar 2 Wochen, Ende Juli - Mitte August 2 Wochen und Sonntagabend - Montag
Menü 28/44 € – Karte 25/46 € – *(Dienstag - Freitag nur Abendessen)*
Das Lokal ist schon sehr nett in seiner rustikalen Art - besonders gemütlich sitzt man in den kleinen Nischen, da sollten Sie reservieren! Und gute saisonale Küche gibt es hier auch, z. B. "Rehgulasch mit Backpflaumen und Serviettenknödel".

REICHENAU (INSEL)

Baden-Württemberg – ✉ 78479 – 5 190 Ew. – Höhe 403 m
– Siehe Regionalatlas **63**-G21
Berlin 763 km – Stuttgart 181 km – Konstanz 12 km – Singen (Hohentwiel) 29 km
Michelin Straßenkarte 545

Im Ortsteil Mittelzell

Ganter Hotel Mohren Zim,
Pirminstr. 141 ✉ 78479 – ✆ (07534) 9 94 40 – www.mohren-bodensee.de
35 Zim – 105/140 € 130/170 € – ½ P
Rest – Menü 25/40 € – Karte 23/46 €
Sie möchten schön modern wohnen? Im Stammhaus a. d. 17. Jh. hat man historische Elemente integriert, hier hat man einige besonders großzügige Doppelzimmer. Massage- und Kosmetikangebote gibt es auch. Restaurant im neuzeitlichen Landhausstil und behagliche holzgetäfelte Stube.

Strandhotel Löchnerhaus
An der Schiffslände 12 ✉ 78479 – ✆ (07534) 80 30 – www.loechnerhaus.de – geschl. November - Februar
40 Zim – 85/120 € 155/205 € – ½ P
Rest – Menü 28 € – Karte 30/50 € – *(geschl. März sowie Oktober: Montag)*
Das Haus von 1920 hat wohl die perfekte Lage: der See mit eigenem Strandbad direkt vor der Tür, dazu der romantische Garten mit altem Baumbestand. Natürlich darf hier eine Terrasse zum See nicht fehlen! Das Speisenangebot ist bürgerlich. Zwei der Zimmer sind Appartements.

REICHENBACH (VOGTLAND)

Sachsen – 20 150 Ew. – Höhe 380 m – Siehe Regionalatlas **41**-N13
Berlin 304 km – Dresden 132 km – Gera 46 km – Zwickau 29 km
Michelin Straßenkarte 544

Meister Bär Hotel
Goethestr. 28 ✉ 08468 – ✆ (03765) 78 00 – www.mb-hotel.de
30 Zim – 69/99 € 99/139 € – ½ P
Rest – Menü 16/59 € – Karte 15/54 € – *(nur Abendessen)*
Zwischen Zwickau und Plauen finden Sie dieses in einem Wohngebiet gelegene Hotel mit seinen soliden, meist mit Kirschbaummöbeln eingerichteten Gästezimmern. In Grüntönen gehaltenes Restaurant mit bürgerlichem und internationalem Angebot.

REICHENHALL, BAD

Bayern – 17 470 Ew. – Höhe 473 m – Siehe Regionalatlas **67**-O21
Berlin 723 km – München 136 km – Berchtesgaden 20 km – Salzburg 19 km
Michelin Straßenkarte 546

Parkhotel Luisenbad
Ludwigstr. 33 ✉ 83435 – ✆ (08651) 60 40 Stadtplan : A1**e**
– www.parkhotel.de – geschl. Mitte Januar - Anfang März
75 Zim – 69/99 € 138/198 € – ½ P
Rest *Parkhotel Luisenbad* – siehe Restaurantauswahl
Seit über 100 Jahren und nunmehr in 4. Generation ist das Haus in den Händen der Familie Herkommer. Es ist ein klassisches Kurhotel mit historischem Charme, in dem man aber dennoch zeitgemäß wohnen kann - fragen Sie nach den neu gemachten Zimmern!

Sonnenbichl garni

Adolf-Schmid-Str. 2 ✉ *83435 – ✆ (08651) 7 80 80* Stadtplan : A1**h**
– www.sonnenbichlhotel.de
37 Zim – 50/65 € 90/120 € – 3 Suiten

Besonders für Kur- und Erholungsaufenthalte empfiehlt sich dieses Hotel nur wenige Schritte vom Kurpark mit Gradierwerk und Konzerthalle. Der schöne kleine Saunabereich "Auszeit" im UG kommt ebenso gut an wie die rustikalen Zimmer sowie die Appartements.

Erika garni

Adolf-Schmid-Str. 3 ✉ *83435 – ✆ (08651) 9 53 60* Stadtplan : B1**u**
– www.hotel-pension-erika.de – geschl. November - Februar
29 Zim – 39/55 € 70/98 €

Aus dem Jahre 1898 stammt die schön restaurierte Villa mit hübschem Garten, die freundlich vom Inhaber geführt wird. Viele der gepflegten Zimmer bieten Sicht auf die Berge. Gönnen Sie sich doch die Juniorsuite mit Massagedusche!

Parkhotel Luisenbad – Parkhotel Luisenbad

Ludwigstr. 33 ✉ *83435 – ✆ (08651) 60 40* Stadtplan : A1**e**
– www.parkhotel.de – geschl. Mitte Januar - Anfang März
Menü 26/40 € – Karte 26/50 €

Das klassische und gleichzeitig alpenländisch-rustikale Restaurant hat viele Stammgäste, die den freundlichen Service sowie das internationale und regionale Speisenangebot schätzen, einschließlich der Spezialität des Küchenchefs: leckere Kaiserschmarrn!

Am Thumsee West: 5 km über Triftmeisterau A2, Richtung Karlstein

Haus Seeblick

Thumsee 10 ✉ 83435 Bad Reichenhall – ✆ (08651) 9 86 30 – www.hotel-seeblick.de – geschl. November - 2. Dezember

46 Zim – 66/76 € 132/178 € – 4 Suiten – ½ P

Rest – Menü 14 € (mittags)/32 € – Karte 20/29 € – *(geschl. Sonntagmittag)*

Eine tolle Urlaubsadresse, herrlich etwas oberhalb des Sees gelegen und mit ihrem vielfältigen Freizeitangebot sehr beliebt bei Familien: Blockhaussauna, Kosmetik und Massage, Reiten, Kegelbahn, Spielzimmer und Spielplatz, im Winter hauseigener kleiner Skihang sowie Langlaufloipe... und dazu wohnliche Zimmer, meist mit Aussicht. Man hat übrigens eigenes Quellwasser!

Hubertus

Thumsee 5 ✉ 83435 Bad Reichenhall – ✆ (08651) 22 52 – www.hubertus-thumsee.de – geschl. 1. - 30. November

18 Zim – 40/55 € 80/105 € – 2 Suiten – ½ P

Rest – Menü 15/20 € – *(nur Abendessen für Hausgäste)*

Familie Winkler betreibt engagiert ihre Pension am Thumsee, den man von den meisten Zimmern aus sieht. Die herrliche große Liegewiese bietet direkten Zugang zum See.

REICHENSCHWAND – Bayern → Siehe Hersbruck

REICHENWALDE

Brandenburg – 1 130 Ew. – Höhe 68 m – Siehe Regionalatlas **23**-Q9

Berlin 68 km – Potsdam 76 km – Storkow 6 km – Fürstenwalde 14 km

Michelin Straßenkarte 542

Alte Schule mit Zim

Kolpiner Str. 2 ✉ 15526 – ✆ (033631) 5 94 64 – www.restaurant-alteschule.de – geschl. Dienstag

6 Zim – 65 € 85 € – 2 Suiten Menü 32/33 € – Karte 31/46 €

Die ehemalige Schule von 1813 hat schon Charme mit ihrer schlicht-modernen Einrichtung und diversen Schul-Accessoires. Die Speisekarten liegen auf einer alten Schulbank bereit, die netten Gästezimmer sind nach Schulfächern benannt... Statt büffeln steht bei Torsten Lojewski heute genießen auf dem Stundenplan, und zwar gute und frische Landhausküche: "Brandenburger Ente", "Blutwurst aus der Manufaktur Neukölln" oder auch gelungene Menüs.

REICHERTSHAUSEN

Bayern – 4 930 Ew. – Höhe 448 m – Siehe Regionalatlas **58**-L19

Berlin 555 km – München 47 km – Augsburg 89 km – Landshut 75 km

Michelin Straßenkarte 546

In Reichertshausen-Langwaid Süd-West: 6 km, Richtung Hilgertshausen, in Lausham rechts ab

Maurerwirt

Scheyerer Str. 3 ✉ 85293 – ✆ (08137) 80 90 66 – www.maurerwirt.de – geschl. Montag - Dienstag, außer an Feiertagen

Menü 46/67 € – Karte 40/58 € – *(nur Abendessen, sonntags auch Mittagessen)*

Gemütlich sitzt man in geschmackvollen Stuben, der ländliche Charme passt schön zur langen Tradition des Gasthauses. Georg Grimm kocht ambitioniert und mit internationalem Einfluss. Der freundliche Service empfiehlt dazu den passenden Wein.

REICHSHOF

Nordrhein-Westfalen – 19 530 Ew. – Höhe 370 m – Siehe Regionalatlas **37**-D12

Berlin 574 km – Düsseldorf 97 km – Bonn 87 km – Olpe 22 km

Michelin Straßenkarte 543

In Reichshof-Hespert

Ballebäuschen
Hasseler Str. 10 ✉ 51580 – ✆ (02265) 93 94 – www.ballebaeuschen.de
– geschl. Montag - Dienstag außer an Feiertagen
Menü 39/69 € – Karte 32/69 € – *(Mittwoch - Freitag nur Abendessen)*
Seit über 20 Jahren betreibt Familie Allmann dieses nette rustikale Restaurant im Oberbergischen. Die Küche des Patrons ist schmackhaft, frisch und ehrlich - sie reicht von regionalen bis hin zu klassischen Gerichten. Mittags kleine Tageskarte. Tipp: tolle Terrasse hinter dem Haus mit zwei kleinen Pavillons!

REIL
Rheinland-Pfalz – 1 060 Ew. – Höhe 105 m – Siehe Regionalatlas **46-C15**
Berlin 673 km – Mainz 110 km – Trier 62 km – Bernkastel-Kues 34 km
Michelin Straßenkarte 543

Reiler Hof (mit Gasthof zur Traube)
Moselstr. 27 ✉ 56861 – ✆ (06542) 26 29 – www.reiler-hof.de – geschl. Anfang Dezember - Anfang Januar
25 Zim – 40/70 € 70/160 € – ½ P
Rest ***Heim's Restaurant*** – siehe Restaurantauswahl
Angenehm freundlich und familiär ist es hier bei den Heims. In den zwei historischen Fachwerkhäusern direkt an der Moselpromenade hat man überaus wohnliche Räume geschaffen.

Heim's Restaurant – Hotel Reiler Hof
Moselstr. 27 ✉ 56861 – ✆ (06542) 26 29 – www.reiler-hof.de – geschl. Anfang Dezember - Anfang Januar
Menü 28/64 € – Karte 28/60 €
In dem rund 300 Jahre alten Haus ist die ganze Familie im Einsatz: Juniorchef Christoph Heim steht am Herd, seine Partnerin sowie die Seniorchefin kümmern sich herzlich um die Gäste. Wählen Sie einen der schönen Fensterplätze, dann können Sie in die Weinberge und auf die Mosel schauen, während Sie sich z. B. gebratenen Schweinebauch oder geschmorte Kalbsbäckchen schmecken lassen. Oder wie wär's mit der selbst kreierten Currywurst?

REINBEK
Schleswig-Holstein – 25 830 Ew. – Höhe 27 m – Siehe Regionalatlas **10-J5**
Berlin 272 km – Kiel 113 km – Hamburg 30 km – Lübeck 56 km
Michelin Straßenkarte 541

Waldhaus Reinbek
Loddenallee 2 ✉ 21465 – ✆ (040) 72 75 20 – www.waldhaus.de
48 Zim – 133/155 € 155/160 €, 17 € – 2 Suiten
Rest – Menü 20 € (mittags)/63 € – Karte 34/55 €
Ein echter Hingucker ist das Haus mit seinem markanten steilen Dach und den vielen kleinen Gauben - und auch der Wald ringsum macht diese Adresse interessant. Und drinnen? Zimmer im wohnlich-eleganten Landhausstil, das Restaurant mit Orangerie, Pavillon und Zirbelstube und last but not least eine tolle klassische Bar!

REINFELD
Schleswig-Holstein – 8 540 Ew. – Höhe 19 m – Siehe Regionalatlas **10-J4**
Berlin 291 km – Kiel 66 km – Lübeck 18 km – Hamburg 57 km
Michelin Straßenkarte 541

Gästehaus Freyer garni
Bolande 41a ✉ 23858 – ✆ (04533) 7 00 10 – www.hotel-freyer.de
11 Zim – 45/48 € 62/65 €
In dieser kleinen Pension am Rand von Reinfeld fühlt man sich gut aufgehoben, denn Familie Freyer kümmert sich freundlich um ihre Gäste. Außerdem ist das Haus samt Außenanlage sehr gepflegt und die Zimmer haben Balkon oder Terrasse.

REIT im WINKL

Bayern – 2 350 Ew. – Höhe 696 m – Siehe Regionalatlas **67-N21**
Berlin 696 km – München 111 km – Bad Reichenhall 50 km – Rosenheim 52 km
Michelin Straßenkarte 546

Unterwirt

Kirchplatz 2 ✉ 83242 – ✆ (08640) 80 10 – www.unterwirt.de
71 Zim – 60/142 € 120/184 € – 2 Suiten – ½ P
Rest – Menü 17 € (mittags)/23 € – Karte 23/64 €
Im 14. Jh. erbaut und 1612 erstmals als Schankwirtschaft erwähnt... das hat Tradition - und die wird hier gepflegt, ohne dabei stehenzubleiben. So hat man es in den Zimmern schön wohnlich und charmant-rustikal, lässt es sich im weitläufigen Wellnessbereich gut gehen, und wie man es sich für einen gestandenen bayerischen Gasthof wünscht, sind die Restauranträume gemütlich-regionstypisch. Tipp: In der angeschlossenen eigenen Metzgerei gibt's auch Leckeres für daheim.

Edelweiß (mit Gästehaus)

Am Grünbühel 1 ✉ 83242 – ✆ (08640) 9 88 90 – www.edelweiss-hotel.de – geschl. April, November
19 Zim – 41/58 € 72/110 € – 1 Suite – ½ P
Rest – Menü 14 € – *(geschl. Mittwoch, Sonntag) (nur Abendessen für Hausgäste)*
Nicht umsonst hat dieses familiäre kleine Haus hinter der Kirche viele Stammgäste. Es ist eine sehr gepflegte und von der Chefin freundlich geführte Adresse mit fairen Preisen. Die Zimmer im Gästehaus sind etwas einfacher.

Klauser's Restaurant

Birnbacher Str. 8 ✉ 83242 – ✆ (08640) 84 24 – www.klausers.de – geschl. 8. April - 12. Mai, 1. November - 18. Dezember und Montag
Menü 39/84 € – Karte 37/71 € – *(nur Abendessen)* (Tischbestellung ratsam)
Wie vor ihm schon seine Eltern, ist Wolfgang Klauser hier gemeinsam mit seiner Frau Brigitte seit über 30 Jahren unverändert motiviert bei der Sache. Es macht ihnen sichtlich Spaß, ihre (Stamm-) Gäste in dem gemütlich-ländlichen, liebevoll dekorierten Restaurant mit frischer klassisch-regionaler Küche zu bewirten. Bekommen Sie da nicht Lust auf Schmackhaftes wie "geschmortes Kalbsbäckchen mit Madeirasauce, Karamell-Rotkraut und Kartoffelpüree"?

In Reit im Winkl-Blindau Süd-Ost: 2 km

Gut Steinbach

Steinbachweg 10 ✉ 83242 – ✆ (08640) 80 70 – www.gutsteinbach.de
55 Zim – 75/198 € 138/264 € – 8 Suiten – ½ P
Rest *Gut Steinbach* – siehe Restaurantauswahl
Sie suchen bayerische Gemütlichkeit, möchten aber nicht auf modernen Komfort verzichten? In den Zimmern mischt sich alpenländischer Stil mit attraktiven zeitgemäßen Formen und Farben. Und wie könnte das Anwesen in typischem traditionellem Stil schöner liegen als ruhig, einsam, umgeben von Natur?

Gut Steinbach – Hotel Gut Steinbach

Steinbachweg 10 ✉ 83242 – ✆ (08640) 80 70 – www.gutsteinbach.de
Menü 28 € – Karte 29/61 €
Wer zum Essen kommt, genießt in drei ländlich-rustikalen Stuben (viel warmes Holz macht es hier schön behaglich) regionale Küche wie z. B. Wild aus eigener Zucht. Im Sommer schaut man von der großzügigen Terrasse auf die Berge sowie die Skischanze und das Wildgehege vis-à-vis.

REKEN

Nordrhein-Westfalen – 14 070 Ew. – Siehe Regionalatlas **26-C10**
Berlin 517 km – Düsseldorf 94 km – Münster 50 km – Arnhem 95 km
Michelin Straßenkarte 543

In Reken-Groß Reken

Berghotel Hohe Mark

Werenzostr. 17 ✉ *48734 – ✆ (02864) 9 51 95 95 – www.berghotel-hohemark.de*

12 Zim – 69/77 € 86/94 € – ½ P

Rest – Menü 12 € (mittags unter der Woche)/34 € – Karte 18/48 €

Der 121 m hohe Melchenberg, auf dem das kleine Hotel liegt, ist mit die höchste Erhebung in der Umgebung - so hat man vor allem von der Terrasse eine richtig schöne Aussicht! Hier schließen sich direkt der hübsch angelegte Garten und ein Waldstück an - herrlich für Spaziergänge und ein toller Spielplatz für Kinder! Wohnen können Sie in freundlichen, neuzeitlichen Zimmern, zu essen gibt es Regionales.

RELLINGEN

Schleswig-Holstein – 13 720 Ew. – Höhe 9 m – Siehe Regionalatlas **10-I5**

Berlin 304 km – Kiel 92 km – Hamburg 22 km – Bremen 124 km

Michelin Straßenkarte 541

In Rellingen-Krupunder Süd-Ost: 5 km über A 23 Richtung Hamburg, Abfahrt Halstenbek-Krupunder:

Fuchsbau

Rest,

Altonaer Str. 357 (siehe Stadtplan Hamburg) ✉ *25462* Stadtplan : A1**b**

– ✆ (04101) 3 82 50 – www.hotel-fuchsbau.de – geschl. 22. Dezember - 2. Januar

38 Zim – 72/80 € 93/99 €

Rest – Karte 16/42 € – *(geschl. Sonntag - Montag und an Feiertagen) (nur Abendessen)*

Aufmerksam und freundlich kümmert man sich in diesem sehr gepflegten Familienbetrieb um seine Gäste, auf die individuelle und wohnliche Zimmer sowie ein gutes Frühstücksbuffet warten. Klassisch gehaltenes Restaurant mit hübscher Gartenterrasse.

REMCHINGEN

Baden-Württemberg – 11 720 Ew. – Höhe 160 m – Siehe Regionalatlas **54-F18**

Berlin 673 km – Stuttgart 54 km – Karlsruhe 21 km – Pforzheim 14 km

Michelin Straßenkarte 545

In Remchingen-Wilferdingen

Zum Hirsch

Hauptstr. 23 ✉ *75196 – ✆ (07232) 7 96 36 – www.hirsch-remchingen.de – geschl. 1. - 20. Januar*

17 Zim – 59/65 € 88/95 €

Rest *Zum Hirsch* – siehe Restaurantauswahl

Ein charmantes Bild gibt die Fachwerkfassade dieses gepflegten Gasthofs von 1688 ab - da passen die Zimmer mit ihrem ländlichen Stil schön dazu, von einigen schaut man in den hübschen Garten hinter dem Haus. Praktisch ist die Nähe zur Autobahn.

Zum Hirsch – Hotel Zum Hirsch

Hauptstr. 23 ✉ *75196 – ✆ (07232) 7 96 36 – www.hirsch-remchingen.de – geschl. 1. - 20. Januar und Sonntag*

Menü 26 € (mittags)/45 € – Karte 31/46 €

"Geräucherter Rheinaal auf Rührei und Schwarzbrot", "Rindsroulade mit Marktgemüse und Kartoffelpüree"... Die regionale Küche ist wirklich gut, angenehm locker die Atmosphäre in der gemütlichen Gaststube - ein Hingucker sind die Serviettenringe in Form kleiner Hirschgeweihe! Mittags einfacheres Angebot.

REMSCHEID

Nordrhein-Westfalen – 110 570 Ew. – Höhe 365 m – Siehe Regionalatlas **36-C12**

Berlin 535 km – Düsseldorf 40 km – Köln 43 km – Lüdenscheid 35 km

Michelin Straßenkarte 543

XXX Concordia - Heldmann's Restaurant

Brüderstr. 56 ✉ 42853 – ✆ (02191) 29 19 41 – www.heldmanns-restaurant.de – geschl. Anfang Januar 1 Woche, Juli - August 3 Wochen und Samstagmittag, Sonntag - Montag sowie an Feiertagen
Menü 58/98 € – Karte 60/90 € – (Tischbestellung ratsam)
Das Interieur hier ist genauso schön wie es die Industriellenvilla von 1889 schon von außen vermuten lässt: stilvoll-elegante hohe Räume! Dass gutes Essen keine kreativen Exzesse braucht, zeigt Ulrich Heldmann mit seiner produktbezogenen klassischen Küche!
➜ Kalbsbries im Rübensaft und Kaminrauch. Frikassee vom westfälischen Kikok-Huhn mit Rheinischem Spargel. Trappe d´Echourgnac mit zweierlei Walnüssen und Birne.
Rest *Fifty Six* – siehe Restaurantauswahl

X Fifty Six – Concordia - Heldmann's Restaurant

Brüderstr. 56 ✉ 42853 – ✆ (02191) 29 19 41 – www.heldmanns-restaurant.de – geschl. Anfang Januar 1 Woche, Juli - August 3 Wochen und Samstagmittag, Sonntag - Montag sowie an Feiertagen
Menü 30/36 € – Karte 29/57 €
Das zweite Concordia-Restaurant ist das freundliche Bistro Fifty Six. Der Chef setzt auf frische regionale Küche, bietet aber auch einige internationale Speisen; so finden sich auf der Karte Gerichte wie Entenbrust oder Tafelspitz.

In Remscheid-Grund Nord: 5 km

X Der Grund

Grund 41 ✉ 42855 – ✆ (02191) 5 92 70 04 – www.der-grund.com – geschl. Montag
Menü 22/45 € – Karte 23/54 € – *(nur Abendessen, sonntags auch Mittagessen)*
Hier lässt es sich in familiärer Atmosphäre gemütlich speisen, auf den Tisch kommt Regionales. Dienstags-Aktion: Überraschungsmenü. Auch für Veranstaltungen ist das Haus beliebt.

In Remscheid-Lüttringhausen Nord-Ost: 6 km

Fischer (mit Gästehaus)

Lüttringhauser Str. 131 (B 51) ✉ 42899 – ✆ (02191) 9 56 30 – www.hotel-fischer-remscheid.de – geschl. 22. Dezember - 3. Januar
50 Zim – †65/120 € ††90/150 €
Rest – Karte 24/49 € – *(geschl. Samstagmittag)*
Das Haus liegt günstig: nur ca. 200 m von der Autobahnausfahrt und dennoch im Grünen. Es ist ein tipptopp gepflegter Familienbetrieb, in dessen Gästehaus man komfortabler wohnt. Das bürgerliche Restaurant ist im traditionellen bergischen Gasthof untergebracht.

REMSECK am NECKAR

Baden-Württemberg – 23 360 Ew. – Höhe 212 m – Siehe Regionalatlas **55-G18**
Berlin 625 km – Stuttgart 17 km – Heilbronn 44 km – Nürnberg 198 km
Michelin Straßenkarte 545

In Remseck-Aldingen

X Schiff

Neckarstr. 1 ✉ 71686 – ✆ (07146) 9 05 40 – www.restaurant-schiff.de – geschl. Februar 1 Woche und Mittwoch - Donnerstag
Menü 19/39 € – Karte 18/42 €
Familie Jagiella steht hier schon seit weit über 20 Jahren für Qualität! Chef Christian kocht schwäbisch, aber auch asiatisch, um den Service kümmert sich Chefin Marion selbst.

REMSHALDEN

Baden-Württemberg – 13 390 Ew. – Höhe 255 m – Siehe Regionalatlas **55-H18**
Berlin 615 km – Stuttgart 23 km – Schwäbisch Gmünd 34 km – Schwäbisch Hall 58 km
Michelin Straßenkarte 545

In Remshalden-Geradstetten

Krone

Obere Hauptstraße 2 ✉ 73630 – ✆ (07151) 2 97 92 – www.krone-geradstetten.com – geschl. über Fasching 1 Woche, August 3 Wochen und Mittwoch, sowie an Feiertagen
Menü 46/79 € – Karte 33/64 € – *(nur Abendessen, sonntags auch Mittagessen)*
An der Ortsdurchfahrt gelegen, kann man den traditionellen Gasthof kaum übersehen. Freundlich der Service, gepflegt die Einrichtung (schönes Fischgrätparkett), gut die Gerichte von Gastgeber Björn Bergmann. Seine ambitionierte Küche gibt es z. B. als "in Lemberger geschmortes Ochsenschwanzragout mit hausgemachten Nudeln" oder auch als Jahreszeiten-Menü.

In Remshalden-Grunbach

Weinstube zur Traube

Schillerstr. 27 ✉ 73630 – ✆ (07151) 7 99 01 – www.traube-grunbach.de – geschl. 9. - 24. Februar, 3. August - 1. September und Montag - Dienstag
Menü 28/89 € – Karte 21/43 €
Sandra und Gunter Arbogast leiten die alteingesessene Traube schon in 4. Generation. Das regionale Angebot sowohl an Weinen als auch an Spezialitäten passt zu den behaglich-ländlichen Stuben - zu erwähnen seien hier u. a. die hausgemachte Bauernwurst! Gourmetmenü auf Vorbestellung.

In Remshalden-Hebsack

Lamm

Winterbacher Str. 3 ✉ 73630 – ✆ (07181) 4 50 61 – www.lamm-hebsack.de – geschl. 1. - 6. Januar
23 Zim – 🚹75/84 € 🚹🚹98/110 €
Rest *Lamm* – siehe Restaurantauswahl
Sie nutzen die schöne Gegend für einen Fahrrad- oder Wanderurlaub? Dann sind Sie bei den Polinskis gut aufgehoben. Der Gasthof gegenüber der Alten Kelter ist seit 1880 im Familienbesitz, entsprechend engagiert wird das Haus geführt!

Lamm – Hotel Lamm

Winterbacher Str. 1 ✉ 73630 – ✆ (07181) 4 50 61 – www.lamm-hebsack.de – geschl. 1. - 6. Januar und Sonntagabend
Menü 32 € (mittags)/56 € – Karte 34/59 €
Puppen-, Back-, Bauern- und Jägerstube... Die Restauranträume sind so gemütlich wie ihre Namen klingen! Die Spezialität des Hauses sollte man probiert haben: "Wurstknöpfle in Petersilienbutter geschmelzt mit Filderkraut und Zwiebelstroh". Dazu wählt man aus über 200 Weinen, sehr viele davon aus der Region.

RENCHEN

Baden-Württemberg – 7 350 Ew. – Höhe 150 m – Siehe Regionalatlas **54-E19**
Berlin 731 km – Stuttgart 132 km – Karlsruhe 61 km – Offenburg 15 km
Michelin Straßenkarte 545

In Renchen-Erlach Süd-Ost: 2 km über Renchtalstraße

Drei Könige

Erlacher Str. 1 ✉ 77871 – ✆ (07843) 22 87 – www.3-koenige.de – geschl. Juli 2 Wochen und Mittwoch
Menü 22/38 € – Karte 21/48 €
Familie Hetzel kümmert sich hier freundlich und fürsorglich um ihre Gäste. Man sitzt gemütlich in holzvertäfelten Stuben und lässt sich schmackhafte regionale Gerichte servieren. Sehr beliebt im November und überregional bekannt: "Gänsebraten mit Rotkohl, Maronen und Kartoffelklößen".

Das Symbol 🚹 bzw. 🚹🚹 zeigt den Mindestpreis in der Nebensaison und den Höchstpreis in der Hochsaison für ein Einzelzimmer bzw. für ein Doppelzimmer an.

RENDSBURG

Schleswig-Holstein – 28 220 Ew. – Höhe 6 m – Siehe Regionalatlas **2-I3**
Berlin 368 km – Kiel 36 km – Neumünster 38 km – Schleswig 30 km
Michelin Straßenkarte 541

ConventGarten

Hindenburgstr. 38 ✉ 24768 – ✆ (04331) 5 90 50 – www.conventgarten.de
80 Zim – 75/130 € 125/150 € – ½ P
Rest – Menü 30/48 € – Karte 28/49 €
Hier überzeugen zeitgemäß-funktionale Zimmer, gute Veranstaltungsmöglichkeiten sowie die Anbindung an die Autobahn und das Zentrum. Vom Restaurant samt toller "Kanalterrasse" blickt man auf den Nord-Ostsee-Kanal und die passierenden Schiffe. Kostenfrei parken kann man übrigens auch.

1690 garni

Herrenstr. 6 ✉ 24768 – ✆ (04331) 77 02 90 – www.hotel-1690.de – geschl. 18. Dezember - 3. Januar
16 Zim – 68/83 € 88/108 €
Hätten Sie hinter der schmucken alten Backsteinfassade solch ein chic-modernes Interieur erwartet? Die Zimmer hochwertig und individuell, der Innenhofgarten samt überdachter Lounge ein echtes kleines Idyll! Wer länger bleibt, kann tolle Apartments mit Küche buchen.

In Büdelsdorf Nord-Ost: 4 km über B 203 Richtung Eckernförde

Heidehof garni

Hollerstr. 130 (B 203) ✉ 24782 – ✆ (04331) 34 30 – www.heidehof.de
102 Zim – 67/92 € 82/106 €, 11 € – 6 Suiten
Es ist schon auffallend, wie viel Granit in diesem Haus steckt! Er prägt die Einrichtung und passt gut zum zeitlosen Stil. Für Familien sind die Appartements ideal. Geschäftsreisende schätzen die verkehrsgünstige Lage nahe der Autobahn.

Am Bistensee Nord-Ost: 12 km über B 203 in Richtung Eckernförde, in Holzbunge Richtung Alt-Duvenstedt

Seehotel Töpferhaus (mit Gästehaus)

Am See ✉ 24791 Alt Duvenstedt – ✆ (04338) 9 97 10 – www.toepferhaus.com
47 Zim – 88/178 € 108/198 € – ½ P
Rest *Seehotel Töpferhaus* – siehe Restaurantauswahl
Erholung und Ruhe pur! Die Lage könnte kaum malerischer sein, der schöne See samt privater Seewiese und eigenem Badesteg liegt direkt vor der Tür! Wohnliche Zimmer im Landhausstil (viele mit Terrasse oder Balkon). Gegen Langeweile bei den Kids: Spielzimmer mit Tischtennis, Kicker, Dart...

Seehotel Töpferhaus – Seehotel Töpferhaus

Am See ✉ 24791 Alt Duvenstedt – ✆ (04338) 9 97 10 – www.toepferhaus.com
Menü 28 € (mittags)/68 € – Karte 29/49 €
In den hübschen Restauranträumen mit ihrem behaglich-nordischen Flair genießen Sie neben saisonaler Küche auch den Blick auf den See - der ist im Sommer natürlich auf der großzügigen Terrasse am schönsten! Mo. - Fr. günstiger Businesslunch.

RENGSDORF

Rheinland-Pfalz – 2 640 Ew. – Höhe 240 m – Siehe Regionalatlas **36-D13**
Berlin 607 km – Mainz 118 km – Koblenz 25 km – Bonn 57 km
Michelin Straßenkarte 543

In Hardert Nord-Ost: 3 km über Friedrich-Ebert-Straße

Corona mit Zim

Mittelstr. 13, (Hotel zur Post) ✉ 56579 – ✆ (02634) 27 27 – www.restaurantcorona.de – geschl. Montag - Dienstag
8 Zim – 35 € 66 € Menü 30/60 € – Karte 22/55 €
Mit diesem klassisch-eleganten Restaurant führen Kerstin und Sergio Corona die Familientradition des über 100 Jahre alten "Hotel zur Post" fort. Probieren Sie das "Menü Méditerranée" - da spiegelt z. B. das "Cremesüppchen von Krustentieren mit Garnelenspieß" schön den südländischen Einfluss der Küche wider. Sehr geschult und charmant obendrein ist der Service durch die Chefin.

RENNEROD

Rheinland-Pfalz – 3 770 Ew. – Höhe 540 m – Siehe Regionalatlas **37**-E13
Berlin 551 km – Mainz 87 km – Siegen 87 km – Limburg an der Lahn 28 km
Michelin Straßenkarte 543

Röttger

Hauptstr. 50, (B 54) ✉ 56477 – ✆ (02664) 9 93 60 – www.hotel-roettger.de – geschl. Januar
12 Zim – 50/65 € 80/95 €
Rest *Gourmetstübchen* – siehe Restaurantauswahl
Rest – Karte 19/35 € – *(geschl. Januar, Ende Juli - Anfang September und Sonntagabend - Dienstagmittag)*
Rest *Die Scheune* – Karte 19/32 € – *(geschl. Januar - Mitte März und Sonntagabend - Montag) (nur Abendessen, sonntags auch Mittagessen)*
Das Haus der Familie Röttger ist schon eine empfehlenswerte Adresse: Man kann gut übernachten (nämlich in gepflegten, zeitgemäß-wohnlichen Zimmern) und hat zudem diverse Restaurants zur Auswahl. Wem das Gourmetstübchen etwas zu gehoben ist, bekommt auch Internationales oder - ein bisschen rustikaler - bürgerliche Gerichte in der gemütlichen Scheune.

Gourmetstübchen – Restaurant Röttger

Hauptstr. 50, (B 54) ✉ 56477 – ✆ (02664) 9 93 60 – www.hotel-roettger.de – geschl. Januar, Ende Juli - Anfang September und Sonntagabend - Dienstagmittag
Menü 31 € (mittags)/48 € – Karte 29/53 €
Charmant leitet die Hausherrin den Service in dem netten Restaurant. Währenddessen steht ihr Mann Thomas Röttger am Herd und bekocht seine Gäste mit klassischen Speisen.

REURIETH

Thüringen – 890 Ew. – Höhe 350 m – Siehe Regionalatlas **40**-J14
Berlin 381 km – Erfurt 89 km – Coburg 39 km
Michelin Straßenkarte 544

In Reurieth-Trostadt Nord-West: 1 km

Landhotel Klostermühle

Dorfstr. 2 ✉ 98646 – ✆ (036873) 2 46 90 – www.landhotel-klostermuehle.de
16 Zim – 41/50 € 54/64 € – 4 Suiten – ½ P
Rest – Karte 15/36 € – *(geschl. Anfang Januar - Februar) (Montag - Freitag nur Abendessen für Hausgäste)*
Idyllisch! Aus einer alten Getreidemühle ist das kleine Hotel entstanden - charmant, günstig und nicht von der Stange. Man schläft in gemütlichen Zimmern und isst in liebenswerten Stuben oder im lauschigen Innenhof.

REUTLINGEN

Baden-Württemberg – 112 490 Ew. – Höhe 382 m – Siehe Regionalatlas **55**-G19
Berlin 676 km – Stuttgart 39 km – Pforzheim 77 km – Ulm (Donau) 75 km
Michelin Straßenkarte 545

Württemberger Hof garni

Bahnhofstr. 12 ✉ 72764 – ✆ (07121) 9 47 99 50 – www.hotel-wuerttemberger-hof.de
41 Zim – 85/135 € 98/150 € – 1 Suite
Inzwischen ist es bereits die 4. Generation der Inhaberfamilie, die dieses traditionelle Haus gegenüber dem Bahnhof führt - und die Gastgeber bleiben nicht stehen: So sind die Zimmer nicht nur wohnlich und freundlich gestaltet, sondern haben auch schöne und gut ausgestattete Bäder!

Fürstenhof garni

Kaiserpassage 5 ✉ 72764 – ✆ (07121) 31 80 – www.fuerstenhof-reutlingen.de
50 Zim – 90/115 € 115/135 €
Von diesem Hotel aus sind Sie schnell in der Innenstadt - für Touristen und Businessgäste gleichermaßen interessant. Zudem sind die Zimmer zeitgemäß, funktional und technisch solide und der Tag beginnt mit einem guten Frühstücksbuffet.

RHEDA-WIEDENBRÜCK

Nordrhein-Westfalen – 47 320 Ew. – Höhe 72 m – Siehe Regionalatlas **27-F10**
Berlin 418 km – Düsseldorf 151 km – Bielefeld 37 km – Münster (Westfalen) 54 km
Michelin Straßenkarte 543

Im Stadtteil Rheda

König's

Berliner Str. 47, (Zufahrt über Bleichstraße) ✉ 33378 – ✆ (05242) 40 80 60 – www.das-koenigs.de
26 Zim – 85/105 € 105/125 €
Rest – Karte 21/42 € – *(geschl. Sonntagabend) (nur Abendessen, sonntags auch Mittagessen)*
So aufwändig das Stadthaus a. d. 18. Jh. von außen saniert wurde, so hochwertig zeigen sich auch die Zimmer! Sie möchten lieber etwas preiswerter übernachten? Man vermietet auch Zimmer im Gästehaus "Hotel Am Doktorplatz". Tipp: Im Sommer, wenn das Wetter es zulässt, gibt es BBQ auf dem tollen "Sonnendeck"!

Reuter

Bleichstr. 3 ✉ 33378 – ✆ (05242) 9 45 20 – www.hotelreuter.de – geschl. 27. Dezember - 6. Januar
36 Zim – 69/119 € 109/189 €
Rest ***Reuter*** **Rest** ***Bistro*** – siehe Restaurantauswahl
In dem sympathischen Familienbetrieb sorgt bereits die 4. Generation dafür, dass stetig modernisiert wird und alles topgepflegt ist - fragen Sie nach den besonders schönen neuen Zimmern! Einen neuzeitlichen Tagungsbereich gibt es auch.

Reuter (Iris Bettinger) – Hotel Reuter

Bleichstr. 3 ✉ 33378 – ✆ (05242) 9 45 20 – www.hotelreuter.de – geschl. 27. Dezember - 6. Januar, Juli - August 2 Wochen und Sonntag
Menü 69/159 € – *(nur Abendessen)*
Bei Chefin Iris Bettinger kommen nur ausgesuchte saisonale Zutaten in ihre vorzüglichen produktbezogenen Gerichte, und die gibt es in Form eines einzigen Menüs mit bis zu zehn Gängen. Im Sommer können Sie das modern-elegante Ambiente drinnen gegen die charmante Terrasse mit Blick auf die Kirche tauschen.
→ Wammerl vom Bunten Bentheimer Schwein mit Bohnenpüree, Zitrusschaum und grünen Mandeln. Kohlenfisch "Black Cod" in Sweet-Miso Marinade mit eingelegtem Daikonrettich und Reiscrème. Geangelter Wolfsbarsch auf der Haut gegrillt mit Tomatenkompott "Indian Style", Aubergine.

Emshaus

Gütersloher Str. 22 ✉ 33378 – ✆ (05242) 4 06 04 00 – www.emshaus-rheda.de – geschl. Montag - Dienstag
Menü 34 € – Karte 30/44 €
Zwischen Rosengarten und Schlosspark finden Sie das schmucke sanierte Backsteinhaus von 1936 (die Zufahrt liegt etwas versteckt). Schön die hochwertige Einrichtung samt altem Parkettboden. Serviert werden regional-saisonale sowie internationale Speisen - und nachmittags leckerer hausgemachter Kuchen!

Bistro – Hotel Reuter

Bleichstr. 3 ✉ 33378 – ✆ (05242) 9 45 20 – www.hotelreuter.de – geschl. 27. Dezember - 6. Januar und Sonntag, Freitagmittag, Samstagmittag
Menü 34 € – Karte 28/47 €
Auch wenn es im Bistro etwas legerer zugeht, so kocht die Gastgeberin auch hier mit sehr guten und topfrischen Produkten, einfach ein bisschen regionaler (z. B. "Gebratenes Zanderfilet auf Blutwurstgraupen mit Majoransauce")! Es gibt ein Menü, Brasserie-Klassiker und schnelle Kleinigkeiten.

Im Stadtteil Wiedenbrück

Ratskeller

Markt 11, (Eingang Lange Str. 40) ✉ 33378 – ✆ (05242) 92 10 – www.ratskeller-wiedenbrueck.de – geschl. Weihnachten - Anfang Januar

30 Zim – †85/115 € ††124/173 € – ½ P

Rest – Menü 35/53 € – Karte 31/55 €

Das wunderschöne Fachwerkhaus von 1560 wurde zu einem Hotel erweitert, das bereits in der 5. Generation als Familienbetrieb geführt wird. Die Zimmer sind hübsch und individuell. Gemütlich sitzt man in den historischen Gasträumen. Terrasse am Marktplatz.

RHEINE

Nordrhein-Westfalen – 76 530 Ew. – Höhe 35 m – Siehe Regionalatlas **16**-D8

Berlin 470 km – Düsseldorf 166 km – Nordhorn 39 km – Enschede 45 km

Michelin Straßenkarte 543

Zum Alten Brunnen (mit Gästehäusern)

Rest,

Dreierwalder Str. 25 ✉ 48429 – ✆ (05971) 96 17 15 – www.zumaltenbrunnen.de – geschl. 24. Dezember - 2. Januar

16 Zim – †89/128 € ††98/148 € – 4 Suiten – ½ P

Rest – Karte 27/53 € – *(geschl. Sonntag) (nur Abendessen)*

Ein reizendes Anwesen wie ein kleines Dörfchen, in der Mitte ein charmanter Hof mit Brunnen - hier gibt es bei schönem Wetter das Frühstück, und das wird am Tisch serviert. Man spürt die persönliche Note, überall im Haus finden sich geschmackvolle Details wie zahlreiche Antiquitäten und stimmige Deko. Darf es vielleicht eine klimatisierte Suite sein?

Beesten

Eichenstr. 3 ✉ 48431 – ✆ (05971) 32 53 – www.restaurant-beesten.de – geschl. Anfang Juli 2 Wochen und Donnerstag

Menü 35/55 € – Karte 35/51 €

Mit Engagement und Herz ist Familie Beesten hier in 4. Generation bei der Sache. Hinter der einladenden roten Klinkerfassade sitzt man gemütlich bei guten internationalen Gerichten wie "Kalbsrückensteak mit Olivenkruste auf Balsamicosauce an Spitzkohl und Bandnudeln". Schön: Terrasse mit altem Baumbestand.

In Rheine-Mesum Süd-Ost: 7 km über B 481

Altes Gasthaus Borcharding mit Zim

Alte Bahnhofstr. 13 ✉ 48432 – ✆ (05975) 12 70 – www.borcharding.de – geschl. Sonntag

9 Zim – †47/70 € ††69/93 €

Menü 20/66 € – Karte 25/63 € – *(nur Abendessen)*

Seit 1712 ist das Gasthaus der Borchardings schon in Familienbesitz. Zahlreiche Stammgäste kommen immer wieder gerne, um sich in der Wein- und Gaststube (sehr gemütlich dekoriert!) von Tobias Borcharding mit regional-saisonalen Gerichten bekochen zu lassen. Für Feiern: Münsterlandstübchen, Saal und Atrium.

RHEINFELDEN

Baden-Württemberg – 32 330 Ew. – Höhe 280 m – Siehe Regionalatlas **61**-D21

Berlin 838 km – Stuttgart 284 km – Freiburg im Breisgau 84 km – Bad Säckingen 15 km

Michelin Straßenkarte 545

I Fratelli

Rheinbrückstr. 8, (im Haus Salmegg, am Grenzübergang) ✉ 79618 – ✆ (07623) 3 02 54 – www.ristorante-i-fratelli.de – geschl. Ende Dezember - Januar 1 Woche, August 2 Wochen und Sonntagabend - Montag

Menü 15 € (mittags unter der Woche)/75 € – Karte 42/62 €

In einer historischen Villa direkt am Rhein (Tipp: die Terrasse zum Fluss!) hat Patrone Enrico Lamano sein schönes Souterrain-Restaurant mit Gewölbedecke. Sein Bruder Bruno kocht, und zwar gehobene italienische Küche. Tolle Grappa-Auswahl!

In Rheinfelden-Eichsel Nord: 6 km über B 316, in Degerfelden rechts

Gasthaus Maien

Maienplatz 2 ✉ 79618 – ✆ (07623) 7 21 50 – www.maien.com
21 Zim – 65/87 € 94/130 € – ½ P
Rest – Menü 14/45 € – Karte 18/45 € – *(geschl. Freitag)*
Inzwischen hat die 5. Generation der Familie Börner das Gasthaus von 1749 übernommen, unverändert stark das Engagement! Fragen Sie nach den geräumigeren Komfortzimmern. Das Restaurant bietet etwas für jeden Geschmack: rustikale Stube oder heller Wintergarten, viele Aktionswochen, Terrasse unter Kastanien...

RHEINSBERG

Brandenburg – 8 470 Ew. – Höhe 61 m – Siehe Regionalatlas **22**-O6
Berlin 88 km – Potsdam 125 km – Neubrandenburg 70 km
Michelin Straßenkarte 542

Schloss Hotel

Seestr. 13 ✉ 16831 – ✆ (033931) 3 90 59 – www.schlosshotel-rheinsberg.de – geschl. Januar - Februar
28 Zim – 60/80 € 100/120 € – ½ P
Rest – Karte 22/29 €
Das ursprünglich a. d. J. 1827 stammende Hotel liegt in Schloss- und Seenähe und bietet wohnliche, individuelle Gästezimmer sowie eine Lounge und eine nette Cocktailbar. Das Restaurant ist ein kleines Steakhaus.

Der Seehof

Zim,

Seestr. 18 ✉ 16831 – ✆ (033931) 40 30 – www.seehof-rheinsberg.de
11 Zim – 65/85 € 100/110 € – ½ P
Rest – Menü 28 € – Karte 25/38 €
Sie finden das ehemalige Ackerbürgerhaus von 1750 ca. 100 m vom See entfernt. Hinter der frischen hellblauen Fassade erwartet Sie ein gepflegtes und freundliches Ambiente. Restaurant mit saisonal geprägter klassischer und regionaler Küche. Schöner Innenhof.

RHODT unter RIETBURG – Rheinland-Pfalz → Siehe Edenkoben

RIEDEN (KREIS AMBERG-SULZBACH)

Bayern – 2 920 Ew. – Höhe 365 m – Siehe Regionalatlas **51**-M17
Berlin 448 km – München 165 km – Regensburg 47 km – Nürnberg 74 km
Michelin Straßenkarte 546

In Rieden-Kreuth Süd-West: 2 km

Waldhotel-Gut Matheshof

Hans-Nowak-Ring 1, (Zufahrt über Hans-Nowak-Ring) ✉ 92286 – ✆ (09624) 91 90 – www.gut-matheshof.de
128 Zim – 90 € 120 € – 2 Suiten – ½ P
Rest – Karte 26/49 € – *(geschl. Sonntagabend)*
Ideal für Pferdefreunde ist das zeitgemäße Hotel auf dem Gut Matheshof, einer weitläufigen Anlage am Wald. Angeschlossen ist Europas größtes Reitsport- und Turnierzentrum. Restaurantterrasse mit schöner Sicht über die Region. Rustikaler Gutsgasthof für Veranstaltungen.

RIEGEL

Baden-Württemberg – 3 650 Ew. – Höhe 181 m – Siehe Regionalatlas **61**-D20
Berlin 796 km – Stuttgart 187 km – Freiburg im Breisgau 27 km – Offenburg 45 km
Michelin Straßenkarte 545

Riegeler Hof (mit Gästehäusern)

Hauptstr. 69 ✉ *79359 – ✆ (07642) 68 50 – www.riegeler-hof.de*
55 Zim – 55/75 € 85/100 € – ½ P
Rest – Menü 25/48 € – Karte 23/53 € – *(geschl. November 1 Woche, Januar 1 Woche)*
Die Landschaft am Kaiserstuhl ist überaus beliebt bei Wanderern - und mit dem gepflegten Hotel der Familie Scherzinger haben Sie einen idealen Ausgangspunkt! Ein Großteil der Zimmer verfügt über einen Balkon. Tipp: Fragen Sie nach den Zimmern im Gästehaus, diese sind besonders hell und freundlich! Rustikale Gemütlichkeit herrscht im Restaurant.

RIESA an der ELBE

Sachsen – 34 020 Ew. – Höhe 106 m – Siehe Regionalatlas **33**-P11
Berlin 192 km – Dresden 65 km – Leipzig 62 km – Meißen 27 km
Michelin Straßenkarte 544

In Zeithain-Moritz Nord-Ost: 3,5 km über B 169

Moritz an der Elbe

Dorfstr. 2 ✉ *01619 – ✆ (03525) 5 12 30 – www.hotel-moritz.de – geschl. 24. Dezember - 1. Januar*
40 Zim – 74/80 € 91/100 € – ½ P
Rest – Menü 20/40 € – Karte 18/40 € – *(nur Abendessen, sonntags auch Mittagessen)*
Der mit wohnlichen Zimmern ausgestattete Familienbetrieb ist Teil eines Vierseitenhofes von 1823. Hinter dem Haus verläuft der Elbradwanderweg. Zeitlos-elegantes Restaurant mit bürgerlicher Küche. Eine Terrasse liegt im Innenhof, eine weitere zur Elbe.

RIESEBY

Schleswig-Holstein – 2 440 Ew. – Höhe 30 m – Siehe Regionalatlas **2**-I2
Berlin 393 km – Kiel 38 km – Rendsburg 36 km
Michelin Straßenkarte 541

Riesby Krog

Dorfstr. 35 ✉ *24354 – ✆ (04355) 18 17 87 – www.riesbykrog.de – geschl. Ende Januar - Ende Februar und Montag, außer an Feiertagen*
Menü 40/55 € – Karte 33/50 € – *(November - April: Dienstag - Donnerstag nur Abendessen)*
Charmant und mit viel Herzblut leitet Chefin Maria von Randow das Haus mit den gemütlichen Stuben, und auch für die regional-saisonale Küche ist sie verantwortlich - Lust auf "Tafelspitz, Grüne Sauce, Möhrchen"?

RIETBERG

Nordrhein-Westfalen – 28 870 Ew. – Höhe 78 m – Siehe Regionalatlas **27**-F10
Berlin 423 km – Düsseldorf 160 km – Bielefeld 44 km – Münster (Westfalen) 63 km
Michelin Straßenkarte 543

Lind

Zim,

Am Nordtor 1 ✉ *33397 – ✆ (05244) 70 01 00 – www.lind-hotel.de*
78 Zim – 101/131 € 129/171 € – 2 Suiten – ½ P
Rest *Mauritz* – ✆ (05244) 70 01 60 – Menü 33/54 € – Karte 32/53 €
Großzügig, modern und hochwertig ausgestattet, ist das Hotel mitten in Rietberg für Urlauber und Geschäftsreisende gleichermaßen ideal! Nach einem langen Tag ruft das "Lind vital" mit Massage, Beauty & Co. Oder steht Ihnen der Sinn nach mediterran-regionaler Küche?

In Rietberg-Mastholte Süd-West: 7 km über Mastholter Straße

Domschenke

Lippstädter Str. 1 ✉ 33397 – ✆ (02944) 3 18 – www.domschenke-mastholte.de – geschl. 1. - 5. Januar, 30. März - 10. April, 23. Juli - 11. August, 5. - 13. Oktober, 21. - 27. Dezember und Dienstag sowie an Feiertagen
Menü 51/65 € – Karte 26/64 € – *(nur Abendessen, sonntags auch Mittagessen)* (Tischbestellung ratsam)
Mit Tochter und Schwiegersohn bringt bei Familie Sittinger nun die nächste Generation frischen Wind ins Haus. In Gaststube und Wintergarten gibt es regionale und internationale Küche und auch Klassiker des Seniorschefs - schmackhaft z. B. die "Variation von Edelfischen mit Spaghetti und Thai-Spargel". Im Restaurant auf Reservierung auch ein Genießer-Menü und eine kleine A-la-carte-Auswahl.

RIETHNORDHAUSEN

Thüringen – 1 020 Ew. – Höhe 160 m – Siehe Regionalatlas **40**-K12
Berlin 275 km – Erfurt 16 km – Gotha 37 km – Nordhausen 58 km
Michelin Straßenkarte 544

Landvogt

Zim,

Erfurter Str. 29 ✉ 99195 – ✆ (036204) 58 80 – www.hotel-landvogt.de
16 Zim – †64/69 € ††79/89 € – ½ P
Rest – Karte 20/35 € – *(geschl. Samstag - Sonntag und an Feiertagen) (nur Abendessen)*
Das erweiterte Fachwerkhaus an einer Kastanienallee ist ein familiär geführtes kleines Landhotel, das über zeitgemäße und funktionelle Gästezimmer verfügt. Helles Restaurant in zeitlosem Stil.

RIMSTING

Bayern – 3 710 Ew. – Höhe 564 m – Siehe Regionalatlas **66**-N21
Berlin 653 km – München 87 km – Bad Reichenhall 61 km – Wasserburg am Inn 24 km
Michelin Straßenkarte 546

Landhotel beim Has'n

Endorfer Str. 1 ✉ 83253 – ✆ (08051) 60 95 90 – www.landhotelbeimhasn.de
22 Zim – †50/59 € ††80/94 € – ½ P
Rest – Menü 17 € (abends) – Karte 14/33 € – *(geschl. Mittwoch, im Winter: Dienstag - Mittwoch) (Montag - Freitag nur Abendessen)*
Zwei Schwestern betreiben das sympathische, wohnliche Landhotel, die Eltern das rustikale Wirtshaus. Man ist hier auf freundlich-familiäre Art sehr um die Gäste bemüht und bietet ein gutes Preis-Leistungs-Verhältnis. Auf den Tisch kommen regionale Speisen.

In Rimsting-Greimharting Süd-West: 4 km in Richtung Prien – Höhe 668 m

Der Weingarten (mit Gästehaus)

Weingarten 1, (Ratzinger Höhe) (Nord-West: 1 km) ✉ 83253 – ✆ (08051) 17 75 – www.gasthof-weingarten.de
25 Zim – †55/57 € ††85/100 € – 2 Suiten
Rest – Karte 16/41 € – *(geschl. Januar - Februar)*
Die traumhafte Lage auf der Ratzinger Höhe und die einmalige Aussicht auf den Chiemgau machen Lust auf Natur. Alle Zimmer und Appartements mit Balkon oder Terrasse. Im Restaurant isst man bürgerlich. Der Biergarten und die große Schnitzelkarte ziehen viele Gäste an.

RINGSHEIM

Baden-Württemberg – 2 230 Ew. – Höhe 170 m – Siehe Regionalatlas **61**-D20
Berlin 780 km – Stuttgart 174 km – Freiburg im Breisgau 38 km – Strasbourg 54 km
Michelin Straßenkarte 545

Heckenrose

Bundesstr. 22 (B 3) ✉ 77975 – ✆ (07822) 78 99 80 – www.hotel-heckenrose.de
24 Zim – 55/65 € 89/99 € – 1 Suite – ½ P
Rest *Heckenrose* – siehe Restaurantauswahl
Das engagiert geführte Hotel ist beliebt bei Urlaubern und Familien, denn die Lage ist ideal für Ausflüge, z. B. in den nahen Europa-Park (Shuttle-Service), zudem gibt es im Haus einen netten Spiele- und Aufenthaltsraum samt Kickertisch! Auch die Zimmer sind ansprechend: geradlinig-zeitgemäß der Stil.

Heckenrose – Hotel Heckenrose

Bundesstr. 22 (B 3) ✉ 77975 – ✆ (07822) 78 99 80 – www.hotel-heckenrose.de – geschl. Mittwoch
Menü 30/65 € – *(Montag - Samstag nur Abendessen)*
Kein Wunder, dass man hier auch Gäste aus der Schweiz und dem Elsass begrüßt, denn die ambitionierte Küche von Patron Mike Germershausen hat sich mit internationalen Gerichten wie "gebratene Entenleber / Früchtechutney / Porto" oder "Schweinsbäckchen / Nussbutter-Kartoffelstampf / Grapefruit" einen Namen gemacht. Und das Ambiente? Hell und modern.

RINTELN

Niedersachsen – 26 880 Ew. – Höhe 56 m – Siehe Regionalatlas **28-G9**
Berlin 342 km – Hannover 60 km – Bielefeld 61 km – Hameln 27 km
Michelin Straßenkarte 541

Der Waldkater

Rest,

Waldkaterallee 27 ✉ 31737 – ✆ (05751) 1 79 80 – www.waldkater.com
32 Zim – 99/120 € 130/140 € – ½ P
Rest *Waldkater* – siehe Restaurantauswahl
Rest *Brauerei* – Menü 28/37 € – Karte 28/53 €
Das neuzeitliche Fachwerkhaus liegt schön ruhig am Waldrand und beherbergt wohnliche Zimmer, die farblich individuell gestaltet sind. Gemütlich-rustikale Brauerei mit Sudpfanne als Blickfang.

Waldkater – Hotel Der Waldkater

Waldkaterallee 27 ✉ 31737 – ✆ (05751) 1 79 80 – www.waldkater.com – geschl. Sonntag - Mittwoch
Menü 62/77 € – *(nur Abendessen)*
Schon 1886 als Einkehr für Wanderer ein beliebtes Ziel, heute sitzen Sie weitaus gehobener im schönen Wintergartenambiente und lassen sich Leckeres wie "gegrilltes Wolfsbarschfilet mit gemalztem Pfifferlingsrisotto" schmecken.

RIPPOLDSAU-SCHAPBACH, BAD

Baden-Württemberg – 2 240 Ew. – Höhe 564 m – Siehe Regionalatlas **54-E19**
Berlin 732 km – Stuttgart 106 km – Karlsruhe 97 km – Offenburg 55 km
Michelin Straßenkarte 545

Im Ortsteil Bad Rippoldsau

Klösterle Hof mit Zim

Klösterleweg 2 ✉ 77776 – ✆ (07440) 2 15 – www.kloesterle-hof.de – geschl. Januar 3 Wochen, November 3 Wochen; November - März: Montag - Mittwoch, April - Oktober: Sonntagabend - Montag
7 Zim – 35/98 € 80/98 € – 1 Suite – ½ P Menü 35 € – Karte 25/51 €
Ganz regional kocht Markus Klein in dem netten rustikalen Restaurant, und das schmackhaft, handwerklich exakt und mit frischen Zutaten. Zu Gerichten wie "Schneckenmaultäschle" oder "Rindsroulade mit Rotkraut und Kartoffelknödeln" trinkt man Weine aus der Region. Nett sitzt man auch an den Tischen vor dem Haus. Zum Übernachten: Zimmer in ländlichem Stil - besonders wohnlich die "Wohlfühl-" und die "Komfortzimmer".

In Ortsteil Schapbach Süd: 10 km

Ochsenwirtshof
Wolfacher Str. 21 (Süd-West: 1,5 km) ✉ 77776 – ✆ (07839) 91 97 98 – www.ochsenwirtshof.de – geschl. 10. November - 15. Dezember
15 Zim – †72 € ††118/126 € – ½ P
Rest – Menü 22/40 € – Karte 25/45 € – *(geschl. Dienstag)*
In dem regionstypischen Haus wohnt man besonders schön in den geräumigen Komfortzimmern. Netter kleiner Sauna- und Hallenbadbereich mit Sonnenterrasse. Auf Anfrage auch Massage. Sie speisen in Gaststuben mit ländlichem Charakter oder auf der hübschen Terrasse.

RITTERSDORF – Rheinland-Pfalz → Siehe Bitburg

RÖBEL (MÜRITZ)

Mecklenburg-Vorpommern – 5 230 Ew. – Höhe 65 m – Siehe Regionalatlas **13-N6**
Berlin 140 km – Schwerin 105 km – Neubrandenburg 64 km
Michelin Straßenkarte 542

Landhaus Müritzgarten garni
Seebadstr. 45 ✉ 17207 – ✆ (039931) 88 10 – www.hotel-mueritzgarten.de
38 Zim – †60/95 € ††98/130 €
Am Waldrand, nur 200 m von der Müritz, liegt das aus zwei Landhäusern und vier Blockhäusern bestehende Hotel, das persönlich von Familie Neu geführt wird. Wohnliche Zimmer und Vesperstube.

RÖDELSEE – Bayern → Siehe Iphofen

RÖDENTAL – Bayern → Siehe Coburg

RÖHRMOOS

Bayern – 6 290 Ew. – Höhe 505 m – Siehe Regionalatlas **58-L19**
Berlin 573 km – München 29 km – Dachau 12 km
Michelin Straßenkarte 546

In Röhrmoos-Großinzemoos Nord-West: 2 km

Landgasthof Brummer mit Zim
Indersdorfer Str. 51 ✉ 85244 – ✆ (08139) 72 70 – www.landgasthof-brummer.de
13 Zim – †59/99 € ††89/119 € Karte 20/39 € – *(geschl. Montag)*
Der traditionsreiche Familienbetrieb ist gemütlich gestaltet, teilweise auch schön neuzeitlich und hell. Der Chef bietet solide zubereitete regionale Küche. Nett sitzt es sich auch im Biergarten. Einfache Gästezimmer hat man ebenfalls.

RÖMERBERG – Rheinland-Pfalz → Siehe Speyer

RÖPERSDORF – Brandenburg → Siehe Oberuckersee

RÖSRATH

Nordrhein-Westfalen – 27 290 Ew. – Höhe 90 m – Siehe Regionalatlas **36-C12**
Berlin 584 km – Düsseldorf 56 km – Bonn 24 km – Siegburg 12 km
Michelin Straßenkarte 543

Klostermühle
Zum Eulenbroicher Auel 15 ✉ 51503 – ✆ (02205) 47 58 – www.restaurant-klostermuehle.de – geschl. Anfang Januar 1 Woche und Montag - Dienstag
Menü 29 € (mittags)/80 € – Karte 37/58 €
Das hübsche Fachwerkhaus hat auch im Inneren seinen rustikalen Charme bewahrt. In dem liebenswert gestalteten Restaurant bekocht Josée Moissonnier seit über 25 Jahren ihre Gäste.

ROETGEN

Nordrhein-Westfalen – 8 250 Ew. – Höhe 410 m – Siehe Regionalatlas **35-A13**
Berlin 648 km – Düsseldorf 96 km – Aachen 34 km – Liège 59 km
Michelin Straßenkarte 543

Gut Marienbildchen

Münsterbildchen 3 (B 258, Nord: 2 km) ✉ 52159 – ✆ (02471) 25 23 *– www.gut-marienbildchen.de – geschl. vor Ostern 1 Woche, Juli - August 3 Wochen und Sonntag - Montagmittag*
8 Zim – 60/80 € 90/130 € – ½ P
Rest *Gut Marienbildchen* – siehe Restaurantauswahl
Sympathisch und engagiert kümmert sich Chef Jürgen Ziemons um seine Gäste. Er hat für Sie wohnliche Zimmer in gemütlich-ländlichem Stil, einige neuere sind besonders hübsch. Die Frühstückseier stammen übrigens von den eigenen Hühnern! Und dazu als Spezialität die Bratwurst von selbst gezüchteten Kälbern!

Gut Marienbildchen – Hotel Gut Marienbildchen

Münsterbildchen 3 (B 258, Nord: 2 km) ✉ 52159 – ✆ (02471) 25 23 *– www.gut-marienbildchen.de – geschl. vor Ostern 1 Woche, Juli - August 3 Wochen und Sonntag - Montagmittag*
Menü 29/45 € – Karte 21/59 €
Hausgeräucherter Hirschschinken, Rinderfilet "Marienbildchen", Kräuter aus dem Garten... Der Gastgeber steht in seinem behaglichen Gasthof selbst am Herd und legt viel Wert auf heimische Produkte - zum Teil stammen sie sogar aus der eigenen Landwirtschaft!

RÖTZ

Bayern – 3 500 Ew. – Höhe 453 m – Siehe Regionalatlas **52-N17**
Berlin 459 km – München 204 km – Regensburg 67 km – Amberg 56 km
Michelin Straßenkarte 546

In Rötz-Hillstett West: 4 km in Richtung Seebarn

Resort Die Wutzschleife

Hillstett 40 ✉ 92444 – ✆ *(09976) 1 80 – www.wutzschleife.com*
59 Zim – 82/125 € 164/196 € – ½ P
Rest *Gregor's* **Rest *Spiegelstube*** – siehe Restaurantauswahl
Ob Wellness, Tagung, Kurzurlaub, Golf oder kulinarischer Genuss, Familie Hauer wird mit ihrem Resort-Hotel jedem gerecht - und das mit über 125 Jahren Erfahrung als Gastgeber! Großzügig die Atriumhalle über mehrere Etagen, freundlich der Service, nicht zu vergessen die ruhige Lage!

Gregor's (Gregor Hauer) – Resort Die Wutzschleife

Hillstett 40 ✉ 92444 – ✆ *(09976) 1 80 – www.wutzschleife.com – geschl. Januar 3 Wochen, August - Mitte September und Sonntag - Dienstag*
Menü 78/98 € – *(nur Abendessen)* (Tischbestellung erforderlich)
Elegante helle Lederpolster und warmes Rot an den Wänden, feine Tischkultur und stilvolle Dekorationen... Genau der richtige Rahmen für das aufwändig zubereitete Menü von Patron Gregor Hauer - klassische Küche, modern interpretiert.
→ Hummer und Gänseleber mit Ananas und Trüffel. Seezunge und Saibling, gemischter Salat. Rind "Mediterran/BBQ" in zwei Gängen serviert.

Spiegelstube – Resort Die Wutzschleife

Hillstett 40 ✉ 92444 – ✆ *(09976) 1 80 – www.wutzschleife.com – geschl. Montag - Dienstag*
Menü 35/39 € – Karte 30/56 €
Auch in der schlichteren Alternative zum "Gregor's" kocht man geschmackvoll und ambitioniert - der Stil des Patron ist unverkennbar! Probieren Sie z. B. "geschmorte Rindsschulter in Rotweinsauce" oder das fair kalkulierte Mittagsmenü!

In Winklarn-Muschenried Nord: 10 km in Richtung Oberviechtach

Seeschmied (mit Gästehaus)

Lettenstr. 6 ✉ *92559 –* ✆ *(09676) 2 41 – www.seeschmied.de – geschl. Februar - März*
15 Zim – 43/47 € 68/86 € – ½ P
Rest – Karte 17/39 € – *(geschl. Montag) (Dienstag - Donnerstag nur Abendessen)*
Die Reitingers führen ihr Haus mit Engagement und familiärer Note. Die Gäste wohnen hier in individuell eingerichteten Zimmern, mal Bauernstil, mal afrikanisch. Wirklich nett sitzt man im hübsch dekorierten Restaurant und im Biergarten, gekocht wird regional.

ROHRDORF
Bayern – 5 480 Ew. – Höhe 476 m – Siehe Regionalatlas **66-N21**
Berlin 657 km – München 69 km – Bad Reichenhall 71 km – Passau 178 km
Michelin Straßenkarte 546

Zur Post (mit Gästehäusern)
Dorfplatz 14 ✉ 83101 – ✆ (08032) 18 30 – www.post-rohrdorf.de
104 Zim – †52/84 € ††69/105 € – ½ P **Rest** – Menü 16 € – Karte 14/30 €
Seit über 200 Jahren betreibt Familie Stocker-Albrecht diesen echt bayerischen Gasthof, und das mit Engagement: Man investiert stetig, fast alle Zimmer sind angenehm neuzeitlich. Gut zu wissen: Im Restaurant wird Fleisch aus der eigenen Metzgerei verarbeitet und man kann hier günstig essen! Praktisch ist die gute Anbindung an die Autobahn - Sie können aber auch Fahrräder leihen, in der Umgebung gibt es schöne Wege.

Christl garni
Anzengruberstr. 10 ✉ 83101 – ✆ (08032) 9 56 50 – www.hotel-christl.de
34 Zim – †52/69 € ††80/92 €
Das verkehrsgünstig an der A8 gelegene Hotel ist eine tipptopp gepflegte Übernachtungsadresse, deren Zimmer ebenerdig liegen und praktisch ausgestattet sind.

MaximilianS Gut Apfelkam N
Unterapfelkam 3 (Ost: 3 km, nahe der BAB-Ausfahrt Achenmühle) ✉ 83101 – ✆ (08032) 53 21 – www.gut-apfelkam.de – geschl. Dienstag - Mittwoch
Karte 27/48 € – *(nur Abendessen, sonntags auch Mittagessen)* (Tischbestellung ratsam)
Maximilian Pallauf und Susanne Pfisterer haben hier einen Landgasthof, wie man ihn in der Gegend auch vermuten würde: charmante Stuben, ein hübscher Biergarten und gute regionale Küche. Letztere ist gespickt mit Einflüssen diverser Reisen - da gibt es "Pulpo a la Gallega", aber auch Kalbstafelspitz.

ROIGHEIM
Baden-Württemberg – 1 450 Ew. – Höhe 220 m – Siehe Regionalatlas **48-H17**
Berlin 560 km – Stuttgart 80 km – Karlsruhe 122 km – Darmstadt 112 km
Michelin Straßenkarte 545

Hägele
Gartenstr. 6 ✉ 74255 – ✆ (06298) 52 05 – www.haegeles-restaurant.de – geschl. Anfang Januar 1 Woche, über Fasching und Montag, Dienstagabend, Samstagmittag
Menü 36 € – Karte 20/43 €
Die Hägeles sind eine engagierte Gastronomenfamilie - der Junior ist für die überwiegend regionale Küche verantwortlich. Man hat nicht nur die gemütliche Gaststube mit schickem Nebenzimmer, auch Festsaal und Catering sind gefragt.

RONNEBURG
Hessen – 3 230 Ew. – Höhe 167 m – Siehe Regionalatlas **48-G14**
Berlin 535 km – Wiesbaden 76 km – Frankfurt 37 km – Fulda 75 km
Michelin Straßenkarte 543

In Ronneburg-Hüttengesäß

Zur Krone mit Zim
Langstr. 7 ✉ 63549 – ✆ (06184) 30 30 – www.hessenkrone.de – geschl. 26. Juli - 13. August und Montag - Dienstagmittag
14 Zim – †60/68 € ††82/89 € – ½ P Menü 24 € – Karte 25/39 €
Der traditionsreiche Familienbetrieb bietet in seinem gemütlichen holzvertäfelten Restaurant bürgerliche Küche mit hausgemachten Produkten. Nehmen Sie unbedingt auch eine der leckeren Marmeladen oder sortenreinen Apfelgelees mit, die es hier zu kaufen gibt!

RONNENBERG – Niedersachsen ➜ Siehe Hannover

ROSBACH – Hessen ➜ Siehe Friedberg/Hessen

ROSENBERG

Baden-Württemberg – 2 600 Ew. – Höhe 503 m – Siehe Regionalatlas **56-I18**
Berlin 558 km – Stuttgart 92 km – Aalen 30 km – Ansbach 64 km
Michelin Straßenkarte 545

Landgasthof Adler (Josef Bauer) mit Zim

Ellwanger Str. 15 ✉ 73494 – ✆ (07967) 5 13 – www.landgasthofadler.de – geschl. Januar 3 Wochen, August - September 3 Wochen und Montag - Mittwochmittag, Donnerstagmittag
13 Zim – 60/75 € 100/120 € – 2 Suiten
Menü 33/95 € – Karte 35/67 € – (Tischbestellung ratsam)
Wofür der "Adler" von Josef und Marie-Luise Bauer steht? Für unkomplizierte Küche zu fairen Preisen, und auch für natürlichen Charme und Gastfreundschaft, wie man sie nur selten erlebt! Übrigens: Traditionalisten bekommen auch ihre "Linsen mit Saiten"! Man fühlt sich wohl in der farbenfroh gestalteten, sympathisch-unprätentiösen Stube, ebenso in den hübschen Zimmern.
→ Buchenholz geräucherter Aal, Senfsauce, Endivie. Lammrücken, Lammragout, Aromaten, geschmorte junge Zwiebel, Kartoffel-Millefeuille. Warmer Quarkauflauf, Rhabarber-Erdbeerragout, Yuzueis.

ROSENHEIM

Bayern – 61 300 Ew. – Höhe 446 m – Siehe Regionalatlas **66-N21**
Berlin 658 km – München 70 km – Bad Reichenhall 77 km – Innsbruck 108 km
Michelin Straßenkarte 546

San Gabriele

Zim,

Zellerhornstr. 16 ✉ 83026 – ✆ (08031) 2 60 70 – www.hotel-sangabriele.de
38 Zim – 89/139 € 119/199 € – ½ P
Rest *Il Convento* – Menü 29/40 € – Karte 23/38 €
Hier ist keine Wand gerade, jede Zimmertür hat eine andere Form. Vom Ameranger Architekten Rudolf Rechl stammt das ungewöhnliche Design. Wer hier übernachtet, sollte es ritterlich-rustikal mögen. Klosterflair im italienischen Restaurant Il Convento: Gewölbe, Feuerstelle und Weinkeller.

TRYP by Wyndham garni

Brixstr. 3 ✉ 83022 – ✆ (08031) 30 60 – www.tryprosenheim.com
89 Zim – 77/119 € 92/134 €, 13 € – 2 Suiten
In dem Hotel in der Stadtmitte hat man gelungen natürliche Materialien mit urbanen Elementen kombiniert und so ein wohnlich-modernes Interieur geschaffen.

La Grappa

Riederstr. 8 ✉ 83022 – ✆ (08031) 9 00 95 90 – www.lagrappa-rosenheim.de
Menü 37/57 € – Karte 26/43 €
Dass der sympathisch-familiäre Hinterhof-Italiener zahlreiche Stammgäste hat, liegt an der netten Atmosphäre (schön sitzt man auch auf der Terrasse im Innenhof) und an Spezialitäten wie hausgemachter Pasta, Saltimbocca alla Romana oder Riesengarnelen vom Grill. Neben der Standardkarte gibt es ein Tagesangebot.

Weinhaus zur historischen Weinlände

Weinstr. 2 ✉ 83022 – ✆ (08031) 1 27 75 – www.weinlaende.de – geschl. 29. August - 13. September und Sonntag sowie an Feiertagen
Menü 29/69 € – Karte 23/67 €
Wer hinter der schönen historischen Fassade des über 500 Jahre alten Stadthauses ein gemütliches Lokal vermutet, liegt ganz richtig! In drei charmanten Stuben (Holztäfelung, Kachelofen, Parkettboden...) isst man regional und trinkt gute Weine. Sie sitzen gerne draußen? In der verkehrsberuhigten Zone hat man eine nette Terrasse.

In Stephanskirchen-Baierbach Ost: 7,5 km, jenseits des Inn

Gocklwirt mit Zim

Weinbergstr. 9 ✉ 83071 – ✆ (08036) 12 15 – www.gocklwirt.de

4 Zim – 40 € 80 €

Menü 42/78 € – Karte 18/55 € – *(geschl. Montag - Dienstag)*

Man hat viele Stammgäste und auch Ausflügler zieht es zu Familie Huber... kein Wunder, denn die reichlich dekorierten Stuben sind schön urig und die beachtliche Sammlung an Landmaschinen ist schon sehenswert! Auf den Tisch kommt bürgerliche Küche, oder wie wär's am Nachmittag mit hausgemachtem Kuchen? Wer übernachten möchte, bucht im Nachbarhaus ein Doppelzimmer.

ROSSBACH

Rheinland-Pfalz – 1 490 Ew. – Höhe 116 m – Siehe Regionalatlas **36-D13**

Berlin 619 km – Mainz 132 km – Bonn 65 km – Koblenz 42 km

Michelin Straßenkarte 543

Strand-Cafe

Neustadter Str. 9 ✉ 53547 – ✆ (02638) 9 33 90 – www.strand-cafe.de – geschl. 5. - 29. Januar

21 Zim – 50/65 € 89/109 € – ½ P

Rest – Menü 14/25 € – Karte 16/34 € – *(geschl. 3. November - 16. Dezember: Montag - Dienstag, 2. Februar - 21. März: Montag - Dienstag)*

An der Wied etwas außerhalb des Ortes finden Sie diese nette familiäre Adresse. Die Zimmer liegen teils schön zum Fluss hin, etwas geräumiger sind die Komfort-Plus-Zimmer. Restaurant mit Wintergarten und Terrasse mit Blick zur Wied. Kinderspielplatz.

ROSSFELD-RINGSTRASSE – Bayern ➜ Siehe Berchtesgaden

ROSSHAUPTEN

Bayern – 2 120 Ew. – Höhe 816 m – Siehe Regionalatlas **64-J21**

Berlin 657 km – München 118 km – Kempten 55 km – Füssen 11 km

Michelin Straßenkarte 546

Kaufmann

Füssener Str. 44 ✉ 87672 – ✆ (08367) 9 12 30 – www.hotel-kaufmann.de

38 Zim – 65/120 € 120/250 € – 5 Suiten – ½ P

Rest *Kaufmann* – siehe Restaurantauswahl

Ehemals ein ländlicher Gasthof, heute ein modernes Ferienhotel unweit des Forggensees. Einige Zimmer muten fast schon puristisch an, andere noch traditionell. Der chic designte Spa glänzt u. a. mit dem lichtdurchfluteten Poolhaus und einer Panoramasauna mit Außen-Wasserfall.

Kaufmann – Hotel Kaufmann

Füssener Str. 44 ✉ 87672 – ✆ (08367) 9 12 30 – www.hotel-kaufmann.de

Menü 27 € (mittags)/38 € – Karte 25/49 €

Wer Lust hat auf ehrliche bürgerlich-regionale Küche, die wirklich schmeckt, ist bei den Brüdern Kaufmann genau richtig: Hier gibt es Klassiker wie "Zwiebelrostbraten mit Allgäuer Kaasspatzen" oder "Hirschragout mit Semmelknödel"! Und das Ambiente? Holztäfelung und Kachelofen oder hell und modern.

ROSTOCK

Mecklenburg-Vorpommern – 202 740 Ew. – Höhe 13 m
– Siehe Regionalatlas **12**-M4
Berlin 222 km – Schwerin 89 km – Lübeck 117 km – Stralsund 69 km
Michelin Straßenkarte 542

Hotels

Radisson BLU
Rest,
Lange Str. 40 ✉ 18055 – ✆ (0381) 3 75 00 Stadtplan : C1a
– www.radissonblu.de/hotel-rostock
251 Zim – †89/129 € ††89/129 €, ☕ 15 € – ½ P
Rest – Menü 25/49 € – Karte 24/47 €
Ideal für Business sind die zentrale Lage und der große Tagungsbereich mit moderner Technik, zur Entspannung gibt es Kosmetik, Panoramasauna und Dachterrasse, nicht zu vergessen die gut ausgestatteten Zimmer in den Stilen Urban, Chili und Ocean (teils mit Blick über den Hafen). Internationales im Restaurant.

Steigenberger Hotel Sonne
Neuer Markt 2 ✉ 18055 – ✆ (0381) 4 97 30 Stadtplan : D2
– www.rostock.steigenberger.de
121 Zim – †79/159 € ††79/159 €, ☕ 18 €
– 9 Suiten – ½ P
Rest *Weinwirtschaft* – siehe Restaurantauswahl
Attraktiv ist die Lage mitten in Rostock. Die schöne Sicht auf die Altstadt von einigen der komfortablen Zimmer macht Lust auf einen Bummel! Neben guten Veranstaltungsmöglichkeiten bietet man auch Wellness.

Die kleine Sonne garni
Steinstr. 7 ✉ 18055 – ✆ (0381) 4 61 20 Stadtplan : D2
– www.die-kleine-sonne.de
48 Zim – †57/110 € ††62/115 €, ☕ 13 €
Das Hotel liegt sehr zentral und bietet wohnliche Zimmer sowie einen farbenfroh dekorierten Frühstücksraum. Gäste nutzen die Sauna im Partnerhotel gegenüber. Kiosk mit Snacks.

Altes Hafenhaus garni
Strandstr. 93 ✉ 18055 – ✆ (0381) 4 93 01 10 Stadtplan : D1h
– www.altes-hafenhaus.de
12 Zim ☕ – †69/89 € ††79/99 €
Das schön sanierte 200 Jahre alte Stadthaus gegenüber dem alten Hafen ist ein individuelles kleines Hotel, in dem man stilvoll und gemütlich wohnt. Asiatische Massagen.

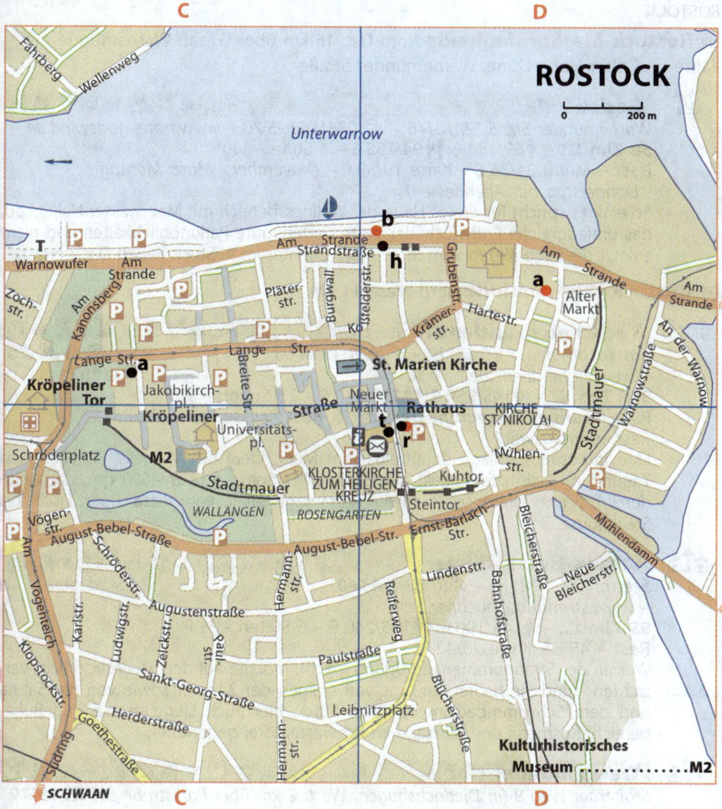

Restaurants

Amberg 13

Amberg 13 ✉ 18055 – ✆ (0381) 4 90 62 62 Stadtplan : D1**a**
– www.altstadtrestaurant.de – geschl. März 3 Wochen und Montag
Menü 28/54 € – Karte 27/42 € – *(nur Abendessen)*
Die beiden Chefs sind in dem netten Altstadtlokal fürs Kochen und auch fürs Servieren zuständig, dabei erklären sie den Gästen auch gerne den ein oder anderen Kniff bei der Zubereitung der internationalen Speisen! Kleine Innenhofterrasse.

Weinwirtschaft – Steigenberger Hotel Sonne

Neuer Markt 2 ✉ 18055 – ✆ (0381) 4 97 32 49 Stadtplan : D2**r**
– www.rostock.steigenberger.de
Menü 28 € – Karte 23/40 €
Das Thema Wein spielt eine große Rolle: Sie können ihn direkt vor Ort zur internationalen und regionalen Küche trinken oder aber vergünstigt mit nach Hause nehmen! Die unkomplizierte Atmosphäre hier mögen auch die Einheimischen!

Borwin Hafenrestaurant (N)

Am Strande 2a ✉ 18055 – ✆ (0381) 4 90 75 25 Stadtplan : D1**b**
– www.borwin-hafenrestaurant.de
Karte 28/43 €
Das traditionelle Ambiente hier hat ein bisschen was von einer "guten alten Stube". Schwerpunkt ist Fisch (vom Backfisch bis zur Auster, dazu Tagesfisch von der Tafel), aber auch Fleischliebhaber werden fündig. Schön der Blick aufs Wasser!

In Rostock-Markgrafenheide Nord-Ost: 16 km über G1, ab Warnemünde mit Fähre und über Hohe Düne, Warnemünder Straße

Godewind

Warnemünder Str. 5 ✉ 18146 – ✆ (0381) 60 95 70 – www.hotel-godewind.de
58 Zim – 69/134 € 94/155 € – 1 Suite – ½ P
Rest – Menü 24/36 € – Karte 19/39 € – *(November - März: Montag - Donnerstag nur Abendessen)*
So einiges spricht für dieses Haus: der Wellnessbereich mit Meerwasser-Hallenbad, das umfangreiche Frühstück, der nette Garten, gute Parkmöglichkeiten und nicht zuletzt die Lage 400 m vom Strand. Die Zimmer im 4. Stock haben Dachterrasse!

In Rostock-Warnemünde Nord-West: 11 km

Yachthafenresidenz Hohe Düne

Am Yachthafen 1 ✉ 18119 – ✆ (0381) 5 04 00 – www.hohe-duene.de
Stadtplan : G1y
365 Zim – 145/250 € 185/310 € – 23 Suiten – ½ P
Rest *Gourmet-Restaurant Der Butt* ✿ **Rest *Brasserie*** – siehe Restaurantauswahl
Eine imposante Anlage unmittelbar am Meer, ideal für Wellness, Familien und Tagungen. Yachthafen direkt am Haus, toller Spa auf über 4000 qm, dazu Kinderclub samt Piratenschiff sowie Restaurantvielfalt von Pizza über Fisch bis Steakhouse.

Strand-Hotel Hübner

Rest,
Seestr. 12 ✉ 18119 – ✆ (0381) 5 43 40 – www.strandhotelhuebner.de
Stadtplan : F1a
95 Zim – 145/190 € 185/240 € – 6 Suiten – ½ P
Rest – 45 € – Karte 23/42 €
Wer an der Strandpromenade Urlaub macht, möchte auf den Meerblick nicht verzichten - und Sie haben ihn u. a. von einigen der Zimmer sowie von der Sauna und dem Schwimmbad im obersten Stock, hier auch Liegeterrasse und Ruhebereich! Kosmetik und Massage im Schwesterhotel gegenüber.

Warnemünder Hof

Zim,
Stolteraer Weg 8 (in Diedrichshagen, West: 2 km über Parkstraße E1) ✉ 18119 – ✆ (0381) 5 43 00 – www.warnemuender-hof.de
98 Zim – 79/145 € 99/189 € – 7 Suiten – ½ P
Rest – Menü 25/30 € – Karte 26/42 €
In dieser ruhigen Umgebung können Sie entspannt Ferien machen: bei Massage- und Beautyanwendungen, beim Essen auf der Terrasse zum schönen Garten, in einem behaglichen Zimmer... - "Classic", "Reetdach-Mansarde" und die modernen, allergikerfreundlichen "Vitalzimmer" sind nur einige Beispiele!

Park-Hotel Hübner

Zim, Rest,
Heinrich-Heine-Str. 31 ✉ 18119 – ✆ (0381) 5 43 40 – www.parkhotelhuebner.de
Stadtplan : F1s
53 Zim – 115/150 € 155/185 € – ½ P
Rest *gutmannsdörfer* – ✆ (0381) 54 34 21 41 – Karte 21/38 €
Zeitgemäße Zimmer in freundlichen Tönen, ein schöner Sauna- und Badebereich sowie Massage und Kosmetikbehandlungen erwarten die Gäste hier. Tagungsraum vorhanden. Zum Restaurant gehört eine Vinothek, in der Sie auch ein Fläschchen Wein für zuhause kaufen können. Nette Terrasse mit Kräutergarten!

Strandhafer garni

Am Stolteraer Ring 1 (in Diedrichshagen, West: 2 km über Parkstraße E1) ✉ 18119 – ✆ (0381) 3 75 65 70 – www.hotel-strandhafer.de
49 Zim – 79/169 € 89/189 €
Hochwertige Einrichtung in allen Bereichen! Einige Zimmer sind Apartments - mit Hotelservice oder Selbstversorgung (was man so braucht, findet man im eigenen kleinen Supermarkt!). Wie wär's mit Aqua-Gymnastik (Voranmeldung) im schönen Pool?

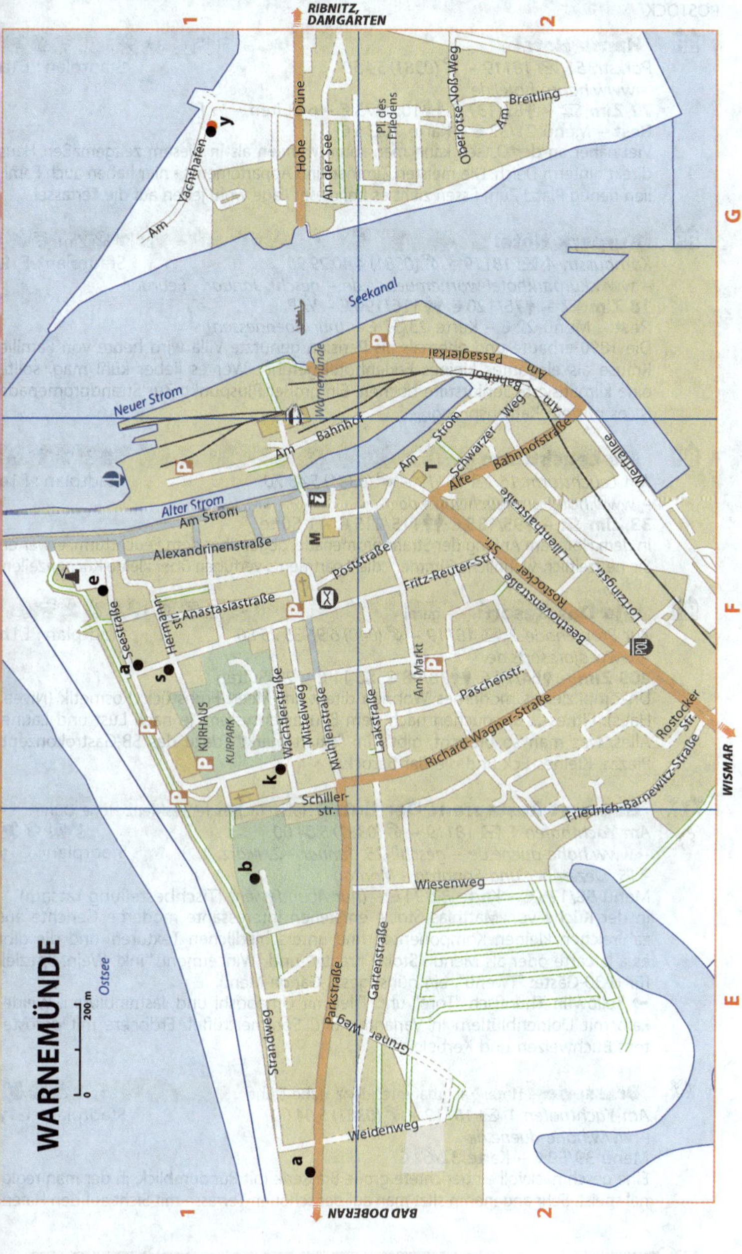

WARNEMÜNDE
0
200 m
Ostsee
RIBNITZ, DAMGARTEN
BAD DOBERAN
WISMAR
1
2
E
F
G
Am Yachthafen
Hohe Düne
An der See
Pl. des Friedens
Oberlotse-Voß-Weg
Am Breitling
Seekanal
Neuer Strom
Alter Strom
Am Strom
Warnemünde
Am Bahnhof
Passagierkai
Bahnhofstraße
Schwarzer Weg
Alte Bahnhofstraße
Wertallee
Alexandrinenstraße
Anastasiastraße
Hermannstr.
Seestraße
Poststraße
Fritz-Reuter-Str.
Rostocker Str.
Lilienthalstraße
Lortzingstr.
Beethovenstraße
Am Markt
Paschenstr.
Richard-Wagner-Straße
Friedrich-Barnewitz-Straße
KURHAUS
KURPARK
Wachtlerstraße
Mittelweg
Mühlenstraße
Laakstraße
Schillerstr.
Wiesenweg
Gartenstraße
Parkstraße
Grüner Weg
Strandweg
Weidenweg

Hanse Hotel

Rest,

Parkstr. 51 ✉ 18119 – ✆ (0381) 54 50 – www.hanse-hotel.de Stadtplan : E1a

72 Zim – 82/137 € 105/175 € – 6 Suiten – ½ P

Rest – Menü 21/32 € – Karte 20/36 €

Viel näher an der Ostsee kann man kaum wohnen als in diesem zeitgemäßen Haus direkt hinterm Deich. Die meisten Zimmer sind Appartements - hier haben auch Familien genug Platz! Zum Essen zieht es bei dieser Lage wohl jeden auf die Terrasse!

Kurpark Hotel

Zim,

Kurhausstr. 4 ✉ 18119 – ✆ (0381) 4 40 29 90 – www.kurparkhotel-warnemuende.de – geschl. Januar - Februar Stadtplan : F1k

18 Zim – 75/120 € 116/190 € – ½ P

Rest – Menü 22 € – Karte 23/57 € – *(nur Abendessen)*

Die 1890 erbaute und ehemals als Pension genutzte Villa wird heute von Familie Krause als elegantes kleines Ferienhotel geführt. Wer es lieber kühl mag, sollte eine klimatisierte Juniorsuite buchen. Ein großer Pluspunkt: Zur Strandpromenade ist es nur ein Katzensprung!

Am Leuchtturm garni

Am Leuchtturm 16 ✉ 18119 – ✆ (0381) 5 43 70 – www.hotel-am-leuchtturm.de Stadtplan : F1e

33 Zim – 95/135 € 115/215 € – 1 Suite

In dem Hotel am Anfang der Strandpromenade, gegenüber dem Leuchtturm, erwarten Sie neuzeitlich-wohnliche Zimmer - die Apartments verfügen über kleine Küchenzeilen.

a-ja Das Resort: N garni

Zur Promenade 2 ✉ 18119 – ✆ (040) 6 96 35 25 80 – www.ajaresorts.de Stadtplan : E1b

209 Zim – 64/74 € 78/98 €, 11 € – 24 Suiten

Unkompliziertes modernes Wohnen direkt am Meer! Frühstück, Kosmetik (Nivea-Haus), Fitness... Sie buchen nach dem Baukastensystem, je nach Lust und Laune. Alles, was man so braucht, gibt's im "smart markt", dazu das SB-Gastrokonzept Piazza, Kleines Eck und die Bar Barock.

Gourmet-Restaurant Der Butt – Hotel Yachthafenresidenz Hohe Düne

Am Yachthafen 1 ✉ 18119 – ✆ (0381) 5 04 00 – www.hohe-duene.de – geschl. 25. Januar - 2. März, 1. - 15. Dezember und Sonntag - Montag Stadtplan : G1y

Menü 98/125 € – Karte 82/94 € – *(nur Abendessen)* (Tischbestellung ratsam)

In der Küche von Matthias Stolze entstehen interessante moderne Gerichte aus zahlreichen kleinen Komponenten und unterschiedlichen Texturen, und die gibt es à la carte oder als Menü: "Stolze Kreativ" und "Winzermenü" inkl. Wein. Speziell für U-30-Gäste: "Twenü", ein günstiges 3-Gänge-Menü.

→ Yellowfin Thunfisch "Toro" und Filet mit Umeboshi und Jasminblüten. Weidekalb mit Doldenblütlern in Varianten und Sommertrüffel. Erdbeere mit geröstetem Buchweizen und Kerbeleis.

Brasserie – Hotel Yachthafenresidenz Hohe Düne

Am Yachthafen 1 ✉ 18119 – ✆ (0381) 5 04 00 – www.hohe-duene.de Stadtplan : G1y

Menü 39/59 € – Karte 32/62 €

Eine geschmackvoll eingerichtete große Brasserie mit Rundumblick, in der man regional speist. Sehr angenehm sitzt man auf der schönen Terrasse mit Sicht auf den Hafen.

Lesen Sie die Einleitung:
Symbole, Klassements, Abkürzungen und andere Zeichen werden Ihnen dann keine Rätsel mehr aufgeben.

In Sievershagen West: 8 km über Warnowufer C1, Richtung Wismar

Atrium Hotel Krüger

Ostsee-Park-Str. 2 (B 105) ✉ 18069 – ✆ (0381) 1 28 82 00 – www.atrium-hotel-krueger.de
59 Zim – 59/79 € 85/115 € – 2 Suiten – ½ P
Rest – Karte 13/25 € – *(geschl. 21. - 27. Dezember und Sonntagabend) (nur Abendessen für Hausgäste)*
Die Lage in dem kleinen Gewerbegebiet ist zwar eher funktionell, aber dafür verkehrsgünstig. Außerdem sind die Zimmer zeitgemäß in Stil und Technik, das Frühstück ist gut und der Sauna- und Badebereich ist ansprechend und gepflegt. Massage bietet man ebenso.

ROT am SEE

Baden-Württemberg – 5 240 Ew. – Höhe 438 m – Siehe Regionalatlas **56-I17**
Berlin 532 km – Stuttgart 132 km – Würzburg 78 km – Crailsheim 18 km
Michelin Straßenkarte 545

Landhaus Hohenlohe

Erlenweg 24 ✉ 74585 – ✆ (07955) 9 31 00 – www.landhaus-hohenlohe.de – geschl. 1. - 17. Januar
21 Zim – 57/85 € 80/125 € – ½ P
Rest *Landhaus Hohenlohe* – siehe Restaurantauswahl
In dem modernen kleinen Landhaus der Familie Mack kommt man nach einem schmackhaften Essen schön zur Ruhe - das liegt zum einen an der Lage in einem Wohngebiet am Ortsrand, zum anderen hat man behagliche Zimmer in warmen Farben, und ein gutes, frisches Frühstück gibt es obendrein.

Landhaus Hohenlohe – Hotel Landhaus Hohenlohe

Erlenweg 24 ✉ 74585 – ✆ (07955) 9 31 00 – www.landhaus-hohenlohe.de – geschl. 1. - 17. Januar und Sonntagabend - Montag
Menü 34 € (vegetarisch)/92 € – Karte 35/54 €
Ähnlich wie das Restaurant mit seiner gemütlich-rustikalen und seiner eleganten Seite bietet auch die Küche von Matthias Mack einen Mix. Da sollte man sich weder den "Rostbraten in Lemberger Sauce" noch den "gebratenen Saibling mit Blutwurstgröstel und Pimentokraut" entgehen lassen - beides wird Ihnen ebenso zusagen wie der angenehm legere und freundliche Service!

ROTENBURG (WÜMME)

Niedersachsen – 21 830 Ew. – Höhe 21 m – Siehe Regionalatlas **18-H6**
Berlin 352 km – Hannover 107 km – Bremen 51 km – Hamburg 79 km
Michelin Straßenkarte 541

Landhaus Wachtelhof

Gerberstr. 6 ✉ 27356 – ✆ (04261) 85 30 – www.wachtelhof.de
36 Zim – 138 € 180 €, 19 € – 2 Suiten – ½ P
Rest *Die Wachtelei* – siehe Restaurantauswahl
Im Haus der Familie Höhns überzeugen Annehmlichkeiten wie der aufmerksame Service und das elegante Ambiente, das sehr gute Frühstück, der hochwertige Spa und die zauberhafte Gartenanlage. Außerdem ist die Buchung von Kreuzfahrten möglich.

Die Wachtelei – Hotel Landhaus Wachtelhof

Gerberstr. 6 ✉ 27356 – ✆ (04261) 85 30 – www.wachtelhof.de
Menü 41/54 € – Karte 41/64 €
Der Name spiegelt sich nicht nur in der Dekoration wider, sondern auch auf der Karte: "Salat mit gebratener Wachtelbrust, Linsen, Pancetta, Wachtelei", "gefüllte Wachtel"... Oder lieber Klassiker wie Wiener Schnitzel oder Rinderroulade?

In Hellwege Süd-West: 15 km über B 75, in Sottrum links

Prüser's Gasthof (mit Gästehäusern)
Dorfstr. 5 ✉ 27367 – ✆ (04264) 99 90 – www.pruesers-gasthof.de – geschl. 21. - 24. Dezember
58 Zim – ♦50/56 € ♦♦77/88 € – ½ P
Rest – Menü 11 € – Karte 18/52 € – *(geschl. Dienstagmittag)*
Businessgäste schätzen diesen gepflegten Familienbetrieb, der in seinen drei Häusern funktional ausgestattete und teilweise besonders zeitgemäße Zimmer beherbergt. Der Bade- und Saunabereich befindet sich im Haus Barkmeier. Das Restaurant bietet einen rustikalen und einen neuzeitlichen Bereich.

ROTHENBUCH

Bayern – 1 880 Ew. – Höhe 365 m – Siehe Regionalatlas **48**-H15
Berlin 542 km – München 345 km – Würzburg 66 km – Frankfurt am Main 68 km
Michelin Straßenkarte 546

Spechtshaardt
Rolandstr. 34 ✉ 63860 – ✆ (06094) 9 72 00 – www.spechtshaardt.de
48 Zim – ♦58/75 € ♦♦78/106 € – ½ P
Rest – Karte 15/40 €
Ein ruhig am Ortsrand gelegenes Hotel mit guten Tagungsmöglichkeiten. Die Zimmer bieten teilweise einen Balkon, einige neuere sind wohnlicher und moderner. Kleines Wildgehege. Zum bürgerlich-rustikalen Restaurant gehört eine nette Terrasse mit Blick auf den Ort.

ROTHENBURG ob der TAUBER

Bayern – 10 900 Ew. – Höhe 430 m – Siehe Regionalatlas **49**-I17
Berlin 500 km – München 236 km – Würzburg 69 km – Ansbach 35 km
Michelin Straßenkarte 546

Hotels

herrnschlösschen
Herrngasse 20 ✉ 91541 – ✆ (09861) 87 38 90 – www.herrnschloesschen.de Stadtplan : A1**h**
4 Zim – 155/170 € 195/210 € – 4 Suiten – ½ P
Rest *herrnschlösschen* – siehe Restaurantauswahl
Es ist schon ein wahres "Bijou", dieses ausgesprochen charmante und geschmackvoll-luxuriöse Boutique-Hotel, das mit sehr persönlicher Note geführt wird und auch noch toll mitten in der historischen Altstadt liegt! In Sachen Komfort lassen die so individuell wie hochwertig designten Zimmer und Suiten keine Wünsche offen, der exklusive Service ebenso wenig - da versteht sich ein ausgezeichnetes Frühstück praktisch von selbst. Vergessen Sie nicht, rechtzeitig zu buchen!

Eisenhut (mit Gästehaus)
Herrngasse 3 ✉ 91541 – ✆ (09861) 70 50 – www.eisenhut.com Stadtplan : B1**e**
78 Zim – 80/180 € 100/280 €, 12 € – 1 Suite – ½ P
Rest *Eisenhut* – siehe Restaurantauswahl
Das ist sicher der Klassiker unter den Rothenburger Herbergen! Hoteltradition seit 1890 heißt es in den vier schmucken Patrizierhäusern: Die Zimmer spiegeln mit ihrer stilvoll-verspielten Einrichtung eine vergangene Epoche wider. Frühstücken Sie bei gutem Wetter unbedingt auf der Terrasse - sonntags kommen auch Langschläfer auf ihre Kosten!

Villa Mittermeier
Vorm Würzburger Tor 7 ✉ 91541 – ✆ (09861) 9 45 40 – www.villamittermeier.de Stadtplan : B1**v**
27 Zim – 75/150 € 85/199 €, 12 € – ½ P
Rest *Mittermeier* – siehe Restaurantauswahl
Es ist wirklich eine Freude, bei Familie Mittermeier zu wohnen, denn in der hübschen Sandsteinvilla von 1892 finden sich nicht nur wunderschöne individuelle Zimmer und Juniorsuiten, man wird auch herzlich betreut und bekommt am Morgen ein hervorragendes Frühstück, das zudem noch charmant serviert wird! Autofahrer parken kostenfrei direkt vor der Altstadt.

Burg-Hotel garni
Klostergasse 3 ✉ 91541 – ✆ (09861) 9 48 90 – www.burghotel.eu Stadtplan : A1**x**
15 Zim – 110/155 € 155/195 € – 3 Suiten
Von der kleinen Terrasse an der Stadtmauer kann man so schön übers Taubertal blicken, dass die Gäste hier schon zum Frühstück gerne sitzen - ein angenehmer Start in den Tag nach einer ruhigen Nacht in einem geschmackvollen Zimmer. Wenn Sie das Besondere suchen, fragen Sie nach der Suite "Burgschlösschen" - Sie werden nicht enttäuscht sein!

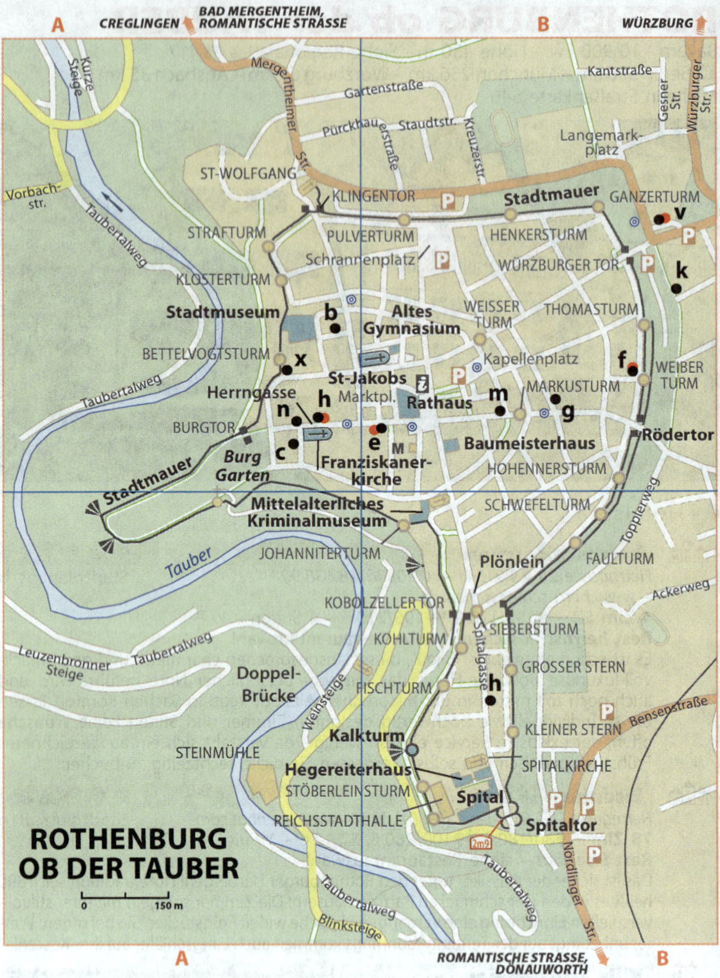

BurgGartenpalais

Zim, Stadtplan : A1**n**

Herrngasse 26 ✉ *91541*

– ✆ *(09861) 8 74 74 30* – *www.burggartenpalais.de*

14 Zim ☕ – 🚹85/135 € 🚹🚹110/195 € – 2 Suiten – ½ P

Rest *Meistertrunk* – ✆ (09861) 9 74 70 54

– Menü 15/65 € – Karte 19/36 € – *(geschl. Januar - März)*

Ob Sie dieses Haus nun als Stück Stadtgeschichte sehen oder als geschmackvolles kleines Hotel, ist eigentlich egal, denn wohlfühlen werden Sie sich in dem über 800 Jahre alten Patrizierhaus mit seinen historischen Details auf jeden Fall! Es gibt hier individuelle Zimmer von ländlich bis modern-elegant sowie traditionelle Küche im gemütlichen Restaurant mit toller Terrasse im Garten.

Markusturm

Rödergasse 1 ✉ 91541 – ✆ (09861) 9 42 80 Stadtplan : B1**m**
– www.markusturm.de
25 Zim – 90/130 € 130/190 € – 1 Suite – ½ P
Rest – Menü 25/60 € – Karte 26/39 € – *(geschl. Dienstag) (nur Abendessen)*
Dieses romantische Domizil direkt neben dem historischen Markusturm wird nun schon in der 4. Generation von Familie Berger geführt. Sie wohnen in sehr individuellen, geschmackvollen Zimmern von charmant-bäuerlich bis elegant (schön die hochwertigen Stilmöbel) und sitzen in gemütlich-gediegenen Stuben bei internationaler Küche.

Klosterstüble

Heringsbronnengasse 5 ✉ 91541 – ✆ (09861) 93 88 90 Stadtplan : A1**c**
– www.klosterstueble.de
18 Zim – 50/70 € 75/120 €, 8 € – 3 Suiten
Rest – Karte 17/44 € – *(geschl. Anfang Januar - Ende Februar und Dienstag - Mittwoch)*
Neben dem Franziskanerkloster hat Familie Hammel ihr Hotel. Einige Zimmer sind moderner (klasse das "Falkennest"!), die im ursprünglichen Gasthof (über 500 Jahre alt) sind kleiner und gemütlich. Essen kann man hier Regionales, und zwar im rustikalen Restaurant oder auf der hübschen Terrasse. Und danach vielleicht ein Cocktail im "Refugium 21"?

Prinzhotel Rothenburg

An der Hofstatt 3 ✉ 91541 – ✆ (09861) 97 50 Stadtplan : B1**f**
– www.prinzhotel.rothenburg.de
52 Zim – 75/95 € 85/135 €, 8 € – ½ P
Rest *topinambur* – siehe Restaurantauswahl
Ein Haus, das sich in den letzten Jahren stark gewandelt hat. Schön modern der Empfangsbereich, ebenso viele der Zimmer, zwei sogar mit Whirlwanne! Und die Lage gleich hinter der historischen Stadtmauer ist für Autofahrer nicht die schlechteste!

Hornburg garni

Hornburgweg 28 ✉ 91541 – ✆ (09861) 84 80 Stadtplan : B1**k**
– www.hotel-hornburg.de – geschl. August - September 10 Tage und 2. - 7. November
9 Zim – 69/115 € 80/130 € – 1 Suite
Wenn Sie bei Gabriele und Martin Wetzel ankommen, stellen Sie Ihr Auto am besten auf den öffentlichen Parkplatz gleich gegenüber, dann heißt es entspannen - ob auf der herrlichen Terrasse oder in den individuellen Zimmern der 1903 erbauten Villa mit schönen Original-Details wie hohen Stuckdecken. Und nach einer erholsamen Nacht gibt es ein frisches Frühstücksbuffet!

Gerberhaus garni

Spitalgasse 25 ✉ 91541 – ✆ (09861) 9 49 00 Stadtplan : B2**h**
– www.gerberhaus.rothenburg.de – geschl. 15. Januar - Ende Februar
20 Zim – 65/100 € 89/140 €
So richtig schön charmant-historisch! In der ehemaligen Gerberei haben die Gastgeber wirklich Sinn fürs Detail bewiesen: liebevolle Deko zu freiliegenden Holzbalken, Dielenboden oder Kamin... Entspannen Sie im romantischen Garten mit Blick auf die Stadtmauer oder im Café bei Kuchen und kleinen Speisen.

Altfränkische Weinstube

Zim,

Klosterhof 7 ✉ 91541 – ✆ (09861) 64 04 Stadtplan : A1**b**
– www.altfraenkische-weinstube.de
7 Zim – 65/75 € 75/82 €
Rest – Karte 16/30 € – *(geschl. Dienstag) (nur Abendessen)*
Ein 650 Jahre altes Gebäude in der Altstadt bei der Kirche St. Jacob. Gemütlich-rustikal sind sowohl die Zimmer (besonders wohnlich die Juniorsuite!) als auch der liebenswerte Frühstücksraum mit hübschem Kachelofen. In urigen, charmant dekorierten Restauranträumen wird traditionelle fränkische Kost aufgetischt.

Spitzweg garni
Paradeisgasse 2 ✉ 91541 – ✆ (09861) 9 42 90 Stadtplan : B1**g**
– www.hotel-spitzweg.de
9 Zim ☕ – 👤70/90 € 👥90/130 €
Hier atmet man förmlich Rothenburger Geschichte: Das schmucke Haus hat sich vom Herrschaftssitz a. d. J. 1536 über eine kleine Brauerei im 18. Jh. zu diesem schnuckeligen Hotel entwickelt - dabei hat sich das Gebäude kaum verändert und steht natürlich unter Denkmalschutz. Drinnen überall liebenswertes historisch-rustikales Flair.

Restaurants

herrnschlösschen – Hotel herrnschlösschen
Herrngasse 20 ✉ 91541 – ✆ (09861) 87 38 90 Stadtplan : A1**h**
– www.herrnschloesschen.de – geschl. November und Montag - Dienstag
Menü 35/78 € – Karte 34/55 €
Mit Sinn für stilvolle Details hat man in dem schönen historischen Rahmen ein stimmiges Interieur geschaffen - ein geglückter Mix aus Landhausflair und moderner Eleganz. Hingucker ist der mächtige Fachwerkbalken von 1526, und der Barockgarten erst... ein traumhafter Ort für eine Terrasse! Zu erwähnen sei natürlich auch die an variablen Themen orientierte Küche von Jürgen Knöchel - lassen Sie sich überraschen!

Eisenhut – Hotel Eisenhut
Herrngasse 3 ✉ 91541 – ✆ (09861) 70 50 Stadtplan : B1**e**
– www.eisenhut.com
Menü 23/64 € – Karte 28/58 €
Alles ist schön stimmig: gediegener Rahmen, klassisches Mobiliar und ebensolche Tischkultur, dazu beeindruckende Bilder von der Geschichte Rothenburgs. Toll die Terrasse mit Blick in den Garten (auch vom Wintergarten), separat der Biergarten.

Mittermeier – Hotel Villa Mittermeier
Vorm Würzburger Tor 7 ✉ 91541 – ✆ (09861) 9 45 40 Stadtplan : B1**v**
– www.villamittermeier.de – geschl. über Weihnachten, Fasching 1 Woche und Sonntag
Menü 38/79 € – Karte 36/62 € – *(nur Abendessen)* (Tischbestellung ratsam)
Wenn es unkompliziert und leger sein soll, dann auf in das gemütliche Tonnengewölbe der Villa! Wie gut die frische saisonale Küche ist, merkt man z. B. bei "Gegrillter Hochrippe mit Kartoffeln, Gemüse und Melange noir". Wein und Delikatessen gibt's auch für zuhause.

topinambur – Prinzhotel Rothenburg
An der Hofstatt 3 ✉ 91541 – ✆ (09861) 97 50 Stadtplan : B1**f**
– www.prinzhotel.rothenburg.de
Menü 14 € (mittags)/30 € – Karte 26/49 € – *(geschl. Sonntag) (außer Saison nur Abendessen)*
Freundlich, geradlinig, unkompliziert... so zeigt sich das Ambiente des Restaurants, frisch und saisonal die Küche - natürlich spielt hier auch oft die namengebende Knolle eine Rolle. Vor dem Eingang hat man eine nette Terrasse. Praktisch: der nicht weit entfernte öffentliche Parkplatz.

In Steinsfeld-Reichelshofen Nord: 7 km über Würzburger Straße Stadtplan : B1

Landwehrbräu (mit Gästehaus)
Reichelshofen 31 ✉ 91628 – ✆ (09865) 98 90 – www.landwehr-braeu.de
– geschl. 3. - 28. Januar
37 Zim ☕ – 👤63/85 € 👥75/112 € – ½ P
Rest *Landwehrbräu* – siehe Restaurantauswahl
In der historischen Herberge samt neuerem Gästehaus finden Sie in Standard- oder Komfortzimmern individuellen Wohnkomfort, dazu Brautradition seit dem 18. Jh.! Und lassen Sie sich nicht das regional inspirierte Frühstück entgehen. Ein kleines "Zuckerl": Oldtimer-Fans buchen eine Ausfahrt im Bentley von 1948!

Landwehrbräu – Hotel Landwehrbräu
Reichelshofen 31 ✉ 91628 – ✆ (09865) 98 90 – www.landwehr-braeu.de – geschl. 3. - 28. Januar
Menü 24/29 € – Karte 18/38 €
Hier kommt man gerne her: Die Gasträume sprühen nur so vor traditionellem Charme, die Küche ist saisonal-regional ausgerichtet und eigenes Bier aus der Brauerei von 1755 gibt es außerdem! Schön die Nebenzimmer für Feierlichkeiten.

In Windelsbach Nord-Ost: 9 km über Schweinsdorfer Straße Stadtplan : B1, Richtung Ansbach

Landhaus Lebert mit Zim
Schlossstr. 8 ✉ 91635 – ✆ (09867) 95 70 – www.landhaus-rothenburg.de – geschl. 24. - 29. Dezember, 12. - 21. September und Montag
8 Zim – 52/66 € 79/109 € – ½ P
Menü 36/82 € – Karte 26/62 € – *(Dienstag - Freitag nur Abendessen, außer an Feiertagen)*
Sie mögen's bürgerlich? Dann probieren Sie Manfred Leberts Sauerbraten! Und wer lieber klassisch-gehoben isst, der sollte z. B. "Atlantik-Steinbutt auf Steinpilzen" bestellen - so oder so, hier schmeckt es richtig gut! Schön feiern lässt es sich übrigens in der "Scheune", und wenn Sie mal ein Gläschen mehr trinken möchten, warten nette Zimmer im Landhausstil auf Sie.

ROTHENFELDE, BAD

Niedersachsen – 7 450 Ew. – Höhe 100 m – Siehe Regionalatlas **27-E9**
Berlin 414 km – Hannover 135 km – Bielefeld 31 km – Münster (Westfalen) 45 km
Michelin Straßenkarte 541

Drei Birken Zim, Rest, Rest,
Birkenstr. 1 ✉ 49214 – ✆ (05424) 64 20 – www.hotel-drei-birken.de
45 Zim – 68/72 € 88/100 € – 3 Suiten – ½ P
Rest – Menü 28 € (abends) – Karte 21/35 €
Die Gästezimmer dieses Familienbetriebs sind teilweise sehr großzügig, einige sind als Themenzimmer für Damen oder Businessgäste ausgelegt. Kosmetik, Massage und Arztpraxis im Haus. Restaurant mit internationaler Küche.

Dreyer garni
Salinenstr. 7 ✉ 49214 – ✆ (05424) 2 19 00 – www.hotel-dreyer.de – geschl. 5. - 25. Januar
16 Zim – 47/52 € 70/75 €
Ein sehr gepflegter kleiner Familienbetrieb mit Selbstgebackenem im angeschlossenen Café. Einen Besuch wert ist die Saline vis-à-vis, umgeben vom schönen Kurpark. Kostenlose Leihfahrräder.

Osning N
Frankfurter Str. 15, (in der Therme "carpe sol") ✉ 49214 – ✆ (05424) 2 21 46 26 – www.osning.de – geschl. 2. - 16. Februar, 3. - 17. August und Sonntag - Montag
Menü 35/55 € – Karte 40/50 € – *(nur Abendessen)*
Mittelalterlich ist hier nur der Name - "Osning" ist die frühere Bezeichnung für den Teutoburger Wald. Das Restaurant in der schicken Therme ist topmodern, halbrund angelegt und bietet Interessantes wie "Tatar von der deutschen Färse mit Brotchips, Sauerklee und Forellenkaviar" oder "Ente in zwei Gängen".

ROTTACH-EGERN

Bayern – 5 620 Ew. – Höhe 736 m – Siehe Regionalatlas **66-M21**
Berlin 645 km – München 56 km – Garmisch-Partenkirchen 81 km – Bad Tölz 22 km
Michelin Straßenkarte 546

Althoff Seehotel Überfahrt

Überfahrtstr. 10 ✉ 83700 – ✆ (08022) 66 90 – www.seehotel-ueberfahrt.com
153 Zim – 210/470 € 245/505 € – 23 Suiten – ½ P
Rest *Restaurant Überfahrt Christian Jürgens* ✿✿✿ Rest *Egerner Bucht* Rest *Il Barcaiolo* Rest *Bayernstube* – siehe Restaurantauswahl
Die eleganten Zimmer (sehr schön die in Erdtönen gehaltenen) wie auch der "4 elements spa" samt Spa-Suiten bieten Luxus, top die Lage direkt am See - hier kommt man in den Genuss eines eigenen Strandbades.

Park-Hotel Egerner Höfe

Aribostr. 19 ✉ 83700 – ✆ (08022) 66 60 – www.egerner-hoefe.de
82 Zim – 129/149 € 175/459 € – 16 Suiten – ½ P
Rest *Dichterstub'n* ✿ Rest *Hubertusstüberl* – siehe Restaurantauswahl
Hier fühlt man sich richtig wohl: Regionaler Charme und moderne Elemente in gelungenem Mix, das Personal auffallend zuvorkommend, jeder versteht sich als Gastgeber! Wer's ganz besonders individuell mag, bucht die "Alm"-Zimmer. Hochwertige Suiten und Premuim-Doppelzimmer in den Höfen Valentina und Catherina.

Haltmair am See garni

Seestr. 33 ✉ 83700 – ✆ (08022) 27 50 – www.haltmair.de – geschl. Ende November - Mitte Dezember
39 Zim – 80/137 € 125/170 € – 3 Suiten
Direkt am See liegt dieses sympathische familiär geführte Haus. Wohnlich sind die Landhauszimmer, Appartements sowie die Seesuite, chic und modern ist der Spabereich.

Seerose garni

Stielerstr. 13 ✉ 83700 – ✆ (08022) 92 43 00 – www.seeroserottach.de – geschl. 1. - 28. März, Ende Oktober - Mitte Dezember
19 Zim – 65/75 € 92/110 €
Wohnlich und angenehm privat ist die Atmosphäre in diesem Familienbetrieb in Seenähe - ruhig und gleichzeitig zentral gelegen. Das Haus verfügt auch über einen netten hellen Saunabereich und ein gemütliches Stüberl.

Fischerweber N garni

Überfahrtstr. 1 ✉ 83700 – ✆ (08022) 9 20 40 – www.fischerweber.de
7 Zim – 70/95 € 95/130 €
Sehr gepflegt, gemütlich und direkt am See gelegen! Alles ist behaglich in hellem Holz gehalten. Wenn Sie länger bleiben möchten, buchen Sie eine Ferienwohnung! Und wie wär's mit einem Edelbrand oder Fruchtlikör aus der eigenen Brennerei?

Restaurant Überfahrt Christian Jürgens – Althoff Seehotel Überfahrt

✿✿✿
Überfahrtstr. 10 ✉ 83700 – ✆ (08022) 66 90 – www.restaurant-ueberfahrt.com – geschl. Mitte Februar - Anfang März, Ende Oktober - Mitte November und Montag - Dienstag
Menü 169/249 € – Karte 127/169 € – (Tischbestellung ratsam)
Was dieses elegante Restaurant zu einem der besten in Deutschland macht? Christian Jürgens hat seinen eigenen Stil, und der vereint ausdrucksstark und schlichtweg perfekt seine Ideen, sein Gespür für harmonische Kombinationen und feine Kontraste sowie sein ausgezeichnetes Handwerk. So stimmig die Küche und das Ambiente, so eingespielt und reibungslos der Service.
→ Hong Kong Crayfish Tea - Langostino, Shiitake, Soja. Aus dem Feuer - Reh, Rote Bete, Spitzkohl. Pfirsichwölkchen - Pfirsichsoufflé, Schafstopfeneis, Himbeeren.

Dichterstub'n – Park-Hotel Egerner Höfe

✿
Aribostr. 19 ✉ 83700 – ✆ (08022) 66 65 02 – www.egerner-hoefe.de – geschl. Februar 2 Wochen, November 2 Wochen und Dienstag - Mittwoch
Menü 88/142 € – Karte 58/114 € – *(Montag - Freitag nur Abendessen)* (Tischbestellung ratsam)
Gemütlich, rustikal und doch vornehm: Umgeben von heimeligem Zirbelholz, einem wunderschönen Kachelofen und stilvollen Gemälden von Dichtern führt man sich die modern-klassischen Gerichte von Küchenchef Michael Fell zu Gemüte.
→ Saiblingsfilet, Alpenkaviar, Sauerrahm, Gurke. Tegernseer Lamm - Schulter und Rücken, gebratener Senfkohl, Gewürzjoghurt. Muscovadoeis, marinierte Kräuter und Pfefferbaiser.

XX **Egerner Bucht** – Althoff Seehotel Überfahrt

Überfahrtstr. 10 ✉ 83700 – ✆ (08022) 66 90 – www.seehotel-ueberfahrt.com

Karte 44/73 € – *(nur Abendessen)*

Angenehme Erdtöne und holzvertäfelte Wände kombiniert mit klaren modernen Formen... das ist stylish-elegantes Alpenflair. Passend dazu: Alpenkulinarik. Auch Freunde von Grillgerichten kommen auf ihre Kosten.

XX **Maiwerts** N

Südliche Hauptstr. 14 ✉ 83700 – ✆ (08022) 7 05 66 99 – www.maiwerts.de – geschl. 24. November - 11. Dezember, 12. - 22. Januar und Montag

Menü 53/69 € – Karte 32/74 €

Dieter Maiwert ist zurück im Tegernseer Tal! Aus einer ehemaligen Arztpraxis ist ein schönes wohnlich-modernes Restaurant geworden - und hier bietet er nun seine strikt klassische Küche, die natürlich auf ausgezeichneten Produkten basiert! Einige bürgerliche Klassiker sind übrigens auch zu haben.

➜ Variation von Tegernseer Saibling. Bretonischer Steinbutt mit Krustentiersoße, Wildfanggarnele und Mozzarella-Tortellini. Nebraska Rinderfilet mit Schalotten-Rotweinsoße und Ochsenschwanz-Ravioli.

XX **Il Barcaiolo** – Althoff Seehotel Überfahrt

Überfahrtstr. 10 ✉ 83700 – ✆ (08022) 66 90 – www.seehotel-ueberfahrt.com

Menü 39/59 € – Karte 43/65 €

Große Panoramafenster mit Blick in die herrliche Natur, stilvolle Einrichtung und entspannte Atmosphäre, dazu authentische italienische Küche - was will man als Gast mehr?

XX **Hubertusstüberl** – Park-Hotel Egerner Höfe

Aribostr. 19 ✉ 83700 – ✆ (08022) 66 65 02 – www.egerner-hoefe.de

Menü 28/58 € – Karte 36/58 €

In dem bayerisch-eleganten Stüberl isst man fein-regional: "Tegernseer Herrengulasch mit Kraut und Spiegelei", "Zanderfilet in der Zwiebelkruste"... An sechs Tagen in der Woche lauschen Sie beim Essen den Klängen des Pianospielers.

X **Fährhütte 14**

Weißachdamm 50 ✉ 83700 – ✆ (08022) 18 82 20 – www.faehrhuette14.de – geschl. 15. Januar - 28. Februar, November und Montag - Dienstag

Karte 30/55 € – (Tischbestellung ratsam)

Als "Ableger" des "Überfahrt" bietet die "Fährhütte" nun einen interessanten Mix aus Regionalem und Internationalem, von "Bouillabaisse FH 14" bis "Fleischpflanzerl mit Bratkartoffeln" - dazu traumhafte Seelage, gemütliche Hütt'n-Atmosphäre und fachkundigen Service. Direkt angrenzend der eigene Beach-Club.

X **Kirschner Stuben**

Seestr. 23a ✉ 83700 – ✆ (08022) 27 39 39 – www.kirschner-stuben.de – geschl. Mittwoch

Karte 34/60 € – *(Montag - Dienstag nur Abendessen)* (Tischbestellung ratsam)

Ein sympathisches Restaurant mit lebendiger Atmosphäre und legerem Service. Man reicht eine gute internationale Karte, mittags hat man nur ein einfaches Angebot an bayerischen Schmankerln.

X **Bayernstube** – Althoff Seehotel Überfahrt

Überfahrtstr. 10 ✉ 83700 – ✆ (08022) 66 90 – www.seehotel-ueberfahrt.com – geschl. Mittwoch - Donnerstag

Karte 36/52 € – *(nur Abendessen)*

Mittelpunkt der mit Zirbelholz getäfelten Stuben ist ein raumhoher blau-weißer Kachelofen. Lassen Sie sich bayerische Schmankerln schmecken: Weißwürstl, Bauernente, Hirsch-Fleischpflanzerl... und zum Dessert vielleicht Topfen-Palatschinken?

In Kreuth Süd: 5,5 km über B 307

Villa Sonnwend garni

Setzbergweg 4 ✉ 83708 – ✆ (08029) 3 68 – www.sonnwend.de

13 Zim – 🛉78/108 € 🛉🛉98/158 € – 4 Suiten

Hier schläft, wer den Trubel direkt am See meiden möchte! Charmante Einrichtung, schöner Garten, fürsorglicher Service, ein tolles Frühstück, das keine Wünsche offenlässt... Gastgeberin Barbara Maier steckt jede Menge Liebe in ihr Haus!

Altes Bad
Wildbad Kreuth 2 (Süd: 3 km in Richtung Achensee) ✉ 83708 – ✆ (08029) 3 04 – www.altesbad.de – geschl. 2. - 15. November und Montag - Dienstag außer an Feiertagen
Menü 25/55 € (abends) – Karte 20/47 € – (Tischbestellung ratsam)
Das einstige Badhaus a. d. 18. Jh. mit seinen gemütlich-ländlichen Stuben liegt schon recht abgeschieden. Aus der Küche kommt ein breites Angebot, das von regionalen Klassikern wie Schnitzel über viel Wild bis zu frischem Fisch reicht.

In Kreuth-Weißach West: 1 km

Bachmair Weissach
Wiesseer Str. 1 ✉ 83700 Rottach-Weißach – ✆ (08022) 27 80 – www.bachmair-weissach.com
93 Zim – 159/219 € 219/269 € – 53 Suiten – ½ P
Rest *Gasthof zur Weissach* – siehe Restaurantauswahl
Rest *Kreuther Fondue Stube* – Menü 29/36 € – *(geschl. April - Oktober und Montag - Dienstag) (nur Abendessen)*
Aus dem historischen Gasthaus ist ein echtes Schmuckstück geworden - und der rauschende Mühlbach verläuft direkt durch den Garten! Hölzer, Stoffe, Deko... alles ist wertig, jedes Zimmer mit Tablet. Spa auf 700 qm, dazu Kids Club. Gastronomisch kommt im Winter die Kreuther Fondue Stube gut an. Beachtlich die Veranstaltungsmöglichkeiten der "Bachmair Weissach Arena".

Gasthof zur Weissach – Hotel Bachmair Weissach
Wiesseer Str. 1 ✉ 83700 Rottach-Weißach – ✆ (08022) 27 85 59 – www.bachmair-weissach.com
Karte 25/53 €
Im "Gasthof zur Weissach" von 1861 gibt es bayerische Küche, und zwar in hübschen Stuben, die teils in ihrem ursprünglichen Zustand daherkommen! Auf der Karte: klassisches Tatar, Schweinebraten in Dunkelbiersauce, Bayerische Fischsuppe...

ROTTENBUCH
Bayern – 1 800 Ew. – Höhe 763 m – Siehe Regionalatlas **65**-K21
Berlin 644 km – München 70 km – Garmisch-Partenkirchen 39 km – Landsberg am Lech 40 km
Michelin Straßenkarte 546

In Rottenbuch-Moos Nord-West: 2 km über B 23

Moosbeck-Alm
Moos 38 ✉ 82401 – ✆ (08867) 9 12 00 – www.moosbeck-alm.de – geschl. 15. - 30. November
18 Zim – 48/80 € 90/105 € – 3 Suiten – ½ P
Rest – Menü 15/24 € – Karte 18/31 € – *(geschl. Dienstag) (nur Abendessen)*
Ein Haus ganz im Zeichen der Regenbogenfahne. Man wohnt wunderschön im Grünen, in sehr netten, gemütlichen Zimmern. Wer es gerne etwas verspielter hat, wird die Zimmer "König-Ludwig", "Luitpold" und "Sisi" mögen, und natürlich das Modell von Schloss Neuschwanstein im Garten - hier hat man eine FKK-Wiese.

ROTTENBURG am NECKAR
Baden-Württemberg – 42 510 Ew. – Höhe 349 m – Siehe Regionalatlas **55**-G19
Berlin 682 km – Stuttgart 55 km – Freudenstadt 47 km – Reutlingen 26 km
Michelin Straßenkarte 545

Martinshof
Eugen-Bolz-Platz 5 ✉ 72108 – ✆ (07472) 91 99 40 – www.martinshof-rottenburg.de
34 Zim – 70/85 € 80/144 €
Rest *Martinshof* – Menü 32 € – Karte 25/49 € – *(geschl. Sonntagabend)*
Die altstadtnahe Lage ist ein klarer Vorteil, man wohnt hier nämlich direkt am Eingang zur Fußgängerzone. Und auch das Haus selbst kann sich wirklich sehen lassen: Es wird engagiert und familiär geführt und bietet sehr gepflegte und gut ausgestattete Zimmer sowie schwäbische Spezialitäten, für die man frische Produkte aus der Region verwendet. Für Gruppen hat man die gemütliche Zirbelstube.

Württemberger Hof (mit Gästehaus)
Tübinger Str. 14 ✉ *72108 – ✆ (07472) 9 63 60 – www.wuerttembergerhof.de*
18 Zim – 70/72 € 98/105 € – ½ P
Rest – Menü 10/36 € – Karte 21/33 € – *(geschl. Sonntagabend und Donnerstag)*
Ideal für Radfahrer und Wanderer ist der sympathische Familienbetrieb - der Neckarradweg verläuft am Haus, 5 Gehminuten in die Innenstadt. Die Zimmer sind unterschiedlich geschnitten. Regional und bürgerlich isst man im Restaurant mit rustikaler Note.

ROTTENDORF – Bayern ➔ Siehe Würzburg

ROTTWEIL

Baden-Württemberg – 25 660 Ew. – Höhe 597 m – Siehe Regionalatlas **62-F20**
Berlin 724 km – Stuttgart 98 km – Konstanz 87 km – Offenburg 83 km
Michelin Straßenkarte 545

Johanniterbad
Johannsergasse 12 ✉ *78628 – ✆ (0741) 53 07 00 – www.johanniterbad.de – geschl. 1. - 6. Januar*
32 Zim – 75/93 € 118/128 € – 1 Suite – ½ P
Rest *Johanniterstube* – siehe Restaurantauswahl
Seit 1929 ist das Haus im Besitz der Familie Maier, die hier mit Engagement bei der Sache ist. Auch die Lage ist ein Vorteil: am alten Stadtgraben in unmittebarer Nähe zur Innenstadt und trotzdem ruhig! Fragen Sie nach den neueren Zimmern - geräumig, modern und klimatisiert. Oder buchen Sie doch mal die Suite! Sie ist gelungen in die Stadtmauer integriert und hat einen Whirpool.

Johanniterstube – Hotel Johanniterbad
Johannsergasse 12 ✉ *78628 – ✆ (0741) 53 07 00 – www.johanniterbad.de – geschl. 1. - 6. Januar*
Menü 22/56 € – Karte 21/52 € – *(geschl. Sonntagabend - Montagmittag)*
In dem gemütlichen Restaurant sitzen Sie mit Blick auf den historischen Stadtgraben und werden dabei freundlich und aufmerksam umsorgt, und zwar mit der internationalen, saisonal geprägten Küche von Patron Tobias Maier. Ein Muss ist im Sommer die schöne Terrasse - beliebt, aber dennoch ruhig. Für Hausgäste interessant: ein Menü mit gutem Preis-Leistungs-Verhältnis.

In Zimmern-Horgen Süd-West: 7,5 km in Richtung Hausen

Linde Post mit Zim
Alte Hausener Str. 8 ✉ *78658 – ✆ (0741) 3 33 33 – www.lindepost.de – geschl. Donnerstag*
7 Zim – 61 € 95 € Karte 20/62 €
Die Brüder Kühn samt Familie bieten in dem Gasthof frische regionale Küche. Gerichte wie "Hirschragout aus der heimischen Jagd mit Spätzle und Preiselbeer-Birne" serviert man im klassischen Restaurant oder im vorgelagerten legeren Bistro samt Bar - hier gibt es auch noch eine kleine Vesperkarte. Wenn Sie übernachten möchten: Man hat wohnliche, zeitgemäße Zimmer.

RUBKOW – Mecklenburg-Vorpommern ➔ Siehe Anklam

RÜDENAU

Bayern – 820 Ew. – Höhe 193 m – Siehe Regionalatlas **48-G16**
Berlin 575 km – München 361 km – Würzburg 87 km – Wiesbaden 107 km
Michelin Straßenkarte 546

Zum Stern mit Zim
Hauptstr. 41 ✉ *63924 – ✆ (09371) 28 34 – www.landhotel-stern.de – geschl. nach Fasching 1 Woche, nach Pfingsten 1 Woche, Oktober - November 3 Wochen und Mittwoch, außer an Feiertagen*
10 Zim – 43/55 € 68/84 € – ½ P Karte 18/41 €
In dem Gasthof mit über 100-jähriger Familientradition hat inzwischen Sohn Dieter Baumann die Küche übernommen. Das Fleisch für Gerichte wie Kotelett mit Grünkern-Knuspermantel stammt aus der eigenen Metzgerei!

RUDERSBERG

Baden-Württemberg – 11 430 Ew. – Höhe 279 m – Siehe Regionalatlas **55**-H18

Berlin 600 km – Stuttgart 43 km – Heilbronn 47 km – Göppingen 37 km

Michelin Straßenkarte 545

In Rudersberg-Schlechtbach Süd: 1 km

Sonne Zim,

Heilbronner Str. 70 ✉ 73635 – ✆ (07183) 30 59 20 – www.sonne-rudersberg.de

59 Zim – 80/110 € 110/140 € – 4 Suiten – ½ P

Rest – Menü 23/45 € – Karte 23/52 € – *(geschl. Sonntagabend - Montagmittag)*

Bereits seit fünf Generationen zeigt Familie Nörr hier volles Engagement. Sie mögen es gerne besonders komfortabel und modern? Dann buchen Sie eines der Deluxe-Zimmer im Anbau! Wer zum Essen kommt, sitzt bei bürgerlich-regionaler Küche in der gemütlichen Gaststube. Tipp für Sonntagsausflügler: Fahrt mit der Schwäbischen Waldbahn (Schorndorf - Welzheim).

Gasthaus Stern

Heilbronner Str. 16 ✉ 73635 – ✆ (07183) 83 77 – geschl. über Pfingsten 3 Wochen, November 3 Wochen und Mittwoch - Donnerstag

Menü 41 € – Karte 28/51 €

Lust auf solide, frische Regionalküche? Wer hier in den wohltuend ländlichen Stuben sitzt, bestellt z. B. "Tafelspitz mit Wirsinggemüse und Meerrettich", sorgfältig zubereitet von Chef Helmut Schiffner, serviert von seiner herzlichen Frau.

RUDOLSTADT

Thüringen – 23 770 Ew. – Höhe 200 m – Siehe Regionalatlas **40**-L13

Berlin 284 km – Erfurt 48 km – Coburg 79 km – Suhl 65 km

Michelin Straßenkarte 544

Am Marienturm Süd-Ost: 3 km

Panoramahotel Marienturm

Marienturm 1 ✉ 07407 Rudolstadt – ✆ (03672) 4 32 70 – www.hotel-marienturm.de

29 Zim – 81/89 € 105/129 € – ½ P

Rest – Karte 24/50 €

Die einsame Panoramalage im Wald über Rudolstadt und dem Saaletal lockt zahlreiche Besucher an - ebenso die Aussichtsterrasse des Marienturms gleich nebenan. Gediegene Zimmer in frischen Farben. Restaurant mit rustikaler Note. Gemütlicher Raum für Frühstück und Veranstaltungen im 1. OG.

RÜCKHOLZ – Bayern → Siehe Seeg

RÜDESHEIM am RHEIN

Hessen – 9 630 Ew. – Höhe 86 m – Siehe Regionalatlas **47**-E15

Berlin 592 km – Wiesbaden 31 km – Bad Kreuznach 70 km – Koblenz 65 km

Michelin Straßenkarte 543

Breuer's Rüdesheimer Schloss

Steingasse 10 ✉ 65385 – ✆ (06722) 9 05 00 – www.ruedesheimer-schloss.com – geschl. 23. Dezember - 12. Februar

26 Zim – 90/125 € 125/155 € – 1 Suite – ½ P

Rest – Menü 30/79 € – Karte 23/53 € – *(Februar: nur Abendessen)*

Das gut geführte Hotel der Familie Breuer (auch bekannt durch das Weingut) besteht aus dem Gutshaus von 1729 und dem Sickinger Hof. Kunst und Design prägen das Interieur. Das gemütlich-rustikale Restaurant wird ergänzt durch einen sehr netten Innenhof.

Trapp
Kirchstr. 7 ✉ 65385 – ✆ (06722) 9 11 40 – www.hotel-trapp.de – geschl. 20. Dezember - 10. März
32 Zim – 69/85 € 95/144 € – ½ P
Rest *Entenstube* – Menü 33 € – Karte 24/42 € – *(geschl. Mittwoch) (nur Abendessen)*
Familie Brühl hat sich ganz dem Thema Ente verschrieben, die liebenswerte Deko zieht sich durch das gesamte Haus. Neben wohnlichen Gästezimmern hat man ein gemütliches Restaurant, in dem - wie könnte es anders sein - Entengerichte die Spezialität sind, so z. B. "halbe Bauernente mit drei Saucen".

Rheinhotel Rüdesheim
Geisenheimer Str. 25 ✉ 65385 – ✆ (06722) 90 30 – www.rheinhotel-ruedesheim.de – geschl. 21. Dezember - 15. März
30 Zim – 63/88 € 85/135 € – ½ P
Rest – Menü 18 € – *(nur Abendessen für Hausgäste)*
Schon viele Jahre fühlen sich die Gäste bei Familie Dries gut aufgehoben, denn es erwarten Sie hier gepflegte Zimmer, ein freundlicher Saunabereich und am Morgen ein netter Frühstücksraum mit charmant-rustikaler Note.

Zum Bären garni
Schmidtstr. 24 ✉ 65385 – ✆ (06722) 9 02 50 – www.zumbaeren.de – geschl. Januar - 15. März
18 Zim – 75/110 € 105/170 €
Familie Willig renoviert immer wieder in ihrem kleinen Hotel und so sind einige Zimmer besonders modern: schön die wohnlichen Erdtöne, chic die Bäder! Sie sind Radler? Zum Service des Hauses zählen Werkstatt, Leihräder & Co., aber auch reichlich Tourenvorschläge des fahrraderfahrenen Chefs!

In Rüdesheim-Assmannshausen Nord-West: 5 km über B 42

Krone
Rheinuferstr. 10 ✉ 65385 – ✆ (06722) 40 30 – www.hotel-krone.com – geschl. Januar - Februar
66 Zim – 85/125 € 170/190 € – ½ P
Rest *Veranda* – siehe Restaurantauswahl
Rest *Kronenstube* – Menü 39/54 € – Karte 32/66 € – *(geschl. Montag)*
Die Krone vermittelt hier im Rheingau Tradition (hübsch schon von außen z. B. das mit Türmchen geschmückte jahrhundertealte Haupthaus) - und diese Tradition lebt weiter als gediegen-komfortables Hotel am Rhein: stilvolles Mobiliar, antike Stücke, aufwändige Bäder, Suiten teils mit Kamin... Kulinarisch zeigt sich die Kronenstube mit Terrasse als klassisch-regionale Alternative zur eleganten Veranda.

Schön
Zim,
Rheinuferstr. 3 ✉ 65385 – ✆ (06722) 22 25 – www.karl-schoen.de – geschl. November - März
13 Zim – 65/85 € 90/120 € – 2 Suiten – ½ P
Rest – Menü 27/65 € – Karte 27/51 €
Familie Schön betreibt hier ein Hotel mit Weingut, dessen Tradition auf einen im Jahr 1752 gegründeten Gasthof zurückgeht. Ein Teil der Zimmer ist mit Balkon zum Rhein ausgestattet. Klassisch-rustikales Restaurant und überdachte Terrasse mit Weinlauben-Flair.

Veranda – Hotel Krone
Rheinuferstr. 10 ✉ 65385 – ✆ (06722) 40 30 – www.hotel-krone.com – geschl. Januar - Februar, November 3 Wochen und Sonntag - Dienstag sowie an Feiertagen
Menü 79/107 € – *(nur Abendessen)* (Tischbestellung ratsam)
Die etwas gehobenere Restaurant-Variante bietet in stilvoller Atmosphäre modern beeinflusste Küche nebst tollem Rheinblick. Verzichten Sie nicht auf das süße Finale: Desserts wie "Weiße Schokolade und Rhabarber" sind ebenso fein wie die Pralinen!

RÜGEN (INSEL)

Mecklenburg-Vorpommern – Siehe Regionalatlas **6-P3**
Berlin 249 km – Schwerin 186 km – Greifswald 60 km – Stralsund 28 km
Michelin Straßenkarte 542

Hotels

BAABE – 860 Ew.

Solthus am See

Rest,

Bollwerkstr. 1 (Süd-West: 1 km) ✉ 18586
– ✆ (038303) 8 71 60 – www.solthus.de
39 Zim – 55/115 € 89/176 € – ½ P
Rest – Menü 29/42 € – Karte 34/51 € – *(nur Abendessen)*
Das reetgedeckte Haus liegt idyllisch im Grünen zwischen Selliner See und Greifswalder Bodden - ideal für Jogger. Die Einrichtung ist wirklich charmant, von den behaglichen Zimmern im Landhausstil über die holzgetäfelte kleine Bibliothek bis zum Restaurant mit seinem Blockhaus-Look. Den schönen weiten Blick zum Bodden genießt man z. B. von der Terrasse. Lust auf einen Schiffsausflug? Kleiner Anleger vor dem Haus.

Villa Granitz garni

Birkenallee 17 ✉ 18586 – ✆ (038303) 14 10
– www.villa-granitz.de – geschl. November - März
53 Zim – 44/72 € 70/100 € – 6 Suiten
Ein Hotel im Stil der Rügener Seebäderarchitektur, in dem man sich aufmerksam um die Gäste kümmert. Die Zimmer sind recht unterschiedlich geschnitten, teilweise bieten sie Balkon oder Terrasse. Entspannen können Sie im hübschen, romantisch angelegten Garten oder - nur wenige Gehminuten entfernt - am Meer. Und einen gemütlichen abendlichen Absacker gibt es in einem alten Fischerboot, das hier als Bar dient.

BERGEN – 14 480 Ew. – Höhe 55 m

Rugard

Zim,

Rugardweg 10 ✉ 18528
– ✆ (03838) 2 01 90 – www.rugard.de
21 Zim – 41/60 € 45/93 € – ½ P
Rest – 35 € – Karte 14/33 € – *(geschl. Januar - Februar)*
Die ruhige Lage am Ernst-Moritz-Arndt-Turm, einem Wahrzeichen Rügens, macht dieses Hotel interessant. Die Zimmer sind gepflegt und funktionell ausgestattet (auch Appartements sind vorhanden), freundlich das Restaurant. Ausflugstipp: die Sommer- und Winter-Rodelbahn ganz in der Nähe.

BINZ – 5 490 Ew.

Travel Charme Kurhaus Binz
Rest,

Strandpromenade 27 (Zufahrt über Schillerstr. 5) ✉ 18609 – ✆ (038393) 66 50 – www.travelcharme.com/kurhaus-binz

137 Zim – 76/208 € 148/398 € – 6 Suiten – ½ P

Rest *Kurhaus* – ✆ (038393) 66 54 68 – Menü 35 € – Karte 40/60 € – *(nur Abendessen)*

Rest *Das Steakhaus* – ✆ (038393) 66 54 52 – Karte 22/54 €

Seit 1908 existiert der beeindruckende Bau, der an der bekannten Seebrücke liegt. Komfortabel und wertig die Zimmer, großzügig der Wellnessbereich. Und machen Sie es sich auch mal in der geräumigen, hohen Lobby bei einem Kaffee gemütlich und beobachten Sie das Treiben auf der Strandpromenade! Klassisch-stilvolles Ambiente und regional-internationale Küche im Restaurant Kurhaus, Meerblick inklusive.

Grand Hotel Binz

Strandpromenade 7 ✉ 18609 – ✆ (038393) 1 50 – www.grandhotelbinz.com

120 Zim – 105/224 € 150/318 € – 4 Suiten – ½ P

Rest – Menü 37 € – Karte 29/59 €

Eine wohnlich-elegante Ferienadresse, die an die Bäderarchitektur erinnert. Die Zimmer liegen zur Meer- oder zur Waldseite (letztere etwas ruhiger), sehr schön sind die Maisonette-Suiten. Entspannen Sie am nahen Strand und gönnen Sie sich auch eine Anwendung im authentischen Thai-Bali-Spa! Im Restaurant mit Wintergarten und netter kleiner Terrasse serviert man Internationales.

CERÊS

Strandpromenade 24 ✉ 18609 – ✆ (038393) 6 66 70 – www.ceres-hotel.de

42 Zim – 143/423 € 158/438 € – 6 Suiten

Rest *NEGRO* – siehe Restaurantauswahl

Der Eigentümer ist Architekt, da verwundert das durchgestylte Interieur nicht. Hochwertige Designerausstattung in Zimmern und Bädern (letztere teilweise mit Seeblick von der Badewanne!), schicker kleiner Spa, Innenhof mit Loungeflair... Und in der Tiefgarage wartet ein Extra auf Sie: Luxusautos zur Probefahrt!

Rugard Strandhotel
Rest, Zim,

Strandpromenade 62 (Zufahrt über Proraer Straße) ✉ 18609 – ✆ (038393) 5 60 – www.rugard-strandhotel.de – geschl. 11. - 29. Januar, November 3 Wochen

217 Zim – 95/158 € 140/206 € – 14 Suiten – ½ P

Rest *Rugard's Gourmet* – siehe Restaurantauswahl

Rest *Bernstein* – ✆ (038393) 5 68 30 – Menü 29/70 € – Karte 28/40 €

An der schönen lang gezogenen Binzer Bucht erwarten Sie wohnliche Landhauszimmer, ein gediegener Lounge-/Barbereich und ein großer Spa mit Panorama-Dachterrasse. Bernstein: helles, verglastes Restaurant mit Bernsteinbrunnen.

Seehotel Binz-Therme
Rest,

Strandpromenade 76 (Zufahrt über Dollahner Straße) ✉ 18609 – ✆ (038393) 60 – www.binz-therme.de

136 Zim – 93/156 € 123/210 € – 2 Suiten – ½ P

Rest – Karte 21/34 € – *(nur Abendessen)*

Am ruhigeren Teil der Strandpromenade liegt dieses komfortable Hotel, nur der Küstenschutzwald trennt Sie von der Ostsee. Beliebt ist das Haus auch bei Familien - ideal sind die Residenzappartements mit kleiner Küche und auch Kinderbetreuung wird angeboten. Besuchen Sie das Thermalbad mit Wasser aus 1222 m bzw. 300 m Tiefe!

AM MEER & SPA

Strandpromenade 34 ✉ 18609 – ✆ (038393) 4 40 – www.hotel-am-meer.de

62 Zim – 120/210 € 150/305 € – ½ P

Rest *meerbar | restaurant & bar* – Menü 30 € – Karte 26/43 €

Engagiert führt Wolfgang Schewe sein chic designtes Hotel. Toller Spa, eigenes Strandbad und versäumen Sie nicht den wunderbaren Panoramablick von der Blue Moon Lounge - hier können Sie sich sogar trauen lassen! Fast alle Zimmer haben Balkon und Meersicht, sehr schön die Galeriezimmer! Ansprechend auch das Restaurant: Klare Linien in Kombination mit warmen Holz- und Erdtönen ergeben ein frisches modernes Bild.

niXe

Strandpromenade 10 ✉ 18609 – ✆ (038393) 66 62 00 – www.niXe.de
12 Zim – 129/162 € 168/260 € – 4 Suiten – ½ P
Rest *niXe* – siehe Restaurantauswahl
Aus einer schmucken Villa von 1903 und einem modernen Nebenhaus (ansprechend der Kontrast!) ist ein kleines Designhotel in bester Lage entstanden. Alles hier ist wirklich ausgesprochen geschmackvoll, stimmig und hochwertig in geradlinigem Stil gehalten - toll die Zimmer mit Meerblick - möchten Sie diesen vielleicht von der Badewanne aus genießen? In einem der Zimmer ist das möglich! Und dann ist da noch der ebenso attraktive Saunabereich, nicht zu vergessen der charmante Service im ganzen Haus!

Vier Jahreszeiten

Zeppelinstr. 8 ✉ 18609 – ✆ (038393) 5 00 – www.vier-jahreszeiten.de
79 Zim – 69/109 € 109/149 € – ½ P
Rest *freustil* – siehe Restaurantauswahl
Rest – Karte 27/38 € – *(nur Abendessen)*
Was schon von außen so ansprechend aussieht (weiße Fassade im typischen Bäderstil), zeigt sich innen schön wohnlich: In den Zimmern italienische Möbel, angenehme Farben, teilweise Holzfußboden... Zum Wohlfühlen auch der Spa sowie die frische, helle "Orangerie" (samt netter kleiner Terrasse), in der Sie morgens gemütlich frühstücken und abends alternativ zum "freustil" speisen können.

Strandhotel Binz

Rest,

Strandpromenade 33 (Zufahrt über Marienstraße) ✉ 18609 – ✆ (038393) 38 10 – www.strandhotel-binz.de
54 Zim – 65/129 € 99/189 € – ½ P
Rest *Fischmarkt* – ✆ (038393) 38 14 43 – Menü 24 € (abends) – Karte 19/39 €
Das Haus ist schon von außen hübsch anzuschauen mit seiner historischen Fassade. Drinnen (in Stammhaus und Anbau) überzeugen wohnliche Zimmer in geradlinig-modernem oder klassischem Stil, nicht zu vergessen der freundliche und hilfsbereite Service sowie die gute Lage nahe der Strandpromenade. Im Restaurant maritimes Flair und Fischküche. Hinweis: Die Tiefgarage ist aufgrund des Parkboxen-Systems für große Autos nicht optimal.

Imperial garni

Strandpromenade 20 (Zufahrt über Schwedenstraße) ✉ 18609 – ✆ (038393) 13 80 – www.karin-loew-hotellerie.de – geschl. 18. - 25. Dezember, 5. - 10. Januar
27 Zim – 50/85 € 67/145 €
Relativ ruhig liegt die schöne 1903 erbaute Jugendstilvilla mit zeitgemäß-wohnlichen Zimmern - meist haben sie Balkon und Ostseeblick. Nett sitzt man auf der Frühstücksterrasse zur Promenade. Praktisch: Man bietet einen Shuttleservice von und zum Bahnhof.

Restaurants

Rugard's Gourmet – Rugard Strandhotel

Strandpromenade 62, (5. Etage) (Zufahrt über Proraer Straße) ✉ 18609 – ✆ (038393) 5 68 30 – www.rugard-strandhotel.de – geschl. 11. - 29. Januar, November 3 Wochen und Sonntag - Montag
Menü 49/98 € – *(nur Abendessen)* (Tischbestellung ratsam)
Oliver Pfahler, zuvor Küchenchef im damals besternten "Töpferhaus" in Rendsburg, sorgt mit modern beeinflusster klassischer Küche dafür, dass in dem eleganten Restaurant nicht nur der wunderbare Meerblick in Erinnerung bleibt.

niXe – Hotel niXe

Strandpromenade 10 ✉ 18609 – ✆ (038393) 66 62 00 – www.nixe.de
Menü 56/94 € – Karte 42/77 € – *(nur Abendessen)* (Tischbestellung ratsam)
Schön das moderne Konzept des Restaurants: Hinter alten Mauern erwarten Sie attraktive Geradlinigkeit (ansprechend die hellen Lederstühle und der tolle Holzfußboden) und eine interessante indirekte Beleuchtung.

NEGRO – Hotel CERÊS
Strandpromenade 24 ✉ 18609 – ✆ (038393) 66 67 77 – www.ceres-hotel.de
Menü 42 € – Karte 36/57 € – *(nur Abendessen)*
Effektvoll setzt sich das minimalistische Interior in Szene. Die konsequente Einhaltung der Farbkombination Schwarz-Ecru macht das Ganze zu einem Ort, der ideal ist zum Entspannen und zum Genießen der guten regionalen Küche.

freustil – Hotel Vier Jahreszeiten
Zeppelinstr. 8 ✉ 18609 – ✆ (038393) 5 04 44 – www.freustil.de – geschl. Montag, Oktober - Mai: Montag - Dienstag
Menü 44 € (vegetarisch)/95 €
Ungezwungen die Atmosphäre, denzente Loungemusik im Hintergrund und dazu herzlicher Service - der ideale Rahmen für die frische kreative Küche von Ralf Haug. Und die kommt in Form zweier Menüs (eines davon vegetarisch) auf die blanken Holztische, gespickt mit kleinen Überraschungen hier und da!
➜ Polarkreis - St. Jakobsmuschel, Steak Tatar, Alge. Wald - Reh, Waldaromen. Apfelbäumchen - Apfelkompott, Apfelgelee, Ahorneis, falsche Rinde.

Strandhalle
Strandpromenade 5 ✉ 18609 – ✆ (038393) 3 15 64 – www.strandhalle-binz.de – geschl. 2. - 12. Februar und November - März: Montag
Menü 28/35 € – Karte 24/49 € – *(November - März: nur Abendessen)*
Am Ende der Promenade steht das nette restaurierte Strandhaus mit nostalgischer Note. Von den vorderen Fensterplätzen schaut man aufs nahe Meer, ebenso von der Terrasse vor dem Haus. Auf der Karte z. B. "Ostseedorsch unter der Kartoffel-Rosmarinkruste" oder "Variation von Matjes", aber auch Fleischgerichte.

GÖHREN – 1 260 Ew. – Höhe 35 m

Hanseatic (mit Gästehäusern)
Nordperdstr. 2 ✉ 18586 – ✆ (038308) 5 15 – www.hotel-hanseatic.de
126 Zim – †59/149 € ††80/179 € – 5 Suiten – ½ P
Rest *Friedrich's* – Menü 32/52 € – Karte 28/47 € – *(nur Abendessen)*
Ein neuzeitliches Hotel im Bäderstil mit markantem Turm (hier Café und Standesamt). Wohnliche Zimmer mit Pantry sowie Appartements in den Villen Fortuna und Felicitas. Hübsch der Spa. Im eleganten kleinen "Berliner Salon" bietet man ein Menü, nostalgisches Flair im "Friedrich's" mit internationaler Küche.

Travel Charme Nordperd (mit Gästehäusern)
Nordperdstr. 11 ✉ 18586 – ✆ (038308) 70 Rest,
– www.travelcharme.com – geschl. 3. Januar - 13. März
92 Zim – †52/176 € ††98/252 € – 2 Suiten – ½ P
Rest – Menü 28/60 € – Karte 24/54 € – *(nur Abendessen für Hausgäste)*
Ein leicht erhöht und relativ ruhig gelegenes Ferienhotel, das aus mehreren Häusern besteht. Mit wohnlichen Zimmern, schönem Garten- und Liegebereich sowie Zugang zum Strand.

Stranddistel garni
Katharinenstr. 9 ✉ 18586 – ✆ (038308) 54 50
– www.ruegen-hotel-stranddistel.de – geschl. 5. Januar - 27. März und 15. November - 26. Dezember
24 Zim – †46/85 € ††78/130 € – 3 Suiten
Die ruhige und doch zentrumsnahe Lage sowie wohnliche Gästezimmer - alle mit Balkon und teilweise mit Seeblick - sprechen für diesen Familienbetrieb. Man bietet auch Ausflüge mit dem hauseigenen Segelschiff "Sehnsucht".

Inselhotel garni
Wilhelmstr. 6 ✉ 18586 – ✆ (038308) 555 0 – www.inselhotel-ruegen.de – geschl. 15. November - 28. Dezember
27 Zim – †43/70 € ††70/120 € – 5 Suiten
Nur 150 m vom Dünenwald entfernt empfangen Sie wirklich freundliche Gastgeber. Familie Riffel hat hier neuzeitlich-funktionale Zimmer (darunter auch einige Appartements) und frühstücken kann man sehr schön auf der Terrasse vor dem Haus. Übrigens: Parken ist im Preis inbegriffen.

Knoblochs Kräuterküche - Villa mit Sonnenhof

Friedrichstr. 8 ✉ 18586 – ✆ (038308) 3 40 94 – www.villa-mit-sonnenhof.de – geschl. Sonntag - Mittwoch

Menü 115 € – *(nur Abendessen)* (Tischbestellung erforderlich)

Bei Christina und Peter Knobloch kommen nur Erzeugnisse von der Insel auf den Teller, viele Gemüse und Kräuter stammen sogar aus dem eigenen 2000 qm großen Garten! Gerne darf man dem Chef beim Kochen über die Schulter schauen, wenn er sein saisonal-regionales Kräutermenü mit 8 - 10 Gängen zubereitet, das dann ab 19 Uhr an einem großen Tisch serviert wird - unbedingt rechtzeitig reservieren! Und für zuhause gibt's hausgemachte Produkte zu kaufen. Charmante Ferienwohnung.

LOHME – 530 Ew. – Höhe 50 m

Schloss Ranzow

Schlossallee 1 ✉ 18551 – ✆ (038302) 8 89 10 – www.schloss-ranzow.de – geschl. 5. Januar - 28. Februar, 2. - 22. November

20 Zim – 120/240 € 140/260 €

Rest – Menü 34/46 € – Karte 33/56 € – *(nur Abendessen)*

Der Weg an die nordöstliche Spitze der Insel lohnt sich: In exponierter Lage mit Traumblick steht auf einem wunderschönen Anwesen dieses ehemalige Herrenhaus von 1900! Im Schloss schicke, edel-moderne Zimmer und das elegante Restaurant mit regionaler Küche (Kaffee und Kuchen gibt es täglich ab 12 Uhr), im Gästehaus geradlinig designte Appartements. Eigene Golf-Übungsanlage und sogar eine Hauskapelle zum Heiraten!

NEUENKIRCHEN – 320 Ew.

In Neuenkirchen-Tribbevitz Süd-Ost: 2 km

Gut Tribbevitz garni

Tribbevitz 6 ✉ 18569 – ✆ (038309) 70 80 – www.gut-tribbevitz.de – geschl. 24. Dezember - 2. Januar

20 Zim – 60/85 € 80/120 € – 7 Suiten

Das schmucke historische Gutshaus in ruhiger, einsamer Lage beherbergt recht geräumige Gästezimmer. Schön der Garten mit altem Baumbestand. Zur Anlage gehört auch ein Trakehnergestüt mit Gastboxen.

PUTBUS – 4 640 Ew. – Höhe 50 m

In Putbus-Lauterbach Süd-Ost: 2 km

Badehaus Goor

Fürst-Malte-Allee 1 ✉ 18581 – ✆ (038301) 8 82 60 – www.hotel-badehaus-goor.de

86 Zim – 52/130 € 69/170 € – 5 Suiten – ½ P

Rest – Menü 25 € – Karte 20/48 € – *(September - Juni: nur Abendessen, außer Saison)*

Direkt am Greifswalder Bodden steht die ehemalige fürstliche Residenz von 1818 - ein hübscher Rahmen für die geschmackvollen, klassisch-wohnlichen Zimmer. Schön sind auch Spa und Garten. Elegantes Restaurant mit Terrasse im reizvollen Innenhof.

In Putbus-Wreechen Süd-West: 2 km

Wreecher Hof (mit Gästehäusern)

Kastanienallee 1 ✉ 18581 – ✆ (038301) 8 50 – www.wreecher-hof.de – geschl. 1. November - 15. Dezember, 6. Januar - 28. Februar

43 Zim – 49/89 € 79/189 € – 4 Suiten – ½ P

Rest *KOXorange* – Menü 28/33 € – Karte 20/33 € – (Tischbestellung ratsam)

Familie Jürgens bietet in dem Ferienhotel mit den sieben reetgedeckten Häusern meist Suiten, Juniorsuiten oder Maisonetten sowie Kosmetik und Massage. Idyllische Lage im Grünen.

RALSWIEK – 270 Ew.

Schlosshotel Ralswiek

Parkstr. 35 ✉ *18528 – ✆ (03838) 2 03 20 – www.schlosshotel-ralswiek.de*
62 Zim – 65/85 € 93/188 € – 3 Suiten – ½ P
Rest – Menü 28 € (abends)/37 € – Karte 27/41 €
Wunderschön anzusehen ist das 1893 im Stil der Neurenaissance erbaute Schloss, das oberhalb des Jasmunder Boddens einsam in einem Park liegt. Auch Kosmetikanwendungen gibt es im Haus. Von der Terrasse des hübschen Restaurants schaut man auf Park, Bodden und Seebühne.

SAGARD – 2 590 Ew. – Höhe 25 m

In Sagard-Neddesitz Nord-Ost: 3 km

Jasmar Resort

Rest,

Neddesitz ✉ *18551 – ✆ (038302) 95 – www.jasmar.de*
119 Zim – 59/119 € 89/169 € – 10 Suiten – ½ P
Rest *L'Osteria* – Karte 24/43 € – *(nur Abendessen)*
Rest *Hofküche* – Karte 15/32 €
Familienfreundliche Ferienanlage mit historischem Gutsherrenhaus als Herzstück. Hier befinden sich individuelle, sehr wohnliche Suiten. Angrenzende Therme mit Sport- und Wellnessangebot. Italienische Küche im Abendrestaurant L'Osteria. Hofküche mit hübschem Wintergarten.

SASSNITZ – 10 480 Ew. – Höhe 30 m

Waterkant garni

Walterstr. 3 ✉ *18546 – ✆ (038392) 5 09 41 – www.hotel-waterkant.de – geschl. Dezember - Januar*
16 Zim – 35/80 € 50/95 €
Sympathisch-familiär und tipptopp gepflegt ist das kleine Hotel von Jutta Koß, das schön oberhalb des Hafens liegt. Fragen Sie nach den Zimmern mit Meerblick! Wunderbar entspannen lässt es sich im schöner Garten mit kleinem Brunnen - beobachten Sie doch mal mit dem Fernglas die Schiffe!

Gastmahl des Meeres mit Zim

Strandpromenade 2 ✉ *18546 – ✆ (038392) 51 70 – www.gastmahl-des-meeres-ruegen.de*
12 Zim – 55/76 € 76/96 € – ½ P Karte 23/40 €
Fischliebhaber finden hier, was ihr Herz begehrt: ganze Scholle, Sprotten, Fischsoljanka... und die Portionen machen satt! Gerne sitzen die Gäste auf der Terrasse zur Strandpromenade. Und wer in einem der ländlich-wohnlichen Zimmer übernachtet, hat einen eigenen Parkplatz.

SEHLEN – 920 Ew. – Höhe 35 m

In Sehlen-Klein Kubbelkow Nord-West: 3,5 km, über die B 96 Richtung Bergen

Gutshaus Kubbelkow mit Zim

Im Dorfe 8 ✉ *18528 – ✆ (03838) 8 22 77 77 – www.kubbelkow.de – geschl. Anfang Februar 2 Wochen*
8 Zim – 115/185 € 130/160 € – 2 Suiten – ½ P
Menü 41/68 € – Karte 41/57 € – *(geschl. Dienstag) (nur Abendessen)*
Mit seiner schmucken Fassade und den stilvollen Salons bewahrt das denkmalgeschützte Herrenhaus in schöner Parklage den ursprünglichen Charme von 1908. Axel Diembeck bietet ambitionierte internationale Küche. Tipp: Bleiben Sie über Nacht! Die Gästezimmer sind hochwertig und ausgesprochen geschmackvoll mit Sinn fürs Detail eingerichtet, hier und da antike Stücke, und am Morgen genießt man ein tolles Frühstück mit reichhaltiger Auswahl!

SELLIN – 2 330 Ew. – Höhe 20 m

ROEWERS Privathotel
Rest,

Wilhelmstr. 34 ✉ 18586 – ✆ (038303) 12 20 – www.roewers.de – geschl. 11. Januar - 23. Februar
53 Zim – 130/230 € 160/260 € – 24 Suiten – ½ P
Rest *Ambiance* – Menü 35/85 € – Karte 37/62 € – *(nur Abendessen)*
Wohnen im ältesten Haus des Ortes? Hier ist es möglich, denn zu dem hübschen Häuserensemble im typisch wilhelminischen Bäderstil gehört die über 100 Jahre alte "Villa Vineta"! Eine überaus geschmackvolle Adresse, in deren historischen Rahmen sich angenehm dezent auch moderne Elemente mischen. Auf dem 1 ha großen Grundstück unweit des Ostseestrandes finden Sie eine ruhige Oase in Form eines tollen Privatparks samt dreistöckigem Spa-Bau! Und gastronomisch? Im Ambiance serviert man internationale Küche (dazu eine sehr schöne Weinauswahl), in der Brasserie gibt es Snacks.

TRENT – 770 Ew.

Lindner Hotel & Spa Rügen
Rest,

Vaschwitz 17 (Nord-West: 4 km) ✉ 18569 – ✆ (038309) 2 20 – www.lindner.de
151 Zim – 79/193 € 99/203 € – 2 Suiten – ½ P
Rest – Menü 21 € (mittags)/53 € – Karte 21/45 €
Ansprechend ist das Ensemble aus fünf Gebäuden im Stil regionaler Gutshöfe. Die Zimmer sind skandinavisch inspiriert, geräumig sind die Residenzzimmer und Juniorsuiten. Entspannen können Sie auch bei Kosmetik- und Massageanwendungen oder bei Bistro-Atmosphäre im Restaurant mit Wintergarten. Zudem gibt es Snacks im urigen Pub.

WIEK – 1 180 Ew.

Kyp Yachthafen Residenz
Rest,

Hauptstr. 10 ✉ 18556 – ✆ (038391) 7 64 60 – www.kyp-ferien-ruegen.de – geschl. November - März
37 Zim – 40/65 € 64/90 € – ½ P
Rest – Menü 19 € – Karte 18/32 € – *(nur Abendessen)*
Gegenüber der Kirche, ca. 100 m vom Hafen steht das neu aufgebaute traditionelle Gasthaus mit modernem Anbau. Man verfügt über zeitgemäße Zimmer, Appartements und Ferienwohnungen. Deutsches Haus nennt sich das elegant im Brauhausstil gehaltene Restaurant.

RÜHSTÄDT
Brandenburg – 570 Ew. – Höhe 23 m – Siehe Regionalatlas **21**-M7
Berlin 155 km – Potsdam 133 km – Perleberg 22 km – Stendal 67 km
Michelin Straßenkarte 542

Schloss Rühstädt garni

Am Schloss 3 ✉ 19322 – ✆ (038791) 8 08 50 – www.schlosshotel-ruehstaedt.de – geschl. 7. - 23. Januar
14 Zim – 69/74 € 110/118 € – 1 Suite
In dem für viele Storche bekannten Ort liegt das schöne Schloss mit stilgerechter Einrichtung. Geräumige Zimmer und diverse Wohlfühl-Angebote in unterschiedlichen Trakten des Anwesens.

RÜLZHEIM
Rheinland-Pfalz – 7 820 Ew. – Höhe 112 m – Siehe Regionalatlas **54**-E17
Berlin 676 km – Mainz 117 km – Neustadt a.d. Weinstraße 48 km – Stuttgart 105 km
Michelin Straßenkarte 543

Hotel Apart garni
Keplerstr. 1 ✉ 76761 – ✆ (07272) 77 60 00 – www.hotel-apart.eu
20 Zim – 69/89 € 99 € – 1 Suite
Auch wenn die Lage im Gewerbegebiet eher unspektakulär ist, so ist das Hotel innen umso attraktiver: Die Zimmer sind sehr modern, komfortabel und schön stimmig (alle mit kleiner Küche), das Frühstück ist frisch und wer sich etwas Besonderes gönnen möchte, bucht die Penthouse-Suite!

RÜSSELSHEIM
Hessen – 60 300 Ew. – Höhe 88 m – Siehe Regionalatlas **47-F15**
Berlin 561 km – Wiesbaden 19 km – Frankfurt am Main 29 km – Darmstadt 27 km
Michelin Straßenkarte 543

COLUMBIA
Stahlstr. 2 ✉ 65428 – ✆ (06142) 87 60 – www.columbia-hotels.com – geschl. 20. Dezember - 4. Januar
140 Zim – 79/110 € 99/135 €, 17 € – 5 Suiten
Rest ***NAVETTE*** ✿ **Rest** ***X.O.*** – siehe Restaurantauswahl
Eine elegante Adresse für Business, Kulinarik und komfortables Wohnen. Schon in der Lobby begrüßen Sie warme Töne. Ein Vorteil ist auch die gute Autobahnanbindung.

NAVETTE – Hotel COLUMBIA
✿
Stahlstr. 2 ✉ 65428 – ✆ (06142) 87 60 – www.columbia-hotels.de – geschl. 19. Dezember - 5. Januar, 28. März - 13. April, 25. Juli - 7. September und Samstag - Montag
Menü 62/108 € – *(nur Abendessen)*
Was Küchenchef Thomas Macyszyn hier mit kreativer Ader, geschickter Hand und Sinn fürs Detail auf den Teller bringt, ist für Gaumen und Auge gleichermaßen ein Genuss. Die kunstvolle Optik der Speisen macht sich auch wunderbar als Fotomotiv an der Wand!
→ Makrele, Räuchersud, Pumpernickel. Seezunge, Parmesan, Petersilie. Rehbock, Aubergine, Sonnenblumenwurzel.

X.O. – Hotel COLUMBIA
Stahlstr. 2 ✉ 65428 – ✆ (06142) 87 60 – www.columbia-hotels.de – geschl. 19. Dezember - 4. Januar, 28. März - 12. April, 25. Juli - 7. September und Freitagabend - Sonntag
Menü 29 € – Karte 29/45 €
Ob bereits zum Frühstück, zum Mittag- oder Abendessen - hier erwartet Sie eine ungezwungene Brasserie, die mit ihrem Einrichtungskonzept ein wenig die Sonne des Südens scheinen lässt.

In Rüsselsheim-Bauschheim Süd-West: 5 km über B 519, jenseits der A 60

Bauschheimer Hof
Am Weinfaß 133 ✉ 65428 – ✆ (06142) 9 74 10 – www.bauschheimerhof.de
24 Zim – 79/89 € 99 €
Rest – Karte 23/41 € – *(geschl. Freitag - Sonntag) (nur Abendessen)*
Die gute Anbindung an die Autobahn sowie funktionell und dennoch wohnlich eingerichtete Gästezimmer sprechen für dieses Businesshotel - im Grüngürtel des Rhein-Main-Gebiets gelegen. Im Restaurant bietet man unter der Woche Abendessen.

In Raunheim Nord-Ost: 4 km über B 43

Mercure Hotel Wings
Anton-Flettner-Str. 8 ✉ 65479 – ✆ (06142) 7 90 – www.mercure.com
167 Zim – 69/259 € 89/279 €, 18 € **Rest** – Karte 23/49 €
Das funktional ausgestattete Hotel nahe der Autobahnabfahrt ist ideal für Flugreisende und Messebesucher. Man bietet einen kostenlosen Shuttle-Service zum Flughafen.

RÜTHEN

Nordrhein-Westfalen – 10 510 Ew. – Höhe 380 m – Siehe Regionalatlas **27-F11**

▶ Berlin 466 km – Düsseldorf 150 km – Arnsberg 44 km – Detmold 73 km

Michelin Straßenkarte 543

In Rüthen-Kallenhardt Süd: 8 km über Suttrop

Knippschild

Theodor-Ernst-Str. 3 ✉ 59602 – ✆ (02902) 8 03 30 – www.hotel-knippschild.de – geschl. über Weihnachten

22 Zim – †85/92 € ††99/149 € – 2 Suiten – ½ P

Rest *Knippschild* – siehe Restaurantauswahl

Bei Familie Knippschild (bereits die 5. Generation ist im Haus) ist es überall gemütlich, dafür sorgen Farben, Stoffe, Holz... Schauen Sie sich unbedingt auch das Saunadorf an - Schwarzwaldholz macht's schön behaglich! Elektrofahrräder kann man kostenlos leihen - reservieren Sie rechtzeitig!

Knippschild – Hotel Knippschild

Theodor-Ernst-Str. 3 ✉ 59602 – ✆ (02902) 8 03 30 – www.hotel-knippschild.de – geschl. über Weihnachten

Menü 30/45 € – Karte 22/55 €

Dorfstube, Bauernstube, Romantikstube - was schon die Namen an Charme versprechen, hält die schöne, liebenswerte Einrichtung! Freundlich und angenehm leger wird den Gästen regionale und saisonale Küche aufgetischt.

RUHPOLDING

Bayern – 6 290 Ew. – Höhe 656 m – Siehe Regionalatlas **67-O21**

▶ Berlin 703 km – München 115 km – Bad Reichenhall 30 km – Salzburg 43 km

Michelin Straßenkarte 546

Ortnerhof

Ort 6, (am Golfplatz) (Süd: 3 km) ✉ 83324 – ✆ (08663) 8 82 30 – www.ortnerhof.de

44 Zim – †48/63 € ††126/188 € – ½ P

Rest – Menü 25/50 € – Karte 21/51 €

Wellness direkt im Hotel, Golfen gleich nebenan. Viel Platz hat man in den schönen Zimmern im neueren Anbau. Private Spa Suite für Paare, gemütliche Hotelbar in der Halle. A-la-carte-Gäste wählen von der zeitgemäßen Tageskarte. HP inkl.

Steinbach-Hotel Rest,

Maiergschwendter Str. 8 ✉ 83324 – ✆ (08663) 54 40 – www.steinbach-hotel.de – geschl. November

72 Zim – †55/72 € ††100/134 € – 8 Suiten – ½ P

Rest – Menü 24 € (abends) – Karte 22/40 €

Von hier aus ist man im Nu am Skilift. Wer's ruhiger mag, entspannt im schönen Saunabereich oder im Hallenbad. Die Zimmer sind recht unterschiedlich, die meisten mit Balkon. Besonders gemütlich speist man in der holzgetäfelten Stube am Kachelofen.

Ruhpoldinger Hof

Hauptstr. 30 ✉ 83324 – ✆ (08663) 12 12 – www.ruhpoldinger-hof.de – geschl. 3. November - 2. Dezember

42 Zim – †52/57 € ††82/106 € – ½ P

Rest – Karte 16/39 € – *(geschl. Dienstag)*

Mitten im Dorfzentrum liegt der langjährige Familienbetrieb. Viele Zimmer mit Balkon oder Terrasse; auch etwas einfachere Zimmer sind vorhanden. Gemütliche Gasträume. Probieren Sie die Schnäpse aus der kleinen hauseigenen Brennerei.

RUHSTORF an der ROTT

Bayern – 7 040 Ew. – Höhe 319 m – Siehe Regionalatlas **60-P19**

▶ Berlin 622 km – München 155 km – Passau 23 km – Salzburg 118 km

Michelin Straßenkarte 546

Antoniushof Rest,

Ernst-Hatz-Str. 2 ✉ 94099 – ✆ (08531) 9 34 90 – www.antoniushof.de
38 Zim – 85/119 € 99/175 € – 1 Suite – ½ P
Rest – Menü 24/43 € – Karte 24/43 €
Ein traditionsreicher Familienbetrieb mit verschiedenen Zimmerkategorien im wohnlichen Landhausstil. Eine Besonderheit: die Wellness-Suite mit Sauna und Whirlpool. Aber auch im schönen Feng-Shui-Garten lässt es sich gut entspannen. Internationale Küche in der rustikal-eleganten Kaminstube und im Wintergarten.

RUMBACH

Rheinland-Pfalz – 470 Ew. – Höhe 233 m – Siehe Regionalatlas **53-D17**
Berlin 704 km – Mainz 150 km – Karlsruhe 60 km – Saarbrücken 91 km
Michelin Straßenkarte 543

In Nothweiler Süd: 3,5 km

Landgasthaus Zur Wegelnburg

Hauptstr. 15 ✉ 76891 – ✆ (06394) 9 20 91 90 – www.zur-wegelnburg.de – geschl. 5. Januar - 10. Februar
12 Zim – 55/65 € 72/90 € – ½ P
Rest – Menü 24 € – Karte 17/43 € – *(geschl. Montagmittag, Dienstag, November - Mitte März: Montag - Donnerstag)*
Das kleine Gasthaus in der Dorfmitte wird familiär geführt und verfügt über wohnlich-solide eingerichtete Zimmer sowie ländliche Gaststuben mit teils überdachter Sonnenterrasse. Die Umgebung bietet gute Ausflugsmöglichkeiten.

RUPPERTSBERG

Rheinland-Pfalz – 1 460 Ew. – Höhe 121 m – Siehe Regionalatlas **47-E16**
Berlin 653 km – Mainz 90 km – Neustadt an der Weinstraße 9 km – Saarbrücken 126 km
Michelin Straßenkarte 543

Hofgut Ruppertsberg (N)

Obergasse 2 ✉ 67152 – ✆ (06326) 98 20 97 – www.dashofgut.com – geschl. Februar 10 Tage und Dienstag
Menü 31/41 € – Karte 24/59 € – *(Montag - Freitag nur Abendessen)*
Der historische Gasthof ist eine der Keimzellen des Weinguts Bürklin-Wolf und heute eine wirklich nette Mischung aus Restaurant und Weinstube. Der engagierte Patron Jean-Philippe Aiguier kocht mit Bio-Produkten - probieren Sie z. B. die feinen hausgemachten Terrinen! Noch ein Tipp: die Terrasse im Innenhof! Auch für Veranstaltungen aller Art ist das Haus ideal.

RUST

Baden-Württemberg – 3 740 Ew. – Höhe 164 m – Siehe Regionalatlas **53-D20**
Berlin 776 km – Stuttgart 185 km – Freiburg im Breisgau 37 km – Offenburg 37 km
Michelin Straßenkarte 545

Bell Rock Rest,

Peter-Thumb-Str. 6, (im Europa-Park) ✉ 77977 – ✆ (07822) 86 00 – www.europapark.de/bell-rock – geschl. 1. - 26. Februar
190 Zim – 85/164 € 120/211 € – 35 Suiten
Rest *ammolite - The Lighthouse Restaurant* ✿✿ – siehe Restaurantauswahl
Rest *Captain's Finest* – Menü 30/76 € – Karte 32/94 € – *(nur Abendessen)*
Hier gilt es, das historische Neuengland zu entdecken! Auf 40 000 qm finden sich stilvolle Fassaden und geschmackvolles Interieur mit maritimem Touch. Zahlreiche schöne Details - von den großen Bildern in der Halle über originelle Kinder-Etagenbetten im Schiffs-Look bis zum Pooldeck "Mayflower" - widmen sich den Pilgervätern in Amerika.

ammolite - The Lighthouse Restaurant – Hotel Bell Rock

Peter-Thumb-Str. 6 ✉ 77977 – ✆ (07822) 77 66 99 – www.ammolite-restaurant.de – geschl. 28. Januar - 1. März, November 1 Woche und Montag - Dienstag

Menü 69/99 € – Karte 83/101 € – *(Mittwoch - Freitag nur Abendessen)*

Besonders, unverwechselbar und selten wie ein Ammolit präsentiert sich das Restaurant im EG des Leuchtturms mit seiner speziellen Atmosphäre: hochwertigste Materialien, kraftvolle dunkle Töne, stimmiges Dekor. Während man von einer sehr gut besetzten, stets präsenten und trotzdem unaufdringlichen Servicebrigade fachkundig umsorgt wird, lässt Peter Hagen in der Küche aromenintensive und kontrastreiche moderne Speisen entstehen.

➜ Loup de mer, Salzzitrone, Poveraden. Seezunge, Sellerie, Schinken, Trüffel. Taube, Brokkoli, Armer Ritter, Tasmanischer Pfeffer.

SAALFELD

Thüringen – 27 010 Ew. – Höhe 240 m – Siehe Regionalatlas **40-L13**

Berlin 294 km – Erfurt 59 km – Coburg 73 km – Suhl 65 km

Michelin Straßenkarte 544

Anker Zim,

Markt 25 ✉ 07318 – ✆ (03671) 59 90 – www.hotel-anker-saalfeld.de

49 Zim – 56/81 € 83/107 € – 2 Suiten – ½ P

Rest *Güldene Gans* – siehe Restaurantauswahl

Rest *Thüringer Stuben* – ✆ (03671) 59 91 03 – Menü 25 € – Karte 21/32 €

Schon seit 1543 gibt es dieses Gasthaus direkt am Marktplatz, in dem man gut schlafen und speisen kann! Die Zimmer zum Marktplatz sind teilweise etwas größer geschnitten. Ein bisschen einfacher als das Restaurant Güldene Gans sind die Thüringer Stuben mit nostalgischem Touch.

Güldene Gans – Hotel Anker

Markt 25 ✉ 07318 – ✆ (03671) 59 91 03 – www.gueldene-gans.de – geschl. Januar - Mitte Februar 4 Wochen, Juli - August 4 Wochen und Sonntag - Montag

Menü 34/46 € – Karte 34/44 € – *(nur Abendessen)*

Das historische Kellergewölbe mit seinem mächtigen Gemäuer und dem schönen alten Kachelofen ist schon ein besonderer Rahmen! André Dubrow und Jan Fischer bieten jeden Abend ein schmackhaftes Menü mit 3-5 Gängen, das Sie auch mit Weinbegleitung bestellen können. Je nach Saison kommen natürlich heimische Produkte wie Reh oder Waller zum Einsatz.

SAALFELDER HÖHE

Thüringen – 3 310 Ew. – Höhe 570 m – Siehe Regionalatlas **40-L13**

Berlin 310 km – Erfurt 86 km – Saalfeld 11 km – Jena 61 km

Michelin Straßenkarte 544

Im Ortsteil Eyba

Schlosshotel Eyba (mit Gästehaus)

Eyba 23 ✉ 07422 – ✆ (036736) 3 40 – www.schlosshotel-eyba.de

38 Zim – 69/77 € 99/119 € – 6 Suiten – ½ P

Rest – Menü 22/50 € – Karte 22/38 €

In einer schönen Parkanlage steht das im 16. Jh. erbaute Schloss mit Gästehaus. Man bietet funktionelle, neuzeitliche Zimmer sowie einen gut ausgestatteten Tagungsbereich.

SAARBRÜCKEN

Saarland – 175 750 Ew. – Höhe 190 m – Siehe Regionalatlas **45-C17**

Berlin 710 km – Mannheim 128 km – Luxembourg 93 km – Metz 67 km

Michelin Straßenkarte 543

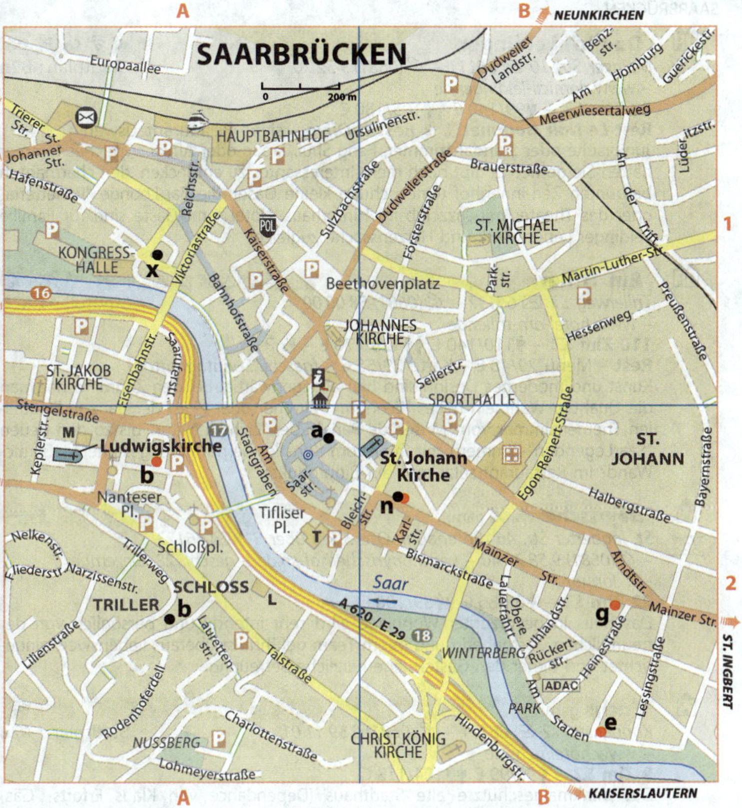

Victor's Residenz-Hotel

Deutschmühlental 19 (über A1, *Richtung Saarlouis)* ✉ 66117 – ✆ (0681) 58 82 10 – *www.victors.de*

142 Zim – 🚹119/139 € 🚹🚹144/164 € – 2 Suiten – ½ P

Rest *Chez Victor's Brasserie* – ✆ (0681) 58 82 19 50 – Menü 18 € (mittags unter der Woche)/47 € – Karte 25/57 €

Rest *Victor's Stüble* – ✆ (0681) 58 82 19 50 – Karte 17/31 €

In dem komfortablen Hotel neben dem Kasino, beim Deutsch-Französischen Garten wohnen Sie zum Park oder zum Boulevard. Auch beim Essen hat man Auswahl: Sie mögen Brasserie-Flair à la Paris? Im Chez Victor's gibt es französische Küche. Schnell und günstig: "Menu TGV" am Mittag. Freitags Meeresfrüchte-Karte, sonntags Brunch. Stüble als gemütlich-bayerische Alternative.

La Résidence

Zim, Rest,

Faktoreistr. 2 ✉ 66111 – ✆ *(0681) 3 88 20* Stadtplan : A1**x**

– www.la-residence.de – geschl. 20. Dezember - 7. Januar

139 Zim – 🚹95/145 € 🚹🚹125/175 € – 9 Suiten – ½ P

Rest *Bonne Table* – Menü 18 € – Karte 18/44 € – *(geschl. Samstag - Sonntag sowie an Feiertagen)*

Ideale Businessadresse in zentraler Lage am Kongresszentrum. Wie wär's z. B. mit einem der geräumigen Loft-Einzelzimmer im obersten Stock? Ganz oben auch der Saunabereich, schön der Blick hier über die Stadt. Im Bonne Table isst man französisch-international. Tipp: günstiger Business Lunch.

Domicil Leidinger

Mainzer Str. 10 ✉ *66111 – ✆ (0681) 9 32 70* Stadtplan : B2**n**
– www.domicil-leidinger.de
88 Zim – 99/140 € 105/180 €
Rest *Le Noir Gourmet* ✿✿ **Rest *s' Olivo*** – siehe Restaurantauswahl
Juniorsuite oder Standardzimmer, Feng-Shui, Japan oder Afrika... Welches Zimmer hätten Sie gerne? Es gibt noch mehr Interessantes zu entdecken: den charmanten begrünten Zen-Innenhof (eine richtige kleine Oase), die Bar-Lounge "Panetteria" oder das Theater mit Jazzclub im Hinterhaus. Hotel samt Gäste sind für Familie Leidinger Lebenswerk und Herzenssache zugleich!

Am Triller (N)

Zim,

Trillerweg 57 ✉ *66117 – ✆ (0681) 58 00 00* Stadtplan : A2**b**
– www.hotel-am-triller.de
110 Zim – 110/140 € 125/170 € – ½ P
Rest – Menü 29/48 € – Karte 29/55 € – *(geschl. Sonntagmittag)*
Kunst und modernes Design sind hier allgegenwärtig. Bei den Zimmern hat man die Qual der Wahl: ein helles "Economy"-Zimmer oder eines der ganz individuellen Themenzimmer von "Musée de Paris" über "Licht & Natur" bis zu den neuen "SaarLegenden"-Zimmern mit ihrer vom Künstler Bernd Kissel gestalteten Comic-Wand? Im Restaurant setzt man auf Bioprodukte.

Bayrischer Hof garni

St. Ingberter Str. 46 (Rotenbühl, Ost: 3 km über B1) ✉ *66123*
– ✆ (0681) 9 58 28 40 – www.bayrischerhof-sb.de – geschl. 28. Dezember - 9. Januar
22 Zim – 69/86 € 89/106 €
Das Haus in bevorzugter Wohnlage wird sehr intensiv und persönlich von der freundlichen Gastgeberin und ihrem Team geführt, ist überaus liebenswert eingerichtet und bietet den Gästen eine herzliche Betreuung.

Fuchs garni

Kappenstr. 12 ✉ *66111 – ✆ (0681) 9 59 11 01* Stadtplan : A2**a**
– www.hotelfuchs.de
9 Zim – 90/99 € 104/113 €
Das denkmalgeschützte alte Stadthaus (Dependance von Klaus Erforts "GästeHaus") hat mehrere Pluspunkte: die Lage in der Fußgängerzone, vergünstigtes Parken (Rathaus- oder Theatergarage) und nicht zuletzt der wohnliche geradlinig-moderne Stil. Wer das charmante Apartment unterm Dach bucht, muss zwar zuerst ein paar Stufen zu Fuß erklimmen, wird aber mit einer schönen Loggia und Stadtblick belohnt!

GästeHaus Klaus Erfort

✿✿✿

Mainzer Str. 95 ✉ *66121 – ✆ (0681) 9 58 26 82* Stadtplan : B2**g**
– www.gaestehaus-erfort.de – geschl. 24. Dezember - Anfang Januar, August 2 Wochen, Ende Oktober 1 Woche und Samstagmittag, Sonntag - Montag sowie an Feiertagen
Menü 115/179 € – Karte 95/153 € – (Tischbestellung ratsam)
Werfen Sie ruhig erst mal einen Blick in die Küche, sie ist dank bodentiefer Fenster bereits von draußen einsehbar. Was Sie an Aroma und handwerklichem Können erwartet, offenbart sich Ihnen aber natürlich erst beim Essen. Klaus Erfort kocht nach wie vor klassisch, überaus produkt- und geschmacksbezogen. Der perfekt eingespielte Service präsentiert dazu schöne Weine.
→ Garnelen und Gänseleber - roh mariniert mit Limonenöl und Ingwergelee. Wan Tan von der Kalbshaxe mit jungem Lauch und Sommertrüffel. Limousin Lammkaree mit Zwiebelcreme und breite Bohnen.

Sie möchten spontan verreisen? Besuchen Sie die Internetseiten der Hotels, um von deren Sonderkonditionen zu profitieren.

Le Noir Gourmet – Hotel Domicil Leidinger

Mainzer Str. 10 ✉ 66111 – ✆ (0681) 9 68 19 88 Stadtplan : B2**n**
– www.lenoir-restaurant.de – geschl. Juli - August 3 Wochen und Sonntag - Montag
Menü 27 € (mittags)/133 € (abends) – Karte 82/90 € – (Tischbestellung ratsam)
Neues Umfeld, altes Konzept! Nur einen Steinwurf von seiner bisherigen Wirkungsstätte entfernt bietet Jens Jakob mit seiner Brigade nun in diesem elegant-modernen Restaurant seinen unveränderten Küchenstil - mittags etwas reduziert und günstiger.
➜ Bachforelle mit violettem Senf, eingelegtem Staudensellerie und Gurke. Taube von Claude Miéral mit Himbeeressigjus, Chioggia Rübe und Carmargue Reis. Guave mit saftigem Karamell-Chiboust und Saudachi Aufguss.

L'Arganier im Handelshof

Wilhelm-Heinrich-Str. 17 ✉ 66111 – ✆ (0681) 5 69 20 Stadtplan : A2**b**
– www.larganier.de – geschl. über Fastnacht 1 Woche, Juli - August 2 Wochen und Samstagmittag, Sonntagabend - Montag
Menü 24 € (mittags)/88 € – Karte 36/72 €
Annette Krautkremer und Khaid Arabe haben in den schönen klassisch-modernen Räumen des ehrwürdigen Handelshofs ihre neue gastronomische Heimat gefunden. Der Chef hat ein Händchen für Aromen, seine geschmackvolle französische Küche lässt seine marokkanischen Wurzeln deutlich erkennen. Zusätzlich zum A-la-carte-Angebot: günstiges Mittags- und Abendmenü.

Restaurant Quack in der Villa Weismüller

Gersweiler Str. 43a (Alt-Saarbrücken, über A2 Richtung Metz) ✉ 66117 – ✆ (0681) 5 21 53 – www.restaurant-quack.de – geschl. 29. Dezember - 4. Januar und Freitagmittag, Samstagmittag - Sonntag
Menü 29/64 € – Karte 23/63 € – (Tischbestellung ratsam)
"Quack's Bretonische Fischsuppe" - das ist die Spezialität bei Anne und Wolfgang Quack und möglicherweise bald Ihr Lieblingsgericht. Probieren Sie aber ruhig auch all die anderen regionalen und internationalen Speisen - in den schönen hellen Räumen ist man auch gerne öfter zu Gast. Besonderheit ist ein Essen am "Chef's Table". Außerdem: die Champagner-Lounge.

s' Olivo – Hotel Domicil Leidinger

Mainzer Str. 10 ✉ 66111 – ✆ (0681) 9 68 19 88 Stadtplan : B2**n**
– www.s-olivo.de – geschl. Juli - August 3 Wochen und Sonntag - Montag sowie an Feiertagen
Menü 29 € (abends) – Karte 33/55 € – (Tischbestellung ratsam)
Eva Wallé hat hier unter Jens Jakob die Regie am Herd übernommen. Ambitioniert kocht sie mit ihrem Team frankophil-mediterrane Speisen mit saisonalen Einflüssen - und dabei können Sie ihr dank einsehbarer Küche auch gerne zuschauen.

Schlachthof Brasserie

Straße des 13. Januar 35 (über Mainzer Straße B2) ✉ 66121 – ✆ (0681) 6 85 33 32 – www.schlachthof-brasserie.de – geschl. Sonntag - Montagmittag sowie an Feiertagen
Menü 39 € – Karte 28/59 € – (Tischbestellung ratsam)
Mitten im Schlachthofviertel gelegen, steht in der charmanten Brasserie natürlich Fleisch im Mittelpunkt - an der "Schwamm sélection" mit ihrem Rind aus Trockenreifung kommt kein Steak-Liebhaber vorbei! Sehenswert: Historische Fleisch-Auszeichnungen und Fotos aus der Schlachterei-Szene.

Le Bouchon

Am Staden 18 ✉ 66121 – ✆ (0681) 6 85 20 60 Stadtplan : B2**e**
– www.lebouchon.de – geschl. Samstagmittag, Sonntag - Montagmittag
Menü 27/47 € – Karte 28/49 € – (abends Tischbestellung ratsam)
Hier wird französische Gastronomie gelebt - dafür stehen Inge und Roland Schauenburg mit ihrem sympathischen, freundlichen Gewölberestaurant. Als gebürtiger Franzose kocht der Chef natürlich Traditionelles aus seiner Heimat, aber auch regional-saisonale Speisen. Und nach dem Essen ein schöner Spaziergang entlang der Saar?

Auf dem Halberg Ost: 4 km über Mainzer Straße Stadtplan : B2

Schloss Halberg

Franz-Mai-Str. 1 ✉ 66121 Saarbrücken – ✆ (0681) 6 31 81 – www.restaurant-schloss-halberg.de – geschl. Samstagmittag, Sonntag, außer an Feiertagen

Menü 42/52 € – Karte 35/47 €

In dem Schloss neben dem Saarländischen Rundfunk finden sich ein Bistro mit Esstheke, ein Restaurant und ein Wintergarten, dazu hat man eine Terrasse und Salons für Extras. Geboten wird französische Küche. Tipp: Achten Sie auf beliebte Sonderveranstaltungen wie Schlager-, Krimi- oder Gangster-Dinner - hier müssen Sie reservieren!

SAARBURG

Rheinland-Pfalz – 6 450 Ew. – Höhe 130 m – Siehe Regionalatlas **45**-**B16**

Berlin 743 km – Mainz 176 km – Trier 25 km – Saarbrücken 71 km

Michelin Straßenkarte 543

Villa Keller

Brückenstr. 1 ✉ 54439 – ✆ (06581) 9 29 10 – www.villa-keller.de – geschl. 16. Februar - 2. März

11 Zim – 70/80 € 100/140 € – ½ P

Rest *Villa Keller* – siehe Restaurantauswahl

Fliesen, Stuck, Holzböden... Vieles hier ist noch original, das macht die klassisch-elegante Villa von 1801 schon zu einem kleinen Schmuckstück. Toll die Lage direkt an der Saar, schön die Aussicht auf die Burg. Gemütlich-uriges Wirtshaus mit regional-bürgerlicher Küche und netter Biergarten im Innenhof.

Saar Galerie garni

Heckingstr. 12, (2. Etage) ✉ 54439 – ✆ (06581) 9 29 60 – www.hotel-saar-galerie.de

33 Zim – 55/60 € 85/90 €

Das Hotel ist in eine Einkaufspassage am Rande der Innenstadt integriert. Die Zimmer sind meist sehr geräumig sowie funktionell und neuzeitlich-wohnlich gestaltet.

Villa Keller – Hotel Villa Keller

Brückenstr. 1 ✉ 54439 – ✆ (06581) 9 29 10 – www.villa-keller.de – geschl. 16. Februar - 2. März und Montag - Dienstag

Menü 35 € – Karte 36/58 €

Einer der Favoriten der international-regional beeinflussten klassischen Küche von Wolfgang Müntnich ist seine Gänsestopfleberterrine - charmant serviert von seiner Frau Jutta. Wohlig-warm wird's im Winter am 200 Jahre alten Kachelofen.

In Trassem Süd-West: 4,5 km über B 407

St. Erasmus (mit Gästehäusern)

Kirchstr. 6a ✉ 54441 – ✆ (06581) 92 20 – www.st-erasmus.de – geschl. 21. - 26. Dezember

33 Zim – 50/75 € 75/110 € – ½ P

Rest – Menü 30/45 € – Karte 28/41 € – *(geschl. Mittwoch - Donnerstagmittag)*

In dem Familienbetrieb direkt bei der Kirche stehen unterschiedliche Zimmer bereit. Im Gästehaus besonders großzügig, sehr modern sind die Elegance-Zimmer. Beauty und Massage. Behagliches Restaurant im Landhausstil mit bürgerlicher und internationaler Küche.

SAARLOUIS

Saarland – 37 140 Ew. – Höhe 185 m – Siehe Regionalatlas **45**-**B17**

Berlin 728 km – Saarbrücken 27 km – Luxembourg 75 km – Metz 57 km

Michelin Straßenkarte 543

Victor's Residenz Hotel
Rest, Rest,

Bahnhofsallee 4 ✉ 66740 – ✆ (06831) 98 00 – www.victors.de
88 Zim – 70/115 € 90/135 € – 41 Suiten – ½ P
Rest – Karte 29/52 € – *(nur Abendessen)*
Ein Businesshotel ganz in der Nähe des Bahnhofs, gut sind hier die Tagungsmöglichkeiten, aber auch die Zimmer, allen voran die wohnlichen Themensuiten in der Dependance gegenüber! Für ein ungezwungenes Essen geht man in die Brasserie La Fleur. Tipp: Jeden 1. Sonntag im Monat bietet man Brunch im Veranstaltungsbereich "The Club".

Posthof garni
Postgäßchen 5, (Passage) ✉ 66740 – ✆ (06831) 9 49 60 – www.posthof-saarlouis.de
48 Zim – 70/95 € 90/115 €
Mitten in der Altstadt gelegen hat das Hotel mit den praktisch ausgestatteten Zimmern auch im Inneren etwas von dem historischen Charme bewahrt: Hübsches altes Fachwerk ziert sowohl den kleinen Saunabereich unterm Dach als auch den Tagungsraum sowie die Bar "vis-à-vis".

In Saarlouis-Beaumarais West: 3 km

Altes Pfarrhaus Beaumarais
Hauptstr. 2 ✉ 66740 – ✆ (06831) 63 83 – www.altespfarrhaus.de – geschl. 21. Dezember - 1. Januar
34 Zim – 80/89 € 95/112 € – 1 Suite – ½ P
Rest *Trampert* – ✆ (06831) 96 56 70 – Menü 22/52 € – Karte 32/74 €
Es hat seinen Grund, dass das einstige Pfarrhaus seit über 25 Jahren voller Charme und Atmosphäre steckt. Im Jahre 1762 erbaut, hat es so manch liebenswertes historisches Detail bewahrt: Dielenböden, einige Antiquitäten, hier und da alte Holzbalken. Was fürs Auge bieten auch das Restaurant mit seinem französischen Brasserie-Flair sowie die Bilderausstellung. Am Morgen gibt's ein frisch zubereitetes Frühstück à la carte.

In Wallerfangen West: 4 km

Cave Fayence (N) mit Zim
Hauptstr. 12 ✉ 66798 – ✆ (06831) 9 64 10 – www.villafayence.de – geschl. 10. - 25. Januar und Sonntag - Montag
4 Zim – 89/115 € 137/175 € Karte 38/67 €
Sein Gourmetrestaurant öffnet Patron Bernhard Michael Bettler nur noch auf Vorreservierung (ab 6 Pers.), dafür bietet nun dasselbe Team in legerer Bistro-Atmosphäre im Souterrain der schmucken historischen Villa frische mediterrane Küche. Zum Übernachten: geräumige Gästezimmer mit stilvollen Möbeln.

In Wallerfangen-Oberlimberg Nord-West: 12 km

Hotellerie Waldesruh
Rest,

Siersburger Str. 8 ✉ 66798 – ✆ (06831) 9 66 00 – www.waldesruh-wallerfangen.de – geschl. September 1 Woche
6 Zim – 53/65 € 85/125 € – ½ P
Rest – Menü 15/50 € – Karte 21/68 € – *(geschl. Sonntagabend - Montag)*
Die ruhige Lage verrät bereits der Name - aber nicht nur das ist angenehm: Thomas Mouget hat hier ein sympathisches kleines Hotel (man hat u. a. auch drei Ferienwohnungen), ein gemütliches Restaurant mit Jagddekor (Hobby des Chefs), eine beheizte Terrasse und einen hübschen Biergarten. Und besuchen Sie auch "Mouget's Delikatessen Laden" mit hausgemachten Produkten!

SAAROW, BAD
Brandenburg – 4 870 Ew. – Höhe 45 m – Siehe Regionalatlas **23-Q8**
Berlin 72 km – Potsdam 88 km – Frankfurt (Oder) 38 km – Brandenburg 118 km
Michelin Straßenkarte 542

A-ROSA Scharmützelsee

Parkallee 1, (Süd-West: 8 km) ✉ *15526* Rest,
– ✆ (033631) 6 16 82 – www.a-rosa.de/scharmuetzelsee
174 Zim – 76/236 € 128/288 € – 16 Suiten – ½ P
Rest *Villa am See* – siehe Restaurantauswahl
Rest *Marktrestaurant* – ✆ (033631) 6 17 05 – Menü 35 € (Buffet) – *(nur Abendessen)*
Rest *Greenside* – ✆ (033631) 6 33 50 – Karte 30/57 € – *(geschl. Montag)*
Wellness- und Golfresort mit beachtlichem Freizeit- und Sportangebot: Spa auf 4200 qm, mehrere Tennis- und Golfplätze, Strandbad, Segelschule und Kinderclub. Ländlich-elegant: Greenside im Golf-Clubhaus. Marktrestaurant mit Showküche - schauen Sie sich kleine Tricks der Köche ab. Smokers Lounge.

Esplanade Resort & Spa

Seestr. 49 ✉ *15526 – ✆ (033631) 43 20 – www.esplanade-resort.de*
179 Zim – 95/175 € 150/230 € – ½ P
Rest – Menü 28 € – Karte 31/57 € – *(nur Abendessen)*
Die schöne Hotelanlage am Scharmützelsee bietet freundlich-moderne Zimmer, ein vielfältiges Angebot im ansprechenden Spa sowie eine eigene Marina. "Spa-Suite" mit Sauna. Restaurant "Dependance" über mehrere Ebenen. "Pechhütte" mit einfachem bürgerlichem Angebot.

Palais am See garni

Karl-Marx-Damm 23 ✉ *15526 – ✆ (033631) 86 10 – www.palais-am-see.de*
– geschl. Januar - März 8 Wochen
9 Zim – 130/190 € 153/255 € – 2 Suiten
Bei den engagierten Gastgebern Annette und Peter Fink genießt man den freundlichen und aufmerksamen Service sowie das geschmackvolle wohnlich-klassische Ambiente. Über das schöne Gartengrundstück gelangt man direkt zum See.

Landhaus Alte Eichen

Alte Eichen 21 ✉ *15526 – ✆ (033631) 4 30 90 – www.landhaus-alte-eichen.de*
– geschl. 5. - 9. Januar
32 Zim – 80/99 € 115/135 € – 6 Suiten – ½ P
Rest *19hundert* – siehe Restaurantauswahl
In dem Hotel auf einer Halbinsel im See wohnen die Gäste in schönen Landhauszimmern. Der hübsche Garten grenzt an den See - hier hat man einen Badesteg. Kosmetik und Massage.

Villa Contessa

Seestr. 18 ✉ *15526 – ✆ (033631) 5 80 18 – www.villa-contessa.de*
7 Zim – 89/318 € 158/358 € – 1 Suite – ½ P
Rest *Villa Contessa* – siehe Restaurantauswahl
In der elegant und mit Liebe zum Detail eingerichteten Villa im Kurpark wird Gästebetreuung groß geschrieben. Neben direktem Seezugang bietet man auch Massage- und Beauty-Anwendungen.

Villa Contessa – Hotel Villa Contessa

Seestr. 18 ✉ *15526 – ✆ (033631) 5 80 18 – www.villa-contessa.de*
Menü 48/98 € (abends) – Karte 41/77 €
Ein Gesamterlebnis für die Sinne! Gäste sind immer wieder von der zauberhaften Individualität des Restaurants begeistert: opulente Stilmöbel, feine Stoffe sowie eleganter Tisch- und Wandschmuck. Französische Küche.

19hundert – Hotel Landhaus Alte Eichen

Alte Eichen 21 ✉ *15526 – ✆ (033631) 4 30 90 – www.landhaus-alte-eichen.de*
– geschl. 5. - 9. Januar
Menü 30 € – Karte 23/43 €
Ein Logenplatz am See, ob Sommer oder Winter - kein Problem! Es gibt die herrliche Terrasse und das Restaurant verfügt über einen Wintergarten inklusive Weinstube mit tollem Blick.

XX **Villa am See** – Hotel A-ROSA Scharmützelsee
Parkallee 1, (Süd-West: 8 km) ✉ 15526 – ✆ (033631) 6 26 82 59 – www.a-rosa.de – geschl. Dienstag
Karte 34/50 €
Wer möchte nicht in geschmackvollem "Long-Island"-Ambiente direkt an der kleinen Marina internationale Küche und regionale Klassiker genießen? Da ist es nur im Sommer auf der traumhaften Terrasse zum See noch schöner! "Salzwiesenlamm mit ligurischen Bohnen und Kräutergnocchi" ist nur eines der empfehlenswerten Gerichte von Matthias Rösch und seinem Team.

SACHSA, BAD

Niedersachsen – 7 680 Ew. – Höhe 310 m – Siehe Regionalatlas **30-J11**
Berlin 273 km – Hannover 129 km – Erfurt 100 km – Göttingen 62 km
Michelin Straßenkarte 541

Romantischer Winkel
Bismarckstr. 23 ✉ 37441 – ✆ (05523) 30 40 – www.romantischer-winkel.de
73 Zim – 100/218 € 199/336 € – 5 Suiten – ½ P
Rest *Romantischer Winkel* – siehe Restaurantauswahl
Hier überzeugen die ruhige Lage am See und schöne, wohnlich-individuelle Zimmer. Ebenso angenehm sind der freundliche Service und der Spabereich. Auch an Kinderbetreuung ist gedacht. Hausgästen bietet man eine sehr gute Vollpension.

Sonnenhof garni
Glasebergstr. 20a ✉ 37441 – ✆ (05523) 9 43 70 – www.sonnenhof-bad-sachsa.de – geschl. 15. November - 1. Dezember
17 Zim – 55/75 € 80/150 €
In dem kleinen Hotel unter familiärer Leitung erwarten die Gäste geräumige und wohnlich gestaltete Zimmer. Das Haus liegt etwas erhöht und recht ruhig.

XX **Romantischer Winkel** – Hotel Romantischer Winkel
Bismarckstr. 23 ✉ 37441 – ✆ (05523) 30 40 – www.romantischer-winkel.de
Menü 30/60 € (abends) – Karte 27/56 €
Das A-la-carte-Restaurant wurde mit viel Geschmack elegant-rustikal eingerichtet, sein Ambiente strahlt Behaglichkeit aus - so lassen sich Gerichte wie z. B. Rinderfilet "Rossini" oder gebratener St.-Petersfisch in Ruhe genießen.

SÄCKINGEN, BAD

Baden-Württemberg – 16 770 Ew. – Höhe 291 m – Siehe Regionalatlas **61-D21**
Berlin 822 km – Stuttgart 205 km – Freiburg im Breisgau 74 km – Schaffhausen 67 km
Michelin Straßenkarte 545

Goldener Knopf
Rathausplatz 9 ✉ 79713 – ✆ (07761) 56 50 – www.goldenerknopf.de
68 Zim – 90/139 € 145/165 € – ½ P
Rest *Le Jardin* – siehe Restaurantauswahl
Rest *VinoGusta* – Menü 54/94 € – Karte 59/67 €
Die Lage könnte nicht besser sein: schön zentral und trotzdem ruhig, direkt am Rhein, gleich nebenan stehen Münster und Rathaus! Familie Herzog engagiert sich hier sehr und das sieht man z. B. an den vielen neuen, topmodernen und richtig komfortablen Zimmern! VinoGusta nennt sich der gastronomische Neuzugang des Traditionshotels - hier gibt es international beeinflusste Küche.

St. Fridolin garni
Hasenrütte 4 ✉ 79713 – ✆ (07761) 93 11 00 – www.hotel-st-fridolin.de
25 Zim – 59/120 € 85/180 €
Nicht nur die gepflegte, geradlinige Einrichtung und die ruhige Lage sind Pluspunkte (für Geschäftsreisende und Touristen gleichermaßen), sondern auch die Tatsache, dass das Haus ein vorbildlicher Integrationsbetrieb für benachteiligte Menschen ist! Auf Anfrage können Hausgäste hier auch zu Abend essen.

Zum Hirsch
Zim,

Schaffhauser Str. 64 (Ost: 1 km über die B 34, Obersäckingen) ✉ 79713 – ✆ (07761) 5 53 62 00 – www.hirsch-saeckingen.de – geschl. 27. Dezember - 6. Januar, 17. August - 5. September

11 Zim – †69/75 € ††90/95 € – ½ P

Rest – Menü 25/38 € – Karte 25/60 € – *(geschl. Montag, Samstagmittag, Sonntagabend außer an Feiertagen)*

Familie Will bietet mit hell und zeitlos eingerichteten Zimmern (teils rückwärtig mit Balkon), regional-saisonaler Küche (z. B. Wildgerichte), kostenfreien Parkplätzen und Kinderspielplatz ein empfehlenswertes kleines Hotel samt Restaurant in Obersäckingen.

Freigeist

Schönaugasse 11 ✉ 79713 – ✆ (07761) 9 33 37 67 – www.genuss-apotheke.de – geschl. Sonntag - Montag

Menü 33 € (mittags)/81 € – (Tischbestellung ratsam)

In der einstigen Apotheke beim Schlosspark erwartet Sie ein schönes Konzept mit Koch-Events, Laden und Restaurant - man nennt es "Genuss-Apotheke". Raimar Pilz bereitet hier z. B. "Seesaibling auf Belugalinsen und Meerrettich" zu, oder wie wär's mit kleinen Slow-Food-Häppchen? Ungezwungener einfacher Lunch.

Le Jardin – Hotel Goldener Knopf

Rathausplatz 9 ✉ 79713 – ✆ (07761) 56 50 – www.goldenerknopf.de

Menü 45 € – Karte 37/44 €

Ob Sie nun im Restaurant oder auf der hübschen Terrasse mit Rheinblick sitzen, die regionalen Speisen des Küchenteams kommen hier wie dort gut an bei den Gästen, z. B. in Form von "gesottener Kaninchenkeule mit Petersiliensauce".

SAGARD – Mecklenburg-Vorpommern ➜ Siehe Rügen (Insel)

SAILAUF – Bayern ➜ Siehe Aschaffenburg

SALACH

Baden-Württemberg – 7 750 Ew. – Höhe 363 m – Siehe Regionalatlas **56-H18**

Berlin 601 km – Stuttgart 49 km – Göppingen 8 km – Ulm (Donau) 43 km

Michelin Straßenkarte 545

In der Ruine Staufeneck Ost: 3 km

Burghotel Staufeneck

Staufenecker Straße ✉ 73084 – ✆ (07162) 93 34 40 – www.burg-staufeneck.de

40 Zim – †110/140 € ††200/210 € – 1 Suite – ½ P

Rest *Burgrestaurant Staufeneck* ✿ **Rest *Burgstüble*** – siehe Restaurantauswahl

Geschmackvoller kann man in der Region wohl nicht wohnen! Das einsam und sehr ruhig gelegene Hotel mit dem tollen Blick über das Filstal erwartet Sie mit schönen klassischen Zimmern, moderner Technik, sehr guten Tagungsmöglichkeiten und einem netten Saunabereich. Dazu kommt noch ein Frühstück, das kaum Wünsche offen lässt - besonders angenehm beginnt man den Tag übrigens auf der Terrasse!

Burgrestaurant Staufeneck (Rolf Straubinger) – Burghotel Staufeneck

Staufenecker Straße ✉ 73084 – ✆ (07162) 93 34 40 – www.burg-staufeneck.de – geschl. Montag

Menü 62 € (vegetarisch)/138 € – Karte 65/85 € – (Tischbestellung ratsam)

Die "Burg" hat sich schon sehr verändert, denn das Restaurant wurde geschmackvoll-modern umgebaut. Hier bieten Rolf Straubinger und sein Küchenchef Christoph Gies eine stark regional geprägte klassische Küche mit modernen Ideen. Ein weiteres Highlight ist die Terrasse - mit ihrer bemerkenswerten Sicht die wohl schönste der gesamten Region! Wenn Sie von der guten Weinkarte gerne ein bisschen mehr probieren möchten: Nebenan stehen sehr komfortable Zimmer bereit.

➜ Zanderschnitte auf mariniertem Spargel, Ragout von gepökelten Kalbsbäckchen, Kräuterflädle. Rinderfiletschnitte mit Ragout vom Sauerbraten, Kartoffel-Zwiebelpüree, Sauerkrautstrudel. Leichtes Schokoladenmousse mit Rum-Eis,Trauben und Nüssen.

Burgstüble Ⓝ

Staufenecker Straße ✉ 73084 – ✆ (07162) 9 33 44 73 – www.burg-staufeneck.de – geschl. Freitagabend, Samstagabend - Sonntagmittag

Karte 36/57 €

Auf der Burg gibt es auch eine rustikale Alternative zum Sternerestaurant: Wenn Rolf Straubinger im "Burgstüble" Klassiker wie Maultaschensuppe, frisches Tatar oder Fleischküchle mit Kartoffel-Gurken-Salat zubereitet, wird auch so mancher Gourmet schwach!

SALEM

Baden-Württemberg – 11 170 Ew. – Höhe 443 m – Siehe Regionalatlas **63**-G21

Berlin 730 km – Stuttgart 149 km – Konstanz 27 km – Sigmaringen 47 km

Michelin Straßenkarte 545

Salmannsweiler Hof mit Zim — Rest,

Salmannsweiler Weg 5 ✉ 88682 – ✆ (07553) 9 21 20 – www.salmannsweiler-hof.de – geschl. 9. - 15. Februar, 9. - 22. März, 26. Oktober - 16. November und Montag - Dienstag

10 Zim – †46/56 € ††76/86 € – ½ P Menü 35/46 € – Karte 27/49 €

Familie Schiele bezieht die Zutaten für ihre bodenständig-regionale Küche weitestgehend von bekannten Produzenten aus der Region. Daraus entstehen dann z. B. Bärlauchcremesuppe oder Kalbssteak mit Pilzen und Spätzle. Bei den sympathischen Gastgebern kann man übrigens auch übernachten - die Zimmer sind eher einfach, aber gepflegt.

In Salem-Neufrach Süd-Ost: 3 km über Schlossstraße und Neufracher Straße

Recks

Bahnhofstr. 111 ✉ 88682 – ✆ (07553) 2 01 – www.recks-hotel.de – geschl. über Fastnacht 3 Wochen, Anfang November 2 Wochen

18 Zim – †60/80 € ††95/140 € – 1 Suite – ½ P

Rest *Recks* – siehe Restaurantauswahl

In dem sehr individuell eingerichteten Hotel der Familie Reck sind Kunst und stilvolle Deko allgegenwärtig! Die Zimmer sind wohnlich und haben teilweise einen Balkon, sehr schön zum Ausspannen ist der eigene Obstgarten direkt am Haus.

Landgasthof Apfelblüte — Rest,

Markdorfer Str. 45 ✉ 88682 – ✆ (07553) 9 21 30 – www.landgasthof-apfelbluete.de

40 Zim – †62/65 € ††110/115 € – ½ P

Rest – Karte 15/40 € – *(geschl. im Winter: Montag - Dienstag, Freitagmittag, Samstagmittag)*

Das gewachsene Hotel am Ortsausgang wird seit über 25 Jahren als Familienbetrieb geführt. Inzwischen ist ein Neubau mit weiteren gut ausgestatteten Zimmern hinzugekommen. Im Restaurant wird regionale Küche geboten.

Recks – Hotel Recks

Bahnhofstr. 111 ✉ 88682 – ✆ (07553) 2 01 – www.recks-hotel.de – geschl. über Fastnacht 3 Wochen, Anfang November 2 Wochen und Mittwoch - Donnerstagmittag

Menü 29/49 € – Karte 29/53 €

Gäste der drei behaglichen Stuben werden von Alexandra Reck mit ehrlichen regionalen Speisen bekocht, so z. B. "Kraftbrühe mit Grießnocken" oder "Schweinesteak mit Spargel und Sauce Hollandaise" - im Sommer sitzt man dazu am besten auf der herrlichen Terrasse an der Obstwiese!

SALZGITTER

Niedersachsen – 102 400 Ew. – Höhe 70 m – Siehe Regionalatlas **29**-J9

Berlin 261 km – Hannover 68 km – Braunschweig 28 km – Göttingen 79 km

Michelin Straßenkarte 541

In Salzgitter-Bad

Golfhotel garni

Gittertor 5 ✉ 38259 – ✆ (05341) 30 10 – www.golfhotel-salzgitter.de

32 Zim – 69/95 € 89/120 €

Das Hotel unweit des Marktplatzes wird gut geführt und bietet freundlichen Service. Die Zimmer verteilen sich auf das Fachwerkhaus und einen Anbau; sie sind wohnlich und funktionell - wer's noch schicker mag, sollte eines der Komfort-Zimmer buchen! Am Morgen gibt es ein appetitliches frisches Frühstück.

SALZHAUSEN

Niedersachsen – 4 560 Ew. – Höhe 40 m – Siehe Regionalatlas **19-I6**

Berlin 288 km – Hannover 117 km – Hamburg 55 km – Lüneburg 18 km

Michelin Straßenkarte 541

Josthof (mit Gästehäusern)

Am Lindenberg 1 ✉ 21376 – ✆ (04172) 9 09 80 – www.josthof.de

16 Zim – 68/110 € 110/125 € – ½ P

Rest – Menü 17 € (mittags)/49 € – Karte 28/50 € – *(geschl. Januar - April: Dienstag)*

In den hübschen Reetdachhäusern dieses historischen Bauernhofs stehen schöne wohnliche Zimmer (auch Maisonetten) bereit. Zudem hat man ein zeitgemäßes Ferienhaus. Heimelig sind die mit allerlei Zierrat liebenswert dekorierten Restaurantstuben.

SALZUFLEN, BAD

Nordrhein-Westfalen – 53 900 Ew. – Höhe 80 m – Siehe Regionalatlas **28-G9**

Berlin 375 km – Düsseldorf 191 km – Bielefeld 26 km – Hannover 89 km

Michelin Straßenkarte 543

Arminius

Ritterstr. 2 ✉ 32105 – ✆ (05222) 36 60 – www.hotelarminius.de

63 Zim – 91/101 € 131 € – 8 Suiten – ½ P

Rest *Varus* – Menü 29 € (mittags)/41 € – Karte 28/41 € – *(geschl. Samstag - Sonntag und an Feiertagen)*

Das schöne Gebäudeensemble, ein Mix aus historischer und moderner Architektur, ist ein zeitgemäßes Hotel mit wohnlichen Zimmern sowie Sauna-, Kosmetik- und Massageangebot. Rustikal-gemütliches Restaurant und Vinothek.

Altstadt-Palais Lippischer Hof Zim,

Mauerstr. 1 ✉ 32105 – ✆ (05222) 53 40 – www.hof-hotels.de

60 Zim – 97/107 € 127 € – 5 Suiten – ½ P

Rest *The ALCHEMIST* – Menü 59/129 € – *(geschl. Montag - Dienstag) (nur Abendessen)* (Tischbestellung erforderlich)

Rest *Walter's Pharmacy* – Karte 23/70 €

Mitten in der historischen Altstadt bietet das familiengeführte Hotel nicht nur schöne individuelle Zimmer, auch die Restaurants sind Hingucker: im Schotten-Look The ALCHEMIST für "Fine Dining" (hier nur Menüs), mit nostalgischem Apotheken-Interieur die Brasserie Walter's Pharmacy - dazu die Gartenterrasse.

Vitalotel Roonhof garni

Roonstr. 9 ✉ 32105 – ✆ (05222) 34 30 – www.roonhof.de – geschl. 2. Januar - 3. Februar

39 Zim – 79/89 € 118/138 €

Ein neuzeitliches Hotel mit wohnlich-funktionellen Zimmern und Appartements. Auch Massage- und Kosmetikanwendungen werden angeboten, zudem eine Praxis für Physiotherapie.

Kurpark-Hotel Rest,

Parkstr. 1 ✉ 32105 – ✆ (05222) 39 90 – www.kurparkhotel.de – geschl. 2. Januar - 8. Februar

74 Zim – 91/116 € 140/188 € – 1 Suite – ½ P

Rest – Menü 30 € – Karte 17/41 €

Das von der Inhaberfamilie geführte Haus im Kurgebiet verfügt über zeitgemäße Zimmer verschiedener Kategorien, fast alle mit Balkon zum Garten oder zur Saline.

Villa Otto garni

Friedenstr. 2 ✉ 32105 – ✆ (05222) 9 34 00 – www.hof-hotels.de
17 Zim – 69/79 € 99/119 €
Herzlich kümmert man sich in dem denkmalgeschützen Haus um die Gäste. Eine gut geführte Adresse, in der tipptopp gepflegte Zimmer für Sie bereitstehen.

In Bad Salzuflen-Sylbach Süd: 8 km über B 239 Richtung Lage

Zum Löwen

Sylbacher Str. 223 ✉ 32107 – ✆ (05232) 9 56 50 – www.hotel-zum-loewen.com – geschl. Juli - August 2 Wochen
32 Zim – 63/66 € 83 € – ½ P
Rest – Karte 19/43 € – *(nur Abendessen, sonntags auch Mittagessen)*
Der Familienbetrieb verfügt über wohnlich-gediegene Zimmer und einen Garten mit Teich und Kinderspielplatz. Ein heller Wintergarten dient als Frühstücksraum. Zum Restaurant gehört eine schöne Terrasse hinter dem Haus. Auch ein Raucherbereich ist vorhanden.

SALZWEDEL

Sachsen-Anhalt – 24 880 Ew. – Höhe 22 m – Siehe Regionalatlas **20-K7**
Berlin 187 km – Magdeburg 103 km – Schwerin 114 km – Wolfsburg 59 km
Michelin Straßenkarte 542

Union

Goethestr. 11 ✉ 29410 – ✆ (03901) 42 20 97 – www.hotel-union-salzwedel.de
33 Zim – 59/64 € 89/109 € – ½ P
Rest – Menü 19/59 € – Karte 20/73 €
In dem schmucken Haus (1872) an der mittelalterlichen Stadtmauer wird ständig investiert und modernisiert. Das Ergebnis: individuelle Zimmer, z. T. mit hübschen Stoffen und warmen Farben. Alpenländische Holztäfelung und Kachelofen machen das Restaurant gemütlich.

SAMERBERG

Bayern – 2 670 Ew. – Höhe 700 m – Siehe Regionalatlas **66-N21**
Berlin 672 km – München 82 km – Bad Reichenhall 65 km – Traunstein 44 km
Michelin Straßenkarte 546

In Samerberg-Duft Süd: 6 km ab Törwang, über Eßbaum und Gernmühl – Höhe 800 m

Berggasthof Duftbräu

Zim,

Duft 1 ✉ 83122 – ✆ (08032) 82 26 – www.duftbraeu.de – geschl. 1. - 28. Februar
27 Zim – 60/85 € 90/120 € – 1 Suite
Rest – Menü 15/45 € – Karte 15/38 € – *(geschl. Montag - Dienstag, November - März: Montag - Freitag)*
Das ist schon Bilderbuch-Idylle! Ruhe, Wald und Wiesen, und mittendrin der Gasthof der engagierten Familie Wallner - eigentlich fast schon ein kleines Dörfchen und so richtig bayerisch! Ein Muss: der Schweinsbraten - oder aber Selbstgebrautes im Biergarten bei tollem Blick auf die Region!

In Samerberg-Grainbach

Gasthof Alpenrose

Kirchplatz 2 ✉ 83122 – ✆ (08032) 82 63 – www.alpenrose-samerberg.de – geschl. November und Montag - Dienstag
Menü 29/65 € – Karte 17/46 €
Von der Autobahn sind es nur wenige Minuten... Gleich bei der Kirche steht ein richtig schöner gestandener bayerischer Gasthof mit Familientradition seit 1868: drinnen ländliche Gemütlichkeit mit viel Holz und Ofen, draußen ein lauschiger Biergarten, dazu regional-saisonale Küche samt tagesfrischem Angebot - probieren Sie die hausgemachten Schokoladennudeln!

ST. BLASIEN

Baden-Württemberg – 3 930 Ew. – Höhe 770 m – Siehe Regionalatlas **61**-E21

Berlin 810 km – Stuttgart 187 km – Freiburg im Breisgau 51 km – Donaueschingen 64 km

Michelin Straßenkarte 545

Café Aich garni

Hauptstr. 31 ✉ 79837 – ✆ (07672) 14 29 – www.cafeaich.de

5 Zim – 65/75 € 95 €

In dem kleinen Familienbetrieb erwarten Sie persönliche Atmosphäre und elegante Zimmer. Schon früh duftet es aus der eigenen Backstube - gute Kuchenauswahl im Café.

Klostermeisterhaus mit Zim

Im Süßen Winkel 2, (mit Gästehaus) ✉ 79837 – ✆ (07672) 8 48 – www.klostermeisterhaus.de – geschl. Februar 2 Wochen, November 2 Wochen und Montag - Dienstag

18 Zim – 69/118 € 98/146 € – 1 Suite – ½ P

Menü 42/58 € – Karte 26/58 € – *(nur Abendessen Samstag - Sonntag auch Mittagessen)*

1761 war es eine Herberge der klösterlichen Handwerksmeister, heute sitzt man bei ambitionierter Küche in gemütlichem Ambiente (heimelig die Holztäfelung). Speisen mit Domblick? Terrasse im 1. OG! Hier im Haus hat man sieben hübsche moderne Zimmer, die übrigen im Gästehaus Klosterhof wenige Schritte entfernt.

ST. ENGLMAR

Bayern – 1 520 Ew. – Höhe 808 m – Siehe Regionalatlas **59**-O18

Berlin 519 km – München 151 km – Regensburg 68 km – Cham 37 km

Michelin Straßenkarte 546

Angerhof

Rest,

Am Anger 38 ✉ 94379 – ✆ (09965) 18 60 – www.angerhof.de

58 Zim – 99/174 € 178/284 € – 12 Suiten – ½ P

Rest – Menü 35/48 € – Karte 29/56 €

In dem schön am Hang gelegenen Familienbetrieb in einem 3 ha großen Naturpark genießen die Gäste Ruhe, Spa-Vielfalt auf 2000 qm und das wohnliche Ambiente der individuellen Zimmer und Suiten. Auch allergikergeeignete Zimmer. Panoramarestaurant mit Vinothek und Kaminstube.

In St. Englmar-Grün Nord-West: 3 km über Bogener Straße, am Ortsende links

Reiner-Hof

Rest,

Grün 9 ✉ 94379 – ✆ (09965) 85 10 – www.reinerhof.de – geschl. 30. November - 18. Dezember

45 Zim – 72/98 € 134/156 € – 3 Suiten – ½ P

Rest – Menü 18/38 € (abends) – Karte 16/32 €

Das Ferienhotel bietet im Stammhaus und im Sonnenschlösschen verschiedene Zimmerkategorien von eher einfach bis sehr komfortabel. Zudem hat man einen schönen Spabereich.

In St. Englmar-Maibrunn Nord-West: 5 km über Grün

Berghotel Maibrunn

Maibrunn 1 ✉ 94379 – ✆ (09965) 85 00 – www.berghotel-maibrunn.de

50 Zim – 70/105 € 140/180 € – 2 Suiten – ½ P

Rest – Menü 24/65 € – Karte 18/68 €

Ein engagiert und charmant geleitetes Haus in erhöhter Lage mit reizvoller Rundumsicht. Sehr wohnliche und geschmackvolle Zimmer im Landhausstil sowie hübsche, etwas kleinere Themenzimmer. Neuzeitlicher Spa, Garten mit Hirschgehege, eigener Skilift. Restauranträume von elegant bis gemütlich-ländlich.

In St. Englmar-Rettenbach Süd-Ost: 5 km über Bogener Straße

Gut Schmelmerhof
Rest,

Rettenbach 24 ✉ 94379 – ✆ (09965) 18 90 – www.gut-schmelmerhof.de
53 Zim – 59/119 € 125/280 € – ½ P
Rest – Menü 23/58 € (mittags) – Karte 20/38 €
Das Haus mit Familientradition seit 1630 liegt herrlich ruhig etwas abseits. Sie wohnen in schönen individuellen Zimmern, lassen sich bei Massage und Beautyanwendungen verwöhnen und speisen im Gewölberestaurant, in der Ludwigsstube oder in der gemütlich-rustikalen Wirtsstube St. Florian mit alter Holzdecke.

ST. GOAR
Rheinland-Pfalz – 2 760 Ew. – Höhe 80 m – Siehe Regionalatlas **46**-D14
Berlin 627 km – Mainz 63 km – Koblenz 43 km – Bingen 28 km
Michelin Straßenkarte 543

Schloss Rheinfels (mit Gästehaus)
Zim,

Schloßberg 47 ✉ 56329 – ✆ (06741) 80 20 – www.schloss-rheinfels.de
64 Zim – 80/195 € 145/245 € – 2 Suiten – ½ P
Rest *Silcher-Stube* – siehe Restaurantauswahl
Rest *Auf Scharffeneck* – Menü 24/26 € – Karte 24/26 €
Rest *Burgschänke der Landgraf* – Karte 29/54 € – *(geschl. Mitte November - Ende März)*
Gerd und Petra Ripp haben hier aus einem Stück Geschichte ein tolles Domizil gemacht: klassisch-elegante Zimmer, schöner Spa, Rosen- und Kräutergarten..., und das integriert in eine eindrucksvolle Burganlage von 1250. In der Burgschänke gibt es Flammkuchen, aber auch Steaks - ein Traum die Panoramaterrasse! "Auf Scharffeneck" mit internationaler Küche.

Silcher-Stube – Hotel Schloss Rheinfels

Schloßberg 47 ✉ 56329 – ✆ (06741) 80 20 – www.schloss-rheinfels.de – geschl. Januar 3 Wochen, August 3 Wochen und Sonntag - Montag
Menü 63/92 € – *(nur Abendessen)*
Mit stilvollem Mobiliar, eleganten Goldtönen und hübschen kleinen Fensternischen (fantastisch die Rheinsicht!) bietet das Gourmetrestaurant einen schönen Rahmen für französisch geprägte Gerichte wie "Lammrücken mit Bopparder Klostersenf".

In St. Goar-Fellen Nord-West: 3 km über B 9, Richtung Koblenz

Landsknecht
Zim,

Aussiedlung Landsknecht 6 (an der Rheinufer-Straße, B 9) ✉ 56329 – ✆ (06741) 20 11 – www.hotel-landsknecht.de – geschl. 15. - 26. Dezember, 2. Januar - 28. Februar
20 Zim – 69/140 € 80/230 € – 1 Suite – ½ P
Rest – Menü 26/39 € – Karte 19/51 € – *(geschl. November - März: Montag - Dienstag)*
Direkt am Rhein liegen Hotel und Weingut von Familie Lorenz. Die Zimmerkategorien nennen sich "Qualität", "Kabinett", "Spätlese" oder "Auslese", meist mit schönem Blick zum Fluss. Mit seiner großen Fensterfront zum Rhein macht das Restaurant "Ausblick" seinem Namen alle Ehre. Tipp: die eigenen Weine!

ST. INGBERT
Saarland – 37 200 Ew. – Höhe 229 m – Siehe Regionalatlas **46**-C17
Berlin 697 km – Saarbrücken 13 km – Kaiserslautern 55 km – Zweibrücken 25 km
Michelin Straßenkarte 543

La Trattoria del Postillione

Neue Bahnhofstr. 2 ✉ 66386 – ✆ (06894) 38 10 61 – www.postillione.de – geschl. Sonntag
Menü 15 € (mittags unter der Woche)/50 € – Karte 30/51 €
Schon von außen stimmt Sie das ehemalige Bahnhofsgebäude auf mediterranes Flair ein - dazu trägt der eigene Weinberg direkt am Haus ebenso bei wie die reizende Terrasse. Die persönliche und private Atmosphäre drinnen ist nicht weniger charmant! Hier umsorgt der charismatische Chef seine Gäste - natürlich mit italienischer Küche. Günstiges Lunchmenü.

Die Alte Brauerei mit Zim

Kaiserstr. 101 ✉ 66386 – ✆ (06894) 9 28 60 – www.diealtebrauerei.com – geschl. Dienstag, Samstagmittag

6 Zim – †65 € ††89 € – 1 Suite Menü 33/49 € – Karte 33/57 €

Lust auf eine regionale Spezialität? Bliesgaulamm gibt es hier z. B. als "Lammconsommé mit Tomaten-Rosmarinnocken" oder als "Lammragout Lothringer Art". Das Restaurant samt seiner individuellen Gästezimmer (teilweise mit Werken der Künstlerin Margret Lafontaine dekoriert) und der engagierten Gastgeber Isabelle und Eric Dauphin erreichen Sie übrigens über den Innenhof.

In St. Ingbert-Sengscheid Süd-West: 4 km über B 40, jenseits der A 6

Sengscheider Hof (mit Gästehaus)

Zum Ensheimer Gelösch 30 ✉ 66386 – ✆ (06894) 98 20 – www.sengscheiderhof.de

45 Zim – †74/125 € ††97/150 €, 7 €

Rest – Menü 39/65 € – Karte 31/61 € – *(geschl. Sonntag) (nur Abendessen)*

Ein gewachsenes Hotel mit Stammhaus von 1879. Letzteres hat u. a. einige besonders moderne und geräumige neuere Zimmer zu bieten. Oder wie wär's mit der Juniorsuite (Zimmer Nr. 400) mit schöner Dachterrasse und Blick auf den Garten samt kleinem Pool? Hell und elegant ist das Ambiente im Restaurant, klassisch die Küche, ergänzt durch eine kleine bürgerliche Auswahl.

ST. JOHANN – Rheinland-Pfalz → Siehe Sprendlingen

ST. LEON-ROT

Baden-Württemberg – 12 840 Ew. – Höhe 107 m – Siehe Regionalatlas **47**-F17

Berlin 642 km – Stuttgart 92 km – Mannheim 32 km

Michelin Straßenkarte 545

Fairway garni

Opelstr. 10 (Gewerbegebiet) ✉ 68789 – ✆ (06227) 54 40 – www.fairway-hotel.de

88 Zim – †68/99 € ††86/124 €, 12 € – 2 Suiten

Die Lage im Gewerbegebiet ist perfekt für Businessgäste, doch auch am Wochenende ist das auffallend gepflegte Haus beliebt: Golfplatz nebenan! Abends Snacks in der Lobbybar. Dampfbad im UG.

ST. MÄRGEN

Baden-Württemberg – 1 890 Ew. – Höhe 887 m – Siehe Regionalatlas **61**-E20

Berlin 790 km – Stuttgart 230 km – Freiburg im Breisgau 24 km – Donaueschingen 51 km

Michelin Straßenkarte 545

An der B 500 Süd-Ost: 8 km, Richtung Furtwangen

Zum Kreuz

Hohlengraben 1 ✉ 79274 St. Märgen – ✆ (07669) 9 10 10 – www.gasthaus-zum-kreuz.de – geschl. Mitte November - Mitte Dezember

15 Zim – †32/38 € ††70 € – ½ P

Rest – Menü 18/45 € – Karte 19/53 € – *(geschl. März 1 Woche und Donnerstag)*

Das nette Haus im Schwarzwälder Stil, Familienbetrieb in 3. Generation, liegt etwas außerhalb an der Bundesstraße in idyllischer Umgebung. Behagliche Zimmer und Appartements, im Anbau mit Balkon. Ländlich-elegant ist das Ambiente im Restaurant.

ST. MARTIN

Rheinland-Pfalz – 1 820 Ew. – Höhe 225 m – Siehe Regionalatlas **47**-E17

Berlin 658 km – Mainz 102 km – Mannheim 43 km – Kaiserslautern 46 km

Michelin Straßenkarte 543

Wiedemann's Weinhotel

Einlaubstr. 64 ✉ 67487 – ✆ (06323) 9 44 30 – www.wiedemanns-weinhotel.de
20 Zim ☕ – 🚹100/114 € 🚹🚹170/230 € – ½ P
Rest – Menü 28/44 € – Karte 30/51 € – *(nur Abendessen, sonntags auch Mittagessen)*
Im Hotel des Weinguts Wiedemann wohnt man nicht nur geschmackvoll und modern, sondern auch mit Panoramablick! Und es gibt noch mehr zum Wohlfühlen: z. B. die Essig-Inhalation "Respiratio" im schönen Spa auf 400 qm, einen Traum von Garten mit Freibad, das elegante Restaurant mit toller Terrasse, Verkostungen in der Vinothek... und 3/4-Pension inklusive!

Das Landhotel Weingut Gernert

Maikammerer Str. 39 ✉ 67487 – ✆ (06323) 9 41 80 – www.das-landhotel.com – geschl. 7. - 31. Januar
17 Zim ☕ – 🚹64/68 € 🚹🚹110/120 €
Rest ***Das Barrique-Gewölbe*** – Karte 17/48 € – *(geschl. Mittwoch)*
Ein tipptopp gepflegtes Anwesen am Rand des Weindorfes, etwas unterhalb das eigene Weingut. Die Zimmer sind geräumig und mit mediterraner Note eingerichtet - mit kleinem Rotweinangebot! Regional und international speist man im Barrique-Gewölbe von 1851, dazu hat man eine schöne Terrasse mit Kräutergarten.

St. Martiner Castell

Maikammerer Str. 2 ✉ 67487 – ✆ (06323) 95 10 – www.hotelcastell.de
24 Zim ☕ – 🚹70 € 🚹🚹115/120 € – ½ P
Rest – Menü 32/50 € – Karte 19/43 € – *(geschl. Dienstag)*
Es hat sich was getan bei Werner und Brigitte Mücke: So einige Renovierungen haben frischen Wind in das Gasthaus (ursprünglich ein Winzerhof) gebracht, die Wohnlichkeit der Zimmer ist geblieben. In den gemütlichen Restaurantstuben und auf der schönen Terrasse isst man traditionell und regional.

Consulat des Weins

Rest,

Maikammerer Str. 44 ✉ 67487 – ✆ (06323) 80 40 – www.schneider-pfalz.de
45 Zim ☕ – 🚹69/98 € 🚹🚹118/196 € – ½ P
Rest – Menü 26 € – Karte 21/47 € – *(geschl. Sonntagabend - Montag)*
Im Hotel des bekannten Weinguts Albert Valentin Schneider gibt es nicht nur gepflegte, zeitgemäße Zimmer: Bei schönem Wetter verweilen die Gäste gerne im hübschen großzügigen Garten, anschließend stärkt man sich im Restaurant Schneider mit regional-internationaler Küche oder trifft sich in der Vinothek.

Haus am Weinberg

Zim,

Oberst-Barret-Str. 1 ✉ 67487 – ✆ (06323) 94 50 – www.hausamweinberg.de
65 Zim ☕ – 🚹55/97 € 🚹🚹98/153 € – 1 Suite – ½ P
Rest – Menü 18 € – Karte 28/38 €
Der Name des Hauses trifft es genau: Das Hotel liegt allein in den Weinbergen, toll ist der Blick auf die rebenreiche Landschaft. Die Suite mit Whirlwanne ist besonders chic, gute Fitnessgeräte im Well-Aktiv-Club. Bürgerliche Küche im Restaurant.

Chalet Raabe garni

Emserstr. 4 ✉ 67487 – ✆ (06323) 21 17 – www.weingut-raabe.de
5 Zim ☕ – 🚹67/84 € 🚹🚹82/99 € – 2 Suiten
Das tipptopp gepflegte kleine Gästehaus mit den komfortablen Zimmern und zwei Appartements ist angeschlossen an das Weingut Raabe. Weinstube im Ortskern ganz in der Nähe.

Landhaus Christmann garni

Riedweg 1 ✉ 67487 – ✆ (06323) 9 42 70 – www.landhaus-christmann.de
7 Zim ☕ – 🚹49/56 € 🚹🚹87/97 € – 2 Suiten
In dem Winzerhof am Ortsrand sind die Zimmer nach Weinlagen benannt. Man hat sie mit hellen Tönen, Parkettboden und antiken Möbelstücken charmant gestaltet (teilweise mit Balkon) - und in der Probierstube gibt's ein frisches und gutes Frühstücksbuffet.

ST. MICHAELISDONN

Schleswig-Holstein – 3 640 Ew. – Höhe 3 m – Siehe Regionalatlas **9-G4**
▶ Berlin 382 km – Kiel 99 km – Heide 30 km – Cuxhaven 100 km
Michelin Straßenkarte 541

Landhaus Gardels

Westerstr. 15 ✉ 25693 – ✆ (04853) 80 30 – www.gardels.de – geschl. 1. - 11. Januar

50 Zim – 81/111 € 118/164 € – ½ P

Rest ***Landhaus Gardels*** – siehe Restaurantauswahl

Seit mehr als 130 Jahren leitet Familie Peters dieses Landhotel. Die Zimmer sind individuell und meist neuzeitlich eingerichtet (auch einfachere Kategorien sind noch vorhanden), am Morgen genießt man ein reichhaltiges Frühstücksbuffet - sonntags für Langschläfer bis 12 Uhr!

Landhaus Gardels – Hotel Landhaus Gardels

Westerstr. 15 ✉ 25693 – ✆ (04853) 80 30 – www.gardels.de – geschl. 1. - 11. Januar und November - März: Sonntag

Menü 45 € – Karte 32/50 € – *(nur Abendessen, sonntags auch Mittagessen)*

Gutes Essen zu fairen Preisen. Was Küchenchef Marc Schlürscheid hier auf den Teller bringt, nennt sich z. B. "Spanferkelschulter sous vide in Backpflaumenjus" oder "Allerlei vom Lamm". Die Bistrokarte bietet Klassiker wie "Bauernomelett".

ST. OSWALD-RIEDLHÜTTE

Bayern – 3 050 Ew. – Höhe 791 m – Siehe Regionalatlas **60-P18**

Berlin 503 km – München 188 km – Passau 43 km – Regensburg 115 km

Michelin Straßenkarte 546

Im Ortsteil Riedlhütte

Der Wieshof

Anton-Hilz-Str. 8 ✉ 94566 – ✆ (08553) 4 77 – www.der-wieshof.de – geschl. 7. - 28. März, 12. - 26. April, 3. November - 20. Dezember

19 Zim – 48/56 € 74/92 € – ½ P

Rest – Menü 13/18 € – Karte 17/31 €

Ein familiär geführter Gasthof mit sehr wohnlichen, modernen und schön gestalteten Zimmern sowie einem netten Sauna-, Ruhe- und Anwendungsbereich. Rustikal-bürgerliches Restaurant mit regionalem und internationalem Angebot. HP inklusive.

Zum Friedl

Kirchstr. 28 ✉ 94566 – ✆ (08553) 9 66 80 – www.zumfriedl.de – geschl. November - 19. Dezember

18 Zim – 38/43 € 76/86 € – ½ P

Rest – Menü 11/21 € (abends) – Karte 14/31 €

In dem gepflegten Haus in ruhiger Lage stehen individuelle Zimmer bereit, teilweise nach Themen benannt (z. B. Schwammerl, Wilderer, etc.). Schön ist die geräumige Durandl-Suite. Gemütliches, in Stuben unterteiltes Restaurant.

ST. PETER

Baden-Württemberg – 2 550 Ew. – Höhe 720 m – Siehe Regionalatlas **61-E20**

Berlin 797 km – Stuttgart 224 km – Freiburg im Breisgau 32 km – Waldkirch 20 km

Michelin Straßenkarte 545

Jägerhaus

Mühlengraben 18 ✉ 79271 – ✆ (07660) 9 40 00 – www.hotel-jaegerhaus.de – geschl. 8. - 29. März, 1.- 22. November

18 Zim – 55/75 € 90/108 € – ½ P

Rest – Menü 20 € – Karte 17/40 € – *(geschl. Mittwoch, November - April: Mittwoch - Donnerstagmittag)*

Sie wohnen hier bei sehr freundlichen Gastgebern in behaglichen Zimmern mit ländlichem Charme. Nach einem guten Frühstück lädt die schöne Umgebung mit Wiesen und Weihern zum Spazierengehen ein - im Winter die reizvolle Schneelandschaft. Im gemütlichen Restaurant stärkt man sich dann mit bürgerlicher Küche und leckeren selbstgemachten Kuchen.

Zur Sonne mit Zim

Zähringerstr. 2 ✉ 79271 – ✆ (07660) 9 40 10 – www.sonneschwarzwald.de
– geschl. Januar - Februar 2 Wochen, 9. - 26. November und Montag, November - April: Montag - Dienstagmittag
13 Zim – 60/95 € 78/138 € – ½ P
Menü 36 € (vegetarisch)/76 € – Karte 28/59 €
"Apfel-Kürbisterrine mit Bio-Lachs und Ingwer", "gekochter Kalbstafelspitz mit Meerrettich"... die Gerichte von Chef Hanspeter Rombach sind richtig frisch, schmackhaft und sehen auch noch schön aus! Er legt Wert auf Bioprodukte aus der Region - und auch auf der Weinkarte findet sich der Bio-Gedanke wieder. Bleiben Sie doch über Nacht (z. B. in einem schönen Komfortzimmer) und nutzen den hübschen Sauna- und Ruhebereich!

Nostalgie Gastronomie Zum Kreuz mit Zim

Scheuergasse 1 ✉ 79271 – ✆ (07660) 92 03 32 – www.rombach-st-peter.de
– geschl. 23. Februar - 17. März und Montag - Dienstagmittag
9 Zim – 69/75 € 78/118 € – ½ P Menü 20/40 € – Karte 20/44 €
Über 100 Jahre reicht die Familientradition der Rombachs schon zurück - deshalb ist ein Stück Nostalgie auch heute noch ein Muss, ob im ländlich-schlichten Restaurant oder in den (Themen-) Zimmern. Der Chef kocht regional, mit hiesigen Produkten und teilweise auch Gerichte, die man nur noch selten bekommt, wie z. B. die leckeren Kohlrouladen!

Bestecke und Sterne sollten nicht verwechselt werden!
Die Bestecke stehen für eine Komfortkategorie, die Sterne zeichnen Häuser mit besonders guter Küche aus - in jeder dieser Kategorien.

ST. PETER-ORDING

Schleswig-Holstein – 4 130 Ew. – Höhe 3 m – Siehe Regionalatlas **1-G3**
Berlin 428 km – Kiel 125 km – Sylt (Westerland) 93 km – Heide 40 km
Michelin Straßenkarte 541

Im Ortsteil St. Peter-Bad

Aalernhüs

Friedrich-Hebbel-Str. 2 ✉ 25826 – ✆ (04863) 70 10 – www.aalernhues.de
– geschl. 5. Januar - 4. Februar
54 Zim – 109/309 € 139/339 € – 2 Suiten – ½ P
Rest *Aalernhüs Grill* – siehe Restaurantauswahl
Ihrer Erholung steht hier nichts im Wege, dafür sorgen komfortable Gästezimmer (wie wär's z. B. ganz frisch und modern in friesischem Blau?) sowie ein schöner Garten und der attraktive Spa auf 1000 qm!

Landhaus an de Dün garni

Im Bad 63 ✉ 25826 – ✆ (04863) 9 60 60 – www.hotel-landhaus.de
13 Zim – 100/225 € 155/250 € – 2 Suiten
Ihre Gastgeber verbessern und verschönern das kleine Hotel immer wieder, so können Sie sich in elegant-wohnlichen Zimmern und im hübschen Spa erholen, den herzlichen Service genießen, mit einem guten Frühstück in den Tag starten und sich am Nachmittag Kaffee und Kuchen servieren lassen. Und drum herum? Den Kurpark haben Sie direkt vor der Tür, zum Strand sind es nur wenige Gehminuten.

Aalernhüs Grill

Friedrich-Hebbel-Str. 2 ✉ 25826 – ✆ (04863) 70 10 – www.aalernhues.de
– geschl. 5. Januar - 4. Februar
Karte 32/55 €
Im Restaurant des "Aalernhüs" stehen Fleisch und Fisch im Mittelpunkt, und zwar gegrillt. Bestellen Sie Steinbutt, Seezunge oder eines der Steaks! Oder vielleicht lieber die "Aalernhüs Fischplatte"?

Strandhütte Axels Restaurant

Am Südstrand ✉ 25826 – ✆ (04863) 4 74 70 11 – www.die-strandhuette.de – geschl. November 2 Wochen, Anfang Januar - Mitte März und Montag - Dienstag

Menü 43/63 € – Karte 35/54 € – *(nur Abendessen)* (Tischbestellung ratsam)

"Sieben Meter über dem Alltag" heißt es hier, denn die "Strandhütte" ist ein Pfahlbau. Vom Restaurant und der Terrasse aus können Sie den Kitesurfern zuschauen, während Sie sich "Tatar vom Eismeerlachs", "Küstenkabeljau auf Kartoffelstampf mit Rauchfisch und Krabben" oder "Filet vom Eidstedter Rind" schmecken lassen. Tagsüber ist das hier ein schönes Ausflugsziel - dann locken frisch gebackene Waffeln!

Im Ortsteil Ording

Eickstädt garni

Waldstr. 19 ✉ 25826 – ✆ (04863) 9 68 80 – www.hotel-eickstaedt.de

33 Zim – 59/99 € 89/189 € – 2 Suiten

Warum man hier schön wohnen kann? Es ist ein familiär geleitetes Haus in einer Wohngegend, die Zimmer sind geradlinig-modern und in hellen warmen Tönen gehalten, man hat eine gemütliche Lounge sowie einen netten Garten mit Strandkörben, und Frühstück gibt es bis 12 Uhr - auf Wunsch auch auf dem Zimmer.

ST. WENDEL

Saarland – 26 210 Ew. – Höhe 285 m – Siehe Regionalatlas **46-C16**

Berlin 699 km – Saarbrücken 42 km – Idar-Oberstein 43 km – Neunkirchen/Saar 19 km

Michelin Straßenkarte 543

Angel's - das Hotel am Golfpark

Rest,

Golfparkallee 1, (am Golfplatz) (West: 1,5 km) ✉ 66606 – ✆ (06851) 99 90 00 – www.angels-dashotel.de

44 Zim – 97/151 € 143/193 € – 2 Suiten – ½ P **Rest** – Karte 27/53 €

Die komfortable Hotelanlage grenzt unmittelbar an die grüne Golflandschaft und ist ganz modern in Architektur und Ambiente. Man bietet auch Massage- und Kosmetikanwendungen. Internationale Küche im großzügigen und lichten Restaurant.

Angel's - das Hotel am Fruchtmarkt

Am Fruchtmarkt 5 (Zufahrt über Hospitalstraße) ✉ 66606 – ✆ (06851) 99 90 00 – www.angels-dashotel.de

53 Zim – 64/99 € 109/136 € – 1 Suite – ½ P **Rest** – Karte 30/41 €

Beim Dom stehen die vier miteinander verbundenen restaurierten alten Stadthäuser mit ihren geschmackvoll-modernen Zimmern und dem Restaurant Luise mit Bistroflair. Wer das Kosmetikangebot nutzen möchte, wird per Shuttle kostenfrei zum Partnerhotel am Golfplatz gebracht.

In St. Wendel-Bliesen Nord-West: 5,5 km über Sankt Annen Straße und Alsfassener Straße

Kunz

Kirchstr. 22 ✉ 66606 – ✆ (06854) 81 45 – www.restaurant-kunz.de – geschl. 14. - 22. Februar, 1.- 26. Juli und Sonntag - Dienstag

Menü 80/99 € – *(nur Abendessen)* (Tischbestellung ratsam)

In erster Linie kommen die Gäste natürlich wegen der anspruchsvollen klassischen Küche von Alexander Kunz in den lichten eleganten Wintergarten. Dennoch hat auch der tolle Blick auf den beachtlichen "Bliestaldom" St. Remigius seine Fans, und die charmante Chefin Anke Kunz im Service sowieso!

→ Bretonischer Steinbutt auf Püree von La Ratte Kartoffeln mit glacierten Frühlingsmorchel. Sous Vide gegarter Pulpo mit confierter Charentais Melone und Chinoise Gemüse. Gebratene Gänseleber mit pochiertem Rharbarber und weißem Portweinsabayon.

Rest *Kaminzimmer* – siehe Restaurantauswahl

Kaminzimmer – Restaurant Kunz

Kirchstr. 22 ✉ 66606 – ✆ (06854) 81 45 – www.restaurant-kunz.de – geschl. 14. - 22. Februar und Montag - Dienstag, Samstagmittag

Menü 38 € – Karte 29/63 € – (Tischbestellung ratsam)

Lieber mal keine Gourmetküche? Dann probieren Sie doch die besondere Spezialität des Zweitrestaurants: Dry Aged Beef vom irischen Rind. Oder im Winter Gans vom Grill? Da sorgt dann in dem schönen modernen Raum der Kamin für Gemütlichkeit. Im Sommer ist die Terrasse sehr nett.

ST. WOLFGANG

Bayern – 4 320 Ew. – Höhe 509 m – Siehe Regionalatlas **66-N20**

Berlin 633 km – München 55 km – Landshut 41 km – Kufstein 88 km

Michelin Straßenkarte 546

St. Georg garni

Hauptstr. 28 (B 15) ✉ 84427 – ✆ (08085) 9 30 30 – www.hotel-st-georg.com

17 Zim – 56 € 69 €

Ein gepflegtes und funktional ausgestattetes kleines Hotel, das gerne von Geschäftsreisenden im Raum München genutzt wird. Ansprechend das regionale Frühstücksbuffet. Im Nebenhaus bietet man Appartements mit kleiner Küche.

SASBACH

Baden-Württemberg – 5 490 Ew. – Höhe 147 m – Siehe Regionalatlas **54-E19**

Berlin 727 km – Stuttgart 121 km – Freiburg im Breisgau 91 km – Strasbourg 48 km

Michelin Straßenkarte 545

Michael Harr N

Mättich 29 ✉ 77880 – ✆ (07841) 6 73 00 83 – www.harr-sasbach.de – geschl. 1. - 10. Januar und Samstagmittag, Sonntagabend - Montag

Menü 28/62 € – Karte 28/51 €

Nach diversen Stationen in der gehobenen Gastronomie ist Michael Harr nun in seine Heimat zurückgekehrt und präsentiert in der ansprechend und modern gestalteten einstigen Lagerhalle internationale Gerichte wie "Zander, Hummerschaum, Balsamico, Serranoschinken Thymiankartoffeln". Ebenso beliebt: das täglich wechselnde Angebot auf der großen Tafel.

SASBACHWALDEN

Baden-Württemberg – 2 440 Ew. – Höhe 257 m – Siehe Regionalatlas **54-E19**

Berlin 729 km – Stuttgart 131 km – Karlsruhe 58 km – Freudenstadt 45 km

Michelin Straßenkarte 545

Talmühle

Talstr. 36 ✉ 77887 – ✆ (07841) 62 82 90 – www.talmuehle.de

26 Zim – 69/110 € 110/178 € – 1 Suite – ½ P

Rest *Fallert* **Rest *Badische Stuben*** – siehe Restaurantauswahl

Wenn Sie in einem der schönen, wohnlichen Südzimmer dem Rauschen des Baches lauschen, am Morgen aufmerksam umsorgt von der kleinen Frühstückskarte wählen oder über das reizvolle begrünte Anwesen schlendern, dann wird klar: Der Name Fallert steht nicht nur für Gourmetküche!

Fallert – Hotel Talmühle

Talstr. 36 ✉ 77887 – ✆ (07841) 62 82 90 – www.talmuehle.de – geschl. 17. Februar - 6. März und November - März: Montag - Mittwochmittag

Menü 48/90 € – Karte 35/80 € – (Tischbestellung ratsam)

Wenn sich Gutbert Fallert und Sohn Marius gemeinsam ihrer klassisch-saisonalen Küche widmen, sind ausgesuchte Produkte und geschmackliche Intensität das A und O. Zu den harmonisch zusammengestellten und schön angerichteten Speisen schafft die elegante Einrichtung den passenden Rahmen. In den Sommermonaten bietet man zur Gourmetküche auch die regionale Karte.

➜ Salat von geröstetem Pulpo, weiße Bohnen, Paprika, Tomaten-Vinaigrette. Bretonischer St. Petersfisch mit Parmesanbrösel in Vin Jaune. ½ Elsässer Taube - Brust rosa gebraten, Keule geschmort, Semmelknödel von Herz und Leber.

Engel mit Zim
Talstr. 14 ✉ 77887 – ✆ (07841) 30 00 – www.engel-sasbachwalden.de – geschl. Montag, Mitte Januar - März: Montag - Dienstag
13 Zim – 62/85 € 90/150 € – ½ P
Menü 33 € (vegetarisch)/52 € – Karte 27/58 €
Hier passt einfach alles zusammen: Familientradition seit 1764, charmante Stuben hinter historischen Fachwerkmauern, herzliche Atmosphäre und regionale Köstlichkeiten, aber auch internationale Klassiker. Ein tolles Preis-Leistungs-Verhältnis bietet u. a. das Menü "Engel" mit Gerichten wie "kross gebratene Entenbrust mit cremigem Lauch und Kartoffelkrapfen". Schön auch die Gästezimmer - mal ländlich-gemütlich, mal modern.

Badische Stuben – Hotel Talmühle
Talstr. 36 ✉ 77887 – ✆ (07841) 62 82 90 – www.talmuehle.de – geschl. 17. Februar - 6. März
Menü 32 € (mittags unter der Woche)/66 € – Karte 33/53 € – (Tischbestellung ratsam)
Hier zeigen Vater und Sohn mit regionaler Küche ihr Können, und dass die ebenfalls einen Besuch wert ist, beweisen z. B. die "Badischen Versucherle" oder die "Rehkeule vom Maibock mit Pfeffersauce, Aprikosen-Mispel, Spitzkraut, Selleriepüree und Bubenspitzle"! Einladend auch die Atmosphäre in den Stuben sowie die großzügige Terrasse.

SASSENDORF, BAD

Nordrhein-Westfalen – 11 700 Ew. – Höhe 92 m – Siehe Regionalatlas **27-E10**
Berlin 456 km – Düsseldorf 123 km – Arnsberg 29 km – Beckum 27 km
Michelin Straßenkarte 543

Wulff (mit Gästehäusern)
Berliner Str. 31 ✉ 59505 – ✆ (02921) 9 60 30 – www.hotel-wulff.de
24 Zim – 50/59 € 110/130 € – 2 Suiten – ½ P
Rest – Menü 20 € (abends) – Karte 19/29 € – *(geschl. Sonntag) (nur Abendessen für Hausgäste)*
Das Haus liegt nicht nur günstig in Kurparknähe, sondern ist auch tipptopp gepflegt und wird sehr persönlich geführt! Die Auswahl an Gästezimmern reicht vom Einzelzimmer bis zum Appartement. Und wenn es mal etwas mehr Entspannung sein darf: Sie können auch Wellnessanwendungen buchen!

SASSNITZ – Mecklenburg-Vorpommern ➔ Siehe Rügen (Insel)

SAULGAU, BAD

Baden-Württemberg – 17 450 Ew. – Höhe 587 m – Siehe Regionalatlas **63-H20**
Berlin 686 km – Stuttgart 114 km – Konstanz 89 km – Reutlingen 74 km
Michelin Straßenkarte 545

Kleber Post
Poststr. 1 ✉ 88348 – ✆ (07581) 50 10 – www.kleber-post.de
48 Zim – 89/109 € 139/179 € – 1 Suite – ½ P
Rest *Vinum* – siehe Restaurantauswahl
Durch und durch stilvoll-modern ist dieses Hotel im Zentrum, hier und da schöne künstlerische Akzente. Die Zimmer sind elegant und stimmig in ihren hellen, warmen Tönen, attraktiv der lichte verglaste Sauna- und Fitnessbereich auf dem Dach. Im Restaurant (Poststüble, Vinum und Esszimmer) isst man international und regional.

Vinum – Hotel Kleber-Post
Poststr. 1 ✉ 88348 – ✆ (07581) 50 10 – www.kleber-post.de
Menü 35/56 € – Karte 39/62 € – (Tischbestellung ratsam)
Das Restaurant ist chic und farblich gut getroffen - da hat Chefin Christine Durach bei der Einrichtung Geschmack bewiesen. Auf bequemen Sesseln und Bänken genießt man die schmackhafte Küche von Egon Durach, und die bietet Internationales, aber auch Regionales wie "Ochsenbacken mit Erbsenpüree und Spätzle".

In Bad Saulgau-Bondorf Nord-Ost: 2 km

Oberamer Hof
Rest,

St.-Bruno-Str. 34 ✉ 88348 – ✆ (07581) 4 89 20 – www.oberamerhof.de – geschl. 10. - 24. Februar

18 Zim – 42/47 € 64/68 € – ½ P

Rest – Karte 16/28 € – *(geschl. Januar - März: Mittwoch) (nur Abendessen, sonntags auch Mittagessen)*

Charmant die ruhige Lage mit Blick über die Felder... In dem alten Bauernhof übernachten Sie in individuellen Zimmern oder - ideal für Familien - in einem der Appartements. Passend zum Charakter des Hauses die in hellem Holz gehaltene Gaststube mit ihren regionalen Spezialitäten - freitags gibt es z. B. typisch schwäbische "Dennete". Sehr nett auch die Gartenterrasse.

In Bad Saulgau-Renhardsweiler Ost : 7,5 km, Richtung Bad Schussenried :

Zum Hasen
Zim,

Hochstr. 37 (Süd-Ost: 2km) ✉ 88348 – ✆ (07581) 4 87 40 – www.zumhasen.de

14 Zim – 47/55 € 79/105 € – ½ P

Rest – Karte 17/32 € – *(nur Abendessen)*

Das kleine Hotel in dem alten Fachwerkhaus ist eine schöne Adresse mit seinen behaglichen Zimmern (wohnlich die hellen Holzmöbel) und der gemütlichen Dorfstube mit regionaler Küche.

SAULHEIM
Rheinland-Pfalz – 7 150 Ew. – Höhe 140 m – Siehe Regionalatlas **47-E15**

Berlin 583 km – Mainz 16 km – Bad Kreuznach 43 km – Alzey 20 km

Michelin Straßenkarte 543

mundart Restaurant (N)

Weedengasse 8 (Nieder-Saulheim) ✉ 55291 – ✆ (06732) 9 32 29 66 – www.mundart-restaurant.de – geschl. 1. - 8. Januar, August 3 Wochen und Mittwoch

Menü 32/52 € – Karte 31/54 € – *(nur Abendessen, sonntags auch Mittagessen)*

In einem netten alten Dorfhaus mitten in dem kleinen Weinort hat der gebürtige Schwabe Markus Hebestreit sein Restaurant. Hübsch die ländlich-moderne Einrichtung, charmant der Innenhof. Der Patron kocht frisch und geschmackvoll, da macht die geschmorte Ochsenbacke ebenso Appetit wie das Thunfisch-Carpaccio!

SCHALKENMEHREN – Rheinland-Pfalz ➔ Siehe Daun

SCHALKHAM
Bayern – 970 Ew. – Höhe 430 m – Siehe Regionalatlas **59-N19**

Berlin 581 km – München 86 km – Regensburg 86 km – Landshut 26 km

Michelin Straßenkarte 546

In Schalkham-Johannesbrunn

Sebastianihof

Brunnenstr. 9 ✉ 84175 – ✆ (08744) 91 94 45 – www.sebastianihof.de – geschl. August 2 Wochen und Montag - Mittwoch

Menü 36 € (vegetarisch)/69 € – Karte 29/50 € – *(nur Abendessen, sonntags auch Mittagessen)*

Hier isst man nicht nur richtig gut, sondern auch noch in einem ausgesprochen charmanten Ambiente. In der ehemaligen Scheune kocht man regional, die Wurst produziert man selbst und das Rindfleisch reift direkt im Haus. Für Gerichte wie "Rehterrine mit Preiselbeeren" oder "hausgemachte Nudeln mit Wildschweinragout" verwendet man nur Produkte aus der Region.

SCHANDAU, BAD
Sachsen – 4 090 Ew. – Höhe 128 m – Siehe Regionalatlas **43-R12**

Berlin 233 km – Dresden 39 km – Chemnitz 110 km – Görlitz 78 km

Michelin Straßenkarte 544

Parkhotel

Rudolf-Sendig-Str. 12 ✉ 01814 – ✆ (035022) 5 20 – www.parkhotel-bad-schandau.de
75 Zim – 58/83 € 90/134 € – ½ P
Rest – Menü 22 € (abends)/32 € – Karte 24/50 € – *(Montag - Freitag ab 14 Uhr geöffnet)*
Umgeben vom Grün des Parks wohnt man in der Villa Sendig von 1880 oder in der Residenz mit Elbblick. Zum Fluss hin auch das Wintergartenrestaurant und die Terrasse. Unter der Woche warme Küche von 14 - 21 Uhr. Im prächtigen historischen Saal kann man jeden Samstag (und bei Workshops) das Tanzbein schwingen!

SCHARBEUTZ

Schleswig-Holstein – 11 710 Ew. – Höhe 12 m – Siehe Regionalatlas **11-K4**
Berlin 288 km – Kiel 59 km – Lübeck 30 km – Schwerin 82 km
Michelin Straßenkarte 541

BelVeder

Strandallee 146, (Süd: 1,5 km über B 76, Richtung Timmendorfer Strand) ✉ 23683 – ✆ (04503) 3 52 66 00 – www.hotel-belveder.de
68 Zim – 115/185 € 165/265 € – 15 Suiten – ½ P
Rest *DiVa* **Rest *BelVeder*** – siehe Restaurantauswahl
Ihr Zimmer ist wohnlich-elegant und in warmen Tönen gehalten, auf Wunsch genießen Sie vom Balkon den Blick aufs Meer, die angeschlossene Ostsee-Therme nutzen Sie gratis... und freundliche Gästebetreuung ist Ihnen ebenfalls gewiss - also beste Voraussetzungen für entspannte Urlaubstage!

Petersen's Landhaus garni

Seestr. 56a ✉ 23683 – ✆ (04503) 3 55 10 – www.petersens-landhaus.de
16 Zim – 75/90 € 108/138 € – 1 Suite
Ein Haus mit sympathischer familiärer Atmosphäre und behaglichem Ambiente von der kleinen Kaminhalle bis in die tipptopp gepflegten Zimmer.

Göttsche

Am Hang 8 ✉ 23683 – ✆ (04503) 88 20 – www.hotelgoettsche.de – geschl. 1. November - 25. Dezember
12 Zim – 60/159 € 132/168 € – 1 Suite – ½ P
Rest – Karte 19/48 € – *(geschl. Mittwoch)*
Schon ein hübsches Plätzchen, so leicht erhöht über dem Strand! Die hauseigene Treppe führt Sie hinunter. Wer auf den Meerblick auch im Zimmer nicht verzichten möchte, fragt am besten nach den seeseitigen. Die schöne Sicht genießt man auch auf der Restaurantterrasse bei bürgerlicher Küche.

Villa Scharbeutz garni

Seestr. 26 ✉ 23683 – ✆ (04503) 8 70 90 – www.hotel-villa-scharbeutz.de – geschl. 1. - 25. Dezember, 10. Januar - 28. Februar
22 Zim – 41/55 € 77/85 €
Die schöne Jugendstilvilla ist das Stammhaus dieses Hotels - hier wohnt man in funktionellen Gästezimmern. Wenn Sie es gerne etwas komfortabler und zeitgemäßer haben, buchen Sie ein Zimmer im Anbau!

DiVa – Hotel BelVeder

Strandallee 146, (Süd: 1,5 km über B 76, Richtung Timmendorfer Strand) ✉ 23683 – ✆ (04503) 3 52 66 00 – www.hotel-belveder.de – geschl. 22. Dezember - 7. Januar, 24. August - 12. September und Sonntag - Montag
Menü 68/118 € – Karte 75/101 € – *(nur Abendessen)* (Tischbestellung erforderlich)
Zur mediterranen Leichtigkeit, die das Gourmetrestaurant versprüht, passen die modernen Einflüsse, die Küchenchef Gunter Ehinger geschickt in seine Speisen einfließen lässt.
→ Kalbsbries mit Sellerie, Limone und Basilikumcreme. Königskrabbe mit spanischen Reisnudeln. Celtic Coffee.

BelVeder – Hotel BelVeder
Strandallee 146, (Süd: 1,5 km über B 76, Richtung Timmendorfer Strand)
✉ 23683 – ✆ (04503) 3 52 67 07 – www.hotel-belveder.de
Menü 32/45 € – Karte 29/58 €
Regionale Küche mit Blick auf die Ostsee - das erwartet Sie hier. Dazu noch klassisch-elegantes Ambiente und im Sommer eine herrliche Terrasse hinter den Dünen!

Brechtmanns Botschaft
Strandallee 116 ✉ 23683 – ✆ (04503) 7 33 31 – www.brechtmanns-botschaft.de – geschl. Mitte Februar - Mitte März, Ende Oktober - Anfang November und Dienstag - Mittwochmittag
Menü 35/50 € – Karte 27/48 €
Das schöne Haus beim Strand ist zu einer kulinarischen Institution in Scharbeutz geworden. Ann Kathrin Brechtmann ist für den herzlichen Service verantwortlich, ihr Mann Sven für regional und asiatisch beeinflusste Speisen wie "Kabeljau mit Pfifferlingsrisotto, Eissalat und eingelegte Kirschen" oder "Dim Sum vom Kalb, Salat von grüner Thai-Papaya und Pflaumen-Dip".

Herzberg's Restaurant
Strandallee 129 ✉ 23683 – ✆ (04503) 7 41 59 – www.herzbergs-restaurant.de
Menü 45 € – Karte 20/50 €
Hier kommt Frisches aus der Region auf den Tisch: Probieren Sie den Fisch oder - wenn Sie lieber Fleisch mögen - die Grillgerichte! Das Restaurant selbst haben die Herzbergs mit allerlei Accessoires und Liebe zum Detail wirklich charmant gestaltet. Auch draußen ums Haus herum sitzt es sich schön.

In Scharbeutz-Haffkrug

Maris
Strandallee 10 ✉ 23683 – ✆ (04563) 4 27 20 – www.hotelmaris.de
13 Zim – †60/110 € ††90/140 € – 1 Suite – ½ P
Rest *Muschel* – siehe Restaurantauswahl
Das direkt an der Strandpromenade gelegene Hotel verfügt über wohnlich gestaltete Gästezimmer mit Balkon - teilweise hat man auch Meerblick! Radler dürfen sich auf den kostenlosen Fahrradverleih freuen.

Muschel – Hotel Maris
Strandallee 10 ✉ 23683 – ✆ (04563) 42 28 03 – www.restaurant-muschel-haffkrug.de – geschl. Mitte Januar - Mitte Februar und Montag - Dienstag, Mitte Juni - September: Dienstag
Menü 37 € – Karte 31/47 € – (Tischbestellung ratsam)
Ob "Zander auf Rahmsauerkraut" oder "eingelegte Feigen mit Schokoladenparfait", was hier an frischen saisonalen Gerichten die Küche von Jens Häberle verlässt, überzeugt mit Geschmack - und mit fairen Preisen. Große Fenster machen das Restaurant schön hell.

SCHEER – Baden-Württemberg → Siehe Sigmaringen

SCHEESSEL
Niedersachsen – 12 820 Ew. – Höhe 30 m – Siehe Regionalatlas **18-H6**
Berlin 341 km – Hannover 121 km – Hamburg 68 km – Bremen 54 km
Michelin Straßenkarte 541

In Scheeßel-Oldenhöfen Nord-West: 7 km über Zevener Straße, in Hetzwege rechts

Rauchfang
Oldenhöfen 3a ✉ 27383 – ✆ (04263) 6 02 – www.rauchfang-oldenhoefen.de – geschl. Montag - Dienstag
Menü 43 € – Karte 29/59 € – *(Mittwoch - Samstag nur Abendessen)*
Seit 20 Jahren betreibt Familie Kaiser den netten Landgasthof, ein Häuslingshaus von 1800. Der Chef kocht Leckeres wie "geschmorte Lammhaxe mit Speckbohnen" oder "Saibling auf Spargelrisotto". Blickfang in dem liebenswerten Restaurant ist der offene Kamin. Oder sitzen Sie lieber auf der Terrasse im Grünen?

SCHEIBENHARDT

Rheinland-Pfalz – 690 Ew. – Höhe 120 m – Siehe Regionalatlas **54-E18**
Berlin 687 km – Mainz 168 km – Karlsruhe 24 km – Landau in der Pfalz 32 km
Michelin Straßenkarte 543

In Scheibenhardt-Bienwaldmühle Nord-West: 5,5 km

Bienwaldmühle

Bienwaldmühle 3 ✉ 76779 – ✆ (06340) 2 76 – www.bienwaldmuehle.de – geschl. 15. Dezember - 4. Februar, Ende Juli - Anfang August 2 Wochen und Montag - Dienstag
Menü 25/64 € – Karte 21/40 €
Mitten im Bienwald und entsprechend abgelegen und ruhig steht das Gasthau der Familie Roth. Die regionale und saisonale Küche - und auch den Nachmittags kaffee samt Kuchen - lässt man sich im Sommer besonders gerne auf der Terrass servieren - bei dieser Lage auch bei Radlern und Wanderern ein beliebtes Ziel!

SCHEIDEGG

Bayern – 4 260 Ew. – Höhe 804 m – Siehe Regionalatlas **63-I21**
Berlin 720 km – München 177 km – Konstanz 84 km – Ravensburg 40 km
Michelin Straßenkarte 546

Birkenmoor

Am Brunnenbühl 10 ✉ 88175 – ✆ (08381) 9 20 00 – www.hotel-birkenmoor.con
16 Zim – 45/59 € 90/118 € – ½ P
Rest – *(nur Abendessen für Hausgäste)*
Sie suchen ein ruhiges Plätzchen zum Ausspannen? Bei Familie Späth finden Si ein kleines Hotel fast ganz im Grünen. Die Zimmer hell und gepflegt, zum Wohl fühlen der große Garten und das Wellnessangebot.

SCHENEFELD

Schleswig-Holstein – 18 510 Ew. – Höhe 21 m – Siehe Regionalatlas **10-I5**
Berlin 298 km – Kiel 86 km – Hamburg 12 km
Michelin Straßenkarte 541

In Schenefeld-Dorf

Klövensteen

Rest,

Hauptstr. 83 ✉ 22869 – ✆ (040) 8 39 36 30 – www.hotel-kloevensteen.de
58 Zim – 80/92 € 106/116 €
Rest *Peter's Bistro* – Karte 20/42 € – *(Montag - Freitag nur Abendessen)*
Ein recht komfortables Hotel, das neben wohnlich und funktionell ausgestatteter Zimmern auch Kosmetikanwendungen bietet. Praktisch ist die gute Anbindunc an die Autobahn. Bürgerliche Küche im Bistro.

SCHENKENZELL

Baden-Württemberg – 1 780 Ew. – Höhe 361 m – Siehe Regionalatlas **54-E19**
Berlin 732 km – Stuttgart 104 km – Freiburg im Breisgau 72 km – Villingen-Schwenningen 46 km
Michelin Straßenkarte 545

Waldblick

Zim,

Schulstr. 12 (B 294) ✉ 77773 – ✆ (07836) 9 39 60 – www.hotel-waldblick.de – geschl. 19.- 29. Februar
20 Zim – 58/72 € 82/108 € – ½ P
Rest – Menü 22/28 € – Karte 22/42 €
Schon die gelbe Fassade mit den blauen Fensterläden ist freundlich und einladend, ebenso die zeitgemäßen und funktionalen Zimmer (teilweise groß genuc für Familien) und natürlich die engagierte Familie Kilgus! Lust auf Minigolf? Mar hat eine eigene Anlage direkt am Haus. Im Restaurant und auf der schönen Terrasse serviert man bürgerliche Küche.

SCHERMBECK

Nordrhein-Westfalen – 13 690 Ew. – Höhe 40 m – Siehe Regionalatlas **26-C10**
Berlin 523 km – Düsseldorf 69 km – Dorsten 10 km – Wesel 19 km
Michelin Straßenkarte 543

ACQUA
MORELLI
Einzigartig
und von
edelster
Reinheit.
ACQUA
MORELLI
NON-SPARKLING · NATURALE
ACQUA
MORELLI
SPARKLING · FRIZZANTE
In den Sorten „Frizzante" mit und „Naturale" ohne Kohlensäure erhältlich.
ACQUA MINERALE
Made in Italy
www.facebook.com/acquamorelli // www.acqua-morelli.com

In Schermbeck-Gahlen Süd: 4 km über Mittelstraße und Maassenstraße

XX **Landhaus Nikolay**

Kirchhellener Str. 1 (Süd: 2 km, in Besten) ✉ 46514 – ✆ (02362) 4 11 32 – www.landhaus-nikolay.de – geschl. Montag

Menü 59/89 € – Karte 44/70 € – (Tischbestellung ratsam)

Sie legen Wert auf frische, möglichst heimische Produkte? Der Chef dieses liebenswerten Restaurants ebenso: Für seine klassische Küche sammelt er Pilze, züchtet Hühner und Enten selbst, zieht Gemüse und Kräuter im eigenen Garten...

In Schermbeck-Weselerwald Nord-West: 13 km über B 58, bei Drevenack rechts Richtung Bocholt

Landhotel Voshövel

Am Voshövel 1 ✉ 46514 – ✆ (02856) 9 14 00 – www.landhotel.de – geschl. über Weihnachten, 2. - 7. Januar

50 Zim – 99 € 146/187 € – ½ P

Rest *Landhotel Voshövel* – siehe Restaurantauswahl

Seminar, Hochzeit, Wellness... das Hotel ist mit seinem schönen Spa, den individuellen Zimmern (teils Themenzimmer), den variablen Tagungsräumen und dem eigenen Standesamt ideal für so manchen Anlass. Außerdem gibt es Ermäßigung im Golfclub nebenan.

XX **Landhotel Voshövel** – Landhotel Voshövel

Am Voshövel 1 ✉ 46514 – ✆ (02856) 9 14 00 – www.landhotel.de – geschl. über Weihnachten, 2. - 7. Januar

Menü 39/69 € – Karte 24/62 €

Was in den gemütlichen Stuben serviert wird, ist schmackhaft, saisonal und aus guten Produkten zubereitet. Die Karte macht mit "gebratenem Lammnüsschen und Bries" oder "trocken gereiftem Rumpsteak unter der Kräuterkruste" Appetit.

SCHESSLITZ

Bayern – 7 080 Ew. – Höhe 310 m – Siehe Regionalatlas **50-K15**

Berlin 391 km – München 252 km – Coburg 57 km – Bayreuth 47 km

Michelin Straßenkarte 546

In Schesslitz-Burgellern Nord-Ost: 2 km Richtung Wattendorf, jenseits der A 70

Schloss Burgellern

Kirchplatz 1 ✉ 96110 – ✆ (09542) 77 47 50 – www.burgellern.de

23 Zim – 89/109 € 134/199 € – ½ P

Rest – Menü 42/48 € – Karte 22/47 € – *(nur Abendessen, sonntags auch Mittagessen)*

Ein schön saniertes Anwesen a. d. 18. Jh., überall hübsche historische Details wie Parkettböden, Intarsien, Deckengemälde, Original-Türen... Geschmackvoll die Zimmer, reizvoll der 5 ha große Park mit Naturbadeteich. Klassisch das Ambiente im Restaurant, Motto der Küche: "Fränkische Toskana". Man hat übrigens eigenen Honig! Kochschule im Parkschlösschen von 1890.

In Schesslitz-Würgau Ost: 5 km über Hauptstraße, Oberend und B 22

X **Brauerei-Gasthof Hartmann** mit Zim

Fränkische-Schweiz-Str. 26 (B 22) ✉ 96110 – ✆ (09542) 92 03 00 – www.brauerei-hartmann.de

9 Zim – 40/45 € 75/78 €

Menü 55 € – Karte 16/39 € – *(geschl. Dienstag)*

Bereits seit 1550 existiert der gestandene Brauereigasthof mit gemütlich-rustikaler Atmosphäre und sehr nettem Biergarten unter Kastanien. Serviert wird regionale Küche mit heimischem Wild. Probieren Sie auch die eigenen Biere "Felsentrunk" mit Rauchmalz, das Schwarzbier "Erbschänk", "Felsenweiße"...

SCHIEDER-SCHWALENBERG

Nordrhein-Westfalen – 8 780 Ew. – Höhe 200 m – Siehe Regionalatlas **28-G10**

Berlin 362 km – Düsseldorf 209 km – Hannover 80 km – Detmold 22 km

Michelin Straßenkarte 543

Im Ortsteil Schieder

Landhaus Schieder (mit Gästehaus) Zim,

Domäne 1 ✉ 32816 – ✆ (05282) 9 80 90 – www.landhaus-schieder.de
25 Zim ☕ – 🚹72/85 € 🚹🚹114/126 € – ½ P
Rest – Menü 20 € (mittags)/32 € – Karte 19/40 €
Das um 1900 von Graf Ernst Regent zur Lippe errichtete Herrenhaus und ein Gästehaus beherbergen ansprechende Zimmer, z. T. mit separatem Wohnbereich. Restaurant mit Wintergartenvorbau und internationaler Karte.

SCHIFFERSTADT

Rheinland-Pfalz – 19 380 Ew. – Höhe 104 m – Siehe Regionalatlas **47-F16**
▶ Berlin 631 km – Mainz 83 km – Mannheim 25 km – Speyer 9 km
Michelin Straßenkarte 543

Salischer Hof (mit Gästehäusern) Rest,

Burgstr. 12 ✉ 67105 – ✆ (06235) 93 10 – www.salischer-hof.de – geschl. 1. - 11. Januar
24 Zim ☕ – 🚹79/89 € 🚹🚹104/114 € – ½ P
Rest – Menü 29 € (abends)/45 € – Karte 38/57 € – *(geschl. Samstagmittag, Sonntag)*
Das aus einem historischen Hofgut entstandene und aus mehreren Gebäuden bestehende Hotel bietet helle, zeitgemäße Zimmer. Ein mediterraner Touch prägt das Haus. Internationale Küche im Restaurant mit Wintergarten und nettem Innenhof. Jeden 3. Sonntag im Monat Brunch.

Zur Kanne (mit Gästehaus) Rest,

Kirchenstr. 7 ✉ 67105 – ✆ (06235) 4 90 00 – www.hotel-zurkanne.de – geschl. 27. Dezember - 10. Januar
38 Zim ☕ – 🚹60/79 € 🚹🚹86/99 €
Rest – Karte 15/34 € – *(nur Abendessen, sonntags auch Mittagessen)*
Der Gasthof mit der Fachwerkfassade existiert bereits seit 1547 und war ursprünglich ein Männerkloster. Heute wohnen Sie bei Familie Prieschl in sehr gepflegten Zimmern und lassen sich im gemütlichen Restaurant mit bürgerlicher Küche bewirten, wobei Pfälzer Klassiker natürlich nicht fehlen dürfen!

SCHILLINGSFÜRST

Bayern – 2 720 Ew. – Höhe 516 m – Siehe Regionalatlas **49-J17**
▶ Berlin 517 km – München 188 km – Würzburg 85 km – Ansbach 28 km
Michelin Straßenkarte 546

Die Post

Rothenburger Str. 1 ✉ 91583 – ✆ (09868) 95 00 – www.flairhotel-diepost.com
13 Zim ☕ – 🚹55/65 € 🚹🚹78/95 € – ½ P
Rest – Menü 20/39 € – Karte 14/51 € – *(geschl. Sonntagabend - Montagmittag) (Januar - März: Samstagabend und Sonntagabend)*
Familie Leiblein (bereits die 5. Generation) kümmert sich hier freundlich um ihre Gäste, und das sowohl im netten ländlich-gepflegten Hotelbereich als auch in den verschiedenen Restauranträumen - nicht zu vergessen die schöne Terrasse mit weiter Sicht! Gekocht wird übrigens saisonal und regional. Probieren Sie auch die selbstgebrannten Schnäpse.

SCHILTACH

Baden-Württemberg – 3 880 Ew. – Höhe 330 m – Siehe Regionalatlas **54-E20**
▶ Berlin 740 km – Stuttgart 126 km – Freiburg im Breisgau 68 km – Offenburg 51 km
Michelin Straßenkarte 545

Zum weyßen Rössle

Schenkenzeller Str. 42 ✉ 77761 – ✆ (07836) 3 87 – www.weysses-roessle.de – geschl. 22. Dezember - 6. Januar

9 Zim – 55/66 € 76/96 € – ½ P

Rest – Karte 17/45 € – *(geschl. Sonntagabend - Montag)*

Ulrich Wolber und seine Frau sind sehr herzliche und engagierte Gastgeber! Da darf man sich auf wohnliche Zimmer freuen, auf ein schönes Frühstück und auf ein charmantes rustikales Restaurant mit regionaler Küche. Wer es gerne etwas geräumiger hat, sollte nach den Doppelzimmern fragen. Auch das Zimmer mit Himmelbett wird gerne gebucht!

SCHKEUDITZ

Sachsen – 17 470 Ew. – Höhe 111 m – Siehe Regionalatlas **31-N11**

Berlin 172 km – Dresden 124 km – Leipzig 13 km – Halle (Saale) 21 km

Michelin Straßenkarte 544

Globana Airport Hotel

Frankfurter Str. 4 (West: 1,5 km) ✉ 04435 – ✆ (034204) 3 33 33 – www.globana.com

158 Zim – 70/125 € 90/145 € – 5 Suiten – ½ P **Rest** – Karte 23/44 €

Funktionale Tagungs- und Businessadresse mit guter Verkehrsanbindung. Im 6. Stock sind einige Annehmlichkeiten wie z. B. Minibar inklusive. Hausgäste parken kostenfrei. Restaurant mit Wintergarten und Blick ins Grüne.

Schillerstuben

Herderstr. 26 ✉ 04435 – ✆ (034204) 1 47 16 – www.schillerstuben.de – geschl. Sonntag

Menü 65 € – *(nur Abendessen)*

In der Villa von 1929 befinden sich schöne wohnliche Restauranträume mit wechselnder Kunstausstellung. Die Küche ist saisonal - im Sommer sitzt man auch auf der hübschen Terrasse.

SCHKOPAU

Sachsen-Anhalt – 11 460 Ew. – Höhe 98 m – Siehe Regionalatlas **31-M11**

Berlin 182 km – Magdeburg 96 km – Leipzig 35 km – Halle (Saale) 11 km

Michelin Straßenkarte 542

Schlosshotel Schkopau

Am Schloss ✉ 06258 – ✆ (03461) 74 90 – www.schlosshotel-schkopau.de

49 Zim – 75/169 € 95/219 € – 5 Suiten – ½ P

Rest – Menü 21/64 € – Karte 30/49 €

Ein schönes jahrhundertealtes Anwesen mit Schlosskapelle und Park. Die wohnlich-elegante Einrichtung fügt sich harmonisch in den historischen Rahmen. Massage- und Kosmetikangebot. Stilvolles Ambiente im Restaurant mit Kreuzgewölbe.

SCHLAT

Baden-Württemberg – 1 730 Ew. – Höhe 424 m – Siehe Regionalatlas **56-H19**

Berlin 608 km – Stuttgart 51 km – Göppingen 9 km – Schwäbisch Gmünd 27 km

Michelin Straßenkarte 545

Gasthof Lamm mit Zim

Eschenbacher Str. 1 ✉ 73114 – ✆ (07161) 99 90 20 – www.lamm-schlat.de – geschl. Weihnachten 1 Woche, Fasching 1 Woche, August 2 Wochen und Dienstag- Mittwoch, Freitagmittag

5 Zim – 50/80 € 90/150 €, 12 € Menü 29/69 € – Karte 26/65 €

Jörg Geiger ist ein Multitalent: Zum einen führt er seinen traditionellen Gasthof, zum anderen hat er eine Manufaktur für edle Destillate und Obstschaumweine, dann ist er noch Gastgeber für alle, die in den fünf charmanten, wohnlichen Zimmern übernachten möchten, und, und, und...! Wenn Sie hier einkehren, sollten Sie sich Gerichte wie "geschmorte Schweinebäckchen" oder auch etwas von der "innovativen" Seite der Speisekarte schmecken lassen.

SCHLEIDEN

Nordrhein-Westfalen – 13 290 Ew. – Höhe 370 m – Siehe Regionalatlas **35-B13**

Berlin 639 km – Düsseldorf 103 km – Aachen 50 km – Düren 38 km

Michelin Straßenkarte 543

In Schleiden-Gemünd Nord: 6 km über B 265

Kurpark Hotel garni

Parkallee 1 ✉ 53937 – ✆ (02444) 9 51 10 – www.kurparkhotel-schleiden.de – geschl. 22. Dezember - 4. Januar

20 Zim – 58/69 € 98/102 €

Das gepflegte Hotel liegt ruhig am Kurpark und bietet gut ausgestatte Zimmer, die teilweise über einen Balkon verfügen. Dazu ein gutes Frühstücksbuffet mit Bioprodukten.

SCHLEMA, BAD

Sachsen – 5 150 Ew. – Höhe 450 m – Siehe Regionalatlas **42-O13**

Berlin 300 km – Dresden 113 km – Chemnitz 37 km – Oberwiesenthal 41 km

Michelin Straßenkarte 544

Am Kurhaus

Richard-Friedrich-Boulevard 16 ✉ 08301 – ✆ (03772) 3 71 70 – www.am-kurhaus.com

41 Zim – 84 € 120/150 € – 2 Suiten – ½ P

Rest – Menü 27/33 € – Karte 22/40 €

Hotel in einem neuzeitlichen Gebäudekomplex im Kurgebiet. Die teils zum Park gelegenen Zimmer sind hell und großzügig, der Ayurvedabereich ist authentisch im Stil Sri Lankas gehalten. Freundliches Restaurant mit sonniger Terrasse.

SCHLEPZIG

Brandenburg – 620 Ew. – Höhe 47 m – Siehe Regionalatlas **33-Q9**

Berlin 78 km – Potsdam 95 km – Cottbus 66 km – Frankfurt (Oder) 67 km

Michelin Straßenkarte 542

Landgasthof zum grünen Strand der Spree

Dorfstr. 53 ✉ 15910 – ✆ (035472) 66 20 – www.spreewaldbrauerei.de

27 Zim – 50/90 € 90/130 € – ½ P **Rest** – Karte 19/43 €

Diese hübsche Anlage mit regionstypischem Charakter bietet richtig wohnliche Landhauszimmer (auch Spa-Suiten mit eigener Sauna) und eine schöne große Wiese zum Spreekanal hin. Gemütlich essen können Sie im ländlich gehaltenen Restaurant - oder wie wär's mit einem selbstgebrauten Bier in der netten rustikalen Braustube?

SCHLESWIG

Schleswig-Holstein – 24 060 Ew. – Höhe 1 m – Siehe Regionalatlas **2-H2**

Berlin 395 km – Kiel 53 km – Flensburg 33 km – Neumünster 65 km

Michelin Straßenkarte 541

Hahn garni

Lutherstr. 8 ✉ 24837 – ✆ (04621) 99 53 52 – www.hotelhahn.de

6 Zim – 70/100 € 90/110 €

In der schmucken Gründerzeitvilla spürt man das Engagement und die Leidenschaft, mit der die Familie hier bei der Sache ist. Die Einrichtung ist hochwertig und stilvoll, in der schönen Lounge bekommt man gute Weine, zum Frühstück ausgewählte Produkte - natürlich auch selbstgemachte Konfitüre.

In Schleswig-Friedrichsberg Süd-West: 5 km

F-Ritz garni

Friedrichstr. 102 ✉ 24837 – ✆ (04621) 93 22 80 – www.hotel-f-ritz.de

11 Zim – 65/95 € 85/115 €

Die Gastgeberin ist Architektin, ihr Faible für schöne Formen und Farben sieht man sofort: Vom Parkett über Möbel und Stoffe bis zum Bild an der Wand passt alles zusammen. Sehr gut das Frühstück, hübsch der kleine Garten hinterm Haus.

In Schleswig-Pulverholz Süd-West: 1,5 km

Waldschlösschen
Rest,

Kolonnenweg 152 ✉ *24837 –* ✆ *(04621) 38 30 – www.hotel-waldschloesschen.de*
114 Zim – 85/139 € 105/169 € – 2 Suiten – ½ P
Rest *Fasanerie* – siehe Restaurantauswahl
Rest *Olerarius* – Karte 32/55 € – *(geschl. 22. - 24. Dezember)*
Schön liegt das Haus der Familie Behmer am Waldgebiet "Pöhler Gehege" - ideal für Spaziergänge. Danach relaxt man im attraktiven hochwertigen "GartenSpa": Sauna-Welt mit Lady's Lounge, Duftgarten, zahlreiche Anwendungen...

Fasanerie – Hotel Waldschlösschen

Kolonnenweg 152 ✉ *24837 –* ✆ *(04621) 38 30 – www.hotel-waldschloesschen.de – geschl. Sonntag - Montag*
Menü 49/62 € – Karte 49/58 € – *(nur Abendessen)*
Hier gesellen sich zum gemütlich-zeitgemäßen Ambiente international und saisonal geprägte Speisen. Probieren Sie die appetitlichen Wild- und Fischgerichte - die sind Spezialität der "Fasanerie"!

SCHLIENGEN
Baden-Württemberg – 5 330 Ew. – Höhe 250 m – Siehe Regionalatlas **61-D21**
Berlin 836 km – Stuttgart 243 km – Freiburg im Breisgau 38 km – Müllheim 9 km
Michelin Straßenkarte 545

In Schliengen-Mauchen

Gasthaus Zur Krone

Müllheimer Str. 6 ✉ *79410 –* ✆ *(07635) 98 99 – www.krone-mauchen.de – geschl. Montag - Dienstag*
Karte 17/37 €
Das hier ist die Gutsschänke des Weinguts Lämmlin-Schindler. In rustikalem Ambiente (nett auch die Terrasse) gibt es neben hauseigenen Weinen auch frische Gerichte wie "Zwiebelrostbraten mit Krautspätzle" oder "Linsen mit Spätzle und Wienerle" - nicht zu vergessen die tolle Kuchen- und Tortenauswahl!

SCHLIERSEE
Bayern – 6 670 Ew. – Höhe 784 m – Siehe Regionalatlas **66-M21**
Berlin 652 km – München 62 km – Garmisch-Partenkirchen 79 km – Rosenheim 36 km
Michelin Straßenkarte 546

In Schliersee-Spitzingsee Süd: 10 km über B 307, hinter Neuhausen rechts – Höhe 1 085 m

Arabella Alpenhotel am Spitzingsee

Seeweg 7 ✉ *83727 –* ✆ *(08026) 79 80* Rest,
– www.arabella-alpenhotel.com
108 Zim – 126/176 € 168/268 € – 12 Suiten – ½ P
Rest *König Ludwig Stube* – ✆ (08026) 79 88 08 – Menü 35 € – Karte 27/40 €
Rest *Osteria L'Oliva* – ✆ (08026) 79 88 08 – Menü 35 € – Karte 28/42 € – *(geschl. Sonntag - Mittwoch) (nur Abendessen)*
Schön liegt das Hotel in 1100 m Höhe, viele der wohnlichen Zimmer bieten Seeblick. Zum schicken modernen Spa gehört die höchstgelegene Sole-Therme Deutschlands. Strandbad. Alpenländisch: König Ludwig Stube. Mediterran (u. a. mit Antipasti, Pizza, Pasta) gibt sich die Osteria L'Oliva. Weinkeller.

SCHLUCHSEE
Baden-Württemberg – 2 540 Ew. – Höhe 950 m – Siehe Regionalatlas **62-E21**
Berlin 795 km – Stuttgart 172 km – Freiburg im Breisgau 48 km – Donaueschingen 49 km
Michelin Straßenkarte 545

Vier Jahreszeiten am Schluchsee

Am Riesenbühl ✉ 79859 – ✆ (07656) 7 00 – www.vjz.de

197 Zim – 138/173 € 246/340 € – 11 Suiten – ½ P

Rest – Menü 32/54 € (abends) – Karte 35/61 €

Ruhige Lage und vielfältiges Freizeitangebot mit Tennis (Hallen- und Freiplätze), Nordic Walking, Indoor-Golf... Dazu ein spezielles Ayurveda-Zentrum. Nicht zu vergessen: wohnliche Zimmer mit Balkon. Teil des Restaurantbereichs ist die gemütlich-rustikale Gaststube "Kachelofen".

Hegers Parkhotel Flora

Sonnhalde 22 ✉ 79859 – ✆ (07656) 9 74 20 – www.parkhotel-flora.de

33 Zim – 115/130 € 166/180 € – 7 Suiten – ½ P

Rest – Menü 33/69 € – Karte 32/66 €

Ein familiengeführtes Ferienhotel in ruhiger Lage. Die Zimmer bieten teilweise Seeblick, einige neuere in attraktivem geradlinig-modernem Stil. Und dann sind da noch die Appartements gegenüber... hier gibt's auch Fitness, Hallenbad und Sauna. Gönnen Sie sich ruhig auch Kosmetik und Massage. Im Restaurant sitzt man besonders schön am Fenster und natürlich bei gutem Wetter auf der Terrasse.

Mutzel

Rest,

Im Wiesengrund 3 ✉ 79859 – ✆ (07656) 9 87 99 90 – www.hotel-mutzel.de – geschl. Mitte November - Mitte Dezember

23 Zim – 50/55 € 90/112 € – 2 Suiten – ½ P

Rest – Menü 30 € – Karte 18/43 € – *(geschl. Mittwoch)*

Sie finden dieses familiär geleitete Haus in einem Wohngebiet am Rande des Ortes. Hinter der regionaltypischen Balkonfassade erwarten Sie solide zeitgemäße Gästezimmer.

In Schluchsee-Aha Nord-West: 4 km über B 500

Auerhahn

Rest,

Vorderaha 4 (an der B 500) ✉ 79859 – ✆ (07656) 9 74 50 – www.auerhahn.net

59 Zim – 145/180 € 270/300 € – 3 Suiten – ½ P

Rest – Menü 35 € – Karte 20/52 € – (Tischbestellung erforderlich)

Nur die Straße trennt das Hotel vom See. Genießen Sie das umfassende Wellness- und Sportangebot, dazu ein Leihboot für Angler. Ein bisschen Spa gleich auf dem Zimmer? Eine Juniorsuite hat eine eigene Sauna, zwei Suiten eine Whirlwanne. Auch wenn Sie kein Hausgast sind, können Sie hier essen - und zwar Röstigerichte im rustikalen "Tannenzäpfle".

In Schluchsee-Seebrugg Süd-Ost: 3 km, über B500

Seehotel Hubertus

Rest,

Seebrugg 16, (am Schluchsee) ✉ 79859 – ✆ (07656) 5 24 – www.hubertus-schluchsee.de – geschl. 6. - 29. Januar, 9. - 26. November

16 Zim – 99/119 € 150/230 € – ½ P

Rest – Menü 50 € – Karte 34/66 €

Das erweiterte Jagdschlösschen von 1897 beherbergt schöne, gut ausgestattete Zimmer in zeitgemäß-klassischem Stil, manche mit Balkon zum See. Freundlicher Sauna- und Ruhebereich, eigener Seezugang. Das Restaurant verfügt über eine tolle Terrasse mit Seeblick.

SCHLÜCHTERN

Hessen – 16 780 Ew. – Höhe 207 m – Siehe Regionalatlas **38-H14**

Berlin 478 km – Wiesbaden 117 km – Fulda 30 km – Frankfurt am Main 76 km

Michelin Straßenkarte 543

Stadt Schlüchtern garni

Breitenbacher Str. 5 ✉ 36381 – ✆ (06661) 74 78 80 – www.hotel-stadt-schluechtern.de

30 Zim – 55/65 € 85/88 €

Das Hotel mitten im Zentrum ist hell, freundlich und neuzeitlich eingerichtet. Highlight ist die eigene Bäckerei im Haus - frischer könnten die Brötchen zum Frühstück nicht sein! Bis abends bekommen die Gäste hier auch belegte Brötchen.

SCHLÜSSELFELD

Bayern – 5 650 Ew. – Höhe 300 m – Siehe Regionalatlas **50-J16**
Berlin 446 km – München 227 km – Nürnberg 59 km – Bamberg 44 km
Michelin Straßenkarte 546

Zum Storch (mit Gästehäusern) Rest,
Marktplatz 20 ✉ 96132 – ✆ (09552) 92 40 – www.hotel-storch.de – geschl. 6. - 20. Januar
58 Zim – †60/80 € ††85/100 € – 2 Suiten – ½ P **Rest** – Karte 16/38 €
Ein erweiterter familiengeführter Gasthof mitten im Ort. Im Haupthaus hat man u. a. einige neuere Zimmer, ansonsten sind die im ca. 100 m entfernten Gästehaus etwas komfortabler, unterm Dach mit original Holzbalken. Restaurant mit ländlichem Charakter, dazu die nette Terrasse vor dem Haus.

SCHMALLENBERG

Nordrhein-Westfalen – 25 290 Ew. – Höhe 400 m – Siehe Regionalatlas **37-F12**
Berlin 513 km – Düsseldorf 168 km – Arnsberg 48 km – Meschede 35 km
Michelin Straßenkarte 543

In Schmallenberg-Fleckenberg Süd-West: 2 km über B 236 Richtung Olpe

Hubertus Zim,
Latroper Str. 24 ✉ 57392 – ✆ (02972) 50 77 – www.gasthof-hubertus.de – geschl. 5. - 25. Dezember
25 Zim – †66/68 € ††98/130 € – ½ P
Rest – Menü 15 € (mittags)/30 € – Karte 20/43 €
Ein äußerst gepflegtes Hotel mit familiärer Führung und wohnlichen Zimmern, die teilweise über Balkon/Terrasse verfügen. Vom Badebereich schaut man in den Garten. Bürgerlich-rustikales Restaurant.

In Schmallenberg-Jagdhaus Süd: 7 km über B 236 Richtung Olpe, in Fleckenberg links

Jagdhaus Wiese Zim,
Jagdhaus 3 ✉ 57392 – ✆ (02972) 30 60 – www.jagdhaus-wiese.de – geschl. 13. - 26. Dezember
47 Zim – †86/136 € ††138/208 € – 14 Suiten – ½ P
Rest – Menü 23 € (abends) – Karte 19/47 €
Das herrlich ruhig gelegene Anwesen mit Park ist ein Haus mit Tradition, das mit Gefühl und Geschmack modernisiert wird. Die Zimmer sind sehr unterschiedlich, einige eher rustikal, andere moderner. Restaurant in ländlichem Stil.

Schäferhof
Jagdhaus 21 ✉ 57392 – ✆ (02972) 4 73 34 – www.schaeferhof.com – geschl. 9. - 19. März, November 2 Wochen
10 Zim – †60/65 € ††84/108 € – 2 Suiten – ½ P
Rest – Karte 22/37 € – *(geschl. Dienstag)*
Die herrliche Landschaft, nette, wohnliche Gästezimmer (darunter zwei Maisonetten) und die sehr persönliche Führung machen das tipptopp gepflegte Haus der Familie Grobbel aus. Gemütlich ist die Atmosphäre im Restaurant, schön die Terrasse mit Blick ins Grüne.

In Schmallenberg-Latrop Süd-Ost: 8,5 km über B 236 Richtung Olpe, in Fleckenberg links

Hanses Bräutigam Rest,
Latrop 27 ✉ 57392 – ✆ (02972) 99 00 – www.hotel-hanses.de – geschl. 2. - 27. November
24 Zim – †60/105 € ††112/162 € – ½ P
Rest – Menü 15 € (mittags)/26 € – Karte 22/51 €
In dem netten Sauerländer Fachwerkhaus erwarten Sie einige modern-elegante Komfortzimmer und Juniorsuiten, aber auch einfachere und rustikalere Gästezimmer. Bürgerliches Restaurant.

In Schmallenberg-Nordenau Nord-Ost: 13 km über B 236, in Oberkirchen links

Gnacke

Astenstr. 6 ✉ 57392 – ✆ (02975) 9 63 30 – www.hotel-gnacke.de
46 Zim – ♦69/93 € ♦♦138/186 € – ½ P **Rest** – Karte 24/41 €
Das traditionelle Ferienhotel verbindet Sauerländer Stil mit modernen Elementen Die Zimmer sind etwas unterschiedlich in Einrichtung und Zuschnitt, viele mit Balkon und Aussicht. Rustikales Restaurant und hübsche Caféterrasse zum Tal.

In Schmallenberg-Oberkirchen Ost: 8 km über B 236

Gasthof Schütte

Eggeweg 2 (nahe der B 236) ✉ 57392 – ✆ (02975) 8 20 – www.gasthof-schuette.de – geschl. 6. - 26. Dezember
47 Zim – ♦77/98 € ♦♦130/212 € – 12 Suiten – ½ P
Rest *Gasthof Schütte* – siehe Restaurantauswahl
Sage und schreibe 19 Generationen hält die Familientradition hier schon an! Im Stammhaus, Giersberghaus und Lennehaus wohnt man in recht individuellen Zimmern, im elegant-komfortablen Spa "Lenneborn" lässt man es sich bei Kosmetikanwendungen gut gehen und 300 m entfernt entspannt man im Garten mit Freibad!

Gasthof Schütte – Hotel Gasthof Schütte

Eggeweg 2 (nahe der B 236) ✉ 57392 – ✆ (02975) 8 20 – www.gasthof-schuette.de – geschl. 6 - 26. Dezember
Menü 26 € (mittags)/55 € – Karte 30/58 €
Bewusst hat man mit liebenswerten Dekorationen den rustikalen Charme des alten Stammhauses bewahrt - ein wohltuender Rahmen für schmackhafte klassisch-internationale Speisen und herzhaft-leckere Spezialitäten wie "Westfälische dicke Bohnen mit Kasseler und Mettwurst" oder "Gebratene Blutwurst auf Spitzkohl".

In Schmallenberg-Ohlenbach Ost: 15 km über B 236, in Oberkirchen links Richtung Winterberg

Waldhaus

Ohlenbach 10 ✉ 57392 – ✆ (02975) 8 40 – www.waldhaus-ohlenbach.de – geschl. 17. - 21. November
45 Zim – ♦94/124 € ♦♦168/228 € – ½ P
Rest *Schneiderstube* – siehe Restaurantauswahl
Rest – Menü 24 € (mittags)/36 € – Karte 26/46 €
Das Hotel befindet sich in herrlich ruhiger, sonnenexponierter Lage in 700 m Höhe - toll der Ausblick! Weitere Vorzüge: Nach Umbau sind nun einige der wohnlichen Zimmer überaus geschmackvoll in modernem Stil eingerichtet und auch der Spa hat noch mehr zu bieten!

Schneiderstube – Hotel Waldhaus

Ohlenbach 10 ✉ 57392 – ✆ (02975) 8 40 – www.waldhaus-ohlenbach.de – geschl. 17. - 21. November und Montag - Dienstag
Menü 46/75 € – Karte 39/74 € – *(nur Abendessen)*
Das Restaurant ist eine Mischung aus rustikaler Gemütlichkeit und klassischem Stil, es wirkt angenehm unkompliziert und einladend! Die Küche ist kreativ, dazu bietet man eine Weinauswahl mit Raritäten.

In Schmallenberg-Westfeld Ost: 12 km über B 236, in Oberkirchen links

Schneider

Winterbergerstr. 3 ✉ 57392 – ✆ (02975) 3 32 – www.schneider-westfeld.de – geschl. Ende November 2 Wochen
17 Zim – ♦37/52 € ♦♦68/104 € – 3 Suiten – ½ P
Rest – Karte 17/46 € – *(geschl. Montag, ausser an Feiertagen)*
Die engagierte familiäre Führung sowie die gepflegten und wohnlich eingerichteten Gästezimmer sprechen für dieses kleine Hotel. Hell gestaltetes Restaurant mit rustikaler Gaststube und Terrasse.

In Schmallenberg-Winkhausen Ost: 6 km über B 236

Deimann

Winkhausen 5 (B 236) ✉ *57392 – ✆ (02975) 8 10 – www.deimann.de*
89 Zim – 🚹113/143 € 🚹🚹164/340 € – ½ P
Rest *Wintergarten* – Menü 27/69 € – Karte 30/59 €
Rest *Bar* – Menü 27/69 € – Karte 30/59 €
Aus dem Herrenhaus von 1880 ist ein sehr komfortables Ferien- und Wellnesshotel entstanden. Geboten wird ein vielfältiger Spa auf rund 3000 qm, dazu individuelle Zimmer (meist zum Garten hin). Im Wintergarten reicht man eine gehobenere Karte als im Barrestaurant, dessen internationale Küche vom Flammkuchen bis zur Forelle reicht.

SCHMIEDEFELD am RENNSTEIG

Thüringen – 1 780 Ew. – Höhe 700 m – Siehe Regionalatlas **40-K13**
Berlin 341 km – Erfurt 59 km – Suhl 13 km
Michelin Straßenkarte 544

Gastinger (mit Gästehaus)

Ilmenauer Str. 21, (B 4) ✉ *98711 – ✆ (036782) 70 70 – www.hotel-gastinger.de – geschl. Anfang - Mitte November*
18 Zim – 🚹55/70 € 🚹🚹70/88 € – 2 Suiten – ½ P
Rest – Menü 18/22 € – Karte 16/33 €
Hier kann man wirklich sehr nett und ganz individuell wohnen - und zwar bei engagierten Gastgebern! Übrigens: Wenn Ihnen das hübsche Geschirr gefällt, können Sie es auch kaufen - es wird im eigenen Keramikatelier gefertigt! Am Nachmittag hausgebackener Kuchen.

SCHMÖLLN

Thüringen – 11 880 Ew. – Höhe 210 m – Siehe Regionalatlas **41-N12**
Berlin 236 km – Erfurt 114 km – Gera 27 km
Michelin Straßenkarte 544

Bellevue

Am Pfefferberg 7 ✉ *04626 – ✆ (034491) 70 00 – www.bellevuehotel.de*
15 Zim – 🚹59/75 € 🚹🚹92/102 € – ½ P
Rest – Menü 24/65 € – Karte 19/41 €
Aus einem im 19. Jh. erbauten Gasthaus etwas oberhalb der Stadt ist dieses kleine Hotel entstanden. Hier lässt es sich in schöner Lage gut wohnen und in klassischem Ambiente speisen - die Küche ist regional und international ausgelegt.

SCHNAITTACH

Bayern – 7 950 Ew. – Höhe 355 m – Siehe Regionalatlas **50-L16**
Berlin 409 km – München 178 km – Nürnberg 35 km – Bayreuth 55 km
Michelin Straßenkarte 546

In Schnaittach-Osternohe Nord: 5 km – Höhe 596 m

Berggasthof Igelwirt

Igelweg 6 (am Schlossberg, Ost: 1 km) ✉ *91220 – ✆ (09153) 40 60 – www.igelwirt.de*
32 Zim – 🚹64/78 € 🚹🚹88/108 €
Rest – Menü 15/34 € – Karte 15/41 € – *(geschl. Montag, außer an Feiertagen)*
Ein Gasthaus a. d. J. 1892, das dank seiner Lage auf dem Schlossberg eine schöne Sicht über das Tal bietet. Die Zimmer sind mal neuzeitlich, mal nett mit Bauernmöbeln eingerichtet, zum Frühstück gibt's Hausmacherwurst und selbstgemachte Marmelade, im Restaurant bürgerlich-regionale Küche.

SCHNEVERDINGEN

Niedersachsen – 18 840 Ew. – Höhe 86 m – Siehe Regionalatlas **19-I6**
Berlin 339 km – Hannover 97 km – Hamburg 66 km – Bremen 74 km
Michelin Straßenkarte 541

Ramster mit Zim — Rest,
Heberer Str. 16 ✉ 29640 – ✆ (05193) 68 88 – www.hotel-ramster.de
6 Zim – †55/65 € ††85/95 € – ½ P Menü 39 € – Karte 22/39 €
Der Chef bezieht seine Produkte aus der Region und macht daraus z. B geschmorte Heidschnuckenkeule oder Wildhase - und die schmecken au der schönen Terrasse zum Garten natürlich auch! Sie möchten übernachten? Die Zimmer sind sehr wohnlich und zeitgemäß, teilweise mit Balkon.

In Schneverdingen-Reinsehlen Nord: 4,5 km über Harburger Straße

Camp Reinsehlen (mit Gästehäusern)
✉ 29640 – ✆ (05198) 98 30 – www.campreinsehlen.de
51 Zim – †79/105 € ††119/145 € – ½ P
Rest – Menü 21/39 € – Karte 24/44 €
Auch Businessgäste schätzen die Ruhe hier in der schönen Heide! Mit ihrem Lodge-Stil und wohnlich-warmen Naturtönen fügt sich die weitläufige Anlage schön in die Landschaft. Spätestens nach einer Klettertour im Hochseilgarten zieht es Sie zur Stärkung ins separat gelegene Restaurant.

In Schneverdingen-Tütsberg Süd-Ost : 12 km über Bahnhofstraße und Heber, in Scharrl links :

Hof Tütsberg (mit Gästehäusern)
im Naturschutzpark ✉ 29640 – ✆ (05199) 9 00 – www.hotel-hof-tuetsberg.de
26 Zim – †68/78 € ††75/129 € – ½ P
Rest – Menü 15 € (mittags)/29 € – Karte 18/44 € – *(geschl. November - März: Montag - Dienstag)*
Reetgedeckte Häuser a. d. 16. Jh., drum herum ein herrlicher Garten mit großen Buchen und Eichen... so stellt man sich einen Gutshof vor. Im Sommer ist die Terrasse der Renner, ob bei Kaffee und Kuchen oder Heidschnuckengerichten! Es gibt auch Gastboxen, schließlich ist das Naturschutzgebiet ideal für Reiter!

SCHOBÜLL – Schleswig-Holstein ➜ Siehe Husum

SCHÖMBERG (KREIS CALW)

Baden-Württemberg – 8 530 Ew. – Höhe 625 m – Siehe Regionalatlas **54-F18**
▶ Berlin 674 km – Stuttgart 74 km – Karlsruhe 47 km – Pforzheim 24 km
Michelin Straßenkarte 545

In Schömberg-Langenbrand Nord-West: 2 km

Schwarzwald-Sonnenhof
Salmbacher Str. 35 ✉ 75328 – ✆ (07084) 9 24 00 – www.schwarzwald-sonnenhof.de
29 Zim – †85/95 € ††148/168 € – ½ P
Rest – Menü 24/64 € – Karte 24/51 €
Familie Bub leitet das Hotel wirklich herzlich - da fühlen sich Tagungsgäste Geschäftsleute und Wochenendurlauber gleichermaßen wohl. Entspannung finden Sie in wohnlichen Zimmern (zwei sogar mit Dachterrasse!), im kleinen Saunadorf und im Restaurant bei bürgerlicher Küche.

SCHÖNAICH – Baden-Württemberg ➜ Siehe Böblingen

SCHÖNAU am KÖNIGSSEE

Bayern – 5 330 Ew. – Höhe 630 m – Siehe Regionalatlas **67-O21**
▶ Berlin 747 km – München 159 km – Bad Reichenhall 23 km – Berchtesgarden 5 km
Michelin Straßenkarte 546

Alpenhotel Zechmeisterlehen
Wahlstr. 35 (Oberschönau) ✉ 83471 – ✆ (08652) 94 50 – www.zechmeisterlehen.de – geschl. 8. November - 20. Dezember
53 Zim – ♦75/140 € ♦♦138/340 € – ½ P
Rest – Menü 18/50 € – Karte 20/46 € – *(nur Abendessen für Hausgäste)*
In dem komfortablen Ferienhotel unter familiärer Leitung sind nicht nur die zeitgemäß-wohnlichen Zimmer ideal zum Erholen, auch der Spa hat da so einiges zu bieten: Neuestes Wellness-Vergnügen ist der Spa-Garten mit schönem Naturbadeteich sowie Sauna- und Ruhebereich. Und den tollen Blick auf Grün- und Kehlstein gibt's gratis dazu!

Alm & Wellnesshotel Alpenhof
Richard-Voss-Str. 30 ✉ 83471 – ✆ (08652) 60 20 – www.alpenhof.de – geschl. 8. - 27. März, 1. November - 11. Dezember
52 Zim – ♦62/105 € ♦♦140/218 € – ½ P
Rest – Menü 29/55 € – Karte 25/47 €
Angenehm ruhig liegt das gewachsene Urlaubshotel an einem Waldstück in 700 m Höhe. Einige Zimmer mit schöner großer Dachterrasse, hübsch ist auch der Wellnessbereich. Restaurant mit behaglichem rustikalem Ambiente.

Georgenhof
Modereggweg 21 (Oberschönau) ✉ 83471 – ✆ (08652) 95 00 – www.hotel-georgenhof.de – geschl. 5. November - 15. Dezember
22 Zim – ♦45/65 € ♦♦80/104 € – ½ P
Rest – *(nur Abendessen für Hausgäste)*
Ein wohnlicher und engagiert geführter Familienbetrieb in ruhiger Lage, dessen Zimmer alle über einen Balkon verfügen. Vom Wintergarten und der Terrasse blickt man beim Frühstück auf die umliegenden Berge. Nette Kaminlounge.

Wie entscheidet man sich zwischen zwei gleichwertigen Adressen?
In jeder Kategorie sind die Häuser nochmals geordnet, die besten Adressen stehen an erster Stelle.

SCHÖNAU im SCHWARZWALD

Baden-Württemberg – 2 390 Ew. – Höhe 540 m – Siehe Regionalatlas **61-D21**
Berlin 808 km – Stuttgart 186 km – Freiburg im Breisgau 39 km – Donaueschingen 63 km
Michelin Straßenkarte 545

Vier Löwen
Talstr. 18 ✉ 79677 – ✆ (07673) 91 81 20 – www.vier-loewen.de
20 Zim – ♦55/63 € ♦♦92/110 € – ½ P
Rest – Menü 14 € – Karte 20/48 € – *(geschl. Dienstagmittag, Mittwoch)*
Nicht nur gepflegt, sondern auch schön familiär ist es in dem Haus mitten im Ort bei der Kirche. In den freundlichen (teils auch etwas rustikaleren) Zimmern kann man gut entspannen und in den ländlichen Gasträumen gemütlich essen! Vater und Sohn Karle bieten eine stark regional ausgerichtete Küche.

In Tunau Ost : 3 km über Talstraße und Bischmatt :

Zur Tanne mit Zim
Alter Weg 4 ✉ 79677 – ✆ (07673) 3 10 – www.tanne-tunau.de – geschl. 20. - 30. November
9 Zim – ♦48/55 € ♦♦85/95 € – 1 Suite – ½ P
Menü 27/38 € – Karte 28/38 € – *(geschl. Montag - Dienstag)*
Das hat Charme: außen historisches Bauernhaus, drinnen urige Gemütlichkeit! Auf den Tisch kommen regionale Speisen wie "glasierte Entenbrust mit Kartoffelküchlein und Gemüse". Gästezimmer hat man auch: Sie sind einfach, aber gepflegt. TV gibt es nicht, aber hier genießt man sowieso lieber die Ruhe!

In Aitern-Multen Nord-West: 10 km über B 317, Aitern und Holzinshaus

Belchenhotel Jägerstüble
Zim,

Obermulten 3 (an der Talstation der Belchenbahn) ✉ *79677 – ✆ (07673) 88 81 80 – www.belchenhotel.de*

29 Zim – 70/90 € 120/210 € – 2 Suiten – ½ P

Rest – Menü 20/40 € – Karte 15/53 € – *(geschl. Montag - Dienstag)*

Eine richtig schöne Lobby nebst Lounge-Bar (moderner Stil trifft auf Schwarzwald-Flair) empfängt Sie im Haus der Familie Dietsche. Auch das erweiterte Wellnessangebot kann sich wirklich sehen lassen, und wer besonders komfortabel wohnen möchte, bucht eine der hochwertigen Juniorsuiten (alle mit Balkon)! Trumpf ist natürlich auch die wunderbare Lage in 1100 m Höhe!

SCHÖNBORN, BAD

Baden-Württemberg – 12 530 Ew. – Höhe 122 m – Siehe Regionalatlas **54**-F17

Berlin 636 km – Stuttgart 79 km – Karlsruhe 41 km – Heilbronn 51 km

Michelin Straßenkarte 545

Im Ortsteil Mingolsheim

Villa Medici
Rest, Rest,

Waldparkstr. 20 ✉ *76669 – ✆ (07253) 9 87 10 – www.hotel-villa-medici.de – geschl. 23. Dezember - 7. Januar*

90 Zim – 70/105 € 80/115 €, 16 € – 2 Suiten – ½ P

Rest *Dolce Vita* – Menü 38 € – Karte 35/48 € – *(geschl. Sonntag)* (mittag Tischbestellung erforderlich)

Wirklich schön, wie man hier moderne Geradlinigkeit und mediterranen Stil kombiniert hat: Farben, Materialien, Accessoires... die südländische Note zieht sich vom Empfang über die wohnlichen Zimmer (teils ruhig zum Innenhof gelegen) und den netten Saunabereich bis ins freundliche Restaurant mit italienischer Küche einschließlich exzellenter Pizza!

SCHÖNEBECK

Sachsen-Anhalt – 33 890 Ew. – Höhe 50 m – Siehe Regionalatlas **31**-M9

Berlin 162 km – Magdeburg 16 km – Dessau 50 km – Halberstadt 56 km

Michelin Straßenkarte 542

Domicil

Friedrichstr. 98a ✉ *39218 – ✆ (03928) 71 23 – www.hotel-domicil-schoenebeck.de*

48 Zim – 60/70 € 70/80 €, 7 € – 1 Suite – ½ P

Rest – Menü 17/33 € – Karte 18/38 €

Das Stadthotel in zentraler Lage bietet zeitgemäße und funktionale Gästezimmer, die teilweise ruhiger nach hinten liegen. Auch eine Suite ist vorhanden. Im Restaurant ein umfangreiches Angebot an regionalen und internationalen Speisen.

SCHÖNEFELD (KREIS DAHME-SPREEWALD)

Brandenburg – 13 260 Ew. – Höhe 46 m – Siehe Regionalatlas **23**-P8

Berlin 19 km – Potsdam 36 km – Königs Wusterhausen 16 km – Cottbus 113 km

Michelin Straßenkarte 542

Holiday Inn Airport - Conference Centre
AC

Hans-Grade-Allee 5 ✉ *12529 – ✆ (030) 63 40 10 – www.holidayinn-berlin.de*

295 Zim – 85/125 € 107/135 € – 1 Suite

Rest – Menü 30/59 € – Karte 29/56 € – *(nur Abendessen)*

Die perfekte Adresse für Businessgäste, die auf dem Luftweg unterwegs sind! Sie schätzen die zeitgemäß-funktionalen Zimmer, aber eben vor allem die Nähe zum Flughafen. Neben dem Restaurant hat man noch die Bar "Hangar 16" und eine Raucherlounge.

SCHÖNHEIDE

Sachsen – 5 000 Ew. – Höhe 630 m – Siehe Regionalatlas **42**-N13

Berlin 316 km – Dresden 151 km – Chemnitz 78 km – Zwickau 30 km

Michelin Straßenkarte 544

Forstmeister Zim,

Auerbacher Str. 15 ✉ 08304 – ✆ (037755) 6 30 – www.forstmeister.de – geschl. 20. - 24. Dezember

46 Zim – 42/75 € 65/100 € – ½ P

Rest – Menü 16/30 € – Karte 15/39 €

Gepflegt sind die Zimmer in dem Hotel am Waldrand alle, in den schön renovierten hat man es zudem noch besonders wohnlich! Entspannen kann man in der kostenpflichtigen Sauna mit Panoramaruheraum oder nachmittags bei Kaffee und Kuchen. In der Küche setzt man auf regionale Produkte.

SCHÖNTAL

Baden-Württemberg – 5 780 Ew. – Höhe 210 m – Siehe Regionalatlas **48-H17**

Berlin 573 km – Stuttgart 86 km – Würzburg 76 km – Heilbronn 44 km

Michelin Straßenkarte 545

In Kloster Schöntal

Zur Post N

Honigsteige 1 ✉ 74214 – ✆ (07943) 22 26 – www.gasthof-post-schoental.de

29 Zim – 65/70 € 87 € – 3 Suiten

Rest – Karte 22/48 € – *(geschl. 2. Februar - 2. März und Montag)*

Richtig schön wohnt man in dem einstigen Klosterwaschhaus von 1701, das bereits in 5. Generation in Familienhand ist. Historisches Flair und moderne Elemente mischen sich hier gelungen. Bürgerliche Küche im Restaurant - nett sitzt man im Biergarten unter Kastanien.

SCHÖNWALD

Baden-Württemberg – 2 390 Ew. – Höhe 988 m – Siehe Regionalatlas **62-E20**

Berlin 772 km – Stuttgart 146 km – Freiburg im Breisgau 49 km – Donaueschingen 37 km

Michelin Straßenkarte 545

Zum Ochsen

Ludwig-Uhland-Str. 18 ✉ 78141 – ✆ (07722) 86 64 80 – www.ochsen.com

36 Zim – 72/118 € 126/176 € – ½ P

Rest *Zum Ochsen* – siehe Restaurantauswahl

1796 erstmals erwähnt und in 6. Generation familiär geführt! Tipp: Die Doppelzimmer Typ E + F sind größer und neuzeitlicher! Und da dies hier eine richtig angenehme Ferienadresse ist, darf man sich auch auf ein gutes Frühstück und einen modernen Spa freuen! Hinterm Haus viel Grün (eigener kleiner Golfplatz).

Dorer

Franz-Schubert-Str. 20 ✉ 78141 – ✆ (07722) 9 50 50 – www.hotel-dorer.de

18 Zim – 75/105 € 122/135 € – ½ P

Rest *Dorer* – siehe Restaurantauswahl

Das Haus von 1896 liegt ruhig oberhalb des kleinen Kurparks, so hat man hier eine schöne Aussicht - z. B. beim Relaxen im Saunabereich! Liebenswert sind sowohl die Zimmer mit ihrem wohnlich-rustikalen Charme als auch die Gastgeber, die schon seit 4 Generationen familiär und persönlich für Sie im Einsatz sind!

Zum Ochsen – Hotel Zum Ochsen

Ludwig-Uhland-Str. 18 ✉ 78141 – ✆ (07722) 86 64 80 – www.ochsen.com

Menü 30/55 € – Karte 33/56 €

Schön gemütlich hat man es in den Stuben mit ihren charmanten Dekorationen, die ganz typisch sind für die Region. Auf der Karte Internationales mit Bezug zur Saison sowie regionale Gerichte.

Dorer – Hotel Dorer

Franz-Schubert-Str. 20 ✉ 78141 – ✆ (07722) 9 50 50 – www.hotel-dorer.de

Menü 28/75 € – Karte 30/50 €

In der reizenden Stube kocht Salvatore Cerasola für seine Gäste nicht nur nach Schwarzwälder Tradition: Der aus Palermo stammende Hausherr und Küchenchef überzeugt auch mit schmackhafter mediterraner und klassisch-saisonaler Küche! Indes empfiehlt die Chefin die dazu passenden Weine.

SCHOLLBRUNN

Bayern – 910 Ew. – Höhe 397 m – Siehe Regionalatlas **48-H15**

▶ Berlin 547 km – München 325 km – Würzburg 51 km – Aschaffenburg 34 km

Michelin Straßenkarte 546

Zur Sonne

Brunnenstr. 1 ✉ 97852 – ✆ (09394) 9 70 70 – www.sonne-schollbrunn.de – geschl. 5. Januar - 5. Februar

26 Zim – 37/40 € 60/70 € – ½ P

Rest – Karte 16/28 € – *(geschl. Montag - Dienstag)*

Wandern im Wald oder ein Besuch des Outlet Centers Wertheim? Vom Haus der Familie Haas ist beides nicht weit! Einige Zimmer sind neuer und moderner in warmen Tönen gehalten. Im Restaurant schafft viel Holz rustikales Ambiente, dazu ein netter Biergarten.

SCHONACH

Baden-Württemberg – 3 890 Ew. – Höhe 885 m – Siehe Regionalatlas **62-E20**

▶ Berlin 769 km – Stuttgart 143 km – Freiburg im Breisgau 54 km – Triberg 4 km

Michelin Straßenkarte 545

Berghotel Schiller garni

Schillerstr. 2 ✉ 78136 – ✆ (07722) 92 04 40 – www.berghotel-schiller.com

8 Zim – 70/90 € 94/120 €

Sympathisch geführt und wohnlich eingerichtet ist das kleine Hotel am Ortsrand, fast im Grünen. Unterm Dach gibt es zwei Juniorsuiten mit offener Holzbalkendecke und Panaramafenster! Schöne Sicht auch beim Frühstück im lichten Wintergarten.

SCHONGAU

Bayern – 12 090 Ew. – Höhe 726 m – Siehe Regionalatlas **65-K21**

▶ Berlin 623 km – München 83 km – Garmisch-Partenkirchen 53 km – Kempten (Allgäu) 54 km

Michelin Straßenkarte 546

Holl

Rest,

Altenstädter Str. 39 ✉ 86956 – ✆ (08861) 2 33 10 – www.hotel-holl-schongau.de – geschl. 1. - 11. Januar, 15. Juni - 21. Juni , 24. August - 6. September

26 Zim – 69/90 € 102/129 € – ½ P

Rest – Menü 15/50 € – Karte 18/41 € – *(geschl. 25. Dezember - 31. Dezember und Freitag - Sonntag) (nur Abendessen)*

In dem Hotel in leicht erhöhter Lage stehen zwei unterschiedliche Zimmertypen zur Wahl - besonders schön sind die neueren, hell und wohnlich eingerichteten Zimmer. Im Sommer kann man schön im kleinen Biergarten sitzen!

SCHOPFHEIM

Baden-Württemberg – 18 940 Ew. – Höhe 373 m – Siehe Regionalatlas **61-D21**

▶ Berlin 826 km – Stuttgart 275 km – Freiburg im Breisgau 83 km – Basel 23 km

Michelin Straßenkarte 545

City Hotel

Friedrichstr. 3 ✉ 79650 – ✆ (07622) 6 66 95 90 – www.city-hotel-schopfheim.de – geschl. August

11 Zim – 74/89 € 110/120 €

Rest *Metropole* – siehe Restaurantauswahl

Nette neuzeitliche Zimmer, ein gepflegtes Frühstück, faire Preise... Familie Berberich führt ihr kleines Hotel wirklich engagiert. Zudem ist auch die zentrale Lage ideal.

Alte Stadtmühle
Entegaststr. 9 ✉ 79650 – ✆ (07622) 24 46 – www.altestadtmuehle.info – geschl. Montag - Dienstagmittag, Mittwochmittag
Menü 27/65 € – Karte 29/64 €
Ein richtig individuelles Haus! Der Chef hat viele Jahre in Paris gelebt, das spiegelt sich in der liebenswerten Atmosphäre und der französischen Küche wider. Nehmen Sie einen Aperitif an der kleinen Bar, bevor man Sie am Kamin (oder auf der charmanten Terrasse) mit tollen frischen Produkten verwöhnt!

Metropole – City Hotel
Friedrichstr. 3 ✉ 79650 – ✆ (07622) 6 66 95 90 – www.city-hotel-schopfheim.de – geschl. August und Dienstag
Menü 35/80 € (abends) – Karte 27/70 € – *(nur Abendessen, sonntags auch Mittagessen)*
Das Ambiente: ein bisschen Eleganz, ein bisschen moderner Bistrostil! Dazu gibt es Klassiker wie Wiener Schnitzel, Cordon bleu oder Zürcher Geschnetzeltes sowie Raffiniertes wie "Medaillons vom Schwarzwälder Rehrücken". Kleine Mittagskarte.

Glöggler
Austr. 5 ✉ 79650 – ✆ (07622) 21 67 – www.restaurant-gloeggler.de – geschl. Ende August und Sonntag - Montagmittag
Menü 25/55 € – Karte 20/42 €
Gut geführt und sympathisch in seiner ländlichen Art ist das Restaurant in der Altstadt am Rande der Fußgängerzone. Auf den gut eingedeckten Tisch kommen z. B. "Suppe von Kartoffeln und Meerrettich" und "Rinderfiletspitzen mit Rahmsauce".

In Schopfheim-Gersbach Nord-Ost: 16 km über B 317 und Kürnberg – Höhe 855 m

Mühle zu Gersbach
Zum Bühl 4 ✉ 79650 – ✆ (07620) 9 04 00 – www.muehle.de – geschl. 6. - 31. Januar
16 Zim – 66/104 € 94/160 € – ½ P
Rest *Mühle zu Gersbach* – siehe Restaurantauswahl
Ein kleines Hotel in ruhiger dörflicher Lage, das sich wirklich sehen lassen kann - dafür sorgt die engagierte Familie Buchleither mit stetigen Verbesserungen. Fragen Sie nach den renovierten Zimmern oder den beiden Studios! Aber auch die anderen Zimmer sind nett und wohnlich. Gutes Frühstück gibt's auch.

Mühle zu Gersbach – Hotel Mühle zu Gersbach
Zum Bühl 4 ✉ 79650 – ✆ (07620) 9 04 00 – www.muehle.de – geschl. 6. - 31. Januar und Dienstag - Mittwochmittag
Menü 19/68 € – Karte 30/54 €
Charmant und aufmerksam wird man bei den Buchleithers umsorgt, Tochter und Sohn sind inzwischen auch mit im Haus - sie im Service, er in der Küche. Man kocht regional-international, z. B. "Schweinemedaillons auf Rahmsauerkraut" oder "Lachssteak mit Zitronenpfeffer auf Belugalinsen".

In Schopfheim-Wiechs Süd-West: 3 km

Krone (mit Gästehaus) Zim, Zim,
Am Rain 6 ✉ 79650 – ✆ (07622) 3 99 40 – www.krone-wiechs.de – geschl. 4. - 26. Januar
53 Zim – 78/95 € 118/160 € – 1 Suite – ½ P
Rest – Menü 47 € – Karte 20/50 € – *(geschl. Montagmittag, Freitag)*
Bei Familie Hauri wird immer wieder renoviert und verbessert! Zur schönen Lage kommen individuelle Zimmer, einige davon sehr modern! Als Freizeitangebot können Sie bei Sauna und Massage entspannen, oder wie wär's mit einer Kutschfahrt mit dem Chef? Im Sommer speist man am besten auf der Terrasse mit Aussicht - die Küche ist bürgerlich.

SCHORNDORF
Baden-Württemberg – 39 240 Ew. – Höhe 256 m – Siehe Regionalatlas 55-H18
Berlin 605 km – Stuttgart 35 km – Göppingen 20 km – Schwäbisch Gmünd 23 km
Michelin Straßenkarte 545

An der Rems garni

Stuttgarter Str. 77 (nahe der B 29 Ausfahrt Schorndorf West) ✉ 73614 – ✆ (07181) 98 55 80 – www.hotel-rems.de – geschl. 22. Dezember - 6. Januar, 11. - 25. August

20 Zim – 79/95 € 86/125 € – 1 Suite

Eine Gastgeberin wie man sie sich wünscht: Gisela Schloz ist stets präsent und kümmert sich geradezu fürsorglich um ihre Gäste! Buchen Sie ein Zimmer zur Rems (die meisten liegen zu dieser Seite) und frühstücken Sie im Wintergarten!

Gruber garni

Remsstr. 2 ✉ 73614 – ✆ (07181) 4 82 09 90 – www.hotel-gruber.de – geschl. 20. Dezember - 6. Januar, über Ostern 1 Woche, über Pfingsten 1 Woche

14 Zim – 55/75 € 88/95 €

Bei den Grubers wohnt man schön familiär, sie sind voll und ganz für die Gäste da! Alles ist top gepflegt, der Preis stimmt und parken kann man auch völlig problemlos. Im Sommer schmeißt der Chef schonmal den Grill an... Stolz ist er auch auf seine Musicbox (die alten D-Mark-Münzen dafür gibt's bei ihm!).

In Schorndorf-Weiler West: 2 km

Baur garni

Winterbacher Str. 52 ✉ 73614 – ✆ (07181) 7 09 30 – www.hotel-baur.de – geschl. 24. Dezember - 7. Januar

18 Zim – 78 € 105 €

Im Haus der Familie Baur kann man nicht nur gepflegt übernachten, es gibt auch Kunst in Form diverser Bilder zu bewundern! Und für Raucher hat man eine kleine Lounge eingerichtet.

In Winterbach West: 4 km über Grabenstraße und Weilerstraße

Best Western Rest, Rest,

Fabrikstr. 6 (nahe der B 29) ✉ 73650 – ✆ (07181) 7 09 00 – www.bestwestern-hotel-winterbach.de – geschl. 22. Dezember - 7. Januar

62 Zim – 107/112 € 147/152 €

Rest – Menü 25/32 € – Karte 25/44 € – *(geschl. Samstag - Sonntag sowie an Feiertagen) (nur Abendessen)*

In dem funktionalen Businesshotel passt auch Kunst gut ins Bild, wie die wechselnde Ausstellung hier zeigt! Zum Frühstücken und auch zum Abendessen geht man ins Restaurant Remshalden. Praktisch für die Gäste ist natürlich die gute Anbindung an die B29.

In Winterbach-Manolzweiler West: 9 km über Weiler und Engelberg

Landgasthaus Hirsch

Kaiserstr. 8, (1. Etage) ✉ 73650 – ✆ (07181) 4 15 15 – www.hirsch-manolzweiler.de – geschl. über Fasching 2 Wochen, Oktober 1 Woche und Montag - Dienstag

Menü 35 € – Karte 22/67 €

Ein richtiger Familienbetrieb: Juniorchefin Simone Waldenmaier kümmert sich überaus herzlich um die Gäste, während ihr Mann Sven am Herd steht, und auch die Großmutter ist mit von der Partie - sie backt im Backhäuschen nebenan das Brot! Wie wär's z. B. mit Wild aus eigener Jagd. Schnaps brennt man hier übrigens auch selbst (Spezialität ist der "Hirsch-Kammerz-Brand").

SCHOTTEN

Hessen – 10 810 Ew. – Höhe 274 m – Siehe Regionalatlas **38-G13**

Berlin 487 km – Wiesbaden 100 km – Frankfurt am Main 67 km – Fulda 52 km

Michelin Straßenkarte 543

Haus Sonnenberg

Laubacher Str. 25 ✉ 63679 – ✆ (06044) 9 62 10 – www.hotel-haus-sonnenberg.de

47 Zim – 49/65 € 86/92 € – ½ P **Rest** – Karte 17/37 €

Der Familienbetrieb ist ein gewachsenes Haus mit unterschiedlich eingerichteten funktionellen Gästezimmern. Schön ist die ruhige Lage oberhalb des kleinen Städtchens. Restaurant mit ländlichem Ambiente.

SCHRAMBERG

Baden-Württemberg – 21 250 Ew. – Höhe 424 m – Siehe Regionalatlas **62**-E20

Berlin 730 km – Stuttgart 118 km – Freiburg im Breisgau 65 km – Freudenstadt 37 km

Michelin Straßenkarte 545

Gasthof Hirsch mit Zim

Hauptstr. 11, (1. Etage) ✉ 78713 – ✆ (07422) 28 01 20 – www.hotel-gasthof-hirsch.com – geschl. nach Fastnacht 1 Woche, Anfang - Mitte August und Dienstag - Mittwochmittag

6 Zim – †60/80 € ††120/130 €, ☐ 10 € – ½ P Menü 35/68 € – Karte 32/58 €

Schon allein die persönliche, aufmerksame und diskrete Art von Gastgeberin Margarete Weber macht das schöne gediegene Restaurant besonders. Die klassischen Gerichte wie "Terrine von der Gänseleber, glasierte Apfelspalten und Safranbrioche" werden von Küchenchef Thomas Zimmermann aus hervorragenden Produkten zubereitet, dazu täglich wechselnde Tagesgerichte. Übrigens: Die individuellen, hochwertigen Gästezimmer sind die besten in der Stadt!

In Schramberg-Sulgen Ost: 5 km in Richtung Rottweil

Zum Hasen

Rest,

Rottweiler Str. 8 ✉ 78713 – ✆ (07422) 9 91 65 60 – www.hotel-zum-hasen.com

58 Zim ☐ – †78/135 € ††116/150 € – 13 Suiten

Rest – Menü 20/39 € (abends) – Karte 26/50 € – *(geschl. 6. - 26. August und Samstag - Sonntag)*

Das Hotel ist beliebt bei Geschäftsreisenden - dazu tragen auch die Zimmer im Neubau bei, die durch gutes Platzangebot, Funktionalität und moderne Technik überzeugen. Auch Suiten mit kleiner Kitchenette sowie Konferenzräume befinden sich hier. Gastronomisch gibt es ein Restaurant mit internationaler Küche und als Alternative einen Bistrobereich mit Vespergerichten.

In Schramberg-Tennenbronn Süd-West: 8,5 km

Adler

Hauptstr. 60 ✉ 78144 – ✆ (07729) 9 22 80 – www.adler-tennenbronn.de – geschl. Ende Oktober 1 Woche

10 Zim ☐ – †49/55 € ††69/79 € – 1 Suite – ½ P

Rest – Menü 22/42 € – Karte 20/49 € – *(geschl. Montag, Samstagmittag)*

Genau so stellt man sich einen typischen Schwarzwälder Gasthof vor. Alles in dem Familienbetrieb ist wohnlich und sehr gepflegt. Im Restaurant (schön gemütlich mit dem Kachelofen) kocht Thomas Reutlinger seine bürgerlich-regionalen Gerichte vorwiegend mit Bioprodukten!

SCHRIESHEIM

Baden-Württemberg – 14 910 Ew. – Höhe 121 m – Siehe Regionalatlas **47**-F16

Berlin 618 km – Stuttgart 130 km – Mannheim 13 km – Darmstadt 53 km

Michelin Straßenkarte 545

Kaiser

Rest,

Talstr. 44 ✉ 69198 – ✆ (06203) 9 24 89 80 – www.kaiser-schriesheim.de – geschl. 27. Dezember - 12. Januar

25 Zim – †105/155 € ††145/195 €, ☐ 15 €

Rest – Menü 40/74 € – Karte 30/59 € – *(geschl. Sonntag - Montag) (nur Abendessen)*

In dem Gebäudekomplex mit Ursprung im 17. Jh. (schön die alte Fachwerkarchitektur!) stecken 45 verschiedene Natursteine aus der ganzen Welt! Die Zimmer entsprechend individuell und hochwertig, zudem werden Sie aufmerksam und persönlich betreut und genießen ein frisches A-la-carte-Frühstück. In den Restaurants kommt dank des sehenswerten Granitsteins auch das Auge auf seine Kosten! Im Sommer isst man natürlich gerne auf der netten Terrasse.

Strahlenberger Hof
Kirchstr. 2 ✉ 69198 – ✆ (06203) 6 30 76 – www.strahlenbergerhof.de – geschl. Sonntag - Montag
Menü 42/90 € – Karte 44/71 € – *(nur Abendessen, im Sommer sonntags auch Mittagessen)* (Tischbestellung ratsam)
Die Zehntscheune a. d. 14. Jh. hat schon Atmosphäre. Bei Marcus Schleicher und Partnerin Meike Roschig sitzt man hier in rustikal-elegantem Ambiente oder auf der wunderschönen Terrasse mit ihrem mediterranen Flair und wählt z. B. "Filet vom Kabeljau mit Pastinake und Kürbis".

SCHROBENHAUSEN

Bayern – 15 990 Ew. – Höhe 158 m – Siehe Regionalatlas **57-L19**
Berlin 549 km – München 74 km – Augsburg 45 km – Ingolstadt 37 km
Michelin Straßenkarte 546

Griesers Hotel Zur Post garni
Alte Schulgasse 3a ✉ 86529 – ✆ (08252) 8 94 90 – www.griesers-hotel-post.de – geschl. 22. Dezember - 5. Januar
46 Zim – 56/75 € 72/95 €
Ein familiengeführtes Traditionshaus, das auf Geschäftsreisende zugeschnitten ist. Die Zimmer sind funktionell, im unterirdisch angebundenen Neubau in neuzeitlich-sachlichem Stil.

SCHÜTTORF

Niedersachsen – 11 580 Ew. – Höhe 33 m – Siehe Regionalatlas **16-D8**
Berlin 486 km – Hannover 201 km – Nordhorn 19 km – Enschede 35 km
Michelin Straßenkarte 541

Nickisch
Nordhorner Str. 71 ✉ 48465 – ✆ (05923) 9 66 60 – www.hotel-nickisch.de
34 Zim – 74/98 € 108/116 € – ½ P
Rest – Menü 19/75 € – Karte 20/55 €
Am Ortsausgang steht der zum neuzeitlichen Hotel gewachsene Gasthof, der auch für Businessgäste gut geeignet ist. Praktische, freundliche Zimmer und heller Saunabereich. Internationale Küche im zeitgemäßen Restaurant oder in der einfacheren Stube.

SCHUSSENRIED, BAD

Baden-Württemberg – 8 470 Ew. – Höhe 570 m – Siehe Regionalatlas **63-H20**
Berlin 675 km – Stuttgart 120 km – Konstanz 104 km – Ulm (Donau) 61 km
Michelin Straßenkarte 545

Amerika
Maybachstr. 14 ✉ 88427 – ✆ (07583) 9 42 50 – www.hotel-amerika.de
54 Zim – 69 € 90 € – ½ P
Rest – Menü 12/34 € – Karte 16/38 € – *(geschl. Mittwoch)*
Praktisch für Businessgäste ist die Lage in einem Gewerbegebiet, in den funktionell ausgestatteten Zimmern sorgen kleine Aufmerksamkeiten und die freundliche Einrichtung für eine persönliche Note. Speisen können Sie in dem zum Hotel gehörenden Restaurant "Zum Schinderhannes" gleich gegenüber.

SCHWABACH

Bayern – 38 880 Ew. – Höhe 326 m – Siehe Regionalatlas **50-K17**
Berlin 447 km – München 167 km – Nürnberg 23 km – Ansbach 36 km
Michelin Straßenkarte 546

Holiday Inn Express garni
Wendelsteiner Str. 4 ✉ 91126 – ✆ (09122) 1 88 00 – www.express-schwabach.de
150 Zim – 75/95 € 75/95 €
Ein modern-funktionelles Businesshotel in verkehrsgünstiger Lage nahe der A6. Schön ist der große helle Lobby- und Frühstücksbereich, kleine Snacks an der Bar.

Raab - Inspektorsgarten
Äußere Rittersbacher Str. 14 (Forsthof) ✉ 91126 – ✆ (09122) 9 38 80 – www.hotel-raab.de – geschl. 1. - 4. Januar, 31. Juli - 18. August
29 Zim – 79/130 € 95/160 €
Rest – Karte 17/40 € – *(geschl. Dienstagmittag)*
Die gute Verkehrsanbindung zur Messe Nürnberg sowie geräumige Zimmer sprechen für diesen gewachsenen Familienbetrieb. Fragen Sie nach den besonders schön, modern und hochwertig eingerichteten Zimmern. Freundliches Restaurant mit hübscher nach hinten gelegener Terrasse.

In Schwabach-Wolkersdorf Nord: 4 km

Drexler Rest,
Wolkersdorfer Hauptstr. 42 ✉ 91126 Stadtplan : B3**e**
– ✆ (0911) 63 00 98 – www.gasthof-drexler.de – geschl. August
30 Zim – 50 € 80 €
Rest – Karte 13/34 € – *(geschl. Freitagabend - Sonntag)*
Seit 1877 existiert dieser bereits seit mehreren Generationen familiär geleitete Gasthof mit Metzgerei. Man verfügt über gepflegte, meist eher schlichte Zimmer. Gaststube mit ländlichem Ambiente und fränkischer Küche.

SCHWABENHEIM – Rheinland-Pfalz ➜ Siehe Ingelheim

SCHWABMÜNCHEN

Bayern – 13 350 Ew. – Höhe 558 m – Siehe Regionalatlas **65-K20**
Berlin 588 km – München 75 km – Augsburg 32 km – Kempten (Allgäu) 77 km
Michelin Straßenkarte 546

Deutschenbaur Zim,
Fuggerstr. 11 ✉ 86830 – ✆ (08232) 95 96 00 – www.hotel-deutschenbaur.de – geschl. 24. Dezember - 6. Januar
27 Zim – 55/62 € 88/98 € – ½ P
Rest – Menü 30 € – Karte 18/32 € – *(geschl. Freitag - Samstag)*
Das bereits seit 1853 als Familienbetrieb geführte Haus verfügt über sehr gepflegte Gästezimmer, die überwiegend hell, freundlich und neuzeitlich eingerichtet sind. Zeitlos gestaltetes Restaurant.

In Langerringen-Schwabmühlhausen Süd: 9 km Richtung Buchloe

Untere Mühle (mit Gästehaus)
Untere Mühle 1 ✉ 86853 – ✆ (08248) 12 10 – www.unteremuehle.de
36 Zim – 59/72 € 85/110 € **Rest** – Karte 23/45 €
Ideal für Urlauber und Tagungen ist die einstige Kornmühle: ruhige Lage am Ortsrand, wohnliche Zimmer (darunter die zwei Themenzimmer Bambus und Afrika), ein schöner Garten mit Badeweiher und - last but not least - ein Streichelzoo für Kinder!

SCHWÄBISCH GMÜND

Baden-Württemberg – 59 660 Ew. – Höhe 321 m – Siehe Regionalatlas **56-I18**
Berlin 582 km – Stuttgart 56 km – Nürnberg 151 km – Ulm (Donau) 68 km
Michelin Straßenkarte 545

Fuggerei
Münstergasse 2 ✉ 73525 – ✆ (07171) 3 00 03 – www.restaurant-fuggerei.de – geschl. Montag
Menü 30 € (mittags)/75 € – Karte 28/61 €
Hier sitzen Sie gemütlich unter einer hohen historischen Gewölbedecke - oder möchten Sie lieber im schönen Garten speisen? Freundlich umsorgt werden Sie hier wie dort, serviert wird bürgerlich-regionale Küche.

In Waldstetten Süd: 6 km

XX **Sonnenhof**

Lauchgasse 19 ✉ 73550 – ✆ (07171) 94 77 70 – www.sonnenhof.de – geschl. Montag - Dienstag

Menü 30/59 € – Karte 23/51 €

Sie mögen die klassische "Bratwurst mit Kraut"? Oder doch eher den "Steinbutt in Chardonnay gedünstet"? Nicht zu vergessen die "geschmorte Rote Bete mit Kümmelkaramell"! Für leckere Gerichte wie diese ist Helmut Hilse seit über vier Jahrzehnten verantwortlich und noch immer werden er und seine Frau Rita nicht müde, ihr nettes Lokal mit viel Engagement zu führen. Im Sommer sollte man auf jeden Fall den Biergarten nutzen!

SCHWÄBISCH HALL

Baden-Württemberg – 37 140 Ew. – Höhe 304 m – Siehe Regionalatlas **56-H17**
Berlin 551 km – Stuttgart 74 km – Heilbronn 53 km – Nürnberg 138 km
Michelin Straßenkarte 545

Hotels

Hohenlohe

Rest,

Weilertor 14 ✉ 74523 Stadtplan : A1**c**
– ✆ (0791) 7 58 70
– www.hotel-hohenlohe.de
108 Zim – 116/149 € 148/198 € – 6 Suiten – ½ P
Rest *Hohenlohe Aussichtsrestaurant* – siehe Restaurantauswahl
Rest *Jenseits Kochers* – Karte 22/47 € – *(nur Abendessen)*
Schon erstaunlich, was aus einem kleinen Hotel garni so alles entstehen kann... So hat Familie Dürr das Hotel zur Nr.1 der gesamten Region gemacht! Sie wohnen in komfortablen Zimmern, die teilweise einen luxuriösen Touch haben, und können den ausgezeichneten Tagungsbereich, den vielfältigen Spa und das Bistro-/Bar-Konzept "Jenseits Kochers" nutzen - da fühlen sich Business- und Privatgäste gleichermaßen wohl.

Der Adelshof

Am Markt 12 ✉ 74523 – ✆ (0791) 7 58 90 Stadtplan : B2**e**
– www.hotel-adelshof.de
43 Zim – 85/150 € 125/150 € – 1 Suite – ½ P
Rest *San Michele* Rest *Ratskeller* – siehe Restaurantauswahl
Richtig schön wohnen, und das im Herzen der geschichtsträchtigen Stadt. Der Adelshof mit Ursprung im 12. Jh. ist heute ein geschmackvolles, individuelles und ausgesprochen nettes Hotel, das von Familie Eggensperger sehr persönlich geführt wird. Hier im Haus spiegeln sich Kunst und Historie wider - ebenso in den nicht weit entfernten Museen!

Kronprinz

Bahnhofstr. 17 ✉ 74523 – ✆ (0791) 9 77 00 Stadtplan : A2**s**
– www.kronprinz-hall.de
– geschl. Weihnachten - Anfang Januar
43 Zim – 82/111 € 108/150 € – ½ P
Rest – Menü 20/23 € – Karte 18/31 € – *(geschl. Sonntag)*
Sein langes Bestehen (erbaut im 17. Jh.) sieht man dem Haus der Geschwister Braun in keiner Weise an: Außen eine schöne gepflegte Fassade, innen eine neuzeitliche Einrichtung mit allem, was der Businessgast braucht und sucht. Aber auch Festspiel- und Stadtbesucher fühlen sich hier wohl, in den Stadtkern sind es nur fünf Minuten zu Fuß. Im Restaurant sind Forellengerichte die Spezialität.

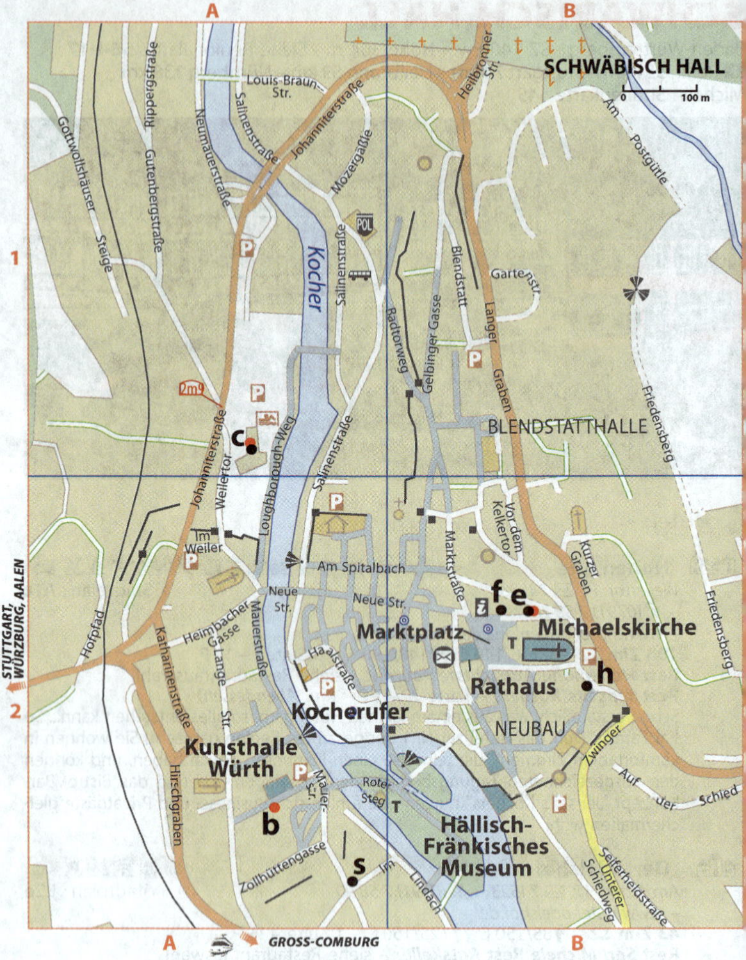

Scholl garni

Klosterstr. 2 ✉ 74523 – ✆ (0791) 9 75 50 – www.hotelscholl.de Stadtplan : B2h

41 Zim ☕ – 🚹79/109 € 🚹🚹109/149 €

Am Holzmarkt steht dieses Ensemble aus drei historischen Stadthäusern, in dem Sie eine ansprechende Lobby empfängt und Zimmer von wohnlich-funktional bis chic-modern zur Verfügung stehen. Den Tag beginnt man in einem Frühstücksraum mit Atmosphäre und gutem Buffet.

Goldener Adler

Am Markt 11 ✉ 74523 – ✆ (0791) 94 66 46 80 Stadtplan : B2f
– www.hotelgoldeneradler.de

23 Zim ☕ – 🚹62/115 € 🚹🚹72/190 € – ½ P **Rest** – Karte 18/50 €

Der "Goldene Adler" ist sicher ein Stück Stadtgeschichte, immerhin gehen seine Ursprünge bis ins 12. Jh. zurück. Sie wohnen hier im Herzen der historischen Stadt in schönen modern sanierten Zimmern - manche sind im Sommer während der Freilichtspiele (gleich gegenüber an der Kirche St. Michael) ein echter Logenplatz! Im Restaurant bietet Ihnen Patron Peter Weissbach ein breites Spektrum von Kutteln über Krustenbraten bis zum Lachs in Orangensauce.

Restaurants

San Michele – Hotel Der Adelshof
Am Markt 12 ✉ 74523 – ✆ (0791) 7 58 90 Stadtplan : B2**e**
– www.hotel-adelshof.de – geschl. Februar 2 Wochen, Juli - August 4 Wochen und Sonntag - Montag sowie an Feiertagen
Menü 82/112 € – *(nur Abendessen)* (Tischbestellung erforderlich)
In dem stilvollen kleinen Gourmetrestaurant mit venezianischem Touch erwartet Sie Friedheinz Eggensperger zu einem mediterran inspirierten klassischen Menü, zu dem auch eine wertige Weinbegleitung empfohlen wird. Probieren Sie z. B. "Crevette blue in Limonenjus mit Risoni" oder "Allerlei vom Kaninchen mit Couscous".

Hohenlohe Aussichtsrestaurant – Hotel Hohenlohe
Weilertor 14 ✉ 74523 – ✆ (0791) 7 58 70 – www.hotel-hohenlohe.de
Menü 40/59 € (abends) – Karte 30/63 € Stadtplan : A1**c**
Versuchen Sie, einen Fensterplatz zu bekommen, dann können Sie hier von der 1. Etage aus wunderbar auf die Altstadt schauen. Die beiden Küchenchefs bieten einen interessanten Mix aus regionalen und internationalen Gerichten, von der "lauwarmen Schwarzwurst vom Hällischen Landschwein mit Reibeküchle" bis zum "Tournedo vom Boeuf de Hohenlohe".

Ratskeller – Hotel Der Adelshof
Am Markt 12 ✉ 74523 – ✆ (0791) 7 58 90 Stadtplan : B2**e**
www.hotel-adelshof.de – geschl. Montag
Menü 39/56 € – Karte 30/60 €
Der Ratskeller im jahrhundertealten Adelshof ist kein Zweitrestaurant im eigentlichen Sinne, denn hier pulsiert das Leben, und das ist angesichts der ebenfalls anspruchsvollen Küche auch nicht verwunderlich - Gerichte wie "Rücken vom Hällischen Edelmastschwein mit Karotten-Nuss-Püree" werden Sie überzeugen!

Sudhaus
Lange Str. 35 (an der Kunsthalle Würth) ✉ 74523 Stadtplan : A2**b**
– ✆ (0791) 9 46 72 70 – www.sudhaus-sha.de – geschl. Sonntagabend - Montag
Menü 26 € – Karte 20/46 € – (Tischbestellung ratsam)
Da fällt die Entscheidung schwer: ein Besuch der Kunsthalle oder ein Essen im Sudhaus? Wenn Sie Zeit haben, beides lohnt sich! Das Lokal des denkmalgeschützten Brauhauses von 1903 geht über vier Etagen, ganz oben die spektakuläre Dachterrasse - im Sommer ein Muss! Gegessen wird von deftig bis zeitgemäß und an Brautagen lockt ein verführerischer Duft. Wer keinen Wein mag, sollte z. B. das "Dunkle" probieren... lecker!

In Schwäbisch Hall-Gottwollshausen West: 4 km über Johanniter Straße
Stadtplan : A2

Sonneck
Zim, Zim,
Fischweg 2 ✉ 74523 – ✆ (0791) 97 06 70 – www.sonneck-klenk.de
42 Zim – 59/79 € 84/120 € – ½ P
Rest – ✆ (0791) 970 6 70 – Menü 38 € – Karte 19/40 €
Familie Klenk weiß, was ihre Gäste suchen: Funktionale und wohnliche Zimmer unterschiedlicher Größe bieten für jeden das Passende. Wenn Sie es besonders komfortabel mögen, nehmen Sie eines der ganz modernen Superior-Zimmer. Buchen Sie rechtzeitig, das Haus ist gefragt! Sie kommen zum Essen? In den netten Stuben serviert man bürgerlich-schwäbische Küche zu fairen Preisen.

In Schwäbisch Hall-Hessental Süd-Ost: 3 km über Stadtplan : B2, Richtung Crailsheim

Die Krone
Rest,
Wirtsgasse 1 ✉ 74523 – ✆ (0791) 9 40 30 – www.hotel-diekrone.de
94 Zim – 82/121 € 110/170 € – ½ P **Rest** – Karte 27/47 €
Dies ist der Stammsitz der Familie Dürre (sie betreibt auch das Hotel "Hohenlohe" in der Innenstadt), bestehend aus dem "Limpurgischem Hochzeitshaus" von 1541 und dem Gartenflügel. Die Zimmer im Haupthaus sind wohnlich-gemütlich und mit rustikalem Touch eingerichtet, die im Gartentrakt modern-funktionell und meist geräumiger. Gastronomisch gibt es "s'Achtele" sowie kleinere Stuben, gekocht wird regional-international. Schön feiern kann man im hübschen Barocksaal, gute Tagungsmöglichkeiten in variablen Räumen.

Landhaus Wolf

Karl-Kurz-Str. 2 ✉ 74523 – ✆ (0791) 93 06 60 – www.landhauswolf.eu
39 Zim – 69/89 € 88/125 € – ½ P
Rest *Eisenbahn* – siehe Restaurantauswahl
Rest *Bähnle* – Karte 30/50 € – *(geschl. Sonntag - Montag)*
Mit Sohn Thomas ist nun die 4. Generation der Familie Wolf im Haus. Der Gasthof mit der schönen Fachwerkfassade ist das Stammhaus, die Zimmer befinden sich im Anbau - wohnlich und wertig die Einrichtung.

Smartino garni

Dolanallee 17, (Im Solpark) ✉ 74523 – ✆ (0791) 85 65 95 95 – www.hotel-smartino.de
38 Zim – 49/76 € 80/108 €
Ein junges Konzept: frisch, farbenfroh, trendy. Ein Design-Budget-Hotel, modern-funktionell und ideal für den Businessgast, zu finden im Solpark. Frühstück gibt es ebenso wie kleine Snacks in der peppigen Hotelhalle.

Eisenbahn (Josef und Thomas Wolf) – Hotel Landhaus Wolf

Karl-Kurz-Str. 2 ✉ 74523 – ✆ (0791) 93 06 60 – www.landhauswolf.eu – geschl. September 2 Wochen und Sonntag - Montag
Menü 48 € (vegetarisch)/125 € – Karte 72/80 € – *(nur Abendessen)* (Tischbestellung ratsam)
Vater und Sohn Wolf kochen hier Seite an Seite, was einen interessanten Mix aus klassischer und moderner Küche verspricht! Die Basis dafür sind immer hervorragende Produkte. Für den freundlichen Service ist Christa Wolf verantwortlich, schön auch das Restaurant selbst mit seinen eleganten Cremetönen.
→ Gebratene Jakobsmuschel, Rote Bete und geschmorter Chicorée. Filetstück vom Iowa Beef, Zwiebeltarte, Zwiebelcreme und Kartoffelschaum. Lavendel und Alpaco Schokolade von Valrhona, "Pate a cigarette" mit Eis gefüllt.

In Schwäbisch Hall-Veinau Nord-Ost: 4,5 km über Stadtplan : B2, Richtung Crailsheim

Landhaus Zum Rössle

Zeilwiesen 5 ✉ 74523 – ✆ (0791) 25 93 – www.roessle-veinau.de
21 Zim – 58/68 € 83/103 € – ½ P
Rest *Landhaus Zum Rössle* – siehe Restaurantauswahl
Seit zig Generationen wird der traditionsreiche Gasthof von Familie Kunz geführt Die Zimmer sind angenehm modern und wohnlich oder recht einfach, haben aber immer eine zeitgemäße Ausstattung. Ein schöner Start in den Tag ist das frische und reichhaltige Frühstück. Die Parkmöglichkeiten sind hier übrigens ausgezeichnet!

Landhaus Zum Rössle – Hotel Landhaus Zum Rössle

Zeilwiesen 5 ✉ 74523 – ✆ (0791) 25 93 – www.roessle-veinau.de – geschl. Dienstag
Menü 20/48 € – Karte 24/56 € – *(Montag - Freitag nur Abendessen)*
Hier wird nicht nur Familientradition groß geschrieben (seit 1493!), auch Gastfreundschaft nimmt man wörtlich und die schmackhafte regional geprägte Küche von Ernst Kunz hat einen ebenso hohen Stellenwert - es kommt Leckeres wie "gebackener Blutwurststrudel mit Apfel und Feldsalat", "gebratene Ente mit Rotkohl und zweilerlei Knödel" und zum Abschluss ein warmer Schokoladenkuchen auf den Tisch! Event-Scheune für Feiern.

In Schwäbisch Hall-Weckrieden Süd-Ost: 3 km über Stadtplan : B2, Richtung Crailsheim

Rebers Pflug

Weckriedener Str. 2 ✉ 74523 – ✆ (0791) 93 12 30 – www.rebers-pflug.de – geschl. Anfang Januar 2 Wochen
20 Zim – 79/98 € 98/138 € – 2 Suiten – ½ P
Rest *Rebers Pflug* – siehe Restaurantauswahl
Ein Haus, in dem man nie stehenbleibt, denn Familie Reber investiert immer wieder und verschönert ihr Hotel von Jahr zu Jahr, angefangen bei den Standardzimmern bis hin zu ganz besonderen Wohnräumen im Garten, den loftartigen Juniorsuiten im Blockhausstil! Auch das Frühstück kann sich sehen lassen - hier finden sich Wurst und Schinken aus Familienproduktion.

Rebers Pflug – Hotel Rebers Pflug

Weckriedener Str. 2 ✉ 74523 – ✆ (0791) 93 12 30 – www.rebers-pflug.de – geschl. Anfang Januar 2 Wochen, Ende August - Anfang September 2 Wochen und Sonntagabend - Dienstagmittag

Menü 48 € (vegetarisch)/98 € – Karte 37/77 €

Appetit auf regionale Klassiker wie Maultaschen & Co.? Oder doch eher auf Hans-Harald Rebers feine, modern interpretierte Gerichte und Menüs mit starkem Bezug zur Region? Damit es ein Essen ganz nach Ihrem Geschmack wird, bietet man Ihnen hier ein hübsches Restaurant, die trendige "Schwein & Weinbar" und eine lauschige Terrasse sowie eine schöne Weinauswahl.

➜ Zanderschnitte mit Knusperspeck und gebratenem Feldsalat im Wurzelgemüsefond mit Estragon. Kalbsfilet in der Frühlingsmorchelkruste mit geröstetem Kalbsbries und zweierlei Spargel. Rücken vom Damhirsch in der Pumpernickelkruste mit Petersilienwurzel-Allerlei und Zwergorangen.

SCHWAIGERN

Baden-Württemberg – 11 020 Ew. – Höhe 107 m – Siehe Regionalatlas **55**-G17

Berlin 613 km – Stuttgart 51 km – Heilbronn 15 km – Karlsruhe 61 km

Michelin Straßenkarte 545

Zum Alten Rentamt mit Zim

Rest,

Schlossstr. 6 ✉ 74193 – ✆ (07138) 52 58 – www.altesrentamt.de – geschl. über Fasching, August 3 Wochen und Sonntag - Montag sowie an Feiertagen

12 Zim – 72/80 € 102/115 € – ½ P Menü 18/45 € – Karte 24/50 €

Dem schönen 300 Jahre alten Fachwerkhaus hat man auch innen ein Stück Historie erhalten, im gemütlich-stilvollen Restaurant und auch in den Gästezimmern. Christian Pilz bietet mittags und abends regionale "Gutsküche", für ein gehobeneres Dinner die "Schlossküche". Schmackhaft-schwäbisch z. B. das "Schmorstück von der Ochsenbrust", fein die "Kalbsravioli mit Spargel".

SCHWALBACH

Saarland – 17 670 Ew. – Höhe 215 m – Siehe Regionalatlas **45**-B17

Berlin 726 km – Saarbrücken 25 km – Kaiserslautern 84 km – Saarlouis 6 km

Michelin Straßenkarte 543

In Schwalbach-Elm Süd-Ost: 2 km

Mühlenthal garni (mit Gästehaus)

Bachtalstr. 214 ✉ 66773 – ✆ (06834) 9 55 90 – www.hotel-muehlenthal.de

27 Zim – 53/65 € 75/85 € – 1 Suite

Die Vorzüge dieses Hotels? Es wird familiär geführt, ist tipptopp gepflegt, die Zimmer haben teilweise einen Balkon zum hübschen Garten mit Teich, am Morgen frühstückt man in freundlichem Ambiente und tagsüber kann man auf Reservierung Kutschfahrten unternehmen. Außerdem betreibt die Schwägerin des Chefs gleich nebenan ein Restaurant - hier bekommt man abends (außer sonntags) als Spezialität Gerichte vom Grill.

SCHWANGAU

Bayern – 3 360 Ew. – Höhe 796 m – Siehe Regionalatlas **65**-K22

Berlin 656 km – München 116 km – Kempten (Allgäu) 47 km – Füssen 3 km

Michelin Straßenkarte 546

Weinbauer

Füssener Str. 3 ✉ 87645 – ✆ (08362) 98 60 – www.hotel-weinbauer.de – geschl. 8. - 18. Dezember, 6. Januar - 5. Februar

39 Zim – 48/61 € 78/100 €

Rest *S'Wirtshaus im Weinbauer* – ✆ (08362) 98 61 91 – Karte 23/45 € – *(geschl. Mittwoch - Donnerstagmittag)*

Der gewachsene alpenländische Gasthof unter familiärer Leitung liegt an der Hauptstraße unweit der Königsschlösser - diese kann man von einigen Komfortzimmern aus sehen. Ins Restaurant kommen auch gerne Einheimische zu regionaltypischen Schmankerln - sie mögen die traditionell-bayerische Wirtshauskultur, die der Chef hier pflegt.

In Schwangau-Hohenschwangau

Müller

Alpseestr. 16 ✉ 87645 – ✆ (08362) 8 19 90 – www.hotel-mueller.de – geschl. November - März
38 Zim – 105/155 € 140/190 € – 3 Suiten – ½ P
Rest – Karte 28/51 € – *(geschl. Mitte Januar - Mitte Februar und November - März: Montag)*
Das seit 1910 existierende Hotel liegt zwischen den beiden Königsschlössern und beherbergt unterschiedliche Gästezimmer mit Schlossblick. Im Restaurant speist man in klassischem oder gemütlich-rustikalem Ambiente - im Sommer natürlich am liebsten auf der Terrasse mit Sicht auf die Schlösser.

In Schwangau-Horn

Rübezahl

Rest,

Am Ehberg 31 ✉ 87645 – ✆ (08362) 88 88 – www.hotelruebezahl.de – (Erweiterung des Hotels im Zimmer- wie auch im Wellnessbereich bis 20. Dezember 2014)
29 Zim – 120/160 € 180/290 € – 8 Suiten – ½ P
Rest – Menü 35/68 € – Karte 25/73 €
Die Umgebung schön ruhig, die Gastgeber engagiert, die Zimmer wohnlich-elegant und mit regionalem Charme eingerichtet. Beliebt: Panoramaterrasse mit Blick auf Neuschwanstein und Hohenschwanstein - diese Sicht genießt man auch vom ganzjährig beheizten Außenpool. Kulinarisch kommt die Verwöhnpension gut an.

In Schwangau-Waltenhofen

Café Gerlinde garni

Forggenseestr. 85 ✉ 87645 – ✆ (08362) 82 33 – www.pension-gerlinde.de – geschl. 3. November - 20. Dezember, März 2 Wochen und Montag
19 Zim – 45/55 € 70/96 €
Hier duftet es nach frisch gebackenem Kuchen! Bis zu 20 hausgemachte Torten gibt es bei Familie Beh (bereits die 3. Generation) täglich - da kommt man natürlich nicht nur zum Übernachten! Abends serviert man auch Brotzeiten.

SCHWANSTETTEN

Bayern – 7 370 Ew. – Höhe 350 m – Siehe Regionalatlas **50-K17**
Berlin 452 km – München 150 km – Ansbach 48 km – Regensburg 115 km
Michelin Straßenkarte 546

In Schwanstetten-Schwand

Der Schwan (N)

Am Marktplatz 7 ✉ 90596 – ✆ (09170) 10 52 – www.hotel-der-schwan.de
20 Zim – 66/71 € 97 € – ½ P **Rest** – Karte 26/50 €
Hier hat man ein über 600 Jahre altes Gasthaus mit schmucker Fachwerkfassade sorgsam saniert, und das Ergebnis kann sich sehen lassen: schöne individuelle Themenzimmer mit Dielenboden und Gebälk sowie gemütliche Restaurantstuben. Außerdem ist man hier ausgesprochen gastfreundlich!

SCHWARMSTEDT

Niedersachsen – 5 210 Ew. – Höhe 29 m – Siehe Regionalatlas **18-H8**
Berlin 310 km – Hannover 51 km – Bremen 88 km – Celle 33 km
Michelin Straßenkarte 541

In Schwarmstedt-Bothmer Nord-West: 3 km über B 214

Gästehaus Schloss Bothmer

Alte Dorfstr. 15 ✉ 29690 – ✆ (05071) 30 37 – www.schlossbothmer.de
6 Zim – 89/99 € 119/150 € – ½ P
Rest – Menü 25/49 € – Karte 30/43 € – *(nur Abendessen für Hausgäste)*
Ganz individuell wohnt man auf diesem nicht alltäglichen Anwesen. Im Gästehaus des privat bewohnten Schlosses stehen sehr schöne und stilvolle Zimmer bereit, teils mit kleinem Wintergarten. Im lichtdurchfluteten Restaurant bietet man Menüs für Hausgäste.

In Essel Nord-Ost: 8 km, Richtung Ostenholz, jenseits der A 7

Heide-Kröpke
Rest,

Esseler Damm 1 ✉ 29690 – ✆ (05167) 97 90 – www.heide-kroepke.de
60 Zim – 100/120 € 135/155 € – 8 Suiten – ½ P
Rest – Menü 26/54 € – Karte 30/83 €
Die Hotelanlage mit Park wird bereits in der 3. Generation familiär geleitet. Man bietet u. a. Maisonetten, moderne Suiten oder die gemütliche "Schnucken-Etage". Gutes Spa-Angebot. Freundliches gediegenes Ambiente im Restaurant.

SCHWARZACH am MAIN
Bayern – 3 680 Ew. – Höhe 190 m – Siehe Regionalatlas **49-I15**
Berlin 471 km – München 255 km – Würzburg 28 km – Bamberg 47 km
Michelin Straßenkarte 546

Im Ortsteil Stadtschwarzach

Schwab's Landgasthof
Bamberger Str. 4 ✉ 97359 – ✆ (09324) 12 51 – www.landgasthof-schwab.de – geschl. Februar 2 Wochen, August 2 Wochen
13 Zim – 50/65 € 80/135 €
Rest *Schwab's Landgasthof* – siehe Restaurantauswahl
Seit vier Generationen wird hier fränkische Gastfreundschaft groß geschrieben. Nahe der A3 bietet Familie Schwab Ihnen wohnliche und technisch gut ausgestattete Zimmer - wirklich toll und sehr hochwertig die beiden komplett in Holz gehaltenen Zimmer!

Schwab's Landgasthof – Hotel Schwab's Landgasthof
Bamberger Str. 4 ✉ 97359 – ✆ (09324) 12 51 – www.landgasthof-schwab.de – geschl. Februar 2 Wochen, August 2 Wochen und Montag - Dienstag
Karte 20/40 € – (Tischbestellung ratsam)
Die Nähe zur Autobahn ist nicht nur praktisch für eine Stärkung auf der Reise, das Haus der Schwabs ist wegen seiner guten Küche auch bei Einheimischen gefragt. Wer gerne bodenständig und regional isst, freut sich hier z. B. über "Rinderroulade mit gebackenen Klößen und Blaukraut"!

SCHWARZENBERG
Sachsen – 18 550 Ew. – Höhe 450 m – Siehe Regionalatlas **42-O13**
Berlin 300 km – Dresden 125 km – Chemnitz 41 km – Chomutov 76 km
Michelin Straßenkarte 544

Neustädter Hof
Rest,

Grünhainer Str. 24 ✉ 08340 – ✆ (03774) 12 50 – www.neustaedterhof.de
77 Zim – 69/79 € 99/109 € – 2 Suiten – ½ P **Rest** – Karte 15/36 €
Das a. d. J. 1910 stammende Haus an der Straßenecke beherbergt hinter seiner hübschen auffallenden Fassade zeitgemäße, wohnlich und funktionell gestaltete Zimmer. Elegante Note im Restaurant mit Kronleuchtern und Holzfußboden.

SCHWARZENFELD
Bayern – 6 200 Ew. – Höhe 364 m – Siehe Regionalatlas **51-N17**
Berlin 443 km – München 175 km – Weiden in der Oberpfalz 38 km – Nürnberg 82 km
Michelin Straßenkarte 546

Schloss Schwarzenfeld
Rest,

Schlossstr. 13 ✉ 92521 – ✆ (09435) 55 50 – www.schloss-schwarzenfeld.de
84 Zim – 99/119 € 129/149 € – 4 Suiten – ½ P
Rest – Menü 29/49 € – Karte 32/43 € – *(geschl. 15. - 31. August und Sonntag)*
Planen Sie Ihre nächste Tagung doch mal in einem Schloss! Hier kommen zum attraktiven Rahmen eine komfortable Ausstattung (Tipp: Suiten im Schloss), eine schöne Außenanlage sowie die gute Autobahnanbindung (A93 und A6). Ein bisschen Historie vermittelt das weiße Kreuzgewölbe im Restaurant Le Château.

In Fensterbach-Wolfringmühle West: 7,5 km in Richtung Amberg

Wolfringmühle
Wolfringmühle 3 ✉ 92269 – ✆ (09438) 9 40 20 – www.hotel-wolfringmuehle.de – geschl. 2. - 18. Januar
53 Zim – †55/63 € ††79/89 € – 1 Suite – ½ P
Rest – Menü 20/40 € – Karte 16/43 €
Hier mischen sich Tagungsgäste, Familien, Kegelgruppe und Urlauber. Der ansprechende Bade-, Sauna- und Massagebereich bietet Erholung für alle und wohl jeder sitzt im Sommer gerne im Biergarten unter schattenspendenden Kastanien!

SCHWARZHEIDE

Brandenburg – 6 060 Ew. – Höhe 100 m – Siehe Regionalatlas **33**-Q11
Berlin 144 km – Potsdam 162 km – Senftenberg 18 km – Dresden 56 km
Michelin Straßenkarte 542

lukAs mit Zim
Ruhlander Str. 49 ✉ 01987 – ✆ (035752) 96 91 41 – www.lukas-schwarzheide.de
12 Zim – †49/89 € ††69/109 €, 10 € – ½ P
Menü 29/69 € – Karte 22/39 € – *(Oktober - März: Montag - Freitag nur Abendessen)*
Freundlich und neuzeitlich - dieser Eindruck begleitet Sie durch das ganze Haus, vom Restaurant (hier serviert man Ihnen international-saisonale Küche aus frischen Produkten) über die Zimmer (freuen Sie sich über die kostenfreie Minibar!) bis zur Lounge.

SCHWEDT

Brandenburg – 34 040 Ew. – Höhe 5 m – Siehe Regionalatlas **23**-R6
Berlin 100 km – Potsdam 136 km – Neubrandenburg 98 km – Szczecin 87 km
Michelin Straßenkarte 542

Andersen garni
Gartenstr. 11 ✉ 16303 – ✆ (03332) 2 91 10 – www.andersen.de
32 Zim – †68/76 € ††80/96 €
Ein funktionell ausgestattetes Hotel in der Altstadt, auch für Businessgäste geeignet. Im Sommer kann man auf der Dachterrasse frühstücken. Auf Wunsch: hausgebackener Kuchen.

SCHWEINFURT

Bayern – 53 420 Ew. – Höhe 226 m – Siehe Regionalatlas **49**-J15
Berlin 456 km – München 287 km – Würzburg 51 km – Bamberg 57 km
Michelin Straßenkarte 546

Roß
Hohe Brückengasse 4 ✉ 97421 – ✆ (09721) 2 00 10 Stadtplan : B2r
– www.hotel-ross.de – geschl. 23. Dezember - 6. Januar
47 Zim – †90/110 € ††100/135 € – ½ P
Rest – Menü 33/60 € (abends) – Karte 17/49 € – *(geschl. Sonntag - Montagmittag sowie an Feiertagen) (August: nur Abendessen)*
Das engagiert geführte Hotel von 1806 liegt in der Altstadt von Schweinfurt. Die Gästezimmer sind wohnlich, funktionell und technisch gut ausgestattet. Internationale und regionale Küche im Restaurant. Modern hat man die Vinothek-Bar gestaltet.

Alte Reichsbank Rest,
Neutorstr. 4 1/2 ✉ 97421 – ✆ (09721) 54 16 70 Stadtplan : B1a
– www.altereichsbank.de – geschl. 3. - 31. August
18 Zim – †69/99 € ††79/109 € – ½ P
Rest – Menü 25/49 € – Karte 24/41 € – *(geschl. Sonntagabend - Montag) (Dienstag - Samstag nur Abendessen)*
Zentral gegenüber dem Châteaudun-Park gelegenes Hotel im Gebäude der ehemaligen Reichsbank a. d. J. 1923. Geräumige, freundliche Zimmer mit funktioneller Ausstattung. Das helle, neuzeitliche Restaurant wird ergänzt durch eine Weinstube im einstigen Tresorraum.

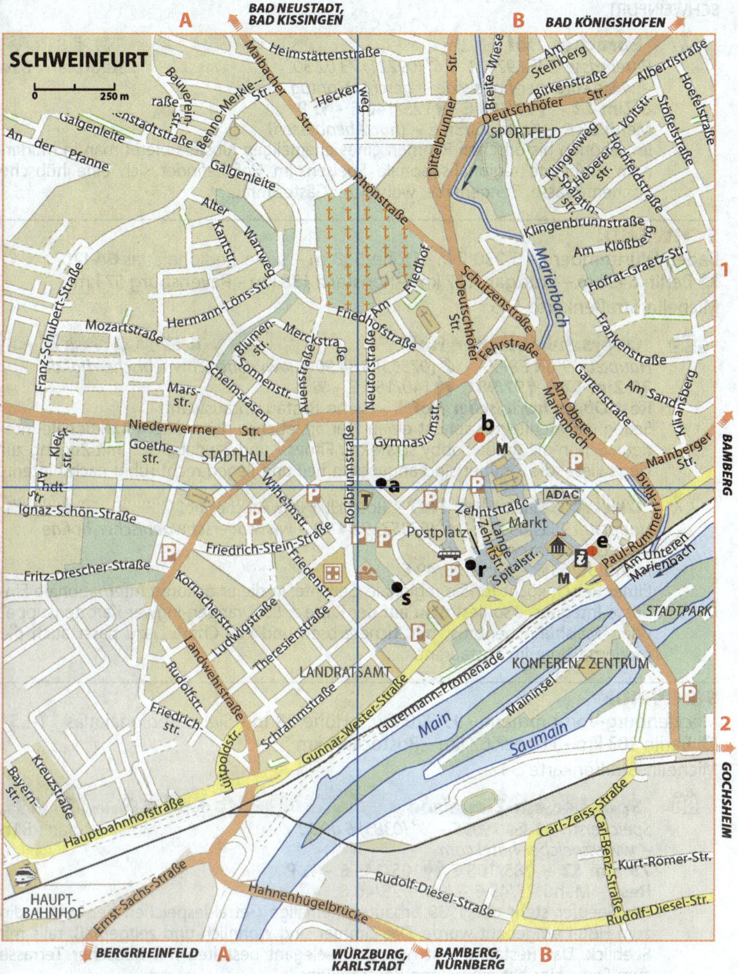

Park Hotel garni

Hirtengasse 6a ✉ *97421 – (09721) 12 77* Stadtplan : B2**s**
– www.park-hotel-mpm.de – geschl. 22. Dezember - 7. Januar
39 Zim – 79/89 € 109 €

Das Businesshotel in der Innenstadt verfügt über funktionale Gästezimmer und einen hellen, freundlichen Frühstücksraum. Moderne Bilder zieren das Haus.

Kings & Queens

Bauerngasse 101 ✉ *97421 – (09721) 53 32 42* Stadtplan : B1**b**
– www.kings-u-queens.de – geschl. über Fasching, 2. - 20. August und Sonntag - Montag, Dezember - Januar: Montag
Menü 35/61 € – Karte 29/45 € – *(nur Abendessen)*

Gemütlich das kleine Restaurant der Familie Wiederer, schmackhaft die internationale Küche des Chefs. Da finden sich "Riesengarnelen mit Zitrone, Risotto und Rucola" oder "Maishuhn mit Pfifferlingkruste, Kohlrabi-Vanillegemüse und Couscous" auf der Karte. Gerne berät Sie der freundliche und kompetente Service bei Ihrer Weinauswahl.

Ebracher Hof mit Zim — Rest,
Rittergasse 2 ✉ 97421 – ✆ (09721) 73 02 30 Stadtplan : B2**e**
– www.ebracher-hof-sw.de – geschl. Montag
8 Zim – 99/109 € 125/140 € – ½ P
Menü 28 € – Karte 23/36 € – *(nur Abendessen)*
Im schönen historischen Rahmen eines ehemaligen Klosters bietet man in modernem Ambiente regional-saisonale Speisen. Im Hof befindet sich eine hübsche Sonnenterrasse. Zeitgemäße, wohnliche Gästezimmer.

SCHWENDI

Baden-Württemberg – 6 230 Ew. – Höhe 538 m – Siehe Regionalatlas **64**-I20
Berlin 645 km – Stuttgart 127 km – Konstanz 138 km – Ravensburg 67 km
Michelin Straßenkarte 545

Oberschwäbischer Hof
Hauptstr. 9 ✉ 88477 – ✆ (07353) 9 84 90 – www.oberschwaebischer-hof.de
30 Zim – 92/98 € 140/150 € – ½ P
Rest *Oberschwäbischer Hof* – siehe Restaurantauswahl
Schon die Architektur spricht einen hier an, ebenso das modern-funktionale Interieur. Schön die große Lobby sowie der Fitness- und Saunabereich mit Zugang zur Liegewiese, die Zimmer sind angenehm hell und liegen recht ruhig nach hinten.

Oberschwäbischer Hof – Hotel Oberschwäbischer Hof
Hauptstr. 9 ✉ 88477 – ✆ (07353) 9 84 90 – www.oberschwaebischer-hof.de
– geschl. Sonntag
Menü 30/63 € – Karte 25/49 €
Elmar Reisch kocht für Sie regionale Gerichte, in die er gekonnt internationale Einflüsse integriert - so liest man auf der Karte z. B. "Orangen-Ingwer-Karottensuppe" oder "Maishühnchenbrust mit Kichererbsen und Pak Choi". Dazu passt auch die moderne Note im Restaurant.

SCHWERIN

Mecklenburg-Vorpommern – 95 220 Ew. – Höhe 38 m – Siehe Regionalatlas **11**-L5
Berlin 203 km – Lübeck 67 km – Rostock 89 km
Michelin Straßenkarte 542

Speicher am Ziegelsee — Rest,
Speicherstr. 11 ✉ 19055 – ✆ (0385) 5 00 30 Stadtplan : B1**n**
– www.speicher-hotel.com
78 Zim – 85/105 € 105/145 € – ½ P
Rest – Menü 25/45 € – Karte 25/46 €
Am Seeufer steht der 1939 erbaute ehemalige Getreidespeicher, der aufwändig zum Hotel umgebaut wurde. Die Zimmer sind wohnlich und zeitgemäß, teils mit Seeblick. Das Restaurant ist neuzeitlich-elegant gestaltet, mit hübscher Terrasse zum See - hier hat man einen Bootsanleger.

Niederländischer Hof
Alexandrinenstr. 12 ✉ 19055 – ✆ (0385) 59 11 00 Stadtplan : A1**r**
– www.niederlaendischer-hof.de
30 Zim – 84/129 € 125/180 € – 3 Suiten – ½ P
Rest *Niederländischer Hof* – siehe Restaurantauswahl
Schön sieht sie aus, die denkmalgeschützte Fassade dieses 1901 gegründeten Hotels - passend dazu ist das Interieur klassisch gehalten. Wer es komfortabler mag oder das Besondere sucht, sollte in einem der Studios oder im hübschen Kapitänszimmer übernachten! Von einigen Zimmern schaut man auf den Pfaffenteich.

Am Schloss garni
Heinrich-Mann-Str. 3 ✉ 19053 – ✆ (0385) 59 32 30 Stadtplan : A2**b**
– www.hotel-am-schloss-schwerin.de
25 Zim – 58/75 € 88/94 €
Von der ehemaligen Bäckerei und Dampfmühle im Zentrum ist nur die denkmalgeschützte Fassade geblieben. Helle, funktionale Zimmer, teilweise mit integrierten Holzbalken.

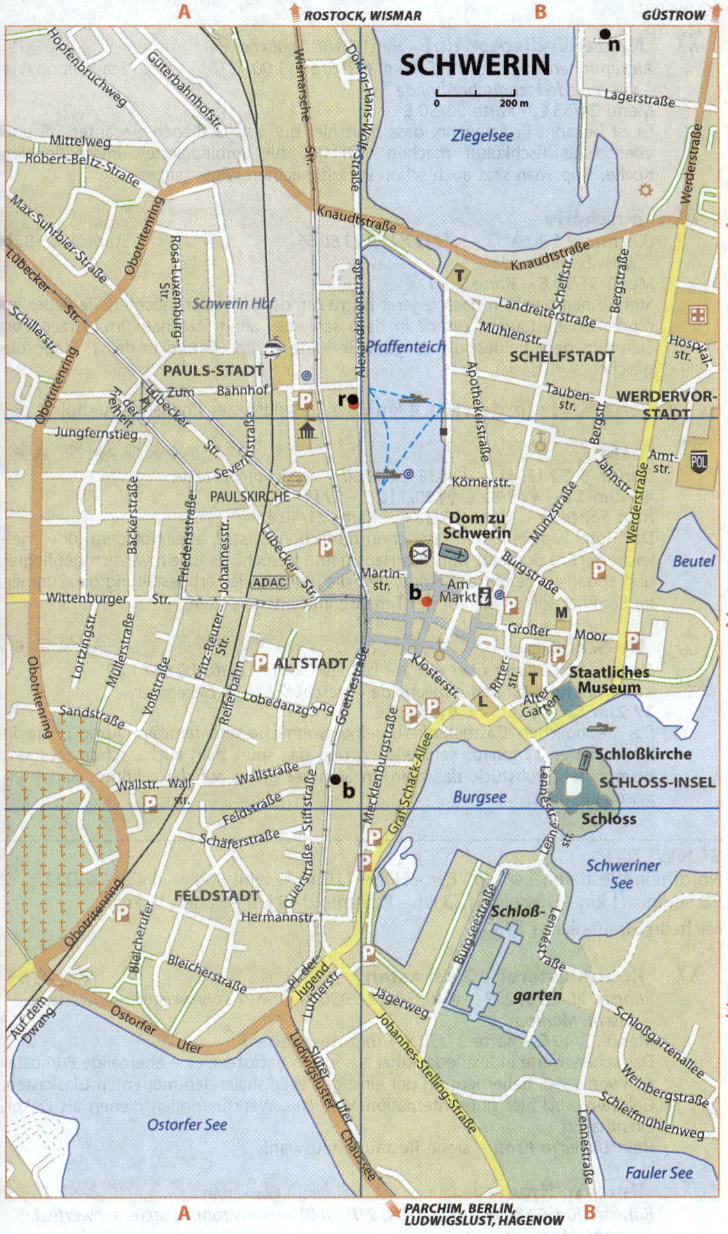
SCHWERIN
0
200 m
A
B
ROSTOCK, WISMAR
GÜSTROW
PARCHIM, BERLIN, LUDWIGSLUST, HAGENOW
1
2
3
Ziegelsee
Pfaffenteich
Burgsee
Schweriner See
Ostorfer See
Fauler See
Beutel
Schwerin Hbf
PAULS-STADT
SCHELFSTADT
WERDERVOR-STADT
PAULSKIRCHE
ALTSTADT
FELDSTADT
Dom zu Schwerin
Am Markt
Staatliches Museum
Schloßkirche
SCHLOSS-INSEL
Schloss
Schloß-garten
Hopfenbruchweg
Güterbahnhofstr.
Mittelweg
Robert-Beltz-Straße
Max-Suhrbier-Straße
Lübecker Str.
Schillerstr.
Obotritenring
Rosa-Luxemburg-Str.
Wismarsche Str.
Doktor-Hans-Wolf-Straße
Knaudtstraße
Lagerstraße
Werderstraße
Alexandrinenstraße
Schelfstr.
Bergstraße
Landreiterstraße
Mühlenstr.
Apothekerstraße
Hospital-str.
Zum Bahnhof
Tauben-str.
Freiheit
Pl. der
Jungfernstieg
Severinstraße
Amt-str.
Jahnstr.
Körnerstr.
Münzstraße
Bäckerstraße
Friedensstraße
Johannesstr.
Burgstraße
ADAC
Martin-str.
Wittenburger Str.
Großer Moor
Lortzingstr.
Müllerstraße
Voßstraße
Fritz-Reuter-Str.
Reiferbahn
Lobedanzgang
Goethestraße
Klosterstr.
Ritter-str.
Alter Garten
Sandstraße
Mecklenburgstraße
Graf-Schack-Allee
Wallstr.
Wall-str.
Wallstraße
Stiftstraße
Feldstraße
Schäferstraße
Lennéstr.
Lennéstraße
Querstraße
Hermannstr.
Burgseestraße
Bleicherufer
Bleicherstraße
Pl. der Jugend
Lutherstr.
Jägerweg
Johannes-Stelling-Straße
Schloßgartenallee
Weinbergstraße
Schleifmühlenweg
Auf dem Dwang
Ostorfer Ufer
Ludwigsluster Chaussee
Süter Ufer
Lennestraße
r
b
n
T
M
L
P
POL

Niederländischer Hof – Hotel Niederländischer Hof
Alexandrinenstr. 12 ✉ 19055 – ✆ (0385) 59 11 00 Stadtplan : A1**r**
– www.niederlaendischer-hof.de
Menü 24/53 € – Karte 23/50 €
Es ist bekannt in Schwerin, dass man hier gut isst! Gediegen-eleganter Stil und ebensolche Tischkultur machen sich gut zur ambitionierten internationalen Küche. Tipp: Man sitzt auch schön im luftig-lichten Wintergarten!

buschérie
Buschstr. 9 ✉ 19053 – ✆ (0385) 59 23 60 66 Stadtplan : B2**b**
– www.buscherie.de
Menü 31/59 € – Karte 26/49 €
Steht Ihnen der Sinn nach legerer Bistro-Atmosphäre oder möchten Sie lieber im modernen Restaurant essen? In dem sanierten alten Stadthaus im Herzen von Schwerin geht beides; die zeitgemäße Karte ist im EG und in der 1. Etage die gleiche.

In Schwerin-Krebsförden Süd: 4 km über Ludwigsluster Chaussee Stadtplan : B3

Arte Rest,
Dorfstr. 6 ✉ 19061 – ✆ (0385) 6 34 50 – www.hotel-arte.de
40 Zim – 69/82 € 90/110 € – ½ P
Rest *Fontane* – Menü 25/38 € – Karte 21/40 €
Das Hotel liegt in einem fast schon dörflichen Ortsteil, aber trotzdem (oder vielleicht gerade deshalb) wird das Haus gerne besucht. Es ist ein wirklich gepflegter und engagiert geführter Betrieb, nett die individuelle Farbgestaltung der Zimmer. Im Sommer sollten Sie auf der Terrasse im Garten speisen!

De Schün garni
Dorfstr. 16, (Zufahrt über Am Winkel) ✉ 19061 – ✆ (0385) 64 61 20
– www.hotel-deschuen-schwerin.de – geschl. 22. - 29. Dezember
17 Zim – 56/59 € 86/89 €
Der freundlichen Gastgeberin ist eine wohnliche und familiäre Atmosphäre in ihrem netten Landhaus sehr wichtig und das spürt man auch... schon morgens beim guten Frühstück, das man im Sommer gerne auf der schönen Gartenterrasse einnimmt.

SCHWERTE

Nordrhein-Westfalen – 48 260 Ew. – Höhe 110 m – Siehe Regionalatlas **26**-D11
Berlin 491 km – Düsseldorf 73 km – Dortmund 13 km – Hagen 19 km
Michelin Straßenkarte 543

Rohrmeisterei - Glaskasten
Ruhrstr. 20 ✉ 58239 – ✆ (02304) 2 01 30 01 – www.rohrmeisterei-schwerte.de
– geschl. Montag
Menü 33/49 € – Karte 37/50 € – *(nur Abendessen)*
Das sehenswerte Industriedenkmal aus rotem Backstein, eine ehemalige Pumpstation von 1890, beherbergt in der einstigen Werkshalle den modernen Glaskasten. Geboten wird hier gute internationale Küche. Werksutensilien dienen als Dekor. Eventhallen.
Rest *Unter'm Kran* – siehe Restaurantauswahl

Unter'm Kran – Restaurant Rohrmeisterei - Glaskasten
Ruhrstr. 20 ✉ 58239 – ✆ (02304) 2 01 30 01 – www.rohrmeisterei-schwerte.de
– geschl. Montag
Karte 26/42 €
Dank einer Bürgerstiftung konnte das alte Gebäude zu einem Gastronomie- und Kulturzentrum ausgebaut werden. Hier im Bistro des Restaurants "Rohrmeisterei-Glaskasten" sollten Sie die Gerichte mit Schwerter Senf probieren! Mittags ist die Auswahl kleiner.

In Schwerte-Geisecke Ost: 5,5 km über Schützenstraße

Gutshof Wellenbad

Zum Wellenbad 7 ✉ 58239 – ✆ (02304) 48 79 – www.gutshof-wellenbad.de – geschl. Anfang Januar 2 Wochen, Mitte Juli 2 Wochen, Ende Oktober - Mitte November 2 Wochen

14 Zim ☕ – †74/79 € ††99/104 € – 2 Suiten – ½ P

Rest *Gutshof Wellenbad* – siehe Restaurantauswahl

Wunderbar, dieses Anwesen! Zum einen der ehemalige Gutshof an sich (in den Zimmern altes Holz und liebenswert-rustikaler Stil in Kombination mit modernen Bädern), zum anderen der riesige Garten mit Baumbestand, der sich hinterm Haus bis direkt an die Ruhr erstreckt!

Gutshof Wellenbad – Hotel Gutshof Wellenbad

Zum Wellenbad 7 ✉ 58239 – ✆ (02304) 48 79 – www.gutshof-wellenbad.de – geschl. Anfang Januar 2 Wochen, Ende Oktober - Mitte November 2 Wochen

Menü 45/55 € – Karte 31/43 € – *(Montag - Freitag nur Abendessen)*

Gediegenes Restaurant, charmant-rustikale Gaststube, schicker Wintergarten... Wo möchten Sie bei internationaler Küche am liebsten sitzen? Essen Sie im Sommer unbedingt auf der Terrasse - vor Ihnen liegt ein herrliches Gartengrundstück mit der vorbeifließenden Ruhr!

SCHWETZINGEN

Baden-Württemberg – 21 790 Ew. – Höhe 101 m – Siehe Regionalatlas **47-F17**

Berlin 623 km – Stuttgart 118 km – Mannheim 18 km – Heidelberg 10 km

Michelin Straßenkarte 545

Villa Benz garni

Zähringer Str. 51 ✉ 68723 – ✆ (06202) 93 60 90 – www.villa-benz.de – geschl. 24. Dezember - 6. Januar

10 Zim ☕ – †82/97 € ††105/125 €

Hier hat man die persönliche Atmosphäre eines familiären Hauses - und den Schlosspark direkt gegenüber! Tipp: In den Zimmern zum Garten hin schläft man ruhiger.

SCHWIELOWSEE

Brandenburg – 10 190 Ew. – Höhe 35 m – Siehe Regionalatlas **22-O8**

Berlin 56 km – Potsdam 16 km – Belzig 54 km

Michelin Straßenkarte 542

In Schwielowsee-Caputh

Landhaus Haveltreff

Weinbergstr. 4 ✉ 14548 – ✆ (033209) 7 80 – www.haveltreff.de

25 Zim ☕ – †73/90 € ††98/112 € – 1 Suite – ½ P

Rest – Menü 10 € (mittags)/40 € – Karte 23/44 €

Die Lage unmittelbar an der Havel sowie wohnliche Zimmer in harmonischen Farben machen das ansprechende Hotel aus. Auch ein eigener Bootssteg steht zur Verfügung. Restaurant im Landhausstil mit regionaler und internationaler Küche. Terrasse zum Fluss.

SEBNITZ

Sachsen – 8 440 Ew. – Höhe 300 m – Siehe Regionalatlas **44-R12**

Berlin 227 km – Dresden 47 km – Görlitz 66 km

Michelin Straßenkarte 544

Sebnitzer Hof

Markt 13 ✉ 01855 – ✆ (035971) 90 10 – www.sebnitzer-hof.de

54 Zim – †57/75 € ††74/119 €, ☕ 9 € – 2 Suiten – ½ P

Rest – Menü 18/36 € – Karte 22/36 € – *(nur Abendessen)*

Der Name hat sich geändert (früher "Sächsischer Hof"), die Tradition ist geblieben. Wer es gern etwas individueller hat, wählt eines der Themenzimmer: "Afrika", "Vive la France", "Sebnitz"... Nette Alternative zum Restaurant "August der Starke": Café-Weinstube mit französischem Konzept.

SEEG

Bayern – 2 810 Ew. – Höhe 853 m – Siehe Regionalatlas **64-J21**

Berlin 658 km – München 142 km – Kempten (Allgäu) 31 km – Pfronten 11 km

Michelin Straßenkarte 546

Pension Heim garni

Aufmberg 8 ✉ 87637 – ✆ (08364) 2 58 – www.pensionheim.de
– geschl. November - 24. Dezember

14 Zim – 44/56 € 84/96 € – 2 Suiten

Eine nette familiäre kleine Pension! Hier kann man sehr gepflegt und preislich fair übernachten. Das Haus mit dem ländlich-rustikalen Charme liegt in ruhiger dörflicher Umgebung, toll der Blick auf das Alpenvorland!

In Rückholz-Seeleuten Süd-West: 2 km über Aufmberg

Landhotel Panorama

Seeleuten 62 ✉ 87494 – ✆ (08364) 2 48
– www.panorama-allgaeu.de
– geschl. November - 24. Dezember

11 Zim – 56/70 € 88/124 € – 3 Suiten – ½ P

Rest *Landhotel Panorama* – siehe Restaurantauswahl

In diesem Familienbetrieb hat sich einiges getan: Neben wohnlichen Zimmern (fragen Sie nach den komfortablen modern-alpenländischen Zimmern im Neubau!) bietet man nun auch einen attraktiven kleinen Wellnessbereich mit Panoramasauna und Ruheraum. Unverändert schön ist natürlich die tolle ruhige Lage mit wunderbarer Sicht auf die Voralpenlandschaft!

Landhotel Panorama

Seeleuten 62 ✉ 87494 – ✆ (08364) 2 48 – www.panorama-allgaeu.de
– geschl. November - 24. Dezember und Montag, Ende Dezember - März: Montag - Freitag

Karte 27/38 € – *(nur Mittagessen)*

Hier haben die Söhne in Küche und Service das Zepter übernommen, was auf den Tisch kommt, ist schmackhaft, frisch, regional - z. B. "gesottener Tafelspitz vom Roßhauptener Milchkalb mit Kohlrabi-Meerrettichragout". Ein Muss im Sommer: die großzügige Terrasse! Hier sitzt man auch gerne bei Kaffee und Kuchen.

SEEHAUSEN – Brandenburg

➜ Siehe Oberuckersee

SEEHEIM-JUGENHEIM

Hessen – 15 860 Ew. – Höhe 133 m – Siehe Regionalatlas **47-F15**

Berlin 582 km – Wiesbaden 56 km – Mannheim 48 km – Darmstadt 13 km

Michelin Straßenkarte 543

Im Ortsteil Malchen

Malchen garni

Im Grund 21 ✉ 64342 – ✆ (06151) 9 46 70 – www.hotel-malchen.de

25 Zim – 75/90 € 110/125 €

Ein familiär geführtes Haus in recht ruhiger Lage an der Bergstraße - angrenzend der Naturpark des Odenwaldes. Ein Teil der Zimmer ist besonders geräumig, einige mit Kitchenette für Langzeitgäste. Freundlicher Frühstücksraum.

SEELBACH

Baden-Württemberg – 5 030 Ew. – Höhe 215 m – Siehe Regionalatlas **53-D19**

Berlin 774 km – Stuttgart 175 km – Freiburg im Breisgau 61 km – Offenburg 33 km

Michelin Straßenkarte 545

In Seelbach-Wittelbach Süd: 2,5 km über Tretenhofstraße

Landgasthof Ochsen mit Zim

Schuttertalstr. 5 ✉ 77960 – ✆ (07823) 22 57 – www.landgasthof-ochsen.com – geschl. Montag - Dienstag

11 Zim – 🚹43/55 € 🚹🚹76/100 €, ☕ 8 € – ½ P

Menü 22/36 € – Karte 25/59 € – *(nur Abendessen)*

Sie mögen es gemütlich und traditionell? So ist es in dem kleinen Gasthof der Familie Eble. Das Haus wird persönlich geführt, hat eine nette Atmosphäre und das Speisenangebot ist saisonal geprägt. Wie schön man hier im Sommer draußen sitzen kann, hat sich schon rumgesprochen - Innenhof und Garten sind heiß begehrt!

SEEON-SEEBRUCK

Bayern – 4 620 Ew. – Höhe 537 m – Siehe Regionalatlas **67-N20**

▶ Berlin 654 km – München 80 km – Bad Reichenhall 55 km – Wasserburg am Inn 26 km

Michelin Straßenkarte 546

Im Ortsteil Lambach Süd-West: 3 km ab Seebruck in Richtung Rosenheim

Malerwinkel

Rest,

Lambach 23 ✉ 83358 – ✆ (08667) 8 88 00 – www.hotel-malerwinkel.de

31 Zim ☕ – 🚹50/86 € 🚹🚹96/138 € **Rest** – Karte 31/63 €

Die Lage am See ist wunderschön. Liegewiese, Strandbad und Bootsanleger hat man direkt vor der Tür. Für Ausflüge kann man Fahrräder leihen. Die riesige Terrasse zum Chiemsee ist im Sommer gut besucht, ein Grund dafür ist sicher auch die große Kuchenauswahl.

Im Ortsteil Truchtlaching Süd-Ost : 4 km ab Seeon in Richtung Traunstein, dann links ab :

Schaller zur Post

Chiemseestr. 2 ✉ 83376 – ✆ (08667) 16 92 17 – www.schaller-zurpost.de – geschl. Dienstag - Mittwoch; Juli - September: nur Mittwoch

Karte 24/54 € – *(Montag - Freitag nur Abendessen)* (Tischbestellung ratsam)

Sie mögen Süßes? Dann sind Sie bei Sebastian Schaller in dem gemütlichen modern-rustikalen Gasthof genau richtig. Hier ist Leckeres wie "Crème Brûlée mit Pralineneis" der krönende Abschluss Ihres Menüs oder eines regionalen Gerichts wie "Kartoffel-Lauch-Ravioli und Kalbsbries"! Am Wochenende: hausgemachter Kuchen und Pralinen - im Sommer natürlich auf der Terrasse!

SEESEN

Niedersachsen – 20 280 Ew. – Höhe 205 m – Siehe Regionalatlas **29-I10**

▶ Berlin 294 km – Hannover 78 km – Braunschweig 62 km – Göttingen 53 km

Michelin Straßenkarte 541

Goldener Löwe

Jacobsonstr. 20 ✉ 38723 – ✆ (05381) 93 30 – www.loewe-seesen.de

39 Zim ☕ – 🚹75/105 € 🚹🚹80/130 € – 1 Suite – ½ P

Rest *Anna* – Menü 28/44 € – Karte 28/52 € – *(geschl. Samstagmittag, Sonntagabend - Montag)*

Rest *Brasserie* – Menü 28/34 € – Karte 25/50 € – *(nur Abendessen, Samstag auch Mittagessen)*

Das Hotel besteht aus einem alten Fachwerkhaus und einem Anbau, verbunden durch einen verglasten Übergang. Unterschiedliche Zimmer mit funktionaler Ausstattung. Anna mit rustikalem Ambiente und bürgerlich-regionaler Küche. Kleine Gerichte und Steaks in der Brasserie.

SEEVETAL

Niedersachsen – 42 220 Ew. – Höhe 14 m – Siehe Regionalatlas **10-I6**

▶ Berlin 305 km – Hannover 250 km – Lüneburg 36 km – Hamburg 24 km

Michelin Straßenkarte 541

In Seevetal-Helmstorf

Lieblingsplatz N

Moorstr. 41 ✉ 21218 – ✆ (04105) 6 76 69 66 – www.restaurant-lieblingsplatz.de – geschl. 5. - 18. Januar und Montag

Menü 25/36 € – Karte 31/60 €

Ihr "Lieblingsplatz" befindet sich auf dem Forellenhof der Familie Behrens zwischen diversen Teichen mit Forellen, Saiblingen, Karpfen - frischer kann der Fisch nicht auf den Teller kommen! Am Wochenende gibt's übrigens auch Frühstück.

SEEWALD

Baden-Württemberg – 2 330 Ew. – Höhe 749 m – Siehe Regionalatlas **54-F19**

Berlin 709 km – Stuttgart 76 km – Karlsruhe 80 km – Freudenstadt 23 km

Michelin Straßenkarte 545

In Seewald-Besenfeld

Oberwiesenhof

Freudenstädter Str. 60 (B294) ✉ 72297 – ✆ (07447) 28 00 – www.hotel-oberwiesenhof.de

34 Zim – 80/110 € 150/192 € – 8 Suiten – ½ P

Rest – Menü 19 € (mittags)/42 € – Karte 27/50 €

Geräumige, wohnliche Zimmer, ein schöner Spa sowie Sport- und Freizeitangebote (Tennisplätze, Mountainbike- und E-Bike-Verleih...), ein parkähnlicher großer Garten, nicht zu vergessen die reizvolle Landschaft ringsum - so macht man bei Familie Schneider Urlaub! Und lassen Sie sich nicht die Wanderung zum Jagdhaus im eigenen Privatwald entgehen - hier gibt's Vesper! Wer lieber im Restaurant essen möchte, sitzt bei regionaler Küche gemütlich am Kachelofen.

SEGEBERG, BAD

Schleswig-Holstein – 15 770 Ew. – Höhe 44 m – Siehe Regionalatlas **10-J4**

Berlin 302 km – Kiel 47 km – Lübeck 33 km – Hamburg 69 km

Michelin Straßenkarte 541

Vitalia Seehotel Zim,

Am Kurpark 3 ✉ 23795 – ✆ (04551) 8 02 80 – www.vitaliaseehotel.de

107 Zim – 85/118 € 130/178 € – 4 Suiten – ½ P

Rest – Menü 25/49 € – Karte 31/52 €

Eine schöne Sicht auf den See bieten sowohl die komfortablen, in modernem Stil eingerichteten Zimmer wie auch der großzügige Wellnessbereich dieses Hotels am Kurpark. Neuzeitlich-gediegenes Restaurant mit Seeblick.

In Blunk Nord: 8 km über B 432, in Klein Rönnau links

Landhaus Schulze - Hamann Rest,

Segeberger Str. 32 ✉ 23813 – ✆ (04557) 9 97 00 – www.landhaus-schulze-hamann.de

9 Zim – 69/75 € 118/138 € – ½ P

Rest – Menü 20/37 € – Karte 28/54 € – *(geschl. Montag - Dienstag)*

Der erweiterte Gasthof ist ein langjähriger Familienbetrieb, in dem Sie wohnliches Landhausambiente erwartet. Entspannen kann man auch im hübschen kleinen Garten. Freundlich gestaltetes Restaurant mit schöner Terrasse. Serviert werden regionale Speisen.

In Pronstorf-Strenglin Ost: 17 km über B 206, in Geschendorf links

Strengliner Mühle (mit Gästehäusern)

Mühlenstr. 2 ✉ 23820 – ✆ (04556) 99 70 99 – www.strenglinermuehle.de

33 Zim – 55/75 € 94/125 € – 2 Suiten – ½ P

Rest – Karte 19/50 € – *(Montag - Samstag nur Abendessen)*

Die zum Hotel gewachsene historische Wind- und Wassermühle in netter ländlicher Umgebung ist seit mehreren Generationen im Familienbesitz. Gut gepflegte und wohnliche Gästezimmer. Im Haupthaus befindet sich das helle Wintergarten-Restaurant.

SEHLEN – Mecklenburg-Vorpommern ➜ Siehe Rügen (Insel)

SEHNDE

Niedersachsen – 22 950 Ew. – Höhe 68 m – Siehe Regionalatlas **19-I9**
Berlin 269 km – Hannover 23 km – Braunschweig 48 km – Hildesheim 38 km
Michelin Straßenkarte 541

In Sehnde-Bolzum Süd West: 2,5 km über Nordstraße

Landhaus Bolzum garni

Schmiedestr. 10 ✉ 31319 – ✆ (05138) 60 82 90 – www.landhaus-bolzum.de – geschl. 19. - 31. Dezember
20 Zim – †49/169 € ††59/189 € – 2 Suiten
Das familiär geführte kleine Landhotel verfügt über solide, hell eingerichtete Gästezimmer und einen freundlichen Frühstücksraum im Wintergarten.

SEIFFEN

Sachsen – 2 420 Ew. – Höhe 640 m – Siehe Regionalatlas **43-P13**
Berlin 256 km – Dresden 65 km – Chemnitz 56 km – Freiberg 36 km
Michelin Straßenkarte 544

Erbgericht-Buntes Haus

Zim,

Hauptstr. 94 ✉ 09548 – ✆ (037362) 77 60 – www.erzgebirgshotels.de
44 Zim – †44/70 € ††73/129 € – ½ P
Rest – Menü 22 € (abends) – Karte 17/39 €
In diesem traditionsreichen Haus hat man mit recht farbenfroher Einrichtung und den für den Ort Seiffen bekannten Holzfiguren eine freundliche Atmosphäre geschaffen. Restaurantstuben mit rustikalem Charakter.

Seiffener Hof

Hauptstr. 31 ✉ 09548 – ✆ (037362) 1 30 – www.seiffener-hof.de – geschl. 4. - 29. Januar
25 Zim – †50/90 € ††80/130 € – ½ P **Rest** – Karte 16/33 €
Ein sehr wohnlicher und auffallend gepflegter Familienbetrieb am Ortsanfang, zu dem neben gemütlichen Gästezimmern auch eine von den Inhabern betriebene Holzwarenwerkstatt gehört - hier kann man bei Bastelkursen seiner Kreativität freien Lauf lassen!

SELB

Bayern – 15 900 Ew. – Höhe 541 m – Siehe Regionalatlas **51-M14**
Berlin 344 km – München 291 km – Hof 29 km – Bayreuth 62 km
Michelin Straßenkarte 546

Rosenthal-Casino

Kasinostr. 3 ✉ 95100 – ✆ (09287) 80 50 – www.rosenthal-casino.de
20 Zim – †65/80 € ††80/110 €
Rest *Rosenthal-Casino* – siehe Restaurantauswahl
Gleich neben der Porzellanmanufaktur steht die hübsche Villa mit Anbau im Bauhausstil. Künstler und Designer haben hier mit ihren für Rosenthal kreierten Stücken individuelle Zimmer geschaffen.

Rosenthal-Casino – Hotel Rosenthal-Casino

Kasinostr. 3 ✉ 95100 – ✆ (09287) 80 50 – www.rosenthal-casino.de
Menü 32/65 € – Karte 26/53 € – *(geschl. Samstagmittag, Sonntag)*
Hier bietet man ambitionierte regionale und internationale Küche. Und das Ambiente dazu: elegant im Restaurant mit sehenswerter indirekt beleuchteter Design-Flaschenwand von 1957, rustikal in der gemütlich-traditionellen Frankenstube.

SELIGENSTADT

Hessen – 20 250 Ew. – Höhe 110 m – Siehe Regionalatlas **48-G15**
Berlin 540 km – Wiesbaden 58 km – Frankfurt am Main 27 km – Aschaffenburg 17 km
Michelin Straßenkarte 543

In Seligenstadt-Froschhausen Nord-West: 3 km über Frankfurter Straße

Columbus
Zim,

Am Reitpfad 4 ✉ 63500 – ✆ (06182) 84 00 – www.hotel-columbus.de
117 Zim – †74/110 € ††99/146 € – ½ P
Rest – Menü 13/39 € – Karte 21/46 €
Mit seiner verkehrsgünstigen Lage in einem Gewerbegebiet und funktionellen Zimmern in zeitlosem Stil ist das Hotel ideal für Tagungen und Businessgäste. In der Lobby hat man übrigens eine Bar, die sich großer Beliebtheit erfreut.

SELLIN – Mecklenburg-Vorpommern ➜ Siehe Rügen (Insel)

SELZEN
Rheinland-Pfalz – 1 550 Ew. – Höhe 134 m – Siehe Regionalatlas **47-E15**
Berlin 605 km – Mainz 31 km – Neustadt an der Weinstraße 83 km – Wiesbaden 44 km
Michelin Straßenkarte 543

Kaupers Restaurant im Kapellenhof
Kapellenstr. 18a, (Zufahrt über Kirschgartenstraße) ✉ 55278 – ✆ (06737) 83 25 – www.kaupers-kapellenhof.de – geschl. Mittwoch - Donnerstag
Menü 81/113 € – Karte 68/83 € – *(nur Abendessen)* (Tischbestellung erforderlich)
Freigelegtes Fachwerk, warmes Holz vom Boden bis in den offenen Giebel, ansprechend der einsehbare Weinschrank... Man spürt und sieht, wie viel Herzblut Nora Breyer und Sebastian Kauper in dieses wunderschön sanierte alte Haus samt traumhafter Dachterrasse gesteckt haben. Und die harmonisch abgestimmten saisonalen Speisen stehen dem in nichts nach!
➜ Seeforelle - lauwarm, Sauerklee, Sud. Pochierte Kalbsschulter, Morcheln, Schalottenrahm. Rheinhessischer Rehrücken aus dem Ofen, Petersilie, Feldkörner, salzige Wildpreiselbeermarmelade.

SENDEN
Bayern – 22 380 Ew. – Höhe 549 m – Siehe Regionalatlas **56-I19**
Berlin 624 km – München 143 km – Augsburg 81 km – Memmingen 48 km
Michelin Straßenkarte 546

Feyrer
Bahnhofstr. 18 ✉ 89250 – ✆ (07307) 94 10 – www.hotel-feyrer.de
50 Zim – †69/84 € ††94/104 €
Rest – Menü 34 € – Karte 21/44 € – *(geschl. Samstagmittag, Sonntagabend)*
Ein Tagungshotel in Bahnhofsnähe: die Zimmer gepflegt, zeitgemäß und funktionell, die Seminarräume klimatisiert. Dazu bietet man im Restaurant mit Innenhofterrasse internationale und regionale Küche.

SENDENHORST
Nordrhein-Westfalen – 13 240 Ew. – Höhe 62 m – Siehe Regionalatlas **27-E10**
Berlin 451 km – Düsseldorf 136 km – Bielefeld 73 km – Beckum 19 km
Michelin Straßenkarte 543

In Sendenhorst-Hardt Süd-Ost: 2 km über Osttor

Waldmutter
Hardt 6 (an der Straße nach Beckum) ✉ 48324 – ✆ (02526) 9 32 70 – www.waldmutter.de
26 Zim – †71 € ††112 € **Rest** – Karte 21/46 €
Ein regionstypisches Gasthaus (Schankerlaubnis seit 1882) nebst Hotelanbau. Man wohnt hier sehr gepflegt und neuzeitlich, W-Lan ist kostenfrei. Im Restaurant gibt es bürgerliche Küche. Kinder sind ebenfalls willkommen - die Kleinen freuen sich über den Spielplatz, während Sie im Sommer die Terrasse genießen.

SENFTENBERG
Brandenburg – 26 530 Ew. – Höhe 102 m – Siehe Regionalatlas **33-Q11**
Berlin 143 km – Potsdam 152 km – Cottbus 35 km – Dresden 75 km
Michelin Straßenkarte 542

Seeschlößchen

Buchwalder Str. 77 ✉ 01968 – ✆ (03573) 3 78 90 – www.ayurveda-seeschloesschen.de

47 Zim – 125/135 € 190/210 € – 3 Suiten – ½ P

Rest – Menü 35/44 € – Karte 34/46 €

Der Senftenberger See liegt gleich gegenüber, die Zimmer sind wohnlich und zum Relaxen hat man einen großzügigen Spa mit allerlei Anwendungen! Nett für Ausflügler ist die Brasserie in einem kleinem Holzhaus mit Terrasse direkt am See.

Lido Senftenberg

Rest,

Steindamm 26 ✉ 01968 – ✆ (03573) 36 30 00 – www.hotel-lido-senftenberg.de

35 Zim – 64/88 € 104/119 € – 3 Suiten – ½ P **Rest** – Karte 16/55 €

Man hat hier das größte Blockhaus in Europa errichtet! Schon von außen ein schöner Anblick und auch drinnen sorgen die Holzbohlen für kanadisches Flair. Entsprechend die Spezialität im Restaurant: Elch-, Bison- und Rindersteak. Kinder freuen sich über den Spielplatz, der nahe See ist ein ideales Ausflugsziel!

Strandhotel

Am See 3 ✉ 01968 – ✆ (03573) 80 04 00 – www.strandhotel-see.de

42 Zim – 62/78 € 99/109 € – ½ P

Rest – Menü 25/50 € – Karte 24/40 € – *(nur Abendessen, Juli - August auch Mittagessen)*

In attraktiver Lage unmittelbar am See erwarten Sie gepflegte, teilweise seeseitige Zimmer in geradlinig-neuzeitlichem Stil sowie eine eigene Badestelle und ein Bootssteg. Restaurant und Terrasse mit Seeblick.

SERRIG

Rheinland-Pfalz – 1 600 Ew. – Höhe 160 m – Siehe Regionalatlas **45-B16**

Berlin 739 km – Mainz 173 km – Trier 25 km – Saarbrücken 71 km

Michelin Straßenkarte 543

Gasthaus Wagner

Losheimer Str. 3 ✉ 54455 – ✆ (06581) 22 77 – www.gasthaus-wagner-serrig.de – geschl. Januar - Februar 1 Woche, Oktober - November 2 Wochen und Dienstag - Mittwoch

Menü 32 € – Karte 23/49 € – *(November - April: Montag - Freitag nur Abendessen)*

Die Küche von Peter Adams ist schmackhaft, bürgerlich-saisonal und hat einen österreichischen Einschlag - dieser findet sich übrigens auch in der gemütlich-charmanten Stube. Hier wärmt im Winter der Kachelofen, im Sommer spenden die Kastanien auf der Terrasse Schatten. Probieren Sie im November doch mal einen "Vacherin Mont-d'Or" für 2 Personen!

SESSLACH

Bayern – 4 070 Ew. – Höhe 271 m – Siehe Regionalatlas **50-K14**

Berlin 395 km – München 275 km – Coburg 19 km – Bamberg 40 km

Michelin Straßenkarte 546

Fränkische Landherberge garni

Hans-Reiser-Str. 33 ✉ 96145 – ✆ (09569) 9 22 70 – www.fraenkische-landherberge.de – geschl. Mitte Dezember - Mitte Januar

33 Zim – 40/47 € 58/74 €

Im Stil früherer bäuerlicher Anwesen wurde das nach ökologischen Aspekten gebaute Hotel u-förmig um einen Innenhof angelegt. Die Zimmer sind funktionell.

Pörtnerhof mit Zim

Luitpoldstr. 15 ✉ 96145 – ✆ (09569) 1 88 69 00 – www.sesslach-poertnerhof.de – geschl. Montag - Dienstag

9 Zim – 50/70 € 65/90 € – ½ P

Menü 25/45 € – Karte 20/55 € – *(nur Abendessen)*

Ein schön saniertes ehemaliges Bauernhaus im Ortskern. In gemütlichem Ambiente bietet man an gut eingedeckten Tischen internationale Küche, in der Diele im 1. OG bekommen Sie auf Anfrage ein Menü. Zum Übernachten stehen wohnliche Gästezimmer bereit.

SIEGBURG

Nordrhein-Westfalen – 39 750 Ew. – Höhe 55 m – Siehe Regionalatlas **36**-C13

Berlin 590 km – Düsseldorf 67 km – Bonn 13 km – Koblenz 87 km

Michelin Straßenkarte 543

Kranz-Parkhotel
Zim,

Mühlenstr. 32 ✉ 53721 – ✆ (02241) 54 70 – www.kranzparkhotel.de

108 Zim – 125/150 € 164 € – 1 Suite – ½ P

Rest – Menü 45 € – Karte 34/51 €

Ein neuzeitlich-gediegenes und funktionell ausgestattetes Hotel im Zentrum, das gute Tagungsmöglichkeiten bietet. Die Deluxe-Zimmer und Suiten sind geräumiger. Freundlich gestaltetes Parkrestaurant. Im obersten Stock: die Sunset-Bar.

Oktopus
Rest,

Zeithstr. 110 ✉ 53721 – ✆ (02241) 84 64 00 – www.friendly-cityhotel-siegburg.de

57 Zim – 65/179 € 85/209 € – 4 Suiten – ½ P

Rest – Menü 21 € – Karte 22/36 €

Die Gäste schätzen nicht nur den einladenden geradlinig-modernen Stil des Hotels, auch der direkte Zugang zum Oktopus-Bad ist ein echter Vorteil! Attraktion ist hier das Indoor-Tauchcenter "dive4life": 20 m tief, rund 3 Mio. Liter Wasser!

Kaiserhof

Kaiserstr. 80 (Zufahrt über Johannisstraße) ✉ 53721 – ✆ (02241) 1 72 30 – www.kaiserhof-siegburg.de – geschl. 22. - 28. Dezember

28 Zim – 69/110 € 99/145 €

Rest – Menü 33 € (mittags)/65 € – Karte 36/63 €

Die praktische Lage in der Fußgängerzone von Siegburg sowie funktional eingerichtete Zimmer sprechen für dieses gut geführte Haus. Im Restaurant mit Bistro-Ambiente überzeugt Familie Keller mit Gastlichkeit und ambitionierter Küche.

SIEGEN

Nordrhein-Westfalen – 103 430 Ew. – Höhe 280 m – Siehe Regionalatlas **37**-E12

Berlin 564 km – Düsseldorf 130 km – Bonn 99 km – Gießen 73 km

Michelin Straßenkarte 543

Pfeffermühle
Rest,

Frankfurter Str. 261 ✉ 57074 – ✆ (0271) 23 05 20 – www.pfeffermuehle-siegen.de

42 Zim – 71/88 € 84/97 €, 5 € – ½ P

Rest – Menü 20/49 € – Karte 20/50 € – *(geschl. Sonntag sowie an Feiertagen) (nur Abendessen)*

Das familiengeführte Hotel liegt etwas erhöht außerhalb des Zentrums und bietet zeitgemäße Klassik- und Komfortzimmer sowie ganz moderne Businesszimmer im neuen Anbau. Man verfügt auch über einen guten Tagungsbereich. Internationales Speisenangebot im hellen, freundlichen Restaurant.

Berghotel Johanneshöhe

Wallhausenstr. 1 ✉ 57072 – ✆ (0271) 3 87 87 90 – www.johanneshoehe.de – geschl. 1. - 4. Januar

23 Zim – 65/100 € 91/125 € – ½ P

Rest – Menü 34 € (abends) – Karte 34/58 € – *(geschl. Samstagmittag)*

Hier überzeugen die exponierte Lage sowie die gepflegten und praktisch ausgestatteten Zimmer (Standard, Premium oder Superior) - meist mit tollem Blick auf Siegen. Geradliniger Stil bestimmt das Ambiente im Restaurant, Highlight ist die Panoramaterrasse!

In Wilnsdorf Süd-Ost: 11 km

Qualitel garni

Elkersberg 4 (BAB 45, Ausfahrt 23 / Autohof) ✉ 57234 – ✆ (02739) 3 01 50 – www.qualitel-hotel.de

44 Zim – 59/69 € 79/85 €, 8 €

Das Hotel ist durch und durch geradlinig-modern und funktionell. Zimmer mit Schallschutz und schöner Sicht von den oberen Etagen; hier auch die Konferenzräume mit guter Technik.

In Wilnsdorf-Wilgersdorf Süd-Ost: 4 km

Gästehaus Wilgersdorf
Kalkhain 23 ✉ 57234 – ✆ (02739) 8 96 90 – www.gaestehaus-wilgersdorf.de – geschl. Juli - August 3 Wochen
40 Zim – 🚹49/57 € 🚹🚹81/93 €, ☕ 5 € – ½ P **Rest** – Karte 19/39 €
Angenehm ist die ruhige Waldrandlage dieses Familienbetriebs, schön die Aussicht. Neben funktionellen Zimmern bietet man gute Tagungsmöglichkeiten und einen großen Garten. Freundliches Restaurant zum Tal hin.

SIEGSDORF

Bayern – 8 020 Ew. – Höhe 615 m – Siehe Regionalatlas **67-O21**
Berlin 695 km – München 105 km – Bad Reichenhall 32 km – Rosenheim 48 km
Michelin Straßenkarte 546

Alte Post
Traunsteiner Str. 7 ✉ 83313 – ✆ (08662) 66 46 09 00 – www.altepostsiegsdorf.de
29 Zim ☕ – 🚹64/74 € 🚹🚹94/114 € – ½ P
Rest – Menü 19/40 € – Karte 17/36 €
Wer auf der Durchreise gut und gepflegt übernachten möchte, macht am besten in dem 600 Jahre alten Gasthof mit typischer Fassadenmalerei Station: praktisch der kurze Weg zur Autobahn, zeitgemäß die Zimmer. Unter einer schönen alten Gewölbedecke gelangt man in das gemütlich-bayerische Restaurant, wo man bürgerliche Küche und regionale Schmankerl serviert.

In Siegsdorf-Hammer Süd-Ost: 6 km über B 306

Gasthof Hörterer - Der Hammerwirt Zim,
Schmiedstr. 1 (B 306) ✉ 83313 – ✆ (08662) 66 70 – www.der-hammerwirt.de – geschl. März 2 Wochen, Ende Oktober - Anfang November 4 Wochen
21 Zim ☕ – 🚹55/89 € 🚹🚹85/120 € – ½ P
Rest – Karte 17/56 € – *(geschl. Mittwoch)*
Mit 700 Jahren gilt die einstige Schmiede als ältestes Anwesen im Ort. Im Garten der wunderschöne große Natur-Badesee mit Holzstegen und Kinderbereich. Man hat auch Familienzimmer und Ferienwohnungen. Im Restaurant (Holzdecke, Terrakottaboden und Kachelofen machen es hier schön gemütlich) setzt man auf saisonale Küche mit regionalen Produkten.

SIEK

Schleswig-Holstein – 2 070 Ew. – Höhe 62 m – Siehe Regionalatlas **10-J5**
Berlin 277 km – Kiel 86 km – Bad Oldesloe 26 km – Hamburg 27 km
Michelin Straßenkarte 541

Alte Schule
Hauptstr. 44 ✉ 22962 – ✆ (04107) 87 73 10 – www.alte-schule-siek.de
19 Zim – 🚹75/95 € 🚹🚹95/210 €, ☕ 13 €
Rest *Alte Schule* – siehe Restaurantauswahl
Familie Franke leitet samt Schwiegersohn (er ist auch Küchenchef im Haus und bietet Kochkurse an!) diese ehemalige Schule mitten in Siek. Bei den engagierten Gastgebern lässt es sich gut wohnen, nämlich in schönen hellen Zimmern mit Obst und Wasser gratis!

Alte Schule – Hotel Alte Schule
Hauptstr. 44 ✉ 22962 – ✆ (04107) 87 73 10 – www.alte-schule-siek.de – geschl. Montag
Menü 39/69 € – Karte 36/57 € – *(Dienstag - Freitag nur Abendessen)*
Holzboden, hohe Decken, offener Kamin... in dem hübschen Restaurant steckt noch der Charme von 1911. Wer die frische und schmackhafte Saisonküche gerne in Menüform probieren möchte, wählt zwischen "Erdkunde" und "(Meeres-) Biologie" - die Unterrichtsfächer erinnern an die ursprüngliche Nutzung des Hauses!

SIERKSDORF

Schleswig-Holstein – 1 600 Ew. – Höhe 21 m – Siehe Regionalatlas **11-K4**
Berlin 291 km – Kiel 57 km – Lübeck 38 km – Neustadt in Holstein 8 km
Michelin Straßenkarte 541

Seehof (mit Gästehäusern)
Gartenweg 30 ✉ 23730 – ✆ (04563) 4 77 70 – www.seehof-sierksdorf.de – geschl. 5. Januar - 5. März
19 Zim – 90/130 € 120/185 € – ½ P
Rest – Menü 33 € – Karte 26/51 € – *(geschl. Dienstag; März und November - Dezember: Montag - Mittwoch; April und Oktober: Montag - Dienstag)*
Ihrer Erholung steht hier nichts im Wege! Ein bisschen erinnert das Gebäudeensemble mit der herrlichen Parkanlage an einen Gutshof. Die Lage leicht erhöht, der Blick aufs Meer unverbaubar! Eine Treppe führt hinunter zum Badestrand.

SIEVERSHAGEN – Mecklenburg-Vorpommern ➜ Siehe Rostock

SIGMARINGEN
Baden-Württemberg – 16 260 Ew. – Höhe 580 m – Siehe Regionalatlas **63**-G20
Berlin 696 km – Stuttgart 101 km – Konstanz 73 km – Freiburg im Breisgau 136 km
Michelin Straßenkarte 545

Fürstenhof
Rest,
Zeppelinstr. 14 (Süd-Ost: 2 km, Richtung Ravensburg, nahe der B 32) ✉ 72488 – ✆ (07571) 7 20 60 – www.fuerstenhof-sig.de
34 Zim – 60/70 € 80/90 € – ½ P
Rest – Menü 18/45 € – Karte 19/34 € – *(geschl. Sonntag) (nur Abendessen)*
Praktisch die verkehrsgünstige Lage im Gewerbegebiet der Stadt. In der Lobby fallen einem sofort die beachtlichen Jagdtrophäen ins Auge. Von hier aus geht es in die funktionalen Zimmer (teilweise haben sie Zugang zur Liegewiese) und ins Restaurant mit internationaler Küche.

In Scheer Süd-Ost: 10 km über B 32

Donaublick
Bahnhofstr. 21 (an der B 32) ✉ 72516 – ✆ (07572) 7 63 80 – www.donaublick.de – geschl. 25. - 31. Dezember
30 Zim – 59/69 € 80/94 € – ½ P
Rest – Menü 15 € (mittags)/38 € – Karte 17/41 € – *(geschl. August - September 2 Wochen)*
Wer mit dem Fahrrad im Donautal unterwegs ist, findet in dem ehemaligen Bahnhof ein ideales Domizil. Sie wohnen in funktionellen Zimmern im Altbau oder in besonders schönen, nach Feng Shui eingerichteten Neubau-Zimmern und am Morgen macht ein appetitliches Buffet Lust aufs Frühstück. Im Restaurant serviert man bürgerlich-saisonale Gerichte, dazu gibt es noch die urig-rustikale Bacchusstube. Fahrräder und E-Bikes können Sie natürlich auch hier im Haus leihen!

Brunnenstube
Mengener Str. 4 ✉ 72516 – ✆ (07572) 36 92 – www.brunnenstube-scheer.de – geschl. Montag - Dienstagmittag, Samstagmittag
Menü 37/52 € – Karte 31/57 €
Seit nunmehr über 30 Jahren bekocht Fabrice Coquelin in dem Gasthaus von 1870 seine Gäste mit einer schmackhaften klassisch-französischen Küche, während seine Frau Rita charmant den Service managt. Das Fleisch kommt vom Metzger gegenüber, das Gemüse von Bauern aus der Region... Lassen Sie sich nicht die hausgemachten Terrinen entgehen! Oder wie wär's mit "Kalbsrücken mit Bergkäsesauce und Nudeln"?

SIMBACH am INN
Bayern – 9 730 Ew. – Höhe 440 m – Siehe Regionalatlas **67**-P20
Berlin 634 km – München 122 km – Passau 54 km – Landshut 89 km
Michelin Straßenkarte 546

Göttler (mit Gästehaus)
Pfarrkirchner Str. 24 ✉ 84359 – ✆ (08571) 9 11 80 – www.goettler-simbach.de
15 Zim ☕ – 🚹36/42 € 🚹🚹55 € – ½ P
Rest – Menü 12/24 € – Karte 12/30 € – *(geschl. Montag)*
Der Familienbetrieb im Ortskern ist eine ehemalige Weißbierbrauerei, die durch ein Gästehaus mit funktionell eingerichteten Zimmern erweitert wurde. Bürgerliche und saisonale Küche im Restaurant - im Sommer mit Biergarten.

SIMMERATH

Nordrhein-Westfalen – 15 560 Ew. – Höhe 540 m – Siehe Regionalatlas **35-A13**
Berlin 640 km – Düsseldorf 107 km – Aachen 30 km – Düren 34 km
Michelin Straßenkarte 543

In Simmerath-Rurberg Ost: 8 km

Genießer Wirtshaus mit Zim
Hövel 15 ✉ 52152 – ✆ (02473) 32 12 – www.geniesserwirtshaus.de
– geschl. Montag - Donnerstagmittag
8 Zim – 🚹55/95 € 🚹🚹70/100 €, ☕ 7 € – 2 Suiten
Menü 26/42 € – Karte 21/46 €
Gemütlichkeit kommt auf, wenn man bei regionalen Gerichten wie "Döppekooche" in liebenswert dekorierten Stuben sitzt oder nach dem Abendessen in charmanten Themenzimmern (Motto "Genuss") in ein kuscheliges Bett sinkt! Und draußen: ein schöner Obstgarten mit eigenen Hühnern, Räucherhaus, Feuerstelle, Scheune mit Verkaufsladen... das ist Landlust pur!

SIMMERN

Rheinland-Pfalz – 7 580 Ew. – Höhe 340 m – Siehe Regionalatlas **46-D15**
Berlin 634 km – Mainz 67 km – Bad Kreuznach 52 km – Trier 87 km
Michelin Straßenkarte 543

An der Straße nach Laubach Nord: 6 km

Birkenhof
Birkenweg 1 ✉ 55469 Klosterkumbd – ✆ (06761) 9 54 00 – www.birkenhof-info.de
22 Zim ☕ – 🚹70/75 € 🚹🚹100/120 € – ½ P
Rest *Birkenhof* – siehe Restaurantauswahl
Man sieht diesem gewachsenen Gasthof an, dass Familie Dietrich mit Engagement bei der Sache ist - auch die junge Generation ist schon mit im Haus. Alles ist tipptopp gepflegt, die Zimmer sind schön freundlich und richtig wohnlich, wertig die Einrichtung aus regionaler Handarbeit. Nach einem frischen Frühstück können Sie hier direkt zur einer Wanderung starten!

Birkenhof – Hotel Birkenhof
Birkenweg 1 ✉ 55469 Klosterkumbd – ✆ (06761) 9 54 00
– www.birkenhof-info.de
Menü 29 € (mittags) – Karte 20/49 € – *(geschl. Dienstagmittag)*
(Tischbestellung ratsam)
Bei den Dietrichs darf man sich auf regional geprägte Küche freuen - und im Sommer auf eine schöne Terrasse. Von Rindern aus der eigenen Charolais-Zucht kommen z. B. "gekochtes Rindfleisch in Meerrettichsauce" oder "Rumpsteak vom Grill".

SIMONSBERG – Schleswig-Holstein ➜ Siehe Husum

SIMONSWALD

Baden-Württemberg – 3 020 Ew. – Höhe 372 m – Siehe Regionalatlas **61-E20**
Berlin 786 km – Stuttgart 215 km – Freiburg im Breisgau 36 km – Donaueschingen 49 km
Michelin Straßenkarte 545

Hugenhof mit Zim

Am Neuenberg 14 ✉ 79263 – ✆ (07683) 93 00 66 – www.hugenhof.de – geschl. über Fastnacht 2 Wochen, Mitte August - Anfang September 3 Wochen und Montag - Dienstag

15 Zim – 40 € 70/80 €

Menü 46 € – Karte ca. 35 € – *(nur Abendessen)* (Tischbestellung erforderlich)

Altes Gebälk, Kamin, charmante Einrichtung - da kommt Gemütlichkeit auf, während Chef Klaus Ditz Ihnen am Tisch sein ambitioniertes und schmackhaftes, täglich wechselndes 4-Gänge-Menü annonciert und Chefin Petra Ringwald freundlich-versiert die passenden Weine empfiehlt. Gegenüber die hübsche Raucherlounge.

In Simonswald-Obersimonswald Süd-Ost: 4 km in Richtung Furtwangen

Gasthaus Zur Erle

Obertalstr. 36 (Süd: 1 km) ✉ 79263 – ✆ (07683) 4 94 – www.erle-simonswald.de – geschl. nach Fastnacht 3 Wochen, Anfang Juni 2 Wochen und Dienstag - Mittwoch, Mai - Oktober: Dienstag - Mittwochmittag

Menü 29/48 € – Karte 24/42 €

Rustikal-gemütlich ist die Stube dieses familiengeführten Gasthofs. Hier bereitet der Chef regionale Spezialitäten zu, die von seiner Frau freundlich serviert werden.

SINDELFINGEN

Baden-Württemberg – 60 450 Ew. – Höhe 449 m – Siehe Regionalatlas **55**-G18

Berlin 647 km – Stuttgart 20 km – Karlsruhe 80 km – Reutlingen 34 km

Michelin Straßenkarte 545

Erikson-Hotel

Rest,

Hanns-Martin-Schleyer-Str. 8 ✉ 71063 – ✆ (07031) 93 50 – www.erikson.de – geschl. 24. Dezember - 6. Januar

92 Zim – 65/195 € 75/215 € – ½ P

Rest *Restaurant und s'Stüble* – Menü 43 € – Karte 25/50 € – *(geschl. Samstagmittag)*

Ein privat geführtes Businesshotel mit recht geräumigen Zimmern in günstiger Lage: Bahnhof gleich gegenüber, die A81 ist schnell erreicht. Im Restaurant gibt es Regionales (Leberle, Nierle...) sowie international-saisonale Gerichte. Wild kommt übrigens immer aus eigener Jagd! Einmal im Monat Sonntagsbrunch.

Knote

Vaihinger Str. 14 ✉ 71063 – ✆ (07031) 61 10 – www.hotel-knote.com – geschl. Ende Dezember - Anfang Januar 2 Wochen

45 Zim – 75/85 € 100/118 € – ½ P

Rest *Viola* – siehe Restaurantauswahl

Sie wohnen im Zentrum der Stadt in gepflegten, funktionellen Zimmern, die mit Schallschutzfenstern ausgestattet sind. Fragen Sie nach den Zimmern mit Balkon nach hinten.

Viola – Hotel Knote

Vaihinger Str. 14 ✉ 71063 – ✆ (07031) 61 10 – www.hotel-knote.com – geschl. Ende Dezember - Anfang Januar 2 Wochen

Karte 28/44 € – *(geschl. Ende Dezember - Anfang Januar 2 Wochen)*

Gebhard Baur ist mit seinem Sindelfinger Lokal "Viola" (benannt nach seiner Frau) hierher ins Hotel Knote umgezogen. Das Konzept ist gleich geblieben: bürgerliche Küche und Saisonales - beliebt natürlich Klassiker wie Zwiebelrostbraten. Günstigere Mittagskarte. Schön die Terrasse zum Hof.

SINGEN (HOHENTWIEL)

Baden-Württemberg – 45 830 Ew. – Höhe 429 m – Siehe Regionalatlas **62**-F21

Berlin 780 km – Stuttgart 154 km – Konstanz 34 km – Freiburg im Breisgau 106 km

Michelin Straßenkarte 545

Lamm
Alemannenstr. 42 ✉ 78224 – ✆ (07731) 40 20 – www.lamm-singen.bestwestern.de – geschl. 18. Dezember - 18. Januar
77 Zim – 🚹77/107 € 🚹🚹87/128 €, ☕ 8 € – 1 Suite – ½ P
Rest – ✆ (07731) 40 20 – Karte 18/35 € – *(geschl. Sonntag sowie an Feiertagen) (nur Abendessen)*
Mit Engagement leitet die Familie das am Zentrumsrand gelegene Haus. Die Zimmer sind unterschiedlich eingerichtet, fragen Sie nach den neueren in zeitgemäßem Stil. Im Restaurant gibt es bürgerliche Küche.

In Singen-Bohlingen Süd-Ost: 6 km über Rielasinger Straße, Richtung Überlingen

Zapa Rest, Rest,
Bohlinger Dorfstr. 48 ✉ 78224 – ✆ (07731) 79 61 61 – www.restaurant-zapa.de – geschl. über Fastnacht 1 Woche und Anfang November 1 Woche
14 Zim ☕ – 🚹84/110 € 🚹🚹122/150 €
Rest – Menü 27 € (mittags unter der Woche)/48 € – Karte 27/48 € – *(geschl. Sonntag - Montagmittag)*
Das Haus liegt ruhig und hat sehr gepflegte moderne Zimmer, Besonderheit sind Bilder und Windspiele eines Nürnberger Künstlers. Zum Erholen: netter Saunabereich und großer Garten. Das Restaurant bietet als Spezialität Graugänse und Hühner (2 Wochen im Winter), dienstagabends vegetarisches Buffet.

SINSHEIM

Baden-Württemberg – 35 400 Ew. – Höhe 154 m – Siehe Regionalatlas **48-G17**
Berlin 618 km – Stuttgart 87 km – Mannheim 50 km – Heilbronn 35 km
Michelin Straßenkarte 545

In Sinsheim-Dühren Süd-West: 3 km über B 39, jenseits der A 6

Ratsstube Rest,
Karlsruher Str. 55 ✉ 74889 – ✆ (07261) 93 70 – www.ratsstube.de
33 Zim ☕ – 🚹79/129 € 🚹🚹96/146 € – ½ P **Rest** – Karte 18/51 €
Der familiengeführte Gasthof ist zu einem Hotel mit wohnlichen Zimmern gewachsen. Ruhiger ist der nach hinten gelegene Anbau. Parkplätze direkt am Haus! Ein besonders freundlicher Ort für die bürgerliche Küche (Fleisch kommt aus der hauseigenen Metzgerei!) ist die Kraichgaustube des Restaurants.

SINZIG

Rheinland-Pfalz – 17 420 Ew. – Höhe 90 m – Siehe Regionalatlas **36-C13**
Berlin 613 km – Mainz 135 km – Bonn 22 km – Koblenz 37 km
Michelin Straßenkarte 543

Vieux Sinzig
Kölner Str. 6 ✉ 53489 – ✆ (02642) 4 27 57 – www.vieux-sinzig.com – geschl. 9. - 22. Februar, 17. - 30. August, 26. Oktober - 8. November und Montag - Dienstag
Menü 23 € (mittags unter der Woche)/89 € – Karte 43/79 €
Jean-Marie Dumaine und sein Team bieten in dem hübschen hellen Restaurant (schön auch der Garten!) zeitgemäß-saisonale Küche, in der zahlreiche Wildkräuter zum Einsatz kommen - Einflüsse aus der Region und der französischen Heimat des Chefs sind unverkennbar! Gut die Weinberatung. Und für zu Hause gibt's eigene eingemachte Produkte zu kaufen.

In Sinzig-Bad Bodendorf

Maravilla Rest,
Hauptstr. 158 ✉ 53489 – ✆ (02642) 4 00 00 – www.maravilla-spa.de
33 Zim ☕ – 🚹70/140 € 🚹🚹90/180 € – ½ P **Rest** – Menü 25 € – Karte 26/52 €
Eine wohnliche, ruhig gelegene Adresse, die für Geschäftsreisende, aber auch für den Wellnessgast interessant ist, dafür sorgen Hamam und Rasulbad sowie das Beauty- und Massage-Angebot. Die Zimmer sind unterschiedlich groß, im Haus Classic verfügen alle über einen Balkon. Geradlinig-elegant ist das Ambiente im Restaurant, auch an Vegetarier ist hier gedacht.

SITTENSEN

Niedersachsen – 5 510 Ew. – Höhe 31 m – Siehe Regionalatlas **9-H6**

Berlin 334 km – Hannover 130 km – Hamburg 58 km – Bremen 63 km

Michelin Straßenkarte 541

In Groß Meckelsen West: 5 km, jenseits der A 1, über Lindenstraße

Schröder (mit Gästehaus) Zim, Rest, Rest,

Am Kuhbach 1 ✉ 27419 – ✆ (04282) 5 08 80 – www.hotel-schroeder.de

40 Zim – 55/85 € 65/110 € – ½ P

Rest – Menü 15/35 € – Karte 20/47 €

Ein engagiert geführter Familienbetrieb, in dem kontinuierlich verbessert wird. Die Zimmer sind sehr gepflegt und farblich freundlich gestaltet. Im Restaurant hat man moderne Details und warme Töne mit traditionellen Elementen kombiniert.

In Groß Meckelsen-Kuhmühlen West: 5 km, jenseits der A 1, über Lindenstraße, hinter Groß Meckelsen rechts

Zur Kloster-Mühle Zim,

Kuhmühler Weg 7 ✉ 27419 – ✆ (04282) 59 41 90 – www.kloster-muehle.de – geschl. 1. - 5. Januar

17 Zim – 80/120 € 120/140 € – ½ P

Rest – Menü 34/54 € – Karte 27/57 € – *(geschl. Montag, Dezember - März: Sonntagabend) (Dienstag - Samstag nur Abendessen)*

Idyllisch liegt der Gutshof an einem kleinen Weiher. In den schönen modernen Zimmern (darunter ein hochwertiges Wellnesszimmer mit Whirlpool!) steht sogar Wein und Sekt für Sie bereit, am Morgen gibt es ein reichhaltiges Frühstücksbuffet, später speist man im Restaurant Regionales mit italienischem Einfluss. Keine Frage, die Lage ist prädestiniert für Feierlichkeiten!

In Stemmen Süd-Ost: 12 km, Richtung Scheeßel, in Helvesiek links

Landgut Stemmen Rest, Rest,

Große Str. 12 ✉ 27389 – ✆ (04267) 9 30 40 – www.landgut-stemmen.de

32 Zim – 50/85 € 90/105 € – ½ P

Rest – Menü 20/35 € – Karte 15/39 € – *(geschl. Montag) (nur Abendessen)*

Das Hotel wird familiär geleitet und bietet gepflegte, wohnlich gestaltete Zimmer, darunter auch geräumige Familienzimmer. Im Restaurant serviert man u. a. Klassiker wie Hochzeitssuppe und Sauerfleisch - besonders schön der moderne Wintergarten.

SOBERNHEIM, BAD

Rheinland-Pfalz – 6 450 Ew. – Höhe 150 m – Siehe Regionalatlas **46-D15**

Berlin 631 km – Mainz 64 km – Bad Kreuznach 19 km – Idar-Oberstein 31 km

Michelin Straßenkarte 543

BollAnt's im Park (mit Gästehäusern)

Felkestr. 100 ✉ 55566 – ✆ (06751) 9 33 90 – www.bollants.de

60 Zim – 149/179 € 288/358 € – 12 Suiten – ½ P

Rest *Jungborn* ✿ **Rest *Hermannshof*** – siehe Restaurantauswahl

Was Sie auf diesem herlichen 60 000 qm umfassenden Parkanwesen erwartet, ist pure Vielfalt in Sachen Wohnen und Spa: vom Standard-Zimmer über die ganz speziellen "SPA-Lodges" bis zu den exklusiven "Heimat-Lodges", von geschmackvollen Ruheräumen bis Medical Wellness samt Felke-Kur, nicht zu vergessen der top Service, der über das "Normale" hinausgeht! HP inklusive.

Maasberg Therme

Am Maasberg (Nord: 2 km) ✉ 55566 – ✆ (06751) 87 60 – www.maasberg-therme.de – geschl. 7. - 18. Dezember, 4. - 23. Januar

75 Zim – 93/116 € 152/190 € – 8 Suiten – ½ P

Rest – Menü 19 € (mittags)/63 € – Karte 23/41 € – *(geschl. 7. - 18. Dezember, 4. - 23. Januar)*

Golf, Beauty und Medical Wellness einschließlich Felke-Kur, gediegene Zimmer und ein toller Garten sowie gute Tagungsmöglichkeiten und ein mediterran gestaltetes Restaurant - all das bietet Familie Stassen (inzwischen die 4. Generation) auf dem weitläufigen Parkgrundstück.

XXX **Jungborn** – Hotel BollAnt's im Park

Felkestr. 100 ✉ *55566 – ✆ (06751) 9 33 90 – www.bollants.de – geschl. Sonntag - Montag*

Menü 106/129 € – *(nur Abendessen)* (Tischbestellung ratsam)

Etwas Besonderes ist hier schon der Rahmen: Ein schönes historisches Sandstein-Tonnengewölbe - früher Obstlager - hat ein hochwertiges elegantes Interieur bekommen. Nicht weniger interessant ist die finessenreiche klassisch basierte Küche von Jens Fischer, die von einem aufmerksamen und kompetenten Team serviert wird. Die Weine dazu sind vorwiegend regional.

➜ Saibling - gebeizt, Tatar, Roulade, Salatgurke, Asia Emulsion. Pochiertes Eigelb - Brokkoli, Cashewkerne, Süßkartoffel, Schinkensud. Rehrücken mit Cassis gratiniert - Pfifferlinge, Spitzkohl, Mispel.

XX **Hermannshof** – Hotel BollAnt's im Park

Felkestr. 100 ✉ *55566 – ✆ (06751) 9 33 90 – www.bollants.de*

Menü 46/55 € – Karte 34/54 €

Das hübsche Gewölbe sorgt auch im zweiten Restaurant des "BollAnt's" für Atmosphäre, ebenso das wertige Interieur im attraktiven Vintage-Look! Jens Fischer und sein Team kochen hier mediterran mit regionalen Einflüssen - Appetit macht z. B. "geschmorte Lammschulter mit Bohnen-Cassoulet und Lyoner Kartoffeln".

X **Kupferkanne**

Berliner Str. 2 ✉ *55566 – ✆ (06751) 28 58 – www.restaurant-kupferkanne.de – geschl. Donnerstag; Oktober - März: Donnerstag, Samstagmittag*

Menü 36 € – Karte 23/48 €

Das ist frische und bodenständige bürgerlich-saisonale Küche! Wer in diesem sympathischen modernen Lokal isst, sollte mal die geschmorten Schweinebäckchen probieren. Im Sommer hat man eine hübsche Terrasse.

In Meddersheim Süd-West: 3 km

X **Landgasthof zur Traube**

Sobernheimer Str. 2 ✉ *55566 – ✆ (06751) 95 03 82 – www.langendorfstraube.de – geschl. 22. Dezember - 10. Januar, Mitte Juli - Anfang August und Dienstagabend - Mittwoch*

Karte 25/54 €

Schon seit 1998 haben Ingrid und Herbert Langendorf ihr gemütlich-rustikales Lokal in dem hübschen Naturstein-Fachwerk-Haus - die Atmosphäre ist leger, das Essen richtig gut! Es gibt Kalbskotelett, Loup de Mer, gebratene Blutwurst...

X **Lohmühle**

(an der Straße nach Meisenheim) (Süd-West: 3 km) ✉ *55566 – ✆ (06751) 45 74 – www.restaurant-lohmuehle.de – geschl. Januar und Montag - Dienstag*

Menü 30 € – Karte 25/51 € – *(Mittwoch - Freitag nur Abendessen)*

Die alte Mühle von 1471 liegt nicht nur idyllisch am Waldrand (die Terrasse ist der Renner!), sie hat auch Atmosphäre: Sandstein und Holz bewahren den Charakter von einst. Auf zwei Ebenen gibt es regionale Küche aus heimischen Produkten.

SODEN-SALMÜNSTER, BAD

Hessen – 13 600 Ew. – Höhe 150 m – Siehe Regionalatlas **38-H14**

Berlin 511 km – Wiesbaden 101 km – Darmstadt 87 km – Hanau 47 km

Michelin Straßenkarte 543

Im Ortsteil Bad Soden

KIShotel am Kurpark — Rest, Rest,

Parkstr. 8 ✉ *63628 – ✆ (06056) 9 12 20 – www.kishotel.de*

22 Zim – 54/68 € 75/95 €, 7 € – ½ P

Rest – Menü 20 € – Karte 16/31 € – *(geschl. Sonntag) (nur Abendessen)*

Das Hotel befindet sich am Kurpark und bietet funktionale Zimmer, die mit warmen Farben wohnlich gestaltet sind. Zudem hat man einen Kosmetik- und Massagebereich, einen gepflegten Garten sowie ein helles, freundliches Restaurant.

Fiori
Franz-von-Sickingen-Str. 3 ✉ 63628 – ✆ (06056) 91 97 12 – www.hotel-fiori.de
7 Zim – 45/50 € 72/90 € – ½ P
Rest – Menü 25 € – Karte 22/58 € – *(geschl. Mittwoch - Donnerstag)*
Ein wunderbar zeitgemäßes Haus, in dem man sich einfach wohlfühlt. Die Chefin kümmert sich freundlich um Sie, im Zimmer gibt es kleine Aufmerksamkeiten wie Wasser, Obst und Schokolade, im hübschen modernen Restaurant italienisch-internationale Küche. Gut auch die relativ ruhige Lage in einer Einbahnstraße.

SOMMERACH

Bayern – 1 430 Ew. – Höhe 202 m – Siehe Regionalatlas **49**-**I15**
Berlin 471 km – München 263 km – Würzburg 31 km – Schweinfurt 30 km
Michelin Straßenkarte 546

Zum weißen Lamm
Hauptstr. 2 ✉ 97334 – ✆ (09381) 93 77 – www.strobel-lamm.de – geschl. 23. Dezember - 4. Februar
19 Zim – 38/86 € 68/108 €
Rest – Karte 16/37 € – *(geschl. November - März: Dienstag)*
Seit 1870 ist der Landgasthof mitten im Dorf im Familienbesitz. Die Zimmer sind neuzeitlich-wohnlich gestaltet, hübsch der freundlich-rustikale Frühstücksraum und die Dachterrasse. Gaststube mit behaglich-ländlicher Atmosphäre.

Bocksbeutelherberge garni
Weinstr. 22 ✉ 97334 – ✆ (09381) 8 48 50 – www.bocksbeutelherberge.de
8 Zim – 45/50 € 68/72 €
Ein gut geführter kleiner Familienbetrieb mit gepflegten, wohnlichen Zimmern Der ländliche Frühstücksraum dient abends als Weinstube. Die Gäste können hier auch Fahrräder leihen.

SOMMERHAUSEN

Bayern – 1 660 Ew. – Höhe 181 m – Siehe Regionalatlas **49**-**I16**
Berlin 505 km – München 281 km – Würzburg 14 km – Schweinfurt 59 km
Michelin Straßenkarte 546

Zum Weinkrug garni
Steingraben 5 ✉ 97286 – ✆ (09333) 9 04 70 – www.zum-weinkrug.de – geschl. 19. Dezember - 6. Januar, 27. März - 12. April, 30. Oktober - 8. November
15 Zim – 55/65 € 76/90 €
Man findet dieses gepflegte und familiär geführte kleine Hotel vor dem Tor der alten Stadtmauer. Einige der Zimmer bieten einen Balkon. Freundlicher Frühstücksraum.

Ritter Jörg
Maingasse 14 ✉ 97286 – ✆ (09333) 9 73 00 – www.ritter-joerg.de – geschl. 22. Dezember - 31. Januar, 3. - 27. August
22 Zim – 65/75 € 95/115 €
Rest *Ritter Jörg* – siehe Restaurantauswahl
Das von Familie Unkel geleitete Hotel steht am Brunnen des namengebenden Ritter Jörg. Die Zimmer sind zeitlos, funktionell und technisch solide ausgestattet.

Philipp mit Zim
Hauptstr. 12 ✉ 97286 – ✆ (09333) 14 06 – www.restaurant-philipp.de – geschl. Montag - Dienstag
1 Zim – 99/138 € 148 € – 2 Suiten
Menü 49/132 € – *(November - März: Mittwoch - Freitag nur Abendessen)* (Tischbestellung erforderlich)
Sie suchen charmant-wohnliche Atmosphäre, top Service und finessenreiche Küche? Letztere gibt es vom Patron in klassisch-moderner Form und mittags etwas einfacher als "Mix & Match", die Patronne und Sommelière ist mit herzlicher Natürlichkeit am Gast. In dem 400 Jahre alten Haus übernachtet es sich auch sehr schön: Barock- und Renaissance-Suite sowie ein Doppelzimmer.
→ Yellow Fin Thunfisch - Avocado, Wasabi, Gurke. Etouffée Taube aus Anjou - Artischocken, Amaranth, Purple Curry. Tarte von der Amalfi Zitrone - Bretonischer Sable, Yuzu, Dulce Kresse.

Ritter Jörg – Hotel Ritter Jörg

Maingasse 14 ✉ 97286 – ✆ (09333) 9 73 00 – www.ritter-joerg.de – geschl. 22. Dezember - 31. Januar, 3. - 27. August und Montag - Dienstag
Karte 20/52 € – *(Mittwoch - Freitag nur Abendessen)*
Was Küchenchef Andreas Bundschuh Ihnen in dem gemütlich-rustikalen Restaurant bietet, ist schmackhafte regionale Küche - fein sind z. B. die "Pfifferlinge mit Semmelknödel" oder das "Schokoladentörtchen mit weißer Crème brûlée"!

SONNENBÜHL

Baden-Württemberg – 7 050 Ew. – Höhe 775 m – Siehe Regionalatlas **55-G19**
Berlin 700 km – Stuttgart 63 km – Konstanz 120 km – Reutlingen 26 km
Michelin Straßenkarte 545

In Sonnenbühl-Erpfingen

Hirsch (Gerd Windhösel) mit Zim

Im Dorf 12 ✉ 72820 – ✆ (07128) 9 29 10 – www.restaurant-hotel-hirsch.de – geschl. Ende Mai - Anfang Juni 1 Woche, August - September 1 Woche, Anfang November 1 Woche und Montag, Dienstag - nur Restaurant
14 Zim – 75/147 € 105/165 € – 1 Suite – ½ P
Menü 50/98 € – Karte 46/76 €
Dies ist die Gourmetvariante des gastronomischen Doppelkonzepts im Hause Windhösel. Ein gemütliches Restaurant (frisches helles Grün mischt sich hier mit einer angenehm ländlichen Note), in dem man auf regionale Produkte setzt - sein Öl bezieht der Chef übrigens von einer Ölpresse im Nachbarort! Übernachtungsgäste (besonders charmant die neueren Zimmer) können auch gleich noch in der hübschen rustikalen Stubensauna relaxen.
→ Gebratener Zander auf Alblinsen und gedünsteten Wiesenkräutern. Filet vom Spanferkel mit karamellisiertem Gewürzschweinebauch. Brust vom Sonnenalb Galloway auf dreierlei von der Pastinake mit Amaranth-Polenta.
Rest *Dorfstube* – siehe Restaurantauswahl

Dorfstube – Restaurant Hirsch

Im Dorf 12 ✉ 72820 – ✆ (07128) 9 29 10 – www.restaurant-hotel-hirsch.de – geschl. Ende Mai - Anfang Juni 1 Woche, August - September 1 Woche, Anfang November 1 Woche und Montag, Dienstag - nur Restaurant
Karte 31/45 €
Die Dorfstube ist eine prima Ergänzung zum Feinschmeckerrestaurant: Richtig heimelig wird es in der liebenswert dekorierten holzgetäfelten Stube, wenn man sich bei Kerzenschein bodenständige regionale Gerichte wie "Kürbis-Käsemaultaschen auf gedünstetem Rucola" oder "Fleischküchle mit Kartoffel-Gurkensalat" schmecken lässt! Oder vielleicht heimisches Wild?

SONTHOFEN

Bayern – 20 880 Ew. – Höhe 741 m – Siehe Regionalatlas **64-J22**
Berlin 725 km – München 152 km – Kempten (Allgäu) 27 km – Oberstdorf 13 km
Michelin Straßenkarte 546

In Ofterschwang Süd-West: 4 km über Südliche Alpenstraße

Sonnenalp

Sonnenalp 1, (über Schweineberg 10) ✉ 87527 – ✆ (08321) 27 20 – www.sonnenalp.de
212 Zim – 169/285 € 200/292 € – 21 Suiten – ½ P
Rest *Silberdistel* – siehe Restaurantauswahl
Rest – Karte 24/44 € – *(nur für Hausgäste)*
Solch ein beachtliches Ferienhotel findet man in Deutschland und darüber hinaus nur selten! Seit vier Generationen steht Familie Fäßler für Herzlichkeit, top Service, alpinen Luxus und Freizeitaktivitäten jeglicher Art, darunter Wellness auf 5000 qm, ein 45-Loch-Golfplatz sowie eine schöne Promenade mit zahlreichen Geschäften, dazu eine tolle Halbpension (inklusive).

Silberdistel – Hotel Sonnenalp

Sonnenalp 1 ✉ 87527 – ✆ (08321) 27 20 – www.sonnenalp.de – geschl. 1. - 9. März, 6. - 14. Dezember und Sonntag - Montag

Menü 88/125 € – Karte 66/90 € – *(nur Abendessen)* (Tischbestellung erforderlich)

Keine Frage, hier oben beeindruckt die grandiose Aussicht! Daneben steht aber ganz klar auch die klassische Küche von Kai Schneller im Mittelpunkt ebenso wie die guten Produkte, auf denen sie basiert! Passend dazu Wertigkeit, Eleganz und alpiner Charme der Einrichtung.

➜ Getauchte Jacobsmuscheln mit Fenchel, Apfel und Kaviar. Dreimal Bregenzer Rind - Filet, Backe, Mark mit gebackenen Oxtailravioli und Mairüben. Komposition von Mango und Passionsfrucht mit Langpfeffereis.

SOODEN-ALLENDORF, BAD

Hessen – 8 360 Ew. – Höhe 162 m – Siehe Regionalatlas **39**-I11

Berlin 375 km – Wiesbaden 231 km – Kassel 52 km – Bad Hersfeld 68 km

Michelin Straßenkarte 543

Im Ortsteil Ahrenberg Nord-West: 6 km über Ellershausen

Berggasthof Ahrenberg

Auf dem Ahrenberg 5 ✉ 37242 – ✆ (05652) 9 57 30 – www.hotel-ahrenberg.de

45 Zim – †55/65 € ††85/119 € – ½ P

Rest – Menü 25 € (mittags)/55 € – Karte 24/40 €

Von diesem Hotel in Hanglage hat man einen wundervollen Ausblick aufs Werratal. Das familiär geleitete Haus verfügt über drei Zimmertypen. Im Restaurant bietet man regionale und saisonale Gerichte.

SPAICHINGEN

Baden-Württemberg – 12 310 Ew. – Höhe 660 m – Siehe Regionalatlas **62**-F20

Berlin 737 km – Stuttgart 112 km – Konstanz 70 km – Tuttlingen 14 km

Michelin Straßenkarte 545

In Hausen ob Verena Süd-West: 6 km über Angerstraße, Karlstraße und Hausener Straße

Hofgut Hohenkarpfen

Am Hohenkarpfen (Süd-West: 2 km) ✉ 78595 – ✆ (07424) 94 50 – www.hohenkarpfen.de – geschl. 1. - 5. Januar

21 Zim – †89/98 € ††120/142 € – ½ P

Rest *Hofgut Hohenkarpfen* – siehe Restaurantauswahl

Ein wahres Idyll - bei gutem Wetter schaut man bis zu den Schweizer Alpen! Die Zimmer in der einstigen Scheune sind schön geradlinig, wohnlich und durchdacht, dekoriert mit Original-Gemälden. Gegen Gebühr bewundern Sie im Haus Ausstellungen der Kunststiftung!

Hofgut Hohenkarpfen – Hotel Hofgut Hohenkarpfen

Am Hohenkarpfen (Süd-West: 2 km) ✉ 78595 – ✆ (07424) 94 50 – www.hohenkarpfen.de – geschl. 1. - 5. Januar

Menü 36/89 € – Karte 28/58 €

Die Aussicht ist wirklich klasse, da sollten Sie unbedingt auf der Terrasse speisen! Wenn das Wetter nicht mitspielt, sitzt man aber auch schön drinnen in gemütlich-modernem Ambiente bei saisonal-internationaler Kost und Überraschungsmenüs.

SPALT

Bayern – 5 010 Ew. – Höhe 309 m – Siehe Regionalatlas **57**-K17

Berlin 474 km – München 149 km – Nürnberg 50 km – Ingolstadt 70 km

Michelin Straßenkarte 546

In Spalt-Großweingarten Süd-Ost: 1 km

Zum Schnapsbrenner

Dorfstr. 67 ✉ 91174 – ✆ (09175) 7 97 80 – www.pension-schnapsbrenner.de – geschl. 27. Oktober - 20. November
9 Zim – †42/46 € ††70/75 € – 1 Suite – ½ P
Rest – Karte 14/33 € – *(geschl. Sonntagabend) (nur Abendessen, sonntags auch Mittagessen)*
Chefin Christa Walther leitet die kleine Pension herzlich und engagiert. Die Gästezimmer sind gepflegt, geräumig und mit Naturholz solide ausgestattet. Zum Haus gehört eine eigene Brennerei mit kleinem Laden. Das Restaurant ist gemütlich-ländlich gestaltet. Man ist bekannt für das Spargelbuffet.

In Spalt-Stiegelmühle Nord-West: 5 km, Richtung Wernfels

Gasthof Blumenthal

Stiegelmühle 42 ✉ 91174 – ✆ (09873) 3 32 – www.gasthof-blumenthal.de – geschl. Montag - Dienstag
Menü 35 € (abends unter der Woche) – Karte 19/45 €
Wild, Spargel, Forellen, Saiblinge... frisch und saisonal wird bei Sophie und Josef Kocher (bereits die 5. Generation!) gekocht, die guten Produkte stammen natürlich aus der Region. So hübsch wie die ländlichen Stuben ist auch der Innenhof!

SPAY

Rheinland-Pfalz – 1 940 Ew. – Höhe 68 m – Siehe Regionalatlas **36-D14**
Berlin 608 km – Mainz 98 km – Koblenz 14 km
Michelin Straßenkarte 543

Alter Posthof

Rest,

Mainzer Str. 47 ✉ 56322 – ✆ (02628) 87 08 – www.alterposthof.de – geschl. 21. Dezember - 15. Januar
17 Zim – †53/60 € ††89/94 € – ½ P
Rest – Menü 20 € – Karte 21/38 € – *(geschl. Mittwochmittag)*
Eine traditionsreiche Adresse mitten im Ort, die bereits seit 1802 als Familienbetrieb geführt wird. Die Zimmer sind gepflegt und solide möbliert. Das Restaurant teilt sich in verschiedene gemütlich-rustikale Stuben. Nett sitzt man im Biergarten unter Kastanien.

SPEYER

Rheinland-Pfalz – 49 860 Ew. – Höhe 103 m – Siehe Regionalatlas **47-F17**
Berlin 638 km – Mainz 93 km – Mannheim 33 km – Heidelberg 21 km
Michelin Straßenkarte 543

Residenz am Königsplatz garni

Ludwigstr. 6 ✉ 67346 – ✆ (06232) 68 49 90 – www.residenz-speyer.de
Stadtplan : A2**a**
15 Zim – †115/165 € ††165/200 €
Früher ein Hospiz, heute ein geschmackvolles, wohnliches und modernes Hotel in denkmalgeschützten Mauern. Der historische Rahmen vereint sich aufs Ansprechendste mit geradlinigem Stil, ruhigen Tönen und topaktueller Technik. Toll der Frühstücksraum im Gewölbe, ebenso schön der Innenhof. Günstig parken kann man um die Ecke im Karstadt-Parkhaus.

Löwengarten

Zim,

Schwerdstr. 14 ✉ 67346 – ✆ (06232) 62 70 – www.hotel-loewengarten.de
Stadtplan : A2**w**
65 Zim – †100/175 € ††115/200 € – ½ P
Rest – Menü 24/54 € – Karte 32/67 € – *(geschl. Sonntag - Montag) (nur Abendessen)*
Der Familienbetrieb liegt schön zentral - da sind die Sehenswürdigkeiten der Stadt schnell erreicht! Die Zimmer sind hell und freundlich, einige neuere etwas moderner, geräumig die Komfortzimmer.

Domhof garni

Bauhof 3 ✉ 67346 – ✆ (06232) 1 32 90 Stadtplan : B1v
– www.domhof.de
49 Zim ☕ – 🚹99 € 🚹🚹123 €
Die einstige Herberge des Reichskammergerichts ist heute als tolles historisches Gebäudeensemble mit charmantem Innenhof eine schöne Übernachtungsadresse mitten in der Altstadt. Warme Farben und Parkett machen die Zimmer wohnlich. Interessant: Der Frühstückssaal war in den 50er Jahren das Kino von Speyer. Speis und Trank in der Hausbrauerei mit Biergarten nebenan.

Speyerer Hof garni

Maximilianstr. 8 (Zufahrt über Domplatz) ✉ 67346 Stadtplan : B2a
– ✆ (06232) 6 02 12 22
– www.hotel-speyerer-hof.de
20 Zim ☕ – 🚹65/80 € 🚹🚹100/110 €
Die Lage in der Fußgängerzone ist perfekt, der Dom ist nur einen Steinwurf enfernt, direkt gegenüber die Pilger-Statue. Und das bietet man sonst noch: schlicht-moderne Zimmer (auch Appartements), Kulinarium mit Pfälzer Spezialitäten, Wein-Shop, Fahrrad- und E-Bike-Verleih.

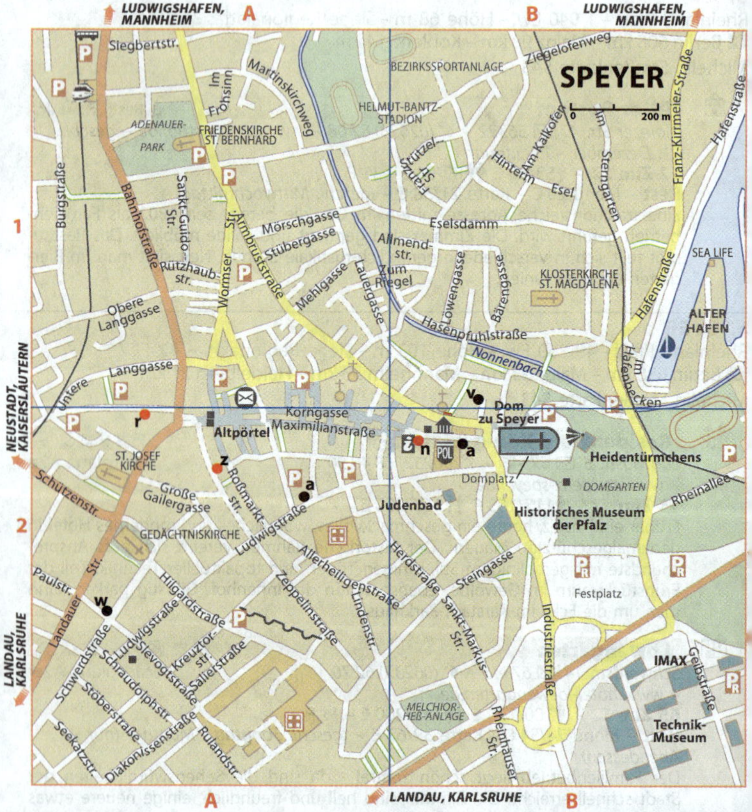

Backmulde mit Zim

Karmeliterstr. 11 ✉ 67346 – ✆ (06232) 7 15 77 Stadtplan : A2**z**
– www.backmulde.de – geschl. Sonntagabend - Montag
6 Zim – 58/65 € 78/85 € – ½ P Menü 28/75 € – Karte 30/64 €
Gunter Schmidt und seine charmant-rustikale Backmulde sind schon wahre Urgesteine der Speyerer Gastronomie und der Patron ist nach wie vor unermüdlich am Werk. Er bietet klassische Küche, die begleitet wird von einer erstklassigen, auch über die Grenzen der Pfalz hinausgehenden Weinauswahl. Und Gästezimmer gibt es auch: wohnlich-warm, mit viel Holz.

Wirtschaft zum Alten Engel

Mühlturmstr. 7 ✉ 67346 – ✆ (06232) 7 09 14 Stadtplan : A2**r**
– www.alter-engel.de – geschl. Juli - August: Sonntag
Karte 22/57 € – *(nur Abendessen)*
Ein sehr nettes Lokal, in dem das alte Backsteingewölbe und gemütliche Nischen urig-rustikalen Charme versprühen - und daneben hat man noch die gut frequentierte Weinbar. Die Karte ist regional, dazu ein Tagesangebot.

Ratskeller

Maximilianstr. 12, (Zufahrt über Kleine Pfaffengasse) Stadtplan : B2**n**
✉ 67346 – ✆ (06232) 7 86 12 – www.ratskeller-speyer.de – geschl. über Fasching 3 Wochen, Juli - August 2 Wochen und Sonntagabend - Montag
Menü 23/30 € – Karte 23/37 €
Das schmucke Rathaus a. d. 18. Jh. birgt in seinem Keller ein historisches Backsteingewölbe, in dessen gemütlicher Atmosphäre man bürgerliche Küche mit internationalen Einflüssen serviert. Terrasse im Innenhof.

In Speyer-Binshof Nord: 6 km über Bahnhofstraße Stadtplan : A1, Richtung Otterstadt, jenseits der A 61

Lindner Hotel & Spa Binshof Zim,

Binshof 1 ✉ 67346 – ✆ (06232) 64 70 – www.lindner.de
133 Zim – 128/176 € 158/199 € – 2 Suiten – ½ P
Rest – Menü 29/89 € (abends) – Karte 30/39 €
Highlight dieses Hotels ist der Wellnessbereich auf 5200 qm mit Tropic Asia Spa und Private Spa. Zeitgemäße individuelle Zimmer, einige mit offenen Bädern, auch Maisonetten. Verschiedene Restaurants stehen zur Wahl.

In Römerberg-Berghausen Süd: 3 km über Landauer Straße Stadtplan : A2

Morgenstern Rest,

Germersheimer Str. 2b ✉ 67354 – ✆ (06232) 6 85 00
– www.hotel-morgenstern.de
20 Zim – 56/60 € 89/95 €
Rest – Menü 35 € (mittags unter der Woche)/40 € – Karte 24/40 € – *(geschl. über Fasching 2 Wochen, Juli 2 Wochen und Dienstag, Samstagmittag)*
In dem verkehrsgünstig gelegenen Hotel der Familie Morgenstern können Sie in gepflegten, zeitgemäßen Zimmern wohnen und sich im klassischen Restaurant (im Sommer natürlich auch auf der begrünten Terrasse!) eine ambitionierte internationale Küche mit regionalen Akzenten servieren lassen.

SPIEGELAU

Bayern – 3 950 Ew. – Höhe 759 m – Siehe Regionalatlas **60-P18**
Berlin 496 km – München 193 km – Passau 43 km – Deggendorf 50 km
Michelin Straßenkarte 546

In Spiegelau-Klingenbrunn Nord-West: 4 km – Höhe 820 m

Hochriegel (mit Gästehaus) Rest,

Frauenauer Str. 31 ✉ 94518 – ✆ (08553) 97 00 – www.hotel-hochriegel.de
– geschl. 12. - 26. April, 8. - 27. November, 12. - 24. Dezember
37 Zim – 51/73 € 92/134 € – 20 Suiten – ½ P
Rest – Menü 24 € – Karte 20/47 €
Wohnlich-individuelle Zimmer erwarten Sie in diesem Haus. In der Residence auf der anderen Straßenseite sind die Zimmer sehr großzügig und komfortabel; hier auch eigener Saunabereich. Hochwertige 3/4-Pension für Hausgäste.

In Spiegelau-Oberkreuzberg Süd: 4 km, in Steinbüchl links

Panoramahotel Grobauer (mit Gästehaus) Zim,
Kreuzbergstr. 8 ✉ 94518 – ✆ (08553) 9 78 88 80 – www.hotel-grobauer.de – geschl. 8. November - 17. Dezember
40 Zim – 43/53 € 85/100 € – 4 Suiten – ½ P
Rest – Menü 10/25 € – Karte 11/29 € – *(Montag - Freitag nur Abendessen)*
Der Familienbetrieb ist ein zum Hotel gewachsener Gasthof in ruhiger Lage - schön ist der Ausblick. Im neueren Anbau befinden sich besonders komfortable Zimmer. Gaststube im ländlichen Stil.

SPIEKEROOG (INSEL)

Niedersachsen – 790 Ew. – Höhe 3 m – Siehe Regionalatlas **8-E4**
Berlin 518 km – Hannover 258 km – Emden 61 km – Aurich 33 km
Michelin Straßenkarte 541

Inselfriede (mit Gästehäusern)
Süderloog 12 ✉ 26474 – ✆ (04976) 9 19 20 – www.inselfriede.de – geschl. 8. Januar - 28. Februar
38 Zim – 75/125 € 125/175 € – ½ P
Rest – Menü 24 € – Karte 22/51 € – *(nur Abendessen)*
Die verschiedenen Häuser dieses Familienbetriebs beherbergen freundliche wohnliche Zimmer und einen schönen Bade- und Saunabereich. In wenigen Minuten ist man am Strand. Behagliches Restaurant in Blau-Weiß. Zum Haus gehört auch ein Irish Pub.

SPREMBERG

Brandenburg – 24 380 Ew. – Höhe 97 m – Siehe Regionalatlas **34-R10**
Berlin 143 km – Potsdam 148 km – Cottbus 22 km – Dresden 72 km
Michelin Straßenkarte 542

Am Berg Rest, Rest,
Bergstr. 30 ✉ 03130 – ✆ (03563) 6 08 20 – www.hotel-restaurant-am-berg.de
15 Zim – 53/55 € 73 € – ½ P
Rest – Menü 29 € – Karte 13/36 € – *(geschl. Sonntag) (nur Abendessen)*
Eine familiäre Adresse ist das kleine Hotel nicht weit von der Innenstadt Sprembergs mit seinen gepflegten und praktisch ausgestatteten Gästezimmern. Der Wintergartenvorbau des Restaurants und die Terrasse im Hof bieten besonders schöne Plätze!

SPRENDLINGEN

Rheinland-Pfalz – 4 000 Ew. – Höhe 110 m – Siehe Regionalatlas **47-E15**
Berlin 610 km – Mainz 39 km – Bad Kreuznach 7 km
Michelin Straßenkarte 543

Apart Hotel Garni garni
Bahnhofstr. 39 ✉ 55576 – ✆ (06701) 9 30 10 – www.apart-hotel-blessing.de
18 Zim – 55/68 € 84/92 €
Freundliche Gästebetreuung und zeitgemäß ausgestattete Zimmer erwarten Sie in dem am Ortsrand gelegenen kleinen Hotel der Familie Blessing.

In St. Johann Nord-Ost: 2 km

Golf Hotel Rheinhessen
Hofgut Wißberg, (Höhe 273 m) (Süd: 4 km, beim Golfplatz) ✉ 55578 – ✆ (06701) 9 16 40 – www.golfhotel-rheinhessen.de – geschl. 20. Dezember - 5. Januar
21 Zim – 85/125 € 125/165 € – ½ P
Rest – Menü 20/60 € – Karte 18/49 € – *(geschl. Januar - Februar und November - April: Montag)*
Die reizvolle, ruhige Lage am Golfplatz, der tolle Blick auf die Weinberge und die ganze Region sowie wohnliche, moderne Gästezimmer machen das Hotel interessant. Im Restaurant und auf der netten Aussichtsterrasse speist man saisonal.

SPROCKHÖVEL

Nordrhein-Westfalen – 25 410 Ew. – Höhe 200 m – Siehe Regionalatlas **26-C11**

Berlin 526 km – Düsseldorf 53 km – Bochum 18 km – Wuppertal 16 km

Michelin Straßenkarte 543

Im Stadtteil Niedersprockhövel

Eggers (und Gästehaus)

Hauptstr. 78 ✉ 45549 – ✆ (02324) 7 17 80 – www.hotel-restaurant-eggers.de

9 Zim – †65/75 € ††100/110 €

Rest *Eggers* – siehe Restaurantauswahl

Dirk Eggers hat hier nicht nur ein gefragtes Restaurant, auch als Übernachtungsgast ist man bei ihm gut aufgehoben, denn im Haupthaus wohnt man in geschmackvollen Zimmern mit wertiger moderner Einrichtung.

Eggers

Hauptstr. 78 ✉ 45549 – ✆ (02324) 7 17 80 – www.hotel-restaurant-eggers.de – geschl. Anfang Januar 10 Tage und Mittwoch

Menü 25 € – Karte 24/51 €

Wer in den hübschen gemütlichen Räumen oder im schönen "Weingarten" auf die Karte schaut, findet dort regionale und internationale Gerichte von Reibekuchen über Schnitzel bis Hummersuppe und Fisch - schmackhaft, frisch und preislich fair. Sie möchten einige Kniffe lernen? Im "Hobbyraum" bietet man Kochkurse!

Tante Anna N

Hauptstr. 58 ✉ 45549 – ✆ (02324) 7 96 12 – www.tante-anna.eu – geschl. Montag

Menü 29/42 € – Karte 19/71 € – *(nur Abendessen)* (Tischbestellung ratsam)

Richtig behaglich hat man es in dem geschmackvollen Restaurant, das mit seiner charmanten Deko fast schon Wohnzimmer-Atmosphäre hat! Hier - aber auch auf der sehr netten Terrasse - bekommt man freundlich internationale Küche serviert.

Sprockhövel-Haßlinghausen Süd-Ost: 8,5 km, jenseits der A 43 und A 1, nahe Gevelsberg

Habbel's

Gevelsberger Str. 127 ✉ 45549 – ✆ (02339) 91 43 12 – www.habbel.com – geschl. Montag

Menü 29/65 € – Karte 34/69 €

Hier gibt es so einiges Feines zu entdecken: Da wäre zum einen die schmackhafte, frische Küche mit klarer Linie, die begleitet wird von einer rund 1000 Positionen umfassenden Weinkarte, zum anderen lockt die eigene Brennerei mit zahlreichen Destillaten und Likören - der 77er Whisky von Michael Habbel ist der älteste in Deutschland! Tipp: interessantes Lunchmenü.

STADE

Niedersachsen – 46 160 Ew. – Höhe 1 m – Siehe Regionalatlas **9-H5**

Berlin 350 km – Hannover 178 km – Hamburg 59 km – Bremerhaven 76 km

Michelin Straßenkarte 541

Ramada Hotel Herzog Widukind garni

Große Schmiedestr. 14, (Zufahrt über Ritterstraße) ✉ 21682 – ✆ (04141) 9 99 80 – www.h-hotels.com/stade

45 Zim – †71/107 € ††95/127 €

Ein Businesshotel mit funktional ausgestatteten Zimmern ganz in der Nähe der Fußgängerzone. Ruhiger sind die Zimmer zur Innenseite. Man frühstückt auf der Empore der Lobby.

RAMADA Zim,

Kommandantendeich 1 ✉ 21680 – ✆ (04141) 9 99 70 – www.h-hotels.com/stade

65 Zim – †77/110 € ††92/130 € – ½ P

Rest – Menü 16/30 € – Karte 18/38 €

Das Hotel liegt zentrumsnah direkt am Hafen und verfügt über gut gepflegte Zimmer mit praktischer Einrichtung. Auch Appartements mit Kitchenette sind vorhanden sowie ein Restaurant samt Bar im US-amerikanischen Stil.

STADTHAGEN

Niedersachsen – 22 280 Ew. – Höhe 72 m – Siehe Regionalatlas **18-G8**

Berlin 327 km – Hannover 45 km – Bielefeld 76 km – Osnabrück 106 km

Michelin Straßenkarte 541

Stadthotel Gerbergasse (mit Gästehaus)

Zim,

Echternstr. 14 ✉ 31655 – ✆ (05721) 98 60 – www.stadthotel-gerbergasse.de

28 Zim – 65/109 € 89/149 € – ½ P

Rest *Kleine Sinfonie* – Menü 25/39 € – Karte 22/49 € – *(nur Abendessen)*

In dem Hotel in zentraler Lage am Rand der Fußgängerzone erwarten Sie neuzeitliche, technisch gut ausgestattete Zimmer, die im Gästehaus geräumiger sind.

Torschreiberhaus

Krumme Str. 42 ✉ 31655 – ✆ (05721) 64 50 – www.torschreiberhaus.com – geschl. 1. - 16. Januar und Sonntag - Montag

Menü 48/58 € – Karte 39/56 € – *(nur Abendessen)*

Ein nettes historisches Stadthaus beherbergt dieses geschmackvoll in klarem modernem Stil eingerichtete Restaurant unter familiärer Leitung. Unter den leckeren zeitgemäßen Gerichten findet sich z. B. "U.S. Ribeye mit Chimichurri, Pestogemüse, Kartoffel-Waffeln mit Quark".

Fisch-Restaurant Blanke

Rathauspassage 5 ✉ 31655 – ✆ (05721) 8 17 86 – www.fischhaus-blanke.de – geschl. Sonntag - Montag

Karte 26/61 €

In diesem Bistro mit Fischdelikatessengeschäft bietet man fast ausschließlich Fischgerichte und Krustentiere - mittags speist man an blanken Tischen, abends wird eingedeckt.

In Nienstädt-Sülbeck Süd-West: 6 km über B 65

Sülbecker Krug mit Zim

Mindener Str. 6 (B 65) ✉ 31688 – ✆ (05724) 9 55 00 – www.suelbeckerkrug.de – geschl. Montag - Dienstagmittag, Samstagmittag

12 Zim – 40/50 € 60/70 €, 5 € Karte 33/51 €

Hier lässt man sich im klassischen holzgetäfelten Restaurant mit Kamin regionale Speisen wie "Ochsenschwanz mit Rahmwirsing und Kartoffelpüree" oder "Ziegenfrischkäse im Schinkenmantel" schmecken. Alternativ bekommen Sie im "S-Zimmer" ein kleines Tagesangebot an Gerichten unter 10 €. Auch auf Übernachtungsgäste ist man vorbereitet: Die Zimmer sind recht schlicht, aber nett und gepflegt.

STAFFELSTEIN, BAD

Bayern – 10 620 Ew. – Höhe 274 m – Siehe Regionalatlas **50-K15**

Berlin 379 km – München 261 km – Coburg 24 km – Bamberg 26 km

Michelin Straßenkarte 546

Kurhotel

Rest, Rest,

Am Kurpark 7 ✉ 96231 – ✆ (09573) 33 30 – www.kurhotel-staffelstein.de

111 Zim – 81/129 € 117/195 € – 1 Suite – ½ P

Rest – Menü 23/27 € – Karte 26/45 €

Rest *v. Scheffel* – Menü 44/87 € – Karte 45/155 € – *(nur Abendessen)* (Tischbestellung ratsam)

Für Kur-, Urlaubs- und Tagungsgäste gleichermaßen interessant: geräumige, gut ausgestattete Zimmer (teils mit Balkon), großes Angebot an Massage, Kosmetik & Co. sowie zwei Restaurants. Gourmetrestaurant "v. Scheffel" mit gehobener Küche und schöner Steakkarte, fränkisch-bürgerliche Speisen im Hotelrestaurant.

Erich Rödiger

Rest, Zim,

Zur Herrgottsmühle 2 ✉ 96231 – ✆ (09573) 92 60 – www.hotel-roediger.de – geschl. 19. - 26. Dezember, Januar 3 Wochen

50 Zim – 65 € 99 € – ½ P

Rest – Menü 14/50 € – Karte 18/39 € – *(geschl. Freitag)*

Familie Rödiger bleibt hier stets am Ball und investiert immer wieder. So sind die Zimmer schön wohnlich, hübsch die öffentlichen Bereiche. Das Restaurant teilt sich in das modern-elegante Mahagonizimmer und die freundlich-rustikale Stube, dazu die Terrasse. Günstig die Lage nahe Bahnhof und Obermain-Therme.

In Bad Staffelstein-Schwabthal Süd-Ost: 8 km Richtung Stublang und Frauendorf, jenseits der A 73

Augustin
Schwabthal 3 ✉ 96231 – ✆ (09573) 9 69 70 – www.hotel-augustin.de
30 Zim – 63/83 € 96/136 € – ½ P
Rest – Menü 25/70 € – Karte 19/46 €
So wünscht man sich eine Übernachtungsadresse: persönlich geführt (die Dinkels sind wirklich angenehme Gastgeber) und geschmackvoll dekoriert, von den Zimmern (auch geräumige Juniorsuiten) über den Frühstücksraum mit Landhausflair bis hin zu den Restaurantstuben mit hübschen Stoffen, Kachelofen und viel Holz!

STARNBERG
Bayern – 23 150 Ew. – Höhe 588 m – Siehe Regionalatlas **65**-L20
Berlin 613 km – München 26 km – Augsburg 82 km – Garmisch-Partenkirchen 70 km
Michelin Straßenkarte 546

Vier Jahreszeiten Starnberg
Rest,
Münchnerstr. 17 ✉ 82319 – ✆ (08151) 4 47 00 – www.vier-jahreszeiten-starnberg.de
121 Zim – 109/229 € 149/269 € – 5 Suiten – ½ P
Rest *Aubergine* – siehe Restaurantauswahl
Rest *Oliv's* – Menü 26/36 € (abends) – Karte 29/58 €
Ein modern-elegantes Businesshotel mit technisch gut ausgestatteten Zimmern. Eine schöne Sicht bietet der Saunabereich im obersten Stock mit kleiner Dachterrasse. International-regionale Karte im Restaurant Oliv's.

Aubergine – Hotel Vier Jahreszeiten
Münchnerstr. 17 ✉ 82319 – ✆ (08151) 4 47 02 90 – www.aubergine-starnberg.de – geschl. August und Sonntag - Montag
Menü 64/74 € – Karte 50/80 € – *(nur Abendessen)*
Großflächig verglast und chic in seinem klaren Interieur, so ist der Wintergarten ein echtes Highlight im "Vier Jahreszeiten". Aber nicht nur das Ambiente stimmt, auch die modern-kreative Küche überzeugt. Dazu eine gut sortierte Weinkarte.
→ Calamaretti, Tomate, Olive, Chorizo. Zander, Boudin noir, Apfel, Champagnerkraut. Wildkräuter, Brombeere, Sauerrahm.

Maximilians N
Maximilianstr. 2b ✉ 82319 – ✆ (08151) 9 79 88 70 – www.maximilians-sta.de
Karte 30/35 €
Das Ambiente leger und modern mit alpinem Touch, das Speisenangebot breit gefächert - von kleinen Mittagsgerichten wie Currywurst oder Kalbfleischpflanzerl (auch "to go") bis zu interessanten Speisen wie "Saiblingsfilet vom Erlenholz".

Gute Küche zu moderatem Preis? Folgen Sie dem „Bib Gourmand". Das freundliche Michelin-Männchen „Bib" steht für ein besonders gutes Preis-Leistungs-Verhältnis!

STARZACH
Baden-Württemberg – 4 440 Ew. – Höhe 526 m – Siehe Regionalatlas **55**-F19
Berlin 697 km – Stuttgart 63 km – Tübingen 44 km – Schaffhausen 124 km
Michelin Straßenkarte 545

In Starzach-Börstingen Nord: 7 km

Schloß Weitenburg
Weitenburg 1 ✉ 72181 – ✆ (07457) 93 30 – www.schloss-weitenburg.de – geschl. 22. - 24. Dezember, 16. - 20. Februar
33 Zim – 79/108 € 108/174 € – ½ P
Rest *Schloß Weitenburg* – siehe Restaurantauswahl
Das Schloss liegt mitten im Grünen über dem Neckartal, überall Jagdtrophäen aus dem Familienbesitz. Ideal auch für ganz besondere Anlässe: Sagen Sie "Ja" im Roten Salon oder in der hauseigenen neugotischen Kapelle! Kleines Extra: Hausgäste nutzen den Golfplatz im Tal vergünstigt.

XX **Schloß Weitenburg** – Hotel Schloß Weitenburg

Weitenberg 1 ✉ 72181 – ✆ (07457) 933 0 – www.schloss-weitenburg.de – geschl. 22. - 24. Dezember

Menü 40/75 € – Karte 42/63 €

Auch im Restaurant legt man Wert auf den authentisch-rustikalen Schloss-Charakter - und natürlich auf frische, gute Küche! Die Aussicht von der Terrasse ist schlichtweg superb!

STAUFEN

Baden-Württemberg – 7 630 Ew. – Höhe 288 m – Siehe Regionalatlas **61**-D21

Berlin 820 km – Stuttgart 222 km – Freiburg im Breisgau 22 km – Basel 58 km

Michelin Straßenkarte 545

Zum Löwen

Rathausgasse 8 ✉ 79219 – ✆ (07633) 9 08 93 90 – www.fauststube-im-loewen.de

16 Zim – 78/89 € 93/108 € – ½ P

Rest – Menü 30/60 € – Karte 24/61 €

In Zimmer Nr. 5 dieses historischen Hauses am Marktplatz soll Faust 1539 sein Leben ausgehaucht haben. Das Gästehaus ist mit Schwarzwälder Fichte wohnlich eingerichtet. Holz und Kachelofen machen das Restaurant gemütlich, die Fauststube mit eleganter Note.

Die Krone

Hauptstr. 30 ✉ 79219 – ✆ (07633) 58 40 – www.die-krone.de

9 Zim – 70/75 € 95/100 €

Rest *Die Krone* – siehe Restaurantauswahl

Der nette Gasthof a. d. 16. Jh. ist eine sympathische familiäre Adresse. Hier wohnt man ruhig und dennoch zentral in behaglichen Zimmern, von denen einige einen Balkon und Blick auf den Schlossberg bieten.

XX **Kreuz-Post** mit Zim

Hauptstr. 65 ✉ 79219 – ✆ (07633) 9 53 20 – www.kreuz-post-staufen.de – geschl. Januar - Februar 3 Wochen, November 1 Woche und Dienstag - Mittwoch

12 Zim – 85/120 € 105/155 € – ½ P Menü 36/65 € – Karte 26/74 €

Michael Zahn weiß, was seine Gäste mögen, und das ist eine frische badisch-regionale Küche - aber auch gehobene sowie einige internationale Gerichte kommen an. So heißt es in dem hübschen historischen Gasthaus nicht nur "Wildschweinragout mit Knöpfle" und "Kalbskopf en tortue", sondern auch "Wolfsbarsch mit Hummerravioli". So freundlich wie die heimelige Stube (reizend mit ihrer lindgrünen Täfelung, dem Holzfußboden und dem Kachelofen) sind übrigens auch die hochwertig eingerichteten Gästezimmer.

X **Die Krone** – Hotel Die Krone

Hauptstr. 30 ✉ 79219 – ✆ (07633) 58 40 – www.die-krone.de – geschl. Freitagmittag, Samstag

Menü 28 € (vegetarisch)/44 € – Karte 23/55 €

Als Chef in der Küche setzt Volker Lahn die Familientradition fort. Zur badisch-gemütlichen Atmosphäre der Gaststuben gibt es badisch-gutes Essen - probieren sollte man z. B. das "Lammhäxle in Portweinsauce"!

In Staufen-Grunern Süd-West: 1 km

XX **Ambiente**

Ballrechterstr. 8 ✉ 79219 – ✆ (07633) 80 24 42 – www.restaurant-ambiente.com – geschl. März 2 Woche, Juli 2 Wochen und Mittwoch - Donnerstag

Menü 35/53 € – Karte 37/56 €

Dank der guten Verkehrsanbindung des kleinen Gewerbegebiets ist das Restaurant von Mathias und Melanie Luiz bequem erreichbar. Wie es hier aussieht? Helle, warme Töne, Holz, Terrakottafliesen, Korbstühle... Mediterran inspiriert wie das Ambiente ist auch die saisonale Küche hier.

STEBEN, BAD

Bayern – 3 480 Ew. – Höhe 578 m – Siehe Regionalatlas **41-L14**
Berlin 320 km – München 295 km – Coburg 75 km – Hof 25 km
Michelin Straßenkarte 546

relexa
Rest, Rest,

Badstr. 26 ✉ 95138 – ✆ (09288) 7 20 – www.relexa-hotel-bad-steben.de
115 Zim – †74/93 € ††148/186 € – 7 Suiten – ½ P **Rest** – Karte 22/42 €
Ruhig liegt das gewachsene Anwesen mit hübschem Schlösschen beim Kurpark. Die Zimmer: Standard (meist mit gemütlicher leichter Dachschräge), Komfort (mit Parkblick, Balkon und kleinen Extras) oder Suiten. Gutes Wellness-, Beauty- und Gesundheitsangebot, modern-elegantes Restaurant mit Terrasse zum Park.

Am Rosengarten garni

Wenzstr. 8 ✉ 95138 – ✆ (09288) 9 72 00 – www.amrosengarten.de – geschl. Mitte - Ende Januar
14 Zim – †33/49 € ††66/88 €
Wo man so herzlich, persönlich und familiär umsorgt wird, kann man sich nur wohlfühlen! Wohnliche Atmosphäre und ein gutes Frühstück sind Ihnen bei der sympathischen Gastgeberin gewiss. Die Therme ist übrigens nur wenige Schritte entfernt.

In Lichtenberg Nord-Ost: 3 km

Harmonie

Schloßberg 2 ✉ 95192 – ✆ (09288) 2 46 – www.harmonie-lichtenberg.com – geschl. Januar 2 Wochen, Juli 2 Wochen und Montagmittag, Dienstag - Mittwochmittag
Menü 31/47 € – Karte 27/53 €
Hier hat mit den beiden Töchtern bereits die nächste Generation die Leitung übernommen (die eine in der Küche, die andere im Service), der geschätzte gemütlich-traditionelle Charakter des charmanten Hauses von 1823 ist geblieben! Probieren Sie Klassiker wie fränkische Schiefertrüffelsuppe oder Saiblingsfilet!

STEGAURACH – Bayern ➜ Siehe Bamberg

STEGEN – Baden-Württemberg ➜ Siehe Kirchzarten

STEINEN

Baden-Württemberg – 10 150 Ew. – Höhe 333 m – Siehe Regionalatlas **61-D21**
Berlin 833 km – Stuttgart 269 km – Freiburg im Breisgau 76 km – Basel 17 km
Michelin Straßenkarte 545

In Steinen-Höllstein Süd: 1 km

Höllsteiner Hof

Friedrichstr. 65 ✉ 79585 – ✆ (07627) 9 10 80 – www.hotelhh.de
19 Zim – †59/67 € ††85/97 €
Rest – Menü 42 € – Karte 16/55 € – *(geschl. Sonntag) (nur Abendessen)* (Tischbestellung ratsam)
Äußerst gepflegt und preislich fair... so wohnt man in dem kleinen Familienbetrieb, dazu verkehrsgünstig und dennoch ruhig in einer Sackgasse. Es gibt auch einen Billardraum und zwei Kegelbahnen. In der netten Buurestube wird vor den Gästen gegrillt - dank Livecam hat man auch im zweiten Gastraum etwas davon!

In Steinen-Kirchhausen Nord: 10 km, über Weitenau und Hofen

Zum fröhlichen Landmann

Hausmatt 3 ✉ 79585 – ✆ (07629) 3 88 – www.hotel-landmann.de – geschl. 19. Januar - 26. Februar
17 Zim – †65/75 € ††95/105 € – 1 Suite – ½ P
Rest *Zum fröhlichen Landmann* – siehe Restaurantauswahl
Sie werden überrascht sein, welch moderne Komfortzimmer und schöne Juniorsuiten Sie in diesem Schwarzwälder Gasthof erwarten! Die meisten haben einen Balkon, von dem Sie in den Garten oder auf die Wiesen ringsum schauen. Es sind auch noch ein paar rustikalere Zimmer da.

Zum fröhlichen Landmann – Hotel Zum fröhlichen Landmann
Hausmatt 3 ✉ 79585 – ✆ (07629) 3 88 – www.hotel-landmann.de
– geschl. 19. Januar - 26. Februar und Montag
Menü 35/43 € – Karte 29/56 € – (Tischbestellung ratsam)
In 2. Generation steht Alexander Pfanstiel hier am Herd und bietet Regionales wie "Duett vom Kalb: geschmortes Bäckchen und Filet mit Morchelrahmsauce". Probieren Sie auch "Chef's Menü"! Herrlich die Terrasse! Drinnen ist es aber ebenfalls schön: ländlicher Charme gepaart mit frischen modernen Akzenten.

STEINENBRONN

Baden-Württemberg – 6 040 Ew. – Höhe 431 m – Siehe Regionalatlas **55**-G19
Berlin 655 km – Stuttgart 20 km – Karlsruhe 82 km – Tübingen 22 km
Michelin Straßenkarte 545

Krone (N)
Stuttgarter Str. 45 ✉ 71144 – ✆ (07157) 73 30 – www.krone-steinenbronn.de
– geschl. 24. Dezember - 7. Januar, 10. - 24. August
21 Zim – †65/130 € ††70/160 €, 7 €
Rest *Krone* – siehe Restaurantauswahl
Bereits in 4. Generation betreibt Familie Hornung ihr Hotel. Ein gepflegtes Haus in dem man seinen Gästen wohnlich und zeitgemäß eingerichtete Zimmer bietet Zur Messe Stuttgart sind es ca. 7 km.

Krone (N) – Hotel Krone
Stuttgarter Str. 45 ✉ 71144 – ✆ (07157) 73 30 – www.krone-steinenbronn.de
– geschl. 24. Dezember - 7. Januar, 10. - 24. August und Sonntag
- Montagmittag sowie an Feiertagen
Menü 33/45 € – Karte 21/60 €
Juniorchef Tim Hornung führt in der Küche Regie und legt Wert auf Frische sowie regionalen und saisonalen Bezug seiner Speisen - "Rehragout mit Spätzle" ist da ein schönes Beispiel! Geschult und sehr freundlich der Service samt stets präsenter Chefin.

STEINFURT

Nordrhein-Westfalen – 33 910 Ew. – Höhe 65 m – Siehe Regionalatlas **26**-D9
Berlin 494 km – Düsseldorf 162 km – Nordhorn 55 km – Enschede 39 km
Michelin Straßenkarte 543

In Steinfurt-Borghorst

Schünemann Rest,
Altenberger Str. 109 ✉ 48565 – ✆ (02552) 70 24 80
– www.hotel-schuenemann.de
45 Zim – †73/86 € ††102/122 € – ½ P
Rest – Menü 11 € (unter der Woche)/28 € – Karte 11/41 € – *(geschl. Sonntagabend)*
Ein gewachsenes Hotel unter familiärer Leitung. Die Zimmer sind unterschiedlich eingerichtet, aber immer zeitgemäß. Besonders komfortabel sind die Juniorsuiten Sie können sich hier Fahrräder leihen und die Gegend erkunden. Danach stärken Sie sich dann im Restaurant (rustikal-elegant oder zeitlos-hell).

Posthotel Riehemann
Münsterstr. 8 (Zufahrt über Alte Lindenstr. 2) ✉ 48565 – ✆ (02552) 9 95 10
– www.riehemann.de
17 Zim – †72/75 € ††98 € – 1 Suite – ½ P
Rest – *(geschl. Sonntag) (nur Abendessen für Hausgäste)*
Schon in der ersten Ausgabe des Guide MICHELIN von 1910 war dieses Haus als "Zur Post" erwähnt! Die Herzlichkeit der Familie (bereits die 3. Generation) ist bei den Gästen beliebt, viele davon sind Biker (Fahrradverleih im Haus). Schauen Sie sich auch den kleinen Hofladen mit Münsterländer Produkten an!

STEINHAGEN

Nordrhein-Westfalen – 19 770 Ew. – Höhe 102 m – Siehe Regionalatlas **27**-F9
Berlin 404 km – Düsseldorf 166 km – Bielefeld 11 km – Münster (Westfalen) 67 km
Michelin Straßenkarte 543

Graf Bernhard 1344 Rest,

Brückhof 1 ✉ 33803 – ✆ (05204) 87 01 93 – www.grafbernhard1344.de
23 Zim – 59/78 € 89/120 € – ½ P
Rest – Menü 25 € – Karte 21/40 € – *(Montag - Freitag nur Abendessen)*
Was früher ein Bauernhof war, ist heute ein guter Ausgangspunkt für Ausflüge in den Teutoburger Wald und eine schöne Adresse für Veranstaltungen. Während man im Sommer laue Abende im riesigen Biergarten genießt, lockt von Mitte November bis Anfang Januar die Eislaufbahn vor dem Haus - mit Glühwein und Punsch!

In Steinhagen-Brockhagen West: 5 km

Ententurm mit Zim Zim,

Sandforther Str. 50 ✉ 33803 – ✆ (05204) 9 17 60 – www.ententurm.de – geschl. Dienstag
7 Zim – 75 € 95 € Karte 30/37 €
Was hier auffällt, ist das durchweg sehr freundliche, herzliche und aufmerksame Personal! Das begleitet Sie vom Restaurant mit charmantem Landhausambiente, hübscher Terrasse und mediterraner Küche bis in den Hotelbereich mit schönen, individuellen Zimmern und einem guten Frühstück, das am Tisch serviert wird!

STEINHEIM

Nordrhein-Westfalen – 13 170 Ew. – Höhe 140 m – Siehe Regionalatlas **28-G10**
Berlin 368 km – Düsseldorf 208 km – Hannover 87 km – Detmold 21 km
Michelin Straßenkarte 543

In Steinheim-Sandebeck Süd-West: 12 km über B 252 und Bergheim

Germanenhof

Teutoburger-Wald-Str. 29 ✉ 32839 – ✆ (05238) 9 89 00 – www.germanenhof.de – geschl. 6.- 9. Januar
35 Zim – 70/90 € 95/120 € – ½ P
Rest *Germanenhof* – siehe Restaurantauswahl
Aufmerksame Gästebetreuung und wohnliche Zimmer (teilweise mit Balkon) sprechen für dieses zentral gelegene Haus unter engagierter familiärer Leitung.

Germanenhof – Hotel Germanenhof

Teutoburger-Wald-Str. 29 ✉ 32839 – ✆ (05238) 9 89 00 – www.germanenhof.de – geschl. 6. - 9. Januar und Montagmittag, Dienstag
Menü 18/55 € – Karte 21/54 € – (Tischbestellung ratsam)
Bei Familie Seidensticker kann man nicht nur gut übernachten: Im Restaurant steht Sohn Ingo am Herd und bereitet international-regionale Speisen zu, darunter z. B. "Maispoularde in Kräutern gebraten mit Gemüse und hausgemachten Gnocchi".

STEINHEIM am ALBUCH – Baden-Württemberg ➜ Siehe Heidenheim an der Brenz

STEINHOEFEL – Brandenburg ➜ Siehe Fürstenwalde

STEINKIRCHEN

Niedersachsen – 1 610 Ew. – Höhe 1 m – Siehe Regionalatlas **10-H5**
Berlin 321 km – Hannover 161 km – Hamburg 41 km – Bremerhaven 88 km
Michelin Straßenkarte 541

Windmüller

Kirchweg 3, (hinter der Kirche) ✉ 21720 – ✆ (04142) 8 19 80 – www.hotel-windmueller.de
24 Zim – 70/80 € 98 € – 1 Suite – ½ P
Rest – Karte 25/36 € – *(November - März: Montag - Freitag nur Abendessen)*
Die ruhige und recht versteckte Lage hinter der Kirche sowie wohnliche Zimmer machen das gewachsene Hotel aus. Charmant ist das ursprüngliche Stammhaus, ein Fachwerkhaus von 1746. Als Frühstücksraum dient ein freundlicher Pavillon. Das Restaurant im historischen Gebäude hat eine hübsche Terrasse.

STEINSFELD – Bayern ➜ Siehe Rothenburg ob der Tauber

STEMMEN – Niedersachsen ➜ Siehe Sittensen

STEPHANSKIRCHEN – Bayern ➜ Siehe Rosenheim

STIEFENHOFEN

Bayern – 1 790 Ew. – Höhe 805 m – Siehe Regionalatlas **64**-I21
Berlin 738 km – München 165 km – Augsburg 140 km – Bregenz 39 km
Michelin Straßenkarte 546

Landgasthof Rössle mit Zim

Hauptstr. 14 ✉ 88167 – ✆ (08383) 9 20 90 – www.roessle.net
14 Zim – 52/79 € 78/100 € – ½ P
Menü 12/40 € – Karte 19/37 € – *(geschl. Mitte November - Anfang Dezember und Mittwoch)*
Axel Kulmus trägt zurecht den Namen "Kräuterwirt", denn es sind allerlei frische Kräuter aus dem eigenen (übrigens auch sehr hübsch angelegten) Garten, mit denen er seine regionalen Gerichte verfeinert und würzt.

STIMPFACH

Baden-Württemberg – 2 950 Ew. – Höhe 418 m – Siehe Regionalatlas **56**-I17
Berlin 541 km – Stuttgart 109 km – Nürnberg 110 km – Würzburg 111 km
Michelin Straßenkarte 545

In Stimpfach-Rechenberg Süd-Ost: 4 km

Landhotel Rössle

Rest,

Ortsstr. 22 ✉ 74597 – ✆ (07967) 9 00 40 – www.roessle-rechenberg.de – geschl. 1. - 6. Januar, 9. - 27. August
90 Zim – 68/85 € 98/120 € – ½ P
Rest – Karte 26/51 € – *(geschl. Sonntag) (jeden 1. Sonntag im Monat auch Mittagessen)*
Familie Sperr hat hier ein sehr komfortables Tagungshotel geschaffen, das mit dem "Campus" auch etwas Spezielles bietet. Die Zimmer reichen von ländlich-modern bis funktionell, der gastronomische Bereich vom hübschen alpenländischen Restaurant über die heimelige Kaminstube bis zur "Scheuer" für Feierlichkeiten. Serviert wird vor allem regionale Küche.

STOCKACH

Baden-Württemberg – 16 680 Ew. – Höhe 491 m – Siehe Regionalatlas **63**-G21
Berlin 730 km – Stuttgart 157 km – Konstanz 34 km – Freiburg im Breisgau 112 km
Michelin Straßenkarte 545

Zum Goldenen Ochsen

Zoznegger Str. 2 ✉ 78333 – ✆ (07771) 9 18 40 – www.ochsen.de
38 Zim – 64/108 € 79/156 € – ½ P
Rest *Zum Goldenen Ochsen* – siehe Restaurantauswahl
Mit Philipp P. Gassner leitet nun die 3. Generation den historischen Ochsen! Die Zimmer hat man individuell und wohnlich gestaltet, teilweise haben sie einen Balkon zum Garten. Hübsch: Im Haus hängen einige Gemälde.

Zum Goldenen Ochsen – Hotel Zum Goldenen Ochsen

Zoznegger Str. 2 ✉ 78333 – ✆ (07771) 9 18 40 – www.ochsen.de – geschl. Samstagmittag
Menü 13 € (mittags unter der Woche)/49 € – Karte 29/67 €
Geradlinig-klassisch das Ambiente im Restaurant, rustikaler die gemütliche Stube. Gekocht wird überwiegend mit Bio-Produkten aus der Region, dazu wählen Sie von einer fair kalkulierten Weinkarte mit vielen italienischen Weinen.

In Stockach-Wahlwies Süd-West: 3 km über B 313, jenseits der A 98

XX **Gasthof Adler** mit Zim — Rest,

Leonhardtstr. 29 ✉ 78333 – ✆ (07771) 35 27 – www.adler-wahlwies.de – geschl. 27. Mai - 10. Juni, 25. Oktober - 3. November und Montag - Dienstagmittag
15 Zim – 50/84 € 89/104 € – ½ P   Menü 25/55 € – Karte 22/52 €
Der Gasthof von 1664 ist Familienbetrieb in 11. Generation! Jürgen Veeser kocht regional-saisonal - schmackhaft und auch mal herzhaft. So gibt es in dem gemütlichen Restaurant z. B. "Rumpsteak mit Koriander-Knoblauch-Zitronen-Emulsion" und auch Wurstsalat! Zum Übernachten: freundliche, wohnliche Zimmer.

STOCKHEIM – Bayern ➔ Siehe Kronach

STOCKSTADT am MAIN

Bayern – 7 460 Ew. – Höhe 117 m – Siehe Regionalatlas **48-G15**
Berlin 550 km – München 361 km – Frankfurt am Main 38 km – Darmstadt 36 km
Michelin Straßenkarte 546

Brößler

Obernburger Str. 2 ✉ 63811 – ✆ (06027) 42 20 – www.hotel-broessler.de
35 Zim – 60 € 95 €   **Rest** – Karte 12/48 € – *(geschl. Samstag)*
Ein schmucker erweiterter Gasthof von 1905. Am reichlich bestückten Frühstücksbuffet und auch in der bürgerlichen Küche findet sich so manches aus eigener Produktion: Bäckerei/Konditorei und Metzgerei gehören zum Haus! Beliebt der Biergarten.

STOLBERG

Nordrhein-Westfalen – 57 480 Ew. – Höhe 200 m – Siehe Regionalatlas **35-A12**
Berlin 629 km – Düsseldorf 80 km – Aachen 11 km – Düren 23 km
Michelin Straßenkarte 543

Parkhotel am Hammerberg garni

Hammerberg 11 ✉ 52222 – ✆ (02402) 1 23 40 – www.parkhotel-stolberg.de
28 Zim – 68/120 € 99/175 €
Das Hotel befindet sich nur wenige Gehminuten von der Altstadt in ruhiger waldnaher Lage, behaglich das klassische Ambiente im Haus. Abends bietet man eine kleine Vesperkarte und am Wochenende bringt man Sie auf Wunsch kostenfrei zum "Gut Schwarzenbruch". Tipp: Leihen Sie sich ein Fahrrad oder E-Bike!

Wie entscheidet man sich zwischen zwei gleichwertigen Adressen?
In jeder Kategorie sind die Häuser nochmals geordnet, die besten Adressen stehen an erster Stelle.

Außerhalb An der Straße nach Verlauternheide, Nord-West: 5 km

XX **Gut Schwarzenbruch**

Schwarzenbruch 1 ✉ 52222 Stolberg – ✆ (02402) 2 22 75 – www.schwarzenbruch.de – geschl. über Karneval und Mittwoch
Menü 24 € (mittags unter der Woche)/62 € – Karte 40/60 €
Klassische Küche mit internationalen Einflüssen erwartet Sie im traditionellen Rahmen dieses 250 Jahre alten Guts. Wie wär's mal mit dem sonntäglichen Brunch? Das Buffet wird schön vor den Pferdeboxen der einstigen Stallungen angerichtet! Große Gesellschaften (bis zu 250 Personen) finden im etwas entfernt gelegenen orientalischen Pavillon Platz.

STOLBERG (HARZ) – Sachsen-Anhalt ➔ Siehe Südharz

STOLPE

Mecklenburg-Vorpommern – 370 Ew. – Höhe 9 m – Siehe Regionalatlas **14-P4**
Berlin 179 km – Schwerin 171 km – Neubrandenburg 48 km – Rügen (Bergen) 103 km
Michelin Straßenkarte 542

Gutshaus Stolpe

Peenstr. 33 ✉ *17391 – ✆ (039721) 55 00 – www.gutshaus-stolpe.de*
32 Zim ☕ – 👤95/150 € 👥135/190 € – 4 Suiten – ½ P
Rest *Gutshaus Stolpe* ✿ – siehe Restaurantauswahl
Dieses wunderbare Domizil bietet im Gutshaus und in der Remise ein sehr geschmackvolles, stimmiges Ambiente und weiß mit ausgezeichnetem Service und Annehmlichkeiten wie dem ansprechenden A-la-carte-Frühstück zu überzeugen. Schöne Bar.

Gutshaus Stolpe – Hotel Gutshaus Stolpe

Peenstr. 33 ✉ *17391 – ✆ (039721) 55 00 – www.gutshaus-stolpe.de – geschl. 4. - 29. Januar und Montag, September - Mai: Sonntag - Montag*
Menü 67/114 € – Karte 51/85 € – *(nur Abendessen)*
Stefan Frank ist an seine alte Wirkungsstätte zurückgekehrt, wo er modern beeinflusste klassische Küche in Form eines täglich wechselnden Abendmenüs bietet. Mit von der Partie: Sommelier Michel Buder nebst herzlicher Servicebrigade. Unverändert elegant das feine Landhausflair und die herrliche Terrasse.
➜ Gegrillter Yellowfin-Thunfisch auf orientalischem Gemüse mit dreierlei Wasabi und Yuzu. In Gewürzen gebratener Rehrücken, Pfifferlinge und Burlat-Kirschen in Madeira. Variation von Stolper Erdbeeren mit Holunderblütencrumble und Pistazienkaramell.

Fährkrug

Peenstr. 38 ✉ *17391 – ✆ (039721) 5 22 25 – www.gutshaus-stolpe.de – geschl. Oktober - März: Dienstag*
Menü 32 € – Karte 26/42 € – (Tischbestellung ratsam)
Das gemütliche Lokal in dem liebenswerten 300 Jahre alten Reetdachhaus besticht durch rustikales Flair. Die regionale Küche serviert man auch auf der sonnigen Terrasse zur Peene.

In Liepen

Am Peenetal (mit Gästehaus)

Dorfstr. 31 ✉ *17391 – ✆ (039721) 5 67 58 – www.gutshof-liepen.de*
38 Zim ☕ – 👤65/94 € 👥90/135 € – ½ P
Rest – Menü 25/39 € – Karte 20/53 € – *(geschl. Oktober - April: Montag - Dienstag)*
Ein sanierter und gewachsener Gutshof im Peenetal, der modern-rustikale Zimmer sowie eine gute Autobahnanbindung bietet. Dazu ein Hofladen mit regionalen Produkten und ein Restaurant mit netter und legerer Atmosphäre, nicht zu vergessen die schön gestaltete Terrasse.

STORKAU

Sachsen-Anhalt – 160 Ew. – Höhe 35 m – Siehe Regionalatlas **21-M8**
▶ Berlin 123 km – Magdeburg 71 km – Brandenburg 60 km – Stendal 18 km
Michelin Straßenkarte 542

Schloss Storkau (mit Kavaliershaus)

Im Park ✉ *39590 – ✆ (039321) 52 10 – www.schloss-storkau.de*
106 Zim ☕ – 👤55/95 € 👥85/175 € – 1 Suite – ½ P
Rest – Menü 30/75 € – Karte 33/50 €
Auf einem weitläufigen Parkgrundstück an der Elbe steht das Schloss - ein stilvoller Rahmen für Hochzeiten. Zimmer im Haupthaus z. T. mit Antiquitäten, im Kavaliershaus etwas praktischer für Tagungsgäste. Im Restaurant bietet man Bioprodukte vom eigenen Gutshof.

STRALSUND

Mecklenburg-Vorpommern – 57 780 Ew. – Höhe 13 m – Siehe Regionalatlas **6-O3**
▶ Berlin 247 km – Schwerin 160 km – Rügen (Bergen) 29 km – Rostock 71 km
Michelin Straßenkarte 542

STRALSUND
0 200 m
ALTEFÄHR, INSEL, HIDDENSEE
INSEL, RÜGEN, BERGEN, SASSNITZ
GREIFSWALD, GRIMMEN, ROSTOCK
GREIFSWALD, GRIMMEN, ROSTOCK
Strelasund
Rügenbrücke
Pl. des 17. Juni
An der Hafenbahn
Hafenstraße
Am Flotthafen
Reiferbahn
Großer Diebsteig
Kurze Str.
Kleiner Diebsteig
Gartenstraße
Hafenstraße
Frankenhof
Frankendamm
Frankendamm
HEILGEISTKIRCHE
Wasserstraße
Seestraße
St. Nikolai Kirche
JACOBIKIRCHE
Alter Markt
Rathausplatz
Rathaus
KNIEPERTOR
Fährwall
Schillstr.
Knieperwall
KÜTERTOR
Meeresmuseum
Langenstraße
Frankenstraße
Frankenwall
Post-str.
St. Marien Kirche
FRANKENVORSTADT
Wulflamufer
Karl-Marx-Straße
Teich
Franken-
Frankenwall
Knieperwall
Teich
Knieper
Knieper Damm
Sarnowstraße
Friedrich-Engels-Straße
Kniepérdamm
Tribseer Damm
Stralsund
Jungfernstieg
Wolfgang-Heinze-Str.
Carl-Heydemann-Ring
Mariakronstr.
Ketelhot-str.
Rudolf-Breitscheid-Straße
Friedrich-List-Straße
Barther Str.
Alte Str.
Rostocker Str.
Tribseer Damm
Moorteich
Hainholzstraße
KNIEPER VORSTADT
Lindenstraße
Gustav-Adolf-Straße
An den Bleichen
Königsmark-straße
Lindenstr.
Am Stadtwald
Barther Str.
Pl. des Friedens
a
h
s
k
b
j
d
M
T
A
B
C
1
2

Scheelehof

Fährstr. 23 ✉ 18439 – ✆ (03831) 28 33 00 Stadtplan : B1a
– www.scheelehof.de
94 Zim ☕ – 🚹89/139 € 🚹🚹105/155 € – ½ P
Rest *scheel's* ✿ **Rest *Zum Scheel*** – siehe Restaurantauswahl
Kein Hotel "von der Stange" ist das Geburtshaus des bekannten Chemikers Carl Wilhelm Scheele. Das Ensemble aus fünf historischen Häusern liegt in der ältesten Straße Stralsunds und ist schon von außen hübsch anzuschauen, und drinnen erst! Immer wieder charmante Relikte von einst - da passen die liebenswerten Zimmer mit ihren individuellen Details wunderbar ins Bild!

arcona Hotel Baltic

Zim,

Frankendamm 22 ✉ 18439 – ✆ (03831) 20 40 Stadtplan : C2k
– www.baltic.arcona.de
132 Zim – 🚹69/136 € 🚹🚹84/151 €, ☕ 17 € – ½ P
Rest – Menü 30/45 € – Karte 19/45 €
Das aus einer früheren Kaserne entstandene Hotel in Hafen- und Altstadtnähe ist mit seinen neuzeitlichen und funktionellen Zimmern besonders für Geschäftsreisende interessant. Freundlich und modern: das bistroartige Restaurant Weinwirtschaft.

Hafenresidenz

Rest,

Seestr. 10 ✉ 18439 – ✆ (03831) 28 21 20 Stadtplan : B1h
– www.hotel-hafenresidenz.de
40 Zim ☕ – 🚹77/108 € 🚹🚹99/160 € – 2 Suiten – ½ P
Rest *Fürst Wizlaw I* – ✆ (03831) 28 21 2 62 – Karte 25/44 €
Die Lage ist kaum zu toppen: Hafen, Altstadt und das bekannte Ozeaneum haben Sie in unmittelbarer Nähe, einen Bootsteg direkt vor der Tür! Ebenso attraktiv ist das Hotel, denn hier wurde die denkmalgeschützte Architektur des schönen Gebäudeensemble mit geradlinig-modernem Interieur kombiniert. So auch im "Seemannshus" gegenüber - hier hat man neuere, geräumige Zimmer und Maisonetten. Das Restaurant: lichte Orangerie, historische Pumpenstation mit Industrie-Flair sowie die Terrasse zum Meer.

Am Jungfernstieg garni

Jungfernstieg 1b ✉ 18437 – ✆ (03831) 4 43 80 Stadtplan : A2j
– www.hotel-am-jungfernstieg.de
42 Zim ☕ – 🚹45/85 € 🚹🚹55/105 €
Seit 2009 wird hier echtes Stralsunder Marzipan hergestellt! Aber nicht nur wer Süßes mag, ist hier gut aufgehoben: Das Haus liegt günstig nur wenige Schritte vom Hauptbahnhof und hat wohnliche Zimmer, die im OG einen schönen Blick über die Altstadt bieten. Etwas moderner sind die Zimmer in der ca. 100 m entfernten Dependance.

An den Bleichen garni

An den Bleichen 45 ✉ 18435 – ✆ (03831) 39 06 75 Stadtplan : A1d
– www.hotelandenbleichen.de – geschl. 12. Dezember - 12. Januar
24 Zim ☕ – 🚹48/62 € 🚹🚹65/85 €
Das familiengeführte Haus liegt ruhig in einem Wohngebiet am Zentrumsrand. Die Zimmer sind gepflegt, praktisch und zeitlos eingerichtet. Wer es geradlinig-modern mag, bucht die hübsche Juniorsuite unterm Dach! Hier oben hat man auch einen kleinen Fitnessraum, am Haus ein netter Garten.

Villa am Meer garni

Gerhart-Hauptmann-Str. 14 ✉ 18435 Stadtplan : B1s
– ✆ (03831) 30 84 66 – www.hotel-mit-meerblick.de
12 Zim ☕ – 🚹42/55 € 🚹🚹67/87 €
Angenehm familiär leitet Gastgeberin Marion Müller das kleine Hotel in der sorgsam sanierten Villa von 1912. Von einigen Zimmern kann man das Meer sehen, von dem Sie nur 100 m entfernt wohnen. Hübsch der Frühstücksraum mit Stuckdecke. Parken kann man übrigens kostenfrei hinter dem Haus.

Altstadt Hotel Peiß garni

Tribseer Str. 15 ✉ 18439 – ✆ (03831) 30 35 80 Stadtplan : B2**b**
– www.altstadt-hotel-peiss.de – geschl. Januar - Februar
15 Zim – 🚹55/85 € 🚹🚹65/115 € – 2 Suiten
Hier wohnt man so richtig nett - das liegt zum einen an der tollen Lage mitten in der Altstadt, an den freundlichen Zimmern in warmen Farben (einige mit Blick zur Marienkirche) und nicht zuletzt an Familie Peiß, die in dem 1881 erbauten Haus mit viel Liebe und Engagement bei der Sache ist! Machen Sie es sich auch auf der Innenhofterrasse oder in der Weinbar gemütlich. Tipp: Nur einen kurzen Fußmarsch entfernt befindet sich ein öffentliches Parkhaus.

scheel's – Hotel Scheelehof

Fährstr. 23 ✉ 18439 – ✆ (03831) 2 83 31 13 Stadtplan : B1**a**
– www.scheelehof.de – geschl. Januar und Montag - Dienstag
Menü 51/81 € – Karte 62/77 € – *(nur Abendessen)* (Tischbestellung ratsam)
Angenehm geradlinig wird hier gekocht und dabei stehen die hochwertigen Zutaten ganz im Mittelpunkt - so kommen feine, harmonische Speisen mit nordischem Einfluss auf den Teller, darunter auch Vegetarisches. Beachtung verdient aber auch das Restaurant selbst mit seinem tollen historischen Gewölbe! Wie wär's mit einem Tisch an der offenen Küche?
→ Wachtel, Portulak, Kirsche, Sauerteig. Meeräsche, Erbse, Fenchel, Süßkartoffel, Kaper. Banane, Curry, Knäcke, Koriander.

Zum Scheel – Hotel Scheelehof

Fährstr. 23 ✉ 18439 – ✆ (03831) 2 83 31 12 Stadtplan : B1**a**
– www.scheelehof.de
Menü 28/69 € – Karte 25/41 €
Eine schöne alte Holzdecke, Backsteinwände, ein sehenswertes historisches Wappen... so sieht hier hanseatisches Flair aus, und dazu gibt es regionale und internationale Küche, die man sich im Sommer gerne auf der tollen Innenhofterrasse servieren lässt. Man hat übrigens eine eigene Rösterei mit gemütlichem Café - nehmen Sie sich am besten auch Kaffee für daheim mit!

STRASSLACH-DINGHARTING

Bayern – 2 970 Ew. – Höhe 635 m – Siehe Regionalatlas **65-L20**
▶ Berlin 619 km – München 24 km – Augsburg 84 km – Garmisch-Partenkirchen 71 km
Michelin Straßenkarte 546

Gasthof zum Wildpark

Tölzer Str. 2 ✉ 82064 – ✆ (08170) 9 96 20 – www.roiderer.de
Karte 17/48 €
Ein gemütlich-bayerisches Wirtshaus wie es im Buche steht - und da darf ein Biergarten natürlich nicht fehlen! Dieser hier ist auch noch ein besonders tolles Exemplar: riesig, mit großer Markise und Fußbodenheizung! Fleisch und Wurst für die durchgehend warme Küche kommen aus der eigenen Metzgerei nebenan!

L' Estragon

Riedweg 15 ✉ 82064 – ✆ (08170) 2 14 – www.lestragon.de – geschl. Montag - Dienstag
Menü 14/52 € – Karte 32/47 €
Brasserie-Flair und französisch-internationale Küche kommen gut an - und auch die Terrasse mitten im Garten! An Werktagen nehmen die vielen Stammgäste den günstigen Lunch - zusätzlich gibt's das "Menu de la Semaine" und das "Gourmet Menu".

STRAUBENHARDT

Baden-Württemberg – 10 770 Ew. – Höhe 406 m – Siehe Regionalatlas **54-F18**
▶ Berlin 674 km – Stuttgart 67 km – Karlsruhe 30 km – Baden-Baden 38 km
Michelin Straßenkarte 545

In Straubenhardt-Schwann

Landhotel Adlerhof

Mönchstr. 14 (Schwanner Warte) ✉ 75334 – ✆ (07082) 9 23 40 – www.adlerhof.de

21 Zim – †85 € ††126 € – 1 Suite – ½ P

Rest – Menü 15 € (mittags unter der Woche) – Karte 22/49 € – *(geschl. Montag)*

Sie suchen ein Hotel in schöner ruhiger Lage? Dieses Hotel liegt reizvoll am Waldrand und die funktionell eingerichteten Zimmer haben teilweise einen Balkon zum Tal hin. Neben bürgerlicher Küche gibt's hier im Haus auch leckere hausgemachte Kuchen!

STRAUBING

Bayern – 44 450 Ew. – Höhe 331 m – Siehe Regionalatlas **59-O18**

Berlin 541 km – München 120 km – Regensburg 50 km – Landshut 51 km

Michelin Straßenkarte 546

ASAM

Zim,

Wittelsbacher Höhe 1 ✉ 94315 – ✆ (09421) 78 86 80 – www.hotelasam.de

101 Zim – †91 € ††123/149 €, 13 € – ½ P

Rest *ASAM-QUIRIN* – ✆ (09421) 78 86 86 10 – Menü 19/61 € – Karte 25/42 €

Ein modernes Lifestyle-Hotel im Zentrum bestehend aus einem denkmalgeschützten Gründerzeit-Gebäude und einem Neubau. Die Zimmer sind komfortabel und sehr zeitgemäß. W-Lan gratis.

In Straubing-Ittling Ost: 4 km über Ittlinger Straße

Nothaft garni

Ittlinger Hauptstr. 3 ✉ 94315 – ✆ (09421) 18 33 90 – www.nothaft-straubing.de

18 Zim – †62/72 € ††94/104 €

Das familiär geleitete kleine Hotel in der Ortsmitte bietet moderne und funktionelle Zimmer mit guter Technik. Am Frühstücksbuffet finden Sie Produkte aus der eigenen Metzgerei.

STRAUSBERG

Brandenburg – 26 210 Ew. – Höhe 75 m – Siehe Regionalatlas **23-Q8**

Berlin 44 km – Potsdam 75 km – Eberswalde 35 km – Frankfurt (Oder) 62 km

Michelin Straßenkarte 542

The Lakeside

Rest,

Gielsdorfer Chaussee 6 ✉ 15344 – ✆ (03341) 3 46 90 – www.burghotel-strausberg.de

50 Zim – †79/95 € ††110/125 € – 1 Suite – ½ P **Rest** – Karte 30/43 €

Das ansprechende Hotel ist architektonisch einer Burg nachempfunden und bietet wohnlich-klassisches Ambiente sowie Massage- und Kosmetikanwendungen. Mit Standesamt und Burgtheater. Eine Bistro-Bar mit Pub-Flair ergänzt das Restaurant. Hier und im schön angelegten Garten (der Besitzer kommt aus der Gartenbaubranche) serviert man Internationales.

STROMBERG (KREIS KREUZNACH)

Rheinland-Pfalz – 3 160 Ew. – Höhe 250 m – Siehe Regionalatlas **46-D15**

Berlin 611 km – Mainz 45 km – Bad Kreuznach 28 km – Koblenz 59 km

Michelin Straßenkarte 543

Land & Golf Hotel Stromberg

Rest,

Am Buchenring 6 (beim Golfplatz) ✉ 55442 – ✆ (06724) 60 00 – www.golfhotel-stromberg.de

160 Zim – †130/175 € ††190/310 € – 14 Suiten – ½ P

Rest *Le Délice* – siehe Restaurantauswahl

Rest *Gartenrestaurant* – Karte 37/73 €

Diese Hotelanlage hat so einiges zu bieten: verschiedene Zimmerkategorien von Landhausstil bis zu den schicken modernen Suiten, ein schöner Spa auf 2500 qm sowie gute Verantstaltungsmöglichkeiten - und den Golfplatz haben Sie direkt vor der Tür! Überwiegend regionale Küche im Gartenrestaurant.

Johann Lafer's Stromburg

Schlossberg 1 (über Michael-Obentraut-Straße) ✉ 55442 – ✆ (06724) 9 31 00 – www.johannlafer.com – geschl. 5. - 20. Januar

13 Zim – †150/195 € ††195/285 €, ☕ 25 € – 1 Suite

Rest ***Le Val d'Or*** ✿ **Rest** ***Bistro d'Or*** – siehe Restaurantauswahl

Es ist schon ein wahres Kleinod, das Familie Lafer aus der Burg a. d. 12. Jh. gemacht hat. Sie wohnen in geschmackvollen, individuell geschnittenen Zimmern oder in der Suite über drei Etagen. Dazu bietet man Ihnen einen ausgezeichneten Service und das Frühstück sollten Sie sich auch nicht entgehen lassen!

Le Val d'Or – Hotel Johann Lafer's Stromburg

Schlossberg 1 (über Michael-Obentraut-Straße) ✉ 55442 – ✆ (06724) 9 31 00 – www.johannlafer.de – geschl. 5. - 20. Januar und Montag - Dienstag

Menü 139 € (mittags)/165 € – Karte 74/100 € – *(Mittwoch - Freitag nur Abendessen)* (Tischbestellung ratsam)

Selbst Stammgästen wird Johann Lafers Gourmetrestaurant nicht langweilig, denn hier wird im Rhythmus der Jahreszeiten das Restaurant umgestaltet, der charmante Service neu eingekleidet und auch die finessenreichen, aufwändigen Speisen von Küchenchef Bernhard Munding werden genau auf die Saison abgestimmt und möglichst mit regionalen Produkten umgesetzt.

→ Gebratener Glattbutt in Kapern-Zitronensud mit Spinat und Hollandaise. Gebratene Hochrippe vom Rind mit Ingelheimer Spargel, Sojabohnen und Bärlauchsauce. Törtchen vom Vorarlberger Joghurt mit Kerbel, Gurke und Limette.

Le Délice – Land & Golf Hotel Stromberg

Am Buchenring 6 (beim Golfplatz) ✉ 55442 – ✆ (06724) 60 00 – www.golfhotel-stromberg.de – geschl. Januar 3 Wochen, Ende Juli - Anfang August 3 Wochen und Sonntag - Montag

Menü 75/105 € – *(nur Abendessen)* (Tischbestellung ratsam)

Weder minimalistisch noch kühl, sondern behaglich-elegant ist die Atmosphäre hier. Geboten wird internationale Küche. Wählen Sie aus den beiden Menüs z. B. "Hummer / Papaya / Limone" oder "Gänseleber / Spargel / Morcheln".

Bistro d'Or – Hotel Johann Lafer's Stromburg

Schlossberg 1 (über Michael-Obentraut-Straße) ✉ 55442 – ✆ (06724) 9 31 00 – www.johannlafer.de – geschl. 5. - 20. Januar

Menü 39/65 € – Karte 44/58 €

Auch im zweiten Lafer'schen Restaurant speist man niveauvoll. Drinnen in legerer Atmosphäre oder draußen auf der gemütlichen Terrasse überzeugen "Kalbsrahmgulasch", "Wiener Schnitzel", "Waller mit Erbsenravioli"...

STRULLENDORF

Bayern – 7 660 Ew. – Höhe 251 m – Siehe Regionalatlas **50-K15**

Berlin 415 km – München 223 km – Bayreuth 67 km – Ansbach 92 km

Michelin Straßenkarte 546

In Strullendorf-Wernsdorf Nord-Ost: 5 km, Richtung Roßdorf a. Forst über Amlingstadt, jenseits der A 73

Gasthof Schiller

Amlingstadter Str. 14 ✉ 96129 – ✆ (09543) 4 40 20 – www.gasthof-schiller.de

31 Zim ☕ – †49/79 € ††74/109 € – 4 Suiten

Rest – Karte 13/34 € – *(geschl. Montagmittag)*

Mit Sabine Schiller ist die junge Generation in dem hübschen historischen Gasthof mit der langen Familientradition im Einsatz. Ländlich-charmant die Zimmer im Stammhaus, schön modern die im angeschlossenen Landhotel. In gemütlicher Wirtshausatmosphäre gibt es gute fränkische Brotzeit oder Klassiker wie Schweinshaxe. Großer Biergarten unter Kastanien und Linden.

STÜHLINGEN

Baden-Württemberg – 5 180 Ew. – Höhe 501 m – Siehe Regionalatlas **62-E21**

Berlin 773 km – Stuttgart 156 km – Freiburg im Breisgau 73 km – Donaueschingen 30 km

Michelin Straßenkarte 545

Rebstock (mit Gästehaus) Zim,

Schlossstr. 10 ✉ 79780 – ✆ (07744) 9 21 20 – www.rebstock.eu – geschl. 2. - 30. Januar

33 Zim – 48/54 € 74/96 € – ½ P

Rest – Menü 18/43 € – Karte 21/43 € – *(Montag - Samstag nur Abendessen)*

Seit 1368 gibt es den Gasthof (damals noch Schenke), seit 1930 und nun in 3. Generation wird er von Familie Sarnow geführt. Besonders komfortabel die vier modernen Appartements im einstigen Gefängnis, urig-gemütlich die Gaststube. Besonderheit: Bauern- und Bulldogmuseum sowie Puppen- und Nostalgiemuseum!

In Stühlingen-Mauchen West: 7 km

Geng's Linde (N) mit Zim

St.-Gallus-Str. 37 ✉ 79780 – ✆ (07744) 12 55 – www.gengslinde.de – geschl. März 10 Tage, November 10 Tage und Dienstag (Erweiterung des Hotels auf 19 Zimmer bis Sommer/Herbst 2015)

9 Zim – 40/45 € 75/80 € Menü 32/34 € – Karte 23/49 €

Ein Familienbetrieb im Wandel: Junior Christian Geng hat nach seinen Wanderjahren mit interessanten Stationen das Gasthaus übernommen. Das Ambiente geradlinig-modern, die Küche geschmackvoll und frisch, von "mariniertem Kalbstafelspitz" bis "Loup de Mer und Nudeln mit getrockneten Tomaten und Pesto".

In Stühlingen-Schwaningen Nord-West: 7 km über B 314 und B 315, Richtung Singen und Weizen

Gasthaus Schwanen mit Zim Zim,

Talstr. 9 ✉ 79780 – ✆ (07744) 51 77 – www.gasthaus-schwanen.de – geschl. 1. - 10. Januar, 20. Oktober - 15. November und Mittwoch; Oktober - April: Mittwoch - Donnerstag

15 Zim – 55/70 € 75/85 € – 3 Suiten – ½ P

Menü 45/52 € – Karte 24/46 € – *(nur Abendessen, sonntags auch Mittagessen)*

Einfach sympathisch! Die engagierten Gastgeber Alexandra und Markus Wekerle kommen ebenso gut an wie die liebenswerte Atmosphäre in dem Gasthaus von 1912 und die leckeren Gerichte: "Rehleberknödel auf Sauerkraut", "3erlei vom Schwarzwaldrind"... Sie möchten übernachten? Etwas einfacher im Haupthaus, sehr komfortabel in der "Villa Pfarrhus" nur wenige Meter entfernt.

STUHR

Niedersachsen – 33 350 Ew. – Höhe 4 m – Siehe Regionalatlas **18**-G7

Berlin 390 km – Hannover 125 km – Bremen 10 km – Wildeshausen 29 km

Michelin Straßenkarte 541

In Stuhr-Moordeich West: 2 km

Nobel mit Zim

Neuer Weg 13 ✉ 28816 – ✆ (0421) 5 68 00 – www.nobel-moordeich.de

2 Zim – 40/48 € 58 €, 11 € Menü 25/29 € – Karte 17/46 €

In dem klassisch gehaltenen Restaurant wie auch in der gemütlichen, etwas rustikaleren Bierstube Pumpernickel bietet man eine saisonal ausgerichtete Küche von bürgerlich bis international.

STUTTGART

Baden-Württemberg – 606 590 Ew. – Höhe 245 m – Siehe Regionalatlas **55-G18**

▶ Berlin 637 km – Frankfurt am Main 207 km – Karlsruhe 75 km – München 223 km

Michelin Straßenkarte 545

Stadtpläne siehe nächste Seiten

→ Alphabetische Liste der Hotels
→ Alphabetical index of hotels

→ Alphabetische Liste der Restaurants
→ Alphabetical index of restaurants

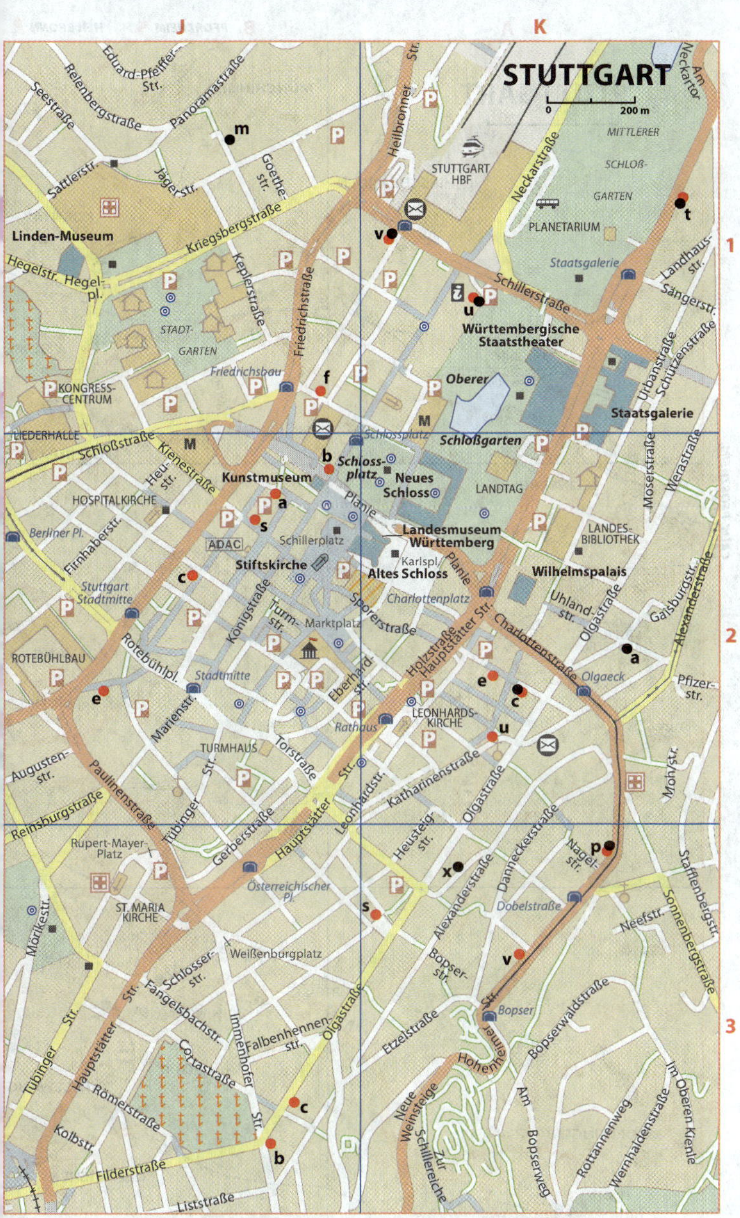
STUTTGART
0
200 m
J
K
1
2
3
Linden-Museum
Kunstmuseum
Stiftskirche
Württembergische Staatstheater
Oberer Schloßgarten
Staatsgalerie
Schloss-platz
Neues Schloss
Landesmuseum Württemberg
Altes Schloss
Wilhelmspalais
STUTTGART HBF
PLANETARIUM
MITTLERER SCHLOß-GARTEN
LANDTAG
LANDES-BIBLIOTHEK
KONGRESS-CENTRUM
LIEDERHALLE
HOSPITALKIRCHE
ROTEBÜHLBAU
LEONHARDS-KIRCHE
TURMHAUS
ST. MARIA KIRCHE
STADT-GARTEN
Friedrichsbau
Schillerplatz
Karlspl.
Marktplatz
Charlottenplatz
Rathaus
Stadtmitte
Olgaeck
Bopser
Berliner Pl.
Stuttgart Stadtmitte
Österreichischer Pl.
Rupert-Mayer-Platz
Weißenburgplatz
ADAC
Schloßstraße
Kriegsbergstraße
Schillerstraße
Friedrichstraße
Königstraße
Theodor-Heuss-Str.
Hauptstätter Str.
Charlottenstraße
Olgastraße
Neckarstraße
Heilbronner Str.
Tübinger Str.
Paulinenstraße
Filderstraße
Liststraße
Alexanderstraße
Urbanstraße
Eberhardstr.
Holzstraße
Planie
Sporerstraße
Rotebühlpl.
Kienestraße
Hegelstr.
Hegelpl.
Seestraße
Relenbergstraße
Panoramastraße
Eduard-Pfeiffer-Str.
Sattlerstr.
Jägerstr.
Goethestr.
Keplerstraße
Firnhaberstr.
Marienstr.
Torstraße
Katharinenstraße
Leonhardsstr.
Gerberstraße
Augustenstr.
Reinsburgstraße
Mörikestr.
Schlosserstr.
Fangelsbachstr.
Cottastraße
Römerstraße
Kolbstr.
Immenhofer Str.
Falbenhennenstr.
Heusteigstr.
Danneckerstraße
Nagelstr.
Dobelstraße
Bopserstr.
Etzelstraße
Hohenheimer Str.
Neue Weinsteige
Zur Schillereiche
Am Bopserweg
Bopserwaldstraße
Rottannenweg
Wernhaldenstraße
Im Oberen Kienle
Neefstr.
Sonnenbergstraße
Stafflenbergstr.
Mohlstr.
Pfizerstr.
Gaisburgstr.
Alexanderstraße
Werastraße
Mosersstraße
Uhlandstr.
Landhausstr.
Sängerstr.
Schützenstraße
Am Neckartor
Turmstr.
Heustr.
Schlossplatz
a b c e f m p s t u v x

STUTTGART
0
2 km
A
B
PFORZHEIM
HEILBRONN
1
2
3
CALW, PFORZHEIM, KARLSRUHE
MÜNCHINGEN
HIRSCHLANDEN
KORNTAL
DITZINGEN
HÖFINGEN
WEILIMD
GIEBEL
WOLFBUSCH
LEONBERG
BERGHEIM
GERLINGEN
RAMTEL
Schloss Solitude
AB-DREIECK STUTTGART LEONBERG
BOTNANG
BIRKENKOPF
BÜSNAU
KALTEN
STUTTGART VAIHINGEN
AB-KREUZ STUTTGART
VAIHINGEN
ROHR
DÜRRLEWANG
SINDELFINGEN
OBERAICHEN
MUSBERG
BÖBLINGEN
Feuerbacher Str.
Hauptstr.
Ditzinger Str.
Höfinger Str.
Flachter Str.
Gerlinger Str.
Landauer Str.
Köstlinstr.
Dieselstr.
Solitudestraße
Glems
Feuerbacher Str.
Stuttgarter Str.
Rutesheimer Str.
Römerstr.
Brenner Str.
Berliner Str.
Stuttgarter Str.
Solitudestraße
Stuttgarter Str.
Südrandstr.
Krummbachtal
Glemseckstr.
Wildparkstraße
Verdistr.
Büsnauer Str.
Mahdentalstraße
Magstadter Str.
Leonberger Str.
Im Elsental
Nobelstr.
Heerstr.
Zusestr.
Kaltentaler Abfahrt
Pascalstr.
Nord-Süd-Str.
Stuttgarter Str.
Hohenzollernstr.
Leonberger Str.
Käsbrünnlestr.
Stuttgarter Str.
Panzerstraße
Karlstr.
Filderstr.
A 81 / E 41
A 8 / E 52 E 41
A 81
A 8 / E41
A 831
17
18
50
21
22
b
m
e
t
b
c
M

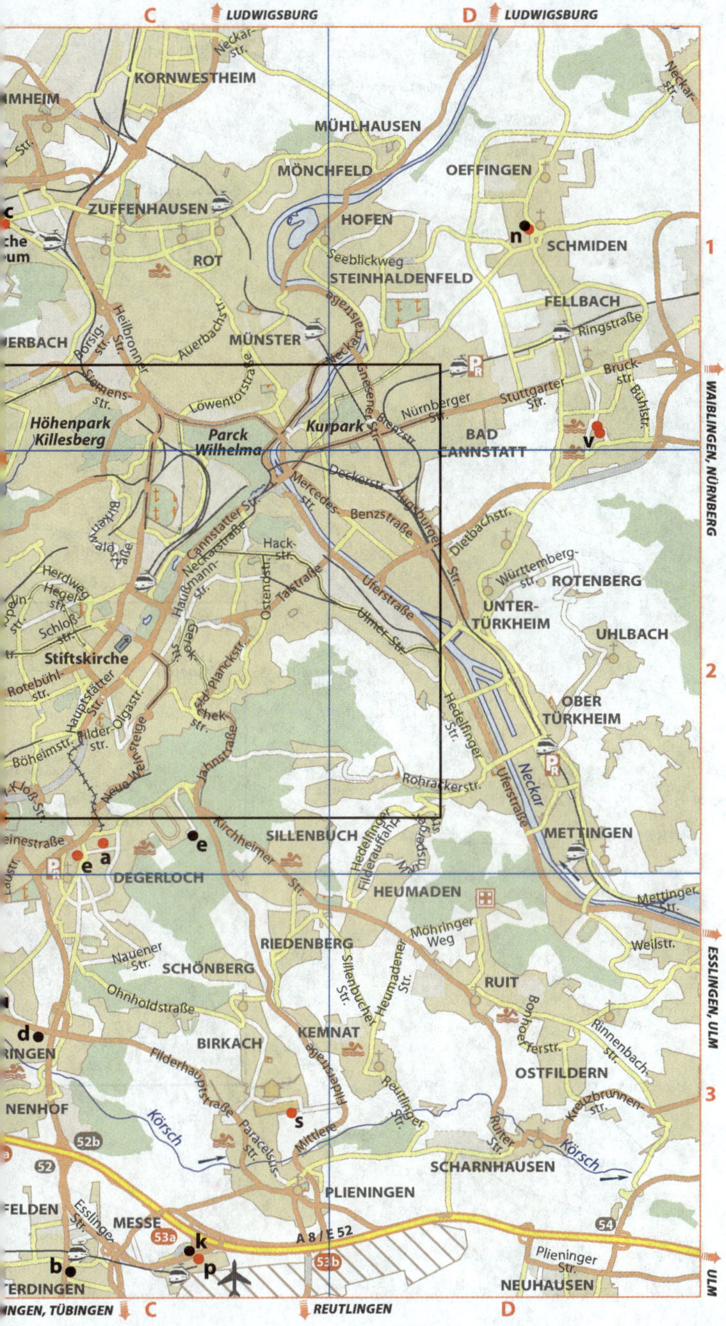
C
LUDWIGSBURG
D
LUDWIGSBURG
KORNWESTHEIM
MÜHLHAUSEN
MÖNCHFELD
OEFFINGEN
HOFEN
ZUFFENHAUSEN
ROT
SCHMIDEN
STEINHALDENFELD
Seeblickweg
FELLBACH
MÜNSTER
Ringstraße
Neckar-str.
Heilbronner Str.
Borsig-str.
Auerbachstr.
Löwentorstraße
Siemens-str.
Höhenpark Killesberg
Parck Wilhelma
Kurpark
Nürnberger Str.
Stuttgarter Str.
Bruck-str.
Bühlstr.
BAD CANNSTATT
Gnesener Str.
Brenzstr.
Deckerstr.
Mercedes-str.
Benzstraße
Augsburger Str.
Dietbachstr.
Cannstatter Str.
Neckarstraße
Hack-str.
Haußmann-str.
Ostendstr.
Talstraße
Uferstraße
Ulmer Str.
Württemberg-str.
ROTENBERG
UNTER-TÜRKHEIM
UHLBACH
Birkenwaldstraße
Herdweg
Hegelstr.
Schloß-str.
Stiftskirche
Rotebühl-str.
Hauptstätter Str.
Olgastr.
Filder-str.
Böheimstr.
Neue Weinsteige
Gerok
Planckstr.
Schek-str.
Jahnstraße
Hedelfinger Str.
OBER TÜRKHEIM
Rohrackerstr.
Neckar
Uferstraße
METTINGEN
Kirchheimer Str.
SILLENBUCH
Hedelfinger Filderauffahrt
DEGERLOCH
HEUMADEN
Mettinger Str.
Möhringer Weg
RIEDENBERG
Weilstr.
Nauener Str.
SCHÖNBERG
Sillenbucher Str.
Heumadener Str.
RUIT
Ohnholdstraße
Bonhoefferstr.
Rinnenbach-str.
KEMNAT
BIRKACH
OSTFILDERN
Filderhauptstraße
Reutlinger Str.
Kreuzbrunnen-str.
Paracelsus-str.
Mittlere
Körsch
Ruiter Str.
SCHARNHAUSEN
PLIENINGEN
MESSE
A 8 / E 52
Plieninger Str.
NEUHAUSEN
Esslinger Str.
WAIBLINGEN, NÜRNBERG
ESSLINGEN, ULM
ULM
REUTLINGEN
INGEN, TÜBINGEN
C
D
1
2
3
n
v
e
a
d
s
k
p
b
52b
52
53a
53b
54

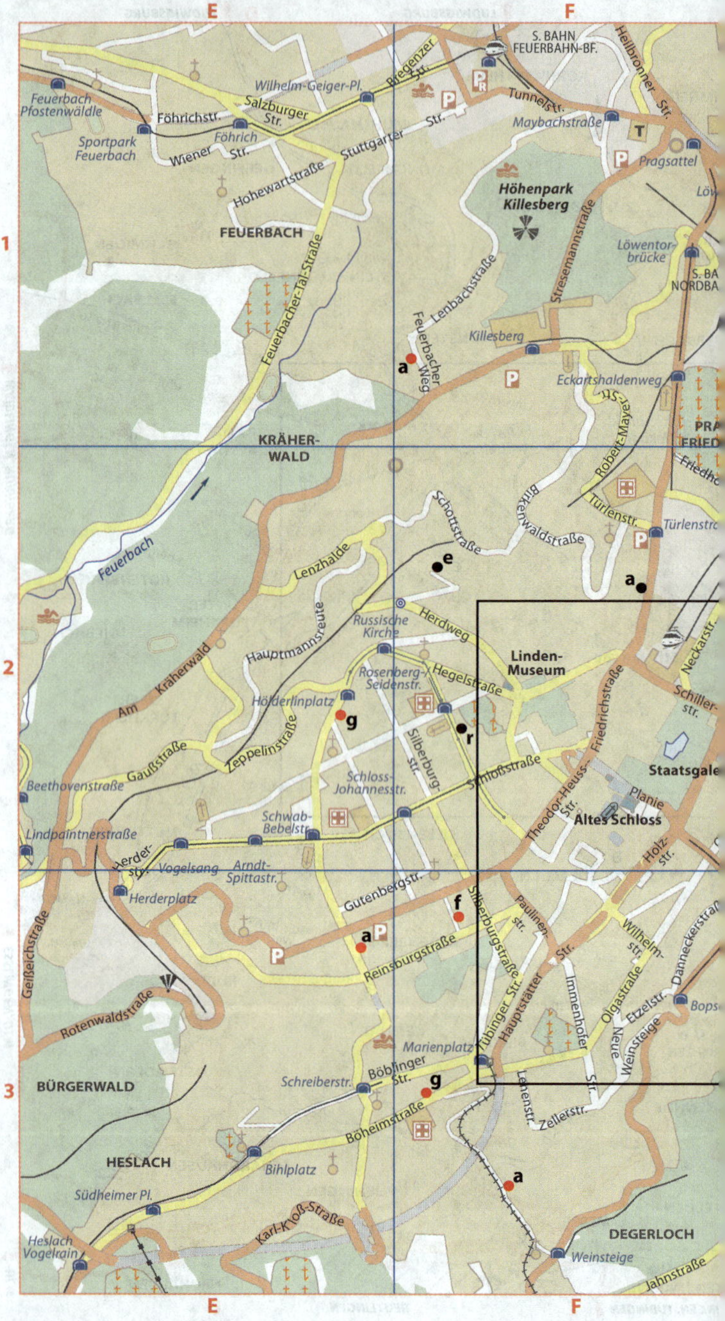
E
F
1
2
3
S. BAHN FEUERBAHN-BF.
Heilbronner Str.
Bregenzer Str.
Wilhelm-Geiger-Pl.
Feuerbach Pfostenwäldle
Föhrichstr.
Salzburger Str.
Tunnelstr.
Maybachstraße
Pragsattel
Sportpark Feuerbach
Wiener Str.
Föhrich
Stuttgarter Str.
Hohewartstraße
Höhenpark Killesberg
Löwentor-brücke
S. BA NORDBA
FEUERBACH
Feuerbacher-Tal-Straße
Stresemannstraße
Lenbachstraße
Killesberg
Feuerbacher Weg
a
Eckartshaldenweg
Robert-Mayer-Str.
KRÄHER-WALD
Birkenwaldstraße
Türlenstr.
Türlenstr.
Schottstraße
Feuerbach
e
a
Lenzhalde
Hauptmannsreute
Russische Kirche
Herdweg
Linden-Museum
Neckarstr.
Schiller-str.
Friedrichstraße
Rosenberg-/Seidenstr.
Hegelstraße
Hölderlinplatz
g
r
Am Kräherwald
Zeppelinstraße
Silberburg-str.
Gaußstraße
Schlossstraße
Staatsgale
Planie
Beethovenstraße
Schloss-Johannesstr.
Theodor-Heuss-Str.
Altes Schloss
Schwab-Bebelstr.
Lindpaintnerstraße
Holz-str.
Herder-str.
Vogelsang
Arndt-Spittastr.
Herderplatz
Gutenbergstr.
f
Silberburgstraße
Paulinen-str.
Wilhelm-str.
Danneckerstr.
a
Reinsburgstraße
Geißeichstraße
Rotenwaldstraße
Immenhofer Str.
Olgastraße
Etzelstr.
Hauptstätter Str.
Tübinger Str.
Neue Weinsteige
Bops
Marienplatz
BÜRGERWALD
Schreiberstr.
Böblinger Str.
g
Lehenstr.
Zellerstr.
Böheimstraße
HESLACH
Bihlplatz
a
Südheimer Pl.
Karl-Kloß-Straße
DEGERLOCH
Heslach Vogelrain
Weinsteige
Jahnstraße
E
F

G
H
1
2
3
Kraftwerk Münster
Obere Ziegelei
Sommerrain-str.
Hallschlag
Hofener Str.
Gnesener Str.
Gnesener Str.
Löwentorstraße
Kursaal
Kurpark
Mühlsteg
KURSAAL
M
Glockenstraße
Halden-str.
Pragstraße
Brenz-str.
Rosensteinpark
Rosensteinbrücke - Neckartalstr.
Daimlerplatz
Augsburger Pl.
S. BAHN STUTTGART NÜRNBERGER STR.
e
Uff-Kirchhof
Parck Wilhelma
Wilhelmsplatz
ROSENSTEIN PARK
Wilhelma
S. BAHN EBITZWEG
SCHLOSS ROSENSTEIN
Mercedesstr.
BAD CANNSTATT
S. BAHN BAD CANNSTATT
Kienbachstraße
Deckerstraße
Decker-str.
Mineralbäder
Cannstatter Wasen
BERG
Uferstraße
Benzstraße
VILLA BERG
Neckarpark
S. Bahn Gottlieb-Daimler Stadion
Metzstraße
CANNSTATTER WASEN
Werder-str.
Talstr.
Karl-Olga-Krankenhaus
Martin-Schrenk-Weg
Benzstraße
Bergfriedhof
Raitelsberg
Hack-str.
Ostend-str.
Neckar
Schlachthof
Mercedes-Benz Museum
Ostendpl.
Haußmann-str.
Ostheim Leo-Vetter-Bad
Gaisburg
Uferstraße
OSTHEIM
Wagener-Landhausstr.
p
Talstraße
Wagenburg-str.
Schwarenbergstraße
Brendle
a
Ulmer Str.
Im Degen
GABLENBERG
Aspergstr.
Inselstraße
Inselstraße
Wasenstraße
f
Neue Str.
Nähterstraße
Planckstraße
WANGEN
FRAUENKOPF
NHALDE
Frauenkopfstraße
Jahnstraße
Dürrbachstr.
Speidelweg
Rohrackerstraße
STUTTGART
Heumadener Str.
0
500 m
ehturm

Hotels

Steigenberger Graf Zeppelin
Rest,
Arnulf-Klett-Platz 7 ✉ 70173 – ✆ (0711) 2 04 80
– www.stuttgart.steigenberger.com Stadtplan : K1**v**
149 Zim – †189/259 € ††189/259 €, ☕ 26 € – 6 Suiten
Rest *OLIVO* ✿ – siehe Restaurantauswahl
Rest *Zeppelin Stüble* – Karte 23/51 € – *(geschl. Sonntagabend - Montag)*
Rest *Zeppelino'S* – Karte 38/91 €
Das Businesshotel gegenüber dem Bahnhof wird gut geführt, das spürt und sieht man. In den geräumigen Zimmern wohnen Sie modern-elegant, im oberen Stock tun Sie sich etwas Gutes, z. B. bei Fitness mit Blick über Stuttgart! Regionale Küche im rustikalen Zeppelin Stüble, Zigarren in der Davidoff-Lounge.

Le Méridien
Willy-Brandt-Str. 30 ✉ 70173 – ✆ (0711) 2 22 10 Stadtplan : K1**t**
– www.lemeridienstuttgart.com
291 Zim – †145/325 € ††155/335 €, ☕ 25 € – 2 Suiten
Rest *Le Cassoulet* – siehe Restaurantauswahl
Hier heißt es luxuriös wohnen beim Schlossgarten: geräumige Lobby, gediegen-elegante und auch recht moderne Zimmer mit sehr guter Technik sowie ein angenehmer Spa. Und besuchen Sie auch mal das Weinbistro "Le Médoc", eine nette Ergänzung zum Restaurant.

Althoff Hotel am Schlossgarten
Zim,
Schillerstr. 23 ✉ 70173 – ✆ (0711) 2 02 60 Stadtplan : K1**u**
– www.hotelschlossgarten.com
102 Zim – †160/315 € ††195/335 €, ☕ 25 € – 4 Suiten
Rest *Zirbelstube* ✿ – siehe Restaurantauswahl
Rest *Vinothek am Schlossgarten* – ✆ (0711) 2 02 68 36 – Menü 39 € – Karte 34/51 €
Die Althoff-Gruppe hat aus dem Haus direkt am Schlosspark ein echtes Schmuckstück gemacht: elegante Räume vom kleinen Einzelzimmer bis zur großzügigen Suite, Grandhotel-Service der alten Schule und ein Frühstück, das sein Geld wert ist. Nett sind Vinothek und Café.

Maritim
Seidenstr. 34 ✉ 70174 – ✆ (0711) 94 20 Stadtplan : F2**r**
– www.maritim.de
555 Zim – †109/229 € ††129/249 €, ☕ 20 € – 12 Suiten
Rest *Reuchlin* – Karte 34/69 €
Ideale Tagungsadresse mit großzügigem Rahmen, angeschlossen an das Kultur- und Kongresszentrum Liederhalle. Sehr komfortabel sind die Suiten und Juniorsuiten. Ein besonderer Genuss: "In-Room-Spa". Im eleganten Restaurant bietet man gehobene internationale Küche.

Arcotel Camino
Heilbronner Str. 21 (Zufahrt über Im Kaisemer 1) Stadtplan : F2**a**
✉ 70191 – ✆ (0711) 25 85 80 – www.arcotelhotels.com/camino
167 Zim – †139/299 € ††139/299 €, ☕ 22 € – 1 Suite
Rest *Weissenhof* – ✆ (0711) 2 58 58 42 00 – Menü 35/54 € – Karte 26/50 € – *(geschl. Samstagmittag)*
Leitthema in dem Sandsteinbau von 1890 ist der Weg ("Camino"), inspiriert vom "Camino de Santiago" (Jakobsweg) und dem Stil der Weißenhofsiedlung (Postdörfle). In den Zimmern klares Design und moderne Technik, im geradlinig-eleganten Restaurant u. a. österreichische Schmankerl und Weine.

Kronen-Hotel garni
Kronenstr. 48 ✉ 70174 – ✆ (0711) 2 25 10 Stadtplan : J1**m**
– www.kronenhotel-stuttgart.de – geschl. Weihnachten - 2. Januar
80 Zim ☕ – †110/140 € ††160/195 €
Das Engagement der Familie Berger spürt man überall: Alles ist auffallend gepflegt, man wird persönlich betreut, bekommt am Morgen ein richtig gutes Frühstück und abends gibt's für Hausgäste Snacks. Zudem hat man einen schönen Dachgarten.

Wörtz zur Weinsteige

Hohenheimer Str. 30 ✉ *70184* – ✆ *(0711) 2 36 70 00* – *www.zur-weinsteige.de*
Stadtplan : K3**p**

30 Zim – 🚹95/140 € 🚹🚹110/150 €, ☕ 10 €

Rest *Wörtz zur Weinsteige* – siehe Restaurantauswahl

Sie wohnen hier bei zwei engagierten Brüdern; einer der beiden züchtet Kois - zu bewundern im großen Aquarium auf der Terrasse. Sie mögen es besonders stilvoll? Dann buchen Sie die Louis-XVI-Juniorsuite im Schlösschen!

Der Zauberlehrling

Rosenstr. 38 ✉ *70182* – ✆ *(0711) 2 37 77 70* – *www.zauberlehrling.de*
Stadtplan : K2**c**

13 Zim – 🚹135/195 € 🚹🚹180/320 €, ☕ 19 € – 4 Suiten

Rest *Der Zauberlehrling* – siehe Restaurantauswahl

Dass dieses citynahe Haus so gut ankommt, liegt natürlich an den schönen Zimmern (sie sind so individuell wie ihre Namen: "Barolo", "Zeitfalle", "Sunrise"...), aber ohne Zweifel auch an der Herzlichkeit der Familie Heldmann! Das erste Highlight am Tag ist das gute Frühstück.

Azenberg garni

Seestr. 114 ✉ *70174* – ✆ *(0711) 2 25 50 40* – *www.hotelazenberg.de*
Stadtplan : F2**e**

57 Zim – 🚹90/180 € 🚹🚹110/220 €, ☕ 12 € – 1 Suite

Sie werden sich hier wohlfühlen, denn das Haus liegt ruhig, aber dennoch zentrumsnah in einer Sackgasse, ist geschmackvoll und wohnlich eingerichtet, hat einen hübschen Garten mit Teich sowie einen netten kleinen Freizeitbereich (Sauna gegen Gebühr), und ein gutes Frühstück gibt es auch noch!

City-Hotel garni

Uhlandstr. 18 ✉ *70182* – ✆ *(0711) 21 08 10* – *www.cityhotel-stuttgart.de*
Stadtplan : K2**a**

31 Zim ☕ – 🚹79/89 € 🚹🚹89/119 €

Das Hotel unweit der Fußgängerzone bietet unterschiedlich geschnittene Zimmer in klassischem Stil und einen hellen, modern-eleganten Frühstücksraum mit Wintergarten und Terrasse.

Abalon garni

Zimmermannstr. 7 (Zufahrt über Olgastr. 79) ✉ *70182* – ✆ *(0711) 2 17 10* – *www.abalon.de*
Stadtplan : K3**x**

42 Zim ☕ – 🚹79/86 € 🚹🚹98/120 €

Oberhalb des Zentrums erwarten Sie funktionelle Zimmer (Saft und Wasser inklusive), ein moderner Frühstücksbereich und eine schön begrünte Dachterrasse.

Bellevue

Zim, P

Schurwaldstr. 45 ✉ *70186* – ✆ *(0711) 48 07 60* – *www.bellevue-stuttgart.de* – *geschl. August*
Stadtplan : G2**p**

6 Zim ☕ – 🚹79/129 € 🚹🚹89/129 €

Rest – Menü 10/45 € – Karte 18/56 € – *(geschl. Montagmittag, Dienstag - Mittwoch)*

Bereits seit 1913 ist das kleine Hotel im Familienbesitz und die persönliche Atmosphäre kommt bei den Gästen genauso gut an wie die gepflegten Zimmer. Und nicht nur das: Jeder bekommt täglich eine Tageszeitung und ein Mineralwasser! Im Restaurant wird überwiegend regionale Küche geboten.

Wie entscheidet man sich zwischen zwei gleichwertigen Adressen?
In jeder Kategorie sind die Häuser nochmals geordnet, die besten Adressen stehen an erster Stelle.

Restaurants

XXX **Zirbelstube** – Althoff Hotel am Schlossgarten

Schillerstr. 23, (1. Etage) ✉ 70173 – ✆ (0711) 2 02 68 27 Stadtplan : K1u
– www.hotelschlossgarten.com – geschl. Januar 2 Wochen, August 3 Wochen und Sonntag - Montag
Menü 79 € (vegetarisch)/145 €
Das Ambiente klassisch-elegant, die Küche innovativ und kontrastreich. Sebastian Prüßmann verwendet ausgezeichnete Produkte, gerne aus der Region, die Sie auch als vegetarisches Menü "Gemüse Liebe" serviert bekommen. Und als "Prüßmanns Mittagstisch" gibt es neu interpretierte heimische Klassiker. Passend zum feinen Essen ist der Service aufmerksam und geschult.
➜ Gänseleber und Rote Bete, Maulbeere, Rosine, Sauerklee. Getauchte Jakobsmuschel, Kamille, Ochsenmark, Hafer. Kerbelwurzel und Perigord Trüffel, Crème Fraîche, Zitronen-Thymian.

XXX **YoSH**

Feuerbacher Weg 101 ✉ 70192 – ✆ (0711) 6 99 69 60 Stadtplan : F1a
– www.yosh-stuttgart.de – geschl. Mitte August - Anfang September und Montag - Dienstag
Menü 118/198 € – Karte 68/104 € – *(nur Abendessen)* (Tischbestellung ratsam)
Niveauvoll speisen... Dafür sorgt zum einen Klaus Jäschke mit seiner frischen klassischen Küche, in der die ausgezeichneten Zutaten toll zur Geltung kommen, aber auch das Ambiente ist ausgesprochen attraktiv mit seiner modernen Eleganz und den überaus wertig eingedeckten Tischen samt schönem Porzellan!
➜ Langostinos - gebratener Spargel, Knusperblatt, Wildkräutersalat. Atlantik Wolfsbarsch - Petersilienpüree, Frühlingslauch, Violetter Senf. Salzwiesenlammkarree - Thymianjus, Ratatouille, Kartoffelgratin.

XXX **OLIVO** – Hotel Steigenberger Graf Zeppelin

Arnulf-Klett-Platz 7 ✉ 70173 – ✆ (0711) 2 04 80 Stadtplan : K1v
– www.olivo-restaurant.de – geschl. 1. - 7. Januar, 1. - 5. März, 30. März - 4. April, 24. Mai - 8. Juni, 2. August - 7. September, 20. - 23. Dezember, 27. - 30. Dezember und Sonntag - Montag
Menü 60 € (mittags)/128 € – Karte 64/94 €
Er verwendet nur ausgesuchte Produkte und bereitet sie exakt, fein und auf moderne Art zu: Nico Burkhardt, der junge Küchenchef dieses eleganten Restaurants im 1. OG des Grandhotels. Beim Speisen schauen Sie auf den Hauptbahnhof gleich gegenüber.
➜ Simmentaler Rind und Gänseleber, mariniertes Gemüse, Rauchcreme, Wildkräuter, Parmesan. Rücken und Keule vom Kaninchen, Karotte, Sesam, Petersilie Lardo. Interpretation von Kokos und Mango mit Schafsjoghurt, Salz-Karamell.

XX **Kern's Pastetchen**

Hohenheimer Str. 64 ✉ 70184 – ✆ (0711) 48 48 55 Stadtplan : K3v
– www.kerns-pastetchen.de – geschl. Mitte Mai 1 Woche, August - September 2 Wochen und Sonntag
Menü 48/78 € – Karte 43/59 € – *(nur Abendessen)* (Tischbestellung ratsam)
Hier sitzt man gemütlich, wird freundlich bedient und isst wirklich gut - Marieluise und Josef Kern sind eben mit Herz bei der Sache! Und das schätzt man genauso wie die schmackhaften Speisen einschließlich einiger österreichischer Gerichte - schließlich ist der Chef gebürtiger Österreicher.

XX **La Fenice**

Rotebühlplatz 29 ✉ 70178 – ✆ (0711) 6 15 11 44 Stadtplan : J2e
– www.ristorante-la-fenice.de – geschl. Sonntag, Samstagmittag und an Feiertagen mittags
Menü 19 € (mittags)/65 € – Karte 36/58 €
Schon so mancher ist bei den Geschwistern Gorgoglione zum Stammgast geworden - das spricht für die italienische Küche in dem freundlich-eleganten Ristorante. Übrigens: Zu finden ist der etwas versteckte Eingang über den Hof, wo man im Sommer eine Terrasse hat.

XX Délice

Hauptstätter Str. 61 ✉ 70178 – ✆ (0711) 6 40 32 22 Stadtplan : J3**d**
– www.restaurant-delice.de – geschl. Weihnachten - 6. Januar, über Ostern 1 Woche, über Pfingsten 1 Woche, August 3 Wochen und Samstag - Sonntag
Menü 70/98 € – Karte 68/76 € – *(nur Abendessen)* (Tischbestellung erforderlich)
Herzlich kümmert sich Evangelos Pattas - seines Zeichens Sommelier und Inhaber - in dem gemütlich-eleganten kleinen Kellerlokal um seine Gäste. Benjamin Schuster bereitet indes in der offenen Küche ein Menü zu, das sich an der Saison orientiert und auch Kreativität nicht vermissen lässt!
➜ Gebeizter Lachs, mit Spargel, Orange und Bärlauch. Jakobsmuscheln mit Sellerie, Radieschen, Mango und Himbeeressigsauce. Hohenloher Kalbsfilet mit Spitzmorcheln und Frühlingsgemüse.

XX 5

Bolzstr. 8, (1. Etage) ✉ 70173 – ✆ (0711) 65 55 70 11 Stadtplan : J1**f**
– www.5.fo – geschl. Mitte August - Mitte September und Sonntag
Menü 69/125 € – *(nur Abendessen)*
Wenn Neuseeländer Russell Pirrit in dem schicken urbanen Restaurant mit Lounge-Atmosphäre kocht, entstehen moderne, kreative Speisen mit verspielten Details. Unten die trendige Bar in Weiß, ein echter Hotspot in der Stadt!
➜ Taube, Schnecke, Rhabarber, Brennessel. Kräuterwiesenlamm, Jasmin, Tomate, Schwarze Bohnen. Waldmeister, Ziegenkäse, Süssholz.

XX La nuova Trattoria da Franco

Calwer Str. 32 ✉ 70173 – ✆ (0711) 29 47 44 Stadtplan : J2**c**
– www.lanuovatrattoriadafranco.de
Menü 19 € (mittags unter der Woche)/37 € – Karte 29/50 €
Italienische Klassiker, Pizza & Pasta und dazu frisches Ambiente auf zwei Stockwerken... so isst man bei Familie Annunziata mitten in der City. Kommen Sie doch auch mal zum beliebten Mittagstisch in die Trattoria!

XX Il Quinto Quarto

Olgastr. 133b ✉ 70180 – ✆ (0711) 66 48 66 02 Stadtplan : J3**c**
– www.ilquintoquarto.de – geschl. 3. - 27. August und Samstagmittag, Sonntag-Montagmittag
Menü 27 € (mittags)/115 € – Karte 29/76 € – (Tischbestellung ratsam)
Wie schon sein Vater hat sich auch Attila Caprano dem Kochen verschrieben... italienisch natürlich! Die ursprüngliche und ganz typische Küche Italiens liegt ihm dabei besonders am Herzen. Stolz kann er auch auf die schöne, wertige Einrichtung sein, die gut zu dem sanierten Jugendstilhaus passt.

XX Wörtz zur Weinsteige – Hotel Wörtz zur Weinsteige

Hohenheimer Str. 30 ✉ 70184 – ✆ (0711) 2 36 70 00 Stadtplan : K3**p**
– www.zur-weinsteige.de – geschl. Anfang Januar 2 Wochen, August 2 Wochen und Sonntag - Montag sowie an Feiertagen außer an Weihnachten
Menü 14 € (mittags)/90 € – Karte 38/70 €
Während Jörg Scherle in der Küche gehobene Speisen zubereitet, kümmert sich sein Bruder Andreas in dem elegant-behaglichen Restaurant um den Service. Erwähnenswert ist auch die Weinauswahl, vor allem die Badener und Württemberger! Unter der Woche gibt es auch einen günstigen Lunch.

XX Le Cassoulet – Hotel Le Méridien

Willy-Brandt-Str. 30 ✉ 70173 – ✆ (0711) 2 22 10 Stadtplan : K1**t**
– www.lemeridienstuttgart.com
Karte 38/64 €
Warme, helle Erdtöne wurden gewählt, um dem Ambiente des Restaurants einen eleganten Rahmen zu geben. Dank eines internationalen Speisenangebots ist für jeden Geschmack etwas auf der Karte zu finden.

Sie möchten spontan verreisen? Besuchen Sie die Internetseiten der Hotels, um von deren Sonderkonditionen zu profitieren.

Feinkost Böhm

Kronprinzstr. 6 ✉ 70173 – ✆ (0711) 2 27 56 28 Stadtplan : J2a
– www.feinkost-boehm.de – geschl. Sonntag
Menü 29 € (mittags) – Karte 40/56 € – *(Montag - Samstag bis 20 Uhr geöffnet)*
Sie speisen in einem puristisch-modernen Lokal mit originellen Bildern an der Wänden, um Sie herum die feinen Leckereien des Feinkostgeschäfts - da ha man die guten Produkte für die saisonalen und klassischen Gerichte direkt im Haus! Tipp: Besuchen Sie auch das Kunstmuseum gleich um die Ecke!

Der Zauberlehrling – Hotel Der Zauberlehrling

Rosenstr. 38 ✉ 70182 – ✆ (0711) 2 37 77 70 Stadtplan : K2
– www.zauberlehrling.de – geschl. Sonntag
Menü 39/95 € – Karte 40/75 € – *(nur Abendessen)* (Tischbestellung ratsam)
Das kleine Restaurant ist schon ein bisschen außergewöhnlich: viel Weiß, interessante Lichteffekte, Glaskamin, klarer moderner Stil kombiniert mit Barockelementen... Dazu passt die kreative Küche (samstags nur "Candle-Light-Dinner"). Wer es selbst lernen möchte, bucht einen Kochkurs!

Cube

Kleiner Schlossplatz 1, (im Kunstmuseum, 4. Etage) Stadtplan : J2b
✉ 70173 – ✆ (0711) 2 80 44 41 – www.cube-restaurant.de
Menü 30 € (mittags) – Karte 47/65 €
Puristisch das Design von Heinz Witthöft, sensationell die Aussicht über die Stadt - die Komplettverglasung macht's möglich! Auf der Karte findet sich internationale Crossover-Küche, mittags ist das Angebot kleiner und einfacher, in der Bar im EG bekommt man Snacks.

Vetter

Bopserstr. 18 ✉ 70180 – ✆ (0711) 24 19 16 – geschl. Stadtplan : K3
über Weihnachten, über Fasching, Mitte August 2 Wochen und Sonntag
Menü 28/45 € – Karte 29/48 € – *(nur Abendessen)* (Tischbestellung ratsam)
Was in dem gemütlichen Lokal in der Innenstadt auf den Tisch kommt, ist bodenständige regionale Küche. So bereitet der Chef auf seinem kleinen Gasherd z. B leckere Innereien und Schmorgerichte zu!

Goldener Adler

Böheimstr. 38 ✉ 70178 – ✆ (0711) 6 33 88 02 Stadtplan : F3g
– www.goldener-adler-stuttgart.de – geschl. 24. Dezember - 1. Januar
Karte 25/48 € – *(nur Abendessen)* (Tischbestellung ratsam)
Bei Rolf Hekeler und Christopher Oelkrug macht es richtig Spaß zu essen! Das liegt zum einen an der gemütlich-lebendigen Atmosphäre, zum anderen an wirklich guten und frischen Gerichten wie "Kalbsnieren in Senfsauce mit Röstkartoffeln"!

GiraSole

Schwabstr. 114 (nahe Hölderlinplatz) ✉ 70193 Stadtplan : E2g
– ✆ (0711) 2 22 06 51
Karte 23/34 € – *(Samstag - Sonntag sowie an Feiertagen nur Abendessen)* (Tischbestellung ratsam)
Die typische italienische Küche des kleinen Lokals kommt auch als günstiges Tagesmenü gut an. Die Damen der Familie kümmern sich freundlich um die Gäste, der Chef kocht.

Augustenstüble

Augustenstr. 104 ✉ 70197 – ✆ (0711) 62 12 48 Stadtplan : E3a
– www.augustenstüble.de
– geschl. Sonntag - Montag außer an Feiertagen
Menü 38/48 € – Karte 36/43 € – *(nur Abendessen)* (Tischbestellung ratsam)
Auch wenn es der Name nicht unbedingt vermuten lässt, hier erwartet Sie ein Stück Frankreich mitten in Stuttgart. Seit über 30 Jahren kümmert sich Familie Oberkamm sehr herzlich um ihre Gäste, die sich z. B. Boeuf Bourguignon oder Gänseleberterrine schmecken lassen. Dazu eine gute Weinauswahl.

SUSHI-YA

Kronprinzenstr. 6, (im Feinkost Böhm) ✉ 70173 Stadtplan : J2**s**
– ✆ (0711) 2 27 56 29 – www.feinkost-boehm.de – geschl. Sonntag
Menü 22 € (mittags) – Karte 15/44 €
Kommen Sie nicht zu spät! Wenn diese trendige Sushi-Bar erst einmal geöffnet hat, füllt sie sich binnen weniger Minuten! Die authentisch japanische Küche ist eben gefragt - und eine Reservierung ist nicht möglich.

SCHWÄBISCHE WEINSTUBEN: : gemütliche Weinstuben mit regionalen Speisen und lokalem Weinangebot.

Weinstube Schellenturm

Weberstr. 72 ✉ 70182 – ✆ (0711) 2 36 48 88 Stadtplan : K2**u**
– www.weinstube-schellenturm.de – geschl. 24. Dezember - 7. Januar und Sonntag sowie an Feiertagen
Karte 27/30 € – *(nur Abendessen)*
Richtig hübsch ist das Restaurant in dem 1564 als Teil der Stadtmauer erbauten Turm - benannt nach Strafgefangenen in Fußschellen. Für gemütliche Urigkeit sorgen Natursteinmauern, alter Holzboden, -bänke und Gebälk, der Kachelofen und auch die Wendeltreppe. Zu essen gibt's Regionales.

Stuttgarter Stäffele

Buschlestr. 2a ✉ 70178 – ✆ (0711) 66 41 90 Stadtplan : F3**f**
– www.staeffele.de – geschl. über Weihnachten und Samstagmittag, Sonntagmittag
Karte 19/47 € – (Tischbestellung ratsam)
Das gemütliche schwäbische Weinlokal besteht aus verschiedenen heimeligen Stuben, die liebenswert mit unterschiedlichsten Accessoires ausstaffiert sind. Parkservice.

Weinstube Kochenbas

Immenhofer Str. 33 ✉ 70180 – ✆ (0711) 60 27 04 Stadtplan : J3**b**
– www.kochenbas.de – geschl. 22. August - 7. September und Montag
Menü 21 € – Karte 17/32 €
So behaglich wie die Stube bei den Großeltern... Kein Wunder also, dass man das Gasthaus von 1847 (die älteste Weinstube in Stuttgart!) gerne besucht, um sich am alten Ofen regionale Gerichte servieren zu lassen.

Weinhaus Stetter

Rosenstr. 32 ✉ 70182 – ✆ (0711) 24 01 63 Stadtplan : K2**e**
– www.weinhaus-stetter.de – geschl. Anfang Januar 1 Woche, September 2 Wochen und Sonntag sowie an Feiertagen
Karte 15/32 € – *(Montag - Freitag ab 15 Uhr geöffnet)*
Ein ländliches Lokal mit regionaler Küche und Weinverkauf. Das Weinangebot umfasst ca. 600 Positionen, vor allem Württemberger und französische Weine sind reichlich vertreten.

Weinstube Klösterle

Marktstr. 71 (Bad Cannstatt) ✉ 70372 Stadtplan : G1**e**
– ✆ (0711) 56 89 62
Karte 22/34 € – *(Montag - Samstag nur Abendessen)*
Das alte Holzhaus von 1463 sticht einem gleich ins Auge - und so urig-gemütlich wie von außen ist es auch drinnen: dunkles Holz, niedrige Decken, Fachwerk... Die regionalen Speisen und saisonalen Tagesangebote serviert man auch auf der netten Innenhofterrasse.

Gute Küche zu moderatem Preis? Folgen Sie dem „Bib Gourmand" ☺. Das freundliche Michelin-Männchen „Bib" steht für ein besonders gutes Preis-Leistungs-Verhältnis!

In Stuttgart-Büsnau

relexa Waldhotel Schatten
Magstadter Str. 2 ✉ 70569 – ✆ (0711) 6 86 70 Stadtplan : B2
– www.relexa-hotel-stuttgart.de
136 Zim ☕ – 🚹59/142 € 🚹🚹89/172 € – 2 Suiten
Rest *Kaminrestaurant* – Menü 25 € – Karte 26/41 €
Das um einen Anbau erweiterte historische Hotel verfügt über klassisch oder zeitgemäß eingerichtete Zimmer, teilweise mit Balkon zum Wald. Moderner Ruhe- und Fitnessbereich. Rustikal ist das Kaminrestaurant mit bürgerlich-regionaler Küche. Schöne Terrasse.

In Stuttgart-Degerloch

Waldhotel
Guts-Muths-Weg 18 ✉ 70597 – ✆ (0711) 18 57 20 Stadtplan : C2
– www.waldhotel-stuttgart.de
96 Zim – 🚹110/220 € 🚹🚹115/225 €, ☕ 18 € – ½ P
Rest – Menü 48/60 € – Karte 36/70 €
Was dieses Hotel zu bieten hat, kann sich wirklich sehen lassen: hochwertige Ausstattung auf dem neuesten Stand! Und auch die Lage stimmt: am Waldrand und dennoch mit guter Anbindung an Stadt, Messe, Airport - um die Ecke der Fernsehturm.

Wielandshöhe (Vincent Klink)
Alte Weinsteige 71 ✉ 70597 – ✆ (0711) 6 40 88 48 Stadtplan : F3
– www.wielandshoehe.de – geschl. Sonntag - Montag
Menü 78/110 € – Karte 58/94 € – (Tischbestellung ratsam)
Einfach ein Klassiker der deutschen Gastronomie: Vincent Klink. Auf moderne Trends oder Gekünstel auf dem Teller legt er keinen Wert, wohl aber auf Aroma und Gefühl bei der Zubereitung, auf den unverfälschten Geschmack hochwertiger Produkte. Schon auf dem Weg zum Restaurant steigt einem der betörende Duft seiner frischen Küche in die Nase!
➜ Blanquette vom Elsässer Huhn. Kotelette vom Hohenrodener Schwein. Rücken vom Alblamm mit Rosmarin.

Fässle
Löwenstr. 51 ✉ 70597 – ✆ (0711) 76 01 00 Stadtplan : C2
– www.faessle.de – geschl. Sonntag - Montag
Menü 25 € (mittags)/58 € – Karte 27/50 € – (Tischbestellung ratsam)
Seine frische Küche hat Rudolf Schmölz schon so manchen Stammgast beschert. Sie mögen regionale Klassiker? Oder lieber Internationales? Hier wird mit Geschmack gekocht, ob Zwiebelrostbraten oder "St.-Pierre-Filet auf venezianischem Gemüse"!

Lava
Epplestr. 40 ✉ 70597 – ✆ (0711) 71 91 78 95 Stadtplan : C2
– www.lava-stuttgart.de – geschl. 1. - 12. Januar, 4. - 24. August und Samstagmittag, Sonntag - Montag
Menü 19 € (mittags unter der Woche)/72 € (abends) – Karte 34/62 €
"Entdecken...", "erleben...", "genießen..." - so nennen sich die saisonalen Menüs in dem modernen Restaurant, darunter ein vegetarisches. Gerne kommt man auch mittags zum günstigen Business-Menü, abends kocht man gehobener. Zu erreichen ist das Lava übrigens bequem von der Tiefgarage im Haus.

In Stuttgart-Flughafen

Mövenpick Hotel Airport & Messe
Flughafenstr. 50 ✉ 70629 – ✆ (0711) 55 34 40
– www.moevenpick-hotels.com/stuttgart-airport Stadtplan : C3
324 Zim – 🚹161/450 € 🚹🚹186/475 €, ☕ 24 € – 2 Suiten
Rest – Menü 65 € (abends) – Karte 28/73 €
Das Businesshotel ist nicht nur komfortabel, man bietet mit schickem klarem Design (und der Sicht von den oberen Etagen) auch was fürs Auge! Die Lage an Flughafen und Messe ist dank sehr guter Schallisolierung nur von Vorteil. Im Restaurant blickt man bei Frühstück oder Mövenpick-Klassikern auf die Terminals.

XXX **top air**

im Flughafen, (Terminal 1, Ebene 4) ✉ *70629* Stadtplan : C3**p**
– ✆ (0711) 9 48 21 37 – www.restaurant-top-air.de – geschl. 1. - 13. Januar, 24. Mai - 9. Juni, August und Samstagmittag, Sonntag - Montag sowie an Feiertagen
Menü 86/132 € – Karte 89/125 €
Gehören Sie zu den Glücklichen mit einem Platz direkt an der Fensterfront? Dann haben Sie freie Sicht auf das Rollfeld, während Sie die kreative Küche von Marco Akuzun genießen. Angesichts der schönen aufwändigen Präsentation sollten Sie aber auch dem Teller vor Ihnen volle Aufmerksamkeit schenken! Praktisch: Parkplatz P5 ist ganz in der Nähe.
→ Black cod - Spargel, Madeira, Erbsen, Morcheln, Blutwurst, Sauerrahm. Rücken vom Pfälzer Reh - Kerbel, schwarze Nuss, Sarawak Pfeffer, Blumenkohl, Brokkoli. Erdbeere und Rhabarber - Kokos, Valrhona „Ivoire", Feuilletine, Micro-Blutampfer.

In Stuttgart-Gablenberg

XX **Nannina**

Gaishämmerstr. 14 ✉ *70186 – ✆ (0711) 7 77 51 72* Stadtplan : G2**a**
– www.nannina.de – geschl. Montag und Samstagmittag
Menü 49/66 € – Karte 49/61 €
Gastgeberin Giovanna Di Tommaso (genannt Nannina) legt in dem kleinen Restaurant Wert auf frische Zutaten, die sie mit Gefühl zubereitet, und mit dem Olivenöl der eigenen Familie! Probieren Sie z. B. gebratenen Tintenfisch oder Brasato. Im Service: ein Bruder der Chefin und ihr Sohn, typisch italienisch eben!

In Stuttgart-Hohenheim

XX **Speisemeisterei** (Frank Oehler und Markus Eberhardinger)

Schloss Hohenheim ✉ *70599 – ✆ (0711) 34 21 79 79* Stadtplan : C3**s**
– www.speisemeisterei.de – geschl. Februar 2 Wochen
Menü 38 € (mittags unter der Woche)/110 € – (Tischbestellung ratsam)
Nicht nur die aparte moderne Einrichtung schafft einen markanten Kontrast zum historischen Rahmen, auch die Speisen von Frank Oehler und seinem Küchenchef Markus Eberhardinger: kreativ und voller eigener Ideen. Wesentlich klassischer ist der Nebenraum. Aber auch jenseits der kulinarischen Genüsse gilt es Schönes zu entdecken, wie der Kunstraum zeigt!
→ Furchengarnele mit Mango, Mandel und Curry. Alb Lamm mit Spargel, Bärlauch, Hollandaise und Kartoffel. Wagyu Flank Steak mit Ziegenkäse, Zwiebel Sandwich, Rübchen und Petersilienpüree.

In Stuttgart-Möhringen

DORMERO

Plieninger Str. 100, (im SI Centrum) ✉ *70567* Stadtplan : C3**d**
– ✆ (0711) 72 10 – www.dormero-hotel-stuttgart.de
424 Zim – †109/279 € ††129/299 € – 30 Suiten
Rest – Karte 25/50 € – *(Montag - Freitag nur Abendessen)*
Ein apartes Bild: "Whitelounge" und Zimmer sind sachlich-modern in Weiß gehalten! Das Hotel ist ideal für Tagungen und Veranstaltungen, aber auch Privatgäste schätzen das SI-Erlebnis-Centrum und seine Musical-Theater direkt vor der Tür sowie den Zugang zu den "SchwabenQuellen". Es gibt vier Restaurants.

Gloria

Zim,

Sigmaringer Str. 59 ✉ *70567 – ✆ (0711) 7 18 50* Stadtplan : C3**u**
– www.hotelgloria.de
83 Zim – †68/125 € ††80/135 €
Rest *Möhringer Hexle* – ✆ (0711) 7 18 51 17 – Karte 25/48 € – *(geschl. Sonntagabend und an Feiertagen abends)*
Schon viele Jahre sorgt Evelin Kraft dafür, dass man hier gepflegt übernachtet (am geräumigsten im obersten Stock) - sei es nach einem Musical-Besuch (achten Sie auf die Musical-Arrangements) oder auf Geschäftsreise (10 Minuten zu Messe und Airport). Im Hexle isst man schwäbisch-mediterran.

Körschtal garni

Richterstr. 23 ✉ 70567 – ✆ (0711) 71 60 90 Stadtplan : C3y
– www.hotel-koerschtal.de

30 Zim – 68/88 € 78/98 €

Funktionelle und gut gepflegte Zimmer stehen in dem Hotel mitten in Möhringen zur Verfügung. Von der nahen Stadtbahnhaltestelle erreichen Sie bequem das Stuttgarter Zentrum.

Zur Linde

Sigmaringer Str. 49 ✉ 70567 – ✆ (0711) 7 19 95 90 Stadtplan : C3u
– www.joergmink.com – geschl. Samstagmittag

Karte 26/43 € – (Tischbestellung ratsam)

Traditionell-regional die Küche, freundlich der Service, gemütlich die Stube! In dem rund 300 Jahre alten Gasthaus darf man sich u. a. natürlich auf hausgemachte Maultaschen freuen! Für Veranstaltungen ist der urige Gewölbekeller ideal.

In Stuttgart-Vaihingen

Pullman Fontana Rest,

Vollmoellerstr. 5 ✉ 70563 – ✆ (0711) 73 00 Stadtplan : B3c
– www.pullmanhotels.com/5425

250 Zim – 125/215 € 145/235 €, 22 € – 2 Suiten

Rest – Menü 45 € – Karte 24/65 €

Ein komfortables Hotel mit wohnlichen Zimmern in klassischem Stil, von den oberen Etagen mit schöner Sicht. Zudem hat man einen hell und neuzeitlich gestalteten Freizeitbereich und ein rustikal-elegantes Restaurant mit Wintergarten.

MO.HOTEL

Hauptstr. 26, (Zufahrt über Hauptstr. 41) ✉ 70563 Stadtplan : B3b
– ✆ (0711) 28 05 60 – www.stuttgart.arcona.de

131 Zim – 115/145 € 125/155 €, 20 €

Rest *Weinwirtschaft* – Karte 26/44 €

Tagungsgäste und Messebesucher schätzen hier die Funktionalität: Da wäre zum einen die günstige Lage an der Schwabengalerie, dann die moderne Technik und das puristische Design. Nach dem Training an hochwertigen Fitnessgeräten stärken Sie sich in der Weinwirtschaft mit regionaler und internationaler Küche.

In Stuttgart-Wangen

Ochsen Zim, Zim,

Ulmer Str. 323 ✉ 70327 – ✆ (0711) 4 07 05 00 Stadtplan : H3t
– www.ochsen-online.de

36 Zim – 70/102 € 99/132 € – 2 Suiten

Rest – Menü 30 € (abends)/49 € – Karte 21/38 €

Familie Bender zeigt hier schon seit Jahrzehnten vollen Einsatz und entsprechend gepflegt ist das alteingesessene Gasthaus. Ausgebaut und erweitert, bietet es sowohl klassische als auch moderne Zimmer (einige sogar mit Whirlwanne) sowie internationale und schwäbische Küche in gemütlich-rustikalem Ambiente.

In Stuttgart-Weilimdorf

Meister Lampe

Solitudestr. 261 ✉ 70499 – ✆ (0711) 9 89 89 80 Stadtplan : B1m
– www.restaurant-meisterlampe.de – geschl. über Fasching 1 Woche, August 2 Wochen, Anfang November 1 Woche und Sonntagabend - Montag, Samstagmittag

Menü 45/75 € – Karte 30/56 €

Wenn Patron Daniel Stübler in seinem bürgerlich-rustikalen Gasthaus kocht, stimmen Frische und Geschmack. Das merkt man z. B. an seiner Spezialität "Ente in zwei Gängen", die das ganze Jahr über mit wechselnden Beilagen serviert wird. Sie mögen Süßes? Wie wär's mit "Schokolade und Zwetschgen"?

In Stuttgart-Zuffenhausen

XX **Christophorus**

Porscheplatz 5, (im Porsche Museum) ✉ *70435* Stadtplan : C1**c**
– ✆ (0711) 91 12 59 80 – www.porsche.com – geschl. Sonntagabend - Montag
Menü 73/98 € – Karte 44/97 €
Ein Muss ist hier US-Prime-Beef - und dank der offenen Küche können Sie sogar sehen, wie das Fleisch auf dem Grill liegt! Aber auch das Museum gewährt Ihnen beim Essen interessante Eindrücke. Im 1. Stock gibt es neben dem Restaurant eine Raucherlounge, im EG Bistro und Coffee-Bar.

In Fellbach

Zum Hirschen

Hirschstr. 1 ✉ *70734 – ✆ (0711) 9 57 93 70* Stadtplan : D1**v**
– www.zumhirschen-fellbach.de
9 Zim – 88/95 € 118/168 €
Rest *Gourmet Restaurant avui* **Rest *Gasthaus zum Hirschen*** – siehe Restaurantauswahl
Dass man im "Hirschen" gut essen kann, ist bekannt, aber Sie können hier nach dem Restaurantbesuch auch schön übernachten! Der kochende Gastgeber und seine Frau bieten hübsche, wohnliche Zimmer, Telefon (Festnetz) und W-Lan inklusive.

Hirsch

Fellbacher Str. 2, (Ortsteil Schmiden) ✉ *70736* Stadtplan : D1**n**
– ✆ (0711) 9 51 30 – www.hirsch-fellbach.de – geschl. 22. Dezember - 3. Januar
104 Zim – 65/80 € 95/115 €
Rest *Oettinger's Restaurant* – siehe Restaurantauswahl
Rest *Weinstube* – ✆ (0711) 9 51 34 70 – Karte 16/38 € – *(geschl. 22. Dezember - 11. Januar und Samstag - Sonntag sowie an Feiertagen)*
Wer in dem gepflegten traditionsreichen Familienbetrieb der Oettingers im Ortskern von Schmiden übernachtet, sollte auch die wirklich reizende, heimelige Weinstube im angrenzenden denkmalgeschützten Bauernhaus samt Biergarten besuchen! Hier isst man bürgerlich.

XX **Gourmet Restaurant avui** (Armin Karrer) – Hotel Zum Hirschen

Hirschstr. 1 ✉ *70734 – ✆ (0711) 9 57 93 70* Stadtplan : D1**v**
– www.zumhirschen-fellbach.de – geschl. 2. - 6. Januar, über Fasching 1 Woche, Mai - August und Sonntag - Dienstag
Menü 59 € (vegetarisch)/168 € – *(nur Abendessen)* (Tischbestellung erforderlich)
Wenn Armin Karrer in dem schönen Gewölbekeller seine innovativen Degustationen kreiert, baut er auch gerne mal molekulare Elemente mit ein, und die Optik kommt auch nicht zu kurz! So manches Gericht findet im Restaurant vor den Augen der Gäste seine Vollendung!
➜ Rinderrücken, Beef Tatar, Pfefferjus, Mark. Kalbsbries, Langostinos, Lauch, Vanille. Blutwurst, Jakobsmuscheln, Aprikose.

XX **Oettinger's Restaurant** – Hotel Hirsch

Fellbacher Str. 2, (Ortsteil Schmiden) ✉ *70736* Stadtplan : D1**n**
– ✆ (0711) 9 51 30 – www.hirsch-fellbach.de – geschl. 22. Dezember - 9. Januar, August und Sonntag - Montag sowie an Feiertagen
Menü 49/73 € – Karte 43/59 € – *(Dienstag - Freitag nur Abendessen)*
Dies ist die gehobenere Restaurant-Variante des Hotel Hirsch: Michael Oettinger, Mitglied der "Jeunes Restaurateurs", bietet nach Stationen in guten Betrieben hier im eigenen Haus saisonale Küche - auch als Menü.

Erwarten Sie in einem X oder nicht den gleichen Service wie in einem XXXXX oder .

Goldberg

Tainer Str. 7, (Schwabenlandhalle) ✉ 70734 Stadtplan : D1u
– ✆ (0711) 57 56 16 66 – www.goldberg-restaurant.de – geschl. August und Samstagmittag, Sonntag
Menü 48 € (abends)/98 € – Karte 56/70 €
Gold, Braun, Creme... das sind die Töne, die der geradlinig-eleganten Einrichtung Wärme geben. In diesem einladenden Ambiente bietet Philipp Kovacs seine moderne Küche. Die Gerichte gibt es als kleine Portionen auch in der Winelounge zu guten Weinen.

Aldinger's Germania

Schmerstr. 6 ✉ 70734 – ✆ (0711) 58 20 37 Stadtplan : D1v
– www.aldingers-germania.de – geschl. Februar 2 Wochen, August 3 Wochen und Sonntag - Montag
Menü 35/49 € – Karte 28/63 € – (Tischbestellung ratsam)
"Lachsschnitte in Rieslingsauce" oder "Kalbsrostbraten mit Spätzle"? Nicht zu vergessen der leckere Kartoffelsalat! Der sympathische Familienbetrieb (bereits in 3 Generation) ist bekannt für seine gute Küche. Tipp: die Aktionskarte.

Gasthaus zum Hirschen – Hotel Zum Hirschen

Hirschstr. 1 ✉ 70734 – ✆ (0711) 9 57 93 70 Stadtplan : D1v
– www.zumhirschen-fellbach.de – geschl. Montag, August - Mitte September: Sonntag - Montag
Menü 29 € (mittags unter der Woche)/59 € – Karte 35/59 € – (Tischbestellung ratsam)
Nicht nur die Gourmetküche des Hauses kommt gut an, das beweist Armin Karrer hier - und dabei wird er zum einen den Freunden regionaler Klassiker gerecht (toll die Maultaschen!) als auch den Anhängern zeitgemäßer Küche, die sich z. B. "pochierten Pfirsich mit Champagnersüppchen" zu Gemüte führen.

SÜDHARZ

Sachsen-Anhalt – Siehe Regionalatlas **30-L11**
Berlin 256 km – Magdeburg 105 km – Erfurt 90 km – Braunschweig 130 km
Michelin Straßenkarte 542

Im Ortsteil Stolberg

Schindelbruch (mit Gästehäusern)

Schindelbruch 1 (Nord-Ost: 6 km) ✉ 06536 – ✆ (034654) 80 80 – www.schindelbruch.de
99 Zim – 84/160 € 126/278 € – 3 Suiten – ½ P
Rest *Holzeule* – Karte 27/39 € – *(geschl. Sonntag - Dienstag) (nur Abendessen)*
Rest *Waldteufel* – Karte 29/46 €
Haupthaus, Landresidenz und zwei Blockhäuser bilden das Hotel in herrlich ruhiger Waldlage. Individuelle, wohnliche Zimmer, schöner Spa samt Badehaus auf drei Ebenen sowie stilvoller Festsaal. Im Waldteufel serviert man Regionales, in der Holzeule Grillgerichte.

Zum Bürgergarten

Zim,

Thyratal 1 ✉ 06536 – ✆ (034654) 81 10 – www.hotel-zum-buergergarten.de
33 Zim – 42/64 € 72/76 € – ½ P
Rest – Menü 15/44 € – Karte 14/43 € – *(Montag - Donnerstag nur Abendessen)*
Das nette historische Fachwerkhaus ist ein familiengeführtes Hotel, in dem solide wohnlich eingerichtete Gästezimmer zur Verfügung stehen. Das Restaurant befindet sich im Altbau und ist gediegen-rustikal gestaltet.

SÜDERENDE – Schleswig-Holstein ➜ Siehe Föhr (Insel)

SÜDLOHN

Nordrhein-Westfalen – 9 010 Ew. – Höhe 50 m – Siehe Regionalatlas **26-C9**
Berlin 538 km – Düsseldorf 98 km – Nordhorn 69 km – Bocholt 24 km
Michelin Straßenkarte 543

Gasthaus Nagel (mit Gästehaus)
Kirchplatz 8 ✉ 46354 – ✆ (02862) 9 80 40 – www.hotel-nagel.de
27 Zim – 50/80 € 75/100 € – ½ P
Rest – Menü 13 € (mittags)/25 € – Karte 18/41 € – *(geschl. Dienstagmittag, Mittwochmittag)*
Neben der Kirche steht das gewachsene Gasthaus mit Familientradition seit 1849. Im Haupthaus sind die Zimmer neuzeitlich, im Gästehaus etwas einfacher; alle mit kostenfreiem W-Lan. Restaurant in bürgerlich-rustikalem Stil, im Sommer mit netter Terrasse.

SÜLZETAL

Sachsen-Anhalt – 9 990 Ew. – Höhe 80 m – Siehe Regionalatlas **31-L9**
Berlin 178 km – Magdeburg 17 km – Braunschweig 99 km
Michelin Straßenkarte 542

In Sülzetal-Osterweddingen

Landhotel Schwarzer Adler (mit Gästehaus)
Alte Dorfstr. 2 ✉ 39171 – ✆ (039205) 65 20 – www.hotel-osterweddingen.de – geschl. 23. Dezember - 12. Januar
22 Zim – 61/71 € 93/103 €
Rest – Karte 16/30 € – *(geschl. Samstag - Sonntag) (nur Abendessen)*
Besonderes Flair hat der Vierseitenhof von 1754 mit sehenswertem mittelalterlichem Taubenturm und Bauerngarten. Hier wohnt man bei freundlichen Gastgebern, die ihr Haus mit Herz leiten. Die behaglichen Zimmer sind unterschiedlich eingerichtet, teils mit eleganter Note. In einem der Restauranträume steht ein schöner historischer Kachelofen. Draußen sitzt man angenehm im lauschigen Innenhof.

SUHL

Thüringen – 38 780 Ew. – Höhe 440 m – Siehe Regionalatlas **40-J13**
Berlin 352 km – Erfurt 61 km – Bamberg 94 km
Michelin Straßenkarte 544

Arcadia Zim, Zim,
Friedrich-König-Str. 1 ✉ 98527 – ✆ (03681) 71 00 – www.arcadia-hotel.de
127 Zim – 56/75 € 66/95 €, 15 € – 6 Suiten – ½ P
Rest – Menü 25/40 € – Karte 23/48 € – *(geschl. Sonntag) (nur Abendessen)*
Eine Mischung aus Business- und Freizeithotel - zeitgemäß und funktionell in der Einrichtung und mit freiem Zugang zum angrenzenden Ottilienbad im Kongresszentrum. Highlight ist die fantastische Sicht vom Restaurant in der 16. Etage!

SULZBACH am KOCHER

Baden-Württemberg – 2 570 Ew. – Höhe 335 m – Siehe Regionalatlas **56-I18**
Berlin 561 km – Stuttgart 68 km – Karlsruhe 145 km – Ansbach 79 km
Michelin Straßenkarte 545

Krone N (mit Gästehaus)
Hauptstr. 44 ✉ 74429 – ✆ (07976) 91 19 10 – www.krone-sulzbach.com – geschl. Anfang August 2 Wochen
16 Zim – 55/75 € 90/130 €, 10 € – ½ P
Rest – Menü 18 € (mittags)/35 € – Karte 28/58 €
Schon von außen sind die beiden Häuser sehr gepflegt, im Gasthof befinden sich vier etwas rustikalere Zimmer, die im Gästehaus sind ein bisschen heller und moderner. In den drei Restaurantstuben serviert Ihnen Patron Jürgen Regelmann eine traditionell geprägte internationale Küche mit regionalen Akzenten. Tipp für Aktive: Der Kochertal-Radwanderweg ist nicht weit.

SULZBACH-ROSENBERG

Bayern – 19 670 Ew. – Höhe 450 m – Siehe Regionalatlas **51-M16**
Berlin 422 km – München 205 km – Weiden in der Oberpfalz 50 km – Bayreuth 67 km
Michelin Straßenkarte 546

Brauereigasthof Sperber-Bräu

Rosenberger Str. 14 ✉ 92237 – ✆ (09661) 8 70 90 – www.sperberbraeu.de
23 Zim – 69/79 € 89/98 € – ½ P
Rest – Menü 15/28 € – Karte 13/28 €
Familie Sperber, seit Generationen mit dem Brau-Handwerk verbunden, greift hier das Thema Bier und die Geschichte des Hauses immer wieder auf, natürlich auch in der typischen Oberpfälzer Gaststube! Wie möchten Sie wohnen? Chic-modern (warmes Holz und klares Design schön kombiniert!) oder etwas traditioneller?

SULZBERG – Bayern → Siehe Kempten (Allgäu)

SULZBERG – Bayern → Siehe Kempten (Allgäu)

SULZBURG

Baden-Württemberg – 2 750 Ew. – Höhe 337 m – Siehe Regionalatlas **61-D21**
Berlin 826 km – Stuttgart 229 km – Freiburg im Breisgau 29 km – Basel 51 km
Michelin Straßenkarte 545

Waldhotel Bad Sulzburg

Badstr. 67 (Süd-Ost: 4 km) ✉ 79295 – ✆ (07634) 50 54 90 – www.waldhotel4you.de
36 Zim – 85/130 € 110/187 € – 4 Suiten – ½ P
Rest – Menü 33 € (abends)/59 € – Karte 31/60 €
In einsamer Waldlage finden Sie Ruhe sowie ein gutes Freizeitangebot u. a. mit Rad-, Wander- und Kanutouren, aber auch Beauty-Anwendungen. Zimmer teils zum Tal, schönes Himmelbettzimmer. Im Restaurant: neuzeitlich-elegantes Ambiente mit rustikaler Note.

Hirschen (Ehepaar Steiner-Weiler) mit Zim

Hauptstr. 69 ✉ 79295 – ✆ (07634) 82 08 – www.hirschen-sulzburg.de – geschl. 2. - 24. Februar, 27. Juli - 18. August, 24. - 28. Dezember und Sonntagabend - Dienstag
10 Zim – 100/150 € 130/180 €
Menü 56 € (mittags)/150 € – Karte 100/128 € – (Tischbestellung ratsam)
Douce Steiner und Ehemann Udo Weiler geben hier klassische Küche zum Besten, und die ist keineswegs altmodisch, sondern richtig modern, geradezu ein Ausbund an Kraft und Aroma, jeder Bestandteil kommt schön zur Geltung, alles passt wunderbar zusammen. Lassen Sie sich ruhig von den 500 Gewächsen an Wein verleiten. Zum Übernachten gibt es Zimmer voller Stil und Charme.
→ Gebratene Gänseleber auf Aprikosen, aromatisiert mit Holunderblüte, neue Mandeln, schwarzer Pfeffer. Velouté von der Schwertmuschel mit Auster, Kaviar, Salicornes und Limone. Juvenil Milchferkel mit Steiners Trüffelwurst, Thymianjus, zweierlei Spitzkraut, Kartoffelgalette.

La Maison Eric mit Zim

Im Brühl 7 ✉ 79295 – ✆ (07634) 61 10 – www.la-maison-eric.de – geschl. Januar 2 Wochen, Ende Juni 10 Tage, Ende August 10 Tage und Montag - Dienstag
3 Zim – 70/95 € 110/125 €
Menü 35 € (mittags)/57 € – Karte 41/55 € – *(nur Abendessen, Freitag - Sonntag auch Mittagessen)* (Tischbestellung ratsam)
Schön gemütlich haben es die freundlichen Betreiber in ihrem hübschen alten Fachwerkhaus. Ein bisschen Eleganz, eine ländliche Note und dazu ein Hauch Moderne - das hat Charme, genauso wie der persönliche Service von Eric Grandgirard! Noch ein Grund, hierher zu kommen, ist die schmackhafte internationale und saisonale Küche von Dagmar Hauck.

Landgasthof Rebstock mit Zim

Hauptstr. 77 ✉ 79295 – ✆ (07634) 50 31 40 – www.kellers-rebstock.de – geschl. über Fastnacht, Ende August - Anfang September und Mittwoch
7 Zim – 60/90 € 72/90 € – ½ P
Menü 15 € (mittags)/45 € – Karte 30/47 €
Ob in der charmant-rustikalen Ofenstube oder im klassisch gehaltenen Rebstübli, ob "Feldsalat mit Kartoffeldressing und Kracherle" oder "Filet vom Schwäbisch-Hällischen Landschwein auf Rahmpilzen" - hier sitzt man schön gemütlich und bekommt gutes regionales Essen! Und gepflegt übernachten kann man obendrein.

In Sulzburg-Laufen West: 2 km

La Vigna mit Zim — Zim, P

Weinstr. 38 ✉ 79295 – ✆ (07634) 80 14 – www.restaurant-la-vigna.de – geschl. 15. Februar - 2. März, 30. August - 14. September und Sonntag - Montag
2 Zim – †60 € ††85 €
Menü 39 € (mittags)/75 € – Karte 38/61 € – (Tischbestellung ratsam)
Ein Renner im Hause Esposito ist das Tagesmenü... nicht weniger interessant und ebenso typisch für den italienischen Familienbetrieb sind aber auch Spezialitäten wie "Vitello tonnato" oder "Lammnüsschen auf Peperonata mit Thymiankartoffeln". Kein Wunder also, dass das ländlich-elegant eingerichtete Gasthaus mit der reizenden Terrasse meist schnell ausgebucht ist!

SULZFELD – Bayern ➜ Siehe Kitzingen

SULZFELD (KREIS KALRSRUHE)

Baden-Württemberg – 4 640 Ew. – Höhe 196 m – Siehe Regionalatlas **55-G17**
Berlin 632 km – Stuttgart 57 km – Karlsruhe 46 km – Neustadt a.d. Weinstraße 75 km
Michelin Straßenkarte 545

Burg Restaurant Ravensburg — P

Mühlbacherstr. 84 ✉ 75056 – ✆ (07269) 91 41 91 – www.burgrestaurant-ravensburg.de – geschl. Anfang Januar - Mitte Februar und Montag - Dienstag
Menü 13 € (mittags)/36 € – Karte 25/46 €
Keine Frage, die Lage in der Burg ist der Besuchermagnet schlechthin, traumhaft die Terrasse mit Blick über die Region! Serviert wird bürgerlich-regionale Küche und der Wein dazu wächst praktisch vor der Tür. Wäre das nicht auch etwas für Ihre Hochzeit? Eine eigene Kapelle und elegante Säle gibt es neben dem gemütlichen historisch-rustikalen Restaurant nämlich auch.

SULZHEIM

Bayern – 1 980 Ew. – Höhe 227 m – Siehe Regionalatlas **49-J15**
Berlin 451 km – München 214 km – Würzburg 51 km – Bamberg 55 km
Michelin Straßenkarte 546

Landgasthof Goldener Adler — P

Otto-Drescher-Str. 12 ✉ 97529 – ✆ (09382) 70 38 – www.goldener-adler-sulzheim.de – geschl. 24. Dezember - 6. Januar
45 Zim – †70/85 € ††108/118 € – ½ P
Rest – Menü 17 € (mittags)/36 € – Karte 15/47 € – *(geschl. Freitag)*
Der ansprechende Gasthof ist ein beispielhaft gepflegter Familienbetrieb. Die Zimmer sind individuell gestaltet, teilweise in ganz modernem Stil eingerichtet. Nettes Restaurant mit ländlichem Charakter.

SUNDERN

Nordrhein-Westfalen – 28 730 Ew. – Höhe 265 m – Siehe Regionalatlas **27-E11**
Berlin 504 km – Düsseldorf 111 km – Arnsberg 13 km – Lüdenscheid 48 km
Michelin Straßenkarte 543

In Sundern-Dörnholthausen Süd-West: 6 km über Seidfeld und Stockum

Klöckener — Rest, P

Stockumer Str. 44 ✉ 59846 – ✆ (02933) 9 71 50 – www.hotel-kloeckener.de – geschl. März 10 Tage, Juli 10 Tage
17 Zim – †45/53 € ††84/100 € – ½ P
Rest – Karte 19/39 € – *(geschl. Mittwoch) (Montag - Freitag nur Abendessen)*
Freundlich leitet Familie Klöckener schon seit mehreren Generationen dieses wohnlich eingerichtete und hübsch dekorierte Haus. Auch Räume für Seminare und Veranstaltungen sind vorhanden. Behagliches Restaurant mit netter Terrasse vor dem Haus.

SWISTTAL

Nordrhein-Westfalen – 17 500 Ew. – Höhe 140 m – Siehe Regionalatlas **36**-C13
▶ Berlin 608 km – Düsseldorf 71 km – Köln 31 km – Mainz 173 km
Michelin Straßenkarte 543

In Swisttal-Miel

Graf Belderbusch Ⓝ

Schlossallee 17 ✉ 53913 – ✆ (02226) 9 07 88 07 – www.belderbusch.de – geschl. Januar und Montag
Karte 28/50 €
Gleich neben der 18-Loch-Anlage des Golf-Clubs Schloss Miel kocht man für Sie internationale Speisen und auch einfachere Gerichte für zwischendurch. In der lebhaften Atmosphäre des luftig-hohen Raumes fühlen sich nicht nur Golfer wohl

SYLT (INSEL)

Schleswig-HolsteinHöhe 3 m – Siehe Regionalatlas **1-F1**
Berlin 464 km – Kiel 136 km – Flensburg 55 km – Husum 53 km
Michelin Straßenkarte 541

HÖRNUM – 1 050 Ew.

BUDERSAND Hotel - Golf & Spa

Am Kai 3 ✉ 25997 – ✆ (04651) 4 60 70 – www.budersand.de
– geschl. 8. Januar - 5. Februar
73 Zim – 230/270 € 280/450 € – 6 Suiten – ½ P
Rest *KAI3* ✿ **Rest *Strönholt*** – siehe Restaurantauswahl
Die aparte Architektur lässt bereits vermuten, welch edles und formschönes Design sich im Inneren verbirgt. Klasse haben hier nicht nur Einrichtung und Service: Ein wahres Eldorado für Literaturfreunde ist die von Elke Heidenreich eingerichtete Bibliothek mit über 1000 Werken (teilweise werden sie auch in Lesungen vorgestellt). Und was könnte in dieser wunderbaren Lage am Rand der Dünen an einem schönen Sommermorgen reizvoller sein als ein tolles Frühstück auf der Terrasse am Meer?

54° Nord garni

Strandstr. 2 ✉ 25997 – ✆ (04651) 44 91 70
– www.hotel54gradnord.de
4 Zim – 110/215 € 120/225 € – 18 Suiten
Dies ist das älteste Haus im Ort, das nun, ergänzt durch einen modernen Anbau, ein ungezwungenes und zeitgemäßes Hotel samt schönem kleinem Wellnessbereich beherbergt. Im Altbau befand sich früher die Reederei Hapag, daher der Name. In der Genusswirtschaft "Dock 2" gibt es Flammkuchen, Antipasti, Käse...

KAI3 – BUDERSAND Hotel - Golf & Spa

Am Kai 3 ✉ 25997 – ✆ (04651) 4 60 70
– www.budersand.de
– geschl. 8. Januar - 5. Februar und Mittwoch - Donnerstag
Menü 98/146 € – Karte 78/90 € – *(nur Abendessen)* (Tischbestellung ratsam)
Tolle Saucen, Fleisch und Fisch perfekt gegart, die Kombinationen äußerst harmonisch... Jens Rittmeyer legt hier echtes handwerkliches Können an den Tag und verarbeitet durchweg erstklassige regionale Produkte zu den Menüs "Meine nordische Küche" und "Meine heimliche Leidenschaft" (hier dreht sich alles ums Gemüse). Mit seiner großen Fensterfront trägt das modern-elegante Restaurant auch der Lage am Meer Rechnung!
→ Spargeltarzan - Nienburger Spargel mit Pfifferlingen, Wachtelei und gehobeltem Perlhuhnschinken. Zarte Versuchung von jungem Kohlrabi, Erbsen, Zuckerschoten und Eisenkrautsud. Rote Verführung - eingelegter Rhabarber mit Buchweizenstreuseln, Rhabarberschaum, Wiesenkerbelsorbet und Rhabarbersud.

Strönholt – BUDERSAND Hotel - Golf & Spa
Fernsicht 1 ✉ 25997 – ✆ (04651) 4 49 27 27 – www.stroenholt.de – geschl. 8. Januar - 5. Februar und außer Saison: Montag - Dienstag
Menü 39 € – Karte 23/50 €
Dass das Backsteingebäude oberhalb des Hotels einst militärischen Zwecken diente, würde man heute angesichts des schicken modernen Designs kaum vermuten. Während Sie den Blick über die Dünen und das Meer Richtung Föhr und Amrum schweifen lassen, serviert man Ihnen bodenständige saisonale Küche. Im Winter heißt es: gemütlich am Kaminfeuer sitzen!

KAMPEN – ✉ 25999 – 610 Ew.

Rungholt Zim, Zim,
Kurhausstr. 35 ✉ 25999 – ✆ (04651) 44 80 – www.hotel-rungholt.de
65 Zim – 110/180 € 190/360 € – 21 Suiten – ½ P
Rest – Menü 25 € (abends)/60 € – Karte 28/77 €
Ein wunderschön an den Dünen gelegenes Ferienhotel mit sehr unterschiedlichen und komfortablen Gästezimmern, die hell und neuzeitlich eingerichtet sind. Viele Suiten.

Walter's Hof Zim,
Kurhausstr. 23 ✉ 25999 – ✆ (04651) 9 89 60 – www.walters-hof.de
16 Zim – 190/320 € 320/440 €, 20 € – 16 Suiten
Rest ***Tappe's im Walter's Hof*** – Menü 38 € (abends)/180 € – Karte 30/108 € – (Tischbestellung ratsam)
Nicht nur die Nähe zum Strand ist hier ein Vorteil, auch die hübschen, individuellen Zimmer, teilweise mit Meerblick! Sehr schön die Kunst im Haus. Wer länger bleiben möchte, wohnt in den Ferienwohnungen und Appartementhäusern am bequemsten. Und im gediegen-eleganten Restaurant mit charmant-friesischer Note gibt es klassische Küche.

Village
Alte Dorfstr. 7 (Zufahrt über Brönshooger Weg) ✉ 25999 – ✆ (04651) 4 69 70 – www.village-kampen.de – geschl. Anfang Dezember 2 Wochen, Ende Januar 3 Wochen
9 Zim – 239/335 € 310/355 € – 1 Suite
Rest – *(geschl. Mittwoch) (nur Abendessen für Hausgäste)*
Von außen charmant-friesisch und ganz typisch für die Region, innen edel und elegant - da verwundert es nicht, dass die engagierten Gastgeber beide Inneneinrichter sind! Viele schöne Details machen die Zimmer ausgesprochen wohnlich und individuell. Ins attraktive Bild passt da auch der kleine Schwimmbad- und Saunabereich. Am Abend wird nach Ihren Wünschen gekocht - geben Sie einfach am Vortag an, was Sie gerne essen möchten.

Reethüüs garni (mit Gästehaus)
Hauptstr. 18 ✉ 25999 – ✆ (04651) 9 85 50 – www.reethues-sylt.de
18 Zim – 120/180 € 155/260 € – 2 Suiten
Dieses schöne Anwesen mit seinen drei reetgedeckten Häusern bietet wohnliche Zimmer, einige sind modern (ebenso der nette Frühstücksraum), andere gediegener im Landhausstil eingerichtet, im EG haben sie meist eine Terrasse.

Ahnenhof garni
Kurhausstr. 8 ✉ 25999 – ✆ (04651) 4 26 45 – www.ahnenhof.de
13 Zim – 85/120 € 155/251 €
Angenehm persönlich ist die Atmosphäre in dem kleinen Hotel in schöner Lage. Dazu kommen sehr gepflegte und wohnliche Zimmer, ein hübscher Saunabereich und der liebenswert-rustikale Frühstücksraum. Am besten beginnt man den Tag aber auf der Terrasse mit Blick auf Dünen und Meer!

Erwarten Sie in einem oder nicht den gleichen Service wie in einem oder .

Gogärtchen

Strönwai 12 ✉ 25999 – ✆ (04651) 4 12 42 – www.gogaertchen.com
Karte 38/85 € – *(ab 14 Uhr geöffnet)* (abends Tischbestellung ratsam)
1951 eröffnet und nicht wegzudenken aus Kampen ist das "Gogärtchen". Unter Florian Hühne und Christina Hässler ist hier ein modern-elegantes Ambiente entstanden, das dennoch den ursprünglichen friesischen Charakter bewahrt. Neben saisonalen Gerichten (abends kocht man aufwändiger als tagsüber) gibt es auch hausgebackenen Kuchen (besonders schön natürlich auf der Terrasse!), und in Bar und Lounge heißt es bei Champagner oder einer Zigarre "sehen und gesehen werden"!

Manne Pahl

Zur Uwe Düne 2 ✉ 25999 – ✆ (04651) 4 25 10 – www.manne-pahl.de
Karte 24/78 €
Ursprünglich von Manne Pahl als Café gegründet, wird diese Institution nun von Pius Regli als Restaurant geführt. Kult ist hier das Wiener Schnitzel, aber auch die Apfelpfannkuchen sollte man probiert haben! Der Kuchen zum Nachmittagskaffee ist selbstgebacken - wie in den Anfängen des Hauses!

Sturmhaube

Riperstig 1 ✉ 25999 – ✆ (04651) 99 59 40 – www.sturmhaube.de
Karte 29/95 €
Keine Frage, die Lage in den Dünen nur wenige Meter vom Meer ist schlichtweg fantastisch! Seit Lutter & Wegner die gefragte Sturmhaube übernommen haben, vereinen sich hier österreichische und Sylter Küche sowie internationale Gerichte. Mittags kommt man auch gerne einfach mal auf einen "Sturmhauben Burger".

KEITUM

Benen-Diken-Hof

Keitumer Süderstr. 3 ✉ 25980 – ✆ (04651) 93 83 0 – www.benen-diken-hof.de
48 Zim – 128/234 € 160/368 € – 19 Suiten – ½ P
Rest *KÖKKEN* – siehe Restaurantauswahl
Das traditionsreiche Haus der engagierten Familie Johannsen ist beliebt: Wer möchte nicht in schönen frischen und teilweise sehr geräumigen Zimmern wohnen, sich an der kostenfreien Minibar bedienen, im großen Spa relaxen? Und richtig ausschlafen kann man auch noch - das Frühstücksbuffet steht für Sie bis 13 Uhr bereit!

Aarnhoog garni

Gaat 13 ✉ 25980 – ✆ (04651) 39 90 – www.faehrhaus-hotel-collection.de – geschl. 1. September - Ende Januar
1 Zim – 150/270 € 200/320 € – 12 Suiten
In dem reizenden kleinen Schwesterhaus des Munkmarscher Fährhauses ist Ihnen absolute Diskretion gewiss, ebenso stilvolle Wohnlichkeit, wie man sie auch zu Hause gerne hätte! Den exklusiven Service genießt man auch beim leckeren Frühstück.

Seiler Hof garni

Gurtstig 7 ✉ 25980 – ✆ (04651) 9 33 40 – www.seilerhofsylt.de – geschl. Mitte November - Weihnachten, Mitte Januar - Mitte Februar
10 Zim – 90/135 € 130/198 € – 1 Suite
Das hübsche Haupthaus von 1760 war einst eine Seilwerkstatt. Heute freut man sich über Zimmer mit wohnlichem Charakter, einen schönen modernen Saunabereich und einen netten Garten!

Kamps garni

Gurtstig 41 ✉ 25980 – ✆ (04651) 9 83 90 – www.kamps-sylt.de – geschl. 10. November - 18. Dezember
8 Zim – 99/149 € 109/169 €
Das familiär und sehr persönlich geführte kleine Haus vereint unter seinem Reetdach Hotel, Galerie und Café. Neben freundlichen Gästezimmern gibt es am Nachmittag auch hausgemachten Kuchen.

KÖKKEN – Hotel Benen-Diken-Hof

Keitumer Süderstr. 3 ✉ 25980 – ✆ (04651) 93 83 0 – www.benen-diken-hof.de – geschl. November - Ostern: Mittwoch

Menü 49/79 € – Karte 46/61 € – *(nur Abendessen)*

"Gebeizter Kaninchenrücken mit Holsteiner Cox und Ackersalat" oder "gebratener Küstendorsch mit geröstetem Blumenkohl und Erbsenpüree"? Hier hat man sich einer natürlichen, regionalen Küche verschrieben. Das Drumherum gefällt ebenso: geschmackvolles, stimmiges Ambiente und freundlicher Service.

Karsten Wulff

Museumsweg 4 ✉ 25980 – ✆ (04651) 3 03 00 – www.karsten-wulff.de – geschl. Mitte November - Mitte Februar und Sonntag, außer Saison: Sonntag - Montag

Menü 49 € (mittags)/59 € – Karte 34/72 €

Trotz seiner etwas versteckten Lage ist das Haus (einschließlich der tollen Terrasse) schon lange kein Geheimtipp mehr - gute, unkomplizierte und frische (Fisch-) Küche spricht sich eben rum! Freuen Sie sich auf Sylter Pannfisch, Nordsee-Kabeljau & Co. Den Fisch kauft Chef Karsten Wulff übrigens meist selber direkt bei den Fischern in Dänemark!

Sie möchten spontan verreisen? Besuchen Sie die Internetseiten der Hotels, um von deren Sonderkonditionen zu profitieren.

LIST – 2 560 Ew.

A-ROSA

Listlandstr. 11 ✉ 25992 – ✆ (04651) 96 75 00 – www.a-rosa.de

147 Zim – 168/468 € 248/548 € – 30 Suiten – ½ P

Rest *La Mer* ✿✿ **Rest *Spices*** ✿ – siehe Restaurantauswahl

Rest *Dünenrestaurant* – ✆ (04651) 96 75 08 27 – Menü 35 € (Buffet) – *(nur Abendessen)*

Ein bemerkenswertes Haus in traumhafter Lage mit Blick auf Dünen, Watt und Meer. Alles in diesem Hotel ist überaus hochwertig und formschön in geradlinigem Design gestaltet. SPA-ROSA auf 3500 qm mit Meerwasserpool und exklusiven Anwendungen.

Strand am Königshafen garni

Hafenstr. 41 ✉ 25992 – ✆ (04651) 88 97 50 – www.hotel-strand-sylt.de

15 Zim – 125/265 € 150/280 € – 15 Suiten

Hier heißt es "Erholung am nördlichsten Strand Deutschlands". Das Hotel thront am Königshafen in der Bucht zwischen List und dem sog. Ellenbogen. Alles ist hochwertig, von den schönen modern-eleganten Zimmern (eingerichtet nach dem Motto "Wind, Wasser, Sand"), meist mit Balkon oder Terrasse, bis zum tollen friesischen Frühstücksbuffet.

La Mer – Hotel A-ROSA

Listlandstr. 11 ✉ 25992 – ✆ (04651) 96 75 08 27 – www.a-rosa.de – geschl. 5. - 27. Januar, 5. - 13. Mai, 2. - 24. November und Montag - Dienstag

Menü 149/159 € – *(nur Abendessen)* (Tischbestellung ratsam)

Sebastian Zier gehört zweifelsohne zu den Großen seines Metiers. Bei ihm bekommt man wahre Kunstwerke serviert, die geschmacklich mindestens so überzeugend sind wie optisch: eine ausdrucksstarke, aufwändige und kreative Küche. Angesichts der erstklassigen Menüs "Vom Himmel und La Mer" sowie "Empfehlung" wird es zur Nebensache, dass man das Meer vom Restaurant aus nicht sehen kann.

→ Gänseleber mit Haferwurzel, Johannisbeere und Sylter Joghurt. Kalbsbries und Kalbskopf mit Rettich, Spargel, Eigelb-Mayonnaise und Senfvinaigrette. Lamm mit Frühlingslauch, Morcheln, Brokkoli, Cashewkerne und Fregola Sarda.

Spices – Hotel A-ROSA
Listlandstr. 11 ✉ 25992 – ✆ (04651) 96 75 08 27 – www.a-rosa.de – geschl. 4. - 18. Februar, 2. - 16. Dezember und Mittwoch
Menü 74 € – Karte 56/64 € – *(nur Abendessen)* (Tischbestellung ratsam)
Das "Spices" ist in die Räumlichkeiten des ehemaligen "Cucina Della Mama" umgezogen. Passend zur asiatischen Küche von Patrick Büchel ist das Interieur schön geradlinig-modern gehalten. Interessante Einblicke am "Cube": Hier werden Sushi-Spezialitäten direkt vor Ihren Augen zubereitet.
➜ Miso Amemase - fermentierter Saibling, Miso, Daikon Rettich, Shiso. Bak Khut Te - Schweinebauch, Shiitake, White Pepper, Knoblauch. Ice Katschang - Mango, Bohnen, Litchee, Mais.

Morsum

Hof Galerie garni
Serkwai 1 ✉ 25980 – ✆ (04651) 95 70 50 – www.hotelhofgalerie.de
2 Zim – †145/335 € ††170/360 € – 18 Suiten
Aus zwei historischen Friesenhäusern und einem Neubau ist hier ein modernes Hotel entstanden, das Wohnkultur und Kunst vereint. Es erwarten Sie elegante Suiten, Inselkünstler stellen ihre Werke aus und die große Sommerterrasse mit Brunnen lädt zum Frühstücken ein.

Morsum Kliff
Nösistig 13 ✉ 25980 – ✆ (04651) 83 63 20 – www.hotel-morsum-kliff.de – geschl. 6. Januar - 20. Februar
10 Zim – †90/225 € ††131/305 € – ½ P
Rest *Morsum Kliff* – siehe Restaurantauswahl
Das schöne Friesenhaus in malerischer, herrlich ruhiger Lage an der Ostspitze der Insel beherbergt wohnlich-charmante Gästezimmer im regionalen Stil. Toll für Nachtschwärmer und Langschläfer: Frühstück gibt es bis 17 Uhr! Und probieren Sie hausgebackene Leckereien wie die Friesentorte oder frische Waffeln mit Sylter Roter Grütze.

Morsum Kliff – Hotel Morsum Kliff
Nösistig 13 ✉ 25980 – ✆ (04651) 83 63 20 – www.hotel-morsum-kliff.de – geschl. 6. Januar - 20. Februar und Montag, November - März: Montag - Dienstag
Menü 49/62 € – Karte 34/68 € – (Tischbestellung ratsam)
Die Gerichte sind frisch, die Portionen groß, die Preise fair. Bei Janko Rahneberg stehen "krosse Bauernentenbrust mit Spitzkohl und Portweinzwetschgen" und "hausgemachte Bratwürste vom Sylter Deichlamm" auf der Karte, auch Pannfisch und Kutterscholle fehlen nicht! In der Kaptains Stuuv darf geraucht werden.

Munkmarsch

Fährhaus
Bi Heef 1 ✉ 25980 – ✆ (04651) 9 39 70 – www.faehrhaus-sylt.de
30 Zim – †190/390 € ††250/450 € – 12 Suiten – ½ P
Rest *Fährhaus* **Rest *Käpt'n Selmer Stube*** – siehe Restaurantauswahl
Ein Luxushotel ohne prätentiösen Rahmen, dafür aber mit exklusivem Wohnkomfort und nahezu perfektem Service! Und auch angesichts des hochwertigen Spabereichs und der tollen Lage mit Blick zum Wattenmeer verabschiedet man sich nur sehr ungern von diesem Haus!

Fährhaus – Hotel Fährhaus
Bi Heef 1 ✉ 25980 – ✆ (04651) 9 39 70 – www.faehrhaus-sylt.de – geschl. 5. Januar - 16. März, 22. November - 21. Dezember und Montag, Mitte September - Mitte Juni: Sonntag - Montag
Menü 138/158 € – Karte 88/128 € – *(nur Abendessen)* (Tischbestellung ratsam)
Dass man in dem schönen alten friesischen Haus so vorzüglich speist, ist der Verdienst von Alexandro Pape, der absolut stimmig und mit dem richtigen Maß an Kreativität beste Produkte verarbeitet. Das Ergebnis: Fährhaus-Menü "99/14", Sardisches Menü "meine Wurzeln" und "Feinheimisch"-Menü. Nordisch-elegant das Ambiente, souverän der Service, top die Weinberatung.
➜ In Nußbutter confierter Steinbutt mit gerösteten Kalbsbrustfasern. Medaillon vom Maibock unter der Trüffel-Wildsalami Haube nach "Art Rossini". Das Beste von Rhabarber, Topinambur und Petersilie.

Käpt'n Selmer Stube – Hotel Fährhaus

Bi Heef 1 ✉ 25980 – ✆ (04651) 9 39 70 – www.faehrhaus-sylt.de
Menü 58 € (abends) – Karte 51/73 € – *(ab 13 Uhr geöffnet)* (Tischbestellung ratsam)
Die Liebe zum Detail und zu schönen Formen ist überall zu sehen: bei den original blau-weißen Kacheln, den kostbaren Antiquitäten, der traumhaften Terrasse... Angenehm ist auch die Gästebetreuung: Sehr freundlich und geschult serviert man Ihnen saisonale Gerichte wie "gebratenes Kabeljaufilet mit Gurken-Dill-Gemüse, Kartoffelstampf und Senfsauce".

Zur Mühle

Lochterbarig 24 ✉ 25980 – ✆ (04651) 38 77 – www.zur-muehle-sylt.de – geschl. 1. November - 25. Dezember und Dienstag
Menü 33 € (abends) – Karte 31/63 €
Kein Wunder, dass dieses familiengeführte Restaurant so beliebt ist, denn es liegt direkt am Wasser, bietet einen tollen Blick und neben regionaler Küche kann man hier am Nachmittag gemütlich im Strandkorb sitzen und ein Stück hausgemachten Kuchen genießen!

RANTUM – ✉ 25980 – 15 170 Ew.

Söl'ring Hof

Am Sandwall 1 ✉ 25980 – ✆ (04651) 83 62 00 – www.soelring-hof.de
15 Zim – 370/625 € 395/650 €
Rest *Söl'ring Hof* – siehe Restaurantauswahl
Das ist Sylt pur... Gedanken wie dieser kommen einem unweigerlich angesichts der traumhaft schönen Lage in den Dünen! Und auch das schmucke Friesenhaus selbst steht dem in nichts nach - angefangen bei der persönlichen Atmosphäre und dem diskreten Service über die wertigen und gleichermaßen geschmackvollen Zimmer und den attraktiven kleinen Spa bis hin zum exklusiven Frühstück, in dessen Genuss auch passionierte Langschläfer kommen! Minibar und Strandkorb sind übrigens inklusive!

Watthof (mit Gästehaus)

Raanwai 40 ✉ 25980 – ✆ (04651) 80 20 – www.watthof.de
22 Zim – 135/250 € 155/280 € – 11 Suiten – ½ P
Rest *Schaper's* – siehe Restaurantauswahl
Ein hübsches Reetdachhaus, familiär geleitet und wohnlich eingerichtet. Teilweise bieten die Zimmer Wattblick - bei gutem Wetter sehen Sie Amrum und Föhr! Zwei Suiten haben sogar einen eigenen Kamin.

Alte Strandvogtei garni

Merret-Lassen-Wai 6 ✉ 25980 – ✆ (04651) 9 22 50 – www.alte-strandvogtei.de
8 Zim – 110/180 € 155/290 € – 12 Suiten
Hier wohnt man so richtig schön, alles ist hochwertig, Suiten mit Kitchenette, teils Maisonetten, charmant der Frühstücksraum mit altem Ofen und handbemalten Friesenkacheln, Garten mit Strandkörben, nachmittags gibt es Tee und Kuchenbuffet... Hier fühlt man sich wohl, wer einmal da war, kommt wieder! Vom Watt ist man nur einen Steinwurf entfernt und zum Strand sind es nur wenige Minuten zu Fuß.

Söl'ring Hof (Johannes King) – Hotel Söl'ring Hof

Am Sandwall 1 ✉ 25980 – ✆ (04651) 83 62 00 – www.soelring-hof.de – geschl. Mittwoch, Sonntag
Menü 149/179 € – Karte 78/135 € – *(nur Abendessen)* (Tischbestellung erforderlich)
Topfrisch und erstklassig ist alles, was Johannes King für seine kreative Regionalküche verwendet, gekonnt unterstreicht er den Eigengeschmack der hervorragenden Zutaten und kombiniert sie trefflich. Lust auf Austern? Auch hier beste Qualität: "Sylter Royal"! Dazu bietet der Weinkeller über 1000 Positionen.
→ Austernvariation. Apfel-Aal und dicke Bohnen mit 70 Minuten-Ei. Knickfrüchte.

Landhaus Rantum - Restaurant Coast mit Zim

Stiindeelke 1 ✉ 25980 – ✆ (04651) 15 51 – www.restaurant-coast.de
2 Zim – 96/176 € 106/186 € – 4 Suiten – ½ P
Menü 36 € (abends)/72 € – Karte 42/104 €
In dem Reetdachhaus in der Dorfmitte lässt man sich in friesisch-ländlicher Atmosphäre gute zeitgemäße Küche mit kreativem Touch schmecken. Mittags einfachere Karte. Im Haus stehen nette Gästezimmer und Suiten bereit, man vermietet aber auch Ferienwohnungen.

Schaper's – Hotel Watthof

Raanwai 40 ✉ 25980 – ✆ (04651) 8 02 20 – www.watthof.de – geschl. Dienstag
Menü 48 € (abends)/135 € – Karte 48/93 €
Am schönsten sitzt man im Sommer auf der Terrasse mit Meerblick, während man sich internationale Gerichte wie "Variation vom Tuna", "Schaper's Bouillabaisse" oder "Nordseeteufel auf geräuchertem Kartoffelrisotto" schmecken lässt. Als Dessert sollten Sie nicht das "Nougatparfait mit marinierter Zwetschge und Haselnussküchlein" verpassen! Tagsüber kleines Angebot von Linseneintopf bis Scampi-Spieß.

Sansibar

Hörnumer Str. 80 (Süd: 3 km) ✉ 25980 – ✆ (04651) 96 46 46 – www.sansibar.de
Karte 27/119 €
Hier hat man echten Strandhütten-Charakter, das macht diese Adresse authentisch und beliebt bei Jung und Alt, Touristen und Einheimischen. In dem rustikalen In-Restaurant direkt hinterm Strand bestellt man "gebratene Scholle mit Speck" oder eines der verschiedenen Dry-Aged-Steaks. Lassen Sie noch etwas Platz für eines der köstlichen (großzügig portionierten) Desserts!

TINNUM

Landhaus Stricker

Boy-Nielsen-Str. 10 ✉ 25980 – ✆ (04651) 8 89 90 – www.landhaus-stricker.de
17 Zim – 135/230 € 220/310 € – 21 Suiten – ½ P
Rest *BODENDORF'S* ✿ **Rest *SIEBZEHN84*** – siehe Restaurantauswahl
Kerstin und Holger Bodendorf sind beispielhafte Gastgeber, was sich in luxuriösen Zimmern (überwiegend Suiten) und hervorragendem Service äußert! Dazu ein attraktiver Spa und ein schöner Garten, der fast vergessen lässt, dass man nahe der Bahnlinie liegt.

BODENDORF'S – Hotel Landhaus Stricker

✿

Boy-Nielsen-Str. 10 ✉ 25980 – ✆ (04651) 8 89 90 – www.landhaus-stricker.de – geschl. Februar - März 6 Wochen, November - Dezember 6 Wochen und Sonntag - Montag
Menü 128/159 € – Karte 102/118 € – *(nur Abendessen)* (Tischbestellung ratsam)
Ausgesprochen gemütlich ist es in dem eleganten kleinen Restaurant in warmem Rot, und auch der sehr persönliche und angenehm lockere Service trägt maßgeblich dazu bei, dass man sich hier wohlfühlt, ganz zu schweigen von den Menüs "Bodendorfs Lieblingsgerichte" und "Moderne" mit neuen Kreationen, in denen Holger Bodendorf auf top Produktqualität und Frische setzt.
→ Thuna und Gurke - Thuna gebeizt, gebraten, Tatar, Gurkendrop, Gurkenmousse. Kabeljau in Nussbuttermolke pochiert und Spanische Mandeln. US Wagyu Beef und Salsiccia-Tortellini - Schulter sous vide gegart, glasierter Tafelspitz, Tatar, Ingwermöhre, Trüffeljus.

SIEBZEHN84 – Hotel Landhaus Stricker

Boy-Nielsen-Str. 10 ✉ 25980 – ✆ (04651) 8 89 90 – www.landhaus-stricker.de
Menü 54/74 € – Karte 39/76 € – *(nur Abendessen, sonntags auch Mittagessen)*
Modernes Ambiente in friesischen Stuben, so beschreibt man "Tenne" und "Kaminzimmer", die beiden Räume des "siebzehn84", am treffendsten. Hier stehen Steaks auf der Karte, aber auch "Kalbsleber & Apfel", "Kabeljau & Kürbis" oder "Rinderfiletwürfel & Teriyaki-Marinade". Alle Hauptgänge gibt es auch als kleine Portion - umso mehr können Sie probieren!

WENNINGSTEDT – ✉ 25996 – 1 490 Ew.

Sylter Domizil garni (mit Gästehäusern)
Berthin-Bleeg-Str. 2 ✉ 25996 – ☎ (04651) 8 29 00 – www.sylter-domizil.de
35 Zim – 62/150 € 73/220 € – 2 Suiten
Die drei Häuser dieses sehr beliebten Hotels beherbergen wohnliche Zimmer mit friesischer Note. Auch der freundliche Service und das gute Frühstück sprechen für diese Adresse.

Friesenhof garni
Hauptstr. 26 ✉ 25996 – ☎ (04651) 94 10 – www.sylt-friesenhof.de – geschl. November - April
14 Zim – 63/99 € 126/198 €
Auf einem schönen Gartengrundstück mit Obstbäumen und Liegewiese liegt der langjährige Familienbetrieb mit seinen hellen, freundlichen Gästezimmern im friesischen Stil.

Wiesbaden garni
Hochkamp 8 ✉ 25996 – ☎ (04651) 9 84 40 – www.hotel-wiesbaden-sylt.de – geschl. 1. November - 20. Februar
15 Zim – 70/130 € 140/250 €
Ein auffallend gepflegtes Haus, in dem man sich sehr persönlich und herzlich um die Gäste kümmert. Dazu gehört ein richtig gutes Frühstücksbuffet und leckerer Kuchen am Nachmittag. Und ausgesprochen wohnlich hat man es hier obendrein. Mit vielen charmanten Details bringt die Chefin ihr Faible für verspielte ländliche Dekorationen zum Ausdruck!

Fitschen am Dorfteich mit Zim
Rest,
Am Dorfteich 2 ✉ 25996 – ☎ (04651) 3 21 20 – www.fitschen-am-dorfteich.de – geschl. Dienstag, November - März: Montag - Dienstag
4 Zim – 100/155 € 120/185 € – 4 Suiten
Menü 48/78 € – Karte 35/81 €
Hier sind inzwischen zwei Generationen mit Engagement im Einsatz: Manfred und Verena Fitschen haben Verstärkung bekommen, die Tochter im Service, der Schwiegersohn in der Küche. Herzlich wird man in dem hellen, freundlichen Restaurant mit saisonaler und regionaler Küche umsorgt. Ein romantisches Fleckchen ist die Terrasse mit Blick zum Dorfteich, auf der man unter Bäumen in gemütlichen Strandkörben sitzen kann!

Gute Küche zu moderatem Preis? Folgen Sie dem „Bib Gourmand". Das freundliche Michelin-Männchen „Bib" steht für ein besonders gutes Preis-Leistungs-Verhältnis!

WESTERLAND – ✉ 25980 – 15 170 Ew.

Stadt Hamburg
Strandstr. 2 ✉ 25980 – ☎ (04651) 85 80 – www.hotelstadthamburg.com
45 Zim – 95/260 € 225/350 €, 22 € – 25 Suiten – ½ P
Rest *Bistro Stadt Hamburg* Rest *Gourmet Restaurant Stadt Hamburg* – siehe Restaurantauswahl
Ein Klassiker a. d. J. 1869, der seinen ganz eigenen Charme hat! Individuelle Zimmer in Stammhaus, Gartenflügel und Parkvilla. Und als Besonderheit die "Sylt-Lichtbilder" im Haus, fotografiert vom Inhaber selbst! Schön auch der Spa.

Strandhotel Sylt garni
Margarethenstr. 9 ✉ 25980 – ☎ (04651) 83 80 – www.sylt-strandhotel.de – geschl. über Weihnachten
8 Zim – 150/525 € 160/535 € – 44 Suiten
Ideal ist die Lage an der Düne, direkt am Strandzugang. Lobby und Zimmer/Suiten (alle mit kleiner Küche) sind in mediterranen Tönen gehalten. Panorama-Suite mit Meerblick.

Miramar

Rest,

Friedrichstr. 43 (Zufahrt über Margarethenstraße) ✉ 25980 – ✆ (04651) 85 50 – www.hotel-miramar.de – geschl. Mitte November - Mitte Dezember

44 Zim – †165/300 € ††230/465 € – 20 Suiten – ½ P

Rest – Menü 58 € – Karte 42/141 €

Hier wird nicht nur die Familientradition aufrecht gehalten (inzwischen ist bereits die 5. Generation im Haus), sondern auch der Charme der Jahrhundertwende. Außen pflegt man die hübsche Fassade des 1903 erbauten Hotels, drinnen fügen sich zahlreiche Jugendstilmöbel harmonisch in das klassische Bild. Einige Zimmer liegen ebenso schön zum Meer hin wie das Restaurant und die Terrasse. Versäumen Sie nicht, sich neben Kosmetik und Massage auch mal einen Sonnentag im Strandkorb auf der Düne am Meer zu gönnen!

Wiking garni

Steinmannstr. 11 ✉ 25980 – ✆ (04651) 4 60 60 – www.hotel-wiking-sylt.de – geschl. 22. November - 21. Dezember

28 Zim – †67/150 € ††126/238 €

Hier überzeugen individuell geschnittene Zimmer mit geschmackvoll-wohnlicher Einrichtung, alle mit Balkon, teilweise mit Blick auf die Nordsee. Strand und Fußgängerzone in der Nähe.

Landhaus Sylter Hahn N garni (mit Gästehaus)

Robbenweg 3 ✉ 25980 – ✆ (04651) 9 28 20 – www.sylter-hahn.de

33 Zim – †70/230 € ††85/195 €

Etwas abseits vom Trubel der Friedrichstraße hat man hier für Sie ein schönes Ambiente in modern-elegantem Landhausstil geschaffen, von den Zimmern in geschmackvollen, wohnlich-warmen Tönen über den angenehm hellen Frühstücksraum und die Bar bis zum attraktiven Wellnessbereich.

Long Island House garni

Eidumweg 13 ✉ 25980 – ✆ (04651) 9 95 95 50 – www.sylthotel.de – geschl. Anfang Januar - Anfang März

9 Zim – †86/136 € ††126/216 € – 1 Suite

Ein gepflegtes kleines Hotel mit attraktivem Interieur nach dem Vorbild der Hamptons auf Long Island. Klarer moderner Stil im ganzen Haus, in den Zimmern ("Lighthouse", "Captains Room"...) schöner Walnussholzboden, viel Weiß und individuelle Accessoires.

Gourmet Restaurant Stadt Hamburg – Hotel Stadt Hamburg

Strandstr. 2 ✉ 25980 – ✆ (04651) 85 80 – www.hotelstadthamburg.com

Menü 44/123 € – Karte 51/85 € – *(nur Abendessen)*

Im gediegen-eleganten Restaurant des "Stadt Hamburg" ist die Atmosphäre stilvoll und britisch angehaucht. Klassisch und kompetent der Service, gut die französische und regionale Küche aus frischen Produkten.

Franz Ganser

Bötticherstr. 2 ✉ 25980 – ✆ (04651) 2 29 70 – www.ganser-sylt.de – geschl. 24. Februar - 15. März, 17. November - 17. Dezember und Montag - Dienstagmittag

Menü 49/92 € – Karte 35/85 €

Eine gefragte Adresse ist das Restaurant von Franz Ganser, der das Haus schon über 30 Jahre betreibt. Abends finden sich Kalbsnierchen und Nordsee-Seezunge oder Medaillons vom Rehrücken auf der Karte, aber auch zur Mittagszeit kann man hier gut essen - etwas einfacher, aber lecker sind da z. B. Königsberger Klopse.

Bistro Stadt Hamburg – Hotel Stadt Hamburg

Strandstr. 2 ✉ 25980 – ✆ (04651) 85 80 – www.hotelstadthamburg.com

Menü 26 € – Karte 33/48 €

Die Gäste kommen gerne auf Pannfisch, Labskaus & Co. Kein Wunder, denn hier wird richtig schmackhaft und frisch gekocht und der Service ist zudem sehr freundlich und persönlich, die Atmosphäre angenehm unkompliziert. Desserttipp: die köstliche Sylter Rote Grütze!

IVO & CO.

Gaadt 7 ✉ 25980 – ✆ (04651) 2 31 11 – www.ivoundco.de – geschl. 15. Januar - 15. Februar und Dienstag

Karte 30/51 € – *(nur Abendessen)*

Wie wär's mit "Seeteufel auf Ochsenschwanzragout" und als Dessert die feine "Blätterteig-Birnentarte mit Vanilleeis"? So oder so ähnlich klingen die saisonal-internationalen Speisen, die hier in sympathischer Atmosphäre serviert werden.

Shirobar N

Maybachstr. 3a ✉ 25980 – ✆ (04651) 9 67 94 49 – www.shirobar.de – geschl. Anfang Dezember, Anfang Januar - Mitte Februar und Dienstag

Karte 12/37 € – *(November - April nur Abendessen)* (Tischbestellung ratsam)

Der einzige Ort auf Sylt, an dem man California Style Sushi bekommt! Bei seiner Ausbildung zum Koch hat der Chef seine Liebe zu Sushi entdeckt und die setzt er hier gekonnt um. Dazu puristisch-modernes Design nach japanischem Vorbild.

TABARZ

Thüringen – 4 040 Ew. – Höhe 400 m – Siehe Regionalatlas **39-J12**

Berlin 344 km – Erfurt 53 km – Bad Hersfeld 92 km – Coburg 102 km

Michelin Straßenkarte 544

Zur Post

Lauchagrundstr. 16 ✉ 99891 – ✆ (036259) 66 60 – www.hotel-tabarz.de

36 Zim – 56/69 € 88/98 € – 2 Suiten – ½ P

Rest – Menü 18/38 € – Karte 17/43 €

Das neuzeitliche Hotel im Zentrum bietet zeitgemäße und funktionelle Zimmer, Massage- und Kosmetikbehandlungen sowie Nordic-Walking- und Wander-Angebote. Das gepflegte Restaurant wird ergänzt durch die rustikale Kellerbar Postmarie.

TAMM – Baden-Württemberg ➜ Siehe Asperg

TANGERMÜNDE

Sachsen-Anhalt – 10 940 Ew. – Höhe 45 m – Siehe Regionalatlas **21-M8**

Berlin 119 km – Magdeburg 63 km – Brandenburg 64 km

Michelin Straßenkarte 542

Schloss Tangermünde (mit Gästehäusern)

Amt 1 ✉ 39590 – ✆ (039322) 73 73 – www.schloss-tangermuende.de Zim,

34 Zim – 80/135 € 100/178 € – 1 Suite – ½ P

Rest – Menü 26/60 € – Karte 24/50 € – *(Montag - Donnerstag nur Abendessen)*

Ein romantisches Anwesen über der Elbe mit mehreren Häusern in einer idyllischen Gartenanlage. "Kaisertherme" auf 1100 qm, z. B. mit Aquafitness und Ayurveda. Restaurantterrasse mit Elbblick, zudem Raucherlounge und für besondere Anlässe die Alte Kanzlei a. d. 14. Jh.

TANN (RHÖN)

Hessen – 4 450 Ew. – Höhe 390 m – Siehe Regionalatlas **39-I13**

Berlin 418 km – Wiesbaden 226 km – Fulda 30 km – Bad Hersfeld 52 km

Michelin Straßenkarte 543

In Tann-Lahrbach Süd: 3 km

Gasthof Kehl (mit Gästehaus)

Eisenacher Str. 15 ✉ 36142 – ✆ (06682) 3 87 – www.landhaus-kehl.de

37 Zim – 45/53 € 74/90 € – ½ P

Rest – Menü 19/30 € – Karte 13/30 € – *(geschl. Dienstag)*

Der sehr gepflegte und freundlich geführte Familienbetrieb ist ein erweiterter traditioneller Gasthof. Im Gästehaus sind die Zimmer etwas geräumiger, ansprechend der moderne Sauna- und Fitnessbereich. Im rustikalen Restaurant serviert man bürgerlich-regionale Gerichte, einmal im Monat auch ein Gourmetmenü.

TANGSTEDT

Schleswig-Holstein – 6 340 Ew. – Höhe 33 m – Siehe Regionalatlas **10-I5**
Berlin 310 km – Kiel 84 km – Bad Oldesloe 24 km – Hamburg 29 km
Michelin Straßenkarte 541

Gutsküche

Wulksfelder Damm 15, (im Gutshof Wulksfelde) ✉ 22889 – ✆ (040) 64 41 94 41 – www.gutskueche.de – geschl. Sonntagabend - Montag
Menü 38/58 € (abends) – Karte 28/56 €
"Gutsküche" trifft es ziemlich genau, denn Chef Matthias Gfrörer bietet in der ehemaligen Scheune zeitgemäß-regionale Speisen, die schmackhaft und unkompliziert sind und auf sehr guten, frischen Zutaten (häufig Bioqualität) basieren. So kommt aus der offenen Küche z. B. "Dreierlei vom Ferkel" oder auch eine leckere Schokoladenvariation! Mittags ist das Angebot kleiner. Bioprodukte aus der Region gibt's im Hofladen nebenan auch zu kaufen.

TANNENBERG

Sachsen – 1 200 Ew. – Höhe 498 m – Siehe Regionalatlas **42-O13**
Berlin 297 km – Dresden 116 km – Chemnitz 32 km – Zwickau 46 km
Michelin Straßenkarte 544

Zum Hammer

Untere Dorfstr. 21 ✉ 09468 – ✆ (03733) 5 29 51 – www.zumhammer.de
18 Zim – †49/55 € ††68/85 € – ½ P
Rest – Karte 19/32 € – *(Montag - Freitag nur Abendessen)*
Mitten im Erzgebirge liegt dieses familiengeführte Landhotel. Das gepflegte Haus verfügt über wohnliche und zugleich funktionelle Zimmer, zum Teil mit freigelegtem Fachwerk. Rustikale Gaststuben mit bürgerlicher Küche.

TAUBERBISCHOFSHEIM

Baden-Württemberg – 13 110 Ew. – Höhe 183 m – Siehe Regionalatlas **48-H16**
Berlin 529 km – Stuttgart 117 km – Würzburg 34 km – Heilbronn 75 km
Michelin Straßenkarte 545

Sankt Michael

Stammbergweg 1 ✉ 97941 – ✆ (09341) 8 49 50 – www.hotel-stmichael.com – geschl. 27. Dezember - 6. Januar
44 Zim – †67/77 € ††100 € – ½ P
Rest – Menü 25 € – Karte 22/45 € – *(geschl. 27. Dezember - 6. Januar und Sonntagabend sowie an Feiertagen abends) (nur Abendessen, sonntags und an Feiertagen auch Mittagessen)*
Das 1891 als Knabenkonvikt erbaute Haus ist heute ein Hotel mit funktionellen Zimmern, das als Integrationsbetrieb für behinderte Menschen geführt wird. Im Restaurant Stammberger kocht man international-saisonal - nette Terrasse zum Garten! Kapelle und Kirche sind auch dabei.

Badischer Hof

Am Sonnenplatz ✉ 97941 – ✆ (09341) 98 80 – www.hotelbadischerhof.de – geschl. 22. Dezember - 11. Januar, 7. - 23. August
27 Zim – †59/69 € ††69/99 € – 1 Suite – ½ P
Rest – Karte 15/25 € – *(geschl. Freitag)*
Der historische Gasthof wurde 1733 erbaut und hat sein traditionelles Erscheinungsbild bewahrt. Bereits seit acht Generationen wird das Haus familiär geführt und bietet funktionale Zimmer sowie ein bürgerliches Restaurant.

In Tauberbischofsheim-Distelhausen Süd: 3 km

Das kleine Amtshotel garni

Amtstr. 2 ✉ 97941 – ✆ (09341) 78 88 – www.das-kleine-amtshotel.de
10 Zim – †60/70 € ††80/100 € – 1 Suite
Das kleine Hotel ist schnell ausgebucht. Kein Wunder, denn die Skazels sind wirklich nette Gastgeber. Dazu kommen moderne Zimmer, gutes Frühstück und kostenloser Fahrradverleih! Etwas Besonderes sind Bier-Hefe- und Bier-Hopfen-Bäder im Holzzuber - oder vereinbaren Sie doch eine Bierdegustation mit dem Chef!

TAUBERRETTERSHEIM – Bayern → Siehe Weikersheim

TAUFKIRCHEN (VILS)

Bayern – 8 980 Ew. – Höhe 466 m – Siehe Regionalatlas **58-N19**

Berlin 581 km – München 58 km – Regensburg 87 km – Landshut 26 km

Michelin Straßenkarte 546

Am Hof garni

Hierlhof 2 ✉ 84416 – ✆ (08084) 9 30 00 – www.hotelamhof.de

28 Zim – 59/120 € 89/150 €

In der 1. Etage liegt das freundlich-charmant geführte kleine Hotel. Die Zimmer sind schön modern, aktuell auch die Technik, teilweise mit Balkon. Am Morgen gibt es ein gutes Frühstücksbuffet und auf Vorbestellung auch Halbpension im Restaurant Kulinaria nebenan. Die Tiefgarage nutzen Sie kostenfrei.

In Taufkirchen-Hörgersdorf Süd-West: 8,5 km über B 15

Landgasthof Forster

Hörgersdorf 23 ✉ 84416 – ✆ (08084) 23 57 – www.landgasthof-forster.de – geschl. August - September 2 Wochen und Montag - Dienstag

Menü 28/70 € – Karte 32/47 € – *(nur Abendessen außer Sonntag und an Feiertagen)*

Ein durch und durch sympathisches Haus: Alois Forster kocht ohne große Schnörkel, aber mit Geschmack und frischen Produkten, ein schönes Beispiel ist "Schweinefilet mit Cremolata, Artischocken, Kartoffelgratin". Umsorgt wird man von seiner herzlichen Frau Friederike, und zwar in hübschem ländlichem Ambiente.

TAUNUSSTEIN

Hessen – 28 970 Ew. – Höhe 343 m – Siehe Regionalatlas **47-E14**

Berlin 574 km – Wiesbaden 13 km – Darmstadt 66 km – Mainz 31 km

Michelin Straßenkarte 543

In Taunusstein-Neuhof

Légère garni

Heinrich-Hertz-Str. 2 ✉ 65232 – ✆ (06128) 60 98 10 – www.legere-hotels-online.com – geschl. Weihnachten - Neujahr

31 Zim – 86/96 € 91/96 €, 10 €

Eines der modernsten Hotels in der Gegend! Innovativ und klimatisiert, bieten die Zimmer top Technik, geradliniges und doch wohnliches Design, offene Bäder, Minibar gratis. Dazu Snacks gegen den kleinen Hunger. Sie sind übrigens in prominenter Gesellschaft: Überall im Haus ist die deutsche Politik-, Business- und Kunstszene in Form von großen Fotodrucken vertreten.

TECKLENBURG

Nordrhein-Westfalen – 9 160 Ew. – Höhe 200 m – Siehe Regionalatlas **27-E9**

Berlin 442 km – Düsseldorf 160 km – Bielefeld 77 km – Münster (Westfalen) 28 km

Michelin Straßenkarte 543

In Tecklenburg-Brochterbeck West: 6,5 km

Teutoburger Wald

Im Bocketal 2 ✉ 49545 – ✆ (05455) 9 30 00 – www.ringhotel-teutoburger-wald.de – geschl. 20. - 25. Dezember

42 Zim – 85/135 € 125/156 € – 1 Suite – ½ P

Rest – Menü 22/45 € – Karte 30/47 € – (Tischbestellung erforderlich)

Dass man sich bei Familie Kerssen wohlfühlt, hat seinen Grund: Das Haus wird engagiert geführt und stetig verbessert, die Zimmer sind wohnlich, die Mitarbeiter herzlich... Im Sommer zieht es die Gäste in den schönen Garten mit Teich. Tipp: Lassen Sie sich nachmittags den hausgemachten Kuchen schmecken!

TEGERNSEE

Bayern – 3 890 Ew. – Höhe 747 m – Siehe Regionalatlas **66-M21**

Berlin 642 km – München 53 km – Garmisch-Partenkirchen 75 km – Bad Tölz 19 km

Michelin Straßenkarte 546

Leeberghof

Ellingerstr. 10 ✉ 83684 – ✆ (08022) 18 80 90 – www.leeberghof.de – geschl. 7. Januar - 5. Februar
15 Zim – 110/135 € 175/220 € – 4 Suiten – ½ P
Rest *Leeberghof* – siehe Restaurantauswahl
In dem individuellen kleinen Haus werden Sie sich nicht sattsehen können an dem Blick von oben auf den See! Aber auch der überaus freundliche Service, die schöne Einrichtung und das sehr gute Frühstück sind Gründe, hier zu übernachten!

Villa am See

Zim,

Schwaighofstr. 53 ✉ 83684 – ✆ (08022) 18 77 00 – www.schwingshackl-esskultur.de – geschl. November 2 Wochen, Februar 2 Wochen
12 Zim – 95 € 180/250 € – ½ P
Rest *Schwingshackl ESSKULTUR* – siehe Restaurantauswahl
Rest *Bistro* – Karte 31/40 €
Nicht nur toll essen, auch schön wohnen kann man unter Schwingshackl'scher Leitung. Famos der Blick auf den Tegernsee, geschmackvoll und hochwertig die Zimmer (fast alle mit Whirlwanne oder eigener Sauna), überaus einladend der Badesteg... Im Sommer hat man direkt am Wasser das Bistro mit einfacher Karte, im Winter sitzt man im Hotel in der Stube.

Schwingshackl ESSKULTUR – Hotel Villa am See

Schwaighofstr. 53 ✉ 83684 – ✆ (08022) 7 06 19 20 – www.schwingshackl-esskultur.de – geschl. November 2 Wochen, Februar 2 Wochen und Dienstag - Mittwoch
Menü 69/120 € – *(Montag - Freitag nur Abendessen)* (Tischbestellung ratsam)
Kulinarische und visuelle Genüsse gehen hier Hand in Hand: Auf dem Teller die elegante klassische Küche von Erich Schwingshackl, durch die große Fensterfront blickt man auf den See direkt vor dem Haus! Nicht minder angenehm ist der äußerst freundliche Service durch Gastgeberin und Sommelière Katharina Krauß.
→ Norwegische Jakobsmuschel mit Avocado und Ingwer. Lammrücken mit schwarzem Knoblauch, Paprika und Bohnen. Milchschokolade mit Zitrone und Erdnüssen.

Leeberghof – Hotel Leeberghof

Ellingerstr. 10 ✉ 83684 – ✆ (08022) 18 80 90 – www.leeberghof.de – geschl. 7. Januar - 5. Februar und Montag, außer an Feiertagen
Menü 72/80 € – Karte 30/51 €
Man findet hier kaum einen angenehmeren Ort als auf der Terrasse hoch oben über dem See! Bei schlechtem Wetter bietet man drinnen aber eine wirklich gemütliche Alternative. Mittags einfachere bayerische Karte, am Abend feine saisonale Küche.

TEINACH-ZAVELSTEIN, BAD

Baden-Württemberg – 2 960 Ew. – Höhe 391 m – Siehe Regionalatlas **54-F18**
Berlin 669 km – Stuttgart 56 km – Karlsruhe 64 km – Pforzheim 37 km
Michelin Straßenkarte 545

Im Stadtteil Bad Teinach

Bad-Hotel

Otto-Neidhart-Allee 5 ✉ 75385 – ✆ (07053) 2 90 – www.bad-hotel.de
54 Zim – 78/125 € 150/180 € – 4 Suiten – ½ P
Rest – Menü 22/49 € – Karte 28/55 €
Ein denkmalgeschütztes Traditionshaus mit elegantem Rahmen, wertigen Zimmern in klassischem Stil sowie Kosmetikangebot. Zur Therme nebenan hat man direkten Zugang. Die Gastronomie: Quellenrestaurant mit Reiter- und Jagdzimmer, dazu die nette Kaminbar und die gemütlich-rustikale Brunnen-Schenke. Ein Highlight ist der über 6 m hohe festliche Residenzsaal!

Im Stadtteil Zavelstein

Berlins Hotel KroneLamm (mit Gästehaus)

Marktplatz 2 ✉ *75385* – ✆ *(07053) 9 29 40 – www.berlins-hotel.de*
Zim, Zim,

59 Zim – 84/115 € 148/228 € – 3 Suiten – ½ P

Rest *Gourmetrestaurant Berlins Krone* – siehe Restaurantauswahl

Rest – Menü 28/38 € – Karte 26/43 €

Dank engagierter Führung kann man dem Gast hier so einiges bieten: Wellnessfans kommen auf 1600 qm auf ihre Kosten, Wohnkomfort gibt es von "Talblick" über "Katharinenplaisir" und "Burgherrengemach" bis hin zur "Jungbrunnensuite" und auch kulinarisch gibt es Abwechslung: gehobene Küche, schwäbische Gerichte oder darf es vielleicht auch mal etwas Herzhaftes in der 1 km entfernten Wanderhütte sein?

Gourmetrestaurant Berlins Krone – Berlins Hotel KroneLamm

Marktplatz 2 ✉ *75385* – ✆ *(07053) 9 29 40 – www.berlins-hotel.de*
– geschl. 7. - 20. Januar, 27. Juli - 18. August und Montag - Dienstag

Menü 90/125 € – Karte 69/86 € – *(Mittwoch - Samstag nur Abendessen)* (am Wochenende Tischbestellung ratsam)

Eine schöne Alternative zum Restaurant "Lamm" sind die gemütlich-eleganten Räume in der "Krone": Franz Berlin gibt hier drei verschiedene Menüs zum Besten, allesamt produktbezogen, mit moderner Note und wirklich schmackhaft. In Sachen Wein sind Sie bei seinem Bruder Roland, seines Zeichens Sommelier, in fachkundigen Händen.

→ Geangelter Zander mit Kraut, Apfel und Blutwurst. Geröstete Oktopusessenz mit Sankt Pierre Sashimi, Queller und Brunnenkresse. Hirschrücken mit Fichtennadeln geraucht, Rosenkohl, Macadamianuss und Kumquat.

TEISENDORF

Bayern – 9 160 Ew. – Höhe 501 m – Siehe Regionalatlas **67-O21**
Berlin 717 km – München 126 km – Salzburg 22 km – Linz 155 km
Michelin Straßenkarte 546

In Teisendorf-Holzhausen

Gut Edermann

Holzhausen 2 ✉ *83317* – ✆ *(08666) 9 27 30 – www.gut-edermann.de*

50 Zim – 72/96 € 89/116 € – ½ P

Rest *MundArt* – siehe Restaurantauswahl

In diesem Traditionshaus hat sich einiges getan, denn das ehemalige Kurhotel wurde zu einem wirklich geschmackvollen, wohnlichen und komfortablen Hotel. Individuelle Zimmer locken ebenso wie der große Wellnessbereich und natürlich die tolle Lage mit entsprechender Aussicht!

MundArt – Hotel Gut Edermann

Holzhausen 2 ✉ *83317* – ✆ *(08666) 9 27 30 – www.gut-edermann.de – geschl. Dienstag - Mittwoch*

Karte 27/52 €

Das Restaurant des "Gut Edermann" hat zwei Gesichter: Eines ist das modern designte "MundArt", das andere die gemütlich-rustikale "Bauernstubn". Marcus Werner kocht schmackhaft und ambitioniert - probieren Sie doch mal die Landente oder regionale Desserts wie "Zwetschgenkoch mit Vanilleeis"! Schöne Terrasse.

TEISNACH

Bayern – 2 900 Ew. – Höhe 467 m – Siehe Regionalatlas **59-O17**
Berlin 520 km – München 168 km – Passau 73 km – Cham 40 km
Michelin Straßenkarte 546

In Teisnach-Kaikenried Süd-Ost: 4 km über Oed und Aschersdorf

Landromantik Wellnesshotel Oswald Zim,
Am Platzl 2 ✉ 94244 – ✆ (09923) 8 41 00
– www.hotel-oswald.de
60 Zim – 80/150 € 160/300 € – 4 Suiten – ½ P
Rest – Karte 26/47 € – *(nur Abendessen)* (Tischbestellung ratsam)
Ein charmantes und schön eingerichtetes Ferienhotel unter familiärer Leitung. Es erwarten Sie unterschiedlich geschnittene und komfortabel ausgestattete Zimmer und ein hübscher Spa. Freundliches Restaurant mit rustikaler Note.

TEISTUNGEN

Thüringen – 2 490 Ew. – Höhe 200 m – Siehe Regionalatlas **29-J11**
Berlin 306 km – Erfurt 98 km – Göttingen 32 km – Nordhausen 45 km
Michelin Straßenkarte 544

Victor's Residenz-Hotel Teistungenburg Rest,
Klosterweg 6 ✉ 37339 – ✆ (036071) 8 40
– www.victors.de
97 Zim – 85 € 110 € – ½ P
Rest – Menü 25/45 € – Karte 18/41 €
Das Tagungs- und Wellnesshotel bietet neben wohnlich-funktionalen Zimmern zahlreiche Freizeitangebote wie "Bäderwelt", Squash, Fitness und Kosmetik sowie Fahrradverleih. Internationale Küche im freundlichen Restaurant mit schöner Terrasse.

TELGTE

Nordrhein-Westfalen – 19 120 Ew. – Höhe 50 m – Siehe Regionalatlas **27-E9**
Berlin 446 km – Düsseldorf 149 km – Bielefeld 64 km – Münster (Westfalen) 12 km
Michelin Straßenkarte 543

Heidehotel Waldhütte
Im Klatenberg 19 (Nord-Ost: 3 km, über die B 51) ✉ 48291 – ✆ (02504) 92 00
– www.heidehotel-waldhuette.de
33 Zim – 69/89 € 99/127 € – ½ P
Rest *Heidehotel Waldhütte* – siehe Restaurantauswahl
Wie könnte man dem hübschen ehemaligen Bauernhaus und der Idylle hier besser Rechnung tragen als mit rustikalem Charme, einer schönen großen Gartenanlage (sehenswert die Skulpturen-Ausstellung!) sowie Pferdeboxen und Weide für Gastpferde? Und für Radfahrer bietet man Leihfahrräder nebst Kartenmaterial.

Heidehotel Waldhütte – Heidehotel Waldhütte
Im Klatenberg 19 (Nord-Ost: 3 km, über die B 51) ✉ 48291 – ✆ (02504) 92 00
– www.heidehotel-waldhuette.de
Menü 40 € – Karte 27/50 €
Ländliche Gemütlichkeit in Form von freigelegtem Fachwerk, Kamin und Deko schafft einen schönen Rahmen für aufmerksamen klassischen Service sowie westfälische und internationale Küche (auch kleine Portionen möglich). Wunderbar sitzt es sich im Sommer nach einer Radtour auf der ruhig gelegenen Terrasse!

Telgter Hof mit Zim Rest,
Münsterstr. 29 ✉ 48291 – ✆ (02504) 8 89 62 60 – www.telgter-hof.com – geschl. Montag
12 Zim – 55 € 85 € – ½ P Karte 20/41 €
Thomas und Sabine Buschhoff haben hier eine der ältesten Gaststätten der Stadt schön modern saniert. Das Ergebnis: ein gemütlich-zeitgemäßer Schankraum und daran angeschlossen ein geradlinig gestaltetes Restaurant samt Terrasse - überall gibt es frische und schmackhafte saisonal-internationale Küche. Und für die Nacht vielleicht eines der freundlichen Gästezimmer?

In Ostbevern Nord-Ost: 7 km über B 51

Beverhof
Hauptstr. 35 ✉ 48346 – ✆ (02532) 51 62 – www.beverhof.de
13 Zim – 🚹43/45 € 🚹🚹65/69 € – 1 Suite – ½ P
Rest – Menü 13 € (mittags) – Karte 16/33 € – *(geschl. Montag) (Dienstag - Samstag nur Abendessen)*
Hier arbeitet die ganze Familie mit, entsprechend persönlich ist die Atmosphäre! Auch Fahrradtouristen schätzen die gepflegten Zimmer und die fairen Preise - und nach der Radtour gibt es bürgerlich-regionale Küche.

TEMPLIN
Brandenburg – 16 460 Ew. – Höhe 60 m – Siehe Regionalatlas **23-P6**
Berlin 75 km – Potsdam 127 km – Neubrandenburg 81 km – Neuruppin 75 km
Michelin Straßenkarte 542

Am Großdöllner See Süd-Ost: 22 km über Ahrensdorf und B 109

Döllnsee-Schorfheide
Rest,
Döllnkrug 2 ✉ 17268 Groß Dölln – ✆ (039882) 6 30 – www.doellnsee.de
124 Zim – 🚹75/105 € 🚹🚹100/140 € – 2 Suiten – ½ P
Rest – Menü 25/60 € – Karte 20/41 €
Das in klassischem Stil eingerichtete Hotel liegt ruhig auf einem großzügigen Grundstück am Waldrand mit direktem Seezugang. In der "Wellness Lounge" bietet man Beauty-Anwendungen. Restaurant mit internationaler Küche.

In Tempelin-Storkow Süd: 11km über B 109, in Hammelspring links abbiegen

Villa Morgentau garni
Burgwaller Str. 2 ✉ 17268 – ✆ (03987) 20 80 80 – www.villa-morgentau.de
5 Zim – 🚹90/105 € 🚹🚹130/145 €
Geschmackvoll wohnen und schön relaxen? Das engagiert geführte kleine Hotel liegt reizvoll im Wald, bietet wohltuende Massagen und Kosmetikanwendungen und hat für seine Gäste gemütlich-elegante, individuell eingerichtete kleine Bungalows auf einem 11 ha großen Parkgrundstück mit Zugang zum Badesee!

TENGEN
Baden-Württemberg – 4 610 Ew. – Höhe 614 m – Siehe Regionalatlas **62-F21**
Berlin 760 km – Stuttgart 131 km – Konstanz 58 km – Villingen-Schwenningen 25 km
Michelin Straßenkarte 545

In Tengen-Blumenfeld Ost: 2 km über B 314

Bibermühle
Untere Mühle 1 ✉ 78250 – ✆ (07736) 9 29 30 – www.bibermuehle.de – geschl. 9. - 26. Februar
31 Zim – 🚹63 € 🚹🚹108/126 € – ½ P
Rest *Bibermühle* – siehe Restaurantauswahl
Hier wurde eine Wassermühle a. d. 12. Jh. zum Hotel erweitert. Genießen Sie die schöne ruhige Lage etwas abseits! Das passt zur Idylle: Man hat einen Forellenteich und ein Damwildgehege.

Bibermühle – Hotel Bibermühle
Untere Mühle 1 ✉ 78250 – ✆ (07736) 9 29 30 – www.bibermuehle.de – geschl. 9. - 26. Februar
Menü 42 € – Karte 32/60 €
Drinnen wie draußen ein romantisches Kleinod: der historische Rahmen des Mühlengebäudes, rustikaler Charme, die hübsche Terrasse beim Wasserfall... Die Küche ist international, natürlich bekommt man auch Forelle aus dem Mühlenteich.

In Tengen-Wiechs Süd: 7 km über Schwarzwaldstraße

Gasthof zur Sonne
Hauptstr. 57 ✉ 78250 – ✆ (07736) 75 43 – www.sonne-wiechs.de
– geschl. Februar 3 Wochen und Montag - Dienstag
Menü 34/58 € – Karte 29/45 €
Unweit der Schweizer Grenze kann man bei gemütlich-ländlichem Flair gut essen: regional-saisonal und mit mediterranem Einschlag. Chef Egbert Tribelhorn kocht, leitet den Service und empfiehlt vieles mündlich. Drei einfache Gästezimmer.

TETEROW

Mecklenburg-Vorpommern – 9 020 Ew. – Höhe 10 m – Siehe Regionalatlas **13-N4**
Berlin 182 km – Schwerin 92 km – Neubrandenburg 55 km – Rostock 58 km
Michelin Straßenkarte 542

In Teterow-Teschow Nord-Ost: 5 km

Landhotel Schloss Teschow
Zim,
Gutshofallee 1 ✉ 17166 – ✆ (03996) 14 00
– www.schloss-teschow.de
93 Zim – †97/119 € ††114/158 € – 5 Suiten – ½ P
Rest ***Conrad*** – siehe Restaurantauswahl
Rest ***Gutsschänke von Blücher*** – Karte 17/38 € – *(geschl. Dienstag - Mittwoch)* *(Montag - Freitag nur Abendessen)*
Wohnliche Eleganz in einem schönen Gebäude-Ensemble im Grünen - ein Anwesen wie gemacht für Golfer. Herrschaftlich ist das Interieur im Schlossteil. Rustikale Gutsschänke mit regional-saisonaler Küche. Kleiner Hofladen.

Conrad – Hotel Schloss Teschow
Gutshofallee 1 ✉ 17166 – ✆ (03996) 14 00 – www.schloss-teschow.de
Menü 30/43 € (abends) – Karte 20/39 €
Ob im blauen oder im roten Salon, dank des vornehmen, herrschaftlichen Ambientes spüren Sie als Gast das Schloss-Flair! In der Küche legt man Wert auf regionale Zutaten.

TETTNANG

Baden-Württemberg – 18 650 Ew. – Höhe 466 m – Siehe Regionalatlas **63-H21**
Berlin 714 km – Stuttgart 160 km – Konstanz 35 km – Kempten (Allgäu) 65 km
Michelin Straßenkarte 545

Rad
Rest,
Lindauer Str. 2 ✉ 88069 – ✆ (07542) 54 00 – www.hotel-rad-tettnang.de
69 Zim – †69/80 € ††94/135 € – ½ P
Rest – Menü 18/40 € – Karte 26/42 €
In diesem gepflegten Haus in zentraler Lage in der Stadtmitte sind die Zimmer teilweise etwas älter, aber alle sehr gut unterhalten und wohnlich. Holztäfelung und Kachelofen machen es im Restaurant gemütlich, auf der Karte regionale Spezialitäten.

In Tettnang-Kau West: 3 km Richtung Friedrichshafen, in Pfingstweide links

Lamm im Kau
Sängerstr. 50 ✉ 88069 – ✆ (07542) 47 34 – www.lamm-im-kau.de
– geschl. Oktober 2 Wochen, 24. - 30. Dezember und Montag
Menü 15 € (mittags) – Karte 28/51 € – (Tischbestellung erforderlich)
In der ehemaligen Bäckerei kocht Reinhard Kiechle frische und wohlschmeckende regionale Gerichte für Sie, die sich z. B. "Ziegenkäseparfait mit Rote-Beete-Carpaccio" oder "knuspriger Bodenseekretzer mit Kartoffelsalat" nennen! Zur wirklich netten Atmosphäre hier trägt auch die herzliche Chefin im Service bei - natürlich auch auf der schönen Terrasse vor dem Haus!

THANNHAUSEN

Bayern – 5 930 Ew. – Höhe 499 m – Siehe Regionalatlas **64-J20**
Berlin 591 km – München 113 km – Augsburg 36 km – Ulm (Donau) 59 km
Michelin Straßenkarte 546

Schreiegg's Post Rest,

Postgasse 1 ✉ 86470 – ✆ (08281) 9 95 10 – www.schreieggs-post.de – geschl. 3. - 7. Januar
13 Zim – 97/105 € 138/185 € – 2 Suiten – ½ P
Rest – Menü 40/67 € – Karte 34/48 € – *(geschl. Montag)*
Familie Nicke leitet freundlich das tipptopp gepflegte und stilvoll-behagliche kleine Hotel in dem hübschen jahrhundertealten Gasthaus. Saunabereich mit Blick über die Stadt, leckeres Frühstück und schöne Restaurantstuben von elegant bis rustikal - dazu der lauschige Kastaniengarten!

THIERHAUPTEN

Bayern – 3 780 Ew. – Höhe 430 m – Siehe Regionalatlas **57-K19**
Berlin 550 km – München 86 km – Augsburg 29 km – Donauwörth 27 km
Michelin Straßenkarte 546

Klostergasthof

Augsburger Str. 3 ✉ 86672 – ✆ (08271) 8 18 10 – www.hotel-klostergasthof.de
46 Zim – 68/79 € 99 € – ½ P
Rest – Karte 22/41 € – *(geschl. Sonntagabend sowie an Feiertagen abends)*
Das einstige Sudhaus des Klosters ist ein zeitgemäßes Hotel mit praktischen Zimmern und Maisonetten, das vor allem Tagungsgäste schätzen. Frühstück im schönen Gewölbesaal.

THOLEY

Saarland – 12 740 Ew. – Höhe 400 m – Siehe Regionalatlas **45-C16**
Berlin 718 km – Saarbrücken 37 km – Trier 62 km – Birkenfeld 25 km
Michelin Straßenkarte 543

Hotellerie Hubertus Zim,

Metzer Str. 1 ✉ 66636 – ✆ (06853) 9 10 30 – www.hotellerie-hubertus.de
17 Zim – 45/65 € 85/110 € – ½ P
Rest *Hotellerie Hubertus* – siehe Restaurantauswahl
Rest *Palazzo* – Menü 35 € – Karte 24/51 € – *(geschl. Montag, Dienstag, Samstagmittag)*
In dem kleinen Familienbetrieb beim Rathaus kann man gepflegt wohnen und gut essen. Neben dem Gourmetrestaurant hat man das Palazzo mit mediterraner Küche. Tipp: Am Nachmittag gibt es hausgebackenen Kuchen der Seniorchefin! Wer's geschichtlich mag: Es sind nur wenige Schritte zu Bediktinerabtei und St. Mauritius Kirche mit schönem Barockgarten, in dem man tagsüber herrlich entspannen kann.

Gästehaus St. Lioba garni

Im Kloster 3 ✉ 66636 – ✆ (06853) 91 04 23 – www.abtei-tholey.de
16 Zim – 60/90 € 80/110 €, 9 €
Das sehenswerte schmiedeeiserne Tor wird Ihnen sofort ins Auge stechen... Die Benediktinermönche der alten Klosteranlage laden zum Übernachten ein. Gemütlich-moderne Zimmer mit wohnlichen Farben und guter Technik, dazu eine kleine Speisenauswahl sowie Kaffee und Kuchen auf der Terrasse mit Blick übers Tal und in den Klostergarten - wahrlich ein Ort der Besinnung.

Hotellerie Hubertus – Hotel Hotellerie Hubertus

Metzer Str. 1 ✉ 66636 – ✆ (06853) 9 10 30 – www.hotellerie-hubertus.de – geschl. Montag - Dienstag, Samstagmittag
Menü 68/98 € – Karte 69/84 € – *(nur Abendessen)* (Tischbestellung ratsam)
Nicht nur im Saarland kennt man Josef Hubertus für seine ambitionierte klassisch-französische Küche - seit über 35 Jahren kommt er damit bei seinen Gästen unverändert gut an. Und auch das Ambiente hat seinen Reiz: Der offene Kamin und das mächtige Kreuzgewölbe sind schön anzuschauen.

THUMBY

Schleswig-Holstein – 470 Ew. – Höhe 25 m – Siehe Regionalatlas **2-I2**
Berlin 397 km – Kiel 50 km – Flensburg 61 km – Schleswig 34 km
Michelin Straßenkarte 541

In Thumby-Sieseby West: 3 km

Schlie-Krog

Dorfstr. 19 ✉ 24351 – ✆ (04352) 25 31 – www.schliekrog.de – geschl. Montag
Menü 40 € – Karte 32/65 € – (Tischbestellung ratsam)
Mit all seinen reetgedeckten Häusern ist Sieseby eines der schönsten Dörfer der Region. Mittendrin das Traditionshaus von Renate und Peter Möller: gemütlich-elegante Stuben und frische regionale Küche. Zwei Appartements zum Übernachten.

THUMSEE – Bayern ➜ Siehe Reichenhall, Bad

THYRNAU

Bayern – 4 190 Ew. – Höhe 455 m – Siehe Regionalatlas **60-Q19**
▶ Berlin 617 km – München 202 km – Passau 10 km – Regensburg 128 km
Michelin Straßenkarte 546

In Thyrnau-Hundsdorf Nord-Ost: 2 km

Parkschlössl

Rest,
Hundsdorf 20a ✉ 94136 – ✆ (08501) 92 20 – www.hotel-parkschloessl.de
45 Zim – 70/80 € 140/150 € – 6 Suiten – ½ P
Rest – Menü 19/28 € – Karte 18/33 € – *(nur Abendessen)*
Das Hotel befindet sich in ruhiger dörflicher Lage am Rande des Bayerischen Waldes. Wohnliche Zimmer mit italienischen Möbeln und geräumigem Bad, Wellness im Beautyschlössl. Elegant ist das Ambiente im Restaurant mit großer Fensterfront.

TIEFENBRONN

Baden-Württemberg – 5 300 Ew. – Höhe 432 m – Siehe Regionalatlas **55-F18**
▶ Berlin 646 km – Stuttgart 39 km – Karlsruhe 45 km – Pforzheim 15 km
Michelin Straßenkarte 545

Ochsen-Post

✉ 75233 – ✆ (07234) 9 54 50 – www.ochsen-post.de
27 Zim – 60/120 € 72/132 € – 5 Suiten
Rest *Bauernstuben* – siehe Restaurantauswahl
Seit sage und schreibe 24 Generationen ist der Gasthof im Familienbesitz! Und jede hat bewusst den regionstypischen Charme des Fachwerkhauses erhalten. Hätten Sie gerne ein Himmelbett im Zimmer? Oder vielleicht einen Kachelofen? Egal, welches Zimmer Sie nehmen, die schöne Frühstücksauswahl ist Ihnen gewiss! Im Restaurant Ochsen-Post bietet man für Gruppen ein gehobenes Menü.

Bauernstuben – Hotel Ochsen-Post

Franz-Josef-Gall-Str. 13 ✉ 75233 – ✆ (07234) 9 54 50 – www.ochsen-post.de – geschl. Sonntag
Menü 23 € (mittags)/54 € – Karte 27/75 €
Ausgesprochen reizend und urig-heimelig ist es hier: rustikales Holz, liebenswerte Accessoires wie bäuerliche Küchenutensilien... Man sitzt an wertig eingedeckten Tischen, flott der junge Service und auch die Chefin ist präsent. Richtig gut z. B."Ochse vorne und hinten mit Spätzle und Kartoffel-Gurkensalat" - das Fleisch kommt übrigens aus der eigenen Trockenreifung.

In Tiefenbronn-Mühlhausen Süd-Ost: 4 km

Arneggers Adler (mit Gästehaus)

Tiefenbronner Str. 20 ✉ 75233 – ✆ (07234) 95 35 30 – www.arneggers-adler.de – geschl. 2. - 12. Januar
23 Zim – 64 € 78/108 €, 6 € – ½ P
Rest *Arneggers Adler* – siehe Restaurantauswahl
Die helle Fassade mit den grün-weißen Fensterläden ist schon ein Hingucker, stattlich die überdachte Zufahrt! Schön wohnlich sind die Zimmer alle, ein bisschen was Besonderes sind aber die gemütlichen Giebel-Juniorsuiten im Haupthaus! Und wer's gerne chic-modern hat, bucht ein Zimmer im Gästehaus. Ein sehr gepflegtes Haus mit fairen Preisen.

XX **Arneggers Adler** – Hotel Arneggers Adler

Tiefenbronner Str. 20 ✉ 75233 – ✆ (07234) 95 35 30 – www.arneggers-adler.de – geschl. 2. - 12. Januar und Montag

Menü 26/47 € – Karte 28/48 €

Gastgeberin Melanie Arnegger-Becker ist bereits die 5. Generation in diesem Familienbetrieb, und sie steht hier auch am Herd, wo sie Regionales wie "Sauerbraten von der Wildschweinkeule mit Waldpilzen, gebratenem Zwiebellauch und Kartoffelknödelchen", aber auch internationale Speisen zubereitet. Und es gibt auch eine "Spesenkarte" mit günstigeren Gerichten - ein guter Tipp für Businessgäste.

Im Würmtal West: 4 km Richtung Würm

XX **Häckermühle** mit Zim — Rest,

Im Würmtal 5 ✉ 75233 Tiefenbronn – ✆ (07234) 42 46 – www.haecker-muehle.de – geschl. 2. - 8. Januar

13 Zim – 60/70 € 85/95 € – ½ P

Menü 36/60 € – Karte 23/59 € – *(geschl. Montag) (Dienstag - Donnerstag nur Abendessen)* (Tischbestellung ratsam)

Die Forellen kommen aus dem eigenen Becken hinter dem Haus, die Kartoffeln vom Bauern in der Nachbarschaft, das Wild vom hiesigen Jäger... In der ehemaligen Getreidemühle an der Würm legt man großen Wert auf regionale Produkte. Nicht nur drinnen im behaglichen Restaurant sitzt man schön, man hat auch eine idyllischer Terrasse. Sie können hier auch übernachten - die Gästezimmer verfügen meist über einen Balkon mit Blick ins Grüne.

TIMMENDORFER STRAND

Schleswig-Holstein – 8 980 Ew. – Höhe 2 m – Siehe Regionalatlas **11**-**K4**

Berlin 281 km – Kiel 64 km – Schwerin 80 km – Lübeck 27 km

Michelin Straßenkarte 541

Grand Hotel Seeschlösschen — Rest, Rest,

Strandallee 141 ✉ 23669 – ✆ (04503) 60 11 – www.seeschloesschen.de

125 Zim – 150/269 € 190/309 € – 13 Suiten – ½ P

Rest *Panorama* – siehe Restaurantauswahl

Rest *Bistro Noblesse* – Karte 31/64 €

Lust auf Penthouse-Feeling? Reichlich Komfort und das Nonplusultra an Aussicht erlebt man in der 9. Etage! Noch ein Trumpf des Hauses ist die Spa-Vielfalt auf rund 2000 qm: Meerwasser-Außenpool, Ruheraum mit Ostseeblick, Ayurveda... Und das Meer haben Sie direkt vor der Tür! Neben dem Restaurant Panorama gibt es noch das Bistro Noblesse mit Seeterrasse als Highlight.

Landhaus Carstens (mit Gästehaus)

Strandallee 73 ✉ 23669 – ✆ (04503) 60 80 – www.landhauscarstens.de

32 Zim – 125/145 € 180/250 € – 1 Suite – ½ P

Rest – Menü 35 € – Karte 29/42 €

Schön wohnt man hier direkt an der Promenade hinter dem Strand, und zwar in klassischen Zimmern - verteilt auf das nordische Landhaus und die moderne Dependance. Zum Essen sitzt man bei schönem Wetter am besten auf der Gartenterrasse. Noch ein Vorteil des Hauses: Zum Strand ist es nur ein Katzensprung.

Park-Hotel garni

Am Kurpark 4 ✉ 23669 – ✆ (04503) 6 00 60 – www.park-hotel-timmendorf.de

25 Zim – 68/100 € 111/162 €

Die um einen Anbau erweiterte denkmalgeschützte Villa direkt am Kurpark beherbergt wohnlich eingerichtete Gästezimmer. Vor dem Haus befindet sich eine nette Terrasse.

Orangerie
Strandallee 73 ✉ 23669 – ✆ (04503) 6 05 24 24
– www.orangerie-timmendorfer-strand.de – geschl. Februar, 16. - 29. November und Montag - Dienstag
Menü 75 € (vegetarisch)/119 € – Karte 80/92 € – *(nur Abendessen, sonntags auch Mittagessen)*
Lutz Niemann kocht eine klassische Küche, die den Zeitgeist trifft, ohne modischen Trends hinterherzulaufen. Die Gerichte überzeugen durch Aroma und geschmackliche Finesse. In dem eleganten Restaurant sorgt ein aufmerksames, eingespieltes Team unter dem langjährigen Sommelier Ralf Brönner für einen reibungslosen Ablauf.
→ Salat von bretonischem Hummer mit Melone und Avocado. Seezunge in Kerbelbutter gebraten mit grünem Spargel und Sauce Mousseline. Müritz Lamm im Kräuteraroma mit milder Knoblauchjus und grünen Bohnen.

Panorama – Grand Hotel Seeschlösschen
Strandallee 141 ✉ 23669 – ✆ (04503) 60 11 – www.seeschloesschen.de
Menü 46 € (vegetarisch)/89 € – Karte 41/78 € – *(Montag - Freitag nur Abendessen)*
Was erwarten Sie von einem Restaurant mit diesem Namen? Sowohl drinnen in eleganter Atmosphäre als auch draußen auf der Terrasse über dem Strand... eine Aussicht wie ein Postkartenmotiv! Internationale Karte mit guter Fischauswahl.

Reethuus
Wohldstr. 25 ✉ 23669 – ✆ (04503) 88 87 90 – www.restaurant-reethus.de
Menü 35/65 € – Karte 35/79 €
Grillgerichte, Salate, regionale Klassiker... das kommt gut an bei den Gästen! Genauso der freundlich-legere Service und die Dünen-Terrasse - nicht ganz leicht, hier im Sommer einen Platz zu ergattern! Aber auch drinnen in dem reetgedeckten alten Haus mit seinem nordischen Charme sitzt man richtig angenehm.

Sie suchen ein besonderes Hotel für einen sehr angenehmen Aufenthalt?
Reservieren Sie in einem roten Haus: ... .

In Timmendorfer Strand-Niendorf Ost: 1,5 km über B 76

Strandhotel Miramar
Strandstr. 59 ✉ 23669 – ✆ (04503) 80 10 – www.strandhotel-miramar.de
– geschl. 6. - 31. Januar
34 Zim – 85/119 € 110/218 € – 2 Suiten – ½ P
Rest *Meereszeit* – Menü 25/32 € – Karte 31/42 € – *(nur Abendessen)*
Hinter der weißen Klinkerfassade dieses Hotels direkt am Strand erwarten die Gäste gut gepflegte Zimmer. Das Restaurant "Meereszeit" bietet neben regionaler und internationaler Küche auch einen schönen Blick auf Dünen und Meer!

Am Golfplatz West: 2 km

Golfresidenz (mit Gästehaus)
Am Golfplatz 3, (Oeverdiek) ✉ 23669 Timmendorfer Strand – ✆ (04503) 70 44 00
– www.gc-timmendorf.de
28 Zim – 55/129 € 110/158 €, 14 € – ½ P **Rest** – Karte 16/37 €
Den Golfplatz direkt vor der Tür und schon beim Frühstück von der Balkonterrasse auf die Fairways und den Oeverdieker See schauen... das lässt Golferherzen höher schlagen!

TITISEE-NEUSTADT
Baden-Württemberg – 11 860 Ew. – Höhe 849 m – Siehe Regionalatlas **62**-E21
Berlin 780 km – Stuttgart 160 km – Freiburg im Breisgau 33 km – Donaueschingen 32 km
Michelin Straßenkarte 545

Im Ortsteil Titisee

Treschers Schwarzwaldhotel
Rest, Rest,
Seestr. 10 ✉ 79822 – ✆ (07651) 80 50
– www.schwarzwaldhotel-trescher.de
83 Zim – 117/165 € 136/210 € – ½ P
Rest – Menü 43 € (abends) – Karte 23/50 €
Den See hat man hier praktisch immer im Blick. Besonders attraktiv ist der Seeflügel mit seinem Mix aus Klassik und Moderne. Ebenso chic (mit Naturstein) sind Hallenbad und Saunabereich, herrlich der Außenpool zum See, davor das private Strandbad! Tolle Restaurantterrasse direkt oberhalb des Titisees.

Bären (N)
Zim, Rest,
Neustädter Str. 35 ✉ 79822 – ✆ (07651) 80 60 – www.baeren-titisee.de
51 Zim – 140/175 € 210/350 € – ½ P
Rest *Vierthäler* – siehe Restaurantauswahl
Rest *Bärenstube* – Karte 23/49 €
Vom alten "Bären" a. d. J. 1888 ist nur der Name geblieben. Nach einem Brand hat Familie Sauter hier ein topmodernes Feriendomizil geschaffen: wohnliche Lounge, Zimmer von komfortabel bis fast schon luxuriös, ein vielfältiger Spa... In der "Stube" gibt es regionale Klassiker und Bürgerliches, im stylischen "Sauters" hochwertige Küche für Hausgäste, 3/4-Pension inkl.

Seehotel Wiesler (mit Gästehaus)
Strandbadstr. 5 ✉ 79822 – ✆ (07651) 9 80 90
– www.seehotel-wiesler.de – geschl. 18. November - 18. Dezember
36 Zim – 91/180 € 156/230 € – 2 Suiten – ½ P
Rest – Menü 29 € (abends) – Karte 21/37 €
Die Seelage mit eigenem Strandbad ist wirklich optimal, fast alle Zimmer liegen seeseitig. Außerdem ist das Hotel top in Schuss, es wird immer wieder investiert. Buchen Sie z. B. eines der "Life Style"-Zimmer oder das ebenso moderne "Loft-Haus" und gönnen Sie sich "Samt und Seide", "Massagekerzen Ritual" u.v.m. im Spa-Bereich! Sie möchten mit Seeblick speisen? Den hat man auf der großen Restaurantterrasse!

Vierthäler (N) – Hotel Bären
Neustädter Str. 35 ✉ 79822 – ✆ (07651) 80 60 – www.baeren-titisee.de – geschl. Dienstag - Mittwoch
Menü 39/85 € – Karte 38/70 € – *(Montag - Freitag nur Abendessen, außer an Feiertagen)*
Das feine kleine Restaurant trägt den alten Namen Titisees, und auch Fotos von einst erinnern an die "gute alte Zeit". Thomas Sauter bietet klassische Gerichte wie "Dreierlei von der Lachsforelle mit Brioche und Zitronen-Basilikumsorbet".

Im Jostal Nord-West: 6 km ab Neustadt

Jostalstüble
Jostalstr. 60 ✉ 79822 Titisee-Neustadt – ✆ (07651) 91 81 60
– www.jostalstueble.de – geschl. Januar
13 Zim – 55/75 € 100/120 € – 2 Suiten – ½ P
Rest – Menü 15/25 € – Karte 16/43 € – *(geschl. Montag - Dienstagmittag)*
Der typische Schwarzwaldgasthof ist ein netter Familienbetrieb mit wohnlichen Zimmern, darunter zwei geräumige Appartements, sowie Massage- und Kosmetikbereich mit schönem Heubad. Restaurant mit ländlichem Charakter und bürgerlicher Speisekarte.

Im Ortsteil Langenordnach Nord: 5 km

Zum Löwen - Unteres Wirtshaus (mit Gästehaus)
Langenordnach 4 ✉ 79822 – ✆ (07651) 10 64
– www.loewen-titisee.de – geschl. Ende November - Mitte Dezember
20 Zim – 44/59 € 78/118 € – ½ P
Rest – Menü 15/30 € – Karte 16/31 € – *(geschl. Montag)*
Das 400 Jahre alte Haus hat traditionellen Charakter, trotzdem kann man im Gästehaus auch ganz modern wohnen. Hinter dem Haus ein kleiner Bach, ringsum herrliche Schwarzwald-Landschaft - im Winter die Loipe gleich vor der Tür. Bürgerliche Kost in urigen Stuben.

Im Ortsteil Waldau Nord: 10 km

Sonne-Post Rest,

Landstr. 13 ✉ 79822 – ✆ (07669) 9 10 20 – www.sonne-post.de – geschl. Mitte November - Mitte Dezember, Mitte - Ende März

23 Zim – 54/65 € 100/117 € – ½ P

Rest – Menü 20/45 € – Karte 18/52 € – *(geschl. Montag)*

Der Gasthof mit 100-jähriger Familientradition bietet wohnliche Zimmer, die nach Vögeln benannt sind. In den Talzimmern hat man es etwas ruhiger und genießt eine schöne Aussicht. Ein Kachelofen und viel helles Holz machen die Gaststube heimelig.

TITTING

Bayern – 2 640 Ew. – Höhe 447 m – Siehe Regionalatlas **57-L18**

Berlin 485 km – München 119 km – Augsburg 87 km – Ingolstadt 42 km

Michelin Straßenkarte 546

In Titting-Emsing Ost: 4,5 km über Emsinger Straße

Dirsch Rest,

Hauptstr. 13 ✉ 85135 – ✆ (08423) 18 90 – www.hotel-dirsch.de – geschl. 22. - 28. Dezember

97 Zim – 80/150 € 124/200 € – 3 Suiten – ½ P

Rest – Menü 17/69 € – Karte 14/49 €

Ein gut geführtes Hotel in ruhiger dörflicher Lage mit unterschiedlich geschnittenen wohnlichen Gästezimmern, Spa auf 1500 qm und einem großen Tagungsbereich. Fragen Sie nach den besonders hübschen neueren Zimmern im Anbau!

TODTMOOS

Baden-Württemberg – 2 020 Ew. – Höhe 820 m – Siehe Regionalatlas **61-E21**

Berlin 817 km – Stuttgart 201 km – Freiburg im Breisgau 49 km – Donaueschingen 78 km

Michelin Straßenkarte 545

In Todtmoos-Strick Nord-West: 2 km

Rößle (mit Gästehäusern) Zim,

Kapellenweg 2 ✉ 79682 – ✆ (07674) 9 06 60 – www.hotel-roessle.de – geschl. Mitte November - Mitte Dezember

35 Zim – 66/74 € 68/76 € – ½ P **Rest** – Menü 24 € – Karte 20/40 €

Der gewachsene Schwarzwaldgasthof von 1670 ist seit jeher ein Familienbetrieb. Die Zimmer sind schön und individuell gestaltet, besonders beliebt sind die Zimmer im Anbau! Und wie wär's mit etwas Wellness? Massage, Kosmetik, Friseur... Wer im Sommer gern draußen isst, wird die hübsche Gartenterrasse schätzen.

TODTNAU

Baden-Württemberg – 4 880 Ew. – Höhe 659 m – Siehe Regionalatlas **61-D21**

Berlin 800 km – Stuttgart 179 km – Freiburg im Breisgau 32 km – Donaueschingen 56 km

Michelin Straßenkarte 545

In Todtnau-Todtnauberg Nord: 6 km, Richtung Freiburg – Höhe 1 021 m

Mangler

Ennerbachstr. 28 ✉ 79674 – ✆ (07671) 9 69 30 – www.mangler.de – geschl. 16. - 21. Dezember

28 Zim – 79/104 € 138/199 € – ½ P

Rest – Menü 27/36 € – Karte 31/46 €

Die schöne Hanglage ist nur ein Grund, seinen Urlaub hier zu verbringen. Bei Sauna, Beauty & Co. kommt man ebenso zur Ruhe wie in geschmackvollen Zimmern mit Balkon und Talblick oder beim Essen im ländlich-eleganten Restaurant (hier auch die anspruchsvolle Halbpension).

Sonnenalm

Hornweg 21 ✉ 79674 – ✆ (07671) 18 00 – www.hotel-sonnenalm.de – geschl. 8. November - 20. Dezember

13 Zim – 65/73 € 80/122 € – ½ P

Rest – Menü 22 € – *(geschl. Sonntag) (nur Abendessen für Hausgäste)*

Das Haus ist eine sehr gepflegte und sympathisch regionale Adresse, und es hat einen ganz klaren Vorteil: Die Hanglage oberhalb des Dorfes bringt einen unverbaubaren Blick auf Schwarzwald und Schweizer Alpen mit sich!

In Todtnau-Herrenschwand Süd: 14 km über B 317 und Präg – Höhe 1 018 m

der Waldfrieden (N)

Dorfstr. 8 ✉ 79674 – ✆ (07674) 92 09 30 – www.derwaldfrieden.de – geschl. 16. November - 11. Dezember

20 Zim – 45/96 € 88/190 € – 4 Suiten – ½ P

Rest *der Waldfrieden* – siehe Restaurantauswahl

Ein Haus mit zwei Gesichtern! Da ist zum einen der typische Schwarzwaldgasthof mit seinen netten, wohnlichen Zimmern, zum anderen das tolle "spaHaus": Juniorsuiten und Suiten sowie "panoramaSpa", alles in schickem modern-regionalem Look!

der Waldfrieden (N) – Hotel der Waldfrieden

Dorfstr. 8 ✉ 79674 – ✆ (07674) 92 09 30 – www.derwaldfrieden.de – geschl. 16. November - 11. Dezember und Montag - Dienstag

Menü 25/35 € – Karte 23/45 €

In ihren ländlichen "gastStuben" bietet Familie Hupfer - am Herd steht Sohn Volker, der einige gute Adressen hinter sich hat - ein breites Spektrum vom Vesper bis zum "Ragout vom Todtmooser Reh". Probieren Sie z. B. das "Menü des Tages".

TÖLZ, BAD

Bayern – 17 820 Ew. – Höhe 658 m – Siehe Regionalatlas **65**-L21

Berlin 642 km – München 53 km – Garmisch-Partenkirchen 54 km – Innsbruck 97 km

Michelin Straßenkarte 546

Rechts der Isar

Altes Fährhaus mit Zim

An der Isarlust 1 ✉ 83646 – ✆ (08041) 60 30 – www.altes-faehrhaus-toelz.de – geschl. Montag - Mittwoch

5 Zim – 80 € 120 € Menü 55/65 € – Karte 38/62 €

Persönlich und familiär ist die Atmosphäre in dem ehemaligen Fährhaus am idyllischen Isarufer, die Chefin kocht schmackhaft und regional, der Chef leitet den Service - und das bereits seit über 30 Jahren! Terrasse am Fluss unter Kastanienbäumen. Wohnliche Gästezimmer mit Balkon.

Links der Isar

Lindenhof garni

Königsdorfer Str. 24 ✉ 83646 – ✆ (08041) 79 43 40 – www.lindenhof-toelz.de – geschl. 20. - 26. Dezember

9 Zim – 55/70 € 80/90 € – 2 Suiten

Das kleine Hotel ist in einem Haus von 1843 untergebracht. Freundlich die Gastgeberin, sehr nett die recht geräumigen Zimmer in warmen Farben - von einigen schaut man auf die Isar hinter dem Haus. Das Restaurant bietet griechische Küche.

Alexandra garni

Kyreinstr. 13 ✉ 83646 – ✆ (08041) 7 84 30 – www.alexandrahotel.de

20 Zim – 50/98 € 80/128 €

Das kleine Hotel ist eine sympathische persönlich-familiäre Adresse, die behaglich eingerichtet ist. Die meisten Zimmer verfügen über einen Balkon.

In Bad Tölz-Kirchbichl Nord: 6,5 km über Dietramszeller Straße

Jägerwirt
Nikolausz-Rank-Str. 1 ✉ 83646 – ✆ (08041) 95 48 – www.jaegerwirt-kirchbichl.de – geschl. Ende Oktober - Mitte November und Montag, Donnerstag
Karte 23/40 €
Gemütlich-urige Atmosphäre, gutes Essen, faire Preise... Bei Familie Rank kehrt man gerne ein. Neben Vespergerichten und Klassikern wie Bratensülze gibt es auch "geschmortes Kaninchen mit Ravioli" oder "gratinierten Ziegenkäse". Auf Vorbestellung bekommen Sie die beliebten Kalbs- und Schweinshaxen vom Grill!

TORNESCH

Schleswig-Holstein – 12 980 Ew. – Höhe 13 m – Siehe Regionalatlas **10-I5**
Berlin 315 km – Kiel 104 km – Hamburg 33 km – Itzehoe 35 km
Michelin Straßenkarte 541

Esinger Hof garni
Denkmalstr. 7 (Esingen) ✉ 25436 – ✆ (04122) 9 52 70 – www.esingerhof.de
23 Zim – 40/48 € 60/70 €
Eine nette familiäre Pension mit sehr gepflegten, soliden Zimmern und schönem Garten. Praktisch ist die gute Autobahnanbindung. Mit Appartements für Langzeitgäste.

TRABEN-TRARBACH

Rheinland-Pfalz – 5 860 Ew. – Höhe 110 m – Siehe Regionalatlas **46-C15**
Berlin 673 km – Mainz 104 km – Trier 63 km – Bernkastel-Kues 24 km
Michelin Straßenkarte 543

Im Ortsteil Traben

Moselschlösschen Rest,
An der Mosel 15 ✉ 56841 – ✆ (06541) 83 20 – www.moselschloesschen.de – geschl. 6. - 18. Januar
61 Zim – 95/125 € 135/165 € – 4 Suiten – ½ P
Rest – Menü 35/65 € – Karte 30/52 €
Sie wohnen auf einem historischen Anwesen in wunderbarer Lage direkt an der Moselpromade. Sehr geschmackvoll und wertig die Zimmer, modern-elegant das Restaurant mit lichter Orangerie, schön der Spa, toll der Säulenkeller von 1754 für Veranstaltungen. Daneben gibt es noch die Kochschule "Tafelkunst" und eine Vinothek.

Jugendstilhotel Bellevue (mit Gästehäusern)
An der Mosel 11 ✉ 56841 – ✆ (06541) 70 30 – www.bellevue-hotel.de
59 Zim – 95/125 € 140/170 € – 9 Suiten – ½ P
Rest *Clauss-Feist* ✿ **Rest *Belle Epoque*** – siehe Restaurantauswahl
Sie mögen's historisch? Das hübsche Gebäudeensemble mit stilvollem Haupthaus von 1903 lässt Sie an zahlreichen Details den Charme des Jugendstils spüren. Wohnlich und individuell die Zimmer (sehr schön z. B. das geräumige Walzerzimmer im Haus Havenstein), ansprechend der Spabereich und der Dachgarten.

Trabener Hof
Bahnstr. 25, (Eingang Rottmann-Straße) ✉ 56841 – ✆ (06541) 7 00 80 – www.trabener-hof.de
23 Zim – 70/85 € 95/120 € – ½ P
Rest *Cavallerie* – siehe Restaurantauswahl
Lobby, Zimmer, Frühstücksraum... das Stadthaus a. d. J. 1898 hat eine angenehm freundliche und neuzeitliche Einrichtung. Im Zimmer steht für Sie ein kostenfreies Mineralwasser bereit und auch W-Lan nutzen Sie gratis. Nett: der kleine Aufenthaltsraum mit Balkonterrasse.

Clauss-Feist – Jugendstilhotel Bellevue

An der Mosel 11 ✉ 56841 – ✆ (06541) 70 30 – www.bellevue-hotel.de – geschl. Januar, August, November 1 Woche und Dienstag - Mittwoch
Menü 70/106 € – *(nur Abendessen)* (Tischbestellung ratsam)
Die Gourmet-Variante der "Bellevue"-Gastronomie ist ein stilvolles kleines Restaurant, an dessen hochwertig eingedeckten Tischen die feinen, schön angerichteten mediterran-klassischen Speisen von Renato Manzi serviert werden.
➜ Hummer, Pulporisotto, Blumenkohl. Kalbsfilet, Bries-Cannelloni, Karotten-Ingwermousse. Duettino von Manjari.

Belle Epoque – Jugendstilhotel Bellevue

An der Mosel 11 ✉ 56841 – ✆ (06541) 70 30 – www.bellevue-hotel.de
Menü 37 € (abends) – Karte 38/53 € – (Tischbestellung ratsam)
Moselfränkischer Jugendstil mischt sich hier in die Einrichtung und macht das Ambiente interessant. Zudem erfreut man die Gäste mit leckeren internationalen und klassischen Gerichten. Für besondere Anlässe: der schöne "Art Deco Salon".

Cavallerie – Hotel Trabener Hof

Bahnstr. 25 ✉ 56841 – ✆ (06541) 8 18 93 58 – www.restaurant-cavallerie.de – geschl. Januar - Februar und Sonntag
Menü 28/45 € – Karte 34/54 € – *(nur Abendessen)* (Tischbestellung ratsam)
Passend zum historischen Gebäude ist das Restaurant mit eleganter Note im Stil der Jahrhundertwende eingerichtet. Aufmerksam und geschult von der jungen Chefin umsorgt, wählt man hier von einer internationalen Karte.

Im Ortsteil Trarbach

Moseltor

Moselstr. 1 ✉ 56841 – ✆ (06541) 65 51 – www.moseltor.de
9 Zim – 69/95 € 100/140 € – 4 Suiten – ½ P
Rest *Moseltor* – siehe Restaurantauswahl
Sehr gepflegt, familiär geführt und dann noch an der Mosel gelegen... in dem historischen Haus mit Bruchsteinfassade wohnt es sich schön. Wenn Sie sich etwas Besonderes gönnen möchten, buchen Sie die geschmackvoll-moderne "Goethe Suite"!

Moseltor – Hotel Moseltor

Moselstr. 1 ✉ 56841 – ✆ (06541) 65 51 – www.moseltor.de – geschl. Dienstag
Menü 30/45 € – Karte 30/38 € – *(nur Abendessen)* (Tischbestellung ratsam)
Bei Familie Bauer wird ambitioniert gekocht, Juniorchef Georg steht gemeinsam mit seiner Mutter am Herd. Das Ergebnis sind regional-saisonale Gerichte wie "Hunsrücker Hirschgulasch mit Pfifferlingen in Wacholdersauce" oder "geschmorte Lammkeule in Dornfelder Sauce mit Frühlingskräutern". Beliebt: die Terrasse mit Moselblick.

TRASSEM – Rheinland-Pfalz ➜ Siehe Saarburg

TRASSENHEIDE – Mecklenburg-Vorpommern ➜ Siehe Usedom (Insel)

TREBBIN

Brandenburg – 9 280 Ew. – Höhe 39 m – Siehe Regionalatlas **32**-P9
Berlin 56 km – Potsdam 29 km – Brandenburg 62 km – Frankfurt (Oder) 101 km
Michelin Straßenkarte 542

Parkhotel — Zim,

Parkstr. 5 ✉ 14959 – ✆ (033731) 7 10 – www.parkhotel-trebbin.de
38 Zim – 59/72 € 75/88 € – 1 Suite – ½ P
Rest – Karte 17/32 € – *(geschl. 21. Dezember - 4. Januar) (nur Abendessen)*
Neuzeitlich und funktionell ist die Einrichtung der Gästezimmer in diesem familiär geführten Hotel in relativ ruhiger Lage am Stadtpark. Im Restaurant bietet man u. a. Gerichte und Weine aus der pfälzischen Heimat der Chefin.

TREBUR

Hessen – 13 200 Ew. – Höhe 88 m – Siehe Regionalatlas **47**-F15
Berlin 571 km – Wiesbaden 25 km – Frankfurt am Main 38 km – Darmstadt 21 km
Michelin Straßenkarte 543

Zum Erker
Hauptstr. 1 ✉ 65468 – ✆ (06147) 9 14 80 – www.zum-erker.de
18 Zim – 65/70 € 85/90 € – ½ P
Rest – Karte 16/46 € – *(geschl. Sonntagabend - Montagmittag)*
Bereits seit 1743 wird das Gasthaus als Familienbetrieb geführt. Es stehen gediegen und solide eingerichtete Zimmer mit gutem Platzangebot bereit. Bürgerliches Restaurant.

TREIS-KARDEN

Rheinland-Pfalz – 2 240 Ew. – Höhe 90 m – Siehe Regionalatlas **46-C14**
Berlin 633 km – Mainz 100 km – Koblenz 37 km – Trier 104 km
Michelin Straßenkarte 543

Im Ortsteil Karden

Schloss-Hotel Petry Rest,
St.-Castor-Str. 80 ✉ 56253 – ✆ (02672) 93 40 – www.schloss-hotel-petry.de
72 Zim – 53/95 € 86/160 € – ½ P
Rest *Schloss-Stube* – siehe Restaurantauswahl
Rest – Menü 13 € (mittags)/90 € – Karte 18/59 €
Diese Anlage mit jahrhundertealtem Schloss verfügt über individuelle Zimmer in vier Häusern. Im Stammhaus befinden sich besonders schicke und hochwertig eingerichtete Superiorzimmer. Weinstube im altdeutschen Stil.

Schloss-Stube – Schloss-Hotel Petry
St.-Castor-Str. 80 ✉ 56253 – ✆ (02672) 93 40 – www.schloss-hotel-petry.de – geschl. 2. - 17. Januar, 19. Juli - 4. August und Montag - Mittwoch
Menü 45/90 € – Karte 38/59 €
Als Alternative zur Weinstube im Haus bietet dieses kleine Gourmetrestaurant einen klassischen Rahmen und ambitionierte Küche, die den Gästen an gut eingedeckten Tischen serviert wird.

In Müden Ost: 4 km Richtung Löf

Sewenig
Moselstr. 5 (B 416) ✉ 56254 – ✆ (02672) 13 34 – www.hotel-sewenig.de – geschl. 5. Januar - 15. Februar
30 Zim – 40/45 € 78/90 € – ½ P
Rest – Karte 15/33 € – *(geschl. Februar - April sowie November - Dezember: Montag - Dienstag)*
In dem Ferienhotel mit Weingut wohnt man in funktionellen Zimmern, die im rustikalen Stil gehalten sind. Vom kleinen Saunabereich schaut man auf die Weinberge. Restaurant mit Blick auf die Mosel.

TRENT – Mecklenburg-Vorpommern ➜ Siehe Rügen (Insel)

TREUCHTLINGEN

Bayern – 13 200 Ew. – Höhe 412 m – Siehe Regionalatlas **57-K18**
Berlin 496 km – München 147 km – Ansbach 54 km – Augsburg 77 km
Michelin Straßenkarte 546

In Treuchtlingen-Schambach

Zum Güldenen Ritter Zim,
Burggasse 1 ✉ 91757 – ✆ (09142) 2 04 89 00 – www.zum-gueldenen-ritter.de
9 Zim – 56/62 € 98/118 € – ½ P
Rest – Menü 15 € (mittags) – Karte 15/38 € – *(geschl. Montag) (Dienstag - Freitag nur Abendessen)*
Einst Späherburg, seit dem 16. Jh. als Gasthaus geführt und heute ein liebenswertes kleines Hotel mit historischem Charme von den geräumigen Zimmern bis zu den Restaurantstuben - hier gibt es z. B. Schmabacher Rostbraten oder Altmühltaler Lamm. Nett die Bar im alten Pferdestall, hübsch die Terrasse vorm Haus.

TREUEN

Sachsen – 8 520 Ew. – Höhe 450 m – Siehe Regionalatlas **41-N13**
Berlin 298 km – Dresden 143 km – Gera 51 km – Plauen 10 km
Michelin Straßenkarte 544

Wettin

Bahnhofstr. 18 ✉ 08233 – ✆ (037468) 65 80 – www.hotel-wettin.de
23 Zim – 52/68 € 73/89 € – ½ P **Rest** – Karte 15/39 €
Das 1898 im Ortskern erbaute Eckhaus ist ein kleiner Familienbetrieb, dessen Gästezimmer zeitlos, solide und funktionell ausgestattet sind. Zum unterteilten Restaurantbereich gehört eine nette Terrasse.

TRIBERG

Baden-Württemberg – 4 790 Ew. – Höhe 864 m – Siehe Regionalatlas **62-E20**
Berlin 765 km – Stuttgart 139 km – Freiburg im Breisgau 61 km – Offenburg 56 km
Michelin Straßenkarte 545

Parkhotel Wehrle (mit Gästehäusern)

Gartenstr. 24 ✉ 78098 – ✆ (07722) 8 60 20 – www.parkhotel-wehrle.de
44 Zim – 95/115 € 149/175 € – 5 Suiten – ½ P
Rest *Parkhotel Wehrle* – siehe Restaurantauswahl
Traditionshaus mit reizvollem Park (sehenswert hier der über 400 Jahre alte Mammutbaum!) und individuellen Zimmern von klassisch bis modern. Das größere Gästehaus ist direkt mit dem tollen "Sanitas Spa" verbunden. Sie möchten heiraten? Kleinstes Standesamt Deutschlands im Haus!

Schwarzwald Residenz

Bgm.-De-Pellegrini-Str. 20 ✉ 78098 – ✆ (07722) 9 62 30 – www.residenz-triberg.bestwestern.de
36 Zim – 75/80 € 109/129 € – ½ P
Rest – Menü 20 € – Karte 22/35 € – *(nur Abendessen)*
Freundliche Zimmer finden sich in diesem recht ruhig gelegenen Hotel mit schöner Aussicht. Die praktischen Appartements sind insbesondere für Familien geeignet. Das hell und zeitlos gestaltete Restaurant bietet internationale Küche.

Parkhotel Wehrle – Parkhotel Wehrle

Gartenstr. 24 ✉ 78098 – ✆ (07722) 8 60 20 – www.parkhotel-wehrle.de
Menü 41/59 € – Karte 41/63 € – *(Montag - Samstag nur Abendessen)*
Ob Roter Salon, Ochsenstube oder Alte Schmiede, ob elegant oder rustikal - jeder dieser historischen Räume ist ein sehr schöner Ort für regionale Spezialitäten wie frische Forellen oder Internationales wie "rosa gebratene Lammhüfte mit Lauch-Ziegenkäsetarte".

TRIEFENSTEIN

Bayern – 4 340 Ew. – Höhe 180 m – Siehe Regionalatlas **48-H15**
Berlin 523 km – München 313 km – Würzburg 31 km
Michelin Straßenkarte 546

In Triefenstein-Homburg am Main Süd-Ost: 2 km

Weinhaus Zum Ritter mit Zim

Rittergasse 2 ✉ 97855 – ✆ (09395) 15 06 – www.weinhaus-ritter.de – geschl. Februar - März 3 Wochen und Montag - Dienstagmittag
4 Zim – 38 € 62 €
Menü 25/43 € – Karte 25/35 € – *(November - Mai: Dienstag - Samstag nur Abendessen)*
Thomas Hausin bietet eine ehrliche regionale Küche, die auch als Stärkung für Mainweg-Radler ideal ist. In dem 400 Jahre alten ehemaligen Bauernhaus gibt es in einer liebenswerten Stube "Gaisburger Marsch", "Rindsroulade mit Spätzle und Krautsalat"... Im Sommer unbedingt auf der Terrasse Platz nehmen!

TRIER

Rheinland-Pfalz – 105 260 Ew. – Höhe 130 m – Siehe Regionalatlas **45-B15**
▶ Berlin 719 km – Mainz 162 km – Bonn 143 km – Koblenz 124 km
Michelin Straßenkarte 543

Hotels

Park Plaza
Zim,

Nikolausstr.

Nikolaus-Koch-Platz 1 ✉ 54290 – ✆ (0651) 9 99 30 Stadtplan : C1**f**
– www.parkplaza-trier.de
150 Zim – 🚹95/237 € 🚹🚹129/270 €, ☕ 17 € – 2 Suiten – ½ P
Rest – Menü 27/120 € – Karte 29/85 €
Die richtige Adresse für modern-komfortables Wohnen und Tagen ist das Hotel in unmittelbarer Nähe der Fußgängerzone. Interessant: Überall im Haus finden sich Spuren der Stadtgeschichte, so z. B. auch im 330 qm großen Sauna- und Kosmetikbereich mit seinem römischen Flair. Zur Halle hin offenes Restaurant mit Terrasse im Innenhof. Sonntags Brunch.

Villa Hügel
Zim, Rest,

Bernhardstr. 14 ✉ 54295 – ✆ (0651) 3 30 66 Stadtplan : A2**s**
– www.hotel-villa-huegel.de
32 Zim ☕ – 🚹108/138 € 🚹🚹118/178 € – 1 Suite
Rest – Menü 33 € – Karte 28/42 € – *(geschl. Freitag - Sonntag sowie an Feiertagen) (nur Abendessen für Hausgäste)*
Sie suchen etwas mehr Stil und Charme als in einem "normalen" Stadthotel? Wie wär's mit dieser Villa von 1914? Relativ ruhig über Trier gelegen, komfortabel, wohnlich und technisch modern, mit schönem Sauna- und Ruhebereich und herrlichem Garten - nicht zu vergessen die Gastgeber, deren Liebe zum Beruf man spürt! Und zum leckeren Frühstück gibt's Stadtblick von der Panoramaterrasse. Am Wochenende reduziertes Angebot frischer Speisen.

Nells Park Hotel
Rest,

Dasbachstr. 12 ✉ 54292 – ✆ (0651) 1 44 40 Stadtplan : B1**n**
– www.nellsparkhotel.de
73 Zim – 🚹75/99 € 🚹🚹102/142 €, ☕ 9 € – ½ P
Rest – Menü 30/40 € – Karte 18/44 €
Das komfortable Hotel liegt verkehrsgünstig und dennoch im Grünen - so haben der Park direkt vor Ihrer Tür und auch die nahe Mosel einen hohen Freizeitwert! Die Zimmer sind geschmackvoll (besonders die JAB-Anstoetz-Zimmer oder die tolle Maisonette-Suite mit Whirlwanne!), schön auch der Wellnessbereich samt Dachterrasse. Die international-saisonale Küche gibt es im klassisch-eleganten Restaurant, im lichten Bistro-Wintergarten und auf der Terrasse zum Park. Probieren Sie auch die Mosel-Weißweine in der "Vinothek 1861" im Gewölbekeller!

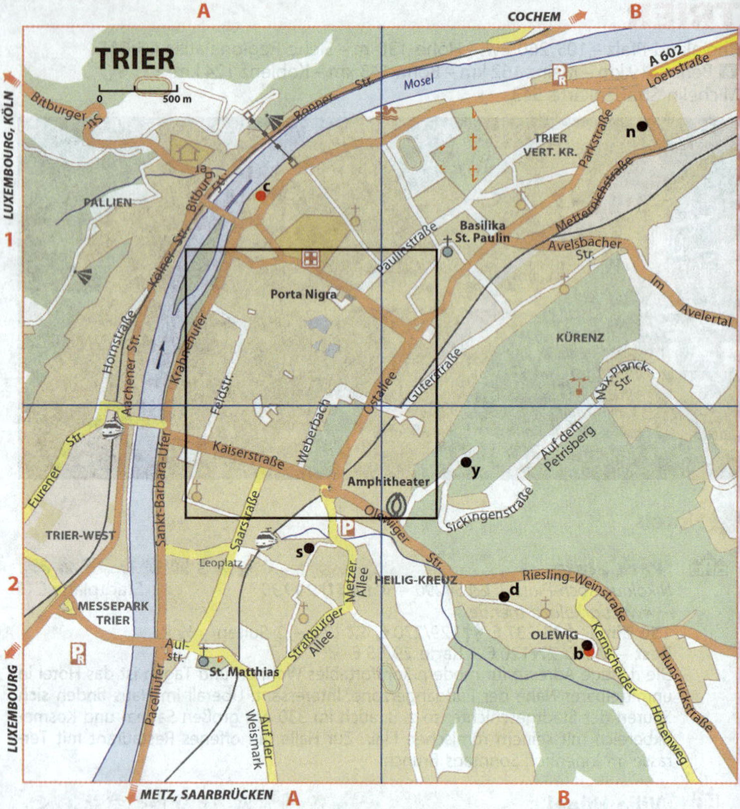

Deutscher Hof

Rest,

Südallee 25 ✉ 54290 – ✆ (0651) 9 77 80 Stadtplan : C2**g**
– www.hotel-deutscher-hof.de – geschl. 22. Dezember - 5. Januar
100 Zim ☕ – 👤65/99 € 👥85/165 € – ½ P
Rest – Menü 28/55 € (abends) – Karte 24/41 €
Unweit der historischen Kaisertherme liegt das in 3. Generation familiär geführte Hotel. Hier macht man noch alles selbst: waschen, reinigen, frisch kochen... und alles ist tipptopp gepflegt, ob Standard- oder modernes Komfortzimmer, netter Saunabereich mit Sicht über Trier oder Restaurant mit klassisch-bürgerlich-saisonaler Küche. Gute Parkplatzsituation.

Aulmann garni

Fleischstr. 47, (Eingang Jakobsspitälchen 1, 2. Etage) Stadtplan : C1**a**
✉ 54290 – ✆ (0651) 9 76 70 – www.hotel-aulmann.de
36 Zim – 👤50/80 € 👥80/110 €, ☕ 5 €
Mitten im Zentrum steht das aus einem modernisierten und erweiterten Altstadthaus entstandene Hotel. Die Gästezimmer sind zeitgemäß und praktisch ausgestattet. Ein paar Gehminuten entfernt können Sie in der "Kartoffelkiste" bürgerlich essen - Schwerpunkt sind natürlich Kartoffeln.

Die rote Kennzeichnung weist auf besonders angenehme Häuser hin 🏠 XXX.

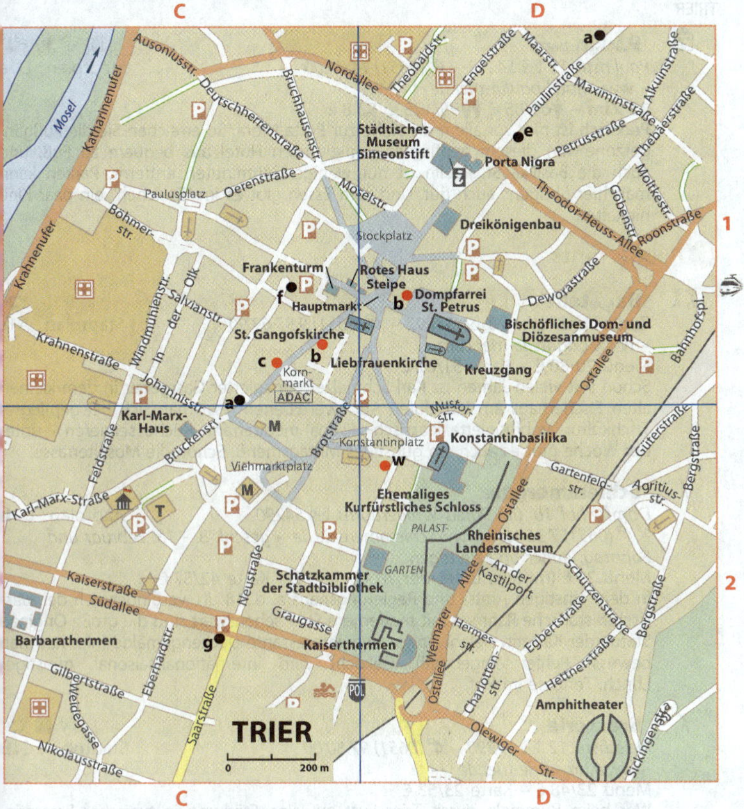

ante porta - DAS STADTHOTEL garni

Paulinstr. 66 ✉ 54292 – ✆ (0651) 43 68 50 Stadtplan : D1**a**
– www.hotel-anteporta.de – geschl. 23. - 26. Dezember

37 Zim – 🚹59/109 € 🚹🚹69/119 €, ☕ 8 €

Kein Wunder, dass dieses Hotel gefragt ist: Es ist geschickt anzufahren, bietet gute Parkmöglichkeiten, zur Porta Nigra sind es nur fünf Minuten zu Fuß und die modern-puristische Einrichtung ist ebenfalls attraktiv! In den Zimmern (darunter auch Familienzimmer) freundliche Farben, gute Technik und teilweise Balkone, zum Frühstück eine frische Buffet-Auswahl.

Petrisberg garni

Sickingenstr. 11 ✉ 54296 – ✆ (0651) 46 40 Stadtplan : B2**y**
– www.hotel-petrisberg.de

25 Zim ☕ – 🚹68/75 € 🚹🚹97/105 €

Das Haus liegt so richtig schön oberhalb der Stadt - beeindruckend die Aussicht, angenehm die Ruhe. Im eigenen 6 ha großen Wald kann man wunderbar joggen oder spazieren gehen, ca. 20 Minuten sind es zu Fuß zum Dom. Alle Zimmer mit Balkon, einige nach hinten mit Blick zum Wald und den beiden Eseln Nelly und Lohni.

Frühstück inklusive? Die Tasse ☕ steht gleich hinter der Zimmeranzahl.

Paulin garni

Paulinstr. 13 ✉ 54292 – ✆ (0651) 14 74 00 Stadtplan : D1e
– www.hotel-paulin-trier.de
23 Zim – 🛉60/85 € 🛉🛉95/125 €, ☕ 8 €
Praktisch ist hier vor allem die Nähe zur Porta Nigra: So erreichen Sie die Fußgängerzone von diesem gepflegten, funktionalen Hotel aus bequem zu Fuß, und auch die Basilika St. Paulin ist nur wenige Gehminuten entfernt. Parken kann man hier übrigens auch gut. Und zum Essen gibt es im "Eselchen" ein paar Kleinigkeiten.

Restaurants

Bagatelle

Zurlaubener Ufer 78 ✉ 54292 – ✆ (0651) 9 95 69 90 Stadtplan : A1c
– www.bagatelle-trier.com
Menü 20/80 € – Karte 51/87 €
Schon seit vielen Jahren ist Karl Schmelzer engagierter Gastgeber in dem kleinen alten Fischerhaus am Moselufer. Auf zwei Ebenen lässt man sich bei gepflegter Tischkultur ambitionierte klassisch-saisonal-mediterrane Küche servieren - unter der Woche gibt es auch ein günstiges Mittagsmenü. Schön die Moselterrasse.

Schlemmereule

Domfreihof 1b, (im Palais Walderdorff) ✉ 54290 Stadtplan : D1b
– ✆ (0651) 7 36 16 – www.schlemmereule.de – geschl. 8. - 18. Februar und Sonntag, außer an Feiertagen
Menü 20 € (mittags unter der Woche)/49 € – Karte 42/57 €
In dem einstigen Amts- und Regierungshaus a. d. 18. Jh. verbindet sich der klassisch-historische Rahmen mit modernem Stil - sehenswert sind die große Original-Statue der Kaiserin Helena sowie zwei interessante Deckengemälde (hier hat man bewusst Fehler eingebaut!). Gekocht wird international-saisonal, günstiger Lunch. Terrasse im Hof.

Brasserie

Fleischstr. 12 ✉ 54290 – ✆ (0651) 97 80 00 Stadtplan : C1b
– www.brasserie-trier.de
Menü 23/48 € – Karte 23/53 €
Wer beim Bummeln durch Trier Lust auf eine Stärkung in typischer Brasserie-Atmosphäre bekommt, kehrt am besten bei Björn und Melanie Ostermann ein. In dem gemütlichen Lokal gleich beim Hauptmarkt gibt es Klassiker wie den "Trierer Lieblingsteller" oder Hühnerfrikassee. Beliebt sind auch Lamm-, Kaninchen- und Wildgerichte oder "Filetspitzen Stroganoff".

Georgs Restaurant

An der Härenwies 10 (Süd: 5 km über Metzger Allee D2) ✉ 54294
– ✆ (0651) 9 93 00 60 – www.georgs-restaurant.de – geschl. Oktober 1 Woche und Montag - Dienstag
Menü 39 € – Karte 23/48 € – *(nur Abendessen, sonntags auch Mittagessen)*
Das "Südbad" ist nicht nur für Badegäste interessant, dafür sorgt Georg Henke mit frischen internationalen Gerichten wie "in Honig karamellisierter Barbarie-Entenbrust mit Thymianjus und Sellerie-Kartoffelpüree" oder dem Klassiker "Schnitzel mit Champignon-Lauchsauce". Das Restaurant hat eine kleine Lounge und eine tolle Terrasse mit Blick ins Schwimmbad.

BECKER'S XO

Fleischstr. 59, (im Innenhof der ehm. Hauptpost) Stadtplan : C1c
✉ 54290 – ✆ (0651) 99 19 77 80 – www.xo-trier.de – geschl. Sonntag
Menü 20 € (mittags) – Karte 28/38 €
Die Becker'schen Restaurants beschränken sich nicht mehr nur auf Trier-Olewig: Diese tolle trendige Adresse liegt in der Innenstadt und ist sehr gefragt! Internationale Küche samt interessanter Lunch-Tagesempfehlung, Cocktails in der Bar oder im Innenhof, und im "Deli" gibt es Wein, Käse und Fleisch zu kaufen, daneben Feinkost und Kaffee. Kleine "Porsche Lounge" für Gesellschaften.

Weinwirtschaft Friedrich Wilhelm

Weberbach 75 ✉ 54290 – (06519) 99 47 48 00 Stadtplan : D2**w**
– www.weinwirtschaft-fw.de – geschl. Sonntag und Feiertage
Karte 24/49 €
Das Restaurant ist ein Ableger des Trittenheimer "Wein- und Tafelhauses", und zwar ein ausgesprochen gemütlicher. Gekocht wird regional. Lassen Sie sich im Sommer nicht den idyllischen Garten entgehen - mitten in der Stadt und doch ruhig!

In Trier-Euren Süd-West: 3 km über Eurener Straße Stadtplan : A2

Eurener Hof

Zim,

Eurener Str. 171, (Zufahrt über Ludwig-Steinbach-Straße) ✉ 54294
– (0651) 8 24 00 – www.eurener-hof.de
67 Zim – 72/125 € 95/185 €, 12 € – 2 Suiten – ½ P
Rest *Wilder Kaiser und Gutsstube* – siehe Restaurantauswahl
Rest *Laurenziusstube* – Karte 21/47 €
Gemeinsam mit seiner Frau führt Simon Haag den elterlichen Betrieb in 4. Generation. Mit einem gelungenen Facelift hat man dem wertigen rustikalen Erbe eine geschmackvoll-moderne Note gegeben. Ansprechend auch der Freizeitbereich mit Kosmetik- und Massageangebot. Gemütlich wird's in der charmanten Laurenziusstube bei einer Brotzeit oder Fleisch aus der Region.

Wilder Kaiser und Gutsstube – Hotel Eurener Hof

Eurener Str. 171, (Zufahrt über Ludwig-Steinbach-Straße) ✉ 54294
– (0651) 8 24 00 – www.eurener-hof.de
Karte 27/54 €
Auf moselfränkisch-traditionelle Behaglichkeit darf man sich sowohl im Wilden Kaiser als auch in der Gutsstube freuen, ebenso auf schmackhafte regional-saisonale Küche. Tipp: Freitag ist Eintopftag, sonntags kommt man zu Crêpes Suzettes. Beliebt ist auch der günstige Mittagstisch "ländlich & deftig". Gute Weinkarte mit Schwerpunkt Mosel, Saar, Ruwer.

Bestecke und Sterne sollten nicht verwechselt werden!
Die Bestecke stehen für eine Komfortkategorie, die Sterne zeichnen Häuser mit besonders guter Küche aus - in jeder dieser Kategorien.

In Trier-Olewig

BECKER'S Hotel

Olewiger Str. 206 ✉ 54295 – (0651) 93 80 80 Stadtplan : B2**b**
– www.beckers-trier.de
22 Zim – 75/150 € 110/180 € – 3 Suiten – ½ P
Rest *BECKER'S* **Rest *BECKER'S Weinhaus*** – siehe Restaurantauswahl
Bei Familie Becker heißt es wohnliche Atmosphäre und zuvorkommender Service. Die Zimmer sind minimalistisch designt, Frühstück gibt's in der trendig-modernen Weinbar oder im rustikalen Weinhaus - hier hat man übrigens auch einige Zimmer: kleiner und einfacher, aber gemütlich.

Blesius Garten

Olewiger Str. 135 ✉ 54295 – (0651) 3 60 60 Stadtplan : B2**d**
– www.blesius-garten.de
61 Zim – 77/87 € 105/152 € – ½ P
Rest *Wintergarten* – Menü 33/49 € – Karte 29/43 € – *(geschl. Montag)*
Rest *Brauerei* – (0651) 3 60 62 00 – Karte 17/32 €
Das ehemalige Hofgut a. d. J. 1789 beherbergt Gästezimmer im Landhausstil mit geschmackvoll-moderner Note sowie ein Restaurant mit hübschem Wintergarten, in dem man international speist. Sie mögen Bier? In der Hausbrauerei mit Biergarten ist es schön urig - man hat sogar einen Biersommelier im Haus!

BECKER'S – BECKER'S Hotel

Olewiger Str. 206 ✉ 54295 – ✆ (0651) 93 80 80 Stadtplan : B2b
– www.beckers-trier.de
– geschl. über Karneval 3 Wochen, Juli - August 2 Wochen und Sonntag - Montag
Menü 125/149 € – *(nur Abendessen)* (Tischbestellung ratsam)
Was schon das kubusartige Gebäude an moderner Geradlinigkeit ankündigt, setzt sich im puritischen Interieur des Restaurants fort, und auf dem Teller: Hier präsentiert Wolfgang Becker sein kreatives 5- bis 8-Gänge-Menü "Purer Genuss", wobei die Erstklassigkeit der Produkte natürlich völlig außer Frage steht! Und dazu einer der schönen hauseigenen Weine?
→ Confierter Oktopus, Schweinsbrust, eingelegtes Gemüse. Knusprige Rotbarbe, kandierte Oliven, Bellota, Ziegenquark. Rehrücken, Pfefferaromen, Weinhefe Karotte in Texturen.

BECKER'S Weinhaus – BECKER'S Hotel

Olewiger Str. 206 ✉ 54295 – ✆ (0651) 93 80 80 Stadtplan : B2b
– www.beckers-trier.de
Menü 28 € (mittags unter der Woche)/54 € – Karte 40/67 €
Ein Kontrast zum modernen Neubau des Hotels ist das Stammhaus, in dem sich die Weinstube befindet. Viel helles Holz macht es hier schön behaglich - da lässt man sich gerne klassisch-saisonale Gerichte wie "gebratene Jakobsmuscheln mit Schalottenravioli und Schnittlauchschmand" servieren. Ein ebenso hübscher Ort zum Speisen ist die Terrasse.

In Trier-Zewen Süd-West: 7 km über Stadtplan : A2, Richtung Luxemburg

Ambiente

In der Acht 1 ✉ 54294 – ✆ (0651) 82 72 80
– www.ambiente-trier.de
12 Zim – 69/89 € 99/119 € – ½ P
Rest *Stemper's Brasserie* – siehe Restaurantauswahl
Ein familiär geleitetes kleines Hotel mit wohnlichen, teils besonders großzügigen Zimmern und einem schönen Garten mit Teich.

Schloss Monaise

Schloss Monaise 7 ✉ 54294 – ✆ (0651) 82 86 70 – www.schlossmonaise.de
– geschl. 15. Februar - 3. März und Montag - Dienstagmittag
Menü 58/88 € – Karte 48/73 €
Markenzeichen von Chef Hubert Scheid ist (neben dem charakteristischen Pferdeschwanz!) seine klassische Küche aus Top-Produkten. Gerichte wie "Seeteufel auf Blattspinat in Krustentierjus" oder "Hirschkalbsrücken mit frischen Waldpilzen" werden - wie sollte es in dem 1783 erbauten Schlösschen an der Mosel auch anders sein - in stilvollen hohen Räumen serviert.

Stemper's Brasserie – Hotel Ambiente

In der Acht 1 ✉ 54294 – ✆ (0651) 82 72 80
– www.ambiente-trier.de
– geschl. Sonntag, Donnerstag
Menü 29/49 € – Karte 26/47 € – *(nur Abendessen)*
Sie speisen im "Jardin" mit Blick in den hübsch bepflanzten Garten oder in der Brasserie, dem ursprünglichen Teil des Hauses, wo vor über 200 Jahren alles begann. Auf den Tisch kommen kleine Bistrogerichte und klassisch-internationale Küche - Spezialität von Chef Markus Stemper ist Französischer Fischeintopf.

TRITTENHEIM

Rheinland-Pfalz – 1 080 Ew. – Höhe 130 m – Siehe Regionalatlas **45**-B15
Berlin 700 km – Mainz 138 km – Trier 35 km – Bernkastel-Kues 25 km
Michelin Straßenkarte 543

Wein- und Tafelhaus (Alexander Oos) mit Zim
Moselpromenade 4 ✉ 54349 – ✆ (06507) 70 28 03 – www.wein-tafelhaus.de – geschl. Januar 3 Wochen, Juli - August 2 Wochen, November 1 Woche und Montag - Dienstag, außer an Feiertagen
7 Zim – 75/100 € 150/180 € – ½ P
Menü 89/120 € – Karte 63/103 € – *(November - Februar: Mittwoch - Freitag nur Abendessen)* (Tischbestellung ratsam)
Dass man sich hier wirklich willkommen fühlt und mit Herz umsorgt wird, ist der Verdienst von Gastgeberin Daniela Oos. Ihr Mann Alexander kocht indes interessante saisonal-klassische Gerichte mit mediterranen Elementen. Den traumhaften Blick auf die "Trittenheimer Apotheke" genießt man am besten vom neuen verglasten Kubus-Anbau! Eine Kochschule und geschmackvolle Gästezimmer gibt es ebenfalls.
➜ Meeresfrüchterisotto mit Pulpo und Krustentierschaum. Lammrücken und geschmorte Lammschulter mit Artischockencreme und Oliven. Mille feuille von der Guanaja Schokolade mit Stracciatellaeis, Schokoladenschaum und Beeren.

Weinstube Stefan-Andres mit Zim
Laurentiusstr. 17 ✉ 54349 – ✆ (06507) 59 72 – www.weingut-bernhard-eifel.de – geschl. Montag - Dienstag, Mitte November - März: Montag - Donnerstag
5 Zim – 52/57 € 67/72 € – ½ P
Menü 35/65 € – Karte 35/56 € – *(nur Abendessen)* (Tischbestellung ratsam)
Naturstein, Holz und warme Töne verleihen der charmanten Weinstube ihren gemütlichen Charakter. Zur internationalen Küche bietet man Weine aus eigenem Anbau. Für Übernachtungsgäste stehen nette, wohnliche Zimmer bereit.

In Bescheid Süd: 10 km über Büdlicherbrück

Zur Malerklause
Im Hofecken 2 ✉ 54413 – ✆ (06509) 5 58 – www.malerklause.de – geschl. über Fastnacht 2 Wochen, Anfang September 2 Wochen und Montag - Dienstag
Menü 54 € – Karte 43/72 € – *(Mittwoch - Samstag nur Abendessen)* (Tischbestellung ratsam)
Bei Familie Lorscheider wird mit guten Produkten schmackhaft und ambitioniert gekocht. Das gediegene Restaurant ist reichlich dekoriert und hat eine schöne überdachte Terrasse.

In Naurath (Wald) Süd: 8 km oder über Stadtplan : A1 Abfahrt Mehring – Höhe 395 m

Rüssel's Landhaus
Büdlicherbrück 1 (Nord-Ost: 1,5 km) ✉ 54426 – ✆ (06509) 9 14 00 – www.landhaus-st-urban.de – geschl. 1. - 8. Januar, August 2 Wochen
12 Zim – 85/130 € 125/220 € – 2 Suiten
Rest *Rüssel's Landhaus* ✿ **Rest *Rüssel's Hasenpfeffer*** – siehe Restaurantauswahl
Der Name Rüssel steht nicht nur für kulinarischen Genuss. Werfen Sie einen Blick in die Zimmer und Sie werden über Nacht bleiben wollen! Ob Landhausstil oder Themen wie "Weinselig" oder "Provence", hier ist ein Raum geschmackvoller als der andere!

Rüssel's Landhaus – Hotel Rüssel's Landhaus
Büdlicherbrück 1 (Nord-Ost: 1,5 km) ✉ 54426 – ✆ (06509) 9 14 00 – www.landhaus-st-urban.de – geschl. 1. - 8. Januar, August 2 Wochen und Dienstag - Mittwoch
Menü 114/146 € – Karte 70/90 € – (abends Tischbestellung ratsam)
Wo könnte man eine idyllischere Terrasse finden als an einem kleinen See mitten im Grünen? Genau hier haben Ruth und Harald Rüssel mit einem stimmigen Mix aus Moderne, Eleganz und ländlichem Charme einen wunderschönen Ort für hervorragende innovative Küche geschaffen.
➜ Kalbstafelspitzröllchen, grüne Sauce, Wiesenkräuter, Karottenvinaigrette, Kaviarkartoffel. Pochierter Bachsaibling, Bergamotte-Flusskrebssud. Hunsrücker Rehrücken, geschmorte Schulter, confierter Sellerie, Nelken-Pfefferjus.

Rüssel's Hasenpfeffer – Hotel Rüssel's Landhaus
Büdlicherbrück 1 (Nord-Ost: 1,5 km) ✉ 54426 – ✆ (06509) 9 14 00 – www.landhaus-st-urban.de – geschl. 1. - 8. Januar, August 2 Wochen und Dienstag - Mittwoch
Menü 35/39 € – Karte 41/55 €
Eine wirklich hübsche Alternative zum Rüssel'schen Gourmetrestaurant und beliebt bei den Gästen. Die bestellen hier z. B. gerne Wild und Geschmortes - ein Hasengericht findet sich übrigens auch immer auf der regional-saisonalen Karte.

TROCHTELFINGEN

Baden-Württemberg – 6 450 Ew. – Höhe 700 m – Siehe Regionalatlas **55-G19**
Berlin 702 km – Stuttgart 68 km – Konstanz 105 km – Reutlingen 27 km
Michelin Straßenkarte 545

Zum Rössle Rest,
Marktstr. 48 ✉ 72818 – ✆ (07124) 92 50 – www.Hotel-Restaurant-Roessle.de – geschl. Anfang August 2 Wochen
28 Zim – 45/55 € 72/80 €
Rest – Menü 19/23 € – Karte 16/29 € – *(geschl. Montag - Donnerstagmittag)*
Gepflegte, teilweise sehr zeitgemäße Zimmer stehen in dem gut geführten Gasthof der Familie Fischer zur Verfügung. Ca. 200 m entfernt befindet sich das kleine Tagungszentrum. Im Restaurant bietet man bürgerlich-regionale Küche.

TRÖSTAU

Bayern – 2 520 Ew. – Höhe 550 m – Siehe Regionalatlas **51-M15**
Berlin 370 km – München 268 km – Weiden in der Oberpfalz 58 km – Bayreuth 37 km
Michelin Straßenkarte 546

Schmankerl Restaurant Bauer mit Zim
Kemnather Str. 22 ✉ 95709 – ✆ (09232) 28 42 – www.bauershotel.de – geschl. Montagmittag, Dienstagmittag, Mittwoch
11 Zim – 45/60 € 70/90 € Karte 23/38 €
Herzlich umsorgen Antje und Andre Pielorz in dem alteingesessenen Restaurant ihre Gäste. Probieren Sie die Spezialität: "Tafelspitz mit Krensauce und Knödeln"! Zum Essen gibt's so manch guten Wein - ein Hobby der Gastgeber.

In Tröstau-Fahrenbach Süd-Ost: 2 km

Golfhotel Fahrenbach
Fahrenbach 1 ✉ 95709 – ✆ (09232) 88 20 – www.golfhotel-fahrenbach.de
76 Zim – 69/75 € 110/122 € – 4 Suiten – ½ P **Rest** – Karte 23/38 €
Man spürt gleich das gute Betriebsklima im Haus, alle sind auffallend freundlich, man fühlt sich willkommen! Das Hotel (angenehm ruhig am Golfplatz gelegen) ist bei Golfern und Geschäftsleuten gleichermaßen beliebt. Geräumige Zimmer, Saunalandschaft und Massagen bieten Erholung.

TROISDORF

Nordrhein-Westfalen – 75 370 Ew. – Höhe 60 m – Siehe Regionalatlas **36-C12**
Berlin 584 km – Düsseldorf 65 km – Bonn 12 km – Siegburg 5 km
Michelin Straßenkarte 543

Außerhalb Nord: 2 km über Altenrather Straße

Forsthaus Telegraph
Mauspfad 3 ✉ 53842 Troisdorf-Spich – ✆ (02241) 7 66 49 – www.forsthaus-telegraph.de – geschl. Anfang Januar 1 Woche und Montag - Dienstagmittag, Mittwochmittag
Menü 42/68 € – Karte 35/60 € – (Tischbestellung ratsam)
Das einstige Forsthaus in idyllischer Lage im Wald bietet auf zwei Ebenen in gediegen-rustikalem Ambiente eine klassische Küche mit internationalem und regionalem Einfluss.

TROSSINGEN

Baden-Württemberg – 15 310 Ew. – Höhe 699 m – Siehe Regionalatlas **62**-F20

Berlin 741 km – Stuttgart 108 km – Freiburg im Breisgau 86 km – Schaffhausen 68 km

Michelin Straßenkarte 545

In Trossingen-Schura Süd: 3 km

Landgasthof Bären

Lange Str. 18 ✉ 78647 – ✆ (07425) 81 78 – www.baeren-schura.de – geschl. Ende August 2 Wochen

8 Zim – 79/89 € 98/105 € – ½ P

Rest – Menü 20/35 € – Karte 20/40 € – *(geschl. Donnerstag, Samstagmittag)*

Ein schöner Gasthof, seit mehreren Generationen im Besitz der Familie Link. Sehenswert sind die modernen Themenzimmer wie "Natur pur", "Sinfonie", "Technologie"... Im Restaurant - und natürlich auf der schönen Terrasse - ergänzt eine wechselnde Saisonkarte das bürgerliche und regionale Angebot.

TROSTBERG

Bayern – 11 490 Ew. – Höhe 493 m – Siehe Regionalatlas **67**-O20

Berlin 676 km – München 98 km – Salzburg 65 km – Rosenheim 60 km

Michelin Straßenkarte 546

Auf Wolke 8 garni

Schwarzerberg 8 (B 299) ✉ 83308 – ✆ (08621) 6 48 49 00 – www.hotelaufwolke-8.de

15 Zim – 49/59 € 84/89 €

Das kleine Hotel liegt zwar etwas unruhig an der Straße, doch die Zimmer sind schallisoliert. Nette Details in dem freundlich eingerichteten Haus sind die zahlreichen Bilder von Jazz-Musikern sowie die schöne Aussicht von der Frühstücksveranda! Außerdem kommt man bequem zum Essen: Man bietet einen Shuttle-Bus zum nahen Restaurant "Hex'n Küch".

TÜBINGEN

Baden-Württemberg – 88 360 Ew. – Höhe 341 m – Siehe Regionalatlas **55**-G19

Berlin 682 km – Stuttgart 46 km – Karlsruhe 105 km – Ulm (Donau) 100 km

Michelin Straßenkarte 545

Hospederia La Casa

Hechingerstr. 59 (über B2) ✉ 72072 – ✆ (07071) 94 66 60 – www.lacasa-tuebingen.de – geschl. 24. Dezember - 6. Januar

39 Zim – 150/172 € 172/210 €, 23 € – 2 Suiten – ½ P

Rest *Hospederia La Casa* – siehe Restaurantauswahl

Dass Gastgeberin Claudia Leuze ursprünglich Architektin war, glaubt man gerne angesichts der geschmackvollen orientalisch-mediterranen Einrichtung, die ihren Sinn für schöne Formen und Farben und hochwertige Materialien beweist. Fragen Sie nach den Zimmern zum Innenhof, genießen Sie den wirklich herzlichen und persönlichen Service und relaxen Sie im Arabischen Bad unter den Maurischen Bögen in einem Ambiente aus 1001 Nacht!

Stadt Tübingen

Rest,

Stuttgarter Str. 97 (über B2, Richtung Reutligen) ✉ 72072 – ✆ (07071) 3 10 71 – www.hotel-stadt-tuebingen.de – geschl. 20. Dezember - 6. Januar, Anfang August 2 Wochen

70 Zim – 99/145 € 125/165 €

Rest *Sammet´s* – Menü 30 € (abends) – Karte 31/48 € – *(geschl. Samstag - Sonntag sowie an Feiertagen)*

Seit nunmehr über 35 Jahren führt Familie Sammet dieses Hotel. Beim schönen und hochwertigen modernen Design der Zimmer hat die Chefin persönlich mitgewirkt - man beachte auch die schicken Bäder! Dazu kommt noch ein praktischer Aspekt, nämlich die günstige Verkehrslage. Das Restaurant bietet regionale und internationale Küche.

Domizil

Wöhrdstr. 5 ✉ 72072 – ✆ (07071) 13 90 Stadtplan : B2**n**
– www.hotel-domizil.de
79 Zim – 111/131 € 141/155 € – ½ P
Rest – Menü 19 € (mittags)/48 € – Karte 25/41 € – *(geschl. 22. Dezember - 12. Januar und Sonntag sowie an Feiertagen)*
Wussten Sie, dass der aus drei Gebäuden bestehende Komplex mit einem Architekturpreis ausgezeichnet wurde? Die hellen, zeitgemäßen und funktionellen Zimmer mit geräumigen Bädern liegen teilweise schön zum Neckar hin. Frühstücken Sie im Sommer unbedingt auf der Terrasse direkt am Ufer! Hier können Sie sich übrigens auch mit dem Stocherkahn am hauseigenen Anleger absetzen lassen!

Krone

Uhlandstr. 1 ✉ 72072 – ✆ (07071) 1 33 10 Stadtplan : B2**b**
– www.krone-tuebingen.de
65 Zim – 99/139 € 125/165 € – 1 Suite – ½ P
Rest *Uhlandstube* – siehe Restaurantauswahl
Rest *Ludwig's* – ✆ (07071) 13 31 21 – Menü 30/42 € (abends) – Karte 20/41 €
Ein traditionelles Stadthotel - seit 1885 in Familienhand - mit individuellen, wertigen Zimmern, schön die modernen Bäder. Für das Haus spricht auch die Lage am Neckar. Brasserie Ludwig's im Glasanbau.

Am Schloss (mit Gästehaus)

Burgsteige 18 ✉ 72070 – ✆ (07071) 9 29 40 Stadtplan : B1**c**
– www.hotelamschloss.de
37 Zim – †78/115 € ††128/135 € – ½ P
Rest *Mauganeschtle* – Menü 28 € – Karte 27/42 € – *(geschl. 5. - 22. Januar)*
Beim Schloss, in einer steilen Gasse, steht das Stadthaus a. d. 16. Jh. Die Zimmer haben alle ihre individuelle Note in Einrichtung und Zuschnitt. Regionale Küche im "Mauganeschtle". Von der Terrasse schaut man auf die Dächer der Altstadt.

Hospederia La Casa – Hotel Hospederia La Casa

Hechingerstr. 59 (über B2) ✉ 72072 – ✆ (07071) 94 66 60
– www.lacasa-tuebingen.de – geschl. 24. Dezember - 6. Januar
Menü 48/64 € – Karte 46/61 € – *(nur Abendessen)*
Mit seinen südländischen Stilelementen hat das Restaurant eine überaus einladende Atmosphäre, die Mi., Fr. und Sa. durch Pianoklänge untermalt wird. Der aufmerksame Service tut ein Übriges, und lassen Sie sich im Sommer nicht die lauschige Terrasse entgehen!

Rosenau N

Rosenau 15 (beim Botanischen Garten über Schnarrenbergstraße A1) ✉ 72076
– ✆ (07071) 6 88 66 – www.restaurant-rosenau.de
Menü 53 € – Karte 26/52 €
Zu finden ist dieses schöne lichte Restaurant mit Orangerie-Atmosphäre und wunderbarer begrünter Terrasse auf einem ehemaligen Bauernhof beim Botanischen Garten. Gekocht wird Schwäbisches, aber auch Internationales, von "Kalbsrahmschnitzel mit Spätzle" bis "Zweierlei vom Weidelamm mit Kräutersaitlingen".

Uhlandstube – Hotel Krone

Uhlandstr. 1 ✉ 72072 – ✆ (07071) 1 33 10 Stadtplan : B2**b**
– www.krone-tuebingen.de
Menü 39/59 € – Karte 32/50 €
Benannt wurde das Lokal nach dem Tübinger Dichter, Jurist und Politiker Ludwig Uhland. Holzvertäfelte Wände und nett gedeckte Tische sorgen für gepflegte Gastlichkeit.

Museum

Wilhelmstr. 3 ✉ 72074 – ✆ (07071) 2 28 28 Stadtplan : B1**t**
– www.restaurant-museum.de
Menü 33/58 € – Karte 34/61 € – *(geschl. Sonntagabend - Montag)*
Attraktiv ist hier nicht nur die Lage im Herzen der Altstadt, auch der historische Rahmen des Museumsgebäudes hat Charme! Gekocht wird mit regionalen und saisonalen Produkten, und das wissen sowohl die Einheimischen als auch die Uni-Professoren zu schätzen. Wenn's mal feierlich werden soll, hat man den prächtigen Uhlandsaal!

In Tübingen-Bebenhausen Nord: 6 km über Wilhelmstraße Stadtplan : B1, Richtung Böblingen

Landhotel Hirsch

Schönbuchstr. 28 ✉ 72074 – ✆ (07071) 60 93 0
– www.landhotel-hirsch-bebenhausen.de
12 Zim – †79/112 € ††144/160 €
Rest – Menü 37/61 € – Karte 33/60 € – *(geschl. Dienstag)*
In dem traditionsreichen Haus stehen liebenswert eingerichtete Zimmer bereit, die ländlichen Charme mit eleganter Note verbinden. Das Restaurant empfängt seine hungrigen Gäste mit hübschem Ambiente und freundlichem Service.

Das Symbol † bzw. †† zeigt den Mindestpreis in der Nebensaison und den Höchstpreis in der Hochsaison für ein Einzelzimmer bzw. für ein Doppelzimmer an.

Schranners Waldhorn

Schönbuchstr. 49 ✉ 72074 – ✆ (07071) 6 12 70 – www.schranners-waldhorn.de – geschl. Montag

Menü 29 € (mittags unter der Woche)/65 € – Karte 37/66 €

Nach der Schilling-Ära dieses Traditionshauses weht nun mit Bayer Maximilian Schranner (exzellente Stationen liegen hinter ihm) und seiner Frau Marie-Luise ein frischer Wind durch die behaglichen Stuben. Die Küche: fein, unkompliziert, klassisch mit traditionell-schwäbischen Einflüssen.

➜ Zweierlei vom Pfifferling mit leicht geräucherter Taubenbrust. Adlerfisch mit schwarzen Tagliatelle, Fèves Bohnen und Krustentierschaum. Topfenknödel mit Aprikosenragout und Pistazieneis.

In Tübingen-Lustnau Nord-Ost: 4 km über Wilhelmstraße Stadtplan : B1, Richtung Böblingen

Basilikum

Kreuzstr. 24 ✉ 72074 – ✆ (07071) 8 75 49 – www.ristorantebasilikum.de – geschl. August 2 Wochen und Sonntag

Menü 30 € (mittags)/40 € – Karte 33/52 €

Gerne lässt man sich in dem stilvoll-gemütlichen Restaurant von Familie Di Nicola mit typisch italienischer Herzlichkeit umsorgen. Ebenso italienisch die schmackhafte Küche aus frischen regionalen Produkten - da dürfen Saltimbocca alla Romana (aus dieser Gegend stammt der Chef) und hausgemachte Pasta natürlich nicht fehlen!

TUNAU – Baden-Württemberg ➜ Siehe Schönau im Schwarzwald

TUNTENHAUSEN

Bayern – 6 960 Ew. – Höhe 508 m – Siehe Regionalatlas **66-M21**

▶ Berlin 627 km – München 54 km – Innsbruck 124 km – Kufstein 50 km

Michelin Straßenkarte 546

In Tuntenhausen-Maxlrain Süd-West: 5,5 km Richtung Beyharting, dann links Richtung Bad Aibling

Schlosswirtschaft Maxlrain (N)

Freiung 1 ✉ 83104 – ✆ (08061) 83 42 – www.schlosswirtschaft-maxlrain.de – geschl. Ende Februar - Anfang März 2 Wochen und Montag, September - April Montag - Dienstag

Menü 39/69 € – Karte 21/53 €

Hier sitzt man sehr gemütlich und wird freundlich bewirtet, und zwar mit frischer bayerischer Küche aus regionalen Produkten. Dazu passt ein leckeres Bier aus der Brauerei nebenan - das schmeckt natürlich auch im schönen Biergarten!

TUTTLINGEN

Baden-Württemberg – 34 290 Ew. – Höhe 645 m – Siehe Regionalatlas **62-F20**

▶ Berlin 753 km – Stuttgart 128 km – Konstanz 70 km – Freiburg im Breisgau 88 km

Michelin Straßenkarte 545

Légère Hotels (N) garni

Königstr. 25 ✉ 78532 – ✆ (07461) 9 61 60 – www.legere-hotels-online.com

114 Zim – †99/125 € ††99/165 €

Eine gefragte Adresse: attraktiv das klare moderne Design samt dekorativer großer Portraits, gut die technische Ausstattung, kostenfreie Minibar. Die schicke Lounge-Bar nennt sich "faces" - morgens gibt es hier Frühstück, abends Cocktails.

Rôtisserie & Vinothek Gartner

Im Wöhrden 5 ✉ 78532 – ✆ (07461) 9 65 49 94 – www.gartner-tut.de – geschl. August 2 Wochen und Samstagmittag, Sonntag

Menü 49 € – Karte 28/58 €

Engagiert betreibt Florian Gartner seine Rôtisserie (chic der geradlinige Stil), Herzstück der offenen Küche ist ein Grill - von hier kommt die Spezialität des Hauses: Stubenküken oder Taube! Gekocht wird meist mit Produkten aus der Region.

In Tuttlingen-Möhringen Süd-West: 5 km

Löwen (mit Gästehaus)
Mittlere Gasse 4 ✉ 78532 – ✆ (07462) 62 77 – www.loewen-moehringen.de
18 Zim – 58/68 € 88/98 € – ½ P
Rest – Menü 18 € – Karte 17/28 € – *(geschl. Mittwoch) (Montag - Donnerstag nur Abendessen)*
Der erweiterte 400 Jahre alte Gasthof wird familiär geleitet und verfügt über helle, tipptopp gepflegte und funktionale Zimmer, die sich teilweise auch für Familien eignen. Im Sommer isst man am besten auf der Terrasse vor oder hinter dem Haus.

Außerhalb Süd-Ost: 6 km über B 14 Richtung Stockach

Landhotel Hühnerhof
Äussere Talhöfe 2 ✉ 78532 Tuttlingen – ✆ (07461) 9 65 50 – www.tut-hotel.de
46 Zim – 69/108 € 98/158 € – ½ P **Rest** – Menü 19 € – Karte 16/31 €
Man wohnt hier verkehrsgünstig, gepflegt und auf Wunsch auch besonders komfortabel. Nicht weit entfernt erinnert ein Gedenkstein an die ehemalige Grenze zwischen Württemberg und Baden. Bürgerliche Küche in der Gaststube und auf der Sonnenterrasse. Schöner Kinderspielplatz.

TUTZING

Bayern – 9 410 Ew. – Höhe 611 m – Siehe Regionalatlas **65-L21**
Berlin 627 km – München 40 km – Starnberg 15 km – Weilheim 14 km
Michelin Straßenkarte 546

Zum Reschen garni
Marienstr. 7 ✉ 82327 – ✆ (08158) 93 90 – www.zumreschen.de
18 Zim – 60/85 € 89/100 €
Ein wirklich netter Familienbetrieb, der von Mutter und Tochter Hauer herzlich geführt wird. Sie wohnen in gepflegten, behaglichen Zimmern (teilweise mit Balkon oder Terrasse), vom See trennt Sie nur ein kurzer Spaziergang!

TWIST

Niedersachsen – 9 610 Ew. – Höhe 18 m – Siehe Regionalatlas **16-C7**
Berlin 523 km – Hannover 255 km – Nordhorn 25 km – Bremen 147 km
Michelin Straßenkarte 541

In Twist-Bült

Gasthof Backers - Zum alten Dorfkrug mit Zim
Kirchstr. 25 ✉ 49767 – ✆ (05936) 90 47 70 – www.gasthof-backers.de – geschl. Montag - Dienstag, Samstagmittag
5 Zim – 48/58 € 80/90 € – ½ P Menü 43/50 € – Karte 25/45 €
Dass man in diesem behaglichen Landgasthof der Familie Backers (bereits die 5. Generation) gerne isst, liegt vor allem an der frischen Regionalküche des Chefs. Mit viel Geschmack, Aroma und sehr gutem Preis-Leistungs-Verhältnis überzeugen z. B. "Kotelett vom Bentheimer Landschwein mit Spitzkohl und Dunkelbiersauce" oder "Zweierlei von der Lammkeule"!

ÜBERHERRN

Saarland – 11 690 Ew. – Höhe 377 m – Siehe Regionalatlas **45-B17**
Berlin 743 km – Saarbrücken 36 km – Saarlouis 13 km – Metz 52 km
Michelin Straßenkarte 543

Linslerhof (mit Gästehäusern)
Linslerhof 1 (Ost: 2 km) ✉ 66802 – ✆ (06836) 80 70 – www.linslerhof.de
62 Zim – 80/158 € 119/188 € – ½ P
Rest *St. Antonius* – ✆ (06836) 8 07 66 – Menü 35/45 € – Karte 35/62 € – *(nur Abendessen)*
Rest *Georgstube* – ✆ (06836) 8 07 66 – Menü 35 € – Karte 24/51 €
Ein schöner historischer Gutshof in ruhiger Lage, dessen verschiedene Gebäude sich auf 330 ha verteilen. Mit einem Blick fürs Detail hat Brigitte von Boch-Galhau liebenswerte Zimmer im englischen Landhausstil und gemütliche Restauranträume geschaffen. In der Georgstube isst man regional-saisonal, im St. Antonius etwas gehobener.

ÜBERKINGEN, BAD

Baden-Württemberg – 3 830 Ew. – Höhe 440 m – Siehe Regionalatlas **56-I19**
Berlin 598 km – Stuttgart 62 km – Göppingen 21 km – Ulm (Donau) 37 km
Michelin Straßenkarte 545

Bad-Hotel (mit Gästehaus)
Otto-Neidhart-Platz 1 ✉ 73337 – (07331) 30 20
– www.bad-hotel-bad-ueberkingen.de
38 Zim – 66/76 € 78/88 €, 10 € – ½ P **Rest** – Karte 29/66 €
Ob Sie im Haupthaus schlafen oder im Gästehaus, die Zimmer sind zeitgemäß und angenehm hell, wohnlich und funktional. Außerdem liegt das Hotel nett am Kurpark und ist auch für Veranstaltungen ein schöner Rahmen. Das Restaurant samt hübscher Terrasse bietet einen Mix aus mediterranen und regionalen Gerichten.

ÜBERLINGEN

Baden-Württemberg – 21 820 Ew. – Höhe 403 m – Siehe Regionalatlas **63-G21**
Berlin 743 km – Stuttgart 172 km – Konstanz 40 km – Ravensburg 46 km
Michelin Straßenkarte 545

Wiestor garni
Wiestorstr. 17 ✉ 88662 – (07551) 8 30 60 Stadtplan : Ba
– www.wiestor.com
16 Zim – 59/71 € 85/99 €
Mitten in der Altstadt betreibt Familie Gabel das gepflegte kleine Hotel. Die Zimmer sind alle wohnlich eingerichtet, in warmen Tönen gehalten und verfügen teilweise über einen Balkon oder eine Terrasse. Zur Uferpromenade ist es nur ein kurzer Spaziergang.

Stadtgarten
Bahnhofstr. 22 (über A) ✉ 88662 – (07551) 45 22 – www.hotel-stadtgarten.de
– geschl. 1. November - 15. März
27 Zim – 50/70 € 94/136 € – 3 Suiten – ½ P
Rest – Menü 18 € – Karte 18/38 € – *(geschl. Mittwoch)*
Die zentrumsnahe Lage am namengebenden Stadtgarten, freundliche und funktionale Zimmer sowie ein hübsch angelegter Garten mit Seeblick sprechen für dieses Haus. Einen Kosmetiksalon gibt es übrigens auch. Sie kommen mit der ganzen Familie? Im Hinterhaus hat man geräumige Ferienwohnungen.

Alpenblick garni
Nussdorferstr. 35 (über Mühlenstraße) ✉ 88662 – (07551) 9 20 40
– www.alpenblickhotel.de – geschl. 13. Dezember - 1. März
22 Zim – 58/85 € 92/120 €
Seit über 30 Jahren leitet Walter Mohring dieses kleine Haus etwas oberhalb des Sees. Die Balkone bieten teilweise einen tollen Seeblick, nett im Sommer auch der kleine Außenpool!

Bürgerbräu mit Zim
Aufkircher Str. 20 ✉ 88662 – (07551) 9 27 40 Stadtplan : Bc
– www.bb-ueb.de – geschl. 7. - 23. Januar und Montag - Dienstag
12 Zim – 64/79 € 94/119 €
Menü 39/59 € – Karte 28/53 € – *(Mittwoch - Freitag nur Abendessen)*
Junior Simon Metzler führt das gepflegte Restaurant in der Altstadt in 3. Generation, und er hat frischen Wind ins Haus gebracht. Das merkt man zum einen an der Speisekarte mit teils internationalen Einflüssen und einigen Überraschungen, zum anderen auch an den freundlichen Farben in den Gästezimmern!

In Überlingen-Andelshofen Ost: 3 km über Hochbildstraße Stadtplan : B

Johanniter-Kreuz
Johanniterweg 11 ✉ 88662 – (07551) 93 70 60 – www.johanniter-kreuz.de
29 Zim – 75/120 € 120/196 € – 1 Suite – ½ P
Rest *Johanniter-Kreuz* – siehe Restaurantauswahl
Ein zum Hotel gewachsenes historisches Bauernhaus. Besonders schön sind die Designer- und Gartenzimmer, ebenso modern der verglaste Frühstücksraum und die hübsche Terrasse.

Sonnengarten garni

Zum Brandbühl 19 ✉ 88662 – ✆ (07551) 8 30 00 – www.wohlfuehlhotel-sonnengarten.de – geschl. Januar - Februar

20 Zim ☕ – 🚹60/95 € 🚹🚹95/125 €

Hier ziehen die ruhige Lage und die netten Zimmer in warmen Tönen die Gäste an, und auch der helle Saunabereich und der schöne Garten direkt am Haus sind ansprechend.

Johanniter-Kreuz – Hotel Johanniter-Kreuz

Johanniterweg 11 ✉ 88662 – ✆ (07551) 93 70 60 – www.johanniter-kreuz.de – geschl. Montag - Dienstagmittag

Menü 30/65 € – Karte 40/58 €

In den ehemaligen Stallungen des einstigen Bauernhofs werden nun in schickem gemütlichem Rahmen Gäste bewirtet. Imposant der mitten im Raum platzierte Kamin mit offenem Feuer!

In Überlingen-Lippertsreute Nord-Ost: 9 km über Hochbildstraße Stadtplan : B

Landgasthof zum Adler (mit Gästehaus)

Hauptstr. 44 ✉ 88662 – ✆ (07553) 8 25 50 – www.adler-lippertsreute.de

16 Zim ☕ – 🚹65/75 € 🚹🚹80/115 € – ½ P

Rest ***Landgasthof zum Adler*** – siehe Restaurantauswahl

Seit 1570 ist dieser ehemalige Bauernhof bereits in Familienbesitz! Fragen Sie nach den neueren Zimmern im Gästehaus! Im Haupthaus hat man einfachere rustikale Zimmer. Auf der Liegewiese hinter dem Haus kann man schön die Aussicht genießen.

Landgasthof Keller

Riedweg 2 ✉ 88662 – ✆ (07553) 82 72 90 – www.landgasthofbrauereikeller.de – geschl. 24. Dezember - 20. Januar

13 Zim ☕ – 🚹48/65 € 🚹🚹65/95 € – ½ P

Rest – Menü 24/35 € – Karte 21/42 € – *(geschl. Montag - Dienstag)*

Der seit vielen Jahren familiengeführte Gasthof mit den roten Fensterläden bietet Ihnen schlichte, tipptopp gepflegte Zimmer im Haupthaus oder im Anbau. Gaststube mit sympathisch-ländlichem Charakter, dazu eine lauschige Terrasse unter Kastanienbäumen.

Landgasthof zum Adler – Hotel Landgasthof zum Adler

Hauptstr. 44 ✉ 88662 – ✆ (07553) 8 25 50 – www.adler-lippertsreute.de – geschl. Mittwoch - Donnerstag

Menü 37/43 € – Karte 28/45 €

In der gemütlichen Gaststube des tollen alten Fachwerkhauses kocht Peter Vögele Regionales, ist aber auch offen für internationale Einflüsse. Mit viel Geschmack überzeugen da z. B. "klare Fischsuppe mit Sauce Rouille" oder "Ochsenschwanz mit Spargel und Spätzle"!

UELZEN

Niedersachsen – 34 250 Ew. – Höhe 35 m – Siehe Regionalatlas **19-J7**

▶ Berlin 233 km – Hannover 99 km – Braunschweig 83 km – Celle 53 km

Michelin Straßenkarte 541

In Uelzen-Holdenstedt Süd-West: 4 km Richtung Celle

Holdenstedter Hof mit Zim

Holdenstedter Str. 64 ✉ 29525 – ✆ (0581) 97 63 70 – www.holdenstedterhof.de – geschl. 19. - 31. Oktober und Montag - Dienstag

4 Zim ☕ – 🚹50/60 € 🚹🚹80 € – ½ P Menü 18 € (mittags)/55 € – Karte 19/50 €

Sie suchen einen soliden Gasthof mit bürgerlicher Küche? Zum Essen bietet man Ihnen hier ein nettes Ambiente, ob Sie nun im elegant dekorierten Restaurant, in der holzgetäfelten Bauernstube oder im Sommer auf der hübschen Gartenterrasse sitzen möchten.

ÜRZIG

Rheinland-Pfalz – 860 Ew. – Höhe 106 m – Siehe Regionalatlas **46-C15**

▶ Berlin 691 km – Mainz 124 km – Trier 51 km – Bernkastel-Kues 10 km

Michelin Straßenkarte 543

Zur Traube (mit Gästehaus)
Moselweinstr. 16 (B 53) ✉ 54539 – ✆ (06532) 93 08 30
– www.zurtraubeuerzig.de – geschl. Dezember - Mitte März
12 Zim – 55/115 € 60/145 € – ½ P
Rest – Menü 25 € – Karte 20/41 € – *(geschl. Mittwoch) (nur Abendessen)*
Ein nettes und sehr gepflegtes kleines Hotel unter familiärer Leitung mit zeitgemäßen Zimmern, die im Haupthaus etwas größer sind und teilweise moselseitig liegen. Zum neuzeitlichen Restaurant gehört eine überdachte Moselterrasse.

Moselschild & Oliver's Restaurant mit Zim Rest,
Hüwel 14 (B 53) ✉ 54539 – ✆ (06532) 9 39 30 – www.moselschild.de
– geschl. Januar - Februar 6 Wochen und Donnerstag, November - März: Mittwochmittag, Donnerstag - Freitagmittag
12 Zim – 70/95 € 80/125 € – ½ P Menü 39/72 € – Karte 32/58 €
Aus der regional-saisonalen Küche von Oliver Probst kommt Schmackhaftes wie z. B. "Rumpsteak unter der Schalotten-Senfkruste" oder auch das mittwochabendliche Menü "Gourmet in Jeans" für 30 € inkl. Apero. Speisen Sie im Sommer auf der Terrasse mit Moselblick! Sie möchten mit dem eigenen Boot kommen? Kein Problem, man hat einen Anleger am Haus.

UETERSEN

Schleswig-Holstein – 17 690 Ew. – Höhe 6 m – Siehe Regionalatlas **10**-H5
Berlin 319 km – Kiel 101 km – Hamburg 37 km – Itzehoe 35 km
Michelin Straßenkarte 541

Mühlenpark Rest,
Mühlenstr. 49 ✉ 25436 – ✆ (04122) 9 25 50 – www.muehlenpark.de
25 Zim – 85 € 125 €
Rest – Karte 23/36 € – *(geschl. Juli - August 6 Wochen und Freitag - Sonntag sowie an Feiertagen) (nur Abendessen)* (Tischbestellung ratsam)
Das stilvolle Gebäude auf einem Grundstück mit altem Baumbestand ist schon ein schmuckes Anwesen! Im Anbau erwarten Sie geräumige Gästezimmer mit klassischer Einrichtung, in der Villa selbst das Restaurant mit internationaler Küche. Schöne Terrasse.

PARKHOTEL-Rosarium Rest,
Berliner Str. 10 ✉ 25436 – ✆ (04122) 9 21 80 – www.parkhotel-rosarium.de
37 Zim – 45/82 € 99/106 €, 12 € – ½ P
Rest – Menü 35/80 € – Karte 29/44 € – *(Oktober - März: Montag - Freitag nur Abendessen)*
Unmittelbar am wunderschönen Rosarium der Rosen- und Hochzeitsstadt Uetersen liegt das familiengeführte Hotel. Beeindruckend ist die Ausstellung von über 5000 Golfbällen aus der ganzen Welt. Von der hübschen Terrasse schaut man auf Park und Mühlenteich.

UFFING am STAFFELSEE

Bayern – 2 980 Ew. – Höhe 659 m – Siehe Regionalatlas **65**-K21
Berlin 660 km – München 71 km – Innsbruck 90 km
Michelin Straßenkarte 546

Seerestaurant Alpenblick
Kirchtalstr. 30 ✉ 82449 – ✆ (08846) 93 00 – www.seerestaurant-alpenblick.de
– geschl. Mitte September - April: Donnerstag
Menü 25 € – Karte 16/46 €
Ein Logenplatz am Staffelsee! Hier werden regionale Klassiker und internationale Küche frisch gekocht. Tipp: Man hat einen der schönsten Biergärten der Region (mit Grillstation und Selbstbedienung) unterhalb der Restaurantterrasse!

UHINGEN

Baden-Württemberg – 13 560 Ew. – Höhe 295 m – Siehe Regionalatlas **55**-H18
Berlin 613 km – Stuttgart 37 km – Tübingen 63 km – Karlsruhe 110 km
Michelin Straßenkarte 545

Schloss Filseck

Filseck 1 ✉ 73066 – ✆ (07161) 2 83 80 – www.restaurant-auf-schloss-filseck.de – geschl. Samstagmittag, Sonntag
Menü 54/89 € – Karte 45/70 €
Für die produktorientierten internationalen Gerichte wie "Carée vom Salzwiesenlamm mit Pfefferminz-Jus, gebratene Pfifferlinge, Ziegenkäse-Feigen-Ravioli" hat man hier einen wirklich schönen Rahmen: hohe Holzdecke, freiliegende Natursteinwände, moderne Bilder... Oder möchten Sie im tollen Innenhof speisen? Das hübsche Schloss ist auch eine perfekte Location für Feste!

UHLDINGEN-MÜHLHOFEN

Baden-Württemberg – 7 910 Ew. – Höhe 398 m – Siehe Regionalatlas **63-G21**
Berlin 736 km – Stuttgart 181 km – Konstanz 19 km – Ravensburg 38 km
Michelin Straßenkarte 545

Im Ortsteil Maurach

Seehalde

Birnau-Maurach 1 ✉ 88690 – ✆ (07556) 9 22 10 – www.seehalde.de – geschl. Anfang Januar - Anfang März
21 Zim – †79/149 € ††138/195 € – ½ P
Rest *Seehalde* – siehe Restaurantauswahl
Die Brüder Thomas und Markus Gruler haben den Familienbetrieb inzwischen übernommen. Das Haus könnte kaum schöner liegen: Über die Liegewiese gelangt man direkt zum See! Diesen kann man auch von den zeitgemäßen Zimmern sehen - fragen Sie nach den neueren Superiorzimmern!

Pilgerhof und Rebmannshof

Maurach 2 ✉ 88690 – ✆ (07556) 93 90 – www.hotel-pilgerhof.de
48 Zim – †65/90 € ††110/160 € – ½ P
Rest – Menü 25 € (abends)/38 € – Karte 22/37 € – *(geschl. November - März: Montag)*
Der Pilgerhof und der über 300 Jahre alte Rebmannshof liegen umgeben von Weinbergen und nur wenige Meter vom See entfernt, wo man einen hauseigenen Badestrand hat. Die Zimmer sind großzügig und wohnlich, neuzeitlich auch das Restaurant - Highlight ist natürlich die Seeterrasse! Brot backt man hier übrigens noch selbst.

Seehalde – Hotel Seehalde

Birnau-Maurach 1 ✉ 88690 – ✆ (07556) 9 22 10 – www.seehalde.de – geschl. Anfang Januar - Anfang März und Dienstag - Mittwoch
Menü 37/79 € – Karte 36/70 €
Ein Besuch lohnt sich nicht nur wegen der fantastischen Seelage (ein Muss ist im Sommer die Terrasse!), auch was Markus Gruler an frischen, schmackhaften und abwechslungsreichen Speisen auf den Teller bringt, ist zu empfehlen. Die Kräuter stammen aus dem eigenen Garten, von bekannten Bodenseefischern kommt regelmäßig Fisch!

Im Ortsteil Seefelden

Landhotel Fischerhaus (mit Gästehäusern)

Seefelden 3 ✉ 88690 – ✆ (07556) 92 94 90 – www.fischerhaus-seefelden.de – geschl. November - März
23 Zim – †130/160 € ††190/250 € – 6 Suiten – ½ P
Rest – *(nur Abendessen für Hausgäste)*
Auf diesem wunderschön gelegenen Anwesen wohnen Sie im historischen Fachwerkhaus oder einem der Gästehäuser in wirklich gemütlichem Rahmen. Vom parkähnlichen Garten hat man Zugang zum hoteleigenen Seestrand. Für Hausgäste ist die Halbpension inklusive.

Im Ortsteil Unterhuhldingen

Seevilla

Seefelder Str. 36 ✉ 88690 – ✆ (07556) 9 33 70 – www.seevilla.de – geschl. Mitte November - Februar

22 Zim – 🛉100/140 € 🛉🛉160/200 € – ½ P

Rest – Menü 30 € – *(Buffet, nur Abendessen)* (Tischbestellung erforderlich)

Die stilvoll eingerichtete Villa nahe den Pfahlbauten hat wohnliche, hochwertige Zimmer zu bieten, teils mit Seeblick und Balkon. Dekorativ: Im ganzen Haus finden sich Werke regionaler Künstlerinnen. Am Abend gibt es ein reichhaltiges Buffet im Wintergarten oder auf der Terrasse im schön gepflegten Garten mit Wasserspiel.

Mainaublick (mit Gästehaus)

Seefelder Str. 22 ✉ 88690 – ✆ (07556) 9 21 30 – www.hotel-mainaublick.de – geschl. Ende Oktober - März

32 Zim – 🛉58/60 € 🛉🛉120/150 € – ½ P

Rest – Menü 20 € (abends)/26 € – Karte 24/51 €

Schön wohnt es sich in dem Ferienhotel nahe dem Yachthafen in zeitgemäßen Zimmern. Entspannen können Sie u. a. bei Beauty-Anwendungen, beim Speisen auf der Terrasse sitzt man herrlich zum See hin, schattig unter hübschen Platanen.

UHLSTÄDT-KIRCHHASEL

Thüringen – 6 350 Ew. – Höhe 190 m – Siehe Regionalatlas **41-L13**

Berlin 283 km – Erfurt 79 km – Saalfeld 21 km – Gera 61 km

Michelin Straßenkarte 544

Im Ortsteil Weißen

Kains Hof

Weißen 19 ✉ 07407 – ✆ (036742) 6 11 30 – www.hotelkainshof.com – geschl. 10. - 31. Januar

30 Zim – 🛉57/59 € 🛉🛉82/85 €

Rest – Karte 19/30 € – *(Montag - Donnerstag nur Abendessen)*

Mit seiner liebenswerten Fachwerkfassade verspricht der ehemalige Bauernhof in dem beschaulichen Dorf schon von außen ländlichen Charme. Neben gemütlich-rustikalen Gaststuben hat man im Sommer eine lauschige Terrasse im Innenhof. Das Haus wird engagiert geführt.

ULM (DONAU)

Baden-Württemberg – 122 810 Ew. – Höhe 478 m – Siehe Regionalatlas **56-I19**

Berlin 613 km – Stuttgart 93 km – Augsburg 80 km – München 138 km

Michelin Straßenkarte 545

LAGO

Friedrichsau 50, (Donauhalle) (über B1, Richtung Heidenheim) ✉ 89073 – ✆ (0731) 2 06 40 00 – www.hotel-lago.de

60 Zim – 🛉102/132 € 🛉🛉116/146 €, 17 €

Rest *LAGO* ✿ – siehe Restaurantauswahl

Buchen Sie ein Zimmer mit Blick zum See - im Sommer bekommt man direkt Lust auf einen Sprung ins kühle Nass! Schön anzusehen ist aber auch das hochwertige und sehr schicke geradlinig-moderne Interieur (einige Zimmer mit Design-Elementen der Hochschule für Gestaltung (HfG) Ulm). Praktisch: Die Messe ist nur einen Steinwurf entfernt.

Schiefes Haus garni

Schwörhausgasse 6 ✉ 89073 – ✆ (0731) 96 79 30 Stadtplan : A2n
– www.hotelschiefeshausulm.de – geschl. 24. Dezember - 1. Januar

11 Zim – 🛉125/135 € 🛉🛉158/170 €

Gerade Wände sucht man hier vergeblich! In diesem liebenswerten kleinen Haus a. d. 15. Jh. ist so ziemlich alles schief - nur die Betten nicht! Das hochwertige moderne Design ist ein charmanter Kontrast zu alten Holzbalken und knarrenden Dielenböden. Zimmer Nr. 6 ist am schiefsten! Im Sommer sollten Sie sich zum Frühstücken oder auf ein Gläschen Wein auf die reizende Galerie direkt über dem Flüsschen Blau setzen!

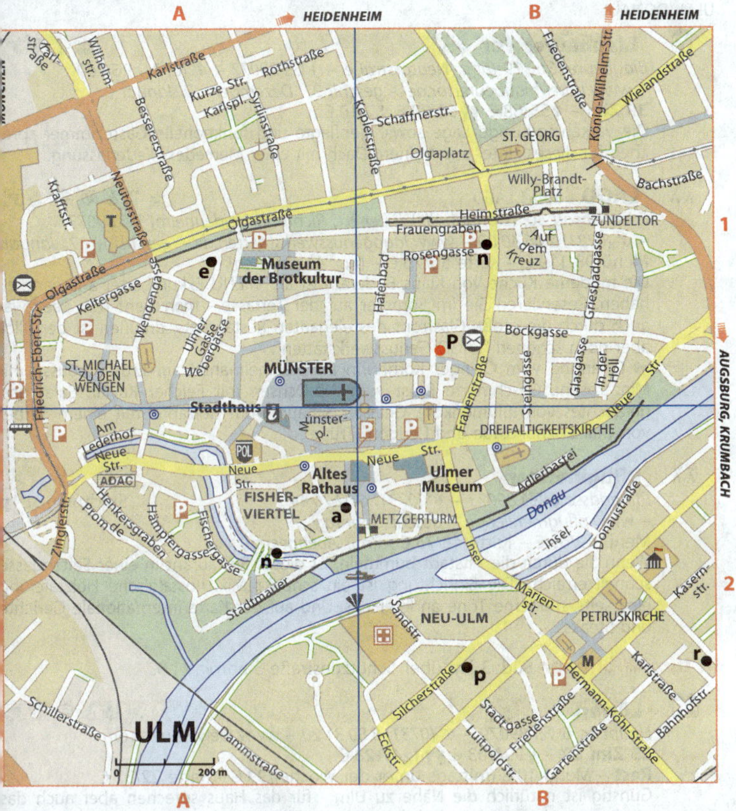

Comfor garni

Frauenstr. 51 ✉ 89073 – ✆ (0731) 9 64 90 Stadtplan : B1**n**

– www.comfor.de – geschl. 24. Dezember - 1. Januar

102 Zim – †85/109 € ††105/135 €

Ein zeitgemäß-funktionales Hotel in der Innenstadt - günstig parken können Sie im Parkhaus Frauenstraße. Einige Zimmer mit Freisitz zum Innenhof; auch Familienzimmer vorhanden.

Neuthor garni

Neuer Graben 17 ✉ 89073 – ✆ (0731) 9 75 27 90 Stadtplan : A1**e**

– www.hotel-neuthor.de – geschl. 24. Dezember - 11. Januar

24 Zim – †85/99 € ††105/125 €

Freundlich und funktionell ist das Ambiente in dem Nichtraucher-Hotel in der Altstadt - das Museum für Brotkultur liegt in Fußnähe, ebenso der Weihnachtsmarkt! Tipp für Autofahrer: Parkhaus Salzstadel.

Am Rathaus-Reblaus garni

Kronengasse 10 ✉ 89073 – ✆ (0731) 96 84 90 Stadtplan : A2**a**

– www.rathausulm.de – geschl. 23. Dezember - 10. Januar

32 Zim – †78/130 € ††98/140 € – 1 Suite

Individuell und gemütlich wohnt man bei Familie Büttner - im Hotel am Rathaus oder nebenan im charmanten Fachwerkhaus Reblaus von 1651. Fragen Sie nach der "Rotkäppchensuite" oder dem "Balkonzimmer"! Für alle, die mit dem Fahrrad auf dem Donauradweg unterwegs sind, gibt es einen abschließbaren Fahrradraum.

Blaubeurer Tor garni

Blaubeurer Str. 19 (über Neutorstraße A1) ✉ 89077 – ✆ (0731) 9 34 60 – www.hotel-blaubeurertor.de – geschl. 22. Dezember - 7. Januar

39 Zim – †55/68 € ††68/88 €, ☕ 10 €

Die verkehrsgünstige Lage sowie gepflegte und funktionelle Gästezimmer sprechen für dieses Hotel unter einem Dach mit einer Mercedes-Niederlassung.

LAGO – Hotel LAGO

Friedrichsau 50, (Donauhalle) (über B1, Richtung Heidenheim) ✉ 89073 – ✆ (0731) 2 06 40 00 – www.lagogenusswerkstaetten.de – geschl. 1. - 7. Januar

Menü 98/119 € – Karte 56/76 € – *(nur Abendessen)*

Die moderne Küche von Klaus Buderath ist als "MENÜ Exkurs" oder à la carte zu haben. Reservieren Sie im Sommer auf der Terrasse - man sieht den See zwar auch durch die große Glasfront des eleganten Restaurants, draußen ist der Blick aber noch schöner! "LAGO Genusswerkstätten".

→ Galantine vom Öllinger Kornhuhn im Morchelmantel auf Erbsenmousse mit Minzcrostini. Geschmorte Brust vom Alb-Ochsen mit Felchen-Kaviar, Salat und gerauchtes vom Blumenkohl. Geeister Schaum vom Holzapfel mit einem Sorbet von Oialla Schokolade und Perigord Trüffel.

Pflugmerzler

Pfluggasse 6 ✉ 89073 – ✆ (0731) 6 02 70 44 – www.pflugmerzler.de – geschl. Sonntag Stadtplan : B1p

Menü 49/69 € – Karte 48/73 € – *(nur Abendessen)*

Wenn Sie durch die Altstadt bummeln, ist dieses Restaurant in einer Seitengasse schnell erreicht. Die Einrichtung ist ein schöner Mix: nostalgische Holztäfelung einerseits, moderne Töne andererseits. Und auf der Karte internationale Gerichte und Steaks.

In Ulm-Wiblingen Süd: 3 km über Schützenstraße Stadtplan : B3

Löwen

Hauptstr. 6 ✉ 89079 – ✆ (0731) 8 80 31 20 – www.loewen-ulm.com

25 Zim ☕ – †99/103 € ††124/128 €

Rest – Menü 10 € (mittags unter der Woche)/99 € – Karte 22/37 €

Günstig ist natürlich die Nähe zu Ulm - für das Haus sprechen aber auch das moderne und zugleich wohnliche Landhausflair (viel schönes Holz und warme Farben), der Biergarten sowie die Terrasse im Innenhof. Die Küche ist international.

ULMET

Rheinland-Pfalz – 730 Ew. – Höhe 200 m – Siehe Regionalatlas **46**-D16

▶ Berlin 663 km – Mainz 98 km – Saarbrücken 81 km – Trier 92 km

Michelin Straßenkarte 543

Felschbachhof

Felschbachhof 1 (West: 1 km, nahe der B 420) ✉ 66887 – ✆ (06387) 91 10 – www.felschbachhof.de

35 Zim ☕ – †58/74 € ††80/110 € – 1 Suite – ½ P

Rest – Menü 24/60 € – Karte 24/55 €

Ein gut geführtes Hotel in etwas erhöhter Lage außerhalb des kleinen Ortes mit Superior-, Komfort- und Standardzimmern sowie Appartements mit kleiner Küche. Netter Saunabereich. Für die internationale und saisonale Küche werden teilweise Bioprodukte verwendet.

UMKIRCH

Baden-Württemberg – 5 220 Ew. – Höhe 207 m – Siehe Regionalatlas **61**-D20

▶ Berlin 808 km – Stuttgart 203 km – Freiburg im Breisgau 10 km – Strasbourg 87 km

Michelin Straßenkarte 545

Landhaus Blum

Rest, Zim,

Am Gansacker 3 ✉ 79224 – ✆ (07665) 9 34 39 90 – www.hotel-landhaus-blum.de

60 Zim – 56/85 € 100/120 € – ½ P

Rest – Menü 20/46 € – Karte 20/40 € – *(geschl. Samstagmittag, Sonntag)*

Praktisch die Anbindung an die Autobahn, gut die Tagungsmöglichkeiten, modern die Zimmer (mit schönem Holzfußboden und klarem Design). Sie kommen zum Essen? Im "Heuboden" gegenüber dem Hotel wählen Sie zwischen Buffet und à la carte. Und für Nachtschwärmer gibt es hier auch Dancing Clubs.

Pfauen

Hugstetter Str. 2 ✉ 79224 – ✆ (07665) 9 37 60 – www.hotel-pfauen-umkirch.de

20 Zim – 50/75 € 75/110 €

Rest ***Villa Thai*** – siehe Restaurantauswahl

Die freundliche Gastgeberfamilie bietet in dem kleinen Hotel gepflegte Zimmer, teilweise mit Balkon. Wer's fernöstlich mag, sollte nach den "Thai-Zimmern" fragen - die sind mit schönen Möbelstücken aus Thailand ausgestattet.

Villa Thai – Hotel Pfauen

Hugstetter Str. 2 ✉ 79224 – ✆ (07665) 9 37 60 – www.hotel-pfauen-umkirch.de

Menü 35/39 € – Karte 25/51 €

Viel Holz schafft warme Atmosphäre, thailändisches Dekor einen Hauch Exotik. Schön hat Familie Mac das Ambiente hier auf die kulinarischen Spezialitäten Thailands abgestimmt - serviert werden authentische Menüs.

UNKEL

Rheinland-Pfalz – 4 950 Ew. – Höhe 56 m – Siehe Regionalatlas **36-C13**

Berlin 608 km – Mainz 137 km – Bonn 20 km – Neuwied 28 km

Michelin Straßenkarte 543

Rheinhotel Schulz

Rest, Rest,

Vogtsgasse 4 ✉ 53572 – ✆ (02224) 90 10 50 – www.rheinhotel-schulz.de – geschl. 1. - 6. Januar

36 Zim – 55/105 € 95/160 € – 6 Suiten – ½ P **Rest** – Karte 28/46 €

Das gewachsene historische Hotel in toller Lage direkt am Rhein bietet klassisches Ambiente im Haupthaus, modernes Interieur im Rheinflügel und Landhausstil im Sonnenflügel. Flussblick vom Restaurant und von der Terrasse mit Platanen.

UNNA

Nordrhein-Westfalen – 66 510 Ew. – Höhe 100 m – Siehe Regionalatlas **27-D11**

Berlin 476 km – Düsseldorf 83 km – Dortmund 21 km – Soest 35 km

Michelin Straßenkarte 543

Katharinen Hof

Bahnhofstr. 49 ✉ 59423 – ✆ (02303) 92 00 – www.riepe.com

96 Zim – 109/129 € 149 € – 4 Suiten – ½ P

Rest – Menü 18/45 € – Karte 29/47 €

Ein Tagungs- und Businesshotel: praktisch die Lage gegenüber dem Bahnhof (mit dem Zug sind Sie in 20 Minuten in Dortmund), geräumig die Zimmer, international die Küche. In den modernen Executive- und Businesszimmern sowie den Suiten können Sie auf Wunsch ganz stromfrei schlafen!

UNTERFÖHRING

Bayern – 9 940 Ew. – Höhe 508 m – Siehe Regionalatlas **66-M20**

Berlin 586 km – München 10 km – Kufstein 107 km – Augsburg 77 km

Michelin Straßenkarte 546

siehe Stadtplan München (Umgebungsplan)

Lechnerhof garni (mit Gästehaus)
Eichenweg 4 ✉ *85774* – ✆ *(089) 95 82 80* Stadtplan : D1
– www.hotel-lechnerhof.de
67 Zim – 110/180 € 140/180 € – 3 Suiten
Das aus einem alten Hof entstandene familiengeführte Hotel hat für Sie wohnliche Zimmer und besonders komfortable Superior-Zimmern, dazu einen hübschen Frühstücksraum in hellem Holz. In der Nähe: Fußballarena des FC Bayern München.

Feringapark Zim,
Feringastr. 2 ✉ *85774* – ✆ *(089) 95 71 60* Stadtplan : D1
– www.feringapark-hotels.com
218 Zim – 125/165 € 165/195 € – ½ P
Rest – Menü 13 € (mittags unter der Woche)/43 € – Karte 19/46 € – *(geschl. Juli - August: Freitagabend, Samstagabend)*
Ein Businesshotel mit guter Autobahnanbindung nahe Isarauen und Englischem Garten. Wer es gerne modern mag, sollte nach den ganz geradlinigen Zimmern fragen. Gastronomisch bietet man Restaurant (internationale Küche), Bräustüben und Bar. Übrigens gibt es im Haus und nebenan auch Einkaufsmöglichkeiten!

UNTERGRIESBACH

Bayern – 6 130 Ew. – Höhe 556 m – Siehe Regionalatlas **60-Q19**
Berlin 633 km – München 213 km – Landshut 142 km – Linz 66 km
Michelin Straßenkarte 546

Landgasthof Zum Lang mit Zim Rest,
Alte Dorfstr. 29 ✉ *94107* – ✆ *(08593) 9 33 00 – www.landgasthof-lang.de*
– geschl. Montag
6 Zim – 50/60 € 70/90 € – ½ P
Menü 20/29 € (abends) – Karte 14/30 €
In dem Gasthof a. d. 17. Jh. steht die engagierte Gastgeberin Ursula Bauer selbst am Herd. Ihre pfiffig aufgewertete bayerische Küche gibt es in liebenswert dekorierten Stuben. Tipp für Übernachtungsgäste: das "Kuschelzimmer" ist das größte und schönste!

UNTERHACHING

Bayern – 22 780 Ew. – Höhe 556 m – Siehe Regionalatlas **65-L20**
Berlin 601 km – München 14 km – Innsbruck 155 km – Kufstein 82 km
Michelin Straßenkarte 546

Holiday Inn
Inselkammer Str. 7 ✉ *82008* – ✆ *(089) 66 69 10 – www.holiday-inn-muenchen.de*
257 Zim – 79/319 € 89/319 €, 20 € – ½ P **Rest** – Karte 25/50 €
Schon aufgrund seiner verkehrsgünstigen Lage in einem Gewerbegebiet ist das Hotel ideal für Businessgäste, aber auch die funktionale Ausstattung passt! Die Zimmer sind ansprechend in geradlinigem Stil gehalten.

UNTERREICHENBACH

Baden-Württemberg – 2 250 Ew. – Höhe 314 m – Siehe Regionalatlas **54-F18**
Berlin 672 km – Stuttgart 62 km – Karlsruhe 40 km – Pforzheim 12 km
Michelin Straßenkarte 545

In Unterreichenbach-Kapfenhardt Süd-West: 3 km

Mönchs Waldhotel Zim, Zim,
Zu den Mühlen 2 ✉ *75399* – ✆ *(07235) 79 00 – www.moenchs-waldhotel.de*
65 Zim – 69/111 € 122/219 € – 4 Suiten – ½ P
Rest – Menü 41/46 € – Karte 28/52 €
Der rustikale Schwarzwald-Charme ist überall im Haus präsent, und er passt wunderbar zur schönen Umgebung. Von den nach Süden gelegenen Zimmern schaut man auf Wald und Wiesen. Wer es gerne etwas moderner, aber dennoch wohnlich-ländlich hat, bucht eines der neueren Zimmer. Blick ins Grüne auch beim Frühstück im luftig-lichten Wintergarten, bei bürgerlich-regionaler Küche in Mönch- und Schwarzwaldstube und natürlich auf der Terrasse. Kosmetikanwendungen und Massagen.

UNTERSCHLEISSHEIM

Bayern – 26 420 Ew. – Höhe 473 m – Siehe Regionalatlas **65**-**L20**
▶ Berlin 570 km – München 17 km – Regensburg 107 km – Augsburg 69 km
Michelin Straßenkarte 546

Dolce Munich

Andreas-Danzer-Weg 1 ✉ *85716 – ✆ (089) 3 70 53 00 – www.dolcemunich.com*
252 Zim – †89/349 € ††119/379 € – 3 Suiten
Rest ***Redox*** – Menü 35 € – Karte 34/60 € – *(geschl. Samstagmittag, Sonntagmittag)*
Die ideale Businessadresse: Das Hotel liegt gut erreichbar im Gewerbegebiet, die Zimmer sind chic-modern und technisch aktuell, man hat 23 Tagungsräume und mit dem Ballhausforum (1300 qm!) sind auch Groß-Events kein Problem! Als A-la-carte-Gast kann man im Redox international essen.

UNTERWÖSSEN

Bayern – 3 460 Ew. – Höhe 555 m – Siehe Regionalatlas **67**-**N21**
▶ Berlin 688 km – München 99 km – Bad Reichenhall 52 km – Traunstein 29 km
Michelin Straßenkarte 546

Astrid

Wendelweg 15 ✉ *83246 – ✆ (08641) 9 78 00 – www.astrid-hotel.de – geschl. November - 15. Dezember*
8 Zim – †45/78 € ††85/112 € – 12 Suiten – ½ P
Rest – Menü 16/35 € – Karte 16/39 € – *(geschl. Montag - Dienstag, außer an Feiertagen) (nur Abendessen)*
Bei Anreise, Frühstück und während des gesamten Aufenthalts sind die Gäste bei Familie Tegelthoff in sehr guten Händen. Sie schlafen in freundlichen Zimmern mit Balkon, entspannen bei Kosmetikanwendungen oder sind mit dem E-Bike aktiv (Verleih im Haus) und speisen in behaglicher Landhausatmosphäre. Ganz in der Nähe: Wössener See mit kostenlosem Freibad.

UPLENGEN

Niedersachsen – 11 470 Ew. – Höhe 9 m – Siehe Regionalatlas **8**-**E6**
▶ Berlin 473 km – Hannover 206 km – Emden 53 km – Oldenburg 38 km
Michelin Straßenkarte 541

In Uplengen-Südgeorgsfehn Süd: 10 km ab Remels, jenseits der A 28

Ostfriesischer Fehnhof

Südgeorgsfehner Str. 85 ✉ *26670 – ✆ (04489) 27 79 – www.fehnhof.de*
Menü 18/39 € – Karte 21/47 € – *(Mittwoch - Freitag nur Abendessen)*
Der Familienbetrieb bietet in gemütlichen friesischen Stuben regionale Gerichte aus frischen Produkten. Hinter dem Haus befindet sich ein schöner Biergarten mit Teich.

URACH, BAD

Baden-Württemberg – 12 320 Ew. – Höhe 463 m – Siehe Regionalatlas **55**-**H19**
▶ Berlin 660 km – Stuttgart 45 km – Reutlingen 19 km – Ulm (Donau) 56 km
Michelin Straßenkarte 545

Graf Eberhard

Bei den Thermen 2 ✉ *72574 – ✆ (07125) 14 80 – www.hotel-graf-eberhard.de*
83 Zim – †96/123 € ††126/153 € – ½ P
Rest – Menü 28/58 € – Karte 27/49 €
Das Hotel liegt an der bekannten Albtherme und wird auch von Tagungsgästen und Besuchern der Stuttgarter Messe geschätzt. Alle Zimmer mit gutem Platzangebot und Balkon. Im Restaurant bietet man regionale Küche. Besonders gemütlich ist die Weinstube.

Wilder Mann

Pfählerstr. 7 ✉ 72574 – ✆ (07125) 94 73 30 – www.restaurant-wildermann.de – geschl. Sonntagabend - Montag (Erweiterung um einen Hotelbereich mit 19 Zimmern bis Frühjahr 2015)

Menü 35/58 € (abends) – Karte 30/51 € – *(nur Abendessen, sonntags auch Mittagessen)*

Michael Bischoff ist ein sympathischer Gastgeber und kochen kann er auch noch. Was in dem ehemaligen Brauereigebäude auf den Tisch kommt, ist Altbewährtes, das neu interpretiert wird - und das sind frische, aromatische Speisen wie "Rostbraten mit Speck-Zwiebelkruste" oder "Jakobsmuscheln mit Blutwurst auf Himmel und Erd".

URSENSOLLEN – Bayern ➜ Siehe Amberg

USEDOM (INSEL)

Mecklenburg-Vorpommern – ✉ 17406Höhe 5 m – Siehe Regionalatlas **14-Q4**
▶ Berlin 220 km – Schwerin 201 km – Neubrandenburg 81 km – Rügen (Bergen) 100 km
Michelin Straßenkarte 542

AHLBECK – 9 350 Ew.

Seehotel Ahlbecker Hof (mit Gästehaus) Rest,
Dünenstr. 47 ✉ 17419 – ✆ (038378) 6 20 – www.seetel.de
74 Zim ☕ – 🚹105/275 € 🚹🚹139/314 € – 17 Suiten – ½ P
Rest *Kaiserblick* **Rest *Blauer Salon*** – siehe Restaurantauswahl
Rest *Brasserie* – Karte 32/50 € – *(geschl. Oktober - April: Dienstag)*
Rest *Suan Thai* – ✆ (038378) 62 03 00 – Karte 30/51 € – *(geschl. Montag) (nur Abendessen)*
Stilgerecht hat man den Prachtbau von 1890 klassisch eingerichtet. Man bietet guten Service und ein umfassendes Wellnessangebot mit Asia-Spa. Sie hätten es gerne besonders geräumig? Dann buchen Sie eine der großen Suiten in der Residenz! Gastronomisch gibt es u. a. französisch-saisonale Küche in der Brasserie oder Asiatisches im authentisch thailändischen Suan Thai.

Kastell garni
Dünenstr. 3 ✉ 17419 – ✆ (038378) 4 70 10 – www.kastell-usedom.de
6 Zim ☕ – 🚹65/155 € 🚹🚹79/170 € – 9 Suiten
Wie eine kleine Burg kommt das schön sanierte Hotel direkt am Dünenwald daher, drinnen durchweg im klassischen Stil eingerichtet. Machen Sie es sich in Lobby und Bar auf Chesterfield-Sesseln am Kamin gemütlich oder entspannen Sie im kleinen Sauna- und Ruhebereich.

XXX **Kaiserblick** – Seehotel Ahlbecker Hof
Dünenstr. 47 ✉ 17419 – ✆ (038378) 6 20 – www.ahlbecker-hof.de
Menü 39/59 € – Karte 40/62 € – *(nur Abendessen)*
Edel bezogene klassische Armsessel, dazu Maria-Theresia-Kronleuchter und aufwändig drapierte Vorhänge geben dem Restaurant ein harmonisches Bild. Französische Küche.

XXX **Blauer Salon** – Seehotel Ahlbecker Hof
Dünenstr. 47 ✉ 17419 – ✆ (038378) 6 20 – www.seetel.de
– geschl. 6. - 31. Januar und Sonntag - Montag
Menü 82/145 € – Karte 64/84 € – *(nur Abendessen)*
Blicken Sie durch die großen Fenster auf die Ostsee oder bewundern Sie die gediegen-elegante Einrichtung dieses in vornehmem Blau gehaltenen Restaurants, während Sie sich an einem der vier Tische eine ambitionierte Küche servieren lassen.

BANSIN – 9 350 Ew.

Kaiser Spa Zur Post
Rest,

Seestr. 5 ✉ 17429 – ✆ (038378) 5 60 – www.hzp-usedom.de
110 Zim – 99/189 € 139/249 € – 60 Suiten – ½ P
Rest *Zur Alten Post* – siehe Restaurantauswahl
Rest *Banzino* – ✆ (038378) 5 62 75 – Karte 22/35 €
Aus der Villa im Seebäderstil ist ein neuzeitlich-komfortables Hotel aus mehreren Häusern entstanden, in denen sich z. T. sehr schöne Suiten befinden. Spa auf 1200 qm. Bürgerlich-saisonale Küche im Banzino.

Travel Charme Strandhotel
Rest,

Bergstr. 30 ✉ 17429 – ✆ (038378) 800 0
– www.travelcharme.com
87 Zim – 72/255 € 144/382 € – 13 Suiten – ½ P
Rest – Menü 39 € (abends)/79 € – Karte 31/52 €
Familienfreundlichkeit wird hier groß geschrieben: Kinderbetreuung, Familienzimmer und sogar Wellness für Kinder im "Puria-Spa". Sehr hübsche Suiten im OG mit Blick auf Strand und Meer. Auch das Restaurant in der 1. Etage und die Terrasse bieten eine tolle Aussicht.

Strandhotel Atlantic (mit Villa Meeresstrand)
Rest,

Strandpromenade 18 ✉ 17429 – ✆ (038378) 6 05 – www.seetel.de
42 Zim – 82/122 € 100/180 € – 13 Suiten
Rest – Menü 28 € (abends)/38 € – Karte 35/47 €
Schön hat man die Ende des 19. Jh. erbaute Villa an der Strandpromenade restauriert. Die Zimmer sind gediegen-elegant, geräumigere Suiten bietet die Villa Meeresstrand. Vom Restaurant wie auch von der Terrasse aus haben Sie einen tollen Meerblick!

Zur Alten Post – Hotel Kaiser Spa Zur Post

Seestr. 5 ✉ 17429 – ✆ (038378) 5 60 – www.hzp-usedom.de
– geschl. 12. Januar - 2. Februar und Montag - Dienstag
Menü 40/102 € – Karte 44/73 € – *(nur Abendessen)*
In dem klassisch-gediegenen Restaurant genießen Sie die internationalen und saisonalen Gerichte von René Bobzin und werden dabei freundlich und zuvorkommend von der Servicebrigade umsorgt. Probieren Sie z. B. den "pochierten Kabeljau mit Granny Smith" oder das "Tiramisu Zur Alten Post"! Zudem kann man eine große Sammlung alter Fernmeldegeräte und Postfahrzeugmodelle bestaunen.

HERINGSDORF – 9 350 Ew.

Steigenberger Grandhotel und Spa
Rest,

Liehrstr. 11 ✉ 17424 – ✆ (038378) 49 50
– www.heringsdorf.steigenberger.de
173 Zim – 115/345 € 145/380 € – 40 Suiten – ½ P
Rest *Waterfront* – Karte 28/59 €
Rest *Seaside* – Menü 49 € – Karte 38/63 € – *(nur Abendessen)*
In diesem neuen Grandhotel wurde an nichts gespart: die Qualität merkt man am Service, in den Zimmern ("Urban", "Baltic" und "Classic") sowie im großen Spa und in der Kinderbetreuung! Nicht zu vergessen die Ostsee gleich vor der Tür. Auch gastronomisch passt das Angebot ins Bild: gehobene Menüs im Seaside. Wer legere Bistroküche bevorzugt, ist im Waterfront an der Promenade richtig.

Travel Charme Strandidyll
Zim,

Delbrückstr. 10 ✉ 17424 – ✆ (038378) 47 60
– www.travelcharme.com/strandidyll
136 Zim – 97/300 € 130/248 € – 7 Suiten – ½ P
Rest *Belvedere* – siehe Restaurantauswahl
Rest *Giardino* – Menü 38 € (abends) – Karte 35/52 €
Luxuriöses Flair versprüht das Hotel mit Park bereits von außen. Was innen folgt, steht dem in nichts nach: große Atriumlobby mit Glaskuppel, mediterran inspirierter Spabereich und freundlich-wohnliche Zimmer. Etwas Besonderes ist die schöne Turmsuite mit Rundumblick. Vom Giardino mit Wintergarten schaut man in den Garten.

Maritim Hotel Kaiserhof Rest, Zim,

Strandpromenade ✉ 17424 – ✆ (038378) 6 50 – www.maritim-usedom.de

143 Zim – 72/193 € 109/270 € – 5 Suiten – ½ P

Rest – Menü 29/33 € – Karte 23/57 € – *(nur Abendessen)*

Ein komfortables Hotel mit Spa auf drei Etagen und schönem lichtem Wintergarten mit Bibliothek und Meerblick. Interessant: zeitgenössische Kunst und zahlreiche Designer-Stühle. Luftige Atmosphäre im Restaurant Palmengarten, im Sommergarten auch Kaffee und Kuchen.

Strandhotel Ostseeblick

Kulmstr. 28 ✉ 17424 – ✆ (038378) 5 40 – www.strandhotel-ostseeblick.de

60 Zim – 90/145 € 130/250 € – 3 Suiten – ½ P

Rest *Bernstein* – siehe Restaurantauswahl

Rest *Alt Heringsdorf* – ✆ (038378) 5 42 01 – Karte 20/48 € – *(nur Abendessen)*

Hier überzeugen der kompetente und freundliche Service, die helle, geschmackvolle Einrichtung und Wellness auf 1000 qm mit MEERness-Ritualen am Strand. Von den meisten Zimmern sowie von der Lounge hat man einen einzigartigen Blick auf die See. Bistro-Flair im Alt Heringsdorf gegenüber.

Esplanade Rest, Rest,

Seestr. 5 ✉ 17424 – ✆ (038378) 7 00 – www.seetel.de

48 Zim – 80/120 € 130/190 € – ½ P

Rest *Tom Wickboldt* – siehe Restaurantauswahl

Rest *Epikur* – Menü 29/48 € – Karte 26/76 €

Das Hotel ist ein schlossartiges Gebäude von 1869, in dem schöne gediegene Gästezimmer bereitstehen. Mitbenutzung des großen Spabereichs des Pommerschen Hofs. Klassisch gehaltenes Epikur mit saisonaler Karte.

Strandhotel (mit Gästehaus) Zim,

Liehrstr. 10 ✉ 17424 – ✆ (038378) 23 20 – www.strandhotel-heringsdorf.de – geschl. 21. - 25. Dezember

88 Zim – 78/196 € 105/324 € – 1 Suite – ½ P

Rest – Menü 35 € (abends)/65 € – Karte 33/61 €

Nur wenige Schritte von der Promenade und dem Strand entfernt steht das stilvoll-wohnlich eingerichtete Hotel mit vielfältigem Spa. Zimmer teilweise mit Meerblick. Geschmackvolles holzgetäfeltes Restaurant mit internationalem und regionalem Angebot.

Fortuna garni

Kulmstr. 8 ✉ 17424 – ✆ (038378) 4 70 70 – www.hotel-fortuna.kaiserbaeder.m-vp.de – geschl. 1. November - 20. Dezember

21 Zim – 50/75 € 60/90 €

In der schmucken Villa a. d. 19. Jh. bieten die freundlichen Gastgeber helle, zeitgemäße Zimmer, einige mit netter Loggia. Zum Strand ist es nur ein Katzensprung.

Tom Wickboldt – Hotel Esplanade

Seestr. 5 ✉ 17424 – ✆ (038378) 7 00 – www.seetel.de – geschl. Sonntag - Dienstag

Menü 75/129 € – Karte 72/116 € – *(nur Abendessen)*

Hier versteht einer sein Handwerk: Tom Wickboldt kocht modern, aber ohne zu übertreiben - stimmig, durchdacht und mit gelungenen Kontrasten. Zu genießen sind seine beiden Menüs (auch A-la-carte-Auswahl möglich) in einem klassisch-eleganten kleinen Abendrestaurant in Weiß.

→ Norwegische Jakobsmuschel, gelierte Oxtail, Imperial Kaviar. Challans Entenbrust, Sellerie, Johannisbeergel, Morcheln. Fourme d'Ambert, Birne, schwarze Nüsse.

Belvedere – Hotel Travel Charme Strandidyll

Delbrückstr. 10 ✉ 17424 – ✆ (038378) 47 60 – www.travelcharme.com – geschl. Sonntag - Montag

Menü 58/85 € – Karte 44/61 € – *(nur Abendessen)* (Tischbestellung erforderlich)

Sie befinden sich im wahrsten Sinne des Wortes "on top" (4. Stock) - mit einem spektakulären Blick über die Ostsee! Ornamentstoffe in der Kombination Rot und Gold geben ein stimmiges Bild ab. Die Küchenbrigade kocht für Sie nach internationalen Rezepten.

Bernstein – Strandhotel Ostseeblick

Kulmstr. 28 ✉ 17424 – ✆ (038378) 5 42 40 – www.strandhotel-ostseeblick.de
Menü 35/91 € – Karte 58/71 € – *(nur Abendessen)*
Frisch und leicht wirken Beige-Töne, klare Linien und bodentiefe Verglasung (Ostseeblick inklusive!). Dazu passt die kreative Küche; probieren Sie z. B. Rotbarbe mit Couscous und Bohnen.

Da Claudio

Friedenstr. 16 ✉ 17424 – ✆ (038378) 80 18 76 – www.da-claudio-usedom.de – geschl. Mitte Dezember - Anfang Februar und Sonntag
Karte 36/53 € – *(nur Abendessen)* (Tischbestellung ratsam)
Ein behagliches italienisches Restaurant im Zentrum, das neben mündlichen Tagesempfehlungen am Tisch auch eine kleine Karte bietet. Chef Claudio Mazzucato steht am Herd, seine Frau umsorgt liebevoll die Gäste.

Kulm-Eck

Kulmstr. 17 ✉ 17424 – ✆ (038378) 2 25 60 – www.kulm-eck.de – geschl. Januar
Menü 39/72 € – Karte 41/59 € – *(nur Abendessen)*
In dem mit zahlreichen Fotos von Heringsdorf dekorierten Restaurant und auf der Terrasse unter hohen Bäumen serviert man kreative Küche, verfeinert mit Kräutern und Blüten.

Lutter und Wegner im Seebad Heringsdorf

Kulmstr. 3 ✉ 17424 Usedom-Heringsdorf – ✆ (038378) 2 21 25 – www.laggner-gruppe.de
Karte 30/44 €
Lust auf klassische Bistrogerichte? Hier bekommen Sie eine ehrliche Küche aus frischen Produkten und sitzen dabei gemütlich zwischen Weinregalen und alten Bildern, dazu freundlich-legerer Service.

KOSEROW – 1 700 Ew.

Oberdeck

Triftweg 4 ✉ 17459 – ✆ (038375) 25 50 – www.nautic-usedom.de
51 Zim – †49/75 € ††70/122 € – 9 Suiten – ½ P
Rest – Menü 18 € – Karte 24/39 €
In dem Hotel in der Ortsmitte bietet man tipptopp gepflegte, zeitgemäße Zimmer in frischen Farben (mit Balkon bzw. Terrasse) und kümmert sich sehr nett um die Gäste. Restaurant mit bürgerlichem Angebot.

LODDIN – 1 060 Ew.

In Loddin-Kölpinsee Nord-Ost: 2 km

Strandhotel Seerose Rest,

Strandstr. 1 ✉ 17459 – ✆ (038375) 5 40 – www.strandhotel-seerose.de
109 Zim – †101/203 € ††159/229 € – 3 Suiten – ½ P
Rest – Menü 25 € (abends)/42 € – Karte 24/35 €
Reizvoll ist hier die strandnahe Lage umgeben vom Küstenwald. Neben wohnlichen, teils besonders hellen und neuzeitlichen Zimmern verfügt man über einen ansprechenden Spa. Freundliches Ambiente im Restaurant mit Wintergarten zum Meer.

TRASSENHEIDE – 950 Ew.

Kaliebe

Zeltplatzstr. 14 ✉ 17449 – ✆ (038371) 5 20 – www.kaliebe.de
35 Zim – †50/80 € ††65/100 € – ½ P **Rest** – Karte 14/31 €
Eine nette Ferienadresse mit hübschen modernen Zimmern. Zum 250 m entfernten Strand gelangt man durch den Küstenwald, in dem mehrere Blockhäuser stehen - besonders bei Familien beliebt. Bürgerliche Küche mit selbst geräuchertem Fisch im Restaurant mit Wintergarten.

ZINNOWITZ – 3 740 Ew.

Usedom-Palace Rest, Rest,

Dünenstr. 8 ✉ 17454 – ✆ (038377) 39 60 – www.usedom-palace.de – geschl. 16. November - 26. Februar

41 Zim – 80/130 € 120/230 € – 2 Suiten – ½ P

Rest – Menü 25/65 € – Karte 26/48 €

Das historische Anwesen an der Uferpromenade ist ein prächtiges Hotel von 1900, in dem klassische Eleganz das Ambiente bestimmt. Schöner Badebereich und gutes Frühstücksbuffet. Im Restaurant bietet man internationale Küche.

USINGEN

Hessen – 13 410 Ew. – Höhe 292 m – Siehe Regionalatlas **37-F14**

Berlin 521 km – Wiesbaden 62 km – Frankfurt am Main 32 km – Gießen 38 km

Michelin Straßenkarte 543

essWebers N

Marktplatz 21 ✉ 61250 – ✆ (06081) 5 76 37 60 – www.esswebers.de – geschl. 1. - 15. Januar, 15. - 21. Februar, 25. Oktober - 4. November und Dienstag - Mittwochmittag

Menü 17 € (mittags)/45 € – Karte 35/45 €

In dem aufwändig sanierten denkmalgeschützen Liefrink-Haus direkt am Marktplatz kocht Uwe Weber aus frischen Zutaten international beeinflusste Speisen wie "asiatische Geflügelsuppe mit Mu-Err" oder "Kalbsrücken mit Spinat und Risotto".

USLAR

Niedersachsen – 14 690 Ew. – Höhe 178 m – Siehe Regionalatlas **29-H10**

Berlin 352 km – Hannover 133 km – Kassel 60 km – Göttingen 39 km

Michelin Straßenkarte 541

Menzhausen Zim,

Lange Str. 12 ✉ 37170 – ✆ (05571) 9 22 30 – www.hotel-menzhausen.de

40 Zim – 79/120 € 120/165 € – ½ P

Rest – Menü 30/44 € – Karte 30/52 €

Das Hotel mit schmuckem historischem Fachwerkhaus als Stammhaus bietet einen schönen Freizeitbereich mit Kosmetik und Massage sowie einen reizvollen Garten. Einige "Märchenzimmer". Restaurant mit internationaler und bürgerlicher Küche. Hübscher Innenhof.

UTTING am AMMERSEE

Bayern – 4 360 Ew. – Höhe 554 m – Siehe Regionalatlas **65-K20**

Berlin 625 km – München 47 km – Augsburg 61 km – Landsberg am Lech 24 km

Michelin Straßenkarte 546

Wittelsbacher Hof Zim,

Bahnhofsplatz 6 ✉ 86919 – ✆ (08806) 9 20 40 – www.hotel-wittelsbacher-hof.de – geschl. 15. Dezember - 15. März

19 Zim – 80/120 € 95/140 €

Rest – Karte 18/36 € – *(geschl. Mittwoch) (Montag - Freitag nur Abendessen)*

In dem langjährigen Familienbetrieb beim Bahnhof stehen gut gepflegte, solide und praktisch eingerichtete Gästezimmer bereit, einige verfügen über einen Balkon. Bürgerliches Angebot im Restaurant mit Biergarten.

VAIHINGEN an der ENZ

Baden-Württemberg – 28 840 Ew. – Höhe 217 m – Siehe Regionalatlas **55-G18**

Berlin 633 km – Stuttgart 28 km – Heilbronn 54 km – Karlsruhe 56 km

Michelin Straßenkarte 545

In Vaihingen-Horrheim Nord-Ost: 7 km Richtung Heilbronn

Lamm

Klosterbergstr. 45 ✉ 71665 – ✆ (07042) 8 32 20 – www.hotel-lamm-horrheim.de
23 Zim – †74/85 € ††98/116 € – ½ P
Rest *Lamm* – siehe Restaurantauswahl
Familie Bramm betreibt hier mitten im Ort ein nettes und gepflegtes Hotel, in dem man gut und zeitgemäß übernachten und auch tagen kann. Wenn das Wetter mitspielt, können Sie im Sommer schön auf der Terrasse zum Kirchplatz frühstücken!

Lamm – Hotel Lamm

Klosterbergstr. 45 ✉ 71665 – ✆ (07042) 8 32 20 – www.hotel-lamm-horrheim.de – geschl. 1. - 4. Januar
Menü 29/95 € – Karte 30/45 €
In dem freundlichen Restaurant bekommen Sie in zwangloser Umgebung bürgerlich-schwäbische Gerichte serviert. Nicht zu verfehlen - liegt direkt an der Hauptstraße!

In Vaihingen-Rosswag West: 4 km über B 10 Richtung Pforzheim

Lamm Rosswag

Rathausstr. 4, (1. Etage) ✉ 71665 – ✆ (07042) 2 14 13 – www.lamm-rosswag.de – geschl. Februar 3 Wochen, August 2 Wochen
12 Zim – †60/75 € ††85/95 € – ½ P
Rest *Lamm Rosswag* ✿ – siehe Restaurantauswahl
Bei Familie Ruggaber kann man nicht nur gut essen: Das Haus steht mitten in einem charmanten kleinen Weinort und ist mit seinen gepflegten, in wohnlichen Farben gehaltenen Zimmern und dem guten Frühstück eine schöne Übernachtungsadresse.

Lamm Rosswag (Steffen Ruggaber) – Hotel Lamm Rosswag

Rathausstr. 4, (1. Etage) ✉ 71665 – ✆ (07042) 2 14 13 – www.lamm-rosswag.de – geschl. Februar 3 Wochen, August 2 Wochen und Montag - Dienstag
Menü 30 € (mittags unter der Woche)/108 € – Karte 43/72 € – (Tischbestellung ratsam)
Man spürt, dass Sonja und Steffen Ruggaber ihr Haus mit Herzblut betreiben, und das schmeckt man auch: Die ambitionierte modern-saisonale Küche des Chefs und natürlich auch die schwäbischen Klassiker haben den sympathischen Gastgebern schon so manchen Stammgast beschert. Schön die deutsche Weinauswahl.
→ Getauchte Jakobsmuschel - Kalbskopf, Erbse, Frühlingsmorchel. Rücken vom Maibock - Mandel, Kirsche, Kaffee, Topfen. Schokolade und Brombeere - Nougat, Karamell.

VALLENDAR

Rheinland-Pfalz – 8 200 Ew. – Höhe 99 m – Siehe Regionalatlas **36-D14**
▶ Berlin 593 km – Mainz 113 km – Koblenz 9 km – Bonn 61 km
Michelin Straßenkarte 543

Die Traube

Rathausplatz 12 ✉ 56179 – ✆ (0261) 6 11 62 – www.dietraube-vallendar.de – geschl. 23. Dezember - 8. Januar, Ende Juli - Anfang September 3 Wochen und Sonntag - Montag
Menü 29/69 € – Karte 33/67 € – (Tischbestellung ratsam)
Die gute Küche zieht zahlreiche Gäste zu Stefan und Anita Schleier, doch auch der Rahmen ist schön (ein außen wie innen gleichermaßen reizendes Fachwerkhaus von 1647) und der Service ist freundlich. Neben leckeren Gerichten wie den "geschmorten Kalbsbäckchen mit Spätzle und Gemüse" kommt auch der günstige Mittagstisch gut an. Vor der alten Scheune mit Glockenspiel kann man zum Essen angenehm draußen sitzen.

VALLEY

Bayern – 3 010 Ew. – Höhe 650 m – Siehe Regionalatlas **66-M21**
▶ Berlin 622 km – München 43 km – Innsbruck 133 km – Kufstein 59 km
Michelin Straßenkarte 546

Waldrestaurant Maxlmühle
Maxlmühle ✉ 83626 Valley – ✆ (08020) 17 72 – www.maxlmuehle.de – geschl. Mitte Februar - Anfang März, November 1 Woche und Mittwoch - Donnerstag
Karte 16/38 €
Mögen Sie Forellen? Die räuchert man hier selbst - auch Sülze und Pasteten sind aus eigener Herstellung! Familie Fritzsche ist nun seit 50 Jahren in diesem Gasthaus, das so schön einsam am Ende der Straße direkt am Wasser liegt! Da kommt natürlich auch der Biergarten gut an.

VAREL

Niedersachsen – 24 590 Ew. – Höhe 9 m – Siehe Regionalatlas **8-E5**
Berlin 461 km – Hannover 204 km – Bremen 75 km – Wilhelmshaven 25 km
Michelin Straßenkarte 541

Schienfatt
Neumarktplatz 3 ✉ 26316 – ✆ (04451) 47 61 – www.restaurant-schienfatt-varel.de
Menü 32/46 € – Karte 28/44 € – *(nur Abendessen, sonntags auch Mittagessen)* (Tischbestellung erforderlich)
Das Ehepaar Rehs leitet das zum Museum gehörende Haus, das gemütlich und mit allerlei historischen Details eingerichtet ist. Internationale Küche mit regionalem Einfluss.

In Varel-Dangast Nord-West: 7 km

Graf Bentinck Rest,
Dauenser Str. 7 ✉ 26316 – ✆ (04451) 13 90 – www.bentinck.de
42 Zim – †86/100 € ††126/140 € – ½ P
Rest – Menü 25 € – Karte 23/40 € – *(nur Abendessen)*
Das reetgedeckte Haus mit backsteinroter Fassade und Sprossenfenstern ist mit seinen geräumigen wohnlichen Zimmern für Tagungen und Urlauber gleichermaßen geeignet. Restaurant im friesischen Stil.

VATERSTETTEN

Bayern – 22 070 Ew. – Höhe 528 m – Siehe Regionalatlas **66-M20**
Berlin 596 km – München 21 km – Landshut 76 km – Passau 160 km
Michelin Straßenkarte 546

In Vaterstetten-Neufarn Nord-Ost: 10 km über B 304 Richtung Ebersberg und Markt Schwaben, in Purfing links

Stangl (mit Gasthof)
Münchener Str. 1 ✉ 85646 – ✆ (089) 90 50 10 – www.hotel-stangl.de
56 Zim – †79/114 € ††99/144 €
Rest *Gasthof Stangl* – siehe Restaurantauswahl
Wie möchten Sie wohnen? Modern, rustikal oder im Jugendstil? Die Zimmer befinden sich im Gasthof oder im ehemaligen Gutshof - Letzterer ist mit seinem historischen Flair besonders attraktiv, für den Rest sorgt die Chefin mit einem Händchen für Deko!

Landhotel Anderschitz garni
Münchener Str. 13 ✉ 85646 – ✆ (089) 9 27 94 90 – www.hotel-anderschitz.de – geschl. 13. Dezember - 5. Januar
21 Zim – †54/115 € ††80/160 €
In dem familiär geleiteten Landhotel wohnen die Gäste in soliden und gepflegten Zimmern und lassen sich in gemütlich-ländlichen Stuben das Frühstück schmecken.

Gasthof Stangl – Stangl
Münchener Str. 1 ✉ 85646 – ✆ (089) 90 50 10 – www.hotel-stangl.de
Menü 29 € (mittags)/45 € – Karte 19/41 € – (Tischbestellung ratsam)
Holztäfelung, hübsche Stoffe und Accessoires... das ist richtig bayerisch-gemütlich. Und dazu gibt's Regionales wie Kalbsrahmgulasch - gut und preislich fair. Tipp: das Tagesmenü! Im Sommer kommt niemand am Kastanien-Biergarten vorbei!

VEITSHÖCHHEIM

Bayern – 9 960 Ew. – Höhe 170 m – Siehe Regionalatlas **49-I15**
Berlin 506 km – München 287 km – Würzburg 11 km – Karlstadt 17 km
Michelin Straßenkarte 546

Am Main garni
Untere Maingasse 35 ✉ 97209 – ✆ (0931) 9 80 40 – www.hotel-am-main.de – geschl. 22. Dezember - 7. Januar
35 Zim – 65/75 € 95/105 € – 1 Suite
In dem hübschen Haus in einem ruhigen Wohnviertel am Main erwarten Sie moderne Gästezimmer in klaren Linien, ein heller Frühstücksbereich sowie ein netter Garten.

Müller garni
Thüngersheimerstr. 8 ✉ 97209 – ✆ (0931) 98 06 00 – www.hotel-cafe-mueller.de – geschl. 20. Dezember - 3. Januar
22 Zim – 69/95 € 89/115 €
Die verkehrsberuhigte Lage, zeitgemäße Gästezimmer und ein gutes Frühstücksbuffet machen den langjährigen Familienbetrieb aus. Schön sitzt man auf de kleinen Dachterrasse.

Spundloch
Kirchstr. 19 ✉ 97209 – ✆ (0931) 90 08 40 – www.spundloch.com – geschl. Januar 2 Wochen
9 Zim – 75 € 98 € – ½ P
Rest – Menü 19/50 € – Karte 14/39 € – *(November - März: nur Abendessen)*
In dem kleinen Fachwerkhaus bietet man seinen Gästen gemütlich-wohnliche Zimmer (darunter ein Hochzeitszimmer mit Himmelbett) sowie Massage- und Kosmetikanwendungen. Urig-rustikales Restaurant mit überwiegend regionaler Küche

Wie entscheidet man sich zwischen zwei gleichwertigen Adressen?
In jeder Kategorie sind die Häuser nochmals geordnet, die besten Adressen stehen an erster Stelle.

VELBERT

Nordrhein-Westfalen – 84 040 Ew. – Höhe 245 m – Siehe Regionalatlas **26-C11**
Berlin 544 km – Düsseldorf 41 km – Essen 16 km – Wuppertal 19 km
Michelin Straßenkarte 543

In Velbert-Neviges Süd-Ost: 4 km über B 224, Abfahrt Velbert-Tönisheide

Haus Stemberg
Kuhlendahler Str. 295 ✉ 42553 – ✆ (02053) 56 49 – www.haus-stemberg.de – geschl. 18. März - 2. April, Juli - August 3 Wochen und Donnerstag - Freitag, Dezember: Donnerstag - Freitagmittag
Menü 39/76 € – Karte 31/73 € – (Tischbestellung ratsam)
Man ist stolz auf 150 Jahre Familientradition, entsprechend engagiert ist Junior Sascha Stemberg am Herd. Er geht seinen eigenen Weg in Form von zeitgemäß-kreativer Küche, hält aber auch an regionalen Klassikern fest. Immer wird Produktqualität groß geschrieben! Fair kalkuliert die Weinkarte - der Weinkeller im Berg ist das "Heiligtum" von Senior Walter Stemberg!
→ Marinierter Kalbstafelspitz mit Berglinsen, Apfelsenf und Wildkräutersalat Geangelter Heilbutt mit Bouillabaisse, Gemüse und Kartoffel-Oliven-Brandade Bauch und Backe vom Livar-Klosterschwein mit Gemüse, Rettich und Sauerteigbrot.

VELBURG

Bayern – 5 180 Ew. – Höhe 492 m – Siehe Regionalatlas **58-M17**
Berlin 474 km – München 144 km – Regensburg 58 km – Nürnberg 60 km
Michelin Straßenkarte 546

In Velburg-Lengenfeld West: 3 km, jenseits der Autobahn

Winkler Bräu
St.-Martin-Str. 6 ✉ 92355 – ✆ (09182) 1 70 – www.winkler-braeu.de – geschl. 23. - 25. Dezember
72 Zim – 75/125 € 115/159 € – 1 Suite – ½ P
Rest – Menü 35 € – Karte 21/49 €
Im Bräustüberl wird nun schon seit dem 15. Jh. bayrisch gegessen und Bier getrunken, entsprechend urig die Atmosphäre. Der Gasthof ist inzwischen aber auch ein schmuckes Hotel mit wohnlichen Zimmern - besonders schön die Zimmer in der ehemaligen Mälzerei.

VELDENZ

Rheinland-Pfalz – 890 Ew. – Höhe 170 m – Siehe Regionalatlas **46-C15**
Berlin 689 km – Mainz 116 km – Trier 43 km – Saarbrücken 114 km
Michelin Straßenkarte 543

Rittersturz
Veldenzer Hammer 1 (Süd-Ost: 0,5 km) ✉ 54472 – ✆ (06534) 1 82 92 – www.rendezvousmitgenuss.de – geschl. 3. - 19. November und Montag
Menü 39/45 € – Karte 39/51 € – *(Dienstag - Freitag nur Abendessen)* (Tischbestellung ratsam)
Eine wirklich nette Adresse: idyllisch die Lage im Grünen, gemütlich-charmant das Ambiente, angenehm freundlich und aufmerksam der Service... Dazu kocht Volker Kruft klassisch-saisonale Gerichte wie "warmes Hirschcarpaccio mit buntem Feldsalat, Walnusspesto und getrockneten Tomaten". Und als Dessert ein "geeister Kaiserschmarrn mit eingelegten Quitten"?

VELEN

Nordrhein-Westfalen – 12 980 Ew. – Höhe 55 m – Siehe Regionalatlas **26-C10**
Berlin 525 km – Düsseldorf 90 km – Bocholt 30 km – Enschede 54 km
Michelin Straßenkarte 543

Sportschloss Velen Rest,
Schlossplatz 1 ✉ 46342 – ✆ (02863) 20 30 – www.sportschlossvelen.de
97 Zim – 85/125 € 139/179 € – 5 Suiten – ½ P
Rest – Karte 25/49 € – *(geschl. Sonntagabend, Montagabend)*
Rest *Querbeet* – Karte 22/32 € – *(geschl. Dienstag) (nur Abendessen)*
Das schön angelegte historische Gebäudeensemble ist umgeben von einem traumhaften Park mit Putting-Green. Im Schloss selbst wohnt man besonders geschmackvoll und speist im klassisch gehaltenen Restaurant. Die rustikale Alternative: Querbeet mit tollem Backsteingewölbe. 21 Tagungs- und Veranstaltungsräume.

VERDEN (ALLER)

Niedersachsen – 26 810 Ew. – Höhe 20 m – Siehe Regionalatlas **18-H7**
Berlin 354 km – Hannover 95 km – Bremen 43 km – Rotenburg (Wümme) 25 km
Michelin Straßenkarte 541

Pades Restaurant
Grüne Str. 15 ✉ 27283 – ✆ (04231) 30 60 – www.pades.de
Karte 33/47 € – (Tischbestellung ratsam)
Sie sind wirklich schön, die Gasträume in dem schmucken Patrizierhaus von Wolfgang Pade - moderne, aber auch klassische Elemente. Noch reizvoller ist da nur die wunderbare Gartenterrasse - so etwas findet man nur selten mitten in der Stadt! Gekocht wird saisonal, so z. B. "geschmorte Lammschulter, mit Rosmarin karamellisierter Spargel, Kartoffelstampf".

VERL

Nordrhein-Westfalen – 24 990 Ew. – Höhe 92 m – Siehe Regionalatlas **27-F10**
Berlin 413 km – Düsseldorf 152 km – Bielefeld 19 km – Gütersloh 11 km
Michelin Straßenkarte 543

Landhotel Altdeutsche

Sender Str. 23 ✉ 33415 – ✆ (05246) 96 60 – www.altdeutsche.de
45 Zim – 87/99 € 129/132 € **Rest** – Menü 29/62 € – Karte 25/48 €
Das schöne Fachwerkhaus hat gleich mehrere Pluspunkte: Es liegt ruhig, wird vorbildlich geführt, hat komfortable Zimmer und gemütliche Gaststuben, in denen man bürgerlich-regional essen kann.

Papenbreer garni

Gütersloher Str. 82 ✉ 33415 – ✆ (05246) 9 20 40 – www.hotel-papenbreer.de
18 Zim – 53/69 € 79/91 €
So gepflegt wie sich das kleine Hotel mit seiner auffallend weißen Fassade schon von außen zeigt, ist es auch im Inneren. Hier erwarten Sie freundlich und funktionell eingerichtete Zimmer.

VETTELSCHOSS

Rheinland-Pfalz – 3 300 Ew. – Höhe 280 m – Siehe Regionalatlas **36-D13**
Berlin 620 km – Mainz 130 km – Bonn 33 km – Bad Honnef 17 km
Michelin Straßenkarte 543

In Vettelschoss-Kalenborn West: 1 km

Nattermann's Fine Dining mit Zim

Rest,
Bahnhofstr. 12 ✉ 53560 – ✆ (02645) 9 73 10 – www.nattermanns.de – geschl. Montag außer an Feiertagen
12 Zim – 62 € 79/89 €, 5 €
Menü 45/70 € – Karte 27/55 € – *(Dienstag - Freitag nur Abendessen)*
Seit vielen Jahren leitet Joachim (genannt Jo) Nattermann den gewachsenen Familienbetrieb. Bürgerliche Küche mit internationalen Einflüssen, auch Flammkuchen. Tafelstube für Veranstaltungen. Gute Gästezimmer.

VIECHTACH

Bayern – 8 260 Ew. – Höhe 435 m – Siehe Regionalatlas **59-O17**
Berlin 507 km – München 174 km – Passau 81 km – Cham 27 km
Michelin Straßenkarte 546

In Viechtach-Neunussberg Nord-Ost: 10 km in Richtung Lam, in Wiesing rechts

Burghotel Sterr

Neunußberg 35 ✉ 94234 – ✆ (09942) 80 50 – www.burghotel-sterr.de – geschl. 14. - 17. Dezember
23 Zim – 80/100 € 160/180 € – 9 Suiten – ½ P
Rest – Menü 28 € – *(nur Abendessen für Hausgäste)*
Hier überzeugen wohnlich-elegante Zimmer - teilweise sehr geräumige Komfortzimmer und Suiten - sowie ein hübscher Wellnessbereich und ein gepflegter Garten mit Badeteich. Freundlich gestaltetes Restaurant.

VIERNHEIM

Hessen – 32 610 Ew. – Höhe 101 m – Siehe Regionalatlas **47-F16**
Berlin 608 km – Wiesbaden 82 km – Mannheim 11 km – Darmstadt 47 km
Michelin Straßenkarte 543

Central-Hotel am Königshof garni

Hölderlinstr. 2 ✉ 68519 – ✆ (06204) 9 64 20 – www.central-hotel-viernheim.de
20 Zim – 69/89 € 119/129 € – 10 Suiten
Ein familiär geleitetes Haus (5. Generation), in dem man gerne wohnt: Das liegt an den liebevoll und ganz individuell eingerichteten Zimmern, aber auch am reichhaltigen Frühstücksangebot und nicht zuletzt am schönen kleinen Day-Spa. Für Hausgäste bietet man eine kleine Speisekarte. Gute Autobahnanbindung.

In Viernheim-Neuzenlache über A 659, Ausfahrt Viernheim-Ost

XX **Pfeffer & Salz**

Neuzenlache 10 ✉ 68519 – ✆ (06204) 7 70 33 – www.pfeffersalz.de – geschl. 1. - 15. Januar und Sonntag - Montag, Dezember: Sonntag

Menü 36/69 € – Karte 37/72 € – *(nur Abendessen)* (Tischbestellung ratsam)

Hier zieht schon allein der wunderbare Garten die Gäste an: eine richtige kleine Oase mit viel Grün und hübschem Springbrunnen! Aber auch die Küche von Gastgeber Peter Liebold kommt gut an - schmackhaft und klassisch-saisonal, dazu eine sehr gute Auswahl an französischen Weinen.

VIERSEN

Nordrhein-Westfalen – 75 360 Ew. – Höhe 40 m – Siehe Regionalatlas **25-B11**

Berlin 592 km – Düsseldorf 34 km – Krefeld 20 km – Mönchengladbach 10 km

Michelin Straßenkarte 543

In Viersen-Süchteln Nord-West: 4,5 km über A 61, Ausfahrt Süchteln

XXX **Alte Villa Ling** mit Zim — Zim,

Hindenburgstr. 34 ✉ 41749 – ✆ (02162) 97 01 50 – www.alte-villa-ling.de – geschl. Montag, Samstagmittag

7 Zim – †90 € ††135 € Menü 55/85 € – Karte 35/70 €

Thomas Teigelkamp, Gastgeber in der schönen Jugendstilvilla von 1899, ist ein Vertreter der klassischen Küche, überzeugt aber auch mit internationalen Gerichten. Großen Wert legt er auf gute Produkte, so kommen Rind, Zicklein und Lamm aus der Region. Ein bisschen schwer fällt die Platzwahl: Salon, Gaststube und Wintergarten haben alle ihren eigenen Charme! Haben Sie auch den hübschen Treppenaufgang gesehen? Hier geht's in die wohnlichen Gästezimmer.

VILBEL, BAD

Hessen – 31 830 Ew. – Höhe 109 m – Siehe Regionalatlas **47-F14**

Berlin 540 km – Wiesbaden 48 km – Frankfurt am Main 10 km – Gießen 55 km

Michelin Straßenkarte 543

In Bad Vilbel-Dortelweil Nord: 2 km, über Kasseler Straße und Friedberger Straße

Golfhotel Lindenhof (N) — Rest, Zim,

Lehnfurterweg 1 ✉ 61118 – ✆ (06101) 5 24 51 40 – www.golfhotel-lindenhof.de – geschl. 27. Dezember - 11. Januar

18 Zim – †70/170 € ††100/230 € – 1 Suite

Rest – Menü 30 € – Karte 34/72 € – *(geschl. Januar 2 Wochen und Montag)*

Toll die Lage umgeben von Natur und Golfplatz! Interessant die Architektur des Hotels mit seinen in der ersten Etage im offenen Atriumstil angelegten Zimmern. Und im Restaurant (sehr schön das helle moderne Ambiente) findet sich auf der ansprechenden Speisekarte z. B. "Medaillon vom Kalbsfilet".

VILLINGENDORF

Baden-Württemberg – 3 310 Ew. – Höhe 621 m – Siehe Regionalatlas **62-F20**

Berlin 725 km – Stuttgart 89 km – Konstanz 92 km – Rottweil 6 km

Michelin Straßenkarte 545

XX **Gasthof Linde**

Rottweiler Str. 3 ✉ 78667 – ✆ (0741) 3 18 43 – www.linde-villingendorf.de – geschl. 2. - 10. Januar, 1. - 17. August und Montag - Dienstag

Menü 32 € (mittags)/68 € – Karte 33/54 €

Hier kommt man gerne her: Das Ambiente ist gemütlich, man wird freundlich von der Chefin umsorgt und der Patron kocht Klassiker wie Rostbraten oder Schweinebäckle. Beliebt sind auch das Fisch- oder das Tagesmenü. Und kommen Sie auch mal zu Aktionen übers Jahr wie Gewürz- oder Champagnermenü. Und eine schöne Tradition zur Adventszeit: Die gesamte Familie backt bis zu 15 Sorten leckere Plätzchen - auch zum Kaufen!

VILLINGEN-SCHWENNINGEN

Baden-Württemberg – 81 030 Ew. – Höhe 704 m – Siehe Regionalatlas **62-F20**

Berlin 734 km – Stuttgart 115 km – Freiburg im Breisgau 77 km – Konstanz 90 km

Michelin Straßenkarte 545

Im Stadtteil Villingen

Rindenmühle

Am Kneipp-Bad 9, (am Kurpark) ✉ 78052 – ✆ (07721) 8 86 80 – www.rindenmuehle.de

23 Zim – 72/105 € 94/135 € – ½ P

Rest *Rindenmühle* – siehe Restaurantauswahl

Woher der Name kommt? Im 16. Jh. wurde hier zum Gerben von Leder Baumrinde gemahlen. Heute schaffen in dem engagiert geführten Hotel Stoffe, Farben und Accessoires schöne Wohnräume! Gerne zeigt der Chef den Hausgästen auch mal die Mühle!

Bären garni

Bärengasse 2 ✉ 78050 – ✆ (07721) 2 06 96 90 – www.hotel-baeren.biz – geschl. 23. Dezember - 6. Januar

15 Zim – 66/75 € 86/96 € – 1 Suite

Ein kleiner Familienbetrieb in 3. Generation, mitten in der Altstadt, in der Nähe des Bickentors! Ansprechend nicht nur die Lage, sondern auch die zeitgemäßen und praktischen Zimmer.

Rindenmühle – Hotel Rindenmühle

Am Kneipp-Bad 9, (am Kurpark) ✉ 78052 – ✆ (07721) 8 86 80 – www.rindenmuehle.de – geschl. Februar und Sonntag - Montag

Menü 35/68 € – Karte 33/62 €

Frisch, schmackhaft und mit Bezug zur Saison, so speist man in dem hübschen Restaurant, dessen Einrichtung modern-eleganten Stil mit regionalem Touch verbindet. Wie wär's z. B. mit dem "Badischen Menü"? Mediterranes Flair auf der Terrasse.

Im Stadtteil Schwenningen

Central garni

Alte Herdstr. 12 (Muslen-Parkhaus) ✉ 78054 – ✆ (07720) 30 30 – www.centralhotel-vs.de – geschl. 20. Dezember - 10. Januar

65 Zim – 77/109 € 89/119 €

Das Businesshotel mit freundlichen Zimmern und modernem Frühstücksraum ist über ein Parkhaus erreichbar. Im UG hat man einen kleinen Sauna- und Fitnessbereich. Und fürs Auge: die farbenfrohen Gemälde eines norddeutschen Künstlers.

Ochsen

Bürkstr. 59 ✉ 78054 – ✆ (07720) 83 90 – www.hotelochsen.com – geschl. Weihnachten - 6. Januar

38 Zim – 70/90 € 95/105 €, 5 € – ½ P

Rest *Ochsenstube* – siehe Restaurantauswahl

Bei Familie Schlenker stehen individuelle, wohnliche und freundliche Zimmer für Sie bereit - Zimmer 103 ist für alle: eine "Mini-Café-Bar" als Treffpunkt. Für Sommertage: die Sonnenterrasse "Steg 1"!

Ochsenstube – Hotel Ochsen

Bürkstr. 59 ✉ 78054 – ✆ (07720) 83 90 – www.hotelochsen.com – geschl. Weihnachten - 6. Januar, August 3 Wochen und Sonntag - Montag

Menü 25/45 € – Karte 24/44 € – *(nur Abendessen)*

Dieter Schlenker, die 4. Generation im Haus, bietet saisonale Küche ebenso wie Ochsen-Klassiker - nicht nur im behaglich-klassischen Restaurant, sehr schön ist es auch draußen auf der Terrasse hinterm Haus!

VILSBIBURG

Bayern – 11 430 Ew. – Höhe 449 m – Siehe Regionalatlas **59-N19**

Berlin 581 km – München 79 km – Regensburg 81 km – Landshut 21 km

Michelin Straßenkarte 546

In Vilsbiburg-Achldorf Süd: 2 km

Kongressissimo Rest,

Hauptstr. 2 ✉ 84137 – ✆ (08741) 96 60 – www.kongressissimo.de – geschl. 24. Dezember - 6. Januar, 7. - 23. August

42 Zim – 85/149 € 125/215 € – 2 Suiten

Rest – Menü 25/60 € – Karte 24/49 € – *(geschl. Samstag - Sonntagmittag)*

In dem modernen Hotelbau erwarten Sie komfortable und neuzeitlich-funktionelle Gästezimmer mit guter Technik. Trendige Lounge. Das Restaurant in der 1. Etage bietet internationale Küche. Durch Sonnensegel geschützter Biergarten.

VISBEK

Niedersachsen – 9 330 Ew. – Höhe 46 m – Siehe Regionalatlas **17-F7**

Berlin 429 km – Hannover 139 km – Bremen 48 km – Oldenburg 45 km

Michelin Straßenkarte 541

Stüve Rest, Rest,

Hauptstr. 20 ✉ 49429 – ✆ (04445) 96 70 10 – www.hotel-stueve.de

25 Zim – 62/75 € 81/91 € – ½ P

Rest – Menü 22/59 € – Karte 28/51 €

Der Anbau dieses schmucken Jugendstilhauses beherbergt neuzeitliche und besonders wohnliche Gästezimmer. Etwas einfacher sind die Zimmer im Stammhaus. Helles, freundliches Restaurant mit eleganter Note.

In Visbek-Neumühle Nord-West: 8 km über Ahlhorner Straße, in Engelmannsbäke links Richtung Meyerhöfen

Neumühle

Neumühle 36a ✉ 49429 – ✆ (04445) 28 89 – www.neumuehle-visbek.de – geschl. Montag - Dienstag

Menü 47/75 € – Karte 40/63 € – *(Mittwoch - Freitag nur Abendessen)*

Ein malerisches Fleckchen ist die charmante, über 500 Jahre alte Mühle. Die Küche ist international und regional, im Sommer sind Kaffee und Kuchen auf der Terrasse direkt am Mühlweiher ein Muss.

VISSELHÖVEDE

Niedersachsen – 10 260 Ew. – Höhe 55 m – Siehe Regionalatlas **18-H7**

Berlin 344 km – Hannover 81 km – Hamburg 87 km – Bremen 60 km

Michelin Straßenkarte 541

In Visselhövede-Hiddingen Nord-Ost: 3 km Richtung Schneverdingen

Röhrs (mit Gästehaus)

Neuenkirchener Str. 1 ✉ 27374 – ✆ (04262) 9 31 80 – www.hotel-roehrs.de

35 Zim – 62/72 € 86/109 € – ½ P

Rest – Menü 19 € (mittags)/29 € – Karte 23/40 € – *(Montag - Freitag nur Abendessen)*

Ein Gasthaus mit langer Tradition. Buchen Sie die Komfortzimmer im Gästehaus - sie verfügen über Terrasse/Balkon mit Blick ins Grüne. Im Haupthaus hat man einfachere Zimmer, in denen man günstig übernachtet. Gediegenes Restaurant - einer der Räume mit Wintergartenanbau.

VLOTHO

Nordrhein-Westfalen – 19 290 Ew. – Höhe 64 m – Siehe Regionalatlas **28-G9**

Berlin 359 km – Düsseldorf 206 km – Bielefeld 43 km – Bremen 116 km

Michelin Straßenkarte 543

In Vlotho-Bonneberg Süd-West: 2,5 km

Bonneberg

Wilhelmstr. 8 ✉ 32602 – ✆ (05733) 79 30 – www.bonneberg.bestwestern.de

98 Zim – 63/150 € 90/180 € – ½ P

Rest – Menü 22/60 € – Karte 19/41 €

Hell, neuzeitlich und funktionell ist das aus einer ehemaligen Möbelfabrik entstandene Tagungshotel gestaltet. Die Zimmer sind großzügig geschnitten.

VÖHRINGEN

Bayern – 13 060 Ew. – Höhe 499 m – Siehe Regionalatlas **64-I20**

Berlin 628 km – München 146 km – Augsburg 86 km – Kempten (Allgäu) 75 km

Michelin Straßenkarte 546

In Vöhringen-Illerberg Nord-Ost: 3 km nahe der A 7

Speisemeisterei Burgthalschenke

Untere Hauptstr. 4 (Thal) ✉ 89269 – ✆ (07306) 52 65 – www.burgthalschenke.de – geschl. 23. Februar - 3. März und Montag, außer an Feiertagen

Menü 25/55 € – Karte 27/60 €

"Asiatisch marinierte Flusskrebse mit Limonen-Couscous", "Wildlachs auf Spargelragout und hausgemachten Nudeln"... so z. B. klingen die schmackhaften zeitgemäß-saisonalen Gerichte, die man in dem seit 1968 familiengeführten Restaurant serviert bekommt. Im Winter sitzt man gemütlich am Kamin, im Sommer auf der hübschen Terrasse. Die Chefin hat ein Händchen für angenehm dezente, geschmackvolle Deko - die Kunst an den Wänden kann man auch kaufen.

VÖLKLINGEN

Saarland – 39 630 Ew. – Höhe 200 m – Siehe Regionalatlas **45-B17**

Berlin 737 km – Saarbrücken 15 km – Neunkirchen 38 km – Homburg 49 km

Michelin Straßenkarte 543

Leonardo Zim,

Kühlweinstr. 105 ✉ 66333 – ✆ (06898) 5 66 10 – www.leonardo-hotels.com

96 Zim – †69/119 € ††69/119 €, ☕ 12 € – 2 Suiten – ½ P

Rest *Vitruv* – Karte 23/43 €

Wo einst Nonnen ihr Gemüse angebaut haben, steht heute dieses Businesshotel. Von den Zimmern bis ins lichtdurchflutete Restaurant ist es modern designt - geschickt eingebunden ein Stück Industriegeschichte: Dekorationen im Haus nehmen Bezug auf das nahe Weltkulturerbe Völklinger Hütte.

Parkhotel Albrecht Zim,

Kühlweinstr. 70 ✉ 66333 – ✆ (06898) 91 47 00 – www.parkhotel-albrecht.de

13 Zim ☕ – †89/109 € ††119/139 € – 2 Suiten – ½ P

Rest *Gourmetstube* – siehe Restaurantauswahl

Rest *Orangerie* – Menü 35/49 € – Karte 35/78 €

Das gut geführte Hotel liegt in einem 7000 qm großen Park und bietet neuzeitlich-wohnliche Zimmer, benannt nach Städten. Besonders komfortabel sind die beiden Juniorsuiten. Orangerie mit Wintergarten und Terrasse.

Gourmetstube – Parkhotel Albrecht

Kühlweinstr. 70 ✉ 66333 – ✆ (06898) 91 47 00 – www.parkhotel-albrecht.de – geschl. Samstagmittag

Menü 35/78 € – Karte 56/80 €

Macht Ihnen "kross gebratenes Wolfsbarschfilet mit Parmesan-Riesling-Risotto und Chorizo-Spieß" Appetit? Das ist nur ein Beispiel für die zeitgemäß-mediterran ausgelegte Karte in der Gourmetstube, deren modern-elegantes Ambiente ebenso ansprechend ist.

VOGTSBURG im KAISERSTUHL

Baden-Württemberg – 5 680 Ew. – Höhe 218 m – Siehe Regionalatlas **61-D20**

Berlin 797 km – Stuttgart 200 km – Freiburg im Breisgau 31 km – Breisach 10 km

Michelin Straßenkarte 545

In Vogtsburg-Achkarren

Zur Krone

Schlossbergstr. 15 ✉ 79235 – ✆ (07662) 9 31 30 – www.krone-achkarren.de

23 Zim ☕ – †59/79 € ††89/129 € – ½ P

Rest – Menü 21/46 € – Karte 19/59 € – *(geschl. Januar - März: Mittwoch - Donnerstag)*

Das gewachsene Gasthaus ist über 400 Jahre alt und wird seit 1919 von der Familie geführt. Man schläft in unterschiedlich geschnittenen Zimmern (teils mit Balkon) und isst gemütlich in der rustikalen Winzerstube - hier kehren auch gerne Einheimische ein! Sehr beliebt ist die günstige Mittagskarte!

In Vogtsburg-Bischoffingen

XX **Steinbuck Stube** N mit Zim — Zim,

Talstr. 2 ✉ 79235 Vogtsburg – ✆ (07662) 91 12 10 – www.steinbuck.com – geschl. Montag - Dienstag

8 Zim – ♦53/68 € ♦♦96/136 € – 1 Suite – ½ P Menü 39/54 € – Karte 36/57 €

Aufwändig restauriert ist der über 400 Jahre alte ehemalige "Rebstock" heute ein wahres Schmuckstück, dem Familie Reichmann neues Leben eingehaucht hat. Die Patronne betreut herzlich die Gäste, ihr Mann kocht leckere Klassiker wie "Kalbsrücken mit Pfifferlingen". Richtig schön übernachten kann man ebenfalls.

In Vogtsburg-Burkheim

Kreuz-Post

Landstr. 1 ✉ 79235 – ✆ (07662) 9 09 10 – www.kreuz-post.de – geschl. 7. - 20. Januar

35 Zim – ♦49/95 € ♦♦78/132 € – ½ P

Rest – Menü 29/45 € – Karte 25/59 € – *(geschl. November - März: Dienstag)*

Wo einst die Heilig-Kreuz-Kapelle stand, befindet sich dieser gewachsene Gasthof, Familienbetrieb in der 7. Generation. Besonders ansprechend sind die Gartenzimmer mit Terrasse. Die badische Küche lassen Sie sich im Sommer am besten im angenehmen Innenhof servieren.

In Vogtsburg-Oberbergen

XXX **Schwarzer Adler** mit Zim

Badbergstr. 23 ✉ 79235 – ✆ (07662) 93 30 10 – www.schwarzeradler.eu – geschl. Februar und Mittwoch - Freitagmittag

14 Zim – ♦110/120 € ♦♦150/160 €

Menü 76/102 € – Karte 77/101 € – (Tischbestellung ratsam)

Dem Gasthof der Winzerfamilie Keller merkt man seine Tradition sofort an, schön stimmig vereinen sich hier badisch-ländlicher Charme und Eleganz. Komplett wird das Bild aber erst durch die klassische Küche von Anibal Strubinger und Christian Rosse und die Weinkarte mit über 2600 Positionen (gut z. B. die Auswahl aus Baden und Frankreich)! Die stilvollen Gästezimmer sind es wert, hier auch gleich zu übernachten!

→ Wolfsbarsch unter der Schwarzwurstkruste mit Violetter Senfsauce und Champagnerkraut. Brust von der Anjou Taube mit gebratener Gänseleber, Portweinsauce und Gnocchi. Sorbet von grünem Apfel mit Apfelgelée, knuspriger weißer Ivoire Schokolade, Vanillerisotto.

X **KellerWirtschaft**

Badbergstr. 44, (1. Etage) ✉ 79235 – ✆ (07662) 93 30 80 – www.franz-keller.de – geschl. Februar und Montag - Mittwoch außer an Feiertagen

Menü 62 € – Karte 45/76 €

Hier handelt es sich um den neuesten Streich des Multitalents Fritz Keller (Winzer, Sterne-Gastronom und Sport-Funktionär). Im neuen Weingut - terrassenförmig in die Kaiserstühler Weinhügel gebaut - findet sich diese coole, aber keineswegs kalte Weinwirtschaft, in der Sie durchgehend von 12 - 22 Uhr eine geschmackvolle, ambitionierte und unkomplizierte Produkt-Küche sowie eine schöne Weinauswahl genießen können. Probieren Sie z. B. Marcus Helfesrieders "Kalbshaxe mit Kartoffelpüree" und dazu einen Spätburgunder, der direkt nebenan produziert wurde! Terrasse mit Traumblick!

X **Winzerhaus Rebstock**

Badbergstr. 22 ✉ 79235 – ✆ (07662) 93 30 11 – www.franz-keller.de – geschl. Januar und Montag - Dienstag außer an Feiertagen

Menü 30 € – Karte 18/44 €

In dem liebenswerten alten Wirtshaus gegenüber dem Schwarzen Adler - ebenfalls unter der Leitung von Familie Keller - isst man regional. Die Terrasse im Innenhof ist wirklich reizend.

In Vogtsburg-Schelingen

Zur Sonne mit Zim
Mitteldorf 5 ✉ 79235 – ✆ (07662) 2 76 – www.sonne-schelingen.de – geschl. Januar - Februar 5 Wochen und Dienstag - Mittwoch
9 Zim – 52 € 65/85 € – ½ P Menü 28/65 € – Karte 29/71 €
Vis-à-vis der Kirche hat Familie Köpfer ihren Gasthof mit seiner ländlich-gemütlichen holzgetäfelten Stube. Mit Sohn Stephan steht inzwischen die 3. Generation am Herd und sorgt für schmackhafte badische Küche - aus der Region auch die fair kalkulierte Weinauswahl. Übernachten können Sie ebenfalls: rustikal im Stammhaus oder neuzeitlicher im Gästehaus gegenüber.

VOLKACH

Bayern – 9 160 Ew. – Höhe 203 m – Siehe Regionalatlas **49**-I15
Berlin 466 km – München 269 km – Würzburg 28 km – Bamberg 64 km
Michelin Straßenkarte 546

Zur Schwane
Hauptstr. 12 ✉ 97332 – ✆ (09381) 8 06 60 – www.schwane.de – geschl. 22. - 29. Dezember
34 Zim – 75/130 € 159/175 € – 2 Suiten – ½ P
Rest *Zur Schwane* – siehe Restaurantauswahl
Sie finden das a. d. 15. Jh. stammende Gasthaus in der Altstadt. Nicht nur gepflegte, unterschiedlich eingerichtete Zimmer erwarten Sie hier, gleich beim Empfang hat man eine Vinothek - der eigene Wein kommt aus dem Keller direkt unterm Hotel.

Vier Jahreszeiten garni
Hauptstr. 31 ✉ 97332 – ✆ (09381) 8 48 40 – www.vier-jahreszeiten-volkach.de – geschl. 19. Dezember - 18. Januar
20 Zim – 80/105 € 115/165 € – 1 Suite
In dem schmucken Haus von 1605 erwarten Sie herzliche Gastgeber und individuelle, elegante Zimmer mit Antiquitäten. Faible des Chefs: ein Shop mit eigenen Gewürzmischungen.

Am Torturm garni (mit Gästehaus)
Hauptstr. 41 ✉ 97332 – ✆ (09381) 8 06 70 – www.hotel-am-torturm.de
21 Zim – 70/95 € 95/125 €
Die freundliche Betreiberin bietet in dem kleinen Hotel am Torturm komfortable und sehr gepflegte Zimmer, darunter auch größere Familienzimmer. Im Sommer Frühstück im Innenhof.

Rose
Oberer Markt 7 ✉ 97332 – ✆ (09381) 84 00 – www.rose-volkach.de
29 Zim – 62/86 € 92/119 € – 1 Suite – ½ P
Rest – Karte 18/38 € – *(geschl. 15. - 24. Dezember und Mittwoch)*
Der gepflegte Familienbetrieb nahe dem Altstadtkern ist u. a. bei Radfahrern beliebt, die die Landschaft um die Mainschleife erkunden möchten. Stärken können Sie sich dafür an Sommermorgenden beim Frühstück auf der Terrasse, später speist man in regionstypisch-gemütlichen Gasträumen. Probieren Sie den eigenen Wein!

Behringer (mit Gästehaus)
Zim,
Marktplatz 5 ✉ 97332 – ✆ (09381) 81 40 – www.hotel-behringer.de
16 Zim – 59/89 € 92/110 € – ½ P
Rest – Karte 15/41 € – *(geschl. Mitte November - Mitte März: Donnerstag)*
Das schöne jahrhundertealte Fachwerkhaus mit seinem "Hinterhöfle" a. d. 17. Jh. ist seit 1928 im Familienbesitz - die Zimmer hier haben richtig Charme! Und wenn Sie zum Essen kommen: In den Marktblickstuben, der rustikalen Gaststube sowie im Wintergarten oder im Biergarten im Hof serviert man Regionales.

Zur Schwane – Hotel Zur Schwane

Hauptstr. 12 ✉ 97332 – ✆ (09381) 8 06 60 – www.schwane.de – geschl. 22. - 29. Dezember und Montagmittag
Menü 38/78 € – Karte 33/55 €
Schon die frische gelbe Fassade des Gasthofs spricht einen an und bei den urigen Stuben drinnen (hübsch der alte Ofen) sieht es nicht anders aus! Im Sommer könnte es im Innenhof kaum gemütlicher sein.

In Volkach-Escherndorf West: 4 km, in Astheim links abbiegen

Gasthaus Zur Krone

Bocksbeutelstr. 1 ✉ 97332 – ✆ (09381) 28 50 – www.krone-escherndorf.de – geschl. Mitte Januar - Mitte Februar, Juli 1 Woche und Dienstag - Mittwoch
Menü 32 € (mittags)/62 € – Karte 23/46 € – *(November - März: Montag - Freitag nur Abendessen)*
Bewusst hat man dem Haus a. d. 18. Jh. ein Stück seiner Rustikalität bewahrt und gelungen mit Modernem kombiniert. Neben dem Ambiente stimmt auch die Küche, von "Fleischküchle mit Kartoffelsalat" bis "Zweierlei vom Saibling" oder "geschmorte Hasenkeule". Die Weine dazu stammen zu rund 90% aus Escherndorf!

WAAKIRCHEN-MARIENSTEIN

Bayern – 5 540 Ew. – Siehe Regionalatlas **66-M21**
Berlin 638 km – München 51 km – Innsbruck 104 km – Kufstein 70 km
Michelin Straßenkarte 546

Margarethenhof

Gut Steinberg 1 ✉ 83666 – ✆ (08022) 7 50 60 – www.margarethenhof.com – geschl. 20. Dezember - 11. Januar
16 Zim – 165/205 € 200/700 € – 19 Suiten – ½ P
Rest *Steinberg* – siehe Restaurantauswahl
Wie fern Ihr Alltag ist, merken Sie, wenn Sie den Blick über Wiesen, Wald und das Grün des Golfplatzes schweifen lassen, wenn Sie bei Massage und Beautyprogramm relaxen, wenn Sie in wohnlichen Zimmern zur Ruhe kommen... Fragen Sie nach den neueren Zimmern - hier ein schicker Mix aus modern und ländlich!

Steinberg – Hotel Margarethenhof

Gut Steinberg 1 ✉ 83666 – ✆ (08022) 7 50 63 10 – www.margarethenhof.com – geschl. 20. Dezember - 11. Januar
Menü 29/59 € – Karte 24/43 €
Schön das Ambiente hier, ein bisschen "Country House"-Flair. Am Herd sorgt Thomas Kahl für anspruchsvolle Regionalküche, abends kocht er noch etwas gehobener - probieren Sie z. B. die geschmorten Kalbsbäckchen! Mittags reduziertes Angebot.

WACHENHEIM

Rheinland-Pfalz – 4 680 Ew. – Höhe 141 m – Siehe Regionalatlas **47-E16**
Berlin 641 km – Mainz 86 km – Mannheim 27 km – Kaiserslautern 35 km
Michelin Straßenkarte 543

Rieslinghof garni

Weinstr. 86 ✉ 67157 – ✆ (06322) 9 89 89 20 – www.rieslinghof.com
6 Zim – 70/85 € 98 €
In dem ehemaligen Pferdestall des Weinguts hat man Altes und Neues sehr gelungen verbunden - und das mit Stil, wertig und modern. Als Begrüßungspräsent bekommen Sie Wasser und eine Flasche eigenen Wein. Eine angenehm familiäre Adresse, die zudem noch preislich fair ist. Gewölbe-Saal für Tagungen und Feiern.

In Gönnheim Ost: 4,5 km über Friedelsheim

Zum Lamm mit Zim
Bismarckstr. 21 ✉ 67161 – ✆ (06322) 9 52 90 – www.restaurant-zum-lamm.de – geschl. Dienstag - Mittwoch
9 Zim – †64/69 € ††79 €
Menü 47/64 € – Karte 27/57 € – *(Montag - Freitag nur Abendessen)*
In dem hübschen alten Gasthaus kocht Patron Frank Schmidt regionale und internationale Gerichte, die dann in schönen gemütlichen Stuben (es gibt auch einen Bereich für Raucher) und auf der Terrasse im Innenhof auf den Tisch kommen. Sie möchten übernachten? Man hat auch gepflegte und funktionelle Zimmer.

WACHENROTH

Bayern – 2 190 Ew. – Höhe 285 m – Siehe Regionalatlas **50-K16**
Berlin 439 km – München 218 km – Ansbach 67 km – Bayreuth 99 km

In Wachenroth-Weingartsgreuth Süd-Ost: 3 km

Landgasthof Weichlein mit Zim
Weingartsgreuth 20 ✉ 96193 – ✆ (09548) 3 49 – www.gasthofweichlein.de – geschl. 25. August - 16. September und Montag
16 Zim – †48/57 € ††67/79 €
Karte 21/44 € – *(Dienstag - Freitag nur Abendessen)*
Seit 1784 sorgt Familie Weichlein hier für fränkische Gastlichkeit. In gemütlichen Stuben gibt es Klassiker wie "Saure Zipfel", aber auch eine saisonale Tageskarte, auf der es z. B. mit "Hirsch unter der Lebkuchenkruste" mitunter etwas moderner zugeht. Übernachten können Sie auch: einfacher oder komfortabler.

WACHTBERG

Nordrhein-Westfalen – 20 210 Ew. – Höhe 200 m – Siehe Regionalatlas **36-C13**
Berlin 609 km – Düsseldorf 99 km – Bonn 17 km – Koblenz 67 km
Michelin Straßenkarte 543

In Wachtberg-Adendorf West: 6 km Richtung Meckenheim

Kräutergarten
Töpferstr. 30 ✉ 53343 – ✆ (02225) 75 78 – www.gasthaus-kraeutergarten.de – geschl. Sonntagabend - Montag
Menü 46/69 € – Karte 52/75 € – *(Dienstag - Samstag nur Abendessen)* (Tischbestellung ratsam)
Ein familiengeführtes Restaurant mit ambitionierter internationaler Küche auf klassischer Basis. Mediterrane Farben und moderne Accessoires schaffen ein angenehm helles, freundliches Ambiente.

WACKERSBERG

Bayern – 3 640 Ew. – Höhe 735 m – Siehe Regionalatlas **65-L21**
Berlin 648 km – München 56 km – Garmisch-Partenkirchen 56 km
Michelin Straßenkarte 546

In Wackersberg-Arzbach Süd: 3 km

Benediktenhof garni
Alpenbadstr. 16 ✉ 83646 – ✆ (08042) 9 14 70 – www.benediktenhof.de – geschl. November 2 Wochen
11 Zim – †63/80 € ††96/136 € – 4 Suiten
Was für ein schönes, sympathisches Haus! Äußerst reizend der ländliche Charakter, herzlich die Gastgeberfamilie. Hier ist Wohlfühlen angesagt - vom hochwertigen Bio-Frühstück bis zu Kosmetik und Massage. Wie wär's mit der großen Familien-Suite im neuen Chalet? Der Chef ist Schreiner und das sieht man auch!

WADERSLOH

Nordrhein-Westfalen – 12 600 Ew. – Höhe 95 m – Siehe Regionalatlas **27-F10**
Berlin 432 km – Düsseldorf 153 km – Bielefeld 52 km – Beckum 16 km
Michelin Straßenkarte 543

Bomke (mit Gästehaus)
Kirchplatz 7 ✉ 59329 – ✆ (02523) 9 21 60 – www.hotel-bomke.de
20 Zim – †75/95 € ††105/125 € – ½ P
Rest *Bomke* ✿ **Rest *Bistro Vinothek*** – siehe Restaurantauswahl
Seit 1874 wird das gewachsene Haus vis-à-vis der Kirche von Familie Bomke geleitet. Dass man stolz ist auf die lange Tradition, merkt man am Engagement der Gastgeber, an den aufmerksamen Mitarbeitern, dem wohnlichen Ambiente, dem guten Frühstück... Zum Schmunzeln: die Geschichten der herzlichen Seniorchefin!

Bomke – Hotel Bomke
Kirchplatz 7 ✉ 59329 – ✆ (02523) 9 21 60 – www.hotel-bomke.de – geschl. Anfang Januar 1 Woche, Juli - August 2 Wochen, 22. - 26. Dezember und Sonntagabend - Montag
Menü 49/110 € – Karte 54/74 € – *(Dienstag - Freitag nur Abendessen)*
Das Restaurant der Bomkes - eine Institution im Münsterland! Jens Bomke und seine Frau Christa samt Team stehen für feine klassische Küche und zuvorkommenden Service in gemütlich-warmem Ambiente. "Die große Tafel", "Regionaler Dreiklang" und "Vitale Genüsse", so die drei Menüs, gelungen die Weinbegleitung.
➜ Wadersloher Regenbogenforelle mit Erbse, Langoustine und Affilakresseeis. Schulter vom Rehkitz in westfälischem Lardo mit Sauerkirschchutney. Muscovado, Passionsfrucht und Joghurteis mit kandierten Oliven.

Bistro Vinothek – Hotel Bomke
Kirchplatz 7 ✉ 59329 – ✆ (02523) 9 21 60 – www.hotel-bomke.de – geschl. Anfang Januar 1 Woche, Juli - August 2 Wochen, 22. - 26. Dezember und Montag
Menü 28/49 € – Karte 32/46 €
Es muss nicht immer das Gourmetrestaurant sein, das beweist diese schön legere Alternative mit ihren westfälisch-saisonalen Gerichten - und die werden ebenso hohen Qualitätsansprüchen gerecht, ob "Schnitzel vom Landschwein mit Champignonrührei und Röstkartoffeln" oder das Tapas-Menü.

WÄSCHENBEUREN

Baden-Württemberg – 3 980 Ew. – Höhe 408 m – Siehe Regionalatlas **55-H18**
Berlin 598 km – Stuttgart 53 km – Göppingen 10 km – Schwäbisch Gmünd 16 km
Michelin Straßenkarte 545

In Wäschenbeuren-Wäscherhof Nord-Ost: 1,5 km

Zum Wäscherschloss mit Zim
Wäscherhof 2 ✉ 73116 – ✆ (07172) 73 70 – www.gasthofwaescherschloss.de – geschl. August und Montag - Donnerstag
11 Zim – †55/80 € ††110/120 € Karte 38/50 €
So behaglich das charmante Anwesen (Familienbetrieb in der 5. Generation!) von außen wirkt, ist es auch drinnen: sowohl in den gemütlichen Stuben (hier isst man zeitgemäß-regional) als auch in den Gästezimmern mit ihrem liebenswerten Landhausflair! Tipp: Schön geräumig sind die drei DZ im Gästehaus!

WAGING am SEE

Bayern – 6 410 Ew. – Höhe 465 m – Siehe Regionalatlas **67-O21**
Berlin 679 km – München 124 km – Bad Reichenhall 47 km – Traunstein 12 km
Michelin Straßenkarte 546

Wölkhammer Rest,
Haslacher Weg 3 ✉ 83329 – ✆ (08681) 40 80 – www.hotel-woelkhammer.de – geschl. März 1 Woche, November 3 Wochen
45 Zim – †50/65 € ††82/106 € – 2 Suiten – ½ P
Rest – Menü 25/50 € – Karte 15/32 € – *(geschl. Freitag)*
Ein sehr gepflegtes Hotel, das familiär geführt wird und über heimelige, mit viel Holz eingerichtete Zimmer verfügt. Im Anbau, dem Fürstenhof, wohnt man etwas komfortabler. In ländlichen Restaurantstuben bietet man bürgerliche Küche.

Landhaus Tanner mit Zim

Aglassing 1 ✉ 83329 – ✆ (08681) 6 97 50 – www.landhaustanner.de – geschl. Oktober 1 Woche und Montagmittag, Dienstag
11 Zim – 70/86 € 110/142 € – 2 Suiten – ½ P
Menü 18 € (mittags unter der Woche)/58 € – Karte 23/53 €
Sehr zur Freude der Gäste schmeckt es bei den engagierten Gastgebern Stefanie und Franz Tanner nicht nur richtig gut, die frischen saisonalen Gerichte wie z. B "Ochsenlende mit Meerrettich und Paprikagemüse" gibt es zudem noch zu fairen Preisen! Auch wenn man im Restaurant mit Kachelofen, Holzboden und Täfelung wirklich ausgesprochen gemütlich sitzt, zieht es einen im Sommer raus in den Biergarten. Charmante Gästezimmer hat man obendrein, einige davon besonders freundlich und modern.

WAIBLINGEN

Baden-Württemberg – 52 900 Ew. – Höhe 230 m – Siehe Regionalatlas **55-H18**
Berlin 609 km – Stuttgart 19 km – Schwäbisch Gmünd 42 km – Schwäbisch Hall 57 km
Michelin Straßenkarte 545

Bachofer

Am Marktplatz 6 ✉ 71332 – ✆ (07151) 97 64 30 – www.bachofer.info – geschl. Januar 1 Woche, Oktober 2 Wochen und Samstagmittag, Sonntag - Montag
Menü 26 € (mittags)/108 € – Karte 60/94 €
Bernd Bachofer hat eine Leidenschaft für die Küche Asiens, und die kombiniert er gelungen mit klassischen Elementen. Und was passt besser zu kreativen Menüs (mit bis zu 10 Gängen) als ein modern designtes Interieur samt schicker Ess-Bar? Klasse übrigens der Kontrast zur historischen Fachwerkfassade! Es gibt auch ein vegetarisches Menü und "Barfood-Gerichte".
→ Süppchen und Risotto von Bayrischen Steinpilzen mit gebackenem Kalbsbries und Parmesan. Teriyaki vom Rib Eye mit gegrillter Wassermelone, Kichererbsenpolenta, Gamba und grünem Curry. Quittensüppchen mit Muskatnuss-Kardamomeis und kleinem Mohnstrudel.

In Waiblingen-Beinstein Ost: 4 km

Brunnenstuben N

Quellenstr. 14 ✉ 71332 – ✆ (07151) 9 44 12 27 – www.brunnenstuben.de – geschl. Dienstag, Samstagmittag
Menü 29/59 € – Karte 25/47 €
Lassen Sie sich nicht täuschen vom etwas unscheinbaren Äußeren des Gebäudes, denn hier isst man richtig gut! Bei Petra und Thorsten Beyer (sie leitet die Küche, er managt freundlich und geschult den Service) gibt es sehr schmackhafte schwäbische Speisen - fast schon Pflicht ist da der Zwiebelrostbraten!

WAISCHENFELD

Bayern – 3 170 Ew. – Höhe 372 m – Siehe Regionalatlas **50-L15**
Berlin 391 km – München 228 km – Coburg 73 km – Bayreuth 26 km
Michelin Straßenkarte 546

Im Wiesenttal an der Straße nach Behringersmühle

Café-Pension Krems

Rest,

Heroldsberg Tal 17 (Süd-West: 3 km) ✉ 91344 Waischenfeld – ✆ (09202) 2 45 – www.pension-krems.de – geschl. 25. November - 20. Dezember
14 Zim – 27/35 € 60 € – ½ P
Rest – Menü 10 € – *(geschl. Dienstag) (nur Abendessen für Hausgäste)*
In einem malerischen Tal liegt die gut geführte Pension ruhig an Wald, Wiesen und Wasser. Die Zimmer sind nett und sehr gepflegt. Probieren Sie den Kuchen - er ist natürlich selbst gebacken!

WALDBREITBACH

Rheinland-Pfalz – 1 850 Ew. – Höhe 140 m – Siehe Regionalatlas **36-D13**
Berlin 614 km – Mainz 135 km – Bonn 42 km – Koblenz 37 km
Michelin Straßenkarte 543

Zur Post

Neuwieder Str. 44 ✉ 56588 – ✆ (02638) 92 60 – www.hotelzurpost.de
43 Zim – 58/80 € 106/116 € – 1 Suite – ½ P
Rest – Menü 14 € – Karte 17/43 €
Das persönlich geführte Hotel ist aus einem Gasthof von 1777 gewachsen. Die Zimmer sind neuzeitlich und wohnlich, geräumiger sind die Deluxe-Zimmer. Poststube, Weinstube und die moderne Wiedtalstube im Wintergartenstil bilden das Restaurant. Im UG: gemütliche Zeip Bar.

WALDBRONN

Baden-Württemberg – 12 390 Ew. – Höhe 261 m – Siehe Regionalatlas **54-F18**
Berlin 683 km – Stuttgart 71 km – Karlsruhe 15 km – Pforzheim 22 km
Michelin Straßenkarte 545

In Waldbronn-Reichenbach

Schwitzer's am Park (N)

Etzenroter Str. 4 ✉ 76337 – ✆ (07243) 35 48 50
– www.schwitzers-hotel-am-park.com
19 Zim – 140/200 € 175/255 €, 10 € – 1 Suite – ½ P
Rest *Schwitzer's am Park* ✿ – siehe Restaurantauswahl
Direkt am Park ist das beeindruckende Hotel der Familie Schwitzer entstanden. Überall hochwertige Materialien, die Zimmer geräumig, chic, technisch up to date. Turm- oder Parkzimmer? Letztere mit Blick ins Grüne! Für Hotelgäste freier Eintritt in die Albtherme.

Weinhaus Steppe

Neubrunnenschlag 18 ✉ 76337 – ✆ (07243) 5 65 60 – www.weinhaus-steppe.de
28 Zim – 59/90 € 94/115 € – 2 Suiten – ½ P
Rest – Menü 19 € – Karte 17/44 € – *(geschl. August und Mittwoch, Sonntagabend sowie an Feiertagen abends) (Montag - Donnerstag nur Abendessen)*
Die Gästezimmer in dem gewachsenen familiengeführten Hotel am Ortsrand sind recht unterschiedlich geschnitten und eingerichtet, von schlicht-rustikal bis ganz modern. Gemütlich-rustikal ist das Restaurant Weinstube.

Schwitzer's am Park (N)

✿ *Etzenroter Str. 4 ✉ 76337 – ✆ (07243) 35 48 50*
– www.schwitzers-hotel-am-park.com
Menü 39 € (mittags)/105 € – Karte 47/95 €
Nach Jahren im renommierten Restaurant "Bareiss" haben sich Cédric und Stephanie Schwitzer hier selbständig gemacht. Er kocht, sie kümmert sich um die Gäste. Hervorragende Produkte werden gekonnt in Szene gesetzt! Tipp: das Mittagsmenü.
➜ Sautierte Gamba und gegrillter Pulpo mit Riso Venere und Aioli. Gratinierter Rehrücken aus heimischer Jagd mit Pinienkernen, Pfifferlingen und Waldmeister. Nougat Crunch mit Joghurt-Limettencrème, Waldbeeren und Minzsorbet.

WALDECK

Hessen – 7 160 Ew. – Höhe 404 m – Siehe Regionalatlas **38-G12**
Berlin 436 km – Wiesbaden 201 km – Kassel 54 km – Korbach 23 km
Michelin Straßenkarte 543

Schloss Waldeck

Rest, Rest,

Schloss Waldeck 1 ✉ 34513 – ✆ (05623) 58 90 – www.hotel-schloss-waldeck.de
42 Zim – 108/148 € 128/178 € – ½ P
Rest *Alte Turmuhr* – Menü 39/69 € – Karte 37/54 € – *(geschl. Januar - Februar und Sonntag - Montag) (nur Abendessen)*
Rest *Altane* – Karte 29/41 € – *(Dienstag - Samstag nur Mittagessen)*
Zweifelsohne lockt die einstige Burganlage a. d. 11. Jh. vor allem mit ihrer Panoramalage auf einer Bergkuppe oberhalb des Edersees! Doch es gibt noch mehr zu entdecken: die Lobby in einem mächtigen alten Natursteingewölbe, "Teatime" im stilvoll-modernen Kaminzimmer, das Burgmuseum, das Standesamt... Und was halten Sie von einer Beautyanwendung? Dass man im Sommer wunderbar auf den Restaurantterrassen sitzt, weiß man auch unten am See - da kommt man gerne mal mit der Bergbahn hier hinauf!

Roggenland

Schlossstr. 11 ✉ 34513 – ✆ (05623) 99 88 – www.roggenland.de – geschl. 18. - 27. Dezember

59 Zim – †79/99 € ††138/160 € – 1 Suite – ½ P

Rest – Menü 24/90 € – Karte 24/53 €

Der Familienbetrieb befindet sich in der Nähe des Edersees. Fragen Sie nach der neueren, modernen Zimmern, von den "Deluxe" hat man Schlossblick! Massage- und Kosmetikangebot, nette Bar sowie Restaurant mit bürgerlicher Karte.

Im Ortsteil Nieder-Werbe West: 8 km

Werbetal

Uferstr. 28 ✉ 34513 – ✆ (05634) 9 79 60 – www.hotel-werbetal.de – geschl. Januar - Februar

29 Zim – †63/77 € ††102/130 € – ½ P

Rest – Menü 18/35 € (abends) – Karte 16/29 €

Nahe am Seeufer steht dieses familiengeführte Hotel, das bereits seit 1866 als Gasthaus existiert. Die Zimmer sind z. T. recht geräumig, einige mit Balkon. Rustikales Restaurant mit großen Fenstern zum See.

WALDENBUCH

Baden-Württemberg – 8 530 Ew. – Höhe 362 m – Siehe Regionalatlas **55-G19**

Berlin 662 km – Stuttgart 25 km – Tübingen 20 km – Ulm (Donau) 94 km

Michelin Straßenkarte 545

Gasthof Krone

Nürtinger Str. 14 ✉ 71111 – ✆ (07157) 40 88 49 – www.krone-waldenbuch.de – geschl. Anfang Januar 1 Woche, über Fasching 1 Woche, Ende August 2 Wochen und Montag

Menü 48 € (vegetarisch)/68 € – Karte 49/58 €

Mit Matthias Gugeler und Patrick Giboin hat der schöne 500 Jahre alte Gasthof überaus engagierte Betreiber - letzterer beweist das auch eindrucksvoll mit seiner klassischen Küche: top die Produkte und die Verarbeitung, gelungen die Präsentation! Haben Sie die alte Tischplatte im Eingangsbereich gesehen? Hier hat sich im 18. Jh. vielleicht sogar Goethe verewigt!

→ Lauwarmer Kalbskopf mit bunten Linsen, gebackenem Bries und Calamaretti. Gratiniertes Lammkarree mit Pistou, Spinat und Rahmpolenta, Parmesanschaum. Eingelegter Savarin mit Erdbeeren und Tonkabohneneis.

WALDENBURG

Baden-Württemberg – 3 010 Ew. – Höhe 506 m – Siehe Regionalatlas **55-H17**

Berlin 558 km – Stuttgart 88 km – Heilbronn 42 km – Schwäbisch Hall 19 km

Michelin Straßenkarte 545

Panoramahotel Waldenburg

Hauptstr. 84 ✉ 74638 – ✆ (07942) 9 10 00 – www.panoramahotel-waldenburg.de

65 Zim – †100/110 € ††140/150 € – 4 Suiten – ½ P

Rest – Menü 27/32 € – Karte 28/61 €

Ein Businesshotel - gut geführt, praktisch, inklusive Traumblick auf die Hohenloher Ebene! Die Zimmer sind individuell und farblich teils recht prägnant, einige auch allergikergeeignet. Dazu ein moderner Saunabereich, ein frisches, helles Restaurant mit internationaler Küche und ein kleines Bistro.

Villa Blum garni

Haller Str. 12 ✉ 74638 – ✆ (07942) 9 43 70 – www.villa-blum.de

9 Zim – †79/95 € ††125/135 €

Wenn Sie eines der geschmackvollen Zimmer ergattern möchten, sollten Sie zeitig buchen, denn der Charme der hübschen alten Villa und das Engagement der Familie Philipps haben sich rumgesprochen! Das Frühstück ist wirklich gut, W-Lan und Minibar sind gratis, im Frühling blüht und duftet der Garten...

Bergfried
Hauptstr. 30 ✉ 74638 – ✆ (07942) 9 14 00 – www.hotel-bergfried.com
15 Zim – 55/65 € 80/90 € – ½ P
Rest – Menü 23/25 € – Karte 17/32 € – *(geschl. Mitte August - Anfang September und Mittwoch)*
Ein gepflegtes kleines Hotel, das direkt an den Staufferturm gebaut ist, den höchsten Aussichtsturm des Hohenloher Landes. In den Zimmern: moderne, individuelle Bäder. Dazu das Restaurant und die Weinlauben-Terrasse mit schöner Aussicht.

WALDESCH
Rheinland-Pfalz – 2 230 Ew. – Höhe 297 m – Siehe Regionalatlas **36-D14**
Berlin 603 km – Mainz 88 km – Koblenz 12 km – Bingen 56 km
Michelin Straßenkarte 543

Rosenhof Rest,
Hübingerweg 10 ✉ 56323 – ✆ (02628) 9 60 90 – www.hotel-rosenhof-waldesch.de – geschl. 20. Dezember - 28. Januar
8 Zim – 45/58 € 72/92 € – ½ P
Rest – Menü 17 € – Karte 16/41 € – *(geschl. 6. - 24. Januar und Montag)*
Der kleine Familienbetrieb liegt ruhig in einer Wohngegend und bietet seinen Gästen tipptopp gepflegte und funktionell eingerichtete Zimmer mit Balkon. Das Restaurant ist in rustikalem Stil gehalten.

WALDKIRCH
Baden-Württemberg – 20 860 Ew. – Höhe 274 m – Siehe Regionalatlas **61-D20**
Berlin 778 km – Stuttgart 204 km – Freiburg im Breisgau 26 km – Offenburg 62 km
Michelin Straßenkarte 545

In Waldkirch-Buchholz Süd-West: 4 km über B 294

Hirschen-Stube - Gästehaus Gehri
Schwarzwaldstr. 45 ✉ 79183 – ✆ (07681) 47 77 70 – www.hirschenstube.de
24 Zim – 60/70 € 85/110 € – 1 Suite
Rest *Hirschenstube* – siehe Restaurantauswahl
Das Gästehaus Gehri ist sehr gut geführt, man verbessert stetig hier und da und alles ist tipptopp gepflegt! Die Zimmer sind wohnlich und funktional, viele haben einen Balkon. Außerdem ist es hier dank der etwas zurückversetzten Lage schön ruhig.

Hirschenstube – Hirschen-Stube - Gästehaus Gehri
Schwarzwaldstr. 45 ✉ 79183 – ✆ (07681) 47 77 70 – www.hirschenstube.de – geschl. Februar 2 Wochen, August 3 Wochen und Sonntag - Montag
Menü 25/50 € – Karte 18/59 €
Frische Gerichte, freundlicher Service in Tracht und familiäre Atmosphäre... da mischt man sich doch gerne unter die vielen Stammgäste und lässt sich von der regional, saisonal und auch international geprägten Karte Appetit machen. Wie wär's z. B. mit Rahmschnitzel vom Kalb oder pochiertem Zanderfilet?

WALDKIRCHEN
Bayern – 10 490 Ew. – Höhe 573 m – Siehe Regionalatlas **60-Q18**
Berlin 542 km – München 206 km – Passau 26 km – Freyung 19 km
Michelin Straßenkarte 546

Johanns N
Marktplatz 24, (2. Etage im Modehaus Garhammer) ✉ 94065 – ✆ (08581) 2 08 20 00 – www.restaurant-johanns.de – geschl. Sonntag sowie an Feiertagen
Menü 29 € (mittags)/69 € – Karte 37/56 €
Wo könnte sich dieses chic-puristische Restaurant besser machen als im exklusiven Modehaus Garhammer? Michael Reis hat nach Top-Adressen in Österreich, Spanien und Deutschland feine, kontrastreiche und moderne Regionalküche in seine Heimatstadt gebracht. Schön die Terrasse mit Sicht auf den Bayerischen Wald!
→ Beef Tatar vom Bayerwald OX mit Spitzpaprika, Kohlrabi und Mohnöl. Gegrillter Stör mit Wachsbohnen, Lardo, süßer Zwiebel und pikantem Kartoffelfond. Rücken vom Rehbock mit Eierschwammerl, Mispeln, Getreide und Pilzkraut.

WALD-MICHELBACH

Hessen – 10 920 Ew. – Höhe 346 m – Siehe Regionalatlas **48-G16**

▶ Berlin 599 km – Wiesbaden 101 km – Mannheim 56 km – Darmstadt 61 km

Michelin Straßenkarte 543

Auf der Kreidacher Höhe West: 3 km Richtung Weinheim

Kreidacher Höhe

Kreidacher Höhe 1 ✉ 69483 Wald-Michelbach – ✆ (06207) 9 22 20 – www.kreidacher-hoehe.de

34 Zim – †65/85 € ††105/130 € – ½ P

Rest – Karte 17/54 €

Ruhig liegt das Hotel auf einer Anhöhe in waldreicher Umgebung - nebenar befindet sich die Sommerrodelbahn. Man bietet funktionelle Zimmer, die nach Süden verfügen über einen Balkon. Vom Restaurant hat man z. T. eine schöne Sicht auf die Region. Biergarten mit Vesperkarte.

WALDSASSEN

Bayern – 6 980 Ew. – Höhe 477 m – Siehe Regionalatlas **51-N15**

▶ Berlin 370 km – München 311 km – Weiden in der Oberpfalz 43 km – Bayreuth 77 km

Michelin Straßenkarte 546

Bayerischer Hof Rest,

Bahnhofstr. 15 ✉ 95652 – ✆ (09632) 92 31 30 – www.bayerischerhof-waldsassen.de – geschl. April 1 Woche, November 1 Woche

14 Zim – †40/49 € ††62/67 € – ½ P

Rest – Menü 13 € (mittags)/34 € – Karte 16/42 € – *(geschl. Mittwoch)*

Schon seit drei Generationen ist der 1906 eröffnete Gasthof mit dem hübsch geschwungenen Giebel in der Hand der Familie Sperber. Tipp: Die wohnlicheren Zimmer sind die im 2. Stock! Behaglich auch das rustikale Restaurant. Schauen Sie sich die prächtige Basilika im Ort an!

WALDSEE, BAD

Baden-Württemberg – 19 940 Ew. – Höhe 588 m – Siehe Regionalatlas **63-H21**

▶ Berlin 676 km – Stuttgart 154 km – Konstanz 61 km – Ulm (Donau) 66 km

Michelin Straßenkarte 545

Golf & Vitalpark Bad Waldsee Rest,

Hopfenweiler (Nord-Ost: 3 km) ✉ 88339 – ✆ (07524) 4 01 70 – www.waldsee-golf.de

40 Zim – †79/119 € ††129/178 € – ½ P

Rest – Menü 42/67 € – Karte 38/52 € – *(nur Abendessen, sonntags auch Mittagessen)*

Diese Adresse wird natürlich vor allem von Golfern geschätzt, denn das moderne Hotel ist in eine Golfanlage eingebettet! Und auch wohnen lässt es sich schön dank neuzeitlicher Zimmer mit gutem Komfort.

Grüner Baum & Altes Tor (mit Gästehäusern)

Hauptstr. 34 ✉ 88339 – ✆ (07524) 9 79 00 – www.baum-leben.de

49 Zim – †61/75 € ††91/125 € – ½ P

Rest – Menü 21/50 € – Karte 20/44 € – *(geschl. Montag)*

Richtig charmant ist das Gasthaus direkt am Rathausplatz (schön hier im Somme die Terrasse!): Es ist tipptopp gepflegt, wird gut geführt und hat gemütliche, individuelle Zimmer, verteilt auf das Haupthaus und das ca. 80 m entfernte "Alte Tor". Das nach altem Hausrezept gebraute Bier der ehemaligen Brauerei von 1769 wird hier nach wie vor ausgeschenkt!

Kreuz

Mattenhaus 3 ✉ 88339 – ✆ (07524) 9 75 70 – www.hotel-kreuz.de – geschl. 21. Dezember - 17. Januar

21 Zim – 56/75 € 82/98 € – ½ P

Rest – Karte 13/39 € – *(geschl. Freitagabend - Samstag)*

Für alle, die es gerne modern haben, gibt es in dem Gasthof a. d. 15. Jh. besonders schicke neuere Zimmer, die klare Linien und warmes Holz schön verbinden - und teilweise haben sie noch Zugang zur Blumenwiese hinterm Haus! Alternativ hat man aber auch einfachere und günstigere Zimmer. Im Restaurant serviert man regionale Klassiker.

Scala

Wurzacher Str. 55 ✉ 88339 – ✆ (07524) 91 32 00 – www.scala-restaurant.de – geschl. Januar 3 Wochen und Montag - Dienstag

Menü 26/39 € – Karte 28/45 €

Stephan Gruß bekocht Sie in dem modernen Restaurant mit saisonal-internationalen Speisen. Und während Sie sich z. B. "Wildschweinsteak mit Pilzkruste und Spätzle" schmecken lassen, genießen Sie den Blick auf den Stadtsee!

In Bad Waldsee-Gaisbeuren Süd-West: 4 km über B 30

Adler

Bundesstr. 15 (B 30) ✉ 88339 – ✆ (07524) 99 80 – www.hotel-gasthaus-adler.de – geschl. 5. - 19. Februar

31 Zim – 65/79 € 92/103 € – ½ P

Rest – Menü 23 € – Karte 22/46 € – *(geschl. Donnerstag)*

Ein 500 Jahre altes Gasthaus, das zu einem Hotel mit funktionalen und recht geräumigen Zimmern gewachsen ist. Auch Seminarräume stehen bereit. Im Restaurant serviert man u. a. Wild aus eigener Jagd und verkauft selbstgebrannten Schnaps vom Obst aus dem Garten!

WALDSHUT-TIENGEN

Baden-Württemberg – 22 860 Ew. – Höhe 341 m – Siehe Regionalatlas **62-E21**

Berlin 793 km – Stuttgart 180 km – Freiburg im Breisgau 75 km – Donaueschingen 57 km

Michelin Straßenkarte 545

Im Stadtteil Waldshut

Waldshuter Hof

Kaiserstr. 56, (1. Etage) ✉ 79761 – ✆ (07751) 8 75 10 – www.waldshuter-hof.de

23 Zim – 65/68 € 110/118 € – ½ P

Rest – Menü 19/45 € (abends) – Karte 24/46 € – *(geschl. Sonntagabend - Montag)*

In dem Hotel in der Altstadt, mitten in der Fußgängerzone, gibt es nicht nur funktionell und zeitgemäß ausgestattete Zimmer, man kann hier auch gut essen! Das Restaurant im 1. Stock ist bekannt für ambitionierte internationale Küche.

Im Stadtteil Tiengen

Bercher Rest,

Bahnhofstr. 1 ✉ 79761 – ✆ (07741) 4 74 70 – www.bercher.de – geschl. August

36 Zim – 65/107 € 115/165 € – 2 Suiten – ½ P

Rest – Menü 35/45 € – Karte 30/47 € – *(geschl. Samstagmittag, Sonntag)*

Die Zimmer in dem gewachsenen Familienbetrieb (seit 1911) sind komfortabel und individuell, von eher ländlich bis zum eleganten Landhausstil - es gibt auch welche mit Kachelofen. Ein schöner Ort zum Entspannen: die Wellness-Stuben im separaten Anbau! Gediegene Restauranträume mit traditionellem Angebot.

Brauerei Walter

Hauptstr. 23 ✉ 79761 – ✆ (07741) 8 30 20 – www.brauereiwalter.de

19 Zim – 46/55 € 82/95 €

Rest *Brauerei Walter* – siehe Restaurantauswahl

Das historische Haus mit der schönen gepflegten Fassade war einst eine Brauerei und ist heute (erweitert um einen Anbau) ein solides Hotel mit funktionalen Zimmern, gepflegter Auswahl am Frühstücksbuffet sowie familiärem Service.

Brauerei Walter – Hotel Brauerei Walter

Hauptstr. 23 ✉ 79761 – ✆ (07741) 8 30 20 – www.brauereiwalter.de – geschl. Ende August - Anfang September 3 Wochen und Sonntagabend - Montag
Menü 18 € (mittags)/69 € – Karte 28/59 €
Mit einer Brauerei hat das traditionsreiche Haus nicht mehr viel zu tun, die meisten Gäste trinken Wein aus dem Markgräflerland, vom Kaiserstuhl oder vom Bodensee, und den gibt es zu Stefan Hoferers frischen regionalen und international-mediterranen Gerichten wie "Schnitzel in Waldpilzsauce" oder "Loup de Mer und Riesengarnele auf Tomatenrisotto".

Im Stadtteil Breitenfeld Nord-Ost: 3 km ab Tiengen

Landgasthof Hirschen

Breitenfeld 13 ✉ 79761 – ✆ (07741) 6 82 50 – www.hirschen-breitenfeld.de
27 Zim – 45/58 € 83/93 € – ½ P
Rest – Menü 24/49 € – Karte 21/42 €
Familie Knöpfle hält ihren Landgasthof top in Schuss und renoviert immer wieder, damit die wohnlich-ländlichen Zimmer auch stets gepflegt sind - die im Gästehaus "Cäcilia" sind übrigens geräumiger. Im rustikalen Restaurant bekommt man bürgerliche und regionale Küche serviert.

In Lauchringen-Oberlauchringen Süd-Ost: 4 km ab Tiengen, über B 34

Gartenhotel Feldeck Rest,

Klettgaustr. 1, (B 34) ✉ 79787 – ✆ (07741) 8 30 70 – www.hotel-feldeck.de
36 Zim – 55/70 € 95/110 € – ½ P
Rest – Karte 25/46 € – *(geschl. Samstag)*
In dem familiengeführten Haus lässt es sich wirklich schön wohnen: Die Zimmer sind freundlich und zeitgemäß (teilweise mit Balkon), ebenso der Bade- und Saunabereich, und im ländlich-modernen Restaurant bekommen Sie sowohl ein Vesper als auch Zander, Kutteln, hausgemachte Lachsravioli...

WALDSTETTEN – Baden-Württemberg ➜ Siehe Schwäbisch Gmünd

WALLDÜRN

Baden-Württemberg – 11 710 Ew. – Höhe 398 m – Siehe Regionalatlas **48-H16**
Berlin 554 km – Stuttgart 125 km – Würzburg 59 km – Aschaffenburg 64 km
Michelin Straßenkarte 545

Zum Riesen

Hauptstr. 14 ✉ 74731 – ✆ (06282) 9 24 20 – www.hotel-riesen.de
25 Zim – 57/59 € 87/89 € – 1 Suite – ½ P
Rest – Menü 13 € (mittags)/30 € – Karte 19/29 € – *(geschl. Freitag)*
Der Familienbetrieb besteht aus einem hübschen Herrenhaus a. d. 15. Jh. - hier hat man einige Barockzimmer mit Stuckdecke - und einem Neubau mit modern-funktionalen Zimmern. Im Restaurant serviert man regionale Küche.

In Walldürn-Reinhardsachsen Nord-West: 9 km

Frankenbrunnen Rest,

Am Kaltenbach 3 ✉ 74731 – ✆ (06286) 9 20 20 – www.hotel-frankenbrunnen.de – geschl. 2. - 31. Januar
26 Zim – 79/95 € 110/145 € – 1 Suite – ½ P
Rest – Menü 18 € (mittags)/48 € – Karte 21/62 € – *(geschl. November - März: Sonntagabend)*
Der Familienbetrieb in dem beschaulichen Dörfchen bietet funktionelle Zimmer, ein früheres Bauernhaus dient als Gästehaus. Zudem hat man eine schöne Veranstaltungsscheune.

WALLENFELS

Bayern – 2 880 Ew. – Höhe 382 m – Siehe Regionalatlas **50-L14**
Berlin 338 km – München 282 km – Bayreuth 54 km – Erfurt 172 km
Michelin Straßenkarte 546

Gasthof Roseneck mit Zim

Schützenstr. 46 ✉ 96346 – ✆ (09262) 72 60 – www.gasthof-roseneck.de – geschl. Dienstag
21 Zim – 41 € 54/72 € – ½ P
Karte 15/32 € – *(Januar - März: Montag - Freitag nur Abendessen)*
Bei Frank Fröhmel gibt es nicht nur regionale Speisen, auch ein etwas ungewöhnlicheres Angebot macht neugierig: Probieren Sie doch mal Gerichte oder Desserts aus Rosenblüten (aus dem eigenen Garten)! Im Sommer geht's natürlich raus in den Biergarten - da locken z. B. Grillabende und Flößer-Events.

WALLENHORST

Niedersachsen – 23 710 Ew. – Höhe 91 m – Siehe Regionalatlas **17-E8**
Berlin 433 km – Hannover 150 km – Bielefeld 61 km – Nordhorn 83 km
Michelin Straßenkarte 541

Alte Küsterei

Kirchplatz 6 ✉ 49134 – ✆ (05407) 85 78 70 – www.alte-kuesterei.de – geschl. Januar 2 Wochen, Mitte Juli - Ende August 2 Wochen und Montag - Dienstag
Menü 38/68 € – Karte 40/62 € – *(nur Abendessen)*
Mit der Bruchsteinfassade von 1883 ist das Haus des Ehepaares Stubenreich schon von außen ein Hingucker, innen dekorative Details wie freigelegte Holzbalken oder moderne Bilder. Der Chef am Herd, die Chefin herzlich im Service.

WALLERFANGEN – Saarland → Siehe Saarlouis

WALLGAU

Bayern – 1 400 Ew. – Höhe 866 m – Siehe Regionalatlas **65-L22**
Berlin 680 km – München 93 km – Garmisch-Partenkirchen 20 km – Bad Tölz 47 km
Michelin Straßenkarte 546

Parkhotel

Rest,

Barmseestr. 1 ✉ 82499 – ✆ (08825) 2 90 – www.parkhotel-wallgau.de
30 Zim – 95/115 € 150/180 € – 15 Suiten – ½ P
Rest – Menü 25/56 € – Karte 27/59 € – (Tischbestellung ratsam)
In diesem Ferienhotel sind Sie gut aufgehoben, dafür sorgen bayerischer Charme, komfortable Zimmer unterschiedlicher Kategorien, ein angenehm heller, mit Lüftlmalereien verzierter Spabereich und die Kellerbar "Max & Moritz" - damit Sie nichts verpassen, werden hier auch Fernsehevents übertragen!

WALLUF

Hessen – 5 550 Ew. – Höhe 84 m – Siehe Regionalatlas **47-E15**
Berlin 573 km – Wiesbaden 10 km – Bad Kreuznach 49 km – Koblenz 71 km
Michelin Straßenkarte 543

Zur Schlupp

Hauptstr. 25 ✉ 65396 – ✆ (06123) 7 26 38 – www.gasthauszurschlupp.de – geschl. Ende Dezember - Anfang Januar, Mitte Juli - Ende August und Mittwoch - Donnerstag
Menü 33/46 € – Karte 31/43 € – *(Montag - Samstag nur Abendessen)* (Tischbestellung ratsam)
In einem Altstadthäuschen in einer kleinen Gasse nahe dem Rhein ist das sympathische Lokal der Familie Ehrhardt untergebracht. Der Chef kocht saisonal.

WALPERTSKIRCHEN

Bayern – 2 070 Ew. – Höhe 464 m – Siehe Regionalatlas **66-M20**
Berlin 603 km – München 43 km – Erding 8 km
Michelin Straßenkarte 546

In Walpertskirchen-Hallnberg Süd: 1,5 km

Hallnberg
Hallnberg 2 ✉ 85469 – ✆ (08122) 9 94 30 – www.hotel-restaurant-hallnberg.de – geschl. 4. - 19. August
30 Zim – 50/150 € 60/180 € – ½ P
Rest – Menü 28/52 € – Karte 22/41 € – *(geschl. Sonntag) (nur Abendessen)*
Der ruhig gelegene, gut geführte Gasthof mit neuzeitlichem Anbau verfügt über zeitgemäße Zimmer, die wohnlich und zugleich funktionell eingerichtet sind. Das Restaurant bietet ambitionierte internationale Küche, die auch auf der Kräuterterrasse serviert wird.

WALSRODE

Niedersachsen – 23 980 Ew. – Höhe 32 m – Siehe Regionalatlas **18-H7**
Berlin 329 km – Hannover 70 km – Bremen 61 km – Hamburg 102 km
Michelin Straßenkarte 541

Landhaus Walsrode garni
Oskar-Wolff-Str. 1 ✉ 29664 – ✆ (05161) 9 86 90 – www.landhaus-walsrode.de – geschl. 20. Dezember - 5. Januar
14 Zim – 75/115 € 90/130 €
Fast schon herrschaftlich steht das alte niedersächsische Bauernhaus auf dem Parkgrundstück. Wer es schön stilvoll mag, findet unter den sehr individuellen Zimmern natürlich auch das Passende. Nicht weniger einladend sind der Salon mit Kamin sowie der gemütlich-elegante Frühstücksraum mit Terrasse zum Garten!

Mercure Zim,
Gottlieb-Daimler-Str. 11 ✉ 29664 – ✆ (05161) 60 70 – www.mercurewalsrode.de
75 Zim – 69/119 € 94/144 € – ½ P
Rest *anders* – Menü 20 € – Karte 18/30 € – *(geschl. Sonntag)*
Sachlich-funktionelle Zimmer und gute Verkehrsanbindung machen das Businesshotel aus. Dazu ein netter Saunabereich. Im Restaurant "anders" (angeschlossen an das Konferenzzentrum) ergänzt täglich ein Buffet die Speisekarte.

Beim Vogelpark Nord: 3 km

Parkhotel Luisenhöhe
Am Vogelpark 2 ✉ 29699 – ✆ (05161) 9 86 20 – www.luisenhoehe.de
47 Zim – 60/120 € 90/160 € – ½ P
Rest – Menü 23/98 € – Karte 20/50 €
Das Hotel gegenüber dem bekannten Vogelpark in einem Waldgebiet bietet funktionelle Zimmer sowie einen netten Sauna- und Anwendungsbereich, aber auch gute Tagungsmöglichkeiten. Man speist im Restaurant "Ums Mühlrad" oder am Abend im eleganten Kaminzimmer.

In Walsrode-Hünzingen Nord: 5 km über Dreikronen

Forellenhof (mit Gästehaus)
Hünzingen 3 ✉ 29664 – ✆ (05161) 97 00 – www.forellenhof.de
62 Zim – 65/95 € 90/130 € – ½ P
Rest – Menü 23/98 € – Karte 18/54 €
Eine schon äußerlich sehr gepflegte Anlage mit hauseigener Brauerei und Reitmöglichkeiten. Hier überzeugen helle, wohnliche Zimmer im Landhausstil und die schöne Lage. Regionales und mediterranes Angebot im Restaurant.

WALTENHOFEN

Bayern – 8 880 Ew. – Höhe 722 m – Siehe Regionalatlas **64-J21**
Berlin 704 km – München 131 km – Kempten (Allgäu) 6 km – Bregenz 73 km
Michelin Straßenkarte 546

In Waltenhofen-Martinszell Süd: 5,5 km über B 19

Landhotel Adler (mit Gästehaus)
Illerstr. 10 ✉ 87448 – ✆ (08379) 92 07 00
– www.adler-martinszell.de
31 Zim – 57/67 € 92/106 € – ½ P
Rest – Menü 19/39 € – Karte 17/33 €
Der nette Gasthof mit seinen gepflegten Zimmern (einige im hübschen Fachwerkhaus gegenüber) steht mitten im Dorf, so finden an warmen Tagen natürlich viele Gäste den Weg in den Biergarten mit seinen Kastanienbäumen - im Sommer wird mittwochs gegrillt. Drinnen kann man in der gemütlichen Gaststube sitzen.

WALTROP

Nordrhein-Westfalen – 29 640 Ew. – Höhe 70 m – Siehe Regionalatlas **26**-D10
Berlin 494 km – Düsseldorf 74 km – Münster (Westfalen) 50 km – Recklinghausen 15 km
Michelin Straßenkarte 543

Gasthaus Stromberg
Dortmunder Str. 5 ✉ 45731 – ✆ (02309) 42 28 – www.gasthaus-stromberg.de
– geschl. Sonntag - Montag
Menü 37 € (vegetarisch) – Karte 32/54 €
Einladend ist schon die Fachwerkfassade, drinnen ist es schön gemütlich und modern, vor allem aber isst man hier gut! Spezialitäten sind Schmorgerichte, Wiener Schnitzel vom Milchkalb und auch Curry Wurst - oder probieren Sie das Gasthaus- oder das Strombergmenü! Die Produkte sind ausgesucht, gerne bezieht man sie auch aus der Region. Für Gesellschaften gibt es 1,5 km entfernt die "Werkstatt".

WANDLITZ

Brandenburg – 21 710 Ew. – Höhe 55 m – Siehe Regionalatlas **23**-P7
Berlin 33 km – Potsdam 61 km – Brandenburg 103 km – Frankfurt (Oder) 118 km
Michelin Straßenkarte 542

SeePark
Kirchstr. 10 ✉ 16348 – ✆ (033397) 7 50 – www.seepark-wandlitz.com
52 Zim – 70/90 € 105 € – ½ P
Rest – Menü 21/60 € – Karte 26/50 € – *(geschl. November - März: Montag - Dienstag)*
Vor allem die Lage auf einem wunderschönen Seegrundstück mit Park und Strandbad macht dieses mit zeitgemäßen Gästezimmern ausgestattete Hotel aus. Das Restaurant im Untergeschoss des Hotels wird durch eine nette Gartenterrasse ergänzt.

Zur Waldschänke
Zühlsdorfer Chaussee 14 (Süd-West: 3 km über die B 273) ✉ 16348
– ✆ (033397) 35 50 – www.waldschaenkerahmersee.de
20 Zim – 40/45 € 72/74 € – ½ P
Rest – Menü 16/33 € – Karte 13/33 €
Ein gepflegtes familiengeführtes Haus im Wald, das solide, funktionelle Gästezimmer sowie zwei Appartements mit schöner Dachterrasse bietet. Spezialität des Hauses ist Wildschwein am Spieß. Am Wochenende wird das Restaurant gerne als Ausflugslokal genutzt.

WANGELS

Schleswig-Holstein – 2 380 Ew. – Höhe 5 m – Siehe Regionalatlas **11**-K3
Berlin 350 km – Kiel 50 km – Hamburg 125 km – Oldenburg in Holstein 11 km
Michelin Straßenkarte 541

In Wangels-Weißenhäuser Strand Nord: 5 km

Weissenhaus Grand Village Resort & Spa am Meer
(mit Gästehäusern)
Parkallee 1 ✉ 23758 – ✆ (04382) 9 26 20 – www.weissenhaus.net
52 Zim – 264/478 € 349/520 € – 8 Suiten
Rest *Courtier* Rest *Bootshaus* – siehe Restaurantauswahl
Unternehmer Jan Henric Buettner hat aus dem ehemaligen gräflichen Wohnsitz (hier verbrachte er als Kind seine Sommerurlaube) ein Ferienhotel der Superlative geschaffen: über 70 ha Parkanlage, 2 km Naturstrand, stilvolles und ausgesprochen hochwertiges Interieur, luxuriöser Spa, Kino, Bibliothek, Smoker's Lounge... dazu diverse kleine Aufmerksamkeiten!

Courtier – Hotel Weissenhaus Grand Village Resort & Spa am Meer
Parkallee 1 ✉ 23758 – ✆ (04382) 9 26 20 – www.weissenhaus.net
– geschl. Ende November 2 Wochen, Februar und Montag - Dienstag
Menü 89/119 € – Karte 74/95 € – *(nur Abendessen)*
Ein toller Rahmen für ein Gourmetrestaurant: In dem sorgsam sanierten Schloss in strahlendem Weiß genießt man in historischen Räumen mit hohen Stuckdecken, sehenswerten Malereien und schickem Designmobiliar aufwändige modern-kreative Küche. Herrlich auch die Terrasse mit Blick auf die Hohwachter Bucht.
→ Jakobsmuschel, Blumenkohl in Texturen, kandierte Limetten und Walnuss. BBQ Flanksteak mit Maiscrème, Gurke, Paprika. Weiße Schokolade und Blaubeeren mit Joghurt und Eisenkraut.

Bootshaus – Hotel Weissenhaus Grand Village Resort & Spa am Meer
Strandstr. 4 ✉ 23758 – ✆ (04382) 92 62 35 00 – www.weissenhaus.net
Menü 39 € – Karte 29/67 €
Man sitzt hier mitten in den Dünen in einem modernen Restaurant in hellem Naturholz, durch die große Fensterfront geht der Blick Richtung Strand... traumhafte Sonnenuntergänge inklusive! Die Küche ist regional und international, mittags Pizza, Pasta und Salate.

WANGEN im ALLGÄU

Baden-Württemberg – 27 470 Ew. – Höhe 556 m – Siehe Regionalatlas **63-I21**
Berlin 701 km – Stuttgart 194 km – Konstanz 37 km – Ravensburg 23 km
Michelin Straßenkarte 545

allgovia garni
Scherrichmühlweg 15 ✉ 88239 – ✆ (07522) 9 16 88 90 – www.hotel-allgovia.de
– geschl. 21. Dezember - 7. Januar
21 Zim – 58/90 € 99/125 €
In dem Hotel in einer Sackgasse am Bach wohnen Sie in modernen Zimmern, beginnen den Tag im Sommer auf der schönen Frühstücksterrasse und freuen sich über den netten Service!

In Wangen-Deuchelried Ost: 1,5 km

Adler
Obere Dorfstr. 4 ✉ 88239 – ✆ (07522) 70 74 77 – www.adler-deuchelried.de
– geschl. über Fasching 2 Wochen, September 2 Wochen und Montag - Dienstag
Menü 56 € – Karte 33/48 € – (Tischbestellung ratsam)
Ambitioniert, schnörkellos und frisch, so ist die regionale, aber auch internationale Küche von Uwe Zöller in diesem etwas außerhalb gelegenen Gasthof. Unter der Leitung von Anne-Kathrin Zöller werden Sie herzlich mit Gerichten wie "Jakobsmuscheln auf Thai-Curry" oder "Zweierlei vom Lamm auf Bärlauchpesto mit Barolojus" umsorgt.

WANGEN (KREIS GÖPPINGEN)

Baden-Württemberg – 3 170 Ew. – Höhe 388 m – Siehe Regionalatlas **55-H18**
Berlin 607 km – Stuttgart 38 km – Göppingen 5 km
Michelin Straßenkarte 545

Landgasthof Adler
Hauptstr. 103 ✉ 73117 – ✆ (07161) 2 11 95 – geschl. Sonntagabend - Mittwochmittag
Menü 68/71 € – Karte 33/62 € – (Tischbestellung ratsam)
Man fühlt sich ein bisschen, als wäre man im Wohnzimmer von Familie Clement zu Gast, so liebenswert und gemütlich ist die Atmosphäre in dem kleinen Restaurant. Die Chefin serviert in Tracht, der Patron kocht, und das strikt klassisch-traditionell - immer mit guten und frischen Produkten. Eine Adresse, in die man gerne wieder einkehrt!

WANGERLAND

Niedersachsen – 10 010 Ew. – Höhe 2 m – Siehe Regionalatlas **8-E5**
Berlin 496 km – Hannover 242 km – Emden 76 km – Cuxhaven 123 km
Michelin Straßenkarte 541

In Wangerland-Hooksiel

Zum Schwarzen Bären
Lange Str. 15 ✉ 26434 – ✆ (04425) 9 58 10 – www.zum-schwarzen-baeren.de – geschl. 5. - 30. Januar und Mittwoch außer Saison
Menü 21/26 € – Karte 15/36 €
Dieses im friesischen Stil eingerichtete Restaurant liegt genau gegenüber dem alten Hafen. Inmitten maritimer Accessoires isst man hier hauptsächlich Fischgerichte.

In Wangerland-Horumersiel

Bendiks garni
Deichstr. 18 ✉ 26434 – ✆ (04426) 18 57 – www.hotel-bendiks.de
15 Zim – 49/54 € 78/98 €
Das mit Engagement geleitete Hotel ist nahe dem Deich in einem Wohngebiet zu finden und bietet zeitgemäß-elegante Zimmer, einen in warmen Farben gehaltenen Frühstücksraum sowie Kosmetik und Massage.

Schmidt's Hoern garni
Heinrich-Tiarks-Str. 5 ✉ 26434 – ✆ (04426) 9 90 10 – www.schmidts-hoern.de – geschl. 5. Januar - 15. Februar
17 Zim – 38/55 € 68/110 €
Ruhig liegt das kleine Ferienhotel mit Pensionscharakter in einer Wohngegend. Jedes Zimmer verfügt über eine kleine Küche sowie Balkon oder Terrasse.

WANGEROOGE (INSEL)

Niedersachsen – 920 Ew. – Höhe 3 m – Siehe Regionalatlas **8-E4**
Berlin 512 km – Hannover 256 km – Cuxhaven 144 km – Emden 72 km
Michelin Straßenkarte 541

Atlantic garni
Peterstr. 13 ✉ 26486 – ✆ (04469) 18 01 – www.atlantic-wangerooge.de – geschl. 4. Januar - 27. März, 31. Oktober - 26. Dezember
16 Zim – 70/90 € 110/128 €
Ein persönlich geführtes kleines Hotel nahe der Strandpromenade. Von den Zimmern hat man Meer- oder Gartenblick, im Sommer kann man auf der Gartenterrasse frühstücken.

WARDENBURG

Niedersachsen – 15 980 Ew. – Höhe 9 m – Siehe Regionalatlas **17-F6**
Berlin 444 km – Hannover 156 km – Bremen 56 km – Oldenburg 13 km
Michelin Straßenkarte 541

Wardenburger Hof

Oldenburger Str. 255 ✉ 26203 – ✆ (04407) 9 21 00 – www.wardenburger-hof.de
38 Zim – 60/70 € 90/100 € – ½ P **Rest** – Menü 24 € – Karte 20/48 €
Hier wohnt man in einem gewachsenen Gasthof, der seit 1899 und in 4. Generation als Familienbetrieb geführt wird. Gepflegt und wohnlich die Zimmer, besonders schön die neueren im ruhig gelegenen Anbau. Das Restaurant mit friesischem Touch (die Chefin stammt von Sylt) bietet saisonale Aktionen. Sie machen gerne Fahrradausflüge? Die Wildeshauser Geest ist dafür beliebt!

WAREN (MÜRITZ)

Mecklenburg-Vorpommern – 21 170 Ew. – Höhe 70 m – Siehe Regionalatlas **13**-N5
Berlin 162 km – Schwerin 102 km – Neubrandenburg 42 km – Hamburg 212 km
Michelin Straßenkarte 542

Kleines Meer

Alter Markt 7 ✉ 17192 – ✆ (03991) 64 80 – www.kleinesmeer.com – geschl. 23. - 27. Dezember
30 Zim – 75/115 € 95/170 € – ½ P
Rest *Kleines Meer* – siehe Restaurantauswahl
Ein Hotel in zentraler Lage nicht weit vom Hafen, das über modern ausgestattete Zimmer mit freundlichem Ambiente verfügt. Die Tagungsräume sind im Haus schräg gegenüber untergebracht.

Villa Margarete

Fontanestr. 11 ✉ 17192 – ✆ (03991) 62 50 – www.villa-margarete.de
28 Zim – 60/94 € 99/169 € – 1 Suite – ½ P
Rest – Menü 26/36 € – Karte 26/45 € – *(Oktober - April nur Abendessen)*
In dem wohnlich eingerichteten Hotel am Rande des Nationalparks kann man es sich bei Anwendungen wie Kosmetik, Floating und Bädern gut gehen lassen. Schön: die Fontane-Suite.

Ingeborg garni

Rosenthalstr. 5 ✉ 17192 – ✆ (03991) 6 13 00 – www.hotel-ingeborg.de
31 Zim – 49/60 € 69/95 €
In zweiter Reihe vor dem Yachthafen steht das gut geführte Hotel mit funktionellen, unterschiedlich großen Zimmern. Lust auf einen Ausflug mit der hauseigenen Jolle "Ingeborg"?

Am Yachthafen garni

Strandstr. 2 ✉ 17192 – ✆ (03991) 6 72 50 – www.am-yachthafen.de – geschl. November - Ende März
10 Zim – 60/65 € 74/125 € – 5 Suiten
Die Zimmer und Suiten in dem ansprechend restaurierten Haus von 1831 sind mit schönen Möbeln stilvoll und sehr wohnlich eingerichtet. Der Marktplatz liegt ganz in der Nähe.

Zwischen den Seen garni

Am Mühlenberg 4 ✉ 17192 – ✆ (03991) 63 14 44 – www.hotelzwischendenseen.de
30 Zim – 50/58 € 65/88 €
In der hübsch sanierten Villa im ruhigeren Teil der Stadt wohnt man in schlicht-modernen Zimmern. Kompetent stellt die Chefin für Sie ganz individuelle Tagestouren zusammen.

XX Kleines Meer – Hotel Kleines Meer

Alter Markt 7 ✉ 17192 – ✆ (03991) 64 80 – www.kleinesmeer.com – geschl. 23. - 27. Dezember und November - März: Dienstag - Mittwoch
Menü 30/60 € (abends) – Karte 35/60 € – *(November - März nur Abendessen)*
Moderne Atmosphäre und eine schmackhafte Küche, die sich an der Saison orientiert. Auf der Terrasse genießt man die Aussicht auf die Müritz. Am Mittag reicht man eine kleine Karte.

In Groß Plasten Nord-Ost: 12 km über B 192 und B 194

Schloss Groß Plasten

Parkallee 36 ✉ 17192 – ✆ (039934) 80 20 – www.schlosshotel-grossplasten.de

54 Zim – 70/85 € 85/110 € – 1 Suite – ½ P

Rest – Menü 29/39 € (abends) – Karte 36/52 €

Das schöne historische Anwesen bietet im Schloss wie auch im Kutscherhaus wohnlich-klassische Zimmer. Wer es individueller mag, sollte eines der Themen- oder Nostalgie-Zimmer wählen. Vom eleganten Restaurant blickt man in den Garten, reizvolle Terrasse zum See.

WARENDORF

Nordrhein-Westfalen – 38 140 Ew. – Höhe 63 m – Siehe Regionalatlas **27**-E9

Berlin 443 km – Düsseldorf 150 km – Bielefeld 50 km – Münster (Westfalen) 27 km

Michelin Straßenkarte 543

Im Engel

Brünebrede 33 ✉ 48231 – ✆ (02581) 9 30 20 – www.hotel-im-engel.de

39 Zim – 75/115 € 99/195 € – ½ P

Rest *Im Engel* – siehe Restaurantauswahl

Das Hotel in der Altstadt wird seit 1692 familiär geführt und entwickelt sich stetig weiter. Alles ist tipptopp gepflegt, die Zimmer wohnlich und individuell gestaltet, hübsch die Sauna. Wer es gerne komfortabler mag, bucht eine Juniorsuite mit Whirlwanne. Über den Innenhof geht's zur eigenen Weinboutique.

Mersch

Dreibrückenstr. 66 ✉ 48231 – ✆ (02581) 6 37 30 – www.hotel-mersch.de

24 Zim – 95 € 135/145 €

Rest – Karte 28/43 € – *(nur Abendessen)* (Tischbestellung erforderlich)

Alles hier ist ein bisschen mehr als nur "Standard": die geräumigen Zimmer, der schöne Garten (zu dieser Seite schläft es sich ruhiger), der aufmerksame Service, die gediegene "M's Lounge"... und wo bekommt man schon am Abend gratis Suppe?

Im Engel – Hotel Im Engel

Brünebrede 33 ✉ 48231 – ✆ (02581) 9 30 20 – www.hotel-im-engel.de – geschl. Sonntag

Menü 30/58 € – Karte 27/57 €

Schön das Ambiente mit alter Täfelung und Kamin, gut die Küche, u. a. mit Westfälischem wie "Sauerbraten mit Rahmwirsing und Kartoffelklößen". Erwähnenswert auch die über 900 Positionen umfassende Weinkarte mit einigen Raritäten. Fragen? Der Patron ist ein echter Weinkenner und Gründer des Weinclubs.

Engelchen

Heumarkt 2 ✉ 48231 – ✆ (02581) 7 89 88 88 – www.hotel-im-engel.de – geschl. Montag

Menü 28 € – Karte 26/46 €

Hätten Sie in Warendorf Vorfahren von Doris Day vermutet? Das einstige Wohnhaus ihrer Großeltern, nett im Herzen der Stadt gelegen, ist heute ein Mix aus Café, Bistro, Feinkost- und Weinhandel. Versuchen Sie erst gar nicht, der leckeren Kuchenauswahl des hauseigenen Konditors zu widerstehen!

WARSTEIN

Nordrhein-Westfalen – 27 170 Ew. – Höhe 310 m – Siehe Regionalatlas **27**-F11

Berlin 466 km – Düsseldorf 149 km – Arnsberg 32 km – Lippstadt 28 km

Michelin Straßenkarte 543

In Warstein-Allagen Nord-West: 11 km über B 55 bis Belecke und B 516

Püster (mit Gästehäusern)
Marmorweg 27 ✉ 59581 – ✆ (02925) 9 79 70 – www.hotel-puester.de
40 Zim – 66/75 € 98/115 € – ½ P
Rest – Menü 24 € – Karte 26/44 € – *(geschl. Sonntag) (nur Abendessen)*
Sie mögen es etwas ruhiger und familiärer? Dann sind Sie hier, etwas abseits am Hang in einem Wohngebiet, gut aufgehoben. Nach Massage oder Kosmetik entspannen Sie im orientalischen Ruheraum - oder bevorzugen Sie eine Radtour? Leihfahrräder gibt's im Haus.

WARTENBERG-ROHRBACH

Rheinland-Pfalz – 480 Ew. – Höhe 266 m – Siehe Regionalatlas **46-D16**
Berlin 637 km – Mainz 70 km – Mannheim 60 km – Kaiserslautern 10 km
Michelin Straßenkarte 543

Mühle am Schlossberg
Schloßberg 16 ✉ 67681 – ✆ (06302) 9 23 40 – www.muehle-schlossberg.de – geschl. Januar 1 Woche
15 Zim – 69/99 € 85/145 €
Rest ***MAHL-WERK Das Mühlenrestaurant*** – siehe Restaurantauswahl
Durch und durch schön: Der Dreiseithof a. d. 16. Jh. liegt idyllisch, schon die Außenanlage (samt Spielplatz) ist sehr ansprechend, innen fügt sich der moderne Stil gelungen in den historischen Rahmen ein. Chic die Design-Elemente, nichts ist von der Stange! Zudem wird man ausgesprochen freundlich umsorgt, i-Tüpfelchen ist das frische, reichhaltige Frühstück!

MAHL-WERK Das Mühlenrestaurant – Hotel Mühle am Schlossberg
Schloßberg 16 ✉ 67681 – ✆ (06302) 9 23 40 – www.muehle-schlossberg.de – geschl. Januar 1 Woche und Januar - März: Sonntagabend - Dienstagmittag
Menü 35/85 € – Karte 27/50 € – (Tischbestellung ratsam)
Wenn Küchenchef Jens Schwarz saisonale Gerichte wie "sanft gebratene Poulardenbrust mit Oreganosauce, Kräuterseitlingen und gebratenen Kartoffeln" zubereitet, dann immer mit Kräutern aus dem eigenen Garten! Das Restaurant ist übrigens ein ehemaliger Pferdestall, schön die Kombination von geradlinig-modernem Stil und historischem Kreuzgewölbe. Toll die Terrasse!

WARTMANNSROTH – Bayern ➜ Siehe Hammelburg

WASSENBERG

Nordrhein-Westfalen – 17 300 Ew. – Höhe 50 m – Siehe Regionalatlas **35-A12**
Berlin 613 km – Düsseldorf 57 km – Aachen 42 km – Mönchengladbach 27 km
Michelin Straßenkarte 543

In Wassenberg-Effeld Nord-West: 6 km

Haus Wilms Rest, Zim,
Steinkirchener Str. 3 ✉ 41849 – ✆ (02432) 89 02 80 – www.haus-wilms.de
16 Zim – 69/74 € 99/105 € – ½ P
Rest – Menü 38/56 € – Karte 25/60 € – *(Montag - Freitag nur Abendessen)*
Birgit Wilms-Regen führt die über 500-jährige Familientradition gemeinsam mit ihrem Mann Peter engagiert fort. Das kleine Hotel liegt recht ruhig in der Ortsmitte, gerade mal 500 m von der holländischen Grenze. Die Zimmer sind wohnlich, die Küche ist klassisch-traditionell und ambitioniert - probieren Sie z. B. "Rheinischen Sauerbraten mit Rosinen-Printensauce".

WASSERBURG am BODENSEE

Bayern – 3 480 Ew. – Höhe 406 m – Siehe Regionalatlas **63-H22**
Berlin 728 km – München 185 km – Konstanz 74 km – Ravensburg 27 km
Michelin Straßenkarte 546

Schlosshotel

Halbinselstr. 78 ✉ 88142 – ✆ (08382) 2 73 33 00 – www.schloss-hotel-wasserburg.de

15 Zim – 75/200 € 105/200 € – ½ P

Rest – Menü 23 € – Karte 27/45 € – *(geschl. November und Januar - März: Donnerstag) (Dezember - März: Montag - Samstag nur Abendessen)*

Wer in einem alten Schloss nächtigt (dieses stammt a. d. 8. Jh.), der wünscht sich historisch-klassisches Flair - so wie hier. Zudem sind die Zimmer geräumig und technisch up to date! Von der schönen Liegewiese mit Seeblick gelangen Sie ganz einfach zum eigenen Badestrand. Und die Seeterrasse... ein Traum!

Lipprandt

Rest,

Halbinselstr. 65 ✉ 88142 – ✆ (08382) 9 87 60 – www.hotel-lipprandt.de

37 Zim – 59/89 € 99/159 € – ½ P

Rest – Menü 26/43 € – Karte 20/45 € – *(nur Abendessen)*

Das Ferienhotel hat viele Stammgäste - der sehr schicke, moderne Spa, eine engagierte Betreiberfamilie und ihr ständiges Bestreben, durch Renovierungen immer weiter zu verbessern, gibt ihnen recht! Pluspunkte sind natürlich der eigene Badebereich am See und die schöne Terrasse.

Walserhof

Nonnenhorner Str. 15 ✉ 88142 – ✆ (08382) 9 85 60 – www.walserhof.de – geschl. 6. Januar - 13. Februar

28 Zim – 49/53 € 82/110 € – 1 Suite – ½ P

Rest – Menü 18/21 € – Karte 21/45 € – *(geschl. Montag und November - Mai: Montag - Dienstag)*

Bei dem guten Preis-Leistungs-Verhältnis verwundert es nicht, dass das Haus gut besucht ist! Außerdem liegt es nur wenige Gehminuten vom See - und trotzdem ruhig. Familie Walser leitet das Hotel wirklich engagiert, die Zimmer sind wohnlich, alles ist gepflegt und im Restaurant gibt es regionale Küche.

WASSERBURG am INN

Bayern – ✉ 83512 – 12 170 Ew. – Höhe 427 m – Siehe Regionalatlas **66-N20**

Berlin 629 km – München 53 km – Bad Reichenhall 77 km – Rosenheim 31 km

Michelin Straßenkarte 546

Herrenhaus

Herrengasse 17 ✉ 83512 – ✆ (08071) 5 97 11 70 – www.restaurant-herrenhaus.de – geschl. Februar 2 Wochen, August 2 Wochen und Sonntag - Montag, Dezember: Montag

Menü 36 € (abends) – Karte 31/52 €

In dem historischen Altstadthaus führt ein junges Team Regie, und das mit Engagement, wie die schmackhafte regional ausgerichtete Küche und der freundliche, geschulte Service zeigen. Da kommt "Schweinsfilet mit Rahmwirsing und Kartoffelpüree" genauso gut an wie "Passionsfruchttorte und Kakaosorbet". Ebenso beliebt ist der günstige Lunch - auch an Vegetarier ist gedacht.

Weisses Rössl

Herrengasse 1 ✉ 83512 – ✆ (08071) 5 02 91 – www.weisses-roessl.de – geschl. 24. Juni - 16. Juli, 6. - 22. September und Sonntag - Dienstag

Menü 18 € (mittags)/39 € – Karte 30/45 €

Dass man hier immer gut besucht ist, hat seinen Grund: Was Manfred Tiller und Tochter Theresia an regional-saisonalen Speisen kochen, hat richtig viel Geschmack und ist preislich fair. Spezialität in dem historischen Haus mit dem angenehm hellen, freundlichen Ambiente ist Kalbsfilet mit Bries. Gerne kommt man auch zum günstigen Mittagsmenü!

WASSERLIESCH

Rheinland-Pfalz – 2 200 Ew. – Höhe 135 m – Siehe Regionalatlas **45-B15**

Berlin 733 km – Mainz 164 km – Trier 12 km – Grevenmacher 10 km

Michelin Straßenkarte 543

Scheid's mit Zim

Reinigerstr. 48 ✉ 54332 – ✆ (06501) 9 20 97 92 – www.scheids-wasserliesch.de – geschl. 15. - 25. Februar und Montag - Mittwochmittag

12 Zim ☕ – 🚹55/78 € 🚹🚹75/98 € Menü 30 € – Karte 32/42 €

Die Geschwister Scheid haben hier wirklich schöne freundliche Räume (einschließlich der Gästezimmer) und bieten gute, frische Landhausküche mit mediterranem Touch. Appetit auf "Rotbarbenfilets auf Antipasti-Gemüse mit Olivenölvinaigrette"?

WEDEL

Schleswig-Holstein – 32 210 Ew. – Höhe 8 m – Siehe Regionalatlas **10-I5**

▶ Berlin 304 km – Kiel 106 km – Hamburg 19 km – Bremen 126 km

Michelin Straßenkarte 541

Senator Marina garni

Hafenstr. 28 ✉ 22880 – ✆ (04103) 8 07 70 – www.hotel-senator-marina.de – geschl. 20. Dezember - 4. Januar

46 Zim ☕ – 🚹87/89 € 🚹🚹113/118 €

Nur wenige Gehminuten von der Elbe und dem Fähranleger erwartet Sie dieses gepflegte Hotel mit maritimem Touch. Funktionell ausgestattete Gästezimmer.

WEGSCHEID

Bayern – 5 590 Ew. – Höhe 718 m – Siehe Regionalatlas **60-Q19**

▶ Berlin 644 km – München 224 km – Landshut 152 km – Linz 58 km

Michelin Straßenkarte 546

Reischlhof

Zim,

Sperlbrunn 7 (Nord-Ost: 8 km, Richtung Sonnen) ✉ 94110 – ✆ (08592) 9 39 00 – www.reischlhof.de – geschl. 15. - 24. Dezember

65 Zim ☕ – 🚹79/99 € 🚹🚹140/172 € – 45 Suiten – ½ P

Rest – Menü 26/40 € – *(nur Abendessen für Hausgäste)*

Ein Wellnesshotel wie aus dem Bilderbuch - Familie Reischl hat erweitert: noch mehr schöne wohnliche Zimmer ("Träumeland-Wohlfühlzimmer", "Kuschelnest", "Sternensuite"...), noch mehr Spa auf rund 3300 qm drinnen und draußen, darunter Naturwasser-Badeteich, Chill-Out-Bereich, diverse Saunen, unzählige Anwendungen! Zudem ambitionierte 3/4-Pension für Hausgäste.

WEHR

Baden-Württemberg – 12 780 Ew. – Höhe 366 m – Siehe Regionalatlas **61-D21**

▶ Berlin 832 km – Stuttgart 216 km – Freiburg im Breisgau 64 km – Lörrach 22 km

Michelin Straßenkarte 545

Landgasthof Sonne (mit Gästehaus)

Enkendorfstr. 38 ✉ 79664 – ✆ (07762) 84 84 – www.hotel-sonne-wehr.de

18 Zim ☕ – 🚹50/65 € 🚹🚹75/85 € – ½ P

Rest *Landgasthof Sonne* – siehe Restaurantauswahl

Ein schmucker Gasthof, urig, individuell und von der Familie mit Engagement geführt. Sehr schön die Bilder, u. a. Gemälde von Adolf Lamprecht! In einigen der topgepflegten Zimmer kann man den hinterm Haus fließenden Bach Hasel hören.

Landgasthof Sonne – Hotel Landgasthof Sonne

Enkendorfstr. 38 ✉ 79664 – ✆ (07762) 84 84 – www.hotel-sonne-wehr.de – geschl. Montag

Karte 20/50 € – *(Dienstag - Freitag nur Abendessen, außer an Feiertagen)*

Warmes Holz, Kachelofen, dekorative Bilder... richtig heimelig! Dazu ambitionierte Küche von Christoph Genter: bürgerlich, aber auch gehobener. Tolle Terrasse: Hier speist man beim Rauschen des Baches unter schattenspendenden Ahornbäumen!

WEICHERING

Bayern – 2 410 Ew. – Höhe 374 m – Siehe Regionalatlas **57-L18**

▶ Berlin 532 km – München 91 km – Augsburg 64 km – Ingolstadt 14 km

Michelin Straßenkarte 546

Landgasthof Vogelsang (mit Gästehaus)
Bahnhofstr. 24 ✉ 86706 – ✆ (08454) 9 12 60 – www.landgasthof-vogelsang.de
23 Zim – 52/60 € 76/88 € – ½ P **Rest** – Menü 14 € – Karte 16/28 €
Der Landgasthof von 1872 bietet sehr gepflegte, in ländlichem Stil eingerichtete Zimmer zu fairen Preisen - etwas neuzeitlicher im kleinen Gästehaus. Eigener Hochzeitsstadl. Das Restaurant ist gemütlich-rustikal.

WEIDEN in der OBERPFALZ

Bayern – 41 970 Ew. – Höhe 397 m – Siehe Regionalatlas **51-N16**
Berlin 406 km – München 204 km – Bayreuth 64 km – Nürnberg 100 km
Michelin Straßenkarte 546

Admira Rest,
Brenner-Schäffer-Str. 27 ✉ 92637 – ✆ (0961) 4 80 90 – www.hotel-admira.com
103 Zim – 85 € 110 € – 1 Suite – ½ P
Rest ***Lobster*** – ✆ (0961) 4 80 96 08 – Menü 40/50 € – Karte 25/50 € – *(geschl. Sonntag und an Feiertagen) (nur Abendessen)*
Das Hotel am Stadtrand bietet eine geräumige Lobby, wohnliche Zimmer und individuelle Juniorsuiten sowie eine "Luxussuite". Gute Tagungsmöglichkeiten durch das Kongresszentrum nebenan. Dank seiner Wintergartenkonstruktion völlig unabhängig vom Wetter, ist das Lobster immer ein helles, freundliches Plätzchen.

Klassik Hotel am Tor garni
Schlörplatz 1a ✉ 92637 – ✆ (0961) 4 74 70 – www.klassikhotel.de – geschl. 21. - 27. Dezember
36 Zim – 69/89 € 89/109 € – 3 Suiten
Das nette Hotel (ursprünglich ein Gasthaus von 1567) ist praktisch Teil der historischen Stadtmauer und an das "Untere Tor" angebaut. Wie wär's z. B. mit einer geschmackvollen Juniorsuite? Schön auch der kleine Wellnessbereich mit Außensauna. Das öffentliche Parkhaus ist kostenfrei.

WEIKERSHEIM

Baden-Württemberg – 7 440 Ew. – Höhe 230 m – Siehe Regionalatlas **49-I16**
Berlin 522 km – Stuttgart 128 km – Würzburg 40 km – Ansbach 67 km
Michelin Straßenkarte 545

Laurentius
Marktplatz 5 ✉ 97990 – ✆ (07934) 9 10 80 – www.hotel-laurentius.de
13 Zim – 89/110 € 129/139 €
Rest ***Laurentius*** **Rest** ***Bistro*** – siehe Restaurantauswahl
Familie Koch steckt jede Menge Herzblut in ihr kleines Hotel. Schön liegt es am historischen Marktplatz beim Schloss - da bietet sich ein Spaziergang durch den Park an! Die schönen Zimmer gibt es als "Kabinett", "Cuvée" und "Grand Cru". Im eigenen Hohenloher Märktle bekommt man "Obst, Gemüse, Schwein & Wein".

Laurentius (Jürgen Koch) – Hotel Laurentius
Marktplatz 5 ✉ 97990 – ✆ (07934) 9 10 80 – www.hotel-laurentius.de – geschl. Februar 2 Wochen und Montag - Dienstag, außer an Feiertagen
Menü 62/99 € – Karte 40/82 € – *(nur Abendessen)* (Tischbestellung ratsam)
So attraktiv wie das historische Natursteintonnengewölbe, in dem sich das elegante Restaurant befindet, ist auch die aromenreiche klassisch-regionale Küche von Jürgen Koch. Interessant die offen ausgeschenkten, meist regionalen Weine - kennen Sie den Tauberschwarz? Tipp: kleines Menü "Heimat" (Mi. und Do.).
→ Taubertäler Aalfilet warm geräuchert, "Schwäbische Austern", Salzzitronen und Lauchkrem. Bärenkrebs mit Lardo, Kuttelragout mit konfierten Kartoffeln, Aufguss von Krustentieren. Filet und Schulter vom Rind, Rübengemüse mit Steinpilz-Dinkelknöpf.

Bistro – Hotel Laurentius
Marktplatz 5 ✉ 97990 – ✆ (07934) 9 10 80 – www.hotel-laurentius.de – geschl. Montag, außer an Feiertagen
Menü 24/58 € – Karte 27/52 € – (Tischbestellung ratsam)
Wenn es mal keine Gourmetküche sein soll, sind Sie im angenehm legeren Bistro bei leckeren regionalen Gerichten wie "Kesselfleisch vom Hällischen Spanferkelbauch im Apfel-Gewürzsud mit Tauberhasenmostrich" bestens aufgehoben.

In Tauberrettersheim Nord-Ost: 4 km Richtung Rothenburg

Zum Hirschen
Rest,

Mühlenstr. 1 ✉ 97285 – ✆ (09338) 3 22 – www.zum-hirschen.info – geschl. Anfang Januar - Anfang Februar
13 Zim – 43/48 € 68/73 € – ½ P
Rest – Menü 22 € – Karte 14/29 € – *(geschl. Mittwoch außer an Feiertagen)*
Bei der engagierten Gastgeberin Iris Kaulbersch (bereits die 5. Generation) wohnt man sehr gepflegt, familiär und günstig. Vom Restaurant schaut man auf die Tauber und die Bruchsteinbrücke von 1733. Probieren Sie die selbst gemachten Blüten- und Kräutergetränke! Tipp: 100 m vom Haus kann man im Fluss baden!

WEIL am RHEIN

Baden-Württemberg – 29 920 Ew. – Höhe 281 m – Siehe Regionalatlas **61**-D21
Berlin 860 km – Stuttgart 261 km – Freiburg im Breisgau 67 km – Basel 7 km
Michelin Straßenkarte 545

Schwanen

Hauptstr. 121 ✉ 79576 – ✆ (07621) 9 78 60 – www.schwanen-weil.de
26 Zim – 85/95 € 130/150 €
Rest *Schwanen* – siehe Restaurantauswahl
Schön wohnt man bei Familie Ritter, die das Haus bereits seit 1906 leitet. Es erwarten Sie gut ausgestattete, wohnliche Zimmer und schon am Morgen wird man beim Frühstück im lichten Wintergarten herzlich und aufmerksam umsorgt.

Ott's Hotel Leopoldshöhe

Müllheimer Str. 4 ✉ 79576 – ✆ (07621) 9 80 60 – www.ottshotel.de
35 Zim – 85/150 € 90/250 €
Rest – Menü 20/45 € – Karte 20/70 € – *(geschl. Sonntagabend - Montag)*
Nur drei Kilometer vom Messezentrum Basel liegt das familiär geführte Hotel. Wer's modern mag, sollte eines der hellen, freundlichen Zimmer im Gästehaus buchen! Im Stammhaus (Blickfang ist die markant rote Fassade) gibt es internationale Küche und Klassiker wie Hackbraten oder Cordon bleu sowie Steaks.

Gasthaus Krone

Hauptstr. 58 ✉ 79576 – ✆ (07621) 7 11 64 – www.kroneweil.de
17 Zim – 60/90 € 115/130 €
Rest *Gasthaus Krone* – siehe Restaurantauswahl
In dem kleinen Hotel der Familie Hechler (mit Tochter Sonja ist die 3. Generation im Haus) wird persönliche Atmosphäre groß geschrieben. Man wohnt in geschmackvollen Designerzimmern - und die machen Lust auf einen Besuch im nahen "Vitra Museum"! Tipp: Man hat noch ein einfacheres und preiswerteres Gästehaus.

Go2bed garni

Pfädlistr. 15 ✉ 79576 – ✆ (07621) 9 86 75 10 – www.go2bed.biz
27 Zim – 79/129 € 119/129 € – 1 Suite
In dem ruhig gelegenen kleinen Hotel der engagierten Familie Steffan sind Sie bestens aufgehoben, denn die komfortablen Zimmer trumpfen mit modern-puristischem Stil! Zudem können Sie hier im Haus kostenfrei einen Getränke-Kühlschrank nutzen.

Adler

Hauptstr. 139 ✉ 79576 – ✆ (07621) 9 82 30 – www.adler-weil.de – geschl. Januar - Februar 2 Wochen, Juli - August 2 Wochen
28 Zim – 75/120 € 140/190 €
Rest *Adler* – siehe Restaurantauswahl
Rest *Spatz* – Karte 25/50 € – *(geschl. Sonntag - Montag) (Oktober - April: nur Abendessen)*
Hinter der traditionellen Fassade kann man auch richtig modern wohnen: einige Zimmer sind geradlinig und ganz in Weiß gehalten! In Sachen Restaurant ist der Spatz im Gewölbe die legerere Variante. Hier ist auch vespern möglich.

XXX **Adler** – Hotel Adler

Hauptstr. 139 ✉ 79576 – ✆ (07621) 9 82 30 – www.adler-weil.de – geschl. Januar - Februar 2 Wochen, Juli - August 2 Wochen und Sonntag - Montag

Menü 29 € (mittags)/89 € – Karte 50/92 €

Ein echter Klassiker im südbadischen und Basler Raum - komfortabel und gediegen. Hansjörg Wöhrle und sein Team bieten eine gute klassische und französisch geprägte Küche mit ausgewählten Produkten und dazu eine ausgezeichnete Weinauswahl.

XX **Schwanen** – Hotel Schwanen

Hauptstr. 121 ✉ 79576 – ✆ (07621) 9 78 60 – www.schwanen-weil.de – geschl. Mittwoch - Donnerstagmittag

Menü 18 € (mittags unter der Woche)/64 € – Karte 34/74 €

Das ländlich-elegante Restaurant des traditionsreichen Schwanen ist schon einen Besuch wert: Die frische Küche ist traditionell und auch klassisch - so liest man auf der Karte z. B. "Zanderfilet mit Limettensauce, Butternudeln und Gemüse".

XX **Gasthaus Krone** – Hotel Gasthaus Krone

Hauptstr. 58 ✉ 79576 – ✆ (07621) 7 11 64 – www.kroneweil.de – geschl. Dienstag

Menü 14 € (mittags unter der Woche)/60 € – Karte 34/68 € – (Tischbestellung ratsam)

Auch im Restaurant der Hechlers spürt man deren Freude am Beruf - gut die regionale Küche, liebenswert der badisch-herzliche Service. Das Ambiente hat eine zurückhaltend moderne Note, was der gemütlichen Ländlichkeit aber keinerlei Abbruch tut. Im Sommer geht's auf die Terrasse im Hof.

In Weil-Friedlingen West: 3 km

Fritz N — Zim,

Steinackerstr. 22 ✉ 79576 – ✆ (07621) 70 50 80 – www.fritz-hotel-weil.de – geschl. 23. Dezember - 7. Januar

22 Zim – 85/100 € 136/150 €

Rest – Karte 20/35 € – *(geschl. 31. August - 11. September und Samstag - Sonntag)*

Die Lage mitten im Industriegebiet ist vielleicht nicht die attraktivste, aber praktisch, und die Zimmer sind modern, geräumig und tipptopp gepflegt - eine ideale Adresse, wenn man auf der Durchreise ist!

In Weil-Haltingen Nord: 3 km über B 3

Rebstock

Große Gass 30 ✉ 79576 – ✆ (07621) 96 49 60 – www.rebstock-haltingen.de

16 Zim – 78/95 € 120/150 €

Rest *Rebstock* – siehe Restaurantauswahl

Eine traditionsreiche Adresse ist dieser Familienbetrieb in ruhiger Ortsrandlage. Die Zimmer sind schön zeitgemäß und frisch, einige haben auch einen Balkon.

Krone (mit Gästehaus)

Burgunderstr. 21 ✉ 79576 – ✆ (07621) 6 22 03 – www.krone-haltingen.de

23 Zim – 68/95 € 105/140 € – ½ P

Rest – Menü 24/39 € – Karte 26/51 € – *(Dienstag - Donnerstag nur Abendessen)*

Eine wirklich nette und empfehlenswerte Adresse nicht weit vom Bahnhof. Im Gästehaus wohnen Sie in zeitgemäß-funktionellen Zimmern, im Stammhaus sind die ländlich-gemütlichen Gaststuben untergebracht, hier gibt's traditionelle Küche. Genau das Richtige für warme Sommertage ist der Biergarten unter Kastanien!

XX **Rebstock** – Hotel Rebstock

Große Gass 30 ✉ 79576 – ✆ (07621) 96 49 60 – www.rebstock-haltingen.de

Menü 16 € (mittags unter der Woche)/58 € – Karte 26/68 € – (Tischbestellung ratsam)

Im Restaurant dieses schmucken gestandenen Gasthofs hat man die ländliche Atmosphäre hübsch mit neuzeitlichen Elementen gespickt. Aus der Küche von Manfred Graf kommen Klassiker wie "Kalbskopf en tortue" oder saure Kutteln ebenso wie "Wolfsbarsch provencale". Terrasse zum Innenhof.

In Weil-Märkt Nord-West: 5 km über B 3, in Eimeldingen links

Zur Krone mit Zim

Rheinstr. 17 ✉ 79576 – ✆ (07621) 6 23 04 – www.krone-maerkt.de – geschl. Februar 2 Wochen, September 2 Wochen und Montag - Dienstag

9 Zim – 🚹65/80 € 🚹🚹95/120 € Menü 29/56 € – Karte 24/58 €

Die engagierte Familie D'Angelo-Hagist hat das Gasthaus von 1884 schon in 5. Generation. Seit jeher steht Fisch im Fokus - toll, wie ganze Fische am Tisch präsentiert werden! Heiß begehrt sind im Sommer die Terrassenplätze unter Kastanien!

WEILBACH

Bayern – 2 300 Ew. – Höhe 152 m – Siehe Regionalatlas **48-G16**

▶ Berlin 568 km – München 353 km – Würzburg 79 km – Wiesbaden 110 km

Michelin Straßenkarte 546

In Weilbach-Ohrnbach Nord-West: 8 km über Weckbach

Zum Ohrnbachtal

Ohrnbach 5 ✉ 63937 – ✆ (09373) 14 13 – www.gasthof-ohrnbachtal.de – geschl. Januar

22 Zim – 🚹55/75 € 🚹🚹76/100 € – ½ P

Rest – Karte 19/57 € – *(geschl. Dienstagabend - Mittwoch)*

Familie Schäfer ist hier seit rund 50 Jahren - auch die jüngere Generation bringt sich tatkräftig mit ein. Vor allem die ruhige Lage macht's: ringsum Wiesen und Wälder. Juniorchef Patrick Schäfer steht am Herd - Spezialität sind Wildgerichte und Forellen aus dem eigenen Teich. Von der Terrasse schaut man ins Grüne.

WEILBURG

Hessen – 13 100 Ew. – Höhe 172 m – Siehe Regionalatlas **37-E13**

▶ Berlin 530 km – Wiesbaden 72 km – Frankfurt am Main 61 km – Limburg an der Lahn 22 km

Michelin Straßenkarte 543

Lahnschleife

Hainallee 2 ✉ 35781 – ✆ (06471) 4 92 10 – www.hotel-lahnschleife.de

77 Zim – 🚹88 € 🚹🚹112 € – ½ P **Rest** – Menü 22/45 € – Karte 22/48 €

Zeitgemäß wohnt man in diesem Hotel mit mediterranem Touch, das oberhalb der Lahn am Hang liegt. Auch romantische Hochzeitszimmer stehen zur Verfügung. Kosmetik- und Massage-Angebot. Zum Restaurant gehören zwei Terrassen mit schöner Sicht.

Lahnbahnhof

Zim,

Bahnhofstr. 14 ✉ 35781 – ✆ (06471) 62 94 40 – www.hotel-lahn-bahnhof.de

25 Zim – 🚹45/55 € 🚹🚹75/85 € – ½ P **Rest** – Karte 27/45 €

Das historische Bahnhofsgebäude von 1862 beherbergt heute gepflegte und praktisch ausgestattete Gästezimmer in wohnlichen Farbtönen. Das geradlinig-zeitgemäße Restaurant nennt sich "Gleis 1a", Terrasse am ehemaligen Bahnsteig. Die Küche ist bürgerlich.

Joseph's

Marktplatz 10 ✉ 35781 – ✆ (06471) 21 30 – www.josephs-restaurant.de – geschl. Januar 1 Woche, Ende September 1 Woche und Montagmittag, Samstagmittag

Menü 14/85 € – Karte 33/53 €

In dem elegant-mediterranen Restaurant im Stadtkern serviert man eine italienisch-internationale Küche. Eine der beiden Terrassen liegt zum Innenhof, die andere zum Markt.

WEILER-SIMMERBERG im ALLGÄU

Bayern – 6 510 Ew. – Höhe 632 m – Siehe Regionalatlas **64-I21**

▶ Berlin 715 km – München 179 km – Konstanz 83 km – Ravensburg 42 km

Michelin Straßenkarte 546

Im Ortsteil Weiler

Tannenhof (mit Gästehaus)
Rest,

Lindenberger Str. 33 ✉ 88171 – ✆ (08387) 12 35
– www.tannenhof.com
88 Zim – 107/153 € 170/286 € – 14 Suiten **Rest** – Karte 29/44 €
Ein Ferien-, Sport- und Wellnesshotel wie aus dem Bilderbuch: beste Tennisbedingungen, Nordic Walking, Squash, Beautyanwendungen und Gesundheitsprogramme,... und viel Ruhe! Dazu Zimmer vom eleganten Landhausstil bis zum "Allgäu-Design" sowie ein Restaurant mit modern-regionalem Ambiente. HP inklusive.

WEILHEIM
Bayern – 21 650 Ew. – Höhe 563 m – Siehe Regionalatlas **65-K21**
Berlin 637 km – München 51 km – Garmisch-Partenkirchen 45 km – Landsberg am Lech 37 km
Michelin Straßenkarte 546

Vollmann garni
Eisenkramergasse 4 ✉ 82362 – ✆ (0881) 92 77 18 60 – www.hotel-vollmann.com
41 Zim – 68/78 € 104 €
Es gibt gleich mehrere Gründe, hier zu übernachten: Das Haus liegt ganz zentral nur wenige Schritte vom Marktplatz, die Zimmer (darunter auch Appartements) sind tipptopp gepflegt und parken kann man günstig im Sparkassengebäude nebenan!

WEILROD
Hessen – 6 190 Ew. – Höhe 270 m – Siehe Regionalatlas **37-F14**
Berlin 532 km – Wiesbaden 42 km – Frankfurt am Main 47 km – Gießen 51 km
Michelin Straßenkarte 543

In Weilrod-Altweilnau Süd-Ost: 1,5 km

Landsteiner Mühle
Landstein 1 ✉ 61276 – ✆ (06083) 3 46 – www.landsteiner-muehle.de – geschl. September - März: Donnerstag
Menü 20/45 € – Karte 22/55 €
Hier dreht sich fast alles um den Apfel! In dem sympathischen "ApfelWeinBistrorant" mit rustikalem Charme (nett die landwirtschaftlichen Utensilien als Deko) lässt man sich vom Chef den passenden Apfelwein zum regionalen Essen empfehlen. Abends gibt es ein Menü unter dem Motto "Probierma(h)l". Übrigens: In der kleinen Vinothek kann man verschiedene Weine degustieren.

WEIMAR
Thüringen – 65 480 Ew. – Höhe 220 m – Siehe Regionalatlas **40-L12**
Berlin 285 km – Erfurt 22 km – Chemnitz 132 km
Michelin Straßenkarte 544

Dorint Am Goethepark
Rest,

Beethovenplatz 1 ✉ 99423 – ✆ (03643) 87 20 Stadtplan : B3**a**
– www.dorint.com/weimar
137 Zim – 94/179 € 94/179 €, 20 € – 6 Suiten – ½ P
Rest *Bettina von Arnim* – Menü 34/54 € – Karte 33/50 €
Eine ehemalige russische Gesandtschaft, eine frühere Privatvilla und ein moderner Zwischenbau... so hat man hier Historisches mit Zeitgemäßem verbunden. Nach einem sehr guten Frühstückbuffet am Morgen stehen mittags und abends das Restaurant Bettina von Arnim mit schöner Täfelung und Dielenboden sowie die rustikale Bierstube mit Thüringer Gerichten zur Wahl.

GEDENKSTÄTTE BUCHENWALD, SÖMMERDA
BAD FRANKENHAUSEN, KÖLLEDA
WEIMAR
200 m
ERFURT, FRANKFURT AM M.
RUDOLSTADT, FRANKFURT AM M., NÜRNBERG, DRESDEN, BERLIN
Neues Museum
WEIMARHALLE
STADTMUSEUM
JAKOBSKIRCHE
Herderkirche St. Peter und Paul
Stadtschloss und Kunstsammlungen zu Weimar
Bauhaus-Museum
Wittumspalais
Deutsches Nationaltheater
Rathaus
Cranach-Haus
Pl. der Demokratie
Schillers Wohnhaus
Goethes Wohnhaus und Goethe Museum
Goethes Gartenhaus
Liszt-Haus
Park an der Ilm
Fürstengruft
Russisch-Orthodoxe Kapelle
Nietzsche Archiv
Römisches Haus
HISTORISCHER FRIEDHOF UND FÜRSTENGRUFT

Elephant

Markt 19 ✉ 99423 – ✆ (03643) 80 20 Stadtplan : B2**b**
– www.hotelelephantweimar.com
93 Zim – 🚹115/245 € 🚹🚹115/245 €, ☕ 20 € – 6 Suiten
Rest ***Anna Amalia*** ✿ **Rest** ***Elephantenkeller*** – siehe Restaurantauswahl
Mitten in der Stadt steht das elegante Haus a. d. 16. Jh. mit seinen hochwertig im Bauhausstil eingerichteten Zimmern. Interessant die Kunstsammlung im Haus - so sind z. B. die Suiten Persönlichkeiten bzw. Künstlern gewidmet.

Grand Hotel Russischer Hof

Goetheplatz 2 ✉ 99423 – ✆ (03643) 77 40 Stadtplan : A2**s**
– www.russischerhof-weimar.de
126 Zim – 🚹90/160 € 🚹🚹105/175 €, ☕ 20 € – 8 Suiten – ½ P
Rest ***Anastasia*** – siehe Restaurantauswahl
Das über 200 Jahre alte Stadthotel liegt schön zentral in unmittelbarer Nähe der Fußgängerzone. Im vorderen historischen Gebäudeteil wohnt man besonders stilvoll, Frühstück gibt es im hellen Atrium. An die Lobby schließt sich die klassisch-gediegene Bar an.

Anna Amalia garni

Geleitstr. 8 ✉ 99423 – ✆ (03643) 4 95 60 Stadtplan : B2**d**
– www.hotel-anna-amalia.de
– geschl. 22. - 27. Dezember
51 Zim ☕ – 🚹62/75 € 🚹🚹92/102 € – 2 Suiten
Sie finden das Hotel mit Stammhaus von 1792 in sehr guter Lage in der Innenstadt, nur wenige Gehminuten vom Marktplatz entfernt. Das Haus ist gut geführt, die Einrichtung hat eine mediterrane Note und ist tipptopp gepflegt.

Villa Hentzel garni

Bauhausstr. 12 ✉ 99423 – ✆ (03643) 8 65 80 Stadtplan : B3**n**
– www.hotel-villa-hentzel.de
13 Zim ☕ – 🚹54/85 € 🚹🚹75/98 €
Eine ruhige Wohngegend, die Innenstadt und auch der Park an der Ilm ganz in der Nähe... Schon die Umgebung ist schön und die Villa a. d. 19. Jh. ist es ebenfalls: Hinter einer schmucken Fassade verbergen sich ganz individuell eingerichtete, helle, hohe Räume. Gastgeberin Petra Hentzel und ihr Team sind freundlich und aufmerksam.

Zur Sonne

Rollplatz 2 ✉ 99423 – ✆ (03643) 8 62 90 Stadtplan : B2**c**
– www.hotelzursonne-weimar.de
21 Zim ☕ – 🚹47/58 € 🚹🚹67/84 € – ½ P
Rest – Menü 12/28 € – Karte 13/22 €
In dem denkmalgeschützten Haus an einem kleinen Platz im Herzen von Weimar werden schon seit dem 18. Jh. Gäste beherbergt. Die Zimmer sind unterschiedlich geschnitten und praktisch ausgestattet. Restaurant im Stil einer Gastwirtschaft, die Küche ist bürgerlich.

Am Stadtpark garni

Amalienstr.19 ✉ 99423 – ✆ (03643) 2 48 30 Stadtplan : B3**h**
– www.hotel-am-stadtpark-weimar.de – geschl. Februar
12 Zim ☕ – 🚹52/75 € 🚹🚹79/85 €
Das familiengeführte kleine Hotel mit gepflegten Zimmern ist ein Stadthaus a. d. 19. Jh., das um einen ruhig zum Innenhof gelegenen Anbau im Motelstil erweitert wurde.

Sie möchten spontan verreisen? Besuchen Sie die Internetseiten der Hotels, um von deren Sonderkonditionen zu profitieren.

XXX **Anna Amalia** – Hotel Elephant

Markt 19 ✉ 99423 – ✆ (03643) 80 26 39 Stadtplan : B2b
– www.restaurant-anna-amalia.com – geschl. Januar - Februar und Sonntag - Montag
Menü 72/130 € – Karte 70/89 € – *(nur Abendessen)* (Tischbestellung ratsam)
Historisch der Rahmen, modern die Küche... Die Gerichte von Marcello Fabbri überzeugen durch Produktqualität, harmonische Kombinationen und schöne Präsentation, und sie lassen einen angenehmen mediterranen Einschlag erkennen. Ebenso stimmig sind auch die Weinempfehlungen durch den freundlichen Service. Versäumen Sie nicht, an einem lauen Sommerabend im hübschen Garten zu speisen.
➜ Flüssige Parmesan-Ravioli. Steinbutt, grüne Bohnen, Pesto, Kartoffelpüree Lamm, Sellerie, Kapern.

XX **Alt Weimar** mit Zim

Prellerstr. 2 ✉ 99423 – ✆ (03643) 8 61 90 Stadtplan : A3n
– www.alt-weimar.de – geschl. 1. - 15. Februar
16 Zim – 59/79 € 89/119 € – 1 Suite – ½ P
Menü 30/59 € – Karte 36/47 € – *(nur Abendessen)*
Mit Original-Holztäfelung und Parkett hat das Restaurant von 1909 - einst Treff der Weimarer Kunstszene - noch seinen traditionellen Charakter. Gemütlich die Atmosphäre, gepflegt die Tischkultur, frisch und international die Küche - auch ein vegetarisches Menü ist dabei. Sie möchten übernachten? Die Zimmer sind recht einfach, der Stil ist sachlich und klar.

XX **Anastasia** – Grand Hotel Russischer Hof

Goetheplatz 2 ✉ 99423 – ✆ (03643) 77 48 14 Stadtplan : A2s
– www.restaurant-anastasia.info – geschl. 5. - 20. Januar, Mitte Juli - Mitte August 10 Tage und Montag
Menü 35/64 € – Karte 33/44 € – *(nur Abendessen)*
In einem Seitenflügel des Russischen Hofes sitzt man in einem eleganten Raum, auf Wunsch am Fenster, und lässt sich die gute saisonale Küche von Andreas Scholz schmecken, und die gibt es z. B. als "Rücken und geschmorte Stelze vom Salzwiesenlamm mit Thymian-Grießklößchen". Oder nehmen Sie doch das Saison-Menü!

X **Gasthaus Zum weißen Schwan**

Frauentorstr. 23 ✉ 99423 – ✆ (03643) 90 87 51 Stadtplan : B3r
– www.hotelelephantweimar.com/de/weisser-schwan – geschl. Januar - Februar und Sonntag - Montag
Menü 25/37 € – Karte 23/45 €
Das Gasthaus mit seinen gemütlichen Stuben hatte in seiner jahrhundertelangen Geschichte nicht selten Johann Wolfgang von Goethe zu Besuch (er wohnte gleich nebenan) und auch das japanische Kaiserpaar war schon zu Gast. Historisch-charmant hat man es hier, während man sich bürgerliche und Thüringer Küche schmecken lässt.

X **Gasthaus Scharfe Ecke**

Eisfeld 2 ✉ 99423 – ✆ (03643) 20 24 30 – geschl. Stadtplan : B2e
Mitte August 2 Wochen und Montag - Dienstag
Karte 26/36 €
Spätestens nach dem Besuch dieser Weimarer Institution an der namengebenden "scharfen Ecke" ist Ihnen die "Kloßmarie" ein Begriff. Man kocht sehr traditionell und in großen Portionen - die hausgemachten Klöße sind ein Muss!

X **Elephantenkeller** – Hotel Elephant

Markt 19 ✉ 99423 – ✆ (03643) 80 26 66 Stadtplan : B2b
– www.hotelelephantweimar.com – geschl. März - Dezember: Mittwoch
Menü 30/38 € – Karte 28/44 € – *(Mai - August: nur Abendessen)*
Auch Sie werden beeindruckt sein von dieser geschichtsträchtigen Stätte. Denn das Ambiente mit seinem gewaltigen Kreuzgewölbe wusste schon Johann Wolfgang von Goethe zu schätzen. Thüringer Spezialitäten!

In Weimar-Gelmeroda Süd-West: 4 km über Stadtplan : B3, Richtung Frankfurt am Main

Schwartze
Rest,

Holzdorferweg 7 ✉ 99428 – ✆ (03643) 5 99 50 – www.hotel-schwartze.de – geschl. 20. Dezember - 5. Januar

30 Zim – †56/76 € ††77/97 € – ½ P

Rest – Karte 16/23 € – *(geschl. Sonntag) (nur Abendessen)*

Seit über 20 Jahren betreibt Familie Schwartze ihr Haus und sorgt dafür, dass alles in Schuss ist. Nicht nur die freundlich eingerichteten Zimmer sind hier interessant, auch die gute Autobahnanbindung und die 24 Stunden besetzte Rezeption! Schauen Sie sich auch mal draußen um: Man hat ein eigenes Damwildgehege.

In Weimar-Schöndorf Nord: 4 km über Buttelstedter Straße Stadtplan : B1

Dorotheenhof
Zim,

Dorotheenhof 1 ✉ 99427 – ✆ (03643) 45 90 – www.dorotheenhof.com

56 Zim – †86/130 € ††142/160 € – 4 Suiten – ½ P

Rest *Alboth's Restaurant* – siehe Restaurantauswahl

Rest *Le Goullon* – Menü 28/45 €

Sie mögen Gutshof-Flair? Den hat der einst von Rittmeister Carl von Kalckreuth angelegte Dorotheenhof, und der attraktive Landhausstil passt schön dazu! Tagungsgäste schätzen das Haus wegen seiner modernen Technik. Gastronomisch hat man neben dem "Alboth's" noch die einfache, aber behagliche "Küchenstube" und das elegante "Le Goullon" - man beachte das imposante Kreuzgewölbe! Mittags Buffetangebot.

Alboth's Restaurant – Hotel Dorotheenhof

Dorotheenhof 1 ✉ 99427 – ✆ (03643) 45 90 – www.dorotheenhof.com – geschl. Januar 2 Wochen, Juli - August 3 Wochen und Sonntag - Montag

Menü 47/99 € – *(nur Abendessen)*

Claus Alboth ist kein Unbekannter hier in der Region. Seine zwei Menüs serviert man in einem eleganten kleinen Fine-Dining-Restaurant: edel eingedeckte Tische, dazu markantes Rot und eine gemütliche, fast schon intime Atmosphäre. Für alle, die selbst Hand anlegen möchten, hat man im 1. Stock eine Kochschule.

WEINBÖHLA – Sachsen ➔ Siehe Meißen

WEINGARTEN

Baden-Württemberg – 23 880 Ew. – Höhe 485 m – Siehe Regionalatlas **63-H21**

Berlin 692 km – Stuttgart 143 km – Konstanz 48 km – Ravensburg 4 km

Michelin Straßenkarte 545

Altdorfer Hof (mit Gästehaus)
Zim,

Burachstr. 12 ✉ 88250 – ✆ (0751) 5 00 90 – www.altdorfer-hof.de – geschl. 21. Dezember - 11. Januar

55 Zim – †82/108 € ††119/138 € – 1 Suite – ½ P

Rest – Menü 22/48 € – Karte 26/40 € – *(geschl. Sonntagabend - Montagmittag)*

Das Hotel liegt in einer verkehrsberuhigten Zone am Stadtrand, wird familiär geführt und präsentiert sich in wohnlich-klassischem Stil. In das gediegene Bild fügt sich das Restaurant mit seiner Barock-Note schön ein.

Bären

Kirchstr. 3 ✉ 88250 – ✆ (0751) 56 12 00 – www.baeren-weingarten.de – geschl. 27. Juli - 15. August

15 Zim – †58/65 € ††75/96 € – 1 Suite – ½ P

Rest – Menü 16 € – Karte 19/38 € – *(geschl. Montag)*

Das seit über 300 Jahren existierende Gasthaus ist eine nette Adresse, die über gepflegte Zimmer mit gutem Platzangebot verfügt. Restaurant mit rustikaler Note. Hinterm Haus zur Fußgängerzone liegt die kopfsteingepflasterte und begrünte Terrasse.

In Wolpertswende-Mochenwangen Nord: 7,5 km über B 30, in Eggers links

Rist (mit Gästehaus)
Bahnhofstr. 8 ✉ 88284 – ✆ (07502) 9 22 20 – www.hotel-rist.de – geschl. Februar 2 Wochen, August 2 Wochen
16 Zim – 42/48 € 60/62 €
Rest – Menü 33 € – Karte 19/39 € – *(geschl. Sonntagabend - Dienstagmittag)*
Ein typischer schwäbischer Gasthof mit neuzeitlichem Gästehaus. In beiden Bereichen sind die Zimmer solide und technisch gut ausgestattet. Helle rustikale Gaststube mit sehr familiärem und lebendigem Service.

WEINGARTEN (KREIS KARLSRUHE)

Baden-Württemberg – 9 950 Ew. – Höhe 119 m – Siehe Regionalatlas **54**-F17
Berlin 664 km – Stuttgart 88 km – Karlsruhe 17 km – Heidelberg 46 km
Michelin Straßenkarte 545

Walk'sches Haus (mit Gästehaus)
Marktplatz 7 (B 3) ✉ 76356 – ✆ (07244) 7 03 70 – www.walksches-haus.de
26 Zim – 80/85 € 134 € – ½ P
Rest *Gourmet-Restaurant* ✿ – siehe Restaurantauswahl
Rest *Bistro* – Karte 26/43 €
Das Hotel in der Altstadt besteht aus einem schönen jahrhundertealten Fachwerkhaus mit individuellen Zimmern und einem Gästehaus; hier sind die Zimmer etwas größer. Das Bistro als legere Alternative zum Gourmet-Restaurant bietet Bauernsülze, Flammkuchen, Wiener Schnitzel... Toll die Terrasse am Kanal!

Gourmet-Restaurant – Hotel Walk'sches Haus
✿
Marktplatz 7 (B 3) ✉ 76356 – ✆ (07244) 7 03 70 – www.walksches-haus.de – geschl. Anfang Januar 2 Wochen und Sonntag - Montag
Menü 52/99 € – Karte 48/71 € – *(nur Abendessen)*
Küchenchef Sebastian Syrbe bringt frischen Wind nach Baden und mit ihm kommen asiatische Einflüsse ins Haus - geschmackliche Highlights sind Ihnen gewiss. Unverändert gemütlich die Restaurantstuben, schön die Terrasse im Hof.
→ Marinierte Jakobsmuschel, gedämpfter Pak Choi, milde Wasabicreme Sesamvinaigrette und Wasserkresse Filet und Backe vom Kalb, geschmorte Rote Bete, Selleriecreme, schwarzer Knoblauch und Kartoffelschaum. Marinierte Ananas, Schaum von Fenchelsamen, Ananassorbet, Ivoirecreme und Ananascreme.

WEINHEIM an der BERGSTRASSE

Baden-Württemberg – 43 690 Ew. – Höhe 135 m – Siehe Regionalatlas **47**-F16
Berlin 609 km – Stuttgart 137 km – Mannheim 28 km – Darmstadt 45 km
Michelin Straßenkarte 545

Ottheinrich garni
Hauptstr. 126 ✉ 69469 – ✆ (06201) 1 80 70 – www.hotelottheinrich.de
25 Zim – 114/119 € 129/135 € – 1 Suite
Mitten in der Altstadt liegt das Hotel, dessen teilweise recht geräumige Zimmer in klarem modernem Design gehalten sind. Freundlich ist auch das Ambiente im Frühstücksraum. Sie möchten länger bleiben? Dann sind die beiden großzügigen Appartements im Haus gegenüber ideal!

Fuchs'sche Mühle
Birkenauer Talstr. 10 ✉ 69469 – ✆ (06201) 1 00 20 – www.fuchssche-muehle.de
18 Zim – 68/105 € 105/144 € – ½ P
Rest *Fuchs'sche Mühle* – siehe Restaurantauswahl
Schon weit über 200 Jahre hat Familie Fuchs das schöne Landhotel (entstanden aus einer Mühle von 1563) und man sieht ihr Engagement an den wohnlichen Zimmern (zur Waldseite), am gut bestückten Frühstücksbuffet, am hübschen Saunabereich... Wanderer und Jogger aufgepasst: schöne Wege direkt am Haus!

Goldener Pflug garni
Obertorstr. 5 ✉ 69469 – ✆ (06201) 9 02 80 – www.hotel-goldener-pflug.de – geschl. 24. Dezember - 6. Januar
17 Zim ☕ – 👤65/75 € 👥89/99 €
Das hat Charme: Schon von außen gibt das denkmalgeschützte über 400 Jahre alte Fachwerkhaus mitten in der Altstadt (nebenen die St.-Laurentius-Kirche) ein hübsches Bild ab. Und drinnen? Da kümmert sich Familie Stark (bereits die 3. Generation) mit wohnlichen, teils sehr großzügigen Zimmern und einem guten Frühstück um die Gäste. Und am Abend macht man es sich bei einer kleinen Stärkung in der Weinstube gemütlich.

Hutter im Schloss
Obertorstr. 9 ✉ 69469 – ✆ (06201) 9 95 50 – www.hutter-im-schloss.de – geschl. Mittwoch
Menü 33/69 € – Karte 25/65 €
Hohe Decken, Stuck, Stilmobiliar, Parkettboden... - der Rahmen hier ist schön klassisch, eben so, wie man es sich von einem historischen Schloss wünscht. Und auch wer von einer herrlichen Terrasse zum Schlosspark träumt, wird nicht enttäuscht. Natürlich spielt aber die Küche von Jan Hutter die eigentliche Hauptrolle, und die ist regional und auch spanisch inspiriert - seine Zeit in Spanien lässt grüßen!

Fuchs'sche Mühle – Hotel Fuchs'sche Mühle
Birkenauer Talstr. 10 ✉ 69469 – ✆ (06201) 1 00 20 – www.fuchssche-muehle.de
Menü 35/65 € – Karte 35/64 € – *(Montag - Freitag nur Abendessen, außer an Feiertagen)*
Die Fuchs'sche Mühle ist eine von sechs Mühlen im reizvollen Weinheimer Tal. Müllerstube, Bauernstube, Fuchsbau... hier hat man es schön gemütlich, während man sich die gute klassisch-internationale Küche schmecken lässt, die es z. B. als Meeresfrüchtesalat oder als Rumpsteak mit Sherry-Jus gibt. Hinter dem Haus lockt an warmen Tagen der Biergarten!

WEINSBERG

Baden-Württemberg – 11 590 Ew. – Höhe 219 m – Siehe Regionalatlas **55**-G17
Berlin 588 km – Stuttgart 53 km – Heilbronn 6 km – Schwäbisch Hall 42 km
Michelin Straßenkarte 545

Außerhalb Süd-Ost: 2 km, nahe A 81 Ausfahrt Weinsberg-Ellhofen

Rappenhof
Rappenhofweg 1 ✉ 74189 Weinsberg – ✆ (07134) 51 90 – www.rappenhof.de – geschl. 22. Dezember - 6. Januar
38 Zim ☕ – 👤93/103 € 👥115/125 € – 1 Suite – ½ P
Rest – Menü 40/55 € – Karte 21/46 €
Das hübsche Landhotel liegt nicht weit von der Autobahn und doch im Grünen zwischen den Weinbergen. Die Zimmer sind hell und wohnlich im Landhausstil eingerichtet, meist mit Balkon. Der Wintergartenanbau und die Terrasse des Restaurants bieten eine schöne Sicht.

WEINSTADT

Baden-Württemberg – 26 430 Ew. – Höhe 241 m – Siehe Regionalatlas **55**-H18
Berlin 616 km – Stuttgart 24 km – Esslingen am Neckar 13 km – Schwäbisch Gmünd 38 km
Michelin Straßenkarte 545

In Weinstadt-Baach

Adler mit Zim
Forststr. 12 ✉ 71384 – ✆ (07151) 6 58 26 – www.adler-baach.de – geschl. 2. - 15. Februar, 29. Juli - 12. August und Montag - Dienstag
5 Zim ☕ – 👤40 € 👥70 € Menü 25 € (mittags)/38 € – Karte 29/55 €
Hier isst man lecker und bodenständig! Michael Kiesel steht nach wie vor mit großer Freude am Herd. Aus seiner bürgerlich-schwäbischen Küche sollten Sie eines der Forellengerichte probieren! Sie sitzen gerne draußen? Die Markise hält auch mal einem Regen Stand! Ansonsten sind die Stuben schön gemütlich.

Gasthaus Rössle

Forststr. 6 ✉ 71384 – ✆ (07151) 6 68 24 – www.roessle-baach.de – geschl. Ende März 1 Woche, Ende Juni 1 Woche, Mitte September 1 Woche und Mittwoch - Donnerstag
Karte 22/48 €
Ein bürgerlich-ländliches Gasthaus, das so manchen Stammgast hat. Kein Wunder denn die sympathischen Betreiber Daniela und Roland Welte bieten hier Leckeres aus Schwaben wie Maultaschen oder Gaisburger Marsch, aber auch internationale Gerichte. Probieren Sie das Kürbiskernöleis!

In Weinstadt-Beutelsbach

Weinstadt-Hotel

Marktstr. 41 ✉ 71384 – ✆ (07151) 99 70 10 – www.weinstadt-hotel.de
32 Zim – †70/80 € ††90/100 €, ☕ 6 € – ½ P
Rest *Krone* – Menü 11/60 € – Karte 18/43 €
Bei Stéphanie Staudenmayer lässt es sich schön wohnen: Es ist ein freundlich geführtes Nichtraucherhotel mit netten gepflegten Zimmern (fragen Sie nach den neuen Zimmern!), charmantem Innenhof, in dem man auch angenehm frühstücken kann, und gemütlichem Restaurant mit schwäbischer und französischer Küche. Tipp: Ein Essen zu zweit im "Weinberghäusle"!

In Weinstadt-Endersbach

Weinstube Muz

Traubenstr. 3 ✉ 71384 – ✆ (07151) 6 13 21 – www.weinstube-muz.de – geschl. Anfang August 3 Wochen und Samstagmittag, Sonntag - Montag, sowie an Feiertagen
Menü 35 € (mittags unter der Woche)/56 € – Karte 26/54 €
Dass man sich in dem Gasthaus von 1877 so richtig wohlfühlt, liegt zum einen an der heimeligen Atmosphäre und den herzlichen Gastgebern, zum anderen an der wirklich guten regionalen Saisonküche mit verschiedenen Menüs und natürlich Klassikern wie Zwiebelrostbraten. Die schönen Weine der Region kann man übrigens auch bei einer (Gruppen-) Weinprobe in den Weinbergen kennenlernen. Zum Biergarten sind es 5 Gehminuten.

In Weinstadt-Strümpfelbach

Zum Hirsch

Hauptstr. 3 ✉ 71384 – ✆ (07151) 6 11 03 – www.hirsch-struempfelbach.de – geschl. 15. Juni - 10. Juli und Montag - Dienstag
Karte 26/47 €
So ländlich-charmant kann es wohl nur in einem historischen Fachwerkhaus sein. Gekocht wird hier schwäbisch. Gefällt Ihnen eines der dekorativen Aquarelle? Die malt der Chef selbst, Sie können sie auch kaufen! Tipp: Erwandern Sie den rund 3 km langen Skulpturenpfad (39 Plastiken) in den Weinbergen!

WEISENDORF

Bayern – 6 260 Ew. – Höhe 308 m – Siehe Regionalatlas **50-K16**
Berlin 445 km – München 204 km – Nürnberg 35 km – Bamberg 53 km
Michelin Straßenkarte 546

Jägerhof (mit Gästehaus)

Auracher Bergstr. 2 ✉ 91085 – ✆ (09135) 71 70 – www.jaegerhof.biz – geschl. 1 - 6. Januar, August 2 Wochen
34 Zim ☕ – †60/98 € ††90/130 €
Rest – Karte 13/42 € – *(geschl. Freitag, Mai - September: Freitag - Samstag) (nur Abendessen, sonntags auch Mittagessen)*
In dem familiengeführten Hotel in der Ortsmitte wohnt man in schön freundlich gestalteten Zimmern, im Gästehaus mit Blick auf den Badweiher. In den gemütlich-modernen Restaurantstuben essen Sie bürgerlich - vor allem sollten Sie die Fleischgerichte probieren!

In Weisendorf-Oberlindach Nord: 1 km

Acantus

Ringstr. 13 ✉ 91085 – ✆ (09135) 21 16 60 – www.acantus-hotel.de
57 Zim – 🚹90 € 🚹🚹127 €, ☕ 14 € – 2 Suiten – ½ P
Rest – Menü 33/55 € – Karte 24/46 € – *(geschl. Sonntag) (nur Abendessen)*
Mit seiner wertigen Ausstattung und dem geradlinigen Stil hat das Hotel schon etwas zu bieten. Wenn Sie ein bisschen länger bleiben möchten, sind die Apartments mit Küche ideal. Wer zum Essen kommt, sollte Wild bestellen, das stammt aus eigener Jagd, und den Rehschinken stellt der Chef selbst her! Schön die Eventscheune - ein gelungener Mix aus historisch und modern.

WEISKIRCHEN

Saarland – 6 400 Ew. – Höhe 400 m – Siehe Regionalatlas **45-B16**
Berlin 725 km – Saarbrücken 59 km – Trier 37 km – Birkenfeld 39 km
Michelin Straßenkarte 543

Parkhotel

Rest,

Kurparkstr. 4 ✉ 66709 – ✆ (06876) 91 90 – www.parkhotel-weiskirchen.de
124 Zim ☕ – 🚹84/99 € 🚹🚹114/144 € – 1 Suite – ½ P
Rest – Menü 26/52 € – Karte 25/48 €
Nicht nur für Tagungen ist das Hotel optimal. Wer entspannen möchte, kann dies im direkt angeschlossenen öffentlichen Bäderzentrum "Vitalis" mit Gesundheits- und Beautyangebot. Und gastronomisch? Wählen Sie zwischen internationaler Küche im Restaurant mit Wintergarten und dem etwas günstigeren bürgerlichen Angebot der Brasserie. Jeden 1. Sonntag im Monat Brunch.

In Weiskirchen-Rappweiler Süd-West: 2 km

La Provence

Merziger Str. 25 ✉ 66709 – ✆ (06872) 43 26 – www.le-restaurant-la-provence.de – geschl. 16. Februar - 23. Februar, August 3 Wochen und Montag
Karte 23/48 € – *(Dienstag - Samstag nur Abendessen)*
Das Restaurant heißt "La Provence", der Küchenchef Jean-Paul Laponche - klar, dass hier alles ein bisschen französisch inspiriert ist! Spezialität im Herbst sind Bouchot-Muscheln in unterschiedlichen klassischen Zubereitungen. Im Winter bringt der offene Kamin wohlige Wärme in das sympathische Haus. Alternativ bietet die Brasserie Le Mistral eine kleinere Karte.

WEISSENBURG in BAYERN

Bayern – 17 520 Ew. – Höhe 422 m – Siehe Regionalatlas **57-K18**
Berlin 483 km – München 131 km – Nürnberg 59 km – Augsburg 82 km
Michelin Straßenkarte 546

Am Ellinger Tor

Ellinger Str. 7 ✉ 91781 – ✆ (09141) 8 64 60 – www.ellingertor.de
27 Zim ☕ – 🚹59/79 € 🚹🚹69/95 € – ½ P
Rest – Menü 17/20 € – Karte 19/39 € – *(geschl. 1. - 15. Januar)*
Das historische Fachwerkhaus mit roter Fassade liegt relativ ruhig im Zentrum. Man bietet individuelle Zimmer, teils mit freigelegtem Gebälk, sowie einen hübschen Frühstücksraum. Bürgerlich-regionale Küche im Restaurant mit Terrasse im Innenhof.

WEISSENFELS

Sachsen-Anhalt – 41 440 Ew. – Höhe 100 m – Siehe Regionalatlas **41-M12**
Berlin 201 km – Magdeburg 122 km – Leipzig 42 km – Halle 34 km
Michelin Straßenkarte 542

Parkhotel Güldene Berge (mit Gästehaus)

Langendorfer Str. 94 ✉ 06667 – ✆ (03443) 3 92 00 – www.gueldene-berge.de
25 Zim ☕ – 🚹70/75 € 🚹🚹90/95 € – 1 Suite – ½ P
Rest – Menü 25 € – Karte 23/39 €
Gegen Ende des 19. Jh. wurde diese Villa mit kleiner Parkanlage erbaut. Ein gut geführtes Hotel mit wohnlichen und zeitgemäßen Zimmern. Hohe Decke und Parkettboden unterstreichen im Restaurant den historischen Charakter der Villa.

WEISSENHORN

Bayern – 13 260 Ew. – Höhe 501 m – Siehe Regionalatlas **56**-I20
Berlin 591 km – München 146 km – Augsburg 67 km – Memmingen 41 km
Michelin Straßenkarte 546

Zum Löwen (mit Gästehaus)

Martin-Kuen-Str. 5 ✉ 89264 – ✆ (07309) 9 65 00 – www.der-loewen.de – geschl. über Weihnachten
22 Zim – 61/70 € 85/92 € **Rest** – Menü 26 € – Karte 19/52 € – *(geschl. Sonntag)*
Eine lange Wirtshaustradition hat das recht ruhig in der Altstadt gelegene Haus, das von Familie Ländle persönlich geführt wird. Im Gästehaus sind die Zimmer besonders geräumig. Im traditionellen Gasthof mit hübsch geschwungenem Giebel bietet man Regionales.

WEISSENSTADT

Bayern – 3 340 Ew. – Höhe 630 m – Siehe Regionalatlas **51**-M15
Berlin 349 km – München 265 km – Hof 28 km – Bayreuth 36 km
Michelin Straßenkarte 546

Gasthaus Egertal

Wunsiedler Str. 49 ✉ 95163 – ✆ (09253) 2 37 – www.gasthaus-egertal.de – geschl. 6. - 31. Januar, 16. - 23. Juli und Dienstag
Menü 39/67 € – *(nur Abendessen, sonntags auch Mittagessen)* (Tischbestellung ratsam)
Seit Jahrzehnten ist Familie Rupprecht in der Gastronomie zu Hause. Die Küche von Theodor Rupprecht ist klassisch, ein gutes Beispiel ist "US Steakhüfte und geschmorte Kalbsbäckchen auf Wurzelgemüse und Burgundersauce". Schön auch das Ambiente in dem hübsch sanierten alten Gasthaus.
Rest *Bistro Prinz-Rupprecht Stube* – siehe Restaurantauswahl

Bistro Prinz-Rupprecht Stube – Restaurant Gasthaus Egertal

Wunsiedler Str. 49 ✉ 95163 – ✆ (09253) 2 37 – www.gasthaus-egertal.de – geschl. 6. - 31. Januar, 16. - 23. Juli und Dienstag
Menü 20/28 € – Karte 26/43 € – *(nur Abendessen, sonntags auch Mittagessen)*
"Egertaler Fischsuppe" gefolgt von "Rinderbraten mit Blaukraut und Klößen"... die regional-saisonale Küche lässt man sich in rustikaler Atmosphäre unter dem freigelegten böhmischen Kreuzgewölbe oder im lichten "Bistrogarden" schmecken.

WEISWEIL

Baden-Württemberg – 2 130 Ew. – Höhe 172 m – Siehe Regionalatlas **61**-D20
Berlin 783 km – Stuttgart 181 km – Freiburg im Breisgau 36 km – Offenburg 39 km
Michelin Straßenkarte 545

Landgasthof Baumgärtner

Sternenstr. 2 ✉ 79367 – ✆ (07646) 3 47 – www.baumgaertner-weisweil.de – geschl. Montag
Menü 24/40 € – Karte 21/51 € – *(nur Abendessen, sonntags sowie an Feiertagen auch Mittagessen)*
In dem langjährigen Familienbetrieb steht Bernhard Mössinger inzwischen zusammen mit seinem Sohn in der Küche. Serviert werden die regionalen Gerichte dann in einer rustikalen Stube mit hübschem altem Kachelofen, der im Winter schön wärmt. Gerne empfiehlt der Chef auch Speisen außerhalb des Angebots.

WEITNAU

Bayern – 5 120 Ew. – Höhe 797 m – Siehe Regionalatlas **64**-I21
Berlin 724 km – München 154 km – Augsburg 131 km – Kempten 24 km
Michelin Straßenkarte 546

In Weitnau-Hellengerst Nord-Ost: 10 km über B 12

Hanusel Hof

Rest,
Helinger Str. 5 ✉ 87480 – ✆ (08378) 9 20 00 – www.hanusel-hof.de
31 Zim – 89/184 € 127/357 € – 8 Suiten – ½ P **Rest** – Karte 27/45 €
Früher Viehweiden, heute der hauseigene Golfplatz - das satte Grün ringsum ist geblieben! Viele Golfer sind hier zu Gast - sie wohnen in geräumigen Zimmern, gönnen sich gerne mal eine Ayurveda- oder Alpenkräutermassage und genießen den Bergblick (sehr schön von der Terrasse!). Im Winter Loipen vor dem Haus.

WEMDING

Bayern – 5 620 Ew. – Höhe 463 m – Siehe Regionalatlas **57**-**K18**
Berlin 511 km – München 128 km – Augsburg 70 km – Nördlingen 18 km
Michelin Straßenkarte 546

Weißer Hahn
Wallfahrtstr. 19 ✉ 86650 – ✆ (09092) 9 68 00 – www.weisser-hahn.de
27 Zim – †60/75 € ††82/88 € – 1 Suite – ½ P
Rest – Menü 16/35 € – Karte 20/40 € – *(geschl. Mai - Oktober: Donnerstag, November - April: Donnerstag, Samstag) (nur Abendessen, sonntags auch Mittagessen)*
Von 1464 stammt das Haus mit dem aufwändig gestalteten Treppengiebel. Man hat gepflegte und funktionale Zimmer, ein Restaurant mit gutbürgerlicher Küche, die auch im Biergarten hinter dem Gasthof serviert wird, sowie Gastboxen auf dem eigenen Reiterhof!

WENDELSTEIN

Bayern – 15 770 Ew. – Höhe 330 m – Siehe Regionalatlas **50**-**K17**
Berlin 439 km – München 157 km – Nürnberg 15 km – Ingolstadt 84 km
Michelin Straßenkarte 546

Siehe Nürnberg (Umgebungsplan)

Zum Wenden
Hauptstr. 32 ✉ 90530 – ✆ (09129) 9 01 30 Stadtplan : CD3**c**
– www.hotelzumwenden.de
17 Zim – †62/98 € ††92/128 € – ½ P
Rest – Menü 23/50 € – Karte 23/49 € – *(geschl. Montagmittag)*
Ein sympathischer Gasthof, dessen Tradition bis ins Jahr 1745 zurückreicht. Sie schlafen in funktionellen, zeitgemäßen Zimmern (teilweise mit Fachwerk) und speisen im gemütlichen Restaurant mit Holzdecke und alten Balken.

WENDEN

Nordrhein-Westfalen – 19 910 Ew. – Höhe 360 m – Siehe Regionalatlas **37**-**E12**
Berlin 565 km – Düsseldorf 109 km – Siegen 21 km – Köln 72 km
Michelin Straßenkarte 543

An der Straße nach Hünsborn Süd: 2 km

Landhaus Berghof
Berghof 1 ✉ 57482 – ✆ (02762) 50 88 – www.landhaus-berghof.de
15 Zim – †65/76 € ††105 € – ½ P
Rest – Menü 18/25 € – Karte 20/37 € – *(geschl. Montag)*
Ein sehr nettes und persönlich geführtes Landhotel, das direkt am Waldrand liegt und für seine Gäste geschmackvolle, wohnliche Zimmer mit schönen modernen Bädern und teilweise mit Parkett bereithält. Das Restaurant bietet eine reizvoll zum Wald hin gelegene Terrasse.

In Wenden-Brün West : 5,5 km über Gerlingen

Sporthotel Landhaus Wacker Rest,
Mindener Str. 1 ✉ 57482 – ✆ (02762) 69 90
– www.hotel-wacker.de
71 Zim – †75/109 € ††99/180 € – ½ P **Rest** – Menü 24/69 € – Karte 23/65 €
Was 1860 als Post- und Pferdewechselstation begann, ist heute - noch immer im Besitz der Familie Wacker - ein bei Wochenendurlaubern und Tagungsgästen gleichermaßen beliebtes Hotel. Warmes Holz im alpenländischen Stil sorgt für Wohnlichkeit, Freizeit- und Sportangebote wie Beautybehandlungen, Minigolf, Fußball oder Reiten (eigene Reitanlage ganz in der Nähe) locken Wellnessfans und Aktive an.

WENDLINGEN AM NECKAR

Baden-Württemberg – 15 980 Ew. – Höhe 280 m – Siehe Regionalatlas **55**-**H18**
Berlin 626 km – Stuttgart 30 km – Göppingen 28 km – Reutlingen 31 km
Michelin Straßenkarte 545

Villa Behr

Behrstr. 90 ✉ 73240 – ✆ (07024) 5 01 95 51 – www.villa-behr.de
12 Zim – 🚹79/99 € 🚹🚹89/139 €, ☕ 15 € – 2 Suiten
Rest *Osteria Bonomi* – ✆ (07024) 5 01 95 52 – Karte 40/73 €
Übrig geblieben von der ehemaligen Möbelfabrik ist dieses hübsche denkmalgeschützte Gebäude von 1910, in dem es sich heute richtig schön in hellen, geradlinig-modernen Zimmern wohnt. Gegessen wird (genau wie damals) in der einstigen Betriebskantine: italienische Küche samt Pizza sowie Weine aus Italien.

WERBEN – Brandenburg ➜ Siehe Burg (Spreewald)

WERDAU

Sachsen – 22 620 Ew. – Höhe 276 m – Siehe Regionalatlas **42-N13**
Berlin 263 km – Dresden 123 km – Gera 41 km – Zwickau 9 km
Michelin Straßenkarte 544

Friesen

Zwickauer Str. 58 (B 175) ✉ 08412 – ✆ (03761) 8 80 00 – www.hotel-friesen.de
20 Zim ☕ – 🚹44/49 € 🚹🚹65/75 € – ½ P
Rest – Menü 15/18 € – Karte 14/24 €
Das schon seit über 20 Jahren familiengeführte kleine Hotel am Ortsanfang ist eine zeitgemäße, funktionelle und gepflegte Adresse. Viel Holz bestimmt das Ambiente im bürgerlichen Restaurant.

In Werdau-Steinpleis Süd-Ost: 2,5 km

In der Mühle

Mühlweg 1 ✉ 08412 – ✆ (03761) 18 88 80 – www.hotel-indermuehle.de
21 Zim ☕ – 🚹45/50 € 🚹🚹66/69 €
Rest – Karte 19/31 € – *(geschl. Freitag) (nur Abendessen, sonntags auch Mittagessen)*
Der Familienbetrieb liegt ruhig neben einer Wassermühle, beschattet von 100-jährigen Eichen. Sie schlafen in ländlich eingerichteten Zimmern und speisen im rustikalen Restaurant unter historischen Deckenbalken. Kinder wird's freuen: Der Garten ist groß genug für einen Spielplatz!

WERDER (HAVEL)

Brandenburg – 23 020 Ew. – Höhe 31 m – Siehe Regionalatlas **22-O8**
Berlin 53 km – Potsdam 11 km – Brandenburg an der Havel 29 km – Oranienburg 64 km
Michelin Straßenkarte 542

In Werder-Petzow Süd-Ost: 4 km

Resort Schwielowsee

Rest,

Am Schwielowsee 117 (Nord-Ost: 1,5 km) ✉ 14542 – ✆ (03327) 5 69 60 – www.resort-schwielowsee.de – geschl. 1. - 11. Januar
151 Zim – 🚹79/169 € 🚹🚹99/189 €, ☕ 19 € – 4 Suiten – ½ P
Rest *Seapoint* – Karte 30/50 €
Rest *Hafenrestaurant Ernest* – ✆ (03327) 73 27 08 – Menü 29 € (abends)/48 € – Karte 31/54 € – *(geschl. Januar - März und Montag) (April - Oktober: Dienstag - Freitag nur Abendessen)*
Weitläufige Hotelanlage am See mit eleganten Zimmern und Suiten, Pfahlhäusern sowie Apartments im "Key West Village" (z. T. mit eigener Sauna). Strandbad und Bootssteg. Restaurant mit internationaler Karte. Ernest in einem Pavillon am Wasser mit Fischgerichten aus der Showküche.

In Werder-Kemnitz

Zum Rittmeister

Seestr. 9 ✉ 14542 – ✆ (03327) 46 46 – www.zum-rittmeister.de
35 Zim – 70/85 € 90/115 € – ½ P **Rest** – Karte 21/37 €
Was aus dem ehemaligen Kinderheim geworden ist, kann sich wirklich sehen lassen: Das schöne parkähnliche Grundstück liegt direkt am Plessower See (mit direktem Zugang), die Zimmer sind neuzeitlich, hell und freundlich, technisch gut ausgestattet und haben alle eine Terrasse zum Garten, und ein gemütliches Restaurant mit traditioneller und internationaler Küche hat man ebenfalls.

WERDOHL

Nordrhein-Westfalen – 18 710 Ew. – Höhe 210 m – Siehe Regionalatlas **27-D11**
Berlin 534 km – Düsseldorf 91 km – Arnsberg 43 km – Hagen 36 km
Michelin Straßenkarte 543

In Werdohl-Kleinhammer

Thuns Dorfkrug mit Zim

Zim,

Brauck 7 ✉ 58791 – ✆ (02392) 9 79 80 – www.thuns.info – geschl. Samstagmittag, Sonntag
17 Zim – 49/70 € 91 € Menü 33/50 € – Karte 31/56 €
Gepflegte Tischkultur, engagierter Service und gute Küche, die einen schmackhaften Mix aus Regionalem und Internationalem bietet. Zeitgenössische Bilder und Parkettboden sind hübsche Details in dem modern und schlicht-elegant gestalteten Restaurant. Gästezimmer in geradlinigem neuzeitlichem Stil.

WERLTE

Niedersachsen – 9 450 Ew. – Höhe 33 m – Siehe Regionalatlas **16-E7**
Berlin 487 km – Hannover 220 km – Oldenburg 74 km – Assen 138 km
Michelin Straßenkarte 541

Afrikan Sky

Harrenstätter Str. 64 ✉ 49757 – ✆ (05951) 98 77 60 – www.africanskyhotel.de
39 Zim – 69/75 € 89/117 € – 1 Suite – ½ P
Rest *Simola* – siehe Restaurantauswahl
Allerlei Accessoires in Hotel und Restaurant lassen südafrikanischen Logde-Stil erkennen. Kein Wunder: Der Eigentümer lebt seit Jahren in Südafrika und betreibt dort weitere Hotels dieser Art!

Simola – Hotel Afrikan Sky

Harrenstätter Str. 64 ✉ 49757 – ✆ (05951) 98 69 00 – www.africanskyhotel.de – geschl. 1. - 7. Januar und Sonntag
Menü 35/65 € – Karte 20/47 € – *(nur Abendessen)*
Der Bezug zu Südafrika ist angenehm unaufdringlich, aber doch präsent - zum einen in diversen Dekorationsgegenständen, zum anderen natürlich im internationalen Speisenangebot.

WERMELSKIRCHEN

Nordrhein-Westfalen – 35 440 Ew. – Höhe 310 m – Siehe Regionalatlas **36-C12**
Berlin 541 km – Düsseldorf 50 km – Köln 34 km – Lüdenscheid 38 km
Michelin Straßenkarte 543

Zum Schwanen

Zim,

Schwanen 1 ✉ 42929 – ✆ (02196) 71 10 – www.zumschwanen.com
30 Zim – 75/105 € 122/145 €
Rest – Menü 15 € (mittags)/50 € – Karte 26/56 € – *(geschl. 22. August - 3. September und Sonntagabend)*
Ein gut geführter Familienbetrieb in zentraler Lage an der Durchgangsstraße. Die Zimmer im Stammhaus sind neuzeitlich-funktional eingerichtet, die im Anbau klassisch-elegant. Das Speisenangebot im gemütlichen Restaurant ist international ausgelegt.

In Wermelskirchen-Stumpf Süd: 4 km

Landhaus Spatzenhof

Süppelbach 11 (Süd-Ost: 2,5 km in Richtung Kürten) ✉ 42929 – ✆ (02196) 9 75 90 – www.landhaus-spatzenhof.de – geschl. Mitte Oktober 1 Woche

2 Zim ☕ – 🚹109/149 € 🚹🚹160/195 € – 4 Suiten

Rest *Landhaus Spatzenhof* ✿ – siehe Restaurantauswahl

Etwas Schöneres hätte man aus dem idyllisch gelegenen ehemaligen Waisenhaus von 1913 kaum machen können: Nach aufwändiger Sanierung wohnt man hier nun ausgesprochen geschmackvoll, wertig und individuell. Zudem bringt Familie Wolter eine persönliche Note ins Haus, nicht zuletzt in Form eines tollen Frühstücks - im Sommer natürlich am liebsten auf der Terrasse!

Landhaus Spatzenhof (Philipp Wolter) – Hotel Landhaus Spatzenhof

Süppelbach 11 (Süd-Ost: 2,5 km in Richtung Kürten) ✉ 42929 – ✆ (02196) 9 75 90 – www.landhaus-spatzenhof.de – geschl. Mitte Oktober 1 Woche und Montag - Dienstag

Menü 28 € (mittags)/145 € (abends) – Karte 34/73 €

Philipp Wolter bietet hier regionale sowie moderne klassische Speisen, und die sind nicht nur niveauvoll, handwerklich exakt und optisch sehr ansprechend, sie sind auch preislich fair und werden zudem überaus freundlich und kompetent serviert. Und wo möchten Sie sitzen? In charmanten kleinen Stuben mit modernem Landhausambiente oder lieber auf der tollen Terrasse?

→ Tatar vom US Rinderfilet, Trüffelmayonnaise mit Löwenzahnsalat und pochiertem Bio Ei. Niedertemperatur gegarter Rücken und geschmorte Keule vom Lamm Speckbohnen und Süßkartoffeln. "Bergische Waffel" - neu interpretiert - mit Kirschpralinen und Sauerrahm.

WERMSDORF

Sachsen – 5 560 Ew. – Höhe 170 m – Siehe Regionalatlas **32**-O11

▶ Berlin 226 km – Dresden 80 km – Leipzig 49 km – Oschatz 13 km

Michelin Straßenkarte 544

Seehof Döllnitzsee

Grimmaer Str. 29 ✉ 04779 – ✆ (034364) 5 17 00 – www.hotel-doellnitzsee.de

20 Zim ☕ – 🚹59/69 € 🚹🚹85/99 € – 3 Suiten

Rest – Karte 18/34 €

Ein hübsches und tipptopp gepflegtes Hotel unter familiärer Leitung, in dem Sie wohnlich-alpenländisches Ambiente erwartet. Schön ist die Ortsrandlage am Döllnitzsee. Vom charmant-rustikalen Restaurant mit Galerie schaut man zum See.

WERNBERG-KÖBLITZ

Bayern – 5 650 Ew. – Höhe 377 m – Siehe Regionalatlas **51**-N16

▶ Berlin 425 km – München 193 km – Weiden in der Oberpfalz 20 km – Nürnberg 95 km

Michelin Straßenkarte 546

Burg Wernberg

Schlossberg 10 ✉ 92533 – ✆ (09604) 93 90 – www.burg-wernberg.de – geschl. 1. - 11. Januar

24 Zim – 🚹114/155 € 🚹🚹161/212 €, ☕ 19 € – 3 Suiten

Rest *Kastell* ✿✿ – siehe Restaurantauswahl

Sie suchen etwas Romantisches? Dann begeben Sie sich über die alte Zugbrücke in das Gemäuer a. d. 13. Jh. Beeindruckend die Historie und die Handwerkskunst, bemerkenswert die Herzlichkeit und der Servicegedanke! Sie entspannen in individuellen Zimmern, in der "grünen Oase" des ehemaligen Burggrabens, auf dem historischen Pfad rund um die Burg...

Landgasthof Burkhard

Marktplatz 10 ✉ 92533 – ✆ (09604) 9 21 80 – www.hotel-burkhard.de – geschl. 7. Januar - 1. Februar

34 Zim – 64/74 € 104/118 € – ½ P

Rest *Kaminstube* – siehe Restaurantauswahl

Rest – Menü 23/39 € – Karte 26/53 € – *(geschl. 7. Januar - 3. Februar und Donnerstagabend, Samstagmittag, Sonntagabend)*

In dem familiengeführten Landgasthof (bereits die 6. Generation) wählt man zwischen größeren, etwas moderneren Zimmern im Neubau und kleineren, etwas günstigeren Altbauzimmern - tipptopp gepflegt sind sie alle! In der Gaststube bietet man bürgerlich-regionale Alternativen zum gehobenen Angebot der Kaminstube.

Kastell – Hotel Burg Wernberg

Schlossberg 10 ✉ 92533 – ✆ (09604) 93 90 – www.burg-wernberg.de – geschl. 1. - 15. Januar, 5. - 12. April, 2. - 20. August und Montag - Dienstag

Menü 98/138 € – *(nur Abendessen, sonntags auch Mittagessen)* (Tischbestellung erforderlich)

Topfrisch und von exzellenter Qualität - nur erstklassige Produkte werden von Thomas Kellermann mit einem untrüglichen Gespür für Aromen und Harmonie zu finessenreichen Speisen zubereitet. Der Rahmen für die modern-kreative Küche: puristisch-elegantes Ambiente unter einem wunderschönen hellen Gewölbe.

➜ Saibling aus Bärnau mit Gurkeneis und Sauerampfer. Taubenbrust mit Rhabarber, Macadamia Nusscreme und schwarzer Olive. Ananas Feurig mit Bronzefenchel und Reisetbauer's Whisky.

Kaminstube – Hotel Landgasthof Burkhard

Marktplatz 10 ✉ 92533 – ✆ (09604) 9 21 80 – www.hotel-burkhard.de – geschl. 7. Januar - 3. Februar und Donnerstagabend, Samstagmittag, Sonntagabend

Menü 45/69 € – Karte 24/52 €

Schön heimelig ist die Stube mit ihrer Zirbelholzvertäfelung, dem Ofen und allerlei charmantem Zierrat. Nur zu gerne lässt man sich hier die schmackhafte regionale Küche von Josef Braun servieren - da sollte man sich weder die geschmorte Kalbsbacke noch die feinen süßen Leckereien entgehen lassen! Im Sommer isst man natürlich am liebsten draußen unter Kastanienbäumen!

WERNE

Nordrhein-Westfalen – 29 910 Ew. – Höhe 60 m – Siehe Regionalatlas **26-D10**

Berlin 483 km – Düsseldorf 104 km – Dortmund 25 km – Hamm in Westfalen 15 km

Michelin Straßenkarte 543

Hotel am Kloster

Kurt-Schumacher-Str. 9 ✉ 59368 – ✆ (02389) 52 61 40 – www.hotel-am-kloster.de

54 Zim – 53/123 € 65/135 €, 10 € – ½ P

Rest – Menü 20/30 € – Karte 18/52 € – *(geschl. Sonntag) (nur Abendessen)*

In dem Hotel gegenüber dem Kapuzinerkloster kann man sich am Abend schon auf den Morgen freuen, denn der Tag beginnt wirklich schön beim Frühstück in den Räumen Klostereck und Klosterblick im obersten Stock! Gerne kommen Tagungsgäste und Geschäftsreisende hierher, für sie hat man spezielle Businesszimmer.

Sim-Jú

Stockumer Str. 8 ✉ 59368 – ✆ (02389) 95 39 30 – www.sim-ju.de

18 Zim – 74/99 € 94/119 €, 12 € – ½ P

Rest *Lippekuss* – siehe Restaurantauswahl

Die Zimmer in dem Haus am einstigen Simon-Juda-Markt sind so liebenswert gestaltet, dass man darin nicht nur schlafen möchte! Genauso einladend sind aber auch die anderen Räume: Machen Sie es sich beim Schmökern in der Bibliothek gemütlich oder darf es vielleicht eine Zigarre in der Davidoff Lounge sein?

Lippekuss – Hotel Sim-Jú
Stockumer Str. 8 ✉ 59368 – ✆ (02389) 95 39 30 – www.sim-ju.de – geschl. 29. Juni - 11. August
Menü 25 € (mittags)/59 € – Karte 29/65 €
Freigelegte Balken, warme Pastelltöne und Korbsessel schaffen hier ein stimmiges Ambiente zur überwiegend internationalen Karte. Etwas günstigere Gerichte gibt es im Bistro, dazu der gemütliche, von schmucken Hauswänden eingerahmte Bier- und Kräutergarten.

WERNECK

Bayern – 10 380 Ew. – Höhe 222 m – Siehe Regionalatlas **49-I15**
Berlin 468 km – München 295 km – Würzburg 27 km – Schweinfurt 13 km
Michelin Straßenkarte 546

Krone-Post
Balthasar-Neumann-Str. 1 ✉ 97440 – ✆ (09722) 50 90 – www.kronepost.de
37 Zim – 57/87 € 79/119 € – ½ P
Rest – Karte 18/39 € – *(geschl. Sonntag sowie an Feiertagen) (nur Abendessen)*
Gasthaus mit Familientradition seit 1850. Komfortabel sind die hellen, modernen Business-Plus-Zimmer, die hübschen Jacobuszimmer vereinen Schlichtheit mit zeitgemäßer Technik. In den Gaststuben bietet man regional-internationale Küche.

WERNIGERODE

Sachsen-Anhalt – 34 390 Ew. – Höhe 240 m – Siehe Regionalatlas **30-K10**
Berlin 229 km – Magdeburg 78 km – Braunschweig 88 km – Erfurt 145 km
Michelin Straßenkarte 542

Travel Charme Gothisches Haus
Marktplatz 2 ✉ 38855 – ✆ (03943) 67 50 – www.travelcharme.com/gothisches-haus
113 Zim – 90/189 € 124/308 € – 3 Suiten – ½ P
Rest *Bohlenstube* – siehe Restaurantauswahl
Rest – Menü 31 € (abends unter der Woche)/144 € – Karte 34/57 €
Wirklich ein reizender Anblick, wie sich das aus mehreren Häusern bestehende Hotel (das älteste a. d. 15. Jh.) so harmonisch in das charmante Stadtbild einfügt! Und drinnen geht es ebenso schön weiter: Da sei zum einen die herzliche Gästebetreuung samt zahlreicher Aufmerksamkeiten erwähnt, zum anderen die wertige Einrichtung, jede Menge Spa-Angebote und das gute Frühstück. Und die Altstadt liegt direkt vor der Tür! Drei Restauranträume: Hexenstube, Ritterstube und Bohlenstube.

Weißer Hirsch
Marktplatz 5 ✉ 38855 – ✆ (03943) 26 71 10 – www.hotel-weisser-hirsch.de
51 Zim – 72/115 € 109/169 € – 2 Suiten – ½ P
Rest – Menü 24/59 € – Karte 26/46 €
Seit 1717 existiert das familiengeführte Hotel, umgeben von schönen alten Fachwerkfassaden. Besonders hochwertig und geräumig: Komfortzimmer und Suiten (zwei mit Whirlwanne). Internationales Angebot im Restaurant. Von der Terrasse blickt man aufs Rathaus.

Am Anger garni
Breite Str. 92 ✉ 38855 – ✆ (03943) 92 32 0 – www.hotel-am-anger.de
40 Zim – 55/75 € 90/110 €
Hier spürt man noch die ländliche Behaglichkeit des einstigen kleinen Gehöfts und dennoch ist die historische Altstadt ganz nah. Von einigen Zimmern schaut man aufs Schloss, im Sommer blickt man beim Frühstücken auf der Balkonterrasse zum schönen Garten. Wer Süßes mag, kommt an den verlockenden Kuchen des Louisen-Cafés nicht vorbei!

Johannishof garni
Pfarrstr. 25 ✉ 38855 – ✆ (03943) 9 49 40 – www.hotel-johannishof.de
25 Zim – 55/65 € 85/94 €
Das ehemalige Gutshaus ist heute ein wohnlich eingerichtetes Hotel unter freundlich-familiärer Leitung. Eines der Zimmer verfügt über eine schöne Dachterrasse. Liebenswert-rustikal ist der Frühstücksraum.

Bohlenstube – Hotel Travel Charme Gothisches Haus

Marktplatz 2 ✉ 38855 – ✆ (03943) 67 50 – www.travelcharme.com/gothisches-haus – geschl. 20. Dezember - Ende Januar und Sonntag - Dienstag

Menü 49/144 € (abends) – Karte 42/71 € – (Tischbestellung ratsam)

In der kleinen Bohlenstube zum historischen Marktplatz nimmt man an einem der vier fein eingedeckten Tische Platz und wählt zwischen zwei saisonal wechselnden Menüs. Der elegante Raum bekommt durch die schönen alten Holzbohlen einen ganz besonderen gemütlichen Charakter.

WERSHOFEN

Rheinland-Pfalz – 890 Ew. – Höhe 460 m – Siehe Regionalatlas **35-B13**

Berlin 648 km – Mainz 176 km – Aachen 97 km – Adenau 19 km

Michelin Straßenkarte 543

Kastenholz Rest,

Hauptstr. 1 ✉ 53520 – ✆ (02694) 3 81 – www.kastenholz-eifel.de

50 Zim – 83/128 € 130/210 € – ½ P

Rest – Menü 29/46 € – Karte 33/47 €

Eine sehr gepflegte Hotelanlage unter engagierter familiärer Leitung, zu der auch ein Gesundheitsbereich mit "F.-X.-Mayr-Kur" gehört. Wohnliche Zimmer mit Balkon und Blick zum eigenen Wildpark. Behaglich-rustikales Restaurant mit Kaminzimmer und Kachelofenzimmer.

WERTACH

Bayern – 2 510 Ew. – Höhe 915 m – Siehe Regionalatlas **64-J21**

Berlin 722 km – München 150 km – Augsburg 125 km – Bregenz 90 km

Michelin Straßenkarte 546

Pferdeturm

Starzlach-Auen 2 ✉ 87497 – ✆ (08365) 70 39 66 – www.restaurant-pferdeturm-allgaeu.de – geschl. Montag

Menü 16 € (mittags)/28 € – Karte 21/33 €

Wenn Sie das Restaurant erst einmal gefunden haben (es liegt außerhalb), dürfen Sie sich über eine nette Atmosphäre, internationale Küche und den freundlichen Service von Elke Steck freuen. Von den "Pferdeboxen" schaut man in die angrenzende Reithalle, von der Terrasse ins Grüne!

WERTHEIM

Baden-Württemberg – 23 560 Ew. – Höhe 145 m – Siehe Regionalatlas **48-H16**

Berlin 537 km – Stuttgart 143 km – Würzburg 38 km – Aschaffenburg 47 km

Michelin Straßenkarte 545

Wertheimer Stuben garni

Rechte Tauberstr. 2 ✉ 97877 – ✆ (09342) 9 35 72 70 – www.wertheimer-stuben.de

21 Zim – 85/110 € 98/130 €

Wo Tauber und Main zusammentreffen, wohnt man zeitgemäß und zentral, nur einen Steinwurf von der Altstadt entfernt. Eines der Zimmer mit Burgblick! Der Chef bietet einen kostenlosen Shuttleservice zu seinem Restaurant "Bestenheider Stuben".

Schwan N

Mainplatz 8 ✉ 97877 – ✆ (09342) 9 23 30 – www.hotel-schwan-wertheim.de – geschl. 3. - 24. Januar

35 Zim – 69/125 € 89/129 € – 2 Suiten – ½ P

Rest – Menü 24/69 € – Karte 16/59 €

Schön kann man hier bei Thorsten Wießler in dem traditionsreichen Familienbetrieb am Rand der historischen Altstadt wohnen. Die Zimmer sind hell und modern, man hat aber auch einige ältere und günstigere Zimmer. Im Restaurant speist man regional. Fast nebenan gibt es öffentliche Parkplätze am Main.

Stadtpalais Gourmetrestaurant (Ralf Kronmüller)
Mühlenstr. 26 ✉ 97877 – ✆ (09342) 9 34 90 06 – www.stadtpalais-wertheim.de – geschl. Montag - Dienstag
Menü 56/110 € – Karte 49/72 € – *(nur Abendessen)*
Ralf Kronmüller (zuletzt Küchenchef im damals besternten Schlossrestaurant Sondershausen) hat hier ein modern-elegantes kleines Restaurant im Innenhof des historischen Rathauses. Dass er kochen kann, zeigen die zwei stimmig zubereiteten Menüs auf klassischer Basis.
➜ Kalbsfilet in Gartenkräutern pochiert mit Spargel und Kartoffelragout. Rehrücken aus eigener Jagd mit Mini-Gemüse und Sellerie. Dreierlei von der Erdbeere.
Rest *Stadtpalais Speiselokal* – siehe Restaurantauswahl

Stadtpalais Speiselokal – Stadtpalais Gourmetrestaurant
Mühlenstr. 26 ✉ 97877 – ✆ (09342) 9 34 90 06 – www.stadtpalais-wertheim.de – geschl. Montag - Dienstag
Menü 34 € – Karte 27/44 €
Das "Speiselokal" ist ebenso geradlinig-chic wie die Gourmet-Variante des Stadtpalais, nur stehen die Tische hier ein bisschen enger und sind etwas schlichter eingedeckt. Die Karte ist mit Gerichten wie "Maispoulardenbrust mit Ratatouille und Salbei-Gnocchi" eher international ausgelegt.

Dieser Führer lebt von Ihren Anregungen, die uns stets willkommen sind. Egal ob Sie uns eine besonders angenehme Erfahrung oder eine Enttäuschung mitteilen wollen – schreiben Sie uns!

In Wertheim-Bestenheid Nord-West: 3 km

Bestenheider Stuben
Breslauer Str. 1 ✉ 97877 – ✆ (09342) 9 65 40 – www.bestenheider-stuben.de
20 Zim – 68/77 € 95/100 € – ½ P
Rest *Bestenheider Stuben* – siehe Restaurantauswahl
Freundlich, zeitgemäß und funktionell sind die Zimmer in dem familiär geleiteten kleinen Hotel an der Hauptstraße eingerichtet. Klar, dass man auch die Nähe zum Shopping-Paradies Wertheim-Village nutzt - es ist nur 14 km entfernt!

Bestenheider Stuben – Hotel Bestenheider Stuben
Breslauer Str. 1 ✉ 97877 – ✆ (09342) 9 65 40 – www.bestenheider-stuben.de
Menü 38/52 € – Karte 34/54 €
Viele zieht es hierher, denn es ist bekannt, dass Gastgeber Otto Hoh schmackhaft und unkompliziert kocht. Eine Sünde wert ist z. B. das "halbfeste Schokoküchle mit Tonkabohneneis"! Auch das Ambiente stimmt: hell und frisch.

In Wertheim-Reicholzheim Süd-Ost: 7 km

Martha
Am Felder 11 ✉ 97877 – ✆ (09342) 78 96 – www.hotel-restaurant-martha.de – geschl. Februar - März 2 Wochen
9 Zim – 40/65 € 70/96 € – ½ P **Rest** – Menü 25 € – Karte 23/36 €
Die ruhige sonnige Hanglage sowie die solide und praktisch ausgestatteten Gästezimmer - teils mit Balkon - machen das familiengeführte kleine Hotel aus. Ländliches Restaurant mit wechselnder Bilderausstellung.

In Kreuzwertheim – auf der rechten Mainseite

Herrnwiesen garni
In den Herrnwiesen 4 ✉ 97892 – ✆ (09342) 9 31 30 – www.herrnwiesen.de – geschl. 24. Dezember - 6. Januar
20 Zim – 55/80 € 75/90 €
Das freundlich und engagiert geführte Haus bietet zeitgemäße Gästezimmer - einige verfügen über einen hübsch bewachsenen Balkon - sowie einen großen Garten mit Zierteich.

Lindenhof

Lindenstr. 41 (Nord - Ost: 2 km Richtung Marktheidenfeld) ✉ 97892 – ✆ (09342) 91 59 40 – www.weinhaus-lindenhof.de – geschl. 24. Dezember - 7. Januar, August 1 Woche

10 Zim ☕ – †70/98 € ††90/125 € – ½ P

Rest – Menü 40 € – Karte 22/49 € – *(geschl. Anfang August 2 Wochen)*

Die langjährige familiäre Führung spürt man hier im Haus: Die Wiesslers sind engagierte Gastgeber, bei denen man sehr gepflegt wohnt. Die Zimmer sind ganz individuell (einige sogar mit Höhensonne), eine Wohltat ist die schöne Salzgrotte, gediegen-rustikal das Restaurant mit eleganter Tischkultur.

WERTHER – Thüringen → Siehe Nordhausen

WERTINGEN

Bayern – 8 800 Ew. – Höhe 421 m – Siehe Regionalatlas **57-J19**

Berlin 538 km – München 90 km – Augsburg 34 km – Donauwörth 24 km

Michelin Straßenkarte 546

Hirsch

Schulstr. 7 ✉ 86637 – ✆ (08272) 80 50 – www.hotel-zum-hirsch.de – geschl. 23. Dezember - 5. Januar

28 Zim ☕ – †54/61 € ††86/94 € – ½ P

Rest – Karte 14/29 € – *(geschl. Freitagabend - Samstag)*

Mitten im Ort finden Sie diesen Gasthof mit Hotelanbau, der seit über 150 Jahren als Familienbetrieb geführt wird. Die Zimmer sind eher schlicht, aber funktionell und technisch gut ausgestattet. Im Restaurant isst man bodenständig-regional, im Sommer zieht es die Gäste in den kleinen Biergarten vor dem Haus.

Gänsweid

Gänsweid 1 ✉ 86637 – ✆ (08272) 64 21 32 – www.gaensweid.de – geschl. Februar 1 Woche, August 2 Wochen und Mittwoch, Samstagmittag

Menü 29 € (abends) – Karte 30/42 €

Schön, was aus der einstigen Autowerkstatt geworden ist: ein hübsch dekoriertes, gemütlich-modernes Restaurant mit frischer regionaler Küche. Darf es vielleicht "Wildschweinragout mit Spätzle" sein? Mittags kleine, einfache Karte.

WESEL

Nordrhein-Westfalen – 60 750 Ew. – Höhe 27 m – Siehe Regionalatlas **25-B10**

Berlin 557 km – Düsseldorf 64 km – Bocholt 24 km – Duisburg 31 km

Michelin Straßenkarte 543

Welcome Hotel Wesel

Rest,

Rheinpromenade 10 ✉ 46487 – ✆ (0281) 3 00 00 – www.welcome-hotel-wesel.de

102 Suiten ☕ – †100/130 € ††130/160 € – ½ P **Rest** – Karte 29/43 €

Ausschließlich Suiten gibt es in dem vierflügeligen Hotel in ruhiger Lage am Rhein - da wohnt es sich richtig komfortabel, mit Küchenzeile und Balkon bzw. verglaster Loggia, teils mit Flussblick. Wer noch mehr Platz möchte, bucht eine Master-Suite! Das schöne helle Restaurant und die Terrasse liegen zum Rhein - alternativ isst man einfacher im rustikalen "Stall".

In Wesel-Flüren Nord-West: 3 km über B 8

ART

Reeser Landstr. 188 ✉ 46487 – ✆ (0281) 9 75 75 – www.restaurant-art.de – geschl. Montagabend - Dienstag, Samstagmittag

Menü 15 € (mittags) – Karte 33/52 €

Gut zu wissen, dass man hier mit frischen regionalen (Bio-) Produkten kocht. So kommen bei Chef Uwe Lemke neben Rinderroulade mit Gemüsenudeln auch Schnecken aus einer nahen Zucht sowie Limburger Schwein auf den Tisch. Das Restaurant ist hell, modern und hat eine schöne Terrasse zum kleinen See. Gefällt Ihnen die Kunst im Haus? Man kann sie auch kaufen.

In Hamminkeln-Marienthal Nord-Ost: 14 km über B 70

Carpe diem

Pastor-Winkelmann-Str. 5 ✉ 46499 – ✆ (02856) 90 17 90
– www.carpe-diem-marienthal.de – geschl. Montag
Karte 28/51 € – *(Dienstag - Freitag nur Abendessen)*
Wäre das nicht auch eine Adresse für Sie? Wertig, hell und freundlich das Interieur, schmackhaft die Küche, engagiert die Gastgeber. Gekocht wird saisonal (z. B. Kalbsbacke mit Selleriepüree), und das meist mit regionalen Produkten. Kommen Sie ruhig auch mal nachmittags vorbei - es gibt hausgemachten Kuchen!

In Hamminkeln-Ringenberg Nord: 12 km über B 473, jenseits der A 3

J Restaurant im Schloß Ringenberg

Schloss Str. 8 ✉ 46499 – ✆ (02852) 50 75 40 – www.j-restaurant.de – geschl. Anfang Januar 2 Wochen und Sonntagabend - Dienstag
Menü 47/73 € – Karte 52/59 € – *(nur Abendessen, sonntags auch Mittagessen)*
Ein schönes herrschaftliches Anwesen, drum herum eine Parkanlage - hier liegt ein bisschen versteckt, das Gewölberestaurant. Der Chef kocht einen Mix aus Asiatischem, Mediterranem und Modernem, die herzliche Chefin im Service. Im Sommer zieht es die Gäste nach draußen auf die Terrasse beim Wassergraben.

WESSELING

Nordrhein-Westfalen – 35 120 Ew. – Höhe 47 m – Siehe Regionalatlas **36-C12**
Berlin 583 km – Düsseldorf 55 km – Bonn 20 km – Köln 12 km
Michelin Straßenkarte 543

Am Rhein garni

Auf dem Rheinberg 2 ✉ 50389 – ✆ (02236) 32 50 – www.hotelamrhein.de
65 Zim – 99/109 € 119/129 € – 3 Suiten
Eine funktionelle Adresse direkt am Rhein. Viele der Zimmer (teilweise mit Balkon) sowie der Frühstücksraum und die Terrasse bieten Flussblick. Auch für Besucher der Kölner Messe ist das Hotel ideal und im Rheinforum nebenan findet man beste Tagungsbedingungen (bis 1500 Pers.). Sehr gute Parkplatzsituation.

WESTERBURG

Rheinland-Pfalz – 5 490 Ew. – Höhe 343 m – Siehe Regionalatlas **37-E13**
Berlin 561 km – Mainz 88 km – Koblenz 54 km – Siegen 43 km
Michelin Straßenkarte 543

In Westerburg-Stahlhofen Nord-Ost: 4,5 km Richtung Wiesensee

Lindner Hotel und Sporting Club Wiesensee

Am Wiesensee Rest, Rest,
✉ 56457 – ✆ (02663) 9 91 00 – www.lindner.de
95 Zim – 119/179 € 169/279 € – 8 Suiten – ½ P
Rest – Menü 35/75 € – Karte 28/56 €
Ein Tagungs- und Wellnesshotel in herrlich ruhiger Lage. Die Zimmer liegen zum See oder zum Golfplatz, auch Themensuiten sind vorhanden. Umfassendes Beauty-Angebot. Der Wintergarten des Restaurants und die Terrasse bieten Seeblick.

WESTERHEIM (KREIS UNTERALLGÄU)

Bayern – 2 110 Ew. – Höhe 602 m – Siehe Regionalatlas **64-J20**
Berlin 678 km – München 107 km – Augsburg 82 km – Kempten 55 km
Michelin Straßenkarte 546

In Westerheim-Günz Nord: 2 km

Brauereigasthof Laupheimer

Dorfstr. 19 ✉ 87784 – ✆ (08336) 76 63 – www.laupheimer.de
9 Zim – 58 € 88 € **Rest** – Karte 19/46 €
Der Brauereigasthof mit langer Familientradition ist ein sehr gepflegtes Haus, das mit freundlichen und wohnlichen Zimmern überzeugt. Ländlich-gemütlich ist die Atmosphäre in den Restauranträumen. Zudem hat man einen netten Biergarten.

WESTERSTEDE

Niedersachsen – 22 010 Ew. – Höhe 8 m – Siehe Regionalatlas **8-E6**

Berlin 460 km – Hannover 195 km – Emden 58 km – Groningen 110 km

Michelin Straßenkarte 541

Altes Stadthaus (mit Gästehaus)

Albert-Post-Platz 21 ✉ 26655 – ✆ (04488) 8 47 10
– www.hotel-altes-stadthaus.de

17 Zim – 52/65 € 84/124 € – ½ P

Rest – Menü 25 € – Karte 24/40 € – *(geschl. Montagmittag, Samstagmittag)*

Das kleine Hotel, ein saniertes altes Stadthaus mit Neubau, steht unter derselben engagierten Leitung wie das Hotel Voss. Vorteile sind die gut ausgestatteten Zimmer und die Nähe zur Fußgängerzone.

WETZLAR

Hessen – 51 500 Ew. – Höhe 168 m – Siehe Regionalatlas **37-F13**

Berlin 510 km – Wiesbaden 96 km – Frankfurt am Main 68 km – Limburg an der Lahn 42 km

Michelin Straßenkarte 543

In Wetzlar-Naunheim Nord: 3 km

Landhotel Naunheimer Mühle

Mühle 2 ✉ 35584 – ✆ (06441) 9 35 30 – www.naunheimer-muehle.de

32 Zim – 71/85 € 101/136 € – 1 Suite – ½ P

Rest – Menü 27/39 € – Karte 19/51 €

Idyllisch liegt die ehemalige Mühle direkt an der Lahn, von einigen der gepflegten, im Landhausstil eingerichteten Zimmer kann man auch auf diese blicken. Restaurantbereich als Wintergarten oder rustikale Stube, ergänzt durch eine nette Terrasse.

WEYHAUSEN – Niedersachsen ➜ Siehe Wolfsburg

WEYHER – Rheinland-Pfalz ➜ Siehe Edenkoben

WICKEDE (RUHR)

Nordrhein-Westfalen – 11 900 Ew. – Höhe 165 m – Siehe Regionalatlas **27-E11**

Berlin 478 km – Düsseldorf 103 km – Arnsberg 27 km – Dortmund 38 km

Michelin Straßenkarte 543

Haus Gerbens mit Zim

Hauptstr. 211 (Nord-Ost: 2 km, an der B 63) ✉ 58739 – ✆ (02377) 10 13
– www.haus-gerbens.de – geschl. Montag, Samstagmittag

13 Zim – 50/90 € 100/120 €, 10 €

Menü 22 € (mittags)/72 € – Karte 24/62 €

Elegant oder lieber rustikal? In der ehemaligen Poststation (1838) des Fürstenhauses Thurn und Taxis wählen Sie zwischen Restaurant und Gaststube, um sich die frische internationale Küche schmecken zu lassen. Sie möchten über Nacht bleiben? Die Zimmer sind zwar eher klein, aber geschmackvoll in neuzeitlichem Stil eingerichtet, zur Rückseite etwas ruhiger.

WIECK auf dem DARSS – Mecklenburg-Vorpommern ➜ Siehe Prerow

WIEDEN

Baden-Württemberg – 570 Ew. – Höhe 835 m – Siehe Regionalatlas **61-D21**

Berlin 813 km – Stuttgart 246 km – Freiburg im Breisgau 44 km – Basel 50 km

Michelin Straßenkarte 545

An der Straße zum Belchen West: 4 km

Berghotel Wiedener Eck
Oberwieden 15, (Höhe 1050 m) ✉ 79695 Wieden – ✆ (07673) 90 90 – www.wiedener-eck.de
28 Zim ☕ – 🚹75/80 € 🚹🚹136/166 € – ½ P
Rest – Karte 21/53 € – *(geschl. Dienstag)*
Das Haus verdient seinen Namen, liegt es doch schön auf 1050 m Höhe! Familie Wissler hat wohnliche Zimmer im Landhausstil und ein rustikales Restaurant nebst toller Panoramaterrasse zu bieten. Der Junior (4. Generation) kocht regional.

WIEHL

Nordrhein-Westfalen – 25 650 Ew. – Höhe 190 m – Siehe Regionalatlas **36**-D12
▶ Berlin 570 km – Düsseldorf 82 km – Bonn 71 km – Siegen 53 km
Michelin Straßenkarte 543

Zur Post
Hauptstr. 8 ✉ 51674 – ✆ (02262) 79 00 – www.hzpw.de – geschl. 20. Dezember - 4. Januar
46 Zim – 🚹65/111 € 🚹🚹90/136 €, ☕ 6 € – 2 Suiten
Rest – Karte 20/48 € – *(nur Abendessen)*
In dem traditionsreichen Haus in der Ortsmitte stehen zeitgemäße, funktionelle Zimmer bereit, teilweise mit Balkon zum Bach Wiehl. Zahlreiche Sportmöglichkeiten in der Nähe. Restaurant Oscar's in modernem Stil, rustikale Atmosphäre in den Bergischen Stuben.

WIEK – Mecklenburg-Vorpommern ➜ Siehe Rügen (Insel)

WIENHAUSEN

Niedersachsen – 4 120 Ew. – Höhe 43 m – Siehe Regionalatlas **19**-J8
▶ Berlin 273 km – Hannover 48 km – Lüneburg 97 km – Braunschweig 45 km
Michelin Straßenkarte 541

Am Kloster garni
Mühlenstr. 6 ✉ 29342 – ✆ (05149) 18 55 50 – www.hotel-wienhausen.de
24 Zim ☕ – 🚹67/130 € 🚹🚹105/180 €
Sie wohnen direkt am Allerradweg! Das charmante Ensemble aus mehreren Backstein-Fachwerkhäusern ist nicht nur ein freundliches Hotel, sondern gleichzeitig ein Integrationsprojekt. Zeitgemäß vom Empfang über die Zimmer bis ins "Kloster-Kaffee" - hier gibt es Kuchen und kleine Speisen.

WIESBACH

Rheinland-Pfalz – 520 Ew. – Höhe 267 m – Siehe Regionalatlas **46**-D17
▶ Berlin 698 km – Mainz 115 km – Neustadt an der Weinstraße 77 km – Saarbrücken 50 km
Michelin Straßenkarte 543

Wiesbacher Hof
Lamachstr. 5 ✉ 66894 – ✆ (06337) 16 16 – www.wiesbacher-hof.de – geschl. Anfang Januar 1 Woche, nach Pfingsten 10 Tage, Oktober 1 Woche und Montag - Dienstagmittag
Menü 18/34 € – Karte 22/46 €
In dem familiengeführten Gasthaus steht Chef Udo Kiefer am Herd und gibt traditionelle Küche zum Besten, die man im Sommer natürlich am liebsten auf der schönen Terrasse hinterm Haus schmecken lässt. Für Feierlichkeiten ist der hübsche moderne Saal im OG ideal.

WIESBADEN

Hessen – 275 980 Ew. – Höhe 115 m – Siehe Regionalatlas **47-E15**
▶ Berlin 567 km – Bonn 153 km – Frankfurt am Main 40 km – Bad Kreuznach 49 km
Michelin Straßenkarte 543

Hotels

Nassauer Hof

Kaiser-Friedrich-Platz 3 ✉ 65183 – ✆ (0611) 13 30 – www.nassauer-hof.de Stadtplan : B1**v**

147 Zim – 245/335 € 295/385 €, ☕ 32 € – 12 Suiten – ½ P
Rest *Ente* ✿ **Rest *Orangerie* Rest *Ente-Bistro*** – siehe Restaurantauswahl
Das schöne Grandhotel hat inzwischen seinen 200. Geburtstag gefeiert und noch immer pflegt man hier seinen klassischen Stil, ohne dabei stehenzubleiben. Das beweisen die zeitgemäß-eleganten und hochwertigen Zimmer ebenso wie der tolle Spa im 5. Stock mit Stadtblick und 32°-Thermal-Pool!

Crowne Plaza

Rest,

Bahnhofstr. 10 ✉ 65185 – ✆ (0611) 16 20 – www.crowneplaza.com/wiesbaden Stadtplan : B2**c**

235 Zim – 89/199 € 99/209 €, ☕ 18 € – 4 Suiten **Rest** – Karte 23/51 €
In dem Hotel im Zentrum von Wiesbaden hat sich einiges getan: Ein frischer moderner Wind weht hier nun von der Halle über die Zimmer bis ins Restaurant. Letzteres hat ein 2-in-1-Konzept: "Vinothek" mit Rheingau-Weinen sowie "Lili" Lounge & Restaurant, ein Mix aus Bar und Steakhouse.

Oranien

Zim,

Platter Str. 2 ✉ 65193 – ✆ (0611) 1 88 20 – www.hotel-oranien.de Stadtplan : A1**u**

72 Zim – 95/175 € 95/195 €, ☕ 15 € – 5 Suiten – ½ P
Rest – Menü 30 € – Karte 33/57 € – *(geschl. Ende Dezember - Anfang Januar)*
Die zentrale Lage sowie wertig und wohnlich eingerichtete Zimmer sprechen für das gut geführte, in klassischem Stil gehaltene Hotel. Angenehme Atmosphäre auch im Restaurant: schöne Rundbogenfenster, Palmen, die hohe Decke und warme Töne... Und wer draußen speist, schaut in den hübschen Garten!

Trüffel

Webergasse 6 ✉ 65183 – ✆ (0611) 99 05 50 – www.trueffel.net Stadtplan : B1**t**

30 Zim – 95/115 € 125/195 €, ☕ 15 € – 2 Suiten
Rest *Martino Kitchen* – Menü 30/60 € – Karte 29/60 €
Bei schicker geradliniger Einrichtung designt by Stefano Orsi sowie modern-funktionaler Technik wohnt man gerne! Und nicht nur das: Vom Frühstück bis zum Abendessen bietet sich das trendige Bistro an, Leckeres für Zuhause gibt's im Delikatessengeschäft.

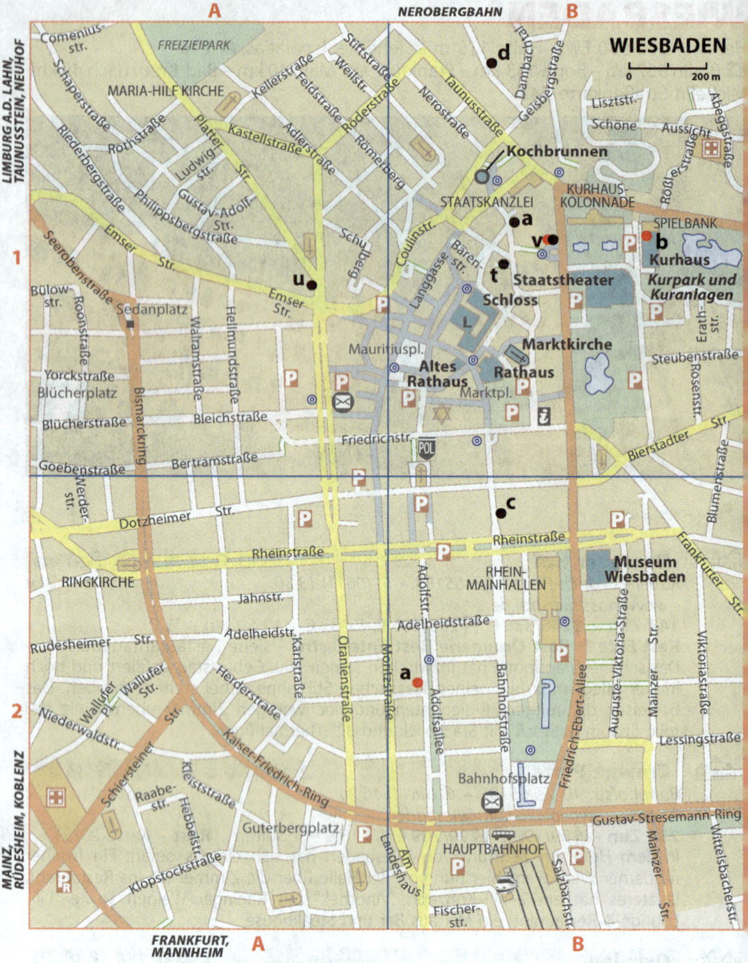

Klemm garni (mit Gästehaus)

Kapellenstr. 9 ✉ *65193 – ✆ (0611) 58 20 – www.hotel-klemm.de* Stadtplan : B1d

62 Zim ☕ – 🚹70/105 € 🚹🚹100/180 € – 1 Suite

Ein schmucker Altbau von 1888, hübsche Jugendstilelemente wie Stuck oder Buntglasfenster, ein charmanter Innenhof und nicht zuletzt geschmackvolle und mit Liebe zum Detail eingerichtete Zimmer, von denen keines dem anderen gleicht... ein wahrhaft reizendes Haus, das mit Heike Lowell auch noch eine herzliche Gastgeberin hat!

Town garni

Spiegelgasse 5 ✉ *65183 – ✆ (0611) 36 01 60 – www.townhotel.de* Stadtplan : B1a

24 Zim – 🚹73/119 € 🚹🚹83/129 €, ☕ 8 €

Hier überzeugen modern-funktionale Ausstattung, freundliche Gästebetreuung und so manch kostenloses Extra wie z. B. Telefonieren ins deutsche Festnetz Oder wie wär's mit einem zweiten Frühstück "to go"? Auch das gibt es gratis!

Restaurants

XXX **Ente** – Hotel Nassauer Hof
Kaiser-Friedrich-Platz 3 ✉ 65183 – ✆ (0611) 13 36 66 Stadtplan : B1**v**
– www.nassauer-hof.de – geschl. Januar 2 Wochen, August 2 Wochen und Sonntag - Montag
Menü 95/119 € – Karte 84/100 € – *(nur Abendessen)* (Tischbestellung ratsam)
Trotz moderner Elemente verliert die Küche nie ihre klassische Basis - so kennt und schätzt man die "Ente"! Und wer gemeinsam mit Michael Kammermeier hinter den ausgezeichneten Speisen steckt, verrät das Menü "Küchenrunde" - hier stellt sich die gesamte Crew vor. Spezialität des Hauses: Ente in zwei Gängen. Man beachte auch die interessante Rheingau-Riesling-Auswahl!
➜ Tatar von der roten Wildgarnele, Estragonmayonnaise, Apfel-Pernodsorbet, Haselnüsse. Knusprige Barbarie Maisente, Orangen-Chicoree, Sellerie, Brez'nknödel, Pfefferjus. Amalfi Zitrone, Olivenölkuchen, Meersalz, Joghurt, Fenchel, Mandeln.

XXX **Orangerie** – Hotel Nassauer Hof
Kaiser-Friedrich-Platz 3 ✉ 65183 – ✆ (0611) 13 36 33 Stadtplan : B1**v**
– www.nassauer-hof.de
Karte 44/72 €
Klassisch, mit traditionellen und internationalen Einflüssen - so speist man hier. Als Besonderheit wird gelegentlich auch vor Ihren Augen flambiert! Sonntags kommt man gerne zum Lunchbuffet für 39 €. Sie mögen Wintergarten-Atmosphäre? Dann wählen Sie einen Platz im lichten verglasten Rondell!

X **Käfer's Bistro**
Kurhausplatz 1, (im Kurhaus) ✉ 65189 Stadtplan : B1**b**
– ✆ (0611) 53 62 00 – www.kurhaus-gastronomie.de
Karte 33/77 €
Das prächtige Kurhaus von 1907 (hier auch die Spielbank) ist für A-la-carte-Gäste und Gesellschaften gleichermaßen schön! Im Parfüm-Saal bestaunt man große Original-Flacons, in der Belétage Werke von Gunter Sachs und im Bistro unzählige Fotos (zählen Sie die Eiffelturm-Bilder!). Gerne kommt man sonntags zum Brunch oder auch nach dem Theater (23 - 1 Uhr kleine Karte).

X **Maloiseau**
Adolfsallee 17 ✉ 65185 – ✆ (0611) 7 16 88 44 Stadtplan : B2**a**
– www.maloiseau-restaurant.de – geschl. Samstagmittag, Sonntag - Montag
Menü 16 € (mittags unter der Woche)/60 € – Karte 33/49 €
Hell und geradlinig-modern kommt das Kellerrestaurant daher. In der einsehbaren Küche kocht Franzose Nicolas Maloiseau u. a. Klassiker aus seiner Heimat wie z. B. "Französische Stopfleber mit Nektarinenchutney". Ebenso schmackhaft sind Desserts wie "Ofenschlupfer von Aprikosenbrioche mit Gewürz-Apfelkompott"!

X **Ente-Bistro** – Hotel Nassauer Hof
Kaiser-Friedrich-Platz 3 ✉ 65183 – ✆ (0611) 13 36 62 Stadtplan : B1**v**
– www.nassauer-hof.de – geschl. Januar 2 Wochen, August 2 Wochen und Sonntag - Montag
Karte 41/43 €
Gutes Essen ist Ihnen hier gewiss, denn die Küchenmannschaft der "Ente" steht auch in ihrer Bistro-Variante am Herd! Mit legerer Atmosphäre und französisch-saisonaler Karte ist dieses Restaurant zum beliebten Treff geworden.

In Wiesbaden-Alt Klarenthal Nord-West: 5 km über Dotzheimer Srtaße
Stadtplan : A2

XX **Landhaus Diedert** mit Zim
Am Kloster Klarenthal 9 ✉ 65195 – ✆ (0611) 1 84 66 00
– www.landhaus-diedert.de – geschl. Montag, Samstagmittag
13 Zim – †79/95 € ††99/149 €, ☕ 10 € – 2 Suiten – ½ P
Menü 32 € – Karte 31/59 €
Wie in einem französischen Landhaus fühlt man sich bei Familie Diedert. Liebenswert ist der rustikal-mediterrane Charakter des Hauses, herrlich der Garten, saisonal die Küche. Hier übernachtet man auch gerne mal, denn die gemütlichen individuellen Zimmer sind genauso charmant!

In Wiesbaden-Erbenheim Süd-Ost: 6 km über Gustav-Stresemann-Ring
Stadtplan : B2

Domäne Mechtildshausen

(Süd-Ost: 4 km, über B 455, nahe Army Airfield) ✉ 65205 – ✆ (0611) 7 37 46 60 – www.domaene-mechtildshausen.de – geschl. nach Weihnachten - Mitte Janua
15 Zim – 🯅75 € 🯅🯅120 €, ☕ 8 €
Rest *Domäne Mechtildshausen* – siehe Restaurantauswahl
Rest *Weinstube* – Karte 17/38 €
Auf dem imposanten Gutsanwesen kann man nicht nur schön wohnen, auch Gas-tronomie und eigene Landwirtschaft haben so einiges zu bieten: Restaurant Weinstube und das Café "Bohne" (lecker die Kuchen und Torten!), dazu Bäckerei Käserei und Metzgerei, nicht zu vergessen die Markthalle! Fast alles hier wirc selbst produziert und gezüchtet!

Domäne Mechtildshausen – Hotel Domäne Mechtildshausen

(Süd-Ost: 4 km, über B 455, nahe Army Airfield) ✉ 65205 – ✆ (0611) 7 37 46 60 – www.domaene-mechtildshausen.de – geschl. nach Weihnachten - Mitte Januar und Sonntagabend - Montag
Menü 42/52 € – Karte 35/49 € – (abends Tischbestellung ratsam)
Sie speisen in einem der größten ökologischen Landwirtschaftsbetriebe Hessen: und so steckt die saisonal-regionale Bio-Küche voller Spezialitäten vom eigener Hof. Vom Rind gibt es z. B. Boeuf Bourguignon, Charolais-Leber oder Niere - natür-lich aus eigener Zucht und Schlachtung! Passend zum Essen eine persönliche kleine Weindegustation am Tisch, umfangreich das deutsch-französische Angebot

Sie möchten spontan verreisen? Besuchen Sie die Internetseiten der Hotels, um von deren Sonderkonditionen zu profitieren.

In Wiesbaden-Nordenstadt Ost: 10 km über Dotzheimer Straße Stadtplan : A2

Courtyard by Marriott

Ostring 9 ✉ 65205 – ✆ (06122) 80 10 – www.courtyard-wiesbaden.de
139 Zim ☕ – 🯅99/199 € 🯅🯅109/209 € – ½ P
Rest – Menü 21/48 € – Karte 26/46 €
Top für Business und Tagung. Hier stimmt die Verkehrsanbindung (A66) an der Frankfurter Flughafen, parken kann man auch problemlos und die Zimmer sinc modern - einige liegen etwas ruhiger nach hinten. Und gastronomisch? Mediter-rane und regional-saisonale Küche im Restaurant, sonntags Brunch. Snacks unc Getränke zum Mitnehmen im "Market".

In Wiesbaden-Sonnenberg Nord-Ost: 4 km über Sonnenberger Straße
Stadtplan : B1

Gollner's Burg Sonnenberg

Am Schlossberg 20 ✉ 65191 – ✆ (0611) 54 14 09 – www.gollners.de – geschl. Dienstag
Karte 34/66 €
Probieren Sie doch mal Wiener Schnitzel oder geschmortes Schulterscherzel vom Styria Beef - sie gehören zu den Klassikern des Hauses, denn der Chef stammt aus Österreich. Auch Kaiserschmarrn als Nachtisch darf nicht fehlen. Vorteil der erhöh-ten Lage bei der Burg: Von der Terrasse hat man eine tolle Aussicht.

Außerhalb Nord-West: 5 km, über Seerobenstraße Stadtplan : A1, Richtung Limburg an der Lahn

Villa im Tal

Adamstal 4 ✉ 65195 Wiesbaden – ✆ (0611) 2 38 62 28 – www.villaimtal.de – geschl. Montag
Menü 40 € – Karte 34/55 €
Markus Seegert - ehemals Küchenchef im Restaurant "M" - hat es von der Stadt ir den Wald verschlagen. Mitten im Grünen (toll die Terrasse!) bietet er Saisonale: und lässt bei Gerichten wie "Tafelspitz mit Meerrettich-Brotsauce" oder "Topfen-knödel mit Marillenröster" seine österreichischen Wurzeln erkennen.

WIESENTTAL

Bayern – 2 540 Ew. – Höhe 400 m – Siehe Regionalatlas **50-L15**

Berlin 409 km – München 226 km – Nürnberg 58 km – Bayreuth 53 km

Michelin Straßenkarte 546

Im Ortsteil Muggendorf

Feiler mit Zim

Oberer Markt 4 ✉ 91346 – ✆ (09196) 9 29 50 – www.hotel-feiler.de – geschl. Januar - März und Montagmittag

13 Zim – 55/65 € 90 € – 2 Suiten – ½ P

Menü 30 € (mittags)/60 € – Karte 35/62 €

Bei Familie Feiler stehen Junior und Senior gemeinsam am Herd - Produkte aus der Genussregion Oberfranken stehen dabei im Fokus: fangfrische Bachforellen (mal geräuchert, mal klassisch), Wüstensteiner Rehrücken, frische Morcheln... Lecker auch die Kuchen und Marmeladen der Seniorchefin. Charmante Gästezimmer.

WIESLOCH

Baden-Württemberg – 26 040 Ew. – Höhe 123 m – Siehe Regionalatlas **47-F17**

Berlin 633 km – Stuttgart 102 km – Mannheim 40 km – Heidelberg 14 km

Michelin Straßenkarte 545

Mondial

Schwetzinger Str. 123 ✉ 69168 – ✆ (06222) 57 60 – www.mondial-wiesloch.de

43 Zim – 85/95 € 95/105 €, 10 € – ½ P

Rest – Menü 16/34 € – Karte 27/41 € – *(geschl. Samstagmittag, Sonntagabend)*

Businessgäste sind von hier aus schnell im SAP-Schulungszentrum, Stadttouristen im schönen Heidelberg... und zudem wohnt man hier komfortabel - fragen Sie nach den mit moderner Kunst dekorierten Juniorsuiten in der 4. Etage! Im Restaurant bietet man saisonale Küche, auf der Terrasse zum Garten wird im Sommer auch gegrillt. Unter der Woche gibt es ein günstiges 3-Gänge-Tagesmenü, inkl. Glas Wein und Espresso.

Ifen garni

Schwetzinger Str. 131 ✉ 69168 – ✆ (06222) 5 80 90 – www.hotel-ifen.de – geschl. 24. Dezember - 4. Januar

32 Zim – 88/93 € 103/110 €

Im 2. OG befindet sich diese tipptopp gepflegte Geschäftsadresse. Einige der zeitgemäß ausgestatteten Zimmer bieten eine Küchenzeile. Shuttleservice zu SAP, zudem Fahrradverleih.

Freihof

Freihofstr. 2 ✉ 69168 – ✆ (06222) 25 17 – www.freihof-wiesloch.de

Menü 36/49 € – Karte 31/57 €

Freihof Keller – Karte 20/43 € – *(geschl. Sonntagmittag)*

In dem altehrwürdigen Gemäuer des Freihofs (1300 erstmals erwähnt) bietet Patron und Küchenchef Maximilian Neuweiler eine gehobene klassische Küche, im original erhaltenen Keller serviert man dagegen bürgerliche Gerichte. Günstiges Mittagsangebot.

WIESMOOR

Niedersachsen – 13 390 Ew. – Höhe 13 m – Siehe Regionalatlas **8-E5**

Berlin 493 km – Hannover 222 km – Emden 52 km – Oldenburg 51 km

Michelin Straßenkarte 541

Zur Post (mit Gästehaus)

Am Rathaus 6 ✉ 26639 – ✆ (04944) 9 10 60 – www.hotelzurpost-wiesmoor.de

14 Zim – 42 € 70 €, 4 € – ½ P

Rest – Menü 30 € – Karte 25/52 € – *(geschl. Montag)*

Engagiert und persönlich-familiär wird das kleine Hotel mitten in der Blumengemeinde Wiesmoor geführt. Es wird sowohl von Geschäftsreisenden als auch von Radtouristen geschätzt. Bürgerlich-regionale Küche im ländlich-gemütlichen Restaurant.

In Wiesmoor-Hinrichsfehn Süd: 4,5 km Richtung Remels, nach 3,5 km rechts

Blauer Fasan (mit Gästehaus)
Fliederstr. 1 ✉ 26639 – ✆ (04944) 9 27 00 – www.blauer-fasan.de
26 Zim – 75/99 € 99/149 € – ½ P
Rest – Menü 25/50 € – Karte 20/65 €
Ein Gästehaus erweitert das nette reetgedeckte Haus um wohnliche, rech moderne und teils leicht elegante Zimmer. Schön: der Blumengarten sowie di ruhige Lage in Golfplatznähe. Ostfriesischer Charme prägt die Gaststuben.

WIESSEE, BAD

Bayern – 4 640 Ew. – Höhe 750 m – Siehe Regionalatlas **66-M21**
Berlin 643 km – München 54 km – Garmisch-Partenkirchen 76 km – Bad Tölz 18 km
Michelin Straßenkarte 546

Relais Chalet Wilhelmy
Zim,
Freihausstr. 15 ✉ 83707 – ✆ (08022) 9 86 80 – www.relais-chalet.com
19 Zim – 99/149 € 159/198 € – 1 Suite – ½ P
Rest – Menü 42/69 € – *(geschl. Sonntag - Montag) (nur Abendessen für Hausgäste)*
Schön ist der individuelle Stil hier: Von den Zimmern bis zur kleinen Vinothek ha man traditionelle und moderne Elemente sehr hübsch gemischt. Nett auch de Saunabereich. Highlight ist die "Alm Chalet Suite"!

Landhaus Marinella garni
Am Strandbad 7 ✉ 83707 – ✆ (08022) 8 59 99 90 – www.landhaus-marinella.de
8 Zim – 98/128 € 128/196 € – 3 Suiten
Gemeinsam mit ihrem Mann hat Caroline Güldener hier am Tegernsee ein wirk lich geschmackvolles kleines Domizil geschaffen, das die beiden persönlich leiten Individuelle Zimmer mit schönem Parkettboden, eines charmanter als das ande re... mal romantisch, mal mit maritimem Touch - hell, frisch und ausgesprocher wohnlich sind sie alle! Strandbad gleich gegenüber.

Landhaus St. Georg im Jägerwinkel garni
Jägerstr. 20 ✉ 83707 – ✆ (08022) 66 26 1 00 – www.stgeorg.net
13 Zim – 75/95 € 110/160 €
Das sympathische Landhaus hat gleich mehrere Vorzüge: die ruhige Wohngegenc ringsum, behagliche, individuelle Zimmer und die engagierte familiäre Führung Das ist noch nicht alles: Von der Seife bis zum Frühstück ist alles biozertifiziert!

Landhaus am Stein garni
Im Sapplfeld 8 ✉ 83707 – ✆ (08022) 9 84 70 – www.landhausamstein.de
15 Zim – 90/160 € 165/215 € – 4 Suiten
Das Haus ist nicht von der Stange! Familie Schnorr ist sehr freundlich und enga giert, wenn es um ihre Gäste geht - so hat man liebenswerte ländliche Zimmer ir frischem Pink, ein schönes Frühstück, einen gepflegten Garten und einen hüb schen kleinen Spa! Tipp: die Kaminsuite!

Landhaus Christl garni
Sonnenfeldweg 11 ✉ 83707 – ✆ (08022) 1 88 08 90 – www.landhauschristl.de – geschl. 1. März - 1. April, 15. November - 13. Dezember
13 Zim – 80/140 € 150/200 €
Sie haben es gerne persönlich und familiär? Nur ein Privatweg führt zu dem klei nen Haus, und damit zu sympathisch-bayerischer Gastlichkeit, charmanten Land hauszimmern und einem tollen Blick auf den See! Die Betreiber sind übrigens die selben wie im Landhaus am Stein.

Freihaus Brenner
Freihaus 4 ✉ 83707 – ✆ (08022) 8 65 60 – www.freihaus-brenner.de – geschl. 7. - 31. Januar
Karte 27/68 € – (Tischbestellung ratsam)
Lust auf typisch bayerische Gasthausküche wie "Schweinebraten mit Krautsalat" Oder lieber etwas Gehobeneres wie "Zweierlei vom Kalb"? Neben dem guter Essen lockt auch die grandiose Aussicht - gefragt die Terrasse über dem See!

WILDBERG

Baden-Württemberg – 9 890 Ew. – Höhe 395 m – Siehe Regionalatlas **54-F19**
Berlin 674 km – Stuttgart 52 km – Karlsruhe 69 km – Nagold 12 km
Michelin Straßenkarte 545

Talblick

Bahnhofsträßle 6 ✉ 72218 – ✆ (07054) 52 47 – www.talblick-wildberg.de – geschl. Februar 2 Wochen, Mitte - Ende Oktober
19 Zim – †40/50 € ††70/80 €
Rest *Talblick* – siehe Restaurantauswahl
Bei den Weitbrechts (das Haus wird bereits in 3. Generation von der Familie geführt) wohnen Sie in schöner Aussichtslage oberhalb des Ortes. Die Zimmer sind tipptopp gepflegt, am Morgen gibt es ein leckeres Frühstück mit guten Produkten.

Talblick – Hotel Talblick

Bahnhofsträßle 6 ✉ 72218 – ✆ (07054) 52 47 – www.talblick-wildberg.de – geschl. Februar 2 Wochen, Mitte - Ende Oktober und Dienstag
Menü 27/82 € – Karte 20/48 € – (Tischbestellung ratsam)
Bürgerlich-regionale Küche, wie sie sein soll! Von der Rinderkraftbrühe bis zum Kalbsrückensteak ist alles, was Chef Claus Weitbrecht kocht, frisch und schmackhaft! Alternative: Gourmetmenü am Abend auf Vorbestellung im zweiten Restaurant.

In Wildberg-Schönbronn West: 5 km über Effringen

Löwen (mit Gästehaus)

Zim, Zim,

Eschbachstr. 1 ✉ 72218 – ✆ (07054) 9 26 10 – www.tagungshotel-loewen.com – geschl. August
50 Zim – †67/105 € ††94/150 € – 3 Suiten – ½ P
Rest – Menü 19/35 € – Karte 20/37 €
Ein familiär geleiteter gewachsener Gasthof a. d. 19. Jh. In einem neueren Haus gegenüber befinden sich komfortable und ganz moderne Appartements, im Restaurant serviert man in freundlichem Ambiente bürgerliche Küche und auch für Feierlichkeiten gibt es den passenden Rahmen. Außerdem hat man eine eigene Kochschule - ideal z. B. für Team-Events.

WILDESHAUSEN

Niedersachsen – 19 210 Ew. – Höhe 25 m – Siehe Regionalatlas **17-F7**
Berlin 417 km – Hannover 149 km – Bremen 37 km – Oldenburg 37 km
Michelin Straßenkarte 541

An der Straße nach Oldenburg Nord: 1,5 km

Gut Altona (mit Gästehäusern)

Zim,

Wildeshauser Str. 34 ✉ 27801 Dötlingen – ✆ (04431) 95 00 – www.gut-altona.de
70 Zim – †49/78 € ††85/135 € – ½ P
Rest – Menü 9 € (mittags unter der Woche)/35 € – Karte 17/53 €
Auf dem schönen weitläufigen Anwesen erwarten Sie individuelle, teilweise besonders wohnliche Zimmer im mediterranen Stil sowie viele Freizeitangebote wie Reiten, Schießen, etc. In verschiedene Räume unterteiltes Restaurant mit hellem Wintergarten.

WILDUNGEN, BAD

Hessen – 17 380 Ew. – Höhe 273 m – Siehe Regionalatlas **38-G12**
Berlin 422 km – Wiesbaden 185 km – Kassel 40 km – Marburg 56 km
Michelin Straßenkarte 543

Maritim Badehotel

Rest, Rest,

Dr.-Marc-Str. 4 ✉ 34537 – ✆ (05621) 79 99 – www.maritim.de
237 Zim – †75/126 € ††132/183 € – 3 Suiten – ½ P
Rest – Menü 26 € – Karte 27/43 €
Ein elegantes Kurhotel in ruhiger Lage am Park mit komfortablem Rahmen, das sich auf Tagungsgäste spezialisiert hat und technisch gut ausgestattete Räumlichkeiten bietet. Klassischer Stil im Hotelrestaurant.

Allee-Schlößchen
Brunnenallee 11 ✉ 34537 – ✆ (05621) 7 98 00
– www.hotel-alleeschloesschen.de
– geschl. Februar 2 Wochen
14 Zim – 38/59 € 69/82 € – ½ P
Rest – Karte 19/30 € – *(geschl. Sonntagabend - Montag)*
Freundlich wird das kleine Hotel in zentraler Lage von den Inhabern geleitet. Die Gästezimmer sind hell in neuzeitlich-ländlichem Stil eingerichtet. Das Restaurant wird ergänzt durch eine nette Terrasse vor dem Haus.

WILGARTSWIESEN
Rheinland-Pfalz – 1 080 Ew. – Höhe 222 m – Siehe Regionalatlas **53-D17**
Berlin 682 km – Mainz 122 km – Mannheim 70 km – Kaiserslautern 60 km
Michelin Straßenkarte 543

Landhaus Am Hirschhorn Rest,
Am Hirschhorn 12 ✉ 76848 – ✆ (06392) 5 81
– www.hotel-hirschhorn.de
17 Zim – 74/120 € 124/150 € – ½ P
Rest – Menü 25/35 € – Karte 26/45 € – *(Montag - Samstag nur Abendessen)*
Das kleine Landhotel liegt schön und recht ruhig, ist äußerst gepflegt, wohnlich, sehr gut geführt und braucht sich auch in Sachen Wellness nicht zu verstecken. Interessant: die frischen "Young-Life-Style"-Zimmer sowie die "Adlerhorst"-Junior-suite ganz oben. Und gastronomisch? Da bietet man ambitionierte Regionalküche - besonders angenehm isst man auf der Terrasse.

WILHELMSHAVEN
Niedersachsen – 81 330 Ew. – Höhe 2 m – Siehe Regionalatlas **8-E5**
Berlin 485 km – Hannover 228 km – Cuxhaven 110 km – Bremerhaven 70 km
Michelin Straßenkarte 541

COLUMBIA
Jadeallee 50 ✉ 26382 – ✆ (04421) 7 73 38 0 Stadtplan : B2
– www.columbia-hotels.de
120 Zim – 134/154 € 158/198 € – 25 Suiten – ½ P
Rest *Harbour View* – Menü 32/54 € – Karte 32/56 €
Das Business- und Tagungshotel - erbaut nach dem Vorbild eines Luxusliners - befindet sich in bester Lage am Großen Hafen. Schön komfortabel wohnt es sich in den modernen, maritim-eleganten Zimmern. Im Harbour View genießt man bei regionaler und internationaler Küche den Blick auf die Kaiser-Wilhelm-Brücke.

Residenz garni
Kopperhörnerstr. 7 ✉ 26384 – ✆ (04421) 9 32 20 Stadtplan : B1
– www.4sterne-residenz.de
21 Zim – 82/88 € 104/116 €
Die Lage im Zentrum sowie funktionell ausgestattete Gästezimmer machen das gut geführte Geschäfts- und Urlaubshotel aus. Schöner Loungebereich mit Bibliothek.

City Hotel Valois
Valoisstr. 1, (Ecke Valoisplatz) ✉ 26382 Stadtplan : B2
– ✆ (04421) 48 50 – www.city-hotel-valois.de
70 Zim – 75/115 € 109/140 € – ½ P
Rest – Menü 25/36 € – Karte 29/36 € – *(nur Abendessen)*
Direkt im Stadtzentrum liegt dieses Hotel - nur Gehminuten von Bahnhof, Hafen und Strand entfernt. Die Zimmer sind unterschiedlich in der Größe, gepflegt und funktionell. Restaurant mit internationalem Angebot.

Keil garni
Marktstr. 23 ✉ 26382 – ✆ (04421) 9 47 80 Stadtplan : B2
– www.hotel-keil.de – geschl. 24. Dezember - 5. Januar
16 Zim – 59/69 € 89/99 €
Ein Stadthaus am Rande der Fußgängerzone beherbergt im 1. und 2. Stock das sehr gepflegte kleine Hotel, das über helle, zeitgemäß gestaltete Zimmer verfügt.

WILHELMSHAVEN
450 m
HELGOLAND
OLDENBURG, JEVER
BREMERHAVEN
MARIENSIEL
Ausrüstungshafen
Bauhafen
Ems-Jade-Kanal
Handelshafen
Südstrand
KUNSTHALLE
STADTHALLE
RATHAUS
CITY-HAUS
KURPARK
ST. WILLEHAD KIRCHE
KOPPERHORNER MÜHLE
KOMMUNIKATIONS ZENTRUM
Friedrich-Wilhelm Platz
Theaterplatz
Börsenplatz
ADAC
Banter Mühle
Friesendamm
Jachmannstraße
Gökerstraße
Virchowstraße
Bismarckstraße
Peterstraße
Ebertstraße
Rheinstraße
Weserstraße
Marktstraße
Bahnhofstraße
Börsenstraße
Mellumstraße
Werftstraße
Kettenstraße
Emsstraße
Segelstraße
Kanalweg
Schleusenstraße
Ahrstraße
Moselstr.
Ruhr-str.
Aller-str.
Kanalstraße
Parkmittelweg
Mitscherlichstr.
Luisenstraße
Marienstraße
Admiral-Klatt-Straße
Am Schlachthof
Schillerstraße
Goethestr.
Uhlandstr.
Lessingstr.
Otto-Meentz-Str.
Hamburger Str.
Paul-Hug-Str.
Bremer Str.
Kolberger Str.
Jahnstr.
Schützenstraße
Wilhelm-Krüger-Straße
Störtebekerstraße
Berliner S
Mühlenweg
Heete-horner str.
Schulstraße
Tonndeich-str.
Karl-str.
Friederikenstr.
Müllerstraße
Zedeliusstraße
Margaretenstraße
Knorrstr.
Heppenser Str.
Saarbrücker Str.
Borkumstraße
Wangeroogestraße
Norderneystraße
Hildesheimer Str.
Hannoversche Str.
Celler Str.
Hafeninsel
Ebertstr.
Manteuffel-str.
Kasino-str.
Adalbert-str.
Monts-str.
Park-str.
Kieler Str.
Viktoriastraße
Herder-str.
Schiller-str.
Adolfstraße
Kreuzstraße
Rheinstraße
Rüder-str.
Ankerstr.
Pappel-str.
Blumen-str.
Lindenstr.
A
B
C
1
2

WILLANZHEIM – Bayern ➔ Siehe Iphofen

WILLICH

Nordrhein-Westfalen – 51 950 Ew. – Höhe 40 m – Siehe Regionalatlas **25-B11**
Berlin 583 km – Düsseldorf 24 km – Krefeld 8 km – Mönchengladbach 16 km
Michelin Straßenkarte 543

Hubertus Hamacher garni (mit Gästehäusern)
Anrather Str. 4 ✉ 47877 – ✆ (02154) 91 80 – www.hotel-hamacher.de
50 Zim – 68/170 € 84/190 €
Geschäftsleute schätzen das sehr gepflegte familiäre Hotel nicht zuletzt wegen se ner fairen Preise. Für den längeren Aufenthalt bieten sich die Deluxe-Zimmer an

In Willich-Neersen Süd-West: 5 km über A 44 Richtung Mönchengladbach und Viersen, nahe der B 7

Landgut Ramshof
Ramshof 1 ✉ 47877 – ✆ (02156) 9 58 90 – www.landgut-ramshof.de
41 Zim – 75/95 € 110/135 € – ½ P
Rest – Menü 37/65 € – Karte 28/74 €
Der nette Familienbetrieb im Grünen ist ein ehemaliges Hofgut a. d. 17. Jh. M vielen Antiquitäten hat man die in Einrichtung und Zuschnitt sehr individuelle Zimmer ausgestattet. Ländlich-gemütliche Atmosphäre im Restaurant.

WILLINGEN (UPLAND)

Hessen – 6 250 Ew. – Höhe 550 m – Siehe Regionalatlas **27-F11**
Berlin 467 km – Wiesbaden 208 km – Arnsberg 61 km – Kassel 81 km
Michelin Straßenkarte 543

Sporthotel Zum hohen Eimberg Rest,
Zum hohen Eimberg 3a ✉ 34508 – ✆ (05632) 40 90 – www.eimberg.de
73 Zim – 70/116 € 138/202 € – ½ P
Rest – Menü 15 € (mittags unter der Woche)/39 € – Karte 26/43 €
Die ruhige Lage, behagliche Zimmer und geräumige Appartements sowie We nessanwendungen machen den Familienbetrieb für Feriengäste interessant. Inte nationale Küche im Restaurant.

Fürst von Waldeck
Briloner Str. 1 (B 251) ✉ 34508 – ✆ (05632) 9 88 99 – www.fuerst-von-waldeck.de – geschl. 2. November - 19. Dezember
26 Zim – 58/98 € 104/164 € – 2 Suiten – ½ P
Rest – Menü 14 € – Karte 18/42 € – *(geschl. Mittwoch)*
Das familiengeführte Haus bietet neben wohnlich-soliden Zimmern (nach hinte ruhiger gelegen) auch eine nette kleine Liegewiese sowie einen schönen Saun und Badebereich. Die dunkle Holztäfelung gibt dem Restaurant einen rustikale Touch.

Kur- und Sporthotel Göbel
Waldecker Str. 5 (B 251) ✉ 34508 – ✆ (05632) 4 00 90 – www.hotel-goebel.de – geschl. 22. November - 17. Dezember
36 Zim – 59/69 € 110/120 € – 4 Suiten – ½ P
Rest – Menü 13 € – Karte 17/35 € – *(geschl. Donnerstag)*
Familie Göbel betreibt hier ein sehr gepflegtes Ferienhotel - und das bereits der 5. Generation (seit 1867)! Die Zimmer sind wohnlich und auch das Hallenba ist ansprechend gestaltet. Zudem hat man behaglich-rustikale Restauranträume

Rüters Parkhotel Rest,
Bergstr. 3a ✉ 34508 – ✆ (05632) 98 40 – www.ruetersparkhotel.de
38 Zim – 60/80 € 120/200 € – ½ P
Rest – Menü 12 € (mittags)/63 € – Karte 21/41 €
Das familiengeführte Hotel liegt in einer Parkanlage im Zentrum und hat u. schöne Komfortzimmer und zwei Appartements mit Whirlwanne zu biete zudem Kosmetikbehandlungen. Zum Garten hin liegt das elegante bürgerlicl Restaurant mit Wintergartenanbau.

In Willingen-Schwalefeld Nord-Ost: 3,5 km

Upländer Hof

Uplandstr. 2 ✉ 34508 – ✆ (05632) 9 81 23 – www.uplaender-hof.de – geschl. 15. November - 3. Dezember
28 Zim – 40/65 € 76/130 € – ½ P
Rest – Menü 13 € (mittags)/65 € – Karte 19/56 € – *(geschl. Montag)*
Man spürt, dass Familie Vonhoff um Ihre Gäste bemüht ist! Man bringt Sie aufs Zimmer (hier eine Flasche Wasser gratis), bietet faire Preise und in der Küche verwendet man Bioprodukte! Tipp: Ringsum wollen viele schöne Wanderwege erkundet werden.

In Willingen-Stryck Süd-Ost: 3,5 km

Stryckhaus

Rest,

Mühlenkopfstr. 12 ✉ 34508 – ✆ (05632) 98 60 – www.stryckhaus.de
56 Zim – 85/140 € 170/230 € – ½ P
Rest – Menü 25/79 € (abends) – Karte 32/51 €
Das Hotel am Waldrand ist aus einem Landhaus entstanden, das der Künstler Heinrich Vogeler im Jahre 1912 erbaute; einige Details im Haus erinnern an ihn. Schöne Appartements. Klassisch-elegantes Restaurant mit Gartenterrasse und gemütlich-rustikale Wirtsstube.

Gutshof Itterbach

Mühlenkopfstr. 7 ✉ 34508 – ✆ (05632) 9 69 40 – www.gutshof-itterbach.de – geschl. Sonntagabend - Dienstag
Menü 36/69 € – (Tischbestellung ratsam)
Klassische Küche, eine Terrasse mit Blick ins Grüne, freundlicher Service - das alles wird in dem sorgsam sanierten Gutshof mit gemütlicher Atmosphäre geboten.

WILLSTÄTT

Baden-Württemberg – 9 100 Ew. – Höhe 143 m – Siehe Regionalatlas **53-D19**
Berlin 739 km – Stuttgart 136 km – Karlsruhe 70 km – Offenburg 11 km
Michelin Straßenkarte 545

Kinzigbrücke

Sandgasse 1 ✉ 77731 – ✆ (07852) 22 80 – www.kinzigbruecke.de – geschl. Fasching 1 Woche, Oktober 1 Woche und Montag - Dienstag, Samstagmittag
Menü 13/60 € – Karte 18/60 €
Seit über 30 Jahren betreibt Familie Körkel das schmucke Fachwerkhaus a. d. 18. Jh. mit der gemütlichen traditionellen Gaststube. Im Sommer sollten Sie einen Tisch auf der schönen Terrasse zur Kinzig wählen!

WILNSDORF – Nordrhein-Westfalen

➜ Siehe Siegen

WILTHEN

Sachsen – 5 530 Ew. – Höhe 288 m – Siehe Regionalatlas **44-R12**
Berlin 216 km – Dresden 81 km – Görlitz 49 km – Bautzen 13 km
Michelin Straßenkarte 544

In Wilthen-Tautewalde West: 2 km Richtung Neukirch

Erbgericht Tautewalde

Tautewalde 61 ✉ 02681 – ✆ (03592) 3 83 00 – www.tautewalde.de
31 Zim – 63/67 € 86/91 € – ½ P
Rest ***Erbgericht Tautewalde*** – siehe Restaurantauswahl
Nahe Görlitz und nicht sehr weit von Dresden ist das hier ein guter Ausgangspunkt für Kulturinteressierte. Altes wurde hier sorgsam saniert, so hat das Gasthaus von 1842 noch immer historisches Flair, zeitgemäß wohnen kann man dennoch.

XX **Erbgericht Tautewalde** – Hotel Erbgericht Tautewalde

Tautewalde 61 ✉ 02681 – ✆ (03592) 3 83 00 – www.tautewalde.de – geschl. Dienstagmittag

Menü 22/52 € – Karte 29/40 €

Wer im Sommer im herrlichen Innenhof speist, kann durch eine große Fensterfront in die Küche schauen, wo unter der Leitung von Enrico Schulz schmackhafte, frische Gerichte wie "Zander mit Basilikumrisotto und Paprika" zubereitet werden! Drinnen in der hübschen Gaststube sitzt es sich aber auch gemütlich. Falls Sie Ihre Kinder mitbringen: Man hat einen Spielplatz am Haus.

WIMPFEN, BAD

Baden-Württemberg – 6 830 Ew. – Höhe 195 m – Siehe Regionalatlas **55-G17**

Berlin 598 km – Stuttgart 69 km – Heilbronn 16 km – Mannheim 73 km

Michelin Straßenkarte 545

Am Rosengarten

Osterbergstr. 16 ✉ 74206 – ✆ (07063) 99 10 – www.hotel-rosengarten.net

60 Zim – 84/100 € 114/138 € – ½ P

Rest – Menü 20/49 € – Karte 18/28 € – *(nur Abendessen)*

Die verkehrsgünstige Lage und zeitgemäße, funktionelle Zimmer sprechen für dieses Hotel. Die Gäste haben direkten und kostenfreien Zugang zum Solebad. Das freundliche Restaurant, teils mit Blick zum Rosengarten, wird ergänzt durch einen Bistrobereich.

X **Friedrich**

Hauptstr. 74, (1. Etage) ✉ 74206 – ✆ (07063) 2 45 – www.friedrich-feyerabend.de – geschl. Weihnachten, Januar 2 Wochen und Montag - Dienstag

Menü 35/56 € – Karte 32/56 €

Verbinden Sie doch einen Bummel durch die beschauliche Altstadt mit einem Essen in dem charmanten Stadthaus a. d. 16. Jh.! Unten die liebenswert-rustikale Weinstube Feyerabend, oben das Restaurant, in dem man mittags einfache und am Abend ambitioniert kocht. Es gibt auch Leckeres aus der eigenen Konditorei!

WINDECK

Nordrhein-Westfalen – 20 460 Ew. – Höhe 200 m – Siehe Regionalatlas **36-D13**

Berlin 592 km – Düsseldorf 114 km – Bonn 62 km – Limburg an der Lahn 71 km

Michelin Straßenkarte 543

In Windeck-Schladern

Bergischer Hof

Elmorestr. 8 ✉ 51570 – ✆ (02292) 22 83 – www.bergischer-hof.de – geschl. August

19 Zim – 52/68 € 82/99 € – ½ P

Rest – Karte 15/30 € – *(geschl. Sonntagabend - Montag)*

In dem denkmalgeschützten Haus mit typisch bergischer Schieferfassade erwarten Sie zeitgemäß ausgestattete Gästezimmer. Mit hübschem Garten. Gepflegtes ländliches Restaurant mit bürgerlichem Angebot.

WINDELSBACH – Bayern → Siehe Rothenburg ob der Tauber

WINDEN

Baden-Württemberg – 2 830 Ew. – Höhe 327 m – Siehe Regionalatlas **61-E20**

Berlin 771 km – Stuttgart 192 km – Freiburg im Breisgau 35 km – Offenburg 46 km

Michelin Straßenkarte 545

In Winden-Oberwinden Nord-Ost: 2 km über B 294

Elztalhotel
Am Rüttlersberg 5 (Süd: 2 km, über Bahnhofstraße) ✉ 79297 – ✆ (07682) 9 11 40 – *www.elztalhotel.de*
90 Zim – 149/198 € 258/356 € – 13 Suiten – ½ P
Rest – Menü 40 € – *(nur Abendessen für Hausgäste)*
Angefangen hat hier alles mit einer kleinen Pension in einem Schwarzwaldhof, die dank des großen Engagements von Familie Tischer über die Jahre zu einem komfortablen und zeitgemäßen Urlaubshotel gewachsen ist. Zuvorkommender Service samt diverser Aufmerksamkeiten, Verwöhnpension, Spa auf 6000 qm mit "Schwarzwald-Saunahaus", Floatinganlage, Beauty- und Sportangebot... das schätzen die vielen Stammgäste!

WINDSHEIM, BAD

Bayern – 11 820 Ew. – Höhe 321 m – Siehe Regionalatlas **49-J16**
Berlin 475 km – München 236 km – Nürnberg 68 km – Bamberg 72 km
Michelin Straßenkarte 546

Arvena Reichsstadt Hotel (mit Gästehaus) Zim,
Pastoriusstr. 5 ✉ 91438 – ✆ (09841) 90 70 – *www.arvena.de*
110 Zim – 82/98 € 102/124 € – 2 Suiten – ½ P
Rest *Alte Schule* – Menü 26/30 € – Karte 26/47 € – *(geschl. August 2 Wochen)*
Das schmucke Haupthaus hat eine lange Geschichte (es stammt a. d. J. 1350), davon zeugt auch der 15 m tiefe historische Brunnen, den Sie an der Rezeption bewundern können! Sie wohnen in zeitgemäßen, funktionellen Zimmern und gespeist wird in einem charmant eingerichteten Fachwerkhaus a. d. 16. Jh., die Küche ist international.

Zum Storchen (mit Gästehaus)
Weinmarkt 6 ✉ 91438 – ✆ (09841) 66 98 90 – *www.zumstorchen.de*
21 Zim – 65/95 € 95/135 € – ½ P **Rest** – Karte 18/38 €
Dieses ausgesprochen gepflegte Fachwerk-Gasthaus direkt am kleinen Weinmarkt schaut auf rund 250 Jahre Familientradition zurück. Dieses stolze Alter sieht man den geschmackvollen Zimmern und Juniorsuiten aber in keiner Weise an, denn hier heißt es schöner moderner Landhausstil! Im ländlich gehaltenen Restaurant bietet man bürgerliche und fränkische Küche.

WINGERODE

Thüringen – 1 240 Ew. – Höhe 290 m – Siehe Regionalatlas **29-J11**
Berlin 305 km – Erfurt 90 km – Göttingen 47 km – Nordhausen 43 km
Michelin Straßenkarte 544

Keppler's Ecke
Hauptstr. 52 ✉ 37327 – ✆ (03605) 50 16 66 – *www.kepplersecke.de*
18 Zim – 45/59 € 80/90 € – ½ P
Rest – Menü 15/20 € – Karte 16/24 € – *(geschl. Montag)*
Das hübsche Fachwerkhaus steht am Dorfplatz bei der Kirche. Ein sympathischer kleiner Familienbetrieb mit herzlicher, persönlicher Gästebetreuung. Wohnlich sind die individuellen Zimmer und der Frühstücksraum, zudem hat man ein Kosmetikstudio. Rustikales Ambiente im Restaurant und in der Jägerstube.

WINGST

Niedersachsen – 3 430 Ew. – Höhe 9 m – Siehe Regionalatlas **9-G5**
Berlin 383 km – Hannover 218 km – Cuxhaven 39 km – Bremerhaven 54 km
Michelin Straßenkarte 541

Oehlschläger-Stube
Bahnhofstr. 1, (B 73) ✉ 21789 – ✆ (04778) 2 79 – *www.hotel-peter-wingst.de – geschl. Mitte Januar - Mitte Februar und Dienstag - Donnerstag*
Menü 20/56 € – Karte 20/43 € – *(nur Abendessen, sonntags auch Mittagessen)*
Benannt nach dem Wingster Heimatmaler Mario Oehlschläger serviert man Ihnen - umgeben von Bildern des verstorbenen Künstlers - internationale Speisen.

WINKLARN – Bayern → Siehe Rötz

WINNENDEN

Baden-Württemberg – 27 600 Ew. – Höhe 292 m – Siehe Regionalatlas **55-H18**
▶ Berlin 599 km – Stuttgart 26 km – Schwäbisch Gmünd 44 km – Schwäbisch Hall 48 km
Michelin Straßenkarte 545

In Winnenden-Hanweiler Süd: 3 km

Traube mit Zim
Weinstr. 59 ✉ 71364 – ✆ (07195) 13 99 00 – www.traube-hanweiler.de – geschl. Mitte Februar - Anfang März, Ende Juli - Mitte August und Dienstag - Mittwoch
9 Zim ☕ – 🚹55 € 🚹🚹90 € Menü 29/45 € – Karte 15/43 €
Seit 1902 befindet sich der Gasthof in Familienbesitz, mit Frank Windeisen ist e[s] nun die 4. Generation. Als Spezialität bietet er Maultaschen und Wild - beliebt is[t] besonders die Wildschweinbratwurst! Verbinden Sie Ihren Besuch doch mit eine[r] Wanderung oder Radtour - es wimmelt nur so von schönen Wegen!

In Berglen-Lehnenberg Süd-Ost: 6 km

Blessings Landhotel
Lessingstr. 13 ✉ 73663 – ✆ (07195) 9 76 00 – www.blessings-landhotel.de
23 Zim ☕ – 🚹68/82 € 🚹🚹90/101 € **Rest** – Karte 17/50 € – *(geschl. Montag)*
Familie Blessing hat hier ein gepflegtes, funktionell ausgestattetes Hotel, das auc[h] durch seine Lage überzeugt: Zum einen hat man eine gute Anbindung an Stutt gart, zum anderen kann man die Natur rings um den kleinen Ort genießen - schön auch die Aussicht auf die Region. Im Restaurant gibt es eine saisona[l] geprägte Küche. Spezialität des Hauses ist der Likör "Johanniskräutle" (nac[h] Rezeptur der Großmutter).

WINSEN (LUHE)

Niedersachsen – 34 250 Ew. – Höhe 6 m – Siehe Regionalatlas **10-J6**
▶ Berlin 285 km – Hannover 132 km – Hamburg 36 km – Bremen 118 km
Michelin Straßenkarte 541

Storchennest
Tönnhäuser Weg 3 ✉ 21423 – ✆ (04171) 88 80 – www.hotel-storchennest.com
25 Zim ☕ – 🚹71/80 € 🚹🚹89/101 € – ½ P
Rest – Menü 15/27 € – Karte 14/28 € – *(geschl. 23. Dezember - 6. Januar, Juli - August 2 Wochen und Sonntag) (nur Abendessen)*
Die Zimmer in diesem Hotel sind funktionell und mit solider Technik ausgestat tet. Am Morgen bietet man ein reichhaltiges Frühstücksbuffet. PC-Office mi[t] Internet-Corner.

In Winsen-Pattensen Süd-West: 8 km

Maack-Kramer's Landgasthof
Blumenstr. 2 ✉ 21423 – ✆ (04173) 2 39 – www.maack-kramer.de – geschl. 20. Juli - 11. August und Montag - Dienstag
Menü 25 € – Karte 23/38 € – *(nur Abendessen, sonntags auch Mittagessen)* (Tischbestellung ratsam)
Mit Engagement leitet Familie Maack-Kramer den wirklich netten Gasthof, di[e] Küche ländlich, frisch, bodenständig. Neben "Sülzwurst", "Roastbeef mit Bratkartof feln" oder "Jägerschmaus" gibt es auch Saisonales. Schön die Terrasse zum Garten.

WINTERBACH – Baden-Württemberg ➔ Siehe Schorndorf

WINTERBERG

Nordrhein-Westfalen – 13 570 Ew. – Höhe 668 m – Siehe Regionalatlas **37-F12**
▶ Berlin 482 km – Düsseldorf 186 km – Arnsberg 56 km – Marburg 60 km
Michelin Straßenkarte 543

Oversum Vital Resort
Am Kurpark 6 ✉ 59955 – ✆ (02981) 92 95 50 – www.oversum-vitalresort.de
76 Zim ☕ – 🚹70/125 € 🚹🚹120/200 € – 4 Suiten – ½ P
Rest – Menü 29/58 € – *(nur Abendessen)*
Dieser Anblick ist nicht ganz alltäglich: Ein Hotel in Ei-Form! Mit seinem Namen - zusammengesetzt aus "Ovum" (lat. für "Ei") und "Universum" - steht es für kosmopolitisches Flair, und das spiegelt sich im schicken geradlinig-modernen Design wider - von der Lobby über die großflächig verglasten Zimmer (meist mit schöner Aussicht) bis zum Kosmetikbereich.

Engemann-Kurve
Haarfelder Str. 10 (B 236) ✉ 59955 – ✆ (02981) 9 29 40
– www.engemann-kurve.de – geschl. 28. Juni - 12. Juli
16 Zim ☕ – 🚹65/67 € 🚹🚹110/136 € **Rest** – Menü 30/45 € – Karte 29/46 €
Im Hotel der Familie Gebhardt überzeugen persönliche Gästebetreuung, solide, wohnliche Zimmer und ein gutes Frühstücksbuffet. Auf Anfrage bietet man auch Kosmetik und Massage.

Liebesglück
Nuhnestr. 5 ✉ 59955 – ✆ (02981) 9 22 30 – www.hotel-liebesglueck.de
23 Zim – 🚹40/60 € 🚹🚹80/120 €, ☕ 10 € – 5 Suiten – ½ P
Rest *Astenblick* – Menü 32/55 € – Karte 27/42 € – *(geschl. 22. März - 1. April, 16. - 3. November und Dienstag) (nur Abendessen)*
Das Hotel im Zentrum verfügt über recht unterschiedliche Zimmer (besonders hübsch sind die in den Ecktürmen!), dazu ein Freizeitangebot, zu dem Kosmetik sowie Walken, Wandern, etc. zählen, und auch ein hell und zeitlos gestaltetes Restaurant gehört zum Haus. Kinder erst ab 16 Jahre.

In Winterberg-Altastenberg West: 5 km über B 236

Berghotel Astenkrone
Astenstr. 24 ✉ 59955 – ✆ (02981) 80 90 – www.astenkrone.de
41 Zim ☕ – 🚹78/103 € 🚹🚹93/118 € – ½ P
Rest *Berghotel Astenkrone* – siehe Restaurantauswahl
Als Jab-Anstoetz-Unternehmen präsentiert sich das engagiert geführte Haus als "Showhotel" für wunderschöne und stimmig arrangierte Stoffe - zu bewundern in den individuellen und äußerst wohnlichen Zimmern und Juniorsuiten. Im Wellnessbereich heißt es Meersalzpeeling, Hydrothermalbad, Farblichtanwendung...

Berghotel Astenkrone – Berghotel Astenkrone
Astenstr. 24 ✉ 59955 – ✆ (02981) 80 90 – www.astenkrone.de
Menü 38/55 € – Karte 33/61 €
Viel Holz kombiniert mit attraktiven Stoffen aus bekanntem Hause sorgt für ein gemütliches Ambiente. Auf den gut eingedeckten Tisch kommt international-regionale Küche, auch in Form von Aktiv-Gerichten. Und wenn bei Ihnen mal eine Feier ansteht: Man hat hier schöne Nebenräume.

In Winterberg-Züschen Süd-Ost: 7 km Richtung Hallenberg

Mühlengrund
Nuhnetalstr. 114 (B 236) ✉ 59955 – ✆ (02981) 5 84
– www.hotel-muehlengrund.de – geschl. Ende Oktober - Mitte November
11 Zim ☕ – 🚹48/60 € 🚹🚹75/100 €
Rest – Menü 15/27 € – Karte 15/31 € – *(geschl. Dienstag)*
Dieser langjährige Familienbetrieb bietet seinen Gästen gepflegte praktische Zimmer und einen Garten mit Spielplatz und Minigolf. Auch für Biker eine interessante Adresse. Bürgerliches Angebot im Restaurant, im Sommer mit nettem kleinem Biergarten.

WINTERHAUSEN
Bayern – 1 470 Ew. – Höhe 188 m – Siehe Regionalatlas **49-I16**
Berlin 502 km – München 262 km – Würzburg 14 km – Kitzingen 13 km
Michelin Straßenkarte 546

Gasthof Schiff mit Zim

Fährweg 14 ✉ 97286 – ✆ (09333) 17 85 – www.hotel-schiff.de – geschl. 23. Dezember - 6. Januar und Sonntagabend
10 Zim – 59/99 € 79/99 € – ½ P Menü 25/45 € – Karte 26/33 €
In dem schönen Gasthof a. d. 16. Jh. lässt man sich in liebenswerten, hübsc dekorierten Räumen von der herzlichen Chefin umsorgen. Die Küche ist klas sisch-regional. Terrasse zum Main. Nette wohnlich-rustikale Gästezimmer, tei weise mit Mainblick.

WIRSBERG

Bayern – 1 950 Ew. – Höhe 370 m – Siehe Regionalatlas **51-L15**
Berlin 341 km – München 250 km – Coburg 60 km – Hof 41 km
Michelin Straßenkarte 546

Herrmann's Posthotel

Marktplatz 11 ✉ 95339 – ✆ (09227) 20 80 – www.herrmanns-posthotel.de
31 Zim – 95 € 151/216 € – 7 Suiten – ½ P
Rest *Alexander Herrmann* ✿ **Rest *AH - Das Bistro*** – siehe Restaurantauswah
Die Herrmanns sind stolz auf über 140 Jahre Familientradition. Stets um das Wo des Gastes bemüht, wird immer wieder investiert und verbessert, z. B. in For des geschmackvollen kleinen Kosmetikbereichs. Die Zimmer und Suiten gibt e als "Lifestyle" oder "Klassisch".

Reiterhof Wirsberg

Rest,

Sessenreuther Str. 50 (Süd-Ost: 1 km) ✉ 95339 – ✆ (09227) 20 40 – www.reiterhof-wirsberg.de
46 Zim – 97/161 € 158/245 € – ½ P
Rest – Menü 30 € (abends) – Karte 26/53 €
Schön die ruhige Lage etwas außerhalb des Ortes, wohnlich-gediegen da Ambiente, von der holzgetäfelten Lobby bis in die Komfort- und Superiorzimme sowie Juniorsuiten mit Empore (ideal für Familien). Die meisten Zimmer mit Blic über die Landschaft, ebenso das elegant-rustikale Restaurant und die Terrasse.

Alexander Herrmann – Herrmann's Posthotel

✿

Marktplatz 11 ✉ 95339 – ✆ (09227) 20 80 – www.herrmanns-posthotel.de – geschl. Sonntag, 12. Januar - 9. Februar: Sonntag - Mittwoch
Menü 100/178 € – Karte 87/107 € – *(nur Abendessen)*
Was Patron Alexander Herrmann und Tobias Bätz am Herd zum Besten geben, is kreative Küche in Form zweier Menüs: "Kontraste" und "Organic" heißen sie, da letztere ist rein vegetarisch. Und dazu vielleicht einen guten Frankenwein? De Rahmen: elegant und zurückhaltend modern. Eine Kochschule gibt es auch.
→ Bimi und Gewürze - wilder Brokkoli mit Safran mariniert, Yuzu-Gel, weißes Boh nenmus, orientalische Gewürze, getrocknete Auberginen, Kichererbsen. Süss un Sauer - gegrillter Lammrücken, geschmorter Rhabarber, karamellisierte Ofenscha lotten, Maisgrieß. Schwarz und Weiß - glasiertes Schwarzbroteis, Brotgewürzcra cker, geeister Quark, Vanillegel, Zitrone.

AH - Das Bistro – Herrmann's Posthotel

Marktplatz 11 ✉ 95339 – ✆ (09227) 20 80 – www.herrmanns-posthotel.de
Menü 35/62 € – Karte 39/50 €
Sie suchen eine günstigere und etwas legerere Alternative zum Gourmetresta rant des TV-bekannten Patrons? Dann probieren Sie in dem geradlinig-modern Bistro die fränkischen Tapas oder den fränkischen Schiefertrüffel (seit 1978)!

WISMAR

Mecklenburg-Vorpommern – 44 470 Ew. – Höhe 15 m – Siehe Regionalatlas **11-L4**
Berlin 234 km – Schwerin 32 km – Rostock 52 km – Lübeck 59 km
Michelin Straßenkarte 542

Wismar

Breite Str. 10, (Zufahrt Parkplatz über Böttcherstraße) ✉ 23966 – ✆ (03841) 22 73 40 – www.hotel-restaurant-wismar.de

15 Zim ☕ – 🚹65/75 € 👥80/95 € – ½ P **Rest** – Karte 20/35 €

Sie wohnen hier ideal direkt in der Altstadt und auch das Parken ist kein Problem (eigene Stellplätze!). Gemütliche Details in dem historischen Haus von 1896 sind warme Töne und teilweise Dachschrägen in den Zimmern sowie eine alte Holzdecke und -vertäfelungen im maritim-gediegenen Restaurant.

Fründts Hotel garni

Schweinsbrücke 1 ✉ 23966 – ✆ (03841) 2 25 69 82 – www.hotel-stadtwismar.de

33 Zim – 🚹46/52 € 👥60/68 €, ☕ 8 €

Nach bewegter Geschichte ist das Haus a. d. 18. Jh. heute wieder das, was es ursprünglich einmal war: ein Hotel - wiedereröffnet unter dem Namen von einst. Der Tag beginnt stilvoll: gutes Frühstück unter hoher Decke mit mächtigem Kronleuchter - oder "open air" auf der schönen Terrasse!

WISSEN

Rheinland-Pfalz – 8 130 Ew. – Höhe 200 m – Siehe Regionalatlas **37-D13**

Berlin 588 km – Mainz 127 km – Bonn 69 km – Limburg an der Lahn 67 km

Michelin Straßenkarte 543

Ambiente garni

Hockelbachstr. 2 ✉ 57537 – ✆ (02742) 9 32 40 – www.hotel-ambiente-wissen.de

8 Zim ☕ – 🚹61/67 € 👥81/88 €

Ein sehr persönlich geleitetes Haus in einer relativ ruhigen Wohngegend. In den Zimmern (alle im EG) erwarten Sie kleine Aufmerksamkeiten wie Wasserkocher, Badeartikel und Hausschuhe.

WITTDÜN – Schleswig-Holstein ➜ Siehe Amrum (Insel)

WITTENBERG (LUTHERSTADT)

Sachsen-Anhalt – 49 500 Ew. – Höhe 65 m – Siehe Regionalatlas **32-N10**

Berlin 108 km – Magdeburg 87 km – Leipzig 66 km – Dresden 151 km

Michelin Straßenkarte 542

Stadtpalais Wittenberg

Zim,

Collegienstr. 56 (Zufahrt über Wallstraße) ✉ 06886 – ✆ (03491) 42 50 – www.stadtpalais.bestwestern.de

78 Zim ☕ – 🚹79/102 € 👥99/124 € – ½ P

Rest – Karte 18/26 € – *(nur Abendessen)*

Die Lage in der Fußgängerzone und die komfortable Ausstattung mit eleganter Note sprechen für das Hotel. Vom Saunabereich im OG schaut man auf das Lutherhaus. Kosmetik und Massage. Das offen zur Halle hin gelegene Restaurant bietet internationale Küche.

Schwarzer Baer garni

Schlossstr. 2 (Zufahrt über Wallstraße) ✉ 06886 – ✆ (03491) 4 20 43 44 – www.stadthotel-wittenberg.de

32 Zim ☕ – 🚹55/65 € 👥75/85 €

Mitten in der Altstadt steht das seit 1520 existierende Gasthaus. Schönes modernes Interieur hinter einer denkmalgeschützten Fassade. Restaurant "Kartoffelhaus" nebenan.

WITTENBURG

Mecklenburg-Vorpommern – 4 880 Ew. – Höhe 40 m – Siehe Regionalatlas **11-K5**

Berlin 209 km – Schwerin 35 km – Lübeck 54 km – Rostock 113 km

Michelin Straßenkarte 542

Schwanenhof garni

Bahnhofstr. 12 ✉ 19243 – ✆ (038852) 61 80 – www.hotel-a24.de

23 Zim ☕ – 🚹49/55 € 👥68/80 €

In dem familiär geführten Hotel stehen freundliche und gut gepflegte Zimmer bereit - am schönsten ist Zimmer Nr. 17 mit großem Balkon zum Stadtteich. Reizvolle Terrasse.

WITTINGEN

Niedersachsen – 11 740 Ew. – Höhe 85 m – Siehe Regionalatlas **20-K7**
Berlin 265 km – Hannover 93 km – Schwerin 149 km – Celle 50 km
Michelin Straßenkarte 541

Wittinger Tor (mit Gästehaus)
Salzwedeler Str. 4 ✉ 29378 – ✆ (05831) 2 53 00 – www.wittinger-tor.de
16 Zim – 70/80 € 105/115 €
Rest – Menü 23/55 € – Karte 15/49 € – *(geschl. über Weihnachten) (nur Abendessen, sonntags auch Mittagessen)*
Das weiße Fachwerkhaus prägt wahrlich das Ortsbild! Wie ein Hobby scheint das Hotel für das Ehepaar Deck (er ist eigentlich Architekt), betrachtet man ihre Hingabe: Man kennt seine Stammgäste, die gediegene Einrichtung ist tipptopp gepflegt und wohnlich und die hübschen Stuben sind ein Sammelsurium von Antiquitäten, mit viel Liebe zum Detail gestaltet - besonders sehenswert die Weihnachtsdeko! Gespeist wird traditionell.

WITTLICH

Rheinland-Pfalz – 17 830 Ew. – Höhe 160 m – Siehe Regionalatlas **45-B15**
Berlin 681 km – Mainz 129 km – Trier 41 km – Koblenz 91 km
Michelin Straßenkarte 543

Lindenhof - Vulcano Spirit Zim,
Am Mundwald 5 (Süd: 2 km) ✉ 54516 – ✆ (06571) 69 20 – www.lindenhofwittlich.de
38 Zim – 90/110 € 140/160 € – ½ P **Rest** – Karte 29/41 €
Das Hotel liegt ruhig etwas außerhalb am Hang, so bieten einige Zimmer und vor allem die Terrasse des modernen Restaurants eine schöne Aussicht Richtung Wittlich. Buchen Sie eines der "Vulcano Fresh"-Zimmer - sie sind besonders freundlich gestaltet. Chic und trendig der Sauna- und Badebereich, auch Massage wird angeboten.

Well garni
Marktplatz 5, (1. Etage) ✉ 54516 – ✆ (06571) 9 11 90 – www.hotel-well.de – geschl. 20. - 31. Dezember
20 Zim – 55/75 € 85/115 € – 1 Suite
Hübsch anzuschauen ist die zum Marktplatz hin gelegene Fassade a. d. 17. Jh. Die Zimmer im Altbau sowie im rückwärtigen Anbau sind in klassischem Stil gehalten

In Dreis Süd-West: 8 km

Waldhotel Sonnora
Auf'm Eichelfeld 1 ✉ 54518 – ✆ (06578) 9 82 20 – www.hotel-sonnora.de – geschl. Ende Dezember - Ende Januar, Ende Juli - Mitte August
20 Zim – 100/250 € 140/300 €
Rest *Waldhotel Sonnora* ❀❀❀ – siehe Restaurantauswahl
Als Gourmetasdresse ist das Haus der Thieltges' wohl jedem bekannt, aber man kann hier auch richtig schön übernachten: Die Zimmer sind aufwändig oder auch etwas einfacher, aber immer wohnlich. Zudem genießt man auch im Hotelbereich das Engagement der Familie, nicht zu vergessen die herrlich ruhige Lage am Waldrand und der ausgesprochen gepflegte Garten!

XXXX ❀❀❀ **Waldhotel Sonnora** (Helmut Thieltges) – Waldhotel Sonnora
Auf'm Eichelfeld 1 ✉ 54518 – ✆ (06578) 9 82 20 – www.hotel-sonnora.de – geschl. Ende Dezember - Ende Januar, Ende Juli - Mitte August und Montag - Mittwochmittag
Menü 159/189 € – Karte 110/184 € – (Tischbestellung ratsam)
Helmut Thieltges steht für Perfektion am Herd, seine klassische Küche setzt auf vollen Geschmack, absolut erstklassige Produkte sind oberstes Gebot. Und das Niveau findet in Tischkultur und Service seine Fortsetzung: Die Chefin ist stets präsent, immer mit einem Lächeln und einem freundlichen Wort.
→ Kleine Torte vom Rinderfilet-Tatar mit Royal Select Kaviar und Kartoffelrösti. Atlantik Steinbutt mit Kaisergranat im knusprigen Pastilla gebacken mit Estragonsauce. Kross gebratenes Kalbsbries "Façon Rossini", Makkaroni-Charlotte und Eschalotten, Trüffelglace.

WITZHAVE

Schleswig-Holstein – 1 430 Ew. – Höhe 24 m – Siehe Regionalatlas **10**-J5
Berlin 260 km – Kiel 98 km – Hamburg 29 km – Lübeck 51 km
Michelin Straßenkarte 541

Pünjer

Möllner Landstr. 9 ✉ 22969 – ✆ (04104) 9 77 70 – www.hotel-puenjer.de – geschl. 22. Dezember - 5. Januar
36 Zim – 50/68 € 78/85 €
Rest – Karte 21/37 € – *(geschl. 1. - 4. Januar, 27. Juli - 9. August und Samstag - Sonntag) (nur Abendessen)*
Ein freundlich-familiär geleitetes Haus, das sich durch seine verkehrsgünstige Lage nahe der A 24, die praktische Ausstattung sowie das gute Preis-Leistungs-Verhältnis auszeichnet. Das Restaurant mit rustikaler Note verfügt über einen Wintergartenanbau.

WÖLLSTEIN

Rheinland-Pfalz – 4 420 Ew. – Höhe 130 m – Siehe Regionalatlas **47**-E15
Berlin 605 km – Mainz 36 km – Bad Kreuznach 10 km – Kaiserslautern 60 km
Michelin Straßenkarte 543

Wöllsteiner Weinstube

Eleonorenstr. 32 ✉ 55597 – ✆ (06703) 96 19 33 – www.woellsteiner-weinstube.de – geschl. Sonntag - Mittwoch
Karte 27/46 € – *(nur Abendessen)* (Tischbestellung ratsam)
Gemütlich sitzt man in dem reizenden Natursteinhaus in einer liebenswerten Weinstube mit Empore. Gekocht wird bürgerlich-regional mit internationalen Einflüssen. Lauschiger Innenhof.

WÖRISHOFEN, BAD

Bayern – 14 110 Ew. – Höhe 630 m – Siehe Regionalatlas **64**-J20
Berlin 612 km – München 80 km – Augsburg 62 km – Kempten (Allgäu) 53 km
Michelin Straßenkarte 546

Steigenberger Hotel Der Sonnenhof

Hermann-Aust-Str. 11 ✉ 86825 – ✆ (08247) 95 90 – www.spahotel-sonnenhof.de Rest,
143 Zim – 170 € 260 € – 13 Suiten – ½ P
Rest *CALLA* – siehe Restaurantauswahl
Rest *König Ludwig Lounge* – Karte 31/48 € – *(geschl. Sonntag) (nur Abendessen)*
Von Wohnkomfort über Wellness bis Kulinarik bekommt man hier einiges geboten. Sie genießen die ruhige Lage am Rande des Kneipp-Kurortes in einem hübschen Park, wohnen in stilvollen Zimmern (sehr gefragt die Familiensuiten) und entspannen im großzügigen Spa z. B. in drei verschiedenen Pools und in schicken modernen Ruheräumen. Gastronomisch ist die modern-rustikale König Ludwig Lounge mit ihren Allgäuer Köstlichkeiten eine attraktive Alternative zum CALLA. Sie kommen zum Tagen? Hierfür hat man ein Veranstaltungszentrum mit neuester Technik.

Fontenay

Eichwaldstr. 10 ✉ 86825 – ✆ (08247) 30 60 – www.hotel-fontenay.de
48 Zim – 145/233 € 266/370 € – 7 Suiten – ½ P
Rest *Fontenay* – siehe Restaurantauswahl
Vom ersten Moment an wird man von Hubertus Holzbock und seinem Team charmant und überaus zuvorkommend umsorgt, die Zimmer klassisch und elegant, der Wellnessbereich großzügig und ebenso komfortabel - bekannt ist man z. B. für die moderne Kneipp-Kur, Entspannung findet man aber auch bei zahlreichen anderen Anwendungen oder im schönen, ruhig gelegenen Park.

Edelweiß Rest,
Bürgermeister-Singer-Str. 11 ✉ 86825 – ✆ (08247) 3 50 10
– www.hotel-edelweiss.de – geschl. 23. November - 20. Dezember
43 Zim – 55/87 € 108/198 € – 2 Suiten – ½ P
Rest – *(nur für Hausgäste)*
Was die vielen Stammgäste hier schätzen, ist die sehr gepflegte gediegene Eir richtung, aber auch die Leitung durch Familie Schneid, die schon in 3. Generatio im Haus ist! Außerdem sorgen die ruhige Umgebung sowie Medical Wellnes Beauty & Co. für Erholung - und in der Bibliothek lässt es sich gut schmökern. Fra gen Sie nach den neuen Zimmern im zeitgemäßen Landhausstil!

Angerhof Rest,
Lerchenstr. 13 ✉ 86825 – ✆ (08247) 99 10 – www.angerhof.com
46 Zim – 52/99 € 100/144 € – 4 Suiten – ½ P
Rest – Menü 18/36 € – Karte 17/39 €
Seit 1963 und inzwischen in 3. Generation erweitert und verbessert Familie Sche gerer ihr Hotel stetig und so darf man sich hier auf wohnlich eingerichtete un nach Heilkäutern benannte Zimmer freuen (teilweise mit Balkon), ebenso au Wellnessangebote von medizinischer Massage über Thermalbad bis Beauty. Res taurantgäste sitzen im Wintergarten oder auf der Terrasse zum Wörthbach ar schönsten.

die Villa garni
Obere Mühlstr. 1 ✉ 86825 – ✆ (08247) 9 62 00 – www.villa-bad-woerishofen.de
– geschl. 24. Dezember - 6. Januar, 3. - 6. April, 23. Mai - 7 Juni, 10. - 16. Augus
10 Zim – 58 € 108/128 €
Das hier ist nicht nur ein sympathisch-familiäres kleines Hotel mit Themenzim mern ("Pur", "Kunst", "Schokolade"...), sondern gleichzeitig auch Kinderbuch und Deko-Laden sowie Café! Es gibt hausgemachten Kuchen und ein Tagesesser

Fontenay – Hotel Fontenay
Eichwaldstr. 10 ✉ 86825 – ✆ (08247) 30 60 – www.hotel-fontenay.de
Menü 35 € (mittags)/95 € – Karte 44/72 € – (Tischbestellung ratsam)
In dem eleganten Restaurant bietet man klassische Speisen, darunter das seh beliebte "am Tisch tranchierte Chateaubriand mit Sauce Béarnaise und Portwein jus" (für 2 Personen)! Dazu genießt man den aufmerksamen und zuvorkommen den Service.

CALLA – Steigenberger Hotel Der Sonnenhof
Hermann-Aust-Str. 11 ✉ 86825 – ✆ (08247) 95 90 – www.spahotel-sonnenhof.d
Menü 46/58 € – Karte 29/81 € – *(geschl. Montag - Dienstag)*
Die euro-asiatischen Gerichte von Jörg Richter lassen deutlich seine Zeit in Toki und Singapur erkennen. Beobachten Sie, wie die Crew in der offenen Showküch unter der Rubrik " Jörg Richters Spezial" z. B. "Duett vom Thunfisch und Gelb schwanzmakrele" zubereitet. Der Blick nach draußen in den Garten ist aber nich weniger reizvoll!

Muschitz
Fidel Kreuzerstr. 4, (im Münchner Haus) ✉ 86825 – ✆ (08247) 99 73 97
– www.muschitz-einrestaurant.de – geschl. 10. - 25. März und Dienstag
- Mittwoch
Menü 25 € (mittags)/75 € – Karte 30/58 €
Patron Frank Muschitz kocht in diesem freundlichen Restaurant (der schön Mosaikfußboden gibt dem Raum eine mediterrane Note) eine frische saisonal Küche, während sich die Chefin herzlich um die Gäste kümmert. Sehr belieb sind übrigens die Tagesmenüs - und im Sommer natürlich die große Terrasse!

WÖRTH AM RHEIN

Rheinland-Pfalz – 17 270 Ew. – Höhe 106 m – Siehe Regionalatlas **54**-E17
Berlin 681 km – Mainz 129 km – Karlsruhe 14 km – Landau in der Pfalz 23 km
Michelin Straßenkarte 543

n Wörth-Maximiliansau Süd-Ost: 1,5 km, jenseits der A 65

Zur Einigkeit
Karlstr. 16 ✉ 76744 – ✆ (07271) 44 44 – www.einigkeit-maximiliansau.de
– geschl. Juni 2 Wochen und Samstagmittag, Sonntag - Dienstagmittag
Menü 45/95 € – Karte 45/70 €
Hier kennt man sich und vertraut auf die Empfehlungen von Gastgeber Franz Klöfer - Freude am Essen ist schließlich seine Philosophie! Trotz aller Bodenständigkeit ist die Küche gehoben, und auf der Weinkarte findet sich Interessantes aus der Region oder auch aus Frankreich. Im Frühjahr ist die Schlachtplatte ein Muss! Kleiner Innenhof.

WOLFACH

Baden-Württemberg – 5 830 Ew. – Höhe 262 m – Siehe Regionalatlas **54-E19**
Berlin 750 km – Stuttgart 137 km – Freiburg im Breisgau 57 km – Freudenstadt 38 km
Michelin Straßenkarte 545

n Wolfach-Kirnbach Süd: 5 km

Kirnbacher Hof (mit Gästehaus)
Untere Bahnhofstr. 2 ✉ 77709 – ✆ (07834) 61 11 – www.kirnbacher-hof.de
20 Zim – 49/79 € 88/128 € – ½ P **Rest** – Karte 19/36 €
Hier lässt es sich schön wohnen, dafür sorgen die sympathisch-familiäre Atmosphäre und Zimmer zum Wohlfühlen (auch an Familien mit Kindern ist gedacht). Im Restaurant fährt man zweigleisig: zum einen bürgerliche Gerichte, zum anderen ein modern inspiriertes Menü.

n Wolfach-St. Roman Nord-Ost: 12 km Richtung Schiltach, nach 7 km links – Höhe 673 m

Adler
St. Roman 14 ✉ 77709 – ✆ (07836) 9 37 80 – www.naturparkhotel-adler.de
56 Zim – 82/134 € 144/228 € – 1 Suite – ½ P
Rest *Adler* – siehe Restaurantauswahl
Hier begann alles 1659 mit einem Gasthof für Pilger, seither ist das Haus in der Hand der Familie Haas, die das immer wieder erweiterte Hotel engagiert leitet. Neben wohnlichen Zimmern im gehobenen Landhausstil hat man im neuesten Anbau ebenso komfortable, nur eben modernere Zimmer. Einladend ist auch der Wellnessbereich samt Saunen, Innen- und Außenpool, Panoramaterrasse und Beautyangebot. Bei Familien kommen die Appartements und das Spielzimmer gut an.

Adler – Hotel Adler
St. Roman 14 ✉ 77709 – ✆ (07836) 9 37 80 – www.naturparkhotel-adler.de
Menü 25/48 € – Karte 25/51 €
Wo möchten Sie speisen? In ländlich-gemütlichen Stuben mit Kachelofen oder im lichten Wintergarten? Freundlich umsorgt werden Sie hier wie dort (und natürlich auch auf der schönen Terrasse), und zwar mit regionalen Gerichten zu fairen Preisen wie "Apfel-Selleriesuppe" oder "Sauerbraten von Adlerwirt's Weideochsen".

WOLFEGG

Baden-Württemberg – 3 450 Ew. – Höhe 674 m – Siehe Regionalatlas **63-H21**
Berlin 706 km – Stuttgart 173 km – Tübingen 138 km – Appenzell 96 km
Michelin Straßenkarte 545

n Wolfegg-Alttann Nord: 2 km

Allgäuer Hof Rest,
Waldseer Str. 36 ✉ 88364 – ✆ (07527) 2 90 – www.landhotel-allgaeuer-hof.de
57 Zim – 77/87 € 115/135 € – ½ P **Rest** – Karte 19/31 €
Das im Ort am Hang gelegene Hotel bietet helle, wohnliche Komfortzimmer und einen schönen Freizeitbereich in klarem modernem Stil. Ältere, preigünstigere Zimmer im Haus Oberschwaben. Teil des Restaurants ist die ganz in hellem Holz gehaltene Wolfegg-Stube.

WOLFENBÜTTEL

Niedersachsen – 53 430 Ew. – Höhe 75 m – Siehe Regionalatlas **30-J9**

Berlin 240 km – Hannover 74 km – Braunschweig 12 km – Goslar 31 km

Michelin Straßenkarte 541

Parkhotel Altes Kaffeehaus

Harztorwall 18 ✉ 38300 – ✆ (05331) 88 80 – www.parkhotel-wolfenbuettel.de

75 Zim – †83/93 € ††114/139 € – ½ P

Rest – Menü 22/42 € – Karte 17/42 € – *(nur Abendessen, sonntags auch Mittagessen)*

Sie sind noch erhalten, die denkmalgeschützten Mauern, in denen 1838 da namengebende Kaffeehaus eröffnet wurde! Heute befindet sich in dieser alte Weingrotte mit schönem Gewölbe das Restaurant. Die Zimmer solide, gepfleg und mit rustikalem Charme. Im Sommer können Sie auf der Terrasse auch früh stücken und dabei den Parkblick genießen.

Rilano 24/7 garni

Bahnhofstr. 9 ✉ 38300 – ✆ (05331) 9 88 60 – www.rilano.com

48 Zim – †74/104 € ††84/114 €, 11 €

Nicht nur praktisch, sondern auch sehr chic: Zum einen liegt das Hotel verkehrs günstig am Altstadtrand (gleich beim Bahnhof), zum anderen ist der stilvolle top moderne Style der Zimmer ein echter Hingucker: klares Design, ein Mix aus Wei und Lila, dazu dunkler Holzboden! Angeschlossen ist ein Freizeitcenter, und par ken kann man hier auch gut.

WOLFRATSHAUSEN

Bayern – 18 000 Ew. – Höhe 576 m – Siehe Regionalatlas **65-L21**

Berlin 622 km – München 39 km – Garmisch-Partenkirchen 57 km – Bad Tölz 23 km

Michelin Straßenkarte 546

Haderbräu Stuben

Untermarkt 17 ✉ 82515 – ✆ (08171) 4 80 49 51 – www.haderbraeu-wolfratshausen.de – geschl. 10. - 24. August und Sonntag - Montagmittag

Menü 37/49 € (abends) – Karte 32/50 € – *(Oktober - April: nur Abendessen)*

Dass er kochen kann, beweist Maximilian Plötz z. B. mit "Tafelspitz in der Senf kruste" oder "geschmorter Ochsenbacke mit Steckrüben" - feine alpenländisch Küche aus frischen Produkten. Gemütlich die zwei Stuben, hübsch der Innenhof.

WOLFSBURG

Niedersachsen – 121 460 Ew. – Höhe 63 m – Siehe Regionalatlas **20-K8**

Berlin 222 km – Hannover 91 km – Magdeburg 83 km – Celle 80 km

Michelin Straßenkarte 541

The Ritz-Carlton

Parkstr. 1 (Autostadt) ✉ 38440 – ✆ (05361) 60 70 00 – www.ritzcarlton.de/wolfsburg Stadtplan : B1

147 Zim – †265/425 € ††265/425 €, 29 € – 23 Suiten

Rest *Aqua* ✿✿✿ – siehe Restaurantauswahl

Rest *Terra* – Karte 41/47 € – *(geschl. Sonntagmittag)*

Im Herzen der Autostadt liegt eines der Flaggschiffe der norddeutschen Hotel lerie! Nach intensiver Renovierung ist hier alles noch etwas schicker und edler vom attraktiven öffentlichen Bereich über die intime Bar bis zu den wohnlich-wer tigen Zimmern. Nach wie vor ein Eyecatcher: der schwimmende Außenpool! Neu "Terra" mit moderner, frischer, leichter Küche.

INNSIDE by Melia (N)

Heinrich-Nordhoff-Str. 2 ✉ 38440 – ✆ (05361) 6 09 00 – www.innside.com Stadtplan : B1

219 Zim – †199 € ††249 €

Rest *Ven* – siehe Restaurantauswahl

Topmodern in Design und Technik! Das komfortable Businesshotel liegt güns tig nahe Hauptbahnhof, "phaeno" (Wissenschaftsmuseum) und Autostadt. In der Zimmern puristischer Look in schickem Schwarz-Silber-Weiß, toll die Aussicht vo Sky-Bar und Dachterrasse! Gut auch die Tagungsmöglichkeiten.

Parkhotel Wolfsburg

Unter den Eichen 55 über B2, Richtung Helmstedt ✉ *38446 –* ✆ *(05361) 50 50 – www.parkhotel-wolfsburg.de*

30 Zim ☕ – 🚹120/140 € 🚹🚹150 € – ½ P

Rest *Parkhotel Wolfsburg* – siehe Restaurantauswahl

Sie hätten es gerne ruhig und dennoch zentral? Hier wohnen Sie im Grünen und das eigentlich mitten in Wolfsburg! Seit seiner umfassenden Renovierung vor einigen Jahren hat das Hotel modern-funktionelle Zimmer, die ebenso praktisch wie wohnlich sind. Wie wär's nach dem guten Frühstück mit einem Spaziergang im Wald? Für Langzeitgäste vermietet man auch Appartements in der Umgebung.

einschlaf garni

An der St. Annen Kirche 24 ✉ *38440* Stadtplan : B1**s**

– ✆ *(05361) 70 97 44 – www.einschlaf.de*

5 Zim – 🚹98/149 € 🚹🚹129/149 €, ☕ 19 €

Es ist schon ein bemerkenswertes Haus: bemerkenswert klein, bemerkenswert individuell und geschmackvoll und vor allem bermerkenswert herzlich geführt von Tobias Senft! Im alten Bauernhaus befindet sich ein modernes Café, im ehemaligen Schweinestall wird gefrühstückt (das Buffet ist ein weiteres bemerkenswertes Detail) und im einstigen Heuschober wird gewohnt - da kommt man gerne wieder, denn hier kann man ja nur gut schlafen!

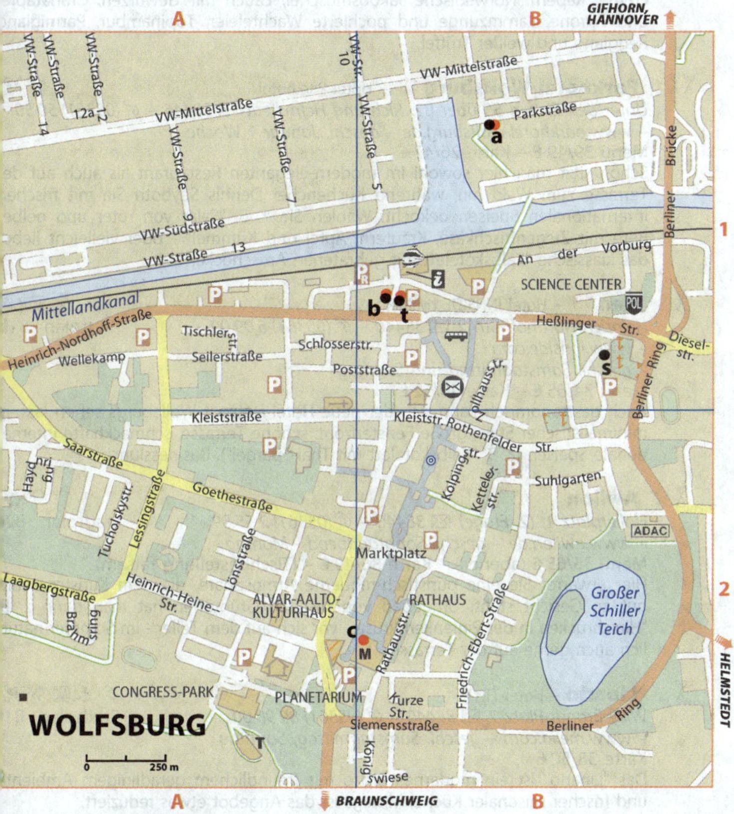

TRYP

Willy-Brandt-Platz 2 ✉ 38440 – ✆ (05361) 89 90 00 Stadtplan : B1

– www.tryphotels.com/wolfsburg

121 Zim – 100/199 € 139/238 € – ½ P

Rest *Linario* – siehe Restaurantauswahl

Wer in dem sehr gut besuchten Hotel nahe Bahnhof und Autostadt übernachten möchte, sollte zeitig buchen! Der Komfort stimmt: Dank stetiger Investitionen dar man vom Kopfkissen bis zum Schallschutzfenster hochwertiges Interieur erwarten und auch das Frühstück wird Sie nicht enttäuschen!

Aqua – Hotel The Ritz-Carlton

Parkstr.1 (Autostadt) ✉ 38440 – ✆ (05361) 60 60 56 Stadtplan : B1a

– www.restaurant-aqua.com

– geschl. Anfang Januar 2 Wochen, über Ostern 1 Woche, Juli - August 3 Wochen und Sonntag - Montag

Menü 145/215 € – Karte 125/173 € – *(nur Abendessen)* (Tischbestellung ratsam)

Das "Aqua" ist nicht nur ein "High-Class-Restaurant", es gehört in die Riege de absoluten Top-Adressen, auch über die Grenzen Deutschlands hinaus! Klassisch-modern, kontrastreich und aromenintensiv, so kocht Sven Elverfeld (inzwischer übrigens im 15. Jahr!), auf Chichi verzichtet er gänzlich! Klares Design vom Feinsten, der Service charmant und völlig unprätentiös.

➜ Gillardeau Austern mit Rinderrohfleisch und gelierte Essenz, Sardellen-Zwiebelcreme, Kapern. Norwegische Jakobsmuschel, Lauch mit Gewürzen, Granatapfe und Zitrone. Lammzunge und pochierte Wachteleier, Topinambur, Parmigiano Reggiano und weißer Trüffel.

Parkhotel Wolfsburg – Hotel Parkhotel

Unter den Eichen 55 über B2, Richtung Helmstedt ✉ 38446 – ✆ (05361) 50 50 – www.parkhotel-wolfsburg.de – geschl. Januar 1 Woche

Menü 39/49 € – Karte 26/47 €

Schön sitzt man hier sowohl im modern-eleganten Restaurant als auch auf de Terrasse zum Wald hin, während Küchenchef Dennis Seyboth Sie mit frischer internationalen Speisen bekocht. Wählen Sie z. B. "Salat von roter und gelbe Bete mit Ziegenfrischkäse, Kräutern, Apfel und Kümmel" - oder vielleicht liebe das klassische "Kalbskotelett mit gebratenen Artischocken?

Ven – Hotel INNSIDE by Melia

Heinrich-Nordhoff-Str. 2 ✉ 38440 – ✆ (05361) 6 09 00 Stadtplan : B1b

– www.innside.com

– geschl. Samstagmittag und Sonntag

Menü 34/65 € – Karte 40/52 €

Auch gastronomisch kann sich der neue Hotel-Hotspot Wolfsburgs sehen lassen minimalistischer Style, große Fensterfront, schöne Terrasse, schmackhafte internationale Speisen (z. B. "Kalbskotelett mit Thai-Spargel"). Businesslunch.

Awilon

Hollerplatz 1, (2. Etage) ✉ 38440 – ✆ (05361) 2 55 99 Stadtplan : B2

– www.awilon.de – geschl. Sonntagabend - Montag

Menü 35/65 € (abends) – Karte 36/49 € – (Tischbestellung ratsam)

Hier erwartet Sie eine puristisch-moderne Atmosphäre, die dem Kunstmuseum gut zu Gesicht steht. Umgeben von frischen Grüntönen hat man dann z. B "Hirschrücken in der Pinienkernkruste" vor sich auf dem Teller - im Sommer natürlich auch gerne auf der Terrasse.

Linario – Hotel TRYP

Willy-Brandt-Platz 2 ✉ 38440 – ✆ (05361) 89 90 00 Stadtplan : B1

– www.melia.com – geschl. Samstagmittag, Sonntag

Karte 38/50 €

Das "Linario" ist ein modernes Bistro mit freundlichem geradlinigem Ambiente und frischer saisonaler Küche. Mittags ist das Angebot etwas reduziert.

In Wolfsburg-Fallersleben West: 6 km über Heinrich-Nordof-Straße A1, Richtung Salzwedel

Ludwig im Park

Zim,

Gifhorner Str. 25 ✉ *38442 – ✆ (05362) 94 00 – www.ludwig-im-park.de*
42 Zim – 130/145 € 145/165 € – 4 Suiten – ½ P
Rest *La Fontaine* – siehe Restaurantauswahl
Rest *Hoffmann Stübchen* – Karte 26/45 € – *(geschl. Sonntag - Montag) (nur Abendessen)*
Klassisch-stilvoll und komfortabel wohnt es sich in dem Hotel im Schwefelpark - von den meisten Zimmern hat man sogar Parkblick. Geheimtipp nicht nur für Hausgäste: das rustikale kleine Hoffmann Stübchen. Hier bekommen Sie unter der Woche abends Gulaschsuppe, Schweinemedaillons oder einfach ein Rumpsteak.

La Fontaine – Hotel Ludwig im Park

Gifhorner Str. 25 ✉ *38442 – ✆ (05362) 94 00 – www.ludwig-im-park.de – geschl. 1. - 18. Januar und Sonntag - Montag*
Menü 78/98 € – Karte 63/80 € – *(nur Abendessen)*
Einer der Klassiker der gehobenen Gastronomie Niedersachsens und elegant wie eh und je. Aufmerksamer Service und geschmackvolle Einrichtung schaffen den passenden Rahmen für Hartmut Leimeisters feine französische Küche, die sich ganz auf die ausgezeichneten Produkte konzentriert. Nicht mehr wegzudenken sind die frischen Meeresfrüchte aus dem Bassin!
→ Gebackene Langostinos mit Koriandermayonnaise und mariniertem Spargel. Halber Hummer auf feinen Nudeln mit Blattspinat und Hummer-Champagnersauce. Überbackener Lammrücken mit gebratenen Pfifferlingen, Thymianjus, Auberginenpüree und confierte Tomaten.

In Wolfsburg-Neuhaus Ost: 5 km über Heßlinger Straße Stadtplan : B1

An der Wasserburg

An der Wasserburg 2 ✉ *38446 – ✆ (05363) 94 00 – www.an-der-wasserburg.de*
62 Zim – 105/165 € 140/195 € – 3 Suiten
Rest *Saphir* **Rest *Kristall*** – siehe Restaurantauswahl
Ein sehr komfortables und modernes Businesshotel mit High-End-Technik: Alle Zimmer verfügen z. B. über eine Apple-TV-PC-Kombination! Zu den unterschiedlich geschnittenen Zimmern und variablen Tagungsräumen im eigenen Zentrum kommt noch ein umfassender Spa.

Saphir – Hotel An der Wasserburg

An der Wasserburg 2 ✉ *38446 – ✆ (05363) 94 00 – www.an-der-wasserburg.de – geschl. Januar 1 Woche, August 3 Wochen und Sonntag - Montag*
Menü 65/98 € – *(nur Abendessen)* (Tischbestellung erforderlich)
In dem kleinen Gourmetrestaurant geht es nicht um Edelsteine, sondern um die geschmacksintensive, feine und moderne Küche von Silvio Lange und seinem Team. Für den stimmigen Rahmen ist nicht zuletzt der umsichtige Service verantwortlich.
→ St. Jakobsmuschel, Karotte, Safran. Rehrücken, Aprikose, Pfifferlinge, Sellerie. Himbeere, Vanille, Verbene.

Kristall (N) – Hotel an der Wasserburg

An der Wasserburg 2 ✉ *38446 – ✆ (05363) 94 00 – www.an-der-wasserburg.de*
Menü 34/55 € – Karte 29/47 €
Auch im zweiten Restaurant des Tagungs- und Wellnesshotels darf man niveauvolle Küche erwarten, und die wird in neuem, frischem Ambiente serviert! Auf der Speisekarte liest man z. B. "gratinierter Ziegenkäse in der Kräuterkruste" oder "geschmortes Ochsenbäckchen".

In Wolfsburg-Sandkamp West: 3 km über Heinrich-Nordoff-Straße Stadtplan : A1

Jäger (mit Gästehaus)
Eulenweg 3 ✉ 38442 – ✆ (05361) 3 90 90 – www.hotel-jaeger-wolfsburg.de
60 Zim – †67/135 € ††100/160 € – ½ P
Rest Jott – ✆ (05361) 39 09 95 – Karte 22/40 € – *(geschl. Samstagmittag, Sonntagmittag)*
Die ist sicher eines der bestgeführten Hotels in und um Wolfsburg, denn Chefin Annegret Schmidt ist Gastgeberin aus Passion und steckt viel Herzblut in ihr Haus! Es wird ständig investiert, erstklassige Pflege ist selbstverständlich, und wer's besonders chic mag, sollte die neuen, topmodernen und gleichzeitig schön wohnlichen Zimmer im Gästehaus reservieren! Einladend auch die großzügige Lobby und das freundliche Restaurant - hier isst man international.

In Wolfsburg-Westhagen West: 5 km über Heinrich-Nordoff-Straße
Stadtplan : A1

Strijewski's
Rostocker Str. 2 ✉ 38444 – ✆ (05361) 8 76 40 – www.hotel-strijewski.de
50 Zim – †98/120 € ††123/160 € – ½ P
Rest – Menü 25 € – Karte 17/38 € – *(geschl. Samstag)*
Das in einem Wohngebiet gelegene Hotel wird gut geführt und ist tipptopp gepflegt. Die Zimmer sind komfortabel - immer wieder werden sie renoviert und aufgefrischt, sehr gut sind Technik und Funktionalität. Modern und in warmen Farben zeigt sich das Restaurant, bürgerlich die Küche. Praktisch ist die Anbindung an Autobahn und Stadt.

In Weyhausen Nord-West: 9 km über Berliner Brücke Stadtplan : B1, Richtung Hannover

Alte Mühle Rest,
Wolfsburger Str. 72 (B188) ✉ 38554 – ✆ (05362) 9 80 00 – www.altemuehle.bestwestern.de
52 Zim – †99/139 € ††107/147 €, 14 € – ½ P
Rest – Menü 26 € (mittags) – Karte 27/41 € – *(geschl. Samstagmittag)*
Zum einen ist hier die Lage günstig (gute Autobahnanbindung), zum anderen überzeugen die Zimmer mit viel Platz und einem frischen modernen Ambiente. Nach dem Essen - die Küche ist international ausgerichtet - können Sie es sich noch in der großzügigen Bar gemütlich machen.

WOLGAST

Mecklenburg-Vorpommern – 11 970 Ew. – Höhe 20 m – Siehe Regionalatlas **14-P4**
Berlin 210 km – Schwerin 193 km – Rügen (Bergen) 90 km – Greifswald 34 km
Michelin Straßenkarte 542

Peenebrücke garni
Burgstr. 2 ✉ 17438 – ✆ (03836) 2 72 60 – www.hotel-peenebruecke.de – geschl. Ende Dezember - Anfang Januar
20 Zim – †54/104 € ††69/114 €
Ein gepflegtes rekonstruiertes Patrizierhaus a. d. 16. Jh. Nett ist der freundliche Frühstücksraum mit freigelegtem Fachwerk. Einige geräumige Appartements sind gut für Familien geeignet.

WOLMIRSTEDT

Sachsen-Anhalt – 12 010 Ew. – Höhe 51 m – Siehe Regionalatlas **31-L9**
Berlin 152 km – Magdeburg 14 km – Gardelegen 50 km – Stendal 47 km
Michelin Straßenkarte 542

Wolmirstedter Hof
August-Bebel-Str. 1 (Zufahrt über Friedensstraße) ✉ 39326 – ✆ (039201) 2 27 27 – www.wolmirstedter-hof.de
20 Zim – †45/60 € ††67/77 €, 5 € – ½ P
Rest – Karte 16/25 € – *(geschl. Sonntagabend - Montagmittag)*
Sehr gepflegte Gästezimmer bietet der Inhaber in seinem kleinen Hotel in der Ortsmitte. In einem der Zimmer schläft man sogar in einem Wasserbett. In gemütlich-uriger Atmosphäre trinkt man zu böhmischen Gerichten das bekannte tschechische Bier Starobrno.

WOLPERTSWENDE – Baden-Württemberg ➜ Siehe Weingarten

WORMS

Rheinland-Pfalz – 81 740 Ew. – Höhe 100 m – Siehe Regionalatlas **47-F16**
Berlin 607 km – Mainz 45 km – Mannheim 25 km – Darmstadt 43 km
Michelin Straßenkarte 543

Parkhotel Prinz Carl

Rest, Rest,

Prinz-Carl-Anlage 10 ✉ 67547 – ✆ (06241) 30 80 – www.parkhotel-prinzcarl.de – geschl. 24. Dezember - 2. Januar
88 Zim – 88/128 € 131/161 € – 2 Suiten – ½ P
Rest – Menü 21/45 € – Karte 28/55 € – *(geschl. Samstagmittag, Sonntag sowie an Feiertagen)*
Schöne historische Gebäude - darunter "Kunsthaus" und "Kapelle" - auf einem ehemaligen Kasernengelände. Das Hotel ist auf Businessgäste zugeschnitten und bietet wohnliche Zimmer und Suiten. Internationale Küche im Restaurant.

Central garni

Kämmererstr. 5, (1. Etage) (Zufahrt über Schildergasse 3) ✉ 67547 – ✆ (06241) 6 45 70 – www.centralhotel-worms.de
19 Zim – 61/70 € 87/95 €
Ein gut geführtes Etagenhotel am Anfang der Fußgängerzone gegenüber dem Marktplatz, in dem gepflegte zweckmäßige Zimmer bereitstehen.

Tivoli

Adenauer-Ring 4b ✉ 67547 – ✆ (06241) 2 84 85 – geschl. Montag
Karte 20/51 €
Auch nach 35 Jahren bleibt man in diesem Familienbetrieb in der Innenstadt seiner italienischen Frischeküche treu. Die Gäste schätzen den persönlichen Service.

WORPSWEDE

Niedersachsen – 9 410 Ew. – Höhe 17 m – Siehe Regionalatlas **18-G6**
Berlin 383 km – Hannover 142 km – Bremen 26 km – Bremerhaven 59 km
Michelin Straßenkarte 541

Eichenhof

Ostendorfer Str. 13 ✉ 27726 – ✆ (04792) 26 76 – www.eichenhof-worpswede.de
20 Zim – 81/110 € 158/165 € – ½ P
Rest – Menü 35/55 € – Karte 32/56 € – *(geschl. Montag, Oktober - März: Sonntag - Montag) (nur Abendessen)*
Eine lange Eichenallee führt Sie zu dem ehemaligen Landgut, dessen geschmackvoll eingerichtete Gebäude in einem Park mit altem Baumbestand stehen. Im modernen Restaurant gibt es z. B. "Dorade auf Zucchini-Auberginen-Gemüse" oder "gebratenen Lammrücken mit Rosmarin-Sauce" - oder vielleicht einfach eine Quiche?

Buchenhof garni

Ostendorfer Str. 16 ✉ 27726 – ✆ (04792) 9 33 90 – www.hotel-buchenhof.de
28 Zim – 60/78 € 95/130 €
Die einstige Künstlervilla besticht durch ihre liebevolle Einrichtung mit zahlreichen schönen Antiquitäten. Hübsch auch das Café "Hans am Ende" - lecker die hausgemachten Torten! Von der Terrasse schaut man in den tollen Garten.

Village Hotel am Weyerberg

Zim,

Bergstr. 22 ✉ 27726 – ✆ (04792) 9 35 00 – www.village-worpswede.de
9 Zim – 76/92 € 136/160 € **Rest** – Karte 27/45 €
"Hotel - Bar - Café - Bistro", so das Motto hier. Ein kleines Hotel in der Ateliergegend mit wohnlich-individuellen Maisonetten und modernem Café-Restaurant mit internationalem Angebot wie Pasta, Flammkuchen, feinen Fisch- und Fleischgerichten, aber auch Rustikalem wie Sülze oder Matjes.

Kaffee Worpswede

Lindenallee 1 ✉ 27726 – ✆ (04792) 10 28 – www.kaffee-worpswede.de – geschl. Montag - Dienstag
Menü 38/45 € (abends) – Karte 33/57 € – (Tischbestellung ratsam)
Viele Gäste kommen wegen des Schnitzels "Wiener Art" hierher, gefragt sind am Mittag auch die hausgemachten Frikadellen! Abends wird aufwändiger gekocht: Wachtelbrust, Dry Aged Rumpsteak, Thunfischfilet... Das sehenswerte Anwesen stammt von 1925, der Künstler und Architekt Bernhard Hoetger hat es gestaltet.

Kays Culinarium (N)

Findorffstr. 21 ✉ 27726 – ✆ (04792) 9 87 89 43 – www.kays-culinarium.de – geschl. Dienstag - Mittwoch
Menü 29 € – Karte 34/45 €
Machen Sie's wie die vielen Stammgäste hier und sagen Sie einfach, was Sie gerne essen möchten - in diesem charmanten, ungezwungenen Lokal geht man gerne auf Ihre Wünsche ein! Natürlich können Sie aber auch von der Speisekarte wählen.

WREMEN

Niedersachsen – 1 970 Ew. – Höhe 2 m – Siehe Regionalatlas **8-F5**
Berlin 419 km – Hannover 199 km – Bremerhaven 16 km – Cuxhaven 30 km
Michelin Straßenkarte 541

Gasthaus Wolters - Zur Börse

Lange Str. 22 ✉ 27638 – ✆ (04705) 12 77 – www.zur-boerse.de – geschl. Ende März - Anfang April 2 Wochen, Oktober - November 3 Wochen; Januar - Juli: Dienstag - Mittwoch, August - Dezember: Dienstag - Mittwochmittag
Menü 28 € (vegetarisch)/54 € – Karte 27/46 € – (Tischbestellung ratsam)
Neben der Kirche steht das nette Gasthaus a. d. 18. Jh., das einst der Viehbörse diente. In gediegenem Ambiente bietet man schmackhafte Speisen mit reichlich regionalen Produkten der Saison. Probieren Sie "Kalbsbäckchen vom Wurster Niederungsrind" oder "Röhrkohl", eine heimische Spezialität! Ein Muss auch die leckere "Rote Grütze mit Vanillesoße".

WÜRSELEN

Nordrhein-Westfalen – 37 700 Ew. – Höhe 195 m – Siehe Regionalatlas **35-A12**
Berlin 635 km – Düsseldorf 80 km – Aachen 9 km – Mönchengladbach 47 km
Michelin Straßenkarte 543

Alte Feuerwache - Podobnik's Gourmet Restaurant

Oppener Str. 115 ✉ 52146 – ✆ (02405) 4 29 01 12 – www.alte-feuerwache-wuerselen.de – geschl. Januar 1 Woche, Mai 2 Wochen, September 2 Wochen und Sonntag - Montag
Menü 90/135 € – *(nur Abendessen)* (Tischbestellung erforderlich)
Mit nur vier Tischen und modern-elegantem Interieur hat dieses Gourmet-Séparée schon etwas Exklusives - genau richtig für das bewährte Küchenkonzept von Kurt Podobnik mit seinem 4- bis 7-gängigen Menü!
→ Gebackener Kaisergranat mit Spargel, Zuckerschoten und Krustentier-Basilikum-Sud. Spanferkelkotelette und Confit von der Keule, Zwiebel-Minzsauce, Serviettenknödel. Süppchen vom griechischem Joghurt mit gelierter Ananas, rotem Curryöl und Kokossorbet.
Rest *Alte Feuerwache - Podobnik's Bistro* – siehe Restaurantauswahl

Alte Feuerwache - Podobnik's Bistro

Oppener Str. 115 ✉ 52146 – ✆ (02405) 4 29 01 12 – www.alte-feuerwache-wuerselen.de – geschl. Sonntag - Montag
Menü 39 € (mittags)/58 € – Karte 37/57 €
Geradliniges Design und ungezwungene Atmosphäre, dazu geschulter Service und gutes Essen... das kommt an! Man kann in die Küche schauen, während dort schmackhafte überwiegend regional-saisonale Speisen zubereitet werden.

WÜRZBURG

Bayern – 133 800 Ew. – Höhe 177 m – Siehe Regionalatlas **49-I15**
Berlin 500 km – München 281 km – Frankfurt am Main 119 km – Nürnberg 110 km
Michelin Straßenkarte 546

Hotels

Maritim
Rest,

Pleichertorstr. 5 ✉ 97070 – ✆ (0931) 3 05 30 – www.maritim.de Stadtplan : A1**k**

285 Zim – 99/274 € 144/319 €, 18 € – 2 Suiten – ½ P

Rest – Karte 21/42 €

Rest *Viaggio* – ✆ (0931) 3 05 38 77 – Menü 38/84 € – Karte 33/76 € – *(geschl. 23. Dezember - 6. Januar, 30. Juli - 1. September) (nur Abendessen)*

An das Kongresszentrum angeschlossenes Hotel direkt am Mainufer, ganz in der Nähe der Altstadt. Viele der Zimmer zum Innenhof und mit Balkon; auch Allergikerzimmer. Elegantes Viaggio mit internationaler Küche, regionales Angebot in der Weinstube.

Rebstock

Neubaustr. 7 ✉ 97070 – ✆ (0931) 3 09 30 – www.rebstock.com Stadtplan : A2**v**

67 Zim – 111/174 € 220/234 €, 15 € – 3 Suiten

Rest *KUNO 1408* – siehe Restaurantauswahl

Rest *SALON* – Karte 22/42 € – *(geschl. Sonntag)*

Das Hotel hat eine hübsche denkmalgeschützte Rokokofassade, hinter der sich u. a. die besonders ansprechenden Komfortzimmer mit Lounge-Design und guter Technik sowie die Suite mit Blick auf die Festung verbergen. Im SALON bekommen Sie eine regional beeinflusste internationale Küche vom "Würz-Burger" bis zum Rumpsteak.

Novotel

Eichstr. 2 (Ecke Ludwigstraße) ✉ 97070 – ✆ (0931) 3 05 40 – www.novotel.com/5362 Stadtplan : B1**f**

166 Zim – 74/109 € 94/154 €, 18 € – 1 Suite – ½ P

Rest – Menü 24/77 € – Karte 36/52 €

Das Hotel in zentraler Lage ist eine ideale Adresse für Geschäfts- und Tagungsgäste. Die Ausstattung ist neuzeitlich-funktional, geräumiger sind die Zimmer der Executive-Kategorie.

Am Congress Centrum garni

Pleichertorstr. 26 ✉ 97070 – ✆ (0931) 2 30 79 70 – www.hotel-am-congress-centrum.de Stadtplan : A1**c**

25 Zim – 84/110 € 110/150 € – 1 Suite

In dem hübschen Hotel in der Altstadt erwarten Sie elegante und komfortable Zimmer mit guter Technik. Im OG: Suite mit Aussicht. Gemütliche Atmosphäre im wohnlichen Frühstücksraum.

Walfisch

Rest,

Am Pleidenturm 5 ✉ 97070 – ✆ (0931) 3 52 00 Stadtplan : A2b
– www.hotel-walfisch.com
40 Zim – 🚹79/128 € 🚹🚹99/169 €, ☕ 10 € – ½ P
Rest – Karte 20/45 € – *(geschl. Sonntagabend)*
Bereits seit 1919 befindet sich das Haus mit den neuzeitlichen, technisch gut ausgestatteten Zimmern im Besitz der Familie Schwarzmeier. Schön ist der Blick auf Main und Festung. Im Restaurant mit Terrasse zur Mainpromenade bietet man bürgerlich-regionale Küche.

Sie möchten spontan verreisen? Besuchen Sie die Internetseiten der Hotels, um von deren Sonderkonditionen zu profitieren.

Amberger garni

Ludwigstr. 17 ✉ 97070 – ✆ (0931) 3 51 00 Stadtplan : B1t
– www.hotel-amberger.de – geschl. 20. Dezember - 7. Januar
70 Zim ☕ – 🚹81/98 € 🚹🚹99/135 €
Wenige Gehminuten von der Fußgängerzone finden Sie dieses familiär geleitete Hotel mit freundlichen Mitarbeitern und wohnlichen, praktisch ausgestatteten Zimmern.

Ghotel Zim, Zim, Rest,

Schweinfurter Str. 1 (über Ludwigstraße B1) ✉ 97080 – ✆ (0931) 35 96 20
– www.ghotel.de
196 Zim – †66/166 € ††76/186 €, ☐ 12 € – 8 Suiten – ½ P
Rest – Karte 24/48 €
Mit seiner modernen Einrichtung und der zentralen, verkehrsgünstigen Lage spricht das Hotel vor allem den Businessgast an, am Wochenende wird das Haus aber auch gerne von Stadttouristen gebucht. Verteilt über 17 Etagen, bieten die Zimmer teilweise eine schöne Sicht über Würzburg, einige haben auch eine kleine Küchenzeile.

Strauss Zim,

Juliuspromenade 5 ✉ 97070 – ✆ (0931) 3 05 70 Stadtplan : A1**v**
– www.hotel-strauss.de
75 Zim – †63/75 € ††84/105 €, ☐ 10 € – ½ P
Rest – Menü 20/26 € – Karte 21/28 €
– (geschl. 31. Dezember - 7. Januar und Dienstag)
Die Lage in Altstadtnähe, unweit des Bahnhofs, sowie funktionelle, z. T. neuzeitlicher eingerichtete Gästezimmer sprechen für dieses familiengeführte Hotel. Restaurant in rustikalem Stil.

Till Eulenspiegel Zim,

Sanderstr. 1a ✉ 97070 – ✆ (0931) 355 8 40 Stadtplan : A2**t**
– www.hotel-till-eulenspiegel.de
– geschl. 23. Dezember - 6. Januar (Hotel)
20 Zim ☐ – †75/99 € ††105/125 €
Rest *Weinstube* – ✆ (0931) 35 81 30 56
– Karte 15/25 € – *(nur Abendessen)*
Das kleine Hotel in Uninähe, wenige Minuten von der Fußgängerzone ist solide, gepflegt und preislich fair. Fragen Sie nach den Zimmern zum Innenhof - sie sind ruhiger und haben einen Balkon. Zum Essen oder auf ein Bier (davon gibt es 18 verschiedene gezapfte!) geht man in die gemütliche holzverkleidete Weinstube mit Bierkeller.

Restaurants

KUNO 1408 – Hotel Rebstock

Neubaustr. 7 ✉ 97070 – ✆ (0931) 3 09 30 Stadtplan : A2**v**
– www.restaurant-kuno.de
– geschl. Anfang Januar 3 Wochen, August und Sonntag - Montag sowie an Feiertagen
Menü 81/105 € – *(nur Abendessen)*
Ein Stück Moderne im traditionsreichen Rebstock. Einer der ersten Besitzer des seit 1408 als Gasthaus bekannten Anwesens war Kuno vom Rebstock - daher der Name. Für die Leitung der Küche ist der aus Unterfranken stammende Benedikt Faust verantwortlich.
➜ Graupensalat - Flusskrebse, Schweinehaxe, Staude. Zweierlei Spanferkel - Rücken und Rippchen, Paprika, Salbei, Blauschimmelkäse. "Wilder Karthäuser" - süßer Weck, Weinschaum , Traubenkernölparfait, Schwarzbroteis.

REISERS am Stein

Mittlerer Steinbergweg 5 (über Röntgenring A1) ✉ 97080 – ✆ (0931) 28 69 01
– www.der-reiser.de
– geschl. 15. Februar - 30. März und Sonntag
Menü 79 € – Karte 55/62 € – *(nur Abendessen)* (Tischbestellung ratsam)
Ein Würzburger Klassiker in toller Lage in den Weinbergen! Gekocht wird kreativ, Geschmack und Harmonie in Aromen und Texturen überzeugen. Dazu wird man angenehm professionell umsorgt. Tipp: "Easy Monday" (3-Gänge-Menü für 35 €).
➜ Jakobsmuschel, Karotte, Ingwer, grüner Apfel. Iberico Schwein, Soubise, Artischocke, Paprika-Aioli. Himbeer, Ivoire Schokolade, Blumenkohl, Blätterteig.

Schiffbäuerin
Katzengasse 7 ✉ 97082 – ✆ (0931) 4 24 87 Stadtplan : A1
– www.schiffbaeuerin.de – geschl. 1. - 8. Januar, 18. Juli - 20. August und Sonntagabend - Montag sowie an Feiertagen abends, Juni - August: Sonntagabend - Dienstag
Karte 24/53 €
Wo im 19. Jh. die Tochter eines Schiffbauers eine Weinwirtschaft betrieb, servier man heute in einem rustikalen Restaurant frische Fischgerichte aus den eigene Bassins.

Alte Mainmühle
Mainkai 1 ✉ 97070 – ✆ (0931) 1 67 77 Stadtplan : A2
– www.alte-mainmuehle.de
Menü 27/60 € – Karte 18/47 € – (Tischbestellung ratsam)
Regional und international kocht man in dem behaglichen Restaurant direkt an de alten Mainbrücke. Sehr beliebt sind die Tische in den Gauben, schön der Ausblick

FRÄNKISCHE WEINSTUBEN: : gemütliche Lokale mit Weinen und Speisen aus der Region.

Weinstuben Juliusspital
Juliuspromenade 19 ✉ 97070 – ✆ (0931) 5 40 80 Stadtplan : B1
– www.weinstuben-juliusspital.de
Menü 22/44 € – Karte 21/47 €
In dem gemütlichen Lokal in der Innenstadt sitzt man in rustikalen Stuben mit historischem Flair oder im hübschen Innenhof. Regionale Küche und Weine vom eigenen Weingut.

Bürgerspital-Weinstuben
Theaterstr. 19 ✉ 97070 – ✆ (0931) 35 28 80 Stadtplan : B1
– www.buergerspital-weinstuben.de
Menü 25/49 € – Karte 21/50 €
In dem schmucken historischen Gebäude mit seinem schönen weißen Kreuzgewölbe wird bürgerliche Küche mit Fischgerichten geboten, dazu Weine des Bürgerspitals. Kleine "Einbar".

In Würzburg-Heidingsfeld Süd: 3 km über Friedrich-Ebert-Ring Stadtplan : B2

Reisers am Golfplatz
Am Golfplatz 2 ✉ 97084 – ✆ (0931) 99 17 26 40 – www.der-reiser.de – geschl. Ende Dezember - Ende Februar, November 2 Wochen; April: Montag; Oktober: Montag; März: Montag - Dienstag, November - Dezember: Montag - Dienstag
Menü 33 € – Karte 28/49 €
Hier bietet man "mediterrane Alpenküche". Geradliniger Stil und warme Töne bestimmen das Ambiente, durch die Fensterfront blickt man auf den Golfplatz.

Am Stein Nord-West, über Röntgenring Stadtplan : A1

Schloss Steinburg
Mittlerer Steinbergweg 100 (schmale Zufahrt ab Unterdürrbach) ✉ 97080 – ✆ (0931) 9 70 20
– www.steinburg.com
69 Zim ☕ – †120/205 € ††156/255 € – ½ P
Rest – Menü 40/79 € – Karte 35/51 €
Die schöne Anlage entstand auf den Überresten einer alten Burg. Mit Stilmöbeln eingerichtete, teils besonders wohnliche Zimmer, einige mit Blick auf die Stadt Gehobene internationale Küche im Rittersaal, im Kaminzimmer oder auf der hübschen Gartenterrasse.

n Rottendorf über Ludwigstraße Stadtplan B1: 6 km

Waldhaus

Waldhaus 1 (nahe der B 8) ✉ 97228 – ✆ (09302) 9 22 90 – www.waldhaus-leonhardt.de – geschl. Mitte August - Anfang September, Ende Dezember 1 Woche und Donnerstag

Karte 19/31 €

Ein bei Familien beliebtes Idyll am Waldrand mit gemütlicher Atmosphäre. Die Küche ist regional und international, auf der Karte finden sich viele Fischgerichte.

n Biebelried über Ludwigstraße Stadtplan B1: 12 km

Leicht

Würzburger Str. 3 (B8) ✉ 97318 – ✆ (09302) 91 40 – www.hotel-leicht.de – geschl. 21. Dezember - 6. Januar

69 Zim – †66/100 € ††108/149 € – 2 Suiten – ½ P

Rest – Menü 20/56 € – Karte 17/57 € – *(geschl. Sonntagmittag)*

Das ehemals als Herberge der Johanniterkommende genutzte Anwesen bietet in ländlichem Stil gehaltene Zimmer mit zeitgemäßem Komfort sowie diverse Tagungsräume und behagliche rustikale Gaststuben. Gute Autobahnanbindung.

n Erlabrunn über Röntgenring Stadtplan A1: 12 km

Zum Löwen (N) mit Zim

Würzburger Str. 5 ✉ 97250 – ✆ (09364) 13 27 – www.loewen-erlabrunn.de – geschl. 29. Dezember - 15. Januar, 27. Juli - 13. August und Montag - Dienstag

5 Zim – †55/70 € ††75/90 € – ½ P

Karte 26/45 € – *(Mittwoch - Freitag nur Abendessen)*

Der fränkische Gasthof a. d. 16. Jh. ist schon seit 1921 in Familienhand. Engagiert und freundlich kümmert man sich in gepflegter ländlicher Atmosphäre um die Gäste, serviert wird z. B. "gebackenes Schäuferla" oder "Deichlammrücken in der Kräuterkruste". Spezialität zur Saison: Ente und Gans.

WUNSIEDEL

Bayern – 9 520 Ew. – Höhe 537 m – Siehe Regionalatlas **51-M15**

Berlin 353 km – München 280 km – Weiden in der Oberpfalz 55 km – Bayreuth 48 km

Michelin Straßenkarte 546

n Wunsiedel-Göpfersgrün Ost: 5 km, Richtung Thiersheim

Wirtshaus im Gut

Göpfersgrün 2 ✉ 95632 – ✆ (09232) 91 77 67 – www.wirtshausimgut.de – geschl. Ende August - Mitte September 3 Wochen und Montagabend - Dienstag

Menü 28 € – Karte 15/41 € – (Tischbestellung ratsam)

Ein richtig schöner gemütlicher Landgasthof! Zum umfangreichen Angebot der saisonalen (Kräuter-) Küche von Roland Gläßl gehören neben Süßwasserfischen auch Wild, Lamm und schmackhafte Schmorgerichte. Tipp: Jeden Mittwoch gibt's Kronfleisch!

Bei der Luisenburg Süd-West: 2 km

Teschner's Restaurant

Luisenburg 5 ✉ 95632 Wunsiedel – ✆ (09232) 9 15 47 26 – www.teschners-restaurant.de – geschl. Anfang Januar 1 Woche, September 2 Wochen und Sonntag - Montag

Menü 41/77 € – Karte 34/50 € – *(nur Abendessen)*

In dem hübschen eleganten Restaurant nahe der Freilichtbühne Luisenburg kocht Christoph Teschner klassisch-modern mit saisonal-regionalem Einfluss. Es gibt zwei Menüs, Klassiker und eine Steakkarte, jeden 2. Sonntag im Monat Themenbrunch.

WUNSTORF

Niedersachsen – 41 020 Ew. – Höhe 43 m – Siehe Regionalatlas **18-H8**

Berlin 306 km – Hannover 24 km – Bielefeld 94 km – Bremen 99 km

Michelin Straßenkarte 541

Cantera Naturstein Hotel garni

Adolph-Brosang-Str. 32 ✉ 31515 – ✆ (05031) 95 29 10 – www.cantera.de

20 Zim – 69/99 € 89/126 € – 2 Suiten

Die individuellen Zimmer und die schöne 2000 qm große Saunalandschaft in dem modernen Bau sind mit hochwertigem Naturstein ausgestattet, der auch zum Verkauf steht. Bistro mit Snacks.

In Wunstorf-Steinhude Nord-West: 8 km über B 441, in Hagenburg-Altenhagen rechts

Schweers-Harms-Fischerhus

Graf-Wilhelm-Str. 9 ✉ 31515 – ✆ (05033) 52 28 – www.fischerhus.de – geschl. November - März: Montag, außer an Feiertagen

Karte 20/49 €

Mit urig-ländlichem Charme und allerlei liebenswertem Zierrat strahlt das einstige Bauernhaus Gemütlichkeit aus. Geboten wird bürgerliche Fischküche.

WUPPERTAL

Nordrhein-Westfalen – 349 730 Ew. – Höhe 160 m – Siehe Regionalatlas **26**-C11

Berlin 522 km – Düsseldorf 40 km – Essen 35 km – Dortmund 48 km

Michelin Straßenkarte 543

In Wuppertal-Elberfeld

Miraflores garni

Nützenberger Str. 23 (Zufahrt über Haarhausstraße) ✉ 42115 – ✆ (0202) 4 96 28 69 – www.hotelmiraflores.de

6 Zim – 98/118 € 106/126 €

Nicht von der Stange ist das kleine Hotel in dem Stadthaus a. d. 19. Jh. Es wird von der Gastgeberin freundlich und leger geführt und verbindet helle, moderne Einrichtung mit Altbau-Charme.

Am Husar

Jägerhofstr. 2 ✉ 42119 – ✆ (0202) 42 48 28 – www.amhusar.de – geschl. Mittwoch

Menü 20/42 € – Karte 30/65 € – *(nur Abendessen, sonntags auch Mittagessen)* (Tischbestellung ratsam)

Seit 30 Jahren wird dieses rustikal-gemütliche Restaurant von Familie Schmand geführt, die hier internationale Küche mit regionalen Einflüssen bietet.

In Wuppertal-Vohwinkel

Scarpati mit Zim — Rest, Zim,

Scheffelstr. 41 ✉ 42327 – ✆ (0202) 78 40 74 – www.scarpati.de – geschl. Montag

7 Zim – 90/120 € 120/160 € – 1 Suite

Menü 65 € – Karte 48/65 €

Über 30 Jahre empfängt Familie Scarpati nun schon ihre Gäste in der Jugendstilvilla, und die schätzen sowohl das klassische Ambiente (stimmig die gepflegte Tischkultur und die zahlreichen stilvoll gerahmten Gemälde) als auch die italienische Küche. So richtig schön (und geschützt dank Markise) sitzt man auf der tollen Gartenterrasse. Tipp: Montags serviert man ein 6-gängiges Amuse-Bouche-Menü für 38 €.

Rest *Trattoria* – siehe Restaurantauswahl

Trattoria – Restaurant Scarpati

Scheffelstr. 41 ✉ 42327 – ✆ (0202) 78 40 74 – www.scarpati.de – geschl. Montag

Menü 27/38 € – Karte 26/45 €

Hier im Zweitrestaurant der Scarpatis können Sie etwas preiswerter und dennoch gut essen, z. B. "auf der Haut gebratenen Wolfsbarsch mit Kartoffel-Artischocken-fondue". Man wählt à la carte, mündliche Empfehlungen oder das Menü - zusätzlich gibt's von Mo. bis Fr. den günstigen Mittagstisch.

WURZACH, BAD

Baden-Württemberg – 14 280 Ew. – Höhe 654 m – Siehe Regionalatlas **64**-I21

Berlin 681 km – Stuttgart 159 km – Konstanz 121 km – Kempten (Allgäu) 47 km

Michelin Straßenkarte 545

Adler (mit Gästehaus)
Schlossstr. 8 ✉ 88410 – ✆ (07564) 9 30 30 – www.hotel-adler-bad-wurzach.de
18 Zim – 49/75 € 78/99 €
Rest *Adler* – siehe Restaurantauswahl
Familie Gut sorgt in dem Gasthof in der Ortsmitte dafür, dass alles gut in Schuss ist. So modernisiert man Schritt für Schritt und bietet gepflegte, helle und geräumige Zimmer. Außerdem werden die Gäste im ganzen Haus wirklich sehr freundlich betreut!

Adler – Hotel Adler
Schlossstr. 8 ✉ 88410 – ✆ (07564) 9 30 30 – www.hotel-adler-bad-wurzach.de – geschl. 1.- 14. August und Montag
Karte 19/46 € – *(Dienstag - Samstag nur Abendessen)*
Das ist etwas für Freunde schwäbischer Klassiker: Mit Käsespätzle, Rostbraten, Cordon bleu oder Maultaschensuppe bietet die kleine Karte alles, was man hier in der Region erwartet.

WUSTERHAUSEN

Brandenburg – 6 230 Ew. – Höhe 35 m – Siehe Regionalatlas **21**-N7
Berlin 100 km – Potsdam 80 km – Magdeburg 146 km
Michelin Straßenkarte 542

In Wusterhausen - Dosse-Bantikow

Schlosshotel Bantikow garni
Dorfstr. 34 ✉ 16868 – ✆ (033979) 50 40 – www.schlosshotel-bantikow.de – geschl. 15. Dezember - 5. Januar
9 Suiten – 79 € 124 €
Stilvolle Möbel, reichlich Antiquitäten und Gemälde... der klassische Stil des hübschen Schlösschens zieht sich von der Lobby über die Suiten (hier schläft man in Himmelbetten) bis zu den Anwendungsräumen. Die zahlreichen Behandlungen (Heilschlamm, Ayurveda...) sind ebenso gefragt wie die Lage direkt am Kyritzer See - durch den eigenen kleinen Park gelangt man zum Bootssteg.

WUSTRAU-ALTFRIESACK

Brandenburg – 8 780 Ew. – Höhe 40 m – Siehe Regionalatlas **22**-O7
Berlin 81 km – Potsdam 74 km – Neuruppin 22 km
Michelin Straßenkarte 542

Seeschlösschen
Zim,
Am Schloss 8 (über Am Bollwerk) ✉ 16818 – ✆ (033925) 88 03 – www.seeschloesschen-wustrau.de – geschl. 27. Dezember - 31. Januar
11 Zim – 79/89 € 129/139 €
Rest – Karte 34/51 € – *(Februar - März: nur Abendessen)*
Das hübsche weiße Landhaus unmittelbar am Ruppiner See versprüht südliches Flair. Hell und freundlich sind die mit Terrakottaboden ausgestatteten Zimmer, meist mit Balkon. Im Restaurant mit schöner Seeterrasse setzt sich der mediterrane Stil des Hauses fort.

WUSTROW

Mecklenburg-Vorpommern – 1 230 Ew. – Höhe 6 m – Siehe Regionalatlas **5**-N3
Berlin 255 km – Schwerin 133 km – Rostock 42 km
Michelin Straßenkarte 542

DorintResorts
spa
Strandstr. 46 ✉ 18347 – ✆ (038220) 6 50 – www.dorint.com/wustrow
81 Zim – 80/160 € 96/250 € – 16 Suiten
Rest – Menü 30 € (abends) – Karte 27/62 €
Über drei Häuser erstrecken sich hier Wohnkomfort, Wellness und Gastronomie - alles freundlich gestaltet und von Feng Shui inspiriert. Zum Wohlfühlen die schönen hellen Zimmer, der Spa auf 750 qm, das "Inner-Balance"-Teehaus... Und auch bei den Kids kommt angesichts diverser Spiel- und Freizeitangebote keine Langeweile auf!

Schimmel's mit Zim

Parkstr. 1 ✉ 18347 – ✆ (038220) 6 65 00 – www.schimmels.de – geschl. März, November und Donnerstag, außer an Feiertagen
3 Zim – 🚹55/65 € 🚹🚹60/70 €, ☕ 6 € – ½ P
Menü 38/48 € – Karte 35/43 € – *(nur Abendessen, sonntags auch Mittagessen)* (Tischbestellung ratsam)
Was Ralph Schulze an frischen und schmackhaften regionalen Speisen kocht nennt sich z. B. "Kotelett vom Landschwein mit Birne-Bohne-Speck". Für die wirklich nette Atmosphäre sorgen der behaglich-moderne Landhausstil und die Kunst an den Wänden sowie die herzliche, versierte Maren Schimmelpfennig im Service. Tipp: die Gästezimmer sind ebenso schön wie das Restaurant.

XANTEN

Nordrhein-Westfalen – 21 580 Ew. – Höhe 22 m – Siehe Regionalatlas **25**-B10
Berlin 574 km – Düsseldorf 68 km – Duisburg 42 km – Kleve 26 km
Michelin Straßenkarte 543

In Xanten-Obermörmter Nord-West: 15 km über B 57, nach Marienbaum rechts ab

Landhaus Köpp

Husenweg 147 ✉ 46509 – ✆ (02804) 16 26 – www.landhauskoepp.de – geschl. Anfang Januar 10 Tage und Samstagmittag, Sonntagabend - Montag
Menü 60/97 € – Karte 58/74 € – (Tischbestellung erforderlich)
Klassische Küche, wie sie im Buche steht: Jürgen Köpp setzt auf ausgesuchte regionale und französische Produkte, gehaltvolle Saucen und gutes Handwerk. Dazu schenkt man zahlreiche schöne Weine auch offen aus. Solch ein elegantes Restaurant würden Sie hier auf dem Lande eher nicht vermuten.
→ Harmonie von Seeteufel und Langoustinos mit Orangenessigduft. Kalbsfilet mit zweierlei Senfaromen und Merlotreduktion. Kreatives vom Elsterapfel mit Madagaskar-Vanilleemulsion.

ZEIL AM MAIN

Bayern – 5 680 Ew. – Höhe 230 m – Siehe Regionalatlas **49**-J15
Berlin 428 km – München 270 km – Coburg 70 km – Schweinfurt 27 km
Michelin Straßenkarte 546

Kolb

Krumer Str. 1 ✉ 97475 – ✆ (09524) 90 11 – www.hotel-kolb-zeil.de – geschl. Januar 3 Wochen, Ende August - Anfang September 1 Woche
20 Zim ☕ – 🚹50/70 € 🚹🚹80/90 € – ½ P
Rest – Menü 30/42 € – Karte 19/44 € – *(geschl. Mittwochmittag, Donnerstagmittag)*
Das kleine Hotel am Zentrumsrand ist ein engagiert geführter Familienbetrieb, in dem sehr gepflegte, individuell gestaltete Zimmer mit Themenbezug zur Verfügung stehen. Internationale und regionale Küche im Restaurant.

ZEISKAM

Rheinland-Pfalz – 2 210 Ew. – Höhe 123 m – Siehe Regionalatlas **54**-E17
Berlin 674 km – Mainz 112 km – Neustadt an der Weinstraße 25 km – Karlsruhe 46 km
Michelin Straßenkarte 543

Zeiskamer Mühle

Hauptstr. 87 (Süd: 1,5 km) ✉ 67378 – ✆ (06347) 9 74 00 – www.zeiskamermuehle.de
45 Zim ☕ – 🚹55/99 € 🚹🚹85/125 €
Rest *Zeiskamer Mühle* – siehe Restaurantauswahl
Von der einstigen Einkehr der Familie Küspert ist nicht mehr viel übrig, denn die beiden Junioren Maik und Timo haben frischen Wind ins Haus gebracht. Das Ergebnis ist dieses moderne Landhotel, das mit geradlinig-wohnlichen Zimmern, gutem Frühstück und schöner Lage Businessgäste und Pfalzurlauber gleichermaßen anspricht. Es gibt auch noch einige etwas ältere und günstigere Zimmer.

Zeiskamer Mühle – Zeiskamer Mühle

Hauptstr. 87 (Süd: 1,5 km) ✉ 67378 – ✆ (06347) 9 74 00 – www.zeiskamermuehle.de

Menü 27/44 € – Karte 28/64 € – *(nur Abendessen)*

Mögen Sie es modern oder bevorzugen Sie den rustikalen Charme der komplett in Holz gekleideten Mühlenstube, dem Herzstück des Hauses? Gekocht wird überall gleich, und zwar mit Geschmack und Würze, frisch und unkompliziert. Sowohl der "Winzerteller" mit seinen regionalen Leckereien als auch das "Pescaccio vom Thunfisch mit Kürbismousse" spiegeln die Küche von Patron Timo Küspert wider.

ZEITHAIN – Sachsen ➜ Siehe Riesa an der Elbe

ZEITZ

Sachsen-Anhalt – 31 560 Ew. – Höhe 180 m – Siehe Regionalatlas **41-M12**

Berlin 214 km – Magdeburg 149 km – Gera 23 km

Michelin Straßenkarte 542

Maximilian

Braustr. 5a ✉ 06712 – ✆ (03441) 68 88 00 – www.hotel-maximilian-zeitz.de

25 Zim – 🚹51/65 € 🚹🚹62/75 €, ☕ 7 € – ½ P

Rest – Karte 18/33 € – *(geschl. Donnerstag) (nur Abendessen, sonntags auch Mittagessen)*

Ein sorgsam saniertes Stadthaus gegenüber der alten Kirche, in dem Sie solide und funktional ausgestattete Gästezimmer erwarten. Griechische und italienische Küche im Restaurant mit gediegen-rustikalem Touch.

ZELL am HARMERSBACH

Baden-Württemberg – 8 070 Ew. – Höhe 223 m – Siehe Regionalatlas **54-E19**

Berlin 769 km – Stuttgart 168 km – Karlsruhe 99 km – Freudenstadt 43 km

Michelin Straßenkarte 545

Bräukeller

Fabrikstr. 8 ✉ 77736 – ✆ (07835) 54 88 00 – www.braeukeller-zell.de – geschl. Montag

Karte 16/46 €

Jutta und Jürgen Pfeiffer führen ihr Restaurant engagiert und umsorgen die Gäste sehr freundlich. Ob Sie nun im Hopfengarten speisen (eine wirklich hübsche Terrasse an der alten Stadtmauer) oder im gemütlichen Gewölbekeller von 1768, die bürgerlichen und internationalen Gerichte schmecken hier wie dort.

ZELL an der MOSEL

Rheinland-Pfalz – 4 110 Ew. – Höhe 100 m – Siehe Regionalatlas **46-C15**

Berlin 665 km – Mainz 105 km – Trier 72 km – Cochem 39 km

Michelin Straßenkarte 543

Haus Notenau garni

Notenau 8 ✉ 56856 – ✆ (06542) 50 10 – www.haus-notenau.de

20 Zim ☕ – 🚹55 € 🚹🚹70 €

Freundlich leitet Familie Saxler dieses sehr gepflegte Haus, in dem auch wohnliche Appartements bereitstehen. Im Sommer kann man auf der Terrasse frühstücken.

ZELL – Rheinland-Pfalz ➜ Siehe Zellertal

ZELLA-MEHLIS

Thüringen – 11 750 Ew. – Höhe 500 m – Siehe Regionalatlas **40-J13**

Berlin 346 km – Erfurt 55 km – Coburg 58 km – Suhl 6 km

Michelin Straßenkarte 544

Waldmühle

Lubenbachstr. 2 ✉ *98544 – ✆ (03682) 8 98 33 – www.hotel-waldmuehle.de*
29 Zim – 54/65 € 77/95 € – 2 Suiten – ½ P
Rest – Menü 15 € – Karte 13/29 €
Am Ortsrand steht dieses sehr gepflegte Hotel, das aus einem Gast- und Logierhaus von 1892 entstanden ist. Wohnlich gestaltete Zimmer und Saunabereich mit Außenwhirlpool. Das Restaurant ist mit viel Holz in ländlichem Stil eingerichtet.

Stadt Suhl

Bahnhofstr. 7 ✉ *98544 – ✆ (03682) 48 23 79 – www.hotel-stadt-suhl.de*
10 Zim – 48 € 72 € – ½ P
Rest – Karte 16/23 € – *(geschl. Sonntagabend - Montagmittag, Dienstagmittag)*
Das Stadthaus mit der rotbraunen Fassade und dem Schieferdach ist ein kleiner Familienbetrieb, der solide und freundlich eingerichtete Zimmer bietet. Gemütlich sitzt man in der rustikalen Gaststube.

ZELLERTAL

Rheinland-Pfalz – 1 230 Ew. – Höhe 169 m – Siehe Regionalatlas **47-E16**
Berlin 636 km – Mainz 53 km – Neustadt an der Weinstraße 53 km – Mannheim 44 km
Michelin Straßenkarte 543

In Zellertal-Zell

Kollektur

Zeller Hauptstr. 19 ✉ *67308 – ✆ (06355) 95 45 45 – www.hotel-kollektur.de – geschl. 1. - 22. Januar*
15 Zim – 65/95 € 95/115 € – ½ P
Rest – Karte 20/34 € – *(geschl. Donnerstag) (Montag - Freitag nur Abendessen)*
In schöner Lage am Ortsrand bietet Familie Kiefer in einer ehemaligen Kollektur von 1748 sehr wohnliche Gästezimmer, teils mit Talsicht. Auch eine sonnige Liegewiese gehört zum Hotel. Restaurant mit hübscher Terrasse.

ZELTINGEN-RACHTIG

Rheinland-Pfalz – 2 210 Ew. – Höhe 120 m – Siehe Regionalatlas **46-C15**
Berlin 688 km – Mainz 121 km – Trier 49 km – Bernkastel-Kues 8 km
Michelin Straßenkarte 543

Im Ortsteil Zeltingen

St. Stephanus

Uferallee 9 (B 53) ✉ *54492 – ✆ (06532) 6 80 – www.hotel-stephanus.de*
46 Zim – 55/80 € 80/140 € – ½ P
Rest *Saxlers Restaurant* – siehe Restaurantauswahl
An der Mosel liegt das Herrenhaus mit hübscher Bruchsteinfassade a. d. 18. Jh. Neben wohnlichen Zimmern im historischen Haus sowie im angeschlossenen Anbau gibt es für Ihre Entspannung auch fernöstliche Massage- und Kosmetikbehandlungen.

Saxlers Restaurant – Hotel St. Stephanus

Uferallee 9 (B 53) ✉ *54492 – ✆ (06532) 6 80 – www.hotel-stephanus.de*
Menü 21/55 € – Karte 21/51 € – (Tischbestellung ratsam)
An der Uferpromenade unweit des alten Marktplatzes kommt man bei den freundlichen und engagierten Gastgebern auch bei internationaler Küche auf seine Kosten. Von März bis Oktober bieten die Saxlers abends als Alternative den Braukeller - hier gibt's Bier vom Kloster Machern.

ZERBST

Sachsen-Anhalt – 23 170 Ew. – Höhe 55 m – Siehe Regionalatlas **31-M9**
Berlin 133 km – Magdeburg 43 km – Dessau 30 km
Michelin Straßenkarte 542

Park-Restaurant Vogelherd

Lindauer Str. 78 (Nord: 2,5 km) ✉ 39261 – ✆ (03923) 78 04 44 – geschl. 30. Juli - 10. August und Montag - Dienstag
Menü 30/60 € – Karte 27/49 €
Idyllisch liegt das einstige Gutshaus im Grünen. Das seit über 100 Jahren familiär geleitete Restaurant bietet saisonale Küche. Hübsche Terrasse bei einem kleinen Teich.

ZETEL

Niedersachsen – 11 700 Ew. – Höhe 6 m – Siehe Regionalatlas **8-E5**
Berlin 477 km – Hannover 189 km – Bremen 89 km – Wilhelmshafen 21 km
Michelin Straßenkarte 541

In Zetel-Neuenburg Süd: 4 km

Neuenburger Hof

Rest,

Am Markt 12 ✉ 26340 – ✆ (04452) 2 66 – www.hotel-neuenburger-hof.de
16 Zim – †43/50 € ††70/80 €
Rest – Karte 18/33 € – *(geschl. Mittwoch) (nur Abendessen)*
Dieser gestandene Landgasthof ist ein sehr gepflegter kleiner Familienbetrieb mit unterschiedlich eingerichteten, zeitgemäßen Zimmern. Im Restaurant bietet man bürgerliche Küche.

ZEUTHEN

Brandenburg – 10 400 Ew. – Höhe 35 m – Siehe Regionalatlas **23-P8**
Berlin 32 km – Potsdam 57 km – Frankfurt (Oder) 74 km
Michelin Straßenkarte 542

Seehotel

Fontaneallee 27 ✉ 15738 – ✆ (033762) 8 90 – www.seehotel-zeuthen.de
138 Zim – †79/115 € ††108/148 € – 4 Suiten – ½ P
Rest – Menü 22/30 € – Karte 26/50 €
Das Hotel mit dem großzügigen Rahmen und der stilvollen Einrichtung schätzen sowohl Tagungsgäste als auch Urlauber - dafür sorgen natürlich auch der Sandbadestrand mit Steg und die schöne Terrasse des klassisch gehaltenen Restaurants.

ZEVEN

Niedersachsen – 13 450 Ew. – Höhe 18 m – Siehe Regionalatlas **9-H6**
Berlin 350 km – Hannover 147 km – Bremen 58 km – Bremerhaven 60 km
Michelin Straßenkarte 541

Central

Alte Poststr. 2 ✉ 27404 – ✆ (04281) 9 39 10 – www.hotelcentral.de
25 Zim – †60/75 € ††85/99 € – ½ P
Rest – Karte 21/38 € – *(nur Abendessen)*
Das familiär geleitete Haus im Ortszentrum verfügt über freundliche, in warmen Tönen gehaltene Zimmer, und auch über den geräumigen modernen Saunabereich werden Sie sich freuen! Im Sommer kann man auf der netten kleinen Terrasse frühstücken. Zum Restaurant gehört ein lichter neuzeitlicher Wintergarten.

Landhaus Radler garni

Kastanienweg 17 ✉ 27404 – ✆ (04281) 9 88 20 – www.landhaus-radler.de
16 Zim – †59/69 € ††79/89 €
Das hübsche regionstypische Haus ist ein freundlich geführter kleiner Familienbetrieb mit wohnlichen Zimmern. Aus dem lichten Frühstücksraum schaut man in den schönen Garten, der vom Seniorchef gehegt und gepflegt wird!

In Gyhum-Sick Süd: 10 km über B 71

Niedersachsen-Hof Zim,
Sick 13 ✉ 27404 – ✆ (04286) 94 00 – www.niedersachsenhof.de – geschl. 1. - 11. Januar, August 2 Wochen
34 Zim – 56/65 € 80/90 €
Rest – Karte 17/39 € – *(geschl. Montagmittag, Freitag)*
Gepflegte, wohnlich-funktional eingerichtete Zimmer und eine gute Anbindung an die A 1 sprechen für dieses seit mehreren Generationen familiär geleitete Haus. Das Restaurant vereint Modernes mit Traditionellem.

ZIESAR

Brandenburg – 2 560 Ew. – Höhe 55 m – Siehe Regionalatlas **31**-N9
Berlin 106 km – Potsdam 77 km – Magdeburg 58 km
Michelin Straßenkarte 542

Burg Hotel Zim,
Frauentor 5 ✉ 14793 – ✆ (033830) 66 60 – www.burghotel-ziesar.de
14 Zim – 55/69 € 79/89 €
Rest – Menü 24/39 € (abends) – Karte 17/42 € – *(geschl. Sonntagabend - Montagmittag)*
Wer bei dem engagierten Gastgeber Holger Stark Quartier bezieht, findet nicht nur freundiche und funktionelle Zimmer vor, sondern hat auch ein lohnenswertes Ausflugsziel in unmittelbarer Nähe; zur namengebenden Burg sind es nämlich nur 10 Minuten zu Fuß! Wieder zurück von der Besichtigung, lassen Sie sich im rustikalen Restaurant vom Chef mit traditionell-bürgerlichen Gerichten bekochen.

ZIMMERN – Baden-Württemberg → Siehe Rottweil

ZINGST

Mecklenburg-Vorpommern – 3 190 Ew. – Höhe 2 m – Siehe Regionalatlas **5**-N3
Berlin 284 km – Schwerin 143 km – Rostock 71 km – Stralsund 42 km
Michelin Straßenkarte 542

Steigenberger Strandhotel Rest,
✉ 18374 – ✆ (038232) 84 21 00 – www.strandhotel-zingst.steigenberger.de
117 Zim – 100/160 € 130/220 € – 6 Suiten – ½ P
Rest *Nautica* – Seestr. 60 – Menü 29/55 € (abends) – Karte 34/53 €
Ein komfortables Hotel im Stil der Bäderarchitektur, dessen schickes modernes Interieur in hellen Naturtönen und klarem Design gehalten ist. Dezente maritime Kunst findet sich im ganzen Haus, so auch im Restaurant Nautica, wo man international speist. Und draußen erwartet Sie ein schöner Garten - und Poolbereich.

Meerlust
Seestr. 72 ✉ 18374 – ✆ (038232) 88 50 – www.hotelmeerlust.de
45 Zim – 104/185 € 158/240 € – 7 Suiten – ½ P
Rest *Meerlust* – siehe Restaurantauswahl
In dem stilvoll-modernen Hotel kann man wirklich schön Urlaub machen: Die Zimmer sind äußerst wohnlich (besonders komfortabel in der Lodge!), gut das Wellnessangebot, angenehm die engagierte Gästebetreuung. Und wenn Sie ausgedehnte Spaziergänge mögen, Strand und Deich sind nur einen Steinwurf entfernt!

Steigenberger Aparthotel Zim,
Seestr. 54 ✉ 18374 – ✆ (038232) 8 50 – www.aparthotel-zingst.steigenberger.de
82 Zim – 70/165 € 90/260 € – ½ P
Rest – Menü 21/29 € – Karte 21/33 €
Schön liegt das Hotel an der Strandpromenade. Die Gästezimmer sind alle als Appartement angelegt: geräumig, neuzeitlich und mit Küchenzeile ausgestattet. Sie mögen Kunst? Dann sollten Sie sich unbedingt die Ausstellung lokaler Künstler ansehen, die hier im Haus über zei Stockwerke geht! Das Restaurant Trattoria Vongola bietet mediterrane Speisen.

Marks
Weidenstr. 17 ✉ 18374 – ✆ (038232) 1 61 40 – www.hotel-marks.de
25 Zim – 69/115 € 89/140 € – ½ P
Rest – Menü 23/35 € – Karte 20/46 €
Überzeugend ist hier schon die ruhige Lage in einem kleinen Wäldchen gleich hinterm Deich. Zudem hat man wohnliche, freundliche Zimmer (teilweise mit Terrasse) und ein hübsches Saunahaus im Garten (kostenpflichtig), in dem man nach Terminabsprache auch Massagen bekommt. Restaurant im Brasserie-Stil mit netter Terrasse.

Am Strand
Birkenstr. 21 ✉ 18374 – ✆ (038232) 1 56 00 – www.amstrand.de – geschl. 6. Januar - 7. Februar
19 Zim – 49/89 € 63/118 € – ½ P
Rest – Menü 18 € (abends) – Karte 16/33 € – *(Ende Oktober - Mitte Mai: Montag - Freitag nur Abendessen, außer an Feiertagen)*
In einem Wohngebiet, wenige Schritte vom Strand, steht das familiär geleitete Haus. Zimmer teilweise mit Balkon, einige mit getrenntem Wohn- und Schlafbereich. Schön entspannen kann man in den eigenen Strandkörben oder beim Essen im bürgerlichen Restaurant - nett die frischen Farbakzente in Rot, Gelb und Blau.

Gode Tied garni
Friedenstr. 35 ✉ 18374 – ✆ (038232) 1 56 39 – www.hotel-gode-tied.eu
10 Zim – 52/75 € 70/97 €
In der familiären kleinen Ferienadresse erwarten Sie wohnliche Zimmer, alle mit Kitchenette und Balkon/Terrasse (ideal die behindertengerechte Ausstattung vieler Zimmer!) sowie ein charmanter Frühstücksraum. Sie möchten mit dem Fahrrad die Gegend erkunden? Hier im Haus können Sie eines leihen.

Meerlust – Hotel Meerlust
Seestr. 72 ✉ 18374 – ✆ (038232) 88 50 – www.hotelmeerlust.de
Menü 55/65 € – Karte 38/61 €
Cremefarbene Rattanstühle mit in Pastelltönen bezogenen Polstern, dazu die fein eingedeckten Tische - hier hat man ein Gefühl für Stil bewiesen. Die Küche offeriert ein internationales Speisenangebot.

ZINNOWITZ – Mecklenburg-Vorpommern → Siehe Usedom (Insel)

ZIRNDORF
Bayern – 25 970 Ew. – Höhe 306 m – Siehe Regionalatlas **50-K16**
Berlin 452 km – München 175 km – Nürnberg 16 km – Ansbach 35 km
Michelin Straßenkarte 546

Siehe Nürnberg (Umgebungsplan)

Reubel (mit Gästehaus)
Banderbacher Str. 27 ✉ 90513 – ✆ (0911) 9 60 10 – www.hotel-reubel.de Stadtplan : A2**c**
24 Zim – 79/149 € 98/160 € – ½ P
Rest – Karte 20/50 € – *(geschl. Sonntagabend - Montagmittag)*
Familie Reubel führt ihr Haus mit Engagement und hält es tipptopp in Schuss. Sie wohnen in individuellen Zimmern von Standard bis zur Themen-Juniorsuite "1001 Nacht" oder den "Playmobil-Zimmern" mit Bezug zum nahegelegenen Park! Alles ist sehr wertig und geschmackvoll gestaltet. Sie möchten länger bleiben oder haben es einfach gerne etwas geräumiger? Dann buchen Sie ein Appartement im Gästehaus. Im Restaurant bekocht Sie der Senior mit internationaler und regionaler Kost.

ZITTAU
Sachsen – 28 220 Ew. – Höhe 245 m – Siehe Regionalatlas **44-S12**
Berlin 246 km – Dresden 99 km – Görlitz 34 km
Michelin Straßenkarte 544

Dreiländereck
Bautzner Str. 9 ✉ 02763 – ✆ (03583) 55 50 – www.hotel-dle.de
45 Zim – 🚹73 € 🚹🚹95 € – ½ P **Rest** – Karte 16/34 €
Das Haus in verkehrsberuhigter Innenstadtlage diente im 19. Jh. als Konditore und Kaffeehaus, bevor es zu diesem zeitgemäßen und funktionellen Hotel umgebaut wurde. Unter der schönen historischen Gewölbedecke hat man die Brasserie Triangle eingerichtet.

ZORGE

Niedersachsen – 1 080 Ew. – Höhe 340 m – Siehe Regionalatlas **30-J10**
Berlin 262 km – Hannover 137 km – Erfurt 98 km – Göttingen 70 km
Michelin Straßenkarte 541

Wolfsbach
Hohegeißer Str. 25 ✉ 37449 – ✆ (05586) 8 04 70 – www.hotel-wolfsbach.de – geschl. 1. November - 16. Dezember
17 Zim – 🚹37/40 € 🚹🚹66/72 € – ½ P
Rest – *(nur Abendessen für Hausgäste)*
Der Gasthof mit der Fachwerkfassade wird familiär geführt und verfügt über sehr gepflegte Zimmer zu fairen Preisen. Schöne Liegewiese am Haus.

ZORNEDING

Bayern – 8 840 Ew. – Höhe 560 m – Siehe Regionalatlas **66-M20**
Berlin 599 km – München 24 km – Wasserburg am Inn 34 km
Michelin Straßenkarte 546

Glasl's Landhotel garni
Münchner Str. 11a ✉ 85604 – ✆ (08106) 24 12 80 – www.glasls-landhotel.de – geschl. Weihnachten - Neujahr
54 Zim – 🚹75/130 € 🚹🚹95/135 €
Sie werden sich wohlfühlen bei Familie Glasl, denn vom Zimmer bis in den Sauna- und Fitnessbereich ist alles auffallend gepflegt! Außerdem kümmert man sich freundlich um Sie. Die Zimmer im Haupthaus sind etwas größer und komfortabler.

Neuwirt (mit Gästehaus)
Münchner Str. 4 ✉ 85604 – ✆ (08106) 2 42 60 – www.hotelneuwirt.de
50 Zim – 🚹75/110 € 🚹🚹98/140 € – ½ P **Rest** – Karte 17/37 €
Der familiär geführte Gasthof liegt zwar an einer recht befahrenen Straße, bietet dafür aber wohnliche Zimmer und ein gutes Frühstück. Chic das klare moderne Design im Gästehaus - auch für Langzeitgäste geeignet. In verschiedenen behaglichen Gasträumen serviert man regionale Kost.

Alte Posthalterei mit Zim
Anton-Grandauer-Str. 9 ✉ 85604 – ✆ (08106) 2 00 07 – www.alteposthalterei-zornedig.de – geschl. Anfang Februar 1 Woche, Mitte August 2 Wochen und Montag - Dienstag
4 Zim – 🚹70/90 € 🚹🚹99/110 € Karte 20/56 €
Paprikasuppe, Gulasch Stroganoff, Marillenknödel... Vater und Sohn kochen hier regional-saisonale Gerichte sowie Klassiker, die in den liebenswerten Stuben dieses gestandenen Gasthofs serviert werden. Lauschiger Biergarten unter Kastanien. Zum Übernachten stehen schöne großzügige Zimmer bereit.

ZWEIBRÜCKEN

Rheinland-Pfalz – 33 950 Ew. – Höhe 226 m – Siehe Regionalatlas **46-C17**
Berlin 691 km – Mainz 139 km – Saarbrücken 40 km – Pirmasens 25 km
Michelin Straßenkarte 543

Rosengarten am Park Zim,
Rosengartenstr. 60 ✉ 66482 – ✆ (06332) 97 70 – www.rosengarten-am-park.de
45 Zim – 🚹81/105 € 🚹🚹128/138 € – ½ P
Rest – Menü 24/39 € – Karte 25/45 €
Hier wohnt man schön am angrenzenden Rosengarten, dem Wahrzeichen der Stadt. Die Zimmer sind zeitgemäß in frischem Grün, Rot oder Beige gehalten, alle mit Holzfußboden. Restaurant mit lichtem Wintergarten und Terrasse sowie Biergarten mit Selbstbedienung.

Zum StorchenNest

Landauer Str. 106a ✉ 66482 – ✆ (06332) 4 94 10 – www.zumstorchennest.de – geschl. Anfang Januar 1 Woche, Ende Juli - Anfang August 2 Wochen und Dienstag, Samstagmittag

Menü 13 € (mittags)/50 € – Karte 21/47 €

Seit vielen Jahren umsorgt Familie Krück ihre Gäste mit Herzlichkeit. Nicht nur das ist Wohlfühl-Garant, auch die Gaststube mit Dielenboden, das Winzerzimmer mit Kamin sowie die schöne Terrasse und nicht zuletzt die regionale Küche des Patrons - dazu eine wirklich gute Auswahl an Pfälzer Weinen. Mittags außerdem Hausmannskost für kleines Geld!

Außerhalb Ost: 3 km

Landschloss Fasanerie

Fasanerie 1 ✉ 66482 – ✆ (06332) 97 30 – www.landschloss-fasanerie.de

50 Zim – 109/118 € 149/155 € – ½ P

Rest *Landhaus* **Rest *ESSLIBRIS*** – siehe Restaurantauswahl

Vor allem im Sommer, wenn alles blüht, ist der romantische ruhige Park mit Rosengarten und Weiher ein Traum. Am größten sind die Atelierzimmer und die Maisonetten. Wohltuende Massagen und Kosmetik, Jogging- und Wanderwege rund ums Hotel.

ESSLIBRIS – Hotel Landschloss Fasanerie

Fasanerie 1 ✉ 66482 – ✆ (06332) 97 32 05 – www.landschloss-fasanerie.de

Menü 36/69 € – Karte 38/54 €

Der Name steht für "Essen, Freiheit, Vergnügen"! So macht auf der Speisekarte "Feines von Serranoschinken und Charantaise-Melone" ebenso Appetit wie "Brust vom Bauernhähnchen mit Pfifferlingen". Küchenchef Jürgen Süs ist offen für Ihre eigene Menü-Zusammenstellung und auch für A-la-carte-Bestellungen.

Landhaus – Hotel Landschloss Fasanerie

Fasanerie 1 ✉ 66482 – ✆ (06332) 97 32 07 – www.landschloss-fasanerie.de

Karte 30/40 € – *(Montag - Samstag ab 14 Uhr geöffnet)*

Im 18. Jh. wurde das Gebäude als Stallung des Landschlosses genutzt, heute überzeugen hier die sehr gemütliche Atmosphäre und gute Gerichte wie "Gebratene Entenbrust in Portweinsauce mit Spitzkohl und Püree". Sonntags kommt man auch gerne schon zum Mittagstisch.

ZWENKAU

Sachsen – 8 750 Ew. – Höhe 129 m – Siehe Regionalatlas **41**-N12

Berlin 198 km – Dresden 125 km – Leipzig 23 km – Altenburg 35 km

Michelin Straßenkarte 542

Seehof

Zur Harth 1 ✉ 04442 – ✆ (034203) 57 10 – www.seehof-leipzig.de – geschl. 1. - 18. Januar

42 Zim – 69/93 € 83/106 € – ½ P

Rest – Menü 33/40 € – Karte 25/48 € – *(geschl. Samstagmittag, Sonntag)*

Ein familiengeführtes Hotel mit wohnlicher Atmosphäre. Angenehm licht ist der Frühstücksraum in klarem modernem Stil. Einige Zimmer hat man besonders charmant dekoriert. Im Restaurant sorgen helles Holz und Kachelofen für Gemütlichkeit.

ZWICKAU

Sachsen – 93 750 Ew. – Höhe 267 m – Siehe Regionalatlas **42**-N13

Berlin 263 km – Dresden 105 km – Chemnitz 42 km – Leipzig 80 km

Michelin Straßenkarte 544

Holiday Inn

Kornmarkt 9 ✉ 08056 – ✆ (0375) 2 79 20 – www.holidayinn.com/zwickau

126 Zim – 79/100 € 110/160 € – 2 Suiten – ½ P

Rest – Menü 18/54 € – Karte 22/49 €

Das Businesshotel liegt in einer verkehrsberuhigten Zone im Zentrum, ist neuzeitlich gestaltet und verfügt über eine gute technische Ausstattung. Das Restaurant nennt sich "No. 9" und kommt geradlinig-modern in Braun daher.

Amedia

Olzmannstr. 57 ✉ 08060 – ✆ (0375) 211 08 9 00 – www.amediahotels.com
122 Zim – ♦68/126 € ♦♦68/130 €, ☕ 13 € – 2 Suiten – ½ P
Rest – Karte 19/36 € – *(nur Abendessen)*
Das Hotel ist eine funktionelle Businessadresse etwas außerhalb des Stadtzentrums. Besonderheit: Die Gäste können kostenlos in 48 Länder telefonieren!

ZWIESEL

Bayern – 9 740 Ew. – Höhe 585 m – Siehe Regionalatlas **59**-P18
Berlin 476 km – München 179 km – Passau 62 km – Cham 59 km
Michelin Straßenkarte 546

Zur Waldbahn

Bahnhofplatz 2 ✉ 94227 – ✆ (09922) 85 70 – www.zurwaldbahn.de – geschl. 7. - 26. April
20 Zim ☕ – ♦58/65 € ♦♦80/100 € – ½ P
Rest – Menü 20/45 € – Karte 16/36 €
Der erweiterte historische Gasthof gegenüber dem Bahnhof beherbergt wohnliche Zimmer (meist mit Balkon) und einen netten Sauna- und Badebereich Gepflegter Garten. Gemütlich-rustikal ist das Ambiente im Restaurant.

GlasHotel

Hochstr. 45 ✉ 94227 – ✆ (09922) 85 40 – www.glashotel.de – geschl. 3. November - 20. Dezember
24 Zim ☕ – ♦48/75 € ♦♦96/100 € – 1 Suite – ½ P
Rest – *(nur Abendessen für Hausgäste)*
Wohnlich sind sowohl die mit persönlicher Note eingerichteten Zimmer und komfortablen Juniorsuiten als auch der nette Spabereich. Heimische Glasgegenstände dienen im ganzen Haus als Dekor.

Marktstube

Angerstr. 31 ✉ 94227 – ✆ (09922) 62 85 – www.restaurant-marktstube.de – geschl. 24. Mai - 6. Juni und Dienstag, November: Dienstag, Sonntagabend
Menü 30 € – Karte 24/38 €
Die von Familie Horn persönlich geführte Marktstube ist ein gepflegtes, hell gestaltetes Restaurant, in dem man bürgerliche und internationale Speisen bietet.

ZWINGENBERG

Hessen – 6 740 Ew. – Höhe 99 m – Siehe Regionalatlas **47**-F16
Berlin 586 km – Wiesbaden 61 km – Mannheim 43 km – Darmstadt 23 km
Michelin Straßenkarte 543

Zur Bergstraße garni

Bahnhofstr. 10 ✉ 64673 – ✆ (06251) 1 78 50 – www.hotel-zur-bergstrasse.de – geschl. 19. Dezember - 5. Januar
19 Zim ☕ – ♦77/92 € ♦♦90 € – 2 Suiten
Wohnliche Zimmer mit Parkettboden und Bergstraßen-Blick (einige mit Balkon), eine schöne Terrasse sowie die praktische zentrale Lage nahe Altstadt und Bahnhof machen das Hotel interessant.

Rot'Ox

Obergasse 15A ✉ 64673 – ✆ (06251) 1 05 86 40 – www.rotoxrestaurant.com – geschl. 24. Dezember - 6. Januar und Montag
Menü 16 € (mittags)/64 € – Karte 37/59 €
Im "Roten Ochsen" a. d. 17. Jh. ist es schön freundlich und ungezwungen (ansprechend das warme Rot und freigelegtes Fachwerk), die Küche klassisch-saisonal (z. B. "Dorade / roter Camargue-Reis / Waldpilzfond / Zitronenverbene"). Draußen lockt das "Atrium" mit Innenhof-Flair und Blick in die verglaste Küche!

ZWISCHENAHN, BAD

Niedersachsen – 27 540 Ew. – Höhe 7 m – Siehe Regionalatlas **17**-E6
Berlin 453 km – Hannover 185 km – Bremen 67 km – Oldenburg 17 km
Michelin Straßenkarte 541

Haus am Meer

Auf dem Hohen Ufer 25 ✉ *26160 – ✆ (04403) 94 00 – www.hausammeer.de*
70 Zim – 67/127 € 114/184 € – 1 Suite – ½ P
Rest *HansenS à la carte* – Menü 24/56 € – Karte 30/52 €
Die Zimmer dieses komfortablen Hotels unmittelbar am Zwischenahner Meer sind mit modernen Möbeln und warmen Farben sehr wohnlich eingerichtet. Ob Tagungsgäste, Urlauber oder Einheimische - besonders gerne genießt man im Sommer die Restaurantterrasse mit Blick aufs Wasser.

Am Badepark

Zim,

Am Badepark 5 ✉ *26160 – ✆ (04403) 69 60 – www.hotelambadepark.de*
45 Zim – 65/95 € 88/119 € – 5 Suiten – ½ P
Rest – Menü 20 € – Karte 27/43 €
Das familienfreundliche Ferienhotel mit Zimmern in mediterranen Tönen liegt neben einem großen Freizeitbad (für Hausgäste kostenfrei) und bietet auch einen Fahrradverleih. Neuzeitlich-gediegenes Restaurant mit netter Terrasse.

NordWest Hotel garni

Zum Rosenteich 14 ✉ *26160 – ✆ (04403) 92 30 – www.hotel-bad-zwischenahn.de*
48 Zim – 69/109 € 104/124 € – 2 Suiten
Ein zeitgemäßes und gepflegtes Hotel in einem Wohngebiet. Nett sind der helle, freundliche Frühstücksraum mit Terrasse und die kleine Bar mit offenem Kamin.

Antonio Lava

In der Horst 1 ✉ *26160 – ✆ (04403) 6 49 70 – www.antonio-lava.de*
Menü 20/120 € – Karte 20/70 €
In diesem neuzeitlich-gediegenen Restaurant bietet man italienische Küche mit ansprechendem Antipastibuffet. Freundliches Ambiente und netter Service.

Der Ahrenshof

Oldenburger Straße ✉ *26160 – ✆ (04403) 47 11 – www.der-ahrenshof.de*
Menü 29/47 € – Karte 20/50 €
Nahe dem Kurpark finden Sie das gemütliche und charmant-rustikale Ammerländer Bauernhaus von 1688. Die bürgerliche Küche serviert man auch auf der großen Terrasse im Grünen.

In Bad Zwischenahn-Aschhauserfeld Nord-Ost: 4 km Richtung Wiefelstede

Jagdhaus Eiden

Eiden 9 ✉ *26160 – ✆ (04403) 69 80 00 – www.jagdhaus-eiden.de*
114 Zim – 75/126 € 119/186 € – 3 Suiten – ½ P
Rest *Jäger- und Fischerstube* – siehe Restaurantauswahl
Hochwertig und geschmackvoll sind die Zimmer in dem familiär geführten hübschen Haus in Seenähe. Zum Angebot gehören ein Bootssteg und der attraktive Spa auf 800 qm. Angeschlossenes Kasino.

Amsterdam

Rest,

Wiefelsteder Str. 18 ✉ *26160 – ✆ (04403) 93 40 – www.hotel-amsterdam.de*
40 Zim – 65/95 € 79/119 € – ½ P **Rest** – Menü 20 € – Karte 27/43 €
In dem quadratischen Hotelbau erwarten Sie wohnlich und funktionell gestaltete Gästezimmer, die teilweise zum Garten hin liegen. Restaurant mit kleinem internationalem Angebot.

Jäger- und Fischerstube – Hotel Jagdhaus Eiden

Eiden 9 ✉ *26160 – ✆ (04403) 69 80 00 – www.jagdhaus-eiden.de*
Menü 36/59 € – Karte 27/66 €
Die Lage des Jagdhauses in einem 10 ha großen Park ist fantastisch - da ist die herrliche Gartenterrasse im Sommer natürlich besonders gefragt! Aber auch drinnen im Restaurant sitzt man wirklich schön, während man sich von Thomas Eilers und seinem Team mit regionalen Fisch- und Wildspezialitäten sowie internationalen Klassikern verwöhnen lässt.

In Bad Zwischenahn-Aue Nord-Ost: 6 km Richtung Wiefelstede

Klosterhof mit Zim

Dreiberger Str. 65 ✉ 26160 – ☎ (04403) 91 59 90 – www.klosterhof-aue.de
11 Zim – 37/44 € 63/73 € – ½ P Menü 20 € – Karte 16/40 €
In dem Ammerländer Bauernhaus mit seinem ursprünglichen urigen Charakter bereitet man in der offenen Küche Spezialitäten vom Glühsteingrill und regional-bürgerliche Gerichte.

Auszeichnungen 2015

Und auch... *and also...*

Sterne-Restaurants

→ *Starred restaurants*

✿✿✿ 2015

Baiersbronn	Restaurant Bareiss
Baiersbronn	Schwarzwaldstube
Bergisch Gladbach	Vendôme
Lübeck	La Belle Epoque
Mannheim	Amador
Osnabrück	La Vie
Perl	Victor's Gourmet Restaurant Schloss Berg
Rottach-Egern	Restaurant Überfahrt Christian Jürgens
Saarbrücken	GästeHaus Klaus Erfort
Wittlich / Dreis	Waldhotel Sonnora
Wolfsburg	Aqua

✿✿ 2015

Aschau im Chiemgau	Restaurant Heinz Winkler	
Augsburg	August	
Baden-Baden	Brenners Park-Restaurant	N
Baiersbronn	Schlossberg	
Bergisch Gladbach	Gourmetrestaurant Lerbach	
Berlin	FACIL	
Berlin	Fischers Fritz	
Berlin	Lorenz Adlon Esszimmer	
Berlin	Tim Raue	
Berlin	reinstoff	
Cuxhaven	Sterneck	
Dorsten	Rosin	
Düsseldorf	Im Schiffchen	
Essen	Résidence	
Frankfurt am Main	Tiger-Gourmetrestaurant	
Glücksburg	Meierei Dirk Luther	
Griesbach, Bad	Il Giardino	
Hamburg	Haerlin	
Hamburg	Jacobs Restaurant	
Hamburg	Süllberg - Seven Seas	
Köln	Le Moissonnier	
Königstein im Taunus	Villa Rothschild Kempinski	
Konstanz	Ophelia	
Leipzig	Falco	
München	Dallmayr	
München	EssZimmer	N
München	Tantris	
Neuenahr-Ahrweiler, Bad	Steinheuers Restaurant Zur Alten Post	
Nürnberg	Essigbrätlein	
Peterstal-Griesbach, Bad	Le Pavillon	
Rust	ammolite - The Lighthouse Restaurant	N
Saarbrücken	Le Noir Gourmet	
Sulzburg	Hirschen	
Sylt / List	La Mer	
Sylt / Munkmarsch	Fährhaus	
Sylt / Rantum	Söl'ring Hof	
Trier	BECKER'S	
Wernberg-Köblitz	Kastell	

N → *Neu* → *New*

2015

Aachen La Bécasse
Aachen Sankt Benedikt
Aerzen Gourmet Restaurant im Schlosshotel Münchhausen
Amorbach Der Schafhof - Abt- und Schäferstube
Aschaffenburg / Johannesberg Auberge de Temple - Helbigs
Asperg Schwabenstube
Backnang Kerzenstube **N**
Baden-Baden Le Jardin de France
Baden-Baden Röttele's Restaurant und Residenz im Schloss Neuweier
Balduinstein Landhotel Zum Bären - Bibliothek
Bellheim / Knittelsheim Steverding's Isenhof
Bentheim, Bad Keilings Restaurant
Berchtesgaden LE CIEL
Berlin 5 - cinco by Paco Pérez
Berlin a.choice **N**
Berlin First Floor
Berlin Frühsammers Restaurant **N**
Berlin Horváth
Berlin Hugos
Berlin Les Solistes by Pierre Gagnaire
Berlin Pauly Saal
Berlin Rutz
Berlin VAU
Bietigheim-Bissingen Rose
Blieskastel Hämmerle's Restaurant - Barrique
Bonn Halbedel's Gasthaus
Burg (Spreewald) 17 fuffzig
Burgwedel Ole Deele
Celle Endtenfang
Coburg Esszimmer
Deidesheim Freundstück
Deidesheim Schwarzer Hahn
Dierhagen Strandhotel Fischland - Ostseelounge
Doberan, Bad Friedrich Franz
Dorsten Goldener Anker
Dortmund Palmgarden
Dresden Caroussel
Dresden Elements **N**
Dresden bean and beluga
Düsseldorf Agata's
Düsseldorf Berens am Kai
Düsseldorf Enzo im Schiffchen
Düsseldorf Nagaya
Düsseldorf Schorn
Düsseldorf Tafelspitz 1876
Düsseldorf Victorian
Durbach Wilder Ritter
Efringen-Kirchen Traube
Eggenstein-Leopoldshafen Zum Löwen
Ehningen Landhaus Feckl
Eltville am Rhein Jean **N**
Eltville am Rhein Kronenschlösschen
Endingen am Kaiserstuhl Merkle's Rebstock
Erftstadt Husarenquartier
Erfurt Clara - Restaurant im Kaisersaal
Essen Schote
Ettlingen Erbprinz
Euskirchen Bembergs Häuschen
Feldberger Seenlandschaft Alte Schule
Föhr / Wyk Alt Wyk
Frankenberg (Eder) Philipp Soldan
Frankfurt am Main Carmelo Greco
Frankfurt am Main Ernos Bistro
Frankfurt am Main Français
Frankfurt am Main Lafleur
Frankfurt am Main Sra Bua by Juan Amador **N**
Frankfurt am Main Weinsinn
Freiburg im Breisgau Zirbelstube
Freiburg im Breisgau sHerrehus
Geisenheim Gourmetrestaurant Schwarzenstein
Gernsbach Schloss Eberstein
Göttingen / Friedland Landhaus Biewald - Genießer Stube **N**
Grünstadt / Neuleiningen Alte Pfarrey
Gummersbach Die Mühlenhelle
Häusern Adler
Hamburg Anna Sgroi
Hamburg Landhaus Scherrer
Hamburg Le Canard nouveau
Hamburg Piment
Hamburg SE7EN OCEANS
Heidelberg Le Gourmet
Heidelberg Scharff's Schlossweinstube im Heidelberger Schloss
Heidesheim am Rhein Gourmetrestaurant Dirk Maus
Heinsberg Burgstuben Residenz - St. Jacques
Hermeskeil / Neuhütten Le temple

Hersfeld, Bad	L'étable	
Herxheim	Kronen-Restaurant	
Hörstel	Westfälische Stube	N
Homburg vor der Höhe, Bad	Schellers	
Horben	Gasthaus zum Raben	
Karlsruhe	Le Salon im Kesselhaus	N
Kernen im Remstal	Malathounis	N
Kerpen	Schloss Loersfeld	
Ketsch	Die Ente	
Kirchdorf (Krs. Mühldorf)	Christian's Restaurant - Gasthof Grainer	
Kirchheim u. Teck / Ohmden	Landgasthof am Königsweg	
Kissingen, Bad	Laudensacks Gourmet Restaurant	
Kleinwalsertal / Hirschegg	Kilian Stuba	
Köln	Alfredo	
Köln	Himmel un Äd	N
Köln	La Société	
Köln	La poêle d'or	
Köln	Maître im Landhaus Kuckuck	
Köln	maiBeck	N
Köln	taku	
Konstanz	Heise's Bürgerstube	N
Konstanz	San Martino - Gourmet	N
Krakow am See	Ich weiß ein Haus am See	
Krozingen, Bad	Storchen	
Krün	Luce d'Oro	
Künzelsau	handicap.	N
Kuppenheim	Raubs Landgasthof	
Laasphe, Bad	Ars Vivendi	
Lahr	Adler	
Langenau	Zum Bad	
Langenzenn	Keidenzeller Hof	N
Leer	Perior	
Leimen	"oben"	N
Leipzig	Stadtpfeiffer	
Lindau im Bodensee	Villino	
Lübeck	Buddenbrooks	
Lübeck	Wullenwever	
Lütjenburg / Panker	Restaurant 1797	N
Mainz	Buchholz	
Mainz	Favorite	
Mannheim	Axt	
Mannheim	Da Gianni	
Mannheim	Doblers	
Mannheim	Opus V	N
Meersburg	Casala	
Miltenberg	1622 im Jagd Hotel Rose	
München	181 - First	
München	Acquarello	
München	Atelier	
München	Geisels Werneckhof	
München	Gourmet Restaurant Königshof	

München	Les Deux	
München	Mark's	
München	Restaurant N° 15	N
München	Schuhbecks in den Südtiroler Stuben	
München	Schweiger^2	
Münster	Kaiserhof - Gourmet 1895	
Mulfingen	Amtskeller	
Nagold	Alte Post	N
Neuenahr-Ahrweiler, Bad	Historisches Gasthaus Sanct Peter Restaurant Brogsitter	
Neunburg vorm Wald	Obendorfer's Eisvogel	
Neustadt an der Weinstraße	Urgestein im Steinhäuser Hof	
Neuwied	Coquille St. Jacques im Parkrestaurant Nodhausen	
Nördlingen	Wirtshaus Meyers Keller - Restaurant Joachim Kaiser	
Norderney	Seesteg	
Nürnberg	Aumer's La Vie	
Oberstdorf	ESS ATELIER STRAUSS	
Oberstdorf	Maximilians Restaurant - Landhaus Freiberg	
Odenthal	Zur Post	
Öhningen	Falconera	
Öhringen / Friedrichsruhe	Wald und Schlosshotel Friedrichsruhe - Gourmet-Restaurant	
Paderborn	Balthasar	
Pfaffenweiler	Zehner's Stube	
Pfinztal	Villa Hammerschmiede	
Piesport	schanz. restaurant.	
Pleiskirchen	Huberwirt	
Pliezhausen	Landgasthaus zur Linde	
Plön	Stolz	
Potsdam	Friedrich-Wilhelm	
Prien am Chiemsee	Rehmann	
Pulheim	Gut Lärchenhof	
Regensburg	storstad	
Remscheid	Concordia - Heldmann's Restaurant	
Rheda-Wiedenbrück	Reuter	
Rötz	Gregor's	
Rosenberg	Landgasthof Adler	
Rostock	Gourmet-Restaurant Der Butt	
Rottach-Egern	Dichterstub'n	
Rottach-Egern	Maiwerts	N
Rügen / Binz	freustil	
Rüsselsheim	NAVETTE	
Salach	Burgrestaurant Staufeneck	
Sankt Wendel	Kunz	
Sasbachwalden	Fallert	
Scharbeutz	DiVa	

chwäbisch Hall	Eisenbahn
chwäbisch Hall	Rebers Pflug
elzen	Kaupers Restaurant im Kapellenhof
obernheim, Bad	Jungborn
ommerhausen	Philipp
onnenbühl	Hirsch
onthofen / Ofterschwang	Silberdistel
tarnberg	Aubergine **N**
tolpe	Gutshaus Stolpe
tralsund	scheel's **N**
tromberg	Le Val d'Or
tuttgart	5 (Fünf)
tuttgart	Délice
tuttgart	OLIVO
tuttgart	Speisemeisterei
tuttgart	top air
tuttgart	Wielandshöhe
tuttgart	YoSH
tuttgart	Zirbelstube
tuttgart / Fellbach	Gourmet Restaurant avui
ylt / Hörnum	KAI3
ylt / List	Spices
ylt / Tinnum	BODENDORF'S
egernsee	Schwingshackl ESSKULTUR
einach-Zavelstein, Bad	Gourmetrestaurant Berlins Krone
immendorfer Strand	Orangerie
raben-Trarbach	Clauss-Feist **N**
Trittenheim	Wein- und Tafelhaus
Trittenheim / Naurath	Rüssel's Landhaus
Tübingen	Schranners Waldhorn **N**
Ulm	LAGO
Usedom / Heringsdorf	Tom Wickboldt
Vaihingen an der Enz	Lamm Rosswag
Velbert	Haus Stemberg
Vogtsburg	Schwarzer Adler
Wadersloh	Bomke
Waiblingen	Bachofer **N**
Waldbronn	Schwitzer's am Park **N**
Waldenbuch	Gasthof Krone
Waldkirchen	Johanns **N**
Wangels	Courtier **N**
Weikersheim	Laurentius
Weimar	Anna Amalia
Weingarten	Walk'sches Haus - Gourmet-Restaurant
Wermelskirchen	Landhaus Spatzenhof
Wertheim	Stadtpalais Gourmetrestaurant
Wiesbaden	Ente
Wirsberg	Alexander Herrmann
Wolfsburg	La Fontaine
Wolfsburg	Saphir **N**
Würselen	Alte Feuerwache - Podobnik's Gourmet Restaurant
Würzburg	KUNO 1408
Würzburg	REISERS am Stein
Xanten	Landhaus Köpp

N → *Neu* → *New*

Bib Gourmand

→ Gute Küche zu moderaten Preisen

→ *Good food at moderate prices*

Aachen	Sankt Benedikt - Bistro	
Aachen	Schloss Schönau - Schänke	
Abbach, Bad	Schwögler	
Achern	1839Malerhaus	N
Achern	Chez Georges	
Alpirsbach	Rössle	
Altenahr	Gaststube Assenmacher	
Altenberge	Penz Am Dom	
Amberg	Schön Kilian	
Amtzell	Akademie	
Andernach	Kaufmann's	N
Ansbach	La Corona	
Arnsberg	Menge	
Aschaffenburg	Zum Goldenen Ochsen - Oechsle	
Aschaffenburg / Johannesberg	Auberge de Temple - Gasthaus	N
Aue	Tausendgüldenstube	
Auenwald	Landgasthof Waldhorn	
Auerbach in der Oberpfalz	SoulFood	
Auerbach (Vogtland)	Renoir	
Aying	Brauereigasthof Aying	
Backnang / Aspach	Lamm	N
Baden-Baden	Heiligenstein	
Baden-Baden	Traube	
Baiersbronn	Bauernstube	
Baiersbronn	Dorfstuben	
Balduinstein	Landhotel Zum Bären - Am Kachelofen	
Barmstedt	Lay's Bistro	N
Bayreuth / Bindlach	Landhaus Gräfenthal	
Bellingen, Bad	Landgasthof Schwanen	
Berlin	44 (vierundvierzig)	N
Berlin	Brasserie Lamazère	N
Berlin	Buchholz Gutshof Britz	N
Berlin	Die Nussbaumerin	
Berlin	Die Spindel	
Berlin	dos palillos	
Berlin	Jungbluth	N
Berlin	Kochu Karu	N
Berlin	La Soupe Populaire - Tim Raue	
Berlin	Ottenthal	
Berlin	Renger-Patzsch	
Bielefeld	Büscher's Restaurant	
Bisingen	Gasthof Adler	
Blieskastel	Hämmerle's Restaurant - Landgenuss	
Bogen / Niederwinkling	Landgasthof Buchner	
Bonndorf	Sommerau	
Boppard	Tannenheim	N
Brackenheim	Adler	
Brandenburg an der Havel	Inspektorenhaus	
Braunschweig	Zucker	
Bretten	à la table de Guy Graessel	
Bretzfeld	Reinecker's Dorfstube	
Brühl (Baden)	KRONE das gasthaus	
Bühl	Lamm	
Bühl	Pospisil's Gasthof Krone	
Bühlertal	Bergfriedel	
Bühlertal	Rebstock	
Bürgstadt	Weinhaus Stern	
Burbach	Fiester-Hannes	
Castell	Gasthaus zum Schwan	
Celle	Schaper	
Celle	der allerKrug	
Cham	Am Ödenturm	
Chemnitz	Villa Esche	
Chemnitz	alexxanders	
Coburg	Victoria Grill	
Coesfeld	Freiberger im Gasthaus Schnieder-Bauland	
Dachau	Schwarzberghof	N
Dachau / Bergkirchen	Gasthaus Weißenbeck	
Daun / Darscheid	Weinwirtschaft kleines Kucher	
Deidesheim	Gasthaus zur Kanne	
Deidesheim	St. Urban	
Denzlingen	Rebstock-Stube	
Dernbach	Schneider	

N → *Neu* → *New*

Dessau	Pächterhaus	
Dettelbach	Himmelstoss	N
Dießen am Ammersee	Seehaus	N
Dinkelsbühl	Altdeutsches Restaurant	N
Doberan, Bad	Zum weissen Schwan	
Dörscheid	Landgasthaus Blücher	
Dohna	Ratskeller	N
Donzdorf	Castello	N
Dornum	Fährhaus	
Dortmund	der Lennhof	N
Dresden	Bülow's Bistro	
Dresden	Landhaus Lockwitzgrund	
Dresden	Ven	N
Dresden	Villandry	
Düsseldorf	Dorfstube	
Düsseldorf	Münstermanns Kontor	
Düsseldorf	Nöthel's Restaurant	
Düsseldorf	Parlin	
Duisburg	Friederichs - Bistro NT	
Durbach	Rebstock	
Durbach	Ritter Stube	
Efringen-Kirchen	Walsers	N
Eggenstein-Leopoldshafen	Zum Goldenen Anker	
Eibelstadt	Gambero Rosso da Domenico	
Eichwalde	Carmens Restaurant	
Eisenach	Weinrestaurant Turmschänke	
Eltville am Rhein	Zum Krug	
Elzach	Schäck's Adler	
Ems, Bad	Estragon	
Emsdetten	Lindenhof	
Endingen am Kaiserstuhl	Dutters Stube	
Erftstadt	Husarenquartier - Bistro	
Erfurt	Palais Wachsberg	N
Erfurt	Weinstube und Restaurant Zumnorde	N
Erlangen	Altmann's Stube	
Erlangen	Polster Stube	
Erlangen	Rosmarin	N
Essen	HUGENpöttchen	
Esslingen am Neckar	Zur Tafelstube	
Ettlingen	Weinstube Sibylla	
Euskirchen	Bembergs Häuschen - Eiflers Zeiten	
Euskirchen	Stadtwald Vinum	N
Fehmarn (Insel) / Burg	Margaretenhof	
Feuchtwangen	Greifen-Post	
Feuchtwangen	Landgasthof Zum Ross	
Finsterwalde	Goldener Hahn	
Flensburg / Oeversee	Krugwirtschaft	
Flonheim	Weinwirtschaft Espenhof	
Forchheim	Zöllner's Weinstube	
Forstinning	Zum Vaas	
Frankenberg (Eder)	Sonne-Stuben	
Frankfurt am Main	La Cigale	
Frankfurt am Main	Zarges	
Frankweiler	Weinstube Brand	
Frasdorf	Schloßwirtschaft Wildenwart	
Freiamt	Zur Krone	
Freiberg	Le Bambou	
Freiburg im Breisgau	Hirschen	
Freiburg im Breisgau	Kühler Krug	
Freiburg im Breisgau	Rheingold	
Freinsheim	WEINreich	
Freising / Hallbergmoos	Alter Wirt	N
Frickingen	Löwen	
Friedrichroda / Finsterbergen	Hüllrod	N
Friedrichshafen	Goldenes Rad	
Friesenheim	Mühlenhof	
Fürth	Altes Forsthaus	
Fürth	Neubauers Stube	N
Füssing, Bad	Holzapfel's Restaurant	
Fulda	Goldener Karpfen	
Garmisch-Partenkirchen	Reindl's Restaurant	
Gengenbach / Berghaupten	Hirsch	
Gifhorn	Ratsweinkeller	
Glashütten	Glashüttener Hof	N
Glottertal	Hirschen	
Glottertal	Zum Goldenen Engel	
Görlitz	Schneider Stube	
Grafenau	Säumerhof	
Greifswald	Tischlerei	
Grönenbach, Bad	Topf-Gucker	
Groß Grönau	Zum fabelhaften Hirschen	
Großheubach	Zur Krone	
Gschwend	Herrengass	
Gütersloh	Medium	
Guldental	Der Kaiserhof	
Gummersbach	Die Mühlenhelle - Bistro	
Hainfeld	Arens Restaurant	
Hamburg	Brahms Restaurant	
Hamburg	Brook	
Hamburg	Casse-Croûte	
Hamburg	Cox	
Hamburg	LENZ	
Hamburg	Le Plat du Jour	
Hamburg	Marbella	
Hamburg	Marlin	
Hamburg	Nil	
Hamburg	RIVE Bistro	N
Hamburg	Speisewirtschaft Wattkorn	
Hamburg	Stock's Fischrestaurant	
Hamburg	Trific	
Hamburg	Tschebull	
Hamburg	Weinwirtschaft Kleines Jacob	
Hamburg	Zipang	N
Hannover	Neue Zeiten	
Hannover	Röhrbein	

N → *Neu* → *New*

Harsewinkel	Poppenborg's Stübchen	**N**
Hauzenberg	Landgasthaus Gidibauer-Hof	
Heidelberg	Backmulde	
Heilbronn	Bachmaier	
Heilbronn	Rebstock la petite Provence	
Heilbronn / Leingarten	Löwen - Dorfkrug	
Heiligenberg	Baader	
Heiligenberg	Hack	
Heiligkreuzsteinach	Goldener Pflug	
Heitersheim	Landhotel Krone	
Hennef (Sieg)	Sängerheim - Das Restaurant	
Herford	Am Osterfeuer	
Hermeskeil / Neuhütten	Le temple - Bistro	**N**
Heroldsberg	Freihardt	
Herrenalb, Bad	Lamm	
Hersfeld, Bad	Stern's Restaurant	
Herxheim	Pfälzer Stube	
Heßdorf	Wirtschaft von Johann Gerner	
Heßheim	Ellenbergs	
Hirschberg	Bistronauten	
Hirschberg	Krone	
Höchst im Odenwald	Krone - Gaststube	
Höchstädt an der Donau	Zur Glocke	
Hövelhof	Gasthof Brink	
Hohen Demzin	Schlosshotel Burg	
	Schlitz - Brasserie Louise	
Hüfingen	Landgasthof Hirschen	
Hungen	Hungener Käsescheune	**N**
Ihringen	Bräutigam	
Ihringen	Holzöfele	
Ihringen	Weinstube Zum Küfer	
Ilbesheim	Hubertushof	**N**
Illertissen	Gasthof Krone	
Illschwang	Weißes Roß	
Ilsfeld	Häußermann's Ochsen	
Immenstaad am Bodensee	Heinzler	
Immenstaad am Bodensee	Seehof	
Iphofen	Deutscher Hof	
Isny	Hohe Linde - Allgäuer Stuben	
Jagsthausen	Götzenstube	**N**
Jameln	Das Alte Haus	
Jugenheim	Weedenhof	
Kandel	Zum Riesen	
Kandern	Pfaffenkeller	
Kappeln	Speicher No. 5	
Kappelrodeck	Zum Rebstock	
Karben	Neidharts Küche	
Kaub	Zum Turm	
Kehl	Grieshaber's Rebstock	
Kenzingen	Scheidels Restaurant zum Kranz	
Kirchdorf an der Iller	Landgasthof Löwen	
Kirchzarten	Schlegelhof	
Kirchzarten	Zum Rössle	
Kleinwalsertal / Riezlern	Humbachstube im Alpenhof Jäger	
Kleinwalsertal / Riezlern	Scharnagl's Alpenhof	
Klettgau	Landgasthof Mange	
Klingenberg am Main	Straubs Restaurant	
Koblenz	Da Vinci	**N**
Köln	Capricorn [i] Aries Brasserie	
Köln	La poêle d'or - Bistro B	
Köln	Piccolo	
Köngen	Schwanen	
Köngen	Tafelhaus	
Königsbronn	Widmann's Löwen	
Königsfeld im Schwarzwald	Café Rapp	**N**
Krefeld	Chopelin	
Kreuznach, Bad	Im Kittchen	
Kronach / Stockheim	Landgasthof Detsch	
Künzelsau	Anne-Sophie	
Küps	Werners Restaurant	**N**
Kürten	Zur Mühle	
Lahr	Adler - Gasthaus	**N**
Landau in der Pfalz	Weinkontor Null41	**N**
Langenargen	Schuppen 13	
Laubach	Landgasthaus Waldschenke	
Lauf an der Pegnitz	Waldgasthof Letten	
Laufenburg (Baden)	Zumkellers Schlössle	
Lauffen am Neckar	Elefanten	
Laumersheim	Zum Weißen Lamm	
Lautenbach (Ortenaukreis)	Le Soleil	**N**
Leimen	Weinstube Jägerlust	
Leinfelden-Echterdingen	Am Park	
Leipzig	Münsters	
Lenggries	Schweizer Wirt	
Lindau im Bodensee	Schachener Hof	
Ludwigsburg	Alte Sonne	
Lübeck	Weinwirtschaft	
Lünen	Diana's	
Lütjenburg / Panker	Forsthaus Hessenstein	
Lütjensee	Fischerklause	
Magdeburg	Landhaus Hadrys	
Mainz	Geberts Weinstuben	
Mandelbachtal	Gräfinthaler Hof	
Marburg	MARBURGER esszimmer	
Marktbergel	Rotes Ross	**N**
Marktbreit	Michels Stern	
Marktheidenfeld	Weinhaus Anker	
Maselheim	Lamm	
Meerbusch	WINELIVE im Lindenhof	
Meerfeld	Poststuben	**N**
Meiningen	Posthalterei	
Meisenheim	Meisenheimer Hof	**N**
Meschede	Landhotel Donner	
Miltenberg	Kristinas Esszimmer	
Mindelheim	Zur Laute	

N → *Neu* → *New*

Mintraching	Zum Goldenen Krug	
Mittenwald	Das Marktrestaurant	
Mönchengladbach	Gasthaus Stappen	
Mosbach	Landgasthof zum Ochsen	
Mülheim an der Ruhr	Möllckens Altes Zollhaus	
München	Atelier Gourmet	
München	Freisinger Hof	
München	Le Barestovino	
München	M Belleville	
München	Mangi	
München	Neumayr - Johannas	
Münsing	Gasthaus Sebastian Limm	
Mulfingen	Jagstmühle	
Nauheim, Bad	Brunnenwärterhaus	
Neckargemünd	Christians	**N**
Neckargemünd	Zum Rössel	
Nenndorf, Bad	August	
Nettetal	Sonneck	
Neubeuern	Auers Schlosswirtschaft	
Neubrandenburg / Groß Nemerow	Lisette	
Neuburg am Inn	Hoftaferne Neuburg	**N**
Neuburg an der Donau	Zum Klosterbräu - Gaststube	
Neuburg an der Kammel	Landhaus Jekle	
Neuendorf bei Wilster	Zum Dückerstieg	
Neunburg vorm Wald	Landhotel Birkenhof - Turmstube	
Neupotz	Gehrlein's Hardtwald	
Neupotz	Zum Lamm	
Neustadt an der Weinstraße	Grünwedel's Restaurant	
Neustadt an der Weinstraße	Netts Restaurant und Landhaus	
Nördlingen	Wirtsstube	
Notzingen	Die Kelter	**N**
Nürnberg	Landgasthof Gentner	
Nürnberg	Zirbelstube	
Nuthetal	Philippsthal	
Oberboihingen	Zur Linde	
Oberried	Die Halde	
Oberried	Gasthaus Sternen Post	
Oberstdorf	Das Jagdhaus	
Oberstdorf	Löwen-Wirtschaft	
Oberstenfeld	Zum Ochsen	
Odenthal	Postschänke	
Östringen	Weingut Heitlinger	**N**
Ötisheim	Sternenschanz	
Offenburg	Blume	
Ostrach	Landhotel zum Hirsch	
Pappenheim	Zur Sonne	
Peterstal-Griesbach, Bad	Kamin- und Bauernstube	

Pfinztal	Die Guten Stuben	
Pfronten	Berghotel Schlossanger-Alp	
Piding	Lohmayr Stub'n	
Pilsach	Landgasthof Meier	
Pirmasens	Die Brasserie	**N**
Pleinfeld	Landgasthof Siebenkäs	**N**
Plochingen	Stumpenhof	
Polle	Graf Everstein	
Potsdam	Speckers Landhaus	
Presseck	Gasthof Berghof - Ursprung	
Quedlinburg	Theophano im Palais Salfeldt	
Radebeul	Charlotte K.	**N**
Radeburg	Gasthof Bärwalde	
Radolfzell / Moos	Gottfried	
Rauhenebrach	Gasthaus Hofmann	
Ravensburg	Lumperhof	
Regensburg / Donaustauf	Zum Postillion	
Regensburg / Neutraubling	Am See	
Reichelsheim	Landhotel Lortz - O de vie	
Reichenwalde	Alte Schule	
Reil	Heim's Restaurant	
Remchingen	Zum Hirsch	
Remscheid	Concordia - Fifty Six	
Remshalden	Weinstube zur Traube	
Rengsdorf / Hardert	Corona	
Rheda-Wiedenbrück	Reuter - Bistro	
Rheine	Beesten	
Rietberg	Domschenke	**N**
Ringsheim	Heckenrose	
Rippoldsau-Schapbach, Bad	Klösterle Hof	
Rötz	Spiegelstube	
Rohrdorf	MaximilianS Gut Apfelkam	**N**
Rosshaupten	Kaufmann	
Rot am See	Landhaus Hohenlohe	
Rothenburg o.d. Tauber / Windelsbach	Landhaus Lebert	
Rudersberg	Gasthaus Stern	
Saalfeld	Güldene Gans	
Saarbrücken	Restaurant Quack in der Villa Weismüller	
Saarbrücken	Schlachthof Brasserie	
Salem	Recks	
Sankt Ingbert	Die Alte Brauerei	
Sankt Michaelisdonn	Landhaus Gardels	
Sankt Peter	Zur Sonne	
Sankt Wendel	Kunz - Kaminzimmer	
Sasbach	Michael Harr	**N**
Sasbachwalden	Badische Stuben	
Sasbachwalden	Engel	
Saulheim	mundart Restaurant	**N**
Schalkham	Sebastianihof	
Scharbeutz	Brechtmanns Botschaft	
Scharbeutz	Muschel	

N → *Neu* → *New*

Scheeßel	Rauchfang
Schmallenberg	Gasthof Schütte
Schneverdingen	Ramster
Schopfheim	Mühle zu Gersbach **N**
Schorndorf / Winterbach	Landgasthaus Hirsch
Schramberg	Gasthof Hirsch
Schwäbisch Gmünd / Waldstetten	Sonnenhof **N**
Schwäbisch Hall	Landhaus Zum Rössle
Schwaigern	Zum Alten Rentamt
Schwarzach am Main	Schwab's Landgasthof
Schweinfurt	Kings und Queens
Schwendi	Oberschwäbischer Hof
Seeg / Rückholz	Landhotel Panorama **N**
Seeon-Seebruck	Schaller zur Post
Serrig	Gasthaus Wagner **N**
Sigmaringen / Scheer	Brunnenstube
Simonswald	Hugenhof
Sobernheim, Bad / Meddersheim	Landgasthof zur Traube
Sommerhausen	Ritter Jörg **N**
Sonnenbühl	Dorfstube
Spalt	Gasthof Blumenthal
Sprockhövel	Eggers
Sprockhövel	Habbel's **N**
Stadthagen / Nienstädt	Sülbecker Krug
Staufen	Die Krone
Staufen	Kreuz-Post
Steben, Bad / Lichtenberg	Harmonie
Steinen	Zum fröhlichen Landmann **N**
Steinenbronn	Krone **N**
Stühlingen	Gasthaus Schwanen
Stühlingen	Geng's Linde **N**
Stuttgart	Fässle
Stuttgart	Goldener Adler
Stuttgart	Vetter
Stuttgart / Fellbach	Aldinger's Germania
Stuttgart / Fellbach	Gasthaus zum Hirschen
Sulzburg	Landgasthof Rebstock
Sylt / Keitum	Karsten Wulff
Sylt / Morsum	Morsum Kliff
Sylt / Westerland	Bistro Stadt Hamburg
Tangstedt	Gutsküche
Taufkirchen (Vils)	Landgasthof Forster
Teisendorf	Gut Edermann - MundArt
Tettnang	Lamm im Kau
Tiefenbronn	Ochsen-Post - Bauernstuben
Todtnau	der Waldfrieden **N**
Tölz, Bad	Jägerwirt
Triefenstein	Weinhaus Zum Ritter
Tröstau	Schmankerl Restaurant Bauer

Tübingen	Basilikum
Twist	Gasthof Backers - Zum alten Dorfkrug
Überlingen	Landgasthof zum Adler
Ürzig	Moselschild und Oliver's Restaurant
Urach, Bad	Wilder Mann
Usingen	essWebers **N**
Vallendar	Die Traube
Vaterstetten	Gasthof Stangl
Verden (Aller)	Pades Restaurant
Villingendorf	Gasthof Linde
Villingen-Schwenningen	Rindenmühle
Vöhringen	Speisemeisterei
	Burgthalschenke
Volkach	Gasthaus Zur Krone
Wadersloh	Bomke - Bistro Vinothek
Waging am See	Landhaus Tanner
Waiblingen	Brunnenstuben **N**
Waldsee, Bad	Scala
Waldshut-Tiengen	Brauerei Walter
Waltrop	Gasthaus Stromberg
Wangen im Allgäu	Adler
Wartenberg-Rohrbach	MAHL-WERK
	Das Mühlenrestaurant
Wasserburg am Inn	Herrenhaus
Wasserburg am Inn	Weisses Rössl
Wasserliesch	Scheid's
Weikersheim	Laurentius - Bistro
Weimar	Anastasia
Weinstadt	Gasthaus Rössle
Weinstadt	Weinstube Muz
Weissenstadt	Gasthaus Egertal - Bistro Prinz-Rupprecht Stube
Wernberg-Köblitz	Landgasthof Burkhard
	Kaminstube
Wertheim	Bestenheider Stuben
Wertheim	Stadtpalais Speiselokal
Wertingen	Gänsweid **N**
Wesel	ART
Wesel / Hamminkeln	Carpe diem
Wiesbaden	Domäne Mechtildshausen
Wiessee, Bad	Freihaus Brenner
Wildberg	Talblick
Wilthen	Erbgericht Tautewalde
Wolfratshausen	Haderbräu Stuben
Worpswede	Kaffee Worpswede
Wremen	Gasthaus Wolters - Zur Börse
Wuppertal	Scarpati - Trattoria
Wustrow	Schimmel's
Zeiskam	Zeiskamer Mühle
Zorneding	Alte Posthalterei **N**
Zweibrücken	Landschloss Fasanerie - Landhaus

N → *Neu* → *New*

Bib Hotel

→ Hier übernachten Sie gut und preiswert

→ *Good accommodation at moderate prices*

chern	Schwarzwälder Hof	
delsdorf	Zum Löwenbräu	**N**
delshofen	Landhaus Zum Falken	**N**
haus	Haus im Flör	
lbstadt	In der Breite	
ldersbach	Mayerhofer	
lf	Bömer's Mosellandhotel	
lfeld (Leine)	Grüner Wald	
lpirsbach	Rössle	**N**
ltenberg	Zum Bären	
ltensteig	Hirsch	
rnsberg	Menge	
schau im Chiemgau	Edeltraud	
uggen	Zur Krone	
aden-Baden	Am Markt	**N**
autzen	Dom Eck	
ayrischzell	Postgasthof Rote Wand	
eilngries	Die Gams	
ernau im Schwarzwald	Schwarzwaldhaus	
iberach an der Riß	Landhotel zur Pfanne	
illerbeck	Domschenke	
ispingen	Das kleine Hotel am Park	
ispingen	Heidehotel Rieckmann	
lindheim	Breisachmühle	
önnigheim	Adler am Schloss	
oppard	Tannenheim	**N**
randenburg an der Havel	Havelfloß	
raunlage	Vitalhotel Sonneneck	
retzenheim	Hinterconti	**N**
retzfeld	Landhaus Rössle	
rilon	Rech	
uchen (Odenwald)	Reichsadler	
ückeburg	Große Klus	
ühlertal	Bergfriedel	
ürgstadt	Weinhaus Stern	
hemnitz	alexxanders	
lausthal-Zellerfeld	Harzhotel	
	Zum Prinzen	
loppenburg	Schäfers Hotel	

Dahn / Bruchweiler-Bärenbach	Landhaus Felsengarten	
Doberan, Bad	Villa Sommer	
Dörscheid	Landgasthaus Blücher	
Donauwörth	Viktoria	
Dornum	Fährhaus	
Dresden	AMBIENTE	
Dresden	Privat	
Dürkheim, Bad	An den Salinen	
Edenkoben / Rhodt unter Rietburg	Rhodter Adler	
Egling	Hanfstingl	
Ehekirchen	Strixner Hof	
Ellwangen	Klozbücher	
Emmendingen	Park-Hotel Krone	
Emsdetten	Lindenhof	
Erfurt	Villa am Park	
Essen	Ruhr-Hotel	
Feldberger Seenlandschaft	Alte Schule	
Flörsheim-Dalsheim	Weingut und Gästehaus Peth	
Floh-Seligenthal	Thüringer Hof	**N**
Forchtenberg	Krone	
Forst an der Weinstraße	Landhotel Lucashof	
Freital / Rabenau	Rabenauer Mühle	
Friedberg	Park Ambiente	
Fürstenzell	Zur Platte	
Fürth	Schwarzes Kreuz	**N**
Gengenbach / Berghaupten	Hirsch	
Glottertal	Zum Goldenen Engel	
Gottleuba, Bad	Berghotel Augustusberg	
Großschönau	Quirle-Häusl	
Hamburg	Ökotel	
Hammelburg	Deutsches Haus	
Haslach im Kinzigtal	Gasthaus zur Blume	
Hauzenberg	Landgasthaus Gidibauer-Hof	
Heigenbrücken	Landgasthof Hochspessart	
Heilbrunn, Bad	Kilian	
Heiligenberg	Hack	

→ *Neu* → *New*

Heitersheim	OX Hotel	
Hermeskeil / Neuhütten	Le temple	**N**
Hersbruck	Grüner Baum	
Hersbruck / Kirchensittenbach	Landpension Postwirt	
Heßheim	Ellenbergs	
Hinterzarten	Gasthaus Engel	
Hirschaid	Gasthaus Wurm	
Hövelhof	Gasthaus Spieker	
Hohnstein	LuK - Das Kleine Landhotel	
Hornberg	Adler	
Hügelsheim	Hirsch	
Ibbenbüren	Hubertushof	
Idar-Oberstein	Berghotel Kristall	
Illertissen	Dornweiler Hof	**N**
Iphofen	Altstadthotel Bausewein	
Isernhagen	Engel	
Kallstadt	Kallstadter Hof	
Kamenz	Villa Weiße	
Kell am See	Fronhof	
Kenzingen	Schieble	
Kipfenberg	Zur Linde	
Kirchberg an der Jagst	Landhotel Kirchberg	
Kirchzarten	Sonne	
Kißlegg	Ochsen	**N**
Kleinwalsertal / Mittelberg	Ingeborg	
Klingenthal	Berggasthaus Schöne Aussicht	
Königsbronn	Widmann's Löwen	
Kronach / Stockheim	Landgasthof Detsch	
Krozingen, Bad	Storchen	
Lage (Lippe)	Haus Berkenkamp	
Landau an der Isar	Gästehaus Numberger	
Landsberg am Lech	Landhotel Endhart	
Langenargen	Im Winkel	
Langenau	Zum Bad	
Lauffen am Neckar	Gästehaus Kraft	
Leimen	Seipel	
Liebenzell, Bad	Koch	
Lüchow	Am Glockenturm	
Maintal	Irmchen	
Malente-Gremsmühlen, Bad	See-Villa	
Marktbergel	Rotes Ross	**N**
Memmelsdorf	Brauerei-Gasthof Drei Kronen	
Mergentheim, Bad	Gästehaus Birgit	
Meschede	Landhotel Donner	
Meyenburg	Germania Hotel am Schlosspark	
Mülheim (Mosel)	Domizil Schiffmann	
München	Lutter	**N**
Mulfingen	Jagstmühle	**N**
Neuendettelsau	Sonne	
Neuendorf bei Wilster	Zum Dückerstieg	
Neumarkt in der Oberpfalz	Mehl	
Neupotz	Gehrlein's Hardtwald	

Neustadt an der Weinstraße	Netts Restaurant und Landhaus	
Neustrelitz	Schlossgarten	
Nidderau	Alte Bäckerei	
Nittel	Culinarium	
Nordhorn	Am Stadtring	
Northeim	Seeger's Gasthof	
Nürnberg	Park Hotel	
Oberaula	Zum Stern	
Oberheimbach	Weinberg-Schlösschen	
Oberried	Gasthaus Sternen Post	
Oberwesel	Weinhaus Weiler	**N**
Offenbach	Graf	
Olzheim	Haus Feldmaus	
Ostrach	Landhotel zum Hirsch	
Pappenheim	Zur Sonne	**N**
Pasewalk	Villa Knobelsdorff	
Passau	Passauer Wolf	
Penzberg	Hoisl-Bräu	
Petershagen-Eggersdorf	Landgasthof zum Mühlenteich	
Planegg	Asemann Planegg	
Plön	Landhaus Hohe Buchen	**N**
Pottenstein	Schwan	
Preetz / Lehmkuhlen	Neeth	
Pritzwalk	Waldhotel Forsthaus Hainholz	
Ramsau	Nutzkaser	
Randersacker	Bären	
Reichenhall, Bad	Erika	
Riethnordhausen	Landvogt	
Rimsting	Landhotel beim Has'n	
Rostock / Sievershagen	Atrium	
	Hotel Krüger	
Rot am See	Landhaus Hohenlohe	**N**
Rothenburg o.d. Tauber	Gerberhaus	**N**
Rothenburg o.d. Tauber	Hornburg	
Rothenburg o.d. Tauber / Steinsfeld	Landwehrbräu	
Rügen / Baabe	Villa Granitz	
Rügen / Göhren	Inselhotel	
Rügen / Göhren	Stranddistel	
Saarbrücken	Bayrischer Hof	
Salzgitter	Golfhotel	
Samerberg	Berggasthof Duftbräu	
Sankt Oswald-Riedlhütte	Der Wieshof	
Sankt Peter	Jägerhaus	
Schenkenzell	Waldblick	
Schiltach	Zum weyßen Rössle	
Schleswig	Hahn	
Schmallenberg	Schäferhof	
Schönau am Königssee	Georgenhof	
Schopfheim	Mühle zu Gersbach	
Schorndorf	Gruber	

N → *Neu* → *New*

chwarzach	
m Main	Schwab's Landgasthof
chwerin	De Schün
eiffen	Seiffener Hof
iegen	Pfeffermühle
igmaringen / Scheer	Donaublick
palt	Zum Schnapsbrenner
taufen	Die Krone
teben, Bad	Am Rosengarten
teinen	Zum fröhlichen Landmann **N**
teinhagen	Ententurm
teinheim	Germanenhof
tühlingen	Gasthaus Schwanen
ülzetal	Landhotel Schwarzer Adler
undern	Klöckener
auberbischofsheim	Das kleine Amtshotel
aufkirchen (Vils)	Am Hof
odtnau	der Waldfrieden **N**
ölz, Bad	Lindenhof
rostberg	Auf Wolke 8
berlingen	Landgasthof zum Adler
aihingen an der Enz	Lamm Rosswag **N**

Villingen-Schwenningen	Rindenmühle
Waldshut-Tiengen	Gartenhotel Feldeck **N**
Wangerland	Bendiks
Wardenburg	Wardenburger Hof
Wartenberg-Rohrbach	Mühle am Schlossberg
Wasserburg am Bodensee	Walserhof
Wehr	Landgasthof Sonne **N**
Weimar	Villa Hentzel
Weinheim an der Bergstraße	Goldener Pflug
Weißenfels	Parkhotel Güldene Berge
Werdau	In der Mühle
Wernigerode	Am Anger
Wernigerode	Johannishof
Wertheim / Kreuzwertheim	Herrnwiesen
Westerstede	Altes Stadthaus
Willingen (Upland)	Upländer Hof
Wilthen	Erbgericht Tautewalde
Windsheim, Bad	Zum Storchen **N**
Wingerode	Keppler's Ecke
Wurzach, Bad	Adler

→ *Neu* → *New*

Die angenehmsten Hotels

Hotels mit besonderem Charme

→ *Particularly pleasant hotels*

Baden-Baden	Brenners Park-Hotel und Spa
Bergisch Gladbach	Althoff Grandhotel Schloss Bensberg
Berlin	Adlon Kempinski
Berlin	Regent
Berlin	The Ritz-Carlton
Berlin	Waldorf Astoria
Düsseldorf	Breidenbacher Hof
Hamburg	Fairmont Hotel Vier Jahreszeiten
München	Mandarin Oriental
Sonthofen / Ofterschwang	Sonnenalp

Aerzen	Schlosshotel Münchhausen
Baden-Baden	Belle Epoque
Baiersbronn	Bareiss
Baiersbronn	Traube Tonbach
Berchtesgaden	InterContinental Berchtesgaden Resort
Bergisch Gladbach	Althoff Schlosshotel Lerbach
Dresden	Bülow Palais
Essen	Schloss Hugenpoet
Frankfurt am Main	Hessischer Hof
Freiburg im Breisgau	Colombi-Hotel
Hamburg	Louis C. Jacob
Kleinwalsertal / Hirschegg	Travel Charme Ifen Hotel
Königstein im Taunus	Falkenstein Grand Kempinski
Krün	Schloss Elmau
Lübeck	A-ROSA
München	Königshof
Öhringen / Friedrichsruhe	Wald und Schlosshotel Friedrichsruhe
Peterstal-Griesbach, Bad	Dollenberg
Rottach-Egern	Park-Hotel Egerner Höfe
Sylt / Hörnum	BUDERSAND Hotel - Golf und Spa
Sylt / List	A-ROSA
Wangels	Weissenhaus Grand Village Resort und Spa am Meer
Wolfsburg	The Ritz-Carlton

Aschau im Chiemgau	Residenz Heinz Winkler
Badenweiler	Schwarzmatt
Baiersbronn	Engel Obertal
Berlin	Am Steinplatz
Berlin	Das Stue
Burg (Spreewald)	Zur Bleiche Resort und Spa
Celle	Althoff Hotel Fürstenhof
Cuxhaven	Badhotel Sternhagen
Deidesheim	Deidesheimer Hof
Deidesheim	Ketschauer Hof
Dierhagen	Strandhotel Dünenmeer
Dresden	Bülow Residenz
Dresden	Suitess
Dresden	Swissôtel Am Schloss
Durbach	Ritter
Fichtenau	Vitalhotel Meiser
Frankfurt am Main	Roomers
Freiamt	Ludinmühle

eisenheim	Burg Schwarzenstein
ücksburg	Alter Meierhof Vitalhotel
äusern	Adler
ammelburg / Wartmannsroth	Neumühle
eidelberg	Die Hirschgasse
eidelberg	Heidelberg Suites
erleshausen	Hohenhaus
erxheim	Krone
interzarten	Erfurths Bergfried
interzarten	Kesslermühle
interzarten	Reppert
örstel	Parkhotel Surenburg
ornbach	Kloster Hornbach
ornbach	Lösch für Freunde
senburg	Landhaus Zu den Rothen Forellen
selburg	Parkhotel Wasserburg Anholt
ist	Achterdiek
irschau	Bei Schumann
önigstein im Taunus	Villa Rothschild Kempinski
ötzting, Bad	Bayerwaldhof
onstanz	RIVA
rün	Das Kranzbach
aasphe, Bad	Jagdhof Glashütte
indau im Bodensee	Villino
übeck	COLUMBIA
adlitz-Wilmersdorf	Gut Klostermühle
ülheim an der Ruhr	Villa am Ruhrufer
ülheim (Mosel)	Weinromantikhotel Richtershof
ünchen	Palace
ünster	Hof zur Linde
euhardenberg	Schloss Neuhardenberg
Oberammergau	Maximilian
Oberstdorf	Exquisit
Oberstdorf	Parkhotel Frank
Pfinztal	Villa Hammerschmiede
Pfronten	Berghotel Schlossanger-Alp
Potsdam	Bayrisches Haus
Rotenburg (Wümme)	Landhaus Wachtelhof
Rothenburg o.d. Tauber	herrnschlösschen
Rügen / Binz	CERÊS
Rügen / Sellin	ROEWERS Privathotel
Sachsa, Bad	Romantischer Winkel
Sankt Englmar	Angerhof
Sobernheim, Bad	BollAnt's im Park
Stolpe	Gutshaus Stolpe
Stralsund	Scheelehof
Stromberg	Johann Lafer's Stromburg
Stuttgart	Althoff Hotel am Schlossgarten
Sylt / Keitum	Benen-Diken-Hof
Sylt / Munkmarsch	Fährhaus
Sylt / Rantum	Söl'ring Hof
Sylt / Tinnum	Landhaus Stricker
Sylt / Westerland	Stadt Hamburg
Titisee-Neustadt	Treschers Schwarzwaldhotel
Wernberg-Köblitz	Burg Wernberg
Wernigerode	Travel Charme Gothisches Haus
Winden	Elztalhotel
Winterberg	Berghotel Astenkrone
Wörishofen, Bad	Fontenay
Zingst	Meerlust
Zweibrücken	Landschloss Fasanerie

hrenshoop	Künstlerquartier Seezeichen
morbach	Der Schafhof
schaffenburg / ohannesberg	Auberge de Temple
urich	Hochzeitshaus
ying	Brauereigasthof Aying
acharach	Landhaus Delle
aden-Baden	Der Kleine Prinz
aiersbronn	Forsthaus Auerhahn
alduinstein	Landhotel Zum Bären
amberg	Villa Geyerswörth
ayreuth	Goldener Anker
ederkesa, Bad	Bösehof
endestorf	Landhaus Meinsbur
enz	Schloss Gamehl
ergisch Gladbach	Malerwinkel
erleburg, Bad	Alte Schule
Berlin	The Dude
Bienenbüttel	GUT Bardenhagen
Birnbach, Bad	Hofgut Hafnerleiten
Blankenburg	Viktoria Luise
Bonn	Villa Godesberg
Bruchhausen-Vilsen	Forsthaus Heiligenberg
Coburg	Stadtvilla
Crimmitschau	Villa Vier Jahreszeiten
Dahlem	Schlosshotel Burghaus Kronenburg
Detmold	Detmolder Hof
Dettighofen	Hofgut Albführen
Dresden	Villa Weißer Hirsch
Durbach	Rebstock
Eisenach	Auf der Wartburg
Endingen am Kaiserstuhl	Zollhaus
Feuchtwangen	Greifen-Post

Frankenberg (Eder)	Die Sonne Frankenberg
Frankfurt am Main	25hours by Levi's (twenty-five)
Frankfurt am Main	Goldman 25hours
Freising / Hallbergmoos	Daniels
Füssen	Sommer
Garmisch-Partenkirchen	Staudacherhof
Gengenbach	Die Reichsstadt
Gernsbach	Schloss Eberstein
Gleisweiler	Landhotel Herrenhaus Barthélemy
Gotha	Landhaus und Burg Hotel Romantik
Groß-Umstadt	Farmerhaus Lodge
Grünstadt / Neuleiningen	Alte Pfarrey
Güstrow	Kurhaus am Inselsee
Gummersbach	Die Mühlenhelle
Hagnau	Burgunderhof
Hagnau	Villa am See
Hamburg	Eilenau
Hamburg	Strandhotel
Hartenstein	Jagdhaus Waldidyll
Heidelberg	Arthotel
Heidelberg	Astoria
Iphofen	Zehntkeller
Kehl	Grieshaber's Rebstock
Kirchzarten	Schlegelhof
Kissingen, Bad	Laudensacks Parkhotel
Kressbronn	Boutique-Hotel Friesinger
Landshut	Fürstenhof
Langenlonsheim	Jugendstil-Hof
Langeoog	Kolb
Lohmar	Schloss Auel
Lübeck	Anno 1216
Lütjenburg / Panker	Ole Liese
Magdeburg	Residenz Joop
Malchow	Rosendomizil
Mannheim	Speicher 7
Meersburg	Residenz am See
Meersburg	Villa Seeschau
Mönchengladbach	Palace St. George
Nachrodt-Wiblingwerde	Schloss Hotel Holzrichter
Neuburg an der Donau	Zum Klosterbräu
Neuenahr-Ahrweiler, Bad	Sanct Peter
Norderney	Seesteg
Nürnberg	Drei Raben
Nürnberg	Rottner
Oberried	Die Halde
Oberstaufen	Alpenkönig
Oberstdorf	Löwen und Strauss
Oberwesel	Burghotel Auf Schönburg
Oy-Mittelberg	Die Mittelburg
Pfronten	Burghotel auf dem Falkenstein
Pullach	Seitner Hof
Quedlinburg	Hotel Am Brühl
Radebeul	Villa Sorgenfrei
Radolfzell	Art Villa am See
Ratekau	Landhaus Töpferhof
Regensburg	Orphée Großes Haus
Reichenhall, Bad	Haus Seeblick
Reit im Winkl	Gut Steinbach
Rothenburg o.d. Tauber	Villa Mittermeier
Rottach-Egern / Kreuth	Villa Sonnwend
Rügen / Binz	niXe
Saarow, Bad	Palais am See
Saarow, Bad	Villa Contessa
Sankt Englmar	Berghotel Maibrunn
Sankt Englmar	Gut Schmelmerhof
Sankt Peter-Ording	Landhaus an de Dün
Schönwald	Zum Ochsen
Schriesheim	Kaiser
Speyer	Residenz am Königsplatz
Stuttgart	Der Zauberlehrling
Sylt / Keitum	Aarnhoog
Sylt / List	Strand am Königshafen
Sylt / Rantum	Alte Strandvogtei
Sylt / Kampen	Village
Taunusstein	Légère
Tegernsee	Leeberghof
Thannhausen	Schreiegg's Post
Trier	BECKER'S Hotel
Trier	Villa Hügel
Trittenheim / Naurath	Rüssel's Landhaus
Tübingen	Hospederia La Casa
Uhldingen-Mühlhofen	Landhotel Fischerhaus
Usedom / Heringsdorf	Strandhotel Ostseeblick
Warendorf	Mersch
Weikersheim	Laurentius
Wermelskirchen	Landhaus Spatzenhof
Wiessee, Bad	Landhaus Marinella
Wörishofen, Bad	Edelweiß
Wolfsburg	einschlaf

Adelshofen	Landhaus Zum Falken
Bonn	Venusberghotel
Bonndorf	Sommerau
Boppard	Park Hotel
Ehningen	Landhotel Alte Mühle
Erkrath	Wahnenmühle
Felsberg	Zum Rosenhof
Freiburg im Breisgau	The Alex Hotel

mburg	Mittelweg
eidelberg	Das Lamm
eidelberg	Weißer Bock
olzdorf	Rosenduft und Kochlust
orbruch	Historische Schlossmühle
usum	Thomas Hotel
andern	Pfaffenkeller
tzingen / ulzfeld am Main	Vinotel Augustin
einwalsertal / Hirschegg	Sonnenberg
ressbronn	Pension am Bodensee
ronach	Die Kronacher Stadthotels
ndau im Bodensee	Am Rehberg
beck	Landhaus Bode
ichendorf	Gasthof Zur Linde
Neukloster / Nakenstorf	Seehotel am Neuklostersee
Norderney	Haus Norderney
Regensburg	Landhaus Andreasstadel
Rendsburg	1690
Rheine	Zum Alten Brunnen
Schleswig	Hahn
Schönwald	Dorer
Sittensen / Groß Meckelsen	Zur Kloster-Mühle
Wackersberg	Benediktenhof
Waldenburg	Villa Blum
Weil am Rhein	Gasthaus Krone
Wiesbaden	Klemm

Charme und Atmosphäre:

die angenehmsten Restaurant:

→ Particularly pleasant restaurants

Berlin	Lorenz Adlon Esszimmer
Hamburg	Haerlin

Aschau im Chiemgau	Restaurant Heinz Winkler
Baden-Baden	Brenners Park-Restaurant
Baiersbronn	Restaurant Bareiss
Baiersbronn	Schwarzwaldstube
Bergisch Gladbach	Gourmetrestaurant Lerbach
Bergisch Gladbach	Vendôme
Berlin	Les Solistes by Pierre Gagnaire
Hamburg	Jacobs Restaurant
Hamburg	Süllberg - Seven Seas
Lübeck	Buddenbrooks
München	Tantris
Osnabrück	La Vie
Perl	Victor's Gourmet Restaurant Schloss Berg
Rottach-Egern	Restaurant Überfahrt Christian Jürgens
Wittlich / Dreis	Waldhotel Sonnora
Wolfsburg	Aqua

Aerzen	Gourmet Restaurant im Schlosshotel Münchhausen
Berchtesgaden	LE CIEL
Berlin	FACIL
Bonn	Halbedel's Gasthaus
Celle	Endtenfang
uxhaven	Sterneck
eidesheim	Freundstück
resden	Caroussel
urbach	Wilder Ritter
sen	Résidence
eisenheim	Gourmetrestaurant Schwarzenstein
ücksburg	Meierei Dirk Luther
Griesbach, Bad	Il Giardino
Kleinwalsertal / Hirschegg	Kilian Stuba
Königstein im Taunus	Villa Rothschild
	Kempinski
Konstanz	Ophelia
Krün	Luce d'Oro
Leipzig	Falco
Lindau im Bodensee	Villino
Lübeck	La Belle Epoque
Mannheim	Opus V
Meersburg	Casala
München	Atelier
München	Dallmayr
München	EssZimmer

euenahr-Ahrweiler, Bad	Steinheuers Restaurant Zur Alten Post
eunburg vorm Wald	Obendorfer's Eisvogel
hringen / Friedrichsruhe	Wald und Schlosshotel Friedrichsruhe - Gourmet-Restaurant
terstal-Griesbach, Bad	Le Pavillon
nztal	Villa Hammerschmiede
iesport	schanz. restaurant.
aarbrücken	GästeHaus Klaus Erfort
alach	Burgrestaurant Staufeneck
Sankt Wendel	Kunz
Sobernheim, Bad	Jungborn
Sonthofen / Ofterschwang	Silberdistel
Stromberg	Le Val d'Or
Sylt / List	La Mer
Sylt / Munkmarsch	Fährhaus
Sylt / Rantum	Söl'ring Hof
Sylt / Tinnum	BODENDORF'S
Tegernsee	Schwingshackl ESSKULTUR
Trittenheim / Naurath	Rüssel's Landhaus
Vogtsburg	Schwarzer Adler

achen	Sankt Benedikt
erzen	Schlosskeller
möneburg	Dombäcker
morbach	Der Schafhof - Abt- und Schäferstube
ying	Brauereigasthof Aying
adenweiler	Schwarzmatt
aiersbronn	Andrea-Stube
alduinstein	Landhotel Zum Bären - Bibliothek
armstedt	Lay's Loft
ayreuth	Goldener Anker
ellheim / Knittelsheim	Steverding's Isenhof
ergisch Gladbach	Das Fachwerkhaus
erlin	Ana e Bruno
erlin	SRA BUA by Tim Raue
erlin	reinstoff
ielefeld	Tomatissimo
ienenbüttel	GUT Evening
ietigheim-Bissingen	Friedrich von Schiller
ogen / Niederwinkling	Landgasthof Buchner
onn	Yu Sushi Club
ottrop	Bahnhof Nord
retzfeld	Landhaus Rössle
urbach	Fiester-Hannes
elle	Köllner's Landhaus
ießen am Ammersee	Seehaus
orsten	Goldener Anker
orsten	Rosin
resden	Elements
resden	bean and beluga
üsseldorf	Tafelspitz 1876
fringen-Kirchen	Traube
ggenstein-Leopoldshafen	Zum Löwen
ndingen am Kaiserstuhl	Merkle's Rebstock
uskirchen	Bembergs Häuschen
öhr / Wyk	Alt Wyk
rankfurt am Main	Sra Bua by Juan Amador
reinsheim	Freinsheimer Hof
reyung	Landgasthaus Schuster
ridingen an der Donau	Landhaus Donautal
armisch-Partenkirchen	Husar
Glinde	San Lorenzo
Göttingen	Gauß am Theater
Großkarlbach	Gebrüder Meurer
Groß-Umstadt	Farmerhaus
Grünstadt / Neuleiningen	Alte Pfarrey
Gummersbach	Die Mühlenhelle
Häusern	Adler
Heidesheim am Rhein	Gourmetrestaurant Dirk Maus
Herrsching am Ammersee	Chalet am Kiental
Ilsenburg	Forellenstube
Kappelrodeck	Zum Rebstock
Kassel	Park Schönfeld
Kehl	Grieshaber's Rebstock
Keltern	Rübenacker's Restaurant
Kernen im Remstal	Malathounis
Kirchdorf (Krs. Mühldorf)	Christian's Restaurant - Gasthof Grainer
Kirschau	Juwel
Kissingen, Bad	Laudensacks Gourmet Restaurant
Köln	taku
Königstein im Taunus	Landgut Falkenstein
Krakow am See	Ich weiß ein Haus am See
Kreuznach, Bad	Im Gütchen
Lahr	Adler
Langenau / Rammingen	Landgasthof Adler
Lautenbach (Ortenaukreis)	Bordeaux-Stube
Leipzig	Stadtpfeiffer
Lich	Zum Heiligen Stein
Lübeck	Holstein's
Lütjenburg / Panker	Restaurant 1797
Madlitz-Wilmersdorf	Klostermühle
Mainz	Buchholz
München	181 - First
München	Geisels Werneckhof
München	Käfer Schänke
Mulfingen	Amtskeller
Nagold	Alte Post

Neuss	Herzog von Burgund
Neu Ulm	Stephans-Stuben
Nonnweiler	Landgasthof Paulus
Nordenham	Landhaus Tettens
Norderney	Seesteg
Nürnberg	Gasthaus Rottner
Oberstdorf	Maximilians Restaurant - Landhaus Freiberg
Peterstal-Griesbach, Bad	Kamin- und Bauernstube
Pfinztal	Die Guten Stuben
Plön	Stolz
Radebeul	Villa Sorgenfrei
Ratshausen	Adler
Regensburg	storstad
Rosenberg	Landgasthof Adler
Rügen / Göhren	Knoblochs Kräuterküche - Villa mit Sonnenhof
Rügen / Sehlen	Gutshaus Kubbelkow
Saarow, Bad	Villa Contessa
Schönwald	Dorer
Schopfheim	Alte Stadtmühle
Schramberg	Gasthof Hirsch
Schriesheim	Strahlenberger Hof
Selzen	Kaupers Restaurant im Kapellenhof

Simonswald	Hugenhof
Sobernheim, Bad	Hermannshof
Sommerhausen	Philipp
Sonnenbühl	Hirsch
Stolpe	Gutshaus Stolpe
Stuttgart	Délice
Stuttgart	Kern's Pastetchen
Stuttgart / Fellbach	Gourmet Restaurant avui
Sylt / Keitum	KÖKKEN
Sylt / Tinnum	SIEBZEHN84
Tegernsee	Leeberghof
Tiefenbronn	Ochsen-Post - Bauernstuben
Trittenheim	Wein- und Tafelhaus
Tübingen	Hospederia La Casa
Tübingen	Schranners Waldhorn
Vaihingen an der Enz	Lamm Rosswag
Velbert	Haus Stemberg
Vogtsburg	Steinbuck Stube
Wangen im Allgäu	Adler
Weikersheim	Laurentius
Wermelskirchen	Landhaus Spatzenhof
Winterberg	Berghotel Astenkrone
Würzburg	REISERS am Stein
Zweibrücken	ESSLIBRIS

Baiersbronn	Dorfstuben
Baiersbronn	Forsthaus Auerhahn
Barmstedt	Lay's Bistro
Bayreuth	Bistro
Berchtesgaden	Lockstein 1
Berlin	Bieberbau
Berlin	Brasserie Lamazère
Berlin	Horváth
Berlin	La Soupe Populaire - Tim Raue
Berlin	Rutz
Berlin	dos palillos
Bonndorf	Sommerau
Doberan, Bad	Zum weissen Schwan
Düsseldorf	Dorfstube
Düsseldorf	Fehrenbach
Düsseldorf	Lido
euchtwangen	Greifen-Post
lonheim	Weinwirtschaft Espenhof
onheim	Zum Goldenen Engel
rchheim	Zöllner's Weinstube
nkfurt am Main	Ernos Bistro
nkfurt am Main	SEVEN SWANS
nkfurt am Main	Weinsinn
iburg im Breisgau	Wolfshöhle
nn	Wirtshaus zum Schweinsbräu
mburg	Clouds - Heaven's Restaurant und Bar

Hamburg	Weinwirtschaft Kleines Jacob
Heidesheim am Rhein	Landgasthaus Sandhof
Heßdorf	Wirtschaft von Johann Gerner
Hofheim am Taunus	Die Scheuer
Horben	Gasthaus zum Raben
Ilbesheim	Hubertushof
Jagsthausen	Götzenstube
Kandern	Pfaffenkeller
Karlsruhe	Anders auf dem Turmberg
Kempfeld / Asbacherhütte	Harfenmühle
Kirchzarten	Schlegelhof
Kobern-Gondorf	Alte Mühle Thomas Höreth
Köln	Haus Töller
Köln	Le Moissonnier
Kressbronn	Meersalz
Ladenburg	Backmulde
Lautenbach (Ortenaukreis)	Le Soleil
Lörrach	Burgschenke Rötteln
München	Acetaia
München	Restaurant N° 15
München	Vinaiolo
Münster	Spitzner im Oer'schen Hof
Neustadt an der Weinstraße	Netts Restaurant und Landhaus
Neustadt an der Weinstraße	Spinne

enzberg	Troadstadl	**Stühlingen**	Gasthaus Schwanen
ilsach	Landgasthof Meier	**Stuttgart**	Der Zauberlehrling
eiskirchen	Huberwirt	**Sulzburg**	La Maison Eric
iezhausen	Landgasthaus zur Linde	**Sylt / Munkmarsch**	Käpt'n Selmer Stube
otsdam	Juliette	**Sylt / Rantum**	Sansibar
ullach	Alte Brennerei	**Sylt / Westerland**	Bistro Stadt Hamburg
uedlinburg	Weinstube	**Tettnang**	Lamm im Kau
ottach-Egern	Fährhütte 14	**Thumby**	Schlie-Krog
ankt Wendel	Kunz - Kaminzimmer	**Trittenheim**	Weinstube Stefan-Andres
chalkham	Sebastianihof	**Veldenz**	Rittersturz
charbeutz	Brechtmanns Botschaft	**Vogtsburg**	KellerWirtschaft
onnenbühl	Dorfstube	**Weinstadt**	Weinstube Muz

Spa Wellness-Hotels

→ *Extensive facility for relaxation & well-being*

Aachen	Pullman Quellenhof
Aerzen	Schlosshotel Münchhausen
Ahrenshoop	Grand Hotel Ahrenshoop
Aschaffenburg / Sailauf	Schlosshotel Weyberhöfe
Baden-Baden	Brenners Park-Hotel und Spa
Baden-Baden	Dorint Maison Messmer
Baiersbronn	Bareiss
Baiersbronn	Engel Obertal
Baiersbronn	Forsthaus Auerhahn
Baiersbronn	Heselbacher Hof
Baiersbronn	Lamm
Baiersbronn	Nationalpark-Hotel Schliffkopf
Baiersbronn	Sackmann
Baiersbronn	Sonne
Baiersbronn	Tanne
Baiersbronn	Traube Tonbach
Bayersoien, Bad	Parkhotel am Soier See
Bederkesa, Bad	Bösehof
Berchtesgaden	InterContinental Berchtesgaden Resort
Berchtesgaden	Neuhäusl
Bergisch Gladbach	Althoff Grandhotel Schloss Bensberg
Berlin	Adlon Kempinski
Berlin	Das Stue
Berlin	Grand Hotel Esplanade
Berlin	Grand Hyatt
Berlin	Hilton
Berlin	InterContinental
Berlin	Palace
Berlin	Radisson BLU
Berlin	The Mandala
Berlin	The Westin Grand
Berlin	Waldorf Astoria
Berlin	centrovital
Bernau im Schwarzwald	Breggers Schwanen
Bernkastel-Kues	Zum Kurfürsten
Bernried	Reblinger Hof
Bertrich, Bad	Häcker's Fürstenhof
Bevensen, Bad	Kieferneck
Bevensen, Bad	Zur Amtsheide
Biberach an der Riß	Parkhotel Jordanbad
Billerbeck	Weissenburg
Birnbach, Bad	Sonnengut
Birnbach, Bad	Vitalhotel
Bischofswiesen	Reissenlehen
Blankenhain	Lindner Spa und Golf Hotel Weimarer Land

Bodenmais	Bayerwaldhotel Hofbräuhaus
Bodenmais	Böhmhof
Bodenmais	Hammerhof Aktiv- und Wohlfühlhotel
Bodenmais	Hotel Mooshof Wellness und SPA Resort
Bodenmais	Neue Post
Bodenmais	Riederin
Bodman	Seehotel Adler
Boltenhagen	Iberotel
Bonn	Kameha Grand
Bonndorf	Möhringers Schwarzwaldhotel
Braunlage	Residenz Hohenzollern
Bremen	Dorint Park Hotel
Brückenau, Bad	Dorint Resort und Spa
Burg (Spreewald)	Zur Bleiche Resort und Spa
Cham	Randsberger Hof
Chieming	Gut Ising
Cuxhaven	Badhotel Sternhagen
Cuxhaven	Strandhotel Duhnen
Cuxhaven	Strandperle
Dahn	Pfalzblick
Datteln	Jammertal-Resort
Daun	Kurfürstliches Amtshaus Dauner Burg
Daun	Panorama
Daun / Schalkenmehren	Landgasthof Michels
Deggenhausertal	Mohren
Deidesheim	Kaisergarten Hotel und Spa
Delbrück	Waldkrug
Dierhagen	Strandhotel Dünenmeer
Dierhagen	Strandhotel Fischland
Dinklage	Vila Vita Burghotel
Ditzenbach, Bad	Kurhotel Sanct Bernhard
Doberan, Bad	Grand Hotel Heiligendamm
Donaueschingen	Öschberghof
Dortmund	l'Arrivée
Dresden	Swissôtel Am Schloss
Driburg, Bad	Gräflicher Park
Dürkheim, Bad	Gartenhotel Heusser
Dürkheim, Bad	Kurpark-Hotel
Düsseldorf	Hyatt Regency
Durbach	Ritter
Eisenschmitt	Molitors Mühle
Ems, Bad	Häcker's Grand Hotel
Enzklösterle	Enztalhotel
Ettlingen	Erbprinz
Euskirchen	Ameron Parkhotel
Feldberg im Schwarzwald	Schlehdorn
Fichtenau	Vitalhotel Meiser
Fischen i. A.	Sonnenbichl Hotel am Rotfischbach
Fischen i. A.	Tanneck
Frankenberg (Eder)	Die Sonne Frankenberg
Frankfurt am Main	Lindner Hotel und Residence Main Plaza
Frankfurt am Main	Steigenberger Frankfurter Hof
Frankfurt am Main	The Westin Grand
Frankfurt am Main	Villa Kennedy
Freiamt	Ludinmühle
Freiburg im Breisgau	Colombi-Hotel
Freudenstadt	Grüner Wald

Freudenstadt	Langenwaldsee
Freudenstadt	Lauterbad
Friedewald	Göbels Schlosshotel Prinz von Hessen
Friedrichroda	Ramada
Friedrichshafen	Krone
Friedrichshafen	Traube am See
Füssen	Sommer
Füssing, Bad	Holzapfel Hotels
Füssing, Bad	MÜHLBACH
Füssing, Bad	Parkhotel
Fulda	ESPERANTO
Gaienhofen	Höri am Bodensee
Gangelt	Mercator
Garmisch-Partenkirchen	Staudacherhof
Garmisch-Partenkirchen	Zugspitze
Geldern	See Park Janssen
Glücksburg	Alter Meierhof Vitalhotel
Göhren-Lebbin	Iberotel Fleesensee
Göhren-Lebbin	Radisson BLU Resort Schloss Fleesensee
Göttingen	Freizeit In
Graal-Müritz	IFA
Grafenwiesen	Birkenhof
Griesbach, Bad	COLUMBIA
Griesbach, Bad	Das Ludwig
Griesbach, Bad	Fürstenhof
Griesbach, Bad	Maximilian
Griesbach, Bad	Parkhotel
Grönenbach, Bad	allgäu resort
Häusern	Adler
Halberstadt	Villa Heine
Halle in Westfalen	Gerry Weber Sportpark Hotel
Hallenberg	Diedrich
Hamburg	Europäischer Hof
Hamburg	Grand Elysée
Hamburg	Park Hyatt
Hamburg	Sofitel Alter Wall
Hamburg	Steigenberger
Hammelburg	Neumühle
Hannover	Crowne Plaza
Hanstedt	Sellhorn
Harsewinkel	Residence Klosterpforte
Heimbuchenthal	Lamm
Hindelang, Bad	Lanig
Hindelang, Bad	Panorama Hotel Oberjoch
Hinterzarten	Erfurths Bergfried
Hinterzarten	Kesslermühle
Hinterzarten	Parkhotel Adler
Hinterzarten	Reppert
Hinterzarten	Thomahof
Höchenschwand	Alpenblick
Höchenschwand	Nägele
Höhr-Grenzhausen	Heinz
Höhr-Grenzhausen	Zugbrücke
Hörstel	Parkhotel Surenburg
Hohenstein	Hofgut Georgenthal
Husum	Altes Gymnasium
Husum	Thomas Hotel

Illschwang	Weißes Roß
Juist	Achterdiek
Juist	Pabst
Kirschau	Bei Schumann
Kissingen, Bad	Frankenland
Kissingen, Bad	Laudensacks Parkhotel
Kissingen, Bad	Residence von Dapper
Kleinwalsertal / Hirschegg	Birkenhöhe
Kleinwalsertal / Hirschegg	Naturhotel Chesa Valisa
Kleinwalsertal / Hirschegg	Travel Charme Ifen Hotel
Kleinwalsertal / Hirschegg	Walserhof
Kleinwalsertal / Mittelberg	Haller's Genuss und Spa Hotel
Kleinwalsertal / Mittelberg	Leitner
Kleinwalsertal / Mittelberg	IFA-Hotel Alpenhof Wildental
Köln	Savoy
Königstein im Taunus	Falkenstein Grand Kempinski
Kötzting	Bayerwaldhof
Kohlgrub, Bad	Das Johannesbad
Kohlgrub, Bad	Schillingshof
Konstanz	RIVA
Kremmen	Sommerfeld
Krün	Das Kranzbach
Krün	Schloss Elmau
Kühlungsborn	Strandblick
Kühlungsborn	Travel Charme Ostseehotel
Laasphe, Bad	Landhotel Doerr
Lam	Sonnenhof
Langweiler	Kloster Marienhöh
Lauterberg, Bad	Revita
Leimen	Villa Toskana
Lenzkirch	Saigerhöh
Lindau im Bodensee	Bad Schachen
Lindau im Bodensee	Helvetia
Lindau im Bodensee	Villino
Lippspringe, Bad	Park Hotel
Lübeck	A-ROSA
Lübeck	COLUMBIA
Madlitz-Wilmersdorf	Gut Klostermühle
Mainz	Hyatt Regency
Malente-Gremsmühlen, Bad	Weisser Hof
Marburg	VILA VITA Hotel Rosenpark
Mayschoß	Lochmühle
Mülheim (Mosel)	Landhaus Schiffmann
München	Bayerischer Hof
München	Le Méridien
München	Sofitel Munich Bayerpost
München	The Charles
München	The Westin Grand
Münster	Kaiserhof
Murnau	Alpenhof Murnau
Nauheim, Bad	Dolce
Neubrandenburg / Groß Nemerow	Bornmühle
Neuenahr-Ahrweiler, Bad	Weyer
Neukloster / Nakenstorf	Seehotel am Neuklostersee
Neunburg vorm Wald	Landhotel Birkenhof
Neunkirchen	Stumpf
Neustadt an der Donau	Eisvogel

Neustadt an der Donau	Marc Aurel
Niedernberg	Seehotel
Norden	Fährhaus
Norden	Reichshof
Norderney	Seesteg
Norderney	Strandhotel Georgshöhe
Oberaudorf	Feuriger Tatzlwurm
Oberaula	Zum Stern
Oberkirch	Waldhotel Grüner Baum
Obermaiselstein	Berwanger Hof
Oberried	Die Halde
Oberstaufen	Allgäu Sonne
Oberstaufen	Alpenkönig
Oberstaufen	Bergkristall
Oberstaufen	Concordia
Oberstaufen	Haubers Alpenresort
Oberstaufen	König Ludwig
Oberstaufen	Lindner Parkhotel
Oberstaufen	Rosenalp
Oberstdorf	Alpenhof
Oberstdorf	Alpenhotel Tiefenbach
Oberstdorf	Exquisit
Oberstdorf	Filser
Oberstdorf	Parkhotel Frank
Oberuckersee	Panorama Hotel am Oberuckersee
Öhringen / Friedrichsruhe	Wald und Schlosshotel Friedrichsruhe
Ottobeuren	Parkhotel Maximilian
Perl	Victor's Residenz - Hotel Schloss Berg
Peterstal-Griesbach, Bad	Dollenberg
Pfalzgrafenweiler	Schwanen
Pfalzgrafenweiler	Waldsägmühle
Pirmasens	Kunz
Potsdam	Bayrisches Haus
Prerow / Wiek a. Darß	Haferland
Pyrmont, Bad	Steigenberger
Radolfzell	bora HotSpaResort
Ramsau	Berghotel Rehlegg
Rattenberg	Posthotel
Reit im Winkl	Gut Steinbach
Reit im Winkl	Unterwirt
Rötz	Resort Die Wutzschleife
Rosshaupten	Kaufmann
Rostock	Yachthafenresidenz Hohe Düne
Rotenburg (Wümme)	Landhaus Wachtelhof
Rottach-Egern	Althoff Seehotel Überfahrt
Rottach-Egern	Bachmair Weissach
Rottach-Egern	Haltmair am See
Rottach-Egern	Park-Hotel Egerner Höfe
Rügen / Baabe	Solthus am See
Rügen / Binz	AM MEER und SPA
Rügen / Binz	CERÊS
Rügen / Binz	Grand Hotel Binz
Rügen / Binz	Rugard Strandhotel
Rügen / Binz	Seehotel Binz-Therme
Rügen / Binz	Travel Charme Kurhaus Binz
Rügen / Binz	Vier Jahreszeiten
Rügen / Göhren	Hanseatic

Rügen / Göhren	Travel Charme Nordperd
Rügen / Putbus	Badehaus Goor
Rügen / Sellin	ROEWERS Privathotel
Ruhpolding	Ortnerhof
Ruhstorf an der Rott	Antoniushof
Rust	Bell Rock
Saarow, Bad	A-ROSA Scharmützelsee
Saarow, Bad	Esplanade Resort und Spa
Sachsa, Bad	Romantischer Winkel
Sankt Englmar	Angerhof
Sankt Englmar	Berghotel Maibrunn
Sankt Englmar	Reiner-Hof
Sankt Goar	Schloss Rheinfels
Sankt Peter-Ording	Aalernhüs
Sankt Peter-Ording	Landhaus an de Dün
Sankt Martin	Wiedemann's Weinhotel
Schermbeck	Landhotel Voshövel
Schleswig	Waldschlösschen
Schliersee	Arabella Alpenhotel am Spitzingsee
Schluchsee	Auerhahn
Schluchsee	Hegers Parkhotel Flora
Schluchsee	Vier Jahreszeiten am Schluchsee
Schmallenberg	Deimann
Schmallenberg	Gasthof Schütte
Schmallenberg	Waldhaus
Schönau am Königssee	Alm und Wellnesshotel Alpenhof
Schönau am Königssee	Alpenhotel Zechmeisterlehen
Schönwald	Zum Ochsen
Schwäbisch Hall	Hohenlohe
Schwangau	Rübezahl
Schwarmstedt / Essel	Heide-Kröpke
Seewald	Oberwiesenhof
Segeberg, Bad	Vitalia Seehotel
Senftenberg	Seeschlößchen
Sobernheim, Bad	BollAnt's im Park
Sobernheim, Bad	Maasberg Therme
Sonthofen / Ofterschwang	Sonnenalp
Speyer	Lindner Hotel und Spa Binshof
Staffelstein, Bad	Kurhotel
Steben, Bad	relexa
Stralsund	Scheelehof
Stromberg	Land und Golf Hotel Stromberg
Stuttgart	Le Méridien
Stuttgart	Pullman Fontana
Stuttgart	Steigenberger Graf Zeppelin
Südharz	Schindelbruch
Sylt / Hörnum	BUDERSAND Hotel - Golf und Spa
Sylt / Keitum	Benen-Diken-Hof
Sylt / List	A-ROSA
Sylt / Munkmarsch	Fährhaus
Sylt / Kampen	Rungholt
Sylt / Tinnum	Landhaus Stricker
Sylt / Westerland	Stadt Hamburg
Tangermünde	Schloss Tangermünde
Tecklenburg	Teutoburger Wald
Teinach-Zavelstein, Bad	Berlins Hotel KroneLamm
Teisendorf	Gut Edermann

Teisnach	Landromantik Wellnesshotel Oswald
Teistungen	Victor's Residenz-Hotel Teistungenburg
Thyrnau	Parkschlössl
Timmendorfer Strand	Grand Hotel Seeschlösschen
Titisee-Neustadt	Bären
Titisee-Neustadt	Seehotel Wiesler
Titisee-Neustadt	Treschers Schwarzwaldhotel
Titting	Dirsch
Todtnau	Mangler
Todtnau	der Waldfrieden
Traben-Trarbach	Jugendstilhotel Bellevue
Triberg im Schwarzwald	Parkhotel Wehrle
Unterschleißheim	Dolce Munich
Usedom / Ahlbeck	Seehotel Ahlbecker Hof
Usedom / Bansin	Kaiser Spa Zur Post
Usedom / Bansin	Travel Charme Strandhotel
Usedom / Heringsdorf	Maritim Hotel Kaiserhof
Usedom / Heringsdorf	Steigenberger Grandhotel und Spa
Usedom / Heringsdorf	Strandhotel
Usedom / Heringsdorf	Strandhotel Ostseeblick
Usedom / Heringsdorf	Travel Charme Strandidyll
Usedom / Loddin	Strandhotel Seerose
Viechtach	Burghotel Sterr
Waldshut-Tiengen	Bercher
Wallgau	Parkhotel
Wangels	Weissenhaus Grand Village Resort und Spa am Meer
Waren (Müritz) / Groß Plasten	Schloss Groß Plasten
Wasserburg am Bodensee	Lipprandt
Wegscheid	Reischlhof
Weiler-Simmerberg	Tannenhof
Wenden	Sporthotel Landhaus Wacker
Werder	Resort Schwielowsee
Wernigerode	Travel Charme Gothisches Haus
Westerburg	Lindner Hotel und Sporting Club Wiesensee
Wiesbaden	Nassauer Hof
Wiessee, Bad	Landhaus am Stein
Wildungen, Bad	Maritim Badehotel
Wilgartswiesen	Landhaus Am Hirschhorn
Wilhelmshaven	COLUMBIA
Willingen (Upland)	Stryckhaus
Winden	Elztalhotel
Winterberg	Berghotel Astenkrone
Wirsberg	Reiterhof Wirsberg
Wörishofen, Bad	Angerhof
Wörishofen, Bad	Edelweiß
Wörishofen, Bad	Fontenay
Wörishofen, Bad	Steigenberger Hotel Der Sonnenhof
Wolfach	Adler
Wolfsburg	The Ritz-Carlton
Wustrow	DorintResorts
Zingst	Meerlust
Zingst	Steigenberger Strandhotel
Zwiesel	GlasHotel
Zwischenahn, Bad	Jagdhaus Eiden

Michelin Travel Partner
Société par actions simplifiées au capital de 11 288 880 EUR
27 Cours de L'Île Seguin – 92100 Boulogne Billancourt (France)
R.C.S. Nanterre 433 677 721

Dépôt légal : août 2014
Printed in France : septembre 2014

Auf Papier aus nachhaltiger Forstwirtschaft

Höhenangaben : ATKIS™ - GN250 - © Federal Agency for Cartography and Geodesy (BKG)

Compograveur : JOUVE, Saran

Imprimeur-relieur : Lego (Italy)

Unser Redaktionsteam hat die Informationen für diesen Führer mit größter Sorgfalt zusammengestellt und überprüft. Trotzdem ist jede praktische Information (offizielle Angaben, Preise, Adressen, Telefonnummern, Internetadressen etc.) Veränderungen unterworfen und kann daher nur als Anhaltspunkt betrachtet werden. Es ist nicht auszuschließen, dass einige Angaben zum Zeitpunkt des Erscheinens des Führers nicht mehr korrekt oder komplett sind. Bitte fragen Sie daher zusätzlich bei der zuständigen offiziellen Stelle nach den genauen Angaben (insbesondere in Bezug auf Verwaltungs- und Zollformalitäten). Eine Haftung können wir in keinem Fall übernehmen.